CB130673

Conheça o
Saraiva Conecta

Uma plataforma que apoia o leitor em sua jornada de estudos e de atualização.

Estude *online* com conteúdos complementares ao livro e que ampliam a sua compreensão dos temas abordados nesta obra.

Tudo isso com a **qualidade Saraiva Educação** que você já conhece!

saraiva conecta

Veja como acessar

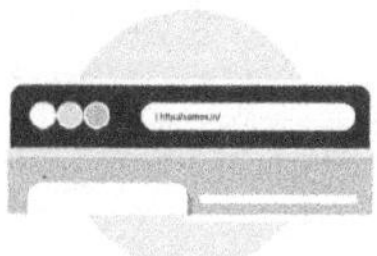

No seu computador

Acesse o *link*

https://somos.in/CFCTNT50

No seu celular ou tablet

Abra a câmera do seu celular ou aplicativo específico e aponte para o *QR Code* disponível no livro.

Faça seu cadastro

1. Clique em **"Novo por aqui? Criar conta"**.
2. Preencha as informações – insira um *e-mail* que você costuma usar, ok?
3. Crie sua senha e clique no botão **"CRIAR CONTA"**.

Pronto! Agora é só aproveitar o conteúdo desta obra!*

Qualquer dúvida, entre em contato pelo *e-mail* **suportedigital@saraivaconecta.com.br**

Confira o material da Saraiva Educação **Constituição Federal e Emendas Constitucionais** para você:

https://somos.in/CFCTNT50

* Sempre que quiser, acesse todos os conteúdos exclusivos pelo *link* ou pelo *QR Code* indicados. O seu acesso tem validade de 12 meses.

LEGISLAÇÃO BRASILEIRA

2022

Código Tributário Nacional

e Legislação Complementar

50ª edição

Lei n. 5.172, de 25 de outubro de 1966, acompanhada de Legislação Complementar, Súmulas e Índices.

saraiva jur

saraiva EDUCAÇÃO | saraiva jur

Av. Paulista, 901, Edifício CYK, 3º andar
Bela Vista – São Paulo – SP – CEP 01310-100

SAC | sac.sets@saraivaeducacao.com.br

Diretoria executiva	Flávia Alves Bravin
Diretoria editorial	Ana Paula Santos Matos
Gerência editorial e de projetos	Fernando Penteado
Novos projetos	Aline Darcy Flôr de Souza Dalila Costa de Oliveira
Edição	Livia Céspedes (coord.) Eduarda do Prado Ribeiro Fabiana Dias da Rocha Fabio Ricardo de Abreu José Roberto Borba Ferreira Júnior Maria Cecília Coutinho Martins
Produção editorial	Daniele Debora de Souza (coord.) Cintia Aparecida dos Santos Paula Brito
Arte e digital	Mônica Landi (coord.) Camilla Felix Cianelli Chaves Claudirene de Moura Santos Silva Deborah Mattos Guilherme H. M. Salvador Tiago Dela Rosa
Projetos e serviços editoriais	Daniela Maria Chaves Carvalho Emily Larissa Ferreira da Silva Kelli Priscila Pinto Klariene Andrielly Giraldi
Diagramação	Manuel Rebelato
Revisão	Juliana Bormio de Sousa
Capa	Tiago Dela Rosa
Produção gráfica	Marli Rampim Sergio Luiz Pereira Lopes
Impressão e acabamento	

DADOS INTERNACIONAIS DE CATALOGAÇÃO NA PUBLICAÇÃO (CIP)
VAGNER RODOLFO DA SILVA - CRB-8/9410

S243c Saraiva Educação

Código Tributário Nacional / obra coletiva com a colaboração de Livia Céspedes e Fabiana Dias da Rocha. – 50. ed. – São Paulo : SaraivaJur, 2022.
803 p.

ISBN 978-65-5362-258-6 (Impresso)

1. Direito. 2. Direito Tributário. 3. Código Tributário. 4. Código Tributário Nacional. I. Título.

2021-4257 CDD 341.39
CDU 34:336.2

Índices para catálogo sistemático:

1. Direito Tributário 341.39
2. Direito Tributário 34:336.2

Data de fechamento da edição: 3-2-2022

Dúvidas? Acesse www.editorasaraiva.com.br/direito

CL 607522 CAE 790107

2022

Código Tributário Nacional

e Legislação Complementar

50ª edição

Obra coletiva com a colaboração de
Livia Céspedes e Fabiana Dias da Rocha
(Editorial de Legislação do selo Saraiva Jur)

Indicador Geral

Apresentação dos Códigos Saraiva

Pioneira na exemplar técnica desenvolvida de atualização de Códigos e Legislação, como comprova o avançado número de suas edições e versões, a Editora SARAIVA apresenta sua consagrada "Coleção de Códigos", aumentada e atualizada.

Mantivemos, nesta edição, os diferenciais reconhecidos como vantajosos por profissionais, professores e acadêmicos do direito, a saber:

- composição, diagramação e layout, que justificam a **portabilidade** e a facilidade da leitura;

- texto na íntegra da **Constituição Federal** e das Emendas Constitucionais (ambiente Saraiva Conecta);

- temas no alto da página indicando o **assunto tratado** naquele trecho do Código e da legislação complementar;

- **tarjas** laterais, que aceleram a pesquisa;

- destaques indicando as alterações legislativas de **2020, 2021 e 2022**;

- notas selecionadas de acordo com o **grau de importância (fundamentais e acessórias)**;

- **negrito** para ressaltar artigos, títulos, capítulos, seções, súmulas e índices.

Organizar o produto ideal sempre constitui um desafio. Muitos perseguem essa meta. Mas, conjugados os esforços de nossa equipe ao parecer valioso de tantos cultores do Direito, acreditamos que esta ferramenta de trabalho e estudo seja diagnosticada como positiva.

Sempre receptivos a sugestões, desejamos a todos bom uso.

Organizadores

Nota dos Organizadores

CONSTITUIÇÃO FEDERAL E EMENDAS CONSTITUCIONAIS

O texto completo da Constituição Federal e das emendas constitucionais poderá ser acessado através do ambiente Saraiva Conecta.

Acesso exclusivo, mediante *link* ou *QR Code* (*vide* instruções neste volume).

DESTAQUE

→ dispositivos incluídos e /ou alterados em 2020, 2021 e 2022.

MEDIDAS PROVISÓRIAS

Medidas Provisórias são normas com força de lei editadas pelo Presidente da República em situações de relevância e urgência (CF, art. 62). Apesar de produzirem efeitos jurídicos imediatos, devem ser submetidas à apreciação das Casas do Congresso Nacional (Câmara dos Deputados e Senado Federal) para serem convertidas definitivamente em lei ordinária.

O prazo inicial de vigência de uma Medida Provisória é de 60 dias, prorrogável por igual período, caso não tenha sua votação concluída nas duas Casas do Congresso Nacional. Se não for apreciada em até 45 dias, contados da sua publicação, entra em regime de urgência, sobrestando todas as demais deliberações legislativas da Casa em que estiver tramitando.

Considerando que as Medidas Provisórias estão sujeitas a avaliação posterior do Congresso Nacional, podendo ou não ser convertidas em lei, no caso de sua apreciação não ocorrer até o fechamento da edição desta obra, a redação anterior do dispositivo alterado é mantida em forma de nota.

MINISTÉRIOS

Mantivemos a redação original no texto do Código e da Legislação Complementar, com a denominação dos Ministérios vigente à época da norma.

A Lei n. 13.844, de 18-6-2019, estabelece a organização básica dos órgãos da Presidência da República e dos Ministérios e dispõe em seu art. 19 sobre a denominação atual dos Ministérios.

NORMAS ALTERADORAS

Normas alteradoras são aquelas que não possuem texto próprio, mas apenas alteram outros diplomas,ou **cujo texto não é relevante para a obra**. Para facilitar a consulta, já processamos as alterações no texto da norma alterada.

Notas

As notas foram selecionadas de acordo com seu grau de importância, e estão separadas em fundamentais (grafadas com ••) e acessórias (grafadas com •).

PODER JUDICIÁRIO

– Os *Tribunais de Apelação*, a partir da promulgação da Constituição Federal de 1946, passaram a denominar-se *Tribunais de Justiça*.

– O *Tribunal Federal de Recursos* foi extinto pela Constituição Federal de 1988, nos termos do art. 27 do ADCT.

– Os *Tribunais de Alçada* foram extintos pela Emenda Constitucional n. 45, de 8 de dezembro de 2004, passando os seus membros a integrar os Tribunais de Justiça dos respectivos Estados.

SIGLAS

– OTN (OBRIGAÇÕES DO TESOURO NACIONAL)

A Lei n. 7.730, de 31 de janeiro de 1989, extinguiu a OTN Fiscal e a OTN de que trata o art. 6.º do Decreto-lei n. 2.284, de 10 de março de 1986.

A Lei n. 7.784, de 28 de junho de 1989, diz em seu art. 2.º que "todas as penalidades previstas na legislação em vigor em quantidades de Obrigações do Tesouro Nacional – OTN serão convertidas para Bônus do Tesouro Nacional – BTN, à razão de 1 para 6,92".

Com a Lei n. 8.177, de 1.º de março de 1991, ficaram extintos, a partir de 1.º de fevereiro de 1991, o BTN (Bônus do Tesouro Nacional), de que trata o art. 5.º da Lei n. 7.777, de 19 de junho de 1989, o BTN Fiscal, instituído pela Lei n. 7.799, de 10 de julho de 1989, e o MVR (Maior Valor de Referência). A mesma Lei n. 8.177/91 criou a TR (Taxa Referencial) e a TRD (Taxa Referencial Diária), que são divulgadas pelo Banco Central do Brasil. A Lei n. 8.660, de 28 de maio de 1993, estabeleceu novos critérios para a fixação da Taxa Referencial – TR e extinguiu a Taxa Referencial Diária – TRD.

A Lei n. 9.365, de 16 de dezembro de 1996, instituiu a Taxa de Juros de Longo Prazo – TJLP.

– URV (UNIDADE REAL DE VALOR)

Com a Lei n. 8.880, de 27 de maio de 1994, foi instituída a Unidade Real de Valor – URV, para integrar o Sistema Monetário Nacional, sendo extinta pela Lei n. 9.069, de 29 de junho de 1995.

– UFIR (UNIDADE FISCAL DE REFERÊNCIA)

A Lei n. 8.383, de 30 de dezembro de 1991, "instituiu a UFIR (Unidade Fiscal de Referência) como medida de valor e parâmetro de atualização monetária de tributos e de valores expressos em cruzeiros na legislação tributária federal, bem como os relativos a multas e penalidades de qualquer natureza".

O art. 43 da Lei n. 9.069, de 29 de junho de 1995, extinguiu, a partir de 1.º de setembro de 1994, a UFIR diária de que trata a Lei n. 8.383, de 30 de dezembro de 1991.

A Lei n. 8.981, de 20 de janeiro de 1995, que altera a legislação tributária, fixa em seu art. 1.º a expressão monetária da Unidade Fiscal de Referência – UFIR.

O art. 6.º da Lei n. 10.192, de 14 de fevereiro de 2001, disciplinou o reajuste semestral da UFIR durante o ano de 1996 e anualmente após 1.º de janeiro de 1997. O § 3.º do art. 29 da Lei n. 10.522, de 19 de julho de 2002, extinguiu a UFIR, estabelecendo a reconversão dos créditos para o Real, para fins de débitos de qualquer natureza com a Fazenda Nacional.

– BNH (BANCO NACIONAL DA HABITAÇÃO)

O art. 1.º do Decreto-lei n. 2.291, de 21 de novembro de 1986, diz em seu *caput*: " é extinto o Banco Nacional da Habitação – BNH, empresa pública de que trata a Lei n. 5.762, de 14 de dezembro de 1971, por incorporação à Caixa Econômica Federal – CEF". A CEF sucede ao BNH a partir de então. Regulamenta a Caixa Econômica Federal o Decreto n. 6.473, de 5 de junho de 2008.

Mantivemos, nos textos legislativos constantes deste Código, as referências feitas ao BNH.

SÚMULAS

Constam deste volume apenas as Súmulas do STF, STJ e do CARF relacionadas à legislação tributária.

Sendo assim, a inexistência de súmulas nesta obra não significa que elas tenham sido revogadas ou estejam prejudicadas.

Foram disponibilizadas todas as súmulas vinculantes do STF, tendo em vista seu interesse constitucional.

Em virtude de eventual proibição do uso de súmulas em provas, inserimos nesta edição um recuo na parte destinada a elas, para a utilização de grampeador sem prejuízo do conteúdo da obra.

TEXTOS PARCIAIS

Alguns diplomas deixam de constar integralmente. Nosso propósito foi o de criar espaço para normas mais utilizadas no dia a dia dos profissionais e acadêmicos. A obra mais ampla atenderá aqueles que, ao longo de tantos anos, vêm prestigiando nossos Códigos.

VALORES

São originais todos os valores citados na legislação constante deste Código.

Como muitos valores não comportavam transformação, em face das inúmeras modificações impostas à nossa moeda, entendemos que esta seria a melhor das medidas. Para conhecimento de nossos consulentes, este o histórico de nossa moeda:

a) O Decreto-lei n. 4.791, de 5 de outubro de 1942, instituiu o CRUZEIRO como unidade monetária brasileira, denominada CENTAVO a sua centésima parte. O cruzeiro passava a corresponder a mil-réis.

b) A Lei n. 4.511, de 1.º de dezembro de 1964, manteve o CRUZEIRO, mas determinou a extinção do CENTAVO.

c) O Decreto-lei n. 1, de 13 de novembro de 1965, instituiu o CRUZEIRO NOVO, correspondendo o cruzeiro até então vigente a um milésimo do cruzeiro novo, restabelecido o centavo. Sua vigência foi fixada para a partir de 13 de fevereiro de 1967, conforme Resolução n. 47, de 8 de fevereiro de 1967, do Banco Central da República do Brasil.

d) A Resolução n. 144, de 31 de março de 1970, do Banco Central do Brasil, determinou que a unidade do sistema monetário brasileiro passasse a denominar-se CRUZEIRO.

e) A Lei n. 7.214, de 15 de agosto de 1984, extinguiu o CENTAVO.

f) O Decreto-lei n. 2.284, de 10 de março de 1986, criou o CRUZADO, em substituição ao CRUZEIRO, correspondendo o cruzeiro a um milésimo do cruzado.

g) A Lei n. 7.730, de 31 de janeiro de 1989, instituiu o CRUZADO NOVO em substituição ao CRUZADO e manteve o CENTAVO. O cruzado novo correspondeu a um mil cruzados.

h) Por determinação da Lei n. 8.024, de 12 de abril de 1990, a moeda nacional passou a denominar-se CRUZEIRO, sem outra modificação, mantido o centavo e correspondendo o cruzeiro a um cruzado novo.

i) A Lei n. 8.697, de 27 de agosto de 1993, alterou a moeda nacional, estabelecendo a denominação CRUZEIRO REAL para a unidade do sistema monetário brasileiro. A unidade equivalia a um mil cruzeiros e sua centésima parte denominava-se CENTAVO.

j) A Lei n. 8.880, de 27 de maio de 1994, dispondo sobre o Programa de Estabilização Econômica e o Sistema Monetário Nacional, instituiu a UNIDADE REAL DE VALOR - URV.

k) A unidade do Sistema Monetário Nacional, por determinação da Lei n. 9.069, de 29 de junho de 1995 (art. 1.º), passou a ser o REAL. As importâncias em dinheiro serão grafadas precedidas do símbolo R$ (art. 1.º, § 1.º). A centésima parte do REAL, denominada "centavo", será escrita sob a forma decimal, precedida da vírgula que segue a unidade (art. 1.º, § 2.º).

Organizadores

Abreviaturas

ADC(s) - Ação(ões) Declaratória(s) de Constitucionalidade
ADCT - Ato das Disposições Constitucionais Transitórias
ADI(s) - Ação(ões) Direta(s) de Inconstitucionalidade
ADPF - Arguição de Descumprimento de Preceito Fundamental
AGU - Advocacia-Geral da União
BTN - Bônus do Tesouro Nacional
CADE - Conselho Administrativo de Defesa Econômica
CARF - Conselho Administrativo de Recursos Fiscais
CBA - Código Brasileiro de Aeronáutica (Lei n. 7.565, de 19-12-1986)
CC - Código Civil (Lei n. 10.406, de 10-1-2002)
c/c - combinado com
CCom - Código Comercial (Lei n. 556, de 25-6-1850)
CDC - Código de Proteção e Defesa do Consumidor (Lei n. 8.078, de 11-9-1990)
CE - Código Eleitoral (Lei n. 4.737, de 15-7-1965)
CF - Constituição Federal
CGSIM - Comitê para Gestão da Rede Nacional para a Simplificação do Registro e da Legalização de Empresas e Negócios
CGSN - Comitê Gestor do Simples Nacional
CJF - Conselho da Justiça Federal
CLT - Consolidação das Leis do Trabalho (Decreto-lei n. 5.452, de 1.º-5-1943)
CNDT - Certidão Negativa de Débitos Trabalhistas
CNDU - Conselho Nacional de Desenvolvimento Urbano
CNJ - Conselho Nacional de Justiça
CNMP - Conselho Nacional do Ministério Público
COAF - Conselho de Controle de Atividades Financeiras
CONAMA - Conselho Nacional do Meio Ambiente
CONANDA - Conselho Nacional dos Direitos da Criança e do Adolescente
CONASP - Conselho Nacional de Segurança Pública
CP - Código Penal (Decreto-lei n. 2.848, de 7-12-1940)
CPC - Código de Processo Civil (Lei n. 13.105, de 16-3-2015)
CPM - Código Penal Militar (Decreto-lei n. 1.001, de 21-10-1969)
CPP - Código de Processo Penal (Decreto-lei n. 3.689, de 3-10-1941)
CPPM - Código de Processo Penal Militar (Decreto-lei n. 1.002, de 21-10-1969)
CRPS - Conselho de Recursos da Previdência Social
CTB - Código de Trânsito Brasileiro (Lei n. 9.503, de 23-9-1997)
CTN - Código Tributário Nacional (Lei n. 5.172, de 25-10-1966)
CTPS - Carteira de Trabalho e Previdência Social
CVM - Comissão de Valores Mobiliários

DJE – *Diário da Justiça Eletrônico*
DJU – *Diário da Justiça da União*
DNRC – Departamento Nacional de Registro do Comércio
DOU – *Diário Oficial da União*
DPU – Defensoria Pública da União
EAOAB – Estatuto da Advocacia e da Ordem dos Advogados do Brasil (Lei n. 8.906, de 13-7-1990)
EC – Emenda Constitucional
ECA – Estatuto da Criança e do Adolescente (Lei n. 8.069, de 13-7-1990)
EIRELI – Empresa Individual de Responsabilidade Limitada
FCDF – Fundo Constitucional do Distrito Federal
FGTS – Fundo de Garantia do Tempo de Serviço
FONAJE – Fórum Nacional de Juizados Especiais
INSS – Instituto Nacional do Seguro Social
JARI – Juntas Administrativas de Recursos de Infrações
JEFs – Juizados Especiais Federais
LCP – Lei das Contravenções Penais (Decreto-lei n. 3.688, de 3-10-1941)
LDA – Lei de Direitos Autorais (Lei n. 9.610, de 19-2-1998)
LEF – Lei de Execução Fiscal (Lei n. 6.830, 22-9-1980)
LEP – Lei de Execução Penal (Lei n. 7.210, de 11-7-1984)
LINDB – Lei de Introdução às Normas do Direito Brasileiro (Decreto-lei n. 4.657, de 4-9-1942)
LOM – Lei Orgânica da Magistratura (Lei Complementar n. 35, de 14-3-1979)
LPI – Lei de Propriedade Industrial (Lei n. 9.279, de 14-5-1996)
LRP – Lei de Registros Públicos (Lei n. 6.015, de 31-12-1973)
LSA – Lei de Sociedades Anônimas (Lei n. 6.404, de 15-12-1976)
MTE – Ministério do Trabalho e Emprego
MVR – Maior Valor de Referência
OIT – Organização Internacional do Trabalho
OTN – Obrigações do Tesouro Nacional
PERT-SN – Programa Especial de Regularização Tributária das Microempresas e Empresas de Pequeno Porte – Simples Nacional
PIA – Plano Individual de Atendimento
PNC – Plano Nacional de Cultura
PRONAC – Programa Nacional de Apoio à Cultura
PRONAICA – Programa Nacional de Atenção Integral à Criança e ao Adolescente
PRONASCI – Programa Nacional de Segurança Pública com Cidadania
RENACH – Registro Nacional de Carteiras de Habilitação
RENAVAM – Registro Nacional de Veículos Automotores
RERCT – Regime Especial de Regularização Cambial e Tributária
s. – seguinte(s)
SINAMOB – Sistema Nacional de Mobilização
SINASE – Sistema Nacional de Atendimento Socioeducativo
SINESP – Sistema Nacional de Informações de Segurança Pública, Prisionais e sobre Drogas

SNDC – Sistema Nacional de Defesa do Consumidor
SNIIC – Sistema Nacional de Informação e Indicadores Culturais
STF – Supremo Tribunal Federal
STJ – Superior Tribunal de Justiça
STM – Superior Tribunal Militar
SUDAM – Superintendência de Desenvolvimento da Amazônia
SUDECO – Superintendência de Desenvolvimento do Centro-Oeste
SUDENE – Superintendência de Desenvolvimento do Nordeste
SUFRAMA – Superintendência da Zona Franca de Manaus
SUS – Sistema Único de Saúde
TCU – Tribunal de Contas da União
TFR – Tribunal Federal de Recursos
TJLP – Taxa de Juros de Longo Prazo
TR – Taxa Referencial
TRD – Taxa Referencial Diária
TRF – Tribunal Regional Federal
TSE – Tribunal Superior Eleitoral
TST – Tribunal Superior do Trabalho
UFIR – Unidade Fiscal de Referência
URV – Unidade Real de Valor

Índice Cronológico da Legislação

DECRETOS:

DECRETOS-LEIS:

LEIS:

LEIS COMPLEMENTARES:

MEDIDAS PROVISÓRIAS:

Código Tributário Nacional

Índice Sistemático do
Código Tributário Nacional
(Lei n. 5.172, de 25-10-1966)

Título IV
TAXAS

Título V
CONTRIBUIÇÃO DE MELHORIA

Título VI
DISTRIBUIÇÕES DE RECEITAS TRIBUTÁRIAS

Livro Segundo
Normas Gerais de Direito Tributário

Título I
LEGISLAÇÃO TRIBUTÁRIA

Título II
OBRIGAÇÃO TRIBUTÁRIA

Título III
CRÉDITO TRIBUTÁRIO

Título IV
ADMINISTRAÇÃO TRIBUTÁRIA

Código Tributário Nacional

LEI N. 5.172, DE 25 DE OUTUBRO DE 1966(*)

Dispõe sobre o sistema tributário nacional e institui normas gerais de direito tributário aplicáveis à União, Estados e Municípios.

O Presidente da República.

Faço saber que o Congresso Nacional decreta e eu sanciono a seguinte Lei:

DISPOSIÇÃO PRELIMINAR

Art. 1.º Esta Lei regula, com fundamento na Emenda Constitucional n. 18, de 1.º de dezembro de 1965, o sistema tributário nacional e estabelece, com fundamento no art. 5.º, XV, *b*, da Constituição Federal, as normas gerais de direito tributário aplicáveis à União, aos Estados, ao Distrito Federal e aos Municípios, sem prejuízo da respectiva legislação complementar, supletiva ou regulamentar.

Livro Primeiro
Sistema Tributário Nacional

•• *Vide* arts. 145 a 162 da CF (sistema tributário nacional).

Título I
DISPOSIÇÕES GERAIS

Art. 2.º O sistema tributário nacional é regido pelo disposto na Emenda Constitucional n. 18, de 1.º de dezembro de 1965, em leis complementares, em resoluções do Senado Federal e, nos limites das respectivas competências, em leis federais, nas Constituições e em leis estaduais, e em leis municipais.

•• *Vide* arts. 145 a 162 da CF (sistema tributário nacional).

•• *Vide* art. 96 do CTN.

•• *Vide* Lei n. 4.320, de 17-3-1964 (normas gerais de direito financeiro).

Art. 3.º Tributo é toda prestação pecuniária compulsória, em moeda ou cujo valor nela se possa exprimir, que não constitua sanção de ato ilícito, instituída em lei e cobrada mediante atividade administrativa plenamente vinculada.

•• *Vide* Súmula 545 do STF.

• *Vide* art. 118, I, do CTN.

• *Vide* art. 142 do CTN c/c o Decreto n. 70.235, de 6-3-1972 (atividade administrativa).

• *Vide* Súmula 666 do STF.

• Os arts. 186 e s. do CC dispõem sobre os atos ilícitos.

Art. 4.º A natureza jurídica específica do tributo é determinada pelo fato gerador da respectiva obrigação, sendo irrelevantes para qualificá-la:

I – a denominação e demais características formais adotadas pela lei;

•• *Vide* art. 97, III, do CTN.

II – a destinação legal do produto da sua arrecadação.

•• *Vide* arts. 114 a 118 (fato gerador), e 97, IV (base de cálculo), do CTN.

• *Vide* art. 167, IV, da CF.

Art. 5.º Os tributos são impostos, taxas e contribuições de melhoria.

•• *Vide* arts. 146, 148, 149, 149-A e 195, § 6.º, da CF.

• *Vide* art. 145 da CF.

• *Vide* arts. 16 e s. (impostos), 77 e s. (taxas) e 81 e s. (contribuição de melhoria) do CTN.

• *Vide* Decreto-lei n. 195, de 24-2-1967 (contribuição de melhoria).

Título II
COMPETÊNCIA TRIBUTÁRIA

Capítulo I
DISPOSIÇÕES GERAIS

Art. 6.º A atribuição constitucional de competência tributária compreende a competência legislativa plena, ressalvadas as limitações contidas na Constituição Federal, nas Constituições dos Estados e nas Leis Orgânicas do Distrito Federal e dos Municípios, e observado o disposto nesta Lei.

(*) Publicada no *DOU*, de 27-10-1966, retificada em 31-10-1966. Por força do art. 7.º do Ato Complementar n. 36, de 13-3-1967, a Lei n. 5.172, de 25-10-1966, passou, incluídas as alterações posteriores, a denominar-se CTN.

Parágrafo único. Os tributos cuja receita seja distribuída, no todo ou em parte, a outras pessoas jurídicas de direito público pertencem à competência legislativa daquela a que tenham sido atribuídos.

• *Vide* arts. 146, I e II (conflito de competência em matéria tributária), 150 a 152 (limitações ao poder de tributar) e 157 a 162 (repartição das receitas tributárias) da CF.

• *Vide* Súmula 69 do STF.

Art. 7.º A competência tributária é indelegável, salvo atribuição das funções de arrecadar ou fiscalizar tributos, ou de executar leis, serviços, atos ou decisões administrativas em matéria tributária, conferida por uma pessoa jurídica de direito público a outra, nos termos do § 3.º do art. 18 da Constituição.

•• Refere-se, o texto acima, a dispositivo da CF de 1946.

• *Vide* art. 153, § 4.º, III, da CF.

§ 1.º A atribuição compreende as garantias e os privilégios processuais que competem à pessoa jurídica de direito público que a conferir.

•• *Vide* arts. 183 e s. do CTN.

§ 2.º A atribuição pode ser revogada, a qualquer tempo, por ato unilateral da pessoa jurídica de direito público que a tenha conferido.

§ 3.º Não constitui delegação de competência o cometimento, a pessoas de direito privado, do encargo ou da função de arrecadar tributos.

• *Vide* art. 150, § 6.º, da CF.

Art. 8.º O não exercício da competência tributária não a defere a pessoa jurídica de direito público diversa daquela a que a Constituição a tenha atribuído.

•• *Vide* art. 155, § 2.º, XII, *g* (concessão e revogação de isenções, incentivos e benefícios fiscais), da CF.

• *Vide* art. 1.º, § 1.º, da Lei Complementar n. 101, de 4-5-2000.

Capítulo II
LIMITAÇÕES DA COMPETÊNCIA TRIBUTÁRIA

•• *Vide* arts. 150 a 152 (limitações do poder de tributar) da CF.

Seção I
Disposições Gerais

Art. 9.º É vedado à União, aos Estados, ao Distrito Federal e aos Municípios:

•• *Vide* art. 150 (o que é vedado à União) da CF.

I – instituir ou majorar tributos sem que a lei o estabeleça, ressalvado, quanto à majoração, o disposto nos arts. 21, 26 e 65;

•• *Vide* art. 150, I (exigência e aumento de tributo), da CF.

II – cobrar imposto sobre o patrimônio e a renda com base em lei posterior à data inicial do exercício financeiro a que corresponda;

•• *Vide* art. 150, III (cobrança de tributos), da CF.

III – estabelecer limitações ao tráfego, no território nacional, de pessoas ou mercadorias, por meio de tributos interestaduais ou intermunicipais;

•• *Vide* art. 150, V (limitações ao tráfego de pessoas ou bens, por meio de tributos), da CF.

IV – cobrar imposto sobre:

a) o patrimônio, a renda ou os serviços uns dos outros;

•• *Vide* o disposto no § 2.º deste artigo.

•• *Vide* arts. 12 e 13 do CTN.

•• *Vide* art. 150, VI, *a*, e §§ 2.º e 3.º (instituição de impostos), da CF.

b) templos de qualquer culto;

•• *Vide* art. 150, VI, *b*, e § 4.º (instituição de impostos), da CF.

c) o patrimônio, a renda ou serviços dos partidos políticos, inclusive suas fundações, das entidades sindicais dos trabalhadores, das instituições de educação e de assistência social, sem fins lucrativos, observados os requisitos fixados na Seção II deste Capítulo;

•• Alínea *c* com redação determinada pela Lei Complementar n. 104, de 10-1-2001.

•• *Vide* art. 14, § 2.º, do CTN.

•• *Vide* art. 150, VI, c, e § 4.º (instituição de impostos), da CF.

• *Vide* Súmulas 724 e 730 do STF.

• *Vide* Súmula 612 do STJ.

d) papel destinado exclusivamente à impressão de jornais, periódicos e livros.

•• *Vide* art. 150, VI, *d* (instituição de impostos), da CF.

• *Vide* Súmulas 657 e 662 do STF.

§ 1.º O disposto no inciso IV não exclui a atribuição, por lei, às entidades nele referidas, da condição de responsáveis pelos tributos que lhes caiba reter na fonte, e não as dispensa da prática de atos, previstos em lei, assecuratórios do cumprimento de obrigações tributárias por terceiros.

• *Vide* arts. 12, 13, parágrafo único, e 14, § 1.º, do CTN.

§ 2.º O disposto na alínea *a* do inciso IV aplica-se, exclusivamente, aos serviços próprios das pessoas jurídicas de direito público a que se refere este artigo, e inerentes aos seus objetivos.

• *Vide* art. 150, VI, *a*, e § 2.º, da CF.

• *Vide* art. 12 do CTN.

Art. 10. É vedado à União instituir tributo que não seja uniforme em todo o território nacional, ou que importe distinção ou preferência em favor de determinado Estado ou Município.

•• *Vide* art. 151, I (o que é vedado à União), da CF.

Art. 11. É vedado aos Estados, ao Distrito Federal e aos Municípios estabelecer diferença tributária entre bens de qualquer natureza, em razão da sua procedência ou do seu destino.

•• *Vide* Súmula 591 do STF.

• *Vide* art. 152 da CF.

Seção II
Disposições Especiais

Art. 12. O disposto na alínea *a* do inciso IV do art. 9.º, observado o disposto nos seus §§ 1.º e 2.º, é extensivo às autarquias criadas pela União, pelos Estados, pelo Distrito Federal, ou pelos Municípios, tão somente no que se refere ao patrimônio, à renda ou aos serviços vinculados às suas finalidades essenciais, ou delas decorrentes.

•• *Vide* Súmulas 73, 75, 336 e 583 do STF.

•• *Vide* art. 150, §§ 2.º e 3.º (instituição de impostos – vedações), da CF.

Art. 13. O disposto na alínea *a* do inciso IV do art. 9.º não se aplica aos serviços públicos concedidos, cujo tratamento tributário é estabelecido pelo poder concedente, no que se refere aos tributos de sua competência, ressalvado o que dispõe o parágrafo único.

Parágrafo único. Mediante lei especial e tendo em vista o interesse comum, a União pode instituir isenção de tributos federais, estaduais e municipais para os serviços públicos que conceder, observado o disposto no § 1.º do art. 9.º.

•• *Vide* Súmulas 77 a 79 e 81 do STF.

• *Vide* arts. 150, § 6.º (exigências para confissões), e 151, III (vedação a isenções heterônomas), da CF.

Art. 14. O disposto na alínea *c* do inciso IV do art. 9.º é subordinado à observância dos seguintes requisitos pelas entidades nele referidas:

• *Vide* Súmula 612 do STJ.

I – não distribuírem qualquer parcela de seu patrimônio ou de suas rendas, a qualquer título;

•• Inciso I com redação determinada pela Lei Complementar n. 104, de 10-1-2001.

• *Vide* art. 3.º, § 2.º, do Decreto n. 4.382, de 19-9-2002.

II – aplicarem integralmente, no País, os seus recursos na manutenção dos seus objetivos institucionais;

III – manterem escrituração de suas receitas e despesas em livros revestidos de formalidades capazes de assegurar sua exatidão.

§ 1.º Na falta de cumprimento do disposto neste artigo, ou no § 1.º do art. 9.º, a autoridade competente pode suspender a aplicação do benefício.

§ 2.º Os serviços a que se refere a alínea *c* do inciso IV do art. 9.º são exclusivamente os diretamente relacionados com os objetivos institucionais das entidades de que trata este artigo, previsto nos respectivos estatutos ou atos constitutivos.

•• *Vide* art. 150, § 4.º (instituição de impostos – vedações), da CF.

Art. 15. Somente a União, nos seguintes casos excepcionais, pode instituir empréstimos compulsórios:

•• *Vide* art. 148 (instituição de empréstimo compulsório) da CF.

I – guerra externa, ou sua iminência;

II – calamidade pública que exija auxílio federal impossível de atender com os recursos orçamentários disponíveis;

III – conjuntura que exija a absorção temporária de poder aquisitivo.

Parágrafo único. A lei fixará obrigatoriamente o prazo do empréstimo e as condições de seu resgate, observando, no que for aplicável, o disposto nesta Lei.

Título III
IMPOSTOS

Capítulo I
DISPOSIÇÕES GERAIS

Art. 16. Imposto é o tributo cuja obrigação tem por fato gerador uma situação independente de qualquer atividade estatal específica, relativa ao contribuinte.

• *Vide* art. 167, IV, da CF.

Art. 17. Os impostos componentes do sistema tributário nacional são exclusivamente os que constam deste Título, com as competências e limitações nele previstas.

•• *Vide* art. 217 do CTN.

•• *Vide* art. 154, I (instituição de impostos), da CF.

Art. 18. Compete:

I – à União instituir, nos Territórios Federais, os impostos atribuídos aos Estados e, se aqueles não forem divididos em Municípios, cumulativamente, os atribuídos a estes;

•• *Vide* arts. 147 e 156 (competência da União, em Território Federal) da CF.

II – ao Distrito Federal e aos Estados não divididos em Municípios instituir, cumulativamente, os impostos atribuídos aos Estados e aos Municípios.

•• *Vide* art. 155 (instituição de impostos pelos Estados e pelo Distrito Federal) da CF.

Capítulo II
IMPOSTOS SOBRE O COMÉRCIO EXTERIOR

• O Decreto n. 6.759, de 5-2-2009, regulamenta a administração das atividades aduaneiras e a fiscalização, o controle e a tributação das operações de comércio exterior.

Seção I
Imposto sobre a Importação

•• *Vide* art. 153, I (importação), da CF.

•• *Vide* Decreto-lei n. 37, de 18-11-1966 (imposto de importação e reorganização dos serviços aduaneiros).

Art. 19. O imposto, de competência da União, sobre a importação de produtos estrangeiros tem como fato gerador a entrada destes no território nacional.

•• *Vide* art. 74, II, do CTN.

•• *Vide* Decreto-lei n. 37, de 18-11-1966, art. 1.º (incidência do imposto de importação).

•• *Vide* Súmulas 89, 132, 142, 302 e 577 do STF.

•• *Vide* Decreto-lei n. 2.472, de 1.º-9-1988, art. 11 (legislação aduaneira – isenção – mercadoria destinada a consumo em feiras e exposições internacionais).

•• *Vide* Lei n. 8.010, de 29-3-1990 (importações de bens destinados à pesquisa científica e tecnológica – isenção – máquinas e instrumentos).

•• *Vide* Lei n. 8.032, de 12-4-1990, art. 2.º (isenção ou redução de imposto de importação – limite).

• *Vide* Decreto n. 10.044, de 4-10-2019 (competência da CAMEX – Câmara de Comércio Exterior – para alterar alíquotas do imposto sobre importação).

• *Vide* Lei n. 10.755, de 3-11-2003 (multa em operações de importação).

Art. 20. A base de cálculo do imposto é:

• *Vide* art. 146, III, *a*, da CF.

I – quando a alíquota seja específica, a unidade de medida adotada pela lei tributária;

II – quando a alíquota seja *ad valorem*, o preço normal que o produto, ou seu similar, alcançaria, ao tempo da importação, em uma venda em condições de livre concorrência, para entrega no porto ou lugar de entrada do produto no País;

•• *Vide* arts. 2.º (base de cálculo do imposto) e 17 a 21 (similaridade) do Decreto-lei n. 37, de 18-11-1966.

• *Vide* Súmula 124 do STJ.

III – quando se trate de produto apreendido ou abandonado, levado a leilão, o preço da arrematação.

•• *Vide* Decreto-lei n. 37, de 18-11-1966, art. 2.º (base de cálculo do imposto).

Art. 21. O Poder Executivo pode, nas condições e nos limites estabelecidos em lei, alterar as alíquotas ou as bases de cálculo do imposto, a fim de ajustá-lo aos objetivos da política cambial e do comércio exterior.

•• *Vide* arts. 9.º, I, e 97, II e IV, do CTN.

•• *Vide* art. 153, § 1.º (alteração de alíquotas), da CF.

Art. 22. Contribuinte do imposto é:

•• O art. 217 do Decreto n. 6.759, de 5-2-2009, dispõe: "É contribuinte do imposto o exportador, assim considerada qualquer pessoa que promova a saída de mercadoria do território aduaneiro".

I – o importador ou quem a lei a ele equiparar;

•• *Vide* art. 32 e parágrafo único do Decreto-lei n. 37, de 18-11-1966 (imposto de importação; contribuinte e responsável).

II – o arrematante de produtos apreendidos ou abandonados.

•• *Vide* Decreto-lei n. 37, de 18-11-1966, art. 31 (contribuinte do imposto).

Seção II

Imposto sobre a Exportação

•• *Vide* art. 153, II (exportação de produtos nacionais ou nacionalizados), da CF.

•• *Vide* Decreto-lei n. 1.578, de 11-10-1977 (imposto de exportação).

Art. 23. O imposto, de competência da União, sobre a exportação, para o estrangeiro, de produtos nacionais ou nacionalizados tem como fato gerador a saída destes do território nacional.

•• *Vide* Decreto-lei n. 1.578, de 11-10-1977, art. 1.º e parágrafos (imposto de exportação – fato gerador).

Art. 24. A base de cálculo do imposto é:

• *Vide* art. 146, III, *a*, da CF.

I – quando a alíquota seja específica, a unidade de medida adotada pela lei tributária;

II – quando a alíquota seja *ad valorem*, o preço normal que o produto, ou seu similar, alcançaria, ao tempo da exportação, em uma venda em condições de livre concorrência.

Parágrafo único. Para os efeitos do inciso II, considera-se a entrega como efetuada no porto ou lugar da saída do produto, deduzidos os tributos diretamente incidentes sobre a operação de exportação e, nas vendas efetuadas a prazo superior aos correntes no mercado internacional, o custo do financiamento.

•• *Vide* Decreto-lei n. 1.578, de 11-10-1977, art. 2.º (base de cálculo).

Art. 25. A lei pode adotar como base de cálculo a parcela do valor ou do preço, referidos no artigo anterior, excedente de valor básico, fixado de acordo com os critérios e dentro dos limites por ela estabelecidos.

Art. 26. O Poder Executivo pode, nas condições e nos limites estabelecidos em lei, alterar as alíquotas ou as bases de cálculo do imposto, a fim de ajustá-lo aos objetivos da política cambial e do comércio exterior.

•• *Vide* arts. 9.º, I, e 97, II e IV, do CTN.

•• *Vide* Decreto-lei n. 1.578, de 11-10-1977, art. 3.º (imposto de exportação – alíquota).

• *Vide* art. 153, § 1.º, da CF.

Art. 27. Contribuinte do imposto é o exportador ou quem a lei a ele equiparar.

•• *Vide* Decreto-lei n. 1.578, de 11-10-1977, art. 5.º (contribuinte).

Art. 28. A receita líquida do imposto destina-se à formação de reservas monetárias, na forma da lei.

•• *Vide* Decreto-lei n. 1.578, de 11-10-1977, art. 9.º (reserva monetária).

• *Vide* art. 167, IV, da CF.

Capítulo III

IMPOSTOS SOBRE O PATRIMÔNIO E A RENDA

Seção I

Imposto sobre a Propriedade Territorial Rural

•• *Vide* art. 153, VI e § 4.º (propriedade territorial rural – fixação de alíquotas), da CF.

•• *Vide* Lei n. 9.393, de 19-12-1996, regulamentada pelo Decreto n. 4.382, de 19-9-2002 (imposto sobre a propriedade territorial rural).

Art. 29. O imposto, de competência da União, sobre a propriedade territorial rural tem como fato gerador a propriedade, o domínio útil ou a posse de imóvel por natureza, como definido na lei civil, localizado fora da zona urbana do Município.

• *Vide* art. 32, § 1.º, do CTN (conceito de zona urbana).

• Os arts. 1.196, 1.228 e 1.473 e s. do CC dispõem respectivamente sobre a posse, a propriedade e o domínio útil.

• A Lei n. 4.504, de 30-1-1964, dispõe sobre o Estatuto da Terra.

• A Lei n. 5.868, de 12-12-1972, cria o Sistema Nacional de Cadastro Rural.

Art. 30. A base do cálculo do imposto é o valor fundiário.

•• *Vide* Lei n. 9.393, de 19-12-1996, art. 11, e Decreto n. 4.382, de 19-9-2002, art. 9.º.

• *Vide* Súmula 595 do STF.

Art. 31. Contribuinte do imposto é o proprietário do imóvel, o titular de seu domínio útil, ou o seu possuidor a qualquer título.

•• *Vide* Lei n. 9.393, de 19-12-1996, art. 10, e Decreto n. 4.382, de 19-9-2002, art. 5.º.

- Os arts. 1.196, 1.228 e 1.473 e s. do CC dispõem respectivamente sobre a posse, a propriedade e o domínio útil.

Seção II
Imposto sobre a Propriedade Predial e Territorial Urbana

•• *Vide* art. 156, I e § 1.º (imposto sobre propriedade predial e territorial urbana), da CF.

•• O art. 182, § 4.º, II, da CF institui e o art. 7.º da Lei n. 10.257, de 10-7-2001 (Estatuto da Cidade), dispõe sobre o IPTU progressivo no tempo como instrumento de política urbana.

- *Vide* Súmula 397 do STJ.

Art. 32. O imposto, de competência dos Municípios, sobre a propriedade predial e territorial urbana tem como fato gerador a propriedade, o domínio útil ou a posse de bem imóvel por natureza ou por acessão física, como definido na lei civil, localizado na zona urbana do Município.

•• *Vide* art. 32 do Decreto-lei n. 57, de 18-11-1966, que dispõe sobre a aplicação deste artigo.

- *Vide* Súmula 614 do STJ.

§ 1.º Para os efeitos deste imposto, entende-se como zona urbana a definida em lei municipal, observado o requisito mínimo da existência de melhoramentos indicados em pelo menos dois dos incisos seguintes, construídos ou mantidos pelo Poder Público:

I – meio-fio ou calçamento, com canalização de águas pluviais;

II – abastecimento de água;

III – sistema de esgotos sanitários;

IV – rede de iluminação pública, com ou sem posteamento para distribuição domiciliar;

V – escola primária ou posto de saúde a uma distância máxima de 3 (três) quilômetros do imóvel considerado.

§ 2.º A lei municipal pode considerar urbanas as áreas urbanizáveis, ou de expansão urbana, constantes de loteamentos aprovados pelos órgãos competentes, destinados à habitação, à indústria ou ao comércio, mesmo que localizados fora das zonas definidas nos termos do parágrafo anterior.

- Os arts. 1.228 e s. do CC dispõem sobre propriedade.
- O art. 1.473, III, do CC dispõe sobre o domínio útil.
- Os arts. 79 e s. do CC dispõem sobre bens imóveis.
- Os arts. 1.248 e s. do CC dispõem sobre acessão.

Art. 33. A base do cálculo do imposto é o valor venal do imóvel.

- *Vide* Súmula 160 do STJ.
- *Vide* Súmula 589 do STF.

Parágrafo único. Na determinação da base de cálculo, não se considera o valor dos bens móveis mantidos, em caráter permanente ou temporário, no imóvel, para efeito de sua utilização, exploração, aformoseamento ou comodidade.

•• *Vide* art. 182, §§ 2.º e 4.º, II, da CF (função social da propriedade urbana).

Art. 34. Contribuinte do imposto é o proprietário do imóvel, o titular do seu domínio útil, ou o seu possuidor a qualquer título.

- *Vide* Súmulas 75, 539 e 583 do STF.
- *Vide* Súmula 399 e 614 do STJ.
- Os arts. 1.228 e s. do CC dispõem sobre propriedade.
- O art. 1.473, III, do CC dispõe sobre o domínio útil.
- Os arts. 1.196 e s. do CC dispõem sobre posse.

Seção III
Imposto sobre a Transmissão de Bens Imóveis e de Direitos a eles Relativos

•• *Vide* arts. 155, I, e 156, II, da CF (transmissão *causa mortis*, doação e transmissão *inter vivos*).

Art. 35. O imposto, de competência dos Estados, sobre a transmissão de bens imóveis e de direitos a eles relativos tem como fato gerador:

•• *Vide* arts. 155, I e § 1.º, I e II (competência dos Estados), e 156, § 2.º (competência dos municípios), da CF.

I – a transmissão, a qualquer título, da propriedade ou do domínio útil de bens imóveis, por natureza ou por acessão física, como definidos na lei civil;

II – a transmissão, a qualquer título, de direitos reais sobre imóveis, exceto os direitos reais de garantia;

•• *Vide* art. 156, II, da CF (transmissão *inter vivos*).

- O art. 1.225 do CC estabelece o rol dos direitos reais.

III – a cessão de direitos relativos às transmissões referidas nos incisos I e II.

Parágrafo único. Nas transmissões *causa mortis*, ocorrem tantos fatos geradores distintos quantos sejam os herdeiros ou legatários.

- Os arts. 79 e s. do CC dispõem sobre bens imóveis.
- *Vide* Súmulas 112 a 115, 331 e 590 do STF.

Art. 36. Ressalvado o disposto no artigo seguinte, o imposto não incide sobre a transmissão dos bens ou direitos referidos no artigo anterior:

•• *Vide* art. 156, § 2.º, I, da CF (transmissão de bens).

I – quando efetuada para sua incorporação ao patrimônio de pessoa jurídica em pagamento de capital nela subscrito;

II – quando decorrente da incorporação ou da fusão de uma pessoa jurídica por outra ou com outra.

Parágrafo único. O imposto não incide sobre a transmissão aos mesmos alienantes, dos bens e direitos adquiridos na forma do inciso I deste artigo, em decorrência da sua desincorporação do patrimônio da pessoa jurídica a que foram conferidos.

- Os arts. 1.245 e s. do CC dispõem sobre aquisição da propriedade imóvel.
- *Vide* art. 116, parágrafo único, do CTN.

Art. 37. O disposto no artigo anterior não se aplica quando a pessoa jurídica adquirente tenha como atividade preponderante a venda ou locação de propriedade imobiliária ou a cessão de direitos relativos à sua aquisição.

§ 1.º Considera-se caracterizada a atividade preponderante referida neste artigo quando mais de 50% (cinquenta por cento) da receita operacional da pessoa jurídica adquirente, nos 2 (dois) anos anteriores e nos 2 (dois) anos subsequentes à aquisição, decorrer de transações mencionadas neste artigo.

•• *Vide* art. 156, §§ 2.º e 3.º, da CF (transmissão *inter vivos*).

§ 2.º Se a pessoa jurídica adquirente iniciar suas atividades após a aquisição, ou menos de 2 (dois) anos antes dela, apurar-se-á a preponderância referida no parágrafo anterior, levando em conta os 3 (três) primeiros anos seguintes à data da aquisição.

§ 3.º Verificada a preponderância referida neste artigo, tornar-se-á devido o imposto, nos termos da lei vigente à data da aquisição, sobre o valor do bem ou direito nessa data.

§ 4.º O disposto neste artigo não se aplica à transmissão de bens ou direitos, quando realizada em conjunto com a da totalidade do patrimônio da pessoa jurídica alienante.

• Os arts. 481 e s. do CC dispõem sobre compra e venda.

• Os arts. 1.245 e s. do CC dispõem sobre aquisição da propriedade imóvel.

• Os arts. 565 e s. do CC dispõem sobre locação.

• *Vide* Súmulas 75, 108, 110, 111, 113, 326, 328, 329 e 470 do STF.

• A Lei n. 9.636, de 15-5-1998, regulamentada pelo Decreto n. 3.725, de 10-1-2001, dispõe sobre a regularização, administração, aforamento e alienação de bens imóveis de domínio da União.

Art. 38. A base de cálculo do imposto é o valor venal dos bens ou direitos transmitidos.

•• *Vide* notas ao art. 37 do CTN.

• *Vide* Súmulas 112, 113, 114 e 115 do STF.

Art. 39. A alíquota do imposto não excederá os limites fixados em resolução do Senado Federal, que distinguirá, para efeito de aplicação de alíquota mais baixa, as transmissões que atendam à política nacional de habitação.

• *Vide* art. 155, § 1.º, IV, da CF.

• *Vide* art. 97, II e IV, do CTN.

Art. 40. O montante do imposto é dedutível do devido à União, a título do imposto de que trata o art. 43, sobre o provento decorrente da mesma transmissão.

Art. 41. O imposto compete ao Estado da situação do imóvel transmitido, ou sobre que versarem os direitos cedidos, mesmo que a mutação patrimonial decorra de sucessão aberta no estrangeiro.

•• *Vide* art. 155, § 1.º, III, *a* e *b*, da CF (instituição de impostos; doador e *de cujus*).

• Os arts. 1.784 a 2.027 do CC dispõem sobre sucessões.

Art. 42. Contribuinte do imposto é qualquer das partes na operação tributada, como dispuser a lei.

• *Vide* Súmula 108 do STF.

Seção IV
Imposto sobre a Renda e Proventos de Qualquer Natureza

•• *Vide* art. 153, III, da CF (imposto de renda e proventos de qualquer natureza).

• O Decreto n. 9.580, de 22-11-2018, regulamenta a tributação, fiscalização, arrecadação e administração do imposto sobre a renda e proventos de qualquer natureza.

Art. 43. O imposto, de competência da União, sobre a renda e proventos de qualquer natureza tem como fato gerador a aquisição da disponibilidade econômica ou jurídica:

•• *Vide* art. 153, § 2.º, da CF (imposto de renda).

• *Vide* Súmulas 215, 463 e 498 do STJ.

I – de renda, assim entendido o produto do capital, do trabalho ou da combinação de ambos;

•• *Vide* Súmulas 125, 136 e 447 do STJ.

• *Vide* art. 118, I, do CTN (*pecunia non olet*).

II – de proventos de qualquer natureza, assim entendidos os acréscimos patrimoniais não compreendidos no inciso anterior.

•• *Vide* Lei n. 9.249, de 26-12-1995 (imposto de renda das pessoas jurídicas).

•• *Vide* Lei n. 9.250, de 26-12-1995 (imposto de renda das pessoas físicas).

• A Instrução Normativa n. 1.500, de 29-10-2014, da Receita Federal do Brasil, dispõe sobre normas gerais de tributação relativas ao Imposto sobre a Renda das Pessoas Físicas.

• *Vide* Súmulas 93 e 94 do STF.

• *Vide* Súmulas 125 e 136 do STJ.

§ 1.º A incidência do imposto independe da denominação da receita ou do rendimento, da localização, condição jurídica ou nacionalidade da fonte, da origem e da forma de percepção.

•• § 1.º acrescentado pela Lei Complementar n. 104, de 10-1-2001.

§ 2.º Na hipótese de receita ou de rendimento oriundos do exterior, a lei estabelecerá as condições e o momento em que se dará sua disponibilidade, para fins de incidência do imposto referido neste artigo.

•• § 2.º acrescentado pela Lei Complementar n. 104, de 10-1-2001.

Art. 44. A base de cálculo do imposto é o montante, real, arbitrado ou presumido, da renda ou dos proventos tributáveis.

Art. 45. Contribuinte do imposto é o titular da disponibilidade a que se refere o art. 43, sem prejuízo de atribuir a lei essa condição ao possuidor, a qualquer título, dos bens produtores de renda ou dos proventos tributáveis.

• *Vide* art. 128 do CTN (exclusão da responsabilidade do contribuinte).

Parágrafo único. A lei pode atribuir à fonte pagadora da renda ou dos proventos tributáveis a condição de responsável pelo imposto cuja retenção e recolhimento lhe caibam.

Capítulo IV
IMPOSTOS SOBRE A PRODUÇÃO E A CIRCULAÇÃO

Seção I
Imposto sobre Produtos Industrializados

•• *Vide* art. 153, IV e §§ 1.º e 3.º, da CF (imposto sobre produtos industrializados).

•• O Decreto n. 7.212, de 15-6-2010, regulamenta a cobrança do Imposto sobre Produtos Industrializados – IPI.

Art. 46. O imposto, de competência da União, sobre produtos industrializados tem como fato gerador:

I – o seu desembaraço aduaneiro, quando de procedência estrangeira;

II – a sua saída dos estabelecimentos a que se refere o parágrafo único do art. 51;

III – a sua arrematação, quando apreendido ou abandonado e levado a leilão.

Parágrafo único. Para os efeitos deste imposto, considera-se industrializado o produto que tenha sido submetido a qualquer operação que lhe modifique a natureza ou a finalidade, ou o aperfeiçoe para o consumo.

- *Vide* arts. 74, I, 83 e 86 do CTN.
- *Vide* Súmula 536 do STF.

Art. 47. A base de cálculo do imposto é:

I – no caso do inciso I do artigo anterior, o preço normal, como definido no inciso II do art. 20, acrescido do montante:

a) do Imposto sobre a Importação;

b) das taxas exigidas para entrada do produto no País;

c) dos encargos cambiais efetivamente pagos pelo importador ou dele exigíveis;

II – no caso do inciso II do artigo anterior:

a) o valor da operação de que decorrer a saída da mercadoria;

b) na falta do valor a que se refere a alínea anterior, o preço corrente da mercadoria, ou sua similar, no mercado atacadista da praça do remetente;

III – no caso do inciso III do artigo anterior, o preço da arrematação.

Art. 48. O imposto é seletivo em função da essencialidade dos produtos.

•• *Vide* art. 153, § 3.º, I, da CF (imposto seletivo).

Art. 49. O imposto é não cumulativo, dispondo a lei de forma que o montante devido resulte da diferença a maior, em determinado período, entre o imposto referente aos produtos saídos do estabelecimento e o pago relativamente aos produtos nele entrados.

- *Vide* Súmulas 494 e 495 do STJ.

Parágrafo único. O saldo verificado, em determinado período, em favor do contribuinte, transfere-se para o período ou períodos seguintes.

•• *Vide* art. 153, § 3.º, II, da CF (imposto não cumulativo).

- O Decreto n. 7.212, de 15-6-2010, dispõe em seu art. 225, *caput*, sobre a efetivação da não cumulatividade do IPI.

Art. 50. Os produtos sujeitos ao imposto, quando remetidos de um para outro Estado, ou do ou para o Distrito Federal, serão acompanhados de nota fiscal de modelo especial, emitida em séries próprias e contendo, além dos elementos necessários ao controle fiscal, os dados indispensáveis à elaboração da estatística do comércio por cabotagem e demais vias internas.

- *Vide* art. 195 do CTN.

Art. 51. Contribuinte do imposto é:

I – o importador ou quem a lei a ele equiparar;

II – o industrial ou quem a lei a ele equiparar;

III – o comerciante de produtos sujeitos ao imposto, que os forneça aos contribuintes definidos no inciso anterior;

IV – o arrematante de produtos apreendidos ou abandonados, levados a leilão.

Parágrafo único. Para os efeitos deste imposto, considera-se contribuinte autônomo qualquer estabelecimento de importador, industrial, comerciante ou arrematante.

- *Vide* art. 46, II, do CTN.
- O Decreto n. 7.212, de 15-6-2010, dispõe em seu art. 24, parágrafo único, sobre a definição de contribuinte autônomo.

Seção II

Imposto Estadual sobre Operações Relativas à Circulação de Mercadorias

•• *Vide* art. 155, II e § 2.º, da CF (imposto sobre operações relativas à circulação de mercadorias).

•• *Vide* Decreto-lei n. 406, de 31-12-1968 (normas gerais de Direito Financeiro aplicáveis ao ICM).

•• *Vide* Lei Complementar n. 87, de 13-9-1996.

- *Vide* Súmulas 536, 569, 571 a 574, 576, 578 e 579 do STF.
- A Resolução do Senado Federal n. 22, de 19-5-1989, estabelece alíquota do Imposto sobre Operações relativas à Circulação de Mercadorias e sobre Prestação de Serviços de Transporte Interestadual e Intermunicipal e de Comunicação, nas operações Interestaduais.

Art. 52. (*Revogado pelo Decreto-lei n. 406, de 31-12-1968.*)

•• Transcrevemos o art. 52, § 3.º, II, desta Seção tendo em vista a redação determinada a este item II, pela Lei n. 5.589, de 3-7-1970, legislação posterior à sua revogação:

> "Art. 52. O imposto, de competência dos Estados, sobre operações relativas à circulação de mercadorias tem como fato gerador a saída destas de estabelecimentos comercial, industrial ou produtor.
>
> ....
>
> § 3.º O imposto não incide:
>
> ....
>
> II – sobre a alienação fiduciária em garantia, bem como na operação posterior ao vencimento do contrato de financiamento respectivo, efetuado pelo credor em razão do inadimplemento do devedor".

•• Ressalte-se o defeito técnico existente na Lei n. 5.589, de 3-7-1970. Referida Lei, sem expressar qualquer revigoramento, deu nova redação ao item II do § 3.º do revogado art. 52 do CTN. Temos por certo que a intenção real do legislador foi dar nova redação ao item II do § 3.º do art. 1.º do Decreto-lei n. 406, de 31-12-1968, revogador daquele dispositivo do CTN. Se a revogação da lei pode ser expressa ou tácita, sua restauração será, sempre, expressa, consoante determinação do art. 2.º, § 3.º, da LINDB (Decreto-lei n. 4.657, de 4-9-1942).

Arts. 53 a 58. (*Revogados pelo Decreto-lei n. 406, de 31-12-1968.*)

Seção III
Imposto Municipal sobre Operações Relativas à Circulação de Mercadorias

Arts. 59 a 62. (*Revogados pelo Ato Complementar n. 31, de 28-12-1966.*)

Seção IV
Imposto sobre Operações de Crédito, Câmbio e Seguro, e sobre Operações Relativas a Títulos e Valores Mobiliários

•• *Vide* Lei n. 5.143, de 20-10-1966, que institui o Imposto sobre Operações Financeiras, regula a respectiva cobrança e dispõe sobre a aplicação das reservas monetárias oriundas da sua receita.

•• *Vide* art. 153, V, da CF (operações de crédito, câmbio e seguro, ou relativas a títulos ou valores mobiliários).

•• Regulamento: *vide* Decreto n. 6.306, de 14-12-2007.

Art. 63. O imposto, de competência da União, sobre operações de crédito, câmbio e seguro, e sobre operações relativas a títulos e valores mobiliários tem como fato gerador:

•• *Vide* art. 153, § 5.º, da CF (imposto sobre operações de crédito, câmbio e seguro, ou relativas a títulos ou valores mobiliários).

I – quanto às operações de crédito, a sua efetivação pela entrega total ou parcial do montante ou do valor que constitua o objeto da obrigação, ou sua colocação à disposição do interessado;

•• *Vide* Decreto n. 6.306, de 14-12-2007, art. 3.º.

• *Vide* Súmula 664 do STF.

II – quanto às operações de câmbio, a sua efetivação pela entrega de moeda nacional ou estrangeira, ou de documento que a represente, ou sua colocação à disposição do interessado, em montante equivalente à moeda estrangeira ou nacional entregue ou posta à disposição por este;

• *Vide* Decreto n. 6.306, de 14-12-2007, art. 11.

III – quanto às operações de seguro, a sua efetivação pela emissão da apólice ou do documento equivalente, ou recebimento do prêmio, na forma da lei aplicável;

• *Vide* Decreto n. 6.306, de 14-12-2007, art. 18.

IV – quanto às operações relativas a títulos e valores mobiliários, a emissão, transmissão, pagamento ou resgate destes, na forma da lei aplicável.

• *Vide* Decreto n. 6.306, de 14-12-2007, art. 25.

Parágrafo único. A incidência definida no inciso I exclui a definida no inciso IV, e reciprocamente, quanto à emissão, ao pagamento ou resgate do título representativo de uma mesma operação de crédito.

•• *Vide* Lei n. 5.143, de 20-10-1966, art. 1.º (instituição do imposto sobre operações financeiras).

•• *Vide* Lei n. 7.766, de 11-5-1989, art. 8.º (ouro, ativo financeiro e tratamento tributário).

•• *Vide* Lei n. 8.894, de 21-6-1994 (imposto sobre operações de crédito, câmbio e seguro, ou relativas a títulos e valores mobiliários).

•• *Vide* Lei n. 8.981, de 20-1-1995, arts. 65 e s.

• O Decreto-lei n. 73, de 21-11-1966, dispõe sobre o sistema nacional de seguros privados e operações de seguros e resseguros.

• A Lei n. 6.385, de 7-12-1976, dispõe sobre o mercado de valores mobiliários e cria a CVM.

• *Vide* Decreto n. 6.306, de 14-12-2007, art. 2.º, § 1.º.

• *Vide* Súmula 588 do STF.

Art. 64. A base de cálculo do imposto é:

•• *Vide* Lei n. 5.143, de 20-10-1966, art. 2.º (imposto sobre operações financeiras – base do imposto), e o Decreto n. 6.306, de 14-12-2007, arts. 7.º e 14.

I – quanto às operações de crédito, o montante da obrigação, compreendendo o principal e os juros;

II – quanto às operações de câmbio, o respectivo montante em moeda nacional, recebido, entregue ou posto à disposição;

III – quanto às operações de seguro, o montante do prêmio;

IV – quanto às operações relativas a títulos e valores mobiliários:

a) na emissão, o valor nominal mais o ágio, se houver;

b) na transmissão, o preço ou o valor nominal ou o valor da cotação em Bolsa, como determinar a lei;

c) no pagamento ou resgate, o preço.

Art. 65. O Poder Executivo pode, nas condições e nos limites estabelecidos em lei, alterar as alíquotas ou as bases de cálculo do imposto, a fim de ajustá-lo aos objetivos da política monetária.

• *Vide* arts. 146, III, *a*, e 153, § 1.º, da CF.

• *Vide* Lei n. 8.894, de 21-6-1994, art. 5.º, parágrafo único.

• *Vide* arts. 9.º, I, e 97, II e IV, do CTN.

Art. 66. Contribuinte do imposto é qualquer das partes na operação tributada, como dispuser a lei.

•• *Vide* art. 3.º da Lei n. 8.894, de 21-6-1994.

Art. 67. A receita líquida do imposto destina-se à formação de reservas monetárias, na forma da lei.

•• *Vide* art. 12 da Lei n. 5.143, de 20-10-1966 (imposto sobre operações financeiras).

• *Vide* art. 167, IV, da CF.

Seção V
Imposto sobre Serviços de Transportes e Comunicações

•• *Vide* Lei Complementar n. 87, de 13-9-1996.

Art. 68. O imposto, de competência da União, sobre serviços de transportes e comunicações tem como fato gerador:

•• *Vide* art. 155, II e § 2.º, da CF, que transfere mencionada competência para os Estados e o Distrito Federal (ICMS).

I – a prestação do serviço de transporte, por qualquer via, de pessoas, bens, mercadorias ou valores, salvo quando o trajeto se contenha inteiramente no território de um mesmo Município;

• *Vide* Lei Complementar n. 87, de 13-9-1996.

II – a prestação do serviço de comunicações, assim se entendendo a transmissão e o recebimento, por qualquer processo, de mensagens escritas, faladas ou visuais, salvo quando os pontos de transmissão e de recebimento se situem no território de um mesmo Município e a mensagem em curso não possa ser captada fora desse território.

• *Vide* Súmulas 334 e 350 do STJ.

Art. 69. A base de cálculo do imposto é o preço do serviço.

Art. 70. Contribuinte do imposto é o prestador do serviço.

Seção VI
Imposto sobre Serviços de Qualquer Natureza

Arts. 71 a 73. (*Revogados pelo Decreto-lei n. 406, de 31-12-1968.*)

•• *Vide* Lei Complementar n. 116, de 31-7-2003, que passa a cuidar da matéria prevista, originariamente, nestes arts. 71 a 73.

Capítulo V
IMPOSTOS ESPECIAIS

Seção I
Imposto sobre Operações Relativas a Combustíveis, Lubrificantes, Energia Elétrica e Minerais do País

•• *Vide* art. 155, II e § 2.º, XII, *h*, e §§ 3.º a 5.º, da CF.

Art. 74. O imposto, de competência da União, sobre operações relativas a combustíveis, lubrificantes, energia elétrica e minerais do País tem como fato gerador:

I – a produção, como definida no art. 46 e seu parágrafo único;

II – a importação, como definida no art. 19;

III – a circulação, como definida no art. 52;

•• O citado art. 52 foi revogado pelo Decreto-lei n. 406, de 31-12-1968.

IV – a distribuição, assim entendida a colocação do produto no estabelecimento consumidor ou em local de venda ao público;

V – o consumo, assim entendida a venda do produto ao público.

§ 1.º Para os efeitos deste imposto, a energia elétrica considera-se produto industrializado.

§ 2.º O imposto incide, uma só vez, sobre uma das operações previstas em cada inciso deste artigo, como dispuser a lei, e exclui quaisquer outros tributos, sejam quais forem sua natureza ou competência, incidentes sobre aquelas operações.

• *Vide* arts. 95 e 217 do CTN.

Art. 75. A lei observará o disposto neste Título relativamente:

I – ao Imposto sobre Produtos Industrializados, quando a incidência seja sobre a produção ou sobre o consumo;

• *Vide* arts. 46 a 51 do CTN.

II – ao Imposto sobre a Importação, quando a incidência seja sobre essa operação;

• *Vide* arts. 19 a 22 do CTN.

III – ao Imposto sobre Operações Relativas à Circulação de Mercadorias, quando a incidência seja sobre a distribuição.

Seção II
Impostos Extraordinários

•• *Vide* art. 154, II, da CF (impostos extraordinários).

Art. 76. Na iminência ou no caso de guerra externa, a União pode instituir, temporariamente, impostos extraordinários compreendidos ou não entre os referidos nesta Lei, suprimidos, gradativamente, no prazo máximo de 5 (cinco) anos, contados da celebração da paz.

• *Vide* art. 150, § 1.º, da CF.

TÍTULO IV
TAXAS

•• *Vide* art. 145, II, da CF (taxas).

Art. 77. As taxas cobradas pela União, pelos Estados, pelo Distrito Federal ou pelos Municípios, no âmbito de suas respectivas atribuições, têm como fato gerador o exercício regular do poder de polícia, ou a utilização, efetiva ou potencial, de serviço público específico e divisível, prestado ao contribuinte ou posto à sua disposição.

Parágrafo único. A taxa não pode ter base de cálculo ou fato gerador idênticos aos que correspondam a imposto, nem ser calculada em função do capital das empresas.

•• Parágrafo único com redação determinada pelo Ato Complementar n. 34, de 30-1-1967.

•• *Vide* art. 79 do CTN.

•• *Vide* art. 145, § 2.º, da CF (taxas, base de cálculo).

• *Vide* Súmulas 128, 129, 132, 140, 141, 142, 302, 324, 348, 545, 595, 665 e 670 do STF e Súmulas Vinculantes 19 e 29.

• *Vide* Súmulas 80 e 124 do STJ.

Art. 78. Considera-se poder de polícia atividade da administração pública que, limitando ou disciplinando direito, interesse ou liberdade, regula a prática de ato ou abstenção de fato, em razão de interesse público concernente à segurança, à higiene, à ordem, aos costumes, à disciplina da produção e do mercado, ao exercício de atividades econômicas dependentes de concessão ou autorização do Poder Público, à tranquilidade pública ou ao respeito à propriedade e aos direitos individuais ou coletivos.

•• *Caput* com redação determinada pelo Ato Complementar n. 31, de 28-12-1966.

Parágrafo único. Considera-se regular o exercício do poder de polícia quando desempenhado pelo órgão competente nos limites da lei aplicável, com observância do processo legal e, tratando-se de atividade que a lei tenha como discricionária, sem abuso ou desvio de poder.

• A Lei n. 4.898, de 9-12-1965, regula o direito de representação e o processo de responsabilidade administrativa, civil e penal, nos casos de Abuso de Autoridade.

Art. 79. Os serviços públicos a que se refere o art. 77 consideram-se:

I – utilizados pelo contribuinte:

a) efetivamente, quando por ele usufruídos a qualquer título;

b) potencialmente, quando, sendo de utilização compulsória, sejam postos à sua disposição mediante atividade administrativa em efetivo funcionamento;

II – específicos, quando possam ser destacados em unidades autônomas de intervenção, de utilidade ou de necessidade públicas;

III – divisíveis, quando suscetíveis de utilização, separadamente, por parte de cada um dos seus usuários.

Art. 80. Para efeito de instituição e cobrança de taxas, consideram-se compreendidas no âmbito das atribuições da União, dos Estados, do Distrito Federal ou dos Municípios aquelas que, segundo a Constituição Federal, as Constituições dos Estados, as Leis Orgânicas do Distrito Federal e dos Municípios e a legislação com elas compatível, competem a cada uma dessas pessoas de direito público.

Título V
CONTRIBUIÇÃO DE MELHORIA

•• *Vide* art. 145, III, da CF (contribuição de melhoria).

Art. 81. A contribuição de melhoria cobrada pela União, pelos Estados, pelo Distrito Federal ou pelos Municípios, no âmbito de suas respectivas atribuições, é instituída para fazer face ao custo de obras públicas de que decorra valorização imobiliária, tendo como limite total a despesa realizada e como limite individual o acréscimo de valor que da obra resultar para cada imóvel beneficiado.

•• *Vide* Decreto-lei n. 195, de 24-2-1967 (cobrança da contribuição de melhoria).

Art. 82. A lei relativa à contribuição de melhoria observará os seguintes requisitos mínimos:

I – publicação prévia dos seguintes elementos:

a) memorial descritivo do projeto;

b) orçamento do custo da obra;

c) determinação da parcela do custo da obra a ser financiada pela contribuição;

d) delimitação da zona beneficiada;

e) determinação do fator de absorção do benefício da valorização para toda a zona ou para cada uma das áreas diferenciadas, nela contidas;

II – fixação de prazo não inferior a 30 (trinta) dias, para impugnação, pelos interessados, de qualquer dos elementos referidos no inciso anterior;

III – regulamentação do processo administrativo de instrução e julgamento da impugnação a que se refere o inciso anterior, sem prejuízo da sua apreciação judicial.

§ 1.º A contribuição relativa a cada imóvel será determinada pelo rateio da parcela do custo da obra a que se refere a alínea c, do inciso I, pelos imóveis situados na zona beneficiada em função dos respectivos fatores individuais de valorização.

§ 2.º Por ocasião do respectivo lançamento, cada contribuinte deverá ser notificado do montante da contribuição, da forma e dos prazos de seu pagamento e dos elementos que integraram o respectivo cálculo.

•• *Vide* Decreto n. 70.235, de 6-3-1972 (processo administrativo fiscal).

•• *Vide* arts. 142 a 146 (lançamento) do CTN.

Título VI
DISTRIBUIÇÕES DE RECEITAS TRIBUTÁRIAS

•• *Vide* arts. 157 a 162 da CF (repartição das receitas tributárias).

Capítulo I
DISPOSIÇÕES GERAIS

Art. 83. Sem prejuízo das demais disposições deste Título, os Estados e Municípios que celebrem com a União convênios destinados a assegurar ampla e eficiente coordenação dos respectivos programas de investimentos e serviços públicos, especialmente no campo da política tributária, poderão participar de até 10% (dez por cento) da arrecadação efetuada, nos respectivos territórios, proveniente do imposto referido no art. 43, incidente sobre o rendimento das pessoas físicas, e no art. 46, excluído o incidente sobre o fumo e bebidas alcoólicas.

Parágrafo único. O processo das distribuições previstas neste artigo será regulado nos convênios nele referidos.

• A Lei n. 8.016, de 8-4-1990, dispõe sobre a entrada das quotas de participação dos Estados e do Distrito Federal na arrecadação dos impostos sobre produtos industrializados, de que trata o art. 159 da CF.

Art. 84. A lei federal pode cometer aos Estados, ao Distrito Federal ou aos Municípios o encargo de arrecadar os impostos de competência da União, cujo produto lhes seja distribuído no todo ou em parte.

• *Vide* arts. 6.º, parágrafo único, e 7.º do CTN.

Parágrafo único. O disposto neste artigo aplica-se à arrecadação dos impostos de competência dos Estados, cujo produto estes venham a distribuir, no todo ou em parte, aos respectivos Municípios.

Capítulo II
IMPOSTO SOBRE A PROPRIEDADE TERRITORIAL RURAL E SOBRE A RENDA E PROVENTOS DE QUALQUER NATUREZA

Art. 85. Serão distribuídos pela União:

I – aos Municípios da localização dos imóveis, o produto da arrecadação do imposto a que se refere o art. 29;

• *Vide* art. 158, II, da CF.

II – aos Estados, ao Distrito Federal e aos Municípios, o produto da arrecadação, na fonte, do imposto a que se refere o art. 43, incidente sobre a renda das obrigações de sua dívida pública e sobre os proventos dos seus servidores e dos de suas autarquias.

• *Vide* arts. 157, I, e 158, I, da CF.

§ 1.º Independentemente de ordem das autoridades superiores e sob pena de demissão, as autoridades arrecadadoras dos impostos a que se refere este artigo farão entrega, aos Estados, ao Distrito Federal e aos Municípios, das importâncias recebidas, à medida que forem sendo arrecadadas, em prazo não superior a 30 (trinta) dias, a contar da data de cada recolhimento.

•• *Vide* art. 162 da CF (arrecadação, divulgação).

§ 2.º A lei poderá autorizar os Estados, o Distrito Federal e os Municípios a incorporar definitivamente à sua receita o produto da arrecadação do imposto a que se refere o inciso II, estipulando as obrigações acessórias a serem cumpridas por aqueles no interesse da arrecadação, pela União, do imposto a ela devido pelos titulares da renda ou dos proventos tributados.

§ 3.º A lei poderá dispor que uma parcela, não superior a 20% (vinte por cento), do imposto de que trata o inciso I seja destinada ao custeio do respectivo serviço de lançamento e arrecadação.

•• Suspensa, por inconstitucionalidade, a execução deste § 3.º do art. 85 (Resolução do Senado Federal n. 337, de 27-9-1983).

Capítulo III
FUNDOS DE PARTICIPAÇÃO DOS ESTADOS E DOS MUNICÍPIOS

•• *Vide* arts. 159, I, *a* e *b*, 161, II, III e parágrafo único, da CF (arrecadação das receitas – e entrega) e arts. 34, § 2.º, e 39 do ADCT (Fundo de Participação).

Seção I
Constituição dos Fundos

Arts. 86 e 87. (*Revogados pela Lei Complementar n. 143, de 17-7-2013.*)

Seção II
Critério de Distribuição do Fundo de Participação dos Estados

Arts. 88 e 89. (*Revogados pela Lei Complementar n. 143, de 17-7-2013.*)

Art. 90. O fator representativo do inverso da renda *per capita*, a que se refere o inciso II do art. 88, será estabelecido da seguinte forma:

Inverso do índice relativo à renda per capita da entidade participante:

	Fator
Até 0,0045	0,4
Acima de 0,0045 até 0,0055	0,5
Acima de 0,0055 até 0,0065	0,6
Acima de 0,0065 até 0,0075	0,7
Acima de 0,0075 até 0,0085	0,8
Acima de 0,0085 até 0,0095	0,9
Acima de 0,0095 até 0,0110	1,0
Acima de 0,0110 até 0,0130	1,2
Acima de 0,0130 até 0,0150	1,4
Acima de 0,0150 até 0,0170	1,6
Acima de 0,0170 até 0,0190	1,8
Acima de 0,0190 até 0,0220	2,0
Acima de 0,0220	2,5

Parágrafo único. Para os efeitos deste artigo, determina-se o índice relativo à renda *per capita* de cada entidade participante, tomando-se como 100 (cem) a renda *per capita* média do País.

•• *Vide* Decreto-lei n. 1.881, de 27-8-1981, art. 3.º, parágrafo único, *b* (reserva do Fundo de Participação dos Municípios).

Seção III
Critério de Distribuição do Fundo de Participação dos Municípios

Art. 91. Do Fundo de Participação dos Municípios a que se refere o art. 86, serão atribuídos:

•• *Caput* com redação determinada pelo Ato Complementar n. 35, de 28-2-1967.

•• *Vide* art. 159, I, *b* e § 3.º, da CF (Fundo de Participação dos Municípios).

I – 10% (dez por cento) aos Municípios das capitais dos Estados;

•• Inciso I com redação determinada pelo Ato Complementar n. 35, de 28-2-1967.

II – 90% (noventa por cento) aos demais Municípios do País.

•• Inciso II com redação determinada pelo Ato Complementar n. 35, de 28-2-1967.

•• *Vide* Decreto-lei n. 1.881, de 27-8-1981, art. 3.º (reserva do Fundo de Participação dos Municípios).

§ 1.º A parcela de que trata o inciso I será distribuída proporcionalmente a um coeficiente individual de participação, resultante do produto dos seguintes fatores:

•• § 1.º com redação determinada pelo Ato Complementar n. 35, de 28-2-1967.

a) fator representativo da população, assim estabelecido:

Percentual da população de cada Município em relação à do conjunto das capitais:

	Fator
Até 2%	2
Mais de 2% até 5%:	
Pelos primeiros 2%	2
Cada 0,5% ou fração excedente, mais	0,5
Mais de 5%	5

b) fator representativo do inverso da renda *per capita* do respectivo Estado, de conformidade com o disposto no art. 90.

§ 2.º A distribuição da parcela a que se refere o item II deste artigo, deduzido o percentual referido no art. 3.º do Decreto-lei que estabelece a redação deste parágrafo, far-se-á atribuindo-se a cada Município um coeficiente individual de participação determinado na forma seguinte:

•• § 2.º com redação determinada pelo Ato Complementar n. 35, de 28-2-1967.

Categoria do Município, segundo seu número de habitantes

	Coeficiente
a) Até 16.980	
Pelos primeiros 10.188	0,6

Para cada 3.396 ou fração excedente, mais 0,2
b) Acima de 16.980 até 50.940
Pelos primeiros 16.980 1,0
Para cada 6.792 ou fração excedente, mais 0,2
c) Acima de 50.940 até 101.880
Pelos primeiros 50.940 2,0
Para cada 10.188 ou fração excedente, mais 0,2
d) Acima de 101.880 até 156.216
Pelos primeiros 101.880 3,0
Para cada 13.584 ou fração excedente, mais 0,2
e) Acima de 156.216 4,0

• *Vide* Lei Complementar n. 91, de 22-12-1997, que dispõe sobre a fixação dos coeficientes do Fundo de Participação dos Municípios.

§ 3.º Para os efeitos deste artigo, consideram-se os Municípios regularmente instalados, fazendo-se a revisão das quotas anualmente, a partir de 1989, com base em dados oficiais de população produzidos pela Fundação Instituto Brasileiro de Geografia e Estatística – IBGE.

•• § 3.º com redação determinada pela Lei Complementar n. 59, de 22-12-1988.

§ 4.º (*Revogado pela Lei Complementar n. 91, de 22-12-1997.*)

§ 5.º (*Revogado pela Lei Complementar n. 91, de 22-12-1997.*)

Seção IV
Cálculo e Pagamento das Quotas Estaduais e Municipais

Art. 92. O Tribunal de Contas da União comunicará ao Banco do Brasil S.A., conforme os prazos a seguir especificados, os coeficientes individuais de participação nos fundos previstos no art. 159, inciso I, alíneas *a*, *b* e *d*, da Constituição Federal que prevalecerão no exercício subsequente:

•• *Caput* com redação determinada pela Lei Complementar n. 143, de 17-7-2013.

I – até o último dia útil do mês de março de cada exercício financeiro, para cada Estado e para o Distrito Federal;

•• Inciso I acrescentado pela Lei Complementar n. 143, de 17-7-2013.

II – até o último dia útil de cada exercício financeiro, para cada Município.

•• Inciso II acrescentado pela Lei Complementar n. 143, de 17-7-2013.

Parágrafo único. Far-se-á nova comunicação sempre que houver, transcorrido o prazo fixado no inciso I do *caput*, a criação de novo Estado a ser implantado no exercício subsequente.

•• Parágrafo único acrescentado pela Lei Complementar n. 143, de 17-7-2013.

Art. 93. (*Revogado pela Lei Complementar n. 143, de 17-7-2013.*)

Seção V
Comprovação da Aplicação das Quotas Estaduais e Municipais

Art. 94. (*Revogado pela Lei Complementar n. 143, de 17-7-2013.*)

Capítulo IV
IMPOSTO SOBRE OPERAÇÕES RELATIVAS A COMBUSTÍVEIS, LUBRIFICANTES, ENERGIA ELÉTRICA E MINERAIS DO PAÍS

Art. 95. (*Revogado pela Lei Complementar n. 143, de 17-7-2013.*)

Livro Segundo
Normas Gerais de Direito Tributário

Título I
LEGISLAÇÃO TRIBUTÁRIA

Capítulo I
DISPOSIÇÕES GERAIS

Seção I
Disposição Preliminar

Art. 96. A expressão "legislação tributária" compreende as leis, os tratados e as convenções internacionais, os decretos e as normas complementares que versem, no todo ou em parte, sobre tributos e relações jurídicas a eles pertinentes.

• *Vide* arts. 3.º e 194 do CTN.

Seção II
Leis, Tratados e Convenções Internacionais e Decretos

Art. 97. Somente a lei pode estabelecer:

I – a instituição de tributos, ou a sua extinção;

•• *Vide* art. 150, I, da CF (exigência ou aumento de tributo).

• *Vide* Súmula 185 do STJ.

II – a majoração de tributos, ou sua redução, ressalvado o disposto nos arts. 21, 26, 39, 57 e 65;

•• O art. 57 foi revogado pelo Decreto-lei n. 406, de 31-12-1968.

•• *Vide* Súmula 95 do STJ.

• *Vide* art. 153, § 1.º, da CF.

III – a definição do fato gerador da obrigação tributária principal, ressalvado o disposto no inciso I do § 3.º do art. 52, e do seu sujeito passivo;

•• O art. 52 foi revogado pelo Decreto-lei n. 406, de 31-12-1968.

•• *Vide* Súmula 129 do STJ.

IV – a fixação da alíquota do tributo e da sua base de cálculo, ressalvado o disposto nos arts. 21, 26, 39, 57 e 65;

•• O art. 57 foi revogado pelo Decreto-lei n. 406, de 31-12-1968.

•• *Vide* Súmulas 95 e 124 do STJ.

• *Vide* art. 153, § 1.º, da CF (alíquotas).

V – a cominação de penalidades para as ações ou omissões contrárias a seus dispositivos, ou para outras infrações nela definidas;

• *Vide* arts. 106, II, *c*, e 112 do CTN.

VI – as hipóteses de exclusão, suspensão e extinção de créditos tributários, ou de dispensa ou redução de penalidades.

- *Vide* arts. 151, 156 e 175 do CTN.

§ 1.º Equipara-se à majoração do tributo a modificação de sua base de cálculo, que importe em torná-lo mais oneroso.

- *Vide* Súmula 160 do STJ.

§ 2.º Não constitui majoração de tributo, para os fins do disposto no inciso II deste artigo, a atualização do valor monetário da respectiva base de cálculo.

- *Vide* arts. 139 a 193 (crédito tributário), 151 a 155-A (suspensão do crédito tributário), 156 a 174 (extinção do crédito tributário) e 175 a 182 (exclusão do crédito tributário) do CTN.
- *Vide* Súmula 160 do STJ.
- *Vide* Súmula 667 do STF.

Art. 98. Os tratados e as convenções internacionais revogam ou modificam a legislação tributária interna, e serão observados pela que lhes sobrevenha.

- *Vide* art. 96 (sobre a expressão *legislação tributária*) do CTN.
- *Vide* Súmulas 20 e 71 do STJ.

Art. 99. O conteúdo e o alcance dos decretos restringem-se aos das leis em função das quais sejam expedidos, determinados com observância das regras de interpretação estabelecidas nesta Lei.

- *Vide* arts. 153, § 1.º, e 177, § 4.º, I, *b*, da CF.

Seção III
Normas Complementares

Art. 100. São normas complementares das leis, dos tratados e das convenções internacionais e dos decretos:

I – os atos normativos expedidos pelas autoridades administrativas;

- *Vide* art. 103, I, do CTN.

II – as decisões dos órgãos singulares ou coletivos de jurisdição administrativa, a que a lei atribua eficácia normativa;

- *Vide* art. 103, II, do CTN.

III – as práticas reiteradamente observadas pelas autoridades administrativas;

IV – os convênios que entre si celebrem a União, os Estados, o Distrito Federal e os Municípios.

- *Vide* arts. 103, I, III, 199 e 200 do CTN.

Parágrafo único. A observância das normas referidas neste artigo exclui a imposição de penalidades, a cobrança de juros de mora e a atualização do valor monetário da base de cálculo do tributo.

Capítulo II
VIGÊNCIA DA LEGISLAÇÃO TRIBUTÁRIA

Art. 101. A vigência, no espaço e no tempo, da legislação tributária rege-se pelas disposições legais aplicáveis às normas jurídicas em geral, ressalvado o previsto neste Capítulo.

- •• Dispõem sobre o tema: arts. 1.º, 2.º e 6.º do Decreto-lei n. 4.657, de 4-9-1942 (LINDB).

Art. 102. A legislação tributária dos Estados, do Distrito Federal e dos Municípios vigora, no País, fora dos respectivos territórios, nos limites em que lhe reconheçam extraterritorialidade os convênios de que participem, ou do que disponham esta ou outras leis de normas gerais expedidas pela União.

Art. 103. Salvo disposição em contrário, entram em vigor:

I – os atos administrativos a que se refere o inciso I do art. 100, na data da sua publicação;

II – as decisões a que se refere o inciso II do art. 100 quanto a seus efeitos normativos, 30 (trinta) dias após a data da sua publicação;

III – os convênios a que se refere o inciso IV do art. 100 na data neles prevista.

Art. 104. Entram em vigor no primeiro dia do exercício seguinte àquele em que ocorra a sua publicação os dispositivos de lei, referentes a impostos sobre o patrimônio ou a renda:

- •• *Vide* art. 150, III, *b*, da CF (cobrança de tributos no mesmo exercício financeiro em que haja sido publicada a lei que os instituiu ou aumentou).

I – que instituem ou majoram tais impostos;

II – que definem novas hipóteses de incidência;

III – que extinguem ou reduzem isenções, salvo se a lei dispuser de maneira mais favorável ao contribuinte, e observado o disposto no art. 178.

- *Vide* Súmula 544 do STF.

Capítulo III
APLICAÇÃO DA LEGISLAÇÃO TRIBUTÁRIA

Art. 105. A legislação tributária aplica-se imediatamente aos fatos geradores futuros e aos pendentes, assim entendidos aqueles cuja ocorrência tenha tido início mas não esteja completa nos termos do art. 116.

- *Vide* art. 150, III, *a*, da CF.

Art. 106. A lei aplica-se a ato ou fato pretérito:

- •• *Vide* Súmula 448 do STJ.

I – em qualquer caso, quando seja expressamente interpretativa, excluída a aplicação de penalidade à infração dos dispositivos interpretados;

II – tratando-se de ato não definitivamente julgado:

a) quando deixe de defini-lo como infração;

b) quando deixe de tratá-lo como contrário a qualquer exigência de ação ou omissão, desde que não tenha sido fraudulento e não tenha implicado em falta de pagamento de tributo;

c) quando lhe comine penalidade menos severa que a prevista na lei vigente ao tempo da sua prática.

Capítulo IV
INTERPRETAÇÃO E INTEGRAÇÃO DA LEGISLAÇÃO TRIBUTÁRIA

Art. 107. A legislação tributária será interpretada conforme o disposto neste Capítulo.

Art. 108. Na ausência de disposição expressa, a autoridade competente para aplicar a legislação tributária utilizará, sucessivamente, na ordem indicada:

•• *Vide* Súmula 464 do STJ.

I – a analogia;

II – os princípios gerais de direito tributário;

III – os princípios gerais de direito público;

IV – a equidade.

§ 1.º O emprego da analogia não poderá resultar na exigência de tributo não previsto em lei.

• *Vide* art. 150, I, da CF.

• *Vide* art. 97, I, do CTN.

§ 2.º O emprego da equidade não poderá resultar na dispensa do pagamento de tributo devido.

• *Vide* art. 176 do CTN.

• *Vide* arts. 97, I, e 176 do CTN.

Art. 109. Os princípios gerais de direito privado utilizam-se para pesquisa da definição, do conteúdo e do alcance de seus institutos, conceitos e formas, mas não para definição dos respectivos efeitos tributários.

Art. 110. A lei tributária não pode alterar a definição, o conteúdo e o alcance de institutos, conceitos e formas de direito privado, utilizados, expressa ou implicitamente, pela Constituição Federal, pelas Constituições dos Estados, ou pelas Leis Orgânicas do Distrito Federal ou dos Municípios, para definir ou limitar competências tributárias.

•• *Vide* Súmula 464 do STJ.

Art. 111. Interpreta-se literalmente a legislação tributária que disponha sobre:

I – suspensão ou exclusão do crédito tributário;

II – outorga de isenção;

• *Vide* Súmula 100 do STJ.

III – dispensa do cumprimento de obrigações tributárias acessórias.

• *Vide* arts. 151 a 155-A (suspensão do crédito tributário) do CTN.

• *Vide* arts. 175 a 182 (exclusão do crédito tributário) do CTN.

• *Vide* arts. 176 a 179 (isenção) do CTN.

• *Vide* Súmula 95 do STJ.

Art. 112. A lei tributária que define infrações, ou lhe comina penalidades, interpreta-se da maneira mais favorável ao acusado, em caso de dúvida quanto:

I – à capitulação legal do fato;

II – à natureza ou às circunstâncias materiais do fato, ou à natureza ou extensão dos seus efeitos;

III – à autoria, imputabilidade, ou punibilidade;

IV – à natureza da penalidade aplicável, ou à sua graduação.

TÍTULO II
OBRIGAÇÃO TRIBUTÁRIA

Capítulo I
DISPOSIÇÕES GERAIS

Art. 113. A obrigação tributária é principal ou acessória.

• *Vide* art. 9.º, § 1.º, do CTN.

§ 1.º A obrigação principal surge com a ocorrência do fato gerador, tem por objeto o pagamento de tributo ou penalidade pecuniária e extingue-se juntamente com o crédito dela decorrente.

§ 2.º A obrigação acessória decorre da legislação tributária e tem por objeto as prestações, positivas ou negativas, nela previstas no interesse da arrecadação ou da fiscalização dos tributos.

• *Vide* art. 96 do CTN.

§ 3.º A obrigação acessória, pelo simples fato da sua inobservância, converte-se em obrigação principal relativamente a penalidade pecuniária.

• *Vide* arts. 139 a 193 (crédito tributário) do CTN.

• *Vide* arts. 128 a 138 (responsabilidade tributária) do CTN.

• *Vide* arts. 194 a 200 (fiscalização) do CTN.

Capítulo II
FATO GERADOR

Art. 114. Fato gerador da obrigação principal é a situação definida em lei como necessária e suficiente à sua ocorrência.

• *Vide* art. 150, III, *a* e *b* e § 7.º, da CF.

• *Vide* art. 105 do CTN.

Art. 115. Fato gerador da obrigação acessória é qualquer situação que, na forma da legislação aplicável, impõe a prática ou a abstenção de ato que não configure obrigação principal.

• *Vide* arts. 96 e 113, § 1.º, do CTN.

Art. 116. Salvo disposição de lei em contrário, considera-se ocorrido o fato gerador e existentes os seus efeitos:

I – tratando-se de situação de fato, desde o momento em que se verifiquem as circunstâncias materiais necessárias a que produza os efeitos que normalmente lhe são próprios;

II – tratando-se da situação jurídica, desde o momento em que esteja definitivamente constituída, nos termos de direito aplicável.

• *Vide* art. 105 do CTN.

Parágrafo único. A autoridade administrativa poderá desconsiderar atos ou negócios jurídicos praticados com a finalidade de dissimular a ocorrência do fato gerador do tributo ou a natureza dos elementos constitutivos da obrigação tributária, observados os procedimentos a serem estabelecidos em lei ordinária.

•• Parágrafo único acrescentado pela Lei Complementar n. 104, de 10-1-2001.

Art. 117. Para os efeitos do inciso II do artigo anterior e salvo disposição de lei em contrário, os atos ou negócios jurídicos condicionais reputam-se perfeitos e acabados:

I – sendo suspensiva a condição, desde o momento de seu implemento;

II – sendo resolutória a condição, desde o momento da prática do ato ou da celebração do negócio.

• CC:

"Art. 121. Considera-se condição a cláusula que, derivando exclusivamente da vontade das partes, subordina o efeito do negócio jurídico a evento futuro e incerto.

Art. 122. São lícitas, em geral, todas as condições não contrárias à lei, à ordem pública ou aos bons costumes; entre as condições defesas se incluem as que privarem de todo efeito o negócio jurídico, ou o sujeitarem ao puro arbítrio de uma das partes.

Art. 123. Invalidam os negócios jurídicos que lhes são subordinados:

I - as condições física ou juridicamente impossíveis, quando suspensivas;

II - as condições ilícitas, ou de fazer coisa ilícita;

III - as condições incompreensíveis ou contraditórias.

Art. 124. Têm-se por inexistentes as condições impossíveis, quando resolutivas, e as de não fazer coisa impossível.

Art. 125. Subordinando-se a eficácia do negócio jurídico à condição suspensiva, enquanto esta se não verificar, não se terá adquirido o direito, a que ele visa.

Art. 126. Se alguém dispuser de uma coisa sob condição suspensiva, e, pendente esta fizer quanto àquela novas disposições, estas não terão valor, realizada a condição, se com ela forem incompatíveis.

Art. 127. Se for resolutiva a condição, enquanto esta se não realizar, vigorará o negócio jurídico, podendo exercer-se desde a conclusão deste o direito por ele estabelecido.

Art. 128. Sobrevindo a condição resolutiva, extingue-se, para todos os efeitos, o direito a que ela se opõe; mas, se aposta a um negócio de execução continuada ou periódica, a sua realização, salvo disposição em contrário, não tem eficácia quanto aos atos já praticados, desde que compatíveis com a natureza da condição pendente e conforme aos ditames de boa-fé.

....

Art. 166. É nulo o negócio jurídico quando:

....

II - for ilícito, impossível ou indeterminável o seu objeto;

..........".

Art. 118. A definição legal do fato gerador é interpretada abstraindo-se:

I – da validade jurídica dos atos efetivamente praticados pelos contribuintes, responsáveis, ou terceiros, bem como da natureza do seu objeto ou dos seus efeitos;

II – dos efeitos dos fatos efetivamente ocorridos.

•• Sobre a matéria: CC, arts. 166 e s. (nulidade) e 104 a 114 (forma dos atos jurídicos).

Capítulo III
SUJEITO ATIVO

Art. 119. Sujeito ativo da obrigação é a pessoa jurídica de direito público titular da competência para exigir o seu cumprimento.

• *Vide* arts. 70 e 71 da CF.

• *Vide* art. 1.º do CTN.

• *Vide* Súmula 497 do STJ.

Art. 120. Salvo disposição de lei em contrário, a pessoa jurídica de direito público, que se constituir pelo desmembramento territorial de outra, subroga-se nos direitos desta, cuja legislação tributária aplicará até que entre em vigor a sua própria.

• *Vide* art. 147 da CF.

Capítulo IV
SUJEITO PASSIVO

Seção I
Disposições Gerais

Art. 121. Sujeito passivo da obrigação principal é a pessoa obrigada ao pagamento de tributo ou penalidade pecuniária.

• *Vide* art. 150, § 7.º, da CF.

• *Vide* arts. 113, § 1.º, 128 e 138 do CTN.

Parágrafo único. O sujeito passivo da obrigação principal diz-se:

I – contribuinte, quando tenha relação pessoal e direta com a situação que constitua o respectivo fato gerador;

II – responsável, quando, sem revestir a condição de contribuinte, sua obrigação decorra de disposição expressa de lei.

Art. 122. Sujeito passivo da obrigação acessória é a pessoa obrigada às prestações que constituam o seu objeto.

• *Vide* arts. 113, § 2.º, e 115 do CTN.

Art. 123. Salvo disposições de lei em contrário, as convenções particulares, relativas à responsabilidade pelo pagamento de tributos, não podem ser opostas à Fazenda Pública, para modificar a definição legal do sujeito passivo das obrigações tributárias correspondentes.

• *Vide* Súmula 614 do STJ.

Seção II
Solidariedade

Art. 124. São solidariamente obrigadas:

• Os arts. 264 e s. do CC dispõem sobre as obrigações solidárias.

I – as pessoas que tenham interesse comum na situação que constitua o fato gerador da obrigação principal;

II – as pessoas expressamente designadas por lei.

Parágrafo único. A solidariedade referida neste artigo não comporta benefício de ordem.

Art. 125. Salvo disposição de lei em contrário, são os seguintes os efeitos da solidariedade:

I – o pagamento efetuado por um dos obrigados aproveita aos demais;

II – a isenção ou remissão de crédito exonera todos os obrigados, salvo se outorgada pessoalmente a um deles, subsistindo, nesse caso, a solidariedade quanto aos demais pelo saldo;

III – a interrupção da prescrição, em favor ou contra um dos obrigados, favorece ou prejudica aos demais.

- *Vide* arts. 165 a 169 (pagamento indevido) do CTN.
- *Vide* arts. 155, parágrafo único, 156, V, 174 e parágrafo único, e 195, parágrafo único (prescrição), do CTN.

Seção III
Capacidade Tributária

Art. 126. A capacidade tributária passiva independe:

I – da capacidade civil das pessoas naturais;

II – de achar-se a pessoa natural sujeita a medidas que importem privação ou limitação do exercício de atividades civis, comerciais ou profissionais, ou da administração direta de seus bens ou negócios;

III – de estar a pessoa jurídica regularmente constituída, bastando que configure uma unidade econômica ou profissional.

- Os arts. 1.º, 3.º, 4.º e 5.º do CC dispõem sobre capacidade civil.
- Os arts. 40 e s. do CC dispõem sobre pessoas jurídicas.
- Os arts. 1.º a 39 do CC dispõem sobre pessoas naturais.
- O art. 75, VIII, do CPC dispõe sobre pessoas jurídicas – representação em juízo.
- O art. 75, § 2.º, do CPC dispõe sobre sociedades e associações sem personalidade jurídica.

Seção IV
Domicílio Tributário

Art. 127. Na falta de eleição, pelo contribuinte ou responsável, de domicílio tributário, na forma da legislação aplicável, considera-se como tal:

- *Vide* art. 109, I e §§ 1.º a 3.º, da CF.
- *Vide* Súmula 9 do CARF.
- Os arts. 70 e 71 do CC dispõem sobre o domicílio da pessoa natural.

I – quanto às pessoas naturais, a sua residência habitual, ou, sendo esta incerta ou desconhecida, o centro habitual de sua atividade;

II – quanto às pessoas jurídicas de direito privado ou às firmas individuais, o lugar da sua sede, ou, em relação aos atos ou fatos que derem origem à obrigação, o de cada estabelecimento;

III – quanto às pessoas jurídicas de direito público, qualquer de suas repartições no território da entidade tributante.

§ 1.º Quando não couber a aplicação das regras fixadas em qualquer dos incisos deste artigo, considerar-se-á como domicílio tributário do contribuinte ou responsável o lugar da situação dos bens ou da ocorrência dos atos ou fatos que deram origem à obrigação.

§ 2.º A autoridade administrativa pode recusar o domicílio eleito, quando impossibilite ou dificulte a arrecadação ou a fiscalização do tributo, aplicando-se então a regra do parágrafo anterior.

Capítulo V
RESPONSABILIDADE TRIBUTÁRIA

Seção I
Disposição Geral

Art. 128. Sem prejuízo do disposto neste Capítulo, a lei pode atribuir de modo expresso a responsabilidade pelo crédito tributário a terceira pessoa, vinculada ao fato gerador da respectiva obrigação, excluindo a responsabilidade do contribuinte ou atribuindo-a a este em caráter supletivo do cumprimento total ou parcial da referida obrigação.

- *Vide* art. 150, § 7.º, da CF.
- *Vide* art. 79 da Lei n. 8.981, de 20-1-1995 (alteração da legislação tributária).
- *Vide* arts. 139 a 193 do CTN (crédito tributário).

Seção II
Responsabilidade dos Sucessores

Art. 129. O disposto nesta Seção aplica-se por igual aos créditos tributários definitivamente constituídos ou em curso de constituição à data dos atos nela referidos, e aos constituídos posteriormente aos mesmos atos, desde que relativos a obrigações tributárias surgidas até a referida data.

- *Vide* arts. 139 a 193 (crédito tributário) do CTN.

Art. 130. Os créditos tributários relativos a impostos cujo fato gerador seja a propriedade, o domínio útil ou a posse de bens imóveis, e bem assim os relativos a taxas pela prestação de serviços referentes a tais bens, ou a contribuições de melhoria, subrogam-se na pessoa dos respectivos adquirentes, salvo quando conste do título a prova de sua quitação.

- *Vide* art. 123 do CTN.

Parágrafo único. No caso de arrematação em hasta pública, a subrogação ocorre sobre o respectivo preço.

- *Vide* arts. 81 e 82 (contribuição de melhoria) do CTN.
- *Vide* arts. 139 a 193 (crédito tributário) do CTN.
- Os arts. 1.228 e s. do CC dispõem sobre propriedade.
- O art. 1.473, III, do CC dispõe sobre o domínio útil.
- Os arts. 1.196 e s. do CC dispõem sobre posse.
- Os arts. 79 e s. do CC dispõem sobre bens imóveis.

Art. 131. São pessoalmente responsáveis:

I – o adquirente ou remitente, pelos tributos relativos aos bens adquiridos ou remidos;

•• Figurava no final deste item I a expressão "com inobservância do disposto no art. 191", suprimida pelo Decreto-lei n. 28, de 14-11-1966.

II – o sucessor a qualquer título e o cônjuge meeiro, pelos tributos devidos pelo *de cujus* até a data da partilha ou adjudicação, limitada esta responsabilidade ao montante do quinhão, do legado ou da meação;

- *Vide* sobre a responsabilidade do sucessor, a qualquer título, pelo crédito tributário representado pelo Imposto sobre a Propriedade Territorial Rural - ITR , o art. 5.º da Lei n. 9.393, de 19-12-1996, e o art. 6.º do Decreto n. 4.382, de 19-9-2002.

III – o espólio, pelos tributos devidos pelo *de cujus* até a data da abertura da sucessão.

- Os arts. 1.784 e s. do CC dispõem sobre sucessões.
- Os arts. 2.013 e s. do CC dispõem sobre partilha.
- Os arts. 1.845 e s. do CC dispõem sobre meação – herdeiros necessários.

• *Vide* Súmula 112 do STF.

Art. 132. A pessoa jurídica de direito privado que resultar de fusão, transformação ou incorporação de outra ou em outra é responsável pelos tributos devidos até a data do ato pelas pessoas jurídicas de direito privado fusionadas, transformadas ou incorporadas.

•• *Vide* Súmula 554 do STJ.

• Os arts. 220 e s. da Lei n. 6.404, de 15-12-1976 (Lei de S.A.), dispõem sobre a transformação, incorporação, fusão e cisão.

Parágrafo único. O disposto neste artigo aplica-se aos casos de extinção de pessoas jurídicas de direito privado, quando a exploração da respectiva atividade seja continuada por qualquer sócio remanescente, ou seu espólio, sob a mesma ou outra razão social, ou sob firma individual.

• Os arts. 206 e s. da Lei n. 6.404, de 15-12-1976 (Lei de S.A.), dispõem sobre a dissolução, liquidação e extinção.

Art. 133. A pessoa natural ou jurídica de direito privado que adquirir de outra, por qualquer título, fundo de comércio ou estabelecimento comercial, industrial ou profissional, e continuar a respectiva exploração, sob a mesma ou outra razão social ou sob firma ou nome individual, responde pelos tributos, relativos ao fundo ou estabelecimento adquirido, devidos até a data do ato:

•• *Vide* Súmula 554 do STJ.

• *Vide* art. 123 do CTN.

I – integralmente, se o alienante cessar a exploração do comércio, indústria ou atividade;

II – subsidiariamente com o alienante, se este prosseguir na exploração ou iniciar dentro de 6 (seis) meses, a contar da data da alienação, nova atividade no mesmo ou em outro ramo de comércio, indústria ou profissão.

• A Instrução Normativa n. 1.565, de 11-5-2015, da Secretaria da Receita Federal do Brasil, estabelece procedimentos para o arrolamento de bens e direitos e representação para a propositura de medida cautelar fiscal.

§ 1.º O disposto no *caput* deste artigo não se aplica na hipótese de alienação judicial:

•• § 1.º, *caput*, acrescentado pela Lei Complementar n. 118, de 9-2-2005.

I – em processo de falência;

•• Inciso I acrescentado pela Lei Complementar n. 118, de 9-2-2005.

II – de filial ou unidade produtiva isolada, em processo de recuperação judicial.

•• Inciso II acrescentado pela Lei Complementar n. 118, de 9-2-2005.

§ 2.º Não se aplica o disposto no § 1.º deste artigo quando o adquirente for:

•• § 2.º, *caput*, acrescentado pela Lei Complementar n. 118, de 9-2-2005.

I – sócio da sociedade falida ou em recuperação judicial, ou sociedade controlada pelo devedor falido ou em recuperação judicial;

•• Inciso I acrescentado pela Lei Complementar n. 118, de 9-2-2005.

II – parente, em linha reta ou colateral até o 4.º (quarto) grau, consanguíneo ou afim, do devedor falido ou em recuperação judicial ou de qualquer de seus sócios; ou

•• Inciso II acrescentado pela Lei Complementar n. 118, de 9-2-2005.

III – identificado como agente do falido ou do devedor em recuperação judicial com o objetivo de fraudar a sucessão tributária.

•• Inciso III acrescentado pela Lei Complementar n. 118, de 9-2-2005.

§ 3.º Em processo da falência, o produto da alienação judicial de empresa, filial ou unidade produtiva isolada permanecerá em conta de depósito à disposição do juízo de falência pelo prazo de 1 (um) ano, contado da data de alienação, somente podendo ser utilizado para o pagamento de créditos extraconcursais ou de créditos que preferem ao tributário.

•• § 3.º acrescentado pela Lei Complementar n. 118, de 9-2-2005.

Seção III
Responsabilidade de Terceiros

Art. 134. Nos casos de impossibilidade de exigência do cumprimento da obrigação principal pelo contribuinte, respondem solidariamente com este nos atos em que intervierem ou pelas omissões de que forem responsáveis:

• *Vide* arts. 128, 137, II, *a*, e 197 do CTN.

• A Instrução Normativa n. 1.565, de 11-5-2015, da Secretaria da Receita Federal do Brasil, estabelece procedimentos para o arrolamento de bens e direitos e representação para a propositura de medida cautelar fiscal.

I – os pais, pelos tributos devidos por seus filhos menores;

II – os tutores e curadores, pelos tributos devidos por seus tutelados ou curatelados;

III – os administradores de bens de terceiros, pelos tributos devidos por estes;

IV – o inventariante, pelos tributos devidos pelo espólio;

• *Vide* art. 131, III, do CTN.

V – o síndico e o comissário, pelos tributos devidos pela massa falida ou pelo concordatário;

VI – os tabeliães, escrivães e demais serventuários de ofício, pelos tributos devidos sobre os atos praticados por eles, ou perante eles, em razão do seu ofício;

• *Vide* Lei n. 9.393, de 19-12-1996, art. 21, parágrafo único, sobre a responsabilidade solidária dos serventuários do registro de imóveis pelo Imposto sobre a Propriedade Territorial Rural – ITR e acréscimos legais.

VII – os sócios, no caso de liquidação de sociedade de pessoas.

• *Vide* Súmulas 430 e 435 do STJ.

Parágrafo único. O disposto neste artigo só se aplica, em matéria de penalidades, às de caráter moratório.

• *Vide* art. 137, III, *a*, do CTN.

• Os arts. 1.796 e s. do CC dispõem sobre inventariante.

Art. 135. São pessoalmente responsáveis pelos créditos correspondentes a obrigações tributárias resultantes de atos praticados com excesso de poderes ou infração de lei, contrato social ou estatutos:

I – as pessoas referidas no artigo anterior;

II – os mandatários, prepostos e empregados;

III – os diretores, gerentes ou representantes de pessoas jurídicas de direito privado.

•• *Vide* Súmula 430 do STJ.

Seção IV
Responsabilidade por Infrações

Art. 136. Salvo disposição de lei em contrário, a responsabilidade por infrações da legislação tributária independe da intenção do agente ou do responsável e da efetividade, natureza e extensão dos efeitos do ato.

• *Vide* Súmula 509 do STJ.

Art. 137. A responsabilidade é pessoal ao agente:

• *Vide* art. 207 do CTN.

I – quanto às infrações conceituadas por lei como crimes ou contravenções, salvo quando praticadas no exercício regular de administração, mandato, função, cargo ou emprego, ou no cumprimento de ordem expressa emitida por quem de direito;

II – quanto às infrações em cuja definição o dolo específico do agente seja elementar;

III – quanto às infrações que decorram direta e exclusivamente de dolo específico:

a) das pessoas referidas no art. 134, contra aquelas por quem respondem;

b) dos mandatários, prepostos ou empregados, contra seus mandantes, preponentes ou empregadores;

c) dos diretores, gerentes ou representantes de pessoas jurídicas de direito privado, contra estas.

Art. 138. A responsabilidade é excluída pela denúncia espontânea da infração, acompanhada, se for o caso, do pagamento do tributo devido e dos juros de mora, ou do depósito da importância arbitrada pela autoridade administrativa, quando o montante do tributo dependa de apuração.

•• *Vide* Súmula 360 do STJ.

• *Vide* Súmula 49 do CARF.

Parágrafo único. Não se considera espontânea a denúncia apresentada após o início de qualquer procedimento administrativo ou medida de fiscalização, relacionados com a infração.

•• *Vide* Lei n. 9.249, de 26-12-1995, art. 34 (imposto de renda das pessoas jurídicas).

• *Vide* Decreto n. 70.235, de 6-3-1972, que dispõe sobre o processo administrativo fiscal.

• O Ato Declaratório Interpretativo n. 5, de 17-5-2002, da Secretaria da Receita Federal, dispõe que o pagamento efetuado pela fonte pagadora, após o início do procedimento fiscal contra contribuinte pessoa física, relativo ao imposto que deixou de ser retido sobre os rendimentos pagos durante o ano-calendário, não configura denúncia espontânea nos termos deste artigo, e não pode ser compensado com o imposto apurado na Declaração de Ajuste Anual correspondente.

Título III
CRÉDITO TRIBUTÁRIO

Capítulo I
DISPOSIÇÕES GERAIS

Art. 139. O crédito tributário decorre da obrigação principal e tem a mesma natureza desta.

• *Vide* art. 113 (obrigação principal) do CTN.

Art. 140. As circunstâncias que modificam o crédito tributário, sua extensão ou seus efeitos, ou as garantias ou os privilégios a ele atribuídos, ou que excluem sua exigibilidade não afetam a obrigação tributária que lhe deu origem.

Art. 141. O crédito tributário regularmente constituído somente se modifica ou extingue, ou tem sua exigibilidade suspensa ou excluída, nos casos previstos nesta Lei, fora dos quais não podem ser dispensadas, sob pena de responsabilidade funcional na forma da lei, a sua efetivação ou as respectivas garantias.

• *Vide* arts. 156 a 174 (extinção) e 175 a 182 (exclusão) do CTN.

Capítulo II
CONSTITUIÇÃO DO CRÉDITO TRIBUTÁRIO

Seção I
Lançamento

Art. 142. Compete privativamente à autoridade administrativa constituir o crédito tributário pelo lançamento, assim entendido o procedimento administrativo tendente a verificar a ocorrência do fato gerador da obrigação correspondente, determinar a matéria tributável, calcular o montante do tributo devido, identificar o sujeito passivo e, sendo caso, propor a aplicação da penalidade cabível.

• *Vide* art. 7.º do Decreto n. 70.235, de 6-3-1972.

• *Vide* Súmulas 7, 21 e 46 do CARF.

Parágrafo único. A atividade administrativa de lançamento é vinculada e obrigatória, sob pena de responsabilidade funcional.

• *Vide* art. 2.º da Lei n. 6.830, de 22-9-1980.

• *Vide* arts. 121 e 122 (sujeito passivo) 173 e 174 (extinção de constituir o crédito tributário) e 196 (diligências de fiscalização) do CTN.

Art. 143. Salvo disposição de lei em contrário, quando o valor tributário esteja expresso em moeda estrangeira, no lançamento far-se-á sua conversão em moeda nacional ao câmbio do dia da ocorrência do fato gerador da obrigação.

• O Decreto n. 96.915, de 3-10-1988, dispõe sobre a liquidação de obrigações em moeda estrangeira devidas por entidades da Administração Federal.

Art. 144. O lançamento reporta-se à data da ocorrência do fato gerador da obrigação e rege-se pela lei então vigente, ainda que posteriormente modificada ou revogada.

• *Vide* art. 150, III, *a*, da CF.

• *Vide* Súmula 7 do CARF.

§ 1.º Aplica-se ao lançamento a legislação que, posteriormente à ocorrência do fato gerador da obrigação, tenha instituído novos critérios de apuração ou processos de fiscalização, ampliado os poderes de investigação das autoridades administrativas, ou outorgado ao crédito maiores garantias ou privilégios, exceto, neste último caso, para o efeito de atribuir responsabilidade tributária a terceiros.

§ 2.º O disposto neste artigo não se aplica aos impostos lançados por períodos certos de tempo, desde que a respectiva lei fixe expressamente a data em que o fato gerador se considera ocorrido.

- *Vide* art. 156, parágrafo único, do CTN.

Art. 145. O lançamento regularmente notificado ao sujeito passivo só pode ser alterado em virtude de:

I – impugnação do sujeito passivo;

- *Vide* art. 151, III, do CTN.

II – recurso de ofício;

- O art. 496, II, do CPC dispõe sobre os embargos à execução fiscal.

III – iniciativa de ofício da autoridade administrativa, nos casos previstos no art. 149.

- *Vide* arts. 121 e 122 (sujeito passivo) do CTN.

Art. 146. A modificação introduzida, de ofício ou em consequência de decisão administrativa ou judicial, nos critérios jurídicos adotados pela autoridade administrativa no exercício do lançamento somente pode ser efetivada, em relação a um mesmo sujeito passivo, quanto a fato gerador ocorrido posteriormente à sua introdução.

- *Vide* arts. 121 e 122 (sujeito passivo) do CTN.

Seção II
Modalidades de Lançamento

Art. 147. O lançamento é efetuado com base na declaração do sujeito passivo ou de terceiro, quando um ou outro, na forma da legislação tributária, presta à autoridade administrativa informações sobre matéria de fato, indispensáveis à sua efetivação.

- *Vide* Súmula 436 do STJ.

§ 1.º A retificação da declaração por iniciativa do próprio declarante, quando vise a reduzir ou a excluir tributo, só é admissível mediante comprovação do erro em que se funde, e antes de notificado o lançamento.

§ 2.º Os erros contidos na declaração e apuráveis pelo seu exame serão retificados de ofício pela autoridade administrativa a que competir a revisão daquela.

- *Vide* arts. 121 e 122 (sujeito passivo) do CTN.

Art. 148. Quando o cálculo do tributo tenha por base, ou tome em consideração, o valor ou o preço de bens, direitos, serviços ou atos jurídicos, a autoridade lançadora, mediante processo regular, arbitrará aquele valor ou preço, sempre que sejam omissos ou não mereçam fé as declarações ou os esclarecimentos prestados, ou os documentos expedidos pelo sujeito passivo ou pelo terceiro legalmente obrigado, ressalvada, em caso de contestação, avaliação contraditória, administrativa ou judicial.

•• *Vide* Súmula 431 do STJ.

Art. 149. O lançamento é efetuado e revisto de ofício pela autoridade administrativa nos seguintes casos:

I – quando a lei assim o determine;

II – quando a declaração não seja prestada, por quem de direito, no prazo e na forma da legislação tributária;

III – quando a pessoa legalmente obrigada, embora tenha prestado declaração nos termos do inciso anterior, deixe de atender, no prazo e na forma da legislação tributária, a pedido de esclarecimento formulado pela autoridade administrativa, recuse-se a prestá-lo ou não o preste satisfatoriamente, a juízo daquela autoridade;

IV – quando se comprove falsidade, erro ou omissão quanto a qualquer elemento definido na legislação tributária como sendo de declaração obrigatória;

V – quando se comprove omissão ou inexatidão, por parte da pessoa legalmente obrigada, no exercício da atividade a que se refere o artigo seguinte;

VI – quando se comprove ação ou omissão do sujeito passivo, ou de terceiro legalmente obrigado, que dê lugar à aplicação de penalidade pecuniária;

VII – quando se comprove que o sujeito passivo, ou terceiro em benefício daquele, agiu com dolo, fraude ou simulação;

- Os arts. 145 a 150 e 158 a 165 do CC dispõem respectivamente sobre o dolo e a fraude contra credores.

VIII – quando deva ser apreciado fato não conhecido ou não provado por ocasião do lançamento anterior;

IX – quando se comprove que, no lançamento anterior, ocorreu fraude ou falta funcional da autoridade que o efetuou, ou omissão, pela mesma autoridade, de ato ou formalidade especial.

Parágrafo único. A revisão do lançamento só pode ser iniciada enquanto não extinto o direito da Fazenda Pública.

- *Vide* arts. 145, III, 156 e 173 do CTN.
- Os arts. 145 e 167 do CC dispõem respectivamente sobre dolo e simulação.

Art. 150. O lançamento por homologação, que ocorre quanto aos tributos cuja legislação atribua ao sujeito passivo o dever de antecipar o pagamento sem prévio exame da autoridade administrativa, opera-se pelo ato em que a referida autoridade, tomando conhecimento da atividade assim exercida pelo obrigado, expressamente a homologa.

•• *Vide* Súmula 436 do STJ.

- *Vide* art. 162, § 3.º, do CTN.
- *Vide* Súmula 99 do CARF.

§ 1.º O pagamento antecipado pelo obrigado nos termos deste artigo extingue o crédito, sob condição resolutória da ulterior homologação do lançamento.

§ 2.º Não influem sobre a obrigação tributária quaisquer atos anteriores à homologação, praticados pelo sujeito passivo ou por terceiro, visando à extinção total ou parcial do crédito.

§ 3.º Os atos a que se refere o parágrafo anterior serão, porém, considerados na apuração do saldo porventura devido e, sendo o caso, na imposição de penalidade, ou sua graduação.

§ 4.º Se a lei não fixar prazo à homologação, será ele de 5 (cinco) anos, a contar da ocorrência do fato gerador; expirado esse prazo sem que a Fazenda Pública se tenha pronunciado, considera-se homologado o lançamento e definitivamente extinto o crédito, salvo se comprovada a ocorrência de dolo, fraude ou simulação.

• Os arts. 145 e 167 do CC dispõem respectivamente sobre dolo e simulação.

Capítulo III
SUSPENSÃO DO CRÉDITO TRIBUTÁRIO

Seção I
Disposições Gerais

Art. 151. Suspendem a exigibilidade do crédito tributário:

• *Vide* art. 191-A do CTN.

• *Vide* Súmula 437 do STJ.

• *Vide* Súmula 48 do CARF.

I – moratória;

II – o depósito do seu montante integral;

• *Vide* arts. 152 a 155-A do CTN.

• *Vide* Lei Complementar n. 151, de 5-8-2015, sobre depósitos judiciais e administrativos.

• *Vide* Súmula 58 do CARF.

III – as reclamações e os recursos, nos termos das leis reguladoras do processo tributário administrativo;

• *Vide* Súmula Vinculante 21.

IV – a concessão de medida liminar em mandado de segurança;

• *Vide* Súmula 17 do CARF.

•• *Vide* art. 63 da Lei n. 9.430, de 27-12-1996.

• *Vide* Lei n. 12.016, de 7-8-2009 (mandado de segurança individual e coletivo).

V – a concessão de medida liminar ou de tutela antecipada, em outras espécies de ação judicial;

•• Inciso V acrescentado pela Lei Complementar n. 104, de 10-1-2001.

• *Vide* Súmula 17 do CARF.

•• *Vide* art. 63 da Lei n. 9.430, de 27-12-1996.

VI – o parcelamento.

•• Inciso VI acrescentado pela Lei Complementar n. 104, de 10-1-2001.

Parágrafo único. O disposto neste artigo não dispensa o cumprimento das obrigações acessórias dependentes da obrigação principal cujo crédito seja suspenso, ou dela consequentes.

• *Vide* Decreto n. 70.235, de 6-3-1972 (processo administrativo fiscal).

• *Vide* art. 113, § 1.º (obrigação principal) e §§ 2.º e 3.º (obrigações acessórias) do CTN.

Seção II
Moratória

Art. 152. A moratória somente pode ser concedida:

I – em caráter geral:

a) pela pessoa jurídica de direito público competente para instituir o tributo a que se refira;

b) pela União, quanto a tributos de competência dos Estados, do Distrito Federal ou dos Municípios, quando simultaneamente concedida quanto aos tributos de competência federal e às obrigações de direito privado;

II – em caráter individual, por despacho da autoridade administrativa, desde que autorizada por lei nas condições do inciso anterior.

Parágrafo único. A lei concessiva de moratória pode circunscrever expressamente a sua aplicabilidade a determinada região do território da pessoa jurídica de direito público que a expedir, ou a determinada classe ou categoria de sujeitos passivos.

•• *Vide* Lei Complementar n. 24, de 7-1-1975, art. 10 (convênios para a concessão de isenções do imposto sobre circulação de mercadorias).

Art. 153. A lei que conceda moratória em caráter geral ou autorize sua concessão em caráter individual especificará, sem prejuízo de outros requisitos:

I – o prazo de duração do favor;

II – as condições da concessão do favor em caráter individual;

III – sendo caso:

a) os tributos a que se aplica;

b) o número de prestações e seus vencimentos, dentro do prazo a que se refere o inciso I, podendo atribuir a fixação de uns e de outros à autoridade administrativa, para cada caso de concessão em caráter individual;

c) as garantias que devem ser fornecidas pelo beneficiado no caso de concessão em caráter individual.

Art. 154. Salvo disposição de lei em contrário, a moratória somente abrange os créditos definitivamente constituídos à data da lei ou do despacho que a conceder, ou cujo lançamento já tenha sido iniciado àquela data por ato regularmente notificado ao sujeito passivo.

Parágrafo único. A moratória não aproveita aos casos de dolo, fraude ou simulação do sujeito passivo ou do terceiro em benefício daquele.

• Os arts. 145 e 167 do CC dispõem respectivamente sobre dolo e simulação.

Art. 155. A concessão da moratória em caráter individual não gera direito adquirido e será revogada de ofício, sempre que se apure que o beneficiado não satisfazia ou deixou de satisfazer as condições ou não cumpria ou deixou de cumprir os requisitos para a concessão do favor, cobrando-se o crédito acrescido de juros de mora:

• *Vide* arts. 179, § 2.º, e 182, parágrafo único, do CTN.

• O art. 406 do CC dispõe sobre os juros legais.

I – com imposição da penalidade cabível, nos casos de dolo ou simulação do beneficiado, ou de terceiro em benefício daquele;

II – sem imposição de penalidade, nos demais casos.

Parágrafo único. No caso do inciso I deste artigo, o tempo decorrido entre a concessão da moratória e sua revogação não se computa para efeito da prescrição do direito à cobrança do crédito; no caso do inciso II deste artigo, a revogação só pode ocorrer antes de prescrito o referido direito.

•• *Vide* art. 161, § 1.º, do CTN.

• Os arts. 406 e 407 do CC dispõem sobre juros legais.

• *Vide* arts. 172, parágrafo único, e 179, § 2.º, do CTN.

• *Vide* art. 174 (prescrição) do CTN.

Art. 155-A. O parcelamento será concedido na forma e condição estabelecidas em lei específica.

•• *Caput* acrescentado pela Lei Complementar n. 104, de 10-1-2001.

§ 1.º Salvo disposição de lei em contrário, o parcelamento do crédito tributário não exclui a incidência de juros e multas.

•• § 1.º acrescentado pela Lei Complementar n. 104, de 10-1-2001.

§ 2.º Aplicam-se, subsidiariamente, ao parcelamento as disposições desta Lei, relativas à moratória.

•• § 2.º acrescentado pela Lei Complementar n. 104, de 10-1-2001.

§ 3.º Lei específica disporá sobre as condições de parcelamento dos créditos tributários do devedor em recuperação judicial.

•• § 3.º acrescentado pela Lei Complementar n. 118, de 9-2-2005.

§ 4.º A inexistência da lei específica a que se refere o § 3.º deste artigo importa na aplicação das leis gerais de parcelamento do ente da Federação ao devedor em recuperação judicial, não podendo, neste caso, ser o prazo de parcelamento inferior ao concedido pela lei federal específica.

•• § 4.º acrescentado pela Lei Complementar n. 118, de 9-2-2005.

Capítulo IV
EXTINÇÃO DO CRÉDITO TRIBUTÁRIO

Seção I
Modalidades de Extinção

Art. 156. Extinguem o crédito tributário:

I – o pagamento;

• *Vide* arts. 157 a 164 do CTN.

II – a compensação;

•• *Vide* Lei n. 8.383, de 30-12-1991, art. 66 (alteração da legislação do imposto de renda).

• *Vide* arts. 170 e 170-A do CTN.

• *Vide* o Decreto n. 2.138, de 29-1-1997, que dispõe sobre a compensação de créditos tributários com créditos do sujeito passivo decorrentes de restituição ou ressarcimento de tributos ou contribuições.

III – a transação;

• *Vide* art. 171 do CTN.

IV – a remissão;

•• *Vide* art. 150, § 6.º, da CF (remissão).

• *Vide* art. 172 do CTN.

V – a prescrição e a decadência;

• *Vide* art. 146, III, *b*, da CF.

• *Vide* Súmula Vinculante 8.

VI – a conversão de depósito em renda;

VII – o pagamento antecipado e a homologação do lançamento nos termos do disposto no art. 150 e seus §§ 1.º e 4.º;

VIII – a consignação em pagamento, nos termos do disposto no § 2.º do art. 164;

IX – a decisão administrativa irreformável, assim entendida a definitiva na órbita administrativa, que não mais possa ser objeto de ação anulatória;

X – a decisão judicial passada em julgado;

XI – a dação em pagamento em bens imóveis, na forma e condições estabelecidas em lei.

•• Inciso XI acrescentado pela Lei Complementar n. 104, de 10-1-2001.

•• Inciso regulamentado pela Lei n. 13.259, de 16-3-2016.

•• O art. 4.º da Lei n. 13.259, de 16-3-2016, dispõe:

"Art. 4.º O crédito tributário inscrito em dívida ativa da União poderá ser extinto, nos termos do inciso XI do *caput* do art. 156 da Lei n. 5.172, de 25 de outubro de 1966 - Código Tributário Nacional, mediante dação em pagamento de bens imóveis, a critério do credor, na forma desta Lei, desde que atendidas as seguintes condições:

•• *Caput* com redação determinada pela Lei n. 13.313, de 14-7-2016.

I - a dação seja precedida de avaliação do bem ou dos bens ofertados, que devem estar livres e desembaraçados de quaisquer ônus, nos termos de ato do Ministério da Fazenda; e

•• Inciso I com redação determinada pela Lei n. 13.313, de 14-7-2016.

II - a dação abranja a totalidade do crédito ou créditos que se pretende liquidar com atualização, juros, multa e encargos legais, sem desconto de qualquer natureza, assegurando-se ao devedor a possibilidade de complementação em dinheiro de eventual diferença entre os valores da totalidade da dívida e o valor do bem ou dos bens ofertados em dação.

•• Inciso II com redação determinada pela Lei n. 13.313, de 14-7-2016.

§ 1.º O disposto no *caput* não se aplica aos créditos tributários referentes ao Regime Especial Unificado de Arrecadação de Tributos e Contribuições devidos pelas Microempresas e Empresas de Pequeno Porte - Simples Nacional.

•• § 1.º acrescentado pela Lei n. 13.313, de 14-7-2016.

§ 2.º Caso o crédito que se pretenda extinguir seja objeto de discussão judicial, a dação em pagamento somente produzirá efeitos após a desistência da referida ação pelo devedor ou corresponsável e a renúncia do direito sobre o qual se funda a ação, devendo o devedor ou o corresponsável arcar com o pagamento das custas judiciais e honorários advocatícios.

•• § 2.º acrescentado pela Lei n. 13.313, de 14-7-2016.

§ 3.º A União observará a destinação específica dos créditos extintos por dação em pagamento, nos termos de ato do Ministério da Fazenda.

•• § 3.º acrescentado pela Lei n. 13.313, de 14-7-2016".

Parágrafo único. A lei disporá quanto aos efeitos da extinção total ou parcial do crédito sobre a ulterior verificação da irregularidade da sua constituição, observado o disposto nos arts. 144 e 149.

• Modalidades de extinção não expressas no CTN: novação (arts. 360 a 367 do CC) e confusão (arts. 381 a 384 do CC).

Seção II
Pagamento

Art. 157. A imposição de penalidade não ilide o pagamento integral do crédito tributário.

•• Mantivemos "ilide" conforme publicação oficial. Entendemos que o correto seria "elide".

•• *Vide* Súmula 560 do STF.

Art. 158. O pagamento de um crédito não importa em presunção de pagamento:

I – quando parcial, das prestações em que se decomponha;

• O art. 943 do CC estabelece que o direito de exigir reparação e a obrigação de prestá-la transmitem-se com a herança.

II – quando total, de outros créditos referentes ao mesmo ou a outros tributos.

Art. 159. Quando a legislação tributária não dispuser a respeito, o pagamento é efetuado na repartição competente do domicílio do sujeito passivo.

• *Vide* arts. 96 e 127 e s. do CTN.

• Os arts. 327 e s. do CC dispõem sobre o lugar do pagamento.

Art. 160. Quando a legislação tributária não fixar o tempo do pagamento, o vencimento do crédito ocorre 30 (trinta) dias depois da data em que se considera o sujeito passivo notificado do lançamento.

• Os arts. 331 a 333 do CC dispõem sobre o tempo do pagamento.

• *Vide* Súmula 360 do STJ.

Parágrafo único. A legislação tributária pode conceder desconto pela antecipação do pagamento, nas condições que estabeleça.

• Os arts. 331 e s. do CC dispõem sobre o tempo do pagamento.

Art. 161. O crédito não integralmente pago no vencimento é acrescido de juros de mora, seja qual for o motivo determinante da falta, sem prejuízo da imposição das penalidades cabíveis e da aplicação de quaisquer medidas de garantia previstas nesta Lei ou em lei tributária.

§ 1.º Se a lei não dispuser de modo diverso, os juros de mora são calculados à taxa de 1% (um por cento) ao mês.

•• *Vide* Lei n. 8.981, de 20-1-1995, arts. 84, § 3.º, e 85 (alteração da legislação tributária).

•• *Vide* Lei n. 9.069, de 29-6-1995, art. 38, § 1.º (Plano Real).

•• *Vide* Lei n. 9.430, de 27-12-1996, art. 61.

§ 2.º O disposto neste artigo não se aplica na pendência de consulta formulada pelo devedor dentro do prazo legal para pagamento do crédito.

Art. 162. O pagamento é efetuado:

I – em moeda corrente, cheque ou vale postal;

• *Vide* art. 3.º do CTN.

II – nos casos previstos em lei, em estampilha, em papel selado, ou por processo mecânico.

• *Vide* Súmula 547 do STF.

§ 1.º A legislação tributária pode determinar as garantias exigidas para o pagamento por cheque ou vale postal, desde que não o torne impossível ou mais oneroso que o pagamento em moeda corrente.

• Os arts. 327 e s. do CC dispõem sobre o lugar do pagamento.

• O art. 406 do CC dispõe sobre os juros legais.

§ 2.º O crédito pago por cheque somente se considera extinto com o resgate deste pelo sacado.

• Sobre cheques dispõem o Decreto n. 57.595, de 7-1-1966, e a Lei n. 7.357, de 2-9-1985.

§ 3.º O crédito pagável em estampilha considera-se extinto com a inutilização regular daquela, ressalvado o disposto no art. 150.

§ 4.º A perda ou destruição da estampilha, ou o erro no pagamento por esta modalidade não dão direito à restituição, salvo nos casos expressamente previstos na legislação tributária, ou naqueles em que o erro seja imputável à autoridade administrativa.

§ 5.º O pagamento em papel selado ou por processo mecânico equipara-se ao pagamento em estampilha.

Art. 163. Existindo simultaneamente dois ou mais débitos vencidos do mesmo sujeito passivo para com a mesma pessoa jurídica de direito público, relativos ao mesmo ou a diferentes tributos ou provenientes de penalidade pecuniária ou juros de mora, a autoridade administrativa competente para receber o pagamento determinará a respectiva imputação, obedecidas as seguintes regras, na ordem em que enumeradas:

• *Vide* art. 187, parágrafo único, do CTN.

• Os arts. 352 e s. do CC dispõem sobre a imputação do pagamento.

I – em primeiro lugar, aos débitos por obrigação própria, e em segundo lugar aos decorrentes de responsabilidade tributária;

II – primeiramente, às contribuições de melhoria, depois às taxas e por fim aos impostos;

III – na ordem crescente dos prazos de prescrição;

IV – na ordem decrescente dos montantes.

• *Vide* arts. 81 e s. (contribuição de melhoria), 128 e s. (responsabilidade tributária) e 174 (prescrição) do CTN.

Art. 164. A importância do crédito tributário pode ser consignada judicialmente pelo sujeito passivo, nos casos:

• Os arts. 334 a 345 do CC dispõem sobre o pagamento em consignação.

I – de recusa de recebimento, ou subordinação deste ao pagamento de outro tributo ou de penalidade, ou ao cumprimento de obrigação acessória;

II – de subordinação do recebimento ao cumprimento de exigências administrativas sem fundamento legal;

III – de exigência, por mais de uma pessoa jurídica de direito público, de tributo idêntico sobre um mesmo fato gerador.

- Os arts. 539 a 549 do CPC dispõem sobre a ação de consignação em pagamento.

§ 1.º A consignação só pode versar sobre o crédito que o consignante se propõe pagar.

§ 2.º Julgada procedente a consignação, o pagamento se reputa efetuado e a importância consignada é convertida em renda; julgada improcedente a consignação no todo ou em parte, cobra-se o crédito acrescido de juros de mora, sem prejuízo das penalidades cabíveis.

- O art. 304 e parágrafo único do CC dispõem sobre o interessado no pagamento da dívida.
- Os arts. 334 e s. do CC dispõem sobre o pagamento em consignação.

Seção III
Pagamento Indevido

Art. 165. O sujeito passivo tem direito, independentemente de prévio protesto, à restituição total ou parcial do tributo, seja qual for a modalidade do seu pagamento, ressalvado o disposto no § 4.º do art. 162, nos seguintes casos:

- O Decreto n. 2.138, de 29-1-1997, dispõe sobre a compensação de créditos tributários com créditos do sujeito passivo decorrentes de restituição ou ressarcimento de tributos ou contribuições.
- *Vide* Súmula 162 do STJ.

I – cobrança ou pagamento espontâneo de tributo indevido ou maior que o devido em face da legislação tributária aplicável, ou da natureza ou circunstâncias materiais do fato gerador efetivamente ocorrido;

•• *Vide* Súmula 461 do STJ.

II – erro na edificação do sujeito passivo, na determinação da alíquota aplicável, no cálculo do montante do débito ou na elaboração ou conferência de qualquer documento relativo ao pagamento;

•• Mantivemos "edificação" conforme publicação oficial. Entendemos que o correto seria "identificação".

- *Vide* art. 168, I, do CTN.

III – reforma, anulação, revogação ou rescisão de decisão condenatória.

- *Vide* art. 168, I, do CTN.
- Os arts. 876 a 883 do CC dispõem sobre pagamento indevido.

Art. 166. A restituição de tributos que comportem, por sua natureza, transferência do respectivo encargo financeiro somente será feita a quem prove haver assumido referido encargo, ou, no caso de tê-lo transferido a terceiro, estar por este expressamente autorizado a recebê-la.

•• *Vide* Súmula 546 do STF.

•• *Vide* Súmula 614 do STJ.

•• "Se o contribuinte houver pago o imposto a um Estado quando devido a outro, terá direito à restituição do que houver recolhido indevidamente, feita a prova do pagamento ou do início deste ao Estado onde efetivamente devido" (art. 2.º, § 2.º, do Decreto-lei n. 834, de 8-9-1969).

Art. 167. A restituição total ou parcial do tributo dá lugar à restituição, na mesma proporção, dos juros de mora e das penalidades pecuniárias, salvo as referentes a infrações de caráter formal não prejudicadas pela causa da restituição.

Parágrafo único. A restituição vence juros não capitalizáveis, a partir do trânsito em julgado da decisão definitiva que a determinar.

- *Vide* Súmula 188 do STJ.

Art. 168. O direito de pleitear a restituição extingue-se com o decurso do prazo de 5 (cinco) anos, contados:

- *Vide* Súmula 412 do STJ.

I – nas hipóteses dos incisos I e II do art. 165, da data da extinção do crédito tributário;

•• *Vide* art. 3.º da Lei Complementar n. 118, de 9-2-2005.

II – na hipótese do inciso III do art. 165, da data em que se tornar definitiva a decisão administrativa ou passar em julgado a decisão judicial que tenha reformado, anulado, revogado ou rescindido a decisão condenatória.

Art. 169. Prescreve em 2 (dois) anos a ação anulatória da decisão administrativa que denegar a restituição.

Parágrafo único. O prazo de prescrição é interrompido pelo início da ação judicial, recomeçando o seu curso, por metade, a partir da data da intimação validamente feita ao representante judicial da Fazenda Pública interessada.

Seção IV
Demais Modalidades de Extinção

Art. 170. A lei pode, nas condições e sob as garantias que estipular, ou cuja estipulação em cada caso atribuir à autoridade administrativa, autorizar a compensação de créditos tributários com créditos líquidos e certos, vencidos ou vincendos, do sujeito passivo contra a Fazenda Pública.

- Os arts. 368 a 380 do CC dispõem sobre a compensação.
- *Vide* o Decreto n. 2.138, de 29-1-1997, que dispõe sobre a compensação de créditos tributários com créditos do sujeito passivo decorrentes de restituição ou ressarcimento de tributos ou contribuições.
- *Vide* Súmulas 212 e 213 do STJ.

Parágrafo único. Sendo vincendo o crédito do sujeito passivo, a lei determinará, para os efeitos deste artigo, a apuração do seu montante, não podendo, porém, cominar redução maior que a correspondente ao juro de 1% (um por cento) ao mês pelo tempo a decorrer entre a data da compensação e a do vencimento.

- CC:

> "Art. 368. Se duas pessoas forem ao mesmo tempo credor e devedor uma da outra, as duas obrigações extinguem-se, até onde se compensarem.
>
> Art. 369. A compensação efetua-se entre dívidas líquidas, vencidas e de coisas fungíveis".

Art. 170-A. É vedada a compensação mediante o aproveitamento de tributo, objeto de contestação judicial pelo sujeito passivo, antes do trânsito em julgado da respectiva decisão judicial.

•• Artigo acrescentado pela Lei Complementar n. 104, de 10-1-2001.

• *Vide* art. 7.º, § 2.º, da Lei n. 12.016, de 7-8-2009.

• *Vide* Súmulas 212 e 213 do STJ.

Art. 171. A lei pode facultar, nas condições que estabeleça, aos sujeitos ativo e passivo da obrigação tributária celebrar transação que, mediante concessões mútuas, importe em determinação de litígio e consequente extinção de crédito tributário.

•• Mantivemos "determinação" conforme publicação oficial. Entendemos que o correto seria "terminação".

•• *Vide* Lei n. 13.988, de 14-4-2020, que dispõe sobre transação resolutiva de litígio tributário.

Parágrafo único. A lei indicará a autoridade competente para autorizar a transação em cada caso.

• CC:

"Art. 661. O mandato em termos gerais só confere poderes de administração.

....

§ 2.º O poder de transigir não importa o de firmar compromisso.

....

Art. 840. É lícito aos interessados prevenirem ou terminarem o litígio mediante concessões mútuas".

Art. 172. A lei pode autorizar a autoridade administrativa a conceder, por despacho fundamentado, remissão total ou parcial do crédito tributário, atendendo:

I – à situação econômica do sujeito passivo;

II – ao erro ou ignorância escusáveis do sujeito passivo, quanto a matéria de fato;

III – à diminuta importância do crédito tributário;

IV – a considerações de equidade, em relação com as características pessoais ou materiais do caso;

• *Vide* art. 108, IV, do CTN.

V – a condições peculiares a determinada região do território da entidade tributante.

Parágrafo único. O despacho referido neste artigo não gera direito adquirido, aplicando-se, quando cabível, o disposto no art. 155.

• *Vide* art. 156, IV, do CTN.

• Os arts. 385 e s. do CC dispõem sobre remissão das dívidas.

Art. 173. O direito de a Fazenda Pública constituir o crédito tributário extingue-se após 5 (cinco) anos, contados:

I – do primeiro dia do exercício seguinte àquele em que o lançamento poderia ter sido efetuado;

•• *Vide* Súmula 555 do STJ.

• *Vide* Súmulas 101, 104 e 106 do CARF.

II – da data em que se tornar definitiva a decisão que houver anulado, por vício formal, o lançamento anteriormente efetuado.

Parágrafo único. O direito a que se refere este artigo extingue-se definitivamente com o decurso do prazo nele previsto, contado da data em que tenha sido iniciada a constituição do crédito tributário pela notificação, ao sujeito passivo, de qualquer medida preparatória indispensável ao lançamento.

• *Vide* arts. 142 a 150 (constituição do crédito tributário) do CTN.

• *Vide* Súmula 210 do STJ.

Art. 174. A ação para a cobrança do crédito tributário prescreve em 5 (cinco) anos, contados da data da sua constituição definitiva.

• *Vide* art. 40 da Lei n. 6.830, de 22-9-1980.

• *Vide* Súmula 409 do STJ.

Parágrafo único. A prescrição se interrompe:

I – pelo despacho do juiz que ordenar a citação em execução fiscal;

•• Inciso I com redação determinada pela Lei Complementar n. 118, de 9-2-2005.

II – pelo protesto judicial;

III – por qualquer ato judicial que constitua em mora o devedor;

IV – por qualquer ato inequívoco ainda que extrajudicial, que importe em reconhecimento do débito pelo devedor.

•• *Vide* Súmula 653 do STJ.

• Os arts. 202 e s. do CC dispõem sobre as causas que interrompem a prescrição.

• *Vide* Súmulas 210 e 314 do STJ.

Capítulo V
EXCLUSÃO DO CRÉDITO TRIBUTÁRIO

Seção I
Disposições Gerais

Art. 175. Excluem o crédito tributário:

• *Vide* art. 111 do CTN (interpretação).

I – a isenção;

II – a anistia.

Parágrafo único. A exclusão do crédito tributário não dispensa o cumprimento das obrigações acessórias, dependentes da obrigação principal cujo crédito seja excluído, ou dela consequente.

• *Vide* arts. 176 a 179 (isenção) do CTN.

• *Vide* arts. 180 a 182 (anistia) do CTN.

• *Vide* arts. 113 e s. (obrigação tributária) do CTN.

Seção II
Isenção

Art. 176. A isenção, ainda quando prevista em contrato, é sempre decorrente de lei que especifique as condições e requisitos exigidos para a sua concessão, os tributos a que se aplica e, sendo caso, o prazo de sua duração.

Parágrafo único. A isenção pode ser restrita a determinada região do território da entidade tributante, em função de condições a ela peculiares.

•• *Vide* art. 151, I, da CF (instituição de produto – distinção ou preferência em relação a Estado, Distrito Federal ou a Município).

Art. 177. Salvo disposição de lei em contrário, a isenção não é extensiva:

I – às taxas e às contribuições de melhoria;

II – aos tributos instituídos posteriormente à sua concessão.

Art. 178. A isenção, salvo se concedida por prazo certo e em função de determinadas condições, pode ser revogada ou modificada por lei, a qualquer tempo, observado o disposto no inciso III do art. 104.

•• Artigo com redação determinada pela Lei Complementar n. 24, de 7-1-1975.

• *Vide* Súmula 544 do STF.

Art. 179. A isenção, quando não concedida em caráter geral, é efetivada, em cada caso, por despacho da autoridade administrativa, em requerimento com o qual o interessado faça prova do preenchimento das condições e do cumprimento dos requisitos previstos em lei ou contrato para sua concessão.

§ 1.º Tratando-se de tributo lançado por período certo de tempo, o despacho referido neste artigo será renovado antes da expiração de cada período, cessando automaticamente os seus efeitos a partir do primeiro dia do período para o qual o interessado deixar de promover a continuidade do reconhecimento da isenção.

§ 2.º O despacho referido neste artigo não gera direito adquirido, aplicando-se, quando cabível, o disposto no art. 155.

• *Vide* Súmulas 543 e 544 do STF.

Seção III
Anistia

Art. 180. A anistia abrange exclusivamente as infrações cometidas anteriormente à vigência da lei que a concede, não se aplicando:

I – aos atos qualificados em lei como crimes ou contravenções e aos que, mesmo sem essa qualificação, sejam praticados com dolo, fraude ou simulação pelo sujeito passivo ou por terceiro em benefício daquele;

II – salvo disposição em contrário, às infrações resultantes de conluio entre duas ou mais pessoas naturais ou jurídicas.

• Os arts. 145 e 167 do CC dispõem respectivamente sobre dolo e simulação.

Art. 181. A anistia pode ser concedida:

I – em caráter geral;

II – limitadamente:

a) às infrações da legislação relativa a determinado tributo;

b) às infrações punidas com penalidades pecuniárias até determinado montante, conjugadas ou não com penalidades de outra natureza;

c) a determinada região do território da entidade tributante, em função de condições a ela peculiares;

• *Vide* art. 151, I, da CF.

d) sob condição do pagamento de tributo no prazo fixado pela lei que a conceder, ou cuja fixação seja atribuída pela mesma lei à autoridade administrativa.

Art. 182. A anistia, quando não concedida em caráter geral, é efetivada, em cada caso, por despacho da autoridade administrativa, em requerimento com o qual o interessado faça prova do preenchimento das condições e do cumprimento dos requisitos previstos em lei para sua concessão.

Parágrafo único. O despacho referido neste artigo não gera direito adquirido, aplicando-se, quando cabível, o disposto no art. 155.

Capítulo VI
GARANTIAS E PRIVILÉGIOS DO CRÉDITO TRIBUTÁRIO

Seção I
Disposições Gerais

Art. 183. A enumeração das garantias atribuídas neste Capítulo ao crédito tributário não exclui outras que sejam expressamente previstas em lei, em função da natureza ou das características do tributo a que se refiram.

Parágrafo único. A natureza das garantias atribuídas ao crédito tributário não altera a natureza deste nem a da obrigação tributária a que corresponda.

Art. 184. Sem prejuízo dos privilégios especiais sobre determinados bens, que sejam previstos em lei, responde pelo pagamento do crédito tributário a totalidade dos bens e das rendas, de qualquer origem ou natureza, do sujeito passivo, seu espólio ou sua massa falida, inclusive os gravados por ônus real ou cláusula de inalienabilidade ou impenhorabilidade, seja qual for a data da constituição do ônus ou da cláusula, excetuados unicamente os bens e rendas que a lei declare absolutamente impenhoráveis.

• Os arts. 832 e 833 do CPC dispõem sobre bens impenhoráveis.

• *Vide* art. 30 da Lei n. 6.830, de 22-9-1980.

• A Lei n. 8.009, de 29-3-1990, dispõe sobre a impenhorabilidade do bem de família.

• *Vide* Súmula 364 do STJ.

Art. 185. Presume-se fraudulenta a alienação ou oneração de bens ou rendas, ou seu começo, por sujeito passivo em débito para com a Fazenda Pública, por crédito tributário regularmente inscrito como dívida ativa.

•• *Caput* com redação determinada pela Lei Complementar n. 118, de 9-2-2005.

Parágrafo único. O disposto neste artigo não se aplica na hipótese de terem sido reservados, pelo devedor, bens ou rendas suficientes ao total pagamento da dívida inscrita.

•• Parágrafo único com redação determinada pela Lei Complementar n. 118, de 9-2-2005.

• *Vide* art. 204 (presunção jurídica) do CTN.

• O art. 792 do CPC dispõe sobre a fraude de execução.

Art. 185-A. Na hipótese de o devedor tributário, devidamente citado, não pagar nem apresentar bens à penhora no prazo legal e não forem encontrados bens penhoráveis, o juiz determinará a indisponibilidade de seus bens e direitos, comunicando a decisão, preferencialmente por meio eletrônico, aos órgãos e entidades que promovem registros de transferência de bens, especialmente ao registro público de imóveis e às autoridades supervisoras do mercado bancário e do mercado de capitais, a fim de que, no âmbito de suas atribuições, façam cumprir a ordem judicial.

•• *Caput* acrescentado pela Lei Complementar n. 118, de 9-2-2005.

•• *Vide* Súmula 560 do STJ.

§ 1.º A indisponibilidade de que trata o *caput* deste artigo limitar-se-á ao valor total exigível, devendo o juiz determinar o imediato levantamento da indisponibilidade dos bens ou valores que excederem esse limite.

•• § 1.º acrescentado pela Lei Complementar n. 118, de 9-2-2005.

§ 2.º Os órgãos e entidades aos quais se fizer a comunicação de que trata o *caput* deste artigo enviarão imediatamente ao juízo a relação discriminada dos bens e direitos cuja indisponibilidade houverem promovido.

•• § 2.º acrescentado pela Lei Complementar n. 118, de 9-2-2005.

Seção II
Preferências

Art. 186. O crédito tributário prefere a qualquer outro, seja qual for a natureza ou o tempo da sua constituição, ressalvados os créditos decorrentes da legislação do trabalho ou do acidente de trabalho.

•• Artigo com redação determinada pela Lei Complementar n. 118, de 9-2-2005.

Parágrafo único. Na falência:

•• Parágrafo único, *caput*, acrescentado pela Lei Complementar n. 118, de 9-2-2005.

I – o crédito tributário não prefere aos créditos extraconcursais ou às importâncias passíveis de restituição, nos termos da lei falimentar, nem aos créditos com garantia real, no limite do valor do bem gravado;

•• Inciso I acrescentado pela Lei Complementar n. 118, de 9-2-2005.

II – a lei poderá estabelecer limites e condições para a preferência dos créditos decorrentes da legislação do trabalho; e

•• Inciso II acrescentado pela Lei Complementar n. 118, de 9-2-2005.

III – a multa tributária prefere apenas aos créditos subordinados.

•• Inciso III acrescentado pela Lei Complementar n. 118, de 9-2-2005.

• *Vide* Súmula 270 do STJ.

Art. 187. A cobrança judicial do crédito tributário não é sujeita a concurso de credores ou habilitação em falência, recuperação judicial, concordata, inventário ou arrolamento.

•• *Caput* com redação determinada pela Lei Complementar n. 118, de 9-2-2005.

•• A Lei n. 11.101, de 9-2-2005, substitui a concordata pela recuperação judicial e extrajudicial do empresário e da sociedade empresária.

Parágrafo único. O concurso de preferência somente se verifica entre pessoas jurídicas de direito público, na seguinte ordem:

•• O STF, no julgamento da ADPF n. 357, por maioria, julgou procedente o pedido formulado para declarar a não recepção, pela Constituição da República de 1988, da norma prevista neste parágrafo único, na sessão por videoconferência de 24-6-2021 (*DOU* de 6-7-2021).

I – União;

II – Estados, Distrito Federal e Territórios, conjuntamente e *pro rata*;

III – Municípios, conjuntamente e *pro rata*.

•• *Vide* arts. 139 e s. (crédito tributário) do CTN.

• Os arts. 955 e s. do CC dispõem sobre o concurso de credores.

• Os arts. 1.796 e s. do CC dispõem sobre inventário e partilha.

• *Vide* art. 29, parágrafo único, da Lei n. 6.830, de 22-9-1980.

• *Vide* Súmula 563 do STF.

• *Vide* Súmula 497 do STJ.

Art. 188. São extraconcursais os créditos tributários decorrentes de fatos geradores ocorridos no curso do processo de falência.

•• *Caput* com redação determinada pela Lei Complementar n. 118, de 9-2-2005.

§ 1.º Contestado o crédito tributário, o juiz remeterá as partes ao processo competente, mandando reservar bens suficientes à extinção total do crédito e seus acrescidos, se a massa não puder efetuar a garantia da instância por outra forma, ouvido, quanto à natureza e valor dos bens reservados, o representante da Fazenda Pública interessada.

§ 2.º O disposto neste artigo aplica-se aos processos de concordata.

Art. 189. São pagos preferencialmente a quaisquer créditos habilitados em inventário ou arrolamento, ou a outros encargos do monte, os créditos tributários vencidos ou vincendos, a cargo do *de cujus* ou de seu espólio, exigíveis no decurso do processo de inventário ou arrolamento.

• Os arts. 659 a 667 do CPC dispõem sobre arrolamento.

Parágrafo único. Contestado o crédito tributário, proceder-se-á na forma do disposto no § 1.º do artigo anterior.

• Os arts. 654 a 658 do CPC dispõem sobre o imposto de transmissão.

• O art. 620, IV, do CPC dispõe sobre as declarações do inventariante.

• Os arts. 1.796 e s. do CC dispõem sobre inventário e partilha.

Art. 190. São pagos preferencialmente a quaisquer outros os créditos tributários vencidos ou vincendos, a cargo de pessoas jurídicas de direito privado em liquidação judicial ou voluntária, exigíveis no decurso da liquidação.

Art. 191. A extinção das obrigações do falido requer prova de quitação de todos os tributos.

•• Artigo com redação determinada pela Lei Complementar n. 118, de 9-2-2005.

• *Vide* Decreto-lei n. 1.715, de 22-11-1979 (regula a expedição de certidão de quitação de tributos federais e extingue a declaração de devedor remisso).

Art. 191-A. A concessão de recuperação judicial depende da apresentação da prova de quitação de todos os tributos, observado o disposto nos arts. 151, 205 e 206 desta Lei.

•• Artigo acrescentado pela Lei Complementar n. 118, de 9-2-2005.

Art. 192. Nenhuma sentença de julgamento de partilha ou adjudicação será proferida sem prova da quitação de todos os tributos relativos aos bens do espólio, ou às suas rendas.

• Sobre partilha: arts. 647 e s. do CPC e arts. 2.013 e s. do CC.

Art. 193. Salvo quando expressamente autorizado por lei, nenhum departamento da administração pública da União, dos Estados, do Distrito Federal ou dos Municípios, ou sua autarquia, celebrará contrato ou aceitará proposta em concorrência pública sem que contratante ou proponente faça prova da quitação de todos os tributos devidos à Fazenda Pública interessada, relativos à atividade em cujo exercício contrata ou concorre.

TÍTULO IV
ADMINISTRAÇÃO TRIBUTÁRIA

Capítulo I
FISCALIZAÇÃO

•• O Decreto n. 7.574, de 29-9-2011, regulamenta o processo de determinação e exigência de créditos tributários da União, o processo de consulta sobre a aplicação da legislação tributária federal e outros processos que especifica, sobre matérias administradas pela Secretaria da Receita Federal do Brasil.

• A Portaria n. 1.687, de 17-9-2014, da Secretaria da Receita Federal do Brasil dispõe sobre o planejamento das atividades fiscais e estabelece normas para a execução de procedimentos fiscais relativos ao controle aduaneiro do comércio exterior e aos tributos administrados pela Secretaria da Receita Federal do Brasil.

Art. 194. A legislação tributária, observado o disposto nesta Lei, regulará, em caráter geral, ou especificamente em função da natureza do tributo de que se tratar, a competência e os poderes das autoridades administrativas em matéria de fiscalização da sua aplicação.

•• O Decreto n. 2.781, de 14-9-1998, institui o Programa Nacional de Combate ao Contrabando e ao Descaminho.

• *Vide* arts. 4.º, 96 e 179 do CTN.

Parágrafo único. A legislação a que se refere este artigo aplica-se às pessoas naturais ou jurídicas, contribuintes ou não, inclusive às que gozem de imunidade tributária ou de isenção de caráter pessoal.

Art. 195. Para os efeitos da legislação tributária, não têm aplicação quaisquer disposições legais excludentes ou limitativas do direito de examinar mercadorias, livros, arquivos, documentos, papéis e efeitos comerciais ou fiscais dos comerciantes, industriais ou produtores, ou da obrigação destes de exibi-los.

Parágrafo único. Os livros obrigatórios de escrituração comercial e fiscal e os comprovantes dos lançamentos neles efetuados serão conservados até que ocorra a prescrição dos créditos tributários decorrentes das operações a que se refiram.

•• O art. 1.º do Ato Declaratório Interpretativo n. 4, de 9-10-2019, dispõe:

"Art. 1.º Os livros obrigatórios de escrituração comercial e fiscal e os comprovantes de lançamentos neles efetuados podem ser armazenados em meio eletrônico, óptico ou equivalente para fins do disposto no parágrafo único do art. 195 da Lei n. 5.172, de 25 de outubro de 1966 - Código Tributário Nacional (CTN).

§ 1.º O documento digital e sua reprodução terão o mesmo valor probatório do documento original para fins de prova perante a autoridade administrativa em procedimentos de fiscalização, observados os critérios de integridade e autenticidade estabelecidos pelo art. 2.º-A da Lei n. 12.682, de 9 de julho de 2012, e pelo art. 1.º da Medida Provisória n. 2.200-2, de 24 de agosto de 2001.

§ 2.º Os documentos originais poderão ser destruídos depois de digitalizados, ressalvados os documentos de valor histórico, cuja preservação é sujeita a legislação específica.

§ 3.º Os documentos armazenados em meio eletrônico, óptico ou equivalente poderão ser eliminados depois de transcorrido o prazo de prescrição dos créditos tributários decorrentes das operações a que eles se referem".

• *Vide* Súmula 439 do STF.

Art. 196. A autoridade administrativa que proceder ou presidir a quaisquer diligências de fiscalização lavrará os termos necessários para que se documente o início do procedimento, na forma da legislação aplicável, que fixará prazo máximo para a conclusão daquelas.

Parágrafo único. Os termos a que se refere este artigo serão lavrados, sempre que possível, em um dos livros fiscais exibidos; quando lavrados em separado deles se entregará, à pessoa sujeita à fiscalização, cópia autenticada pela autoridade a que se refere este artigo.

Art. 197. Mediante intimação escrita, são obrigados a prestar à autoridade administrativa todas as informações de que disponham com relação aos bens, negócios ou atividades de terceiros:

I – os tabeliães, escrivães e demais serventuários de ofício;

II – os bancos, casas bancárias, Caixas Econômicas e demais instituições financeiras;

III – as empresas de administração de bens;

IV – os corretores, leiloeiros e despachantes oficiais;

V – os inventariantes;

VI – os síndicos, comissários e liquidatários;

VII – quaisquer outras entidades ou pessoas que a lei designe, em razão de seu cargo, ofício, função, ministério, atividade ou profissão.

Parágrafo único. A obrigação prevista neste artigo não abrange a prestação de informações quanto a fatos sobre os quais o informante esteja legalmente obrigado a observar segredo em razão de cargo, ofício, função, ministério, atividade ou profissão.

• Os arts. 388, II, e 404, IV, do CPC dispõem sobre sigilo e segredo.

• O art. 154 do CP dispõe sobre o crime de violação de segredo profissional.

• Os arts. 229 e s. do CC dispõem sobre segredo.

Art. 198. Sem prejuízo do disposto na legislação criminal, é vedada a divulgação, por parte da Fazenda Pública ou de seus servidores, de informação obtida em razão do ofício sobre a situação econômica ou financeira do sujeito passivo ou de terceiros e sobre a natureza e o estado de seus negócios ou atividades.

•• *Caput* com redação determinada pela Lei Complementar n. 104, de 10-1-2001.

•• A Portaria n. 4, de 22-1-2021, da SRFB, dispõe sobre o Protocolo de Auditabilidade da Administração Tributária e Aduaneira, utilizado para viabilizar o compartilhamento de dados e informações protegidos pelo sigilo fiscal.

• *Vide* Lei n. 9.393, de 19-12-1996, art. 16, § 4.º, regulamentada pelo Decreto n. 4.382, de 19-9-2002, que determina a aplicação das disposições deste artigo às informações enviadas pela Secretaria da Receita Federal ao Instituto Nacional de Colonização e Reforma Agrária – INCRA, para fins de levantamento, pesquisas e proposição de ações administrativas e judiciais de política fundiária.

• *Vide* art. 9.º do Decreto n. 3.724, de 10-1-2001.

• *Vide* art. 9.º do Decreto n. 4.489, de 28-11-2002.

§ 1.º Excetuam-se do disposto neste artigo, além dos casos previstos no art. 199, os seguintes:

I – requisição de autoridade judiciária no interesse da justiça;

II – solicitações de autoridade administrativa no interesse da Administração Pública, desde que seja comprovada a instauração regular de processo administrativo, no órgão ou na entidade respectiva, com o objetivo de investigar o sujeito passivo a que se refere a informação, por prática de infração administrativa.

•• § 1.º acrescentado pela Lei Complementar n. 104, de 10-1-2001.

• O art. 325 do CP dispõe sobre o crime de violação de segredo funcional.

§ 2.º O intercâmbio de informação sigilosa, no âmbito da Administração Pública, será realizado mediante processo regularmente instaurado, e a entrega será feita pessoalmente à autoridade solicitante, mediante recibo, que formalize a transferência e assegure a preservação do sigilo.

•• § 2.º acrescentado pela Lei Complementar n. 104, de 10-1-2001.

§ 3.º Não é vedada a divulgação de informações relativas a:

•• § 3.º acrescentado pela Lei Complementar n. 104, de 10-1-2001.

I – representações fiscais para fins penais;

•• Inciso I acrescentado pela Lei Complementar n. 104, de 10-1-2001.

• *Vide* Lei n. 8.137, de 27-12-1990.

• *Vide* art. 83 da Lei n. 9.430, de 27-12-1996.

II – inscrições na Dívida Ativa da Fazenda Pública;

•• Inciso II acrescentado pela Lei Complementar n. 104, de 10-1-2001.

• *Vide* art. 202 (dívida ativa) do CTN.

• *Vide* Lei n. 6.830, de 22-9-1980.

III – parcelamento ou moratória; e

•• Inciso III com redação determinada pela Lei Complementar n. 187, de 17-12-2021.

• *Vide* arts. 152 a 155-A (moratória) do CTN.

IV – incentivo, renúncia, benefício ou imunidade de natureza tributária cujo beneficiário seja pessoa jurídica.

•• Inciso IV acrescentado pela Lei Complementar n. 187, de 17-12-2021.

Art. 199. A Fazenda Pública da União e as dos Estados, do Distrito Federal e dos Municípios prestar-se-ão mutuamente assistência para a fiscalização dos tributos respectivos e permuta de informações, na forma estabelecida, em caráter geral ou específico, por lei ou convênio.

Parágrafo único. A Fazenda Pública da União, na forma estabelecida em tratados, acordos ou convênios, poderá permutar informações com Estados estrangeiros no interesse da arrecadação e da fiscalização de tributos.

•• Parágrafo único acrescentado pela Lei Complementar n. 104, de 10-1-2001.

• *Vide* art. 96 do CTN.

Art. 200. As autoridades administrativas federais poderão requisitar o auxílio da força pública federal, estadual ou municipal, e reciprocamente, quando vítimas de embaraço ou desacato no exercício de suas funções, ou quando necessário à efetivação de medida prevista na legislação tributária, ainda que não se configure fato definido em lei como crime ou contravenção.

• Os arts. 329, 330 e 331 do CP dispõem respectivamente sobre os crimes de resistência, desobediência e desacato.

• *Vide* Lei n. 4.729, de 14-7-1965 (crime de sonegação fiscal).

• *Vide* Lei n. 9.430, de 27-12-1996, art. 33, I, sobre a determinação de regime especial para cumprimento de obrigações, pelo sujeito passivo, nas hipóteses que autorizem a requisição de auxílio da força pública, nos termos deste artigo.

• *Vide* art. 29, II, da Lei Complementar n. 123, de 14-12-2006.

Capítulo II
DÍVIDA ATIVA

•• *Vide* Lei n. 6.830, de 22-9-1980 (cobrança judicial da Dívida Ativa da Fazenda Pública – LEF).

• O art. 784, IX, do CPC dispõe sobre certidão de dívida ativa da Fazenda Pública.

Art. 201. Constitui dívida ativa tributária a proveniente de crédito dessa natureza, regularmente inscrita na repartição administrativa competente, depois de esgotado o prazo fixado, para pagamento, pela lei ou por decisão final proferida em processo regular.

• *Vide* art. 2.º da LEF.

Parágrafo único. A fluência de juros de mora não exclui, para os efeitos deste artigo, a liquidez do crédito.

• *Vide* Súmula 277 do STF.

Art. 202. O termo de inscrição da dívida ativa, autenticado pela autoridade competente, indicará obrigatoriamente:

•• *Vide* Súmula 392 do STJ.

I – o nome do devedor e, sendo caso, o dos corresponsáveis, bem como, sempre que possível, o domicílio ou a residência de um e de outros;

II – a quantia devida e a maneira de calcular os juros de mora acrescidos;

III – a origem e a natureza do crédito, mencionada especificamente a disposição da lei em que seja fundado;

IV – a data em que foi inscrita;

V – sendo caso, o número do processo administrativo de que se originar o crédito.

Parágrafo único. A certidão conterá, além dos requisitos deste artigo, a indicação do livro e da folha da inscrição.

Art. 203. A omissão de quaisquer dos requisitos previstos no artigo anterior ou o erro a eles relativo são causas de nulidade da inscrição e do processo de cobrança dela decorrente, mas a nulidade poderá ser sanada até a decisão de primeira instância, mediante substituição da certidão nula, devolvido ao sujeito passivo, acusado ou interessado, o prazo para defesa, que somente poderá versar sobre a parte modificada.

• *Vide* art. 2.º, § 8.º, da LEF.

• *Vide* Súmula 392 do STJ.

Art. 204. A dívida regularmente inscrita goza da presunção de certeza e liquidez e tem o efeito de prova pré-constituída.

Parágrafo único. A presunção a que se refere este artigo é relativa e pode ser ilidida por prova inequívoca, a cargo do sujeito passivo ou do terceiro a que aproveite.

Capítulo III
CERTIDÕES NEGATIVAS

• O Decreto n. 6.106, de 30-4-2007, dispõe sobre a prova de regularidade fiscal perante a Fazenda Nacional.

Art. 205. A lei poderá exigir que a prova da quitação de determinado tributo, quando exigível, seja feita por certidão negativa, expedida à vista de requerimento do interessado, que contenha todas as informações necessárias à identificação de sua pessoa, domicílio fiscal e ramo de negócio ou atividade e indique o período a que se refere o pedido.

•• *Vide* Lei n. 7.711, de 22-12-1988 (administração tributária).

• *Vide* art. 191-A do CTN.

• *Vide* Súmula 446 do STJ.

Parágrafo único. A certidão negativa será sempre expedida nos termos em que tenha sido requerida e será fornecida dentro de 10 (dez) dias da data da entrada do requerimento na repartição.

•• *Vide* Decreto-lei n. 1.715, de 22-11-1979 (expedição de certidão de quitação de tributos federais e extinção da declaração de devedor remisso).

• O Decreto n. 84.702, de 13-5-1980, simplifica a prova de quitação de tributos, contribuições, anuidade e outros encargos e restringe a exigência de certidões no âmbito da Administração Federal.

Art. 206. Tem os mesmos efeitos previstos no artigo anterior a certidão de que conste a existência de créditos não vencidos, em curso de cobrança executiva em que tenha sido efetivada a penhora, ou cuja exigibilidade esteja suspensa.

• *Vide* arts. 151 e s. (exigibilidade do crédito tributário) e 191-A (concessão de recuperação judicial) do CTN.

• *Vide* Súmula 446 do STJ.

Art. 207. Independentemente de disposição legal permissiva, será dispensada a prova de quitação de tributos, ou o seu suprimento, quando se tratar de prática de ato indispensável para evitar a caducidade de direito, respondendo, porém, todos os participantes no ato pelo tributo porventura devido, juros de mora e penalidades cabíveis, exceto as relativas a infrações cuja responsabilidade seja pessoal ao infrator.

Art. 208. A certidão negativa expedida com dolo ou fraude, que contenha erro contra a Fazenda Pública, responsabiliza pessoalmente o funcionário que a expedir, pelo crédito tributário e juros de mora acrescidos.

Parágrafo único. O disposto neste artigo não exclui a responsabilidade criminal e funcional que no caso couber.

• O art. 301 do CP dispõe sobre a certidão ou atestado ideologicamente falso.

DISPOSIÇÕES FINAIS E TRANSITÓRIAS

Art. 209. A expressão "Fazenda Pública", quando empregada nesta Lei sem qualificação, abrange a Fazenda Pública da União, dos Estados, do Distrito Federal e dos Municípios.

Art. 210. Os prazos fixados nesta Lei ou na legislação tributária serão contínuos, excluindo-se na sua contagem o dia de início e incluindo-se o de vencimento.

Parágrafo único. Os prazos só se iniciam ou vencem em dia de expediente normal na repartição em que corra o processo ou deva ser praticado o ato.

• *Vide* Súmula 310 do STF.

• Os arts. 224, § 1.º, e 230 do CPC dispõem sobre a contagem de prazos para a parte, o procurador, a Advocacia Pública, a Defensoria Pública e o Ministério Público.

Art. 211. Incumbe ao Conselho Técnico de Economia e Finanças, do Ministério da Fazenda, prestar assistência técnica aos governos estaduais e municipais, com o objetivo de assegurar a uniforme aplicação da presente Lei.

Art. 212. Os Poderes Executivos federal, estaduais e municipais expedirão, por decreto, dentro de 90 (noventa) dias da entrada em vigor desta Lei, a consolidação, em texto único, da legislação vigente, relativa a cada um dos tributos, repetindo-se esta providência até o dia 31 de janeiro de cada ano.

Art. 213. Os Estados pertencentes a uma mesma região geoeconômica celebrarão entre si convênios para o estabelecimento de alíquota uniforme para o imposto a que se refere o art. 52.

Parágrafo único. Os Municípios de um mesmo Estado procederão igualmente, no que se refere à fixação da alíquota de que trata o art. 60.

•• Revogados os arts. 52 e 60 citados, respectivamente, pelo Decreto-lei n. 406, de 31-12-1968, e pelo Ato Complementar n. 31, de 28-12-1966.

Art. 214. O Poder Executivo promoverá a realização de convênios com os Estados, para excluir ou limitar a incidência do Imposto sobre Operações Relativas à Circulação de Mercadorias, no caso de exportação para o Exterior.

•• *Vide* art. 155, § 2.º, XII, *e*, da CF (exclusão de incidência do imposto).

•• *Vide* Decreto-lei n. 406, de 31-12-1968, art. 5.º (imposto sobre circulação de mercadorias).

• *Vide* art. 155, § 2.º, X, *a*, da CF.

Art. 215. A lei estadual pode autorizar o Poder Executivo a reajustar, no exercício de 1967, a alíquota de imposto a que se refere o art. 52, dentro de limites e segundo critérios por ela estabelecidos.

•• Revogado o citado art. 52 pelo Decreto-lei n. 406, de 31-12-1968.

Art. 216. O Poder Executivo proporá as medidas legislativas adequadas a possibilitar, sem compressão dos investimentos previstos na proposta orçamentária de 1967, o cumprimento do disposto no art. 21 da Emenda Constitucional n. 18, de 1965.

Art. 217. As disposições desta Lei, notadamente as dos arts. 17, 74, § 2.º, e 77, parágrafo único, bem como a do art. 54 da Lei n. 5.025, de 10 de junho de 1966, não excluem a incidência e a exigibilidade:

•• *Caput* acrescentado pelo Decreto-lei n. 27, de 14-11-1966.

• *Vide* art. 8.º, IV, da CF.

I – da "contribuição sindical", denominação que passa a ter o Imposto Sindical de que tratam os arts. 578 e s. da Consolidação das Leis do Trabalho, sem prejuízo do disposto no art. 16 da Lei n. 4.589, de 11 de dezembro de 1964;

•• Inciso I acrescentado pelo Decreto-lei n. 27, de 14-11-1966.

II – das denominadas "quotas de previdência" a que aludem os arts. 71 e 74 da Lei n. 3.807, de 26 de agosto de 1960, com as alterações determinadas pelo art. 34 da Lei n. 4.863, de 29 de novembro de 1965, que integram a contribuição da União para a Previdência Social, de que trata o art. 157, item XVI, da Constituição Federal;

•• Inciso II acrescentado pelo Decreto-lei n. 27, de 14-11-1966.

• Atualmente, Lei n. 8.212, de 24-7-1991, arts. 16 e 22, regulamentada pelo Decreto n. 3.048, de 6-5-1999, e CF, art. 195.

III – da contribuição destinada a constituir "Fundo de Assistência" e "Previdência do Trabalhador Rural", de que trata o art. 158 da Lei n. 4.214, de 2 de março de 1963;

•• Inciso III acrescentado pelo Decreto-lei n. 27, de 14-11-1966.

• Atualmente, Lei n. 5.889, de 8-6-1973, arts. 19 e 21, Lei n. 8.213, de 24-7-1991, art. 11, I, *a*, e Decreto n. 3.048, de 6-5-1999, arts. 6.º, I, e 9.º, I, *a*.

IV – da contribuição destinada ao Fundo de Garantia do Tempo de Serviço, criada pelo art. 2.º da Lei n. 5.107, de 13 de setembro de 1966;

•• Inciso IV acrescentado pelo Decreto-lei n. 27, de 14-11-1966.

• Atualmente, Lei n. 8.036, de 11-5-1990, e Decreto n. 99.684, de 8-11-1990 (FGTS).

V – das contribuições enumeradas no § 2.º do art. 34 da Lei n. 4.863, de 29 de novembro de 1965, com as alterações decorrentes do disposto nos arts. 22 e 23 da Lei n. 5.107, de 13 de setembro de 1966, e outras de fins sociais criadas por lei.

•• Inciso V acrescentado pelo Decreto-lei n. 27, de 14-11-1966.

• Atualmente, Lei n. 8.036, de 11-5-1990, art. 30 (FGTS).

Art. 218. Esta Lei entrará em vigor, em todo o território nacional, no dia 1.º de janeiro de 1967, revogadas as disposições em contrário, especialmente a Lei n. 854, de 10 de outubro de 1949.

Brasília, 25 de outubro de 1966; 145.º da Independência e 78.º da República.

H. CASTELLO BRANCO

Legislação Complementar

DECRETO-LEI N. 2.848, DE 7 DE DEZEMBRO DE 1940 (*)

Código Penal.

O Presidente da República, usando da atribuição que lhe confere o art. 180 da Constituição, decreta a seguinte Lei:

....

PARTE ESPECIAL

....

TÍTULO II
DOS CRIMES CONTRA O PATRIMÔNIO

....

Capítulo V
DA APROPRIAÇÃO INDÉBITA

....

Apropriação indébita previdenciária

Art. 168-A. Deixar de repassar à previdência social as contribuições recolhidas dos contribuintes, no prazo e forma legal ou convencional:

Pena - reclusão, de 2 (dois) a 5 (cinco) anos, e multa.

•• *Caput* acrescentado pela Lei n. 9.983, de 14-7-2000.

• *Vide* art. 83 da Lei n. 9.430, de 27-12-1996.

§ 1.º Nas mesmas penas incorre quem deixar de:

•• § 1.º, *caput*, acrescentado pela Lei n. 9.983, de 14-7-2000.

I – recolher, no prazo legal, contribuição ou outra importância destinada à previdência social que tenha sido descontada de pagamento efetuado a segurados, a terceiros ou arrecadada do público;

•• Inciso I acrescentado pela Lei n. 9.983, de 14-7-2000.

II – recolher contribuições devidas à previdência social que tenham integrado despesas contábeis ou custos relativos à venda de produtos ou à prestação de serviços;

•• Inciso II acrescentado pela Lei n. 9.983, de 14-7-2000.

III – pagar benefício devido a segurado, quando as respectivas cotas ou valores já tiverem sido reembolsados à empresa pela previdência social.

•• Inciso III acrescentado pela Lei n. 9.983, de 14-7-2000.

§ 2.º É extinta a punibilidade se o agente, espontaneamente, declara, confessa e efetua o pagamento das contribuições, importâncias ou valores e presta as informações devidas à previdência social, na forma definida em lei ou regulamento, antes do início da ação fiscal.

•• § 2.º acrescentado pela Lei n. 9.983, de 14-7-2000.

§ 3.º É facultado ao juiz deixar de aplicar a pena ou aplicar somente a de multa se o agente for primário e de bons antecedentes, desde que:

•• § 3.º, *caput*, acrescentado pela Lei n. 9.983, de 14-7-2000.

I – tenha promovido, após o início da ação fiscal e antes de oferecida a denúncia, o pagamento da contribuição social previdenciária, inclusive acessórios; ou

•• Inciso I acrescentado pela Lei n. 9.983, de 14-7-2000.

II – o valor das contribuições devidas, inclusive acessórios, seja igual ou inferior àquele estabelecido pela previdência social, administrativamente, como sendo o mínimo para o ajuizamento de suas execuções fiscais.

•• Inciso II acrescentado pela Lei n. 9.983, de 14-7-2000.

§ 4.º A faculdade prevista no § 3.º deste artigo não se aplica aos casos de parcelamento de contribuições cujo valor, inclusive dos acessórios, seja superior àquele estabelecido, administrativamente, como sendo o mínimo para o ajuizamento de suas execuções fiscais

•• § 4.º acrescentado pela Lei n. 13.606, de 9-1-2018.

....

TÍTULO X
DOS CRIMES CONTRA A FÉ PÚBLICA

....

Capítulo II
DA FALSIDADE DE TÍTULOS E OUTROS PAPÉIS PÚBLICOS

Falsificação de papéis públicos

Art. 293. Falsificar, fabricando-os ou alterando-os:

I – selo destinado a controle tributário, papel selado ou qualquer papel de emissão legal destinado à arrecadação de tributo;

•• Inciso I com redação determinada pela Lei n. 11.035, de 22-12-2004.

....

Pena - reclusão, de 2 (dois) a 8 (oito) anos, e multa.

§ 1.º Incorre na mesma pena quem:

•• § 1.º, *caput*, com redação determinada pela Lei n. 11.035, de 22-12-2004.

I – usa, guarda, possui ou detém qualquer dos papéis falsificados a que se refere este artigo;

•• Inciso I acrescentado pela Lei n. 11.035, de 22-12-2004.

(*) Publicado no *DOU*, de 31-12-1940, e retificado em 3-1-1941.

II – importa, exporta, adquire, vende, troca, cede, empresta, guarda, fornece ou restitui à circulação selo falsificado destinado a controle tributário;

•• Inciso II acrescentado pela Lei n. 11.035, de 22-12-2004.

III – importa, exporta, adquire, vende, expõe à venda, mantém em depósito, guarda, troca, cede, empresta, fornece, porta ou, de qualquer forma, utiliza em proveito próprio ou alheio, no exercício de atividade comercial ou industrial, produto ou mercadoria:

a) em que tenha sido aplicado selo que se destine a controle tributário, falsificado;

b) sem selo oficial, nos casos em que a legislação tributária determina a obrigatoriedade de sua aplicação.

•• Inciso III acrescentado pela Lei n. 11.035, de 22-12-2004.

....

§ 4.º Quem usa ou restitui à circulação, embora recebido de boa-fé, qualquer dos papéis falsificados ou alterados, a que se referem este artigo e o seu § 2.º, depois de conhecer a falsidade ou alteração, incorre na pena de detenção, de 6 (seis) meses a 2 (dois) anos, ou multa.

....

TÍTULO XI
DOS CRIMES CONTRA A ADMINISTRAÇÃO PÚBLICA

Capítulo I
DOS CRIMES PRATICADOS POR FUNCIONÁRIO PÚBLICO CONTRA A ADMINISTRAÇÃO EM GERAL

....

Concussão

Art. 316. Exigir, para si ou para outrem, direta ou indiretamente, ainda que fora da função ou antes de assumi-la, mas em razão dela, vantagem indevida:

Pena – reclusão, de 2 (dois) a 8 (oito) anos, e multa.

Excesso de exação

§ 1.º Se o funcionário exige tributo ou contribuição social que sabe ou deveria saber indevido, ou, quando devido, emprega na cobrança meio vexatório ou gravoso, que a lei não autoriza:

Pena – reclusão, de 3 (três) a 8 (oito) anos, e multa.

•• § 1.º com redação determinada pela Lei n. 8.137, de 27-12-1990.

....

Capítulo II
DOS CRIMES PRATICADOS POR PARTICULAR CONTRA A ADMINISTRAÇÃO EM GERAL

....

Descaminho

•• Rubrica com redação determinada pela Lei n. 13.008, de 26-6-2014.

Art. 334. Iludir, no todo ou em parte, o pagamento de direito ou imposto devido pela entrada, pela saída ou pelo consumo de mercadoria:

Pena – reclusão, de 1 (um) a 4 (quatro) anos.

•• *Caput* com redação determinada pela Lei n. 13.008, de 26-6-2014.

§ 1.º Incorre na mesma pena quem:

•• § 1.º com redação determinada pela Lei n. 13.008, de 26-6-2014.

I – pratica navegação de cabotagem, fora dos casos permitidos em lei;

•• Inciso I acrescentado pela Lei n. 13.008, de 26-6-2014.

II – pratica fato assimilado, em lei especial, a descaminho;

•• Inciso II acrescentado pela Lei n. 13.008, de 26-6-2014.

III – vende, expõe à venda, mantém em depósito ou, de qualquer forma, utiliza em proveito próprio ou alheio, no exercício de atividade comercial ou industrial, mercadoria de procedência estrangeira que introduziu clandestinamente no País ou importou fraudulentamente ou que sabe ser produto de introdução clandestina no território nacional ou de importação fraudulenta por parte de outrem;

•• Inciso III acrescentado pela Lei n. 13.008, de 26-6-2014.

IV – adquire, recebe ou oculta, em proveito próprio ou alheio, no exercício de atividade comercial ou industrial, mercadoria de procedência estrangeira, desacompanhada de documentação legal ou acompanhada de documentos que sabe serem falsos.

•• Inciso IV acrescentado pela Lei n. 13.008, de 26-6-2014.

§ 2.º Equipara-se às atividades comerciais, para os efeitos deste artigo, qualquer forma de comércio irregular ou clandestino de mercadorias estrangeiras, inclusive o exercído em residências.

•• § 2.º com redação determinada pela Lei n. 13.008, de 26-6-2014.

§ 3.º A pena aplica-se em dobro se o crime de descaminho é praticado em transporte aéreo, marítimo ou fluvial.

•• § 3.º com redação determinada pela Lei n. 13.008, de 26-6-2014.

Contrabando

•• Rubrica acrescentada pela Lei n. 13.008, de 26-6-2014.

Art. 334-A. Importar ou exportar mercadoria proibida:

Pena – reclusão, de 2 (dois) a 5 (cinco) anos.

•• *Caput* acrescentado pela Lei n. 13.008, de 26-6-2014.

§ 1.º Incorre na mesma pena quem:

•• § 1.º acrescentado pela Lei n. 13.008, de 26-6-2014.

I – pratica fato assimilado, em lei especial, a contrabando;

•• Inciso I acrescentado pela Lei n. 13.008, de 26-6-2014.

II – importa ou exporta clandestinamente mercadoria que dependa de registro, análise ou autorização de órgão público competente;

•• Inciso II acrescentado pela Lei n. 13.008, de 26-6-2014.

III – reinsere no território nacional mercadoria brasileira destinada à exportação;

•• Inciso III acrescentado pela Lei n. 13.008, de 26-6-2014.

IV – vende, expõe à venda, mantém em depósito ou, de qualquer forma, utiliza em proveito próprio ou alheio, no exercício de atividade comercial ou industrial, mercadoria proibida pela lei brasileira;

•• Inciso IV acrescentado pela Lei n. 13.008, de 26-6-2014.

V – adquire, recebe ou oculta, em proveito próprio ou alheio, no exercício de atividade comercial ou industrial, mercadoria proibida pela lei brasileira.

•• Inciso V acrescentado pela Lei n. 13.008, de 26-6-2014.

§ 2.º Equipara-se às atividades comerciais, para os efeitos deste artigo, qualquer forma de comércio irregular ou clandestino de mercadorias estrangeiras, inclusive o exercido em residências.

•• § 2.º acrescentado pela Lei n. 13.008, de 26-6-2014.

§ 3.º A pena aplica-se em dobro se o crime de contrabando é praticado em transporte aéreo, marítimo ou fluvial.

•• § 3.º acrescentado pela Lei n. 13.008, de 26-6-2014.

....

Sonegação de contribuição previdenciária

Art. 337-A. Suprimir ou reduzir contribuição social previdenciária e qualquer acessório, mediante as seguintes condutas:

•• *Caput* acrescentado pela Lei n. 9.983, de 14-7-2000.

•• *Vide* art. 5.º da Lei n. 13.254, de 13-1-2016.

• *Vide* art. 83 da Lei n. 9.430, de 27-12-1996.

I – omitir de folha de pagamento da empresa ou de documento de informações previsto pela legislação previdenciária segurados empregado, empresário, trabalhador avulso ou trabalhador autônomo ou a este equiparado que lhe prestem serviços;

•• Inciso I acrescentado pela Lei n. 9.983, de 14-7-2000.

II – deixar de lançar mensalmente nos títulos próprios da contabilidade da empresa as quantias descontadas dos segurados ou as devidas pelo empregador ou pelo tomador de serviços;

•• Inciso II acrescentado pela Lei n. 9.983, de 14-7-2000.

III – omitir, total ou parcialmente, receitas ou lucros auferidos, remunerações pagas ou creditadas e demais fatos geradores de contribuições sociais previdenciárias:

Pena – reclusão, de 2 (dois) a 5 (cinco) anos, e multa.

•• Inciso III acrescentado pela Lei n. 9.983, de 14-7-2000.

§ 1.º É extinta a punibilidade se o agente, espontaneamente, declara e confessa as contribuições, importâncias ou valores e presta as informações devidas à previdência social, na forma definida em lei ou regulamento, antes do início da ação fiscal.

•• § 1.º acrescentado pela Lei n. 9.983, de 14-7-2000.

§ 2.º É facultado ao juiz deixar de aplicar a pena ou aplicar somente a de multa se o agente for primário e de bons antecedentes, desde que:

•• § 2.º, *caput*, acrescentado pela Lei n. 9.983, de 14-7-2000.

I – (*Vetado*.)

•• Inciso I acrescentado pela Lei n. 9.983, de 14-7-2000 .

II – o valor das contribuições devidas, inclusive acessórios, seja igual ou inferior àquele estabelecido pela previdência social, administrativamente, como sendo o mínimo para o ajuizamento de suas execuções fiscais.

•• Inciso II acrescentado pela Lei n. 9.983, de 14-7-2000.

§ 3.º Se o empregador não é pessoa jurídica e sua folha de pagamento mensal não ultrapassa R$ 1.510,00 (um mil, quinhentos e dez reais), o juiz poderá reduzir a pena de um terço até a metade ou aplicar apenas a de multa.

•• § 3.º acrescentado pela Lei n. 9.983, de 14-7-2000.

•• A Portaria Interministerial n. 12, de 17-1-2022, dos Ministérios do Trabalho e Previdência e da Economia, estabelece que, a partir de 1.º de janeiro de 2022, o valor de que trata este parágrafo será de R$ 6.256,89 (seis mil e duzentos e cinquenta e seis reais e oitenta e nove centavos).

§ 4.º O valor a que se refere o parágrafo anterior será reajustado nas mesmas datas e nos mesmos índices do reajuste dos benefícios da previdência social.

•• § 4.º acrescentado pela Lei n. 9.983, de 14-7-2000.

....

Capítulo IV
DOS CRIMES CONTRA AS FINANÇAS PÚBLICAS

•• Capítulo IV acrescentado pela Lei n. 10.028, de 19-10-2000.

Contratação de operação de crédito

Art. 359-A. Ordenar, autorizar ou realizar operação de crédito, interno ou externo, sem prévia autorização legislativa:

Pena – reclusão, de 1 (um) a 2 (dois) anos.

•• *Caput* acrescentado pela Lei n. 10.028, de 19-10-2000.

•• *Vide* Súmula 599 do STJ.

Parágrafo único. Incide na mesma pena quem ordena, autoriza ou realiza operação de crédito, interno ou externo:

•• Parágrafo único, *caput*, acrescentado pela Lei n. 10.028, de 19-10-2000.

I – com inobservância de limite, condição ou montante estabelecido em lei ou em resolução do Senado Federal;

•• Inciso I acrescentado pela Lei n. 10.028, de 19-10-2000.

II – quando o montante da dívida consolidada ultrapassa o limite máximo autorizado por lei.

•• Inciso II acrescentado pela Lei n. 10.028, de 19-10-2000.

Inscrição de despesas não empenhadas em restos a pagar

Art. 359-B. Ordenar ou autorizar a inscrição em restos a pagar, de despesa que não tenha sido previamente empenhada ou que exceda limite estabelecido em lei:

Pena – detenção, de 6 (seis) meses a 2 (dois) anos.

•• Artigo acrescentado pela Lei n. 10.028, de 19-10-2000.

Assunção de obrigação no último ano do mandato ou legislatura

Art. 359-C. Ordenar ou autorizar a assunção de obrigação, nos 2 (dois) últimos quadrimestres do último ano do mandato ou legislatura, cuja despesa não possa ser paga no mesmo exercício financeiro ou, caso reste parcela a ser paga no exercício seguinte, que não tenha contrapartida suficiente de disponibilidade de caixa:

Pena – reclusão, de 1 (um) a 4 (quatro) anos.

•• Artigo acrescentado pela Lei n. 10.028, de 19-10-2000.

Ordenação de despesa não autorizada

Art. 359-D. Ordenar despesa não autorizada por lei:

Pena – reclusão, de 1 (um) a 4 (quatro) anos.

•• Artigo acrescentado pela Lei n. 10.028, de 19-10-2000.

Prestação de garantia graciosa

Art. 359-E. Prestar garantia em operação de crédito sem que tenha sido constituída contragarantia em valor igual ou superior ao valor da garantia prestada, na forma da lei:

Pena – detenção, de 3 (três) meses a 1 (um) ano.

•• Artigo acrescentado pela Lei n. 10.028, de 19-10-2000.

Não cancelamento de restos a pagar

Art. 359-F. Deixar de ordenar, de autorizar ou de promover o cancelamento do montante de restos a pagar inscrito em valor superior ao permitido em lei:

Pena – detenção, de 6 (seis) meses a 2 (dois) anos.

•• Artigo acrescentado pela Lei n. 10.028, de 19-10-2000.

Aumento de despesa total com pessoal no último ano do mandato ou legislatura

Art. 359-G. Ordenar, autorizar ou executar ato que acarrete aumento de despesa total com pessoal, nos 180 (cento e oitenta) dias anteriores ao final do mandato ou da legislatura:

Pena – reclusão, de 1 (um) a 4 (quatro) anos.

•• Artigo acrescentado pela Lei n. 10.028, de 19-10-2000.

Oferta pública ou colocação de títulos no mercado

Art. 359-H. Ordenar, autorizar ou promover a oferta pública ou a colocação no mercado financeiro de títulos da dívida pública sem que tenham sido criados por lei ou sem que estejam registrados em sistema centralizado de liquidação e de custódia:

Pena – reclusão, de 1 (um) a 4 (quatro) anos.

•• Artigo acrescentado pela Lei n. 10.028, de 19-10-2000.

....

DISPOSIÇÕES FINAIS

Art. 360. Ressalvada a legislação especial sobre os crimes contra a existência, a segurança e a integridade do Estado e contra a guarda e o emprego da economia popular, os crimes de imprensa e os de falência, os de responsabilidade do Presidente da República e dos Governadores ou Interventores, e os crimes militares, revogam-se as disposições em contrário.

Art. 361. Este Código entrará em vigor no dia 1.º de janeiro de 1942.

Rio de Janeiro, 7 de dezembro de 1940; 119.º da Independência e 52.º da República.

GETÚLIO VARGAS

LEI N. 4.320, DE 17 DE MARÇO DE 1964 (*)

Estatui normas gerais de direito financeiro para elaboração e controle dos orçamentos e balanços da União, dos Estados, dos Municípios e do Distrito Federal.

DISPOSIÇÃO PRELIMINAR

Art. 1.º Esta Lei estatui normas gerais de direito financeiro para elaboração e controle dos orçamentos e balanços da União, dos Estados, dos Municípios e do Distrito Federal, de acordo com o disposto no art. 5.º, XV, *b*, da Constituição Federal.

•• Refere-se à CF de 1946. *Vide* arts. 24, I e II, 30, II, 165, §§ 5.º e 9.º, e 168 da CF.

TÍTULO I
DA LEI DE ORÇAMENTO

Capítulo I
DISPOSIÇÕES GERAIS

Art. 2.º A Lei de Orçamento conterá a discriminação da receita e despesa de forma a evidenciar a política econômico-financeira e o programa de trabalho do Governo, obedecidos os princípios de unidade, universalidade e anualidade.

• *Vide* art. 165, §§ 5.º a 8.º, da CF.

§ 1.º Integrarão a Lei de Orçamento:

I – sumário geral da receita por fontes e da despesa por funções do Governo;

II – quadro demonstrativo da receita e despesa segundo as categorias econômicas, na forma do Anexo n. 1;

III – quadro discriminativo da receita por fontes e respectiva legislação;

IV – quadro das dotações por órgãos do Governo e da Administração.

§ 2.º Acompanharão a Lei de Orçamento:

(*) Publicada no *DOU*, de 23-3-1964. As partes vetadas pelo Presidente da República e mantidas pelo Congresso Nacional foram publicadas no *DOU*, de 5-5-1964. Os anexos aqui mencionados sofreram sucessivas alterações por atos administrativos. Optamos por não mantê-los na presente edição. *Vide* Lei n. 6.830, de 22-9-1980, sobre cobrança judicial da Dívida Ativa da Fazenda Pública. *Vide* CF, arts. 163 a 169.

I – quadros demonstrativos da receita e planos de aplicação dos fundos especiais;

II – quadros demonstrativos da despesa, na forma dos Anexos ns. 6 e 9;

III – quadro demonstrativo do programa anual de trabalho do Governo, em termos de realização de obras e de prestação de serviços.

Art. 3.º A Lei de Orçamento compreenderá todas as receitas, inclusive as de operações de crédito autorizadas em lei.

• *Vide* arts. 167, III, e 165, § 8.º, da CF.

Parágrafo único. Não se consideram para os fins deste artigo as operações de crédito por antecipação da receita, as emissões de papel-moeda e outras entradas compensatórias no ativo e passivo financeiros.

•• Este parágrafo único foi vetado pelo Presidente e mantido pelo Congresso Nacional.

Art. 4.º A Lei de Orçamento compreenderá todas as despesas próprias dos órgãos do Governo e da Administração centralizada, ou que, por intermédio deles se devam realizar, observado o disposto no art. 2.º.

• *Vide* art. 165, § 5.º, da CF.

Art. 5.º A Lei de Orçamento não consignará dotações globais destinadas a atender indiferentemente a despesas de pessoal, material, serviços de terceiros, transferências ou quaisquer outras, ressalvado o disposto no art. 20 e seu parágrafo único.

Art. 6.º Todas as receitas e despesas constarão da Lei de Orçamento pelos seus totais, vedadas quaisquer deduções.

§ 1.º As cotas de receitas que uma entidade pública deva transferir a outra incluir-se-ão, como despesa, no orçamento da entidade obrigada à transferência e, como receita, no orçamento da que as deva receber.

§ 2.º Para cumprimento do disposto no parágrafo anterior, o cálculo das cotas terá por base os dados apurados no balanço do exercício anterior àquele em que se elaborar a proposta orçamentária do Governo obrigado à transferência.

•• Este § 2.º foi vetado pelo Presidente e mantido pelo Congresso Nacional.

Art. 7.º A Lei de Orçamento poderá conter autorização ao Executivo para:

• *Vide* arts. 165, § 8.º, e 167, III, da CF.

I – abrir créditos suplementares até determinada importância, obedecidas as disposições do art. 43;

•• A expressão "obedecidas as disposições do art. 43" foi vetada pelo Presidente e mantida pelo Congresso Nacional.

II – realizar, em qualquer mês do exercício financeiro, operações de crédito por antecipação da receita, para atender a insuficiências de caixa.

§ 1.º Em casos de *deficit*, a Lei de Orçamento indicará as fontes de recursos que o Poder Executivo fica autorizado a utilizar para atender a sua cobertura.

§ 2.º O produto estimado de operações de crédito e de alienação de bens imóveis somente se incluirá na receita quando umas e outras forem especificamente autorizadas pelo Poder Legislativo em forma que juridicamente possibilite ao Poder Executivo realizá-las no exercício.

§ 3.º A autorização legislativa a que se refere o parágrafo anterior, no tocante a operações de crédito, poderá constar da própria Lei de Orçamento.

Art. 8.º A discriminação da receita geral e da despesa de cada órgão do Governo ou unidade administrativa, a que se refere o art. 2.º, § 1.º, III e IV, obedecerá a forma do Anexo n. 2.

§ 1.º Os itens da discriminação da receita e da despesa, mencionados nos arts. 11, § 4.º, e 13, serão identificados por números de código decimal, na forma dos Anexos n. 3 e 4.

§ 2.º Completarão os números do código decimal referido no parágrafo anterior os algarismos caracterizadores da classificação funcional da despesa conforme estabelece o Anexo n. 5.

§ 3.º O código geral estabelecido nesta Lei não prejudicará a adoção de códigos locais.

Capítulo II
DA RECEITA

Art. 9.º Tributo é a receita derivada, instituída pelas entidades de direito público, compreendendo os impostos, as taxas e contribuições, nos termos da Constituição e das leis vigentes em matéria financeira, destinando-se o seu produto ao custeio de atividades gerais ou específicas exercidas por essas entidades.

•• Este artigo foi vetado pelo Presidente e mantido pelo Congresso Nacional.

• *Vide* art. 167, IV, da CF.

Art. 10. (*Vetado.*)

Art. 11. A receita classificar-se-á nas seguintes categorias econômicas: Receitas Correntes e Receitas de Capital.

•• *Caput* com redação determinada pelo Decreto-lei n. 1.939, de 20-5-1982.

§ 1.º São Receitas Correntes as receitas tributária, de contribuições, patrimonial, agropecuária, industrial, de serviços e outras e, ainda, as provenientes de recursos financeiros recebidos de outras pessoas de direito público ou privado, quando destinadas a atender despesas classificáveis em Despesas Correntes.

•• § 1.º com redação determinada pelo Decreto-lei n. 1.939, de 20-5-1982.

§ 2.º São Receitas de Capital as provenientes da realização de recursos financeiros oriundos de constituição de dívidas; da conversão, em espécie, de bens e direitos; os recursos recebidos de outras pessoas de direito público ou privado, destinados a atender despesas classificáveis em Despesas de Capital e, ainda, o superávit do Orçamento Corrente.

•• § 2.º com redação determinada pelo Decreto-lei n. 1.939, de 20-5-1982.

§ 3.º O superávit do Orçamento Corrente resultante do balanceamento dos totais das receitas e despesas correntes, apurado na demonstração a que se refere o Anexo n. 1, não constituirá item de receita orçamentária.

•• § 3.º com redação determinada pelo Decreto-lei n. 1.939, de 20-5-1982.

§ 4.º A classificação da receita obedecerá ao seguinte esquema:

Receitas Correntes:

Receita Tributária:

Impostos;

Taxas;

Contribuições de Melhoria;

Receita de Contribuições;

Receita Patrimonial;

Receita Agropecuária;

Receita Industrial;

Receita de Serviços;

Transferências Correntes.

Receitas de Capital:

Operações de Crédito;

Alienação de Bens;

Amortização de Empréstimos;

Transferências de Capital;

Outras Receitas de Capital.

•• § 4.º com redação determinada pelo Decreto-lei n. 1.939, de 20-5-1982.

•• Diz o art. 2.º do Decreto-lei n. 1.939, de 20-5-1982, referindo-se às novas disposições do art. 11, §§ 1.º a 4.º, desta Lei: "As disposições deste Decreto-lei serão aplicadas aos Orçamentos e Balanços a partir do exercício de 1983, inclusive, revogadas as disposições em contrário".

Capítulo III
DA DESPESA

Art. 12. A despesa será classificada nas seguintes categorias econômicas:

• *Vide* art. 67 desta Lei.

DESPESAS CORRENTES

Despesas de Custeio.

Transferências Correntes.

DESPESAS DE CAPITAL

Investimentos.

Inversões Financeiras.

Transferências de Capital.

§ 1.º Classificam-se como Despesas de Custeio as dotações para manutenção de serviços anteriormente criados, inclusive as destinadas a atender a obras de conservação e adaptação de bens imóveis.

§ 2.º Classificam-se como Transferências Correntes as dotações para despesas às quais não corresponda contraprestação direta em bens ou serviços, inclusive para contribuições e subvenções destinadas a atender à manifestação de outras entidades de direito público ou privado.

• *Vide* arts. 157 a 162 da CF.

§ 3.º Consideram-se subvenções, para os efeitos desta Lei, as transferências destinadas a cobrir despesas de custeio das entidades beneficiadas, distinguindo-se como:

I – subvenções sociais, as que se destinem a instituições públicas ou privadas de caráter assistencial ou cultural, sem finalidade lucrativa;

II – subvenções econômicas, as que se destinem a empresas públicas ou privadas de caráter industrial, comercial, agrícola ou pastoril.

§ 4.º Classificam-se como investimentos as dotações para o planejamento e a execução de obras, inclusive as destinadas à aquisição de imóveis considerados necessários à realização destas últimas, bem como para os programas especiais de trabalho, aquisição de instalações, equipamentos e material permanente e constituição ou aumento do capital de empresas que não sejam de caráter comercial ou financeiro.

§ 5.º Classificam-se como Inversões Financeiras as dotações destinadas a:

I – aquisição de imóveis, ou de bens de capital já em utilização;

II – aquisição de títulos representativos do capital de empresas ou entidades de qualquer espécie, já constituídas, quando a operação não importe aumento do capital;

III – constituição ou aumento do capital de entidades ou empresas que visem a objetivos comerciais ou financeiros, inclusive operações bancárias ou de seguros.

§ 6.º São Transferências de Capital as dotações para investimentos ou inversões financeiras que outras pessoas de direito público ou privado devam realizar, independentemente de contraprestação direta em bens ou serviços, constituindo essas transferências auxílios ou contribuições, segundo derivem diretamente da Lei de Orçamento ou de lei especialmente anterior, bem como as dotações para amortização da dívida pública.

Art. 13. Observadas as categorias econômicas do art. 12, a discriminação ou especificação da despesa por elementos, em cada unidade administrativa ou órgão de governo, obedecerá ao seguinte esquema:

DESPESAS CORRENTES

Despesas de Custeio

Pessoal Civil.

Pessoal Militar.

Material de Consumo.

Serviços de Terceiros.

Encargos Diversos.

Transferências Correntes

Subvenções Sociais.

Subvenções Econômicas.

Inativos.

Pensionistas.

Salário-Família e Abono Familiar.

Juros da Dívida Pública.

Contribuições de Previdência Social.

Diversas Transferências Correntes.

DESPESAS DE CAPITAL

Investimentos

Obras Públicas.

Serviços em Regime de Programação Especial.

Equipamentos e Instalações.

Material Permanente.

Participação em Constituição ou Aumento de Capital de Empresas ou Entidades Industriais ou Agrícolas.

Inversões Financeiras

Aquisição de Imóveis.

Participação em Constituição ou Aumento de Capital de Empresas ou Entidades Comerciais ou Financeiras.

Aquisição de Títulos Representativos de Capital de Empresa em Funcionamento.

Constituição de Fundos Rotativos.

Concessão de Empréstimos.

Diversas Inversões Financeiras.

Transferência de Capital

Amortização da Dívida Pública.

Auxílios para Obras Públicas.

Auxílios para Equipamentos e Instalações.

Auxílios para Inversões Financeiras.

Outras Contribuições.

Art. 14. Constitui unidade orçamentária o agrupamento de serviços subordinados ao mesmo órgão ou repartição a que serão consignadas dotações próprias.

•• A expressão "subordinados ao mesmo órgão ou repartição" foi vetada pelo Presidente e mantida pelo Congresso Nacional.

Parágrafo único. Em casos excepcionais, serão consignadas dotações a unidades administrativas subordinadas ao mesmo órgão.

Art. 15. Na Lei de Orçamento a discriminação da despesa far-se-á, no mínimo, por elementos.

•• A expressão "no mínimo" foi vetada pelo Presidente e mantida pelo Congresso Nacional.

§ 1.º Entende-se por elementos o desdobramento da despesa com pessoal, material, serviços, obras e outros meios de que se serve a administração pública para consecução dos seus fins.

•• Este § 1.º foi vetado pelo Presidente e mantido pelo Congresso Nacional.

§ 2.º Para efeito de classificação da despesa, considera-se material permanente o de duração superior a 2 (dois) anos.

Seção I

Das Despesas Correntes

Subseção Única

Das transferências correntes

I) Das Subvenções Sociais

Art. 16. Fundamentalmente e nos limites das possibilidades financeiras a concessão de subvenções sociais visará a prestação de serviços essenciais de assistência social, médica e educacional, sempre que a suplementação de recursos de origem privada aplicados a esses objetivos revelar-se mais econômica.

Parágrafo único. O valor das subvenções, sempre que possível, será calculado com base em unidades de serviços efetivamente prestados ou postos à disposição dos interessados, obedecidos os padrões mínimos de eficiência previamente fixados.

Art. 17. Somente à instituição cujas condições de funcionamento forem julgadas satisfatórias pelos órgãos oficiais de fiscalização serão concedidas subvenções.

II) Das Subvenções Econômicas

Art. 18. A cobertura dos *deficits* de manutenção das empresas públicas, de natureza autárquica ou não, far-se-á mediante subvenções econômicas expressamente incluídas nas despesas correntes do orçamento da União, do Estado, do Município ou do Distrito Federal.

Parágrafo único. Consideram-se, igualmente, como subvenções econômicas:

a) as dotações destinadas a cobrir a diferença entre os preços de mercado e os preços de revenda, pelo Governo, de gêneros alimentícios ou outros materiais;

b) as dotações destinadas ao pagamento de bonificações a produtores de determinados gêneros ou materiais.

Art. 19. A Lei de Orçamento não consignará ajuda financeira, a qualquer título, a empresa de fins lucrativos, salvo quando se tratar de subvenções cuja concessão tenha sido expressamente autorizada em lei especial.

Seção II

Das Despesas de Capital

Subseção I

Dos investimentos

Art. 20. Os investimentos serão discriminados na Lei de Orçamento segundo os projetos de obras e de outras aplicações.

Parágrafo único. Os programas especiais de trabalho que, por sua natureza, não possam cumprir-se subordinadamente às normas gerais de execução da despesa poderão ser custeados por dotações globais, classificadas entre as Despesas de Capital.

Subseção II

Das transferências de capital

Art. 21. A Lei de Orçamento não consignará auxílio para investimentos que se devam incorporar ao patrimônio das empresas privadas de fins lucrativos.

Parágrafo único. O disposto neste artigo aplica-se às transferências de capital à conta de fundos especiais ou dotações sob regime excepcional de aplicação.

TÍTULO II
DA PROPOSTA ORÇAMENTÁRIA

Capítulo I
CONTEÚDO E FORMA DA PROPOSTA ORÇAMENTÁRIA

Art. 22. A proposta orçamentária que o Poder Executivo encaminhará ao Poder Legislativo, nos prazos estabelecidos nas Constituições e nas Leis Orgânicas dos Municípios, compor-se-á de:

• *Vide* art. 165 da CF.

I – mensagem, que conterá: exposição circunstanciada da situação econômico-financeira, documentada com demonstração da dívida fundada e flutuante, saldos de créditos especiais, restos a pagar e outros compromissos financeiros exigíveis; exposição e justificação da política econômico-financeira do Governo; justificação da receita e despesa, particularmente no tocante ao orçamento de capital;

II – projeto de Lei de Orçamento;

III – tabelas explicativas, das quais, além das estimativas de receita e despesa, constarão, em colunas distintas e para fins de comparação:

a) a receita arrecadada nos três últimos exercícios anteriores àquele em que se elaborou a proposta;

b) a receita prevista para o exercício em que se elabora a proposta;

c) a receita prevista para o exercício a que se refere a proposta;

d) a despesa realizada no exercício imediatamente anterior;

e) a despesa fixada para o exercício em que se elabora a proposta; e

f) a despesa prevista para o exercício a que se refere a proposta;

IV – especificação dos programas especiais de trabalho custeados por dotações globais, em termos de metas visadas, decompostas em estimativa do custo das obras a realizar e dos serviços a prestar, acompanhadas de justificação econômica, financeira, social e administrativa.

Parágrafo único. Constará da proposta orçamentária, para cada unidade administrativa, descrição sucinta de suas principais finalidades, com indicação da respectiva legislação.

Capítulo II
DA ELABORAÇÃO DA PROPOSTA ORÇAMENTÁRIA

Seção I
Das Previsões Plurianuais

Art. 23. As receitas e despesas de capital serão objeto de um Quadro de Recursos e de Aplicação de Capital, aprovado por decreto do Poder Executivo, abrangendo, no mínimo, um triênio.

• *Vide* arts. 165 e 167 da CF.

Parágrafo único. O Quadro de Recursos e de Aplicação de Capital será anualmente reajustado acrescentando--se-lhe as previsões de mais um ano, de modo a assegurar a projeção contínua dos períodos.

Art. 24. O Quadro de Recursos e de Aplicação de Capital abrangerá:

I – as despesas e, como couber, também as receitas previstas em planos especiais aprovados em lei e destinados a atender a regiões ou a setores da administração ou da economia;

II – as despesas à conta de fundos especiais e, como couber, as receitas que os constituam;

III – em anexos, as despesas de capital das entidades referidas no Título X desta Lei, com indicação das respectivas receitas, para as quais forem previstas transferências de capital.

Art. 25. Os programas constantes do Quadro de Recursos e de Aplicação de Capital sempre que possível serão correlacionados a metas objetivas em termos de realização de obras e de prestação de serviços.

Parágrafo único. Consideram-se metas os resultados que se pretendem obter com a realização de cada programa.

Art. 26. A proposta orçamentária conterá o programa anual atualizado dos investimentos, inversões financeiras e transferências previstos no Quadro de Recursos e de Aplicação de Capital.

Seção II
Das Previsões Anuais

Art. 27. As propostas parciais de orçamento guardarão estrita conformidade com a política econômico-financeira, o programa anual de trabalho do Governo e, quando fixado, o limite global máximo para o orçamento de cada unidade administrativa.

Art. 28. As propostas parciais das unidades administrativas, organizadas em formulário próprio, serão acompanhadas de:

I – tabelas explicativas da despesa, sob a forma estabelecida no art. 22, III, *d*, *e* e *f*;

II – justificação pormenorizada de cada dotação solicitada, com a indicação dos atos de aprovação de projetos e orçamentos de obras públicas, para cujo início ou prosseguimento ela se destina.

Art. 29. Caberá aos órgãos de contabilidade ou de arrecadação organizar demonstrações mensais da receita arrecadada, segundo as rubricas, para servirem de base a estimativa da receita na proposta orçamentária.

Parágrafo único. Quando houver órgão central de orçamento, essas demonstrações ser-lhe-ão remetidas mensalmente.

Art. 30. A estimativa da receita terá por base as demonstrações a que se refere o artigo anterior à arrecadação dos três últimos exercícios, pelo menos, bem como as circunstâncias de ordem conjuntural e outras, que possam afetar a produtividade de cada fonte de receita.

Art. 31. As propostas orçamentárias parciais serão revistas e coordenadas na proposta geral, considerando-se a receita estimada e as novas circunstâncias.

TÍTULO III
DA ELABORAÇÃO DA LEI DE ORÇAMENTO

Art. 32. Se não receber a proposta orçamentária no prazo fixado nas Constituições ou nas Leis Orgânicas dos Municípios, o Poder Legislativo considerará como proposta a Lei de Orçamento vigente.

• *Vide* arts. 165, § 9.º, e 166, § 8.º, da CF.

• *Vide* art. 35, § 2.º, do ADCT.

Art. 33. Não se admitirão emendas ao projeto de Lei de Orçamento que visem a:

• *Vide* art. 166, § 3.º, III, da CF.

a) alterar a dotação solicitada para despesa de custeio, salvo quando provada, nesse ponto, a inexatidão da proposta;

b) conceder dotação para o início de obra cujo projeto não esteja aprovado pelos órgãos competentes;

c) conceder dotação para instalação ou funcionamento de serviço que não esteja anteriormente criado;

d) conceder dotação superior aos quantitativos previamente fixados em resolução do Poder Legislativo para concessão de auxílios e subvenções.

TÍTULO IV
DO EXERCÍCIO FINANCEIRO

• *Vide* art. 165, § 9.º, I, da CF.

Art. 34. O exercício financeiro coincidirá com o ano civil.

Art. 35. Pertencem ao exercício financeiro:

I – as receitas nele arrecadadas;

II – as despesas nele legalmente empenhadas.

Art. 36. Consideram-se Restos a Pagar as despesas empenhadas mas não pagas até o dia 31 de dezembro, distinguindo-se as processadas das não processadas.

Parágrafo único. Os empenhos que correm a conta de créditos com vigência plurianual, que não tenham sido liquidados, só serão computados como Restos a Pagar no último ano de vigência do crédito.

Art. 37. As despesas de exercícios encerrados, para as quais o orçamento respectivo consignava crédito próprio, com saldo suficiente para atendê-las, que não se tenham processado na época própria, bem como os Restos a Pagar com prescrição interrompida e os compromissos reconhecidos após o encerramento do exercício correspondente poderão ser pagos à conta de dotação específica consignada no orçamento, discriminada por elementos, obedecida, sempre que possível, a ordem cronológica.

Art. 38. Reverte à dotação a importância de despesa anulada no exercício: quando a anulação ocorrer após o encerramento deste considerar-se-á receita do ano em que se efetivar.

Art. 39. Os créditos da Fazenda Pública, de natureza tributária ou não tributária, serão escriturados como receita do exercício em que forem arrecadados, nas respectivas rubricas orçamentárias.

•• *Caput* com redação determinada pelo Decreto-lei n. 1.735, de 20-12-1979.

§ 1.º Os créditos de que trata este artigo, exigíveis pelo transcurso do prazo para pagamento, serão inscritos, na forma da legislação própria, como Dívida Ativa, em registro próprio, após apurada a sua liquidez e certeza, e a respectiva receita será escriturada a esse título.

•• § 1.º com redação determinada pelo Decreto-lei n. 1.735, de 20-12-1979.

•• A Portaria n. 6.155 de 25-5-2021, da PGFN, dispõe sobre o encaminhamento de créditos para inscrição em dívida ativa da União.

§ 2.º Dívida Ativa Tributária é o crédito da Fazenda Pública dessa natureza, proveniente de obrigação legal relativa a tributos e respectivos adicionais e multas, e Dívida Ativa Não Tributária são os demais créditos da Fazenda Pública, tais como os provenientes de empréstimos compulsórios, contribuições estabelecidas em lei, multas de qualquer origem ou natureza, exceto as tributárias, foros, laudêmios, aluguéis ou taxas de ocupação, custas processuais, preços de serviços prestados por estabelecimentos públicos, indenizações, reposições, restituições, alcances dos responsáveis definitivamente julgados, bem assim os créditos decorrentes de obrigações em moeda estrangeira, de sub-rogação de hipoteca, fiança, aval ou outra garantia, de contratos em geral ou de outras obrigações legais.

•• § 2.º com redação determinada pelo Decreto-lei n. 1.735, de 20-12-1979.

§ 3.º O valor do crédito da Fazenda Nacional em moeda estrangeira será convertido ao correspondente valor na moeda nacional à taxa cambial oficial, para compra, na data da notificação ou intimação do devedor, pela autoridade administrativa, ou, à sua falta, na data da inscrição da Dívida Ativa, incidindo, a partir da conversão, a atualização monetária e os juros de mora, de acordo com preceitos legais pertinentes aos débitos tributários.

•• § 3.º com redação determinada pelo Decreto-lei n. 1.735, de 20-12-1979.

§ 4.º A receita da Dívida Ativa abrange os créditos mencionados nos parágrafos anteriores, bem como os valores correspondentes à respectiva atualização monetária, à multa e juros de mora e ao encargo de que tratam o art. 1.º do Decreto-lei n. 1.025, de 21 de outubro de 1969, e o art. 3.º do Decreto-lei n. 1.645, de 11 de dezembro de 1978.

•• § 4.º com redação determinada pelo Decreto-lei n. 1.735, de 20-12-1979.

§ 5.º A Dívida Ativa da União será apurada e inscrita na Procuradoria da Fazenda Nacional.

•• § 5.º com redação determinada pelo Decreto-lei n. 1.735, de 20-12-1979.

TÍTULO V
DOS CRÉDITOS ADICIONAIS

Art. 40. São créditos adicionais as autorizações de despesa não computadas ou insuficientemente dotadas na Lei de Orçamento.

Art. 41. Os créditos adicionais classificam-se em:

I – suplementares, os destinados a reforço de dotação orçamentária;

II – especiais, os destinados a despesas para as quais não haja dotação orçamentária específica;

III – extraordinários, os destinados a despesas urgentes e imprevistas, em caso de guerra, comoção intestina ou calamidade pública.

• *Vide* art. 167, § 3.º, da CF.

• Dispõe o art. 2.º, § 6.º, da Resolução n. 1, de 8-5-2002, do Congresso Nacional: "Quando se tratar de Medida Provisória que abra crédito extraordinário à lei orçamentária anual, conforme os arts. 62 e 167, § 3.º, da CF, o exame e o parecer serão realizados pela Comissão Mista, prevista no art. 166, § 1.º, da Constituição, observando-se os prazos e o rito estabelecidos nesta Resolução".

Art. 42. Os créditos suplementares e especiais serão autorizados por lei e abertos por decreto executivo.

• *Vide* arts. 165 a 167 da CF.

Art. 43. A abertura dos créditos suplementares e especiais depende da existência de recursos disponíveis para ocorrer à despesa e será precedida de exposição justificativa.

•• Este artigo e seus parágrafos foram vetados pelo Presidente e mantidos pelo Congresso Nacional.

• *Vide* art. 167, V, da CF.

§ 1.º Consideram-se recursos para o fim deste artigo, desde que não comprometidos:

I – o *superavit* financeiro apurado em balanço patrimonial do exercício anterior;

II – os provenientes de excesso de arrecadação;

III – os resultantes de anulação parcial ou total de dotações orçamentárias ou de créditos adicionais, autorizados em lei;

IV – o produto de operações de crédito autorizadas, em forma que juridicamente possibilite ao Poder Executivo realizá-las.

§ 2.º Entende-se por *superavit* financeiro a diferença positiva entre o ativo financeiro e o passivo financeiro, conjugando-se, ainda, os saldos dos créditos adicionais transferidos e as operações de crédito a eles vinculadas.

§ 3.º Entende-se por excesso de arrecadação, para os fins deste artigo, o saldo positivo das diferenças acumuladas mês a mês, entre a arrecadação prevista e a realizada, considerando-se, ainda, a tendência do exercício.

§ 4.º Para o fim de apurar os recursos utilizáveis, provenientes de excesso de arrecadação, deduzir-se-á a importância dos créditos extraordinários abertos no exercício.

Art. 44. Os créditos extraordinários serão abertos por decreto do Poder Executivo, que deles dará imediato conhecimento ao Poder Legislativo.

Art. 45. Os créditos adicionais terão vigência adstrita ao exercício financeiro em que forem abertos, salvo expressa disposição legal em contrário, quanto aos especiais e extraordinários.

• *Vide* art. 167, § 2.º, da CF.

Art. 46. O ato que abrir crédito adicional indicará a importância, a espécie do mesmo e a classificação da despesa, até onde for possível.

TÍTULO VI
DA EXECUÇÃO DO ORÇAMENTO

• *Vide* arts. 8.º e s. da Lei Complementar n. 101, de 4-5-2000.

Capítulo I
DA PROGRAMAÇÃO DA DESPESA

Art. 47. Imediatamente após a promulgação da Lei de Orçamento e com base nos limites nela fixados, o Poder Executivo aprovará um quadro de cotas trimestrais da despesa que cada unidade orçamentária fica autorizada a utilizar.

• *Vide* art. 168 da CF.

Art. 48. A fixação das cotas a que se refere o artigo anterior atenderá aos seguintes objetivos:

a) assegurar às unidades orçamentárias, em tempo útil, a soma de recursos necessários e suficientes a melhor execução do seu programa anual de trabalho;

b) manter, durante o exercício, na medida do possível o equilíbrio entre a receita arrecadada e a despesa realizada, de modo a reduzir ao mínimo eventuais insuficiências de tesouraria.

Art. 49. A programação da despesa orçamentária, para efeito do disposto no artigo anterior, levará em conta os créditos adicionais e as operações extraorçamentárias.

Art. 50. As cotas trimestrais poderão ser alteradas durante o exercício, observados o limite da dotação e o comportamento da execução orçamentária.

Capítulo II
DA RECEITA

Art. 51. Nenhum tributo será exigido ou aumentado sem que a lei o estabeleça, nenhum será cobrado em cada exercício sem prévia autorização orçamentária, ressalvados a tarifa aduaneira e o imposto lançado por motivo de guerra.

• *Vide* art. 150, I e III, *b*, da CF.

Art. 52. São objeto de lançamento os impostos diretos e quaisquer outras rendas com vencimento determinado em lei, regulamento ou contrato.

• *Vide* arts. 142 a 150 do CTN.

Art. 53. O lançamento da receita é ato da repartição competente, que verifica a procedência do crédito fiscal e a pessoa que lhe é devedora e inscreve o débito desta.

• *Vide* nota ao artigo anterior.

Art. 54. Não será admitida a compensação da observação de recolher rendas ou receitas com direito creditório contra a Fazenda Pública.

• *Vide* Súmulas 212 e 213 do STJ.

Art. 55. Os agentes da arrecadação devem fornecer recibos das importâncias que arrecadarem.

§ 1.º Os recibos devem conter o nome da pessoa que paga a soma arrecadada, proveniência e classificação, bem como a data e assinatura do agente arrecadador.

•• Este § 1.º foi vetado pelo Presidente e mantido pelo Congresso Nacional.

§ 2.º Os recibos serão fornecidos em uma única via.

Art. 56. O recolhimento de todas as receitas far-se-á em estrita observância ao princípio de unidade de tesouraria, vedada qualquer fragmentação para criação de caixas especiais.

Art. 57. Ressalvado o disposto no parágrafo único do art. 3.º desta Lei serão classificadas como receita orçamentária, sob as rubricas próprias, todas as receitas arrecadadas, inclusive as provenientes de operações de crédito, ainda que não previstas no Orçamento.

•• A expressão "Ressalvado o disposto no parágrafo único do art. 3.º desta Lei" foi vetada pelo Presidente e mantida pelo Congresso Nacional.

• *Vide* art. 150, I e III, *a* e *b*, da CF.

Capítulo III
DA DESPESA

Art. 58. O empenho de despesa é o ato emanado de autoridade competente que cria para o Estado obrigação de pagamento pendente ou não de implemento de condição.

•• A expressão "ou não" foi vetada pelo Presidente e mantida pelo Congresso Nacional.

Art. 59. O empenho da despesa não poderá exceder o limite dos créditos concedidos.

•• *Caput* com redação determinada pela Lei n. 6.397, de 10-12-1976.

§ 1.º Ressalvado o disposto no art. 67 da Constituição Federal, é vedado aos Municípios empenhar, no último mês do mandato do prefeito, mais do que o duodécimo da despesa prevista no Orçamento vigente.

•• § 1.º com redação determinada pela Lei n. 6.397, de 10-12-1976.

•• Refere-se à CF de 1946 (iniciativa das Leis).

§ 2.º Fica, também, vedado aos Municípios, no mesmo período, assumir, por qualquer forma, compromissos financeiros para execução depois do término do mandato do prefeito.

•• § 2.º com redação determinada pela Lei n. 6.397, de 10-12-1976.

§ 3.º As disposições dos parágrafos anteriores não se aplicam nos casos comprovados de calamidade pública.

•• § 3.º com redação determinada pela Lei n. 6.397, de 10-12-1976.

§ 4.º Reputam-se nulos e de nenhum efeito os empenhos e atos praticados em desacordo com o disposto nos §§ 1.º e 2.º deste artigo, sem prejuízo da responsabilidade do prefeito nos termos do art. 1.º, V, do Decreto-lei n. 201, de 27 de fevereiro de 1967.

•• § 4.º com redação determinada pela Lei n. 6.397, de 10-12-1976.

Art. 60. É vedada a realização de despesa sem prévio empenho.

§ 1.º Em casos especiais previstos na legislação específica será dispensada a emissão da nota de empenho.

§ 2.º Será feito por estimativa o empenho da despesa cujo montante não se possa determinar.

§ 3.º É permitido o empenho global de despesas contratuais e outras, sujeitas a parcelamento.

Art. 61. Para cada empenho será extraído um documento denominado "nota de empenho" que indicará o nome do credor, a representação e a importância da despesa, bem como a dedução desta do saldo da dotação própria.

Art. 62. O pagamento da despesa só será efetuado quando ordenado após sua regular liquidação.

Art. 63. A liquidação da despesa consiste na verificação do direito adquirido pelo credor tendo por base os títulos e documentos comprobatórios do respectivo crédito.

§ 1.º Essa verificação tem por fim apurar:

I – a origem e o objeto do que se deve pagar;

II – a importância exata a pagar;

III – a quem se deve pagar a importância, para extinguir a obrigação.

§ 2.º A liquidação da despesa por fornecimentos feitos ou serviços prestados terá por base:

I – o contrato, ajuste ou acordo respectivo;

II – a nota de empenho;

III – os comprovantes da entrega de material ou da prestação efetiva do serviço.

Art. 64. A ordem de pagamento é o despacho exarado por autoridade competente, determinando que a despesa seja paga.

Parágrafo único. A ordem de pagamento só poderá ser exarada em documentos processados pelos serviços de contabilidade.

•• Este parágrafo único foi vetado pelo Presidente e mantido pelo Congresso Nacional.

Art. 65. O pagamento da despesa será efetuado por tesouraria ou pagadoria regularmente instituídos por estabelecimentos bancários credenciados e, em casos excepcionais, por meio de adiantamento.

Art. 66. As dotações atribuídas às diversas unidades orçamentárias poderão quando expressamente determinado na Lei de Orçamento ser movimentadas por órgãos centrais de administração geral.

Parágrafo único. É permitida a redistribuição de parcelas das dotações de pessoal, de uma para outra unidade orçamentária, quando considerada indispensável à movimentação de pessoal dentro das tabelas ou quadros comuns às unidades interessadas, a que se realize em obediência à legislação específica.

• *Vide* art. 167, VI, da CF.

Art. 67. Os pagamentos devidos pela Fazenda Pública, em virtude de sentença judiciária, far-se-ão na ordem de apresentação dos precatórios e à conta dos créditos respectivos, sendo proibida a designação de casos ou de pessoas nas dotações orçamentárias e nos créditos adicionais abertos para esse fim.

•• *Vide* Lei n. 6.830, de 22-9-1980, sobre cobrança judicial da Dívida Ativa da Fazenda Pública.

Art. 68. O regime de adiantamento é aplicável aos casos de despesas expressamente definidos em lei e consiste na entrega de numerário a servidor, sempre precedida de empenho na dotação própria para o fim de realizar despesas que não possam subordinar-se ao processo normal de aplicação.

Art. 69. Não se fará adiantamento a servidor em alcance nem a responsável por dois adiantamentos.

•• A expressão "nem a responsável por dois adiantamentos" foi vetada pelo Presidente e mantida pelo Congresso Nacional.

Art. 70. A aquisição de material, o fornecimento e a adjudicação de obras e serviços serão regulados em lei, respeitado o princípio da concorrência.

Título VII
DOS FUNDOS ESPECIAIS

Art. 71. Constitui fundo especial o produto de receitas especificadas que por lei se vinculam à realização de determinados objetivos ou serviços, facultada a adoção de normas peculiares de aplicação.

• *Vide* art. 167, IV, da CF e art. 36 do ADCT.

• A Instrução Normativa n. 1.470, de 30-5-2014, da Secretaria da Receita Federal do Brasil, determina a obrigatoriedade de inscrição no Cadastro Nacional da Pessoa Jurídica (CNPJ) dos fundos a que se refere este artigo.

Art. 72. A aplicação das receitas orçamentárias vinculadas a fundos especiais far-se-á através de dotação consignada na Lei de Orçamento ou em créditos adicionais.

Art. 73. Salvo determinação em contrário da lei que o instituiu, o saldo positivo do fundo especial apurado em balanço será transferido para o exercício seguinte, a crédito do mesmo fundo.

Art. 74. A lei que instituir fundo especial poderá determinar normas peculiares de controle, prestação e tomada de contas, sem, de qualquer modo, elidir a competência específica do Tribunal de Contas ou órgão equivalente.

Título VIII
DO CONTROLE DA EXECUÇÃO ORÇAMENTÁRIA

Capítulo I
DISPOSIÇÕES GERAIS

Art. 75. O controle da execução orçamentária compreenderá:

I – a legalidade dos atos de que resultem a arrecadação da receita ou a realização da despesa, o nascimento ou a extinção de direitos e obrigações;

II – a fidelidade funcional dos agentes da administração, responsáveis por bens e valores públicos;

III – o cumprimento do programa de trabalho expresso em termos monetários e em termos de realização de obras e prestação de serviços.

Capítulo II
DO CONTROLE INTERNO

Art. 76. O Poder Executivo exercerá os três tipos de controle a que se refere o art. 75, sem prejuízo das atribuições do Tribunal de Contas ou órgão equivalente.

Art. 77. A verificação da legalidade dos atos de execução orçamentária será prévia, concomitante e subsequente.

Art. 78. Além da prestação ou tomada de contas anual, quando instituída em lei, ou por fim de gestão, poderá haver, a qualquer tempo, levantamento, prestação ou tomada de contas de todos os responsáveis por bens ou valores públicos.

Art. 79. Ao órgão incumbido da elaboração da proposta orçamentária ou a outro indicado na legislação, caberá o controle estabelecido no inciso III do art. 75.

Parágrafo único. Esse controle far-se-á, quando for o caso, em termos de unidades de medida, previamente estabelecidos para cada atividade.

Art. 80. Compete aos serviços de contabilidade ou órgãos equivalentes verificar a exata observância dos limites das cotas trimestrais atribuídas a cada unidade orçamentária, dentro do sistema que for instituído para esse fim.

Capítulo III
DO CONTROLE EXTERNO

Art. 81. O controle da execução orçamentária, pelo Poder Legislativo, terá por objetivo verificar a probidade da administração, a guarda e legal emprego dos dinheiros públicos e o cumprimento da Lei de Orçamento.

Art. 82. O Poder Executivo, anualmente, prestará contas ao Poder Legislativo, no prazo estabelecido nas Constituições ou nas Leis Orgânicas dos Municípios.

§ 1.º As contas do Poder Executivo serão submetidas ao Poder Legislativo, com parecer prévio do Tribunal de Contas ou órgão equivalente.

§ 2.º Ressalvada a competência do Tribunal de Contas ou órgão equivalente, a Câmara de Vereadores poderá designar peritos-contadores para verificarem as contas do prefeito e sobre elas emitirem parecer.

Título IX
DA CONTABILIDADE

Capítulo I
DISPOSIÇÕES GERAIS

Art. 83. A contabilidade evidenciará perante a Fazenda Pública a situação de todos quantos, de qualquer modo, arrecadem receitas, efetuem despesas, administrem ou guardem bens a ela pertencentes ou confiados.

Art. 84. Ressalvada a competência do Tribunal de Contas ou órgão equivalente, a tomada de contas dos agentes responsáveis por bens ou dinheiros públicos será realizada ou superintendida pelos serviços de contabilidade.

Art. 85. Os serviços de contabilidade serão organizados de forma a permitirem o acompanhamento da execução orçamentária, o conhecimento da composição patrimonial, a determinação dos custos dos serviços industriais, o levantamento dos balanços gerais, a análise e a interpretação dos resultados econômicos e financeiros.

Art. 86. A escrituração sintética das operações financeiras e patrimoniais efetuar-se-á pelo método das partidas dobradas.

Art. 87. Haverá controle contábil dos direitos e obrigações oriundos de ajustes ou contratos em que a administração pública for parte.

Art. 88. Os débitos e créditos serão escriturados com individuação do devedor ou do credor e especificação da natureza, importância e data do vencimento, quando fixada.

Art. 89. A contabilidade evidenciará os fatos ligados à administração orçamentária, financeira, patrimonial e industrial.

Capítulo II
DA CONTABILIDADE ORÇAMENTÁRIA E FINANCEIRA

Art. 90. A contabilidade deverá evidenciar, em seus registros, o montante dos créditos orçamentários vigentes, a despesa empenhada e a despesa realizada, à conta dos mesmos créditos, e às dotações disponíveis.

Art. 91. O registro contábil da receita e da despesa far-se-á de acordo com as especificações constantes da Lei de Orçamento e dos créditos adicionais.

Art. 92. A dívida flutuante compreende:

I – os restos a pagar, excluídos os serviços da dívida;

II – os serviços da dívida a pagar;

III – os depósitos;

IV – os débitos de tesouraria.

Parágrafo único. O registro dos Restos a Pagar far-se-á por exercício e por credor, distinguindo-se as despesas processadas das não processadas.

Art. 93. Todas as operações de que resultem débitos e créditos de natureza financeira, não compreendidas na execução orçamentária, serão também objeto de registro, individuação e controle contábil.

Capítulo III
DA CONTABILIDADE PATRIMONIAL E INDUSTRIAL

Art. 94. Haverá registros analíticos de todos os bens de caráter permanente, com indicação dos elementos necessários para a perfeita caracterização de cada um deles e dos agentes responsáveis pela sua guarda e administração.

Art. 95. A contabilidade manterá registros sintéticos dos bens móveis e imóveis.

Art. 96. O levantamento geral dos bens móveis e imóveis terá por base o inventário analítico de cada unidade administrativa e os elementos da escrituração sintética na contabilidade.

Art. 97. Para fins orçamentários e determinação dos devedores, ter-se-á o registro contábil das receitas patrimoniais, fiscalizando-se sua efetivação.

Art. 98. A dívida fundada compreende os compromissos de exigibilidade superior a 12 (doze) meses, contraídos para atender a desequilíbrio orçamentário ou a financeiro de obras e serviços públicos.

•• Este artigo e seu parágrafo foram vetados pelo Presidente e mantidos pelo Congresso Nacional.

Parágrafo único. A dívida fundada será escriturada com individuação e especificações que permitem verificar, a qualquer momento, a posição dos empréstimos, bem como os respectivos serviços de amortização e juros.

• A Resolução n. 40, de 20-12-2001, do Senado Federal, dispõe sobre os limites globais para o montante da dívida pública consolidada e da dívida mobiliária dos Estados, do Distrito Federal e dos Municípios.

• A Resolução n. 43, de 21-12-2001, do Senado Federal, dispõe sobre as operações de crédito interno e externo dos Estados, do Distrito Federal e dos Municípios, inclusive concessão de garantias, seus limites e condições de autorização.

Art. 99. Os serviços públicos industriais, ainda que não organizados como empresa pública ou autárquica, manterão contabilidade especial para determinação dos custos, ingressos e resultados, sem prejuízo da escrituração patrimonial e financeira comum.

Art. 100. As alterações da situação líquida patrimonial, que abrangem os resultados da execução orçamentária, bem como as variações independentes dessa execução e as superveniências e insubsistências ativas e passivas, constituirão elementos da conta patrimonial.

Capítulo IV
DOS BALANÇOS

Art. 101. Os resultados gerais do exercício serão demonstrados no Balanço Orçamentário, no Balanço Financeiro, no Balanço Patrimonial, na Demonstração das Variações Patrimoniais, segundo os Anexos n. 12, 13, 14 e 15 e os quadros demonstrativos constantes dos Anexos n. 1, 6, 7, 8, 9, 10, 11, 16 e 17.

Art. 102. O Balanço Orçamentário demonstrará as receitas e despesas previstas em confronto com as realizadas.

Art. 103. O Balanço Financeiro demonstrará a receita e a despesa orçamentárias, bem como os recebimentos e os pagamentos de natureza extraorçamentária, conjugados com os saldos em espécie provenientes do exercício anterior, e os que se transferem para o exercício seguinte.

Parágrafo único. Os Restos a Pagar do exercício serão computados na receita extraorçamentária para compensar sua inclusão na despesa orçamentária.

Art. 104. A Demonstração das Variações Patrimoniais evidenciará as alterações verificadas no patrimônio, resultantes ou independentes da execução orçamentária, e indicará o resultado patrimonial do exercício.

Art. 105. O Balanço Patrimonial demonstrará:

I – o Ativo Financeiro;

II – o Ativo Permanente;

III – o Passivo Financeiro;

IV – o Passivo Permanente;

V – o Saldo Patrimonial;

VI – as Contas de Compensação.

§ 1.º O Ativo Financeiro compreenderá os créditos e valores realizáveis independentemente de autorização orçamentária e os valores numerários.

§ 2.º O Ativo Permanente compreenderá os bens, créditos e valores, cuja mobilização ou alienação dependa de autorização legislativa.

§ 3.º O Passivo Financeiro compreenderá as dívidas fundadas e outras, cujo pagamento independa de autorização orçamentária.

§ 4.º O Passivo Permanente compreenderá as dívidas fundadas e outras que dependam de autorização legislativa para amortização ou resgate.

§ 5.º Nas contas de compensação serão registrados os bens, valores, obrigações, e situações não compreendidas nos parágrafos anteriores e que, imediata ou indiretamente, possam vir a afetar o patrimônio.

Art. 106. A avaliação dos elementos patrimoniais obedecerá às normas seguintes:

I – os débitos e créditos, bem como os títulos de renda, pelo seu valor nominal, feita a conversão, quando em moeda estrangeira, à taxa de câmbio vigente na data do balanço;

II – os bens móveis e imóveis, pelo valor de aquisição ou pelo custo de produção ou de construção;

III – os bens de almoxarifado, pelo preço médio ponderado das compras.

§ 1.º Os valores em espécie, assim como os débitos e créditos, quando em moeda estrangeira, deverão figurar ao lado das correspondentes importâncias em moeda nacional.

§ 2.º As variações resultantes da conversão dos débitos, créditos e valores em espécie serão levadas à conta patrimonial.

§ 3.º Poderão ser feitas reavaliações dos bens móveis e imóveis.

Título X
DAS AUTARQUIAS E OUTRAS ENTIDADES

Art. 107. As entidades autárquicas ou paraestatais, inclusive de previdência social ou investidas de delegação para arrecadação de contribuições parafiscais da União, dos Estados, dos Municípios e do Distrito Federal, terão seus orçamentos aprovados por decreto do Poder Executivo, salvo se disposição legal expressa determinar que o sejam pelo Poder Legislativo.

Parágrafo único. Compreendem-se nesta disposição as empresas com autonomia financeira e administrativa cujo capital pertencer, integralmente, ao Poder Público.

• *Vide* art. 165, § 5.º, da CF.

Art. 108. Os orçamentos das entidades referidas no artigo anterior vincular-se-ão ao orçamento da União, dos Estados, dos Municípios e do Distrito Federal, pela inclusão:

I – como receita, salvo disposição legal em contrário, de saldo positivo previsto entre os totais das receitas e despesas;

II – como subvenção econômica, na receita do orçamento da beneficiária, salvo disposição legal em contrário, do saldo negativo previsto entre os totais das receitas e despesas.

§ 1.º Os investimentos ou inversões financeiras da União, dos Estados, dos Municípios e do Distrito Federal, realizados por intermédio das entidades aludidas no artigo anterior, serão classificados como receita de capital destas e despesa de transferência de capital daqueles.

§ 2.º As previsões para depreciação serão computadas para efeito de apuração do saldo líquido das mencionadas entidades.

Art. 109. Os orçamentos e balanços das entidades compreendidas no art. 107 serão publicados como complemento dos orçamentos e balanços da União, dos Estados, dos Municípios e do Distrito Federal a que estejam vinculados.

Art. 110. Os orçamentos e balanços das entidades já referidas obedecerão aos padrões e normas instituídas por esta Lei, ajustados às respectivas peculiaridades.

Parágrafo único. Dentro do prazo que a legislação fixar, os balanços serão remetidos ao órgão central de contabilidade da União, dos Estados, dos Municípios e do Distrito Federal, para fins de incorporação dos resultados, salvo disposição legal em contrário.

Título XI
DISPOSIÇÕES FINAIS

Art. 111. O Conselho Técnico de Economia e Finanças do Ministério da Fazenda, além de outras apurações, para fins estatísticos, de interesse nacional, organizará e publicará o balanço consolidado das contas da União, Estados, Municípios e Distrito Federal, suas autarquias e outras entidades, bem como um quadro estruturalmente idêntico, baseado em dados orçamentários.

§ 1.º Os quadros referidos neste artigo terão a estrutura do Anexo n. 1.

§ 2.º O quadro baseado nos orçamentos será publicado até o último dia do primeiro semestre do próprio exercício e o baseado nos balanços, até o último dia do segundo semestre do exercício imediato àquele a que se referirem.

Art. 112. Para cumprimento do disposto no artigo precedente, a União, os Estados, os Municípios e o Distrito Federal remeterão ao mencionado órgão, até 30 de abril, os orçamentos do exercício, e até 30 de junho, os balanços do exercício anterior.

Parágrafo único. O pagamento, pela União, de auxílio ou contribuição a Estados, Municípios ou Distrito Federal, cuja concessão não decorra de imperativo constitucional, dependerá de prova do atendimento ao que se determina neste artigo.

Art. 113. Para fiel e uniforme aplicação das presentes normas, o Conselho Técnico de Economia e Finanças do Ministério da Fazenda atenderá a consultas, coligirá elementos, promoverá o intercâmbio de dados informativos, expedirá recomendações técnicas, quando solicitadas, e atualizará, sempre que julgar conveniente, os anexos que integram a presente Lei.

•• Os anexos aqui mencionados sofreram sucessivas alterações por atos administrativos. Optamos por não mantê-los na presente edição.

Parágrafo único. Para os fins previstos neste artigo, poderão ser promovidas, quando necessário, conferências ou reuniões técnicas, com a participação de representantes das entidades abrangidas por estas normas.

Art. 114. Os efeitos desta Lei são contados a partir de 1.º de janeiro de 1964, para o fim da elaboração dos orçamentos, e a partir de 1.º de janeiro de 1965, quanto às demais atividades estatuídas.

•• Artigo com redação determinada pela Lei n. 4.489, de 19-11-1964.

Art. 115. Revogam-se as disposições em contrário.

Brasília, 17 de março de 1964; 143.º da Independência e 76.º da República.

JOÃO GOULART

LEI N. 5.143, DE 20 DE OUTUBRO DE 1966 (*)

Institui o Imposto sobre Operações Financeiras, regula a respectiva cobrança, dispõe sobre a aplicação das reservas monetárias oriundas da sua receita, e dá outras providências.

O Presidente da República

Faço saber que o Congresso Nacional decreta e eu sanciono a seguinte Lei:

Art. 1.º O Imposto sobre Operações Financeiras incide nas operações de crédito e seguro, realizadas por instituições financeiras e seguradoras, e tem como fato gerador:

•• Regulamento: Decreto n. 6.306, de 14-12-2007.

I – no caso de operações de crédito, a entrega do respectivo valor ou sua colocação à disposição do interessado;

II – no caso de operações de seguro, o recebimento do prêmio.

Art. 2.º Constituirá a base do imposto:

I – nas operações de crédito, o valor global dos saldos das operações de empréstimo de abertura de crédito, e de desconto de títulos, apurados mensalmente;

II – nas operações de seguro, o valor global dos prêmios recebidos em cada mês.

Art. 3.º O imposto será cobrado com as seguintes alíquotas:

I – empréstimos sob qualquer modalidade, as aberturas de crédito, e os descontos de títulos - 0,3%;

II – seguro de vida e congêneres e de acidentes pessoais e do trabalho - 1,0%;

III – seguros de bens, valores, coisas e outros não especificados, excluídos o resseguro, o seguro de crédito a exportação e o de transporte de mercadorias em viagens internacionais - 2,0%.

•• Alteração das alíquotas: Decreto n. 6.306, de 14-12-2007.

Art. 4.º São contribuintes do imposto os tomadores de crédito e os segurados.

•• Artigo com redação determinada pelo Decreto-lei n. 914, de 7-10-1969.

Art. 5.º São responsáveis pela cobrança do imposto e pelo seu recolhimento ao Banco Central do Brasil, ou a quem este determinar, nos prazos fixados pelo Conselho Monetário Nacional:

I – nas operações de crédito, as instituições financeiras a que se refere o art. 17 da Lei n. 4.595, de 31 de dezembro de 1964;

II – nas operações de seguro, o segurador ou as instituições financeiras a quem este encarregar da cobrança dos prêmios.

•• Artigo com redação determinada pelo Decreto-lei n. 914, de 7-10-1969.

Art. 6.º Sem prejuízo da pena criminal que couber, serão punidos com:

I – multa de 30% (trinta por cento) a 100% (cem por cento) do valor do imposto devido, a falta de recolhimento do imposto no prazo fixado;

II – multa de valor equivalente a 500 (quinhentas) Obrigações do Tesouro Nacional - OTN: a falsificação ou adulteração de guia, livro ou outro papel necessário ao registro ou ao recolhimento do imposto ou a coautoria na prática de qualquer dessas infrações;

•• Inciso II com redação determinada pelo Decreto-lei n. 2.391, de 18-12-1987.

III – multa de valor equivalente a 350 (trezentas e cinquenta) Obrigações do Tesouro Nacional - OTN: o embaraço ou impedimento da ação fiscalizadora ou a recusa de exibição de livros, guias ou outro papel necessário ao registro ou ao recolhimento do imposto, quando solicitado pela fiscalização;

•• Inciso III com redação determinada pelo Decreto-lei n. 2.391, de 18-12-1987.

(*) Publicada no *DOU*, de 24-10-1966.
Vide art. 153, V e §§ 1.º e 5.º, da CF, Lei n. 8.894, de 21-6-1994, e Decreto n. 6.306, de 14-12-2007.
Sobre os valores constantes deste diploma legal e OTN, *vide* Nota dos Organizadores.

IV – multa de valor equivalente a 20 (vinte) Obrigações do Tesouro Nacional - OTN: qualquer outra infração prevista no Regulamento.

•• Inciso IV com redação determinada pelo Decreto-lei n. 2.391, de 18-12-1987.

Parágrafo único. Na hipótese do inciso III será imposta cumulativamente a penalidade que couber, se for apurada a prática de outra infração.

Art. 7.º A instituição financeira ou seguradora, que, antes de qualquer procedimento fiscal, recolher espontaneamente o imposto fora do prazo previsto, ficará sujeita à multa de 20% (vinte por cento) do imposto, a qual será incluída na mesma guia correspondente ao tributo, sem necessidade de autorização ou despacho.

•• *Caput* com redação determinada pelo Decreto-lei n. 914, de 7-10-1969.

Parágrafo único. O pagamento do imposto, sem a multa a que se refere este artigo, importará na aplicação das penalidades do art. 6.º.

•• Parágrafo único com redação determinada pelo Decreto-lei n. 914, de 7-10-1969.

Art. 8.º A fiscalização da aplicação desta Lei caberá ao Banco Central da República do Brasil, que poderá delegá-la, no todo ou em parte, ao Departamento Nacional de Seguros Privados e Capitalização do Ministério da Indústria e do Comércio, no que respeita às operações previstas nos incisos II e III do art. 3.º, ou a outros órgãos ou autoridades em todo o País ou apenas em certas regiões, segundo entenda conveniente.

Art. 9.º O Conselho Monetário Nacional baixará normas para execução do presente Decreto-lei, estabelecendo inclusive o processo fiscal aplicável às controvérsias a respeito do imposto.

•• *Caput* com redação determinada pelo Decreto-lei n. 914, de 7-10-1969.

§ 1.º Enquanto não for expedida a regulamentação de que trata este artigo, aplicar-se-ão as normas de processo fiscal relativas ao Imposto sobre Produtos Industrializados.

•• § 1.º acrescentado pelo Decreto-lei n. 914, de 7-10-1969.

§ 2.º O julgamento dos processos contraditórios caberá:

I – em primeira instância, ao órgão ou autoridade que o Conselho Monetário Nacional designar;

II – em segunda instância, ao Terceiro Conselho de Contribuintes.

•• Primitivo parágrafo único renumerado pelo Decreto-lei n. 914, de 7-10-1969.

Art. 10. O Conselho Monetário Nacional poderá desdobrar as hipóteses de incidência, modificar ou eliminar as alíquotas e alterar as bases de cálculo do imposto, observado no caso de aumento, o limite máximo do dobro daquela que resultar das normas desta Lei.

Art. 11. Do produto da arrecadação do imposto será destacada uma parcela, não superior a 2% (dois por cento), destinada às despesas de custeio do Banco Central da República do Brasil na substituição da taxa de fiscalização referida no § 1.º do art. 16 da Lei n. 4.595, de 31 de dezembro de 1964, que fica extinta.

Art. 12. (*Revogado pela Lei n. 14.007, de 2-6-2020.*)

Art. 13. As vinculações da receita de Imposto de Selo, de que tratam o art. 4.º da Lei n. 3.519, de 30 de dezembro de 1958, e o art. 6.º da Lei n. 3.736, de 22 de março de 1960, passarão a ser feitas com base na arrecadação do Imposto sobre Produtos Industrializados correspondente à posição n. 24.02 da Tabela anexa à Lei n. 4.502, de 30 de novembro de 1964.

•• A Lei n. 3.736, de 22-3-1960, foi revogada pela Lei n. 8.246, de 22-10-1991.

Art. 14. Os casos omissos nesta Lei serão resolvidos pelo Conselho Monetário Nacional.

Art. 15. São revogadas as leis relativas ao Imposto de Selo e as disposições em contrário, e o art. 11 da Lei n. 1.002, de 24 de dezembro de 1949, observado o seguinte:

I – aplicar-se-á a legislação vigente à época em que se constitui a obrigação tributária, no caso de exigência do imposto cujo fato gerador tenha ocorrido até 31 de dezembro de 1966;

II – a complementação periódica ao Imposto de Selo deixará de ser obrigatória a partir de 1.º de janeiro de 1967, ainda que a ocorrência do respectivo fato gerador seja anterior à vigência desta Lei;

III – as sanções previstas na Lei n. 4.505, de 30 de novembro de 1964, regulamentada pelo Decreto n. 55.852, de 22 de março de 1955, aplicam-se às infrações das respectivas normas ocorridas durante a sua vigência, ainda que se relacionem com hipóteses de incidência que esta Lei revoga.

Art. 16. A partir da data da publicação desta Lei, o Ministro da Fazenda, por proposta do Conselho Monetário Nacional, poderá reduzir ou suprimir o Imposto de Selo sobre operações de câmbio.

Art. 17. O Conselho Monetário Nacional poderá permitir que a assinatura no cheque seja impressa, por processo mecânico, atendidas as cautelas que estabelecer.

Art. 18. Esta Lei entrará em vigor no dia 1.º de janeiro de 1967, salvo quanto aos arts. 16 e 17, que vigorarão a partir da data de sua publicação.

Brasília, em 20 de outubro de 1965; 145.º da Independência e 78.º da República.

H. Castello Branco

DECRETO-LEI N. 37, DE 18 DE NOVEMBRO DE 1966 (*)

Dispõe sobre o Imposto de Importação, reorganiza os serviços aduaneiros e dá outras providências.

O Presidente da República, usando da atribuição que lhe confere o art. 31, parágrafo único, do Ato Institucional n. 2, de 27 de outubro de 1965, decreta:

TÍTULO I
IMPOSTO DE IMPORTAÇÃO

Capítulo I
INCIDÊNCIA

Art. 1.º O Imposto de Importação incide sobre mercadoria estrangeira e tem como fato gerador sua entrada no território nacional.

•• *Caput* com redação determinada pelo Decreto-lei n. 2.472, de 1.º-9-1988.

§ 1.º Para fins de incidência do imposto, considerar-se-á também estrangeira a mercadoria nacional ou nacionalizada exportada, que retornar ao País, salvo se:

a) enviada em consignação e não vendida no prazo autorizado;

b) devolvida por motivo de defeito técnico, para reparo ou substituição;

c) por motivo de modificações na sistemática de importação por parte do país importador;

d) por motivo de guerra ou calamidade pública;

e) por outros fatores alheios à vontade do exportador.

•• § 1.º acrescentado pelo Decreto-lei n. 2.472, de 1.º-9-1988.

§ 2.º Para efeito de ocorrência do fato gerador, considerar-se-á entrada no território nacional a mercadoria que constar como tendo sido importada e cuja falta venha a ser apurada pela autoridade aduaneira.

•• § 2.º acrescentado pelo Decreto-lei n. 2.472, de 1.º-9-1988.

§ 3.º Para fins de aplicação do disposto no § 2.º deste artigo, o regulamento poderá estabelecer percentuais de tolerância para a falta apurada na importação de granéis que, por sua natureza ou condições de manuseio na descarga, estejam sujeitos a quebra ou decréscimo de quantidade ou peso.

•• § 3.º acrescentado pelo Decreto-lei n. 2.472, de 1.º-9-1988.

§ 4.º O imposto não incide sobre mercadoria estrangeira:

I – destruída sob controle aduaneiro, sem ônus para a Fazenda Nacional, antes de desembaraçada;

•• Inciso I com redação determinada pela Lei n. 12.350, de 20-12-2010.

II – em trânsito aduaneiro de passagem, acidentalmente destruída; ou

III – que tenha sido objeto de pena de perdimento, exceto na hipótese em que não seja localizada, tenha sido consumida ou revendida.

•• § 4.º acrescentado pela Lei n. 10.833, de 29-12-2003.

Capítulo II
BASE DE CÁLCULO

Art. 2.º A base de cálculo do imposto é:

I – quando a alíquota for específica, a quantidade de mercadoria, expressa na unidade de medida indicada na tarifa;

II – quando a alíquota for *ad valorem*, o valor aduaneiro apurado segundo normas do art. VII do Acordo Geral sobre Tarifas Aduaneiras e Comércio (GATT).

•• Artigo com redação determinada pelo Decreto-lei n. 2.472, de 1.º-9-1988.

....

Seção V
Similaridade

Art. 17. A isenção do Imposto de Importação somente beneficia produto sem similar nacional, em condições de substituir o importado.

Parágrafo único. Excluem-se do disposto neste artigo:

I – os casos previstos no art. 13 e nos incisos IV a VIII do art. 15 deste Decreto-lei e no art. 4.º da Lei n. 3.244, de 14 de agosto de 1957;

II – as partes, peças, acessórios, ferramentas e utensílios:

a) que, em quantidade normal, acompanham o aparelho, instrumento, máquina ou equipamento;

b) destinados, exclusivamente, na forma do regulamento, ao reparo ou manutenção de aparelho, instrumento, máquina ou equipamento de procedência estrangeira, instalado ou em funcionamento no País;

III – os casos de importações resultando de concorrência com financiamento internacional superior a 15 (quinze) anos, em que tiver sido assegurada a participação da indústria nacional com uma margem de proteção não inferior a 15% (quinze por cento) sobre o preço do CIF, porto de desembarque brasileiro, de equipamento estrangeiro oferecido de acordo com as normas que regulam a matéria;

IV – (*Revogado pelo Decreto-lei n. 2.433, de 19-5-1988.*)

V – bens doados, destinados a fins culturais, científicos e assistenciais, desde que os beneficiários sejam entidades sem fins lucrativos.

•• Inciso V acrescentado pela Lei n. 10.833, de 29-12-2003.

(*) Publicado no *DOU*, de 21-11-1966. O Decreto n. 6.759, de 5-2-2009, regulamenta a administração das atividades aduaneiras e a fiscalização, o controle e a tributação das operações de comércio exterior. *Vide* Súmulas 89, 132, 142, 302 e 577 do STF. *Vide* art. 153, I e § 1.º, da CF.

Sobre os valores constantes deste diploma legal, *vide* Nota dos Organizadores.

Art. 18. O Conselho de Política Aduaneira formulará critérios, gerais ou específicos, para julgamento da similaridade, à vista das condições de oferta do produto nacional, e observadas as seguintes normas básicas:

I – preço não superior ao custo de importação em cruzeiros do similar estrangeiro, calculado com base no preço normal, acrescido dos tributos que incidem sobre a importação, e de outros encargos de efeito equivalente;

II – prazo de entrega normal ou corrente para o mesmo tipo de mercadoria;

III – qualidade equivalente e especificações adequadas.

§ 1.º Ao formular critérios de similaridade, o Conselho de Política Aduaneira considerará a orientação de órgãos governamentais incumbidos da política relativa a produtos ou a setores de produção.

§ 2.º Quando se tratar de projeto de interesse econômico fundamental, financiado por entidade internacional de crédito, poderão ser consideradas, para efeito de aplicação do disposto neste artigo, as condições especiais que regularem a participação da indústria nacional no fornecimento de bens.

§ 3.º Não será aplicável o conceito de similaridade quando importar em fracionamento da peça ou máquina, com prejuízo da garantia em funcionamento ou com retardamento substancial no prazo de entrega ou montagem.

Art. 19. A apuração da similaridade deverá ser feita pelo Conselho de Política Aduaneira, diretamente ou em colaboração com outros órgãos governamentais ou entidades de classe, antes da importação.

Parágrafo único. Os critérios de similaridade fixados na forma estabelecida neste Decreto-lei e seu regulamento serão observados pela Carteira de Comércio Exterior, quando do exame dos pedidos de importação.

Art. 20. Independem de apuração, para serem considerados similares, os produtos naturais ou com beneficiamento primário, as matérias-primas e os bens de consumo, de notória produção no País.

Art. 21. No caso das disposições da Tarifa Aduaneira que condicionam a incidência do imposto ou o nível de alíquota à exigência de similar, registrado, o Conselho de Política Aduaneira publicará a relação dos produtos com similar nacional.

Capítulo IV
CÁLCULO E RECOLHIMENTO DO IMPOSTO

Art. 22. O imposto será calculado pela aplicação, das alíquotas previstas na Tarifa Aduaneira, sobre a base de cálculo definida no Capítulo II deste Título.

Art. 23. Quando se tratar de mercadoria despachada para consumo, considera-se ocorrido o fato gerador na data do registro, na repartição aduaneira, da declaração a que se refere o art. 44.

Parágrafo único. A mercadoria ficará sujeita aos tributos vigorantes na data em que a autoridade aduaneira efetuar o correspondente lançamento de ofício no caso de:

•• Parágrafo único, *caput*, com redação determinada pela Lei n. 12.350, de 20-12-2010.

I – falta, na hipótese a que se refere o § 2.o do art. 1.º; e

•• Inciso I acrescentado pela Lei n. 12.350, de 20-12-2010.

II – introdução no País sem o registro de declaração de importação, a que se refere o inciso III do § 4.º do art. 1.º.

•• Inciso II acrescentado pela Lei n. 12.350, de 20-12-2010.

Art. 24. Para efeito de cálculo do imposto, os valores expressos em moeda estrangeira serão convertidos em moeda nacional à taxa de câmbio vigente no momento da ocorrência do fato gerador.

Parágrafo único. A taxa a que se refere este artigo será estabelecida para venda da moeda respectiva no último dia útil de cada semana, para vigência na semana subsequente.

•• Parágrafo único com redação determinada pela Lei n. 7.683, de 2-12-1988.

• *Vide* art. 106 da Lei n. 8.981, de 20-1-1995.

Art. 25. Na ocorrência de dano casual ou de acidente, o valor aduaneiro da mercadoria será reduzido proporcionalmente ao prejuízo, para efeito de cálculo dos tributos devidos, observado o disposto no art. 60.

•• *Caput* com redação determinada pela Lei n. 12.350, de 20-12-2010.

Parágrafo único. Quando a alíquota for específica, o montante do imposto será reduzido proporcionalmente ao valor do prejuízo apurado.

Art. 26. Na transferência de propriedade ou uso de bens prevista no art. 11, os tributos e gravames cambiais dispensados quando da importação, serão reajustados pela aplicação dos índices de correção monetária fixados pelo Conselho Nacional de Economia e das taxas de depreciação estabelecidas no regulamento.

Art. 27. O recolhimento do imposto será realizado na forma e momento indicados no regulamento.

Capítulo V
RESTITUIÇÃO

Art. 28. Conceder-se-á restituição do imposto, na forma do regulamento:

I – quando apurado excesso no pagamento, decorrente de erro de cálculo ou de aplicação de alíquota;

II – quando houver dano ou avaria, perda ou extravio.

§ 1.º A restituição de tributos independe da iniciativa do contribuinte, podendo processar-se de ofício, como estabelecer o regulamento sempre que se apurar excesso de pagamento na conformidade deste artigo.

§ 2.º As reclamações do importador quanto a erro ou engano, nas declarações, sobre quantidade ou qualidade da mercadoria, ou no caso do inciso II deste artigo, deverão ser apresentadas antes de sua saída de recintos aduaneiros.

• O Decreto n. 2.138, de 29-1-1997, e a Instrução Normativa n. 1.300, de 20-11-2012, do Ministério da Fazenda, dispõem sobre a compensação de créditos tributários com créditos do sujeito passivo decorrentes de restituição ou ressarcimento de tributos ou contribuições.

Art. 29. A restituição será efetuada, mediante anulação contábil da respectiva receita, pela autoridade incumbida de promover a cobrança originária a qual, ao reconhecer o direito creditório contra a Fazenda Nacional, autorizará a entrega da importância considerada indevida.

§ 1.º Quando a importância a ser restituída for superior a cinco milhões de cruzeiros o chefe da repartição aduaneira recorrerá de ofício para o diretor do Departamento de Rendas Aduaneiras.

§ 2.º Nos casos de que trata o parágrafo anterior, a importância da restituição será classificada em conta de responsáveis, a débito dos beneficiários, até que seja anotada a decisão do diretor do Departamento de Rendas Aduaneiras.

Art. 30. Na restituição de depósitos, que também poderá processar-se de ofício, a importância da correção monetária, de que trata o art. 7.º, § 3.º, da Lei n. 4.357, de 16 de julho de 1964, obedecerá igualmente ao que dispõe o artigo anterior.

Capítulo VI
CONTRIBUINTES E RESPONSÁVEIS

Art. 31. É contribuinte do imposto:

I – o importador, assim considerada qualquer pessoa que promova a entrada de mercadoria estrangeira no território nacional;

II – o destinatário de remessa postal internacional indicado pelo respectivo remetente;

III – o adquirente de mercadoria entrepostada.

•• Artigo com redação determinada pelo Decreto-lei n. 2.472, de 1.º-9-1988.

Art. 32. É responsável pelo imposto:

I – o transportador, quando transportar mercadoria procedente do exterior ou sob controle aduaneiro, inclusive em percurso interno;

II – o depositário, assim considerada qualquer pessoa incumbida da custódia de mercadoria sob controle aduaneiro.

•• *Caput* e incisos com redação determinada pelo Decreto-lei n. 2.472, de 1.º-9-1988.

Parágrafo único. É responsável solidário:

•• Parágrafo único, *caput*, acrescentado pelo Decreto-lei n. 2.472, de 1.º-9-1988.

a) o adquirente ou cessionário de mercadoria beneficiada com isenção ou redução do imposto;

•• Alínea *a* acrescentada pelo Decreto-lei n. 2.472, de 1.º-9-1988.

b) o representante, no País, do transportador estrangeiro;

•• Alínea *b* acrescentada pelo Decreto-lei n. 2.472, de 1.º-9-1988.

c) o adquirente de mercadoria de procedência estrangeira, no caso de importação realizada por sua conta e ordem, por intermédio de pessoa jurídica importadora;

•• Alínea *c* acrescentada pela Lei n. 11.281, de 20-2-2006.

d) o encomendante predeterminado que adquire mercadoria de procedência estrangeira de pessoa jurídica importadora.

•• Alínea *d* acrescentada pela Lei n. 11.281, de 20-2-2006.

•• A Medida Provisória n. 2.158-35, de 24-8-2001, havia transformado as alíneas *a* e *b* em incisos I e II e acrescentado o inciso III a este parágrafo único.

Título II
CONTROLE ADUANEIRO

Capítulo I
JURISDIÇÃO DOS SERVIÇOS ADUANEIROS

Art. 33. A jurisdição dos serviços aduaneiros se estende por todo o território aduaneiro, e abrange:

I – zona primária – compreendendo as faixas internas de portos e aeroportos, recintos alfandegados e locais habilitados nas fronteiras terrestres, bem como outras áreas nas quais se efetuem operações de carga e descarga de mercadoria, ou embarque e desembarque de passageiros, procedentes do exterior ou a ele destinados;

II – zona secundária – compreendendo a parte restante do território nacional, nela incluídos as águas territoriais e o espaço aéreo correspondente.

Parágrafo único. Para efeito de adoção de medidas de controle fiscal, poderão ser demarcadas, na orla marítima e na faixa de fronteira, zonas de vigilância aduaneira, nas quais a existência e a circulação de mercadoria estarão sujeitas às cautelas fiscais, proibições e restrições que forem prescritas no regulamento.

Art. 34. O regulamento disporá sobre:

I – registro de pessoas que cruzem as fronteiras;

II – apresentação de mercadorias às autoridades aduaneiras da jurisdição dos portos, aeroportos e outros locais de entrada e saída do território aduaneiro;

III – controle de veículos, mercadorias, animais e pessoas, na zona primária e na zona de vigilância aduaneira;

IV – apuração de infrações por descumprimento de medidas de controle estabelecidas pela legislação aduaneira.

Art. 35. Em tudo o que interessar à fiscalização aduaneira, na zona primária, a autoridade aduaneira tem precedência sobre as demais que ali exercem suas atribuições.

Art. 36. A fiscalização aduaneira poderá ser ininterrupta, em horários determinados, ou eventual, nos portos, aeroportos, pontos de fronteira e recintos alfandegados.

•• *Caput* com redação determinada pela Lei n. 10.833, de 29-12-2003.

§ 1.º A administração aduaneira determinará os horários e as condições de realização dos serviços aduaneiros, nos locais referidos no *caput*.

§ 2.º O atendimento em dias e horas fora do expediente normal da repartição aduaneira é considerado serviço extraordinário, caso em que os interessados deverão, na forma estabelecida em regulamento, ressarcir a Administração das despesas decorrentes dos serviços a eles efetivamente prestados, como tais também compreendida a remuneração dos funcionários.

•• § 2.º acrescentado pelo Decreto-lei n. 2.472, de 1.º-9-1988.

Capítulo II
NORMAS GERAIS DO CONTROLE ADUANEIRO DE VEÍCULOS

Art. 37. O transportador deve prestar à Secretaria da Receita Federal, na forma e no prazo por ela estabelecidos, as informações sobre as cargas transportadas, bem como sobre a chegada de veículo procedente do exterior ou a ele destinado.

•• *Caput* com redação determinada pela Lei n. 10.833, de 29-12-2003.

§ 1.º O agente de carga, assim considerada qualquer pessoa que, em nome do importador ou do exportador, contrate o transporte de mercadoria, consolide ou desconsolide cargas e preste serviços conexos, e o operador portuário, também devem prestar as informações sobre as operações que executem e respectivas cargas.

•• § 1.º com redação determinada pela Lei n. 10.833, de 29-12-2003.

§ 2.º Não poderá ser efetuada qualquer operação de carga ou descarga, em embarcações, enquanto não forem prestadas as informações referidas neste artigo.

•• § 2.º com redação determinada pela Lei n. 10.833, de 29-12-2003.

§ 3.º A Secretaria da Receita Federal fica dispensada de participar da visita a embarcações prevista no art. 32 da Lei n. 5.025, de 10 de junho de 1966.

•• § 3.º com redação determinada pela Lei n. 10.833, de 29-12-2003.

•• Citada Lei n. 5.025, de 10-6-1966, dispõe sobre o intercâmbio comercial com o exterior, cria o Conselho Nacional do Comércio Exterior, e dá outras providências.

§ 4.º A autoridade aduaneira poderá proceder às buscas em veículos necessárias para prevenir e reprimir a ocorrência de infração à legislação, inclusive em momento anterior à prestação das informações referidas no *caput.*

•• Anterior parágrafo único renumerado pela Lei n. 10.833, de 29-12-2003.

....

Seção I
Despacho Aduaneiro

•• Seção I com denominação determinada pelo Decreto-lei n. 2.472, de 1.º-9-1988.

Art. 44. Toda mercadoria procedente do exterior por qualquer via, destinada a consumo ou a outro regime, sujeita ou não ao pagamento do imposto, deverá ser submetida a despacho aduaneiro, que será processado com base em declaração apresentada à repartição aduaneira no prazo e na forma prescritos em regulamento.

•• Artigo com redação determinada pelo Decreto-lei n. 2.472, de 1.º-9-1988.

Art. 45. As declarações do importador subsistem para quaisquer efeitos fiscais, ainda quando o despacho seja interrompido e a mercadoria abandonada.

•• Artigo com redação determinada pelo Decreto-lei n. 2.472, de 1.º-9-1988.

Art. 46. Além da declaração de que trata o art. 44 deste Decreto-lei e de outros documentos previstos em leis ou regulamentos, serão exigidas, para o processamento do despacho aduaneiro, a prova de posse ou propriedade da mercadoria e a fatura comercial, com as exceções que estabelecer o regulamento.

•• *Caput* com redação determinada pelo Decreto-lei n. 2.472, de 1.º-9-1988.

§ 1.º O conhecimento aéreo poderá equiparar-se à fatura comercial, se contiver as indicações de quantidade, espécie e valor das mercadorias que lhe correspondam.

•• § 1.º acrescentado pelo Decreto-lei n. 2.472, de 1.º-9-1988.

§ 2.º O regulamento disporá sobre dispensa de visto consular na fatura.

•• § 2.º acrescentado pelo Decreto-lei n. 2.472, de 1.º-9-1988.

Art. 47. Quando exigível depósito ou pagamento de quaisquer ônus financeiros ou cambiais, a tramitação do despacho aduaneiro ficará sujeita à prévia satisfação da mencionada exigência.

•• Artigo com redação determinada pelo Decreto-lei n. 2.472, de 1.º-9-1988.

Art. 48. Na hipótese de mercadoria, cuja importação esteja sujeita a restrições especiais distintas das de natureza cambial, que chegar ao País com inobservância das formalidades pertinentes, a autoridade aduaneira procederá de acordo com as leis e regulamentos que hajam estabelecido as referidas restrições.

•• Artigo com redação determinada pelo Decreto-lei n. 2.472, de 1.º-9-1988.

Art. 49. O despacho aduaneiro poderá ser efetuado em zona primária ou em outros locais admitidos pela autoridade aduaneira.

•• Artigo com redação determinada pelo Decreto-lei n. 2.472, de 1.º-9-1988.

Art. 50. A verificação de mercadoria, na conferência aduaneira ou em outra ocasião, será realizada por Auditor-Fiscal da Receita Federal do Brasil ou, sob a sua supervisão, por Analista-Tributário, na presença do viajante, do importador, do exportador ou de seus representantes, podendo ser adotados critérios de seleção e amostragem, de conformidade com o estabelecido pela Secretaria da Receita Federal do Brasil.

•• *Caput* com redação determinada pela Lei n. 12.350, de 20-12-2010.

§ 1.º Na hipótese de mercadoria depositada em recinto alfandegado, a verificação poderá ser realizada na presença do depositário ou de seus prepostos, dispensada a exigência da presença do importador ou do exportador.

•• § 1.º acrescentado pela Lei n. 10.833, de 29-12-2003.

§ 2.º A verificação de bagagem ou de outra mercadoria que esteja sob a responsabilidade do transportador poderá ser realizada na presença deste ou de seus prepostos, dispensada a exigência da presença do viajante, do importador ou do exportador.

•• § 2.º acrescentado pela Lei n. 10.833, de 29-12-2003.

§ 3.º Nas hipóteses dos §§ 1.º e 2.º, o depositário e o transportador, ou seus prepostos, representam o viajante, o importador ou o exportador, para efeitos de identificação, quantificação e descrição da mercadoria verificada.

•• § 3.º acrescentado pela Lei n. 10.833, de 29-12-2003.

Art. 51. Concluída a conferência aduaneira, sem exigência fiscal relativamente a valor aduaneiro, classificação ou outros elementos do despacho, a mercadoria será desembaraçada e posta à disposição do importador.

•• *Caput* com redação determinada pelo Decreto-lei n. 2.472, de 1.º-9-1988.

§ 1.º Se, no curso da conferência aduaneira, houver exigência fiscal na forma deste artigo, a mercadoria poderá ser desembaraçada, desde que, na forma do regulamento, sejam adotadas as indispensáveis cautelas fiscais.

•• § 1.º acrescentado pelo Decreto-lei n. 2.472, de 1.º-9-1988.

§ 2.º O regulamento disporá sobre os casos em que a mercadoria poderá ser posta à disposição do importador antecipadamente ao desembaraço.

•• § 2.º acrescentado pelo Decreto-lei n. 2.472, de 1.º-9-1988.

....

Seção II
Conclusão do Despacho

Art. 54. A apuração da regularidade do pagamento do imposto e demais gravames devidos à Fazenda Nacional ou do benefício fiscal aplicado, e da exatidão das informações prestadas pelo importador será realizada na forma que estabelecer o regulamento e processada no prazo de 5 (cinco) anos, contado do registro da declaração de que trata o art. 44 deste Decreto-lei.

•• Artigo com redação determinada pelo Decreto-lei n. 2.472, de 1.º-9-1988.

....

TÍTULO IV
INFRAÇÕES E PENALIDADES

Capítulo I
INFRAÇÕES

Art. 94. Constitui infração toda ação ou omissão, voluntária ou involuntária, que importe inobservância, por parte da pessoa natural ou jurídica, de norma estabelecida neste Decreto-lei, no seu regulamento ou em ato administrativo de caráter normativo destinado a completá-los.

§ 1.º O regulamento e demais atos administrativos não poderão estabelecer ou disciplinar obrigação, nem definir infração ou cominar penalidade que estejam autorizadas ou previstas em lei.

§ 2.º Salvo disposição expressa em contrário, a responsabilidade por infração independe da intenção do agente ou do responsável e da efetividade, natureza e extensão dos efeitos do ato.

Art. 95. Respondem pela infração:

I – conjunta ou isoladamente, quem quer que, de qualquer forma, concorra para sua prática, ou dela se beneficie;

II – conjunta ou isoladamente, o proprietário e o consignatário do veículo, quanto à que decorrer do exercício de atividade própria do veículo, ou de ação ou omissão de seus tripulantes;

III – o comandante ou condutor de veículo nos casos do inciso anterior, quando o veículo proceder do exterior sem estar consignada a pessoa natural ou jurídica estabelecida no ponto de destino;

IV – a pessoa natural ou jurídica, em razão do despacho que promover, de qualquer mercadoria;

V – conjunta ou isoladamente, o adquirente de mercadoria de procedência estrangeira, no caso da importação realizada por sua conta e ordem, por intermédio de pessoa jurídica importadora;

•• Inciso V acrescentado pela Medida Provisória n. 2.158-35, de 24-8-2001.

VI – conjunta ou isoladamente, o encomendante predeterminado que adquire mercadoria de procedência estrangeira de pessoa jurídica importadora.

•• Inciso VI acrescentado pela Lei n. 11.281, de 20-2-2006.

Capítulo II
PENALIDADES

Seção I
Espécies de Penalidades

Art. 96. As infrações estão sujeitas às seguintes penas, aplicáveis separada ou cumulativamente:

I – perda do veículo transportador;

II – perda da mercadoria;

III – multa;

IV – proibição de transacionar com repartição pública ou autárquica federal, empresa pública e sociedade de economia mista.

Seção II
Aplicação e Graduação das Penalidades

Art. 97. Compete à autoridade julgadora:

I – determinar a pena ou as penas aplicáveis ao infrator ou a quem deva responder pela infração, nos termos da lei;

II – fixar a quantidade da pena, respeitados os limites legais.

Art. 98. Quando a pena de multa for expressa em faixa variável de quantidade, o chefe da repartição aduaneira imporá a pena mínima prevista para a infração, só a majorando em razão de circunstância que demonstre a existência de artifício doloso na prática da infração, ou que importe agravar suas consequências ou retardar seu conhecimento pela autoridade fazendária.

Art. 99. Apurando-se, no mesmo processo, a prática de duas ou mais infrações pela mesma pessoa natural ou jurídica, aplicam-se cumulativamente, no grau correspondente, quando for o caso, as penas a elas cominadas, se as infrações não forem idênticas.

§ 1.º Quando se tratar de infração continuada em relação à qual tenham sido lavrados diversos autos ou representações, serão eles reunidos em um só processo, para imposição da pena.

§ 2.º Não se considera infração continuada a repetição de falta já arrolada em processo fiscal de cuja instauração o infrator tenha sido intimado.

Art. 100. Se do processo se apurar responsabilidade de duas ou mais pessoas, será imposta a cada uma delas a pena relativa à infração que houver cometido.

Art. 101. Não será aplicada penalidade – enquanto prevalecer o entendimento – a quem proceder ou pagar o imposto:

I – de acordo com interpretação fiscal constante de decisão irrecorrível de última instância administrativa, proferida em processo fiscal inclusive de consulta, seja o interessado parte ou não;

II – de acordo com interpretação fiscal constante de decisão de primeira instância proferida em processo fiscal, inclusive de consulta, em que o interessado for parte;

III – de acordo com interpretação fiscal constante de circular, instrução, portaria, ordem de serviço e outros atos interpretativos baixados pela autoridade fazendária competente.

Art. 102. A denúncia espontânea da infração, acompanhada, se for o caso, do pagamento do imposto e dos acréscimos, excluirá a imposição da correspondente penalidade.

•• *Caput* com redação determinada pelo Decreto-lei n. 2.472, de 1.º-9-1988.

§ 1.º Não se considera espontânea a denúncia apresentada:

•• § 1.º, *caput*, acrescentado pelo Decreto-lei n. 2.472, de 1.º-9-1988.

a) no curso do despacho aduaneiro, até o desembaraço da mercadoria;

•• Alínea *a* acrescentada pelo Decreto-lei n. 2.472, de 1.º-9-1988.

b) após o início de qualquer outro procedimento fiscal, mediante ato de ofício, escrito, praticado por servidor competente, tendente a apurar a infração.

•• Alínea *b* acrescentada pelo Decreto-lei n. 2.472, de 1.º-9-1988.

§ 2.º A denúncia espontânea exclui a aplicação de penalidades de natureza tributária ou administrativa, com exceção das penalidades aplicáveis na hipótese de mercadoria sujeita a pena de perdimento.

•• § 2.º com redação determinada pela Lei n. 12.350, de 20-12-2010.

Art. 103. A aplicação da penalidade fiscal, e seu cumprimento, não elidem, em caso algum, o pagamento dos tributos devidos e a regularização cambial nem prejudicam a aplicação das penas cominadas para o mesmo fato pela legislação criminal e especial.

Seção III
Perda do Veículo

Art. 104. Aplica-se a pena de perda do veículo nos seguintes casos:

I – quando o veículo transportador estiver em situação ilegal, quanto às normas que o habilitem a exercer a navegação ou o transporte internacional correspondente à sua espécie;

II – quando o veículo transportador efetuar operação de descarga de mercadoria estrangeira ou a carga de mercadoria nacional ou nacionalizada fora do porto, aeroporto ou outro local para isso habilitado;

III – quando a embarcação atracar a navio ou quando qualquer veículo, na zona primária, se colocar nas proximidades de outro, vindo um deles do exterior ou a ele destinado, de modo a tornar possível o transbordo de pessoa ou carga, sem observância das normas legais e regulamentares;

IV – quando a embarcação navegar dentro do porto, sem trazer escrito, em tipo destacado e em local visível do casco, seu nome de registro;

V – quando o veículo conduzir mercadoria sujeita à pena de perda, se pertencente ao responsável por infração punível com aquela sanção;

VI – quando o veículo terrestre utilizado no trânsito de mercadoria estrangeira desviar-se de sua rota legal, sem motivo justificado.

Parágrafo único. Aplicam-se cumulativamente:

•• Parágrafo único, *caput*, com redação determinada pela Lei n. 10.833, de 29-12-2003.

I – no caso do inciso II do *caput*, a pena de perdimento da mercadoria;

•• Inciso I com redação determinada pela Lei n. 10.833, de 29-12-2003.

II – no caso do inciso III do *caput*, a multa de R$ 200,00 (duzentos reais) por passageiro ou tripulante conduzido pelo veículo que efetuar a operação proibida, além do perdimento da mercadoria que transportar.

•• Inciso II com redação determinada pela Lei n. 10.833, de 29-12-2003.

Seção IV
Perda da Mercadoria

Art. 105. Aplica-se a pena de perda da mercadoria:

I – em operação de carga já carregada, em qualquer veículo ou dele descarregada ou em descarga, sem ordem, despacho ou licença, por escrito da autoridade aduaneira ou não cumprimento de outra formalidade especial estabelecida em texto normativo;

II – incluída em listas de sobressalentes e previsões de bordo quando em desacordo, quantitativo ou qualificativo, com as necessidades do serviço e do custeio do veículo e da manutenção de sua tripulação e passageiros;

III – oculta, a bordo do veículo ou na zona primária, qualquer que seja o processo utilizado;

IV – existente a bordo do veículo, sem registro um manifesto, em documento de efeito equivalente ou em outras declarações;

V – nacional ou nacionalizada em grande quantidade ou de vultoso valor, encontrada na zona de vigilância aduaneira, em circunstâncias que tornem evidente destinar-se a exportação clandestina;

VI – estrangeira ou nacional, na importação ou na exportação, se qualquer documento necessário ao seu embarque ou desembaraço tiver sido falsificado ou adulterado;

VII – nas condições do inciso anterior possuída a qualquer título ou para qualquer fim;

VIII – estrangeira que apresente característica essencial falsificada ou adulterada, que impeça ou dificulte sua identificação, ainda que a falsificação ou a adulteração não influa no seu tratamento tributário ou cambial;

IX – estrangeira, encontrada ao abandono, desacompanhada de prova de pagamento dos tributos aduaneiros, salvo as do art. 58;

X – estrangeira, exposta à venda, depositada ou em circulação comercial no país, se não for feita prova de sua importação regular;

XI – estrangeira, já desembaraçada e cujos tributos aduaneiros tenham sido pagos apenas em parte, mediante artifício doloso;

XII – estrangeira, chegada ao país com falsa declaração de conteúdo;

XIII – transferida a terceiro, sem o pagamento dos tributos aduaneiros e outros gravames, quando desembaraçada nos termos do inciso III do art. 13;

XIV – encontrada em poder de pessoa natural ou jurídica não habilitada, tratando-se de papel com linha ou marca-d'água, inclusive aparas;

XV – constante de remessa postal internacional com falsa declaração de conteúdo;

XVI – fracionada em duas ou mais remessas postais ou encomendas aéreas internacionais visando a elidir, no todo ou em parte, o pagamento dos tributos aduaneiros ou quaisquer normas estabelecidas para o controle das importações ou, ainda, a beneficiar-se de regime de tributação simplificada;

•• Inciso XVI com redação determinada pelo Decreto-lei n. 1.804, de 3-9-1980.

XVII – estrangeira, em trânsito no território aduaneiro, quando o veículo terrestre que a conduzir, desviar-se de sua rota legal, sem motivo justificado;

XVIII – estrangeira, acondicionada sob fundo falso, ou de qualquer modo oculta;

XIX – estrangeira, atentatória à moral, aos bons costumes, à saúde ou ordem públicas.

Seção V
Multas

Art. 106. Aplicam-se as seguintes multas, proporcionais ao valor do imposto incidente sobre a importação da mercadoria ou o que incidiria se não houvesse isenção ou redução:

I – de 100% (cem por cento):

a) pelo não emprego dos bens de qualquer natureza nos fins ou atividades para que foram importados com isenção de tributos;

b) pelo desvio, por qualquer forma, dos bens importados com isenção ou redução de tributos;

c) pelo uso de falsidade nas provas exigidas para obtenção dos benefícios e estímulos previstos neste Decreto;

d) pela não apresentação de mercadoria depositada em entreposto aduaneiro;

II – de 50% (cinquenta por cento):

a) pela transferência, a terceiro, a qualquer título, dos bens importados com isenção de tributos, sem prévia autorização da repartição aduaneira, ressalvado o caso previsto no inciso XIII do art. 105;

b) pelo não retorno ao exterior, no prazo fixado, dos bens importados sob regime de admissão temporária;

c) pela importação, como bagagem de mercadoria que, por sua quantidade e características, revele finalidade comercial;

d) pelo extravio ou falta de mercadoria, inclusive apurado em ato de vistoria aduaneira;

III – de 20% (vinte por cento):

a) (*Revogada pela Lei n. 10.833, de 29-12-2003.*)

b) pela chegada ao país de bagagem e bens de passageiro fora dos prazos regulamentares, quando se tratar de mercadoria sujeita a tributação;

IV – de 10% (dez por cento):

a) (*Revogada pela Lei n. 10.833, de 29-12-2003.*)

b) pela apresentação de fatura comercial sem o visto consular, quando exige essa formalidade;

c) pela comprovação, fora do prazo, da chegada da mercadoria no destino, nos casos de reexportação e trânsito;

V – (*Revogado pela Lei n. 10.833, de 29-12-2003.*)

§ 1.º No caso de papel com linhas ou marcas- -d'água, as multas previstas nos incisos I e II serão de 150% e 75%, respectivamente, adotando-se, para calculá-las, a maior alíquota do imposto taxada para papel, similar, destinado a impressão, sem aquelas características.

•• § 1.º acrescentado pelo Decreto-lei n. 751, de 8-8-1969.

§ 2.º Aplicam-se as multas, calculadas pela forma referida no parágrafo anterior, de 75% e 20%, respectivamente, também nos seguintes casos:

•• § 2.º acrescentado pelo Decreto-lei n. 751, de 8-8-1969.

a) venda não faturada de sobra de papel não impresso (mantas, aparas de bobinas e restos de bobinas);

•• Alínea *a* acrescentada pelo Decreto-lei n. 751, de 8-8-1969.

b) venda de sobra de papel não impresso, mantas, aparas de bobinas e restos de bobinas, salvo a editoras ou, como matéria-prima a fábricas.

•• Alínea *b* acrescentada pelo Decreto-lei n. 751, de 8-8-1969.

Art. 107. Aplicam-se ainda as seguintes multas:

•• *Caput* com redação determinada pela Lei n. 10.833, de 19-12-2003.

I – de R$ 50.000,00 (cinquenta mil reais), por contêiner ou qualquer veículo contendo mercadoria, inclusive a granel, ingressado em local ou recinto sob controle aduaneiro, que não seja localizado;

•• Inciso I com redação determinada pela Lei n. 10.833, de 29-12-2003.

II – de R$ 15.000,00 (quinze mil reais), por contêiner ou veículo contendo mercadoria, inclusive a granel, no regime de trânsito aduaneiro, que não seja localizado;

•• Inciso II com redação determinada pela Lei n. 10.833, de 29-12-2003.

III – de R$ 10.000,00 (dez mil reais), por desacato à autoridade aduaneira;

•• Inciso III com redação determinada pela Lei n. 10.833, de 29-12-2003.

IV – de R$ 5.000,00 (cinco mil reais):

•• Inciso IV, *caput*, com redação determinada pela Lei n. 10.833, de 29-12-2003.

a) por ponto percentual que ultrapasse a margem de 5% (cinco por cento), na diferença de peso apurada em relação ao manifesto de carga a granel apresentado pelo transportador marítimo, fluvial ou lacustre;

•• Alínea *a* acrescentada pela Lei n. 10.833, de 29-12-2003.

b) por mês-calendário, a quem não apresentar à fiscalização os documentos relativos à operação que realizar ou em que intervier, bem como outros documentos exigidos pela Secretaria da Receita Federal, ou não mantiver os correspondentes arquivos em boa guarda e ordem;

•• Alínea *b* acrescentada pela Lei n. 10.833, de 29-12-2003.

c) a quem, por qualquer meio ou forma, omissiva ou comissiva, embaraçar, dificultar ou impedir ação de fiscalização aduaneira, inclusive no caso de não apresentação de resposta, no prazo estipulado, a intimação em procedimento fiscal;

•• Alínea *c* acrescentada pela Lei n. 10.833, de 29-12-2003.

d) a quem promover a saída de veículo de local ou recinto sob controle aduaneiro, sem autorização prévia da autoridade aduaneira;

•• Alínea *d* acrescentada pela Lei n. 10.833, de 29-12-2003.

e) por deixar de prestar informação sobre veículo ou carga nele transportada, ou sobre as operações que execute, na forma e no prazo estabelecidos pela Secretaria da Receita Federal, aplicada à empresa de transporte internacional, inclusive a prestadora de serviços de transporte internacional expresso porta a porta, ou ao agente de carga; e

•• Alínea *e* acrescentada pela Lei n. 10.833, de 29-12-2003.

f) por deixar de prestar informação sobre carga armazenada, ou sob sua responsabilidade, ou sobre as operações que execute, na forma e no prazo estabelecidos pela Secretaria da Receita Federal, aplicada ao depositário ou ao operador portuário;

•• Alínea *f* acrescentada pela Lei n. 10.833, de 29-12-2003.

V – de R$ 3.000,00 (três mil reais), ao transportador de carga ou de passageiro, pelo descumprimento de exigência estabelecida para a circulação de veículos e mercadorias em zona de vigilância aduaneira;

•• Inciso V com redação determinada pela Lei n. 10.833, de 29-12-2003.

VI – de R$ 2.000,00 (dois mil reais), no caso de violação de volume ou unidade de carga que contenha mercadoria sob controle aduaneiro, ou de dispositivo de segurança;

•• Inciso VI com redação determinada pela Lei n. 10.833, de 29-12-2003.

VII – de R$ 1.000,00 (mil reais):

•• Inciso VII, *caput*, com redação determinada pela Lei n. 10.833, de 29-12-2003.

a) por volume depositado em local ou recinto sob controle aduaneiro, que não seja localizado;

•• Alínea *a* acrescentada pela Lei n. 10.833, de 29-12-2003.

b) pela importação de mercadoria estrangeira atentatória à moral, aos bons costumes, à saúde ou à ordem pública, sem prejuízo da aplicação da pena prevista no inciso XIX do art. 105;

•• Alínea *b* acrescentada pela Lei n. 10.833, de 29-12-2003.

c) pela substituição do veículo transportador, em operação de trânsito aduaneiro, sem autorização prévia da autoridade aduaneira;

•• Alínea *c* acrescentada pela Lei n. 10.833, de 29-12-2003.

d) por dia, pelo descumprimento de condição estabelecida pela administração aduaneira para a prestação de serviços relacionados com o despacho aduaneiro;

•• Alínea *d* acrescentada pela Lei n. 10.833, de 29-12-2003.

e) por dia, pelo descumprimento de requisito, condição ou norma operacional para habilitar-se ou utilizar regime aduaneiro especial ou aplicado em áreas especiais, ou para habilitar-se ou manter recintos nos quais tais regimes sejam aplicados;

•• Alínea *e* acrescentada pela Lei n. 10.833, de 29-12-2003.

f) por dia, pelo descumprimento de requisito, condição ou norma operacional para executar atividades de movimentação e armazenagem de mercadorias sob controle aduaneiro, e serviços conexos; e

•• Alínea *f* acrescentada pela Lei n. 10.833, de 29-12-2003.

g) por dia, pelo descumprimento de condição estabelecida para utilização de procedimento aduaneiro simplificado;

•• Alínea *g* acrescentada pela Lei n. 10.833, de 29-12-2003.

VIII – de R$ 500,00 (quinhentos reais):

•• Inciso VIII acrescentado pela Lei n. 10.833, de 29-12-2003.

a) por ingresso de pessoa em local ou recinto sob controle aduaneiro sem a regular autorização, aplicada ao administrador do local ou recinto;

•• Alínea *a* acrescentada pela Lei n. 10.833, de 29-12-2003.

b) por tonelada de carga a granel depositada em local ou recinto sob controle aduaneiro, que não seja localizada;

•• Alínea *b* acrescentada pela Lei n. 10.833, de 29-12-2003.

c) por dia de atraso ou fração, no caso de veículo que, em operação de trânsito aduaneiro, chegar ao destino fora do prazo estabelecido, sem motivo justificado;

•• Alínea *c* acrescentada pela Lei n. 10.833, de 29-12-2003.

d) por erro ou omissão de informação em declaração relativa ao controle de papel imune; e

•• Alínea *d* acrescentada pela Lei n. 10.833, de 29-12-2003.

e) pela não apresentação do romaneio de carga (*packing-list*) nos documentos de instrução da declaração aduaneira;

•• Alínea *e* acrescentada pela Lei n. 10.833, de 29-12-2003.

IX – de R$ 300,00 (trezentos reais), por volume de mercadoria, em regime de trânsito aduaneiro, que não seja localizado no veículo transportador, limitada ao valor de R$ 15.000,00 (quinze mil reais);

•• Inciso IX acrescentado pela Lei n. 10.833, de 29-12-2003.

X – de R$ 200,00 (duzentos reais):

•• Inciso X, *caput*, acrescentado pela Lei n. 10.833, de 29-12-2003.

a) por tonelada de carga a granel em regime de trânsito aduaneiro que não seja localizada no veículo transportador, limitada ao valor de R$ 15.000,00 (quinze mil reais);

•• Alínea *a* acrescentada pela Lei n. 10.833, de 29-12-2003.

b) para a pessoa que ingressar em local ou recinto sob controle aduaneiro sem a regular autorização; e

•• Alínea *b* acrescentada pela Lei n. 10.833, de 29-12-2003.

c) pela apresentação de fatura comercial em desacordo com uma ou mais de uma das indicações estabelecidas no regulamento; e

•• Alínea *c* acrescentada pela Lei n. 10.833, de 29-12-2003.

XI – de R$ 100,00 (cem reais):

•• Inciso XI, *caput*, acrescentado pela Lei n. 10.833, de 29-12-2003.

a) por volume de carga não manifestada pelo transportador, sem prejuízo da aplicação da pena prevista no inciso IV do art. 105; e

•• Alínea *a* acrescentada pela Lei n. 10.833, de 29-12-2003.

b) por ponto percentual que ultrapasse a margem de 5% (cinco por cento), na diferença de peso apurada em relação ao manifesto de carga a granel apresentado pelo transportador rodoviário ou ferroviário.

•• Alínea *b* acrescentada pela Lei n. 10.833, de 29-12-2003.

§ 1.º O recolhimento das multas previstas nas alíneas *e*, *f* e *g* do inciso VII não garante o direito a regular operação do regime ou do recinto, nem a execução da atividade, do serviço ou do procedimento concedidos a título precário.

•• § 1.º acrescentado pela Lei n. 10.833, de 29-12-2003.

§ 2.º As multas previstas neste artigo não prejudicam a exigência dos impostos incidentes, a aplicação de outras penalidades cabíveis e a representação fiscal para fins penais, quando for o caso.

•• § 2.º acrescentado pela Lei n. 10.833, de 29-12-2003.

Art. 108. Aplica-se a multa de 50% (cinquenta por cento) da diferença de imposto apurada em razão de declaração indevida de mercadoria, ou atribuição de valor ou quantidade diferente do real, quando a diferença do imposto for superior a 10% (dez por cento) quanto ao preço e a 5% (cinco por cento) quanto a quantidade ou peso em relação ao declarado pelo importador.

Parágrafo único. Será de 100% (cem por cento) a multa relativa a falsa declaração correspondente ao valor, à natureza e à quantidade.

Art. 109. (*Revogado pela Lei n. 10.833, de 29-12-2003.*)

Art. 110. Todos os valores expressos em cruzeiros, nesta Lei, serão atualizados anualmente, segundo os índices de correção monetária fixados pelo Conselho Nacional de Economia.

Art. 111. Somente quando procedendo do exterior ou a ele se destinar, é alcançado pelas normas das Seções III, IV e V deste Capítulo, o veículo assim designado e suas operações ali indicadas.

Parágrafo único. Excluem-se da regra deste artigo os casos dos incisos V e VI do art. 104.

Art. 112. No caso de extravio ou falta de mercadoria previsto na alínea *d* do inciso II do art. 106, os tributos e multa serão calculados sobre o valor que constar do manifesto ou outros documentos ou sobre o valor da mercadoria contida em volume idêntico ao do manifesto, quando forem incompletas as declarações relativas ao não descarregado.

Parágrafo único. Se à declaração corresponder mais de uma alíquota da Tarifa Aduaneira, sendo impossível precisar a competente, por ser genérica a declaração, o cálculo se fará pela alíquota mais elevada.

Art. 113. No que couber, aplicam-se as disposições deste Capítulo a qualquer meio de transporte vindo do exterior ou a ele destinado, bem como a seu proprietário, condutor ou responsável, documentação, carga, tripulantes e passageiros.

Art. 114. No caso de o responsável pela infração conformar-se com o procedimento fiscal, poderão ser recolhidas, no prazo de 10 (dez) dias, independentemente do processo, as multas cominadas nos incisos III e V do art.106 bem como no art. 108.

Parágrafo único. Não efetuado o pagamento do débito no prazo fixado, será instaurado processo fiscal, na forma do art.118.

Art. 115. Ao funcionário que houver apontado a infração serão adjudicados 40% (quarenta por cento) da multa aplicada, exceto nos casos dos incisos IV e V do art. 106, quando o produto dela será integralmente recolhido ao Tesouro Nacional, observado o que dispõe o art. 23 da Lei n. 4.863, de 29 de novembro de 1965.

• A Lei n. 4.863, de 29-11-1965, que reajustava os vencimentos dos servidores civis e militares, dispõe em seu art. 23 que o Poder Executivo regulamentará a adjudicação dessa espécie de vantagem.

§ 1.º Quando a infração for apurada mediante denúncia, metade da quota-parte atribuída aos funcionários caberá ao denunciante.

§ 2.º Exclui-se da regra deste artigo a infração prevista no inciso I do art. 107.

Seção VI
Proibição de Transacionar

Art. 116. O devedor, inclusive o fiador, declarado remisso, é proibido de transacionar, a qualquer título, com repartição pública ou autárquica federal, empresa pública e sociedade de economia mista.

§ 1.º A declaração da remissão será feita pelo órgão

aduaneiro local, após decorridos trinta dias da data em que se tornar irrecorrível, na esfera administrativa, a decisão condenatória, desde que o devedor não tenha feito prova de pagamento da dívida ou de ter iniciado, perante a autoridade judicial, ação anulatória de ato administrativo, com o depósito da importância em litígio, em dinheiro ou em títulos da dívida pública federal, na repartição competente de seu domicílio fiscal.

§ 2.º No caso do parágrafo anterior, o chefe da repartição fará a declaração nos 15 (quinze) dias seguintes ao término do prazo ali marcado, publicando a decisão no órgão oficial, ou, na sua falta, comunicando-a, para o mesmo fim, ao Departamento de Rendas Aduaneiras, sem prejuízo da sua afixação em lugar visível do prédio da repartição.

Art. 117. No caso de reincidência na fraude punida no parágrafo único do art. 108 e no inciso II do art. 60 da Lei n. 3.244, de 14 de agosto de 1957, com a redação que lhe dá o art. 169 deste Decreto-lei, o Diretor do Departamento de Rendas Aduaneiras:

•• Citado art. 60 da Lei n. 3.244, de 14-8-1957, foi revogado pela Lei n. 6.562, de 18-9-1978.

I – suspenderá, pelo prazo de 1 (um) a 5 (cinco) anos, a aceitação, por repartição aduaneira, de declaração apresentada pelo infrator;

II – aplicará a proibição de transacionar à firma ou sociedade estrangeira que, de qualquer modo, concorrer para a prática do ato.

Título V
PROCESSO FISCAL

Capítulo I
DISPOSIÇÕES GERAIS

Art. 118. A infração será apurada mediante processo fiscal, que terá por base a representação ou auto lavrado pelo agente fiscal do imposto aduaneiro ou guarda aduaneiro, observadas, quanto a este, as restrições do regulamento.

Parágrafo único. O regulamento definirá os casos em que o processo fiscal terá por base a representação.

Art. 119. São anuláveis:

I – o auto, a representação ou o termo:

a) que não contenha elementos suficientes para determinar a infração e o infrator, ressalvados, quanto à identificação deste, os casos de abandono da mercadoria pelo próprio infrator;

b) lavrado por funcionário diferente do indicado no art. 118;

II – a decisão ou o despacho proferido por autoridade incompetente, ou com preterição do direito de defesa.

Parágrafo único. A nulidade é sanável pela repetição do ato ou suprida pela sua retificação ou complementação, nos termos do regulamento.

Art. 120. A nulidade de qualquer ato não prejudicará senão os posteriores que dele dependam diretamente ou dele sejam consequência.

Art. 121. Nas fases de defesa, recurso e pedido de reconsideração, dar-se-á vista do processo ao sujeito passivo de procedimento fiscal.

Art. 122. Compete o preparo do processo fiscal à repartição aduaneira com jurisdição no local onde se formalizar o procedimento.

Art. 123. O responsável pela infração será intimado a apresentar defesa no prazo de 30 (trinta) dias da ciência do procedimento fiscal, prorrogável por mais 10 (dez) dias, por motivo imperioso, alegado pelo interessado.

Parágrafo único. Se o término do prazo cair em dia em que não haja expediente normal na repartição, considerar-se-á prorrogado o prazo até o primeiro dia útil seguinte.

Art. 124. A intimação a que se refere o artigo anterior, ou para satisfazer qualquer exigência, obedecerá a uma das seguintes formas, como estabelecer o regulamento:

I – pessoalmente;

II – através do Correio, pelo sistema denominado "AR" (Aviso de Recebimento);

III – mediante publicação no Diário Oficial da União ou do Estado em que estiver localizada a repartição ou em jornal local de grande circulação;

IV – por edital afixado na portaria da repartição.

§ 1.º Omitida a data no recibo "AR" a que se refere o inciso II deste artigo, dar-se-á por feita a intimação 15 (quinze) dias depois da entrada da carta de notificação no Correio.

§ 2.º O regulamento estabelecerá os prazos não afixados neste Decreto-lei, para qualquer diligência.

Art. 125. A competência para julgamento do processo fiscal será estabelecida no regulamento.

Art. 126. As inexatidões materiais, devidas a lapso manifesto, e os erros de escrita ou cálculo, existentes na decisão, poderão ser corrigidos por despacho de ofício ou por provocação do interessado ao funcionário.

Art. 127. Proferida a decisão, dela serão cientificadas as partes, na forma do art. 124.

Capítulo II
PEDIDO DE RECONSIDERAÇÃO E RECURSO

Art. 128. Da decisão caberá:

I – em primeira ou segunda instância, pedido de reconsideração apresentado no prazo de 30 (trinta) dias, que fluirá simultaneamente com o da interposição do recurso, quando for o caso;

II – recurso:

a) voluntário, em igual prazo, mediante prévio depósito do valor em litígio ou prestação de fiança idônea, para o Conselho Superior de Tarifa;

b) de ofício, na própria decisão ou posteriormente em novo despacho, quando o litígio, de valor superior a quinhentos mil cruzeiros, for decidido a favor da parte, total ou parcialmente.

Parágrafo único. No caso de restituição de tributo, o recurso será interposto para o diretor do Departamento de Rendas Aduaneiras, impondo-se o de ofício quando o litígio for de valor superior a cinco milhões de cruzeiros.

Art. 129. O recurso terá efeito suspensivo se voluntário, ou sem ele no de ofício.

§ 1.º No caso de apreensão julgada improcedente, a devolução da coisa de valor superior a quinhentos mil cruzeiros, antes do julgamento do recurso de ofício, dependerá de prévia observância da norma prevista no § 2.º do art. 71.

§ 2.º Não interposto o recurso de ofício cabível, cumpre ao funcionário autor do procedimento fiscal representar à autoridade prolatora da decisão, propondo a medida.

Art. 130. Ressalvados os casos de ausência de depósito ou fiança, compete à instância superior julgar da perempção do recurso.

....

Título VI
DECADÊNCIA E PRESCRIÇÃO

•• Título VI com denominação determinada pelo Decreto-lei n. 2.472, de 1.º-9-1988.

Capítulo Único
DISPOSIÇÕES GERAIS

Art. 137. (*Revogado pela Lei n. 10.833, de 29-12-2003.*)

Art. 138. O direito de exigir o tributo extingue-se em 5 (cinco) anos, a contar do primeiro dia do exercício seguinte àquele em que poderia ter sido lançado.

•• *Caput* com redação determinada pelo Decreto-lei n. 2.472, de 1.º-9-1988.

Parágrafo único. Tratando-se de exigência de diferença de tributo, contar-se-á o prazo a partir do pagamento efetuado.

•• Parágrafo único com redação determinada pelo Decreto-lei n. 2.472, de 1.º-9-1988.

Art. 139. No mesmo prazo do artigo anterior se extingue o direito de impor penalidade, a contar da data da infração.

Art. 140. Prescreve em 5 (cinco) anos, a contar de sua constituição definitiva, a cobrança do crédito tributário.

•• Artigo com redação determinada pelo Decreto-lei n. 2.472, de 1.º-9-1988.

Art. 141. O prazo a que se refere o artigo anterior não corre:

•• *Caput* com redação determinada pelo Decreto-lei n. 2.472, de 1.º-9-1988.

I – enquanto o processo de cobrança depender de exigência a ser satisfeita pelo contribuinte;

•• Inciso I com redação determinada pelo Decreto-lei n. 2.472, de 1.º-9-1988.

II – até que a autoridade aduaneira seja diretamente informada pelo Juízo de Direito, Tribunal ou órgão do Ministério Público, da revogação de ordem ou decisão judicial que haja suspenso, anulado ou modificado exigência, inclusive no caso de sobrestamento do processo.

•• Inciso II com redação determinada pelo Decreto-lei n. 2.472, de 1.º-9-1988.

....

Título VIII
DISPOSIÇÕES FINAIS E TRANSITÓRIAS

....

Art. 169. Constituem infrações administrativas ao controle das importações:

•• *Caput* com redação determinada pela Lei n. 6.562, de 18-9-1978.

I – importar mercadorias do exterior:

•• Inciso I, *caput*, com redação determinada pela Lei n. 6.562, de 18-9-1978.

a) sem Guia de Importação ou documento equivalente, que implique a falta de depósito ou a falta de pagamento de quaisquer ônus financeiros ou cambiais:

Pena: multa de 100% (cem por cento) do valor da mercadoria.

•• Alínea *a* acrescentada pela Lei n. 6.562, de 18-9-1978.

b) sem Guia de Importação ou documento equivalente, que não implique a falta de depósito ou a falta de pagamento de quaisquer ônus financeiros ou cambiais:

Pena: multa de 30% (trinta por cento) do valor da mercadoria.

•• Alínea *b* acrescentada pela Lei n. 6.562, de 18-9-1978.

II – subfaturar ou superfaturar o preço ou valor da mercadoria:

Pena: multa de 100% (cem por cento) da diferença.

•• Inciso II com redação determinada pela Lei n. 6.562, de 18-9-1978.

III – descumprir outros requisitos de controle da importação, constantes ou não de Guia de Importação ou de documento equivalente:

•• Inciso III, *caput*, acrescentado pela Lei n. 6.562, de 18-9-1978.

a) embarque da mercadoria após vencido o prazo de validade da Guia de Importação respectiva ou do documento equivalente:

•• Alínea *a* acrescentada pela Lei n. 6.562, de 18-9-1978.

1 - até 20 (vinte) dias:

Pena: multa de 10% (dez por cento) do valor da mercadoria.

2 - de mais de 20 (vinte) até 40 (quarenta) dias:

Pena: multa de 20% (vinte por cento) do valor da mercadoria.

b) embarque da mercadoria antes de emitida a Guia de Importação ou documento equivalente:

Pena: multa de 30% (trinta por cento) do valor da mercadoria.

•• Alínea *b* acrescentada pela Lei n. 6.562, de 18-9-1978.

c) não apresentação ao órgão competente de relação discriminatória do material importado ou fazê-la fora do prazo, no caso de Guia de Importação ou de documento equivalente expedidos sob tal cláusula:

Pena: alternativamente, como abaixo indicado, consoante ocorra, respectivamente, uma das figuras do inciso I:

1 – no caso da alínea *a*: multa de 100% (cem por cento) do valor da mercadoria;

2 – no caso da alínea *b*: multa de 30% (trinta por cento) do valor da mercadoria.

•• Alínea *c* acrescentada pela Lei n. 6.562, de 18-9-1978.

d) não compreendidos nas alíneas anteriores:

Pena: multa de 20% (vinte por cento) do valor da mercadoria.

•• Alínea *d* acrescentada pela Lei n. 6.562, de 18-9-1978.

§ 1.º Após o vencimento dos prazos indicados no inciso III, alínea *a*, do *caput* deste artigo, a importação será considerada como tendo sido realizada sem Guia de Importação ou documento equivalente.

•• § 1.º com redação determinada pela Lei n. 10.833, de 29-12-2003.

§ 2.º As multas previstas neste artigo não poderão ser:

•• § 2.º, *caput*, com redação determinada pela Lei n. 10.833, de 29-12-2003.

I – inferiores a R$ 500,00 (quinhentos reais);

•• Inciso I com redação determinada pela Lei n. 10.833, de 29-12-2003.

II – superiores a R$ 5.000,00 (cinco mil reais) nas hipóteses previstas nas alíneas *a*, *b* e *c*, item 2, do inciso III do *caput* deste artigo.

•• Inciso II com redação determinada pela Lei n. 10.833, de 29-12-2003.

§ 3.º Os limites de valor, a que se refere o parágrafo anterior, serão atualizados anualmente pelo Secretário da Receita Federal, de acordo com o índice de correção das Obrigações Reajustáveis do Tesouro Nacional, desprezadas, para o limite mínimo, as frações de Cr$ 100,00 (cem cruzeiros) e para o limite máximo as frações de Cr$ 1.000,00 (hum mil cruzeiros).

•• § 3.º com redação determinada pela Lei n. 6.562, de 18-9-1978.

§ 4.º Salvo no caso do inciso II do *caput* deste artigo, na ocorrência simultânea de mais de uma infração, será punida apenas aquela a que for cominada a penalidade mais grave.

•• § 4.º acrescentado pela Lei n. 6.562, de 18-9-1978.

§ 5.º A aplicação das penas previstas neste artigo:

•• § 5.º, *caput*, acrescentado pela Lei n. 6.562, de 18-9-1978.

I – não exclui o pagamento dos tributos devidos, nem a imposição de outras penas, inclusive criminais, previstas em legislação específica;

•• Inciso I acrescentado pela Lei n. 6.562, de 18-9-1978.

II – não prejudica a imunidade e, salvo disposição expressa em contrário, a isenção de impostos, de que goze a importação, em virtude de lei ou de outro ato específico baixado pelo órgão competente;

•• Inciso II acrescentado pela Lei n. 6.562, de 18-9-1978.

III – não elide o depósito ou o pagamento de quaisquer ônus financeiros ou cambiais, quando a importação estiver sujeita ao cumprimento de tais requisitos.

•• Inciso III acrescentado pela Lei n. 6.562, de 18-9-1978.

§ 6.º Para efeito do disposto neste artigo, o valor da mercadoria será aquele obtido segundo a aplicação da legislação relativa à base de cálculo do Imposto sobre a Importação.

•• § 6.º acrescentado pela Lei n. 6.562, de 18-9-1978.

§ 7.º Não constituirão infrações:

•• § 7.º, *caput*, acrescentado pela Lei n. 6.562, de 18-9-1978.

I – a diferença, para mais ou para menos, não superior a 10% (dez por cento) quanto ao preço, e a 5% (cinco por cento) quanto à quantidade ou ao peso, desde que não ocorram concomitantemente;

•• Inciso I acrescentado pela Lei n. 6.562, de 18-9-1978.

II – nos casos do inciso III do *caput* deste artigo, se alterados pelo órgão competente os dados constantes da Guia de Importação ou de documento equivalente;

•• Inciso II acrescentado pela Lei n. 6.562, de 18-9-1978.

III – a importação de máquinas e equipamentos declaradamente originários de determinado país, constituindo um todo integrado, embora contenham partes ou componentes produzidos em outros países que não o indicado na Guia de Importação.

•• Inciso III acrescentado pela Lei n. 6.562, de 18-9-1978.

....

Art. 178. Este Decreto-lei entrará em vigor em 1.º de janeiro de 1967, salvo quanto às disposições que dependam de regulamentação, cuja vigência será fixada no regulamento.

Brasília, 18 de novembro de 1966; 145.º da Independência e 78.º da República.

H. Castello Branco

DECRETO-LEI N. 57, DE 18 DE NOVEMBRO DE 1966 (*)

Altera dispositivos sobre lançamento e cobrança do Imposto sobre a Propriedade Territorial Rural, institui normas sobre arrecadação da Dívida Ativa correspondente, e dá outras providências.

O Presidente da República, no uso das atribuições que lhe são conferidas pelo artigo 31, parágrafo único, do Ato Institucional n. 2, de 27 de outubro de 1965, e pelo artigo 2.º do Ato Complementar n. 23, de 20 de outubro de 1996, decreta:

Art. 1.º Os débitos dos contribuintes, relativos ao Imposto sobre a Propriedade Territorial Rural (ITR), Taxas de

(*) Publicado no *DOU*, de 21-11-1966. Regulamentado pelo Decreto n. 59.900, de 30-12-1966.

Serviços Cadastrais e respectivas multas, não liquidadas em cada exercício, serão inscritos como dívida ativa, acrescidos da multa de 20% (vinte por cento).

Art. 2.º A dívida ativa, de que trata o artigo anterior, enquanto não liquidada, estará sujeita à multa de 20% (por cento) por exercício, devido a partir de primeiro de janeiro de cada ano, sempre sobre o montante do débito de 31 de dezembro do ano anterior.

§ 1.º Os débitos em dívida ativa, na data de primeiro de janeiro de cada exercício subsequente, estarão sujeitos aos juros de mora de 12% a.a. (doze por cento ao ano) e mais correção monetária, aplicados sobre o total da dívida em 31 de dezembro do exercício anterior.

§ 2.º O Conselho Nacional de Economia fixará os índices de correção monetária, específicos para o previsto no parágrafo anterior.

Art. 3.º Enquanto não for iniciada a cobrança judicial, os débitos inscritos em dívida ativa poderão ser incluídos na guia de arrecadação do ITR dos exercícios subsequentes, para sua liquidação conjunta.

Parágrafo único. Ressalvada a hipótese prevista neste artigo, não será permitido o pagamento dos tributos referentes a um exercício, sem que o contribuinte comprove a liquidação dos débitos do exercício anterior ou o competente depósito judicial das quantias devidas.

Art. 4.º Do produto do ITR e seus acrescidos, cabe ao Instituto Brasileiro de Reforma Agrária (IBRA) a parcela de 20% (vinte por cento) para custeio do respectivo serviço de lançamento e arrecadação.

•• Artigo suspenso pela Resolução do Senado Federal n. 337, de 27-9-1983.

Art. 5.º A taxa de serviços cadastrais cobrada pelo IBRA, pela emissão do Certificado de Cadastro, incide sobre todos os imóveis rurais, ainda que isentos do ITR.

•• O Decreto-lei n. 1.989, de 28-12-1982, dispõe sobre a taxa de serviços cadastrais de que trata este artigo.

•• O Decreto-lei n. 2.377, de 30-11-1987, estabelece em seu art. 1.º que ficam cancelados os débitos correspondentes aos exercícios de 1981 e 1986, concernente a imóveis rurais com área igual ou inferior a três módulos fiscais, relativos à taxa de serviço cadastral, de que trata este artigo.

§§ 1.º e 2.º (*Revogados pela Lei n. 5.868, de 12-12-1972.*)

Art. 6.º As isenções concedidas pelo art. 66 da Lei n. 4.504, de 30 de novembro de 1964, não se referem ao ITR e à Taxa de Serviços Cadastrais.

•• O art. 66 da Lei n. 4.504, de 30-11-1964, dispõe: "Art. 66. Os compradores e promitentes compradores de parcelas resultantes de colonização oficial ou particular, ficam isentos do pagamento dos tributos federais que incidam diretamente sobre o imóvel durante o período de cinco anos, a contar da data da compra ou compromisso. Parágrafo único. O órgão competente firmará convênios com o fim de obter, para os compradores e promitentes compradores, idênticas isenções de tributos estaduais e municipais".

Art. 7.º (*Revogado pela Lei n. 5.868, de 12-12-1972*).

Art. 8.º Para fins de cadastramento e do lançamento do ITR, a área destinada a exploração mineral, em um imóvel rural, será considerada como inaproveitável, desde que seja comprovado que a mencionada destinação impede a exploração da mesma em atividades agrícolas, pecuária ou agro-industrial e que sejam satisfeitas as exigências estabelecidas na regulamentação deste Decreto-lei.

Art. 9.º Para fins de cadastramento e lançamento do ITR, as empresas industriais situadas em imóvel rural poderão incluir como inaproveitáveis as áreas ocupadas por suas instalações e as não cultivadas necessárias ao seu funcionamento, desde que feita a comprovação, junto ao IBRA, na forma do disposto na regulamentação deste Decreto-lei.

Art. 10. As notificações de lançamento e de cobrança do ITR e da Taxa de Cadastro considerar-se-ão feitas aos contribuintes, pela só publicação dos respectivos editais, no *Diário Oficial da União* e sua afixação na sede das Prefeituras em cujos municípios se localizam os imóveis, devendo os Prefeitos promoverem a mais ampla divulgação desses editais.

Parágrafo único. Até que sejam instalados os equipamentos próprios de computação do IBRA, que permitam a programação das emissões na forma estabelecida no inciso IV do artigo 48 da Lei n. 4.504, de 30 de novembro de 1964, o período de emissão de Guias será de 1.º de abril a 31 de julho de cada exercício.

•• O referido inciso IV determina que as épocas de cobrança do ITR deverão ser fixadas em regulamento, de tal forma que em cada região se ajustem, o mais possível, aos períodos normais de comercialização da produção.

Art. 11. (*Revogado pela Lei n. 5.868, de 12-12-1972*).

Art. 12. Os tabeliães e oficiais do Registro de Imóvel franquearão seus livros, registros e demais papéis ao IBRA, por seus representantes devidamente credenciados, para a obtenção de elementos necessários ao Cadastro de Imóveis Rurais.

Art. 13. As terras de empresas organizadas como pessoa jurídica, pública ou privada, somente poderão ser consideradas como terras racionalmente aproveitadas, para os fins de aplicação do § 7.º do art. 50 da Lei n. 4.504, de 30 de novembro de 1964, quando satisfaçam, comprovadamente, junto ao IBRA, as exigências da referida lei e estejam classificadas como empresas de capital aberto, na forma do disposto no art. 59 da Lei n. 4.728, de 14 de julho de 1965.

Art. 14. (*Revogado pela Lei n. 5.868, de 12-12-1972*).

Art. 15. O disposto no art. 32 da Lei n. 5.172, de 25 de outubro de 1966, não abrange o imóvel de que, comprovadamente, seja utilizado em exploração extrativa vegetal, agrícola, pecuária ou agro-industrial, incidindo assim, sobre o mesmo, o ITR e demais tributos com o mesmo cobrados.

•• A Resolução do Senado Federal n. 9, de 7-6-2005, suspendeu a revogação deste artigo.

Art. 16. Os loteamentos das áreas situadas fora da zona urbana, referidos no parágrafo 2.º do art. 32 da Lei n. 5.172, de 25 de outubro de 1966, só serão permitidos quando atendido o disposto no art. 61 da Lei n. 4.504, de 30 de novembro de 1964.

Art. 17. O Poder Executivo baixará dentro do prazo de 30 dias, regulamento sobre a aplicação deste Decreto-lei.

Art. 18. O presente Decreto-lei entra em vigor, na data de sua publicação, revogadas as disposições em contrário.

Brasília, 18 de novembro de 1966; 145.º da Independência e 78.º da República.

H. CASTELLO BRANCO

DECRETO-LEI N. 195, DE 24 DE FEVEREIRO DE 1967 (*)

Dispõe sobre a cobrança da Contribuição de Melhoria.

O Presidente da República, usando das atribuições que lhe confere o § 2.º do art. 9.º do Ato Institucional n. 4, de 7 de dezembro de 1966, resolve baixar o seguinte Decreto-lei:

Art. 1.º A Contribuição de Melhoria, prevista na Constituição Federal, tem como fato gerador o acréscimo do valor do imóvel localizado nas áreas beneficiadas direta ou indiretamente por obras públicas.

Art. 2.º Será devida a Contribuição de Melhoria, no caso de valorização de imóveis de propriedade privada, em virtude de qualquer das seguintes obras públicas:

I – abertura, alargamento, pavimentação, iluminação, arborização, esgotos pluviais e outros melhoramentos de praças e vias públicas;

II – construção e ampliação de parques, campos de desportos, pontes, túneis e viadutos;

III – construção ou ampliação de sistemas de trânsito rápido, inclusive todas as obras e edificações necessárias ao funcionamento do sistema;

IV – serviços e obras de abastecimento de água potável, esgotos, instalações de redes elétricas, telefônicas, transportes e comunicações em geral ou de suprimento de gás, funiculares, ascensores e instalações de comodidade pública;

V – proteção contra secas, inundações, erosão, ressacas, e de saneamento e drenagem em geral, diques, cais, desobstrução de barras, portos e canais, retificação e regularização de cursos d'água e irrigação;

VI – construção de estradas de ferro e construção, pavimentação e melhoramento de estradas de rodagem;

VII – construção de aeródromos e aeroportos e seus acessos;

VIII – aterros e realizações de embelezamento em geral, inclusive desapropriações em desenvolvimento de plano de aspecto paisagístico.

Art. 3.º A Contribuição de Melhoria a ser exigida pela União, Estados, Distrito Federal e Municípios, para fazer face ao custo das obras públicas, será cobrada pela Unidade administrativa que as realizar, adotando-se como critério o benefício resultante da obra, calculado através de índices cadastrais das respectivas zonas de influência, a serem fixados em regulamentação deste Decreto-lei.

§ 1.º A apuração, dependendo da natureza das obras, far-se-á levando em conta a situação do imóvel na zona de influência, sua testada, área, finalidade de exploração econômica e outros elementos a serem considerados, isolada ou conjuntamente.

§ 2.º A determinação da Contribuição de Melhoria far-se-á rateando, proporcionalmente, o custo parcial ou total das obras, entre todos os imóveis incluídos nas respectivas zonas de influência.

§ 3.º A Contribuição de Melhoria será cobrada dos proprietários de imóveis do domínio privado, situados nas áreas direta e indiretamente beneficiadas pela obra.

§ 4.º Reputam-se feitas pela União as obras executadas pelos Territórios.

Art. 4.º A cobrança da Contribuição de Melhoria terá como limite o custo das obras, computadas as despesas de estudos, projetos, fiscalização, desapropriações, administração, execução e financiamento, inclusive prêmios de reembolso e outras de praxe em financiamento ou empréstimos e terá a sua expressão monetária atualizada na época do lançamento mediante aplicação de coeficientes de correção monetária.

§ 1.º Serão incluídos, nos orçamentos de custo das obras, todos os investimentos necessários para que os benefícios delas decorrentes sejam integralmente alcançados pelos imóveis situados nas respectivas zonas de influência.

§ 2.º A percentagem do custo real a ser cobrada mediante Contribuição de Melhoria será fixada tendo em vista a natureza da obra, os benefícios para os usuários, as atividades econômicas predominantes e o nível de desenvolvimento da região.

Art. 5.º Para cobrança da Contribuição de Melhoria, a Administração competente deverá publicar edital, contendo, entre outros, os seguintes elementos:

I – delimitação das áreas direta e indiretamente beneficiadas e a relação dos imóveis nelas compreendidos;

II – memorial descritivo do projeto;

III – orçamento total ou parcial do custo das obras;

IV – determinação da parcela do custo das obras a ser ressarcida pela contribuição, com o correspondente plano de rateio entre os imóveis beneficiados.

Parágrafo único. O disposto neste artigo aplica-se, também, aos casos de cobrança da Contribuição de Melhoria por obras públicas em execução, constantes de projetos ainda não concluídos.

Art. 6.º Os proprietários de imóveis situados nas zonas beneficiadas pelas obras públicas têm o prazo de 30 (trinta) dias, a começar da data da publicação do edital referido no art. 5.º, para a impugnação de qualquer dos elementos dele constantes, cabendo ao impugnante o ônus da prova.

(*) Publicado no *DOU*, de 27-2-1967. Retificado em 8-3-1967. *Vide* Súmula 129 do STF e art. 145, III, da CF.

• Ônus da prova no CPC: art. 373.

Art. 7.º A impugnação deverá ser dirigida à Administração competente, através de petição, que servirá para o início do processo administrativo conforme venha a ser regulamentado por decreto federal.

Art. 8.º Responde pelo pagamento da Contribuição de Melhoria o proprietário do imóvel ao tempo do seu lançamento, e esta responsabilidade se transmite aos adquirentes e sucessores, a qualquer título, do domínio do imóvel.

• Direito de Sucessões no CC brasileiro: arts. 1.784 e s.

§ 1.º No caso de enfiteuse, responde pela Contribuição de Melhoria o enfiteuta.

§ 2.º No imóvel locado é lícito ao locador exigir aumento de aluguel correspondente a 10% (dez por cento) ao ano da Contribuição de Melhoria efetivamente paga.

• Lei de Locação de Imóveis: Lei n. 8.245, de 18-10-1991.

§ 3.º É nula a cláusula do contrato de locação que atribua ao locatário o pagamento, no todo ou em parte, da Contribuição de Melhoria lançada sobre o imóvel.

§ 4.º Os bens indivisos serão considerados como pertencentes a um só proprietário e aquele que for lançado terá direito de exigir dos condôminos as parcelas que lhes couberem.

Art. 9.º Executada a obra de melhoramento na sua totalidade ou em parte suficiente para beneficiar determinados imóveis, de modo a justificar o início da cobrança da Contribuição de Melhoria, proceder-se-á ao lançamento referente a esses imóveis depois de publicado o respectivo demonstrativo de custos.

Art. 10. O órgão encarregado do lançamento deverá escriturar, em registro próprio, o débito da Contribuição de Melhoria correspondente a cada imóvel, notificando o proprietário, diretamente ou por edital, do:

I – valor da Contribuição de Melhoria lançada;

II – prazo para o seu pagamento, suas prestações e vencimentos;

III – prazo para a impugnação;

IV – local do pagamento.

Parágrafo único. Dentro do prazo que lhe for concedido na notificação do lançamento, que não será inferior a 30 (trinta) dias, o contribuinte poderá reclamar, ao órgão lançador, contra:

I – o erro na localização e dimensões do imóvel;

II – o cálculo dos índices atribuídos;

III – o valor da contribuição;

IV – o número de prestações.

Art. 11. Os requerimentos de impugnação de reclamação, como também quaisquer recursos administrativos, não suspendem o início ou prosseguimento das obras e nem terão efeito de obstar a administração a prática dos atos necessários ao lançamento e cobrança da Contribuição de Melhoria.

Art. 12. A Contribuição de Melhoria será paga pelo contribuinte de forma que a sua parcela anual não exceda a 3% (três por cento) do maior valor fiscal do seu imóvel, atualizado à época da cobrança.

§ 1.º O ato da autoridade que determinar o lançamento poderá fixar descontos para o pagamento à vista, ou em prazos menores do que o lançado.

§ 2.º As prestações da Contribuição de Melhoria serão corrigidas monetariamente, de acordo com os coeficientes aplicáveis na correção dos débitos fiscais.

§ 3.º O atraso no pagamento das prestações fixadas no lançamento sujeitará o contribuinte à multa de mora de 12% (doze por cento) ao ano.

§ 4.º É lícito ao contribuinte liquidar a Contribuição de Melhoria com títulos da dívida pública, emitidos especialmente para financiamento da obra pela qual foi lançado; neste caso, o pagamento será feito pelo valor nominal do título, se o preço do mercado for inferior.

§ 5.º No caso do serviço público concedido, o poder concedente poderá lançar e arrecadar a contribuição.

§ 6.º Mediante convênio, a União poderá legar aos Estados e Municípios, ou ao Distrito Federal, o lançamento e a arrecadação da Contribuição de Melhoria devida por obra pública federal, fixando a percentagem da receita, que caberá ao Estado ou Município que arrecadar a contribuição.

§ 7.º Nas obras federais, quando, por circunstâncias da área a ser lançada ou da natureza da obra, o montante previsto na arrecadação da Contribuição de Melhoria não compensar o lançamento pela União, ou por seus órgãos, o lançamento poderá ser delegado aos municípios interessados e neste caso:

a) caberão aos Municípios o lançamento, arrecadação e as receitas apuradas; e

b) o órgão federal delegante se limitará a fixar os índices e critérios para o lançamento.

Art. 13. A cobrança da Contribuição de Melhoria resultante de obras executadas pela União, situadas em áreas urbanas de um único Município, poderá ser efetuada pelo órgão arrecadador municipal, em convênio com o órgão federal que houver realizado as referidas obras.

Art. 14. A conservação, a operação e a manutenção das obras referidas no artigo anterior, depois de concluídas, constituem encargos do Município em que estiverem situadas.

Art. 15. Os encargos de conservação, operação e manutenção das obras de drenagem e irrigação, não abrangidas pelo art. 13 e implantadas através da Contribuição de Melhoria, serão custeados pelos seus usuários.

Art. 16. Do produto de arrecadação de Contribuição de Melhoria, nas áreas prioritárias para a Reforma Agrária, cobrada pela União e prevista como integrante do Fundo Nacional da Reforma Agrária (art. 28, I, da Lei n. 4.504, de 30-11-1964), o Instituto Brasileiro de Reforma Agrária destinará importância idêntica a recolhida, para ser aplicada em novas obras e projetos de Reforma Agrária pelo mesmo órgão que realizou as obras públicas do que decorreu a contribuição.

• Estatuto da Terra: Lei n. 4.504, de 30-11-1964.

Art. 17. Para efeito do Imposto sobre a Renda, devido sobre a valorização imobiliária resultante de obra pública, deduzir-se-á a importância que o contribuinte houver pago, a título de Contribuição de Melhoria.

• Regulamento do imposto de renda: Decreto n. 9.580, de 22-11-2018.

Art. 18. A dívida fiscal oriunda da Contribuição de Melhoria terá preferência sobre outras dívidas fiscais quanto ao imóvel beneficiado.

• *Vide* a Lei n. 6.830, de 22-9-1980, que dispõe sobre a cobrança judicial da Dívida Ativa da Fazenda Pública.

Art. 19. Fica revogada a Lei n. 854, de 10 de outubro de 1949, e demais disposições legais em contrário.

Art. 20. Dentro de 90 (noventa) dias o Poder Executivo baixará decreto regulamentando o presente Decreto-lei, que entra em vigor na data de sua publicação.

Brasília, 24 de fevereiro de 1967; 146.º da Independência e 79.º da República.

H. CASTELLO BRANCO

DECRETO-LEI N. 406, DE 31 DE DEZEMBRO DE 1968 (*)

Estabelece normas gerais de direito financeiro, aplicáveis aos impostos sobre operações relativas à circulação de mercadorias e sobre serviços de qualquer natureza, e dá outras providências.

O Presidente da República, usando das atribuições que lhe confere o § 1.º do art. 2.º do Ato Institucional n. 5, de 13 de dezembro de 1968, resolve baixar o seguinte Decreto-lei:

Art. 1.º O Imposto sobre Operações Relativas à Circulação de Mercadorias tem como fato gerador:

I – a saída de mercadorias de estabelecimento comercial, industrial ou produtor;

• *Vide* Súmulas 129 e 166 do STJ.

II – a entrada em estabelecimento comercial, industrial ou produtor, de mercadoria importada do Exterior pelo titular do estabelecimento;

III – o fornecimento de alimentação, bebidas e outras mercadorias em restaurantes, bares, cafés e estabelecimentos similares.

• *Vide* Súmula 163 do STJ.

§ 1.º Equipara-se à saída a transmissão da propriedade de mercadoria, quando esta não transitar pelo estabelecimento do transmitente.

§ 2.º Quando a mercadoria for remetida para armazém geral ou para depósito fechado do próprio contribuinte, no mesmo Estado, a saída considera-se ocorrida no lugar do estabelecimento remetente:

I – no momento da saída da mercadoria do armazém geral ou do depósito fechado, salvo se para retornar ao estabelecimento de origem;

II – no momento da transmissão de propriedade da mercadoria depositada em armazém geral ou em depósito fechado.

• *Vide* Súmula 166 do STJ.

§ 3.º O Imposto não incide:

I – sobre a saída de produtos industrializados destinados ao Exterior;

II – sobre a alienação fiduciária em garantia;

•• A Lei n. 5.589, de 3-7-1970, deu a seguinte nova redação ao item II do § 3.º do art. 52 da Lei n. 5.172, de 25-10-1966: "II – sobre a alienação fiduciária em garantia, bem como na operação posterior ao vencimento do contrato de financiamento respectivo, efetuado pelo credor, em razão do inadimplemento do devedor", quando deveria ter alterado o item II do § 3.º do art. 1.º do Decreto-lei n. 406, de 31-12-1968, que revogou o citado art. 52 da Lei n. 5.172/66.

III – sobre a saída de estabelecimento prestador dos serviços a que se refere o art. 8.º, de mercadorias a serem ou que tenham sido utilizadas na prestação de tais serviços, ressalvados os casos de incidência previstos na lista de serviços tributados;

•• Inciso III com redação determinada pelo Decreto-lei n. 834, de 8-9-1969.

•• Referência prejudicada em face da revogação do art. 8.º pela Lei Complementar n. 116, de 31-7-2003, que passou a tratar do assunto.

IV – sobre a saída de estabelecimento de empresa de transporte ou de depósito por conta e ordem desta, de mercadorias de terceiros.

§ 4.º São isentas do imposto:

I – as saídas de vasilhame, recipientes e embalagens, inclusive sacaria, quando não cobrados do destinatário ou não computados no valor das mercadorias que acondicionam e desde que devam retornar ao estabelecimento remetente ou a outro do mesmo titular;

II – as saídas de vasilhame, recipiente e embalagens, inclusive sacaria, em retorno ao estabelecimento remetente ou a outro do mesmo titular ou a depósito em seu nome;

III – a saída de mercadorias destinadas ao mercado interno e produzidas em estabelecimentos industriais como resultado de concorrência internacional, com participação de indústrias do País, contra pagamento com recursos oriundos de divisas conversíveis provenientes de financiamento a longo prazo de instituições financeiras internacionais ou entidades governamentais estrangeiras;

(*) Publicado no *DOU*, de 31-12-1968, retificado em 9-1-1969 e 4-2-1969. Sobre ICM, *vide* Súmulas 536, 569, 571, 572, 573, 574, 576, 577, 578, 579, 662 e 663 do STF; Lei Complementar n. 24, de 7-1-1975. Sobre ISS, *vide* Súmula 588 do STF e, na CF, o art. 156, III e § 3.º, e a Lei Complementar n. 116, de 31-7-2003. Sobre ICMS na Constituição, *vide* arts. 155, II e § 2.º, 156, § 3.º, 161, I, e ainda o art. 34, §§ 6.º, 8.º e 9.º, das Disposições Transitórias. *Vide* também as Súmulas 94 e 167 do STJ.

IV – as entradas de mercadorias em estabelecimento do importador, quando importadas do Exterior e destinadas a fabricação de peças, máquinas e equipamentos para o mercado interno como resultado de concorrência internacional com participação da indústria do País, contra pagamento com recursos provenientes de divisas conversíveis provenientes de financiamento a longo prazo de instituições financeiras internacionais ou entidades governamentais estrangeiras;

V – a entrada de mercadorias importadas do Exterior quando destinadas à utilização como matéria-prima em processos de industrialização, em estabelecimento do importador, desde que a saída dos produtos industrializados resultantes fique efetivamente sujeita ao pagamento do imposto;

VI – a entrada de mercadorias cuja importação estiver isenta do imposto, de competência da União, sobre a importação de produtos estrangeiros;

VII – a entrada, em estabelecimento do importador, de mercadorias importadas do Exterior sob o regime de *drawback*;

VIII – a saída, de estabelecimento de empreiteiro de construção civil, obras hidráulicas e outras obras semelhantes, inclusive serviços auxiliares ou complementares, de mercadorias adquiridas de terceiros e destinadas às construções, obras ou serviços referidos a cargo do remetente;

•• Inciso VIII com redação determinada pelo Decreto-lei n. 834, de 8-9-1969.

IX – as saídas de mercadorias de estabelecimento de produtor para estabelecimento de cooperativa de que faça parte, situado no mesmo Estado;

X – as saídas de mercadorias de estabelecimento de cooperativa de produtores para estabelecimentos, no mesmo Estado, da própria cooperativa, de cooperativa central ou de federação de cooperativas de que a cooperativa remetente faça parte.

§ 5.º O disposto no § 3.º, I, aplica-se também à saída de mercadorias de estabelecimentos, indústrias ou de seus depósitos com destino:

I – a empresas comerciais que operem exclusivamente no comércio de exportação;

II – a armazéns alfandegados e entrepostos aduaneiros.

§ 6.º No caso do § 5.º, a reintrodução da mercadoria no mercado interno tornará exigível o imposto devido pela saída com destino aos estabelecimentos ali referidos.

• *Vide* Súmula 166 do STJ.

§ 7.º Os Estados isentarão do Imposto de Circulação de Mercadorias a venda a varejo, diretamente ao consumidor, dos gêneros de primeira necessidade que especificarem, não podendo estabelecer diferença em função dos que participam da operação tributada.

Art. 2.º A base de cálculo do imposto é:

I – o valor da operação de que decorrer a saída da mercadoria;

• *Vide* Súmulas 395 e 431 do STJ.

II – na falta do valor a que se refere o inciso anterior, o preço corrente da mercadoria, ou sua similar, no mercado atacadista da praça remetente;

III – na falta do valor e na impossibilidade de determinar o preço aludido no inciso anterior:

a) se o remetente for industrial, o preço FOB estabelecimento industrial, à vista;

b) se o remetente for comerciante, o preço FOB estabelecimento comercial, à vista, em vendas a outros comerciantes ou industriais;

IV – no caso do inciso II do art. 1.º, a base de cálculo é o valor constante dos documentos de importação, convertido em cruzeiros à taxa cambial efetivamente aplicada em cada caso e acrescido do valor dos Impostos de Importação e sobre Produtos Industrializados e demais despesas aduaneiras efetivamente pagos.

§ 1.º Nas saídas de mercadorias para estabelecimento em outro Estado, pertencente ao mesmo titular ou seu representante, quando as mercadorias não devam sofrer, no estabelecimento de destino, alteração de qualquer espécie, salvo reacondicionamento e quando a remessa for feita por preço de venda a não contribuinte, uniforme em todo o País, a base de cálculo será equivalente a 75% (setenta e cinco por cento) deste preço.

§ 2.º Na hipótese do inciso III, *b*, deste artigo, se o estabelecimento comercial remetente não efetuar vendas a outros comerciantes ou a industriais, a base de cálculo será equivalente a 75% (setenta e cinco por cento) do preço de venda no estabelecimento remetente, observado o disposto no § 3.º.

§ 3.º Para aplicação do inciso III do *caput* deste artigo, adotar-se-á a média ponderada dos preços efetivamente cobrados pelo estabelecimento remetente, no segundo mês anterior ao da remessa.

§ 4.º Nas operações interestaduais entre estabelecimentos de contribuintes diferentes, quando houver reajuste do valor da operação depois da remessa, a diferença ficará sujeita ao imposto no estabelecimento de origem.

§ 5.º O montante do Imposto sobre Produtos Industrializados não integra a base de cálculo definida neste artigo:

I – quando a operação constitua fato gerador de ambos os tributos;

II – em relação a mercadorias sujeitas ao Imposto sobre Produtos Industrializados com base de cálculo relacionada com o preço máximo de vendas no varejo marcado pelo fabricante.

§ 6.º Nas saídas de mercadorias decorrentes de operações de vendas aos encarregados da execução da política de preços mínimos, a base de cálculo é o preço mínimo fixado pela autoridade federal competente.

§ 7.º O montante do Imposto de Circulação de Mercadorias integra a base de cálculo a que se refere este artigo, constituindo o respectivo destaque mera indicação para fins de controle.

• *Vide* Súmula 68 do STJ.

§ 8.º Na saída de mercadorias para o Exterior ou para os estabelecimentos a que se refere o § 5.º do art. 1.º, a base de cálculo será o valor líquido faturado, a ele não se adicionando frete auferido por terceiro, seguro, ou despesas decorrentes do serviço de embarque por via aérea ou marítima.

• *Vide* Súmula 49 do STJ.

§ 9.º Quando for atribuída a condição de responsável, ao industrial, ao comerciante atacadista ou ao produtor, relativamente ao imposto devido pelo comerciante varejista, a base de cálculo do imposto será:

a) o valor da operação promovida pelo responsável acrescido da margem estimada de lucro do comerciante varejista obtida mediante aplicação de percentual fixado em lei sobre aquele valor;

b) o valor da operação promovida pelo responsável, acrescido da margem de lucro atribuída ao revendedor, no caso de mercadorias com preço de venda, máximo ou único, marcado pelo fabricante ou fixado pela autoridade competente.

•• § 9.º acrescentado pela Lei Complementar n. 44, de 7-12-1983.

§ 10. Caso a margem de lucro efetiva seja normalmente superior à estimada na forma da alínea *a* do parágrafo anterior, o percentual ali estabelecido será substituído pelo que for determinado em convênio celebrado na forma do disposto no § 6.º do art. 23 da Constituição Federal.

•• § 10 acrescentado pela Lei Complementar n. 44, de 7-12-1983.

Art. 3.º O Imposto sobre Circulação de Mercadorias é não cumulativo, abatendo-se, em cada operação, o montante cobrado nas anteriores, pelo mesmo ou por outro Estado.

• *Vide* Súmula 129 do STJ.

§ 1.º A lei estadual disporá de forma que o montante devido resulte da diferença a maior, em determinado período, entre o imposto referente às mercadorias saídas do estabelecimento e o pago relativamente às mercadorias nele entradas. O saldo verificado em determinado período a favor do contribuinte transfere-se para o período ou períodos seguintes.

§ 2.º Os Estados poderão facultar aos produtores a opção pelo abatimento de uma percentagem fixa, a título do montante do imposto pago relativamente às mercadorias entradas no respectivo estabelecimento.

§ 3.º Não se exigirá o estorno do imposto relativo às mercadorias entradas para utilização, como matéria-prima ou material secundário, na fabricação e embalagem dos produtos de que tratam o § 3.º, I, e o § 4.º, III, do art. 1.º. O disposto neste parágrafo não se aplica, salvo disposição da legislação estadual em contrário, às matérias-primas de origem animal ou vegetal que representem, individualmente, mais de 50% (cinquenta por cento) do valor do produto resultante de sua industrialização.

§ 4.º As empresas produtoras de discos fonográficos e de outros materiais de gravação de som poderão abater, do montante do Imposto de Circulação de Mercadorias, o valor dos direitos autorais, artísticos e conexos, comprovadamente pagos pela empresa, no mesmo período, aos autores e artistas, nacionais ou domiciliados no País, assim como aos seus herdeiros e sucessores, mesmo através de entidades que os representem.

§ 5.º Para efeito do cálculo a que se refere o § 1.º deste artigo, os Estados podem determinar a exclusão de imposto referente a mercadorias entradas no estabelecimento quando este imposto tiver sido devolvido, no todo ou em parte, ao próprio ou a outros contribuintes, por qualquer entidade tributante, mesmo sob forma de prêmio ou estímulo.

§ 6.º O disposto no parágrafo anterior não se aplica a mercadorias cuja industrialização for objeto de incentivo fiscal, prêmio ou estímulo, resultante de reconhecimento ou concessão por ato administrativo anterior a 31 de dezembro de 1968 e baseada em lei estadual promulgada até a mesma data.

•• § 6.º acrescentado pelo Decreto-lei n. 834, de 8-9-1969.

§ 7.º A lei estadual poderá estabelecer que o montante devido pelo contribuinte, em determinado período, seja calculado com base em valor fixado por estimativa, garantida, ao final do período, a complementação ou a restituição em moeda ou sob a forma de utilização como crédito fiscal, em relação, respectivamente, às quantias pagas com insuficiência ou em excesso.

•• § 7.º acrescentado pela Lei Complementar n. 44, de 7-12-1983.

Art. 4.º Em substituição ao sistema de que trata o artigo anterior, os Estados poderão dispor que o imposto devido resulte da diferença a maior, entre o montante do imposto relativo à operação a tributar e o pago na incidência anterior sobre a mesma mercadoria, nas seguintes hipóteses:

I – saída, de estabelecimentos comerciais atacadistas ou de cooperativas de beneficiamento e venda em comum, de produtos agrícolas *in natura* ou simplesmente beneficiados;

II – operações de vendedores ambulantes e de estabelecimentos de existência transitória.

Art. 5.º A alíquota do Imposto de Circulação de Mercadorias será uniforme para todas as mercadorias; o Senado Federal, através de resolução adotada por iniciativa do Presidente da República, fixará as alíquotas máximas para as operações internas, para as operações interestaduais e para as operações de exportação para o estrangeiro.

Parágrafo único. O limite a que se refere este artigo substituirá a alíquota estadual, quando esta for superior.

Art. 6.º Contribuinte do imposto é o comerciante, industrial ou produtor que promove a saída da mercadoria, o que a importa do Exterior ou que arremata em leilão ou adquire, em concorrência promovida pelo poder público, mercadoria importada e apreendida.

• *Vide* Súmulas 155 e 198 do STJ.

§ 1.º Consideram-se também contribuintes:

I – as sociedades civis de fins econômicos, inclusive cooperativas que pratiquem com habitualidade operações relativas à circulação de mercadorias;

II – as sociedades civis de fins não econômicos que explorem estabelecimentos industriais ou que pratiquem, com habitualidade, venda de mercadorias que para esse fim adquirem;

III – os órgãos da administração pública direta, as autarquias e empresas públicas, federais, estaduais ou municipais, que vendam, ainda que apenas a compradores de determinada categoria profissional ou funcional, mercadorias que, para esse fim, adquirirem ou produzirem.

§ 2.º Os Estados poderão considerar como contribuinte autônomo cada estabelecimento comercial, industrial ou produtor, permanente ou temporário, do contribuinte, inclusive veículos utilizados por este no comércio ambulante.

• *Vide* Súmula 166 do STJ.

§ 3.º A lei estadual poderá atribuir a condição de responsável:

a) ao industrial, comerciante ou outra categoria de contribuinte, quanto ao imposto devido na operação ou operações anteriores promovidas com a mercadoria ou seus insumos;

b) ao produtor industrial ou comerciante atacadista, quanto ao imposto devido pelo comerciante varejista;

c) ao produtor ou industrial, quanto ao imposto devido pelo comerciante atacadista e pelo comerciante varejista;

d) aos transportadores, depositários e demais encarregados da guarda ou comercialização de mercadorias.

•• § 3.º acrescentado pela Lei Complementar n. 44, de 7-12-1983.

§ 4.º Caso o responsável e o contribuinte substituído estejam estabelecidos em Estados diversos, a substituição dependerá de convênio entre os Estados interessados.

•• § 4.º acrescentado pela Lei Complementar n. 44, de 7-12-1983.

Art. 7.º Nas remessas de mercadorias para fora do Estado será obrigatória a emissão de documento fiscal, segundo modelo estabelecido em decreto do Poder Executivo federal.

Art. 8.º (*Revogado pela Lei Complementar n. 116, de 31-7-2003.*)

Art. 9.º A base de cálculo do imposto é o preço do serviço.

• *Vide* art. 7.º da Lei Complementar n. 116, de 31-7-2003.

§ 1.º Quando se tratar de prestação de serviços sob a forma de trabalho pessoal do próprio contribuinte, o imposto será calculado, por meio de alíquotas fixas ou variáveis, em função da natureza do serviço ou de outros fatores pertinentes, nestes não compreendida a importância paga a título de remuneração do próprio trabalho.

•• *Vide* art. 8.º, II, da Lei Complementar n. 116, de 31-7-2003.

• *Vide* Súmula 663 do STF.

§ 2.º Na prestação dos serviços a que se referem os itens 19 e 20 da lista anexa o imposto será calculado sobre o preço deduzido das parcelas correspondentes:

a) ao valor dos materiais fornecidos pelo prestador dos serviços;

b) ao valor das subempreitadas já tributadas pelo imposto.

•• § 2.º com redação determinada pelo Decreto-lei n. 834, de 8-9-1969.

§ 3.º Quando os serviços a que se referem os itens 1, 4, 8, 25, 52, 88, 89, 90, 91 e 92 da lista anexa forem prestados por sociedades, estas ficarão sujeitas ao imposto na forma do § 1.º, calculado em relação a cada profissional habilitado, sócio, empregado ou não, que preste serviços em nome da sociedade, embora assumindo responsabilidade pessoal, nos termos da lei aplicável.

•• § 3.º com redação determinada pela Lei Complementar n. 56, de 15-12-1987.

• *Vide* Súmula 663 do STF.

§ 4.º Na prestação do serviço a que se refere o item 101 da Lista Anexa, o imposto é calculado sobre a parcela do preço correspondente à proporção direta da parcela da extensão da rodovia explorada, no território do Município, ou da metade da extensão de ponte que una dois Municípios.

•• § 4.º acrescentado pela Lei Complementar n. 100, de 22-12-1999.

• *Vide* art. 7.º, § 1.º, da Lei Complementar n. 116, de 31-7-2003.

§ 5.º A base de cálculo apurado nos termos do parágrafo anterior:

I – é reduzida, nos Municípios onde não haja posto de cobrança de pedágio, para 60% (sessenta por cento) de seu valor;

II – é acrescida, nos Municípios onde haja posto de cobrança de pedágio, do complemento necessário à sua integralidade em relação à rodovia explorada.

•• § 5.º acrescentado pela Lei Complementar n. 100, de 22-12-1999.

§ 6.º Para efeitos do disposto nos §§ 4.º e 5.º, considera-se rodovia explorada o trecho limitado pelos pontos equidistantes entre cada posto de cobrança de pedágio ou entre o mais próximo deles e o ponto inicial ou terminal da rodovia.

•• § 6.º acrescentado pela Lei Complementar n. 100, de 22-12-1999.

Art. 10. (*Revogado pela Lei Complementar n. 116, de 31-7-2003.*)

Art. 11. (*Revogado pela Lei Complementar n. 116, de 31-7-2003.*)

Art. 12. (*Revogado pela Lei Complementar n. 116, de 31-7-2003.*)

Art. 13. Revogam-se os arts. 52, 53, 54, 55, 56, 57, 58, 71, 72 e 73 da Lei n. 5.172, de 25 de outubro de 1966, com suas modificações posteriores, bem como todas as demais disposições em contrário.

Art. 14. Este Decreto-lei entrará em vigor em 1.º de janeiro de 1969.

Brasília, 31 de dezembro de 1968; 147.º da Independência e 80.º da República.

A. Costa e Silva

LISTA DE SERVIÇOS (*)

Serviços de:

1 - Médicos, inclusive análises clínicas, eletricidade médica, radioterapia, ultrassonografia, radiologia, tomografia e congêneres.

2 - Hospitais, clínicas, sanatórios, laboratórios de análise, ambulatórios, prontos-socorros, manicômios, casas de saúde, de repouso e de recuperação e congêneres.

- *Vide* Súmula 274 do STJ.

3 - Bancos de sangue, leite, pele, olhos, sêmen e congêneres.

4 - Enfermeiros, obstetras, ortópticos, fonoaudiólogos, protéticos (prótese dentária).

5 - Assistência médica e congêneres previstos nos itens 1, 2 e 3 desta lista, prestados através de planos de medicina de grupo, convênios, inclusive com empresas para assistência a empregados.

6 - Planos de saúde, prestados por empresa que não esteja incluída no item 5 desta lista e que se cumpram através de serviços prestados por terceiros, contratados pela empresa ou apenas pagos por esta, mediante indicação do beneficiário do plano.

7 - (*Vetado*.)

8 - Médicos veterinários.

9 - Hospitais veterinários, clínicas veterinárias e congêneres.

10 - Guarda, tratamento, amestramento, adestramento, embelezamento, alojamento e congêneres, relativos a animais.

11 - Barbeiros, cabeleireiros, manicuros, pedicuros, tratamento de pele, depilação e congêneres.

12 - Banhos, duchas, sauna, massagens, ginásticas e congêneres.

13 - Varrição, coleta, remoção e incineração de lixo.

14 - Limpeza e dragagem de portos, rios e canais.

15 - Limpeza, manutenção e conservação de imóveis, inclusive vias públicas, parques e jardins.

16 - Desinfecção, imunização, higienização, desratização e congêneres.

17 - Controle e tratamento de efluentes de qualquer natureza e de agentes físicos e biológicos.

18 - Incineração de resíduos quaisquer.

19 - Limpeza de chaminés.

20 - Saneamento ambiental e congêneres.

21 - Assistência técnica (*Vetado*).

22 - Assessoria ou consultoria de qualquer natureza, não contida em outros itens desta lista, organização, programação, planejamento, assessoria, processamento de dados, consultoria técnica, financeira ou administrativa (*Vetado*).

23 - Planejamento, coordenação, programação ou organização técnica, financeira ou administrativa (*Vetado*).

24 - Análises, inclusive de sistemas, exames, pesquisas e informações, coleta e processamento de dados de qualquer natureza.

25 - Contabilidade, auditoria, guarda-livros, técnicos em contabilidade e congêneres.

26 - Perícias, laudos, exames técnicos e análises técnicas.

27 - Traduções e interpretações.

28 - Avaliação de bens.

29 - Datilografia, estenografia, expediente, secretaria em geral e congêneres.

30 - Projetos, cálculos e desenhos técnicos de qualquer natureza.

31 - Aerofotogrametria (inclusive interpretação), mapeamento e topografia.

32 - Execução, por administração, empreitada ou subempreitada, de construção civil, de obras hidráulicas e outras obras semelhantes e respectiva engenharia consultiva, inclusive serviços auxiliares ou complementares (exceto o fornecimento de mercadorias produzidas pelo prestador de serviços, fora do local da prestação dos serviços, que fica sujeito ao ICM).

33 - Demolição.

34 - Reparação, conservação e reforma de edifícios, estradas, pontes, portos e congêneres (exceto o fornecimento de mercadorias produzidas pelo prestador de serviços fora do local da prestação dos serviços, que fica sujeito ao ICM).

35 - Pesquisa, perfuração, cimentação, perfilagem (*Vetado*), estimulação e outros serviços relacionados com a exploração e explotação de petróleo e gás natural.

36 - Florestamento e reflorestamento.

37 - Escoramento e contenção de encostas e serviços congêneres.

38 - Paisagismo, jardinagem e decoração (exceto o fornecimento de mercadorias, que fica sujeito ao ICM).

39 - Raspagem, calafetação, polimento, lustração de pisos, paredes e divisórias.

40 - Ensino, instrução, treinamento, avaliação de conhecimentos, de qualquer grau ou natureza.

41 - Planejamento, organização e administração de feiras, exposições, congressos e congêneres.

42 - Organização de festas e recepções: *buffet* (exceto o fornecimento de alimentação e bebidas, que fica sujeito ao ICM).

43 - Administração de bens e negócios de terceiros e de consórcio (*Vetado*).

44 - Administração de fundos mútuos (exceto a realizada por instituições autorizadas a funcionar pelo Banco Central).

(*) Com redação determinada pela Lei Complementar n. 56, de 15-12-1987. *Vide* Lista de Serviços da Lei Complementar n. 116, de 31-7-2003.

45 - Agenciamento, corretagem ou intermediação de câmbio, de seguros e de planos de previdência privada.

46 - Agenciamento, corretagem ou intermediação de títulos quaisquer (exceto os serviços executados por instituições autorizadas a funcionar pelo Banco Central).

47 - Agenciamento, corretagem ou intermediação de direitos da propriedade industrial, artística ou literária.

48 - Agenciamento, corretagem ou intermediação de contratos de franquia (*franchise*) e de faturação (*factoring*) (excetuam-se os serviços prestados por instituições autorizadas a funcionar pelo Banco Central).

49 - Agenciamento, organização, promoção e execução de programas de turismo, passeios, excursões, guias de turismo e congêneres.

50 - Agenciamento, corretagem ou intermediação de bens móveis e imóveis não abrangidos nos itens 45, 46, 47 e 48.

51 - Despachantes.

52 - Agentes da propriedade industrial.

53 - Agentes da propriedade artística ou literária.

54 - Leilão.

55 - Regulação de sinistros cobertos por contratos de seguros; inspeção e avaliação de riscos para cobertura de contratos de seguros; prevenção e gerência de riscos seguráveis, prestados por quem não seja o próprio segurado ou companhia de seguro.

56 - Armazenamento, depósito, carga, descarga, arrumação e guarda de bens de qualquer espécie (exceto depósitos feitos em instituições financeiras autorizadas a funcionar pelo Banco Central).

57 - Guarda e estacionamento de veículos automotores terrestres.

58 - Vigilância ou segurança de pessoas e bens.

59 - Transporte, coleta, remessa ou entrega de bens ou valores, dentro do território do município.

60 - Diversões públicas:

a) (*Vetado*), cinemas, (*Vetado*), *taxi dancings* e congêneres;

b) bilhares, boliches, corridas de animais e outros jogos;

c) exposições com cobrança de ingresso;

d) bailes, *shows*, festivais, recitais e congêneres, inclusive espetáculos que sejam também transmitidos, mediante compra de direitos para tanto, pela televisão ou pelo rádio;

e) jogos eletrônicos;

f) competições esportivas ou de destreza física ou intelectual, com ou sem a participação do espectador, inclusive a venda de direitos à transmissão pelo rádio ou pela televisão;

g) execução de música, individualmente ou por conjuntos (*Vetado*).

61 - Distribuição e venda de bilhetes de loteria, cartões, pules ou cupons de apostas, sorteios ou prêmios.

62 - Fornecimento de música, mediante transmissão por qualquer processo, para vias públicas ou ambientes fechados (exceto transmissões radiofônicas ou de televisão).

63 - Gravação e distribuição de filmes e *video tapes*.

64 - Fonografia ou gravação de sons ou ruídos, inclusive trucagem, dublagem e mixagem sonora.

65 - Fotografia e cinematografia, inclusive revelação, ampliação, cópia, reprodução e trucagem.

66 - Produção, para terceiros, mediante ou sem encomenda prévia, de espetáculos, entrevistas e congêneres.

67 - Colocação de tapetes e cortinas, com material fornecido pelo usuário final do serviço.

68 - Lubrificação, limpeza e revisão de máquinas, veículos, aparelhos e equipamentos (exceto o fornecimento de peças e partes, que fica sujeito ao ICM).

69 - Conserto, restauração, manutenção e conservação de máquinas, veículos, motores, elevadores ou de qualquer objeto (exceto o fornecimento de peças e partes, que fica sujeito ao ICM).

70 - Recondicionamento de motores (o valor das peças fornecidas pelo prestador do serviço fica sujeito ao ICM).

71 - Recauchutagem ou regeneração de pneus para o usuário final.

72 - Recondicionamento, acondicionamento, pintura, beneficiamento, lavagem, secagem, tingimento, galvanoplastia, anodização, corte, recorte, polimento, plastificação e congêneres, de objetos não destinados à industrialização ou comercialização.

73 - Lustração de bens móveis quando o serviço for prestado para usuário final do objeto lustrado.

74 - Instalação e montagem de aparelhos, máquinas e equipamentos, prestados ao usuário final do serviço, exclusivamente com material por ele fornecido.

75 - Montagem industrial, prestada ao usuário final do serviço, exclusivamente com material por ele fornecido.

76 - Cópia ou reprodução, por quaisquer processos, de documentos e outros papéis, plantas ou desenhos.

77 - Composição gráfica, fotocomposição, clicheria, zincografia, litografia e fotolitografia.

78 - Colocação de molduras e afins, encadernação, gravação e douração de livros, revistas e congêneres.

79 – Locação de bens móveis, inclusive arrendamento mercantil.

80 – Funerais.

81 – Alfaiataria e costura, quando o material for fornecido pelo usuário final, exceto aviamento.

82 – Tinturaria e lavanderia.

83 – Taxidermia.

84 – Recrutamento, agenciamento, seleção, colocação ou fornecimento de mão de obra, mesmo em caráter temporário, inclusive por empregados do prestador do serviço ou por trabalhadores avulsos por ele contratados.

85 – Propaganda e publicidade, inclusive promoção de vendas, planejamento de campanhas ou sistemas de publicidade, elaboração de desenhos, textos e demais materiais publicitários (exceto sua impressão, reprodução ou fabricação).

86 – Veiculação e divulgação de textos, desenhos e outros materiais de publicidade, por qualquer meio (exceto em jornais, periódicos, rádios e televisão).

87 – Serviços portuários e aeroportuários; utilização de porto ou aeroporto; atracação; capatazia; armazenagem interna, externa e especial; suprimento de água, serviços acessórios; movimentação de mercadoria fora do cais.

88 – Advogados.

89 – Engenheiros, arquitetos, urbanistas, agrônomos.

90 – Dentistas.

91 – Economistas.

92 – Psicólogos.

93 – Assistentes sociais.

94 – Relações públicas.

95 – Cobranças e recebimentos por conta de terceiros, inclusive direitos autorais, protestos de títulos, sustação de protestos, devolução de títulos não pagos, manutenção de títulos vencidos, fornecimentos de posição de cobrança ou recebimento e outros serviços correlatos da cobrança ou recebimento (este item abrange também os serviços prestados por instituições autorizadas a funcionar pelo Banco Central).

96 – Instituições financeiras autorizadas a funcionar pelo Banco Central: fornecimento de talão de cheques; emissão de cheques administrativos; transferência de fundos; devolução de cheques; sustação de pagamento de cheques; ordens de pagamento e de créditos, por qualquer meio; emissão e renovação de cartões magnéticos; consultas em terminais eletrônicos; pagamentos por conta de terceiros, inclusive os feitos fora do estabelecimento; elaboração de ficha cadastral; aluguel de cofres; fornecimento de segunda via de avisos de lançamento de extrato de contas; emissão de carnês (neste item não está abrangido o ressarcimento, a instituições financeiras, de gastos com portes do Correio, telegramas, telex e teleprocessamento, necessários à prestação dos serviços).

97 – Transporte de natureza estritamente municipal.

98 – Comunicações telefônicas de um para outro aparelho dentro do mesmo município.

99 – Hospedagem em hotéis, motéis, pensões e congêneres (o valor da alimentação, quando incluído no preço da diária, fica sujeito ao Imposto sobre Serviços).

100 – Distribuição de bens de terceiros em representação de qualquer natureza.

101 – Exploração de rodovia mediante cobrança de preço dos usuários, envolvendo execução de serviços de conservação, manutenção, melhoramentos para adequação de capacidade e segurança de trânsito, operação, monitoração, assistência aos usuários e outros definidos em contratos, atos de concessão ou de permissão ou em normas oficiais.

•• Item 101 acrescentado pela Lei Complementar n. 100, de 22-12-1999.

DECRETO N. 70.235, DE 6 DE MARÇO DE 1972 (*)

Dispõe sobre o processo administrativo fiscal e dá outras providências.

O Presidente da República, usando das atribuições que lhe confere o art. 81, III, da Constituição e tendo em vista o disposto no art. 2.º do Decreto-lei n. 822, de 5 de setembro de 1969, decreta:

DISPOSIÇÃO PRELIMINAR

Art. 1.º Este Decreto rege o processo administrativo de determinação e exigência dos créditos tributários da União e o de consulta sobre a aplicação da legislação tributária federal.

Capítulo I
DO PROCESSO FISCAL

Seção I
Dos Atos e Termos Processuais

Art. 2.º Os atos e termos processuais, quando a lei não prescrever forma determinada, conterão somente o indispensável à sua finalidade, sem espaço em branco, e sem entrelinhas, rasuras ou emendas não ressalvadas.

Parágrafo único. Os atos e termos processuais poderão

(*) Publicado no *DOU*, de 7-3-1972. A Portaria n. 1.769, de 12-7-2005, dispõe sobre a movimentação dos processos administrativos referentes a tributos e contribuições administradas pela Secretaria da Receita Federal. A Portaria n. 666, de 24-4-2008, dispõe sobre a formalização de processos relativos a tributos administrados pela Secretaria da Receita Federal do Brasil.

ser formalizados, tramitados, comunicados e transmitidos em formato digital, conforme disciplinado em ato da administração tributária.

•• Parágrafo único com redação determinada pela Lei n. 12.865, de 9-10-2013.

•• O Decreto n. 7.574, de 29-9-2011, regulamenta o processo de determinação e exigência de créditos tributários da União, o processo de consulta sobre a aplicação da legislação tributária federal e outros processos que especifica, sobre matérias administradas pela Secretaria da Receita Federal do Brasil.

Art. 3.º A autoridade local fará realizar, no prazo de 30 (trinta) dias, os atos processuais que devam ser praticados em sua jurisdição, por solicitação de outra autoridade preparadora ou julgadora.

Art. 4.º Salvo disposição em contrário, o servidor executará os atos processuais no prazo de 8 (oito) dias.

Seção II
Dos Prazos

Art. 5.º Os prazos serão contínuos, excluindo-se na sua contagem o dia do início e incluindo-se o do vencimento.

Parágrafo único. Os prazos só se iniciam ou vencem no dia de expediente normal no órgão em que corra o processo ou deva ser praticado o ato.

Art. 6.º (*Revogado pela Lei n. 8.748, de 9-12-1993.*)

Seção III
Do Procedimento

Art. 7.º O procedimento fiscal tem início com:

I – o primeiro ato de ofício, escrito, praticado por servidor competente, cientificado o sujeito passivo da obrigação tributária ou seu preposto;

II – a apreensão de mercadorias, documentos ou livros;

III – o começo de despacho aduaneiro de mercadoria importada.

§ 1.º O início do procedimento exclui a espontaneidade do sujeito passivo em relação aos atos anteriores e, independentemente de intimação, a dos demais envolvidos nas infrações verificadas.

§ 2.º Para os efeitos do disposto no § 1.º, os atos referidos nos incisos I e II valerão pelo prazo de 60 (sessenta) dias, prorrogável, sucessivamente, por igual período com qualquer outro ato escrito que indique o prosseguimento dos trabalhos.

•• *Vide* art. 6.º da Lei Complementar n. 105, de 10-1-2001, regulamentado pelo Decreto n. 3.724, de 10-1-2001.

Art. 8.º Os termos decorrentes de atividade fiscalizadora serão lavrados, sempre que possível, em livro fiscal, extraindo-se cópia para anexação ao processo; quando não lavrados em livro, entregar-se-á cópia autenticada à pessoa sob fiscalização.

Art. 9.º A exigência do crédito tributário e a aplicação de penalidade isolada serão formalizados em autos de infração ou notificações de lançamento, distintos para cada tributo ou penalidade, os quais deverão estar instruídos com todos os termos, depoimentos, laudos e demais elementos de prova indispensáveis à comprovação do ilícito.

•• *Caput* com redação determinada pela Lei n. 11.941, de 27-5-2009.

§ 1.º Os autos de infração e as notificações de lançamento de que trata o *caput* deste artigo, formalizados em relação ao mesmo sujeito passivo, podem ser objeto de um único processo, quando a comprovação dos ilícitos depender dos mesmos elementos de prova.

•• § 1.º com redação determinada pela Lei n. 11.196, de 21-11-2005.

§ 2.º Os procedimentos de que tratam este artigo e o art. 7.º serão válidos, mesmo que formalizados por servidor competente de jurisdição diversa da do domicílio tributário do sujeito passivo.

•• § 2.º com redação determinada pela Lei n. 8.748, de 9-12-1993.

§ 3.º A formalização da exigência, nos termos do parágrafo anterior, previne a jurisdição e prorroga a competência da autoridade que dela primeiro conhecer.

•• § 3.º com redação determinada pela Lei n. 8.748, de 9-12-1993.

§ 4.º O disposto no *caput* deste artigo aplica-se também nas hipóteses em que, constatada infração à legislação tributária, dela não resulte exigência de crédito tributário.

•• § 4.º acrescentado pela Lei n. 11.941, de 27-5-2009.

§ 5.º Os autos de infração e as notificações de lançamento de que trata o *caput* deste artigo, formalizados em decorrência de fiscalização relacionada a regime especial unificado de arrecadação de tributos, poderão conter lançamento único para todos os tributos por eles abrangidos.

•• § 5.º acrescentado pela Lei n. 11.941, de 27-5-2009.

§ 6.º O disposto no *caput* deste artigo não se aplica às contribuições de que trata o art. 3.º da Lei n. 11.457, de 16 de março de 2007.

•• § 6.º acrescentado pela Lei n. 11.941, de 27-5-2009.

Art. 10. O auto de infração será lavrado por servidor competente, no local da verificação da falta, e conterá obrigatoriamente:

I – a qualificação do autuado;

II – o local, a data e a hora da lavratura;

III – a descrição do fato;

IV – a disposição legal infringida e a penalidade aplicável;

V – a determinação da exigência e a intimação para cumpri-la ou impugná-la no prazo de 30 (trinta) dias;

VI – a assinatura do autuante e a indicação de seu cargo ou função e o número de matrícula.

Art. 11. A notificação de lançamento será expedida pelo órgão que administra o tributo e conterá obrigatoriamente:

I – a qualificação do notificado;

II – o valor do crédito tributário e o prazo para recolhimento ou impugnação;

III – a disposição legal infringida, se for o caso;

IV – a assinatura do chefe do órgão expedidor ou de outro servidor autorizado e a indicação de seu cargo ou função e o número de matrícula.

Parágrafo único. Prescinde de assinatura a notificação de lançamento emitida por processo eletrônico.

Art. 12. O servidor que verificar a ocorrência de infração à legislação tributária federal e não for competente para formalizar a exigência comunicará o fato, em representação circunstanciada, a seu chefe imediato, que adotará as providências necessárias.

Art. 13. A autoridade preparadora determinará que seja informado, no processo, se o infrator é reincidente, conforme definição da lei específica, se essa circunstância não tiver sido declarada na formalização da exigência.

Art. 14. A impugnação da exigência instaura a fase litigiosa do procedimento.

Art. 14-A. No caso de determinação e exigência de créditos tributários da União cujo sujeito passivo seja órgão ou entidade de direito público da administração pública federal, a submissão do litígio à composição extrajudicial pela Advocacia-Geral da União é considerada reclamação, para fins do disposto no inciso III do art. 151 da Lei n. 5.172, de 25 de outubro de 1966 – Código Tributário Nacional.

•• Artigo acrescentado pela Lei n. 13.140, de 26-6-2015.

Art. 15. A impugnação, formalizada por escrito e instruída com os documentos em que se fundamentar, será apresentada ao órgão preparador no prazo de 30 (trinta) dias, contados da data em que for feita a intimação da exigência.

• *Vide* art. 18, § 3.º, deste Decreto.

Parágrafo único. (*Revogado pela Lei n. 11.941, de 27-5-2009.*)

Art. 16. A impugnação mencionará:

I – a autoridade julgadora a quem é dirigida;

II – a qualificação do impugnante;

III – os motivos de fato e de direito em que se fundamenta, os pontos de discordância e as razões e provas que possuir;

•• Inciso III com redação determinada pela Lei n. 8.748, de 9-12-1993.

IV – as diligências, ou perícias que o impugnante pretenda sejam efetuadas, expostos os motivos que as justifiquem, com a formulação dos quesitos referentes aos exames desejados, assim como, no caso de perícia, o nome, o endereço e a qualificação profissional do seu perito;

•• Inciso IV com redação determinada pela Lei n. 8.748, de 9-12-1993.

V – se a matéria impugnada foi submetida à apreciação judicial, devendo ser juntada cópia da petição.

•• Inciso V acrescentado pela Lei n. 11.196, de 21-11-2005.

§ 1.º Considerar-se-á não formulado o pedido de diligência ou perícia que deixar de atender aos requisitos previstos no inciso IV do art. 16.

•• § 1.º acrescentado pela Lei n. 8.748, de 9-12-1993.

§ 2.º É defeso ao impugnante, ou a seu representante legal, empregar expressões injuriosas nos escritos apresentados no processo, cabendo ao julgador, de ofício ou a requerimento do ofendido, mandar riscá-las.

•• § 2.º acrescentado pela Lei n. 8.748, de 9-12-1993.

§ 3.º Quando o impugnante alegar direito municipal, estadual ou estrangeiro, provar-lhe-á o teor e a vigência, se assim o determinar o julgador.

•• § 3.º acrescentado pela Lei n. 8.748, de 9-12-1993.

§ 4.º A prova documental será apresentada na impugnação, precluindo o direito de o impugnante fazê-lo em outro momento processual, a menos que:

a) fique demonstrada a impossibilidade de sua apresentação oportuna, por motivo de força maior;

b) refira-se a fato ou a direito superveniente;

c) destine-se a contrapor fatos ou razões posteriormente trazidas aos autos.

•• § 4.º acrescentado pela Lei n. 9.532, de 10-12-1997.

§ 5.º A juntada de documentos após a impugnação deverá ser requerida à autoridade julgadora, mediante petição em que se demonstre, com fundamentos, a ocorrência de uma das condições previstas nas alíneas do parágrafo anterior.

•• § 5.º acrescentado pela Lei n. 9.532, de 10-12-1997.

§ 6.º Caso já tenha sido proferida a decisão, os documentos apresentados permanecerão nos autos para, se for interposto recurso, serem apreciados pela autoridade julgadora de segunda instância.

•• § 6.º acrescentado pela Lei n. 9.532, de 10-12-1997.

Art. 17. Considerar-se-á não impugnada a matéria que não tenha sido expressamente contestada pelo impugnante.

•• Artigo com redação determinada pela Lei n. 9.532, de 10-12-1997.

Art. 18. A autoridade julgadora de primeira instância determinará, de ofício ou a requerimento do impugnante, a realização de diligências ou perícias, quando entendê-las necessárias, indeferindo as que considerar prescindíveis ou impraticáveis, observando o disposto no art. 28, *in fine*.

•• *Caput* com redação determinada pela Lei n. 8.748, de 9-12-1993.

§ 1.º Deferido o pedido de perícia, ou determinada de ofício sua realização, a autoridade designará servidor para, como perito da União, a ela proceder e intimará o perito do sujeito passivo a realizar o exame requerido, cabendo a ambos apresentar os respectivos laudos em prazo que será fixado segundo o grau de complexidade dos trabalhos a serem executados.

•• § 1.º com redação determinada pela Lei n. 8.748, de 9-12-1993.

§ 2.º Os prazos para realização de diligência ou perícia poderão ser prorrogados, a juízo da autoridade.

•• § 2.º com redação determinada pela Lei n. 8.748, de 9-12-1993.

§ 3.º Quando, em exames posteriores, diligências ou perícias, realizados no curso do processo, forem verificadas incorreções, omissões ou inexatidões de que resultem agravamento da exigência inicial, inovação ou alteração da fundamentação legal da exigência, será lavrado auto de infração ou emitida notificação de lançamento complementar, devolvendo-se, ao sujeito passivo, prazo para impugnação no concernente à matéria modificada.

•• § 3.º com redação determinada pela Lei n. 8.748, de 9-12-1993.

Art. 19. (*Revogado pela Lei n. 8.748, de 9-12-1993.*)

Art. 20. No âmbito da Secretaria da Receita Federal, a designação de servidor para proceder aos exames relativos a diligências ou perícias recairá sobre Auditor-Fiscal do Tesouro Nacional.

•• Artigo com redação determinada pela Lei n. 8.748, de 9-12-1993.

•• A Secretaria da Receita Federal passa a denominar-se Secretaria da Receita Federal do Brasil, por força da Lei n. 11.457, de 16-3-2007.

Art. 21. Não sendo cumprida nem impugnada a exigência, a autoridade preparadora declarará a revelia, permanecendo o processo no órgão preparador, pelo prazo de 30 (trinta) dias, para cobrança amigável.

•• *Caput* com redação determinada pela Lei n. 8.748, de 9-12-1993.

§ 1.º No caso de impugnação parcial, não cumprida a exigência relativa à parte não litigiosa do crédito, o órgão preparador, antes da remessa dos autos a julgamento, providenciará a formação de autos apartados para a imediata cobrança da parte não contestada, consignando essa circunstância no processo original.

•• § 1.º com redação determinada pela Lei n. 8.748, de 9-12-1993.

§ 2.º A autoridade preparadora, após a declaração de revelia e findo o prazo previsto no *caput* deste artigo, procederá, em relação às mercadorias e outros bens perdidos em razão de exigência não impugnada, na forma do art. 63.

•• § 2.º com redação determinada pela Lei n. 8.748, de 9-12-1993.

§ 3.º Esgotado o prazo de cobrança amigável sem que tenha sido pago o crédito tributário, o órgão preparador declarará o sujeito passivo devedor remisso e encaminhará o processo à autoridade competente para promover a cobrança executiva.

•• *Vide* o Decreto-lei n. 1.715, de 22-11-1979, art. 5.º (extinção da declaração de devedor remisso).

§ 4.º O disposto no parágrafo anterior aplicar-se-á aos casos em que o sujeito passivo não cumprir as condições estabelecidas para a concessão de moratória.

§ 5.º A autoridade preparadora, após a declaração de revelia e findo o prazo previsto no *caput* deste artigo, procederá, em relação às mercadorias ou outros bens perdidos em razão de exigência não impugnada, na forma do art. 63.

Art. 22. O processo será organizado em ordem cronológica e terá suas folhas numeradas e rubricadas.

Seção IV
Da Intimação

Art. 23. Far-se-á a intimação:

I – pessoal, pelo autor do procedimento ou por agente do órgão preparador, na repartição ou fora dela, provada com a assinatura do sujeito passivo, seu mandatário ou preposto, ou, no caso de recusa, com declaração escrita de quem o intimar;

•• Inciso I com redação determinada pela Lei n. 9.532, de 10-12-1997.

II – por via postal, telegráfica ou por qualquer outro meio ou via com prova de recebimento no domicílio tributário eleito pelo sujeito passivo;

•• Inciso II com redação determinada pela Lei n. 9.532, de 10-12-1997.

III – por meio eletrônico, com prova de recebimento, mediante:

a) envio ao domicílio tributário do sujeito passivo; ou

b) registro em meio magnético ou equivalente utilizado pelo sujeito passivo.

•• Inciso III com redação determinada pela Lei n. 11.196, de 21-11-2005.

§ 1.º Quando resultar improfícuo um dos meios previstos no *caput* deste artigo ou quando o sujeito passivo tiver sua inscrição declarada inapta perante o cadastro fiscal, a intimação poderá ser feita por edital publicado:

•• § 1.º, *caput*, com redação determinada pela Lei n. 11.941, de 27-5-2009.

I – no endereço da administração tributária na internet;

•• Inciso I acrescentado pela Lei n. 11.196, de 21-11-2005.

II – em dependência, franqueada ao público, do órgão encarregado da intimação; ou

•• Inciso II acrescentado pela Lei n. 11.196, de 21-11-2005.

III – uma única vez, em órgão da imprensa oficial local.

•• Inciso III acrescentado pela Lei n. 11.196, de 21-11-2005.

§ 2.º Considera-se feita a intimação:

I – na data da ciência do intimado ou da declaração de quem fizer a intimação, se pessoal;

II – no caso do inciso II do *caput* deste artigo, na data do recebimento ou, se omitida, 15 (quinze) dias após a data da expedição da intimação;

•• Inciso II com redação determinada pela Lei n. 9.532, de 10 de dezembro de 1997.

III – se por meio eletrônico:

•• Inciso III, *caput*, com redação determinada pela Lei n. 12.844, de 19-7-2013.

a) 15 (quinze) dias contados da data registrada no comprovante de entrega no domicílio tributário do sujeito passivo;

•• Alínea *a* com redação determinada pela Lei n. 12.844, de 19-7-2013.

b) na data em que o sujeito passivo efetuar consulta no endereço eletrônico a ele atribuído pela administração tributária, se ocorrida antes do prazo previsto na alínea *a*; ou

•• Alínea *b* com redação determinada pela Lei n. 12.844, de 19-7-2013.

c) na data registrada no meio magnético ou equivalente utilizado pelo sujeito passivo;

•• Alínea *c* acrescentada pela Lei n. 12.844, de 19-7-2013.

IV – 15 (quinze) dias após a publicação do edital, se este for o meio utilizado.

•• Inciso IV acrescentado pela Lei n. 11.196, de 21-11-2005.

§ 3.º Os meios de intimação previstos nos incisos do *caput* deste artigo não estão sujeitos a ordem de preferência.

•• § 3.º com redação determinada pela Lei n. 11.196, de 21-11-2005.

§ 4.º Para fins de intimação, considera-se domicílio tributário do sujeito passivo:

•• § 4.º, *caput*, com redação determinada pela Lei n. 11.196, de 21-11-2005.

I – o endereço postal por ele fornecido, para fins cadastrais, à administração tributária; e

•• Inciso I acrescentado pela Lei n. 11.196, de 21-11-2005.

II – o endereço eletrônico a ele atribuído pela administração tributária, desde que autorizado pelo sujeito passivo.

•• Inciso II acrescentado pela Lei n. 11.196, de 21-11-2005.

§ 5.º O endereço eletrônico de que trata este artigo somente será implementado com expresso consentimento do sujeito passivo, e a administração tributária informar-lhe-á as normas e condições de sua utilização e manutenção.

•• § 5.º acrescentado pela Lei n. 11.196, de 21-11-2005.

§ 6.º As alterações efetuadas por este artigo serão disciplinadas em ato da administração tributária.

•• § 6.º acrescentado pela Lei n. 11.196, de 21-11-2005.

§ 7.º Os Procuradores da Fazenda Nacional serão intimados pessoalmente das decisões do Conselho de Contribuintes e da Câmara Superior de Recursos Fiscais, do Ministério da Fazenda na sessão das respectivas câmaras subsequente à formalização do acórdão.

•• § 7.º acrescentado pela Lei n. 11.457, de 16-3-2007.

•• A Lei n. 11.941, de 27-5-2009, em seu art. 48, determina que, a partir de sua publicação, os Conselhos de Contribuintes e a Câmara Superior de Recursos Fiscais ficam unificados em um órgão, denominado "Conselho Administrativo de Recursos Fiscais", com competência para julgar recursos de ofício e voluntários de decisão de primeira instância, bem como recursos especiais, sobre a aplicação da legislação referente a tributos administrados pela Secretaria da Receita Federal do Brasil.

§ 8.º Se os Procuradores da Fazenda Nacional não tiverem sido intimados pessoalmente em até 40 (quarenta) dias contados da formalização do acórdão do Conselho de Contribuintes ou da Câmara Superior de Recursos Fiscais, do Ministério da Fazenda, os respectivos autos serão remetidos e entregues, mediante protocolo, à Procuradoria da Fazenda Nacional, para fins de intimação.

•• § 8.º acrescentado pela Lei n. 11.457, de 16-3-2007.

•• *Vide* nota ao § 7.º deste artigo.

§ 9.º Os Procuradores da Fazenda Nacional serão considerados intimados pessoalmente das decisões do Conselho de Contribuintes e da Câmara Superior de Recursos Fiscais, do Ministério da Fazenda, com o término do prazo de 30 (trinta) dias contados da data em que os respectivos autos forem entregues à Procuradoria na forma do § 8.º deste artigo.

•• § 9.º acrescentado pela Lei n. 11.457, de 16-3-2007.

•• *Vide* nota ao § 7.º deste artigo.

Seção V

Da Competência

Art. 24. O preparo do processo compete à autoridade local do órgão encarregado da administração do tributo.

Parágrafo único. Quando o ato for praticado por meio eletrônico, a administração tributária poderá atribuir o preparo do processo a unidade da administração tributária diversa da prevista no *caput* deste artigo.

•• Parágrafo único acrescentado pela Lei n. 11.941, de 27-5-2009.

Art. 25. O julgamento do processo de exigência de tributos ou contribuições administrados pela Secretaria da Receita Federal compete:

•• *Caput* com redação determinada pela Medida Provisória n. 2.158-35, de 24-8-2001.

I – em primeira instância, às Delegacias da Receita Federal de Julgamento, órgãos de deliberação interna e natureza colegiada da Secretaria da Receita Federal;

•• Inciso I com redação determinada pela Medida Provisória n. 2.158-35, de 24-8-2001.

II – em segunda instância, ao Conselho Administrativo de Recursos Fiscais, órgão colegiado, paritário, integrante da estrutura do Ministério da Fazenda, com atribuição de julgar recursos de ofício e voluntários de decisão de primeira instância, bem como recursos de natureza especial.

•• Inciso II com redação determinada pela Lei n. 11.941, de 27-5-2009.

§ 1.º O Conselho Administrativo de Recursos Fiscais será constituído por seções e pela Câmara Superior de Recursos Fiscais.

•• § 1.º com redação determinada pela Lei n. 11.941, de 27-5-2009.

§ 2.º As seções serão especializadas por matéria e constituídas por câmaras.

•• § 2.º com redação determinada pela Lei n. 11.941, de 27-5-2009.

§ 3.º A Câmara Superior de Recursos Fiscais será constituída por turmas, compostas pelos Presidentes e Vice-Presidentes das câmaras.

•• § 3.º com redação determinada pela Lei n. 11.941, de 27-5-2009.

§ 4.º As câmaras poderão ser divididas em turmas.

•• § 4.º com redação determinada pela Lei n. 11.941, de 27-5-2009.

§ 5.º O Ministro de Estado da Fazenda poderá criar, nas seções, turmas especiais, de caráter temporário, com competência para julgamento de processos que envolvam valores reduzidos, que poderão funcionar nas cidades onde estão localizadas as Superintendências Regionais da Receita Federal do Brasil.

•• § 5.º com redação determinada pela Lei n. 11.941, de 27-5-2009.

§ 6.º (*Vetado*.)

•• § 6.º acrescentado pela Lei n. 11.941, de 27-5-2009.

§ 7.º As turmas da Câmara Superior de Recursos Fiscais serão constituídas pelo Presidente do Conselho Administrativo de Recursos Fiscais, pelo Vice-Presidente, pelos

Presidentes e pelos Vice-Presidentes das câmaras, respeitada a paridade.

•• § 7.º acrescentado pela Lei n. 11.941, de 27-5-2009.

§ 8.º A presidência das turmas da Câmara Superior de Recursos Fiscais será exercida pelo Presidente do Conselho Administrativo de Recursos Fiscais e a vice-presidência, por conselheiro representante dos contribuintes.

•• § 8.º acrescentado pela Lei n. 11.941, de 27-5-2009.

§ 9.º Os cargos de Presidente das Turmas da Câmara Superior de Recursos Fiscais, das câmaras, das suas turmas e das turmas especiais serão ocupados por conselheiros representantes da Fazenda Nacional, que, em caso de empate, terão o voto de qualidade, e os cargos de Vice-Presidente, por representantes dos contribuintes.

•• § 9.º acrescentado pela Lei n. 11.941, de 27-5-2009.

§ 10. Os conselheiros serão designados pelo Ministro de Estado da Fazenda para mandato, limitando-se as reconduções, na forma e no prazo estabelecidos no regimento interno.

•• § 10 acrescentado pela Lei n. 11.941, de 27-5-2009.

§ 11. O Ministro de Estado da Fazenda, observado o devido processo legal, decidirá sobre a perda do mandato dos conselheiros que incorrerem em falta grave, definida no regimento interno.

•• § 11 acrescentado pela Lei n. 11.941, de 27-5-2009.

Art. 26. Compete ao Ministro da Fazenda, em instância especial:

I – julgar recursos de decisões dos Conselhos de Contribuintes, interpostos pelos procuradores representantes da Fazenda junto aos mesmos Conselhos;

II – decidir sobre as propostas de aplicação de equidade apresentadas pelos Conselhos de Contribuintes.

Art. 26-A. No âmbito do processo administrativo fiscal, fica vedado aos órgãos de julgamento afastar a aplicação ou deixar de observar tratado, acordo internacional, lei ou decreto, sob fundamento de inconstitucionalidade.

•• *Caput* com redação determinada pela Lei n. 11.941, de 27-5-2009.

§§ 1.º a 5.º (*Revogados pela Lei n. 11.941, de 27-5-2009.*)

§ 6.º O disposto no *caput* deste artigo não se aplica aos casos de tratado, acordo internacional, lei ou ato normativo:

•• § 6.º, *caput*, acrescentado pela Lei n. 11.941, de 27-5-2009.

I – que já tenha sido declarado inconstitucional por decisão definitiva plenária do Supremo Tribunal Federal;

•• Inciso I acrescentado pela Lei n. 11.941, de 27-5-2009.

II – que fundamente crédito tributário objeto de:

•• Inciso II, *caput*, acrescentado pela Lei n. 11.941, de 27-5-2009.

a) dispensa legal de constituição ou de ato declaratório do Procurador-Geral da Fazenda Nacional, na forma dos arts. 18 e 19 da Lei n. 10.522, de 19 de julho de 2002;

•• Alínea *a* acrescentada pela Lei n. 11.941, de 27-5-2009.

b) súmula da Advocacia-Geral da União, na forma do art. 43 da Lei Complementar n. 73, de 10 de fevereiro de 1993; ou

•• Alínea *b* acrescentada pela Lei n. 11.941, de 27-5-2009.

c) pareceres do Advogado-Geral da União aprovados pelo Presidente da República, na forma do art. 40 da Lei Complementar n. 73, de 10 de fevereiro de 1993.

•• Alínea *c* acrescentada pela Lei n. 11.941, de 27-5-2009.

Seção VI
Do Julgamento em Primeira Instância

Art. 27. Os processos remetidos para apreciação da autoridade julgadora de primeira instância deverão ser qualificados e identificados, tendo prioridade no julgamento aqueles em que estiverem presentes as circunstâncias de crime contra a ordem tributária ou de elevado valor, este definido em ato do Ministro de Estado da Fazenda.

•• *Caput* com redação determinada pela Lei n. 9.532, de 10-12-1997.

Parágrafo único. Os processos serão julgados na ordem e nos prazos estabelecidos em ato do Secretário da Receita Federal, observada a prioridade de que trata o *caput* deste artigo.

•• Parágrafo único acrescentado pela Lei n. 9.532, de 10-12-1997.

Art. 28. Na decisão em que for julgada questão preliminar será também julgado o mérito, salvo quando incompatíveis, e dela constará o indeferimento fundamentado do pedido de diligência ou perícia, se for o caso.

•• Artigo com redação determinada pela Lei n. 8.748, de 9-12-1993.

Art. 29. Na apreciação da prova, a autoridade julgadora formará livremente sua convicção, podendo determinar as diligências que entender necessárias.

Art. 30. Os laudos ou pareceres do Laboratório Nacional de Análises, do Instituto Nacional de Tecnologia e de outros órgãos federais congêneres serão adotados nos aspectos técnicos de sua competência, salvo se comprovada a improcedência desses laudos ou pareceres.

§ 1.º Não se considera como aspecto técnico a classificação fiscal de produtos.

§ 2.º A existência no processo de laudos ou pareceres técnicos não impede a autoridade julgadora de solicitar outros a qualquer dos órgãos referidos neste artigo.

§ 3.º Atribuir-se-á eficácia aos laudos e pareceres técnicos sobre produtos, exarados em outros processos administrativos fiscais e transladados mediante certidão de inteiro teor ou cópia fiel, nos seguintes casos:

•• § 3.º, *caput*, acrescentado pela Lei n. 9.532, de 10-12-1997.

a) quando tratarem de produtos originários do mesmo fabricante, com igual denominação, marca e especificação;

•• Alínea *a* acrescentada pela Lei n. 9.532, de 10-12-1997.

b) quando tratarem de máquinas, aparelhos, equipamentos, veículos e outros produtos complexos de fabricação em série, do mesmo fabricante, com iguais especificações, marca e modelo.

•• Alínea *b* acrescentada pela Lei n. 9.532, de 10-12-1997.

Art. 31. A decisão conterá relatório resumido do processo, fundamentos legais, conclusão e ordem de intimação, devendo referir-se, expressamente, a todos os autos de infração e notificações de lançamento objeto do processo, bem como às razões de defesa suscitadas pelo impugnante contra todas as exigências.

•• Artigo com redação determinada pela Lei n. 8.748, de 9-12-1993.

Art. 32. As inexatidões materiais devidas a lapso manifesto e os erros de escrita ou de cálculos existentes na decisão poderão ser corrigidos de ofício ou a requerimento do sujeito passivo.

• *Vide* arts. 21 e 60 deste Decreto.

Art. 33. Da decisão caberá recurso voluntário, total ou parcial, com efeito suspensivo, dentro dos 30 (trinta) dias seguintes à ciência da decisão.

§ 1.º (*Revogado pela Lei n. 12.096, de 24-11-2009.*)

§ 2.º Em qualquer caso, o recurso voluntário somente terá seguimento se o recorrente arrolar bens e direitos de valor equivalente a 30% (trinta por cento) da exigência fiscal definida na decisão, limitado o arrolamento, sem prejuízo do seguimento do recurso, ao total do ativo permanente se pessoa jurídica ou ao patrimônio se pessoa física.

•• § 2.º acrescentado pela Lei n. 10.522, de 19-7-2002.

•• O STF, na ADI n. 1.976-7, de 28-3-2007, declara a inconstitucionalidade do art. 32 da Medida Provisória n. 1.699-41, de 27-10-1998, convertida na Lei n. 10.522, de 19-7-2002, que deu nova redação para este parágrafo.

• A Deliberação n. 458, de 29-4-2003, da CVM, estabelece procedimentos para o arrolamento de bens e direitos previstos neste Decreto.

§ 3.º O arrolamento de que trata o § 2.º será realizado preferencialmente sobre bens imóveis.

•• § 3.º acrescentado pela Lei n. 10.522, de 19-7-2002.

§ 4.º O Poder Executivo editará as normas regulamentares necessárias à operacionalização do arrolamento previsto no § 2.º.

•• § 4.º acrescentado pela Lei n. 10.522, de 19-7-2002.

•• Regulamentação: *vide* Decreto n. 4.523, de 17-12-2002.

Art. 34. Autoridade de primeira instância recorrerá de ofício sempre que a decisão:

I – exonerar o sujeito passivo do pagamento de tributo e encargos de multa de valor total (lançamento principal e decorrentes) a ser fixado em ato do Ministro de Estado da Fazenda;

•• Inciso I com redação determinada pela Lei n. 9.532, de 10-12-1997.

II – deixar de aplicar pena de perda de mercadorias ou outros bens cominada à infração denunciada na formalização da exigência.

§ 1.º O recurso será interposto mediante declaração na própria decisão.

§ 2.º Não sendo interposto o recurso, o servidor que verificar o fato representará à autoridade julgadora, por intermédio de seu chefe imediato, no sentido de que seja observada aquela formalidade.

• *Vide* art. 12 deste Decreto.

Art. 35. O recurso, mesmo perempto, será encaminhado ao órgão de segunda instância, que julgará a perempção.

Art. 36. Da decisão de primeira instância não cabe pedido de reconsideração.

Seção VII

Do Julgamento em Segunda Instância

Art. 37. O julgamento no Conselho Administrativo de Recursos Fiscais far-se-á conforme dispuser o regimento interno.

•• *Caput* com redação determinada pela Lei n. 11.941, de 27-5-2009.

§ 1.º (*Revogado pelo Decreto n. 83.304, de 28-3-1979.*)

§ 2.º Caberá recurso especial à Câmara Superior de Recursos Fiscais, no prazo de 15 (quinze) dias da ciência do acórdão ao interessado:

I – (*Vetado.*)

II – de decisão que der à lei tributária interpretação divergente da que lhe tenha dado outra Câmara, turma de Câmara, turma especial ou a própria Câmara Superior de Recursos Fiscais.

•• § 2.º com redação determinada pela Lei n. 11.941, de 27-5-2009.

§ 3.º Caberá pedido de reconsideração, com efeito suspensivo, no prazo de 30 (trinta) dias, contados da ciência:

•• A Lei n. 11.941, de 27-5-2009, propôs nova redação para o *caput* deste § 3.º, mas o texto foi vetado.

I e II – (*Revogados pela Lei n. 11.941, de 27-5-2009.*)

Art. 38. O julgamento em outros órgãos da administração federal far-se-á de acordo com a legislação própria, ou, na sua falta, conforme dispuser o órgão que administra o tributo.

Seção VIII

Do Julgamento em Instância Especial

Art. 39. Não cabe pedido de reconsideração de ato do Ministro da Fazenda que julgar ou decidir as matérias de sua competência.

Art. 40. As propostas de aplicação de equidade apresentadas pelos Conselhos de Contribuintes atenderão às características pessoais ou materiais da espécie julgada e serão restritas à dispensa total ou parcial de penalidade pecuniária, nos casos em que não houver reincidência nem sonegação, fraude ou conluio.

Art. 41. O órgão preparador dará ciência ao sujeito passivo da decisão do Ministro da Fazenda, intimando-o, quando for o caso, a cumpri-la, no prazo de 30 (trinta) dias.

Seção IX

Da Eficácia e Execução das Decisões

Art. 42. São definitivas as decisões:

I – de primeira instância, esgotado o prazo para recurso voluntário sem que este tenha sido interposto;

II – de segunda instância, de que não caiba recurso ou, se cabível, quando decorrido o prazo sem sua interposição;

III – de instância especial.

Parágrafo único. Serão também definitivas as decisões de primeira instância na parte que não for objeto de recurso voluntário ou não estiver sujeita a recurso de ofício.

• *Vide* arts. 33 e 34 deste Decreto.

Art. 43. A decisão definitiva contrária ao sujeito passivo será cumprida no prazo para cobrança amigável fixado no art. 21, aplicando-se, no caso de descumprimento, o disposto no § 3.º do mesmo artigo.

§ 1.º A quantia depositada para evitar a correção monetária do crédito tributário ou para liberar mercadoria será convertida em renda se o sujeito passivo não comprovar, no prazo legal, a propositura de ação judicial.

§ 2.º Se o valor depositado não for suficiente para cobrir o crédito tributário, aplicar-se-á à cobrança do restante o disposto no *caput* deste artigo; se exceder o exigido, a autoridade promoverá a restituição da quantia excedente, na forma da legislação específica.

Art. 44. A decisão que declarar a perda de mercadoria ou outros bens será executada pelo órgão preparador, findo o prazo previsto no art. 21, segundo dispuser a legislação aplicável.

Art. 45. No caso de decisão definitiva favorável ao sujeito passivo, cumpre à autoridade preparadora exonerá-lo, de ofício, dos gravames decorrentes do litígio.

Capítulo II
DO PROCESSO DA CONSULTA

•• Processo administrativo de consulta: Lei n. 9.430, de 27-12-1996, arts. 48 a 50.

• Do Processo de Consulta: Instrução Normativa n. 1.464, de 8-5-2014, da Secretaria da Receita Federal do Brasil.

Art. 46. O sujeito passivo poderá formular consulta sobre dispositivos da legislação tributária aplicáveis a fato determinado.

Parágrafo único. Os órgãos da administração pública e as entidades representativas de categorias econômicas ou profissionais também poderão formular consulta.

Art. 47. A consulta deverá ser apresentada por escrito, no domicílio tributário do consulente, ao órgão local da entidade incumbida de administrar o tributo sobre que versa.

Art. 48. Salvo o disposto no artigo seguinte, nenhum procedimento fiscal será instaurado contra o sujeito passivo relativamente à espécie consultada, a partir da apresentação da consulta até o trigésimo dia subsequente à data da ciência:

I – de decisão de primeira instância da qual não haja sido interposto recurso;

II – de decisão de segunda instância.

Art. 49. A consulta não suspende o prazo para recolhimento de tributo, retido na fonte ou autolançado antes ou depois de sua apresentação, nem o prazo para apresentação de declaração de rendimentos.

Art. 50. A decisão de segunda instância não obriga ao recolhimento de tributo que deixou de ser retido ou autolançado após a decisão reformada e de acordo com a orientação desta, no período compreendido entre as datas de ciência das duas decisões.

• *Vide* art. 57 deste Decreto.

Art. 51. No caso de consulta formulada por entidade representativa de categoria econômica ou profissional, os efeitos referidos no art. 48 só alcançam seus associados ou filiados depois de cientificado o consulente da decisão.

Art. 52. Não produzirá efeito a consulta formulada:

I – em desacordo com os arts. 46 e 47;

II – por quem tiver sido intimado a cumprir obrigação relativa ao fato objeto da consulta;

III – por quem estiver sob procedimento fiscal iniciado para apurar fatos que se relacionem com a matéria consultada;

IV – quando o fato já houver sido objeto de decisão anterior, ainda não modificada, proferida em consulta ou litígio em que tenha sido parte o consulente;

V – quando o fato estiver disciplinado em ato normativo, publicado antes de sua apresentação;

VI – quando o fato estiver definido ou declarado em disposição literal da lei;

VII – quando o fato for definido como crime ou contravenção penal;

VIII – quando não descrever, completa ou exatamente, a hipótese a que se referir, ou não contiver os elementos necessários à sua solução, salvo se a inexatidão ou omissão for escusável, a critério da autoridade julgadora.

Art. 53. O preparo do processo compete ao órgão local da entidade encarregada da administração do tributo.

Art. 54. O julgamento compete:

I – em primeira instância:

a) aos superintendentes regionais da Receita Federal, quanto aos tributos administrados pela Secretaria da Receita Federal, atendida, no julgamento, a orientação emanada dos atos normativos da Coordenação do Sistema de Tributação;

•• A Secretaria da Receita Federal passa a denominar-se Secretaria da Receita Federal do Brasil, por força da Lei n. 11.457, de 16-3-2007.

b) às autoridades referidas na alínea *b* do inciso I do art. 25;

II – em segunda instância:

a) ao coordenador do Sistema de Tributação da Secretaria da Receita Federal, salvo quanto aos tributos incluídos na competência julgadora de outro órgão da administração federal;

b) à autoridade mencionada na legislação dos tributos ressalvados na alínea precedente ou, na falta dessa indicação, à que for designada pela entidade que administra o tributo;

III – em instância única, ao coordenador do Sistema de Tributação, quanto às consultas relativas aos tributos administrados pela Secretaria da Receita Federal e formuladas:

a) sobre classificação fiscal de mercadorias;

b) pelos órgãos centrais da administração pública;

c) por entidades representativas de categorias econômicas ou profissionais, de âmbito nacional.

Art. 55. Compete à autoridade julgadora declarar a ineficácia da consulta.

Art. 56. Cabe recurso voluntário, com efeito suspensivo, de decisão de primeira instância, dentro de 30 (trinta) dias, contados da ciência.

Art. 57. A autoridade de primeira instância recorrerá de ofício de decisão favorável ao consulente.

Art. 58. Não cabe pedido de reconsideração de decisão proferida em processo de consulta, inclusive da que declarar a sua ineficácia.

Capítulo III
DAS NULIDADES

Art. 59. São nulos:

I – os atos e termos lavrados por pessoa incompetente;

II – os despachos e decisões proferidos por autoridade incompetente ou com preterição do direito de defesa.

§ 1.º A nulidade de qualquer ato só prejudica os posteriores que dele diretamente dependam ou sejam consequência.

§ 2.º Na declaração de nulidade, a autoridade dirá os atos alcançados e determinará as providências necessárias ao prosseguimento ou solução do processo.

§ 3.º Quando puder decidir do mérito a favor do sujeito passivo a quem aproveitaria a declaração de nulidade, a autoridade julgadora não a pronunciará nem mandará repetir o ato ou suprir-lhe a falta.

•• § 3.º acrescentado pela Lei n. 8.748, de 9-12-1993.

Art. 60. As irregularidades, incorreções e omissões diferentes das referidas no artigo anterior não importarão em nulidade e serão sanadas quando resultarem em prejuízo para o sujeito passivo, salvo se este lhes houver dado causa, ou quando não influírem na solução do litígio.

• *Vide* art. 32 deste Decreto.

Art. 61. A nulidade será declarada pela autoridade competente para praticar o ato ou julgar a sua legitimidade.

Capítulo IV
DISPOSIÇÕES FINAIS E TRANSITÓRIAS

Art. 62. Durante a vigência de medida judicial que determinar a suspensão da cobrança do tributo não será instaurado procedimento fiscal contra o sujeito passivo favorecido pela decisão, relativamente à matéria sobre que versar a ordem de suspensão.

Parágrafo único. Se a medida referir-se à matéria objeto de processo fiscal, o curso deste não será suspenso exceto quanto aos atos executórios.

Art. 63. A destinação de mercadorias ou outros bens apreendidos ou dados em garantia de pagamento do crédito tributário obedecerá às normas estabelecidas na legislação aplicável.

Art. 64. Os documentos que instruem o processo poderão ser restituídos, em qualquer fase, a requerimento do sujeito passivo, desde que a medida não prejudique a instrução e deles fique cópia autenticada no processo.

Art. 64-A. Os documentos que instruem o processo poderão ser objeto de digitalização, observado o disposto nos arts. 1.º e 3.º da Lei n. 12.682, de 9 de julho de 2012.

•• Artigo acrescentado pela Lei n. 12.865, de 9-10-2013.

Art. 64-B. No processo eletrônico, os atos, documentos e termos que o instruem poderão ser natos digitais ou produzidos por meio de digitalização, observado o disposto na Medida Provisória n. 2.200-2, de 24 de agosto de 2001.

•• *Caput* acrescentado pela Lei n. 12.865, de 9-10-2013.

§ 1.º Os atos, termos e documentos submetidos a digitalização pela administração tributária e armazenados eletronicamente possuem o mesmo valor probante de seus originais.

•• § 1.º acrescentado pela Lei n. 12.865, de 9-10-2013.

§ 2.º Os autos de processos eletrônicos, ou parte deles, que tiverem de ser remetidos a órgãos ou entidades que não disponham de sistema compatível de armazenagem e tramitação poderão ser encaminhados impressos em papel ou por meio digital, conforme disciplinado em ato da administração tributária.

•• § 2.º acrescentado pela Lei n. 12.865, de 9-10-2013.

§ 3.º As matrizes físicas dos atos, dos termos e dos documentos digitalizados e armazenados eletronicamente, nos termos do § 1.º, poderão ser descartadas, conforme regulamento.

•• § 3.º acrescentado pela Lei n. 13.097, de 19-1-2015.

Art. 65. O disposto neste Decreto não prejudicará a validade dos atos praticados na vigência da legislação anterior.

§ 1.º O preparo dos processos em curso, até a decisão de primeira instância, continuará regido pela legislação precedente.

§ 2.º Não se modificarão os prazos iniciados antes da entrada em vigor deste Decreto.

Art. 66. O Conselho Superior de Tarifa passa a denominar-se 4.º Conselho de Contribuintes.

•• O 4.º Conselho de Contribuintes passou, por determinação do art. 2.º do Decreto n. 79.630, de 29-4-1977, a denominar-se 3.º Conselho de Contribuintes.

Art. 67. Os Conselhos de Contribuintes, no prazo de 90 (noventa) dias, adaptarão seus regimentos internos às disposições deste Decreto.

Art. 68. Revogam-se as disposições em contrário.

Brasília, 6 de março de 1972; 151.º da Independência e 84.º da República.

EMÍLIO G. MÉDICI

LEI N. 6.099, DE 12 DE SETEMBRO DE 1974 (*)

Dispõe sobre o tratamento tributário das operações de arrendamento mercantil, e dá outras providências.

(*) Publicada no *DOU*, de 13-9-1974. Retificada em 20-9-1974.

O Presidente da República.

Faço saber que o Congresso Nacional decreta e eu sanciono a seguinte Lei:

Art. 1.º O tratamento tributário das operações de arrendamento mercantil reger-se-á pelas disposições desta Lei.

•• *Vide* art. 49 da Lei n. 12.973, de 13-5-2014.

• *Vide* Súmula 138 do STJ.

Parágrafo único. Considera-se arrendamento mercantil, para os efeitos desta Lei, o negócio jurídico realizado entre pessoa jurídica, na qualidade de arrendadora, e pessoa física ou jurídica, na qualidade de arrendatária, e que tenha por objeto o arrendamento de bens adquiridos pela arrendadora, segundo especificações da arrendatária e para uso próprio desta.

•• Parágrafo único com redação determinada pela Lei n. 7.132, de 26-10-1983.

•• *Vide* Súmula 564 do STJ.

Art. 2.º Não terá o tratamento previsto nesta Lei o arrendamento de bens contratado entre pessoas jurídicas direta ou indiretamente coligadas ou interdependentes, assim como o contratado com o próprio fabricante.

§ 1.º O Conselho Monetário Nacional especificará em regulamento os casos de coligação e interdependência.

§ 2.º Somente farão jus ao tratamento previsto nesta Lei as operações realizadas ou por empresas arrendadoras que fizerem dessa operação o objeto principal de sua atividade ou que centralizarem tais operações em um departamento especializado com escrituração própria.

Art. 3.º Serão escriturados em conta especial do ativo imobilizado da arrendadora os bens destinados a arrendamento mercantil.

Art. 4.º A pessoa jurídica arrendadora manterá registro individualizado que permita a verificação do fator determinante da receita e do tempo efetivo de arrendamento.

Art. 5.º Os contratos de arrendamento mercantil conterão as seguintes disposições:

a) prazo do contrato;

b) valor de cada contraprestação por períodos determinados, não superiores a 1 (um) semestre;

c) opção de compra ou renovação de contrato, como faculdade do arrendatário;

d) preço para opção de compra ou critério para sua fixação, quando for estipulada esta cláusula.

Parágrafo único. Poderá o Conselho Monetário Nacional, nas operações que venha a definir, estabelecer que as contraprestações sejam estipuladas por períodos superiores aos previstos na alínea *b* deste artigo.

•• Parágrafo único acrescentado pela Lei n. 7.132, de 26-10-1983.

Art. 6.º O Conselho Monetário Nacional poderá estabelecer índices máximos para a soma das contraprestações, acrescidas do preço para exercício da opção da compra nas operações de arrendamento mercantil.

§ 1.º Ficam sujeitas à regra deste artigo as prorrogações do arrendamento nele referido.

§ 2.º Os índices de que trata este artigo serão fixados, considerando o custo do arrendamento em relação ao do financiamento da compra e venda.

Art. 7.º Todas as operações de arrendamento mercantil subordinam-se ao controle e fiscalização do Banco Central do Brasil, segundo normas estabelecidas pelo Conselho Monetário Nacional, a elas se aplicando, no que couber, as disposições da Lei n. 4.595, de 31 de dezembro de 1964, e legislação posterior relativa ao Sistema Financeiro Nacional.

Art. 8.º O Conselho Monetário Nacional poderá baixar resolução disciplinando as condições segundo as quais as instituições financeiras poderão financiar suas controladas, coligadas ou interdependentes que se especializarem em operações de arrendamento mercantil.

•• *Caput* com redação determinada pela Lei n. 11.882, de 23-12-2008.

Parágrafo único. A aquisição de debêntures emitidas por sociedades de arrendamento mercantil em mercado primário ou secundário constitui obrigação de natureza cambiária, não caracterizando operação de empréstimo ou adiantamento.

•• Parágrafo único acrescentando pela Lei n. 11.882, de 23-12-2008.

Art. 9.º As operações de arrendamento mercantil contratadas com o próprio vendedor do bem ou com pessoas jurídicas a ele vinculadas, mediante quaisquer das relações previstas no art. 2.º desta Lei, poderão também ser realizadas por instituições financeiras expressamente autorizadas pelo Conselho Monetário Nacional, que estabelecerá as condições para a realização das operações previstas neste artigo.

•• *Caput* com redação determinada pela Lei n. 7.132, de 26-10-1983.

Parágrafo único. Nos casos deste artigo, o prejuízo decorrente da venda do bem não será dedutível na determinação do lucro real.

•• Parágrafo único com redação determinada pela Lei n. 7.132, de 26-10-1983.

Art. 10. Somente poderão ser objeto de arrendamento mercantil os bens de produção estrangeira que forem enumerados pelo Conselho Monetário Nacional, que poderá, também, estabelecer condições para seu arrendamento a empresas cujo controle acionário pertencer a pessoas residentes no Exterior.

Sobre arrendamento mercantil: Resolução n. 2.309, de 28-8-1996 (regulamento); Lei Complementar n. 87, de 13-9-1996, art. 3.º (não incidência); Decre-to n. 2.078, de 22-11-1996, art. 1.º (centralização obrigatória de recolhimento de tributos); Lei n. 9.430, de 27-12-1996, art. 86 (contraprestação de arrendamento mercantil); Lei Complementar n. 105, de 10-1-2001 (sigilo das operações de instituições financeiras, dentre elas as sociedades de arrendamento mercantil); Lei Complementar n. 123, de 14-12-2006, art. 3.º, § 4.º, VIII (regime tributário das microempresas e das empresas de pequeno porte); Lei n. 11.649, de 4-4-2008 (arrendamento mercantil de veículo automotor).

Art. 11. Serão considerados como custo ou despesa operacional da pessoa jurídica arrendatária as contraprestações pagas ou creditadas por força do contrato de arrendamento mercantil.

§ 1.º A aquisição pelo arrendatário de bens arrendados em desacordo com as disposições desta Lei será considerada operação de compra e venda a prestação.

• *Vide* Súmula 293 do STJ.

§ 2.º O preço de compra e venda, no caso do parágrafo anterior, será o total das contraprestações pagas durante a vigência do arrendamento, acrescido da parcela paga a título de preço de aquisição.

§ 3.º Na hipótese prevista no § 1.º deste artigo, as importâncias já deduzidas, como custo ou despesa operacional pela adquirente, acrescerão ao lucro tributável pelo Imposto sobre a Renda, no exercício correspondente à respectiva dedução.

§ 4.º O imposto não recolhido, na hipótese do parágrafo anterior, será devido com acréscimo de juros e correção monetária, multa e demais penalidades legais.

Art. 12. Serão admitidas como custos das pessoas jurídicas arrendadoras as cotas de depreciação do preço de aquisição de bem arrendado, calculadas de acordo com a vida útil do bem.

§ 1.º Entende-se por vida útil do bem o prazo durante o qual se possa esperar a sua efetiva utilização econômica.

§ 2.º A Secretaria da Receita Federal publicará periodicamente o prazo de vida útil admissível, em condições normais, para cada espécie de bem.

•• A Secretaria da Receita Federal passa a denominar-se Secretaria da Receita Federal do Brasil, por força da Lei n. 11.457, de 16-3-2007.

§ 3.º Enquanto não forem publicados os prazos de vida útil de que trata o parágrafo anterior, a sua determinação se fará segundo as normas previstas pela legislação do Imposto sobre a Renda para fixação da taxa de depreciação.

Art. 13. Nos casos de operações de vendas de bens que tenham sido objeto de arrendamento mercantil, o saldo não depreciado será admitido como custo para efeito de apuração do lucro tributável pelo Imposto sobre a Renda.

Art. 14. Não será dedutível, para fins de apuração do lucro tributável pelo Imposto sobre a Renda, a diferença a menor entre o valor contábil residual do bem arrendado e o seu preço de venda, quando do exercício da opção de compra.

Art. 15. (*Revogado pela Lei n. 12.973, de 13-5-2014.*)

Art. 16. Os contratos de arrendamento mercantil celebrados com entidades domiciliadas no Exterior serão submetidos a registro no Banco Central do Brasil.

•• *Caput* com redação determinada pela Lei n. 7.132, de 26-10-1983.

•• A Lei n. 14.286, de 29-12-2021, em vigor após 1 (um) ano de sua publicação (*DOU* de 30-12-2021), revoga este artigo.

§ 1.º O Conselho Monetário Nacional estabelecerá as normas para a concessão do registro a que se refere este artigo, observando as seguintes condições:

a) razoabilidade da contraprestação e de sua composição;

b) critérios para fixação do prazo de vida útil do bem;

c) compatibilidade do prazo de arrendamento do bem com a sua vida útil;

d) relação entre o preço internacional do bem e o custo total do arrendamento;

e) cláusula de opção de compra ou renovação do contrato;

f) outras cautelas ditadas pela política econômico-financeira nacional.

•• § 1.º com redação determinada pela Lei n. 7.132, de 26-10-1983.

§ 2.º Mediante prévia autorização do Banco Central do Brasil, segundo normas para este fim expedidas pelo Conselho Monetário Nacional, os bens objeto das operações de que trata este artigo poderão ser arrendados a sociedades arrendadoras domiciliadas no País, para o fim de subarrendamento.

•• § 2.º com redação determinada pela Lei n. 7.132, de 26-10-1983.

§ 3.º Estender-se-ão ao subarrendamento as normas aplicáveis aos contratos de arrendamento mercantil celebrados com entidades domiciliadas no Exterior.

•• § 3.º acrescentado pela Lei n. 7.132, de 26-10-1983.

§ 4.º No subarrendamento poderá haver vínculo de coligação ou de interdependência entre a entidade domiciliada no Exterior e a sociedade arrendatária subarrendadora, domiciliada no País.

•• § 4.º acrescentado pela Lei n. 7.132, de 26-10-1983.

§ 5.º Mediante as condições que estabelecer, o Conselho Monetário Nacional poderá autorizar o registro de contratos sem cláusula de opção de compra, bem como fixar prazos mínimos para as operações previstas neste artigo.

•• § 5.º acrescentado pela Lei n. 7.132, de 26-10-1983.

Art. 17. A entrada no território nacional dos bens objeto de arrendamento mercantil, contratado com entidades arrendadoras domiciliadas no Exterior, não se confunde com o regime de admissão temporária de que trata o Decreto-lei n. 37, de 18 de novembro de 1966, e se sujeitará a todas as normas legais que regem a importação.

•• Artigo com redação determinada pela Lei n. 7.132, de 26-10-1983.

Art. 18. A base de cálculo, para efeito do Imposto sobre Produtos Industrializados, do fato gerador que ocorrer por ocasião da remessa de bens importados ao estabelecimento da empresa arrendatária, corresponderá ao preço atacado desse bem na praça em que a empresa arrendadora estiver domiciliada.

•• *Caput* com redação determinada pela Lei n. 7.132, de 26-10-1983.

§ 1.º (*Revogado pela Lei n. 9.532, de 10-12-1997.*)

§ 2.º Nas hipóteses em que o preço dos bens importados para o fim de arrendamento for igual ou superior ao que seria pago pelo arrendatário se os importasse diretamente, a base de cálculo mencionada no *caput* deste artigo será o valor que servir de base para o recolhimento do Imposto sobre Produtos Industrializados, por ocasião do desembaraço alfandegário desses bens.

Art. 19. Fica equiparada à exportação a compra e venda de bens no mercado interno, para o fim específico de arrendamento pelo comprador a arrendatário domiciliado no Exterior.

Art. 20. São assegurados ao vendedor dos bens de que trata o artigo anterior todos os benefícios fiscais concedidos por lei para incentivo à exportação, observadas as condições de qualidade da pessoa do vendedor e outras exigidas para os casos de exportação direta ou indireta.

§ 1.º Os benefícios fiscais de que trata este artigo serão concedidos sobre o equivalente em moeda nacional de garantia irrevogável do pagamento das contraprestações do arrendamento contratado, limitada a base de cálculo ao preço da compra e venda.

§ 2.º Para os fins do disposto no § 1.º, a equivalência em moeda nacional será determinada pela maior taxa de câmbio do dia da utilização dos benefícios fiscais, quando o pagamento das contraprestações do arrendamento contratado for efetivado em moeda estrangeira de livre conversibilidade.

•• § 2.º com redação determinada pela Lei n. 12.024, de 27-8-2009.

Art. 21. O Ministro da Fazenda poderá estender aos arrendatários de máquinas, aparelhos e equipamentos de produção nacional, objeto de arrendamento mercantil, os benefícios de que trata o Decreto-lei n. 1.136, de 7 de dezembro de 1970.

Art. 22. As pessoas jurídicas que estiverem operando com arrendamento de bens, e que se ajustarem às disposições desta Lei dentro de 180 (cento e oitenta) dias, a contar da sua vigência, terão as suas operações regidas por este Diploma legal, desde que ajustem convenientemente os seus contratos, mediante instrumentos de aditamento.

Art. 23. Fica o Conselho Monetário Nacional autorizado a:

a) expedir normas que visem a estabelecer mecanismos reguladores das atividades previstas nesta Lei, inclusive excluir modalidades de operações do tratamento nela previsto e limitar ou proibir sua prática por determinadas categorias de pessoas físicas ou jurídicas;

•• Alínea *a* com redação determinada pela Lei n. 7.132, de 26-10-1983.

b) enumerar restritivamente os bens que não poderão ser objeto de arrendamento mercantil, tendo em vista a política econômico-financeira do País.

Art. 24. A cessão do contrato de arrendamento mercantil a entidade domiciliada no Exterior reger-se-á pelo disposto nesta Lei e dependerá de prévia autorização do Banco Central do Brasil, conforme normas expedidas pelo Conselho Monetário Nacional.

•• *Caput* acrescentado pela Lei n. 7.132, de 26-10-1983.

•• A Lei n. 14.286, de 29-12-2021, em vigor após 1 (um) ano de sua publicação (*DOU* de 30-12-2021), revoga este artigo.

Parágrafo único. Observado o disposto neste artigo, poderão ser transferidos, exclusiva e independentemente da cessão do contrato, os direitos de crédito relativos às contraprestações devidas.

•• Parágrafo único acrescentado pela Lei n. 7.132, de 26-10-1983.

Art. 25. Esta Lei entrará em vigor na data de sua publicação, revogadas as disposições em contrário.

•• Primitivo art. 24 renumerado pela Lei n. 7.132, de 26-10-1983.

Brasília, 12 de setembro de 1974; 153.º da Independência e 86.º da República.

ERNESTO GEISEL

LEI COMPLEMENTAR N. 24, DE 7 DE JANEIRO DE 1975 (*)

Dispõe sobre os convênios para a concessão de isenções do imposto sobre operações relativas à circulação de mercadorias e dá outras providências.

O Presidente da República

Faço saber que o Congresso Nacional decreta e eu sanciono a seguinte Lei Complementar:

Art. 1.º As isenções do imposto sobre operações relativas à circulação de mercadorias serão concedidas ou revogadas nos termos de convênios celebrados e ratificados pelos Estados e pelo Distrito Federal, segundo esta Lei.

Parágrafo único. O disposto neste artigo também se aplica:

I – à redução da base de cálculo;

II – à devolução total ou parcial, direta ou indireta, condicionada ou não, do tributo, ao contribuinte, a responsável ou a terceiros;

III – à concessão de créditos presumidos;

IV – a quaisquer outros incentivos ou favores fiscais ou financeiro-fiscais, concedidos com base no Imposto de Circulação de Mercadorias, dos quais resulte redução ou eliminação, direta ou indireta, do respectivo ônus;

V – às prorrogações e às extensões das isenções vigentes nesta data.

Art. 2.º Os convênios a que alude o art. 1.º serão celebrados em reuniões para as quais tenham sido convocados representantes de todos os Estados e do Distrito Federal, sob a presidência de representantes do Governo Federal.

§ 1.º As reuniões se realizarão com a presença de representantes da maioria das Unidades da Federação.

§ 2.º A concessão de benefícios dependerá sempre de decisão unânime dos Estados representados; a sua revogação total ou parcial dependerá de aprovação de 4/5 (quatro quintos), pelo menos, dos representantes presentes.

§ 3.º Dentro de 10 (dez) dias, contados da data final da reunião a que se refere este artigo, a resolução nela adotada será publicada no *Diário Oficial da União*.

Art. 3.º Os convênios podem dispor que a aplicação de qualquer de suas cláusulas seja limitada a uma ou a algumas Unidades da Federação.

(*) Publicada no *DOU*, de 9-1-1975.

Art. 4.º Dentro do prazo de 15 (quinze) dias contados da publicação dos convênios no *Diário Oficial da União*, e independentemente de qualquer outra comunicação, o Poder Executivo de cada Unidade da Federação publicará decreto ratificando ou não os convênios celebrados, considerando-se ratificação tácita dos convênios a falta de manifestação no prazo assinalado neste artigo.

§ 1.º O disposto neste artigo aplica-se também às Unidades da Federação cujos representantes não tenham comparecido à reunião em que hajam sido celebrados os convênios.

§ 2.º Considerar-se-á rejeitado o convênio que não for expressa ou tacitamente ratificado pelo Poder Executivo de todas as Unidades da Federação ou, nos casos de revogação a que se refere o art. 2.º, § 2.º, desta Lei, pelo Poder Executivo de, no mínimo, 4/5 (quatro quintos) das Unidades da Federação.

Art. 5.º Até 10 (dez) dias depois de findo o prazo de ratificação dos convênios, promover-se-á, segundo o disposto em Regimento, a publicação relativa à ratificação ou à rejeição no *Diário Oficial da União*.

Art. 6.º Os convênios entrarão em vigor no trigésimo dia após a publicação a que se refere o art. 5.º, salvo disposição em contrário.

Art. 7.º Os convênios ratificados obrigam todas as Unidades da Federação inclusive as que, regularmente convocadas, não se tenham feito representar na reunião.

Art. 8.º A inobservância dos dispositivos desta Lei acarretará, cumulativamente:

I – a nulidade do ato e a ineficácia do crédito fiscal atribuído ao estabelecimento recebedor da mercadoria;

II – a exigibilidade do imposto não pago ou devolvido e a ineficácia da lei ou ato que conceda remissão do débito correspondente.

Parágrafo único. As sanções previstas neste artigo poder-se-ão acrescer a presunção de irregularidade das contas correspondentes ao exercício, a juí-zo do Tribunal de Contas da União, e a suspensão do pagamento das quotas referentes ao Fundo de Participação, ao Fundo Especial e aos impostos referidos nos itens VIII e IX do art. 21 da Constituição Federal.

•• Referência à CF de 1969.

Art. 9.º É vedado aos Municípios, sob pena das sanções previstas no artigo anterior, concederem qualquer dos benefícios relacionados no art. 1.º no que se refere à sua parcela na receita do imposto de circulação de mercadorias.

Art. 10. Os convênios definirão as condições gerais em que se poderão conceder, unilateralmente, anistia, remissão, transação, moratória, parcelamento de débitos fiscais e ampliação do prazo de recolhimento do imposto de circulação de mercadorias.

Art. 11. O Regimento das reuniões de representantes das Unidades da Federação será aprovado em convênio.

Art. 12. São mantidos os benefícios fiscais decorrentes de convênios regionais e nacionais vigentes à data desta Lei, até que revogados ou alterados por outro.

§ 1.º Continuam em vigor os benefícios fiscais ressalvados pelo § 6.º do art. 3.º do Decreto-lei n. 406, de 31 de dezembro de 1968, com a redação que lhe deu o art. 5.º do Decreto-lei n. 834, de 8 de setembro de 1969, até o vencimento do prazo ou cumprimento das condições correspondentes.

§ 2.º Quaisquer outros benefícios fiscais concedidos pela legislação estadual considerar-se-ão revogados se não forem convalidados pelo primeiro convênio que se realizar na forma desta Lei, ressalvados os concedidos por prazo certo ou em função de determinadas condições que já tenham sido incorporadas ao patrimônio jurídico de contribuinte. O prazo para a celebração deste convênio será de 90 (noventa) dias a contar da data da publicação desta Lei.

§ 3.º A convalidação de que trata o parágrafo anterior se fará pela aprovação de 2/3 (dois terços) dos representantes presentes, observando-se, na respectiva ratificação, este *quorum* e o mesmo processo do disposto no art. 4.º.

Art. 13. O art. 178 do Código Tributário Nacional (Lei n. 5.172, de 25-10-1966) passa a vigorar com a seguinte redação:

•• Alteração já processada no diploma modificado.

Art. 14. Sairão com suspensão do Imposto de Circulação de Mercadorias:

I – as mercadorias remetidas pelo estabelecimento do produtor para estabelecimento de Cooperativa de que faça parte, situada no mesmo Estado;

II – as mercadorias remetidas pelo estabelecimento de Cooperativa de Produtores, para estabelecimento, no mesmo Estado, da própria Cooperativa, de Cooperativa Central ou de Federação de Cooperativas de que a Cooperativa remetente faça parte.

§ 1.º O imposto devido pelas saídas mencionadas nos incisos I e II será recolhido pelo destinatário quando da saída subsequente, esteja esta sujeita ou não ao pagamento do tributo.

§ 2.º Ficam revogados os incisos IX e X do art. 1.º da Lei Complementar n. 4, de 2 de dezembro de 1969.

Art. 15. O disposto nesta Lei não se aplica às indústrias instaladas ou que vierem a instalar-se na Zona Franca de Manaus, sendo vedado às demais Unidades da Federação determinar a exclusão de incentivo fiscal, prêmio ou estímulo concedido pelo Estado do Amazonas.

Art. 16. Esta Lei entrará em vigor na data de sua publicação, revogadas as disposições em contrário.

Brasília, em 7 de janeiro de 1975; 154.º da Independência e 87.º da República.

ERNESTO GEISEL

DECRETO-LEI N. 1.578, DE 11 DE OUTUBRO DE 1977 (*)

Dispõe sobre o Imposto sobre a Exportação, e dá outras providências.

O Presidente da República, no uso das atribuições que lhe confere o art. 55, II, da Constituição, decreta:

Art. 1.º O Imposto sobre a Exportação, para o estrangeiro, de produto nacional ou nacionalizado tem como fato gerador a saída deste do território nacional.

§ 1.º Considera-se ocorrido o fato gerador no momento da expedição da Guia de Exportação ou documento equivalente.

§ 2.º (*Revogado pela Lei n. 9.019, de 30-3-1995.*)

§ 3.º O Poder Executivo relacionará os produtos sujeitos ao imposto.

•• § 3.º acrescentado pela Lei n. 9.716, de 26-11-1998.

Art. 2.º A base de cálculo do imposto é o preço normal que o produto, ou seu similar, alcançaria, ao tempo da exportação, em uma venda em condições de livre concorrência no mercado internacional, observadas as normas expedidas pelo Poder Executivo, mediante ato da CAMEX - Câmara de Comércio Exterior.

•• *Caput* com redação determinada pela Medida Provisória n. 2.158-35, de 24-8-2001.

§ 1.º O preço à vista do produto, FOB ou posto na fronteira, é indicativo do preço normal.

§ 2.º Quando o preço do produto for de difícil apuração ou for susceptível de oscilações bruscas no mercado internacional, o Poder Executivo, mediante ato da CAMEX, fixará critérios específicos ou estabelecerá pauta de valor mínimo, para apuração de base de cálculo.

•• § 2.º com redação determinada pela Medida Provisória n. 2.158-35, de 24-8-2001.

§ 3.º Para efeito de determinação da base de cálculo do imposto, o preço de venda das mercadorias exportadas não poderá ser inferior ao seu custo de aquisição ou produção, acrescido dos impostos e das contribuições incidentes e de margem de lucro de 15% (quinze por cento) sobre a soma dos custos, mais impostos e contribuições.

•• § 3.º acrescentado pela Lei n. 9.716, de 26-11-1998.

Art. 3.º A alíquota do imposto é de 30% (trinta por cento), facultado ao Poder Executivo reduzi-la ou aumentá-la, para atender aos objetivos da política cambial e do comércio exterior.

•• *Caput* com redação determinada pela Lei n. 9.716, de 26-11-1998.

• O Decreto n. 10.044, de 4-10-2019, dispõe sobre a Câmara de Comércio Exterior - CAMEX.

Parágrafo único. Em caso de elevação, a alíquota do imposto não poderá ser superior a 5 (cinco) vezes o percentual fixado neste artigo.

•• Parágrafo único com redação determinada pela Lei n. 9.716, de 26-11-1998.

Art. 4.º O pagamento do imposto será realizado na forma e no momento fixados pelo Ministro da Fazenda, que poderá determinar sua exigibilidade antes da efetiva saída do produto a ser exportado.

Parágrafo único. Poderá ser dispensada a cobrança do imposto em função do destino da mercadoria exportada, observadas normas editadas pelo Ministro de Estado da Fazenda.

•• Parágrafo único acrescentado pela Lei n. 9.716, de 26-11-1998.

Art. 5.º O contribuinte do imposto é o exportador, assim considerado qualquer pessoa que promova a saída do produto do território nacional.

Art. 6.º Não efetivada a exportação do produto ou ocorrendo o seu retorno na forma do art. 11 do Decreto-lei n. 491, de 5 de março de 1969, a quantia paga a título de imposto será restituída a requerimento do interessado acompanhado da respectiva documentação comprobatória.

Art. 7.º (*Revogado pela Lei n. 10.833, de 29-12-2003.*)

Art. 8.º No que couber, aplicar-se-á, subsidiariamente, ao Imposto sobre a Exportação a legislação relativa ao Imposto sobre a Importação.

Art. 9.º O produto da arrecadação do Imposto sobre a Exportação constituirá reserva monetária, a crédito do Banco Central do Brasil, a qual só poderá ser aplicada na forma estabelecida pelo Conselho Monetário Nacional.

Art. 10. A CAMEX expedirá normas complementares a este decreto-lei, respeitado o disposto no § 2.º do art. 1.º, *caput* e § 2.º do art. 2.º, e arts. 3.º e 9.º.

•• Artigo com redação determinada pela Medida Provisória n. 2.158-35, de 24-8-2001.

Art. 11. Este Decreto-lei entrará em vigor na data de sua publicação, revogadas a Lei n. 5.072, de 12 de agosto de 1966, e demais disposições em contrário.

Brasília, 11 de outubro de 1977; 156.º da Independência e 89.º da República.

ERNESTO GEISEL

DECRETO-LEI N. 1.715, DE 22 DE NOVEMBRO DE 1979 (**)

Regula a expedição de certidão de quitação de tributos federais e extingue a declaração de devedor remisso.

O Presidente da República, usando da atribuição que lhe

(*) Publicado no *DOU*, de 12-10-1977. *Vide* arts. 150, § 1.º, 153, II, VII e § 1.º, da CF.

(**) Publicado no *DOU*, de 23-11-1979. Aprovado pelo Decreto Legislativo n. 20, de 6-5-1980.

confere o inciso II do art. 55 da Constituição e tendo em vista o disposto no Decreto n. 83.740, de 18 de julho de 1979, que instituiu o Programa Nacional de Desburocratização, decreta:

Art. 1.º A prova de quitação de tributos, multas e outros encargos fiscais, cuja administração seja da competência do Ministério da Fazenda, será exigida nas seguintes hipóteses:

I – concessão de concordata e declaração de extinção das obrigações do falido;

II – celebração de contrato com quaisquer órgãos da Administração Federal Direta e Autarquias da União e participação em concorrência pública promovida por esses órgãos e entidades, observado, nesta última hipótese, o disposto no art. 3.º;

III – transferência de residência para o Exterior;

IV – venda de estabelecimentos comerciais ou industriais por intermédio de leiloeiros;

V – registro ou arquivamento de distrato, alterações contratuais e outros atos perante o registro público competente, desde que importem na extinção de sociedade ou baixa de firma individual ou na redução de capital das mesmas, exceto no caso de falência;

VI – outros casos que venham a ser estabelecidos pelo Poder Executivo.

§ 1.º A prova de quitação prevista neste artigo será feita por meio de certidão ou outro documento hábil, na forma e prazo determinados pelo Ministro da Fazenda.

- De acordo com o art. 1.º, II, da Lei n. 11.882, de 23-12-2008, o Conselho Monetário Nacional, com o propósito de assegurar níveis adequados de liquidez no sistema financeiro, poderá afastar, nas operações de redesconto e empréstimo realizadas pelo Banco Central do Brasil, as exigências de regularidade fiscal previstas neste parágrafo.

§ 2.º A certidão de quitação será eficaz, dentro do seu prazo de validade e para o fim a que se destina, perante qualquer órgão ou entidade da Administração Federal, Estadual e Municipal, Direta ou Indireta.

§ 3.º Para efeito do julgamento de partilha ou de adjudicação, relativamente aos bens do espólio ou às suas rendas, o Ministério da Fazenda prestará ao juízo as informações que forem solicitadas.

Art. 2.º É vedado aos órgãos e entidades da Administração Federal, Direta ou Indireta, exigir a prova de quitação de que trata este Decreto-lei, salvo nas hipóteses previstas no art. 1.º.

Art. 3.º O Poder Executivo estabelecerá as condições de dispensa de apresentação da prova de quitação, de que trata o art. 1.º, na habilitação em licitações para compras, obras e serviços no âmbito da Administração Federal, Estadual ou Municipal.

Art. 4.º É facultado às empresas públicas, sociedades de economia mista e fundações, criadas, instituídas ou mantidas pela União, deixarem de contratar com pessoas que se encontrem em débito com a Fazenda Nacional.

Parágrafo único. Para os efeitos previstos neste artigo, será divulgada, periodicamente, relação de devedores por créditos tributários devidos à Fazenda Nacional, na forma e condições estabelecidas pelo Ministro da Fazenda.

Art. 5.º Fica extinta, para todos os efeitos legais, a declaração de devedor remisso à Fazenda Nacional.

Art. 6.º Este Decreto-lei entrará em vigor na data de sua publicação, revogadas as disposições em contrário.

Brasília, 22 de novembro de 1979; 158.º da Independência e 91.º da República.

João Figueiredo

O Decreto n. 84.701, de 13-5-1980, institui o Certificado de Regularidade Jurídico-Fiscal nas licitações promovidas na Administração Federal Direta e Indireta. O Decreto n. 84.702, de 13-5-1980, simplifica a prova de quitação de tributos, contribuições, anuidades e outros encargos, e restringe a exigência de certidões no âmbito da Administração Federal.

DECRETO-LEI N. 1.755, DE 31 DE DEZEMBRO DE 1979 (*)

Dispõe sobre a arrecadação e restituição das receitas federais, e dá outras providências.

O Presidente da República, no uso das atribuições conferidas pelo art. 55, II, da Constituição Federal, decreta:

Art. 1.º A arrecadação de todas as receitas da União far-se-á na forma estabelecida pelo Ministério da Fazenda, devendo o seu produto ser obrigatoriamente recolhido à conta do Tesouro Nacional.

Art. 2.º (*Revogado pelo Decreto-lei n. 2.312, de 23-12-1986.*)

Art. 3.º (*Revogado pelo Decreto-lei n. 1.805, de 1.º-10-1980.*)

Art. 4.º Os órgãos autônomos da Administração Federal Direta promoverão o recolhimento de suas receitas próprias ao Banco do Brasil S.A., à conta do Tesouro Nacional, observando-se o disposto no art. 2.º deste Decreto-lei.

Parágrafo único. A receita própria de órgãos autônomos corresponde àquela gerada nas atividades de pesquisa ou ensino ou de caráter industrial, comercial ou agrícola, nos termos do Decreto-lei n. 200, de 25 de fevereiro de 1967, com a redação dada pelo Decreto-lei n. 900, de 29 de setembro de 1969, bem como nas relativas prestações de serviços de qualquer natureza.

Art. 5.º A restituição de receitas federais e o ressarcimento em espécie, a título de incentivo ou benefício fiscal, dedutíveis da arrecadação, mediante anulação de receita, serão efetuados através de documento próprio a ser instituído pelo Ministério da Fazenda.

(*) Publicado no *DOU*, de 31-12-1979. Texto aprovado pelo Decreto Legislativo n. 69, de 15-8-1980.

Art. 6.º A Secretaria de Planejamento da Presidência da República e o Ministério da Fazenda baixarão as normas complementares necessárias à implementação do disposto neste Decreto-lei.

Art. 7.º Este Decreto-lei entrará em vigor na data de sua publicação, ficando extintas todas as formas de arrecadação das receitas federais que não estejam de acordo com o disposto no presente Decreto-lei, revogando-se ainda as demais disposições em contrário.

Brasília, 31 de dezembro de 1979; 158.º da Independência e 91.º da República.

JOÃO FIGUEIREDO

DECRETO-LEI N. 1.804, DE 3 DE SETEMBRO DE 1980 (*)

Dispõe sobre tributação simplificada das remessas postais internacionais.

O Presidente da República, no uso da atribuição que lhe confere o art. 55, II, da Constituição, decreta:

Art. 1.º Fica instituído o regime de tributação simplificada para a cobrança do Imposto sobre a Importação incidente sobre bens contidos em remessas postais internacionais, observado o disposto no art. 2.º deste Decreto-lei.

§ 1.º Os bens compreendidos no regime previsto neste artigo ficam isentos do Imposto sobre Produtos Industrializados.

§ 2.º A tributação simplificada poderá efetuar-se pela classificação genérica dos bens em um ou mais grupos, aplicando-se alíquotas constantes ou progressivas em função do valor das remessas, não superiores a 400% (quatrocentos por cento).

§ 3.º (*Revogado pela Lei n. 9.001, de 16-3-1995.*)

§ 4.º Poderão ser estabelecidos requisitos e condições para aplicação do disposto neste artigo.

Art. 2.º O Ministério da Fazenda, relativamente ao regime de que trata o art. 1.º deste Decreto-lei, estabelecerá a classificação genérica e fixará as alíquotas especiais a que se refere o § 2.º do art. 1.º, bem como poderá:

I – dispor sobre normas, métodos e padrões específicos de valoração aduaneira dos bens contidos em remessas postais internacionais;

II – dispor sobre a isenção do Imposto sobre a Importação dos bens contidos em remessas de valor até US$ 100.00 (cem dólares norte-americanos), ou o equivalente em outras moedas, quando destinados a pessoas físicas.

•• Inciso II com redação determinada pela Lei n. 8.383, de 30-12-1991.

(*) Publicado no *DOU*, de 4-9-1980.

Parágrafo único. O Ministério da Fazenda poderá, também, estender a aplicação do regime às encomendas aéreas internacionais transportadas com a emissão de conhecimento aéreo.

Art. 3.º O inciso XVI, do art. 105, do Decreto-lei n. 37, de 18 de novembro de 1966, passa a vigorar com a seguinte redação:

•• Alteração já processada no diploma modificado.

Art. 4.º Este Decreto-lei entrará em vigor na data de sua publicação, revogadas as disposições em contrário.

Brasília, 3 de dezembro de 1980; 159.º da Independência e 92.º da República.

JOÃO FIGUEIREDO

LEI N. 6.830, DE 22 DE SETEMBRO DE 1980 (**)

Dispõe sobre a cobrança judicial da Dívida Ativa da Fazenda Pública e dá outras providências.

O Presidente da República:

Faço saber que o Congresso Nacional decreta e eu sanciono a seguinte Lei:

Art. 1.º A execução judicial para cobrança da Dívida Ativa da União, dos Estados, do Distrito Federal, dos Municípios e respectivas autarquias será regida por esta Lei e, subsidiariamente, pelo Código de Processo Civil.

• *Vide* Súmulas 121, 128 e 153 do STJ.

Art. 2.º Constitui Dívida Ativa da Fazenda Pública aquela definida como tributária ou não tributária na Lei n. 4.320, de 17 de março de 1964, com as alterações posteriores, que estatui normas gerais de direito financeiro para elaboração e controle dos orçamentos e balanços da União, dos Estados, dos Municípios e do Distrito Federal.

§ 1.º Qualquer valor, cuja cobrança seja atribuída por lei às entidades de que trata o art. 1.º, será considerado Dívida Ativa da Fazenda Pública.

• A Portaria n. 75, de 22-3-2012, do Ministério da Fazenda, dispõe sobre a inscrição de débitos na Dívida Ativa da União e o ajuizamento de execuções fiscais pela Procuradoria-Geral da Fazenda Nacional.

§ 2.º A Dívida Ativa da Fazenda Pública, compreendendo a tributária e a não tributária, abrange atualização monetária, juros e multa de mora e demais encargos previstos em lei ou contrato.

§ 3.º A inscrição, que se constitui no ato de controle administrativo da legalidade, será feita pelo órgão competente para apurar a liquidez e certeza do crédito e suspenderá a prescrição, para todos os efeitos de direito, por 180 (cento e oitenta) dias ou até a distribuição da execução fiscal, se esta ocorrer antes de findo aquele prazo.

(**) Publicada no *DOU*, de 24-9-1980.
Sobre OTN, *vide* Nota dos Organizadores.

• *Vide* art. 70, § 2.º, do Decreto n. 4.382, de 19-9-2002.

• *Vide* Súmula 409 do STJ.

§ 4.º A Dívida Ativa da União será apurada e inscrita na Procuradoria da Fazenda Nacional.

• *Vide* Súmula 139 do STJ.

§ 5.º O Termo de Inscrição de Dívida Ativa deverá conter:

I – o nome do devedor, dos corresponsáveis e, sempre que conhecido, o domicílio ou residência de um e de outros;

II – o valor originário da dívida, bem como o termo inicial e a forma de calcular os juros de mora e demais encargos previstos em lei ou contrato;

III – a origem, a natureza e o fundamento legal ou contratual da dívida;

IV – a indicação, se for o caso, de estar a dívida sujeita à atualização monetária, bem como o respectivo fundamento legal e o termo inicial para o cálculo;

V – a data e o número da inscrição, no Registro de Dívida Ativa; e

VI – o número do processo administrativo ou do auto de infração, se neles estiver apurado o valor da dívida.

§ 6.º A Certidão de Dívida Ativa conterá os mesmos elementos do Termo de Inscrição e será autenticada pela autoridade competente.

§ 7.º O Termo de Inscrição e a Certidão de Dívida Ativa poderão ser preparados e numerados por processo manual, mecânico ou eletrônico.

§ 8.º Até a decisão de primeira instância, a Certidão de Dívida Ativa poderá ser emendada ou substituída, assegurada ao executado a devolução do prazo para embargos.

• *Vide* Súmula 392 do STJ.

§ 9.º O prazo para a cobrança das contribuições previdenciárias continua a ser o estabelecido no art. 144 da Lei n. 3.807, de 26 de agosto de 1960.

•• A Lei n. 3.807, de 26-8-1960, foi revogada pela Lei n. 8.212, de 24-7-1991, que passou a tratar da seguridade social e das contribuições previdenciárias.

• *Vide* Súmula 210 do STJ.

Art. 3.º A Dívida Ativa regularmente inscrita goza da presunção de certeza e liquidez.

• *Vide* Súmula 279 do STJ.

Parágrafo único. A presunção a que se refere este artigo é relativa e pode ser ilidida por prova inequívoca, a cargo do executado ou de terceiro, a quem aproveite.

Art. 4.º A execução fiscal poderá ser promovida contra:

I – o devedor;

II – o fiador;

III – o espólio;

IV – a massa;

V – o responsável, nos termos da lei, por dívidas, tributárias ou não, de pessoas físicas ou pessoas jurídicas de direito privado; e

VI – os sucessores a qualquer título.

§ 1.º Ressalvado o disposto no art. 31, o síndico, o comissário, o liquidante, o inventariante e o administrador, nos casos de falência, concordata, liquidação, inventário, insolvência ou concurso de credores, se, antes de garantidos os créditos da Fazenda Pública, alienarem ou derem em garantia quaisquer dos bens administrados, respondem, solidariamente, pelo valor desses bens.

§ 2.º À Dívida Ativa da Fazenda Pública, de qualquer natureza, aplicam-se as normas relativas à responsabilidade prevista na legislação tributária, civil e comercial.

• *Vide* Súmula 189 do STJ.

§ 3.º Os responsáveis, inclusive as pessoas indicadas no § 1.º deste artigo, poderão nomear bens livres e desembaraçados do devedor, tantos quantos bastem para pagar a dívida. Os bens dos responsáveis ficarão, porém, sujeitos à execução, se os do devedor forem insuficientes à satisfação da dívida.

§ 4.º Aplica-se à Dívida Ativa da Fazenda Pública de natureza não tributária o disposto nos arts. 186 e 188 a 192 do Código Tributário Nacional.

Art. 5.º A competência para processar e julgar a execução da Dívida Ativa da Fazenda Pública exclui a de qualquer outro juízo, inclusive o da falência, da concordata, da liquidação, da insolvência ou do inventário.

Art. 6.º A petição inicial indicará apenas:

•• *Vide* Súmulas 558 e 559 do STJ.

I – o juiz a quem é dirigida;

II – o pedido; e

III – o requerimento para a citação.

§ 1.º A petição inicial será instruída com a Certidão da Dívida Ativa, que dela fará parte integrante, como se estivesse transcrita.

§ 2.º A petição inicial e a Certidão de Dívida Ativa poderão constituir um único documento, preparado inclusive por processo eletrônico.

§ 3.º A produção de provas pela Fazenda Pública independe de requerimento na petição inicial.

§ 4.º O valor da causa será o da dívida constante da certidão, com os encargos legais.

Art. 7.º O despacho do juiz que deferir a inicial importa em ordem para:

I – citação, pelas sucessivas modalidades previstas no art. 8.º;

II – penhora, se não for paga a dívida, nem garantida a execução, por meio de depósito, fiança ou seguro garantia;

•• Inciso II com redação determinada pela Lei n. 13.043, de 13-11-2014.

III – arresto, se o executado não tiver domicílio ou dele se ocultar;

IV – registro da penhora ou do arresto, independentemente do pagamento de custas ou outras despesas, observado o disposto no art. 14; e

V – avaliação dos bens penhorados ou arrestados.

Art. 8.º O executado será citado para, no prazo de 5 (cinco) dias, pagar a dívida com os juros e multa de mora e encargos indicados na Certidão de Dívida Ativa, ou garantir a execução, observadas as seguintes normas:

I – a citação será feita pelo correio, com aviso de recepção, se a Fazenda Pública não a requerer por outra forma;

II – a citação pelo correio considera-se feita na data da entrega da carta no endereço do executado; ou, se a data for omitida, no aviso de recepção, 10 (dez) dias após a entrega da carta à agência postal;

III – se o aviso de recepção não retornar no prazo de 15 (quinze) dias da entrega da carta à agência postal, a citação será feita por oficial de justiça ou por edital;

• *Vide* Súmulas 190 e 414 do STJ.

IV – o edital de citação será afixado na sede do juízo, publicado uma só vez no órgão oficial, gratuitamente, como expediente judiciário, com o prazo de 30 (trinta) dias, e conterá, apenas, a indicação da exequente, o nome do devedor e dos corresponsáveis, a quantia devida, a natureza da dívida, a data e o número da inscrição no Registro da Dívida Ativa, o prazo e o endereço da sede do juízo.

§ 1.º O executado ausente do País será citado por edital, com prazo de 60 (sessenta) dias.

§ 2.º O despacho do juiz, que ordenar a citação, interrompe a prescrição.

Art. 9.º Em garantia da execução, pelo valor da dívida, juros e multa de mora e encargos indicados na Certidão da Dívida Ativa, o executado poderá:

I – efetuar depósito em dinheiro, à ordem do juízo em estabelecimento oficial de crédito, que assegure atualização monetária;

II – oferecer fiança bancária ou seguro garantia;

•• Inciso II com redação determinada pela Lei n. 13.043, de 13-11-2014.

III – nomear bens à penhora, observada a ordem do art. 11; ou

IV – indicar à penhora bens oferecidos por terceiros e aceitos pela Fazenda Pública.

§ 1.º O executado só poderá indicar e o terceiro oferecer bem imóvel à penhora com o consentimento expresso do respectivo cônjuge.

§ 2.º Juntar-se-á aos autos a prova do depósito, da fiança bancária, do seguro garantia ou da penhora dos bens do executado ou de terceiros.

•• § 2.º com redação determinada pela Lei n. 13.043, de 13-11-2014.

§ 3.º A garantia da execução, por meio de depósito em dinheiro, fiança bancária ou seguro garantia, produz os mesmos efeitos da penhora.

•• § 3.º com redação determinada pela Lei n. 13.043, de 13-11-2014.

§ 4.º Somente o depósito em dinheiro, na forma do art. 32, faz cessar a responsabilidade pela atualização monetária e juros de mora.

• *Vide* Súmula 112 do STJ.

§ 5.º A fiança bancária prevista no inciso II obedecerá às condições preestabelecidas pelo Conselho Monetário Nacional.

§ 6.º O executado poderá pagar parcela da dívida, que julgar incontroversa, e garantir a execução do saldo devedor.

Art. 10. Não ocorrendo o pagamento, nem a garantia da execução de que trata o art. 9.º, a penhora poderá recair em qualquer bem do executado, exceto os que a lei declare absolutamente impenhoráveis.

Art. 11. A penhora ou arresto de bens obedecerá à seguinte ordem:

I – dinheiro;

II – título da dívida pública, bem como título de crédito, que tenham cotação em Bolsa;

III – pedras e metais preciosos;

IV – imóveis;

V – navios e aeronaves;

VI – veículos;

VII – móveis ou semoventes; e

VIII – direitos e ações.

§ 1.º Excepcionalmente, a penhora poderá recair sobre estabelecimento comercial, industrial ou agrícola, bem como em plantações ou edifícios em construção.

• *Vide* Súmula 451 do STJ.

§ 2.º A penhora efetuada em dinheiro será convertida no depósito de que trata o inciso I do art. 9.º.

§ 3.º O juiz ordenará a remoção do bem penhorado para depósito judicial, particular ou da Fazenda Pública exequente, sempre que esta o requerer, em qualquer fase do processo.

• *Vide* art. 18 da Lei n. 9.393, de 19-12-1996, acerca da preferência da penhora ou arresto sobre imóvel rural, na execução de dívida ativa decorrente de crédito tributário do ITR.

Art. 12. Na execução fiscal, far-se-á a intimação da penhora ao executado, mediante publicação, no órgão oficial, do ato de juntada do termo ou do auto de penhora.

§ 1.º Nas comarcas do interior dos Estados, a intimação poderá ser feita pela remessa de cópia do termo ou do auto de penhora, pelo correio, na forma estabelecida no art. 8.º, I e II, para a citação.

§ 2.º Se a penhora recair sobre imóvel, far-se-á a intimação ao cônjuge, observadas as normas previstas para a citação.

§ 3.º Far-se-á a intimação da penhora pessoalmente ao executado se, na citação feita pelo correio, o aviso de recepção não contiver a assinatura do próprio executado, ou de seu representante legal.

Art. 13. O termo ou auto de penhora conterá, também, a avaliação dos bens penhorados, efetuada por quem o lavrar.

§ 1.º Impugnada a avaliação, pelo executado, ou pela Fazenda Pública, antes de publicado o edital de leilão, o juiz, ouvida a outra parte, nomeará avaliador oficial para proceder a nova avaliação dos bens penhorados.

§ 2.º Se não houver, na comarca, avaliador oficial ou este não puder apresentar o laudo de avaliação no prazo de 15 (quinze) dias, será nomeada pessoa ou entidade habilitada, a critério do juiz.

§ 3.º Apresentado o laudo, o juiz decidirá de plano sobre a avaliação.

Art. 14. O oficial de justiça entregará contrafé e cópia do termo ou do auto de penhora ou arresto, com a ordem de registro de que trata o art. 7.º, IV:

I – no ofício próprio, se o bem for imóvel ou a ele equiparado;

II – na repartição competente para emissão de certificado de registro, se for veículo;

III – na Junta Comercial, na Bolsa de Valores, e na sociedade comercial, se forem ações, debênture, parte beneficiária, cota ou qualquer outro título, crédito ou direito societário nominativo.

Art. 15. Em qualquer fase do processo, será deferida pelo juiz:

I – ao executado, a substituição da penhora por depósito em dinheiro, fiança bancária ou seguro garantia; e

•• Inciso I com redação determinada pela Lei n. 13.043, de 13-11-2014.

II – à Fazenda Pública, a substituição dos bens penhorados por outros, independentemente da ordem enumerada no art. 11, bem como o reforço da penhora insuficiente.

• *Vide* Súmula 406 do STJ.

Art. 16. O executado oferecerá embargos, no prazo de 30 (trinta) dias, contados:

I – do depósito;

II – da juntada da prova da fiança bancária ou do seguro garantia;

•• Inciso II com redação determinada pela Lei n. 13.043, de 13-11-2014.

III – da intimação da penhora.

§ 1.º Não são admissíveis embargos do executado antes de garantida a execução.

§ 2.º No prazo dos embargos, o executado deverá alegar toda matéria útil à defesa, requerer provas e juntar aos autos os documentos e rol de testemunhas, até três, ou, a critério do juiz, até o dobro desse limite.

§ 3.º Não será admitida reconvenção, nem compensação, e as exceções, salvo as de suspeição, incompetência e impedimento, serão arguidas como matéria preliminar e serão processadas e julgadas com os embargos.

•• *Vide* Súmula 394 do STJ.

Art. 17. Recebidos os embargos, o juiz mandará intimar a Fazenda, para impugná-los no prazo de 30 (trinta) dias, designando, em seguida, audiência de instrução e julgamento.

Parágrafo único. Não se realizará audiência, se os embargos versarem sobre matéria de direito ou, sendo de direito e de fato, a prova for exclusivamente documental, caso em que o juiz proferirá a sentença no prazo de 30 (trinta) dias.

Art. 18. Caso não sejam oferecidos os embargos, a Fazenda Pública manifestar-se-á sobre a garantia da execução.

Art. 19. Não sendo embargada a execução ou sendo rejeitados os embargos, no caso de garantia prestada por terceiro, será este intimado, sob pena de contra ele prosseguir a execução nos próprios autos, para, no prazo de 15 (quinze) dias:

I – remir o bem, se a garantia for real; ou

II – pagar o valor da dívida, juros e multa de mora e demais encargos, indicados na Certidão de Dívida Ativa, pelos quais se obrigou, se a garantia for fidejussória.

Art. 20. Na execução por carta, os embargos do executado serão oferecidos no juízo deprecado, que os remeterá ao juízo deprecante, para instrução e julgamento.

Parágrafo único. Quando os embargos tiverem por objeto vícios ou irregularidades de atos do próprio juízo deprecado, caber-lhe-á unicamente o julgamento dessa matéria.

• *Vide* Súmula 46 do STJ.

Art. 21. Na hipótese de alienação antecipada dos bens penhorados, o produto será depositado em garantia da execução, nos termos previstos no art. 9.º, I.

Art. 22. A arrematação será precedida de edital, afixado no local do costume, na sede do juízo, e publicado, em resumo, uma só vez, gratuitamente, como expediente judiciário, no órgão oficial.

§ 1.º O prazo entre as datas de publicação do edital e do leilão não poderá ser superior a 30 (trinta), nem inferior a 10 (dez) dias.

§ 2.º O representante judicial da Fazenda Pública será intimado, pessoalmente, da realização do leilão, com a antecedência prevista no parágrafo anterior.

Art. 23. A alienação de quaisquer bens penhorados será feita em leilão público, no lugar designado pelo juiz.

• *Vide* Súmula 128 do STJ.

§ 1.º A Fazenda Pública e o executado poderão requerer que os bens sejam leiloados englobadamente ou em lotes que indicarem.

§ 2.º Cabe ao arrematante o pagamento da comissão do leiloeiro e demais despesas indicadas no edital.

Art. 24. A Fazenda Pública poderá adjudicar os bens penhorados:

I – antes do leilão, pelo preço da avaliação, se a execução não for embargada ou se rejeitados os embargos;

II – findo o leilão:

a) se não houver licitante, pelo preço da avaliação;

b) havendo licitantes, com preferência, em igualdade de condições com a melhor oferta, no prazo de 30 (trinta) dias.

Parágrafo único. Se o preço da avaliação ou o valor da melhor oferta for superior ao dos créditos da Fazenda Pública, a adjudicação somente será deferida pelo juiz se a diferença for depositada, pela exequente, à ordem do juízo, no prazo de 30 (trinta) dias.

• *Vide* art. 18, § 3.º, da Lei n. 9.393, de 19-12-1996, que faculta o depósito da diferença em Títulos da Dívida Agrária, até o montante equivalente ao VTN declarado, na execução de dívida ativa decorrente de crédito tributário do ITR.

Art. 25. Na execução fiscal, qualquer intimação ao representante judicial da Fazenda Pública será feita pessoalmente.

Parágrafo único. A intimação de que trata este artigo poderá ser feita mediante vista dos autos, com imediata remessa ao representante judicial da Fazenda Pública, pelo cartório ou secretaria.

Art. 26. Se, antes da decisão de primeira instância, a inscrição de Dívida Ativa for, a qualquer título, cancelada, a execução fiscal será extinta, sem qualquer ônus para as partes.

• *Vide* Súmula 153 do STJ.

Art. 27. As publicações de atos processuais poderão ser feitas resumidamente ou reunir num só texto os de diferentes processos.

Parágrafo único. As publicações farão sempre referência ao número do processo no respectivo juízo e ao número da correspondente inscrição de Dívida Ativa, bem como ao nome das partes e de seus advogados, suficientes para a sua identificação.

Art. 28. O juiz, a requerimento das partes, poderá, por conveniência da unidade da garantia da execução, ordenar a reunião de processos contra o mesmo devedor.

Parágrafo único. Na hipótese deste artigo, os processos serão redistribuídos ao juízo da primeira distribuição.

• *Vide* Súmula 515 do STJ.

Art. 29. A cobrança judicial da Dívida Ativa da Fazenda Pública não é sujeita a concurso de credores ou habilitação em falência, concordata, liquidação, inventário ou arrolamento.

Parágrafo único. O concurso de preferência somente se verifica entre pessoas jurídicas de direito público, na seguinte ordem:

•• O STF, no julgamento da ADPF n. 357, por maioria, julgou procedente o pedido formulado para declarar a não recepção, pela Constituição da República de 1988, da norma prevista neste parágrafo único, na sessão por videoconferência de 24-6-2021 (*DOU* de 6-7-2021).

• *Vide* Súmula 497 do STJ.

I – União e suas autarquias;

II – Estados, Distrito Federal e Territórios e suas autarquias, conjuntamente e *pro rata*;

III – Municípios e suas autarquias, conjuntamente e *pro rata*.

Art. 30. Sem prejuízo dos privilégios especiais sobre determinados bens, que sejam previstos em lei, responde pelo pagamento da Dívida Ativa da Fazenda Pública a totalidade dos bens e das rendas, de qualquer origem ou natureza, do sujeito passivo, seu espólio ou sua massa, inclusive os gravados por ônus real ou cláusula de inalienabilidade ou impenhorabilidade, seja qual for a data da constituição do ônus ou da cláusula, excetuados unicamente os bens e rendas que a lei declara absolutamente impenhoráveis.

Art. 31. Nos processos de falência, concordata, liquidação, inventário, arrolamento ou concurso de credores, nenhuma alienação será judicialmente autorizada sem a prova de quitação da Dívida Ativa ou a concordância da Fazenda Pública.

Art. 32. Os depósitos judiciais em dinheiro serão obrigatoriamente feitos:

• *Vide* Súmula 112 do STJ.

I – na Caixa Econômica Federal, de acordo com o Decreto-lei n. 1.737, de 20 de dezembro de 1979, quando relacionados com a execução fiscal proposta pela União ou suas autarquias;

II – na Caixa Econômica ou no banco oficial da unidade federativa ou, à sua falta, na Caixa Econômica Federal, quando relacionados com execução fiscal proposta pelo Estado, Distrito Federal, Municípios e suas autarquias.

§ 1.º Os depósitos de que trata este artigo estão sujeitos à atualização monetária, segundo os índices estabelecidos para os débitos tributários federais.

§ 2.º Após o trânsito em julgado da decisão, o depósito, monetariamente atualizado, será devolvido ao depositante ou entregue à Fazenda Pública, mediante ordem do juízo competente.

Art. 33. O juízo, de ofício, comunicará à repartição competente da Fazenda Pública, para fins de averbação no Registro da Dívida Ativa, a decisão final, transitada em julgado, que der por improcedente a execução, total ou parcialmente.

Art. 34. Das sentenças de primeira instância proferidas em execuções de valor igual ou inferior a 50 (cinquenta) Obrigações do Tesouro Nacional – OTN, só se admitirão embargos infringentes e de declaração.

•• Extinção da OTN: Lei n. 7.730, de 31-1-1989. *Vide* Nota dos Organizadores.

• *Vide* Súmula 640 do STF.

§ 1.º Para os efeitos deste artigo, considerar-se-á o valor da dívida monetariamente atualizado e acrescido de multa e juros de mora e demais encargos legais, na data da distribuição.

§ 2.º Os embargos infringentes, instruídos, ou não, com documentos novos, serão deduzidos, no prazo de 10 (dez) dias perante o mesmo juízo, em petição fundamentada.

§ 3.º Ouvido o embargado, no prazo de 10 (dez) dias, serão os autos conclusos ao juiz, que, dentro de 20 (vinte) dias, os rejeitará ou reformará a sentença.

Art. 35. Nos processos regulados por esta Lei, poderá ser dispensada a audiência de revisor, no julgamento das apelações.

Art. 36. Compete à Fazenda Pública baixar normas sobre o recolhimento da Dívida Ativa respectiva, em juízo ou fora dele, e aprovar, inclusive, os modelos de documentos de arrecadação.

Art. 37. O auxiliar de justiça que, por ação ou omissão, culposa ou dolosa, prejudicar a execução, será responsabilizado, civil, penal e administrativamente.

Parágrafo único. O oficial de justiça deverá efetuar, em 10 (dez) dias, as diligências que lhe forem ordenadas, salvo motivo de força maior devidamente justificado perante o juízo.

Art. 38. A discussão judicial da Dívida Ativa da Fazenda Pública só é admissível em execução, na forma desta Lei, salvo as hipóteses de mandado de segurança, ação de repetição do indébito ou ação anulatória do ato declarativo da dívida, esta precedida do depósito preparatório do valor do débito, monetariamente corrigido e acrescido dos juros e multa de mora e demais encargos.

Parágrafo único. A propositura, pelo contribuinte, da ação prevista neste artigo importa em renúncia ao poder de recorrer na esfera administrativa e desistência do recurso acaso interposto.

Art. 39. A Fazenda Pública não está sujeita ao pagamento de custas e emolumentos. A prática dos atos judiciais de seu interesse independerá de preparo ou de prévio depósito.

Parágrafo único. Se vencida, a Fazenda Pública ressarcirá o valor das despesas feitas pela parte contrária.

Art. 40. O juiz suspenderá o curso da execução, enquanto não for localizado o devedor ou encontrados bens sobre os quais possa recair a penhora, e, nesses casos, não correrá o prazo de prescrição.

• *Vide* Súmula 314 do STJ.

§ 1.º Suspenso o curso da execução, será aberta vista dos autos ao representante judicial da Fazenda Pública.

§ 2.º Decorrido o prazo máximo de 1 (um) ano, sem que seja localizado o devedor ou encontrados bens penhoráveis, o juiz ordenará o arquivamento dos autos.

§ 3.º Encontrados que sejam, a qualquer tempo, o devedor ou os bens, serão desarquivados os autos para prosseguimento da execução.

§ 4.º Se da decisão que ordenar o arquivamento tiver decorrido o prazo prescricional, o juiz, depois de ouvida a Fazenda Pública, poderá, de ofício, reconhecer a prescrição intercorrente e decretá-la de imediato.

•• § 4.º acrescentado pela Lei n. 11.051, de 29-12-2004.

•• *Vide* Súmula 314 do STJ.

•• *Vide* Súmula 11 do CARF.

§ 5.º A manifestação prévia da Fazenda Pública prevista no § 4.º deste artigo será dispensada no caso de cobranças judiciais cujo valor seja inferior ao mínimo fixado por ato do Ministro de Estado da Fazenda.

•• § 5.º acrescentado pela Lei n. 11.960, de 29-6-2009.

Art. 41. O processo administrativo correspondente à inscrição de Dívida Ativa, à execução fiscal ou à ação proposta contra a Fazenda Pública será mantido na repartição competente, dele se extraindo as cópias autenticadas ou certidões, que forem requeridas pelas partes ou requisitadas pelo juiz ou pelo Ministério Público.

Parágrafo único. Mediante requisição do juiz à repartição competente, com dia e hora previamente marcados, poderá o processo administrativo ser exibido, na sede do juízo, pelo funcionário para esse fim designado, lavrando o serventuário termo da ocorrência, com indicação, se for o caso, das peças a serem trasladadas.

Art. 42. Revogadas as disposições em contrário, esta Lei entrará em vigor 90 (noventa) dias após a data de sua publicação.

Brasília, em 22 de setembro de 1980; 159.º da Independência e 92.º da República.

JOÃO FIGUEIREDO

DECRETO-LEI N. 1.881, DE 27 DE AGOSTO DE 1981 (*)

Altera a Lei n. 5.172, de 25 de outubro de 1966, cria a Reserva do Fundo de Participação dos Municípios – FPM, e dá outras providências.

O Presidente da República, no uso da atribuição que lhe confere o art. 55, II, da Constituição, decreta:

Art. 1.º Os §§ 2.º e 4.º do art. 91 da Lei n. 5.172, de 25 de outubro de 1966, com a redação estabelecida pelo Ato Complementar n. 35, de 28 de fevereiro de 1967, passam a vigorar com a seguinte redação:

•• Alterações já processadas no diploma modificado.

Art. 2.º Fica criada a Reserva do Fundo de Participação dos Municípios – FPM, destinada, exclusivamente, aos Municípios que se enquadrem no coeficiente individual de participação 4,0 (quatro), conforme definido no art. 91 da Lei n. 5.172, de 25 de outubro de 1966, com a redação alterada pelo Ato Complementar n. 35, de 28 de fevereiro de 1967.

Parágrafo único. Os Municípios que participarem dos recursos da Reserva ora criada não sofrerão prejuízo quanto ao recebimento da parcela prevista no § 2.º do art. 91 da Lei n. 5.172, de 25 de outubro de 1966, com a redação dada pelo Ato Complementar n. 35, de 28 de fevereiro de 1967.

Art. 3.º A Reserva referida no artigo anterior será constituída por 4,0% (quatro por cento) dos recursos resultantes do disposto no item II do art. 91 da Lei n. 5.172, de 25 de outubro de 1966, com a redação dada pelo Ato Complementar n. 35, de 28 de fevereiro de 1967.

Parágrafo único. A sua distribuição será proporcionalmente a um coeficiente individual de participação, resultante do produto dos seguintes fatores:

a) fator representativo da população, assim estabelecido:

Percentual da população de cada Município beneficiário em relação à do conjunto	Fator
Até 2%	2
Mais de 2% até 5%	
Pelos primeiros 2%	2

(*) Publicado no *DOU*, de 28-8-1981.

Cada 0,5% ou fração excedente, mais 0,5
Mais de 5% 5

b) fator representativo do inverso da renda *per capita* do respectivo Estado, de conformidade com o disposto no art. 90 da Lei n. 5.172, de 25 de outubro de 1966.

Art. 4.º Este Decreto-lei entrará em vigor na data de sua publicação, com efeitos a partir de 1982, revogadas as disposições em contrário.

Brasília, em 27 de agosto de 1981; 160.º da Independência e 93.º da República.

João Figueiredo

DECRETO-LEI N. 2.472, DE 1.º DE SETEMBRO DE 1988 (*)

Altera disposições da legislação aduaneira, consubstanciada no Decreto-lei n. 37, de 18 de novembro de 1966, e dá outras providências.

O Presidente da República, no uso da atribuição que lhe confere o art. 55, II, da Constituição, decreta:

....

Art. 5.º A designação do representante do importador e do exportador poderá recair em despachante aduaneiro, relativamente ao despacho aduaneiro de mercadorias importadas e exportadas e em toda e qualquer outra operação de comércio exterior, realizada por qualquer via, inclusive no despacho de bagagem de viajante.

• O Decreto n. 6.759, de 5-2-2009, regulamenta a administração das atividades aduaneiras e a fiscalização, o controle e a tributação das operações de comércio exterior.

§ 1.º Nas operações a que se refere este artigo, o processamento, em todos os trâmites, junto aos órgãos competentes, poderá ser feito:

a) se pessoa jurídica de direito privado, somente por intermédio de dirigente, ou empregado com vínculo empregatício exclusivo com o interessado, munido de mandato que lhe outorgue plenos poderes para o mister, sem cláusulas excludentes da responsabilidade do outorgante mediante ato ou omissão do outorgado, ou por despachante aduaneiro;

b) se pessoa física, somente por ela própria ou por despachante aduaneiro;

c) se órgão da administração pública direta ou autárquica, federal, estadual ou municipal, missão diplomática ou repartição consular de país estrangeiro ou representação de órgãos internacionais, por intermédio de funcionário ou servidor, especialmente designado, ou por despachante aduaneiro.

§ 2.º Na execução dos serviços referidos neste artigo, o despachante aduaneiro poderá contratar livremente seus honorários profissionais, que serão recolhidos por intermédio da entidade de classe com jurisdição em sua região de trabalho, a qual processará o correspondente recolhimento do imposto de renda na fonte.

§ 3.º Para a execução das atividades de que trata este artigo, o Poder Executivo disporá sobre a forma de investidura na função de Despachante Aduaneiro, mediante ingresso como Ajudante de Despachante Aduaneiro, e sobre os requisitos que serão exigidos das demais pessoas para serem admitidas como representantes das partes interessadas.

Art. 6.º Considerar-se-á exportada para o exterior, para todos os efeitos fiscais, creditícios e cambiais, a mercadoria em regime de depósito alfandegado certificado, como previsto em regulamento.

• O Decreto n. 6.759, de 5-2-2009, que regulamenta a administração das atividades aduaneiras e a fiscalização, o controle e a tributação das operações de comércio exterior, dispõe sobre depósito alfandegado certificado em seus arts. 493 a 498.

• A Instrução Normativa n. 266, de 23-12-2002, da Secretaria da Receita Federal, dispõe sobre o regime de Depósito Alfandegado Certificado (DAC).

Art. 7.º Em local habilitado de fronteira terrestre, a autoridade aduaneira poderá determinar que o controle de veículos e a verificação de mercadorias em despacho aduaneiro sejam efetuados em recinto por ela designado, localizado convenientemente em relação ao tráfego e ao controle aduaneiro, e para isso alfandegado.

§ 1.º A tarifa referente aos serviços prestados no recinto alfandegado referido neste artigo será paga pelo usuário, na forma prescrita em regulamento, segundo tabela aprovada pelo Ministro da Fazenda.

§ 2.º A administração do recinto alfandegado previsto neste artigo poderá ser concedida pela autoridade aduaneira a empresa devidamente habilitada na forma da legislação pertinente.

Art. 8.º Os custos administrativos do despacho aduaneiro de mercadorias importadas serão ressarcidos, pelo importador, mediante contribuição ao Fundo Especial de Desenvolvimento e Aperfeiçoamento das Atividades de Fiscalização (FUNDAF), criado pelo Decreto-lei n. 1.437, de 17 de novembro de 1975, não superior a 0,5% (meio por cento) do valor aduaneiro da mercadoria, conforme dispuser o regulamento.

Art. 9.º As despesas realizadas pelos órgãos aduaneiros da Secretaria da Receita Federal, com a aplicação de elementos de segurança em volumes, veículos e unidades de carga, deverão ser ressarcidas pelos interessados, na forma estabelecida em regulamento.

•• A Secretaria da Receita Federal passa a denominar-se Secretaria da Receita Federal do Brasil, por força da Lei n. 11.457, de 16-3-2007.

Art. 10. O regulamento fixará percentuais de tolerância para exclusão da responsabilidade tributária em casos de

(*) Publicado no *DOU*, de 2-9-1988.

perda inevitável de mercadoria em operação, sob controle aduaneiro, de transporte, carga e descarga, armazenagem, industrialização ou qualquer manipulação.

Art. 11. É concedida isenção de imposto de importação às mercadorias destinadas a consumo, no recinto de feiras e exposições internacionais, a título de promoção ou degustação, de montagem, decoração ou conservação de *stands*, ou de demonstração de equipamentos em exposição.

§ 1.º É condição, para gozo da isenção prevista neste artigo, que nenhum pagamento seja feito ao exterior, a qualquer título.

§ 2.º As mercadorias de que trata este artigo são dispensadas de guia de importação, sujeitando-se a limites de quantidade e valor, além de outros requisitos estabelecidos pelo Ministro da Fazenda.

Art. 12. Nos casos e na forma previstos em regulamento, o Ministro da Fazenda poderá autorizar o desembaraço aduaneiro, com suspensão de tributos, de mercadoria objeto de isenção ou de redução do imposto de importação concedida por órgão governamental ou decorrente de acordo internacional, quando o benefício estiver pendente de aprovação ou de publicação do respectivo ato.

Art. 13. Este Decreto-lei entra em vigor na data de sua publicação.

Art. 14. Revogam-se as disposições em contrário, especialmente os arts. 3.º a 6.º do Decreto-lei n. 37, de 18 de novembro de 1966; e o art. 1.º da Lei n. 6.562, de 18 de setembro de 1978.

•• Alterações já processadas no texto do Decreto-lei n. 37, de 18-11-1966.

Brasília, 1.º de setembro de 1988; 167.º da Independência e 100.º da República.

José Sarney

LEI N. 7.689, DE 15 DE DEZEMBRO DE 1988 (*)

Institui contribuição social sobre o lucro das pessoas jurídicas, e dá outras providências.

Faço saber que o Presidente da República adotou a Medida Provisória n. 22, de 6 de dezembro de 1988, que o Congresso Nacional aprovou, e eu, Humberto Lucena, Presidente do Senado Federal, para os efeitos do disposto no parágrafo único do art. 62 da Constituição Federal, promulgo a seguinte Lei:

Art. 1.º Fica instituída contribuição social sobre o lucro das pessoas jurídicas, destinada ao financiamento da seguridade social.

Art. 2.º A base de cálculo da contribuição é o valor do resultado do exercício, antes da provisão para o Imposto sobre a Renda.

§ 1.º Para efeito do disposto neste artigo:

a) será considerado o resultado do período-base encerrado em 31 de dezembro de cada ano;

b) no caso de incorporação, fusão, cisão ou encerramento de atividades, a base de cálculo é o resultado apurado no respectivo balanço;

c) o resultado do período-base, apurado com observância da legislação comercial, será ajustado pela:

1 – adição do resultado negativo da avaliação de investimentos pelo valor de patrimônio líquido;

2 – adição do valor de reserva de reavaliação, baixado durante o período-base, cuja contrapartida não tenha sido computada no resultado do período-base;

3 – adição do valor das provisões não dedutíveis da determinação do lucro real, exceto a provisão para o imposto de renda;

4 – exclusão do resultado positivo da avaliação de investimentos pelo valor de patrimônio líquido;

5 – exclusão dos lucros e dividendos derivados de participações societárias em pessoas jurídicas domiciliadas no Brasil que tenham sido computados como receita;

•• Item 5 com redação determinada pela Lei n. 12.973, de 13-5-2014.

6 – exclusão do valor, corrigido monetariamente, das provisões adicionadas na forma do item 3, que tenham sido baixadas no curso de período-base.

•• Alínea *c* com redação determinada pela Lei n. 8.034, de 12-4-1990.

§ 2.º No caso de pessoa jurídica desobrigada de escrituração contábil, a base de cálculo da contribuição corresponderá a 10% (dez por cento) da receita bruta auferida no período de 1.º de janeiro a 31 de dezembro de cada ano, ressalvado o disposto na alínea *b* do parágrafo anterior.

•• *Vide* art. 20 da Lei n. 9.249, de 26-12-1995 (mudança da base de cálculo).

•• *Vide* arts. 28 a 30 da Lei n. 9.430, de 27-12-1996.

Art. 3.º A alíquota da contribuição é de:

•• *Caput* com redação determinada pela Lei n. 11.727, de 23-6-2008.

•• *Vide* art. 41, II, da Lei n. 11.727, de 23-6-2008.

I – 20% (vinte por cento) até o dia 31 de dezembro de 2021 e 15% (quinze por cento) a partir de 1º de janeiro de 2022, no caso das pessoas jurídicas de seguros privados, das de capitalização e das referidas nos incisos II, III, IV, V, VI, VII, IX e X do § 1º do art. 1º da Lei Complementar nº 105, de 10 de janeiro de 2001;

•• Inciso I com redação determinada pela Lei n. 14.183, de 14-7-2021.

II – (*Revogado pela Lei n. 14.183, de 14-7-2021.*);

(*) Publicada no *DOU*, de 16-12-1988. Sobre OTN, *vide* Nota dos Organizadores. *Vide* Lei n. 8.981, de 20-1-1995, arts. 57 a 59, e art. 18, I, da Lei n. 10.522, de 19-7-2002.

II-A – 25% (vinte e cinco por cento) até o dia 31 de dezembro de 2021 e 20% (vinte por cento) a partir de 1º de janeiro de 2022, no caso das pessoas jurídicas referidas no inciso I do § 1º do art. 1º da Lei Complementar nº 105, de 10 de janeiro de 2001; e

•• Inciso II-A acrescentado pela Lei n. 14.183, de 14-7-2021.

III – 9% (nove por cento), no caso das demais pessoas jurídicas.

•• Inciso III acrescentado pela Lei n. 13.169, de 6-10-2015, em vigor na data de sua publicação e produzindo efeitos a partir do primeiro dia do quarto mês subsequente ao da publicação da Medida Provisória n. 675, de 21 de maio de 2015 (*DOU* de 22-5-2015).

Art. 4.º São contribuintes as pessoas jurídicas estabelecidas no País e as que lhe são equiparadas pela legislação tributária, ressalvadas as vedadas na alínea 'b' do inciso VI do *caput* do art. 150 da Constituição Federal, na forma restritiva prevista no § 4.º do mesmo artigo.

•• *Caput* com redação determinada pela Lei n. 14.057, de 24-9-2020, originalmente vetado, todavia promulgado em 26-3-2021.

Parágrafo único. Conforme previsto nos arts. 106 e 110 da Lei n. 5.172, de 25 de outubro de 1966 (Código Tributário Nacional), passam a ser consideradas nulas as autuações feitas em descumprimento do previsto no *caput* deste artigo, em desrespeito ao disposto na alínea 'b' do inciso VI do *caput* do art. 150 da Constituição Federal, na forma restritiva prevista no § 4.º do mesmo artigo.

•• Parágrafo único acrescentado pela Lei n. 14.057, de 24-9-2020, originalmente vetado, todavia promulgado em 26-3-2021.

Art. 5.º A contribuição social será convertida em número de Obrigações do Tesouro Nacional - OTN, mediante a divisão de seu valor em cruzados pelo valor de uma OTN, vigente no mês de encerramento do período-base de sua apuração.

• A Instrução Normativa n. 390, de 30-1-2004, da Secretaria da Receita Federal, dispõe sobre a apuração e o pagamento da Contribuição Social sobre o Lucro Líquido.

§ 1.º A contribuição será paga em 6 (seis) prestações mensais iguais e consecutivas, expressas em número de OTN, vencíveis no último dia útil de abril a setembro de cada exercício financeiro.

§ 2.º No caso do art. 2.º, § 1.º, alínea *b*, a contribuição social deverá ser paga até o último dia útil do mês subsequente ao da incorporação, fusão, cisão ou encerramento de atividades.

§ 3.º Os valores da contribuição social e de cada parcela serão expressos em número de OTN até a 2.ª (segunda) casa decimal quando resultarem fracionários, abandonando-se as demais.

§ 4.º Nenhuma parcela, exceto parcela única, será inferior ao valor de 10 (dez) OTN.

§ 5.º O valor em cruzados de cada parcela será determinado mediante a multiplicação de seu valor, expresso em número de OTN, pelo valor da OTN no mês de seu pagamento.

Art. 6.º A administração e fiscalização da contribuição social de que trata esta Lei compete à Secretaria da Receita Federal.

•• A Secretaria da Receita Federal passa a denominar-se Secretaria da Receita Federal do Brasil, por força da Lei n. 11.457, de 16-3-2007.

Parágrafo único. Aplicam-se à contribuição social, no que couber, as disposições da legislação do Imposto sobre a Renda referentes à administração, ao lançamento, à consulta, à cobrança, às penalidades, às garantias e ao processo administrativo.

Art. 7.º Os órgãos da Secretaria da Receita Federal enviarão às Procuradorias da Fazenda Nacional os demonstrativos de débitos da contribuição de que trata esta Lei, para fins de apuração e inscrição em Dívida Ativa da União.

•• *Vide* nota ao art. 6.º, *caput*, desta Lei.

§ 1.º Os débitos de que trata este artigo poderão, sem prejuízo da respectiva liquidez e certeza, ser inscritos em Dívida Ativa pelo valor expresso em OTN.

§ 2.º Far-se-á a conversão do débito na forma prevista no parágrafo anterior com base no valor da OTN no mês de seu vencimento.

Art. 8.º A contribuição social será devida a partir do resultado apurado no período-base a ser encerrado em 31 de dezembro de 1988.

•• A Resolução n. 11, de 4-4-1995, do Senado Federal, suspendeu a execução do disposto neste artigo.

•• O STF, na ADI n. 15-2 (*DOU* de 21-6-2007), declara a inconstitucionalidade deste artigo.

Art. 9.º Ficam mantidas as contribuições previstas na legislação em vigor, incidentes sobre a folha de salários e a de que trata o Decreto-lei n. 1.940, de 25 de maio de 1982, e alterações posteriores, incidente sobre o faturamento das empresas, com fundamento no art. 195, I, da Constituição Federal.

•• O STF, na ADI n. 15-2 (*DOU* de 21-6-2007), declara a inconstitucionalidade deste artigo.

....

Art. 12. Esta Lei entra em vigor na data de sua publicação.

Art. 13. Revogam-se as disposições em contrário.

Senado Federal, em 15 de dezembro de 1988; 167.º da Independência e 100.º da República.

HUMBERTO LUCENA

LEI N. 7.711, DE 22 DE DEZEMBRO DE 1988 (*)

Dispõe sobre formas de melhoria da administração tributária, e dá outras providências.

O Presidente da República.

(*) Publicada no *DOU*, de 23-12-1988. Sobre OTN, *vide* Nota dos Organi-zadores.

Faço saber que o Congresso Nacional decreta e eu sanciono a seguinte Lei:

Art. 1.º Sem prejuízo do disposto em leis especiais, a quitação de créditos tributários exigíveis, que tenham por objeto tributos e penalidades pecuniárias, bem como contribuições federais e outras imposições pecuniárias compulsórias, será comprovada nas seguintes hipóteses:

I – transferência de domicílio para o exterior;

•• O STF, nas ADIns n. 173-6 e 394-1 (*DOU* de 15-10-2008), declarou a inconstitucionalidade deste inciso.

II – habilitação e licitação promovida por órgão da Administração Federal Direta, Indireta ou fundacional ou por entidade controlada direta ou indiretamente pela União;

•• O STF, nas ADIns n. 173-6 e 394-1 (*DOU* de 15-10-2008), que declararam a inconstitucionalidade dos incisos I, III e IV, e §§ 1.º, 2.º e 3.º deste artigo, explicitou a revogação deste inciso pela Lei n. 8.666, de 21-6-1993, no que concerne à regularidade fiscal.

III – registro ou arquivamento de contrato social, alteração contratual e distrato social perante o registro público competente, exceto quando praticado por microempresa, conforme definida na legislação de regência;

•• O STF, nas ADIns n. 173-6 e 394-1 (*DOU* de 15-10-2008), declarou a inconstitucionalidade deste inciso.

IV – quando o valor da operação for igual ou superior ao equivalente a 5.000 (cinco mil) Obrigações do Tesouro Nacional - OTN:

•• O STF, nas ADIns n. 173-6 e 394-1 (*DOU* de 15-10-2008), declarou a inconstitucionalidade deste inciso.

a) registro de contrato ou outros documentos em Cartórios de Registro de Títulos e Documentos;

b) registro em Cartório de Registro de Imóveis;

c) operação de empréstimo e de financiamento junto à instituição financeira, exceto quando destinada a saldar dívidas para com as Fazendas Nacional, Estaduais ou Municipais.

§ 1.º Nos casos das alíneas *a* e *b* do inciso IV, a exigência deste artigo é aplicável às partes intervenientes.

•• O STF, nas ADIns n. 173-6 e 394-1 (*DOU* de 15-10-2008), declarou a inconstitucionalidade deste parágrafo.

§ 2.º Para os fins de que trata este artigo, a Secretaria da Receita Federal, segundo normas a serem dispostas em Regulamento, remeterá periodicamente aos órgãos ou entidades sob a responsabilidade das quais se realizarem os atos mencionados nos incisos III e IV relação dos contribuintes com débitos que se tornarem definitivos na instância administrativa, procedendo às competentes exclusões, nos casos de quitação ou garantia da dívida.

•• O STF, nas ADIns n. 173-6 e 394-1 (*DOU* de 15-10-2008), declarou a inconstitucionalidade deste parágrafo.

•• A Secretaria da Receita Federal passa a denominar-se Secretaria da Receita Federal do Brasil, por força da Lei n. 11.457, de 16-3-2007.

§ 3.º A prova de quitação prevista neste artigo será feita por meio de certidão ou outro documento hábil, emitido pelo órgão competente.

•• O STF, nas ADIns n. 173-6 e 394-1 (*DOU* de 15-10-2008), declarou a inconstitucionalidade deste parágrafo.

Art. 2.º Fica autorizado o Ministério da Fazenda a estabelecer convênio com as Fazendas Estaduais e Municipais para extensão àquelas esferas de governo das hipóteses previstas no art. 1.º desta Lei.

Art. 3.º A partir do exercício de 1989 fica instituído programa de trabalho de "Incentivo à Arrecadação da Dívida Ativa da União", constituído de projetos destinados ao incentivo da arrecadação, administrativa ou judicial, de receitas inscritas como Dívida Ativa da União, à implementação, desenvolvimento e modernização de redes e sistemas de processamento de dados, no custeio de taxas, custas e emolumentos relacionados com a execução fiscal e a defesa judicial da Fazenda Nacional e sua representação em Juízo, em causas de natureza fiscal, bem assim diligências, publicações, *pro labore* de peritos técnicos, de êxito, inclusive a seus procuradores e ao Ministério Público Estadual e de avaliadores e contadores, e aos serviços relativos à penhora de bens e à remoção e depósito de bens penhorados ou adjudicados à Fazenda Nacional.

•• *Caput* regulamentado pelo Decreto n. 98.135, de 12-9-1989.

....

Art. 4.º A partir do exercício de 1989, o produto da arrecadação de multas, inclusive as que fazem parte do valor pago por execução da Dívida Ativa e de sua respectiva correção monetária, incidentes sobre os tributos e contribuições administrados pela Secretaria da Receita Federal e próprios da União, constituirá receita do Fundo instituído pelo Decreto-lei n. 1.437, de 17 de dezembro de 1975, excluídas as transferências tributárias constitucionais para Estados, Distrito Federal e Municípios.

•• *Vide* nota ao art. 1.º, § 2.º, desta Lei.

• O Decreto-lei n. 1.437, de 17-12-1975, instituiu o Fundo Especial de Desenvolvimento e Aperfeiçoamento das Atividades de Fiscalização - Fundaf.

....

Art. 7.º A receita proveniente de multas, bem assim de juros de mora, relativa aos impostos constitutivos dos Fundos de Participação de Estados, Distrito Federal e Municípios, são partes integrantes deles na proporção estabelecida na Constituição Federal.

....

Art. 9.º Esta Lei entra em vigor na data de sua publicação.

Art. 10. Revogam-se o inciso II do art. 8.º do Decreto-lei n. 1.437, de 17 de dezembro de 1975, e demais disposições em contrário.

Brasília, 22 de dezembro de 1988; 167.º da Independência e 100.º da República.

José Sarney

LEI N. 7.713, DE 22 DE DEZEMBRO DE 1988 (*)

Altera a legislação do Imposto sobre a Renda, e dá outras providências.

O Presidente da República.

Faço saber que o Congresso Nacional decreta e eu sanciono a seguinte Lei:

Art. 1.º Os rendimentos e ganhos de capital percebidos a partir de 1.º de janeiro de 1989, por pessoas físicas residentes ou domiciliadas no Brasil, serão tributados pelo Imposto sobre a Renda na forma da legislação vigente, com as modificações introduzidas por esta Lei.

Art. 2.º O Imposto sobre a Renda das pessoas físicas será devido, mensalmente, à medida em que os rendimentos e ganhos de capital forem percebidos.

Art. 3.º O imposto incidirá sobre o rendimento bruto, sem qualquer dedução, ressalvado o disposto nos arts. 9.º a 14 desta Lei.

§ 1.º Constituem rendimento bruto todo o produto do capital, do trabalho ou da combinação de ambos, os alimentos e pensões percebidos em dinheiro, e ainda os proventos de qualquer natureza, assim também entendidos os acréscimos patrimoniais não correspondentes aos rendimentos declarados.

§ 2.º Integrará o rendimento bruto, como ganho de capital, o resultado da soma dos ganhos auferidos no mês, decorrentes de alienação de bens ou direitos de qualquer natureza, considerando-se como ganho a diferença positiva entre o valor de transmissão do bem ou direito e o respectivo custo de aquisição corrigido monetariamente, observado o disposto nos arts. 15 a 22 desta Lei.

- *Vide* art. 18 da Lei n. 8.134, de 27-12-1990.

§ 3.º Na apuração do ganho de capital serão consideradas as operações que importem alienação, a qualquer título, de bens ou direitos ou cessão ou promessa de cessão de direitos à sua aquisição, tais como as realizadas por compra e venda, permuta, adjudicação, desapropriação, dação em pagamento, doação, procuração em causa própria, promessa de compra e venda, cessão de direitos ou promessa de cessão de direitos e contratos afins.

- *Vide* art. 18 da Lei n. 8.134, de 27-12-1990.
- A Instrução Normativa n. 84, de 11-10-2001, da Secretaria da Receita Federal, dispõe sobre a apuração de ganhos de capital nas alienações de bens e direitos por pessoas físicas.

§ 4.º A tributação independe da denominação dos rendimentos, títulos ou direitos, da localização, condição jurídica ou nacionalidade da fonte, da origem dos bens produtores da renda, e da forma de percepção das rendas ou proventos, bastando, para a incidência do imposto, o benefício do contribuinte por qualquer forma e a qualquer título.

- *Vide* Súmula 125 do STJ.

§ 5.º Ficam revogados todos os dispositivos legais concessivos de isenção ou exclusão, da base de cálculo do Imposto sobre a Renda das pessoas físicas, de rendimentos e proventos de qualquer natureza, bem como os que autorizam redução do imposto por investimento de interesse econômico ou social.

§ 6.º Ficam revogados todos os dispositivos legais que autorizam deduções cedulares ou abatimentos da renda bruta do contribuinte, para efeito de incidência do Imposto sobre a Renda.

Art. 4.º Fica suprimida a classificação por cédulas dos rendimentos e ganhos de capital percebidos pelas pessoas físicas.

Art. 5.º Salvo disposição em contrário, o imposto retido na fonte sobre rendimentos e ganhos de capital percebidos por pessoas físicas será considerado redução do apurado na forma dos arts. 23 e 24 desta Lei.

Art. 6.º Ficam isentos do Imposto sobre a Renda os seguintes rendimentos percebidos por pessoas físicas:

I – a alimentação, o transporte e os uniformes ou vestimentas especiais de trabalho, fornecidos gratuitamente pelo empregador a seus empregados, ou a diferença entre o preço cobrado e o valor de mercado;

II – as diárias destinadas, exclusivamente, ao pagamento de despesas de alimentação e pousada, por serviço eventual realizado em município diferente do da sede de trabalho;

III – o valor locativo do prédio construído, quando ocupado por seu proprietário ou cedido gratuitamente para uso do cônjuge ou de parentes de primeiro grau;

IV – as indenizações por acidentes de trabalho;

- *Vide* Súmula 125 do STJ.

V – a indenização e o aviso-prévio pagos por despedida ou rescisão de contrato de trabalho, até o limite garantido por lei, bem como o montante recebido pelos empregados e diretores, ou respectivos beneficiários, referente aos depósitos, juros e correção monetária creditados em contas vinculadas, nos termos da legislação do Fundo de Garantia do Tempo de Serviço;

- *Vide* Súmula 125 do STJ.

VI – o montante dos depósitos, juros, correção monetária e quotas-partes creditados em contas individuais pelo Programa de Integração Social e pelo Programa de Formação do Patrimônio do Servidor Público;

VII – os seguros recebidos de entidades de previdência privada decorrentes de morte ou invalidez permanente do participante;

- •• Inciso VII com redação determinada pela Lei n. 9.250, de 26-12-1995.

VIII – as contribuições pagas pelos empregadores relativas a programas de previdência privada em favor de seus empregados e dirigentes;

IX – os valores resgatados dos Planos de Poupança e Investimento - PAIT, de que trata o Decreto-lei n. 2.292, de

(*) Publicada no *DOU*, de 23-12-1988. Sobre OTN, *vide* Nota dos Organi-zadores.

21 de novembro de 1986, relativamente à parcela correspondente às contribuições efetuadas pelo participante;

- O Decreto-lei n. 2.292, de 21-11-1986, dispõe sobre a instituição, em benefício do trabalhador, de Planos de Poupança e Investimento – PAIT.

X – as contribuições empresariais a Plano de Poupança e Investimento – PAIT, a que se refere o art. 5.º, § 2.º, do Decreto-lei n. 2.292, de 21 de novembro de 1986;

- O Decreto-lei n. 2.292, de 21-11-1986, regulamentado pelo Decreto n. 93.989, de 30-1-1987, dispõe:

  "Art. 5.º As contribuições para plano PAIT empresarial podem ser periódicas ou esporádicas, em valor fixo ou variável, conforme o concernente regulamento.

  § 1.º As contribuições pagas, consoante este Decreto-lei, pelo empresário, ou pela pessoa jurídica de natureza empresarial, a plano PAIT que um, ou outra, institua, como os rendimentos originários dos bens em que forem aplicadas, não são consideradas integrantes da remuneração dos beneficiários para efeitos trabalhistas, previdenciários, nem de contribuição sindical, e também não integram a base de cálculo para as contribuições do FGTS.

  § 2.º As contribuições objeto do parágrafo anterior são dedutíveis como despesa operacional, desde que obedeçam a critérios gerais e beneficiem, no mínimo, 50% (cinquenta por cento) dos empregados do contribuinte".

XI – o pecúlio recebido pelos aposentados que voltam a trabalhar em atividade sujeita ao regime previdenciário, quando dela se afastarem, e pelos trabalhadores que ingressarem nesse regime após completarem 60 (sessenta) anos de idade, pago pelo Instituto Nacional de Previdência Social ao segurado ou a seus dependentes, após sua morte, nos termos do art. 1.º da Lei n. 6.243, de 24 de setembro de 1975;

- A Lei n. 6.243, de 24-9-1975, dispõe em seu art. 1.º, *caput*: "O aposentado pela Previdência Social que voltar a trabalhar em atividade sujeita ao regime da Lei n. 3.807, de 26 de agosto de 1960, terá direito, quando dela se afastar, a um pecúlio constituído pela soma das importâncias correspondentes às suas próprias contribuições, pagas ou descontadas durante o novo período de trabalho, corrigido monetariamente e acrescido de juros de 4% (quatro por cento) ao ano, não fazendo jus a outras prestações, salvo as decorrentes de sua condição de aposentado".

XII – as pensões e os proventos concedidos de acordo com os Decretos-leis n. 8.794 e 8.795, de 23 de janeiro de 1946, e Lei n. 2.579, de 23 de agosto de 1955, e art. 30 da Lei n. 4.242, de 17 de julho de 1963, em decorrência de reforma ou falecimento de ex-combatente da Força Expedicionária Brasileira;

- O Decreto-lei n. 8.794, de 23-1-1946, regula as vantagens a que têm direito os herdeiros dos militares que participaram da Força Expedicionária Brasileira, no teatro de operações da Itália.
- O Decreto-lei n. 8.795, de 23-1-1946, regula as vantagens a que têm direito os militares da Força Expedicionária Brasileira incapacitados fisicamente.
- A Lei n. 2.579, de 23-8-1955, concede amparo aos ex-integrantes da Força Expedicionária Brasileira, julgados inválidos ou incapazes definitivamente para o serviço militar.
- A Lei n. 4.242, de 17-7-1963, fixa novos valores para os vencimentos dos servidores do Poder Executivo, civis e militares; institui o empréstimo compulsório e cria o Fundo Nacional de Investimentos.

XIII – capital das apólices de seguro ou pecúlio pago por morte do segurado, bem como os prêmios de seguro restituídos em qualquer caso, inclusive no de renúncia do contrato;

XIV – os proventos de aposentadoria ou reforma motivada por acidente em serviço e os percebidos pelos portadores de moléstia profissional, tuberculose ativa, alienação mental, esclerose múltipla, neoplasia maligna, cegueira, hanseníase, paralisia irreversível e incapacitante, cardiopatia grave, doença de Parkinson, espondiloartrose anquilosante, nefropatia grave, hepatopatia grave, estados avançados da doença de Paget (osteíte deformante), contaminação por radiação, síndrome da imunodeficiência adquirida, com base em conclusão da medicina especializada, mesmo que a doença tenha sido contraída depois da aposentadoria ou reforma;

•• Inciso XIV com redação determinada pela Lei n. 11.052, de 29-12-2004.

•• *Vide* art. 30 da Lei n. 9.250, de 26-12-1995.

XV – os rendimentos provenientes de aposentadoria e pensão, de transferência para a reserva remunerada ou de reforma pagos pela Previdência Social da União, dos Estados, do Distrito Federal e dos Municípios, por qualquer pessoa jurídica de direito público interno ou por entidade de previdência privada, a partir do mês em que o contribuinte completar 65 (sessenta e cinco) anos de idade, sem prejuízo da parcela isenta prevista na tabela de incidência mensal do imposto, até o valor de:

•• Inciso XV, *caput*, com redação determinada pela Lei n. 11.482, de 31-5-2007.

a) R$ 1.313,69 (mil, trezentos e treze reais e sessenta e nove centavos), por mês, para o ano-calendário de 2007;

•• Alínea *a* acrescentada pela Lei n. 11.482, de 31-5-2007.

b) R$ 1.372,81 (mil, trezentos e setenta e dois reais e oitenta e um centavos), por mês, para o ano-calendário de 2008;

•• Alínea *b* acrescentada pela Lei n. 11.482, de 31-5-2007.

c) R$ 1.434,59 (mil, quatrocentos e trinta e quatro reais e cinquenta e nove centavos), por mês, para o ano-calendário de 2009;

•• Alínea *c* acrescentada pela Lei n. 11.482, de 31-5-2007.

d) R$ 1.499,15 (mil, quatrocentos e noventa e nove reais e quinze centavos), por mês, para o ano-calendário de 2010;

•• Alínea *d* com redação determinada pela Lei n. 12.469, de 26-8-2011.

e) R$ 1.566,61 (mil, quinhentos e sessenta e seis reais e sessenta e um centavos), por mês, para o ano-calendário de 2011;

•• Alínea e acrescentada pela Lei n. 12.469, de 26-8-2011.

f) R$ 1.637,11 (mil, seiscentos e trinta e sete reais e onze centavos), por mês, para o ano-calendário de 2012;

•• Alínea *f* acrescentada pela Lei n. 12.469, de 26-8-2011.

g) R$ 1.710,78 (mil, setecentos e dez reais e setenta e oito centavos), por mês, para o ano-calendário de 2013;

•• Alínea *g* acrescentada pela Lei n. 12.469, de 26-8-2011.

h) R$ 1.787,77 (mil, setecentos e oitenta e sete reais e setenta e sete centavos), por mês, para o ano-calendário de 2014 e nos meses de janeiro a março do ano-calendário de 2015; e

•• Alínea *h* com redação determinada pela Lei n. 13.149, de 21-7-2015.

i) R$ 1.903,98 (mil, novecentos e três reais e noventa e oito centavos), por mês, a partir do mês de abril do ano-calendário de 2015;

•• Alínea *i* acrescentada pela Lei n. 13.149, de 21-7-2015.

XVI – o valor dos bens adquiridos por doação ou herança;

XVII – os valores decorrentes de aumento de capital:

a) mediante a incorporação de reservas ou lucros que tenham sido tributados na forma do art. 36 desta Lei;

b) efetuado com observância do disposto no art. 63 do Decreto-lei n. 1.598, de 26 de dezembro de 1977, relativamente aos lucros apurados em períodos-base encerrados anteriormente à vigência desta Lei;

• O Decreto-lei n. 1.598, de 26-12-1977, em seu art. 63, *caput*, dispõe: "Os aumentos de capital das pessoas jurídicas mediante incorporação de lucros ou reservas não sofrerão tributação do Imposto sobre a Renda".

XVIII – a correção monetária de investimentos, calculada aos mesmos índices aprovados para os Bônus do Tesouro Nacional - BTN, e desde que seu pagamento ou crédito ocorra em intervalos não inferiores a 30 (trinta) dias;

•• Inciso XVIII com redação determinada pela Lei n. 7.799, de 10-7-1989.

XIX – a diferença entre o valor de aplicação e o de resgate de quotas de fundos de aplicações de curto prazo;

XX – ajuda de custo destinada a atender às despesas com transporte, frete e locomoção do beneficiado e seus familiares, em caso de remoção de um município para outro, sujeita à comprovação posterior pelo contribuinte;

XXI – os valores recebidos a título de pensão quando o beneficiário desse rendimento for portador das doenças relacionadas no inciso XIV deste artigo, exceto as decorrentes de moléstia profissional, com base em conclusão da medicina especializada, mesmo que a doença tenha sido contraída após a concessão da pensão;

•• Inciso XXI acrescentado pela Lei n. 8.541, de 23-12-1992.

•• *Vide* art. 30 da Lei n. 9.250, de 26-12-1995.

XXII – os valores pagos em espécie pelos Estados, Distrito Federal e Municípios, relativos ao Imposto sobre Operações relativas à Circulação de Mercadorias e sobre Prestações de Serviços de Transporte Interestadual e Intermunicipal e de Comunicação - ICMS e ao Imposto sobre Serviços de Qualquer Natureza - ISS, no âmbito de programas de concessão de crédito voltados ao estímulo à solicitação de documento fiscal na aquisição de mercadorias e serviços;

•• Inciso XXII acrescentado pela Lei n. 11.945, de 4-6-2009.

XXIII – o valor recebido a título de vale-cultura.

•• Inciso XXIII acrescentado pela Lei n. 12.761, de 27-12-2012.

Parágrafo único. O disposto no inciso XXII do *caput* deste artigo não se aplica aos prêmios recebidos por meio de sorteios, em espécie, bens ou serviços, no âmbito dos referidos programas.

•• Parágrafo único acrescentado pela Lei n. 11.945, de 4-6-2009.

Art. 7.º Ficam sujeitos à incidência do Imposto sobre a Renda na fonte, calculado de acordo com o disposto no art. 25 desta Lei:

•• *Vide* art. 1.º da Lei n. 11.482, de 31-5-2007.

I – os rendimentos do trabalho assalariado, pagos ou creditados por pessoas físicas ou jurídicas;

II – os demais rendimentos percebidos por pessoas físicas, que não estejam sujeitos à tributação exclusiva na fonte, pagos ou creditados por pessoas jurídicas.

§ 1.º O imposto a que se refere este artigo será retido por ocasião de cada pagamento ou crédito e, se houver mais de um pagamento ou crédito, pela mesma fonte pagadora, aplicar-se-á a alíquota correspondente à soma dos rendimentos pagos ou creditados à pessoa física no mês, a qualquer título.

§ 2.º (*Revogado pela Lei n. 8.218, de 29-8-1991.*)

§ 3.º (*Vetado.*)

Art. 8.º Fica sujeita ao pagamento do Imposto sobre a Renda, calculado de acordo com o disposto no art. 25 desta Lei, a pessoa física que receber de outra pessoa física, ou de fontes situadas no exterior, rendimentos e ganhos de capital que não tenham sido tributados na fonte, no País.

•• *Vide* art. 1.º da Lei n. 11.482, de 31-5-2007.

§ 1.º O disposto neste artigo se aplica, também, aos emolumentos e custas dos serventuários da Justiça, como tabeliães, notários, oficiais públicos e outros, quando não forem remunerados exclusivamente pelos cofres públicos.

§ 2.º O imposto de que trata este artigo deverá ser pago até o último dia útil da 1.ª (primeira) quinzena do mês subsequente ao da percepção dos rendimentos.

Art. 9.º Quando o contribuinte auferir rendimentos da prestação de serviços de transporte, em veículo próprio locado, ou adquirido com reservas de domínio ou alienação fiduciária, o Imposto sobre a Renda incidirá sobre:

I – 10% (dez por cento) do rendimento bruto, decorrente do transporte de carga;

•• Inciso I com redação determinada pela Lei n. 12.794, de 2-4-2013.

II – 60% (sessenta por cento) do rendimento bruto, decorrente do transporte de passageiros.

Parágrafo único. O percentual referido no item I deste artigo aplica-se também sobre o rendimento bruto da prestação de serviços com trator, máquina de terraplenagem, colheitadeira e assemelhados.

Art. 10. O imposto incidirá sobre 10% (dez por cento) do rendimento bruto auferido pelos garimpeiros matriculados nos termos do art. 73 do Decreto-lei n. 227, de 28 de fevereiro de 1967, renumerado pelo art. 2.º do Decreto-lei n. 318, de 14 de março de 1967, na venda a empresas legalmente habilitadas de metais preciosos, pedras preciosas e semipreciosas por eles extraídos.

• O Decreto-lei n. 227, de 28-2-1967 (Código de Mineração), dispõe:

"Art. 73. Dependem de permissão do Governo Federal, a garimpagem, a faiscação ou a cata, não cabendo outro ônus ao garimpeiro, senão o pagamento da menor taxa remuneratória cobrada pelas Coletorias Federais a todo aquele que pretender executar esses trabalhos.

§ 1.º Essa permissão constará de matrícula do garimpeiro, renovada anualmente nas Coletorias Federais dos Municípios onde forem realizados esses trabalhos, e será válida somente para a região jurisdicionada pela respectiva exatoria que a concedeu.

§ 2.º A matrícula, que é pessoal, será feita a requerimento verbal do interessado e registrada em livro próprio da Coletoria Federal, mediante a apresentação do comprovante de quitação do imposto sindical e o pagamento da mesma taxa remuneratória cobrada pela Coletoria.

§ 3.º Ao garimpeiro matriculado será fornecido um Certificado de Matrícula, do qual constará seu retrato, nome, nacionalidade, endereço, e será o documento oficial para o exercício da atividade dentro da zona nele especificada.

§ 4.º Será apreendido o material de garimpagem, faiscação ou cata, quando o garimpeiro não possuir o necessário Certificado de Matrícula, sendo o produto vendido em hasta pública, e recolhido ao Banco do Brasil S. A., à conta do "Fundo Nacional de Mineração – Parte Disponível".

Parágrafo único. A prova de origem dos rendimentos de que trata este artigo far-se-á com base na via da nota de aquisição destinada ao garimpeiro pela empresa compradora.

Art. 11. Os titulares dos serviços notariais e de registro a que se refere o art. 236 da Constituição da República, desde que mantenham escrituração das receitas e das despesas, poderão deduzir dos emolumentos recebidos, para efeito da incidência do imposto:

I – a remuneração paga a terceiros, desde que com vínculo empregatício, inclusive encargos trabalhistas e previdenciários;

II – os emolumentos pagos a terceiros;

III – as despesas de custeio necessárias à manutenção dos serviços notariais e de registro.

•• *Vide* art. 236 da CF.

§ 1.º Fica ainda assegurada aos odontólogos a faculdade de deduzir, da receita decorrente do exercício da respectiva profissão, as despesas com a aquisição do material odontológico por eles aplicadas nos serviços prestados aos seus pacientes, assim como as despesas com o pagamento dos profissionais dedicados à prótese e à anestesia, eventualmente utilizados na prestação dos serviços, desde que, em qualquer caso, mantenham escrituração das receitas e despesas realizadas.

•• § 1.º acrescentado pela Lei n. 7.975, de 26-12-1989.

§ 2.º (*Vetado.*)

•• § 2.º acrescentado pela Lei n. 7.975, de 26-12-1989.

Art. 12. (*Revogado pela Lei n. 13.149, de 21-7-2015.*)

Art. 12-A. Os rendimentos recebidos acumuladamente e submetidos à incidência do imposto sobre a renda com base na tabela progressiva, quando correspondentes a anos-calendário anteriores ao do recebimento, serão tributados exclusivamente na fonte, no mês do recebimento ou crédito, em separado dos demais rendimentos recebidos no mês.

•• *Caput* com redação determinada pela Lei n. 13.149, de 21-7-2015.

•• A Instrução Normativa n. 1.127, de 7-2-2011, da Secretaria da Receita Federal do Brasil, dispõe sobre a apuração e tributação de rendimentos recebidos acumuladamente, de que trata este artigo.

§ 1.º O imposto será retido, pela pessoa física ou jurídica obrigada ao pagamento ou pela instituição financeira depositária do crédito, e calculado sobre o montante dos rendimentos pagos, mediante a utilização de tabela progressiva resultante da multiplicação da quantidade de meses a que se refiram os rendimentos pelos valores constantes da tabela progressiva mensal correspondente ao mês do recebimento ou crédito.

•• § 1.º acrescentado pela Lei n. 12.350, de 20-12-2010.

§ 2.º Poderão ser excluídas as despesas, relativas ao montante dos rendimentos tributáveis, com ação judicial necessárias ao seu recebimento, inclusive de advogados, se tiverem sido pagas pelo contribuinte, sem indenização.

•• § 2.º acrescentado pela Lei n. 12.350, de 20-12-2010.

§ 3.º A base de cálculo será determinada mediante a dedução das seguintes despesas relativas ao montante dos rendimentos tributáveis:

•• § 3.º, *caput*, acrescentado pela Lei n. 12.350, de 20-12-2010.

I – importâncias pagas em dinheiro a título de pensão alimentícia em face das normas do Direito de Família, quando em cumprimento de decisão judicial, de acordo homologado judicialmente ou de separação ou divórcio consensual realizado por escritura pública; e

•• Inciso I acrescentado pela Lei n. 12.350, de 20-12-2010.

II – contribuições para a Previdência Social da União, dos Estados, do Distrito Federal e dos Municípios.

•• Inciso II acrescentado pela Lei n. 12.350, de 20-12-2010.

§ 4.º Não se aplica ao disposto neste artigo o constante no art. 27 da Lei n. 10.833, de 29 de dezembro de 2003, salvo o previsto nos seus §§ 1.º e 3.º.

•• § 4.º acrescentado pela Lei n. 12.350, de 20-12-2010.

§ 5.º O total dos rendimentos de que trata o *caput*, observado o disposto no § 2.º, poderá integrar a base de cálculo do Imposto sobre a Renda na Declaração de Ajuste Anual do ano-calendário do recebimento, à opção irretratável do contribuinte.

•• § 5.º acrescentado pela Lei n. 12.350, de 20-12-2010.

§ 6.º Na hipótese do § 5.º, o Imposto sobre a Renda Retido na Fonte será considerado antecipação do imposto devido apurado na Declaração de Ajuste Anual.

•• § 6.º acrescentado pela Lei n. 12.350, de 20-12-2010.

§ 7.º Os rendimentos de que trata o *caput*, recebidos entre 1.º de janeiro de 2010 e o dia anterior ao de publicação da Lei resultante da conversão da Medida Provisória n. 497, de 27 de julho de 2010, poderão ser tributados na forma deste artigo, devendo ser informados na Declaração de Ajuste Anual referente ao ano-calendário de 2010.

•• § 7.º acrescentado pela Lei n. 12.350, de 20-12-2010.

§ 8.º (*Vetado.*)

•• § 8.º acrescentado pela Lei n. 12.350, de 20-12-2010.

§ 9.º A Secretaria da Receita Federal do Brasil disciplinará o disposto neste artigo.

•• § 9.º acrescentado pela Lei n. 12.350, de 20-12-2010.

Art. 12-B. Os rendimentos recebidos acumuladamente, quando correspondentes ao ano-calendário em curso, serão tributados, no mês do recebimento ou crédito, sobre o total dos rendimentos, diminuídos do valor das despesas com ação judicial necessárias ao seu recebimento, inclusive de advogados, se tiverem sido pagas pelo contribuinte, sem indenização.

•• Artigo 12-B acrescentado pela Lei n. 13.149, de 21-7-2015.

Arts. 13 e 14. (*Revogados pela Lei n. 8.383, de 30-12-1991.*)

Art. 15. (*Revogado pela Lei n. 7.774, de 8-6-1989.*)

Art. 16. O custo de aquisição dos bens e direitos será o preço ou valor pago, e, na ausência deste, conforme o caso:

I – o valor atribuído para efeito de pagamento do Imposto sobre a Transmissão;

II – o valor que tenha servido de base para o cálculo do Imposto sobre a Importação acrescido do valor dos tributos e das despesas de desembaraço aduaneiro;

III – o valor da avaliação no inventário ou arrolamento;

IV – o valor de transmissão utilizado, na aquisição, para cálculo do ganho de capital do alienante;

V – seu valor corrente, na data da aquisição.

§ 1.º O valor da contribuição de melhoria integra o custo do imóvel.

§ 2.º O custo de aquisição de títulos e valores mobiliários, de quotas de capital e dos bens fungíveis será a média ponderada dos custos unitários, por espécie, desses bens.

§ 3.º No caso de participações societárias resultantes de aumento de capital por incorporação de lucros e reservas, que tenham sido tributados na forma do art. 36 desta Lei, o custo de aquisição é igual à parcela do lucro ou reserva capitalizado, que corresponder ao sócio ou acionista beneficiário.

§ 4.º O custo é considerado igual a 0 (zero) no caso das participações societárias resultantes de aumento de capital por incorporação de lucros e reservas, no caso de partes beneficiárias adquiridas gratuitamente, assim como de qualquer bem cujo valor não possa ser determinado nos termos previstos neste artigo.

Art. 17. O valor de aquisição de cada bem ou direito, expresso em cruzados novos, apurado de acordo com o artigo anterior, deverá ser corrigido monetariamente, a partir da data do pagamento, da seguinte forma:

•• *Caput* com redação determinada pela Lei n. 7.959, de 21-12-1989.

I – até janeiro de 1989, pela variação da OTN;

•• Inciso I acrescentado pela Lei n. 7.959, de 21-12-1989.

II – nos meses de fevereiro a abril de 1989, pelas seguintes variações: em fevereiro, 31,2025%; em março, 30,5774%; em abril, 9,2415%;

•• Inciso II acrescentado pela Lei n. 7.959, de 21-12-1989.

III – a partir de maio de 1989, pela variação do BTN.

•• Inciso III acrescentado pela Lei n. 7.959, de 21-12-1989.

§ 1.º Na falta de documento que comprove a data do pagamento, no caso de bens e direitos adquiridos até 31 de dezembro de 1988, a conversão poderá ser feita pelo valor da OTN no mês de dezembro do ano em que este tiver constado pela primeira vez na declaração de bens.

•• § 1.º com redação determinada pela Lei n. 7.799, de 10-7-1989.

§ 2.º Os bens ou direitos da mesma espécie, pagos em datas diferentes, mas que constem agrupadamente na declaração de bens, poderão ser convertidos na forma do parágrafo anterior, desde que tomados isoladamente em relação ao ano da aquisição.

§ 3.º No caso do parágrafo anterior, não sendo possível identificar o ano dos pagamentos, a conversão será efetuada tomando-se por base o ano da aquisição mais recente.

§ 4.º No caso de aquisição com pagamento parcelado, a correção monetária será efetivada em relação a cada parcela.

•• § 4.º com redação determinada pela Lei n. 7.799, de 10-7-1989.

Art. 18. Para apuração do valor a ser tributado, no caso de alienação de bens imóveis, poderá ser aplicado um percentual de redução sobre o ganho de capital apurado, segundo o ano de aquisição ou incorporação do bem, de acordo com a seguinte Tabela:

Ano de Aquisição ou Incorporação	Percentual de Redução %
Até 1969	100
1970	95
1971	90
1972	85
1973	80
1974	75
1975	70
1976	65
1977	60
1978	55
1979	50
1980	45
1981	40
1982	35
1983	30
1984	25
1985	20
1986	15
1987	10
1988	5

Parágrafo único. Não haverá redução, relativamente aos imóveis cuja aquisição venha a ocorrer a partir de 1.º de janeiro de 1989.

Art. 19. Valor da transmissão é o preço efetivo da operação de venda ou da cessão de direitos, ressalvado o disposto no art. 20 desta Lei.

Parágrafo único. Nas operações em que o valor não se expressar em dinheiro, o valor da transmissão será arbitrado segundo o valor de mercado.

Art. 20. A autoridade lançadora, mediante processo regular, arbitrará o valor ou preço, sempre que não mereça fé, por notoriamente diferente do de mercado, o valor ou preço informado pelo contribuinte, ressalvada em caso de contestação, avaliação contraditória, administrativa ou judicial.

Parágrafo único. (*Vetado.*)

Art. 21. Nas alienações a prazo, o ganho de capital será tributado na proporção das parcelas recebidas em cada mês, considerando-se a respectiva atualização monetária, se houver.

Art. 22. Na determinação do ganho de capital serão excluídos:

I – o ganho de capital decorrente da alienação do único imóvel que o titular possua, desde que não tenha realizado outra operação nos últimos 5 (cinco) anos e o valor da alienação não seja superior ao equivalente a setenta milhões de cruzeiros no mês da operação;

•• Inciso com redação determinada pela Lei n. 8.134, de 27-12-1990, corrigido pela Lei n. 8.218, de 29-8-1991.

II – (*Revogado pela Lei n. 8.014, de 6-4-1990.*)

III – as transferências *causa mortis* e as doações em adiantamento da legítima;

IV – o ganho de capital auferido na alienação de bens de pequeno valor, definido pelo Poder Executivo.

• O Decreto n. 542, de 26-5-1992, define bens de pequeno valor, para efeito da não incidência do Imposto sobre a Renda sobre ganhos de capital e dá outras providências.

Parágrafo único. Não se considera ganho de capital o valor decorrente de indenização por desapropriação para fins de reforma agrária, conforme o disposto no § 5.º do art. 184 da Constituição Federal, e de liquidação de sinistro, furto ou roubo, relativo a objeto segurado.

Arts. 23 e 24. (*Revogados pela Lei n. 8.134, de 27-12-1990.*)

Art. 25. O imposto será calculado, observado o seguinte:

•• *Caput* com redação determinada pela Lei n. 8.269, de 16-12-1991.

I – se o rendimento mensal for de até Cr$ 750.000,00, será deduzida uma parcela correspondente a Cr$ 250.000,00 e, sobre o saldo remanescente incidirá alíquota de 10% (dez por cento);

•• Inciso I com redação determinada pela Lei n. 8.269, de 16-12-1991.

II – se o rendimento mensal for superior a Cr$ 750.000,00, será deduzida uma parcela correspondente a Cr$ 550.000,00 e, sobre o saldo remanescente incidirá alíquota de 25% (vinte e cinco por cento).

•• Inciso II com redação determinada pela Lei n. 8.269, de 16-12-1991.

§ 1.º Na determinação da base de cálculo sujeita a incidência do imposto poderão ser deduzidos:

•• § 1.º, *caput*, com redação determinada pela Lei n. 8.269, de 16-12-1991.

a) Cr$ 20.000,00 por dependente, até o limite de 5 (cinco) dependentes;

•• Alínea *a* com redação determinada pela Lei n. 8.269, de 16-12-1991.

b) Cr$ 250.000,00 correspondentes à parcela isenta dos rendimentos provenientes de aposentadoria e pensão, transferência para reserva remunerada ou reforma pagos pela Previdência Social da União, dos Estados, do Distrito Federal e dos Municípios, ou por qualquer pessoa jurídica de direito público interno, a partir do mês em que o contribuinte completar 65 (sessenta e cinco) anos de idade;

•• Alínea *b* com redação determinada pela Lei n. 8.269, de 16-12-1991.

c) o valor da contribuição paga, no mês, para a previdência social da União, dos Estados, do Distrito Federal e dos Municípios;

•• Alínea *c* com redação determinada pela Lei n. 8.269, de 16-12-1991.

d) o valor da pensão judicial paga.

•• Alínea *d* com redação determinada pela Lei n. 8.269, de 16-12-1991.

§ 2.º As disposições deste artigo aplicam-se aos pagamentos efetuados a partir de 1.º de dezembro de 1991.

•• § 2.º com redação determinada pela Lei n. 8.269, de 16-12-1991.

Art. 26. O valor da gratificação de Natal (13.º salário) a que se referem as Leis n. 4.090, de 13 de julho de 1962, e n. 4.281, de 8 de novembro de 1963, e o art. 10 do Decreto-lei n. 2.413, de 10 de fevereiro de 1988, será tributado à mesma alíquota (art. 25) a que estiver sujeito o rendimento mensal do contribuinte, antes de sua inclusão.

•• *Vide* art. 16 da Lei n. 8.134, de 27-12-1990.

• A Lei n. 4.090, de 13-7-1962, instituiu a gratificação de Natal para os trabalhadores.

• A Lei n. 4.281, de 8-11-1963, instituiu abono especial, em caráter permanente, para aposentados de institutos de previdência.

• O Decreto-lei n. 2.413, de 10-2-1988, em seu art. 10, determina que, mantida a tributação na declaração de rendimentos, não incidirá Imposto sobre a Renda na fonte sobre a gratificação de Natal concedida aos funcionários, civis e militares, da União, do Distrito Federal, dos Territórios, dos Estados e dos Municípios e das respectivas autarquias e aos membros do Poder Judiciário, do Poder Legislativo e dos Tribunais de Contas.

Art. 27. (*Revogado pela Lei n. 9.250, de 26-12-1995.*)

Arts. 28 e 29. (*Revogados pela Lei n. 8.134, de 27-12-1990.*)

Art. 30. Permanecem em vigor as isenções de que tratam os arts. 3.º a 7.º do Decreto-lei n. 1.380, de 23 de dezembro de 1974, e o art. 5.º da Lei n. 4.506, de 30 de novembro de 1964.

•• O Decreto-lei n. 1.380, de 23-12-1974, foi revogado pela Lei n. 9.250, de 26-12-1995.

• A Lei n. 4.506, de 30-11-1964, dispõe:

"Art. 5.º Estão isentos do imposto os rendimentos do trabalho auferidos por:

I – Servidores diplomáticos de governos estrangeiros;

II – Servidores de organismos internacionais de que o Brasil faça parte e aos quais se tenha obrigado, por tratado ou convênio, a conceder isenção;

III – Servidor não brasileiro de embaixada, consulado e repartições oficiais de outros países no Brasil, desde que no país de sua nacionalidade seja assegurado igual tratamento a brasileiros que ali exerçam idênticas funções.

Parágrafo único. As pessoas referidas nos itens II e III deste artigo serão contribuintes como residentes no estrangeiro em relação a outros rendimentos produzidos no país".

Art. 31. Ficam sujeitos à incidência do Imposto sobre a Renda na fonte, calculado de acordo com o disposto no art. 25 desta Lei, relativamente à parcela correspondente às contribuições cujo ônus não tenha sido do beneficiário ou quando os rendimentos e ganhos de capital produzidos pelo patrimônio da entidade de previdência não tenham sido tributados na fonte:

•• *Caput* com redação determinada pela Lei n. 7.751, de 14-4-1989.

I – as importâncias pagas ou creditadas a pessoas físicas, sob a forma de resgate, pecúlio ou renda periódica, pelas entidades de previdência privada;

II – os valores resgatados dos Planos de Poupança e Investimento – PAIT de que trata o Decreto-lei n. 2.292, de 21 de novembro de 1986.

§ 1.º O imposto será retido por ocasião do pagamento ou crédito, pela entidade de previdência privada, no caso do inciso I, e pelo administrador da carteira, fundo ou clube PAIT, no caso do inciso II.

§ 2.º (*Vetado.*)

Art. 32. Ficam sujeitos à incidência do Imposto sobre a Renda na fonte, à alíquota de 25% (vinte e cinco por cento):

I – os benefícios líquidos resultantes da amortização antecipada, mediante sorteio, dos títulos de economia denominados capitalização;

II – os benefícios atribuídos aos portadores de títulos de capitalização nos lucros da empresa emitente.

§ 1.º A alíquota prevista neste artigo será de 15% (quinze por cento) em relação aos prêmios pagos aos proprietários e criadores de cavalos de corrida.

§ 2.º O imposto de que trata este artigo será considerado:

a) antecipação do devido na declaração de rendimentos, quando o beneficiário for pessoa jurídica tributada com base no lucro real;

b) devido exclusivamente na fonte, nos demais casos, inclusive quando o beneficiário for pessoa jurídica isenta.

§ 3.º (*Vetado.*)

Art. 33. Ressalvado o disposto em normas especiais, no caso de ganho de capital auferido por residente ou domiciliado no exterior, o imposto será devido, à alíquota de 25% (vinte e cinco por cento), no momento da alienação do bem ou direito.

Parágrafo único. O imposto deverá ser pago no prazo de 15 (quinze) dias contados da realização da operação ou por ocasião da remessa, sempre que esta ocorrer antes desse prazo.

Art. 34. Na inexistência de outros bens sujeitos a inventário ou arrolamento, os valores relativos ao Imposto sobre a Renda e outros tributos administrados pela Secretaria da Receita Federal, bem como o resgate de quotas dos fundos fiscais criados pelos Decretos-leis n. 157, de 10 de fevereiro de 1967, e 880, de 18 de setembro de 1969, não recebidos em vida pelos respectivos titulares, poderão ser restituídos ao cônjuge, filho e demais dependentes do contribuinte falecido, inexigível a apresentação de alvará judicial.

•• A Secretaria da Receita Federal passa a denominar-se Secretaria da Receita Federal do Brasil, por força da Lei n. 11.457, de 16-3-2007.

• O Decreto-lei n. 157, de 10-2-1967, concede estímulos fiscais à capitalização das empresas, reforça os incentivos à compra de ações e facilita o pagamento dos débitos fiscais.

Parágrafo único. Existindo outros bens sujeitos a inventário ou arrolamento, a restituição ao meeiro, herdeiros ou sucessores, far-se-á na forma e condições do alvará expedido pela autoridade judicial para essa finalidade.

Art. 35. O sócio-quotista, o acionista ou o titular da empresa individual ficará sujeito ao Imposto sobre a Renda na fonte, à alíquota de 8% (oito por cento), calculado com base no lucro líquido apurado pelas pessoas jurídicas na data do encerramento do período-base.

•• A Resolução n. 82, de 18-11-1996, do Senado Federal, suspende, em parte, a execução da Lei n. 7.713, de 22-12-1988, no que diz respeito à expressão *o acionista* contida neste artigo.

§ 1.º Para efeito da incidência de que trata este artigo, o lucro líquido do período-base apurado com observância da legislação comercial, será ajustado pela:

a) adição do valor das provisões não dedutíveis na determinação do lucro real, exceto a provisão para o Imposto sobre a Renda;

b) adição do valor da reserva de reavaliação, baixado no curso do período-base, que não tenha sido computado no lucro líquido;

c) exclusão do valor, corrigido monetariamente, das provisões adicionadas, na forma da alínea *a*, que tenham sido baixadas no curso do período-base, utilizando-se a variação do BTN Fiscal;

•• Alínea *c* com redação determinada pela Lei n. 7.799, de 10-7-1989.

d) compensação de prejuízos contábeis apurados em balanço de encerramento de período-base anterior, desde que tenham sido compensados contabilmente, ressalvado o disposto no § 2.º deste artigo;

e) exclusão do resultado positivo da avaliação de investimentos pelo valor de patrimônio líquido;

f) exclusão dos lucros e dividendos derivados de investimentos avaliados pelo custo de aquisição, que tenham sido computados como receita;

g) adição do resultado negativo da avaliação de investimentos pelo valor de patrimônio líquido.

•• Alíneas *e*, *f* e *g* acrescentadas pela Lei n. 7.959, de 21-12-1989.

§ 2.º Não poderão ser compensados os prejuízos:

a) que absorverem lucros ou reservas que não tenham sido tributados na forma deste artigo;

b) absorvidos na redução de capital que tenha sido aumentado com os benefícios do art. 63 do Decreto-lei n. 1.598, de 26 de dezembro de 1977.

§ 3.º O disposto nas alíneas *a* e *c* do § 1.º não se aplica em relação às provisões admitidas pela Comissão de Valores Mobiliários, Banco Central do Brasil e Superintendência de Seguros Privados, quando constituídas por pessoas jurídicas submetidas à orientação normativa dessas entidades.

§ 4.º O imposto de que trata este artigo:

a) será considerado devido exclusivamente na fonte, quando o beneficiário do lucro for pessoa física;

b) (*Revogada pela Lei n. 7.959, de 21-12-1989.*)

c) poderá ser compensado com o imposto incidente na fonte sobre a parcela dos lucros apurados pelas pessoas jurídicas, que corresponder à participação de beneficiário, pessoa física ou jurídica, residente ou domiciliado no exterior.

§ 5.º É dispensada a retenção na fonte do imposto a que se refere este artigo sobre a parcela do lucro líquido que corresponder à participação de pessoa jurídica imune ou isenta do imposto de renda.

•• § 5.º com redação determinada pela Lei n. 7.730, de 31-1-1989.

§ 6.º O disposto neste artigo se aplica em relação ao lucro líquido apurado nos períodos-base encerrados a partir da data da vigência desta Lei.

Art. 36. Os lucros que forem tributados na forma do artigo anterior, quando distribuídos, não estarão sujeitos à incidência do Imposto sobre a Renda na fonte.

Parágrafo único. Incide, entretanto, o Imposto sobre a Renda na fonte:

a) em relação aos lucros que não tenham sido tributados na forma do artigo anterior;

b) no caso de pagamento, crédito, entrega, emprego ou remessa de lucros, quando o beneficiário for residente ou domiciliado no exterior.

Art. 37. O imposto a que se refere o art. 36 desta Lei será convertido em número de OTN, pelo valor desta no mês de encerramento do período-base e deverá ser pago até o último dia útil do 4.º (quarto) mês subsequente ao do encerramento do período-base.

Art. 38. O disposto no art. 63 do Decreto-lei n. 1.598, de 26 de dezembro de 1977, somente se aplicará aos lucros e reservas relativos a resultados de períodos-base encerrados anteriormente à data da vigência desta Lei.

• *Vide* nota ao art. 6.º, XVII, *b*, desta Lei.

Art. 39. O disposto no art. 36 desta Lei não se aplicará às sociedades civis de que trata o art. 1.º do Decreto-lei n. 2.397, de 21 de dezembro de 1987.

•• O art. 1.º do Decreto-lei n. 2.397 foi revogado pela Lei n. 9.430, de 27-12-1996.

Art. 40. Fica sujeita ao pagamento do Imposto sobre a Renda à alíquota de 10% (dez por cento), a pessoa física que auferir ganhos líquidos nas operações realizadas nas Bolsas de Valores, de Mercadorias, de Futuros e Assemelhadas, ressalvado o disposto no inciso II do art. 22 desta Lei.

•• *Caput* com redação determinada pela Lei n. 7.751, de 14-4-1989.

§ 1.º Considera-se ganho líquido o resultado positivo auferido nas operações ou contratos liquidados em cada mês, admitida a dedução dos custos e despesas efetivamente incorridos, necessários à realização das operações, e à compensação das perdas efetivas ocorridas no mesmo período.

§ 2.º O ganho líquido será constituído:

a) no caso dos mercados à vista, pela diferença positiva entre o valor de transmissão do ativo e o custo de aquisição do mesmo;

b) no caso do mercado de opções:

1 – nas operações tendo por objeto a opção, a diferença positiva apurada entre o valor das posições encerradas ou não exercidas até o vencimento da opção;

2 – nas operações de exercício, a diferença positiva apurada entre o valor de venda à vista ou o preço médio à vista na data do exercício e o preço fixado para o exercício, ou a diferença positiva entre o preço do exercício acrescido do prêmio e o custo de aquisição;

•• Alíneas *a* e *b* com redação determinada pela Lei n. 7.730, de 31-1-1989.

c) no caso dos mercados a termo, a diferença positiva apurada entre o valor da venda a vista ou o preço médio a vista na data da liquidação do contrato a termo e o preço neste estabelecido;

d) no caso dos mercados futuros, o resultado líquido positivo dos ajustes diários apurados no período.

§ 3.º Se o contribuinte apurar resultado negativo no mês será admitida a sua apropriação nos meses subsequentes.

•• § 3.º com redação determinada pela Lei n. 7.730, de 31-1-1989.

§ 4.º O imposto deverá ser pago até o último dia útil da 1.ª (primeira) quinzena do mês subsequente ao da percepção dos rendimentos.

§ 5.º (*Revogado pela Lei n. 8.014, de 6-4-1990.*)

§ 6.º O Poder Executivo poderá baixar normas para apuração e demonstração de ganhos líquidos, bem como autorizar a compensação de perdas entre dois ou mais mercados ou modalidades operacionais, previstos neste artigo.

Art. 41. As deduções de despesas, bem como a compensação de perdas previstas no artigo anterior, serão admitidas exclusivamente para as operações realizadas em mercados organizados, geridos ou sob a responsabilidade de instituição credenciada pelo Poder Executivo e com objetivos semelhantes aos das Bolsas de Valores, de mercadorias ou de futuros.

Art. 42. (*Revogado pela Lei n. 8.134, de 27-12-1990.*)

Art. 43. Fica sujeito à incidência do Imposto sobre a Renda na fonte, à alíquota de 7,5% (sete inteiros e cinco décimos por cento), o rendimento bruto produzido por quaisquer aplicações financeiras.

•• *Caput* com redação determinada pela Lei n. 7.738, de 9-3-1989.

§ 1.º O disposto neste artigo aplica-se, também, às operações de financiamento realizadas em Bolsas de Valores, de mercadorias, de futuros ou assemelhadas.

•• § 1.º com redação determinada pela Lei n. 7.738, de 9-3-1989.

§ 2.º O disposto neste artigo não se aplica ao rendimento bruto auferido:

a) em aplicações em fundos de curto prazo, tributados nos termos do Decreto-lei n. 2.458, de 25 de agosto de 1988;

• O Decreto-lei n. 2.458, de 25-8-1988, a partir de 1.º-9-1988, determina que os rendimentos e ganhos de capital auferidos pelos fundos de aplicação de curto prazo estão sujeitos, exclusivamente, ao imposto de renda retido na fonte.

b) em operações financeiras de curto prazo, assim consideradas as de prazo inferior a 90 (noventa) dias, que serão tributadas às seguintes alíquotas, sobre o rendimento bruto:

1 – quando a operação se iniciar e encerrar no mesmo dia, 40% (quarenta por cento);

2 – nas demais operações, 10% (dez por cento), quando o beneficiário se identificar e 30% (trinta por cento), quando o beneficiário não se identificar.

•• § 2.º com redação determinada pela Lei n. 7.738, de 9-3-1989.

§ 3.º Nas operações tendo por objeto Letras Financeiras do Tesouro – LFT ou títulos estaduais e municipais a elas equiparados, o Imposto sobre a Renda na fonte será calculado à alíquota de:

a) 40% (quarenta por cento), em se tratando de operação de curto prazo; e

b) 25% (vinte e cinco por cento), quando o prazo da operação for igual ou superior a 90 (noventa) dias.

•• § 3.º com redação determinada pela Lei n. 7.738, de 9-3-1989.

§ 4.º A base de cálculo do Imposto sobre a Renda na fonte sobre as operações de que trata o § 3.º será constituída pelo rendimento que exceder à remuneração calculada com base na taxa referencial acumulada da Letra Financeira do Tesouro no período, divulgada pelo Banco Central do Brasil.

•• § 4.º com redação determinada pela Lei n. 7.738, de 9-3-1989.

§ 5.º O Imposto sobre a Renda será retido pela fonte pagadora:

a) em relação aos juros de depósitos em cadernetas de poupança, na data do crédito ou pagamento;

b) em relação às operações de financiamento realizadas em bolsas de valores, de mercadorias, de futuros e assemelhadas, na liquidação;

c) nos demais casos, na data da cessão, liquidação ou resgate, ou nos pagamentos periódicos de rendimentos.

•• § 5.º com redação determinada pela Lei n. 7.738, de 9-3-1989.

§ 6.º Nas aplicações em fundos em condomínio, exceto os de curto prazo, ou clubes de investimentos, efetuadas até 31 de dezembro de 1988, o rendimento real será determinado tomando-se por base o valor da quota em 1.º de janeiro de 1989, facultado à administradora optar pela tributação do rendimento no ato da liquidação ou resgate do título ou aplicação, em substituição à tributação quando do resgate das quotas.

•• § 6.º com redação determinada pela Lei n. 7.738, de 9-3-1989.

§ 7.º A alíquota de que trata o *caput* aplicar-se-á aos rendimentos de títulos, obrigações ou aplicações produzidas a partir do período iniciado em 16 de janeiro de 1989, mesmo quando adquiridos ou efetuadas anteriormente a esta data.

•• § 7.º com redação determinada pela Lei n. 7.738, de 9-3-1989.

§ 8.º As alíquotas de que tratam os §§ 2.º e 3.º, incidentes sobre rendimentos auferidos em operações de curto prazo, são aplicáveis às operações iniciadas a partir de 13 de fevereiro de 1989.

•• § 8.º com redação determinada pela Lei n. 7.738, de 9-3-1989.

Art. 44. O imposto de que trata o artigo anterior será considerado:

I – antecipação do devido na declaração de rendimentos, quando o beneficiário for pessoa jurídica tributada com base no lucro real;

II – devido exclusivamente na fonte nos demais casos, inclusive quando o beneficiário for pessoa jurídica isenta, observado o disposto no art. 47 desta Lei.

Art. 45. (*Revogado pela Lei n. 8.134, de 27-12-1990.*)

Art. 46. (*Revogado pela Lei n. 7.730, de 31-1-1989.*)

Art. 47. Fica sujeito à incidência do Imposto sobre a Renda exclusivamente na fonte, à alíquota de 30% (trinta por cento), todo rendimento real ou ganho de capital pago a beneficiário não identificado.

Art. 48. A tributação de que tratam os artigos 7.º, 8.º e 23 não se aplica aos rendimentos e ganhos de capital tributados na forma dos arts. 41 e 47 desta Lei.

Art. 49. O disposto nesta Lei não se aplica aos rendimentos da atividade agrícola e pastoril, que serão tributados na forma da legislação específica.

Art. 50. (*Vetado.*)

Art. 51. A isenção do Imposto sobre a Renda de que trata o art. 11, item I, da Lei n. 7.256, de 27 de novembro de 1984, não se aplica à empresa que se encontre nas situações previstas no art. 3.º, itens I a V, da referida lei, nem às empresas que prestem serviços profissionais de corretor, despachante, ator, empresário e produtor de espetáculos públicos, cantor, músico, médico, dentista, enfermeiro, engenheiro, físico, químico, economista, contador, auditor, estatístico, administrador, programador, analista de sistema, advogado, psicólogo, professor, jornalista, publicitário, ou assemelhados, e qualquer outra profissão cujo exercício dependa de habilitação profissional legalmente exigida.

•• A Lei n. 7.256, de 27-11-1984, foi expressamente revogada pela Lei n. 9.841, de 5-10-1999, que passou a dispor sobre as microempresas – ME e as empresas de pequeno porte – EPP. A Lei Complementar n. 123, de 14-12-2006, dispõe atualmente sobre a matéria.

Art. 52. A falta ou insuficiência de recolhimento do imposto ou de quota deste, nos prazos fixados nesta Lei, apresentada ou não a declaração, sujeitará o contribuinte às multas e acréscimos previstos na legislação do Imposto sobre a Renda.

Art. 53. Os juros e as multas serão calculados sobre o imposto ou quota, observado o seguinte:

a) quando expresso em BTN, serão convertidos em cruzados novos pelo valor do BTN no mês do pagamento;

b) quando expresso em BTN Fiscal, serão convertidos em cruzados novos pelo valor do BTN Fiscal no dia do pagamento.

•• Artigo com redação determinada pela Lei n. 7.799, de 10-7-1989.

Art. 54. Fica o Poder Executivo autorizado a implantar medidas de estímulo à eficiência da atividade fiscal em programas especiais de fiscalização.

Art. 55. Fica reduzida para 1% (um por cento) a alíquota aplicável às importâncias pagas ou creditadas, a partir do mês de janeiro de 1989, a pessoas jurídicas, civis ou mercantis, pela prestação de serviços de limpeza, conservação, segurança, vigilância e por locação de mão de obra, de que trata o art. 3.º do Decreto-lei n. 2.462, de 30 de agosto de 1988.

• O Decreto-lei n. 2.462, de 30-8-1988, dispõe em seu art. 3.º: "O desconto do Imposto sobre a Renda na fonte de que trata o artigo 2.º do Decreto-lei n. 2.030, de 9-6-1983, com as alterações contidas nos arts. 1.º, III, do Decreto-lei n. 2.065, de 26 de outubro de 1983, e 52 da Lei n. 7.450, de 23 de dezembro de 1985, passa a ser aplicável, também, à alíquota de 3% (três por cento) às importâncias pagas ou creditadas, a partir do mês de janeiro de 1989, a pessoas jurídicas, civis ou mercantis, pela prestação de serviços de limpeza, conservação, segurança, vigilância e por locação de mão de obra".

• O Ato Declaratório Interpretativo n. 4, de 20-3-2003, da Secretaria da Receita Federal, estabelece em seu artigo único que os rendimentos pagos ou creditados por pessoas jurídicas, de direito público ou privado, a outras pessoas jurídicas, civis ou mercantis, pela prestação de serviços de limpeza e conservação de ruas e logradouros públicos estão sujeitos ao recolhimento do imposto de renda na fonte de que trata este artigo.

Art. 56. (*Revogado pela Lei n. 9.430, de 27-12-1996.*)

Art. 57. Esta Lei entra em vigor em 1.º de janeiro de 1989.

Art. 58. Revogam-se o art. 50 da Lei n. 4.862, de 29 de novembro de 1965, os arts. 1.º a 9.º do Decreto-lei n. 1.510, de 27 de dezembro de 1976, os arts. 65 e 66 do Decreto-lei n. 1.598, de 26 de dezembro de 1977, os arts. 1.º a 4.º do Decreto-lei n. 1.641, de 7 de dezembro de 1978, os arts. 12 e 13 do Decreto-lei n. 1.950, de 14 de julho de 1982, os arts. 15 e 100 da Lei n. 7.450, de 23 de dezembro de 1985, o art. 18 do Decreto-lei n. 2.287, de 23 de julho de 1986, o item IV e o parágrafo único, do art. 12, do Decreto-lei n. 2.292, de 21 de novembro de 1986, o item III, do art. 2.º, do Decreto-lei n. 2.301, de 21 de novembro de 1986, o item III, do art. 7.º, do Decreto-lei n. 2.394, de 21 de dezembro de 1987, e demais disposições em contrário.

Brasília, 22 de dezembro de 1988; 167.º da Independência e 100.º da República.

José Sarney

LEI N. 7.766, DE 11 DE MAIO DE 1989 (*)

Dispõe sobre o ouro, ativo financeiro e sobre seu tratamento tributário.

O Presidente da República.

Faço saber que o Congresso Nacional decreta e eu sanciono a seguinte Lei:

Art. 1.º O ouro em qualquer estado de pureza, em bruto ou refinado, quando destinado ao mercado financeiro ou à execução da política cambial do País, em operações realizadas com a interveniência de instituições integrantes do Sistema Financeiro Nacional, na forma e condições autorizadas pelo Banco Central do Brasil, será, desde a extração, inclusive, considerado ativo financeiro ou instrumento cambial.

§ 1.º Enquadra-se na definição deste artigo:

I – o ouro envolvido em operações de tratamento, refino, transporte, depósito ou custódia, desde que formalizado compromisso de destiná-lo ao Banco Central do Brasil ou à instituição por ele autorizada;

II – as operações praticadas nas regiões de garimpo onde o ouro é extraído, desde que o ouro na saída do município tenha o mesmo destino a que se refere o inciso I deste parágrafo.

§ 2.º As negociações com o ouro, ativo financeiro, de que trata este artigo, efetuadas nos pregões das Bolsas de Valores, de Mercadorias, de Futuros ou assemelhadas, ou no Mercado de Balcão com a interveniência de instituição financeira autorizada, serão consideradas operações financeiras.

Art. 2.º Para os efeitos desta Lei, as cooperativas ou associações de garimpeiros, desde que regularmente constituídas, serão autorizadas pelo Banco Central do Brasil a operarem com ouro.

Parágrafo único. As operações com ouro, facultadas às cooperativas ou associações de garimpeiros, restringem-se, exclusivamente, à sua compra na origem e à venda ao Banco Central do Brasil, ou à instituição por ele autorizada.

Art. 3.º A destinação e as operações a que se referem os arts. 1.º e 2.º desta Lei serão comprovadas mediante notas fiscais ou documentos que identifiquem tais operações.

• A Instrução Normativa n. 49, de 2-5-2001, da Secretaria da Receita Federal, institui documentos fiscais para controle de operações com ouro, ativo financeiro ou instrumento cambial.

§ 1.º O transporte do ouro, ativo financeiro, para qualquer parte do Território Nacional, será acobertado exclusivamente por nota fiscal integrante da documentação fiscal mencionada.

§ 2.º O ouro acompanhado por documentação fiscal irregular será objeto de apreensão pela Secretaria da Receita Federal.

(*) Publicada no *DOU*, de 12-5-1989.

•• A Secretaria da Receita Federal passa a denominar-se Secretaria da Receita Federal do Brasil, por força da Lei n. 11.457, de 16-3-2007.

Art. 4.º O ouro destinado ao mercado financeiro sujeita-se, desde sua extração inclusive, exclusivamente, à incidência do Imposto sobre Operações de Crédito, Câmbio e Seguro, ou Relativas a Títulos ou Valores Mobiliários.

•• *Vide* Decreto n. 6.306, de 14-12-2007, arts. 36 a 40.

Parágrafo único. A alíquota desse imposto será de 1% (um por cento), assegurada a transferência do montante arrecadado, nos termos do art. 153, § 5.º, incisos I e II, da Constituição Federal.

Art. 5.º (*Vetado.*)

Art. 6.º Tratando-se de ouro oriundo do exterior, considera-se Município e Estado de origem o de ingresso do ouro no País.

Art. 7.º A pessoa jurídica adquirente fará constar, da nota de aquisição, o Estado, o Distrito Federal, ou o Território e o Município de origem do ouro.

Art. 8.º O fato gerador do imposto é a primeira aquisição do ouro, ativo financeiro, efetuada por instituição autorizada, integrante do Sistema Financeiro Nacional.

Parágrafo único. Tratando-se de ouro físico oriundo do exterior, ingressado no País, o fato gerador é o seu desembaraço aduaneiro.

Art. 9.º A base de cálculo do imposto é o preço de aquisição do ouro, desde que dentro dos limites de variação da cotação vigente no mercado doméstico, no dia da operação.

Parágrafo único. Tratando-se de ouro físico oriundo do exterior, o preço de aquisição, em moeda nacional, será determinado com base no valor de mercado doméstico na data do desembaraço aduaneiro.

Art. 10. Contribuinte do imposto é a instituição autorizada que efetuar a primeira aquisição do ouro, ativo financeiro.

Art. 11. O imposto será pago até o último dia útil da 1.ª (primeira) quinzena do mês subsequente ao da ocorrência do fato gerador.

Parágrafo único. A entidade arrecadadora repassará ao Estado, Distrito Federal ou Município, conforme a origem do ouro, o produto da arrecadação, na proporção do estabelecido no § 5.º, do art. 153, da Constituição Federal, no prazo de 30 (trinta) dias, encaminhando uma cópia dos documentos de arrecadação ao Departamento Nacional de Produção Mineral.

Art. 12. O recolhimento do imposto será efetuado no município produtor ou no município em que estiver localizado o estabelecimento-matriz do contribuinte, devendo ser indicado, no documento de arrecadação, o Estado, o Território ou o Distrito Federal e o Município, conforme a origem do ouro.

Art. 13. Os rendimentos e ganhos de capital decorrentes de operações com ouro, ativo financeiro, sujeitam-se às mesmas normas de incidência do Imposto sobre a Renda aplicáveis aos demais rendimentos e ganhos de capital resultantes de operações no mercado financeiro.

Parágrafo único. O ganho de capital em operações com ouro não considerado ativo financeiro será determinado segundo o disposto no art. 3.º, § 2.º, da Lei n. 7.713, de 22 de dezembro de 1988.

Art. 14. Esta Lei entra em vigor na data de sua publicação.

Art. 15. Revogam-se as disposições em contrário.

Brasília, 11 de maio de 1989; 168.º da Independência e 101.º da República.

José Sarney

LEI N. 7.827, DE 27 DE SETEMBRO DE 1989 (*)

Regulamenta o art. 159, I, c, da Constituição Federal, institui o Fundo Constitucional de Financiamento do Norte – FNO, o Fundo Constitucional de Financiamento do Nordeste – FNE e o Fundo Constitucional de Financiamento do Centro-Oeste – FCO e dá outras providências.

O Presidente da Câmara dos Deputados, no exercício do cargo de Presidente da República.

Faço saber que o Congresso Nacional decreta e eu sanciono a seguinte Lei:

Art. 1.º Ficam criados o Fundo Constitucional de Financiamento do Norte – FNO, o Fundo Constitucional de Financiamento do Nordeste – FNE e o Fundo Constitucional de Financiamento do Centro-Oeste – FCO, para fins de aplicação dos recursos de que trata a alínea *c* do inciso I do art. 159 da Constituição Federal, os quais se organizarão e funcionarão nos termos desta Lei.

•• *Vide* Lei n. 10.177, de 12-1-2001, que dispõe sobre as operações com recursos dos Fundos Constitucionais de Financiamento do Norte, Nordeste e do Centro-Oeste.

I – DAS FINALIDADES E DIRETRIZES GERAIS

Art. 2.º Os Fundos Constitucionais de Financiamento do Norte, Nordeste e Centro-Oeste têm por objetivo contribuir para o desenvolvimento econômico e social das regiões Norte, Nordeste e Centro-Oeste, através das instituições financeiras federais de caráter regional, mediante a execução de programas de financiamento aos setores produtivos, em consonância com os respectivos planos regionais de desenvolvimento.

§ 1.º Na aplicação de seus recursos, os Fundos Constitucionais de Financiamento do Norte, Nordeste e Centro-Oeste ficarão a salvo das restrições de controle monetário de natureza conjuntural e deverão destinar crédito diferenciado dos usualmente adotados pelas instituições

(*) Publicada no *DOU*, de 28-9-1989. Regulamentada pelo Decreto n. 9.290, de 21-2-2018. A Lei n. 9.808, de 20-7-1999, define diretrizes e incentivos fiscais para o desenvolvimento regional.

financeiras, em função das reais necessidades das regiões beneficiárias.

§ 2.º No caso da região Nordeste, o Fundo Constitucional de Financiamento do Nordeste inclui a finalidade específica de financiar, em condições compatíveis com as peculiaridades da área, atividades econômicas do semiárido, às quais destinará metade dos recursos ingressados nos termos do art. 159, inciso I, alínea *c*, da Constituição Federal.

Art. 3.º Respeitadas as disposições dos Planos Regionais de Desenvolvimento, serão observadas as seguintes diretrizes na formulação dos programas de financiamento de cada um dos Fundos:

I – concessão de financiamento aos setores produtivos das regiões beneficiadas;

•• Inciso I com redação determinada pela Lei n. 13.530, de 7-12-2017.

II – ação integrada com instituições federais sediadas nas regiões;

III – tratamento preferencial às atividades produtivas de pequenos e miniprodutores rurais e pequenas e microempresas, às de uso intensivo de matérias-primas e mão de obra locais e as que produzam alimentos básicos para consumo da população, bem como aos projetos de irrigação, quando pertencentes aos citados produtores, suas associações e cooperativas;

IV – preservação do meio ambiente;

V – adoção de prazos e carência, limites de financiamento, juros e outros encargos diferenciados ou favorecidos, em função dos aspectos sociais, econômicos, tecnológicos e espaciais dos empreendimentos;

VI – conjugação do crédito com a assistência técnica, no caso de setores tecnologicamente carentes;

VII – orçamentação anual das aplicações dos recursos;

VIII – uso criterioso dos recursos e adequada política de garantias, com limitação das responsabilidades de crédito por cliente ou grupo econômico, de forma a atender a um universo maior de beneficiários e assegurar racionalidade, eficiência, eficácia e retorno às aplicações;

IX – apoio à criação de novos centros, atividades e polos dinâmicos, notadamente em áreas interioranas, que estimulem a redução das disparidades intrarregionais de renda;

X – proibição de aplicação de recursos a fundo perdido;

XI – programação anual das receitas e despesas com nível de detalhamento que dê transparência à gestão dos Fundos e favoreça a participação das lideranças regionais com assento no conselho deliberativo das superintendências regionais de desenvolvimento; e

XII – ampla divulgação das exigências de garantia e de outros requisitos para a concessão de financiamento;

•• Inciso XII com redação determinada pela Lei n. 13.530, de 7-12-2017.

XIII – concessão de financiamento a estudantes regularmente matriculados em cursos superiores não gratuitos, de que trata a Lei n. 10.260, de 12 de julho de 2001.

•• Inciso XIII acrescentado pela Lei n. 13.530, de 7-12-2017.

II – DOS BENEFICIÁRIOS

Art. 4.º São beneficiários dos recursos dos fundos constitucionais de financiamento do Norte, do Nordeste e do Centro-Oeste:

•• *Caput* com redação determinada pela Lei n. 13.530, de 7-12-2017.

I – produtores e empresas, pessoas físicas e jurídicas, e cooperativas de produção que, de acordo com as prioridades estabelecidas nos planos regionais de desenvolvimento, desenvolvam atividades produtivas nos setores agropecuário, mineral, industrial, agroindustrial, de empreendimentos comerciais e de serviços das regiões Norte, Nordeste e Centro-Oeste;

•• Inciso I acrescentado pela Lei n. 13.530, de 7-12-2017.

II – estudantes regularmente matriculados em cursos superiores e de educação profissional, técnica e tecnológica não gratuitos que contribuirão para o desenvolvimento do setor produtivo das regiões Norte, Nordeste e Centro-Oeste, de acordo com as prioridades estabelecidas nos planos regionais de desenvolvimento.

•• Inciso II acrescentado pela Lei n. 13.530, de 7-12-2017.

§ 1.º Os Fundos Constitucionais de Financiamento poderão financiar empreendimentos de infraestrutura econômica, inclusive os de iniciativa de empresas públicas não dependentes de transferências financeiras do Poder Público, considerados prioritários para a economia em decisão do respectivo conselho deliberativo.

•• § 1.º com redação determinada pela Lei n. 11.775, de 17-9-2008.

§ 2.º No caso de produtores e empresas beneficiárias de fundos de incentivos regionais ou setoriais, a concessão de financiamentos de que trata esta Lei fica condicionada à regularidade da situação para com a Comissão de Valores Mobiliários – CVM e os citados fundos de incentivos.

•• § 2.º com redação determinada pela Lei n. 11.775, de 17-9-2008.

§ 3.º (*Revogado pela Lei n. 12.716, de 21-9-2012.*)

§ 4.º Os estudantes e os cursos mencionados no inciso II do *caput* deste artigo deverão atender aos requisitos estabelecidos no art. 1.º da Lei n. 10.260, de 12 de julho de 2001.

•• § 4.º acrescentado pela Lei n. 13.530, de 7-12-2017.

Art. 5.º Para efeito de aplicação dos recursos, entende-se por:

I – Norte, a região compreendida pelos Estados do Acre, Amazonas, Amapá, Pará, Roraima, Rondônia e Tocantins;

II – Nordeste, a região abrangida pelos Estados do Maranhão, Piauí, Ceará, Rio Grande do Norte, Paraíba, Pernambuco, Alagoas, Sergipe e Bahia, além das partes dos Estados de Minas Gerais e Espírito Santo incluídas na área de atuação da SUDENE;

•• Inciso II com redação determinada pela Lei n. 9.808, de 20-7-1999.

III – Centro-Oeste, a região de abrangência dos Estados

de Mato Grosso, Mato Grosso do Sul, Goiás e Distrito Federal;

IV – semiárido, a região natural inserida na área de atuação da Superintendência de Desenvolvimento do Nordeste - Sudene, definida em portaria daquela Autarquia.

•• Inciso IV com redação determinada pela Lei Complementar n. 125, de 3-1-2007.

•• A Lei n. 13.137, de 19-6-2015, propôs o acréscimo de parágrafo único a este artigo, porém teve seu texto vetado.

III – DOS RECURSOS E APLICAÇÕES

Art. 6.º Constituem fontes de recursos dos Fundos Constitucionais de Financiamento do Norte, Nordeste e Centro-Oeste:

I – 3% (três por cento) do produto da arrecadação do imposto sobre renda e proventos de qualquer natureza e do imposto sobre produtos industrializados, entregues pela União, na forma do art. 159, inciso I, alínea *c*, da Constituição Federal;

II – os retornos e resultados de suas aplicações;

III – o resultado da remuneração dos recursos momentaneamente não aplicados, calculado com base em indexador oficial;

•• Inciso regulamentado pelo Decreto n. 98.339, de 27-10-1989.

IV – contribuições, doações, financiamentos e recursos de outras origens, concedidos por entidades de direito público ou privado, nacionais ou estrangeiras;

V – dotações orçamentárias ou outros recursos previstos em lei.

Parágrafo único. Nos casos dos recursos previstos no inciso I deste artigo, será observada a seguinte distribuição:

I – 0,6% (seis décimos por cento) para o Fundo Constitucional de Financiamento do Norte;

II – 1,8% (um inteiro e oito décimos por cento) para o Fundo Constitucional de Financiamento do Nordeste; e

III – 0,6% (seis décimos por cento) para o Fundo Constitucional de Financiamento do Centro-Oeste.

Art. 7.º A Secretaria do Tesouro Nacional liberará ao Ministério da Integração Nacional, nas mesmas datas e, no que couber, segundo a mesma sistemática adotada na transferência dos recursos dos Fundos de Participação dos Estados, do Distrito Federal e dos Municípios, os valores destinados aos Fundos Constitucionais de Financiamento do Norte, do Nordeste e do Centro-Oeste, cabendo ao Ministério da Integração Nacional, observada essa mesma sistemática, repassar os recursos diretamente em favor das instituições federais de caráter regional e do Banco do Brasil S.A.

•• *Caput* com redação determinada pela Lei n. 10.177, de 12-1-2001.

Parágrafo único. O Ministério da Fazenda informará, mensalmente, ao Ministério da Integração Nacional, às respectivas superintendências regionais de desenvolvimento e aos bancos administradores dos Fundos Constitucionais de Financiamento a soma da arrecadação do imposto sobre a renda e proventos de qualquer natureza e do imposto sobre produtos industrializados, o valor das liberações efetuadas para cada Fundo, bem como a previsão de datas e valores das 3 (três) liberações imediatamente subsequentes.

•• Parágrafo único com redação determinada pela Lei Complementar n. 125, de 3-1-2007.

Art. 8.º Os Fundos gozarão de isenção tributária, estando os seus resultados, rendimentos e operações de financiamento livres de qualquer tributo ou contribuição, inclusive o imposto sobre operações de crédito, imposto sobre renda e proventos de qualquer natureza e as contribuições do PIS, PASEP e FINSOCIAL.

• *Vide* Decreto n. 6.306, de 14-12-2007, art. 9.º, III.

§ 1.º Para os efeitos do art. 14 da Lei Complementar n. 101, de 4 de maio de 2000 (Lei de Responsabilidade Fiscal), a fim de compensar a renúncia de receita do crédito presumido de que trata o § 3.º do art. 1.º da Lei n. 9.826, de 23 de agosto de 1999, entre 1.º de janeiro de 2021 e 31 de dezembro de 2025 será cobrado o Imposto sobre Operações de Crédito, Câmbio e Seguro ou relativas a Títulos ou Valores Mobiliários (IOF) sobre as operações de crédito praticadas com recursos do FCO, não aplicada a respectiva isenção de que trata o *caput* deste artigo.

•• § 1.º acrescentado pela Lei n. 14.076, de 28-10-2020.

§ 2.º Relativamente às operações de crédito de que trata o § 1.º deste artigo, a alíquota do IOF será a mesma alíquota incidente nas demais operações de crédito não isentas sujeitas ao referido imposto.

•• § 2.º acrescentado pela Lei n. 14.076, de 28-10-2020.

Art. 9.º Observadas as diretrizes estabelecidas pelo Ministério da Integração Nacional, os bancos administradores poderão repassar recursos dos Fundos Constitucionais a outras instituições autorizadas a funcionar pelo Banco Central do Brasil, com capacidade técnica comprovada e com estrutura operacional e administrativa aptas a realizar, em segurança e no estrito cumprimento das diretrizes e normas estabelecidas, programas de crédito especificamente criados com essa finalidade.

•• *Caput* com redação determinada pela Lei n. 10.177, de 12-1-2001.

•• A Lei Complementar n. 129, de 8-1-2009, propôs nova redação para este artigo, mas teve o seu texto vetado.

§ 1.º Respeitado o disposto no *caput* deste artigo, caberá aos Conselhos Deliberativos das Superintendências Regionais de Desenvolvimento definir o montante de recursos dos respectivos Fundos Constitucionais de Financiamento a serem repassados a outras instituições financeiras autorizadas a funcionar pelo Banco Central do Brasil.

•• § 1.º com redação determinada pela Lei n. 13.682, de 19-6-2018.

§ 2.º As instituições financeiras beneficiárias dos repasses deverão devolver aos bancos administradores, de acordo com o cronograma de reembolso das operações aprovadas pelo respectivo Conselho Deliberativo da Superintendência de Desenvolvimento de cada região, os valores relativos às prestações vencidas, independentemente do pagamento pelo tomador final.

•• § 2.º com redação determinada pela Lei n. 13.682, de 19-6-2018.

§ 3.º Aos bancos cooperativos e às confederações de cooperativas de crédito, em conformidade com o § 5.º do art. 2.º da Lei Complementar n. 130, de 17 de abril de 2009, no seu conjunto, sob seu risco exclusivo, fica assegurado, nos casos do FCO e do FNO, o repasse de 10% (dez por cento) dos recursos previstos para cada exercício ou do valor efetivamente demandado por essas instituições, o que for menor.

•• § 3.º com redação determinada pela Lei n. 14.227, de 20-10-2021.

§ 4.º O montante do repasse de que trata este artigo terá como teto o limite de crédito da instituição beneficiária do repasse perante o banco administrador dos recursos dos Fundos Constitucionais de Financiamento, observadas as boas práticas bancárias.

•• § 4.º com redação determinada pela Lei n. 13.682, de 19-6-2018.

§ 5.º As instituições financeiras beneficiárias dos repasses deverão assumir integralmente o risco da operação perante o respectivo Fundo.

•• § 5.º acrescentado pela Lei n. 14.227, de 20-10-2021.

Art. 9.º-A. Os recursos dos Fundos Constitucionais poderão ser repassados aos próprios bancos administradores, para que estes, em nome próprio e com seu risco exclusivo, realizem as operações de crédito autorizadas por esta Lei e pela Lei n. 10.177, de 12 de janeiro de 2001.

•• *Caput* acrescentado pela Medida Provisória n. 2.196-3, de 24-8-2001.

§ 1.º O montante dos repasses a que se referem o *caput* estará limitado a proporção do patrimônio líquido da instituição financeira, fixada pelo Conselho Monetário Nacional.

•• § 1.º acrescentado pela Medida Provisória n. 2.196-3, de 24-8-2001.

§ 2.º O retorno dos recursos aos Fundos Constitucionais se subordina à manutenção da proporção a que se refere o § 3.º e independe do adimplemento, pelos mutuários, das obrigações contratadas pelas instituições financeiras com tais recursos.

•• § 2.º acrescentado pela Medida Provisória n. 2.196-3, de 24-8-2001.

§ 3.º O retorno dos recursos aos Fundos Constitucionais, em decorrência de redução do patrimônio líquido das instituições financeiras, será regulamentado pelo Conselho Monetário Nacional.

•• § 3.º acrescentado pela Medida Provisória n. 2.196-3, de 24-8-2001.

§ 4.º Nas operações realizadas nos termos deste artigo:

I – serão observados os encargos estabelecidos na Lei n. 10.177, de 12 de janeiro de 2001; e

•• Inciso I com redação determinada pela Lei n. 13.682, de 19-6-2018.

II – o *del credere* das instituições financeiras:

a) fica limitado a 6% (seis por cento) ao ano;

•• A Lei n. 12.793, de 2-4-2013, propôs nova redação para esta alínea, todavia, o texto foi vetado.

b) está contido nos encargos a que se refere o inciso I; e

c) (*Revogado pela Lei n. 14.227, de 20-10-2021.*)

•• § 4.º acrescentado pela Medida Provisória n. 2.196-3, de 24-8-2001.

§ 5.º Os saldos diários das disponibilidades relativas aos recursos transferidos nos termos do *caput* serão remunerados pelas instituições financeiras com base na taxa extramercado divulgada pelo Banco Central do Brasil.

•• § 5.º acrescentado pela Medida Provisória n. 2.196-3, de 24-8-2001.

§ 6.º Os recursos transferidos e utilizados em operações de crédito serão remunerados pelos encargos pactuados com os mutuários, deduzido o *del credere* a que se refere o § 4.º, inciso II.

•• § 6.º acrescentado pela Medida Provisória n. 2.196-3, de 24-8-2001.

§ 7.º Os bancos administradores deverão manter sistema que permita consolidar as disponibilidades e aplicações dos recursos, independentemente de estarem em nome do Fundo Constitucional ou da instituição financeira.

•• § 7.º acrescentado pela Medida Provisória n. 2.196-3, de 24-8-2001.

§ 8.º As instituições financeiras, nas operações de financiamento realizadas nos termos deste artigo, gozam da isenção tributária a que se refere o art. 8.º desta Lei.

•• § 8.º acrescentado pela Medida Provisória n. 2.196-3, de 24-8-2001.

§ 9.º Poderão ser considerados, para os efeitos deste artigo, os valores que já tenham sido repassados às instituições financeiras e as operações de crédito respectivas.

•• § 9.º acrescentado pela Medida Provisória n. 2.196-3, de 24-8-2001.

§ 10. Na hipótese do § 9.º:

I – não haverá risco de crédito para as instituições financeiras nas operações contratadas até 30 de novembro de 1998;

II – nas operações contratadas de 1.º de dezembro de 1998 a 30 de junho de 2001, o risco de crédito das instituições financeiras fica limitado a 50% (cinquenta por cento); e

III – o *del credere* das instituições financeiras, mantendo-se inalterados os encargos pactuados com os mutuários:

a) fica reduzido a 0 (zero) para as operações a que se refere o inciso I; e

b) fica limitado a 3% (três por cento) para as operações a que se refere o inciso II.

•• § 10 acrescentado pela Medida Provisória n. 2.196-3, de 24-8-2001.

§ 11. Para efeito do cálculo da taxa de administração a que fazem jus os bancos administradores, serão deduzidos do patrimônio líquido dos Fundos Constitucionais os valores repassados às instituições financeiras, nos termos deste artigo.

•• § 11 acrescentado pela Medida Provisória n. 2.196-3, de 24-8-2001.

IV – DOS ENCARGOS FINANCEIROS

•• *Vide* Lei n. 10.177, de 12-1-2001.

Art. 10. (*Revogado pela Lei n. 9.126, de 10-11-1995.*)

Art. 11. (*Revogado pela Lei n. 10.177, de 12-1-2001.*)

Art. 12. (*Revogado pela Lei n. 9.126, de 10-11-1995.*)

V – DA ADMINISTRAÇÃO

Art. 13. A administração dos Fundos Constitucionais de Financiamento do Norte, Nordeste e Centro-Oeste será distinta e autônoma e, observadas as atribuições previstas em lei, exercida pelos seguintes órgãos:

•• *Caput* com redação determinada pela Lei n. 10.177, de 12-1-2001.

I – Conselho Deliberativo das Superintendências de Desenvolvimento da Amazônia, do Nordeste e do Centro-Oeste;

•• Inciso I com redação determinada pela Lei Complementar n. 129, de 8-1-2009.

II – Ministério da Integração Nacional; e

•• Inciso II com redação determinada pela Lei n. 10.177, de 12-1-2001.

III – instituição financeira de caráter regional e Banco do Brasil S.A.

•• Inciso III acrescentado pela Lei n. 10.177, de 12-1-2001.

Art. 14. Cabe ao Conselho Deliberativo da respectiva superintendência de desenvolvimento das regiões Norte, Nordeste e Centro-Oeste:

•• *Caput* com redação determinada pela Lei Complementar n. 125, de 3-1-2007.

I – estabelecer, anualmente, as diretrizes, prioridades e programas de financiamento dos Fundos Constitucionais de Financiamento, em consonância com o respectivo plano regional de desenvolvimento;

•• Inciso I com redação determinada pela Lei Complementar n. 125, de 3-1-2007.

II – aprovar, anualmente, até o dia 15 de dezembro, os programas de financiamento de cada Fundo para o exercício seguinte, estabelecendo, entre outros parâmetros, os tetos de financiamento por mutuário;

•• Inciso II com redação determinada pela Lei Complementar n. 125, de 3-1-2007.

III – avaliar os resultados obtidos e determinar as medidas de ajustes necessárias ao cumprimento das diretrizes estabelecidas e à adequação das atividades de financiamento às prioridades regionais;

•• Inciso III com redação determinada pela Lei Complementar n. 125, de 3-1-2007.

IV – encaminhar o programa de financiamento para o exercício seguinte, a que se refere o inciso II do *caput* deste artigo, juntamente com o resultado da apreciação e o parecer aprovado pelo Colegiado, à Comissão Mista permanente de que trata o § 1.º do art. 166 da Constituição Federal, para conhecimento e acompanhamento pelo Congresso Nacional.

•• Inciso IV acrescentado pela Lei Complementar n. 125, de 3-1-2007.

§ 1.º Até o dia 30 de outubro de cada ano, as instituições financeiras federais de caráter regional encaminharão, à apreciação do Conselho Deliberativo da respectiva superintendência de desenvolvimento regional, a proposta de aplicação dos recursos relativa aos programas de financiamento para o exercício seguinte, a qual será aprovada até 15 de dezembro.

•• Parágrafo único renumerado pela Lei n. 13.682, de 19-6-2018.

§ 2.º Na data prevista no § 1.º deste artigo, as instituições financeiras administradoras deverão informar àquelas previstas no art. 9.º desta Lei os limites disponíveis para repasse a cada uma, e os valores deverão ser apurados segundo critérios de avaliação fornecidos previamente pelas instituições administradoras às instituições tomadoras dos recursos.

•• § 2.º acrescentado pela Lei n. 13.682, de 19-6-2018.

§ 3.º Para fins do disposto no § 2.º deste artigo, as instituições beneficiárias dos repasses deverão habilitar-se até a data prevista no § 1.º deste artigo perante as instituições financeiras administradoras.

•• § 3.º acrescentado pela Lei n. 13.682, de 19-6-2018.

§ 4.º As instituições financeiras administradoras somente reservarão a parcela de que trata o § 3.º do art. 9.º desta Lei às instituições financeiras beneficiárias que cumprirem a exigência do § 3.º deste artigo.

•• § 4.º acrescentado pela Lei n. 13.682, de 19-6-2018.

Art. 14-A. Cabe ao Ministério da Integração Nacional estabelecer as diretrizes e orientações gerais para as aplicações dos recursos dos Fundos Constitucionais de Financiamento do Norte, Nordeste e Centro-Oeste, de forma a compatibilizar os programas de financiamento com as orientações da política macroeconômica, das políticas setoriais e da Política Nacional de Desenvolvimento Regional.

•• *Caput* acrescentado pela Lei Complementar n. 125, de 3-1-2007.

•• Artigo regulamentado pelas Portarias n. 1.953, 1.954 e 1.955, de 15-8-2019, do Ministério do Desenvolvimento Regional.

Parágrafo único. O Ministério da Integração Nacional exercerá as competências relativas aos Conselhos deliberativos das Superintendências de Desenvolvimento das Regiões Norte e Nordeste, de que trata o art. 14 desta Lei, até que sejam instalados os mencionados Conselhos.

•• Parágrafo único acrescentado pela Lei n. 11.524, de 24-9-2007.

Art. 15. São atribuições de cada uma das instituições financeiras federais de caráter regional e do Banco do Brasil S.A., nos termos da lei:

•• *Caput* com redação determinada pela Lei n. 10.177, de 12-1-2001.

I – aplicar os recursos e implementar a política de concessão de crédito de acordo com os programas aprovados pelos respectivos Conselhos Deliberativos;

•• Inciso I com redação determinada pela Lei n. 10.177, de 12-1-2001.

II – definir normas, procedimentos e condições operacionais próprias da atividade bancária, respeitadas, dentre outras, as diretrizes constantes dos programas de financiamento aprovados pelos Conselhos Deliberativos de cada Fundo;

•• Inciso II com redação determinada pela Lei n. 10.177, de 12-1-2001.

III – analisar as propostas em seus múltiplos aspectos, inclusive quanto à viabilidade econômica e financeira do empreendimento, mediante exame da correlação custo/

benefício, e quanto à capacidade futura de reembolso do financiamento almejado, para, com base no resultado dessa análise, enquadrar as propostas nas faixas de encargos e deferir créditos;

•• Inciso III com redação determinada pela Lei Complementar n. 125, de 3-1-2007.

IV – formalizar contratos de repasses de recursos na forma prevista no art. 9.º desta Lei, respeitados os limites previstos no § 3.º do referido dispositivo;

•• Inciso IV com redação determinada pela Lei n. 13.682, de 19-6-2018.

V – prestar contas sobre os resultados alcançados, desempenho e estado dos recursos e aplicações ao Ministério da Integração Nacional e aos respectivos conselhos deliberativos;

•• Inciso V com redação determinada pela Lei Complementar n. 125, de 3-1-2007.

VI – exercer outras atividades inerentes à aplicação dos recursos, à recuperação dos créditos, inclusive nos termos definidos nos arts. 15-B, 15-C e 15-D, e à renegociação de dívidas, de acordo com as condições estabelecidas pelo Conselho Monetário Nacional.

•• Inciso VI com redação determinada pela Lei n. 12.793, de 2-4-2013.

§ 1.º O Conselho Monetário Nacional, por meio de proposta do Ministério da Integração Nacional, definirá as condições em que os bancos administradores poderão renegociar dívidas, limitando os encargos financeiros de renegociação aos estabelecidos no contrato de origem da operação inadimplida.

•• § 1.º com redação determinada pela Lei n. 12.793, de 2-4-2013.

§ 2.º Até o dia 30 de setembro de cada ano, as instituições financeiras de que trata o *caput* encaminharão ao Ministério da Integração Nacional e às respectivas superintendências regionais de desenvolvimento, para análise, a proposta dos programas de financiamento para o exercício seguinte.

•• § 2.º com redação determinada pela Lei n. 12.793, de 2-4-2013.

Art. 15-A. (*Revogado pela Lei Complementar n. 125, de 3-1-2007.*)

Art. 15-B. Ficam convalidadas as liquidações de dívida efetuadas pelas instituições financeiras federais administradoras dos Fundos Constitucionais, que tenham sido realizadas em conformidade com as práticas e regulamentações bancárias das respectivas instituições e que tenham sido objeto de demanda judicial, recebidas pelo equivalente financeiro do valor dos bens passíveis de penhora dos devedores diretos e respectivos garantes, relativamente a operações concedidas com recursos dos Fundos Constitucionais de Financiamento, de que trata esta Lei.

•• *Caput* acrescentado pela Lei n. 11.945, de 4-6-2009.

§ 1.º Para os efeitos desta Lei, considera-se liquidada a dívida pelo equivalente financeiro do valor dos bens passíveis de penhora quando obtida mediante o desconto a uma taxa real que corresponda ao custo de oportunidade do Fundo que tenha provido os recursos financiadores da dívida liquidada, pelo tempo estimado para o desfecho da ação judicial, aplicada sobre o valor de avaliação dos referidos bens.

•• § 1.º acrescentado pela Lei n. 11.945, de 4-6-2009.

§ 2.º A convalidação referida no *caput* deste dispositivo resultará na anotação de restrição que impossibilitará a contratação de novas operações nas instituições financeiras federais, ressalvada a hipótese de o devedor inadimplente recolher ao respectivo Fundo financiador da operação o valor atualizado equivalente à diferença havida entre o que pagou na renegociação e o que deveria ter sido pago caso incidissem no cálculo os encargos de normalidade em sua totalidade, quando então poderá ser baixada a aludida anotação.

•• § 2.º acrescentado pela Lei n. 11.945, de 4-6-2009.

§ 3.º As instituições financeiras federais administradoras dos Fundos Constitucionais deverão apresentar relatório ao Ministério da Integração Nacional, com a indicação dos quantitativos renegociados sob a metodologia referida no *caput*.

•• § 3.º acrescentado pela Lei n. 11.945, de 4-6-2009.

§ 4.º O disposto neste artigo somente se aplica aos devedores que tenham investido corretamente os valores financiados, conforme previsto nos respectivos instrumentos de crédito.

•• § 4.º acrescentado pela Lei n. 11.945, de 4-6-2009.

Art. 15-C. As instituições financeiras federais poderão, nos termos do art. 15-B e parágrafos, proceder à liquidação de dívidas em relação às propostas cujas tramitações tenham sido iniciadas em conformidade com as práticas e regulamentações bancárias de cada instituição financeira federal.

•• Artigo acrescentado pela Lei n. 11.945, de 4-6-2009.

Art. 15-D. Os administradores dos Fundos Constitucionais ficam autorizados a liquidar dívidas pelo equivalente financeiro do valor atual dos bens passíveis de penhora, observando regulamentação específica dos respectivos Conselhos Deliberativos, a qual deverá respeitar, no que couber, os critérios estabelecidos no art. 15-B.

•• Artigo acrescentado pela Lei n. 11.945, de 4-6-2009.

Art. 15-E. Além das medidas de recuperação de crédito e de renegociação de dívidas dispostas no inciso VI do *caput* e no § 1.º do art. 15 desta Lei, os bancos administradores do FNO, do FNE e do FCO ficam autorizados a realizar acordos de renegociação extraordinária de operações de crédito inadimplidas sob sua gestão.

•• *Caput* acrescentado pela Lei n. 14.166, de 10-6-2021.

•• O Decreto n. 10.836, de 14-10-2021, regulamenta este artigo.

§ 1.º A renegociação extraordinária poderá ser solicitada pelo mutuário sempre que satisfeitas as condições estabelecidas neste artigo.

•• § 1.º acrescentado pela Lei n. 14.166, de 10-6-2021, originalmente vetado, todavia promulgado em 24-12-2021.

§ 2.º Os acordos de renegociação extraordinária de que trata o *caput* deste artigo aplicam-se exclusivamente às operações de crédito cuja contratação original tenha ocorrido há, no mínimo, 7 (sete) anos da data de sua solicitação e que, nas demonstrações financeiras dos Fundos Constitucionais, tenham sido:

•• § 2.º, *caput*, acrescentado pela Lei n. 14.166, de 10-6-2021.

I – integralmente provisionadas;

•• Inciso I acrescentado pela Lei n. 14.166, de 10-6-2021.

II – totalmente lançadas em prejuízo.

•• Inciso II acrescentado pela Lei n. 14.166, de 10-6-2021.

§ 3.º Nos acordos de renegociação extraordinária de que trata o *caput* deste artigo ficam autorizadas a concessão de prazos e formas de pagamento especiais, incluídos o diferimento, a moratória e a concessão de descontos, observadas as seguintes condições:

•• § 3.º, *caput*, acrescentado pela Lei n. 14.166, de 10-6-2021.

I – os descontos:

•• Inciso I, *caput*, acrescentado pela Lei n. 14.166, de 10-6-2021.

a) não poderão reduzir o valor original da operação de crédito, excluídos os acréscimos a qualquer título;

•• Alínea *a* acrescentada pela Lei n. 14.166, de 10-6-2021.

b) não poderão implicar redução superior a 90% (noventa por cento) dos valores a serem renegociados; e

•• Alínea *b* acrescentada pela Lei n. 14.166, de 10-6-2021.

c) serão concedidos na forma de:

•• Alínea *c*, *caput*, acrescentada pela Lei n. 14.166, de 10-6-2021.

1. rebate para liquidação dos créditos atualizados na forma do § 5.º deste artigo, segundo critérios e percentuais a serem definidos em regulamento;

•• Item 1 acrescentado pela Lei n. 14.166, de 10-6-2021.

2. bônus de adimplência para pagamento dos créditos repactuados atualizados na forma do § 5.º deste artigo, segundo critérios e percentuais a serem definidos em regulamento;

•• Item 2 acrescentado pela Lei n. 14.166, de 10-6-2021.

II – as garantias vigentes deverão ser mantidas, permitidos o oferecimento de exoneração mediante pagamento do valor equivalente, a substituição, a liberação ou a alienação de garantias e de constrições, inclusive com a utilização do patrimônio rural em afetação, de acordo com o disposto na Lei nº 13.986, de 7 de abril de 2020.

•• Inciso II acrescentado pela Lei n. 14.166, de 10-6-2021.

§ 4.º Fica vedada a renegociação extraordinária que envolva operação de crédito objeto de renegociação extraordinária anterior rescindida por descumprimento pelo mutuário das cláusulas e das condições pactuadas.

•• § 4.º acrescentado pela Lei n. 14.166, de 10-6-2021.

§ 5.º O valor total dos créditos a serem liquidados ou repactuados será obtido mediante a soma dos valores que se enquadrem nos termos deste artigo, atualizados com base nos encargos de normalidade, sem o cômputo de multa, de mora ou de quaisquer outros encargos de inadimplemento, mesmo que tenham sido incorporados ou pactuados por meio de aditivos contratuais ou de escrituras públicas de confissão.

•• § 5.º acrescentado pela Lei n. 14.166, de 10-6-2021.

§ 6.º Ao saldo devedor a ser liquidado ou repactuado, atualizado na forma do § 5.º deste artigo, conforme o caso, poderão ser acrescidos honorários advocatícios máximos equivalentes a 1% (um por cento) do valor da dívida atualizada no caso de operações que se encontrem em cobrança judicial.

•• § 6.º acrescentado pela Lei n. 14.166, de 10-6-2021, originalmente vetado, todavia promulgado em 24-12-2021.

§ 7.º A partir da data de repactuação, incidirão sobre o saldo devedor não liquidado nos termos deste artigo os encargos aplicáveis a novos créditos destinados ao financiamento de itens semelhantes aos originalmente financiados pela operação renegociada, observadas a atividade econômica e a classificação original de porte do devedor.

•• § 7.º acrescentado pela Lei n. 14.166, de 10-6-2021, originalmente vetado, todavia promulgado em 24-12-2021.

§ 8.º Na hipótese de repactuação, o pagamento das prestações será realizado em até 120 (cento e vinte) meses, admitidas prestações anuais para as operações de crédito rural.

•• § 8.º acrescentado pela Lei n. 14.166, de 10-6-2021.

§ 9.º O disposto neste artigo não se aplica às operações de crédito de mutuários que tenham comprovadamente cometido inaplicação, desvio de finalidade ou fraude em operações de crédito contratadas com recursos dos Fundos Constitucionais.

•• § 9.º acrescentado pela Lei n. 14.166, de 10-6-2021.

§ 10. O disposto no § 9.º deste artigo não impede a renegociação nos casos em que:

•• § 10, *caput*, acrescentado pela Lei n. 14.166, de 10-6-2021.

I – a irregularidade tenha sido devidamente saneada pelo interessado ou em que seja saneada concomitantemente à liquidação ou à repactuação;

•• Inciso I acrescentado pela Lei n. 14.166, de 10-6-2021.

II – na hipótese de inaplicação, o objeto do financiamento tenha sido, de forma comprovada, fisicamente implantado ou adquirido.

•• Inciso II acrescentado pela Lei n. 14.166, de 10-6-2021.

§ 11. Para os fins deste artigo, considera-se contratação original:

•• § 11 acrescentado pela Lei n. 14.166, de 10-6-2021.

I – a operação que deu origem ao crédito, mesmo que renegociada por meio dos normativos internos da instituição financeira, de resoluções do Conselho Monetário Nacional ou de autorização legal específica, inclusive aquelas operações alongadas com fundamento no § 3.º do art. 5.º da Lei n. 9.138, de 29 de novembro de 1995; e

•• Inciso I acrescentado pela Lei n. 14.166, de 10-6-2021.

II – as operações renegociadas com fundamento no § 6.º do art. 5.º da Lei n. 9.138, de 29 de novembro de 1995, e da Resolução n. 2.471, de 26 de fevereiro de 1998, do Conselho Monetário Nacional.

•• Inciso II acrescentado pela Lei n. 14.166, de 10-6-2021.

§ 12. O ônus financeiro decorrente do ajuste do saldo devedor e dos descontos previstos neste artigo será suportado:

•• § 12 acrescentado pela Lei n. 14.166, de 10-6-2021.

I – no caso das operações provisionadas integralmente ou lançadas totalmente em prejuízo nas demonstrações financeiras dos Fundos Constitucionais, pela instituição financeira administradora, pela instituição repassadora ou pelo respectivo Fundo Constitucional, de acordo com a proporção do risco de cada um;

•• Inciso I acrescentado pela Lei n. 14.166, de 10-6-2021.

II – nos demais casos, pelo respectivo Fundo Constitucional.

•• Inciso II acrescentado pela Lei n. 14.166, de 10-6-2021, originalmente vetado, todavia promulgado em 24-12-2021.

§ 13. Para os fins do disposto neste artigo, sem prejuízo do estabelecido no § 3.º do art. 195 da Constituição Federal, ficam afastadas as exigências de regularidade fiscal previstas no art. 62 do Decreto-Lei n.º 147, de 3 de fevereiro de 1967, no § 1.º do art. 1.º do Decreto-Lei nº 1.715, de 22 de novembro de 1979, na alínea *b* do *caput* do art. 27 da Lei nº 8.036, de 11 de maio de 1990, e na Lei nº 10.522, de 19 de julho de 2002.

•• § 13 acrescentado pela Lei n. 14.166, de 10-6-2021, originalmente vetado, todavia promulgado em 24-12-2021.

§ 14. O regulamento tratará dos casos omissos que necessitem ser disciplinados para dar efetividade ao disposto neste artigo.

•• § 14 acrescentado pela Lei n. 14.166, de 10-6-2021.

Art. 15-F. Além das medidas de recuperação de crédito e de renegociação de dívidas dispostas no inciso VI do *caput* e no § 1.º do art. 15 desta Lei, os bancos administradores dos Fundos Constitucionais de Financiamento ficam autorizados a realizar renegociações de dívidas com substituição dos encargos contratados na operação de crédito pelos encargos correntemente utilizados para contratação de nova operação.

•• *Caput* acrescentado pela Lei n. 14.166, de 10-6-2021.

§ 1.º A substituição de encargos de que trata o *caput* deste artigo aplica-se exclusivamente às operações de crédito:

•• § 1.º, *caput*, acrescentado pela Lei n. 14.166, de 10-6-2021.

I – que tenham sido integralmente provisionadas ou lançadas totalmente em prejuízo nas demonstrações financeiras dos Fundos Constitucionais; e

•• Inciso I acrescentado pela Lei n. 14.166, de 10-6-2021.

II – em que seja proposta a realização de um dos seguintes procedimentos:

•• Inciso II, *caput*, acrescentado pela Lei n. 14.166, de 10-6-2021.

a) substituição do titular da operação, por meio de assunção, de expromissão ou por outro meio que transfira a obrigação da dívida a terceiro; ou

•• Alínea *a* acrescentada pela Lei n. 14.166, de 10-6-2021.

b) alteração do controle societário direto ou indireto da empresa mutuária.

•• Alínea *b* acrescentada pela Lei n. 14.166, de 10-6-2021.

§ 2.º Nas hipóteses previstas no § 1.º deste artigo, as renegociações serão condicionadas à avaliação do banco administrador acerca da idoneidade financeira e da capacidade de pagamento do assuntor, do expromitente ou do controlador direto ou indireto superior em relação ao devedor ou controlador original e a outros critérios, em conformidade com as práticas e as regulamentações bancárias das respectivas instituições.

•• § 2.º acrescentado pela Lei n. 14.166, de 10-6-2021.

§ 3.º Os encargos a serem utilizados para a substituição de que trata este artigo terão como parâmetros:

•• § 3.º acrescentado pela Lei n. 14.166, de 10-6-2021.

I – na hipótese de substituição do titular da operação em que o novo titular exerça atividade econômica passível de financiamento pelo Fundo Constitucional:

•• Inciso I, *caput*, acrescentado pela Lei n. 14.166, de 10-6-2021.

a) o programa de crédito vigente para a concessão de crédito no momento da renegociação e que financie a principal atividade econômica desenvolvida pelo novo titular e que seja passível de financiamento pelo Fundo Constitucional; e

•• Alínea *a* acrescentada pela Lei n. 14.166, de 10-6-2021.

b) o porte do novo titular no momento da renegociação, de acordo com as normas de concessão de crédito; ou

•• Alínea *b* acrescentada pela Lei n. 14.166, de 10-6-2021.

II – na hipótese de não haver substituição do titular da operação ou na hipótese de substituição do titular em que o novo titular não exerça atividade econômica passível de financiamento pelo Fundo Constitucional:

•• Inciso II, *caput*, acrescentado pela Lei n. 14.166, de 10-6-2021.

a) o programa de crédito vigente para a concessão de crédito no momento da renegociação e que financie itens semelhantes aos financiados originalmente pela operação renegociada; e

•• Alínea *a* acrescentada pela Lei n. 14.166, de 10-6-2021.

b) a atividade econômica e o porte do devedor original no momento da contratação do crédito renegociado.

•• Alínea *b* acrescentada pela Lei n. 14.166, de 10-6-2021.

§ 4.º Para os fins do disposto neste artigo, sem prejuízo do estabelecido no § 3.º do art. 195 da Constituição Federal, ficam afastadas as exigências de regularidade fiscal previstas no art. 62 do Decreto-Lei n.º 147, de 3 de fevereiro de 1967, no § 1.º do art. 1.º do Decreto-Lei n.º 1.715, de 22 de novembro de 1979, na alínea *b* do *caput* do art. 27 da Lei nº 8.036, de 11 de maio de 1990, e na Lei nº 10.522, de 19 de julho de 2002.

•• § 4.º acrescentado pela Lei n. 14.166, de 10-6-2021, originalmente vetado, todavia promulgado em 24-12-2021.

Art. 15-G. Para os fins do disposto nos arts. 15-E e 15-F desta Lei:

•• *Caput* acrescentado pela Lei n. 14.166, de 10-6-2021.

I – o encaminhamento para cobrança judicial, as execuções e as cobranças judiciais em curso e o prazo de prescrição das dívidas para as quais foi solicitada a renegociação ficam suspensos a partir do protocolo do pedido de renegociação até o término da análise do pedido pelo banco administrador;

•• Inciso I acrescentado pela Lei n. 14.166, de 10-6-2021.

II – a instituição financeira deverá apresentar ao devedor, caso este solicite formalmente, extrato demonstrativo da evolução da dívida conforme os critérios estabelecidos nesta Lei;

•• Inciso II acrescentado pela Lei n. 14.166, de 10-6-2021.

III – as regras previstas nos demais dispositivos desta Lei aplicam-se subsidiariamente.

•• Inciso III acrescentado pela Lei n. 14.166, de 10-6-2021.

Art. 15-H. Ficam os bancos administradores dos Fundos Constitucionais de Financiamento autorizados a ceder a empresas especializadas na cobrança de créditos inadimplidos operações enquadradas mas não renegociadas nos termos dos arts. 15-E e 15-F desta Lei.

•• *Caput* acrescentado pela Lei n. 14.166, de 10-6-2021.

Parágrafo único. O valor obtido com a cessão de que trata o *caput* deste artigo será dividido entre o banco administrador e o Fundo Constitucional na proporção do risco de crédito assumido por cada um na data da concessão.

•• Parágrafo único acrescentado pela Lei n. 14.166, de 10-6-2021.

Art. 16. O Banco da Amazônia S.A. - BASA, o Banco do Nordeste do Brasil S.A. - BNB e o Banco do Brasil S.A. - BB são os administradores do Fundo Constitucional de Financiamento do Norte - FNO, do Fundo Constitucional de Financiamento do Nordeste - FNE e do Fundo Constitucional de Financiamento do CentroOeste - FCO, respectivamente.

§ 1.º O Banco do Brasil S.A. transferirá a administração, patrimônio, operações e recursos do Fundo Constitucional de Financiamento do Centro-Oeste - FCO para o Banco de Desenvolvimento do Centro-Oeste, após sua instalação e entrada em funcionamento, conforme estabelece o art. 34, § 11, do Ato das Disposições Constitucionais Transitórias.

§ 2.º (*Revogado pela Lei n. 10.177, de 12-1-2001.*)

Art. 17. As instituições financeiras geradoras dos referidos Fundos farão jus à taxa de administração de 3% (três por cento) ao ano, calculada sobre o patrimônio líquido do Fundo respectivo e apropriada mensalmente.

•• A Lei n. 10.177, de 12-1-2001, propôs nova redação para este artigo, porém teve seu texto vetado.

Art. 17-A. Os bancos administradores do FNO, do FNE e do FCO farão jus a taxa de administração sobre o patrimônio líquido dos respectivos Fundos, apropriada mensalmente, nos seguintes percentuais:

•• *Caput* acrescentado pela Lei n. 13.682, de 19-6-2018.

I – 3% (três por cento) ao ano, no exercício de 2018;

•• Inciso I acrescentado pela Lei n. 13.682, de 19-6-2018.

II – 2,7% (dois inteiros e sete décimos por cento) ao ano, no exercício de 2019;

•• Inciso II acrescentado pela Lei n. 13.682, de 19-6-2018.

III – 2,4% (dois inteiros e quatro décimos por cento) ao ano, no exercício de 2020;

•• Inciso III acrescentado pela Lei n. 13.682, de 19-6-2018.

IV – 2,1% (dois inteiros e um décimo por cento) ao ano, no exercício de 2021;

•• Inciso IV acrescentado pela Lei n. 13.682, de 19-6-2018.

V – 1,8% (um inteiro e oito décimos por cento) ao ano, no exercício de 2022; e

•• Inciso V acrescentado pela Lei n. 13.682, de 19-6-2018.

VI – 1,5% (um inteiro e cinco décimos por cento) ao ano, a partir de 1.º de janeiro de 2023.

•• Inciso VI acrescentado pela Lei n. 13.682, de 19-6-2018.

§ 1.º Para efeitos do cálculo da taxa de administração a que se refere o *caput* deste artigo, serão deduzidos do patrimônio líquido apurado para o mês de referência:

•• § 1.º acrescentado pela Lei n. 13.682, de 19-6-2018.

I – os saldos dos recursos do FNO, do FNE e do FCO de que trata o art. 4.º da Lei n. 9.126, de 10 de novembro de 1995;

•• Inciso I acrescentado pela Lei n. 13.682, de 19-6-2018.

II – os valores repassados ao banco administrador nos termos do § 11 do art. 9.º-A desta Lei; e

•• Inciso II acrescentado pela Lei n. 13.682, de 19-6-2018.

III – saldos das operações contratadas na forma do art. 6.º-A da Lei n. 10.177, de 12 de janeiro de 2001, conforme regulamentado pelo Conselho Monetário Nacional.

•• Inciso III acrescentado pela Lei n. 13.682, de 19-6-2018.

§ 2.º Os bancos administradores farão jus ao percentual de 0,09% a.a. (nove centésimos por cento ao ano) sobre os saldos dos recursos do FNO, do FNE e do FCO de que trata o art. 4.º da Lei n. 9.126, de 10 de novembro de 1995.

•• § 2.º com redação determinada pela Lei n. 14.227, de 20-10-2021.

§ 3.º O montante a ser recebido pelos bancos administradores em razão da taxa de administração de que trata este artigo, deduzido o valor a que se refere o § 2.º deste artigo, poderá ser acrescido em até 20% (vinte por cento), a título de taxa de performance.

•• § 3.º com redação determinada pela Lei n. 14.227, de 20-10-2021.

§ 4.º A taxa de administração de que trata o *caput* deste artigo somada à remuneração de que trata o § 2.º deste artigo ficam limitadas, em cada mês, a 20% (vinte por cento) do valor acumulado, até o mês de referência, das transferências de que trata a alínea c do inciso I do *caput* do art. 159 da Constituição Federal, realizadas pela União a cada um dos bancos administradores, descontados os valores pagos nos meses anteriores referentes à taxa de administração de que trata o *caput* deste artigo e ao percentual de que trata o § 2.º deste artigo.

•• § 4.º acrescentado pela Lei n. 13.682, de 19-6-2018.

§ 5.º Ato conjunto dos Ministros de Estado da Economia e do Desenvolvimento Regional regulamentará a taxa de performance de que trata o § 3º deste artigo.

•• § 5.º com redação determinada pela Lei n. 14.227, de 20-10-2021.

§ 6.º Ato do Presidente da República regulamentará a sistemática do cálculo e da apropriação da taxa de administração a que fazem jus os bancos administradores do FNO, do FNE e do FCO.

•• § 6.º acrescentado pela Lei n. 13.682, de 19-6-2018.

VI – DO CONTROLE E PRESTAÇÃO DE CONTAS

Art. 18. Cada Fundo terá contabilidade própria, registrando todos os atos e fatos a ele referentes, valendo-se, para tal, do sistema contábil da respectiva instituição financeira federal de caráter regional, no qual deverão ser criados e mantidos subtítulos específicos para esta finalidade, com apuração de resultados à parte.

Art. 18-A. Observadas as orientações gerais estabelecidas pelo Ministério da Integração Nacional, as Superintendências de Desenvolvimento da Amazônia, do Nordeste e do Centro-Oeste são responsáveis pelo funcionamento de ouvidorias para atender às sugestões e reclamações dos agentes econômicos e de suas entidades representativas quanto às rotinas e aos procedimentos empregados na aplicação dos recursos do respectivo Fundo Constitucional de Financiamento.

•• *Caput* com redação determinada pela Lei n. 12.716, de 21-9-2012.

§ 1.º As ouvidorias a que se refere o *caput* deste artigo terão seu funcionamento guiado por regulamento próprio, que estabelecerá as responsabilidades e as possibilidades das partes envolvidas, reservando-se às instituições financeiras a obrigação de fornecimento das informações e justificações necessárias à completa elucidação dos fatos ocorridos e à superação dos problemas detectados e pendências existentes.

•• § 1.º acrescentado pela Lei n. 12.716, de 21-9-2012.

§ 2.º Cabe ao Conselho Deliberativo das Superintendências de Desenvolvimento da Amazônia, do Nordeste e do Centro-Oeste estabelecer o regulamento para o funcionamento da ouvidoria do respectivo Fundo.

•• § 2.º acrescentado pela Lei n. 12.716, de 21-9-2012.

§ 3.º O ouvidor de cada Fundo será nomeado, por proposta da Superintendência Regional de Desenvolvimento, pelo respectivo Conselho Deliberativo, do qual participará com direito à voz.

•• § 3.º acrescentado pela Lei n. 12.716, de 21-9-2012.

§ 4.º No prazo de até 30 (trinta) dias de sua solicitação, o tomador de financiamento tem o direito de receber do banco administrador uma ficha completa de cada uma de suas operações de crédito, com a discriminação de todos os lançamentos desde sua contratação.

•• § 4.º acrescentado pela Lei n. 12.716, de 21-9-2012.

§ 5.º As entidades representativas dos produtores rurais poderão, nos termos do regulamento previsto no § 1.º, assistir aos tomadores na obtenção de informações sobre as pendências em suas operações de crédito e promover reuniões de conciliação entre os agentes econômicos e os bancos administradores.

•• § 5.º acrescentado pela Lei n. 12.716, de 21-9-2012.

§ 6.º A participação das entidades representativas dos produtores rurais, nos termos do § 5.º, não exclui nem mitiga a responsabilidade primária dos bancos administradores em divulgar e disseminar as informações acerca das operações de crédito.

•• § 6.º acrescentado pela Lei n. 12.716, de 21-9-2012.

§ 7.º Caso o banco administrador não atenda à solicitação prevista no § 4.º, a respectiva ouvidoria assumirá a responsabilidade pela solicitação e informará ao Conselho Deliberativo em sua primeira reunião após esse fato, cabendo ao Presidente do Banco Administrador justificar o não atendimento ou a demora em fazê-lo.

•• § 7.º acrescentado pela Lei n. 12.716, de 21-9-2012.

Art. 19. As instituições financeiras federais de caráter regional farão publicar semestralmente os balanços dos respectivos Fundos, devidamente auditados.

Art. 20. Os bancos administradores dos Fundos Constitucionais de Financiamento apresentarão, anualmente, ao Ministério da Integração Nacional e às respectivas Superintendências Regionais de Desenvolvimento relatório circunstanciado sobre as atividades desenvolvidas e os resultados obtidos pelos respectivos Fundos.

•• *Caput* com redação determinada pela Lei n. 13.682, de 19-6-2018.

§ 1.º O exercício financeiro de cada Fundo coincidirá com o ano civil, para fins de apuração de resultados e apresentação de relatórios.

§ 2.º Deverá ser contratada auditoria externa, às expensas do Fundo, para certificação do cumprimento das disposições constitucionais e legais estabelecidas, além do exame das contas e outros procedimentos usuais de auditagem.

§ 3.º Os bancos administradores deverão colocar à disposição dos órgãos de fiscalização competentes os demonstrativos, com posições de final de mês, dos recursos, aplicações e resultados dos Fundos respectivos.

§ 4.º O relatório de que trata o *caput* deste artigo, acompanhado das demonstrações contábeis, devidamente auditadas, será encaminhado pelo respectivo conselho deliberativo da superintendência do desenvolvimento, juntamente com sua apreciação, às comissões que tratam da questão das desigualdades inter-regionais de desenvolvimento na Câmara dos Deputados e no Senado Federal, para efeito de fiscalização e controle

•• § 4.º com redação determinada pela Lei Complementar n. 129, de 8-1-2009.

§ 5.º O relatório de que trata o *caput* deste artigo, acompanhado das demonstrações contábeis, devidamente auditadas, será encaminhado pelo respectivo conselho deliberativo de desenvolvimento regional, juntamente com sua apreciação, a qual levará em consideração o disposto no § 4.º deste artigo, à Comissão Mista permanente de que trata o § 1.º do art. 166 da Constituição Federal, para efeito de fiscalização e controle, devendo ser apreciado na forma e no prazo do seu regimento interno.

•• § 5.º com redação determinada pela Lei Complementar n. 125, de 3-1-2007.

§ 6.º Do montante de recursos a que se refere o inciso II do *caput* do art. 6.º desta Lei, será destinada anualmente a parcela de até 0,01% (um centésimo por cento) para contratação pelas respectivas superintendências de desenvolvimento regional, e pagamento pelo banco administrador do respectivo Fundo, de atividades de avaliação dos impactos econômicos e sociais decorrentes da aplicação dos recursos dos Fundos, de forma a permitir a aferição da eficácia, da eficiência e da efetividade desses recursos, de acordo com as diretrizes definidas conjuntamente pelo Ministério da Economia e pelo Ministério do Desenvolvimento Regional, a ser descontada de cada Fundo Constitucional de Financiamento na proporção definida no parágrafo único do referido art. 6.º.

•• § 6.º com redação determinada pela Lei n. 14.227, de 20-10-2021.

§ 7.º O conjunto mínimo de informações que deve constar do relatório a que se refere o *caput* deste artigo e sua estrutura serão definidos em ato conjunto dos Ministros de Estado da Integração Nacional e da Fazenda, com indicadores qualitativos e quantitativos que permitam a mensuração do desempenho, consoante os propósitos e os resultados da política de aplicação dos recursos dos Fundos.

•• § 7.º acrescentado pela Lei n. 13.682, de 19-6-2018.

VII – DAS DISPOSIÇÕES GERAIS E TRANSITÓRIAS

Art. 21. Até a aprovação da proposta prevista no inciso I do art. 14 desta Lei, ficam as instituições financeiras federais de caráter regional autorizadas a aplicar os recursos dos respectivos Fundos de acordo com as diretrizes gerais estabelecidas no art. 3.º desta Lei.

§ 1.º Dentro de 60 (sessenta) dias, a partir da publicação desta Lei, as instituições financeiras federais de caráter regional apresentarão, aos Conselhos Deliberativos das respectivas superintendências de desenvolvimento regional, as propostas de programas de financiamento de que trata o parágrafo único do art. 14 desta Lei, as quais deverão ser aprovadas até 60 (sessenta) dias após o recebimento.

§ 2.º As operações realizadas antes da aprovação de que trata o parágrafo anterior, pelas instituições financeiras federais de caráter regional, com os recursos dos Fundos Constitucionais de Financiamento do Norte, Nordeste e Centro-Oeste, ficam ao abrigo desta Lei, inclusive para efeito de eventuais benefícios financeiros.

Art. 22. Esta Lei entra em vigor na data de sua publicação.

Art. 23. Revogam-se as disposições em contrário.

Brasília, em 27 de setembro de 1989; 168.º da Independência e 101.º da República.

ANTÔNIO PAES DE ANDRADE

LEI N. 7.940, DE 20 DE DEZEMBRO DE 1989 (*)

Institui a Taxa de Fiscalização dos mercados de títulos e valores mobiliários e dá outras providências.

O Presidente da República.

Faço saber que o Congresso Nacional decreta e eu sanciono a seguinte Lei:

Art. 1.º Fica instituída a Taxa de Fiscalização do mercado de valores mobiliários.

•• *Vide* Súmula 665 do STF sobre a constitucionalidade da taxa instituída por esta Lei.

Art. 2.º Constitui fato gerador da Taxa o exercício do poder de polícia legalmente atribuído à Comissão de Valores Mobiliários – CVM.

Parágrafo único. A Comissão de Valores Mobiliários, no âmbito de suas competências, poderá editar atos normativos para disciplinar a aplicabilidade das taxas de fiscalização previstas nesta Lei.

•• Parágrafo único acrescentado pela Medida Provisória n. 1.072, de 1.º-10-2021

Art. 3.º São contribuintes da Taxa:

•• *Caput* com redação determinada pela Medida Provisória n. 1.072, de 1.º-10-2021.

O texto anterior dizia: "Art. 3.º São contribuintes da Taxa as pessoas naturais e jurídicas que integram o sistema de distribuição de valores mobiliários, as companhias abertas, os fundos e sociedades de investimentos, os administradores de carteira e depósitos de valores mobiliários, os auditores independentes, os consultores e analistas de valores mobiliários e as sociedades beneficiárias de recursos oriundos de incentivos fiscais obrigadas a registro na Comissão de Valores Mobiliários – CVM (art. 9.º da Lei n. 6.385, de 7-12-1976, e art. 2.º do Decreto-lei n. 2.298, de 21-11-1986).".

I – as pessoas naturais e jurídicas que integram o sistema de distribuição de valores mobiliários;

•• Inciso I acrescentado pela Medida Provisória n. 1.072, de 1.º-10-2021.

II – as companhias abertas nacionais e as companhias estrangeiras sujeitas a registro na Comissão de Valores Mobiliários - CVM;

•• Inciso II acrescentado pela Medida Provisória n. 1.072, de 1.º-10-2021.

III – as companhias securitizadoras;

•• Inciso III acrescentado pela Medida Provisória n. 1.072, de 1.º-10-2021.

IV – os fundos de investimento, independentemente dos ativos que componham sua carteira;

•• Inciso IV acrescentado pela Medida Provisória n. 1.072, de 1.º-10-2021.

V – os administradores de carteira de valores mobiliários;

•• Inciso V acrescentado pela Medida Provisória n. 1.072, de 1.º-10-2021.

VI – os auditores independentes sujeitos a registro na CVM;

•• Inciso VI acrescentado pela Medida Provisória n. 1.072, de 1.º-10-2021.

VII – os agentes autônomos de investimento;

•• Inciso VII acrescentado pela Medida Provisória n. 1.072, de 1.º-10-2021.

VIII – os analistas e os consultores de valores mobiliários;

•• Inciso VIII acrescentado pela Medida Provisória n. 1.072, de 1.º-10-2021.

IX – as sociedades beneficiárias de recursos oriundos de incentivos fiscais registradas na CVM;

•• Inciso IX acrescentado pela Medida Provisória n. 1.072, de 1.º-10-2021.

X – as entidades administradoras de mercados organizados de valores mobiliários;

•• Inciso X acrescentado pela Medida Provisória n. 1.072, de 1.º-10-2021.

XI – as centrais depositárias de valores mobiliários e as demais instituições operadoras de infraestruturas de mercado;

•• Inciso XI acrescentado pela Medida Provisória n. 1.072, de 1.º-10-2021.

XII – as plataformas eletrônicas de investimento coletivo e as pessoas jurídicas, com sede no País ou no exterior, participantes de ambiente regulatório experimentais no âmbito da CVM;

•• Inciso XII acrescentado pela Medida Provisória n. 1.072, de 1.º-10-2021.

XIII – o investidor, individual ou coletivo, pessoa natural ou jurídica, fundo ou outra entidade de investimento coletivo, com residência, sede ou domicílio no exterior, registrado na CVM como titular de conta própria ou de carteira coletiva;

•• Inciso XIII acrescentado pela Medida Provisória n. 1.072, de 1.º-10-2021.

XIV – as agências de classificação de risco;

•• Inciso XIV acrescentado pela Medida Provisória n. 1.072, de 1.º-10-2021.

XV – os agentes fiduciários;

(*) Publicada no *DOU*, de 21-12-1989. *Vide* art. 31, I, da Lei n. 10.522, de 19-7-2002. A Deliberação n. 507, de 10-7-2006, da CVM, dispõe sobre o procedimento administrativo-fiscal relativo à Taxa de Fiscalização do mercado de valores mobiliários, instituída por esta Lei.

•• Inciso XIV acrescentado pela Medida Provisória n. 1.072, de 1.º-10-2021.

XVI – os prestadores de serviços de escrituração e custódia de valores mobiliários; e

•• Inciso XVI acrescentado pela Medida Provisória n. 1.072, de 1.º-10-2021.

XVII – os emissores de valores mobiliários dispensados ou não de registro na CVM, inclusive os emissores de certificados de depósito de valores mobiliários.

•• Inciso XVII acrescentado pela Medida Provisória n. 1.072, de 1.º-10-2021.

§ 1.º Os analistas de valores mobiliários não sujeitos a registro na CVM são isentos do pagamento da Taxa.

•• § 1.º acrescentado pela Medida Provisória n. 1.072, de 1.º-10-2021.

O texto anterior dizia: "Parágrafo único. São isentos do pagamento da Taxa os analistas de valores mobiliários não sujeitos a registro na Comissão de Valores Mobiliários – CVM.

•• Parágrafo único acrescentado pela Lei n. 12.249, de 11-6-2010.".

§ 2.º O representante legal, registrado na CVM, dos contribuintes que tenham sede, residência ou domicílio no exterior é responsável pelo recolhimento da Taxa.

•• § 2.º acrescentado pela Medida Provisória n. 1.072, de 1.º-10-2021.

Art. 4.º A Taxa é devida:

I – anualmente e paga integralmente com relação a todo o ano a que se refere, de acordo com os valores expressos em real e estabelecidos nos Anexos I, II e III, inadmitido o pagamento pro rata;

•• Inciso I com redação determinada pela Medida Provisória n. 1.072, de 1.º-10-2021.

O texto anterior dizia: "I – trimestralmente, de acordo com os valores expressos em Bônus do Tesouro Nacional – BTN, nos casos especificados nas Tabelas "A", "B" e "C";".

II – por ocasião da realização de oferta pública de valores mobiliários, incluídas as hipóteses de dispensa de registro pela CVM, com incidência sobre o valor da operação, conforme estabelecido no Anexo IV; e

•• Inciso II com redação determinada pela Medida Provisória n. 1.072, de 1.º-10-2021.

O texto anterior dizia: "II – por ocasião do registro, de acordo com a alíquota correspondente, incidente sobre o valor da operação, nos casos da Tabela "D".".

III – por ocasião do pedido de registro inicial como participante do mercado de valores mobiliários, conforme o disposto nesta Lei, ou da emissão de ato autorizativo equivalente, na hipótese prevista no Anexo V, inadmitido o pagamento pro rata e com pagamento integral da Taxa independentemente da data do pedido.

•• Inciso III acrescentado pela Medida Provisória n. 1.072, de 1.º-10-2021.

§ 1.º O valor da Taxa devido pelos fundos é o somatório dos valores indicados na faixa 5 do Anexo I, de acordo com o patrimônio líquido de cada classe de cota ou, exclusivamente no caso de subdivisão de classe de cota, de cada subdivisão de classe prevista no regulamento do fundo.

•• § 1.º acrescentado pela Medida Provisória n. 1.072, de 1.º-10-2021.

§ 2.º O valor da Taxa devido pelos fundos que não apresentem diferentes classes de cotas é aquele indicado na faixa 5 do Anexo I, de acordo com o seu patrimônio líquido.

•• § 2.º acrescentado pela Medida Provisória n. 1.072, de 1.º-10-2021.

§ 3.º O valor do patrimônio líquido a que se referem o § 1º e o § 2º será calculado da seguinte forma:

•• § 3.º, *caput*, acrescentado pela Medida Provisória n. 1.072, de 1.º-10-2021.

I – pela média aritmética dos patrimônios líquidos diários apurados no primeiro quadrimestre do ano civil; ou

•• Inciso I acrescentado pela Medida Provisória n. 1.072, de 1.º-10-2021.

II – com base no valor calculado no último dia útil do primeiro quadrimestre do ano para aqueles que não apuraram diariamente o valor de seu patrimônio líquido.

•• Inciso II acrescentado pela Medida Provisória n. 1.072, de 1.º-10-2021.

§ 4.º O valor da Taxa devido pelos contribuintes das demais faixas previstas no Anexo I e no Anexo V é indicado:

•• § 4.º, *caput*, acrescentado pela Medida Provisória n. 1.072, de 1.º-10-2021.

I – de acordo com o patrimônio líquido do contribuinte em 31 de dezembro do ano anterior; ou

•• Inciso I acrescentado pela Medida Provisória n. 1.072, de 1.º-10-2021.

II – na hipótese de participante constituído posteriormente, pelo menor valor de taxa previsto na faixa aplicável ao contribuinte.

•• Inciso II acrescentado pela Medida Provisória n. 1.072, de 1.º-10-2021.

§ 5.º Nas hipóteses previstas no Anexo II, o recolhimento inicial ocorrerá no prazo de trinta dias, contado da data do registro na CVM.

•• § 5.º acrescentado pela Medida Provisória n. 1.072, de 1.º-10-2021.

§ 6.º Nas hipóteses previstas no Anexo III, o valor da Taxa é calculado de acordo com o número de estabelecimentos do contribuinte.

•• § 6.º acrescentado pela Medida Provisória n. 1.072, de 1.º-10-2021.

§ 7.º Nas hipóteses previstas no Anexo IV, o valor da Taxa é calculado em função do valor da oferta pública expresso em reais.

•• § 7.º acrescentado pela Medida Provisória n. 1.072, de 1.º-10-2021.

§ 8.º Na hipótese de uma mesma pessoa jurídica obter mais de um registro nos termos previstos nos Anexos I, II ou III, será devido o valor da Taxa para cada registro concedido ao contribuinte.

•• § 8.º acrescentado pela Medida Provisória n. 1.072, de 1.º-10-2021.

§ 9.º Não haverá sobreposição ou dupla cobrança da Taxa na hipótese de oferta pública de valores mobiliários concomitante ao pedido de registro inicial como emissor de valores mobiliários.

•• § 9.º acrescentado pela Medida Provisória n. 1.072, de 1.º-10-2021.

Art. 5.º A Taxa deve ser recolhida:

•• *Caput* com redação determinada pela Medida Provisória n. 1.072, de 1.º-10-2021.

O texto anterior dizia: " A Taxa é recolhida:".

• A Instrução n. 420, de 24-6-2005, da CVM, dispõe sobre o recolhimento da Taxa de Fiscalização de Títulos e Valores Mobiliários, instituída por esta Lei.

I – nas hipóteses previstas nos Anexos I, II e III, até o último dia útil do primeiro decêndio do mês de maio de cada ano;

•• Inciso I com redação determinada pela Medida Provisória n. 1.072, de 1.º-10-2021.

O texto anterior dizia: "I – até o último dia útil do primeiro decêndio dos meses de janeiro, abril, julho e outubro de cada ano, nos casos das Tabelas "A", "B" e "C";".

II – nas hipóteses previstas no Anexo IV:

•• Inciso II, *caput*, com redação determinada pela Medida Provisória n. 1.072, de 1.º-10-2021.

O texto anterior dizia: "II – juntamente com a protocolização do pedido de registro, no caso da Tabela "D".".

a) com a protocolização do pedido de registro na CVM, no caso de ofertas públicas sujeitas a registro; ou

•• Alínea *a* acrescentada pela Medida Provisória n. 1.072, de 1.º-10-2021.

b) com a formalização da oferta pública de valores mobiliários ao mercado, no caso de ofertas dispensadas de registro; e

•• Alínea *b* acrescentada pela Medida Provisória n. 1.072, de 1.º-10-2021.

III – na hipótese prevista no Anexo V, com a protocolização do pedido de registro inicial na CVM como participante ou a emissão de ato autorizativo equivalente.

•• Inciso III acrescentado pela Medida Provisória n. 1.072, de 1.º-10-2021.

§ 1.º A Taxa não recolhida no prazo estabelecido será atualizada na data do efetivo pagamento com os seguintes acréscimos:

•• §1.º, *caput*, com redação determinada pela Medida Provisória n. 1.072, de 1.º-10-2021.

O texto anterior dizia: "1.º A Taxa não recolhida no prazo fixado será atualizada na data do efetivo pagamento, de acordo com o índice de variação do BTN Fiscal, e cobrada com os seguintes acréscimos:".

I – juros de mora equivalentes à taxa referencial do Sistema Especial de Liquidação e Custódia - SELIC, na via administrativa ou judicial, contados do mês seguinte ao do vencimento e calculados na forma da legislação aplicável aos tributos federais;

•• Inciso I acrescentado pela Medida Provisória n. 1.072, de 1.º-10-2021.

O texto anterior dizia: "a) juros de mora, na via administrativa ou judicial, contados do mês seguinte ao do vencimento, à razão de 1% (um por cento) calculados na forma da legislação aplicável aos tributos federais;".

II – multa de mora de vinte por cento, reduzida a dez por cento se o pagamento for efetuado até o último dia útil do mês subsequente àquele em que deveria ter sido paga; e

•• Inciso II acrescentado pela Medida Provisória n. 1.072, de 1.º-10-2021.

O texto anterior dizia: "b) multa de mora de 20% (vinte por cento), sendo reduzida a 10% (dez por cento) se o pagamento for efetuado até o último dia útil do mês subsequente àquele em que deveria ter sido paga;".

III – encargos de vinte por cento, substitutivos da condenação do devedor em honorários de advogado e calculados sobre o total do débito inscrito como dívida ativa, que será reduzido para dez por cento se o pagamento for efetuado antes do ajuizamento da execução.

•• Inciso III acrescentado pela Medida Provisória n. 1.072, de 1.º-10-2021.

O texto anterior dizia: " c) encargos de 20% (vinte por cento), substitutivo da condenação do devedor em honorários de advogado, calculados sobre o total do débito inscrito como Dívida Ativa, que será reduzido para 10% (dez por cento) se o pagamento for efetuado antes do ajuizamento da execução.".

§ 2.º Os juros de mora não incidem sobre o valor da multa de mora.

§ 3.º Serão devidos na integralidade os valores estabelecidos nos Anexos I, II e III pelos contribuintes registrados na CVM por período inferior a trezentos e sessenta e cinco dias no ano de competência do tributo.

•• § 3.º acrescentado pela Medida Provisória n. 1.072, de 1.º-10-2021.

Art. 6.º Os débitos referentes à Taxa, sem prejuízo da respectiva liquidez e certeza, poderão ser inscritos como dívida ativa com os acréscimos de que trata o art. 5.º.

•• Artigo com redação determinada pela Medida Provisória n. 1.072, de 1.º-10-2021.

O texto anterior dizia: "Art. 6.º Os débitos referentes à Taxa, sem prejuízo da respectiva liquidez e certeza, poderão ser inscritos como Dívida Ativa pelo valor expresso em BTN ou BTN Fiscal.".

Art. 7.º Os débitos relativos à Taxa poderão ser parcelados pela CVM, de acordo com os critérios fixados na legislação tributária.

•• Artigo com redação determinada pela Medida Provisória n. 1.072, de 1.º-10-2021.

O texto anterior dizia: "Art. 7.º Os débitos relativos à Taxa poderão ser parcelados, a juízo do Colegiado da Comissão de Valores Mobiliários – CVM, de acordo com os critérios fixados na legislação tributária.".

• A Deliberação CVM n. 447, de 24-9-2002, estabelece, em seu art. 1.º, que os débitos relativos à taxa de fiscalização de que trata esta Lei poderão ser parcelados em até sessenta prestações mensais e sucessivas, a critério da autoridade.

Art. 8.º A Taxa será recolhida ao Tesouro Nacional, em conta vinculada à Comissão de Valores Mobiliários – CVM, por intermédio de estabelecimento bancário integrante da rede credenciada.

Art. 9.º A Taxa será cobrada a partir de 1.º de janeiro de 1990.

Art. 10. Esta Lei entra em vigor na data de sua publicação.

Art. 11. Revogam-se as disposições em contrário.

Brasília, em 20 de dezembro de 1989; 168.º da Independência e 101.º da República.

José Sarney

TABELA "A" (*Revogada pela Medida Provisória n. 1.072, de 1.º-10-2021.*)

O texto revogado dizia:

TABELA "A" (Art. 4.º, I)

Taxa Progressiva, de Acordo com o Patrimônio Líquido do Contribuinte

Contribuinte	Classe do Patrimônio Líquido em BTN	Valor da Taxa em BTN
Companhias abertas	até 10.000.000	1.500
	de 10.000.001 a 50.000.000	3.000
	acima de 50.000.000	4.000
Sociedades beneficiárias de incentivos fiscais	até 1.000.000	700
	de 1.000.001 a 3.000.000	1.300
	acima de 3.000.000	2.000
Corretoras, bancos de investimento, bolsas de valores e de futuros, distribuidoras e bancos múltiplos com carteira de investimento	até 5000.000	1.000
	de 500.001 a 1.500.000	3.000
	acima de 1.500.00	4.000
Fundos mútuos de ações; fundos de conversão, fundos de investimento e carteiras de títulos e valores mobiliários – capital estrangeiro	acima de 5000.000	9.500

Observações: 1) Patrimônio líquido relativo a 31 de dezembro do ano anterior, convertido em BTN pelo valor em vigor na data.

2) O valor da taxa para os Fundos Mútuos de Ações, Fundos de Conversão, Fundos de Investimento e Carteiras de Títulos e Valores Mobiliários – Capital estrangeiro, cujos patrimônios líquidos sejam inferiores a 5.000.000 BTN será correspondente a 0,1% do respectivo patrimônio líquido.

3) Não haverá superposição ou dupla cobrança de Taxas de Fiscalização.

TABELA "B" (*Revogada pela Medida Provisória n. 1.072, de 1.º-10-2021.*)

O texto revogado dizia:

"TABELA "B" (Art. 4.º, I)

Contribuinte	Valor da Taxa em BTN
Prestadores de serviços de Auditoria independente – Pessoa natural	500
Prestadores de serviços de ações escriturais, de custódia fungível e de emissão de certificados	3.000
Prestadores de serviços de administração de carteira, de consultor de valores mobiliários e em outras atividades correlatas	
Pessoa natural	200
Pessoa jurídica	400

Observação: Não haverá superposição ou dupla cobrança de Taxas de Fiscalização.

TABELA "C" (*Revogada pela Medida Provisória n. 1.072, de 1.º-10-2021.*)

O texto revogado dizia: "TABELA "C" (Art. 4.º, I)

Taxa Progressiva, de Acordo com o Número de Estabelecimentos do Contribuinte

Contribuinte	N. de Estabelecimentos (Sede e filiais)	Valor da Taxa em BTN
Prestadores de serviços de Auditoria independente – Pessoa jurídica	até 2 estabelecimentos	1.000
	3 ou 4 estabelecimentos	2.000
	mais de 4 estabelecimentos	3.000

Observação: Não haverá superposição ou dupla cobrança de Taxas de Fiscalização.

TABELA "D" (*Revogada pela Medida Provisória n. 1.072, de 1.º-10-2021.*)

O texto revogado dizia:

"TABELA "D" (Art. 4.º, II)

Taxa Estabelecida em Função do Valor do Registro

Tipo de Operação	Alíquota
Registro de emissão de ações para distribuição pública	0,30
Registro de emissão de debêntures para distribuição pública	0,30
Registro de emissão de bônus de subscrição para distribuição pública	0,16
Registro de distribuição secundária	0,64

Tipo de Operação	Alíquota
Registro de ofertas públicas de compra, venda e permuta de valores mobiliários	0,64
Registro de emissão de notas promissórias	0,10
Registro de distribuição de Certificados de Recebíveis do Agronegócio de Certificados de Recebíveis Imobiliários	0,05

•• Tabela "D" com redação determinada pela Lei n. 11.908, de 3-3-2009.

Observações: 1) No caso do valor da contribuição, calculada na forma desta Tabela, resultar inferior a duzentos e cinquenta e cinco BTN, prevalecerá este.

2) Os valores apurados na forma desta Tabela estarão limitados ao máximo equivalente a 100.000 BTN, por registro.

3) Não haverá superposição ou dupla cobrança de Taxas de Fiscalização.

ANEXO I

•• Anexo acrescentado pela Medida Provisória n. 1.072, de 1.º-10-2021.

FAIXA	CONTRIBUINTE	PATRIMÔNIO LÍQUIDO (R$)				TAXA (R$)
1	Companhias abertas, companhias estrangeiras e companhias securitizadoras	Até			R$ 4.000.000,00	R$ 15.715,61
		De	R$ 4.000.000,01	a	R$ 450.000.000,00	R$ 19.283,31
		De	R$ 450.000.000,01	a	R$ 2.000.000.000,00	R$ 23.927,48
		De	R$ 2.000.000.000,01	a	R$ 80.000.000.000,00	R$ 84.866,81
		Acima de	R$ 80.000.000.000,00			R$ 559.814,88
2	Sociedades beneficiárias de incentivos fiscais	Até			R$ 5.000.000,00	R$ 700,00
		De	R$ 5.000.000,01	a	R$ 60.000.000,00	R$ 1.400,00
		De	R$ 60.000.000,01	a	R$ 180.000.000,00	R$ 4.177,10
		De	R$ 180.000.000,01	a	R$ 400.000.000,00	R$ 18.592,64
		Acima de	R$ 400.000.000,00			R$ 112.795,40
3	Pessoas naturais e jurídicas que integram o Sistema de Distribuição de Valores Mobiliários	Até			R$ 11.000.000,00	R$ 3.759,06
		De	R$ 11.000.000,01	a	R$ 70.000.000,00	R$ 7.518,11
		De	R$ 70.000.000,01	a	R$ 700.000.000,00	R$ 22.431,42
		De	R$ 700.000.000,01	a	R$ 30.000.000.000,00	R$ 97.097,71
		Acima de	R$ 30.000.000.000,00			R$ 530.880,38

FAIXA	CONTRIBUINTE	PATRIMÔNIO LÍQUIDO (R$)				TAXA (R$)
4	Carteiras de títulos e valores mobiliários - capital estrangeiro (Investidores não residentes)	Até			R$ 11.000.000,00	R$ 40.193,15
		De	R$ 11.000.000,01	a	R$ 86.000.000,00	R$ 74.508,59
		De	R$ 86.000.000,01	a	R$ 580.000.000,00	R$ 89.410,38
		De	R$ 580.000.000,01	a	R$ 20.000.000.000,00	R$ 134.960,94
		Acima de	R$ 20.000.000.000,00			R$ 600.000,00
5	Fundos de investimento	Até			R$ 5.031.489,20	R$ 3.162,29
		De	R$ 5.031.489,21	a	R$ 10.062.978,40	R$ 4.743,42
		De	R$ 10.062.978,41	a	R$ 20.125.956,80	R$ 7.115,15
		De	R$ 20.125.956,81	a	R$ 40.251.913,60	R$ 9.486,88
		De	R$ 40.251.913,61	a	R$ 80.503.827,20	R$ 12.649,14
		De	R$ 80.503.827,21	a	R$ 161.007.654,40	R$ 20.238,66
		De	R$ 161.007.654,41	a	R$ 322.015.308,80	R$ 30.357,96
		De	R$ 322.015.308,81	a	R$ 644.030.617,60	R$ 40.477,29
		De	R$ 644.030.617,61	a	R$ 1.288.061.215,20	R$ 50.596,62
		Acima de	R$ 1.288.061.215,20			R$ 56.921,21
6	Mercados organizados de valores mobiliários, centrais depositárias de valores mobiliários e demais instituições operadoras de infraestruturas de mercado	Até			R$ 4.000.000,00	R$ 1.124,19
		De	R$ 4.000.000,01	a	R$ 28.000.000,00	R$ 2.248,38
		De	R$ 28.000.000,01	a	R$ 250.000.000,00	R$ 9.753,99
		De	R$ 250.000.000,01	a	R$ 1.300.000.000,00	R$ 65.123,73
		Acima de	R$ 1.300.000.000,00			R$ 600.000,00
7	Plataformas eletrônicas de investimentos coletivos e pessoas jurídicas autorizadas a participar de ambiente regulatório experimental	Até			R$ 50.000,00	R$ 530,00

FAIXA	CONTRIBUINTE	PATRIMÔNIO LÍQUIDO (R$)				TAXA (R$)
7	Plataformas eletrônicas de investimentos coletivos e pessoas jurídicas autorizadas a participar de ambiente regulatório experimental	De	R$ 50.000,01	a	R$ 75.000,00	R$ 536,40
		De	R$ 75.000,01	a	R$ 100.000,00	R$ 542,78
		De	R$ 100.000,01	a	R$ 500.000,00	R$ 549,19
		Acima de	R$ 500.000,00			R$ 555,59

1. Aplica-se a todos os tipos de fundos de investi-mento com registro na CVM, incluídos FIC, FDIC, FII e FIP.
2. O patrimônio líquido e a respectiva Taxa são atribuíveis a cada classe de cota ou, exclusivamente no caso de subdivisão de classe de cota, de cada uma de suas subdivisões, nos termos do regulamento do fundo de investimento.
3. Na apuração do valor anual devido de Taxa, cada fundo de investimento, como contribuinte, deverá somar todos os valores de Taxa de Fiscalização atribuídos a cada classe de cota ou, exclusivamente no caso de subdivisão de classe de cota, aplicável a cada subdivisão de classe, nos termos de seu regulamento.
4. Na hipótese de uma mesma pessoa jurídica obter mais de um registro nos termos previstos nos Anexos I, II ou III, será devido o valor da Taxa de Fiscalização para cada registro concedido ao contribuinte.

ANEXO II

•• Anexo acrescentado pela Medida Provisória n. 1.072, de 1.º-10-2021.

FAIXA	CONTRIBUINTE	TAXA (R$)
1	Prestadores de serviços de auditoria inde-pendente - pessoa natural	R$ 6.346,32
2	Prestadores de serviços de ações escriturais, prestadores de serviço de custódia fungível e de emissores de certificados de depósito de valores mobiliários	R$ 38.077,72
3	Consultores de valores mobiliários - pessoa natural, prestadores de serviços de administração de carteira - pessoa natural, agentes autônomos - pessoa natural e analistas de valores mobiliários - pessoa natural	R$ 530,00
4	Consultores valores mobiliários - pessoa jurídica, agentes autônomos - pessoa jurídica e analistas de valores mobiliários - pessoa jurídica	R$ 2.538,50
5	Prestadores de serviços de administração de carteira - pessoa jurídica, agências de classificação de risco e agentes fiduciários	R$ 9.519,43

1. Na hipótese de uma mesma pessoa jurídica obter mais de um registro nos termos previstos nos Anexos I, II ou III, será devido o valor da Taxa de Fiscalização para cada registro concedido ao contribuinte.

ANEXO III

•• Anexo acrescentado pela Medida Provisória n. 1.072, de 1.º-10-2021.

FAIXA	CONTRIBUINTE	ESTABELECIMENTOS: SEDE E FILIAL (QTD.)	TAXA (R$)
1	Prestadores de serviços de auditoria independente - pessoa jurídica	Até 2 estabelecimentos	R$ 12.692,56
		3 ou 4 estabelecimentos	R$ 25.385,12
		Mais de 4 estabelecimentos	R$ 38.077,72

1. Na hipótese de uma mesma pessoa jurídica obter mais de um registro nos termos previstos nos Anexos I, II ou III, será devido o valor da Taxa de Fiscalização para cada registro concedido ao contribuinte.

ANEXO IV

•• Anexo acrescentado pela Medida Provisória n. 1.072, de 1.º-10-2021.

	ALÍQUOTA INCIDENTE SOBRE O VALOR DA OFERTA	VALOR MÍNIMO DA TAXA INCIDENTE SOBRE A OFERTA (R$)
Oferta pública de valores mobiliários	0,03%	R$ 809,16

1. Prevalecerá o valor mínimo de R$ 809,16 na hipótese de a aplicação da alíquota de 0,03% sobre o valor da oferta ser inferior.
2. Não haverá sobreposição ou dupla cobrança de Taxa de Fiscalização na hipótese de oferta concomitante ao pedido de registro inicial como emissor de valores mobiliários.

ANEXO V

•• Anexo acrescentado pela Medida Provisória n. 1.072, de 1.º-10-2021.

	VALOR DA TAXA (%)
Pedidos de registro inicial na CVM como participante do mercado de valores mobiliários	25% do valor da taxa anual aplicável a partir dos critérios de enquadramento previstos nos Anexos I, II ou III

1. Se concedido o registro inicial como participante do mercado de valores mobiliários, ou emitido ato autorizativo equivalente, será devido integralmente no ano dessa concessão o valor aplicável ao novo participante previsto nos Anexos I, II e III.

LEI COMPLEMENTAR N. 61, DE 26 DE DEZEMBRO DE 1989 (*)

Estabelece normas para a participação dos Estados e do Distrito Federal no produto da arrecadação do Imposto sobre Produtos Industrializados – IPI, relativamente às exportações.

O Presidente da República.

Faço saber que o Congresso Nacional decreta e eu sanciono a seguinte Lei:

Art. 1.º A União entregará, do produto da arrecadação do Imposto sobre Produtos Industrializados – IPI, 10% (dez por cento) aos Estados e ao Distrito Federal, proporcionalmente ao valor das respectivas exportações de produtos industrializados, nos termos do inciso II e do § 2.º do art. 159 da Constituição Federal.

§ 1.º Para efeito de cálculo das parcelas pertencentes a cada unidade federada, considerar-se-ão:

I – as origens indicadas nas respectivas guias de exportação ou em outros documentos que identifiquem a unidade federada exportadora;

II – o conceito de produtos industrializados adotados pela legislação federal referente ao IPI.

§ 2.º Para os fins do inciso I do § 1.º desta lei complementar, na hipótese de a operação interestadual anterior à exportação ter sido realizada ao abrigo de isenção, total ou parcial, do imposto de que trata a alínea *b* do inciso I do art. 155 da Constituição Federal, será considerada a unidade federada de origem, ou seja, aquela onde teve início a referida operação interestadual.

§ 3.º Os coeficientes de rateio serão calculados para aplicação no ano-calendário, tomando-se como base o valor em dólar norte-americano das exportações ocorridas nos 12 (doze) meses antecedentes a primeiro de julho do ano imediatamente anterior.

§ 4.º Sempre que a participação de qualquer unidade federada ultrapassar o limite de 20% (vinte por cento) do montante a que se refere o *caput* deste artigo, o eventual excedente será distribuído entre as demais, na proporção de suas respectivas participações relativas.

§ 5.º O órgão encarregado do controle das exportações fornecerá ao Tribunal de Contas da União, de forma consolidada, até 25 do mês de julho de cada ano, o valor total em dólares das exportações do período a que se refere o § 3.º deste artigo.

Art. 2.º Os coeficientes individuais de participação, calculados na forma do artigo anterior, deverão ser apurados e publicados no *Diário Oficial da União* pelo Tribunal de Contas da União até o último dia útil do mês de julho de cada ano.

§ 1.º As unidades federadas disporão de 30 (trinta) dias, a partir da publicação referida no *caput* deste artigo, para apresentar contestação, juntando desde logo as provas em que se fundamentar.

§ 2.º O Tribunal de Contas da União, no prazo de 30 (trinta) dias contados do recebimento da contestação mencionada no parágrafo anterior, deverá manifestar-se sobre a mesma.

Art. 3.º As quotas das unidades da federação serão determinadas de acordo com os coeficientes individuais da participação a que se refere o artigo anterior.

§ 1.º (*Vetado.*)

§ 2.º O cumprimento do disposto neste artigo será comunicado pelo Ministério da Fazenda ao Tribunal de Contas da União, discriminadamente por unidade federada, até o último dia útil do mês em que o crédito tiver sido lançado.

Art. 4.º O Ministério da Fazenda publicará, até o último dia do mês subsequente ao da arrecadação, o montante do IPI arrecadado, bem como as parcelas distribuídas a cada unidade da federação.

(*) Publicada no *DOU*, de 27-12-1989. *Vide* Lei n. 8.016, de 8-4-1990. O Decreto n. 7.212, de 15-6-2010, regulamenta a cobrança, fiscalização, arrecadação e administração do Imposto sobre Produtos Industrializados – IPI.

Parágrafo único. Cada unidade federada poderá contestar os valores distribuídos, devendo tal contestação ser objeto de manifestação pelo órgão competente, no prazo de 30 (trinta) dias.

Art. 5.º Os Estados entregarão aos seus respectivos Municípios 25% (vinte e cinco por cento) dos recursos que nos termos desta lei complementar receberem, observando-se para tanto os mesmos critérios, forma e prazos estabelecidos para o repasse da parcela do ICMS que a Constituição Federal assegura às municipalidades.

Art. 6.º Para efeitos de apuração dos coeficientes a serem aplicados no período de 1.º de março a 31 de dezembro de 1989, adotar-se-ão os critérios previstos nesta lei complementar.

Art. 7.º (*Vetado.*)

Art. 8.º Esta lei complementar entra em vigor na data de sua publicação, retroagindo seus efeitos a 1.º de março de 1989.

Art. 9.º Revogam-se as disposições em contrário.

Brasília, em 26 de dezembro de 1989; 168.º da Independência e 101.º da República.

José Sarney

LEI COMPLEMENTAR N. 62, DE 28 DE DEZEMBRO DE 1989 (*)

Estabelece normas sobre o cálculo, a entrega e o controle das liberações dos recursos dos Fundos de Participação e dá outras providências.

O Presidente da República.

Faço saber que o Congresso Nacional decreta e eu sanciono a seguinte Lei Complementar:

Art. 1.º O cálculo, a entrega e o controle das liberações dos recursos do Fundo de Participação dos Estados e do Distrito Federal - FPE e do Fundo de Participação dos Municípios - FPM, de que tratam as alíneas *a* e *b* do inciso I do art. 159 da Constituição, far-se-ão nos termos desta Lei Complementar, consoante o disposto nos incisos II e III do art. 161 da Constituição.

Parágrafo único. Para fins do disposto neste artigo, integrarão a base de cálculo das transferências, além do montante dos impostos nele referidos, inclusive os extintos por compensação ou dação, os respectivos adicionais, juros e multa moratória, cobrados administrativa ou judicialmente, com a correspondente atualização monetária paga.

Art. 2.º Os recursos do Fundo de Participação dos Estados e do Distrito Federal (FPE), observado o disposto no art. 4.º, serão entregues da seguinte forma:

•• *Caput* com redação determinada pela Lei Complementar n. 143, de 17-7-2013.

(*) Publicada no *DOU*, de 29-12-1989.

I – os coeficientes individuais de participação dos Estados e do Distrito Federal no FPE a serem aplicados até 31 de dezembro de 2015 são os constantes do Anexo Único desta Lei Complementar;

•• Inciso I com redação determinada pela Lei Complementar n. 143, de 17-7-2013.

II – a partir de 1.º de janeiro de 2016, cada entidade beneficiária receberá valor igual ao que foi distribuído no correspondente decêndio do exercício de 2015, corrigido pela variação acumulada do Índice Nacional de Preços ao Consumidor Amplo (IPCA) ou outro que vier a substituí-lo e pelo percentual equivalente a 75% (setenta e cinco por cento) da variação real do Produto Interno Bruto nacional do ano anterior ao ano considerado para base de cálculo;

•• Inciso II com redação determinada pela Lei Complementar n. 143, de 17-7-2013.

III – também a partir de 1.º de janeiro de 2016, a parcela que superar o montante especificado no inciso II será distribuída proporcionalmente a coeficientes individuais de participação obtidos a partir da combinação de fatores representativos da população e do inverso da renda domiciliar *per capita* da entidade beneficiária, assim definidos:

•• Inciso III, *caput*, acrescentado pela Lei Complementar n. 143, de 17-7-2013.

a) o fator representativo da população corresponderá à participação relativa da população da entidade beneficiária na população do País, observados os limites superior e inferior de, respectivamente, 0,07 (sete centésimos) e 0,012 (doze milésimos), que incidirão uma única vez nos cálculos requeridos;

•• Alínea *a* acrescentada pela Lei Complementar n. 143, de 17-7-2013.

b) o fator representativo do inverso da renda domiciliar *per capita* corresponderá à participação relativa do inverso da renda domiciliar *per capita* da entidade beneficiária na soma dos inversos da renda domiciliar per capita de todas as entidades.

•• Alínea *b* acrescentada pela Lei Complementar n. 143, de 17-7-2013.

§ 1.º Em relação à parcela de que trata o inciso III do *caput*, serão observados os seguintes procedimentos:

•• § 1.º, *caput*, com redação determinada pela Lei Complementar n. 143, de 17-7-2013.

I – a soma dos fatores representativos da população e a dos fatores representativos do inverso da renda domiciliar *per capita* deverão ser ambas iguais a 0,5 (cinco décimos), ajustando-se proporcionalmente, para esse efeito, os fatores das entidades beneficiárias;

•• Inciso I acrescentado pela Lei Complementar n. 143, de 17-7-2013.

II – o coeficiente individual de participação será a soma dos fatores representativos da população e do inverso da renda domiciliar *per capita* da entidade beneficiária, observados os ajustes previstos nos incisos III e IV deste parágrafo;

•• Inciso II acrescentado pela Lei Complementar n. 143, de 17-7-2013.

III – os coeficientes individuais de participação das entidades beneficiárias cujas rendas domiciliares *per capita* excederem valor de referência correspondente a 72% (setenta e dois por cento) da renda domiciliar *per capita* nacional serão reduzidos proporcionalmente à razão entre o excesso da renda domiciliar *per capita* da entidade beneficiária e o valor de referência, observado que nenhuma entidade beneficiária poderá ter coeficiente individual de participação inferior a 0,005 (cinco milésimos);

•• Inciso III acrescentado pela Lei Complementar n. 143, de 17-7-2013.

IV – em virtude da aplicação do disposto no inciso III deste parágrafo, os coeficientes individuais de participação de todas as entidades beneficiárias deverão ser ajustados proporcionalmente, de modo que resultem em soma igual a 1 (um).

•• Inciso IV acrescentado pela Lei Complementar n. 143, de 17-7-2013.

§ 2.º Caso a soma dos valores a serem distribuídos, nos termos do inciso II do *caput*, seja igual ou superior ao montante a ser distribuído, a partilha dos recursos será feita exclusivamente de acordo com o referido inciso, ajustando-se proporcionalmente os valores.

•• § 2.º com redação determinada pela Lei Complementar n. 143, de 17-7-2013.

§ 3.º Para efeito do disposto neste artigo, serão considerados os valores censitários ou as estimativas mais recentes da população e da renda domiciliar *per capita* publicados pela entidade federal competente.

•• § 3.º com redação determinada pela Lei Complementar n. 143, de 17-7-2013.

Art. 3.º Ficam mantidos os atuais critérios de distribuição dos recursos do Fundo de Participação dos Municípios até que lei específica sobre eles disponha, com base no resultado do Censo de 1991, realizado pela Fundação IBGE.

•• Artigo com redação determinada pela Lei Complementar n. 71, de 3-9-1992.

Art. 4.º A União observará, a partir de março de 1990, os seguintes prazos máximos na entrega, através de créditos em contas individuais dos Estados e Municípios, dos recursos do Fundo de Participação:

I – recursos arrecadados do primeiro ao décimo dia de cada mês: até o vigésimo dia;

II – recursos arrecadados do décimo primeiro ao vigésimo dia de cada mês: até o trigésimo dia;

III – recursos arrecadados do vigésimo primeiro dia ao final de cada mês: até o décimo dia do mês subsequente.

§ 1.º Até a data prevista no *caput* deste artigo, a União observará os seguintes prazos máximos:

I – recursos arrecadados do primeiro ao vigésimo dia de cada mês: até o décimo quinto dia do mês subsequente;

II – recursos arrecadados do vigésimo primeiro dia ao final de cada mês: até o vigésimo dia do mês subsequente.

§ 2.º Ficam sujeitos a correção monetária, com base na variação do Bônus do Tesouro Nacional Fiscal, os recursos não liberados nos prazos previstos neste artigo.

Art. 5.º O Tribunal de Contas da União efetuará o cálculo das quotas referentes aos Fundos de Participação e acompanhará, junto aos órgãos competentes da União, a classificação das receitas que lhes dão origem.

Parágrafo único. No caso de criação e instalação de Município, o Tribunal de Contas da União fará revisão dos coeficientes individuais de participação dos demais Municípios do Estado a que pertence, reduzindo proporcionalmente as parcelas que a estes couberam, de modo a lhe assegurar recursos do Fundo de Participação dos Municípios – FPM.

Art. 6.º A União divulgará mensalmente os montantes dos impostos arrecadados e classificados para efeitos de distribuição através dos Fundos de Participação e os valores das liberações por Estado e Município, além da previsão do comportamento dessas variáveis nos 3 (três) meses seguintes ao da divulgação.

Art. 7.º A União, através do Ministério da Fazenda, e o Tribunal de Contas da União baixarão, nas suas respectivas áreas de competência, as normas e instrução complementares necessárias ao pleno cumprimento do disposto nesta Lei Complementar.

Art. 8.º Esta Lei Complementar entra em vigor a partir do primeiro mês subsequente ao de sua publicação.

Art. 9.º Revogam-se as disposições em contrário.

Brasília, em 28 de dezembro de 1989; 168.º da Independência e 101.º da República.

José Sarney

LEI COMPLEMENTAR N. 63, DE 11 DE JANEIRO DE 1990 (*)

Dispõe sobre critérios e prazos de crédito das parcelas do produto da arrecadação de impostos de competência dos Estados e de transferências por estes recebidas, pertencentes aos Municípios, e dá outras providências.

O Presidente da República.

Faço saber que o Congresso Nacional decreta e eu sanciono a seguinte Lei:

Art. 1.º As parcelas pertencentes aos Municípios do produto da arrecadação de impostos de competência dos Estados e de transferências por estes recebidas, conforme os incisos III e IV do art. 158 e inciso II e § 3.º do art. 159 da Constituição Federal, serão creditadas segundo os critérios e prazos previstos nesta Lei Complementar.

Parágrafo único. As parcelas de que trata o *caput* deste artigo compreendem os juros, a multa moratória e a correção monetária, quando arrecadados como acréscimos dos impostos nele referidos.

(*) Publicada no *DOU*, de 12-1-1990.

Art. 2.º 50% (cinquenta por cento) do produto da arrecadação do Imposto sobre a Propriedade de Veículos Automotores licenciados no território de cada Município serão imediatamente creditados a este, através do próprio documento de arrecadação, no montante em que esta estiver sendo realizada.

Art. 3.º 25% (vinte e cinco por cento) do produto da arrecadação do Imposto sobre Operações relativas à Circulação de Mercadorias e sobre Prestação de Serviços de Transporte Interestadual e Intermunicipal e de Comunicação serão creditados, pelos Estados, aos respectivos Municípios, conforme os seguintes critérios:

I – 3/4 (três quartos), no mínimo, na proporção do valor adicionado nas operações relativas à circulação de mercadorias e nas prestações de serviços, realizadas em seus territórios;

II – até 1/4 (um quarto), de acordo com o que dispuser lei estadual ou, no caso dos territórios, lei federal.

§ 1.º O valor adicionado corresponderá, para cada Município:

•• § 1.º, *caput*, com redação determinada pela Lei Complementar n. 123, de 14-12-2006.

I – ao valor das mercadorias saídas, acrescido do valor das prestações de serviços, no seu território, deduzido o valor das mercadorias entradas, em cada ano civil;

•• Inciso I acrescentado pela Lei Complementar n. 123, de 14-12-2006.

II – nas hipóteses de tributação simplificada a que se refere o parágrafo único do art. 146 da Constituição Federal, e, em outras situações, em que se dispensem os controles de entrada, considerar-se-á como valor adicionado o percentual de 32% (trinta e dois por cento) da receita bruta.

•• Inciso II acrescentado pela Lei Complementar n. 123, de 14-12-2006.

§ 1.º-A Na hipótese de pessoa jurídica promover saídas de mercadorias por estabelecimento diverso daquele no qual as transações comerciais são realizadas, excluídas as transações comerciais não presenciais, o valor adicionado deverá ser computado em favor do Município onde ocorreu a transação comercial, desde que ambos os estabelecimentos estejam localizados no mesmo Estado ou no Distrito Federal.

•• § 1.º-A acrescentado pela Lei Complementar n. 157, de 29-12-2016.

•• Sobre produção de efeitos, dispõe o § 2.º do art. 7.º da Lei Complementar n. 157, de 29-12-2016 (*DOU* de 30-12-2016): "§ 2.º O disposto nos §§ 1.º-A e 1.º-B do art. 3.º da Lei Complementar n. 63, de 11 de janeiro de 1990, produzirá efeitos a partir do primeiro dia do exercício subsequente ao da entrada em vigor desta Lei Complementar, ou do primeiro dia do sétimo mês subsequente a esta data, caso este último prazo seja posterior."

§ 1.º-B No caso do disposto no § 1.º-A deste artigo, deverá constar no documento fiscal correspondente a identificação do estabelecimento no qual a transação comercial foi realizada.

•• § 1.º-B acrescentado pela Lei Complementar n. 157, de 29-12-2016.

•• Sobre produção de efeitos *vide* nota ao art. 3.º, § 1.º-A, desta Lei.

§ 2.º Para efeito de cálculo do valor adicionado serão computadas:

I – as operações e prestações que constituam fato gerador do imposto, mesmo quando o pagamento for antecipado ou diferido, ou quando o crédito tributário for diferido, reduzido ou excluído em virtude de isenção ou outros benefícios, incentivos ou favores fiscais;

II – as operações imunes do imposto, conforme as alíneas *a* e *b* do inciso X do § 2.º do art. 155, e a alínea *d* do inciso VI do art. 150 da Constituição Federal.

• Citados dispositivos constam deste volume.

§ 3.º O Estado apurará a relação percentual entre o valor adicionado em cada Município e o valor total do Estado, devendo este índice ser aplicado para a entrega das parcelas dos Municípios a partir do primeiro dia do ano imediatamente seguinte ao da apuração.

§ 4.º O índice referido no parágrafo anterior corresponderá à média dos índices apurados nos dois anos civis imediatamente anteriores ao da apuração.

§ 5.º Os Prefeitos Municipais, as associações de Municípios e seus representantes terão livre acesso às informações e documentos utilizados pelos Estados no cálculo do valor adicionado, sendo vedado, a estes, omitir quaisquer dados ou critérios, ou dificultar ou impedir aqueles no acompanhamento dos cálculos.

§ 6.º Para efeito de entrega das parcelas de um determinado ano, o Estado fará publicar, no seu órgão oficial, até o dia 30 de junho do ano da apuração, o valor adicionado em cada Município, além dos índices percentuais referidos nos §§ 3.º e 4.º deste artigo.

§ 7.º Os Prefeitos Municipais e as associações de Municípios, ou seus representantes, poderão impugnar, no prazo de 30 (trinta) dias corridos contados da sua publicação, os dados e os índices de que trata o parágrafo anterior, sem prejuízo das ações cíveis e criminais cabíveis.

§ 8.º No prazo de 60 (sessenta) dias corridos, contados da data da primeira publicação, os Estados deverão julgar e publicar as impugnações mencionadas no parágrafo anterior, bem como os índices definitivos de cada Município.

§ 9.º Quando decorrentes de ordem judicial, as correções de índices deverão ser publicadas até o dia 15 (quinze) do mês seguinte ao da data do ato que as determinar.

§ 10. Os Estados manterão um sistema de informações baseadas em documentos fiscais obrigatórios, capaz de apurar, com precisão, o valor adicionado de cada Município.

§ 11. O valor adicionado relativo a operações constatadas em ação fiscal será considerado no ano em que o resultado desta se tornar definitivo, em virtude da decisão administrativa irrecorrível.

§ 12. O valor adicionado relativo a operações ou prestações espontaneamente confessadas pelo contribuinte será considerado no período em que ocorrer a confissão.

§ 13. A lei estadual que criar, desmembrar, fundir ou incorporar Municípios levará em conta, no ano em que ocorrer, o valor adicionado de cada área abrangida.

§ 14. O valor da produção de energia proveniente de usina hidrelétrica, para fins da apuração do valor mencionado no inciso I do § 1.º, corresponderá à quantidade de energia produzida, multiplicada pelo preço médio da energia hidráulica comprada das geradoras pelas distribuidoras, calculado pela Agência Nacional de Energia Elétrica (Aneel).

•• § 14 acrescentado pela Lei Complementar n. 158, de 23-2-2017.

Art. 4.º Do produto da arrecadação do imposto de que trata o artigo anterior, 25% (vinte e cinco por cento) serão depositados ou remetidos no momento em que a arrecadação estiver sendo realizada à "conta de participação dos Municípios no Imposto sobre Operações relativas à Circulação de Mercadorias e sobre Prestações de Serviços de Transporte Interestadual e Intermunicipal e de Comunicações", aberta em estabelecimento oficial de crédito e de que são titulares, conjuntos, todos os Municípios do Estado.

§ 1.º Na hipótese de ser o crédito relativo ao Imposto sobre Operações relativas à Circulação de Mercadorias e sobre Prestações de Serviços de Transporte Interestadual e Intermunicipal e de Comunicação extinto por compensação ou transação, a repartição estadual deverá, no mesmo ato, efetuar o depósito ou a remessa dos 25% (vinte e cinco por cento) pertencentes aos Municípios na conta de que trata este artigo.

§ 2.º Os agentes arrecadadores farão os depósitos e remessas a que alude este artigo independentemente de ordem das autoridades superiores, sob pena de responsabilidade pessoal.

Art. 5.º Até o segundo dia útil de cada semana, o estabelecimento oficial de crédito entregará, a cada Município, mediante crédito em conta individual ou pagamento em dinheiro, à conveniência do beneficiário, a parcela que a este pertencer, do valor dos depósitos ou remessas feitos, na semana imediatamente anterior, na conta a que se refere o artigo anterior.

Art. 6.º Os Municípios poderão verificar os documentos fiscais que, nos termos da lei federal ou estadual, devam acompanhar as mercadorias, em operações de que participem produtores, industriais e comerciantes estabelecidos em seus territórios; apurada qualquer irregularidade, os agentes municipais deverão comunicá-la à repartição estadual incumbida do cálculo do índice de que tratam os §§ 3.º e 4.º do art. 3.º desta Lei Complementar, assim como à autoridade competente.

§ 1.º Sem prejuízo do cumprimento de outras obrigações a que estiverem sujeitos por lei federal ou estadual, os produtores serão obrigados, quando solicitados, a informar, às autoridades municipais, o valor e o destino das mercadorias que tiverem produzido.

§ 2.º Fica vedado aos Municípios apreender mercadorias ou documentos, impor penalidades ou cobrar quaisquer taxas ou emolumentos em razão da verificação de que trata este artigo.

§ 3.º Sempre que solicitado pelos Municípios, ficam os Estados obrigados a autorizá-los a promover a verificação de que tratam o *caput* e o § 1.º deste artigo, em estabelecimentos situados fora de seus territórios.

§ 4.º O disposto no parágrafo anterior não prejudica a celebração, entre os Estados e seus Municípios e entre estes, de convênios para assistência mútua na fiscalização dos tributos e permuta de informações.

Art. 7.º Dos recursos recebidos na forma do inciso II do art. 159 da Constituição Federal, os Estados entregarão, imediatamente, 25% (vinte e cinco por cento) aos respectivos Municípios, observados os critérios e a forma estabelecidos nos arts. 3.º e 4.º desta Lei Complementar.

Art. 8.º Mensalmente, os Estados publicarão no seu órgão oficial a arrecadação total dos impostos a que se referem os arts. 2.º e 3.º desta Lei Complementar e o valor total dos recursos de que trata o art. 7.º, arrecadados ou transferidos no mês anterior, discriminadas as parcelas entregues a cada Município.

Parágrafo único. A falta ou a incorreção da publicação de que trata este artigo implica a presunção da falta de entrega, aos Municípios, das receitas tributárias que lhes pertencem, salvo erro devidamente justificado e publicado até 15 (quinze) dias após a data da publicação incorreta.

Art. 9.º O estabelecimento oficial de crédito que não entregar, no prazo, a qualquer Município, na forma desta Lei Complementar, as importâncias que lhes pertencem ficará sujeito às sanções aplicáveis aos estabelecimentos bancários que deixam de cumprir saques de depositantes.

§ 1.º Sem prejuízo do disposto no *caput* deste artigo, o estabelecimento oficial de crédito será, em qualquer hipótese, proibido de receber as remessas e os depósitos mencionados no art. 4.º desta Lei Complementar, por determinação do Banco Central do Brasil, a requerimento do Município.

§ 2.º A proibição vigorará por prazo não inferior a 2 (dois) nem superior a 4 (quatro) anos, a critério do Banco Central do Brasil.

§ 3.º Enquanto durar a proibição, os depósitos e as remessas serão obrigatoriamente feitos ao Banco do Brasil S/A, para o qual deve ser imediatamente transferido saldo em poder do estabelecimento infrator.

§ 4.º O Banco do Brasil S/A observará os prazos previstos nesta Lei Complementar, sob pena de responsabilidade de seus dirigentes.

§ 5.º Findo o prazo da proibição, o estabelecimento infrator poderá tornar a receber os depósitos e remessas, se escolhido pelo Poder Executivo Estadual, ao qual será facultado eleger qualquer outro estabelecimento oficial de crédito.

Art. 10. A falta de entrega, total ou parcial, aos Municípios, dos recursos que lhes pertencem na forma e nos prazos previstos nesta Lei Complementar, sujeita o Estado faltoso à intervenção, nos termos do disposto na alínea *b* do inciso V do art. 34 da Constituição Federal.

Parágrafo único. Independentemente da aplicação do disposto no *caput* deste artigo, o pagamento dos recursos pertencentes aos Municípios, fora dos prazos estabelecidos nesta Lei Complementar, ficará sujeito à atualização monetária de seu valor e a juros de mora de 1% (um por cento) por mês ou fração de atraso.

Art. 11. Esta Lei Complementar entra em vigor na data de sua publicação.

Art. 12. Revogam-se as disposições em contrário, especialmente o Decreto-lei n. 1.216, de 9 de maio de 1972.

Brasília, em 11 de janeiro de 1990; 169.º da Independência e 102.º da República.

JOSÉ SARNEY

LEI N. 8.010, DE 29 DE MARÇO DE 1990 (*)

Dispõe sobre importações de bens destinados à pesquisa científica e tecnológica, e dá outras providências.

Faço saber que o Presidente da República adotou a Medida Provisória n. 141, de 1990, que o Congresso Nacional aprovou, e eu, Nelson Carneiro, Presidente do Senado Federal, para os efeitos do disposto no parágrafo único do art. 62 da Constituição Federal, promulgo a seguinte lei:

Art. 1.º São isentas dos Impostos sobre a Importação e sobre Produtos Industrializados e do adicional ao frete para renovação da marinha mercante, as importações de máquinas, equipamentos, aparelhos e instrumentos, bem como suas partes e peças de reposição, acessórios, matérias-primas e produtos intermediários, destinados à pesquisa científica e tecnológica.

•• Artigo regulamentado pelo Decreto n. 9.283, de 7-2-2018.

§ 1.º As importações de que trata este artigo ficam dispensadas do exame de similaridade, da emissão de Guia de Importação ou documento de efeito equivalente e controles prévios ao despacho aduaneiro.

§ 2.º O disposto neste artigo aplica-se somente às importações realizadas pelo Conselho Nacional de Desenvolvimento Científico e Tecnológico - CNPq, por cientistas, por pesquisadores, por Instituição Científica, Tecnológica e de Inovação - ICT e por entidades sem fins lucrativos ativos no fomento, na coordenação ou na execução de programas de pesquisa científica e tecnológica, de inovação ou de ensino e devidamente credenciados pelo CNPq.

•• § 2.º com redação determinada pela Lei n. 13.322, de 28-7-2016.

Art. 2.º O Ministro da Fazenda, ouvido o Ministério da Ciência e Tecnologia, estabelecerá limite global anual, em valor, para as importações mencionadas no art. 1.º.

§ 1.º Não estão sujeitas ao limite global anual:

a) as importações de produtos, decorrentes de doações feitas por pessoas físicas ou jurídicas estrangeiras, destinados ao desenvolvimento da Ciência e Tecnologia; e

b) as importações a serem pagas através de empréstimos externos ou de acordos governamentais, destinados ao desenvolvimento da Ciência e Tecnologia.

§ 2.º A quota global de importações será distribuída e controlada pelo CNPq que encaminhará, mensalmente:

a) à Secretaria da Receita Federal (SRF), relação das entidades e pessoas físicas importadoras, bem como das mercadorias autorizadas, valores e quantidades;

•• Alínea *a* com redação determinada pela Lei n. 10.964, de 28-10-2004.

•• A Secretaria da Receita Federal passa a denominar-se Secretaria da Receita Federal do Brasil, por força da Lei n. 11.457, de 16-3-2007.

b) à Secretaria de Comércio Exterior - SECEX, para fins estatísticos, relação dos importadores e o valor global, por pessoa física ou jurídica, das importações autorizadas.

•• Alínea *b* com redação determinada pela Lei n. 10.964, de 28-10-2004.

§ 3.º As dispensas referidas no § 1.º do art. 1.º não se aplicarão às importações que excederem o limite global anual a que se refere este artigo.

Art. 3.º O despacho aduaneiro para as mercadorias de que trata o art. 1.º será simplificado, especialmente quando se tratar de deterioráveis.

Art. 4.º Esta Lei entra em vigor na data de sua publicação, revogadas as disposições em contrário.

Senado Federal, 29 de março de 1990; 169.º da Independência e 102.º da República.

NELSON CARNEIRO

LEI N. 8.016, DE 8 DE ABRIL DE 1990 (**)

Dispõe sobre a entrega das quotas de Participação dos Estados e do Distrito Federal na arrecadação do Imposto sobre

(*) Publicada no *DOU*, de 2-4-1990. A Portaria Interministerial n. 977, de 24-11-2010, do Ministério da Ciência e Tecnologia e do Ministério da Fazenda, dispõe sobre a simplificação de procedimentos para a importação de bens destinados à pesquisa científica e tecnológica.

(**) Publicada no *DOU*, de 10-4-1990. O Decreto n. 7.212, de 15-6-2010, regulamenta a cobrança, fiscalização, arrecadação e administração do Imposto sobre Produtos Industrializados - IPI.

Produtos Industrializados de que trata o inciso II do art. 159 da Constituição Federal.

Faço saber que o Presidente da República adotou a Medida Provisória n. 145, de 1990, que o Congresso Nacional aprovou, e eu, Nelson Carneiro, Presidente do Senado Federal, para os efeitos do disposto no parágrafo único do art. 62 da Constituição, promulgo a seguinte Lei:

Art. 1.º As quotas de Participação dos Estados e do Distrito Federal no produto da arrecadação do Imposto sobre Produtos Industrializados - IPI, de que trata a Lei Complementar n. 61, de 26 de dezembro de 1989, serão creditadas em contas especiais abertas pelas Unidades da Federação, em seus respectivos bancos oficiais ou, na falta destes, em estabelecimentos por elas indicados, nos mesmos prazos de repasse das quotas do Fundo de Participação dos Estados e Municípios.

Art. 2.º Os recursos já existentes relativos à arrecadação do IPI no período compreendido entre 1.º de março e 31 de dezembro de 1989 serão creditados até o 5.º (quinto) dia útil subsequente à publicação da Medida Provisória que deu origem a esta Lei, tomando-se como base para o cálculo dos coeficientes de rateio o valor em dólar americano das exportações de produtos industrializados, ocorridas nos Estados no período de janeiro a novembro de 1989, informadas pela Carteira de Comércio Exterior do Banco do Brasil S.A. - CACEX.

§ 1.º Até a publicação dos coeficientes individuais de participação calculados pelo Tribunal de Contas da União - TCU, de que trata o art. 2.º da Lei Complementar n. 61, de 26 de dezembro de 1989, os recursos relativos à arrecadação do IPI, a partir do mês de janeiro de 1990, serão creditados aos beneficiários com base nos mesmos coeficientes de rateio definidos neste artigo.

§ 2.º Na programação orçamentária dos excessos de arrecadação de 1990, priorizar-se-á dotação para o pagamento da correção monetária dos recursos a que se refere este artigo, a ser calculada com base na variação mensal do valor do Bônus do Tesouro Nacional, a partir da data da classificação da receita, ressalvada a prioridade dos pagamentos de pessoal e dos serviços da dívida.

Art. 3.º O Tribunal de Contas da União determinará os ajustes a serem procedidos em razão de diferenças que venham a ocorrer entre as quotas de participação calculadas com base nos critérios estabelecidos no art. 2.º desta Lei e aquelas definidas em conformidade com a Lei Complementar n. 61, de 26 de dezembro de 1989.

Art. 4.º Esta Lei entra em vigor na data de sua publicação.

Art. 5.º Revogam-se as disposições em contrário.

Senado Federal, em 8 de abril de 1990; 169.º da Independência e 102.º da República.

NELSON CARNEIRO

LEI N. 8.021, DE 12 DE ABRIL DE 1990 (*)

Dispõe sobre a identificação dos contribuintes para fins fiscais e dá outras providências.

O Presidente da República.

Faço saber que o Congresso Nacional decreta e eu sanciono a seguinte Lei:

Art. 1.º A partir da vigência desta Lei, fica vedado o pagamento ou resgate de qualquer título ou aplicação, bem como dos seus rendimentos ou ganhos, a beneficiário não identificado.

- O CC (Lei n. 10.406, de 10-1-2002) dispõe sobre títulos ao portador em seus arts. 904 a 909.

Parágrafo único. O descumprimento do disposto neste artigo sujeitará o responsável pelo pagamento ou resgate a multa igual ao valor da operação, corrigido monetariamente a partir da data da operação até o dia do seu efetivo pagamento.

Art. 2.º A partir da data de publicação desta Lei fica vedada:

I – a emissão de quotas ao portador ou nominativas-endossáveis, pelos fundos em condomínio;

II – a emissão de títulos e a captação de depósitos ou aplicações ao portador ou nominativos-endossáveis;

- *Vide* nota ao *caput* do art. 1.º desta Lei.
- O CC dispõe sobre títulos ao portador em seus arts. 904 a 909.

III – (*Revogado pela Lei n. 9.069, de 29-6-1995.*)

Parágrafo único. Os cheques emitidos em desacordo com o estabelecido no inciso III deste artigo não serão compensáveis por meio do Serviço de Compensação de Cheques e outros Papéis.

•• Parágrafo único prejudicado pela revogação do inciso III deste artigo, pela Lei n. 9.069, de 29-6-1995.

Art. 3.º O contribuinte que receber o resgate de quotas de fundos ao portador e de títulos ou aplicações de renda fixa ao portador ou nominativos- -endossáveis, existentes em 16 de março de 1990, ficará sujeito à retenção de imposto de renda na fonte, à alíquota de 25% (vinte e cinco por cento), calculado sobre o valor do resgate recebido.

§ 1.º O imposto será retido pela instituição que efetuar o pagamento dos títulos e aplicações e seu recolhimento deverá ser efetuado de conformidade com as normas aplicáveis ao imposto de renda retido na fonte.

§ 2.º O valor sobre o qual for calculado o imposto, dimi-

(*) Publicada no *DOU*, de 13-4-1990. Retificada no *DOU*, de 23-4-1990. A Lei n. 8.749, de 10-12-1993, dispõe sobre os recursos não reclamados correspondentes a aplicações em fundos de curto prazo emitidas sob a forma ao portador de que trata esta Lei. Sobre BTN Fiscal, *vide* Nota dos Organizadores.

nuído deste, será computado como rendimento líquido, para efeito de justificar acréscimo patrimonial na declaração de bens (Lei n. 4.069, de 11-6-1962, art. 51) a ser apresentada no exercício financeiro subsequente.

§ 3.º A retenção do imposto, prevista neste artigo, não exclui a incidência do imposto de renda na fonte sobre os rendimentos produzidos pelos respectivos títulos ou aplicações.

§ 4.º A retenção do imposto, prevista neste artigo, será dispensada caso o contribuinte comprove, perante o Departamento da Receita Federal, que o valor resgatado tem origem em rendimentos próprios, declarados na forma da legislação do imposto de renda.

§ 5.º A liberação dos recursos sem a observância do disposto no parágrafo anterior sujeitará a instituição financeira à multa de 25% (vinte e cinco por cento) sobre o valor do resgate dos títulos ou aplicações, corrigido monetariamente a partir da data do resgate até a data do seu efetivo recolhimento.

Art. 4.º O art. 20 da Lei n. 6.404, de 15 de dezembro de 1976, passa a vigorar com a seguinte redação:

"Art. 20. As ações devem ser nominativas".

Art. 5.º As sociedades por ações terão um prazo de 2 (dois) anos para adaptar seus estatutos ao disposto no artigo anterior.

§ 1.º No prazo a que se refere este artigo, as operações com ações, ao portador ou endossáveis, existentes na data da publicação desta Lei, emitidas pelas sociedades por ações, somente poderão ser efetuadas quando atenderem, cumulativamente, às seguintes condições:

a) estiverem as ações sob custódia de instituição financeira ou de bolsa de valores, autorizada a operar por ato da Comissão de Valores Mobiliários – CVM ou do Banco Central do Brasil, no âmbito de sua competência;

b) houver a identificação do vendedor e do comprador.

§ 2.º As ações mencionadas neste artigo somente poderão ser retiradas da custódia mediante a identificação do proprietário.

§ 3.º A instituição financeira ou bolsa custodiante deverá enviar ao Departamento da Receita Federal, até o dia 15 de cada mês, comunicação que identifique o proprietário, a quantidade, a espécie e o valor de aquisição das ações que houverem sido retiradas de sua custódia no mês anterior.

§ 4.º A inobservância do disposto no parágrafo anterior sujeitará a instituição financeira ou bolsa custodiante à multa de 25% (vinte e cinco por cento) do valor das ações, corrigido monetariamente a partir do vencimento do prazo para a comunicação até a data do seu efetivo pagamento.

§ 5.º Para efeito do disposto no parágrafo anterior, considera-se valor da ação o preço médio de negociação em pregão de Bolsas de Valores no dia da retirada da ação ou, na falta deste, o preço médio da ação da última negociação em pregão da Bolsa de Valores, corrigido pelo BTN Fiscal até o dia da retirada da ação.

§ 6.º Para as ações não admitidas à negociação em Bolsas de Valores, considera-se o valor patrimonial da ação corrigido pelo BTN Fiscal desde a data do último balanço até a data de sua retirada da custódia.

Art. 6.º O lançamento de ofício, além dos casos já especificados em lei, far-se-á arbitrando-se os rendimentos com base na renda presumida, mediante utilização dos sinais exteriores de riqueza.

§ 1.º Considera-se sinal exterior de riqueza a realização de gastos incompatíveis com a renda disponível do contribuinte.

§ 2.º Constitui renda disponível a receita auferida pelo contribuinte, diminuída dos abatimentos e deduções admitidos pela legislação do imposto de renda em vigor e do imposto de renda pago pelo contribuinte.

§ 3.º Ocorrendo a hipótese prevista neste artigo, o contribuinte será notificado para o devido procedimento fiscal de arbitramento.

§ 4.º No arbitramento tomar-se-ão como base os preços de mercado vigentes à época da ocorrência dos fatos ou eventos, podendo, para tanto, ser adotados índices ou indicadores econômicos oficiais ou publicações técnicas especializadas.

§ 5.º (*Revogado pela Lei n. 9.430, de 27-12-1996.*)

§ 6.º Qualquer que seja a modalidade escolhida para o arbitramento, será sempre levada a efeito aquela que mais favorecer o contribuinte.

Art. 7.º A autoridade fiscal do Ministério da Economia, Fazenda e Planejamento poderá proceder a exames de documentos, livros e registros das bolsas de valores, de mercadorias, de futuros e assemelhadas, bem como solicitar a prestação de esclarecimentos e informações a respeito de operações por elas praticadas, inclusive em relação a terceiros.

§ 1.º As informações deverão ser prestadas no prazo máximo de dez dias úteis contados da data da solicitação. O não cumprimento desse prazo sujeitará a instituição a multa de valor equivalente a mil BTN Fiscais por dia útil de atraso.

§ 2.º As informações obtidas com base neste artigo somente poderão ser utilizadas para efeito de verificação do cumprimento de obrigações tributárias.

§ 3.º O servidor que revelar informações que tiver obtido na forma deste artigo estará sujeito às penas previstas no art. 325 do Código Penal brasileiro.

Art. 8.º Iniciado o procedimento fiscal, a autoridade fiscal poderá solicitar informações sobre operações realizadas pelo contribuinte em instituições financeiras, inclusive extratos de contas bancárias, não se aplicando, nesta hipótese, o disposto no art. 38 da Lei n. 4.595, de 31 de dezembro de 1964.

Parágrafo único. As informações, que obedecerão às normas regulamentares expedidas pelo Ministério da Economia, Fazenda e Planejamento, deverão ser prestadas no prazo máximo de 10 (dez) dias úteis contados da data da solicitação, aplicando-se, no caso de descumprimento desse prazo, a penalidade prevista no § 1.º do art. 7.º.

Art. 9.º Os estabelecimentos bancários autorizados a acolher depósitos de qualquer natureza deverão centralizar, em um único estabelecimento de sua rede de agências, as contas de não residentes no País.

•• A Lei n. 14.286, de 29-12-2021, em vigor após 1 (um) ano de sua publicação (*DOU* de 30-12-2021), revoga este artigo.

Art. 10. Fica o Poder Executivo autorizado a celebrar convênios com outros países para repatriar bens de qualquer natureza, inclusive financeiros e títulos de valores mobiliários, pertencentes a empresas brasileiras e pessoas físicas residentes e domiciliadas no País.

Parágrafo único. Os valores repatriados ficarão sujeitos ao imposto de renda à alíquota de 25% (vinte e cinco por cento).

Art. 11. O Poder Executivo regulamentará o disposto nesta Lei.

Art. 12. Esta Lei entra em vigor na data de sua publicação.

Art. 13. Revogam-se o art. 9.º da Lei n. 4.729, de 14 de julho de 1965, os arts. 32 e 33 da Lei n. 6.404, de 15 de dezembro de 1976, e demais disposições em contrário.

Brasília, em 12 de abril de 1990; 169.º da Independência e 102.º da República.

FERNANDO COLLOR

LEI N. 8.023, DE 12 DE ABRIL DE 1990 (*)

Altera a legislação do Imposto de Renda sobre o resultado da atividade rural e dá outras providências.

O Presidente da República.

Faço saber que o Congresso Nacional decreta e eu sanciono a seguinte Lei:

Art. 1.º Os resultados provenientes da atividade rural estarão sujeitos ao Imposto de Renda de conformidade com o disposto nesta Lei.

•• *Vide* art. 3.º, § 3.º, da Lei n. 9.249, de 26-12-1995.

•• A Instrução Normativa n. 83, de 11-10-2001, da Secretaria da Receita Federal, dispõe sobre a tributação dos resultados da atividade rural das pessoas físicas.

Art. 2.º Considera-se atividade rural:

I – a agricultura;

II – a pecuária;

III – a extração e a exploração vegetal e animal;

IV – a exploração da apicultura, avicultura, cunicultura, suinocultura, sericicultura, piscicultura e outras culturas animais;

V – a transformação de produtos decorrentes da atividade rural, sem que sejam alteradas a composição e as características do produto *in natura*, feita pelo próprio agricultor ou criador, com equipamentos e utensílios usualmente empregados nas atividades rurais, utilizando exclusivamente matéria-prima produzida na área rural explorada, tais como a pasteurização e o acondicionamento do leite, assim como o mel e o suco de laranja, acondicionados em embalagem de apresentação.

•• Inciso V com redação determinada pela Lei n. 9.250, de 26-12-1995.

•• A Lei n. 13.171, de 21-10-2015, propôs o acréscimo do inciso VI, todavia teve seu texto vetado.

Parágrafo único. O disposto neste artigo não se aplica à mera intermediação de animais e de produtos agrícolas.

•• Parágrafo único acrescentado pela Lei n. 9.250, de 26-12-1995.

Art. 3.º O resultado da exploração da atividade rural será obtido por uma das formas seguintes:

I – simplificada, mediante prova documental, dispensada escrituração, quando a receita bruta total auferida no ano-base não ultrapassar 70.000 (setenta mil) BTN;

II – escritural, mediante escrituração rudimentar, quando a receita bruta total do ano-base for superior a 70.000 (setenta mil) BTN e igual ou inferior a 700.000 (setecentos mil) BTN;

III – contábil, mediante escrituração regular em livros devidamente registrados, até o encerramento do ano-base, em órgãos da Secretaria da Receita Federal, quando a receita bruta total no ano-base for superior a 700.000 (setecentos mil) BTN.

•• A Secretaria da Receita Federal passa a denominar-se Secretaria da Receita Federal do Brasil, por força da Lei n. 11.457, de 16-3-2007.

Parágrafo único. Os livros ou fichas de escrituração e os documentos que servirem de base à declaração deverão ser conservados pelo contribuinte à disposição da autoridade fiscal, enquanto não ocorrer a prescrição quinquenal.

Art. 4.º Considera-se resultado da atividade rural a diferença entre os valores das receitas recebidas e das despesas pagas no ano-base.

§ 1.º É indedutível o valor da correção monetária dos empréstimos contraídos para financiamento da atividade rural.

§ 2.º Os investimentos são considerados despesa no mês do efetivo pagamento.

§ 3.º Na alienação de bens utilizados na produção, o valor da terra nua não constitui receita da atividade agrícola e será tributado de acordo com o disposto no art. 3.º, combinado com os arts. 18 a 22 da Lei n. 7.713, de 22 de dezembro de 1988.

Art. 5.º À opção do contribuinte, pessoa física, na composição da base de cálculo, o resultado da atividade rural, quando positivo, limitar-se-á a 20% (vinte por cento) da receita bruta no ano-base.

Parágrafo único. A falta de escrituração prevista nos incisos II e III do art. 3.º implicará o arbitramento do resultado à razão de 20% (vinte por cento) da receita bruta no ano-base.

(*) Publicada no *DOU*, de 13-4-1990. Sobre BTN, *vide* Nota dos Organizadores.

Art. 6.º Considera-se investimento na atividade rural, para os propósitos do art. 4.º, a aplicação de recursos financeiros, exceto a parcela que corresponder ao valor da terra nua, com vistas ao desenvolvimento da atividade para expansão da produção ou melhoria da produtividade agrícola.

Art. 7.º A base de cálculo do imposto da pessoa física será constituída pelo resultado da atividade rural apurado no ano-base, com os seguintes ajustes:

I – acréscimo do valor de que trata o § 1.º do art. 9.º;

II – dedução do valor a que se refere o *caput* do art. 9.º;

III e IV – (*Revogados pela Lei n. 8.383, de 30-12-1991.*)

§§ 1.º e 2.º (*Revogados pela Lei n. 8.383, de 30-12-1991.*)

Art. 8.º O resultado da atividade rural e da base de cálculo do imposto terá seus valores expressos em quantidades de BTN.

Parágrafo único. As receitas, despesas e demais valores que integram o resultado e a base de cálculo serão convertidos em BTN pelo valor deste no mês do efetivo recebimento ou pagamento.

Art. 9.º (*Revogado pela Lei n. 9.249, de 26-12-1995.*)

Art. 10. (*Revogado pela Lei n. 8.383, de 30-12-1991.*)

Art. 11. (*Revogado pela Lei n. 8.134, de 27-12-1990.*)

Art. 12. (*Revogado pela Lei n. 9.249, de 26-12-1995.*)

§ 1.º Na redução da base de cálculo, o saldo médio anual dos depósitos de que trata o art. 9.º será expresso em cruzados novos e corresponderá a 1/12 (um doze avos) da soma dos saldos médios mensais dos depósitos.

§ 2.º Os bens do ativo imobilizado, exceto a terra nua, quando destinados à produção, poderão ser depreciados integralmente, no próprio ano da aquisição.

§ 3.º O imposto de que trata este artigo será pago de conformidade com as normas aplicáveis às demais pessoas jurídicas.

Art. 13. Os arrendatários, os condôminos e os parceiros na exploração da atividade rural, comprovada a situação documentalmente, pagarão o imposto de conformidade com o disposto nesta Lei, separadamente, na proporção dos rendimentos que couber a cada um.

Art. 14. O prejuízo apurado pela pessoa física e pela pessoa jurídica poderá ser compensado com o resultado positivo obtido nos anos-base posteriores.

Parágrafo único. O disposto neste artigo aplica-se, inclusive, ao saldo de prejuízos anteriores, constante da declaração de rendimentos relativa ao ano-base de 1989.

Art. 15. O excesso de redução por investimentos constante da declaração relativa ao ano-base de 1989 poderá ser compensado com o resultado de até 3 (três) anos-base seguintes.

Art. 16. Os valores das compensações a serem efetuadas pela pessoa física, nos termos dos arts. 14 e 15, deverão ser expressos:

I – em se tratando de prejuízo ocorrido a partir do ano-base de 1990, em quantidade de BTN resultante da apuração da base de cálculo do imposto;

II – em se tratando de prejuízos anteriores ao ano-base de 1990 ou excesso de redução por investimentos, constantes da declaração de rendimentos relativa ao ano-base de 1989, em quantidade de BTN equivalente ao quociente resultante da divisão dos respectivos valores, em cruzados novos, por NCz$ 7,1324.

Parágrafo único. A pessoa física que, na apuração da base de cálculo do imposto, optar pela aplicação do disposto no art. 5.º perderá o direito à compensação do total dos prejuízos ou excessos de redução por investimento correspondentes a anos-base anteriores ao da opção.

Art. 17. Os valores dos estoques finais dos rebanhos, constantes da declaração relativa ao ano-base de 1989, serão expressos em quantidades de BTN, equivalente ao quociente obtido dividindo-se o respectivo montante, em cruzados novos, por NCz$ 2,4042.

Art. 18. A inclusão, na apuração do resultado da atividade rural, de rendimentos auferidos em outras atividades que não as previstas no art. 2.º, com o objetivo de desfrutar de tributação mais favorecida, constitui fraude e sujeita o infrator à multa de 150% (cento e cinquenta por cento) do valor da diferença do imposto devido, sem prejuízo de outras cominações legais.

Art. 19. O disposto nos arts. 35 a 39 da Lei n. 7.713, de 22 de dezembro de 1988, aplica-se ao lucro líquido do período-base apurado pelas pessoas jurídicas de que trata o art. 12.

Art. 20. Na programação especial relativa às operações oficiais de crédito na atividade de política de preços agrícolas e de custeio agropecuário serão previstos, além de outros, recursos equivalentes à estimativa de arrecadação do imposto de renda sobre os resultados decorrentes da atividade rural de que trata esta Lei.

Art. 21. O Poder Executivo expedirá os atos que se fizerem necessários à execução do disposto nesta Lei.

Art. 22. Esta Lei entra em vigor na data de sua publicação.

Art. 23. Revogam-se os Decretos-leis n. 902, de 30 de setembro de 1969, 1.074, de 20 de janeiro de 1970, os arts. 1.º, 4.º e 5.º do Decreto-lei n. 1.382, de 26 de dezembro de 1974, e demais disposições em contrário.

Brasília, em 12 de abril de 1990; 169.º da Independência e 102.º da República.

FERNANDO COLLOR

LEI N. 8.032, DE 12 DE ABRIL DE 1990 (*)

Dispõe sobre a isenção ou redução de impostos de importação e dá outras providências.

(*) Publicada no *DOU*, de 13-4-1990.

O Presidente da República.

Faço saber que o Congresso Nacional decreta e eu sanciono a seguinte Lei:

Art. 1.º Ficam revogadas as isenções e reduções do Imposto de Importação e do Imposto sobre Produtos Industrializados, de caráter geral ou especial, que beneficiam bens de procedência estrangeira, ressalvadas as hipóteses previstas nos arts. 2.º a 6.º desta Lei.

Parágrafo único. As ressalvas estabelecidas no *caput* deste artigo aplicam-se às importações realizadas nas situações relacionadas no inciso I do art. 2.º.

•• Parágrafo único com redação determinada pela Lei n. 13.243, de 11-1-2016.

Art. 2.º As isenções e reduções do Imposto de Importação ficam limitadas, exclusivamente:

I – às importações realizadas:

a) pela União, pelos Estados, pelo Distrito Federal, pelos Territórios, pelos Municípios e pelas respectivas autarquias;

b) pelos partidos políticos e pelas instituições de educação ou de assistência social;

c) pelas Missões Diplomáticas e Repartições Consulares de caráter permanente e pelos respectivos integrantes;

d) pelas representações de organismos internacionais de caráter permanente, inclusive os de âmbito regional, dos quais o Brasil seja membro, e pelos respectivos integrantes;

e) por Instituições Científica, Tecnológica e de Inovação (ICTs), definidas pela Lei n. 10.973, de 2 de dezembro de 2004;

•• Alínea *e* com redação determinada pela Lei n. 13.243, de 11-1-2016.

f) por cientistas e pesquisadores, nos termos do § 2.º do art. 1.º da Lei n. 8.010, de 29 de março de 1990;

•• Alínea *f* acrescentada pela Lei n. 10.964, de 28-10-2004.

g) por empresas, na execução de projetos de pesquisa, desenvolvimento e inovação, cujos critérios e habilitação serão estabelecidos pelo poder público, na forma de regulamento;

•• Alínea *g* acrescentada pela Lei n. 13.243, de 11-1-2016.

•• Alínea *g* regulamentada pelo Decreto n. 9.283, de 7-2-2018.

II – aos casos de:

a) importação de livros, jornais, periódicos e do papel destinado à sua reprodução;

b) amostras e remessas postais internacionais, sem valor comercial;

c) remessas postais e encomendas aéreas internacionais destinadas a pessoa física;

d) bagagem de viajantes procedentes do exterior ou da Zona Franca de Manaus;

e) bens adquiridos em Loja Franca, no País;

f) bens trazidos do exterior, referidos na alínea *b* do § 2.º do art. 1.º do Decreto-lei n. 2.120, de 14 de maio de 1984;

g) bens importados sob o regime aduaneiro especial de que trata o inciso III do art. 78 do Decreto-lei n. 37, de 18 de novembro de 1966;

h) gêneros alimentícios de primeira necessidade, fertilizantes e defensivos para aplicação na agricultura ou pecuária, bem assim matérias-primas para sua produção no País, importados ao amparo do art. 4.º da Lei n. 3.244, de 14 de agosto de 1957, com a redação dada pelo art. 7.º do Decreto-lei n. 63, de 21 de novembro de 1966;

i) bens importados ao amparo da Lei n. 7.232, de 29 de outubro de 1984;

j) partes, peças e componentes destinados ao reparo, revisão e manutenção de aeronaves e embarcações;

• *Vide* art. 60, § 1.º, I, da Lei n. 10.833, de 29-12-2003.

l) importação de medicamentos destinados ao tratamento de aidéticos, bem como de instrumental científico destinado à pesquisa da Síndrome da Deficiência Imunológica Adquirida, sem similar nacional, os quais ficarão isentos, também, dos tributos internos;

m) bens importados pelas áreas de livre comércio;

n) bens adquiridos para industrialização nas Zonas de Processamento de Exportações (ZPEs).

§ 1.º As isenções referidas neste artigo serão concedidas com observância da legislação respectiva.

•• § 1.º renumerado pela Lei n. 13.243, de 11-1-2016.

§ 2.º (*Vetado.*)

•• § 2.º acrescentado pela Lei n. 13.243, de 11-1-2016.

Art. 3.º Fica assegurada a isenção ou redução do Imposto sobre Produtos Industrializados, conforme o caso:

I – nas hipóteses previstas no art. 2.º desta Lei, desde que satisfeitos os requisitos e condições exigidos para a concessão do benefício análogo relativo ao Imposto de Importação;

• *Vide* art. 60, § 1.º, I, da Lei n. 10.833, de 29-12-2003.

II – nas hipóteses de tributação especial de bagagem ou de tributação simplificada de remessas postais e encomendas aéreas internacionais.

Art. 4.º Fica igualmente assegurado às importações efetuadas para a Zona Franca de Manaus e Amazônia Ocidental o tratamento tributário previsto nos arts. 3.º e 7.º do Decreto-lei n. 288, de 28 de fevereiro de 1967, e no art. 2.º do Decreto-lei n. 356, de 15 de agosto de 1968, com a redação dada pelo art. 3.º do Decreto-lei n. 1.435, de 16 de dezembro de 1975.

Art. 5.º O regime aduaneiro especial de que trata o inciso II do art. 78 do Decreto-lei n. 37, de 18 de novembro de 1966, poderá ser aplicado à importação de matérias-primas, produtos intermediários e componentes destinados à fabricação, no País, de máquinas e equipamentos a serem fornecidos no mercado interno, em decorrência de licitação internacional, contra pagamento em moeda conversível proveniente de financiamento concedido por instituição financeira internacional, da qual o Brasil participe, ou por entidade governamental estrangeira ou, ainda, pelo Banco Nacional de Desenvolvimento Econômico e Social (BNDES), com recursos captados no exterior.

•• Artigo com redação determinada pela Lei n. 10.184, de 12-2-2001.

•• A Lei n. 11.732, de 30-6-2008, determina, em seu art. 3.º, que, para efeito de interpretação deste art. 5.º, licitação internacional é aquela promovida tanto por pessoas jurídicas de direito público como por pessoas jurídicas de direito privado do setor público e do setor privado.

Art. 6.º Os bens objeto de isenção ou redução do Imposto de Importação, em decorrência de acordos internacionais firmados pelo Brasil, terão o tratamento tributário neles previsto.

Art. 7.º Os bens importados com alíquota 0 (zero) do Imposto de Importação estão sujeitos aos tributos internos, nos termos das respectivas legislações.

Art. 8.º (*Revogado pela Lei n. 8.085, de 23-10-1990.*)

Art. 9.º (*Revogado pela Lei n. 10.206, de 23-3-2001.*)

§ 1.º (*Vetado.*)

§ 2.º É vedada a concessão de recursos do Fundo da Marinha Mercante a fundo perdido, ressalvadas as operações já autorizadas na data da publicação desta Lei.

§ 3.º O produto da arrecadação do Adicional de Tarifa Portuária - ATP (Lei n. 7.700, de 21-12-1988) passa a ser aplicado, a partir de 1.º de janeiro de 1991, pelo Banco Nacional do Desenvolvimento Econômico e Social de acordo com normas baixadas pelos Ministérios da Infraestrutura e da Economia, Fazenda e Planejamento.

Art. 10. O disposto no art. 1.º desta Lei não se aplica:

I – às isenções e reduções comprovadamente concedidas nos termos da legislação respectiva até a data da entrada em vigor desta Lei;

II – aos bens importados, a título definitivo, amparados por isenção ou redução na forma da legislação anterior, cujas guias de importação tenham sido emitidas até a data da entrada em vigor desta Lei.

III – (*Vetado.*)

Art. 11. Ficam suspensas por 180 (cento e oitenta) dias a criação e implantação de Zonas de Processamento de Exportações (ZPEs) a que se refere o Decreto-lei n. 2.452, de 29 de julho de 1988, e aprovação de projetos industriais, e instalação de empresas nas já criadas.

Art. 12. Esta Lei entra em vigor na data de sua publicação.

Art. 13. Revogam-se o Decreto-lei n. 1.953, de 3 de agosto de 1982, e demais disposições em contrário.

Brasília, em 12 de abril de 1990; 169.º da Independência e 102.º da República.

FERNANDO COLLOR

LEI N. 8.134, DE 27 DE DEZEMBRO DE 1990 (*)

Altera a legislação do imposto de renda e dá outras providências.

Faço saber que o Presidente da República adotou a Medida Provisória n. 284, de 1990, que o Congresso Nacional aprovou, e eu, Nelson Carneiro, Presidente do Senado Federal, para os efeitos do disposto no parágrafo único do art. 62 da Constituição Federal, promulgo a seguinte lei:

Art. 1.º A partir do exercício financeiro de 1991, os rendimentos e ganhos de capital percebidos por pessoas físicas residentes ou domiciliadas no Brasil serão tributados pelo imposto de renda na forma da legislação vigente, com as modificações introduzidas por esta Lei.

Art. 2.º O imposto de renda das pessoas físicas será devido à medida em que os rendimentos e ganhos de capital forem percebidos, sem prejuízo do ajuste estabelecido no art. 11.

Art. 3.º O imposto de renda na fonte, de que tratam os arts. 7.º e 12 da Lei n. 7.713, de 22 de dezembro de 1988, incidirá sobre os valores efetivamente pagos no mês.

Art. 4.º Em relação aos rendimentos percebidos a partir de 1.º de janeiro de 1991, o imposto de que trata o art. 8.º da Lei n. 7.713, de 1988:

I – será calculado sobre os rendimentos efetivamente recebidos no mês;

II – deverá ser pago até o último dia útil da primeira quinzena do mês subsequente ao da percepção dos rendimentos.

Art. 5.º Salvo disposição em contrário, o imposto retido na fonte (art. 3.º) ou pago pelo contribuinte (art. 4.º) será considerado redução do apurado na forma do art. 11, I.

Parágrafo único. Pagamentos não obrigatórios do imposto, efetuados durante o ano-base, não poderão ser deduzidos do imposto apurado na declaração (art. 11, I).

Art. 6.º O contribuinte que perceber rendimentos do trabalho não assalariado, inclusive os titulares dos serviços notariais e de registro, a que se refere o art. 236 da Constituição, e os leiloeiros, poderão deduzir, da receita decorrente do exercício da respectiva atividade:

I – a remuneração paga a terceiros, desde que com vínculo empregatício, e os encargos trabalhistas e previdenciários;

II – os emolumentos pagos a terceiros;

III – as despesas de custeio pagas, necessárias à percepção da receita e à manutenção da fonte produtora.

•• *Vide* art. 4.º, I, da Lei n. 9.250, de 26-12-1995.

§ 1.º O disposto neste artigo não se aplica:

a) a quotas de depreciação de instalações, máquinas e equipamentos, bem como a despesas de arrendamento;

•• Alínea *a* com redação determinada pela Lei n. 9.250, de 26-12-1995.

b) a despesas de locomoção e transporte, salvo no caso de representante comercial autônomo;

•• Alínea *b* com redação determinada pela Lei n. 9.250, de 26-12-1995.

c) em relação aos rendimentos a que se referem os arts. 9.º e 10 da Lei n. 7.713, de 1988.

§ 2.º O contribuinte deverá comprovar a veracidade das receitas e das despesas, mediante documentação idônea, escrituradas em livro-caixa, que serão mantidos em seu

(*) Publicada no *DOU*, de 28-12-1990. Sobre BTN, *vide* Nota dos Orga-nizadores.

poder, à disposição da fiscalização, enquanto não ocorrer a prescrição ou decadência.

§ 3.º As deduções de que trata este artigo não poderão exceder à receita mensal da respectiva atividade, permitido o cômputo do excesso de deduções nos meses seguintes, até dezembro, mas o excedente de deduções, porventura existente no final do ano-base, não será transposto para o ano seguinte.

§ 4.º Sem prejuízo do disposto no art. 11 da Lei n. 7.713, de 1988, e na Lei n. 7.975, de 26 de dezembro de 1989, as deduções de que tratam os incisos I a III deste artigo somente serão admitidas em relação aos pagamentos efetuados a partir de 1.º de janeiro de 1991.

Art. 7.º Na determinação da base de cálculo sujeita à incidência mensal do imposto de renda, poderão ser deduzidas:

I – a soma dos valores referidos no art. 6.º, observada a vigência estabelecida no § 4.º do mesmo artigo;

II – as contribuições para a Previdência Social da União, dos Estados, do Distrito Federal e dos Municípios;

III – as demais deduções admitidas na legislação em vigor, ressalvado o disposto no artigo seguinte.

Parágrafo único. A dedução de que trata o inc. II deste artigo somente será admitida em relação à base de cálculo a ser determinada a partir de janeiro de 1991.

Art. 8.º Na declaração anual (art. 9.º), poderão ser deduzidos:

I – os pagamentos feitos, no ano-base, a médicos, dentistas, psicólogos, fisioterapeutas, fonoaudiólogos, terapeutas ocupacionais e hospitais, bem como as despesas provenientes de exames laboratoriais e serviços radiológicos;

II – as contribuições e doações efetuadas a entidades de que trata o art. 1.º da Lei n. 3.830, de 25 de novembro de 1960, observadas as condições estabelecidas no art. 2.º da mesma lei;

III – as doações de que trata o art. 260 da Lei n. 8.069, de 13 de julho de 1990;

- O Decreto n. 794, de 5-4-1993, estabelece limite de dedução do imposto de renda das pessoas jurídicas, correspondente às doações em favor dos Fundos dos Direitos da Criança e do Adolescente.

IV – a soma dos valores referidos no art. 7.º, observada a vigência estabelecida no parágrafo único do mesmo artigo.

§ 1.º O disposto no inciso I deste artigo:

a) aplica-se também aos pagamentos feitos a empresas brasileiras, ou autorizadas a funcionar no País, destinados à cobertura de despesas com hospitalização e cuidados médicos e dentários, e a entidades que assegurem direito de atendimento ou ressarcimento de despesas de natureza médica, odontológica e hospitalar;

b) restringe-se aos pagamentos feitos pelo contribuinte relativo ao seu próprio tratamento e ao de seus dependentes;

c) é condicionado a que os pagamentos sejam especificados e comprovados, com indicação do nome, endereço e número de inscrição no Cadastro de Pessoas Físicas ou no Cadastro de Pessoas Jurídicas, de quem os recebeu, podendo, na falta de documentação, ser feita indicação do cheque nominativo pelo qual foi efetuado o pagamento.

§ 2.º Não se incluem entre as deduções de que trata o inciso I deste artigo as despesas cobertas por apólices de seguro ou quando ressarcidas por entidades de qualquer espécie.

§ 3.º As deduções previstas nos incisos II e III deste artigo estão limitadas, respectivamente, a 5% (cinco por cento) e 10% (dez por cento) de todos os rendimentos computados na base de cálculo do imposto, na declaração anual (art. 10, I), diminuídos das despesas mencionadas nos incisos I a III do art. 6.º e no inciso II do art. 7.º.

§ 4.º A dedução das despesas previstas no art. 7.º, III, da Lei n. 8.023, de 12 de abril de 1990, poderá ser efetuada pelo valor integral, observado o disposto neste artigo.

Art. 9.º As pessoas físicas deverão apresentar anualmente declaração de rendimentos, na qual se determinará o saldo do imposto a pagar ou a restituir.

Parágrafo único. A declaração, em modelo aprovado pelo Departamento da Receita Federal, deverá ser apresentada até o dia 25 (vinte e cinco) do mês de abril do ano subsequente ao da percepção dos rendimentos ou ganhos de capital.

Art. 10. A base de cálculo do imposto, na declaração anual, será a diferença entre as somas dos seguintes valores:

I – de todos os rendimentos percebidos pelo contribuinte durante o ano-base, exceto os isentos, os não tributáveis e os tributados exclusivamente na fonte; e

II – das deduções de que trata o art. 8.º.

Art. 11. O saldo do imposto a pagar ou a restituir na declaração anual (art. 9.º) será determinado com observância das seguintes normas:

I – será apurado o imposto progressivo mediante aplicação da tabela (art. 12) sobre a base de cálculo (art. 10);

II – será deduzido o valor original, excluída a correção monetária, do imposto pago ou retido na fonte durante o ano-base, correspondente a rendimentos incluídos na base de cálculo (art. 10);

III – (*Revogado pela Lei n. 8.383, de 30-12-1991.*)

Parágrafo único. (*Revogado pela Lei n. 8.383, de 30-12-1991.*)

Art. 12. Para fins do ajuste de que trata o artigo anterior, o imposto de renda será calculado mediante aplicação, sobre a base de cálculo (art. 10), de alíquotas progressivas, previstas no art. 25 da Lei n. 7.713, de 1988, constantes de tabela anual.

Parágrafo único. A tabela anual de que trata este artigo corresponderá à soma dos valores, em cruzeiros, constantes das 12 (doze) tabelas mensais de incidência do imposto de renda na fonte (Lei n. 7.713, de 1988, art. 25), que tiverem vigorado durante o respectivo ano-base.

Art. 13. O saldo do imposto a pagar ou a restituir (art. 11,

III) será convertido em quantidade de BTN pelo valor deste no mês de janeiro do exercício financeiro correspondente.

§ 1.º O imposto de renda relativo à atividade rural será apurado, em quantidade de BTN, segundo o disposto na Lei n. 8.023, de 1990, e será adicionado ao saldo do imposto de que trata este artigo.

- A Instrução Normativa n. 83, de 11-10-2001, da Secretaria da Receita Federal, dispõe sobre a tributação dos resultados da atividade rural das pessoas físicas.

§ 2.º Resultando fração na apuração da quantidade de BTN, considerar-se-ão as duas primeiras casas decimais, desprezando-se as outras.

Art. 14. O saldo do imposto (art. 13) poderá ser pago em até 6 (seis) quotas iguais, mensais e sucessivas, observado o seguinte:

I – nenhuma quota será inferior a 35 (trinta e cinco) BTN e o imposto de valor inferior a 70 (setenta) BTN será pago de uma só vez;

II – a primeira quota ou quota única será paga no mês de abril do ano subsequente ao da percepção dos rendimentos;

III – as quotas vencerão no dia 25 de cada mês;

IV – fica facultado ao contribuinte, após o encerramento do ano-base, antecipar o pagamento do imposto ou de quotas.

Parágrafo único. A quantidade de BTN de que trata este artigo será reconvertida em cruzeiros pelo valor do BTN no mês do pagamento do imposto ou quota.

Art. 15. Para efeito de cálculo do imposto, os valores, em cruzeiros, constantes das tabelas progressivas mensais, serão somados, relativamente ao número de meses do período abrangido pela tributação, no ano-calendário, nos casos de declaração apresentada:

I – em nome do espólio, no exercício em que for homologada a partilha ou feita a adjudicação dos bens;

II – por contribuinte, residente ou domiciliado no Brasil, no exercício em que se retirar em caráter definitivo do território nacional.

Art. 16. O imposto de renda previsto no art. 26 da Lei n. 7.713, de 1988, incidente sobre o 13.º salário (art. 7.º, VIII, da Constituição), será calculado de acordo com as seguintes normas:

I – não haverá retenção na fonte, pelo pagamento de antecipações;

II – será devido, sobre o valor integral, no mês de sua quitação;

III – a tributação ocorrerá exclusivamente na fonte e separadamente dos demais rendimentos do beneficiário;

IV – serão admitidas as deduções autorizadas pelo art. 7.º desta Lei, observada a vigência estabelecida no parágrafo único do mesmo artigo;

V – a apuração do imposto far-se-á na forma do art. 25 da Lei n. 7.713, de 1988, com a alteração procedida pelo art. 1.º da Lei n. 7.959, de 21 de dezembro de 1989.

Art. 17. O imposto de renda retido na fonte sobre aplicações financeiras de renda fixa será considerado:

I – antecipação do devido na declaração, quando o beneficiário for pessoa jurídica tributada com base no lucro real;

II – devido exclusivamente na fonte, nos demais casos.

Parágrafo único. Aplica-se aos juros produzidos pelas letras hipotecárias emitidas sob a forma exclusivamente escritural ou nominativa não transferível por endosso, o mesmo regime de tributação, pelo imposto de renda, dos depósitos de poupança.

Art. 18. É sujeita ao pagamento do imposto de renda, à alíquota de 25% (vinte e cinco por cento), a pessoa física que perceber:

I – ganhos de capital na alienação de bens ou direitos de qualquer natureza, de que tratam os §§ 2.º e 3.º do art. 3.º da Lei n. 7.713, de 1988, observado o disposto no art. 21 da mesma Lei;

- A Instrução Normativa n. 84, de 11-10-2001, da Secretaria da Receita Federal, dispõe sobre a apuração de ganhos de capital nas alienações de bens e direitos por pessoas físicas.

II – ganhos líquidos nas operações realizadas em bolsas de valores, de mercadorias, de futuros e assemelhadas, de que tratam o art. 55 da Lei n. 7.799, de 10 de julho de 1989, e a Lei n. 8.014, de 6 de abril de 1990.

§ 1.º O imposto de que trata este artigo deverá ser pago até o último dia útil da primeira quinzena do mês subsequente ao da percepção dos mencionados ganhos.

§ 2.º Os ganhos a que se referem os incisos I e II deste artigo serão apurados e tributados em separado e não integrarão a base de cálculo do imposto de renda, na declaração anual, e o imposto pago não poderá ser deduzido do devido na declaração.

Art. 19. As pessoas físicas ou jurídicas que efetuarem pagamentos com retenção do imposto de renda na fonte deverão fornecer à pessoa física beneficiária, até o dia 28 de fevereiro, documento comprobatório, em 2 (duas) vias, com indicação da natureza e montante do pagamento, das deduções e do imposto de renda retido no ano anterior.

§ 1.º Tratando-se de rendimentos sobre os quais não tenha havido retenção do imposto de renda na fonte, o comprovante de que trata este artigo deverá ser fornecido, no mesmo prazo, ao beneficiário que o tenha solicitado até o dia 31 de janeiro.

§ 2.º As pessoas físicas ou jurídicas que deixarem de fornecer aos beneficiários, dentro do prazo, ou fornecerem com inexatidão, o documento a que se refere este artigo ficarão sujeitas ao pagamento de multa de 35 (trinta e cinco) BTN por documento.

§ 3.º À fonte pagadora que prestar informação falsa sobre pagamento ou imposto retido na fonte será aplicada multa de 150% (cento e cinquenta por cento) sobre o valor que for indevidamente utilizado como redução do imposto de renda devido, independentemente de outras penalidades administrativas ou criminais cabíveis.

§ 4.º Na mesma penalidade incorrerá aquele que se beneficiar da informação, sabendo da falsidade.

Art. 20. Para efeito de justificar acréscimo patrimonial dos contribuintes a que se referem os arts. 9.º e 10 da Lei n. 7.713, de 1988, somente será considerado o valor correspondente à parcela sobre a qual houver incidido o imposto de renda, em cada ano-base.

Art. 21. Para efeito de redução do imposto (art. 11, II) na declaração de rendimentos relativa ao exercício financeiro de 1991, ano-base de 1990, os valores, correspondentes ao imposto, pagos pelo contribuinte nos termos dos arts. 8.º e 23 da Lei n. 7.713, de 1988, serão considerados pelos seus valores originais, excluída a correção monetária.

Art. 22. Os ganhos percebidos pelo contribuinte, no ano-base de 1990, na alienação de bens e direitos e nas operações em bolsas de valores, de mercadorias, de futuros e assemelhadas, não integrarão a base de cálculo do imposto na declaração do exercício financeiro de 1991 e o imposto pago não poderá ser deduzido do devido na declaração.

§ 1.º O contribuinte que não houver efetuado o pagamento do imposto, relativo aos ganhos a que se refere este artigo, deverá adicioná-lo ao apurado na declaração.

§ 2.º Na hipótese do parágrafo anterior, o imposto deverá ser calculado segundo as normas da legislação vigente na data da ocorrência do fato gerador.

Art. 23. A falta ou insuficiência de pagamento do imposto ou de quota deste, nos prazos fixados nesta Lei, apresentada ou não a declaração, sujeitará o contribuinte às multas e acréscimos previstos na legislação em vigor e à correção monetária com base na variação do valor do BTN.

Art. 24. A partir do exercício financeiro de 1991, não serão admitidas as deduções, para efeito do imposto de renda, previstas nas Leis n. 7.505, de 2 de julho de 1986, e 7.752, de 14 de abril de 1989.

Art. 25. A partir de 1.º de janeiro de 1991, o rendimento real auferido no resgate de quotas de fundos mútuos de ações ou clubes de investimento, constituídos com observância da legislação pertinente, auferido por beneficiário pessoa física e pessoa jurídica não tributada pelo lucro real, inclusive isenta, sujeita-se à tributação exclusiva na fonte à alíquota de 25% (vinte e cinco por cento).

§ 1.º Considera-se rendimento real para os fins deste artigo a diferença positiva entre o valor de resgate da quota e o valor médio das aplicações atualizado monetariamente pela variação do BTN Fiscal.

§ 2.º Em relação às aplicações realizadas pelo quotista, anteriormente a 1.º de janeiro de 1991, é facultado considerar com valor médio das aplicações, de que trata o § 1.º, o valor ajustado da quota em 31 de dezembro de 1990, para cuja determinação a carteira do fundo de ações ou clube de investimento, naquela data, será valorizada mediante multiplicação da quantidade de ações pelos respectivos preços médios ponderados, calculados com base nas transações realizadas em bolsas de valores no mês de dezembro de 1990.

§ 3.º O imposto será retido pelo administrador do fundo ou clube de investimento na data do resgate e recolhido na forma e prazos da legislação vigente.

§ 4.º Os ganhos líquidos a que se refere o art. 55 da Lei n. 7.799, de 1989, e o rendimento real das aplicações financeiras de renda fixa, auferidos pelos fundos e clubes de investimento de que trata este artigo, não estão sujeitos à incidência do imposto de renda.

§ 5.º O disposto no parágrafo anterior aplica-se aos resgates de títulos e aplicações de renda fixa realizados a partir de 1.º de janeiro de 1991 e aos ganhos líquidos de operações liquidadas ou encerradas a partir da mesma data.

Art. 26. O disposto no artigo anterior não se aplica:

I – aos resgates de quotas dos fundos de renda fixa, que continuam tributados na forma do art. 47 da Lei n. 7.799, de 1989;

II – aos resgates de quotas dos fundos de aplicação de curto prazo, que continuam tributados na forma do art. 48 da Lei n. 7.799, de 1989, com as alterações do art. 1.º da Lei n. 7.856, de 24 de outubro de 1989.

Art. 27. Na determinação do ganho líquido de operações realizadas no mercado à vista de bolsas de valores é facultado ao contribuinte, relativamente às ações adquiridas anteriormente a 1.º de janeiro de 1991, considerar como custo médio de aquisição o preço médio ponderado da ação no mês de dezembro de 1990, calculado com base nas transações realizadas em bolsas de valores.

Art. 28. O Poder Executivo fica autorizado a estabelecer critério alternativo para a determinação de valores e custos médios, em relação aos constantes dos arts. 25 e 27, quando não ocorrerem transações em bolsa no mês de dezembro de 1990 ou quando as transações não refletirem condições normais de mercado.

Art. 29. Para efeito de determinação do imposto de renda da atividade rural, de que trata a Lei n. 8.023, de 1990, o contribuinte, pessoa física ou jurídica, poderá, excepcionalmente, no exercício financeiro de 1991, ano-base de 1990, reduzir em até 40% (quarenta por cento) o valor da base de cálculo para a cobrança do tributo.

Parágrafo único. A parcela de redução que exceder a 10% (dez por cento) do valor da base de cálculo do imposto será adicionada ao resultado da atividade para compor a base de cálculo do imposto, relativa ao ano-base de 1991, exercício financeiro de 1992.

Art. 30. O inciso I do art. 22 da Lei n. 7.713, de 1988, passa a vigorar com a seguinte redação:

•• Alteração já processada no diploma modificado.

Art. 31. O Poder Executivo promoverá, mediante decreto, a consolidação da legislação relativa ao imposto de renda e proventos de qualquer natureza.

Art. 32. Esta Lei entra em vigor na data de sua publicação.

Art. 33. Revogam-se o inciso I e os §§ 1.º a 7.º do art. 14, os arts. 23, 24, 28, 29, 42 e 45 da Lei n. 7.713, de 1988, o parágrafo único do art. 2.º da Lei n. 7.797, de 10 de julho de 1989, os §§ 4.º e 5.º do art. 55 da Lei n. 7.799, de 1989, o art. 5.º da Lei n. 7.959, de 1989, o art. 5.º da Lei n. 8.012, de 1990, os §§ 1.º e 2.º do art. 10 e o art. 11 da Lei n. 8.023, de 1990, e demais disposições em contrário.

Senado Federal, em 27 de dezembro de 1990; 169.º da Independência e 102.º da República.

NELSON CARNEIRO

LEI N. 8.137, DE 27 DE DEZEMBRO DE 1990 (*)

Define crimes contra a ordem tributária, econômica e contra as relações de consumo, e dá outras providências.

O Presidente da República.

Faço saber que o Congresso Nacional decreta e eu sanciono a seguinte Lei:

Capítulo I
DOS CRIMES CONTRA A ORDEM TRIBUTÁRIA

•• O art. 87 da Lei n. 12.529, de 30-11-2011, estabelece que, nos crimes contra a ordem tributária tipificados nesta Lei, e nos demais crimes diretamente relacionados à prática de cartel, a celebração do acordo de leniência determina a suspensão do curso do prazo prescricional e impede o oferecimento da denúncia com relação ao agente beneficiário da leniência.

Seção I
Dos Crimes Praticados por Particulares

•• A Portaria n. 1.750, de 12-11-2018, da SRFB, dispõe sobre a representação fiscal para fins penais referente a crimes contra a ordem tributária, contra a Previdência Social e de contrabando ou descaminho, sobre representação para fins penais referente a crimes contra a Administração Pública Federal.

Art. 1.º Constitui crime contra a ordem tributária suprimir ou reduzir tributo, ou contribuição social e qualquer acessório, mediante as seguintes condutas:

•• Sobre suspensão da pretensão punitiva do Estado e extinção da punibilidade dos crimes previstos neste artigo, tratam as Leis n. 9.249, de 26-12-1995, art. 34, n. 9.964, de 10-4-2000, art. 15, e n. 10.684, de 30-5-2003, art. 9.º.

•• *Vide* art. 83 da Lei n. 9.430, de 27-12-1996.

•• *Vide* Lei n. 13.254, de 13-1-2016.

• *Vide* Súmula Vinculante 24 do STF.

I – omitir informação, ou prestar declaração falsa às autoridades fazendárias;

II – fraudar a fiscalização tributária, inserindo elementos inexatos, ou omitindo operação de qualquer natureza, em documento ou livro exigido pela lei fiscal;

III – falsificar ou alterar nota fiscal, fatura, duplicata, nota de venda, ou qualquer outro documento relativo à operação tributável;

IV – elaborar, distribuir, fornecer, emitir ou utilizar documento que saiba ou deva saber falso ou inexato;

V – negar ou deixar de fornecer, quando obrigatório, nota fiscal ou documento equivalente, relativa a venda de mercadoria ou prestação de serviço, efetivamente realizada, ou fornecê-la em desacordo com a legislação.

Pena – reclusão, de 2 (dois) a 5 (cinco) anos, e multa.

Parágrafo único. A falta de atendimento da exigência da autoridade, no prazo de 10 (dez) dias, que poderá ser convertido em horas em razão da maior ou menor complexidade da matéria ou da dificuldade quanto ao atendimento da exigência, caracteriza a infração prevista no inciso V.

Art. 2.º Constitui crime da mesma natureza:

•• Sobre suspensão da pretensão punitiva do Estado e extinção da punibilidade dos crimes previstos neste artigo, tratam as Leis n. 9.249, de 26-12-1995, art. 34, n. 9.964, de 10-4-2000, art. 15, e n. 10.684, de 30-5-2003, art. 9.º.

•• *Vide* art. 83 da Lei n. 9.430, de 27-12-1996.

I – fazer declaração falsa ou omitir declaração sobre rendas, bens ou fatos, ou empregar outra fraude, para eximir-se, total ou parcialmente, de pagamento de tributo;

•• *Vide* Lei n. 13.254, de 13-1-2016.

II – deixar de recolher, no prazo legal, valor de tributo ou de contribuição social, descontado ou cobrado, na qualidade de sujeito passivo de obrigação e que deveria recolher aos cofres públicos;

•• *Vide* Lei n. 13.254, de 13-1-2016.

III – exigir, pagar ou receber, para si ou para o contribuinte beneficiário, qualquer percentagem sobre a parcela dedutível ou deduzida de imposto ou de contribuição como incentivo fiscal;

IV – deixar de aplicar, ou aplicar em desacordo com o estatuído, incentivo fiscal ou parcelas de imposto liberadas por órgão ou entidade de desenvolvimento;

•• *Vide* Lei n. 13.254, de 13-1-2016.

V – utilizar ou divulgar programa de processamento de dados que permita ao sujeito passivo da obrigação tributária possuir informação contábil diversa daquela que é, por lei, fornecida à Fazenda Pública.

Pena – detenção, de 6 (seis) meses a 2 (dois) anos, e multa.

Seção II
Dos Crimes Praticados por Funcionários Públicos

• Regime Jurídico dos Servidores Públicos Civis da União, das Autarquias e das Fundações Públicas Federais: Lei n. 8.112, de 11-12-1990.

Art. 3.º Constitui crime funcional contra a ordem tributária, além dos previstos no Decreto-lei n. 2.848, de 7 de dezembro de 1940 – Código Penal (Título XI, Capítulo I):

(*) Publicada no *DOU*, de 28-12-1990. *Vide* art. 59 da Lei n. 9.069, de 29-6-1995, Lei n. 9.249, de 26-12-1995, art. 34, e Lei n. 9.430, de 27-12-1996, arts. 83 e 84. A Medida Provisória n. 2.172-32, de 23-8-2001, estabelece a nulidade para as disposições contratuais com estipulações usurárias.

•• O art. 34 da Lei n. 9.249, de 26-12-1995, dispõe sobre a extinção da punibilidade dos crimes previstos neste artigo.

•• *Vide* Decreto n. 325, de 1.º-11-1991.

I – extraviar livro oficial, processo fiscal ou qualquer documento, de que tenha a guarda em razão da função; sonegá-lo, ou inutilizá-lo, total ou parcialmente, acarretando pagamento indevido ou inexato de tributo ou contribuição social;

II – exigir, solicitar ou receber, para si ou para outrem, direta ou indiretamente, ainda que fora da função ou antes de iniciar seu exercício, mas em razão dela, vantagem indevida; ou aceitar promessa de tal vantagem, para deixar de lançar ou cobrar tributo ou contribuição social, ou cobrá-los parcialmente;

Pena – reclusão, de 3 (três) a 8 (oito) anos, e multa.

III – patrocinar, direta ou indiretamente, interesse privado perante a administração fazendária, valendo-se da qualidade de funcionário público.

Pena – reclusão, de 1 (um) a 4 (quatro) anos, e multa.

Capítulo II
DOS CRIMES CONTRA A ORDEM ECONÔMICA E AS RELAÇÕES DE CONSUMO

• CDC: Lei n. 8.078, de 11-9-1990.

Art. 4.º Constitui crime contra a ordem econômica:

•• O art. 34 da Lei n. 9.249, de 26-12-1995, dispõe sobre a extinção da punibilidade dos crimes previstos neste artigo.

I – abusar do poder econômico, dominando o mercado ou eliminando, total ou parcialmente, a concorrência mediante qualquer forma de ajuste ou acordo de empresas;

•• Inciso I com redação determinada pela Lei n. 12.529, de 30-11-2011.

a) a ***f)*** (*Revogadas pela Lei n. 12.529, de 30-11-2011.*)

II – formar acordo, convênio, ajuste ou aliança entre ofertantes, visando:

•• Inciso II, *caput*, com redação determinada pela Lei n. 12.529, de 30-11-2011.

a) à fixação artificial de preços ou quantidades vendidas ou produzidas;

•• Alínea *a* com redação determinada pela Lei n. 12.529, de 30-11-2011.

b) ao controle regionalizado do mercado por empresa ou grupo de empresas;

•• Alínea *b* com redação determinada pela Lei n. 12.529, de 30-11-2011.

c) ao controle, em detrimento da concorrência, de rede de distribuição ou de fornecedores.

•• Alínea c com redação determinada pela Lei n. 12.529, de 30-11-2011.

Pena – reclusão, de 2 (dois) a 5 (cinco) anos e multa.

III a VII – (*Revogados pela Lei n. 12.529, de 30-11-2011.*)

Arts. 5.º e 6.º (*Revogados pela Lei n. 12.529, de 30-11-2011.*)

Art. 7.º Constitui crime contra as relações de consumo:

•• O art. 34 da Lei n. 9.249, de 26-12-1995, dispõe sobre a extinção da punibilidade dos crimes previstos neste artigo.

I – favorecer ou preferir, sem justa causa, comprador ou freguês, ressalvados os sistemas de entrega ao consumo por intermédio de distribuidores ou revendedores;

II – vender ou expor à venda mercadoria cuja embalagem, tipo, especificação, peso ou composição esteja em desacordo com as prescrições legais, ou que não corresponda à respectiva classificação oficial;

III – misturar gêneros e mercadorias de espécies diferentes, para vendê-los ou expô-los à venda como puros; misturar gêneros e mercadorias de qualidades desiguais para vendê-los ou expô-los à venda por preço estabelecido para os de mais alto custo;

IV – fraudar preços por meio de:

a) alteração, sem modificação essencial ou de qualidade, de elementos tais como denominação, sinal externo, marca, embalagem, especificação técnica, descrição, volume, peso, pintura ou acabamento de bem ou serviço;

b) divisão em partes de bem ou serviço, habitualmente oferecido à venda em conjunto;

c) junção de bens ou serviços, comumente oferecidos à venda em separado;

d) aviso de inclusão de insumo não empregado na produção do bem ou na prestação dos serviços;

V – elevar o valor cobrado nas vendas a prazo de bens ou serviços, mediante a exigência de comissão ou de taxa de juros ilegais;

VI – sonegar insumos ou bens, recusando-se a vendê-los a quem pretenda comprá-los nas condições publicamente ofertadas, ou retê-los para o fim de especulação;

VII – induzir o consumidor ou usuário a erro, por via de indicação ou afirmação falsa ou enganosa sobre a natureza, qualidade de bem ou serviço, utilizando-se de qualquer meio, inclusive a veiculação ou divulgação publicitária;

VIII – destruir, inutilizar ou danificar matéria-prima ou mercadoria, com o fim de provocar alta de preço, em proveito próprio ou de terceiros;

IX – vender, ter em depósito para vender ou expor à venda ou, de qualquer forma, entregar matéria-prima ou mercadoria, em condições impróprias ao consumo.

Pena – detenção, de 2 (dois) a 5 (cinco) anos, ou multa.

Parágrafo único. Nas hipóteses dos incisos II, III e IX pune-se a modalidade culposa, reduzindo-se a pena e a detenção de 1/3 (um terço) ou a de multa à quinta parte.

Capítulo III
DAS MULTAS

Art. 8.º Nos crimes definidos nos arts. 1.º a 3.º desta Lei, a pena de multa será fixada entre 10 (dez) e 360 (trezentos e sessenta) dias-multa, conforme seja necessário e suficiente para reprovação e prevenção do crime.

Parágrafo único. O dia-multa será fixado pelo juiz em valor não inferior a 14 (quatorze) nem superior a 200 (duzentos) Bônus do Tesouro Nacional – BTN.

Art. 9.º A pena de detenção ou reclusão poderá ser convertida em multa de valor equivalente a:

I – 200.000 (duzentos mil) até 5.000.000 (cinco milhões) de BTN, nos crimes definidos no art. 4.º;

II – 5.000 (cinco mil) até 200.000 (duzentos mil) BTN, nos crimes definidos nos arts. 5.º e 6.º;

III – 50.000 (cinquenta mil) até 1.000.000 (um milhão) de BTN, nos crimes definidos no art. 7.º.

•• Sobre valores, *vide* Nota dos Organizadores.

Art. 10. Caso o juiz, considerado o ganho ilícito e a situação econômica do réu, verifique a insuficiência ou excessiva onerosidade das penas pecuniárias previstas nesta Lei, poderá diminuí-las até a 10.ª (décima) parte ou elevá-las ao décuplo.

Capítulo IV
DAS DISPOSIÇÕES GERAIS

Art. 11. Quem, de qualquer modo, inclusive por meio de pessoa jurídica, concorre para os crimes definidos nesta Lei, incide nas penas a estes cominadas, na medida de sua culpabilidade.

Parágrafo único. Quando a venda ao consumidor for efetuada por sistema de entrega ao consumo ou por intermédio de distribuidor ou revendedor, seja em regime de concessão comercial ou outro em que o preço ao consumidor é estabelecido ou sugerido pelo fabricante ou concedente, o ato por este praticado não alcança o distribuidor ou revendedor.

Art. 12. São circunstâncias que podem agravar de 1/3 (um terço) até a metade as penas previstas nos arts. 1.º, 2.º e 4.º a 7.º:

I – ocasionar grave dano à coletividade;

II – ser o crime cometido por servidor público no exercício de suas funções;

III – ser o crime praticado em relação à prestação de serviços ou ao comércio de bens essenciais à vida ou à saúde.

Art. 13. (*Vetado.*)

Art. 14. (*Revogado pela Lei n. 8.383, de 30-12-1991.*)

Art. 15. Os crimes previstos nesta Lei são de ação penal pública, aplicando-se-lhes o disposto no art. 100 do Decreto-lei n. 2.848, de 7 de dezembro de 1940 – Código Penal.

Art. 16. Qualquer pessoa poderá provocar a iniciativa do Ministério Público nos crimes descritos nesta Lei, fornecendo-lhe por escrito informações sobre o fato e a autoria, bem como indicando o tempo, o lugar e os elementos de convicção.

Parágrafo único. Nos crimes previstos nesta Lei, cometidos em quadrilha ou coautoria, o coautor ou partícipe que através de confissão espontânea revelar à autoridade policial ou judicial toda a trama delituosa terá a sua pena reduzida de 1 (um) a 2/3 (dois terços).

•• Parágrafo único acrescentado pela Lei n. 9.080, de 19-7-1995.

Art. 17. Compete ao Departamento Nacional de Abastecimento e Preços, quando e se necessário, providenciar a desapropriação de estoques, a fim de evitar crise no mercado ou colapso no abastecimento.

Art. 18. (*Revogado pela Lei n. 8.176, de 8-2-1991.*)

....

Art. 20. O § 1.º do art. 316 do Decreto-lei n. 2.848, de 7 de dezembro de 1940 – Código Penal, passa a ter a seguinte redação:

•• Alteração já processada no diploma modificado.

....

Art. 22. Esta Lei entra em vigor na data de sua publicação.

Art. 23. Revogam-se as disposições em contrário e, em especial, o art. 279 do Decreto-lei n. 2.848, de 7 de dezembro de 1940 – Código Penal.

Brasília, 27 de dezembro de 1990; 169.º da Independência e 102.º da República.

FERNANDO COLLOR

DECRETO N. 325, DE 1.º DE NOVEMBRO DE 1991 (*)

Disciplina a comunicação, ao Ministério Público Federal, da prática de ilícitos penais previstos na legislação tributária e de crime funcional contra a ordem tributária e dá outras providências.

O Presidente da República, no uso das atribuições que lhe confere o art. 84, IV e VI, da Constituição, e tendo em vista o disposto nas Leis n. 4.357, de 16 de julho de 1964, 4.729, de 14 de julho de 1965, e 8.137, de 27 de dezembro de 1990, decreta:

Art. 1.º (*Revogado pelo Decreto n. 982, de 12-11-1993.*)

Art. 2.º Os servidores que tiverem conhecimento da prática de crime funcional contra a ordem tributária (Lei n. 8.137, de 1990, art. 3.º), representarão perante o titular da unidade administrativa do Ministério da Economia, Fazenda e Planejamento onde o representado tiver exercício.

§ 1.º O titular da unidade administrativa providenciará a formação de processo administrativo correspondente à representação, que conterá:

a) exposição circunstanciada dos fatos;

b) elementos comprobatórios do ilícito;

c) identificação do representado e do representante e, se houver, o rol das testemunhas.

§ 2.º Havendo na representação elementos suficientes à caracterização do ilícito, o titular da unidade administrativa determinará a imediata instauração de comissão destinada a apurar a responsabilidade do servidor, procedendo ao seu afastamento preventivo (arts. 147 a 152 da Lei n. 8.112, de 11-12-1990), sem prejuízo do encaminhamento de cópia da representação ao Superintendente da Receita Federal.

§ 3.º A representação formulada em desacordo como o disposto nos parágrafos precedentes será objeto de diligências complementares visando à sua adequada instrução.

(*) Publicado no *DOU*, de 4-11-1991.

Art. 3.º O Superintendente da Receita Federal remeterá os autos (art. 1.º) ou as cópias (art. 2.º), no prazo de 10 (dez) dias contados do respectivo recebimento, ao Diretor da Receita Federal que, em igual prazo, os encaminhará, mediante ofício, ao Procurador-Geral da República, com cópia ao Procurador-Geral da Fazenda Nacional.

Parágrafo único. A medida de que trata este artigo será efetivada sem prejuízo e independentemente da remessa do processo administrativo fiscal à Procuradoria da Fazenda Nacional, na forma da legislação pertinente, para fins de apuração, inscrição e cobrança da Dívida Ativa da União.

Art. 4.º O eventual pagamento do tributo ou contribuição social, inclusive acessórios, bem assim a conclusão da comissão instituída para a apuração da responsabilidade do servidor (art. 2.º, § 2.º) serão igualmente comunicados, ao titular do Ministério Público Federal, na forma prevista no artigo precedente.

Art. 5.º (*Revogado pelo Decreto n. 2.331, de 1.º-10-1997.*)

Art. 6.º O Ministro da Economia, Fazenda e Planejamento expedirá as instruções necessárias à fiel execução do disposto neste Decreto.

Art. 7.º Este Decreto entra em vigor na data de sua publicação.

Brasília, 1.º de novembro de 1991; 170.º da Independência e 103.º da República.

FERNANDO COLLOR

LEI N. 8.313, DE 23 DE DEZEMBRO DE 1991 (*)

Restabelece princípios da Lei n. 7.505, de 2 de julho de 1986, institui o Programa Nacional de Apoio à Cultura (Pronac) e dá outras providências.

O Presidente da República

Faço saber que o Congresso Nacional decreta e eu sanciono a seguinte lei:

CAPÍTULO I
DISPOSIÇÕES PRELIMINARES

Art. 1.º Fica instituído o Programa Nacional de Apoio à Cultura (Pronac), com a finalidade de captar e canalizar recursos para o setor de modo a:

I – contribuir para facilitar, a todos, os meios para o livre acesso às fontes da cultura e o pleno exercício dos direitos culturais;

II – promover e estimular a regionalização da produção cultural e artística brasileira, com valorização de recursos humanos e conteúdos locais;

III – apoiar, valorizar e difundir o conjunto das manifestações culturais e seus respectivos criadores;

IV – proteger as expressões culturais dos grupos formadores da sociedade brasileira e responsáveis pelo pluralismo da cultura nacional;

V – salvaguardar a sobrevivência e o florescimento dos modos de criar, fazer e viver da sociedade brasileira;

VI – preservar os bens materiais e imateriais do patrimônio cultural e histórico brasileiro;

VII – desenvolver a consciência internacional e o respeito aos valores culturais de outros povos ou nações;

VIII – estimular a produção e difusão de bens culturais de valor universal, formadores e informadores de conhecimento, cultura e memória;

IX – priorizar o produto cultural originário do País.

Art. 2.º O Pronac será implementado através dos seguintes mecanismos:

I – Fundo Nacional da Cultura (FNC);

II – Fundos de Investimento Cultural e Artístico (Ficart);

III – Incentivo a projetos culturais.

§ 1.º Os incentivos criados por esta Lei somente serão concedidos a projetos culturais cuja exibição, utilização e circulação dos bens culturais deles resultantes sejam abertas, sem distinção, a qualquer pessoa, se gratuitas, e a público pagante, se cobrado ingresso.

•• Primitivo parágrafo único renumerado pela Lei n. 11.646, de 10-3-2008.

§ 2.º É vedada a concessão de incentivo a obras, produtos, eventos ou outros decorrentes, destinados ou circunscritos a coleções particulares ou circuitos privados que estabeleçam limitações de acesso.

•• § 2.º acrescentado pela Lei n. 11.646, de 10-3-2008.

§ 3.º Os incentivos criados por esta Lei somente serão concedidos a projetos culturais que forem disponibilizados, sempre que tecnicamente possível, também em formato acessível à pessoa com deficiência, observado o disposto em regulamento.

•• § 3.º acrescentado pela Lei n. 13.146, de 6-7-2015.

Art. 3.º Para cumprimento das finalidades expressas no art. 1.º desta Lei, os projetos culturais em cujo favor serão captados e canalizados os recursos do Pronac atenderão, pelo menos, um dos seguintes objetivos:

I – incentivo à formação artística e cultural, mediante:

a) concessão de bolsas de estudo, pesquisa e trabalho, no Brasil ou no exterior, a autores, artistas e técnicos brasileiros ou estrangeiros residentes no Brasil;

b) concessão de prêmios a criadores, autores, artistas, técnicos e suas obras, filmes, espetáculos musicais e de artes cênicas em concursos e festivais realizados no Brasil;

c) instalação e manutenção de cursos de caráter cultural ou artístico, destinados à formação, especialização e aperfeiçoamento de pessoal da área da cultura, em estabelecimentos de ensino sem fins lucrativos;

II – fomento à produção cultural e artística, mediante:

a) produção de discos, vídeos, obras cinematográficas de curta e média metragem e filmes documentais, preservação do acervo cinematográfico bem assim de outras obras

(*) Publicada no *DOU*, de 24-12-1991. Regulamentada pelo Decreto n. 5.761, de 27-4-2006.

de reprodução videofonográfica de caráter cultural;

•• Alínea *a* com redação determinada pela Medida Provisória n. 2.228-1, de 6-9-2001.

b) edição de obras relativas às ciências humanas, às letras e às artes;

c) realização de exposições, festivais de arte, espetáculos de artes cênicas, de música e de folclore;

d) cobertura de despesas com transporte e seguro de objetos de valor cultural destinados a exposições públicas no País e no exterior;

e) realização de exposições, festivais de arte e espetáculos de artes cênicas ou congêneres;

III – preservação e difusão do patrimônio artístico, cultural e histórico, mediante:

a) construção, formação, organização, manutenção, ampliação e equipamento de museus, bibliotecas, arquivos e outras organizações culturais, bem como de suas coleções e acervos;

b) conservação e restauração de prédios, monumentos, logradouros, sítios e demais espaços, inclusive naturais, tombados pelos Poderes Públicos;

c) restauração de obras de artes e bens móveis e imóveis de reconhecido valor cultural;

d) proteção do folclore, do artesanato e das tradições populares nacionais;

IV – estímulo ao conhecimento dos bens e valores culturais, mediante:

a) distribuição gratuita e pública de ingressos para espetáculos culturais e artísticos;

b) levantamentos, estudos e pesquisas na área da cultura e da arte e de seus vários segmentos;

c) fornecimento de recursos para o FNC e para fundações culturais com fins específicos ou para museus, bibliotecas, arquivos ou outras entidades de caráter cultural;

V – apoio a outras atividades culturais e artísticas, mediante:

a) realização de missões culturais no país e no exterior, inclusive através do fornecimento de passagens;

b) contratação de serviços para elaboração de projetos culturais;

c) ações não previstas nos incisos anteriores e consideradas relevantes pelo Ministro de Estado da Cultura, consultada a Comissão Nacional de Apoio à Cultura.

•• Alínea *c* com redação determinada pela Lei n. 9.874, de 23-11-1999.

Capítulo IV
DO INCENTIVO A PROJETOS CULTURAIS

Art. 18. Com o objetivo de incentivar as atividades culturais, a União facultará às pessoas físicas ou jurídicas a opção pela aplicação de parcelas do Imposto sobre a Renda, a título de doações ou patrocínios, tanto no apoio direto a projetos culturais apresentados por pessoas físicas ou por pessoas jurídicas de natureza cultural, como através de contribuições ao FNC, nos termos do art. 5.º, inciso II, desta Lei, desde que os projetos atendam aos critérios estabelecidos no art. 1.º desta Lei.

•• *Caput* com redação determinada pela Lei n. 9.874, de 23-11-1999.

• O citado art. 5.º, II, dispõe: "Art. 5.º O FNC é um fundo de natureza contábil, com prazo indeterminado de duração, que funcionará sob as formas de apoio a fundo perdido ou de empréstimos reembolsáveis, conforme estabelecer o regulamento, e constituído dos seguintes recursos: II – doações, nos termos da legislação vigente;".

§ 1.º Os contribuintes poderão deduzir do imposto de renda devido as quantias efetivamente despendidas nos projetos elencados no § 3.º, previamente aprovados pelo Ministério da Cultura, nos limites e nas condições estabelecidos na legislação do imposto de renda vigente, na forma de:

a) doações; e

b) patrocínios.

•• § 1.º acrescentado pela Lei n. 9.874, de 23-11-1999.

§ 2.º As pessoas jurídicas tributadas com base no lucro real não poderão deduzir o valor da doação ou do patrocínio referido no parágrafo anterior como despesa operacional.

•• § 2.º acrescentado pela Lei n. 9.874, de 23-11-1999.

§ 3.º As doações e os patrocínios na produção cultural, a que se refere o § 1.º, atenderão exclusivamente aos seguintes segmentos:

•• § 3.º, *caput*, acrescentado pela Lei n. 9.874, de 23-11-1999.

• A Portaria n. 116, de 29-11-2011, do Ministério da Cultura, regulamenta os segmentos culturais previstos neste § 3.º.

a) artes cênicas;

•• Alínea *a* acrescentada pela Lei n. 9.874, de 23-11-1999.

b) livros de valor artístico, literário ou humanístico;

•• Alínea *b* acrescentada pela Lei n. 9.874, de 23-11-1999.

c) música erudita ou instrumental;

•• Alínea *c* acrescentada pela Lei n. 9.874, de 23-11-1999.

d) exposições de artes visuais;

•• Alínea *d* com redação determinada pela Medida Provisória n. 2.228-1, de 6-9-2001.

e) doações de acervos para bibliotecas públicas, museus, arquivos públicos e cinematecas, bem como treinamento de pessoal e aquisição de equipamentos para a manutenção desses acervos;

•• Alínea *e* com redação determinada pela Medida Provisória n. 2.228-1, de 6-9-2001.

f) produção de obras cinematográficas e videofonográficas de curta e média metragem e preservação e difusão do acervo audiovisual;

•• Alínea *f* acrescentada pela Medida Provisória n. 2.228-1, de 6-9-2001.

g) preservação do patrimônio cultural material e imaterial; e

•• Alínea *g* acrescentada pela Medida Provisória n. 2.228-1, de 6-9-2001.

h) construção e manutenção de salas de cinema e teatro, que poderão funcionar também como centros culturais comunitários, em Municípios com menos de 100.000 (cem mil) habitantes.

•• Alínea *h* acrescentada pela Lei n. 11.646, de 10-3-2008.

Art. 19. Os projetos culturais previstos nesta Lei serão apresentados ao Ministério da Cultura, ou a quem este delegar atribuição, acompanhados do orçamento analítico, para aprovação de seu enquadramento nos objetivos do PRONAC.

•• *Caput* com redação determinada pela Lei n. 9.874, de 23-11-1999.

§ 1.º O proponente será notificado dos motivos da decisão que não tenha aprovado o projeto, no prazo máximo de cinco dias.

•• § 1.º com redação determinada pela Lei n. 9.874, de 23-11-1999.

§ 2.º Da notificação a que se refere o parágrafo anterior, caberá pedido de reconsideração ao Ministro de Estado da Cultura, a ser decidido no prazo de sessenta dias.

•• § 2.º com redação determinada pela Lei n. 9.874, de 23-11-1999.

§§ 3.º a 5.º (*Vetados*.)

§ 6.º A aprovação somente terá eficácia após publicação de ato oficial contendo o título do projeto aprovado e a instituição por ele responsável, o valor autorizado para obtenção de doação ou patrocínio e o prazo de validade da autorização.

§ 7.º O Ministério da Cultura publicará anualmente, até 28 de fevereiro, o montante dos recursos autorizados pelo Ministério da Fazenda para a renúncia fiscal no exercício anterior, devidamente discriminados por beneficiário.

•• § 7.º com redação determinada pela Lei n. 9.874, de 23-11-1999.

§ 8.º Para a aprovação dos projetos será observado o princípio da não concentração por segmento e por beneficiário, a ser aferido pelo montante de recursos, pela quantidade de projetos, pela respectiva capacidade executiva e pela disponibilidade do valor absoluto anual de renúncia fiscal.

•• § 8.º acrescentado pela Lei n. 9.874, de 23-11-1999.

Art. 20. Os projetos aprovados na forma do artigo anterior serão, durante sua execução, acompanhados e avaliados pela SEC/PR ou por quem receber a delegação destas atribuições.

§ 1.º A SEC/PR, após o término da execução dos projetos previstos neste artigo, deverá, no prazo de seis meses, fazer uma avaliação final da aplicação correta dos recursos recebidos, podendo inabilitar seus responsáveis pelo prazo de até três anos.

§ 2.º Da decisão a que se refere o parágrafo anterior, caberá pedido de reconsideração ao Ministro de Estado da Cultura, a ser decidido no prazo de sessenta dias.

•• § 2.º com redação determinada pela Lei n. 9.874, de 23-11-1999.

§ 3.º O Tribunal de Contas da União incluirá em seu parecer prévio sobre as contas do Presidente da República análise relativa à avaliação de que trata este artigo.

Art. 21. As entidades incentivadoras e captadoras de que trata este Capítulo deverão comunicar, na forma que venha a ser estipulada pelo Ministério da Economia, Fazenda e Planejamento, e SEC/PR, os aportes financeiros realizados e recebidos, bem como as entidades captadoras efetuar a comprovação de sua aplicação.

Art. 22. Os projetos enquadrados nos objetivos desta Lei não poderão ser objeto de apreciação subjetiva quanto ao seu valor artístico ou cultural.

Art. 23. Para os fins desta Lei, considera-se:

I – (*Vetado*.)

II – patrocínio: a transferência de numerário, com finalidade promocional ou a cobertura, pelo contribuinte do Imposto sobre a Renda e Proventos de Qualquer Natureza, de gastos, ou a utilização de bem móvel ou imóvel do seu patrimônio, sem a transferência de domínio, para a realização, por outra pessoa física ou jurídica de atividade cultural com ou sem finalidade lucrativa prevista no art. 3.º desta Lei.

§ 1.º Constitui infração a esta Lei o recebimento pelo patrocinador, de qualquer vantagem financeira ou material em decorrência do patrocínio que efetuar.

§ 2.º As transferências definidas neste artigo não estão sujeitas ao recolhimento do Imposto sobre a Renda na fonte.

Art. 24. Para os fins deste Capítulo, equiparam-se a doações, nos termos do regulamento:

I – distribuições gratuitas de ingressos para eventos de caráter artístico-cultural por pessoas jurídicas a seus empregados e dependentes legais;

II – despesas efetuadas por pessoas físicas ou jurídicas com o objetivo de conservar, preservar ou restaurar bens de sua propriedade ou sob sua posse legítima, tombados pelo Governo Federal, desde que atendidas as seguintes disposições:

a) preliminar definição, pelo Instituto Brasileiro do Patrimônio Cultural – IBPC, das normas e critérios técnicos que deverão reger os projetos e orçamentos de que trata este inciso;

b) aprovação prévia, pelo IBPC, dos projetos e respectivos orçamentos de execução das obras;

c) posterior certificação, pelo referido órgão, das despesas efetivamente realizadas e das circunstâncias de terem sido as obras executadas de acordo com os projetos aprovados.

Art. 25. Os projetos a serem apresentados por pessoas físicas ou pessoas jurídicas, de natureza cultural para fins de incentivo, objetivarão desenvolver as formas de expressão, os modos de criar e fazer, os processos de preservação e proteção do patrimônio cultural brasileiro, e os estudos e métodos de interpretação da realidade cultural, bem como contribuir para propiciar meios, à população em geral, que permitam o conhecimento dos bens de valores artísticos e culturais, compreendendo, entre outros, os seguintes segmentos:

• A Portaria n. 116, de 29-11-2011, do Ministério da Cultura, regulamenta os segmentos culturais previstos neste artigo.

I – teatro, dança, circo, ópera, mímica e congêneres;

II – produção cinematográfica, videográfica, fotográfica, discográfica e congêneres;

III – literatura, inclusive obras de referência;

IV – música;

V – artes plásticas, artes gráficas, gravuras, cartazes, filatelia e outras congêneres;

VI – folclore e artesanato;

VII – patrimônio cultural, inclusive histórico, arquitetônico, arqueológico, bibliotecas, museus, arquivos e demais acervos;

VIII – humanidades; e

IX – rádio e televisão, educativas e culturais, de caráter não comercial.

Parágrafo único. Os projetos culturais relacionados com os segmentos do inciso II deste artigo deverão beneficiar exclusivamente as produções independentes, bem como as produções culturais-educativas de caráter não comercial, realizadas por empresas de rádio e televisão.

•• Parágrafo único com redação determinada pela Lei n. 9.874, de 23-11-1999.

Art. 26. O doador ou patrocinador poderá deduzir do imposto devido na declaração do Imposto sobre a Renda os valores efetivamente contribuídos em favor de projetos culturais aprovados de acordo com os dispositivos desta Lei, tendo como base os seguintes percentuais:

•• *Vide* arts. 5.º e 6.º, II, da Lei n. 9.532, de 10-12-1997.

I – no caso das pessoas físicas, oitenta por cento das doações e sessenta por cento dos patrocínios;

II – no caso das pessoas jurídicas tributadas com base no lucro real, quarenta por cento das doações e trinta por cento dos patrocínios.

§ 1.º A pessoa jurídica tributada com base no lucro real poderá abater as doações e patrocínios como despesa operacional.

§ 2.º O valor máximo das deduções de que trata o *caput* deste artigo será fixado anualmente pelo Presidente da República, com base em um percentual da renda tributável das pessoas físicas e do imposto devido por pessoas jurídicas tributadas com base no lucro real.

§ 3.º Os benefícios de que trata este artigo não excluem ou reduzem outros benefícios, abatimentos e deduções em vigor, em especial as doações a entidades de utilidade pública efetuadas por pessoas físicas ou jurídicas.

§ 4.º (*Vetado.*)

§ 5.º O Poder Executivo estabelecerá mecanismo de preservação do valor real das contribuições em favor de projetos culturais, relativamente a este Capítulo.

Art. 27. A doação ou o patrocínio não poderá ser efetuada a pessoa ou instituição vinculada ao agente.

§ 1.º Consideram-se vinculados ao doador ou patrocinador:

a) a pessoa jurídica da qual o doador ou patrocinador seja titular, administrador, gerente, acionista ou sócio, na data da operação, ou nos doze meses anteriores;

b) o cônjuge, os parentes até o terceiro grau, inclusive os afins, e os dependentes do doador ou patrocinador ou dos titulares, administradores, acionistas ou sócios de pessoa jurídica vinculada ao doador ou patrocinador, nos termos da alínea anterior;

c) outra pessoa jurídica da qual o doador ou patrocinador seja sócio.

§ 2.º Não se consideram vinculadas as instituições culturais sem fins lucrativos, criadas pelo doador ou patrocinador, desde que devidamente constituídas e em funcionamento, na forma da legislação em vigor.

•• § 2.º com redação determinada pela Lei n. 9.874, de 23-11-1999.

Art. 28. Nenhuma aplicação dos recursos previstos nesta Lei poderá ser feita através de qualquer tipo de intermediação.

Parágrafo único. A contratação de serviços necessários à elaboração de projetos para a obtenção de doação, patrocínio ou investimento, bem como a captação de recursos ou a sua execução por pessoa jurídica de natureza cultural, não configura a intermediação referida neste artigo.

•• Parágrafo único com redação determinada pela Lei n. 9.874, de 23-11-1999.

Art. 29. Os recursos provenientes de doações ou patrocínios deverão ser depositados e movimentados, em conta bancária específica, em nome do beneficiário, e a respectiva prestação de contas deverá ser feita nos termos do regulamento da presente Lei.

Parágrafo único. Não serão consideradas, para fins de comprovação do incentivo, as contribuições em relação às quais não se observe esta determinação.

Art. 30. As infrações aos dispositivos deste Capítulo, sem prejuízo das sanções penais cabíveis, sujeitarão o doador ou patrocinador ao pagamento do valor atualizado do Imposto sobre a Renda devido em relação a cada exercício financeiro, além das penalidades e demais acréscimos previstos na legislação que rege a espécie.

§ 1.º Para os efeitos deste artigo, considera-se solidariamente responsável por inadimplência ou irregularidade verificada a pessoa física ou jurídica propositora do projeto.

•• Primitivo parágrafo único renumerado pela Lei n. 9.874, de 23-11-1999.

§ 2.º A existência de pendências ou irregularidades na execução de projetos da proponente junto ao Ministério da Cultura suspenderá a análise ou concessão de novos incentivos, até a efetiva regularização.

•• § 2.º acrescentado pela Lei n. 9.874, de 23-11-1999.

§ 3.º Sem prejuízo do parágrafo anterior, aplica-se, no que couber, cumulativamente, o disposto nos arts. 38 e seguintes desta Lei.

•• § 3.º acrescentado pela Lei n. 9.874, de 23-11-1999.

Capítulo V
DAS DISPOSIÇÕES GERAIS E TRANSITÓRIAS

....

Art. 38. Na hipótese de dolo, fraude ou simulação, inclusive no caso de desvio de objeto, será aplicada, ao doador e ao beneficiário, a multa correspondente a duas vezes o valor da vantagem recebida indevidamente.

Art. 39. Constitui crime, punível com a reclusão de dois a seis meses e multa de vinte por cento do valor do projeto, qualquer discriminação de natureza política que atente contra a liberdade de expressão, de atividade intelectual e artística, de consciência ou crença, no andamento dos projetos a que se referem esta Lei.

Art. 40. Constitui crime, punível com reclusão de dois a seis meses e multa de vinte por cento do valor do projeto, obter redução do imposto de renda utilizando-se fraudulentamente de qualquer benefício desta Lei.

§ 1.º No caso de pessoa jurídica respondem pelo crime o acionista controlador e os administradores que para ele tenham concorrido.

§ 2.º Na mesma pena incorre aquele que, recebendo recursos, bens ou valores em função desta Lei, deixe de promover, sem justa causa, atividade cultural objeto do incentivo.

Art. 41. O Poder Executivo, no prazo de sessenta dias, regulamentará a presente Lei.

Art. 42. Esta Lei entra em vigor na data de sua publicação.

Art. 43. Revogam-se as disposições em contrário.

Brasília, 23 de dezembro de 1991; 170.º da Independência e 103.º da República.

FERNANDO COLLOR

LEI COMPLEMENTAR N. 70, DE 30 DE DEZEMBRO DE 1991 (*)

Institui contribuição para financiamento da Seguridade Social, eleva a alíquota da contribuição social sobre o lucro das instituições financeiras, e dá outras providências.

O Presidente da República.

Faço saber que o Congresso Nacional decreta e eu sanciono a seguinte Lei Complementar:

Art. 1.º Sem prejuízo da cobrança das contribuições para o Programa de Integração Social – PIS e para o Programa de Formação do Patrimônio do Servidor Público – PASEP, fica instituída contribuição social para financiamento da Seguridade Social, nos termos do inciso I do art. 195 da Constituição Federal, devida pelas pessoas jurídicas, inclusive as a elas equiparadas pela legislação do Imposto sobre a Renda, destinadas exclusivamente às despesas com atividades-fins das áreas de saúde, previdência e assistência social.

•• O Decreto n. 4.524, de 17-12-2002, regulamenta a Contribuição para o Financiamento da Seguridade Social – COFINS, instituída por esta Lei Complementar.

• A Instrução Normativa n. 1.911, de 11-10-2019, da SRFB, regulamenta a apuração, a cobrança, a fiscalização, a arrecadação e a administração da contribuição para o PIS/Pasep, da Cofins, da contribuição para o PIS/Pasep-Importação e da Cofins-Importação.

• *Vide* Súmula 659 do STF.

• *Vide* Súmula 423 do STJ.

Art. 2.º A contribuição de que trata o artigo anterior será de 2% (dois por cento) e incidirá sobre o faturamento mensal, assim considerado a receita bruta das vendas de mercadorias, de mercadorias e serviços e de serviço de qualquer natureza.

Parágrafo único. Não integra a receita de que trata este artigo, para efeito de determinação da base de cálculo da contribuição, o valor:

a) do imposto sobre produtos industrializados, quando destacado em separado no documento fiscal;

b) das vendas canceladas, das devolvidas e dos descontos a qualquer título concedidos incondicionalmente.

Art. 3.º A base de cálculo da contribuição mensal devida pelos fabricantes de cigarros, na condição de contribuintes e de substitutos dos comerciantes varejistas, será obtida multiplicando-se o preço de venda do produto no varejo por 118% (cento e dezoito por cento).

•• A Lei n. 11.196, de 21-11-2005, com redação determinada pela Lei n. 12.024, de 27-8-2009, altera o percentual multiplicador a que se refere este artigo para 291,69% (duzentos e noventa e um inteiros e sessenta e nove centésimos por cento).

• *Vide* art. 29 da Lei n. 10.865, de 30-4-2004.

Art. 4.º A contribuição mensal devida pelos distribuidores de derivados de petróleo e álcool etílico hidratado para fins carburantes, na condição de substitutos dos comerciantes varejistas, será calculada sobre o menor valor, no País, constante da tabela de preços máximos fixados para venda a varejo, sem prejuízo da contribuição incidente sobre suas próprias vendas.

Art. 5.º A contribuição será convertida, no primeiro dia do mês subsequente ao de ocorrência do fato gerador, pela medida de valor e parâmetro de atualização monetária diária utilizada para os tributos federais, e paga até o dia vinte do mesmo mês.

•• *Vide* art. 57 da Lei n. 9.069, de 29-6-1995 (prazo de pagamento da contribuição).

Art. 6.º São isentas da contribuição:

I – (*Revogado pela Medida Provisória n. 2.158-35, de 24-8-2001.*)

II – as sociedades civis de que trata o art. 1.º do Decreto-lei n. 2.397, de 21 de dezembro de 1987;

•• *Vide* Súmula 508 do STJ.

•• *Vide* art. 56 da Lei n. 9.430, de 27-12-1996.

(*) Publicada no *DOU*, de 31-12-1991. *Vide* Leis n. 7.689, de 15-12-1988, 9.430, de 27-12-1996, art. 56, 10.833, de 29-12-2003, e 10.865, de 30-4-2004.

Apuração, cobrança, fiscalização, arrecadação e administração da contribuição da Cofins: Instrução Normativa n. 1.911, de 11-10-2019, da SRFB.

III – (*Revogado pela Medida Provisória n. 2.158-35, de 24-8-2001.*)

IV – a Academia Brasileira de Letras, a Associação Brasileira de Imprensa e o Instituto Histórico e Geográfico Brasileiro.

•• Inciso IV acrescentado pela Lei n. 13.353, de 3-11-2016.

Art. 7.º (*Revogado pela Medida Provisória n. 2.158-35, de 24-8-2001.*)

Art. 8.º (*Vetado.*)

Art. 9.º A contribuição social sobre o faturamento de que trata esta Lei Complementar não extingue as atuais fontes de custeio da Seguridade Social, salvo a prevista no art. 23, I, da Lei n. 8.212, de 24 de julho de 1991, a qual deixará de ser cobrada a partir da data em que for exigível a contribuição ora instituída.

Art. 10. O produto da arrecadação da contribuição social sobre o faturamento, instituída por esta Lei Complementar, observado o disposto na segunda parte do art. 33 da Lei n. 8.212, de 24 de julho de 1991, integrará o Orçamento da Seguridade Social.

Parágrafo único. À contribuição referida neste artigo aplicam-se as normas relativas ao processo administrativo-fiscal de determinação e exigência de créditos tributários federais, bem como, subsidiariamente e no que couber, as disposições referentes ao Imposto sobre a Renda, especialmente quanto a atraso de pagamento e quanto a penalidades.

Art. 11. Fica elevada em 8 (oito) pontos percentuais a alíquota referida no § 1.º do art. 23 da Lei n. 8.212, de 24 de julho de 1991, relativa à contribuição social sobre o lucro das instituições a que se refere o § 1.º do art. 22 da mesma lei, mantidas as demais normas da Lei n. 7.689, de 15 de dezembro de 1988, com as alterações posteriormente introduzidas.

Parágrafo único. As pessoas jurídicas sujeitas ao disposto neste artigo ficam excluídas do pagamento da contribuição social sobre o faturamento, instituída pelo art. 1.º desta Lei Complementar.

Art. 12. Sem prejuízo do disposto na legislação em vigor, as instituições financeiras, as sociedades corretoras e distribuidoras de títulos e valores mobiliários, as sociedades de investimento e as de arrendamento mercantil, os agentes do Sistema Financeiro da Habitação, as bolsas de valores, de mercadorias, de futuros e instituições assemelhadas e seus associados, e as empresas administradoras de cartões de crédito fornecerão à Receita Federal, nos termos estabelecidos pelo Ministro da Economia, Fazenda e Planejamento, informações cadastrais sobre os usuários dos respectivos serviços, relativas ao nome, à filiação, ao endereço e ao número de inscrição do cliente no Cadastro de Pessoas Físicas - CPF ou no Cadastro Geral de Contribuintes - CGC.

§ 1.º Às informações recebidas nos termos deste artigo aplica-se o disposto no § 7.º do art. 38 da Lei n. 4.595, de 31 de dezembro de 1964.

§ 2.º As informações de que trata o *caput* deste artigo serão prestadas a partir das relações de usuários constantes dos registros relativos ao ano-calendário de 1992.

§ 3.º A não observância do disposto neste artigo sujeitará o infrator, independentemente de outras penalidades administrativas, à multa equivalente a trinta e cinco unidades de valor referidas no art. 5.º desta Lei Complementar, por usuário omitido.

Art. 13. Esta Lei Complementar entra em vigor na data de sua publicação, produzindo efeitos a partir do primeiro dia do mês seguinte aos 90 (noventa) dias posteriores àquela publicação, mantidos, até essa data, o Decreto-lei n. 1.940, de 25 de maio de 1982 e alterações posteriores, a alíquota fixada no art. 11 da Lei n. 8.114, de 12 de dezembro de 1990.

Art. 14. Revoga-se o art. 2.º do Decreto-lei n. 326, de 8 de maio de 1967 e demais disposições em contrário.

Brasília, 30 de dezembro de 1991; 170.º da Independência e 103.º da República.

FERNANDO COLLOR

LEI N. 8.383, DE 30 DE DEZEMBRO DE 1991 (*)

Institui a Unidade Fiscal de Referência, altera a legislação do imposto de renda, e dá outras providências.

O Presidente da República

Faço saber que o Congresso Nacional decreta e eu sanciono a seguinte Lei:

Capítulo I
DA UNIDADE DE REFERÊNCIA – UFIR

Art. 1.º Fica instituída a Unidade Fiscal de Referência - UFIR, como medida de valor e parâmetro de atualização monetária de tributos e de valores expressos em cruzeiros na legislação tributária federal, bem como os relativos a multas e penalidades de qualquer natureza.

•• *Vide* art. 29, § 3.º, da Lei n. 10.522, de 19-7-2002.

§ 1.º O disposto neste Capítulo aplica-se a tributos e contribuições sociais, inclusive previdenciárias, de intervenção no domínio econômico e de interesse de categorias profissionais ou econômicas.

§ 2.º É vedada a utilização da UFIR em negócio jurídico como referencial de correção monetária do preço de bens ou serviços e de salários, aluguéis ou *royalties*.

Art. 2.º A expressão monetária da UFIR mensal será fixa

(*) Publicada no *DOU*, de 31-12-1991. Sobre UFIR, *vide* Nota dos Organizadores. *Vide* Lei n. 9.069, de 29-6-1995 (Plano Real).

em cada mês-calendário; e da UFIR diária ficará sujeita a variação em cada dia e a do primeiro dia do mês será igual à da UFIR do mesmo mês.

•• *Vide* art. 43 da Lei n. 9.069, de 29-6-1995, que declara extinta, a partir de 1.º-9-1994, a UFIR diária de que trata esta Lei.

•• *Vide* art. 1.º da Lei n. 8.981, de 20-1-1995.

•• *Vide*, sobre UFIR, Nota dos Organizadores.

§ 1.º O Ministério da Economia, Fazenda e Planejamento, por intermédio do Departamento da Receita Federal, divulgará a expressão monetária da UFIR mensal:

a) até o dia 1.º de janeiro de 1992, para esse mês, mediante a aplicação, sobre Cr$ 126,8621, do Índice Nacional de Preços ao Consumidor – INPC acumulado desde fevereiro até novembro de 1991, e do Índice de Preços ao Consumidor Ampliado – IPCA, de dezembro de 1991, apurados pelo Instituto Brasileiro de Geografia e Estatística (IBGE);

b) até o primeiro dia de cada mês, a partir de 1.º de fevereiro de 1992, com base no IPCA.

§ 2.º O IPCA, a que se refere o parágrafo anterior, será constituído por série especial cuja apuração compreenderá o período entre o dia 16 do mês anterior e o dia 15 do mês de referência.

§ 3.º Interrompida a apuração ou divulgação da série especial do IPCA, a expressão monetária da UFIR será estabelecida com base nos indicadores disponíveis, observada precedência em relação àqueles apurados por instituições oficiais de pesquisa.

§ 4.º No caso do parágrafo anterior, o Departamento da Receita Federal divulgará a metodologia adotada para a determinação da expressão monetária da UFIR.

§ 5.º (*Revogado pela Lei n. 9.069, de 29-6-1995.*)

§ 6.º A expressão monetária do Fator de Atualização Patrimonial – FAP, instituído em decorrência da Lei n. 8.200, de 28 de junho de 1991, será igual, no mês de dezembro de 1991, à expressão monetária da UFIR apurada conforme a alínea *a* do § 1.º deste artigo.

§ 7.º A expressão monetária do coeficiente utilizado na apuração do ganho de capital, de que trata a Lei n. 8.218, de 29 de agosto de 1991, corresponderá, a partir de janeiro de 1992, à expressão monetária da UFIR mensal.

Art. 3.º Os valores expressos em cruzeiros na legislação tributária ficam convertidos em quantidade de UFIR, utilizando-se como divisores:

I – o valor de Cr$ 215,6656, se relativos a multas e penalidades de qualquer natureza;

II – o valor de Cr$ 126,8621, nos demais casos.

• *Vide* Lei n. 9.069, de 29-6-1995 (Plano Real).

Capítulo II
DO IMPOSTO DE RENDA DAS PESSOAS FÍSICAS

Art. 4.º A renda e os proventos de qualquer natureza, inclusive os rendimentos e ganhos de capital, percebidos por pessoas físicas residentes ou domiciliadas no Brasil, serão tributados pelo imposto de renda na forma da legislação vigente, com as modificações introduzidas por esta Lei.

Art. 5.º A partir de 1.º de janeiro do ano-calendário de 1992, o imposto de renda incidente sobre os rendimentos de que tratam os arts. 7.º, 8.º e 12 da Lei n. 7.713, de 22 de dezembro de 1988, será calculado de acordo com a seguinte tabela progressiva:

Base de Cálculo (em UFIR)	Parcela a Deduzir da Base de Cálculo (em UFIR)	Alíquota
Até 1.000	–	isento
Acima de 1.000 até 1.950	1.000	15%
Acima de 1.950	1.380	25%

•• *Vide* art. 1.º da Lei n. 11.482, de 31-5-2007.

Parágrafo único. O imposto de que trata este artigo será calculado sobre os rendimentos efetivamente recebidos em cada mês.

Art. 6.º O imposto sobre os rendimentos de que trata o art. 8.º da Lei n. 7.713, de 1988:

I – será convertido em quantidade de UFIR pelo valor desta no mês em que os rendimentos forem recebidos;

II – deverá ser pago até o último dia útil do mês subsequente ao da percepção dos rendimentos.

Parágrafo único. A quantidade de UFIR de que trata o inciso I será reconvertida em cruzeiros pelo valor de UFIR no mês do pagamento do imposto.

Art. 7.º Sem prejuízo dos pagamentos obrigatórios estabelecidos na legislação, fica facultado ao contribuinte efetuar, no curso do ano, complementação do imposto que for devido sobre os rendimentos recebidos.

Art. 8.º O imposto retido na fonte ou pago pelo contribuinte, salvo disposição em contrário, será deduzido do apurado na forma do inciso I do art. 15 desta Lei.

Parágrafo único. Para efeito da redução, o imposto retido ou pago será convertido em quantidade de UFIR pelo valor desta:

a) no mês em que os rendimentos forem pagos ao beneficiário, no caso de imposto retido na fonte;

b) no mês do pagamento do imposto, nos demais casos.

Art. 9.º As receitas e despesas a que se refere o art. 6.º da Lei n. 8.134, de 27 de dezembro de 1990, serão convertidas em quantidade de UFIR pelo valor desta no mês em que forem recebidas ou pagas, respectivamente.

Art. 10. Na determinação da base de cálculo sujeita à incidência mensal do imposto de renda poderão ser deduzidas:

I – a soma dos valores referidos nos incisos do art. 6.º da Lei n. 8.134, de 1990;

II – as importâncias pagas em dinheiro a título de alimentos ou pensões, em cumprimento de acordo ou decisão judicial, inclusive a prestação de alimentos provisionais;

III – a quantia equivalente a cem UFIR por dependente;

•• Inciso III com redação determinada pela Lei n. 9.069, de 29-6-1995.

• *Vide* art. 83, parágrafo único, I, da Lei n. 9.069, de 29-6-1995.

IV – as contribuições para a Previdência Social da União, dos Estados, do Distrito Federal e dos Municípios;

V – o valor de 1.000 (mil) UFIR, correspondente à parcela isenta dos rendimentos provenientes de aposentadoria e pensão, transferência para reserva remunerada ou reforma pagos pela Previdência Social da União, dos Estados, do Distrito Federal e dos Municípios, ou por qualquer pessoa jurídica de direito público interno, a partir do mês em que o contribuinte completar sessenta e cinco anos de idade.

Art. 11. Na declaração de ajuste anual (art. 12) poderão ser deduzidos:

I – os pagamentos feitos, no ano-calendário, a médicos, dentistas, psicólogos, fisioterapeutas, fonoaudiólogos, terapeutas ocupacionais e hospitais, bem como as despesas provenientes de exames laboratoriais e serviços radiológicos;

II – as contribuições e doações efetuadas a entidades de que trata o art. 1.º da Lei n. 3.830, de 25 de novembro de 1960, observadas as condições estabelecidas no art. 2.º da mesma Lei;

III – as doações de que trata o art. 260 da Lei n. 8.069, de 13 de julho de 1990;

IV – a soma dos valores referidos no art. 10 desta Lei;

V – as despesas feitas com instrução do contribuinte e seus dependentes até o limite anual individual de 650 (seiscentos e cinquenta) UFIR.

§ 1.º O disposto no inciso I:

a) aplica-se, também, aos pagamentos feitos a empresas brasileiras ou autorizadas a funcionar no País, destinados à cobertura de despesas com hospitalização e cuidados médicos e dentários, bem como a entidades que assegurem direito de atendimento ou ressarcimento de despesas de natureza médica, odontológica e hospitalar;

b) restringe-se aos pagamentos feitos pelo contribuinte, relativos ao seu próprio tratamento e ao de seus dependentes;

c) é condicionado a que os pagamentos sejam especificados e comprovados, com indicação do nome, endereço e número de inscrição no Cadastro de Pessoas Físicas ou no Cadastro de Pessoas Jurídicas de quem os recebeu, podendo, na falta de documentação, ser feita indicação do cheque nominativo pelo qual foi efetuado o pagamento.

§ 2.º Não se incluem entre as deduções de que trata o inciso I deste artigo as despesas ressarcidas por entidade de qualquer espécie.

§ 3.º A soma das deduções previstas nos incisos II e III está limitada a 10% (dez por cento) da base de cálculo do imposto, na declaração de ajuste anual.

§ 4.º As deduções de que trata este artigo serão convertidas em quantidade de UFIR pelo valor desta no mês do pagamento ou no mês em que tiverem sido consideradas na base de cálculo sujeita à incidência mensal do imposto.

Art. 12. As pessoas físicas deverão apresentar anualmente declaração de ajuste, na qual se determinará o saldo do imposto a pagar ou valor a ser restituído.

§ 1.º Os ganhos a que se referem o art. 26 desta Lei e o inciso I do art. 18 da Lei n. 8.134, de 1990, serão apurados e tributados em separado, não integrarão a base de cálculo do imposto de renda na declaração de ajuste anual e o imposto pago não poderá ser deduzido na declaração.

§ 2.º A declaração de ajuste anual, em modelo aprovado pelo Departamento da Receita Federal, deverá ser apresentada até o último dia útil do mês de abril do ano subsequente ao da percepção dos rendimentos ou ganhos de capital.

§ 3.º Ficam dispensadas da apresentação de declaração:

a) as pessoas físicas cujos rendimentos do trabalho assalariado, no ano-calendário, inclusive Gratificação de Natal ou Gratificação Natalina, conforme o caso, acrescidos dos demais rendimentos recebidos, exceto os não tributados ou tributados exclusivamente na fonte, sejam iguais ou inferiores a 13.000 (treze mil) UFIR;

b) os aposentados, inativos e pensionistas da Previdência Social da União, dos Estados, do Distrito Federal e dos Municípios ou dos respectivos Tesouros, cujos proventos e pensões no ano-calendário, acrescidos dos demais rendimentos recebidos, exceto os não tributados ou tributados exclusivamente na fonte, sejam iguais ou inferiores a 13.000 (treze mil) UFIR;

c) outras pessoas físicas declaradas em ato do Ministro da Economia, Fazenda e Planejamento, cuja qualificação fiscal assegure a preservação dos controles fiscais pela administração tributária.

Art. 13. Para efeito de cálculo do imposto a pagar ou do valor a ser restituído, os rendimentos serão convertidos em quantidade de UFIR pelo valor desta no mês em que forem recebidos pelo beneficiado.

Parágrafo único. A base de cálculo do imposto, na declaração de ajuste anual, será a diferença entre as somas, em quantidade de UFIR:

a) de todos os rendimentos percebidos durante o ano-calendário, exceto os isentos, os não tributáveis e os tributados exclusivamente na fonte; e

b) das deduções de que trata o art. 11 desta Lei.

Art. 14. O resultado da atividade rural será apurado segundo o disposto na Lei n. 8.023, de 12 de abril de 1990, e, quando positivo, integrará a base de cálculo do imposto definida no artigo anterior.

§ 1.º O resultado da atividade rural e a base de cálculo do imposto serão expressos em quantidade de UFIR.

§ 2.º As receitas, despesas e demais valores, que integram o resultado e a base de cálculo, serão convertidos em UFIR pelo valor desta no mês do efetivo pagamento ou recebimento.

Art. 15. O saldo do imposto a pagar ou o valor a ser restituído na declaração de ajuste anual (art. 12) será determinado com observância das seguintes normas:

I – será calculado o imposto progressivo de acordo com a tabela (art. 16);

II – será deduzido o imposto pago ou retido na fonte, correspondente a rendimentos incluídos na base de cálculo;

III – o montante assim determinado, expresso em quantidade de UFIR, constituirá, se positivo, o saldo do imposto a pagar e, se negativo, o valor a ser restituído.

Art. 16. Para fins do ajuste de que trata o artigo anterior, o imposto de renda progressivo será calculado de acordo com a seguinte tabela:

Base de Cálculo (em UFIR)	Parcela a Deduzir da Base de Cálculo (em UFIR)	Alíquota
Até 12.000	–	isento
Acima de 12.000 até 23.400	12.000	15%
Acima de 23.400	16.560	25%

•• *Vide* art. 1.º da Lei n. 11.482, de 31-5-2007.

Art. 17. O saldo do imposto (art. 15, III) poderá ser pago em até 6 (seis) quotas iguais, mensais e sucessivas, observado o seguinte:

I – nenhuma quota será inferior a 50 (cinquenta) UFIR e o imposto de valor inferior a 100 (cem) UFIR será pago de uma só vez;

II – a primeira quota ou quota única deverá ser paga no mês de abril do ano subsequente ao da percepção dos rendimentos;

III – as quotas vencerão no último dia útil de cada mês;

IV – é facultado ao contribuinte antecipar, total ou parcialmente, o pagamento do imposto ou das quotas.

Parágrafo único. A quantidade de UFIR será reconvertida em cruzeiros pelo valor da UFIR no mês do pagamento do imposto ou da respectiva quota.

Art. 18. Para cálculo do imposto, os valores da tabela progressiva anual (art. 16) serão divididos proporcionalmente ao número de meses do período abrangido pela tributação, em relação ao ano-calendário, nos casos de declaração apresentada:

I – em nome do espólio, no exercício em que for homologada a partilha ou feita a adjudicação dos bens;

II – pelo contribuinte, residente ou domiciliado no Brasil, que se retirar em caráter definitivo do território nacional.

Art. 19. As pessoas físicas ou jurídicas que efetuarem pagamentos com retenção do imposto de renda na fonte deverão fornecer à pessoa física beneficiária, até o dia 28 de fevereiro, documento comprobatório, em 2 (duas) vias, com indicação da natureza e do montante do pagamento, das deduções e do imposto de renda retido no ano anterior.

§ 1.º Tratando-se de rendimentos pagos por pessoas jurídicas, quando não tenha havido retenção do imposto de renda na fonte, o comprovante deverá ser fornecido no mesmo prazo ao contribuinte que o tenha solicitado até o dia 15 de janeiro do ano subsequente.

§ 2.º No documento de que trata este artigo, o imposto retido na fonte, as deduções e os rendimentos deverão ser informados por seus valores em cruzeiros e em quantidade de UFIR, convertidos segundo o disposto na alínea *a* do parágrafo único do art. 8.º, no § 4.º do art. 11 e no art. 13 desta Lei.

§ 3.º As pessoas físicas ou jurídicas que deixarem de fornecer aos beneficiários, dentro do prazo, ou fornecerem com inexatidão, o documento a que se refere este artigo ficarão sujeitas ao pagamento de multa de 35 (trinta e cinco) UFIR por documento.

§ 4.º À fonte pagadora que prestar informação falsa sobre rendimentos pagos, deduções, ou imposto retido na fonte, será aplicada a multa de 150% (cento e cinquenta por cento) sobre o valor que for indevidamente utilizável como redução do imposto de renda devido, independentemente de outras penalidades administrativas ou criminais.

§ 5.º Na mesma penalidade incorrerá aquele que se beneficiar da informação sabendo ou devendo saber da falsidade.

Capítulo III
DA TRIBUTAÇÃO DAS OPERAÇÕES FINANCEIRAS

Art. 20. O rendimento produzido por aplicação financeira de renda fixa iniciada a partir de 1.º de janeiro de 1992, auferido por qualquer beneficiário, inclusive pessoa jurídica isenta, sujeita-se à incidência do imposto sobre a renda na fonte às alíquotas seguintes:

I – (*Revogado pela Lei n. 8.541, de 23-12-1992.*)

II – demais operações: 30% (trinta por cento).

§ 1.º O disposto neste artigo aplica-se, inclusive, às operações de financiamento realizadas em bolsas de valores, de mercadorias, de futuros e assemelhadas, na forma da legislação em vigor.

§ 2.º Fica dispensada a retenção do imposto de renda na fonte em relação à operação iniciada e encerrada no mesmo dia quando o alienante for instituição financeira, sociedade de arrendamento mercantil, sociedade corretora de títulos e valores mobiliários ou sociedade distribuidora de títulos e valores mobiliários.

§ 3.º A base de cálculo do imposto é constituída pela diferença positiva entre o valor da alienação, líquido do imposto sobre operações de crédito, câmbio e seguro, e sobre operações relativas a títulos e valores mobiliários – IOF (art. 18 da Lei n. 8.088, de 31 de outubro de 1990) e o valor da aplicação financeira de renda fixa, atualizado com base na variação acumulada da UFIR diária, desde a data inicial da operação até a da alienação.

§ 4.º Serão adicionados ao valor de alienação, para fins de composição da base de cálculo do imposto, os rendimentos periódicos produzidos pelo título ou aplicação, bem como qualquer remuneração adicional aos rendimentos prefixados, pagos ou creditados ao alienante e não submetidos à incidência do imposto de renda na fonte, atualizados com base na variação acumulada da UFIR diária, desde a data do crédito ou pagamento até a da alienação.

§ 5.º Para fins da incidência do imposto de renda na fonte, a alienação compreende qualquer forma de transmissão da propriedade, bem como a liquidação, resgate ou repactuação do título ou aplicação.

§ 6.º (*Revogado pela Medida Provisória n. 1.072, de 1.º-10-2021.*)

O texto revogado dizia: "§ 6.º Fica incluída na tabela "D" a que se refere o art. 4.º, inciso II, da Lei n. 7.940, de 20 de dezembro de 1989, sujeita à alíquota de até 0,64% (sessenta e quatro centésimos por cento), a operação de registro de emissão de outros valo-res mobiliários.".

Art. 21. Nas aplicações em fundos de renda fixa, resgatadas a partir de 1.º de janeiro de 1992, a base de cálculo do imposto de renda na fonte será constituída pela diferença positiva entre o valor do resgate, líquido de IOF, e o custo de aquisição da quota, atualizado com base na variação acumulada da UFIR diária, desde a data da conversão da aplicação em quotas até a da reconversão das quotas em cruzeiros.

§ 1.º Na determinação do custo de aquisição da quota, quando atribuída a remuneração ao valor resgatado, observar-se-á a precedência segundo a ordem sequencial direta das aplicações realizadas pelo beneficiário.

§ 2.º (*Revogado pela Lei n. 8.894, de 21-6-1994.*)

§ 3.º O imposto de renda na fonte, calculado à alíquota de 30% (trinta por cento), e o IOF serão retidos pelo administrador do fundo de renda fixa na data do resgate.

§ 4.º Excluem-se do disposto neste artigo as aplicações em Fundo de Aplicação Financeira – FAF, que continuam sujeitas à tributação pelo imposto de renda na fonte à alíquota de 5% (cinco por cento) sobre o rendimento bruto apropriado diariamente ao quotista.

• *Vide* art. 53, § 1.º, da Lei n. 9.069, de 29-6-1995.

§ 5.º Na determinação da base de cálculo do imposto em relação ao resgate de quota existente em 31 de dezembro de 1991, adotar-se-á, a título de custo de aquisição, o valor da quota na mesma data.

Art. 22. São isentos do imposto de renda na fonte:

I – os rendimentos creditados ao quotista pelo Fundo de Investimento em Quotas de Fundos de Aplicação, correspondente aos créditos apropriados por FAF;

• *Vide* art. 53, § 3.º, da Lei n. 9.069, de 29-6-1995.

II – os rendimentos auferidos por FAF, tributados quando da apropriação ao quotista.

Art. 23. A operação de mútuo e a operação de compra vinculada à revenda, no mercado secundário, tendo por objeto ouro, ativo financeiro, iniciadas a partir de 1.º de janeiro de 1992, ficam equiparadas à operação de renda fixa para fins de incidência do imposto de renda na fonte.

§ 1.º Constitui fato gerador do imposto a liquidação da operação de mútuo ou a revenda de ouro, ativo financeiro.

§ 2.º A base de cálculo do imposto nas operações de mútuo será constituída:

a) pelo valor do rendimento em moeda corrente, atualizado entre a data do recebimento e a data de liquidação do contrato; ou

b) quando o rendimento for fixado em quantidade de ouro, pelo valor da conversão do ouro em moeda corrente, estabelecido com base nos preços médios das operações realizadas no mercado à vista da bolsa em que ocorrer o maior volume de ouro transacionado na data de liquidação do contrato.

§ 3.º A base de cálculo nas operações de revenda e de compra de ouro, quando vinculadas, será constituída pela diferença positiva entre o valor de revenda e o de compra do ouro, atualizada com base na variação acumulada da UFIR diária, entre a data de início e de encerramento da operação.

§ 4.º O valor da operação de que trata a alínea *a* do § 2.º será atualizado com base na UFIR diária.

§ 5.º O imposto de renda na fonte será calculado aplicando-se alíquotas previstas no art. 20, de acordo com o prazo de operação.

§ 6.º Fica o Poder Executivo autorizado a baixar normas com vistas a definir as características da operação de compra vinculada à revenda, bem como a equiparar às operações de que trata este artigo outras que, pelas suas características, produzam os mesmos efeitos das operações indicadas.

§ 7.º O Conselho Monetário Nacional poderá estabelecer prazo mínimo para as operações de que trata este artigo.

Art. 24. (*Revogado pela Lei n. 8.541, de 23-12-1992.*)

Art. 25. O rendimento auferido no resgate, a partir de 1.º de janeiro de 1992, de quota de fundo mútuo de ações, clube de investimento e outros fundos da espécie, inclusive Plano de Poupança e Investimentos – PAIT, de que trata o Decreto-lei n. 2.292, de 21 de novembro de 1986, constituídos segundo a legislação aplicável, quando o beneficiário for pessoa física ou pessoa jurídica não tributada com base no lucro real, inclusive isenta, sujeita-se à incidência do imposto de renda na fonte à alíquota de 25% (vinte e cinco por cento).

§ 1.º A base de cálculo do imposto é constituída pela diferença positiva entre o valor de resgate e o custo médio de aquisição da quota, atualizado com base na variação acumulada da UFIR diária da data da conversão em quotas até a de reconversão das quotas em cruzeiros.

§ 2.º Os ganhos líquidos a que se refere o artigo seguinte e os rendimentos produzidos por aplicações financeiras de renda fixa, auferidos por fundo mútuo de ações, clube de investimentos e outros fundos da espécie, não estão sujeitos à incidência do imposto de renda na fonte.

§ 3.º O imposto será retido pelo administrador do fundo ou clube de investimento na data do resgate.

§ 4.º Fica o Poder Executivo autorizado a permitir a compensação de perdas ocorridas em aplicações de que trata este artigo.

Art. 26. Ficam sujeitas ao pagamento do imposto de renda, à alíquota de vinte e cinco por cento, a pessoa física e a pessoa jurídica não tributada com base no lucro real, inclusive isenta, que auferirem ganhos líquidos nas operações realizadas nas bolsas de valores, de mercadorias, de futuros e assemelhadas, encerradas a partir de 1.º de janeiro de 1992.

§ 1.º Os custos de aquisição, os preços de exercício e os prêmios serão considerados pelos valores médios pagos, atualizados com base na variação acumulada da UFIR diária da data da aquisição até a data da alienação do ativo.

§ 2.º O Poder Executivo poderá baixar normas para apuração e demonstração dos ganhos líquidos, bem como autorizar a compensação de perdas em um mesmo ou entre dois ou mais mercados ou modalidades operacionais, previstos neste artigo, ressalvado o disposto no art. 28 desta Lei.

§ 3.º O disposto neste artigo aplica-se, também, aos ganhos líquidos decorrentes da alienação de ouro, ativo financeiro, fora da bolsa, com a interveniência de instituições integrantes do Sistema Financeiro Nacional.

§ 4.º O imposto de que trata este artigo será apurado mensalmente.

Art. 27. As deduções de despesas, bem como a compensação de perdas na forma prevista no § 2.º do artigo precedente, são admitidas exclusivamente para as operações realizadas nos mercados organizados, geridos ou sob responsabilidade de instituição credenciada pelo Poder Executivo e com objetivos semelhantes aos das bolsas de valores, de mercadorias ou de futuros.

Art. 28. Os prejuízos decorrentes de operações financeiras de compra e subsequente venda ou de venda e subsequente compra, realizadas no mesmo dia (*day-trade*), tendo por objeto ativo, título, valor mobiliário ou direito de natureza e características semelhantes, somente podem ser compensados com ganhos auferidos em operações da mesma espécie ou em operações de cobertura (*hedge*) à qual estejam vinculadas nos termos admitidos pelo Poder Executivo.

§ 1.º O ganho líquido mensal correspondente às operações *day-trade*, quando auferido por beneficiário dentre os referidos no art. 26, integra a base de cálculo do imposto de renda de que trata o mesmo artigo.

§ 2.º Os prejuízos decorrentes de operações realizadas fora de mercados organizados, geridos ou sob responsabilidade de instituição credenciada pelo Poder Público, não podem ser deduzidos da base de cálculo do imposto de renda e da apuração do ganho líquido de que trata o art. 26, bem como não podem ser compensados com ganhos auferidos em operações de espécie, realizadas em qualquer mercado.

Art. 29. Os residentes ou domiciliados no exterior sujeitam-se às mesmas normas de tributação pelo imposto de renda, previstas para os residentes ou domiciliados no País, em relação aos:

I – rendimentos decorrentes de aplicações financeiras de renda fixa;

II – ganhos líquidos auferidos em operações realizadas em bolsas de valores, de mercadorias, de futuros e assemelhadas;

III – rendimentos obtidos em aplicações em fundos e clubes de investimentos de renda variável.

•• *Caput* e incisos com redação determinada pela Lei n. 8.849, de 28-1-1994.

Parágrafo único. Sujeitam-se à tributação pelo imposto de renda, nos termos dos arts. 31 a 33, os rendimentos e ganhos de capital decorrentes de aplicações financeiras, auferidos por fundos, sociedades de investimento e carteiras de valores mobiliários de que participem, exclusivamente, pessoas físicas ou jurídicas, fundos ou outras entidades de investimento coletivo residentes, domiciliadas ou com sede no exterior.

•• Parágrafo único com redação determinada pela Lei n. 8.849, de 28-1-1994.

Art. 30. O investimento estrangeiro nos mercados financeiros e de valores mobiliários somente poderá ser realizado no País por intermédio de representante legal, previamente designado dentre as instituições autorizadas pelo Poder Executivo a prestar tal serviço e que será responsável, nos termos do art. 128 do Código Tributário Nacional (Lei n. 5.172, de 25 de outubro de 1966), pelo cumprimento das obrigações tributárias decorrentes das operações que realizar por conta e ordem do representado.

•• *Caput* com redação determinada pela Lei n. 8.849, de 28-1-1994.

§ 1.º O representante legal não será responsável pela retenção e recolhimento do imposto de renda na fonte sobre aplicações financeiras quando, nos termos da legislação pertinente, tal responsabilidade for atribuída a terceiro.

•• § 1.º com redação determinada pela Lei n. 8.849, de 28-1-1994.

§ 2.º O Poder Executivo poderá excluir determinadas categorias de investidores da obrigatoriedade prevista neste artigo.

•• § 2.º com redação determinada pela Lei n. 8.849, de 28-1-1994.

Art. 31. Sujeitam-se à tributação pelo imposto de renda, à alíquota de 25% (vinte e cinco por cento), os rendimentos e ganhos de capital auferidos no resgate pelo quotista, quando distribuídos, sob qualquer forma e a qualquer título, por fundos em condomínio, a que se refere o art. 50 da Lei n. 4.728, de 14 de julho de 1965, constituídos na forma prescrita pelo Conselho Monetário Nacional e mantidos com recursos provenientes de conversão de débitos externos brasileiros, e de que participem, exclusivamente, pessoas físicas ou jurídicas, fundos ou outras entidades de investimentos coletivos, residentes, domiciliados, ou com sede no exterior.

•• *Caput* com redação determinada pela Lei n. 8.849, de 28-1-1994.

§ 1.º A base de cálculo do imposto é constituída pela diferença positiva entre o valor de resgate e o custo médio de aquisição da quota, atualizados com base na variação acumulada da UFIR diária da data da aplicação até a data da distribuição ao exterior.

•• § 1.º com redação determinada pela Lei n. 8.849, de 28-1-1994.

§ 2.º Os rendimentos e ganhos de capital auferidos pelas carteiras dos fundos em condomínio de que trata este artigo, ficam excluídos da retenção do imposto de renda na fonte e do imposto de renda sobre o ganho líquido mensal.

•• § 2.º com redação determinada pela Lei n. 8.849, de 28-1-1994.

Art. 32. Ressalvados os rendimentos de Fundos de Aplicação Financeira - FAF, que continuam tributados de acordo com o disposto no art. 21, § 4.º, ficam sujeitos ao imposto de renda na fonte, à alíquota de 15% (quinze por cento), os rendimentos auferidos:

I – pelas entidades mencionadas nos arts. 1.º e 2.º do Decreto-lei n. 2.285, de 23 de julho de 1986;

II – pelas sociedades de investimento a que se refere o art. 49 da Lei n. 4.728, de 1965, de que participem investidores estrangeiros;

III – pelas carteiras de valores mobiliários, inclusive vinculadas à emissão, no exterior, de certificados representativos de ações, mantidas por investidores estrangeiros.

•• *Caput* e incisos com redação determinada pela Lei n. 8.849, de 28-1-1994.

§ 1.º Os ganhos de capital ficam excluídos da incidência do imposto de renda quando auferidos e distribuídos, sob qualquer forma e a qualquer título, inclusive em decorrência de liquidação parcial ou total do investimento pelos fundos, sociedades ou carteiras referidos no *caput* deste artigo.

•• § 1.º com redação determinada pela Lei n. 8.849, de 28-1-1994.

§ 2.º Para os efeitos deste artigo, consideram-se:

a) rendimentos: quaisquer valores que constituam remuneração de capital aplicado, inclusive aquela produzida por títulos de renda variável, tais como juros, prêmios, comissões, ágio, deságio, dividendos, bonificações em dinheiro e participações nos lucros, bem como os resultados positivos auferidos em aplicações nos fundos e clubes de investimento de que trata o art. 25;

b) ganhos de capital, os resultados positivos auferidos:

b.1) nas operações realizadas em bolsas de valores, de mercadorias, de futuros e assemelhadas;

b.2) nas operações com ouro, ativo financeiro, fora de bolsa, intermediadas por instituições integrantes do Sistema Financeiro Nacional.

•• § 2.º com redação determinada pela Lei n. 8.849, de 28-1-1994.

§ 3.º A base de cálculo do imposto de renda sobre os rendimentos auferidos pelas entidades de que trata este artigo será apurada:

a) de acordo com os critérios previstos no § 3.º do art. 20 e no art. 21, no caso de aplicações de renda fixa;

b) de acordo com o tratamento previsto no § 4.º do art. 20, no caso de rendimentos periódicos ou qualquer remuneração adicional não submetidos à incidência do imposto de renda na fonte;

c) pelo valor do respectivo rendimento ou resultado positivo nos demais casos.

•• § 3.º com redação determinada pela Lei n. 8.849, de 28-1-1994.

§ 4.º Na apuração do imposto de que trata este artigo serão indedutíveis os prejuízos apurados em operações de renda fixa e de renda variável.

•• § 4.º com redação determinada pela Lei n. 8.849, de 28-1-1994.

§ 5.º O disposto neste artigo alcança, exclusivamente, as entidades que atenderem às normas e condições estabelecidas pelo Conselho Monetário Nacional, não se aplicando, entretanto, aos fundos em condomínio referidos no art. 31.

•• § 5.º com redação determinada pela Lei n. 8.849, de 28-1-1994.

Art. 33. O imposto de renda na fonte sobre os rendimentos auferidos pelas entidades de que trata o art. 32, será devido por ocasião da cessão, resgate, repactuação ou liquidação de cada operação de renda fixa, ou do recebimento ou crédito, o que primeiro ocorrer, de outros rendimentos, inclusive dividendos e bonificações em dinheiro.

•• *Caput* com redação determinada pela Lei n. 8.849, de 28-1-1994.

§ 1.º Com exceção do imposto sobre aplicações no FAF, o imposto sobre os demais rendimentos será retido pela instituição administradora do fundo, sociedade de investimento ou carteira, e pelo banco custodiante, no caso de certificados representativos de ações, sendo considerado, mesmo no caso do FAF, como exclusivo de fonte.

•• § 1.º com redação determinada pela Lei n. 8.849, de 28-1-1994.

§ 2.º No caso de rendimentos auferidos em operações realizadas antes de 1.º de janeiro de 1994 e ainda não distribuídos, a base de cálculo do imposto de renda de que trata este artigo será determinada de acordo com as normas da legislação aplicável às operações de renda fixa realizadas por residentes no País, ressalvado o disposto no art. 34, devendo o imposto ser calculado à alíquota de 15% (quinze por cento) e recolhido pelos administradores dos fundos, sociedades ou carteiras até 31 de janeiro de 1994 ou na data da distribuição dos rendimentos, se ocorrer primeiro, sem atualização monetária.

•• § 2.º com redação determinada pela Lei n. 8.849, de 28-1-1994.

§ 3.º Os dividendos que foram atribuídos às ações integrantes do patrimônio do fundo, sociedade ou carteira, serão registrados, na data em que as ações foram cotadas sem os respectivos direitos (ex-dividendos), em conta representativa de rendimentos a receber, em contrapartida à diminuição de idêntico valor da parcela do ativo correspondente às ações as quais se vinculam, acompanhados de transferência para a receita de dividendos de igual valor a débito da conta de resultado de variação da carteira de ações.

•• § 3.º com redação determinada pela Lei n. 8.849, de 28-1-1994.

§ 4.º Os rendimentos submetidos à sistemática de tributação de que trata este artigo não se sujeitam à nova incidência do imposto de renda quando distribuídos.

•• § 4.º com redação determinada pela Lei n. 8.849, de 28-1-1994.

§ 5.º O imposto deverá ser convertido em quantidade de UFIR diária pelo valor desta no dia da ocorrência do fato gerador, e pago no prazo previsto no art. 52, inciso II, alínea *d*.

•• § 5.º com redação determinada pela Lei n. 8.849, de 28-1-1994.

Art. 34. As disposições dos arts. 31 a 33 desta Lei abrangem as operações compreendidas no período entre 15 de junho de 1989, inclusive, e 1.º de janeiro de 1992, exceto em relação ao imposto de que trata o art. 3.º do Decreto-lei n. 1.986, de 28 de dezembro de 1982, vedada a restituição ou compensação de imposto pago no mesmo período.

Art. 35. Na cessão, liquidação ou resgate, será apresentada a nota de aquisição do título ou o documento relativo à aplicação, que identifique as partes envolvidas na operação.

§ 1.º Quando não apresentado o documento de que trata este artigo, considerar-se-á como preço de aquisição o valor da emissão ou o da primeira colocação do título, prevalecendo o menor.

§ 2.º Não comprovado o valor a que se refere o § 1.º, a base de cálculo do imposto de renda na fonte será arbitrada em 50% (cinquenta por cento) do valor bruto da alienação.

§ 3.º Fica dispensada a exigência prevista neste artigo relativamente a título ou aplicação revestidos, exclusivamente, da forma escritural.

Art. 36. O imposto de renda retido na fonte sobre aplicações financeiras ou pago sobre ganhos líquidos mensais de que trata o art. 26 será considerado:

I – se o beneficiário for pessoa jurídica tributada com base no lucro real: antecipação do devido na declaração;

II – se o beneficiário for pessoa física ou pessoa jurídica não tributada com base no lucro real, inclusive isenta: tributação definitiva, vedada a compensação na declaração de ajuste anual.

Art. 37. A alíquota do imposto de renda na fonte sobre rendimentos produzidos por títulos ou aplicações integrantes do patrimônio do fundo de renda fixa de que trata o art. 21 desta Lei será de 25% (vinte e cinco por cento) e na base de cálculo será considerado como valor de alienação aquele pelo qual o título ou aplicação constar da carteira no dia 31 de dezembro de 1991.

Parágrafo único. O recolhimento do imposto será efetuado pelo administrador do fundo, sem correção monetária, até o dia seguinte ao da alienação do título ou resgate da aplicação.

Capítulo IV
DO IMPOSTO DE RENDA DAS PESSOAS JURÍDICAS

Art. 38. A partir do mês de janeiro de 1992, o imposto de renda das pessoas jurídicas será devido mensalmente, à medida que os lucros forem auferidos.

§ 1.º Para efeito do disposto neste artigo, as pessoas jurídicas deverão apurar, mensalmente, a base de cálculo do imposto e o imposto devido.

§ 2.º A base de cálculo do imposto será convertida em quantidade de UFIR diária pelo valor desta no último dia do mês a que corresponder.

§ 3.º O imposto devido será calculado mediante a aplicação da alíquota sobre a base de cálculo expressa em UFIR.

§ 4.º Do imposto apurado na forma do parágrafo anterior a pessoa jurídica poderá diminuir:

a) os incentivos fiscais de dedução do imposto devido, podendo o valor excedente ser compensado nos meses subsequentes, observados os limites e prazos fixados na legislação específica;

b) os incentivos fiscais de redução e isenção do imposto, calculados com base no lucro da exploração apurado mensalmente;

c) o imposto de renda retido na fonte sobre receitas computadas na base de cálculo do imposto.

§ 5.º Os valores de que tratam as alíneas do parágrafo anterior serão convertidos em quantidade de UFIR diária pelo valor desta no último dia do mês a que corresponderem.

§ 6.º O saldo do imposto devido em cada mês será pago até o último dia útil do mês subsequente.

§ 7.º O prejuízo apurado na demonstração do lucro real em um mês poderá ser compensado com o lucro real dos meses subsequentes.

§ 8.º Para efeito de compensação, o prejuízo será corrigido monetariamente com base na variação acumulada da UFIR diária.

§ 9.º Os resultados apurados em cada mês serão corrigidos monetariamente (Lei n. 8.200, de 1991).

Art. 39. As pessoas jurídicas tributadas com base no lucro real poderão optar pelo pagamento, até o último dia útil do mês subsequente, do imposto devido mensalmente, calculado por estimativa, observado o seguinte:

I – nos meses de janeiro a abril, o imposto estimado corresponderá, em cada mês, a um duodécimo do imposto e adicional apurados em balanço ou balancete anual levantado em 31 de dezembro do ano anterior ou, na inexistência deste, a um sexto do imposto e adicional apurados no balanço ou balancete semestral levantado em 30 de junho do ano anterior;

II – nos meses de maio a agosto, o imposto estimado corresponderá, em cada mês, a um duodécimo do imposto e adicional apurados no balanço anual de 31 de dezembro do ano anterior;

III – nos meses de setembro a dezembro, o imposto estimado corresponderá, em cada mês, a um sexto do imposto e adicional apurados em balanço ou balancete semestral levantado em 30 de junho do ano em curso.

§ 1.º A opção será efetuada na data do pagamento do imposto correspondente ao mês de janeiro e só poderá ser alterada em relação ao imposto referente aos meses do ano subsequente.

§ 2.º A pessoa jurídica poderá suspender ou reduzir o pagamento do imposto mensal estimado, enquanto balanços ou balancetes mensais demonstrarem que o valor acumulado já pago excede o valor do imposto calculado com base no lucro real do período em curso.

§ 3.º O imposto apurado nos balanços ou balancetes será convertido em quantidade de UFIR diária pelo valor desta no último dia do mês a que se referir.

§ 4.º O imposto de renda retido na fonte sobre rendimentos computados na determinação do lucro real poderá ser deduzido do imposto estimado de cada mês.

§ 5.º A diferença entre o imposto devido, apurado na declaração de ajuste anual (art. 43), e a importância paga nos termos deste artigo será:

a) paga em quota única, até a data fixada para a entrega da declaração de ajuste anual, se positiva;

b) compensada, corrigida monetariamente, com o imposto mensal a ser pago nos meses subsequentes ao fixado para a entrega da declaração de ajuste anual, se negativa, assegurada a alternativa de requerer a restituição do montante pago indevidamente.

Art. 40. (*Revogado pela Lei n. 8.541, de 23-12-1992.*)

Art. 41. A tributação com base no lucro arbitrado somente será admitida em caso de lançamento de ofício, observadas a legislação vigente e as alterações introduzidas por esta Lei.

§ 1.º O lucro arbitrado e a contribuição social serão apurados mensalmente.

§ 2.º O lucro arbitrado, diminuído do imposto de renda da pessoa jurídica e da contribuição social, será considerado distribuído aos sócios ou ao titular da empresa e tributado exclusivamente na fonte à alíquota de 25% (vinte e cinco por cento).

§ 3.º A contribuição social sobre o lucro das pessoas jurídicas tributadas com base no lucro arbitrado será devida mensalmente.

Art. 42. (*Revogado pela Lei n. 9.317, de 5-12-1996.*)

Art. 43. As pessoas jurídicas deverão apresentar, em cada ano, declaração de ajuste anual consolidando os resultados mensais auferidos nos meses de janeiro a dezembro do ano anterior, nos seguintes prazos:

I – até o último dia útil do mês de março, as tributadas com base no lucro presumido;

II – até o último dia útil do mês de abril, as tributadas com base no lucro real;

III – até o último dia útil do mês de junho, as demais.

Parágrafo único. Os resultados mensais serão apurados, ainda que a pessoa jurídica tenha optado pela forma de pagamento do imposto e adicional referida no art. 39.

Art. 44. Aplicam-se à contribuição social sobre o lucro (Lei n. 7.689, de 1988) e ao imposto incidente na fonte sobre o lucro líquido (Lei n. 7.713, de 1988, art. 35) as mesmas normas de pagamento estabelecidas para o imposto de renda das pessoas jurídicas.

Parágrafo único. (*Revogado pela Lei n. 8.981, de 20-1-1995.*)

Art. 45. O valor em cruzeiros do imposto ou contribuição será determinado mediante a multiplicação da sua quantidade em UFIR pelo valor da UFIR diária na data do pagamento.

Art. 46. As pessoas jurídicas tributadas com base no lucro real poderão depreciar, em 24 (vinte e quatro) quotas mensais, o custo de aquisição ou construção de máquinas e equipamentos novos, adquiridos entre 1.º de janeiro de 1992 e 31 de dezembro de 1994, utilizados em processo industrial da adquirente.

•• *Caput* com redação determinada pela Lei n. 8.643, de 31-3-1993.

§ 1.º A parcela da depreciação acelerada que exceder à depreciação normal constituirá exclusão do lucro líquido e será escriturada no livro de apuração do lucro real.

§ 2.º O total da depreciação acumulada, incluída a normal e a parcela excedente, não poderá ultrapassar o custo de aquisição do bem, corrigido monetariamente.

§ 3.º A partir do mês em que for atingido o limite de que trata o parágrafo anterior, a depreciação normal, corrigida monetariamente, registrada na escrituração comercial, deverá ser adicionada ao lucro líquido para determinar o lucro real.

§ 4.º Para efeito do disposto nos §§ 2.º e 3.º deste artigo, a conta de depreciação excedente à normal, registrada no livro de apuração do lucro real, será corrigida monetariamente.

§ 5.º As disposições contidas neste artigo aplicam-se às máquinas e equipamentos objeto de contratos de arrendamento mercantil.

Art. 47. (*Revogado pela Lei n. 8.981, de 20-1-1995.*)

Art. 48. A partir de 1.º de janeiro de 1992, a correção monetária das demonstrações financeiras será efetuada com base na UFIR diária.

Art. 49. A partir do mês de janeiro de 1992, o adicional de que trata o art. 25 da Lei n. 7.450, de 23 de dezembro de 1985, incidirá à alíquota de 10% (dez por cento) sobre a parcela do lucro real ou arbitrado, apurado mensalmente, que exceder a 25.000 (vinte e cinco mil) UFIR.

Parágrafo único. A alíquota será de 15% (quinze por cento) para os bancos comerciais, bancos de investimento, bancos de desenvolvimento, caixas econômicas, sociedades de crédito, financiamento e investimento, sociedades de crédito imobiliário, sociedades corretoras, distribuidora de títulos e valores mobiliários e empresas de arrendamento mercantil.

Art. 50. As despesas referidas na alínea *b* do parágrafo único do art. 52 e no item 2 da alínea *e* do parágrafo único do art. 71, da Lei n. 4.506, de 30 de novembro de 1964, decorrentes de contratos que, posteriormente a 31 de dezembro de 1991, venham a ser assinados, averbados no Instituto Nacional da Propriedade Industrial (INPI) e registrados no Banco Central do Brasil, passam a ser dedutíveis para fins de apuração do lucro real, observados os limites e condições estabelecidos pela legislação em vigor.

•• A Lei n. 14.286, de 29-12-2021, em vigor após 1 (um) ano de sua publicação (*DOU* de 30-12-2021), altera este *caput*:

"Art. 50. As despesas referidas na alínea *b* do parágrafo único do art. 52 e no item 2 da alínea *e* do parágrafo único do art. 71 da Lei n. 4.506, de 30 de novembro de 1964, decorrentes de contratos que, posteriormente a 31 de dezembro de 1991, sejam assinados e averbados no Instituto Nacional da Propriedade Industrial (INPI), passam a ser dedutíveis para fins de apuração do lucro real, observados os limites e as condições estabelecidos pela legislação".

Parágrafo único. A vedação contida no art. 14 da Lei n. 4.131, de 3 de setembro de 1962, não se aplica às despesas dedutíveis na forma deste artigo.

•• A Lei n. 14.286, de 29-12-2021, em vigor após 1 (um) ano de sua publicação (*DOU* de 30-12-2021), revoga este parágrafo único.

Art. 51. Os balanços ou balancetes referidos nesta Lei deverão ser levantados com observância das leis comerciais e fiscais e transcritos no Diário ou no Livro de Apuração do Lucro Real.

Capítulo V
DA ATUALIZAÇÃO E DO PAGAMENTO DE IMPOSTOS E CONTRIBUIÇÕES

Art. 52. Em relação aos fatos geradores que vierem a ocorrer a partir de 1.º de novembro de 1993, os pagamentos dos impostos e contribuições relacionados a seguir deverão ser efetuados nos seguintes prazos:

•• *Caput* com redação determinada pela Lei n. 8.850, de 28-1-1994.

I – Imposto sobre Produtos Industrializados – IPI:

•• Inciso I, *caput*, com redação determinada pela Lei n. 8.850, de 28-1-1994.

•• *Vide* art. 1.º da Lei n. 8.850, de 28-1-1994.

•• *Vide* art. 93, III, da Lei n. 10.833, de 29-12-2003.

a) no caso dos produtos classificados no código 2402.20.00, da Nomenclatura Comum do Mercosul – NCM, até o 10.º (décimo) dia do mês subsequente ao mês de ocorrência dos fatos geradores, observado o disposto no § 4.º deste artigo;

•• Alínea *a* com redação determinada pela Lei n. 11.933, de 28-4-2009.

b) (*Revogada pela Lei n. 11.774, de 17-9-2008.*)

c) no caso dos demais produtos, até o 25.º (vigésimo quinto) dia do mês subsequente ao mês de ocorrência dos fatos geradores, pelas demais pessoas jurídicas, observado o disposto no § 4.º deste artigo;

•• Alínea *c* com redação determinada pela Lei n. 11.933, de 28-4-2009.

II – Imposto de Renda na Fonte – IRF:

•• Inciso II, *caput*, com redação determinada pela Lei n. 8.850, de 28-1-1994.

a) até o último dia útil do mês subsequente ao de ocorrência do fato gerador ou na data da remessa, quando esta for efetuada antes, no caso de lucro de filiais, sucursais, agências ou representações, no País, de pessoas jurídicas com sede no exterior;

•• Alínea *a* com redação determinada pela Lei n. 8.850, de 28-1-1994.

b) na data da ocorrência do fato gerador, nos casos dos demais rendimentos atribuídos a residentes ou domiciliados no exterior;

•• Alínea *b* com redação determinada pela Lei n. 8.850, de 28-1-1994.

c) até o último dia útil do mês subsequente ao da distribuição automática dos lucros, no caso de que trata o art. 1.º do Decreto-lei n. 2.397, de 21 de dezembro de 1987;

•• Alínea *c* com redação determinada pela Lei n. 8.850, de 28-1-1994.

d) até o terceiro dia útil da quinzena subsequente à de ocorrência dos fatos geradores, nos demais casos;

•• Alínea *d* com redação determinada pela Lei n. 8.850, de 28-1-1994.

III – imposto sobre operações de crédito, câmbio e seguro e sobre operações relativas a títulos e valores mobiliários – IOF:

•• Inciso III, *caput*, com redação determinada pela Lei n. 8.850, de 28-1-1994.

• *Vide* Decreto n. 6.306, de 14-12-2007, que regulamenta a cobrança do IOF.

a) até o terceiro dia útil da quinzena subsequente à de ocorrência dos fatos geradores, no caso de aquisição de ouro, ativo financeiro, bem assim nos de que tratam os incisos II a IV do art. 1.º da Lei n. 8.033, de 12 de abril de 1990;

•• Alínea *a* com redação determinada pela Lei n. 8.850, de 28-1-1994.

b) até o terceiro dia útil do decêndio subsequente ao de cobrança ou registro contábil do imposto, nos demais casos;

•• Alínea *b* com redação determinada pela Lei n. 8.850, de 28-1-1994.

IV – contribuição para financiamento da Seguridade Social (COFINS), instituída pela Lei Complementar n. 70, de 30 de dezembro de 1991, e contribuições para o Programa de Integração Social e para o Programa de Formação do Patrimônio do Servidor Público (PIS/PASEP), até o quinto dia útil do mês subsequente ao de ocorrência dos fatos geradores.

•• Inciso IV com redação determinada pela Lei n. 8.850, de 28-1-1994.

•• O Decreto n. 4.524, de 17-12-2002, regulamenta a Contribuição para o Financiamento da Seguridade Social – COFINS, instituída pela Lei Complementar citada.

• A Instrução Normativa n. 247, de 21-11-2002, da Secretaria da Receita Federal, dispõe sobre a contribuição para o PIS/PASEP e a COFINS, devidas pelas pessoas jurídicas de direito privado em geral.

§ 1.º O imposto incidente sobre ganhos de capital na alienação de bens ou direitos (Lei n. 8.134, de 27 de dezembro de 1990, art. 18) deverá ser pago até o último dia útil do mês subsequente àquele em que os ganhos houverem sido percebidos.

•• § 1.º com redação determinada pela Lei n. 8.850, de 28-1-1994.

§ 2.º O imposto, apurado mensalmente, sobre os ganhos líquidos auferidos em operações realizadas em bolsas de valores, de mercadorias, de futuros e assemelhadas, será pago até o último dia útil do mês subsequente àquele em que os ganhos houverem sido percebidos.

•• § 2.º com redação determinada pela Lei n. 8.850, de 28-1-1994.

§ 3.º O disposto no inciso I do *caput* deste artigo não se aplica ao IPI incidente no desembaraço aduaneiro dos produtos importados.

•• § 3.º acrescentado pela Lei n. 11.774, de 17-9-2008.

§ 4.º Se o dia do vencimento de que tratam as alíneas *a* e *c* do inciso I do *caput* deste artigo não for dia útil, considerar-se-á antecipado o prazo para o primeiro dia útil que o anteceder.

•• § 4.º com redação determinada pela Lei n. 11.933, de 28-4-2009.

Art. 53. Os tributos e contribuições relacionados a seguir serão convertidos em quantidade de UFIR diária pelo valor desta:

•• *Caput* com redação determinada pela Lei n. 8.850, de 28-1-1994.

I – IPI, no último dia do decêndio de ocorrência dos fatos geradores;

•• Inciso I com redação determinada pela Lei n. 8.850, de 28-1-1994.

II – IRF, no dia da ocorrência do fato gerador;

•• Inciso II com redação determinada pela Lei n. 8.850, de 28-1-1994.

III – IOF:

•• Inciso III com redação determinada pela Lei n. 8.850, de 28-1-1994.

a) no último dia da quinzena de ocorrência dos fatos geradores, na hipótese de aquisição de ouro, ativo financeiro;

b) no dia da ocorrência dos fatos geradores, ou da apuração da base de cálculo, nos demais casos;

IV – contribuição para o financiamento da Seguridade Social (COFINS), instituída pela Lei Complementar n. 70, de 1991, e contribuições para o Programa de Integração Social e para o Programa de Formação do Patrimônio do Servidor Público (PIS/PASEP), no último dia do mês de ocorrência dos fatos geradores;

•• Inciso IV com redação determinada pela Lei n. 8.850, de 28-1-1994.

V – demais tributos, contribuições e receitas da União, arrecadados pela Secretaria da Receita Federal, não referidos nesta Lei, nas datas dos respectivos vencimentos;

•• Inciso V com redação determinada pela Lei n. 8.850, de 28-1-1994.

•• A Secretaria da Receita Federal passa a denominar-se Secretaria da Receita Federal do Brasil, por força da Lei n. 11.457, de 16-3-2007.

VI – contribuições previdenciárias, no primeiro dia do mês subsequente ao de competência.

•• Inciso VI com redação determinada pela Lei n. 8.850, de 28-1-1994.

Parágrafo único. O imposto de que tratam os parágrafos do artigo anterior será convertido em quantidade de UFIR pelo valor desta no mês do recebimento ou ganho.

•• Parágrafo único com redação determinada pela Lei n. 8.850, de 28-1-1994.

Capítulo VI
DA ATUALIZAÇÃO DE DÉBITOS FISCAIS

Art. 54. Os débitos de qualquer natureza para com a Fazenda Nacional e os decorrentes de contribuições arrecadadas pela União, constituídos ou não, vencidos até 31 de dezembro de 1991 e não pagos até 2 de janeiro de 1992, serão atualizados monetariamente com base na legislação aplicável e convertidos, nessa data, em quantidade de UFIR diária.

§ 1.º Os juros de mora calculados até 2 de janeiro de 1992 serão, também, convertidos em quantidade de UFIR, na mesma data.

§ 2.º Sobre a parcela correspondente ao tributo ou contribuição, convertida em quantidade de UFIR, incidirão juros moratórios à razão de 1% (um por cento), por mês-calendário ou fração, a partir de fevereiro de 1992, inclusive, além da multa de mora ou de ofício.

§ 3.º O valor a ser recolhido será obtido multiplicando-se a correspondente quantidade de UFIR pelo valor diário desta na data do pagamento.

Art. 55. Os débitos que forem objeto de parcelamento serão consolidados na data da concessão e expressos em quantidade de UFIR diária.

§ 1.º O valor do débito consolidado, expresso em quantidade de UFIR, será dividido pelo número de parcelas mensais concedidas.

§ 2.º O valor de cada parcela mensal, por ocasião do pagamento, será acrescido de juros na forma da legislação pertinente.

§ 3.º Para efeito de pagamento, o valor em cruzeiros de cada parcela mensal será determinado mediante a multiplicação de seu valor, expresso em quantidade de UFIR, pelo valor desta no dia do pagamento.

Art. 56. No caso de parcelamento concedido administrativamente até o dia 31 de dezembro de 1991, o saldo devedor, a partir de 1.º de janeiro de 1992, será expresso em quantidade de UFIR diária mediante a divisão do débito, atualizado monetariamente, pelo valor da UFIR diária no dia 1.º de janeiro de 1992.

Parágrafo único. O valor em cruzeiros do débito ou da parcela será determinado mediante a multiplicação da respectiva quantidade de UFIR pelo valor diário desta na data do pagamento.

Art. 57. Os débitos de qualquer natureza para com a Fazenda Nacional, bem como os decorrentes de contribuições arrecadadas pela União, poderão, sem prejuízo da respectiva liquidez e certeza, ser inscritos como Dívida Ativa da União, pelo valor expresso em quantidade de UFIR.

§ 1.º Os débitos de que trata este artigo, que forem objeto de parcelamento, serão consolidados na data de sua concessão e expressos em quantidade de UFIR.

§ 2.º O encargo referido no art. 1.º do Decreto-lei n. 1.025, de 21 de outubro de 1969, modificado pelo art. 3.º do Decreto-lei n. 1.569, de 8 de agosto de 1977, e art. 3.º do Decreto-lei n. 1.645, de 11 de dezembro de 1978, será calculado sobre o montante do débito, inclusive multas, atualizado monetariamente e acrescido de juros e multa de mora.

Art. 58. No caso de lançamento de ofício, a base de cálculo, o imposto, as contribuições arrecadadas pela União e os acréscimos legais serão expressos em UFIR diária ou mensal, conforme a legislação de regência do tributo ou contribuição.

Parágrafo único. Os juros e a multa de lançamento de ofício serão calculados com base no imposto ou contribuição expresso em quantidade de UFIR.

Capítulo VII
DAS MULTAS E DOS JUROS DE MORA

Art. 59. Os tributos e contribuições administrados pelo Departamento da Receita Federal, que não forem pagos até a data do vencimento, ficarão sujeitos à multa de mora de 20% (vinte por cento) e a juros de mora de 1% (um por cento) ao mês-calendário ou fração, calculados sobre o valor do tributo ou contribuição corrigido monetariamente.

§ 1.º A multa de mora será reduzida a 10% (dez por cento), quando o débito for pago até o último dia útil do mês subsequente ao do vencimento.

§ 2.º A multa incidirá a partir do primeiro dia após o vencimento do débito; os juros, a partir do primeiro dia do mês subsequente.

Art. 60. (*Revogado pela Lei n. 11.941, de 27-5-2009.*)

Art. 61. As contribuições previdenciárias arrecadadas pelo Instituto Nacional de Seguro Social – INSS ficarão sujeitas à multa variável, de caráter não relevável, nos seguintes percentuais, incidentes sobre os valores atualizados monetariamente até a data do pagamento:

I – 10% (dez por cento) sobre os valores das contribuições em atraso que, até a data do pagamento, não tenham sido incluídas em notificação de débito;

II – 20% (vinte por cento) sobre os valores pagos dentro de 15 (quinze) dias contados da data do recebimento da correspondente notificação de débito;

III – 30% (trinta por cento) sobre todos os valores pagos mediante parcelamento, desde que requerido no prazo do inciso anterior;

IV – 60% (sessenta por cento) sobre os valores pagos em quaisquer outros casos, inclusive por falta de cumprimento de acordo para o parcelamento.

Parágrafo único. É facultada a realização de depósito, à disposição da Seguridade Social, sujeito aos mesmos percentuais dos incisos I e II, conforme o caso, para apresentação de defesa.

Capítulo VIII
DAS DISPOSIÇÕES FINAIS E TRANSITÓRIAS

....

Art. 63. (*Revogado pela Lei n. 11.033, de 21-12-2004.*)

Art. 64. Responderão como coautores de crime de falsidade o gerente e o administrador de instituição financeira ou assemelhadas que concorrerem para que seja aberta conta ou movimentados recursos sob nome:

I – falso;

II – de pessoa física ou de pessoa jurídica inexistente;

III – de pessoa jurídica liquidada de fato ou sem representação regular.

Parágrafo único. É facultado às instituições financeiras e às assemelhadas solicitar ao Departamento da Receita Federal a confirmação do número de inscrição no Cadastro de Pessoas Físicas ou no Cadastro Geral de Contribuintes.

Art. 65. Terá o tratamento de permuta a entrega, pelo licitante vencedor, de títulos da dívida pública federal ou de outros créditos contra a União, como contrapartida à aquisição das ações ou quotas leiloadas no âmbito do Programa Nacional de Desestatização.

•• *Vide* art. 2.º da Medida Provisória n. 2.159-70, de 24-8-2001.

§ 1.º Na hipótese de adquirente pessoa física, deverá ser considerado como custo de aquisição das ações ou quotas da empresa privatizável o custo de aquisição dos direitos contra a União, corrigido monetariamente até a data da permuta.

§ 2.º Na hipótese de pessoa jurídica não tributada com base no lucro real, o custo de aquisição será apurado na forma do parágrafo anterior.

§ 3.º No caso de pessoa jurídica tributada com base no lucro real, o custo de aquisição das ações ou quotas leiloadas será igual ao valor contábil dos títulos ou créditos entregues pelo adquirente na data da operação.

§ 4.º Quando se configurar, na aquisição, investimento relevante em coligada ou controlada, avaliável pelo valor do patrimônio líquido, a adquirente deverá registrar o valor da equivalência no patrimônio adquirido, em conta própria de investimentos, e o valor do ágio ou deságio na aquisição em subconta do mesmo investimento, que deverá ser computado na determinação do lucro real do mês de realização do investimento, a qualquer título.

Art. 66. Nos casos de pagamento indevido ou a maior de tributos, contribuições federais, inclusive previdenciárias, e receitas patrimoniais, mesmo quando resultante de reforma, anulação, revogação, ou rescisão de decisão condenatória, o contribuinte poderá efetuar a compensação desse valor no recolhimento de importância correspondente a período subsequente.

•• *Caput* com redação determinada pela Lei n. 9.069, de 29-6-1995.

•• Sobre a compensação de que trata este artigo, *vide* art. 39 e § 4.º da Lei n. 9.250, de 26-12-1995.

•• *Vide* Súmula 464 do STJ.

• A Instrução Normativa n. 971, de 13-11-2009, da Secretaria da Receita Federal do Brasil, dispõe sobre normas gerais de tributação previdenciária e de arrecadação das contribuições sociais destinadas à previdência social e a outras entidades administradas pela Secretaria da Receita Federal do Brasil.

§ 1.º A compensação só poderá ser efetuada entre tributos, contribuições e receitas da mesma espécie.

•• § 1.º com redação determinada pela Lei n. 9.069, de 29-6-1995.

• *Vide* Súmulas 212 e 213 do STJ.

§ 2.º É facultado ao contribuinte optar pelo pedido de restituição.

•• *Vide* Súmula 461 do STJ.

§ 3.º A compensação ou restituição será efetuada pelo valor do tributo ou contribuição ou receita corrigido monetariamente com base na variação da UFIR.

•• § 3.º com redação determinada pela Lei n. 9.069, de 29-6-1995.

§ 4.º As Secretarias da Receita Federal e do Patrimônio da União e o Instituto Nacional de Seguro Social - INSS expedirão as instruções necessárias ao cumprimento do disposto neste artigo.

•• § 4.º com redação determinada pela Lei n. 9.069, de 29-6-1995.

• O Decreto n. 2.138, de 29-1-1997, e a Instrução Normativa n. 900, de 30-12-2008, da Secretaria da Receita Federal do Brasil, dispõem sobre a compensação de créditos tributários com créditos do sujeito passivo decorrentes de restituição ou ressarcimento de tributos ou contribuições.

Art. 67. A competência de que trata o art. 1.º da Lei n. 8.022, de 12 de abril de 1990, relativa à apuração, inscrição e cobrança da Dívida Ativa oriunda das receitas arrecadadas pelo Instituto Nacional de Colonização e Reforma Agrária - INCRA, bem como a representação judicial nas respectivas execuções fiscais, cabe à Procuradoria-Geral da Fazenda Nacional.

• *Vide* Súmula 139 do STJ.

Art. 68. O Anexo I do Decreto-lei n. 2.225, de 10 de janeiro de 1985, passa a vigorar na forma do Anexo I a esta Lei.

Parágrafo único. Fica igualmente aprovado o Anexo II a esta Lei, que altera a composição prevista no Decreto-lei n. 2.192, de 26 de dezembro de 1984.

•• Os anexos previstos no *caput* e no parágrafo único deste artigo deixam de ser publicados, por não interessarem à obra.

Art. 69. O produto da arrecadação de multas, inclusive as que fazem parte do valor pago por execução da Dívida Ativa e de sua respectiva correção monetária, incidentes sobre tributos e contribuições administrados pelo Departamento da Receita Federal e próprios da União, bem como daquelas aplicadas à rede arrecadadora de receitas federais, constituirá receita do Fundo instituído pelo Decreto-lei n. 1.437, de 17 de dezembro de 1975, sem prejuízo do disposto na legislação pertinente, excluídas as transferências constitucionais para os Estados, o Distrito Federal e os Municípios.

Art. 70. Ficam isentas dos tributos incidentes sobre a importação as mercadorias destinadas a consumo no recinto de congressos, feiras e exposições internacionais, e eventos assemelhados, a título de promoção ou degustação, de montagem ou conservação de estandes, ou de demonstração de equipamentos em exposição.

§ 1.º A isenção não se aplica a mercadorias destinadas à montagem de estandes, susceptíveis de serem aproveitadas após o evento.

§ 2.º É condição para gozo da isenção que nenhum pagamento, a qualquer título, seja efetuado ao exterior, em relação às mercadorias mencionadas no *caput* deste artigo.

§ 3.º A importação das mercadorias objeto da isenção fica dispensada da Guia de importação mas sujeita-se a limites de quantidade e valor, além de outros requisitos estabelecidos pelo Ministro da Economia, Fazenda e Planejamento.

Art. 71. As pessoas jurídicas de que trata o art. 1.º do Decreto-lei n. 2.397, de 21 de dezembro de 1987, que preencham os requisitos dos incisos I e II do art. 40, poderão optar pela tributação com base no lucro presumido.

Parágrafo único. Em caso de opção, a pessoa jurídica pagará o imposto correspondente ao ano-calendário de 1992, obedecendo ao disposto no art. 40, sem prejuízo do pagamento do imposto devido por seus sócios no exercício de 1992, ano-base de 1991.

Art. 72. Ficam isentas do IOF as operações de financiamento para a aquisição de automóveis de passageiros de fabricação nacional de até 127 HP de potência bruta (SAE), quando adquiridos por:

•• *Vide* Decreto n. 6.306, de 14-12-2007, art. 9.º, VI.

I – motoristas profissionais que, na data da publicação desta Lei, exerçam comprovadamente em veículo de sua propriedade a atividade de condutor autônomo de passageiros, na condição de titular de autorização, permissão ou concessão do poder concedente e que destinem o automóvel à utilização na categoria de aluguel (táxi);

II – motoristas profissionais autônomos titulares de autorização, permissão ou concessão para exploração do serviço de transporte individual de passageiros (táxi), impedidos de continuar exercendo essa atividade em virtude de destruição completa, furto ou roubo do veículo, desde que destinem o veículo adquirido à utilização na categoria de aluguel (táxi);

III – cooperativas de trabalho que sejam permissionárias ou concessionárias de transporte público de passageiros, na categoria de aluguel (táxi), desde que tais veículos se destinem à utilização nessa atividade;

IV – pessoas portadoras de deficiência física, atestada pelo Departamento de Trânsito do Estado onde residirem em caráter permanente, cujo laudo de perícia médica especifique:

a) o tipo de defeito físico e a total incapacidade do requerente para dirigir automóveis convencionais;

b) a habilitação do requerente para dirigir veículo com adaptações especiais, descritas no referido laudo;

V – trabalhador desempregado ou subempregado, titular de financiamento do denominado Projeto Balcão de Ferramentas, destinado à aquisição de maquinário, equipamentos e ferramentas que possibilitem a aquisição de bens e a prestação de serviços à comunidade.

§ 1.º O benefício previsto neste artigo:

a) poderá ser utilizado uma única vez;

b) será reconhecido pelo Departamento da Receita Federal mediante prévia verificação de que o adquirente possui os requisitos.

§ 2.º Na hipótese do inciso V, o reconhecimento ficará adstrito aos tomadores residentes na área de atuação do Projeto, os quais serão indicados pelos Governos Estaduais, mediante convênio celebrado com a Caixa Econômica Federal.

§ 3.º A alienação do veículo antes de 3 (três) anos contados da data de sua aquisição, a pessoas que não satisfaçam as condições e os requisitos, acarretará o pagamento, pelo alienante, da importância correspondente à diferença da alíquota aplicável à operação e a de que trata este artigo, calculada sobre o valor do financiamento, sem prejuízo da incidência dos demais encargos previstos na legislação tributária.

....

Art. 74. Integrarão a remuneração dos beneficiários:

I – a contraprestação de arrendamento mercantil ou o aluguel ou, quando for o caso, os respectivos encargos de depreciação, atualizados monetariamente até a data do balanço:

a) de veículo utilizado no transporte de administradores, diretores, gerentes e seus assessores ou de terceiros em relação à pessoa jurídica;

b) de imóvel cedido para uso de qualquer pessoa dentre as referidas na alínea precedente;

II – as despesas com benefícios e vantagens concedidos pela empresa a administradores, diretores, gerentes e seus assessores, pagos diretamente ou através da contratação de terceiros, tais como:

a) a aquisição de alimentos ou quaisquer outros bens para utilização pelo beneficiário fora do estabelecimento da empresa;

b) os pagamentos relativos a clubes e assemelhados;

c) o salário e respectivos encargos sociais de empregados postos à disposição ou cedidos, pela empresa, a administradores, diretores, gerentes e seus assessores ou de terceiros;

d) a conservação, o custeio e a manutenção dos bens referidos no item I.

§ 1.º A empresa identificará os beneficiários das despesas e adicionará aos respectivos salários os valores a elas correspondentes.

§ 2.º A inobservância do disposto neste artigo implicará a tributação dos respectivos valores, exclusivamente na fonte, à alíquota de 33% (trinta e três por cento).

•• *Vide* art. 61 da Lei n. 8.981, de 20-1-1995.

Art. 75. Sobre os lucros apurados a partir de 1.º de janeiro de 1993 não incidirá o imposto de renda na fonte sobre o lucro líquido, de que trata o art. 35 da Lei n. 7.713, de 1988, permanecendo em vigor a não incidência do imposto sobre o que for distribuído a pessoas físicas ou jurídicas, residentes ou domiciliadas no País.

Parágrafo único. (*Vetado.*)

Art. 76. Não mais será exigido o imposto suplementar de renda de que trata o art. 43 da Lei n. 4.131, de 3 de setembro de 1962, com a redação dada pelo art. 1.º do Decreto-lei n. 2.073, de 20 de junho de 1983, relativamente aos triênios encerrados posteriormente a 31 de dezembro de 1991.

Art. 77. A partir de 1.º de janeiro de 1993, a alíquota do imposto de renda incidente na fonte sobre lucros e dividendos de que trata o art. 97 do Decreto-lei n. 5.844, de 23 de setembro de 1943, com as modificações posteriormente introduzidas, passará a ser de 15% (quinze por cento).

Art. 78. Relativamente ao exercício financeiro de 1992, ano-base de 1991, o saldo do imposto a pagar ou o valor a ser restituído, apurado pelas pessoas físicas de acordo com a Lei n. 8.134, de 1990, será convertido em quantidade de UFIR pelo valor desta no mês de janeiro de 1992.

§ 1.º O saldo do imposto devido será pago nos prazos e condições fixados na legislação vigente.

§ 2.º Os valores em cruzeiros do imposto ou de quota deste, bem assim o do saldo a ser restituído, serão determinados mediante a multiplicação de seu valor, expresso em quantidade de UFIR, pelo valor desta no mês de pagamento.

Art. 79. O valor do imposto de renda incidente sobre o lucro real, presumido ou arbitrado, da contribuição social sobre o lucro (Lei n. 7.689, de 1988) e do imposto sobre o lucro líquido (Lei n. 7.713, de 1988, art. 35), relativos ao exercício financeiro de 1992, período-base de 1991, será convertido em quantidade de UFIR diária, segundo o valor desta no dia 1.º de janeiro de 1992.

Parágrafo único. Os impostos e a contribuição social, bem como cada duodécimo ou quota destes, serão reconvertidos em cruzeiros mediante a multiplicação da quantidade de UFIR diária pelo valor dela na data do pagamento.

Art. 80. Fica autorizada a compensação do valor pago ou recolhido a título de encargo relativo à Taxa Referencial Diária – TRD acumulada entre a data da ocorrência do fato gerador e a do vencimento dos tributos e contribuições federais, inclusive previdenciárias, pagos ou recolhidos a partir de 4 de fevereiro de 1991.

Art. 81. A compensação dos valores de que trata o artigo precedente, pagos pelas pessoas jurídicas, dar-se-á na forma a seguir:

• *Vide* Súmulas 212 e 213 do STJ.

I – os valores referentes à TRD pagos em relação a parcelas do imposto de renda das pessoas jurídicas, imposto de renda na fonte sobre o lucro líquido (Lei n. 7.713, de 1988, art. 35), bem como correspondentes a recolhimento do imposto de renda retido na fonte sobre rendimentos de qualquer espécie poderão ser compensados com impostos da mesma espécie ou entre si, dentre os referidos neste inciso, inclusive com os valores a recolher a título de parcela estimada do imposto de renda;

II – os valores referentes à TRD pagos em relação às parcelas da contribuição social sobre o lucro (Lei n. 7.689, de 1988), do FINSOCIAL e do PIS/PASEP, somente poderão ser compensados com as parcelas a pagar de contribuições da mesma espécie;

III – os valores referentes à TRD recolhidos em relação a parcelas do Imposto sobre Produtos Industrializados – IPI e os pagos em relação às parcelas dos demais tributos ou contribuições somente poderão ser compensados com parcelas de tributos e contribuições da mesma espécie.

Art. 82. Fica a pessoa física autorizada a compensar os valores referentes à TRD, pagos sobre as parcelas de imposto de renda por ela devidas, relacionadas a seguir:

I – quotas do imposto de renda das pessoas físicas;

II – parcelas devidas a título de "carnê-leão";

III – imposto de renda sobre ganho de capital na alienação de bens móveis ou imóveis;

IV – imposto de renda sobre ganhos líquidos apurados no mercado de renda variável.

Art. 83. Na impossibilidade da compensação total ou parcial dos valores referentes à TRD, o saldo não compensado terá o tratamento de crédito de imposto de renda, que poderá ser compensado com o imposto apurado na declaração de ajuste anual da pessoa jurídica ou física, a ser apresentada a partir do exercício financeiro de 1992.

Art. 84. Alternativamente ao procedimento autorizado no artigo anterior, o contribuinte poderá pleitear a restituição do valor referente à TRD mediante processo regular apresentado na repartição do Departamento da Receita Federal do seu domicílio fiscal, observando as exigências de comprovação do valor a ser restituído.

Art. 85. Ficam convalidados os procedimentos de compensação de valores referentes à TRD pagos ou recolhidos e efetuados antes da vigência desta Lei, desde que tenham sido observadas as normas e condições da mesma.

Art. 86. As pessoas jurídicas de que trata o art. 3.º do Decreto-lei n. 2.354, de 24 de agosto de 1987, deverão pagar o imposto de renda relativo ao período-base encerrado em 31 de dezembro de 1991 e o relativo aos meses dos anos-calendário de 1992 e 1993, da seguinte forma:

I – o do período-base encerrado em 31 de dezembro de 1991:

a) nos meses de janeiro a março, em duodécimos mensais, na forma do referido Decreto-lei;

b) nos meses de abril a junho, em quotas mensais, iguais e sucessivas, vencendo-se cada uma no último dia útil dos mesmos meses;

II – o dos meses do ano-calendário de 1992, em nove parcelas mensais e sucessivas, vencíveis, cada uma, no último dia útil a partir do mês de julho, observado o seguinte:

a) em julho de 1992, o referente aos meses de janeiro e fevereiro;

b) em agosto de 1992, o referente aos meses de março e abril;

c) em setembro de 1992, o referente aos meses de maio e junho;

d) em outubro de 1992, o referente ao mês de julho;

e) em novembro de 1992, o referente ao mês de agosto;

f) em dezembro de 1992, o referente ao mês de setembro;

g) em janeiro de 1993, o referente ao mês de outubro;

h) em fevereiro de 1993, o referente ao mês de novembro; e,

i) em março de 1993, o referente ao mês de dezembro.

III – (*Revogado pela Lei n. 8.541, de 23-12-1992.*)

§ 1.º Ressalvado o disposto no § 2.º, as pessoas jurídicas de que trata este artigo poderão optar pelo pagamento do imposto correspondente aos meses do ano-calendário de 1992, calculado por estimativa, da seguinte forma:

a) nos meses de julho, agosto e setembro de 1992, no último dia útil de cada um, dois duodécimos do imposto e adicional apurados no balanço anual levantado em 31 de dezembro de 1991;

b) nos meses de outubro de 1992 a março de 1993, no último dia útil de cada um, um sexto do imposto e adicional apurados em balanço ou balancete semestral levantado em 30 de junho de 1992.

§ 2.º No ano-calendário de 1992, não poderá optar pelo pagamento do imposto calculado por estimativa a pessoa jurídica que, no exercício de 1992, período-base de 1991, apresentou prejuízo fiscal.

§ 3.º (*Revogado pela Lei n. 8.541, de 23-12-1992.*)

§ 4.º As pessoas jurídicas que exercerem a opção prevista nos parágrafos anteriores deverão observar o disposto nos §§ 4.º e 5.º do art. 39.

§ 5.º As disposições deste artigo aplicam-se também ao pagamento da contribuição social sobre o lucro (Lei n. 7.689, de 1988) e do imposto de renda incidente na fonte sobre o lucro líquido (Lei n. 7.713, de 1988, art. 35), correspondente ao período-base encerrado em 31 de dezembro de 1991 e ao ano-calendário de 1992.

§ 6.º O imposto de renda e a contribuição social serão convertidos em quantidade de UFIR diária pelo valor desta no último dia do mês a que corresponderem.

§ 7.º É facultado à pessoa jurídica pagar antecipadamente o imposto, duodécimo ou quota.

§ 8.º (*Revogado pela Lei n. 8.541, de 23-12-1992.*)

Art. 87. As pessoas jurídicas tributadas com base no lucro real, não submetidas ao disposto no artigo anterior, deverão pagar o imposto de renda relativo ao período-base encerrado em 31 de dezembro de 1991 e o relativo aos meses dos anos-calendário de 1992 e 1993, da seguinte forma:

I – o do período-base encerrado em 31 de dezembro de 1991, em seis quotas mensais, iguais e sucessivas, vencíveis no último dia útil dos meses de abril a setembro de 1992;

II – o dos meses do ano-calendário de 1992, em 6 (seis) quotas mensais e sucessivas, vencíveis no último dia útil, a partir do mês de outubro de 1992, observado o seguinte:

a) em outubro de 1992, o imposto referente aos meses de janeiro e fevereiro;

b) em novembro de 1992, o imposto referente aos meses de março e abril;

c) em dezembro de 1992, o imposto referente aos meses de maio e junho;

d) em janeiro de 1993, o imposto referente aos meses de julho e agosto;

e) em fevereiro de 1993, o imposto referente aos meses de setembro e outubro;

f) em março de 1993, o imposto referente aos meses de novembro e dezembro;

III – (*Revogado pela Lei n. 8.541, de 23-12-1992.*)

§ 1.º As pessoas jurídicas de que trata este artigo poderão optar pelo pagamento do imposto correspondente aos meses dos anos-calendário de 1992 e 1993, calculado por estimativa, da seguinte forma:

I – o relativo ao ano-calendário de 1992, nos meses de outubro de 1992 a março de 1993, no último dia útil de cada um, dois sextos do imposto e adicional apurados em balanço ou balancete semestral levantado em 30 de junho de 1992;

II – (*Revogado pela Lei n. 8.541, de 23-12-1992.*)

§ 2.º As disposições deste artigo aplicam-se também ao pagamento da contribuição social sobre o lucro (Lei n. 7.689, de 1988), correspondente ao período-base encerrado em 31 de dezembro de 1991 e aos anos-calendário de 1992 e 1993, estendendo-se o mesmo regime ao imposto sobre o lucro líquido (Lei n. 7.713, de 1988, art. 35), enquanto este vigorar.

§ 3.º O imposto de renda e a contribuição social serão convertidos em quantidade de UFIR diária pelo valor desta no último dia do mês a que corresponder.

§ 4.º É facultado à pessoa jurídica pagar antecipadamente o imposto, duodécimo ou quota.

§ 5.º A partir do mês de fevereiro de 1994, as pessoas jurídicas de que trata este artigo iniciarão o pagamento do imposto referente aos meses do ano em curso.

Art. 88. (*Revogado pela Lei n. 8.541, de 23-12-1992.*)

Art. 89. As empresas que optarem pela tributação com base no lucro presumido deverão pagar o imposto de renda da pessoa jurídica e a contribuição social sobre o lucro (Lei n. 7.689, de 1988):

I – relativos ao período-base de 1991, nos prazos fixados na legislação em vigor, sem as modificações introduzidas por esta Lei;

II – a partir do ano-calendário de 1992, segundo o disposto no art. 40.

•• Citado dispositivo encontra-se revogado pela Lei n. 8.541, de 23-12-1992.

Art. 90. A pessoa jurídica que, no ano-calendário de 1991, tiver auferido receita bruta total igual ou inferior a um bilhão de cruzeiros poderá optar pela tributação com base no lucro presumido no ano-calendário de 1992.

Art. 91. As parcelas de antecipação do imposto de renda e da contribuição social sobre o lucro, relativas ao exercício financeiro de 1992, pagas no ano de 1991, serão corrigidas monetariamente com base na variação acumulada no INPC desde o mês do pagamento até dezembro de 1991.

Parágrafo único. A contrapartida do registro da correção monetária referida neste artigo será escriturada como variação monetária ativa, na data do balanço.

Art. 92. (*Revogado pela Lei n. 9.430, de 27-12-1996.*)

Art. 93. O art. 1.º e o art. 2.º do Decreto-lei n. 1.804, de 3 de setembro de 1980, passam a vigorar com as seguintes modificações:

•• Alteração no art. 1.º prejudicada em face de posterior revogação de seu § 3.º pela Lei n. 9.001, de 16-3-1995.

Art. 94. O Ministro da Economia, Fazenda e Planejamento expedirá os atos necessários à execução do disposto nesta Lei, observados os princípios e as diretrizes nela estabelecidos, objetivando, especialmente, a simplificação e a desburocratização dos procedimentos.

Parágrafo único. (*Revogado pela Lei n. 8.541, de 23-12-1992.*)

Art. 95. O Ministro da Economia, Fazenda e Planejamento poderá, em 1992 e 1993, alongar o prazo de pagamento dos impostos e da contribuição social sobre o lucro, se a conjuntura econômica assim o exigir.

Art. 96. No exercício financeiro de 1992, ano-calendário de 1991, o contribuinte apresentará declaração de bens na qual os bens e direitos serão individualmente avaliados a valor de mercado no dia 31 de dezembro de 1991, e convertidos em quantidade de UFIR pelo valor desta no mês de janeiro de 1992.

§ 1.º A diferença entre o valor de mercado referido neste artigo e o constante de declarações de exercícios anteriores será considerada rendimento isento.

§ 2.º A apresentação da declaração de bens com estes avaliados em valores de mercado não exime os declarantes de manter e apresentar elementos que permitam a identificação de seus custos de aquisição.

§ 3.º A autoridade lançadora, mediante processo regular, arbitrará o valor informado, sempre que este não mereça fé, por notoriamente diferente do de mercado, ressalvada, em caso de contestação, avaliação contraditória administrativa ou judicial.

§ 4.º Todos e quaisquer bens e direitos adquiridos, a partir de 1.º de janeiro de 1992, serão informados, nas declarações de bens de exercícios posteriores, pelos respectivos valores em UFIR, convertidos com base no valor desta no mês de aquisição.

§ 5.º Na apuração de ganhos de capital na alienação dos bens e direitos de que trata este artigo será considerado custo de aquisição o valor em UFIR:

a) constante da declaração relativa ao exercício financeiro de 1992, relativamente aos bens e direitos adquiridos até 31 de dezembro de 1991;

b) determinado na forma do parágrafo anterior, relativamente aos bens e direitos adquiridos a partir de 1.º de janeiro de 1992.

§ 6.º A conversão, em quantidade de UFIR, das aplicações financeiras em títulos e valores mobiliários de renda variável, bem como em ouro ou certificados representativos de ouro, ativo financeiro, será realizada adotando-se o maior dentre os seguintes valores:

a) de aquisição, acrescido da correção monetária e da variação da Taxa Referencial Diária – TRD até 31 de dezembro de 1991, nos termos admitidos em lei;

b) de mercado, assim entendido o preço médio ponderado das negociações do ativo, ocorridas na última quinzena do mês de dezembro de 1991, em bolsas do País, desde que reflitam condições regulares de oferta e procura, ou o valor da quota resultante da avaliação da carteira do fundo mútuo de ações ou clube de investimento, exceto Plano de Poupança e Investimento - PAIT, em 31 de dezembro de 1991, mediante aplicação dos preços médios ponderados.

§ 7.º Excluem-se do disposto neste artigo os direitos ou créditos relativos a operações financeiras de renda fixa, que serão informados pelos valores de aquisição ou aplicação, em cruzeiros.

§ 8.º A isenção de que trata o § 1.º não alcança:

a) os direitos ou créditos de que trata o parágrafo precedente;

b) os bens adquiridos até 31 de dezembro de 1990, não relacionados na declaração de bens relativa ao exercício de 1991.

§ 9.º Os bens adquiridos no ano-calendário de 1991 serão declarados em moeda corrente nacional, pelo valor de aquisição, e em UFIR, pelo valor de mercado em 31 de dezembro de 1991.

§ 10. O Poder Executivo fica autorizado a baixar as instruções necessárias à aplicação deste artigo, bem como a estabelecer critério alternativo para determinação do valor de mercado de títulos e valores mobiliários, se não ocorrerem negociações nos termos do § 6.º.

Art. 97. Esta Lei entra em vigor na data de sua publicação e produzirá efeitos a partir de 1.º de janeiro de 1992.

Art. 98. Revogam-se o art. 44 da Lei n. 4.131, de 3 de setembro de 1962, os §§ 1.º e 2.º do art. 11 da Lei n. 4.357, de 16 de julho de 1964, o art. 2.º da Lei n. 4.729, de 14 de julho de 1965, o art. 5.º do Decreto-lei n. 1.060, de 21 de outubro de 1969, os arts. 13 e 14 da Lei n. 7.713, de 1988, os incisos III e IV e os §§ 1.º e 2.º do art. 7.º e o art. 10 da Lei n. 8.023, de 1990, o inciso III e parágrafo único do art. 11 da Lei n. 8.134, de 27 de dezembro de 1990 e o art. 14 da Lei n. 8.137, de 27 de dezembro de 1990.

Brasília, 30 de dezembro de 1991; 170.º da Independência e 103.º da República.

FERNANDO COLLOR

LEI N. 8.397, DE 6 DE JANEIRO DE 1992 (*)

Institui medida cautelar fiscal e dá outras providências.(*)

O Presidente da República.

Faço saber que o Congresso Nacional decreta e eu sanciono a seguinte Lei:

Art. 1.º O procedimento cautelar fiscal poderá ser instaurado após a constituição do crédito, inclusive no curso da execução judicial da Dívida Ativa da União, dos Estados, do Distrito Federal, dos Municípios e respectivas autarquias.

•• *Caput* com redação determinada pela Lei n. 9.532, de 10-12-1997.

Parágrafo único. O requerimento da medida cautelar, na hipótese dos incisos V, *b*, e VII, do art. 2.º, independe da prévia constituição do crédito tributário.

•• Parágrafo único acrescentado pela Lei n. 9.532, de 10-12-1997.

Art. 2.º A medida cautelar fiscal poderá ser requerida contra o sujeito passivo de crédito tributário ou não tributário, quando o devedor:

•• *Caput* com redação determinada pela Lei n. 9.532, de 10-12-1997.

I – sem domicílio certo, intenta ausentar-se ou alienar bens que possui ou deixa de pagar a obrigação no prazo fixado;

II – tendo domicílio certo, ausenta-se ou tenta se ausentar, visando a elidir o adimplemento da obrigação;

III – caindo em insolvência, aliena ou tenta alienar bens;

•• Inciso III com redação determinada pela Lei n. 9.532, de 10-12-1997.

IV – contrai ou tenta contrair dívidas que comprometam a liquidez do seu patrimônio;

•• Inciso IV com redação determinada pela Lei n. 9.532, de 10-12-1997.

V – notificado pela Fazenda Pública para que proceda ao recolhimento do crédito fiscal:

a) deixa de pagá-lo no prazo legal, salvo se suspensa sua exigibilidade;

b) põe ou tenta pôr seus bens em nome de terceiros;

•• Inciso V com redação determinada pela Lei n. 9.532, de 10-12-1997.

VI – possui débitos, inscritos ou não em Dívida Ativa, que somados ultrapassem 30% (trinta por cento) do seu patrimônio conhecido;

•• Inciso VI acrescentado pela Lei n. 9.532, de 10-12-1997.

VII – aliena bens ou direitos sem proceder à devida comunicação ao órgão da Fazenda Pública competente, quando exigível em virtude de lei;

•• Inciso VII acrescentado pela Lei n. 9.532, de 10-12-1997.

VIII – tem sua inscrição no cadastro de contribuintes declarada inapta, pelo órgão fazendário;

•• Inciso VIII acrescentado pela Lei n. 9.532, de 10-12-1997.

(*) Publicada no *DOU*, de 7-1-1992, e retificada em 16-1-1992. O Decreto n. 7.574, de 29-9-2011, regulamenta o processo de determinação e exigência de créditos tributários da União, o processo de consulta sobre a aplicação da legislação tributária federal e outros processos que especifica, sobre matérias administradas pela Secretaria da Receita Federal do Brasil. A Instrução Normativa n. 1.565, de 11-5-2015, da Secretaria da Receita Federal do Brasil, estabelece procedimentos para o arrolamento de bens e direitos e representação para a propositura de medida cautelar fiscal.

IX – pratica outros atos que dificultem ou impeçam a satisfação do crédito.

•• Inciso IX acrescentado pela Lei n. 9.532, de 10-12-1997.

Art. 3.º Para a concessão da medida cautelar fiscal é essencial:

I – prova literal da constituição do crédito fiscal;

II – prova documental de algum dos casos mencionados no artigo antecedente.

Art. 4.º A decretação da medida cautelar fiscal produzirá, de imediato, a indisponibilidade dos bens do requerido, até o limite da satisfação da obrigação.

§ 1.º Na hipótese de pessoa jurídica, a indisponibilidade recairá somente sobre os bens do ativo permanente, podendo, ainda, ser estendida aos bens do acionista controlador e aos dos que em razão do contrato social ou estatuto tenham poderes para fazer a empresa cumprir suas obrigações fiscais, ao tempo:

a) do fato gerador, nos casos de lançamento de ofício;

b) do inadimplemento da obrigação fiscal, nos demais casos.

§ 2.º A indisponibilidade patrimonial poderá ser estendida em relação aos bens adquiridos a qualquer título do requerido ou daqueles que estejam ou tenham estado na função de administrador (§ 1.º), desde que seja capaz de frustrar a pretensão da Fazenda Pública.

§ 3.º Decretada a medida cautelar fiscal, será comunicada imediatamente ao registro público de imóveis, ao Banco Central do Brasil, à Comissão de Valores Mobiliários e às demais repartições que processem registros de transferência de bens, a fim de que, no âmbito de suas atribuições, façam cumprir a constrição judicial.

Art. 5.º A medida cautelar fiscal será requerida ao juiz competente para a execução judicial da Dívida Ativa da Fazenda Pública.

Parágrafo único. Se a execução judicial estiver em Tribunal, será competente o relator do recurso.

Art. 6.º A Fazenda Pública pleiteará a medida cautelar fiscal em petição devidamente fundamentada, que indicará:

I – o juiz a quem é dirigida;

II – a qualificação e o endereço, se conhecido, do requerido;

III – as provas que serão produzidas;

IV – o requerimento para citação.

Art. 7.º O juiz concederá liminarmente a medida cautelar fiscal, dispensada a Fazenda Pública de justificação prévia e de prestação de caução.

Parágrafo único. Do despacho que conceder liminarmente a medida cautelar caberá agravo de instrumento.

Art. 8.º O requerido será citado para, no prazo de 15 (quinze) dias, contestar o pedido, indicando as provas que pretenda produzir.

Parágrafo único. Conta-se o prazo da juntada aos autos do mandado:

a) de citação, devidamente cumprido;

b) da execução da medida cautelar fiscal, quando concedida liminarmente.

Art. 9.º Não sendo contestado o pedido, presumir-se-ão aceitos pelo requerido, como verdadeiros, os fatos alegados pela Fazenda Pública, caso em que o juiz decidirá em 10 (dez) dias.

Parágrafo único. Se o requerido contestar no prazo legal, o juiz designará audiência de instrução e julgamento, havendo prova a ser nela produzida.

Art. 10. A medida cautelar fiscal decretada poderá ser substituída, a qualquer tempo, pela prestação de garantia correspondente ao valor da pretensão da Fazenda Pública, na forma do art. 9.º da Lei n. 6.830, de 22 de setembro de 1980.

Parágrafo único. A Fazenda Pública será ouvida necessariamente sobre o pedido de substituição, no prazo de 5 (cinco) dias, presumindo-se da omissão a sua aquiescência.

Art. 11. Quando a medida cautelar fiscal for concedida em procedimento preparatório, deverá a Fazenda Pública propor a execução judicial da Dívida Ativa no prazo de 60 (sessenta) dias, contados da data em que a exigência se tornar irrecorrível na esfera administrativa.

Art. 12. A medida cautelar fiscal conserva a sua eficácia no prazo do artigo antecedente e na pendência do processo de execução judicial da Dívida Ativa, mas pode, a qualquer tempo, ser revogada ou modificada.

Parágrafo único. Salvo decisão em contrário, a medida cautelar fiscal conservará sua eficácia durante o período de suspensão do crédito tributário ou não tributário.

Art. 13. Cessa a eficácia da medida cautelar fiscal:

I – se a Fazenda Pública não propuser a execução judicial da Dívida Ativa no prazo fixado no art. 11 desta Lei;

II – se não for executada dentro de 30 (trinta) dias;

III – se for julgada extinta a execução judicial da Dívida Ativa da Fazenda Pública;

IV – se o requerido promover a quitação do débito que está sendo executado.

Parágrafo único. Se, por qualquer motivo, cessar a eficácia da medida, é defeso à Fazenda Pública repetir o pedido pelo mesmo fundamento.

Art. 14. Os autos do procedimento cautelar fiscal serão apensados aos do processo de execução judicial da Dívida Ativa da Fazenda Pública.

Art. 15. O indeferimento da medida cautelar fiscal não obsta a que a Fazenda Pública intente a execução judicial da Dívida Ativa, nem influi no julgamento desta, salvo se o juiz, no procedimento cautelar fiscal, acolher alegação de pagamento, de compensação, de transação, de remissão, de prescrição ou decadência, de conversão do depósito em renda, ou qualquer outra modalidade de extinção da pretensão deduzida.

Art. 16. Ressalvado o disposto no art. 15, a sentença proferida na medida cautelar fiscal não faz coisa julgada, relativamente à execução judicial da Dívida Ativa da Fazenda Pública.

Art. 17. Da sentença que decretar a medida cautelar fiscal caberá apelação, sem efeito suspensivo, salvo se o requerido oferecer garantia na forma do art. 10 desta Lei.

Art. 18. As disposições desta Lei aplicam-se, também, ao crédito proveniente das contribuições sociais previstas no art. 195 da Constituição Federal.

Art. 19. Esta Lei entra em vigor na data de sua publicação.

Art. 20. Revogam-se as disposições em contrário.

Brasília, 6 de janeiro de 1992; 171.º da Independência e 104.º da República.

FERNANDO COLLOR

LEI N. 8.541, DE 23 DE DEZEMBRO DE 1992 (*)

Altera a legislação do imposto de renda e dá outras providências.

O Vice-Presidente da República no exercício do cargo de Presidente da República.

Faço saber que o Congresso Nacional decreta e eu sanciono a seguinte Lei:

TÍTULO I
DO IMPOSTO DE RENDA DAS PESSOAS JURÍDICAS

Capítulo I
DO IMPOSTO SOBRE A RENDA MENSAL

Art. 1.º A partir do mês de janeiro de 1993, o imposto sobre a renda e adicional das pessoas jurídicas, inclusive das equiparadas, das sociedades civis em geral, das sociedades cooperativas, em relação aos resultados obtidos em suas operações ou atividades estranhas a sua finalidade, nos termos da legislação em vigor, e, por opção, o das sociedades civis de prestação de serviços relativos às profissões regulamentadas, será devido mensalmente, à medida em que os lucros forem sendo auferidos.

Art. 2.º A base de cálculo do imposto será o lucro real, presumido ou arbitrado, apurada mensalmente, convertida em quantidade de Unidade Fiscal de Referência - UFIR (Lei n. 8.383, de 30-12-1991, art. 1.º) diária pelo valor desta no último dia do período-base.

Seção I
Imposto sobre a Renda Mensal Calculado com Base no Lucro Real

Art. 3.º A pessoa jurídica, tributada com base no lucro real, deverá apurar mensalmente os seus resultados, com observância da legislação comercial e fiscal.

§ 1.º O imposto será calculado mediante a aplicação da alíquota de 25% (vinte e cinco por cento) sobre o lucro real mensal expresso em quantidade de UFIR diária.

§ 2.º Do imposto apurado na forma do parágrafo anterior a pessoa jurídica poderá excluir o valor:

a) dos incentivos fiscais de dedução do imposto, podendo o valor excedente ser compensado nos meses subsequentes, observados os limites e prazos fixados na legislação específica;

b) dos incentivos fiscais de redução e isenção do imposto, calculados com base no lucro da exploração apurado mensalmente;

c) do imposto de renda retido na fonte e incidente sobre receitas computadas na base de cálculo do imposto.

§ 3.º Os valores de que trata o parágrafo anterior serão convertidos em quantidade de UFIR diária pelo valor desta no último dia do período-base.

§ 4.º O valor do imposto a pagar, em cada mês, será recolhido até o último dia útil do mês subsequente ao de apuração, reconvertido para cruzeiro com base na expressão monetária da UFIR diária vigente no dia anterior ao do pagamento.

§ 5.º Nos casos em que o imposto de renda retido na fonte, de que trata o § 2.º, alínea *c*, deste artigo, seja superior ao devido, a diferença, corrigida monetariamente, poderá ser compensada com o imposto mensal a pagar relativo aos meses subsequentes.

§ 6.º Para os efeitos fiscais, os resultados apurados no encerramento de cada período-base mensal serão corrigidos monetariamente.

Art. 4.º (*Revogado pela Lei n. 9.532, de 10-12-1997.*)

Subseção I
Das pessoas jurídicas obrigadas à apuração do lucro real

Art. 5.º Sem prejuízo do pagamento mensal do imposto sobre a renda, de que trata o art. 3.º, desta Lei, a partir de 1.º de janeiro de 1993, ficarão obrigadas à apuração do lucro real as pessoas jurídicas:

I – cuja receita bruta total, acrescida das demais receitas e dos ganhos de capital, no ano-calendário anterior, tiver ultrapassado o limite correspondente a 9.600.000 (nove milhões e seiscentas mil) UFIR, ou o proporcional ao número de meses do período quando inferior a 12 (doze) meses;

II – constituídas sob a forma de sociedade por ações, de capital aberto;

III – cujas atividades sejam de bancos comerciais, bancos de investimentos, bancos de desenvolvimento, caixas econômicas, sociedades de crédito, financiamento e investimento, sociedades de crédito imobiliário, sociedades corretoras, distribuidoras de títulos e valores mobiliários, empresas de arrendamento mercantil, cooperativas de crédito, empresas de seguros privados e de capitalização e entidades de previdência privada aberta;

IV – que se dediquem à compra e à venda, ao loteamento, à incorporação ou à construção de imóveis e à execução de obras da construção civil;

(*) Publicada no *DOU*, de 24-12-1992. Sobre UFIR, *vide* Nota dos Organizadores. *Vide* Lei n. 9.532, de 10-12-1997.

V – que tenham sócio ou acionista residente ou domiciliado no exterior;

VI – que sejam sociedades controladoras, controladas e coligadas, na forma da legislação vigente;

VII – constituídas sob qualquer forma societária, e que de seu capital participem entidades da administração pública, direta ou indireta, federal, estadual ou municipal;

VIII – que sejam filiais, sucursais, agências ou representações, no País, de pessoas jurídicas com sede no exterior;

IX – que forem incorporadas, fusionadas ou cindidas no ano-calendário em que ocorrerem as respectivas incorporações, fusões ou cisões;

X – que gozem de incentivos fiscais calculados com base no lucro da exploração.

Subseção II
Das alterações na apuração do lucro real

Art. 6.º (*Vetado.*)

Art. 7.º As obrigações referentes a tributos ou contribuições somente serão dedutíveis, para fins de apuração do lucro real, quando pagas.

§ 1.º Os valores das provisões, constituídas com base nas obrigações de que trata o *caput* deste artigo, registrados como despesas indedutíveis, serão adicionados ao lucro líquido, para efeito de apuração do lucro real, e excluídos no período-base em que a obrigação provisionada for efetivamente paga.

§ 2.º Na determinação do lucro real, a pessoa jurídica não poderá deduzir como custo ou despesa o imposto sobre a renda de que for sujeito passivo como contribuinte ou como responsável em substituição ao contribuinte.

§ 3.º A dedutibilidade, como custo ou despesa, de rendimentos pagos ou creditados a terceiros abrange o imposto sobre os rendimentos que o contribuinte, como fonte pagadora, tiver o dever legal de reter e recolher, ainda que o contribuinte assuma o ônus do imposto.

§ 4.º Os impostos pagos pela pessoa jurídica na aquisição de bens do ativo permanente poderão, a seu critério, ser registrados como custo de aquisição ou deduzidos como despesas operacionais, salvo os pagos na importação de bens que se acrescerão ao custo de aquisição.

§ 5.º Não são dedutíveis como custo ou despesas operacionais as multas por infrações fiscais, salvo as de natureza compensatória e as impostas por infrações de que não resultem falta ou insuficiência de pagamento de tributo.

Art. 8.º Serão consideradas como redução indevida do lucro real, de conformidade com as disposições contidas no art. 6.º, § 5.º, alínea *b*, do Decreto-lei n. 1.598, de 26 de dezembro de 1977, as importâncias contabilizadas como custo ou despesa, relativas a tributos ou contribuições, sua respectiva atualização monetária e as multas, juros e outros encargos, cuja exigibilidade esteja suspensa nos termos do art. 151 da Lei n. 5.172, de 25 de outubro de 1966, haja ou não depósito judicial em garantia.

Art. 9.º O percentual admitido para a determinação do valor da provisão para créditos de liquidação duvidosa, previsto no art. 61, § 2.º, da Lei n. 4.506, de 30 de novembro de 1964, passa a ser de até 1,5% (um e meio por cento).

Parágrafo único. O percentual a que se refere este artigo será de até 0,5% (meio por cento) para as pessoas jurídicas referidas no art. 5.º, inciso III, desta Lei.

Art. 10. A partir de 1.º de janeiro de 1993, a pessoa jurídica estará sujeita a um adicional do imposto de renda à alíquota de 10% (dez por cento) sobre a parcela do lucro real ou arbitrado que ultrapassar:

I – 25.000 (vinte e cinco mil) UFIR, para as pessoas jurídicas que apurarem a base de cálculo mensalmente;

II – 300.000 (trezentas mil) UFIR, para as pessoas jurídicas que apurarem o lucro real anualmente.

§ 1.º A alíquota de adicional de que trata este artigo será de 15% (quinze por cento) para os bancos comerciais, bancos de investimento, bancos de desenvolvimento, caixas econômicas, sociedades de crédito, financiamento e investimento, sociedades de crédito imobiliário, sociedades corretoras, distribuidoras de títulos e valores mobiliários e empresas de arrendamento mercantil.

§ 2.º O valor do adicional será recolhido integralmente, não sendo permitidas quaisquer deduções.

§ 3.º O limite previsto no inciso II do *caput* deste artigo será proporcional ao número de meses do ano-calendário, no caso de período-base inferior a 12 (doze) meses.

Art. 11. O valor dos impostos recolhidos na forma dos arts. 29, 31 e 36, desta Lei, mantidas as demais disposições sobre a matéria, integrará o cálculo dos incentivos fiscais de que trata o Decreto-lei n. 1.376, de 12 de dezembro de 1974 (FINOR/FINAM/FUNRES).

Subseção III
Dos prejuízos fiscais

Art. 12. (*Revogado pela Lei n. 8.981, de 20-1-1995.*)

Seção II
Imposto sobre a Renda Mensal Calculado com Base no Lucro Presumido

Subseção I
Disposições gerais

Art. 13. Poderão optar pela tributação com base no lucro presumido as pessoas jurídicas cuja receita bruta total, acrescida das demais receitas e ganhos de capital, tenha sido igual ou inferior a 9.600.000 (nove milhões e seiscentas mil) UFIR no ano-calendário anterior.

§ 1.º O limite será calculado tomando-se por base as receitas mensais, divididas pelos valores da UFIR do último dia, dos meses correspondentes.

§ 2.º Sem prejuízo do recolhimento do imposto sobre a renda mensal de que trata esta seção, a opção pela tributação com base no lucro presumido será exercida e considerada definitiva pela entrega da declaração prevista no art. 18, inciso III, desta Lei.

§ 3.º A pessoa jurídica que iniciar atividade ou que resultar de qualquer das operações relacionadas no art. 5.º, inciso IX, desta Lei, que não esteja obrigada a tributação pelo lucro real poderá optar pela tributação com base no lucro presumido, no respectivo ano-calendário.

§ 4.º A pessoa jurídica que não exercer a opção prevista no § 2.º deste artigo deverá apurar o lucro real em 31 de dezembro de cada ano ou na data de encerramento de sua atividade, com base na legislação em vigor e com as alterações desta Lei, e deduzir do imposto apurado com base no lucro real o imposto recolhido na forma desta seção.

§ 5.º A diferença do imposto apurada na forma do parágrafo anterior será paga em cota única, até a data fixada para a entrega da declaração, quando positiva; e compensada com imposto devido nos meses subsequentes ao fixado para a entrega da declaração anual, ou restituída, se negativa.

Subseção II
Da tributação com base no lucro presumido

Art. 14. A base de cálculo do imposto será determinada mediante a aplicação do percentual de 3,5% (três e meio por cento) sobre a receita bruta mensal auferida na atividade, expressa em cruzeiros.

§ 1.º Nas seguintes atividades o percentual de que trata este artigo será de:

a) 3% (três por cento) sobre a receita bruta mensal auferida na revenda de combustível;

b) 8% (oito por cento) sobre a receita bruta mensal auferida sobre a prestação de serviços em geral, inclusive sobre os serviços de transporte, exceto o de cargas;

c) 20% (vinte por cento) sobre a receita bruta mensal auferida com as atividades de:

c.1) prestação de serviços, cuja receita remunere essencialmente o exercício pessoal, por parte dos sócios, de profissões que dependam de habilitação profissional legalmente exigida; e

c.2) intermediação de negócios, da administração de imóveis, locação ou administração de bens móveis;

d) 3,5% (três e meio por cento) sobre a receita bruta mensal auferida na prestação de serviços hospitalares.

§ 2.º No caso de atividades diversificadas, será aplicado o percentual correspondente a cada atividade.

§ 3.º Para os efeitos desta Lei, a receita bruta das vendas e serviços compreende o produto da venda de bens nas operações de conta própria, o preço dos serviços prestados e o resultado auferido nas operações de conta alheia.

§ 4.º Na receita bruta não se incluem as vendas canceladas, os descontos incondicionais concedidos e os impostos não cumulativos cobrados destacadamente do comprador ou contratante, e do qual o vendedor dos bens ou prestador dos serviços seja mero depositário.

§ 5.º A base de cálculo será convertida em quantidade de UFIR diária pelo valor desta no último dia do mês a que se referir.

Art. 15. O imposto sobre a renda mensal será calculado mediante a aplicação da alíquota de 25% (vinte e cinco por cento) sobre a base de cálculo expressa em quantidade de UFIR diária.

§ 1.º Do imposto apurado na forma do *caput* deste artigo a pessoa jurídica poderá excluir o valor dos incentivos fiscais de dedução do imposto, podendo o valor excedente ser compensado nos meses subsequentes, observados os limites e prazos fixados na legislação específica.

§ 2.º O imposto sobre a renda na fonte, pago ou retido, sobre as receitas incluídas na base de cálculo de que trata o art. 14, desta Lei, será compensado com o valor do imposto devido mensalmente e apurado nos termos deste artigo.

§ 3.º Para os efeitos do parágrafo anterior, o imposto pago ou retido, constante de documento hábil, e os incentivos de que trata o § 1.º, deste artigo, serão convertidos em quantidade de UFIR diária pelo valor desta no último dia do mês a que se referir o pagamento ou a retenção.

§ 4.º Nos casos em que o imposto sobre a renda pago ou retido na fonte seja superior ao devido, a diferença, corrigida monetariamente, poderá ser compensada com o imposto mensal dos meses subsequentes.

Art. 16. O imposto será pago até o último dia útil do mês subsequente ao de apuração, reconvertido para cruzeiro com base na expressão monetária da UFIR diária vigente no dia anterior ao do pagamento.

Subseção III
Da tributação mensal dos demais resultados e ganhos de capital

Art. 17. Os resultados positivos decorrentes de receitas não compreendidas na base de cálculo do art. 14, § 3.º, desta Lei, inclusive os ganhos de capital, serão tributados mensalmente, a partir de 1.º de janeiro de 1993, à alíquota de 25% (vinte e cinco por cento).

§ 1.º Entre os resultados a que alude o *caput* deste artigo, não se incluem os valores tributados na forma dos arts. 29 e 36, desta Lei, bem como as variações monetárias ativas decorrentes das operações mencionadas nos referidos artigos.

§ 2.º O ganho de capital, nas alienações de bens do ativo permanente e das aplicações em ouro não tributadas na forma do art. 29 desta Lei, corresponderá à diferença positiva verificada, no mês, entre o valor da alienação e o respectivo custo de aquisição, corrigido monetariamente, até a data da operação.

§ 3.º A base de cálculo do imposto de que trata este artigo será a soma dos resultados positivos e dos ganhos de capital, convertida em quantidade de UFIR diária pelo valor desta no último dia do período-base.

§ 4.º O imposto será pago até o último dia útil do mês subsequente ao de apuração, reconvertido para cruzeiro com base na expressão monetária da UFIR diária vigente no dia anterior ao do pagamento.

Subseção IV
Das demais obrigações das pessoas jurídicas optantes pela tributação com base no lucro presumido

Art. 18. A pessoa jurídica que optar pela tributação com base no lucro presumido deverá adotar os seguintes procedimentos:

I – escriturar os recebimentos e pagamentos ocorridos em cada mês, em Livro-Caixa, exceto se mantiver escrituração contábil nos termos da legislação comercial;

II – escriturar, ao término do ano-calendário, o Livro Registro de Inventário de seus estoques, exigido pelo art. 2.º, da Lei n. 154, de 25 de novembro de 1947;

III – apresentar, até o último dia útil do mês de abril do ano-calendário seguinte ou no mês subsequente ao de encerramento da atividade, Declaração Simplificada de Rendimentos e Informações, em modelo próprio aprovado pela Secretaria da Receita Federal;

•• A Secretaria da Receita Federal passa a denominar-se Secretaria da Receita Federal do Brasil, por força da Lei n. 11.457, de 16-3-2007.

IV – manter em boa guarda e ordem, enquanto não decorrido o prazo decadencial e não prescritas eventuais ações que lhes sejam pertinentes, todos os livros de escrituração obrigatórios, por legislação fiscal específica, bem como os documentos e demais papéis que serviram de base para apurar os valores indicados na Declaração Anual Simplificada de Rendimentos e Informações.

Art. 19. A pessoa jurídica que obtiver, no decorrer do ano-calendário, receita excedente ao limite previsto no art. 13 desta Lei, a partir do ano-calendário seguinte pagará o imposto sobre a renda com base no lucro real.

Parágrafo único. A pessoa jurídica que não mantiver escrituração comercial ficará obrigada a realizar, no dia 1.º de janeiro do ano-calendário seguinte, levantamento patrimonial, a fim de elaborar balanço de abertura e iniciar escrituração contábil.

Art. 20. Os rendimentos, efetivamente pagos a sócios ou titular de empresa individual e escriturados nos livros indicados no art. 18, inciso I, desta Lei, que ultrapassarem o valor do lucro presumido deduzido do imposto sobre a renda correspondente serão tributados na fonte e na declaração anual dos referidos beneficiários.

Seção III
Imposto sobre a Renda Mensal Calculado com Base no Lucro Arbitrado

Subseção I
Disposições gerais

Art. 21. (*Revogado pela Lei n. 8.981, de 20-1-1995.*)

Subseção II
Da tributação com base no lucro arbitrado

Art. 22. Presume-se, para os efeitos legais, rendimento pago aos sócios ou acionistas das pessoas jurídicas, na proporção da participação no capital social, ou integralmente ao titular da empresa individual, o lucro arbitrado deduzido do imposto de renda da pessoa jurídica e da contribuição social sobre o lucro.

Parágrafo único. O rendimento referido no *caput* deste artigo será tributado, exclusivamente na fonte, à alíquota de 25% (vinte e cinco por cento), devendo o imposto ser recolhido até o último dia útil do mês seguinte ao do arbitramento.

Seção IV
Imposto sobre a Renda Mensal Calculado por Estimativa

Subseção I
Disposições gerais

Art. 23. As pessoas jurídicas tributadas com base no lucro real poderão optar pelo pagamento do imposto mensal calculado por estimativa.

§ 1.º A opção será formalizada mediante o pagamento espontâneo do imposto relativo ao mês de janeiro ou do mês de início de atividade.

§ 2.º A opção de que trata o *caput* deste artigo poderá ser exercida em qualquer dos outros meses do ano-calendário uma única vez, vedada a prerrogativa prevista no art. 26, desta Lei.

§ 3.º A pessoa jurídica que optar pelo disposto no *caput*, deste artigo, poderá alterar sua opção e passar a recolher o imposto com base no lucro real mensal, desde que cumpra o disposto no art. 3.º, desta Lei.

§ 4.º O imposto recolhido por estimativa, exercida a opção prevista no § 3.º, deste artigo, será deduzido do apurado com base no lucro real dos meses correspondentes e os eventuais excessos serão compensados, corrigidos monetariamente, nos meses subsequentes.

§ 5.º Se do cálculo previsto no § 4.º deste artigo, resultar saldo de imposto a pagar, este será recolhido, corrigido monetariamente, na forma da legislação aplicável.

Subseção II
Da tributação por estimativa

Art. 24. No cálculo do imposto mensal por estimativa aplicar-se-ão as disposições pertinentes a apuração do lucro presumido e dos demais resultados positivos e ganhos de capital, previstas nos arts. 13 a 17 desta Lei, observado o seguinte:

a) (*Revogada pela Lei n. 9.069, de 29-6-1995.*)

b) as pessoas jurídicas e equiparadas que explorem atividades imobiliárias, tais como loteamento de terrenos, incorporação imobiliária ou construção de prédios destinados à venda, deverão considerar como receita bruta o montante efetivamente recebido, não gravado com cláusula de efeito suspensivo, relativo às unidades imobiliárias vendidas, inclusive as receitas transferidas da conta de "Resultado de Exercícios Futuros" (Lei n. 6.404, de 15 de dezembro de 1976, art. 181) e os custos recuperados de períodos anteriores;

c) no caso das pessoas jurídicas a que se refere o art. 5.º, inciso III, desta Lei, a base de cálculo do imposto será determinada mediante a aplicação do percentual de 6% (seis por cento) sobre a receita bruta mensal;

d) as pessoas jurídicas obrigadas a tributação pelo lucro real, beneficiárias dos incentivos fiscais de isenção e redução calculados com base no lucro da exploração, deverão:

d.1) aplicar as disposições pertinentes à apuração do lucro presumido, segregando as receitas brutas mensais de suas diversas atividades;

d.2) considerar os incentivos de redução e isenção no cálculo do imposto incidente sobre o lucro presumido das atividades incentivadas.

§ 1.º O imposto de renda retido na fonte sobre receitas computadas na determinação da base de cálculo poderá ser deduzido do imposto devido em cada mês (art. 15, § 2.º, desta Lei).

§ 2.º (*Vetado.*)

Art. 25. A pessoa jurídica que exercer a opção prevista no art. 23, desta Lei, deverá apurar o lucro real em 31 de dezembro de cada ano ou na data de encerramento de suas atividades, com base na legislação em vigor e com as alterações desta Lei.

§ 1.º O imposto recolhido por estimativa na forma do art. 24, desta Lei, será deduzido, corrigido monetariamente, do apurado na declaração anual, e a variação monetária ativa será computada na determinação do lucro real.

§ 2.º Para efeito de correção monetária das demonstrações financeiras, o resultado apurado no encerramento de cada período-base anual será corrigido monetariamente.

§ 3.º A pessoa jurídica incorporada, fusionada ou cindida deverá determinar o lucro real com base no balanço que serviu para a realização das operações de incorporação, fusão ou cisão.

§ 4.º O lucro real apurado nos termos deste artigo será convertido em quantidade de UFIR pelo valor desta no último dia do período de apuração.

Art. 26. Se não estiver obrigada à apuração do lucro real nos termos do art. 5.º desta Lei, a pessoa jurídica poderá, no ato da entrega da declaração anual ou de encerramento, optar pela tributação com base no lucro presumido, atendidas as disposições previstas no art. 18 desta Lei.

Art. 27. A pessoa jurídica tributada com base no lucro real e que tiver lucro diferido por permissão legal, cuja realização estiver vinculada ao seu efetivo recebimento, deverá, se optar pelo recolhimento do imposto mensal com base nas regras previstas no art. 23, desta Lei, adicionar à base de cálculo do imposto mensal o lucro contido na parcela efetivamente recebida, ainda que exerça a opção de que trata o art. 26, desta Lei.

Art. 28. As pessoas jurídicas que optarem pelo disposto no art. 23, desta Lei, deverão apurar o imposto na declaração anual do lucro real, e a diferença verificada entre o imposto devido na declaração e o imposto pago referente aos meses do período-base anual será:

I – paga em quota única, até a data fixada para entrega da declaração anual quando positiva;

II – compensada, corrigida monetariamente, com o imposto mensal a ser pago nos meses subsequentes ao fixado para a entrega da declaração anual se negativa, assegurada a alternativa de restituição do montante pago a maior corrigido monetariamente.

Seção V
Imposto sobre a Renda Mensal Calculado sobre Rendas Variáveis

Art. 29. Ficam sujeitas ao pagamento do imposto sobre a renda, à alíquota de 25% (vinte e cinco por cento), as pessoas jurídicas, inclusive isentas, que auferirem ganhos líquidos em operações realizadas, a partir de 1.º de janeiro de 1993, nas bolsas de valores, de mercadorias, de futuros e assemelhadas.

§ 1.º Considera-se ganho líquido o resultado positivo auferido nas operações ou contratos liquidados em cada mês, admitida a dedução dos custos e despesas efetivamente incorridos, necessários à realização das operações.

§ 2.º O ganho líquido será:

a) no caso dos mercados à vista, a diferença positiva entre o valor da transmissão do ativo e o seu custo de aquisição, corrigido monetariamente;

b) no caso do mercado de opções, a diferença positiva apurada na negociação desses ativos ou no exercício das opções de compra ou de venda;

c) no caso dos mercados a termo, a diferença positiva apurada entre o valor da venda à vista na data da liquidação do contrato a termo e o preço neste estabelecido;

d) no caso dos mercados futuros, o resultado líquido positivo dos ajustes diários apurados no período.

§ 3.º O disposto neste artigo aplica-se também aos ganhos líquidos auferidos na alienação de ouro, ativo financeiro, fora de bolsa, bem como aos ganhos auferidos na alienação de ações no mercado de balcão.

§ 4.º O resultado decorrente das operações de que trata este artigo será apurado mensalmente, ressalvado o disposto no art. 28 da Lei n. 8.383, de 30 de dezembro de 1991, e terá o seguinte tratamento:

I – se positivo (ganho líquido), será tributado em separado, devendo ser excluído do lucro líquido para efeito de determinação do lucro real;

II – se negativo (perda líquida), será indedutível para efeito de determinação do lucro real, admitida sua compensação, corrigido monetariamente pela variação da UFIR diária, com os resultados positivos da mesma natureza em meses subsequentes.

§ 5.º O imposto de que trata este artigo será:

I – definitivo, não podendo ser compensado com o imposto sobre a renda apurado com base no lucro real, presumido ou arbitrado;

II – indedutível na apuração do lucro real;

III – convertido em quantidade de UFIR diária pelo valor desta no último dia do mês a que se referir;

IV – pago até o último dia útil do mês subsequente ao da apuração, reconvertido para cruzeiros pelo valor da UFIR diária vigente no dia anterior ao do pagamento.

§ 6.º O custo de aquisição dos ativos objeto das operações de que trata este artigo será corrigido monetariamente pela variação acumulada da UFIR diária, da data de aquisição até a data de venda, sendo que, no caso de várias aquisições da mesma espécie de ativo, no mesmo dia, será considerado como custo de aquisição o valor médio pago.

§ 7.º A partir de 1.º de janeiro de 1993, a variação monetária do custo de aquisição dos ativos, a que se refere o § 6.º deste artigo, será apropriada segundo o regime de competência.

§ 8.º Nos casos dos mercados de opções e a termo, o disposto neste artigo aplica-se às operações iniciadas a partir de 1.º de janeiro de 1993.

§ 9.º Excluem-se do disposto neste artigo os ganhos líquidos nas alienações de participações societárias permanentes em sociedades coligadas e controladas e os resultantes da alienação de participações societárias que permaneceram no ativo da pessoa jurídica até o término do ano-calendário seguinte ao de suas aquisições.

§ 10. (*Vetado.*)

Capítulo II
DO IMPOSTO CALCULADO SOBRE O LUCRO INFLACIONÁRIO ACUMULADO

Art. 30. A pessoa jurídica deverá considerar realizado mensalmente, no mínimo, 1/240, ou o valor efetivamente realizado, nos termos da legislação em vigor, do lucro inflacionário acumulado e do saldo credor da diferença de correção monetária complementar IPC/BTNF (Lei n. 8.200, de 28-6-1991, art. 3.º).

Art. 31. À opção da pessoa jurídica, o lucro inflacionário acumulado e o saldo credor da diferença de correção monetária complementar IPC/BTNF (Lei n. 8.200, de 28-6-1991, art. 3.º) existente em 31 de dezembro de 1992, corrigidos monetariamente, poderão ser considerados realizados mensalmente e tributados da seguinte forma:

I – 1/120 à alíquota de 20% (vinte por cento); ou

II – 1/60 à alíquota de 18% (dezoito por cento); ou

III – 1/36 à alíquota de 15% (quinze por cento); ou

IV – 1/12 à alíquota de 10% (dez por cento); ou

V – em cota única à alíquota de 5% (cinco por cento).

•• *Vide* art. 7.º, § 4.º, da Lei n. 9.249, de 26-12-1995.

• *Vide* art. 14, I, da Lei n. 10.522, de 19-7-2002 (veda o parcelamento de débito).

§ 1.º O lucro inflacionário acumulado realizado na forma deste artigo será convertido em quantidade de UFIR diária pelo valor desta no último dia do período-base.

§ 2.º O imposto calculado nos termos deste artigo será pago até o último dia útil do mês subsequente ao da realização, reconvertido para cruzeiro, com base na expressão monetária da UFIR diária vigente no dia anterior ao do pagamento.

§ 3.º O imposto de que trata este artigo será considerado como de tributação exclusiva.

§ 4.º A opção de que trata o *caput* deste artigo, que deverá ser feita até o dia 31 de dezembro de 1994, será irretratável e manifestada através do pagamento do imposto sobre o lucro inflacionário acumulado, cumpridas as instruções baixadas pela Secretaria da Receita Federal.

•• A Secretaria da Receita Federal passa a denominar-se Secretaria da Receita Federal do Brasil, por força da Lei n. 11.457, de 16-3-2007.

• *Vide* art. 96 da Lei n. 8.981, de 20-1-1995.

Art. 32. A partir do exercício financeiro de 1995, a parcela de realização mensal do lucro inflacionário acumulado, a que se refere o art. 30 desta Lei, será de, no mínimo, 1/120.

Art. 33. A pessoa jurídica optante pela tributação com base no lucro presumido, que possuir saldo de lucro inflacionário acumulado anterior à opção, deverá tributar mensalmente o correspondente a 1/240 deste saldo até 31 de dezembro de 1994 e 1/120 a partir do exercício financeiro de 1995.

Parágrafo único. Poderá a pessoa jurídica de que trata este artigo fazer a opção pela tributação prevista no art. 31 desta Lei.

Art. 34. A pessoa jurídica que optar pelo disposto no art. 31 desta Lei poderá quitar, com títulos da Dívida Pública Mobiliária Federal, nos termos e condições definidos pelo Poder Executivo, o imposto incidente sobre a parcela que exceder o valor de realização, mínima ou efetiva, do lucro inflacionário, conforme prevista pela legislação vigente.

Parágrafo único. Para os efeitos deste artigo, o imposto será calculado à alíquota de 25% (vinte e cinco por cento).

Art. 35. Nos casos de incorporação, fusão, cisão total ou encerramento de atividades, a pessoa jurídica incorporada, fusionada, cindida ou extinta deverá considerar integralmente realizado o valor total do lucro inflacionário acumulado, corrigido monetariamente. Na cisão parcial, a realização será proporcional à parcela do ativo, sujeito à correção monetária que tiver sido vertida.

Parágrafo único. A pessoa jurídica, que tiver realizado o lucro inflacionário nos termos do *caput* deste artigo deverá recolher o saldo remanescente do imposto até o décimo dia subsequente à data do evento, não se lhes aplicando as reduções de alíquotas mencionadas no art. 31 desta Lei.

TÍTULO II
DO IMPOSTO DE RENDA RETIDO NA FONTE

Capítulo I
IMPOSTO SOBRE A RENDA CALCULADO SOBRE APLICAÇÕES FINANCEIRAS DE RENDA FIXA

Art. 36. Os rendimentos auferidos pelas pessoas jurídicas, inclusive isentas, em aplicações financeiras de renda fixa iniciadas a partir de 1.º de janeiro de 1993 serão tributadas, exclusivamente na fonte, na forma da legislação vigente, com as alterações introduzidas por esta Lei.

§ 1.º O valor que servir de base de cálculo do imposto de que trata este artigo será excluído do lucro líquido para efeito de determinação do lucro real.

§ 2.º O valor das aplicações de que trata este artigo deve ser corrigido monetariamente pela variação acumulada da UFIR diária da data da aplicação até a data da cessão, resgate, repactuação ou liquidação da operação.

§ 3.º A variação monetária ativa de que trata o parágrafo anterior comporá o lucro real mensal ou anual, devendo ser apropriada pelo regime de competência.

§ 4.º O imposto retido na fonte lançado como despesa será indedutível na apuração do lucro real.

§ 5.º O disposto neste artigo contempla as aplicações efetuadas nos fundos de investimento de que trata o art. 25 da Lei n. 8.383, de 30 de dezembro de 1991.

§ 6.º O disposto neste artigo se aplica às operações de renda fixa iniciadas e encerradas no mesmo dia (*day-trade*).

§ 7.º Fica mantida a tributação sobre as aplicações em Fundo de Aplicação Financeira - FAF (Lei n. 8.383, de 30-12-1991, art. 21, § 4.º), nos termos previstos na referida lei.

§ 8.º O disposto neste artigo não se aplica aos ganhos nas operações de mútuo entre pessoas jurídicas controladoras, controladas ou coligadas.

Art. 37. Não incidirá o imposto de renda na fonte de que trata o art. 36 desta Lei sobre os rendimentos auferidos por instituição financeira, inclusive sociedades de seguro, previdência e capitalização, sociedade corretora de títulos e valores mobiliários e sociedade distribuidora de títulos e valores mobiliários, ressalvadas as aplicações de que trata o art. 21, § 4.º, da Lei n. 8.383, de 30 de dezembro de 1991.

§ 1.º Os rendimentos auferidos pelas entidades de que trata este artigo em aplicações financeiras de renda fixa deverão compor o lucro real.

§ 2.º Excluem-se do disposto neste artigo os rendimentos auferidos pelas associações de poupança e empréstimo em aplicações financeiras de renda fixa.

Título III
DA CONTRIBUIÇÃO SOCIAL

Capítulo I
DA APURAÇÃO E PAGAMENTO DA CONTRIBUIÇÃO SOCIAL

Art. 38. Aplicam-se à contribuição social sobre o lucro (Lei n. 7.689, de 15-12-1988) as mesmas normas de pagamento estabelecidas por esta Lei para o imposto de renda das pessoas jurídicas, mantida a base de cálculo e alíquotas previstas na legislação em vigor, com as alterações introduzidas por esta Lei.

§ 1.º A base de cálculo da contribuição social para as empresas que exercerem a opção a que se refere o art. 23 desta Lei será o valor correspondente a 10% (dez por cento) da receita bruta mensal, acrescido dos demais resultados e ganhos de capital.

§ 2.º A base de cálculo da contribuição social será convertida em quantidade de UFIR diária pelo valor desta no último dia do período-base.

§ 3.º A contribuição será paga até o último dia útil do mês subsequente ao de apuração, reconvertida para cruzeiro com base na expressão monetária da UFIR diária vigente no dia anterior ao do pagamento.

Art. 39. A base de cálculo da contribuição social sobre o lucro, apurada no encerramento do ano-calendário, pelas empresas referidas no art. 38, § 1.º, desta Lei, será convertida em UFIR diária tomando-se por base o valor desta no último dia do período.

§ 1.º A contribuição social, determinada e recolhida na forma do art. 38 desta Lei, será deduzida da contribuição apurada no encerramento do ano-calendário.

§ 2.º A diferença entre a contribuição devida, apurada na forma deste artigo, e a importância paga nos termos do art. 38, § 1.º, desta Lei, será:

a) paga em quota única, até a data fixada para entrega da declaração anual, quando positiva;

b) compensada, corrigida monetariamente, com a contribuição mensal a ser paga nos meses subsequentes ao fixado para entrega da declaração anual, se negativa, assegurada a alternativa de restituição do montante pago a maior.

Título IV
DAS PENALIDADES

Capítulo I
DISPOSIÇÕES GERAIS

Art. 40. A falta ou insuficiência de pagamento do imposto e contribuição social sobre o lucro previsto nesta Lei implicará o lançamento, de ofício, dos referidos valores com acréscimos e penalidades legais.

Art. 41. A falta ou insuficiência de recolhimento do imposto sobre a renda mensal, no ano-calendário, implicará o lançamento, de ofício, observados os seguintes procedimentos:

I – para as pessoas jurídicas de que trata o art. 5.º desta Lei o imposto será exigido com base no lucro real ou arbitrado;

II – para as demais pessoas jurídicas, o imposto será exigido com base no lucro presumido ou arbitrado.

Art. 42. A suspensão ou a redução indevida do recolhimento do imposto decorrente do exercício da opção prevista no art. 23 desta Lei sujeitará a pessoa jurídica ao seu recolhimento integral com os acréscimos legais.

Parágrafo único. (*Revogado pela Lei n. 8.981, de 20-1-1995.*)

Capítulo II
DA OMISSÃO DE RECEITA

Arts. 43 e 44. (*Revogados pela Lei n. 9.249, de 26-12-1995.*)

Título V
DO IMPOSTO SOBRE A RENDA DAS PESSOAS FÍSICAS

Art. 45. Estão sujeitas à incidência do imposto de renda na fonte, à alíquota de 1,5% (um e meio por cento), as importâncias pagas ou creditadas por pessoas jurídicas a cooperativas de trabalho, associações de profissionais ou assemelhadas, relativas a serviços pessoais que lhes forem prestados por associados destas ou colocados à disposição.

•• *Caput* com redação determinada pela Lei n. 8.981, de 20-1-1995.

§ 1.º O imposto retido será compensado pelas cooperativas de trabalho, associações ou assemelhadas com o imposto retido por ocasião do pagamento dos rendimentos aos associados.

•• § 1.º com redação determinada pela Lei n. 8.981, de 20-1-1995.

§ 2.º O imposto retido na forma deste artigo poderá ser objeto de pedido de restituição, desde que a cooperativa, associação ou assemelhada comprove, relativamente a cada ano-calendário, a impossibilidade de sua compensação, na forma e condições definidas em ato normativo do Ministro da Fazenda.

•• § 2.º com redação determinada pela Lei n. 8.981, de 20-1-1995.

• *Vide* o Decreto n. 2.138, de 29-1-1997, que dispõe sobre a compensação de créditos tributários com créditos do sujeito passivo decorrentes de restituição ou ressarcimento de tributos ou contribuições.

Art. 46. O imposto sobre a renda incidente sobre os rendimentos pagos em cumprimento de decisão judicial será retido na fonte pela pessoa física ou jurídica obrigada ao pagamento, no momento em que, por qualquer forma, o rendimento se torne disponível para o beneficiário.

• *Vide* art. 28 da Lei n. 10.833, de 29-12-2003.

§ 1.º Fica dispensada a soma dos rendimentos pagos no mês, para aplicação da alíquota correspondente, nos casos de:

I – juros e indenizações por lucros cessantes;

II – honorários advocatícios;

III – remuneração pela prestação de serviços de engenheiro, médico, contador, leiloeiro, perito, assistente técnico, avaliador, síndico, testamenteiro e liquidante.

§ 2.º Quando se tratar de rendimento sujeito a aplicação da tabela progressiva, deverá ser utilizada a tabela vigente no mês de pagamento.

Art. 47. No art. 6.º da Lei n. 7.713, de 22 de dezembro de 1988, dê-se ao inciso XIV nova redação e acrescente-se um novo inciso de número XXI, tudo nos seguintes termos:

•• Alterações já processadas no diploma modificado.

Art. 48. Ficam isentos do Imposto sobre a Renda os rendimentos percebidos pelas pessoas físicas decorrentes de seguro-desemprego, auxílio-natalidade, auxílio-doença, auxílio-funeral e auxílio-acidente, pagos pela previdência oficial da União, dos Estados, do Distrito Federal e dos Municípios e pelas entidades de previdência privada.

•• Artigo com redação determinada pela Lei n. 9.250, de 26-12-1995.

Título VI
DAS DISPOSIÇÕES FINAIS E TRANSITÓRIAS

Art. 49. A pessoa jurídica estará obrigada a apuração do lucro real, no ano-calendário de 1993, se, no ano-calendário de 1992, a soma da receita bruta anual, acrescida das demais receitas e ganhos de capital, for igual ou superior a 9.600.000 (nove milhões e seiscentas mil) UFIR.

§ 1.º Para fins de apuração do limite previsto neste artigo, as receitas serão convertidas, mês a mês, em quantidade de UFIR, pelo valor desta no último dia do mês em que forem auferidas.

§ 2.º O limite deste artigo será reduzido proporcionalmente ao número de meses do período, nos casos de início de atividade, no ano-calendário de 1992.

Art. 50. Não será admitido pedido de reconsideração de julgamento dos Conselhos de Contribuintes.

Art. 51. As pessoas jurídicas tributadas com base no lucro real, no ano-calendário de 1992, poderão, excepcionalmente, no ano-calendário de 1993, efetuar o pagamento do imposto de renda mensal, da seguinte forma:

a) em abril de 1993, o imposto e adicional dos meses de janeiro e fevereiro;

b) em maio de 1993, o imposto e adicional dos meses de março e abril;

c) a partir de junho de 1993, o imposto e adicional referentes aos respectivos meses imediatamente anteriores.

Art. 52. As pessoas jurídicas de que trata a Lei n. 7.256, de 27 de novembro de 1984 (microempresas), deverão apresentar, até o último dia útil do mês de abril do ano-calendário seguinte, a Declaração Anual Simplificada de Rendimentos e Informações, em modelo aprovado pela Secretaria da Receita Federal.

•• A Secretaria da Receita Federal passa a denominar-se Secretaria da Receita Federal do Brasil, por força da Lei n. 11.457, de 16-3-2007.

•• A Lei n. 7.256, de 27-11-1984, foi revogada pela Lei n. 9.841, de 5-10-1999. Atualmente regula a matéria a Lei Complementar n. 123, de 14-12-2006 – Estatuto da Microempresa e da Empresa de Pequeno Porte.

Art. 53. O Ministro da Fazenda fica autorizado a baixar as instruções necessárias para a simplificação da apuração do imposto sobre a renda das pessoas jurídicas, bem como alterar os limites previstos nos arts. 5.º, I, e 13, desta Lei.

Art. 54. O Ministro da Fazenda expedirá os atos necessários para permitir que as pessoas jurídicas sujeitas à apuração do lucro real apresentem declarações de rendimentos através de meios magnéticos ou de transmissão de dados, assim como para disciplinar o cumprimento das obrigações tributárias principais, mediante débito em conta corrente bancária.

....

Art. 57. Esta Lei entra em vigor na data de sua publicação e produzirá efeitos a partir de 1.º de janeiro de 1993, revogando-se as disposições em contrário e, especificamente, os:

I – art. 16 do Decreto-lei n. 1.598, de 26 de dezembro de 1977;

II – art. 26 da Lei n. 7.799, de 10 de julho de 1989;

III – arts. 19 e 27, da Lei n. 8.218, de 29 de agosto de 1991;

IV – inciso I do art. 20, art. 24, art. 40, inciso III, e §§ 3.º e 8.º do art. 86, inciso III do *caput* e inciso II do § 1.º do art. 87, art. 88 e parágrafo único do art. 94, da Lei n. 8.383, de 30 de dezembro de 1991.

Brasília, 23 de dezembro de 1992; 171.º da Independência e 104.º da República.

ITAMAR FRANCO

LEI N. 8.685, DE 20 DE JULHO DE 1993 (*)

Cria mecanismos de fomento à atividade audiovisual e dá outras providências.

O Presidente da República.

Faço saber que o Congresso Nacional decreta e eu sanciono a seguinte Lei:

Art. 1.º Até o exercício fiscal de 2024, inclusive, os contribuintes poderão deduzir do imposto de renda devido as quantias investidas na produção de obras audiovisuais brasileiras de produção independente, mediante a aquisição de quotas representativas dos direitos de comercialização das referidas obras, desde que esses investimentos sejam realizados no mercado de capitais, em ativos previstos em lei e autorizados pela Comissão de Valores Mobiliários (CVM), e os projetos de produção tenham sido previamente aprovados pela Agência Nacional do Cinema (Ancine).

•• *Caput* com redação determinada pela Lei n. 14.044, de 19-8-2020.

•• *Vide* art. 50 da Medida Provisória n. 2.228-1, de 6-9-2001.

• *Vide* art. 6.º da Lei n. 9.532, de 10-12-1997.

• A Instrução Normativa n. 22, de 30-12-2003, da Diretoria Colegiada da ANCINE, regula a elaboração, a apresentação e o acompanhamento de projetos de obras audiovisuais.

§ 1.º A responsabilidade dos adquirentes é limitada à integralização das quotas subscritas.

Art. 1º-A Até o ano-calendário de 2024, inclusive, as quantias referentes ao patrocínio à produção de obras audiovisuais brasileiras de produção independente, cujos projetos tenham sido previamente aprovados pela Ancine, poderão ser deduzidas do imposto de renda devido apurado:

•• *Caput* com redação determinada pela Lei n. 14.044, de 19-8-2020.

(*) Publicada no *DOU*, de 21-7-1993. Regulamentada pelo Decreto n. 6.304, de 12-12-2007.

§ 2.º A dedução prevista neste artigo está limitada a 3% (três por cento) do imposto devido pelas pessoas físicas e a 1% (um por cento) do imposto devido pelas pessoas jurídicas.

•• A dedução de que trata este parágrafo, no caso de pessoas jurídicas, fica limitada a 3% (três por cento) do imposto devido, por força da Lei n. 9.323, de 5-12-1996.

§ 3.º Os valores aplicados nos investimentos de que trata o artigo anterior serão:

a) deduzidos do imposto devido no mês a que se referirem os investimentos, para as pessoas jurídicas que apuram o lucro mensal;

b) deduzidos do imposto devido na declaração de ajuste para:

1. as pessoas jurídicas que, tendo optado pelo recolhimento do imposto por estimativa, apuram o lucro real anual;

2. as pessoas físicas.

§ 4.º A pessoa jurídica tributada com base no lucro real poderá, também, abater o total dos investimentos efetuados na forma deste artigo como despesa operacional.

§ 5.º Os projetos específicos da área audiovisual, cinematográfica de exibição, distribuição e infraestrutura técnica apresentados por empresa brasileira de capital nacional, poderão ser credenciados pelos Ministérios da Fazenda e da Cultura para fruição dos incentivos fiscais de que trata o *caput* deste artigo.

Art. 1.º-A. Até o ano-calendário de 2019, inclusive, as quantias referentes ao patrocínio à produção de obras audiovisuais brasileiras de produção independente, cujos projetos tenham sido previamente aprovados pela Ancine, poderão ser deduzidas do imposto de renda devido apurado:

•• *Caput* com redação determinada pela Lei n. 14.044, de 19-8-2020.

I – na declaração de ajuste anual pelas pessoas físicas; e

•• Inciso I acrescentado pela Lei n. 11.437, de 28-12-2006.

II – em cada período de apuração, trimestral ou anual, pelas pessoas jurídicas tributadas com base no lucro real.

•• Inciso II acrescentado pela Lei n. 11.437, de 28-12-2006.

§ 1.º A dedução prevista neste artigo está limitada:

•• § 1.º, *caput*, acrescentado pela Lei n. 11.437, de 28-12-2006.

I – a 4% (quatro por cento) do imposto devido pelas pessoas jurídicas e deve observar o limite previsto no inciso II do art. 6.º da Lei n. 9.532, de 10 de dezembro de 1997; e

•• Inciso I acrescentado pela Lei n. 11.437, de 28-12-2006.

II – a 6% (seis por cento) do imposto devido pelas pessoas físicas, conjuntamente com as deduções de que trata o art. 22 da Lei n. 9.532, de 10 de dezembro de 1997.

•• Inciso II acrescentado pela Lei n. 11.437, de 28-12-2006.

§ 2.º Somente são dedutíveis do imposto devido os valores despendidos a título de patrocínio:

•• § 2.º, *caput*, acrescentado pela Lei n. 11.437, de 28-12-2006.

I – pela pessoa física no ano-calendário a que se referir a declaração de ajuste anual; e

•• Inciso I acrescentado pela Lei n. 11.437, de 28-12-2006.

II – pela pessoa jurídica no respectivo período de apuração de imposto.

•• Inciso II acrescentado pela Lei n. 11.437, de 28-12-2006.

§ 3.º As pessoas jurídicas não poderão deduzir o valor do patrocínio de que trata o *caput* deste artigo para fins de determinação do lucro real e da base de cálculo da Contribuição Social sobre o Lucro Líquido – CSLL.

•• § 3.º acrescentado pela Lei n. 11.437, de 28-12-2006.

§ 4.º Os projetos específicos da área audiovisual, cinematográfica de difusão, preservação, exibição, distribuição e infraestrutura técnica apresentados por empresa brasileira poderão ser credenciados pela Ancine para fruição dos incentivos fiscais de que trata o *caput* deste artigo, na forma do regulamento.

•• § 4.º acrescentado pela Lei n. 11.437, de 28-12-2006.

§ 5.º Fica a Ancine autorizada a instituir programas especiais de fomento ao desenvolvimento da atividade audiovisual brasileira para fruição dos incentivos fiscais de que trata o *caput* deste artigo.

•• § 5.º acrescentado pela Lei n. 11.505, de 18-7-2007.

§ 6.º Os programas especiais de fomento destinar-se-ão a viabilizar projetos de distribuição, exibição, difusão e produção independente de obras audiovisuais brasileiras escolhidos por meio de seleção pública, conforme normas expedidas pela Ancine.

•• § 6.º acrescentado pela Lei n. 11.505, de 18-7-2007.

§ 7.º Os recursos dos programas especiais de fomento e dos projetos específicos da área audiovisual de que tratam os §§ 4.º e 5.º deste artigo poderão ser aplicados por meio de valores reembolsáveis ou não reembolsáveis, conforme normas expedidas pela Ancine.

•• § 7.º acrescentado pela Lei n. 11.505, de 18-7-2007.

§ 8.º Os valores reembolsados na forma do § 7.º deste artigo destinar-se-ão ao Fundo Nacional da Cultura e serão alocados em categoria de programação específica denominada Fundo Setorial do Audiovisual.

•• § 8.º acrescentado pela Lei n. 11.505, de 18-7-2007.

Art. 2.º O art. 13 do Decreto-lei n. 1.089, de 2 de março de 1970, alterado pelo art. 1.º do Decreto-lei n. 1.741, de 27 de dezembro de 1979, passa a vigorar com a seguinte redação:

> "Art. 13. As importâncias pagas, creditadas, empregadas, remetidas ou entregues aos produtores, distribuidores ou intermediários no exterior, como rendimentos decorrentes da exploração de obras audiovisuais estrangeiras em todo o território nacional, ou por sua aquisição ou importação a preço fixo, ficam sujeitas ao imposto de 25% na fonte".

Art. 3.º Os contribuintes do Imposto de Renda incidente nos termos do art. 13 do Decreto-lei n. 1.089, de 1970, alterado pelo art. 2.º desta Lei, poderão beneficiar-se de abatimento de 70% (setenta por cento) do imposto devido, desde que invistam no desenvolvimento de projetos de produção de obras cinematográficas brasileiras de longa metragem de produção independente, e na coprodução de telefilmes e minisséries brasileiros de produção independente e de obras cinematográficas brasileiras de produção independente.

•• Artigo com redação determinada pela Lei n. 10.454, de 13-5-2002.

•• A Instrução Normativa n. 49, de 11-1-2006, da ANCINE, regulamenta a opção pelo investimento previsto neste artigo.

• *Vide* Medida Provisória n. 2.228-1, de 6-9-2001.

§ 1.º A pessoa jurídica responsável pela remessa das importâncias pagas, creditadas, empregadas ou remetidas aos contribuintes de que trata o *caput* deste artigo terá preferência na utilização dos recursos decorrentes do benefício fiscal de que trata este artigo.

•• § 1.º acrescentado pela Lei n. 11.437, de 28-12-2006.

§ 2.º Para o exercício da preferência prevista no § 1.º deste artigo, o contribuinte poderá transferir expressamente ao responsável pelo pagamento ou remessa o benefício de que trata o *caput* deste artigo em dispositivo do contrato ou por documento especialmente constituído para esses fins.

•• § 2.º acrescentado pela Lei n. 11.437, de 28-12-2006.

Art. 3.º-A. Os contribuintes do Imposto de Renda incidente nos termos do art. 72 da Lei n. 9.430, de 27 de dezembro de 1996, beneficiários do crédito, emprego, remessa, entrega ou pagamento pela aquisição ou remuneração, a qualquer título, de direitos, relativos à transmissão, por meio de radiodifusão de sons e imagens e serviço de comunicação eletrônica de massa por assinatura, de quaisquer obras audiovisuais ou eventos, mesmo os de competições desportivas das quais faça parte representação brasileira, poderão beneficiar-se de abatimento de 70% (setenta por cento) do imposto devido, desde que invistam no desenvolvimento de projetos de produção de obras cinematográficas brasileira de longa-metragem de produção independente e na coprodução de obras cinematográficas e videofonográficas brasileiras de produção independente de curta, média e longas-metragens, documentários, telefilmes e minisséries.

•• *Caput* acrescentado pela Lei n. 11.437, de 28-12-2006.

§ 1.º A pessoa jurídica responsável pela remessa das importâncias pagas, creditadas, empregadas, entregues ou remetidas aos contribuintes de que trata o *caput* deste artigo terá preferência na utilização dos recursos decorrentes do benefício fiscal de que trata este artigo.

•• § 1.º acrescentado pela Lei n. 11.437, de 28-12-2006.

§ 2.º Para o exercício da preferência prevista no § 1.º deste artigo, o contribuinte poderá transferir expressamente ao responsável pelo crédito, emprego, remessa, entrega ou pagamento o benefício de que trata o *caput* deste artigo em dispositivo do contrato ou por documento especialmente constituído para esses fins.

•• § 2.º acrescentado pela Lei n. 11.437, de 28-12-2006.

§ 3.º (*Vetado*.)

•• § 3.º acrescentado pela Lei n. 13.594, de 5-1-2018.

Art. 4.º O contribuinte que optar pelo uso dos incentivos previstos nos arts. 1.º, 1.º-A, 3.º e 3.º-A, todos desta Lei, depositará, dentro do prazo legal fixado para o recolhimento do imposto, o valor correspondente ao abatimento em conta de aplicação financeira especial, em instituição financeira pública, cuja movimentação sujeitar-se-á a prévia comprovação pela Ancine de que se destina a investimentos em projetos de produção de obras audiovisuais cinematográficas e videofonográficas brasileiras de produção independente.

•• *Caput* com redação determinada pela Lei n. 11.437, de 28-12-2006.

•• A Lei n. 13.594, de 5-1-2018, propôs nova redação para este *caput*, porém teve seu texto vetado.

• O Decreto n. 4.456, de 4-11-2002, regulamentando o art. 67 da Medida Provisória n. 2.228-1, de 6-9-2001, e estabelecendo as competências do Ministério da Cultura e da Agência Nacional do Cinema - ANCINE, dispõe sobre a transferência de atividades, nos termos do art. 66, I, da referida Medida Provisória e dos processos relativos aos projetos audiovisuais realizados com base nesta Lei.

§ 1.º As contas de aplicação financeira a que se refere este artigo serão abertas:

I – em nome do proponente, para cada projeto, no caso do art. 1.º e do art. 1.º-A, ambos desta Lei;

•• Inciso I acrescentado pela Lei n. 11.437, de 28-12-2006.

II – em nome do contribuinte, do seu representante legal ou do responsável pela remessa, no caso do art. 3.º e do art. 3.º-A, ambos desta Lei;

•• Inciso II acrescentado pela Lei n. 11.437, de 28-12-2006.

III – em nome da Ancine, para cada programa especial de fomento, no caso do § 5.º do art. 1.º-A desta Lei.

•• Inciso III acrescentado pela Lei n. 11.505, de 18-7-2007.

§ 2.º Os projetos a que se refere este artigo e os projetos beneficiados por recursos dos programas especiais de fomento instituídos pela Ancine deverão atender cumulativamente aos seguintes requisitos:

•• § 2.º, *caput*, com redação determinada pela Lei n. 11.505, de 18-7-2007.

I – contrapartida de recursos próprios ou de terceiros correspondente a 5% (cinco por cento) do orçamento global aprovado, comprovados ao final de sua realização;

•• Inciso I acrescentado pela Lei n. 10.454, de 13-5-2002.

II – limite do aporte de recursos objeto dos incentivos previstos no art. 1.º e no art. 1.º-A, ambos desta Lei, somados, é de R$ 4.000.000,00 (quatro milhões de reais) e, para o incentivo previsto no art. 3.º e no art. 3.º-A, ambos desta Lei, somados, é de R$ 3.000.000,00 (três milhões de reais), podendo esses limites serem utilizados concomitantemente;

•• Inciso II com redação determinada pela Lei n. 11.437, de 28-12-2006.

•• A Lei n. 13.594, de 5-1-2018, propôs nova redação para este inciso, porém teve seu texto vetado.

III – apresentação do projeto para aprovação da ANCINE, conforme regulamento.

•• Inciso III acrescentado pela Lei n. 10.454, de 13-5-2002.

§ 3.º Os investimentos a que se refere este artigo não poderão ser utilizados na produção de obras audiovisuais de natureza publicitária.

•• § 3.º com redação determinada pela Lei n. 10.454, de 13-5-2002.

§ 4.º A liberação de recursos fica condicionada à integralização de pelo menos 50% (cinquenta por cento) dos recursos aprovados para realização do projeto.

•• § 4.º com redação determinada pela Lei n. 10.454, de 13-5-2002.

§ 5.º A utilização dos incentivos previstos nesta Lei não impossibilita que o mesmo projeto se beneficie de recursos previstos na Lei n. 8.313, de 23 de dezembro de 1991, desde que enquadrados em seus objetivos, limitado o total destes incentivos a 95% (noventa e cinco por cento) do total do orçamento aprovado pela ANCINE.

•• § 5.º acrescentado pela Lei n. 10.454, de 13-5-2002.

Art. 5.º Os valores depositados nas contas de que trata o inciso I do § 1.º do art. 4.º e não aplicados no prazo de 48 (quarenta e oito) meses da data do primeiro depósito e os valores depositados nas contas de que trata o inciso II do § 1.º do art. 4.º e não aplicados no prazo de 180 (cento e oitenta) dias, prorrogável por igual período, serão destinados ao Fundo Nacional da Cultura, alocados no Fundo Setorial do Audiovisual.

•• Artigo com redação determinada pela Lei n. 12.599, de 23-3-2012.

Art. 6.º O não cumprimento do projeto a que se referem os arts. 1.º, 3.º e 5.º desta Lei e a não efetivação do investimento ou a sua realização em desacordo com o estatuído implicam a devolução dos benefícios concedidos, acrescidos de correção monetária, juros e demais encargos previstos na legislação do imposto de renda.

§ 1.º Sobre o débito corrigido incidirá multa de 50% (cinquenta por cento).

•• A Lei n. 13.594, de 5-1-2018, propôs nova redação para este parágrafo, porém teve seu texto vetado.

§ 2.º No caso de cumprimento de mais de 70% (setenta por cento) sobre o valor orçado do projeto, a devolução será proporcional à parte não cumprida.

Art. 7.º Os arts. 4.º e 30 da Lei n. 8.401, de 1992, passam a vigorar com a seguinte redação:

•• Alterações prejudicadas em face da revogação da Lei n. 8.401, de 8-1-1992, pela Medida Provisória n. 2.228-1, de 6-9-2001.

Art. 8.º Fica instituído o depósito obrigatório, na Cinemateca Brasileira, de cópia da obra audiovisual que resultar da utilização de recursos incentivados ou que merecer prêmio em dinheiro concedido pelo Governo Federal.

Parágrafo único. A Cinemateca Brasileira poderá credenciar arquivos ou cinematecas, públicos ou privados, para o cumprimento do disposto neste artigo.

Art. 9.º O Poder Executivo fiscalizará a efetiva execução desta Lei no que se refere à realização de obras audiovisuais e à aplicação dos recursos nela comprometidos.

Art. 10. Sem prejuízo das sanções de natureza administrativa ou fiscal, constitui crime obter reduções de impostos, utilizando-se fraudulentamente de qualquer benefício desta Lei, punível com a pena de reclusão de 2 (dois) a 6 (seis) meses e multa de 50% (cinquenta por cento) sobre o valor da redução.

§ 1.º No caso de pessoa jurídica, respondem pelo crime o acionista ou o quotista controlador e os administradores que para ele tenham concorrido, ou que dele se tenham beneficiado.

§ 2.º Na mesma pena incorre aquele que, recebendo recursos em função desta Lei, deixe de promover, sem justa causa, a atividade objeto do incentivo.

Art. 11. Fica sujeito a multa, que variará de 100 (cem) a 1.500 (hum mil e quinhentas) UFIR, sem prejuízo de outras sanções que couberem, aquele que descumprir o disposto nos arts. 4.º e 30 da Lei n. 8.401, de 1992, com a redação dada pelo art. 7.º desta Lei.

•• *Vide* nota ao art. 7.º.

Art. 12. É estimado o montante da renúncia fiscal decorrente desta Lei no exercício de 1993 em Cr$ 200.000.000.000,00 (duzentos bilhões de cruzeiros).

Art. 13. O Poder Executivo regulamentará esta Lei no prazo de 90 (noventa) dias.

Art. 14. Esta Lei entra em vigor na data de sua publicação.

Art. 15. Fica revogado o art. 45 da Lei n. 4.131, de 3 de setembro de 1962.

Brasília, 20 de julho de 1993; 172.º da Independência e 105.º da República.

ITAMAR FRANCO

LEI N. 8.687, DE 20 DE JULHO DE 1993 (*)

Retira da incidência do Imposto sobre a Renda benefícios percebidos por deficientes mentais.

O Presidente da República.

Faço saber que o Congresso Nacional decreta e eu sanciono a seguinte Lei:

Art. 1.º Não se incluem entre os rendimentos tributáveis pelo Imposto sobre a Renda e proventos de qualquer natureza as importâncias percebidas por deficientes mentais a título de pensão, pecúlio, montepio e auxílio, quando decorrentes de prestações do regime de previdência social ou de entidades de previdência privada.

Parágrafo único. Para fins do disposto nesta Lei, considera-se deficiente mental a pessoa que, independentemente da idade, apresenta funcionamento intelectual subnormal com origem durante o período de desenvolvimento e associado à deteriorização do comportamento adaptativo.

Art. 2.º A isenção do Imposto sobre a Renda conferida por esta Lei não se comunica aos rendimentos de deficientes mentais originários de outras fontes de receita, ainda que sob a mesma denominação dos benefícios referidos no artigo anterior.

Art. 3.º Esta Lei entra em vigor na data de sua publicação.

Art. 4.º Revogam-se as disposições em contrário.

Brasília, 20 de julho de 1993; 172.º da Independência e 105.º da República.

ITAMAR FRANCO

(*) Publicada no *DOU*, de 21-7-1993.

LEI N. 8.748, DE 9 DE DEZEMBRO DE 1993 (**)

Altera a legislação reguladora do processo administrativo de determinação e exigência de créditos tributários da União e dá outras providências.

O Presidente da República.

Faço saber que o Congresso Nacional decreta e eu sanciono a seguinte Lei:

Art. 1.º Os dispositivos a seguir, do Decreto n. 70.235, de 6 de março de 1972, que, por delegação do Decreto-lei n. 822, de 5 de setembro de 1969, regula o processo administrativo de determinação e exigência de créditos tributários da União, passam a vigorar com a seguinte redação:

•• Alterações já processadas no texto do diploma modificado.

Art. 2.º São criadas 18 (dezoito) Delegacias da Receita Federal especializadas nas atividades concernentes ao julgamento de processos relativos atributos e contribuições federais administrados pela Secretaria da Receita Federal, sendo de competência dos respectivos Delegados o julgamento, em primeira instância, daqueles processos.

•• A Secretaria da Receita Federal passa a denominar-se Secretaria da Receita Federal do Brasil, por força da Lei n. 11.457, de 16-3-2007.

•• O Decreto n. 7.574, de 29-9-2011, regulamenta o processo de determinação e exigência de créditos tributários da União, o processo de consulta sobre a aplicação da legislação tributária federal e outros processos que especifica, sobre matérias administradas pela Secretaria da Receita Federal do Brasil.

§ 1.º As Delegacias a que se refere este artigo serão instaladas, no prazo de 120 (cento e vinte) dias, por ato do Ministro da Fazenda, que fixará a lotação de cada unidade, mediante aproveitamento de cargos e funções existentes, ou que venham a ser criados, na Secretaria da Receita Federal.

§ 2.º Até que sejam instaladas as Delegacias de que trata o *caput* deste artigo, o julgamento nele referido continuará sendo de competência dos Delegados da Receita Federal.

Art. 3.º Compete aos Conselhos de Contribuintes, observada sua competência por matéria e dentro de limites de alçada fixados pelo Ministro da Fazenda:

I – julgar os recursos de ofício e voluntário de decisão de

(**) Publicada no *DOU*, de 10-12-1993.

primeira instância, nos processos a que se refere o art. 1.º desta Lei;

II – julgar recurso voluntário de decisão de primeira instância nos processos relativos a restituição de impostos e contribuições e a ressarcimento de créditos do Imposto sobre Produtos Industrializados.

•• Inciso II com redação determinada pela Lei n. 10.522, de 19-7-2002.

Art. 4.º O Ministro da Fazenda expedirá as instruções necessárias à aplicação do disposto nesta Lei, inclusive à adequação dos Regimentos Internos dos Conselhos de Contribuintes e da Câmara Superior de Recursos Fiscais.

Art. 5.º As despesas decorrentes desta Lei correrão à conta das dotações orçamentárias próprias do Ministério da Fazenda.

Art. 6.º Esta Lei entra em vigor na data de sua publicação.

Art. 7.º Revogam-se os arts. 6.º e 19 do Decreto n. 70.235, de 1972.

Brasília, 9 de dezembro de 1993; 172.º da Independência e 105.º da República.

ITAMAR FRANCO

LEI N. 8.846, DE 21 DE JANEIRO DE 1994 (*)

Dispõe sobre a emissão de documentos fiscais e o arbitramento da receita mínima para efeitos tributários, e dá outras providências.

O Presidente da República.

Faço saber que o Congresso Nacional decreta e eu sanciono a seguinte Lei:

Art. 1.º A emissão de nota fiscal, recibo ou documento equivalente, relativo à venda de mercadorias, prestação de serviços ou operações de alienação de bens móveis, deverá ser efetuada, para efeito da legislação do imposto sobre a renda e proventos de qualquer natureza, no momento da efetivação da operação.

§ 1.º O disposto neste artigo também alcança:

a) a locação de bens móveis e imóveis;

b) quaisquer outras transações realizadas com bens e serviços, praticadas por pessoas físicas ou jurídicas.

§ 2.º O Ministro da Fazenda estabelecerá, para efeito da legislação do imposto sobre a renda e proventos de qualquer natureza, os documentos equivalentes a nota fiscal ou recibo podendo dispensá-los quando os considerar desnecessários.

Art. 2.º Caracteriza omissão de receita ou de rendimentos, inclusive ganhos de capital para efeito do imposto sobre a renda e proventos de qualquer natureza e das contribuições sociais, incidentes sobre o lucro e o faturamento, a falta de emissão da nota fiscal, recibo ou documento equivalente, no momento da efetivação das operações a que se refere o artigo anterior, bem como a sua emissão com valor inferior ao da operação.

Arts. 3.º e 4.º (*Revogados pela Lei n. 9.532, de 10-12-1997.*)

Art. 5.º Em todo local onde se proceda à venda de bens ou à prestação de serviços, deverão ser afixados, em lugar visível e de fácil leitura, o teor dos arts. 1.º a 4.º desta Lei, além de cartazes informativos elaborados pela Secretaria da Receita Federal.

•• A Secretaria da Receita Federal passa a denominar-se Secretaria da Receita Federal do Brasil, por força da Lei n. 11.457, de 16-3-2007.

§ 1.º A pessoa física ou jurídica que descumprir o disposto neste artigo ficará sujeita à multa correspondente a CR$ 200.000,00 (duzentos mil cruzeiros reais), atualizados monetariamente pela variação da Unidade Fiscal de Referência - UFIR mensal, a ser aplicada pelos órgãos de proteção ao direito do consumidor, vinculados ao Ministério da Justiça.

§ 2.º A multa será reaplicada a cada 10 (dez) dias se não atendida a exigência a que se refere o *caput* deste artigo.

Art. 6.º Verificada por indícios a omissão de receita, a autoridade tributária poderá, para efeito de determinação da base de cálculo sujeita à incidência dos impostos federais e contribuições sociais, arbitrar a receita do contribuinte, tomando por base as receitas, apuradas em procedimento fiscal, correspondentes ao movimento diário das vendas, da prestação de serviços e de quaisquer outras operações.

§ 1.º Para efeito de arbitramento da receita mínima do mês, serão identificados pela autoridade tributária os valores efetivos das receitas auferidas pelo contribuinte em 3 (três) dias alternados desse mesmo mês, necessariamente representativos das variações de funcionamento do estabelecimento ou da atividade.

§ 2.º A renda mensal arbitrada corresponderá à multiplicação do valor correspondente à média das receitas apuradas na forma do § 1.º pelo número de dias de funcionamento do estabelecimento naquele mês.

§ 3.º O critério estabelecido no § 1.º poderá ser aplicado a pelo menos 3 (três) meses do mesmo ano-calendário.

§ 4.º No caso do parágrafo anterior, a receita média mensal das vendas, da prestação de serviços e de outras operações correspondentes aos meses arbitrados será considerada suficientemente representativa das receitas auferidas pelo contribuinte naquele estabelecimento, podendo ser utilizada, para efeitos fiscais, por até 12 (doze) meses contados a partir do último mês submetido às disposições previstas no § 1.º.

§ 5.º A receita arbitrada a ser considerada nos meses subsequentes deverá ser atualizada monetariamente com base na variação da UFIR.

(*) Publicada no *DOU*, de 24-1-1994. Sobre UFIR, *vide* Nota dos Organizadores. *Vide* art. 59 da Lei n. 9.069, de 29-6-1995.

§ 6.º A diferença positiva entre a receita arbitrada e a escriturada no mês será considerada na determinação da base de cálculo dos impostos federais e contribuições sociais.

§ 7.º O disposto neste artigo não dispensa o contribuinte da emissão de documentário fiscal, bem como da escrituração a que estiver obrigado pela legislação comercial e fiscal.

§ 8.º A diferença positiva a que se refere o § 6.º não integrará a base de cálculo de quaisquer incentivos fiscais previstos na legislação tributária.

Art. 7.º Presumem-se rendimentos pagos aos sócios, acionistas ou titular de firma individual as importâncias tributadas na forma do artigo anterior, deduzidas dos tributos e das contribuições sociais sobre elas incidentes.

§ 1.º Os rendimentos referidos neste artigo, determinados mês a mês, submetem-se à incidência do imposto sobre a renda e proventos de qualquer natureza, exclusivamente na fonte, à alíquota de 25% (vinte e cinco por cento).

§ 2.º O imposto incidente na fonte deverá ser pago até o terceiro dia útil do mês subsequente àquele em que os rendimentos forem considerados pagos.

§ 3.º Para os efeitos do parágrafo anterior, o imposto será convertido em quantidade de UFIR diária pelo valor desta no último dia do mês a que corresponder o rendimento e reconvertido para cruzeiros reais na data do pagamento.

Art. 8.º É facultado à autoridade tributária utilizar, para efeito de arbitramento a que se refere o art. 6.º, outros métodos de determinação da receita quando constatado qualquer artifício utilizado pelo contribuinte visando a frustrar a apuração da receita efetiva do seu estabelecimento.

Art. 9.º O contribuinte que detiver a posse ou propriedade de bens que, por sua natureza, revelem sinais exteriores de riqueza, deverá comprovar, mediante documentação hábil e idônea, os gastos realizados a título de despesas com tributos, guarda, manutenção, conservação e demais gastos indispensáveis à utilização desses bens.

§ 1.º Consideram-se bens representativos de sinais exteriores de riqueza, para os efeitos deste artigo, automóveis, iates, imóveis, cavalos de raça, aeronaves e outros bens que demandem gastos para sua utilização.

§ 2.º A falta de comprovação dos gastos a que se refere este artigo ou a verificação de indícios de realização de gastos não comprovados, autorizará o arbitramento dos dispêndios em valor equivalente a até 10% (dez por cento) do valor de mercado do respectivo bem, observada necessariamente a sua natureza, para cobertura de despesas realizadas durante cada ano-calendário em que o contribuinte tenha detido a sua posse ou propriedade.

§ 3.º O valor arbitrado na forma do parágrafo anterior, deduzido dos gastos efetivamente comprovados, será considerado renda presumida nos anos-calendário relativos ao arbitramento.

§ 4.º A diferença positiva, apurada entre a renda arbitrada e a renda disponível declarada pelo contribuinte, será considerada omissão de rendimentos e comporá a base de cálculo mensal do imposto de renda da pessoa física.

§ 5.º No caso de pessoa jurídica, a diferença positiva entre a renda arbitrada e os gastos efetivamente comprovados será tributada na forma dos arts. 43 e 44 da Lei n. 8.541, de 23 de dezembro de 1992.

§ 6.º No arbitramento, tomar-se-ão como base os preços de mercado vigentes em qualquer mês do ano-calendário a que se referir o arbitramento, convertidos em UFIR pelo valor do mês da avaliação.

§ 7.º Fica autorizado o Poder Executivo a baixar tabela dos limites percentuais máximos relativos a cada um dos bens ou atividades evidenciadoras de sinais exteriores de riqueza, observados os critérios estabelecidos neste artigo.

Art. 10. Ficam convalidados os atos praticados com base nas Medidas Provisórias n. 374, de 22 de novembro de 1993, e n. 391, de 23 de dezembro de 1993.

Art. 11. Esta Lei entra em vigor na data de sua publicação.

Brasília, 21 de janeiro de 1994; 173.º da Independência e 106.º da República.

ITAMAR FRANCO

LEI N. 8.849, DE 28 DE JANEIRO DE 1994 (*)

Altera a legislação do Imposto sobre a Renda e proventos de qualquer natureza, e dá outras providências.

Faço saber que o Presidente da República adotou a Medida Provisória n. 402, de 29 de dezembro de 1993, que o Congresso Nacional aprovou, e eu, Chagas Rodrigues, 1.º Vice-Presidente do Senado Federal, no exercício da Presidência, para os efeitos do disposto no parágrafo único do art. 62 da Constituição Federal, promulgo a seguinte Lei:

Art. 1.º Os arts. 29 a 33 da Lei n. 8.383, de 30 de dezembro de 1991, passam a vigorar com a seguinte redação:

•• Alterações já processadas no texto do diploma modificado.

Art. 2.º Os dividendos, bonificações em dinheiro, lucros e outros interesses, quando pagos ou creditados a pessoas físicas ou jurídicas, residentes ou domiciliadas no País, estão sujeitos à incidência do Imposto sobre a Renda na fonte à alíquota de 15% (quinze por cento).

§ 1.º O imposto descontado na forma deste artigo será:

a) deduzido do imposto devido na declaração de ajuste anual do beneficiário pessoa física, assegurada a opção pela tributação exclusiva;

(*) Publicada no *DOU*, de 29-1-1994.

b) considerado como antecipação, sujeita à correção monetária, compensável com o Imposto sobre a Renda que a pessoa jurídica beneficiária, tributada com base no lucro real, tiver de recolher relativo à distribuição de dividendos, bonificações em dinheiro, lucros e outros interesses;

c) definitivo, nos demais casos.

•• § 1.º, alíneas *a* a *c*, com redação determinada pela Lei n. 9.064, de 20-6-1995.

§ 2.º A compensação a que se refere a alínea *b* do parágrafo anterior poderá ser efetuada com o Imposto sobre a Renda, que a pessoa jurídica tiver que recolher, relativo à retenção na fonte sobre a distribuição de lucros ou dividendos a beneficiário residente ou domiciliado no exterior.

•• § 2.º com redação determinada pela Lei n. 9.064, de 20-6-1995.

§ 3.º Em relação aos fatos geradores ocorridos até 31 de dezembro de 1994, o imposto a que se refere este artigo será convertido em quantidade de Unidade Fiscal de Referência – UFIR, pelo valor desta fixado para o mês de ocorrência do fato gerador.

•• § 3.º com redação determinada pela Lei n. 9.064, de 20-6-1995.

§ 4.º A incidência prevista neste artigo alcança exclusivamente a distribuição de lucros apurados na escrituração comercial por pessoa jurídica tributada com base no lucro real.

•• § 4.º com redação determinada pela Lei n. 9.064, de 20-6-1995.

§ 5.º Em relação aos fatos geradores ocorridos até 31 de dezembro de 1994, o imposto descontado na forma deste artigo será recolhido até o último dia útil do mês seguinte àquele em que ocorrer o fato gerador, reconvertido para reais com base na expressão monetária da UFIR vigente no mês de pagamento.

•• § 5.º com redação determinada pela Lei n. 9.064, de 20-6-1995.

Art. 3.º Os aumentos de capital das pessoas jurídicas mediante incorporação de lucros ou reservas não sofrerão tributação do Imposto sobre a Renda.

•• *Caput* com redação determinada pela Lei n. 9.064, de 20-6-1995.

§ 1.º Podem ser capitalizados nos termos deste artigo os lucros apurados em balanço ainda que não tenham sido submetidos à tributação.

•• § 1.º com redação determinada pela Lei n. 9.064, de 20-6-1995.

§ 2.º A isenção estabelecida neste artigo se estende aos sócios, pessoas físicas ou jurídicas, beneficiárias de ações, quotas ou quinhões resultantes do aumento do capital social, e ao titular da firma ou empresa individual.

•• § 2.º com redação determinada pela Lei n. 9.064, de 20-6-1995.

§ 3.º O disposto no § 2.º não se aplica se a pessoa jurídica, nos 5 (cinco) anos anteriores à data de incorporação de lucros ou reservas ao capital, restituiu capital aos sócios ou ao titular, mediante redução do capital social; neste caso, o montante dos lucros ou reservas capitalizados será considerado, até o montante da redução do capital, corrigido monetariamente com base na variação acumulada da UFIR, como lucro ou dividendo distribuído, sujeito, na forma da legislação em vigor, à tributação na fonte e na declaração de rendimentos, quando for o caso, como rendimento dos sócios, dos acionistas, ou do titular da pessoa jurídica.

•• § 3.º com redação determinada pela Lei n. 9.064, de 20-6-1995.

§ 4.º Se a pessoa jurídica, dentro dos 5 (cinco) anos subsequentes à data da incorporação de lucros ou reservas, restituir capital social aos sócios ou ao titular, mediante redução do capital social ou, em caso de liquidação, sob a forma de partilha do acervo líquido, o capital restituído considerar-se-á lucro ou dividendo distribuído, sujeito, nos termos da legislação em vigor, à tributação na fonte e na declaração de rendimentos, quando for o caso, como rendimento dos sócios, dos acionistas ou do titular.

•• § 4.º com redação determinada pela Lei n. 9.064, de 20-6-1995.

§ 5.º O disposto no parágrafo anterior não se aplica nos casos de:

a) aumento do capital social mediante incorporação de reserva de capital formada com ágio na emissão de ações, com o produto da alienação de partes beneficiárias ou bônus de subscrição, ou com correção monetária do capital;

b) redução de capital em virtude de devolução aos herdeiros da parte de sócio falecido, nas sociedades de pessoas;

c) rateio do acervo líquido da pessoa jurídica dissolvida, se o aumento de capital tiver sido realizado com a incorporação de ações ou quotas bonificadas por sociedade de que era sócia ou acionista;

d) reembolso de ações, em virtude de exercício, pelo acionista, de direito de retirada assegurado pela Lei n. 6.404, de 15 de dezembro de 1976.

•• § 5.º, alíneas *a* a *d*, com redação determinada pela Lei n. 9.064, de 20-6-1995.

§ 6.º O disposto nos §§ 3.º e 4.º não se aplica às sociedades de investimento isentas de imposto.

•• § 6.º com redação determinada pela Lei n. 9.064, de 20-6-1995.

§ 7.º A sociedade incorporadora e a resultante da fusão sucedem as incorporadas ou fundidas, sem interrupção de prazo, na restrição de que tratam os §§ 3.º e 4.º.

•• § 7.º com redação determinada pela Lei n. 9.064, de 20-6-1995.

§ 8.º As sociedades constituídas por cisão de outra e a sociedade que absorver parcela de patrimônio da sociedade cindida sucedem a esta, sem interrupção de prazo, na restrição de que tratam os §§ 3.º e 4.º.

•• § 8.º com redação determinada pela Lei n. 9.064, de 20-6-1995.

§ 9.º Nos casos dos §§ 7.º e 8.º, a restrição aplica-se ao montante dos lucros ou reservas capitalizados proporcional à contribuição:

a) da sociedade incorporada ou fundida para o capital social da incorporadora ou resultante da fusão; ou

b) de parcela do patrimônio líquido da sociedade cindida para o capital social da sociedade que absorveu essa parcela.

•• § 9.º, alíneas *a* e *b*, com redação determinada pela Lei n. 9.064, de 20-6-1995.

Art. 4.º Considerar-se-á realizado, integralmente, o lucro inflacionário acumulado, bem como o saldo de lucros cuja tributação tenha sido diferida de períodos-base anteriores, nos casos em que a pessoa jurídica tiver o seu lucro arbitrado.

•• Artigo com redação determinada pela Lei n. 9.064, de 20-6-1995.

Art. 5.º A soma das deduções a que se referem as Leis n. 6.321, de 14 de abril de 1976, 7.418, de 16 de dezembro de 1985, e o Decreto-lei n. 2.433, de 19 de maio de 1988, não poderá reduzir o imposto devido em mais de 8% (oito por cento), observado o disposto no § 2.º do art. 10 da Lei n. 8.541, de 23 de dezembro de 1992.

•• Artigo com redação determinada pela Lei n. 9.064, de 20-6-1995.

Art. 6.º A soma das deduções a que se referem o § 2.º do art. 26 da Lei n. 8.313, de 23 de dezembro de 1991, e o § 2.º do art. 1.º da Lei n. 8.685, de 20 de julho de 1993, não poderá reduzir o imposto devido pela pessoa jurídica em mais de 5% (cinco por cento), observado o disposto no § 2.º do art. 10 da Lei n. 8.541/92.

•• *Caput* com redação determinada pela Lei n. 9.064, de 20-6-1995.

Parágrafo único. O valor absoluto do limite global dos incentivos de que trata este artigo será fixado anualmente pelo Poder Executivo, obedecido o limite nele estabelecido.

•• Parágrafo único acrescentado pela Lei n. 9.064, de 20-6-1995.

Art. 7.º Acrescente-se parágrafo único ao art. 42 da Lei n. 8.541, de 23 de dezembro de 1992, com a seguinte redação:

•• Prejudicado o disposto neste artigo em face de a Lei n. 8.981, de 20-1-1995, ter revogado o referido parágrafo único.

Art. 8.º O beneficiário dos rendimentos de que trata o art. 2.º que, mediante prévia comunicação à Secretaria da Receita Federal, optar pela aplicação do valor dos lucros e dividendos recebidos na subscrição de aumento de capital de pessoa jurídica, poderá requerer a restituição do correspondente Imposto sobre a Renda retido na fonte por ocasião da distribuição.

•• *Caput* acrescentado pela Lei n. 9.064, de 20-6-1995.

•• A Secretaria da Receita Federal passa a denominar-se Secretaria da Receita Federal do Brasil, por força da Lei n. 11.457, de 16-3-2007.

§ 1.º A restituição subordina-se ao atendimento cumulativo das seguintes condições:

a) os recursos sejam aplicados, na subscrição do aumento de capital de pessoa jurídica tributada com base no lucro real, no prazo de até 90 (noventa) dias da data em que os rendimentos foram distribuídos ao beneficiário;

b) a incorporação, mediante aumento do capital social da pessoa jurídica receptora, ocorra no prazo de até 90 (noventa) dias da data em que esta recebeu os recursos;

c) o valor dos lucros e dividendos recebidos até 31 de dezembro de 1994, será convertido em quantidade de UFIR pelo valor desta vigente no mês da distribuição, e reconvertido para reais com base no valor da UFIR fixado para o mês dos atos referidos nas alíneas *a* e *b*.

•• § 1.º, alíneas *a* a *c*, acrescentado pela Lei n. 9.064, de 20-6-1995.

§ 2.º O valor do imposto a restituir, em relação aos fatos geradores ocorridos até 31 de dezembro de 1994, será o correspondente à quantidade de UFIR, determinada nos termos do § 3.º do art. 2.º, aplicando-se, para a reconversão em reais, o valor da UFIR vigente no mês da restituição, a qual deverá ser efetuada no prazo de 60 (sessenta) dias, contados da incorporação a que se refere a alínea *b*.

•• § 2.º acrescentado pela Lei n. 9.064, de 20-6-1995.

§ 3.º O valor do imposto a restituir, em relação aos fatos geradores ocorridos a partir de 1.º de janeiro de 1995, será atualizado, monetariamente, com base na variação da UFIR, verificada entre o trimestre subsequente ao da retenção e o trimestre da restituição.

•• § 3.º acrescentado pela Lei n. 9.064, de 20-6-1995.

§ 4.º Ao aumento de capital procedido nos termos deste artigo aplicam-se as normas do art. 3.º, relativamente à tributação pelo Imposto sobre a Renda.

•• § 4.º acrescentado pela Lei n. 9.064, de 20-6-1995.

§ 5.º É o Ministro da Fazenda autorizado a expedir normas necessárias à execução do disposto neste artigo.

•• § 5.º acrescentado pela Lei n. 9.064, de 20-6-1995.

Art. 9.º Esta Lei entra em vigor na data de sua publicação.

•• Primitivo art. 8.º renumerado pela Lei n. 9.064, de 20-6-1995.

Senado Federal, 28 de janeiro de 1994; 173.º da Independência e 106.º da República.

SENADOR *CHAGAS RODRIGUES*

LEI N. 8.850, DE 28 DE JANEIRO DE 1994 (*)

Altera a Lei n. 8.383, de 30 de dezembro de 1991, e dá outras providências.

O Congresso Nacional decreta:

(*) Publicada no *DOU*, de 29-1-1994.

Art. 1.º O período de apuração do Imposto sobre Produtos Industrializados - IPI, incidente na saída dos produtos dos estabelecimentos industriais ou equiparados a industrial, passa a ser mensal.

•• *Caput* com redação determinada pela Lei n. 11.774, de 17-9-2008.

....

§ 2.º O disposto neste artigo não se aplica ao IPI incidente no desembaraço aduaneiro dos produtos importados.

•• § 2.º acrescentado pela Lei n. 11.774, de 17-9-2008.

Art. 2.º Os arts. 52 e 53 da Lei n. 8.383, de 30 de dezembro de 1991, passam a vigorar com a seguinte redação:

•• Alterações já processadas no texto do diploma modificado.

Art. 3.º O valor em cruzeiros reais do tributo ou contribuição a pagar será determinado mediante a multiplicação da quantidade de UFIR pelo valor desta na data do pagamento.

• *Vide* Nota dos Organizadores: VALORES.

Parágrafo único. O disposto neste artigo aplica-se, também, ao recolhimento do imposto de renda e da contribuição social sobre o lucro das pessoas jurídicas de que trata a Lei n. 8.541, de 23 de dezembro de 1992.

Art. 4.º O fato gerador do Imposto sobre a Propriedade Territorial Rural - ITR ocorre no dia 1.º de janeiro de cada exercício.

•• *Vide* Lei n. 9.393, de 19-12-1996.

Art. 5.º (*Revogado pela Lei n. 8.981, de 20-1-1995.*)

Art. 6.º O valor do ITR, apurado em UFIR, poderá ser pago em até 6 (seis) quotas iguais, mensais e sucessivas, a partir da notificação, em data a ser fixada pela Secretaria da Receita Federal:

•• A Secretaria da Receita Federal passa a denominar-se Secretaria da Receita Federal do Brasil, por força da Lei n. 11.457, de 16-3-2007.

I – nenhuma quota será inferior a 50 (cinquenta) UFIR e o imposto de valor inferior a 100 (cem) UFIR será pago de uma só vez;

II – é facultado ao contribuinte antecipar, total ou parcialmente, o pagamento do imposto ou das quotas;

III – o valor em cruzeiros reais de cada quota será determinado mediante a multiplicação do seu valor, expresso em quantidade de UFIR, pelo valor desta no mês do efetivo pagamento.

•• *Vide* Lei n. 9.393, de 19-12-1996.

Art. 7.º Ficam convalidados os atos praticados com base na Medida Provisória n. 380, de 1.º de dezembro de 1993.

Art. 8.º Esta Lei entra em vigor na data de sua publicação.

Art. 9.º Revoga-se o art. 1.º do Decreto-lei n. 2.450, de 29 de julho de 1988, com alteração do art. 14 da Lei n. 7.798, de 10 de julho de 1989.

Senado Federal, em 28 de janeiro de 1994; 173.º da Independência e 106.º da República.

LEI N. 8.894, DE 21 DE JUNHO DE 1994 (*)

Dispõe sobre o Imposto sobre Operações de Crédito, Câmbio e Seguro, ou relativas a Títulos e Valores Mobiliários, e dá outras providências.

Faço saber que o Presidente da República adotou a Medida Provisória n. 513, de 1994, que o Congresso Nacional aprovou, e eu, Humberto Lucena, Presidente do Senado Federal, para os efeitos do disposto no parágrafo único do art. 62 da Constituição Federal, promulgo a seguinte Lei:

Art. 1.º O Imposto sobre Operações de Crédito, Câmbio e Seguro, ou relativas a Títulos e Valores Mobiliários será cobrado à alíquota máxima de 1,5% (um e meio por cento) ao dia, sobre o valor das operações de crédito e relativas a títulos e valores mobiliários.

§ 1.º No caso de operações envolvendo contratos derivativos, a alíquota máxima é de 25% (vinte e cinco por cento) sobre o valor da operação.

•• § 1.º acrescentado pela Lei n. 12.543, de 8-12-2011.

§ 2.º O Poder Executivo, obedecidos os limites máximos fixados neste artigo, poderá alterar as alíquotas tendo em vista os objetivos das políticas monetária e fiscal.

•• § 2.º acrescentado pela Lei n. 12.543, de 8-12-2011.

• *Vide* art. 6.º do Decreto n. 6.306, de 14-12-2007.

Art. 2.º Considera-se valor da operação:

I – nas operações de crédito, o valor do principal que constitua o objeto da obrigação, ou sua colocação à disposição do interessado;

II – nas operações relativas a títulos e valores mobiliários:

a) o valor de aquisição, resgate, cessão ou repactuação;

b) o valor do pagamento para a liquidação das operações referidas na alínea anterior, quando inferior a 95% (noventa e cinco por cento) do valor inicial da operação, expressos, respectivamente, em quantidade de Unidade Fiscal de Referência - UFIR diária;

c) o valor nocional ajustado dos contratos, no caso de contratos derivativos.

•• Alínea c acrescentada pela Lei n. 12.543, de 8-12-2011.

§ 1.º Serão acrescidos ao valor do resgate ou cessão de títulos e valores mobiliários os rendimentos periódicos recebidos pelo aplicador ou cedente durante o período da operação, atualizados pela variação acumulada da UFIR diária no período.

§ 2.º O disposto no inciso II, alínea *a*, aplica-se, inclusive, às operações de financiamento realizadas em bolsas de valores, de mercadorias, de futuros e assemelhadas.

§ 3.º Para fins do disposto na alínea c do inciso II do *caput*, considera-se como valor nocional ajustado o produto do valor de referência do contrato (valor nocional)

(*) Publicada no *DOU*, de 22-6-1994. *Vide* Decreto n. 6.306, de 14-12-2007.

pela variação do preço do derivativo em relação à variação do preço do seu ativo subjacente (ativo objeto).

•• § 3.º acrescentado pela Lei n. 12.543, de 8-12-2011.

§ 4.º A pessoa jurídica exportadora, relativamente às operações de *hedge*, poderá descontar do IOF a recolher na condição de contribuinte, devido em cada período, o IOF apurado e recolhido na forma da alínea *c* do inciso II do *caput*.

•• § 4.º acrescentado pela Lei n. 12.543, de 8-12-2011.

§ 5.º Na impossibilidade de efetuar o desconto de que trata o § 4.º, a pessoa jurídica poderá solicitar restituição ou compensar o valor correspondente com imposto e contribuições administrados pela Secretaria da Receita Federal do Brasil, exceto as contribuições sociais previstas nas alíneas *a*, *b* e *c* do parágrafo único do art. 11 da Lei n. 8.212, de 24 de julho de 1991.

•• § 5.º acrescentado pela Lei n. 12.543, de 8-12-2011.

•• A Lei n. 8.212, de 24-7-1991, nas alíneas *a*, *b* e *c* do parágrafo único do art. 11, dispõe: "*a*) as das empresas, incidentes sobre a remuneração paga ou creditada aos segurados a seu serviço; *b*) as dos empregadores domésticos; *c*) as dos trabalhadores, incidentes sobre o seu salário de contribuição;".

§ 6.º A parcela do IOF descontado ou compensado na forma deste artigo não será dedutível para fins de determinação do lucro real e da base de cálculo da Contribuição Social sobre o Lucro Líquido (CSLL).

•• § 6.º acrescentado pela Lei n. 12.543, de 8-12-2011.

§ 7.º A Secretaria da Receita Federal do Brasil disciplinará o disposto nos §§ 4.º e 5.º deste artigo.

•• § 7.º acrescentado pela Lei n. 12.543, de 8-12-2011.

Art. 3.º São contribuintes do imposto:

I – os tomadores de crédito, na hipótese prevista no art. 2.º, inciso I;

II – os adquirentes de títulos e valores mobiliários e os titulares de aplicações financeiras, na hipótese prevista no art. 2.º, inciso II, alínea *a*;

III – as instituições financeiras e demais instituições autorizadas a funcionar pelo Banco Central do Brasil, na hipótese prevista no art. 2.º, inciso II, alínea *b*;

IV – os titulares dos contratos, na hipótese prevista na alínea *c* do inciso II do art. 2.º.

•• Inciso IV acrescentado pela Lei n. 12.543, de 8-12-2011.

Art. 4.º O imposto de que trata o art. 2.º, II, *a*, será excluído da base de cálculo do imposto de renda incidente sobre o rendimento de operações com títulos e valores mobiliários, excetuadas as aplicações a que se refere o § 4.º do art. 21 da Lei n. 8.383, de 30 de dezembro de 1991.

Art. 5.º O Imposto sobre Operações de Crédito, Câmbio e Seguro, ou relativas a Títulos e Valores Mobiliários – IOF, incidente sobre operações de câmbio será cobrado à alíquota de 25% (vinte e cinco por cento) sobre o valor de liquidação da operação cambial.

Parágrafo único. O Poder Executivo poderá reduzir e restabelecer a alíquota fixada neste artigo, tendo em vista os objetivos das políticas monetária, cambial e fiscal.

• *Vide* art. 15 do Decreto n. 6.306, de 14-12-2007.

Art. 6.º São contribuintes do IOF incidente sobre operações de câmbio os compradores ou vendedores da moeda estrangeira na operação referente a transferência financeira para ou do exterior, respectivamente.

Parágrafo único. As instituições autorizadas a operar em câmbio são responsáveis pela retenção e recolhimento do imposto.

Art. 6.º-A. São isentos do imposto de que trata esta Lei a Academia Brasileira de Letras, a Associação Brasileira de Imprensa e o Instituto Histórico e Geográfico Brasileiro.

•• Artigo acrescentado pela Lei n. 13.353, de 3-11-2016.

Art. 7.º O Poder Executivo regulamentará o disposto nesta Lei.

Art. 8.º Ficam convalidados os atos praticados com base na Medida Provisória n. 487, de 29 de abril de 1994.

Art. 9.º Esta Lei entra em vigor na data de sua publicação.

Art. 10. Ficam revogados o art. 18 da Lei n. 8.088, de 31 de outubro de 1990, e, em relação ao imposto de que trata esta Lei, as isenções previstas no art. 14 da Lei n. 8.313, de 23 de dezembro de 1991, no § 2.º do art. 21 da Lei n. 8.383, de 1991, e no art. 16 da Lei n. 8.668, de 25 de junho de 1993.

Senado Federal, em 21 de junho de 1994; 173.º da Independência e 106.º da República.

HUMBERTO LUCENA

LEI N. 8.981, DE 20 DE JANEIRO DE 1995 (*)

Altera a legislação tributária federal e dá outras providências.

Faço saber que o Presidente da República adotou a Medida Provisória n. 812, de 1994, que o Congresso Nacional aprovou, e eu, Humberto Lucena, Presidente do Senado Federal, para os efeitos do disposto no parágrafo único do art. 62 da Constituição Federal, promulgo a seguinte Lei:

Capítulo I
DISPOSIÇÕES GERAIS

Art. 1.º A partir do ano-calendário de 1995 a expressão monetária da Unidade Fiscal de Referência – UFIR será fixa por períodos trimestrais.

§ 1.º O Ministério da Fazenda divulgará a expressão monetária da UFIR trimestral com base no IPCA – Série Especial de que trata o art. 2.º da Lei n. 8.383, de 30 de dezembro de 1991.

§ 2.º O IPCA – Série Especial será apurado a partir do período de apuração iniciado em 16 de dezembro de 1994

(*) Publicada no *DOU*, de 23-1-1995. *Vide* Lei n. 9.430, de 27-12-1996.

e divulgado trimestralmente pela Fundação Instituto Brasileiro de Geografia e Estatística (FIBGE).

§ 3.º A expressão monetária da UFIR referente ao primeiro trimestre de 1995 é de R$ 0,6767.

•• *Vide*, sobre UFIR, Nota dos Organizadores.

Art. 2.º Para efeito de aplicação dos limites, bem como dos demais valores expressos em UFIR na legislação federal, a conversão dos valores em Reais para UFIR será efetuada utilizando-se o valor da UFIR vigente no trimestre de referência.

•• *Vide*, sobre UFIR, Nota dos Organizadores.

Art. 3.º A base de cálculo e o imposto de renda das pessoas jurídicas tributadas com base no lucro real, presumido ou arbitrado, correspondentes aos períodos-base encerrados no ano-calendário de 1994, serão expressos em quantidade de UFIR, observada a legislação então vigente.

Art. 4.º O imposto de renda devido pelas pessoas físicas, correspondente ao ano-calendário de 1994, será expresso em quantidade de UFIR, observada a legislação então vigente.

Art. 5.º Os débitos de qualquer natureza para com a Fazenda Nacional e os decorrentes de contribuições arrecadadas pela União, constituídos ou não, cujos fatos geradores ocorrerem até 31 de dezembro de 1994, inclusive os que foram objeto de parcelamento, expressos em quantidade de UFIR, serão reconvertidos para Real com base no valor desta fixado para o trimestre do pagamento.

Parágrafo único. O disposto neste artigo se aplica também às contribuições sociais arrecadadas pelo Instituto Nacional de Seguro Social - INSS, relativas a períodos de competência anteriores a 1.º de janeiro de 1995.

Art. 6.º Os tributos e contribuições sociais, cujos fatos geradores vierem a ocorrer a partir de 1.º de janeiro de 1995, serão apurados em Reais.

Capítulo II
DO IMPOSTO DE RENDA DAS PESSOAS FÍSICAS

Seção I
Disposições Gerais

Art. 7.º A partir de 1.º de janeiro de 1995, a renda e os proventos de qualquer natureza, inclusive os rendimentos e ganhos de capital, percebidos por pessoas físicas residentes ou domiciliadas no Brasil, serão tributados pelo imposto de renda na forma da legislação vigente, com as modificações introduzidas por esta Lei.

Seção II
Da Incidência Mensal do Imposto

Arts. 8.º a 10. (*Revogados pela Lei n. 9.250, de 26-12-1995.*)

Seção III
Da Declaração de Rendimentos

Arts. 11 a 20. (*Revogados pela Lei n. 9.250, de 26-12-1995.*)

Seção IV
Tributação dos Ganhos de Capital das Pessoas Físicas

Art. 21. O ganho de capital percebido por pessoa física em decorrência da alienação de bens e direitos de qualquer natureza sujeita-se à incidência do imposto sobre a renda, com as seguintes alíquotas:

•• *Caput* com redação determinada pela Lei n. 13.259, de 16-3-2016.

•• O art. 2.º da Lei n. 13.259, de 16-3-2016, dispõe: "Art. 2.º O ganho de capital percebido por pessoa jurídica em decorrência da alienação de bens e direitos do ativo não circulante sujeita-se à incidência do imposto sobre a renda, com a aplicação das alíquotas previstas no *caput* do art. 21 da Lei n. 8.981, de 20 de janeiro de 1995, e do disposto nos §§ 1.º, 3.º e 4.º do referido artigo, exceto para as pessoas jurídicas tributadas com base no lucro real, presumido ou arbitrado".

I – 15% (quinze por cento) sobre a parcela dos ganhos que não ultrapassar R$ 5.000.000,00 (cinco milhões de reais);

•• Inciso I acrescentado pela Lei n. 13.259, de 16-3-2016.

II – 17,5% (dezessete inteiros e cinco décimos por cento) sobre a parcela dos ganhos que exceder R$ 5.000.000,00 (cinco milhões de reais) e não ultrapassar R$ 10.000.000,00 (dez milhões de reais);

•• Inciso II acrescentado pela Lei n. 13.259, de 16-3-2016.

III – 20% (vinte por cento) sobre a parcela dos ganhos que exceder R$ 10.000.000,00 (dez milhões de reais) e não ultrapassar R$ 30.000.000,00 (trinta milhões de reais); e

•• Inciso III acrescentado pela Lei n. 13.259, de 16-3-2016.

IV – 22,5% (vinte e dois inteiros e cinco décimos por cento) sobre a parcela dos ganhos que ultrapassar R$ 30.000.000,00 (trinta milhões de reais).

•• Inciso IV acrescentado pela Lei n. 13.259, de 16-3-2016.

§ 1.º O imposto de que trata este artigo deverá ser pago até o último dia útil do mês subsequente ao da percepção dos ganhos.

§ 2.º Os ganhos a que se refere este artigo serão apurados e tributados em separado e não integrarão a base de cálculo do imposto de renda na declaração de ajuste anual, e o imposto pago não poderá ser deduzido do devido na declaração.

§ 3.º Na hipótese de alienação em partes do mesmo bem ou direito, a partir da segunda operação, desde que realizada até o final do ano-calendário seguinte ao da primeira operação, o ganho de capital deve ser somado aos ganhos auferidos nas operações anteriores, para fins da apuração do imposto na forma do *caput*, deduzindo-se o montante do imposto pago nas operações anteriores.

•• § 3.º acrescentado pela Lei n. 13.259, de 16-3-2016.

§ 4.º Para fins do disposto neste artigo, considera-se integrante do mesmo bem ou direito o conjunto de ações ou quotas de uma mesma pessoa jurídica.

•• § 4.º acrescentado pela Lei n. 13.259, de 16-3-2016.

§ 5.º (*Vetado.*)

•• § 5.º acrescentado pela Lei n. 13.259, de 16-3-2016.

Art. 22. Na apuração dos ganhos de capital na alienação de bens e direitos será considerado como custo de aquisição:

I – no caso de bens e direitos adquiridos até 31 de dezembro de 1994, o valor em UFIR, apurado na forma da legislação então vigente;

II – no caso de bens e direitos adquiridos a partir de 1.º de janeiro de 1995, o valor pago convertido em UFIR com base no valor desta fixado para o trimestre de aquisição ou de cada pagamento, quando se tratar de pagamento parcelado.

Parágrafo único. O custo de aquisição em UFIR será reconvertido para Reais com base no valor da UFIR vigente no trimestre em que ocorrer a alienação.

Art. 23. (*Revogado pela Lei n. 9.250, de 26-12-1995.*)

Seção V
Declaração de Bens e Direitos

Art. 24. A partir do exercício financeiro de 1996, a pessoa física deverá apresentar relação pormenorizada de todos os bens e direitos, em Reais, que, no país ou no exterior, constituam, em 31 de dezembro do ano-calendário anterior, seu patrimônio e o de seus dependentes.

Parágrafo único. Os valores dos bens e direitos adquiridos até 31 de dezembro de 1994, declarados em UFIR, serão reconvertidos para Reais, para efeito de preenchimento da declaração de bens e direitos a partir do ano-calendário de 1995, exercício de 1996, com base no valor da UFIR vigente no primeiro trimestre do ano-calendário de 1995.

Capítulo III
DO IMPOSTO DE RENDA DAS PESSOAS JURÍDICAS

Seção I
Normas Gerais

Art. 25. A partir de 1.º de janeiro de 1995, o imposto de renda das pessoas jurídicas, inclusive das equiparadas, será devido à medida em que os rendimentos, ganhos e lucros forem sendo auferidos.

Art. 26. As pessoas jurídicas determinarão o imposto de renda segundo as regras aplicáveis ao regime de tributação com base no lucro real, presumido ou arbitrado.

§ 1.º É facultado às sociedades civis de prestação de serviços relativos às profissões regulamentadas (art. 1.º do Decreto-lei n. 2.397, de 21-12-1987) optarem pelo regime de tributação com base no lucro real ou presumido.

§ 2.º Na hipótese do parágrafo anterior, a opção, de caráter irretratável, se fará mediante o pagamento do imposto correspondente ao mês de janeiro do ano-calendário da opção ou do mês de início da atividade.

Seção II
Do Pagamento Mensal do Imposto

- *Vide* art. 20 da Lei n. 9.249, de 26-12-1995.

Art. 27. Para efeito de apuração do imposto de renda, relativo aos fatos geradores ocorridos em cada mês, a pessoa jurídica determinará a base de cálculo mensalmente, de acordo com as regras previstas nesta Seção, sem prejuízo do ajuste previsto no art. 37.

•• *Vide* art. 20 da Lei n. 9.249, de 26-12-1995.

• *Vide* art. 14, I, da Lei n. 10.522, de 19-7-2002 (veda o parcelamento de débito).

Art. 28. (*Revogado pela Lei n. 9.249, de 26-12-1995.*)

Art. 29. No caso das pessoas jurídicas a que se refere o art. 36, inciso III, desta Lei, a base de cálculo do imposto será determinada mediante a aplicação do percentual de 9% (nove por cento) sobre a receita bruta.

•• *Vide* art. 20 da Lei n. 9.249, de 26-12-1995.

§ 1.º Poderão ser deduzidas da receita bruta:

a) no caso das instituições financeiras, sociedades corretoras de títulos, valores mobiliários e câmbio, e sociedades distribuidoras de títulos e valores mobiliários:

a.1) as despesas incorridas na captação de recursos de terceiros;

a.2) as despesas com obrigações por refinanciamentos, empréstimos e repasses de recursos de órgãos e instituições oficiais e do exterior;

a.3) as despesas de cessão de créditos;

a.4) as despesas de câmbio;

a.5) as perdas com títulos e aplicações financeiras de renda fixa;

a.6) as perdas nas operações de renda variável previstas no inciso III do art. 77;

b) no caso de empresas de seguros privados: o cosseguro e resseguro cedidos, os valores referentes a cancelamentos e restituições de prêmios e a parcela dos prêmios destinada à constituição de provisões ou reservas técnicas;

c) no caso de entidades de previdência privada abertas e de empresas de capitalização: a parcela das contribuições e prêmios, respectivamente, destinada à constituição de provisões ou reservas técnicas;

d) no caso de operadoras de planos de assistência à saúde: as corresponsabilidades cedidas e a parcela das contraprestações pecuniárias destinada à constituição de provisões técnicas.

•• Alínea *d* acrescentada pela Medida Provisória n. 2.158-35, de 24-8-2001.

§ 2.º É vedada a dedução de qualquer despesa administrativa.

Art. 30. As pessoas jurídicas que explorem atividades imobiliárias relativas a loteamento de terrenos, incorporação imobiliária, construção de prédios destinados à venda, bem como a venda de imóveis construídos ou adquiridos para revenda, deverão considerar como receita bruta o montante efetivamente recebido, relativo às unidades imobiliárias vendidas.

Parágrafo único. O disposto neste artigo aplica-se, inclusive, aos casos de empreitada ou fornecimento contratado nas condições do art. 10 do Decreto-lei n. 1.598, de

26 de dezembro de 1977, com pessoa jurídica de direito público, ou empresa sob seu controle, empresa pública, sociedade de economia mista ou sua subsidiária.

•• Parágrafo único acrescentado pela Lei n. 9.065, de 20-6-1995.

•• *Vide* arts. 15 e 20 da Lei n. 9.249, de 26-12-1995.

Art. 31. (*Revogado pela Lei n. 12.973, de 13-5-2014.*)

Art. 32. Os ganhos de capital, demais receitas e os resultados positivos decorrentes de receitas não abrangidas pelo artigo anterior, serão acrescidos à base de cálculo determinada na forma dos arts. 28 ou 29, para efeito de incidência do imposto de renda de que trata esta Seção.

• Citado art. 28 encontra-se revogado pela Lei n. 9.249, de 26-12-1995.

§ 1.º O disposto neste artigo não se aplica aos rendimentos tributados na forma dos arts. 65, 66, 67, 70, 72, 73 e 74, decorrentes das operações ali mencionadas, bem como aos lucros, dividendos ou resultado positivo decorrente da avaliação de investimentos pela equivalência patrimonial.

§ 2.º O ganho de capital nas alienações de bens ou direitos classificados como investimento, imobilizado ou intangível e de aplicações em ouro, não tributadas na forma do art. 72, corresponderá à diferença positiva verificada entre o valor da alienação e o respectivo valor contábil.

•• § 2.º com redação determinada pela Lei n. 12.973, de 13-5-2014.

§ 3.º Na apuração dos valores de que trata o *caput*, deverão ser considerados os respectivos valores decorrentes do ajuste a valor presente de que trata o inciso VIII do *caput* do art. 183 da Lei n. 6.404, de 15 de dezembro de 1976.

•• § 3.º acrescentado pela Lei n. 12.973, de 13-5-2014.

§ 4.º Para fins do disposto no § 2.º, poderão ser considerados no valor contábil, e na proporção deste, os respectivos valores decorrentes dos efeitos do ajuste a valor presente de que trata o inciso III do *caput* do art. 184 da Lei n. 6.404, de 15 de dezembro de 1976.

•• § 4.º acrescentado pela Lei n. 12.973, de 13-5-2014.

§ 5.º Os ganhos decorrentes de avaliação de ativo ou passivo com base no valor justo não integrarão a base de cálculo do imposto, no momento em que forem apurados.

•• § 5.º acrescentado pela Lei n. 12.973, de 13-5-2014.

§ 6.º Para fins do disposto no *caput*, os ganhos e perdas decorrentes de avaliação do ativo com base em valor justo não serão considerados como parte integrante do valor contábil.

•• § 6.º acrescentado pela Lei n. 12.973, de 13-5-2014.

§ 7.º O disposto no § 6.º não se aplica aos ganhos que tenham sido anteriormente computados na base de cálculo do imposto.

•• § 7.º acrescentado pela Lei n. 12.973, de 13-5-2014.

Art. 33. (*Revogado pela Lei n. 9.430, de 27-12-1996.*)

Art. 34. Para efeito de pagamento, a pessoa jurídica poderá deduzir, do imposto apurado no mês, o imposto de renda pago ou retido na fonte sobre as receitas que integraram a base de cálculo correspondente (arts. 28 ou 29), bem como os incentivos de dedução do imposto, relativos ao Programa de Alimentação do Trabalhador, Vale-Transporte, Doações aos Fundos da Criança e do Adolescente, Atividades Culturais ou Artísticas e Atividade Audiovisual, observados os limites e prazos previstos na legislação vigente.

•• Artigo com redação determinada pela Lei n. 9.065, de 20-6-1995.

•• *Vide* arts. 15 e 20 da Lei n. 9.249, de 26-12-1995.

• *Vide* nota ao art. 32 desta Lei.

Art. 35. A pessoa jurídica poderá suspender ou reduzir o pagamento do imposto devido em cada mês, desde que demonstre, através de balanços ou balancetes mensais, que o valor acumulado já pago excede o valor do imposto, inclusive adicional, calculado com base no lucro real do período em curso.

•• *Vide* art. 35, parágrafo único, da Lei n. 12.973, de 13-5-2014.

§ 1.º Os balanços ou balancetes de que trata este artigo:

a) deverão ser levantados com observância das leis comerciais e fiscais e transcritos no livro Diário;

b) somente produzirão efeitos para determinação da parcela do imposto de renda e da contribuição social sobre o lucro devidos no decorrer do ano-calendário.

§ 2.º Estão dispensadas do pagamento de que tratam os arts. 28 e 29 as pessoas jurídicas que, através de balanço ou balancetes mensais, demonstrem a existência de prejuízos fiscais apurados a partir do mês de janeiro do ano-calendário.

•• § 2.º com redação determinada pela Lei n. 9.065, de 20-6-1995.

• *Vide* nota ao art. 32 desta Lei.

§ 3.º O pagamento mensal, relativo ao mês de janeiro do ano-calendário, poderá ser efetuado com base em balanço ou balancete mensal, desde que neste fique demonstrado que o imposto devido no período é inferior ao calculado com base no disposto nos arts. 28 e 29.

•• § 3.º acrescentado pela Lei n. 9.065, de 20-6-1995.

§ 4.º O Poder Executivo poderá baixar instruções para a aplicação do disposto neste artigo.

•• § 4.º acrescentado pela Lei n. 9.065, de 20-6-1995.

•• *Vide* art. 15 da Lei n. 9.249, de 26-12-1995.

Seção III

Do Regime de Tributação com Base no Lucro Real

Art. 36. (*Revogado pela Lei n. 9.718, de 27-11-1998.*)

Art. 37. Sem prejuízo dos pagamentos mensais do imposto, as pessoas jurídicas obrigadas ao regime de tributação com base no lucro real (art. 36) e as pessoas jurídicas que não optarem pelo regime de tributação com base no lucro presumido (art. 44) deverão, para efeito de determinação do saldo de imposto a pagar ou a ser compensado, apurar o lucro real em 31 de dezembro de cada ano-calendário ou na data da extinção.

§ 1.º A determinação do lucro real será precedida da apuração do lucro líquido com observância das disposições das leis comerciais.

§ 2.º Sobre o lucro real será aplicada a alíquota de 25% (vinte e cinco por cento), sem prejuízo do disposto no art. 39.

§ 3.º Para efeito de determinação do saldo do imposto a pagar ou a ser compensado, a pessoa jurídica poderá deduzir do imposto devido o valor:

a) dos incentivos fiscais de dedução do imposto, observados os limites e prazos fixados na legislação vigente, bem como o disposto no § 2.º do art. 39;

•• A Lei n. 13.840, de 5-6-2019, propôs nova redação para esta alínea, mas teve seu texto vetado.

b) dos incentivos fiscais de redução e isenção do imposto, calculados com base no lucro da exploração;

c) do imposto de renda pago ou retido na fonte, incidentes sobre receitas computadas na determinação do lucro real;

d) do imposto de renda calculado na forma dos arts. 27 a 35 desta Lei, pago mensalmente.

§ 4.º (*Revogado pela Lei n. 9.430, de 27-12-1996.*)

§ 5.º O disposto no *caput* somente alcança as pessoas jurídicas que:

a) efetuaram o pagamento do imposto de renda e da contribuição social sobre o lucro, devidos no curso do ano-calendário, com base nas regras previstas nos arts. 27 a 34;

b) demonstrarem, através de balanços ou balancetes mensais (art. 35):

b.1) que o valor pago a menor decorreu da apuração do lucro real e da base de cálculo da contribuição social sobre o lucro, na forma da legislação comercial e fiscal; ou

b.2) a existência de prejuízos fiscais, a partir do mês de janeiro do referido ano-calendário.

•• Alínea *b* com redação determinada pela Lei n. 9.065, de 20-6-1995.

§ 6.º As pessoas jurídicas não enquadradas nas disposições contidas no § 5.º deverão determinar, mensalmente, o lucro real e a base de cálculo da contribuição social sobre o lucro, de acordo com a legislação comercial e fiscal.

•• *Vide* art. 3.º, parágrafo único, da Lei n. 9.065, de 20-6-1995.

§ 7.º Na hipótese do parágrafo anterior o imposto e a contribuição social sobre o lucro devidos terão por vencimento o último dia útil do mês subsequente ao de encerramento do período mensal.

Art. 38. (*Revogado pela Lei n. 9.430, de 27-12-1996.*)

Art. 39. O lucro real ou arbitrado da pessoa jurídica estará sujeito a um adicional do imposto de renda à alíquota de:

I – 12% (doze por cento) sobre a parcela do lucro real que ultrapassar R$ 180.000,00 até R$ 780.000,00;

II – 18% (dezoito por cento) sobre a parcela do lucro real que ultrapassar R$ 780.000,00;

III – 12% (doze por cento) sobre a parcela do lucro arbitrado que ultrapassar R$ 15.000,00 até R$ 65.000,00;

IV – 18% (dezoito por cento) sobre a parcela do lucro arbitrado que ultrapassar R$ 65.000,00.

§ 1.º Os limites previstos nos incisos I e II serão proporcionais ao número de meses transcorridos do ano-calendário, quando o período de apuração for inferior a doze meses.

§ 2.º O valor do adicional será recolhido integralmente, não sendo permitidas quaisquer deduções.

Art. 40. (*Revogado pela Lei n. 9.430, de 27-12-1996.*)

Subseção I
Das alterações na apuração do lucro real

Art. 41. Os tributos e contribuições são dedutíveis, na determinação do lucro real, segundo o regime de competência.

§ 1.º O disposto neste artigo não se aplica aos tributos e contribuições cuja exigibilidade esteja suspensa, nos termos dos incisos II a IV do art. 151 da Lei n. 5.172, de 25 de outubro de 1966, haja ou não depósito judicial.

§ 2.º Na determinação do lucro real, a pessoa jurídica não poderá deduzir como custo ou despesa o imposto de renda de que for sujeito passivo como contribuinte ou responsável em substituição ao contribuinte.

§ 3.º A dedutibilidade, como custo ou despesa, de rendimentos pagos ou creditados a terceiros abrange o imposto sobre os rendimentos que o contribuinte, como fonte pagadora, tiver o dever legal de reter e recolher, ainda que assuma o ônus do imposto.

§ 4.º Os impostos pagos pela pessoa jurídica na aquisição de bens do ativo permanente poderão, a seu critério, ser registrados como custo de aquisição ou deduzidos como despesas operacionais, salvo os pagos na importação de bens que se acrescerão ao custo de aquisição.

§ 5.º Não são dedutíveis como custo ou despesas operacionais as multas por infrações fiscais, salvo as de natureza compensatória e as impostas por infrações de que não resultem falta ou insuficiência de pagamento de tributo.

§ 6.º As contribuições sociais incidentes sobre o faturamento ou receita bruta e sobre o valor das importações, pagas pela pessoa jurídica na aquisição de bens destinados ao ativo permanente, serão acrescidas ao custo de aquisição.

•• § 6.º acrescentado pela Lei n. 10.865, de 30-4-2004.

Art. 42. A partir de 1.º de janeiro de 1995, para efeito de determinar o lucro real, o lucro líquido ajustado pelas adições e exclusões previstas ou autorizadas pela legislação do imposto de renda poderá ser reduzido em no máximo 30% (trinta por cento).

• *Vide* art. 12 da Lei n. 9.065, de 20-6-1995.

Parágrafo único. A parcela dos prejuízos fiscais apurados até 31 de dezembro de 1994, não compensada em razão do disposto no *caput* deste artigo poderá ser utilizada nos anos-calendário subsequentes.

Art. 43. (*Revogado pela Lei n. 9.430, de 27-12-1996.*)

Seção IV
Do Regime de Tributação com Base no Lucro Presumido

Art. 44. As pessoas jurídicas, cuja receita total, no ano-calendário anterior, tenha sido igual ou inferior a R$

12.000.000,00 (doze milhões de reais), poderão optar, por ocasião da entrega da declaração de rendimentos, pelo regime de tributação com base no lucro presumido.

•• *Caput* com redação determinada pela Lei n. 9.065, de 20-6-1995. Valor corrigido pela Lei n. 9.249, de 26-12-1995.

§ 1.º O limite previsto neste artigo será proporcional ao número de meses do ano-calendário, no caso de início de atividade.

§ 2.º Na hipótese deste artigo, o imposto de renda devido, relativo aos fatos geradores ocorridos em cada mês (arts. 27 a 32) será considerado definitivo.

§ 3.º (*Revogado pela Lei n. 9.065, de 20-6-1995.*)

Art. 45. A pessoa jurídica habilitada à opção pelo regime de tributação com base no lucro presumido deverá manter:

I – escrituração contábil nos termos da legislação comercial;

II – Livro Registro de Inventário, no qual deverão constar registrados os estoques existentes no término do ano-calendário abrangido pelo regime de tributação simplificada;

III – em boa guarda e ordem, enquanto não decorrido o prazo decadencial e não prescritas eventuais ações que lhes sejam pertinentes, todos os livros de escrituração obrigatórios por legislação fiscal específica, bem como os documentos e demais papéis que serviram de base para escrituração comercial e fiscal.

Parágrafo único. O disposto no inciso I deste artigo não se aplica à pessoa jurídica que, no decorrer do ano-calendário, mantiver livro Caixa, no qual deverá estar escriturado toda a movimentação financeira, inclusive bancária.

Art. 46. (*Revogado pela Lei n. 9.249, de 26-12-1995.*)

Seção V
Do Regime de Tributação com Base no Lucro Arbitrado

Art. 47. O lucro da pessoa jurídica será arbitrado quando:

I – o contribuinte, obrigado à tributação com base no lucro real ou submetido ao regime de tributação de que trata o Decreto-lei n. 2.397, de 1987, não mantiver escrituração na forma das leis comerciais e fiscais, ou deixar de elaborar as demonstrações financeiras exigidas pela legislação fiscal;

II – a escrituração a que estiver obrigado o contribuinte revelar evidentes indícios de fraude ou contiver vícios, erros ou deficiências que a tornem imprestável para:

a) identificar a efetiva movimentação financeira, inclusive bancária; ou

b) determinar o lucro real;

III – o contribuinte deixar de apresentar à autoridade tributária os livros e documentos da escrituração comercial e fiscal, ou o livro Caixa, na hipótese de que trata o art. 45, parágrafo único;

IV – o contribuinte optar indevidamente pela tributação com base no lucro presumido;

V – o comissário ou representante da pessoa jurídica estrangeira deixar de cumprir o disposto no § 1.º do art. 76 da Lei n. 3.470, de 28 de novembro de 1958;

VI – (*Revogado pela Lei n. 9.718, de 27-11-1998.*)

VII – o contribuinte não mantiver, em boa ordem e segundo as normas contábeis recomendadas, livro Razão ou fichas utilizados para resumir e totalizar, por conta ou subconta, os lançamentos efetuados no Diário.

VIII – o contribuinte não escriturar ou deixar de apresentar à autoridade tributária os livros ou registros auxiliares de que trata o § 2.º do art. 177 da Lei n. 6.404, de 15 de dezembro de 1976, e § 2.º do art. 8.º do Decreto-lei n. 1.598, de 26 de dezembro de 1977.

•• Inciso VIII acrescentado pela Lei n. 11.941, de 27-5-2009.

§ 1.º Quando conhecida a receita bruta, o contribuinte poderá efetuar o pagamento do imposto de renda correspondente com base nas regras previstas nesta Seção.

§ 2.º Na hipótese do parágrafo anterior:

a) a apuração do imposto de renda com base no lucro arbitrado abrangerá todo o ano-calendário, assegurada a tributação com base no lucro real relativa aos meses não submetidos ao arbitramento, se a pessoa jurídica dispuser de escrituração exigida pela legislação comercial e fiscal que demonstre o lucro real dos períodos não abrangido por aquela modalidade de tributação, observado o disposto no § 5.º do art. 37;

b) o imposto apurado com base no lucro real, na forma da alínea anterior, terá por vencimento o último dia útil do mês subsequente ao de encerramento do referido período;

Art. 48. (*Revogado pela Lei n. 9.249, de 26-12-1995.*)

Art. 49. As pessoas jurídicas que se dedicarem à venda de imóveis construídos ou adquiridos para revenda, ao loteamento de terrenos e à incorporação de prédios em condomínio terão seus lucros arbitrados deduzindo-se da receita bruta o custo do imóvel devidamente comprovado.

Parágrafo único. O lucro arbitrado será tributado na proporção da receita recebida ou cujo recebimento esteja previsto para o próprio mês.

Art. 50. (*Revogado pela Lei n. 9.430, de 27-12-1996.*)

Art. 51. O lucro arbitrado das pessoas jurídicas, quando não conhecida a receita bruta, será determinado através de procedimento de ofício, mediante a utilização de uma das seguintes alternativas de cálculo:

I – 1,5 (um inteiro e cinco décimos) do lucro real referente ao último período em que pessoa jurídica manteve escrituração de acordo com as leis comerciais e fiscais, atualizado monetariamente;

II – 0,04 (quatro centésimos) da soma dos valores do ativo circulante, realizável a longo prazo e permanente, existentes no último balanço patrimonial conhecido, atualizado monetariamente;

III – 0,07 (sete centésimos) do valor do capital, inclusive a sua correção monetária contabilizada como reserva de capital, constante do último balanço patrimonial conhecido ou registrado nos atos de constituição ou alteração da sociedade, atualizado monetariamente;

IV – 0,05 (cinco centésimos) do valor do patrimônio líquido constante do último balanço patrimonial conhecido, atualizado monetariamente;

V – 0,4 (quatro décimos) do valor das compras de mercadorias efetuadas no mês;

VI – 0,4 (quatro décimos) da soma, em cada mês, dos valores da folha de pagamento dos empregados e das compras de matérias-primas, produtos intermediários e materiais de embalagem;

VII – 0,8 (oito décimos) da soma dos valores devidos no mês a empregados;

VIII – 0,9 (nove décimos) do valor mensal do aluguel devido.

§ 1.º As alternativas previstas nos incisos V, VI e VII, a critério da autoridade lançadora, poderão ter sua aplicação limitada, respectivamente, às atividades comerciais, industriais e de prestação de serviços e, no caso de empresas com atividade mista, ser adotados isoladamente em cada atividade.

§ 2.º Para os efeitos da aplicação do disposto no inciso I, quando o lucro real for decorrente de período-base anual, o valor que servirá de base ao arbitramento será proporcional ao número de meses do período-base considerado.

§ 3.º Para cálculo da atualização monetária a que se referem os incisos deste artigo, serão adotados os índices utilizados para fins de correção monetária das demonstrações financeiras, tomando-se como termo inicial a data do encerramento do período-base utilizado, e, como termo final, o mês a que se referir o arbitramento.

§ 4.º Nas alternativas previstas nos incisos V e VI do *caput*, as compras serão consideradas pelos valores totais das operações, devendo ser incluídos os valores decorrentes do ajuste a valor presente de que trata o inciso III do art. 184 da Lei n. 6.404, de 15 de dezembro de 1976.

•• § 4.º acrescentado pela Lei n. 12.973, de 13-5-2014.

Arts. 52 e 53. (*Revogados pela Lei n. 9.430, de 27-12-1996.*)

Art. 54. (*Revogado pela Lei n. 9.249, de 26-12-1995.*)

Art. 55. O lucro arbitrado na forma do art. 51 constituirá também base de cálculo da contribuição social sobre o lucro, de que trata a Lei n. 7.689, de 15 de dezembro de 1988.

Seção VI
Da Declaração de Rendimentos das Pessoas Jurídicas

Art. 56. As pessoas jurídicas deverão apresentar, até o último dia útil do mês de março, declaração de rendimentos demonstrando os resultados auferidos no ano-calendário anterior.

•• *Caput* com redação determinada pela Lei n. 9.065, de 20-6-1995.

§ 1.º A declaração de rendimentos será entregue na unidade local da Secretaria da Receita Federal que jurisdicionar o declarante ou nos estabelecimentos bancários autorizados, localizados na mesma jurisdição.

•• A Secretaria da Receita Federal passa a denominar-se Secretaria da Receita Federal do Brasil, por força da Lei n. 11.457, de 16-3-2007.

§ 2.º No caso de encerramento de atividades, a declaração de rendimentos deverá ser entregue até o último dia útil do mês subsequente ao da extinção.

§ 3.º A declaração de rendimentos das pessoas jurídicas deverá ser apresentada em meio magnético, ressalvado o disposto no parágrafo subsequente.

•• § 3.º com redação determinada pela Lei n. 9.532, de 10-12-1997.

§ 4.º O Ministro de Estado da Fazenda poderá permitir que as empresas de que trata a Lei n. 9.317, de 5 de dezembro de 1996, optantes pelo SIMPLES, apresentem suas declarações por meio de formulários.

•• § 4.º com redação determinada pela Lei n. 9.532, de 10-12-1997.

Capítulo IV
DA CONTRIBUIÇÃO SOCIAL SOBRE O LUCRO

Art. 57. Aplicam-se à Contribuição Social sobre o Lucro (Lei n. 7.689, de 1988) as mesmas normas de apuração e de pagamento estabelecidas para o imposto de renda das pessoas jurídicas, inclusive no que se refere ao disposto no art. 38, mantidas a base de cálculo e as alíquotas previstas na legislação em vigor, com as alterações introduzidas por esta Lei.

•• *Caput* com redação determinada pela Lei n. 9.065, de 20-6-1995.

• *Vide* art. 2.º da Lei n. 10.305, de 7-11-2001.

• O art. 38 encontra-se revogado pela Lei n. 9.430, de 27-12-1996.

§ 1.º Para efeito de pagamento mensal, a base de cálculo da contribuição social será o valor correspondente a 10% (dez por cento) do somatório:

a) da receita bruta mensal;

b) das demais receitas e ganhos de capital;

c) dos ganhos líquidos obtidos em operações realizadas nos mercados de renda variável;

d) dos rendimentos produzidos por aplicações financeiras de renda fixa.

§ 2.º No caso das pessoas jurídicas de que trata o inciso III do art. 36, a base de cálculo da contribuição social corresponderá ao valor decorrente da aplicação do percentual de 9% (nove por cento) sobre a receita bruta ajustada, quando for o caso, pelo valor das deduções previstas no art. 29.

•• § 2.º com redação determinada pela Lei n. 9.065, de 20-6-1995.

§ 3.º A pessoa jurídica que determinar o imposto de renda a ser pago em cada mês com base no lucro real (art. 35), deverá efetuar o pagamento da contribuição social sobre o lucro, calculando-a com base no lucro líquido ajustado apurado em cada mês.

§ 4.º No caso de pessoa jurídica submetida ao regime de tributação com base no lucro real, a contribuição determinada na forma dos §§ 1.º a 3.º será deduzida da contribuição apurada no encerramento do período de apuração.

Art. 58. Para efeito de determinação da base de cálculo da contribuição social sobre o lucro, o lucro líquido ajustado poderá ser reduzido por compensação da base de cálculo negativa, apurada em períodos-base anteriores em, no máximo, 30% (trinta por cento).

• *Vide* art. 12 da Lei n. 9.065, de 20-6-1995.

Art. 59. A contribuição social sobre o lucro das sociedades civis, submetidas ao regime de tributação de que trata o art. 1.º do Decreto-lei n. 2.397, de 1987, deverá ser paga até o último dia útil do mês de janeiro de cada ano-calendário.

Capítulo V
DA TRIBUTAÇÃO DO IMPOSTO DE RENDA NA FONTE

Art. 60. Estão sujeitas ao desconto do imposto de renda na fonte, à alíquota de 5% (cinco por cento), as importâncias pagas às pessoas jurídicas:

I – a título de juros e de indenizações por lucros cessantes, decorrentes de sentença judicial;

II – (*Revogado pela Lei n. 9.249, de 26-12-1995.*)

Parágrafo único. O imposto descontado na forma deste artigo será deduzido do imposto devido apurado no encerramento do período-base.

Art. 61. Fica sujeito à incidência do imposto de renda exclusivamente na fonte, à alíquota de 35% (trinta e cinco por cento), todo pagamento efetuado pelas pessoas jurídicas a beneficiário não identificado, ressalvado o disposto em normas especiais.

§ 1.º A incidência prevista no *caput* aplica-se, também, aos pagamentos efetuados ou aos recursos entregues a terceiros ou sócios, acionistas ou titular, contabilizados ou não, quando não for comprovada a operação ou a sua causa, bem como à hipótese de que trata o § 2.º, do art. 74 da Lei n. 8.383, de 1991.

§ 2.º Considera-se vencido o imposto de renda na fonte no dia do pagamento da referida importância.

§ 3.º O rendimento de que trata este artigo será considerado líquido, cabendo o reajustamento do respectivo rendimento bruto sobre o qual recairá o imposto.

Art. 62. A partir de 1.º de janeiro de 1995, a alíquota do imposto de renda na fonte de que trata o art. 44 da Lei n. 8.541, de 1992, será de 35% (trinta e cinco por cento).

Art. 63. Os prêmios distribuídos sob a forma de bens e serviços, através de concursos e sorteios de qualquer espécie, estão sujeitos à incidência do imposto, à alíquota de 20% (vinte por cento), exclusivamente na fonte.

•• *Caput* com redação determinada pela Lei n. 9.065, de 20-6-1995 e retificado em 3-7-1995.

§ 1.º O imposto de que trata este artigo incidirá sobre o valor de mercado do prêmio, na data da distribuição.

•• § 1.º com redação determinada pela Lei n. 11.196, de 21-11-2005.

•• *Vide* art. 132, IV, *b*, da Lei n. 11.196, de 21-11-2005.

§ 2.º Compete à pessoa jurídica que proceder à distribuição de prêmios, efetuar o pagamento do imposto correspondente, não se aplicando o reajustamento da base de cálculo.

§ 3.º O disposto neste artigo não se aplica aos prêmios em dinheiro, que continuam sujeitos à tributação na forma do art. 14 da Lei n. 4.506, de 30 de novembro de 1964.

Art. 64. O art. 45 da Lei n. 8.541, de 1992, passa a ter a seguinte redação:

•• Alteração já processada no texto da referida Lei.

Capítulo VI
DA TRIBUTAÇÃO DAS OPERAÇÕES FINANCEIRAS

Seção I
Do Mercado de Renda Fixa

Art. 65. O rendimento produzido por aplicação financeira de renda fixa, auferido por qualquer beneficiário, inclusive pessoa jurídica isenta, a partir de 1.º de janeiro de 1995, sujeita-se à incidência do imposto de renda na fonte à alíquota de 10% (dez por cento).

• A Instrução Normativa n. 1.022, de 5-4-2010, da Secretaria da Receita Federal, dispõe sobre o imposto de renda incidente nos rendimentos e ganhos líquidos auferidos nos mercados financeiro e de capitais.

§ 1.º A base de cálculo do imposto é constituída pela diferença positiva entre o valor da alienação, líquido do imposto sobre operações de crédito, câmbio e seguro, e sobre operações relativas a títulos ou valores mobiliários - IOF, de que trata a Lei n. 8.894, de 21 de junho de 1994, e o valor da aplicação financeira.

§ 2.º Para fins de incidência do imposto de renda na fonte, a alienação compreende qualquer forma de transmissão da propriedade, bem como a liquidação, resgate, cessão ou repactuação do título ou aplicação.

§ 3.º Os rendimentos periódicos produzidos por título ou aplicação, bem como qualquer remuneração adicional aos rendimentos prefixados, serão submetidos à incidência do imposto de renda na fonte por ocasião de sua percepção.

•• O art. 5.º da Lei n. 12.431, de 24-6-2011, dispõe: "Art. 5.º O Imposto sobre a Renda incidente sobre os rendimentos periódicos a que se refere o § 3.º do art. 65 da Lei n. 8.981, de 1995, incidirá, *pro rata tempore*, sobre a parcela do rendimento produzido entre a data de aquisição ou a data do pagamento periódico anterior e a data de sua percepção, podendo ser deduzida da base de cálculo a parcela dos rendimentos correspondente ao período entre a data do pagamento do rendimento periódico anterior e a data de aquisição do título. § 1.º Ocorrido o primeiro pagamento periódico de rendimentos após a aquisição do título sem alienação pelo adquirente, a parcela do rendimento não submetida à incidência do imposto sobre a renda na fonte deverá ser deduzida do custo de aquisição para fins de apuração da base de cálculo do imposto, quando de sua alienação. § 2.º As instituições intervenientes deverão manter registro que permitam verificar a correta apuração da base de cálculo do imposto de que trata este artigo, na forma regulamentada pela Secretaria da Receita Federal do Brasil".

§ 4.º O disposto neste artigo aplica-se também:

a) às operações conjugadas que permitam a obtenção de rendimentos predeterminados, realizadas nas bolsas de valores, de mercadorias, de futuros e assemelhadas, bem como no mercado de balcão;

b) às operações de transferência de dívidas realizadas com instituição financeira, demais instituições autorizadas a funcionar pelo Banco Central do Brasil ou com pessoa jurídica não financeira;

c) aos rendimentos auferidos pela entrega de recursos a pessoa jurídica, sob qualquer forma e a qualquer título, independentemente de ser ou não a fonte pagadora instituição autorizada a funcionar pelo Banco Central do Brasil.

§ 5.º Em relação às operações de que tratam as alíneas *a* e *b* do § 4.º, a base de cálculo do imposto será:

a) o resultado positivo auferido no encerramento ou liquidação das operações conjugadas;

b) a diferença positiva entre o valor da dívida e o valor entregue à pessoa jurídica responsável pelo pagamento da obrigação, acrescida do respectivo imposto de renda retido.

§ 6.º Fica o Poder Executivo autorizado a baixar normas com vistas a definir as características das operações de que tratam as alíneas *a* e *b* do § 4.º.

§ 7.º O imposto de que trata este artigo será retido:

a) por ocasião do recebimento dos recursos destinados ao pagamento de dívidas, no caso de que trata a alínea *b* do § 4.º;

b) por ocasião do pagamento dos rendimentos, ou da alienação do título ou da aplicação, nos demais casos.

§ 8.º É responsável pela retenção do imposto a pessoa jurídica que receber os recursos, no caso de operações de transferência de dívidas, e a pessoa jurídica que efetuar o pagamento do rendimento, nos demais casos.

Art. 66. Nas aplicações em fundos de renda fixa, inclusive, em Fundo de Aplicação Financeira – FAF, resgatadas a partir de 1.º de janeiro de 1995, a base de cálculo do imposto sobre a renda na fonte será constituída pela diferença positiva entre o valor do resgate, líquido de IOF, e o valor de aquisição da quota.

- A Instrução Normativa n. 1.022, de 5-4-2010, da Secretaria da Receita Federal, dispõe sobre o imposto de renda incidente nos rendimentos e ganhos líquidos auferidos nos mercados financeiro e de capitais.

Parágrafo único. O imposto, calculado à alíquota de 10% (dez por cento), será retido pelo administrador do fundo na data do resgate.

Art. 67. As aplicações financeiras de que tratam os arts. 65, 66 e 70, existentes em 31 de dezembro de 1994, terão os respectivos rendimentos apropriados *pro rata tempore* até aquela data e tributados nos termos da legislação à época vigente.

§ 1.º O imposto apurado nos termos deste artigo será adicionado àquele devido por ocasião da alienação ou resgate do título ou aplicação.

§ 2.º Para efeitos de apuração da base de cálculo do imposto quando da alienação ou resgate, o valor dos rendimentos, apropriado nos termos deste artigo, será acrescido ao valor de aquisição da aplicação financeira.

§ 3.º O valor de aquisição existente em 31 de dezembro de 1994, expresso em quantidade de UFIR, será convertido em Real, pelo valor de R$ 0,6767.

§ 4.º Excluem-se do disposto neste artigo as aplicações em Fundo de Aplicação Financeira – FAF existentes em 31 de dezembro de 1994, cujo valor de aquisição será apurado com base no valor da quota na referida data.

§ 5.º Os rendimentos das aplicações financeiras de que trata este artigo, produzidos a partir de 1.º de janeiro de 1995, poderão ser excluídos do lucro real, para efeito de incidência do adicional do imposto de renda de que trata o art. 39.

§ 6.º A faculdade prevista no parágrafo anterior não se aplica aos rendimentos das aplicações financeiras auferidos por instituição financeira, sociedade corretora de títulos e valores mobiliários, sociedade distribuidora de títulos e valores mobiliários, sociedades de seguro, previdência e capitalização.

Art. 68. São isentos do imposto de renda:

I – os rendimentos auferidos pelas carteiras dos fundos de renda fixa;

II – os rendimentos auferidos nos resgates de quotas de fundos de investimentos, de titularidade de fundos cujos recursos sejam aplicados na aquisição de quotas de fundos de investimentos;

III – os rendimentos auferidos por pessoa física em contas de depósitos de poupança, de Depósitos Especiais Remunerados – DER e sobre os juros produzidos por letras hipotecárias.

Art. 69. Ficam revogadas as isenções previstas na legislação do imposto de renda sobre os rendimentos auferidos por pessoas jurídicas em contas de depósitos de poupança, de Depósitos Especiais Remunerados – DER e sobre os juros produzidos por letras hipotecárias.

Parágrafo único. O imposto devido sobre os rendimentos de que trata este artigo será retido por ocasião do crédito ou pagamento do rendimento.

Art. 70. As operações de mútuo e de compra vinculada à revenda, no mercado secundário, tendo por objeto ouro, ativo financeiro, continuam equiparadas às operações de renda fixa para fins de incidência do imposto de renda na fonte.

§ 1.º Constitui fato gerador do imposto:

a) na operação de mútuo, o pagamento ou crédito do rendimento ao mutuante;

b) na operação de compra vinculada à revenda, a operação de revenda do ouro.

§ 2.º A base de cálculo do imposto será constituída:

a) na operação de mútuo, pelo valor do rendimento pago ou creditado ao mutuante;

b) na operação de compra vinculada à revenda, pela diferença positiva entre o valor de revenda e o de compra do ouro.

§ 3.º A base de cálculo do imposto, em Reais, na operação de mútuo, quando o rendimento for fixado em quantidade de ouro, será apurada com base no preço médio verificado no mercado à vista da bolsa em que ocorrer o maior volume de operações com ouro, na data da liquidação do contrato, acrescida do imposto de renda retido na fonte.

§ 4.º No caso de pessoa jurídica tributada com base no lucro real deverão ser ainda observados que:

a) a diferença positiva entre o valor de mercado, na data do mútuo, e o custo de aquisição do ouro será incluída pelo mutuante na apuração do ganho líquido de que trata o art. 72;

b) as alterações no preço do ouro durante o decurso do prazo do contrato de mútuo, em relação ao preço verificado na data de realização do contrato, serão reconhecidas pelo mutuante e pelo mutuário como receita ou despesa, segundo o regime de competência;

c) para efeito do disposto na alínea *b* será considerado o preço médio do ouro verificado no mercado à vista da bolsa em que ocorrer o maior volume de operações, na data do registro da variação.

§ 5.º O imposto de renda na fonte será calculado aplicando-se a alíquota prevista no art. 65.

§ 6.º Fica o Poder Executivo autorizado a baixar normas com vistas a definir as características da operação de compra vinculada à revenda de que trata este artigo.

Art. 71. Fica dispensada a retenção do imposto de renda na fonte sobre rendimentos de aplicações financeiras de renda fixa ou de renda variável quando o beneficiário do rendimento declarar à fonte pagadora, por escrito, sua condição de entidade imune.

•• Artigo com redação determinada pela Lei n. 9.065, de 20-6-1995.

Seção II
Do Mercado de Renda Variável

Art. 72. Os ganhos líquidos auferidos, a partir de 1.º de janeiro de 1995, por qualquer beneficiário, inclusive pessoa jurídica isenta, em operações realizadas nas bolsas de valores, de mercadorias, de futuros e assemelhadas, serão tributados pelo imposto de renda na forma da legislação vigente, com as alterações introduzidas por esta Lei.

§ 1.º A alíquota do imposto será de 10% (dez por cento), aplicável sobre os ganhos líquidos apurados mensalmente.

•• *Vide* art. 6.º da Lei n. 9.959, de 27-1-2000.

§ 2.º Os custos de aquisição dos ativos objeto das operações de que trata este artigo serão:

a) considerados pela média ponderada dos custos unitários;

b) convertidos em Real pelo valor de R$ 0,6767, no caso de ativos existentes em 31 de dezembro de 1994, expressos em quantidade de UFIR.

§ 3.º O disposto neste artigo aplica-se também:

a) aos ganhos líquidos auferidos por qualquer beneficiário, na alienação de ouro, ativo financeiro, fora de bolsa;

b) aos ganhos líquidos auferidos pelas pessoas jurídicas na alienação de participações societárias, fora de bolsa.

§ 4.º As perdas apuradas nas operações de que trata este artigo poderão ser compensadas com os ganhos líquidos auferidos nos meses subsequentes, em operações da mesma natureza.

§ 5.º (*Revogado pela Lei n. 9.959, de 27-1-2000.*)

§ 6.º (*Revogado pela Lei n. 9.959, de 27-1-2000.*)

§ 7.º O disposto nos §§ 4.º e 5.º aplica-se, inclusive, às perdas existentes em 31 de dezembro de 1994.

§ 8.º Ficam isentos do imposto de renda os ganhos líquidos auferidos por pessoa física em operações no mercado à vista de ações nas bolsas de valores e em operações com ouro, ativo financeiro, cujo valor das alienações realizadas em cada mês seja igual ou inferior a 5.000,00 UFIR, para o conjunto de ações e para o ouro, ativo financeiro, respectivamente.

Art. 73. O rendimento auferido no resgate de quota de fundo de ações, de *commodities*, de investimento no exterior, clube de investimento e outros fundos da espécie, por qualquer beneficiário, inclusive pessoa jurídica isenta, sujeita-se à incidência do imposto de renda na fonte à alíquota de 10% (dez por cento).

§ 1.º A base de cálculo do imposto é constituída pela diferença positiva entre o valor de resgate, líquido de IOF, e o valor de aquisição da quota.

§ 2.º Os ganhos líquidos previstos nos arts. 72 a 74 e os rendimentos produzidos por aplicações financeiras de renda fixa auferidos pelas carteiras dos fundos e clubes de que trata este artigo são isentos de imposto de renda.

§ 3.º O imposto de que trata este artigo será retido pelo administrador do fundo ou clube na data do resgate.

§ 4.º As aplicações nos fundos e clubes de que trata este artigo, existentes em 31 de dezembro de 1994, terão os respectivos rendimentos apropriados *pro rata tempore* até aquela data.

§ 5.º No resgate de quotas, existentes em 31 de dezembro de 1994, deverão ser observados os seguintes procedimentos:

a) se o valor de aquisição da aplicação, calculado segundo o disposto no § 2.º do art. 67, for inferior ao valor de resgate, o imposto devido será acrescido do imposto apurado nos termos daquele artigo;

b) em qualquer outro caso, a base de cálculo do imposto no resgate das quotas será a diferença positiva entre o valor de resgate, líquido do IOF, e o valor original de aquisição, aplicando-se a alíquota vigente em 31 de dezembro de 1994.

§ 6.º Para efeito da apuração prevista na alínea *b* do § 5.º, o valor original de aquisição em 31 de dezembro de 1994, expresso em quantidade de UFIR, será convertido em Real pelo valor de R$ 0,6767.

§ 7.º Os rendimentos produzidos a partir de 1.º de janeiro de 1995, referentes a aplicações existentes em 31 de dezembro de 1994 nos fundos e clubes de que trata este artigo, poderão ser excluídos do lucro real para efeito de incidência do adicional do imposto de renda de que trata o art. 39.

Art. 74. Ficam sujeitos à incidência do imposto de renda na fonte, à alíquota de 10% (dez por cento), os rendimentos auferidos em operações de *swap*.

§ 1.º A base de cálculo do imposto das operações de que trata este artigo será o resultado positivo auferido na liquidação do contrato de *swap*.

§ 2.º O imposto será retido pela pessoa jurídica que efetuar o pagamento do rendimento, na data da liquidação do respectivo contrato.

§ 3.º Somente será admitido o reconhecimento de perdas em operações de *swap* registradas nos termos da legislação vigente.

Art. 75. Ressalvado o disposto no § 3.º do art. 74, fica o Poder Executivo autorizado a permitir a compensação dos resultados apurados nas operações de que tratam os arts. 73 e 74, definindo as condições para a sua realização.

Seção III
Das Disposições Comuns à Tributação das Operações Financeiras

Art. 76. O imposto de renda retido na fonte sobre os rendimentos de aplicações financeiras de renda fixa e de renda variável, ou pago sobre os ganhos líquidos mensais, será:

•• *Caput* com redação determinada pela Lei n. 9.065, de 20-6-1995.

I – deduzido do apurado no encerramento do período ou na data da extinção, no caso de pessoa jurídica submetida ao regime de tributação com base no lucro real;

II – definitivo, no caso de pessoa jurídica não submetida ao regime de tributação com base no lucro real, inclusive isenta, e de pessoa física.

§ 1.º No caso de sociedade civil de prestação de serviços, submetida ao regime de tributação de que trata o art. 1.º do Decreto-lei n. 2.397, de 1987, o imposto poderá ser compensado com o imposto retido por ocasião do pagamento dos rendimentos aos sócios beneficiários.

§ 2.º Os rendimentos de aplicações financeiras de renda fixa e de renda variável e os ganhos líquidos produzidos a partir de 1.º de janeiro de 1995 integrarão o lucro real.

§ 3.º As perdas incorridas em operações iniciadas e encerradas no mesmo dia (*day-trade*), realizadas em mercado de renda fixa ou de renda variável, não serão dedutíveis na apuração do lucro real.

§ 4.º Ressalvado o disposto no parágrafo anterior, as perdas apuradas nas operações de que tratam os arts. 72 a 74 somente serão dedutíveis na determinação do lucro real até o limite dos ganhos auferidos em operações previstas naqueles artigos.

§ 5.º Na hipótese do § 4.º, a parcela das perdas adicionadas poderá, nos anos-calendário subsequentes, ser excluída na determinação do lucro real, até o limite correspondente à diferença positiva apurada em cada ano, entre os ganhos e perdas decorrentes das operações realizadas.

•• § 5.º com redação determinada pela Lei n. 9.065, de 20-6-1995.

§ 6.º Fica reduzida a zero a alíquota do IOF incidente sobre operações com títulos e valores mobiliários de renda fixa e de renda variável.

• *Vide* arts. 29 e 30 do Decreto n. 6.306, de 14-12-2007.

§ 7.º O disposto no § 6.º não elide a faculdade do Poder Executivo alterar a alíquota daquele imposto, conforme previsto no § 1.º do art. 153 da Constituição Federal e no parágrafo único do art. 1.º da Lei n. 8.894, de 21 de junho de 1994.

Art. 77. O regime de tributação previsto neste Capítulo não se aplica aos rendimentos ou ganhos líquidos:

•• *Caput* com redação determinada pela Lei n. 9.065, de 20-6-1995.

I – em aplicações financeiras de renda fixa de titularidade de instituição financeira, inclusive sociedade de seguro, previdência e capitalização, sociedade corretora de títulos, valores mobiliários e câmbio, sociedade distribuidora de títulos e valores mobiliários ou sociedade de arrendamento mercantil;

•• Inciso I com redação determinada pela Lei n. 9.065, de 20-6-1995.

• *Vide* art. 5.º, parágrafo único, da Lei n. 9.779, de 19-1-1999.

• *Vide* art. 9.º da Lei n. 9.959, de 27-1-2000.

II – (*Revogado pela Lei n. 10.833, de 29-12-2003.*)

III – nas operações de renda variável realizadas em bolsa, no mercado de balcão organizado, autorizado pelo órgão competente, ou através de fundos de investimento, para a carteira própria das entidades citadas no inciso I;

•• Inciso III com redação determinada pela Lei n. 9.249, de 26-12-1995.

IV – na alienação de participações societárias permanentes em sociedades coligadas e controladas, e de participações societárias que permaneceram no ativo da pessoa jurídica até o término do ano-calendário seguinte ao de suas aquisições;

V – em operações de cobertura (*hedge*) realizadas em bolsa de valores, de mercadoria e de futuros ou no mercado de balcão.

§ 1.º Para efeito do disposto no inciso V, consideram-se de cobertura (*hedge*) as operações destinadas, exclusivamente, à proteção contra riscos inerentes às oscilações de preço ou de taxas, quando o objeto do contrato negociado:

a) estiver relacionado com as atividades operacionais da pessoa jurídica;

b) destinar-se à proteção de direitos ou obrigações da pessoa jurídica.

§ 2.º O Poder Executivo poderá definir requisitos adicionais para a caracterização das operações de que trata o parágrafo anterior, bem como estabelecer procedimentos para registro e apuração dos ajustes diários incorridos nessas operações.

§ 3.º Os rendimentos e ganhos líquidos de que trata este artigo deverão compor a base de cálculo prevista nos arts. 28 ou 29 e o lucro real.

§ 4.º Para as associações de poupança e empréstimo, os rendimentos e ganhos líquidos auferidos nas aplicações financeiras serão tributados de forma definitiva, à alíquota de 25% (vinte e cinco por cento) sobre a base de cálculo prevista no art. 29.

•• § 4.º com redação determinada pela Lei n. 9.065, de 20-6-1995.

Seção IV
Da Tributação das Operações Financeiras Realizadas por Residentes ou Domiciliados no Exterior

Art. 78. Os residentes ou domiciliados no exterior sujeitam-se às mesmas normas de tributação pelo imposto de renda, previstas para os residentes ou domiciliados no país, em relação aos:

I – rendimentos decorrentes de aplicações financeiras de renda fixa;

II – ganhos líquidos auferidos em operações realizadas em bolsas de valores, de mercadorias, de futuros e assemelhadas;

III – rendimentos obtidos em aplicações em fundos de renda fixa e de renda variável e em clubes de investimentos.

Parágrafo único. Sujeitam-se à tributação pelo imposto de renda, nos termos dos arts. 80 a 82, os rendimentos e ganhos de capital decorrentes de aplicações financeiras, auferidos por fundos, sociedades de investimento e carteiras de valores mobiliários de que participem, exclusivamente, pessoas físicas ou jurídicas, fundos ou outras entidades de investimento coletivo residentes, domiciliados ou com sede no exterior.

Art. 79. O investimento estrangeiro nos mercados financeiros e de valores mobiliários somente poderá ser realizado no país por intermédio de representante legal, previamente designado dentre as instituições autorizadas pelo Poder Executivo a prestar tal serviço e que será responsável, nos termos do art. 128 do Código Tributário Nacional (Lei n. 5.172, de 25 de outubro de 1966) pelo cumprimento das obrigações tributárias decorrentes das operações que realizar por conta e ordem do representado.

§ 1.º O representante legal não será responsável pela retenção e recolhimento do imposto de renda na fonte sobre aplicações financeiras quando, nos termos da legislação pertinente tal responsabilidade for atribuída a terceiro.

§ 2.º O Poder Executivo poderá excluir determinadas categorias de investidores da obrigatoriedade prevista neste artigo.

Art. 80. Sujeitam-se à tributação pelo imposto de renda, à alíquota de 10% (dez por cento), os rendimentos e ganhos de capital auferidos no resgate pelo quotista, quando distribuídos, sob qualquer forma e a qualquer título, por fundos em condomínio, a que se refere o art. 50 da Lei n. 4.728, de 14 de julho de 1965, constituídos na forma prescrita pelo Conselho Monetário Nacional e mantidos com recursos provenientes de conversão de débitos externos brasileiros, e de que participem, exclusivamente, pessoas físicas ou jurídicas, fundos ou outras entidades de investimentos coletivos, residentes, domiciliados, ou com sede no exterior.

§ 1.º A base de cálculo do imposto é constituída pela diferença positiva entre o valor de resgate e o custo de aquisição da quota.

§ 2.º Os rendimentos e ganhos de capital auferidos pelas carteiras dos fundos de que trata este artigo, são isentos de imposto de renda.

Art. 81. Ficam sujeitos ao imposto de renda na fonte, à alíquota de 10% (dez por cento), os rendimentos auferidos:

•• *Vide* art. 7.º da Lei n. 9.959, de 27-1-2000.

I – pelas entidades mencionadas nos arts. 1.º e 2.º do Decreto-lei n. 2.285, de 23 de julho de 1986;

II – pelas sociedades de investimento a que se refere o art. 49 da Lei n. 4.728, de 1965, de que participem, exclusivamente, investidores estrangeiros;

III – pelas carteiras de valores mobiliários, inclusive vinculadas à emissão, no exterior, de certificados representativos de ações, mantidas, exclusivamente, por investidores estrangeiros.

§ 1.º Os ganhos de capital ficam excluídos da incidência do imposto de renda quando auferidos e distribuídos, sob qualquer forma e a qualquer título, inclusive em decorrência de liquidação parcial ou total do investimento pelos fundos, sociedades ou carteiras referidos no *caput* deste artigo.

§ 2.º Para os efeitos deste artigo, consideram-se:

a) rendimentos: quaisquer valores que constituam remuneração de capital aplicado, inclusive aquela produzida por títulos de renda variável, tais como juros, prêmios, comissões, ágio, deságio e participações nos lucros, bem como os resultados positivos auferidos em aplicações nos fundos e clubes de investimento de que trata o art. 73;

•• O *caput* do art. 1.º da Lei n. 12.431, de 24-6-2011, dispõe: "Art. 1.º Fica reduzida a zero a alíquota do imposto sobre a renda incidente sobre os rendimentos definidos nos termos da alínea *a* do § 2.º do art. 81 da Lei n. 8.981, de 20 de janeiro de 1995, produzidos por títulos ou valores mobiliários adquiridos a partir de 1.º de janeiro de 2011, objeto de distribuição pública, de emissão de pessoas jurídicas de direito privado não classificadas como instituições financeiras e regulamentados pela CVM ou pelo Conselho Monetário Nacional, quando pagos, creditados, entregues ou remetidos a beneficiário residente ou domiciliado no exterior, exceto em país que não tribute a renda ou que a tribute à alíquota máxima inferior a vinte por cento".

b) ganhos de capital, os resultados positivos auferidos:

b.1) nas operações realizadas em bolsas de valores, de mercadorias, de futuros e assemelhadas, com exceção das operações conjugadas de que trata a alínea *a* do § 4.º do art. 65;

b.2) nas operações com ouro, ativo financeiro, fora de bolsa.

§ 3.º A base de cálculo do imposto de renda sobre os rendimentos auferidos pelas entidades de que trata este artigo será apurada:

a) de acordo com os critérios previstos nos arts. 65 a 67 no caso de aplicações de renda fixa;

b) de acordo com o tratamento previsto no § 3.º do art. 65 no caso de rendimentos periódicos;

c) pelo valor do respectivo rendimento ou resultado positivo, nos demais casos.

§ 4.º Na apuração do imposto de que trata este artigo serão indedutíveis os prejuízos apurados em operações de renda fixa e de renda variável.

§ 5.º O disposto neste artigo alcança, exclusivamente, as entidades que atenderem às normas e condições estabelecidas pelo Conselho Monetário Nacional, não se aplicando, entretanto, aos fundos em condomínio referidos no art. 80.

§ 6.º Os dividendos e as bonificações em dinheiro estão sujeitos ao imposto de renda à alíquota de 15% (quinze por cento).

Art. 82. O imposto de renda na fonte sobre os rendimentos auferidos pelas entidades de que trata o art. 81, será devido por ocasião da cessão, resgate, repactuação ou liquidação de cada operação de renda fixa, ou do recebimento ou crédito, o que primeiro ocorrer, de outros rendimentos, inclusive dividendos e bonificações em dinheiro.

§ 1.º (*Revogado pela Lei n. 9.430, de 27-12-1996.*)

§ 2.º Os dividendos que forem atribuídos às ações integrantes do patrimônio do fundo, sociedade ou carteira, serão registrados, na data em que as ações forem cotadas sem os respectivos direitos (ex-dividendos), em conta representativa de rendimentos a receber, em contrapartida à diminuição de idêntico valor da parcela do ativo correspondente às ações às quais se vinculam, acompanhados de transferência para a receita de dividendos de igual valor a débito da conta de resultado de variação da carteira de ações.

§ 3.º Os rendimentos submetidos à sistemática de tributação de que trata este artigo não se sujeitam a nova incidência do imposto de renda quando distribuídos.

§ 4.º (*Revogado pela Lei n. 11.196, de 21-11-2005.*)

Capítulo VII
DOS PRAZOS DE RECOLHIMENTO

Art. 83. Em relação aos fatos geradores cuja ocorrência se verifique a partir de 1.º de janeiro de 1995, os pagamentos do imposto de renda retido na fonte, do imposto sobre operações de crédito, câmbio e seguro e sobre operações relativas a títulos e valores mobiliários e da contribuição para o Programa de Integração Social – PIS/PASEP deverão ser efetuados nos seguintes prazos:

I e II – (*Revogados pela Lei n. 11.196, de 21-11-2005.*)

III – Contribuição para o Programa de Integração Social e para o Programa de Formação do Patrimônio do Servidor Público (PIS/PASEP): até o último dia útil da quinzena subsequente ao mês de ocorrência dos fatos geradores.

- A Instrução Normativa n. 247, de 21-11-2002, da Secretaria da Receita Federal, dispõe sobre a contribuição para o PIS/PASEP e a COFINS, devidas pelas pessoas jurídicas de direito privado em geral.

Capítulo VIII
DAS PENALIDADES E DOS ACRÉSCIMOS MORATÓRIOS

Art. 84. Os tributos e contribuições sociais arrecadados pela Secretaria da Receita Federal, cujos fatos geradores vierem a ocorrer a partir de 1.º de janeiro de 1995, não pagos nos prazos previstos na legislação tributária serão acrescidos de:

•• A Secretaria da Receita Federal passa a denominar-se Secretaria da Receita Federal do Brasil, por força da Lei n. 11.457, de 16-3-2007.

I – juros de mora, equivalentes à taxa média mensal de captação do Tesouro Nacional relativa à Dívida Mobiliária Federal Interna;

- *Vide* art. 13 da Lei n. 9.065, de 20-6-1995.

II – multa de mora aplicada da seguinte forma:

a) 10% (dez por cento), se o pagamento se verificar no próprio mês do vencimento;

b) 20% (vinte por cento), quando o pagamento ocorrer no mês seguinte ao do vencimento;

c) 30% (trinta por cento), quando o pagamento for efetuado a partir do segundo mês subsequente ao do vencimento.

§ 1.º Os juros de mora incidirão a partir do primeiro dia do mês subsequente ao do vencimento, e a multa de mora, a partir do primeiro dia após o vencimento do débito.

§ 2.º O percentual dos juros de mora relativo ao mês em que o pagamento estiver sendo efetuado será de 1% (um por cento).

§ 3.º Em nenhuma hipótese os juros de mora previstos no inciso I, deste artigo, poderão ser inferiores à taxa de juros estabelecida no art. 161, § 1.º, da Lei n. 5.172, de 25 de outubro de 1966, no art. 59 da Lei n. 8.383, de 1991, e no art. 3.º da Lei n. 8.620, de 5 de janeiro de 1993.

•• Referido art. 3.º da Lei n. 8.620, de 5-1-1993, encontra-se revogado por força da Lei n. 9.528, de 10-12-1997.

•• *Vide* Lei n. 9.430, de 27-12-1996, art. 61.

§ 4.º Os juros de mora de que trata o inciso I, deste artigo, serão aplicados também às contribuições sociais arrecadadas pelo INSS e aos débitos para com o patrimônio imobiliário, quando não recolhidos nos prazos previstos na legislação específica.

§ 5.º Em relação aos débitos referidos no art. 5.º desta Lei incidirão, a partir de 1.º de janeiro de 1995, juros de mora de 1% (um por cento) ao mês-calendário ou fração.

§ 6.º O disposto no § 2.º aplica-se, inclusive, às hipóteses de pagamento parcelado de tributos e contribuições sociais, previstos nesta Lei.

§ 7.º A Secretaria do Tesouro Nacional divulgará mensalmente a taxa a que se refere o inciso I deste artigo.

§ 8.º O disposto neste artigo aplica-se aos demais créditos da Fazenda Nacional, cuja inscrição e cobrança como Dívida Ativa da União seja de competência da Procuradoria-Geral da Fazenda Nacional.

•• § 8.º acrescentado pela Lei n. 10.522, de 19-7-2002.

Art. 85. O produto da arrecadação dos juros de mora, no que diz respeito aos tributos e contribuições, exceto as contribuições arrecadadas pelo INSS, integra os recursos referidos nos arts. 3.º, parágrafo único, 4.º e 5.º, § 1.º, da Lei n. 7.711, de 22 de dezembro de 1988, e no art. 69 da Lei n. 8.383, de 1991, até o limite de juros previstos no art. 161, § 1.º, da Lei n. 5.172, de 25 de outubro de 1966.

•• *Vide* Lei n. 9.430, de 27-12-1996, art. 61.

Art. 86. As pessoas físicas ou jurídicas que efetuarem pagamentos com retenção do imposto de renda na fonte, deverão fornecer à pessoa física ou jurídica beneficiária, até o dia 31 de janeiro, documento comprobatório, em duas vias, com indicação da natureza e do montante do pagamento, das deduções e do imposto de renda retido no ano-calendário anterior, quando for o caso.

§ 1.º No documento de que trata este artigo, o imposto retido na fonte, as deduções e os rendimentos, deverão ser informados por seus valores em Reais.

§ 2.º As pessoas físicas ou jurídicas que deixarem de fornecer aos beneficiários, dentro do prazo, ou fornecerem com inexatidão, o documento a que se refere este artigo, ficarão sujeitas ao pagamento de multa de 50 (cinquenta) UFIR por documento.

§ 3.º À fonte pagadora que prestar informação falsa sobre rendimentos pagos, deduções ou imposto retido na fonte, será aplicada multa de 300% (trezentos por cento) sobre o valor que for indevidamente utilizável, como redução do imposto de renda a pagar ou aumento do imposto a restituir ou compensar, independentemente de outras penalidades administrativas ou criminais.

§ 4.º Na mesma penalidade incorrerá aquele que se beneficiar da informação, sabendo ou devendo saber da sua falsidade.

Art. 87. Aplicar-se-ão às microempresas, as mesmas penalidades previstas na legislação do imposto de renda para as demais pessoas jurídicas.

Art. 88. A falta de apresentação da declaração de rendimentos ou a sua apresentação fora do prazo fixado, sujeitará a pessoa física ou jurídica:

I – à multa de mora de 1% (um por cento) ao mês ou fração sobre o imposto de renda devido, ainda que integralmente pago;

II – à multa de 200 (duzentas) UFIR a 8.000 (oito mil) UFIR, no caso de declaração de que não resulte imposto devido.

§ 1.º O valor mínimo a ser aplicado será:

a) de 200 (duzentas) UFIR, para as pessoas físicas;

b) de 500 (quinhentas) UFIR, para as pessoas jurídicas.

§ 2.º A não regularização no prazo previsto na intimação, ou em caso de reincidência, acarretará o agravamento da multa em 100% (cem por cento) sobre o valor anteriormente aplicado.

§ 3.º As reduções previstas no art. 6.º da Lei n. 8.218, de 29 de agosto de 1991 e art. 60 da Lei n. 8.383, de 1991, não se aplicam às multas previstas neste artigo.

- Dispõe o art. 6.º da Lei n. 8.218, de 1991: "Art. 6.º Ao sujeito passivo que, notificado, efetuar o pagamento, a compensação ou o parcelamento dos tributos administrados pela Secretaria da Receita Federal do Brasil, inclusive das contribuições sociais previstas nas alíneas *a*, *b* e *c* do parágrafo único do art. 11 da Lei n. 8.212, de 24 de julho de 1991, das contribuições instituídas a título de substituição e das contribuições devidas a terceiros, assim entendidas outras entidades e fundos, será concedido redução da multa de lançamento de ofício nos seguintes percentuais: I – 50% (cinquenta por cento), se for efetuado o pagamento ou a compensação no prazo de 30 (trinta) dias, contado da data em que o sujeito passivo foi notificado do lançamento; II – 40% (quarenta por cento), se o sujeito passivo requerer o parcelamento no prazo de 30 (trinta) dias, contado da data em que foi notificado do lançamento; III – 30% (trinta por cento), se for efetuado o pagamento ou a compensação no prazo de 30 (trinta) dias, contado da data em que o sujeito passivo foi notificado da decisão administrativa de primeira instância; e IV – 20% (vinte por cento), se o sujeito passivo requerer o parcelamento no prazo de 30 (trinta) dias, contado da data em que foi notificado da decisão administrativa de primeira instância".
- Citado art. 60 da Lei n. 8.383, de 1991, foi revogado pela Lei n. 11.941, de 27-5-2009.

§ 4.º (*Revogado pela Lei n. 9.065, de 20-6-1995.*)

Art. 89. (*Revogado pela Lei n. 9.430, de 27-12-1996.*)

Art. 90. O art. 14 da Lei n. 8.847, de 28 de janeiro de 1994, com a redação dada pelo art. 6.º da Lei n. 8.850, de 28 de janeiro de 1994, passa a vigorar com a seguinte redação:

•• Alteração prejudicada em face da posterior revogação do artigo citado pela Lei n. 9.393, de 19-12-1996.

Capítulo IX
DO PARCELAMENTO DE DÉBITOS

Art. 91. (*Revogado pela Lei n. 10.522, de 19-7-2002.*)

Art. 92. Os débitos vencidos até 31 de outubro de 1994 poderão ser parcelados em até 60 (sessenta) prestações, desde que os pedidos sejam apresentados na unidade da Secretaria da Receita Federal da jurisdição do contribuinte até 31 de março de 1995.

•• A Secretaria da Receita Federal passa a denominar-se Secretaria da Receita Federal do Brasil, por força da Lei n. 11.457, de 16-3-2007.

Parágrafo único. Sobre os débitos parcelados nos termos deste artigo, não incidirá o encargo adicional de que trata a alínea *b.1* do parágrafo único do art. 91.

Art. 93. (*Revogado pela Lei n. 10.522, de 19-7-2002.*)

Art. 94. (*Revogado pela Lei n. 10.522, de 19-7-2002.*)

Capítulo X
DAS DISPOSIÇÕES FINAIS

Art. 95. As empresas industriais titulares de Programas Especiais de Exportação aprovados até 3 de junho de 1993, pela Comissão para Concessão de Benefícios Fiscais a Programas Especiais de Exportação – BEFIEX, poderão compensar o prejuízo fiscal verificado em um período-base com o lucro real determinado nos seis anos-calendário subsequentes, independentemente da distribuição de lucros ou dividendos a seus sócios ou acionistas.

•• Artigo com redação determinada pela Lei n. 9.065, de 20-6-1995.

Art. 96. A opção de que trata o § 4.º do art. 31 da Lei n. 8.541, de 1992, relativo ao imposto incidente sobre o lucro inflacionário acumulado realizado no mês de dezembro de 1994, será manifestada pelo pagamento até o vencimento da 1.ª quota ou quota única do respectivo tributo.

Art. 97. A falta ou insuficiência de pagamento do imposto de renda e da contribuição social sobre o lucro está sujeita aos acréscimos legais previstos na legislação tributária federal.

Parágrafo único. No caso de lançamento de ofício, no decorrer do ano-calendário, será observada a forma de apuração da base de cálculo do imposto adotada pela pessoa jurídica.

Art. 98. (*Revogado pela Lei n. 9.430, de 27-12-1996.*)

Art. 99. No caso de lançamento de ofício, as penalidades previstas na legislação tributária federal, expressas em UFIR, serão reconvertidas para Reais, quando aplicadas a infrações cometidas a partir de 1.º de janeiro de 1995.

Art. 100. Poderão ser excluídos do lucro líquido, para determinação do lucro real e da base de cálculo da contribuição social sobre o lucro, os juros reais produzidos por Notas do Tesouro Nacional – NTN, emitidas para troca compulsória no âmbito do Programa Nacional de Privatização – PND.

Parágrafo único. O valor excluído será controlado na

parte *B* do Livro de Apuração do Lucro Real - LALUR, e computado na determinação do lucro real e da contribuição social sobre o lucro no período do seu recebimento.

....

Art. 102. O disposto nos arts. 100 e 101 aplica-se, inclusive, em relação ao ano-calendário de 1994.

Art. 103. As pessoas jurídicas que explorarem atividade comercial de vendas de produtos e serviços poderão promover depreciação acelerada dos equipamentos Emissores de Cupom Fiscal - ECF novos, que vierem a ser adquiridos no período compreendido entre 1.º de janeiro de 1995 a 31 de dezembro de 1995.

§ 1.º A depreciação acelerada de que trata este artigo será calculada pela aplicação da taxa de depreciação usualmente admitida, sem prejuízo da depreciação normal.

§ 2.º O total acumulado da depreciação, inclusive a normal, não poderá ultrapassar o custo de aquisição do bem.

§ 3.º O disposto neste artigo somente alcança os equipamentos:

a) que identifiquem no cupom fiscal emitido os produtos ou serviços vendidos; e

b) cuja utilização tenha sido autorizada pelo órgão competente dos Estados, do Distrito Federal ou dos Municípios.

Art. 104. (*Revogado pela Lei n. 9.065, de 20-6-1995.*)

Art. 105. (*Revogado pela Lei n. 9.065, de 20-6-1995.*)

Art. 106. Fica o Poder Executivo autorizado a alterar a forma de fixação da taxa de câmbio, para cálculo dos impostos incidentes na importação, de que trata o parágrafo único do art. 24 do Decreto-lei n. 37, de 18 de novembro de 1966, com a redação dada pelo art. 1.º da Lei n. 7.683, de 2 de dezembro de 1988.

....

Art. 112. (*Revogado pela Lei n. 12.249, de 11-6-2010.*)

Art. 113. (*Revogado pela Lei n. 9.065, de 20-6-1995.*)

Art. 114. O lucro inflacionário acumulado existente em 31 de dezembro de 1994, continua submetido aos critérios de realização previstos na Lei n. 7.799, de 10 de julho de 1989, observado o disposto no art. 32, da Lei n. 8.541, de 1992.

Art. 115. O disposto nos arts. 48 a 51, 53, 55 e 56 da Medida Provisória n. 785, de 23 de dezembro de 1994, aplica-se somente aos fatos geradores ocorridos até 31 de dezembro de 1994.

Art. 116. Esta Lei entra em vigor na data de sua publicação, produzindo efeitos a partir de 1.º de janeiro de 1995.

Art. 117. Revogam-se as disposições em contrário, e, especificamente:

I – os arts. 12 e 21, e o parágrafo único do art. 42 da Lei n. 8.541, de 23 de dezembro de 1992;

II – o parágrafo único do art. 44 e o art. 47 da Lei n. 8.383, de 30 de dezembro de 1991;

III – o art. 8.º do Decreto-lei n. 2.287, de 23 de julho de 1986;

IV – o § 3.º do art. 3.º da Lei n. 8.847, de 28 de janeiro de 1994;

V – o art. 5.º da Lei n. 8.850, de 28 de janeiro de 1994;

VI – o art. 6.º da Lei n. 7.965, de 22 de dezembro de 1989.

Senado Federal, em 20 de janeiro de 1995.

SENADOR *HUMBERTO LUCENA*

LEI N. 9.065, DE 20 DE JUNHO DE 1995 (*)

Dá nova redação a dispositivos da Lei n. 8.981, de 20 de janeiro de 1995, que altera a legislação tributária federal, e dá outras providências.

O Presidente da República.

Faço saber que o Congresso Nacional decreta e eu sanciono a seguinte Lei:

Art. 1.º Os dispositivos da Lei n. 8.981, de 20 de janeiro de 1995, adiante indicados, passam a vigorar com a seguinte redação:

•• Alterações já processadas no texto da referida Lei.

Art. 2.º O disposto na alínea *b* do § 3.º do art. 43 da Lei n. 8.981, de 1995, somente se aplica aos créditos relativos a:

I – operações de empréstimos, ou qualquer forma de adiantamento de recursos;

II – aquisição de títulos e valores mobiliários de renda fixa, cujo devedor ou emitente seja pessoa jurídica de direito público ou empresa sob o seu controle, empresa pública, sociedade de economia mista, ou sua subsidiária;

III – fundos administrados por qualquer das pessoas jurídicas referidas no inciso II.

Parágrafo único. Está também abrangida pelo disposto na alínea *b* do § 3.º do art. 43 da Lei n. 8.981, de 1995, a parcela de crédito correspondente ao lucro diferido nos termos do art. 10 do Decreto-lei n. 1.598, de 26 de dezembro de 1977.

Art. 3.º O saldo credor da conta de correção monetária de que trata o inciso II do art. 4.º da Lei n. 7.799, de 10 de julho de 1989, apurado a partir do encerramento do ano-calendário de 1995, será computado na determinação do lucro real, podendo o contribuinte diferir, com observância do disposto nos arts. 4.º e 8.º desta Lei, a tributação do lucro inflacionário não realizado.

Parágrafo único. O disposto neste artigo aplica-se, também, às pessoas jurídicas a que se refere o § 6.º do art. 37 da Lei n. 8.981, de 1995.

Art. 4.º Considera-se lucro inflacionário, em cada ano-calendário, o saldo credor da conta de correção monetária, ajustado pela diminuição das variações monetárias e das receitas e despesas financeiras computadas na determinação do lucro líquido do ano-calendário.

(*) Publicada no *DOU*, de 21-6-1995, e retificada em 3-7-1995.

§ 1.º Proceder-se-á ao ajuste mediante a dedução, do saldo credor da conta de correção monetária, de valor correspondente à diferença positiva entre a soma das despesas financeiras com as variações monetárias passivas e a soma das receitas financeiras com as variações monetárias ativas.

§ 2.º O lucro inflacionário a tributar será registrado em conta especial do Livro de Apuração do Lucro Real, e o saldo transferido do ano-calendário anterior será corrigido, monetariamente, com base na variação do valor da UFIR verificada entre o primeiro dia seguinte ao do balanço de encerramento do ano-calendário anterior e o dia seguinte ao do balanço do exercício da correção.

Art. 5.º Em cada ano-calendário considerar-se-á realizada parte do lucro inflacionário proporcional ao valor, realizado no mesmo período, dos bens e direitos do ativo sujeitos à correção monetária.

§ 1.º O lucro inflacionário realizado em cada ano-calendário será calculado de acordo com as seguintes regras:

a) será determinada a relação percentual entre o valor dos bens e direitos do ativo sujeitos à correção monetária, realizado no ano-calendário, e a soma dos seguintes valores:

a.1) a média do valor contábil do ativo permanente no início e no final do ano-calendário;

a.2) a média dos saldos, no início e no fim do ano-calendário, das contas representativas do custo dos imóveis não classificados no ativo permanente, das contas representativas das aplicações em ouro, das contas representativas de adiantamentos a fornecedores de bens sujeitos à correção monetária, salvo se o contrato previr a indexação do crédito, e de outras contas que venham a ser determinadas pelo Poder Executivo, considerada a natureza dos bens ou valores que representem;

b) o valor dos bens e direitos do ativo sujeitos à correção monetária, realizado no ano-calendário, será a soma dos seguintes valores:

b.1) custo contábil dos imóveis existentes no estoque no início do ano-calendário e baixados no curso deste;

b.2) valor contábil, corrigido monetariamente até a data da baixa, dos demais bens e direitos do ativo sujeitos à correção monetária, baixados no curso do ano-calendário;

b.3) quotas de depreciação, amortização e exaustão, computadas como custo ou despesa operacional do ano-calendário;

b.4) lucros ou dividendos, recebidos no ano-calendário, de quaisquer participações societárias registradas como investimento;

c) o montante do lucro inflacionário realizado do ano-calendário será determinado mediante a aplicação da percentagem de que trata a alínea *a* sobre o lucro inflacionário do mesmo ano-calendário;

d) a percentagem de que trata a alínea *a* será também aplicada, em cada ano, sobre o lucro inflacionário, apurado nos anos-calendário anteriores, excetuado o lucro inflacionário acumulado, existente em 31 de dezembro de 1994.

§ 2.º O contribuinte que optar pelo diferimento da tributação do lucro inflacionário não realizado deverá computar na determinação do lucro real o montante do lucro inflacionário realizado (§ 1.º) ou o valor determinado de acordo com o disposto no art. 6.º, e excluir do lucro líquido do ano-calendário o montante do lucro inflacionário do próprio ano-calendário.

Art. 6.º A pessoa jurídica deverá considerar realizado em cada ano-calendário, no mínimo, 10% (dez por cento) do lucro inflacionário, quando o valor, assim determinado, resultar superior ao apurado na forma do § 1.º do art. 5.º.

Parágrafo único. A realização de que trata este artigo aplica-se, inclusive, ao valor do lucro inflacionário apurado no próprio ano-calendário.

Art. 7.º Nos casos de incorporação, fusão, cisão total ou encerramento de atividades, a pessoa jurídica incorporada, fusionada, cindida ou que encerrar atividades deverá considerar integralmente realizado o lucro inflacionário acumulado.

§ 1.º Na cisão parcial, a realização será proporcional à parcela do ativo, sujeito à correção monetária, que tiver sido vertida.

§ 2.º Para os efeitos deste artigo, considera-se lucro inflacionário acumulado a soma do lucro inflacionário de anos-calendário anteriores, corrigido monetariamente, deduzida das parcelas realizadas.

Art. 8.º A partir de 1.º de janeiro de 1996, a pessoa jurídica deverá considerar realizado mensalmente, no mínimo, 1/120 do lucro inflacionário, corrigido monetariamente, apurado em cada ano-calendário anterior.

Parágrafo único. A parcela realizada na forma deste artigo integrará a base de cálculo do imposto de renda devido mensalmente.

Art. 9.º A pessoa jurídica que tiver saldo de lucro inflacionário a tributar e que vier a ser tributada pelo lucro arbitrado deverá adicionar esse saldo, corrigido monetariamente, à base de cálculo do imposto de renda.

Art. 10. (*Revogado pela Lei n. 9.249, de 26-12-1995.*)

Art. 11. O lucro real ou arbitrado da pessoa jurídica estará sujeito a um adicional do imposto de renda à alíquota de:

I – 10% (dez por cento) sobre a parcela do lucro real que ultrapassar R$ 180.000,00 até R$ 780.000,00;

II – 15% (quinze por cento) sobre a parcela do lucro real que ultrapassar R$ 780.000,00;

III – 10% (dez por cento) sobre a parcela do lucro arbitrado que ultrapassar R$ 15.000,00 até R$ 65.000,00;

IV – 15% (quinze por cento) sobre a parcela do lucro arbitrado que ultrapassar R$ 65.000,00.

§ 1.º Os limites previstos nos incisos I e II serão proporcionais ao número de meses transcorridos do ano-calendário, quando o período de apuração for inferior a 12 (doze) meses.

§ 2.º O valor do adicional será recolhido integralmente, não sendo permitidas quaisquer deduções.

Art. 12. O disposto nos arts. 42 e 58 da Lei n. 8.981, de 1995, vigorará até 31 de dezembro de 1995.

Art. 13. A partir de 1.º de abril de 1995, os juros de que tratam a alínea *c* do parágrafo único do art. 14 da Lei n. 8.847, de 28 de janeiro de 1994, com a redação dada pelo art. 6.º da Lei n. 8.850, de 28 de janeiro de 1994, e pelo art. 90 da Lei n. 8.981, de 1995, o art. 84, inciso I, e o art. 91, parágrafo único, alínea *a.2*, da Lei n. 8.981, de 1995, serão equivalentes à taxa referencial do Sistema Especial de Liquidação e de Custódia – SELIC para títulos federais, acumulada mensalmente.

Art. 14. Os rendimentos e ganhos de capital distribuídos, a partir de 1.º de julho de 1995, pelos Fundos de Investimento Imobiliário e Fundos de Investimento Cultural e Artístico – FICART, sob qualquer forma e qualquer que seja o beneficiário, sujeitam-se à incidência do imposto de renda na fonte à alíquota de 10% (dez por cento).

- A Instrução Normativa n. 1.022, de 5-4-2010, da Secretaria da Receita Federal, dispõe sobre o imposto de renda incidente nos rendimentos e ganhos líquidos auferidos nos mercados financeiro e de capitais.

Parágrafo único. Ao imposto retido nos termos deste artigo aplica-se o disposto no art. 76 da Lei n. 8.981, de 1995.

Art. 15. O prejuízo fiscal apurado a partir do encerramento do ano-calendário de 1995 poderá ser compensado, cumulativamente com os prejuízos fiscais apurados até 31 de dezembro de 1994, com o lucro líquido ajustado pelas adições e exclusões previstas na legislação do imposto de renda, observado o limite máximo, para a compensação, de 30% (trinta por cento) do referido lucro líquido ajustado.

•• *Vide* art. 31 da Lei n. 9.249, de 26-12-1995.

Parágrafo único. O disposto neste artigo somente se aplica às pessoas jurídicas que mantiverem os livros e documentos, exigidos pela legislação fiscal, comprobatórios do montante do prejuízo fiscal utilizado para a compensação.

Art. 16. A base de cálculo da contribuição social sobre o lucro, quando negativa, apurada a partir do encerramento do ano-calendário de 1995, poderá ser compensada, cumulativamente com a base de cálculo negativa apurada até 31 de dezembro de 1994, com o resultado do período de apuração ajustado pelas adições e exclusões previstas na legislação da referida contribuição social, determinado em anos-calendário subsequentes, observado o limite máximo de redução de 30% (trinta por cento), previsto no art. 58 da Lei n. 8.981, de 1995.

- A Resolução n. 19, de 6-9-2001, do Comitê Gestor do Programa de Recuperação Fiscal, estabelece procedimentos para a utilização de prejuízo fiscal e de base de cálculo negativa da Contribuição Social sobre o Lucro Líquido, no âmbito do Programa de Recuperação Fiscal (Refis).

Parágrafo único. O disposto neste artigo somente se aplica às pessoas jurídicas que mantiverem os livros e documentos, exigidos pela legislação fiscal, comprobatórios da base de cálculo negativa utilizada para a compensação.

- O limite máximo de redução do lucro líquido ajustado previsto neste artigo não se aplica ao resultado decorrente da exploração de atividade rural, relativamente à compensação de base de cálculo negativa da CSLL (art. 41 da Medida Provisória n. 2.158-35, de 24-8-2001).

Art. 17. O pagamento da Contribuição para o Programa de Integração Social e para o Programa de Formação do Patrimônio do Servidor Público (PIS/PASEP) deverá ser efetuado até o último dia útil da quinzena subsequente ao mês de ocorrência dos fatos geradores.

Art. 18. Esta Lei entra em vigor na data de sua publicação, produzindo efeitos a partir de 1.º de janeiro de 1995, exceto os arts. 10, 11, 15 e 16, que produzirão efeitos a partir de 1.º de janeiro de 1996, e os arts. 13 e 14, com efeitos, respectivamente, a partir de 1.º de abril e 1.º de julho de 1995.

Art. 19. Revogam-se as disposições em contrário e, especificamente, o § 3.º do art. 44, o § 4.º do art. 88, e os arts. 104, 105, 107 e 113 da Lei n. 8.981, de 1995, bem como o inciso IV do § 2.º do art. 7.º das Leis ns. 8.256, de 25 de novembro de 1991, e 8.857, de 8 de março de 1994, o inciso IV do § 2.º do art. 6.º da Lei n. 8.210, de 19 de julho de 1991, e a alínea *d* do § 2.º do art. 4.º da Lei n. 7.965, de 22 de dezembro de 1989.

Brasília, 20 de junho de 1995; 174.º da Independência e 107.º da República.

FERNANDO HENRIQUE CARDOSO

LEI N. 9.069, DE 29 DE JUNHO DE 1995 (*)

Dispõe sobre o Plano Real, o Sistema Monetário Nacional, estabelece as regras e condições de emissão do REAL e os critérios para conversão das obrigações para o REAL, e dá outras providências.

O Presidente da República.

Faço saber que o Congresso Nacional decreta e eu sanciono a seguinte Lei:

Capítulo I
DO SISTEMA MONETÁRIO NACIONAL

Art. 1.º A partir de 1.º de julho de 1994, a unidade do Sistema Monetário Nacional passa a ser o REAL (art. 2.º da Lei n. 8.880, de 27-5-1994), que terá curso legal em todo o território nacional.

- A Lei n. 8.880, de 27-5-1994, dispõe sobre o programa de estabilização econômica e o Sistema Monetário Nacional, institui a URV e dá outras providências.

§ 1.º As importâncias em dinheiro serão grafadas precedidas do símbolo R$.

§ 2.º A centésima parte do REAL, denominada *centavo*, será escrita sob a forma decimal, precedida da vírgula que segue a unidade.

(*) Publicada no *DOU*, de 30-6-1995. A Lei n. 10.192, de 14-2-2001, dispõe sobre medidas complementares ao Plano Real.

§ 3.º A paridade entre o REAL e o Cruzeiro Real, a partir de 1.º de julho de 1994, será igual à paridade entre a Unidade Real de Valor – URV e o Cruzeiro Real fixada pelo Banco Central do Brasil para o dia 30 de junho de 1994.

§ 4.º A paridade de que trata o parágrafo anterior permanecerá fixa para os fins previstos no art. 3.º, § 3.º, da Lei n. 8.880, de 27 de maio de 1994, e no art. 2.º desta Lei.

§ 5.º Admitir-se-á fracionamento especial da unidade monetária nos mercados de valores mobiliários e de títulos da dívida pública, na cotação de moedas estrangeiras, na Unidade Fiscal de Referência – UFIR e na determinação da expressão monetária de outros valores que necessitem da avaliação de grandezas inferiores ao centavo, sendo as frações resultantes desprezadas ao final dos cálculos.

•• *Vide*, sobre UFIR, Nota dos Organizadores.

Art. 2.º O Cruzeiro Real, a partir de 1.º de julho de 1994, deixa de integrar o Sistema Monetário Nacional, permanecendo em circulação como meio de pagamento as cédulas e moedas dele representativas, pelo prazo de 30 (trinta) dias, na forma prevista nos §§ 3.º e 4.º do art. 3.º da Lei n. 8.880, de 1994.

§ 1.º Até o último dia útil de julho de 1994, os cheques ainda emitidos com indicação de valor em Cruzeiros Reais serão acolhidos pelas instituições financeiras e pelos serviços de compensação, sem prejuízo do direito ao crédito, nos termos da legislação pertinente.

§ 2.º Os prazos previstos neste artigo poderão ser prorrogados pelo Banco Central do Brasil.

§ 3.º Os documentos de que trata o § 1.º serão acolhidos e contabilizados com a paridade fixada, na forma do § 3.º do art. 1.º, para o dia 1.º de julho de 1994.

Art. 3.º (*Revogado pela Lei n. 13.820, de 2-5-2019.*)

Art. 4.º (*Revogado pela Lei n. 13.820, de 2-5-2019.*)

Art. 5.º Serão grafadas em REAL, a partir de 1.º de julho de 1994, as demonstrações contábeis e financeiras, os balanços, os cheques, os títulos, os preços, os precatórios, os valores de contratos e todas as demais expressões pecuniárias que se possam traduzir em moeda nacional.

....

Capítulo III
DAS CONVERSÕES PARA REAL

Art. 12. Na operação de conversão de Cruzeiros Reais para REAL, serão adotadas 4 (quatro) casas decimais no quociente da divisão.

§ 1.º Em todos os pagamentos ou liquidações de soma a receber ou a pagar e registros contábeis, serão desprezados, para todos os efeitos legais, os valores inferiores ao correspondente a 1 (um) centavo de REAL.

§ 2.º Nas instituições financeiras e nas demais entidades autorizadas a funcionar pelo Banco Central do Brasil a soma das parcelas desprezadas, na forma do parágrafo anterior, será recolhida e creditada ao Tesouro Nacional, no prazo a ser fixado pelo Poder Executivo, para ser utilizada em programas emergenciais contra a fome e a miséria, conforme regulamentação a ser baixada pelo Poder Executivo.

Art. 13. A partir de 1.º de julho de 1994, todos os valores expressos em URV passam a ser expressos, de pleno direito, em igual número de REAIS.

Art. 14. As obrigações pecuniárias expressas em Cruzeiros Reais que não tenham sido convertidas em URV até 30 de junho de 1994, inclusive, serão, em 1.º de julho de 1994, obrigatoriamente convertidas em REAL, de acordo com as normas desta Lei.

Parágrafo único. O disposto no *caput* deste artigo aplica-se às obrigações que tenham sido mantidas em Cruzeiros Reais por força do contido na Lei n. 8.880, de 27 de maio de 1994, inclusive em seu art. 16.

Art. 15. Serão convertidos em REAL, em 1.º de julho de 1994, segundo a paridade fixada para aquela data:

I – as contas correntes;

II – os depósitos à vista nas instituições financeiras;

III – os depósitos compulsórios em espécie sobre depósitos à vista, mantidos pelo sistema bancário junto ao Banco Central do Brasil.

Art. 16. Observado o disposto nos parágrafos deste artigo, serão igualmente convertidos em REAL, em 1.º de julho de 1994, de acordo com a paridade fixada para aquela data:

I – os saldos das cadernetas de poupança;

II – os depósitos compulsórios e voluntários mantidos junto ao Banco Central do Brasil, com recursos originários da captação de cadernetas de poupança;

III – os saldos das contas do Fundo de Garantia do Tempo de Serviço – FGTS, do Fundo de Participação PIS/PASEP e do Fundo de Amparo ao Trabalhador – FAT;

IV – as operações de crédito rural;

V – as operações ativas e passivas dos Sistemas Financeiro da Habitação e do Saneamento (SFH e SFS), observado o disposto nos arts. 20 e 21 desta Lei;

VI – as operações de seguro, de previdência privada e de capitalização;

VII – as demais operações contratadas com base na Taxa Referencial – TR ou no índice de remuneração básica dos depósitos de poupança; e

VIII – as demais operações da mesma natureza, não compreendidas nos incisos anteriores.

§ 1.º A conversão de que trata este artigo será precedida de atualização *pro rata tempore*, desde a data do último aniversário até 30 de junho de 1994, inclusive, mediante a aplicação da Taxa Referencial – TR ou do referencial legal ou contratual pertinente, na forma da legislação vigente.

§ 2.º Na data de aniversário no mês de julho, incidirá, *pro rata tempore*, desde a data de conversão, sobre o valor convertido, a Taxa Referencial – TR ou o referencial legal ou contratual pertinente e juros, na forma da legislação vigente.

§ 3.º O crédito da remuneração básica e dos juros, no que diz respeito às cadernetas de poupança, ocorrerá somente nas datas de aniversário, que são mantidas para todos os efeitos.

§ 4.º Observadas as diretrizes estabelecidas pelo Presidente da República, o Ministro de Estado da Fazenda, o Conselho Monetário Nacional, o Conselho de Gestão da Previdência Complementar e o Conselho Nacional de Seguros Privados, dentro de suas respectivas competências, regulamentarão o disposto neste artigo.

Art. 17. Os valores das prestações de financiamentos habitacionais firmados com entidades integrantes do Sistema Financeiro da Habitação – SFH, e entidades de previdência privada, quando em condições análogas às utilizadas no Sistema Financeiro da Habitação, expressos em Cruzeiros Reais, no mês de junho de 1994, serão convertidos em REAL, no dia 1.º de julho de 1994, observada a paridade entre o Cruzeiro Real e o Real fixada para aquela data.

Parágrafo único. São mantidos o índice de reajuste e a periodicidade contratualmente estabelecidos para atualização das prestações de que trata este artigo.

Art. 18. Os depósitos da União no Banco Central do Brasil e nas instituições financeiras terão seu saldo atualizado, pela taxa média referencial do Sistema Especial de Liquidação e de Custódia – SELIC, até 30 de junho de 1994, e convertidos para REAL, em 1.º de julho de 1994, observada a paridade fixada para aquela data.

Art. 19. As obrigações pecuniárias em Cruzeiros Reais, sem cláusula de correção monetária ou com cláusula de correção monetária prefixada, serão convertidas em REAL, no dia 1.º de julho de 1994, observada a paridade entre o Cruzeiro Real e o Real fixada para aquela data.

Art. 20. As obrigações pecuniárias em Cruzeiros Reais, com cláusula de correção monetária baseada em índices de preços, em que a periodicidade de reajuste pleno é igual ou menor que a periodicidade de pagamento, serão convertidas em REAL, no dia 1.º de julho de 1994, observada a paridade fixada para aquela data, reajustando-se *pro rata tempore* os valores contratuais expressos em Cruzeiros Reais desde o último aniversário até o dia 30 de junho de 1994, inclusive, de acordo com o índice constante do contrato.

Art. 21. As obrigações pecuniárias em Cruzeiros Reais, com cláusula de correção monetária baseada em índices de preços, em que a periodicidade de reajuste pleno é maior que a periodicidade de pagamento, serão convertidas em REAL, no dia 1.º de julho de 1994, de acordo com as disposições abaixo:

I – dividindo-se o valor em Cruzeiros Reais da obrigação vigente no dia do aniversário em cada um dos meses imediatamente anteriores, em número igual aos do último período de reajuste pleno, pelo valor em Cruzeiros Reais do equivalente em URV nesses mesmos dias;

II – extraindo-se a média aritmética dos valores resultantes do inciso anterior;

III – reconvertendo-se, em Cruzeiros Reais, o valor encontrado pela URV do dia do aniversário em junho de 1994;

IV – aplicando-se, *pro rata tempore*, sobre o valor em Cruzeiros Reais de que trata o inciso anterior, o índice contratual ou legal até 30 de junho de 1994; e

V – convertendo-se em REAL o valor corrigido na forma do inciso anterior pela paridade fixada para aquela data.

§ 1.º O cálculo da média a que se refere este artigo será feito com base nos preços unitários, nos casos dos contratos para aquisição ou produção de bens para entrega futura, execução de obras, prestação de serviços, locação, uso e arrendamento, quando as quantidades de bens e serviços, a cada mês, forem variáveis.

§ 2.º No caso de obrigações em que tenha transcorrido um número de meses menor que o da periodicidade de reajuste pleno, a conversão será feita, na forma do *caput* deste artigo, levando-se em conta apenas os valores referentes aos meses a partir da contratação.

§ 3.º No caso dos contratos de locação residencial com cláusula de reajuste superior a 6 (seis) meses, as disposições do *caput* deste artigo serão aplicadas tomando em conta apenas os aluguéis dos primeiros 6 (seis) meses do último período de reajuste pleno.

§ 4.º Em caso de desequilíbrio econômico-financeiro, os contratos de locação residencial, inclusive os convertidos anteriormente, poderão ser revistos, a partir de 1.º de janeiro de 1995, através de livre negociação entre as partes, ou judicialmente, a fim de adequá-los aos preços de mercado, sem prejuízo do direito à ação revisional prevista na Lei n. 8.245, de 1991.

§ 5.º Efetivada a revisão, o novo valor do aluguel residencial vigorará pelo prazo mínimo de 1 (um) ano.

Art. 22. Para os efeitos desta Lei, *dia de aniversário*, *data de aniversário* e *aniversário* correspondem:

I – no caso de obrigações pecuniárias em Cruzeiros Reais com cláusula de correção monetária por índice de preço, ao dia do vencimento; na falta deste, ao dia do último reajuste; e, na falta deste, ao dia do surgimento, em qualquer mês, da obrigação, do título, do contrato ou da parcela contratual;

II – no caso de contratos que tenham por objeto a aquisição ou produção de bens para entrega futura, a execução de obras ou a prestação de serviços, e que tenham cláusulas de reajuste de preços por índices de preços setoriais, regionais ou específicos, ou, ainda, que reflitam a variação ponderada dos custos dos insumos utilizados, ao último dia de validade dos preços contratuais em cada período de reajuste.

Art. 23. As disposições desta Lei, sobre conversões, aplicam-se aos contratos de que trata o art. 15 da Lei n. 8.880, de 27 de maio de 1994, e sua regulamentação.

§ 1.º Na conversão para REAL dos contratos que não contiverem cláusula de atualização monetária entre a data final do período de adimplemento da obrigação e a data da exigibilidade do pagamento, será deduzida a expectativa de inflação considerada no contrato relativamente a este prazo, devendo, quando o contrato não mencionar explicitamente a expectativa inflacionária, ser adotada, para a dedução, a variação do Índice Geral de Preços – Disponibilidade Interna – IGP/DI, da Fundação Getúlio Vargas – FGV, no mês de apresentação da proposta ou do orçamento a que esta se referir, aplicado *pro rata tempore* relativamente ao prazo previsto para o pagamento.

§ 2.º Nos casos em que houver cláusula de atualização monetária decorrente de atraso de pagamento, corrigido também o período decorrido entre a data do adimplemento da obrigação e da exigibilidade do pagamento, aplica-se a este período a dedução referida no parágrafo anterior, segundo os critérios nele estabelecidos.

§ 3.º O Poder Executivo regulamentará o disposto neste artigo.

Art. 24. Nas obrigações convertidas em REAL na forma dos arts. 20 e 21, o cálculo da correção monetária, a partir de 1.º de julho de 1994, somente é válido quando baseado em índice de preços calculado na forma do art. 38 da Lei n. 8.880, de 27 de maio de 1994.

§ 1.º O cálculo dos índices de correção monetária de obrigações a que se refere o *caput* deste artigo tomará por base preços em REAL, o equivalente em URV dos preços em Cruzeiros Reais, e os preços nominados ou convertidos em URV dos meses anteriores.

§ 2.º Observado o disposto no art. 28, sobre os valores convertidos em REAL, na forma dos arts. 20 e 21, serão aplicados *pro rata tempore*, da data da conversão até a data do aniversário, os índices de correção monetária a que estiverem sujeitos, calculados de conformidade com o art. 38 da Lei n. 8.880, de 27 de maio de 1994, de acordo com as respectivas disposições legais, regulamentares, contratuais, ou decisões judiciais com base nas quais tiverem sido constituídos.

§ 3.º No cálculo dos índices de que trata este artigo, os preços em Cruzeiros Reais deverão ser convertidos em URV do dia de sua coleta.

§ 4.º Caso o índice de preços constante do contrato não esteja disponível na forma do *caput* deste artigo, será utilizado, para os fins do disposto no art. 38 da Lei n. 8.880, de 27 de maio de 1994, e nesta Lei, índice equivalente substituto, na forma da regulamentação a ser baixada pelo Poder Executivo.

§ 5.º É nula de pleno direito e não surtirá nenhum efeito a aplicação de índice, para fins de correção monetária, calculado de forma diferente da estabelecida neste artigo.

Art. 25. As dotações constantes da proposta de Orçamento Geral da União enviada ao Congresso Nacional, com as modificações propostas nos termos do art. 166, § 5.º, da Constituição Federal, serão corrigidas para preços médios de 1994, mediante a aplicação, sobre os valores expressos a preços de abril de 1993, do multiplicador de 66,8402, sendo então convertidos em 1.º de julho de 1994 em REAIS pela paridade fixada para aquela data.

§ 1.º Serão também convertidos em REAL em 1.º de julho de 1994, pela paridade fixada para aquela data, todos os valores expressos em Cruzeiros Reais em 30 de junho de 1994, constantes de balanços e de todos os atos e fatos relacionados com a gestão orçamentária, financeira, patrimonial e contábil.

§ 2.º No caso do parágrafo anterior, se resultarem valores inferiores a R$ 0,01 (um centavo de REAL), os mesmos serão representados por este valor (R$ 0,01).

Art. 26. Como forma de garantir o equilíbrio econômico-financeiro na conversão dos contratos relativos à atividade agrícola, ficam asseguradas as condições de equivalência constantes nos contratos de financiamento de custeio e de comercialização para produtos contemplados na safra 1993/94 e na safra 1994 com *preços mínimos de garantia* dentro da Política de Garantia de Preços Mínimos – PGPM.

....

Capítulo VI
DAS DISPOSIÇÕES TRIBUTÁRIAS

Art. 36. A partir de 1.º de julho de 1994, ficará interrompida, até 31 de dezembro de 1994, a aplicação da Unidade Fiscal de Referência – UFIR, exclusivamente para efeito de atualização dos tributos, contribuições federais e receitas patrimoniais, desde que os respectivos créditos sejam pagos nos prazos originais previstos na legislação.

§ 1.º No caso de tributos e contribuições apurados em declaração de rendimentos, a interrupção da UFIR abrangerá o período compreendido entre a data de encerramento do período de apuração e a data de vencimento.

§ 2.º Para os efeitos da interrupção de que trata o *caput* deste artigo, a reconversão para REAL será efetuada com base no valor da UFIR utilizada para a respectiva conversão.

§ 3.º Aos créditos tributários não pagos nos prazos previstos na legislação tributária aplica-se a atualização monetária pela variação da UFIR, a partir do mês de ocorrência do fato gerador, ou, quando for o caso, a partir do mês correspondente ao término do período de apuração, nos termos da legislação pertinente, sem prejuízo da multa e de acréscimos legais pertinentes.

§ 4.º Aos débitos para com o patrimônio imobiliário da União não pagos nos prazos previstos na legislação patrimonial, ou à diferença de valor recolhido a menor, aplica-se a atualização monetária pela variação da UFIR entre o mês do vencimento, ou da ocorrência do fato gerador, e o mês do efetivo pagamento, além da multa de que trata o art. 59 da Lei n. 8.383, de 30 de dezembro de 1991, e de acréscimos legais pertinentes.

§ 5.º Às contribuições sociais arrecadadas pelo Instituto Nacional do Seguro Social – INSS, quando não recolhidas nos prazos previstos na legislação específica, aplica-se a atualização monetária pela variação da UFIR entre o mês subsequente ao de competência e o mês do efetivo recolhimento, sem prejuízo da multa e de acréscimos legais pertinentes.

§ 6.º O disposto no *caput* deste artigo não se aplica aos débitos incluídos em parcelamento.

Art. 37. No caso de tributos, contribuições e outros débitos para com a Fazenda Nacional pagos indevidamente, dentro do prazo previsto no art. 36 desta Lei, a compensação ou restituição será efetuada com base na variação da UFIR calculada a partir do mês seguinte ao pagamento.

Art. 38. Nas situações de que tratam os §§ 3.º, 4.º e 5.º do art. 36 desta Lei, os juros de mora serão equivalentes, a partir de 1.º de julho de 1994, ao excedente da variação acumulada da Taxa Referencial – TR em relação à variação da UFIR no mesmo período.

§ 1.º Em nenhuma hipótese os juros de mora previstos no *caput* deste artigo poderão ser inferiores à taxa de juros estabelecida no art. 161, § 1.º, da Lei n. 5.172, de 25 de outubro de 1966, no art. 59 da Lei n. 8.383, de 1991, e no art. 3.º da Lei n. 8.620, de 5 de janeiro de 1993.

•• Referido art. 3.º da Lei n. 8.620, de 5-1-1993, encontra-se revogado por força da Lei n. 9.528, de 10-12-1997.

•• *Vide* Lei n. 9.430, de 27-12-1996, art. 61.

§ 2.º O disposto no *caput* deste artigo não se aplica aos débitos incluídos em parcelamento concedido anteriormente à data de entrada em vigor desta Lei.

• *Vide* art. 83, parágrafo único, II, desta Lei.

Art. 39. O imposto sobre rendimentos de que trata o art. 8.º da Lei n. 7.713, de 22 de dezembro de 1988, pago na forma do art. 36 desta Lei, será, para efeito de redução do imposto devido na declaração de ajuste anual, convertido em quantidade de UFIR pelo valor desta no mês em que os rendimentos forem recebidos.

Art. 40. O produto da arrecadação dos juros de mora de que trata o art. 38 desta Lei, no que diz respeito aos tributos e contribuições, exceto as contribuições sociais arrecadadas pelo INSS, integra os recursos referidos nos arts. 3.º, parágrafo único, 4.º e 5.º, § 1.º, da Lei n. 7.711, de 22 de dezembro de 1988, e no art. 69 da Lei n. 8.383, de 1991, até o limite de juros previsto no art. 161, § 1.º, da Lei n. 5.172, de 25 de outubro de 1966.

Art. 41. A restituição do imposto de renda da pessoa física, apurada na declaração de rendimentos relativa ao exercício financeiro de 1995, será reconvertida em REAL com base no valor da UFIR no mês do recebimento.

Art. 42. As pessoas jurídicas farão levantamento de demonstrações contábeis e financeiras extraordinárias, com vistas à adaptação dos respectivos lançamentos aos preceitos desta Lei.

Parágrafo único. O Poder Executivo regulamentará o disposto neste artigo.

Art. 43. Fica extinta, a partir de 1.º de setembro de 1994, a UFIR diária de que trata a Lei n. 8.383, de 30 de dezembro de 1991.

Art. 44. A correção monetária das unidades fiscais estaduais e municipais será feita pelos mesmos índices e com a mesma periodicidade com que será corrigida a Unidade Fiscal de Referência – UFIR, de que trata a Lei n. 8.383, de 30 de dezembro de 1991.

Art. 46. Os valores constantes da legislação tributária, expressos ou com referencial em UFIR diária serão, a partir de 1.º de setembro de 1994, expressos ou referenciados em UFIR.

Parágrafo único. Para efeito de aplicação dos limites previstos na legislação tributária federal, a conversão dos valores em REAL para UFIR será efetuada com base na UFIR vigente no mês de referência.

Art. 47. A partir de 1.º de setembro de 1994, a correção monetária das demonstrações financeiras será efetuada com base na UFIR.

Parágrafo único. O período da correção será o compreendido entre o último balanço corrigido e o primeiro dia do mês seguinte àquele em que o balanço deverá ser corrigido.

Art. 48. A partir de 1.º de setembro de 1994, a base de cálculo do imposto de renda das pessoas jurídicas será convertida em quantidade de UFIR, mediante a divisão do valor do lucro real, presumido ou arbitrado, pelo valor da UFIR vigente no mês subsequente ao de encerramento do período-base de sua apuração.

• *Vide* art. 83, parágrafo único, II, desta Lei.

§ 1.º O disposto neste artigo aplica-se também à base de cálculo do imposto de renda mensal determinada com base nas regras de estimativa e à tributação dos demais resultados e ganhos de capital (art. 17 da Lei n. 8.541, de 23 de dezembro de 1992).

§ 2.º Na hipótese de incorporação, fusão, cisão ou extinção da pessoa jurídica, no curso do período--base, a base de cálculo do imposto será convertida em quantidade de UFIR, com base no valor desta vigente no mês de encerramento do período-base.

Art. 49. O imposto de renda da pessoa jurídica será calculado mediante a aplicação da alíquota sobre a base de cálculo expressa em UFIR.

• *Vide* art. 83, parágrafo único, II, desta Lei.

Art. 50. Aplicam-se à Contribuição Social sobre o Lucro (Lei n. 7.689, de 15 de dezembro de 1988) as mesmas normas de conversão em UFIR da base de cálculo e de pagamento estabelecidas por esta Lei para o imposto de renda das pessoas jurídicas.

• *Vide* art. 83, parágrafo único, II, desta Lei.

Art. 51. O imposto de renda retido na fonte ou pago pelo contribuinte relativo a fatos geradores ocorridos a partir de 1.º de setembro de 1994, incidente sobre receitas computadas na base de cálculo do imposto de renda da pessoa jurídica será, para efeito de compensação, convertido em quantidade de UFIR, tomando por base o valor desta no mês subsequente ao da retenção.

• *Vide* art. 83, parágrafo único, II, desta Lei.

Parágrafo único. A conversão em quantidade de UFIR prevista neste artigo aplica-se, também, aos incentivos fiscais de dedução do imposto e de redução e isenção calculados com base no lucro da exploração.

Art. 52. São dedutíveis, na determinação do lucro real e da base de cálculo da Contribuição Social sobre o Lucro, segundo o regime de competência, as contrapartidas de variação monetária de obrigações, inclusive de tributos e contribuições, ainda que não pagos, e perdas cambiais e monetárias na realização de créditos.

Art. 53. Os rendimentos das aplicações financeiras de renda fixa e os ganhos líquidos nos mercados de renda variável continuam apurados e tributados na forma da legislação vigente, com as seguintes alterações:

• *Vide* art. 83, parágrafo único, II, desta Lei.

I – a partir de 1.º de setembro de 1994, o valor aplicado e o custo de aquisição serão convertidos em UFIR pelo valor desta no mês da aplicação ou aquisição, e reconvertidos em REAL pelo valor da UFIR do mês do resgate ou da liquidação da operação;

II – o valor das aplicações financeiras e do custo dos ativos existentes em 31 de agosto de 1994, expresso em quantidade de UFIR, será reconvertido em REAL na forma prevista na alínea anterior.

§ 1.º O disposto neste artigo aplica-se também aos rendimentos auferidos no resgate de quotas de fundos e clubes de investimento, excetuados os rendimentos do fundo de que trata o § 4.º do art. 21 da Lei n. 8.383, de 30 de dezembro de 1991.

§ 2.º São isentos do imposto de renda os rendimentos auferidos nos resgates de quotas de fundos de investimento, de titularidade de fundos cujos recursos sejam aplicados na aquisição de quotas de fundos de investimento.

§ 3.º Fica mantido, em relação ao Fundo de Investimento em Quotas de Fundos de Aplicação Financeira, o disposto no art. 22, inciso I, da Lei n. 8.383, de 30 de dezembro de 1991.

Art. 54. Constituem aplicações financeiras de renda fixa, para os efeitos da legislação tributária, as operações de transferência de dívidas realizadas com instituições financeiras e demais instituições autorizadas a funcionar pelo Banco Central do Brasil.

Parágrafo único. Para os efeitos do art. 18 da Lei Complementar n. 77, de 13 de julho de 1993, o cedente da dívida é titular da aplicação e beneficiário da liquidação da operação.

Art. 55. Em relação aos fatos geradores que vierem a ocorrer a partir de 1.º de setembro de 1994, os tributos e contribuições arrecadados pela Secretaria da Receita Federal serão convertidos em quantidade de UFIR com base no valor desta no mês em que ocorrer o fato gerador ou no mês em que se encerrar o período de apuração.

•• A Secretaria da Receita Federal passa a denominar-se Secretaria da Receita Federal do Brasil, por força da Lei n. 11.457, de 16-3-2007.

• *Vide* art. 83, parágrafo único, II, desta Lei.

§ 1.º Para efeito de pagamento, a reconversão para REAL far-se-á mediante a multiplicação da respectiva quantidade de UFIR pelo valor desta vigente no mês do pagamento, observado o disposto no art. 36 desta Lei.

§ 2.º A reconversão para REAL, nos termos do parágrafo anterior, aplica-se, inclusive, aos tributos e contribuições relativos a fatos geradores anteriores a 1.º de setembro de 1994, expressos em UFIR, diária ou mensal, conforme a legislação de regência.

Art. 56. A partir da competência setembro de 1994, as contribuições sociais arrecadadas pelo INSS serão convertidas em UFIR com base no valor desta no mês subsequente ao de competência.

• *Vide* art. 83, parágrafo único, II, desta Lei.

Parágrafo único. Aplica-se às contribuições de que trata este artigo o disposto nos §§ 1.º e 2.º do artigo anterior.

Art. 57. Em relação aos fatos geradores cuja ocorrência se verifique a partir de 1.º de agosto de 1994, o pagamento da Contribuição para o Financiamento da Seguridade Social - COFINS, instituída pela Lei Complementar n. 70, de 30 de dezembro de 1991, e das contribuições para o Programa de Integração Social e para o Programa de Formação do Patrimônio do Servidor Público - PIS/PASEP deverá ser efetuado até o último dia útil do primeiro decêndio subsequente ao mês de ocorrência dos fatos geradores.

• *Vide* art. 83, parágrafo único, II, desta Lei.

Art. 58. O inciso III do art. 10 e o art. 66 da Lei n. 8.383, de 30 de dezembro de 1991, passam a vigorar com a seguinte redação:

•• Alterações já processadas no texto da referida Lei.

Art. 59. A prática de atos que configurem crimes contra a ordem tributária (Lei n. 8.137, de 27 de dezembro de 1990), bem assim a falta de emissão de notas fiscais, nos termos da Lei n. 8.846, de 21 de janeiro de 1994, acarretarão à pessoa jurídica infratora a perda, no ano-calendário correspondente, dos incentivos e benefícios de redução ou isenção previstos na legislação tributária.

Art. 60. A concessão ou reconhecimento de qualquer incentivo ou benefício fiscal, relativos a tributos e contribuições administrados pela Secretaria da Receita Federal, fica condicionada à comprovação pelo contribuinte, pessoa física ou jurídica, da quitação de tributos e contribuições federais.

•• *Vide* nota ao art. 55, *caput*, desta Lei.

• O Ato Declaratório Interpretativo n. 12, de 20-8-2002, da Secretaria da Receita Federal, dispõe sobre a concessão de regimes especiais de emissão de documentos e escrituração de livros fiscais, em relação à aplicação do disposto neste artigo.

Art. 61. A partir de 1.º de setembro de 1994, os débitos de qualquer natureza para com a Fazenda Nacional e os decorrentes de contribuições arrecadadas pela União, constituídos ou não, cujos fatos geradores ocorrerem até 31 de agosto de 1994, expressos em UFIR, serão convertidos para REAL com base no valor desta no mês do pagamento.

Art. 62. Os débitos de qualquer natureza para com a Fazenda Nacional e os decorrentes de contribuições arrecadadas pela União, constituídos ou não, cujos fatos geradores ocorram a partir de 1.º de setembro de 1994, serão convertidos em quantidade de UFIR, com base no valor desta no mês da ocorrência do fato gerador, e reconvertidos para REAL mediante a multiplicação da quantidade de UFIR pelo valor desta vigente no mês do pagamento.

Parágrafo único. No caso das contribuições sociais arrecadadas pelo INSS, a conversão dos débitos para UFIR terá por base o valor desta no mês subsequente ao de competência da contribuição.

Art. 63. No caso de parcelamento concedido administrativamente até o dia 31 de agosto de 1994, o valor do débito ou da parcela a pagar será determinado mediante a multiplicação da respectiva quantidade de UFIR pelo valor desta no mês do pagamento.

Art. 64. No caso de parcelamento concedido administrativamente a partir de 1.º de setembro de 1994, o valor do débito será consolidado em UFIR, conforme a legislação aplicável, e reconvertido para REAL mediante a multiplicação da quantidade de UFIR pelo valor desta vigente no mês do pagamento.

Capítulo VII
DISPOSIÇÕES ESPECIAIS

Art. 65. O ingresso no País e a saída do País de moeda nacional e estrangeira devem ser realizados exclusivamente por meio de instituição autorizada a operar no mercado de câmbio, à qual cabe a perfeita identificação do cliente ou do beneficiário.

•• *Caput* com redação determinada pela Lei n. 12.865, de 9-10-2013.

•• A Lei n. 14.286, de 29-12-2021, em vigor após 1 (um) ano de sua publicação (*DOU* de 30-12-2021), revoga este artigo.

§ 1.º Excetua-se do disposto no *caput* deste artigo o porte, em espécie, dos valores:

I – quando em moeda nacional, até R$ 10.000,00 (dez mil reais);

II – quando em moeda estrangeira, o equivalente a R$ 10.000,00 (dez mil reais);

III – quando comprovada a sua entrada no País ou sua saída do País, na forma prevista na regulamentação pertinente.

§ 2.º O Banco Central do Brasil, segundo diretrizes do Conselho Monetário Nacional, regulamentará o disposto neste artigo, dispondo, inclusive, sobre a forma, os limites e as condições de ingresso no País e saída do País de moeda nacional e estrangeira.

•• § 2.º com redação determinada pela Lei n. 12.865, de 9-10-2013.

§ 3.º A não observância do contido neste artigo, além das sanções penais previstas na legislação específica, e após o devido processo legal, acarretará a perda do valor excedente dos limites referidos no § 1.º deste artigo, em favor do Tesouro Nacional.

Art. 66. As instituições financeiras e as demais instituições autorizadas a funcionar pelo Banco Central do Brasil que apresentem insuficiência nos recolhimentos compulsórios ou efetuem saques a descoberto na conta Reservas Bancárias estão sujeitas aos custos financeiros estabelecidos pelo Banco Central do Brasil.

•• *Caput* com redação determinada pela Lei n. 13.506, de 13-11-2017.

Parágrafo único. Os custos financeiros corresponderão, no mínimo, aos da linha de empréstimo de liquidez.

Art. 67. (*Revogado pela Lei n.13.506, de 13-11-2017.*)

Art. 68. Os depósitos das instituições financeiras bancárias mantidos no Banco Central do Brasil e contabilizados na conta *Reservas Bancárias* são impenhoráveis e não responderão por qualquer tipo de dívida civil, comercial, fiscal, previdenciária, trabalhista ou de outra natureza, contraída por essas instituições ou quaisquer outras a elas ligadas.

• *Vide* Súmula 328 do STJ.

Parágrafo único. A impenhorabilidade de que trata o *caput* deste artigo não se aplica aos débitos contratuais efetuados pelo Banco Central do Brasil e aos decorrentes das relações das instituições financeiras com o Banco Central do Brasil.

Art. 69. A partir de 1.º de julho de 1994, fica vedada a emissão, pagamento e compensação de cheque de valor superior a R$ 100,00 (cem reais), sem identificação do beneficiário.

Parágrafo único. O Conselho Monetário Nacional regulamentará o disposto neste artigo.

Art. 70. A partir de 1.º de julho de 1994, o reajuste e a revisão dos preços públicos e das tarifas de serviços públicos far-se-ão:

I – conforme atos, normas e critérios a serem fixados pelo Ministro da Fazenda; e

II – anualmente.

§ 1.º O Poder Executivo poderá reduzir o prazo previsto no inciso II deste artigo.

§ 2.º O disposto neste artigo aplica-se, inclusive, à fixação dos níveis das tarifas para o serviço público de energia elétrica, reajustes e revisões de que trata a Lei n. 8.631, de 4 de março de 1993.

Art. 71. Ficam suspensas, até 30 de junho de 1995:

I – a concessão de avais e quaisquer outras garantias, para qualquer fim, pelo Tesouro Nacional ou em seu nome;

II – a abertura de créditos especiais no Orçamento Geral da União;

III – a colocação, por parte dos Órgãos Autônomos, Autarquias, Empresas Públicas, Sociedades de Economia Mista e Fundações da União, e demais entidades, controladas direta ou indiretamente pela União, de qualquer título ou obrigação no exterior, exceto quando vinculado à amortização de principal corrigido de dívida interna ou externa;

IV – a contratação, por parte dos órgãos e entidades mencionados no inciso anterior, de novas operações de crédito interno ou externo, exceto quando vinculada à amortização de principal corrigido de dívida interna ou externa, quando referente a operações mercantis ou quando relativa a créditos externos de entidades oficiais de financiamentos de projetos públicos;

V – a conversão, em títulos públicos federais, de créditos oriundos da Conta de Resultados a Compensar – CRC, objeto da Lei n. 8.631, de 1993, com as alterações da Lei n. 8.724, de 28 de outubro de 1993.

§ 1.º O Poder Executivo poderá prorrogar o prazo de que trata o *caput* deste artigo.

§ 2.º Durante o prazo de que trata o *caput* deste artigo, qualquer pedido de crédito adicional suplementar ao Orçamento Geral da União deverá ser previamente apreciado pela Junta de Conciliação Orçamentária e Financeira de que trata o Decreto de 19 de março de 1993, para fins de compatibilização com os recursos orçamentários.

§ 3.º O disposto nos incisos I, IV e V deste artigo não se aplica ao Banco Central do Brasil e às instituições financeiras públicas federais.

§ 4.º Em casos excepcionais, e desde que de acordo com as metas de emissão de moeda constantes desta Lei, o Presidente da República, por proposta do Ministro de Estado da Fazenda, poderá afastar a suspensão de que trata este artigo.

....

Capítulo VIII
DAS DISPOSIÇÕES FINAIS

Art. 83. Observado o disposto no § 3.º do art. 23 desta Lei, ficam revogadas as Leis n. 5.601, de 26 de agosto de 1970, e n. 8.646, de 7 de abril de 1993, o inciso III do art. 2.º da Lei n. 8.021, de 12 de abril de 1990, o parágrafo únic o do art. 10 da Lei n. 8.177, de 1.º de março de 1991, acrescentado pelo art. 27 da Lei n. 8.178, de 1.º de março de 1991, o art. 16 da Lei n. 8.178, de 1.º de março de 1991, o § 5.º do art. 2.º da Lei n. 8.383, de 30 de dezembro de 1991, a alínea *a* do art. 24 da Lei n. 8.541, de 23 de dezembro de 1992, o art. 11 da Lei n. 8.631, de 4 de março de 1993, o § 1.º do art. 65 da Lei n. 8.694, de 12 de agosto de 1993, o art. 11 da Lei n. 8.880, de 27 de maio de 1994, o art. 59 da Lei n. 8.884, de 11 de junho de 1994, e demais disposições em contrário.

Parágrafo único. Aplicam-se somente aos fatos geradores ocorridos até 31 de dezembro de 1994 os seguintes dispositivos:

I – art. 10, inciso III, da Lei n. 8.383, de 1991, com a redação dada pelo art. 58 desta Lei;

II – arts. 38, 48 a 51, 53, 55 a 57 desta Lei, este último no que diz respeito apenas às Contribuições para o Programa de Integração Social e para o Programa de Formação do Patrimônio do Servidor Público – PIS/PASEP.

Art. 84. Ficam convalidados os atos praticados com base nas Medidas Provisórias n. 542, de 30 de junho de 1994; n. 566, de 29 de julho de 1994; n. 596, de 26 de agosto de 1994; n. 635, de 27 de setembro de 1994; n. 681, de 27 de outubro de 1994; n. 731, de 25 de novembro de 1994; n. 785, de 23 de dezembro de 1994; n. 851, de 20 de janeiro de 1995; n. 911, de 21 de fevereiro de 1995; n. 953, de 23 de março de 1995; n. 978, de 20 de abril de 1995; n. 1.004, de 19 de maio de 1995; e n. 1.027, de 20 de junho de 1995.

Art. 85. Esta Lei entra em vigor na data de sua publicação.

Brasília, 29 de junho de 1995; 174.º da Independência e 107.º da República.

FERNANDO HENRIQUE CARDOSO

LEI N. 9.099, DE 26 DE SETEMBRO DE 1995 (*)

Dispõe sobre os Juizados Especiais Cíveis e Criminais e dá outras providências.

O Presidente da República

Faço saber que o Congresso Nacional decreta e eu sanciono a seguinte Lei:

Capítulo I
DISPOSIÇÕES GERAIS

Art. 1.º Os Juizados Especiais Cíveis e Criminais, órgãos da Justiça Ordinária, serão criados pela União, no Distrito Federal e nos Territórios, e pelos Estados, para conciliação, processo, julgamento e execução, nas causas de sua competência.

- Da criação dos Juizados Especiais Cíveis e Criminais: art. 98, I, da CF.

Art. 2.º O processo orientar-se-á pelos critérios da oralidade, simplicidade, informalidade, economia processual e celeridade, buscando, sempre que possível, a conciliação ou a transação.

Capítulo II
DOS JUIZADOS ESPECIAIS CÍVEIS

Seção I
Da Competência

Art. 3.º O Juizado Especial Cível tem competência para conciliação, processo e julgamento das causas cíveis de menor complexidade, assim consideradas:

I – as causas cujo valor não exceda a 40 (quarenta) vezes o salário mínimo;

- A Medida Provisória n. 1.091, de 30-12-2021, estabelece que, a partir de 1.º-1-2022, o salário mínimo será de R$ 1.212,00 (mil e duzentos e doze reais).

II – as enumeradas no art. 275, inciso II, do Código de Processo Civil;

III – a ação de despejo para uso próprio;

IV – as ações possessórias sobre bens imóveis de valor não excedente ao fixado no inciso I deste artigo.

§ 1.º Compete ao Juizado Especial promover a execução:

I – dos seus julgados;

II – dos títulos executivos extrajudiciais, no valor de até 40 (quarenta) vezes o salário mínimo, observado o disposto no § 1.º do art. 8.º desta Lei.

- O Decreto n. 9.661, de1.º-1-2019, estabelece que, a partir de 1.º-1-2019, o salário mínimo será de R$ 998,00 (novecentos e noventa e oito reais).

§ 2.º Ficam excluídas da competência do Juizado Especial as causas de natureza alimentar, falimentar, fiscal e de interesse da Fazenda Pública, e também as relativas a acidentes de trabalho, a resíduos e ao estado e capacidade das pessoas, ainda que de cunho patrimonial.

§ 3.º A opção pelo procedimento previsto nesta Lei importará em renúncia ao crédito excedente ao limite estabelecido neste artigo, excetuada a hipótese de conciliação.

....

(*) Publicada no *DOU*, de 27-9-1995. O Provimento n. 22, de 5-9-2012, da Corregedoria Nacional de Justiça, define medidas de aprimoramento relacionadas ao Sistema dos Juizados Especiais.

Capítulo III
DOS JUIZADOS ESPECIAIS CRIMINAIS
DISPOSIÇÕES GERAIS

Art. 60. O Juizado Especial Criminal, provido por juízes togados ou togados e leigos, tem competência para a conciliação, o julgamento e a execução das infrações penais de menor potencial ofensivo, respeitadas as regras de conexão e continência.

•• *Caput* com redação determinada pela Lei n. 11.313, de 28-6-2006.

Parágrafo único. Na reunião de processos, perante o juízo comum ou o tribunal do júri, decorrentes da aplicação das regras de conexão e continência, observar-se-ão os institutos da transação penal e da composição dos danos civis.

•• Parágrafo único acrescentado pela Lei n. 11.313, de 28-6-2006.

Art. 61. Consideram-se infrações penais de menor potencial ofensivo, para os efeitos desta Lei, as contravenções penais e os crimes a que a lei comine pena máxima não superior a 2 (dois) anos, cumulada ou não com multa.

•• Artigo com redação determinada pela Lei n. 11.313, de 28-6-2006.

Art. 62. O processo perante o Juizado Especial orientar-se-á pelos critérios da oralidade, simplicidade, informalidade, economia processual e celeridade, objetivando, sempre que possível, a reparação dos danos sofridos pela vítima e a aplicação de pena não privativa de liberdade.

•• Artigo com redação determinada pela Lei n. 13.603, de 9-1-2018.

Seção I
Da Competência e dos Atos Processuais

Art. 63. A competência do Juizado será determinada pelo lugar em que foi praticada a infração penal.

Art. 64. Os atos processuais serão públicos e poderão realizar-se em horário noturno e em qualquer dia da semana, conforme dispuserem as normas de organização judiciária.

Art. 65. Os atos processuais serão válidos sempre que preencherem as finalidades para as quais foram realizados, atendidos os critérios indicados no art. 62 desta Lei.

§ 1.º Não se pronunciará qualquer nulidade sem que tenha havido prejuízo.

§ 2.º A prática de atos processuais em outras comarcas poderá ser solicitada por qualquer meio hábil de comunicação.

§ 3.º Serão objeto de registro escrito exclusivamente os atos havidos por essenciais. Os atos realizados em audiência de instrução e julgamento poderão ser gravados em fita magnética ou equivalente.

Art. 66. A citação será pessoal e far-se-á no próprio Juizado, sempre que possível, ou por mandado.

Parágrafo único. Não encontrado o acusado para ser citado, o juiz encaminhará as peças existentes ao juízo comum para adoção do procedimento previsto em lei.

Art. 67. A intimação far-se-á por correspondência, com aviso de recebimento pessoal ou, tratando-se de pessoa jurídica ou firma individual, mediante entrega ao encarregado da recepção, que será obrigatoriamente identificado, ou, sendo necessário, por oficial de justiça, independentemente de mandado ou carta precatória, ou ainda por qualquer meio idôneo de comunicação.

Parágrafo único. Dos atos praticados em audiência considerar-se-ão desde logo cientes as partes, os interessados e defensores.

Art. 68. Do ato de intimação do autor do fato e do mandado de citação do acusado, constará a necessidade de seu comparecimento acompanhado de advogado, com a advertência de que, na sua falta, ser-lhe-á designado defensor público.

Seção II
Da Fase Preliminar

Art. 69. A autoridade policial que tomar conhecimento da ocorrência lavrará termo circunstanciado e o encaminhará imediatamente ao Juizado, com o autor do fato e a vítima, providenciando-se as requisições dos exames periciais necessários.

Parágrafo único. Ao autor do fato que, após a lavratura do termo, for imediatamente encaminhado ao juizado ou assumir o compromisso de a ele comparecer, não se imporá prisão em flagrante, nem se exigirá fiança. Em caso de violência doméstica, o juiz poderá determinar, como medida de cautela, seu afastamento do lar, domicílio ou local de convivência com a vítima.

•• Parágrafo único com redação determinada pela Lei n. 10.455, de 13-5-2002.

Art. 70. Comparecendo o autor do fato e a vítima, e não sendo possível a realização imediata da audiência preliminar, será designada data próxima, da qual ambos sairão cientes.

Art. 71. Na falta do comparecimento de qualquer dos envolvidos, a Secretaria providenciará sua intimação e, se for o caso, a do responsável civil, na forma dos arts. 67 e 68 desta Lei.

• Sobre responsável civil no CC: art. 932.

Art. 72. Na audiência preliminar, presente o representante do Ministério Público, o autor do fato e a vítima e, se possível, o responsável civil, acompanhados por seus advogados, o juiz esclarecerá sobre a possibilidade da composição dos danos e da aceitação da proposta de aplicação imediata de pena não privativa de liberdade.

Art. 73. A conciliação será conduzida pelo juiz ou por conciliador sob sua orientação.

Parágrafo único. Os conciliadores são auxiliares da Justiça, recrutados, na forma da lei local, preferentemente entre bacharéis em Direito, excluídos os que exerçam funções na administração da Justiça Criminal.

Art. 74. A composição dos danos civis será reduzida a escrito e, homologada pelo juiz mediante sentença irrecorrível, terá eficácia de título a ser executado no juízo civil competente.

Parágrafo único. Tratando-se de ação penal de iniciativa privada ou de ação penal pública condicionada à representação, o acordo homologado acarreta a renúncia ao direito de queixa ou representação.

Art. 75. Não obtida a composição dos danos civis, será dada imediatamente ao ofendido a oportunidade de exercer o direito de representação verbal, que será reduzida a termo.

Parágrafo único. O não oferecimento da representação na audiência preliminar não implica decadência do direito, que poderá ser exercido no prazo previsto em lei.

- Sobre prazo decadencial no CPP (Decreto-lei n. 3.689, de 3-10-1941): art. 38.

Art. 76. Havendo representação ou tratando-se de crime de ação penal pública incondicionada, não sendo caso de arquivamento, o Ministério Público poderá propor a aplicação imediata de pena restritiva de direitos ou multas, a ser especificada na proposta.

- Sobre pena de multa no CP (Decreto-lei n. 2.848, de 7-12-1940): arts. 49 a 52.

§ 1.º Nas hipóteses de ser a pena de multa a única aplicável, o juiz poderá reduzi-la até a metade.

§ 2.º Não se admitirá a proposta se ficar comprovado:

I – ter sido o autor da infração condenado, pela prática de crime, à pena privativa de liberdade, por sentença definitiva;

II – ter sido o agente beneficiado anteriormente, no prazo de 5 (cinco) anos, pela aplicação de pena restritiva ou multa, nos termos deste artigo;

III – não indicarem os antecedentes, a conduta social e a personalidade do agente, bem como os motivos e as circunstâncias, ser necessária e suficiente a adoção da medida.

§ 3.º Aceita a proposta pelo autor da infração e seu defensor, será submetida à apreciação do juiz.

§ 4.º Acolhendo a proposta do Ministério Público aceita pelo autor da infração, o juiz aplicará a pena restritiva de direitos ou multa, que não importará em reincidência, sendo registrada apenas para impedir novamente o mesmo benefício no prazo de 5 (cinco) anos.

§ 5.º Da sentença prevista no parágrafo anterior caberá a apelação referida no art. 82 desta Lei.

§ 6.º A imposição da sanção de que trata o § 4.º deste artigo não constará de certidão de antecedentes criminais, salvo para os fins previstos no mesmo dispositivo, e não terá efeitos civis, cabendo aos interessados propor ação cabível no juízo cível.

Seção III
Do Procedimento Sumariíssimo

Art. 77. Na ação penal de iniciativa pública, quando não houver aplicação de pena, pela ausência do autor do fato, ou pela não ocorrência da hipótese prevista no art. 76 desta Lei, o Ministério Público oferecerá ao juiz, de imediato, denúncia oral, se não houver necessidade de diligências imprescindíveis.

§ 1.º Para o oferecimento da denúncia, que será elaborada com base no termo de ocorrência referido no art. 69 desta Lei, com dispensa do inquérito policial, prescindir-se-á do exame do corpo de delito quando a materialidade do crime estiver aferida por boletim médico ou prova equivalente.

§ 2.º Se a complexidade ou circunstâncias do caso não permitirem a formulação da denúncia, o Ministério Público poderá requerer ao juiz o encaminhamento das peças existentes, na forma do parágrafo único do art. 66 desta Lei.

§ 3.º Na ação penal de iniciativa do ofendido poderá ser oferecida queixa oral, cabendo ao juiz verificar se a complexidade e as circunstâncias do caso determinam a adoção das providências previstas no parágrafo único do art. 66 desta Lei.

Art. 78. Oferecida a denúncia ou queixa, será reduzida a termo, entregando-se cópia ao acusado, que com ela ficará citado e imediatamente cientificado da designação de dia e hora para a audiência de instrução e julgamento, da qual também tomarão ciência o Ministério Público, o ofendido, o responsável civil e seus advogados.

§ 1.º Se o acusado não estiver presente, será citado na forma dos arts. 66 e 68 desta Lei e cientificado da data da audiência de instrução e julgamento, devendo a ela trazer suas testemunhas ou apresentar requerimento para intimação, no mínimo 5 (cinco) dias antes de sua realização.

•• Inciso II acrescentado pela Lei n. 14.245, de 22-11-2021.

§ 2.º Não estando presentes o ofendido e o responsável civil, serão intimados nos termos do art. 67 desta Lei para comparecerem à audiência de instrução e julgamento.

§ 3.º As testemunhas arroladas serão intimadas na forma prevista no art. 67 desta Lei.

Art. 79. No dia e hora designados para a audiência de instrução e julgamento, se na fase preliminar não tiver havido possibilidade de tentativa de conciliação e de oferecimento de proposta pelo Ministério Público, proceder-se-á nos termos dos arts. 72, 73, 74 e 75 desta Lei.

Art. 80. Nenhum ato será adiado, determinando o juiz, quando imprescindível, a condução coercitiva de quem deva comparecer.

Art. 81. Aberta a audiência, será dada a palavra ao defensor para responder à acusação, após o que o juiz receberá, ou não, a denúncia ou queixa; havendo recebimento, serão ouvidas a vítima e as testemunhas de acusação e defesa, interrogando-se a seguir o acusado, se presente, passando-se imediatamente aos debates orais e à prolação da sentença.

§ 1.º Todas as provas serão produzidas na audiência de instrução e julgamento, podendo o juiz limitar ou excluir as que considerar excessivas, impertinentes ou protelatórias.

§ 1.º-A. Durante a audiência, todas as partes e demais sujeitos processuais presentes no ato deverão respeitar a dignidade da vítima, sob pena de responsabilização civil, penal e administrativa, cabendo ao juiz garantir o cumprimento do disposto neste artigo, vedadas:

•• § 1.º-A, *caput*, acrescentado pela Lei n. 14.245, de 22-11-2021.

I – a manifestação sobre circunstâncias ou elementos alheios aos fatos objeto de apuração nos autos;

•• Inciso I acrescentado pela Lei n. 14.245, de 22-11-2021.

II – a utilização de linguagem, de informações ou de material que ofendam a dignidade da vítima ou de testemunhas.

§ 2.º De todo o ocorrido na audiência será lavrado termo, assinado pelo juiz e pelas partes, contendo breve resumo dos fatos relevantes ocorridos em audiência e a sentença.

§ 3.º A sentença, dispensado o relatório, mencionará os elementos de convicção do juiz.

Art. 82. Da decisão de rejeição da denúncia ou queixa e da sentença caberá apelação, que poderá ser julgada por turma composta de 3 (três) juízes em exercício no primeiro grau de jurisdição, reunidos na sede do Juizado.

§ 1.º A apelação será interposta no prazo de 10 (dez) dias, contados da ciência da sentença pelo Ministério Público, pelo réu e seu defensor, por petição escrita, da qual constarão as razões e o pedido do recorrente.

§ 2.º O recorrido será intimado para oferecer resposta escrita no prazo de 10 (dez) dias.

§ 3.º As partes poderão requerer a transcrição da gravação da fita magnética a que alude o § 3.º do art. 65 desta Lei.

§ 4.º As partes serão intimadas da data da sessão de julgamento pela imprensa.

§ 5.º Se a sentença for confirmada pelos próprios fundamentos, a súmula do julgamento servirá de acórdão.

Art. 83. Caberão embargos de declaração quando, em sentença ou acórdão, houver obscuridade, contradição, omissão ou dúvida.

§ 1.º Os embargos de declaração serão opostos por escrito ou oralmente, no prazo de 5 (cinco) dias, contados da ciência da decisão.

§ 2.º Quando opostos contra sentença, os embargos de declaração suspenderão o prazo para o recurso.

§ 3.º Os erros materiais podem ser corrigidos de ofício.

Seção IV
Da Execução

Art. 84. Aplicada exclusivamente pena de multa, seu cumprimento far-se-á mediante pagamento na Secretaria do Juizado.

Parágrafo único. Efetuado o pagamento, o juiz declarará extinta a punibilidade, determinando que a condenação não fique constando dos registros criminais, exceto para fins de requisição judicial.

Art. 85. Não efetuado o pagamento de multa, será feita a conversão em pena privativa de liberdade, ou restritiva de direitos, nos termos previstos em lei.

•• Dispõe o *caput* do art. 51 do CP (Decreto-lei n. 2.848, de 7-12-1940): "Transitada em julgado a sentença condenatória, a multa será considerada dívida de valor, aplicando-se-lhe as normas da legislação relativa à dívida ativa da Fazenda Pública, inclusive no que concerne às causas interruptivas e suspensivas da prescrição".

Art. 86. A execução das penas privativas de liberdade e restritivas de direitos, ou de multa cumulada com estas, será processada perante o órgão competente, nos termos da lei.

Seção V
Das Despesas Processuais

Art. 87. Nos casos de homologação do acordo civil e aplicação de pena restritiva de direitos ou multa (arts. 74 e 76, § 4.º), as despesas processuais serão reduzidas, conforme dispuser lei estadual.

Seção VI
Disposições Finais

Art. 88. Além das hipóteses do Código Penal e da legislação especial, dependerá de representação a ação penal relativa aos crimes de lesões corporais leves e lesões culposas.

Art. 89. Nos crimes em que a pena mínima cominada for igual ou inferior a 1 (um) ano, abrangidas ou não por esta Lei, o Ministério Público, ao oferecer a denúncia, poderá propor a suspensão do processo, por 2 (dois) a 4 (quatro) anos, desde que o acusado não esteja sendo processado ou não tenha sido condenado por outro crime, presentes os demais requisitos que autorizariam a suspensão condicional da pena (art. 77 do Código Penal).

§ 1.º Aceita a proposta pelo acusado e seu defensor, na presença do juiz, este, recebendo a denúncia, poderá suspender o processo, submetendo o acusado a período de prova, sob as seguintes condições:

I – reparação do dano, salvo impossibilidade de fazê-lo;

II – proibição de frequentar determinados lugares;

III – proibição de ausentar-se da comarca onde reside, sem autorização do juiz;

IV – comparecimento pessoal e obrigatório a juízo, mensalmente, para informar e justificar suas atividades.

§ 2.º O juiz poderá especificar outras condições a que fica subordinada a suspensão, desde que adequadas ao fato e à situação pessoal do acusado.

§ 3.º A suspensão será revogada se, no curso do prazo, o beneficiário vier a ser processado por outro crime ou não efetuar, sem motivo justificado, a reparação do dano.

§ 4.º A suspensão poderá ser revogada se o acusado vier a ser processado, no curso do prazo, por contravenção, ou descumprir qualquer outra condição imposta.

§ 5.º Expirado o prazo sem revogação, o juiz declarará extinta a punibilidade.

§ 6.º Não correrá a prescrição durante o prazo de suspensão do processo.

§ 7.º Se o acusado não aceitar a proposta prevista neste artigo, o processo prosseguirá em seus ulteriores termos.

Art. 90. As disposições desta Lei não se aplicam aos processos penais cuja instrução já estiver iniciada.

•• O STF, na ADI n. 1.719-9, de 18-6-2007 (DJ de 3-8-2007), exclui da abrangência deste artigo as normas de direito penal mais favoráveis ao réu contidas nesta Lei.

Art. 90-A. As disposições desta Lei não se aplicam no âmbito da Justiça Militar.

•• Artigo acrescentado pela Lei n. 9.839, de 27-9-1999.

Art. 91. Nos casos em que esta Lei passa a exigir representação para a propositura da ação penal pública, o ofendido ou seu representante legal será intimado para oferecê-la no prazo de 30 (trinta) dias, sob pena de decadência.

Art. 92. Aplicam-se subsidiariamente as disposições dos Códigos Penal e de Processo Penal, no que não forem incompatíveis com esta Lei.

Capítulo IV
DISPOSIÇÕES FINAIS COMUNS

Art. 93. Lei Estadual disporá sobre o Sistema de Juizados Especiais Cíveis e Criminais, sua organização, composição e competência.

Art. 94. Os serviços de cartório poderão ser prestados, e as audiências realizadas fora da sede da Comarca, em bairros ou cidades a ela pertencentes, ocupando instalações de prédios públicos, de acordo com audiências previamente anunciadas.

Art. 95. Os Estados, Distrito Federal e Territórios criarão e instalarão os Juizados Especiais no prazo de 6 (seis) meses, a contar da vigência desta Lei.

Parágrafo único. No prazo de 6 (seis) meses, contado da publicação desta Lei, serão criados e instalados os Juizados Especiais Itinerantes, que deverão dirimir, prioritariamente, os conflitos existentes nas áreas rurais ou nos locais de menor concentração populacional.

•• Parágrafo único com redação determinada pela Lei n. 12.726, de 16-10-2012.

Art. 96. Esta Lei entra em vigor no prazo de 60 (sessenta) dias após a sua publicação.

Art. 97. Ficam revogadas a Lei n. 4.611, de 2 de abril de 1965, e a Lei n. 7.244, de 7 de novembro de 1984.

Brasília, 26 de setembro de 1995; 174.º da Independência e 107.º da República.

FERNANDO HENRIQUE CARDOSO

LEI N. 9.249, DE 26 DE DEZEMBRO DE 1995 (*)

Altera a legislação do Imposto sobre a Renda das pessoas jurídicas, bem como da contribuição social sobre o lucro líquido, e dá outras providências.

O Presidente da República.

Faço saber que o Congresso Nacional decreta e eu sanciono a seguinte Lei:

Art. 1.º As bases de cálculo e o valor dos tributos e contribuições federais serão expressos em Reais.

Art. 2.º O Imposto sobre a Renda das pessoas jurídicas e a contribuição social sobre o lucro líquido serão determinados segundo as normas da legislação vigente, com as alterações desta Lei.

Art. 3.º A alíquota do Imposto sobre a Renda das pessoas jurídicas é de 15% (quinze por cento).

§ 1.º A parcela do lucro real, presumido ou arbitrado, que exceder o valor resultante da multiplicação de R$ 20.000,00 (vinte mil reais) pelo número de meses do respectivo período de apuração, sujeita-se à incidência de adicional de imposto de renda à alíquota de 10% (dez por cento).

•• § 1.º com redação determinada pela Lei n. 9.430, de 27-12-1996.

§ 2.º O disposto no parágrafo anterior aplica-se, inclusive, nos casos de incorporação, fusão ou cisão e de extinção de pessoa jurídica pelo encerramento da liquidação.

•• § 2.º com redação determinada pela Lei n. 9.430, de 27-12-1996.

§ 3.º O disposto neste artigo aplica-se, inclusive, à pessoa jurídica que explore atividade rural de que trata a Lei n. 8.023, de 12 de abril de 1990.

§ 4.º O valor do adicional será recolhido integralmente, não sendo permitidas quaisquer deduções.

• *Vide* arts. 5.º e 6.º da Lei n. 9.532, de 10-12-1997.

Art. 4.º Fica revogada a correção monetária das demonstrações financeiras de que tratam a Lei n. 7.799, de 10 de julho de 1989, e o art. 1.º da Lei n. 8.200, de 28 de junho de 1991.

Parágrafo único. Fica vedada a utilização de qualquer sistema de correção monetária de demonstrações financeiras, inclusive para fins societários.

....

Art. 6.º Os valores controlados na parte "B" do Livro de Apuração do Lucro Real existentes em 31 de dezembro de 1995, somente serão corrigidos monetariamente até essa data, observada a legislação então vigente, ainda que venham a ser adicionados, excluídos ou compensados em períodos-base posteriores.

Parágrafo único. A correção dos valores referidos neste artigo será efetuada tomando-se por base o valor da UFIR vigente em 1.º de janeiro de 1996.

Art. 7.º O saldo do lucro inflacionário acumulado, remanescente em 31 de dezembro de 1995, corrigido monetariamente até essa data, será realizado de acordo com as regras da legislação então vigente.

§ 1.º Para fins do cálculo do lucro inflacionário realizado nos períodos-base posteriores, os valores dos ativos que estavam sujeitos a correção monetária, existentes em 31 de dezembro de 1995, deverão ser registrados destacadamente na contabilidade da pessoa jurídica.

§ 2.º O disposto no parágrafo único do art. 6.º aplica-se à correção dos valores de que trata este artigo.

§ 3.º À opção da pessoa jurídica, o lucro inflacionário acumulado existente em 31 de dezembro de 1995, corrigido monetariamente até essa data, com base no parágrafo único do art. 6.º, poderá ser considerado realizado integralmente e tributado à alíquota de 10% (dez por cento).

§ 4.º A opção de que trata o parágrafo anterior, que deverá ser feita até 31 de dezembro de 1996, será irretratável e manifestada através do pagamento do imposto em cota única, podendo alcançar também o saldo do lucro inflacionário a realizar relativo à opção prevista no art. 31 da Lei n. 8.541, de 23 de dezembro de 1992.

§ 5.º O imposto de que trata o § 3.º será considerado como de tributação exclusiva.

Art. 8.º Permanecem em vigor as normas aplicáveis às

(*) Publicada no *DOU*, de 27-12-1995. *Vide* Lei n. 9.430, de 27-12-1996.

contrapartidas de variações monetárias dos direitos de crédito e das obrigações do contribuinte em função da taxa de câmbio ou de índices ou coeficientes aplicáveis por disposição legal ou contratual.

Art. 9.º A pessoa jurídica poderá deduzir, para efeitos da apuração do lucro real, os juros pagos ou creditados individualizadamente a titular, sócios ou acionistas, a título de remuneração do capital próprio, calculados sobre as contas do patrimônio líquido e limitados à variação, *pro rata* dia, da Taxa de Juros de Longo Prazo – TJLP.

• A Instrução Normativa n. 41, de 22-4-1998, da Secretaria da Receita Federal, dispõe sobre os juros remuneratórios do capital próprio.

§ 1.º O efetivo pagamento ou crédito dos juros fica condicionado à existência de lucros, computados antes da dedução dos juros, ou de lucros acumulados e reservas de lucros, em montante igual ou superior ao valor de 2 (duas) vezes os juros a serem pagos ou creditados.

•• § 1.º com redação determinada pela Lei n. 9.430, de 27-12-1996.

§ 2.º Os juros ficarão sujeitos à incidência do Imposto sobre a Renda na fonte à alíquota de 15% (quinze por cento), na data do pagamento ou crédito ao beneficiário.

§ 3.º O imposto retido na fonte será considerado:

I – antecipação do devido na declaração de rendimentos, no caso de beneficiário pessoa jurídica tributada com base no lucro real;

II – tributação definitiva, no caso de beneficiário pessoa física ou pessoa jurídica não tributada com base no lucro real, inclusive isenta, ressalvado o disposto no § 4.º.

§ 4.º (*Revogado pela Lei n. 9.430, de 27-12-1996.*)

§ 5.º No caso de beneficiário sociedade civil de prestação de serviços, submetida ao regime de tributação de que trata o art. 1.º do Decreto-lei n. 2.397, de 21 de dezembro de 1987, o imposto poderá ser compensado com o retido por ocasião do pagamento dos rendimentos aos sócios beneficiários.

§ 6.º No caso de beneficiário pessoa jurídica tributada com base no lucro real, o imposto de que trata o § 2.º poderá ainda ser compensado com o retido por ocasião do pagamento ou crédito de juros, a título de remuneração de capital próprio, a seu titular, sócios ou acionistas.

§ 7.º O valor dos juros pagos ou creditados pela pessoa jurídica, a título de remuneração do capital próprio, poderá ser imputado ao valor dos dividendos de que trata o art. 202 da Lei n. 6.404, de 15 de dezembro de 1976, sem prejuízo do disposto no § 2.º.

§ 8.º Para fins de cálculo da remuneração prevista neste artigo, serão consideradas exclusivamente as seguintes contas do patrimônio líquido:

•• § 8.º, *caput*, com redação determinada pela Lei n. 12.973, de 13-5-2014.

I – capital social;

•• Inciso I acrescentado pela Lei n. 12.973, de 13-5-2014.

II – reservas de capital;

•• Inciso II acrescentado pela Lei n. 12.973, de 13-5-2014.

III – reservas de lucros;

•• Inciso III acrescentado pela Lei n. 12.973, de 13-5-2014.

IV – ações em tesouraria; e

•• Inciso IV acrescentado pela Lei n. 12.973, de 13-5-2014.

V – prejuízos acumulados.

•• Inciso V acrescentado pela Lei n. 12.973, de 13-5-2014.

§§ 9.º e 10. (*Revogados pela Lei n. 9.430, de 27-12-1996.*)

§ 11. O disposto neste artigo aplica-se à Contribuição Social sobre o Lucro Líquido.

•• § 11 acrescentado pela Lei n. 12.973, de 13-5-2014.

§ 12. Para fins de cálculo da remuneração prevista neste artigo, a conta capital social, prevista no inciso I do § 8.º deste artigo, inclui todas as espécies de ações previstas no art. 15 da Lei n. 6.404, de 15 de dezembro de 1976, ainda que classificadas em contas de passivo na escrituração comercial.,

•• § 12 acrescentado pela Lei n. 12.973, de 13-5-2014.

Art. 10. Os lucros ou dividendos calculados com base nos resultados apurados a partir do mês de janeiro de 1996, pagos ou creditados pelas pessoas jurídicas tributadas com base no lucro real, presumido ou arbitrado, não ficarão sujeitos à incidência do Imposto sobre a Renda na fonte, nem integrarão a base de cálculo de Imposto sobre a Renda do beneficiário, pessoa física ou jurídica, domiciliado no País ou no exterior.

• A Instrução Normativa n. 252, de 3-12-2002, da Secretaria da Receita Federal, dispõe sobre a incidência do imposto de renda na fonte sobre rendimentos pagos, creditados, empregados, entregues ou remetidos para pessoas jurídicas domiciliadas no exterior.

§ 1.º No caso de quotas ou ações distribuídas em decorrência de aumento de capital por incorporação de lucros apurados, a partir do mês de janeiro de 1996, ou de reservas constituídas com esses lucros, o custo de aquisição será igual à parcela do lucro ou reserva capitalizado, que corresponder ao sócio ou acionista.

•• § 1.º renumerado pela Lei n. 12.973, de 13-5-2014.

§ 2.º A não incidência prevista no *caput* inclui os lucros ou dividendos pagos ou creditados a beneficiários de todas as espécies de ações previstas no art. 15 da Lei n. 6.404, de 15 de dezembro de 1976, ainda que a ação seja classificada em conta de passivo ou que a remuneração seja classificada como despesa financeira na escrituração comercial.

•• § 2.º acrescentado pela Lei n. 12.973, de 13-5-2014.

§ 3.º Não são dedutíveis na apuração do lucro real e da base de cálculo da CSLL os lucros ou dividendos pagos ou creditados a beneficiários de qualquer espécie de ação prevista no art. 15 da Lei n. 6.404, de 15 de dezembro de 1976, ainda que classificados como despesa financeira na escrituração comercial.

•• § 3.º acrescentado pela Lei n. 12.973, de 13-5-2014.

Art. 11. Os rendimentos produzidos por aplicação financeira de renda fixa, auferidos por qualquer beneficiário, inclusive pessoa jurídica isenta, sujeitam-se à incidência do Imposto sobre a Renda à alíquota de 15% (quinze por cento).

• A Instrução Normativa n. 1.022, de 5-4-2010, da Secretaria da Receita Federal, dispõe sobre o imposto de renda incidente nos rendimentos e ganhos líquidos auferidos nos mercados financeiro e de capitais.

§ 1.º Os rendimentos de que trata este artigo serão apropriados *pro rata tempore* até 31 de dezembro de 1995 e tributados, no que se refere à parcela relativa a 1995, nos termos da legislação então vigente.

§ 2.º (*Revogado pela Lei n. 9.430, de 27-12-1996.*)

§ 3.º O disposto neste artigo não elide as regras previstas nos arts. 76 e 77 da Lei n. 8.981, de 20 de janeiro de 1995.

Art. 12. O inciso III do art. 77 da Lei n. 8.981, de 20 de janeiro de 1995, passa a vigorar com a seguinte redação:

•• Alteração já processada no texto da Lei modificada.

Art. 13. Para efeito de apuração do lucro real e da base de cálculo da contribuição social sobre o lucro líquido, são vedadas as seguintes deduções independentemente do disposto no art. 47 da Lei n. 4.506, de 30 de novembro de 1964:

I – de qualquer provisão, exceto as constituídas para o pagamento de férias de empregados e de décimo terceiro salário, de que trata o art. 43 da Lei n. 8.981, de 20 de janeiro de 1995, com as alterações da Lei n. 9.065, de 20 de junho de 1995, e as provisões técnicas das companhias de seguro e de capitalização, bem como das entidades de previdência privada, cuja constituição é exigida pela legislação especial a elas aplicável;

•• *Vide* art. 14 da Lei n. 9.430, de 27-12-1996.

II – das contraprestações de arrendamento mercantil e do aluguel de bens móveis ou imóveis, exceto quando relacionados intrinsecamente com a produção ou comercialização dos bens e serviços;

III – de despesas de depreciação, amortização, manutenção, reparo, conservação, impostos, taxas, seguros e quaisquer outros gastos com bens móveis ou imóveis, exceto se intrinsecamente relacionados com a produção ou comercialização dos bens e serviços;

IV – das despesas com alimentação de sócios, acionistas e administradores;

V – das contribuições não compulsórias, exceto as destinadas a custear seguros e planos de saúde, e benefícios complementares assemelhados aos da previdência social, instituídos em favor dos empregados e dirigentes da pessoa jurídica;

• *Vide* art. 11, § 2.º, da Lei n. 9.532, de 10-12-1997.

VI – das doações, exceto as referidas no § 2.º;

VII – das despesas com brindes;

VIII – de despesas de depreciação, amortização e exaustão geradas por bem objeto de arrendamento mercantil pela arrendatária, na hipótese em que esta reconheça contabilmente o encargo.

•• Inciso VIII acrescentado pela Lei n. 12.973, de 13-5-2014.

§ 1.º Admitir-se-ão como dedutíveis as despesas com alimentação fornecida pela pessoa jurídica, indistintamente, a todos os seus empregados.

§ 2.º Poderão ser deduzidas as seguintes doações:

I – as de que trata a Lei n. 8.313, de 23 de dezembro de 1991;

II – as efetuadas às instituições de ensino e pesquisa cuja criação tenha sido autorizada por lei federal e que preencham os requisitos dos incisos I e II do art. 213 da Constituição Federal, até o limite de 1,5% (um e meio por cento) do lucro operacional, antes de computada a sua dedução e a de que trata o inciso seguinte;

III – as doações, até o limite de 2% (dois por cento) do lucro operacional da pessoa jurídica, antes de computada a sua dedução, efetuadas a entidades civis, legalmente constituídas no Brasil, sem fins lucrativos, que prestem serviços gratuitos em benefício de empregados da pessoa jurídica doadora, e respectivos dependentes, ou em benefício da comunidade onde atuem, observadas as seguintes regras:

a) as doações, quando em dinheiro, serão feitas mediante crédito em conta corrente bancária diretamente em nome da entidade beneficiária;

b) a pessoa jurídica doadora manterá em arquivo, à disposição da fiscalização, declaração, segundo modelo aprovado pela Secretaria da Receita Federal, fornecida pela entidade beneficiária, em que esta se compromete a aplicar integralmente os recursos recebidos na realização de seus objetivos sociais, com identificação da pessoa física responsável pelo seu cumprimento, e a não distribuir lucros, bonificações ou vantagens a dirigentes, mantenedores ou associados, sob nenhuma forma ou pretexto;

•• A Secretaria da Receita Federal passa a denominar-se Secretaria da Receita Federal do Brasil, por força da Lei n. 11.457, de 16-3-2007.

c) a entidade beneficiária deverá ser organização da sociedade civil, conforme a Lei n. 13.019, de 31 de julho de 2014, desde que cumpridos os requisitos previstos nos arts. 3.º e 16 da Lei n. 9.790, de 23 de março de 1999, independentemente de certificação.

•• Alínea *c* com redação determinada pela Lei n. 13.204, de 14-12-2015.

•• A Lei n. 13.169, de 6-10-2015, propôs o acréscimo do art. 13-A a esta Lei, porém teve seu texto vetado.

Art. 14. Para efeito de apuração do lucro real, fica vedada a exclusão, do lucro líquido do exercício, do valor do lucro da exploração de atividades monopolizadas de que tratam o § 2.º do art. 2.º da Lei n. 6.264, de 18 de novembro de 1975, e o § 2.º do art. 19 do Decreto-lei n. 1.598, de 26 de dezembro de 1977, com a redação dada pelo Decreto-lei n. 1.730, de 17 de dezembro de 1979.

Art. 15. A base de cálculo do imposto, em cada mês, será determinada mediante a aplicação do percentual de 8% (oito por cento) sobre a receita bruta auferida mensalmente, observado o disposto no art. 12 do Decreto-lei n. 1.598, de 26 de dezembro de 1977, deduzida das devoluções, vendas canceladas e dos descontos incondicionais concedidos, sem prejuízo do disposto nos arts. 30, 32, 34 e 35 da Lei n. 8.981, de 20 de janeiro de 1995.

•• *Caput* com redação determinada pela Lei n. 12.973, de 13-5-2014.

§ 1.º Nas seguintes atividades, o percentual de que trata este artigo será de:

I – 1,6% (um inteiro e seis décimos por cento), para a atividade de revenda, para consumo de combustível derivado de petróleo, álcool etílico carburante e gás natural;

II – 16% (dezesseis por cento):

a) para a atividade de prestação de serviços de transporte, exceto o de carga, para o qual se aplicará o percentual previsto no *caput* deste artigo;

b) para as pessoas jurídicas a que se refere o inciso III do art. 36 da Lei n. 8.981, de 20 de janeiro de 1995, observado o disposto nos §§ 1.º e 2.º do art. 29 da referida lei;

III – 32% (trinta e dois por cento), para as atividades de:

a) prestação de serviços em geral, exceto a de serviços hospitalares e de auxílio diagnóstico e terapia, patologia clínica, imagenologia, anatomia patológica e citopatologia, medicina nuclear e análises e patologias clínicas, desde que a prestadora destes serviços seja organizada sob a forma de sociedade empresária e atenda às normas da Agência Nacional de Vigilância Sanitária – Anvisa;

•• Alínea *a* com redação determinada pela Lei n. 11.727, de 23-6-2008.

•• *Vide* art. 41, VI, da Lei n. 11.727, de 23-6-2008.

b) intermediação de negócios;

c) administração, locação ou cessão de bens imóveis, móveis e direitos de qualquer natureza;

d) prestação cumulativa e contínua de serviços de assessoria creditícia, mercadológica, gestão de crédito, seleção de riscos, administração de contas a pagar e a receber, compra de direitos creditórios resultantes de vendas mercantis a prazo ou de prestação de serviços (*factoring*);

• *Vide* art. 20 desta Lei.

e) prestação de serviços de construção, recuperação, reforma, ampliação ou melhoramento de infraestrutura vinculados a contrato de concessão de serviço público;

•• Alínea *e* acrescentada pela Lei n. 12.973, de 13-5-2014.

IV – 38,4% (trinta e oito inteiros e quatro décimos por cento), para as atividades de operação de empréstimo, de financiamento e de desconto de títulos de crédito realizadas por Empresa Simples de Crédito (ESC).

•• Inciso IV acrescentado pela Lei Complementar n. 167, de 24-4-2019.

§ 2.º No caso de atividades diversificadas será aplicado o percentual correspondente a cada atividade.

§ 3.º As receitas provenientes de atividade incentivada não comporão a base de cálculo do imposto, na proporção do benefício a que a pessoa jurídica, submetida ao regime de tributação com base no lucro real, fizer jus.

§ 4.º O percentual de que trata este artigo também será aplicado sobre a receita financeira da pessoa jurídica que explore atividades imobiliárias relativas a loteamento de terrenos, incorporação imobiliária, construção de prédios destinados à venda, bem como a venda de imóveis construídos ou adquiridos para a revenda, quando decorrente da comercialização de imóveis e for apurada por meio de índices ou coeficientes previstos em contrato.

•• § 4.º acrescentado pela Lei n. 11.196, de 21-11-2005.

•• *Vide* art. 132, IV, *b*, da Lei n. 11.196, de 21-11-2005.

Art. 16. O lucro arbitrado das pessoas jurídicas será determinado mediante a aplicação, sobre a receita bruta, quando conhecida, dos percentuais fixados no art. 15, acrescidos de 20% (vinte por cento).

Parágrafo único. No caso das instituições a que se refere o inciso III do art. 36 da Lei n. 8.981, de 20 de janeiro de 1995, o percentual para determinação do lucro arbitrado será de 45% (quarenta e cinco por cento).

Art. 17. Para os fins de apuração do ganho de capital, as pessoas físicas e as pessoas jurídicas não tributadas com base no lucro real observarão os seguintes procedimentos:

• *Vide* arts. 17, § 1.º, e 24 da Lei n. 9.532, de 10-12-1997.

I – tratando-se de bens e direitos cuja aquisição tenha ocorrido até o final de 1995, o custo de aquisição poderá ser corrigido monetariamente até 31 de dezembro desse ano, tomando-se por base o valor da UFIR vigente em 1.º de janeiro de 1996, não se lhe aplicando qualquer correção monetária a partir dessa data;

II – tratando-se de bens e direitos adquiridos após 31 de dezembro de 1995, ao custo de aquisição dos bens e direitos não será atribuída qualquer correção monetária.

Art. 18. O ganho de capital auferido por residente ou domiciliado no exterior será apurado e tributado de acordo com as regras aplicáveis aos residentes no País.

• *Vide* art. 26 da Lei n. 10.833, de 29-12-2003.

Art. 19. A partir de 1.º de janeiro de 1996, a alíquota da contribuição social sobre o lucro líquido, de que trata a Lei n. 7.689, de 15 de dezembro de 1988, passa a ser de 8% (oito por cento).

Parágrafo único. O disposto neste artigo não se aplica às instituições a que se refere o § 1.º do art. 22 da Lei n. 8.212, de 24 de julho de 1991, para as quais a alíquota da contribuição social será de 18% (dezoito por cento).

Base de cálculo da CSLL – Estimativa e Presumido

Art. 20. A base de cálculo da Contribuição Social sobre o Lucro Líquido (CSLL) devida pelas pessoas jurídicas que efetuarem o pagamento mensal ou trimestral a que se referem os arts. 2.º, 25 e 27 da Lei n. 9.430, de 27 de dezembro de 1996, corresponderá aos seguintes percentuais aplicados sobre a receita bruta definida pelo art. 12 do Decreto-Lei n. 1.598, de 26 de dezembro de 1977, auferida no período, deduzida das devoluções, das vendas canceladas e dos descontos incondicionais concedidos:

•• *Caput* com redação determinada pela Lei Complementar n. 167, de 24-4-2019.

I – 32% (trinta e dois por cento) para a receita bruta decorrente das atividades previstas no inciso III do § 1.º do art. 15 desta Lei;

•• Inciso I acrescentado pela Lei Complementar n. 167, de 24-

4-2019.

II – 38,4% (trinta e oito inteiros e quatro décimos por cento) para a receita bruta decorrente das atividades previstas no inciso IV do § 1.º do art. 15 desta Lei; e

•• Inciso II acrescentado pela Lei Complementar n. 167, de 24-4-2019.

III – 12% (doze por cento) para as demais receitas brutas.

•• Inciso III acrescentado pela Lei Complementar n. 167, de 24-4-2019.

§ 1.º A pessoa jurídica submetida ao lucro presumido poderá, excepcionalmente, em relação ao 4.º (quarto) trimestre-calendário de 2003, optar pelo lucro real, sendo definitiva a tributação pelo lucro presumido relativa aos 3 (três) primeiros trimestres.

•• § 1.º acrescentado pela Lei n. 11.196, de 21-11-2005.

•• *Vide* art. 132, IV, *b*, da Lei n. 11.196, de 21-11-2005.

§ 2.º O percentual de que trata o *caput* deste artigo também será aplicado sobre a receita financeira de que trata o § 4.º do art. 15 desta Lei.

•• § 2.º acrescentado pela Lei n. 11.196, de 21-11-2005.

•• *Vide* art. 132, IV, *b*, da Lei n. 11.196, de 21-11-2005.

Incorporação, Fusão e Cisão

Art. 21. A pessoa jurídica que tiver parte ou todo o seu patrimônio absorvido em virtude de incorporação, fusão ou cisão deverá levantar balanço específico para esse fim, observada a legislação comercial.

•• *Caput* com redação determinada pela Lei n. 12.973, de 13-5-2014.

§ 1.º O balanço a que se refere este artigo deverá ser levantado até 30 (trinta) dias antes do evento.

§§ 2.º e 3.º (*Revogados pela Lei n. 12.973, de 13-5-2014.*)

§ 4.º A pessoa jurídica incorporada, fusionada ou cindida deverá apresentar declaração de rendimentos correspondente ao período transcorrido durante o ano-calendário em seu próprio nome, até o último dia útil do mês subsequente ao do evento.

Art. 22. Os bens e direitos do ativo da pessoa jurídica, que forem entregues ao titular ou a sócio ou acionista a título de devolução de sua participação no capital social, poderão ser avaliados pelo valor contábil ou de mercado.

§ 1.º No caso de a devolução realizar-se pelo valor de mercado, a diferença entre este e o valor contábil dos bens ou direitos entregues será considerada ganho de capital, que será computado nos resultados da pessoa jurídica tributada com base no lucro real ou na base de cálculo do Imposto sobre a Renda e da contribuição social sobre o lucro líquido devidos pela pessoa jurídica tributada com base no lucro presumido ou arbitrado.

§ 2.º Para o titular, sócio ou acionista, pessoa jurídica, os bens ou direitos recebidos em devolução de sua participação no capital serão registrados pelo valor contábil da participação ou pelo valor de mercado, conforme avaliado pela pessoa jurídica que esteja devolvendo capital.

§ 3.º Para o titular, sócio ou acionista, pessoa física, os bens ou direitos recebidos em devolução de sua participação no capital serão informados, na declaração de bens correspondente à declaração de rendimentos do respectivo ano-base, pelo valor contábil ou de mercado, conforme avaliado pela pessoa jurídica.

§ 4.º A diferença entre o valor de mercado e o valor constante da declaração de bens, no caso de pessoa física, ou o valor contábil, no caso de pessoa jurídica, não será computada, pelo titular, sócio ou acionista, na base de cálculo do Imposto sobre a Renda ou da contribuição social sobre o lucro líquido.

Art. 23. As pessoas físicas poderão transferir a pessoas jurídicas, a título de integralização de capital, bens e direitos pelo valor constante da respectiva declaração de bens ou pelo valor de mercado.

§ 1.º Se a entrega for feita pelo valor constante da declaração de bens, as pessoas físicas deverão lançar nesta declaração as ações ou quotas subscritas pelo mesmo valor dos bens ou direitos transferidos, não se aplicando o disposto no art. 60 do Decreto-lei n. 1.598, de 26 de dezembro de 1977, e no art. 20, II, do Decreto-lei n. 2.065, de 26 de outubro de 1983.

§ 2.º Se a transferência não se fizer pelo valor constante da declaração de bens, a diferença a maior será tributável como ganho de capital.

Art. 24. Verificada a omissão de receita, a autoridade tributária determinará o valor do imposto e do adicional a serem lançados de acordo com o regime de tributação a que estiver submetida a pessoa jurídica no período-base a que corresponder a omissão.

§ 1.º No caso de pessoa jurídica com atividades diversificadas tributadas com base no lucro presumido ou arbitrado, não sendo possível a identificação da atividade a que se refere a receita omitida, esta será adicionada àquela a que corresponder o percentual mais elevado.

§ 2.º O valor da receita omitida será considerado na determinação da base de cálculo para o lançamento da Contribuição Social sobre o Lucro Líquido – CSLL, da Contribuição para o Financiamento da Seguridade Social – COFINS, da Contribuição para o PIS/Pasep e das contribuições previdenciárias incidentes sobre a receita.

•• § 2.º com redação determinada pela Lei n. 11.941, de 27-5-2009.

§ 3.º (*Revogado pela Lei n. 9.430, de 27-12-1996.*)

§ 4.º Para a determinação do valor da Contribuição para o Financiamento da Seguridade Social – COFINS e da Contribuição para o PIS/Pasep, na hipótese de a pessoa jurídica auferir receitas sujeitas a alíquotas diversas, não sendo possível identificar a alíquota aplicável à receita omitida, aplicar-se-á a esta a alíquota mais elevada entre aquelas previstas para as receitas auferidas pela pessoa jurídica.

•• § 4.º acrescentado pela Lei n. 11.941, de 27-5-2009.

§ 5.º Na hipótese de a pessoa jurídica sujeitar-se ao recolhimento da COFINS e da Contribuição para o PIS/Pasep, calculadas por unidade de medida de produto, não sendo possível identificar qual o produto vendido ou a quantidade que se refere à receita omitida, a contribuição será determinada com base na alíquota *ad valorem* mais elevada entre aquelas previstas para as receitas auferidas pela pessoa jurídica.

•• § 5.º acrescentado pela Lei n. 11.941, de 27-5-2009.

§ 6.º Na determinação da alíquota mais elevada, considerar-se-ão:

•• § 6.º, *caput*, acrescentado pela Lei n. 11.941, de 27-5-2009.

I – para efeito do disposto nos §§ 4.º e 5.º deste artigo, as alíquotas aplicáveis às receitas auferidas pela pessoa jurídica no ano-calendário em que ocorreu a omissão;

•• Inciso I acrescentado pela Lei n. 11.941, de 27-5-2009.

II – para efeito do disposto no § 5.º deste artigo, as alíquotas *ad valorem* correspondentes àquelas fixadas por unidade de medida do produto, bem como as alíquotas aplicáveis às demais receitas auferidas pela pessoa jurídica.

•• Inciso II acrescentado pela Lei n. 11.941, de 27-5-2009.

Art. 25. Os lucros, rendimentos e ganhos de capital auferidos no exterior serão computados na determinação do lucro real das pessoas jurídicas correspondente ao balanço levantado em 31 de dezembro de cada ano.

§ 1.º Os rendimentos e ganhos de capital auferidos no exterior serão computados na apuração do lucro líquido das pessoas jurídicas com observância do seguinte:

I – os rendimentos e ganhos de capital serão convertidos em Reais de acordo com a taxa de câmbio, para venda, na data em que forem contabilizados no Brasil;

II – caso a moeda em que for auferido o rendimento ou ganho de capital não tiver cotação no Brasil, será ela convertida em dólares norte-americanos e, em seguida, em Reais.

§ 2.º Os lucros auferidos por filiais, sucursais ou controladas, no exterior, de pessoas jurídicas domiciliadas no Brasil serão computados na apuração do lucro real com observância do seguinte:

I – as filiais, sucursais e controladas deverão demonstrar a apuração dos lucros que auferirem em cada um de seus exercícios fiscais, segundo as normas da legislação brasileira;

II – os lucros a que se refere o inciso I serão adicionados ao lucro líquido da matriz ou controladora, na proporção de sua participação acionária, para apuração do lucro real;

III – se a pessoa jurídica se extinguir no curso do exercício, deverá adicionar ao seu lucro líquido os lucros auferidos por filiais, sucursais ou controladas, até a data do balanço de encerramento;

IV – as demonstrações financeiras das filiais, sucursais e controladas que embasarem as demonstrações em Reais deverão ser mantidas no Brasil pelo prazo previsto no art. 173 da Lei n. 5.172, de 25 de outubro de 1966.

§ 3.º Os lucros auferidos no exterior por coligadas de pessoas jurídicas domiciliadas no Brasil serão computados na apuração do lucro real com observância do seguinte:

I – os lucros realizados pela coligada serão adicionados ao lucro líquido, na proporção da participação da pessoa jurídica no capital da coligada;

II – os lucros a serem computados na apuração do lucro real são apurados no balanço ou balanços levantados pela coligada no curso do período-base da pessoa jurídica;

III – se a pessoa jurídica se extinguir no curso do exercício, deverá adicionar ao seu lucro líquido, para apuração do lucro real, sua participação nos lucros da coligada apurados por esta em balanços levantados até a data do balanço de encerramento da pessoa jurídica;

IV – a pessoa jurídica deverá conservar em seu poder cópia das demonstrações financeiras da coligada.

§ 4.º Os lucros a que se referem os §§ 2.º e 3.º serão convertidos em Reais pela taxa de câmbio, para venda, do dia das demonstrações financeiras em que tenham sido apurados os lucros da filial, sucursal, controlada ou coligada.

§ 5.º Os prejuízos e perdas decorrentes das operações referidas neste artigo não serão compensados com lucros auferidos no Brasil.

§ 6.º Os resultados da avaliação dos investimentos no exterior, pelo método da equivalência patrimonial, continuarão a ter o tratamento previsto na legislação vigente, sem prejuízo do disposto nos §§ 1.º, 2.º e 3.º.

§ 7.º Os lucros serão apurados segundo as normas da legislação comercial do país de domicílio.

•• § 7.º acrescentado pela Lei n. 12.973, de 13-5-2014.

Art. 26. A pessoa jurídica poderá compensar o Imposto sobre a Renda incidente, no exterior, sobre os lucros, rendimentos e ganhos de capital computados no lucro real, até o limite do Imposto sobre a Renda incidente, no Brasil, sobre os referidos lucros, rendimentos ou ganhos de capital.

• *Vide* art. 1.º, § 4.º, da Lei n. 9.532, de 10-12-1997.

§ 1.º Para efeito de determinação do limite do *caput*, o imposto incidente, no Brasil, correspondente aos lucros, rendimentos ou ganhos de capital auferidos no exterior, será proporcional ao total do imposto e adicional devidos pela pessoa jurídica no Brasil.

§ 2.º Para fins de compensação, o documento relativo ao Imposto sobre a Renda incidente no exterior deverá ser reconhecido pelo respectivo órgão arrecadador e pelo Consulado da Embaixada Brasileira no país em que for devido o imposto.

§ 3.º O Imposto sobre a Renda a ser compensado será convertido em quantidade de Reais de acordo com a taxa de câmbio, para venda, na data em que o imposto foi pago; caso a moeda em que o imposto foi pago não tiver cotação no Brasil, será ela convertida em dólares norte-americanos e, em seguida, em Reais.

Art. 27. As pessoas jurídicas que tiverem lucros, rendimentos ou ganhos de capital oriundos do exterior estão obrigadas ao regime de tributação com base no lucro real.

Art. 28. A alíquota do Imposto sobre a Renda de que tratam o art. 77 da Lei n. 3.470, de 28 de novembro de 1958, e o art. 100 do Decreto-lei n. 5.844, de 23 de setembro de 1943, com as modificações posteriormente introduzidas, passa, a partir de 1.º de janeiro de 1996, a ser de 15% (quinze por cento).

Art. 29. Os limites a que se referem os arts. 36, I, e 44, da Lei n. 8.981, de 20 de janeiro de 1995, com a redação dada pela Lei n. 9.065, de 20 de junho de 1995, passam a ser de R$ 12.000.000,00 (doze milhões de reais).

Art. 30. Os valores constantes da legislação tributária, expressos em quantidade de UFIR, serão convertidos em Reais pelo valor da UFIR vigente em 1.º de janeiro de 1996.

Art. 31. (*Revogado pela Lei n. 12.973, de 13-5-2014.*)

Arts. 32 e 33. (*Vetados.*)

Art. 34. Extingue-se a punibilidade dos crimes definidos na Lei n. 8.137, de 27 de dezembro de 1990, e na Lei n. 4.729, de 14 de julho de 1965, quando o agente promover o pagamento do tributo ou contribuição social, inclusive acessórios, antes do recebimento da denúncia.

•• *Vide* art. 83, § 6.º, da Lei n. 9.430, de 27-12-1996.

§ 1.º e 2.º (*Vetados.*)

Art. 35. Esta Lei entra em vigor na data de sua publicação, produzindo efeitos a partir de 1.º de janeiro de 1996.

Art. 36. Ficam revogadas as disposições em contrário, especialmente:

I – o Decreto-lei n. 1.215, de 4 de maio de 1972, observado o disposto no art. 178 da Lei n. 5.172, de 25 de outubro de 1966;

II – os arts. 2.º a 19 da Lei n. 7.799, de 10 de julho de 1989;

III – os arts. 9.º e 12 da Lei n. 8.023, de 12 de abril de 1990;

IV – os arts. 43 e 44 da Lei n. 8.541, de 23 de dezembro de 1992;

V – o art. 28 e os incisos VI, XI e XII, e o parágrafo único do art. 36, os arts. 46, 48 e 54, e o inciso II do art. 60, todos da Lei n. 8.981, de 20 de janeiro de 1995, alterada pela Lei n. 9.065, de 20 de junho de 1995, e o art. 10 da Lei n. 9.065, de 20 de junho de 1995.

Brasília, 26 de dezembro de 1995; 174.º da Independência e 107.º da República.

FERNANDO HENRIQUE CARDOSO

LEI N. 9.250, DE 26 DE DEZEMBRO DE 1995 (*)

Altera a legislação do Imposto sobre a Renda das pessoas físicas, e dá outras providências.

O Presidente da República.

Faço saber que o Congresso Nacional decreta e eu sanciono a seguinte Lei:

(*) Publicada no *DOU*, de 27-12-1995. A Instrução Normativa n. 983, de 18-12-2009, dispõe sobre a declaração do imposto de renda retido na fonte.

Capítulo I
DISPOSIÇÕES PRELIMINARES

Art. 1.º A partir de 1.º de janeiro de 1996 o Imposto sobre a Renda das pessoas físicas será determinado segundo as normas da legislação vigente, com as alterações desta Lei.

Art. 2.º Os valores expressos em UFIR na legislação do Imposto sobre a Renda das pessoas físicas ficam convertidos em Reais, tomando-se por base o valor da UFIR vigente em 1.º de janeiro de 1996.

Capítulo II
DA INCIDÊNCIA MENSAL DO IMPOSTO

Art. 3.º O Imposto sobre a Renda incidente sobre os rendimentos de que tratam os arts. 7.º, 8.º e 12 da Lei n. 7.713, de 22 de dezembro de 1988, será calculado de acordo com a seguinte tabela progressiva em Reais:

Base de Cálculo em R$	Alíquota %	Parcela a Deduzir do Imposto em R$
Até 900,00	–	–
Acima de 900,00 até 1.800,00	15	135
Acima de 1.800,00	25	315

Parágrafo único. O imposto de que trata este artigo será calculado sobre os rendimentos efetivamente recebidos em cada mês.

•• *Vide* art. 1.º da Lei n. 11.482, de 31-5-2007.

Art. 4.º Na determinação da base de cálculo sujeita à incidência mensal do Imposto sobre a Renda poderão ser deduzidas:

I – a soma dos valores referidos no art. 6.º da Lei n. 8.134, de 27 de dezembro de 1990;

II – as importâncias pagas a título de pensão alimentícia em face das normas do Direito de Família, quando em cumprimento de decisão judicial, inclusive a prestação de alimentos provisionais, de acordo homologado judicialmente, ou de escritura pública a que se refere o art. 1.124-A da Lei n. 5.869, de 11 de janeiro de 1973 – Código de Processo Civil;

•• Inciso II com redação determinada pela Lei n. 11.727, de 23-6-2008.

•• *Vide* art. 41, V, da Lei n. 11.727, de 23-6-2008.

• A referência é feita ao CPC de 1973. *Vide* art. 733 do CPC de 2015, que dispõe: "Art. 733. O divórcio consensual, a separação consensual e a extinção consensual de união estável, não havendo nascituro ou filhos incapazes e observados os requisitos legais, poderão ser realizados por escritura pública, da qual constarão as disposições de que trata o art. 731".

III – a quantia, por dependente, de:

•• Inciso III, *caput*, com redação determinada pela Lei n. 11.482, de 31-5-2007.

a) R$ 132,05 (cento e trinta e dois reais e cinco centavos), para o ano-calendário de 2007;

•• Alínea *a* acrescentada pela Lei n. 11.482, de 31-5-2007.

b) R$ 137,99 (cento e trinta e sete reais e noventa e nove centavos), para o ano-calendário de 2008;

•• Alínea *b* acrescentada pela Lei n. 11.482, de 31-5-2007.

c) R$ 144,20 (cento e quarenta e quatro reais e vinte centavos), para o ano-calendário de 2009;

•• Alínea *c* acrescentada pela Lei n. 11.482, de 31-5-2007.

d) R$ 150,69 (cento e cinquenta reais e sessenta e nove centavos), para o ano-calendário de 2010;

•• Alínea *d* com redação determinada pela Lei n. 12.469, de 26-8-2011.

e) R$ 157,47 (cento e cinquenta e sete reais e quarenta e sete centavos), para o ano-calendário de 2011;

•• Alínea *e* acrescentada pela Lei n. 12.469, de 26-8-2011.

f) R$ 164,56 (cento e sessenta e quatro reais e cinquenta e seis centavos), para o ano-calendário de 2012;

•• Alínea *f* acrescentada pela Lei n. 12.469, de 26-8-2011.

g) R$ 171,97 (cento e setenta e um reais e noventa e sete centavos), para o ano-calendário de 2013;

•• Alínea *g* acrescentada pela Lei n. 12.469, de 26-8-2011.

h) R$ 179,71 (cento e setenta e nove reais e setenta e um centavos), para o ano-calendário de 2014 e nos meses de janeiro a março do ano-calendário de 2015; e

•• Alínea *h* com redação determinada pela Lei n. 13.149, de 21-7-2015.

i) R$ 189,59 (cento e oitenta e nove reais e cinquenta e nove centavos), a partir do mês de abril do ano-calendário de 2015;

•• Alínea *i* acrescentada pela Lei n. 13.149, de 21-7-2015.

IV – as contribuições para a Previdência Social da União, dos Estados, do Distrito Federal e dos Municípios;

V – as contribuições para as entidades de previdência privada domiciliadas no País, cujo ônus tenha sido do contribuinte, destinadas a custear benefícios complementares assemelhados aos da Previdência Social;

VI – a quantia, correspondente à parcela isenta dos rendimentos provenientes de aposentadoria e pensão, transferência para a reserva remunerada ou reforma, pagos pela Previdência Social da União, dos Estados, do Distrito Federal e dos Municípios, por qualquer pessoa jurídica de direito público interno ou por entidade de previdência privada, a partir do mês em que o contribuinte completar 65 (sessenta e cinco) anos de idade, de:

•• Inciso VI, *caput*, com redação determinada pela Lei n. 11.482, de 31-5-2007.

a) R$ 1.313,69 (mil, trezentos e treze reais e sessenta e nove centavos), por mês, para o ano-calendário de 2007;

•• Alínea *a* acrescentada pela Lei n. 11.482, de 31-5-2007.

b) R$ 1.372,81 (mil, trezentos e setenta e dois reais e oitenta e um centavos), por mês, para o ano- -calendário de 2008;

•• Alínea *b* acrescentada pela Lei n. 11.482, de 31-5-2007.

c) R$ 1.434,59 (mil, quatrocentos e trinta e quatro reais e cinquenta e nove centavos), por mês, para o ano-calendário de 2009;

•• Alínea *c* acrescentada pela Lei n. 11.482, de 31-5-2007.

d) R$ 1.499,15 (mil, quatrocentos e noventa e nove reais e quinze centavos), por mês, para o ano-calendário de 2010;

•• Alínea *d* com redação determinada pela Lei n. 12.469, de 26-8-2011.

e) R$ 1.566,61 (mil, quinhentos e sessenta e seis reais e sessenta e um centavos), por mês, para o ano-calendário de 2011;

•• Alínea *e* acrescentada pela Lei n. 12.469, de 26-8-2011.

f) R$ 1.637,11 (mil, seiscentos e trinta e sete reais e onze centavos), por mês, para o ano-calendário de 2012;

•• Alínea *f* acrescentada pela Lei n. 12.469, de 26-8-2011.

g) R$ 1.710,78 (mil, setecentos e dez reais e setenta e oito centavos), por mês, para o ano-calendário de 2013;

•• Alínea *g* acrescentada pela Lei n. 12.469, de 26-8-2011.

h) R$ 1.787,77 (mil, setecentos e oitenta e sete reais e setenta e sete centavos), por mês, para o ano--calendário de 2014 e nos meses de janeiro a março do ano-calendário de 2015; e

•• Alínea *h* com redação determinada pela Lei n. 13.149, de 21-7-2015.

i) R$ 1.903,98 (mil, novecentos e três reais e noventa e oito centavos), por mês, a partir do mês de abril do ano--calendário de 2015;

•• Alínea *i* acrescentada pela Lei n. 13.149, de 21-7-2015.

VII – as contribuições para as entidades fechadas de previdência complementar de natureza pública de que trata o § 15 do art. 40 da Constituição Federal, cujo ônus tenha sido do contribuinte, destinadas a custear benefícios complementares assemelhados aos da Previdência Social.

•• Inciso VII com redação determinada pela Lei n. 13.043, de 13-11-2014.

Parágrafo único. A dedução permitida pelo inciso V aplica-se exclusivamente à base de cálculo relativa aos seguintes rendimentos, assegurada, nos demais casos, a dedução dos valores pagos a esse título, por ocasião da apuração da base de cálculo do imposto devido no ano--calendário, conforme disposto na alínea *e* do inciso II do art. 8.º desta Lei:

•• Parágrafo único com redação determinada pela Lei n. 13.202, de 8-12-2015.

I – do trabalho com vínculo empregatício ou de administradores; e

•• Inciso I acrescentado pela Lei n. 13.202, de 8-12-2015.

II – proventos de aposentados e pensionistas, quando a fonte pagadora for responsável pelo desconto e respectivo pagamento das contribuições previdenciárias.

•• Inciso II acrescentado pela Lei n. 13.202, de 8-12-2015.

Art. 5.º As pessoas físicas residentes ou domiciliadas no Brasil que recebam rendimentos de trabalho assalariado, em moeda estrangeira, de autarquias ou repartições do Governo brasileiro, situadas no exterior, estão sujeitas ao Imposto sobre a Renda na fonte incidente sobre a base de cálculo de que trata o art. 4.º, mediante utilização da tabela progressiva de que trata o art. 3.º.

§ 1.º Os rendimentos em moeda estrangeira serão convertidos em Reais, mediante utilização do valor do dólar dos Estados Unidos da América fixado para compra pelo Banco Central do Brasil para o último dia útil da primeira quinzena do mês anterior ao do pagamento do rendimento.

§ 2.º As deduções de que tratam os incisos II, IV e V do art. 4.º serão convertidas em Reais, mediante utilização do valor do dólar dos Estados Unidos da América fixado para venda pelo Banco Central do Brasil para o último dia útil da primeira quinzena do mês anterior ao do pagamento do rendimento.

§ 3.º As pessoas físicas computarão, na determinação da base de cálculo de que trata o art. 4.º e na declaração de rendimentos, 25% (vinte e cinco por cento) do total dos rendimentos do trabalho assalariado recebidos nas condições referidas neste artigo.

Art. 6.º Os rendimentos recebidos de fontes situadas no exterior, sujeitos a tributação no Brasil, bem como o imposto pago no exterior, serão convertidos em Reais mediante utilização do valor do dólar dos Estados Unidos da América fixado para compra pelo Banco Central do Brasil para o último dia útil da primeira quinzena do mês anterior ao do recebimento do rendimento.

Capítulo III
DA DECLARAÇÃO DE RENDIMENTOS

Art. 7.º A pessoa física deverá apurar o saldo em Reais do imposto a pagar ou o valor a ser restituído, relativamente aos rendimentos percebidos no ano-calendário, e apresentar anualmente, até o último dia útil do mês de abril do ano-calendário subsequente, declaração de rendimentos em modelo aprovado pela Secretaria da Receita Federal.

•• A Secretaria da Receita Federal passa a denominar-se Secretaria da Receita Federal do Brasil, por força da Lei n. 11.457, de 16-3-2007.

§ 1.º O prazo de que trata este artigo aplica-se inclusive à declaração de rendimentos relativa ao exercício de 1996, ano-calendário de 1995.

§ 2.º O Ministro de Estado da Fazenda poderá estabelecer limites e condições para dispensar pessoas físicas da obrigação de apresentar declaração de rendimentos.

•• § 2.º com redação determinada pela Lei n. 9.532, de 10-12-1997.

§ 3.º Fica o Ministro da Fazenda autorizado a prorrogar o prazo para a apresentação da declaração, dentro do exercício financeiro.

§ 4.º Homologada a partilha ou feita a adjudicação dos bens, deverá ser apresentada pelo inventariante, dentro de 30 (trinta) dias contados da data em que transitar em julgado a sentença respectiva, declaração dos rendimentos correspondentes ao período de 1.º de janeiro até a data da homologação ou adjudicação.

• A Instrução Normativa n. 81, de 11-10-2001, da Secretaria da Receita Federal, dispõe sobre as declarações de rendimentos de espólio.

§ 5.º Se a homologação ou adjudicação ocorrer antes do prazo anualmente fixado para a entrega das declarações de rendimentos, juntamente com a declaração referida no parágrafo anterior deverá ser entregue a declaração dos rendimentos correspondente ao ano-calendário anterior.

Art. 8.º A base de cálculo do imposto devido no ano-calendário será a diferença entre as somas:

I – de todos os rendimentos percebidos durante o ano-calendário, exceto os isentos, os não tributáveis, os tributáveis exclusivamente na fonte e os sujeitos à tributação definitiva;

II – das deduções relativas:

a) aos pagamentos efetuados, no ano-calendário, a médicos, dentistas, psicólogos, fisioterapeutas, fonoaudiólogos, terapeutas ocupacionais e hospitais, bem como as despesas com exames laboratoriais, serviços radiológicos, aparelhos ortopédicos e próteses ortopédicas e dentárias;

b) a pagamentos de despesas com instrução do contribuinte e de seus dependentes, efetuados a estabelecimentos de ensino, relativamente à educação infantil, compreendendo as creches e as pré-escolas; ao ensino fundamental; ao ensino médio; à educação superior, compreendendo os cursos de graduação e de pós-graduação (mestrado, doutorado e especialização); e à educação profissional, compreendendo o ensino técnico e o tecnológico, até o limite anual individual de:

•• Alínea *b*, *caput*, com redação determinada pela Lei n. 11.482, de 31-5-2007.

1. R$ 2.480,66 (dois mil, quatrocentos e oitenta reais e sessenta e seis centavos) para o ano-calendário de 2007;

•• Item 1 com redação determinada pela Lei n. 11.482, de 31-5-2007.

2. R$ 2.592,29 (dois mil, quinhentos e noventa e dois reais e vinte e nove centavos) para o ano-calendário de 2008;

•• Item 2 com redação determinada pela Lei n. 11.482, de 31-5-2007.

3. R$ 2.708,94 (dois mil, setecentos e oito reais e noventa e quatro centavos) para o ano-calendário de 2009;

•• Item 3 com redação determinada pela Lei n. 11.482, de 31-5-2007.

4. R$ 2.830,84 (dois mil, oitocentos e trinta reais e oitenta e quatro centavos) para o ano-calendário de 2010;

•• Item 4 com redação determinada pela Lei n. 12.469, de 26-8-2011.

5. (*Revogado pela Lei n. 11.482, de 31-5-2007.*);

6. R$ 2.958,23 (dois mil, novecentos e cinquenta e oito reais e vinte e três centavos) para o ano-calendário de 2011;

•• Item 6 acrescentado pela Lei n. 12.469, de 26-8-2011.

7. R$ 3.091,35 (três mil, noventa e um reais e trinta e cinco centavos) para o ano-calendário de 2012;

•• Item 7 acrescentado pela Lei n. 12.469, de 26-8-2011.

8. R$ 3.230,46 (três mil, duzentos e trinta reais e quarenta e seis centavos) para o ano-calendário de 2013;

•• Item 8 acrescentado pela Lei n. 12.469, de 26-8-2011.

9. R$ 3.375,83 (três mil, trezentos e setenta e cinco reais e oitenta e três centavos) para o ano-calendário de 2014; e

•• Item 9 com redação determinada pela Lei n. 13.149, de 21-7-2015.

10. R$ 3.561,50 (três mil, quinhentos e sessenta e um

reais e cinquenta centavos), a partir do ano-calendário de 2015;

•• Item 10 acrescentado pela Lei n. 13.149, de 21-7-2015.

c) à quantia, por dependente, de:

•• Alínea *c*, *caput*, com redação determinada pela Lei n. 11.482, de 31-5-2007.

1. R$ 1.584,60 (mil, quinhentos e oitenta e quatro reais e sessenta centavos) para o ano-calendário de 2007;

•• Item 1 com redação determinada pela Lei n. 11.482, de 31-5-2007.

2. R$ 1.655,88 (mil, seiscentos e cinquenta e cinco reais e oitenta e oito centavos) para o ano-calendário de 2008;

•• Item 2 com redação determinada pela Lei n. 11.482, de 31-5-2007.

3. R$ 1.730,40 (mil, setecentos e trinta reais e quarenta centavos) para o ano-calendário de 2009;

•• Item 3 com redação determinada pela Lei n. 11.482, de 31-5-2007.

4. R$ 1.808,28 (mil, oitocentos e oito reais e vinte e oito centavos) para o ano-calendário de 2010;

•• Item 4 com redação determinada pela Lei n. 12.469, de 26-8-2011.

5. R$ 1.889,64 (mil, oitocentos e oitenta e nove reais e sessenta e quatro centavos) para o ano-calendário de 2011;

•• Item 5 acrescentado pela Lei n. 12.469, de 26-8-2011.

6. R$ 1.974,72 (mil, novecentos e setenta e quatro reais e setenta e dois centavos) para o ano-calendário de 2012;

•• Item 6 acrescentado pela Lei n. 12.469, de 26-8-2011.

7. R$ 2.063,64 (dois mil, sessenta e três reais e sessenta e quatro centavos) para o ano-calendário de 2013;

•• Item 7 acrescentado pela Lei n. 12.469, de 26-8-2011.

8. R$ 2.156,52 (dois mil, cento e cinquenta e seis reais e cinquenta e dois centavos) para o ano-calendário de 2014; e

•• Item 8 com redação determinada pela Lei n. 13.149, de 21-7-2015.

9. R$ 2.275,08 (dois mil, duzentos e setenta e cinco reais e oito centavos) a partir do ano-calendário de 2015;

•• Item 9 acrescentado pela Lei n. 13.149, de 21-7-2015.

d) às contribuições para a Previdência Social da União, dos Estados, do Distrito Federal e dos Municípios;

e) às contribuições para as entidades de previdência privada domiciliadas no País, cujo ônus tenha sido do contribuinte, destinadas a custear benefícios complementares assemelhados aos da Previdência Social;

• *Vide* art. 11, §§ 1.º e 2.º, da Lei n. 9.532, de 10-12-1997.

f) às importâncias pagas a título de pensão alimentícia em face das normas do Direito de Família, quando em cumprimento de decisão judicial, inclusive a prestação de alimentos provisionais, de acordo homologado judicialmente, ou de escritura pública a que se refere o art. 1.124-A da Lei n. 5.869, de 11 de janeiro de 1973 – Código de Processo Civil;

•• Alínea *f* com redação determinada pela Lei n. 11.727, de 23-6-2008.

•• A referência é feita ao CPC de 1973. *Vide* art. 733 do CPC de 2015.

•• *Vide* art. 41, V, da Lei n. 11.727, de 23-6-2008.

• *Vide* nota ao art. 4.º, II, desta Lei.

g) às despesas escrituradas no Livro Caixa, previstas nos incisos I a III do art. 6.º da Lei n. 8.134, de 27 de dezembro de 1990, no caso de trabalho não assalariado, inclusive dos leiloeiros e dos titulares de serviços notariais e de registro;

h) (*Vetada*.)

•• Alínea *h* acrescentada pela Lei n. 12.469, de 26-8-2011.

i) às contribuições para as entidades fechadas de previdência complementar de natureza pública de que trata o § 15 do art. 40 da Constituição Federal, cujo ônus tenha sido do contribuinte, destinadas a custear benefícios complementares assemelhados aos da Previdência Social;

•• Alínea *i* com redação determinada pela Lei n. 13.043, de 13-11-2014.

j) (*Vetada*.)

•• A Lei n. 13.149, de 21-7-2015, propôs o acréscimo desta alínea, todavia teve seu texto vetado.

§ 1.º A quantia correspondente à parcela isenta dos rendimentos provenientes de aposentadoria e pensão, transferência para a reserva remunerada ou reforma, pagos pela Previdência Social da União, dos Estados, do Distrito Federal e dos Municípios, por qualquer pessoa jurídica de direito público interno, ou por entidade de previdência privada, representada pela soma dos valores mensais computados a partir do mês em que o contribuinte completar 65 (sessenta e cinco) anos de idade, não integrará a soma de que trata o inciso I.

§ 2.º O disposto na alínea *a* do inciso II:

I – aplica-se, também, aos pagamentos efetuados a empresas domiciliadas no País, destinados à cobertura de despesas com hospitalização, médicas e odontológicas, bem como a entidades que assegurem direito de atendimento ou ressarcimento de despesas da mesma natureza;

II – restringe-se aos pagamentos efetuados pelo contribuinte, relativos ao próprio tratamento e ao de seus dependentes;

III – limita-se a pagamentos especificados e comprovados, com indicação do nome, endereço e número de inscrição no Cadastro de Pessoas Físicas – CPF ou no Cadastro Geral de Contribuintes – CGC de quem os recebeu, podendo, na falta de documentação, ser feita indicação do cheque nominativo pelo qual foi efetuado o pagamento;

IV – não se aplica às despesas ressarcidas por entidade de qualquer espécie ou cobertas por contrato de seguro;

V – no caso de despesas com aparelhos ortopédicos e próteses ortopédicas e dentárias, exige-se a comprovação com receituário médico e nota fiscal em nome do beneficiário.

§ 3.º As despesas médicas e de educação dos alimentandos, quando realizadas pelo alimentante em virtude de cumprimento de decisão judicial, de acordo homologado judicialmente ou de escritura pública a que se refere o art. 1.124-A da Lei n. 5.869, de 11 de janeiro de 1973 – Código de Processo Civil, poderão ser deduzidas pelo alimentante na determinação da base de cálculo do imposto de renda na declaração, observado, no caso de despesas de educação, o limite previsto na alínea *b* do inciso II do *caput* deste artigo.

•• § 3.º com redação determinada pela Lei n. 11.727, de 23-6-2008.

•• A referência é feita ao CPC de 1973. *Vide* art. 733 do CPC de 2015.

•• *Vide* art. 41, V, da Lei n. 11.727, de 23-6-2008.

• *Vide* nota ao art. 4.º, II, desta Lei.

§ 4.º (*Vetado.*)

•• § 4.º acrescentado pela Lei n. 12.469, de 26-8-2011.

Art. 9.º O resultado da atividade rural, apurado na forma da Lei n. 8.023, de 12 de abril de 1990, com as alterações posteriores, quando positivo, integrará a base de cálculo do imposto, definida no artigo anterior.

Art. 10. O contribuinte poderá optar por desconto simplificado, que substituirá todas as deduções admitidas na legislação, correspondente à dedução de 20% (vinte por cento) do valor dos rendimentos tributáveis na Declaração de Ajuste Anual, independentemente do montante desses rendimentos, dispensadas a comprovação da despesa e a indicação de sua espécie, limitada a:

•• *Caput* com redação determinada pela Lei n. 11.482, de 31-5-2007.

I – R$ 11.669,72 (onze mil, seiscentos e sessenta e nove reais e setenta e dois centavos) para o ano-calendário de 2007;

•• Inciso I acrescentado pela Lei n. 11.482, de 31-5-2007.

II – R$ 12.194,86 (doze mil, cento e noventa e quatro reais e oitenta e seis centavos) para o ano-calendário de 2008;

•• Inciso II acrescentado pela Lei n. 11.482, de 31-5-2007.

III – R$ 12.743,63 (doze mil, setecentos e quarenta e três reais e sessenta e três centavos) para o ano-calendário de 2009;

•• Inciso III acrescentado pela Lei n. 11.482, de 31-5-2007.

IV – R$ 13.317,09 (treze mil, trezentos e dezessete reais e nove centavos) para o ano-calendário de 2010;

•• Inciso IV com redação determinada pela Lei n. 12.469, de 26-8-2011.

V – R$ 13.916,36 (treze mil, novecentos e dezesseis reais e trinta e seis centavos) para o ano-calendário de 2011;

•• Inciso V acrescentado pela Lei n. 12.469, de 26-8-2011.

VI – R$ 14.542,60 (quatorze mil, quinhentos e quarenta e dois reais e sessenta centavos) para o ano-calendário de 2012;

•• Inciso VI acrescentado pela Lei n. 12.469, de 26-8-2011.

VII – R$ 15.197,02 (quinze mil, cento e noventa e sete reais e dois centavos) para o ano-calendário de 2013;

•• Inciso VII acrescentado pela Lei n. 12.469, de 26-8-2011.

VIII – R$ 15.880,89 (quinze mil, oitocentos e oitenta reais e oitenta e nove centavos) para o ano-calendário de 2014; e

•• Inciso VIII com redação determinada pela Lei n. 13.149, de 21-7-2015.

IX – R$ 16.754,34 (dezesseis mil, setecentos e cinquenta e quatro reais e trinta e quatro centavos) a partir do ano-calendário de 2015.

•• Inciso IX acrescentado pela Lei n. 13.149, de 21-7-2015.

Parágrafo único. O valor deduzido não poderá ser utilizado para comprovação de acréscimo patrimonial, sendo considerado rendimento consumido.

•• Parágrafo único com redação determinada pela Lei n. 11.482, de 31-5-2007.

Art. 11. O Imposto sobre a Renda devido na declaração será calculado mediante utilização da seguinte tabela:

Base de Cálculo em R$	Alíquota %	Parcela a Deduzir do Imposto em R$
Até 10.800,00	–	–
Acima de 10.800 até 21.600,00	15	1.620,00
Acima de 21.600,00	25	3.780,00

•• *Vide* art. 1.º da Lei n. 11.482, de 31-5-2007.

Art. 12. Do imposto apurado na forma do artigo anterior, poderão ser deduzidos:

I – as contribuições feitas aos Fundos controlados pelos Conselhos Municipais, Estaduais e Nacional dos Direitos da Criança e do Adolescente e pelos Conselhos Municipais, Estaduais e Nacional do Idoso;

•• Inciso I com redação determinada pela Lei n. 12.213, de 20-1-2010.

•• A Lei n. 13.840, de 5-6-2019, propôs nova redação para este inciso, mas teve seu texto vetado.

• *Vide* art. 22 da Lei n. 9.532, de 10-12-1997.

II – as contribuições efetivamente realizadas em favor de projetos culturais, aprovados na forma da regulamentação do Programa Nacional de Apoio à Cultura - PRONAC, instituído pelo art. 1.º da Lei n. 8.313, de 23 de dezembro de 1991;

• *Vide* art. 22 da Lei n. 9.532, de 10-12-1997.

III – os investimentos feitos a título de incentivo às atividades audiovisuais, na forma e condições previstas nos arts. 1.º e 4.º da Lei n. 8.685, de 20 de julho de 1993;

• *Vide* art. 22 da Lei n. 9.532, de 10-12-1997.

IV – (*vetado*);

V – o imposto retido na fonte ou o pago, inclusive a título de recolhimento complementar, correspondente aos rendimentos incluídos na base de cálculo;

VI – o imposto pago no exterior de acordo com o previsto no art. 5.º da Lei n. 4.862, de 29 de novembro de 1965;

VII – até o exercício de 2019, ano-calendário de 2018, a contribuição patronal paga à Previdência Social pelo empregador doméstico incidente sobre o valor da remuneração do empregado; e

•• Inciso VII com redação determinada pela Lei n. 13.097, de 19-1-2015.

•• O art. 8.º da Lei n. 11.324, de 19-7-2006, estabelece que, em relação às contribuições patronais pagas, esta Lei produz efeitos a partir do mês de janeiro de 2006.

VIII – doações e patrocínios diretamente efetuados por pessoas físicas no âmbito do Programa Nacional de Apoio à Atenção Oncológica – PRONON e do Programa Nacional de Apoio à Atenção da Saúde da Pessoa com Deficiência – PRONAS/PCD, previamente aprovados pelo Ministério da Saúde.

•• Inciso VIII acrescentado pela Lei n. 12.715, de 17-9-2012.

•• A Lei n. 13.840, de 5-6-2019, propôs nova redação para este inciso, mas teve seu texto vetado.

§ 1.º A soma das deduções a que se referem os incisos I a IV não poderá reduzir o imposto devido em mais de 12% (doze por cento).

•• A Lei n. 13.840, de 5-6-2019, propôs nova redação para este § 1º, mas teve seu texto vetado.

§ 2.º (*Vetado.*)

§ 3.º A dedução de que trata o inciso VII do *caput* deste artigo:

•• § 3.º, *caput*, acrescentado pela Lei n. 11.324, de 19-7-2006.

I – está limitada:

•• Inciso I, *caput*, acrescentado pela Lei n. 11.324, de 19-7-2006.

a) a 1 (um) empregado doméstico por declaração, inclusive no caso da declaração em conjunto;

•• Alínea *a* acrescentada pela Lei n. 11.324, de 19-7-2006.

b) ao valor recolhido no ano-calendário a que se referir a declaração;

•• Alínea *b* acrescentada pela Lei n. 11.324, de 19-7-2006.

II – aplica-se somente ao modelo completo de Declaração de Ajuste Anual;

•• Inciso II acrescentado pela Lei n. 11.324, de 19-7-2006.

III – não poderá exceder:

•• Inciso III, *caput*, acrescentado pela Lei n. 11.324, de 19-7-2006.

a) ao valor da contribuição patronal calculada sobre 1 (um) salário mínimo mensal, sobre o 13.º (décimo terceiro) salário e sobre a remuneração adicional de férias, referidos também a 1 (um) salário mínimo;

•• Alínea *a* acrescentada pela Lei n. 11.324, de 19-7-2006.

•• O art. 8.º da Lei n. 11.324, de 19-7-2006, estabelece que, em relação às contribuições patronais pagas, esta Lei produz efeitos a partir do mês de janeiro de 2006.

b) ao valor do imposto apurado na forma do art. 11 desta Lei, deduzidos os valores de que tratam os incisos I a III do *caput* deste artigo;

•• Alínea *b* acrescentada pela Lei n. 11.324, de 19-7-2006.

IV – fica condicionada à comprovação da regularidade do empregador doméstico perante o regime geral de previdência social quando se tratar de contribuinte individual.

•• Inciso IV acrescentado pela Lei n. 11.324, de 19-7-2006.

Art. 13. O montante determinado na forma do artigo anterior constituirá, se positivo, saldo do imposto a pagar e, se negativo, valor a ser restituído.

Parágrafo único. Quando positivo, o saldo do imposto deverá ser pago até o último dia útil do mês fixado para a entrega da declaração de rendimentos.

Art. 14. À opção do contribuinte, o saldo do imposto a pagar poderá ser parcelado em até 8 (oito) quotas iguais, mensais e sucessivas, observado o seguinte:

•• *Caput* com redação determinada pela Lei n. 11.311, de 13-6-2006.

I – nenhuma quota será inferior a R$ 50,00 (cinquenta reais), e o imposto de valor inferior a R$ 100,00 (cem reais) será pago de uma só vez;

II – a primeira quota deverá ser paga no mês fixado para a entrega da declaração de rendimentos;

III – as demais quotas, acrescidas de juros equivalentes à taxa referencial do Sistema Especial de Liquidação e de Custódia – SELIC para títulos federais, acumulada mensalmente, calculados a partir da data prevista para a entrega da declaração de rendimentos até o mês anterior ao do pagamento e de 1% (um por cento) no mês do pagamento, vencerão no último dia útil de cada mês;

•• *Vide* art. 62 da Lei n. 9.430, de 27-12-1996.

IV – é facultado ao contribuinte antecipar, total ou parcialmente, o pagamento do imposto ou das quotas.

Art. 15. Nos casos de encerramento de espólio e de saída definitiva do território nacional, o imposto de renda devido será calculado mediante a utilização dos valores correspondentes à soma das tabelas progressivas mensais relativas aos meses do período abrangido pela tributação no ano-calendário.

•• Artigo com redação determinada pela Lei n. 11.311, de 13-6-2006.

Art. 16. O valor da restituição do Imposto sobre a Renda da pessoa física, apurado em declaração de rendimentos, será acrescido de juros equivalentes à taxa referencial do Sistema Especial de Liquidação e de Custódia – SELIC para títulos federais, acumulada mensalmente, calculados a partir da data prevista para a entrega da declaração de rendimentos até o mês anterior ao da liberação da restituição e de 1% (um por cento) no mês em que o recurso for colocado no banco à disposição do contribuinte.

•• *Vide* art. 62 da Lei n. 9.430, de 27-12-1996.

Parágrafo único. Será obedecida a seguinte ordem de prioridade para o recebimento da restituição do imposto de renda:

•• Parágrafo único, *caput*, acrescentado pela Lei n. 13.498, de 26-10-2017.

I – idosos, nos termos definidos pelo inciso IX do § 1.º do art. 3.º da Lei n. 10.741, de 1.º de outubro de 2003;

•• Inciso I acrescentado pela Lei n. 13.498, de 26-10-2017.

II – contribuintes cuja maior fonte de renda seja o magistério;

•• Inciso II acrescentado pela Lei n. 13.498, de 26-10-2017.

III – demais contribuintes.

•• Inciso III acrescentado pela Lei n. 13.498, de 26-10-2017.

Capítulo IV
TRIBUTAÇÃO DA ATIVIDADE RURAL

Art. 17. O art. 2.º da Lei n. 8.023, de 12 de abril de 1990, passa a vigorar com a seguinte redação:

•• Alteração já processada no texto da Lei modificada.

Art. 18. O resultado da exploração da atividade rural apurado pelas pessoas físicas, a partir do ano-calendário de 1996, será apurado mediante escrituração do Livro Caixa, que deverá abranger as receitas, as despesas de custeio, os investimentos e demais valores que integram a atividade.

§ 1.º O contribuinte deverá comprovar a veracidade das receitas e das despesas escrituradas no Livro Caixa, mediante documentação idônea que identifique o adquirente ou beneficiário, o valor e a data da operação, a qual será mantida em seu poder à disposição da fiscalização, enquanto não ocorrer a decadência ou prescrição.

§ 2.º A falta da escrituração prevista neste artigo implicará arbitramento da base de cálculo à razão de 20% (vinte por cento) da receita bruta do ano-calendário.

§ 3.º Aos contribuintes que tenham auferido receitas anuais até o valor de R$ 56.000,00 (cinquenta e seis mil reais) faculta-se apurar o resultado da exploração da atividade rural, mediante prova documental, dispensado o registro do Livro Caixa.

Art. 19. O resultado positivo obtido na exploração da atividade rural pela pessoa física poderá ser compensado com prejuízos apurados em anos-calendário anteriores.

Parágrafo único. A pessoa física fica obrigada à conservação e guarda do Livro Caixa e dos documentos fiscais que demonstram a apuração do prejuízo a compensar.

Art. 20. O resultado decorrente da atividade rural, exercida no Brasil por residente ou domiciliado no exterior, apurado por ocasião do encerramento do ano-calendário, constituirá a base de cálculo do imposto e será tributado à alíquota de 15% (quinze por cento).

§ 1.º Na hipótese de que trata este artigo, a apuração do resultado deverá ser feita por procurador, a quem compete reter e recolher o imposto devido, não sendo permitidas a opção pelo arbitramento de 20% (vinte por cento) da receita bruta e a compensação de prejuízos apurados.

§ 2.º O imposto apurado deverá ser pago na data da ocorrência do fato gerador.

§ 3.º Ocorrendo remessa de lucros antes do encerramento do ano-calendário, o imposto deverá ser recolhido no ato sobre o valor remetido por ocasião do evento, exceto no caso de devolução de capital.

Art. 21. O resultado da atividade rural exercida no exterior, por residentes e domiciliados no Brasil, convertido em Reais mediante utilização do valor do dólar dos Estados Unidos da América fixado para compra pelo Banco Central do Brasil, para o último dia do ano-calendário a que se refere o resultado, sujeita-se ao mesmo tratamento tributário previsto no art. 9.º, vedada a compensação de resultado positivo obtido no exterior, com resultado negativo obtido no País.

Capítulo V
TRIBUTAÇÃO DOS GANHOS DE CAPITAL DAS PESSOAS FÍSICAS

Art. 22. Fica isento do imposto de renda o ganho de capital auferido na alienação de bens e direitos de pequeno valor, cujo preço unitário de alienação, no mês em que esta se realizar, seja igual ou inferior a:

•• *Caput* com redação determinada pela Lei n. 11.196, de 21-11-2005.

•• *Vide* art. 132, II, *d*, da Lei n. 11.196, de 21-11-2005.

I – R$ 20.000,00 (vinte mil reais), no caso de alienação de ações negociadas no mercado de balcão;

•• Inciso I acrescentado pela Lei n. 11.196, de 21-11-2005.

•• *Vide* art. 132, II, *d*, da Lei n. 11.196, de 21-11-2005.

II – R$ 35.000,00 (trinta e cinco mil reais), nos demais casos.

•• Inciso II acrescentado pela Lei n. 11.196, de 21-11-2005.

•• *Vide* art. 132, II, *d*, da Lei n. 11.196, de 21-11-2005.

Parágrafo único. No caso de alienação de diversos bens ou direitos da mesma natureza, será considerado, para os efeitos deste artigo, o valor do conjunto dos bens alienados no mês.

Art. 23. Fica isento do Imposto sobre a Renda o ganho de capital auferido na alienação do único imóvel que o titular possua, cujo valor de alienação seja de até R$ 440.000,00 (quatrocentos e quarenta mil reais), desde que não tenha sido realizada qualquer outra alienação nos últimos 5 (cinco) anos.

Art. 24. Na apuração do ganho de capital de bens adquiridos por meio de arrendamento mercantil, será considerado custo de aquisição o valor residual do bem acrescido dos valores pagos a título de arrendamento.

Capítulo VI
DA DECLARAÇÃO DE BENS E DIREITOS

Art. 25. Como parte integrante da declaração de rendimentos, a pessoa física apresentará relação pormenorizada dos bens imóveis e móveis e direitos que, no País ou no exterior, constituam o seu patrimônio e o de seus dependentes, em 31 de dezembro do ano-calendário, bem como os bens e direitos adquiridos e alienados no mesmo ano.

§ 1.º Devem ser declarados:

I – os bens imóveis, os veículos automotores, as embarcações e as aeronaves, independentemente do valor de aquisição;

II – os demais bens móveis, tais como antiguidades, obras de arte, objetos de uso pessoal e utensílios, adquiridos a partir do ano-calendário de 1996, cujo valor de aquisição unitário seja igual ou superior a R$ 5.000,00 (cinco mil reais);

III – os saldos de aplicações financeiras e de conta corrente bancária cujo valor individual, em 31 de dezembro do ano-calendário, exceda a R$ 140,00 (cento e quarenta reais);

IV – os investimentos em participações societárias, em ações negociadas ou não em bolsa de valores e em ouro, ativo financeiro, adquiridos a partir do ano-calendário de 1996, cujo valor de aquisição unitário seja igual ou superior a R$ 1.000,00 (um mil reais).

§ 2.º Os bens serão declarados discriminadamente pelos valores de aquisição em Reais, constantes dos respectivos instrumentos de transferência de propriedade ou da nota fiscal.

§ 3.º Os bens existentes no exterior devem ser declarados pelos valores de aquisição constantes dos respectivos instrumentos de transferência de propriedade, segundo a moeda do país em que estiverem situados, convertidos em Reais pela cotação cambial de venda do dia da transmissão da propriedade.

§ 4.º Os depósitos mantidos em instituições financeiras no exterior devem ser relacionados na declaração de bens, a partir do ano-calendário de 1999, pelo valor do saldo desses depósitos em moeda estrangeira convertido em reais pela cotação cambial de compra em 31 de dezembro, sendo isento o acréscimo patrimonial decorrente da variação cambial.

•• § 4.º com redação determinada pela Medida Provisória n. 2.189-49, de 23-8-2001.

§ 5.º Na declaração de bens e direitos, também deverão ser consignados os ônus reais e obrigações da pessoa física e de seus dependentes, em 31 de dezembro do ano-calendário, cujo valor seja superior a R$ 5.000,00 (cinco mil reais).

§ 6.º O disposto nos incisos II e IV do § 1.º poderá ser observado na declaração de bens referente ao ano-calendário de 1995, com relação aos bens móveis e aos investimentos adquiridos anteriormente a 1996.

Capítulo VII
DISPOSIÇÕES GERAIS

Art. 26. Ficam isentas do Imposto sobre a Renda as bolsas de estudo e de pesquisa caracterizadas como doação, quando recebidas exclusivamente para proceder a estudos ou pesquisas e desde que os resultados dessas atividades não representem vantagem para o doador, nem importem contraprestação de serviços.

Parágrafo único. Não caracterizam contraprestação de serviços nem vantagem para o doador, para efeito da isenção referida no *caput*, as bolsas de estudo recebidas pelos médicos residentes, nem as bolsas recebidas pelos servidores das redes públicas de educação profissional, científica e tecnológica que participem das atividades do Pronatec, nos termos do § 1.º do art. 9.º da Lei n. 12.513, de 26 de outubro de 2011.

•• Parágrafo único com redação determinada pela Lei n. 12.816, de 5-6-2013.

Art. 27. O art. 48 da Lei n. 8.541, de 23 de dezembro de 1992, passa a vigorar com a seguinte redação:

•• Alteração já processada no texto da Lei modificada.

Art. 28. O inciso XV do art. 6.º da Lei n. 7.713, de 22 de dezembro de 1988, passa a vigorar com a seguinte redação:

•• Alteração prejudicada em face de posterior modificação do dispositivo pela Lei n. 11.482, de 31-5-2007.

Art. 29. Estão isentos do Imposto sobre a Renda na fonte os rendimentos pagos a pessoa física, residente ou domiciliada no exterior, por autarquias ou repartições do Governo brasileiro situadas fora do Território Nacional e que correspondam a serviços prestados a esses órgãos.

Art. 30. A partir de 1.º de janeiro de 1996, para efeito do reconhecimento de novas isenções de que tratam os incisos XIV e XXI do art. 6.º da Lei n. 7.713, de 22 de dezembro de 1988, com a redação dada pelo art. 47 da Lei n. 8.541, de 23 de dezembro de 1992, a moléstia deverá ser comprovada mediante laudo pericial emitido por serviço médico oficial, da União, dos Estados, do Distrito Federal e dos Municípios.

•• *Vide* Súmula 598 do STF.

§ 1.º O serviço médico oficial fixará o prazo de validade do laudo pericial, no caso de moléstias passíveis de controle.

§ 2.º Na relação das moléstias a que se refere o inciso XIV do art. 6.º da Lei n. 7.713, de 22 de dezembro de 1988, com a redação dada pelo art. 47 da Lei n. 8.541, de 23 de dezembro de 1992, fica incluída a fibrose cística (mucoviscidose).

Art. 31. (*Vetado.*)

Art. 32. O inciso VII do art. 6.º da Lei n. 7.713, de 22 de dezembro de 1988, passa a vigorar com a seguinte redação:

•• Alteração já processada no texto da Lei modificada.

Art. 33. Sujeitam-se à incidência do Imposto sobre a Renda na fonte e na declaração de ajuste anual os benefícios recebidos de entidade de previdência privada, bem como as importâncias correspondentes ao resgate de contribuições.

• *Vide* art. 11, §§ 1.º e 2.º, da Lei n. 9.532, de 10-12-1997.

Parágrafo único. (*Vetado.*)

Art. 34. As alíneas *a* e *b* do § 1.º do art. 6.º da Lei n. 8.134, de 27 de dezembro de 1990, passam a vigorar com a seguinte redação:

•• Alteração já processada no texto da Lei modificada.

Art. 35. Para efeito do disposto nos arts. 4.º, III, e 8.º, II, alínea *c*, poderão ser considerados como dependentes:

I – o cônjuge;

II – o companheiro ou a companheira, desde que haja vida em comum por mais de 5 (cinco) anos, ou por período menor, se da união resultou filho;

III – a filha, o filho, a enteada ou o enteado, até 21 (vinte e um) anos, ou de qualquer idade quando incapacitado física ou mentalmente para o trabalho;

•• O STF julgou parcialmente procedente a ADI n. 5.583, nas sessões virtuais de 7-5-2021 a 14-5-2021 (*DOU* de 25-5-2021), para conferir interpretação conforme à Constituição a esse inciso III, estabelecendo que, na apuração do imposto sobre a renda de pessoa física, a pessoa com deficiência que supere o limite etário e seja capacitada para o trabalho pode ser considerada como dependente quando a sua remuneração não exceder as deduções autorizadas por lei. Foi fixada a seguinte tese de julgamento: "Na apuração do imposto sobre a renda de pessoa física, a pessoa com deficiência que supere o limite etário e seja capacitada para o trabalho pode ser considerada como dependente quando a sua remuneração não exceder as deduções autorizadas por lei".

IV – o menor pobre, até 21 (vinte e um) anos, que o contribuinte crie e eduque e do qual detenha a guarda judicial;

V – o irmão, o neto ou o bisneto, sem arrimo dos pais, até 21 (vinte e um) anos, desde que o contribuinte detenha a guarda judicial, ou de qualquer idade quando incapacitado física ou mentalmente para o trabalho;

•• O STF julgou parcialmente procedente a ADI n. 5.583, nas sessões virtuais de 7-5-2021 a 14-5-2021 (*DOU* de 25-5-2021), para conferir interpretação conforme à Constituição a esse inciso V, estabelecendo que, na apuração do imposto sobre a renda de pessoa física, a pessoa com deficiência que supere o limite etário e seja capacitada para o trabalho pode ser considerada como dependente quando a sua remuneração não exceder as deduções autorizadas por lei. Foi fixada a seguinte tese de julgamento: "Na apuração do imposto sobre a renda de pessoa física, a pessoa com deficiência que supere o limite etário e seja capacitada para o trabalho pode ser considerada como dependente quando a sua remuneração não exceder as deduções autorizadas por lei".

VI – os pais, os avós ou os bisavós, desde que não aufiram rendimentos, tributáveis ou não, superiores ao limite de isenção mensal;

VII – o absolutamente incapaz, do qual o contribuinte seja tutor ou curador.

§ 1.º Os dependentes a que se referem os incisos III e V deste artigo poderão ser assim considerados quando maiores até 24 (vinte e quatro) anos de idade, se ainda estiverem cursando estabelecimento de ensino superior ou escola técnica de segundo grau.

§ 2.º Os dependentes comuns poderão, opcionalmente, ser considerados por qualquer um dos cônjuges.

§ 3.º No caso de filhos de pais separados, poderão ser considerados dependentes os que ficarem sob a guarda do contribuinte, em cumprimento de decisão judicial ou acordo homologado judicialmente.

§ 4.º É vedada a dedução concomitante do montante referente a um mesmo dependente, na determinação da base de cálculo do imposto, por mais de um contribuinte.

§ 5.º Sem prejuízo do disposto no inciso IX do parágrafo único do art. 3.º da Lei n. 10.741, de 1.º de outubro de 2003, a pessoa com deficiência, ou o contribuinte que tenha dependente nessa condição, tem preferência na restituição referida no inciso III do art. 4.º e na alínea *c* do inciso II do art. 8.º.

•• § 5.º acrescentado pela Lei n. 13.146, de 6-7-2015.

Capítulo VIII
DISPOSIÇÕES FINAIS E TRANSITÓRIAS

Art. 36. O contribuinte que no ano-calendário de 1995 tiver auferido rendimentos tributáveis até o limite de R$ 21.458,00 (vinte e um mil, quatrocentos e cinquenta e oito reais) poderá optar pelo regime de tributação simplificada de que trata o art. 10.

Art. 37. Fica a Secretaria da Receita Federal autorizada a:

•• A Secretaria da Receita Federal passa a denominar-se Secretaria da Receita Federal do Brasil, por força da Lei n. 11.457, de 16-3-2007.

I – instituir modelo de documento fiscal a ser emitido por profissionais liberais;

II – celebrar, em nome da União, convênio com os Estados, Distrito Federal e Municípios, objetivando instituir cadastro único de contribuintes, em substituição aos cadastros federal, estaduais e municipais.

• A Portaria Interministerial n. 101, de 23-4-2002, do Ministério de Estado da Fazenda e das Relações Exteriores, dispõe sobre a prática de atos perante o Cadastro de Pessoas Físicas (CPF) e Cadastro Nacional de Pessoas Jurídicas (CNPJ) por parte das missões diplomáticas e das repartições consulares do Brasil.

• A Instrução Normativa n. 1.470, de 30-5-2014, da Secretaria da Receita Federal do Brasil, dispõe sobre o Cadastro Nacional da Pessoa Jurídica (CNPJ).

Art. 38. Os processos fiscais relativos a tributos e contribuições federais e a penalidades isoladas e as declarações não poderão sair dos órgãos da Secretaria da Receita Federal, salvo quando se tratar de:

•• *Vide* nota ao *caput* do artigo anterior.

I – encaminhamento de recursos à instância superior;

II – restituições de autos aos órgãos de origem;

III – encaminhamento de documentos para fins de processamento de dados.

§ 1.º Nos casos a que se referem os incisos I e II deverá ficar cópia autenticada dos documentos essenciais na repartição.

§ 2.º É facultado o fornecimento de cópia do processo ao sujeito passivo ou a seu mandatário.

Art. 39. A compensação de que trata o art. 66 da Lei n. 8.383, de 30 de dezembro de 1991, com a redação dada pelo art. 58 da Lei n. 9.069, de 29 de junho de 1995, somente poderá ser efetuada com o recolhimento de importância correspondente a imposto, taxa, contribuição federal ou receitas patrimoniais de mesma espécie e destinação constitucional, apurado em períodos subsequentes.

• *Vide* o Decreto n. 2.138, de 29-1-1997, que dispõe sobre a compensação de créditos tributários com créditos do sujeito passivo decorrentes de restituição ou ressarcimento de tributos ou contribuições.

• *Vide* art. 38, § 2.º, da Lei n. 10.833, de 29-12-2003.

§§ 1.º a 3.º (*Vetados.*)

§ 4.º A partir de 1.º de janeiro de 1996, a compensação ou restituição será acrescida de juros equivalentes à taxa referencial do Sistema Especial de Liquidação e de Custódia – SELIC para títulos federais, acumulada mensalmente, calculados a partir da data do pagamento indevido ou a maior até o mês anterior ao da compensação ou restituição e de 1% (um por cento) relativamente ao mês em que estiver sendo efetuada.

• *Vide* art. 73 da Lei n. 9.532, de 10-12-1997.

Art. 40. A base de cálculo mensal do Imposto sobre a Renda das pessoas jurídicas prestadoras de serviços em geral, cuja receita bruta anual seja de até R$ 120.000,00 (cento e vinte mil reais), será determinada mediante a aplicação do percentual de 16% (dezesseis por cento) sobre a receita bruta auferida mensalmente, observado o disposto nos arts. 30 a 35 da Lei n. 8.981, de 20 de janeiro de 1995.

Parágrafo único. O disposto neste artigo não se aplica às pessoas jurídicas que prestam serviços hospitalares e de transporte, bem como às sociedades prestadoras de serviços de profissões legalmente regulamentadas.

• O Ato Declaratório Normativo n. 22, de 31-10-2000, da Coordenação-Geral do Sistema de Tributação, dispõe sobre o percentual do Lucro Presumido aplicável às sociedades prestadoras de serviços relativos ao exercício de profissões regulamentadas.

Art. 41. Esta Lei entra em vigor na data de sua publicação.

Art. 42. Revogam-se as disposições em contrário e, especialmente, o Decreto-lei n. 1.380, de 23 de dezembro de 1974, o art. 27 da Lei n. 7.713, de 22 de dezembro de 1988, o art. 26 da Lei n. 8.218, de 29 de agosto de 1991, e os arts. 8.º a 20 e 23 da Lei n. 8.981, de 20 de janeiro de 1995.

Brasília, 26 de dezembro de 1995; 174.º da Independência e 107.º da República.

FERNANDO HENRIQUE CARDOSO

LEI COMPLEMENTAR N. 87, DE 13 DE SETEMBRO DE 1996 (*)

Dispõe sobre o imposto dos Estados e do Distrito Federal sobre operações relativas à circulação de mercadorias e sobre prestações de serviços de transporte interestadual e intermunicipal e de comunicação, e dá outras providências.

O Presidente da República.

Faço saber que o Congresso Nacional decreta e eu sanciono a seguinte Lei:

Art. 1.º Compete aos Estados e ao Distrito Federal instituir o imposto sobre operações relativas à circulação de mercadorias e sobre prestações de serviços de transporte interestadual e intermunicipal e de comunicação, ainda que as operações e as prestações se iniciem no exterior.

Art. 2.º O imposto incide sobre:

• *Vide* Súmula 334 do STJ.

I – operações relativas à circulação de mercadorias, inclusive o fornecimento de alimentação e bebidas em bares, restaurantes e estabelecimentos similares;

II – prestações de serviços de transporte interestadual e intermunicipal, por qualquer via, de pessoas, bens, mercadorias ou valores;

III – prestações onerosas de serviços de comunicação, por qualquer meio, inclusive a geração, a emissão, a recepção, a transmissão, a retransmissão, a repetição e a ampliação de comunicação de qualquer natureza;

• *Vide* Súmula 350 do STJ.

IV – fornecimento de mercadorias com prestação de serviços não compreendidos na competência tributária dos Municípios;

V – fornecimento de mercadorias com prestação de serviços sujeitos ao imposto sobre serviços, de competência dos Municípios, quando a lei complementar aplicável expressamente o sujeitar à incidência do imposto estadual.

§ 1.º O imposto incide também:

I – sobre a entrada de mercadoria ou bem importados do exterior, por pessoa física ou jurídica, ainda que não seja contribuinte habitual do imposto, qualquer que seja a sua finalidade;

•• Inciso I com redação determinada pela Lei Complementar n. 114, de 16-12-2002.

II – sobre o serviço prestado no exterior ou cuja prestação se tenha iniciado no exterior;

III – sobre a entrada, no território do Estado destinatário, de petróleo, inclusive lubrificantes e combustíveis líquidos e gasosos dele derivados, e de energia elétrica, quando não destinados à comercialização ou à industrialização, decorrentes de operações interestaduais, cabendo o imposto ao Estado onde estiver localizado o adquirente.

§ 2.º A caracterização do fato gerador independe da natureza jurídica da operação que o constitua.

Art. 3.º O imposto não incide sobre:

I – operações com livros, jornais, periódicos e o papel destinado a sua impressão;

II – operações e prestações que destinem ao exterior mercadorias, inclusive produtos primários e produtos industrializados semielaborados, ou serviços;

•• *Vide* art. 155, X, *a*, da CF.

III – operações interestaduais relativas a energia elétrica e petróleo, inclusive lubrificantes e combustíveis líquidos e gasosos dele derivados, quando destinados à industrialização ou à comercialização;

IV – operações com ouro, quando definido em lei como ativo financeiro ou instrumento cambial;

V – operações relativas a mercadorias que tenham sido ou que se destinem a ser utilizadas na prestação, pelo próprio autor da saída, de serviço de qualquer natureza definido em lei complementar como sujeito ao imposto sobre serviços, de competência dos Municípios, ressalvadas as hipóteses previstas na mesma lei complementar;

VI – operações de qualquer natureza de que decorra a transferência de propriedade de estabelecimento industrial, comercial ou de outra espécie;

VII – operações decorrentes de alienação fiduciária em garantia, inclusive a operação efetuada pelo credor em decorrência do inadimplemento do devedor;

VIII – operações de arrendamento mercantil, não compreendida a venda do bem arrendado ao arrendatário;

IX – operações de qualquer natureza de que decorra a transferência de bens móveis salvados de sinistro para companhias seguradoras.

Parágrafo único. Equipara-se às operações de que trata o inciso II a saída de mercadoria realizada com o fim específico de exportação para o exterior, destinada a:

I – empresa comercial exportadora, inclusive *tradings* ou outro estabelecimento da mesma empresa;

II – armazém alfandegado ou entreposto aduaneiro.

(*) Publicada no *DOU*, de 16-9-1996. Esta norma é correntemente denominada Lei Kandir.

Art. 4.º Contribuinte é qualquer pessoa, física ou jurídica, que realize, com habitualidade ou em volume que caracterize intuito comercial, operações de circulação de mercadoria ou prestações de serviços de transporte interestadual e intermunicipal e de comunicação, ainda que as operações e as prestações se iniciem no exterior.

§ 1.º É também contribuinte a pessoa física ou jurídica que, mesmo sem habitualidade ou intuito comercial:

•• Parágrafo único, *caput*, renumerado pela Lei Complementar n. 190, de 4-1-2022.

•• Sobre produção de efeitos, *vide* art. 150, III, c, da CF.

I – importe mercadorias ou bens do exterior, qualquer que seja a sua finalidade;

•• Inciso I com redação determinada pela Lei Complementar n. 114, de 16-12-2002.

II – seja destinatária de serviço prestado no exterior ou cuja prestação se tenha iniciado no exterior;

III – adquira em licitação de mercadorias ou bens apreendidos ou abandonados;

•• Inciso III com redação determinada pela Lei Complementar n. 114, de 16-12-2002.

IV – adquira lubrificantes e combustíveis líquidos e gasosos derivados de petróleo e energia elétrica oriundos de outro Estado, quando não destinados à comercialização ou à industrialização.

•• Inciso IV com redação determinada pela Lei Complementar n. 102, de 11-7-2000.

§ 2.º É ainda contribuinte do imposto nas operações ou prestações que destinem mercadorias, bens e serviços a consumidor final domiciliado ou estabelecido em outro Estado, em relação à diferença entre a alíquota interna do Estado de destino e a alíquota interestadual:

•• § 2.º, *caput*, acrescentado pela Lei Complementar n. 190, de 4-1-2022.

•• Sobre produção de efeitos, *vide* art. 150, III, c, da CF.

I – o destinatário da mercadoria, bem ou serviço, na hipótese de contribuinte do imposto;

•• Inciso I acrescentado pela Lei Complementar n. 190, de 4-1-2022.

•• Sobre produção de efeitos, *vide* art. 150, III, c, da CF.

II – o remetente da mercadoria ou bem ou o prestador de serviço, na hipótese de o destinatário não ser contribuinte do imposto.

•• Inciso II acrescentado pela Lei Complementar n. 190, de 4-1-2022.

•• Sobre produção de efeitos, *vide* art. 150, III, c, da CF.

Art. 5.º Lei poderá atribuir a terceiros a responsabilidade pelo pagamento do imposto e acréscimos devidos pelo contribuinte ou responsável, quando os atos ou omissões daqueles concorrerem para o não recolhimento do tributo.

Art. 6.º Lei estadual poderá atribuir a contribuinte do imposto ou a depositário a qualquer título a responsabilidade pelo seu pagamento, hipótese em que assumirá a condição de substituto tributário.

•• *Caput* com redação determinada pela Lei Complementar n. 114, de 16-12-2002.

§ 1.º A responsabilidade poderá ser atribuída em relação ao imposto incidente sobre uma ou mais operações ou prestações, sejam antecedentes, concomitantes ou subsequentes, inclusive ao valor decorrente da diferença entre alíquotas interna e interestadual nas operações e prestações que destinem bens e serviços a consumidor final localizado em outro Estado, que seja contribuinte do imposto.

§ 2.º A atribuição de responsabilidade dar-se-á em relação a mercadorias, bens ou serviços previstos em lei de cada Estado.

•• § 2.º com redação determinada pela Lei Complementar n. 114, de 16-12-2002.

Art. 7.º Para efeito de exigência do imposto por substituição tributária, inclui-se, também, como fato gerador do imposto, a entrada de mercadoria ou bem no estabelecimento do adquirente ou em outro por ele indicado.

Art. 8.º A base de cálculo, para fins de substituição tributária, será:

I – em relação às operações ou prestações antecedentes ou concomitantes, o valor da operação ou prestação praticado pelo contribuinte substituído;

II – em relação às operações ou prestações subsequentes, obtida pelo somatório das parcelas seguintes:

a) o valor da operação ou prestação própria realizada pelo substituto tributário ou pelo substituído intermediário;

b) o montante dos valores de seguro, de frete e de outros encargos cobrados ou transferíveis aos adquirentes ou tomadores de serviço;

c) a margem de valor agregado, inclusive lucro, relativa às operações ou prestações subsequentes.

§ 1.º Na hipótese de responsabilidade tributária em relação às operações ou prestações antecedentes, o imposto devido pelas referidas operações ou prestações será pago pelo responsável, quando:

I – da entrada ou recebimento da mercadoria, do bem ou do serviço;

•• Inciso I com redação determinada pela Lei Complementar n. 114, de 16-12-2002.

II – da saída subsequente por ele promovida, ainda que isenta ou não tributada;

III – ocorrer qualquer saída ou evento que impossibilite a ocorrência do fato determinante do pagamento do imposto.

§ 2.º Tratando-se de mercadoria ou serviço cujo preço final a consumidor, único ou máximo, seja fixado por órgão público competente, a base de cálculo do imposto, para fins de substituição tributária, é o referido preço por ele estabelecido.

§ 3.º Existindo preço final a consumidor sugerido pelo fabricante ou importador, poderá a lei estabelecer como base de cálculo este preço.

§ 4.º A margem a que se refere a alínea c do inciso II do *caput* será estabelecida com base em preços usualmente praticados no mercado considerado, obtidos por levantamento, ainda que por amostragem ou através de informações e outros elementos fornecidos por entidades representativas dos respectivos setores, adotando-se a média ponderada dos preços coletados, devendo os critérios para sua fixação ser previstos em lei.

§ 5.º O imposto a ser pago por substituição tributária, na hipótese do inciso II do *caput*, corresponderá à diferença entre o valor resultante da aplicação da alíquota prevista para as operações ou prestações internas do Estado de destino sobre a respectiva base de cálculo e o valor do imposto devido pela operação ou prestação própria do substituto.

§ 6.º Em substituição ao disposto no inciso II do *caput*, a base de cálculo em relação às operações ou prestações subsequentes poderá ser o preço a consumidor final usualmente praticado no mercado considerado, relativamente ao serviço, à mercadoria ou sua similar, em condições de livre concorrência, adotando-se para sua apuração as regras estabelecidas no § 4.º deste artigo.

•• § 6.º acrescentado pela Lei Complementar n. 114, de 16-12-2002.

Art. 9.º A adoção do regime de substituição tributária em operações interestaduais dependerá de acordo específico celebrado pelos Estados interessados.

§ 1.º A responsabilidade a que se refere o art. 6.º poderá ser atribuída:

I – ao contribuinte que realizar operação interestadual com petróleo, inclusive lubrificantes, combustíveis líquidos e gasosos dele derivados, em relação às operações subsequentes;

II – às empresas geradoras ou distribuidoras de energia elétrica, nas operações internas e interestaduais, na condição de contribuinte ou de substituto tributário, pelo pagamento do imposto, desde a produção ou importação até a última operação, sendo seu cálculo efetuado sobre o preço praticado na operação final, assegurado seu recolhimento ao Estado onde deva ocorrer essa operação.

§ 2.º Nas operações interestaduais com as mercadorias de que tratam os incisos I e II do parágrafo anterior, que tenham como destinatário consumidor final, o imposto incidente na operação será devido ao Estado onde estiver localizado o adquirente e será pago pelo remetente.

Art. 10. É assegurado ao contribuinte substituído o direito à restituição do valor do imposto pago por força da substituição tributária, correspondente ao fato gerador presumido que não se realizar.

§ 1.º Formulado o pedido de restituição e não havendo deliberação no prazo de 90 (noventa) dias, o contribuinte substituído poderá se creditar, em sua escrita fiscal, do valor objeto do pedido, devidamente atualizado segundo os mesmos critérios aplicáveis ao tributo.

§ 2.º Na hipótese do parágrafo anterior, sobrevindo decisão contrária irrecorrível, o contribuinte substituído, no prazo de 15 (quinze) dias da respectiva notificação, procederá ao estorno dos créditos lançados, também devidamente atualizados, com o pagamento dos acréscimos legais cabíveis.

Art. 11. O local da operação ou da prestação, para os efeitos da cobrança do imposto e definição do estabelecimento responsável, é:

I – tratando-se de mercadoria ou bem:

a) o do estabelecimento onde se encontre, no momento da ocorrência do fato gerador;

b) onde se encontre, quando em situação irregular pela falta de documentação fiscal ou quando acompanhado de documentação inidônea, como dispuser a legislação tributária;

c) o do estabelecimento que transfira a propriedade, ou o título que a represente, de mercadoria por ele adquirida no País e que por ele não tenha transitado;

d) importado do exterior, o do estabelecimento onde ocorrer a entrada física;

e) importado do exterior, o do domicílio do adquirente, quando não estabelecido;

f) aquele onde seja realizada a licitação, no caso de arrematação de mercadoria ou bem importados do exterior e apreendidos ou abandonados;

•• Alínea *f* com redação determinada pela Lei Complementar n. 114, de 16-12-2002.

g) o do Estado onde estiver localizado o adquirente, inclusive consumidor final, nas operações interestaduais com energia elétrica e petróleo, lubrificantes e combustíveis dele derivados, quando não destinados à industrialização ou à comercialização;

h) o do Estado de onde o ouro tenha sido extraído, quando não considerado como ativo financeiro ou instrumento cambial;

i) o de desembarque do produto, na hipótese de captura de peixes, crustáceos e moluscos;

II – tratando-se de prestação de serviço de transporte:

a) onde tenha início a prestação;

b) onde se encontre o transportador, quando em situação irregular pela falta de documentação fiscal ou quando acompanhada de documentação inidônea, como dispuser a legislação tributária;

c) o do estabelecimento destinatário do serviço, na hipótese do inciso XIII do art. 12 e para os efeitos do § 3.º do art. 13;

III – tratando-se de prestação onerosa de serviço de comunicação:

a) o da prestação do serviço de radiodifusão sonora e de som e imagem, assim entendido o da geração, emissão, transmissão e retransmissão, repetição, ampliação e recepção;

b) o do estabelecimento da concessionária ou da permissionária que forneça ficha, cartão, ou assemelhados com que o serviço é pago;

c) o do estabelecimento destinatário do serviço, na hipótese e para os efeitos do inciso XIII do art. 12;

c-1) o do estabelecimento ou domicílio do tomador do serviço, quando prestado por meio de satélite;

•• Alínea *c-1* acrescentada pela Lei Complementar n. 102, de 11-7-2000.

d) onde seja cobrado o serviço, nos demais casos;

IV – tratando-se de serviços prestados ou iniciados no exterior, o do estabelecimento ou do domicílio do destinatário.

V – tratando-se de operações ou prestações interestaduais destinadas a consumidor final, em relação à diferença entre a alíquota interna do Estado de destino e a alíquota interestadual:

•• Inciso V, *caput*, acrescentado pela Lei Complementar n. 190, de 4-1-2022.

•• Sobre produção de efeitos, *vide* art. 150, III, *c*, da CF.

a) o do estabelecimento do destinatário, quando o destinatário ou o tomador for contribuinte do imposto;

•• Alínea *a* acrescentada pela Lei Complementar n. 190, de 4-1-2022.

•• Sobre produção de efeitos, *vide* art. 150, III, *c*, da CF.

b) o do estabelecimento do remetente ou onde tiver início a prestação, quando o destinatário ou tomador não for contribuinte do imposto.

•• Alínea *b* acrescentada pela Lei Complementar n. 190, de 4-1-2022.

•• Sobre produção de efeitos, *vide* art. 150, III, *c*, da CF.

§ 1.º O disposto na alínea *c* do inciso I não se aplica às mercadorias recebidas em regime de depósito de contribuinte de Estado que não o do depositário.

§ 2.º Para os efeitos da alínea *h* do inciso I, o ouro, quando definido como ativo financeiro ou instrumento cambial, deve ter sua origem identificada.

§ 3.º Para efeito desta Lei Complementar, estabelecimento é o local, privado ou público, edificado ou não, próprio ou de terceiro, onde pessoas físicas ou jurídicas exerçam suas atividades em caráter temporário ou permanente, bem como onde se encontrem armazenadas mercadorias, observado, ainda, o seguinte:

I – na impossibilidade de determinação do estabelecimento, considera-se como tal o local em que tenha sido efetuada a operação ou prestação, encontrada a mercadoria ou constatada a prestação;

II – é autônomo cada estabelecimento do mesmo titular;

III – considera-se também estabelecimento autônomo o veículo usado no comércio ambulante e na captura de pescado;

IV – respondem pelo crédito tributário todos os estabelecimentos do mesmo titular.

§ 4.º (*Vetado.*)

§ 5.º Quando a mercadoria for remetida para armazém geral ou para depósito fechado do próprio contribuinte, no mesmo Estado, a posterior saída considerar-se-á ocorrida no estabelecimento do depositante, salvo se para retornar ao estabelecimento remetente.

§ 6.º Na hipótese do inciso III do *caput* deste artigo, tratando-se de serviços não medidos, que envolvam localidades situadas em diferentes unidades da Federação e cujo preço seja cobrado por períodos definidos, o imposto devido será recolhido em partes iguais para as unidades da Federação onde estiverem localizados o prestador e o tomador.

•• § 6.º acrescentado pela Lei Complementar n. 102, de 11-7-2000.

§ 7.º Na hipótese da alínea "b" do inciso V do *caput* deste artigo, quando o destino final da mercadoria, bem ou serviço ocorrer em Estado diferente daquele em que estiver domiciliado ou estabelecido o adquirente ou o tomador, o imposto correspondente à diferença entre a alíquota interna e a interestadual será devido ao Estado no qual efetivamente ocorrer a entrada física da mercadoria ou bem ou o fim da prestação do serviço.

•• § 7.º acrescentado pela Lei Complementar n. 190, de 4-1-2022.

•• Sobre produção de efeitos, *vide* art. 150, III, *c*, da CF.

§ 8.º Na hipótese de serviço de transporte interestadual de passageiros cujo tomador não seja contribuinte do imposto:

•• § 8.º, *caput*, acrescentado pela Lei Complementar n. 190, de 4-1-2022.

•• Sobre produção de efeitos, *vide* art. 150, III, *c*, da CF.

I – o passageiro será considerado o consumidor final do serviço, e o fato gerador considerar-se-á ocorrido no Estado referido nas alíneas "a" ou "b" do inciso II do *caput* deste artigo, conforme o caso, não se aplicando o disposto no inciso V do *caput* e no § 7.º deste artigo; e

•• Inciso I acrescentado pela Lei Complementar n. 190, de 4-1-2022.

•• Sobre produção de efeitos, *vide* art. 150, III, *c*, da CF.

II – o destinatário do serviço considerar-se-á localizado no Estado da ocorrência do fato gerador, e a prestação ficará sujeita à tributação pela sua alíquota interna.

•• Inciso II acrescentado pela Lei Complementar n. 190, de 4-1-2022.

•• Sobre produção de efeitos, *vide* art. 150, III, *c*, da CF.

Art. 12. Considera-se ocorrido o fato gerador do imposto no momento:

I – da saída de mercadoria de estabelecimento de contribuinte, ainda que para outro estabelecimento do mesmo titular;

II – do fornecimento de alimentação, bebidas e outras mercadorias por qualquer estabelecimento;

III – da transmissão a terceiro de mercadoria depositada em armazém geral ou em depósito fechado, no Estado do transmitente;

IV – da transmissão de propriedade de mercadoria, ou de título que a represente, quando a mercadoria não tiver transitado pelo estabelecimento transmitente;

V – do início da prestação de serviços de transporte interestadual e intermunicipal, de qualquer natureza;

VI – do ato final do transporte iniciado no exterior;

VII – das prestações onerosas de serviços de comunicação, feita por qualquer meio, inclusive a geração, a emissão, a recepção, a transmissão, a retransmissão, a repetição e a ampliação de comunicação de qualquer natureza;

VIII – do fornecimento de mercadoria com prestação de

serviços:

a) não compreendidos na competência tributária dos Municípios;

b) compreendidos na competência tributária dos Municípios e com indicação expressa de incidência do imposto de competência estadual, como definido na lei complementar aplicável;

IX – do desembaraço aduaneiro de mercadorias ou bens importados do exterior;

•• Inciso IX com redação determinada pela Lei Complementar n. 114, de 16-12-2002.

X – do recebimento, pelo destinatário, de serviço prestado no exterior;

XI – da aquisição em licitação pública de mercadorias ou bens importados do exterior e apreendidos ou abandonados;

•• Inciso XI com redação determinada pela Lei Complementar n. 114, de 16-12-2002.

XII – da entrada no território do Estado de lubrificantes e combustíveis líquidos e gasosos derivados de petróleo e energia elétrica oriundos de outro Estado, quando não destinados à comercialização ou à industrialização;

•• Inciso XII com redação determinada pela Lei Complementar n. 102, de 11-7-2000.

XIII – da utilização, por contribuinte, de serviço cuja prestação se tenha iniciado em outro Estado e não esteja vinculada a operação ou prestação subsequente.

XIV – do início da prestação de serviço de transporte interestadual, nas prestações não vinculadas a operação ou prestação subsequente, cujo tomador não seja contribuinte do imposto domiciliado ou estabelecido no Estado de destino;

•• Inciso XIV acrescentado pela Lei Complementar n. 190, de 4-1-2022.

•• Sobre produção de efeitos, *vide art.* 150, III, *c*, da CF.

XV – da entrada no território do Estado de bem ou mercadoria oriundos de outro Estado adquiridos por contribuinte do imposto e destinados ao seu uso ou consumo ou à integração ao seu ativo imobilizado;

•• Inciso XV acrescentado pela Lei Complementar n. 190, de 4-1-2022.

•• Sobre produção de efeitos, *vide* art. 150, III, *c*, da CF.

XVI – da saída, de estabelecimento de contribuinte, de bem ou mercadoria destinados a consumidor final não contribuinte do imposto domiciliado ou estabelecido em outro Estado.

•• Inciso XVI acrescentado pela Lei Complementar n. 190, de 4-1-2022.

•• Sobre produção de efeitos, *vide* art. 150, III, *c*, da CF.

§ 1.º Na hipótese do inciso VII, quando o serviço for prestado mediante pagamento em ficha, cartão ou assemelhados, considera-se ocorrido o fato gerador do imposto quando do fornecimento desses instrumentos ao usuário.

§ 2.º Na hipótese do inciso IX, após o desembaraço aduaneiro, a entrega, pelo depositário, de mercadoria ou bem importados do exterior deverá ser autorizada pelo órgão responsável pelo seu desembaraço, que somente se fará mediante a exibição do comprovante de pagamento do imposto incidente no ato do despacho aduaneiro, salvo disposição em contrário.

§ 3.º Na hipótese de entrega de mercadoria ou bem importados do exterior antes do desembaraço aduaneiro, considera-se ocorrido o fato gerador neste momento, devendo a autoridade responsável, salvo disposição em contrário, exigir a comprovação do pagamento do imposto.

•• § 3.º acrescentado pela Lei Complementar n. 114, de 16-12-2002.

Art. 13. A base de cálculo do imposto é:

•• *Vide* Súmula 457 do STJ.

I – na saída de mercadoria prevista nos incisos I, III e IV do art. 12, o valor da operação;

II – na hipótese do inciso II do art. 12, o valor da operação, compreendendo mercadoria e serviço;

III – na prestação de serviço de transporte interestadual e intermunicipal e de comunicação, o preço do serviço;

IV – no fornecimento de que trata o inciso VIII do art. 12:

a) o valor da operação, na hipótese da alínea *a*;

b) o preço corrente da mercadoria fornecida ou empregada, na hipótese da alínea *b*;

V – na hipótese do inciso IX do art. 12, a soma das seguintes parcelas:

a) o valor da mercadoria ou bem constante dos documentos de importação, observado o disposto no art. 14;

b) imposto de importação;

c) imposto sobre produtos industrializados;

d) imposto sobre operações de câmbio;

e) quaisquer outros impostos, taxas, contribuições e despesas aduaneiras;

•• Alínea *e* com redação determinada pela Lei Complementar n. 114, de 16-12-2002.

VI – na hipótese do inciso X do art. 12, o valor da prestação do serviço, acrescido, se for o caso, de todos os encargos relacionados com a sua utilização;

VII – no caso do inciso XI do art. 12, o valor da operação acrescido do valor dos impostos de importação e sobre produtos industrializados e de todas as despesas cobradas ou debitadas ao adquirente;

VIII – na hipótese do inciso XII do art. 12, o valor da operação de que decorrer a entrada;

IX – nas hipóteses dos incisos XIII e XV do *caput* do art. 12 desta Lei Complementar:

•• Inciso IX, *caput*, acrescentado pela Lei Complementar n. 190, de 4-1-2022.

•• Sobre produção de efeitos, *vide art.* 150, III, *c*, da CF.

a) o valor da operação ou prestação no Estado de origem, para o cálculo do imposto devido a esse Estado;

•• Alínea *a* acrescentada pela Lei Complementar n. 190, de 4-1-2022.

•• Sobre produção de efeitos, *vide* art. 150, III, *c*, da CF.

b) o valor da operação ou prestação no Estado de destino, para o cálculo do imposto devido a esse Estado;

•• Alínea *b* acrescentada pela Lei Complementar n. 190, de 4-1-2022.

•• Sobre produção de efeitos, *vide* art. 150, III, *c*, da CF.

X – nas hipóteses dos incisos XIV e XVI do *caput* do art. 12 desta Lei Complementar, o valor da operação ou o preço do serviço, para o cálculo do imposto devido ao Estado de origem e ao de destino.

•• Inciso X acrescentado pela Lei Complementar n. 190, de 4-1-2022.

•• Sobre produção de efeitos, *vide* art. 150, III, *c*, da CF.

§ 1.º Integra a base de cálculo do imposto, inclusive nas hipóteses dos incisos V, IX e X do *caput* deste artigo:

•• § 1.º, *caput*, com redação determinada pela Lei Complementar n. 190, de 4-1-2022.

•• Sobre produção de efeitos, *vide* art. 150, III, *c*, da CF.

I – o montante do próprio imposto, constituindo o respectivo destaque mera indicação para fins de controle;

II – o valor correspondente a:

a) seguros, juros e demais importâncias pagas, recebidas ou debitadas, bem como descontos concedidos sob condição;

b) frete, caso o transporte seja efetuado pelo próprio remetente ou por sua conta e ordem e seja cobrado em separado.

§ 2.º Não integra a base de cálculo do imposto o montante do Imposto sobre Produtos Industrializados, quando a operação, realizada entre contribuintes e relativa a produto destinado à industrialização ou à comercialização, configurar fato gerador de ambos os impostos.

§ 3.º No caso da alínea "b" do inciso IX e do inciso X do *caput* deste artigo, o imposto a pagar ao Estado de destino será o valor correspondente à diferença entre a alíquota interna do Estado de destino e a interestadual.

•• § 3.º com redação determinada pela Lei Complementar n. 190, de 4-1-2022.

•• Sobre produção de efeitos, *vide* art. 150, III, *c*, da CF.

§ 4.º Na saída de mercadoria para estabelecimento localizado em outro Estado, pertencente ao mesmo titular, a base de cálculo do imposto é:

I – o valor correspondente à entrada mais recente da mercadoria;

II – o custo da mercadoria produzida, assim entendida a soma do custo da matéria-prima, material secundário, mão de obra e acondicionamento;

III – tratando-se de mercadorias não industrializadas, o seu preço corrente no mercado atacadista do estabelecimento remetente.

§ 5.º Nas operações e prestações interestaduais entre estabelecimentos de contribuintes diferentes, caso haja reajuste do valor depois da remessa ou da prestação, a diferença fica sujeita ao imposto no estabelecimento do remetente ou do prestador.

§ 6.º Utilizar-se-á, para os efeitos do inciso IX do *caput* deste artigo:

•• § 6.º, *caput*, acrescentado pela Lei Complementar n. 190, de 4-1-2022.

•• Sobre produção de efeitos, *vide* art. 150, III, *c*, da CF.

I – a alíquota prevista para a operação ou prestação interestadual, para estabelecer a base de cálculo da operação ou prestação no Estado de origem;

•• Inciso I acrescentado pela Lei Complementar n. 190, de 4-1-2022.

•• Sobre produção de efeitos, *vide* art. 150, III, *c*, da CF.

II – a alíquota prevista para a operação ou prestação interna, para estabelecer a base de cálculo da operação ou prestação no Estado de destino.

•• Inciso II acrescentado pela Lei Complementar n. 190, de 4-1-2022.

•• Sobre produção de efeitos, *vide* art. 150, III, *c*, da CF.

§ 7.º Utilizar-se-á, para os efeitos do inciso X do *caput* deste artigo, a alíquota prevista para a operação ou prestação interna no Estado de destino para estabelecer a base de cálculo da operação ou prestação.

•• § 7.º acrescentado pela Lei Complementar n. 190, de 4-1-2022.

•• Sobre produção de efeitos, *vide* art. 150, III, *c*, da CF.

Art. 14. O preço de importação expresso em moeda estrangeira será convertido em moeda nacional pela mesma taxa de câmbio utilizada no cálculo do imposto de importação, sem qualquer acréscimo ou devolução posterior se houver variação da taxa de câmbio até o pagamento efetivo do preço.

Parágrafo único. O valor fixado pela autoridade aduaneira para base de cálculo do imposto de importação, nos termos da lei aplicável, substituirá o preço declarado.

Art. 15. Na falta do valor a que se referem os incisos I e VIII do art. 13, a base de cálculo do imposto é:

I – o preço corrente da mercadoria, ou de seu similar, no mercado atacadista do local da operação ou, na sua falta, no mercado atacadista regional, caso o remetente seja produtor, extrator ou gerador, inclusive de energia;

II – o preço FOB estabelecimento industrial à vista, caso o remetente seja industrial;

III – o preço FOB estabelecimento comercial à vista, na venda a outros comerciantes ou industriais, caso o remetente seja comerciante.

§ 1.º Para aplicação dos incisos II e III do *caput*, adotar-se-á sucessivamente:

I – o preço efetivamente cobrado pelo estabelecimento remetente na operação mais recente;

II – caso o remetente não tenha efetuado venda de mercadoria, o preço corrente da mercadoria ou de seu similar no mercado atacadista do local da operação ou, na falta deste, no mercado atacadista regional.

§ 2.º Na hipótese do inciso III do *caput*, se o estabelecimento remetente não efetue vendas a outros comerciantes ou industriais ou, em qualquer caso, se não houver mercadoria similar, a base de cálculo será equivalente a 75% (setenta e cinco por cento) do preço de venda corrente no varejo.

Art. 16. Nas prestações sem preço determinado, a base de cálculo do imposto é o valor corrente do serviço, no local da prestação.

Art. 17. Quando o valor do frete, cobrado por estabelecimento pertencente ao mesmo titular da mercadoria ou por outro estabelecimento de empresa que com aquele mantenha relação de interdependência, exceder os níveis normais de preços em vigor, no mercado local, para serviço semelhante, constantes de tabelas elaboradas pelos órgãos competentes, o valor excedente será havido como parte do preço da mercadoria.

Parágrafo único. Considerar-se-ão interdependentes duas empresas quando:

I – uma delas, por si, seus sócios ou acionistas, e respectivos cônjuges ou filhos menores, for titular de mais de 50% (cinquenta por cento) do capital da outra;

II – uma mesma pessoa fizer parte de ambas, na qualidade de diretor, ou sócio com funções de gerência, ainda que exercidas sob outra denominação;

III – uma delas locar ou transferir a outra, a qualquer título, veículo destinado ao transporte de mercadorias.

Art. 18. Quando o cálculo do tributo tenha por base, ou tome em consideração, o valor ou o preço de mercadorias, bens, serviços ou direitos, a autoridade lançadora, mediante processo regular, arbitrará aquele valor ou preço, sempre que sejam omissos ou não mereçam fé as declarações ou os esclarecimentos prestados, ou os documentos expedidos pelo sujeito passivo ou pelo terceiro legalmente obrigado, ressalvada, em caso de contestação, avaliação contraditória, administrativa ou judicial.

Art. 19. O imposto é não cumulativo, compensando-se o que for devido em cada operação relativa à circulação de mercadorias ou prestação de serviços de transporte interestadual e intermunicipal e de comunicação com o montante cobrado nas anteriores pelo mesmo ou por outro Estado.

Art. 20. Para a compensação a que se refere o artigo anterior, é assegurado ao sujeito passivo o direito de creditar-se do imposto anteriormente cobrado em operações de que tenha resultado a entrada de mercadoria, real ou simbólica, no estabelecimento, inclusive a destinada ao seu uso ou consumo ou ao ativo permanente, ou o recebimento de serviços de transporte interestadual e intermunicipal ou de comunicação.

§ 1.º Não dão direito a crédito as entradas de mercadorias ou utilização de serviços resultantes de operações ou prestações isentas ou não tributadas, ou que se refiram a mercadorias ou serviços alheios à atividade do estabelecimento.

§ 2.º Salvo prova em contrário, presumem-se alheios à atividade do estabelecimento os veículos de transporte pessoal.

§ 3.º É vedado o crédito relativo a mercadoria entrada no estabelecimento ou a prestação de serviços a ele feita:

I – para integração ou consumo em processo de industrialização ou produção rural, quando a saída do produto resultante não for tributada ou estiver isenta do imposto, exceto se tratar-se de saída para o exterior;

II – para comercialização ou prestação de serviço, quando a saída ou a prestação subsequente não forem tributadas ou estiverem isentas do imposto, exceto as destinadas ao exterior.

§ 4.º Deliberação dos Estados, na forma do art. 28, poderá dispor que não se aplique, no todo ou em parte, a vedação prevista no parágrafo anterior.

§ 5.º Para efeito do disposto no *caput* deste artigo, relativamente aos créditos decorrentes de entrada de mercadorias no estabelecimento destinadas ao ativo permanente, deverá ser observado:

•• § 5.º, *caput*, com redação determinada pela Lei Complementar n. 102, de 11-7-2000.

•• O STF, na ADI n. 2.325-0, em medida liminar concedida aos 23-9-2004, determinou para este dispositivo eficácia a partir de 1.º-1-2001, vigência consentânea com o dispositivo constitucional da anterioridade.

I – a apropriação será feita à razão de 1/48 (um quarenta e oito avos) por mês, devendo a primeira fração ser apropriada no mês em que ocorrer a entrada no estabelecimento;

•• Inciso I acrescentado pela Lei Complementar n. 102, de 11-7-2000.

II – em cada período de apuração do imposto, não será admitido o creditamento de que trata o inciso I, em relação à proporção das operações de saídas ou prestações isentas ou não tributadas sobre o total das operações de saídas ou prestações efetuadas no mesmo período;

•• Inciso II acrescentado pela Lei Complementar n. 102, de 11-7-2000.

III – para aplicação do disposto nos incisos I e II deste parágrafo, o montante do crédito a ser apropriado será obtido multiplicando-se o valor total do respectivo crédito pelo fator igual a 1/48 (um quarenta e oito avos) da relação entre o valor das operações de saídas e prestações tributadas e o total das operações de saídas e prestações do período, equiparando-se às tributadas, para fins deste inciso, as saídas e prestações com destino ao exterior ou as saídas de papel destinado à impressão de livros, jornais e periódicos;

•• Inciso III com redação determinada pela Lei Complementar n. 120, de 29-12-2005.

IV – o quociente de 1/48 (um quarenta e oito avos) será proporcionalmente aumentado ou diminuído, *pro rata die*, caso o período de apuração seja superior ou inferior a um mês;

•• Inciso IV acrescentado pela Lei Complementar n. 102, de 11-7-2000.

V – na hipótese de alienação dos bens do ativo permanente, antes de decorrido o prazo de 4 (quatro) anos contado da data de sua aquisição, não será admitido, a partir da data da alienação, o creditamento de que trata este parágrafo em relação à fração que corresponderia ao restante do quadriênio;

•• Inciso V acrescentado pela Lei Complementar n. 102, de 11-7-2000.

VI – serão objeto de outro lançamento, além do lançamento em conjunto com os demais créditos, para efeito da compensação prevista neste artigo e no art. 19, em livro próprio ou de outra forma que a legislação determinar, para aplicação do disposto nos incisos I a V deste parágrafo; e

•• Inciso VI acrescentado pela Lei Complementar n. 102, de 11-7-2000.

VII – ao final do quadragésimo oitavo mês contado da data da entrada do bem no estabelecimento, o saldo remanescente do crédito será cancelado.

•• Inciso VII acrescentado pela Lei Complementar n. 102, de 11-7-2000.

§ 6.º Operações tributadas, posteriores a saídas de que trata o § 3.º, dão ao estabelecimento que as praticar direito a creditar-se do imposto cobrado nas operações anteriores às isentas ou não tributadas sempre que a saída isenta ou não tributada seja relativa a:

I – produtos agropecuários;

II – quando autorizado em lei estadual, outras mercadorias.

Art. 20-A. Nas hipóteses dos incisos XIV e XVI do *caput* do art. 12 desta Lei Complementar, o crédito relativo às operações e prestações anteriores deve ser deduzido apenas do débito correspondente ao imposto devido à unidade federada de origem.

•• Artigo acrescentado pela Lei Complementar n. 190, de 4-1-2022.

•• Sobre produção de efeitos, *vide* art. 150, III, *c*, da CF.

Art. 21. O sujeito passivo deverá efetuar o estorno do imposto de que se tiver creditado sempre que o serviço tomado ou a mercadoria entrada no estabelecimento:

I – for objeto de saída ou prestação de serviço não tributada ou isenta, sendo esta circunstância imprevisível na data da entrada da mercadoria ou da utilização do serviço;

II – for integrada ou consumida em processo de industrialização, quando a saída do produto resultante não for tributada ou estiver isenta do imposto;

III – vier a ser utilizada em fim alheio à atividade do estabelecimento;

IV – vier a perecer, deteriorar-se ou extraviar-se.

§ 1.º (*Revogado pela Lei Complementar n. 102, de 11-7-2000.*)

§ 2.º Não se estornam créditos referentes a mercadorias e serviços que venham a ser objeto de operações ou prestações destinadas ao exterior ou de operações com o papel destinado à impressão de livros, jornais e periódicos.

•• § 2.º com redação determinada pela Lei Complementar n. 120, de 29-12-2005.

§ 3.º O não creditamento ou o estorno a que se referem o § 3.º do art. 20 e o *caput* deste artigo não impedem a utilização dos mesmos créditos em operações posteriores, sujeitas ao imposto, com a mesma mercadoria.

§§ 4.º a 8.º (*Revogados pela Lei Complementar n. 102, de 11-7-2000.*)

Art. 22. (*Vetado.*)

Art. 23. O direito de crédito, para efeito de compensação com débito do imposto, reconhecido ao estabelecimento que tenha recebido as mercadorias ou para o qual tenham sido prestados os serviços, está condicionado à idoneidade da documentação e, se for o caso, à escrituração nos prazos e condições estabelecidos na legislação.

•• *Vide* Súmula 509 do STJ.

Parágrafo único. O direito de utilizar o crédito extingue-se depois de decorridos 5 (cinco) anos contados da data de emissão do documento.

Art. 24. A legislação tributária estadual disporá sobre o período de apuração do imposto. As obrigações consideram-se vencidas na data em que termina o período de apuração e são liquidadas por compensação ou mediante pagamento em dinheiro como disposto neste artigo:

I – as obrigações consideram-se liquidadas por compensação até o montante dos créditos escriturados no mesmo período mais o saldo credor de período ou períodos anteriores, se for o caso;

II – se o montante dos débitos do período superar o dos créditos, a diferença será liquidada dentro do prazo fixado pelo Estado;

III – se o montante dos créditos superar os dos débitos, a diferença será transportada para o período seguinte.

Art. 24-A. Os Estados e o Distrito Federal divulgarão, em portal próprio, as informações necessárias ao cumprimento das obrigações tributárias, principais e acessórias, nas operações e prestações interestaduais, conforme o tipo.

•• *Caput* acrescentado pela Lei Complementar n. 190, de 4-1-2022.

•• Sobre produção de efeitos, *vide* art. 150, III, *c*, da CF.

§ 1.º O portal de que trata o *caput* deste artigo deverá conter, inclusive:

•• § 1.º, *caput*, acrescentado pela Lei Complementar n. 190, de 4-1-2022.

•• Sobre produção de efeitos, *vide* art. 150, III, *c*, da CF.

I – a legislação aplicável à operação ou prestação específica, incluídas soluções de consulta e decisões em processo administrativo fiscal de caráter vinculante;

•• Inciso I acrescentado pela Lei Complementar n. 190, de 4-1-2022.

•• Sobre produção de efeitos, *vide* art. 150, III, *c*, da CF.

II – as alíquotas interestadual e interna aplicáveis à operação ou prestação;

•• Inciso II acrescentado pela Lei Complementar n. 190, de 4-1-2022.

•• Sobre produção de efeitos, *vide* art. 150, III, *c*, da CF.

III – as informações sobre benefícios fiscais ou financeiros e regimes especiais que possam alterar o valor a ser recolhido do imposto; e

•• Inciso III acrescentado pela Lei Complementar n. 190, de 4-1-2022.

•• Sobre produção de efeitos, *vide* art. 150, III, *c*, da CF.

IV – as obrigações acessórias a serem cumpridas em razão da operação ou prestação realizada.

•• Inciso IV acrescentado pela Lei Complementar n. 190, de 4-1-2022.

•• Sobre produção de efeitos, *vide* art. 150, III, *c*, da CF.

§ 2.º O portal referido no *caput* deste artigo conterá ferramenta que permita a apuração centralizada do imposto pelo contribuinte definido no inciso II do § 2.º do art. 4.º desta Lei Complementar, e a emissão das guias de recolhimento, para cada ente da Federação, da diferença entre a alíquota interna do Estado de destino e a alíquota interestadual da operação.

•• § 2.º acrescentado pela Lei Complementar n. 190, de 4-1-2022.

•• Sobre produção de efeitos, *vide* art. 150, III, *c*, da CF.

§ 3.º Para o cumprimento da obrigação principal e da acessória disposta no § 2.º deste artigo, os Estados e o Distrito Federal definirão em conjunto os critérios técnicos necessários para a integração e a unificação dos portais das respectivas secretarias de fazenda dos Estados e do Distrito Federal.

•• § 3.º acrescentado pela Lei Complementar n. 190, de 4-1-2022.

•• Sobre produção de efeitos, *vide* art. 150, III, *c*, da CF.

§ 4.º Para a adaptação tecnológica do contribuinte, o inciso II do § 2.º do art. 4.º, a alínea "b" do inciso V do *caput* do art. 11 e o inciso XVI do *caput* do art. 12 desta Lei Complementar somente produzirão efeito no primeiro dia útil do terceiro mês subsequente ao da disponibilização do portal de que trata o *caput* deste artigo.

•• § 4.º acrescentado pela Lei Complementar n. 190, de 4-1-2022.

•• Sobre produção de efeitos, *vide* art. 150, III, *c*, da CF.

§ 5.º A apuração e o recolhimento do imposto devido nas operações e prestações interestaduais de que trata a alínea "b" do inciso V do *caput* do art. 11 desta Lei Complementar observarão o definido em convênio celebrado nos termos da Lei Complementar n. 24, de 7 de janeiro de 1975, e, naquilo que não lhe for contrário, nas respectivas legislações tributárias estaduais.

•• § 5.º acrescentado pela Lei Complementar n. 190, de 4-1-2022.

•• Sobre produção de efeitos, *vide* art. 150, III, *c*, da CF.

Art. 25. Para efeito de aplicação do disposto no art. 24, os débitos e créditos devem ser apurados em cada estabelecimento, compensando-se os saldos credores e devedores entre os estabelecimentos do mesmo sujeito passivo localizados no Estado.

•• *Caput* com redação determinada pela Lei Complementar n. 102, de 11-7-2000.

§ 1.º Saldos credores acumulados a partir da data de publicação desta Lei Complementar por estabelecimentos que realizem operações e prestações de que tratam o inciso II do art. 3.º e seu parágrafo único podem ser, na proporção que estas saídas representem do total das saídas realizadas pelo estabelecimento:

I – imputados pelo sujeito passivo a qualquer estabelecimento seu no Estado;

II – havendo saldo remanescente, transferidos pelo sujeito passivo a outros contribuintes do mesmo Estado, mediante a emissão pela autoridade competente de documento que reconheça o crédito.

§ 2.º Lei estadual poderá, nos demais casos de saldos credores acumulados a partir da vigência desta Lei Complementar, permitir que:

I – sejam imputados pelo sujeito passivo a qualquer estabelecimento seu no Estado;

II – sejam transferidos, nas condições que definir, a outros contribuintes do mesmo Estado.

Art. 26. Em substituição ao regime de apuração mencionado nos arts. 24 e 25, a lei estadual poderá estabelecer:

I – que o cotejo entre créditos e débitos se faça por mercadoria ou serviço dentro de determinado período;

II – que o cotejo entre créditos e débitos se faça por mercadoria ou serviço em cada operação;

III – que, em função do porte ou da atividade do estabelecimento, o imposto seja pago em parcelas periódicas e calculado por estimativa, para um determinado período, assegurado ao sujeito passivo o direito de impugná-la e instaurar processo contraditório.

§ 1.º Na hipótese do inciso III, ao fim do período, será feito o ajuste com base na escrituração regular do contribuinte, que pagará a diferença apurada, se positiva; caso contrário, a diferença será compensada com o pagamento referente ao período ou períodos imediatamente seguintes.

§ 2.º A inclusão de estabelecimento no regime de que trata o inciso III não dispensa o sujeito passivo do cumprimento de obrigações acessórias.

Arts. 27 a 30. (*Vetados.*)

Art. 31. Nos exercícios financeiros de 2003 a 2006 a União entregará mensalmente recursos aos Estados e seus Municípios, obedecidos os montantes, os critérios, os prazos e as demais condições fixados no Anexo desta Lei Complementar.

•• *Caput* com redação determinada pela Lei Complementar n. 115, de 26-12-2002.

•• *Vide* art. 91, § 3.º, do ADCT.

§ 1.º Do montante de recursos que couber a cada Estado, a União entregará, diretamente:

•• § 1.º, *caput*, com redação determinada pela Lei Complementar n. 115, de 26-12-2002.

I – 75% (setenta e cinco por cento) ao próprio Estado; e

II – 25% (vinte e cinco por cento) aos respectivos Municípios, de acordo com os critérios previstos no parágrafo único do art. 158 da Constituição Federal.

§ 2.º Para atender ao disposto no *caput* os recursos do Tesouro Nacional serão provenientes:

•• § 2.º, *caput*, com redação determinada pela Lei Complementar n. 115, de 26-12-2002.

I – da emissão de títulos de sua responsabilidade, ficando autorizada, desde já, a inclusão nas leis orçamentárias anuais de estimativa de receita decorrente dessas emissões, bem como de dotação até os montantes anuais previstos no Anexo, não se aplicando neste caso, desde que atendidas as condições e os limites globais fixados pelo Senado Federal, quaisquer restrições ao acréscimo que acarretará no endividamento da União;

II – de outras fontes de recursos.

§ 3.º A entrega dos recursos a cada unidade federada, na forma e condições detalhadas no Anexo, especialmente no seu item 3, será satisfeita, primeiro, para efeito de pagamento ou compensação da dívida da respectiva unidade, inclusive de sua administração indireta, vencida e não paga junto à União, bem como para o ressarcimento à União de despesas decorrentes de eventuais garantias honradas de operações de crédito externas. O saldo remanescente, se houver, será creditado em moeda corrente.

•• § 3.º com redação determinada pela Lei Complementar n. 115, de 26-12-2002.

§ 4.º A entrega dos recursos a cada unidade federada, na forma e condições detalhadas no Anexo, subordina-se à existência de disponibilidades orçamentárias consignadas a essa finalidade na respectiva Lei Orçamentária Anual da União, inclusive eventuais créditos adicionais.

•• § 4.º com redação determinada pela Lei Complementar n. 115, de 26-12-2002.

§ 4.º-A. (*Revogado pela Lei Complementar n. 115, de 26-12-2002.*)

§ 5.º Para efeito da apuração de que trata o art. 4.º da Lei Complementar n. 65, de 15 de abril de 1991, será considerado o valor das respectivas exportações de produtos industrializados, inclusive de semielaborados, não submetidas à incidência do imposto sobre operações relativas à circulação de mercadorias e sobre prestações de serviços de transporte interestadual e intermunicipal e de comunicação, em 31 de julho de 1996.

•• § 5.º com redação determinada pela Lei Complementar n. 102, de 11-7-2000.

Art. 32. A partir da data de publicação desta Lei Complementar:

I – o imposto não incidirá sobre operações que destinem ao exterior mercadorias, inclusive produtos primários e produtos industrializados semielaborados, bem como sobre prestações de serviços para o exterior;

II – darão direito de crédito, que não será objeto de estorno, as mercadorias entradas no estabelecimento para integração ou consumo em processo de produção de mercadorias industrializadas, inclusive semielaboradas, destinadas ao exterior;

III – entra em vigor o disposto no Anexo integrante desta Lei Complementar.

Art. 33. Na aplicação do art. 20 observar-se-á o seguinte:

I – somente darão direito de crédito as mercadorias destinadas ao uso ou consumo do estabelecimento nele entradas a partir de 1.º de janeiro de 2020;

•• Inciso I com redação determinada pela Lei Complementar n. 138, de 29-12-2010.

II – somente dará direito a crédito a entrada de energia elétrica no estabelecimento:

•• Inciso II, *caput*, com redação determinada pela Lei Complementar n. 102, de 11-7-2000.

•• O STF, na ADI n. 2.325-0, em medida liminar concedida aos 23-9-2004, determinou para este dispositivo eficácia a partir de 1.º-1-2001, vigência consentânea com o dispositivo constitucional da anterioridade.

a) quando for objeto de operação de saída de energia elétrica;

•• Alínea *a* com redação determinada pela Lei Complementar n. 102, de 11-7-2000.

b) quando consumida no processo de industrialização;

•• Alínea *b* com redação determinada pela Lei Complementar n. 102, de 11-7-2000.

c) quando seu consumo resultar em operação de saída ou prestação para o exterior, na proporção destas sobre as saídas ou prestações totais; e

•• Alínea *c* com redação determinada pela Lei Complementar n. 102, de 11-7-2000.

d) a partir de 1.º de janeiro de 2020 nas demais hipóteses;

•• Alínea *d* com redação determinada pela Lei Complementar n. 138, de 29-12-2010.

III – somente darão direito de crédito as mercadorias destinadas ao ativo permanente do estabelecimento, nele entradas a partir da data da entrada desta Lei Complementar em vigor;

IV – somente dará direito a crédito o recebimento de serviços de comunicação utilizados pelo estabelecimento:

•• Inciso IV, *caput*, acrescentado pela Lei Complementar n. 102, de 11-7-2000.

a) ao qual tenham sido prestados na execução de serviços da mesma natureza;

•• Alínea *a* acrescentada pela Lei Complementar n. 102, de 11-7-2000.

b) quando sua utilização resultar em operação de saída ou prestação para o exterior, na proporção desta sobre as saídas ou prestações totais; e

•• Alínea *b* acrescentada pela Lei Complementar n. 102, de 11-7-2000.

c) a partir de 1.º de janeiro de 2020 nas demais hipóteses.

•• Alínea *c* com redação determinada pela Lei Complementar n. 138, de 29-12-2010.

Art. 34. (*Vetado.*)

Art. 35. As referências feitas aos Estados nesta Lei Complementar entendem-se feitas também ao Distrito Federal.

Art. 36. Esta Lei Complementar entra em vigor no primeiro dia do segundo mês seguinte ao da sua publicação, observado o disposto nos arts. 32 e 33 e no Anexo integrante desta Lei Complementar.

Brasília, 13 de setembro de 1996; 175.º da Independência e 108.º da República.

FERNANDO HENRIQUE CARDOSO

Anexo

•• Anexo com redação determinada pela Lei Complementar n. 115, de 26-12-2002.

•• *Vide* art. 91, § 3.º, do ADCT.

1. A entrega de recursos a que se refere o art. 31 da Lei Complementar n. 87, de 13 de setembro de 1996, será realizada da seguinte forma:

1.1. a União entregará aos Estados e aos seus Municípios, no exercício financeiro de 2003, o valor de até R$ 3.900.000.000,00 (três bilhões e novecentos milhões de reais), desde que respeitada a dotação consignada da Lei Orçamentária Anual da União de 2003 e eventuais créditos adicionais;

1.2. nos exercícios financeiros de 2004 a 2006, a União entregará aos Estados e aos seus Municípios os montantes consignados a essa finalidade nas correspondentes Leis Orçamentárias Anuais da União;

1.3. a cada mês, o valor a ser entregue aos Estados e aos seus Municípios corresponderá ao montante do saldo orçamentário existente no dia 1.º, dividido pelo número de meses remanescentes no ano;

1.3.1. nos meses de janeiro e fevereiro de 2003, o saldo orçamentário, para efeito do cálculo da parcela pertencente a cada Estado e a seus Municípios, segundo os coeficientes individuais de participação definidos no item 1.5 deste Anexo, corresponderá ao montante remanescente após a dedução dos valores de entrega mencionados no art. 3.º desta Lei Complementar;

1.3.1.1. nesses meses, a parcela pertencente aos Estados que fizerem jus ao disposto no art. 3.º desta Lei Complementar corresponderá ao somatório dos montantes derivados da aplicação do referido artigo e dos coeficientes individuais de participação definidos no item 1.5 deste Anexo;

1.3.2. no mês de dezembro, o valor de entrega corresponderá ao saldo orçamentário existente no dia 15.

1.4. Os recursos serão entregues aos Estados e aos seus respectivos Municípios no último dia útil de cada mês.

1.5. A parcela pertencente a cada Estado, incluídas as parcelas de seus Municípios, será proporcional aos seguintes coeficientes individuais de participação:

AC	0,09104%
AL	0,84022%
AP	0,40648%
AM	1,00788%
BA	3,71666%
CE	1,62881%
DF	0,80975%
ES	4,26332%
GO	1,33472%
MA	1,67880%
MT	1,94087%
MS	1,23465%
MG	12,90414%
PA	4,36371%
PB	0,28750%
PR	10,08256%
PE	1,48565%
PI	0,30165%
RJ	5,86503%
RN	0,36214%
RS	10,04446%
RO	0,24939%
RR	0,03824%
SC	3,59131%
SP	31,14180%
SE	0,25049%
TO	0,07873%
TOTAL	100,00000%

2. Caberá ao Ministério da Fazenda apurar o montante mensal a ser entregue aos Estados e aos seus Municípios.

2.1. O Ministério da Fazenda publicará no Diário Oficial da União, até cinco dias úteis antes da data prevista para a efetiva entrega dos recursos, o resultado do cálculo do montante a ser entregue aos Estados e aos seus Municípios, o qual, juntamente com o detalhamento da memória de cálculo, será remetido, no mesmo prazo, ao Tribunal de Contas da União.

2.2. Do montante dos recursos que cabe a cada Estado, a União entregará, diretamente ao próprio Estado, setenta e cinco por cento, e aos seus Municípios, vinte e cinco por cento, distribuídos segundo os mesmos critérios de rateio aplicados às parcelas de receita que lhes cabem do ICMS.

2.3. Antes do início de cada exercício financeiro, o Estado comunicará ao Ministério da Fazenda os coeficientes de participação dos respectivos Municípios no rateio da parcela do ICMS a serem aplicados no correspondente exercício, observado o seguinte:

2.3.1. o atraso na comunicação dos coeficientes acarretará a suspensão da transferência dos recursos ao Estado e aos respectivos Municípios até que seja regularizada a entrega das informações;

2.3.1.1. os recursos em atraso e os do mês em que ocorrer o fornecimento das informações serão entregues no último dia útil do mês seguinte à regularização, se esta ocorrer após o décimo quinto dia; caso contrário, a entrega dos recursos ocorrerá no último dia útil do próprio mês da regularização.

3. A forma de entrega dos recursos a cada Estado e a cada Município observará o disposto neste item.

3.1. Para efeito de entrega dos recursos à unidade federada e por uma das duas formas previstas no subitem 3.3 serão obrigatoriamente considerados, pela ordem e até o montante total da entrega apurado no respectivo período, os valores das seguintes dívidas:

3.1.1. contraídas junto ao Tesouro Nacional pela unidade federada vencidas e não pagas, computadas primeiro as da administração direta e depois as da administração indireta;

3.1.2. contraídas pela unidade federada com garantia da União, inclusive dívida externa, vencidas e não pagas, sempre computadas inicialmente as da administração direta e posteriormente as da administração indireta;

3.1.3. contraídas pela unidade federada junto aos demais entes da administração federal, direta e indireta, vencidas e não pagas, sempre computadas inicialmente as da administração direta e posteriormente as da administração indireta.

3.2. Para efeito do disposto no subitem 3.1.3, ato do Poder Executivo Federal poderá autorizar:

3.2.1. a inclusão, como mais uma opção para efeito da entrega dos recursos, e na ordem que determinar, do valor correspondente a título da respectiva unidade federada na carteira da União, inclusive entes de sua administração indireta, primeiro relativamente aos valores vencidos e não pagos e, depois, aos vincendos no mês seguinte àquele em que serão entregues os recursos;

3.2.2. a suspensão temporária da dedução de dívida compreendida pelo subitem 3.1.3, quando não estiverem disponíveis, no prazo devido, as necessárias informações.

3.3. Os recursos a serem entregues mensalmente à unidade federada, equivalentes ao montante das dívidas apurado na forma do subitem 3.1, e do anterior, serão satisfeitos pela União por uma das seguintes formas:

3.3.1. entrega de obrigações do Tesouro Nacional, de série especial, inalienáveis, com vencimento não inferior a dez anos, remunerados por taxa igual ao custo médio das dívidas da respectiva unidade federada junto ao Tesouro Nacional, com poder liberatório para pagamento das referidas dívidas; ou

3.3.2. correspondente compensação.

3.4. Os recursos a serem entregues mensalmente à unidade federada equivalentes à diferença positiva entre o valor total que lhe cabe e o valor da dívida apurada nos termos dos subitens 3.1 e 3.2, e liquidada na forma do subitem anterior, serão satisfeitos por meio de crédito, em moeda corrente, à conta bancária do beneficiário.

4. As referências deste Anexo feitas aos Estados entendem-se também feitas ao Distrito Federal.

LEI N. 9.393, DE 19 DE DEZEMBRO DE 1996 (*)

Dispõe sobre o Imposto sobre a Propriedade Territorial Rural – ITR, sobre o pagamento da dívida representada por Títulos da Dívida Agrária, e dá outras providências.

O Presidente da República

Faço saber que o Congresso Nacional decreta e eu sanciono a seguinte Lei:

Capítulo I
DO IMPOSTO SOBRE A PROPRIEDADE TERRITORIAL RURAL – ITR

Seção I
Do Fato Gerador do ITR

Definição

Art. 1.º O Imposto sobre a Propriedade Territorial Rural - ITR, de apuração anual, tem como fato gerador a propriedade, o domínio útil ou a posse de imóvel por natureza, localizado fora da zona urbana do município, em 1.º de janeiro de cada ano.

§ 1.º O ITR incide inclusive sobre o imóvel declarado de interesse social para fins de reforma agrária, enquanto não transferida a propriedade, exceto se houver imissão prévia na posse.

§ 2.º Para os efeitos desta Lei, considera-se imóvel rural a área contínua, formada de uma ou mais parcelas de terras, localizada na zona rural do município.

§ 3.º O imóvel que pertencer a mais de um município deverá ser enquadrado no município onde fique a sede do imóvel e, se esta não existir, será enquadrado no município onde se localize a maior parte do imóvel.

Imunidade

Art. 2.º Nos termos do art. 153, § 4.º, *in fine*, da Constituição, o imposto não incide sobre pequenas glebas rurais, quando as explore, só ou com sua família, o proprietário que não possua outro imóvel.

Parágrafo único. Para os efeitos deste artigo, pequenas glebas rurais são os imóveis com área igual ou inferior a:

I – 100 ha, se localizado em município compreendido na Amazônia Ocidental ou no Pantanal mato-grossense e sul-mato-grossense;

II – 50 ha, se localizado em município compreendido no Polígono das Secas ou na Amazônia Oriental;

III – 30 ha, se localizado em qualquer outro município.

Seção II
Da Isenção

(*) Publicada no *DOU*, de 20-12-1996. Regulamentada pelo Decreto n. 4.382, de 19-9-2002. *Vide* Decreto-lei n. 57, de 18-11-1966. A Instrução Normativa n. 256, de 11-12-2002, dispõe sobre normas de tributação relativas ao Imposto sobre a Propriedade Territorial Rural.

Art. 3.º São isentos do imposto:

I – o imóvel rural compreendido em programa oficial de reforma agrária, caracterizado pelas autoridades competentes como assentamento, que, cumulativamente, atenda aos seguintes requisitos:

a) seja explorado por associação ou cooperativa de produção;

b) a fração ideal por família assentada não ultrapasse os limites estabelecidos no artigo anterior;

c) o assentado não possua outro imóvel;

II – o conjunto de imóveis rurais de um mesmo proprietário, cuja área total observe os limites fixados no parágrafo único do artigo anterior, desde que, cumulativamente, o proprietário:

a) o explore só ou com sua família, admitida ajuda eventual de terceiros;

b) não possua imóvel urbano.

Art. 3.º-A. Os imóveis rurais oficialmente reconhecidos como áreas ocupadas por remanescentes de comunidades de quilombos que estejam sob a ocupação direta e sejam explorados, individual ou coletivamente, pelos membros destas comunidades são isentos do Imposto sobre a Propriedade Territorial Rural – ITR.

•• *Caput* acrescentado pela Lei n. 13.043, de 13-11-2014.

§ 1.º Ficam dispensados a constituição de créditos da Fazenda Nacional, a inscrição na Dívida Ativa da União e o ajuizamento da respectiva execução fiscal, e cancelados o lançamento e a inscrição relativos ao ITR referentes aos imóveis rurais de que trata o *caput* a partir da data do registro do título de domínio previsto no art. 68 do Ato das Disposições Constitucionais Transitórias.

•• § 1.º acrescentado pela Lei n. 13.043, de 13-11-2014.

§ 2.º Observada a data prevista no § 1.º, não serão aplicadas as penalidades estabelecidas nos arts. 7.º e 9.º para fatos geradores ocorridos até a data de publicação da lei decorrente da conversão da Medida Provisória n. 651, de 9 de julho de 2014, e ficam anistiados os valores decorrentes de multas lançadas pela apresentação da declaração do ITR fora do prazo.

•• § 2.º acrescentado pela Lei n. 13.043, de 13-11-2014.

Seção III
Do Contribuinte e do Responsável

Contribuinte

Art. 4.º Contribuinte do ITR é o proprietário de imóvel rural, o titular de seu domínio útil ou o seu possuidor a qualquer título.

Parágrafo único. O domicílio tributário do contribuinte é o município de localização do imóvel, vedada a eleição de qualquer outro.

Responsável

Art. 5.º É responsável pelo crédito tributário o sucessor, a qualquer título, nos termos dos arts. 128 a 133 da Lei n. 5.172, de 25 de outubro de 1966 (Código Tributário Nacional).

Seção IV
Das Informações Cadastrais

Entrega do DIAC

Art. 6.º O contribuinte ou o seu sucessor comunicará ao órgão local da Secretaria da Receita Federal, por meio do Documento de Informação e Atualização Cadastral do ITR – DIAC, as informações cadastrais correspondentes a cada imóvel, bem como qualquer alteração ocorrida, na forma estabelecida pela Secretaria da Receita Federal.

•• A Secretaria da Receita Federal passa a denominar-se Secretaria da Receita Federal do Brasil, por força da Lei n. 11.457, de 16-3-2007.

•• Instrução Normativa n. 2.008, de 18-2-2021, da RFB, dispõe sobre o Cadastro de Imóveis Rurais (Cafir).

§ 1.º É obrigatória, no prazo de 60 (sessenta) dias, contado de sua ocorrência, a comunicação das seguintes alterações:

I – desmembramento;

II – anexação;

III – transmissão, por alienação da propriedade ou dos direitos a ela inerentes, a qualquer título;

IV – sucessão *causa mortis*;

V – cessão de direitos;

VI – constituição de reservas ou usufruto.

§ 2.º As informações cadastrais integrarão o Cadastro de Imóveis Rurais – CAFIR, administrado pela Secretaria da Receita Federal, que poderá, a qualquer tempo, solicitar informações visando à sua atualização.

• A Instrução Normativa n. 1.467, de 22-5-2014, da Secretaria da Receita Federal do Brasil, dispõe sobre o Cadastro de Imóveis Rurais (Cafir).

§ 3.º Sem prejuízo do disposto no parágrafo único do art. 4.º, o contribuinte poderá indicar no DIAC, somente para fins de intimação, endereço diferente daquele constante do domicílio tributário, que valerá para esse efeito até ulterior alteração.

Entrega do DIAC Fora do Prazo

Art. 7.º No caso de apresentação espontânea do DIAC fora do prazo estabelecido pela Secretaria da Receita Federal, será cobrada multa de 1% (um por cento) ao mês ou fração sobre o imposto devido não inferior a R$ 50,00 (cinquenta reais), sem prejuízo da multa e dos juros de mora pela falta ou insuficiência de recolhimento do imposto ou quota.

•• *Vide* nota ao *caput* do artigo anterior.

Seção V
Da Declaração Anual

Art. 8.º O contribuinte do ITR entregará, obrigatoriamente, em cada ano, o Documento de Informação e Apuração do ITR – DIAT, correspondente a cada imóvel, observadas data e condições fixadas pela Secretaria da Receita Federal.

•• A Secretaria da Receita Federal passa a denominar-se Secretaria da Receita Federal do Brasil, por força da Lei n. 11.457, de 16-3-2007.

§ 1.º O contribuinte declarará, no DIAT, o Valor da Terra Nua – VTN correspondente ao imóvel.

§ 2.º O VTN refletirá o preço de mercado de terras, apurado em 1.º de janeiro do ano a que se referir o DIAT, e será considerado autoavaliação da terra nua a preço de mercado.

§ 3.º O contribuinte cujo imóvel se enquadre nas hipóteses estabelecidas nos arts. 2.º, 3.º e 3.º-A fica dispensado da apresentação do DIAT.

•• § 3.º com redação determinada pela Lei n. 13.043, de 13-11-2014.

Entrega do DIAT Fora do Prazo

Art. 9.º A entrega do DIAT fora do prazo estabelecido sujeitará o contribuinte à multa de que trata o art. 7.º, sem prejuízo da multa e dos juros de mora pela falta ou insuficiência de recolhimento do imposto ou quota.

Seção VI
Da Apuração e do Pagamento
Subseção I
Da apuração

Apuração pelo Contribuinte

Art. 10. A apuração e o pagamento do ITR serão efetuados pelo contribuinte, independentemente de prévio procedimento da administração tributária, nos prazos e condições estabelecidos pela Secretaria da Receita Federal, sujeitando-se a homologação posterior.

•• *Vide* nota ao art. 6.º, *caput*, desta Lei.

§ 1.º Para os efeitos de apuração do ITR, considerar-se-á:

I – VTN, o valor do imóvel, excluídos os valores relativos a:

a) construções, instalações e benfeitorias;

b) culturas permanentes e temporárias;

c) pastagens cultivadas e melhoradas;

d) florestas plantadas;

II – área tributável, a área total do imóvel, menos as áreas:

a) de preservação permanente e de reserva legal, previstas na Lei n. 12.651, de 25 de maio de 2012;

•• Alínea *a* com redação determinada pela Lei n. 12.844, de 19-7-2013.

b) de interesse ecológico para a proteção dos ecossistemas, assim declaradas mediante ato do órgão competente, federal ou estadual, e que ampliem as restrições de uso previstas na alínea anterior;

c) comprovadamente imprestáveis para qualquer exploração agrícola, pecuária, granjeira, aquícola, ou florestal, declaradas de interesse ecológico mediante ato do órgão competente, federal ou estadual;

d) sob regime de servidão ambiental;

•• Alínea *d* com redação determinada pela Lei n. 12.651, de 25-5-2012.

e) cobertas por florestas nativas, primárias ou secundárias em estágio médio ou avançado de regeneração;

•• Alínea *e* acrescentada pela Lei n. 11.428, de 22-12-2006.

f) alagadas para fins de constituição de reservatório de usinas hidrelétricas autorizada pelo poder público.

•• Alínea *f* acrescentada pela Lei n. 11.727, de 23-6-2008.

III – VTNt, o valor da terra nua tributável, obtido pela multiplicação do VTN pelo quociente entre a área tributável e a área total;

IV – área aproveitável, a que for passível de exploração agrícola, pecuária, granjeira, aquícola ou florestal, excluídas as áreas:

a) ocupadas por benfeitorias úteis e necessárias;

b) de que tratam as alíneas do inciso II deste parágrafo;

•• Alínea *b* com redação determinada pela Lei n. 11.428, de 22-12-2006.

V – área efetivamente utilizada, a porção do imóvel que no ano anterior tenha:

a) sido plantada com produtos vegetais;

b) servido de pastagem, nativa ou plantada, observados índices de lotação por zona de pecuária;

c) sido objeto de exploração extrativa, observados os índices de rendimento por produto e a legislação ambiental;

d) servido para exploração de atividades granjeira e aquícola;

e) sido o objeto de implantação de projeto técnico, nos termos do art. 7.º da Lei n. 8.629, de 25 de fevereiro de 1993;

VI – Grau de Utilização – GU, a relação percentual entre a área efetivamente utilizada e a área aproveitável.

§ 2.º As informações que permitam determinar o GU deverão constar do DIAT.

§ 3.º Os índices a que se refere as alíneas *b* e *c* do inciso V do § 1.º, serão fixados, ouvido o Conselho Nacional de Política Agrícola, pela Secretaria da Receita Federal que dispensará da sua aplicação os imóveis com área inferior a:

a) 1.000 ha, se localizados em municípios compreendidos na Amazônia Ocidental ou no Pantanal mato-grossense e sul-mato-grossense;

b) 500 ha, se localizados em municípios compreendidos no Polígono das Secas ou na Amazônia Oriental;

c) 200 ha, se localizados em qualquer outro município.

§ 4.º Para os fins do inciso V do § 1.º, o contribuinte poderá valer-se dos dados sobre a área utilizada e respectiva produção, fornecidos pelo arrendatário ou parceiro, quando o imóvel, ou parte dele, estiver sendo explorado em regime de arrendamento ou parceria.

§ 5.º Na hipótese de que trata a alínea *c* do inciso V do § 1.º, será considerada a área total objeto de plano de manejo sustentado, desde que aprovado pelo órgão competente, e cujo cronograma esteja sendo cumprido pelo contribuinte.

§ 6.º Será considerada como efetivamente utilizada a área dos imóveis rurais que, no ano anterior, estejam:

I – comprovadamente situados em área de ocorrência de calamidade pública decretada pelo Poder Público, de que resulte frustração de safras ou destruição de pastagens;

II – oficialmente destinados à execução de atividades de pesquisa e experimentação que objetivem o avanço tecnológico da agricultura.

§ 7.º A declaração para fim de isenção do ITR relativa às áreas de que tratam as alíneas *a* e *d* do inciso II, § 1.º, deste artigo, não está sujeita à prévia comprovação por parte do declarante, ficando o mesmo responsável pelo pagamento do imposto correspondente, com juros e multa previstos nesta Lei, caso fique comprovado que a sua declaração não é verdadeira, sem prejuízo de outras sanções aplicáveis.

•• § 7.º acrescentado pela Medida Provisória n. 2.166-67, de 24-8-2001.

Valor do Imposto

Art. 11. O valor do imposto será apurado aplicando-se sobre o Valor da Terra Nua Tributável - VTNt a alíquota correspondente, prevista no Anexo desta Lei, considerados a área total do imóvel e o Grau de Utilização - GU.

§ 1.º Na hipótese de inexistir área aproveitável após efetuadas as exclusões previstas no art. 10, § 1.º, inciso IV, serão aplicadas as alíquotas correspondentes aos imóveis com grau de utilização superior a 80% (oitenta por cento), observada a área total do imóvel.

§ 2.º Em nenhuma hipótese o valor do imposto devido será inferior a R$ 10,00 (dez reais).

Subseção II
Do pagamento

Prazo

Art. 12. O imposto deverá ser pago até o último dia útil do mês fixado para a entrega do DIAT.

Parágrafo único. À opção do contribuinte, o imposto a pagar poderá ser parcelado em até 3 (três) quotas iguais, mensais e consecutivas, observando-se que:

I – nenhuma quota será inferior a R$ 50,00 (cinquenta reais);

II – a primeira quota ou quota única deverá ser paga até a data fixada no *caput*;

III – as demais quotas, acrescidas de juros equivalentes à taxa referencial do Sistema de Liquidação e de Custódia (SELIC) para títulos federais, acumulada mensalmente, calculados a partir do primeiro dia do mês subsequente à data fixada no *caput* até o último dia do mês anterior ao do pagamento, e de 1% (um por cento) no mês do pagamento, vencerão no último dia útil de cada mês;

IV – é facultado ao contribuinte antecipar, total ou parcialmente, o pagamento do imposto ou das quotas.

Pagamento Fora do Prazo

Art. 13. O pagamento do ITR fora dos prazos previstos nesta Lei será acrescido de:

I – multa de mora calculada à taxa de 0,33%, por dia de atraso, não podendo ultrapassar 20% (vinte por cento), calculada a partir do primeiro dia subsequente ao do vencimento do prazo previsto para o pagamento do imposto até o dia em que ocorrer o seu pagamento;

II – juros de mora calculados à taxa a que se refere o art. 12, parágrafo único, inciso III, a partir do primeiro dia do mês subsequente ao vencimento do prazo até o mês anterior ao do pagamento, e de 1% (um por cento) no mês do pagamento.

Seção VII
Dos Procedimentos de Ofício

Art. 14. No caso de falta de entrega do DIAC ou do DIAT, bem assim de subavaliação ou prestação de informações inexatas, incorretas ou fraudulentas, a Secretaria da Receita Federal procederá à determinação e ao lançamento de ofício do imposto, considerando informações sobre preços de terras, constantes de sistema a ser por ela instituído, e os dados de área total, área tributável e grau de utilização do imóvel, apurados em procedimentos de fiscalização.

•• A Secretaria da Receita Federal passa a denominar-se Secretaria da Receita Federal do Brasil, por força da Lei n. 11.457, de 16-3-2007.

• A Portaria n. 447, de 28-3-2002, da Secretaria da Receita Federal, aprova o Sistema de Preços de Terras (SIPT), em atendimento ao disposto neste artigo.

§ 1.º As informações sobre preços de terra observarão os critérios estabelecidos no art. 12, § 1.º, II, da Lei n. 8.629, de 25 de fevereiro de 1993, e considerarão levantamentos realizados pelas Secretarias de Agricultura das Unidades Federadas ou dos Municípios.

•• A Medida Provisória n. 2.183-56, de 24-8-2001, alterou a redação do referido § 1.º do art. 12 da Lei n. 8.629, de 25-2-1993.

§ 2.º As multas cobradas em virtude do disposto neste artigo serão aquelas aplicáveis aos demais tributos federais.

Seção VIII
Da Administração do Imposto

Competência da Secretaria da Receita Federal

Art. 15. Compete à Secretaria da Receita Federal a administração do ITR, incluídas as atividades de arrecadação, tributação e fiscalização.

•• *Vide* nota ao *caput* do artigo anterior.

Parágrafo único. No processo administrativo fiscal, compreendendo os procedimentos destinados à determinação e exigência do imposto, imposição de penalidades, repetição de indébito e solução de consultas, bem assim na compensação do imposto, observar-se-á a legislação prevista para os demais tributos federais.

• *Vide* o Decreto n. 2.138, de 29-1-1997, que dispõe sobre a compensação de créditos tributários com créditos do sujeito passivo decorrentes de restituição ou ressarcimento de tributos ou contribuições.

Convênios de Cooperação

Art. 16. A Secretaria da Receita Federal poderá celebrar convênio com o Instituto Nacional de Colonização e Reforma Agrária - INCRA, com a finalidade de delegar as atividades de fiscalização das informações sobre os imóveis rurais, contidas no DIAC e no DIAT.

•• *Vide* notas ao art. 14, *caput*, desta Lei.

• A Instrução Normativa n. 9, de 13-11-2002, do INCRA, define diretrizes básicas da atividade de fiscalização cadastral de imóveis rurais.

§ 1.º No exercício da delegação a que se refere este artigo, o INCRA poderá celebrar convênios de cooperação com o Instituto Brasileiro do Meio Ambiente e dos Recursos Naturais Renováveis - IBAMA, Fundação Nacional do Índio - FUNAI e Secretarias Estaduais de Agricultura.

§ 2.º No uso de suas atribuições, os agentes do INCRA terão acesso ao imóvel de propriedade particular, para levantamento de dados e informações.

§ 3.º A Secretaria da Receita Federal, com o apoio do INCRA, administrará o CAFIR e colocará as informações nele contidas à disposição daquela Autarquia, para fins de levantamento e pesquisa de dados e de proposição de ações administrativas e judiciais.

•• § 3.º com redação determinada pela Lei n. 10.267, de 28-8-2001.

§ 4.º Às informações a que se refere o § 3.º aplica-se o disposto no art. 198 da Lei n. 5.172, de 25 de outubro de 1966.

•• § 4.º com redação determinada pela Lei n. 10.267, de 28-8-2001.

Art. 17. A Secretaria da Receita Federal poderá, também, celebrar convênios com:

•• *Vide* notas ao art. 14, *caput*, desta Lei.

I – órgãos da administração tributária das unidades federadas, visando delegar competência para a cobrança e o lançamento do ITR;

II – a Confederação Nacional da Agricultura - CNA e a Confederação Nacional dos Trabalhadores na Agricultura - CONTAG, com a finalidade de fornecer dados cadastrais de imóveis rurais que possibilitem a cobrança das contribuições sindicais devidas àquelas entidades.

Seção IX
Das Disposições Gerais

Dívida Ativa - Penhora ou Arresto

Art. 18. Na execução de dívida ativa, decorrente de crédito tributário do ITR, na hipótese de penhora ou arresto de bens, previstos no art. 11 da Lei n. 6.830, de 22 de setembro de 1980, será penhorado ou arrestado, preferencialmente, imóvel rural, não tendo recaído a penhora ou o arresto sobre dinheiro.

§ 1.º No caso de imóvel rural penhorado ou arrestado, na lavratura do termo ou auto de penhora, deverá ser observado, para efeito de avaliação, o VTN declarado e o disposto no art. 14.

§ 2.º A Fazenda Pública poderá, ouvido o INCRA, adjudicar, para fins fundiários, o imóvel rural penhorado, se a execução não for embargada ou se rejeitados os embargos.

•• A Portaria n. 514, de 9-11-2011, da AGU, regulamenta o procedimento de adjudicação de bens imóveis em ações judiciais propostas pela União e pelas Autarquias e Fundações Públicas Federais.

§ 3.º O depósito da diferença de que trata o parágrafo único do art. 24 da Lei n. 6.830, de 22 de setembro de 1980, poderá ser feito em Títulos da Dívida Agrária, até o montante equivalente ao VTN declarado.

§ 4.º Na hipótese do § 2.º, o imóvel passará a integrar o patrimônio do INCRA, e a carta de adjudicação e o registro imobiliário serão expedidos em seu nome.

Valores para Apuração de Ganho de Capital

Art. 19. A partir do dia 1.º de janeiro de 1997, para fins de apuração de ganho de capital, nos termos da legislação do imposto de renda, considera-se custo de aquisição e valor da venda do imóvel rural o VTN declarado, na forma do art. 8.º, observado o disposto no art. 14, respectivamente, nos anos da ocorrência de sua aquisição e de sua alienação.

Parágrafo único. Na apuração de ganho de capital correspondente a imóvel rural adquirido anteriormente à data a que se refere este artigo, será considerado custo de aquisição o valor constante da escritura pública, observado o disposto no art. 17 da Lei n. 9.249, de 26 de dezembro de 1995.

Incentivos Fiscais e Crédito Rural

Art. 20. A concessão de incentivos fiscais e de crédito rural, em todas as suas modalidades, bem assim a constituição das respectivas contrapartidas ou garantias, ficam condicionadas à comprovação do recolhimento do ITR, relativo ao imóvel rural, correspondente aos últimos 5 (cinco) exercícios, ressalvados os casos em que a exigibilidade do imposto esteja suspensa, ou em curso de cobrança executiva em que tenha sido efetivada a penhora.

• A Lei n. 10.696, de 2-7-2003, dispõe sobre a repactuação e o alongamento de dívidas oriundas de operações de crédito rural, e dá outras providências.

Parágrafo único. É dispensada a comprovação de regularidade do recolhimento do imposto relativo ao imóvel rural, para efeito de concessão de financiamento ao amparo do Programa Nacional de Fortalecimento da Agricultura Familiar - PRONAF.

Registro Público

Art. 21. É obrigatória a comprovação do pagamento do ITR, referente aos 5 (cinco) últimos exercícios, para serem praticados quaisquer dos atos previstos nos arts. 167 e 168 da Lei n. 6.015, de 31 de dezembro de 1973 (Lei dos Registros Públicos), observada a ressalva prevista no *caput* do artigo anterior, *in fine*.

• A Instrução Normativa n. 438, de 28-7-2004, da Secretaria da Receita Federal, dispõe sobre a prova de regularidade fiscal de imóvel rural.

Parágrafo único. São solidariamente responsáveis pelo imposto e pelos acréscimos legais, nos termos do art. 134 da Lei n. 5.172, de 25 de outubro de 1966 - Código Tributário Nacional, os serventuários do registro de imóveis que descumprirem o disposto neste artigo, sem prejuízo de outras sanções legais.

Depósito Judicial na Desapropriação

Art. 22. O valor da terra nua para fins do depósito judicial, a que se refere o inciso I do art. 6.º da Lei Complementar n. 76, de 6 de julho de 1993, na hipótese de desapropriação do imóvel rural de que trata o art. 184 da Constituição, não poderá ser superior ao VTN declarado, observado o disposto no art. 14.

Parágrafo único. A desapropriação por valor inferior ao declarado não autorizará a redução de imposto a ser pago, nem a restituição de quaisquer importâncias já recolhidas.

Capítulo II
DAS DISPOSIÇÕES FINAIS

Art. 23. Esta Lei entra em vigor na data de sua publicação, produzindo efeitos, quanto aos arts. 1.º a 22, a partir de 1.º de janeiro de 1997.

Art. 24. Revogam-se os arts. 1.º a 22 e 25 da Lei n. 8.847, de 28 de janeiro de 1994.

Brasília, 19 de dezembro de 1996; 175.º da Independência e 108.º da República.

FERNANDO HENRIQUE CARDOSO

ANEXO
TABELA DE ALÍQUOTAS
(Art. 11)

Área total do imóvel (em hectares)	Grau de Utilização – GU (em %)				
	Maior que 80	Maior que 65 até 80	Maior que 50 até 65	Maior que 30 até 50	Até 30
Até 50	0,03	0,20	0,40	0,70	1,00
Maior que 50 até 200	0,07	0,40	0,80	1,40	2,00
Maior que 200 até 500	0,10	0,60	1,30	2,30	3,30
Maior que 500 até 1.000	0,15	0,85	1,90	3,30	4,70
Maior que 1.000 até 5.000	0,30	1,60	3,40	6,00	8,60
Acima de 5.000	0,45	3,00	6,40	12,00	20,00

LEI N. 9.430, DE 27 DE DEZEMBRO DE 1996 (*)

Dispõe sobre a legislação tributária federal, as contribuições para a seguridade social, o processo administrativo de consulta e dá outras providências.

O Presidente da República

Faço saber que o Congresso Nacional decreta e eu sanciono a seguinte Lei:

Capítulo I
IMPOSTO DE RENDA – PESSOA JURÍDICA

Seção I
Apuração da Base de Cálculo

Período de Apuração Trimestral

Art. 1.º A partir do ano-calendário de 1997, o imposto de renda das pessoas jurídicas será determinado com base no lucro real, presumido, ou arbitrado, por períodos de apuração trimestrais, encerrados nos dias 31 de março, 30 de junho, 30 de setembro e 31 de dezembro de cada ano-calendário, observada a legislação vigente, com as alterações desta Lei.

§ 1.º Nos casos de incorporação, fusão ou cisão, a apuração da base de cálculo e do imposto de renda devido será efetuada na data do evento, observado o disposto no art. 21 da Lei n. 9.249, de 26 de dezembro de 1995.

§ 2.º Na extinção da pessoa jurídica, pelo encerramento da liquidação, a apuração da base de cálculo e do imposto devido será efetuada na data desse evento.

Pagamento por Estimativa

Art. 2.º A pessoa jurídica sujeita a tributação com base no lucro real poderá optar pelo pagamento do imposto, em cada mês, determinado sobre base de cálculo estimada, mediante a aplicação dos percentuais de que trata o art. 15 da Lei n. 9.249, de 26 de dezembro de 1995, sobre a receita bruta definida pelo art. 12 do Decreto-lei n. 1.598, de 26 de dezembro de 1977, auferida mensalmente, deduzida das devoluções, vendas canceladas e dos descontos incondicionais concedidos, observado o disposto nos §§ 1.º e 2.º do art. 29 e nos arts. 30, 32, 34 e 35 da Lei n. 8.981, de 20 de janeiro de 1995.

(*) Publicada no *DOU*, de 30-12-1996. *Vide* Lei n. 9.532, de 10-12-1997.

•• *Caput* com redação determinada pela Lei n. 12.973, de 13-5-2014.

•• *Vide* art. 35, parágrafo único, da Lei n. 12.973, de 13-5-2014.

•• *Vide* Lei n. 9.718, de 27-11-1998.

§ 1.º O imposto a ser pago mensalmente na forma deste artigo será determinado mediante a aplicação, sobre a base de cálculo, da alíquota de 15% (quinze por cento).

§ 2.º A parcela da base de cálculo, apurada mensalmente, que exceder a R$ 20.000,00 (vinte mil reais) ficará sujeita à incidência de adicional de imposto de renda à alíquota de 10% (dez por cento).

§ 3.º A pessoa jurídica que optar pelo pagamento do imposto na forma deste artigo deverá apurar o lucro real em 31 de dezembro de cada ano, exceto nas hipóteses de que tratam os §§ 1.º e 2.º do artigo anterior.

§ 4.º Para efeito de determinação do saldo de imposto a pagar ou a ser compensado, a pessoa jurídica poderá deduzir do imposto devido o valor:

I – dos incentivos fiscais de dedução do imposto, observados os limites e prazos fixados na legislação vigente, bem como o disposto no § 4.º do art. 3.º da Lei n. 9.249, de 26 de dezembro de 1995;

II – dos incentivos fiscais de redução e isenção do imposto, calculados com base no lucro da exploração;

III – do imposto de renda pago ou retido na fonte, incidente sobre receitas computadas na determinação do lucro real;

IV – do imposto de renda pago na forma deste artigo.

Seção II
Pagamento do Imposto

Escolha da Forma de Pagamento

Art. 3.º A adoção da forma de pagamento do imposto prevista no art. 1.º, pelas pessoas jurídicas sujeitas ao regime do lucro real, ou a opção pela forma do art. 2.º será irretratável para todo o ano-calendário.

Parágrafo único. A opção pela forma estabelecida no art. 2.º será manifestada com o pagamento do imposto correspondente ao mês de janeiro ou de início de atividade.

Adicional do Imposto de Renda

Art. 4.º Os §§ 1.º e 2.º do art. 3.º da Lei n. 9.249, de 26 de dezembro de 1995, passam a vigorar com a seguinte redação:

•• Alteração já processada na norma modificada.

Imposto Correspondente a Período Trimestral

Art. 5.º O imposto de renda devido, apurado na forma do art. 1.º, será pago em quota única, até o último dia útil do mês subsequente ao do encerramento do período de apuração.

§ 1.º À opção da pessoa jurídica, o imposto devido poderá ser pago em até 3 (três) quotas mensais, iguais e sucessivas, vencíveis no último dia útil dos 3 (três) meses subsequentes ao de encerramento do período de apuração a que corresponder.

§ 2.º Nenhuma quota poderá ter valor inferior a R$ 1.000,00 (mil reais) e o imposto de valor inferior a R$ 2.000,00 (dois mil reais) será pago em quota única, até o último dia útil do mês subsequente ao do encerramento do período de apuração.

§ 3.º As quotas do imposto serão acrescidas de juros equivalentes à taxa referencial do Sistema Especial de Liquidação e Custódia - SELIC, para títulos federais, acumulada mensalmente, calculados a partir do primeiro dia do segundo mês subsequente ao do encerramento do período de apuração até o último dia do mês anterior ao do pagamento e de 1% (um por cento) no mês do pagamento.

§ 4.º Nos casos de incorporação, fusão ou cisão e de extinção da pessoa jurídica pelo encerramento da liquidação, o imposto devido deverá ser pago até o último dia útil do mês subsequente ao do evento, não se lhes aplicando a opção prevista no § 1.º.

Pagamento por Estimativa

Art. 6.º O imposto devido, apurado na forma do art. 2.º, deverá ser pago até o último dia útil do mês subsequente àquele a que se referir.

§ 1.º O saldo do imposto apurado em 31 de dezembro receberá o seguinte tratamento:

•• § 1.º, *caput*, com redação determinada pela Lei n. 12.844, de 19-7-2013.

I – se positivo, será pago em quota única, até o último dia útil do mês de março do ano subsequente, observado o disposto no § 2.º; ou

•• Inciso I com redação determinada pela Lei n. 12.844, de 19-7-2013.

II – se negativo, poderá ser objeto de restituição ou de compensação nos termos do art. 74.

•• Inciso II com redação determinada pela Lei n. 12.844, de 19-7-2013.

§ 2.º O saldo do imposto a pagar de que trata o inciso I do parágrafo anterior será acrescido de juros calculados à taxa a que se refere o § 3.º do art. 5.º, a partir de 1.º de fevereiro até o último dia do mês anterior ao do pagamento e de 1% (um por cento) no mês do pagamento.

§ 3.º O prazo a que se refere o inciso I do § 1.º não se aplica ao imposto relativo ao mês de dezembro, que deverá ser pago até o último dia útil do mês de janeiro do ano subsequente.

Disposições Transitórias

Art. 7.º Alternativamente ao disposto no art. 40 da Lei n. 8.981, de 20 de janeiro de 1995, com as alterações da Lei n. 9.065, de 20 de junho de 1995, a pessoa jurídica tributada com base no lucro real ou presumido poderá efetuar o pagamento do saldo do imposto devido, apurado em 31 de dezembro de 1996, em até 4 (quatro) quotas mensais, iguais e sucessivas, devendo a primeira ser paga até o último dia útil do mês de março de 1997 e as demais no último dia útil dos meses subsequentes.

- O art. 40 da Lei n. 8.981, de 20-1-1995, encontra-se revogado pela Lei n. 9.430, de 27-12-1996.

§ 1.º Nenhuma quota poderá ter valor inferior a R$ 1.000,00 (mil reais) e o imposto de valor inferior a R$ 2.000,00 (dois mil reais) será pago em quota única, até o último dia útil do mês de março de 1997.

§ 2.º As quotas do imposto serão acrescidas de juros calculados à taxa a que se refere o § 3.º do art. 5.º, a partir de 1.º de abril de 1997 até o último dia do mês anterior ao do pagamento e de 1% (um por cento) no mês do pagamento.

§ 3.º Havendo saldo de imposto pago a maior, a pessoa jurídica poderá compensá-lo com o imposto devido, correspondente aos períodos de apuração subsequentes, facultado o pedido de restituição.

Art. 8.º As pessoas jurídicas, mesmo as que não tenham optado pela forma de pagamento do art. 2.º, deverão calcular e pagar o imposto de renda relativo aos meses de janeiro e fevereiro de 1997 de conformidade com o referido dispositivo.

Parágrafo único. Para as empresas submetidas às normas do art. 1.º o imposto pago com base na receita bruta auferida nos meses de janeiro e fevereiro de 1997 será deduzido do que for devido em relação ao período de apuração encerrado no dia 31 de março de 1997.

Seção III
Perdas no Recebimento de Créditos
Dedução

Art. 9.º As perdas no recebimento de créditos decorrentes das atividades da pessoa jurídica poderão ser deduzidas como despesas, para determinação do lucro real, observado o disposto neste artigo.

§ 1.º Poderão ser registrados como perda os créditos:

- O Ato Declaratório Interpretativo n. 20, de 19-7-2004, da Secretaria da Receita Federal, dispõe sobre a dedutibilidade das perdas de créditos junto a instituições financeiras em processo de liquidação extrajudicial.

I – em relação aos quais tenha havido a declaração de insolvência do devedor, em sentença emanada do Poder Judiciário;

II – sem garantia, de valor:

a) até R$ 5.000,00 (cinco mil reais), por operação, vencidos há mais de 6 (seis) meses, independentemente de iniciados os procedimentos judiciais para o seu recebimento;

b) acima de R$ 5.000,00 (cinco mil reais) até R$ 30.000,00 (trinta mil reais), por operação, vencidos há mais de 1 (um) ano, independentemente de iniciados os procedimentos judiciais para o seu recebimento, porém, mantida a cobrança administrativa;

c) superior a R$ 30.000,00 (trinta mil reais), vencidos há mais de 1 (um) ano, desde que iniciados e mantidos os procedimentos judiciais para o seu recebimento;

III – com garantia, vencidos há mais de 2 (dois) anos, desde que iniciados e mantidos os procedimentos judiciais para o seu recebimento ou o arresto das garantias;

IV – contra devedor declarado falido ou pessoa jurídica em concordata ou recuperação judicial, relativamente à parcela que exceder o valor que esta tenha se comprometido a pagar, observado o disposto no § 5.º.

•• Inciso IV com redação determinada pela Lei n. 13.097, de 19-1-2015.

§ 2.º No caso de contrato de crédito em que o não pagamento de uma ou mais parcelas implique o vencimento automático de todas as demais parcelas vincendas, os limites a que se referem as alíneas *a* e *b* do inciso II do § 1.º e as alíneas *a* e *b* do inciso II do § 7.º serão considerados em relação ao total dos créditos, por operação, com o mesmo devedor.

•• § 2.º com redação determinada pela Lei n. 13.097, de 19-1-2015.

§ 3.º Para os fins desta Lei, considera-se crédito garantido o proveniente de vendas com reserva de domínio, de alienação fiduciária em garantia ou de operações com outras garantias reais.

§ 4.º No caso de crédito com pessoa jurídica em processo falimentar, em concordata ou em recuperação judicial, a dedução da perda será admitida a partir da data da decretação da falência ou do deferimento do processamento da concordata ou recuperação judicial, desde que a credora tenha adotado os procedimentos judiciais necessários para o recebimento do crédito.

•• § 4.º com redação determinada pela Lei n. 13.097, de 19-1-2015.

§ 5.º A parcela do crédito cujo compromisso de pagar não houver sido honrado pela pessoa jurídica em concordata ou recuperação judicial poderá, também, ser deduzida como perda, observadas as condições previstas neste artigo.

•• § 5.º com redação determinada pela Lei n. 13.097, de 19-1-2015.

§ 6.º Não será admitida a dedução de perda no recebimento de créditos com pessoa jurídica que seja controladora, controlada, coligada ou interligada, bem como com pessoa física que seja acionista controlador, sócio, titular ou administrador da pessoa jurídica credora, ou parente até o terceiro grau dessas pessoas físicas.

§ 7.º Para os contratos inadimplidos a partir da data de publicação da Medida Provisória n. 656, de 7 de outubro de 2014, poderão ser registrados como perda os créditos:

•• § 7.º, *caput*, acrescentado pela Lei n. 13.097, de 19-1-2015.

I – em relação aos quais tenha havido a declaração de insolvência do devedor, em sentença emanada do Poder Judiciário;

•• Inciso I acrescentado pela Lei n. 13.097, de 19-1-2015.

II – sem garantia, de valor:

•• Inciso II, *caput*, acrescentado pela Lei n. 13.097, de 19-1-2015.

a) até R$ 15.000,00 (quinze mil reais), por operação, vencidos há mais de seis meses, independentemente de iniciados os procedimentos judiciais para o seu recebimento;

•• Alínea *a* acrescentada pela Lei n. 13.097, de 19-1-2015.

b) acima de R$ 15.000,00 (quinze mil reais) até R$ 100.000,00 (cem mil reais), por operação, vencidos há mais de um ano, independentemente de iniciados os procedimentos judiciais para o seu recebimento, mantida a cobrança administrativa; e

•• Alínea *b* acrescentada pela Lei n. 13.097, de 19-1-2015.

c) superior a R$ 100.000,00 (cem mil reais), vencidos há mais de um ano, desde que iniciados e mantidos os procedimentos judiciais para o seu recebimento;

•• Alínea *c* acrescentada pela Lei n. 13.097, de 19-1-2015.

III – com garantia, vencidos há mais de dois anos, de valor:

•• Inciso III, *caput*, acrescentado pela Lei n. 13.097, de 19-1-2015.

a) até R$ 50.000,00 (cinquenta mil reais), independentemente de iniciados os procedimentos judiciais para o seu recebimento ou o arresto das garantias; e

•• Alínea *a* acrescentada pela Lei n. 13.097, de 19-1-2015.

b) superior a R$ 50.000,00 (cinquenta mil reais), desde que iniciados e mantidos os procedimentos judiciais para o seu recebimento ou o arresto das garantias; e

•• Alínea *b* acrescentada pela Lei n. 13.097, de 19-1-2015.

IV – contra devedor declarado falido ou pessoa jurídica em concordata ou recuperação judicial, relativamente à parcela que exceder o valor que esta tenha se comprometido a pagar, observado o disposto no § 5.º.

•• Inciso IV acrescentado pela Lei n. 13.097, de 19-1-2015.

Registro Contábil das Perdas

Art. 9.º-A. Na hipótese de inadimplência do débito, as exigências de judicialização de que tratam a alínea c do inciso II e a alínea b do inciso III do § 7.º do art. 9.º e o art. 11 desta Lei poderão ser substituídas pelo instrumento de que trata a Lei n. 9.492, de 10 de setembro de 1997, e os credores deverão arcar, nesse caso, com o pagamento antecipado de taxas, de emolumentos, de acréscimos legais e de demais despesas por ocasião da protocolização e dos demais atos.

•• Artigo acrescentado pela Lei n. 14.043, de 19-8-2020.

Art. 10. Os registros contábeis das perdas admitidas nesta Lei serão efetuados a débito de conta de resultado e a crédito:

I – da conta que registra o crédito de que trata a alínea *a* do inciso II do § 1.º do art. 9.º e a alínea *a* do inciso II do § 7.º do art. 9.º;

•• Inciso I com redação determinada pela Lei n. 13.097, de 19-1-2015.

II – de conta redutora do crédito, nas demais hipóteses.

§ 1.º Ocorrendo a desistência da cobrança pela via judicial, antes de decorridos 5 (cinco) anos do vencimento do crédito, a perda eventualmente registrada deverá ser estornada ou adicionada ao lucro líquido, para determinação do lucro real correspondente ao período de apuração em que se der a desistência.

§ 2.º Na hipótese do parágrafo anterior, o imposto será considerado como postergado desde o período de apuração em que tenha sido reconhecida a perda.

§ 3.º Se a solução da cobrança se der em virtude de acordo homologado por sentença judicial, o valor da perda a ser estornado ou adicionado ao lucro líquido para determinação do lucro real será igual à soma da quantia recebida com o saldo a receber renegociado, não sendo aplicável o disposto no parágrafo anterior.

§ 4.º Os valores registrados na conta redutora do crédito referida no inciso II do *caput* poderão ser baixados definitivamente em contrapartida à conta que registre o crédito, a partir do período de apuração em que se completar 5 (cinco) anos do vencimento do crédito sem que o mesmo tenha sido liquidado pelo devedor.

Encargos Financeiros de Créditos Vencidos

Art. 11. Após 2 (dois) meses do vencimento do crédito, sem que tenha havido o seu recebimento, a pessoa jurídica credora poderá excluir do lucro líquido, para determinação do lucro real, o valor dos encargos financeiros incidentes sobre o crédito, contabilizado como receita, auferido a partir do prazo definido neste artigo.

§ 1.º Ressalvadas as hipóteses das alíneas *a* e *b* do inciso II do § 1.º do art. 9.º, das alíneas *a* e *b* do inciso II do § 7.º do art. 9.º e da alínea *a* do inciso III do § 7.º do art. 9.º, o disposto neste artigo somente se aplica quando a pessoa jurídica houver tomado as providências de caráter judicial necessárias ao recebimento do crédito.

•• § 1.º com redação determinada pela Lei n. 13.097, de 19-1-2015.

§ 2.º Os valores excluídos deverão ser adicionados no período de apuração em que, para os fins legais, se tornarem disponíveis para a pessoa jurídica credora ou em que reconhecida a respectiva perda.

§ 3.º A partir da citação inicial para o pagamento do débito, a pessoa jurídica devedora deverá adicionar ao lucro líquido, para determinação do lucro real, os encargos incidentes sobre o débito vencido e não pago que tenham sido deduzidos como despesa ou custo, incorridos a partir daquela data.

§ 4.º Os valores adicionados a que se refere o parágrafo anterior poderão ser excluídos do lucro líquido, para determinação do lucro real, no período de apuração em que ocorra a quitação do débito por qualquer forma.

Créditos Recuperados

Art. 12. Deverá ser computado na determinação do lucro real o montante dos créditos deduzidos que tenham sido recuperados, em qualquer época ou a qualquer título, inclusive nos casos de novação da dívida ou do arresto dos bens recebidos em garantia real.

§ 1.º Os bens recebidos a título de quitação do débito serão escriturados pelo valor do crédito ou avaliados pelo valor definido na decisão judicial que tenha determinado sua incorporação ao patrimônio do credor.

•• Primitivo parágrafo único renumerado pela Lei n. 12.431, de 24-6-2011.

§ 2.º Nas operações de crédito realizadas por instituições financeiras autorizadas a funcionar pelo Banco Central do Brasil, nos casos de renegociação de dívida, o reconhecimento da receita para fins de incidência de imposto sobre a renda e da Contribuição Social sobre o Lucro Líquido ocorrerá no momento do efetivo recebimento do crédito.

•• § 2.º com redação determinada pela Lei n. 12.715, de 17-9-2012.

Disposição Transitória

Art. 13. No balanço levantado para determinação do lucro real em 31 de dezembro de 1996, a pessoa jurídica poderá optar pela constituição de provisão para créditos de liquidação duvidosa na forma do art. 43 da Lei n. 8.981, de 20 de janeiro de 1995, com as alterações da Lei n. 9.065, de 20 de junho de 1995, ou pelos critérios de perdas a que se referem os arts. 9.º a 12.

Saldo de Provisões Existentes em 31-12-1996

Art. 14. A partir do ano-calendário de 1997, ficam revogadas as normas previstas no art. 43 da Lei n. 8.981, de 20 de janeiro de 1995, com as alterações da Lei n. 9.065, de 20 de junho de 1995, bem como a autorização para a constituição de provisão nos termos dos artigos citados, contida no inciso I do art. 13 da Lei n. 9.249, de 26 de dezembro de 1995.

§ 1.º A pessoa jurídica que, no balanço de 31 de dezembro de 1996, optar pelos critérios de dedução de perdas de que tratam os arts. 9.º a 12 deverá, nesse mesmo balanço, reverter os saldos das provisões para créditos de liquidação duvidosa, constituídas na forma do art. 43 da Lei n. 8.981, de 20 de janeiro de 1995, com as alterações da Lei n. 9.065, de 20 de junho de 1995.

§ 2.º Para a pessoa jurídica que, no balanço de 31 de dezembro de 1996, optar pela constituição de provisão na forma do art. 43 da Lei n. 8.981, de 20 de janeiro de 1995, com as alterações da Lei n. 9.065, de 20 de junho de 1995, a reversão a que se refere o parágrafo anterior será efetuada no balanço correspondente ao primeiro período de apuração encerrado em 1997, se houver adotado o regime de apuração trimestral, ou no balanço de 31 de dezembro de 1997 ou da data da extinção, se houver optado pelo pagamento mensal de que trata o art. 2.º.

§ 3.º Nos casos de incorporação, fusão ou cisão, a reversão de que trata o parágrafo anterior será efetuada no balanço que servir de base à apuração do lucro real correspondente.

Seção IV
Rendimentos do Exterior

Compensação de Imposto Pago

Art. 15. A pessoa jurídica domiciliada no Brasil que auferir, de fonte no exterior, receita decorrente da prestação de serviços efetuada diretamente poderá compensar o imposto pago no país de domicílio da pessoa física ou jurídica contratante, observado o disposto no art. 26 da Lei n. 9.249, de 26 de dezembro de 1995.

Lucros e Rendimentos

Art. 16. Sem prejuízo do disposto nos arts. 25, 26 e 27 da Lei n. 9.249, de 26 de dezembro de 1995, os lucros auferidos por filiais, sucursais, controladas e coligadas, no exterior, serão:

I – considerados de forma individualizada, por filial, sucursal, controlada ou coligada;

II – arbitrados, os lucros das filiais, sucursais e controladas, quando não for possível a determinação de seus resultados, com observância das mesmas normas aplicáveis às pessoas jurídicas domiciliadas no Brasil e computados na determinação do lucro real.

§ 1.º Os resultados decorrentes de aplicações financeiras de renda variável no exterior, em um mesmo país, poderão ser consolidados para efeito de cômputo do ganho, na determinação do lucro real.

§ 2.º Para efeito da compensação de imposto pago no exterior, a pessoa jurídica:

I – com relação aos lucros, deverá apresentar as demonstrações financeiras correspondentes, exceto na hipótese do inciso II do *caput* deste artigo;

II – fica dispensada da obrigação a que se refere o § 2.º do art. 26 da Lei n. 9.249, de 26 de dezembro de 1995, quando comprovar que a legislação do país de origem do lucro, rendimento ou ganho de capital prevê a incidência do imposto de renda que houver sido pago, por meio do documento de arrecadação apresentado.

§ 3.º Na hipótese de arbitramento do lucro da pessoa jurídica domiciliada no Brasil, os lucros, rendimentos e ganhos de capital oriundos do exterior serão adicionados ao lucro arbitrado para determinação da base de cálculo do imposto.

§ 4.º Do imposto devido correspondente a lucros, rendimentos ou ganhos de capital oriundos do exterior não será admitida qualquer destinação ou dedução a título de incentivo fiscal.

Operações de Cobertura em Bolsa do Exterior

Art. 17. Serão computados na determinação do lucro real os resultados líquidos, positivos ou negativos, obtidos em operações de cobertura (*hedge*) realizadas em mercados de liquidação futura, diretamente pela empresa brasileira, em bolsas no exterior.

Parágrafo único. A Secretaria da Receita Federal e o Banco Central do Brasil expedirão instruções para a apuração do resultado líquido, sobre a movimentação de divisas relacionadas com essas operações, e outras que se fizerem necessárias à execução do disposto neste artigo.

•• Parágrafo único acrescentado pela Lei n. 11.033, de 21-12-2004.

•• A Secretaria da Receita Federal passa a denominar-se Secretaria da Receita Federal do Brasil, por força da Lei n. 11.457, de 16-3-2007.

Seção V
Preços de Transferência

Bens, Serviços e Direitos Adquiridos no Exterior

Art. 18. Os custos, despesas e encargos relativos a bens, serviços e direitos, constantes dos documentos de importação ou de aquisição, nas operações efetuadas com pessoa vinculada, somente serão dedutíveis na determinação do lucro real até o valor que não exceda ao preço determinado por um dos seguintes métodos:

I – Método dos Preços Independentes Comparados – PIC: definido como a média aritmética ponderada dos preços de bens, serviços ou direitos, idênticos ou similares, apurados no mercado brasileiro ou de outros países, em operações de compra e venda empreendidas pela própria interessada ou por terceiros, em condições de pagamento semelhantes;

•• Inciso I com redação determinada pela Lei n. 12.715, de 17-9-2012.

II – Método do Preço de Revenda menos Lucro – PRL: definido como a média aritmética ponderada dos preços de venda, no País, dos bens, direitos ou serviços importados, em condições de pagamento semelhantes e calculados conforme a metodologia a seguir:

•• Inciso II, *caput*, com redação determinada pela Lei n. 12.715, de 17-9-2012.

a) preço líquido de venda: a média aritmética ponderada dos preços de venda do bem, direito ou serviço produzido, diminuídos dos descontos incondicionais concedidos, dos impostos e contribuições sobre as vendas e das comissões e corretagens pagas;

•• Alínea *a* com redação determinada pela Lei n. 12.715, de 17-9-2012.

b) percentual de participação dos bens, direitos ou serviços importados no custo total do bem, direito ou serviço vendido: a relação percentual entre o custo médio ponderado do bem, direito ou serviço importado e o custo total médio ponderado do bem, direito ou serviço vendido, calculado em conformidade com a planilha de custos da empresa;

•• Alínea *b* com redação determinada pela Lei n. 12.715, de 17-9-2012.

c) participação dos bens, direitos ou serviços importados no preço de venda do bem, direito ou serviço vendido: aplicação do percentual de participação do bem, direito ou serviço importado no custo total, apurada conforme a alínea *b*, sobre o preço líquido de venda calculado de acordo com a alínea *a*;

•• Alínea *c* com redação determinada pela Lei n. 12.715, de 17-9-2012.

d) margem de lucro: a aplicação dos percentuais previstos no § 12, conforme setor econômico da pessoa jurídica sujeita ao controle de preços de transferência, sobre a participação do bem, direito ou serviço importado no preço de venda do bem, direito ou serviço vendido, calculado de acordo com a alínea *c*; e

•• Alínea *d* com redação determinada pela Lei n. 12.715, de 17-9-2012.

1 e 2. (*Revogados pela Lei n. 12.715, de 17-9-2012*).

e) preço parâmetro: a diferença entre o valor da participação do bem, direito ou serviço importado no preço de venda do bem, direito ou serviço vendido, calculado conforme a alínea *c*; e a "margem de lucro", calculada de acordo com a alínea *d*; e

•• Alínea *e* acrescentada pela Lei n. 12.715, de 17-9-2012.

III – Método do Custo de Produção mais Lucro – CPL: definido como o custo médio ponderado de produção de bens, serviços ou direitos, idênticos ou similares, acrescido dos impostos e taxas cobrados na exportação no país onde tiverem sido originariamente produzidos, e de margem de lucro de 20% (vinte por cento), calculada sobre o custo apurado.

•• Inciso III com redação determinada pela Lei n. 12.715, de 17-9-2012.

§ 1.º As médias aritméticas ponderadas dos preços de que tratam os incisos I e II do *caput* e o custo médio ponderado de produção de que trata o inciso III do *caput* serão calculados considerando-se os preços praticados e os custos incorridos durante todo o período de apuração da base de cálculo do imposto sobre a renda a que se referirem os custos, despesas ou encargos.

•• § 1.º com redação determinada pela Lei n. 12.715, de 17-9-2012.

§ 2.º Para efeito do disposto no inciso I, somente serão consideradas as operações de compra e venda praticadas entre compradores e vendedores não vinculados.

§ 3.º Para efeito do disposto no inciso II, somente serão considerados os preços praticados pela empresa com compradores não vinculados.

§ 4.º Na hipótese de utilização de mais de um método, será considerado dedutível o maior valor apurado, observado o disposto no parágrafo subsequente.

§ 5.º Se os valores apurados segundo os métodos mencionados neste artigo forem superiores ao de aquisição, constante dos respectivos documentos, a dedutibilidade fica limitada ao montante deste último.

§ 6.º Não integram o custo, para efeito do cálculo disposto na alínea *b* do inciso II do *caput*, o valor do frete e do seguro, cujo ônus tenha sido do importador, desde que tenham sido contratados com pessoas:

•• § 6.º, *caput*, com redação determinada pela Lei n. 12.715, de 17-9-2012.

I – não vinculadas; e

•• Inciso I acrescentado pela Lei n. 12.715, de 17-9-2012.

II – que não sejam residentes ou domiciliadas em países ou dependências de tributação favorecida, ou que não estejam amparados por regimes fiscais privilegiados.

•• Inciso II acrescentado pela Lei n. 12.715, de 17-9-2012.

§ 6.º-A. Não integram o custo, para efeito do cálculo disposto na alínea *b* do inciso II do *caput*, os tributos incidentes na importação e os gastos no desembaraço aduaneiro.

•• § 6.º-A acrescentado pela Lei n. 12.715, de 17-9-2012.

§ 7.º A parcela dos custos que exceder ao valor determinado de conformidade com este artigo deverá ser adicionada ao lucro líquido, para determinação do lucro real.

§ 8.º A dedutibilidade dos encargos de depreciação ou amortização dos bens e direitos fica limitada, em cada período de apuração, ao montante calculado com base no preço determinado na forma deste artigo.

§ 9.º O disposto neste artigo não se aplica aos casos de *royalties* e assistência técnica, científica, administrativa ou assemelhada, os quais permanecem subordinados às condições de dedutibilidade constantes da legislação vigente.

§ 10. Relativamente ao método previsto no inciso I do *caput*, as operações utilizadas para fins de cálculo devem:

•• § 10, *caput*, acrescentado pela Lei n. 12.715, de 17-9-2012.

I – representar, ao menos, 5% (cinco por cento) do valor das operações de importação sujeitas ao controle de preços de transferência, empreendidas pela pessoa jurídica, no período de apuração, quanto ao tipo de bem, direito ou serviço importado, na hipótese em que os dados utilizados para fins de cálculo digam respeito às suas próprias operações; e

•• Inciso I acrescentado pela Lei n. 12.715, de 17-9-2012.

II – corresponder a preços independentes realizados no mesmo ano-calendário das respectivas operações de importações sujeitas ao controle de preços de transferência.

•• Inciso II acrescentado pela Lei n. 12.715, de 17-9-2012.

§ 11. Na hipótese do inciso II do § 10, não havendo preço independente no ano-calendário da importação, poderá ser utilizado preço independente relativo à operação efetuada no ano-calendário imediatamente anterior ao da importação, ajustado pela variação cambial do período.

•• § 11 acrescentado pela Lei n. 12.715, de 17-9-2012.

§ 12. As margens a que se refere a alínea *d* do inciso II do *caput* serão aplicadas de acordo com o setor da atividade econômica da pessoa jurídica brasileira sujeita aos controles de preços de transferência e incidirão, independentemente de submissão a processo produtivo ou não no Brasil, nos seguintes percentuais:

•• § 12, *caput*, acrescentado pela Lei n. 12.715, de 17-9-2012.

I – 40% (quarenta por cento), para os setores de:

•• Inciso I, *caput*, acrescentado pela Lei n. 12.715, de 17-9-2012.

a) produtos farmoquímicos e farmacêuticos;

•• Alínea *a* acrescentada pela Lei n. 12.715, de 17-9-2012.

b) produtos do fumo;

•• Alínea *b* acrescentada pela Lei n. 12.715, de 17-9-2012.

c) equipamentos e instrumentos ópticos, fotográficos e cinematográficos;

•• Alínea *c* acrescentada pela Lei n. 12.715, de 17-9-2012.

d) máquinas, aparelhos e equipamentos para uso odonto-médico-hospitalar;

•• Alínea *d* acrescentada pela Lei n. 12.715, de 17-9-2012.

e) extração de petróleo e gás natural; e

•• Alínea *e* acrescentada pela Lei n. 12.715, de 17-9-2012.

f) produtos derivados do petróleo;

•• Alínea *f* acrescentada pela Lei n. 12.715, de 17-9-2012.

II – 30% (trinta por cento) para os setores de:

•• Inciso II, *caput*, acrescentado pela Lei n. 12.715, de 17-9-2012.

a) produtos químicos;

•• Alínea *a* acrescentada pela Lei n. 12.715, de 17-9-2012.

b) vidros e de produtos do vidro;

•• Alínea *b* acrescentada pela Lei n. 12.715, de 17-9-2012.

c) celulose, papel e produtos de papel; e

•• Alínea *c* acrescentada pela Lei n. 12.715, de 17-9-2012.

d) metalurgia; e

•• Alínea *d* acrescentada pela Lei n. 12.715, de 17-9-2012.

III – 20% (vinte por cento) para os demais setores.

•• Inciso III acrescentado pela Lei n. 12.715, de 17-9-2012.

§ 13. Na hipótese em que a pessoa jurídica desenvolva atividades enquadradas em mais de um inciso do § 12, deverá ser adotada para fins de cálculo do PRL a margem correspondente ao setor da atividade para o qual o bem importado tenha sido destinado, observado o disposto no § 14.

•• § 13 acrescentado pela Lei n. 12.715, de 17-9-2012.

§ 14. Na hipótese de um mesmo bem importado ser revendido e aplicado na produção de um ou mais produtos, ou na hipótese de o bem importado ser submetido a diferentes processos produtivos no Brasil, o preço parâmetro final será a média ponderada dos valores encontrados mediante a aplicação do método PRL, de acordo com suas respectivas destinações.

•• § 14 acrescentado pela Lei n. 12.715, de 17-9-2012.

§ 15. No caso de ser utilizado o método PRL, o preço parâmetro deverá ser apurado considerando-se os preços de venda no período em que os produtos forem baixados dos estoques para resultado.

•• § 15 acrescentado pela Lei n. 12.715, de 17-9-2012.

§ 16. Na hipótese de importação de *commodities* sujeitas à cotação em bolsas de mercadorias e futuros internacionalmente reconhecidas, deverá ser utilizado o Método do Preço sob Cotação na Importação – PCI definido no art. 18-A.

•• § 16 acrescentado pela Lei n. 12.715, de 17-9-2012.

§ 17. Na hipótese do inciso I do § 10, não havendo operações que representem 5% (cinco por cento) do valor das importações sujeitas ao controle de preços de transferência no período de apuração, o percentual poderá ser complementado com as importações efetuadas no ano-calendário imediatamente anterior, ajustado pela variação cambial do período.

•• § 17 acrescentado pela Lei n. 12.715, de 17-9-2012.

Art. 18-A. O Método do Preço sob Cotação na Importação – PCI é definido como os valores médios diários da cotação de bens ou direitos sujeitos a preços públicos em bolsas de mercadorias e futuros internacionalmente reconhecidas.

•• *Caput* acrescentado pela Lei n. 12.715, de 17-9-2012.

§ 1.º Os preços dos bens importados e declarados por pessoas físicas ou jurídicas residentes ou domiciliadas no

País serão comparados com os preços de cotação desses bens, constantes em bolsas de mercadorias e futuros internacionalmente reconhecidas, ajustados para mais ou para menos do prêmio médio de mercado, na data da transação, nos casos de importação de:

•• § 1.º, *caput*, acrescentado pela Lei n. 12.715, de 17-9-2012.

I – pessoas físicas ou jurídicas vinculadas;

•• Inciso I acrescentado pela Lei n. 12.715, de 17-9-2012.

II – residentes ou domiciliadas em países ou dependências com tributação favorecida; ou

•• Inciso II acrescentado pela Lei n. 12.715, de 17-9-2012.

III – pessoas físicas ou jurídicas beneficiadas por regimes fiscais privilegiados.

•• Inciso III acrescentado pela Lei n. 12.715, de 17-9-2012.

§ 2.º Não havendo cotação disponível para o dia da transação, deverá ser utilizada a última cotação conhecida.

•• § 2.º acrescentado pela Lei n. 12.715, de 17-9-2012.

§ 3.º Na hipótese de ausência de identificação da data da transação, a conversão será efetuada considerando-se a data do registro da declaração de importação de mercadoria.

•• § 3.º acrescentado pela Lei n. 12.715, de 17-9-2012.

§ 4.º Na hipótese de não haver cotação dos bens em bolsas de mercadorias e futuros internacionalmente reconhecidas, os preços dos bens importados a que se refere o § 1.º poderão ser comparados com os obtidos a partir de fontes de dados independentes fornecidas por instituições de pesquisa setoriais internacionalmente reconhecidas.

•• § 4.º acrescentado pela Lei n. 12.715, de 17-9-2012.

§ 5.º A Secretaria da Receita Federal do Brasil do Ministério da Fazenda disciplinará a aplicação do disposto neste artigo, inclusive a divulgação das bolsas de mercadorias e futuros e das instituições de pesquisas setoriais internacionalmente reconhecidas para cotação de preços.

•• § 5.º acrescentado pela Lei n. 12.715, de 17-9-2012.

Receitas Oriundas de Exportações para o Exterior

Art. 19. As receitas auferidas nas operações efetuadas com pessoa vinculada ficam sujeitas a arbitramento quando o preço médio de venda dos bens, serviços ou direitos, nas exportações efetuadas durante o respectivo período de apuração da base de cálculo do imposto de renda, for inferior a 90% (noventa por cento) do preço médio praticado na venda dos mesmos bens, serviços ou direitos, no mercado brasileiro, durante o mesmo período, em condições de pagamento semelhantes.

§ 1.º Caso a pessoa jurídica não efetue operações de venda no mercado interno, a determinação dos preços médios a que se refere o *caput* será efetuada com dados de outras empresas que pratiquem a venda de bens, serviços ou direitos, idênticos ou similares, no mercado brasileiro.

§ 2.º Para efeito de comparação, o preço de venda:

I – no mercado brasileiro, deverá ser considerado líquido dos descontos incondicionais concedidos, do imposto sobre a circulação de mercadorias e serviços, do imposto sobre serviços e das contribuições para a seguridade social – COFINS e para o PIS/PASEP;

II – nas exportações, será tomado pelo valor depois de diminuído dos encargos de frete e seguro, cujo ônus tenha sido da empresa exportadora.

§ 3.º Verificado que o preço de venda nas exportações é inferior ao limite de que trata este artigo, as receitas das vendas nas exportações serão determinadas tomando-se por base o valor apurado segundo um dos seguintes métodos:

I – Método do Preço de Venda nas Exportações – PVEx: definido como a média aritmética dos preços de venda nas exportações efetuadas pela própria empresa, para outros clientes, ou por outra exportadora nacional de bens, serviços ou direitos, idênticos ou similares, durante o mesmo período de apuração da base de cálculo do imposto de renda e em condições de pagamento semelhantes;

II – Método do Preço de Venda por Atacado no País de Destino, Diminuído do Lucro – PVA: definido como a média aritmética dos preços de venda de bens, idênticos ou similares, praticados no mercado atacadista do país de destino, em condições de pagamento semelhantes, diminuídos dos tributos incluídos no preço, cobrados no referido país, e de margem de lucro de 15% (quinze por cento) sobre o preço de venda no atacado;

III – Método do Preço de Venda a Varejo no País de Destino, Diminuído do Lucro – PVV: definido como a média aritmética dos preços de venda de bens, idênticos ou similares, praticados no mercado varejista do país de destino, em condições de pagamento semelhantes, diminuídos dos tributos incluídos no preço, cobrados no referido país, e de margem de lucro de 30% (trinta por cento) sobre o preço de venda no varejo;

IV – Método do Custo de Aquisição ou de Produção mais Tributos e Lucro – CAP: definido como a média aritmética dos custos de aquisição ou de produção dos bens, serviços ou direitos, exportados, acrescidos dos impostos e contribuições cobrados no Brasil e de margem de lucro de 15% (quinze por cento) sobre a soma dos custos mais impostos e contribuições.

§ 4.º As médias aritméticas de que trata o parágrafo anterior serão calculadas em relação ao período de apuração da respectiva base de cálculo do imposto de renda da empresa brasileira.

§ 5.º Na hipótese de utilização de mais de um método, será considerado o menor dos valores apurados, observado o disposto no parágrafo subsequente.

§ 6.º Se o valor apurado segundo os métodos mencionados no § 3.º for inferior aos preços de venda constantes dos documentos de exportação, prevalecerá o montante da receita reconhecida conforme os referidos documentos.

§ 7.º A parcela das receitas, apurada segundo o disposto neste artigo, que exceder ao valor já apropriado na escrituração da empresa deverá ser adicionada ao lucro líquido, para determinação do lucro real, bem como ser computada na determinação do lucro presumido e do lucro arbitrado.

§ 8.º Para efeito do disposto no § 3.º, somente serão consideradas as operações de compra e venda praticadas entre compradores e vendedores não vinculados.

•• *Vide* art. 4.º da Lei n. 10.451, de 10-5-2002.

§ 9.º Na hipótese de exportação de *commodities* sujeitas à cotação em bolsas de mercadorias e futuros internacionalmente reconhecidas, deverá ser utilizado o Método do Preço sob Cotação na Exportação - PECEX, definido no art. 19-A.

•• § 9.º acrescentado pela Lei n. 12.715, de 17-9-2012.

Art. 19-A. O Método do Preço sob Cotação na Exportação - PECEX é definido como os valores médios diários da cotação de bens ou direitos sujeitos a preços públicos em bolsas de mercadorias e futuros internacionalmente reconhecidas.

•• *Caput* acrescentado pela Lei n. 12.715, de 17-9-2012.

§ 1.º Os preços dos bens exportados e declarados por pessoas físicas ou jurídicas residentes ou domiciliadas no País serão comparados com os preços de cotação dos bens, constantes em bolsas de mercadorias e futuros internacionalmente reconhecidas, ajustados para mais ou para menos do prêmio médio de mercado, na data da transação, nos casos de exportação para:

•• § 1.º, *caput*, acrescentado pela Lei n. 12.715, de 17-9-2012.

I – pessoas físicas ou jurídicas vinculadas;

•• Inciso I acrescentado pela Lei n. 12.715, de 17-9-2012.

II – residentes ou domiciliadas em países ou dependências com tributação favorecida; ou

•• Inciso II acrescentado pela Lei n. 12.715, de 17-9-2012.

III – pessoas físicas ou jurídicas beneficiadas por regimes fiscais privilegiados.

•• Inciso III acrescentado pela Lei n. 12.715, de 17-9-2012.

§ 2.º Não havendo cotação disponível para o dia da transação, deverá ser utilizada a última cotação conhecida.

•• § 2.º acrescentado pela Lei n. 12.715, de 17-9-2012.

§ 3.º Na hipótese de ausência de identificação da data da transação, a conversão será efetuada considerando-se a data de embarque dos bens exportados.

•• § 3.º acrescentado pela Lei n. 12.715, de 17-9-2012.

§ 4.º As receitas auferidas nas operações de que trata o *caput* ficam sujeitas ao arbitramento de preços de transferência, não se aplicando o percentual de 90% (noventa por cento) previsto no *caput* do art. 19.

•• § 4.º acrescentado pela Lei n. 12.715, de 17-9-2012.

§ 5.º Na hipótese de não haver cotação dos bens em bolsas de mercadorias e futuros internacionalmente reconhecidas, os preços dos bens exportados a que se refere o § 1.º poderão ser comparados:

•• § 5.º, *caput*, acrescentado pela Lei n. 12.715, de 17-9-2012.

I – com os obtidos a partir de fontes de dados independentes fornecidas por instituições de pesquisa setoriais internacionalmente reconhecidas; ou

•• Inciso I acrescentado pela Lei n. 12.715, de 17-9-2012.

II – com os preços definidos por agências ou órgãos reguladores e publicados no Diário Oficial da União.

•• Inciso II acrescentado pela Lei n. 12.715, de 17-9-2012.

§ 6.º A Secretaria da Receita Federal do Brasil do Ministério da Fazenda disciplinará o disposto neste artigo, inclusive a divulgação das bolsas de mercadorias e futuros e das instituições de pesquisas setoriais internacionalmente reconhecidas para cotação de preços.

•• § 6.º acrescentado pela Lei n. 12.715, de 17-9-2012.

§ 7.º (*Vetado*.)

•• § 7.º acrescentado pela Lei n. 12.715, de 17-9-2012.

Art. 20. O Ministro de Estado da Fazenda poderá, em circunstâncias justificadas, alterar os percentuais de que tratam os arts. 18 e 19, de ofício ou mediante requerimento conforme o § 2.º do art. 21.

•• Artigo com redação determinada pela Lei n. 12.715, de 17-9-2012.

•• *Vide* art. 4.º da Lei n. 10.451, de 10-5-2002.

• A Portaria n. 222, de 24-9-2008, do Ministério da Fazenda, dispõe sobre a forma de efetuação das alterações de percentuais tratadas nos dispositivos citados por este artigo.

Art. 20-A. A partir do ano-calendário de 2012, a opção por um dos métodos previstos nos arts. 18 e 19 será efetuada para o ano-calendário e não poderá ser alterada pelo contribuinte uma vez iniciado o procedimento fiscal, salvo quando, em seu curso, o método ou algum de seus critérios de cálculo venha a ser desqualificado pela fiscalização, situação esta em que deverá ser intimado o sujeito passivo para, no prazo de 30 (trinta) dias, apresentar novo cálculo de acordo com qualquer outro método previsto na legislação.

•• *Caput* acrescentado pela Lei n. 12.715, de 17-9-2012.

§ 1.º A fiscalização deverá motivar o ato caso desqualifique o método eleito pela pessoa jurídica.

•• § 1.º acrescentado pela Lei n. 12.715, de 17-9-2012.

§ 2.º A autoridade fiscal responsável pela verificação poderá determinar o preço parâmetro, com base nos documentos de que dispuser, e aplicar um dos métodos previstos nos arts. 18 e 19, quando o sujeito passivo, após decorrido o prazo de que trata o *caput*:

•• § 1.º, *caput*, acrescentado pela Lei n. 12.715, de 17-9-2012.

I – não apresentar os documentos que deem suporte à determinação do preço praticado nem às respectivas memórias de cálculo para apuração do preço parâmetro, segundo o método escolhido;

•• Inciso I acrescentado pela Lei n. 12.715, de 17-9-2012.

II – apresentar documentos imprestáveis ou insuficientes para demonstrar a correção do cálculo do preço parâmetro pelo método escolhido; ou

•• Inciso II acrescentado pela Lei n. 12.715, de 17-9-2012.

III – deixar de oferecer quaisquer elementos úteis à verificação dos cálculos para apuração do preço parâmetro, pelo método escolhido, quando solicitados pela autoridade fiscal.

•• Inciso III acrescentado pela Lei n. 12.715, de 17-9-2012.

§ 3.º A Secretaria da Receita Federal do Brasil do Ministério da Fazenda definirá o prazo e a forma de opção de que trata o *caput*.

•• § 3.º acrescentado pela Lei n. 12.715, de 17-9-2012.

Art. 20-B. A utilização do método de cálculo de preço parâmetro, de que tratam os arts. 18 e 19, deve ser consistente por bem, serviço ou direito, para todo o ano-calendário.

•• Artigo acrescentado pela Lei n. 12.715, de 17-9-2012.

Apuração dos Preços Médios

Art. 21. Os custos e preços médios a que se referem os arts. 18 e 19 deverão ser apurados com base em:

I – publicações ou relatórios oficiais do governo do país do comprador ou vendedor ou declaração da autoridade fiscal desse mesmo país, quando com ele o Brasil mantiver acordo para evitar a bitributação ou para intercâmbio de informações;

II – pesquisas efetuadas por empresa ou instituição de notório conhecimento técnico ou publicações técnicas, em que se especifiquem o setor, o período, as empresas pesquisadas e a margem encontrada, bem como identifiquem, por empresa, os dados coletados e trabalhados.

§ 1.º As publicações, as pesquisas e os relatórios oficiais a que se refere este artigo somente serão admitidos como prova se houverem sido realizados com observância de métodos de avaliação internacionalmente adotados e se referirem a período contemporâneo com o de apuração da base de cálculo do imposto de renda da empresa brasileira.

§ 2.º Admitir-se-ão margens de lucro diversas das estabelecidas nos arts. 18 e 19, desde que o contribuinte as comprove, com base em publicações, pesquisas ou relatórios elaborados de conformidade com o disposto neste artigo.

§ 3.º As publicações técnicas, as pesquisas e os relatórios a que se refere este artigo poderão ser desqualificados mediante ato do Secretário da Receita Federal, quando considerados inidôneos ou inconsistentes.

•• *Vide* art. 4.º da Lei n. 10.451, de 10-5-2002.

Juros

Art. 22. Os juros pagos ou creditados a pessoa vinculada somente serão dedutíveis para fins de determinação do lucro real até o montante que não exceda ao valor calculado com base em taxa determinada conforme este artigo acrescida de margem percentual a título de *spread*, a ser definida por ato do Ministro de Estado da Fazenda com base na média de mercado, proporcionalizados em função do período a que se referirem os juros.

•• *Caput* com redação determinada pela Lei n. 12.766, de 27-12-2012.

§ 1.º No caso de mútuo com pessoa vinculada, a pessoa jurídica mutuante, domiciliada no Brasil, deverá reconhecer, como receita financeira correspondente à operação, no mínimo o valor apurado segundo o disposto neste artigo.

§ 2.º Para efeito do limite a que se refere este artigo, os juros serão calculados com base no valor da obrigação ou do direito, expresso na moeda objeto do contrato e convertida em reais pela taxa de câmbio, divulgada pelo Banco Central do Brasil, para a data do termo final do cálculo dos juros.

§ 3.º O valor dos encargos que exceder o limite referido no *caput* e a diferença de receita apurada na forma do parágrafo anterior serão adicionados à base de cálculo do imposto de renda devido pela empresa no Brasil, inclusive ao lucro presumido ou arbitrado.

§ 4.º (*Revogado pela Lei n. 12.715, de 17-9-2012.*)

•• *Vide* art. 4.º da Lei n. 10.451, de 10-5-2002.

§ 5.º (*Revogado pela Lei n. 12.766, de 27-12-2012.*)

§ 6.º A taxa de que trata o *caput* será a taxa:

•• § 6.º, *caput*, acrescentado pela Lei n. 12.766, de 27-12-2012.

I – de mercado dos títulos soberanos da República Federativa do Brasil emitidos no mercado externo em dólares dos Estados Unidos da América, na hipótese de operações em dólares dos Estados Unidos da América com taxa prefixada;

•• Inciso I acrescentado pela Lei n. 12.766, de 27-12-2012.

II – de mercado dos títulos soberanos da República Federativa do Brasil emitidos no mercado externo em reais, na hipótese de operações em reais no exterior com taxa prefixada; e

•• Inciso II acrescentado pela Lei n. 12.766, de 27-12-2012.

III – *London Interbank Offered Rate* - *LIBOR* pelo prazo de 6 (seis) meses, nos demais casos.

•• Inciso III acrescentado pela Lei n. 12.766, de 27-12-2012.

§ 7.º O Ministro de Estado da Fazenda poderá fixar a taxa de que trata o *caput* na hipótese de operações em reais no exterior com taxa flutuante.

•• § 7.º acrescentado pela Lei n. 12.766, de 27-12-2012.

§ 8.º Na hipótese do inciso III do § 6.º, para as operações efetuadas em outras moedas nas quais não seja divulgada taxa *Libor* própria, deverá ser utilizado o valor da taxa *Libor* para depósitos em dólares dos Estados Unidos da América.

•• § 8.º acrescentado pela Lei n. 12.766, de 27-12-2012.

§ 9.º A verificação de que trata este artigo deve ser efetuada na data da contratação da operação e será aplicada aos contratos celebrados a partir de 1.º de janeiro de 2013.

•• § 9.º acrescentado pela Lei n. 12.766, de 27-12-2012.

§ 10. Para fins do disposto no § 9.º, a novação e a repactuação são consideradas novos contratos.

•• § 10 acrescentado pela Lei n. 12.766, de 27-12-2012.

§ 11. O disposto neste artigo será disciplinado pela Secretaria da Receita Federal do Brasil, inclusive quanto às especificações e condições de utilização das taxas previstas no *caput* e no § 6.º.

•• § 11 acrescentado pela Lei n. 12.766, de 27-12-2012.

•• A Lei n. 13.097, de 19-1-2015, propôs o acréscimo do § 12 a este artigo, porém teve seu texto vetado.

Pessoa Vinculada – Conceito

Art. 23. Para efeito dos arts. 18 a 22, será considerada vinculada à pessoa jurídica domiciliada no Brasil:

I – a matriz desta, quando domiciliada no exterior;

II – a sua filial ou sucursal, domiciliada no exterior;

III – a pessoa física ou jurídica, residente ou domiciliada no exterior, cuja participação societária no seu capital social a caracterize como sua controladora ou coligada, na forma definida nos §§ 1.º e 2.º do art. 243 da Lei n. 6.404, de 15 de dezembro de 1976;

IV – a pessoa jurídica domiciliada no exterior que seja caracterizada como sua controlada ou coligada, na forma definida nos §§ 1.º e 2.º do art. 243 da Lei n. 6.404, de 15 de dezembro de 1976;

V – a pessoa jurídica domiciliada no exterior, quando esta e a empresa domiciliada no Brasil estiverem sob controle societário ou administrativo comum ou quando pelo menos 10% (dez por cento) do capital social de cada uma pertencer a uma mesma pessoa física ou jurídica;

VI – a pessoa física ou jurídica, residente ou domiciliada no exterior, que, em conjunto com a pessoa jurídica domiciliada no Brasil, tiver participação societária no capital social de uma terceira pessoa jurídica, cuja soma as caracterize como controladoras ou coligadas desta, na forma definida nos §§ 1.º e 2.º do art. 243 da Lei n. 6.404, de 15 de dezembro de 1976;

VII – a pessoa física ou jurídica, residente ou domiciliada no exterior, que seja sua associada, na forma de consórcio ou condomínio, conforme definido na legislação brasileira, em qualquer empreendimento;

VIII – a pessoa física residente no exterior que for parente ou afim até o terceiro grau, cônjuge ou companheiro de qualquer de seus diretores ou de seu sócio ou acionista controlador em participação direta ou indireta;

IX – a pessoa física ou jurídica, residente ou domiciliada no exterior, que goze de exclusividade, como seu agente, distribuidor ou concessionário, para a compra e venda de bens, serviços ou direitos;

X – a pessoa física ou jurídica, residente ou domiciliada no exterior, em relação à qual a pessoa jurídica domiciliada no Brasil goze de exclusividade, como agente, distribuidora ou concessionária, para a compra e venda de bens, serviços ou direitos.

Países com Tributação Favorecida

Art. 24. As disposições relativas a preços, custos e taxas de juros, constantes dos arts. 18 a 22, aplicam-se, também, às operações efetuadas por pessoa física ou jurídica residente ou domiciliada no Brasil, com qualquer pessoa física ou jurídica, ainda que não vinculada, residente ou domiciliada em país que não tribute a renda ou que a tribute a alíquota máxima inferior a 20% (vinte por cento).

•• *Vide* art. 9.º, § 5.º, da Medida Provisória n. 2.159-70, de 24-8-2001.

•• O art. 27 da Lei n. 12.249, de 11-6-2010, dispõe: "Art. 27. A transferência do domicílio fiscal da pessoa física residente e domiciliada no Brasil para país ou dependência com tributação favorecida ou regime fiscal privilegiado, nos termos a que se referem, respectivamente, os arts. 24 e 24-A da Lei n. 9.430, de 27 de dezembro de 1996, somente terá seus efeitos reconhecidos a partir da data em que o contribuinte comprove: I – ser residente de fato naquele país ou dependência; ou II – sujeitar-se a imposto sobre a totalidade dos rendimentos do trabalho e do capital, bem como o efetivo pagamento desse imposto. Parágrafo único. Consideram-se residentes de fato, para os fins do disposto no inciso I do *caput* deste artigo, as pessoas físicas que tenham efetivamente permanecido no país ou dependência por mais de 183 (cento e oitenta e três) dias, consecutivos ou não, no período de até 12 (doze) meses, ou que comprovem ali se localizarem a residência habitual de sua família e a maior parte de seu patrimônio".

• *Vide* art. 8.º da Lei n. 9.779, de 19-1-1999.

• *Vide* art. 3.º, III, do Decreto n. 3.724, de 10-1-2001.

• A Instrução Normativa n. 188, de 6-8-2002, da Secretaria da Receita Federal, relaciona países ou dependências com tributação favorecida ou que oponham sigilo relativo à composição societária de pessoas jurídicas.

• *Vide* art. 2.º, parágrafo único, da Lei n. 10.865, de 30-4-2004.

§ 1.º Para efeito do disposto na parte final deste artigo, será considerada a legislação tributária do referido país, aplicável às pessoas físicas ou às pessoas jurídicas, conforme a natureza do ente com o qual houver sido praticada a operação.

§ 2.º No caso de pessoa física residente no Brasil:

I – o valor apurado segundo os métodos de que trata o art. 18 será considerado como custo de aquisição para efeito de apuração de ganho de capital na alienação do bem ou direito;

II – o preço relativo ao bem ou direito alienado, para efeito de apuração de ganho de capital, será o apurado de conformidade com o disposto no art. 19;

III – será considerado como rendimento tributável o preço dos serviços prestados apurado de conformidade com o disposto no art. 19;

IV – serão considerados como rendimento tributável os juros determinados de conformidade com o art. 22.

§ 3.º Para os fins do disposto neste artigo, considerar-se-á separadamente a tributação do trabalho e do capital, bem como as dependências do país de residência ou domicílio.

•• § 3.º acrescentado pela Lei n. 10.451, de 10-5-2002.

§ 4.º Considera-se também país ou dependência com tributação favorecida aquele cuja legislação não permita o acesso a informações relativas à composição societária de pessoas jurídicas, à sua titularidade ou à identificação do beneficiário efetivo de rendimentos atribuídos a não residentes.

•• § 4.º acrescentado pela Lei n. 11.727, de 23-6-2008.

•• *Vide* art. 41, VI, da Lei n. 11.727, de 23-6-2008.

Art. 24-A. Aplicam-se às operações realizadas em regime fiscal privilegiado as disposições relativas a preços, custos e taxas de juros constantes dos arts. 18 a 22 desta Lei, nas transações entre pessoas físicas ou jurídicas residentes e domiciliadas no País com qualquer pessoa física ou jurídica, ainda que não vinculada, residente ou domiciliada no exterior.

•• *Caput* acrescentado pela Lei n. 11.727, de 23-6-2008.

•• *Vide* art. 41, VI, da Lei n. 11.727, de 23-6-2008.

• *Vide* art. 2.º, parágrafo único, da Lei n. 10.865, de 30-4-2004.

Parágrafo único. Para os efeitos deste artigo, considera-se regime fiscal privilegiado aquele que apresentar uma ou mais das seguintes características:

•• Parágrafo único, *caput*, com redação determinada pela Lei n. 11.941, de 27-5-2009.

I – não tribute a renda ou a tribute à alíquota máxima inferior a 20% (vinte por cento);

•• Inciso I acrescentado pela Lei n. 11.727, de 23-6-2008.

II – conceda vantagem de natureza fiscal a pessoa física ou jurídica não residente:

a) sem exigência de realização de atividade econômica substantiva no país ou dependência;

b) condicionada ao não exercício de atividade econômica substantiva no país ou dependência;

•• Inciso II acrescentado pela Lei n. 11.727, de 23-6-2008.

III – não tribute, ou o faça em alíquota máxima inferior a 20% (vinte por cento), os rendimentos auferidos fora de seu território;

•• Inciso III acrescentado pela Lei n. 11.727, de 23-6-2008.

IV – não permita o acesso a informações relativas à composição societária, titularidade de bens ou direitos ou às operações econômicas realizadas.

•• Inciso IV acrescentado pela Lei n. 11.727, de 23-6-2008.

Art. 24-B. O Poder Executivo poderá reduzir ou restabelecer os percentuais de que tratam o *caput* do art. 24 e os incisos I e III do parágrafo único do art. 24-A, ambos desta Lei.

•• *Caput* acrescentado pela Lei n. 11.727, de 23-6-2008.

•• *Vide* art. 41, VI, da Lei n. 11.727, de 23-6-2008.

Parágrafo único. O uso da faculdade prevista no *caput* deste artigo poderá também ser aplicado, de forma excepcional e restrita, a países que componham blocos econômicos dos quais o País participe.

•• Parágrafo único acrescentado pela Lei n. 11.727, de 23-6-2008.

Seção VI
Lucro Presumido

Determinação

Art. 25. O lucro presumido será o montante determinado pela soma das seguintes parcelas:

I – o valor resultante da aplicação dos percentuais de que trata o art. 15 da Lei n. 9.249, de 26 de dezembro de 1995, sobre a receita bruta definida pelo art. 12 do Decreto-lei n. 1.598, de 26 de dezembro de 1977, auferida no período de apuração de que trata o art. 1.º, deduzida das devoluções e vendas canceladas e dos descontos incondicionais concedidos; e

•• Inciso I com redação determinada pela Lei n. 12.973, de 13-5-2014.

II – os ganhos de capital, os rendimentos e ganhos líquidos auferidos em aplicações financeiras, as demais receitas, os resultados positivos decorrentes de receitas não abrangidas pelo inciso I, com os respectivos valores decorrentes do ajuste a valor presente de que trata o inciso VIII do *caput* do art. 183 da Lei n. 6.404, de 15 de dezembro de 1976, e demais valores determinados nesta Lei, auferidos naquele mesmo período.

•• Inciso II com redação determinada pela Lei n. 12.973, de 13-5-2014.

•• *Vide* art. 7.º, *caput*, da Lei n. 12.973, de 13-5-2014.

§ 1.º O ganho de capital nas alienações de investimentos, imobilizados e intangíveis corresponderá à diferença positiva entre o valor da alienação e o respectivo valor contábil.

•• § 1.º acrescentado pela Lei n. 12.973, de 13-5-2014.

§ 2.º Para fins do disposto no § 1.º, poderão ser considerados no valor contábil, e na proporção deste, os respectivos valores decorrentes dos efeitos do ajuste a valor presente de que trata o inciso III do *caput* do art. 184 da Lei n. 6.404, de 15 de dezembro de 1976.

•• § 2.º acrescentado pela Lei n. 12.973, de 13-5-2014.

§ 3.º Os ganhos decorrentes de avaliação de ativo ou passivo com base no valor justo não integrarão a base de cálculo do imposto, no momento em que forem apurados.

•• § 3.º acrescentado pela Lei n. 12.973, de 13-5-2014.

§ 4.º Para fins do disposto no inciso II do *caput*, os ganhos e perdas decorrentes de avaliação do ativo com base em valor justo não serão considerados como parte integrante do valor contábil.

•• § 4.º acrescentado pela Lei n. 12.973, de 13-5-2014.

§ 5.º O disposto no § 4.º não se aplica aos ganhos que tenham sido anteriormente computados na base de cálculo do imposto.

•• § 5.º acrescentado pela Lei n. 12.973, de 13-5-2014.

Opção

Art. 26. A opção pela tributação com base no lucro presumido será aplicada em relação a todo o período de atividade da empresa em cada ano-calendário.

§ 1.º A opção de que trata este artigo será manifestada com o pagamento da primeira ou única quota do imposto devido correspondente ao primeiro período de apuração de cada ano-calendário.

§ 2.º A pessoa jurídica que houver iniciado atividade a partir do segundo trimestre manifestará a opção de que trata este artigo com o pagamento da primeira ou única quota do imposto devido relativa ao período de apuração do início de atividade.

§ 3.º A pessoa jurídica que houver pago o imposto com base no lucro presumido e que, em relação ao mesmo ano-calendário, alterar a opção, passando a ser tributada com base no lucro real, ficará sujeita ao pagamento de multa e juros moratórios sobre a diferença de imposto paga a menor.

§ 4.º A mudança de opção a que se refere o parágrafo anterior somente será admitida quando formalizada até a entrega da correspondente declaração de rendimentos e antes de iniciado procedimento de ofício relativo a qualquer dos períodos de apuração do respectivo ano-calendário.

Seção VII
Lucro Arbitrado

Determinação

Art. 27. O lucro arbitrado será o montante determinado pela soma das seguintes parcelas:

I – o valor resultante da aplicação dos percentuais de que trata o art. 16 da Lei n. 9.249, de 26 de dezembro de 1995, sobre a receita bruta definida pelo art. 12 do Decreto-lei n. 1.598, de 26 de dezembro de 1977, auferida no período de apuração de que trata o art. 1.º, deduzida das devoluções e vendas canceladas e dos descontos incondicionais concedidos; e

•• Inciso I com redação determinada pela Lei n. 12.973, de 13-5-2014.

II – os ganhos de capital, os rendimentos e ganhos líquidos auferidos em aplicações financeiras, as demais receitas, os resultados positivos decorrentes de receitas não abrangidas pelo inciso I do *caput*, com os respectivos valores decorrentes do ajuste a valor presente de que trata o inciso VIII do *caput* do art. 183 da Lei n. 6.404, de 15 de dezembro de 1976, e demais valores determinados nesta Lei, auferidos naquele mesmo período.

•• Inciso II com redação determinada pela Lei n. 12.973, de 13-5-2014.

•• *Vide* art. 7.º, parágrafo único, da Lei n. 12.973, de 13-5-2014.

§ 1.º Na apuração do lucro arbitrado, quando não conhecida a receita bruta, os coeficientes de que tratam os incisos II, III e IV do art. 51 da Lei n. 8.981, de 20 de janeiro de 1995, deverão ser multiplicados pelo número de meses do período de apuração.

§ 2.º Na hipótese de utilização das alternativas de cálculo previstas nos incisos V a VIII do art. 51 da Lei n. 8.981, de 20 de janeiro de 1995, o lucro arbitrado será o valor resultante da soma dos valores apurados para cada mês do período de apuração.

§ 3.º O ganho de capital nas alienações de investimentos, imobilizados e intangíveis corresponderá à diferença positiva entre o valor da alienação e o respectivo valor contábil.

•• § 3.º acrescentado pela Lei n. 12.973, de 13-5-2014.

§ 4.º Para fins do disposto no § 3.º, poderão ser considerados no valor contábil, e na proporção deste, os respectivos valores decorrentes dos efeitos do ajuste a valor presente de que trata o inciso III do *caput* do art. 184 da Lei n. 6.404, de 15 de dezembro de 1976.

•• § 4.º acrescentado pela Lei n. 12.973, de 13-5-2014.

§ 5.º Os ganhos decorrentes de avaliação de ativo ou passivo com base no valor justo não integrarão a base de cálculo do imposto, no momento em que forem apurados.

•• § 5.º acrescentado pela Lei n. 12.973, de 13-5-2014.

§ 6.º Para fins do disposto no inciso II do *caput*, os ganhos e perdas decorrentes de avaliação do ativo com base em valor justo não serão considerados como parte integrante do valor contábil.

•• § 6.º acrescentado pela Lei n. 12.973, de 13-5-2014.

§ 7.º O disposto no § 6.º não se aplica aos ganhos que tenham sido anteriormente computados na base de cálculo do imposto.

•• § 7.º acrescentado pela Lei n. 12.973, de 13-5-2014.

Capítulo II
CONTRIBUIÇÃO SOCIAL SOBRE O LUCRO LÍQUIDO

Seção I
Apuração da Base de Cálculo e Pagamento

Normas Aplicáveis

Art. 28. Aplicam-se à apuração da base de cálculo e ao pagamento da contribuição social sobre o lucro líquido as normas da legislação vigente e as correspondentes aos arts. 1.º a 3.º, 5.º a 14, 17 a 24-B, 26, 55 e 71.

•• Artigo com redação determinada pela Lei n. 12.715, de 17-9-2012.

Empresas sem Escrituração Contábil

Art. 29. A base de cálculo da contribuição social sobre o lucro líquido, devida pelas pessoas jurídicas tributadas com base no lucro presumido ou arbitrado e pelas demais empresas dispensadas de escrituração contábil, corresponderá à soma dos valores:

I – de que trata o art. 20 da Lei n. 9.249, de 26 de dezembro de 1995;

II – os ganhos de capital, os rendimentos e ganhos líquidos auferidos em aplicações financeiras, as demais receitas, os resultados positivos decorrentes de receitas não abrangidas pelo inciso I do *caput*, com os respectivos valores decorrentes do ajuste a valor presente de que trata o inciso VIII do *caput* do art. 183 da Lei n. 6.404, de 15 de dezembro de 1976, e demais valores determinados nesta Lei, auferidos naquele mesmo período.

•• Inciso II com redação determinada pela Lei n. 12.973, de 13-5-2014.

•• *Vide* art. 7.º, parágrafo único, da Lei n. 12.973, de 13-5-2014.

Pagamento Mensal Estimado

Art. 30. A pessoa jurídica que houver optado pelo pagamento do imposto de renda na forma do art. 2.º fica, também, sujeita ao pagamento mensal da contribuição social sobre o lucro líquido, determinada mediante a aplicação da alíquota a que estiver sujeita sobre a base de cálculo apurada na forma dos incisos I e II do artigo anterior.

Capítulo III
IMPOSTO SOBRE PRODUTOS INDUSTRIALIZADOS

Contribuinte Substituto

Art. 31. O art. 35 da Lei n. 4.502, de 30 de novembro de 1964, passa a vigorar com a seguinte redação:

"Art. 35. ....

....

II – como contribuinte substituto:

....

c) o industrial ou equiparado, mediante requerimento, nas operações anteriores, concomitantes ou posteriores às saídas que promover, nas hipóteses e condições estabelecidas pela Secretaria da Receita Federal.

§ 1.º Nos casos das alíneas *a* e *b* do inciso II deste artigo, o pagamento do imposto não exclui a responsabilidade por infração do contribuinte originário quando este for identificado, e será considerado como efetuado fora do prazo, para todos os efeitos legais.

§ 2.º Para implementar o disposto na alínea *c* do inciso II, a Secretaria da Receita Federal poderá instituir regime especial de suspensão do imposto".

- A Instrução Normativa n. 113, de 14-9-1999, da Secretaria da Receita Federal, dispõe sobre regimes especiais de substituição tributária ao Imposto sobre Produtos Industrializados – IPI.

Capítulo IV
PROCEDIMENTOS DE FISCALIZAÇÃO

•• O Decreto n. 7.574, de 29-9-2011, regulamenta o processo de determinação e exigência de créditos tributários da União, o processo de consulta sobre a aplicação da legislação tributária federal e outros processos que especifica, sobre matérias administradas pela Secretaria da Receita Federal do Brasil.

Seção I
Suspensão da Imunidade e da Isenção

Art. 32. A suspensão da imunidade tributária, em virtude de falta de observância de requisitos legais, deve ser procedida de conformidade com o disposto neste artigo.

§ 1.º Constatado que entidade beneficiária de imunidade de tributos federais de que trata a alínea *c* do inciso VI do art. 150 da Constituição Federal não está observando requisito ou condição previstos nos arts. 9.º, § 1.º, e 14, da Lei n. 5.172, de 25 de outubro de 1966 – Código Tributário Nacional, a fiscalização tributária expedirá notificação fiscal, na qual relatará os fatos que determinam a suspensão do benefício, indicando inclusive a data da ocorrência da infração.

§ 2.º A entidade poderá, no prazo de 30 (trinta) dias da ciência da notificação, apresentar as alegações e provas que entender necessárias.

§ 3.º O Delegado ou Inspetor da Receita Federal decidirá sobre a procedência das alegações, expedindo o ato declaratório suspensivo do benefício, no caso de improcedência, dando, de sua decisão, ciência à entidade.

§ 4.º Será igualmente expedido o ato suspensivo se decorrido o prazo previsto no § 2.º sem qualquer manifestação da parte interessada.

§ 5.º A suspensão da imunidade terá como termo inicial a data da prática da infração.

§ 6.º Efetivada a suspensão da imunidade:

I – a entidade interessada poderá, no prazo de 30 (trinta) dias da ciência, apresentar impugnação ao ato declaratório, a qual será objeto de decisão pela Delegacia da Receita Federal de Julgamento competente;

II – a fiscalização de tributos federais lavrará auto de infração, se for o caso.

§ 7.º A impugnação relativa à suspensão da imunidade obedecerá às demais normas reguladoras do processo administrativo fiscal.

§ 8.º A impugnação e o recurso apresentados pela entidade não terão efeito suspensivo em relação ao ato declaratório contestado.

§ 9.º Caso seja lavrado auto de infração, as impugnações contra o ato declaratório e contra a exigência de crédito tributário serão reunidas em um único processo, para serem decididas simultaneamente.

§ 10. Os procedimentos estabelecidos neste artigo aplicam-se, também, às hipóteses de suspensão de isenções condicionadas, quando a entidade beneficiária estiver descumprindo as condições ou requisitos impostos pela legislação de regência.

§ 11. (*Revogado pela Lei n. 13.165, de 29-9-2015.*)

§ 12. A entidade interessada disporá de todos os meios legais para impugnar os fatos que determinam a suspensão do benefício.

•• § 12 acrescentado pela Lei n. 11.941, de 27-5-2009.

Seção II
Regimes Especiais de Fiscalização

- *Vide* art. 3.º, VII, do Decreto n. 3.724, de 10-1-2001.

Art. 33. A Secretaria da Receita Federal pode determinar regime especial para cumprimento de obrigações, pelo sujeito passivo, nas seguintes hipóteses:

•• A Secretaria da Receita Federal passa a denominar-se Secretaria da Receita Federal do Brasil, por força da Lei n. 11.457, de 16-3-2007.

•• A Instrução Normativa n. 979, de 16-12-2009, da Secretaria da Receita Federal do Brasil, dispõe sobre o Regime Especial de Fiscalização (REF) de que trata este artigo.

I – embaraço à fiscalização, caracterizado pela negativa não justificada de exibição de livros e documentos em que se assente a escrituração das atividades do sujeito passivo, bem como pelo não fornecimento de informações sobre bens, movimentação financeira, negócio ou atividade, próprios ou de terceiros, quando intimado, e demais hipóteses que autorizam a requisição do auxílio da força pública, nos termos do art. 200 da Lei n. 5.172, de 25 de outubro de 1966;

II – resistência à fiscalização, caracterizada pela negativa de acesso ao estabelecimento, ao domicílio fiscal ou a qualquer outro local onde se desenvolvam as atividades do sujeito passivo, ou se encontrem bens de sua posse ou propriedade;

III – evidências de que a pessoa jurídica esteja constituída por interpostas pessoas que não sejam os verdadeiros sócios ou acionistas, ou o titular, no caso de firma individual;

IV – realização de operações sujeitas à incidência tributária, sem a devida inscrição no cadastro de contribuintes apropriado;

V – prática reiterada de infração da legislação tributária;

VI – comercialização de mercadorias com evidências de contrabando ou descaminho;

VII – incidência em conduta que enseje representação criminal, nos termos da legislação que rege os crimes contra a ordem tributária.

§ 1.º O regime especial de fiscalização será aplicado em virtude de ato do Secretário da Receita Federal.

§ 2.º O regime especial pode consistir, inclusive, em:

I – manutenção de fiscalização ininterrupta no estabelecimento do sujeito passivo;

II – redução, à metade, dos períodos de apuração e dos prazos de recolhimento dos tributos;

III – utilização compulsória de controle eletrônico das operações realizadas e recolhimento diário dos respectivos tributos;

IV – exigência de comprovação sistemática do cumprimento das obrigações tributárias;

V – controle especial da impressão e emissão de documentos comerciais e fiscais e da movimentação financeira.

§ 3.º As medidas previstas neste artigo poderão ser aplicadas isolada ou cumulativamente, por tempo suficiente à normalização do cumprimento das obrigações tributárias.

§ 4.º A imposição do regime especial não elide a aplicação de penalidades previstas na legislação tributária.

§ 5.º Às infrações cometidas pelo contribuinte durante o período em que estiver submetido a regime especial de fiscalização será aplicada a multa de que trata o inciso I do *caput* do art. 44 desta Lei, duplicando-se o seu percentual.

•• § 5.º com redação determinada pela Lei n. 11.488, de 15-6-2007.

Seção III
Documentação Fiscal

Acesso à Documentação

Art. 34. São também passíveis de exame os documentos do sujeito passivo, mantidos em arquivos magnéticos ou assemelhados, encontrados no local da verificação, que tenham relação direta ou indireta com a atividade por ele exercida.

Retenção de Livros e Documentos

Art. 35. Os livros e documentos poderão ser examinados fora do estabelecimento do sujeito passivo, desde que lavrado termo escrito de retenção pela autoridade fiscal, em que se especifiquem a quantidade, espécie, natureza e condições dos livros e documentos retidos.

§ 1.º Constituindo os livros ou documentos prova da prática de ilícito penal ou tributário, os originais retidos não serão devolvidos, extraindo-se cópia para entrega ao interessado.

§ 2.º Excetuado o disposto no parágrafo anterior, devem ser devolvidos os originais dos documentos retidos para exame, mediante recibo.

Lacração de Arquivos

Art. 36. A autoridade fiscal encarregada de diligência ou fiscalização poderá promover a lacração de móveis, caixas, cofres ou depósitos onde se encontram arquivos e documentos, toda vez que ficar caracterizada a resistência ou o embaraço à fiscalização, ou ainda quando as circunstâncias ou a quantidade de documentos não permitirem sua identificação e conferência no local ou no momento em que foram encontrados.

Parágrafo único. O sujeito passivo e demais responsáveis serão previamente notificados para acompanharem o procedimento de rompimento do lacre e identificação dos elementos de interesse da fiscalização.

Guarda de Documentos

Art. 37. Os comprovantes da escrituração da pessoa jurídica, relativos a fatos que repercutam em lançamentos contábeis de exercícios futuros, serão conservados até que se opere a decadência do direito de a Fazenda Pública constituir os créditos tributários relativos a esses exercícios.

Arquivos Magnéticos

Art. 38. O sujeito passivo usuário de sistema de processamento de dados deverá manter documentação técnica completa e atualizada do sistema, suficiente para possibilitar a sua auditoria, facultada a manutenção em meio magnético, sem prejuízo da sua emissão gráfica, quando solicitada.

Extravio de Livros e Documentos

Art. 39. (*Revogado pela Lei n. 9.532, de 10-12-1997.*)

Seção IV
Omissão de Receita

Falta de Escrituração de Pagamentos

Art. 40. A falta de escrituração de pagamentos efetuados pela pessoa jurídica, assim como a manutenção, no passivo, de obrigações cuja exigibilidade não seja comprovada, caracterizam, também, omissão de receita.

Levantamento Quantitativo por Espécie

Art. 41. A omissão de receita poderá, também, ser determinada a partir de levantamento por espécie das quantidades de matérias-primas e produtos intermediários utilizados no processo produtivo da pessoa jurídica.

§ 1.º Para os fins deste artigo, apurar-se-á a diferença, positiva ou negativa, entre a soma das quantidades de produtos em estoque no início do período com a quantidade de produtos fabricados com as matérias-primas e produtos intermediários utilizados e a soma das quantidades de produtos cuja venda houver sido registrada na escrituração contábil da empresa com as quantidades em estoque, no final do período de apuração, constantes do livro de Inventário.

§ 2.º Considera-se receita omitida, nesse caso, o valor resultante da multiplicação das diferenças de quantidades de produtos ou de matérias-primas e produtos intermediários pelos respectivos preços médios de venda ou de compra, conforme o caso, em cada período de apuração abrangido pelo levantamento.

§ 3.º Os critérios de apuração de receita omitida de que trata este artigo aplicam-se, também, às empresas comerciais, relativamente às mercadorias adquiridas para revenda.

Depósitos Bancários

Art. 42. Caracterizam-se também omissão de receita ou de rendimento os valores creditados em conta de depósito ou de investimento mantida junto a instituição financeira, em relação aos quais o titular, pessoa física ou jurídica, regularmente intimado, não comprove, mediante documentação hábil e idônea, a origem dos recursos utilizados nessas operações.

• A Instrução Normativa n. 246, de 20-11-2002, da Secretaria da Receita Federal, dispõe sobre a tributação dos valores creditados em conta de depósito ou de investimento mantida em instituição financeira, em relação aos quais o contribuinte pessoa física, regularmente intimado, não comprove a origem dos recursos.

§ 1.º O valor das receitas ou dos rendimentos omitido será considerado auferido ou recebido no mês do crédito efetuado pela instituição financeira.

§ 2.º Os valores cuja origem houver sido comprovada, que não houverem sido computados na base de cálculo dos impostos e contribuições a que estiverem sujeitos, submeter-se-ão às normas de tributação específicas, previstas na legislação vigente à época em que auferidos ou recebidos.

§ 3.º Para efeito de determinação da receita omitida, os créditos serão analisados individualizadamente, observado que não serão considerados:

I – os decorrentes de transferências de outras contas da própria pessoa física ou jurídica;

II – no caso de pessoa física, sem prejuízo do disposto no inciso anterior, os de valor individual igual ou inferior a R$ 1.000,00 (mil reais), desde que o seu somatório, dentro do ano-calendário, não ultrapasse o valor de R$ 12.000,00 (doze mil reais).

•• *Vide* Lei n. 9.481, de 13-8-1997, que alterou os valores constantes deste inciso para R$ 12.000,00 (doze mil reais) e R$ 80.000,00 (oitenta mil reais), respectivamente.

• *Vide* art. 3.º, § 2.º, I, do Decreto n. 3.724, de 10-1-2001.

§ 4.º Tratando-se de pessoa física, os rendimentos omitidos serão tributados no mês em que considerados recebidos, com base na tabela progressiva vigente à época em que tenha sido efetuado o crédito pela instituição financeira.

§ 5.º Quando provado que os valores creditados na conta de depósito ou de investimento pertencem a terceiro, evidenciando interposição de pessoa, a determinação dos rendimentos ou receitas será efetuada em relação ao terceiro, na condição de efetivo titular da conta de depósito ou de investimento.

•• § 5.º acrescentado pela Lei n. 10.637, de 30-12-2002.

§ 6.º Na hipótese de contas de depósito ou de investimento mantidas em conjunto, cuja declaração de rendimentos ou de informações dos titulares tenham sido apresentadas em separado, e não havendo comprovação da origem dos recursos nos termos deste artigo, o valor dos rendimentos ou receitas será imputado a cada titular mediante divisão entre o total dos rendimentos ou receitas pela quantidade de titulares.

•• § 6.º acrescentado pela Lei n. 10.637, de 30-12-2002.

Seção V
Normas sobre o Lançamento de Tributos e Contribuições

Auto de Infração sem Tributo

Art. 43. Poderá ser formalizada exigência de crédito tributário correspondente exclusivamente a multa ou a juros de mora, isolada ou conjuntamente.

Parágrafo único. Sobre o crédito constituído na forma deste artigo, não pago no respectivo vencimento, incidirão juros de mora, calculados à taxa a que se refere o § 3.º do art. 5.º, a partir do primeiro dia do mês subsequente ao vencimento do prazo até o mês anterior ao do pagamento e de 1% (um por cento) no mês de pagamento.

Multas de Lançamento de Ofício

Art. 44. Nos casos de lançamento de ofício, serão aplicadas as seguintes multas:

•• *Caput* com redação determinada pela Lei n. 11.488, de 15-6-2007.

I – de 75% (setenta e cinco por cento) sobre a totalidade ou diferença de imposto ou contribuição nos casos de falta de pagamento ou recolhimento, de falta de declaração e nos de declaração inexata;

•• Inciso I com redação determinada pela Lei n. 11.488, de 15-6-2007.

II – de 50% (cinquenta por cento), exigida isoladamente, sobre o valor do pagamento mensal:

•• Inciso II, *caput*, com redação determinada pela Lei n. 11.488, de 15-6-2007.

a) na forma do art. 8.º da Lei n. 7.713, de 22 de dezembro de 1988, que deixar de ser efetuado, ainda que não tenha sido apurado imposto a pagar na declaração de ajuste, no caso de pessoa física;

•• Alínea *a* acrescentada pela Lei n. 11.488, de 15-6-2007.

b) na forma do art. 2.º desta Lei, que deixar de ser efetuado, ainda que tenha sido apurado prejuízo fiscal ou base de cálculo negativa para a contribuição social sobre o lucro líquido, no ano-calendário correspondente, no caso de pessoa jurídica.

•• Alínea *b* acrescentada pela Lei n. 11.488, de 15-6-2007.

§ 1.º O percentual de multa de que trata o inciso I do *caput* deste artigo será duplicado nos casos previstos nos arts. 71, 72 e 73 da Lei n. 4.502, de 30 de novembro de 1964, independentemente de outras penalidades administrativas ou criminais cabíveis.

•• § 1.º, *caput*, com redação determinada pela Lei n. 11.488, de 15-6-2007.

I a IV – (*Revogados pela Lei n. 11.488, de 15-6-2007.*)

V – (*Revogado pela Lei n. 9.716, de 26-11-1998.*)

§ 2.º Os percentuais de multa a que se referem o inciso I do *caput* e o § 1.º deste artigo serão aumentados de metade, nos casos de não atendimento pelo sujeito passivo, no prazo marcado, de intimação para:

•• § 2.º, *caput*, com redação determinada pela Lei n. 11.488, de 15-6-2007.

I – prestar esclarecimentos;

•• Inciso I acrescentado pela Lei n. 11.488, de 15-6-2007.

II – apresentar os arquivos ou sistemas de que tratam os arts. 11 a 13 da Lei n. 8.218, de 29 de agosto de 1991;

•• Inciso II acrescentado pela Lei n. 11.488, de 15-6-2007.

III – apresentar a documentação técnica de que trata o art. 38 desta Lei.

•• Inciso III acrescentado pela Lei n. 11.488, de 15-6-2007.

§ 3.º Aplicam-se às multas de que trata este artigo as reduções previstas no art. 6.º da Lei n. 8.218, de 29 de agosto de 1991, e no art. 60 da Lei n. 8.383, de 30 de dezembro de 1991.

§ 4.º As disposições deste artigo aplicam-se, inclusive, aos contribuintes que derem causa a ressarcimento indevido de tributo ou contribuição decorrente de qualquer incentivo ou benefício fiscal.

• *Vide* art. 76 e §§ 3.º a 7.º do Decreto n. 4.382, de 19-9-2002.

§ 5.º Aplica-se também, no caso de que seja comprovadamente constatado dolo ou má-fé do contribuinte, a multa de que trata o inciso I do *caput* sobre:

•• § 5.º, *caput*, acrescentado pela Lei n. 12.249, de 11-6-2010.

I – a parcela do imposto a restituir informado pelo contribuinte pessoa física, na Declaração de Ajuste Anual, que deixar de ser restituída por infração à legislação tributária; e

•• Inciso I acrescentado pela Lei n. 12.249, de 11-6-2010.

II – (*Vetado.*)

•• Inciso II acrescentado pela Lei n. 12.249, de 11-6-2010.

Arts. 45 e 46. (*Revogados pela Lei n. 11.488, de 15-6-2007.*)

Seção VI

Aplicação de Acréscimos de Procedimento Espontâneo

Art. 47. A pessoa física ou jurídica submetida a ação fiscal por parte da Secretaria da Receita Federal poderá pagar, até o 20.º (vigésimo) dia subsequente à data de recebimento do termo de início de fiscalização, os tributos e contribuições já declarados, de que for sujeito passivo como contribuinte ou responsável, com os acréscimos legais aplicáveis nos casos de procedimento espontâneo.

•• Artigo com redação determinada pela Lei n. 9.532, de 10-12-1997.

•• A Secretaria da Receita Federal passa a denominar-se Secretaria da Receita Federal do Brasil, por força da Lei n. 11.457, de 16-3-2007.

Capítulo V
DISPOSIÇÕES GERAIS

Seção I

Processo Administrativo de Consulta

Art. 48. No âmbito da Secretaria da Receita Federal, os processos administrativos de consulta serão solucionados em instância única.

•• *Vide* nota ao artigo anterior.

§ 1.º A competência para solucionar a consulta ou declarar sua ineficácia, na forma disciplinada pela Secretaria da Receita Federal do Brasil, poderá ser atribuída:

•• § 1.º, *caput*, com redação determinada pela Lei n. 12.788, de 14-1-2013.

I – a unidade central; ou

•• Inciso I com redação determinada pela Lei n. 12.788, de 14-1-2013.

II – a unidade descentralizada.

•• Inciso II com redação determinada pela Lei n. 12.788, de 14-1-2013.

•• *Vide* nota ao art. 47 desta Lei.

§ 2.º Os atos normativos expedidos pelas autoridades competentes serão observados quando da solução da consulta.

§ 3.º Não cabe recurso nem pedido de reconsideração da solução da consulta ou do despacho que declarar sua ineficácia.

§ 4.º As soluções das consultas serão publicadas pela imprensa oficial, na forma disposta em ato normativo emitido pela Secretaria da Receita Federal.

•• *Vide* nota ao art. 47 desta Lei.

§ 5.º Havendo diferença de conclusões entre soluções de consultas relativas a uma mesma matéria, fundada em idêntica norma jurídica, cabe recurso especial, sem efeito suspensivo, para o órgão de que trata o inciso I do § 1.º.

§ 6.º O recurso de que trata o parágrafo anterior pode ser interposto pelo destinatário da solução divergente, no prazo de 30 (trinta) dias, contados da ciência da solução.

§ 7.º Cabe a quem interpuser o recurso comprovar a existência das soluções divergentes sobre idênticas situações.

§ 8.º O juízo de admissibilidade do recurso será realizado na forma disciplinada pela Secretaria da Receita Federal do Brasil.

•• § 8.º com redação determinada pela Lei n. 12.788, de 14-1-2013.

§ 9.º Qualquer servidor da administração tributária deverá, a qualquer tempo, formular representação ao órgão que houver proferido a decisão, encaminhando as soluções divergentes sobre a mesma matéria, de que tenha conhecimento.

§ 10. O sujeito passivo que tiver conhecimento de solução divergente daquela que esteja observando em decorrência de resposta a consulta anteriormente formulada, sobre idêntica matéria, poderá adotar o procedimento previsto no § 5.º, no prazo de 30 (trinta) dias contados da respectiva publicação.

§ 11. A solução da divergência acarretará, em qualquer hipótese, a edição de ato específico, uniformizando o entendimento, com imediata ciência ao destinatário da solução reformada, aplicando-se seus efeitos a partir da data da ciência.

§ 12. Se, após a resposta à consulta, a administração alterar o entendimento nela expresso, a nova orientação atingirá, apenas, os fatos geradores que ocorram após dado ciência ao consulente ou após a sua publicação pela imprensa oficial.

§ 13. A partir de 1.º de janeiro de 1997, cessarão todos os efeitos decorrentes de consultas não solucionadas definitivamente, ficando assegurado aos consulentes, até 31 de janeiro de 1997:

I – a não instauração de procedimento de fiscalização em relação à matéria consultada;

II – a renovação da consulta anteriormente formulada, à qual serão aplicadas as normas previstas nesta Lei.

§ 14. A consulta poderá ser formulada por meio eletrônico, na forma disciplinada pela Secretaria da Receita Federal do Brasil.

•• § 14 acrescentado pela Lei n. 12.788, de 14-1-2013.

§ 15. O Poder Executivo regulamentará prazo para solução das consultas de que trata este artigo.

•• § 15 acrescentado pela Lei n. 12.788, de 14-1-2013.

Art. 49. Não se aplicam aos processos de consulta no âmbito da Secretaria da Receita Federal as disposições dos arts. 54 a 58 do Decreto n. 70.235, de 6 de março de 1972.

•• *Vide* nota ao art. 47 desta Lei.

Art. 50. Aplicam-se aos processos de consulta relativos à classificação de mercadorias as disposições dos arts. 46 a 53 do Decreto n. 70.235, de 6 de março de 1972, e do art. 48 desta Lei.

§ 1.º O órgão de que trata o inciso I do § 1.º do art. 48 poderá alterar ou reformar, de ofício, as decisões proferidas nos processos relativos à classificação de mercadorias.

§ 2.º Da alteração ou reforma mencionada no parágrafo anterior, deverá ser dada ciência ao consulente.

§ 3.º Em relação aos atos praticados até a data da ciência ao consulente, nos casos de que trata o § 1.º deste artigo, aplicam-se as conclusões da decisão proferida pelo órgão regional da Secretaria da Receita Federal.

•• *Vide* nota ao art. 47 desta Lei.

§ 4.º O envio de conclusões decorrentes de decisões proferidas em processos de consulta sobre classificação de mercadorias, para órgãos do Mercado Comum do Sul - MERCOSUL, será efetuado exclusivamente pelo órgão de que trata o inciso I do § 1.º do art. 48.

Seção II

Normas sobre o Lucro Presumido e Arbitrado

• A Instrução Normativa n. 1.022, de 5-4-2010, da Secretaria da Receita Federal, dispõe sobre o imposto de renda incidente nos rendimentos e ganhos líquidos auferidos nos mercados financeiro e de capitais.

Art. 51. Os juros de que trata o art. 9.º da Lei n. 9.249, de 26 de dezembro de 1995, bem como os rendimentos e ganhos líquidos decorrentes de quaisquer operações financeiras, serão adicionados ao lucro presumido ou arbitrado, para efeito de determinação do imposto de renda devido.

Parágrafo único. O imposto de renda incidente na fonte sobre os rendimentos de que trata este artigo será considerado como antecipação do devido na declaração de rendimentos.

Art. 52. Na apuração de ganho de capital de pessoa jurídica tributada pelo lucro presumido ou arbitrado, os valores acrescidos em virtude de reavaliação somente poderão ser computados como parte integrante dos custos de aquisição dos bens e direitos se a empresa comprovar que os valores acrescidos foram computados na determinação da base de cálculo do imposto de renda.

Art. 53. Os valores recuperados, correspondentes a custos e despesas, inclusive com perdas no recebimento de créditos, deverão ser adicionados ao lucro presumido ou arbitrado para determinação do imposto de renda, salvo se o contribuinte comprovar não os ter deduzido em período anterior no qual tenha se submetido ao regime de tributação com base no lucro real ou que se refiram a período no qual tenha se submetido ao regime de tributação com base no lucro presumido ou arbitrado.

Art. 54. A pessoa jurídica que, até o ano-calendário anterior, houver sido tributada com base no lucro real deverá adicionar à base de cálculo do imposto de renda, correspondente ao primeiro período de apuração no qual houver optado pela tributação com base no lucro presumido ou for tributada com base no lucro arbitrado, os saldos dos valores cuja tributação havia diferido, independentemente da necessidade de controle no livro de que trata o inciso I do *caput* do art. 8.º do Decreto-lei n. 1.598, de 26 de dezembro de 1977.

•• Artigo com redação determinada pela Lei n. 12.973, de 13-5-2014.

Seção III

Normas Aplicáveis a Atividades Especiais

Sociedades Civis

Art. 55. As sociedades civis de prestação de serviços profissionais relativos ao exercício de profissão legalmente regulamentada de que trata o art. 1.º do Decreto-lei n. 2.397, de 21 de dezembro de 1987, passam, em relação aos resultados auferidos a partir de 1.º de janeiro de 1997, a ser tributadas pelo imposto de renda de conformidade com as normas aplicáveis às demais pessoas jurídicas.

Art. 56. As sociedades civis de prestação de serviços de profissão legalmente regulamentada passam a contribuir para a seguridade social com base na receita bruta da prestação de serviços, observadas as normas da Lei Complementar n. 70, de 30 de dezembro de 1991.

•• *Vide* Súmula 508 do STJ.

•• *Vide* art. 6.º, II, da Lei Complementar n. 70, de 30-12-1991.

Parágrafo único. Para efeito da incidência da contribuição de que trata este artigo, serão consideradas as receitas auferidas a partir do mês de abril de 1997.

Art. 56-A. A entidade privada de abrangência nacional e sem fins lucrativos, constituída pelo conjunto das cooperativas de crédito e dos bancos cooperativos, na forma da legislação e regulamentação próprias, destinada a administrar mecanismo de proteção a titulares de créditos contra essas instituições e a contribuir para a manutenção da estabilidade e a prevenção de insolvência e de outros riscos dessas instituições, é isenta do imposto de renda, inclusive do incidente sobre ganhos líquidos mensais e do retido na fonte sobre os rendimentos de aplicação financeira de renda fixa e de renda variável, bem como da contribuição social sobre o lucro líquido.

•• *Caput* acrescentado pela Lei n. 12.873, de 24-10-2013.

§ 1.º Para efeito de gozo da isenção, a referida entidade deverá ter seu estatuto e seu regulamento aprovados pelo Conselho Monetário Nacional.

•• § 1.º acrescentado pela Lei n. 12.873, de 24-10-2013.

§ 2.º Ficam autorizadas as transferências, para a entidade mencionada no *caput*, de recursos oriundos de recolhimentos realizados pelas cooperativas de crédito e bancos cooperativos, de forma direta ou indireta, ao Fundo Garantidor de Crédito de que trata o art. 4.º da Lei n. 9.710, de 19 de novembro de 1998.

•• § 2.º acrescentado pela Lei n. 12.873, de 24-10-2013.

§ 3.º As transferências dos recursos de que trata o § 2.º não serão tributadas, nos termos deste artigo.

•• § 3.º acrescentado pela Lei n. 12.873, de 24-10-2013.

§ 4.º Em caso de dissolução, por qualquer motivo, da entidade de que trata o *caput*, os recursos eventualmente devolvidos às associadas estarão sujeitos à tributação na instituição recebedora, na forma da legislação vigente.

•• § 4.º acrescentado pela Lei n. 12.873, de 24-10-2013.

§ 5.º O disposto neste artigo entra em vigor no dia seguinte ao da aprovação pelo Conselho Monetário Nacional do estatuto e do regulamento da entidade de que trata o *caput*.

•• § 5.º acrescentado pela Lei n. 12.873, de 24-10-2013.

Associações de Poupança e Empréstimo

• A Instrução Normativa n. 1.022, de 5-4-2010, da Secretaria da Receita Federal, dispõe sobre o imposto de renda incidente nos rendimentos e ganhos líquidos auferidos nos mercados financeiro e de capitais.

Art. 57. As Associações de Poupança e Empréstimo pagarão o imposto de renda correspondente aos rendimentos e ganhos líquidos, auferidos em aplicações financeiras, à alíquota de 15% (quinze por cento), calculado sobre 28% (vinte e oito por cento) do valor dos referidos rendimentos e ganhos líquidos.

Parágrafo único. O imposto incidente na forma deste artigo será considerado tributação definitiva.

Empresas de *Factoring*

Art. 58. Fica incluído no art. 36 da Lei n. 8.981, de 20 de janeiro de 1995, com as alterações da Lei n. 9.065, de 20 de junho de 1995, o seguinte inciso XV:

•• Alteração prejudicada em face da revogação do art. 36 pela Lei n. 9.718, de 27-11-1998.

Atividade Florestal

Art. 59. Considera-se, também, como atividade rural o cultivo de florestas que se destinem ao corte para comercialização, consumo ou industrialização.

Liquidação Extrajudicial e Falência

Art. 60. As entidades submetidas aos regimes de liquidação extrajudicial e de falência sujeitam-se às normas de incidência dos impostos e contribuições de competência da União aplicáveis às pessoas jurídicas, em relação às operações praticadas durante o período em que perdurarem os procedimentos para a realização de seu ativo e o pagamento do passivo.

Seção IV
Acréscimos Moratórios

Multas e Juros

Art. 61. Os débitos para com a União, decorrentes de tributos e contribuições administrados pela Secretaria da Receita Federal, cujos fatos geradores ocorrerem a partir de 1.º de janeiro de 1997, não pagos nos prazos previstos na legislação específica, serão acrescidos de multa de mora, calculada à taxa de 0,33% (trinta e três centésimos por cento), por dia de atraso.

•• A Secretaria da Receita Federal passa a denominar-se Secretaria da Receita Federal do Brasil, por força da Lei n. 11.457, de 16-3-2007.

§ 1.º A multa de que trata este artigo será calculada a partir do 1.º (primeiro) dia subsequente ao do vencimento do prazo previsto para o pagamento do tributo ou da contribuição até o dia em que ocorrer o seu pagamento.

§ 2.º O percentual de multa a ser aplicado fica limitado a 20% (vinte por cento).

§ 3.º Sobre os débitos a que se refere este artigo incidirão juros de mora calculados à taxa a que se refere o § 3.º do art. 5.º, a partir do 1.º (primeiro) dia do mês subsequente ao vencimento do prazo até o mês anterior ao do pagamento e de 1% (um por cento) no mês de pagamento.

• *Vide* art. 4.º da Lei n. 9.716, de 26-11-1998.

Pagamento em Quotas-Juros

Art. 62. Os juros a que se referem o inciso III do art. 14 e o art. 16, ambos da Lei n. 9.250, de 26 de dezembro de 1995, serão calculados à taxa a que se refere o § 3.º do art. 5.º, a partir do 1.º (primeiro) dia do mês subsequente ao previsto para a entrega tempestiva da declaração de rendimentos.

Parágrafo único. As quotas do imposto sobre a propriedade territorial rural a que se refere a alínea *c* do parágrafo único do art. 14 da Lei n. 8.847, de 28 de janeiro de 1994, serão acrescidas de juros calculados à taxa a que se refere o § 3.º do art. 5.º, a partir do 1.º (primeiro) dia do mês subsequente àquele em que o contribuinte for notificado até o último dia do mês anterior ao do pagamento e de 1% (um por cento) no mês do pagamento.

•• O art. 14 da Lei n. 8.847, de 28-1-1994, foi revogado pela Lei n. 9.393, de 19-12-1996.

Débitos com Exigibilidade Suspensa

Art. 63. Na constituição de crédito tributário destinada a prevenir a decadência, relativo a tributo de competência da União, cuja exigibilidade houver sido suspensa na forma dos incisos IV e V do art. 151 da Lei n. 5.172, de 25 de outubro de 1966, não caberá lançamento de multa de ofício.

•• *Caput* com redação determinada pela Medida Provisória n. 2.158-35, de 24-8-2001.

§ 1.º O disposto neste artigo aplica-se, exclusivamente, aos casos em que a suspensão da exigibilidade do débito tenha ocorrido antes do início de qualquer procedimento de ofício a ele relativo.

• O Ato Declaratório Interpretativo n. 18, de 25-6-2004, da Secretaria da Receita Federal, dispõe sobre a inaplicabilidade do disposto neste artigo.

§ 2.º A interposição da ação judicial favorecida com a medida liminar interrompe a incidência da multa de mora, desde a concessão da medida judicial, até 30 (trinta) dias após a data da publicação da decisão judicial que considerar devido o tributo ou contribuição.

Seção V
Arrecadação de Tributos e Contribuições

Retenção de Tributos e Contribuições

Art. 64. Os pagamentos efetuados por órgãos, autarquias e fundações da administração pública federal a pessoas jurídicas, pelo fornecimento de bens ou prestação de serviços, estão sujeitos à incidência, na fonte, do imposto sobre a renda, da contribuição social sobre o lucro líquido, da contribuição para seguridade social - COFINS e da contribuição para o PIS/PASEP.

• A Instrução Normativa n. 247, de 21-11-2002, da Secretaria da Receita Federal, dispõe sobre a contribuição para o PIS/PASEP e a COFINS, devidas pelas pessoas jurídicas de direito privado em geral.

• A Instrução Normativa n. 1.234, de 11-1-2012, da Secretaria da Receita Federal, dispõe sobre a retenção de tributos e contribuições nos pagamentos efetuados a pessoas jurídicas por órgãos, autarquias e fundações da administração pública federal.

• *Vide* arts. 30 a 36 da Lei n. 10.833, de 29-12-2003.

§ 1.º A obrigação pela retenção é do órgão ou entidade que efetuar o pagamento.

§ 2.º O valor retido, correspondente a cada tributo ou contribuição, será levado a crédito da respectiva conta de receita da União.

§ 3.º O valor do imposto e das contribuições sociais retido será considerado como antecipação do que for devido pelo contribuinte em relação ao mesmo imposto e às mesmas contribuições.

§ 4.º O valor retido correspondente ao imposto de renda e a cada contribuição social somente poderá ser compensado com o que for devido em relação à mesma espécie de imposto ou contribuição.

§ 5.º O imposto de renda a ser retido será determinado mediante a aplicação da alíquota de 15% (quinze por cento) sobre o resultado da multiplicação do valor a ser pago pelo percentual de que trata o art. 15 da Lei n. 9.249, de 26 de dezembro de 1995, aplicável à espécie de receita correspondente ao tipo de bem fornecido ou de serviço prestado.

§ 6.º O valor da contribuição social sobre o lucro líquido, a ser retido, será determinado mediante a aplicação da alíquota de 1% (um por cento), sobre o montante a ser pago.

§ 7.º O valor da contribuição para a seguridade social - COFINS, a ser retido, será determinado mediante a aplicação da alíquota respectiva sobre o montante a ser pago.

§ 8.º O valor da contribuição para o PIS/PASEP, a ser retido, será determinado mediante a aplicação da alíquota respectiva sobre o montante a ser pago.

§ 9.º Até 31 de dezembro de 2017, fica dispensada a retenção dos tributos na fonte de que trata o *caput*, sobre os pagamentos efetuados pelos órgãos da administração pública federal, direta, mediante a utilização do Cartão de Pagamento do Governo Federal - CPGF, no caso de contratação direta das companhias aéreas prestadoras de serviços de transporte aéreo.

•• § 9.º acrescentado pela Lei n. 13.043, de 13-11-2014.

Art. 65. O Banco do Brasil S.A. deverá reter, no ato do pagamento ou crédito, a contribuição para o PIS/PASEP incidente nas transferências voluntárias da União para suas autarquias e fundações e para os Estados, Distrito Federal e Municípios, suas autarquias e fundações.

Art. 66. As cooperativas que se dedicam a vendas em comum, referidas no art. 82 da Lei n. 5.764, de 16 de dezembro de 1971, que recebam para comercialização a produção de suas associadas, são responsáveis pelo recolhimento da Contribuição para Financiamento da Seguridade Social - COFINS, instituída pela Lei Complementar n. 70, de 30 de dezembro de 1991 e da Contribuição para o Programa de Integração Social - PIS, criada pela Lei Complementar n. 7, de 7 de setembro de 1970, com suas posteriores modificações.

• A Instrução Normativa n. 635, de 24-3-2006, da Secretaria da Receita Federal, dispõe sobre a contribuição para o PIS/Pasep e a Cofins, cumulativas e não cumulativas, devidas pelas sociedades cooperativas em geral.

§ 1.º O valor das contribuições recolhidas pelas cooperativas mencionadas no *caput* deste artigo, deverá ser por elas informado, individualizadamente, às suas filiadas, juntamente com o montante do faturamento relativo às vendas dos produtos de cada uma delas, com vistas a atender aos procedimentos contábeis exigidos pela legislação.

§ 2.º O disposto neste artigo aplica-se a procedimento idêntico que, eventualmente, tenha sido anteriormente adotado pelas cooperativas centralizadoras de vendas, inclusive quanto ao recolhimento da Contribuição para o Fundo de Investimento Social - FINSOCIAL, criada pelo Decreto-lei n. 1.940, de 25 de maio de 1982, com suas posteriores modificações.

§ 3.º A Secretaria da Receita Federal poderá baixar as normas necessárias ao cumprimento e controle das disposições contidas neste artigo.

•• *Vide* nota ao art. 61, *caput*, desta Lei.

Dispensa de Retenção de Imposto de Renda

Art. 67. Fica dispensada a retenção de imposto de renda, de valor igual ou inferior a R$ 10,00 (dez reais), incidente na fonte sobre rendimentos que devam integrar a base de cálculo do imposto devido na declaração de ajuste anual.

Utilização de DARF

Art. 68. É vedada a utilização de Documento de Arrecadação de Receitas Federais para o pagamento de tributos e contribuições de valor inferior a R$ 10,00 (dez reais).

§ 1.º O imposto ou contribuição administrado pela Secretaria da Receita Federal, arrecadado sob um determinado código de receita, que, no período de apuração, resultar inferior a R$ 10,00 (dez reais), deverá ser adicionado ao imposto ou contribuição de mesmo código, correspondente aos períodos subsequentes, até que o total seja igual ou superior a R$ 10,00 (dez reais), quando, então, será pago ou recolhido no prazo estabelecido na legislação para este último período de apuração.

•• *Vide* nota ao art. 61, *caput*, desta Lei.

§ 2.º O critério a que se refere o parágrafo anterior aplica-se, também, ao imposto sobre operações de crédito, câmbio e seguro e sobre operações relativas a títulos e valores mobiliários - IOF.

Art. 68-A. O Poder Executivo poderá elevar para até R$ 100,00 (cem reais) os limites e valores de que tratam os arts. 67 e 68 desta Lei, inclusive de forma diferenciada por tributo, regime de tributação ou de incidência, relativos à utilização do Documento de Arrecadação de Receitas Federais, podendo reduzir ou restabelecer os limites e valores que vier a fixar.

•• Artigo acrescentado pela Lei n. 11.941, de 27-5-2009.

Imposto Retido na Fonte - Responsabilidade

Art. 69. É responsável pela retenção e recolhimento do imposto de renda na fonte, incidente sobre os rendimentos auferidos pelos fundos, sociedades de investimentos e carteiras de que trata o art. 81 da Lei n. 8.981, de 20 de janeiro de 1995, a pessoa jurídica que efetuar o pagamento dos rendimentos.

• O Parecer Normativo n. 1, de 24-9-2002, da Secretaria da Receita Federal, dispõe sobre a responsabilidade pela retenção e recolhimento do Imposto de Renda incidente exclusivamente na fonte.

• A Instrução Normativa n. 1.022, de 5-4-2010, da Secretaria da Receita Federal, dispõe sobre o imposto de renda incidente nos rendimentos e ganhos líquidos auferidos nos mercados financeiro e de capitais.

Seção VI

Casos Especiais de Tributação

Multas por Rescisão de Contrato

Art. 70. A multa ou qualquer outra vantagem paga ou creditada por pessoa jurídica, ainda que a título de indenização, a beneficiária pessoa física ou jurídica, inclusive isenta, em virtude de rescisão de contrato, sujeitam-se à incidência do imposto de renda na fonte à alíquota de 15% (quinze por cento).

§ 1.º A responsabilidade pela retenção e recolhimento do imposto de renda é da pessoa jurídica que efetuar o pagamento ou crédito da multa ou vantagem.

§ 2.º O imposto será retido na data do pagamento ou crédito da multa ou vantagem.

•• § 2.º com redação determinada pela Lei n. 11.196, de 21-11-2005.

•• *Vide* art. 132, IV, *b*, da Lei n. 11.196, de 21-11-2005.

§ 3.º O valor da multa ou vantagem será:

I – computado na apuração da base de cálculo do imposto devido na declaração de ajuste anual da pessoa física;

II – computado como receita, na determinação do lucro real;

III – acrescido ao lucro presumido ou arbitrado, para determinação da base de cálculo do imposto devido pela pessoa jurídica.

§ 4.º O imposto retido na fonte, na forma deste artigo, será considerado como antecipação do devido em cada período de apuração, nas hipóteses referidas no parágrafo anterior, ou como tributação definitiva, no caso de pessoa jurídica isenta.

§ 5.º O disposto neste artigo não se aplica às indenizações pagas ou creditadas em conformidade com a legislação trabalhista e àquelas destinadas a reparar danos patrimoniais.

Ganhos em Mercado de Balcão

Art. 71. Sem prejuízo do disposto no art. 74 da Lei n. 8.981, de 20 de janeiro de 1995, os ganhos auferidos por qualquer beneficiário, inclusive pessoa jurídica isenta, nas demais operações realizadas em mercados de liquidação futura, fora de bolsa, serão tributados de acordo com as normas aplicáveis aos ganhos líquidos auferidos em operações de natureza semelhante realizadas em bolsa.

• A Instrução Normativa n. 1.022, de 5-4-2010, da Secretaria da Receita Federal, dispõe sobre o imposto de renda incidente nos rendimentos e ganhos líquidos auferidos nos mercados financeiro e de capitais.

§ 1.º Não se aplica aos ganhos auferidos nas operações de que trata este artigo o disposto no § 1.º do art. 81 da Lei n. 8.981, de 20 de janeiro de 1995.

§ 2.º Somente será admitido o reconhecimento de perdas nas operações registradas nos termos da legislação vigente.

•• § 2.º com redação determinada pela Lei n. 10.833, de 29-12-2003.

Remuneração de Direitos

Art. 72. Estão sujeitas à incidência do imposto na fonte, à alíquota de 15% (quinze por cento), as importâncias pagas, creditadas, entregues, empregadas ou remetidas para o exterior pela aquisição ou pela remuneração, a qualquer título, de qualquer forma de direito, inclusive à transmissão, por meio de rádio ou televisão ou por qualquer outro meio, de quaisquer filmes ou eventos, mesmo os de competições desportivas das quais faça parte representação brasileira.

• *Vide* art. 49 da Medida Provisória n. 2.228-1, de 6-9-2001.

• A Instrução Normativa n. 252, de 3-12-2002, da Secretaria da Receita Federal, dispõe sobre a incidência do imposto de renda na fonte sobre rendimentos pagos, creditados, empregados, entregues ou remetidos para pessoas jurídicas domiciliadas no exterior.

Seção VII
Restituição e Compensação de Tributos e Contribuições

Art. 73. A restituição e o ressarcimento de tributos administrados pela Secretaria da Receita Federal do Brasil ou a restituição de pagamentos efetuados mediante DARF e GPS cuja receita não seja administrada pela Secretaria da Receita Federal do Brasil será efetuada depois de verificada a ausência de débitos em nome do sujeito passivo credor perante a Fazenda Nacional.

•• *Caput* com redação determinada pela Lei n. 12.844, de 19-7-2013.

• *Vide* art. 11 da Lei n. 9.779, de 19-1-1999.

• *Vide* art. 66 do Decreto n. 4.382, de 19-9-2002.

Parágrafo único. Existindo débitos, não parcelados ou parcelados sem garantia, inclusive inscritos em Dívida Ativa da União, os créditos serão utilizados para quitação desses débitos, observado o seguinte:

•• Parágrafo único, *caput*, acrescentado pela Lei n. 12.844, de 19-7-2013.

I – o valor bruto da restituição ou do ressarcimento será debitado à conta do tributo a que se referir;

•• Inciso I acrescentado pela Lei n. 12.844, de 19-7-2013.

II – a parcela utilizada para a quitação de débitos do contribuinte ou responsável será creditada à conta do respectivo tributo.

•• Inciso II acrescentado pela Lei n. 12.844, de 19-7-2013.

Art. 74. O sujeito passivo que apurar crédito, inclusive os judiciais com trânsito em julgado, relativo a tributo ou contribuição administrado pela Secretaria da Receita Federal, passível de restituição ou de ressarcimento, poderá utilizá-lo na compensação de débitos próprios relativos a quaisquer tributos e contribuições administrados por aquele Órgão.

•• *Caput* com redação determinada pela Lei n. 10.637, de 30-12-2002.

•• A Secretaria da Receita Federal passa a denominar-se Secretaria da Receita Federal do Brasil, por força da Lei n. 11.457, de 16-3-2007.

• *Vide* art. 11 da Lei n. 9.779, de 19-1-1999.

• *Vide* art. 65 do Decreto n. 4.382, de 19-9-2002.

§ 1.º A compensação de que trata o *caput* será efetuada mediante a entrega, pelo sujeito passivo, de declaração na qual constarão informações relativas aos créditos utilizados e aos respectivos débitos compensados.

•• § 1.º acrescentado pela Lei n. 10.637, de 30-12-2002.

§ 2.º A compensação declarada à Secretaria da Receita Federal extingue o crédito tributário, sob condição resolutória de sua ulterior homologação.

•• § 2.º acrescentado pela Lei n. 10.637, de 30-12-2002.

•• *Vide* nota ao art. 73 desta Lei.

§ 3.º Além das hipóteses previstas nas leis específicas de cada tributo ou contribuição, não poderão ser objeto de compensação mediante entrega, pelo sujeito passivo, da declaração referida no § 1.º:

•• § 3.º, *caput*, com redação determinada pela Lei n. 10.833, de 29-12-2003.

I – o saldo a restituir apurado na Declaração de Ajuste Anual do Imposto de Renda da Pessoa Física;

•• Inciso I com redação determinada pela Lei n. 10.637, de 30-12-2002.

II – os débitos relativos a tributos e contribuições devidos no registro da Declaração de Importação;

•• Inciso II com redação determinada pela Lei n. 10.637, de 30-12-2002.

III – os débitos relativos a tributos e contribuições administrados pela Secretaria da Receita Federal que já tenham sido encaminhados à Procuradoria-Geral da Fazenda Nacional para inscrição em Dívida Ativa da União;

•• Inciso III acrescentado pela Lei n. 10.833, de 29-12-2003.

•• *Vide* nota ao art. 73 desta Lei.

IV – o débito consolidado em qualquer modalidade de parcelamento concedido pela Secretaria da Receita Federal - SRF;

•• Inciso IV com redação determinada pela Lei n. 11.051, de 29-12-2004.

•• A Secretaria da Receita Federal passa a denominar-se Secretaria da Receita Federal do Brasil, por força da Lei n. 11.457, de 16-3-2007.

V – o débito que já tenha sido objeto de compensação não homologada, ainda que a compensação se encontre pendente de decisão definitiva na esfera administrativa;

•• Inciso V com redação determinada pela Lei n. 13.670, de 30-5-2018.

VI – o valor objeto de pedido de restituição ou de ressarcimento já indeferido pela autoridade competente da Secretaria da Receita Federal do Brasil, ainda que o pedido se encontre pendente de decisão definitiva na esfera administrativa;

•• Inciso VI com redação determinada pela Lei n. 13.670, de 30-5-2018.

VII – o crédito objeto de pedido de restituição ou ressarcimento e o crédito informado em declaração de compensação cuja confirmação de liquidez e certeza esteja sob procedimento fiscal;

•• Inciso VII acrescentado pela Lei n. 13.670, de 30-5-2018.

VIII – os valores de quotas de salário-família e salário-maternidade; e

•• Inciso VIII acrescentado pela Lei n. 13.670, de 30-5-2018.

IX – os débitos relativos ao recolhimento mensal por estimativa do Imposto sobre a Renda das Pessoas Jurídicas (IRPJ) e da Contribuição Social sobre o Lucro Líquido (CSLL) apurados na forma do art. 2.º desta Lei.

•• Inciso IX acrescentado pela Lei n. 13.670, de 30-5-2018.

§ 4.º Os pedidos de compensação pendentes de apreciação pela autoridade administrativa serão considerados declaração de compensação, desde o seu protocolo, para os efeitos previstos neste artigo.

•• § 4.º acrescentado pela Lei n. 10.637, de 30-12-2002.

§ 5.º O prazo para homologação da compensação declarada pelo sujeito passivo será de 5 (cinco) anos, contado da data da entrega da declaração de compensação.

•• § 5.º com redação determinada pela Lei n. 10.833, de 29-12-2003.

§ 6.º A declaração de compensação constitui confissão de dívida e instrumento hábil e suficiente para a exigência dos débitos indevidamente compensados.

•• § 6.º acrescentado pela Lei n. 10.833, de 29-12-2003.

§ 7.º Não homologada a compensação, a autoridade administrativa deverá cientificar o sujeito passivo e intimá-lo a efetuar, no prazo de 30 (trinta) dias, contado da ciência do ato que não a homologou, o pagamento dos débitos indevidamente compensados.

•• § 7.º acrescentado pela Lei n. 10.833, de 29-12-2003.

§ 8.º Não efetuado o pagamento no prazo previsto no § 7.º, o débito será encaminhado à Procuradoria-Geral da Fazenda Nacional para inscrição em Dívida Ativa da União, ressalvado o disposto no § 9.º.

•• § 8.º acrescentado pela Lei n. 10.833, de 29-12-2003.

§ 9.º É facultado ao sujeito passivo, no prazo referido no § 7.º, apresentar manifestação de inconformidade contra a não homologação da compensação.

•• § 9.º acrescentado pela Lei n. 10.833, de 29-12-2003.

§ 10. Da decisão que julgar improcedente a manifestação de inconformidade caberá recurso ao Conselho de Contribuintes.

•• § 10 acrescentado pela Lei n. 10.833, de 29-12-2003.

§ 11. A manifestação de inconformidade e o recurso de que tratam os §§ 9.º e 10 obedecerão ao rito processual do Decreto n. 70.235, de 6 de março de 1972, e enquadram-se no disposto no inciso III do art. 151 da Lei n. 5.172, de 25 de outubro de 1966 – Código Tributário Nacional, relativamente ao débito objeto da compensação.

•• § 11 acrescentado pela Lei n. 10.833, de 29-12-2003.

• Suspensão do crédito tributário: reclamações e recursos (art. 151, III, do CTN).

• *Vide* Decreto n. 70.235, de 6-3-1972, que dispõe sobre o processo administrativo fiscal.

§ 12. Será considerada não declarada a compensação nas hipóteses:

•• § 12, *caput*, com redação determinada pela Lei n. 11.051, de 29-12-2004.

•• *Vide* Súmula 464 do STJ.

I – previstas no § 3.º deste artigo;

•• Inciso I acrescentado pela Lei n. 11.051, de 29-12-2004.

II – em que o crédito:

•• Inciso II, *caput*, acrescentado pela Lei n. 11.051, de 29-12-2004.

a) seja de terceiros;

•• Alínea *a* acrescentada pela Lei n. 11.051, de 29-12-2004.

b) refira-se a "crédito-prêmio" instituído pelo art. 1.º do Decreto-lei n. 491, de 5 de março de 1969;

•• Alínea *b* acrescentada pela Lei n. 11.051, de 29-12-2004.

c) refira-se a título público;

•• Alínea *c* acrescentada pela Lei n. 11.051, de 29-12-2004.

d) seja decorrente de decisão judicial não transitada em julgado; ou

•• Alínea *d* acrescentada pela Lei n. 11.051, de 29-12-2004.

e) não se refira a tributos e contribuições administrados pela Secretaria da Receita Federal – SRF;

•• Alínea *e* acrescentada pela Lei n. 11.051, de 29-12-2004.

f) tiver como fundamento a alegação de inconstitucionalidade de lei, exceto nos casos em que a lei:

1 – tenha sido declarada inconstitucional pelo Supremo Tribunal Federal em ação direta de inconstitucionalidade ou em ação declaratória de constitucionalidade;

2 – tenha tido sua execução suspensa pelo Senado Federal;

3 – tenha sido julgada inconstitucional em sentença judicial transitada em julgado a favor do contribuinte; ou

4 – seja objeto de súmula vinculante aprovada pelo Supremo Tribunal Federal nos termos do art. 103-A da Constituição Federal.

•• Alínea *f* acrescentada pela Lei n. 11.941, de 27-5-2009.

§ 13. O disposto nos §§ 2.º e 5.º a 11 deste artigo não se aplica às hipóteses previstas no § 12 deste artigo.

•• § 13 acrescentado pela Lei n. 11.051, de 29-12-2004.

§ 14. A Secretaria da Receita Federal – SRF disciplinará o disposto neste artigo, inclusive quanto à fixação de critérios de prioridade para apreciação de processos de restituição, de ressarcimento e de compensação.

•• § 14 acrescentado pela Lei n. 11.051, de 29-12-2004.

•• *Vide* nota ao art. 73, *caput*, desta Lei.

§§ 15 e 16. (*Revogados pela Lei n. 13.137, de 19-6-2015, em vigor na data da publicação da Medida Provisória n. 668, de 30-1-2015* – DOU *de 30-1-2015.*)

§ 17. Será aplicada multa isolada de 50% (cinquenta por cento) sobre o valor do débito objeto de declaração de compensação não homologada, salvo no caso de falsidade da declaração apresentada pelo sujeito passivo.

•• § 17 com redação determinada pela Lei n. 13.097, de 19-1-2015.

§ 18. No caso de apresentação de manifestação de inconformidade contra a não homologação da compensação, fica suspensa a exigibilidade da multa de ofício de que trata o § 17, ainda que não impugnada essa exigência, enquadrando-se no disposto no inciso III do art. 151 da Lei n. 5.172, de 25 de outubro de 1966 - Código Tributário Nacional.

•• § 18 acrescentado pela Lei n. 12.844, de 19-7-2013.

Seção VIII
Unidade Fiscal de Referência – UFIR

Art. 75. A partir de 1.º de janeiro de 1997, a atualização do valor da Unidade Fiscal de Referência - UFIR, de que trata o art. 1.º da Lei n. 8.383, de 30 de dezembro de 1991, com as alterações posteriores, será efetuada por períodos anuais, em 1.º de janeiro.

• *Vide* Nota dos Organizadores.

Parágrafo único. No âmbito da legislação tributária federal, a UFIR será utilizada exclusivamente para a atualização dos créditos tributários da União, objeto de parcelamento concedido até 31 de dezembro de 1994.

Seção IX
Competências dos Conselhos de Contribuintes

Art. 76. Fica o Poder Executivo autorizado a alterar as competências relativas às matérias objeto de julgamento pelos Conselhos de Contribuintes do Ministério da Fazenda.

Seção X
Dispositivo Declarado Inconstitucional

Art. 77. Fica o Poder Executivo autorizado a disciplinar as hipóteses em que a administração tributária federal, relativamente aos créditos tributários baseados em dispositivo declarado inconstitucional por decisão definitiva do Supremo Tribunal Federal, possa:

I – abster-se de constituí-los;

II – retificar o seu valor ou declará-los extintos, de ofício, quando houverem sido constituídos anteriormente, ainda que inscritos em dívida ativa;

III – formular desistência de ações de execução fiscal já ajuizadas, bem como deixar de interpor recursos de decisões judiciais.

Seção XI
Juros sobre o Capital Próprio

Art. 78. O § 1.º do art. 9.º da Lei n. 9.249, de 26 de dezembro de 1995, passa a vigorar com a seguinte redação:

•• Alteração já processada na norma modificada.

Seção XII
Admissão Temporária

Art. 79. Os bens admitidos temporariamente no País, para utilização econômica, ficam sujeitos ao pagamento dos impostos incidentes na importação proporcionalmente ao tempo de sua permanência em território nacional, nos termos e condições estabelecidos em regulamento.

Parágrafo único. O Poder Executivo poderá excepcionar, em caráter temporário, a aplicação do disposto neste artigo em relação a determinados bens.

•• Parágrafo único acrescentado pela Medida Provisória n. 2.189-49, de 23-8-2001.

Capítulo VI
DISPOSIÇÕES FINAIS

Empresa Inidônea

Art. 80. As inscrições no Cadastro Nacional da Pessoa Jurídica (CNPJ) serão suspensas quando se enquadrarem nas hipóteses de suspensão definidas pela Secretaria Especial da Receita Federal do Brasil.

•• *Caput* com redação determinada pela Lei n. 14.195, de 26-8-2021.

§§ 1.º a 4.º (*Revogados pela Lei n. 14.195, de 26-8-2021.*)

Arts. 80-A a 80-C. (*Revogados pela Lei n. 14.195, de 26-8-2021.*)

Art. 81. As inscrições no CNPJ serão declaradas inaptas, nos termos e nas condições definidos pela Secretaria Especial da Receita Federal do Brasil, quando a pessoa jurídica:

•• *Caput* com redação determinada pela Lei n. 14.195, de 26-8-2021.

I – deixar de apresentar obrigações acessórias, por, no mínimo, 90 (noventa) dias a contar da omissão;

•• Inciso I acrescentado pela Lei n. 14.195, de 26-8-2021.

II – não comprovar a origem, a disponibilidade e a efetiva transferência, se for o caso, dos recursos empregados em operações de comércio exterior;

•• Inciso II acrescentado pela Lei n. 14.195, de 26-8-2021.

III – for inexistente de fato, assim considerada a entidade que:

•• Inciso III, *caput*, acrescentado pela Lei n. 14.195, de 26-8-2021.

a) não dispuser de patrimônio ou de capacidade operacional necessários à realização de seu objeto, inclusive a que não comprovar o capital social integralizado;

•• Alínea *a* acrescentada pela Lei n. 14.195, de 26-8-2021.

b) não for localizada no endereço informado no CNPJ;

•• Alínea *b* acrescentada pela Lei n. 14.195, de 26-8-2021.

c) quando intimado, o seu representante legal:

•• Alínea *c*, *caput*, acrescentada pela Lei n. 14.195, de 26-8-2021.

1. não for localizado ou alegar falsidade ou simulação de sua participação na referida entidade ou não comprovar legitimidade para representá-la; ou

•• Item 1 acrescentado pela Lei n. 14.195, de 26-8-2021.

2. não indicar, depois de intimado, seu novo domicílio tributário;

•• Item 2 acrescentado pela Lei n. 14.195, de 26-8-2021.

d) for domiciliada no exterior e não tiver indicado seu procurador ou seu representante legalmente constituído no CNPJ ou, se indicado, não tiver sido localizado; ou

•• Alínea *d* acrescentada pela Lei n. 14.195, de 26-8-2021.

e) encontrar-se com as atividades paralisadas, salvo quando a paralisação for comunicada;

•• Alínea *e* acrescentada pela Lei n. 14.195, de 26-8-2021.

IV – realizar operações de terceiros, com intuito de acobertar seus reais beneficiários;

•• Inciso IV acrescentado pela Lei n. 14.195, de 26-8-2021.

V – tiver participado, segundo evidências, de organização constituída com o propósito de não recolher tributos ou de burlar os mecanismos de cobrança de débitos fiscais, inclusive por meio de emissão de documentos fiscais que relatem operações fictícias ou cessão de créditos inexistentes ou de terceiros;

•• Inciso V acrescentado pela Lei n. 14.195, de 26-8-2021.

VI – tiver sido constituída, segundo evidências, para a prática de fraude fiscal estruturada, inclusive em proveito de terceiras empresas; ou

•• Inciso VI acrescentado pela Lei n. 14.195, de 26-8-2021.

VII – encontrar-se suspensa por no, mínimo, 1 (um) ano.

•• Inciso VII acrescentado pela Lei n. 14.195, de 26-8-2021.

§ 1.º (*Revogado pela Lei n. 14.195, de 26-8-2021.*)

§ 2.º Para fins do disposto no inciso II do *caput* deste artigo, a comprovação da origem de recursos provenientes do exterior dar-se-á mediante, cumulativamente:

•• § 2º, *caput*, com redação determinada pela Lei n. 14.195, de 26-8-2021.

§ 3.º No caso de o remetente referido no inciso II do § 2.º ser pessoa jurídica deverão ser também identificados os integrantes de seus quadros societário e gerencial.

•• § 3.º acrescentado pela Lei n. 10.637, de 30-12-2002.

§ 4.º O disposto nos §§ 2.º e 3.º aplica-se, também, na hipótese de que trata o § 2.º do art. 23 do Decreto-lei n. 1.455, de 7 de abril de 1976.

•• § 4.º acrescentado pela Lei n. 10.637, de 30-12-2002.

§ 5.º (*Revogado pela Lei n. 14.195, de 26-8-2020*)

•• § 5.º acrescentado pela Lei n. 11.941, de 27-5-2009.

Art. 81-A. As inscrições no CNPJ serão declaradas baixadas após 180 (cento e oitenta) dias contados da declaração de inaptidão.

•• *Caput* acrescentado pela Lei n. 14.195, de 26-8-2021.

§ 1.º Poderão ainda ter a inscrição no CNPJ baixada as pessoas jurídicas que estejam extintas, canceladas ou baixadas nos respectivos órgãos de registro.

•• § 1.º acrescentado pela Lei n. 14.195, de 26-8-2021.

§ 2.º O ato de baixa da inscrição no CNPJ não impede que, posteriormente, sejam lançados ou cobrados os débitos de natureza tributária da pessoa jurídica.

•• § 2.º acrescentado pela Lei n. 14.195, de 26-8-2021.

§ 3.º Mediante solicitação da pessoa jurídica, poderá ser restabelecida a inscrição no CNPJ, observados os termos e as condições definidos pela Secretaria Especial da Receita Federal do Brasil.

•• § 3.º acrescentado pela Lei n. 14.195, de 26-8-2021.

Art. 82. Além das demais hipóteses de inidoneidade de documentos previstas na legislação, não produzirá efeitos tributários em favor de terceiros interessados o documento emitido por pessoa jurídica cuja inscrição no CNPJ tenha sido considerada ou declarada inapta.

•• *Caput* com redação determinada pela Lei n. 14.195, de 26-8-2021.

Parágrafo único. O disposto neste artigo não se aplica aos casos em que o adquirente de bens, direitos e mercadorias ou o tomador de serviços comprovarem a efetivação do pagamento do preço respectivo e o recebimento dos bens, direitos e mercadorias ou utilização dos serviços.

Crime contra a Ordem Tributária

Art. 83. A representação fiscal para fins penais relativa aos crimes contra a ordem tributária previstos nos arts. 1.º e 2.º da Lei n. 8.137, de 27 de dezembro de 1990, e aos crimes contra a Previdência Social, previstos nos arts. 168-A e 337-A do Decreto-lei n. 2.848, de 7 de dezembro de 1940 (Código Penal), será encaminhada ao Ministério Público depois de proferida a decisão final, na esfera administrativa, sobre a exigência fiscal do crédito tributário correspondente.

•• *Caput* com redação determinada pela Lei n. 12.350, de 20-12-2010.

•• A Portaria n. 1.750, de 12-11-2018, da SRFB, dispõe sobre a representação fiscal para fins penais referente a crimes contra a ordem tributária, contra a Previdência Social e de contrabando ou descaminho, sobre representação para fins penais referente a crimes contra a Administração Pública Federal.

• A Portaria n. 12.072, de 7-10-2021, da PGFN, estabelece os procedimentos de envio das representações para fins penais aos órgãos de persecução penal e dispõe sobre a atuação na esfera penal, da Procuradoria-Geral da Fazenda Nacional, no âmbito do Sistema de Recuperação de Créditos.

§ 1.º Na hipótese de concessão de parcelamento do crédito tributário, a representação fiscal para fins penais somente será encaminhada ao Ministério Público após a exclusão da pessoa física ou jurídica do parcelamento.

•• § 1.º acrescentado pela Lei n. 12.382, de 25-2-2011.

§ 2.º É suspensa a pretensão punitiva do Estado referente aos crimes previstos no *caput*, durante o período em que a pessoa física ou a pessoa jurídica relacionada com o agente dos aludidos crimes estiver incluída no parcelamento, desde que o pedido de parcelamento tenha sido formalizado antes do recebimento da denúncia criminal.

•• § 2.º acrescentado pela Lei n. 12.382, de 25-2-2011.

•• *Vide* art. 9.º da Lei n. 10.684, de 30-5-2003.

§ 3.º A prescrição criminal não corre durante o período de suspensão da pretensão punitiva.

•• § 3.º acrescentado pela Lei n. 12.382, de 25-2-2011.

§ 4.º Extingue-se a punibilidade dos crimes referidos no *caput* quando a pessoa física ou a pessoa jurídica relacionada com o agente efetuar o pagamento integral dos débitos oriundos de tributos, inclusive acessórios, que tiverem sido objeto de concessão de parcelamento.

•• § 4.º acrescentado pela Lei n. 12.382, de 25-2-2011.

§ 5.º O disposto nos §§ 1.º a 4.º não se aplica nas hipóteses de vedação legal de parcelamento.

•• § 5.º acrescentado pela Lei n. 12.382, de 25-2-2011.

§ 6.º As disposições contidas no *caput* do art. 34 da Lei n. 9.249, de 26 de dezembro de 1995, aplicam-se aos processos administrativos e aos inquéritos e processos em curso, desde que não recebida a denúncia pelo juiz.

•• Primitivo parágrafo único renumerado pela Lei n. 12.382, de 25-2-2011.

Art. 84. Nos casos de incorporação, fusão ou cisão de empresa incluída no Programa Nacional de Desestatização, bem como nos programas de desestatização das Unidades Federadas e dos Municípios, não ocorrerá a realização do lucro inflacionário acumulado relativamente à parcela do ativo sujeito a correção monetária até 31 de dezembro de 1995, que houver sido vertida.

§ 1.º O lucro inflacionário acumulado da empresa sucedida, correspondente aos ativos vertidos sujeitos a correção monetária até 31 de dezembro de 1995, será integralmente transferido para a sucessora, nos casos de incorporação e fusão.

§ 2.º No caso de cisão, o lucro inflacionário acumulado será transferido, para a pessoa jurídica que absorver o patrimônio da empresa cindida, na proporção das contas do ativo, sujeitas a correção monetária até 31 de dezembro de 1995, que houverem sido vertidas.

§ 3.º O lucro inflacionário transferido na forma deste artigo será realizado e submetido a tributação, na pessoa jurídica sucessora, com observância do disposto na legislação vigente.

Fretes Internacionais

Art. 85. Ficam sujeitos ao imposto de renda na fonte, à alíquota de 15% (quinze por cento), os rendimentos recebidos por companhias de navegação aérea e marítima, domiciliadas no exterior, de pessoas físicas ou jurídicas residentes ou domiciliadas no Brasil.

Parágrafo único. O imposto de que trata este artigo não será exigido das companhias aéreas e marítimas domiciliadas em países que não tributam, em decorrência da legislação interna ou de acordos internacionais, os rendimentos auferidos por empresas brasileiras que exercem o mesmo tipo de atividade.

Art. 86. Nos casos de pagamento de contraprestação de arrendamento mercantil, do tipo financeiro, a beneficiária pessoa jurídica domiciliada no exterior, a Secretaria da Receita Federal expedirá normas para excluir da base de cálculo do imposto de renda incidente na fonte a parcela remetida que corresponder ao valor do bem arrendado.

Vigência

Art. 87. Esta Lei entra em vigor na data da sua publicação, produzindo efeitos financeiros a partir de 1.º de janeiro de 1997.

Revogação

Art. 88. Revogam-se:

I – o § 2.º do art. 97 do Decreto-lei n. 5.844, de 23 de setembro de 1943, o Decreto-lei n. 7.885, de 21 de agosto de 1945, o art. 46 da Lei n. 4.862, de 29 de novembro de 1965 e o art. 56 da Lei n. 7.713, de 22 de dezembro de 1988;

II – o Decreto-lei n. 165, de 13 de fevereiro de 1967;

III – o § 3.º do art. 21 do Decreto-lei n. 401, de 30 de dezembro de 1968;

IV – o Decreto-lei n. 716, de 30 de julho de 1969;

V – o Decreto-lei n. 815, de 4 de setembro de 1969, o Decreto-lei n. 1.139, de 21 de dezembro de 1970, o art. 87 da Lei n. 7.450, de 23 de dezembro de 1985 e os arts. 11 e 12 do Decreto-lei n. 2.303, de 21 de novembro de 1986;

VI – o art. 3.º do Decreto-lei n. 1.118, de 10 de agosto de 1970, o art. 6.º do Decreto-lei n. 1.189, de 24 de setembro de 1971 e o inciso IX do art. 1.º da Lei n. 8.402, de 8 de janeiro de 1992;

VII – o art. 9.º do Decreto-lei n. 1.351, de 24 de outubro de 1974, o Decreto-lei n. 1.411, de 31 de julho de 1975 e o Decreto-lei n. 1.725, de 7 de dezembro de 1979;

VIII – o art. 9.º do Decreto-lei n. 1.633, de 9 de agosto de 1978;

IX – o número 4 da alínea *b* do § 1.º do art. 35 do Decreto-lei n. 1.598, de 26 de dezembro de 1977, com a redação dada pelo inciso VI do art. 1.º do Decreto-lei n. 1.730, de 17 de dezembro de 1979;

X – o Decreto-lei n. 1.811, de 27 de outubro de 1980, e o art. 3.º da Lei n. 7.132, de 26 de outubro de 1983;

XI – o art. 7.º do Decreto-lei n. 1.814, de 28 de novembro de 1980;

XII – o Decreto-lei n. 2.227, de 16 de janeiro de 1985;

XIII – os arts. 29 e 30 do Decreto-lei n. 2.341, de 29 de junho de 1987;

XIV – os arts. 1.º e 2.º do Decreto-lei n. 2.397, de 21 de dezembro de 1987;

XV – o art. 8.º do Decreto-lei n. 2.429, de 14 de abril de 1988;

XVI – (*Revogado pela Lei n. 11.508, de 20-7-2007.*)

XVII – o art. 40 da Lei n. 7.799, de 10 de julho de 1989;

XVIII – o § 5.º do art. 6.º da Lei n. 8.021, de 12 de abril de 1990;

XIX – o art. 22 da Lei n. 8.218, de 29 de agosto de 1991;

XX – o art. 92 da Lei n. 8.383, de 30 de dezembro de 1991;

XXI – o art. 6.º da Lei n. 8.661, de 2 de junho de 1993;

XXII – o art. 1.º da Lei n. 8.696, de 26 de agosto de 1993;

XXIII – o parágrafo único do art. 3.º da Lei n. 8.846, de 21 de janeiro de 1994;

XXIV – **o** art. 33, o § 4.º do art. 37 e os arts. 38, 50, 52 e 53, o § 1.º do art. 82 e art. 98, todos da Lei n. 8.981, de 20 de janeiro de 1995;

XXV – o art. 89 da Lei n. 8.981, de 20 de janeiro de 1995, com a redação dada pela Lei n. 9.065, de 20 de junho de 1995;

XXVI – os §§ 4.º, 9.º e 10 do art. 9.º, o § 2.º do art. 11, e o § 3.º do art. 24, todos da Lei n. 9.249, de 26 de dezembro de 1995;

XXVII – a partir de 1.º de abril de 1997, o art. 40 da Lei n. 8.981, de 1995, com as alterações introduzidas pela Lei n. 9.065, de 20 de junho de 1995.

Brasília, 27 de dezembro de 1996; 175.º da Independência e 108.º da República.

Fernando Henrique Cardoso

DECRETO N. 2.138, DE 29 DE JANEIRO DE 1997 (*)

Dispõe sobre a compensação de créditos tributários com créditos do sujeito passivo decorrentes de restituição ou ressarcimento de tributos ou contribuições, a ser efetuada pela Secretaria da Receita Federal.

O Presidente da República, no uso das atribuições que lhe confere o art. 84, IV, da Constituição, e tendo em vista o disposto nos arts. 73 e 74 da Lei n. 9.430, de 27 de dezembro de 1996, decreta:

Art. 1.º É admitida a compensação de créditos do sujeito passivo perante a Secretaria da Receita Federal, decorrentes de restituição ou ressarcimento, com seus débitos tributários relativos a quaisquer tributos ou contribuições sob administração da mesma Secretaria, ainda que não sejam da mesma espécie nem tenham a mesma destinação constitucional.

•• *Vide* Súmulas 212 e 213 do STJ.

Parágrafo único. A compensação será efetuada pela Secretaria da Receita Federal, a requerimento do contribuinte ou de ofício, mediante procedimento interno, observado o disposto neste Decreto.

Art. 2.º O sujeito passivo, que pleitear a restituição ou ressarcimento de tributos ou contribuições, pode requerer que a Secretaria da Receita Federal efetue a compensação do valor do seu crédito com débito de sua responsabilidade.

Art. 3.º A Secretaria da Receita Federal, ao reconhecer o direito de crédito do sujeito passivo para restituição ou ressarcimento de tributo ou contribuição, mediante exames fiscais para cada caso, se verificar a existência de débito do requerente, compensará os dois valores.

Parágrafo único. Na compensação será observado o seguinte:

a) o valor bruto da restituição ou do ressarcimento será debitado à conta do tributo ou da contribuição respectiva;

b) o montante utilizado para a quitação de débitos será creditado à conta do tributo ou da contribuição devida.

Art. 4.º Quando o montante da restituição ou do ressarcimento for superior ao do débito, a Secretaria da Receita Federal efetuará o pagamento da diferença ao sujeito passivo.

Parágrafo único. Caso a quantia a ser restituída ou ressarcida seja inferior aos valores dos débitos, o correspondente crédito tributário é extinto no montante equivalente à compensação, cabendo à Secretaria da Receita Federal adotar as providências cabíveis para a cobrança do saldo remanescente.

Art. 5.º A unidade da SRF que efetuar a compensação observará o seguinte:

I – certificará:

a) no processo de restituição ou ressarcimento, qual o valor utilizado na quitação de débitos e, se for o caso, o valor do saldo a ser restituído ou ressarcido;

b) no processo de cobrança, qual o montante do crédito tributário extinto pela compensação e, sendo o caso, o valor do saldo remanescente do débito;

II – emitirá documento comprobatório de compensação, que indicará todos os dados relativos ao sujeito passivo e aos tributos e contribuições objeto da compensação necessários para o registro do crédito e do débito de que trata o parágrafo único do art. 3.º;

III – expedirá ordem bancária, na hipótese de saldo a restituir ou ressarcir, ou aviso de cobrança, no caso de saldo do débito;

IV – efetuará os ajustes necessários nos dados e informações dos controles internos do contribuinte.

Art. 6.º A compensação poderá ser efetuada de ofício, nos termos do art. 7.º do Decreto-lei n. 2.287, de 23 de julho de 1986, sempre que a Secretaria da Receita Federal verificar que o titular do direito à restituição ou ao ressarcimento tem débito vencido relativo a qualquer tributo ou contribuição sob sua administração.

§ 1.º A compensação de ofício será precedida de notificação ao sujeito passivo para que se manifeste sobre o procedimento, no prazo de 15 (quinze) dias, sendo o seu silêncio considerado como aquiescência.

§ 2.º Havendo concordância do sujeito passivo, expressa ou tácita, a Unidade da Secretaria da Receita Federal efetuará a compensação, com observância do procedimento estabelecido no art. 5.º.

§ 3.º No caso de discordância do sujeito passivo, a Unidade da Secretaria da Receita Federal reterá o valor da restituição ou do ressarcimento até que o débito seja liquidado.

Art. 7.º O Secretário da Receita Federal baixará as normas necessárias à execução deste Decreto.

Art. 8.º Este Decreto entra em vigor na data de sua publicação.

Brasília, 29 de janeiro de 1997; 176.º da Independência e 109.º da República.

Fernando Henrique Cardoso

(*) Publicado no *DOU*, de 30-1-1997. A Instrução Normativa n. 1.300, de 20-11-2012, da Secretaria da Receita Federal do Brasil, estabelece normas sobre restituição, compensação, ressarcimento e reembolso, no âmbito desta Secretaria.

LEI N. 9.481, DE 13 DE AGOSTO DE 1997 (*)

Dispõe sobre a incidência do Imposto de Renda na Fonte sobre Rendimentos de Beneficiários Residentes ou Domiciliados no Exterior, e dá outras providências.

Faço saber que o Presidente da República adotou a Medida Provisória n. 1.563-7, de 1997, que o Congresso Nacional aprovou, e eu, Antonio Carlos Magalhães, Presidente, para os efeitos do disposto no parágrafo único do art. 62 da Constituição Federal, promulgo a seguinte Lei:

Art. 1.º A alíquota do imposto de renda na fonte incidente sobre os rendimentos auferidos no País, por residentes ou domiciliados no exterior, fica reduzida para zero, nas seguintes hipóteses:

•• *Caput* com redação determinada pela Lei n. 9.532, de 10-12-1997.

• A Instrução Normativa n. 252, de 3-12-2002, da Secretaria da Receita Federal, dispõe sobre a incidência do imposto de renda na fonte sobre rendimentos pagos, creditados, empregados, entregues ou remetidos para pessoas jurídicas domiciliadas no exterior.

I – receitas de fretes, afretamentos, aluguéis ou arrendamentos de embarcações marítimas ou fluviais ou de aeronaves estrangeiras ou motores de aeronaves estrangeiros, feitos por empresas, desde que tenham sido aprovados pelas autoridades competentes, bem como os pagamentos de aluguel de contêineres, sobrestadia e outros relativos ao uso de serviços de instalações portuárias;

•• Inciso I com redação determinada pela Lei n. 13.043, de 13-11-2014.

II – comissões pagas por exportadores a seus agentes no exterior;

III – valores pagos, creditados, entregues, empregados ou remetidos para o exterior:

•• Inciso III, *caput*, com redação determinada pela Lei n. 11.774, de 17-9-2008.

a) em decorrência de despesas com pesquisas de mercado, bem como aluguéis e arrendamentos de *stands* e locais para exposições, feiras e conclaves semelhantes, inclusive promoção e propaganda no âmbito desses eventos, para produtos e serviços brasileiros e para promoção de destinos turísticos brasileiros;

•• Alínea *a* acrescentada pela Lei n. 11.774, de 17-9-2008.

•• A Lei n. 13.315, de 20-7-2016, propôs nova redação para esta alínea, porém o texto sofreu veto presidencial.

b) por órgãos do Poder Executivo Federal, relativos à contratação de serviços destinados à promoção do Brasil no exterior;

•• Alínea *b* acrescentada pela Lei n. 11.774, de 17-9-2008.

•• A Lei n. 13.315, de 20-7-2016, propôs nova redação para esta alínea, porém o texto sofreu veto presidencial.

(*) Publicada no *DOU*, de 14-8-1997.

IV – valores correspondentes a operações de cobertura de riscos de variações, no mercado internacional, de taxas de juros, de paridade entre moedas e de preços de mercadorias (*hedge*);

V – valores correspondentes aos pagamentos de contraprestação de arrendamento mercantil de bens de capital, celebrados com entidades domiciliadas no exterior;

•• A Lei n. 10.560, de 13-11-2002, dispondo sobre o tratamento tributário dispensado às empresas de transporte aéreo, estabelece em seu art. 1.º: "Fica suspensa, em relação aos fatos geradores ocorridos até 31 de dezembro de 2003, a aplicação da alíquota do imposto de renda na fonte de que trata o art. 1.º da Lei n. 9.959, de 27 de janeiro de 2000, incidente nas operações de que trata o inciso V do art. 1.º da Lei n. 9.481, de 13 de agosto de 1997, na hipótese de pagamentos de contraprestação de arrendamento mercantil de bens de capital arrendados por empresa de transporte aéreo de cargas ou de passageiros. Parágrafo único. O disposto neste artigo aplica-se independentemente da data de celebração do contrato de arrendamento".

•• *Vide* art. 16 da Lei n. 11.371, de 28-11-2006, sobre a redução de alíquota relativa às operações de que trata este inciso.

VI – comissões e despesas incorridas nas operações de colocação, no exterior, de ações de companhias abertas, domiciliadas no Brasil, desde que aprovadas pelo Banco Central do Brasil e pela Comissão de Valores Mobiliários;

VII – solicitação, obtenção e manutenção de direitos de propriedade industrial, no exterior;

VIII – juros decorrentes de empréstimos contraídos no exterior, em países que mantenham acordos tributários com o Brasil, por empresas nacionais, particulares ou oficiais, por prazo igual ou superior a 15 (quinze) anos, à taxa de juros do mercado credor, com instituições financeiras tributadas em nível inferior ao admitido pelo crédito fiscal nos respectivos acordos tributários;

IX – juros, comissões, despesas e descontos decorrentes de colocações no exterior, previamente autorizadas pelo Banco Central do Brasil, de títulos de crédito internacionais, inclusive *commercial papers*, desde que o prazo médio de amortização corresponda, no mínimo, a 96 (noventa e seis) meses;

X – juros de desconto, no exterior, de cambiais de exportação e as comissões de banqueiros inerentes a essas cambiais;

XI – juros e comissões relativos a créditos obtidos no exterior e destinados ao financiamento de exportações;

•• *Vide* Lei n. 9.779, de 19-1-1999, art. 9.º, que dispõe que os juros e comissões correspondentes à parcela dos créditos de que trata este inciso, não aplicada no financiamento de exportações, sujeita-se à incidência do imposto de renda na fonte à alíquota de 25% (vinte e cinco por cento).

XII – valores pagos, creditados, entregues, empregados ou remetidos para o exterior pelo exportador brasileiro, relativos às despesas de armazenagem, movimentação e transporte de carga e emissão de documentos realizadas no exterior.

•• Inciso XII acrescentado pela Lei n. 11.774, de 17-9-2008.

§ 1.º Nos casos dos incisos II, III, IV, VIII, X, XI e XII do *caput* deste artigo, deverão ser observadas as condições, as formas e os prazos estabelecidos pelo Poder Executivo.

•• § 1.º renumerado pela Lei n. 13.043, de 13-11-2014.

§ 2.º Para fins de aplicação do disposto no inciso I do *caput* deste artigo, quando ocorrer execução simultânea de contrato de afretamento ou aluguel de embarcações marítimas e de contrato de prestação de serviço relacionados à exploração e produção de petróleo ou de gás natural, celebrados com pessoas jurídicas vinculadas entre si, a redução a 0% (zero por cento) da alíquota do imposto sobre a renda na fonte fica limitada à parcela relativa ao afretamento ou aluguel, calculada mediante a aplicação sobre o valor total dos contratos dos seguintes percentuais:

•• § 2.º com redação determinada pela Lei n. 13.586, de 28-12-2017.

I – 85% (oitenta e cinco por cento), quanto às embarcações com sistemas flutuantes de produção ou armazenamento e descarga;

•• Inciso I com redação determinada pela Lei n. 13.586, de 28-12-2017.

II – 80% (oitenta por cento), quanto às embarcações com sistema do tipo sonda para perfuração, completação e manutenção de poços; e

•• Inciso II com redação determinada pela Lei n. 13.586, de 28-12-2017.

III – 65% (sessenta e cinco por cento), quanto aos demais tipos de embarcações.

•• Inciso III com redação determinada pela Lei n. 13.586, de 28-12-2017.

§ 3.º Para cálculo dos percentuais a que se referem os §§ 2.º, 9.º e 11 deste artigo, o contrato celebrado em moeda estrangeira deverá ter os valores contratados convertidos para a moeda nacional pela taxa de câmbio da moeda do país de origem fixada para venda pelo Banco Central do Brasil, correspondente à data da apresentação da proposta pelo fornecedor, que é parte integrante do contrato.

•• § 3.º com redação determinada pela Lei n. 13.586, de 28-12-2017.

§ 4.º Na hipótese de repactuação ou reajuste dos valores de quaisquer dos contratos, as novas condições deverão ser consideradas para fins de verificação do enquadramento do contrato de afretamento ou aluguel de embarcação marítima nos limites previstos nos §§ 2.º, 9.º e 11 deste artigo.

•• § 4.º com redação determinada pela Lei n. 13.586, de 28-12-2017.

§ 5.º Para fins de verificação do enquadramento das remessas de afretamento ou aluguel de embarcação marítima nos limites previstos nos §§ 2.º, 9.º e 11 deste artigo, deverão ser desconsiderados os efeitos da variação cambial.

•• § 5.º com redação determinada pela Lei n. 13.586, de 28-12-2017.

§ 6.º A parcela do contrato de afretamento ou aluguel de embarcação marítima que exceder os limites estabelecidos nos §§ 2.º, 9.º e 11 deste artigo sujeita-se à incidência do imposto sobre a renda na fonte à alíquota de 15% (quinze por cento), exceto nos casos em que a remessa seja destinada a país ou dependência com tributação favorecida ou em que o fretador, arrendante ou locador de embarcação marítima seja beneficiário de regime fiscal privilegiado, nos termos dos arts. 24 e 24-A da Lei n. 9.430, de 27 de dezembro de 1996, hipóteses em que a totalidade da remessa estará sujeita à incidência do imposto sobre a renda na fonte à alíquota de 25% (vinte e cinco por cento).

•• § 6.º com redação determinada pela Lei n. 13.586, de 28-12-2017.

§ 7.º Para efeitos do disposto nos § 2.º e § 9.º, a pessoa jurídica fretadora, arrendadora ou locadora de embarcação marítima sediada no exterior será considerada vinculada à pessoa jurídica prestadora do serviço, quando:

•• § 7.º com redação determinada pela Lei n. 13.586, de 28-12-2017.

I – for sua matriz, filial ou sucursal;

•• Inciso I acrescentado pela Lei n. 13.586, de 28-12-2017.

II – a participação societária no capital social de uma em relação à outra a caracterize como sua controladora ou coligada, na forma definida nos § 1.º e § 2.º do art. 243 da Lei n. 6.404, de 15-12-1976;

•• Inciso II acrescentado pela Lei n. 13.586, de 28-12-2017.

III – ambas estiverem sob controle societário ou administrativo comum ou quando pelo menos 10% (dez por cento) do capital social de cada uma pertencer a uma mesma pessoa física ou jurídica;

•• Inciso III acrescentado pela Lei n. 13.586, de 28-12-2017.

IV – em conjunto com a pessoa jurídica domiciliada no Brasil, tiver participação societária no capital social de uma terceira pessoa jurídica, desde que a soma das participações as caracterize como controladoras ou coligadas desta, na forma definida nos § 1.º e § 2.º do art. 243 da Lei n. 6.404, de 15 de dezembro de 1976; ou

•• Inciso IV acrescentado pela Lei n. 13.586, de 28-12-2017.

V – for sua associada, na forma de consórcio ou condomínio, conforme definido na legislação em vigor, em qualquer empreendimento.

•• Inciso V acrescentado pela Lei n. 13.586, de 28-12-2017.

§ 8.º Ato do Ministro de Estado da Fazenda poderá elevar em até dez pontos percentuais os limites de que tratam os §§ 2.º, 9.º e 11 deste artigo, com base em estudos econômicos.

•• § 8.º com redação determinada pela Lei n. 13.586, de 28-12-2017.

§ 9.º A partir de 1.º de janeiro de 2018, a redução a 0% (zero por cento) da alíquota do imposto sobre a renda na fonte, na hipótese prevista no § 2.º deste artigo, fica limitada aos seguintes percentuais:

•• § 9.º acrescentado pela Lei n. 13.586, de 28-12-2017.

I – 70% (setenta por cento), quanto às embarcações com sistemas flutuantes de produção ou armazenamento e descarga;

•• Inciso I acrescentado pela Lei n. 13.586, de 28-12-2017.

II – 65% (sessenta e cinco por cento), quanto às embarcações com sistema do tipo sonda para perfuração, completação e manutenção de poços; e

•• Inciso II acrescentado pela Lei n. 13.586, de 28-12-2017..

III – 50% (cinquenta por cento), quanto aos demais tipos de embarcações.

•• Inciso III acrescentado pela Lei n. 13.586, de 28-12-2017.

§ 10. O disposto nos §§ 2.º e 9.º deste artigo não se aplica às embarcações utilizadas na navegação de apoio marítimo, definida na Lei n. 9.432, de 8 de janeiro de 1997, vedada, inclusive, a aplicação retroativa do § 2.º deste artigo em relação aos fatos geradores ocorridos antes da vigência da Lei n. 13.043, de 13 de novembro de 2014.

•• § 10 acrescentado pela Lei n. 13.586, de 28-12-2017.

§ 11. Para fins de aplicação do disposto no inciso I do *caput* deste artigo, quando ocorrer execução simultânea de contrato de afretamento ou aluguel de embarcações marítimas e de contrato de prestação de serviço relacionados às atividades de transporte, movimentação, transferência, armazenamento e regaseificação de gás natural liquefeito, celebrados entre pessoas jurídicas vinculadas entre si, a redução a 0% (zero por cento) da alíquota do imposto de renda na fonte fica limitada à parcela relativa ao afretamento ou aluguel, calculada mediante a aplicação do percentual de 60% (sessenta por cento) sobre o valor total dos contratos.

•• § 11 acrescentado pela Lei n. 13.586, de 28-12-2017.

§ 12. A aplicação dos percentuais estabelecidos nos §§ 2.º, 9.º e 11 deste artigo não acarreta a alteração da natureza e das condições do contrato de afretamento ou aluguel para fins de incidência da Contribuição de Intervenção de Domínio Econômico (Cide) de que trata a Lei n. 10.168, de 29 de dezembro de 2000, e da Contribuição para os Programas de Integração Social e de Formação do Patrimônio do Servidor Público incidente na Importação de Produtos Estrangeiros ou Serviços (PIS/Pasep-Importação) e da Contribuição Social para o Financiamento da Seguridade Social devida pelo Importador de Bens Estrangeiros ou Serviços do Exterior (Cofins--Importação), de que trata a Lei n. 10.865, de 30 de abril de 2004.

•• § 12 acrescentado pela Lei n. 13.586, de 28-12-2017.

Art. 2.º Aos contratos em vigor em 31 de dezembro de 1996, relativos às operações relacionadas no artigo anterior, aplica-se o tratamento tributário da legislação vigente àquela data.

Art. 3.º O disposto no inciso XI e na alínea *a* do inciso XII do art. 9.º da Lei n. 9.317, de 5 de dezembro de 1996, não se aplica, também, à pessoa jurídica situada exclusivamente em área de livre comércio.

Art. 4.º Os valores a que se refere o inciso II do § 3.º do art. 42 da Lei n. 9.430, de 27 de dezembro de 1996, passam a ser de R$ 12.000,00 (doze mil reais) e R$ 80.000,00 (oitenta mil reais), respectivamente.

Art. 5.º Ficam convalidados os atos praticados com base na Medida Provisória n. 1.563-6, de 20 de junho de 1997.

Art. 6.º Esta Lei entra em vigor na data de sua publicação, produzindo efeitos a partir de 1.º de janeiro de 1997.

Congresso Nacional, em 13 de agosto de 1997; 176.º da Independência e 109.º da República.

ANTONIO CARLOS MAGALHÃES

LEI N. 9.532, DE 10 DE DEZEMBRO DE 1997 (*)

Altera a Legislação Tributária Federal e dá outras providências.

O Presidente da República

Faço saber que o Congresso Nacional decreta e eu sanciono a seguinte Lei:

Art. 1.º Os lucros auferidos no exterior, por intermédio de filiais, sucursais, controladas ou coligadas serão adicionados ao lucro líquido, para determinação do lucro real correspondente ao balanço levantado no dia 31 de dezembro do ano-calendário em que tiverem sido disponibilizados para a pessoa jurídica domiciliada no Brasil.

§ 1.º Para efeito do disposto neste artigo, os lucros serão considerados disponibilizados para a empresa no Brasil:

a) no caso de filial ou sucursal, na data do balanço no qual tiverem sido apurados;

b) *(Revogada pela Lei n. 12.973, de 13-5-2014.)*

c) na hipótese de contratação de operações de mútuo, se a mutuante, coligada ou controlada, possuir lucros ou reservas de lucros;

•• Alínea *c* acrescentada pela Lei n. 9.959, de 27-1-2000.

d) na hipótese de adiantamento de recursos, efetuado pela coligada ou controlada, por conta de venda futura, cuja liquidação, pela remessa do bem ou serviço vendido, ocorra em prazo superior ao ciclo de produção do bem ou serviço.

•• Alínea *d* acrescentada pela Lei n. 9.959, de 27-1-2000.

§ 2.º (*Revogado pela Lei n. 12.973, de 13-5-2014.*)

§ 3.º Não serão dedutíveis na determinação do lucro real e da base de cálculo da Contribuição Social sobre o Lucro Líquido os juros, relativos a empréstimos, pagos ou creditados a empresa controlada ou coligada, independente do local de seu domicílio, incidentes sobre valor equivalente aos lucros não disponibilizados por empresas controladas, domiciliadas no exterior.

•• § 3.º com redação determinada pela Medida Provisória n. 2.158-35, de 24-8-2001.

§ 4.º (*Revogado pela Lei n. 12.973, de 13-5-2014.*)

§ 5.º Relativamente aos lucros apurados nos anos de 1996 e 1997, considerar-se-á vencido o prazo a que se refere o parágrafo anterior no dia 31 de dezembro de 1999.

§ 6.º Nas hipóteses das alíneas *c* e *d* do § 1.º o valor considerado disponibilizado será o mutuado ou adiantado, limitado ao montante dos lucros e reservas de lucros passíveis de distribuição, proporcional à participação societária da empresa no País na data da disponibilização.

•• § 6.º acrescentado pela Lei n. 9.959, de 27-1-2000.

§ 7.º Considerar-se-á disponibilizado o lucro:

a) na hipótese da alínea *c* do § 1.º:

(*) Publicada no *DOU*, de 11-12-1997.

1. na data da contratação da operação, relativamente a lucros já apurados pela controlada ou coligada;

2. na data da apuração do lucro, na coligada ou controlada, relativamente a operações de mútuo anteriormente contratadas;

b) na hipótese da alínea *d* do § 1.º, em 31 de dezembro do ano-calendário em que tenha sido encerrado o ciclo de produção sem que haja ocorrido a liquidação.

•• § 7.º acrescentado pela Lei n. 9.959, de 27-1-2000.

Art. 2.º Os percentuais dos benefícios fiscais referidos no inciso I e no § 3.º do art. 11 do Decreto-lei n. 1.376, de 12 de dezembro de 1974, com as posteriores alterações, nos arts. 1.º, II, 19 e 23, da Lei n. 8.167, de 16 de janeiro de 1991, e no art. 4.º, V, da Lei n. 8.661, de 2 de junho de 1993, ficam reduzidos para:

I – 30% (trinta por cento), relativamente aos períodos de apuração encerrados a partir de 1.º de janeiro de 1998 até 31 de dezembro de 2003;

II – 20% (vinte por cento), relativamente aos períodos de apuração encerrados a partir de 1.º de janeiro de 2004 até 31 de dezembro de 2008;

III – 10% (dez por cento), relativamente aos períodos de apuração encerrados a partir de 1.º de janeiro de 2009 até 31 de dezembro de 2013.

§ 1.º (*Revogado pela Medida Provisória n. 2.156-5, de 24-8-2001.*)

§ 2.º Ficam extintos, relativamente aos períodos de apuração encerrados a partir de 1.º de janeiro de 2014, os benefícios fiscais de que trata este artigo.

Art. 3.º Os benefícios fiscais de isenção, de que tratam o art. 13 da Lei n. 4.239, de 27 de junho de 1963, o art. 23 do Decreto-lei n. 756, de 11 de agosto de 1969, com a redação do art. 1.º do Decreto-lei n. 1.564, de 29 de julho de 1977, e o inciso VIII do art. 1.º da Lei n. 9.440, de 14 de março de 1997, para os projetos de instalação, modernização, ampliação ou diversificação, aprovados pelo órgão competente, a partir de 1.º de janeiro de 1998, observadas as demais normas em vigor, aplicáveis à matéria, passam a ser de redução do imposto de renda e adicionais não restituíveis, observados os seguintes percentuais:

I – 75% (setenta e cinco por cento), a partir de 1.º de janeiro de 1998 até 31 de dezembro de 2003;

II – 50% (cinquenta por cento), a partir de 1.º de janeiro de 2004 até 31 de dezembro de 2008;

III – 25% (vinte e cinco por cento), a partir de 1.º de janeiro de 2009 até 31 de dezembro de 2013.

§ 1.º O disposto no *caput* não se aplica a projetos aprovados ou protocolizados até 14 de novembro de 1997, no órgão competente, para os quais prevalece o benefício de isenção até o término do prazo de concessão do benefício.

§ 2.º Os benefícios fiscais de redução do imposto de renda e adicionais não restituíveis, de que tratam o art. 14 da Lei n. 4.239, de 1963, e o art. 22 do Decreto-lei n. 756, de 11 de agosto de 1969, observadas as demais normas em vigor, aplicáveis à matéria, passam a ser calculados segundo os seguintes percentuais:

I – 37,5% (trinta e sete inteiros e cinco décimos por cento), a partir de 1.º de janeiro de 1998 até 31 de dezembro de 2003;

II – 25% (vinte e cinco por cento), a partir de 1.º de janeiro de 2004 até 31 de dezembro de 2008;

III – 12,5% (doze inteiros e cinco décimos por cento), a partir de 1.º de janeiro de 2009 até 31 de dezembro de 2013.

§ 3.º Ficam extintos, relativamente aos períodos de apuração encerrados a partir de 1.º de janeiro de 2014, os benefícios fiscais de que trata este artigo.

Art. 4.º (*Revogado pela Medida Provisória n. 2.199-14, de 24-8-2001.*)

Art. 5.º A dedução do imposto de renda relativa aos incentivos fiscais previstos no art. 1.º da Lei n. 6.321, de 14 de abril de 1976, no art. 26 da Lei n. 8.313, de 23 de dezembro de 1991, e no inciso I do art. 4.º da Lei n. 8.661, de 1993, não poderá exceder, quando considerados isoladamente, a 4% (quatro por cento) do imposto de renda devido, observado o disposto no § 4.º do art. 3.º da Lei n. 9.249, de 1995.

•• A Lei n. 13.840, de 5-6-2019, propôs nova redação para este artigo, mas teve seu texto vetado.

Art. 6.º Observados os limites específicos de cada incentivo e o disposto no § 4.º do art. 3.º da Lei n. 9.249, de 1995, o total das deduções de que tratam:

I – o art. 1.º da Lei n. 6.321, de 1976 e o inciso I do art. 4.º da Lei n. 8.661, de 1993, não poderá exceder a 4% (quatro por cento) do imposto de renda devido;

II – o art. 26 da Lei n. 8.313, de 1991, e o art. 1.º da Lei n. 8.685, de 20 de julho de 1993, não poderá exceder 4% (quatro por cento) do imposto de renda devido.

•• Inciso II com redação determinada pela Medida Provisória n. 2.189-49, de 23-8-2001.

Art. 7.º A pessoa jurídica que absorver patrimônio de outra, em virtude de incorporação, fusão ou cisão, na qual detenha participação societária adquirida com ágio ou deságio, apurado segundo o disposto no art. 20 do Decreto-lei n. 1.598, de 26 de dezembro de 1977:

I – deverá registrar o valor do ágio ou deságio cujo fundamento seja o de que trata a alínea *a* do § 2.º do art. 20 do Decreto-lei n. 1.598, de 1977, em contrapartida à conta que registre o bem ou direito que lhe deu causa;

II – deverá registrar o valor do ágio cujo fundamento seja o de que trata a alínea *c* do § 2.º do art. 20 do Decreto-lei n. 1.598, de 1977, em contrapartida a conta de ativo permanente, não sujeita a amortização;

III – poderá amortizar o valor do ágio cujo fundamento seja o de que trata a alínea *b* do § 2.º do art. 20 do Decreto-lei n. 1.598, de 1977, nos balanços correspondentes à apuração de lucro real, levantados posteriormente à incorporação, fusão ou cisão, à razão de 1/60 (um sessenta avos), no máximo, para cada mês do período de apuração;

•• Inciso III com redação determinada pela Lei n. 9.718, de 27-11-1998.

IV – deverá amortizar o valor do deságio cujo fundamento seja o de que trata a alínea *b* do § 2.º do art. 20 do Decreto-lei n. 1.598, de 1977, nos balanços correspondentes à apuração de lucro real, levantados durante os 5 (cinco) anos-calendários subsequentes à incorporação, fusão ou cisão, à razão de 1/60 (um sessenta avos), no mínimo, para cada mês do período de apuração.

§ 1.º O valor registrado na forma do inciso I integrará o custo do bem ou direito para efeito de apuração de ganho ou perda de capital e de depreciação, amortização ou exaustão.

§ 2.º Se o bem que deu causa ao ágio ou deságio não houver sido transferido, na hipótese de cisão, para o patrimônio da sucessora, esta deverá registrar:

a) o ágio, em conta de ativo diferido, para amortização na forma prevista no inciso III;

b) o deságio, em conta de receita diferida, para amortização na forma prevista no inciso IV.

§ 3.º O valor registrado na forma do inciso II do *caput*:

a) será considerado custo de aquisição, para efeito de apuração de ganho ou perda de capital na alienação do direito que lhe deu causa ou na sua transferência para sócio ou acionista, na hipótese de devolução de capital;

b) poderá ser deduzido como perda, no encerramento das atividades da empresa, se comprovada, nessa data, a inexistência do fundo de comércio ou do intangível que lhe deu causa.

§ 4.º Na hipótese da alínea *b* do parágrafo anterior, a posterior utilização econômica do fundo de comércio ou intangível sujeitará a pessoa física ou jurídica usuária ao pagamento dos tributos e contribuições que deixaram de ser pagos, acrescidos de juros de mora e multa, calculados de conformidade com a legislação vigente.

§ 5.º O valor que servir de base de cálculo dos tributos e contribuições a que se refere o parágrafo anterior poderá ser registrado em conta do ativo, como custo do direito.

Art. 8.º O disposto no artigo anterior aplica-se, inclusive, quando:

a) o investimento não for, obrigatoriamente, avaliado pelo valor de patrimônio líquido;

b) a empresa incorporada, fusionada ou cindida for aquela que detinha a propriedade da participação societária.

Art. 9.º À opção da pessoa jurídica, o saldo do lucro inflacionário acumulado, existente no último dia útil dos meses de novembro e dezembro de 1997, poderá ser considerado realizado integralmente e tributado à alíquota de 10% (dez por cento).

§ 1.º Se a opção se referir a saldo de lucro inflacionário tributado na forma do art. 28 da Lei n. 7.730, de 31 de janeiro de 1989, a alíquota a ser aplicada será de 3% (três por cento).

§ 2.º A opção a que se refere este artigo será irretratável e manifestada mediante o pagamento do imposto, em quota única, na data da opção.

• Dispõe a Medida Provisória n. 2.158-35, de 24-8-2001, em seu art. 62, *caput*: "A opção pela liquidação antecipada do saldo do lucro inflacionário, na forma prevista no art. 9.º da Lei n. 9.532, de 10 de dezembro de 1997, deverá ser formalizada até 30 de junho de 2001".

Art. 10. Do imposto apurado com base no lucro arbitrado ou no lucro presumido não será permitida qualquer dedução a título de incentivo fiscal.

Art. 11. As deduções relativas às contribuições para entidades de previdência privada, a que se refere a alínea e do inciso II do art. 8.º da Lei n. 9.250, de 26 de dezembro de 1995, e às contribuições para o Fundo de Aposentadoria Programada Individual – Fapi, a que se refere a Lei n. 9.477, de 24 de julho de 1997, cujo ônus seja da própria pessoa física, ficam condicionadas ao recolhimento, também, de contribuições para o regime geral de previdência social ou, quando for o caso, para regime próprio de previdência social dos servidores titulares de cargo efetivo da União, dos Estados, do Distrito Federal ou dos Municípios, observada a contribuição mínima, e limitadas a 12% (doze por cento) do total dos rendimentos computados na determinação da base de cálculo do imposto devido na declaração de rendimentos.

•• *Caput* com redação determinada pela Lei n. 10.887, de 18-6-2004.

§ 1.º Aos resgates efetuados pelos quotistas de Fundo de Aposentadoria Programada Individual – Fapi aplicam-se, também, as normas de incidência do imposto de renda de que trata o art. 33 da Lei n. 9.250, de 26 de dezembro de 1995.

•• § 1.º com redação determinada pela Lei n. 10.887, de 18-6-2004.

• Citado dispositivo consta deste volume.

§ 2.º Na determinação do lucro real e da base de cálculo da contribuição social sobre o lucro líquido, o valor das despesas com contribuições para a previdência privada, a que se refere o inciso V do art. 13 da Lei n. 9.249, de 26 de dezembro de 1995, e para os Fundos de Aposentadoria Programada Individual – Fapi, a que se refere a Lei n. 9.477, de 24 de julho de 1997, cujo ônus seja da pessoa jurídica, não poderá exceder, em cada período de apuração, a 20% (vinte por cento) do total dos salários dos empregados e da remuneração dos dirigentes da empresa, vinculados ao referido plano.

•• § 2.º com redação determinada pela Lei n. 10.887, de 18-6-2004.

• *Vide* art. 4.º, I, da Lei n. 11.053, de 29-12-2004.

§ 3.º O somatório das contribuições que exceder o valor a que se refere o § 2.º deste artigo deverá ser adicionado ao lucro líquido para efeito de determinação do lucro real e da base de cálculo da contribuição social sobre o lucro líquido.

•• § 3.º com redação determinada pela Lei n. 10.887, de 18-6-2004.

§ 4.º O disposto neste artigo não elide a observância das normas do art. 7.º da Lei n. 9.477, de 24 de julho de 1997.

•• § 4.º com redação determinada pela Lei n. 10.887, de 18-6-2004.

§ 5.º Excetuam-se da condição de que trata o *caput* deste artigo os beneficiários de aposentadoria ou pensão concedidas por regime próprio de previdência ou pelo regime geral de previdência social.

•• § 5.º acrescentado pela Lei n. 10.887, de 18-6-2004.

§ 6.º As deduções relativas às contribuições para entidades de previdência complementar a que se referem o inciso VII do art. 4.º e a alínea *i* do inciso II do art. 8.º da Lei n. 9.250, de 26 de dezembro de 1995, desde que limitadas à alíquota de contribuição do ente público patrocinador, não se sujeitam ao limite previsto no *caput*.

•• § 6.º acrescentado pela Lei n. 13.043, de 13-11-2014.

§ 7.º Os valores de contribuição excedentes ao disposto no § 6.º poderão ser deduzidos desde que seja observado o limite conjunto de dedução previsto no *caput*.

•• § 7.º acrescentado pela Lei n. 13.043, de 13-11-2014.

Art. 12. Para efeito do disposto no art. 150, VI, *c*, da Constituição, considera-se imune a instituição de educação ou de assistência social que preste os serviços para os quais houver sido instituída e os coloque à disposição da população em geral, em caráter complementar às atividades do Estado, sem fins lucrativos.

• *Vide* art. 3.º, § 2.º, do Decreto n. 4.382, de 19-9-2002.

§ 1.º Não estão abrangidos pela imunidade os rendimentos e ganhos de capital auferidos em aplicações financeiras de renda fixa ou de renda variável.

•• O STF, no julgamento da ADI n. 1.802, de 12-4-2018 (*DOU* de 20-4-2018), julgou parcialmente procedente a ação para declarar a inconstitucionalidade formal e material deste § 1.º.

§ 2.º Para o gozo da imunidade, as instituições a que se refere este artigo, estão obrigadas a atender aos seguintes requisitos:

a) não remunerar, por qualquer forma, seus dirigentes pelos serviços prestados, exceto no caso de associações, fundações ou organizações da sociedade civil, sem fins lucrativos, cujos dirigentes poderão ser remunerados, desde que atuem efetivamente na gestão executiva e desde que cumpridos os requisitos previstos nos arts. 3.º e 16 da Lei n. 9.790, de 23 de março de 1999, respeitados como limites máximos os valores praticados pelo mercado na região correspondente à sua área de atuação, devendo seu valor ser fixado pelo órgão de deliberação superior da entidade, registrado em ata, com comunicação ao Ministério Público, no caso das fundações;

•• Alínea *a* com redação determinada pela Lei n. 13.204, de 14-12-2015.

•• *Vide* § 4.º deste artigo.

b) aplicar integralmente seus recursos na manutenção e desenvolvimento dos seus objetivos sociais;

c) manter escrituração completa de suas receitas e despesas em livros revestidos das formalidades que assegurem a respectiva exatidão;

d) conservar em boa ordem, pelo prazo de 5 (cinco) anos, contado da data da emissão, os documentos que comprovem a origem de suas receitas e a efetivação de suas despesas, bem assim a realização de quaisquer outros atos ou operações que venham a modificar sua situação patrimonial;

e) apresentar, anualmente, Declaração de Rendimentos, em conformidade com o disposto em ato da Secretaria da Receita Federal;

•• A Secretaria da Receita Federal passa a denominar-se Secretaria da Receita Federal do Brasil, por força da Lei n. 11.457, de 16-3-2007.

f) recolher os tributos retidos sobre os rendimentos por elas pagos ou creditados e a contribuição para a seguridade social relativa aos empregados, bem assim cumprir as obrigações acessórias daí decorrentes;

• Dispõe a Instrução Normativa n. 247, de 21-11-2002, em seu art. 9.º: "São contribuintes do PIS/PASEP incidente sobre a folha de salários as seguintes entidades:...III – instituições de educação e assistência social que preencham as condições e requisitos do art. 12 da Lei n. 9.532, de 10-12-1997; IV – instituições de caráter filantrópico, recreativo, cultural, científico e as associações que preencham as condições e requisitos do art. 15 da Lei n. 9.532, de 1997;...".

•• O STF, no julgamento da ADI n. 1.802, de 12-4-2018 (*DOU* de 20-4-2018), julgou parcialmente procedente a ação para declarar a inconstitucionalidade formal desta alínea.

g) assegurar a destinação de seu patrimônio a outra instituição que atenda às condições para gozo da imunidade, no caso de incorporação, fusão, cisão ou de encerramento de suas atividades, ou a órgão público;

h) outros requisitos, estabelecidos em lei específica, relacionados com o funcionamento das entidades a que se refere este artigo.

§ 3.º Considera-se entidade sem fins lucrativos a que não apresente superávit em suas contas ou, caso o apresente em determinado exercício, destine referido resultado, integralmente, à manutenção e ao desenvolvimento dos seus objetivos sociais.

•• § 3.º com redação determinada pela Lei n. 9.718, de 27-11-1998.

§ 4.º A exigência a que se refere a alínea *a* do § 2.º não impede:

•• § 4.º, *caput*, acrescentado pela Lei n. 12.868, de 15-10-2013.

I – a remuneração aos diretores não estatutários que tenham vínculo empregatício; e

•• Inciso I acrescentado pela Lei n. 12.868, de 15-10-2013.

II – a remuneração aos dirigentes estatutários, desde que recebam remuneração inferior, em seu valor bruto, a 70% (setenta por cento) do limite estabelecido para a remuneração de servidores do Poder Executivo federal.

•• Inciso II acrescentado pela Lei n. 12.868, de 15-10-2013.

§ 5.º A remuneração dos dirigentes estatutários referidos no inciso II do § 4.º deverá obedecer às seguintes condições:

•• § 5.º, *caput*, acrescentado pela Lei n. 12.868, de 15-10-2013.

I – nenhum dirigente remunerado poderá ser cônjuge ou parente até 3.º (terceiro) grau, inclusive afim, de instituidores, sócios, diretores, conselheiros, benfeitores ou equivalentes da instituição de que trata o *caput* deste artigo; e

•• Inciso I acrescentado pela Lei n. 12.868, de 15-10-2013.

II – o total pago a título de remuneração para dirigentes, pelo exercício das atribuições estatutárias, deve ser inferior a 5 (cinco) vezes o valor correspondente ao limite individual estabelecido neste parágrafo.

•• Inciso II acrescentado pela Lei n. 12.868, de 15-10-2013.

§ 6.º O disposto nos §§ 4.º e 5.º não impede a remuneração da pessoa do dirigente estatutário ou diretor que, cumulativamente, tenha vínculo estatutário e empregatício, exceto se houver incompatibilidade de jornadas de trabalho.

•• § 6.º acrescentado pela Lei n. 12.868, de 15-10-2013.

Art. 13. Sem prejuízo das demais penalidades previstas na lei, a Secretaria da Receita Federal suspenderá o gozo da imunidade a que se refere o artigo anterior, relativamente aos anos-calendários em que a pessoa jurídica houver praticado ou, por qualquer forma, houver contribuído para a prática de ato que constitua infração a dispositivo da legislação tributária, especialmente no caso de informar ou declarar falsamente, omitir ou simular o recebimento de doações em bens ou em dinheiro, ou de qualquer forma cooperar para que terceiro sonegue tributos ou pratique ilícitos fiscais.

•• *Vide* nota ao artigo anterior.

•• O STF, no julgamento da ADI n. 1.802, de 12-4-2018 (*DOU* de 20-4-2018), julgou parcialmente procedente a ação para declarar a inconstitucionalidade formal deste *caput*.

Parágrafo único. Considera-se, também, infração a dispositivo da legislação tributária o pagamento, pela instituição imune, em favor de seus associados ou dirigentes, ou, ainda, em favor de sócios, acionistas ou dirigentes de pessoa jurídica a ela associada por qualquer forma, de despesas consideradas indedutíveis na determinação da base de cálculo do imposto sobre a renda ou da contribuição social sobre o lucro líquido.

Art. 14. À suspensão do gozo da imunidade aplica-se o disposto no art. 32 da Lei n. 9.430, de 1996.

• *Vide* citado dispositivo constante desta obra.

•• O STF, no julgamento da ADI n. 1.802, de 12-4-2018 (*DOU* de 20-4-2018), julgou parcialmente procedente a ação para declarar a inconstitucionalidade formal deste artigo.

Art. 15. Consideram-se isentas as instituições de caráter filantrópico, recreativo, cultural e científico e as associações civis que prestem os serviços para os quais houverem sido instituídas e os coloquem à disposição do grupo de pessoas a que se destinam, sem fins lucrativos.

• *Vide* nota ao art. 12, § 2.º, *f*, desta Lei.

• De acordo com o art. 13 da Lei n. 11.345, de 14-9-2006, fica assegurada por cinco anos, a partir de 15-9-2006, a isenção prevista neste artigo às entidades desportivas da modalidade futebol cujas atividades profissionais sejam administradas por pessoa jurídica regularmente constituída.

§ 1.º A isenção a que se refere este artigo aplica-se, exclusivamente, em relação ao imposto de renda da pessoa jurídica e à contribuição social sobre o lucro líquido, observado o disposto no parágrafo subsequente.

§ 2.º Não estão abrangidos pela isenção do imposto de renda os rendimentos e ganhos de capital auferidos em aplicações financeiras de renda fixa ou de renda variável.

§ 3.º Às instituições isentas aplicam-se as disposições do art. 12, § 2.º, *a* a *e* e § 3.º e dos arts. 13 e 14.

§ 4.º (*Revogado pela Lei n. 9.718, de 27-11-1998.*)

§ 5.º O disposto no § 2.º não se aplica aos rendimentos e ganhos de capital auferidos pela Academia Brasileira de Letras, pela Associação Brasileira de Imprensa e pelo Instituto Histórico e Geográfico Brasileiro.

•• § 5.º acrescentado pela Lei n. 13.353, de 3-11-2016.

Art. 16. Aplicam-se à entrega de bens e direitos para a formação do patrimônio das instituições isentas as disposições do art. 23 da Lei n. 9.249, de 1995.

Parágrafo único. A transferência de bens e direitos do patrimônio das entidades isentas para o patrimônio de outra pessoa jurídica, em virtude de incorporação, fusão ou cisão, deverá ser efetuada pelo valor de sua aquisição ou pelo valor atribuído, no caso de doação.

Art. 17. Sujeita-se à incidência do imposto de renda à alíquota de 15% (quinze por cento) a diferença entre o valor em dinheiro ou o valor dos bens e direitos recebidos de instituição isenta, por pessoa física, a título de devolução de patrimônio, e o valor em dinheiro ou o valor dos bens e direitos que houver entregue para a formação do referido patrimônio.

§ 1.º Aos valores entregues até o final do ano de 1995 aplicam-se as normas do inciso I do art. 17 da Lei n. 9.249, de 1995.

§ 2.º O imposto de que trata este artigo será:

a) considerado tributação exclusiva;

b) pago pelo beneficiário até o último dia útil do mês subsequente ao recebimento dos valores.

§ 3.º Quando a destinatária dos valores em dinheiro ou dos bens e direitos devolvidos for pessoa jurídica, a diferença a que se refere o *caput* será computada na determinação do lucro real ou adicionada ao lucro presumido ou arbitrado, conforme seja a forma de tributação a que estiver sujeita.

§ 4.º Na hipótese do parágrafo anterior, para a determinação da base de cálculo da contribuição social sobre o lucro líquido a pessoa jurídica deverá computar:

a) a diferença a que se refere o *caput*, se sujeita ao pagamento do imposto de renda com base no lucro real;

b) o valor em dinheiro ou o valor dos bens e direitos recebidos, se tributada com base no lucro presumido ou arbitrado.

Art. 18. Fica revogada a isenção concedida em virtude do art. 30 da Lei n. 4.506, de 1964, e alterações posteriores, às entidades que se dediquem às seguintes atividades:

I – educacionais;

II – de assistência à saúde;

III – de administração de planos de saúde;

IV – de prática desportiva, de caráter profissional;

V – de administração do desporto.

Parágrafo único. O disposto neste artigo não elide a fruição, conforme o caso, de imunidade ou isenção por entidade que se enquadrar nas condições do art. 12 ou do art. 15.

Art. 19. (*Revogado pela Lei n. 9.779, de 19-1-1999.*)

Art. 20. O *caput* do art. 1.º da Lei n. 9.481, de 13 de agosto de 1997, passa a vigorar com a seguinte redação:

•• Alteração já processada no diploma modificado.

Art. 21. Relativamente aos fatos geradores ocorridos durante os anos-calendário de 1998 a 2003, a alíquota de 25% (vinte e cinco por cento), constante das tabelas de que tratam os arts. 3.º e 11 da Lei n. 9.250, de 26 de dezembro de 1995, e as correspondentes parcelas a deduzir, passam a ser, respectivamente, de 27,5% (vinte e sete inteiros e cinco décimos por cento), e as parcelas a deduzir, até 31 de dezembro de 2001, de R$ 360,00 (trezentos e sessenta reais) e R$ 4.320,00 (quatro mil, trezentos e vinte reais), e a partir de 1.º de janeiro de 2002, aquelas determinadas pelo art. 1.º da Lei n. 10.451, de 10 de maio de 2002, a saber, de R$ 423,08 (quatrocentos e vinte e três reais e oito centavos) e R$ 5.076,90 (cinco mil e setenta e seis reais e noventa centavos).

•• *Caput* com redação determinada pela Lei n. 10.637, de 30-12-2002.

Parágrafo único. (*Revogado pela Lei n. 10.828, de 23-12-2003.*)

Art. 22. A soma das deduções a que se referem os incisos I a III do art. 12 da Lei n. 9.250, de 1995, fica limitada a 6% (seis por cento) do valor do imposto devido, não sendo aplicáveis limites específicos a quaisquer dessas deduções.

Art. 23. Na transferência de direito de propriedade por sucessão, nos casos de herança, legado ou por doação em adiantamento da legítima, os bens e direitos poderão ser avaliados a valor de mercado ou pelo valor constante da declaração de bens do *de cujus* ou do doador.

§ 1.º Se a transferência for efetuada a valor de mercado, a diferença a maior entre esse e o valor pelo qual constavam da declaração de bens do *de cujus* ou do doador sujeitar-se-á à incidência de imposto de renda à alíquota de 15% (quinze por cento).

§ 2.º O imposto a que se referem os §§ 1.º e 5.º deverá ser pago:

I – pelo inventariante, até a data prevista para entrega da declaração final de espólio, nas transmissões *mortis causa*, observado o disposto no art. 7.º, § 4.º, da Lei n. 9.250, de 26 de dezembro de 1995;

II – pelo doador, até o último dia útil do mês-calendário subsequente ao da doação, no caso de doação em adiantamento da legítima;

III – pelo ex-cônjuge a quem for atribuído o bem ou direito, até o último dia útil do mês subsequente à data da sentença homologatória do formal de partilha, no caso de dissolução da sociedade conjugal ou da unidade familiar.

•• § 2.º com redação determinada pela Lei n. 9.779, de 19-1-1999.

• A Instrução Normativa n. 81, de 11-10-2001, da Secretaria da Receita Federal, dispõe sobre as declarações de rendimentos de espólio.

§ 3.º O herdeiro, o legatário ou o donatário deverá incluir os bens ou direitos, na sua declaração de bens correspondente à declaração de rendimentos do ano-calendário da homologação da partilha ou do recebimento da doação, pelo valor pelo qual houver sido efetuada a transferência.

§ 4.º Para efeito de apuração de ganho de capital relativo aos bens e direitos de que trata este artigo, será considerado como custo de aquisição o valor pelo qual houverem sido transferidos.

§ 5.º As disposições deste artigo aplicam-se, também, aos bens ou direitos atribuídos a cada cônjuge, na hipótese de dissolução da sociedade conjugal ou da unidade familiar.

Art. 24. Na declaração de bens correspondente à declaração de rendimentos das pessoas físicas, relativa ao ano-calendário de 1997, a ser apresentada em 1998, os bens adquiridos até 31 de dezembro de 1995 deverão ser informados pelos valores apurados com observância do disposto no art. 17 da Lei n. 9.249, de 1995.

Parágrafo único. A Secretaria da Receita Federal expedirá as normas necessárias à aplicação do disposto neste artigo.

•• A Secretaria da Receita Federal passa a denominar-se Secretaria da Receita Federal do Brasil, por força da Lei n. 11.457, de 16-3-2007.

Art. 25. O § 2.º do art. 7.º da Lei n. 9.250, de 1995, passa a vigorar com a seguinte redação:

•• Alteração já processada no diploma modificado.

Art. 26. Os §§ 3.º e 4.º do art. 56 da Lei n. 8.981, de 1995, com as alterações da Lei n. 9.065, de 1995, passam a vigorar com a seguinte redação:

•• Alteração já processada no diploma modificado.

Art. 27. A multa a que se refere o inciso I do art. 88 da Lei n. 8.981, de 1995, é limitada a 20% (vinte por cento) do imposto de renda devido, respeitado o valor mínimo de que trata o § 1.º do referido art. 88, convertido em reais de acordo com o disposto no art. 30 da Lei n. 9.249, de 26 de dezembro de 1995.

Parágrafo único. A multa a que se refere o art. 88 da Lei n. 8.981, de 1995, será:

a) deduzida do imposto a ser restituído ao contribuinte, se este tiver direito à restituição;

b) exigida por meio de lançamento efetuado pela Secretaria da Receita Federal, notificado ao contribuinte.

•• *Vide* nota ao art. 24, parágrafo único, desta Lei.

Art. 28. A partir de 1.º de janeiro de 1998, a incidência do imposto de renda sobre os rendimentos auferidos por qualquer beneficiário, inclusive pessoa jurídica imune ou isenta, nas aplicações em fundos de investimento, constituídos sob qualquer forma, ocorrerá:

•• O STF, na ADI n. 1.758-4 (*DOU* de 5-4-2005) declara a inconstitucionalidade da expressão "inclusive pessoa jurídica imune", contida neste *caput*.

• Dispõe o art. 3.º da Medida Provisória n. 2.189-49, de 23-8-2001: "A determinação da base de cálculo do imposto de renda na fonte, em conformidade com o disposto no art. 28 da Lei n. 9.532, de 1997, será aplicável somente a partir de 1.º-7-1998".

I – diariamente, sobre os rendimentos produzidos pelos títulos, aplicações financeiras e valores mobiliários de renda fixa integrantes das carteiras dos fundos;

II – por ocasião do resgate das quotas, em relação à parcela dos valores mobiliários de renda variável integrante das carteiras dos fundos.

§ 1.º Na hipótese de que trata o inciso II, a base de cálculo do imposto será constituída pelo ganho apurado pela soma algébrica dos resultados apropriados diariamente ao quotista.

§ 2.º Para efeitos do disposto neste artigo o administrador do fundo de investimento deverá apropriar, diariamente, para cada quotista:

a) os rendimentos de que trata o inciso I, deduzido o imposto de renda;

b) os resultados positivos ou negativos decorrentes da avaliação dos ativos previstos no inciso II.

§ 3.º As aplicações, os resgates e a apropriação dos valores de que trata o parágrafo anterior serão feitos conforme a proporção dos ativos de renda fixa e de renda variável no total da carteira do fundo de investimento.

§ 4.º As perdas apuradas no resgate de quotas poderão ser compensadas com ganhos auferidos em resgates posteriores, no mesmo fundo de investimento, de acordo com sistemática a ser definida pela Secretaria da Receita Federal.

§ 5.º Os fundos de investimento cujas carteiras sejam constituídas, no mínimo, por 95% (noventa e cinco por cento) de ativos de renda fixa, ao calcular o imposto pela apropriação diária de que trata o inciso I, poderão computar, na base de cálculo, os rendimentos e ganhos totais do patrimônio do fundo.

§ 6.º Os fundos de investimento cujas carteiras sejam constituídas, no mínimo, por 67% (sessenta e sete por cento) de ações negociadas no mercado à vista de bolsa de valores ou entidade assemelhada, poderão calcular o imposto no resgate de quotas, abrangendo os rendimentos e ganhos totais do patrimônio do fundo.

•• § 6.º corrigido pela Medida Provisória n. 2.189-49, de 23-8-2001. O percentual de 80% (oitenta por cento) ficou reduzido para 67% (sessenta e sete por cento), conforme disposto no art. 2.º daquela Medida Provisória.

•• *Vide* art. 3.º da Lei n. 10.426, de 24-4-2002.

§ 7.º A base de cálculo do imposto de que trata o parágrafo anterior será constituída pela diferença positiva entre o valor de resgate e o valor de aquisição da quota.

§ 8.º A Secretaria da Receita Federal definirá os requisitos e condições para que os fundos de que trata o § 6.º atendam ao limite ali estabelecido.

•• *Vide* nota ao art. 24, parágrafo único, desta Lei.

§ 9.º O imposto de que trata este artigo incidirá à alíquota de 20% (vinte por cento), vedada a dedução de quaisquer custos ou despesas incorridos na administração do fundo.

§ 10. Ficam isentos do imposto de renda:

a) os rendimentos e ganhos líquidos auferidos na alienação, liquidação, resgate, cessão ou repactuação dos títulos, aplicações financeiras e valores mobiliários integrantes das carteiras dos fundos de investimento;

b) os juros de que trata o art. 9.º da Lei n. 9.249, de 1995, recebidos pelos fundos de investimento.

§ 11. Fica dispensada a retenção do imposto de renda sobre os rendimentos auferidos pelos quotistas dos fundos de investimento:

a) cujos recursos sejam aplicados na aquisição de quotas de outros fundos de investimento;

b) constituídos, exclusivamente, pelas pessoas jurídicas de que trata o art. 77, I, da Lei n. 8.981, de 20 de janeiro de 1995.

§ 12. Os fundos de investimento de que trata a alínea *a* do parágrafo anterior serão tributados:

a) como qualquer quotista, quanto a aplicações em quotas de outros fundos de investimento;

b) como os demais fundos, quanto a aplicações em outros ativos.

§ 13. O disposto neste artigo aplica-se, também, à parcela dos ativos de renda fixa dos fundos de investimento imobiliário tributados nos termos da Lei n. 8.668, de 1993, e dos demais fundos de investimentos que não tenham resgate de quotas.

Art. 29. Para fins de incidência do imposto de renda na fonte, consideram-se pagos ou creditados aos quotistas dos fundos de investimento, na data em que se completar o primeiro período de carência em 1998, os rendimentos correspondentes à diferença positiva entre o valor da quota em 31 de dezembro de 1997 e o respectivo custo de aquisição.

§ 1.º Na hipótese de resgate anterior ao vencimento do período de carência, a apuração dos rendimentos terá por base o valor da quota na data do último vencimento da carência, ocorrido em 1997.

§ 2.º No caso de fundos sem prazo de carência para resgate de quotas, com rendimento integral, consideram-se pagos ou creditados os rendimentos no dia 2 de janeiro de 1998.

§ 3.º Os rendimentos de que trata este artigo serão tributados pelo imposto de renda na fonte, à alíquota de 10% (dez por cento), na data da ocorrência do fato gerador.

•• § 3.º corrigido pelo art. 1.º da Medida Provisória n. 2.189-49, de 23-8-2001, que reduz a alíquota de 15% (quinze por cento) para 10% (dez por cento).

Art. 30. O imposto de que trata o § 3.º do artigo anterior, retido pela instituição administradora do fundo, na data da ocorrência do fato gerador, será recolhido em quota única, até o terceiro dia útil da semana subsequente.

Art. 31. Excluem-se do disposto no art. 29, os rendimentos auferidos até 31 de dezembro de 1997 pelos quotistas dos fundos de investimento de renda variável, que serão tributados no resgate de quotas.

§ 1.º Para efeito do disposto neste artigo, consideram-se de renda variável os fundos de investimento que, nos meses de novembro e dezembro de 1997, tenham mantido, no mínimo, 51% (cinquenta e um por cento) de patrimônio aplicado em ações negociadas no mercado à vista de bolsa de valores ou entidade assemelhada.

§ 2.º O disposto neste artigo aplica-se, também, aos rendimentos auferidos pelos quotistas de fundo de investimento que, nos meses de novembro e dezembro de 1997, tenham mantido, no mínimo, 95% (noventa e cinco por cento) de seus recursos aplicados em quotas dos fundos de que trata o parágrafo anterior.

Art. 32. O imposto de que tratam os arts. 28 a 31 será retido pelo administrador do fundo de investimento na data da ocorrência do fato gerador e recolhido até o terceiro dia útil da semana subsequente.

Art. 33. Os clubes de investimento, as carteiras administradas e qualquer outra forma de investimento associativo ou coletivo, sujeitam-se às mesmas normas do imposto de renda aplicáveis aos fundos de investimento.

Art. 34. O disposto nos arts. 28 a 31 não se aplica às hipóteses de que trata o art. 81 da Lei n. 8.981, de 1995, que continuam sujeitas às normas de tributação previstas na legislação vigente.

•• Artigo com redação determinada pela Medida Provisória n. 2.189-49, de 23-8-2001.

Art. 35. Relativamente aos rendimentos produzidos, a partir de 1.º de janeiro de 1998, por aplicação financeira de renda fixa, auferidos por qualquer beneficiário, inclusive pessoa jurídica imune ou isenta, a alíquota do imposto de renda será de 20% (vinte por cento).

• A Instrução Normativa n. 1.022, de 5-4-2010, da Secretaria da Receita Federal, dispõe sobre o imposto de renda incidente nos rendimentos e ganhos líquidos auferidos nos mercados financeiro e de capitais.

Art. 36. Os rendimentos decorrentes das operações de *swap*, de que trata o art. 74 da Lei n. 8.981, de 1995, passam a ser tributados à mesma alíquota incidente sobre os rendimentos de aplicações financeiras de renda fixa.

Parágrafo único. Quando a operação de *swap* tiver por objeto taxa baseada na remuneração dos depósitos de poupança, esta remuneração será adicionada à base de cálculo do imposto de que trata este artigo.

....

Art. 39. Poderão sair do estabelecimento industrial, com suspensão do IPI, os produtos destinados à exportação, quando:

I – adquiridos por empresa comercial exportadora, com o fim específico de exportação;

•• A Instrução Normativa n. 1.152, de 10-5-2011, da Secretaria da Receita Federal do Brasil, dispõe sobre a suspensão do Imposto sobre Produtos Industrializados (IPI) e a não incidência da contribuição para o PIS/PASEP e da Contribuição para o Financiamento da Seguridade Social (COFINS) na exportação de mercadorias.

II – remetidos a recintos alfandegados ou a outros locais onde se processe o despacho aduaneiro de exportação.

§ 1.º Fica assegurada a manutenção e utilização do crédito do IPI relativo às matérias-primas, produtos intermediários e material de embalagem utilizados na industrialização dos produtos a que se refere este artigo.

§ 2.º Consideram-se adquiridos com o fim específico de exportação os produtos remetidos diretamente do estabelecimento industrial para embarque de exportação ou para recintos alfandegados, por conta e ordem da empresa comercial exportadora.

§ 3.º A empresa comercial exportadora fica obrigada ao pagamento do IPI que deixou de ser pago na saída dos produtos do estabelecimento industrial, nas seguintes hipóteses:

a) transcorridos 180 (cento e oitenta) dias da data da emissão da nota fiscal de venda pelo estabelecimento industrial, não houver sido efetivada a exportação;

b) os produtos forem revendidos no mercado interno;

c) ocorrer a destruição, o furto ou roubo dos produtos.

§ 4.º Para efeito do parágrafo anterior, considera-se ocorrido o fato gerador e devido o IPI na data da emissão da nota fiscal pelo estabelecimento industrial.

§ 5.º O valor a ser pago nas hipóteses do § 3.º ficará sujeito à incidência:

a) de juros equivalentes à taxa referencial do Sistema Especial de Liquidação e Custódia – SELIC, para títulos federais, acumulada mensalmente, calculados a partir do primeiro dia do mês subsequente ao da emissão da nota fiscal, referida no § 4.º, até o mês anterior ao do pagamento e de 1% (um por cento) no mês do pagamento;

b) da multa a que se refere o art. 61 da Lei n. 9.430, de 1996, calculada a partir do dia subsequente ao da emissão da referida nota fiscal.

§ 6.º O imposto de que trata este artigo, não recolhido espontaneamente, será exigido em procedimento de ofício, pela Secretaria da Receita Federal, com os acréscimos aplicáveis na espécie.

•• A Secretaria da Receita Federal passa a denominar-se Secretaria da Receita Federal do Brasil, por força da Lei n. 11.457, de 16-3-2007.

Art. 40. Considera-se ocorrido o fato gerador e devido o IPI, no início do consumo ou da utilização do papel destinado a impressão de livros, jornais e periódicos a que se refere a alínea *d* do inciso VI do art. 150 da Constituição, em finalidade diferente destas ou na sua saída do fabricante, do importador ou de seus estabelecimentos distribuidores, para pessoas que não sejam empresas jornalísticas ou editoras.

•• Regulamenta o IPI: Decreto n. 7.212, de 15-6-2010.

Parágrafo único. Responde solidariamente pelo imposto e acréscimos legais a pessoa física ou jurídica que não seja empresa jornalística ou editora, em cuja posse for encontrado o papel a que se refere este artigo.

Art. 57. A apresentação de declaração de bagagem falsa ou inexata sujeita o viajante a multa correspondente a 50% (cinquenta por cento) do valor excedente ao limite de isenção, sem prejuízo do imposto devido.

Art. 58. A pessoa física ou jurídica que alienar, à empresa que exercer as atividades relacionadas na alínea *d* do inciso III do § 1.º do art. 15 da Lei n. 9.249, de 1995 (*factoring*), direitos creditórios resultantes de vendas a prazo, sujeita-se à incidência do imposto sobre operações de crédito, câmbio e seguro ou relativas a títulos e valores mobiliários - IOF às mesmas alíquotas aplicáveis às operações de financiamento e empréstimo praticadas pelas instituições financeiras.

§ 1.º O responsável pela cobrança e recolhimento do IOF de que trata este artigo é a empresa de *factoring* adquirente do direito creditório.

- Regulamenta o IOF: Decreto n. 6.306, de 14-12-2007.

§ 2.º O imposto cobrado na hipótese deste artigo deverá ser recolhido até o terceiro dia útil da semana subsequente à da ocorrência do fato gerador.

Art. 59. A redução do IOF de que trata o inciso V do art. 4.º da Lei n. 8.661, de 1993, passará a ser de 25% (vinte e cinco por cento).

Art. 60. O valor dos lucros distribuídos disfarçadamente, de que tratam os arts. 60 a 62 do Decreto-lei n. 1.598, de 1977, com as alterações do art. 20 do Decreto-lei n. 2.065, de 26 de outubro de 1983, serão, também, adicionados ao lucro líquido para efeito de determinação da base de cálculo da contribuição social sobre o lucro líquido.

Art. 61. As empresas que exercem a atividade de venda ou revenda de bens a varejo e as empresas prestadoras de serviços estão obrigadas ao uso de equipamento Emissor de Cupom Fiscal - ECF.

- O Convênio ICMS n. 16, de 4-4-2003, do Conselho Nacional de Política Fazendária - CONFAZ, dispõe sobre normas e procedimentos relativos ao registro de equipamento Emissor de Cupom Fiscal - ECF.

§ 1.º Para efeito de comprovação de custos e despesas operacionais, no âmbito da legislação do imposto de renda e da contribuição social sobre o lucro líquido, os documentos emitidos pelo ECF devem conter, em relação à pessoa física ou jurídica compradora, no mínimo:

a) a sua identificação, mediante a indicação do número de inscrição no Cadastro de Pessoas Físicas - CPF, se pessoa física, ou no Cadastro Geral de Contribuintes - CGC, se pessoa jurídica, ambos do Ministério da Fazenda;

b) a descrição dos bens ou serviços objeto da operação, ainda que resumida ou por códigos;

c) a data e o valor da operação.

§ 2.º Qualquer outro meio de emissão de nota fiscal, inclusive o manual, somente poderá ser utilizado com autorização específica da unidade da Secretaria de Estado da Fazenda com jurisdição sobre o domicílio fiscal da empresa interessada.

Art. 62. A utilização, no recinto de atendimento ao público, de equipamento que possibilite o registro ou o processamento de dados relativos a operações com mercadorias ou com a prestação de serviços somente será admitida quando estiver autorizada, pela unidade da Secretaria de Estado da Fazenda, com jurisdição sobre o domicílio fiscal da empresa, a integrar o ECF.

Parágrafo único. O equipamento em uso, sem a autorização a que se refere o *caput* deste artigo ou que não satisfaça os requisitos deste artigo, poderá ser apreendido pela Secretaria da Receita Federal do Brasil ou pela Secretaria de Fazenda da Unidade Federada e utilizado como prova de qualquer infração à legislação tributária, decorrente de seu uso.

•• Parágrafo único com redação determinada pela Lei n. 11.941, de 27-5-2009.

Art. 63. O disposto nos arts. 61 e 62 observará convênio a ser celebrado entre a União, representada pela Secretaria da Receita Federal, e as Unidades Federadas, representadas no Conselho de Política Fazendária - CONFAZ pelas respectivas Secretarias de Fazenda.

•• *Vide* nota ao artigo anterior.

Art. 64. A autoridade fiscal competente procederá ao arrolamento de bens e direitos do sujeito passivo sempre que o valor dos créditos tributários de sua responsabilidade for superior a 30% (trinta por cento) do seu patrimônio conhecido.

- A Instrução Normativa n. 1.565, de 11-5-2015, da Secretaria da Receita Federal do Brasil, estabelece procedimentos para o arrolamento de bens e direitos e representação para a propositura de medida cautelar fiscal.

§ 1.º Se o crédito tributário for formalizado contra pessoa física, no arrolamento devem ser identificados, inclusive, os bens e direitos em nome do cônjuge, não gravados com a cláusula de incomunicabilidade.

§ 2.º Na falta de outros elementos indicativos, considera-se patrimônio conhecido, o valor constante da última declaração de rendimentos apresentada.

§ 3.º A partir da data da notificação do ato de arrolamento, mediante entrega de cópia do respectivo termo, o proprietário dos bens e direitos arrolados, ao transferi-los, aliená-los ou onerá-los, deve comunicar o fato à unidade do órgão fazendário que jurisdiciona o domicílio tributário do sujeito passivo.

§ 4.º A alienação, oneração ou transferência, a qualquer título, dos bens e direitos arrolados, sem o cumprimento da formalidade prevista no parágrafo anterior, autoriza o requerimento de medida cautelar fiscal contra o sujeito passivo.

§ 5.º O termo de arrolamento de que trata este artigo será registrado independentemente de pagamento de custas ou emolumentos:

I – no competente registro imobiliário, relativamente aos bens imóveis;

II – nos órgãos ou entidades, onde, por força de lei, os bens móveis ou direitos sejam registrados ou controlados;

III – no Cartório de Títulos e Documentos e Registros Especiais do domicílio tributário do sujeito passivo, relativamente aos demais bens e direitos.

§ 6.º As certidões de regularidade fiscal expedidas deverão conter informações quanto à existência de arrolamento.

§ 7.º O disposto neste artigo só se aplica a soma de créditos de valor superior a R$ 500.000,00 (quinhentos mil reais).

•• O Decreto n. 7.573, de 29-9-2011, altera para R$ 2.000.000,00 (dois milhões de reais) o limite de que trata este parágrafo.

§ 8.º Liquidado, antes do seu encaminhamento para inscrição em Dívida Ativa, o crédito tributário que tenha motivado o arrolamento, a autoridade competente da Secretaria da Receita Federal comunicará o fato ao registro imobiliário, cartório, órgão ou entidade competente de registro e controle, em que o termo de arrolamento tenha sido registrado, nos termos do § 5.º, para que sejam anulados os efeitos do arrolamento.

•• A Secretaria da Receita Federal passa a denominar-se Secretaria da Receita Federal do Brasil, por força da Lei n. 11.457, de 16-3-2007.

§ 9.º Liquidado ou garantido, nos termos da Lei n. 6.830, de 22 de setembro de 1980, o crédito tributário que tenha motivado o arrolamento, após seu encaminhamento para inscrição em Dívida Ativa, a comunicação de que trata o parágrafo anterior será feita pela autoridade competente da Procuradoria da Fazenda Nacional.

§ 10. Fica o Poder Executivo autorizado a aumentar ou restabelecer o limite de que trata o § 7.º deste artigo.

•• § 10 acrescentado pela Lei n. 11.941, de 27-5-2009.

§ 11. Os órgãos de registro público onde os bens e direitos foram arrolados possuem o prazo de 30 (trinta) dias para liberá-los, contados a partir do protocolo de cópia do documento comprobatório da comunicação aos órgãos fazendários, referido no § 3.º deste artigo.

•• § 11 acrescentado pela Lei n. 12.973, de 13-5-2014.

§ 12. A autoridade fiscal competente poderá, a requerimento do sujeito passivo, substituir bem ou direito arrolado por outro que seja de valor igual ou superior, desde que respeitada a ordem de prioridade de bens a serem arrolados definida pela Secretaria da Receita Federal do Brasil, e seja realizada a avaliação do bem arrolado e do bem a ser substituído nos termos do § 2.º do art. 64-A.

•• § 12 acrescentado pela Lei n. 13.043, de 13-11-2014.

§ 13. No caso de fundações que prevejam em seu estatuto social que a alienação de imóveis depende de autorização do Ministério Público, serão contabilizados no limite de que trata o *caput* deste artigo apenas os créditos tributários inscritos em dívida ativa.

•• § 13 acrescentado pela Lei Complementar n. 187, de 17-12-2021.

Art. 64-A. O arrolamento de que trata o art. 64 recairá sobre bens e direitos suscetíveis de registro público, com prioridade aos imóveis, e em valor suficiente para cobrir o montante do crédito tributário de responsabilidade do sujeito passivo.

•• *Caput* acrescentado pela Medida Provisória n. 2.158-35, de 24-8-2001.

§ 1.º O arrolamento somente poderá alcançar outros bens e direitos para fins de complementar o valor referido no *caput*.

•• § 1.º renumerado pela Lei n. 12.973, de 13-5-2014.

§ 2.º Fica a critério do sujeito passivo, a expensas dele, requerer, anualmente, aos órgãos de registro público onde os bens e direitos estiverem arrolados, por petição fundamentada, avaliação dos referidos ativos, por perito indicado pelo próprio órgão de registro, a identificar o valor justo dos bens e direitos arrolados e evitar, deste modo, excesso de garantia.

•• § 2.º acrescentado pela Lei n. 12.973, de 13-5-2014.

• A Instrução Normativa n. 1.565, de 11-5-2015, da Secretaria da Receita Federal do Brasil, estabelece procedimentos para o arrolamento de bens e direitos e representação para a propositura de medida cautelar fiscal.

Art. 65. Os arts. 1.º e 2.º da Lei n. 8.397, de 6 de janeiro de 1992, passam a vigorar com as seguintes alterações:

•• Alterações já processadas no diploma modificado.

Art. 66. O órgão competente do Ministério da Fazenda poderá intervir em instrumento ou negócio jurídico que depender de prova de inexistência de débito, para autorizar sua lavratura ou realização, desde que o débito seja pago por ocasião da lavratura do instrumento ou realização do negócio, ou seja oferecida garantia real suficiente, na forma estabelecida em ato do Ministro de Estado da Fazenda.

Art. 67. O Decreto n. 70.235, de 6 de março de 1972, que, por delegação do Decreto-lei n. 822, de 5 de setembro de 1969, regula o processo administrativo de determinação e exigência de créditos tributários da União, passa a vigorar com as seguintes alterações:

•• Alterações já processadas no diploma modificado.

•• O Decreto n. 7.574, de 29-9-2011, regulamenta o processo de determinação e exigência de créditos tributários da União, o processo de consulta sobre a aplicação da legislação tributária federal e outros processos que especifica, sobre matérias administradas pela Secretaria da Receita Federal do Brasil.

Art. 68. Os processos em que estiverem presentes as circunstâncias de que trata o art. 27 do Decreto n. 70.235, de 1972, terão prioridade de tratamento, na forma estabelecida em ato do Ministro de Estado da Fazenda, na cobrança administrativa, no encaminhamento para inscrição em Dívida Ativa, na efetivação da inscrição e no ajuizamento das respectivas execuções fiscais.

Art. 69. As sociedades cooperativas de consumo, que tenham por objeto a compra e fornecimento de bens aos consumidores, sujeitam-se às mesmas normas de incidência dos impostos e contribuições de competência da União, aplicáveis às demais pessoas jurídicas.

Art. 70. Os dispositivos abaixo enumerados, da Lei n. 9.430, de 1996, passam a vigorar com a seguinte redação:

I – o § 2.º do art. 44:

•• Alteração já processada no diploma modificado.

II – o art. 47:

•• Alteração já processada no diploma modificado.

Art. 73. O termo inicial para cálculo dos juros de que trata o § 4.º do art. 39 da Lei n. 9.250, de 1995, é o mês subsequente ao do pagamento indevido ou a maior que o devido.

• *Vide* art. 67 do Decreto n. 4.382, de 19-9-2002.

• *Vide* art. 38, § 2.º, da Lei n. 10.833, de 29-12-2003.

Art. 74. O art. 6.º do Decreto-lei n. 1.437, de 17 de dezembro de 1975, passa a vigorar com a seguinte alteração:

"Art. 6.º Fica instituído, no Ministério da Fazenda, o Fundo Especial de Desenvolvimento e Aperfeiçoamento das Atividades de Fiscalização – FUNDAF, destinado a fornecer recursos para financiar o reaparelhamento e reequipamento da Secretaria da Receita Federal, a atender aos demais encargos específicos inerentes ao desenvolvimento e aperfeiçoamento das atividades de fiscalização dos tributos federais e, especialmente, a intensificar a repressão às infrações relativas a mercadorias estrangeiras e a outras modalidades de fraude fiscal ou cambial, inclusive mediante a instituição de sistemas especiais de controle do valor externo de mercadorias e de exames laboratoriais. Parágrafo único. O FUNDAF destinar-se-á, também, a fornecer recursos para custear: *a*) o funcionamento dos Conselhos de Contribuintes e da Câmara Superior de Recursos Fiscais do Ministério da Fazenda, inclusive o pagamento de despesas com diárias e passagens referentes aos deslocamentos de Conselheiros e da gratificação de presença de que trata o parágrafo único do art. 1.º da Lei n. 5.708, de 4 de outubro de 1971; *b*) projetos e atividades de interesse ou a cargo da Secretaria da Receita Federal, inclusive quando desenvolvidos por pessoa jurídica de direito público interno, organismo internacional ou administração fiscal estrangeira".

Art. 75. (*Revogado pela Lei n. 10.833, de 29-12-2003.*)

Art. 76. O disposto nos arts. 43, 55 e 56 não se aplica a projetos aprovados ou protocolizados no órgão competente para a sua apreciação, até 14 de novembro de 1997.

§ 1.º O disposto no art. 55 não se aplica a projetos de empresas a que se refere o art. 1.º, § 1.º, *h*, da Lei n. 9.449, de 14 de março de 1997, cuja produção seja destinada totalmente à exportação até 31 de dezembro de 2002.

•• § 1.º acrescentado pela Lei n. 10.184, de 12-2-2001.

§ 2.º A empresa que usar do benefício previsto no parágrafo anterior e deixar de exportar a totalidade de sua produção no prazo ali estabelecido estará sujeita à multa de 70% (setenta por cento) aplicada sobre o valor FOB do total de importações realizadas nos termos dos incisos I e II do art. 1.º da Lei n. 9.449, de 1997.

•• § 2.º acrescentado pela Lei n. 10.184, de 12-2-2001.

Art. 77. A aprovação de novos projetos, inclusive de expansão, beneficiados com qualquer dos incentivos fiscais a que se referem o Decreto-lei n. 288, de 28 de fevereiro de 1967, com as posteriores alterações, o Decreto-lei n. 356, de 15 de agosto de 1968, o Decreto-lei n. 1.435, de 16 de dezembro de 1975 e a Lei n. 8.387, de 30 de dezembro de 1991, fica condicionada à vigência de:

I – lei complementar que institua contribuição social de intervenção no domínio econômico, incidente sobre produtos importados do exterior pelos respectivos estabelecimentos beneficiados; e

II – lei específica, que disponha sobre critérios de aprovação de novos projetos, visando aos seguintes objetivos:

a) estímulo à produção de bens que utilizem, predominantemente, matérias-primas produzidas na Amazônia Ocidental;

b) prioridade à produção de partes, peças, componentes e matérias-primas, necessários para aumentar a integração da cadeia produtiva dos bens finais fabricados na Zona Franca de Manaus;

c) maior integração com o parque produtivo instalado em outros pontos do território nacional;

d) capacidade de inserção internacional do parque produtivo;

e) maior geração de emprego por unidade de renúncia fiscal estimada;

f) elevação dos níveis mínimos de agregação dos produtos oriundos de estabelecimentos localizados na Zona Franca de Manaus ou da Amazônia Ocidental.

§ 1.º O disposto no *caput* deste artigo deixará de produzir efeitos se o Poder Executivo não encaminhar ao Congresso Nacional, até 15 de março de 1998, os projetos de lei de que trata este artigo.

§ 2.º Ficam extintos, a partir de 1.º de janeiro de 2024, os benefícios fiscais a que se referem os dispositivos legais mencionados no *caput* deste artigo.

•• § 2.º com redação determinada pela Lei n. 12.859, de 10-9-2013.

Art. 78. As obras fonográficas sujeitar-se-ão a selos e sinais de controle, sem ônus para o consumidor, com o fim de identificar a legítima origem e reprimir a produção e importação ilegais e a comercialização de contrafações, sob qualquer pretexto, observado para esse efeito o disposto em regulamento.

Art. 79. Os ganhos de capital na alienação de participações acionárias de propriedade de sociedades criadas pelos Estados, Municípios ou Distrito Federal, com o propósito específico de contribuir para o saneamento das finanças dos respectivos controladores, no âmbito de Programas de Privatização, ficam isentos do imposto sobre renda e proventos de qualquer natureza.

Parágrafo único. A isenção de que trata este artigo fica condicionada à aplicação exclusiva do produto da alienação das participações acionárias no pagamento de dívidas dos Estados, Municípios ou Distrito Federal.

Art. 80. Aos atos praticados com base na Medida Provisória n. 1.602, de 14 de novembro de 1997, e aos fatos jurídicos dela decorrentes, aplicam-se as disposições nela contidas.

Art. 81. Esta Lei entra em vigor na data de sua publicação, produzindo efeitos:

I – nessa data, em relação aos arts. 9.º, 37 a 42, 44 a 54, 64 a 68, 74 e 75;

II – a partir de 1.º de janeiro de 1998, em relação aos demais dispositivos dela constantes.

Art. 82. Ficam revogados:

I – a partir da data de publicação desta Lei:

a) os seguintes dispositivos da Lei n. 4.502, de 1964:

1. o inciso IV acrescentado ao art. 4.º pelo Decreto-lei n. 1.199, de 27 de dezembro de 1971, art. 5.º, alteração 1.ª;
2. os incisos X, XIV e XX do art. 7.º;
3. os incisos XI, XIII, XXI, XXII, XXV, XXVII, XXIX, XXX, XXXI, XXXII, XXXIII, XXXIV e XXXV do art. 7.º, com as alterações do Decreto-lei n. 34, de 1966, art. 2.º, alteração 3.ª;
4. o parágrafo único do art. 15, acrescentado pelo art. 2.º, alteração sexta, do Decreto-lei n. 34, de 1966;

5. o § 3.º do art. 83, acrescentado pelo art. 1.º, alteração terceira, do Decreto-lei n. 400, de 1968;

6. o § 2.º do art. 84, renumerado pelo art. 2.º, alteração vigésima-quarta, do Decreto-lei n. 34, de 1966;

b) o art. 58 da Lei n. 5.227, de 18 de janeiro de 1967;

c) o art. 1.º do Decreto-lei n. 1.276, de 1.º de junho de 1973;

d) o § 1.º do art. 18 da Lei n. 6.099, de 12 de setembro de 1974;

e) o art. 7.º do Decreto-lei n. 1.455, de 7 de abril de 1976;

f) o Decreto-lei n. 1.568, de 2 de agosto de 1977;

g) os incisos IV e V do art. 4.º, o art. 5.º, o art. 10 e os incisos II, III, VI e VIII do art. 19, todos do Decreto-lei n. 1.593, de 21 de dezembro de 1977;

h) o Decreto-lei n. 1.622, de 18 de abril de 1978;

i) o art. 2.º da Lei n. 8.393, de 30 de dezembro de 1991;

j) o inciso VII do art. 1.º da Lei n. 8.402, de 1992;

l) o art. 4.º da Lei n. 8.541, de 23 de dezembro de 1992;

m) os arts. 3.º e 4.º da Lei n. 8.846, de 21 de janeiro de 1994;

n) o art. 39 da Lei n. 9.430, de 1996;

II – a partir de 1.º de janeiro de 1998:

a) o art. 28 do Decreto-lei n. 5.844, de 23 de setembro de 1943;

b) o art. 30 da Lei n. 4.506, de 30 de novembro de 1964;

c) o § 1.º do art. 260, da Lei n. 8.069, de 13 de julho de 1990;

d) os §§ 1.º a 4.º do art. 40 da Lei n. 8.672, de 6 de julho de 1993;

e) o art. 10 da Lei n. 9.477, de 1997;

f) o art. 3.º da Lei n. 7.418, de 16 de dezembro de 1985, renumerado pelo art. 1.º da Lei n. 7.619, de 30 de setembro de 1987.

•• Alínea *f* com redação determinada pela Medida Provisória n. 2.189-49, de 23-8-2001.

Brasília, 10 de dezembro de 1997; 176.º da Independência e 109.º da República.

FERNANDO HENRIQUE CARDOSO

LEI COMPLEMENTAR N. 91, DE 22 DE DEZEMBRO DE 1997 (*)

Dispõe sobre a fixação dos coeficientes do Fundo de Participação dos Municípios.

O Presidente da República

Faço saber que o Congresso Nacional decreta e eu sanciono a seguinte Lei Complementar:

Art. 1.º Fica atribuído aos municípios, exceto os de Capital, coeficiente individual no Fundo de Participação dos Municípios – FPM, segundo seu número de habitantes, conforme estabelecido no § 2.º do art. 91 da Lei n. 5.172, de 25 de outubro de 1966, com a redação dada pelo Decreto-lei n. 1.881, de 27 de agosto de 1981.

§ 1.º Para os efeitos deste artigo, consideram-se os municípios regularmente instalados, fazendo-se a revisão de suas quotas anualmente, com base nos dados oficiais de população produzidos pela Fundação Instituto Brasileiro de Geografia e Estatística – IBGE, nos termos do § 2.º, do art. 102 da Lei n. 8.443, de 16 de julho de 1992.

§ 2.º Ficam mantidos, a partir do exercício de 1998, os coeficientes do Fundo de Participação dos Municípios – FPM atribuídos em 1997 aos municípios que apresentarem redução de seus coeficientes pela aplicação do disposto no *caput* deste artigo.

Art. 2.º A partir de 1.º de janeiro de 1999, os ganhos adicionais em cada exercício, decorrentes do disposto no § 2.º do art. 1.º desta Lei Complementar, terão aplicação de redutor financeiro para redistribuição automática aos demais participantes do Fundo de Participação dos Municípios – FPM, na forma do que dispõe o § 2.º do art. 91 da Lei n. 5.172, de 25 de outubro de 1966, com a redação dada pelo Decreto-lei n. 1.881, de 27 de agosto de 1981.

§ 1.º O redutor financeiro a que se refere o *caput* deste artigo será de:

I – 20% (vinte por cento) no exercício de 1999;

II – 40% (quarenta por cento) no exercício de 2000;

•• A Lei Complementar n. 106, de 23-3-2001, propôs nova redação para este inciso, porém teve seu texto vetado.

III – trinta pontos percentuais no exercício financeiro de 2001;

•• Inciso III com redação determinada pela Lei Complementar n. 106, de 23-3-2001.

IV – quarenta pontos percentuais no exercício financeiro de 2002;

•• Inciso IV com redação determinada pela Lei Complementar n. 106, de 23-3-2001.

V – cinquenta pontos percentuais no exercício financeiro de 2003;

•• Inciso V acrescentado pela Lei Complementar n. 106, de 23-3-2001.

VI – sessenta pontos percentuais no exercício financeiro de 2004;

•• Inciso VI acrescentado pela Lei Complementar n. 106, de 23-3-2001.

VII – setenta pontos percentuais no exercício financeiro de 2005;

•• Inciso VII acrescentado pela Lei Complementar n. 106, de 23-3-2001.

VIII – oitenta pontos percentuais no exercício financeiro de 2006;

•• Inciso VIII acrescentado pela Lei Complementar n. 106, de 23-3-2001.

IX – noventa pontos percentuais no exercício financeiro de 2007.

•• Inciso IX acrescentado pela Lei Complementar n. 106, de 23-3-2001.

§ 2.º A partir de 1.º de janeiro de 2008, os Municípios a que se refere o § 2.º do art. 1.º desta Lei Complementar terão seus coeficientes individuais no Fundo de Participação dos Municípios – FPM fixados em conformidade com o que dispõe o *caput* do art. 1.º.

(*) Publicada no *DOU*, de 23-12-1997.

•• § 2.º com redação determinada pela Lei Complementar n. 106, de 23-3-2001.

§ 3.º A partir de 1.º de janeiro de 2019, até que sejam atualizados com base em novo censo demográfico, ficam mantidos, em relação aos Municípios que apresentem redução de seus coeficientes decorrente de estimativa anual do IBGE, os coeficientes de distribuição do FPM utilizados no exercício de 2018.

•• § 3.º acrescentado pela Lei Complementar n. 165, de 3-1-2019.

Art. 3.º Os Municípios que se enquadrarem no coeficiente três inteiros e oito décimos passam, a partir de 1.º de janeiro de 1999, a participar da Reserva do Fundo de Participação dos Municípios – FPM, prevista no art. 2.º do Decreto-lei n. 1.881, de 27 de agosto de 1981.

§ 1.º Aos Municípios que se enquadrarem nos coeficientes três inteiros e oito décimos e quatro no Fundo de Participação dos Municípios – FPM será atribuído coeficiente de participação conforme estabelecido no parágrafo único do art. 3.º do Decreto-lei n. 1.881, de 27 de agosto de 1981.

§ 2.º Aplica-se aos Municípios participantes da Reserva de que trata o *caput* deste artigo o disposto no § 2.º do art. 1.º e no art. 2.º desta Lei Complementar.

Art. 4.º Aos Municípios das capitais dos Estados, inclusive a Capital Federal, será atribuído coeficiente individual de participação conforme estabelecido no § 1.º do art. 91 da Lei n. 5.172, de 25 de outubro de 1966.

Parágrafo único. Aplica-se aos Municípios de que trata o *caput* o disposto no § 2.º do art. 1.º e no art. 2.º desta Lei Complementar.

Art. 5.º Compete à Fundação Instituto Brasileiro de Geografia e Estatística – IBGE apurar a renda *per capita* para os efeitos desta Lei Complementar.

Art. 6.º Esta Lei Complementar entra em vigor na data de sua publicação, produzindo efeitos a partir de 1.º de janeiro de 1998.

Art. 7.º Revogam-se as disposições em contrário, em especial a Lei Complementar n. 71, de 3 de setembro de 1992; a Lei Complementar n. 74, de 30 de abril de 1993, os §§ 4.º e 5.º do art. 91 da Lei n. 5.172, de 25 de outubro de 1966.

Brasília, 22 de dezembro de 1997; 176.º da Independência e 109.º da República.

FERNANDO HENRIQUE CARDOSO

LEI N. 9.613, DE 3 DE MARÇO DE 1998 (*)

Dispõe sobre os crimes de "lavagem" ou ocultação de bens, direitos e valores, a prevenção da utilização do sistema financeiro para os ilícitos previstos nesta Lei, cria o Conselho de Controle de Atividades Financeiras – COAF, e dá outras providências.

O Presidente da República

Faço saber que o Congresso Nacional decreta e eu sanciono a seguinte Lei:

Capítulo I
DOS CRIMES DE "LAVAGEM" OU OCULTAÇÃO DE BENS, DIREITOS E VALORES

Art. 1.º Ocultar ou dissimular a natureza, origem, localização, disposição, movimentação ou propriedade de bens, direitos ou valores provenientes, direta ou indiretamente, de infração penal.

•• *Caput* com redação determinada pela Lei n. 12.683, de 9-7-2012.

•• *Vide* art. 5.º da Lei n. 13.254, de 13-1-2016.

I a VIII – (*Revogados pela Lei n. 12.683, de 9-7-2012.*)

Pena: reclusão, de 3 (três) a 10 (dez) anos, e multa.

§ 1.º Incorre na mesma pena quem, para ocultar ou dissimular a utilização de bens, direitos ou valores provenientes de infração penal:

•• § 1.º, *caput*, com redação determinada pela Lei n. 12.683, de 9-7-2012.

I – os converte em ativos lícitos;

II – os adquire, recebe, troca, negocia, dá ou recebe em garantia, guarda, tem em depósito, movimenta ou transfere;

III – importa ou exporta bens com valores não correspondentes aos verdadeiros.

§ 2.º Incorre, ainda, na mesma pena quem:

•• § 2.º, *caput*, com redação determinada pela Lei n. 12.683, de 9-7-2012.

I – utiliza, na atividade econômica ou financeira, bens, direitos ou valores provenientes de infração penal;

•• Inciso I com redação determinada pela Lei n. 12.683, de 9-7-2012.

II – participa de grupo, associação ou escritório tendo conhecimento de que sua atividade principal ou secundária é dirigida à prática de crimes previstos nesta Lei.

§ 3.º A tentativa é punida nos termos do parágrafo único do art. 14 do Código Penal.

§ 4.º A pena será aumentada de um a dois terços, se os crimes definidos nesta Lei forem cometidos de forma reiterada ou por intermédio de organização criminosa.

•• § 4.º com redação determinada pela Lei n. 12.683, de 9-7-2012.

(*) Publicada no *DOU*, de 4-3-1998. A Circular n. 3.461, de 24-7-2009, do Banco Central do Brasil, consolida as regras sobre os procedimentos a serem adotados na prevenção e combate às atividades relacionadas com os crimes previstos nesta Lei. A Carta-Circular n. 3.542, de 12-3-2012, do Banco Central do Brasil, divulga relação de operações e situações que podem configurar indícios de ocorrências dos crimes previstos nesta Lei. A Resolução n. 131, de 20-8-2021, do BCB, regulamenta os parâmetros para a aplicação das penalidades administrativas previstas nesta Lei.

§ 5.º A pena poderá ser reduzida de um a dois terços e ser cumprida em regime aberto ou semiaberto, facultando-se ao juiz deixar de aplicá-la ou substituí-la, a qualquer tempo, por pena restritiva de direitos, se o autor, coautor ou partícipe colaborar espontaneamente com as autoridades, prestando esclarecimentos que conduzam à apuração das infrações penais, à identificação dos autores, coautores e partícipes, ou à localização dos bens, direitos ou valores objeto do crime.

•• § 5.º com redação determinada pela Lei n. 12.683, de 9-7-2012.

Capítulo II
DISPOSIÇÕES PROCESSUAIS ESPECIAIS

Art. 2.º O processo e julgamento dos crimes previstos nesta Lei:

I – obedecem às disposições relativas ao procedimento comum dos crimes punidos com reclusão, da competência do juiz singular;

II – independem do processo e julgamento das infrações penais antecedentes, ainda que praticados em outro país, cabendo ao juiz competente para os crimes previstos nesta Lei a decisão sobre a unidade de processo e julgamento;

•• Inciso II com redação determinada pela Lei n. 12.683, de 9-7-2012.

III – são da competência da Justiça Federal:

a) quando praticados contra o sistema financeiro e a ordem econômico-financeira, ou em detrimento de bens, serviços ou interesses da União, ou de suas entidades autárquicas ou empresas públicas;

b) quando a infração penal antecedente for de competência da Justiça Federal.

•• Alínea *b* com redação determinada pela Lei n. 12.683, de 9-7-2012.

§ 1.º A denúncia será instruída com indícios suficientes da existência da infração penal antecedente, sendo puníveis os fatos previstos nesta Lei, ainda que desconhecido ou isento de pena o autor, ou extinta a punibilidade da infração penal antecedente.

•• § 1.º com redação determinada pela Lei n. 12.683, de 9-7-2012.

§ 2.º No processo por crime previsto nesta Lei, não se aplica o disposto no art. 366 do Decreto-lei n. 3.689, de 3 de outubro de 1941 (Código de Processo Penal), devendo o acusado que não comparecer nem constituir advogado ser citado por edital, prosseguindo o feito até o julgamento, com a nomeação de defensor dativo.

•• § 2.º com redação determinada pela Lei n. 12.683, de 9-7-2012.

•• Dispõe o art. 366 do CPP: "Art. 366. Se o acusado, citado por edital, não comparecer, nem constituir advogado, ficarão suspensos o processo e o curso do prazo prescricional, podendo o juiz determinar a produção antecipada das provas consideradas urgentes e, se for o caso, decretar prisão preventiva, nos termos do disposto no art. 312".

•• A Súmula 455 do STJ dispõe que a decisão que determina a produção antecipada de provas com base no art. 366 do CPP deve ser concretamente fundamentada, não a justificando unicamente o mero decurso do tempo.

Art. 3.º (*Revogado pela Lei n. 12.683, de 9-7-2012.*)

Art. 4.º O juiz, de ofício, a requerimento do Ministério Público ou mediante representação do delegado de polícia, ouvido o Ministério Público em 24 (vinte e quatro) horas, havendo indícios suficientes de infração penal, poderá decretar medidas assecuratórias de bens, direitos ou valores do investigado ou acusado, ou existentes em nome de interpostas pessoas, que sejam instrumento, produto ou proveito dos crimes previstos nesta Lei ou das infrações penais antecedentes.

•• *Caput* com redação determinada pela Lei n. 12.683, de 9-7-2012.

§ 1.º Proceder-se-á à alienação antecipada para preservação do valor dos bens sempre que estiverem sujeitos a qualquer grau de deterioração ou depreciação, ou quando houver dificuldade para sua manutenção.

•• § 1.º com redação determinada pela Lei n. 12.683, de 9-7-2012.

§ 2.º O juiz determinará a liberação total ou parcial dos bens, direitos e valores quando comprovada a licitude de sua origem, mantendo-se a constrição dos bens, direitos e valores necessários e suficientes à reparação dos danos e ao pagamento de prestações pecuniárias, multas e custas decorrentes da infração penal.

•• § 2.º com redação determinada pela Lei n. 12.683, de 9-7-2012.

§ 3.º Nenhum pedido de liberação será conhecido sem o comparecimento pessoal do acusado ou de interposta pessoa a que se refere o *caput* deste artigo, podendo o juiz determinar a prática de atos necessários à conservação de bens, direitos ou valores, sem prejuízo do disposto no § 1.º.

•• § 3.º com redação determinada pela Lei n. 12.683, de 9-7-2012.

§ 4.º Poderão ser decretadas medidas assecuratórias sobre bens, direitos ou valores para reparação do dano decorrente da infração penal antecedente ou da prevista nesta Lei ou para pagamento de prestação pecuniária, multa e custas.

•• § 4.º com redação determinada pela Lei n. 12.683, de 9-7-2012.

Art. 4.º-A. A alienação antecipada para preservação de valor de bens sob constrição será decretada pelo juiz, de ofício, a requerimento do Ministério Público ou por solicitação da parte interessada, mediante petição autônoma, que será autuada em apartado e cujos autos terão tramitação em separado em relação ao processo principal.

•• *Caput* acrescentado pela Lei n. 12.683, de 9-7-2012.

§ 1.º O requerimento de alienação deverá conter a relação de todos os demais bens, com a descrição e a especificação de cada um deles, e informações sobre quem os detém e local onde se encontram.

•• § 1.º acrescentado pela Lei n. 12.683, de 9-7-2012.

§ 2.º O juiz determinará a avaliação dos bens, nos autos apartados, e intimará o Ministério Público.

•• § 2.º acrescentado pela Lei n. 12.683, de 9-7-2012.

§ 3.º Feita a avaliação e dirimidas eventuais divergências sobre o respectivo laudo, o juiz, por sentença, homologará o valor atribuído aos bens e determinará sejam alienados em leilão ou pregão, preferencialmente eletrônico, por valor não inferior a 75% (setenta e cinco por cento) da avaliação.

•• § 3.º acrescentado pela Lei n. 12.683, de 9-7-2012.

§ 4.º Realizado o leilão, a quantia apurada será depositada em conta judicial remunerada, adotando-se a seguinte disciplina:

•• § 4.º, *caput*, acrescentado pela Lei n. 12.683, de 9-7-2012.

I – nos processos de competência da Justiça Federal e da Justiça do Distrito Federal:

•• Inciso I, *caput*, acrescentado pela Lei n. 12.683, de 9-7-2012.

a) os depósitos serão efetuados na Caixa Econômica Federal ou em instituição financeira pública, mediante documento adequado para essa finalidade;

•• Alínea *a* acrescentada pela Lei n. 12.683, de 9-7-2012.

b) os depósitos serão repassados pela Caixa Econômica Federal ou por outra instituição financeira pública para a Conta Única do Tesouro Nacional, independentemente de qualquer formalidade, no prazo de 24 (vinte e quatro) horas; e

•• Alínea *b* acrescentada pela Lei n. 12.683, de 9-7-2012.

c) os valores devolvidos pela Caixa Econômica Federal ou por instituição financeira pública serão debitados à Conta Única do Tesouro Nacional, em subconta de restituição;

•• Alínea *c* acrescentada pela Lei n. 12.683, de 9-7-2012.

II – nos processos de competência da Justiça dos Estados:

•• Inciso II, *caput*, acrescentado pela Lei n. 12.683, de 9-7-2012.

a) os depósitos serão efetuados em instituição financeira designada em lei, preferencialmente pública, de cada Estado ou, na sua ausência, em instituição financeira pública da União;

•• Alínea *a* acrescentada pela Lei n. 12.683, de 9-7-2012.

b) os depósitos serão repassados para a conta única de cada Estado, na forma da respectiva legislação.

•• Alínea *b* acrescentada pela Lei n. 12.683, de 9-7-2012.

§ 5.º Mediante ordem da autoridade judicial, o valor do depósito, após o trânsito em julgado da sentença proferida na ação penal, será:

•• § 5.º, *caput*, acrescentado pela Lei n. 12.683, de 9-7-2012.

I – em caso de sentença condenatória, nos processos de competência da Justiça Federal e da Justiça do Distrito Federal, incorporado definitivamente ao patrimônio da União, e, nos processos de competência da Justiça Estadual, incorporado ao patrimônio do Estado respectivo;

•• Inciso I acrescentado pela Lei n. 12.683, de 9-7-2012.

II – em caso de sentença absolutória extintiva de punibilidade, colocado à disposição do réu pela instituição financeira, acrescido da remuneração da conta judicial.

•• Inciso II acrescentado pela Lei n. 12.683, de 9-7-2012.

§ 6.º A instituição financeira depositária manterá controle dos valores depositados ou devolvidos.

•• § 6.º acrescentado pela Lei n. 12.683, de 9-7-2012.

§ 7.º Serão deduzidos da quantia apurada no leilão todos os tributos e multas incidentes sobre o bem alienado, sem prejuízo de iniciativas que, no âmbito da competência de cada ente da Federação, venham a desonerar bens sob constrição judicial daqueles ônus.

•• § 7.º acrescentado pela Lei n. 12.683, de 9-7-2012.

§ 8.º Feito o depósito a que se refere o § 4.º deste artigo, os autos da alienação serão apensados aos do processo principal.

•• § 8.º acrescentado pela Lei n. 12.683, de 9-7-2012.

§ 9.º Terão apenas efeito devolutivo os recursos interpostos contra as decisões proferidas no curso do procedimento previsto neste artigo.

•• § 9.º acrescentado pela Lei n. 12.683, de 9-7-2012.

§ 10. Sobrevindo o trânsito em julgado de sentença penal condenatória, o juiz decretará, em favor, conforme o caso, da União ou do Estado:

•• § 10, *caput*, acrescentado pela Lei n. 12.683, de 9-7-2012.

I – a perda dos valores depositados na conta remunerada e da fiança;

•• Inciso I acrescentado pela Lei n. 12.683, de 9-7-2012.

II – a perda dos bens não alienados antecipadamente e daqueles aos quais não foi dada destinação prévia; e

•• Inciso II acrescentado pela Lei n. 12.683, de 9-7-2012.

III – a perda dos bens não reclamados no prazo de 90 (noventa) dias após o trânsito em julgado da sentença condenatória, ressalvado o direito de lesado ou terceiro de boa-fé.

•• Inciso III acrescentado pela Lei n. 12.683, de 9-7-2012.

§ 11. Os bens a que se referem os incisos II e III do § 10 deste artigo serão adjudicados ou levados a leilão, depositando-se o saldo na conta única do respectivo ente.

•• § 11 acrescentado pela Lei n. 12.683, de 9-7-2012.

§ 12. O juiz determinará ao registro público competente que emita documento de habilitação à circulação e utilização dos bens colocados sob o uso e custódia das entidades a que se refere o *caput* deste artigo.

•• § 12 acrescentado pela Lei n. 12.683, de 9-7-2012.

§ 13. Os recursos decorrentes da alienação antecipada de bens, direitos e valores oriundos do crime de tráfico ilícito de drogas e que tenham sido objeto de dissimulação e ocultação nos termos desta Lei permanecem submetidos à disciplina definida em lei específica.

•• § 13 acrescentado pela Lei n. 12.683, de 9-7-2012.

Art. 4.º-B. A ordem de prisão de pessoas ou as medidas assecuratórias de bens, direitos ou valores poderão ser suspensas pelo juiz, ouvido o Ministério Público, quando a sua execução imediata puder comprometer as investigações.

•• Artigo acrescentado pela Lei n. 12.683, de 9-7-2012.

Art. 5.º Quando as circunstâncias o aconselharem, o juiz, ouvido o Ministério Público, nomeará pessoa física ou jurídica qualificada para a administração dos bens, direitos ou valores sujeitos a medidas assecuratórias, mediante termo de compromisso.

•• Artigo com redação determinada pela Lei n. 12.683, de 9-7-2012.

Art. 6.º A pessoa responsável pela administração dos bens:

•• *Caput* com redação determinada pela Lei n. 12.683, de 9-7-2012.

I – fará jus a uma remuneração, fixada pelo juiz, que será satisfeita com o produto dos bens objeto da administração;

II – prestará, por determinação judicial, informações periódicas da situação dos bens sob sua administração, bem como explicações e detalhamentos sobre investimentos e reinvestimentos realizados.

Parágrafo único. Os atos relativos à administração dos bens sujeitos a medidas assecuratórias serão levados ao conhecimento do Ministério Público, que requererá o que entender cabível.

•• Parágrafo único com redação determinada pela Lei n. 12.683, de 9-7-2012.

Capítulo III
DOS EFEITOS DA CONDENAÇÃO

Art. 7.º São efeitos da condenação, além dos previstos no Código Penal:

I – a perda, em favor da União – e dos Estados, nos casos de competência da Justiça Estadual –, de todos os bens, direitos e valores relacionados, direta ou indiretamente, à prática dos crimes previstos nesta Lei, inclusive aqueles utilizados para prestar a fiança, ressalvado o direito do lesado ou de terceiro de boa-fé;

•• Inciso I com redação determinada pela Lei n. 12.683, de 9-7-2012.

•• A Resolução n. 587, de 30-9-2019, do CJF, dispõe sobre a destinação de valores em procedimento penal, a título de reparação de danos a pessoas jurídicas de direito público, de perdimento de instrumentos, de produto ou de proveito de crime, de valores relacionados à lavagem de dinheiro, de valores não reclamados, de confisco em decorrência do tráfico de drogas e da exploração do trabalho escravo, ou de qualquer outra forma de perdimento ou de confisco, e de reparação de danos a pessoas naturais e jurídicas de direito privado, no âmbito da Justiça Federal.

II – a interdição do exercício de cargo ou função pública de qualquer natureza e de diretor, de membro de conselho de administração ou de gerência das pessoas jurídicas referidas no art. 9.º, pelo dobro do tempo da pena privativa de liberdade aplicada.

§ 1.º A União e os Estados, no âmbito de suas competências, regulamentarão a forma de destinação dos bens, direitos e valores cuja perda houver sido declarada, assegurada, quanto aos processos de competência da Justiça Federal, a sua utilização pelos órgãos federais encarregados da prevenção, do combate, da ação penal e do julgamento dos crimes previstos nesta Lei, e, quanto aos processos de competência da Justiça Estadual, a preferência dos órgãos locais com idêntica função.

•• § 1.º acrescentado pela Lei n. 12.683, de 9-7-2012.

•• *Vide* nota ao *caput* deste artigo.

§ 2.º Os instrumentos do crime sem valor econômico cuja perda em favor da União ou do Estado for decretada serão inutilizados ou doados a museu criminal ou a entidade pública, se houver interesse na sua conservação.

•• § 2.º acrescentado pela Lei n. 12.683, de 9-7-2012.

Capítulo IV
DOS BENS, DIREITOS OU VALORES ORIUNDOS DE CRIMES PRATICADOS NO ESTRANGEIRO

• A Carta-Circular n. 3.100, de 7-7-2003, do COAF, divulga recomendação referente a operações ou propostas envolvendo países não cooperantes quanto à prevenção e repressão à lavagem de dinheiro.

Art. 8.º O juiz determinará, na hipótese de existência de tratado ou convenção internacional e por solicitação de autoridade estrangeira competente, medidas assecuratórias sobre bens, direitos ou valores oriundos de crimes descritos no art. 1.º praticados no estrangeiro.

•• *Caput* com redação determinada pela Lei n. 12.683, de 9-7-2012.

§ 1.º Aplica-se o disposto neste artigo, independentemente de tratado ou convenção internacional, quando o governo do país da autoridade solicitante prometer reciprocidade ao Brasil.

§ 2.º Na falta de tratado ou convenção, os bens, direitos ou valores privados sujeitos a medidas assecuratórias por solicitação de autoridade estrangeira competente ou os recursos provenientes da sua alienação serão repartidos entre o Estado requerente e o Brasil, na proporção de metade, ressalvado o direito do lesado ou de terceiro de boa-fé.

•• § 2.º com redação determinada pela Lei n. 12.683, de 9-7-2012.

Capítulo V
DAS PESSOAS SUJEITAS AO MECANISMO DE CONTROLE

•• Capítulo com redação determinada pela Lei n. 12.683, de 9-7-2012.

Art. 9.º Sujeitam-se às obrigações referidas nos arts. 10 e 11 as pessoas físicas e jurídicas que tenham, em caráter permanente ou eventual, como atividade principal ou acessória, cumulativamente ou não:

•• *Caput* com redação determinada pela Lei n. 12.683, de 9-7-2012.

•• *Vide* nota ao art. 14, § 1.º, desta Lei.

•• A Resolução n. 40, de 22-11-2021, do COAF, dispõe sobre os procedimentos a serem observados, em relação a pessoas expostas politicamente, por aqueles que se sujeitam à supervisão do Conselho de Controle de Atividades Financeiras – COAF.

I – a captação, intermediação e aplicação de recursos financeiros de terceiros, em moeda nacional ou estrangeira;

II – a compra e venda de moeda estrangeira ou ouro como ativo financeiro ou instrumento cambial;

III – a custódia, emissão, distribuição, liquidação, negociação, intermediação ou administração de títulos ou valores mobiliários.

Parágrafo único. Sujeitam-se às mesmas obrigações:

I – as bolsas de valores, as bolsas de mercadorias ou futuros e os sistemas de negociação do mercado de balcão organizado;

•• Inciso I com redação determinada pela Lei n. 12.683, de 9-7-2012.

II – as seguradoras, as corretoras de seguros e as entidades de previdência complementar ou de capitalização;

• A Instrução n. 18, de 24-12-2014, da Secretaria de Previdência Complementar, estabelece orientações e procedimentos a serem adotados pelas entidades fechadas de previdência complementar.

III – as administradoras de cartões de credenciamento ou cartões de crédito, bem como as administradoras de consórcios para aquisição de bens ou serviços;

IV – as administradoras ou empresas que se utilizem de cartão ou qualquer outro meio eletrônico, magnético ou equivalente, que permita a transferência de fundos;

V – as empresas de arrendamento mercantil (*leasing*), as empresas de fomento comercial (*factoring*) e as Empresas Simples de Crédito (ESC);

•• Inciso V com redação determinada pela Lei Complementar n. 167, de 24-4-2019.

VI – as sociedades que, mediante sorteio, método assemelhado, exploração de loterias, inclusive de apostas de quota fixa, ou outras sistemáticas de captação de apostas com pagamento de prêmios, realizem distribuição de dinheiro, de bens móveis, de bens imóveis e de outras mercadorias ou serviços, bem como concedam descon-tos na sua aquisição ou contratação;

•• Inciso VI com redação determinada pela Lei n. 14.183, de 14-7-2021.

VII – as filiais ou representações de entes estrangeiros que exerçam no Brasil qualquer das atividades listadas neste artigo, ainda que de forma eventual;

VIII – as demais entidades cujo funcionamento dependa de autorização de órgão regulador dos mercados financeiro, de câmbio, de capitais e de seguros;

IX – as pessoas físicas ou jurídicas, nacionais ou estrangeiras, que operem no Brasil como agentes, dirigentes, procuradoras, comissionárias ou por qualquer forma representem interesses de ente estrangeiro que exerça qualquer das atividades referidas neste artigo;

X – as pessoas físicas ou jurídicas que exerçam atividades de promoção imobiliária ou compra e venda de imóveis;

•• Inciso X com redação determinada pela Lei n. 12.683, de 9-7-2012.

XI – as pessoas físicas ou jurídicas que comercializem joias, pedras e metais preciosos, objetos de arte e antiguidades;

XII – as pessoas físicas ou jurídicas que comercializem bens de luxo ou de alto valor, intermedeiem a sua comercialização ou exerçam atividades que envolvam grande volume de recursos em espécie;

•• Inciso XII com redação determinada pela Lei n. 12.683, de 9-7-2012.

XIII – as juntas comerciais e os registros públicos;

•• Inciso XIII acrescentado pela Lei n. 12.683, de 9-7-2012.

XIV – as pessoas físicas ou jurídicas que prestem, mesmo que eventualmente, serviços de assessoria, consultoria, contadoria, auditoria, aconselhamento ou assistência, de qualquer natureza, em operações:

•• Inciso XIV, *caput*, acrescentado pela Lei n. 12.683, de 9-7-2012.

a) de compra e venda de imóveis, estabelecimentos comerciais ou industriais ou participações societárias de qualquer natureza;

•• Alínea *a* acrescentada pela Lei n. 12.683, de 9-7-2012.

b) de gestão de fundos, valores mobiliários ou outros ativos;

•• Alínea *b* acrescentada pela Lei n. 12.683, de 9-7-2012.

c) de abertura ou gestão de contas bancárias, de poupança, investimento ou de valores mobiliários;

•• Alínea *c* acrescentada pela Lei n. 12.683, de 9-7-2012.

d) de criação, exploração ou gestão de sociedades de qualquer natureza, fundações, fundos fiduciários ou estruturas análogas;

•• Alínea *d* acrescentada pela Lei n. 12.683, de 9-7-2012.

e) financeiras, societárias ou imobiliárias; e

•• Alínea *e* acrescentada pela Lei n. 12.683, de 9-7-2012.

f) de alienação ou aquisição de direitos sobre contratos relacionados a atividades desportivas ou artísticas profissionais;

•• Alínea *f* acrescentada pela Lei n. 12.683, de 9-7-2012.

XV – pessoas físicas ou jurídicas que atuem na promoção, intermediação, comercialização, agenciamento ou negociação de direitos de transferência de atletas, artistas ou feiras, exposições ou eventos similares;

•• Inciso XV acrescentado pela Lei n. 12.683, de 9-7-2012.

XVI – as empresas de transporte e guarda de valores;

•• Inciso XVI acrescentado pela Lei n. 12.683, de 9-7-2012.

XVII – as pessoas físicas ou jurídicas que comercializem bens de alto valor de origem rural ou animal ou intermedeiem a sua comercialização; e

•• Inciso XVII acrescentado pela Lei n. 12.683, de 9-7-2012.

XVIII – as dependências no exterior das entidades mencionadas neste artigo, por meio de sua matriz no Brasil, relativamente a residentes no País.

•• Inciso XVIII acrescentado pela Lei n. 12.683, de 9-7-2012.

•• A Lei Complementar n. 155, de 27-10-2016, propôs o acréscimo do inciso XIX a este artigo, porém teve o texto vetado.

Capítulo VI
DA IDENTIFICAÇÃO DOS CLIENTES E MANUTENÇÃO DE REGISTROS

•• A Instrução Normativa n. 196, de 29-3-2021, da Polícia Federal, normatiza o procedimento de comunicação de operações de transporte ou guarda de bens, valores ou numerário suspeitos ou que contenham indícios de crimes de lavagem de dinheiro ou de financiamento ao terrorismo efetuadas por empresas de transporte de valores.

Art. 10. As pessoas referidas no art. 9.º:

I – identificarão seus clientes e manterão cadastro atualizado, nos termos de instruções emanadas das autoridades competentes;

II – manterão registro de toda transação em moeda nacional ou estrangeira, títulos e valores mobiliários, títulos de crédito, metais, ou qualquer ativo passível de ser convertido em dinheiro, que ultrapassar limite fixado pela autoridade competente e nos termos de instruções por estas expedidas;

III – deverão adotar políticas, procedimentos e controles internos, compatíveis com seu porte e volume de operações, que lhes permitam atender ao disposto neste artigo e no art. 11, na forma disciplinada pelos órgãos competentes;

•• Inciso III com redação determinada pela Lei n. 12.683, de 9-7-2012.

•• A Resolução n. 36, de 10-3-2021, do COAF, disciplina, na forma do estabelecido neste inciso III, a adoção de políticas, procedimentos e controles internos de prevenção à lavagem de dinheiro, ao financiamento do terrorismo e ao financiamento da proliferação de armas de destruição em massa.

IV – deverão cadastrar-se e manter seu cadastro atualizado no órgão regulador ou fiscalizador e, na falta deste, no Conselho de Controle de Atividades Financeiras (Coaf), na forma e condições por eles estabelecidas;

•• Inciso IV acrescentado pela Lei n. 12.683, de 9-7-2012.

V – deverão atender às requisições formuladas pelo Coaf na periodicidade, forma e condições por ele estabelecidas, cabendo-lhe preservar, nos termos da lei, o sigilo das informações prestadas.

•• Inciso V acrescentado pela Lei n. 12.683, de 9-7-2012.

§ 1.º Na hipótese de o cliente constituir-se em pessoa jurídica, a identificação referida no inciso I deste artigo deverá abranger as pessoas físicas autorizadas a representá-la, bem como seus proprietários.

§ 2.º Os cadastros e registros referidos nos incisos I e II deste artigo deverão ser conservados durante o período mínimo de 5 (cinco) anos a partir do encerramento da conta ou da conclusão da transação, prazo este que poderá ser ampliado pela autoridade competente.

§ 3.º O registro referido no inciso II deste artigo será efetuado também quando a pessoa física ou jurídica, seus entes ligados, houver realizado, em um mesmo mês-calendário, operações com uma mesma pessoa, conglomerado ou grupo que, em seu conjunto, ultrapassem o limite fixado pela autoridade competente.

Art. 10-A. O Banco Central manterá registro centralizado formando o cadastro geral de correntistas e clientes de instituições financeiras, bem como de seus procuradores.

•• Artigo acrescentado pela Lei n. 10.701, de 9-7-2003.

Capítulo VII
DA COMUNICAÇÃO DE OPERAÇÕES FINANCEIRAS

•• *Vide* art. 2.º, § 6.º, da Lei Complementar n. 105, de 10-1-2001.

•• *A Instrução Normativa n. 196, de 29-3-2021, da Polícia Federal, normatiza o procedimento de comunicação de operações de transporte ou guarda de bens, valores ou numerário suspeitos ou que contenham indícios de crimes de lavagem de dinheiro ou de financiamento ao terrorismo efetuadas por empresas de transporte de valores.*

Art. 11. As pessoas referidas no art. 9.º:

I – dispensarão especial atenção às operações que, nos termos de instruções emanadas das autoridades competentes, possam constituir-se em sérios indícios dos crimes previstos nesta Lei, ou com eles relacionar-se;

II – deverão comunicar ao Coaf, abstendo-se de dar ciência de tal ato a qualquer pessoa, inclusive àquela à qual se refira a informação, no prazo de 24 (vinte e quatro) horas, a proposta ou realização:

•• Inciso II, *caput*, com redação determinada pela Lei n. 12.683, de 9-7-2012.

a) de todas as transações referidas no inciso II do art. 10, acompanhadas da identificação de que trata o inciso I do mencionado artigo; e

•• Alínea *a* com redação determinada pela Lei n. 12.683, de 9-7-2012.

b) das operações referidas no inciso I;

•• Alínea *b* com redação determinada pela Lei n. 12.683, de 9-7-2012.

III – deverão comunicar ao órgão regulador ou fiscalizador da sua atividade ou, na sua falta, ao Coaf, na periodicidade, forma e condições por eles estabelecidas, a não ocorrência de propostas, transações ou operações passíveis de serem comunicadas nos termos do inciso II.

•• Inciso III acrescentado pela Lei n. 12.683, de 9-7-2012.

§ 1.º As autoridades competentes, nas instruções referidas no inciso I deste artigo, elaborarão relação de operações que, por suas características, no que se refere às partes envolvidas, valores, forma de realização, instrumentos utilizados, ou pela falta de fundamento econômico ou legal, possam configurar a hipótese nele prevista.

§ 2.º As comunicações de boa-fé, feitas na forma prevista neste artigo, não acarretarão responsabilidade civil ou administrativa.

§ 3.º O Coaf disponibilizará as comunicações recebidas com base no inciso II do *caput* aos respectivos órgãos responsáveis pela regulação ou fiscalização das pessoas a que se refere o art. 9.º.

•• § 3.º com redação determinada pela Lei n. 12.683, de 9-7-2012.

• A Resolução n. 97, de 30-9-2002, da SUSEP, regula o processo administrativo e estabelece critérios de julgamento a serem adotados pelo Conselho Diretor da SUSEP para aplicação de sanção às sociedades seguradoras, de capitalização, às entidades abertas de previdência complementar e às corretoras de seguros, por descumprimento ao disposto nos arts. 10 e 11 desta Lei.

Art. 11-A. As transferências internacionais e os saques em espécie deverão ser previamente comunicados à instituição financeira, nos termos, limites, prazos e condições fixados pelo Banco Central do Brasil.

•• Artigo acrescentado pela Lei n. 12.683, de 9-7-2012.

Capítulo VIII
DA RESPONSABILIDADE ADMINISTRATIVA

Art. 12. Às pessoas referidas no art. 9.º, bem como aos administradores das pessoas jurídicas, que deixem de cumprir as obrigações previstas nos arts. 10 e 11 serão aplicadas, cumulativamente ou não, pelas autoridades competentes, as seguintes sanções:

•• A Resolução n. 131, de 20-8-2021, do BCB, regulamenta os parâmetros para a aplicação das penalidades administrativas previstas neste artigo.

I – advertência;

II – multa pecuniária variável não superior:

•• Inciso II, *caput*, com redação determinada pela Lei n. 12.683, de 9-7-2012.

a) ao dobro do valor da operação;

•• Alínea *a* acrescentada pela Lei n. 12.683, de 9-7-2012.

b) ao dobro do lucro real obtido ou que presumivelmente seria obtido pela realização da operação; ou

•• Alínea *b* acrescentada pela Lei n. 12.683, de 9-7-2012.

c) ao valor de R$ 20.000.000,00 (vinte milhões de reais);

•• Alínea *c* acrescentada pela Lei n. 12.683, de 9-7-2012.

III – inabilitação temporária, pelo prazo de até 10 (dez) anos, para o exercício do cargo de administrador das pessoas jurídicas referidas no art. 9.º;

IV – cassação ou suspensão da autorização para o exercício de atividade, operação ou funcionamento.

•• Inciso IV com redação determinada pela Lei n. 12.683, de 9-7-2012.

§ 1.º A pena de advertência será aplicada por irregularidade no cumprimento das instruções referidas nos incisos I e II do art. 10.

§ 2.º A multa será aplicada sempre que as pessoas referidas no art. 9.º, por culpa ou dolo:

•• § 2.º, *caput*, com redação determinada pela Lei n. 12.683, de 9-7-2012.

I – deixarem de sanar as irregularidades objeto de advertência, no prazo assinalado pela autoridade competente;

II – não cumprirem o disposto nos incisos I a IV do art. 10;

•• Inciso II com redação determinada pela Lei n. 12.683, de 9-7-2012.

III – deixarem de atender, no prazo estabelecido, a requisição formulada nos termos do inciso V do art. 10;

•• Inciso III com redação determinada pela Lei n. 12.683, de 9-7-2012.

IV – descumprirem a vedação ou deixarem de fazer a comunicação a que se refere o art. 11.

§ 3.º A inabilitação temporária será aplicada quando forem verificadas infrações graves quanto ao cumprimento das obrigações constantes desta Lei ou quando ocorrer reincidência específica, devidamente caracterizada em transgressões anteriormente punidas com multa.

§ 4.º A cassação da autorização será aplicada nos casos de reincidência específica de infrações anteriormente punidas com a pena prevista no inciso III do *caput* deste artigo.

Art. 13. (*Revogado pela Lei n. 13.974, de 7-1-2020.*)

Capítulo IX
DO CONSELHO DE CONTROLE DE ATIVIDADES FINANCEIRAS

Art. 14. É criado, no âmbito do Ministério da Fazenda, o Conselho de Controle de Atividades Financeiras - COAF, com a finalidade de disciplinar, aplicar penas administrativas, receber, examinar e identificar as ocorrências suspeitas de atividades ilícitas previstas nesta Lei, sem prejuízo da competência de outros órgãos e entidades.

•• A Lei n. 13.974, de 7-1-2020, dispõe sobre o Conselho de Controle de Atividades Financeiras (Coaf).

• *Vide* Lei Complementar n. 105, de 10-1-2001, que dispõe sobre o sigilo das operações de instituições financeiras.

§ 1.º As instruções referidas no art. 10 destinadas às pessoas mencionadas no art. 9.º, para as quais não exista órgão próprio fiscalizador ou regulador serão expedidas pelo COAF, competindo-lhe, para esses casos, a definição das pessoas abrangidas e a aplicação das sanções enumeradas no art. 12.

•• A Resolução n. 7, de 15-9-1999, do COAF, dispõe sobre os procedimentos a serem observados pelas Bolsas de Mercadorias e corretores que nelas atuam.

•• A Resolução COAF n. 21, de 20-12-2012, dispõe sobre os procedimentos a serem adotados pelas empresas de fomento comercial, na forma deste parágrafo.

•• A Resolução n. 31, de 7-6-2019, do COAF, estabelece, na forma deste § 1.º, orientações a serem observadas pelas pessoas físicas e jurídicas que exercem as atividades listadas no art. 9.º desta Lei.

•• A Resolução n. 40, de 22-11-2021, do COAF, dispõe sobre os procedimentos a serem observados, em relação a pessoas expostas politicamente, por aqueles que se sujeitam à supervisão do Conselho de Controle de Atividades Financeiras – COAF.

§ 2.º O COAF deverá, ainda, coordenar e propor mecanismos de cooperação e de troca de informações que viabilizem ações rápidas e eficientes no combate à ocultação ou dissimulação de bens, direitos e valores.

• *Vide* art. 2.º, § 6.º, da Lei Complementar n. 105, de 10-1-2001.

• A Portaria n. 350, de 16-10-2002, do Ministério da Fazenda, dispõe sobre procedimentos de controle de origem dos recursos aplicados em operações de comércio exterior e combate à interposição fraudulenta de pessoas.

§ 3.º O COAF poderá requerer aos órgãos da Administração Pública as informações cadastrais bancárias e financeiras de pessoas envolvidas em atividades suspeitas.

•• § 3.º acrescentado pela Lei n. 10.701, de 9-7-2003.

Art. 15. O COAF comunicará às autoridades competentes para a instauração dos procedimentos cabíveis, quando concluir pela existência de crimes previstos nesta Lei, de fundados indícios de sua prática, ou de qualquer outro ilícito.

Arts. 16 e 17. (*Revogados pela Lei n. 13.974, de 7-1-2020.*)

Capítulo X
DISPOSIÇÕES GERAIS

•• Capítulo acrescentado pela Lei n. 12.683, de 9-7-2012.

Art. 17-A. Aplicam-se, subsidiariamente, as disposições do Decreto-lei n. 3.689, de 3 de outubro de 1941 (Código de Processo Penal), no que não forem incompatíveis com esta Lei.

•• Artigo acrescentado pela Lei n. 12.683, de 9-7-2012.

Art. 17-B. A autoridade policial e o Ministério Público terão acesso, exclusivamente, aos dados cadastrais do investigado que informam qualificação pessoal, filiação e endereço, independentemente de autorização judicial, mantidos pela Justiça Eleitoral, pelas empresas telefônicas, pelas instituições financeiras, pelos provedores de internet e pelas administradoras de cartão de crédito.

•• Artigo acrescentado pela Lei n. 12.683, de 9-7-2012.

Art. 17-C. Os encaminhamentos das instituições financeiras e tributárias em resposta às ordens judiciais de quebra ou transferência de sigilo deverão ser, sempre que determinado, em meio informático, e apresentados em arquivos que possibilitem a migração de informações para os autos do processo sem redigitação.

•• Artigo acrescentado pela Lei n. 12.683, de 9-7-2012.

Art. 17-D. Em caso de indiciamento de servidor público, este será afastado, sem prejuízo de remuneração e demais direitos previstos em lei, até que o juiz competente autorize, em decisão fundamentada, o seu retorno.

•• Artigo acrescentado pela Lei n. 12.683, de 9-7-2012.

Art. 17-E. A Secretaria da Receita Federal do Brasil conservará os dados fiscais dos contribuintes pelo prazo mínimo de 5 (cinco) anos, contado a partir do início do exercício seguinte ao da declaração de renda respectiva ou ao do pagamento do tributo.

•• Artigo acrescentado pela Lei n. 12.683, de 9-7-2012.

Art. 18. Esta Lei entra em vigor na data de sua publicação.

Brasília, 3 de março de 1998; 177.º da Independência e 110.º da República.

FERNANDO HENRIQUE CARDOSO

LEI N. 9.703, DE 17 DE NOVEMBRO DE 1998 (*)

Dispõe sobre os depósitos judiciais e extrajudiciais de tributos e contribuições federais.

Faço saber que o Presidente da República adotou a Medida Provisória n. 1.721, de 1998, que o Congresso Nacional aprovou, e eu, Antonio Carlos Magalhães, Presidente, para os efeitos do disposto no parágrafo único do art. 62 da Constituição Federal, promulgo a seguinte Lei:

Art. 1.º Os depósitos judiciais e extrajudiciais, em dinheiro, de valores referentes a tributos e contribuições federais, inclusive seus acessórios, administrados pela Secretaria da Receita Federal do Ministério da Fazenda, serão efetuados na Caixa Econômica Federal, mediante Documento de Arrecadação de Receitas Federais – DARF, específico para essa finalidade.

•• A Secretaria da Receita Federal passa a denominar-se Secretaria da Receita Federal do Brasil, por força da Lei n. 11.457, de 16-3-2007.

§ 1.º O disposto neste artigo aplica-se, inclusive, aos débitos provenientes de tributos e contribuições inscritos em Dívida Ativa da União.

§ 2.º Os depósitos serão repassados pela Caixa Econômica Federal para a Conta Única do Tesouro Nacional, independentemente de qualquer formalidade, no mesmo prazo fixado para recolhimento dos tributos e das contribuições federais.

§ 3.º Mediante ordem da autoridade judicial ou, no caso de depósito extrajudicial, da autoridade administrativa competente, o valor do depósito, após o encerramento da lide ou do processo litigioso, será:

I – devolvido ao depositante pela Caixa Econômica Federal, no prazo máximo de 24 (vinte e quatro) horas, quando a sentença lhe for favorável ou na proporção em que o for, acrescido de juros, na forma estabelecida pelo § 4.º do art. 39 da Lei n. 9.250, de 26 de dezembro de 1995, e alterações posteriores; ou

II – transformado em pagamento definitivo, proporcionalmente à exigência do correspondente tributo ou contribuição, inclusive seus acessórios, quando se tratar de sentença ou decisão favorável à Fazenda Nacional.

§ 4.º Os valores devolvidos pela Caixa Econômica Federal serão debitados à Conta Única do Tesouro Nacional, em subconta de restituição.

§ 5.º A Caixa Econômica Federal manterá controle dos valores depositados ou devolvidos.

Art. 2.º Observada a legislação própria, o disposto nesta Lei aplica-se aos depósitos judiciais e extrajudiciais referentes às contribuições administradas pelo Instituto Nacional do Seguro Social.

Art. 2.º-A. Aos depósitos efetuados antes de 1.º de dezembro de 1998 será aplicada a sistemática prevista nesta Lei de acordo com um cronograma fixado por ato do Ministério da Fazenda, sendo obrigatória a sua transferência à conta única do Tesouro Nacional.

•• *Caput* acrescentado pela Lei n. 12.058, de 13-10-2009.

•• O art. 4.º da Lei n. 12.099, de 27-11-2009, dispõe: "Art. 4.º A transferência dos depósitos a que se refere o art. 2.º-A da Lei n. 9.703, de 17-11-1998, deverá ocorrer em até 180 (cento e oitenta) dias a partir da publicação desta Lei".

§ 1.º Os juros dos depósitos referidos no *caput* serão calculados à taxa originalmente devida até a data da transferência à conta única do Tesouro Nacional.

•• § 1.º acrescentado pela Lei n. 12.099, de 27-11-2009.

§ 2.º Após a transferência à conta única do Tesouro Nacional, os juros dos depósitos referidos no *caput* serão calculados na forma estabelecida pelo § 4.º do art. 39 da Lei n. 9.250, de 26 de dezembro de 1995.

•• § 2.º acrescentado pela Lei n. 12.099, de 27-11-2009.

§ 3.º A inobservância da transferência obrigatória de que trata o *caput* sujeita os recursos depositados à remuneração na forma estabelecida pelo § 4.º do art. 39 da Lei n. 9.250, de 26 de dezembro de 1995, desde a inobservância, e os administradores das instituições financeiras às penalidades previstas na Lei n. 4.595, de 31 de dezembro de 1964.

•• § 3.º acrescentado pela Lei n. 12.099, de 27-11-2009.

§ 4.º (*Vetado.*)

•• § 4.º acrescentado pela Lei n. 12.099, de 27-11-2009.

(*) Publicada no *DOU*, de 18-11-1998. *Vide* Lei Complementar n. 151, de 5-8-2015. O Decreto n. 2.850, de 27-11-1998, disciplina os procedimentos pertinentes aos depósitos judiciais e extrajudiciais, de valores de tributos e contribuições federais administrados pela Secretaria da Receita Federal, de que trata esta Lei. A Instrução Normativa n. 421, de 10-5-2004, da Secretaria da Receita Federal, dispõe sobre os depósitos judiciais e extrajudiciais referentes a tributos e contribuições federais administrados pela Secretaria da Receita Federal, seus levantamentos e dá outras providências.

Art. 3.º Os procedimentos para execução desta Lei serão disciplinados em regulamento.

Art. 4.º Esta Lei entra em vigor na data de sua publicação, aplicando-se aos depósitos efetuados a partir de 1.º de dezembro de 1998.

Congresso Nacional, em 17 de novembro de 1998; 177.º da Independência e 110.º da República.

Antonio Carlos Magalhães

LEI N. 9.716, DE 26 DE NOVEMBRO DE 1998 (*)

Dá nova redação aos arts. 1.º, 2.º, 3.º e 4.º do Decreto-lei n. 1.578, de 11 de outubro de 1977, que dispõe sobre o imposto de exportação, e dá outras providências.

Faço saber que o Presidente da República adotou a Medida Provisória n. 1.725, de 1998, que o Congresso Nacional aprovou, e eu, Antonio Carlos Magalhães, Presidente, para os efeitos do disposto no parágrafo único do art. 62 da Constituição Federal, promulgo a seguinte Lei:

Art. 1.º Os arts. 1.º, 2.º, 3.º e 4.º do Decreto-lei n. 1.578, de 11 de outubro de 1977, passam a vigorar com a seguinte redação:

•• Alterações já processadas no texto do diploma citado.

Art. 2.º Na hipótese em que a saída do produto industrializado for beneficiada com isenção em virtude de incentivo fiscal, o crédito do IPI poderá ser:

I – utilizado para compensação com o incidente na saída de outros produtos industrializados pela mesma pessoa jurídica;

II – objeto de pedido de restituição, em espécie, ou para compensação com outros tributos e contribuições administrados pela Secretaria da Receita Federal, observadas normas por esta editadas.

•• A Secretaria da Receita Federal passa a denominar-se Secretaria da Receita Federal do Brasil, por força da Lei n. 11.457, de 16-3-2007.

Art. 3.º Fica instituída a Taxa de Utilização do Sistema Integrado de Comércio Exterior - SISCOMEX, administrada pela Secretaria da Receita Federal do Ministério da Fazenda.

•• *Vide* nota ao artigo anterior.

§ 1.º A taxa a que se refere este artigo será devida no Registro da Declaração de Importação, à razão de:

I – R$ 30,00 (trinta reais) por Declaração de Importação;

II – R$ 10,00 (dez reais) para cada adição de mercadorias à Declaração de Importação, observado limite fixado pela Secretaria da Receita Federal.

§ 2.º Os valores de que trata o parágrafo anterior poderão ser reajustados, anualmente, mediante ato do Ministro de Estado da Fazenda, conforme a variação dos custos de operação e dos investimentos no SISCOMEX.

§ 3.º Aplicam-se à cobrança da taxa de que trata este artigo as normas referentes ao Imposto de Importação.

§ 4.º O produto da arrecadação da taxa a que se refere este artigo fica vinculado ao Fundo Especial de Desenvolvimento e Aperfeiçoamento das Atividades de Fiscalização - FUNDAF, instituído pelo art. 6.º do Decreto-lei n. 1.437, de 17 de dezembro de 1975.

§ 5.º O disposto neste artigo aplica-se em relação às importações registradas a partir de 1.º de janeiro de 1999.

Art. 4.º Fica restabelecida a destinação, ao FUNDAF, da receita de que trata o § 3.º do art. 61 da Lei n. 9.430, de 27 de dezembro de 1996.

Art. 5.º As pessoas jurídicas que tenham como objeto social, declarado em seus atos constitutivos, a compra e venda de veículos automotores poderão equiparar, para efeitos tributários, como operação de consignação, as operações de venda de veículos usados, adquiridos para revenda, bem assim dos recebidos como parte do preço da venda de veículos novos ou usados.

•• *Vide* art. 10, VII, *c*, da Lei n. 10.833, de 29-12-2003.

•• *Vide* art. 8.º, VII, *c*, da Lei n. 10.637, de 30-12-2002.

Parágrafo único. Os veículos usados, referidos neste artigo, serão objeto de Nota Fiscal de Entrada e, quando da venda, de Nota Fiscal de Saída, sujeitando-se ao respectivo regime fiscal aplicável às operações de consignação.

Art. 6.º Esta Lei entra em vigor na data de sua publicação.

Art. 7.º Fica revogado o inciso V do § 1.º do art. 44 da Lei n. 9.430, de 27 de dezembro de 1996.

Congresso Nacional, em 26 de novembro de 1998; 177.º da Independência e 110.º da República.

Antonio Carlos Magalhães

LEI N. 9.718, DE 27 DE NOVEMBRO DE 1998(**)

Altera a Legislação Tributária Federal.

O Presidente da República.

Faço saber que o Congresso Nacional decreta e eu sanciono a seguinte Lei:

Art. 1.º Esta Lei aplica-se no âmbito da legislação tributária federal, relativamente às contribuições para os Programas de Integração Social e de Formação do Patrimônio do Servidor Público – PIS/PASEP e à Contribuição para o Financiamento da Seguridade Social - COFINS, de que tratam o art. 239 da Constituição e a Lei Complementar n. 70, de 30 de dezembro de 1991, ao Imposto sobre a

(*) Publicada no *DOU*, de 27-11-1998.

(**) Publicada no *DOU*, de 28-11-1998.

Renda e ao Imposto sobre Operações de Crédito, Câmbio e Seguro, ou relativos a Títulos ou Valores Mobiliários – IOF

Capítulo I
DA CONTRIBUIÇÃO PARA O PIS/PASEP E COFINS

• Regulamento: Decreto n. 4.524, de 17-12-2002.

Art. 2.º As contribuições para o PIS/PASEP e a COFINS, devidas pelas pessoas jurídicas de direito privado, serão calculadas com base no seu faturamento, observadas a legislação vigente e as alterações introduzidas por esta Lei.

•• Artigo com redação determinada pela Medida Provisória n. 2.158-35, de 24-8-2001.

• A Instrução Normativa n. 247, de 21-11-2002, da Secretaria da Receita Federal, dispõe sobre a contribuição para o PIS/PASEP e a COFINS, devidas pelas pessoas jurídicas de direito privado em geral.

Art. 3.º O faturamento a que se refere o art. 2.º compreende a receita bruta de que trata o art. 12 do Decreto-lei n. 1.598, de 26 de dezembro de 1977.

•• *Caput* com redação determinada pela Lei n. 12.973, de 13-5-2014.

§ 1.º (*Revogado pela Lei n. 11.941, de 27-5-2009.*)

§ 2.º Para fins de determinação da base de cálculo das contribuições a que se refere o art. 2.º, excluem-se da receita bruta:

I – as vendas canceladas e os descontos incondicionais concedidos;

•• Inciso I com redação determinada pela Lei n. 12.973, de 13-5-2014.

II – as reversões de provisões e recuperações de créditos baixados como perda, que não representem ingresso de novas receitas, o resultado positivo da avaliação de investimento pelo valor do patrimônio líquido e os lucros e dividendos derivados de participações societárias, que tenham sido computados como receita bruta;

•• Inciso II com redação determinada pela Lei n. 12.973, de 13-5-2014.

III – (*Revogado pela Medida Provisória n. 2.158-35, de 24-8-2001.*)

IV – as receitas de que trata o inciso IV do *caput* do art. 187 da Lei n. 6.404, de 15 de dezembro de 1976, decorrentes da venda de bens do ativo não circulante, classificado como investimento, imobilizado ou intangível;

•• Inciso IV com redação determinada pela Lei n. 13.043, de 13-11-2014.

V – (*Revogado pela Lei n. 12.973, de 13-5-2014.*)

VI – a receita reconhecida pela construção, recuperação, ampliação ou melhoramento da infraestrutura, cuja contrapartida seja ativo intangível representativo de direito de exploração, no caso de contratos de concessão de serviços públicos.

•• Inciso VI acrescentado pela Lei n. 12.973, de 13-5-2014.

§ 3.º (*Revogado pela Lei n. 11.051, de 29-12-2004.*)

§ 4.º Nas operações de câmbio, realizadas por instituição autorizada pelo Banco Central do Brasil, considera-se receita bruta a diferença positiva entre o preço de venda e o preço de compra da moeda estrangeira.

§ 5.º Na hipótese das pessoas jurídicas referidas no § 1.º do art. 22 da Lei n. 8.212, de 24 de julho de 1991, serão admitidas, para os efeitos da COFINS, as mesmas exclusões e deduções facultadas para fins de determinação da base de cálculo da contribuição para o PIS/PASEP.

§ 6.º Na determinação da base de cálculo das contribuições para o PIS/PASEP e COFINS, as pessoas jurídicas referidas no § 1.º do art. 22 da Lei n. 8.212, de 1991, além das exclusões e deduções mencionadas no § 5.º, poderão excluir ou deduzir:

•• *Vide* art. 8.º, I, da Lei n. 10.637, de 30-12-2002.

•• O art. 18 da Lei n. 10.684, de 30-5-2003, estabelece que fica elevada para quatro por cento a alíquota da Contribuição para o Financiamento da Seguridade Social – COFINS devida pelas pessoas jurídicas referidas neste parágrafo.

•• *Vide* art. 10, I, da Lei n. 10.833, de 29-12-2003.

I – no caso de bancos comerciais, bancos de investimentos, bancos de desenvolvimento, caixas econômicas, sociedades de crédito, financiamento e investimento, sociedades de crédito imobiliário, sociedades corretoras, distribuidoras de títulos e valores mobiliários, empresas de arrendamento mercantil e cooperativas de crédito:

a) despesas incorridas nas operações de intermediação financeira;

b) despesas de obrigações por empréstimos, para repasse, de recursos de instituições de direito privado;

c) deságio na colocação de títulos;

d) perdas com títulos de renda fixa e variável, exceto com ações;

e) perdas com ativos financeiros e mercadorias, em operações de *hedge*;

II – no caso de empresas de seguros privados, o valor referente às indenizações correspondentes aos sinistros ocorridos, efetivamente pago, deduzido das importâncias recebidas a título de cosseguro e resseguro, salvados e outros ressarcimentos;

III – no caso de entidades de previdência privada, abertas e fechadas, os rendimentos auferidos nas aplicações financeiras destinadas ao pagamento de benefícios de aposentadoria, pensão, pecúlio e de resgates;

• *Vide* Lei n. 11.053, de 29-12-2004, que dispõe sobre a tributação dos planos de benefícios de caráter previdenciário.

IV – no caso de empresas de capitalização, os rendimentos auferidos nas aplicações financeiras destinadas ao pagamento de resgate de títulos.

•• § 6.º acrescentado pela Medida Provisória n. 2.158-35, de 24-8-2001.

§ 7.º As exclusões previstas nos incisos III e IV do § 6.º restringem-se aos rendimentos de aplicações financeiras proporcionados pelos ativos garantidores das provisões técnicas, limitados esses ativos ao montante das referidas provisões.

•• § 7.º acrescentado pela Medida Provisória n. 2.158-35, de 24-8-2001.

§ 8.º Na determinação da base de cálculo da contribuição para o PIS/PASEP e COFINS, poderão ser deduzidas as despesas de captação de recursos incorridas pelas pessoas jurídicas que tenham por objeto a securitização de créditos:

•• § 8.º, *caput*, acrescentado pela Medida Provisória n. 2.158-35, de 24-8-2001.

I – imobiliários, nos termos da Lei n. 9.514, de 20 de novembro de 1997;

•• Inciso I acrescentado pela Medida Provisória n. 2.158-35, de 24-8-2001.

II – financeiros, observada a regulamentação editada pelo Conselho Monetário Nacional;

•• Inciso II acrescentado pela Medida Provisória n. 2.158-35, de 24-8-2001.

III – agrícolas, conforme ato do Conselho Monetário Nacional.

•• Inciso III acrescentado pela Lei n. 11.196, de 21-11-2005.

•• *Vide* art. 132, II, *d*, da Lei n. 11.196, de 21-11-2005.

•• *Vide* art. 8.º, I, da Lei n. 10.637, de 30-12-2002.

•• O art. 18 da Lei n. 10.684, de 30-5-2003, estabelece que fica elevada para quatro por cento a alíquota da Contribuição para o Financiamento da Seguridade Social - COFINS devida pelas pessoas jurídicas referidas neste parágrafo.

•• *Vide* art. 10, I, da Lei n. 10.833, de 29-12-2003.

§ 9.º Na determinação da base de cálculo da contribuição para o PIS/PASEP e COFINS, as operadoras de planos de assistência à saúde poderão deduzir:

I – corresponsabilidades cedidas;

II – a parcela das contraprestações pecuniárias destinada à constituição de provisões técnicas;

III – o valor referente às indenizações correspondentes aos eventos ocorridos, efetivamente pago, deduzido das importâncias recebidas a título de transferência de responsabilidades.

•• § 9.º acrescentado pela Medida Provisória n. 2.158-35, de 24-8-2001.

•• Dispõe o art. 92 da Medida Provisória n. 2.158-35, de 24-8-2001: "Art. 92. Esta Medida Provisória entra em vigor na data de sua publicação, produzindo efeitos: (...) IV – relativamente aos fatos geradores ocorridos a partir de: *a*) 1.º-12-2001, relativamente ao disposto no § 9.º do art. 3.º da Lei n. 9.718, de 1998;".

•• *Vide* art. 8.º, I, da Lei n. 10.637, de 30-12-2002.

•• *Vide* art. 10, I, da Lei n. 10.833, de 29-12-2003.

§ 9.º-A. Para efeito de interpretação, o valor referente às indenizações correspondentes aos eventos ocorridos de que trata o inciso III do § 9.º entende-se o total dos custos assistenciais decorrentes da utilização pelos beneficiários da cobertura oferecida pelos planos de saúde, incluindo-se neste total os custos de beneficiários da própria operadora e os beneficiários de outra operadora atendidos a título de transferência de responsabilidade assumida.

•• § 9.º-A acrescentado pela Lei n. 12.873, de 24-10-2013.

§ 9.º-B. Para efeitos de interpretação do *caput*, não são considerados receita bruta das administradoras de benefícios os valores devidos a outras operadoras de planos de assistência à saúde.

•• § 9.º-B acrescentado pela Lei n. 12.995, de 18-6-2014.

§ 10. Em substituição à remuneração por meio do pagamento de tarifas, as pessoas jurídicas que prestem serviços de arrecadação de receitas federais poderão excluir da base de cálculo da Cofins o valor a elas devido em cada período de apuração como remuneração por esses serviços, dividido pela alíquota referida no art. 18 da Lei n. 10.684, de 30 de maio de 2003.

•• § 10 acrescentado pela Lei n. 12.844, de 19-7-2013.

§ 11. Caso não seja possível fazer a exclusão de que trata o § 10 na base de cálculo da Cofins referente ao período em que auferida remuneração, o montante excedente poderá ser excluído da base de cálculo da Cofins dos períodos subsequentes.

•• § 11 acrescentado pela Lei n. 12.844, de 19-7-2013.

§ 12. A Secretaria da Receita Federal do Brasil do Ministério da Fazenda disciplinará o disposto nos §§ 10 e 11, inclusive quanto à definição do valor devido como remuneração dos serviços de arrecadação de receitas federais.

•• § 12 acrescentado pela Lei n. 12.844, de 19-7-2013.

§ 13. A contribuição incidente na hipótese de contratos, com prazo de execução superior a 1 (um) ano, de construção por empreitada ou de fornecimento, a preço predeterminado, de bens ou serviços a serem produzidos será calculada sobre a receita apurada de acordo com os critérios de reconhecimento adotados pela legislação do imposto sobre a renda, previstos para a espécie de operação.

•• § 13 acrescentado pela Lei n. 12.973, de 13-5-2014.

§ 14. A pessoa jurídica poderá excluir da base de cálculo da Contribuição para o PIS/Pasep e da Cofins incidentes sobre a receita decorrente da alienação de participação societária o valor despendido para aquisição dessa participação, desde que a receita de alienação não tenha sido excluída da base de cálculo das mencionadas contribuições na forma do inciso IV do § 2.º do art. 3.º.

•• § 14 acrescentado pela Lei n. 13.043, de 13-11-2014.

Art. 4.º As contribuições para os Programas de Integração Social e de Formação do Patrimônio do Servidor Público - PIS/PASEP e para o Financiamento da Seguridade Social - COFINS devidas pelos produtores e importadores de derivados de petróleo serão calculadas, respectivamente, com base nas seguintes alíquotas:

•• *Caput* com redação determinada pela Lei n. 10.865, de 30-4-2004.

I – 5,08% (cinco inteiros e oito centésimos por cento) e 23,44% (vinte e três inteiros e quarenta e quatro centésimos por cento), incidentes sobre a receita bruta decorrente da venda de gasolinas e suas correntes, exceto gasolina de aviação;

•• Inciso I com redação determinada pela Lei n. 10.865, de 30-4-2004.

•• *Vide* art. 23, I e § 5.º, da Lei n. 10.865, de 30-4-2004, que dispõe sobre a opção pelo regime especial de apuração e pagamento da contribuição para o PIS/PASEP e da COFINS.

• *Vide* art. 2.º, § 1.º, I, da Lei n. 10.637, de 30-12-2002.

• *Vide* art. 2.º, § 1.º, I, da Lei n. 10.833, de 29-12-2003.

II – 4,21% (quatro inteiros e vinte e um centésimos por cento) e 19,42% (dezenove inteiros e quarenta e dois centésimos por cento), incidentes sobre a receita bruta decorrente da venda de óleo diesel e suas correntes;

•• Inciso II com redação determinada pela Lei n. 10.865, de 30-4-2004.

•• *Vide* art. 23, II e § 5.º, da Lei n. 10.865, de 30-4-2004.

• *Vide* art. 2.º, § 1.º, I, da Lei n. 10.637, de 30-12-2002.

• *Vide* art. 2.º, § 1.º, I, da Lei n. 10.833, de 29-12-2003.

III – 10,2% (dez inteiros e dois décimos por cento) e 47,4% (quarenta e sete inteiros e quatro décimos por cento) incidentes sobre a receita bruta decorrente da venda de gás liquefeito de petróleo – GLP derivado de petróleo e de gás natural;

•• Inciso III com redação determinada pela Lei n. 11.051, de 29-12-2004.

•• *Vide* art. 23, III e § 5.º, da Lei n. 10.865, de 30-4-2004.

• *Vide* art. 2.º, § 1.º, I, da Lei n. 10.637, de 30-12-2002.

• *Vide* art. 2.º, § 1.º, I, da Lei n. 10.833, de 29-12-2003.

IV – 0,65% (sessenta e cinco centésimos por cento) e 3% (três por cento) incidentes sobre a receita bruta decorrente das demais atividades.

•• Inciso IV acrescentado pela Lei n. 9.990, de 21-7-2000.

Parágrafo único. (*Revogado pela Lei n. 9.990, de 21-7-2000.*)

Art. 5.º A Contribuição para o PIS/Pasep e a Cofins incidentes sobre a receita bruta auferida na venda de álcool, inclusive para fins carburantes, serão calculadas com base nas alíquotas, respectivamente, de:

•• *Caput* com redação determinada pela Lei n. 11.727, de 23-6-2008.

•• *Vide* art. 41, IV, da Lei n. 11.727, de 23-6-2008.

I – 1,5% (um inteiro e cinco décimos por cento) e 6,9% (seis inteiros e nove décimos por cento), no caso de produtor ou importador; e

•• Inciso I com redação determinada pela Lei n. 11.727, de 23-6-2008.

II – 3,75% (três inteiros e setenta e cinco centésimos por cento) e 17,25% (dezessete inteiros e vinte e cinco centésimos por cento), no caso de distribuidor.

•• Inciso II com redação determinada pela Lei n. 11.727, de 23-6-2008.

§ 1.º Ficam reduzidas a 0% (zero por cento) as alíquotas da Contribuição para o PIS/Pasep e da Cofins incidentes sobre a receita bruta de venda de álcool, inclusive para fins carburantes, quando auferida:

•• § 1.º, *caput*, acrescentado pela Lei n. 11.727, de 23-6-2008.

I – (*Revogado pela Lei n. 14.292, de 3-1-2022*).

•• O texto anterior dizia: "I – por distribuidor, no caso de venda de álcool anidro adicionado à gasolina;

•• Inciso I acrescentado pela Lei n. 11.727, de 23-6-2008".

II – por comerciante varejista, exceto na hipótese prevista no inciso II do § 4.º-B deste artigo; e

•• Inciso II com redação determinada pela Lei n. 14.292, de 3-1-2022.

III – nas operações realizadas em bolsa de mercadorias e futuros.

•• Inciso III acrescentado pela Lei n. 11.727, de 23-6-2008.

§ 2.º A redução a 0 (zero) das alíquotas previstas no inciso III do § 1.º deste artigo não se aplica às operações em que ocorra liquidação física do contrato.

•• § 2.º acrescentado pela Lei n. 11.727, de 23-6-2008.

§ 3.º (*Revogado pela Lei n. 14.292, de 3-1-2022*).

§ 4.º O produtor, o importador e o distribuidor de que trata o *caput* deste artigo poderão optar por regime especial de apuração e pagamento da Contribuição para o PIS/Pasep e da Cofins, no qual as alíquotas específicas das contribuições são fixadas, respectivamente, em:

•• § 4.º, *caput*, acrescentado pela Lei n. 11.727, de 23-6-2008.

•• *Vide* art. 8.º da Lei n. 11.727, de 23-6-2008.

I – R$ 23,38 (vinte e três reais e trinta e oito centavos) e R$ 107,52 (cento e sete reais e cinquenta e dois centavos) por metro cúbico de álcool, no caso de venda realizada por produtor ou importador;

•• Inciso I acrescentado pela Lei n. 11.727, de 23-6-2008.

•• O Decreto n. 6.573, de 19-9-2008, reduz as alíquotas previstas neste inciso para R$ 8,57 (oito reais e cinquenta e sete centavos) e R$ 39,43 (trinta e nove reais e quarenta e três centavos) por metro cúbico de álcool, no caso de venda realizada por produtor ou importador.

II – R$ 58,45 (cinquenta e oito reais e quarenta e cinco centavos) e R$ 268,80 (duzentos e sessenta e oito reais e oitenta centavos) por metro cúbico de álcool, no caso de venda realizada por distribuidor.

•• Inciso II acrescentado pela Lei n. 11.727, de 23-6-2008.

•• *Vide* art. 8.º da Lei n. 11.727, de 23-6-2008.

•• O Decreto n. 6.573, de 19-9-2008, reduz as alíquotas previstas neste inciso para R$ 21,43 (vinte e um reais e quarenta e três centavos) e R$ 98,57 (noventa e oito reais e cinquenta e sete centavos) por metro cúbico de álcool, no caso de venda realizada por distribuidor.

§ 4.º-A. Na hipótese de venda efetuada diretamente do produtor ou do importador para as pessoas jurídicas de que tratam os incisos II e III do *caput* do art. 68-B da Lei n. 9.478, de 6 de agosto de 1997, a alíquota aplicável, conforme o caso, será aquela resultante do somatório das alíquotas previstas:

•• § 4.º-A, *caput*, acrescentado pela Lei n. 14.292, de 3-1-2022.

I – nos incisos I e II do *caput* deste artigo; ou

•• Inciso I acrescentado pela Lei n. 14.292, de 3-1-2022.

II – nos incisos I e II do § 4.º, observado o disposto no § 8.º deste artigo.

•• Inciso II acrescentado pela Lei n. 14.292, de 3-1-2022.

§ 4.º-B. As alíquotas de que trata o § 4.º-A deste artigo aplicam-se, também, nas seguintes hipóteses:

•• § 4.º-B, *caput*, acrescentado pela Lei n. 14.292, de 3-1-2022.

I – de o importador exercer também a função de distribuidor;

•• Inciso I acrescentado pela Lei n. 14.292, de 3-1-2022.

II – de as vendas serem efetuadas pelas pessoas jurídicas de que trata o inciso II ou III do *caput* do art. 68-B da Lei n. 9.478, de 6 de agosto de 1997, quando elas efetuarem a importação; e

•• Inciso II acrescentado pela Lei n. 14.292, de 3-1-2022.

III – de as vendas serem efetuadas pelas demais pessoas jurídicas não enquadradas como produtor, importador, distribuidor ou varejista.

•• Inciso III acrescentado pela Lei n. 14.292, de 3-1-2022.

§ 4.º-C. Na hipótese de venda de gasolina pelo distribuidor, em relação ao percentual de álcool anidro a ela adicionado, a incidência da Contribuição para o PIS/Pasep e da Cofins ocorrerá, conforme o caso, pela aplicação das alíquotas previstas:

•• § 4.º-C, *caput*, acrescentado pela Lei n. 14.292, de 3-1-2022.

I – no inciso I do *caput* deste artigo; ou

•• Inciso I acrescentado pela Lei n. 14.292, de 3-1-2022.

II – no inciso I do § 4°, observado o disposto no § 8.° deste artigo.

•• Inciso II acrescentado pela Lei n. 14.292, de 3-1-2022.

§ 5.º A opção prevista no § 4.º deste artigo será exercida, segundo normas e condições estabelecidas pela Secretaria da Receita Federal do Brasil, até o último dia útil do mês de novembro de cada ano-calendário, produzindo efeitos, de forma irretratável, durante todo o ano-calendário subsequente ao da opção.

•• § 5.º acrescentado pela Lei n. 11.727, de 23-6-2008.

§ 6.º No caso da opção efetuada nos termos dos §§ 4.º e 5.º deste artigo, a Secretaria da Receita Federal do Brasil divulgará o nome da pessoa jurídica optante e a data de início da opção.

•• § 6.º acrescentado pela Lei n. 11.727, de 23-6-2008.

§ 7.º A opção a que se refere este artigo será automaticamente prorrogada para o ano-calendário seguinte, salvo se a pessoa jurídica dela desistir, nos termos e condições estabelecidos pela Secretaria da Receita Federal do Brasil, até o último dia útil do mês de novembro do ano-calendário, hipótese em que a produção de efeitos se dará a partir do dia 1.º de janeiro do ano-calendário subsequente.

•• § 7.º acrescentado pela Lei n. 11.727, de 23-6-2008.

§ 8.º Fica o Poder Executivo autorizado a fixar coeficientes para redução das alíquotas previstas no *caput* e no § 4.° deste artigo, as quais poderão ser alteradas, para mais ou para menos, em relação a classe de produtores, produtos ou sua utilização.

•• § 8.º acrescentado pela Lei n. 11.727, de 23-6-2008.

•• O Decreto n. 6.573, de 19-9-2008, fixa em 0,6333 o coeficiente de redução das alíquotas da Contribuição para o PIS/PASEP e da COFINS, de que trata este parágrafo.

•• O STF julgou parcialmente procedente a ADI n. 5.277, na sessão virtual de 10-12-2020 (*DOU* de 1-2-2021), para conferir interpretação conforme à Constituição Federal a esse § 8.º, estabelecendo que as normas editadas pelo Poder Executivo com base nesse parágrafo devem observar a anterioridade nonagesimal prevista no art. 150, III, c, do texto constitucional.

§ 9.º Na hipótese do § 8.º deste artigo, os coeficientes estabelecidos para o produtor e o importador poderão ser diferentes daqueles estabelecidos para o distribuidor.

•• § 9.º acrescentado pela Lei n. 11.727, de 23-6-2008.

•• O STF julgou parcialmente procedente a ADI n. 5.277, na sessão virtual de 10-12-2020 (*DOU* de 1-2-2021), para conferir interpretação conforme à Constituição Federal a esse § 9.º, estabelecendo que as normas editadas pelo Poder Executivo com base nesse parágrafo devem observar a anterioridade nonagesimal prevista no art. 150, III, c, do texto constitucional.

§ 10. A aplicação dos coeficientes de que tratam os §§ 8.º e 9.º deste artigo não poderá resultar em alíquotas da Contribuição para o PIS/Pasep e da Cofins superiores a, respectivamente, 1,65% (um inteiro e sessenta e cinco centésimos por cento) e 7,6% (sete inteiros e seis décimos por cento) do preço médio de venda no varejo.

•• § 10 acrescentado pela Lei n. 11.727, de 23-6-2008.

§ 11. O preço médio a que se refere o § 10 deste artigo será determinado a partir de dados colhidos por instituição idônea, de forma ponderada com base nos volumes de álcool comercializados nos Estados e no Distrito Federal nos 12 (doze) meses anteriores ao da fixação dos coeficientes de que tratam os §§ 8.º e 9.º deste artigo.

•• § 11 acrescentado pela Lei n. 11.727, de 23-6-2008.

§ 12. No ano-calendário em que a pessoa jurídica iniciar atividades de produção, importação ou distribuição de álcool, a opção pelo regime especial poderá ser exercida em qualquer data, produzindo efeitos a partir do primeiro dia do mês em que for exercida.

•• § 12 acrescentado pela Lei n. 11.727, de 23-6-2008.

§ 13. O produtor e o importador de álcool, inclusive para fins carburantes, sujeitos ao regime de apuração não cumulativa da Contribuição para o PIS/Pasep e da Cofins, pode descontar créditos relativos à aquisição do produto para revenda de outro produtor ou de outro importador.

•• § 13 com redação determinada pela Lei n. 12.859, de 10-9-2013.

§ 13-A. O distribuidor sujeito ao regime de apuração não cumulativa da Contribuição para o PIS/Pasep e da Cofins poderá descontar créditos relativos à aquisição, no mercado interno, de álcool anidro para adição à gasolina.

•• § 13-A acrescentado pela Lei n. 14.292, de 3-1-2022.

§ 14. Os créditos de que trata o § 13 deste artigo correspondem aos valores da Contribuição para o PIS/Pasep e da Cofins devidos pelo vendedor em decorrência da operação.

•• § 14 acrescentado pela Lei n. 11.727, de 23-6-2008.

§ 14-A. Os créditos de que trata o § 13-A deste artigo correspondem aos valores da Contribuição para o PIS/Pasep e da Cofins que incidiram sobre a operação de aquisição.

•• § 14-A acrescentado pela Lei n. 14.292, de 3-1-2022.

§ 15. (*Revogado pela Lei n. 14.292, de 3-1-2022*).

§ 16. Observado o disposto nos §§ 14 e 14-A deste artigo, não se aplica às aquisições de que tratam os §§ 13 e 13-A deste artigo o disposto na alínea "b" do inciso I do *caput* do art. 3.º da Lei nº 10.637, de 30 de dezembro de 2002, e na alínea "b" do inciso I do *caput* do art. 3.º da Lei nº 10.833, de 29 de dezembro de 2003.

•• § 16 com redação determinada pela Lei n. 14.292, de 3-1-2022.

§ 17. Na hipótese de o produtor ou importador efetuar a venda de álcool, inclusive para fins carburantes, para pessoa jurídica com a qual mantenha relação de interdependência, o valor tributável não poderá ser inferior a 32,43% (trinta e dois inteiros e quarenta e três centésimos por cento) do preço corrente de venda desse produto aos consumidores na praça desse produtor ou importador.

•• § 17 acrescentado pela Lei n. 11.727, de 23-6-2008.

•• A Lei n. 12.350, de 20-12-2010, propôs a revogação deste parágrafo, mas teve seu texto vetado.

§ 18. Para os efeitos do § 17 deste artigo, na verificação da existência de interdependência entre 2 (duas) pessoas jurídicas, aplicar-se-ão as disposições do art. 42 da Lei n. 4.502, de 30 de novembro de 1964.

•• § 18 acrescentado pela Lei n. 11.727, de 23-6-2008.

•• A Lei n. 12.350, de 20-12-2010, propôs a revogação deste parágrafo, mas teve seu texto vetado.

§ 19. (*Revogado pela Lei n. 14.292, de 3-1-2022*).

§ 20. A cooperativa de produção ou comercialização de etanol e a pessoa jurídica comercializadora de etanol controlada por produtores de etanol ou interligada a produtores de etanol, diretamente ou por intermédio de cooperativas de produtores, ficam sujeitas às disposições da legislação da Contribuição para o PIS/Pasep e da Cofins aplicáveis à pessoa jurídica produtora, observadas as disposições dos arts. 15 e 16 da Medida Provisória nº 2.158-35, de 24 de agosto de 2001.

•• § 20 acrescentado pela Lei n. 14.292, de 3-1-2022.

§ 21. Na hipótese de venda de álcool pelas cooperativas de que trata o § 20, inclusive para a pessoa jurídica comercializadora de etanol nele referida, não se aplicam as disposições dos art. 15 e art. 16 da Medida Provisória nº 2.158-35, de 24 de agosto de 2001.

•• § 21 acrescentado pela Medida Provisória n. 1.069, de 13-9-2021.

§ 22. Na hipótese de que trata o § 21, os valores dos repasses recebidos pelos associados, decorrentes da comercialização do álcool por eles entregue a essas cooperativas, devem ser excluídos de sua base de cálculo da contribuição para o PIS/Pasep e da Cofins.

•• § 22 acrescentado pela Medida Provisória n. 1.069, de 13-9-2021.

Art. 6.º O disposto no art. 4.º desta Lei aplica-se, também, aos demais produtores e importadores dos produtos ali referidos.

•• *Caput* com redação determinada pela Lei n. 9.990, de 21-7-2000.

Parágrafo único. (*Revogado pela Lei n. 11.727, de 23-6-2008.*)

Art. 7.º No caso de construção por empreitada ou de fornecimento a preço predeterminado de bens ou serviços, contratados por pessoa jurídica de direito público, empresa pública, sociedade de economia mista ou suas subsidiárias, o pagamento das contribuições de que trata o art. 2.º desta Lei poderá ser diferido, pelo contratado, até a data do recebimento do preço.

• *Vide* art. 7.º da Lei n. 10.833, de 29-12-2003.

Parágrafo único. A utilização do tratamento tributário previsto no *caput* deste artigo é facultada ao subempreiteiro ou subcontratado, na hipótese de subcontratação parcial ou total da empreitada ou do fornecimento.

Art. 8.º Fica elevada para 3% (três por cento) a alíquota da COFINS.

§§ 1.º a 4.º (*Revogados pela Medida Provisória n. 2.158-35, de 24-8-2001.*)

Art. 8.º-A. Fica elevada para 4% (quatro por cento) a alíquota da Contribuição para o Financiamento da Seguridade Social – COFINS devida pelas pessoas jurídicas referidas no § 9.º do art. 3.º desta Lei, observada a norma de interpretação do § 9.º-A, produzindo efeitos a partir do 1.º (primeiro) dia do 4.º (quarto) mês subsequente ao da publicação da lei decorrente da conversão da Medida Provisória n. 619, de 6 de junho de 2013, exclusivamente quanto à alíquota.

•• Artigo acrescentado pela Lei n. 12.873, de 24-10-2013.

Art. 8.º-B. A Cofins incidente sobre as receitas decorrentes da alienação de participações societárias deve ser apurada mediante a aplicação da alíquota de quatro por cento.

•• Artigo acrescentado pela Lei n. 13.043, de 13-11-2014.

Capítulo II
DO IMPOSTO SOBRE A RENDA

Art. 9.º As variações monetárias dos direitos de crédito e das obrigações do contribuinte, em função da taxa de câmbio ou de índices ou coeficientes aplicáveis por disposição legal ou contratual serão consideradas, para efeitos da legislação do imposto de renda, da contribuição social sobre o lucro líquido, da contribuição PIS/PASEP e da COFINS, como receitas ou despesas financeiras, conforme o caso.

Art. 10. Os dispositivos abaixo enumerados da Lei n. 9.532, de 10 de dezembro de 1997, passam a vigorar com a seguinte redação:

•• Alterações já processadas no diploma modificado.

Art. 11. Sem prejuízo do disposto nos incisos III e IV do art. 7.º da Lei n. 9.532, de 1997, a pessoa jurídica sucessora poderá classificar, no patrimônio líquido, alternativamente ao disposto no § 2.º do mencionado artigo, a conta que registrar o ágio ou deságio nele mencionado.

Parágrafo único. O disposto neste artigo aplica-se aos fatos geradores ocorridos a partir de 1.º de janeiro de 1998.

Art. 12. Sem prejuízo das normas de tributação aplicáveis aos não residentes no País, sujeitar-se-á à tributação pelo imposto de renda, como residente, a pessoa física que ingressar no Brasil:

I – com visto temporário:

a) para trabalhar com vínculo empregatício, em relação aos fatos geradores ocorridos a partir da data de sua chegada;

b) por qualquer outro motivo, e permanecer por período superior a 183 (cento e oitenta e três) dias, consecutivos ou não, contado, dentro de um intervalo de 12 (doze) meses, da data de qualquer chegada, em relação aos fatos geradores ocorridos a partir do dia subsequente àquele em que se completar referido período de permanência;

II – com visto permanente, em relação aos fatos geradores ocorridos a partir de sua chegada.

Parágrafo único. A Secretaria da Receita Federal expedirá normas quanto às obrigações acessórias decorrentes da aplicação do disposto neste artigo.

•• A Secretaria da Receita Federal passa a denominar-se Secretaria da Receita Federal do Brasil, por força da Lei n. 11.457, de 16-3-2007.

Art. 13. A pessoa jurídica cuja receita bruta total no ano-calendário anterior tenha sido igual ou inferior a R$ 78.000.000,00 (setenta e oito milhões de reais) ou a R$ 6.500.000,00 (seis milhões e quinhentos mil reais) multiplicado pelo número de meses de atividade do ano-calendário anterior, quando inferior a 12 (doze) meses, poderá optar pelo regime de tributação com base no lucro presumido.

•• *Caput* com redação determinada pela Lei n. 12.814, de 16-5-2013.

§ 1.º A opção pela tributação com base no lucro presumido será definitiva em relação a todo o ano-calendário.

§ 2.º Relativamente aos limites estabelecidos neste artigo, a receita bruta auferida no ano anterior será considerada segundo o regime de competência ou de caixa, observado o critério adotado pela pessoa jurídica, caso tenha, naquele ano, optado pela tributação com base no lucro presumido.

• A Instrução Normativa n. 345, de 28-7-2003, da Secretaria da Receita Federal, dispõe sobre o tratamento tributário aplicável na hipótese de mudança do regime de reconhecimento das receitas em função do recebimento para o regime de competência.

Art. 14. Estão obrigadas à apuração do lucro real as pessoas jurídicas:

I – cuja receita total no ano-calendário anterior seja superior ao limite de R$ 78.000.000,00 (setenta e oito milhões de reais) ou proporcional ao número de meses do período, quando inferior a 12 (doze) meses;

•• Inciso I com redação determinada pela Lei n. 12.814, de 16-5-2013.

• *Vide* art. 4.º da Lei n. 9.964, de 10-4-2000.

II – cujas atividades sejam de bancos comerciais, bancos de investimentos, bancos de desenvolvimento, caixas econômicas, sociedades de crédito, financiamento e investimento, sociedades de crédito imobiliário, sociedades corretoras de títulos, valores mobiliários e câmbio, distribuidoras de títulos e valores mobiliários, empresas de arrendamento mercantil, cooperativas de crédito, empresas de seguros privados e de capitalização e entidades de previdência privada aberta;

III – que tiverem lucros, rendimentos ou ganhos de capital oriundos do exterior;

• *Vide* art. 4.º da Lei n. 9.964, de 10-4-2000.

• O Ato Declaratório Interpretativo n. 5, de 31-10-2001, da Secretaria da Receita Federal, dispõe que a hipótese de tributação com base no lucro real, prevista neste inciso, não se aplica à pessoa jurídica que auferir receita da exportação de mercadorias e da prestação direta de serviços no exterior.

IV – que, autorizadas pela legislação tributária, usufruam de benefícios fiscais relativos à isenção ou redução do imposto;

• *Vide* art. 4.º da Lei n. 9.964, de 10-4-2000.

V – que, no decorrer do ano-calendário, tenham efetuado pagamento mensal pelo regime de estimativa, na forma do art. 2.º da Lei n. 9.430, de 1996;

• *Vide* art. 4.º da Lei n. 9.964, de 10-4-2000.

VI – que explorem as atividades de prestação cumulativa e contínua de serviços de assessoria creditícia, mercadológica, gestão de crédito, seleção e riscos, administração de contas a pagar e a receber, compras de direitos creditórios resultantes de vendas mercantis a prazo ou de prestação de serviços (*factoring*);

VII – que explorem as atividades de securitização de créditos imobiliários, financeiros e do agronegócio.

•• Inciso VII acrescentado pela Lei n. 12.249, de 11-6-2010.

Capítulo III
DO IMPOSTO SOBRE OPERAÇÕES DE CRÉDITO, CÂMBIO E SEGURO, OU RELATIVAS A TÍTULOS OU VALORES MOBILIÁRIOS

• Regulamento: Decreto n. 6.306, de 14-12-2007.

Art. 15. A alíquota do Imposto sobre Operações de Crédito, Câmbio e Seguro, ou relativas a Títulos ou Valores Mobiliários - IOF nas operações de seguro será de 25% (vinte e cinco por cento).

•• *Vide* art. 22 do Decreto n. 6.306, de 14-12-2007.

Capítulo IV
DAS DISPOSIÇÕES GERAIS E FINAIS

Art. 16. A pessoa jurídica que, obrigada a apresentar, à Secretaria da Receita Federal, declaração de informações, deixar de fazê-lo ou fizer após o prazo fixado para sua apresentação, sujeitar-se-á à multa de 1% (um por cento) ao mês ou fração, incidente sobre o imposto de renda devido, ainda que integralmente pago, relativo ao ano-calendário a que corresponderem as respectivas informações.

•• A Secretaria da Receita Federal passa a denominar-se Secretaria da Receita Federal do Brasil, por força da Lei n. 11.457, de 16-3-2007.

Parágrafo único. Ao disposto neste artigo aplicam-se as normas constantes dos §§ 1.º a 3.º do art. 88 da Lei n. 8.981, de 20 de janeiro de 1995, e do art. 27 da Lei n. 9.532, de 1997.

Art. 17. Esta Lei entra em vigor na data de sua publicação, produzindo efeitos:

I – em relação aos arts. 2.º a 8.º, para os fatos geradores ocorridos a partir de 1.º de fevereiro de 1999;

II – em relação aos arts. 9.º e 12 a 15, a partir de 1.º de janeiro de 1999.

Art. 18. Ficam revogados, a partir de 1.º de janeiro de 1999:

I – o § 2.º do art. 1.º do Decreto-lei n. 1.330, de 13 de maio de 1974;

II – o § 2.º do art. 4.º do Decreto-lei n. 1.506, de 23 de dezembro de 1976;

III – o art. 36 e o inciso VI do art. 47 da Lei n. 8.981, de 1995;

IV – o § 4.º do art. 15 da Lei n. 9.532, de 1997.

Brasília, 27 de novembro de 1998; 177.º da Independência e 110.º da República.

FERNANDO HENRIQUE CARDOSO

LEI N. 9.766, DE 18 DE DEZEMBRO DE 1998 (*)

Altera a legislação que rege o Salário-Educação, e dá outras providências.

O Presidente da República

Faço saber que o Congresso Nacional decreta e eu sanciono a seguinte Lei:

Art. 1.º A contribuição social do Salário-Educação, a que se refere o art. 15 da Lei n. 9.424, de 24 de dezembro de 1996, obedecerá aos mesmos prazos e condições, e sujeitar-se-á às mesmas sanções administrativas ou penais e outras normas relativas às contribuições sociais e demais importâncias devidas à Seguridade Social, ressalvada a competência do Fundo Nacional de Desenvolvimento da Educação - FNDE, sobre a matéria.

§ 1.º Estão isentas do recolhimento da contribuição social do Salário-Educação:

I – a União, os Estados, o Distrito Federal e os Municípios, bem como suas respectivas autarquias e fundações;

II – as instituições públicas de ensino de qualquer grau;

III – as escolas comunitárias, confessionais ou filantrópicas, devidamente registradas e reconhecidas pelo competente órgão de educação, que atendam ao disposto no inciso II do art. 55 da Lei n. 8.212, de 24 de julho de 1991;

IV – as organizações de fins culturais que, para este fim, vierem a ser definidas em regulamento;

V – as organizações hospitalares e de assistência social, desde que atendam, cumulativamente, aos requisitos estabelecidos nos incisos I a V do art. 55 da Lei n. 8.212, de 1991.

§ 2.º Integram a receita do Salário-Educação os acréscimos legais a que estão sujeitos os contribuintes em atraso.

§ 3.º Entende-se por empresa, para fins de incidência da contribuição social do Salário-Educação, qualquer firma individual ou sociedade que assume o risco de atividade econômica, urbana ou rural, com fins lucrativos ou não, bem como as empresas e demais entidades públicas ou privadas, vinculadas à Seguridade Social.

Art. 2.º A Quota Estadual e Municipal do Salário-Educação, de que trata o § 1.º e seu inciso II do art. 15 da Lei n. 9.424, de 24 de dezembro de 1996, será integralmente redistribuída entre o Estado e seus Municípios de forma proporcional ao número de alunos matriculados no ensino fundamental nas respectivas redes de ensino, conforme apurado pelo censo educacional realizado pelo Ministério da Educação.

•• *Caput* com redação determinada pela Lei n. 10.832, de 29-12-2003.

Parágrafo único. As contas específicas dos Estados, do Distrito Federal e dos Municípios destinadas à movimentação das Quotas do Salário-Educação serão abertas pelo FNDE e mantidas, a critério do respectivo ente federado, em instituição financeira oficial.

•• Parágrafo único acrescentado pela Lei n. 13.530, de 7-12-2017.

Art. 3.º O Salário-Educação não tem caráter remuneratório na relação de emprego e não se vincula, para nenhum efeito, ao salário ou à remuneração percebida pelos empregados das empresas contribuintes.

Art. 4.º A contribuição do Salário-Educação será recolhida ao Instituto Nacional do Seguro Social - INSS ou ao FNDE.

• A Resolução n. 1, de 19-2-2003, da Secretaria Executiva do Fundo Nacional de Desenvolvimento da Educação - FNDE, dispõe sobre a inclusão da Secretaria do Tesouro Nacional - STN na rede arrecadadora de contribuições do Salário-Educação administradas pelo Fundo Nacional de Desenvolvimento da Educação - FNDE.

Parágrafo único. O INSS reterá, do montante por ele arrecadado, a importância equivalente a 1% (um por cento), a título de taxa de administração, creditando o restante no Banco do Brasil S.A., em favor do FNDE, para os fins previstos no art. 15, § 1.º, da Lei n. 9.424, de 1996.

Art. 5.º A fiscalização da arrecadação do Salário-Educação será realizada pelo INSS, ressalvada a competência do FNDE sobre a matéria.

Parágrafo único. Para efeito da fiscalização prevista neste artigo, seja por parte do INSS, seja por parte do FNDE, não se aplicam as disposições legais excludentes ou

(*) Publicada no *DOU*, de 19-12-1998. Regulamentada pelo Decreto n. 6.003, de 28-12-2006.

limitativas do direito de examinar livros, arquivos, documentos, papéis e efeitos comerciais ou fiscais, dos comerciantes, empresários, industriais ou produtores, ou da obrigação destes de exibi-los.

Art. 6.º As disponibilidades financeiras dos recursos gerenciados pelo FNDE, inclusive os arrecadados à conta do Salário-Educação, poderão ser aplicadas por intermédio de instituição financeira pública federal, na forma que vier a ser estabelecida pelo seu Conselho Deliberativo.

Art. 7.º O Ministério da Educação e do Desporto fiscalizará, por intermédio do FNDE, a aplicação dos recursos provenientes do Salário-Educação, na forma do regulamento e das instruções que para este fim forem baixadas por aquela autarquia, vedada sua destinação ao pagamento de pessoal.

Art. 8.º Os recursos do Salário-Educação podem ser aplicados na educação especial, desde que vinculada ao ensino fundamental público.

Art. 9.º O Poder Executivo regulamentará esta Lei no prazo de 60 (sessenta) dias da data de sua publicação.

Art. 10. Ficam convalidados os atos praticados com base na Medida Provisória n. 1.607-24, de 19 de novembro de 1998.

Art. 11. Esta Lei entra em vigor na data de sua publicação.

Art. 12. Revoga-se a Lei n. 8.150, de 28 de dezembro de 1990.

Brasília, 18 de dezembro de 1998; 177.º da Independência e 110.º da República.

FERNANDO HENRIQUE CARDOSO

LEI N. 9.779, DE 19 DE JANEIRO DE 1999 (*)

Altera a legislação do Imposto sobre a Renda, relativamente à tributação dos Fundos de Investimento Imobiliário e dos rendimentos auferidos em aplicação ou operação financeira de renda fixa ou variável, ao Sistema Integrado de Pagamento de Impostos e Contribuições das Microempresas e das Empresas de Pequeno Porte - SIMPLES, à incidência sobre rendimentos de beneficiários no exterior, bem assim a legislação do Imposto sobre Produtos Industrializados - IPI, relativamente ao aproveitamento de créditos e à equiparação de atacadista a estabelecimento industrial, do Imposto sobre Operações de Crédito, Câmbio e Seguros ou relativas a Títulos e Valores Mobiliários - IOF, relativamente às operações de mútuo, e da Contribuição Social sobre o Lucro Líquido, relativamente às despesas financeiras, e dá outras providências.

Faço saber que o Presidente da República adotou a Medida Provisória n. 1.788, de 29 de dezembro de 1998, que o Congresso Nacional aprovou, e eu, Antonio Carlos Magalhães, Presidente, para os efeitos do disposto no parágrafo único do art. 62 da Constituição Federal, promulgo a seguinte Lei:

Art. 3.º Os lucros acumulados até 31 de dezembro de 1998 pelos Fundos de Investimento Imobiliário constituídos antes da publicação desta Lei, que forem distribuídos até 31 de janeiro de 1999, sujeitar-se-ão à incidência do imposto de renda na fonte à alíquota de 20% (vinte por cento).

Parágrafo único. Os lucros a que se refere este artigo, distribuídos após 31 de janeiro de 1999, sujeitar-se-ão à incidência do imposto de renda na fonte à alíquota de 25% (vinte e cinco por cento).

Art. 4.º Ressalvada a responsabilidade da fonte pagadora pela retenção do imposto sobre os rendimentos de que trata o art. 16-A da Lei n. 8.668, de 1993, com a redação dada por esta Lei, fica a instituição administradora do Fundo de Investimento Imobiliário responsável pelo cumprimento das demais obrigações tributárias, inclusive acessórias, do Fundo.

- Dispõe citado dispositivo:

  "Art. 16-A. Os rendimentos e ganhos líquidos auferidos pelos Fundos de Investimento Imobiliário, em aplicações financeiras de renda fixa ou de renda variável, sujeitam-se à incidência do imposto de renda na fonte, observadas as mesmas normas aplicáveis às pessoas jurídicas submetidas a esta forma de tributação. § 1.º Não estão sujeitas à incidência do imposto de renda na fonte prevista no *caput* as aplicações efetuadas pelos Fundos de Investimento Imobiliário nos ativos de que tratam os incisos II e III do art. 3.º da Lei n. 11.033, de 21 de dezembro de 2004. § 2.º O imposto de que trata o *caput* poderá ser compensado com o retido na fonte pelo Fundo de Investimento Imobiliário, por ocasião da distribuição de rendimentos e ganhos de capital. § 3.º A compensação de que trata o § 2.º será efetuada proporcionalmente à participação do cotista pessoa jurídica ou pessoa física não sujeita à isenção prevista no inciso III do art. 3.º da Lei n. 11.033, de 21 de dezembro de 2004. § 4.º A parcela do imposto não compensada relativa à pessoa física sujeita à isenção nos termos do inciso III do art. 3.º da Lei n. 11.033, de 21 de dezembro de 2004, será considerada exclusiva de fonte".

Art. 5.º Os rendimentos auferidos em qualquer aplicação ou operação financeira de renda fixa ou de renda variável sujeitam-se à incidência do imposto de renda na fonte, mesmo no caso das operações de cobertura (*hedge*), realizadas por meio de operações de *swap* e outras, nos mercados de derivativos.

•• *Vide* art. 1.º da Lei n. 11.033, de 21-12-2004, que determina

(*) Publicada no *DOU*, de 20-1-1999.

as alíquotas do imposto de renda incidentes sobre os rendimentos de que trata este artigo.

Parágrafo único. A retenção na fonte de que trata este artigo não se aplica no caso de beneficiário referido no inciso I do art. 77 da Lei n. 8.981, de 20 de janeiro de 1995, com redação dada pela Lei n. 9.065, de 20 de junho de 1995.

....

Art. 7.º Os rendimentos do trabalho, com ou sem vínculo empregatício, de aposentadoria, de pensão e os da prestação de serviços, pagos, creditados, entregues, empregados ou remetidos a residentes ou domiciliados no exterior, sujeitam-se à incidência do imposto de renda na fonte à alíquota de 25% (vinte e cinco por cento).

•• *Caput* com redação determinada pela Lei n. 13.315, de 20-7-2016.

• A Instrução Normativa n. 252, de 3-12-2002, da Secretaria da Receita Federal, dispõe sobre a incidência do imposto de renda na fonte sobre rendimentos pagos, creditados, empregados, entregues ou remetidos para pessoas jurídicas domiciliadas no exterior.

§ 1.º (*Vetado*.)

•• § 1.º acrescentado pela Lei n. 13.315, de 20-7-2016.

§ 2.º (*Vetado*.)

•• § 2.º acrescentado pela Lei n. 13.315, de 20-7-2016.

Art. 8.º Ressalvadas as hipóteses a que se referem os incisos V, VIII, IX, X e XI do art. 1.º da Lei n. 9.481, de 13 de agosto de 1997, os rendimentos decorrentes de qualquer operação, em que o beneficiário seja residente ou domiciliado em país que não tribute a renda ou que a tribute à alíquota máxima inferior a 20% (vinte por cento), a que se refere o art. 24 da Lei n. 9.430, de 27 de dezembro de 1996, sujeitam-se à incidência do imposto de renda na fonte à alíquota de 25% (vinte e cinco por cento).

• Citados dispositivos constam neste volume.

• *Vide* nota ao artigo anterior.

Art. 9.º Os juros e comissões correspondentes à parcela dos créditos de que trata o inciso XI do art. 1.º da Lei n. 9.481, de 1997, não aplicada no financiamento de exportações, sujeita-se à incidência do imposto de renda na fonte à alíquota de 25% (vinte e cinco por cento).

Parágrafo único. O imposto a que se refere este artigo será recolhido até o último dia útil do 1.º (primeiro) decêndio do mês subsequente ao de apuração dos referidos juros e comissões.

•• Parágrafo único com redação determinada pela Lei n. 11.488, de 15-6-2007.

Art. 10. O § 2.º do art. 23 da Lei n. 9.532, de 10 de dezembro de 1997, passa a vigorar com a seguinte redação:

•• Alteração já processada no texto do dispositivo citado.

Art. 11. O saldo credor do Imposto sobre Produtos Industrializados – IPI, acumulado em cada trimestre-calendário, decorrente de aquisição de matéria-prima, produto intermediário e material de embalagem, aplicados na industrialização, inclusive de produto isento ou tributado à alíquota zero, que o contribuinte não puder compensar com o IPI devido na saída de outros produtos, poderá ser utilizado de conformidade com o disposto nos arts. 73 e 74 da Lei n. 9.430, de 1996, observadas normas expedidas pela Secretaria da Receita Federal – SRF, do Ministério da Fazenda.

•• A Secretaria da Receita Federal passa a denominar-se Secretaria da Receita Federal do Brasil, por força da Lei n. 11.457, de 16-3-2007.

• O Ato Declaratório Interpretativo n. 5, de 17-4-2006, da Secretaria da Receita Federal, dispõe sobre a aplicação deste artigo.

....

Art. 13. As operações de crédito correspondentes a mútuo de recursos financeiros entre pessoas jurídicas ou entre pessoa jurídica e pessoa física sujeitam-se à incidência do IOF segundo as mesmas normas aplicáveis às operações de financiamento e empréstimos praticadas pelas instituições financeiras.

§ 1.º Considera-se ocorrido o fato gerador do IOF, na hipótese deste artigo, na data da concessão do crédito.

§ 2.º Responsável pela cobrança e recolhimento do IOF de que trata este artigo é a pessoa jurídica que conceder o crédito.

§ 3.º O imposto cobrado na hipótese deste artigo deverá ser recolhido até o terceiro dia útil da semana subsequente à da ocorrência do fato gerador.

•• Regulamenta a cobrança do IOF o Decreto n. 6.306, de 14-12-2007.

....

Art. 15. Serão efetuados, de forma centralizada, pelo estabelecimento matriz da pessoa jurídica:

I – o recolhimento do imposto de renda retido na fonte sobre quaisquer rendimentos;

II – a apuração do crédito presumido do Imposto sobre Produtos Industrializados – IPI de que trata a Lei n. 9.363, de 13 de dezembro de 1996;

• A Instrução Normativa n. 419, de 10-5-2004, da Secretaria da Receita Federal, dispõe sobre o cálculo, a utilização e a apresentação de informações do crédito presumido do IPI, de que trata este inciso.

III – a apuração e o pagamento das contribuições para o Programa de Integração Social e para o Programa de Formação do Patrimônio do Servidor Público – PIS/PASEP e para o Financiamento da Seguridade Social – COFINS;

• A Instrução Normativa n. 247, de 21-11-2002, da Secretaria da Receita Federal, dispõe sobre a contribuição para o PIS/PASEP e a COFINS, devidas pelas pessoas jurídicas de direito privado em geral.

IV – a apresentação das declarações de débitos e créditos de tributos e contribuições federais e as declarações de informações, observadas normas estabelecidas pela Secretaria da Receita Federal.

•• A Secretaria da Receita Federal passa a denominar-se Secretaria da Receita Federal do Brasil, por força da Lei n. 11.457, de 16-3-2007.

Art. 16. Compete à Secretaria da Receita Federal dispor sobre as obrigações acessórias relativas aos impostos e contribuições por ela administrados, estabelecendo, inclusive, forma, prazo e condições para o seu cumprimento e o respectivo responsável.

•• *Vide* nota ao art. 15, IV, desta Lei.

Art. 17. Fica concedido ao contribuinte ou responsável exonerado do pagamento de tributo ou contribuição por decisão judicial proferida, em qualquer grau de jurisdição, com fundamento em inconstitucionalidade de lei, que houver sido declarada constitucional pelo Supremo Tribunal Federal, em ação direta de constitucionalidade ou inconstitucionalidade, o prazo até o último dia útil do mês de janeiro de 1999 para o pagamento, isento de multa e juros de mora, da exação alcançada pela decisão declaratória, cujo fato gerador tenha ocorrido posteriormente à data de publicação do pertinente acórdão do Supremo Tribunal Federal.

•• A Medida Provisória n. 2.158-35, de 24-8-2001, prorrogou o prazo previsto neste artigo para o último dia útil do mês de fevereiro de 1999. Relativamente às contribuições arrecadadas pelo INSS, o prazo fica prorrogado para o último dia útil do mês de abril de 1999.

§ 1.º O disposto neste artigo estende-se:

I – aos casos em que a declaração de constitucionalidade tenha sido proferida pelo Supremo Tribunal Federal, em recurso extraordinário;

II – a contribuinte ou responsável favorecido por decisão judicial definitiva em matéria tributária, proferida sob qualquer fundamento, em qualquer grau de jurisdição;

III – aos processos judiciais ajuizados até 31 de dezembro de 1998, exceto os relativos à execução da Dívida Ativa da União.

•• § 1.º acrescentado pela Medida Provisória n. 2.158-35, de 24-8-2001.

§ 2.º O pagamento na forma do *caput* deste artigo aplica-se à exação relativa a fato gerador:

I – ocorrido a partir da data da publicação do primeiro Acórdão do Tribunal Pleno do Supremo Tribunal Federal, na hipótese do inciso I do § 1.º;

II – ocorrido a partir da data da publicação da decisão judicial, na hipótese do inciso II do § 1.º;

III – alcançado pelo pedido, na hipótese do inciso III do § 1.º.

•• § 2.º acrescentado pela Medida Provisória n. 2.158-35, de 24-8-2001.

§ 3.º O pagamento referido neste artigo:

I – importa em confissão irretratável da dívida;

II – constitui confissão extrajudicial, nos termos dos arts. 348, 353 e 354 do Código de Processo Civil;

III – poderá ser parcelado em até 6 (seis) parcelas iguais, mensais e sucessivas, vencendo-se a primeira no mesmo prazo estabelecido no *caput* para o pagamento integral e as demais no último dia útil dos meses subsequentes;

IV – relativamente aos tributos e contribuições administrados pela Secretaria da Receita Federal, poderá ser efetuado em quota única, até o último dia útil do mês de julho de 1999.

•• § 3.º acrescentado pela Medida Provisória n. 2.158-35, de 24-8-2001.

•• *Vide* nota ao art. 15, IV, desta Lei.

§ 4.º As prestações do parcelamento referido no inciso III do § 3.º serão acrescidas de juros equivalentes à taxa referencial do Sistema Especial de Liquidação e de Custódia - SELIC, para títulos federais, acumulada mensalmente, calculados a partir do mês de vencimento da primeira parcela até o mês anterior ao pagamento e de um por cento no mês do pagamento.

•• § 4.º acrescentado pela Medida Provisória n. 2.158-35, de 24-8-2001.

§ 5.º Na hipótese do inciso IV do § 3.º, os juros a que se refere o § 4.º serão calculados a partir do mês de fevereiro de 1999.

•• § 5.º acrescentado pela Medida Provisória n. 2.158-35, de 24-8-2001.

§ 6.º O pagamento nas condições deste artigo poderá ser parcial, referente apenas a determinado objeto da ação judicial, quando esta envolver mais de um objeto.

•• § 6.º acrescentado pela Medida Provisória n. 2.158-35, de 24-8-2001.

§ 7.º No caso de pagamento parcial, o disposto nos incisos I e II do § 3.º alcança exclusivamente os valores pagos.

•• § 7.º acrescentado pela Medida Provisória n. 2.158-35, de 24-8-2001.

§ 8.º Aplica-se o disposto neste artigo às contribuições arrecadadas pelo Instituto Nacional do Seguro Social - INSS.

•• § 8.º acrescentado pela Medida Provisória n. 2.158-35, de 24-8-2001.

Art. 18. O importador, antes de aplicada a pena de perdimento da mercadoria na hipótese a que se refere o inciso II do art. 23 do Decreto-lei n. 1.455, de 7 de abril de 1976, poderá iniciar o respectivo despacho aduaneiro, mediante o cumprimento das formalidades exigidas e o pagamento dos tributos incidentes na importação, acrescidos dos juros e da multa de que trata o art. 61 da Lei n. 9.430, de 1996, e das despesas decorrentes da permanência da mercadoria em recinto alfandegado.

•• O inciso II do art. 23 do Decreto-lei n. 1.455, de 7-4-1976, dispõe sobre mercadorias importadas consideradas abandonadas pelo decurso do prazo de permanência em recintos alfandegados.

Parágrafo único. Para efeito do disposto neste artigo, considera-se ocorrido o fato gerador, e devidos os tributos incidentes na importação, na data do vencimento do prazo de permanência da mercadoria no recinto alfandegado.

Art. 19. A pena de perdimento, aplicada na hipótese a que se refere o *caput* do art. 18, poderá ser convertida, a requerimento do importador, antes de ocorrida a destinação, em multa equivalente ao valor aduaneiro da mercadoria.

Parágrafo único. A entrega da mercadoria ao importador, em conformidade com o disposto neste artigo, fica condicionada à comprovação do pagamento da multa e ao atendimento das normas de controle administrativo.

Art. 20. A SRF expedirá os atos necessários à aplicação do disposto nos arts. 18 e 19.

Art. 21. Esta Lei entra em vigor na data de sua publicação.

Art. 22. Ficam revogados:

I – a partir da publicação desta Lei, o art. 19 da Lei n. 9.532, de 1997;

II – a partir de 1.º de janeiro de 1999:

a) o art. 13 da Lei n. 8.218, de 29 de agosto de 1991, com redação dada pela Lei n. 8.383, de 30 de dezembro de 1991;

b) o art. 42 da Lei n. 9.532, de 1997.

Congresso Nacional, em 19 de janeiro de 1999; 178.º da Independência e 111.º da República.

ANTONIO CARLOS MAGALHÃES

LEI N. 9.826, DE 23 DE AGOSTO DE 1999 (*)

Dispõe sobre incentivos fiscais para desenvolvimento regional, altera a legislação do Imposto sobre Produtos Industrializados – IPI, e dá outras providências.

Faço saber que o Presidente da República adotou a Medida Provisória n. 1.916, de 1999, que o Congresso Nacional aprovou, e eu, Antonio Carlos Magalhães, Presidente, para os efeitos do disposto no parágrafo único do art. 62 da Constituição Federal, promulgo a seguinte Lei:

Art. 1.º Os empreendimentos industriais instalados nas áreas de atuação da Superintendência do Desenvolvimento da Amazônia – SUDAM e Superintendência do Desenvolvimento do Nordeste – SUDENE farão jus a crédito presumido do Imposto sobre Produtos Industrializados – IPI, a ser deduzido na apuração deste imposto, incidente nas saídas de produtos classificados nas posições 8702 a 8704 da Tabela de Incidência do Imposto sobre Produtos Industrializados – TIPI, aprovada pelo Decreto n. 2.092, de 10 de dezembro de 1996.

•• Artigo regulamentado pelo Decreto n. 7.422, de 31-12-2010.

•• A Tabela de Incidência do Imposto sobre Produtos Industrializados – TIPI tem, hoje, seu texto aprovado pelo Decreto n. 7.660, de 23-12-2011.

• As Medidas Provisórias n. 2.156-5 e 2.157-5, de 24-8-2001, regulamentadas pelos Decretos n. 6.952, de 2-9-2009, e 4.254, de 31-5-2002, extinguem respectivamente a SUDENE e a SUDAM e criam a Agência de Desenvolvimento do Nordeste – ADENE e a Agência de Desenvolvimento da Amazônia – ADA.

§ 1.º O disposto neste artigo aplica-se, também, aos empreendimentos industriais instalados na região Centro-Oeste, exceto no Distrito Federal.

§ 2.º O crédito presumido corresponderá a 32% (trinta e dois por cento) do valor do IPI incidente nas saídas, do estabelecimento industrial, dos produtos referidos no *caput*, nacionais ou importados diretamente pelo beneficiário.

§ 3.º O crédito presumido poderá ser aproveitado em relação às saídas ocorridas até 31 de dezembro de 2025.

•• § 3.º com redação determinada pela Lei n. 14.076, de 28-10-2020.

§ 4.º O benefício de que trata este artigo fica condicionado à realização de investimentos em pesquisa, desenvolvimento e inovação tecnológica na região, inclusive na área de engenharia automotiva, correspondentes a, no mínimo, 10% (dez por cento) do valor do crédito presumido apurado.

•• § 4.º acrescentado pela Lei n. 12.218, de 30-3-2010.

§ 5.º A empresa perderá o benefício de que trata este artigo caso não comprove no Ministério da Ciência e Tecnologia a realização dos investimentos previstos no § 4.º, na forma estabelecida em regulamento.

•• § 5.º acrescentado pela Lei n. 12.218, de 30-3-2010.

•• A Lei n. 13.097, de 19-1-2015, propôs o acréscimo do art. 1.º-A a esta Lei, porém teve seu texto vetado.

Art. 2.º O crédito presumido referido no artigo anterior somente será usufruído pelos contribuintes cujos projetos hajam sido apresentados até 31 de outubro de 1999.

§ 1.º Os projetos serão apresentados ao Ministério do Desenvolvimento, Indústria e Comércio Exterior, para fins de avaliação, aprovação e acompanhamento.

§ 2.º Os Ministros de Estado da Fazenda e do Desenvolvimento, Indústria e Comércio Exterior fixarão, em ato conjunto, os requisitos para apresentação e aprovação dos projetos.

§ 3.º Inclui-se obrigatoriamente entre os requisitos a que se refere o parágrafo anterior a exigência de que a instalação de novo empreendimento industrial não implique transferência de empreendimento já instalado, para as regiões incentivadas.

§ 4.º Os projetos deverão ser implantados no prazo máximo de 42 (quarenta e dois) meses, contado da data de sua aprovação.

§ 5.º O direito ao crédito presumido dar-se-á a partir da data de aprovação do projeto, alcançando, inclusive, o período de apuração do IPI que contiver aquela data.

Art. 3.º O crédito presumido de que trata o art. 1.º não poderá ser usufruído cumulativamente com outros benefícios fiscais federais, exceto os de caráter regional relativos ao imposto de renda das pessoas jurídicas.

Parágrafo único. Para efeito de interpretação, o regime de tributação de que trata o art. 56 da Medida Provisória n. 2.158-35, de 24 de agosto de 2001, não impede nem prejudica a fruição dos benefícios e incentivos fiscais de que trata esta Lei.

•• Parágrafo único acrescentado pela Lei n. 12.407, de 19-5-2011.

Art. 4.º A utilização do crédito presumido em desacordo com as normas estabelecidas, bem assim o descumprimento do projeto implicará o pagamento do IPI com os correspondentes acréscimos legais.

(*) Publicada no *DOU*, de 24-8-1999.

Art. 5.º Os componentes, chassis, carroçarias, acessórios, partes e peças dos produtos autopropulsados classificados nas posições 84.29, 84.32, 84.33, 87.01 a 87.06 e 87.11, da TIPI, sairão com suspensão do IPI do estabelecimento industrial.

•• *Caput* com redação determinada pela Lei n. 10.485, de 3-7-2002.

• A Instrução Normativa n. 948, de 15-6-2009, da Secretaria da Receita Federal do Brasil, disciplina a suspensão do Imposto sobre Produtos Industrializados (IPI) de que trata este art. 5.º.

§ 1.º Os componentes, chassis, carroçarias, acessórios, partes e peças, referidos no *caput*, de origem estrangeira, serão desembaraçados com suspensão do IPI quando importados diretamente por estabelecimento industrial.

•• § 1.º com redação determinada pela Lei n. 10.485, de 3-7-2002.

§ 2.º A suspensão de que trata este artigo é condicionada a que o produto, inclusive importado, seja destinado a emprego, pelo estabelecimento industrial adquirente:

•• § 2.º, *caput*, com redação determinada pela Lei n. 10.485, de 3-7-2002.

I – na produção de componentes, chassis, carroçarias, acessórios, partes ou peças dos produtos autopropulsados;

•• Inciso I acrescentado pela Lei n. 10.485, de 3-7-2002.

II – na montagem dos produtos autopropulsados classificados nas posições 84.29, 84.32, 84.33, 87.01, 87.02, 87.03, 87.05, 87.06 e 87.11, e nos códigos 8704.10.00, 8704.2 e 8704.3, da TIPI.

•• Inciso II acrescentado pela Lei n. 10.485, de 3-7-2002.

§ 3.º A suspensão do imposto não impede a manutenção e a utilização dos créditos do IPI pelo respectivo estabelecimento industrial.

•• § 3.º com redação determinada pela Lei n. 10.485, de 3-7-2002.

§ 4.º Nas notas fiscais relativas às saídas referidas no *caput* deverá constar a expressão "Saída com suspensão do IPI" com a especificação do dispositivo legal correspondente, vedado o registro do imposto nas referidas notas.

•• § 4.º acrescentado pela Lei n. 10.485, de 3-7-2002.

§ 5.º Na hipótese de destinação dos produtos adquiridos ou importados com suspensão do IPI, distinta da prevista no § 2.º deste artigo, a saída dos mesmos do estabelecimento industrial adquirente ou importador dar-se-á com a incidência do imposto.

•• § 5.º acrescentado pela Lei n. 10.485, de 3-7-2002.

§ 6.º O disposto neste artigo aplica-se, também, ao estabelecimento equiparado a industrial, de que trata o § 5.º do art. 17 da Medida Provisória n. 2.189-49, de 23 de agosto de 2001.

•• § 6.º com redação determinada pela Lei n. 10.865, de 30-4-2004.

Art. 6.º A exportação de produtos nacionais sem que tenha ocorrido sua saída do território brasileiro somente será admitida, produzindo todos os efeitos fiscais e cambiais, quando o pagamento for efetivado em moeda nacional ou estrangeira de livre conversibilidade e a venda for realizada para:

•• *Caput* com redação determinada pela Lei n. 12.024, de 27-8-2009.

I – empresa sediada no exterior, para ser utilizada exclusivamente nas atividades de pesquisa ou lavra de jazidas de petróleo e de gás natural, conforme definidas na Lei n. 9.478, de 6 de agosto de 1997, ainda que a utilização se faça por terceiro sediado no País;

• Referida norma dispõe sobre a Política Energética Nacional, as Atividades Relativas ao Monopólio do Petróleo, institui o Conselho Nacional de Política Energética e a Agência Nacional do Petróleo, e dá outras providências.

II – empresa sediada no exterior, para ser totalmente incorporado a produto final exportado para o Brasil;

III – órgão ou entidade de governo estrangeiro ou organismo internacional de que o Brasil seja membro, para ser entregue, no País, à ordem do comprador.

Parágrafo único. As operações previstas neste artigo estarão sujeitas ao cumprimento de obrigações e formalidades de natureza administrativa e fiscal, conforme estabelecido pela Secretaria da Receita Federal.

•• A Secretaria da Receita Federal passa a denominar-se Secretaria da Receita Federal do Brasil, por força da Lei n. 11.457, de 16-3-2007.

Art. 7.º Aplicam-se a toda a área de atuação da Superintendência de Desenvolvimento do Nordeste - SUDENE os benefícios de programas de desenvolvimento econômico-social do Governo Federal destinados à região nordeste, na forma e nos termos do regulamento.

Art. 8.º Esta Lei entra em vigor na data de sua publicação.

Congresso Nacional, 23 de agosto de 1999; 178.º da Independência e 111.º da República.

Antonio Carlos Magalhães

LEI N. 9.873, DE 23 DE NOVEMBRO DE 1999 (*)

Estabelece prazo de prescrição para o exercício de ação punitiva pela Administração Pública Federal, direta e indireta, e dá outras providências.

Faço saber que o Presidente da República adotou a Medida Provisória n. 1.859-17, de 1999, que o Congresso Nacional aprovou, e eu, Antonio Carlos Magalhães, Presidente, para os efeitos do disposto no parágrafo único do art. 62 da Constituição Federal, promulgo a seguinte Lei:

Art. 1.º Prescreve em 5 (cinco) anos a ação punitiva da Administração Pública Federal, direta e indireta, no exercício do poder de polícia, objetivando apurar infração à legislação em vigor, contados da data da prática do ato ou, no caso de infração permanente ou continuada, do dia em que tiver cessado.

(*) Publicada no *DOU*, de 24-11-1999.

§ 1.º Incide a prescrição no procedimento administrativo paralisado por mais de 3 (três) anos, pendente de julgamento ou despacho, cujos autos serão arquivados de ofício ou mediante requerimento da parte interessada, sem prejuízo da apuração da responsabilidade funcional decorrente da paralisação, se for o caso.

§ 2.º Quando o fato objeto da ação punitiva da Administração também constituir crime, a prescrição reger-se-á pelo prazo previsto na lei penal.

Art. 1.º-A. Constituído definitivamente o crédito não tributário, após o término regular do processo administrativo, prescreve em 5 (cinco) anos a ação de execução da administração pública federal relativa a crédito decorrente da aplicação de multa por infração à legislação em vigor.

•• Artigo acrescentado pela Lei n. 11.941, de 27-5-2009.

•• *Vide* Súmula 467 do STJ.

Art. 2.º Interrompe-se a prescrição da ação punitiva:

•• *Caput* com redação determinada pela Lei n. 11.941, de 27-5-2009.

I – pela notificação ou citação do indiciado ou acusado, inclusive por meio de edital;

•• Inciso I com redação determinada pela Lei n. 11.941, de 27-5-2009.

II – por qualquer ato inequívoco, que importe apuração do fato;

III – pela decisão condenatória recorrível;

IV – por qualquer ato inequívoco que importe em manifestação expressa de tentativa de solução conciliatória no âmbito interno da administração pública federal.

•• Inciso IV acrescentado pela Lei n. 11.941, de 27-5-2009.

Art. 2.º-A. Interrompe-se o prazo prescricional da ação executória:

•• *Caput* acrescentado pela Lei n. 11.941, de 27-5-2009.

I – pelo despacho do juiz que ordenar a citação em execução fiscal;

•• Inciso I acrescentado pela Lei n. 11.941, de 27-5-2009.

II – pelo protesto judicial;

•• Inciso II acrescentado pela Lei n. 11.941, de 27-5-2009.

III – por qualquer ato judicial que constitua em mora o devedor;

•• Inciso III acrescentado pela Lei n. 11.941, de 27-5-2009.

IV – por qualquer ato inequívoco, ainda que extrajudicial, que importe em reconhecimento do débito pelo devedor;

•• Inciso IV acrescentado pela Lei n. 11.941, de 27-5-2009.

V – por qualquer ato inequívoco que importe em manifestação expressa de tentativa de solução conciliatória no âmbito interno da administração pública federal.

•• Inciso V acrescentado pela Lei n. 11.941, de 27-5-2009.

Art. 3.º Suspende-se a prescrição durante a vigência:

I – dos compromissos de cessação ou de desempenho, respectivamente, previstos nos arts. 53 e 58 da Lei n. 8.884, de 11 de junho de 1994;

II – (Revogado pela Lei n. 13.506, de 13-11-2017);

Art. 4.º Ressalvadas as hipóteses de interrupção previstas no art. 2.º, para as infrações ocorridas há mais de 3 (três) anos, contados do dia 1.º de julho de 1998, a prescrição operará em 2 (dois) anos, a partir dessa data.

•• *Vide* Súmula 467 do STJ.

Art. 5.º O disposto nesta Lei não se aplica às infrações de natureza funcional e aos processos e procedimentos de natureza tributária.

Art. 6.º Ficam convalidados os atos praticados com base na Medida Provisória n. 1.859-16, de 24 de setembro de 1999.

Art. 7.º Esta Lei entra em vigor na data de sua publicação.

Art. 8.º Ficam revogados o art. 33 da Lei n. 6.385, de 1976, com a redação dada pela Lei n. 9.457, de 1997, o art. 28 da Lei n. 8.884, de 1994, e demais disposições em contrário, ainda que constantes de lei especial.

Congresso Nacional, em 23 de novembro de 1999; 178.º da Independência e 111.º da República.

ANTONIO CARLOS MAGALHÃES

LEI N. 9.959, DE 27 DE JANEIRO DE 2000 (*)

Altera a legislação tributária federal e dá outras providências.

Faço saber que o Presidente da República adotou a Medida Provisória n. 2.013-4, de 1999, que o Congresso Nacional aprovou, e eu, Heráclito Fortes, Primeiro Vice-Presidente da Mesa do Congresso Nacional, no exercício da Presidência, para os efeitos do disposto no parágrafo único do art. 62 da Constituição Federal, promulgo a seguinte Lei:

Art. 1.º Relativamente aos fatos geradores ocorridos a partir de 1.º de janeiro de 2000, a alíquota do imposto de renda na fonte incidente sobre os rendimentos auferidos no País, por residentes e domiciliados no exterior, nas hipóteses previstas nos incisos III e V a IX do art. 1.º da Lei n. 9.481, de 13 de agosto de 1997, com a redação dada pelo art. 20 da Lei n. 9.532, de 10 de dezembro de 1997, será de 15% (quinze por cento), observado, em relação aos incisos VI e VII, o disposto no art. 8.º da Lei n. 9.779, de 19 de janeiro de 1999.

•• A Lei n. 10.560, de 13-11-2002, dispondo sobre o tratamento tributário dispensado às empresas de transporte aéreo, estabelece em seu art. 1.º: "Fica suspensa, em relação aos fatos geradores ocorridos até 31-12-2003, a aplicação da alíquota do imposto de renda na fonte de que trata o art. 1.º da Lei n. 9.959, de 27 de janeiro de 2000, incidente nas operações de que trata o inciso V do art. 1.º da Lei n. 9.481, de 13-8-1997, na hipótese de pagamentos de contraprestação de arrendamento mercantil de bens de capital arrendados por empresa de transporte aéreo de cargas ou de passageiros. Parágrafo

(*) Publicada no *DOU*, de 28-1-2000.

único. O disposto neste artigo aplica-se independentemente da data de celebração do contrato de arrendamento".

• A Instrução Normativa n. 252, de 3-12-2002, da Secretaria da Receita Federal, dispõe sobre a incidência do imposto de renda na fonte sobre rendimentos pagos, creditados, empregados, entregues ou remetidos para pessoas jurídicas domiciliadas no exterior.

§ 1.º Aos contratos em vigor em 31 de dezembro de 1999, relativos às operações mencionadas neste artigo, fica garantido o tratamento tributário a eles aplicável nessa data.

§ 2.º Relativamente a qualquer das hipóteses referidas no *caput*, a alíquota de 15% (quinze por cento) poderá ser reduzida, por prazo certo, pelo Poder Executivo, alcançando, exclusivamente, os contratos celebrados durante o período em que vigorar a redução.

Art. 2.º A alínea *d* do inciso II do art. 18 da Lei n. 9.430, de 27 de dezembro de 1996, passa a vigorar com a seguinte redação:

•• Alteração já processada no diploma modificado.

Art. 3.º O art. 1.º da Lei n. 9.532, de 1997, passa a vigorar com a seguinte redação:

•• Alteração já processada no diploma modificado.

Art. 4.º A contrapartida da reavaliação de quaisquer bens da pessoa jurídica somente poderá ser computada em conta de resultado ou na determinação do lucro real e da base de cálculo da contribuição social sobre o lucro líquido quando ocorrer a efetiva realização do bem reavaliado.

Art. 5.º Aplica-se à pessoa jurídica incorporadora o disposto no art. 21 da Lei n. 9.249, de 26 de dezembro de 1995, e no § 1.º do art. 1.º da Lei n. 9.430, de 1996, salvo nos casos em que as pessoas jurídicas, incorporadora e incorporada, estivessem sob o mesmo controle societário desde o ano-calendário anterior ao do evento.

Art. 6.º A alíquota de que trata o art. 72 da Lei n. 8.981, de 20 de janeiro de 1995, é fixada em percentual igual ao estabelecido para os rendimentos produzidos por aplicações financeiras de renda fixa:

I – a partir do ano-calendário de 2001, no caso de ganhos líquidos auferidos em operações realizadas em bolsas de valores, de mercadorias, de futuros, assemelhadas e no mercado de balcão, ressalvado o disposto no inciso II;

II – a partir do ano-calendário de 2002, no caso de ganhos líquidos auferidos nos mercados à vista de ações negociadas em bolsas de valores e de rendimentos produzidos pelos fundos de investimento previstos no § 6.º do art. 28 da Lei n. 9.532, de 1997, com as alterações introduzidas pelos arts. 1.º e 2.º da Medida Provisória n. 1.990-26, de 14 de dezembro de 1999.

Parágrafo único. Aos ganhos líquidos a que se refere o inciso I aplicar-se-á, no ano-calendário de 2000, a alíquota de 15% (quinze por cento).

Art. 7.º O regime de tributação previsto no art. 81 da Lei n. 8.981, de 1995, com a alteração introduzida pelo art. 11 da Lei n. 9.249, de 1995, não se aplica a investimento estrangeiro oriundo de país que tribute a renda à alíquota inferior a 20% (vinte por cento), o qual sujeitar-se-á às mesmas regras estabelecidas para os residentes ou domiciliados no País.

• *Vide* notas ao art. 1.º desta Lei.

Art. 8.º Os rendimentos auferidos em operações de *day trade* realizadas em bolsas de valores, de mercadorias, de futuros e assemelhadas, por qualquer beneficiário, inclusive pessoa jurídica isenta, sujeitam-se à incidência do imposto de renda na fonte à alíquota de 1% (um por cento).

§ 1.º Para efeito do disposto neste artigo:

I – considera-se:

a) *day trade*: a operação ou a conjugação de operações iniciadas e encerradas em um mesmo dia, com o mesmo ativo, em uma mesma instituição intermediadora, em que a quantidade negociada tenha sido liquidada, total ou parcialmente;

•• Alínea *a* com redação determinada pela Lei n. 12.350, de 20-12-2010.

b) rendimento: o resultado positivo apurado no encerramento das operações de *day trade*;

II – não será considerado valor ou quantidade de estoque do ativo existente em data anterior.

§ 2.º Será admitida a compensação de perdas incorridas em operações de *day trade* realizadas no mesmo dia.

•• § 2.º com redação determinada pela Lei n. 12.350, de 20-12-2010.

§ 3.º O responsável pela retenção e recolhimento do imposto de que trata este artigo é a instituição intermediadora da operação de *day trade* que receber, diretamente, a ordem do cliente.

•• § 3.º com redação determinada pela Lei n. 12.350, de 20-12-2010.

§ 4.º O valor do imposto retido na fonte sobre operações de *day trade* poderá ser:

I – deduzido do imposto incidente sobre ganhos líquidos apurados no mês;

II – compensado com o imposto incidente sobre ganhos líquidos apurado nos meses subsequentes, se, após a dedução de que trata o inciso anterior, houver saldo de imposto retido.

§ 5.º Se, ao término de cada ano-calendário, houver saldo de imposto retido na fonte a compensar, fica facultado à pessoa física ou às pessoas jurídicas de que trata o inciso II do § 8.º, pedido de restituição, na forma e condições estabelecidas pela Secretaria da Receita Federal.

•• A Secretaria da Receita Federal passa a denominar-se Secretaria da Receita Federal do Brasil, por força da Lei n. 11.457, de 16-3-2007.

§ 6.º As perdas incorridas em operações de *day trade* somente poderão ser compensadas com os rendimentos auferidos em operações de mesma espécie (*day trade*), realizadas no mês, observado o disposto no parágrafo seguinte.

§ 7.º O resultado mensal da compensação referida no parágrafo anterior:

I – se positivo, integrará a base de cálculo do imposto referente aos ganhos líquidos;

II – se negativo, poderá ser compensado com os resultados positivos de operações de *day trade* apurados nos meses subsequentes.

§ 8.º Sem prejuízo do disposto no § 4.º, o imposto de renda retido na fonte em operações de *day trade* será:

I – deduzido do devido no encerramento de cada período de apuração ou na data de extinção, no caso de pessoa jurídica tributada com base no lucro real, presumido ou arbitrado;

II – definitivo, no caso de pessoa física e de pessoa jurídica isenta, bem assim a sujeita ao tratamento previsto na Lei n. 9.317, de 5 de dezembro de 1996.

Art. 9.º O disposto nos arts. 6.º e 8.º não se aplica aos rendimentos e ganhos líquidos auferidos pelas pessoas jurídicas de que trata o inciso I, do art. 77 da Lei n. 8.981, de 1995, que continuam sujeitos às normas previstas na legislação vigente.

Art. 10. Fica prorrogado, até 1.º de março de 2000, o prazo de que trata o art. 4.º da Lei n. 8.248, de 23 de outubro de 1991.

Art. 11. Ficam convalidados os atos praticados com base na Medida Provisória n. 2.005-3, de 14 de dezembro de 1999.

Art. 12. Esta Lei entra em vigor na data de sua publicação, produzindo efeitos a partir de 1.º de janeiro de 2000.

Art. 13. Ficam revogados:

I – a partir de 1.º de janeiro de 2000, os §§ 5.º e 6.º do art. 72 da Lei n. 8.981, de 1995, e o § 2.º do art. 1.º da Lei n. 9.481, de 13 de agosto de 1997, introduzido pelo art. 11 da Medida Provisória n. 1.990-26, de 14 de dezembro de 1999;

II – a Medida Provisória n. 2.005-3, de 14 de dezembro de 1999.

Congresso Nacional, em 27 de janeiro de 2000; 179.º da Independência e 112.º da República.

Heráclito Fortes

LEI N. 9.960, DE 28 DE JANEIRO DE 2000 (*)

Institui a Taxa de Serviços Administrativos – TSA, em favor da Superintendência da Zona Franca de Manaus – Suframa, estabelece preços a serem cobrados pelo Instituto Brasileiro do Meio Ambiente e dos Recursos Naturais Renováveis – Ibama, cria a Taxa de Fiscalização Ambiental – TFA, e dá outras providências.

(*) Publicada no *DOU*, de 29-1-2000.

O Presidente da República

Faço saber que o Congresso Nacional decreta e eu sanciono a seguinte Lei:

Arts. 1.º a 7.º (*Revogados pela Lei n. 13.451, de 16-6-2017.*)

....

Art. 9.º São convalidados os atos praticados com base na Medida Provisória n. 2.007, de 14 de dezembro de 1999.

Art. 10. Esta Lei entra em vigor na data de sua publicação.

Art. 11. Revoga-se a Medida Provisória n. 2.007, de 14 de dezembro de 1999.

Brasília, 28 de janeiro de 2000; 179.º da Independência e 112.º da República.

Fernando Henrique Cardoso

LEI N. 9.964, DE 10 DE ABRIL DE 2000 (**)

Institui o Programa de Recuperação Fiscal – Refis e dá outras providências, e altera as Leis n. 8.036, de 11 de maio de 1990, e 8.844, de 20 de janeiro de 1994.

O Presidente da República.

Faço saber que o Congresso Nacional decreta e eu sanciono a seguinte Lei:

Art. 1.º É instituído o Programa de Recuperação Fiscal – Refis, destinado a promover a regularização de créditos da União, decorrentes de débitos de pessoas jurídicas, relativos a tributos e contribuições, administrados pela Secretaria da Receita Federal e pelo Instituto Nacional do Seguro Social – INSS, com vencimento até 29 de fevereiro de 2000, constituídos ou não, inscritos ou não em dívida ativa, ajuizados ou a ajuizar, com exigibilidade suspensa ou não, inclusive os decorrentes de falta de recolhimento de valores retidos.

•• A Secretaria da Receita Federal passa a denominar-se Secretaria da Receita Federal do Brasil, por força da Lei n. 11.457, de 16-3-2007.

• *Vide* art. 2.º da Lei n. 10.684, de 30-5-2003.

§ 1.º O Refis será administrado por um Comitê Gestor, com competência para implementar os procedimentos necessários à execução do Programa, observado o dispos-

(**) Publicada no *DOU*, de 11-4-2000. Regulamentada pelos Decretos n. 3.431, de 24-4-2000, e n. 3.712, de 27-12-2000. A Lei n. 10.002, de 14-9-2000, reabriu o prazo de opção ao REFIS até 90 (noventa) dias contados a partir da data de sua publicação. A Instrução n. 346, de 29-9-2000, da CVM, dispõe sobre a contabilização e a divulgação de informações, pelas companhias abertas, dos efeitos decorrentes da adesão ao REFIS. *Vide* Lei n. 10.189, de 14-2-2001, sobre vedações e parcelamentos. *Vide* art. 38 da Lei n. 10.833, de 29-12-2003.

to no regulamento.

§ 2.º O Comitê Gestor será integrado por um representante de cada órgão a seguir indicado, designados por seus respectivos titulares:

I – Ministério da Fazenda:

a) Secretaria da Receita Federal, que o presidirá;

b) Procuradoria-Geral da Fazenda Nacional;

II – (*Revogado pela Lei n. 11.941, de 27-5-2009.*)

§ 3.º O Refis não alcança débitos:

I – de órgãos da administração pública direta, das fundações instituídas e mantidas pelo poder público e das autarquias;

II – relativos ao Imposto sobre a Propriedade Territorial Rural - ITR;

III – relativos a pessoa jurídica cindida a partir de 1.º de outubro de 1999.

Art. 2.º O ingresso no Refis dar-se-á por opção da pessoa jurídica, que fará jus a regime especial de consolidação e parcelamento dos débitos fiscais a que se refere o art. 1.º.

• A Resolução n. 33, de 17-11-2003, do Comitê Gestor do Programa de Recuperação Fiscal, dispõe sobre os efeitos do indeferimento de opção pelo Refis ou pelo parcelamento a ele alternativo.

§ 1.º A opção poderá ser formalizada até o último dia útil do mês de abril de 2000.

§ 2.º Os débitos existentes em nome da optante serão consolidados tendo por base a data da formalização do pedido de ingresso no Refis.

§ 3.º A consolidação abrangerá todos os débitos existentes em nome da pessoa jurídica, na condição de contribuinte ou responsável, constituídos ou não, inclusive os acréscimos legais relativos a multa, de mora ou de ofício, a juros moratórios e demais encargos, determinados nos termos da legislação vigente à época da ocorrência dos respectivos fatos geradores.

§ 4.º O débito consolidado na forma deste artigo:

I – independentemente da data de formalização da opção, sujeitar-se-á, a partir de 1.º de março de 2000, a juros correspondentes à variação mensal da Taxa de Juros de Longo Prazo - TJLP, vedada a imposição de qualquer outro acréscimo;

•• Inciso I com redação determinada pela Lei n. 10.189, de 14-2-2001.

II – será pago em parcelas mensais e sucessivas, vencíveis no último dia útil de cada mês, sendo o valor de cada parcela determinado em função de percentual da receita bruta do mês imediatamente anterior, apurada na forma do art. 31 e parágrafo único da Lei n. 8.981, de 20 de janeiro de 1995, não inferior a:

a) 0,3% (três décimos por cento), no caso de pessoa jurídica optante pelo Sistema Integrado de Pagamento de Impostos e Contribuições das Microempresas e Empresas de Pequeno Porte - Simples e de entidade imune ou isenta por finalidade ou objeto;

b) 0,6% (seis décimos por cento), no caso de pessoa jurídica submetida ao regime de tributação com base no lucro presumido;

c) 1,2% (um inteiro e dois décimos por cento), no caso de pessoa jurídica submetida ao regime de tributação com base no lucro real, relativamente às receitas decorrentes das atividades comerciais, industriais, médico-hospitalares, de transporte, de ensino e de construção civil;

d) 1,5% (um inteiro e cinco décimos por cento), nos demais casos.

§ 5.º No caso de sociedade em conta de participação, os débitos e as receitas brutas serão considerados individualizadamente, por sociedade.

§ 6.º Na hipótese de crédito com exigibilidade suspensa por força do disposto no inciso IV do art. 151 da Lei n. 5.172, de 25 de outubro de 1966, a inclusão, no Refis, dos respectivos débitos, implicará dispensa dos juros de mora incidentes até a data de opção, condicionada ao encerramento do feito por desistência expressa e irrevogável da respectiva ação judicial e de qualquer outra, bem assim à renúncia do direito, sobre os mesmos débitos, sobre o qual se funda a ação.

§ 7.º Os valores correspondentes a multa, de mora ou de ofício, e a juros moratórios, inclusive as relativas a débitos inscritos em dívida ativa, poderão ser liquidados, observadas as normas constitucionais referentes à vinculação e à partilha de receitas, mediante:

I – compensação de créditos, próprios ou de terceiros, relativos a tributo ou contribuição incluído no âmbito do Refis;

II – a utilização de prejuízo fiscal e de base de cálculo negativa da contribuição social sobre o lucro líquido, próprios ou de terceiros, estes declarados à Secretaria da Receita Federal até 31 de outubro de 1999.

•• A Secretaria da Receita Federal passa a denominar-se Secretaria da Receita Federal do Brasil, por força da Lei n. 11.457, de 16-3-2007.

§ 8.º Na hipótese do inciso II do § 7.º, o valor a ser utilizado será determinado mediante a aplicação, sobre o montante do prejuízo fiscal e da base de cálculo negativa, das alíquotas de 15% (quinze por cento) e de 8% (oito por cento), respectivamente.

§ 9.º Ao disposto neste artigo aplica-se a redução de multa a que se refere o art. 60 da Lei n. 8.383, de 30 de dezembro de 1991.

§ 10. A multa de mora incidente sobre os débitos relativos às contribuições administradas pelo INSS, incluídas no Refis em virtude de confissão espontânea, sujeita-se ao limite estabelecido no art. 61 da Lei n. 9.430, de 27 de dezembro de 1996.

Art. 3.º A opção pelo Refis sujeita a pessoa jurídica a:

I – confissão irrevogável e irretratável dos débitos referidos no art. 2.º;

II – autorização de acesso irrestrito, pela Secretaria da Receita Federal, às informações relativas à sua movimentação financeira, ocorrida a partir da data de opção pelo Refis;

•• A Secretaria da Receita Federal passa a denominar-se Secretaria da Receita Federal do Brasil, por força da Lei n. 11.457, de 16-3-2007.

III – acompanhamento fiscal específico, com fornecimento periódico, em meio magnético, de dados, inclusive os indiciários de receitas;

IV – aceitação plena e irretratável de todas as condições estabelecidas;

V – cumprimento regular das obrigações para com o Fundo de Garantia do Tempo de Serviço – FGTS e para com o ITR;

VI – pagamento regular das parcelas do débito consolidado, bem assim dos tributos e das contribuições com vencimento posterior a 29 de fevereiro de 2000.

§ 1.º A opção pelo Refis exclui qualquer outra forma de parcelamento de débitos relativos aos tributos e às contribuições referidos no art. 1.º.

§ 2.º O disposto nos incisos II e III do *caput* aplica-se, exclusivamente, ao período em que a pessoa jurídica permanecer no Refis.

§ 3.º A opção implica manutenção automática dos gravames decorrentes de medida cautelar fiscal e das garantias prestadas nas ações de execução fiscal.

§ 4.º Ressalvado o disposto no § 3.º, a homologação da opção pelo Refis é condicionada à prestação de garantia ou, a critério da pessoa jurídica, ao arrolamento dos bens integrantes do seu patrimônio, na forma do art. 64 da Lei n. 9.532, de 10 de dezembro de 1997.

• A Resolução n. 22, de 29-11-2001, do Comitê Gestor do Programa de Recuperação Fiscal, dispõe sobre a indicação de garantia ou de bens para arrolamento, no âmbito do Refis ou do parcelamento a ele alternativo.

• *Vide* Súmulas 355 e 437 do STJ.

§ 5.º São dispensadas das exigências referidas no § 4.º as pessoas jurídicas optantes pelo Simples e aquelas cujo débito consolidado seja inferior a R$ 500.000,00 (quinhentos mil reais).

§ 6.º Não poderão optar pelo Refis as pessoas jurídicas de que tratam os incisos II e VI do art. 14 da Lei n. 9.718, de 27 de novembro de 1998.

Art. 4.º As pessoas jurídicas de que tratam os incisos I e III a V do art. 14 da Lei n. 9.718, de 1998, poderão optar, durante o período em que submetidas ao Refis, pelo regime de tributação com base no lucro presumido.

•• Artigo regulamentado pela Instrução Normativa n. 16, da Secretaria da Receita Federal, de 15-2-2001.

Parágrafo único. Na hipótese deste artigo, as pessoas jurídicas referidas no inciso III do art. 14 da Lei n. 9.718, de 1998, deverão adicionar os lucros, rendimentos e ganhos de capital oriundos do exterior ao lucro presumido e à base de cálculo da contribuição social sobre o lucro líquido.

Art. 5.º A pessoa jurídica optante pelo Refis será dele excluída nas seguintes hipóteses, mediante ato do Comitê Gestor:

I – inobservância de qualquer das exigências estabelecidas nos incisos I a V do *caput* do art. 3.º;

II – inadimplência, por 3 (três) meses consecutivos ou 6 (seis) meses alternados, o que primeiro ocorrer, relativamente a qualquer dos tributos e das contribuições abrangidos pelo Refis, inclusive os com vencimento após 29 de fevereiro de 2000;

III – constatação, caracterizada por lançamento de ofício, de débito correspondente a tributo ou contribuição abrangidos pelo Refis e não incluídos na confissão a que se refere o inciso I do *caput* do art. 3.º, salvo se integralmente pago no prazo de 30 (trinta) dias, contado da ciência do lançamento ou da decisão definitiva na esfera administrativa ou judicial;

• A Resolução n. 24, de 31-1-2002, do Comitê Gestor do Programa de Recuperação Fiscal, dispõe sobre a competência para apreciação da manifestação quanto à exclusão do Programa de Recuperação Fiscal ou do parcelamento a ele alternativo de pessoa jurídica optante.

IV – compensação ou utilização indevida de créditos, prejuízo fiscal ou base de cálculo negativa referidos nos §§ 7.º e 8.º do art. 2.º;

V – decretação de falência, extinção, pela liquidação, ou cisão da pessoa jurídica;

•• Das hipóteses de inaplicabilidade deste inciso: *vide* art. 4.º da Lei n. 10.189, de 14-2-2001.

VI – concessão de medida cautelar fiscal, nos termos da Lei n. 8.397, de 6 de janeiro de 1992;

VII – prática de qualquer procedimento tendente a subtrair receita da optante, mediante simulação de ato;

VIII – declaração de inaptidão da inscrição no Cadastro Nacional da Pessoa Jurídica, nos termos dos arts. 80 e 81 da Lei n. 9.430, de 1996;

IX – decisão definitiva, na esfera judicial, total ou parcialmente desfavorável à pessoa jurídica, relativa ao débito referido no § 6.º do art. 2.º e não incluído no Refis, salvo se integralmente pago no prazo de 30 (trinta) dias, contado da ciência da referida decisão;

X – arbitramento do lucro da pessoa jurídica, nos casos de determinação da base de cálculo do imposto de renda por critério diferente do da receita bruta;

XI – suspensão de suas atividades relativas a seu objeto social ou não auferimento de receita bruta por 9 (nove) meses consecutivos.

§ 1.º A exclusão da pessoa jurídica do Refis implicará exigibilidade imediata da totalidade do crédito confessado e ainda não pago e automática execução da garantia prestada, restabelecendo-se, em relação ao montante não pago, os acréscimos legais na forma da legislação aplicável à época da ocorrência dos respectivos fatos geradores.

§ 2.º A exclusão, nas hipóteses dos incisos I, II e III deste artigo, produzirá efeitos a partir do mês subsequente àquele em que for cientificado o contribuinte.

§ 3.º Na hipótese do inciso III, e observado o disposto no § 2.º, a exclusão dar-se-á, na data da decisão definitiva, na esfera administrativa ou judicial, quando houver sido contestado o lançamento.

....

Art. 7.º Na hipótese de quitação integral dos débitos para com o FGTS, referente a competências anteriores a janeiro de 2000, incidirá, sobre o valor acrescido da TR, o percentual de multa de 5% (cinco por cento) e de juros de mora de 0,25% (vinte e cinco centésimos por cento), por mês de atraso, desde que o pagamento seja efetuado até 30 de junho de 2000.

Parágrafo único. O disposto neste artigo aplica-se aos débitos em cobrança administrativa ou judicial, notificados ou não, ainda que amparados por acordo de parcelamento.

....

Art. 9.º O Poder Executivo editará as normas regulamentares necessárias à execução do Refis, especialmente em relação:

I – às modalidades de garantia passíveis de aceitação;

II – à fixação do percentual da receita bruta a ser utilizado para determinação das parcelas mensais, que poderá ser diferenciado em função da atividade econômica desenvolvida pela pessoa jurídica;

III – às formas de homologação da opção e de exclusão da pessoa jurídica do Refis, bem assim às suas consequências;

IV – à forma de realização do acompanhamento fiscal específico;

V – às exigências para fins de liquidação na forma prevista nos §§ 7.º e 8.º do art. 2.º.

Art. 10. O tratamento tributário simplificado e favorecido das microempresas e das empresas de pequeno porte é o estabelecido pela Lei n. 9.317, de 5 de dezembro de 1996, e alterações posteriores, não se aplicando, para esse efeito, as normas constantes da Lei n. 9.841, de 5 de outubro de 1999.

•• As Leis n. 9.317, de 5-12-1996, e 9.841, de 5-10-1999, foram revogadas pela Lei Complementar n. 123, de 14-12-2006, que institui o Estatuto Nacional das Microempresas e Empresas de Pequeno Porte.

Art. 11. Os pagamentos efetuados no âmbito do Refis serão alocados proporcionalmente, para fins de amortização do débito consolidado, tendo por base a relação existente, na data-base da consolidação, entre o valor consolidado de cada tributo e contribuição, incluído no Programa, e o valor total parcelado.

Art. 12. Alternativamente ao ingresso no Refis, a pessoa jurídica poderá optar pelo parcelamento, em até 60 (sessenta) parcelas mensais, iguais e sucessivas, dos débitos referidos no art. 1.º, observadas todas as demais regras aplicáveis àquele Programa.

•• *Vide* art. 23 da Lei n. 10.637, de 30-12-2002.

§ 1.º O valor de cada parcela não poderá ser inferior a:

I – R$ 300,00 (trezentos reais), no caso de pessoa jurídica optante pelo Simples;

II – R$ 1.000,00 (um mil reais), no caso de pessoa jurídica submetida ao regime de tributação com base no lucro presumido;

III – R$ 3.000,00 (três mil reais), nos demais casos.

§ 2.º Ao disposto neste artigo não se aplica a restrição de que trata o inciso II do § 3.º do art. 1.º.

Art. 13. Os débitos não tributários inscritos em dívida ativa, com vencimento até 29 de fevereiro de 2000, poderão ser parcelados em até 60 (sessenta) parcelas mensais, iguais e sucessivas, perante a Procuradoria-Geral da Fazenda Nacional, observadas as demais regras aplicáveis ao parcelamento de que trata o art. 12.

§ 1.º Para débitos não tributários inscritos, sujeitos ao parcelamento simplificado ou para os quais não se exige garantia no parcelamento ordinário, não se aplica a vedação de novos parcelamentos.

§ 2.º Para os débitos não tributários inscritos, não alcançados pelo disposto no § 1.º, admitir-se-á o reparcelamento, desde que requerido até o último dia útil do mês de abril de 2000.

§ 3.º O disposto neste artigo aplica-se à verba de sucumbência devida por desistência de ação judicial para fins de inclusão dos respectivos débitos, inclusive no âmbito do INSS, no Refis ou no parcelamento alternativo a que se refere o art. 2.º.

•• Da verba de sucumbência prevista neste parágrafo: *vide* o § 3.º do art. 5.º da Lei n. 10.189, de 14-2-2001.

§ 4.º Na hipótese do § 3.º, o parcelamento deverá ser solicitado pela pessoa jurídica no prazo de 30 (trinta) dias, contado da data em que efetivada a desistência, na forma e condições a serem estabelecidas pelos órgãos competentes.

Art. 14. As obrigações decorrentes dos débitos incluídos no Refis ou nos parcelamentos referidos nos arts. 12 e 13 não serão consideradas para fins de determinação de índices econômicos vinculados a licitações promovidas pela administração pública direta ou indireta, bem assim a operações de financiamentos realizadas por instituições financeiras oficiais federais.

Art. 15. É suspensa a pretensão punitiva do Estado, referente aos crimes previstos nos arts. 1.º e 2.º da Lei n. 8.137, de 27 de dezembro de 1990, e no art. 95 da Lei n. 8.212, de 24 de julho de 1991, durante o período em que a pessoa jurídica relacionada com o agente dos aludidos crimes estiver incluída no Refis, desde que a inclusão no referido Programa tenha ocorrido antes do recebimento da denúncia criminal.

§ 1.º A prescrição criminal não corre durante o período de suspensão da pretensão punitiva.

§ 2.º O disposto neste artigo aplica-se, também:

I – a programas de recuperação fiscal instituídos pelos Estados, pelo Distrito Federal e pelos Municípios, que adotem, no que couber, normas estabelecidas nesta Lei;

II – aos parcelamentos referidos nos arts. 12 e 13.

§ 3.º Extingue-se a punibilidade dos crimes referidos neste artigo quando a pessoa jurídica relacionada com o agente efetuar o pagamento integral dos débitos oriundos de tributos e contribuições sociais, inclusive acessórios, que tiverem sido objeto de concessão de parcelamento antes do recebimento da denúncia criminal.

Art. 16. Na hipótese de novação ou repactuação de débitos de responsabilidade de pessoas jurídicas optantes pelo Refis ou pelo parcelamento alternativo a que se refere o art. 12, a recuperação de créditos anteriormente deduzidos como perda, até 31 de dezembro de 1999, será, para fins do disposto no art. 12 da Lei n. 9.430, de 1996, computada na determinação do lucro real e da base de cálculo da contribuição social sobre o lucro líquido, pelas pessoas jurídicas de que trata o inciso II do art. 14 da Lei n. 9.718, de 1998, à medida do efetivo recebimento, na forma a ser estabelecida pela Secretaria da Receita Federal.

•• A Secretaria da Receita Federal passa a denominar-se Secretaria da Receita Federal do Brasil, por força da Lei n. 11.457, de 16-3-2007.

Parágrafo único. O disposto neste artigo aplica-se aos débitos vinculados ao Programa de Revitalização de Cooperativas de Produção Agropecuária – Recoop, instituído pela Medida Provisória n. 1.961-20, de 2 de março de 2000, ainda que a pessoa jurídica devedora não seja optante por qualquer das formas de parcelamento referida no *caput*.

•• Atual Medida Provisória n. 2.168-40, de 24-8-2001.

Art. 17. São convalidados os atos praticados com base na Medida Provisória n. 2.004-5, de 11 de fevereiro de 2000.

Art. 18. Esta Lei entra em vigor na data de sua publicação.

Brasília, 10 de abril de 2000; 179.º da Independência e 112.º da República.

Fernando Henrique Cardoso

DECRETO N. 3.431, DE 24 DE ABRIL DE 2000 (*)

Regulamenta a execução do Programa de Recuperação Fiscal – REFIS.

O Presidente da República, no uso das atribuições que lhe confere o art. 84, incisos IV e VI, da Constituição, e tendo em vista o disposto na Lei n. 9.964, de 10 de abril de 2000, decreta:

DO PROGRAMA DE RECUPERAÇÃO FISCAL – REFIS

Art. 1.º O Programa de Recuperação Fiscal – REFIS, instituído pela Lei n. 9.964, de 10 de abril de 2000, destina-se a promover a regularização de créditos da União, decorrentes de débitos de pessoas jurídicas, relativos a tributos e contribuições, administrados pela Secretaria da Receita Federal – SRF e pelo Instituto Nacional do Seguro Social – INSS, com vencimento até 29 de fevereiro de 2000, constituídos ou não, inscritos ou não em dívida ativa, ajuizados ou a ajuizar, com exigibilidade suspensa ou não, inclusive os decorrentes de falta de recolhimento de valores retidos.

•• A Secretaria da Receita Federal passa a denominar-se Secretaria da Receita Federal do Brasil, por força da Lei n. 11.457, de 16-3-2007.

§ 1.º Para efeito do disposto neste artigo, incluem-se nos débitos decorrentes de falta de recolhimento de valores retidos os relativos:

I – às contribuições descontadas dos segurados empregados e trabalhadores avulsos;

II – à retenção incidente sobre o valor dos serviços prestados mediante cessão de mão de obra ou empreitada, nos termos do art. 31 da Lei n. 8.212, de 24 de julho de 1991;

III – às contribuições decorrentes da sub-rogação de que trata o inciso IV do art. 30 da Lei n. 8.212, de 1991;

IV – ao imposto de renda retido na fonte.

§ 2.º O REFIS não alcança débitos:

I – de órgãos da administração pública direta, das fundações instituídas e mantidas pelo poder público e das autarquias;

II – relativos ao Imposto sobre a Propriedade Territorial Rural – ITR;

III – de pessoa jurídica cindida a partir de 1.º de outubro de 1999;

IV – de pessoas jurídicas referidas nos incisos II e VI do art. 14 da Lei n. 9.718, de 27 de novembro de 1998;

V – relativos a impostos de competência estadual ou municipal incluídos, mediante convênio, no SIMPLES.

DA ADMINISTRAÇÃO DO REFIS

Art. 2.º A administração do REFIS será exercida pelo Comitê Gestor, a quem compete o gerenciamento e a implementação dos procedimentos necessários à execução do Programa, notadamente:

I – expedir atos normativos necessários à execução do Programa;

II – promover a integração das rotinas e procedimentos necessários à execução do REFIS, especialmente no que se refere aos sistemas informatizados dos órgãos envolvidos;

III – homologar as opções pelo REFIS;

• A Resolução n. 25, de 10-4-2002, do Comitê Gestor do Programa de Recuperação Fiscal, dispõe sobre a homologação de opção pelo Programa de Recuperação Fiscal – REFIS e pelo parcelamento a ele alternativo.

IV – excluir do Programa os optantes que descumprirem suas condições.

Parágrafo único. O Comitê Gestor será constituído por ato conjunto dos Ministros de Estado da Fazenda e da Previdência e Assistência Social e integrado por representantes dos seguintes órgãos, indicados por seus respectivos titulares:

I – SRF, que o presidirá;

(*) Publicado no *DOU*, de 25-4-2000, e atualizado pelo Decreto n. 3.712, de 27-12-2000. *Vide* art. 38 da Lei n. 10.833, de 29-12-2003.

II – Procuradoria-Geral da Fazenda Nacional - PGFN;

III – INSS.

DO INGRESSO NO REFIS

Art. 3.º O ingresso no REFIS dar-se-á por opção da pessoa jurídica, que fará jus a regime especial de consolidação e parcelamento dos débitos fiscais referidos no art. 1.º.

Parágrafo único. O ingresso no REFIS implica inclusão da totalidade dos débitos referidos no art. 1.º, em nome da pessoa jurídica, inclusive os não constituídos, que serão incluídos no Programa mediante confissão, salvo aqueles demandados judicialmente pela pessoa jurídica e que, por sua opção, venham a permanecer nessa situação.

DA FORMALIZAÇÃO DA OPÇÃO

Art. 4.º A opção pelo REFIS poderá ser formalizada até 28 de abril de 2000, mediante utilização do "Termo de Opção do REFIS", conforme modelo aprovado pelo Comitê Gestor a que se refere o art. 2.º, que será obtido por meio da *Internet*, nas páginas dos órgãos referidos nos incisos I a III do parágrafo único do art. 2.º.

• A Resolução n. 33, de 17-11-2003, do Comitê Gestor do Programa de Recuperação Fiscal, dispõe sobre os efeitos do indeferimento de opção pelo Refis ou pelo parcelamento a ele alternativo.

§ 1.º O Termo de Opção do REFIS será:

I – firmado pelo responsável pela pessoa jurídica perante o Cadastro Nacional da Pessoa Jurídica - CNPJ, sendo exigido reconhecimento de firma;

II – entregue nas agências da Empresa Brasileira de Correios e Telégrafos - ECT e, no caso de pessoas jurídicas com inscrição no Cadastro Nacional das Pessoas Jurídicas - CNPJ declarada inapta na condição de omissa contumaz ou de omissa e não localizada, nas unidades da SRF.

§ 2.º No documento confirmatório da opção constará número gerado por algoritmo específico que deverá ser utilizado, em conjunto com o número de inscrição no CNPJ, em todos os demais atos e procedimentos praticados no âmbito do REFIS, constituindo, para todos os fins de direito, identificação eletrônica, ficando sua utilização sob plena e total responsabilidade da pessoa jurídica optante.

§ 3.º Os débitos ainda não constituídos deverão ser confessados pela pessoa jurídica, de forma irretratável e irrevogável, até o dia 31 de agosto de 2000, nas condições estabelecidas pelo Comitê Gestor.

•• § 3.º com redação determinada pelo Decreto n. 3.530, de 30-6-2000.

§ 4.º A opção pelo REFIS, independentemente de sua homologação, implica:

I – início imediato do pagamento dos débitos;

II – após a confirmação da opção, nos termos estabelecidos pelo Comitê Gestor, suspensão da exigibilidade dos débitos não ajuizados, ou, quando ajuizados, integralmente garantidos;

III – submissão integral às normas e condições estabelecidas para o Programa.

§ 5.º A suspensão da exigibilidade dos débitos ajuizados, quando não garantidos, dar-se-á quando da homologação da opção.

DA CONSOLIDAÇÃO E
PAGAMENTO DOS DÉBITOS

Art. 5.º Os débitos da pessoa jurídica optante serão consolidados tomando por base:

•• *Caput* com redação determinada pelo Decreto n. 3.712, de 27-12-2000.

I – a data de 1.º de março de 2000, nos casos de opção efetuada a partir do mês de março de 2000;

•• Inciso I com redação determinada pelo Decreto n. 3.712, de 27-12-2000.

II – a data de formalização da opção, nos casos de opção efetuada antes de março de 2000.

•• Inciso II com redação determinada pelo Decreto n. 3.712, de 27-12-2000.

§ 1.º A consolidação abrangerá todos os débitos existentes em nome da pessoa jurídica, na condição de contribuinte ou responsável, constituídos ou não, inclusive os acréscimos legais relativos a multa, de mora ou de ofício, e a juros moratórios e demais encargos, determinados nos termos da legislação vigente à época da ocorrência dos respectivos fatos geradores, inclusive a atualização monetária à época prevista.

§ 2.º Na hipótese de crédito com exigibilidade suspensa por força do disposto no inciso IV do art. 151 da Lei n. 5.172, de 25 de outubro de 1966 (Código Tributário Nacional - CTN), a inclusão, no REFIS, dos respectivos débitos implicará dispensa dos juros de mora incidentes até a data de opção, condicionada ao encerramento do feito por desistência expressa e irrevogável da respectiva ação judicial e de qualquer outra, bem assim à renúncia do direito, sobre os mesmos débitos, sobre o qual se funda a ação.

§ 3.º A inclusão dos débitos referidos no parágrafo anterior, bem assim a desistência ali referida deverão ser formalizadas, mediante confissão, na forma e prazo estabelecidos no § 3.º do artigo anterior, nas condições estabelecidas pelo Comitê Gestor.

§ 4.º Requerida a desistência da ação judicial, com renúncia ao direito sobre que se funda, os depósitos judiciais efetuados deverão ser convertidos em renda, permitida inclusão no REFIS de eventual saldo devedor.

§ 5.º Os valores correspondentes a multa, de mora ou de ofício, e a juros moratórios, inclusive os relativos a débitos inscritos em dívida ativa, poderão ser liquidados, mediante solicitação expressa e irrevogável da pessoa jurídica optante e observadas as normas constitucionais referentes à vinculação e à partilha de receitas, mediante:

I – compensação de créditos, próprios ou de terceiros, relativos a tributo ou contribuição incluído no âmbito do REFIS;

II – utilização de prejuízo fiscal e de base de cálculo negativa da contribuição social sobre o lucro líquido, próprios ou de terceiros.

§ 6.º A liquidação referida no parágrafo anterior será efetuada de conformidade com os procedimentos a serem definidos pelo Comitê Gestor e será formalizada dentro do prazo estabelecido no § 3.º do artigo anterior, observadas as seguintes condições:

I – poderão ser utilizados prejuízos fiscais e bases de cálculo negativas, próprios da pessoa jurídica optante, passíveis de compensação na data da opção, na forma da legislação vigente, desde que relativos a período de apuração encerrado até 31 de dezembro de 1999 e devidamente declarados ou informados à SRF até a data da opção, salvo em relação ao período de apuração correspondente ao ano-calendário de 1999, que deverá ser informado na Declaração de Informações Econômico-Fiscais da Pessoa Jurídica – DIPJ 2000, no prazo estabelecido para sua apresentação;

II – na hipótese de compensação de créditos ou de utilização de prejuízos fiscais ou bases de cálculos negativa de terceiros:

a) a solicitação deverá ser também assinada pelo responsável pela pessoa jurídica cedente perante o CNPJ, com reconhecimento de firma;

b) a cessão somente poderá ser efetuada do detentor originário do direito à pessoa jurídica optante pelo REFIS e será definitiva, ainda que o adquirente seja, por qualquer motivo, excluído do REFIS;

c) somente poderão ser utilizados prejuízos fiscais e bases de cálculo negativas passíveis de compensação da pessoa jurídica cedente, na data da opção, na forma da legislação vigente, devidamente declarados ou informados à SRF até 31 de outubro de 1999;

III – o valor a ser utilizado será determinado mediante a aplicação, sobre o montante do prejuízo fiscal e da base de cálculo negativa, das alíquotas de 15% (quinze por cento) e de 8% (oito por cento), respectivamente;

IV – para os fins de utilização de prejuízo fiscal e de base de cálculo negativa, nos termos deste Decreto, não se aplica o limite de 30% (trinta por cento) do lucro líquido ajustado, da cedente ou da cessionária.

§ 7.º O débito consolidado na forma deste artigo será informado, pelo Comitê Gestor, à pessoa jurídica optante, até o último dia útil do mês de abril de 2001, com a discriminação das espécies dos tributos e contribuições, bem assim dos respectivos acréscimos e períodos de apuração.

•• § 7.º com redação determinada pelo Decreto n. 3.712, de 27-12-2000.

§ 8.º A pessoa jurídica, durante o período em que estiver incluída no REFIS, poderá amortizar o débito consolidado mediante compensação de créditos próprios ou de terceiros, sem prejuízo do pagamento das parcelas mensais.

• A Resolução n. 21, de 8-11-2001, do Comitê Gestor do Programa de Recuperação Fiscal, dispõe sobre a compensação de créditos com débito consolidado no âmbito do Programa de Recuperação Fiscal (REFIS) ou parcelamento a ele alternativo.

§ 9.º As multas de lançamento de ofício incluídas no REFIS serão reduzidas em 40% (quarenta por cento), nos termos do art. 60 da Lei n. 8.383, de 30 de dezembro de 1991, inclusive para fins da liquidação de que trata o § 5.º deste artigo.

§ 10. A multa de mora incidente sobre os débitos relativos às contribuições administradas pelo INSS, incluídos no REFIS em virtude de confissão espontânea, sujeita-se ao limite de 20% (vinte por cento) estabelecido no art. 61 da Lei n. 9.430, de 27 de dezembro de 1996.

§ 11. A opção pelo REFIS exclui qualquer outra forma de parcelamento de débitos relativos aos tributos e contribuições referidos no art. 1.º, inclusive dos com vencimento posterior a 29 de fevereiro de 2000.

Art. 6.º O débito consolidado na forma do artigo anterior:

I – sujeitar-se-á, a partir da data-base da consolidação, a juros correspondentes à variação mensal da Taxa de Juros de Longo Prazo – TJLP, calculada linearmente, na forma estabelecida pelo Comitê Gestor, vedada a imposição de qualquer outro acréscimo;

II – será pago em parcelas mensais e sucessivas, vencíveis no último dia útil de cada mês, sendo o valor de cada parcela determinado em função de percentual da receita bruta do mês imediatamente anterior, apurada na forma do art. 31 e parágrafo único da Lei n. 8.981, de 20 de janeiro de 1995, não inferior a:

a) 0,3% (zero vírgula três por cento), no caso de pessoa jurídica optante pelo SIMPLES e de entidade imune ou isenta por finalidade ou objeto;

b) 0,6% (zero vírgula seis por cento), no caso de pessoa jurídica submetida ao regime de tributação com base no lucro presumido;

c) 1,2% (um vírgula dois por cento), no caso de pessoa jurídica submetida ao regime de tributação com base no lucro real, relativamente às receitas decorrentes das atividades comerciais, industriais, de transporte, de construção civil, de ensino e médico-hospitalares;

d) 1,5% (um vírgula cinco por cento), nos demais casos.

§ 1.º No caso de sociedade em conta de participação os débitos e as receitas brutas serão considerados individualizadamente, por sociedade.

§ 2.º Para os fins do disposto no inciso II do *caput*:

I – o reconhecimento da receita dar-se-á segundo as normas estabelecidas na legislação do imposto de renda;

II – na hipótese de pessoas jurídicas imunes ou isentas, considerar-se-á receita bruta os acréscimos patrimoniais ocorridos em cada mês, independentemente de sua natureza.

§ 3.º A pessoa jurídica optante deverá iniciar o pagamento do débito consolidado a partir, inclusive, do próprio mês da formalização da opção, independentemente de sua confirmação ou homologação.

Art. 7.º Na hipótese do inciso II do § 5.º do art. 5.º, a pessoa jurídica cedente, a qualquer título, do direito de compensação de prejuízo fiscal ou de base de cálculo negativa da contribuição social sobre o lucro líquido deverá:

I – registrar, em sua escrituração contábil, o valor do direito cedido, determinado na forma do inciso III do § 6.º do art. 5.º, em contrapartida a conta de patrimônio líquido;

II – dar baixa, em sua escrituração fiscal, do montante do prejuízo fiscal e da base de cálculo negativa da contribuição social cedida, pelo montante que serviu de base para a determinação do direito registrado na forma do inciso anterior.

§ 1.º As perdas porventura apuradas em decorrência da cessão não serão dedutíveis para fins de determinação do lucro real e da base de cálculo da contribuição social sobre o lucro líquido.

§ 2.º A cessão de direitos a que se refere este artigo será definitiva, não podendo a cedente, sob qualquer forma e a qualquer tempo, utilizá-los em seu favor.

§ 3.º Na hipótese de constatação, na pessoa jurídica cedente, de irregularidade que implique redução, total ou parcial, dos valores de prejuízo ou de base de cálculo negativa cedidos, bem assim nos casos de cessão de valores já compensados:

I – os juros e multas liquidados mediante utilização destes valores serão restabelecidos e incluídos no débito consolidado remanescente;

II – a pessoa jurídica adquirente não será excluída do REFIS.

§ 4.º O disposto no parágrafo anterior:

I – não exclui a responsabilidade da pessoa jurídica cedente, relativamente aos tributos e contribuições devidos em decorrência da referida constatação, inclusive quanto às sanções e demais acréscimos aplicáveis;

II – não se aplica à hipótese de cessão de prejuízo fiscal ou de base de cálculo negativa inexistente, assim entendida a que desatender ao disposto na alínea *c* do inciso II do § 6.º do art. 5.º, que será considerada utilização indevida, implicando exclusão da pessoa jurídica adquirente do REFIS.

Das Obrigações da
Pessoa Jurídica Optante

Art. 8.º A opção pelo REFIS sujeita a pessoa jurídica a:

I – confissão irrevogável e irretratável da totalidade dos débitos incluídos no Programa, inclusive os confessados na forma do § 3.º do art. 4.º;

II – autorização, no ato da opção, de acesso irrestrito, pela SRF, às informações relativas à sua movimentação financeira, ocorrida durante o período em que a optante estiver submetida ao Programa;

III – acompanhamento fiscal específico, com fornecimento periódico, em meio magnético, de dados, inclusive os indiciários de receitas;

IV – aceitação plena e irretratável de todas as condições estabelecidas para o ingresso e permanência no Programa;

V – cumprimento regular das obrigações para com o Fundo de Garantia do Tempo de Serviço – FGTS e o ITR;

VI – pagamento regular das parcelas do débito consolidado, bem assim dos tributos e das contribuições com vencimento posterior a 29 de fevereiro de 2000, inclusive os impostos de competência estadual e municipal devidos pelos optantes pelo SIMPLES.

§ 1.º O acesso às informações financeiras autorizado na forma do inciso II do *caput* será efetuado nos termos e condições a serem estabelecidos pela SRF, com prévia ciência da pessoa jurídica.

§ 2.º O acompanhamento fiscal específico de que trata o inciso III será realizado, exclusivamente, durante o período em que a pessoa jurídica permanecer no REFIS e implementado em conjunto pela SRF e INSS, mediante análise sistemática das informações prestadas em confronto com os valores recolhidos a título de pagamento dos débitos parcelados no âmbito do REFIS e os correspondentes às obrigações fiscais com vencimento posterior a 29 de fevereiro de 2000.

§ 3.º O Comitê Gestor definirá as informações a serem prestadas e a periodicidade de sua prestação, observado que, no caso de pessoas jurídicas optantes pelo SIMPLES, a periodicidade será anual.

Art. 9.º As pessoas jurídicas de que tratam os incisos I e III a V do art. 14 da Lei n. 9.718, de 27 de novembro de 1998, poderão optar, durante o período em que submetidas ao REFIS, pelo regime de tributação com base no lucro presumido.

Parágrafo único. Na hipótese deste artigo, as pessoas jurídicas referidas no inciso III do art. 14 da Lei n. 9.718, de 1998, deverão adicionar os lucros, rendimentos e ganhos de capital oriundos do exterior ao lucro presumido e à base de cálculo da contribuição social sobre o lucro líquido.

DA HOMOLOGAÇÃO DA OPÇÃO

Art. 10. A homologação da opção pelo REFIS será efetivada pelo Comitê Gestor, produzindo efeitos a partir da data da formalização da opção.

- A Instrução Normativa n. 172, de 9-7-2002, disciplina a indicação das garantias prestadas em execução fiscal na Declaração REFIS.

§ 1.º A opção implica manutenção automática dos gravames decorrentes de medida cautelar fiscal e das garantias prestadas nas ações de execução fiscal, cabendo à PGFN e ao INSS, no âmbito de suas respectivas competências, promoverem as ações necessárias a assegurar o cumprimento dessa exigência.

§ 2.º Ressalvado o disposto no parágrafo anterior, a homologação da opção pelo REFIS é condicionada à prestação de garantia ou, a critério da pessoa jurídica, ao arrolamento dos bens integrantes do seu patrimônio, na forma do art. 64 da Lei n. 9.532, de 10 de dezembro de 1997.

• O Decreto n. 4.271, de 19-6-2002, dispõe que a exigência de que trata este parágrafo deverá ser atendida até 31-8-2002, nas condições estabelecidas pelo Comitê Gestor do Programa de Recuperação Fiscal – REFIS.

§ 3.º Ficam dispensadas das exigências referidas no parágrafo anterior as pessoas jurídicas:

I – optantes pelo SIMPLES;

II – cujo débito consolidado seja inferior a R$ 500.000,00 (quinhentos mil reais).

§ 4.º A exigência referida no § 2.º deverá ser atendida até o dia 18 de janeiro de 2002, nas condições estabelecidas pelo Comitê Gestor.

•• § 4.º com redação determinada pelo Decreto n. 4.064, de 26-12-2001.

• *Vide* nota ao art. 10, § 2.º deste Decreto.

DAS GARANTIAS

Art. 11. Para os fins do disposto no § 2.º do artigo anterior poderão ser aceitas as seguintes modalidades de garantia:

• A Instrução Normativa Conjunta n. 2, de 25-7-2002, da Procuradoria-Geral da Fazenda Nacional – PGFN e do INSS, dispõe sobre as modalidades de garantia.

I – fiança;

II – hipoteca;

III – penhor;

IV – anticrese;

V – seguro.

§ 1.º Deverão ser apresentados, no caso de:

I – fiança:

a) se bancária, proposta aprovada por instituição financeira, que deverá ser renovada, caso necessária, até a quitação do débito;

b) nos demais casos, relação de bens do fiador acompanhada de certidões dos cartórios de protesto e distribuição;

II – hipoteca, escritura do imóvel e respectiva certidão do cartório de registro de imóvel devidamente atualizada, bem assim documento de notificação ou cobrança do Imposto Predial Territorial Urbano (IPTU) ou do Imposto Territorial Rural (ITR) acompanhado da respectiva prova de quitação;

III – penhor ou anticrese:

a) prova da propriedade dos bens, acompanhada de certidão de inexistência de ônus reais;

b) para frutos e rendimentos de bem imóvel, laudo circunstanciado relativo à produtividade, elaborado por empresa ou profissional legalmente habilitado;

IV – seguro, a respectiva apólice.

§ 2.º Vindo o objeto da garantia a perecer ou a se desvalorizar no curso do parcelamento, o devedor será intimado para providenciar a sua reposição ou reforço, sob pena de rescisão do acordo e vencimento antecipado das parcelas restantes.

§ 3.º A garantia deverá ter valor mínimo igual ao total da dívida parcelada, observado em qualquer caso, o valor de mercado dos bens indicados, em conformidade com os critérios estabelecidos pelo Comitê Gestor.

§ 4.º O Comitê Gestor expedirá as normas necessárias à formalização das garantias oferecidas, observando que estão dispensadas de nova formalização as pessoas jurídicas que já o fizeram, desde que o valor não seja inferior ao estabelecido no § 3.º.

Art. 12. A adesão ao REFIS não implica desconstituição da penhora, arresto de bens ou outras garantias efetivadas nos autos da ação de execução fiscal, que integrarão a garantia oferecida no âmbito do Programa.

Parágrafo único. A execução fiscal, e qualquer de seus atos, somente será suspensa após a homologação da opção de ingresso no REFIS, ressalvadas as disposições legais em sentido contrário.

•• Primitivo § 1.º renumerado pelo Decreto n. 3.712, de 27-12-2000.

§ 2.º (*Revogado pelo Decreto n. 3.712, de 27-12-2000.*)

Art. 13. Relativamente a opções que contenham débitos ajuizados não garantidos, a expedição da certidão positiva com efeito de negativa, a suspensão do registro no CADIN e a suspensão da execução fiscal somente ocorrerão após a homologação da opção, ainda que tácita.

•• *Caput* com redação determinada pelo Decreto n. 3.712, de 27-12-2000.

§ 1.º Exclusivamente para os fins deste artigo, considerar-se-á tacitamente homologada a opção após transcorridos 75 (setenta e cinco) dias da sua formalização sem que haja expressa manifestação por parte do Comitê Gestor.

•• § 1.º com redação determinada pelo Decreto n. 3.712, de 27-12-2000.

§ 2.º A expedição da certidão referida no *caput* subordina-se ao regular pagamento das parcelas do débito consolidado no REFIS ou no parcelamento a ele alternativo, observado o disposto no § 3.º do art. 6.º deste Decreto, bem assim dos tributos e contribuições com vencimento posterior a 29 de fevereiro de 2000.

•• § 2.º com redação determinada pelo Decreto n. 3.712, de 27-12-2000.

Do Arrolamento

Art. 14. O arrolamento de bens será efetivado pela autoridade administrativa, considerando o valor contábil dos bens integrantes de seu patrimônio.

§ 1.º Deverão ser arrolados os bens imóveis da pessoa jurídica optante, integrantes de seu patrimônio em 31 de dezembro de 1999, classificados em conta integrante do ativo permanente, segundo as normas fiscais e comerciais, limitado ao valor do débito consolidado.

§ 2.º Na hipótese de a pessoa jurídica não possuir imóveis passíveis de arrolamento, segundo o disposto no parágrafo anterior, poderão ser arrolados outros bens integrantes de seu patrimônio, segundo normas estabelecidas pelo

Comitê Gestor.

§ 3.º O arrolamento de bens poderá ser adotado em conjunto com a garantia, para fins de satisfação do valor mínimo a que se refere o § 3.º do art. 11.

§ 4.º Para os fins do disposto no § 5.º do art. 64 da Lei n. 9.532, de 1997, a pessoa jurídica optante deverá informar o número de inscrição no CNPJ dos cartórios onde se encontrarem registrados os imóveis arrolados.

Da Exclusão do REFIS

Art. 15. A pessoa jurídica optante pelo REFIS será dele excluída nas seguintes hipóteses, mediante ato do Comitê Gestor:

- A Resolução n. 9, de 12-1-2001, do Comitê Gestor do Programa de Recuperação Fiscal, dispõe sobre a exclusão do Programa de Recuperação Fiscal de pessoa jurídica optante.

I – inobservância de qualquer das exigências estabelecidas nos incisos I a V do *caput* do art. 8.º;

II – inadimplemento, por 3 (três) meses consecutivos ou 6 (seis) alternados, o que primeiro ocorrer, relativamente a qualquer dos tributos e contribuições abrangidos pelo REFIS, inclusive os com vencimento após 29 de fevereiro de 2000;

III – constatação, caracterizada por lançamento de ofício, de débito correspondente a tributo ou contribuição abrangido pelo REFIS e não incluído na confissão a que se refere o inciso I do *caput* do art. 8.º, salvo se integralmente pago no prazo de 30 (trinta) dias, contado da ciência do lançamento ou da decisão definitiva na esfera administrativa ou judicial;

IV – compensação ou utilização indevida de créditos, prejuízo fiscal ou base de cálculo negativa, referidos nos §§ 5.º e 6.º do art. 5.º;

V – decretação de falência, extinção, pela liquidação, ou cisão da pessoa jurídica;

- O art. 5.º do Decreto n. 3.712, de 27-12-2000, dispõe sobre hipóteses de inaplicabilidade deste inciso.

VI – concessão de medida cautelar fiscal, nos termos da Lei n. 8.397, de 6 de janeiro de 1992;

VII – prática de qualquer procedimento tendente a subtrair receita da optante, mediante simulação de ato;

VIII – declaração de inaptidão da inscrição no Cadastro Nacional da Pessoa Jurídica, nos termos dos arts. 80 e 81 da Lei n. 9.430, de 27 de dezembro de 1996;

IX – decisão definitiva, na esfera judicial, total ou parcialmente desfavorável à pessoa jurídica, relativa a débito referido no § 2.º do art. 5.º e não incluído no REFIS, salvo se integralmente pago no prazo de 30 (trinta) dias, contado da ciência da referida decisão;

X – arbitramento do lucro da pessoa jurídica, nos casos de determinação da base de cálculo do imposto de renda por critério diferente ao da receita bruta;

XI – suspensão de suas atividades relativas a seu objeto social ou não auferimento de receita bruta por 9 (nove) meses consecutivos.

§ 1.º A exclusão da pessoa jurídica do REFIS implicará exigibilidade imediata da totalidade do crédito confessado e ainda não pago e automática execução da garantia prestada, restabelecendo-se, em relação ao montante não pago, os acréscimos legais na forma da legislação aplicável à época da ocorrência dos respectivos fatos geradores.

§ 2.º A exclusão produzirá efeitos:

I – nas hipóteses dos incisos I, II e III do *caput*, a partir do mês subsequente àquele em que for cientificado o contribuinte do ato que o excluir do Programa;

II – nas hipóteses dos incisos X e XI do *caput*, a partir do mês subsequente àquele em que a pessoa jurídica não houver apurado sua receita bruta ou não puder demonstrá-la e comprová-la;

III – nas demais hipóteses, a partir do mês subsequente àquele em que ocorrido o fato que ensejar a exclusão.

§ 3.º Na hipótese do inciso III do *caput*, e observado o disposto no inciso I do parágrafo anterior, quando houver sido contestado o lançamento, a exclusão dar-se-á na data da ciência, pela pessoa jurídica, da decisão definitiva, na esfera administrativa ou judicial, neste caso desde que a respectiva ação tenha sido impetrada no prazo de 30 (trinta) dias da ciência do lançamento ou da decisão administrativa definitiva.

§ 4.º O disposto no inciso III do *caput* e no parágrafo anterior aplica-se aos lançamentos de ofício:

I – efetuados antes da data de opção pelo REFIS;

II – relacionados a fatos geradores de obrigação com vencimento posterior a 29 de fevereiro de 2000 e não parcelados nos termos do art. 2.º da Medida Provisória n. 2.061-2, de 30 de novembro de 2000, salvo se da infração resultar redução da base de cálculo das parcelas devidas no âmbito do REFIS, hipótese em que será aplicado o disposto no inciso I do § 2.º.

•• Inciso II com redação determinada pelo Decreto n. 3.712, de 27-12-2000.

§ 5.º A exclusão será precedida de representação fundamentada da SRF, do INSS ou da PGFN.

Art. 16. A liquidação dos valores correspondentes a multa e juros, nos termos do inciso II do § 5.º do art. 5.º, será definitiva, ainda que a pessoa jurídica seja excluída do REFIS, exceto na hipótese de que trata o inciso IV do artigo anterior, relativamente à parcela considerada indevida.

Da Alocação, da Apropriação e da Transferência dos Valores Arrecadados

Art. 17. Os pagamentos efetuados no âmbito do REFIS serão alocados proporcionalmente, para fins de amortização do débito consolidado, tendo por base a relação existente, na data-base da consolidação, entre o valor consolidado de cada tributo e contribuição incluído no Programa e o valor total parcelado.

Parágrafo único. A amortização do débito consolidado dar-se-á na forma do *caput*, observadas as destinações e vinculações legais.

Art. 18. A apropriação e a transferência dos recolhimentos efetuados no âmbito do REFIS serão efetuadas até o último dia útil do mês seguinte ao da arrecadação.

§ 1.º Para os fins do disposto neste artigo, a SRF informará mensalmente, ao INSS e à PGFN, o montante dos valores arrecadados das empresas, individualizando-os pelos respectivos números de inscrição no CNPJ.

§ 2.º A consolidação e o processamento referidos neste artigo serão realizados no prazo máximo de 180 (cento e oitenta) dias, contado da vigência desse Decreto.

§ 3.º Enquanto não consolidados e processados os débitos submetidos ao REFIS, a apropriação e transferência referidas no *caput* serão realizadas com base no total dos débitos existentes no âmbito de cada órgão, inclusive da PGFN.

Das Outras Formas de Parcelamento

Art. 19. Observado o prazo a que se refere o *caput* do art. 4.º e demais normas e condições estabelecidas neste Decreto, a pessoa jurídica poderá, alternativamente ao disposto no inciso II do art. 6.º, proceder ao pagamento do débito consolidado em até 60 (sessenta) parcelas mensais, iguais e sucessivas.

§ 1.º Na hipótese deste artigo, o valor de cada parcela não poderá ser inferior a:

I – R$ 300,00 (trezentos reais), no caso de pessoa jurídica optante pelo SIMPLES;

II – R$ 1.000,00 (mil reais), no caso de pessoa jurídica submetida ao regime de tributação com base no lucro presumido;

III – R$ 3.000,00 (três mil reais), nos demais casos.

§ 2.º O pagamento dos débitos parcelados na forma deste artigo será devido a partir do próprio mês da opção.

§ 3.º Enquanto não comunicado, pelo Comitê Gestor, nos termos do § 7.º do art. 5.º, o valor total do débito consolidado, a pessoa jurídica deverá determinar o valor das parcelas mensais com base no montante do débito que lhe for informado pela SRF, INSS e PGFN, ainda que parcial, ou, na sua falta, no valor por ela conhecido, observado, em qualquer caso, o disposto no § 1.º.

§ 4.º A quantidade de parcelas será definida quando efetivada a consolidação dos débitos, observados os valores mínimos estabelecidos no § 1.º, podendo a pessoa jurídica, a qualquer tempo, solicitar a redução do prazo, hipótese em que os valores das parcelas serão recalculados.

§ 5.º O parcelamento na forma estabelecida neste artigo ficará sujeito à administração do Comitê Gestor a que se refere o art. 2.º.

Do Parcelamento do ITR

Art. 20. Os débitos do ITR poderão ser parcelados na forma do artigo anterior.

Parágrafo único. O parcelamento de que trata este artigo será concedido mediante processo específico, não sendo seus valores incluídos na consolidação.

Do Parcelamento de
Débitos não Tributários

Art. 21. Os débitos não tributários inscritos em dívida ativa, com vencimento até 29 de fevereiro de 2000, poderão ser parcelados em até 60 (sessenta) parcelas mensais, iguais e sucessivas, perante a PGFN, observadas as demais regras aplicáveis ao parcelamento de que trata o art. 19.

§ 1.º Para os débitos não tributários inscritos sujeitos ao parcelamento simplificado ou para os quais não se exige garantia no parcelamento ordinário, não se aplica a vedação de novos parcelamentos.

§ 2.º Para os débitos não tributários inscritos, não alcançados pelo disposto no parágrafo anterior, admitir-se-á o reparcelamento, desde que requerido até o último dia útil do mês de abril de 2000.

§ 3.º O disposto neste artigo aplica-se à verba de sucumbência devida por desistência de ação judicial para fins de inclusão dos respectivos débitos, inclusive no âmbito do INSS, no REFIS ou no parcelamento alternativo a que se refere o art. 19.

- O art. 6.º, § 3.º, do Decreto n. 3.712, de 27-12-2000, fixa em até 1% (um por cento) o valor da verba de sucumbência devida por desistência de ação judicial.

§ 4.º Na hipótese do parágrafo anterior, o parcelamento deverá ser solicitado pela pessoa jurídica no prazo de 30 (trinta) dias, contado da data em que efetivada a desistência, na forma e condições a serem estabelecidos pelos órgãos competentes.

Das Disposições Gerais e Finais

Art. 22. As obrigações decorrentes dos débitos incluídos no REFIS ou nos parcelamentos referidos nos arts. 19 a 21 não serão consideradas para fins de determinação de índices econômicos vinculados a licitações promovidas pela administração federal direta ou indireta, bem assim a operações de financiamentos realizadas por instituições financeiras oficiais federais.

Art. 23. Na hipótese de novação ou repactuação de débitos de responsabilidade de pessoas jurídicas optantes pelo REFIS ou pelo parcelamento alternativo a que se refere o art. 19, a recuperação de créditos anteriormente deduzidos como perda até 31 de dezembro de 1999, será, para fins do disposto no art. 12 da Lei n. 9.430, de 27 de dezembro de 1996, computada na determinação do lucro real e da base de cálculo da contribuição social sobre o lucro líquido, pelas pessoas jurídicas de que trata o inciso II do art. 14 da Lei n. 9.718, de 1998, à medida do efetivo recebimento, na forma a ser estabelecida pela SRF.

Parágrafo único. O disposto neste artigo aplica-se aos débitos vinculados ao Programa de Revitalização de Cooperativas de Produção Agropecuária – RECOOP, instituído pela Medida Provisória n. 1.961-20, de 2 de março de 2000, ainda que a pessoa jurídica devedora não seja optante por qualquer das formas de parcelamento referida no *caput*.

Art. 24. A SRF, o INSS e a PGFN expedirão, no âmbito de suas respectivas áreas de competência, as instruções complementares necessárias à implementação do disposto neste Decreto.

Art. 25. Este Decreto entra em vigor na data de sua publicação.

Art. 26. Fica revogado o Decreto n. 3.342, de 25 de janeiro de 2000.

Brasília, 24 de abril de 2000; 179.º da Independência e 112.º da República.

FERNANDO HENRIQUE CARDOSO

LEI COMPLEMENTAR N. 101, DE 4 DE MAIO DE 2000 (*)

Estabelece normas de finanças públicas voltadas para a responsabilidade na gestão fiscal e dá outras providências.

O Presidente da República

Faço saber que o Congresso Nacional decreta e eu sanciono a seguinte Lei Complementar:

Capítulo I
DISPOSIÇÕES PRELIMINARES

Art. 1.º Esta Lei Complementar estabelece normas de finanças públicas voltadas para a responsabilidade na gestão fiscal, com amparo no Capítulo II do Título VI da Constituição.

§ 1.º A responsabilidade na gestão fiscal pressupõe a ação planejada e transparente, em que se previnem riscos e corrigem desvios capazes de afetar o equilíbrio das contas públicas, mediante o cumprimento de metas de resultados entre receitas e despesas e a obediência a limites e condições no que tange a renúncia de receita, geração de despesas com pessoal, da seguridade social e outras, dívidas consolidada e mobiliária, operações de crédito, inclusive por antecipação de receita, concessão de garantia e inscrição em Restos a Pagar.

- *Vide* art. 8.º do CTN.

§ 2.º As disposições desta Lei Complementar obrigam a União, os Estados, o Distrito Federal e os Municípios.

- *Vide* art. 24, §§ 3.º e 4.º, da CF.

§ 3.º Nas referências:

I – à União, aos Estados, ao Distrito Federal e aos Municípios, estão compreendidos:

a) o Poder Executivo, o Poder Legislativo, neste abrangidos os Tribunais de Contas, o Poder Judiciário e o Ministério Público;

b) as respectivas administrações diretas, fundos, autarquias, fundações e empresas estatais dependentes;

II – a Estados entende-se considerado o Distrito Federal;

III – a Tribunais de Contas estão incluídos: Tribunal de Contas da União, Tribunal de Contas do Estado e, quando houver, Tribunal de Contas dos Municípios e Tribunal de Contas do Município.

Art. 2.º Para os efeitos desta Lei Complementar, entende-se como:

I – ente da Federação: a União, cada Estado, o Distrito Federal e cada Município;

II – empresa controlada: sociedade cuja maioria do capital social com direito a voto pertença, direta ou indiretamente, a ente da Federação;

III – empresa estatal dependente: empresa controlada que receba do ente controlador recursos financeiros para pagamento de despesas com pessoal ou de custeio em geral ou de capital, excluídos, no último caso, aqueles provenientes de aumento de participação acionária;

IV – receita corrente líquida: somatório das receitas tributárias, de contribuições, patrimoniais, industriais, agropecuárias, de serviços, transferências correntes e outras receitas também correntes, deduzidos:

a) na União, os valores transferidos aos Estados e Municípios por determinação constitucional ou legal, e as contribuições mencionadas na alínea *a* do inciso I e no inciso II do art. 195, e no art. 239 da Constituição;

b) nos Estados, as parcelas entregues aos Municípios por determinação constitucional;

c) na União, nos Estados e nos Municípios, a contribuição dos servidores para o custeio do seu sistema de previdência e assistência social e as receitas provenientes da compensação financeira citada no § 9.º do art. 201 da Constituição.

- Citado dispositivo refere-se à previdência social.

§ 1.º Serão computados no cálculo da receita corrente líquida os valores pagos e recebidos em decorrência da Lei Complementar n. 87, de 13 de setembro de 1996, e do fundo previsto pelo art. 60 do Ato das Disposições Constitucionais Transitórias.

- Citado fundo refere-se à manutenção e ao desenvolvimento do ensino fundamental.
- *Vide* citada Lei constante deste volume.

§ 2.º Não serão considerados na receita corrente líquida do Distrito Federal e dos Estados do Amapá e de Roraima os recursos recebidos da União para atendimento das despesas de que trata o inciso V do § 1.º do art. 19.

§ 3.º A receita corrente líquida será apurada somando-se as receitas arrecadadas no mês em referência e nos onze anteriores, excluídas as duplicidades.

Capítulo II
DO PLANEJAMENTO

Seção I
Do Plano Plurianual

Art. 3.º (*Vetado.*)

(*) Publicada no *DOU*, de 5-5-2000. *Vide* arts. 359-A a 359-H do Decreto-lei n. 2.848, de 7-12-1940 (CP), que dispõem sobre os crimes contra as finanças públicas.

Seção II
Da Lei de Diretrizes Orçamentárias

Art. 4.º A lei de diretrizes orçamentárias atenderá o disposto no § 2.º do art. 165 da Constituição e:

- *Vide* citado dispositivo constante deste volume.

I – disporá também sobre:

a) equilíbrio entre receitas e despesas;

b) critérios e forma de limitação de empenho, a ser efetivada nas hipóteses previstas na alínea *b* do inciso II deste artigo, no art. 9.º e no inciso II do § 1.º do art. 31;

c) e d) (*Vetadas.*)

e) normas relativas ao controle de custos e à avaliação dos resultados dos programas financiados com recursos dos orçamentos;

f) demais condições e exigências para transferências de recursos a entidades públicas e privadas;

II e III - (*Vetados.*)

§ 1.º Integrará o projeto de lei de diretrizes orçamentárias Anexo de Metas Fiscais, em que serão estabelecidas metas anuais, em valores correntes e constantes, relativas a receitas, despesas, resultados nominal e primário e montante da dívida pública, para o exercício a que se referirem e para os dois seguintes.

§ 2.º O Anexo conterá, ainda:

I – avaliação do cumprimento das metas relativas ao ano anterior;

II – demonstrativo das metas anuais, instruído com memória e metodologia de cálculo que justifiquem os resultados pretendidos, comparando-as com as fixadas nos três exercícios anteriores, e evidenciando a consistência delas com as premissas e os objetivos da política econômica nacional;

III – evolução do patrimônio líquido, também nos últimos três exercícios, destacando a origem e a aplicação dos recursos obtidos com a alienação de ativos;

IV – avaliação da situação financeira e atuarial:

a) dos regimes geral de previdência social e próprio dos servidores públicos e do Fundo de Amparo ao Trabalhador;

b) dos demais fundos públicos e programas estatais de natureza atuarial;

V – demonstrativo da estimativa e compensação da renúncia de receita e da margem de expansão das despesas obrigatórias de caráter continuado.

§ 3.º A lei de diretrizes orçamentárias conterá Anexo de Riscos Fiscais, onde serão avaliados os passivos contingentes e outros riscos capazes de afetar as contas públicas, informando as providências a serem tomadas, caso se concretizem.

§ 4.º A mensagem que encaminhar o projeto da União apresentará, em anexo específico, os objetivos das políticas monetária, creditícia e cambial, bem como os parâmetros e as projeções para seus principais agregados e variáveis, e ainda as metas de inflação, para o exercício subsequente.

Seção III
Da Lei Orçamentária Anual

- A Lei n. 12.708, de 17-8-2012, dispõe sobre as diretrizes para a elaboração e execução da Lei Orçamentária de 2013 e dá outras providências.

Art. 5.º O projeto de lei orçamentária anual, elaborado de forma compatível com o plano plurianual, com a lei de diretrizes orçamentárias e com as normas desta Lei Complementar:

- *Vide* art. 167, I, da CF.

I – conterá, em anexo, demonstrativo da compatibilidade da programação dos orçamentos com os objetivos e metas constantes do documento de que trata o § 1.º do art. 4.º;

II – será acompanhado do documento a que se refere o § 6.º do art. 165 da Constituição, bem como das medidas de compensação a renúncias de receita e ao aumento de despesas obrigatórias de caráter continuado;

- *Vide* citado dispositivo constante deste volume.

III – conterá reserva de contingência, cuja forma de utilização e montante, definido com base na receita corrente líquida, serão estabelecidos na lei de diretrizes orçamentárias, destinada ao:

a) (*Vetado.*)

b) atendimento de passivos contingentes e outros riscos e eventos fiscais imprevistos.

§ 1.º Todas as despesas relativas à dívida pública, mobiliária ou contratual, e as receitas que as atenderão, constarão da lei orçamentária anual.

§ 2.º O refinanciamento da dívida pública constará separadamente na lei orçamentária e nas de crédito adicional.

§ 3.º A atualização monetária do principal da dívida mobiliária refinanciada não poderá superar a variação do índice de preços previsto na lei de diretrizes orçamentárias, ou em legislação específica.

§ 4.º É vedado consignar na lei orçamentária crédito com finalidade imprecisa ou com dotação ilimitada.

- *Vide* art. 167, IV e XI, da CF.

§ 5.º A lei orçamentária não consignará dotação para investimento com duração superior a um exercício financeiro que não esteja previsto no plano plurianual ou em lei que autorize a sua inclusão, conforme disposto no § 1.º do art. 167 da Constituição.

- *Vide* citado dispositivo constante deste volume.

§ 6.º Integrarão as despesas da União, e serão incluídas na lei orçamentária, as do Banco Central do Brasil relativas a pessoal e encargos sociais, custeio administrativo, inclusive os destinados a benefícios e assistência aos servidores, e a investimentos.

§ 7.º (*Vetado.*)

Art. 6.º (*Vetado.*)

Art. 7.º O resultado do Banco Central do Brasil, apurado após a constituição ou reversão de reservas, constitui receita do Tesouro Nacional, e será transferido até o décimo dia útil subsequente à aprovação dos balanços semestrais.

§ 1.º O resultado negativo constituirá obrigação do Tesouro para com o Banco Central do Brasil e será consignado em dotação específica no orçamento.

§ 2.º O impacto e o custo fiscal das operações realizadas pelo Banco Central do Brasil serão demonstrados trimestralmente, nos termos em que dispuser a lei de diretrizes orçamentárias da União.

§ 3.º Os balanços trimestrais do Banco Central do Brasil conterão notas explicativas sobre os custos da remuneração das disponibilidades do Tesouro Nacional e da manutenção das reservas cambiais e a rentabilidade de sua carteira de títulos, destacando os de emissão da União.

Seção IV
Da Execução Orçamentária e do Cumprimento das Metas

• *Vide* arts. 47 a 68 da Lei n. 4.320, de 17-3-1964.

Art. 8.º Até 30 (trinta) dias após a publicação dos orçamentos, nos termos em que dispuser a lei de diretrizes orçamentárias e observado o disposto na alínea *c* do inciso I do art. 4.º, o Poder Executivo estabelecerá a programação financeira e o cronograma de execução mensal de desembolso.

Parágrafo único. Os recursos legalmente vinculados a finalidade específica serão utilizados exclusivamente para atender ao objeto de sua vinculação, ainda que em exercício diverso daquele em que ocorrer o ingresso.

Art. 9.º Se verificado, ao final de um bimestre, que a realização da receita poderá não comportar o cumprimento das metas de resultado primário ou nominal estabelecidas no Anexo de Metas Fiscais, os Poderes e o Ministério Público promoverão, por ato próprio e nos montantes necessários, nos 30 (trinta) dias subsequentes, limitação de empenho e movimentação financeira, segundo os critérios fixados pela lei de diretrizes orçamentárias.

§ 1.º No caso de restabelecimento da receita prevista, ainda que parcial, a recomposição das dotações cujos empenhos foram limitados dar-se-á de forma proporcional às reduções efetivadas.

§ 2.º Não serão objeto de limitação as despesas que constituam obrigações constitucionais e legais do ente, inclusive aquelas destinadas ao pagamento do serviço da dívida, as relativas à inovação e ao desenvolvimento científico e tecnológico custeadas por fundo criado para tal finalidade e as ressalvadas pela lei de diretrizes orçamentárias.

•• § 2.º com redação determinada pela Lei Complementar n. 177, de 12-1-2021.

§ 3.º No caso de os Poderes Legislativo e Judiciário e o Ministério Público não promoverem a limitação no prazo estabelecido no *caput*, é o Poder Executivo autorizado a limitar os valores financeiros segundo os critérios fixados pela lei de diretrizes orçamentárias.

•• O STF, na ADI n. 2.238-5, (*DOU* de 21-5-2002)concedeu medida cautelar em 22-2-2001, para suspender a eficácia deste parágrafo.

§ 4.º Até o final dos meses de maio, setembro e fevereiro, o Poder Executivo demonstrará e avaliará o cumprimento das metas fiscais de cada quadrimestre, em audiência pública na comissão referida no § 1.º do art. 166 da Constituição ou equivalente nas Casas Legislativas estaduais e municipais.

• *Vide* citado dispositivo constante deste volume.

§ 5.º No prazo de 90 (noventa) dias após o encerramento de cada semestre, o Banco Central do Brasil apresentará, em reunião conjunta das comissões temáticas pertinentes do Congresso Nacional, avaliação do cumprimento dos objetivos e metas das políticas monetária, creditícia e cambial, evidenciando o impacto e o custo fiscal de suas operações e os resultados demonstrados nos balanços.

Art. 10. A execução orçamentária e financeira identificará os beneficiários de pagamento de sentenças judiciais, por meio de sistema de contabilidade e administração financeira, para fins de observância da ordem cronológica determinada no art. 100 da Constituição.

• *Vide* citado dispositivo constante deste volume.

Capítulo III
DA RECEITA PÚBLICA

• A Portaria n. 219, de 29-4-2004, da Secretaria do Tesouro Nacional, aprova a 1.ª edição do Manual de Procedimentos da Receita Pública.

Seção I
Da Previsão e da Arrecadação

Art. 11. Constituem requisitos essenciais da responsabilidade na gestão fiscal a instituição, previsão e efetiva arrecadação de todos os tributos da competência constitucional do ente da Federação.

• *Vide* art. 153, VII, da CF.

Parágrafo único. É vedada a realização de transferências voluntárias para o ente que não observe o disposto no *caput*, no que se refere aos impostos.

Art. 12. As previsões de receita observarão as normas técnicas e legais, considerarão os efeitos das alterações na legislação, da variação do índice de preços, do crescimento econômico ou de qualquer outro fator relevante e serão acompanhadas de demonstrativo de sua evolução nos últimos três anos, da projeção para os dois seguintes àquele a que se referirem, e da metodologia de cálculo e premissas utilizadas.

§ 1.º Reestimativa de receita por parte do Poder Legislativo só será admitida se comprovado erro ou omissão de ordem técnica ou legal.

§ 2.º O montante previsto para as receitas de operações de crédito não poderá ser superior ao das despesas de capital constantes do projeto de lei orçamentária.

•• O STF, em liminar concedida aos 9-5-2002, no julgamento da ADI n. 2.238-5, (*DOU* de 21-5-2002), suspendeu a eficácia deste parágrafo.

§ 3.º O Poder Executivo de cada ente colocará à disposição dos demais Poderes e do Ministério Público, no mínimo 30 (trinta) dias antes do prazo final para encaminhamento de suas propostas orçamentárias, os estudos e as estimativas das receitas para o exercício subsequente, inclusive da corrente líquida, e as respectivas memórias de cálculo.

Art. 13. No prazo previsto no art. 8.º, as receitas previstas serão desdobradas, pelo Poder Executivo, em metas bimestrais de arrecadação, com a especificação, em separado, quando cabível, das medidas de combate à evasão e à sonegação, da quantidade e valores de ações ajuizadas para cobrança da dívida ativa, bem como da evolução do montante dos créditos tributários passíveis de cobrança administrativa.

Seção II
Da Renúncia de Receita

Art. 14. A concessão ou ampliação de incentivo ou benefício de natureza tributária da qual decorra renúncia de receita deverá estar acompanhada de estimativa do impacto orçamentário-financeiro no exercício em que deva iniciar sua vigência e nos dois seguintes, atender ao disposto na lei de diretrizes orçamentárias e a pelo menos uma das seguintes condições:

I – demonstração pelo proponente de que a renúncia foi considerada na estimativa de receita da lei orçamentária, na forma do art. 12, e de que não afetará as metas de resultados fiscais previstas no anexo próprio da lei de diretrizes orçamentárias;

II – estar acompanhada de medidas de compensação, no período mencionado no *caput*, por meio do aumento de receita, proveniente da elevação de alíquotas, ampliação da base de cálculo, majoração ou criação de tributo ou contribuição.

•• A Lei Complementar n. 148, de 25-11-2014, propôs nova redação para este inciso, porém teve o texto vetado.

•• A Lei Complementar n. 148, de 25-11-2014, propôs o acréscimo de um inciso III para este artigo, porém teve o texto vetado.

§ 1.º A renúncia compreende anistia, remissão, subsídio, crédito presumido, concessão de isenção em caráter não geral, alteração de alíquota ou modificação de base de cálculo que implique redução discriminada de tributos ou contribuições, e outros benefícios que correspondam a tratamento diferenciado.

•• A Lei Complementar n. 148, de 25-11-2014, propôs nova redação para este § 1.º, porém teve o texto vetado.

• *Vide* art. 150, § 6.º, da CF.

§ 2.º Se o ato de concessão ou ampliação do incentivo ou benefício de que trata o *caput* deste artigo decorrer da condição contida no inciso II, o benefício só entrará em vigor quando implementadas as medidas referidas no mencionado inciso.

•• A Lei Complementar n. 148, de 25-11-2014, propôs nova redação para este § 2.º, porém teve o texto vetado.

§ 3.º O disposto neste artigo não se aplica:

•• A Lei Complementar n. 148, de 25-11-2014, propôs nova redação para este § 3.º, *caput*, porém teve o texto vetado.

I – às alterações das alíquotas dos impostos previstos nos incisos I, II, IV e V do art. 153 da Constituição, na forma do seu § 1.º;

•• A Lei Complementar n. 148, de 25-11-2014, propôs nova redação para este inciso I, porém teve o texto vetado.

• Citados dispositivos constam deste volume.

II – ao cancelamento de débito cujo montante seja inferior ao dos respectivos custos de cobrança.

•• A Lei Complementar n. 148, de 25-11-2014, propôs o acréscimo dos incisos III, IV e V, para este parágrafo, porém teve o texto vetado.

Capítulo IV
DA DESPESA PÚBLICA

Seção I
Da Geração da Despesa

Art. 15. Serão consideradas não autorizadas, irregulares e lesivas ao patrimônio público a geração de despesa ou assunção de obrigação que não atendam o disposto nos arts. 16 e 17.

Art. 16. A criação, expansão ou aperfeiçoamento de ação governamental que acarrete aumento da despesa será acompanhado de:

I – estimativa do impacto orçamentário-financeiro no exercício em que deva entrar em vigor e nos dois subsequentes;

II – declaração do ordenador da despesa de que o aumento tem adequação orçamentária e financeira com a lei orçamentária anual e compatibilidade com o plano plurianual e com a lei de diretrizes orçamentárias.

§ 1.º Para os fins desta Lei Complementar, considera-se:

I – adequada com a lei orçamentária anual, a despesa objeto de dotação específica e suficiente, ou que esteja abrangida por crédito genérico, de forma que somadas todas as despesas da mesma espécie, realizadas e a realizar, previstas no programa de trabalho, não sejam ultrapassados os limites estabelecidos para o exercício;

II – compatível com o plano plurianual e a lei de diretrizes orçamentárias, a despesa que se conforme com as diretrizes, objetivos, prioridades e metas previstos nesses instrumentos e não infrinja qualquer de suas disposições.

§ 2.º A estimativa de que trata o inciso I do *caput* será acompanhada das premissas e metodologia de cálculo utilizadas.

§ 3.º Ressalva-se do disposto neste artigo a despesa considerada irrelevante, nos termos em que dispuser a lei de diretrizes orçamentárias.

§ 4.º As normas do *caput* constituem condição prévia para:

I – empenho e licitação de serviços, fornecimento de bens ou execução de obras;

II – desapropriação de imóveis urbanos a que se refere o § 3.º do art. 182 da Constituição.

• *Vide* citado dispositivo constante deste volume.

Subseção I
Da despesa obrigatória de caráter continuado

Art. 17. Considera-se obrigatória de caráter continuado a despesa corrente derivada de lei, medida provisória ou ato administrativo normativo que fixem para o ente a obrigação legal de sua execução por um período superior a dois exercícios.

§ 1.º Os atos que criarem ou aumentarem despesa de que trata o *caput* deverão ser instruídos com a estimativa prevista no inciso I do art. 16 e demonstrar a origem dos recursos para seu custeio.

§ 2.º Para efeito do atendimento do § 1.º, o ato será acompanhado de comprovação de que a despesa criada ou aumentada não afetará as metas de resultados fiscais previstas no anexo referido no § 1.º do art. 4.º, devendo seus efeitos financeiros, nos períodos seguintes, ser compensados pelo aumento permanente de receita ou pela redução permanente de despesa.

§ 3.º Para efeito do § 2.º, considera-se aumento permanente de receita o proveniente da elevação de alíquotas, ampliação da base de cálculo, majoração ou criação de tributo ou contribuição.

§ 4.º A comprovação referida no § 2.º, apresentada pelo proponente, conterá as premissas e metodologia de cálculo utilizadas, sem prejuízo do exame de compatibilidade da despesa com as demais normas do plano plurianual e da lei de diretrizes orçamentárias.

§ 5.º A despesa de que trata este artigo não será executada antes da implementação das medidas referidas no § 2.º, as quais integrarão o instrumento que a criar ou aumentar.

§ 6.º O disposto no § 1.º não se aplica às despesas destinadas ao serviço da dívida nem ao reajustamento de remuneração de pessoal de que trata o inciso X do art. 37 da Constituição.

• O art. 37, X, dispõe sobre a remuneração dos servidores públicos.

§ 7.º Considera-se aumento de despesa a prorrogação daquela criada por prazo determinado.

Seção II
Das Despesas com Pessoal

Subseção I
Definições e Limites

Art. 18. Para os efeitos desta Lei Complementar, entende-se como despesa total com pessoal: o somatório dos gastos do ente da Federação com os ativos, os inativos e os pensionistas, relativos a mandatos eletivos, cargos, funções ou empregos, civis, militares e de membros de Poder, com quaisquer espécies remuneratórias, tais como vencimentos e vantagens, fixas e variáveis, subsídios, proventos da aposentadoria, reformas e pensões, inclusive adicionais, gratificações, horas extras e vantagens pessoais de qualquer natureza, bem como encargos sociais e contribuições recolhidas pelo ente às entidades de previdência.

§ 1.º Os valores dos contratos de terceirização de mão de obra que se referem à substituição de servidores e empregados públicos serão contabilizados como "Outras Despesas de Pessoal".

§ 2.º A despesa total com pessoal será apurada somando-se a realizada no mês em referência com as dos 11 (onze) imediatamente anteriores, adotando-se o regime de competência, independentemente de empenho.

•• § 2.º com redação determinada pela Lei Complementar n. 178, de 13-1-2021.

§ 3.º Para a apuração da despesa total com pessoal, será observada a remuneração bruta do servidor, sem qualquer dedução ou retenção, ressalvada a redução para atendimento ao disposto no art. 37, inciso XI, da Constituição Federal.

•• § 3.º acrescentado pela Lei Complementar n. 178, de 13-1-2021.

Art. 19. Para os fins do disposto no *caput* do art. 169 da Constituição, a despesa total com pessoal, em cada período de apuração e em cada ente da Federação, não poderá exceder os percentuais da receita corrente líquida, a seguir discriminados:

I – União: 50% (cinquenta por cento);

II – Estados: 60% (sessenta por cento);

III – Municípios: 60% (sessenta por cento).

§ 1.º Na verificação do atendimento dos limites definidos neste artigo, não serão computadas as despesas:

I – de indenização por demissão de servidores ou empregados;

II – relativas a incentivos à demissão voluntária;

III – derivadas da aplicação do disposto no inciso II do § 6.º do art. 57 da Constituição;

• Citado dispositivo trata da convocação extraordinária do Congresso Nacional em caso de urgência ou interesse público relevante.

IV – decorrentes de decisão judicial e da competência de período anterior ao da apuração a que se refere o § 2.º do art. 18;

V – com pessoal, do Distrito Federal e dos Estados do Amapá e Roraima, custeadas com recursos transferidos pela União na forma dos incisos XIII e XIV do art. 21 da Constituição e do art. 31 da Emenda Constitucional n. 19;

VI – com inativos e pensionistas, ainda que pagas por intermédio de unidade gestora única ou fundo previsto no art. 249 da Constituição Federal, quanto à parcela custeada por recursos provenientes:

•• Inciso VI, *caput*, com redação determinada pela Lei Complementar n. 178, de 13-1-2021.

a) da arrecadação de contribuições dos segurados;

b) da compensação financeira de que trata o § 9.º do art. 201 da Constituição;

c) de transferências destinadas a promover o equilíbrio atuarial do regime de previdência, na forma definida pelo órgão do Poder Executivo federal responsável pela orientação, pela supervisão e pelo acompanhamento dos regimes próprios de previdência social dos servidores públicos.

•• Alínea *c* com redação determinada pela Lei Complementar n. 178, de 13-1-2021.

§ 2.º Observado o disposto no inciso IV do § 1.º, as despesas com pessoal decorrentes de sentenças judiciais serão incluídas no limite do respectivo Poder ou órgão referido no art. 20.

§ 3.º Na verificação do atendimento dos limites definidos neste artigo, é vedada a dedução da parcela custeada com recursos aportados para a cobertura do déficit financeiro dos regimes de previdência.

•• § 3.º acrescentado pela Lei Complementar n. 178, de 13-1-2021.

Art. 20. A repartição dos limites globais do art. 19 não poderá exceder os seguintes percentuais:

I – na esfera federal:

a) 2,5% (dois inteiros e cinco décimos por cento) para o Legislativo, incluído o Tribunal de Contas da União;

b) 6% (seis por cento) para o Judiciário;

c) 40,9% (quarenta inteiros e nove décimos por cento) para o Executivo, destacando-se 3% (três por cento) para as despesas com pessoal decorrentes do que dispõem os incisos XIII e XIV do art. 21 da Constituição e o art. 31 da Emenda Constitucional n. 19, repartidos de forma proporcional à média das despesas relativas a cada um destes dispositivos, em percentual da receita corrente líquida, verificadas nos três exercícios financeiros imediatamente anteriores ao da publicação desta Lei Complementar;

d) 0,6% (seis décimos por cento) para o Ministério Público da União;

II – na esfera estadual:

a) 3% (três por cento) para o Legislativo, incluído o Tribunal de Contas do Estado;

b) 6% (seis por cento) para o Judiciário;

c) 49% (quarenta e nove por cento) para o Executivo;

d) 2% (dois por cento) para o Ministério Público dos Estados;

III – na esfera municipal:

a) 6% (seis por cento) para o Legislativo, incluído o Tribunal de Contas do Município, quando houver;

b) 54% (cinquenta e quatro por cento) para o Executivo.

§ 1.º Nos Poderes Legislativo e Judiciário de cada esfera, os limites serão repartidos entre seus órgãos de forma proporcional à média das despesas com pessoal, em percentual da receita corrente líquida, verificadas nos três exercícios financeiros imediatamente anteriores ao da publicação desta Lei Complementar.

§ 2.º Para efeito deste artigo entende-se como órgão:

I – o Ministério Público;

II – no Poder Legislativo:

a) Federal, as respectivas Casas e o Tribunal de Contas da União;

b) Estadual, a Assembleia Legislativa e os Tribunais de Contas;

c) do Distrito Federal, a Câmara Legislativa e o Tribunal de Contas do Distrito Federal;

d) Municipal, a Câmara de Vereadores e o Tribunal de Contas do Município, quando houver;

III – no Poder Judiciário:

a) Federal, os tribunais referidos no art. 92 da Constituição;

b) Estadual, o Tribunal de Justiça e outros, quando houver.

§ 3.º Os limites para as despesas com pessoal do Poder Judiciário, a cargo da União por força do inciso XIII do art. 21 da Constituição, serão estabelecidos mediante aplicação da regra do § 1.º.

§ 4.º Nos Estados em que houver Tribunal de Contas dos Municípios, os percentuais definidos nas alíneas *a* e *c* do inciso II do *caput* serão, respectivamente, acrescidos e reduzidos em 0,4% (quatro décimos por cento).

§ 5.º Para os fins previstos no art. 168 da Constituição, a entrega dos recursos financeiros correspondentes à despesa total com pessoal por Poder e órgão será a resultante da aplicação dos percentuais definidos neste artigo, ou aqueles fixados na lei de diretrizes orçamentárias.

§ 6.º (*Vetado.*)

§ 7.º Os Poderes e órgãos referidos neste artigo deverão apurar, de forma segregada para aplicação dos limites de que trata este artigo, a integralidade das despesas com pessoal dos respectivos servidores inativos e pensionistas, mesmo que o custeio dessas despesas esteja a cargo de outro Poder ou órgão.

•• § 7.º acrescentado pela Lei Complementar n. 178, de 13-1-2021.

Subseção II
Do controle da despesa total com pessoal

• *Vide* art. 169, §§ 2.º a 7.º, da CF.

Art. 21. É nulo de pleno direito:

•• *Caput* com redação determinada pela Lei Complementar n. 173, de 27-5-2020.

• *Vide* art. 169, § 1.º, da CF.

I – o ato que provoque aumento da despesa com pessoal e não atenda:

•• Inciso I, *caput*, com redação determinada pela Lei Complementar n. 173, de 27-5-2020.

a) às exigências dos arts. 16 e 17 desta Lei Complementar e o dis-posto no inciso XIII do *caput* do art. 37 e no § 1º do art. 169 da Constituição Federal; e

•• Alínea *a* acrescentada pela Lei Complementar n. 173, de 27-5-2020.

b) ao limite legal de comprometimento aplicado às despesas com pessoal inativo;

•• Alínea *b* acrescentada pela Lei Complementar n. 173, de 27-5-2020.

II – o ato de que resulte aumento da despesa com pessoal nos 180 (cento e oitenta) dias anteriores ao final do mandato do titular de Poder ou órgão referido no art. 20;

•• Inciso II com redação determinada pela Lei Complementar n. 173, de 27-5-2020.

III – o ato de que resulte aumento da despesa com pessoal que preveja parcelas a serem implementadas em períodos posteriores ao final do mandato do titular de Poder ou órgão referido no art. 20;

•• Inciso III acrescentado pela Lei Complementar n. 173, de 27-5-2020.

IV – a aprovação, a edição ou a sanção, por Chefe do Poder Executivo, por Presidente e demais membros da Mesa ou órgão decisório equivalente do Poder Legislativo, por Presidente de Tribunal do Poder Judiciário e pelo Chefe do Ministério Público, da União e dos Estados, de norma legal contendo plano de alteração, reajuste e reestruturação de carreiras do setor público, ou a edição de ato, por esses agentes, para nomeação de aprovados em concurso público, quando:

•• Inciso IV, *caput*, acrescentado pela lei Complementar n. 173, de 27-5-2020.

a) resultar em aumento da despesa com pessoal nos 180 (cento e oitenta) dias anteriores ao final do mandato do titular do Poder Executivo; ou

•• Alínea *a* acrescentada pela Lei Complementar n. 173, de 27-5-2020.

b) resultar em aumento da despesa com pessoal que preveja parcelas a serem implementadas em períodos posteriores ao final do mandato do titular do Poder Executivo.

•• Alínea *b* acrescentada pela Lei Complementar n. 173, de 27-5-2020.

§ 1.º As restrições de que tratam os incisos II, III e IV:

•• § 1.º, *caput*, acrescentado pela Lei Complementar n. 173, de 27-5-2020.

I – devem ser aplicadas inclusive durante o período de recondução ou reeleição para o cargo de titular do Poder ou órgão autônomo; e

•• Inciso I acrescentado pela Lei Complementar n. 173, de 27-5-2020.

II – aplicam-se somente aos titulares ocupantes de cargo eletivo dos Poderes referidos no art. 20.

•• Inciso II acrescentado pela Lei Complementar n. 173, de 27-5-2020.

§ 2.º Para fins do disposto neste artigo, serão considerados atos de nomeação ou de provimento de cargo público aqueles referidos no § 1º do art. 169 da Constituição Federal ou aqueles que, de qualquer modo, acarretem a criação ou o aumento de despesa obrigatória.

•• § 2.º acrescentado pela Lei Complementar n. 173, de 27-5-2020.

Art. 22. A verificação do cumprimento dos limites estabelecidos nos arts. 19 e 20 será realizada ao final de cada quadrimestre.

Parágrafo único. Se a despesa total com pessoal exceder a 95% (noventa e cinco por cento) do limite, são vedados ao Poder ou órgão referido no art. 20 que houver incorrido no excesso:

I – concessão de vantagem, aumento, reajuste ou adequação de remuneração a qualquer título, salvo os derivados de sentença judicial ou de determinação legal ou contratual, ressalvada a revisão prevista no inciso X do art. 37 da Constituição;

II – criação de cargo, emprego ou função;

III – alteração de estrutura de carreira que implique aumento de despesa;

IV – provimento de cargo público, admissão ou contratação de pessoal a qualquer título, ressalvada a reposição decorrente de aposentadoria ou falecimento de servidores das áreas de educação, saúde e segurança;

V – contratação de hora extra, salvo no caso do disposto no inciso II do § 6.º do art. 57 da Constituição e as situações previstas na lei de diretrizes orçamentárias.

Art. 23. Se a despesa total com pessoal, do Poder ou órgão referido no art. 20, ultrapassar os limites definidos no mesmo artigo, sem prejuízo das medidas previstas no art. 22, o percentual excedente terá de ser eliminado nos dois quadrimestres seguintes, sendo pelo menos 1/3 (um terço) no primeiro, adotando-se, entre outras, as providências previstas nos §§ 3.º e 4.º do art. 169 da Constituição.

•• A Lei Complementar n. 178, de 13-1-2021, dispõe em seu art. 15: "Art. 15. O Poder ou órgão cuja despesa total com pessoal ao término do exercício financeiro da publicação desta Lei Complementar estiver acima de seu respectivo limite estabelecido no art. 20 da Lei Complementar n. 101, de 4 de maio de 2000, deverá eliminar o excesso à razão de, pelo menos, 10% (dez por cento) a cada exercício a partir de 2023, por meio da adoção, entre outras, das medidas previstas nos arts. 22 e 23 daquela Lei Complementar, de forma a se enquadrar no respectivo limite até o término do exercício de 2032. § 1.º A inobservância do disposto no *caput* no prazo fixado sujeita o ente às restrições previstas no § 3.º do art. 23 da Lei Complementar n. 101, de 4 de maio de 2000. § 2.º A comprovação acerca do cumprimento da regra de eliminação do excesso de despesas com pessoal prevista no *caput* deverá ser feita no último quadrimestre de cada exercício, observado o art. 18 da Lei Complementar n. 101, de 4 de maio de 2000. § 3.º Ficam suspensas as contagens de prazo e as disposições do art. 23 da Lei Complementar n. 101, de 4 de maio de 2000, no exercício financeiro de publicação desta Lei Complementar. § 4.º Até o encerramento do prazo a que se refere o *caput*, será considerado cumprido o disposto no art. 23 da Lei Complementar nº 101, de 4 de maio de 2000, pelo Poder ou órgão referido no art. 20 daquela Lei Complementar que atender ao estabelecido neste artigo".

§ 1.º No caso do inciso I do § 3.º do art. 169 da Constituição, o objetivo poderá ser alcançado tanto pela extinção de cargos e funções quanto pela redução dos valores a eles atribuídos.

•• O STF, em liminar concedida aos 9-5-2002, no julgamento da ADI n. 2.238-5 (*DOU* de 21-5-2002), suspendeu a eficácia da expressão "quanto pela redução dos valores a eles atribuídos".

• *Vide* art. 169, §§ 3.º, 4.º e 6.º, da CF.

§ 2.º É facultada a redução temporária da jornada de trabalho com adequação dos vencimentos à nova carga horária.

•• O STF, em liminar concedida aos 9-5-2002, no julgamento da ADI n. 2.238-5 (*DOU* de 21-5-2002), suspendeu a eficácia deste parágrafo.

• *Vide* art. 169, §§ 3.º, 4.º e 6.º, da CF.

§ 3.º Não alcançada a redução no prazo estabelecido e enquanto perdurar o excesso, o Poder ou órgão referido no art. 20 não poderá:

•• § 3.º, *caput*, com redação determinada pela Lei Complementar n. 178, de 13-1-2021.

I – receber transferências voluntárias;

II – obter garantia, direta ou indireta, de outro ente;

III – contratar operações de crédito, ressalvadas as destinadas ao pagamento da dívida mobiliária e as que visem à redução das despesas com pessoal.

•• Inciso III com redação determinada pela Lei Complementar n. 178, de 13-1-2021.

§ 4.º As restrições do § 3.º aplicam-se imediatamente se a despesa total com pessoal exceder o limite no primeiro quadrimestre do último ano do mandato dos titulares de Poder ou órgão referidos no art. 20.

§ 5.º As restrições previstas no § 3.º não se aplicam ao Município em caso de queda de receita real superior a 10% (dez por cento), em comparação ao correspondente quadrimestre do exercício financeiro anterior, devido a:

•• § 5.º, *caput*, acrescentado pela Lei Complementar n. 164, de 18-12-2018.

I – diminuição das transferências recebidas do Fundo de Participação dos Municípios decorrente de concessão de isenções tributárias pela União; e

•• Inciso I acrescentado pela Lei Complementar n. 164, de 18-12-2018.

II – diminuição das receitas recebidas de *royalties* e participações especiais.

•• Inciso II acrescentado pela Lei Complementar n. 164, de 18-12-2018.

§ 6.º O disposto no § 5.º só se aplica caso a despesa total com pessoal do quadrimestre vigente não ultrapasse o limite percentual previsto no art. 19, considerada, para este cálculo, a receita corrente líquida do quadrimestre correspondente do ano anterior atualizada monetariamente.

•• § 6.º acrescentado pela Lei Complementar n. 164, de 18-12-2018.

Seção III
Das Despesas com a Seguridade Social

Art. 24. Nenhum benefício ou serviço relativo à seguridade social poderá ser criado, majorado ou estendido sem a indicação da fonte de custeio total, nos termos do § 5.º do art. 195 da Constituição, atendidas ainda as exigências do art. 17.

§ 1.º É dispensada da compensação referida no art. 17 o aumento de despesa decorrente de:

I – concessão de benefício a quem satisfaça as condições de habilitação prevista na legislação pertinente;

II – expansão quantitativa do atendimento e dos serviços prestados;

III – reajustamento de valor do benefício ou serviço, a fim de preservar o seu valor real.

§ 2.º O disposto neste artigo aplica-se a benefício ou serviço de saúde, previdência e assistência social, inclusive os destinados aos servidores públicos e militares, ativos e inativos, e aos pensionistas.

Capítulo V
DAS TRANSFERÊNCIAS VOLUNTÁRIAS

Art. 25. Para efeito desta Lei Complementar, entende-se por transferência voluntária a entrega de recursos correntes ou de capital a outro ente da Federação, a título de cooperação, auxílio ou assistência financeira, que não decorra de determinação constitucional, legal ou os destinados ao Sistema Único de Saúde.

- *Vide* arts. 157 a 162 da CF.
- *Vide* art. 11 da Lei n. 4.320, de 17-3-1964.
- *Vide* Súmula 615 do STJ.

§ 1.º São exigências para a realização de transferência voluntária, além das estabelecidas na lei de diretrizes orçamentárias:

I – existência de dotação específica;

II – (*Vetado.*)

III – observância do disposto no inciso X do art. 167 da Constituição;

IV – comprovação, por parte do beneficiário, de:

a) que se acha em dia quanto ao pagamento de tributos, empréstimos e financiamentos devidos ao ente transferidor, bem como quanto à prestação de contas de recursos anteriormente dele recebidos;

b) cumprimento dos limites constitucionais relativos à educação e à saúde;

c) observância dos limites das dívidas consolidada e mobiliária, de operações de crédito, inclusive por antecipação de receita, de inscrição em Restos a Pagar e de despesa total com pessoal;

d) previsão orçamentária de contrapartida.

§ 2.º É vedada a utilização de recursos transferidos em finalidade diversa da pactuada.

§ 3.º Para fins da aplicação das sanções de suspensão de transferências voluntárias constantes desta Lei Complementar, excetuam-se aquelas relativas a ações de educação, saúde e assistência social.

Capítulo VI
DA DESTINAÇÃO DE RECURSOS PÚBLICOS PARA O SETOR PRIVADO

Art. 26. A destinação de recursos para, direta ou indiretamente, cobrir necessidades de pessoas físicas ou déficits de pessoas jurídicas deverá ser autorizada por lei específica, atender às condições estabelecidas na lei de diretrizes orçamentárias e estar prevista no orçamento ou em seus créditos adicionais.

§ 1.º O disposto no *caput* aplica-se a toda a administração indireta, inclusive fundações públicas e empresas estatais, exceto, no exercício de suas atribuições precípuas, as instituições financeiras e o Banco Central do Brasil.

§ 2.º Compreende-se incluída a concessão de empréstimos, financiamentos e refinanciamentos, inclusive as respectivas prorrogações e a composição de dívidas, a concessão de subvenções e a participação em constituição ou aumento de capital.

Art. 27. Na concessão de crédito por ente da Federação a pessoa física, ou jurídica que não esteja sob seu controle direto ou indireto, os encargos financeiros, comissões e despesas congêneres não serão inferiores aos definidos em lei ou ao custo de captação.

Parágrafo único. Dependem de autorização em lei específica as prorrogações e composições de dívidas decorrentes de operações de crédito, bem como a concessão de empréstimos ou financiamentos em desacordo com o *caput*, sendo o subsídio correspondente consignado na lei orçamentária.

Art. 28. Salvo mediante lei específica, não poderão ser utilizados recursos públicos, inclusive de operações de crédito, para socorrer instituições do Sistema Financeiro Nacional, ainda que mediante a concessão de empréstimos de recuperação ou financiamentos para mudança de controle acionário.

§ 1.º A prevenção de insolvência e outros riscos ficará a cargo de fundos, e outros mecanismos, constituídos pelas instituições do Sistema Financeiro Nacional, na forma da lei.

§ 2.º O disposto no *caput* não proíbe o Banco Central do Brasil de conceder às instituições financeiras operações de redesconto e de empréstimos de prazo inferior a 360 (trezentos e sessenta) dias.

Capítulo VII
DA DÍVIDA E DO ENDIVIDAMENTO

Seção I
Definições Básicas

Art. 29. Para os efeitos desta Lei Complementar, são adotadas as seguintes definições:

I – dívida pública consolidada ou fundada: montante total, apurado sem duplicidade, das obrigações financeiras do ente da Federação, assumidas em virtude de leis, contratos, convênios ou tratados e da realização de operações de crédito, para amortização em prazo superior a 12 (doze) meses;

II – dívida pública mobiliária: dívida pública representada por títulos emitidos pela União, inclusive os do Banco Central do Brasil, Estados e Municípios;

- *Vide* art. 151, II, da CF.

III – operação de crédito: compromisso financeiro assumido em razão de mútuo, abertura de crédito, emissão e aceite de título, aquisição financiada de bens, recebimento antecipado de valores provenientes da venda a termo de bens e serviços, arrendamento mercantil e outras operações assemelhadas, inclusive com o uso de derivativos financeiros;

IV – concessão de garantia: compromisso de adimplência de obrigação financeira ou contratual assumida por ente da Federação ou entidade a ele vinculada;

V – refinanciamento da dívida mobiliária: emissão de títulos para pagamento do principal acrescido da atualização monetária.

§ 1.º Equipara-se a operação de crédito a assunção, o reconhecimento ou a confissão de dívidas pelo ente da Federação, sem prejuízo do cumprimento das exigências dos arts. 15 e 16.

§ 2.º Será incluída na dívida pública consolidada da União a relativa à emissão de títulos de responsabilidade do Banco Central do Brasil.

§ 3.º Também integram a dívida pública consolidada as operações de crédito de prazo inferior a 12 (doze) meses cujas receitas tenham constado do orçamento.

§ 4.º O refinanciamento do principal da dívida mobiliária não excederá, ao término de cada exercício financeiro, o montante do final do exercício anterior, somado ao das operações de crédito autorizadas no orçamento para este efeito e efetivamente realizadas, acrescido de atualização monetária.

Seção II
Dos Limites da Dívida Pública e das Operações de Crédito

Art. 30. No prazo de 90 (noventa) dias após a publicação desta Lei Complementar, o Presidente da República submeterá ao:

I – Senado Federal: proposta de limites globais para o montante da dívida consolidada da União, Estados e Municípios, cumprindo o que estabelece o inciso VI do art. 52 da Constituição, bem como de limites e condições relativos aos incisos VII, VIII e IX do mesmo artigo;

- A Resolução n. 40, do Senado Federal, de 20-12-2001, dispõe sobre os limites globais para o montante da dívida pública consolidada e da dívida pública mobiliária dos Estados, do Distrito Federal e dos Municípios.

II – Congresso Nacional: projeto de lei que estabeleça limites para o montante da dívida mobiliária federal a que se refere o inciso XIV do art. 48 da Constituição, acompanhado da demonstração de sua adequação aos limites fixados para a dívida consolidada da União, atendido o disposto no inciso I do § 1.º deste artigo.

§ 1.º As propostas referidas nos incisos I e II do *caput* e suas alterações conterão:

I – demonstração de que os limites e condições guardam coerência com as normas estabelecidas nesta Lei Complementar e com os objetivos da política fiscal;

II – estimativas do impacto da aplicação dos limites a cada uma das três esferas de governo;

III – razões de eventual proposição de limites diferenciados por esfera de governo;

IV – metodologia de apuração dos resultados primário e nominal.

§ 2.º As propostas mencionadas nos incisos I e II do *caput* também poderão ser apresentadas em termos de dívida líquida, evidenciando a forma e a metodologia de sua apuração.

§ 3.º Os limites de que tratam os incisos I e II do *caput* serão fixados em percentual da receita corrente líquida para cada esfera de governo e aplicados igualmente a todos os entes da Federação que a integrem, constituindo, para cada um deles, limites máximos.

§ 4.º Para fins de verificação do atendimento do limite, a apuração do montante da dívida consolidada será efetuada ao final de cada quadrimestre.

§ 5.º No prazo previsto no art. 5.º, o Presidente da República enviará ao Senado Federal ou ao Congresso Nacional, conforme o caso, proposta de manutenção ou alteração dos limites e condições previstos nos incisos I e II do *caput*.

§ 6.º Sempre que alterados os fundamentos das propostas de que trata este artigo, em razão de instabilidade econômica ou alterações nas políticas monetária ou cambial, o Presidente da República poderá encaminhar ao Senado Federal ou ao Congresso Nacional solicitação de revisão dos limites.

§ 7.º Os precatórios judiciais não pagos durante a execução do orçamento em que houverem sido incluídos integram a dívida consolidada, para fins de aplicação dos limites.

Seção III
Da Recondução da Dívida aos Limites

Art. 31. Se a dívida consolidada de um ente da Federação ultrapassar o respectivo limite ao final de um quadrimestre, deverá ser a ele reconduzida até o término dos três subsequentes, reduzindo o excedente em pelo menos 25% (vinte e cinco por cento) no primeiro.

§ 1.º Enquanto perdurar o excesso, o ente que nele houver incorrido:

I – estará proibido de realizar operação de crédito interna ou externa, inclusive por antecipação de receita, ressalvadas as para pagamento de dívidas mobiliárias;

•• Inciso I com redação determinada pela Lei Complementar n. 178, de 13-1-2021.

II – obterá resultado primário necessário à recondução da dívida ao limite, promovendo, entre outras medidas, limitação de empenho, na forma do art. 9.º.

§ 2.º Vencido o prazo para retorno da dívida ao limite, e enquanto perdurar o excesso, o ente ficará também impedido de receber transferências voluntárias da União ou do Estado.

§ 3.º As restrições do § 1.º aplicam-se imediatamente se o montante da dívida exceder o limite no primeiro quadrimestre do último ano do mandato do Chefe do Poder Executivo.

§ 4.º O Ministério da Fazenda divulgará, mensalmente, a relação dos entes que tenham ultrapassado os limites das dívidas consolidada e mobiliária.

§ 5.º As normas deste artigo serão observadas nos casos de descumprimento dos limites da dívida mobiliária e das operações de crédito internas e externas.

Seção IV
Das Operações de Crédito

• A Resolução n. 43, do Senado Federal, de 21-12-2001, dispõe sobre as operações de crédito interno e externo dos Estados, do Distrito Federal e dos Municípios, inclusive concessão de garantias, seus limites e condições de autorização.

• A Portaria n. 9, de 5-1-2017, do Ministério da Fazenda, regulamenta os procedimentos e as competências no âmbito da Secretaria do Tesouro Nacional para fins de verificação do cumprimento de limites e condições para a contratação de operações de crédito externo ou interno, para a concessão de garantias pelos Estados, Distrito Federal e Municípios, incluindo seus fundos, autarquias, fundações e empresas estatais dependentes e para a análise da concessão de garantias da União a Estados, Distrito Federal e Municípios, compreendendo suas autarquias, fundações e empresas estatais dependentes.

Subseção I
Da contratação

Art. 32. O Ministério da Fazenda verificará o cumprimento dos limites e condições relativos à realização de operações de crédito de cada ente da Federação, inclusive das empresas por eles controladas, direta ou indiretamente.

§ 1.º O ente interessado formalizará seu pleito fundamentando-o em parecer de seus órgãos técnicos e jurídicos, demonstrando a relação custo-benefício, o interesse econômico e social da operação e o atendimento das seguintes condições:

I – existência de prévia e expressa autorização para a contratação, no texto da lei orçamentária, em créditos adicionais ou lei específica;

II – inclusão no orçamento ou em créditos adicionais dos recursos provenientes da operação, exceto no caso de operações por antecipação de receita;

III – observância dos limites e condições fixados pelo Senado Federal;

IV – autorização específica do Senado Federal, quando se tratar de operação de crédito externo;

V – atendimento do disposto no inciso III do art. 167 da Constituição;

VI – observância das demais restrições estabelecidas nesta Lei Complementar.

§ 2.º As operações relativas à dívida mobiliária federal autorizadas, no texto da lei orçamentária ou de créditos adicionais, serão objeto de processo simplificado que atenda às suas especificidades.

§ 3.º Para fins do disposto no inciso V do § 1.º, considerar-se-á, em cada exercício financeiro, o total dos recursos de operações de crédito nele ingressados e o das despesas de capital executadas, observado o seguinte:

I – não serão computadas nas despesas de capital as realizadas sob a forma de empréstimo ou financiamento a contribuinte, com o intuito de promover incentivo fiscal, tendo por base tributo de competência do ente da Federação, se resultar a diminuição, direta ou indireta, do ônus deste;

II – se o empréstimo ou financiamento a que se refere o inciso I for concedido por instituição financeira controlada pelo ente da Federação, o valor da operação será deduzido das despesas de capital;

III – (*Vetado.*)

§ 4.º Sem prejuízo das atribuições próprias do Senado Federal e do Banco Central do Brasil, o Ministério da Fazenda efetuará o registro eletrônico centralizado e atualizado das dívidas públicas interna e externa, garantido o acesso público às informações, que incluirão:

I – encargos e condições de contratação;

II – saldos atualizados e limites relativos às dívidas consolidada e mobiliária, operações de crédito e concessão de garantias.

§ 5.º Os contratos de operação de crédito externo não conterão cláusula que importe na compensação automática de débitos e créditos.

§ 6.º O prazo de validade da verificação dos limites e das condições de que trata este artigo e da análise realizada para a concessão de garantia pela União será de, no mínimo, 90 (noventa) dias e, no máximo, 270 (duzentos e setenta) dias, a critério do Ministério da Fazenda.

•• § 6.º acrescentado pela Lei Complementar n. 159, de 19-5-2017.

§ 7.º Poderá haver alteração da finalidade de operação de crédito de Estados, do Distrito Federal e de Municípios sem a necessidade de nova verificação pelo Ministério da Economia, desde que haja prévia e expressa autorização para tanto, no texto da lei orçamentária, em créditos adicionais ou em lei específica, que se demonstre a relação custo-benefício e o interesse econômico e social da operação e que não configure infração a dispositivo desta Lei Complementar.

•• § 7.º acrescentado pela Lei Complementar n. 178, de 13-1-2021.

Art. 33. A instituição financeira que contratar operação de crédito com ente da Federação, exceto quando relativa à dívida mobiliária ou à externa, deverá exigir comprovação de que a operação atende às condições e limites estabelecidos.

• A Resolução n. 4.940, de 26-8-2021, do Banco Central do Brasil, define procedimentos de salvaguarda às instituições financeiras, bem como procedimentos para exigir comprovação de cumprimento dos limites e condições para a contratação de operações de crédito.

§ 1.º A operação realizada com infração do disposto nesta Lei Complementar será considerada nula, procedendo-se ao seu cancelamento, mediante a devolução do principal, vedados o pagamento de juros e demais encargos financeiros.

§ 2.º Se a devolução não for efetuada no exercício de ingresso dos recursos, será consignada reserva específica na lei orçamentária para o exercício seguinte.

§ 3.º Enquanto não for efetuado o cancelamento ou a amortização ou constituída a reserva de que trata o § 2.º, aplicam-se ao ente as restrições previstas no § 3.º do art. 23.

•• § 3.º com redação determinada pela Lei Complementar n. 178, de 13-1-2021.

§ 4.º Também se constituirá reserva, no montante equivalente ao excesso, se não atendido o disposto no inciso III do art. 167 da Constituição, consideradas as disposições do § 3.º do art. 32.

Subseção II
Das vedações

Art. 34. O Banco Central do Brasil não emitirá títulos da dívida pública a partir de 2 (dois) anos após a publicação desta Lei Complementar.

Art. 35. É vedada a realização de operação de crédito entre um ente da Federação, diretamente ou por intermédio de fundo, autarquia, fundação ou empresa estatal dependente, e outro, inclusive suas entidades da administração indireta, ainda que sob a forma de novação, refinanciamento ou postergação de dívida contraída anteriormente.

• *Vide* art. 165, § 9.º, II, da CF.

§ 1.º Excetuam-se da vedação a que se refere o *caput* as operações entre instituição financeira estatal e outro ente da Federação, inclusive suas entidades da administração indireta, que não se destinem a:

I – financiar, direta ou indiretamente, despesas correntes;

II – refinanciar dívidas não contraídas junto à própria instituição concedente.

§ 2.º O disposto no *caput* não impede Estados e Municípios de comprar títulos da dívida da União como aplicação de suas disponibilidades.

Art. 36. É proibida a operação de crédito entre uma instituição financeira estatal e o ente da Federação que a controle, na qualidade de beneficiário do empréstimo.

Parágrafo único. O disposto no *caput* não proíbe instituição financeira controlada de adquirir, no mercado, títulos da dívida pública para atender investimento de seus clientes, ou títulos da dívida de emissão da União para aplicação de recursos próprios.

Art. 37. Equiparam-se a operações de crédito e estão vedados:

I – captação de recursos a título de antecipação de receita de tributo ou contribuição cujo fato gerador ainda não tenha ocorrido, sem prejuízo do disposto no § 7.º do art. 150 da Constituição;

• *Vide* art. 128 do CTN.

II – recebimento antecipado de valores de empresa em que o Poder Público detenha, direta ou indiretamente, a maioria do capital social com direito a voto, salvo lucros e dividendos, na forma da legislação;

III – assunção direta de compromisso, confissão de dívida ou operação assemelhada, com fornecedor de bens, mercadorias ou serviços, mediante emissão, aceite ou aval de título de crédito, não se aplicando esta vedação a empresas estatais dependentes;

IV – assunção de obrigação, sem autorização orçamentária, com fornecedores para pagamento *a posteriori* de bens e serviços.

Subseção III
Das operações de crédito por antecipação de receita orçamentária

Art. 38. A operação de crédito por antecipação de receita destina-se a atender insuficiência de caixa durante o exercício financeiro e cumprirá as exigências mencionadas no art. 32 e mais as seguintes:

I – realizar-se-á somente a partir do décimo dia do início do exercício;

II – deverá ser liquidada, com juros e outros encargos incidentes, até o dia dez de dezembro de cada ano;

III – não será autorizada se forem cobrados outros encargos que não a taxa de juros da operação, obrigatoriamente prefixada ou indexada à taxa básica financeira, ou à que vier a esta substituir;

IV – estará proibida:

a) enquanto existir operação anterior da mesma natureza não integralmente resgatada;

b) no último ano de mandato do Presidente, Governador ou Prefeito Municipal.

§ 1.º As operações de que trata este artigo não serão computadas para efeito do que dispõe o inciso III do art. 167 da Constituição, desde que liquidadas no prazo definido no inciso II do *caput*.

§ 2.º As operações de crédito por antecipação de receita realizadas por Estados ou Municípios serão efetuadas mediante abertura de crédito junto à instituição financeira vencedora em processo competitivo eletrônico promovido pelo Banco Central do Brasil.

§ 3.º O Banco Central do Brasil manterá sistema de acompanhamento e controle do saldo do crédito aberto e, no caso de inobservância dos limites, aplicará as sanções cabíveis à instituição credora.

Subseção IV
Das operações com o Banco Central do Brasil

Art. 39. Nas suas relações com ente da Federação, o Banco Central do Brasil está sujeito às vedações constantes do art. 35 e mais às seguintes:

I – compra de título da dívida, na data de sua colocação no mercado, ressalvado o disposto no § 2.º deste artigo;

II – permuta, ainda que temporária, por intermédio de instituição financeira ou não, de título da dívida de ente da Federação por título da dívida pública federal, bem como a operação de compra e venda, a termo, daquele título, cujo efeito final seja semelhante à permuta;

III – concessão de garantia.

§ 1.º O disposto no inciso II, *in fine*, não se aplica ao estoque de Letras do Banco Central do Brasil, Série Especial, existente na carteira das instituições financeiras, que pode ser refinanciado mediante novas operações de venda a termo.

§ 2.º O Banco Central do Brasil só poderá comprar diretamente títulos emitidos pela União para refinanciar a dívida mobiliária federal que estiver vencendo na sua carteira.

§ 3.º A operação mencionada no § 2.º deverá ser realizada à taxa média e condições alcançadas no dia, em leilão público.

§ 4.º É vedado ao Tesouro Nacional adquirir títulos da dívida pública federal existentes na carteira do Banco Central do Brasil, ainda que com cláusula de reversão, salvo para reduzir a dívida mobiliária.

Seção V
Da Garantia e da Contragarantia

• A Lei n. 10.552, de 13-11-2002, dispõe em seu art. 1.º: "Observada a competência do Senado Federal constante do art. 52, VI a VIII, da Constituição e obedecidos os requisitos da legislação em vigor, fica o Poder Executivo autorizado, a critério do Ministério da Fazenda, a: I – contratar em nome da União operação de crédito interno; e II – conceder garantia da União a entidades da administração federal indireta, bem como a Estados, ao Distrito Federal, aos Municípios e às suas entidades da administração indireta, em operação de crédito interno, obedecidos os requisitos do art. 40 da Lei Complementar n. 101, de 4 de maio de 2000, em especial o do § 1.º".

Art. 40. Os entes poderão conceder garantia em operações de crédito internas ou externas, observados o disposto neste artigo, as normas do art. 32 e, no caso da União, também os limites e as condições estabelecidos pelo Senado Federal e as normas emitidas pelo Ministério da Economia acerca da classificação de capacidade de pagamento dos mutuários.

•• *Caput* com redação determinada pela Lei Complementar n. 178, de 13-1-2021.

§ 1.º A garantia estará condicionada ao oferecimento de contragarantia, em valor igual ou superior ao da garantia a ser concedida, e à adimplência da entidade que a pleitear relativamente a suas obrigações junto ao garantidor e às entidades por este controladas, observado o seguinte:

I – não será exigida contragarantia de órgãos e entidades do próprio ente;

II – a contragarantia exigida pela União a Estado ou Município, ou pelos Estados aos Municípios, poderá consistir na vinculação de receitas tributárias diretamente arrecadadas e provenientes de transferências constitucionais, com outorga de poderes ao garantidor para retê-las e empregar o respectivo valor na liquidação da dívida vencida.

§ 2.º No caso de operação de crédito junto a organismo financeiro internacional, ou a instituição federal de crédito e fomento para o repasse de recursos externos, a União só prestará garantia a ente que atenda, além do disposto no § 1.º, as exigências legais para o recebimento de transferências voluntárias.

§§ 3.º e 4.º (*Vetados.*)

§ 5.º É nula a garantia concedida acima dos limites fixados pelo Senado Federal.

§ 6.º É vedado às entidades da administração indireta, inclusive suas empresas controladas e subsidiárias, conceder garantia, ainda que com recursos de fundos.

§ 7.º O disposto no § 6.º não se aplica à concessão de garantia por:

I – empresa controlada a subsidiária ou controlada sua, nem à prestação de contragarantia nas mesmas condições;

II – instituição financeira a empresa nacional, nos termos da lei.

§ 8.º Excetua-se do disposto neste artigo a garantia prestada:

I – por instituições financeiras estatais, que se submeterão às normas aplicáveis às instituições financeiras privadas, de acordo com a legislação pertinente;

II – pela União, na forma de lei federal, a empresas de natureza financeira por ela controladas, direta e indiretamente, quanto às operações de seguro de crédito à exportação.

§ 9.º Quando honrarem dívida de outro ente, em razão de garantia prestada, a União e os Estados poderão condicionar as transferências constitucionais ao ressarcimento daquele pagamento.

§ 10. O ente da Federação cuja dívida tiver sido honrada pela União ou por Estado, em decorrência de garantia prestada em operação de crédito, terá suspenso o acesso a novos créditos ou financiamentos até a total liquidação da mencionada dívida.

§ 11. A alteração da metodologia utilizada para fins de classificação da capacidade de pagamento de Estados e Municípios deverá ser precedida de consulta pública, assegurada a manifestação dos entes.

•• § 11 acrescentado pela Lei Complementar n. 178, de 13-1-2021.

Seção VI
Dos Restos a Pagar

Art. 41. (*Vetado.*)

Art. 42. É vedado ao titular de Poder ou órgão referido no art. 20, nos últimos dois quadrimestres do seu mandato, contrair obrigação de despesa que não possa ser cumprida integralmente dentro dele, ou que tenha parcelas a serem pagas no exercício seguinte sem que haja suficiente disponibilidade de caixa para este efeito.

•• A Lei Complementar n. 178, de 13-1-2021, propôs nova redação para este artigo, a partir de 2023, porém teve seu texto vetado.

Parágrafo único. Na determinação da disponibilidade de caixa serão considerados os encargos e despesas compromissadas a pagar até o final do exercício.

Capítulo VIII
DA GESTÃO PATRIMONIAL

Seção I
Das Disponibilidades de Caixa

Art. 43. As disponibilidades de caixa dos entes da Federação serão depositadas conforme estabelece o § 3.º do art. 164 da Constituição.

§ 1.º As disponibilidades de caixa dos regimes de previdência social, geral e próprio dos servidores públicos, ainda que vinculadas a fundos específicos a que se referem os arts. 249 e 250 da Constituição, ficarão depositadas em conta separada das demais disponibilidades de cada ente e aplicadas nas condições de mercado, com observância dos limites e condições de proteção e prudência financeira.

§ 2.º É vedada a aplicação das disponibilidades de que trata o § 1.º em:

I – títulos da dívida pública estadual e municipal, bem como em ações e outros papéis relativos às empresas controladas pelo respectivo ente da Federação;

II – empréstimos, de qualquer natureza, aos segurados e ao Poder Público, inclusive a suas empresas controladas.

Seção II
Da Preservação do Patrimônio Público

Art. 44. É vedada a aplicação da receita de capital derivada da alienação de bens e direitos que integram o patrimônio público para o financiamento de despesa corrente, salvo se destinada por lei aos regimes de previdência social, geral e próprio dos servidores públicos.

Art. 45. Observado o disposto no § 5.º do art. 5.º, a lei orçamentária e as de créditos adicionais só incluirão novos projetos após adequadamente atendidos os em andamento e contempladas as despesas de conservação do patrimônio público, nos termos em que dispuser a lei de diretrizes orçamentárias.

Parágrafo único. O Poder Executivo de cada ente encaminhará ao Legislativo, até a data do envio do projeto de lei de diretrizes orçamentárias, relatório com as informações necessárias ao cumprimento do disposto neste artigo, ao qual será dada ampla divulgação.

Art. 46. É nulo de pleno direito ato de desapropriação de imóvel urbano expedido sem o atendimento do disposto no § 3.º do art. 182 da Constituição, ou prévio depósito judicial do valor da indenização.

Seção III
Das Empresas Controladas pelo Setor Público

Art. 47. A empresa controlada que firmar contrato de gestão em que se estabeleçam objetivos e metas de desempenho, na forma da lei, disporá de autonomia gerencial, orçamentária e financeira, sem prejuízo do disposto no inciso II do § 5.º do art. 165 da Constituição.

Parágrafo único. A empresa controlada incluirá em seus balanços trimestrais nota explicativa em que informará:

I – fornecimento de bens e serviços ao controlador, com respectivos preços e condições, comparando-os com os praticados no mercado;

II – recursos recebidos do controlador, a qualquer título, especificando valor, fonte e destinação;

III – venda de bens, prestação de serviços ou concessão de empréstimos e financiamentos com preços, taxas, prazos ou condições diferentes dos vigentes no mercado.

Capítulo IX
DA TRANSPARÊNCIA, CONTROLE E FISCALIZAÇÃO

Seção I
Da Transparência da Gestão Fiscal

•• O Decreto n. 6.976, de 7-10-2009, dispõe sobre o Sistema de Contabilidade Federal e dá outras providências.

Art. 48. São instrumentos de transparência da gestão fiscal, aos quais será dada ampla divulgação, inclusive em meios eletrônicos de acesso público: os planos, orçamentos e leis de diretrizes orçamentárias; as prestações de contas e o respectivo parecer prévio; o Relatório Resumido da Execução Orçamentária e o Relatório de Gestão Fiscal; e as versões simplificadas desses documentos.

§ 1.º A transparência será assegurada também mediante:

•• Parágrafo único renumerado pela Lei Complementar n. 156, de 28-12-2016.

I – incentivo à participação popular e realização de audiências públicas, durante os processos de elaboração e discussão dos planos, lei de diretrizes orçamentárias e orçamentos;

•• Inciso I acrescentado pela Lei Complementar n. 131, de 27-5-2009.

II – liberação ao pleno conhecimento e acompanhamento da sociedade, em tempo real, de informações pormenorizadas sobre a execução orçamentária e financeira, em meios eletrônicos de acesso público; e

•• Inciso II com redação determinada pela Lei Complementar n. 156, de 28-12-2016.

III – adoção de sistema integrado de administração financeira e controle, que atenda a padrão mínimo de qualidade estabelecido pelo Poder Executivo da União e ao disposto no art. 48-A.

•• Inciso III acrescentado pela Lei Complementar n. 131, de 27-5-2009.

•• O Decreto n. 7.185, de 27-5-2010, dispõe sobre o padrão mínimo de qualidade do sistema integrado de administração financeira e controle, no âmbito de cada ente da Federação, nos termos deste inciso.

§ 2.º A União, os Estados, o Distrito Federal e os Municípios disponibilizarão suas informações e dados contábeis, orçamentários e fiscais conforme periodicidade, formato e sistema estabelecidos pelo órgão central de contabilidade da União, os quais deverão ser divulgados em meio eletrônico de amplo acesso público.

•• § 2.º acrescentado pela Lei Complementar n. 156, de 28-12-2016.

§ 3.º Os Estados, o Distrito Federal e os Municípios encaminharão ao Ministério da Fazenda, nos termos e na periodicidade a serem definidos em instrução específica deste órgão, as informações necessárias para a constituição do registro eletrônico centralizado e atualizado das dívidas públicas interna e externa, de que trata o § 4.º do art. 32.

•• § 3.º acrescentado pela Lei Complementar n. 156, de 28-12-2016.

§ 4.º A inobservância do disposto nos §§ 2.º e 3.º ensejará as penalidades previstas no § 2.º do art. 51.

•• § 4.º acrescentado pela Lei Complementar n. 156, de 28-12-2016.

§ 5.º Nos casos de envio conforme disposto no § 2.º, para todos os efeitos, a União, os Estados, o Distrito Federal e os Municípios cumprem o dever de ampla divulgação a que se refere o *caput*.

•• § 5.º acrescentado pela Lei Complementar n. 156, de 28-12-2016.

§ 6.º Todos os Poderes e órgãos referidos no art. 20, incluídos autarquias, fundações públicas, empresas estatais dependentes e fundos, do ente da Federação devem utilizar sistemas únicos de execução orçamentária e financeira, mantidos e gerenciados pelo Poder Executivo, resguardada a autonomia.

•• § 6.º acrescentado pela Lei Complementar n. 156, de 28-12-2016.

Art. 48-A. Para os fins a que se refere o inciso II do parágrafo único do art. 48, os entes da Federação disponibilizarão a qualquer pessoa física ou jurídica o acesso a informações referentes a:

•• *Caput* acrescentado pela Lei Complementar n. 131, de 27-5-2009.

I – quanto à despesa: todos os atos praticados pelas unidades gestoras no decorrer da execução da despesa, no momento de sua realização, com a disponibilização mínima dos dados referentes ao número do correspondente processo, ao bem fornecido ou ao serviço prestado, à pessoa física ou jurídica beneficiária do pagamento e, quando for o caso, ao procedimento licitatório realizado;

•• Inciso I acrescentado pela Lei Complementar n. 131, de 27-5-2009.

II – quanto à receita: o lançamento e o recebimento de toda a receita das unidades gestoras, inclusive referente a recursos extraordinários.

•• Inciso II acrescentado pela Lei Complementar n. 131, de 27-5-2009.

Art. 49. As contas apresentadas pelo Chefe do Poder Executivo ficarão disponíveis, durante todo o exercício, no respectivo Poder Legislativo e no órgão técnico responsável pela sua elaboração, para consulta e apreciação pelos cidadãos e instituições da sociedade.

Parágrafo único. A prestação de contas da União conterá demonstrativos do Tesouro Nacional e das agências financeiras oficiais de fomento, incluído o Banco Nacional de Desenvolvimento Econômico e Social, especificando os empréstimos e financiamentos concedidos com recursos oriundos dos orçamentos fiscal e da seguridade social e, no caso das agências financeiras, avaliação circunstanciada do impacto fiscal de suas atividades no exercício.

Seção II
Da Escrituração e Consolidação das Contas

Art. 50. Além de obedecer às demais normas de contabilidade pública, a escrituração das contas públicas observará as seguintes:

I – a disponibilidade de caixa constará de registro próprio, de modo que os recursos vinculados a órgão, fundo ou despesa obrigatória fiquem identificados e escriturados de forma individualizada;

II – a despesa e a assunção de compromisso serão registradas segundo o regime de competência, apurando-se, em caráter complementar, o resultado dos fluxos financeiros pelo regime de caixa;

III – as demonstrações contábeis compreenderão, isolada e conjuntamente, as transações e operações de cada órgão, fundo ou entidade da administração direta, autárquica e fundacional, inclusive empresa estatal dependente;

IV – as receitas e despesas previdenciárias serão apresentadas em demonstrativos financeiros e orçamentários específicos;

V – as operações de crédito, as inscrições em Restos a Pagar e as demais formas de financiamento ou assunção de compromissos junto a terceiros, deverão ser escrituradas de modo a evidenciar o montante e a variação da dívida pública no período, detalhando, pelo menos, a natureza e o tipo de credor;

VI – a demonstração das variações patrimoniais dará destaque à origem e ao destino dos recursos provenientes da alienação de ativos.

§ 1.º No caso das demonstrações conjuntas, excluir-se-ão as operações intragovernamentais.

§ 2.º A edição de normas gerais para consolidação das contas públicas caberá ao órgão central de contabilidade da União, enquanto não implantado o conselho de que trata o art. 67.

• A Portaria Conjunta n. 2, de 8-8-2007, da Secretaria do Tesouro Nacional e Secretaria de Orçamento Federal, aprova a 4.ª edição do Manual de Procedimentos das Receitas Públicas.

§ 3.º A Administração Pública manterá sistema de custos que permita a avaliação e o acompanhamento da gestão orçamentária, financeira e patrimonial.

Art. 51. O Poder Executivo da União promoverá, até o dia trinta de junho, a consolidação, nacional e por esfera de governo, das contas dos entes da Federação relativas ao exercício anterior, e a sua divulgação, inclusive por meio eletrônico de acesso público.

§ 1.º Os Estados e os Municípios encaminharão suas contas ao Poder Executivo da União até 30 de abril.

•• § 1.º com redação determinada pela Lei Complementar n. 178, de 13-1-2021.

§ 2.º O descumprimento dos prazos previstos neste artigo impedirá, até que a situação seja regularizada, que o Poder ou órgão referido no art. 20 receba transferências voluntárias e contrate operações de crédito, exceto as destinadas ao pagamento da dívida mobiliária.

•• § 2.º com redação determinada pela Lei Complementar n. 178, de 13-1-2021.

Seção III
Do Relatório Resumido da Execução Orçamentária

Art. 52. O relatório a que se refere o § 3.º do art. 165 da Constituição abrangerá todos os Poderes e o Ministério Público, será publicado até 30 (trinta) dias após o encerramento de cada bimestre e composto de:

I – balanço orçamentário, que especificará, por categoria econômica, as:

a) receitas por fonte, informando as realizadas e a realizar, bem como a previsão atualizada;

b) despesas por grupo de natureza, discriminando a dotação para o exercício, a despesa liquidada e o saldo;

II – demonstrativos da execução das:

a) receitas, por categoria econômica e fonte, especificando a previsão inicial, a previsão atualizada para o exercício, a receita realizada no bimestre, a realizada no exercício e a previsão a realizar;

b) despesas, por categoria econômica e grupo de natureza da despesa, discriminando dotação inicial, dotação para o exercício, despesas empenhada e liquidada, no bimestre e no exercício;

c) despesas, por função e subfunção.

§ 1.º Os valores referentes ao refinanciamento da dívida mobiliária constarão destacadamente nas receitas de operações de crédito e nas despesas com amortização da dívida.

§ 2.º O descumprimento do prazo previsto neste artigo sujeita o ente às sanções previstas no § 2.º do art. 51.

Art. 53. Acompanharão o Relatório Resumido demonstrativos relativos a:

I – apuração da receita corrente líquida, na forma definida no inciso IV do art. 2.º, sua evolução, assim como a previsão de seu desempenho até o final do exercício;

II – receitas e despesas previdenciárias a que se refere o inciso IV do art. 50;

III – resultados nominal e primário;

IV – despesas com juros, na forma do inciso II do art. 4.º;

V – Restos a Pagar, detalhando, por Poder e órgão referido no art. 20, os valores inscritos, os pagamentos realizados e o montante a pagar.

§ 1.º O relatório referente ao último bimestre do exercício será acompanhado também de demonstrativos:

I – do atendimento do disposto no inciso III do art. 167 da Constituição, conforme o § 3.º do art. 32;

II – das projeções atuariais dos regimes de previdência social, geral e próprio dos servidores públicos;

III – da variação patrimonial, evidenciando a alienação de ativos e a aplicação dos recursos dela decorrentes.

§ 2.º Quando for o caso, serão apresentadas justificativas:

I – da limitação de empenho;

II – da frustração de receitas, especificando as medidas de combate à sonegação e à evasão fiscal, adotadas e a adotar, e as ações de fiscalização e cobrança.

Seção IV
Do Relatório de Gestão Fiscal

Art. 54. Ao final de cada quadrimestre será emitido pelos titulares dos Poderes e órgãos referidos no art. 20 Relatório de Gestão Fiscal, assinado pelo:

I – Chefe do Poder Executivo;

II – Presidente e demais membros da Mesa Diretora ou órgão decisório equivalente, conforme regimentos internos dos órgãos do Poder Legislativo;

III – Presidente de Tribunal e demais membros de Conselho de Administração ou órgão decisório equivalente, conforme regimentos internos dos órgãos do Poder Judiciário;

IV – Chefe do Ministério Público, da União e dos Estados.

Parágrafo único. O relatório também será assinado pelas autoridades responsáveis pela administração financeira e pelo controle interno, bem como por outras definidas por ato próprio de cada Poder ou órgão referido no art. 20.

Art. 55. O relatório conterá:

I – comparativo com os limites de que trata esta Lei Complementar, dos seguintes montantes:

a) despesa total com pessoal, distinguindo a com inativos e pensionistas;

b) dívidas consolidada e mobiliária;

c) concessão de garantias;

d) operações de crédito, inclusive por antecipação de receita;

e) despesas de que trata o inciso II do art. 4.º;

II – indicação das medidas corretivas adotadas ou a adotar, se ultrapassado qualquer dos limites;

III – demonstrativos, no último quadrimestre:

a) do montante das disponibilidades de caixa em trinta e um de dezembro;

b) da inscrição em Restos a Pagar, das despesas:

1) liquidadas;

2) empenhadas e não liquidadas, inscritas por atenderem a uma das condições do inciso II do art. 41;

3) empenhadas e não liquidadas, inscritas até o limite do saldo da disponibilidade de caixa;

4) não inscritas por falta de disponibilidade de caixa e cujos empenhos foram cancelados;

c) do cumprimento do disposto no inciso II e na alínea *b* do inciso IV do art. 38.

§ 1.º O relatório dos titulares dos órgãos mencionados nos incisos II, III e IV do art. 54 conterá apenas as informações relativas à alínea *a* do inciso I, e os documentos referidos nos incisos II e III.

§ 2.º O relatório será publicado até 30 (trinta) dias após o encerramento do período a que corresponder, com amplo acesso ao público, inclusive por meio eletrônico.

§ 3.º O descumprimento do prazo a que se refere o § 2.º sujeita o ente à sanção prevista no § 2.º do art. 51.

§ 4.º Os relatórios referidos nos arts. 52 e 54 deverão ser elaborados de forma padronizada, segundo modelos que poderão ser atualizados pelo conselho de que trata o art. 67.

Seção V
Das Prestações de Contas

Art. 56. As contas prestadas pelos Chefes do Poder Executivo incluirão, além das suas próprias, as dos Presidentes dos órgãos dos Poderes Legislativo e Judiciário e do Chefe do Ministério Público, referidos no art. 20, as quais receberão parecer prévio, separadamente, do respectivo Tribunal de Contas.

• *Vide* art. 71 da CF.

§ 1.º As contas do Poder Judiciário serão apresentadas no âmbito:

I – da União, pelos Presidentes do Supremo Tribunal Federal e dos Tribunais Superiores, consolidando as dos respectivos tribunais;

II – dos Estados, pelos Presidentes dos Tribunais de Justiça, consolidando as dos demais tribunais.

§ 2.º O parecer sobre as contas dos Tribunais de Contas será proferido no prazo previsto no art. 57 pela comissão mista permanente referida no § 1.º do art. 166 da Constituição ou equivalente das Casas Legislativas estaduais e municipais.

§ 3.º Será dada ampla divulgação dos resultados da apreciação das contas, julgadas ou tomadas.

Art. 57. Os Tribunais de Contas emitirão parecer prévio conclusivo sobre as contas no prazo de 60 (sessenta) dias do recebimento, se outro não estiver estabelecido nas constituições estaduais ou nas leis orgânicas municipais.

•• O STF, em liminar concedida aos 8-8-2007, no julgamento da ADI n. 2.238-5 (*DOU* de 17-8-2007), suspendeu a eficácia deste artigo.

§ 1.º No caso de Municípios que não sejam capitais e que tenham menos de 200.000 (duzentos mil) habitantes o prazo será de 180 (cento e oitenta) dias.

§ 2.º Os Tribunais de Contas não entrarão em recesso enquanto existirem contas de Poder, ou órgão referido no art. 20, pendentes de parecer prévio.

Art. 58. A prestação de contas evidenciará o desempenho da arrecadação em relação à previsão, destacando as providências adotadas no âmbito da fiscalização das receitas e combate à sonegação, as ações de recuperação de créditos nas instâncias administrativa e judicial, bem como as demais medidas para incremento das receitas tributárias e de contribuições.

Seção VI
Da Fiscalização da Gestão Fiscal

• A Resolução n. 142, de 30-5-2001, do TCU, dispõe sobre as competências a ele atribuídas por esta Lei Complementar.

Art. 59. O Poder Legislativo, diretamente ou com o auxílio dos Tribunais de Contas, e o sistema de controle interno de cada Poder e do Ministério Público fiscalizarão o cumprimento desta Lei Complementar, consideradas as normas de padronização metodológica editadas pelo conselho de que trata o art. 67, com ênfase no que se refere a:

•• *Caput* com redação determinada pela Lei Complementar n. 178, de 13-1-2021.

I – atingimento das metas estabelecidas na lei de diretrizes orçamentárias;

II – limites e condições para realização de operações de crédito e inscrição em Restos a Pagar;

III – medidas adotadas para o retorno da despesa total com pessoal ao respectivo limite, nos termos dos arts. 22 e 23;

IV – providências tomadas, conforme o disposto no art. 31, para recondução dos montantes das dívidas consolidada e mobiliária aos respectivos limites;

V – destinação de recursos obtidos com a alienação de ativos, tendo em vista as restrições constitucionais e as desta Lei Complementar;

VI – cumprimento do limite de gastos totais dos legislativos municipais, quando houver.

§ 1.º Os Tribunais de Contas alertarão os Poderes ou órgãos referidos no art. 20 quando constatarem:

I – a possibilidade de ocorrência das situações previstas no inciso II do art. 4.º e no art. 9.º;

II – que o montante da despesa total com pessoal ultrapassou 90% (noventa por cento) do limite;

III – que os montantes das dívidas consolidada e mobiliária, das operações de crédito e da concessão de garantia se encontram acima de 90% (noventa por cento) dos respectivos limites;

IV – que os gastos com inativos e pensionistas se encontram acima do limite definido em lei;

V – fatos que comprometam os custos ou os resultados dos programas ou indícios de irregularidades na gestão orçamentária.

§ 2.º Compete ainda aos Tribunais de Contas verificar os cálculos dos limites da despesa total com pessoal de cada Poder e órgão referido no art. 20.

§ 3.º O Tribunal de Contas da União acompanhará o cumprimento do disposto nos §§ 2.º, 3.º e 4.º do art. 39.

Capítulo X
DISPOSIÇÕES FINAIS E TRANSITÓRIAS

Art. 60. Lei estadual ou municipal poderá fixar limites inferiores àqueles previstos nesta Lei Complementar para as dívidas consolidada e mobiliária, operações de crédito e concessão de garantias.

Art. 61. Os títulos da dívida pública, desde que devidamente escriturados em sistema centralizado de liquidação e custódia, poderão ser oferecidos em caução para garantia de empréstimos, ou em outras transações previstas em lei, pelo seu valor econômico, conforme definido pelo Ministério da Fazenda.

Art. 62. Os Municípios só contribuirão para o custeio de despesas de competência de outros entes da Federação se houver:

I – autorização na lei de diretrizes orçamentárias e na lei orçamentária anual;

II – convênio, acordo, ajuste ou congênere, conforme sua legislação.

Art. 63. É facultado aos Municípios com população inferior a 50.000 (cinquenta mil) habitantes optar por:

I – aplicar o disposto no art. 22 e no § 4.º do art. 30 ao final do semestre;

II – divulgar semestralmente:

a) (*Vetado.*)

b) o Relatório de Gestão Fiscal;

c) os demonstrativos de que trata o art. 53;

III – elaborar o Anexo de Política Fiscal do plano plurianual, o Anexo de Metas Fiscais e o Anexo de Riscos Fiscais da lei de diretrizes orçamentárias e o anexo de que trata o inciso I do art. 5.º a partir do quinto exercício seguinte ao da publicação desta Lei Complementar.

§ 1.º A divulgação dos relatórios e demonstrativos deverá ser realizada em até 30 (trinta) dias após o encerramento do semestre.

§ 2.º Se ultrapassados os limites relativos à despesa total com pessoal ou à dívida consolidada, enquanto perdurar esta situação, o Município ficará sujeito aos mesmos prazos de verificação e de retorno ao limite definidos para os demais entes.

Art. 64. A União prestará assistência técnica e cooperação financeira aos Municípios para a modernização das respectivas administrações tributária, financeira, patrimonial e previdenciária, com vistas ao cumprimento das normas desta Lei Complementar.

§ 1.º A assistência técnica consistirá no treinamento e desenvolvimento de recursos humanos e na transferência de tecnologia, bem como no apoio à divulgação dos instrumentos de que trata o art. 48 em meio eletrônico de amplo acesso público.

§ 2.º A cooperação financeira compreenderá a doação de bens e valores, o financiamento por intermédio das instituições financeiras federais e o repasse de recursos oriundos de operações externas.

Art. 65. Na ocorrência de calamidade pública reconhecida pelo Congresso Nacional, no caso da União, ou pelas Assembleias Legislativas, na hipótese dos Estados e Municípios, enquanto perdurar a situação:

•• Resolução n. 4.940, de 26-8-2021, do Banco Central do Brasil, define procedimentos a serem observados para operações realizadas pelas instituições financeiras ao amparo dos §§ 1.º, 2.º e 3.º desse artigo.

I – serão suspensas a contagem dos prazos e as disposições estabelecidas nos arts. 23, 31 e 70;

II – serão dispensados o atingimento dos resultados fiscais e a limitação de empenho prevista no art. 9.º.

§ 1.º Na ocorrência de calamidade pública reconhecida pelo Congresso Nacional, nos termos de decreto legislativo, em parte ou na integralidade do território nacional e enquanto perdurar a situação, além do previsto nos inciso I e II do *caput*:

•• § 1.º, *caput*, acrescentado pela Lei Complementar n. 173, de 27-5-2020.

I – serão dispensados os limites, condições e demais restrições aplicáveis à União, aos Estados, ao Distrito Federal e aos Municípios, bem como sua verificação, para:

•• Inciso I, *caput*, acrescentado pela Lei Complementar n. 173, de 27-5-2020.

a) contratação e aditamento de operações de crédito;

•• Alínea *a* acrescentada pela Lei Complementar n. 173, de 27-5-2020.

b) concessão de garantias;

•• Alínea *b* acrescentada pela Lei Complementar n. 173, de 27-5-2020.

c) contratação entre entes da Federação; e

•• Alínea *c* acrescentada pela Lei Complementar n. 173, de 27-5-2020.

d) recebimento de transferências voluntárias;

•• Alínea *d* acrescentada pela Lei Complementar n. 173, de 27-5-2020.

II – serão dispensados os limites e afastadas as vedações e sanções previstas e decorrentes dos arts. 35, 37 e 42, bem como será dispensado o cumprimento do disposto no parágrafo único do art. 8º desta Lei Complementar, desde que os recursos arrecadados sejam destinados ao combate à calamidade pública;

•• Inciso II acrescentado pela Lei Complementar n. 173, de 27-5-2020.

III – serão afastadas as condições e as vedações previstas nos arts. 14, 16 e 17 desta Lei Complementar, desde que o incentivo ou benefício e a criação ou o aumento da despesa sejam destinados ao combate à calamidade pública.

•• Inciso III acrescentado pela Lei Complementar n. 173, de 27-5-2020.

§ 2.º O disposto no § 1.º deste artigo, observados os termos esta-belecidos no decreto legislativo que reconhecer o estado de calamidade pública:

•• § 2.º, *caput*, acrescentado pela Lei Complementar n. 173, de 27-5-2020.

I – aplicar-se-á exclusivamente:

•• Inciso I, *caput*, acrescentado pela Lei Complementar n. 173, de 27-5-2020.

a) às unidades da Federação atingidas e localizadas no território em que for reconhecido o estado de calamidade pública pelo Congresso Nacional e enquanto perdurar o referido estado de calamidade;

•• Alínea *a* acrescentada pela Lei Complementar n. 173, de 27-5-2020.

b) aos atos de gestão orçamentária e financeira necessários ao atendimento de despesas relacionadas ao cumprimento do decreto legislativo;

•• Alínea *b* acrescentada pela Lei Complementar n. 173, de 27-5-2020.

II – não afasta as disposições relativas a transparência, controle e fiscalização.

•• Inciso II, *caput*, acrescentado pela Lei Complementar n. 173, de 27-5-2020.

§ 3.º No caso de aditamento de operações de crédito garantidas pela União com amparo no disposto no § 1º deste artigo, a garantia será mantida, não sendo necessária a alteração dos contratos de garantia e de contragarantia vigentes.

•• § 3.º acrescentado pela Lei Complementar n. 173, de 27-5-2020.

Art. 66. Os prazos estabelecidos nos arts. 23, 31 e 70 serão duplicados no caso de crescimento real baixo ou negativo do Produto Interno Bruto (PIB) nacional, regional ou estadual por período igual ou superior a 4 (quatro) trimestres.

§ 1.º Entende-se por baixo crescimento a taxa de variação real acumulada do Produto Interno Bruto inferior a 1% (um por cento), no período correspondente aos 4 (quatro) últimos trimestres.

§ 2.º A taxa de variação será aquela apurada pela Fundação Instituto Brasileiro de Geografia e Estatística ou outro órgão que vier a substituí-la, adotada a mesma metodologia para apuração dos PIB nacional, estadual e regional.

§ 3.º Na hipótese do *caput*, continuarão a ser adotadas as medidas previstas no art. 22.

§ 4.º Na hipótese de se verificarem mudanças drásticas na condução das políticas monetária e cambial, reconhecidas pelo Senado Federal, o prazo referido no *caput* do art. 31 poderá ser ampliado em até 4 (quatro) quadrimestres.

Art. 67. O acompanhamento e a avaliação, de forma permanente, da política e da operacionalidade da gestão fiscal serão realizados por conselho de gestão fiscal, constituído por representantes de todos os Poderes e esferas de Governo, do Ministério Público e de entidades técnicas representativas da sociedade, visando a:

I – harmonização e coordenação entre os entes da Federação;

II – disseminação de práticas que resultem em maior eficiência na alocação e execução do gasto público, na arrecadação de receitas, no controle do endividamento e na transparência da gestão fiscal;

III – adoção de normas de consolidação das contas públicas, padronização das prestações de contas e dos relatórios e demonstrativos de gestão fiscal de que trata esta Lei Complementar, normas e padrões mais simples para os pequenos Municípios, bem como outros, necessários ao controle social;

IV – divulgação de análises, estudos e diagnósticos.

§ 1.º O conselho a que se refere o *caput* instituirá formas de premiação e reconhecimento público aos titulares de Poder que alcançarem resultados meritórios em suas políticas de desenvolvimento social, conjugados com a prática de uma gestão fiscal pautada pelas normas desta Lei Complementar.

§ 2.º Lei disporá sobre a composição e a forma de funcionamento do conselho.

Art. 68. Na forma do art. 250 da Constituição, é criado o Fundo do Regime Geral de Previdência Social, vinculado ao Ministério da Previdência e Assistência Social, com a finalidade de prover recursos para o pagamento dos benefícios do regime geral da previdência social.

• *Vide* Lei n. 11.457, de 16-3-2007.

§ 1.º O Fundo será constituído de:

I – bens móveis e imóveis, valores e rendas do Instituto Nacional do Seguro Social não utilizados na operacionalização deste;

II – bens e direitos que, a qualquer título, lhe sejam adjudicados ou que lhe vierem a ser vinculados por força de lei;

III – receita das contribuições sociais para a seguridade social, previstas na alínea *a* do inciso I e no inciso II do art. 195 da Constituição;

IV – produto da liquidação de bens e ativos de pessoa física ou jurídica em débito com a Previdência Social;

V – resultado da aplicação financeira de seus ativos;

VI – recursos provenientes do orçamento da União.

§ 2.º O Fundo será gerido pelo Instituto Nacional do Seguro Social, na forma da lei.

Art. 69. O ente da Federação que mantiver ou vier a instituir regime próprio de previdência social para seus servidores conferir-lhe-á caráter contributivo e o organizará com base em normas de contabilidade e atuária que preservem seu equilíbrio financeiro e atuarial.

• *Vide* art. 149, § 1.º, da CF.

Art. 70. O Poder ou órgão referido no art. 20 cuja despesa total com pessoal no exercício anterior ao da publicação desta Lei Complementar estiver acima dos limites estabelecidos nos arts. 19 e 20 deverá enquadrar-se no respectivo limite em até dois exercícios, eliminando o excesso, gradualmente, à razão de, pelo menos, 50% a.a. (cinquenta por cento ao ano), mediante a adoção, entre outras, das medidas previstas nos arts. 22 e 23.

Parágrafo único. A inobservância do disposto no *caput*, no prazo fixado, sujeita o ente às sanções previstas no § 3.º do art. 23.

Art. 71. Ressalvada a hipótese do inciso X do art. 37 da Constituição, até o término do terceiro exercício financeiro seguinte à entrada em vigor desta Lei Complementar, a despesa total com pessoal dos Poderes e órgãos referidos no art. 20 não ultrapassará, em percentual da receita corrente líquida, a despesa verificada no exercício imediatamente anterior, acrescida de até 10% (dez por cento), se esta for inferior ao limite definido na forma do art. 20.

Art. 72. A despesa com serviços de terceiros dos Poderes e órgãos referidos no art. 20 não poderá exceder, em percentual da receita corrente líquida, a do exercício anterior à entrada em vigor desta Lei Complementar, até o término do terceiro exercício seguinte.

•• O STF, na ADI n. 2.238-5 (*DOU* de 21-5-2002), concedeu medida cautelar em 12-2-2003, conferindo interpretação conforme à CF, para que se entenda como serviços de terceiros os serviços permanentes.

Art. 73. As infrações dos dispositivos desta Lei Complementar serão punidas segundo o Decreto-lei n. 2.848, de 7 de dezembro de 1940 (Código Penal); a Lei n. 1.079, de 10 de abril de 1950; o Decreto-lei n. 201, de 27 de fevereiro de 1967; a Lei n. 8.429, de 2 de junho de 1992; e demais normas da legislação pertinente.

•• *Vide* arts. 359-A a 359-H do Decreto-lei n. 2.848, de 7-12-1940 (CP), que dispõem sobre os crimes contra as finanças públicas.

• Lei n. 1.079, de 10-4-1950: crimes de responsabilidade e respectivo processo de julgamento.

• Decreto-lei n. 201, de 27-2-1967: responsabilidade dos prefeitos e vereadores.

• Lei n. 8.429, de 2-6-1992: sanções aplicáveis aos agentes públicos nos casos de enriquecimento ilícito no exercício de mandato, cargo, emprego ou função na administração pública direta, indireta ou fundacional.

Art. 73-A. Qualquer cidadão, partido político, associação ou sindicato é parte legítima para denunciar ao respectivo Tribunal de Contas e ao órgão competente do Ministério Público o descumprimento das prescrições estabelecidas nesta Lei Complementar.

•• Artigo acrescentado pela Lei Complementar n. 131, de 27-5-2009.

Art. 73-B. Ficam estabelecidos os seguintes prazos para o cumprimento das determinações dispostas nos incisos II e III do parágrafo único do art. 48 e do art. 48-A:

•• *Caput* acrescentado pela Lei Complementar n. 131, de 27-5-2009.

I – 1 (um) ano para a União, os Estados, o Distrito Federal e os Municípios com mais de 100.000 (cem mil) habitantes;

•• Inciso I acrescentado pela Lei Complementar n. 131, de 27-5-2009.

II – 2 (dois) anos para os Municípios que tenham entre 50.000 (cinquenta mil) e 100.000 (cem mil) habitantes;

•• Inciso II acrescentado pela Lei Complementar n. 131, de 27-5-2009.

III – 4 (quatro) anos para os Municípios que tenham até 50.000 (cinquenta mil) habitantes.

•• Inciso III acrescentado pela Lei Complementar n. 131, de 27-5-2009.

Parágrafo único. Os prazos estabelecidos neste artigo serão contados a partir da data de publicação da lei complementar que introduziu os dispositivos referidos no *caput* deste artigo.

•• Parágrafo único acrescentado pela Lei Complementar n. 131, de 27-5-2009.

Art. 73-C. O não atendimento, até o encerramento dos prazos previstos no art. 73-B, das determinações contidas nos incisos II e III do parágrafo único do art. 48 e no art. 48-A sujeita o ente à sanção prevista no inciso I do § 3.º do art. 23.

•• Artigo acrescentado pela Lei Complementar n. 131, de 27-5-2009.

Art. 74. Esta Lei Complementar entra em vigor na data da sua publicação.

Art. 75. Revoga-se a Lei Complementar n. 96, de 31 de maio de 1999.

Brasília, 4 de maio de 2000; 179.º da Independência e 112.º da República.

FERNANDO HENRIQUE CARDOSO

LEI COMPLEMENTAR N. 102, DE 11 DE JULHO DE 2000 (*)

Altera dispositivos da Lei Complementar n. 87, de 13 de setembro de 1996, que "dispõe sobre o imposto dos Estados e do Distrito Federal sobre operações relativas à circulação de mercadorias e sobre prestações de serviços de transporte interestadual e intermunicipal e de comunicação, e dá outras providências".

O Presidente da República

Faço saber que o Congresso Nacional decreta e eu sanciono a seguinte Lei Complementar:

Art. 1.º A Lei Complementar n. 87, de 13 de setembro de 1996, passa a vigorar com as seguintes alterações:

•• Alterações já processadas no diploma modificado.

•• Prejudicada a alteração determinada por este artigo ao art. 31 da Lei Complementar n. 87, de 13-9-1996, bem como em seu Anexo, tendo em vista disposições expressas do art. 1.º da Lei Complementar n. 115, de 26-12-2002.

Art. 2.º No período compreendido entre 1.º de janeiro de 2000 e 31 de dezembro de 2002, o Anexo da Lei Complementar n. 87, de 1996, vigorará com a redação do Anexo desta Lei Complementar, restabelecendo-se a redação anterior a partir do período de competência de janeiro de 2003.

Art. 3.º A mudança na sistemática de entrega de recursos prevista no art. 31 da Lei Complementar n. 87, de 1996, não poderá implicar interrupção no fluxo mensal de entrega de recursos aos Estados e aos seus Municípios, devendo os valores de entrega correspondentes aos períodos de competência dos meses de novembro e dezembro de 1999, de que trata o item 3 do Anexo à referida Lei Complementar, ser entregue pela União aos Estados e aos seus Municípios, até fevereiro de 2003.

•• *Vide* nota ao art. 1.º desta Lei.

•• Dispõe o art. 3.º, *caput*, da Lei Complementar n. 115, de 26-12-2002: "Os valores de entrega correspondentes aos períodos de competência dos meses de novembro e dezembro de 1999, mencionados no art. 3.º da Lei Complementar n. 102, de 11-7-2000, que não tenham sido utilizados nas condições previstas nos §§ 3.º e 4.º do referido artigo, serão repassados pela União aos Estados e aos seus Municípios em janeiro e fevereiro de 2003, respectivamente".

§ 1.º Os valores de entrega correspondentes aos períodos de competência dos meses de novembro e dezembro de 1999 serão atualizados pelo Índice Geral de Preços, conceito Disponibilidade Interna, IGP-DI, da Fundação Getúlio Vargas, ou na sua ausência por outro índice de preços de caráter nacional que o substitua, a partir de fevereiro e março de 2000, respectivamente, até o mês anterior da efetiva entrega.

§ 2.º Para a atualização a que se refere o § 1.º, no mês da efetiva entrega, a atualização será feita pela variação *pro rata die*, tomando-se como referência o índice do mês imediatamente anterior.

§ 3.º A qualquer momento, os créditos a que se refere o *caput* deste artigo, correspondentes à cota--parte do Estado, poderão ser utilizados para o abatimento do saldo devedor remanescente da amortização extraordinária a que se refere o art. 7.º da Lei n. 9.496, de 11 de setembro de 1997.

§ 4.º A partir do exercício de 2001, os créditos a que se refere o *caput* deste artigo, correspondentes à cota-parte do Estado, poderão ser utilizados para abatimento do estoque da dívida dos Estados refinanciada pela União sob a égide da Lei n. 9.496, de 1997.

§ 5.º A distribuição das cotas-partes dos Municípios a que se refere o *caput* deste artigo observará os índices vigentes para o exercício de 1999.

Art. 4.º Os saldos credores acumulados na forma prevista nos §§ 1.º e 2.º do art. 25 da Lei Complementar n. 87, de 1996, existentes em 31 de dezembro de 1999 e ainda não compensados ou transferidos até a data da entrada em vigor desta Lei Complementar, podem ser, a requerimento do sujeito passivo e a critério de cada um dos Estados, transferidos a outros contribuintes do mesmo Estado, para compensação parcelada, mediante a emissão, pela autoridade competente, de documento que reconheça o crédito.

Art. 5.º Os Estados em atraso na apresentação das informações de que trata o subitem 8.2 do Anexo à Lei Complementar n. 87, de 1996, terão prazo de 3 (três) meses após a publicação desta Lei Complementar para fornecê-las ao Ministério da Fazenda, que entregará os valores relativos aos períodos de competência até dezembro de 1999, na forma então vigente.

Art. 6.º A compatibilização de que trata o subitem 8.3 do Anexo à Lei Complementar n. 87, de 1996, será realizada por meio de acréscimos ou descontos dos recursos devidos pela União às unidades federadas por força do Anexo a esta Lei Complementar.

(*) Publicada no *DOU*, de 12-7-2000.

§ 1.º O disposto no *caput* deste artigo também se aplica às distribuições de recursos realizadas em 1997, 1998 e 1999, suplementarmente àquelas previstas no Anexo à Lei Complementar n. 87, de 1996.

§ 2.º Antes de aplicado o disposto no item 5 do Anexo a esta Lei Complementar, será deduzido integralmente o eventual saldo remanescente do adiantamento de que trata o item 4 do Anexo à Lei Complementar n. 87, de 1996, atualizado pela variação do índice previsto no § 1.º do art. 3.º desta Lei Complementar.

Art. 7.º Esta Lei Complementar entra em vigor no primeiro dia do mês subsequente ao da sua publicação.

Art. 8.º Ficam revogados os §§ 1.º e 4.º a 8.º do art. 21 da Lei Complementar n. 87, de 13 de setembro de 1996.

Brasília, 11 de julho de 2000; 179.º da Independência e 112.º da República.

FERNANDO HENRIQUE CARDOSO

ANEXO
(à Lei Complementar n. 102,
de 11 de julho de 2000)

•• Referido anexo foi substituído pelo Anexo à Lei Complementar n. 115, de 26-12-2002, e consta da Lei Complementar n. 87, de 13-9-1996, constante desta obra.

DECRETO N. 3.712, DE 27 DE DEZEMBRO DE 2000 (*)

Dispõe sobre o Programa de Recuperação Fiscal - REFIS.

O Presidente da República, no uso das atribuições que lhe confere o art. 84, IV e VI, da Constituição, e tendo em vista o disposto na Lei n. 9.964, de 10 de abril de 2000, na Lei n. 10.002, de 14 de setembro de 2000 e na Medida Provisória n. 2.061-2, de 30 de novembro de 2000, decreta:

Art. 1.º A opção para o Programa de Recuperação Fiscal - REFIS, instituído pela Lei n. 9.964, de 10 de abril de 2000, cujo prazo foi reaberto pela Lei n. 10.002, de 14 de setembro de 2000, observará as disposições do Decreto n. 3.431, de 24 de abril de 2000, e deste Decreto.

Art. 2.º No caso de opção pelo REFIS, formalizada no prazo estabelecido pela Lei n. 10.002, de 2000, a pessoa jurídica optante deverá adotar, para fins de determinação da parcela mensal, nos primeiros seis meses do parcelamento, o dobro do percentual a que estiver sujeito, nos termos estabelecidos no inciso II do § 4.º do art. 2.º da Lei n. 9.964, de 2000, ou, na hipótese de opção pelo parcelamento alternativo ao REFIS, pagar, nos primeiros seis meses, duas parcelas a cada mês.

(*) Publicado no *DOU*, de 28-12-2000. *Vide* art. 38 da Lei n. 10.833, de 29-12-2003.

§ 1.º Na hipótese de opções formalizadas no prazo referido no *caput*, os débitos ainda não constituídos deverão ser confessados pela pessoa jurídica, de forma irretratável e irrevogável, até o dia 12 de fevereiro de 2001, nas condições estabelecidas pelo Comitê Gestor.

§ 2.º Relativamente às opções apresentadas no prazo referido no *caput*, até 30 de novembro de 2000, na hipótese de pessoa jurídica que não houver efetuado, até a data da opção, total ou parcialmente, o pagamento dos valores estabelecidos no art. 3.º da Medida Provisória n. 2.061, de 29 de setembro de 2000, a opção somente será admitida caso a optante adote a forma de pagamento estabelecida no *caput*, independentemente do valor anteriormente pago.

Art. 3.º Admitir-se-á, no prazo referido no § 1.º do artigo anterior, a retificação ou complementação de qualquer declaração prestada no âmbito do REFIS, inclusive relacionada a garantia e arrolamento de bens.

Parágrafo único. O disposto neste artigo aplica-se, inclusive, às opções formalizadas até o mês de abril de 2000.

Art. 4.º Na hipótese de inclusão no REFIS de débitos relativos a processos que estejam em grau de recurso à segunda instância administrativa, o depósito administrativo efetuado será convertido em renda, incluindo o saldo do débito no REFIS.

Art. 5.º Não se aplica o disposto no inciso V do art. 15 do Decreto n. 3.431, de 2000, na hipótese de cisão da pessoa jurídica optante pelo REFIS ou pelo parcelamento alternativo, desde que, cumulativamente:

I – o débito consolidado seja atribuído integralmente a uma única pessoa jurídica;

II – as pessoas jurídicas que absorverem o patrimônio vertido assumam, de forma expressa, irrevogável e irretratável, entre si e, no caso de cisão parcial, com a própria cindida, a condição de responsáveis solidários pela totalidade do débito consolidado, independentemente da proporção do patrimônio vertido.

Parágrafo único. Na ocorrência de cisão, em conformidade com as disposições deste artigo:

• A Resolução n. 13, de 22-6-2001, do Comitê Gestor do Programa de Recuperação Fiscal, dispõe sobre a cisão de pessoa jurídica optante pelo Programa de Recuperação Fiscal.

I – a pessoa jurídica a quem for atribuído o débito consolidado, independentemente da data da cisão, será considerada optante pelo REFIS, observadas as demais normas e condições estabelecidas para o Programa;

II – a assunção da responsabilidade solidária estabelecida no inciso II do *caput* será comunicada ao Comitê Gestor, no prazo de trinta dias após a data de ocorrência do evento;

III – as parcelas mensais serão determinadas com base no somatório das receitas brutas das pessoas jurídicas que absorveram patrimônio vertido e, no caso de cisão parcial, da própria cindida;

IV – as garantias apresentadas ou o arrolamento de bens serão mantidos integralmente, ainda que relativos a bens ou direitos vertidos para pessoa jurídica sucessora.

Art. 6.º Aplica-se às formas de parcelamento referidas nos arts. 12 e 13 da Lei n. 9.964, de 2000, o prazo de opção estabelecido pelo parágrafo único do art. 1.º da Lei n. 10.002, de 2000.

§ 1.º Poderão, também, ser parcelados em até sessenta parcelas mensais e sucessivas, observadas as demais normas estabelecidas para o parcelamento a que se refere o art. 13 da Lei n. 9.964, de 2000, os débitos de natureza não tributária não inscritos em dívida ativa.

§ 2.º O parcelamento de que trata o parágrafo anterior deverá ser requerido no prazo referido no *caput*, perante órgão encarregado da administração do respectivo débito.

§ 3.º Na hipótese do § 3.º do art. 21 do Decreto n. 3.431, de 2000, o valor da verba de sucumbência será de até um por cento do valor do débito consolidado relativo ao processo judicial, incluído no REFIS ou no parcelamento alternativo a que se refere o art. 19 do referido Decreto, em decorrência da desistência da respectiva ação judicial.

Art. 7.º Ficam alterados os seguintes dispositivos do Decreto n. 3.431, de 2000:

•• Alteração já processada no diploma modificado.

Art. 8.º Este Decreto entra em vigor na data de sua publicação.

Art. 9.º Fica revogado o § 2.º do art. 12 do Decreto n. 3.431, de 24 de abril de 2000, renumerando-se o § 1.º para parágrafo único.

Brasília, 27 de dezembro de 2000; 179.º da Independência e 112.º da República.

FERNANDO HENRIQUE CARDOSO

LEI COMPLEMENTAR N. 105, DE 10 DE JANEIRO DE 2001 (*)

Dispõe sobre o sigilo das operações de instituições financeiras e dá outras providências.

O Presidente da República

Faço saber que o Congresso Nacional decreta e eu sanciono a seguinte Lei Complementar:

Art. 1.º As instituições financeiras conservarão sigilo em suas operações ativas e passivas e serviços prestados.

§ 1.º São consideradas instituições financeiras, para os efeitos desta Lei Complementar:

I – os bancos de qualquer espécie;

II – distribuidoras de valores mobiliários;

III – corretoras de câmbio e de valores mobiliários;

IV – sociedades de crédito, financiamento e investimentos;

V – sociedades de crédito imobiliário;

VI – administradoras de cartões de crédito;

VII – sociedades de arrendamento mercantil;

VIII – administradoras de mercado de balcão organizado;

IX – cooperativas de crédito;

X – associações de poupança e empréstimo;

XI – bolsas de valores e de mercadorias e futuros;

XII – entidades de liquidação e compensação;

XIII – outras sociedades que, em razão da natureza de suas operações, assim venham a ser consideradas pelo Conselho Monetário Nacional.

§ 2.º As empresas de fomento comercial ou *factoring*, para os efeitos desta Lei Complementar, obedecerão às normas aplicáveis às instituições financeiras previstas no § 1.º.

§ 3.º Não constitui violação do dever de sigilo:

I – a troca de informações entre instituições financeiras, para fins cadastrais, inclusive por intermédio de centrais de risco, observadas as normas baixadas pelo Conselho Monetário Nacional e pelo Banco Central do Brasil;

II – o fornecimento de informações constantes de cadastro de emitentes de cheques sem provisão de fundos e de devedores inadimplentes, a entidades de proteção ao crédito, observadas as normas baixadas pelo Conselho Monetário Nacional e pelo Banco Central do Brasil;

III – o fornecimento das informações de que trata o § 2.º do art. 11 da Lei n. 9.311, de 24 de outubro de 1996;

•• A Lei n. 9.311, de 24-10-1996, que institui a Contribuição Provisória sobre Movimentação Financeira (CPMF), vigorou até 31-12-2007.

IV – a comunicação, às autoridades competentes, da prática de ilícitos penais ou administrativos, abrangendo o fornecimento de informações sobre operações que envolvam recursos provenientes de qualquer prática criminosa;

V – a revelação de informações sigilosas com o consentimento expresso dos interessados;

VI – a prestação de informações nos termos e condições estabelecidos nos arts. 2.º, 3.º, 4.º, 5.º, 6.º, 7.º e 9.º desta Lei Complementar;

VII – o fornecimento de dados financeiros e de pagamentos, relativos a operações de crédito e obrigações de pagamento adimplidas ou em andamento de pessoas naturais ou jurídicas, a gestores de bancos de dados, para formação de histórico de crédito, nos termos de lei específica.

•• Inciso VII acrescentado pela Lei Complementar n. 166, de 8-4-2019.

§ 4.º A quebra de sigilo poderá ser decretada, quando necessária para apuração de ocorrência de qualquer ilícito, em qualquer fase do inquérito ou do processo judicial, e especialmente nos seguintes crimes:

I – de terrorismo;

II – de tráfico ilícito de substâncias entorpecentes ou drogas afins;

III – de contrabando ou tráfico de armas, munições ou material destinado a sua produção;

(*) Publicada no *DOU*, de 11-1-2001.

IV – de extorsão mediante sequestro;

V – contra o sistema financeiro nacional;

VI – contra a Administração Pública;

VII – contra a ordem tributária e a previdência social;

VIII – lavagem de dinheiro ou ocultação de bens, direitos e valores;

IX – praticado por organização criminosa.

Art. 2.º O dever de sigilo é extensivo ao Banco Central do Brasil, em relação às operações que realizar e às informações que obtiver no exercício de suas atribuições.

§ 1.º O sigilo, inclusive quanto a contas de depósitos, aplicações e investimentos mantidos em instituições financeiras, não pode ser oposto ao Banco Central do Brasil:

I – no desempenho de suas funções de fiscalização, compreendendo a apuração, a qualquer tempo, de ilícitos praticados por controladores, administradores, membros de conselhos estatutários, gerentes, mandatários e prepostos de instituições financeiras;

II – ao proceder a inquérito em instituição financeira submetida a regime especial.

§ 2.º As comissões encarregadas dos inquéritos a que se refere o inciso II do § 1.º poderão examinar quaisquer documentos relativos a bens, direitos e obrigações das instituições financeiras, de seus controladores, administradores, membros de conselhos estatutários, gerentes, mandatários e prepostos, inclusive contas correntes e operações com outras instituições financeiras.

§ 3.º O disposto neste artigo aplica-se à Comissão de Valores Mobiliários, quando se tratar de fiscalização de operações e serviços no mercado de valores mobiliários, inclusive nas instituições financeiras que sejam companhias abertas.

§ 4.º O Banco Central do Brasil e a Comissão de Valores Mobiliários, em suas áreas de competência, poderão firmar convênios:

I – com outros órgãos públicos fiscalizadores de instituições financeiras, objetivando a realização de fiscalizações conjuntas, observadas as respectivas competências;

II – com bancos centrais ou entidades fiscalizadoras de outros países, objetivando:

a) a fiscalização de filiais e subsidiárias de instituições financeiras estrangeiras, em funcionamento no Brasil e de filiais e subsidiárias, no exterior, de instituições financeiras brasileiras;

b) a cooperação mútua e o intercâmbio de informações para a investigação de atividades ou operações que impliquem aplicação, negociação, ocultação ou transferência de ativos financeiros e de valores mobiliários relacionados com a prática de condutas ilícitas.

§ 5.º O dever de sigilo de que trata esta Lei Complementar estende-se aos órgãos fiscalizadores mencionados no § 4.º e a seus agentes.

§ 6.º O Banco Central do Brasil, a Comissão de Valores Mobiliários e os demais órgãos de fiscalização, nas áreas de suas atribuições, fornecerão ao Conselho de Controle de Atividades Financeiras - COAF, de que trata o art. 14 da Lei n. 9.613, de 3 de março de 1998, as informações cadastrais e de movimento de valores relativos às operações previstas no inciso I do art. 11 da referida Lei.

• *Vide* citados dispositivos constantes neste volume.

Art. 3.º Serão prestadas pelo Banco Central do Brasil, pela Comissão de Valores Mobiliários e pelas instituições financeiras as informações ordenadas pelo Poder Judiciário, preservado o seu caráter sigiloso mediante acesso restrito às partes, que delas não poderão servir-se para fins estranhos à lide.

§ 1.º Dependem de prévia autorização do Poder Judiciário a prestação de informações e o fornecimento de documentos sigilosos solicitados por comissão de inquérito administrativo destinada a apurar responsabilidade de servidor público por infração praticada no exercício de suas atribuições, ou que tenha relação com as atribuições do cargo em que se encontre investido.

§ 2.º Nas hipóteses do § 1.º, o requerimento de quebra de sigilo independe da existência de processo judicial em curso.

§ 3.º Além dos casos previstos neste artigo o Banco Central do Brasil e a Comissão de Valores Mobiliários fornecerão à Advocacia-Geral da União as informações e os documentos necessários à defesa da União nas ações em que seja parte.

Art. 4.º O Banco Central do Brasil e a Comissão de Valores Mobiliários, nas áreas de suas atribuições, e as instituições financeiras fornecerão ao Poder Legislativo Federal as informações e os documentos sigilosos que, fundamentadamente, se fizerem necessários ao exercício de suas respectivas competências constitucionais e legais.

§ 1.º As comissões parlamentares de inquérito, no exercício de sua competência constitucional e legal de ampla investigação, obterão as informações e documentos sigilosos de que necessitarem, diretamente das instituições financeiras, ou por intermédio do Banco Central do Brasil ou da Comissão de Valores Mobiliários.

§ 2.º As solicitações de que trata este artigo deverão ser previamente aprovadas pelo Plenário da Câmara dos Deputados, do Senado Federal, ou do plenário de suas respectivas comissões parlamentares de inquérito.

Art. 5.º O Poder Executivo disciplinará, inclusive quanto à periodicidade e aos limites de valor, os critérios segundo os quais as instituições financeiras informarão à administração tributária da União, as operações financeiras efetuadas pelos usuários de seus serviços.

•• *Vide* Decreto n. 4.489, de 28-11-2002, que regulamenta este artigo, no que concerne à prestação de informações à Secretaria da Receita Federal do Ministério da Fazenda, pelas instituições financeiras e as entidades a elas equiparadas, relativas às operações financeiras efetuadas pelos usuários de seus serviços.

•• A falta de prestação das informações a que se refere este artigo ou sua apresentação de forma inexata ou incompleta, sujeita a pessoa jurídica às penalidades previstas nos arts. 30 e 31 da Lei n. 10.637, de 30-12-2002.

• A Instrução Normativa n. 802, de 27-12-2007, da Secretaria da Receita Federal do Brasil, dispõe sobre a prestação de informações de que trata este artigo.

• A Instrução Normativa n. 811, de 28-1-2008, da Secretaria da Receita Federal do Brasil, institui a Declaração de Informações sobre Movimentação Financeira (Dimof), cuja apresentação é obrigatória para os bancos de qualquer espécie, cooperativas de crédito e associações de poupança e empréstimo.

§ 1.º Consideram-se operações financeiras, para os efeitos deste artigo:

I – depósitos à vista e a prazo, inclusive em conta de poupança;

II – pagamentos efetuados em moeda corrente ou em cheques;

III – emissão de ordens de crédito ou documentos assemelhados;

IV – resgates em contas de depósitos à vista ou a prazo, inclusive de poupança;

V – contratos de mútuo;

VI – descontos de duplicatas, notas promissórias e outros títulos de crédito;

VII – aquisições e vendas de títulos de renda fixa ou variável;

VIII – aplicações em fundos de investimentos;

IX – aquisições de moeda estrangeira;

X – conversões de moeda estrangeira em moeda nacional;

XI – transferências de moeda e outros valores para o exterior;

XII – operações com ouro, ativo financeiro;

XIII – operações com cartão de crédito;

XIV – operações de arrendamento mercantil; e

XV – quaisquer outras operações de natureza semelhante que venham a ser autorizadas pelo Banco Central do Brasil, Comissão de Valores Mobiliários ou outro órgão competente.

§ 2.º As informações transferidas na forma do *caput* deste artigo restringir-se-ão a informes relacionados com a identificação dos titulares das operações e os montantes globais mensalmente movimentados, vedada a inserção de qualquer elemento que permita identificar a sua origem ou a natureza dos gastos a partir deles efetuados.

§ 3.º Não se incluem entre as informações de que trata este artigo as operações financeiras efetuadas pelas administrações direta e indireta da União, dos Estados, do Distrito Federal e dos Municípios.

§ 4.º Recebidas as informações de que trata este artigo, se detectados indícios de falhas, incorreções ou omissões, ou de cometimento de ilícito fiscal, a autoridade interessada poderá requisitar as informações e os documentos de que necessitar, bem como realizar fiscalização ou auditoria para a adequada apuração dos fatos.

§ 5.º As informações a que se refere este artigo serão conservadas sob sigilo fiscal, na forma da legislação em vigor.

Art. 6.º As autoridades e os agentes fiscais tributários da União, dos Estados, do Distrito Federal e dos Municípios somente poderão examinar documentos, livros e registros de instituições financeiras, inclusive os referentes a contas de depósitos e aplicações financeiras, quando houver processo administrativo instaurado ou procedimento fiscal em curso e tais exames sejam considerados indispensáveis pela autoridade administrativa competente.

•• Artigo regulamentado pelo Decreto n. 3.724, de 10-1-2001.

•• *Vide* art. 31 da Lei n. 10.637, de 30-12-2002, que dispõe sobre a aplicação de multa no caso de falta de apresentação dos elementos a que se refere este artigo, ou sua apresentação de forma inexata ou inequívoca.

Parágrafo único. O resultado dos exames, as informações e os documentos a que se refere este artigo serão conservados em sigilo, observada a legislação tributária.

Art. 7.º Sem prejuízo do disposto no § 3.º do art. 2.º, a Comissão de Valores Mobiliários, instaurado inquérito administrativo, poderá solicitar à autoridade judiciária competente o levantamento do sigilo junto às instituições financeiras de informações e documentos relativos a bens, direitos e obrigações de pessoa física ou jurídica submetida ao seu poder disciplinar.

Parágrafo único. O Banco Central do Brasil e a Comissão de Valores Mobiliários, manterão permanente intercâmbio de informações acerca dos resultados das inspeções que realizarem, dos inquéritos que instaurarem e das penalidades que aplicarem, sempre que as informações forem necessárias ao desempenho de suas atividades.

Art. 8.º O cumprimento das exigências e formalidades previstas nos arts. 4.º, 6.º e 7.º, será expressamente declarado pelas autoridades competentes nas solicitações dirigidas ao Banco Central do Brasil, à Comissão de Valores Mobiliários ou às instituições financeiras.

Art. 9.º Quando, no exercício de suas atribuições, o Banco Central do Brasil e a Comissão de Valores Mobiliários verificarem a ocorrência de crime definido em lei como de ação pública, ou indícios da prática de tais crimes, informarão ao Ministério Público, juntando à comunicação os documentos necessários à apuração ou comprovação dos fatos.

• *Vide* art. 6.º deste Decreto.

§ 1.º A comunicação de que trata este artigo será efetuada pelos Presidentes do Banco Central do Brasil e da Comissão de Valores Mobiliários, admitida delegação de competência, no prazo máximo de 15 (quinze) dias, a contar do recebimento do processo, com manifestação dos respectivos serviços jurídicos.

§ 2.º Independentemente do disposto no *caput* deste artigo, o Banco Central do Brasil e a Comissão de Valores Mobiliários comunicarão aos órgãos públicos competentes as irregularidades e os ilícitos administrativos de que tenham conhecimento, ou indícios de sua prática, anexando os documentos pertinentes.

Art. 10. A quebra de sigilo, fora das hipóteses autorizadas nesta Lei Complementar, constitui crime e sujeita os responsáveis à pena de reclusão, de um a quatro anos, e multa, aplicando-se, no que couber, o Código Penal, sem prejuízo de outras sanções cabíveis.

- CP: Decreto-lei n. 2.848, de 7-12-1940.
- *Vide* art. 5.º, § 3.º, deste Decreto.
- *Vide* art. 8.º, parágrafo único, do Decreto n. 4.489, de 28-11-2002.

Parágrafo único. Incorre nas mesmas penas quem omitir, retardar injustificadamente ou prestar falsamente as informações requeridas nos termos desta Lei Complementar.

Art. 11. O servidor público que utilizar ou viabilizar a utilização de qualquer informação obtida em decorrência da quebra de sigilo de que trata esta Lei Complementar responde pessoal e diretamente pelos danos decorrentes, sem prejuízo da responsabilidade objetiva da entidade pública, quando comprovado que o servidor agiu de acordo com orientação oficial.

Art. 12. Esta Lei Complementar entra em vigor na data de sua publicação.

Art. 13. Revoga-se o art. 38 da Lei n. 4.595, de 31 de dezembro de 1964.

Brasília, 10 de janeiro de 2001; 180.º da Independência e 113.º da República.

FERNANDO HENRIQUE CARDOSO

DECRETO N. 3.724, DE 10 DE JANEIRO DE 2001 (*)

Regulamenta o art. 6.º da Lei Complementar n. 105, de 10 de janeiro de 2001, relativamente à requisição, acesso e uso, pela Secretaria da Receita Federal, de informações referentes a operações e serviços das instituições financeiras e das entidades a elas equiparadas.

O Presidente da República, no uso da atribuição que lhe confere o art. 84, IV, da Constituição, e tendo em vista o disposto na Lei Complementar n. 105, de 10 de janeiro de 2001, decreta:

Art. 1.º Este Decreto dispõe, nos termos do art. 6.º da Lei Complementar n. 105, de 10 de janeiro de 2001, sobre requisição, acesso e uso, pela Secretaria da Receita Federal e seus agentes, de informações referentes a operações e serviços das instituições financeiras e das entidades a elas equiparadas, em conformidade com o art. 1.º, §§ 1.º e 2.º, da mencionada Lei, bem assim estabelece procedimentos para preservar o sigilo das informações obtidas.

- *Vide* art. 31 da Lei n. 10.637, de 30-12-2002.

Art. 2.º Os procedimentos fiscais relativos a tributos e contribuições administrados pela Secretaria da Receita Federal do Brasil – RFB serão executados por ocupante do cargo efetivo de Auditor-Fiscal da Receita Federal do Brasil e terão início mediante expedição prévia de Termo de Distribuição do Procedimento Fiscal – TDPF, conforme procedimento a ser estabelecido em ato do Secretário da Receita Federal do Brasil.

•• *Caput* com redação determinada pelo Decreto n. 8.303, de 4-9-2014.

§ 1.º Nos casos de flagrante constatação de contrabando, descaminho ou de qualquer outra prática de infração à legislação tributária, em que o retardamento do início do procedimento fiscal coloque em risco os interesses da Fazenda Nacional, pela possibilidade de subtração de prova, o Auditor-Fiscal da Receita Federal do Brasil deverá iniciar imediatamente o procedimento fiscal e, no prazo de cinco dias, contado da data de seu início, será expedido TDPF especial, do qual será dada ciência ao sujeito passivo.

•• § 1.º com redação determinada pelo Decreto n. 8.303, de 4-9-2014.

§ 2.º Entende-se por procedimento de fiscalização a modalidade de procedimento fiscal a que se referem o art. 7.º e seguintes do Decreto n. 70.235, de 6 de março de 1972.

•• § 2.º com redação determinada pelo Decreto n. 6.104, de 30-4-2007.

§ 3.º O TDPF não será exigido nas hipóteses de procedimento de fiscalização:

•• § 3.º, *caput*, com redação determinada pelo Decreto n. 8.303, de 4-9-2014.

I – realizado no curso do despacho aduaneiro;

•• Inciso I acrescentado pelo Decreto n. 6.104, de 30-4-2007.

II – interno, de revisão aduaneira;

•• Inciso II acrescentado pelo Decreto n. 6.104, de 30-4-2007.

III – de vigilância e repressão ao contrabando e descaminho, realizado em operação ostensiva;

•• Inciso III acrescentado pelo Decreto n. 6.104, de 30-4-2007.

IV – relativo ao tratamento automático das declarações (malhas fiscais).

•• Inciso IV acrescentado pelo Decreto n. 6.104, de 30-4-2007.

§ 4.º O Secretário da Receita Federal do Brasil estabelecerá os modelos e as informações constantes do TDPF, os prazos para sua execução, as autoridades fiscais competentes para sua expedição, bem como demais hipóteses de dispensa ou situações em que seja necessário o início do procedimento antes da expedição do TDPF, nos casos em que haja risco aos interesses da Fazenda Nacional.

•• § 4.º com redação determinada pelo Decreto n. 8.303, de 4-9-2014.

§ 5.º A Secretaria da Receita Federal do Brasil, por intermédio de servidor ocupante do cargo de Auditor-Fiscal da

(*) Publicado no *DOU*, de 11-1-2001. A Secretaria da Receita Federal passa a denominar-se Secretaria da Receita Federal do Brasil, por força da Lei n. 11.457, de 16-3-2007.

Receita Federal do Brasil, somente poderá examinar informações relativas a terceiros, constantes de documentos, livros e registros de instituições financeiras e de entidades a elas equiparadas, inclusive os referentes a contas de depósitos e de aplicações financeiras, quando houver procedimento de fiscalização em curso e tais exames forem considerados indispensáveis.

•• § 5.º com redação determinada pelo Decreto n. 6.104, de 30-4-2007.

§ 6.º A Secretaria da Receita Federal do Brasil, por intermédio de seus administradores, garantirá o pleno e inviolável exercício das atribuições do Auditor-Fiscal da Receita Federal do Brasil responsável pela execução do procedimento fiscal.

•• § 6.º com redação determinada pelo Decreto n. 6.104, de 30-4-2007.

Art. 3.º Os exames referidos no § 5.º do art. 2.º somente serão considerados indispensáveis nas seguintes hipóteses:

•• *Caput* com redação determinada pelo Decreto n. 6.104, de 30-4-2007.

I – subavaliação de valores de operação, inclusive de comércio exterior, de aquisição ou alienação de bens ou direitos, tendo por base os correspondentes valores de mercado;

II – obtenção de empréstimos de pessoas jurídicas não financeiras ou de pessoas físicas, quando o sujeito passivo deixar de comprovar o efetivo recebimento dos recursos;

III – prática de qualquer operação com pessoa física ou jurídica residente ou domiciliada em país com tributação favorecida ou beneficiária de regime fiscal de que tratam os art. 24 e art. 24-A da Lei n. 9.430, de 27 de dezembro de 1996;

•• Inciso III com redação determinada pelo Decreto n. 8.303, de 4-9-2014.

• *Vide* citado dispositivo constante deste volume.

IV – omissão de rendimentos ou ganhos líquidos, decorrentes de aplicações financeiras de renda fixa ou variável;

V – realização de gastos ou investimentos em valor superior à renda disponível;

VI – remessa, a qualquer título, para o exterior, por intermédio de conta de não residente, de valores incompatíveis com as disponibilidades declaradas;

VII – previstas no art. 33 da Lei n. 9.430, de 1996;

• *Vide* citado dispositivo constante deste volume.

VIII – pessoa jurídica enquadrada, no Cadastro Nacional da Pessoa Jurídica (CNPJ), nas seguintes situações cadastrais:

a) cancelada;

b) inapta, nos casos previstos no art. 81 da Lei n. 9.430, de 1996;

IX – pessoa física sem inscrição no Cadastro de Pessoas Físicas (CPF) ou com inscrição cancelada;

X – negativa, pelo titular de direito da conta, da titularidade de fato ou da responsabilidade pela movimentação financeira;

XI – presença de indício de que o titular de direito é interposta pessoa do titular de fato; e

•• Inciso XI com redação determinada pelo Decreto n. 8.303, de 4-9-2014.

XII – intercâmbio de informações, com fundamento em tratados, acordos ou convênios internacionais, para fins de arrecadação e fiscalização de tributos.

•• Inciso XII acrescentado pelo Decreto n. 8.303, de 4-9-2014.

§ 1.º Não se aplica o disposto nos incisos I a VI, quando as diferenças apuradas não excedam a dez por cento dos valores de mercado ou declarados, conforme o caso.

§ 2.º Considera-se indício de interposição de pessoa, para os fins do inciso XI deste artigo, quando:

I – as informações disponíveis, relativas ao sujeito passivo, indicarem movimentação financeira superior a 10 (dez) vezes a renda disponível declarada ou, na ausência de Declaração de Ajuste Anual do Imposto de Renda, o montante anual da movimentação for superior ao estabelecido no inciso II do § 3.º do art. 42 da Lei n. 9.430, de 1996;

II – a ficha cadastral do sujeito passivo, na instituição financeira, ou equiparada, contenha:

a) informações falsas quanto a endereço, rendimentos ou patrimônio; ou

b) rendimento inferior a dez por cento do montante anual da movimentação.

Art. 4.º Poderão requisitar as informações referidas no § 5.º do art. 2.º as autoridades competentes para expedir o TDPF.

•• *Caput* com redação determinada pelo Decreto n. 8.303, de 4-9-2014.

§ 1.º A requisição referida neste artigo será formalizada mediante documento denominado Requisição de Informações sobre Movimentação Financeira (RMF) e será dirigida, conforme o caso, ao:

• A Instrução Normativa n. 165, de 10-6-2002, da Secretaria da Receita Federal, aprova o Programa de Atendimento à Requisição de Informações sobre Movimentação Financeira (PARMF), que permite a transmissão, via *Internet*, das informações requisitadas nos termos deste Decreto.

I – Presidente do Banco Central do Brasil, ou a seu preposto;

II – Presidente da Comissão de Valores Mobiliários, ou a seu preposto;

III – presidente de instituição financeira, ou entidade a ela equiparada, ou a seu preposto;

IV – gerente de agência.

• A Portaria n. 2.047, de 26-11-2014, da Secretaria da Receita Federal do Brasil dispõe sobre a emissão da Requisição de Informações sobre Movimentação Financeira – RMF.

§ 2.º A RMF será precedida de intimação ao sujeito passivo para apresentação de informações sobre movimentação financeira, necessárias à execução do procedimento fiscal.

•• § 2.º com redação determinada pelo Decreto n. 8.303, de 4-9-2014.

§ 3.º O sujeito passivo poderá atender a intimação a que se refere o § 2.º por meio de:

•• § 3.º, *caput*, com redação determinada pelo Decreto n. 8.303, de 4-9-2014.

I – autorização expressa do acesso direto às informações sobre movimentação financeira por parte da autoridade fiscal; ou

•• Inciso I acrescentado pelo Decreto n. 8.303, de 4-9-2014.

II – apresentação das informações sobre movimentação financeira, hipótese em que responde por sua veracidade e integridade, observada a legislação penal aplicável.

•• Inciso II acrescentado pelo Decreto n. 8.303, de 4-9-2014.

§ 4.º As informações prestadas pelo sujeito passivo poderão ser objeto de verificação nas instituições de que trata o art. 1.º, inclusive por intermédio do Banco Central do Brasil ou da Comissão de Valores Mobiliários, bem assim de cotejo com outras informações disponíveis na Secretaria da Receita Federal.

§ 5.º A RMF será expedida com base em relatório circunstanciado, elaborado pelo Auditor-Fiscal da Receita Federal do Brasil encarregado da execução do procedimento fiscal ou pela chefia imediata.

•• § 5.º com redação determinada pelo Decreto n. 8.303, de 4-9-2014.

§ 6.º No relatório referido no parágrafo anterior, deverá constar a motivação da proposta de expedição da RMF, que demonstre, com precisão e clareza, tratar-se de situação enquadrada em hipótese de indispensabilidade prevista no artigo anterior, observado o princípio da razoabilidade.

§ 7.º Na RMF deverão constar, no mínimo, o seguinte:

I – nome ou razão social do sujeito passivo, endereço e número de inscrição no CPF ou no CNPJ;

II – número de identificação do TDPF a que se vincular;

•• Inciso II com redação determinada pelo Decreto n. 8.303, de 4-9-2014.

III – as informações requisitadas e o período a que se refere a requisição;

IV – nome, matrícula e assinatura da autoridade que a expediu;

V – nome, matrícula e endereço funcional dos Auditores-Fiscais da Receita Federal do Brasil responsáveis pela execução do procedimento fiscal;

•• Inciso V com redação determinada pelo Decreto n. 8.303, de 4-9-2014.

VI – forma de apresentação das informações (em papel ou em meio magnético);

VII – prazo para entrega das informações, na forma da legislação aplicável;

VIII – endereço para entrega das informações;

IX – código de acesso à Internet que permitirá à instituição requisitada identificar a RMF.

§ 8.º A expedição da RMF presume indispensabilidade das informações requisitadas, nos termos deste Decreto.

Art. 5.º As informações requisitadas na forma do artigo anterior:

I – compreendem:

a) dados constantes da ficha cadastral do sujeito passivo;

b) valores, individualizados, dos débitos e créditos efetuados no período;

II – deverão:

a) ser apresentadas, no prazo estabelecido na RMF, à autoridade que a expediu ou aos Auditores-Fiscais da Receita Federal do Brasil responsáveis pela execução do procedimento fiscal correspondente;

•• Alínea *a* com redação determinada pelo Decreto n. 8.303, de 4-9-2014.

b) subsidiar o procedimento de fiscalização em curso, observado o disposto no art. 42 da Lei n. 9.430, de 1996;

c) integrar o processo administrativo fiscal instaurado, quando interessarem à prova do lançamento de ofício.

§ 1.º Somente poderão ser solicitados, por cópia autêntica, os documentos relativos aos débitos e aos créditos, nos casos previstos nos incisos VII a XI do art. 3.º.

§ 2.º As informações não utilizadas no processo administrativo fiscal deverão, nos termos de ato da Secretaria da Receita Federal, ser entregues ao sujeito passivo, destruídas ou inutilizadas.

§ 3.º Quem omitir, retardar injustificadamente ou prestar falsamente à Secretaria da Receita Federal as informações a que se refere este artigo ficará sujeito às sanções de que trata o art. 10, *caput*, da Lei Complementar n. 105, de 2001, sem prejuízo das penalidades cabíveis nos termos da legislação tributária ou disciplinar, conforme o caso.

Art. 6.º De conformidade com o disposto no art. 9.º da Lei Complementar n. 105, de 2001, o Banco Central do Brasil e a Comissão de Valores Mobiliários, por seus respectivos Presidentes ou servidores que receberem delegação de competência para a finalidade específica, deverão comunicar, de ofício, à Secretaria da Receita Federal, no prazo máximo de quinze dias, as irregularidades e os ilícitos administrativos de que tenham conhecimento, ou indícios de sua prática, anexando os documentos pertinentes, sempre que tais fatos puderem configurar qualquer infração à legislação tributária federal.

Parágrafo único. A violação do disposto neste artigo constitui infração administrativo-disciplinar do dirigente ou servidor que a ela der causa, sem prejuízo da aplicação do disposto no art. 10, *caput*, da Lei Complementar n. 105, de 2001, e demais sanções civis e penais cabíveis.

Art. 7.º As informações, os resultados dos exames fiscais e os documentos obtidos em função do disposto neste Decreto serão mantidos sob sigilo fiscal, na forma da legislação pertinente.

§ 1.º A Secretaria da Receita Federal deverá manter controle de acesso ao processo administrativo fiscal, ficando sempre registrado o responsável pelo recebimento, nos casos de movimentação.

§ 2.º Na expedição e tramitação das informações deverá ser observado o seguinte:

I – as informações serão enviadas em dois envelopes lacrados:

a) um externo, que conterá apenas o nome ou a função do destinatário e seu endereço, sem qualquer anotação que indique o grau de sigilo do conteúdo;

b) um interno, no qual serão inscritos o nome e a função do destinatário, seu endereço, o número do TDPF ou do processo administrativo fiscal e, claramente indicada, observação de que se trata de matéria sigilosa;

•• Alínea *b* com redação determinada pelo Decreto n. 8.303, de 4-9-2014.

II – o envelope interno será lacrado e sua expedição será acompanhada de recibo;

III – o recibo destinado ao controle da custódia das informações conterá, necessariamente, indicações sobre o remetente, o destinatário e o número do TDPF ou do processo administrativo fiscal.

•• Inciso III com redação determinada pelo Decreto n. 8.303, de 4-9-2014.

§ 3.º Aos responsáveis pelo recebimento de documentos sigilosos incumbe:

I – verificar e registrar, se for o caso, indícios de qualquer violação ou irregularidade na correspondência recebida, dando ciência do fato ao destinatário, o qual informará ao remetente;

II – assinar e datar o respectivo recibo, se for o caso;

III – proceder ao registro do documento e ao controle de sua tramitação.

§ 4.º O envelope interno somente será aberto pelo destinatário ou por seu representante autorizado.

§ 5.º O destinatário do documento sigiloso comunicará ao remetente qualquer indício de violação, tais como rasuras, irregularidades de impressão ou de paginação.

§ 6.º Os documentos sigilosos serão guardados em condições especiais de segurança.

§ 7.º As informações enviadas por meio eletrônico serão obrigatoriamente criptografadas.

Art. 8.º O servidor que utilizar ou viabilizar a utilização de qualquer informação obtida nos termos deste Decreto, em finalidade ou hipótese diversa da prevista em lei, regulamento ou ato administrativo, será responsabilizado administrativamente por descumprimento do dever funcional de observar normas legais ou regulamentares, de que trata o art. 116, inciso III, da Lei n. 8.112, de 11 de dezembro de 1990, se o fato não configurar infração mais grave, sem prejuízo de sua responsabilização em ação regressiva própria e da responsabilidade penal cabível.

• Lei n. 8.112, de 11-12-1990: Regime Jurídico dos Servidores Públicos Civis da União, das Autarquias e das Fundações Públicas Federais.

Art. 9.º O servidor que divulgar, revelar ou facilitar a divulgação ou revelação de qualquer informação de que trata este Decreto, constante de sistemas informatizados, arquivos de documentos ou autos de processos protegidos por sigilo fiscal, com infração ao disposto no art. 198 da Lei n. 5.172, de 25 de outubro de 1966 (Código Tributário Nacional), ou no art. 116, inciso VIII, da Lei n. 8.112, de 1990, ficará sujeito à penalidade de demissão, prevista no art. 132, inciso IX, da citada Lei n. 8.112, sem prejuízo das sanções civis e penais cabíveis.

Art. 10. O servidor que permitir ou facilitar, mediante atribuição, fornecimento ou empréstimo de senha ou qualquer outra forma, o acesso de pessoas não autorizadas a sistemas de informações, banco de dados, arquivos ou a autos de processos que contenham informações mencionadas neste Decreto, será responsabilizado administrativamente, nos termos da legislação específica, sem prejuízo das sanções civis e penais cabíveis.

Parágrafo único. O disposto neste artigo também se aplica no caso de o servidor utilizar-se, indevidamente, do acesso restrito.

Art. 11. Configura infração do servidor aos deveres funcionais de exercer com zelo e dedicação as atribuições do cargo e de observar normas legais e regulamentares, nos termos do art. 116, incisos I e III, da Lei n. 8.112, de 1990, sem prejuízo da responsabilidade penal e civil cabível, na forma dos arts. 121 a 125 daquela Lei, se o fato não configurar infração mais grave:

I – não proceder com o devido cuidado na guarda e utilização de sua senha ou emprestá-la a outro servidor, ainda que habilitado;

II – acessar imotivadamente sistemas informatizados da Secretaria da Receita Federal, arquivos de documentos ou autos de processos, que contenham informações protegidas por sigilo fiscal.

Art. 12. O sujeito passivo que se considerar prejudicado por uso indevido das informações requisitadas, nos termos deste Decreto, ou por abuso da autoridade requisitante, poderá dirigir representação ao Corregedor-Geral da Secretaria da Receita Federal, com vistas à apuração do fato e, se for o caso, à aplicação de penalidades cabíveis ao servidor responsável pela infração.

• *Vide* art. 12, § 2.º, do Decreto n. 4.489, de 28-11-2002.

Art. 13. A Secretaria da Receita Federal editará instruções necessárias à execução do disposto neste Decreto.

Art. 14. Este Decreto entra em vigor na data de sua publicação.

Brasília, 10 de janeiro de 2001; 180.º da Independência e 113.º da República.

FERNANDO HENRIQUE CARDOSO

LEI N. 10.177, DE 12 DE JANEIRO DE 2001 (*)

Dispõe sobre as operações com recursos dos Fundos Constitucionais de Financiamento do Norte, do Nordeste e do Centro-Oeste, de que trata a Lei n. 7.827, de 27 de setembro de 1989, e dá outras providências.

O Presidente da República

Faço saber que o Congresso Nacional decreta e eu sanciono a seguinte Lei:

Art. 1.º Os encargos financeiros e o bônus de adimplência incidentes sobre os financiamentos de operações de crédito rural com recursos do Fundo Constitucional de Financiamento do Norte (FNO), do Fundo Constitucional de Financiamento do Nordeste (FNE) e do Fundo Constitucional de Financiamento do Centro-Oeste (FCO) serão definidos pelo Conselho Monetário Nacional, por meio de proposta do Ministério da Integração Nacional, observadas as orientações da Política Nacional de Desenvolvimento Regional e de acordo com os respectivos planos regionais de desenvolvimento.

•• *Caput* com redação determinada pela Lei n. 13.682, de 19-6-2018.

• A Resolução n. 4.395, de 30-12-2014, do Banco Central do Brasil, define os encargos financeiros e o bônus de adimplência das operações de que trata este artigo.

§ 1.º (*Vetado.*)

§ 2.º Os encargos financeiros e o bônus de adimplência de que trata o *caput* poderão ser diferenciados ou favorecidos em função da finalidade do crédito, do porte do beneficiário, do setor de atividade e da localização do empreendimento.

•• § 2.º com redação determinada pela Lei n. 12.793, de 2-4-2013.

§ 3.º Os encargos financeiros poderão ser reduzidos no caso de operações de crédito destinadas a:

•• § 3.º, *caput*, com redação determinada pela Lei n. 12.793, de 2-4-2013.

I – financiamento de projetos para conservação e proteção do meio ambiente, recuperação de áreas degradadas ou alteradas, recuperação de vegetação nativa e desenvolvimento de atividades sustentáveis;

•• Inciso I acrescentado pela Lei n. 12.793, de 2-4-2013.

II – financiamento de projetos de ciência, tecnologia e inovação;

•• Inciso II acrescentado pela Lei n. 12.793, de 2-4-2013.

III – (*Vetado.*)

•• Inciso III acrescentado pela Lei n. 12.793, de 2-4-2013.

IV – (*Vetado.*)

•• Inciso IV acrescentado pela Lei n. 12.793, de 2-4-2013.

V – (*Vetado.*)

•• Inciso V acrescentado pela Lei n. 12.793, de 2-4-2013.

§ 4.º No mês de janeiro de cada ano, observadas as disposições do parágrafo anterior, o Poder Executivo, por proposta conjunta dos Ministérios da Fazenda e da Integração Nacional, poderá realizar ajustes nas taxas dos encargos financeiros, limitados à variação percentual da TJLP no período.

•• A Lei n. 12.793, de 2-4-2013, propôs nova redação para este parágrafo, todavia, o texto foi vetado.

§ 5.º *(Revogado pela Lei n. 13.682, de 19-6-2018.)*

§ 6.º Em caso de estabelecimento de encargos financeiros ou bônus de adimplência que resulte na redução de custo financeiro para o tomador, a resolução do Conselho Monetário Nacional deverá definir se os novos encargos e bônus estabelecidos incidirão, a partir da data de vigência da redução, sobre os financiamentos já contratados.

•• § 6.º com redação determinada pela Lei n. 12.793, de 2-4-2013.

§ 7.º (*Revogado pela Lei n. 13.682, de 19-6-2018.*)

§ 8.º Os encargos financeiros e bônus de adimplência já estabelecidos continuarão em vigor até a data anterior à vigência dos novos encargos financeiros e bônus de adimplência que forem definidos pelo Conselho Monetário Nacional.

•• § 8.º acrescentado pela Lei n. 12.793, de 2-4-2013.

§ 9.º Na proposta de que trata o *caput* será aplicado redutor sobre os encargos financeiros, a ser fixado tomando por base o Coeficiente de Desequilíbrio Regional - CDR, resultante da razão entre o rendimento domiciliar *per capita* da região de abrangência do respectivo fundo e o rendimento domiciliar *per capita* do País.

•• § 9.º acrescentado pela Lei n. 13.340, de 28-9-2016.

•• A Lei n. 13.295, de 14-6-2016, propôs o acréscimo do art. 1.º-A a esta Lei, porém teve seu texto vetado.

Art. 1º-A. Os encargos financeiros e o bônus de adimplência incidentes sobre os financiamentos de operações de crédito não rural com recursos do FNO, do FNE e do FCO serão definidos pelo Conselho Monetário Nacional, mediante proposta do Ministério do Desenvolvimento Regional, observadas as orientações da Política Nacional de Desenvolvimento Regional e de acordo com os respectivos planos regionais de desenvolvimento.

(*) Publicada no *DOU*, de 15-1-2001. Retificada em 16-1-2001.

•• *Caput* com redação determinada pela Lei n. 14.227, de 20-10-2021.

I a VI – (*Revogados pela Lei n. 14.227, de 20-10-2021.*)

§§ 1.º a 6.º (*Revogados pela Lei n. 14.227, de 20-10-2021.*)

•• § 6.º acrescentado pela Lei n. 13.682, de 19-6-2018.

§ 7.º As operações de financiamento estudantil a que se refere o art. 15-D da Lei n. 10.260, de 12 de julho de 2001, contratadas com recursos oriundos do FNO, do FNE ou do FCO terão seus encargos financeiros definidos pelo Conselho Monetário Nacional, por proposta do Comitê Gestor do Fundo de Financiamento Estudantil (CG-Fies), e poderão contemplar bônus de adimplência e aplicação do CDR.

•• § 7.º acrescentado pela Lei n. 13.682, de 19-6-2018.

§ 8.º Ato conjunto dos Ministros de Estado da Economia e do Desenvolvimento Regional definirá os critérios para a identificação das operações nas classificações estabelecidas no § 9.º deste artigo.

•• § 8.º com redação determinada pela Lei n. 14.227, de 20-10-2021.

§ 9.º Fica a União autorizada a conceder subvenção econômica, sob a modalidade de equalização de taxas de juros, a partir de 1.º de janeiro de 2019, ao Banco Nacional de Desenvolvimento Econômico e Social (BNDES), nas operações de financiamento de infraestrutura contratadas para programas de financiamento nas regiões Norte, Nordeste e Centro-Oeste, respeitadas as diretrizes e prioridades estabelecidas pelos Conselhos Deliberativos das Superintendências de Desenvolvimento Regional.

•• § 9.º acrescentado pela Lei n. 13.682, de 19-6-2018, originalmente vetado, todavia promulgado em 13-6-2019.

§ 10. A equalização de juros de que trata o § 9º deste artigo corresponderá ao diferencial entre o encargo do mutuário final, a ser calculado nos termos do que preveem o *caput* e os §§ 1.º a 8.º deste artigo, e o custo da fonte de recursos, acrescido da remuneração do BNDES, dos agentes financeiros por ele credenciados ou da Financiadora de Estudos e Projetos (Finep).

•• § 10 acrescentado pela Lei n. 13.682, de 19-6-2018, originalmente vetado, todavia promulgado em 13-6-2019.

§ 11. O Conselho Monetário Nacional estabelecerá as condições necessárias à contratação dos financiamentos de que trata o § 9.º deste artigo, cabendo ao Ministério da Fazenda a regulamentação das demais condições para a concessão da respectiva subvenção econômica, entre elas, a definição da metodologia para o pagamento da equalização de taxas de juros a que se refere o § 10 deste artigo.

•• § 11 acrescentado pela Lei n. 13.682, de 19-6-2018, originalmente vetado, todavia promulgado em 13-6-2019.

§ 12. A definição das garantias a serem prestadas nos financiamentos a que se refere o § 9.º deste artigo ficará a critério do BNDES, e os encargos dos fundos garantidores de que trata o art. 7.º da Lei n. 12.087, de 11 de novembro de 2009, poderão ser incluídos no valor do financiamento das operações contratadas.

•• § 12 acrescentado pela Lei n. 13.682, de 19-6-2018, originalmente vetado, todavia promulgado em 13-6-2019.

§ 13. O Ministério da Fazenda publicará na internet até o último dia do mês subsequente a cada bimestre, quanto ao disposto no § 9.º deste artigo, os seguintes demonstrativos:

•• § 13 acrescentado pela Lei n. 13.682, de 19-6-2018, originalmente vetado, todavia promulgado em 13-6-2019.

I – do impacto fiscal das operações, juntamente com a metodologia de cálculo utilizada, considerados o custo de captação do governo federal e o valor devido pela União; e

•• Inciso I acrescentado pela Lei n. 13.682, de 19-6-2018, originalmente vetado, todavia promulgado em 13-6-2019.

II – dos valores inscritos em restos a pagar nas operações de equalização de taxa de juros, no último exercício financeiro e no acumulado total.

•• Inciso II acrescentado pela Lei n. 13.682, de 19-6-2018, originalmente vetado, todavia promulgado em 13-6-2019.

§ 14. Os encargos financeiros e o bônus de adimplência de que trata o *caput* deste artigo poderão ser diferenciados ou favorecidos em função da finalidade do crédito, do porte do beneficiário, do setor de atividade e da localização do empreendimento.

•• § 14 acrescentado pela Lei n. 14.227, de 20-10-2021.

§ 15. Os encargos financeiros poderão ser reduzidos no caso de operações de crédito destinadas a financiamento de projetos:

•• § 15, *caput*, acrescentado pela Lei n. 14.227, de 20-10-2021.

I – para conservação e proteção do meio ambiente, recuperação de áreas degradadas ou alteradas, recuperação de vegetação nativa e desenvolvimento de atividades sustentáveis; e

•• Inciso I acrescentado pela Lei n. 14.227, de 20-10-2021.

II – de ciência, tecnologia e inovação.

•• Inciso II acrescentado pela Lei n. 14.227, de 20-10-2021.

§ 16. Em caso de estabelecimento de encargos financeiros ou de bônus de adimplência que resulte na redução de custo financeiro para o tomador, resolução do Conselho Monetário Nacional deverá definir se os novos encargos e bônus de adimplência estabelecidos incidirão, a partir da data de vigência da redução, sobre os financiamentos já contratados.

•• § 16 acrescentado pela Lei n. 14.227, de 20-10-2021.

§ 17. Na proposta referida no *caput* deste artigo será aplicado redutor sobre os encargos financeiros, a ser fixado tomando por base o Coeficiente de Desequilíbrio Regional (CDR), resultante da razão entre o rendimento domiciliar per capita da região de abrangência do respectivo fundo e o rendimento domiciliar per capita do País.

• § 17 acrescentado pela Lei n. 14.227, de 20-10-2021.

Art. 1.º-B. Na hipótese de desvio na aplicação dos recursos de que trata esta Lei, o mutuário perderá os benefícios aos quais fizer jus, especialmente aqueles relativos ao bônus de adimplência, sem prejuízo das medidas judiciais cabíveis, incluídas as de natureza executória.

•• Artigo acrescentado pela Lei n. 13.682, de 19-6-2018.

Art. 1.º-C. O *del credere* do banco administrador, limitado a 3% (três por cento) ao ano, está contido nos encargos financeiros cobrados pelo FNO, pelo FNE e pelo FCO e será reduzido em percentual idêntico ao percentual garantido por fundos de aval.

•• Artigo acrescentado pela Lei n. 13.682, de 19-6-2018.

Art. 1.º-D. O CDR referente às regiões Norte, Nordeste e Centro-Oeste, a que se referem os arts. 1.º e 1.º-A desta Lei, será calculado pelo IBGE, com base nos indicadores de renda domiciliar per capita e da população residente, apurados pela Pesquisa Nacional por Amostra de Domicílios Contínua (PNAD Contínua).

•• *Caput* acrescentado pela Lei n. 13.682, de 19-6-2018.

•• O Decreto n. 9.291, de 21-2-2018, regulamenta este artigo.

§ 1.º Para fim exclusivo do cálculo do CDR a ser aplicado nos encargos financeiros incidentes sobre os financiamentos de operações de crédito com recursos dos Fundos Constitucionais de Financiamento, serão considerados os seguintes entes federativos:

•• § 1.º acrescentado pela Lei n. 13.682, de 19-6-2018.

I – FNO: Estados do Acre, Amazonas, Amapá, Pará, Roraima, Rondônia e Tocantins;

•• Inciso I acrescentado pela Lei n. 13.682, de 19-6-2018.

II – FNE: Estados do Maranhão, Piauí, Ceará, Rio Grande do Norte, Paraíba, Pernambuco, Alagoas, Sergipe e Bahia; e

•• Inciso II acrescentado pela Lei n. 13.682, de 19-6-2018.

III – FCO: Estados de Mato Grosso do Sul, Mato Grosso e Goiás e o Distrito Federal.

•• Inciso III acrescentado pela Lei n. 13.682, de 19-6-2018.

§ 2.º Ato do Presidente da República regulamentará a sistemática do cálculo e da atualização do CDR.

•• § 2.º acrescentado pela Lei n. 13.682, de 19-6-2018.

Art. 2.º Os recursos dos Fundos Constitucionais de Financiamento, desembolsados pelos bancos administradores, serão remunerados pelos encargos pactuados com os devedores, excluído o *del credere* correspondente.

Art. 3.º Os bancos administradores dos Fundos Constitucionais de Financiamento ficam autorizados a adotar, nas assunções, renegociações, prorrogações e composições de dívidas, as seguintes condições:

I – o saldo devedor da operação, para efeito da renegociação da dívida, será apurado sem computar encargos por inadimplemento, multas, mora e honorários de advogados;

II – beneficiários: mutuários de financiamentos concedidos até 31 de dezembro de 1998, com recursos dos Fundos Constitucionais de Financiamento;

III – encargos financeiros: os fixados no art. 1.º, com a incidência dos bônus estabelecidos no seu § 5.º;

IV – prazo: até 10 (dez) anos, acrescidos ao prazo final da operação, estabelecendo-se novo esquema de amortização fixado de acordo com a capacidade de pagamento do devedor.

•• O prazo das operações de que trata este inciso fica acrescido de 5 (cinco) anos, contados do vencimento final do instrumento de crédito que as originou, por força do Decreto n. 3.728, de 12-1-2001.

§ 1.º Não são passíveis de renegociação, nos termos deste artigo, as operações negociadas com amparo na Lei n. 9.138, de 29 de novembro de 1995.

• A Lei n. 9.138, de 29-11-1995, dispõe sobre o crédito rural e dá outras providências.

§ 2.º Os mutuários interessados na renegociação, prorrogação e composição de dívidas de que trata este artigo deverão manifestar formalmente seu interesse aos bancos administradores.

•• § 2.º com redação determinada pela Lei n. 10.437, de 25-4-2002.

§ 3.º Fica estabelecido o prazo até 31 de março de 2003 para o encerramento das renegociações, prorrogações e composições de dívidas amparadas em recursos dos Fundos Constitucionais, inclusive sob a forma alternativa de que trata o art. 4.º desta Lei.

•• § 3.º com redação determinada pela Lei n. 10.646, de 28-3-2003.

•• A Lei n. 10.696, de 2-7-2003, em seu art. 11, altera o prazo de que trata este parágrafo para até 90 (noventa) dias após a data em que for publicada sua regulamentação, sem que essa dilação de prazo alcance a forma alternativa de que trata o art. 4.º desta Lei.

§ 4.º As operações originariamente contratadas ao amparo dos Fundos Constitucionais de Financiamento que se enquadrarem no disposto neste artigo e tenham sido recompostas com recursos de outras fontes dos agentes financeiros poderão ser renegociadas com base nesta Lei, a critério dos bancos operadores.

§ 5.º Os saldos devedores das operações de que trata o parágrafo anterior, para efeito de reversão aos Fundos Constitucionais de Financiamento, serão atualizados, a partir da data da exclusão dos financiamentos das contas dos Fundos, com encargos financeiros não superiores à Taxa de Juros de Longo Prazo (TJLP) e sem imputar encargos por inadimplemento e honorários de advogados.

§ 6.º O disposto neste artigo não se aplica às operações em que tenham sido constatados desvio de recursos.

§§ 7.º e 8.º (*Vetados.*)

§ 9.º Os bancos administradores dos Fundos Constitucionais de Financiamento deverão fornecer aos mutuários demonstrativo de cálculo da evolução dos saldos da conta do financiamento.

Art. 4.º Ficam os bancos administradores dos Fundos Constitucionais de Financiamento, se do interesse dos mutuários de financiamentos amparados por recursos dos Fundos e alternativamente às condições estabelecidas no artigo anterior, autorizados a renegociar as operações de crédito rural nos termos da Resolução n. 2.471, de 26 de fevereiro de 1998, do Conselho Monetário Nacional, e suas alterações posteriores.

§ 1.º (*Vetado.*)

§ 2.º Nas renegociações de que trata este artigo, os bancos administradores poderão financiar, com recursos dos Fundos Constitucionais de Financiamento, a aquisição de Certificado do Tesouro Nacional – CTN, adotando para essa operação o prazo máximo de 5 (cinco) anos, com os encargos de que trata o art. 1.º.

Art. 5.º O mutuário que vier a inadimplir, depois de ter renegociado, prorrogado ou recomposto sua dívida nos termos desta Lei, não poderá tomar novos financiamentos em bancos oficiais, enquanto não for regularizada a situação da respectiva dívida.

Art. 6.º Em cada operação dos Fundos Constitucionais, contratada a partir de 1.º de dezembro de 1998, excluída a decorrente da renegociação, prorrogação e composição de que trata o art. 3.º, o risco operacional do banco administrador será de 50% (cinquenta por cento), cabendo igual percentual ao respectivo Fundo.

Parágrafo único. Eventuais prejuízos, decorrentes de valores não liquidados em cada operação de financiamento, serão rateados entre as partes nos percentuais fixados no *caput*.

....

Art. 7.º Os bancos administradores dos Fundos Constitucionais de Financiamento e dos Fundos de Investimentos Regionais fornecerão ao Ministério da Integração Nacional, na forma que vier a ser por este determinada, as informações necessárias à supervisão, ao acompanhamento e ao controle da aplicação dos recursos e à avaliação de desempenho desses Fundos.

Parágrafo único. Sem prejuízo das informações atualmente prestadas, será facultado aos bancos administradores período de adaptação de até 1 (um) ano para atendimento do previsto no *caput*.

Art. 8.º Os Ministérios da Fazenda e da Integração Nacional, em conjunto, estabelecerão normas para estruturação e padronização dos balanços e balancetes dos Fundos Constitucionais de Financiamento.

Art. 8.º-A. Fica o Poder Executivo autorizado a instituir linhas de crédito especiais com recursos dos Fundos Constitucionais de Financiamento do Norte, do Nordeste e do Centro-Oeste, destinadas a atender aos setores produtivos rural, industrial, comercial e de serviços dos Municípios com situação de emergência ou estado de calamidade pública reconhecidos pelo Poder Executivo federal.

•• *Caput* acrescentado pela Lei n. 12.716, de 21-9-2012.

§ 1.º As linhas de crédito especiais devem ser temporárias e com prazo determinado em decorrência do tipo e da intensidade do evento que ocasionou a situação de emergência ou o estado de calamidade pública.

•• § 1.º acrescentado pela Lei n. 12.716, de 21-9-2012.

§ 2.º As linhas de crédito especiais poderão ser diferenciadas de acordo com as modalidades de crédito e os setores produtivos envolvidos.

•• § 2.º acrescentado pela Lei n. 12.716, de 21-9-2012.

§ 3.º Os recursos para as linhas de crédito especiais serão destinados aos beneficiários das regiões de atuação dos Fundos Constitucionais a que se refere o *caput*.

•• § 3.º acrescentado pela Lei n. 12.716, de 21-9-2012.

§ 4.º Os encargos financeiros, prazos, limites, finalidades e demais condições dos financiamentos serão definidos pelo Conselho Monetário Nacional, a partir de proposta apresentada pelo Ministério da Integração Nacional.

•• § 4.º acrescentado pela Lei n. 12.716, de 21-9-2012.

§ 5.º Os recursos que integram o Fundo Constitucional de Financiamento do Nordeste – FNE serão destinados, prioritariamente, às linhas de crédito especiais de que trata o *caput*, visando conferir maior abrangência à situação emergencial provocada pela longa estiagem.

•• § 5.º acrescentado pela Lei n. 12.716, de 21-9-2012.

Art. 9.º A Lei n. 7.827, de 27 de setembro de 1989, passa a vigorar com as seguintes alterações:

•• Alterações já processadas no diploma modificado.

....

Art. 14. Esta Lei entra em vigor na data de sua publicação.

Art. 15. Ficam revogados o art. 11 e o § 2.º do art. 16 da Lei n. 7.827, de 27 de setembro de 1989; os arts. 1.º, 3.º, 5.º, 6.º; o § 3.º do art. 8.º e o art. 13, da Lei n. 9.126, de 10 de novembro de 1995.

Art. 16. Ficam convalidados os atos praticados com base na Medida Provisória n. 2.035-28, de 21 de dezembro de 2000.

Brasília, 12 de janeiro de 2001; 180.º da Independência e 113.º da República.

FERNANDO HENRIQUE CARDOSO

LEI N. 10.189, DE 14 DE FEVEREIRO DE 2001 (*)

Dispõe sobre o Programa de Recuperação Fiscal – Refis.(*)

Faço saber que o Presidente da República adotou a Medida Provisória n. 2.061-4, de 2001, que o Congresso Nacional aprovou, e eu, Antonio Carlos Magalhães, Presidente, para os efeitos do disposto no parágrafo único do art. 62 da Constituição Federal, promulgo a seguinte Lei:

Art. 1.º O inciso I do § 4.º do art. 2.º da Lei n. 9.964, de 10 de abril de 2000, passa a vigorar com a seguinte redação:

•• Alteração já processada no diploma modificado.

Art. 2.º As pessoas jurídicas optantes pelo Refis ou pelo parcelamento a ele alternativo poderão, excepcionalmente, parcelar os débitos relativos aos tributos e às contribuições referidos no art. 1.º da Lei n. 9.964, de 2000, com vencimento entre 1.º de março e 15 de setembro de 2000, em até seis parcelas mensais, iguais e sucessivas.

§ 1.º O parcelamento de que trata este artigo será requerido junto ao órgão a que estiver vinculado o débito, até o último dia útil do mês de novembro de 2000.

§ 2.º O débito objeto do parcelamento será consolidado na data da concessão.

§ 3.º O valor de cada prestação não poderá ser inferior a R$ 50,00 (cinquenta reais).

§ 4.º O valor de cada prestação mensal, por ocasião do pagamento, será acrescido de juros equivalentes à Taxa Referencial do Sistema Especial de Liquidação e Custódia (SELIC), para títulos federais, acumulada mensalmente, calculados a partir da data do deferimento até o mês anterior ao do pagamento, e de um por cento relativamente ao mês em que o pagamento estiver sendo efetuado.

§ 5.º O pagamento da primeira parcela deverá ser efetuado no mês em que for protocolizado o pedido de parcelamento, vencendo-se as demais parcelas até o último dia útil de cada mês subsequente.

§ 6.º A falta de pagamento de duas prestações implicará a rescisão do parcelamento e a exclusão da pessoa jurídica do Refis.

§ 7.º Relativamente aos débitos parcelados na forma deste artigo não será exigida garantia ou arrolamento de bens, observado o disposto no § 3.º do art. 3.º da Lei n. 9.964, de 2000.

Art. 3.º Na hipótese de opções formalizadas com base na Lei n. 10.002, de 14 de setembro de 2000, a pessoa jurídica optante deverá adotar, para fins de determinação da parcela mensal, nos seis primeiros meses do parcelamento, o dobro do percentual a que estiver sujeito, nos termos estabelecidos no inciso II do § 4.º do art. 2.º da Lei n. 9.964, de 2000.

§ 1.º Na hipótese de opção pelo parcelamento alternativo ao Refis, a pessoa jurídica deverá pagar, nos primeiros seis meses, duas parcelas a cada mês.

§ 2.º A formalização da opção referida no *caput* dar-se-á pela postagem do respectivo termo nas agências da Empresa Brasileira de Correios e Telégrafos – ECT ou, nas hipóteses estabelecidas pelo Poder Executivo, inclusive por intermédio do Comitê Gestor do Refis, nas unidades da Secretaria da Receita Federal, da Procuradoria-Geral da Fazenda Nacional e do Instituto Nacional do Seguro Social – INSS.

Art. 4.º Não se aplica o disposto no inciso V do art. 5.º da Lei n. 9.964, de 2000, na hipótese de cisão da pessoa jurídica optante pelo Refis, desde que, cumulativamente:

I – o débito consolidado seja atribuído integralmente a uma única pessoa jurídica;

II – as pessoas jurídicas que absorverem o patrimônio vertido assumam, de forma expressa, irrevogável e irretratável, entre si e, no caso de cisão parcial, com a própria cindida, a condição de responsáveis solidários pela totalidade do débito consolidado, independentemente da proporção do patrimônio vertido.

§ 1.º O disposto no inciso V do art. 5.º da Lei n. 9.964, de 2000, também não se aplica na hipótese de cisão de pessoa jurídica optante pelo parcelamento alternativo ao Refis.

§ 2.º Na hipótese do *caput* deste artigo:

I – a pessoa jurídica a quem for atribuído o débito consolidado, independentemente da data da cisão, será considerada optante pelo Refis, observadas as demais normas e condições estabelecidas para o Programa;

II – a assunção da responsabilidade solidária estabelecida no inciso II do *caput* será comunicada ao Comitê Gestor;

III – as parcelas mensais serão determinadas com base no somatório das receitas brutas das pessoas jurídicas que absorveram patrimônio vertido e, no caso de cisão parcial, da própria cindida;

IV – as garantias apresentadas ou o arrolamento de bens serão mantidos integralmente.

Art. 5.º Aplica-se às formas de parcelamento referidas nos arts. 12 e 13 da Lei n. 9.964, de 2000, o prazo de opção estabelecido pelo parágrafo único do art. 1.º da Lei n. 10.002, de 2000.

•• A Lei n. 10.002, de 14-9-2000, publicada no *DOU*, de 15-9-2000, dispôs, no parágrafo único do art. 1.º, que "a opção ao REFIS poderá ser formalizada até 90 (noventa) dias, contados a partir da data de publicação desta Lei".

§ 1.º Poderão, também, ser parcelados, em até sessenta parcelas mensais e sucessivas, observadas as demais normas estabelecidas para o parcelamento a que se refere o art. 13 da Lei n. 9.964, de 2000, os débitos de natureza não tributária não inscritos em dívida ativa.

§ 2.º O parcelamento de que trata o parágrafo anterior

(*) Publicada no *DOU*, de 16-2-2001. *Vide* Lei n. 9.964, de 10-4-2000, Decreto n. 3.431, de 24-4-2000, Decreto n. 3.712, de 27-12-2000, e art. 38 da Lei n. 10.833, de 29-12-2003.

deverá ser requerido no prazo referido no *caput*, perante órgão encarregado da administração do respectivo débito.

§ 3.º Na hipótese do § 3.º do art. 13 da Lei n. 9.964, de 2000, o valor da verba de sucumbência será de até um por cento do valor do débito consolidado, incluído no Refis ou no parcelamento alternativo a que se refere o art. 12 da referida Lei, decorrente da desistência da respectiva ação judicial.

Art. 6.º Ficam convalidados os atos praticados com base na Medida Provisória n. 2.061-3, de 27 de dezembro de 2000.

Art. 7.º Esta Lei entra em vigor na data de sua publicação, aplicando-se, no que couber, às opções efetuadas até o último dia útil do mês de abril de 2000.

Congresso Nacional, em 14 de fevereiro de 2001; 180.º da Independência e 113.º da República.

Antonio Carlos Magalhães

LEI COMPLEMENTAR N. 110, DE 29 DE JUNHO DE 2001 (*)

Institui contribuições sociais, autoriza créditos de complementos de atualização monetária em contas vinculadas do Fundo de Garantia do Tempo de Serviço – FGTS, e dá outras providências.

O Presidente da República

Faço saber que o Congresso Nacional decreta e eu sanciono a seguinte Lei Complementar:

Art. 1.º Fica instituída contribuição social devida pelos empregadores em caso de despedida de empregado sem justa causa, à alíquota de dez por cento sobre o montante de todos os depósitos devidos, referentes ao Fundo de Garantia do Tempo de Serviço – FGTS, durante a vigência do contrato de trabalho, acrescido das remunerações aplicáveis às contas vinculadas.

•• A Medida Provisória n. 905, de 11-11-2019, extingue, a partir de 1.º-1-2020, a contribuição social de que trata este artigo.

• A Portaria n. 278, de 19-4-2012, da Secretaria do Tesouro Nacional, estabelece os procedimentos operacionais para o recolhimento à Conta Única do Tesouro Nacional das receitas de que tratam este artigo.

Parágrafo único. Ficam isentos da contribuição social instituída neste artigo os empregadores domésticos.

•• Artigo regulamentado pelo Decreto n. 3.914, de 11-9-2001.

• O Parecer n. 1.983, de 12-11-2001, da Procuradoria-Geral da Fazenda Nacional, esclarece sobre a natureza jurídica das contribuições sociais instituídas por esta Lei.

Art. 2.º Fica instituída contribuição social devida pelos empregadores, à alíquota de cinco décimos por cento sobre a remuneração devida, no mês anterior, a cada trabalhador, incluídas as parcelas de que trata o art. 15 da Lei n. 8.036, de 11 de maio de 1990.

• A Portaria n. 278, de 19-4-2012, da Secretaria do Tesouro Nacional, estabelece os procedimentos operacionais para o recolhimento à Conta Única do Tesouro Nacional das receitas de que tratam este artigo.

§ 1.º Ficam isentas da contribuição social instituída neste artigo:

I – as empresas inscritas no Sistema Integrado de Pagamento de Impostos e Contribuições das Microempresas e Empresas de Pequeno Porte – SIMPLES, desde que o faturamento anual não ultrapasse o limite de R$ 1.200.000,00 (um milhão e duzentos mil reais);

II – as pessoas físicas, em relação à remuneração de empregados domésticos; e

III – as pessoas físicas, em relação à remuneração de empregados rurais, desde que sua receita bruta anual não ultrapasse o limite de R$ 1.200.000,00 (um milhão e duzentos mil reais).

§ 2.º A contribuição será devida pelo prazo de 60 (sessenta) meses, a contar de sua exigibilidade.

•• Artigo regulamentado pelo Decreto n. 3.914, de 11-9-2001.

Art. 3.º Às contribuições sociais de que tratam os arts. 1.º e 2.º aplicam-se as disposições da Lei n. 8.036, de 11 de maio de 1990, e da Lei n. 8.844, de 20 de janeiro de 1994, inclusive quanto a sujeição passiva e equiparações, prazo de recolhimento, administração, fiscalização, lançamento, consulta, cobrança, garantias, processo administrativo de determinação e exigência de créditos tributários federais.

§ 1.º As contribuições sociais serão recolhidas na rede arrecadadora e transferidas à Caixa Econômica Federal, na forma do art. 11 da Lei n. 8.036, de 11 de maio de 1990, e as respectivas receitas serão incorporadas ao FGTS.

§ 2.º A falta de recolhimento ou o recolhimento após o vencimento do prazo sem os acréscimos previstos no art. 22 da Lei n. 8.036, de 11 de maio de 1990, sujeitarão o infrator à multa de setenta e cinco por cento, calculada sobre a totalidade ou a diferença da contribuição devida.

§ 3.º A multa será duplicada na ocorrência das hipóteses previstas no art. 23, § 3.º, da Lei n. 8.036, de 11 de maio de 1990, sem prejuízo das demais cominações legais.

(*) Publicada no *DOU*, de 30-6-2001. *Vide* Decreto n. 3.914, de 11-9-2001, que regulamenta o disposto nesta Lei Complementar. A Portaria n. 568, de 9-8-2011, do Ministério da Fazenda, dispõe sobre o parcelamento de débitos relativos às contribuições sociais instituídas por esta Lei Complementar, inscritos em Dívida Ativa da União, ajuizados ou não. A Instrução Normativa n. 99, de 23-8-2012, da Secretaria de Inspeção do Trabalho, baixa instruções para a fiscalização do FGTS e das contribuições sociais instituídas por esta Lei Complementar. *Vide* Súmula Vinculante 1.

Art. 4.º Fica a Caixa Econômica Federal autorizada a creditar nas contas vinculadas do FGTS, a expensas do próprio Fundo, o complemento de atualização monetária resultante da aplicação, cumulativa, dos percentuais de dezesseis inteiros e sessenta e quatro centésimos por cento e de quarenta e quatro inteiros e oito décimos por cento, sobre os saldos das contas mantidas, respectivamente, no período de 1.º de dezembro de 1988 a 28 de fevereiro de 1989 e durante o mês de abril de 1990, desde que:

•• O Decreto n. 3.913, de 11-9-2001, dispõe em seu art. 1.º: "Este Decreto regulamenta a forma de apuração dos complementos de atualização monetária das contas vinculadas do Fundo de Garantia do Tempo de Serviço – FGTS, de que trata a Lei Complementar n. 110, de 29-6-2001, relativos aos saldos mantidos no período de 1.º-12-1988 a 28 -2-1989 e no mês de abril de 1990, a forma e os prazos para lançamento dos respectivos créditos nas contas vinculadas e a forma de adesão às condições de resgate dos referidos créditos".

•• Dispõe a Lei n. 10.555, de 13-11-2002, em seu art. 1.º, *caput*: "Fica a Caixa Econômica Federal autorizada a creditar em contas vinculadas específicas do Fundo de Garantia do Tempo de Serviço – FGTS, a expensas do próprio Fundo, os valores do complemento de atualização monetária de que trata o art. 4.º da Lei Complementar n. 110, de 29-6-2001, cuja importância, em 10-7-2001, seja igual ou inferior a R$ 100,00 (cem reais)".

I – o titular da conta vinculada firme o Termo de Adesão de que trata esta Lei Complementar;

II – até o sexagésimo terceiro mês a partir da data de publicação desta Lei Complementar, estejam em vigor as contribuições sociais de que tratam os arts. 1.º e 2.º; e

III – a partir do sexagésimo quarto mês da publicação desta Lei Complementar, permaneça em vigor a contribuição social de que trata o art. 1.º.

Parágrafo único. O disposto nos arts. 9.º, II, e 22, § 2.º, da Lei n. 8.036, de 11 de maio de 1990, não se aplica, em qualquer hipótese, como decorrência da efetivação do crédito de complemento de atualização monetária de que trata o *caput* deste artigo.

Art. 5.º O complemento de que trata o art. 4.º será remunerado até o dia 10 do mês subsequente ao da publicação desta Lei Complementar, com base nos mesmos critérios de remuneração utilizados para as contas vinculadas.

Parágrafo único. O montante apurado na data a que se refere o *caput* será remunerado, a partir do dia 11 do mês subsequente ao da publicação desta Lei Complementar, com base na Taxa Referencial – TR, até que seja creditado na conta vinculada do trabalhador.

Art. 6.º O Termo de Adesão a que se refere o inciso I do art. 4.º, a ser firmado no prazo e na forma definidos em Regulamento, conterá:

•• Dispõe a Lei n. 10.555, de 13-11-2002, em seu art. 2.º: "O titular de conta vinculada do FGTS, com idade igual ou superior a sessenta anos ou que vier a completar essa idade a qualquer tempo, fará jus ao crédito do complemento de atualização monetária de que trata a Lei Complementar n. 110, de 2001, com a redução nela prevista, em parcela única, desde que tenha firmado o termo de adesão de que trata o art. 6.º da mencionada Lei Complementar".

I – a expressa concordância do titular da conta vinculada com a redução do complemento de que trata o art. 4.º, acrescido da remuneração prevista no *caput* do art. 5.º, nas seguintes proporções:

a) zero por cento sobre o total do complemento de atualização monetária de valor até R$ 2.000,00 (dois mil reais);

b) oito por cento sobre o total do complemento de atualização monetária de valor de R$ 2.000,01 (dois mil reais e um centavo) a R$ 5.000,00 (cinco mil reais);

c) doze por cento sobre o total do complemento de atualização monetária de valor de R$ 5.000,01 (cinco mil reais e um centavo) a R$ 8.000,00 (oito mil reais);

d) quinze por cento sobre o total do complemento de atualização monetária de valor acima de R$ 8.000,00 (oito mil reais);

II – a expressa concordância do titular da conta vinculada com a forma e os prazos do crédito na conta vinculada, especificados a seguir:

a) complemento de atualização monetária no valor total de R$ 1.000,00 (um mil reais), até junho de 2002, em uma única parcela, para os titulares de contas vinculadas que tenham firmado o Termo de Adesão até o último dia útil do mês imediatamente anterior;

b) complemento de atualização monetária no valor total de R$ 1.000,01 (um mil reais e um centavo) a R$ 2.000,00 (dois mil reais), em duas parcelas semestrais, com o primeiro crédito em julho de 2002, sendo a primeira parcela de R$ 1.000,00 (um mil reais), para os titulares de contas vinculadas que tenham firmado o Termo de Adesão até o último dia útil do mês imediatamente anterior;

c) complemento de atualização monetária no valor total de R$ 2.000,01 (dois mil reais e um centavo) a R$ 5.000,00 (cinco mil reais), em cinco parcelas semestrais, com o primeiro crédito em janeiro de 2003, para os titulares de contas vinculadas que tenham firmado o Termo de Adesão até o último dia útil do mês imediatamente anterior;

d) complemento de atualização monetária no valor total de R$ 5.000,01 (cinco mil reais e um centavo) a R$ 8.000,00 (oito mil reais), em sete parcelas semestrais, com o primeiro crédito em julho de 2003, para os titulares de contas vinculadas que tenham firmado o Termo de Adesão até o último dia útil do mês imediatamente anterior;

e) complemento de atualização monetária no valor total acima de R$ 8.000,00 (oito mil reais), em sete parcelas semestrais, com o primeiro crédito em janeiro de 2004, para os titulares de contas vinculadas que tenham firmado o Termo de Adesão até o último dia útil do mês imediatamente anterior; e

III – declaração do titular da conta vinculada, sob as penas da lei, de que não está nem ingressará em juízo discutindo os complementos de atualização monetária relativos a junho de 1987, ao período de 1.º de dezembro de 1988 a 28 de fevereiro de 1989, a abril e maio de 1990 e a fevereiro de 1991.

§ 1.º No caso da alínea *b* do inciso I, será creditado valor de R$ 2.000,00 (dois mil reais), quando a aplicação do percentual de redução resultar em quantia inferior a este.

§ 2.º No caso da alínea *c* do inciso I, será creditado valor de R$ 4.600,00 (quatro mil e seiscentos reais), quando a aplicação do percentual de redução resultar em quantia inferior a este.

§ 3.º No caso da alínea *d* do inciso I será creditado valor de R$ 7.040,00 (sete mil e quarenta reais), quando a aplicação do percentual de redução resultar em quantia inferior a este.

§ 4.º Para os trabalhadores que vierem a firmar seus termos de adesão após as datas previstas nas alíneas *a* a *d* do inciso II, os créditos em suas contas vinculadas iniciar-se-ão no mês subsequente ao da assinatura do Termo de Adesão, observadas as demais regras constantes nesses dispositivos, quanto a valores, número e periodicidade de pagamento de parcelas.

§ 5.º As faixas de valores mencionadas no inciso II do *caput* serão definidas pelos complementos a que se refere o art. 4.º, acrescidos da remuneração prevista no *caput* do art. 5.º, antes das deduções de que tratam o inciso I do *caput* e os §§ 1.º e 2.º.

§ 6.º O titular da conta vinculada fará jus ao crédito de que trata o inciso II do *caput* deste artigo, em uma única parcela, até junho de 2002, disponível para imediata movimentação a partir desse mês, nas seguintes situações:

I – na hipótese de o titular ou qualquer de seus dependentes for acometido de neoplasia maligna, nos termos do inciso XI do art. 20 da Lei n. 8.036, de 11 de maio de 1990;

II – quando o titular ou qualquer de seus dependentes for portador do vírus HIV;

III – se o trabalhador, com crédito de até R$ 2.000,00 (dois mil reais), for aposentado por invalidez, em função de acidente do trabalho ou doença profissional, ou aposentado maior de 65 (sessenta e cinco) anos de idade;

IV – quando o titular ou qualquer de seus dependentes for acometido de doença terminal.

§ 7.º O complemento de atualização monetária de valor total acima de R$ 2.000,00 (dois mil reais) poderá, a critério do titular da conta vinculada, ser resgatado mediante entrega, em julho de 2002, ou nos 6 (seis) meses seguintes, no caso de adesões que se efetuarem até dezembro de 2002, de documento de quitação com o FGTS autorizando a compra de título, lastreado nas receitas decorrentes das contribuições instituídas pelos arts. 1.º e 2.º desta Lei Complementar, de valor de face equivalente ao valor do referido complemento nos termos e condições estabelecidas pelo Conselho Monetário Nacional – CMN.

Art. 7.º Ao titular da conta vinculada que se encontre em litígio judicial visando ao pagamento dos complementos de atualização monetária relativos a junho de 1987, dezembro de 1988 a fevereiro de 1989, abril e maio de 1990 e fevereiro de 1991, é facultado receber, na forma do art. 4.º, os créditos de que trata o art. 6.º, firmando transação a ser homologada no juízo competente.

Art. 8.º A movimentação da conta vinculada, no que se refere ao crédito do complemento de atualização monetária, observará as condições previstas no art. 20 da Lei n. 8.036, de 11 de maio de 1990, inclusive nos casos em que o direito do titular à movimentação da conta tenha sido implementado em data anterior à da publicação desta Lei Complementar.

Art. 9.º As despesas com as obrigações decorrentes dos montantes creditados na forma do art. 6.º poderão ser diferidas contabilmente, para apropriação no resultado do balanço do FGTS, no prazo de até 15 (quinze) anos, a contar da publicação desta Lei Complementar.

Art. 10. Os bancos que, no período de dezembro de 1988 a março de 1989 e nos meses de abril e maio de 1990, eram depositários das contas vinculadas do FGTS, ou seus sucessores, repassarão à Caixa Econômica Federal, até 31 de janeiro de 2002, as informações cadastrais e financeiras necessárias ao cálculo do complemento de atualização monetária de que trata o art. 4.º.

§ 1.º A Caixa Econômica Federal estabelecerá a forma e o cronograma dos repasses das informações de que trata o *caput* deste artigo.

§ 2.º Pelo descumprimento dos prazos e das demais obrigações estipuladas com base neste artigo, os bancos de que trata o *caput* sujeitam-se ao pagamento de multa equivalente a dez por cento do somatório dos saldos das contas das quais eram depositários, remunerados segundo os mesmos critérios previstos no art. 5.º.

- A Resolução n. 379, de 15-1-2002, do Ministério do Trabalho, fixa normas para aplicação e cobranças da multa prevista neste parágrafo.

§ 3.º Os órgãos responsáveis pela auditoria integrada do FGTS examinarão e homologarão, no prazo de 60 (sessenta) dias, a contar da publicação desta Lei Complementar, o aplicativo a ser utilizado na validação das informações de que trata este artigo.

Art. 11. A Caixa Econômica Federal, até 30 de abril de 2002, divulgará aos titulares de contas vinculadas os respectivos valores dos complementos de atualização monetária a que têm direito, com base nas informações cadastrais e financeiras de que trata o art. 10.

Art. 12. O Tesouro Nacional fica subsidiariamente obrigado à liquidação dos valores a que se refere o art. 4.º, nos prazos e nas condições estabelecidos nos arts. 5.º e 6.º, até o montante da diferença porventura ocorrida entre o valor arrecadado pelas contribuições sociais de que tratam os arts. 1.º e 2.º e aquele necessário ao resgate dos compromissos assumidos.

Art. 13. As leis orçamentárias anuais referentes aos exercícios de 2001, 2002 e 2003 assegurarão destinação integral ao FGTS de valor equivalente à arrecadação das contribuições de que tratam os arts. 1.º e 2.º desta Lei Complementar.

Art. 14. Esta Lei Complementar entra em vigor na data de sua publicação, produzindo efeitos:

•• O STF, nas ADIs n. 2.556 e 2.568, julgou parcialmente procedente a ação, para declarar a inconstitucionalidade deste *caput*, no que se refere à expressão "produzindo efeitos".

I – noventa dias a partir da data inicial de sua vigência, relativamente à contribuição social de que trata o art. 1.º; e

•• O STF, nas ADIs n. 2.556 e 2.568, julgou parcialmente procedente a ação para declarar a inconstitucionalidade deste inciso.

II – a partir do primeiro dia do mês seguinte ao nonagésimo dia da data de início de sua vigência, no tocante à contribuição social de que trata o art. 2.º.

•• O STF, nas ADIs n. 2.556 e 2.568, julgou parcialmente procedente a ação para declarar a inconstitucionalidade deste inciso.

Brasília, 29 de junho de 2001; 180.º da Independência e 113.º da República.

FERNANDO HENRIQUE CARDOSO

LEI N. 10.259, DE 12 DE JULHO DE 2001 (*)

Dispõe sobre a instituição dos Juizados Especiais Cíveis e Criminais no âmbito da Justiça Federal.

O Presidente da República:

Faço saber que o Congresso Nacional decreta e eu sanciono a seguinte Lei:

Art. 1.º São instituídos os Juizados Especiais Cíveis e Criminais da Justiça Federal, aos quais se aplica, no que não conflitar com esta Lei, o disposto na Lei n. 9.099, de 26 de setembro de 1995.

• Da criação dos Juizados Especiais Cíveis e Criminais da Justiça Federal: *vide* art. 98, § 1.º, da CF.

Art. 2.º Compete ao Juizado Especial Federal Criminal processar e julgar os feitos de competência da Justiça Federal relativos às infrações de menor potencial ofensivo, respeitadas as regras de conexão e continência.

•• *Caput* com redação determinada pela Lei n. 11.313, de 28-6-2006.

•• *Vide* art. 61 da Lei n. 9.099, de 26-9-1995.

Parágrafo único. Na reunião de processos, perante o juízo comum ou o tribunal do júri, decorrente da aplicação das regras de conexão e continência, observar-se-ão os institutos da transação penal e da composição dos danos civis.

•• Parágrafo único com redação determinada pela Lei n. 11.313, de 28-6-2006.

Art. 3.º Compete ao Juizado Especial Federal Cível processar, conciliar e julgar causas de competência da Justiça Federal até o valor de 60 (sessenta) salários mínimos, bem como executar as suas sentenças.

•• A Medida Provisória n. 1.091, de 30-12-2021, estabelece que, a partir de 1.º-1-2022, o salário mínimo será de R$ 1.212,00 (mil e duzentos e doze reais).

§ 1.º Não se incluem na competência do Juizado Especial Cível as causas:

I – referidas no art. 109, incisos II, III e XI, da Constituição Federal, as ações de mandado de segurança, de desapropriação, de divisão e demarcação, populares, execuções fiscais e por improbidade administrativa e as demandas sobre direitos ou interesses difusos, coletivos ou individuais homogêneos;

• Execução Fiscal: *vide* Lei n. 6.830, de 22-9-1980.

II – sobre bens imóveis da União, autarquias e fundações públicas federais;

III – para a anulação ou cancelamento de ato administrativo federal, salvo o de natureza previdenciária e o de lançamento fiscal;

• Lançamento: *vide* arts. 142 a 150 do CTN.

IV – que tenham como objeto a impugnação da pena de demissão imposta a servidores públicos civis ou de sanções disciplinares aplicadas a militares.

§ 2.º Quando a pretensão versar sobre obrigações vincendas, para fins de competência do Juizado Especial, a soma de 12 (doze) parcelas não poderá exceder o valor referido no art. 3.º, *caput*.

§ 3.º No foro onde estiver instalada Vara do Juizado Especial, a sua competência é absoluta.

Art. 4.º O Juiz poderá, de ofício ou a requerimento das partes, deferir medidas cautelares no curso do processo, para evitar dano de difícil reparação.

Art. 5.º Exceto nos casos do art. 4.º, somente será admitido recurso de sentença definitiva.

Art. 6.º Podem ser partes no Juizado Especial Federal Cível:

I – como autores, as pessoas físicas e as microempresas e

(*) Publicada no *DOU*, de 13-7-2001. A Lei n. 12.665, de 13-6-2012, dispõe sobre a criação de estrutura permanente para as Turmas Recursais dos JEFs e cria os respectivos cargos de Juízes Federais.

empresas de pequeno porte, assim definidas na Lei n. 9.317, de 5 de dezembro de 1996;

•• A Lei n. 9.317, de 5-12-1996, foi revogada pela Lei Complementar n. 123, de 14-12-2006, que institui em seu art. 12 o Regime Especial Unificado de Arrecadação de Tributo e Contribuições devidos pelas Microempresas e Empresas de Pequeno Porte – Simples Nacional.

II – como rés, a União, autarquias, fundações e empresas públicas federais.

Art. 7.º As citações e intimações da União serão feitas na forma prevista nos arts. 35 a 38 da Lei Complementar n. 73, de 10 de fevereiro de 1993.

Parágrafo único. A citação das autarquias, fundações e empresas públicas será feita na pessoa do representante máximo da entidade, no local onde proposta a causa, quando ali instalado seu escritório ou representação; se não, na sede da entidade.

Art. 8.º As partes serão intimadas da sentença, quando não proferida esta na audiência em que estiver presente seu representante, por ARMP (aviso de recebimento em mão própria).

§ 1.º As demais intimações das partes serão feitas na pessoa dos advogados ou dos Procuradores que oficiem nos respectivos autos, pessoalmente ou por via postal.

§ 2.º Os tribunais poderão organizar serviço de intimação das partes e de recepção de petições por meio eletrônico.

Art. 9.º Não haverá prazo diferenciado para a prática de qualquer ato processual pelas pessoas jurídicas de direito público, inclusive a interposição de recursos, devendo a citação para audiência de conciliação ser efetuada com antecedência mínima de 30 (trinta) dias.

Art. 10. As partes poderão designar, por escrito, representantes para a causa, advogado ou não.

•• O STF, na ADI n. 3.168-6, de 8-6-2006 (*DOU* de 17-8-2007), afasta a inconstitucionalidade deste dispositivo, "desde que excluídos os efeitos criminais e respeitado o teto estabelecido no art. 3.º, e sem prejuízo da aplicação subsidiária integral dos parágrafos do art. 9.º da Lei n. 9.099, de 26-9-1995".

Parágrafo único. Os representantes judiciais da União, autarquias, fundações e empresas públicas federais, bem como os indicados na forma do *caput*, ficam autorizados a conciliar, transigir ou desistir, nos processos da competência dos Juizados Especiais Federais.

•• Artigo regulamentado pelo Decreto n. 4.250, de 27-5-2002, constante deste volume.

Art. 11. A entidade pública ré deverá fornecer ao Juizado a documentação de que disponha para o esclarecimento da causa, apresentando-a até a instalação da audiência de conciliação.

Parágrafo único. Para a audiência de composição dos danos resultantes de ilícito criminal (arts. 71, 72 e 74 da Lei n. 9.099, de 26 de setembro de 1995), o representante da entidade que comparecer terá poderes para acordar, desistir ou transigir, na forma do art. 10.

Art. 12. Para efetuar o exame técnico necessário à conciliação ou ao julgamento da causa, o Juiz nomeará pessoa habilitada, que apresentará o laudo até 5 (cinco) dias antes da audiência, independentemente de intimação das partes.

§ 1.º Os honorários do técnico serão antecipados à conta de verba orçamentária do respectivo Tribunal e, quando vencida na causa a entidade pública, seu valor será incluído na ordem de pagamento a ser feita em favor do Tribunal.

§ 2.º Nas ações previdenciárias e relativas à assistência social, havendo designação de exame, serão as partes intimadas para, em 10 (dez) dias, apresentar quesitos e indicar assistentes.

Art. 13. Nas causas de que trata esta Lei, não haverá reexame necessário.

Art. 14. Caberá pedido de uniformização de interpretação de lei federal quando houver divergência entre decisões sobre questões de direito material proferidas por Turmas Recursais na interpretação da lei.

§ 1.º O pedido fundado em divergência entre Turmas da mesma Região será julgado em reunião conjunta das Turmas em conflito, sob a presidência do Juiz-Coordenador.

§ 2.º O pedido fundado em divergência entre decisões de turmas de diferentes regiões ou da proferida em contrariedade a súmula ou jurisprudência dominante do STJ será julgado por Turma de Uniformização, integrada por juízes de Turmas Recursais, sob a presidência do Coordenador da Justiça Federal.

§ 3.º A reunião de juízes domiciliados em cidades diversas será feita pela via eletrônica.

§ 4.º Quando a orientação acolhida pela Turma de Uniformização, em questões de direito material, contrariar súmula ou jurisprudência dominante no Superior Tribunal de Justiça – STJ, a parte interessada poderá provocar a manifestação deste, que dirimirá a divergência.

§ 5.º No caso do § 4.º, presente a plausibilidade do direito invocado e havendo fundado receio de dano de difícil reparação, poderá o relator conceder, de ofício ou a requerimento do interessado, medida liminar determinando a suspensão dos processos nos quais a controvérsia esteja estabelecida.

§ 6.º Eventuais pedidos de uniformização idênticos, recebidos subsequentemente em quaisquer Turmas Recursais, ficarão retidos nos autos, aguardando-se pronunciamento do Superior Tribunal de Justiça.

§ 7.º Se necessário, o relator pedirá informações ao Presidente da Turma Recursal ou Coordenador da Turma de Uniformização e ouvirá o Ministério Público, no prazo de 5 (cinco) dias. Eventuais interessados, ainda que não sejam partes no processo, poderão se manifestar, no prazo de 30 (trinta) dias.

§ 8.º Decorridos os prazos referidos no § 7.º, o relator incluirá o pedido em pauta na Seção, com preferência sobre todos os demais feitos, ressalvados os processos com réus presos, os *habeas corpus* e os mandados de segurança.

§ 9.º Publicado o acórdão respectivo, os pedidos retidos referidos no § 6.º serão apreciados pelas Turmas Recursais, que poderão exercer juízo de retratação ou declará-los prejudicados, se veicularem tese não acolhida pelo Superior Tribunal de Justiça.

§ 10. Os Tribunais Regionais, o Superior Tribunal de Justiça e o Supremo Tribunal Federal, no âmbito de suas competências, expedirão normas regulamentando a composição dos órgãos e os procedimentos a serem adotados para o processamento e o julgamento do pedido de uniformização e do recurso extraordinário.

Art. 15. O recurso extraordinário, para os efeitos desta Lei, será processado e julgado segundo o estabelecido nos §§ 4.º a 9.º do art. 14, além da observância das normas do Regimento.

Art. 16. O cumprimento do acordo ou da sentença, com trânsito em julgado, que imponham obrigação de fazer, não fazer ou entrega de coisa certa, será efetuado mediante ofício do Juiz à autoridade citada para a causa, com cópia da sentença ou do acordo.

Art. 17. Tratando-se de obrigação de pagar quantia certa, após o trânsito em julgado da decisão, o pagamento será efetuado no prazo de 60 (sessenta) dias, contados da entrega da requisição, por ordem do Juiz, à autoridade citada para a causa, na agência mais próxima da Caixa Econômica Federal ou do Banco do Brasil, independentemente de precatório.

§ 1.º Para os efeitos do § 3.º do art. 100 da Constituição Federal, as obrigações ali definidas como de pequeno valor, a serem pagas independentemente de precatório, terão como limite o mesmo valor estabelecido nesta Lei para a competência do Juizado Especial Federal Cível (art. 3.º, *caput*).

§ 2.º Desatendida a requisição judicial, o Juiz determinará o sequestro do numerário suficiente ao cumprimento da decisão.

§ 3.º São vedados o fracionamento, repartição ou quebra do valor da execução, de modo que o pagamento se faça, em parte, na forma estabelecida no § 1.º deste artigo, e, em parte, mediante expedição do precatório, e a expedição de precatório complementar ou suplementar do valor pago.

§ 4.º Se o valor da execução ultrapassar o estabelecido no § 1.º, o pagamento far-se-á, sempre, por meio do precatório, sendo facultado à parte exequente a renúncia ao crédito do valor excedente, para que possa optar pelo pagamento do saldo sem o precatório, da forma lá prevista.

Art. 18. Os Juizados Especiais serão instalados por decisão do Tribunal Regional Federal. O Juiz presidente do Juizado designará os conciliadores pelo período de 2 (dois) anos, admitida a recondução. O exercício dessas funções será gratuito, assegurados os direitos e prerrogativas do jurado (art. 437 do Código de Processo Penal).

•• Com o advento da Reforma do CPP, pela Lei n. 11.689, de 9-6-2008, o disposto no art. 437 passou a ser tratado no art. 439, atualmente com a seguinte redação: "O exercício efetivo da função de jurado constituirá serviço público relevante e estabelecerá presunção de idoneidade moral".

• A Resolução n. 32, de 13-11-2008, do CNJ, regulamenta a atividade de conciliador nos JEFs.

Parágrafo único. Serão instalados Juizados Especiais Adjuntos nas localidades cujo movimento forense não justifique a existência de Juizado Especial, cabendo ao Tribunal designar a Vara onde funcionará.

Art. 19. No prazo de 6 (seis) meses, a contar da publicação desta Lei, deverão ser instalados os Juizados Especiais nas capitais dos Estados e no Distrito Federal.

Parágrafo único. Na capital dos Estados, no Distrito Federal e em outras cidades onde for necessário, neste último caso, por decisão do Tribunal Regional Federal, serão instalados Juizados com competência exclusiva para ações previdenciárias.

Art. 20. Onde não houver Vara Federal, a causa poderá ser proposta no Juizado Especial Federal mais próximo do foro definido no art. 4.º da Lei n. 9.099, de 26 de setembro de 1995, vedada a aplicação desta Lei no juízo estadual.

Art. 21. As Turmas Recursais serão instituídas por decisão do Tribunal Regional Federal, que definirá sua composição e área de competência, podendo abranger mais de uma seção.

§§ 1.º e 2.º (*Revogados pela Lei n. 12.665, de 13-6-2012.*)

Art. 22. Os Juizados Especiais serão coordenados por Juiz do respectivo Tribunal Regional, escolhido por seus pares, com mandato de 2 (dois) anos.

Parágrafo único. O Juiz Federal, quando o exigirem as circunstâncias, poderá determinar o funcionamento do Juizado Especial em caráter itinerante, mediante autorização prévia do Tribunal Regional Federal, com antecedência de 10 (dez) dias.

Art. 23. O Conselho da Justiça Federal poderá limitar, por até 3 (três) anos, contados a partir da publicação desta Lei, a competência dos Juizados Especiais Cíveis, atendendo à necessidade da organização dos serviços judiciários ou administrativos.

Art. 24. O Centro de Estudos Judiciários do Conselho da Justiça Federal e as Escolas de Magistratura dos Tribunais Regionais Federais criarão programas de informática necessários para subsidiar a instrução das causas submetidas aos Juizados e promoverão cursos de aperfeiçoamento destinados aos seus magistrados e servidores.

Art. 25. Não serão remetidas aos Juizados Especiais as demandas ajuizadas até a data de sua instalação.

Art. 26. Competirá aos Tribunais Regionais Federais prestar o suporte administrativo necessário ao funcionamento dos Juizados Especiais.

Art. 27. Esta Lei entra em vigor 6 (seis) meses após a data de sua publicação.

Brasília, 12 de julho de 2001; 180.º da Independência e 113.º da República.

FERNANDO HENRIQUE CARDOSO

MEDIDA PROVISÓRIA N. 2.159-70, DE 24 DE AGOSTO DE 2001 (*)

Altera a legislação do imposto de renda e dá outras providências.

O Presidente da República, no uso da atribuição que lhe confere o art. 62 da Constituição, adota a seguinte Medida Provisória, com força de lei:

Art. 1.º A pessoa jurídica, cujos créditos com pessoa jurídica de direito público ou com empresa sob seu controle, empresa pública, sociedade de economia mista ou sua subsidiária, decorrentes de construção por empreitada, de fornecimento de bens ou de prestação de serviços, forem quitados pelo Poder Público com títulos de sua emissão, inclusive com Certificados de Securitização, emitidos especificamente para essa finalidade, poderá computar a parcela do lucro, correspondente a esses créditos, que houver sido diferida na forma do disposto nos §§ 3.º e 4.º do art. 10 do Decreto-lei n. 1.598, de 26 de dezembro de 1977, na determinação do lucro real do período-base do resgate dos títulos ou de sua alienação sob qualquer forma.

Art. 2.º O disposto no art. 65 da Lei n. 8.383, de 30 de dezembro de 1991, aplica-se, também, nos casos de entrega, pelo licitante vencedor, de títulos da dívida pública do Estado, do Distrito Federal ou do Município, como contrapartida à aquisição de ações ou quotas de empresa sob controle direto ou indireto das referidas pessoas jurídicas de direito público, nos casos de desestatização por elas promovidas.

Art. 3.º Fica reduzida para quinze por cento a alíquota do imposto de renda incidente na fonte sobre as importâncias pagas, creditadas, entregues, empregadas ou remetidas ao exterior a título de remuneração de serviços técnicos e de assistência técnica, e a título de royalties, de qualquer natureza, a partir do início da cobrança da contribuição instituída pela Lei n. 10.168, de 29 de dezembro de 2000.

• A Lei n. 10.168, de 29-12-2000, regulamentada pelo Decreto n. 4.195, de 11-4-2002, institui contribuição de intervenção de domínio econômico destinado a financiar o Programa de Estímulo à interação Universidade-Empresa para o Apoio à Inovação e dá outras providências.

Art. 4.º É concedido crédito incidente sobre a Contribuição de Intervenção no Domínio Econômico, instituída pela Lei n. 10.168, de 2000, aplicável às importâncias pagas, creditadas, entregues, empregadas ou remetidas para o exterior a título de róialties referentes a contratos de exploração de patentes e de uso de marcas.

• *Vide* nota ao artigo anterior.

§ 1.º O crédito referido no *caput*:

I – será determinado com base na contribuição devida, incidente sobre pagamentos, créditos, entregas, emprego ou remessa ao exterior a título de róialties de que trata o *caput* deste artigo, mediante utilização dos seguintes percentuais:

a) cem por cento, relativamente aos períodos de apuração encerrados a partir de 1.º de janeiro de 2001 até 31 de dezembro de 2003;

b) setenta por cento, relativamente aos períodos de apuração encerrados a partir de 1.º de janeiro de 2004 até 31 de dezembro de 2008;

c) trinta por cento, relativamente aos períodos de apuração encerrados a partir de 1.º de janeiro de 2009 até 31 de dezembro de 2013;

II – será utilizado, exclusivamente, para fins de dedução da contribuição incidente em operações posteriores, relativas a royalties previstos no *caput* deste artigo.

§ 2.º O Comitê Gestor definido no art. 5.º da Lei n. 10.168, de 2000, será composto por representantes do Governo Federal, do setor industrial e do segmento acadêmico-científico.

Art. 5.º Não incidirá o imposto de renda na fonte sobre os rendimentos pagos ou creditados a empresa domiciliada no exterior, pela contraprestação de serviços de telecomunicações, por empresa de telecomunicação que centralize, no Brasil, a prestação de serviços de rede corporativa de pessoas jurídicas.

Parágrafo único. Para efeitos deste artigo, considera-se rede corporativa a rede de telecomunicações privativa de uma empresa ou entidade, a qual interliga seus vários pontos de operações no Brasil e no exterior.

Art. 6.º Os bens do ativo permanente imobilizado, exceto a terra nua, adquiridos por pessoa jurídica que explore a atividade rural, para uso nessa atividade, poderão ser depreciados integralmente no próprio ano da aquisição.

Art. 7.º Exclui-se da incidência do imposto de renda na fonte e na declaração de rendimentos o valor do resgate de contribuições de previdência privada, cujo ônus tenha sido da pessoa física, recebido por ocasião de seu desligamento do plano de benefícios da entidade, que corresponder às parcelas de contribuições efetuadas no período de 1.º de janeiro de 1989 a 31 de dezembro de 1995.

Art. 8.º Serão admitidos como despesas com instrução, previstas no art. 8.º, II, *b*, da Lei n. 9.250, de 26 de dezembro de 1995, os pagamentos efetuados a creches.

Art. 9.º Fica reduzida a zero, relativamente aos fatos geradores ocorridos a partir de 1.º de janeiro de 2001, a alíquota do imposto de renda incidente sobre remessas, para o exterior, destinadas exclusivamente ao pagamento de despesas relacionadas com pesquisa de mercado para produtos brasileiros de exportação, bem como aquelas decorrentes de participação em exposições, feiras e eventos semelhantes, inclusive aluguéis e arrendamentos de estandes e locais de exposição, vinculadas à promoção de produtos brasileiros, bem assim de despesas com propaganda realizadas no âmbito desses eventos.

• O Decreto n. 6.761, de 5-2-2009, dispõe sobre a aplicação da redução a zero da alíquota do imposto sobre a renda inciden-

(*) Publicada no *DOU*, de 27-8-2001.

te sobre os rendimentos de beneficiários residentes ou domiciliados no exterior.

§ 1.º O Poder Executivo estabelecerá as condições e as exigências para a aplicação do disposto neste artigo.

§ 2.º Relativamente ao período de 1.º de janeiro de 2001 a 31 de dezembro de 2003, a renúncia anual de receita decorrente da redução de alíquota referida no *caput* será apurada, pelo Poder Executivo, mediante projeção da renúncia efetiva verificada no primeiro semestre.

§ 3.º Para os fins do disposto no art. 14 da Lei Complementar n. 101, de 4 de maio de 2000, o montante anual da renúncia, apurado na forma do § 2.º, nos meses de setembro de cada ano, será custeado à conta de fontes financiadoras da reserva de contingência, salvo se verificado excesso de arrecadação, apurado também na forma do § 2.º, em relação à previsão de receitas, para o mesmo período, deduzido o valor da renúncia.

§ 4.º O excesso de arrecadação porventura apurado nos termos do § 3.º, *in fine*, será utilizado para compensação do montante da renúncia.

§ 5.º A alíquota referida no *caput*, na hipótese de pagamentos a residente ou domiciliados em países que não tribute a renda ou que a tribute à alíquota máxima inferior a 20% (vinte por cento), a que se refere o art. 24 da Lei n. 9.430, de 27 de dezembro de 1996, será de 25% (vinte e cinco por cento).

Art. 10. Ficam convalidados os atos praticados com base na Medida Provisória n. 2.159-69, de 27 de julho de 2001.

Art. 11. Esta Medida Provisória entra em vigor na data de sua publicação.

Brasília, 24 de agosto de 2001; 180.º da Independência e 113.º da República.

FERNANDO HENRIQUE CARDOSO

MEDIDA PROVISÓRIA N. 2.199-14, DE 24 DE AGOSTO DE 2001 (*)

Altera a legislação do imposto sobre a renda no que se refere aos incentivos fiscais de isenção e de redução, define diretrizes para os incentivos fiscais de aplicação de parcela do imposto sobre a renda nos Fundos de Investimentos Regionais, e dá outras providências.

O Presidente da República, no uso da atribuição que lhe confere o art. 62 da Constituição, adota a seguinte Medida Provisória, com força de lei:

Art. 1.º Sem prejuízo das demais normas em vigor aplicáveis à matéria, a partir do ano-calendário de 2000, as pessoas jurídicas que tenham projeto protocolizado e aprovado até 31 de dezembro de 2023 para instalação, ampliação, modernização ou diversificação, enquadrado em setores da economia considerados, em ato do Poder Executivo, prioritários para o desenvolvimento regional, nas áreas de atuação da Superintendência do Desenvolvimento do Nordeste (Sudene) e da Superintendência do Desenvolvimento da Amazônia (Sudam), terão direito à redução de 75% (setenta e cinco por cento) do imposto sobre a renda e adicionais calculados com base no lucro da exploração.

•• *Caput* com redação determinada pela Lei n. 13.799, de 3-1-2019.

•• *Vide* art. 132, IV, *b*, da Lei n. 11.196, de 21-11-2005.

§ 1.º A fruição do benefício fiscal referido no *caput* deste artigo dar-se-á a partir do ano-calendário subsequente àquele em que o projeto de instalação, ampliação, modernização ou diversificação entrar em operação, segundo laudo expedido pelo Ministério da Integração Nacional até o último dia útil do mês de março do ano-calendário subsequente ao do início da operação.

•• § 1.º com redação determinada pela Lei n. 11.196, de 21-11-2005.

•• *Vide* art. 132, IV, *b*, da Lei n. 11.196, de 21-11-2005.

§ 1.º-A. As pessoas jurídicas fabricantes de máquinas, equipamentos, instrumentos e dispositivos, baseados em tecnologia digital, voltados para o programa de inclusão digital com projeto aprovado nos termos do *caput* terão direito à isenção do imposto sobre a renda e do adicional, calculados com base no lucro da exploração.

•• § 1.º-A acrescentado pela Lei n. 12.546, de 14-12-2011.

§ 2.º Na hipótese de expedição de laudo constitutivo após a data referida no § 1.º, a fruição do benefício dar-se-á a partir do ano-calendário da expedição do laudo.

§ 3.º O prazo de fruição do benefício fiscal será de 10 (dez) anos, contado a partir do ano-calendário de início de sua fruição.

•• § 3.º com redação determinada pela Lei n. 12.995, de 18-6-2014.

§ 3.º-A. No caso de projeto de que trata o § 1.º-A que já esteja sendo utilizado para o benefício fiscal nos termos do *caput*, o prazo de fruição passa a ser de 10 (dez) anos contado a partir da data de publicação da Medida Provisória n. 540, de 2 de agosto de 2011.

•• § 3.º-A acrescentado pela Lei n. 12.546, de 14-12-2011.

§ 4.º Para os fins deste artigo, a diversificação e a modernização total de empreendimento existente serão consideradas implantação de nova unidade produtora, segundo critérios estabelecidos em regulamento.

§ 5.º Nas hipóteses de ampliação e de modernização parcial do empreendimento, o benefício previsto neste artigo fica condicionado ao aumento da capacidade real instalada na linha de produção ampliada ou modernizada em, no mínimo:

I – 20% (vinte por cento), nos casos de empreendimentos de infraestrutura (Lei n. 9.808, de 20 de julho de 1999) ou

(*) Publicada no *DOU*, de 27-8-2001. *Vide* Decretos n. 4.212 e 4.213, ambos de 26-4-2002.

estruturadores, nos termos e nas condições estabelecidos pelo Poder Executivo; e

II – 50% (cinquenta por cento), nos casos dos demais empreendimentos prioritários.

§ 6.º O disposto no *caput* não se aplica aos pleitos aprovados ou protocolizados no órgão competente e na forma da legislação anterior, até 24 de agosto de 2000, para os quais continuará a prevalecer a disciplina introduzida pelo *caput* do art. 3.º da Lei n. 9.532, de 10 de dezembro de 1997.

§ 7.º As pessoas jurídicas titulares de projetos de implantação, modernização, ampliação ou diversificação protocolizados no órgão competente e na forma da legislação anterior a 24 de agosto de 2000, que venham a ser aprovados com base na disciplina introduzida pelo *caput* do art. 3.º da Lei n. 9.532, de 1997, e cuja atividade se enquadre em setor econômico considerado prioritário, em ato do Poder Executivo, poderão pleitear a redução prevista neste artigo pelo prazo que remanescer para completar o período de 10 (dez) anos.

§ 8.º O laudo a que se referem os §§ 1.º e 2.º será expedido em conformidade com normas estabelecidas pelo Ministério da Integração Nacional.

§ 9.º O laudo de que trata o § 1.º poderá, exclusivamente no ano de 2001, ser expedido até o último dia útil do mês de outubro.

§ 10. *(Vetado.)*

•• § 10 acrescentado pela Lei n. 13.799, de 3-1-2019.

Art. 2.º Fica extinto, relativamente ao período de apuração iniciado a partir de 1.º de janeiro de 2001, o benefício fiscal de redução do imposto sobre a renda e adicionais não restituíveis, de que trata o art. 14 da Lei n. 4.239, de 27 de junho de 1963, e o art. 22 do Decreto-lei n. 756, de 11 de agosto de 1969, exceto para aqueles empreendimentos dos setores da economia que venham a ser considerados, pelo Poder Executivo, prioritários para o desenvolvimento regional, e para os que têm sede na área de jurisdição da Zona Franca de Manaus.

Art. 3.º Sem prejuízo das demais normas em vigor sobre a matéria, fica mantido, até 31 de dezembro de 2023, o percentual de 30% (trinta por cento) previsto no inciso I do *caput* do art. 2.º da Lei n. 9.532, de 10 de dezembro de 1997, para empreendimentos dos setores da economia que venham a ser considerados, em ato do Poder Executivo, prioritários para o desenvolvimento regional.

•• Artigo com redação determinada pela Lei n. 13.799, de 3-1-2019.

....

Art. 5.º As empresas titulares de projeto aprovado pelas extintas SUDENE e SUDAM, que tenham obtido o Certificado de Empreendimento Implantado (CEI), a seu critério e com aprovação do Ministério da Integração Nacional, relativamente à parte ou à totalidade das debêntures vincendas, conversíveis e não conversíveis, subscritas em favor do FINOR e do FINAM, poderão:

I – efetuar o resgate das debêntures não conversíveis mediante operação de conversão desses papéis em debêntures conversíveis, atendidas as mesmas condições e limites estabelecidos nos §§ 1.º e 2.º do art. 5.º da Lei n. 8.167, de 1991, no que couber;

II – autorizar o Ministério da Integração Nacional e o Banco Operador respectivo a promoverem distribuição secundária desses títulos ou incluí-los nos leilões especiais realizados em bolsas de valores, referidos no art. 8.º da Lei n. 8.167, de 1991, atendidas as normas específicas a respeito da matéria;

III – quitar esses títulos mediante renegociação do débito, com base no seu valor atual, nas condições similares às do processo de securitização de crédito rural regulado pelo Conselho Monetário Nacional; ou

IV – renegociar esses títulos mediante prazos de carência e de vencimento mais adequados à capacidade de pagamento atualizada do projeto, com encargos financeiros equivalentes aos dos Fundos Constitucionais de Financiamento, exigidos nos casos de empreendimentos de médio porte.

§ 1.º Para efeito desta Medida Provisória, consideram-se dívidas vencidas somente aquelas debêntures vencidas e não liquidadas na data fixada para o seu pagamento.

§ 2.º Com relação às dívidas em debêntures conversíveis e não conversíveis em ações vencidas, de emissão das empresas referidas no *caput*, estas poderão quitar ou renegociar o saldo devedor, por seu valor atual, segundo os critérios estabelecidos nos incisos III e IV deste artigo.

§ 3.º As empresas titulares dos projetos referidos neste artigo terão o prazo de 90 (noventa) dias, contado a partir de 24 de agosto de 2000, para manifestarem suas preferências em relação às alternativas previstas neste artigo, findo o qual deverão cumprir as obrigações assumidas, na conformidade da legislação anterior.

Art. 6.º As empresas com projetos em fase de implantação e que tenham registro de ocorrência de atraso nas liberações de recursos dos incentivos, relativamente ao cronograma original aprovado, sem que lhes possa ser imputada a responsabilidade por essa ocorrência, poderão solicitar a reavaliação e, eventualmente, a reestruturação do seu projeto pelo Ministério da Integração Nacional.

§ 1.º As empresas que se enquadrarem na hipótese prevista neste artigo, de conformidade com parecer do Ministério da Integração Nacional, que fixará, inclusive, o prazo para conclusão do projeto, poderão ter o saldo de suas dívidas em debêntures conversíveis e não conversíveis, vencidas e vincendas, dispensado da incidência dos encargos financeiros previstos, inclusive os de mora, desde 24 de agosto de 2000 até que o projeto obtenha o respectivo CEI, quando, então, essas empresas passarão a ser enquadradas nas situações previstas no art. 5.º.

§ 2.º As debêntures vincendas objeto do § 1.º terão seus prazos de amortização e vencimento automaticamente prorrogados a partir de 24 de agosto de 2000, mediante a concessão de novo prazo de carência, nos termos previstos no § 1.º do art. 2.º da Lei n. 9.126, de 10 de novembro de 1995.

Art. 7.º Nos demais casos de projetos em fase de implantação, em que se verifique o recebimento tempestivo dos incentivos previstos no cronograma original, as respectivas empresas titulares, quando do recebimento do CEI, poderão, relativamente às suas dívidas em debêntures, vencidas e vincendas, optar pelas alternativas previstas no art. 5.º, nas condições que vierem a ser fixadas em parecer do Ministério da Integração Nacional.

Art. 8.º As empresas a que se referem os arts. 6.º e 7.º deverão requerer o que facultam os citados dispositivos ao Ministério da Integração Nacional, no prazo máximo de 180 (cento e oitenta) dias, contado, no caso do art. 6.º, a partir de 24 de agosto de 2000, e, no caso do art. 7.º, a partir da data de recebimento do CEI, sob pena de perda do direito àquelas faculdades.

Art. 9.º Caso o Ministério da Integração Nacional constate irregularidades nos projetos das empresas referidas nos arts. 6.º e 7.º, serão estes submetidos a procedimento de auditoria especial com vista à cobrança dos recursos até então liberados e à exclusão do sistema, em conformidade com as disposições regulamentares em vigor.

Art. 10. As remunerações previstas no art. 20 da Lei n. 8.167, de 1991, em favor dos órgãos gestores dos Fundos de Investimentos, vigorarão até 31 de dezembro de 2000.

§ 1.º A partir de 1.º de janeiro de 2001, e até 5 de maio de 2001, data da extinção da SUDENE e da SUDAM, a remuneração das Superintendências pela administração dos Fundos será de 3% (três por cento) calculada com base no valor de cada liberação efetuada pelo respectivo Fundo, e destinada ao custeio das atividades de pesquisa e desenvolvimento, qualificação e aperfeiçoamento de recursos humanos, consideradas prioritárias em relação aos setores e empreendimentos beneficiários dos incentivos, bem como à promoção institucional dos Fundos.

§ 2.º O valor da remuneração prevista no § 1.º constituirá encargo direto a ser coberto com recursos dos Fundos, pelo que não haverá emissão de Certificados de Investimento relativamente ao valor da remuneração mencionada.

§ 3.º A remuneração que cabe aos Bancos Operadores pela administração desses Fundos, a partir de janeiro de 2001, será estabelecida por iniciativa conjunta dos Ministérios da Integração Nacional e da Fazenda.

Art. 11. A administração da movimentação dos recursos financeiros destinados à execução de empreendimentos apoiados pelos Fundos de Investimentos Regionais obedecerá a regras específicas, a serem estabelecidas pelo Poder Executivo, por iniciativa conjunta dos Ministérios da Fazenda e da Integração Nacional.

Art. 12. Aplicam-se ao FUNRES e ao Grupo Executivo para Recuperação Econômica do Estado do Espírito Santo – GERES, no que couber, as disposições desta Medida Provisória.

Art. 13. (*Revogado pela Lei n. 13.682, de 19-6-2018.*)

Art. 14. Fica estendido até:

I – 30 de setembro de 2001, o prazo de que trata o § 2.º do art. 3.º da Lei n. 10.177, de 12 de janeiro de 2001, para manifestação dos mutuários;

•• Citado dispositivo foi alterado pela Lei n. 10.437, de 25-4-2002.

II – 28 de dezembro de 2001, o prazo de que trata o § 3.º do art. 3.º da Lei n. 10.177, de 2001, para encerramento das negociações, prorrogações e composições de dívidas ali referenciadas.

•• Inciso II prejudicado pela nova redação determinada pela Lei n. 10.646, de 28-3-2003, ao § 3.º do art. 3.º da Lei n. 10.177, de 12-1-2001.

Art. 15. As despesas operacionais, de planejamento, prospecção, acompanhamento, avaliação e divulgação de resultados, relativas à implementação de pesquisa científica e desenvolvimento tecnológico nos setores a serem beneficiados com recursos originários de categorias de programação específica criadas por lei no âmbito do Fundo Nacional de Desenvolvimento Científico e Tecnológico – FNDCT, não poderão ultrapassar o montante correspondente a 5% (cinco por cento) dos recursos arrecadados anualmente para cada categoria de programação específica.

Art. 16. Ficam convalidados os atos praticados com base na Medida Provisória n. 2.199-13, de 27 de julho de 2001.

Art. 17. Esta Medida Provisória entra em vigor na data de sua publicação.

Art. 18. Revoga-se o art. 4.º da Lei n. 9.532, de 10 de dezembro de 1997, ressalvado o disposto nos arts. 32, XVIII, da Medida Provisória n. 2.156-5, e 32, IV, da Medida Provisória n. 2.157-5, ambas de 24 de agosto de 2001.

Brasília, 24 de agosto de 2001; 180.º da Independência e 113.º da República.

FERNANDO HENRIQUE CARDOSO

MEDIDA PROVISÓRIA N. 2.228-1, DE 6 DE SETEMBRO DE 2001 (*)

Estabelece princípios gerais da Política Nacional do Cinema, cria o Conselho Superior do Cinema e a Agência Nacional do Cinema – ANCINE, institui o Programa de Apoio ao Desenvolvimento do Cinema Nacional – PRODECINE, autoriza a criação de Fundos de Financiamento da Indústria Cinematográfica Nacional – FUNCINES,

(*) Publicada no *DOU*, de 10-9-2001. A Lei n. 8.685, de 20-7-1993, regulamentada pelo Decreto n. 6.304, de 12-12-2007, cria mecanismos de fomento à atividade audiovisual. O Decreto n. 4.858, de 13-10-2003, dispõe sobre a composição e o funcionamento do Conselho Superior do Cinema. O Decreto n. 8.283, de 3-7-2014, aprova a Estrutura Regimental e o Quadro Demonstrativo dos Cargos Comissionados e dos Quadros Comissionados Técnicos da Agência Nacional de Cinema – ANCINE.

altera a legislação sobre a Contribuição para o Desenvolvimento da Indústria Cinematográfica Nacional e dá outras providências.

O Presidente da República, no uso da atribuição que lhe confere o art. 62 da Constituição, adota a seguinte Medida Provisória, com força de lei:

....

Capítulo VI
DA CONTRIBUIÇÃO PARA O DESENVOLVIMENTO DA INDÚSTRIA CINEMATOGRÁFICA NACIONAL – CONDECINE

Art. 32. A Contribuição para o Desenvolvimento da Indústria Cinematográfica Nacional – CONDECINE terá por fato gerador:

•• *Caput* com redação determinada pela Lei n. 12.485, de 12-9-2011.

I – a veiculação, a produção, o licenciamento e a distribuição de obras cinematográficas e videofonográficas com fins comerciais, por segmento de mercado a que forem destinadas;

•• Inciso I acrescentado pela Lei n. 12.485, de 12-9-2011.

II – a prestação de serviços que se utilizem de meios que possam, efetiva ou potencialmente, distribuir conteúdos audiovisuais nos termos da lei que dispõe sobre a comunicação audiovisual de acesso condicionado, listados no Anexo I desta Medida Provisória;

•• Inciso II acrescentado pela Lei n. 12.485, de 12-9-2011.

•• Inciso II regulamentado pela Instrução Normativa n. 96, de 15-12-2011, da ANCINE.

III – a veiculação ou distribuição de obra audiovisual publicitária incluída em programação internacional, nos termos do inciso XIV do art. 1.º desta Medida Provisória, nos casos em que existir participação direta de agência de publicidade nacional, sendo tributada nos mesmos valores atribuídos quando da veiculação incluída em programação nacional.

•• Inciso III acrescentado pela Lei n. 12.485, de 12-9-2011.

Parágrafo único. A CONDECINE também incidirá sobre o pagamento, o crédito, o emprego, a remessa ou a entrega, aos produtores, distribuidores ou intermediários no exterior, de importâncias relativas a rendimento decorrente da exploração de obras cinematográficas e videofonográficas ou por sua aquisição ou importação, a preço fixo.

•• A Lei n. 10.454, de 13-5-2002, dispõe sobre remissão da Contribuição para o Desenvolvimento da Indústria Cinematográfica – CONDECINE, de que trata esta Medida Provisória.

• *Vide* notas ao art. 39, X, desta Medida Provisória.

• As Instruções Normativas n. 33, de 28-10-2004, e 105, de 10-7-2012, da Agência Nacional do Cinema – ANCINE, dispõem sobre o recolhimento da Contribuição para o Desenvolvimento da Indústria Nacional – CONDECINE.

• O Ato Declaratório Interpretativo n. 11, de 20-8-2002, da Secretaria da Receita Federal, dispõe que a incidência da Contribuição para o Desenvolvimento da Indústria Cinematográfica Nacional – CONDECINE de que trata este parágrafo aplica-se a todas as hipóteses de exploração de obras cinematográficas e videofonográficas, alcançando as decorrentes de aquisição ou relativas a remuneração, a qualquer título, de qualquer forma de direito, inclusive a transmissão de filmes.

Art. 33. A CONDECINE será devida para cada segmento de mercado, por:

•• *Caput* com redação determinada pela Lei n. 12.485, de 12-9-2011.

I – título ou capítulo de obra cinematográfica ou videofonográfica destinada aos seguintes segmentos de mercado:

• A Súmula n. 4, de 8-12-2011, da ANCINE, dispõe sobre a verificação de possível não incidência da CONDECINE, prevista neste inciso.

a) salas de exibição;

b) vídeo doméstico, em qualquer suporte;

c) serviço de radiodifusão de sons e imagens;

d) serviços de comunicação eletrônica de massa por assinatura;

e) outros mercados, conforme anexo;

• Deixamos de publicar o Anexo por não atender ao espírito desta obra.

II – título de obra publicitária cinematográfica ou videofonográfica, para cada segmento dos mercados previstos nas alíneas *a* a *e* do inciso I a que se destinar;

•• Inciso II com redação determinada pela Lei n. 12.485, de 12-9-2011.

III – prestadores dos serviços constantes do Anexo I desta Medida Provisória, a que se refere o inciso II do art. 32 desta Medida Provisória.

•• Inciso III acrescentado pela Lei n. 12.485, de 12-9-2011.

§ 1.º A CONDECINE corresponderá aos valores das tabelas constantes do Anexo I a esta Medida Provisória.

• Deixamos de publicar o Anexo por não atender ao espírito desta obra.

§ 2.º Na hipótese do parágrafo único do art. 32, a CONDECINE será determinada mediante a aplicação de alíquota de 11% (onze por cento) sobre as importâncias ali referidas.

• *Vide* art. 49, parágrafo único, desta Medida Provisória.

§ 3.º A CONDECINE será devida:

•• § 3.º, *caput*, com redação determinada pela Lei n. 12.485, de 12-9-2011.

I – uma única vez a cada 5 (cinco) anos, para as obras a que se refere o inciso I do *caput* deste artigo;

•• Inciso I acrescentado pela Lei n. 12.485, de 12-9-2011.

II – a cada 12 (doze) meses, para cada segmento de mercado em que a obra seja efetivamente veiculada, para as obras a que se refere o inciso II do *caput* deste artigo;

•• Inciso II acrescentado pela Lei n. 12.485, de 12-9-2011.

III – a cada ano, para os serviços a que se refere o inciso III do *caput* deste artigo.

•• Inciso III acrescentado pela Lei n. 12.485, de 12-9-2011.

§ 4.º Na ocorrência de modalidades de serviços qualificadas na forma do inciso II do art. 32 não presentes no Anexo I desta Medida Provisória, será devida pela prestadora a Contribuição referente ao item *a* do Anexo I, até que lei fixe seu valor.

•• § 4.º acrescentado pela Lei n. 12.485, de 12-9-2011.

§ 5.º Os valores da CONDECINE poderão ser atualizados monetariamente pelo Poder Executivo federal, até o limite do valor acumulado do Índice Nacional de Preços ao Consumidor Amplo (IPCA) correspondente ao período entre a sua última atualização e a data de publicação da lei de conversão da Medida Provisória n. 687, de 17 de agosto de 2015, na forma do regulamento.

•• § 5.º acrescentado pela Lei n. 13.196, de 1.º-12-2015.

•• O Decreto n. 8.510, de 31-8-2015, regulamenta o disposto neste parágrafo.

Art. 33-A. Para efeito de interpretação da alínea 'e' do inciso I do *caput* do art. 33 desta Medida Provisória, a oferta de vídeo por demanda, independentemente da tecnologia utilizada, a partir da vigência da contribuição de que trata o inciso I do *caput* do art. 32 desta Medida Provisória, não se inclui na definição de 'outros mercados.

•• Artigo acrescentado pela Lei n. 14.173, de 15-6-2021, originalmente vetado, todavia promulgado em 8-10-2021.

Art. 34. O produto da arrecadação da Condecine será destinado ao Fundo Nacional da Cultura - FNC e alocado em categoria de programação específica denominada Fundo Setorial do Audiovisual, para aplicação nas atividades de fomento relativas aos Programas de que trata o art. 47 desta Medida Provisória.

•• *Caput* com redação determinada pela Lei n. 11.437, de 28-12-2006.

I a III – (*Revogados pela Lei n. 11.437, de 28-12-2006.*)

Art. 35. A CONDECINE será devida pelos seguintes sujeitos passivos:

I – detentor dos direitos de exploração comercial ou de licenciamento no País, conforme o caso, para os segmentos de mercado previstos nas alíneas *a* a e do inciso I do art. 33;

II – empresa produtora, no caso de obra nacional, ou detentor do licenciamento para exibição, no caso de obra estrangeira, na hipótese do inciso II do art. 33;

III – o responsável pelo pagamento, crédito, emprego, remessa ou entrega das importâncias referidas no parágrafo único do art. 32;

•• Inciso III com redação determinada pela Lei n. 12.485, de 12-9-2011.

IV – as concessionárias, permissionárias e autorizadas de serviços de telecomunicações, relativamente ao disposto no inciso II do art. 32;

•• Inciso IV acrescentado pela Lei n. 12.485, de 12-9-2011.

V – o representante legal e obrigatório da programadora estrangeira no País, na hipótese do inciso III do art. 32.

•• Inciso V acrescentado pela Lei n. 12.485, de 12-9-2011.

....

Art. 37. O não recolhimento da CONDECINE no prazo sujeitará o contribuinte às penalidades e acréscimos moratórios previstos nos arts. 44 e 61 da Lei n. 9.430, de 27 de dezembro de 1996.

•• A Instrução Normativa n. 60, de 17-4-2007, da Agência Nacional do Cinema - ANCINE, regulamenta este artigo.

• Citado diploma consta neste volume.

§ 1.º A pessoa física ou jurídica que promover a exibição, transmissão, difusão ou veiculação de obra cinematográfica ou videofonográfica que não tenha sido objeto do recolhimento da CONDECINE responde solidariamente por essa contribuição.

•• § 1.º com redação determinada pela Lei n. 10.454, de 13-5-2002.

§ 2.º A solidariedade de que trata o § 1.º não se aplica à hipótese prevista no parágrafo único do art. 32.

•• § 2.º acrescentado pela Lei n. 10.454, de 13-5-2002.

Art. 38. A administração da CONDECINE, inclusive as atividades de arrecadação, tributação e fiscalização, compete à:

•• *Caput* com redação determinada pela Lei n. 10.454, de 13-5-2002.

I – Secretaria da Receita Federal, na hipótese do parágrafo único do art. 32;

•• Inciso I acrescentado pela Lei n. 10.454, de 13-5-2002.

•• A Secretaria da Receita Federal passa a denominar-se Secretaria da Receita Federal do Brasil, por força da Lei n. 11.457, de 16-3-2007.

II – ANCINE, nos demais casos.

•• Inciso II acrescentado pela Lei n. 10.454, de 13-5-2002.

§ 1.º Aplicam-se à CONDECINE, na hipótese de que trata o inciso I do *caput*, as normas do Decreto n. 70.235, de 6 de março de 1972.

•• Anterior parágrafo único renumerado pela Lei n. 12.485, de 12-9-2011.

§ 2.º A ANCINE e a Agência Nacional de Telecomunicações - ANATEL exercerão as atividades de regulamentação e fiscalização no âmbito de suas competências e poderão definir o recolhimento conjunto da parcela da Condecine devida referente ao inciso III do *caput* do art. 33 e das taxas de fiscalização de que trata a Lei n. 5.070, de 7 de julho de 1966, que cria o Fundo de Fiscalização das Telecomunicações.

•• § 2.º acrescentado pela Lei n. 12.485, de 12-9-2011.

• Citado diploma consta neste volume.

Art. 39. São isentos da CONDECINE:

I – a obra cinematográfica e videofonográfica destinada à exibição exclusiva em festivais e mostras, desde que previamente autorizada pela ANCINE;

II – a obra cinematográfica e videofonográfica jornalística, bem assim os eventos esportivos;

III – as chamadas dos programas e a publicidade de obras cinematográficas e videofonográficas veiculadas nos serviços de radiodifusão de sons e imagens, nos serviços de comunicação eletrônica de massa por assinatura e nos segmentos de mercado de salas de exibição e de vídeo doméstico em qualquer suporte;

•• Inciso III com redação determinada pela Lei n. 12.599, de 23-3-2012.

IV – as obras cinematográficas ou videofonográficas publicitárias veiculadas em Municípios que totalizem um número de habitantes a ser definido em regulamento;

•• Inciso IV com redação determinada pela Lei n. 10.454, de 13-5-2002.

• A Instrução Normativa n. 6, de 13-8-2002, da Agência Nacional do Cinema - ANCINE, dispõe sobre a isenção de que trata este inciso.

V – a exportação de obras cinematográficas e videofonográficas brasileiras e a programação brasileira transmitida para o exterior;

VI – as obras audiovisuais brasileiras, produzidas pelas empresas de serviços de radiodifusão de sons e imagens e empresas de serviços de comunicação eletrônica de massa por assinatura, para exibição no seu próprio segmento de mercado ou quando transmitida por força de lei ou regulamento em outro segmento de mercado, observado o disposto no parágrafo único, exceto as obras audiovisuais publicitárias;

•• Inciso VI com redação determinada pela Lei n. 10.454, de 13-5-2002.

VII – o pagamento, o crédito, o emprego, a remessa ou a entrega aos produtores, distribuidores ou intermediários no exterior, das importâncias relativas a rendimentos decorrentes da exploração de obras cinematográficas ou videofonográficas ou por sua aquisição ou importação a preço fixo, bem como qualquer montante referente a aquisição ou licenciamento de qualquer forma de direitos, referentes à programação, conforme definição constante do inciso XV do art. 1.º;

•• Inciso VII acrescentado pela Lei n. 10.454, de 13-5-2002.

VIII – obras cinematográficas e videofonográficas publicitárias brasileiras de caráter beneficente, filantrópico e de propaganda política;

•• Inciso VIII acrescentado pela Lei n. 10.454, de 13-5-2002.

• A Instrução Normativa n. 7, de 21-8-2002, da Agência Nacional de Cinema - ANCINE, dispõe sobre o registro de títulos de obras cinematográficas e videofonográficas publicitárias brasileiras de propaganda política.

IX – as obras cinematográficas e videofonográficas incluídas na programação internacional de que trata o inciso XIV do art. 1.º, quanto à CONDECINE prevista no inciso I, *d*, do art. 33;

•• Inciso IX acrescentado pela Lei n. 10.454, de 13-5-2002.

X – a CONDECINE de que trata o parágrafo único do art. 32, referente à programação internacional, de que trata o inciso XIV do art. 1.º, desde que a programadora beneficiária desta isenção opte por aplicar o valor correspondente a 3% (três por cento) do valor do pagamento, do crédito, do emprego, da remessa ou da entrega aos produtores, distribuidores ou intermediários no exterior, das importâncias relativas a rendimentos ou remuneração decorrentes da exploração de obras cinematográficas ou videofonográficas ou por sua aquisição ou importação a preço fixo, bem como qualquer montante referente a aquisição ou licenciamento de qualquer forma de direitos, em projetos de produção de obras cinematográficas e videofonográficas brasileiras de longa, média e curta metragens de produção independente, de coprodução de obras cinematográficas e videofonográficas brasileiras de produção independente, de telefilmes, minisséries, documentais, ficcionais, animações e de programas de televisão de caráter educativo e cultural, brasileiros de produção independente, aprovados pela ANCINE;

•• Inciso X acrescentado pela Lei n. 10.454, de 13-5-2002.

•• A Instrução Normativa n. 46, de 29-11-2005, da Agência Nacional do Cinema - ANCINE, regula a opção de que trata este inciso.

• A Instrução Normativa n. 22, de 30-12-2003, da Diretoria Colegiada da Agência Nacional de Cinema - ANCINE, regula a elaboração, a apresentação e o acompanhamento de projetos de obras audiovisuais.

XI – a Anatel, as Forças Armadas, a Polícia Federal, as Polícias Militares, a Polícia Rodoviária Federal, as Polícias Civis e os Corpos de Bombeiros Militares;

•• Inciso XI acrescentado pela Lei n. 12.485, de 12-9-2011.

XII – as hipóteses previstas pelo inciso III do art. 32, quando ocorrer o fato gerador de que trata o inciso I do mesmo artigo, em relação à mesma obra audiovisual publicitária, para o segmento de mercado de comunicação eletrônica de massa por assinatura.

•• Inciso XII acrescentado pela Lei n. 12.599, de 23-3-2012.

§ 1.º As obras audiovisuais brasileiras, produzidas pelas empresas de serviços de radiodifusão de sons e imagens e empresas de serviços de comunicação eletrônica de massa por assinatura, estarão sujeitas ao pagamento da CONDECINE, se vierem a ser comercializadas em outros segmentos de mercado.

•• Primitivo parágrafo único renumerado pela Lei n. 10.454, de 13-5-2002.

§ 2.º Os valores correspondentes aos 3% (três por cento) previstos no inciso X do *caput* deste artigo deverão ser depositados na data do pagamento, do crédito, do emprego, da remessa ou da entrega aos produtores, distribuidores ou intermediários no exterior das importâncias relativas a rendimentos decorrentes da exploração de obras cinematográficas e videofonográficas ou por sua aquisição ou importação a preço fixo, em conta de aplicação financeira especial em instituição financeira pública, em nome do contribuinte.

•• § 2.º com redação determinada pela Lei n. 11.437, de 28-12-2006.

§ 3.º Os valores não aplicados na forma do inciso X do *caput* deste artigo, após 270 (duzentos e setenta) dias de seu depósito na conta de que trata o § 2.º deste artigo, destinar-se-ão ao FNC e serão alocados em categoria de programação específica denominada Fundo Setorial do Audiovisual.

•• § 3.º com redação determinada pela Lei n. 11.437, de 28-12-2006.

§ 4.º Os valores previstos no inciso X do *caput* deste artigo não poderão ser aplicados em obras audiovisuais de natureza publicitária.

•• § 4.º com redação determinada pela Lei n. 11.437, de 28-12-2006.

§ 5.º A liberação dos valores depositados na conta de aplicação financeira especial fica condicionada à integralização de pelo menos 50% (cinquenta por cento) dos recursos aprovados para a realização do projeto.

•• § 5.º acrescentado pela Lei n. 10.454, de 13-5-2002.

§ 6.º Os projetos produzidos com os recursos de que trata o inciso X do *caput* deste artigo poderão utilizar-se dos incentivos previstos na Lei n. 8.685, de 20 de julho de 1993, e na Lei n. 8.313, de 23 de dezembro de 1991, limitados a 95% (noventa e cinco por cento) do total do orçamento aprovado pela Ancine para o projeto.

•• § 6.º com redação determinada pela Lei n. 11.437, de 28-12-2006.

Art. 40. Os valores da CONDECINE ficam reduzidos a:

I – 20% (vinte por cento), quando se tratar de obra cinematográfica ou videofonográfica não publicitária brasileira;

II – 20% (vinte por cento), quando se tratar de:

•• Inciso II, *caput*, com redação determinada pela Lei n. 13.196, de 1.º-12-2015.

a) obras audiovisuais destinadas ao segmento de mercado de salas de exibição que sejam exploradas com até 6 (seis) cópias;

•• Alínea *a* com redação determinada pela Lei n. 10.454, de 13-5-2002.

b) obras cinematográficas e videofonográficas destinadas à veiculação em serviços de radiodifusão de sons e imagens e cuja produção tenha sido realizada mais de 20 (vinte) anos antes do registro do contrato no ANCINE;

c) obras cinematográficas destinadas à veiculação em serviços de radiodifusão de sons e imagens e de comunicação eletrônica de massa por assinatura, quando tenham sido previamente exploradas em salas de exibição com até 6 (seis) cópias ou quando tenham sido exibidas em festivais ou mostras, com autorização prévia da ANCINE, e não tenham sido exploradas em salas de exibição com mais de 6 (seis) cópias;

•• Alínea *c* acrescentada pela Lei n. 13.196, de 1.º-12-2015.

d) (*Vetada.*)

•• Alínea *d* acrescentada pela Lei n. 13.196, de 1.º-12-2015.

III – (*Revogado pela Lei n. 10.454, de 13-5-2002.*)

IV – 10% (dez por cento), quando se tratar de obra publicitária brasileira realizada por microempresa ou empresa de pequeno porte, segundo as definições do art. 3.º da Lei Complementar n. 123, de 14 de dezembro de 2006, com custo não superior a R$ 10.000,00 (dez mil reais), conforme regulamento da Ancine.

•• Inciso IV acrescentado pela Lei n. 12.599, de 23-3-2012.

Capítulo VII
DOS FUNDOS DE FINANCIAMENTO DA INDÚSTRIA CINEMATOGRÁFICA NACIONAL – FUNCINES

Art. 41. Os Fundos de Financiamento da Indústria Cinematográfica Nacional – FUNCINES serão constituídos sob a forma de condomínio fechado, sem personalidade jurídica, e administrados por instituição financeira autorizada a funcionar pelo Banco Central do Brasil ou por agências e bancos de desenvolvimento.

•• *Caput* com redação determinada pela Lei n. 11.437, de 28-12-2006.

§ 1.º O patrimônio dos FUNCINES será representado por quotas emitidas sob a forma escritural, alienadas ao público com a intermediação da instituição administradora do Fundo.

§ 2.º A administradora será responsável por todas as obrigações do Fundo, inclusive as de caráter tributário.

....

Art. 44. Até o período de apuração relativo ao ano-calendário de 2024, inclusive, as pessoas físicas e jurídicas tributadas pelo lucro real poderão deduzir do imposto de renda devido as quantias aplicadas na aquisição de cotas dos Funcines.

•• *Caput* com redação determinada pela Lei n. 14.044, de 19-8-2020.

§ 1.º A dedução referida no *caput* deste artigo pode ser utilizada de forma alternativa ou conjunta com a referida nos arts. 1.º e 1.º-A da Lei n. 8.685, de 20 de julho de 1993.

•• § 1.º acrescentado pela Lei n. 11.437, de 28-12-2006.

§ 2.º No caso das pessoas físicas, a dedução prevista no *caput* deste artigo fica sujeita ao limite de 6% (seis por cento) conjuntamente com as deduções de que trata o art. 22 da Lei n. 9.532, de 10 de dezembro de 1997.

•• § 2.º acrescentado pela Lei n. 11.437, de 28-12-2006.

§ 3.º Somente são dedutíveis do imposto devido as quantias aplicadas na aquisição de cotas dos Funcines:

•• § 3.º, *caput*, acrescentado pela Lei n. 11.437, de 28-12-2006.

I – pela pessoa física, no ano-calendário a que se referir a declaração de ajuste anual;

•• Inciso I acrescentado pela Lei n. 11.437, de 28-12-2006.

II – pela pessoa jurídica, no respectivo período de apuração de imposto.

•• Inciso II acrescentado pela Lei n. 11.437, de 28-12-2006.

Art. 45. A dedução de que trata o art. 44 incidirá sobre o imposto devido:

I – no trimestre a que se referirem os investimentos, para as pessoas jurídicas que apuram o lucro real trimestral;

II – no ano-calendário, para as pessoas jurídicas que, tendo optado pelo recolhimento do imposto por estimativa, apuram o lucro real anual;

III – no ano-calendário, conforme ajuste em declaração anual de rendimentos para a pessoa física.

•• Inciso III acrescentado pela Lei n. 11.437, de 28-12-2006.

§ 1.º Em qualquer hipótese, não será dedutível a perda apurada na alienação das cotas dos Funcines.

•• § 1.º com redação determinada pela Lei n. 11.437, de 28-12-2006.

§ 2.º A dedução prevista neste artigo está limitada a 3% (três por cento) do imposto devido pelas pessoas jurídicas e deverá observar o limite previsto no inciso II do *caput* do art. 6.º da Lei n. 9.532, de 10 de dezembro de 1997.

•• § 2.º com redação determinada pela Lei n. 11.437, de 28-12-2006.

§ 3.º (*Revogado pela Lei n. 11.437, de 28-12-2006.*)

§ 4.º A pessoa jurídica que alienar as cotas dos Funcines somente poderá considerar como custo de aquisição, na determinação do ganho de capital, os valores deduzidos na forma do *caput* deste artigo na hipótese em que a alienação ocorra após 5 (cinco) anos da data de sua aquisição.

•• § 4.º com redação determinada pela Lei n. 11.437, de 28-12-2006.

§ 5.º Em qualquer hipótese, não será dedutível a perda apurada na alienação das quotas dos FUNCINES.

§ 6.º (*Revogado pela Lei n. 11.437, de 28-12-2006.*)

Art. 46. Os rendimentos e ganhos líquidos e de capital auferidos pela carteira de FUNCINES ficam isentos do imposto de renda.

§ 1.º Os rendimentos, os ganhos de capital e os ganhos líquidos decorrentes de aplicação em FUNCINES sujeitam-se às normas tributárias aplicáveis aos demais valores mobiliários no mercado de capitais.

§ 2.º Ocorrendo resgate de quotas de FUNCINES, em decorrência do término do prazo de duração ou da liquidação do fundo, sobre o rendimento do quotista, constituído pela diferença positiva entre o valor de resgate e o custo de aquisição das quotas, incidirá imposto de renda na fonte à alíquota de 20% (vinte por cento).

....

Capítulo VIII
DOS DEMAIS INCENTIVOS

....

Art. 49. O abatimento do imposto de renda na fonte, de que trata o art. 3.º da Lei n. 8.685, de 1993, aplicar-se-á, exclusivamente, a projetos previamente aprovados pela ANCINE, na forma do regulamento, observado o disposto no art. 67.

• O Ato Declaratório Interpretativo n. 11, de 20-8-2002, da Secretaria da Receita Federal, estabelece que o disposto neste artigo não se aplica às hipóteses de que trata o art. 72 da Lei n. 9.430, de 27-12-1996.

Parágrafo único. A opção pelo benefício previsto no *caput* afasta a incidência do disposto no § 2.º do art. 33 desta Medida Provisória.

Art. 50. As deduções previstas no art. 1.º da Lei n. 8.685, de 20 de julho de 1993, são prorrogadas até o exercício de 2017, inclusive, devendo os projetos que serão beneficiados por esses incentivos ser previamente aprovados pela ANCINE.

•• Artigo com redação determinada pela Lei n. 13.196, de 1.º-12-2015.

....

Capítulo X
DISPOSIÇÕES TRANSITÓRIAS

....

Art. 67. No prazo máximo de 1 (um) ano, contado a partir de 5 de setembro de 2001, deverá ser editado regulamento dispondo sobre a forma de transferência para a ANCINE, dos processos relativos à aprovação de projetos com base nas Lei n. 8.685, de 1993, e Lei n. 8.313, de 1991, inclusive os já aprovados.

•• Regulamento: Decreto n. 4.456, de 4-11-2002.

....

Capítulo XI
DISPOSIÇÕES GERAIS E FINAIS

....

Art. 75. Esta Medida Provisória será regulamentada pelo Poder Executivo.

Art. 76. Ficam convalidados os atos praticados com base na Medida Provisória n. 2.219, de 4 de setembro de 2001.

Art. 77. Ficam revogados o inciso II do art. 11 do Decreto-lei n. 43, de 18 de novembro de 1966, o Decreto-lei n. 1.900, de 21 de dezembro de 1981, a Lei n. 8.401, de 8 de janeiro de 1992, e a Medida Provisória n. 2.219, de 4 de setembro de 2001.

Art. 78. Esta Medida Provisória entra em vigor na data de sua publicação.

Brasília, 6 de setembro de 2001; 180.º da Independência e 113.º da República.

FERNANDO HENRIQUE CARDOSO

DECRETO N. 3.914, DE 11 DE SETEMBRO DE 2001 (*)

Dispõe sobre a regulamentação das contribuições sociais instituídas pela Lei Complementar n. 110, de 29 de junho de 2001.

O Presidente da República, no uso da atribuição que lhe confere o art. 84, IV, da Constituição, decreta:

Art. 1.º Este Decreto dispõe sobre a regulamentação da contribuição social devida por despedida de empregado sem justa causa e da contribuição social incidente sobre a remuneração mensal do trabalhador, instituídas pelos arts. 1.º e 2.º da Lei Complementar n. 110, de 29 de junho de 2001.

Art. 2.º A contribuição social que tem por fato gerador a despedida de empregado sem justa causa é devida em relação às despedidas que ocorrerem a partir de 28 de setembro de 2001, inclusive.

(*) Publicado no *DOU*, de 12-9-2001.

§ 1.º A base de cálculo da contribuição é o montante dos depósitos do Fundo de Garantia do Tempo de Serviço - FGTS, acrescidos das remunerações previstas no art. 13 da Lei n. 8.036, de 11 de maio de 1990, bem como nos arts. 11 da Lei n. 7.839, de 12 de outubro de 1989, e 3.º e 4.º da Lei n. 5.107, de 13 de setembro de 1966, enquanto vigentes, devidos durante a vigência do contrato de trabalho.

• As Leis n. 5.107, de 13-9-1966, e 7.839, de 12-10-1989, que dispunham sobre o FGTS, estão revogadas. Atualmente a matéria é tratada pela Lei n. 8.036, de 11-5-1990.

§ 2.º O valor do complemento de atualização monetária de que trata o art. 4.º, com a remuneração prevista no art. 5.º e com a redução cabível especificada no inciso I do art. 6.º, todos da Lei Complementar n. 110, de 2001, que esteja registrado, na data da rescisão do contrato de trabalho, na conta vinculada do trabalhador que tenha firmado o Termo de Adesão a que se refere o art. 4.º, I, da mesma Lei Complementar, integra a base de cálculo da contribuição de que trata este artigo.

§ 3.º O valor da contribuição será determinado pela aplicação da alíquota de 10% (dez por cento) sobre o valor da base de cálculo especificada nos §§ 1.º e 2.º.

§ 4.º A contribuição deve ser paga nos seguintes prazos:

I – até o primeiro dia útil imediato ao término do contrato, no caso em que o empregador concede o aviso-prévio nos termos do art. 487 da Consolidação das Leis do Trabalho - CLT; ou

II – até o décimo dia, contado da data da notificação da demissão, quando da ausência do aviso prévio, indenização do mesmo ou dispensa de seu cumprimento.

§ 5.º Os empregadores domésticos ficam isentos da contribuição social de que trata este artigo.

Art. 3.º A contribuição social incidente sobre a remuneração do trabalhador é devida a partir da remuneração relativa ao mês de outubro de 2001 até a remuneração relativa ao mês de setembro de 2006.

§ 1.º A contribuição incide sobre a remuneração paga ou devida, no mês anterior, a cada trabalhador.

§ 2.º A base de cálculo da contribuição é o valor da remuneração paga ou devida a cada trabalhador, computadas as parcelas de que trata o art. 15 da Lei n. 8.036, de 1990.

§ 3.º O valor do pagamento antecipado de remuneração ou de gratificação de Natal integra a base de cálculo da contribuição social relativa ao mês em que ocorrer o pagamento antecipado.

§ 4.º O valor da contribuição será determinado pela aplicação da alíquota de 0,5% (cinco décimos por cento) sobre a base de cálculo especificada nos §§ 2.º e 3.º.

§ 5.º A contribuição incidente sobre a remuneração paga ou devida em cada mês deve ser paga até o dia 7 do mês subsequente ou, não havendo expediente bancário no dia 7, até o último dia útil que o anteceder.

§ 6.º Ficam isentas da contribuição social de que trata este artigo:

I – as empresas inscritas no Sistema Integrado de Pagamento de Impostos e Contribuições das Microempresas e Empresas de Pequeno Porte - SIMPLES, desde que o faturamento anual não ultrapasse o limite de R$ 1.200.000,00 (um milhão e duzentos mil reais);

• *Vide* Lei Complementar n. 123, de 14-12-2006.

II – as pessoas físicas, em relação à remuneração de empregados domésticos; e

III – as pessoas físicas, em relação à remuneração de empregados rurais, desde que sua receita bruta anual não ultrapasse o limite de R$ 1.200.000,00 (um milhão e duzentos mil reais).

§ 7.º Para os fins do disposto no § 6.º, poderão ser utilizadas informações constantes dos cadastros administrados pela Secretaria da Receita Federal, na forma estabelecida em convênio.

•• A Secretaria da Receita Federal passa a denominar-se Secretaria da Receita Federal do Brasil, por força da Lei n. 11.457, de 16-3-2007.

Art. 4.º O sujeito passivo das contribuições sociais de que trata este Decreto é o empregador, considerado como tal a pessoa física ou a pessoa jurídica de direito privado ou de direito público, da administração pública direta, indireta ou fundacional de qualquer dos Poderes, da União, dos Estados, do Distrito Federal e dos Municípios, que admitir trabalhadores a seu serviço, bem assim aquele que, regido por legislação especial, encontrar-se nessa condição ou figurar como fornecedor ou tomador de mão de obra, independente da responsabilidade solidária ou subsidiária a que eventualmente venha obrigar-se.

Parágrafo único. Para os efeitos deste Decreto, considera-se empregado ou trabalhador toda pessoa física que prestar serviços a empregador, a locador ou tomador de mão de obra, excluídos os eventuais, os autônomos e os servidores públicos civis e militares sujeitos a regime jurídico próprio.

Art. 5.º O pagamento das contribuições sociais de que trata este Decreto fora dos prazos estabelecidos sujeita o infrator aos acréscimos previstos no art. 22 da Lei n. 8.036, de 1990, e nos §§ 2.º e 3.º do art. 3.º da Lei Complementar n. 110, de 2001.

Art. 6.º A exigência fiscal da contribuição social, que não tenha sido paga por iniciativa do contribuinte, será formalizada em notificação de débito, lavrada por Auditor-Fiscal do Trabalho ou pela Repartição competente do Ministério do Trabalho e Emprego, nos termos de ato normativo do Ministro do Trabalho e Emprego.

Art. 7.º As contribuições sociais de que trata este Decreto, inclusive os acréscimos legais correspondentes, serão pagos na rede bancária arrecadadora do FGTS, na forma a ser estabelecida pelo Agente Operador do FGTS.

§ 1.º Os valores recolhidos pela rede bancária serão transferidos à Caixa Econômica Federal no segundo dia útil subsequente à data em que tenham sido recolhidos.

§ 2.º A Caixa Econômica Federal procederá ao registro das receitas, relativas às contribuições sociais que lhe forem transferidas pela rede bancária, no Sistema Integrado de Administração Financeira do Governo Federal - SIAFI, na forma regulada pelo Ministério da Fazenda.

Art. 8.º A falta de pagamento das contribuições de que trata este Decreto resultará no impedimento da emissão, pela Caixa Econômica Federal, do Certificado de Regularidade do FGTS, sem prejuízo das demais cominações legais cabíveis.

Art. 9.º O Ministério do Trabalho e Emprego expedirá as normas para disciplinar os procedimentos de administração das contribuições sociais de que trata este Decreto.

Art. 10. Este Decreto entra em vigor na data de sua publicação.

Brasília, 11 de setembro de 2001; 180.º da Independência e 113.º da República.

FERNANDO HENRIQUE CARDOSO

LEI N. 10.336, DE 19 DE DEZEMBRO DE 2001 (*)

Institui Contribuição de Intervenção no Domínio Econômico incidente sobre a importação e a comercialização de petróleo e seus derivados, gás natural e seus derivados, e álcool etílico combustível (Cide), e dá outras providências.

O Presidente da República,

Faço saber que o Congresso Nacional decreta e eu sanciono a seguinte Lei:

Art. 1.º Fica instituída a Contribuição de Intervenção no Domínio Econômico incidente sobre a importação e a comercialização de petróleo e seus derivados, gás natural e seus derivados, e álcool etílico combustível (Cide), a que se refere os arts. 149 e 177 da Constituição Federal, com a redação dada pela Emenda Constitucional n. 33, de 11 de dezembro de 2001.

• Citados dispositivos constitucionais constam deste volume.

§ 1.º O produto da arrecadação da Cide será destinado, na forma da lei orçamentária, ao:

I – pagamento de subsídios a preços ou transporte de álcool combustível, de gás natural e seus derivados e de derivados de petróleo;

II – financiamento de projetos ambientais relacionados com a indústria do petróleo e do gás;

•• Inciso II com redação determinada pela Lei n. 14.237, de 19-11-2021, em vigor na data de sua publicação e por 5 (cinco) anos, produzindo efeitos desde a abertura dos créditos orçamentários necessários à sua execução.

III – financiamento de programas de infraestrutura de transportes; e

•• Inciso III com redação determinada pela Lei n. 14.237, de 19-11-2021, em vigor na data de sua publicação e por 5 (cinco) anos, produzindo efeitos desde a abertura dos créditos orçamentários necessários à sua execução.

IV – financiamento do auxílio destinado a mitigar o efeito do preço do gás liquefeito de petróleo sobre o orçamento das famílias de baixa renda.

•• Inciso IV acrescentado pela Lei n. 14.237, de 19-11-2021, em vigor na data de sua publicação e por 5 (cinco) anos, produzindo efeitos desde a abertura dos créditos orçamentários necessários à sua execução.

§ 2.º Durante o ano de 2002, será avaliada a efetiva utilização dos recursos obtidos da Cide, e, a partir de 2003, os critérios e diretrizes serão previstos em lei específica.

Art. 1.º-A. A União entregará aos Estados e ao Distrito Federal, para ser aplicado, obrigatoriamente, no financiamento de programas de infraestrutura de transportes, o percentual a que se refere o art. 159, III, da Constituição Federal, calculado sobre a arrecadação da contribuição prevista no art. 1.º desta Lei, inclusive os respectivos adicionais, juros e multas moratórias cobrados, administrativa ou judicialmente, deduzidos os valores previstos no art. 8.º desta Lei e a parcela desvinculada nos termos do art. 76 do Ato das Disposições Constitucionais Transitórias.

•• *Caput* acrescentado pela Lei n. 10.866, de 4-5-2004.

• A Lei n. 10.890, de 2-7-2004, autoriza, em caráter excepcional, a antecipação da transferência de recursos prevista neste artigo, nas condições que especifica.

§ 1.º Os recursos serão distribuídos pela União aos Estados e ao Distrito Federal, trimestralmente, até o 8.º (oitavo) dia útil do mês subsequente ao do encerramento de cada trimestre, mediante crédito em conta vinculada aberta para essa finalidade no Banco do Brasil S.A. ou em outra instituição financeira que venha a ser indicada pelo Poder Executivo federal.

•• § 1.º acrescentado pela Lei n. 10.866, de 4-5-2004.

§ 2.º A distribuição a que se refere o § 1.º deste artigo observará os seguintes critérios:

I – 40% (quarenta por cento) proporcionalmente à extensão da malha viária federal e estadual pavimentada existente em cada Estado e no Distrito Federal, conforme estatísticas elaboradas pelo Departamento Nacional de Infraestrutura de Transportes – DNIT;

II – 30% (trinta por cento) proporcionalmente ao consumo, em cada Estado e no Distrito Federal, dos combustíveis a que a Cide se aplica, conforme estatísticas elaboradas pela Agência Nacional do Petróleo – ANP;

III – 20% (vinte por cento) proporcionalmente à população, conforme apurada pela Fundação Instituto Brasileiro de Geografia e Estatística – IBGE;

IV – 10% (dez por cento) distribuídos em parcelas iguais entre os Estados e o Distrito Federal.

•• § 2.º acrescentado pela Lei n. 10.866, de 4-5-2004.

....

§ 4.º A partir do exercício de 2005, os percentuais individuais de participação dos Estados e do Distrito Federal serão calculados pelo Tribunal de Contas da União na forma do § 2.º deste artigo, com base nas estatísticas referentes ao ano imediatamente anterior, observado o seguinte cronograma:

(*) Publicada no *DOU*, de 20-12-2001. A Secretaria da Receita Federal passa a denominar-se Secretaria da Receita Federal do Brasil, por força da Lei n. 11.457, de 16-3-2007. A Instrução Normativa n. 422, de 17-5-2004, da Secretaria da Receita Federal, dispõe sobre a incidência, apuração e exigência da Contribuição de Intervenção no Domínio Econômico instituída por esta Lei.

I – até o último dia útil de janeiro, os órgãos indicados nos incisos I a III do § 2.º deste artigo enviarão as informações necessárias ao Tribunal de Contas da União;

II – até 15 de fevereiro, o Tribunal de Contas da União publicará os percentuais individuais de que trata o *caput* deste parágrafo;

III – até o último dia útil de março, o Tribunal de Contas da União republicará os percentuais com as eventuais alterações decorrentes da aceitação do recurso a que se refere o § 5.º deste artigo.

•• § 4.º acrescentado pela Lei n. 10.866, de 4-5-2004.

• O art. 292-A do Regimento Interno do TCU, aprovado pela Resolução n. 155, de 4-12-2002, dispõe: "Art. 292-A. As Unidades Federadas disporão de quinze dias, a partir da publicação dos percentuais individuais de participação calculados pelo Tribunal por força do disposto no *caput* do § 4.º do art. 1.º-A e no § 2.º do art. 1.º-B da Lei n. 10.336, de 19-12-2001, acrescidos pela Lei n. 10.866, de 4-5-2004, para apresentar o recurso para retificação previsto no § 5.º do art. 1.º-A do mesmo diploma legal. Parágrafo único. O Tribunal se manifestará sobre o recurso mencionado neste artigo dentro do prazo previsto no inciso III do § 4.º do art. 1.º-A da Lei n. 10.336/2001".

§ 5.º Os Estados e o Distrito Federal poderão apresentar recurso para retificação dos percentuais publicados, observados a regulamentação e os prazos estabelecidos pelo Tribunal de Contas da União.

•• § 5.º acrescentado pela Lei n. 10.866, de 4-5-2004.

§ 6.º Os repasses aos Estados e ao Distrito Federal serão realizados com base nos percentuais republicados pelo Tribunal de Contas da União, efetuando-se eventuais ajustes quando do julgamento definitivo dos recursos a que se refere o § 5.º deste artigo.

•• § 6.º acrescentado pela Lei n. 10.866, de 4-5-2004.

§ 7.º Os Estados e o Distrito Federal deverão encaminhar ao Ministério dos Transportes, até o último dia útil de outubro, proposta de programa de trabalho para utilização dos recursos mencionados no *caput* deste artigo, a serem recebidos no exercício subsequente, contendo a descrição dos projetos de infraestrutura de transportes, os respectivos custos unitários e totais e os cronogramas financeiros correlatos.

•• § 7.º acrescentado pela Lei n. 10.866, de 4-5-2004.

§ 8.º Caberá ao Ministério dos Transportes:

I – publicar no *Diário Oficial da União*, até o último dia útil do ano, os programas de trabalho referidos no § 7.º deste artigo, inclusive os custos unitários e totais e os cronogramas financeiros correlatos;

II – receber as eventuais alterações dos programas de trabalho enviados pelos Estados ou pelo Distrito Federal e publicá-las no *Diário Oficial da União*, em até 15 (quinze) dias após o recebimento.

•• § 8.º acrescentado pela Lei n. 10.866, de 4-5-2004.

§ 9.º É vedada a alteração que implique convalidação de ato já praticado em desacordo com o programa de trabalho vigente.

•• § 9.º acrescentado pela Lei n. 10.866, de 4-5-2004.

§ 10. Os saques das contas vinculadas referidas no § 1.º deste artigo ficam condicionados à inclusão das receitas e à previsão das despesas na lei orçamentária estadual ou do Distrito Federal e limitados ao pagamento das despesas constantes dos programas de trabalho referidos no § 7.º deste artigo.

•• § 10 acrescentado pela Lei n. 10.866, de 4-5-2004.

§ 11. Sem prejuízo do controle exercido pelos órgãos competentes, os Estados e o Distrito Federal deverão encaminhar ao Ministério dos Transportes, até o último dia útil de fevereiro, relatório contendo demonstrativos da execução orçamentária e financeira dos respectivos programas de trabalho e o saldo das contas vinculadas mencionadas no § 1.º deste artigo em 31 de dezembro do ano imediatamente anterior.

•• § 11 acrescentado pela Lei n. 10.866, de 4-5-2004.

....

§ 13. No caso de descumprimento do programa de trabalho a que se refere o § 7.º deste artigo, o Poder Executivo federal poderá determinar à instituição financeira referida no § 1.º deste artigo a suspensão do saque dos valores da conta vinculada da respectiva unidade da federação até a regularização da pendência.

•• § 13 acrescentado pela Lei n. 10.866, de 4-5-2004.

§ 14. Os registros contábeis e os demonstrativos gerenciais, mensais e atualizados, relativos aos recursos recebidos nos termos deste artigo ficarão à disposição dos órgãos federais e estaduais de controle interno e externo.

•• § 14 acrescentado pela Lei n. 10.866, de 4-5-2004.

§ 15. Na definição dos programas de trabalho a serem realizados com os recursos recebidos nos termos deste artigo, a União, por intermédio dos Ministérios dos Transportes, das Cidades, e do Planejamento, Orçamento e Gestão, os Estados e o Distrito Federal atuarão de forma conjunta, visando a garantir a eficiente integração dos respectivos sistemas de transportes, a compatibilização das ações dos respectivos planos plurianuais e o alcance dos objetivos previstos no art. 6.º da Lei n. 10.636, de 30 de dezembro de 2002.

•• § 15 acrescentado pela Lei n. 10.866, de 4-5-2004.

Art. 1.º-B. Do montante dos recursos que cabe a cada Estado, com base no *caput* do art. 1.º-A desta Lei, 25% (vinte e cinco por cento) serão destinados aos seus Municípios para serem aplicados no financiamento de programas de infraestrutura de transportes.

•• *Caput* acrescentado pela Lei n. 10.866, de 4-5-2004.

§ 1.º Enquanto não for sancionada a lei federal a que se refere o art. 159, § 4.º, da Constituição Federal, a distribuição entre os Municípios observará os seguintes critérios:

I – 50% (cinquenta por cento) proporcionalmente aos mesmos critérios previstos na regulamentação da distribuição dos recursos do Fundo de que tratam os arts. 159, I, *b*, e 161, II, da Constituição Federal; e

II – 50% (cinquenta por cento) proporcionalmente à população, conforme apurada pela Fundação Instituto Brasileiro de Geografia e Estatística – IBGE.

•• § 1.º acrescentado pela Lei n. 10.866, de 4-5-2004.

§ 2.º Os percentuais individuais de participação dos Municípios serão calculados pelo Tribunal de Contas da União na forma do § 1.º deste artigo, observado, no que couber, o disposto nos §§ 4.º, 5.º e 6.º do art. 1.º-A desta Lei.

•• § 2.º acrescentado pela Lei n. 10.866, de 4-5-2004.

• *Vide* nota ao art. 1.º-A, § 4.º, desta Lei.

§ 3.º (*Vetado.*)

•• § 3.º acrescentado pela Lei n. 10.866, de 4-5-2004.

§ 4.º Os saques das contas vinculadas referidas no § 3.º deste artigo ficam condicionados à inclusão das receitas e à previsão das despesas na lei orçamentária municipal.

•• § 4.º acrescentado pela Lei n. 10.866, de 4-5-2004.

§ 5.º Aplicam-se aos Municípios as determinações contidas nos §§ 14 e 15 do art. 1.º-A desta Lei.

•• § 5.º acrescentado pela Lei n. 10.866, de 4-5-2004.

Art. 2.º São contribuintes da Cide o produtor, o formulador e o importador, pessoa física ou jurídica, dos combustíveis líquidos relacionados no art. 3.º.

Parágrafo único. Para efeitos deste artigo, considera-se formulador de combustível líquido, derivados de petróleo e derivados de gás natural, a pessoa jurídica, conforme definido pela Agência Nacional do Petróleo (ANP) autorizada a exercer, em Plantas de Formulação de Combustíveis, as seguintes atividades:

I – aquisição de correntes de hidrocarbonetos líquidos;

II – mistura mecânica de correntes de hidrocarbonetos líquidos, com o objetivo de obter gasolinas e diesel;

III – armazenamento de matérias-primas, de correntes intermediárias e de combustíveis formulados;

IV – comercialização de gasolinas e de diesel; e

V – comercialização de sobras de correntes.

Art. 3.º A Cide tem como fatos geradores as operações, realizadas pelos contribuintes referidos no art. 2.º, de importação e de comercialização no mercado interno de:

I – gasolinas e suas correntes;

II – diesel e suas correntes;

III – querosene de aviação e outros querosenes;

IV – óleos combustíveis (*fuel-oil*);

V – gás liquefeito de petróleo, inclusive o derivado de gás natural e de nafta; e

VI – álcool etílico combustível.

§ 1.º Para efeitos dos incisos I e II deste artigo, consideram-se correntes os hidrocarbonetos líquidos derivados de petróleo e os hidrocarbonetos líquidos derivados de gás natural utilizados em mistura mecânica para a produção de gasolinas ou de diesel, de conformidade com as normas estabelecidas pela ANP.

§ 2.º A Cide não incidirá sobre as receitas de exportação, para o exterior, dos produtos relacionados no *caput* deste artigo.

....

Art. 4.º A base de cálculo da Cide é a unidade de medida adotada nesta Lei para os produtos de que trata o art. 3.º, na importação e na comercialização no mercado interno.

Art. 5.º A Cide terá, na importação e na comercialização no mercado interno, as seguintes alíquotas específicas:

I – gasolinas, R$ 860,00 por m³;

II – diesel, R$ 390,00 por m³;

III – querosene de aviação, R$ 92,10 por m³;

IV – outros querosenes, R$ 92,10 por m³;

V – óleos combustíveis com alto teor de enxofre, R$ 40,90 por t;

VI – óleos combustíveis com baixo teor de enxofre, R$ 40,90 por t;

VII – gás liquefeito de petróleo, inclusive o derivado de gás natural e de nafta, R$ 250,00 por t;

VIII – álcool etílico combustível, R$ 37,20 por m³.

•• *Caput* e incisos I a VII com redação determinada pela Lei n. 10.636, de 30-12-2002.

•• O Decreto n. 5.060, de 30-4-2004, alterado pelo Decreto n. 7.764, de 22-6-2012, dispõe:

"Art. 1.º As alíquotas específicas da Contribuição de Intervenção no Domínio Econômico incidente sobre a importação e a comercialização de petróleo e seus derivados, gás natural e seus derivados, e álcool etílico combustível – CIDE, previstas no art. 5.º da Lei n. 10.336, de 19-12-2001, ficam reduzidas a zero para os seguintes produtos:

I – querosene de aviação;

II – demais querosenes;

III – óleos combustíveis com alto teor de enxofre;

IV – óleos combustíveis com baixo teor de enxofre;

V – gás liquefeito de petróleo, inclusive o derivado de gás natural e de nafta;

VI – álcool etílico combustível;

VII – gasolinas e suas correntes; e

VIII – diesel e suas correntes".

§ 1.º Aplicam-se às correntes de hidrocarbonetos líquidos que, pelas suas características físico-químicas, possam ser utilizadas exclusivamente para a formulação de diesel, as mesmas alíquotas específicas fixadas para o produto.

§ 2.º Aplicam-se às correntes de hidrocarbonetos líquidos as mesmas alíquotas específicas fixadas para gasolinas.

•• § 2.º com redação determinada pela Lei n. 10.833, de 29-12-2003.

§ 3.º O Poder Executivo poderá dispensar o pagamento da Cide incidente sobre as correntes de hidrocarbonetos líquidos não destinados à formulação de gasolina ou diesel, nos termos e condições que estabelecer, inclusive de registro especial do produtor, formulador, importador e adquirente.

•• § 3.º com redação determinada pela Lei n. 10.833, de 29-12-2003.

§ 4.º Os hidrocarbonetos líquidos de que trata o § 3.º serão identificados mediante marcação, nos termos e condições estabelecidos pela ANP.

•• § 4.º com redação determinada pela Lei n. 10.833, de 29-12-2003.

§§ 5.º e 6.º (*Revogados pela Lei n. 10.833, de 29-12-2003.*)

§ 7.º A Cide devida na comercialização dos produtos referidos no *caput* integra a receita bruta do vendedor.

Art. 6.º Na hipótese de importação, o pagamento da Cide deve ser efetuado na data do registro da Declaração de Importação.

Parágrafo único. No caso de comercialização, no mercado interno, a Cide devida será apurada mensalmente e será paga até o último dia útil da primeira quinzena do mês subsequente ao de ocorrência do fato gerador.

Art. 7.º Do valor da Cide incidente na comercialização, no mercado interno, dos produtos referidos no art. 5.º poderá ser deduzido o valor da Cide:

I – pago na importação daqueles produtos;

II – incidente quando da aquisição daqueles produtos de outro contribuinte.

Parágrafo único. A dedução de que trata este artigo será efetuada pelo valor global da Cide pago nas importações realizadas no mês, considerado o conjunto de produtos importados e comercializados, sendo desnecessária a segregação por espécie de produto.

Art. 8.º O contribuinte poderá, ainda, deduzir o valor da Cide, pago na importação ou na comercialização, no mercado interno, dos valores da contribuição para o PIS/Pasep e da Cofins devidos na comercialização, no mercado interno, dos produtos referidos no art. 5.º, até o limite de, respectivamente:

•• *Caput* com redação determinada pela Lei n. 10.636, de 30-12-2002.

I – R$ 49,90 e R$ 230,10 por m³, no caso de gasolinas;

•• Inciso I com redação determinada pela Lei n. 10.636, de 30-12-2002.

II – R$ 30,30 e R$ 139,70 por m³, no caso de diesel;

•• Inciso II com redação determinada pela Lei n. 10.636, de 30-12-2002.

III – R$ 16,30 e R$ 75,80 por m³, no caso de querosene de aviação;

•• Inciso III com redação determinada pela Lei n. 10.636, de 30-12-2002.

IV – R$ 16,30 e R$ 75,80 por m³, no caso dos demais querosenes;

•• Inciso IV com redação determinada pela Lei n. 10.636, de 30-12-2002.

V – R$ 14,50 e R$ 26,40 por t, no caso de óleos combustíveis com alto teor de enxofre;

•• Inciso V com redação determinada pela Lei n. 10.636, de 30-12-2002.

VI – R$ 14,50 e R$ 26,40 por t, no caso de óleos combustíveis com baixo teor de enxofre;

•• Inciso VI com redação determinada pela Lei n. 10.636, de 30-12-2002.

VII – R$ 44,40 e R$ 205,60 por t, no caso de gás liquefeito de petróleo, inclusive derivado de gás natural e de nafta;

•• Inciso VII com redação determinada pela Lei n. 10.636, de 30-12-2002.

VIII – R$ 13,20 e R$ 24,00 por m³, no caso de álcool etílico combustível.

•• Inciso VIII acrescentado pela Lei n. 10.636, de 30-12-2002.

•• O Decreto n. 5.060, de 30-4-2004, que produz efeitos em relação aos fatos geradores ocorridos a partir de 1.º-5-2004, dispõe: "Art. 2.º Ficam reduzidos a zero os limites de dedução da contribuição para o PIS/PASEP e da COFINS a que se refere o art. 8.º da Lei n. 10.336, de 2001".

•• A Lei n. 10.560, de 13-11-2002, dispondo sobre o tratamento tributário dispensado às empresas de transporte aéreo, estabelece:

"Art. 2.º A contribuição para o PIS/PASEP e a COFINS, relativamente à receita bruta decorrente da venda de querosene de aviação, incidirá uma única vez, nas vendas realizadas pelo produtor ou importador, às alíquotas de 5% (cinco por cento) e 23,2% (vinte e três inteiros e dois décimos por cento), respectivamente".

• A Instrução Normativa n. 247, de 21-11-2002, da Secretaria da Receita Federal, dispõe em seu art. 76, sobre a dedução permitida ao contribuinte da Cide – Combustíveis das contribuições para o PIS/PASEP e a COFINS.

§ 1.º A dedução a que se refere este artigo aplica-se às contribuições relativas a um mesmo período de apuração ou posteriores.

§ 2.º As parcelas da Cide deduzidas na forma deste artigo serão contabilizadas, no âmbito do Tesouro Nacional, a crédito da contribuição para o PIS/Pasep e da Cofins e a débito da própria Cide, conforme normas estabelecidas pela Secretaria da Receita Federal.

Art. 8.º-A. O valor da Cide-Combustíveis pago pelo vendedor de hidrocarbonetos líquidos não destinados à formulação de gasolina ou diesel poderá ser deduzido dos valores devidos pela pessoa jurídica adquirente desses produtos, relativamente a tributos ou contribuições administrados pela Receita Federal do Brasil, nos termos, limites e condições estabelecidos em regulamento.

•• *Caput* com redação determinada pela Lei n. 11.196, de 21-11-2005.

•• *Vide* art. 132, II, *d*, da Lei n. 11.196, de 21-11-2005.

§ 1.º A pessoa jurídica importadora dos produtos de que trata o *caput* deste artigo não destinados à formulação de gasolina ou diesel poderá deduzir dos valores dos tributos ou contribuições administrados pela Receita Federal do Brasil, nos termos, limites e condições estabelecidos em regulamento, o valor da Cide-Combustíveis pago na importação.

•• § 1.º acrescentado pela Lei n. 11.196, de 21-11-2005.

•• *Vide* art. 132, II, *d*, da Lei n. 11.196, de 21-11-2005.

§ 2.º Aplica-se o disposto neste artigo somente aos hidrocarbonetos líquidos utilizados como insumo pela pessoa jurídica adquirente.

•• § 2.º acrescentado pela Lei n. 11.196, de 21-11-2005.

•• *Vide* art. 132, II, *d*, da Lei n. 11.196, de 21-11-2005.

Art. 9.º O Poder Executivo poderá reduzir as alíquotas específicas de cada produto, bem assim restabelecê-las até o valor fixado no art. 5.º.

§ 1.º O Poder Executivo poderá, também, reduzir e restabelecer os limites de dedução referidos no art. 8.º.

§ 2.º Observado o valor limite fixado no art. 5.º, o Poder Executivo poderá estabelecer alíquotas específicas diversas para o diesel, conforme o teor de enxofre do produto, de acordo com classificação estabelecida pela ANP.

Art. 10. São isentos da Cide os produtos, referidos no art. 3.º, vendidos a empresa comercial exportadora, conforme definida pela ANP, com o fim específico de exportação para o exterior.

§ 1.º A empresa comercial exportadora que no prazo de 180 (cento e oitenta) dias, contado da data de aquisição, não houver efetuado a exportação dos produtos para o exterior, fica obrigada ao pagamento da Cide de que trata esta Lei, relativamente aos produtos adquiridos e não exportados.

§ 2.º Na hipótese do § 1.º, o valor a ser pago será determinado mediante a aplicação das alíquotas específicas aos produtos adquiridos e não exportados.

§ 3.º O pagamento do valor referido no § 2.º deverá ser efetuado até o décimo dia subsequente ao do vencimento do prazo estabelecido para a empresa comercial exportadora efetivar a exportação, acrescido de:

I – multa de mora, apurada na forma do *caput* e do § 2.º do art. 61 da Lei n. 9.430, de 27 de dezembro de 1996, calculada a partir do primeiro dia do mês subsequente ao de aquisição dos produtos; e

• Citado dispositivo consta deste volume.

II – juros equivalentes à taxa referencial do Sistema Especial de Liquidação e Custódia – Selic, para títulos federais, acumulada mensalmente, calculados a partir do primeiro dia do mês subsequente ao de aquisição dos produtos, até o último dia do mês anterior ao do pagamento, e de 1% (um por cento) no mês do pagamento.

§ 4.º A empresa comercial exportadora que alterar a destinação do produto adquirido com o fim específico de exportação, ficará sujeita ao pagamento da Cide objeto da isenção na aquisição.

§ 5.º O pagamento do valor referido no § 4.º deverá ser efetuado até o último dia útil da primeira quinzena do mês subsequente ao de ocorrência da revenda no mercado interno, acrescido de:

I – multa de mora, apurada na forma do *caput* e do § 2.º do art. 61 da Lei n. 9.430, de 1996, calculada a partir do primeiro dia do mês subsequente ao de aquisição do produto pela empresa comercial exportadora; e

II – juros equivalentes à taxa referencial do Sistema Especial de Liquidação e Custódia – Selic, para títulos federais, acumulada mensalmente, calculados a partir do primeiro dia do mês subsequente ao de aquisição dos produtos pela empresa comercial exportadora, até o último dia do mês anterior ao do pagamento, e de 1% (um por cento) no mês do pagamento.

Art. 11. É responsável solidário pela Cide o adquirente de mercadoria de procedência estrangeira, no caso de importação realizada por sua conta e ordem, por intermédio de pessoa jurídica importadora.

Art. 12. Respondem pela infração, conjunta ou isoladamente, relativamente à Cide, o adquirente de mercadoria de procedência estrangeira, no caso de importação realizada por sua conta e ordem, por intermédio de pessoa jurídica importadora.

Art. 13. A administração e a fiscalização da Cide compete à Secretaria da Receita Federal.

Parágrafo único. A Cide sujeita-se às normas relativas ao processo administrativo fiscal de determinação e exigência de créditos tributários federais e de consulta, previstas no Decreto n. 70.235, de 6 de março de 1972, bem assim, subsidiariamente e no que couber, às disposições da legislação do imposto de renda, especialmente quanto às penalidades e aos demais acréscimos aplicáveis.

• Citado Decreto consta deste volume.

Art. 14. Aplicam-se à nafta petroquímica destinada à produção ou formulação de gasolina ou diesel as disposições do art. 4.º da Lei n. 9.718, de 27 de novembro de 1998, e dos arts. 22 e 23 da Lei n. 10.865, de 30 de abril de 2004, incidindo as alíquotas específicas:

•• *Caput* com redação determinada pela Lei n. 11.196, de 21-11-2005.

•• *Vide* art. 132, V, c, da Lei n. 11.196, de 21-11-2005.

I – fixadas para o óleo diesel, quando a nafta petroquímica for destinada à produção ou formulação exclusivamente de óleo diesel; ou

•• Inciso I acrescentado pela Lei n. 11.196, de 21-11-2005.

•• *Vide* art. 132, V, c, da Lei n. 11.196, de 21-11-2005.

II – fixadas para a gasolina, quando a nafta petroquímica for destinada à produção ou formulação de óleo diesel ou gasolina.

•• Inciso II acrescentado pela Lei n. 11.196, de 21-11-2005.

•• *Vide* art. 132, V, c, da Lei n. 11.196, de 21-11-2005.

§ 1.º (*Revogado pela Lei n. 11.196, de 21-11-2005.*)

•• *Vide* art. 132, V, c, da Lei n. 11.196, de 21-11-2005.

§ 2.º (*Revogado pela Lei n. 11.196, de 21-11-2005.*)

•• *Vide* art. 132, V, c, da Lei n. 11.196, de 21-11-2005.

§ 3.º (*Revogado pela Lei n. 11.196, de 21-11-2005.*)

•• *Vide* art. 132, V, c, da Lei n. 11.196, de 21-11-2005.

Art. 15. Os Ministérios da Fazenda e de Minas e Energia e a ANP poderão editar os atos necessários ao cumprimento das disposições contidas nesta Lei.

Art. 16. Esta Lei entrará em vigor na data de sua publicação, produzindo efeitos a partir de 1.º de janeiro de 2002, ressalvado o disposto no art. 14.

Brasília, 19 de dezembro de 2001; 180.º da Independência e 113.º da República.

FERNANDO HENRIQUE CARDOSO

LEI N. 10.426, DE 24 DE ABRIL DE 2002 (*)

Altera a legislação tributária federal e dá outras providências.

Faço saber que o Presidente da República adotou a Medida Provisória n. 16, de 2001, que o Congresso Nacional aprovou, e eu, Ramez Tebet, Presidente da Mesa do Congresso Nacional, para os efeitos do disposto no art. 62 da Constituição Federal, com a redação dada pela Emenda Constitucional n. 32, de 2001, promulgo a seguinte Lei:

Art. 1.º Em relação ao estoque de ações existente em 31 de dezembro de 2001, fica facultado à pessoa física e à pessoa jurídica isenta ou sujeita ao regime de tributação de que trata a Lei n. 9.317, de 5 de dezembro de 1996,

(*) Publicada no *DOU*, de 25-4-2002.

efetuar o pagamento do imposto de renda incidente sobre ganhos líquidos em operações realizadas no mercado à vista de bolsa de valores, sem alienar a ação, à alíquota de 10% (dez por cento).

• Citada lei consta deste volume.

§ 1.º O imposto de que trata este artigo:

I – terá como base de cálculo a diferença positiva entre o preço médio ponderado da ação verificado na Bolsa de Valores de São Paulo, no mês de dezembro de 2001, ou no mês anterior mais próximo, caso não tenha havido negócios com a ação naquele mês, e o seu custo médio de aquisição;

II – será pago pelo contribuinte de forma definitiva, sem direito a qualquer restituição ou compensação, até 31 de janeiro de 2002;

III – abrangerá a totalidade de ações de uma mesma companhia, pertencentes à optante, por espécie e classe.

§ 2.º O preço médio ponderado de que trata o § 1.º:

I – constituirá o novo custo de aquisição, para efeito de apuração do imposto quando da efetiva alienação da ação;

II – será divulgado por meio de relação editada pela Secretaria da Receita Federal.

•• A Secretaria da Receita Federal passa a denominar-se Secretaria da Receita Federal do Brasil, por força da Lei n. 11.457, de 16-3-2007.

Art. 2.º O disposto no art. 1.º aplica-se também no caso de ações negociadas à vista em mercado de balcão organizado, mantido por entidade cujo objeto social seja análogo ao das bolsas de valores e que funcione sob a supervisão e fiscalização da Comissão de Valores Mobiliários.

Parágrafo único. A Secretaria da Receita Federal divulgará também relação contendo os preços das ações negociadas na entidade de que trata este artigo, que serão avaliadas pelo mesmo critério previsto no inciso I do § 1.º do art. 1.º.

•• A Secretaria da Receita Federal passa a denominar-se Secretaria da Receita Federal do Brasil, por força da Lei n. 11.457, de 16-3-2007.

Art. 3.º As aplicações existentes em 31 de dezembro de 2001 nos fundos de investimento de que trata o § 6.º do art. 28 da Lei n. 9.532, de 10 de dezembro de 1997, com as alterações introduzidas pelos arts. 1.º e 2.º da Medida Provisória n. 2.189-49, de 23 de agosto de 2001, terão os respectivos rendimentos apropriados *pro rata tempore* até aquela data.

• Citado dispositivo consta deste volume.

§ 1.º No resgate de quotas referentes às aplicações de que trata este artigo serão observados os seguintes procedimentos:

I – se o valor de aquisição, acrescido dos rendimentos apropriados até 31 de dezembro de 2001, for inferior ao valor de resgate, o imposto de renda devido será o resultado da soma das parcelas correspondentes a 10% (dez por cento) dos rendimentos apropriados até aquela data e a 20% (vinte por cento) dos rendimentos apropriados entre 1.º de janeiro de 2002 e a data do resgate;

II – se o valor de aquisição, acrescido dos rendimentos apropriados até 31 de dezembro de 2001, for superior ao valor de resgate, a base de cálculo do imposto será a diferença positiva entre o valor de resgate e o valor de aquisição, sendo aplicada alíquota de 10% (dez por cento).

§ 2.º O disposto neste artigo aplica-se também aos clubes de investimento que mantenham em suas carteiras percentual mínimo de 67% (sessenta e sete por cento) de ações negociadas no mercado à vista de bolsa de valores ou de entidade referida no art. 2.º.

Art. 4.º (*Revogado pela Lei n. 11.053, de 29-12-2004.*)

Art. 5.º As entidades fechadas de previdência complementar ficam isentas da Contribuição Social sobre o Lucro Líquido (CSLL), relativamente aos fatos geradores ocorridos a partir de 1.º de janeiro de 2002.

Art. 6.º As perdas apuradas no resgate de quotas de fundo de investimento poderão ser compensadas com rendimentos auferidos em resgates ou incidências posteriores, no mesmo ou em outro fundo de investimento administrado pela mesma pessoa jurídica, desde que sujeitos à mesma alíquota do imposto de renda, observados os procedimentos definidos pela Secretaria da Receita Federal.

•• *Vide* nota ao art. 2.º, parágrafo único, desta Lei.

Art. 7.º O sujeito passivo que deixar de apresentar Declaração de Informações Econômico-Fiscais da Pessoa Jurídica - DIPJ, Declaração de Débitos e Créditos Tributários Federais - DCTF, Declaração Simplificada da Pessoa Jurídica, Declaração de Imposto de Renda Retido na Fonte - DIRF e Demonstrativo de Apuração de Contribuições Sociais - Dacon, nos prazos fixados, ou que as apresentar com incorreções ou omissões, será intimado a apresentar declaração original, no caso de não apresentação, ou a prestar esclarecimentos, nos demais casos, no prazo estipulado pela Secretaria da Receita Federal - SRF, e sujeitar-se-á às seguintes multas:

•• *Caput* com redação determinada pela Lei n. 11.051, de 29-12-2004.

•• A Secretaria da Receita Federal passa a denominar-se Secretaria da Receita Federal do Brasil, por força da Lei n. 11.457, de 16-3-2007.

• O Ato Declaratório Interpretativo n. 10, de 20-8-2002, da Secretaria da Receita Federal, dispõe que as multas previstas neste artigo serão aplicadas retroativamente aos atos ou fatos pretéritos não definitivamente julgados quando forem mais benéficas ao sujeito passivo.

• A Instrução Normativa n. 197, de 10-9-2002, da Secretaria da Receita Federal, dispõe sobre as multas aplicáveis aos casos de atraso, falta de apresentação e irregularidades no preenchimento da Declaração do Imposto de Renda Retido na Fonte - DIRF.

I – de 2% (dois por cento) ao mês-calendário ou fração, incidente sobre o montante do imposto de renda da pessoa jurídica informado na DIPJ, ainda que integralmente pago, no caso de falta de entrega desta Declaração ou entrega após o prazo, limitada a 20% (vinte por cento), observado o disposto no § 3.º;

II – de 2% (dois por cento) ao mês-calendário ou fração, incidente sobre o montante dos tributos e contribuições informados na DCTF, na Declaração Simplificada da Pessoa Jurídica ou na Dirf, ainda que integralmente pago, no caso de falta de entrega destas Declarações ou entrega após o prazo, limitada a 20% (vinte por cento), observado o disposto no § 3.º;

III – de 2% (dois por cento) ao mês-calendário ou fração, incidente sobre o montante da Cofins, ou, na sua falta, da contribuição para o PIS/Pasep, informado no Dacon, ainda que integralmente pago, no caso de falta de entrega desta Declaração ou entrega após o prazo, limitada a 20% (vinte por cento), observado o disposto no § 3.º deste artigo; e

•• Inciso III com redação determinada pela Lei n. 11.051, de 29-12-2004.

IV – de R$ 20,00 (vinte reais) para cada grupo de 10 (dez) informações incorretas ou omitidas.

•• Inciso IV acrescentado pela Lei n. 11.051, de 29-12-2004.

§ 1.º Para efeito de aplicação das multas previstas nos incisos I, II e III do *caput* deste artigo, será considerado como termo inicial o dia seguinte ao término do prazo originalmente fixado para a entrega da declaração e como termo final a data da efetiva entrega ou, no caso de não apresentação, da lavratura do auto de infração.

•• § 1.º com redação determinada pela Lei n. 11.051, de 29-12-2004.

§ 2.º Observado o disposto no § 3.º, as multas serão reduzidas:

I – à metade, quando a declaração for apresentada após o prazo, mas antes de qualquer procedimento de ofício;

II – a 75% (setenta e cinco por cento), se houver a apresentação da declaração no prazo fixado em intimação.

§ 3.º A multa mínima a ser aplicada será de:

•• A Lei n. 11.727, de 23-6-2008, determina que até 31-12-2008 a multa a que se refere este parágrafo, quando aplicada a associação sem fins lucrativos que tenha observado o disposto em um dos incisos do § 2.º deste artigo, será reduzida a 10% (dez por cento).

I – R$ 200,00 (duzentos reais), tratando-se de pessoa física, pessoa jurídica inativa e pessoa jurídica optante pelo regime de tributação previsto na Lei n. 9.317, de 5 de dezembro de 1996;

II – R$ 500,00 (quinhentos reais), nos demais casos.

§ 4.º Considerar-se-á não entregue a declaração que não atender às especificações técnicas estabelecidas pela Secretaria da Receita Federal.

§ 5.º Na hipótese do § 4.º, o sujeito passivo será intimado a apresentar nova declaração, no prazo de 10 (dez) dias, contado da ciência da intimação, e sujeitar-se-á à multa prevista no inciso I do *caput*, observado o disposto nos §§ 1.º a 3.º.

§ 6.º No caso de a obrigação acessória referente ao Demonstrativo de Apuração de Contribuições Sociais – DACON ter periodicidade semestral, a multa de que trata o inciso III do *caput* deste artigo será calculada com base nos valores da Contribuição para o Financiamento da Seguridade Social – COFINS ou da Contribuição para o PIS/PASEP, informados nos demonstrativos mensais entregues após o prazo.

•• § 6.º acrescentado pela Lei n. 11.941, de 27-5-2009.

Art. 8.º Os serventuários da Justiça deverão informar as operações imobiliárias anotadas, averbadas, lavradas, matriculadas ou registradas nos Cartórios de Notas ou de Registro de Imóveis, Títulos e Documentos sob sua responsabilidade, mediante a apresentação de Declaração sobre Operações Imobiliárias (DOI), em meio magnético, nos termos estabelecidos pela Secretaria da Receita Federal.

•• *Vide* notas ao art. 2.º, parágrafo único, desta Lei.

§ 1.º A cada operação imobiliária corresponderá uma DOI, que deverá ser apresentada até o último dia útil do mês subsequente ao da anotação, averbação, lavratura, matrícula ou registro da respectiva operação, sujeitando-se o responsável, no caso de falta de apresentação, ou apresentação da declaração após o prazo fixado, à multa de 0,1% (zero vírgula um por cento) ao mês-calendário ou fração, sobre o valor da operação, limitada a 1% (um por cento), observado o disposto no inciso III do § 2.º.

§ 2.º A multa de que trata o § 1.º:

I – terá como termo inicial o dia seguinte ao término do prazo originalmente fixado para a entrega da declaração e como termo final a data da efetiva entrega ou, no caso de não apresentação, da lavratura do auto de infração;

II – será reduzida:

a) à metade, caso a declaração seja apresentada antes de qualquer procedimento de ofício;

b) a 75% (setenta e cinco por cento), caso a declaração seja apresentada no prazo fixado em intimação;

III – será de, no mínimo, R$ 20,00 (vinte reais).

•• Inciso III com redação determinada pela Lei n. 10.865, de 30-4-2004.

§ 3.º O responsável que apresentar DOI com incorreções ou omissões será intimado a apresentar declaração retificadora, no prazo estabelecido pela Secretaria da Receita Federal, e sujeitar-se-á à multa de R$ 50,00 (cinquenta reais) por informação inexata, incompleta ou omitida, que será reduzida em 50% (cinquenta por cento), caso a retificadora seja apresentada no prazo fixado.

Art. 9.º Sujeita-se à multa de que trata o inciso I do *caput* do art. 44 da Lei n. 9.430, de 27 de dezembro de 1996, duplicada na forma de seu § 1.º, quando for o caso, a fonte pagadora obrigada a reter imposto ou contribuição no caso de falta de retenção ou recolhimento, independentemente de outras penalidades administrativas ou criminais cabíveis.

•• *Caput* com redação determinada pela Lei n. 11.488, de 15-6-2007.

• Citada Lei consta deste volume.

Parágrafo único. As multas de que trata este artigo serão calculadas sobre a totalidade ou diferença de tributo ou contribuição que deixar de ser retida ou recolhida, ou que for recolhida após o prazo fixado.

Art. 10. Esta Lei entra em vigor na data de sua publicação.

Congresso Nacional, em 24 de abril de 2002; 181.º da Independência e 114.º da República.

RAMEZ TEBET

DECRETO N. 4.212, DE 26 DE ABRIL DE 2002 (*)

Define os setores da economia prioritários para o desenvolvimento regional, nas áreas de atuação da extinta SUDAM, e dá outras providências.

O Presidente da República, no uso da atribuição que lhe confere o art. 84, IV, da Constituição, e tendo em vista o disposto na Medida Provisória n. 2.199-14, de 24 de agosto de 2001, decreta:

Art. 1.º Este Decreto define os empreendimentos prioritários para o desenvolvimento regional, nas áreas de atuação da extinta Superintendência do Desenvolvimento da Amazônia - SUDAM, para fins dos benefícios de redução do imposto de renda, inclusive de reinvestimento, de que tratam os arts. 1.º, 2.º e 3.º da Medida Provisória n. 2.199-14, de 24 de agosto de 2001.

• Citados dispositivos constam deste volume.

Art. 2.º São considerados prioritários para fins dos benefícios de que trata o art. 1.º, os empreendimentos nos seguintes setores:

I – de infraestrutura, representados pelos projetos de energia, telecomunicações, transportes, instalação de gasodutos, produção de gás, abastecimento de água e esgotamento sanitário;

II – de turismo, considerando os empreendimentos hoteleiros, centros de convenções e outros projetos, integrados ou não a complexos turísticos, localizados em áreas prioritárias para o ecoturismo e turismo regional;

III – da agroindústria vinculados à produção de fibras têxteis naturais; óleos vegetais; sucos, conservas e refrigerantes; à produção e industrialização de carne e seus derivados; aquicultura e piscicultura;

IV – da agricultura irrigada, para projetos localizados em polos agrícolas e agroindustriais objetivando a produção de alimentos e matérias-primas agroindustriais;

V – da indústria extrativa de minerais metálicos, representados por complexos produtivos para o aproveitamento de recursos minerais da região;

VI – da indústria de transformação, compreendendo os seguintes grupos:

a) têxtil, artigos do vestuário, couros e peles, calçados de couro e de plástico e seus componentes;

b) bioindustriais, vinculados à fabricação de produtos decorrentes do aproveitamento da biodiversidade regional, nos segmentos de fármacos, fitoterápicos, cosméticos e outros produtos biotecnológicos;

c) fabricação de máquinas e equipamentos (exclusive armas, munições e equipamentos bélicos), considerados os de uso geral, para a fabricação de máquinas-ferramenta e fabricação de outras máquinas e equipamentos de uso específico;

d) minerais não metálicos, metalurgia, siderurgia e mecânico;

e) químicos (exclusive de explosivos) e petroquímico, materiais plásticos, inclusive produção de petróleo e seus derivados;

f) de celulose e papel, desde que integrados a projetos de reflorestamento, salvo quando utilizarem material reciclado; pastas de papel e papelão, artefatos de papel, cartolina, papel-cartão e papelão ondulado;

•• Alínea *f* com redação determinada pelo Decreto n. 6.810, de 30-3-2009.

g) madeira, móveis e artefatos de madeira;

•• Alínea *g* com redação determinada pelo Decreto n. 6.810, de 30-3-2009.

h) alimentos e bebidas; e

•• Alínea *h* com redação determinada pelo Decreto n. 6.810, de 30-3-2009.

i) material descartável, inclusive barbeador, canetas esferográficas e hidrográficas, demarcadores, lapiseiras, lápis de resina, minas de reposição, apontadores para lápis, escovas, isqueiros, chaveiros e outros artefatos descartáveis;

•• Alínea *i* acrescentada pelo Decreto n. 6.810, de 30-3-2009.

VII – da eletroeletrônica, mecatrônica, informática, biotecnologia, veículos, exclusive de quatro rodas, componentes e autopeças;

VIII – indústria de componentes (microeletrônica);

IX – fabricação de embalagem e acondicionamentos; e

X – fabricação de produtos farmacêuticos, considerados os farmoquímicos e medicamentos para uso humano;

XI – fabricação de brinquedos;

•• Inciso XI acrescentado pelo Decreto n. 6.810, de 30-3-2009.

XII – fabricação de produtos óticos, incluindo óculos, armações e lentes; e

•• Inciso XII acrescentado pelo Decreto n. 6.810, de 30-3-2009.

XIII – fabricação de relógios.

•• Inciso XIII acrescentado pelo Decreto n. 6.810, de 30-3-2009.

Art. 3.º O direito à redução do imposto sobre a renda das pessoas jurídicas e adicionais não restituíveis incidentes sobre o lucro da exploração, na área de atuação da extinta SUDAM, será reconhecido pela unidade da Secretaria da Receita Federal do Ministério da Fazenda a que estiver jurisdicionada a pessoa jurídica, instruído com o laudo expedido pelo Ministério da Integração Nacional.

•• A Secretaria da Receita Federal passa a denominar-se Secretaria da Receita Federal do Brasil, por força da Lei n. 11.457, de 16-3-2007.

§ 1.º O chefe da unidade da Secretaria da Receita Federal decidirá sobre o pedido em 120 (cento e vinte) dias con-

(*) Publicado no *DOU*, de 29-4-2002.

tados da respectiva apresentação do requerimento à repartição fiscal competente.

§ 2.º Expirado o prazo indicado no § 1.º, sem que a requerente tenha sido notificada da decisão contrária ao pedido e enquanto não sobrevier decisão irrecorrível, considerar-se-á a interessada automaticamente no pleno gozo da redução pretendida.

§ 3.º Do despacho que denegar, parcial ou totalmente, o pedido da requerente, caberá impugnação para a Delegacia da Receita Federal de Julgamento, dentro do prazo de 30 (trinta) dias, a contar da ciência do despacho denegatório.

§ 4.º Torna-se irrecorrível, na esfera administrativa, a decisão da Delegacia da Receita Federal de Julgamento que denegar o pedido.

§ 5.º Na hipótese do § 4.º, a repartição competente procederá ao lançamento das importâncias que, até então, tenham sido reduzidas do imposto devido, efetuando-se a cobrança do débito.

§ 6.º A cobrança prevista no § 5.º não alcançará as parcelas correspondentes às reduções feitas durante o período em que a pessoa jurídica interessada esteja em pleno gozo da redução de que trata o § 2.º.

Art. 4.º Este Decreto entra em vigor na data de sua publicação.

Brasília, 26 de abril de 2002; 181.º da Independência e 114.º da República.

FERNANDO HENRIQUE CARDOSO

DECRETO N. 4.213, DE 26 DE ABRIL DE 2002 (*)

Define os setores da economia prioritários para o desenvolvimento regional, nas áreas de atuação da extinta SUDENE, e dá outras providências.

O Presidente da República, no uso da atribuição que lhe confere o art. 84, IV, da Constituição, e tendo em vista o disposto na Medida Provisória n. 2.199-14, de 24 de agosto de 2001, decreta:

Art. 1.º Este Decreto define os empreendimentos prioritários para o desenvolvimento regional, nas áreas de atuação da extinta Superintendência do Desenvolvimento do Nordeste – SUDENE, para fins dos benefícios de redução do imposto de renda, inclusive de reinvestimento, de que tratam os arts. 1.º, 2.º e 3.º da Medida Provisória n. 2.199-14, de 24 de agosto de 2001.

• Citados dispositivos constam deste volume.

Art. 2.º São considerados prioritários para fins dos benefícios de que trata o art. 1.º, os empreendimentos nos seguintes setores:

I – de infraestrutura, representados pelos projetos de energia, telecomunicações, transportes, instalação de gasodutos, produção de gás, abastecimento de água e esgotamento sanitário;

II – de turismo, considerando os empreendimentos hoteleiros, centros de convenções e outros projetos, integrados ou não a complexos turísticos, localizados em áreas prioritárias para o desenvolvimento regional;

III – da agroindústria vinculados à agricultura irrigada, piscicultura e aquicultura;

IV – da agricultura irrigada, da fruticultura, em projetos localizados em pólos agrícolas e agroindustriais objetivando a produção de alimentos e matérias-primas agroindustriais, voltados para os mercados internos e externos;

V – da indústria extrativa de minerais metálicos, representados por complexos produtivos para o aproveitamento de recursos minerais da região;

VI – da indústria de transformação, compreendendo os seguintes grupos:

a) têxtil, artigos do vestuário, couros e peles, calçados de couro e de plástico e seus componentes;

b) produtos farmacêuticos, considerados os farmoquímicos e medicamentos para uso humano;

c) fabricação de máquinas e equipamentos (exclusive armas, munições e equipamentos bélicos), considerados os de uso geral, para a fabricação de máquinas-ferramenta e fabricação de outras máquinas e equipamentos de uso específico;

d) minerais não metálicos, metalurgia, siderurgia e mecânico;

e) químicos (exclusive de explosivos) e petroquímicos, materiais plásticos, inclusive produção de petróleo e seus derivados;

f) de celulose e papel, desde que integrados a projetos de reflorestamento; de pastas de papel e papelão;

g) material de transporte;

h) madeira, móveis e artefatos de madeira; e

i) alimentos e bebidas;

VII – da eletroeletrônica, mecatrônica, informática, biotecnologia, veículos, componentes e autopeças; e

VIII – da indústria de componentes (microeletrônica).

Art. 3.º O direito à redução do imposto sobre a renda das pessoas jurídicas e adicionais não restituíveis incidentes sobre o lucro da exploração, na área de atuação da extinta SUDENE será reconhecido pela unidade da Secretaria da Receita Federal do Ministério da Fazenda a que estiver jurisdicionada a pessoa jurídica, instruído com o laudo expedido pelo Ministério da Integração Nacional.

•• A Secretaria da Receita Federal passa a denominar-se Secretaria da Receita Federal do Brasil, por força da Lei n. 11.457, de 16-3-2007.

§ 1.º O chefe da unidade da Secretaria da Receita Federal decidirá sobre o pedido em 120 (cento e vinte) dias contados da respectiva apresentação do requerimento à repartição fiscal competente.

§ 2.º Expirado o prazo indicado no § 1.º, sem que a requerente tenha sido notificada da decisão contrária ao pedi-

(*) Publicado no *DOU*, de 29-4-2002.

do e enquanto não sobrevier decisão irrecorrível, considerar-se-á a interessada automaticamente no pleno gozo da redução pretendida.

§ 3.º Do despacho que denegar, parcial ou totalmente, o pedido da requerente, caberá impugnação para a Delegacia da Receita Federal de Julgamento, dentro do prazo de 30 (trinta) dias, a contar da ciência do despacho denegatório.

§ 4.º Torna-se irrecorrível, na esfera administrativa, a decisão da Delegacia da Receita Federal de Julgamento que denegar o pedido.

§ 5.º Na hipótese do § 4.º, a repartição competente procederá ao lançamento das importâncias que, até então, tenham sido reduzidas do imposto devido, efetuando-se a cobrança do débito.

§ 6.º A cobrança prevista no § 5.º não alcançará as parcelas correspondentes às reduções feitas durante o período em que a pessoa jurídica interessada esteja em pleno gozo da redução de que trata o § 2.º.

Art. 4.º Este Decreto entra em vigor na data de sua publicação.

Brasília, 26 de abril de 2002; 181.º da Independência e 114.º da República.

FERNANDO HENRIQUE CARDOSO

LEI N. 10.451, DE 10 DE MAIO DE 2002 (*)

Altera a legislação tributária federal e dá outras providências.

O Presidente da República

Faço saber que o Congresso Nacional decreta e eu sanciono a seguinte Lei:

Art. 1.º O Imposto de Renda incidente sobre os rendimentos de pessoas físicas será calculado de acordo com as seguintes tabelas progressivas mensal e anual, em reais:

Tabela Progressiva Mensal

Base de Cálculo em R$	Alíquota %	Parcela a Deduzir do Imposto em R$
Até 1.058,00	–	–
De 1.058,01 até 2.115,00	15	158,70
Acima de 2.115,00	27,5	423,08

Tabela Progressiva Anual

Base de Cálculo em R$	Alíquota %	Parcela a Deduzir do Imposto em R$
Até 12.696,00	–	–
De 12.696,01 até 25.380,00	15	1.904,40
Acima de 25.380	27,5	5.076,90

•• Sobre os valores constantes destas tabelas *vide* art. 1.º da Lei n. 11.482, de 31-5-2007.

Art. 2.º Os arts. 4.º, 8.º e 10 da Lei n. 9.250, de 26 de dezembro de 1995, passam a vigorar com a seguinte redação:

•• Alterações prejudicadas em face de modificações posteriores.

Art. 3.º O art. 24 da Lei n. 9.430, de 27 de dezembro de 1996, passa a vigorar acrescido do seguinte § 3.º:

•• Alteração já processada no diploma modificado.

Art. 4.º As disposições relativas a preços, custos e taxas de juros, constantes dos arts. 18 a 22 da Lei n. 9.430, de 27 de dezembro de 1996, aplicam-se, também, às operações efetuadas por pessoa física ou jurídica residente ou domiciliada no Brasil, com qualquer pessoa física ou jurídica, ainda que não vinculada, residente ou domiciliada em país ou dependência cuja legislação interna oponha sigilo relativo à composição societária de pessoas jurídicas ou à sua titularidade.

• Citados dispositivos constam deste volume.

• A Instrução Normativa n. 1.312, de 28-12-2012, da Secretaria da Receita Federal do Brasil, dispõe sobre os preços a serem praticados nas operações de compra e venda de bens, serviços ou direitos efetuadas por pessoa física ou jurídica residente ou domiciliada no Brasil, com pessoa física ou jurídica residente ou domiciliada no exterior, consideradas vinculadas.

Art. 5.º Na hipótese de doação de livros, objetos fonográficos ou iconográficos, obras audiovisuais e obras de arte, para os quais seja atribuído valor de mercado, efetuada por pessoa física a órgãos públicos, autarquias, fundações públicas ou entidades civis sem fins lucrativos, desde que os bens doados sejam incorporados ao acervo de museus, bibliotecas ou centros de pesquisa ou ensino, no Brasil, com acesso franqueado ao público em geral:

I – o doador deverá considerar como valor de alienação o constante em sua declaração de bens;

II – o donatário registrará os bens recebidos pelo valor atribuído no documento de doação.

Parágrafo único. No caso de alienação dos bens recebidos em doação, será considerado, para efeito de apuração de ganho de capital, custo de aquisição igual a zero.

Art. 6.º O campo de incidência do Imposto sobre Produtos Industrializados (IPI) abrange todos os produtos com alíquota, ainda que zero, relacionados na Tabela de Incidência do Imposto sobre Produtos Industrializados (TIPI), aprovada pelo Decreto n. 4.070, de 28 de dezembro de 2001, observadas as disposições contidas nas respectivas notas complementares, excluídos aqueles a que corresponde a notação "NT" (não tributado).

Art. 7.º Para efeito do disposto no art. 4.º, I e II, do Decreto-lei n. 1.199, de 27 de dezembro de 1971, o percentual de incidência é o constante da TIPI, aprovada pelo Decreto n. 4.070, de 28 de dezembro de 2001.

•• A referência ao Decreto n. 4.070, de 28-12-2001, encontra-se

(*) Publicada no *DOU*, de 13-5-2002.

prejudicada pela revogação expressa determinada pelo Decreto n. 4.542, de 26-12-2002. O Decreto n. 7.660, de 23-12-2011, aprovou a TIPI vigente.

• O Decreto-lei n. 1.199, de 27-12-1971, altera a Nomenclatura Brasileira de Mercadorias (NBM), a Tarifa Aduaneira do Brasil (TAB), a legislação sobre produtos industrializados, e dá outras providências.

Art. 8.º Até 31 de dezembro de 2015, é concedida isenção do Imposto de Importação e do Imposto sobre Produtos Industrializados incidentes na importação de equipamentos ou materiais esportivos destinados às competições, ao treinamento e à preparação de atletas e equipes brasileiras.

•• *Caput* com redação determinada pela Lei n. 12.649, de 17-5-2012.

•• A Lei n. 13.265, de 1.º-4-2016, propôs nova redação para este *caput*, porém teve seu texto vetado.

§ 1.º A isenção de que trata o *caput* aplica-se exclusivamente às competições desportivas em jogos olímpicos, paraolímpicos, pan-americanos, parapan-americanos, nacionais e mundiais.

•• § 1.º com redação determinada pela Lei n. 12.649, de 17-5-2012.

§ 2.º A isenção aplica-se a equipamento ou material esportivo, sem similar nacional, homologado pela entidade desportiva internacional da respectiva modalidade esportiva, para as competições a que se refere o § 1.º.

•• § 2.º com redação determinada pela Lei n. 12.649, de 17-5-2012.

§ 3.º Quando fabricados no Brasil, os materiais e equipamentos de que trata o *caput* deste artigo são isentos do Imposto sobre Produtos Industrializados.

•• § 3.º acrescentado pela Lei n. 12.649, de 17-5-2012.

Art. 9.º São beneficiários da isenção de que trata o art. 8.º desta Lei os órgãos da União, dos Estados, do Distrito Federal e dos Municípios e suas respectivas autarquias e fundações, os atletas das modalidades olímpicas e paraolímpicas e os das competições mundiais, o Comitê Olímpico Brasileiro – COB e o Comitê Paraolímpico Brasileiro – CPB, bem como as entidades nacionais de administração do desporto que lhes sejam filiadas ou vinculadas.

•• Artigo com redação determinada pela Lei n. 11.827, de 20-11-2008.

Art. 10. O direito à fruição do benefício fiscal de que trata o art. 8.º fica condicionado:

I – à comprovação da regularidade fiscal do beneficiário, relativamente aos tributos e contribuições federais;

II – à manifestação do Ministério do Esporte sobre:

•• Inciso II com redação determinada pela Lei n. 11.116, de 18-5-2005.

a) o atendimento do requisito estabelecido no § 1.º do art. 8.º;

b) a condição de beneficiário da isenção ou da alíquota zero, do importador ou adquirente, nos termos do art. 9.º desta Lei; e

•• Alínea *b* com redação determinada pela Lei n. 11.827, de 20-11-2008.

c) a adequação dos equipamentos e materiais importados ou adquiridos no mercado interno, quanto à sua natureza, quantidade e qualidade, ao desenvolvimento do programa de trabalho do atleta ou da entidade do desporto a que se destinem.

Parágrafo único. Tratando-se de produtos destinados à modalidade de tiro esportivo, a manifestação quanto ao disposto nas alíneas *a* e *c* do inciso II será do órgão competente do Ministério da Defesa.

Art. 11. Os produtos importados ou adquiridos no mercado interno, na forma do art. 8.º desta Lei poderão ser transferidos pelo valor de aquisição, sem o pagamento dos respectivos impostos:

•• *Caput* com redação determinada pela Lei n. 11.827, de 20-11-2008.

I – para qualquer pessoa e a qualquer título, após o decurso do prazo de 4 (quatro) anos, contado da data do registro da Declaração de Importação ou da emissão da Nota Fiscal de aquisição do fabricante nacional; ou

II – a qualquer tempo e qualquer título, para pessoa física ou jurídica que atenda às condições estabelecidas nos arts. 8.º a 10 desta Lei, desde que a transferência seja previamente aprovada pela Secretaria da Receita Federal do Brasil.

•• Inciso II com redação determinada pela Lei n. 11.827, de 20-11-2008.

•• A Secretaria da Receita Federal passa a denominar-se Secretaria da Receita Federal do Brasil, por força da Lei n. 11.457, de 16-3-2007.

§ 1.º As transferências, a qualquer título, que não atendam às condições estabelecidas nos incisos I e II do *caput* sujeitarão o beneficiário importador ou adquirente ao pagamento dos impostos que deixaram de ser pagos por ocasião da importação ou da aquisição no mercado interno, com acréscimo de juros e de multa de mora ou de ofício.

§ 2.º Na hipótese do § 1.º deste artigo, o adquirente, a qualquer título, de produto beneficiado com a isenção ou alíquota zero é responsável solidário pelo pagamento dos impostos e respectivos acréscimos.

•• § 2.º com redação determinada pela Lei n. 11.827, de 20-11-2008.

Art. 12. (*Revogado pela Lei n. 11.827, de 20-11-2008.*)

Art. 13. O Poder Executivo regulamentará o disposto nos arts. 8.º a 11 desta Lei.

•• Artigo com redação determinada pela Lei n. 11.827, de 20-11-2008.

Art. 14. Ficam revogados os arts. 13 e 15 da Lei n. 9.493, de 10 de setembro de 1997.

Art. 15. Esta Lei entra em vigor na data de sua publicação, produzindo efeitos, no caso dos arts. 1.º e 2.º, em relação aos fatos geradores ocorridos a partir de 1.º de janeiro de 2002, observado o disposto no art. 1.º da Lei n. 9.887, de 7 de dezembro de 1999.

•• Artigo com redação determinada pela Lei n. 10.637, de 30-12-2002.

Brasília, 10 de maio de 2002; 181.º da Independência e 114.º da República.

FERNANDO HENRIQUE CARDOSO

LEI N. 10.522, DE 19 DE JULHO DE 2002 (*)

Dispõe sobre o Cadastro Informativo dos créditos não quitados de órgãos e entidades federais e dá outras providências.

O Presidente da República

Faço saber que o Congresso Nacional decreta e eu sanciono a seguinte Lei:

Art. 1.º O Cadastro Informativo de créditos não quitados do setor público federal (Cadin) passa a ser regulado por esta Lei.

Art. 2.º O Cadin conterá relação das pessoas físicas e jurídicas que:

I – sejam responsáveis por obrigações pecuniárias vencidas e não pagas, para com órgãos e entidades da Administração Pública Federal, direta e indireta;

II – estejam com a inscrição nos cadastros indicados, do Ministério da Fazenda, em uma das seguintes situações:

a) cancelada no Cadastro de Pessoas Físicas - CPF;

•• Alínea *a* com redação determinada pela Lei n. 11.941, de 27-5-2009.

b) declarada inapta perante o Cadastro Geral de Contribuintes - CGC.

• A Instrução Normativa n. 1.470, de 30-5-2014, da Secretaria da Receita Federal do Brasil, dispõe sobre o Cadastro Nacional da Pessoa Jurídica (CNPJ).

§ 1.º Os órgãos e as entidades a que se refere o inciso I procederão, segundo normas próprias e sob sua exclusiva responsabilidade, às inclusões no Cadin, de pessoas físicas ou jurídicas que se enquadrem nas hipóteses previstas neste artigo.

§ 2.º A inclusão no Cadin far-se-á 75 (setenta e cinco) dias após a comunicação ao devedor da existência do débito passível de inscrição naquele Cadastro, fornecendo-se todas as informações pertinentes ao débito.

§ 3.º Tratando-se de comunicação expedida por via postal ou telegráfica, para o endereço indicado no instrumento que deu origem ao débito, considerar-se-á entregue após 15 (quinze) dias da respectiva expedição.

§ 4.º A notificação expedida pela Secretaria da Receita Federal do Brasil, pela Procuradoria-Geral da Fazenda Nacional ou pela Procuradoria-Geral Federal, dando conhecimento ao devedor da existência do débito ou da sua inscrição em Dívida Ativa atenderá ao disposto no § 2.º deste artigo.

•• § 4.º com redação determinada pela Lei n. 11.941, de 27-5-2009.

(*) Publicada no *DOU*, de 22-7-2002.

§ 5.º Comprovado ter sido regularizada a situação que deu causa à inclusão no Cadin, o órgão ou a entidade responsável pelo registro procederá, no prazo de 5 (cinco) dias úteis, à respectiva baixa.

§ 6.º Na impossibilidade de a baixa ser efetuada no prazo indicado no § 5.º, o órgão ou a entidade credora fornecerá a certidão de regularidade do débito, caso não haja outros pendentes de regularização.

§ 7.º A inclusão no Cadin sem a expedição da comunicação ou da notificação de que tratam os §§ 2.º e 4.º, ou a não exclusão, nas condições e no prazo previstos no § 5.º, sujeitará o responsável às penalidades cominadas pela Lei n. 8.112, de 11 de dezembro de 1990, e pelo Decreto-lei n. 5.452, de 1.º de maio de 1943 (Consolidação das Leis do Trabalho).

§ 8.º O disposto neste artigo não se aplica aos débitos referentes a preços de serviços públicos ou a operações financeiras que não envolvam recursos orçamentários.

Art. 3.º As informações fornecidas pelos órgãos e pelas entidades integrantes do Cadin serão centralizadas em um sistema de informações gerido pela Procuradoria-Geral da Fazenda Nacional, e será de sua atribuição a expedição de orientações de natureza normativa, inclusive quanto ao disciplinamento das respectivas inclusões e exclusões no sistema.

•• *Caput* com redação determinada pela Lei n. 14.195, de 26-8-2021.

• A Portaria n. 749, de 17-3-2021, da Secretaria do Tesouro Nacional, estabelece normas para o registro no Cadastro Informativo de Créditos não Quitados do Setor Público Federal - Cadin.

Parágrafo único. As pessoas físicas e jurídicas incluídas no Cadin terão acesso às informações a elas referentes, diretamente junto ao órgão ou entidade responsável pelo registro, ou, mediante autorização, por intermédio de qualquer outro órgão ou entidade integrante do Cadin.

Art. 4.º A inexistência de registro no Cadin não implica reconhecimento de regularidade de situação, nem elide a apresentação dos documentos exigidos em lei, decreto ou demais atos normativos.

§ 1.º No caso de operações de crédito contratadas por instituições financeiras, no âmbito de programas oficiais de apoio à microempresa e empresa de pequeno porte, ficam as mutuárias, no caso de não estarem inscritas no Cadin, dispensadas da apresentação, inclusive aos cartórios, quando do registro dos instrumentos de crédito e respectivas garantias, de quaisquer certidões exigidas em lei, decreto ou demais atos normativos, comprobatórias da quitação de quaisquer tributos e contribuições federais.

§ 2.º O disposto no § 1.º aplica-se também aos mini e pequenos produtores rurais e aos agricultores familiares.

Art. 5.º O Cadin conterá as seguintes informações:

I – nome e número de inscrição no Cadastro Geral de Contribuintes - CGC ou no Cadastro de Pessoas Físicas - CPF, do responsável pelas obrigações de que trata o art. 2.º, I;

II – nome e outros dados identificadores das pessoas jurídicas ou físicas que estejam na situação prevista no art. 2.º, II, inclusive a indicação do número da inscrição suspensa ou cancelada;

III – nome e número de inscrição no Cadastro Geral de Contribuintes - CGC, endereço e telefone do respectivo credor ou do órgão responsável pela inclusão;

IV – data do registro.

Parágrafo único. Cada órgão ou entidade a que se refere o inciso I do art. 2.º manterá, sob sua responsabilidade, cadastro contendo informações detalhadas sobre as operações ou situações que tenham registrado no Cadin, inclusive para atender ao que dispõe o parágrafo único do art. 3.º.

Art. 6.º É obrigatória a consulta prévia ao Cadin, pelos órgãos e entidades da Administração Pública Federal, direta e indireta, para:

I – realização de operações de crédito que envolvam a utilização de recursos públicos;

II – concessão de incentivos fiscais e financeiros;

III – celebração de convênios, acordos, ajustes ou contratos que envolvam desembolso, a qualquer título, de recursos públicos, e respectivos aditamentos.

Parágrafo único. O disposto neste artigo não se aplica:

I – à concessão de auxílios a Municípios atingidos por calamidade pública reconhecida pelo Governo Federal;

II – às operações destinadas à composição e regularização dos créditos e obrigações objeto de registro no Cadin, sem desembolso de recursos por parte do órgão ou entidade credora;

III – às operações relativas ao crédito educativo e ao penhor civil de bens de uso pessoal ou doméstico.

Art. 7.º Será suspenso o registro no Cadin quando o devedor comprove que:

- *Vide* Súmula 615 do STJ.

I – tenha ajuizado ação, com o objetivo de discutir a natureza da obrigação ou o seu valor, com o oferecimento de garantia idônea e suficiente ao Juízo, na forma da lei;

II – esteja suspensa a exigibilidade do crédito objeto do registro, nos termos da lei.

Art. 8.º A não observância do disposto no § 1.º do art. 2.º e nos arts. 6.º e 7.º desta Lei sujeita os responsáveis às sanções da Lei n. 8.112, de 1990, e do Decreto-lei n. 5.452, de 1943.

Art. 9.º Fica suspensa, até 31 de dezembro de 1999, a aplicação do disposto no *caput* do art. 22, e no seu § 2.º, do Decreto-lei n. 147, de 3 de fevereiro de 1967, na redação que lhes deram o art. 4.º do Decreto-lei n. 1.687, de 18 de julho de 1979, e o art. 10 do Decreto-lei n. 2.163, de 19 de setembro de 1984.

Parágrafo único. O Ministro de Estado da Fazenda estabelecerá cronograma, prioridades e condições para a remessa, às unidades da Procuradoria-Geral da Fazenda Nacional, dos débitos passíveis de inscrição em Dívida Ativa da União e cobrança judicial.

Art. 10. Os débitos de qualquer natureza para com a Fazenda Nacional poderão ser parcelados em até sessenta parcelas mensais, a exclusivo critério da autoridade fazendária, na forma e condições previstas nesta Lei.

•• *Caput* com redação determinada pela Lei n. 10.637, de 30-12-2002.

- A Instrução Normativa n. 1.891, de 14-5-2019, da SRFB, dispõe sobre o parcelamento de débitos perante a Secretaria Especial da Receita Federal do Brasil.

Parágrafo único. (*Revogado pela Lei n. 11.941, de 27-5-2009.*)

Art. 10-A. O empresário ou a sociedade empresária que pleitear ou tiver deferido o processamento da recuperação judicial, nos termos dos arts. 51, 52 e 70 da Lei n. 11.101, de 9 de fevereiro de 2005, poderá liquidar os seus débitos para com a Fazenda Nacional existentes, ainda que não vencidos até a data do protocolo da petição inicial da recuperação judicial, de natureza tributária ou não tributária, constituídos ou não, inscritos ou não em dívida ativa, mediante a opção por uma das seguintes modalidades:

•• *Caput* com redação determinada pela Lei n. 14.112, de 24-12-2020.

•• A Portaria n. 2.382, de 26-2-2021, da Procuradoria-Geral da Fazenda Nacional, disciplina os instrumentos de negociação de débitos inscritos em dívida ativa da União e do FGTS de responsabilidade de contribuintes em processo de recuperação judicial.

I a IV – (*Revogados pela Lei n. 14.112, de 24-12-2020*);

V – parcelamento da dívida consolidada em até 120 (cento e vinte) prestações mensais e sucessivas, calculadas de modo a observar os seguintes percentuais mínimos, aplicados sobre o valor da dívida consolidada no parcelamento:

•• Inciso V, *caput*, acrescentado pela Lei n. 14.112, de 24-12-2020.

a) da primeira à décima segunda prestação: 0,5% (cinco décimos por cento);

•• Alínea *a* acrescentada pela Lei n. 14.112, de 24-12-2020.

b) da décima terceira à vigésima quarta prestação: 0,6% (seis décimos por cento);

•• Alínea *b* acrescentada pela Lei n. 14.112, de 24-12-2020.

c) da vigésima quinta prestação em diante: percentual correspondente ao saldo remanescente, em até 96 (noventa e seis) prestações mensais e sucessivas; ou

•• Alínea *c* acrescentada pela Lei n. 14.112, de 24-12-2020.

VI – em relação aos débitos administrados pela Secretaria Especial da Receita Federal do Brasil, liquidação de até 30% (trinta por cento) da dívida consolidada no parcelamento com a utilização de créditos decorrentes de prejuízo fiscal e de base de cálculo negativa da Contribuição Social sobre o Lucro Líquido (CSLL) ou com outros créditos próprios relativos aos tributos administrados pela Secretaria Especial da Receita Federal do Brasil, hipótese em que o restante poderá ser parcelado em até 84 (oitenta e quatro) parcelas, calculadas de modo a observar os seguintes percentuais mínimos, aplicados sobre o saldo da dívida consolidada:

•• Inciso VI, *caput*, acrescentado pela Lei n. 14.112, de 24-12-2020.

a) da primeira à décima segunda prestação: 0,5% (cinco décimos por cento);

•• Alínea *a* acrescentada pela Lei n. 14.112, de 24-12-2020.

b) da décima terceira à vigésima quarta prestação: 0,6% (seis décimos por cento);

•• Alínea *b* acrescentada pela Lei n. 14.112, de 24-12-2020.

c) da vigésima quinta prestação em diante: percentual correspondente ao saldo remanescente, em até 60 (sessenta) prestações mensais e sucessivas.

•• Alínea *c* acrescentada pela Lei n. 14.112, de 24-12-2020.

§ 1.º (*Revogado pela Lei n. 14.112, de 24-12-2020.*)

§ 1.º-A. As opções previstas nos incisos V e VI do *caput* deste artigo não impedem que o empresário ou a sociedade empresária que pleitear ou tiver deferido o processamento da recuperação judicial, nos termos estabelecidos nos arts. 51, 52 e 70 da Lei n. 11.101, de 9 de fevereiro de 2005, opte por liquidar os referidos débitos para com a Fazenda Nacional por meio de outra modalidade de parcelamento instituído por lei federal, desde que atendidas as condições previstas na lei, hipótese em que será firmado ou mantido o termo de compromisso a que se refere o § 2º-A deste artigo, sob pena de indeferimento ou de exclusão do parcelamento, conforme o caso.

•• § 1.º-A acrescentado pela Lei n. 14.112, de 24-12-2020.

§ 1.º-B. O valor do crédito de que trata o inciso VI do *caput* deste artigo, decorrente de prejuízo fiscal e de base de cálculo negativa da CSLL, será determinado por meio da aplicação das seguintes alíquotas:

•• § 1º-B, *caput*, acrescentado pela Lei n. 14.112, de 24-12-2020.

I – 25% (vinte e cinco por cento) sobre o montante do prejuízo fiscal;

•• Inciso I acrescentado pela Lei n. 14.112, de 24-12-2020.

II – 20% (vinte por cento) sobre a base de cálculo negativa da CSLL, no caso das pessoas jurídicas de seguros privados, das pessoas jurídicas de capitalização e das pessoas jurídicas referidas nos incisos I, II, III, IV, V, VI, VII e X do § 1 º do art. 1º da Lei Complementar n. 105, de 10 de janeiro de 2001;

•• Inciso II acrescentado pela Lei n. 14.112, de 24-12-2020.

III – 17% (dezessete por cento) sobre a base de cálculo negativa da CSLL, no caso das pessoas jurídicas referidas no inciso IX do § 1° do art. 1.º da Lei Complementar n. 105, de 10 de janeiro de 2001;

•• Inciso III acrescentado pela Lei n. 14.112, de 24-12-2020.

IV – 9% (nove por cento) sobre a base de cálculo negativa da CSLL, no caso das demais pessoas jurídicas.

•• Inciso IV acrescentado pela Lei n. 14.112, de 24-12-2020.

§ 1.º-C. A adesão ao parcelamento abrangerá a totalidade dos débitos exigíveis em nome do sujeito passivo, observadas as seguintes condições e ressalvas:

•• § 1.º-C, *caput*, acrescentado pela Lei n. 14.112, de 24-12-2020.

I – os débitos sujeitos a outros parcelamentos ou que comprovadamente sejam objeto de discussão judicial poderão ser excluídos, estes últimos mediante:

•• Inciso I, *caput*, acrescentado pela Lei n. 14.112, de 24-12-2020.

a) o oferecimento de garantia idônea e suficiente, aceita pela Fazenda Nacional em juízo; ou

•• Alínea *a* acrescentada pela Lei n. 14.112, de 24-12-2020.

b) a apresentação de decisão judicial em vigor e eficaz que determine a suspensão de sua exigibilidade;

•• Alínea *b* acrescentada pela Lei n. 14.112, de 24-12-2020.

II – a garantia prevista na alínea "a" do inciso I deste parágrafo não poderá ser incluída no plano de recuperação judicial, permitida a sua execução regular, inclusive por meio da expropriação, se não houver a suspensão da exigibilidade ou a extinção do crédito em discussão judicial;

•• Inciso II acrescentado pela Lei n. 14.112, de 24-12-2020.

III – o disposto no inciso II deste §1.º-C também se aplica aos depósitos judiciais regidos pela Lei n. 9.703, de 17 de novembro de 1998, e pela Lei n. 12.099, de 27 de novembro de 2009.

•• Inciso III acrescentado pela Lei n. 14.112, de 24-12-2020.

§ 2.º Na hipótese de o sujeito passivo optar pela inclusão, no parcelamento de que trata este artigo, de débitos que se encontrem sob discussão administrativa ou judicial, submetidos ou não a causa legal de suspensão de exigibilidade, deverá ele comprovar que desistiu expressamente e de forma irrevogável da impugnação ou do recurso interposto, ou da ação judicial e, cumulativamente, que renunciou às alegações de direito sobre as quais se fundam a ação judicial e o recurso administrativo.

•• § 2.º com redação determinada pela Lei n. 14.112, de 24-12-2020.

§ 2.º-A. Para aderir ao parcelamento de que trata este artigo, o sujeito passivo firmará termo de compromisso, no qual estará previsto:

•• § 2.º-A, *caput*, acrescentado pela Lei n. 14.112, de 24-12-2020.

I – o fornecimento à Secretaria Especial da Receita Federal do Brasil e à Procuradoria-Geral da Fazenda Nacional de informações bancárias, incluídas aquelas sobre extratos de fundos ou aplicações financeiras e sobre eventual comprometimento de recebíveis e demais ativos futuros;

•• Inciso I acrescentado pela Lei n. 14.112, de 24-12-2020.

II – o dever de amortizar o saldo devedor do parcelamento de que trata este artigo com percentual do produto de cada alienação de bens e direitos integrantes do ativo não circulante realizada durante o período de vigência do plano de recuperação judicial, sem prejuízo do disposto no inciso III do § 4° deste artigo;

•• Inciso II acrescentado pela Lei n. 14.112, de 24-12-2020.

III – o dever de manter a regularidade fiscal;

•• Inciso III acrescentado pela Lei n. 14.112, de 24-12-2020.

IV – o cumprimento regular das obrigações para com o Fundo de Garantia do Tempo de Serviço (FGTS).

•• Inciso IV acrescentado pela Lei n. 14.112, de 24-12-2020.

§ 2.º-B. Para fins do disposto no inciso II do§ 2º-A deste artigo:

•• § 2.º-B, *caput*, acrescentado pela Lei n. 14.112, de 24-12-2020.

I – a amortização do saldo devedor implicará redução proporcional da quantidade de parcelas vincendas;

•• Inciso I acrescentado pela Lei n. 14.112, de 24-12-2020.

II – observado o limite máximo de 30% (trinta por cento) do produto da alienação, o percentual a ser destinado para a amortização do parcelamento corresponderá à razão entre o valor total do passivo fiscal e o valor total de dívidas do devedor, na data do pedido de recuperação judicial.

•• Inciso II acrescentado pela Lei n. 14.112, de 24-12-2020.

§ 3.º O empresário ou a sociedade empresária poderá, a seu critério, desistir dos parcelamentos em curso, independentemente da modalidade, e solicitar o parcelamento nos termos estabelecidos neste artigo.

•• § 3.º com redação determinada pela Lei n. 14.112, de 24-12-2020.

§ 4.º Implicará a exclusão do sujeito passivo do parcelamento:

•• § 4.º, *caput*, com redação determinada pela Lei n. 14.112, de 24-12-2020.

I – a falta de pagamento de 6 (seis) parcelas consecutivas ou de 9 (nove) parcelas alternadas;

•• Inciso I acrescentado pela Lei n. 14.112, de 24-12-2020.

II – a falta de pagamento de 1 (uma) até 5 (cinco) parcelas, conforme o caso, se todas as demais estiverem pagas;

•• Inciso II acrescentado pela Lei n. 14.112, de 24-12-2020.

III – a constatação, pela Secretaria Especial da Receita Federal do Brasil ou pela Procuradoria-Geral da Fazenda Nacional, de qualquer ato tendente ao esvaziamento patrimonial do sujeito passivo como forma de fraudar o cumprimento do parcelamento, observado, no que couber, o disposto no inciso II do § 2º-A deste artigo;

•• Inciso III acrescentado pela Lei n. 14.112, de 24-12-2020.

IV – a decretação de falência ou extinção, pela liquidação, da pessoa jurídica optante;

•• Inciso IV acrescentado pela Lei n. 14.112, de 24-12-2020.

V – a concessão de medida cautelar fiscal, nos termos da Lei nº 8.397, de 6 de janeiro de 1992;

•• Inciso V acrescentado pela Lei n. 14.112, de 24-12-2020.

VI – a declaração de inaptidão da inscrição no Cadastro Nacional da Pessoa Jurídica (CNPJ), nos termos dos arts. 80 e 81 da Lei n. 9.430, de 27 de dezembro de 1996;

•• Inciso VI acrescentado pela Lei n. 14.112, de 24-12-2020.

VII – a extinção sem resolução do mérito ou a não concessão da recuperação judicial, bem como a convolação desta em falência; ou

•• Inciso VII acrescentado pela Lei n. 14.112, de 24-12-2020.

VIII – o descumprimento de quaisquer das condições previstas neste artigo, inclusive quanto ao disposto no § 2º-A deste artigo.

•• Inciso VIII acrescentado pela Lei n. 14.112, de 24-12-2020.

§ 4.º-A. São consequências da exclusão prevista no § 4º deste artigo:

•• § 4.º-A, *caput*, acrescentado pela Lei n. 14.112, de 24-12-2020.

I – a exigibilidade imediata da totalidade do débito confessado e ainda não pago, com o prosseguimento das execuções fiscais relacionadas aos créditos cuja exigibilidade estava suspensa, inclusive com a possibilidade de prática de atos de constrição e de alienação pelos juízos que as processam, ressalvada a hipótese prevista no inciso IV deste parágrafo;

•• Inciso I acrescentado pela Lei n. 14.112, de 24-12-2020.

II – a execução automática das garantias;

•• Inciso II acrescentado pela Lei n. 14.112, de 24-12-2020.

III – o restabelecimento em cobrança dos valores liquidados com os créditos, na hipótese de parcelamento na modalidade prevista no inciso VI do *caput* deste artigo;

•• Inciso III acrescentado pela Lei n. 14.112, de 24-12-2020.

IV – a faculdade de a Fazenda Nacional requerer a convolação da recuperação judicial em falência.

•• Inciso IV acrescentado pela Lei n. 14.112, de 24-12-2020.

§ 5.º O empresário ou a sociedade empresária poderá ter apenas 1 (um) parcelamento perante a Fazenda Nacional, cujos débitos constituídos, inscritos ou não em dívida ativa da União, poderão ser incluídos até a data do pedido de parcelamento.

•• § 5.º com redação determinada pela Lei n. 14.112, de 24-12-2020.

§ 6.º A concessão do parcelamento não implica a liberação dos bens e dos direitos do devedor ou de seus responsáveis que tenham sido constituídos em garantia dos créditos.

•• § 6.º com redação determinada pela Lei n. 14.112, de 24-12-2020.

§ 7.º O parcelamento referido nos incisos V e VI do *caput* deste artigo observará as demais condições previstas nesta Lei, ressalvado o disposto nos seguintes dispositivos:

•• § 7.º, *caput*, com redação determinada pela Lei n. 14.112, de 24-12-2020.

I – § 1º do art. 11;

•• Inciso I acrescentado pela Lei n. 14.112, de 24-12-2020.

II – inciso II do § 1.º do art. 12;

•• Inciso II acrescentado pela Lei n. 14.112, de 24-12-2020.

III – inciso VIII do *caput* do art. 14;

•• Inciso III acrescentado pela Lei n. 14.112, de 24-12-2020.

IV – § 2º do art. 14-A.

•• Inciso IV acrescentado pela Lei n. 14.112, de 24-12-2020.

§ 7.º-A. As microempresas e as empresas de pequeno porte farão jus a prazos 20% (vinte por cento) superiores àqueles regularmente concedidos às demais empresas.

•• § 7.º-A acrescentado pela Lei n. 14.112, de 24-12-2020.

§ 8.º O disposto neste artigo aplica-se, no que couber, aos créditos de qualquer natureza das autarquias e das fundações públicas federais, ressalvada a modalidade de parcelamento de que trata o inciso VI do *caput* deste artigo.

•• § 8.º com redação determinada pela Lei n. 14.112, de 24-12-2020.

Art. 10-B. O empresário ou a sociedade empresária que pleitear ou tiver deferido o processamento da recuperação judicial, nos termos dos arts. 51, 52 e 70 da Lei n. 11.101, de 9 de fevereiro de 2005, poderá parcelar os seus débitos para com a Fazenda Nacional existentes, ainda que não vencidos até a data do protocolo da petição inicial da recuperação judicial, relativos aos tributos previstos nos incisos I e II do *caput* do art. 14 desta Lei, constituídos ou não, inscritos ou não em dívida ativa, em até 24 (vinte e quatro) parcelas mensais e consecutivas, calculadas de modo a observar os seguintes percentuais mínimos, aplicados sobre o valor da dívida consolidada:

•• *Caput* acrescentado pela Lei n. 14.112, de 24-12-2020.

•• A Portaria n. 2.382, de 26-2-2021, da Procuradoria-Geral da Fazenda Nacional, disciplina os instrumentos de negociação de débitos inscritos em dívida ativa da União e do FGTS de responsabilidade de contribuintes em processo de recuperação judicial.

I – da primeira à sexta prestação: 3% (três por cento);

•• Inciso I acrescentado pela Lei n. 14.112, de 24-12-2020.

II – da sétima à décima segunda prestação: 6% (seis por cento);

•• Inciso II acrescentado pela Lei n. 14.112, de 24-12-2020.

III – da décima terceira prestação em diante: percentual correspondente ao saldo remanescente, em até 12 (doze) prestações mensais e sucessivas.

•• Inciso III acrescentado pela Lei n. 14.112, de 24-12-2020.

§ 1.º O disposto no art. 10-A desta Lei, exceto quanto aos incisos V e VI do *caput*, ao § 1º-B e ao inciso III do § 4°-A, aplica-se ao parcelamento de que trata este artigo.

•• § 1.º acrescentado pela Lei n. 14.112, de 24-12-2020.

§ 2.º As microempresas e as empresas de pequeno porte farão jus a prazos 20% (vinte por cento) superiores àqueles regularmente concedidos às demais empresas.

•• § 2.º acrescentado pela Lei n. 14.112, de 24-12-2020.

Art. 10-C. Alternativamente ao parcelamento de que trata o art. 10-A desta Lei e às demais modalidades de parcelamento instituídas por lei federal porventura aplicáveis, o empresário ou a sociedade empresária que tiver o processamento da recuperação judicial deferido poderá, até o momento referido no art. 57 da Lei n. 11.101, de 9 de fevereiro de 2005, submeter à Procuradoria-Geral da Fazenda Nacional proposta de transação relativa a créditos inscritos em dívida ativa da União, nos termos da Lei n. 13.988, de 14 de abril de 2020, observado que:

•• *Caput* acrescentado pela Lei n. 14.112, de 24-12-2020.

I – o prazo máximo para quitação será de até 120 (cento e vinte) meses, observado, no que couber, o disposto no § 3° do art. 11 da Lei n. 13.988, de 14 de abril de 2020;

•• Inciso I acrescentado pela Lei n. 14.112, de 24-12-2020.

II – o limite máximo para reduções será de até 70% (setenta por cento);

•• Inciso II acrescentado pela Lei n. 14.112, de 24-12-2020.

III – a apresentação de proposta ou a análise de proposta de transação formulada pelo devedor caberá à Procuradoria-Geral da Fazenda Nacional, em juízo de conveniência e oportunidade, obedecidos os requisitos previstos nesta Lei e em atos regulamentares, de forma motivada, observados o interesse público e os princípios da isonomia, da capacidade contributiva, da transparência, da moralidade, da livre concorrência, da preservação da atividade empresarial, da razoável duração dos processos e da eficiência, e utilizados como parâmetros, entre outros:

•• Inciso III, *caput*, acrescentado pela Lei n. 14.112, de 24-12-2020.

a) a recuperabilidade do crédito, inclusive considerando eventual prognóstico em caso de falência;

•• Alínea *a* acrescentada pela Lei n. 14.112, de 24-12-2020.

b) a proporção entre o passivo fiscal e o restante das dívidas do sujeito passivo; e

•• Alínea *b* acrescentada pela Lei n. 14.112, de 24-12-2020.

c) o porte e a quantidade de vínculos empregatícios mantidos pela pessoa jurídica;

•• Alínea *b* acrescentada pela Lei n. 14.112, de 24-12-2020.

IV – a cópia integral do processo administrativo de análise da proposta de transação, ainda que esta tenha sido rejeitada, será encaminhada ao juízo da recuperação judicial;

•• Inciso IV acrescentado pela Lei n. 14.112, de 24-12-2020.

V – os seguintes compromissos adicionais serão exigidos do proponente, sem prejuízo do disposto no art. 3° da Lei nº 13.988, de 14 de abril de 2020:

•• Inciso V acrescentado pela Lei n. 14.112, de 24-12-2020.

a) fornecer à Procuradoria-Geral da Fazenda Nacional in-formações bancárias e empresariais, incluídas aquelas sobre extratos de fundos ou aplicações financeiras e sobre eventual comprometimento de recebíveis e demais ativos futuros;

•• Alínea *a* acrescentada pela Lei n. 14.112, de 24-12-2020.

b) manter regularidade fiscal perante a União;

•• Alínea *b* acrescentada pela Lei n. 14.112, de 24-12-2020.

c) manter o Certificado de Regularidade do FGTS;

•• Alínea *c* acrescentada pela Lei n. 14.112, de 24-12-2020.

d) demonstrar a ausência de prejuízo decorrente do cumprimento das obrigações contraídas com a celebração da transação em caso de alienação ou de oneração de bens ou direitos integrantes do respectivo ativo não circulante;

•• Alínea *d* acrescentada pela Lei n. 14.112, de 24-12-2020.

VI – a apresentação da proposta de transação suspenderá o andamento das execuções fiscais, salvo oposição justificada por parte da Procuradoria-Geral da Fazenda Nacional, a ser apreciada pelo respectivo juízo; e

•• Inciso VI acrescentado pela Lei n. 14.112, de 24-12-2020.

VII – a rescisão da transação por inadimplemento de parcelas somente ocorrerá nas seguintes hipóteses:

•• Inciso VII, *caput*, acrescentado pela Lei n. 14.112, de 24-12-2020.

a) falta de pagamento de 6 (seis) parcelas consecutivas ou de 9 (nove) parcelas alternadas; e

•• Alínea *a* acrescentada pela Lei n. 14.112, de 24-12-2020.

b) falta de pagamento de 1 (uma) até 5 (cinco) parcelas, conforme o caso, se todas as demais estiverem pagas.

•• Alínea *b* acrescentada pela Lei n. 14.112, de 24-12-2020.

§ 1.º O limite de que trata o inciso I do *caput* deste artigo poderá ser ampliado em até 12 (doze) meses adicionais quando constatado que o devedor em recuperação judicial desenvolve projetos sociais, nos termos da regulamentação a que se refere a Lei n. 13.988, de 14 de abril de 2020.

•• § 1.º acrescentado pela Lei n. 14.112, de 24-12-2020.

§ 2.º O disposto neste artigo aplica-se, no que couber, aos créditos de qualquer natureza das autarquias e das fundações públicas federais.

•• § 2.º acrescentado pela Lei n. 14.112, de 24-12-2020.

§ 3.º Na hipótese de os créditos referidos no § 2.º deste artigo consistirem em multa decorrente do exercício de poder de polícia, não será aplicável o disposto no inciso I do § 2º do art. 11 da Lei n. 13.988, de 14 de abril de 2020.

•• § 3.º acrescentado pela Lei n. 14.112, de 24-12-2020.

§ 4.º Os Estados, o Distrito Federal e os Municípios poderão, por lei de iniciativa própria, autorizar que o disposto neste artigo seja aplicado a seus créditos.

•• § 4.º acrescentado pela Lei n. 14.112, de 24-12-2020.

Art. 11. O parcelamento terá sua formalização condicionada ao prévio pagamento da primeira prestação, conforme o montante do débito e o prazo solicitado, observado o disposto no § 1.º do art. 13 desta Lei.

•• *Caput* com redação determinada pela Lei n. 11.941, de 27-5-2009.

§ 1.º Observados os limites e as condições estabelecidos em portaria do Ministro de Estado da Fazenda, em se tratando de débitos inscritos em Dívida Ativa, a concessão do parcelamento fica condicionada à apresentação, pelo devedor, de garantia real ou fidejussória, inclusive fiança bancária, idônea e suficiente para o pagamento do débito, exceto quando se tratar de microempresas e empresas de pequeno porte optantes pela inscrição no Sistema Integrado de Pagamento de Impostos e Contribuições das Microempresas e das Empresas de Pequeno Porte – Simples, de que trata a Lei n. 9.317, de 5 de dezembro de 1996.

•• A Lei n. 9.317, de 5-12-1996, foi revogada pela Lei Complementar n. 123, de 14-12-2006.

§ 2.º Enquanto não deferido o pedido, o devedor fica obrigado a recolher, a cada mês, como antecipação, valor correspondente a uma parcela.

§ 3.º O não cumprimento do disposto neste artigo implicará o indeferimento do pedido.

§§ 4.º a 9.º (*Revogados pela Lei n. 11.941, de 27-5-2009.*)

Art. 12. O pedido de parcelamento deferido constitui confissão de dívida e instrumento hábil e suficiente para a exigência do crédito tributário, podendo a exatidão dos valores parcelados ser objeto de verificação.

•• *Caput* com redação determinada pela Lei n. 11.941, de 27-5-2009.

§ 1.º Cumpridas as condições estabelecidas no art. 11 desta Lei, o parcelamento será:

•• § 1.º, *caput*, acrescentado pela Lei n. 11.941, de 27-5-2009.

I – consolidado na data do pedido; e

•• Inciso I acrescentado pela Lei n. 11.941, de 27-5-2009.

II – considerado automaticamente deferido quando decorrido o prazo de 90 (noventa) dias, contado da data do pedido de parcelamento sem que a Fazenda Nacional tenha se pronunciado.

•• Inciso II acrescentado pela Lei n. 11.941, de 27-5-2009.

§ 2.º Enquanto não deferido o pedido, o devedor fica obrigado a recolher, a cada mês, como antecipação, valor correspondente a uma parcela.

•• § 2.º acrescentado pela Lei n. 11.941, de 27-5-2009.

Art. 13. O valor de cada prestação mensal, por ocasião do pagamento, será acrescido de juros equivalentes à taxa referencial do Sistema Especial de Liquidação e de Custódia – SELIC para títulos federais, acumulada mensalmente, calculados a partir do mês subsequente ao da consolidação até o mês anterior ao do pagamento, e de 1% (um por cento) relativamente ao mês em que o pagamento estiver sendo efetuado.

•• *Caput* com redação determinada pela Lei n. 11.941, de 27-5-2009.

§ 1.º O valor mínimo de cada prestação será fixado em ato conjunto do Secretário da Receita Federal do Brasil e do Procurador-Geral da Fazenda Nacional.

•• § 1.º com redação determinada pela Lei n. 11.941, de 27-5-2009.

§ 2.º No caso de parcelamento de débito inscrito em Dívida Ativa da União, o devedor pagará custas, emolumentos e demais encargos legais.

•• § 2.º com redação determinada pela Lei n. 11.941, de 27-5-2009.

Art. 13-A. O parcelamento dos débitos decorrentes das contribuições sociais instituídas pelos arts. 1.º e 2.º da Lei Complementar n. 110, de 29 de junho de 2001, será requerido perante a Caixa Econômica Federal, aplicando-se-lhe o disposto no *caput* do art. 10, nos arts. 11 e 12, no § 2.º do art. 13 e nos arts. 14 e 14-B desta Lei.

•• *Caput* com redação determinada pela Lei n. 11.941, de 27-5-2009.

§ 1.º O valor da parcela será determinado pela divisão do montante do débito consolidado pelo número de parcelas.

•• § 1.º acrescentado pela Lei n. 11.345, de 14-9-2006.

§ 2.º Para fins do disposto no § 1.º deste artigo, o montante do débito será atualizado e acrescido dos encargos previstos na Lei n. 8.036, de 11 de maio de 1990, e, se for o caso, no Decreto-lei n. 1.025, de 21 de outubro de 1969.

•• § 2.º acrescentado pela Lei n. 11.345, de 14-9-2006.

§ 3.º O Ministro de Estado da Fazenda poderá, nos limites do disposto neste artigo, delegar competência para regulamentar e autorizar o parcelamento dos débitos não inscritos em dívida ativa da União.

•• § 3.º acrescentado pela Lei n. 11.345, de 14-9-2006.

§ 4.º A concessão do parcelamento dos débitos a que se refere este artigo inscritos em dívida ativa da União compete privativamente à Procuradoria-Geral da Fazenda Nacional.

•• § 4.º acrescentado pela Lei n. 11.345, de 14-9-2006.

§ 5.º É vedado o reparcelamento de débitos a que se refere o *caput*, exceto quando inscritos em Dívida Ativa da União.

•• § 5.º acrescentado pela Lei n. 11.941, de 27-5-2009.

Art. 14. É vedada a concessão de parcelamento de débitos relativos a:

I – tributos passíveis de retenção na fonte, de desconto de terceiros ou de sub-rogação;

•• Inciso I com redação determinada pela Lei n. 11.941, de 27-5-2009.

II – Imposto sobre Operações de Crédito, Câmbio e Seguro e sobre Operações relativas a Títulos e Valores Mobiliários - IOF, retido e não recolhido ao Tesouro Nacional;

• O Decreto n. 6.306, de 14-12-2007, regulamenta o IOF.

III – valores recebidos pelos agentes arrecadadores não recolhidos aos cofres públicos;

IV – tributos devidos no registro da Declaração de Importação;

•• Inciso IV acrescentado pela Lei n. 11.941, de 27-5-2009.

V – incentivos fiscais devidos ao Fundo de Investimento do Nordeste - FINOR, Fundo de Investimento da Amazônia - FINAM e Fundo de Recuperação do Estado do Espírito Santo - FUNRES;

•• Inciso V acrescentado pela Lei n. 11.941, de 27-5-2009.

VI – pagamento mensal por estimativa do Imposto sobre a Renda da Pessoa Jurídica - IRPJ e da Contribuição Social sobre o Lucro Líquido - CSLL, na forma do art. 2.º da Lei n. 9.430, de 27 de dezembro de 1996;

•• Inciso VI acrescentado pela Lei n. 11.941, de 27-5-2009.

VII – recolhimento mensal obrigatório da pessoa física relativo a rendimentos de que trata o art. 8.º da Lei n. 7.713, de 22 de dezembro de 1988;

•• Inciso VII acrescentado pela Lei n. 11.941, de 27-5-2009.

VIII – tributo ou outra exação qualquer, enquanto não integralmente pago parcelamento anterior relativo ao mesmo tributo ou exação, salvo nas hipóteses previstas no art. 14-A desta Lei;

•• Inciso VIII acrescentado pela Lei n. 11.941, de 27-5-2009.

IX – tributos devidos por pessoa jurídica com falência decretada ou por pessoa física com insolvência civil decretada; e

•• Inciso IX acrescentado pela Lei n. 11.941, de 27-5-2009.

X – créditos tributários devidos na forma do art. 4.º da Lei n. 10.931, de 2 de agosto de 2004, pela incorporadora optante do Regime Especial Tributário do Patrimônio de Afetação.

•• Inciso X acrescentado pela Lei n. 11.941, de 27-5-2009.

Parágrafo único. (*Revogado pela Lei n. 11.941, de 27-5-2009.*)

Art. 14-A. Observadas as condições previstas neste artigo, será admitido reparcelamento de débitos constantes de parcelamento em andamento ou que tenha sido rescindido.

•• *Caput* acrescentado pela Lei n. 11.941, de 27-5-2009.

§ 1.º No reparcelamento de que trata o *caput* deste artigo poderão ser incluídos novos débitos.

•• § 1.º acrescentado pela Lei n. 11.941, de 27-5-2009.

§ 2.º A formalização do pedido de reparcelamento previsto neste artigo fica condicionada ao recolhimento da primeira parcela em valor correspondente a:

•• § 2.º, *caput*, acrescentado pela Lei n. 11.941, de 27-5-2009.

I – 10% (dez por cento) do total dos débitos consolidados; ou

•• Inciso I acrescentado pela Lei n. 11.941, de 27-5-2009.

II – 20% (vinte por cento) do total dos débitos consolidados, caso haja débito com histórico de reparcelamento anterior.

•• Inciso II acrescentado pela Lei n. 11.941, de 27-5-2009.

§ 3.º Aplicam-se subsidiariamente aos pedidos de que trata este artigo as demais disposições relativas ao parcelamento previstas nesta Lei.

•• § 3.º acrescentado pela Lei n. 11.941, de 27-5-2009.

Art. 14-B. Implicará imediata rescisão do parcelamento e remessa do débito para inscrição em Dívida Ativa da União ou prosseguimento da execução, conforme o caso, a falta de pagamento:

•• *Caput* acrescentado pela Lei n. 11.941, de 27-5-2009.

I – de 3 (três) parcelas, consecutivas ou não; ou

•• Inciso I acrescentado pela Lei n. 11.941, de 27-5-2009.

II – de 1 (uma) parcela, estando pagas todas as demais.

•• Inciso II acrescentado pela Lei n. 11.941, de 27-5-2009.

Art. 14-C. Poderá ser concedido, de ofício ou a pedido, parcelamento simplificado, importando o pagamento da primeira prestação em confissão de dívida e instrumento hábil e suficiente para a exigência do crédito tributário.

•• *Caput* acrescentado pela Lei n. 11.941, de 27-5-2009.

Parágrafo único. Ao parcelamento de que trata o *caput* deste artigo não se aplicam as vedações estabelecidas no art. 14 desta Lei.

•• Parágrafo único acrescentado pela Lei n. 11.941, de 27-5-2009.

Art. 14-D. Os parcelamentos concedidos a Estados, Distrito Federal ou Municípios conterão cláusulas em que estes autorizem a retenção do Fundo de Participação dos Estados - FPE ou do Fundo de Participação dos Municípios - FPM.

•• *Caput* acrescentado pela Lei n. 11.941, de 27-5-2009.

Parágrafo único. O valor mensal das obrigações previdenciárias correntes, para efeito deste artigo, será apurado com base na respectiva Guia de Recolhimento do Fundo de Garantia do Tempo de Serviço e de Informações à Previdência Social - GFIP ou, no caso de sua não apresentação no prazo legal, estimado, utilizando-se a média das últimas 12 (doze) competências recolhidas anteriores ao mês da retenção prevista no *caput* deste artigo, sem prejuízo da cobrança ou restituição ou compensação de eventuais diferenças.

•• Parágrafo único acrescentado pela Lei n. 11.941, de 27-5-2009.

Art. 14-E. Mensalmente, a Secretaria da Receita Federal do Brasil e a Procuradoria-Geral da Fazenda Nacional divulgarão, em seus sítios na internet, demonstrativos dos parcelamentos concedidos no âmbito de suas competências.

•• Artigo acrescentado pela Lei n. 11.941, de 27-5-2009.

Art. 14-F. A Secretaria da Receita Federal do Brasil e a Procuradoria-Geral da Fazenda Nacional, no âmbito de suas competências, editarão atos necessários à execução do parcelamento de que trata esta Lei.

•• Artigo acrescentado pela Lei n. 11.941, de 27-5-2009.

Art. 15. Observados os requisitos e as condições estabelecidos nesta Lei, os parcelamentos de débitos vencidos até 31 de julho de 1998 poderão ser efetuados em até:

I – 96 (noventa e seis) prestações, se solicitados até 31 de outubro de 1998;

II – 72 (setenta e duas) prestações, se solicitados até 30 de novembro de 1998;

III – 60 (sessenta) prestações, se solicitados até 31 de dezembro de 1998.

§ 1.º O disposto neste artigo aplica-se aos débitos de qualquer natureza para com a Fazenda Nacional, inscritos ou não como Dívida Ativa, mesmo em fase de execução fiscal já ajuizada, ou que tenham sido objeto de parcelamento anterior, não integralmente quitado, ainda que cancelado por falta de pagamento.

§ 2.º A vedação de que trata o art. 14, na hipótese a que se refere este artigo, não se aplica a entidades esportivas e entidades assistenciais, sem fins lucrativos.

§ 3.º Ao parcelamento previsto neste artigo, inclusive os requeridos e já concedidos, a partir de 29 de junho de 1998, aplicam-se os juros de que trata o art. 13.

§ 4.º Constitui condição para o deferimento do pedido de parcelamento e sua manutenção a inexistência de débitos em situação irregular, de tributos e contribuições federais de responsabilidade do sujeito passivo, vencidos posteriormente a 31 de dezembro de 1997.

§ 5.º O Ministro de Estado da Fazenda fixará requisitos e condições especiais para o parcelamento previsto no *caput* deste artigo.

Art. 16. Os débitos para com a Fazenda Nacional, decorrentes de avais e outras garantias honradas em operações externas e internas e os de natureza financeira transferidos à União por força da extinção de entidades públicas federais, existentes em 30 de setembro de 1996, incluindo eventuais repactuações, poderão ser parcelados com prazo de até 72 (setenta e dois) meses, desde que os pedidos de parcelamento sejam protocolizados até 15 de abril de 1997, obedecidos aos requisitos e demais condições estabelecidos nesta Lei.

§ 1.º O saldo devedor da dívida será atualizado no primeiro dia útil de cada mês, de acordo com a variação da Taxa Referencial - TR, ocorrida no mês anterior, acrescida de 12% a.a. (doze por cento ao ano), mais 0,5% a.a. (cinco décimos por cento ao ano) sobre o saldo devedor destinado à administração do crédito pelo agente financeiro.

§ 2.º O parcelamento será formalizado, mediante a celebração de contrato de confissão, consolidação e parcelamento de dívida, sem implicar novação, junto ao Banco do Brasil S.A., na qualidade de agente financeiro do Tesouro Nacional.

§ 3.º Os contratos de parcelamento das dívidas decorrentes de honra de aval em operações externas incluirão, obrigatoriamente, cláusula que autorize o bloqueio de recursos na rede bancária, à falta de pagamento de qualquer parcela, decorridos 30 (trinta) dias do vencimento.

Art. 17. Fica acrescentado o seguinte parágrafo ao art. 84 da Lei n. 8.981, de 20 de janeiro de 1995:

•• Alteração já processada no diploma modificado.

Art. 18. Ficam dispensados a constituição de créditos da Fazenda Nacional, a inscrição como Dívida Ativa da União, o ajuizamento da respectiva execução fiscal, bem assim cancelados o lançamento e a inscrição, relativamente:

•• O Decreto n. 7.574, de 29-9-2011, regulamenta o processo de determinação e exigência de créditos tributários da União, o processo de consulta sobre a aplicação da legislação tributária federal e outros processos que especifica, sobre matérias administradas pela Secretaria da Receita Federal do Brasil.

I – à contribuição de que trata a Lei n. 7.689, de 15 de dezembro de 1988, incidente sobre o resultado apurado no período-base encerrado em 31 de dezembro de 1988;

II – ao empréstimo compulsório instituído pelo Decreto-lei n. 2.288, de 23 de julho de 1986, sobre a aquisição de veículos automotores e de combustível;

III – à contribuição ao Fundo de Investimento Social - Finsocial, exigida das empresas exclusivamente vendedoras de mercadorias e mistas, com fundamento no art. 9.º da Lei n. 7.689, de 1988, na alíquota superior a 0,5% (cinco décimos por cento), conforme Leis ns. 7.787, de 30 de junho de 1989, 7.894, de 24 de novembro de 1989, e 8.147, de 28 de dezembro de 1990, acrescida do adicional de 0,1% (um décimo por cento) sobre os fatos geradores relativos ao exercício de 1988, nos termos do art. 22 do Decreto-lei n. 2.397, de 21 de dezembro de 1987;

IV – ao imposto provisório sobre a movimentação ou a transmissão de valores e de créditos e direitos de natureza financeira - IPMF, instituído pela Lei Complementar n. 77, de 13 de julho de 1993, relativo ao ano-base 1993, e às imunidades previstas no art. 150, VI, *a*, *b*, *c* e *d*, da Constituição;

V – à taxa de licenciamento de importação, exigida nos termos do art. 10 da Lei n. 2.145, de 29 de dezembro de 1953, com a redação da Lei n. 7.690, de 15 de dezembro de 1988;

VI – à sobretarifa ao Fundo Nacional de Telecomunicações;

VII – ao adicional de tarifa portuária, salvo em se tratando de operações de importação e exportação de mercadorias quando objeto de comércio de navegação de longo curso;

• A Lei n. 9.309, de 2-10-1996, extinguiu o Adicional de Tarifa Portuária - ATP.

VIII – à parcela da contribuição ao Programa de Integração Social exigida na forma do Decreto-lei n. 2.445, de 29 de junho de 1988, e do Decreto-lei n. 2.449, de 21 de julho de

1988, na parte que exceda o valor devido com fulcro na Lei Complementar n. 7, de 7 de setembro de 1970, e alterações posteriores;

IX – à contribuição para o financiamento da seguridade social - Cofins, nos termos do art. 7.º da Lei Complementar n. 70, de 30 de dezembro de 1991, com a redação dada pelo art. 1.º da Lei Complementar n. 85, de 15 de fevereiro de 1996;

....

§ 1.º Ficam cancelados os débitos inscritos em Dívida Ativa da União, de valor consolidado igual ou inferior a R$ 100,00 (cem reais).

§ 2.º Os autos das execuções fiscais dos débitos de que trata este artigo serão arquivados mediante despacho do juiz, ciente o Procurador da Fazenda Nacional, salvo a existência de valor remanescente relativo a débitos legalmente exigíveis.

§ 3.º O disposto neste artigo não implicará restituição *ex officio* de quantia paga.

Art. 18-A. Comitê formado de integrantes do Conselho Administrativo de Recursos Fiscais, da Secretaria Especial da Receita Federal do Brasil do Ministério da Economia e da Procuradoria-Geral da Fazenda Nacional editará enunciados de súmula da administração tributária federal, conforme o disposto em ato do Ministro de Estado da Economia, que deverão ser observados nos atos administrativos, normativos e decisórios praticados pelos referidos órgãos.

•• Artigo acrescentado pela Lei n. 13.874, de 20-9-2019.

Art. 19. Fica a Procuradoria-Geral da Fazenda Nacional dispensada de contestar, de oferecer contrarrazões e de interpor recursos, e fica autorizada a desistir de recursos já interpostos, desde que inexista outro fundamento relevante, na hipótese em que a ação ou a decisão judicial ou administrativa versar sobre:

•• *Caput* com redação determinada pela Lei n. 13.874, de 20-9-2019.

I – matérias de que trata o art. 18;

II – tema que seja objeto de parecer, vigente e aprovado, pelo Procurador-Geral da Fazenda Nacional, que conclua no mesmo sentido do pleito do particular;

•• Inciso II com redação determinada pela Lei n. 13.874, de 20-9-2019.

III – (*Vetado*.)

•• Inciso III acrescentado pela Lei n. 12.788, de 14-1-2013.

IV – tema sobre o qual exista súmula ou parecer do Advogado-Geral da União que conclua no mesmo sentido do pleito do particular;

•• Inciso IV com redação determinada pela Lei n. 13.874, de 20-9-2019.

V – tema fundado em dispositivo legal que tenha sido declarado inconstitucional pelo Supremo Tribunal Federal em sede de controle difuso e tenha tido sua execução suspensa por resolução do Senado Federal, ou tema sobre o qual exista enunciado de súmula vinculante ou que tenha sido definido pelo Supremo Tribunal Federal em sentido desfavorável à Fazenda Nacional em sede de controle concentrado de constitucionalidade;

•• Inciso V com redação determinada pela Lei n. 13.874, de 20-9-2019.

VI – tema decidido pelo Supremo Tribunal Federal, em matéria constitucional, ou pelo Superior Tribunal de Justiça, pelo Tribunal Superior do Trabalho, pelo Tribunal Superior Eleitoral ou pela Turma Nacional de Uniformização de Jurisprudência, no âmbito de suas competências, quando:

•• Inciso VI, *caput*, acrescentado pela Lei n. 13.874, de 20-9-2019.

a) for definido em sede de repercussão geral ou recurso repetitivo; ou

•• Alínea *a* acrescentada pela Lei n. 13.874, de 20-9-2019.

b) não houver viabilidade de reversão da tese firmada em sentido desfavorável à Fazenda Nacional, conforme critérios definidos em ato do Procurador-Geral da Fazenda Nacional; e

•• Alínea *b* acrescentada pela Lei n. 13.874, de 20-9-2019.

VII – tema que seja objeto de súmula da administração tributária federal de que trata o art. 18-A desta Lei.

•• Inciso VII acrescentado pela Lei n. 13.874, de 20-9-2019.

§ 1.º Nas matérias de que trata este artigo, o Procurador da Fazenda Nacional que atuar no feito deverá, expressamente:

•• § 1.º, *caput*, com redação determinada pela Lei n. 12.844, de 19-7-2013.

I – reconhecer a procedência do pedido, quando citado para apresentar resposta, inclusive em embargos à execução fiscal e exceções de pré-executividade, hipóteses em que não haverá condenação em honorários; ou

•• Inciso I acrescentado pela Lei n. 12.844, de 19-7-2013.

II – manifestar o seu desinteresse em recorrer, quando intimado da decisão judicial.

•• Inciso II acrescentado pela Lei n. 12.844, de 19-7-2013.

§ 2.º A sentença, ocorrendo a hipótese do § 1.º, não se subordinará ao duplo grau de jurisdição obrigatório.

§§ 3.º a 5.º (*Revogados pela Lei n. 13.874, de 20-9-2019.*)

§ 6.º (*Vetado*.)

•• § 6.º acrescentado pela Lei n. 12.788, de 14-1-2013.

§ 7.º (*Revogado pela Lei n. 13.874, de 20-9-2019.*)

§ 8.º O parecer da Procuradoria-Geral da Fazenda Nacional que examina a juridicidade de proposições normativas não se enquadra no disposto no inciso II do *caput* deste artigo.

•• § 8º acrescentado pela Lei n. 13.874, de 20-9-2019.

§ 9.º A dispensa de que tratam os incisos V e VI do *caput* deste artigo poderá ser estendida a tema não abrangido pelo julgado, quando a ele forem aplicáveis os fundamentos determinantes extraídos do julgamento paradigma ou da jurisprudência consolidada, desde que inexista outro fundamento relevante que justifique a impugnação em juízo.

•• § 9.º acrescentado pela Lei n. 13.874, de 20-9-2019.

§ 10. O disposto neste artigo estende-se, no que couber, aos demais meios de impugnação às decisões judiciais.

•• § 10 acrescentado pela Lei n. 13.874, de 20-9-2019.

§ 11. O disposto neste artigo aplica-se a todas as causas em que as unidades da Procuradoria-Geral da Fazenda Nacional devam atuar na qualidade de representante judicial ou de autoridade coatora.

•• § 11 acrescentado pela Lei n. 13.874, de 20-9-2019.

§ 12. Os órgãos do Poder Judiciário e as unidades da Procuradoria-Geral da Fazenda Nacional poderão, de comum acordo, realizar mutirões para análise do enquadramento de processos ou de recursos nas hipóteses previstas neste artigo e celebrar negócios processuais com fundamento no disposto no art. 190 da Lei n. 13.105, de 16 de março de 2015 (Código de Processo Civil).

•• § 12 acrescentado pela Lei n. 13.874, de 20-9-2019.

§ 13. Sem prejuízo do disposto no § 12 deste artigo, a Procuradoria-Geral da Fazenda Nacional regulamentará a celebração de negócios jurídicos processuais em seu âmbito de atuação, inclusive na cobrança administrativa ou judicial da dívida ativa da União.

•• § 13 acrescentado pela Lei n. 13.874, de 20-9-2019.

Art. 19-A. Os Auditores-Fiscais da Secretaria Especial da Receita Federal do Brasil não constituirão os créditos tributários relativos aos temas de que trata o art. 19 desta Lei, observado:

•• *Caput* acrescentado pela Lei n. 13.874, de 20-9-2019.

I – o disposto no parecer a que se refere o inciso II do *caput* do art. 19 desta Lei, que será aprovado na forma do art. 42 da Lei Complementar n. 73, de 10 de fevereiro de 1993, ou que terá concordância com a sua aplicação pela Secretaria Especial da Receita Federal do Brasil do Ministério da Economia;

•• Inciso I acrescentado pela Lei n. 13.874, de 20-9-2019.

II – o parecer a que se refere o inciso IV do *caput* do art. 19 desta Lei, que será aprovado na forma do disposto no art. 40 da Lei Complementar n. 73, de 10 de fevereiro de 1993, ou que, quando não aprovado por despacho do Presidente da República, terá concordância com a sua aplicação pelo Ministro de Estado da Economia; ou

•• Inciso II acrescentado pela Lei n. 13.874, de 20-9-2019.

III – nas hipóteses de que tratam o inciso VI do *caput* e o § 9.º do art. 19 desta Lei, a Procuradoria-Geral da Fazenda Nacional deverá manifestar-se sobre as matérias abrangidas por esses dispositivos.

•• Inciso III acrescentado pela Lei n. 13.874, de 20-9-2019.

§ 1.º Os Auditores-Fiscais da Secretaria Especial da Receita Federal do Brasil do Ministério da Economia adotarão, em suas decisões, o entendimento a que estiverem vinculados, inclusive para fins de revisão de ofício do lançamento e de repetição de indébito administrativa.

•• § 1.º acrescentado pela Lei n. 13.874, de 20-9-2019.

§ 2.º O disposto neste artigo aplica-se, no que couber, aos responsáveis pela retenção de tributos e, ao emitirem laudos periciais para atestar a existência de condições que gerem isenção de tributos, aos serviços médicos oficiais.

•• § 2.º acrescentado pela Lei n. 13.874, de 20-9-2019.

Art. 19-B. Os demais órgãos da administração pública que administrem créditos tributários e não tributários passíveis de inscrição e de cobrança pela Procuradoria-Geral da Fazenda Nacional encontram-se dispensados de constituir e de promover a cobrança com fundamento nas hipóteses de dispensa de que trata o art. 19 desta Lei.

•• *Caput* acrescentado pela Lei n. 13.874, de 20-9-2019.

Parágrafo único. A aplicação do disposto no *caput* deste artigo observará, no que couber, as disposições do art. 19-A desta Lei.

•• Parágrafo único acrescentado pela Lei n. 13.874, de 20-9-2019.

Art. 19-C. A Procuradoria-Geral da Fazenda Nacional poderá dispensar a prática de atos processuais, inclusive poderá desistir de recursos interpostos, e autorizar a realização de acordos em fase de cumprimento de sentença, a fim de atender a critérios de racionalidade, de economicidade e de eficiência.

•• *Caput* com redação determinada pela Lei n. 14.195, de 26-8-2021.

•• A Portaria Conjunta n. 13, de 19-8-2019, da AGU, disciplina a aplicação deste artigo, no âmbito da delegação prevista no inciso II do § 3º do art. 16 da Lei n. 11.457, de 16-3-2007.

§ 1.º O disposto no *caput* deste artigo inclui o estabelecimento de parâmetros de valor para a dispensa da prática de atos processuais.

•• § 1.º acrescentado pela Lei n. 13.874, de 20-9-2019.

§ 2.º A aplicação do disposto neste artigo não implicará o reconhecimento da procedência do pedido formulado pelo autor.

•• § 2.º acrescentado pela Lei n. 13.874, de 20-9-2019.

§ 3.º O disposto neste artigo aplica-se, inclusive, à atuação da Procuradoria-Geral da Fazenda Nacional no âmbito do contencioso administrativo fiscal.

•• § 3.º acrescentado pela Lei n. 13.874, de 20-9-2019.

Art. 19-D. À Procuradoria-Geral da União, à Procuradoria--Geral Federal e à Procuradoria-Geral do Banco Central do Brasil aplica-se, no que couber, o disposto nos arts. 19, 19-B e 19-C desta Lei, sem prejuízo do disposto na Lei n. 9.469, de 10 de julho de 1997.

•• *Caput* acrescentado pela Lei n. 13.874, de 20-9-2019.

§ 1.º Aos órgãos da administração pública federal direta, representados pela Procuradoria-Geral da União, e às autarquias e fundações públicas, representadas pela Procuradoria-Geral Federal ou pela Procuradoria-Geral do Banco Central do Brasil, aplica-se, no que couber, o disposto no art. 19-B desta Lei.

•• § 1.º acrescentado pela Lei n. 13.874, de 20-9-2019.

§ 2.º Ato do Advogado-Geral da União disciplinará o disposto neste artigo.

•• § 2º acrescentado pela Lei n. 13.874, de 20-9-2019.

Art. 19-E. Em caso de empate no julgamento do processo administrativo de determinação e exigência do crédito tributário, não se aplica o voto de qualidade a que se refere o § 9.º do art. 25 do Decreto n. 70.235, de 6 de março de 1972, re-solvendo-se favoravelmente ao contribuinte.

•• Artigo acrescentado pela Lei n. 13.988, de 14-4-2020.

Art. 19-F. A Procuradoria-Geral da Fazenda Nacional poderá contratar, por meio de processo licitatório ou credenciamento, serviços de terceiros para auxiliar sua atividade de cobrança.

•• *Caput* acrescentado pela Lei n. 14.195, de 26-8-2021.

§ 1.º Os serviços referidos no *caput* deste artigo restringem-se à execução de atos relacionados à cobrança administrativa da dívida ativa que prescindam da utilização de informações protegidas por sigilo fiscal, tais como o contato com os devedores por via telefônica ou por meios digitais, e à administração de bens oferecidos em garantia administrativa ou judicial ou penhorados em execuções fiscais, incluídas atividades de depósito, de guarda, de transporte, de conservação e de alienação desses bens.

•• § 1.º acrescentado pela Lei n. 14.195, de 26-8-2021.

§ 2.º O órgão responsável, no âmbito de suas competências, deverá regulamentar o disposto neste artigo e definir os requisitos para contratação ou credenciamento, os critérios para seleção das dívidas, o valor máximo admissível e a forma de remuneração do contratado, que poderá ser por taxa de êxito, desde que demonstrada a sua maior adequação ao interesse público e às práticas usuais de mercado.

•• § 2.º acrescentado pela Lei n. 14.195, de 26-8-2021.

Art. 20. Serão arquivados, sem baixa na distribuição, por meio de requerimento do Procurador da Fazenda Nacional, os autos das execuções fiscais de débitos inscritos em dívida ativa da União pela Procuradoria-Geral da Fazenda Nacional ou por ela cobrados, de valor consolidado igual ou inferior àquele estabelecido em ato do Procurador-Geral da Fazenda Nacional.

•• *Caput* com redação determinada pela Lei n. 13.874, de 20-9-2019.

§ 1.º Os autos de execução a que se refere este artigo serão reativados quando os valores dos débitos ultrapassarem os limites indicados.

§ 2.º Serão extintas, mediante requerimento do Procurador da Fazenda Nacional, as execuções que versem exclusivamente sobre honorários devidos à Fazenda Nacional de valor igual ou inferior a R$ 1.000,00 (mil reais).

•• § 2.º com redação determinada pela Lei n. 11.033, de 21-12-2004.

§ 3.º (*Revogado pela Lei n. 13.043, de 13-11-2014.*)

§ 4.º No caso de reunião de processos contra o mesmo devedor, na forma do art. 28 da Lei n. 6.830, de 22 de setembro de 1980, para os fins de que trata o limite indicado no *caput* deste artigo, será considerada a soma dos débitos consolidados das inscrições reunidas.

•• § 4.º acrescentado pela Lei n. 11.033, de 21-12-2004.

Art. 20-A. Nos casos de execução contra a Fazenda Nacional, é a Procuradoria-Geral da Fazenda Nacional autorizada a não opor embargos, quando o valor pleiteado pelo exequente for inferior àquele fixado em ato do Ministro da Fazenda.

•• Artigo acrescentado pela Lei n. 12.649, de 17-5-2012.

Art. 20-B. Inscrito o crédito em dívida ativa da União, o devedor será notificado para, em até cinco dias, efetuar o pagamento do valor atualizado monetariamente, acrescido de juros, multa e demais encargos nela indicados.

•• *Caput* acrescentado pela Lei n. 13.606, de 9-1-2018.

•• Artigo regulamentado pela Portaria n. 33, de 8-2-2018, da PGFN.

§ 1.º A notificação será expedida por via eletrônica ou postal para o endereço do devedor e será considerada entregue depois de decorridos quinze dias da respectiva expedição.

•• § 1.º acrescentado pela Lei n. 13.606, de 9-1-2018.

§ 2.º Presume-se válida a notificação expedida para o endereço informado pelo contribuinte ou responsável à Fazenda Pública.

•• § 2.º acrescentado pela Lei n. 13.606, de 9-1-2018.

§ 3.º Não pago o débito no prazo fixado no *caput* deste artigo, a Fazenda Pública poderá:

•• § 3.º, *caput*, acrescentado pela Lei n. 13.606, de 9-1-2018.

I – comunicar a inscrição em dívida ativa aos órgãos que operam bancos de dados e cadastros relativos a consumidores e aos serviços de proteção ao crédito e congêneres; e

•• Inciso I acrescentado pela Lei n. 13.606, de 9-1-2018.

II – averbar, inclusive por meio eletrônico, a certidão de dívida ativa nos órgãos de registro de bens e direitos sujeitos a arresto ou penhora, tornando-os indisponíveis.

•• Inciso II acrescentado pela Lei n. 13.606, de 9-1-2018.

Art. 20-C. A Procuradoria-Geral da Fazenda Nacional poderá condicionar o ajuizamento de execuções fiscais à verificação de indícios de bens, direitos ou atividade econômica dos devedores ou corresponsáveis, desde que úteis à satisfação integral ou parcial dos débitos a serem executados.

•• *Caput* acrescentado pela Lei n. 13.606, de 9-1-2018.

•• Artigo regulamentado pela Portaria n. 33, de 8-2-2018, da PGFN.

Parágrafo único. Compete ao Procurador-Geral da Fazenda Nacional definir os limites, critérios e parâmetros para o ajuizamento da ação de que trata o *caput* deste artigo, observados os critérios de racionalidade, economicidade e eficiência.

•• Parágrafo único acrescentado pela Lei n. 13.606, de 9-1-2018.

Art. 20-D. Sem prejuízo da utilização das medidas judicias para recuperação e acautelamento dos créditos inscritos, se houver indícios da prática de ato ilícito previsto na legislação tributária, civil e empresarial como causa de responsabilidade de terceiros por parte do contribuinte, sócios, administradores, pessoas relacionadas e demais responsáveis, a Procuradoria-Geral da Fazenda Nacional poderá, a critério exclusivo da autoridade fazendária:

•• *Caput* acrescentado pela Lei n. 13.606, de 9-1-2018.

•• Artigo originalmente vetado, todavia promulgado em 18-4-2018.

I – notificar as pessoas de que trata o *caput* deste artigo ou terceiros para prestar depoimentos ou esclarecimentos;

•• Inciso I acrescentado pela Lei n. 13.606, de 9-1-2018.

II – requisitar informações, exames periciais e documentos de autoridades federais, estaduais e municipais, bem como dos órgãos e entidades da Administração Pública direta, indireta ou fundacional, de qualquer dos Poderes da União, dos Estados, do Distrito Federal e dos Municípios;

•• Inciso II acrescentado pela Lei n. 13.606, de 9-1-2018.

III – instaurar procedimento administrativo para apuração de responsabilidade por débito inscrito em dívida ativa da União, ajuizado ou não, observadas, no que couber, as disposições da Lei n. 9.784, de 29 de janeiro de 1999.

•• Inciso III acrescentado pela Lei n. 13.606, de 9-1-2018.

Art. 20-E. A Procuradoria-Geral da Fazenda Nacional editará atos complementares para o fiel cumprimento do disposto nos arts. 20-B, 20-C e 20-D desta Lei.

•• Artigo acrescentado pela Lei n. 13.606, de 9-1-2018.

Art. 21. Fica isento do pagamento dos honorários de sucumbência o autor da demanda de natureza tributária, proposta contra a União (Fazenda Nacional), que desistir da ação e renunciar ao direito sobre que ela se funda, desde que:

I – a decisão proferida no processo de conhecimento não tenha transitado em julgado;

II – a renúncia e o pedido de conversão dos depósitos judiciais em renda da União sejam protocolizados até 15 de setembro de 1997.

Art. 22. O pedido poderá ser homologado pelo juiz, pelo relator do recurso, ou pelo presidente do tribunal, ficando extinto o crédito tributário, até o limite dos depósitos convertidos.

§ 1.º Na hipótese de a homologação ser da competência do relator ou do presidente do tribunal, incumbirá ao autor peticionar ao juiz de primeiro grau que houver apreciado o feito, informando a homologação da renúncia para que este determine, de imediato, a conversão dos depósitos em renda da União, independentemente do retorno dos autos do processo ou da respectiva ação cautelar à vara de origem.

§ 2.º A petição de que trata o § 1.º deverá conter o número da conta a que os depósitos estejam vinculados e virá acompanhada de cópia da página do órgão oficial onde tiver sido publicado o ato homologatório.

§ 3.º Com a renúncia da ação principal deverão ser extintas todas as ações cautelares a ela vinculadas, nas quais não será devida verba de sucumbência.

Art. 23. O ofício para que o depositário proceda à conversão de depósito em renda deverá ser expedido no prazo máximo de 15 (quinze) dias, contado da data do despacho judicial que acolher a petição.

Art. 24. As pessoas jurídicas de direito público são dispensadas de autenticar as cópias reprográficas de quaisquer documentos que apresentem em juízo.

Art. 25. O termo de inscrição em Dívida Ativa da União, bem como o das autarquias e fundações públicas federais, a Certidão de Dívida Ativa dele extraída e a petição inicial em processo de execução fiscal poderão ser subscritos manualmente, ou por chancela mecânica ou eletrônica, observadas as disposições legais.

•• *Caput* com redação determinada pela Lei n. 11.941, de 27-5-2009.

Parágrafo único. O disposto no *caput* deste artigo aplica-se, também, à inscrição em Dívida Ativa e à cobrança judicial da contribuição, multas e demais encargos previstos na legislação respectiva, relativos ao Fundo de Garantia do Tempo de Serviço.

Art. 26. Fica suspensa a restrição para transferência de recursos federais a Estados, Distrito Federal e Municípios destinados à execução de ações sociais ou ações em faixa de fronteira, em decorrência de inadimplementos objetos de registro no Cadin e no Sistema Integrado de Administração Financeira do Governo Federal – SIAFI.

•• Artigo com redação determinada pela Lei n. 12.810, de 15-5-2013.

• *Vide* Súmula 615 do STJ.

Art. 26-A. O órgão ou entidade que receber recursos para execução de convênios, contratos de repasse e termos de parcerias na forma estabelecida pela legislação federal estará sujeito a prestar contas da sua boa e regular aplicação, observando-se o disposto nos §§ 1.º a 10 deste artigo.

•• *Caput* acrescentado pela Lei n. 12.810, de 15-5-2013.

§ 1.º Norma específica disporá sobre o prazo para prestação de contas e instauração de tomada de contas especial, se for o caso.

•• § 1.º acrescentado pela Lei n. 12.810, de 15-5-2013.

§ 2.º Quando a prestação de contas não for encaminhada no prazo estabelecido, será concedido o prazo máximo de 30 (trinta) dias para sua apresentação, ou recolhimento dos recursos, incluídos os rendimentos da aplicação no mercado financeiro, atualizados monetariamente e acrescidos de juros de mora, na forma da lei.

•• § 2.º acrescentado pela Lei n. 12.810, de 15-5-2013.

§ 3.º Para os convênios em que não tenha havido qualquer execução física nem utilização dos recursos, o recolhimento à conta única do Tesouro deverá ocorrer sem a incidência de juros de mora, mas com os rendimentos da aplicação financeira.

•• § 3.º acrescentado pela Lei n. 12.810, de 15-5-2013.

§ 4.º Apresentada a prestação de contas, o concedente deverá apreciá-la aprovando ou rejeitando, total ou parcialmente, as contas, de forma motivada.

•• § 4.º acrescentado pela Lei n. 12.810, de 15-5-2013.

§ 5.º Na ocorrência de uma das hipóteses de inadimplência previstas nos §§ 1.º a 4.º, ou no caso de as contas prestadas serem rejeitadas total ou parcialmente, o concedente registrará a inadimplência no sistema de gestão do instrumento e comunicará o fato ao órgão de contabilidade analítica a que estiver vinculado, para fins de instauração de tomada de contas especial, ou outro procedimento de apuração no qual sejam garantidos oportunizados o contraditório e a ampla defesa das partes envolvidas.

•• § 5.º acrescentado pela Lei n. 12.810, de 15-5-2013.

§ 6.º Confirmada a existência de prejuízo ao erário ou desvio dos recursos na forma do § 5.º, serão implementadas medidas administrativas ou judiciais para recuperação dos valores, sob pena de responsabilização solidária.

•• § 6.° acrescentado pela Lei n. 12.810, de 15-5-2013.

§ 7.° Cabe ao prefeito e ao governador sucessores prestarem contas dos recursos provenientes de convênios, contratos de repasse e termos de parcerias firmados pelos seus antecessores.

•• § 7.° acrescentado pela Lei n. 12.810, de 15-5-2013.

§ 8.° Na impossibilidade de atender ao disposto no § 7.°, deverão ser apresentadas ao concedente justificativas que demonstrem o impedimento de prestar contas e solicitação de instauração de tomada de contas especial.

•• § 8.° acrescentado pela Lei n. 12.810, de 15-5-2013.

§ 9.° Adotada a providência prevista no § 8.°, o registro de inadimplência do órgão ou entidade será suspenso, no prazo de até 48 (quarenta e oito) horas, pelo concedente.

•• § 9.° acrescentado pela Lei n. 12.810, de 15-5-2013.

§ 10. Norma específica disporá sobre o prazo para registro de inadimplência no sistema de gestão do instrumento e a forma de notificação prévia com os referidos prazos.

•• § 10 acrescentado pela Lei n. 12.810, de 15-5-2013.

Art. 27. Não cabe recurso de ofício das decisões prolatadas pela Secretaria da Receita Federal do Brasil, em processos relativos a tributos administrados por esse órgão:

•• *Caput* com redação determinada pela Lei n. 12.788, de 14-1-2013.

I – quando se tratar de pedido de restituição de tributos;

•• Inciso I acrescentado pela Lei n. 12.788, de 14-1-2013.

II – quando se tratar de ressarcimento de créditos do Imposto sobre Produtos Industrializados – IPI, da Contribuição para o PIS/Pasep e da Contribuição para o Financiamento da Seguridade Social – COFINS;

•• Inciso II acrescentado pela Lei n. 12.788, de 14-1-2013.

III – quando se tratar de reembolso do salário-família e do salário-maternidade;

•• Inciso III acrescentado pela Lei n. 12.788, de 14-1-2013.

IV – quando se tratar de homologação de compensação;

•• Inciso IV acrescentado pela Lei n. 12.788, de 14-1-2013.

V – nos casos de redução de penalidade por retroatividade benigna; e

•• Inciso V acrescentado pela Lei n. 12.788, de 14-1-2013.

VI – nas hipóteses em que a decisão estiver fundamentada em decisão proferida em ação direta de inconstitucionalidade, em súmula vinculante proferida pelo Supremo Tribunal Federal e no disposto no § 6.° do art. 19.

•• Inciso VI acrescentado pela Lei n. 12.788, de 14-1-2013.

Art. 28. O inciso II do art. 3.° da Lei n. 8.748, de 9 de dezembro de 1993, passa a ter a seguinte redação:

•• Alteração já processada no diploma modificado.

Art. 29. Os débitos de qualquer natureza para com a Fazenda Nacional e os decorrentes de contribuições arrecadadas pela União, constituídos ou não, cujos fatos geradores tenham ocorrido até 31 de dezembro de 1994, que não hajam sido objeto de parcelamento requerido até 31 de agosto de 1995, expressos em quantidade de UFIR, serão reconvertidos para real, com base no valor daquela fixado para 1.° de janeiro de 1997.

§ 1.° A partir de 1.° de janeiro de 1997, os créditos apurados serão lançados em reais.

§ 2.° Para fins de inscrição dos débitos referidos neste artigo em Dívida Ativa da União, deverá ser informado à Procuradoria-Geral da Fazenda Nacional o valor originário dos mesmos, na moeda vigente à época da ocorrência do fato gerador da obrigação.

§ 3.° Observado o disposto neste artigo, bem assim a atualização efetuada para o ano de 2000, nos termos do art. 75 da Lei n. 9.430, de 27 de dezembro de 1996, fica extinta a Unidade de Referência Fiscal – UFIR, instituída pelo art. 1.° da Lei n. 8.383, de 30 de dezembro de 1991.

Art. 30. Em relação aos débitos referidos no art. 29, bem como aos inscritos em Dívida Ativa da União, passam a incidir, a partir de 1.° de janeiro de 1997, juros de mora equivalentes à taxa referencial do Sistema Especial de Liquidação e de Custódia – Selic para títulos federais, acumulada mensalmente, até o último dia do mês anterior ao do pagamento, e de 1% (um por cento) no mês de pagamento.

Art. 31. Ficam dispensados a constituição de créditos da Comissão de Valores Mobiliários – CVM, a inscrição na sua Dívida Ativa e o ajuizamento da respectiva execução fiscal, bem assim cancelados o lançamento e a inscrição relativamente:

I – à taxa de fiscalização e seus acréscimos, de que trata a Lei n. 7.940, de 20 de dezembro de 1989, devida a partir de 1.° de janeiro de 1990 àquela autarquia, pelas companhias fechadas beneficiárias de incentivos fiscais;

II – às multas cominatórias que tiverem sido aplicadas a essas companhias nos termos da Instrução CVM n. 92, de 8 de dezembro de 1988.

§ 1.° O disposto neste artigo somente se aplica àquelas companhias que tenham patrimônio líquido igual ou inferior a R$ 10.000.000,00 (dez milhões de reais), conforme demonstrações financeiras do último exercício social, devidamente auditadas por auditor independente registrado na CVM e procedam ao cancelamento do seu registro na CVM, mediante oferta pública de aquisição da totalidade desses títulos, nos termos do art. 20 e seguintes da Instrução CVM n. 265, de 18 de julho de 1997, caso tenham ações disseminadas no mercado, em 31 de outubro de 1997.

§ 2.° Os autos das execuções fiscais dos débitos de que trata este artigo serão arquivados mediante despacho do juiz, ciente o Procurador da CVM, salvo a existência de valor remanescente relativo a débitos legalmente exigíveis.

§ 3.° O disposto neste artigo não implicará restituição de quantias pagas.

Art. 32. O art. 33 do Decreto n. 70.235, de 6 de março de 1972, que, por delegação do Decreto-lei n. 822, de 5 de setembro de 1969, regula o processo administrativo de determinação e exigência de créditos tributários da União, passa a vigorar com a seguinte alteração:

•• Alteração já processada no diploma modificado.

Art. 35. As certidões expedidas pelos órgãos da administração fiscal e tributária poderão ser emitidas pela internet (rede mundial de computadores) com as seguintes características:

I – serão válidas independentemente de assinatura ou chancela de servidor dos órgãos emissores;

II – serão instituídas pelo órgão emissor mediante ato específico publicado no *Diário Oficial da União* onde conste o modelo do documento.

Art. 37. Os créditos do Banco Central do Brasil passíveis de inscrição e cobrança como Dívida Ativa e não pagos nos prazos previstos serão acrescidos de:

•• *Caput* com redação determinada pela Lei n. 12.548, de 15-12-2011.

I – juros de mora, contados do primeiro dia do mês subsequente ao do vencimento, equivalentes à taxa referencial do Sistema Especial de Liquidação e de Custódia – SELIC para os títulos federais, acumulada mensalmente, até o último dia do mês anterior ao do pagamento, e de 1% (um por cento) no mês do pagamento;

•• Inciso I com redação determinada pela Lei n. 12.548, de 15-12-2011.

II – multa de mora de 2% (dois por cento), a partir do primeiro dia após o vencimento do débito, acrescida, a cada 30 (trinta) dias, de igual percentual, até o limite de 20% (vinte por cento), incidente sobre o valor atualizado na forma do inciso I do *caput* deste artigo.

•• Inciso II com redação determinada pela Lei n. 12.548, de 15-12-2011.

§ 1.º Os juros de mora incidentes sobre os créditos provenientes de multas impostas em processo administrativo punitivo que, em razão de recurso, tenham sido confirmadas pela instância superior contam-se do primeiro dia do mês subsequente ao do vencimento, previsto na intimação da decisão de primeira instância.

•• § 1.º com redação determinada pela Lei n. 12.548, de 15-12-2011.

§ 2.º Os créditos referidos no *caput* deste artigo poderão ser parcelados em até 30 (trinta) parcelas mensais, a exclusivo critério do Banco Central do Brasil, na forma e condições por ele estabelecidas, incidindo sobre cada parcela a pagar os juros de mora previstos neste artigo.

•• § 2.º com redação determinada pela Lei n. 12.548, de 15-12-2011.

Art. 37-A. Os créditos das autarquias e fundações públicas federais, de qualquer natureza, não pagos nos prazos previstos na legislação, serão acrescidos de juros e multa de mora, calculados nos termos e na forma da legislação aplicável aos tributos federais.

•• *Caput* acrescentado pela Lei n. 11.941, de 27-5-2009.

§ 1.º Os créditos inscritos em Dívida Ativa serão acrescidos de encargo legal, substitutivo da condenação do devedor em honorários advocatícios, calculado nos termos e na forma da legislação aplicável à Dívida Ativa da União.

•• § 1.º acrescentado pela Lei n. 11.941, de 27-5-2009.

§ 2.º O disposto neste artigo não se aplica aos créditos do Banco Central do Brasil.

•• § 2.º acrescentado pela Lei n. 11.941, de 27-5-2009.

Art. 37-B. Os créditos das autarquias e fundações públicas federais, de qualquer natureza, poderão ser parcelados em até 60 (sessenta) prestações mensais.

•• *Caput* acrescentado pela Lei n. 11.941, de 27-5-2009.

•• A Portaria n. 419, de 10-7-2013, da Procuradoria-Geral Federal, regulamenta o parcelamento extrajudicial de que trata este artigo.

§ 1.º O disposto neste artigo somente se aplica aos créditos inscritos em Dívida Ativa e centralizados nas Procuradorias Regionais Federais, Procuradorias Federais nos Estados e Procuradorias Seccionais Federais, nos termos dos §§ 11 e 12 do art. 10 da Lei n. 10.480, de 2 de julho de 2002, e do art. 22 da Lei n. 11.457, de 16 de março de 2007.

•• § 1.º acrescentado pela Lei n. 11.941, de 27-5-2009.

§ 2.º O parcelamento terá sua formalização condicionada ao prévio pagamento da primeira prestação, conforme o montante do débito e o prazo solicitado, observado o disposto no § 9.º deste artigo.

•• § 2.º acrescentado pela Lei n. 11.941, de 27-5-2009.

§ 3.º Enquanto não deferido o pedido, o devedor fica obrigado a recolher, a cada mês, o valor correspondente a uma prestação.

•• § 3.º acrescentado pela Lei n. 11.941, de 27-5-2009.

§ 4.º O não cumprimento do disposto neste artigo implicará o indeferimento do pedido.

•• § 4.º acrescentado pela Lei n. 11.941, de 27-5-2009.

§ 5.º Considerar-se-á automaticamente deferido o parcelamento, em caso de não manifestação da autoridade competente no prazo de 90 (noventa) dias, contado da data da protocolização do pedido.

•• § 5.º acrescentado pela Lei n. 11.941, de 27-5-2009.

§ 6.º O pedido de parcelamento deferido constitui confissão de dívida e instrumento hábil e suficiente para exigência do crédito, podendo a exatidão dos valores parcelados ser objeto de verificação.

•• § 6.º acrescentado pela Lei n. 11.941, de 27-5-2009.

§ 7.º O débito objeto de parcelamento será consolidado na data do pedido.

•• § 7.º acrescentado pela Lei n. 11.941, de 27-5-2009.

•• *Vide* art. 104 da Lei n. 12.973, de 13-5-2014.

§ 8.º O devedor pagará as custas, emolumentos e demais encargos legais.

•• § 8.º acrescentado pela Lei n. 11.941, de 27-5-2009.

§ 9.º O valor mínimo de cada prestação mensal será definido por ato do Procurador-Geral Federal.

•• § 9.º acrescentado pela Lei n. 11.941, de 27-5-2009.

§ 10. O valor de cada prestação men sal, por ocasião do pagamento, será acrescido de juros equivalentes à taxa referencial do Sistema Especial de Liquidação e de Custódia – SELIC para títulos federais, acumulada mensalmente, calculados a partir do mês subsequente ao da consolidação até o mês anterior ao do pagamento, e de 1% (um por cento) relativamente ao mês em que o pagamento estiver sendo efetuado.

•• § 10 acrescentado pela Lei n. 11.941, de 27-5-2009.

§ 11. A falta de pagamento de 3 (três) parcelas, consecutivas ou não, ou de uma parcela, estando pagas todas as demais, implicará a imediata rescisão do parcelamento e, conforme o caso, o prosseguimento da cobrança.

•• § 11 acrescentado pela Lei n. 11.941, de 27-5-2009.

§ 12. Atendendo ao princípio da economicidade, observados os termos, os limites e as condições estabelecidos em ato do Procurador-Geral Federal, poderá ser concedido, de ofício ou a pedido, parcelamento simplificado, importando o pagamento da primeira prestação em confissão de dívida e instrumento hábil e suficiente para a exigência do crédito.

•• § 12 acrescentado pela Lei n. 11.941, de 27-5-2009.

§ 13. Observadas as condições previstas neste artigo, será admitido reparcelamento dos débitos, inscritos em Dívida Ativa das autarquias e fundações públicas federais, constantes de parcelamento em andamento ou que tenha sido rescindido.

•• § 13 acrescentado pela Lei n. 11.941, de 27-5-2009.

§ 14. A formalização do pedido de reparcelamento fica condicionada ao recolhimento da primeira parcela em valor correspondente a:

•• § 14, *caput*, acrescentado pela Lei n. 11.941, de 27-5-2009.

I – 10% (dez por cento) do total dos débitos consolidados; ou

•• Inciso I acrescentado pela Lei n. 11.941, de 27-5-2009.

II – 20% (vinte por cento) do total dos débitos consolidados, caso haja débito com histórico de reparcelamento anterior.

•• Inciso II acrescentado pela Lei n. 11.941, de 27-5-2009.

§ 15. Aplicam-se subsidiariamente aos pedidos de reparcelamento, naquilo que não os contrariar, as demais disposições relativas ao parcelamento previstas neste artigo.

•• § 15 acrescentado pela Lei n. 11.941, de 27-5-2009.

§ 16. O parcelamento de que trata este artigo será requerido exclusivamente perante as Procuradorias Regionais Federais, as Procuradorias Federais nos Estados e as Procuradorias Seccionais Federais.

•• § 16 acrescentado pela Lei n. 11.941, de 27-5-2009.

§ 17. A concessão do parcelamento dos débitos a que se refere este artigo compete privativamente às Procuradorias Regionais Federais, às Procuradorias Federais nos Estados e às Procuradorias Seccionais Federais.

•• § 17 acrescentado pela Lei n. 11.941, de 27-5-2009.

§ 18. A Procuradoria-Geral Federal editará atos necessários à execução do parcelamento de que trata este artigo.

•• § 18 acrescentado pela Lei n. 11.941, de 27-5-2009.

§ 19. Mensalmente, a Procuradoria-Geral Federal divulgará, no sítio da Advocacia-Geral da União, demonstrativos dos parcelamentos concedidos no âmbito de sua competência.

•• § 19 acrescentado pela Lei n. 11.941, de 27-5-2009.

§ 20. Ao disposto neste artigo aplicam-se subsidiariamente as regras previstas nesta Lei para o parcelamento dos créditos da Fazenda Nacional.

•• § 20 acrescentado pela Lei n. 11.941, de 27-5-2009.

Art. 37-C. A Advocacia-Geral da União poderá celebrar os convênios de que trata o art. 46 da Lei n. 11.457, de 16 de março de 2007, em relação às informações de pessoas físicas ou jurídicas que tenham débito inscrito em Dívida Ativa das autarquias e fundações públicas federais.

•• Artigo acrescentado pela Lei n. 11.941, de 27-5-2009.

Art. 38. Ficam convalidados os atos praticados com base na Medida Provisória n. 2.176-79, de 23 de agosto de 2001.

Art. 39. Ficam revogados o art. 11 do Decreto-lei n. 352, de 17 de junho de 1968, e alterações posteriores; o art. 10 do Decreto-lei n. 2.049, de 1.º de agosto de 1983; o art. 11 do Decreto-lei n. 2.052, de 3 de agosto de 1983; o art. 11 do Decreto-lei n. 2.163, de 19 de setembro de 1984; os arts. 91, 93 e 94 da Lei n. 8.981, de 20 de janeiro de 1995.

Art. 40. Esta Lei entra em vigor na data de sua publicação.

Brasília, 19 de julho de 2002; 181.º da Independência e 114.º da República.

FERNANDO HENRIQUE CARDOSO

DECRETO N. 4.382, DE 19 DE SETEMBRO DE 2002 (*)

Regulamenta a tributação, fiscalização, arrecadação e administração do Imposto sobre a Propriedade Territorial Rural – ITR.

O Presidente da República, no uso da atribuição que lhe confere o art. 84, IV, da Constituição, decreta:

Art. 1.º O Imposto sobre a Propriedade Territorial Rural – ITR será cobrado e fiscalizado em conformidade com o disposto neste Decreto.

Livro I
DA TRIBUTAÇÃO

Título I
DA INCIDÊNCIA

Art. 2.º O Imposto sobre a Propriedade Territorial Rural, de apuração anual, tem como fato gerador a propriedade, o domínio útil ou a posse de imóvel por natureza, localizado fora da zona urbana do município, em 1.º de janeiro de cada ano (Lei n. 9.393, de 19 de dezembro de 1996, art. 1.º).

§ 1.º O ITR incide sobre a propriedade rural declarada de utilidade ou necessidade pública, ou interesse social, inclusive para fins de reforma agrária:

(*) Publicado no *DOU*, de 20-9-2002.

I – até a data da perda da posse pela imissão prévia do Poder Público na posse;

II – até a data da perda do direito de propriedade pela transferência ou pela incorporação do imóvel ao patrimônio do Poder Público.

§ 2.º A desapropriação promovida por pessoa jurídica de direito privado delegatária ou concessionária de serviço público não exclui a incidência do ITR sobre o imóvel rural expropriado.

Título II
DA IMUNIDADE

Art. 3.º São imunes do ITR:

I – a pequena gleba rural, desde que o seu proprietário a explore só ou com sua família, e não possua outro imóvel (CF, art. 153, § 4.º; Lei n. 9.393, de 1996, arts. 2.º e 4.º);

II – os imóveis rurais da União, dos Estados, do Distrito Federal e dos Municípios (CF, art. 150, VI, *a*);

III – os imóveis rurais de autarquias e fundações instituídas e mantidas pelo Poder Público, desde que vinculados às suas finalidades essenciais ou às delas decorrentes (CF, art. 150, VI, *a* e § 2.º);

IV – os imóveis rurais de instituições de educação e de assistência social, sem fins lucrativos, relacionados às suas finalidades essenciais (CF, art. 150, VI, *c* e § 4.º).

§ 1.º Pequena gleba rural é o imóvel com área igual ou inferior a (Lei n. 9.393, de 1996, art. 2.º, parágrafo único):

I – cem hectares, se localizado em município compreendido na Amazônia Ocidental ou no Pantanal mato-grossense e sul-mato-grossense;

II – cinquenta hectares, se localizado em município compreendido no Polígono das Secas ou na Amazônia Oriental;

III – trinta hectares, se localizado em qualquer outro município.

§ 2.º Para o gozo da imunidade, as instituições de educação ou de assistência social devem prestar os serviços para os quais houverem sido instituídas e os colocar à disposição da população em geral, em caráter complementar às atividades do Estado, sem fins lucrativos, e atender aos seguintes requisitos (Lei n. 5.172, de 25 de outubro de 1966 – Código Tributário Nacional, art. 14, com a redação dada pela Lei Complementar n. 104, de 10 de janeiro de 2001, art. 1.º; Lei n. 9.532, de 10 de dezembro de 1997, art. 12):

I – não distribuir qualquer parcela de seu patrimônio ou de suas rendas, a qualquer título;

II – aplicar integralmente, no País, seus recursos na manutenção e desenvolvimento dos seus objetivos institucionais;

III – não remunerar, por qualquer forma, seus dirigentes pelos serviços prestados;

IV – manter escrituração completa de suas receitas e despesas em livros revestidos das formalidades que assegurem a respectiva exatidão;

V – conservar em boa ordem, pelo prazo de cinco anos, contado da data da emissão, os documentos que comprovem a origem de suas receitas e a efetivação de suas despesas, bem assim a realização de quaisquer outros atos ou operações que venham a modificar sua situação patrimonial;

VI – apresentar, anualmente, declaração de rendimentos, em conformidade com o disposto em ato da Secretaria da Receita Federal;

•• A Secretaria da Receita Federal passa a denominar-se Secretaria da Receita Federal do Brasil, por força da Lei n. 11.457, de 16-3-2007.

VII – assegurar a destinação de seu patrimônio a outra instituição que atenda às condições para o gozo da imunidade, no caso de incorporação, fusão, cisão ou de encerramento de suas atividades, ou a órgão público;

VIII – outros requisitos, estabelecidos em lei específica, relacionados com o funcionamento das entidades a que se refere este parágrafo.

Título III
DA ISENÇÃO

Art. 4.º São isentos do imposto (Lei n. 9.393, de 1996, art. 3.º):

I – o imóvel rural compreendido em programa oficial de reforma agrária, caracterizado pelas autoridades competentes como assentamento, que, cumulativamente, atenda aos seguintes requisitos (Lei n. 9.393, de 1996, art. 3.º, I):

a) seja explorado por associação ou cooperativa de produção;

b) a fração ideal por família assentada não ultrapasse os limites da pequena gleba rural, fixados no § 1.º do art. 3.º;

c) o assentado não possua outro imóvel;

II – o conjunto de imóveis rurais de um mesmo proprietário, cuja área total em cada região observe o respectivo limite da pequena gleba rural, fixado no § 1.º do art. 3.º, desde que, cumulativamente, o proprietário (Lei n. 9.393, de 1996, art. 3.º, II):

a) o explore só ou com sua família, admitida ajuda eventual de terceiros;

b) não possua imóvel urbano.

§ 1.º Entende-se por ajuda eventual de terceiros o trabalho, remunerado ou não, de natureza eventual ou temporária, realizado nas épocas de maiores serviços.

§ 2.º Para fins do disposto no inciso II do *caput* deste artigo, deve ser considerado o somatório das áreas dos imóveis rurais por região em que se localizem, o qual não poderá suplantar o limite da pequena gleba rural da respectiva região.

Título IV
DO SUJEITO PASSIVO DA OBRIGAÇÃO TRIBUTÁRIA

Capítulo I
DO CONTRIBUINTE

Art. 5.º Contribuinte do ITR é o proprietário de imóvel rural, o titular de seu domínio útil ou o seu possuidor a qualquer título (Lei n. 5.172, de 1966, art. 31; Lei n. 9.393, de 1996, art. 4.º).

Capítulo II
DO RESPONSÁVEL

Art. 6.º É responsável pelo crédito tributário o sucessor, a qualquer título, nos termos dos arts. 128 a 133 da Lei n. 5.172, de 1966 - Código Tributário Nacional (Lei n. 9.393, de 1996, art. 5.º).

TÍTULO V
DO DOMICÍLIO TRIBUTÁRIO

Art. 7.º Para efeito da legislação do ITR, o domicílio tributário do contribuinte ou responsável é o município de localização do imóvel rural, vedada a eleição de qualquer outro (Lei n. 9.393, de 1996, art. 4.º, parágrafo único).

§ 1.º O imóvel rural cuja área estenda-se a mais de um município deve ser enquadrado no município em que se localize sua sede ou, se esta não existir, no município onde se encontre a maior parte da área do imóvel (Lei n. 9.393, de 1996, art. 1.º, § 3.º).

§ 2.º Sem prejuízo do disposto no *caput* deste artigo e no inciso II do art. 53, o sujeito passivo pode informar à Secretaria da Receita Federal endereço, localizado ou não em seu domicílio tributário, que constará no Cadastro de Imóveis Rurais - CAFIR e valerá, até ulterior alteração, somente para fins de intimação (Lei n. 9.393, de 1996, art. 6.º, § 3.º).

•• A Secretaria da Receita Federal passa a denominar-se Secretaria da Receita Federal do Brasil, por força da Lei n. 11.457, de 16-3-2007.

TÍTULO VI
DA APURAÇÃO DO IMPOSTO
Capítulo I
DISPOSIÇÃO PRELIMINAR

Art. 8.º A apuração e o pagamento do ITR devem ser efetuados pelo contribuinte ou responsável, independentemente de prévio procedimento da administração tributária, nos prazos e condições estabelecidos pela Secretaria da Receita Federal, sujeitando-se a homologação posterior (Lei n. 9.393, de 1996, art. 10).

•• *Vide* nota ao art. 7.º, § 2.º, deste Decreto.

Capítulo II
DA DETERMINAÇÃO DA BASE DE CÁLCULO

Seção I
Do Imóvel Rural

Art. 9.º Para efeito de determinação da base de cálculo do ITR, considera-se imóvel rural a área contínua, formada de uma ou mais parcelas de terras, localizada na zona rural do município, ainda que, em relação a alguma parte do imóvel, o sujeito passivo detenha apenas a posse (Lei n. 9.393, de 1996, art. 1.º, § 2.º).

Parágrafo único. Considera-se área contínua a área total do prédio rústico, mesmo que fisicamente dividida por ruas, estradas, rodovias, ferrovias, ou por canais ou cursos de água.

Seção II
Da Área Tributável

Art. 10. Área tributável é a área total do imóvel, excluídas as áreas (Lei n. 9.393, de 1996, art. 10, § 1.º, II):

I – de preservação permanente (Lei n. 4.771, de 15-9-1965 - Código Florestal, arts. 2.º e 3.º, com a redação dada pela Lei n. 7.803, de 18-7-1989, art. 1.º);

•• A Lei n. 4.771, de 15-9-1965, foi revogada pela Lei n. 12.651, de 25-5-2012 - Novo Código Florestal.

II – de reserva legal (Lei n. 4.771, de 1965, art. 16, com a redação dada pela Medida Provisória n. 2.166-67, de 24-8-2001, art. 1.º);

III – de reserva particular do patrimônio natural (Lei n. 9.985, de 18-7-2000, art. 21; Decreto n. 1.922, de 5-6-1996);

IV – de servidão florestal (Lei n. 4.771, de 1965, art. 44-A, acrescentado pela Medida Provisória n. 2.166-67, de 2001);

•• *Vide* nota ao inciso I deste artigo.

V – de interesse ecológico para a proteção dos ecossistemas, assim declaradas mediante ato do órgão competente, federal ou estadual, e que ampliem as restrições de uso previstas nos incisos I e II do *caput* deste artigo (Lei n. 9.393, de 1996, art. 10, § 1.º, II, *b*);

VI – comprovadamente imprestáveis para a atividade rural, declaradas de interesse ecológico mediante ato do órgão competente, federal ou estadual (Lei n. 9.393, de 1996, art. 10, § 1.º, II, *c*).

§ 1.º A área do imóvel rural que se enquadrar, ainda que parcialmente, em mais de uma das hipóteses previstas no *caput* deverá ser excluída uma única vez da área total do imóvel, para fins de apuração da área tributável.

§ 2.º A área total do imóvel deve se referir à situação existente na data da efetiva entrega da Declaração do Imposto sobre a Propriedade Territorial Rural - DITR.

§ 3.º Para fins de exclusão da área tributável, as áreas do imóvel rural a que se refere o *caput* deverão:

I – ser obrigatoriamente informadas em Ato Declaratório Ambiental - ADA, protocolado pelo sujeito passivo no Instituto Brasileiro do Meio Ambiente e dos Recursos Naturais Renováveis - IBAMA, nos prazos e condições fixados em ato normativo (Lei n. 6.938, de 31 de agosto de 1981, art. 17-O, § 5.º, com a redação dada pelo art. 1.º da Lei n. 10.165, de 27-12-2000); e

II – estar enquadradas nas hipóteses previstas nos incisos I a VI em 1.º de janeiro do ano de ocorrência do fato gerador do ITR.

§ 4.º O IBAMA realizará vistoria por amostragem nos imóveis rurais que tenham utilizado o ADA para os efeitos previstos no § 3.º e, caso os dados constantes no Ato não coincidam com os efetivamente levantados por seus técnicos, estes lavrarão, de ofício, novo ADA, contendo os dados reais, o qual será encaminhado à Secretaria da Receita Federal, que apurará o ITR efetivamente devido e efetuará, de ofício, o lançamento da diferença de imposto com os acréscimos legais cabíveis (Lei n. 6.938, de 1981, art. 17-O, § 5.º, com a redação dada pelo art. 1.º da Lei n. 10.165, de 2000).

•• A Secretaria da Receita Federal passa a denominar-se Secretaria da Receita Federal do Brasil, por força da Lei n. 11.457, de 16-3-2007.

Seção III
Da Área Não Tributável

Subseção I
Das áreas de preservação permanente

Art. 11. Consideram-se de preservação permanente (Lei n. 4.771, de 1965, arts. 2.º e 3.º, com a redação dada pelas Leis n. 7.511, de 7-9-1986, art. 1.º, e 7.803, de 18-9-1989, art. 1.º):

•• A Lei n. 4.771, de 15-9-1965, foi revogada pela Lei n. 12.651, de 25-5-2012 – Novo Código Florestal.

I – as florestas e demais formas de vegetação natural situadas:

a) ao longo dos rios ou de qualquer curso d'água desde o seu nível mais alto em faixa marginal cuja largura mínima será:

1. de trinta metros para os cursos d'água de menos de dez metros de largura;

2. de cinquenta metros para os cursos d'água que tenham de dez a cinquenta metros de largura;

3. de cem metros para os cursos d'água que tenham de cinquenta a duzentos metros de largura;

4. de duzentos metros para os cursos d'água que tenham de duzentos a seiscentos metros de largura;

5. de quinhentos metros para os cursos d'água que tenham largura superior a seiscentos metros;

b) ao redor das lagoas, lagos ou reservatórios d'água naturais ou artificiais;

c) nas nascentes, ainda que intermitentes e nos chamados "olhos d'água", qualquer que seja a sua situação topográfica, num raio mínimo de cinquenta metros de largura;

d) no topo de morros, montes, montanhas e serras;

e) nas encostas ou partes destas, com declividade superior a quarenta e cinco graus, equivalente a cem por cento na linha de maior declive;

f) nas restingas, como fixadoras de dunas ou estabilizadoras de mangues;

g) nas bordas dos tabuleiros ou chapadas, a partir da linha de ruptura do relevo, em faixa nunca inferior a cem metros em projeções horizontais;

h) em altitude superior a mil e oitocentos metros, qualquer que seja a vegetação;

II – as florestas e demais formas de vegetação natural, declaradas de preservação permanente por ato do Poder Público, quando destinadas:

a) a atenuar a erosão das terras;

b) a fixar as dunas;

c) a formar faixas de proteção ao longo de rodovias e ferrovias;

d) a auxiliar a defesa do território nacional a critério das autoridades militares;

e) a proteger sítios de excepcional beleza ou de valor científico ou histórico;

f) a asilar exemplares da fauna ou flora ameaçados de extinção;

g) a manter o ambiente necessário à vida das populações silvícolas;

h) a assegurar condições de bem-estar público.

§ 1.º A supressão total ou parcial de florestas de preservação permanente só será admitida com prévia autorização do Poder Executivo Federal, quando for necessária à execução de obras, planos, atividades ou projetos de utilidade pública ou interesse social.

§ 2.º As florestas que integram o Patrimônio Indígena ficam sujeitas ao regime de preservação permanente, nos termos da alínea *g* do inciso II do *caput* deste artigo.

Subseção II
Das áreas de reserva legal

Art. 12. São áreas de reserva legal aquelas averbadas à margem da inscrição de matrícula do imóvel, no registro de imóveis competente, nas quais é vedada a supressão da cobertura vegetal, admitindo-se apenas sua utilização sob regime de manejo florestal sustentável (Lei n. 4.771, de 1965, art. 16, com a redação dada pela Medida Provisória n. 2.166-67, de 2001).

•• *Vide* nota ao artigo 11 desta Lei.

§ 1.º Para efeito da legislação do ITR, as áreas a que se refere o *caput* deste artigo devem estar averbadas na data de ocorrência do respectivo fato gerador.

§ 2.º Na posse, a reserva legal é assegurada por Termo de Ajustamento de Conduta, firmado pelo possuidor com o órgão ambiental estadual ou federal competente, com força de título executivo e contendo, no mínimo, a localização da reserva legal, as suas características ecológicas básicas e a proibição de supressão de sua vegetação (Lei n. 4.771, de 1965, art. 16, § 10, acrescentado pela Medida Provisória n. 2.166-67, de 2001, art. 1.º).

Subseção III
Das áreas de reserva particular do patrimônio natural

Art. 13. Consideram-se de reserva particular do patrimônio natural as áreas privadas gravadas com perpetuidade, averbadas à margem da inscrição de matrícula do imóvel, no registro de imóveis competente, destinadas à conservação da diversidade biológica, nas quais somente poderão ser permitidas a pesquisa científica e a visitação com objetivos turísticos, recreativos e educacionais, reconhecidas pelo IBAMA (Lei n. 9.985, de 18-7-2000, art. 21).

Parágrafo único. Para efeito da legislação do ITR, as áreas a que se refere o *caput* deste artigo devem estar averbadas na data de ocorrência do respectivo fato gerador.

Subseção IV
Das áreas de servidão florestal

Art. 14. São áreas de servidão florestal aquelas averbadas à margem da inscrição de matrícula do imóvel, no registro de imóveis competente, nas quais o proprietário voluntariamente renuncia, em caráter permanente ou temporário, a direitos de supressão ou exploração da vegetação nativa, localizadas fora das áreas de reserva legal e de preservação permanente (Lei n. 4.771, de 1965, art. 44-A, acrescentado pela Medida Provisória n. 2.166-67, de 2001, art. 2.º).

•• *Vide* nota ao artigo 11 desta Lei.

Parágrafo único. Para efeito da legislação do ITR, as áreas a que se refere o *caput* deste artigo devem estar averbadas na data de ocorrência do respectivo fato gerador.

Subseção V
Das áreas de interesse ecológico

Art. 15. São áreas de interesse ecológico aquelas assim declaradas mediante ato do órgão competente, federal ou estadual, que (Lei n. 9.393, de 1996, art. 10, § 1.º, II, *b* e *c*):

I – se destinem à proteção dos ecossistemas e ampliem as restrições de uso previstas nos incisos I e II do *caput* do art. 10; ou

II – sejam comprovadamente imprestáveis para a atividade rural.

Seção IV
Da Área Aproveitável

Art. 16. Área aproveitável, passível de exploração agrícola, pecuária, granjeira, aquícola ou florestal, é a área total do imóvel, excluídas (Lei n. 9.393, de 1996, art. 10, § 1.º, IV):

I – as áreas não tributáveis a que se referem os incisos I a VI do art. 10;

II – as áreas ocupadas com benfeitorias úteis e necessárias.

Benfeitorias Úteis e Necessárias

Art. 17. Para fins do disposto no inciso II do art. 16, consideram-se ocupadas por benfeitorias úteis e necessárias (Lei n. 3.071, de 1.º-1-1916 – Código Civil, art. 63):

•• A Lei n. 10.406, de 10-1-2002 (CC), revoga expressamente a Lei n. 3.071, de 1916, e passa a tratar sobre benfeitorias úteis e necessárias em seu art. 96.

I – as áreas com casas de moradia, galpões para armazenamento da produção, banheiros para gado, valas, silos, currais, açudes e estradas internas e de acesso;

II – as áreas com edificações e instalações destinadas a atividades educacionais, recreativas e de assistência à saúde dos trabalhadores rurais;

III – as áreas com instalações de beneficiamento ou transformação da produção agropecuária e de seu armazenamento;

IV – outras instalações que se destinem a aumentar ou facilitar o uso do imóvel rural, bem assim a conservá-lo ou evitar que ele se deteriore.

Seção V
Da Área Utilizada

Subseção I
Das disposições gerais

Art. 18. Área efetivamente utilizada pela atividade rural é a porção da área aproveitável do imóvel rural que, no ano anterior ao de ocorrência do fato gerador do ITR, tenha (Lei n. 9.393, de 1996, art. 10, § 1.º, V, e § 6.º):

I – sido plantada com produtos vegetais;

II – servido de pastagem, nativa ou plantada, observados, quando aplicáveis, os índices de lotação por zona de pecuária a que se refere o art. 24;

III – sido objeto de exploração extrativa, observados, quando aplicáveis, os índices de rendimento por produto a que se refere o art. 27 e a legislação ambiental;

IV – servido para a exploração de atividade granjeira ou aquícola;

V – sido objeto de implantação de projeto técnico, nos termos do art. 7.º da Lei n. 8.629, de 25 de fevereiro de 1993.

• A Lei n. 8.629, de 25-2-1993, dispõe sobre a regulamentação dos dispositivos constitucionais relativos à reforma agrária.

§ 1.º Consideram-se utilizadas para a exploração de atividade granjeira ou aquícola as áreas ocupadas com benfeitorias, construções e instalações para a criação, dentre outros, de suínos, coelhos, bichos-da-seda, abelhas, aves, peixes, crustáceos, répteis e anfíbios.

§ 2.º Considera-se como efetivamente utilizada a área do imóvel rural que, no ano anterior, esteja:

I – comprovadamente situado em área de ocorrência de calamidade pública decretada pelo Poder Público, de que resulte frustração de safras ou destruição de pastagens;

II – oficialmente destinado à execução de atividades de pesquisa e experimentação que objetivem o avanço tecnológico da agricultura.

Art. 19. Para fins de enquadramento nas hipóteses previstas no art. 18, o contribuinte poderá valer-se dos dados sobre a área utilizada e respectiva produção, fornecidos pelo arrendatário ou parceiro, quando o imóvel, ou parte dele, estiver sendo explorado em regime de arrendamento ou parceria (Lei n. 9.393, de 1996, art. 10, § 4.º).

Art. 20. Caso haja anexação de área entre 1.º de janeiro e a data da efetiva entrega da DITR, o adquirente deve informar na sua declaração os dados relativos à utilização da área incorporada no ano anterior ao de ocorrência do fato gerador.

Art. 21. No caso de consórcio ou intercalação de culturas, considera-se efetivamente utilizada a área total do consórcio ou intercalação (Lei n. 8.629, de 25-2-1993, art. 6.º, § 4.º).

Art. 22. No caso de mais de um cultivo no ano, com um ou mais produtos, na mesma área, considera-se efetivamente utilizada a maior área cultivada no ano considerado (Lei n. 8.629, de 1993, art. 6.º, § 5.º).

Subseção II
Da área plantada com produtos vegetais

Art. 23. Área plantada com produtos vegetais é a porção do imóvel explorada com culturas temporárias ou permanentes, inclusive com reflorestamentos de essências exóticas ou nativas, destinadas a consumo próprio ou comércio, considerando-se:

I – essências exóticas as espécies florestais originárias de região fitogeográfica diversa daquela em que se localiza o imóvel rural;

II – essências nativas as espécies florestais originárias da região fitogeográfica em que se localiza o imóvel rural.

Parágrafo único. Considera-se área plantada com produtos vegetais a área efetivamente utilizada com a produção de forrageira de corte destinada a alimentação de animais de outro imóvel rural.

Subseção III
Da área servida de pastagem

Art. 24. Para fins do disposto no inciso II do art. 18, área servida de pastagem é aquela ocupada por pastos naturais, melhorados ou plantados e por forrageiras de corte que tenha, efetivamente, sido utilizada para alimentação de animais de grande e médio porte, observados os índices de lotação por zona de pecuária, estabelecidos em ato da Secretaria da Receita Federal, ouvido o Conselho Nacional de Política Agrícola (Lei n. 9.393, de 1996, art. 10, § 1.º, V, *b*, e § 3.º).

•• A Secretaria da Receita Federal passa a denominar-se Secretaria da Receita Federal do Brasil, por força da Lei n. 11.457, de 16-3-2007.

Parágrafo único. Estão dispensados da aplicação dos índices de lotação por zona de pecuária os imóveis rurais com área inferior a (Lei n. 9.393, de 1996, art. 10, § 3.º):

I – mil hectares, se localizados em municípios compreendidos na Amazônia Ocidental ou no Pantanal mato-grossense e sul-mato-grossense;

II – quinhentos hectares, se localizados em municípios compreendidos no Polígono das Secas ou naAmazônia Oriental;

III – duzentos hectares, se localizados em qualquer outro município.

Art. 25. Para fins de cálculo do grau de utilização do imóvel rural, considera-se área servida de pastagem a menor entre a declarada pelo contribuinte e a obtida pelo quociente entre a quantidade de cabeças do rebanho ajustada e o índice de lotação por zona de pecuária.

Parágrafo único. Consideram-se, dentre outros, animais de médio porte os ovinos e caprinos e animais de grande porte os bovinos, bufalinos, equinos, asininos e muares, independentemente de idade ou sexo.

Art. 26. Caso o imóvel rural esteja dispensado da aplicação de índices de lotação por zona de pecuária a que se refere o *caput* do art. 24, considera-se área servida de pastagem a área efetivamente utilizada pelo contribuinte para tais fins.

Subseção IV
Da área objeto de exploração extrativa

Art. 27. Área objeto de exploração extrativa é aquela servida para a atividade de extração e coleta de produtos vegetais nativos, não plantados, inclusive a exploração madeireira de florestas nativas, observados a legislação ambiental e os índices de rendimento por produto estabelecidos em ato da Secretaria da Receita Federal, ouvido o Conselho Nacional de Política Agrícola (Lei n. 9.393, de 1996, art. 10, § 1.º, V, *c*, e § 3.º).

•• *Vide* nota ao art. 24, *caput*, deste Decreto.

Parágrafo único. Estão dispensados da aplicação dos índices de rendimento por produto os imóveis rurais com área inferior a (Lei n. 9.393, de 1996, art. 10, § 3.º):

I – mil hectares, se localizados em municípios compreendidos na Amazônia Ocidental ou no Pantanal mato-grossense e sul-mato-grossense;

II – quinhentos hectares, se localizados em municípios compreendidos no Polígono das Secas ou na Amazônia Oriental;

III – duzentos hectares, se localizados em qualquer outro município.

Art. 28. Para fins de cálculo do grau de utilização do imóvel rural, considera-se área objeto de exploração extrativa a menor entre o somatório das áreas declaradas com cada produto da atividade extrativa e o somatório dos quocientes entre a quantidade extraída de cada produto declarado e o respectivo índice de rendimento mínimo por hectare.

§ 1.º Na ausência de índice de rendimento para determinado produto vegetal ou florestal extrativo, considera-se área objeto de exploração extrativa, para fins de cálculo do grau de utilização, a área efetivamente utilizada pelo contribuinte nesta atividade (Lei n. 8.629, de 1993, art. 6.º, § 6.º).

§ 2.º Estão dispensadas da aplicação dos índices de rendimento mínimo para produtos vegetais e florestais as áreas do imóvel exploradas com produtos vegetais extrativos, mediante plano de manejo sustentado, desde que aprovado pelo IBAMA até 31 de dezembro do ano anterior ao de ocorrência do fato gerador do ITR, e cujo cronograma esteja sendo cumprido pelo contribuinte (Lei n. 9.393, de 1996, art. 10, § 5.º).

Seção VI
Da Área Não Utilizada

Art. 29. A área não utilizada pela atividade rural é composta pelas parcelas da área aproveitável do imóvel que, no ano anterior ao de ocorrência do fato gerador do ITR, não tenham sido objeto de qualquer exploração ou tenham sido utilizadas para fins diversos da atividade rural, tais como:

I – áreas ocupadas por benfeitorias não abrangidas pelo disposto no art. 17;

II – a área correspondente à diferença entre as áreas declaradas como servidas de pastagem e as áreas servidas de pastagem utilizadas para o cálculo do grau de utilização do imóvel rural, observado o disposto nos arts. 24 a 26;

III – a área correspondente à diferença entre as áreas declaradas de exploração extrativa e as áreas de exploração extrativa utilizadas para o cálculo do grau de utilização do imóvel rural, observado o disposto nos arts. 27 e 28.

Parágrafo único. As áreas não utilizadas pela atividade rural, anexadas após 1.º de janeiro até a data da efetiva entrega da DITR, devem ser declaradas conforme sua situação no ano anterior ao de ocorrência do fato gerador.

Cálculo da Área Não Utilizada pela Atividade Rural

Art. 30. A área não utilizada pela atividade rural é obtida pela soma das áreas mencionadas no art. 29.

Seção VII
Do Cálculo do Imposto
Subseção I
Do grau de utilização

Art. 31. Grau de utilização é a relação percentual entre a área efetivamente utilizada pela atividade rural e a área aproveitável do imóvel, constituindo critério, juntamente com a área total do imóvel rural, para a determinação das alíquotas do ITR, conforme descrito no art. 34 (Lei n. 9.393, de 1996, art. 10, § 1.º, VI).

Subseção II
Da base de cálculo

Valor da Terra Nua

Art. 32. O Valor da Terra Nua – VTN é o valor de mercado do imóvel, excluídos os valores de mercado relativos a (Lei n. 9.393, de 1996, art. 8.º, § 2.º, art. 10, § 1.º, I):

I – construções, instalações e benfeitorias;

II – culturas permanentes e temporárias;

III – pastagens cultivadas e melhoradas;

IV – florestas plantadas.

§ 1.º O VTN refletirá o preço de mercado de terras, apurado em 1.º de janeiro do ano de ocorrência do fato gerador, e será considerado autoavaliação da terra nua a preço de mercado (Lei n. 9.393, de 1996, art. 8.º, § 2.º).

§ 2.º Incluem-se no conceito de construções, instalações e benfeitorias, os prédios, depósitos, galpões, casas de trabalhadores, estábulos, currais, mangueiras, aviários, pocilgas e outras instalações para abrigo ou tratamento de animais, terreiros e similares para secagem de produtos agrícolas, eletricidade rural, colocação de água subterrânea, abastecimento ou distribuição de águas, barragens, represas, tanques, cercas e, ainda, as benfeitorias não relacionadas com a atividade rural.

Valor da Terra Nua Tributável

Art. 33. O Valor da Terra Nua Tributável – VTNT é obtido mediante a multiplicação do VTN pelo quociente entre a área tributável, definida no art. 10, e a área total do imóvel (Lei n. 9.393, de 1996, art. 10, § 1.º, III).

Subseção III
Das alíquotas

Art. 34. A alíquota utilizada para cálculo do ITR é estabelecida para cada imóvel rural, com base em sua área total e no respectivo grau de utilização, conforme a tabela seguinte (Lei n. 9.393, de 1996, art. 11 e Anexo):

ÁREA TOTAL DO IMÓVEL (em hectares)	GRAU DE UTILIZAÇÃO (em %)				
	Maior que 80	Maior que 65 até 80	Maior que 50 até 65	Maior que 30 até 50	Até 30
Até 50	0,03	0,20	0,40	0,70	1,00
Maior que 50 até 200	0,07	0,40	0,80	1,40	2,00
Maior que 200 até 500	0,10	0,60	1,30	2,30	3,30
Maior que 500 até 1.000	0,15	0,85	1,90	3,30	4,70
Maior que 1.000 até 5.000	0,30	1,60	3,40	6,00	8,60
Acima de 5.000	0,45	3,00	6,40	12,00	20,00

Subseção IV
Do cálculo do valor do imposto

Art. 35. O valor do imposto a ser pago é obtido mediante a multiplicação do VTNT pela alíquota correspondente, obtida nos termos do art. 34, considerados a área total e o grau de utilização do imóvel rural (Lei n. 9.393, de 1996, art. 11).

§ 1.º Na hipótese de inexistir área aproveitável após as exclusões previstas nos incisos I e II do art. 16, serão aplicadas as alíquotas correspondentes aos imóveis rurais com grau de utilização superior a oitenta por cento, observada a área total do imóvel (Lei n. 9.393, de 1996, art. 11, § 1.º).

§ 2.º Em nenhuma hipótese o valor do imposto devido será inferior a R$ 10,00 (dez reais) (Lei n. 9.393, de 1996, art. 11, § 2.º).

Livro II
DA ADMINISTRAÇÃO DO IMPOSTO

Título I
DO LANÇAMENTO

Capítulo I
DA DECLARAÇÃO

Seção I
Da Composição

Art. 36. A DITR correspondente a cada imóvel rural é composta pelos seguintes documentos:

I – Documento de Informação e Atualização Cadastral do ITR - DIAC, destinado à coleta de informações cadastrais do imóvel rural e de seu titular (Lei n. 9.393, de 1996, art. 6.º);

II – Documento de Informação e Apuração do ITR - DIAT, destinado à apuração do imposto (Lei n. 9.393, de 1996, art. 8.º).

Seção II
Dos Meios de Apresentação

Art. 37. A DITR obedecerá ao modelo aprovado pela Secretaria da Receita Federal e, nos termos do art. 44, poderá ser apresentada:

•• A Secretaria da Receita Federal passa a denominar-se Secretaria da Receita Federal do Brasil, por força da Lei n. 11.457, de 16-3-2007.

I – em meio eletrônico, observado o disposto no art. 11 da Medida Provisória n. 2.200-2, de 24 de agosto de 2001;

• A Medida Provisória n. 2.200-2, de 24-8-2001, institui a Infraestrutura de Chaves Públicas Brasileira - ICP-Brasil, transforma o Instituto Nacional de Tecnologia de Informação em autarquia, e dá outras providências.

II – em formulário.

Parágrafo único. A declaração em formulário deverá ser apresentada em duas vias e será assinada pelo sujeito passivo ou seu representante legal, declarando este que o faz em nome daquele.

Seção III
Da Obrigatoriedade de Entrega

Subseção I
Das disposições gerais

Espólio

Art. 38. O imóvel rural que, na data da efetiva entrega da DITR, pertencer a espólio deve ser declarado em nome deste pelo inventariante ou, se este ainda não houver sido nomeado, pelo cônjuge meeiro, companheiro ou sucessor a qualquer título.

Parágrafo único. As declarações não entregues pelo *de cujus* são apresentadas em nome do espólio.

Condomínio

Art. 39. Deve ser declarado em sua totalidade o imóvel rural que for titulado a várias pessoas, enquanto este for mantido indiviso (Lei n. 5.172, de 1966, art. 124, I).

Documentos Comprobatórios

Art. 40. Os documentos que comprovem as informações prestadas na DITR não devem ser anexados à declaração, devendo ser mantidos em boa guarda à disposição da Secretaria da Receita Federal, até que ocorra a prescrição dos créditos tributários relativos às situações e aos fatos a que se refiram (Lei n. 5.172, de 1966, art. 195, parágrafo único).

•• *Vide* nota ao art. 37, *caput*, deste Decreto.

Subseção II
Do documento de informação e atualização cadastral do ITR – DIAC

Art. 41. O contribuinte ou o seu sucessor deve comunicar anualmente à Secretaria da Receita Federal, por meio do preenchimento do DIAC, integrante da DITR, as informações cadastrais correspondentes a cada imóvel rural e a seu titular (Lei n. 9.393, de 1996, art. 6.º).

•• *Vide* nota ao art. 37, *caput*, deste Decreto.

Parágrafo único. As informações de que trata o *caput* deste artigo integrarão o CAFIR, cuja administração caberá à Secretaria da Receita Federal, que poderá, a qualquer tempo, solicitar informações visando à sua atualização (Lei n. 9.393, de 1996, art. 6.º, § 2.º).

•• *Vide* nota ao art. 37, *caput*, deste Decreto.

Alterações Cadastrais

Art. 42. Devem ser obrigatoriamente comunicadas à Secretaria da Receita Federal as seguintes alterações relativas ao imóvel rural (Lei n. 9.393, de 1996, art. 6.º, § 1.º):

•• *Vide* nota ao art. 37, *caput*, deste Decreto.

I – desmembramento;

II – anexação;

III – transmissão, por alienação da propriedade ou dos direitos a ela inerentes, a qualquer título;

IV – sucessão *causa mortis*;

V – cessão de direitos;

VI – constituição de reservas ou usufruto.

Parágrafo único. A comunicação de que trata o *caput* deste artigo deve ser feita no prazo de sessenta dias, contado da data da ocorrência da alteração (Lei n. 9.393, de 1996, art. 6.º, § 1.º).

Subseção III

Do documento de informação e apuração do ITR – DIAT

Art. 43. O contribuinte deve prestar anualmente à Secretaria da Receita Federal as informações necessárias ao cálculo do ITR e apurar o valor do imposto correspondente a cada imóvel rural, por meio do preenchimento do DIAT, integrante da DITR (Lei n. 9.393, de 1996, art. 8.º).

•• *Vide* nota ao art. 37, *caput*, deste Decreto.

Parágrafo único. As pessoas isentas do pagamento ou imunes do ITR estão dispensadas de preencher o DIAT (Lei n. 9.393, de 1996, art. 8.º, § 3.º).

Seção IV

Dos Termos, Locais, Formas, Prazos e Condições para a Apresentação da DITR

Art. 44. A Secretaria da Receita Federal disporá sobre os termos, locais, formas, prazos e condições para a apresentação da DITR (Lei n. 9.393, de 1996, arts. 6.º e 8.º).

•• *Vide* nota ao art. 37, *caput*, deste Decreto.

Capítulo II
DA RETIFICAÇÃO DA DECLARAÇÃO

Seção I

Da Retificação Antes de Iniciada a Fiscalização

Art. 45. A retificação da DITR, antes de iniciado o procedimento de lançamento de ofício, terá a mesma natureza da declaração originariamente apresentada e não depende de autorização da autoridade administrativa (Medida Provisória n. 2.189-49, de 23-8-2001, art. 18).

Parágrafo único. A Secretaria da Receita Federal estabelecerá as hipóteses de admissibilidade e os procedimentos aplicáveis à retificação da declaração (Medida Provisória n. 2.189-49, de 2001, art. 18, parágrafo único).

•• *Vide* nota ao art. 37, *caput*, deste Decreto.

Seção II

Da Retificação Após Iniciada a Fiscalização

Art. 46. O sujeito passivo que, depois de iniciado o procedimento de lançamento de ofício, requerer a retificação da DITR não se eximirá, por isso, das penalidades previstas na legislação tributária (Lei n. 5.172, de 1966, art. 138; Decreto n. 70.235, de 6 -3-1972, art. 7.º, § 1.º).

Capítulo III
DA REVISÃO DA DECLARAÇÃO

Art. 47. A DITR está sujeita a revisão pela Secretaria da Receita Federal, que, se for o caso, pode exigir do sujeito passivo a apresentação dos comprovantes necessários à verificação da autenticidade das informações prestadas.

•• *Vide* nota ao art. 37, *caput*, deste Decreto.

§ 1.º A revisão é feita com elementos de que dispuser a Secretaria da Receita Federal, esclarecimentos verbais ou escritos solicitados ao contribuinte ou por outros meios previstos na legislação.

•• *Vide* nota ao art. 37, *caput*, deste Decreto.

§ 2.º O contribuinte que deixar de atender ao pedido de esclarecimentos ficará sujeito ao lançamento de ofício de que tratam os arts. 50 e 51 (Lei n. 5.172, de 1966, art. 149, III).

Capítulo IV
DO LANÇAMENTO DO IMPOSTO

Seção I

Da Disposição Preliminar

Art. 48. O lançamento do ITR é procedimento de competência privativa da autoridade administrativa, que se opera de ofício ou por homologação, destinado à constituição do crédito tributário (Lei n. 5.172, de 1966, art. 142; Lei n. 9.393, de 1996, arts. 10 e 14).

Parágrafo único. A atividade administrativa de lançamento é vinculada e obrigatória, sob pena de responsabilidade funcional (Lei n. 5.172, de 1966, art. 142, parágrafo único).

Seção II

Do Lançamento por Homologação

Art. 49. O lançamento por homologação pressupõe a atribuição ao sujeito passivo do dever de antecipar o pagamento do imposto sem prévio exame da autoridade administrativa, e opera-se pelo ato em que a referida autoridade, tomando conhecimento da atividade assim exercida pelo obrigado, expressamente a homologa (Lei n. 5.172, de 1966, art. 150, *caput*).

§ 1.º O pagamento antecipado pelo obrigado nos termos deste artigo extingue o crédito, sob condição resolutória da ulterior homologação ao lançamento (Lei n. 5.172, de 1966, art. 150, § 1.º).

§ 2.º Não influem sobre a obrigação tributária quaisquer atos anteriores à homologação, praticados pelo sujeito passivo ou por terceiro, visando à extinção total ou parcial do crédito (Lei n. 5.172, de 1966, art. 150, § 2.º).

§ 3.º Os atos a que se refere o § 2.º serão, porém, considerados na apuração do saldo porventura devido e, sendo o caso, na imposição de penalidade, ou sua graduação (Lei n. 5.172, de 1966, art. 150, § 3.º).

§ 4.º Se a lei não fixar prazo para a homologação, será ele de cinco anos, a contar da ocorrência do fato gerador; expirado esse prazo sem que a Fazenda Pública se tenha pronunciado, considera-se homologado o lançamento e definitivamente extinto o crédito, salvo se comprovada a ocorrência de dolo, fraude ou simulação (Lei n. 5.172, de 1966, art. 150, § 4.º).

Seção III

Do Lançamento de Ofício

Subseção I

Das disposições gerais

Art. 50. Caso o sujeito passivo deixe de tomar as iniciativas necessárias ao lançamento por homologação pela

Fazenda Pública, esta deve proceder à determinação e ao lançamento de ofício do crédito tributário (Lei n. 5.172, de 1966, art. 149, V; Lei n. 9.393, de 1996, art. 14).

Art. 51. O lançamento será efetuado de ofício quando o sujeito passivo (Lei n. 5.172, de 1966, art. 149; Lei n. 9.393, de 1996, art. 14):

I – não apresentar a DITR;

II – deixar de atender aos pedidos de esclarecimentos que lhe forem dirigidos, recusar-se a prestá-los ou não os prestar satisfatoriamente no tempo aprazado;

III – apresentar declaração inexata, considerando-se como tal a que contiver ou omitir qualquer elemento que implique redução do imposto a pagar;

IV – não efetuar ou efetuar com inexatidão o pagamento do imposto devido;

V – estiver sujeito, por ação ou omissão, à aplicação de penalidade pecuniária.

Parágrafo único. O crédito tributário também deve ser lançado de ofício nos casos em que o sujeito passivo tenha informado o enquadramento em hipóteses de imunidade, isenção ou redução do imposto, mas não tenha cumprido ou tenha deixado de cumprir, na data de ocorrência do fato gerador, os requisitos necessários.

Subseção II
Do sistema de preços de terras

Art. 52. No caso de falta de entrega do DIAC ou do DIAT, bem assim de subavaliação ou prestação de informações inexatas, incorretas ou fraudulentas, a Secretaria da Receita Federal procederá à determinação e ao lançamento de ofício do imposto, considerando as informações sobre preços de terras constantes em sistema a ser por ela instituído, e os dados de área total, área tributável e grau de utilização do imóvel rural apurados em procedimentos de fiscalização (Lei n. 9.393, de 1996, art. 14).

•• A Secretaria da Receita Federal passa a denominar-se Secretaria da Receita Federal do Brasil, por força da Lei n. 11.457, de 16-3-2007.

§ 1.º As informações sobre preços de terras observarão os critérios legalmente estabelecidos e considerarão levantamentos realizados pelas Secretarias de Agricultura das Unidades Federadas ou dos Municípios (Lei n. 9.393, de 1996, art. 14, § 1.º).

§ 2.º As multas cobradas em virtude do disposto neste artigo serão aquelas aplicáveis aos demais tributos federais (Lei n. 9.393, de 1996, art. 14, § 2.º).

Subseção III
Da intimação

Art. 53. O sujeito passivo deve ser intimado do início do procedimento, do pedido de esclarecimentos ou da lavratura do auto de infração (Decreto n. 70.235, de 1972, art. 23, com a redação dada pelo art. 67 da Lei n. 9.532, de 1997):

I – pessoalmente, pelo autor do procedimento ou por agente do órgão preparador, na repartição ou fora dela, provada a intimação com a assinatura do sujeito passivo, seu mandatário ou preposto, ou, no caso de recusa, com declaração escrita de quem o intimar;

II – por via postal, telegráfica ou por qualquer outro meio ou via, com prova de recebimento, no endereço informado para tal fim, conforme previsto no § 2.º do art. 7.º, ou no domicílio tributário do sujeito passivo;

III – por edital, quando resultarem improfícuos os meios referidos nos incisos I e II.

§ 1.º O edital deve ser publicado, uma única vez, em órgão de imprensa oficial local, ou afixado em dependência, franqueada ao público, do órgão encarregado da intimação (Decreto n. 70.235, de 1972, art. 23, § 1.º).

§ 2.º Considera-se feita a intimação (Decreto n. 70.235, de 1972, art. 23, § 2.º):

I – na data da ciência do intimado ou da declaração de quem fizer a intimação, se pessoal;

II – no caso do inciso II do *caput* deste artigo, na data do recebimento ou, se omitida, quinze dias após a data da expedição da intimação;

III – quinze dias após a publicação ou afixação do edital, se este for o meio utilizado.

§ 3.º Os meios de intimação previstos nos incisos I e II do *caput* deste artigo não estão sujeitos a ordem de preferência (Decreto n. 70.235, de 1972, art. 23, § 3.º).

Seção IV
Da Decadência

Art. 54. O direito de a Secretaria da Receita Federal constituir o crédito tributário extingue-se após cinco anos, contados (Lei n. 5.172, de 1966, art. 173):

•• *Vide* nota ao art. 52, *caput*, deste Decreto.

I – do primeiro dia do exercício seguinte àquele em que o lançamento poderia ter sido efetuado;

II – da data em que se tornar definitiva a decisão que houver anulado, por vício formal, o lançamento anteriormente efetuado.

Parágrafo único. O direito a que se refere este artigo extingue-se definitivamente com o decurso do prazo nele previsto, contado da data em que tenha sido iniciada a constituição do crédito tributário pela notificação, ao sujeito passivo, de qualquer medida preparatória indispensável ao lançamento (Lei n. 5.172, de 1966, art. 173, parágrafo único).

Título II
DO PAGAMENTO, DA COMPENSAÇÃO E DA RESTITUIÇÃO DO IMPOSTO

Capítulo I
DO PAGAMENTO

Seção I
Das Disposições Preliminares

Art. 55. O pagamento deve ser feito por meio de Documento de Arrecadação de Receitas Federais – DARF, devendo o seu produto ser obrigatoriamente recolhido à conta do Tesouro Nacional.

Art. 56. O DARF obedecerá ao modelo aprovado pela Secretaria da Receita Federal e sua utilização pelo sujeito passivo far-se-á de acordo com instruções específicas.

•• *Vide* nota ao art. 52, *caput*, deste Decreto.

§ 1.º Nos documentos de arrecadação, o sujeito passivo deve indicar o código do tributo, o número de inscrição no Cadastro de Pessoas Físicas - CPF ou no Cadastro Nacional da Pessoa Jurídica - CNPJ, conforme o caso, o número do imóvel rural, além de outros elementos qualificativos ou informativos.

§ 2.º É vedada a utilização de DARF para o pagamento de imposto de valor inferior a R$ 10,00 (dez reais) (Lei n. 9.430, de 27-12-1996, art. 68).

Utilização de TDA

Art. 57. É facultado ao sujeito passivo o pagamento de até cinquenta por cento do valor original do ITR com Títulos da Dívida Agrária - TDA (Lei n. 4.504, de 30 de novembro de 1964, art. 105, § 1.º, *a*).

• A Lei n. 4.504, de 30-11-1964, dispõe sobre o Estatuto da Terra e dá outras providências.

Seção II
Do Prazo para Pagamento

Art. 58. O imposto deve ser pago até o último dia útil do mês fixado para a entrega da DITR (Lei n. 9.393, de 1996, art. 12).

Seção III
Do Pagamento em Quotas

Art. 59. À opção do contribuinte, o imposto a pagar pode ser parcelado em até três quotas iguais, mensais e consecutivas, observando-se que (Lei n. 9.393, de 1996, art. 12, parágrafo único):

I – nenhuma quota será inferior a R$ 50,00 (cinquenta reais);

II – a primeira quota deve ser paga no prazo estabelecido pelo art. 58;

III – as demais quotas, acrescidas de juros equivalentes à taxa referencial do Sistema de Liquidação e de Custódia - SELIC para títulos federais, acumulada mensalmente, calculados a partir do primeiro dia do mês subsequente ao prazo estabelecido pelo art. 58 até o último dia do mês anterior ao do pagamento, e de um por cento no mês do pagamento, vencerão no último dia útil de cada mês;

IV – é facultado ao contribuinte antecipar, total ou parcialmente, o pagamento do imposto ou das quotas.

Seção IV
Do Pagamento Fora do Prazo

Art. 60. A falta ou insuficiência de pagamento do imposto, no prazo previsto, sujeita o contribuinte ao pagamento do valor que deixou de ser pago, acrescido de (Lei n. 9.393, de 1996, art. 13):

I – multa de mora calculada à taxa de trinta e três centésimos por cento, por dia de atraso, não podendo ultrapassar a vinte por cento, calculada a partir do primeiro dia útil subsequente ao do vencimento do prazo previsto para pagamento do imposto até o dia em que ocorrer o seu pagamento;

II – juros de mora equivalentes à taxa referencial SELIC para títulos federais, acumulada mensalmente, calculados a partir do primeiro dia do mês subsequente ao vencimento do prazo para pagamento até o mês anterior ao do pagamento, e de um por cento no mês do efetivo pagamento.

Seção V
Da Prova de Quitação

Art. 61. A prova de quitação do crédito tributário será feita por meio de certidão emitida, no âmbito de suas atribuições, pela Secretaria da Receita Federal ou pela Procuradoria-Geral da Fazenda Nacional (Lei n. 7.711, de 22-12-1988, art. 1.º, § 3.º).

•• *Vide* nota ao art. 52, *caput*, deste Decreto.

§ 1.º A certidão será eficaz, dentro do seu prazo de validade e para o fim a que se destina, perante qualquer órgão ou entidade da Administração Federal, Estadual e Municipal, direta ou indireta (Decreto-lei n. 1.715, de 22-11-1979, art. 1.º, § 2.º).

§ 2.º Tem os mesmos efeitos previstos neste artigo a certidão de que conste a existência de créditos não vencidos, em curso de cobrança executiva em que tenha sido efetivada a penhora, ou cuja exigibilidade esteja suspensa (Lei n. 5.172, de 1966, art. 206).

Incentivos Fiscais e Crédito Rural

Art. 62. A concessão de incentivos fiscais e de crédito rural, em todas as suas modalidades, bem assim a constituição das respectivas contrapartidas ou garantias, ficam condicionadas à comprovação do pagamento do ITR relativo ao imóvel rural, correspondente aos últimos cinco exercícios, ressalvados os casos em que a exigibilidade do imposto esteja suspensa, ou em curso de cobrança executiva em que tenha sido efetivada a penhora (Lei n. 9.393, de 1996, art. 20).

Parágrafo único. É dispensada a comprovação de regularidade de pagamento do imposto relativo ao imóvel rural para efeito de concessão de financiamento ao amparo do Programa Nacional de Fortalecimento da Agricultura Familiar - PRONAF (Lei n. 9.393, de 1996, art. 20, parágrafo único).

Registro Público

Art. 63. É obrigatória a comprovação do pagamento do ITR, referente aos cinco últimos exercícios, para serem praticados quaisquer dos atos previstos nos arts. 167 e 168 da Lei n. 6.015, de 31 de dezembro de 1973 - Lei dos Registros Públicos, observada a ressalva prevista no *caput* do art. 62 (Lei n. 9.393, de 1996, art. 21).

Parágrafo único. São solidariamente responsáveis pelo imposto e pelos acréscimos legais, nos termos do art. 134 da Lei n. 5.172, de 1966, os serventuários do registro de imóveis que descumprirem o disposto neste artigo, sem prejuízo de outras sanções legais (Lei n. 9.393, de 1996, art. 21, parágrafo único).

Capítulo II
DA COMPENSAÇÃO

Seção I
Compensação Espontânea pelo Contribuinte

Art. 64. Nos casos de pagamento indevido ou a maior de ITR, mesmo quando resultante de reforma, anulação, revogação ou rescisão de decisão condenatória, o contribuinte poderá efetuar a compensação desse valor no recolhimento de importância correspondente a ITR apurado em período subsequente (Lei n. 8.383, de 30-12-1991, art. 66, com a redação dada pela Lei n. 9.069, de 29-6-1995, art. 58).

§ 1.º Entende-se por recolhimento ou pagamento indevido ou a maior aquele proveniente de (Lei n. 5.172, de 1966, art. 165):

I – cobrança ou pagamento espontâneo de imposto, quando efetuado por erro, ou em duplicidade, ou sem que haja débito a liquidar, em face da legislação tributária aplicável, ou da natureza ou circunstâncias materiais do fato gerador efetivamente ocorrido;

II – erro na identificação do sujeito passivo, na determinação da alíquota aplicável, no cálculo do montante do débito ou na elaboração ou conferência de qualquer documento relativo ao recolhimento ou pagamento;

III – reforma, anulação, revogação ou rescisão de decisão condenatória.

§ 2.º É facultado ao contribuinte optar pelo pedido de restituição (Lei n. 8.383, de 1991, art. 66, § 2.º, com a redação dada pela Lei n. 9.069, de 1995, art. 58).

§ 3.º A compensação somente poderá ser efetuada pelo contribuinte titular do crédito oriundo do recolhimento ou pagamento indevido ou a maior.

§ 4.º A Secretaria da Receita Federal expedirá as instruções necessárias ao cumprimento do disposto neste artigo (Lei n. 8.383, de 1991, art. 66, § 4.º, com a redação dada pela Lei n. 9.069, de 1995, art. 58).

•• *Vide* nota ao art. 52, *caput*, deste Decreto.

Seção II
Compensação Requerida pelo Contribuinte

Art. 65. A Secretaria da Receita Federal, atendendo a requerimento do contribuinte, poderá autorizar a utilização de créditos a serem a ele restituídos ou ressarcidos para a quitação de quaisquer tributos ou contribuições sob sua administração, ainda que não sejam da mesma espécie nem tenham a mesma destinação constitucional (Lei n. 9.430, de 1996, art. 74).

•• A Secretaria da Receita Federal passa a denominar-se Secretaria da Receita Federal do Brasil, por força da Lei n. 11.457, de 16-3-2007.

Seção III
Compensação pela Autoridade Administrativa

Art. 66. Os créditos do sujeito passivo constantes em pedidos de restituição ou ressarcimento de imposto serão utilizados para quitação de seus débitos em procedimentos internos da Secretaria da Receita Federal, observado o seguinte (Lei n. 9.430, de 1996, art. 73):

•• *Vide* nota ao art. 65 deste Decreto.

I – o valor bruto da restituição ou ressarcimento será debitado à conta do tributo ou da contribuição a que se referir;

II – a parcela utilizada para a quitação de débitos do contribuinte ou responsável será creditada à conta do ITR.

§ 1.º A compensação de ofício será precedida de notificação ao sujeito passivo para que se manifeste sobre o procedimento, no prazo de quinze dias, sendo o seu silêncio considerado como aquiescência.

§ 2.º No caso de discordância do sujeito passivo, a Secretaria da Receita Federal reterá o valor da restituição até que o débito seja liquidado.

§ 3.º A Secretaria da Receita Federal, reconhecendo o direito de crédito do sujeito passivo para restituição, compensará este crédito com eventuais débitos do requerente.

§ 4.º Quando o montante da restituição for superior ao do débito, a Secretaria da Receita Federal efetuará o pagamento da diferença ao sujeito passivo.

§ 5.º Caso a quantia a ser restituída seja inferior ao valor dos débitos, o correspondente crédito tributário é extinto no montante equivalente à compensação, cabendo à Secretaria da Receita Federal adotar as providências para cobrança do saldo remanescente.

Seção IV
Acréscimo de Juros

Art. 67. O valor a ser utilizado na compensação será acrescido de juros obtidos pela aplicação da taxa referencial SELIC para títulos federais, acumulada mensalmente a partir do mês subsequente ao do pagamento indevido ou a maior até o mês anterior ao da compensação, e de um por cento relativamente ao mês em que estiver sendo efetuada (Lei n. 9.250, de 1995, art. 39, § 4.º; Lei n. 9.532, de 1997, art. 73).

Capítulo III
DA RESTITUIÇÃO

Art. 68. Nos casos de pagamento indevido ou a maior de ITR, mesmo quando resultante de reforma, anulação, revogação ou rescisão de decisão condenatória, o contribuinte poderá optar pelo pedido de restituição do valor pago indevidamente ou a maior, observado o disposto nos arts. 66 e 69 (Lei n. 8.383, de 1991, art. 66, § 2.º, com a redação dada pela Lei n. 9.069, de 1995, art. 58).

§ 1.º Entende-se por recolhimento ou pagamento indevido ou a maior aquele proveniente de (Lei n. 5.172, de 1966, art. 165):

I – cobrança ou pagamento espontâneo de imposto, quando efetuado por erro, ou em duplicidade, ou sem que haja débito a liquidar, em face da legislação tributária aplicável, ou da natureza ou circunstâncias materiais do fato gerador efetivamente ocorrido;

II – erro na identificação do sujeito passivo, na determinação da alíquota aplicável, no cálculo do montante do débito ou na elaboração ou conferência de qualquer documento relativo ao recolhimento ou pagamento;

III – reforma, anulação, revogação ou rescisão de decisão condenatória.

§ 2.º O valor da restituição será acrescido de juros obtidos pela aplicação da taxa referencial SELIC para títulos federais, acumulada mensalmente a partir do mês subsequente ao do pagamento indevido ou a maior até o mês anterior ao da compensação ou restituição, e de um por cento relativamente ao mês em que estiver sendo efetuada (Lei n. 9.250, de 1995, art. 39, § 4.º; Lei n. 9.532, de 1997, art. 73).

§ 3.º A Secretaria da Receita Federal expedirá as instruções necessárias ao cumprimento do disposto neste artigo (Lei n. 8.383, de 1991, art. 66, § 4.º, com a redação dada pela Lei n. 9.069, de 1995, art. 58).

•• *Vide* nota ao art. 65 deste Decreto.

Direito de Pleitear a Restituição

Art. 69. O direito de pleitear a restituição do imposto extingue-se com o decurso do prazo de cinco anos, contados (Lei n. 5.172, de 1966, art. 168):

I – da data do pagamento indevido;

II – da data em que se tornar definitiva a decisão administrativa ou passar em julgado a decisão judicial que tenha reformado, anulado, revogado ou rescindido a decisão condenatória.

Parágrafo único. O pedido de restituição, dirigido à autoridade competente, suspende o prazo previsto no *caput* deste artigo até que seja proferida decisão final na órbita administrativa (Decreto-lei n. 5.844, de 23-9-1943, art. 170, § 4.º, acrescentado pela Lei n. 154, de 25-11-1947, art. 1.º).

• Dispõe citado dispositivo: "Art. 170. Os contribuintes que pagarem imposto maior que o devido terão direito de requerer a restituição do excesso pago... § 4.º O pedido de restituição, dirigido à autoridade competente, suspende o prazo de prescrição até ser proferida decisão final na órbita administrativa".

Título III
DA PRESCRIÇÃO

Art. 70. A ação para cobrança do crédito tributário prescreve em cinco anos, contados da data da sua constituição definitiva (Lei n. 5.172, de 1966, art. 174).

§ 1.º A prescrição se interrompe (Lei n. 5.172, de 1966, art. 174, parágrafo único):

I – pela citação pessoal feita ao devedor;

II – pelo protesto judicial;

III – por qualquer ato judicial que constitua em mora o devedor;

IV – por qualquer ato inequívoco, ainda que extrajudicial, que importe reconhecimento do débito pelo devedor.

§ 2.º A inscrição do débito como Dívida Ativa, pelo órgão competente, suspenderá a fluência do prazo prescricional, para todos os efeitos de direito, por cento e oitenta dias ou até a distribuição da execução fiscal, se esta ocorrer antes de findo aquele prazo (Lei n. 6.830, de 22-9-1980, art. 2.º, § 3.º).

§ 3.º O despacho do juiz, que ordenar a citação do executado, interrompe a fluência do prazo prescricional (Lei n. 6.830, de 1980, art. 8.º, § 2.º).

Título IV
DA FISCALIZAÇÃO

Art. 71. A legislação tributária que trata da competência e dos poderes das autoridades administrativas em matéria de fiscalização aplica-se às pessoas naturais ou jurídicas, contribuintes ou não, inclusive às que gozam de imunidade tributária ou de isenção (Lei n. 5.172, de 1966, art. 194).

Art. 72. Para os efeitos da legislação tributária, não têm aplicação quaisquer disposições legais excludentes ou limitativas do direito de examinar mercadorias, livros, arquivos, documentos, papéis e efeitos comerciais ou fiscais, dos comerciantes, industriais ou produtores, ou da obrigação destes de exibi-los (Lei n. 5.172, de 1966, art. 195).

Parágrafo único. Os livros obrigatórios de escrituração comercial e fiscal e os comprovantes dos lançamentos neles efetuados serão conservados até que ocorra a prescrição dos créditos tributários decorrentes das operações a que se refiram (Lei n. 5.172, de 1966, art. 195, parágrafo único).

Convênios

Art. 73. A Secretaria da Receita Federal poderá celebrar convênio com o Instituto Nacional de Colonização e Reforma Agrária - INCRA, com a finalidade de delegar as atividades de fiscalização das informações sobre os imóveis rurais, contidas no DIAC e no DIAT (Lei n. 9.393, de 1996, art. 16).

•• *Vide* nota ao art. 65 deste Decreto.

§ 1.º No exercício da delegação a que se refere este artigo, o INCRA poderá celebrar convênios de cooperação com o IBAMA, a Fundação Nacional do Índio - FUNAI e as Secretarias Estaduais de Agricultura (Lei n. 9.393, de 1996, art. 16, § 1.º).

§ 2.º No uso de suas atribuições, os agentes do INCRA terão acesso ao imóvel de propriedade particular, para levantamento de dados e informações (Lei n. 9.393, de 1996, art. 16, § 2.º).

§ 3.º A Secretaria da Receita Federal, com o apoio do INCRA, administrará o CAFIR e colocará as informações nele contidas à disposição daquela Autarquia, para fins de levantamento e pesquisa de dados e de proposição de ações administrativas e judiciais (Lei n. 9.393, de 1996, art. 16, § 3.º, com a redação dada pela Lei n. 10.267, de 28-8-2001, art. 5.º).

•• *Vide* nota ao *caput* deste artigo.

§ 4.º Às informações a que se refere o § 3.º aplica-se o disposto no art. 198 da Lei n. 5.172, de 1966 (Lei n. 9.393, de 1996, art. 16, § 4.º, com a redação dada pela Lei n. 10.267, de 28-8-2001, art. 5.º).

Art. 74. A Secretaria da Receita Federal poderá, também, celebrar convênios com (Lei n. 9.393, de 1996, art. 17):

•• *Vide* nota ao art. 65 deste Decreto.

I – órgãos da administração tributária das unidades federadas, visando delegar competência para a cobrança e o lançamento do ITR;

II – a Confederação Nacional da Agricultura - CNA e a Confederação Nacional dos Trabalhadores na Agricultura - CONTAG, com a finalidade de fornecer dados cadastrais de imóveis rurais que possibilitem a cobrança das contribuições sindicais devidas àquelas entidades.

TÍTULO V
DAS PENALIDADES

Capítulo I
DA MULTA POR ATRASO NA ENTREGA DA DECLARAÇÃO

Art. 75. No caso de apresentação espontânea da DITR fora do prazo estabelecido pela Secretaria da Receita Federal, será cobrada multa de um por cento ao mês-calendário ou fração sobre o imposto devido, sem prejuízo da multa e dos juros de mora pela falta ou insuficiência de recolhimento do imposto ou quota (Lei n. 9.393, de 1996, arts. 7.º e 9.º).

•• *Vide* nota ao art. 65 deste Decreto.

Parágrafo único. Em nenhuma hipótese o valor da multa de que trata o *caput* deste artigo será inferior a R$ 50,00 (cinquenta reais) (Lei n. 9.393, de 1996, art. 11, § 2.º).

Capítulo II
DAS MULTAS DE LANÇAMENTO DE OFÍCIO

Art. 76. Nos casos de lançamento de ofício, serão aplicadas as seguintes multas, calculadas sobre a totalidade ou diferença do ITR (Lei n. 9.393, de 1996, art. 14, § 2.º; Lei n. 9.430, de 1996, art. 44):

I – de setenta e cinco por cento, nos casos de falta de pagamento, de pagamento após o vencimento do prazo, sem o acréscimo de multa moratória, de falta de declaração e nos de declaração inexata, excetuada a hipótese do inciso seguinte;

II – cento e cinquenta por cento, nos casos de evidente intuito de sonegação, fraude ou conluio, independentemente de outras penalidades administrativas ou criminais cabíveis.

§ 1.º As multas de que trata este artigo serão exigidas (Lei n. 9.430, de 1996, art. 44, § 1.º):

I – juntamente com o ITR, quando não houver sido anteriormente pago;

II – isoladamente, quando o ITR houver sido pago após o vencimento do prazo previsto, mas sem o acréscimo de multa de mora.

§ 2.º As multas a que se referem os incisos I e II do *caput* deste artigo passarão a ser de 112,5% (cento e doze inteiros e cinco décimos por cento) e 225% (duzentos e vinte e cinco por cento), respectivamente, nos casos de não atendimento pelo sujeito passivo, no prazo marcado, de intimação para (Lei n. 9.430, de 1996, art. 44, § 2.º, com a redação dada pela Lei n. 9.532, de 1997, art. 70):

I – prestar esclarecimentos;

II – apresentar os arquivos digitais ou sistemas de processamento eletrônico de dados utilizados para registrar negócios e atividades econômicas ou financeiras, escriturar livros ou elaborar documentos de natureza contábil ou fiscal;

III – apresentar a documentação técnica e atualizada sobre o sistema de processamento de dados por ele utilizado, suficiente para possibilitar a sua auditoria (Lei n. 9.430, de 1996, art. 38).

§ 3.º Será concedida redução de cinquenta por cento da multa de lançamento de ofício ao contribuinte que, notificado, efetuar o pagamento do débito no prazo legal de impugnação (Lei n. 8.218, de 29-8-1991, art. 6.º; Lei n. 9.430, de 1996, art. 44, § 3.º).

§ 4.º Se houver impugnação tempestiva, a redução será de trinta por cento se o pagamento do débito for efetuado dentro de trinta dias da ciência da decisão de primeira instância (Lei n. 8.218, de 1991, art. 6.º, parágrafo único; Lei n. 9.430, de 1996, art. 44, § 3.º).

§ 5.º Será concedida redução de quarenta por cento da multa de lançamento de ofício ao contribuinte que, notificado, requerer o parcelamento do débito no prazo legal de impugnação (Lei n. 8.383, de 1991, art. 60; Lei n. 9.430, de 1996, art. 44, § 3.º).

§ 6.º Havendo impugnação tempestiva, a redução será de vinte por cento, se o parcelamento for requerido dentro de trinta dias da ciência da decisão de primeira instância (Lei n. 8.383, de 1991, art. 60, § 1.º; Lei n. 9.430, de 1996, art. 44, § 3.º).

§ 7.º A rescisão do parcelamento, motivada pelo descumprimento das normas que o regulam, implicará restabelecimento do montante da multa proporcionalmente ao valor da receita não satisfeito (Lei n. 8.383, de 1991, art. 60, § 2.º; Lei n. 9.430, de 1996, art. 44, § 3.º).

Sonegação

Art. 77. Sonegação é toda ação ou omissão dolosa tendente a impedir ou retardar, total ou parcialmente, o conhecimento por parte da autoridade administrativa (Lei n. 4.502, de 30-11-1964, art. 71):

I – da ocorrência do fato gerador da obrigação tributária principal, sua natureza ou circunstâncias materiais;

II – das condições pessoais do contribuinte, suscetíveis de afetar a obrigação tributária principal ou o crédito tributário correspondente.

Fraude

Art. 78. Fraude é toda ação ou omissão dolosa tendente a impedir ou retardar, total ou parcialmente, a ocorrência do fato gerador da obrigação tributária principal, ou a excluir ou modificar as suas características essenciais, de modo a reduzir o montante do imposto devido ou a evitar ou diferir o seu pagamento (Lei n. 4.502, de 1964, art. 72).

Conluio

Art. 79. Conluio é o ajuste doloso entre duas ou mais pessoas naturais ou jurídicas, visando a qualquer dos efeitos referidos nos arts. 77 e 78 (Lei n. 4.502, de 1964, art. 73).

Título VI
DAS DISPOSIÇÕES GERAIS

Art. 80. Compete à Secretaria da Receita Federal a administração do ITR, incluídas as atividades de arrecadação, tributação e fiscalização (Lei n. 9.393, de 1996, art. 15).

•• A Secretaria da Receita Federal passa a denominar-se Secretaria da Receita Federal do Brasil, por força da Lei n. 11.457, de 16-3-2007.

Parágrafo único. No processo administrativo fiscal, compreendendo os procedimentos destinados a determinação e exigência do imposto, imposição de penalidades, repetição de indébito e solução de consultas, bem assim a compensação do imposto, observar-se-á a legislação prevista para os demais tributos federais (Lei n. 9.393, de 1996, art. 15, parágrafo único).

Art. 81. Os prazos fixados neste Decreto serão contínuos, excluindo-se, em sua contagem, o dia de início e incluindo-se o de vencimento (Lei n. 5.172, de 1966, art. 210).

Parágrafo único. Os prazos só se iniciam ou vencem em dia de expediente normal na repartição em que corra o processo ou deva ser praticado o ato (Lei n. 5.172, de 1966, art. 210, parágrafo único).

Art. 82. Este Decreto entra em vigor na data de sua publicação.

Brasília, 19 de setembro de 2002; 181.º da Independência e 114.º da República.

Fernando Henrique Cardoso

DECRETO N. 4.489, DE 28 DE NOVEMBRO DE 2002 (*)

Regulamenta o art. 5.º da Lei Complementar n. 105, de 10 de janeiro de 2001, no que concerne à prestação de informações à Secretaria da Receita Federal do Ministério da Fazenda, pelas instituições financeiras e as entidades a elas equiparadas, relativas às operações financeiras efetuadas pelos usuários de seus serviços.

O Presidente da República, no uso da atribuição que lhe confere o art. 84, IV, da Constituição, e tendo em vista o disposto no art. 5.º da Lei Complementar n. 105, de 10 de janeiro de 2001, decreta:

Art. 1.º As instituições financeiras, assim consideradas ou equiparadas nos termos dos §§ 1.º e 2.º do art. 1.º da Lei Complementar n. 105, de 10 de janeiro de 2001, devem prestar à Secretaria da Receita Federal do Ministério da Fazenda informações sobre as operações financeiras efetuadas pelos usuários de seus serviços, sem prejuízo do disposto no art. 6.º da referida Lei Complementar.

• *Vide* citado dispositivo constante deste volume.

• A Instrução Normativa n. 341, de 15-7-2003, da Secretaria da Receita Federal, institui a Declaração de Operações com Cartões de Crédito (Decred) e dá outras providências.

Art. 2.º As informações de que trata este Decreto, referentes às operações financeiras descritas no § 1.º do art. 5.º da Lei Complementar n. 105, de 2001, serão prestadas, continuamente, em arquivos digitais, de acordo com as especificações definidas pela Secretaria da Receita Federal, e restringir-se-ão a informes relacionados com a identificação dos titulares das operações e com os montantes globais mensalmente movimentados, relativos a cada usuário, vedada a inserção de qualquer elemento que permita identificar a sua origem ou a natureza dos gastos efetuados.

• *Vide* citado dispositivo constante deste volume.

§ 1.º Nas informações referidas neste artigo, não se incluem as operações financeiras efetuadas pela administração direta e indireta da União, dos Estados, do Distrito Federal e dos Municípios.

• Dispõe o Decreto n. 4.545, de 26-12-2002, em seu art. 1.º, que a prestação de informações sobre operações financeiras, na forma estabelecida pela Secretaria da Receita Federal, em decorrência do § 2.º do art. 11 da Lei n. 9.311, de 24-10-1996, por parte das instituições financeiras, supre a exigência de que trata este Decreto.

§ 2.º As instituições financeiras deverão conservar todos os documentos contábeis e fiscais, relacionados com as operações informadas, enquanto perdurar o direito de a Fazenda Pública constituir os créditos tributários delas decorrentes.

§ 3.º A identificação dos titulares das operações ou dos usuários dos serviços será efetuada pelo número de inscrição no Cadastro de Pessoas Físicas (CPF) ou no Cadastro Nacional da Pessoa Jurídica (CNPJ) e pelo número ou qualquer outro elemento de identificação existente na instituição financeira.

§ 4.º Caso a operação realizada pelo usuário não seja registrada em conta corrente, a instituição financeira deverá informar o número de registro ou de controle existente.

Art. 3.º Para os efeitos deste Decreto, considera-se montante global mensalmente movimentado:

(*) Publicado no *DOU*, de 29-11-2002. A Secretaria da Receita Federal passa a denominar-se Secretaria da Receita Federal do Brasil, por força da Lei n. 11.457, de 16-3-2007. A Instrução Normativa n. 802, de 27-12-2007, da Secretaria da Receita Federal do Brasil, dispõe sobre a prestação de informações de que trata o art. 5.º da Lei Complementar n. 105, de 10-1-2001. A Instrução Normativa n. 811, de 28-1-2008, da Secretaria da Receita Federal do Brasil, institui a Declaração de Informações sobre Movimentação Financeira (Dimof), cuja apresentação é obrigatória para os bancos de qualquer espécie, cooperativas de crédito e associações de poupança e empréstimo.

I – nos depósitos à vista e a prazo, inclusive em conta de poupança, o somatório dos lançamentos a crédito efetuados no mês;

II – nos pagamentos efetuados em moeda corrente ou cheque, o somatório dos lançamentos a débito vinculados a tais pagamentos no mês;

III – nas emissões de ordens de crédito ou documentos assemelhados, o somatório dos lançamentos a débito vinculados a tais emissões no mês;

IV – nos resgates em conta de depósito à vista e a prazo, inclusive de poupança, o somatório dos lançamentos a débito vinculados a tais resgates no mês;

V – nos contratos de mútuo e nas operações de desconto de duplicatas, notas promissórias ou outros títulos de crédito, o somatório dos valores lançados a crédito e o somatório de valores lançados a débito, no mês, em cada conta que registrar as operações do usuário;

VI – nas aquisições e vendas de títulos de renda fixa ou variável:

a) em operações no mercado à vista, o somatório das aquisições e o somatório das vendas realizadas no mês;

b) em operações no mercado de opções, o somatório dos prêmios recebidos e o somatório dos prêmios pagos no mês, informados de forma segregada, relativos a todos os contratos de opções, inclusive os de opções flexíveis;

c) em operações no mercado de futuros, o somatório dos ajustes diários ocorridos no mês, relativos a todos os contratos do usuário;

d) em operações de *swap*, o somatório dos pagamentos e o somatório dos recebimentos ocorridos no mês, informados de forma segregada, relativos a todos os contratos do usuário;

VII – nas aplicações em fundos de investimento, o somatório dos lançamentos de aplicações realizados no mês, individualizado por fundo;

VIII – nas aquisições de moeda estrangeira, o somatório das compras efetuadas no mês, em moeda nacional, pelo usuário;

IX – nas conversões de moeda estrangeira em moeda nacional, o somatório das vendas efetuadas no mês, em moeda nacional, pelo usuário;

X – nas transferências de moeda estrangeira e outros valores para o exterior, o somatório, em moeda nacional, dos valores transferidos no mês pelo usuário, contemplando todas as modalidades, independente do mercado de câmbio em que se operem;

XI – nas aquisições ou vendas de ouro, ativo financeiro, o somatório das aquisições e o somatório das vendas realizadas, no mês, pelo usuário;

XII – nas operações com cartão de crédito, o somatório dos pagamentos efetuados pelos titulares dos cartões e o somatório dos repasses efetuados aos estabelecimentos credenciados, no mês;

XIII – nas operações de arrendamento mercantil, o somatório dos pagamentos efetuados pelos arrendatários no mês, referentes a cada contrato.

§ 1.º As transferências de valores para o exterior, quando decorrentes de lançamentos a crédito efetuados pelo banco depositário em contas tituladas por residentes ou domiciliados no exterior, deverão ser informadas de forma segregada das demais modalidades, nos termos do inciso X do *caput*, exceto quando os recursos provierem de venda de moeda estrangeira ou diretamente de outra conta da mesma espécie.

§ 2.º As informações relativas a cartões de crédito serão apresentadas, nos termos do inciso XII, de forma individualizada por cartão emitido para o usuário.

Art. 4.º Para o cumprimento do disposto no art. 3.º, as instituições financeiras poderão desconsiderar as informações relativas a cada modalidade de operação financeira em que o montante global movimentado no mês seja inferior aos seguintes limites:

I – para pessoas físicas, R$ 5.000,00 (cinco mil reais);

II – para pessoas jurídicas, R$ 10.000,00 (dez mil reais).

Art. 5.º A Secretaria da Receita Federal poderá:

I – alterar os limites de que trata o art. 4.º;

II – instituir limites semestrais e anuais;

III – instituir limites relativos a conjunto de modalidades de operações;

IV – no caso do inciso II, estabelecer as hipóteses em que, havendo uma modalidade de operação financeira em que o montante global movimentado no período seja superior aos limites estabelecidos, a instituição financeira deverá prestar todas as informações relativas às demais modalidades de operações daquele titular ou usuário de seus serviços, ainda que os montantes globais movimentados de cada operação sejam inferiores aos limites estabelecidos.

Parágrafo único. Os novos limites, estabelecidos na forma prevista neste artigo, deverão ser observados a partir de 1.º de janeiro do ano seguinte à edição do referido ato, relativamente à obrigatoriedade de prestar as informações, independentemente da data de realização das operações financeiras.

Art. 6.º Recebidas as informações de que trata este Decreto, se detectados indícios de falhas, incorreções ou omissões, ou de cometimento de ilícito fiscal, a apuração dos fatos dar-se-á mediante:

I – requisição dos elementos e dos documentos necessários;

II – procedimento fiscal.

Art. 7.º A Secretaria da Receita Federal resguardará, na forma da legislação aplicável à matéria, o sigilo das informações recebidas nos termos deste Decreto, facultada sua utilização para instaurar procedimento fiscal tendente a verificar a existência de crédito tributário relativo a impostos e contribuições sob sua administração.

Art. 8.º A falta de prestação das informações de que trata este Decreto ou sua apresentação de forma inexata ou incompleta sujeita a pessoa jurídica às penalidade previstas no art. 33 da Medida Provisória n. 66, de 29 de agosto de 2002

• *Vide* art. 30 da Lei n. 10.637, de 30-12-2002, que convalidou a citada Medida Provisória.

Parágrafo único. Quem omitir, retardar injustificadamente ou prestar falsamente à Secretaria da Receita Federal as informações a que se refere este Decreto ficará sujeito, também, às sanções de que trata o art. 10, *caput*, da Lei Complementar n. 105, de 2001, sem prejuízo das penalidades cabíveis nos termos da legislação tributária ou disciplinar, conforme o caso.

• *Vide* citado dispositivo constante deste volume.

Art. 9.º O servidor que divulgar, revelar ou facilitar a divulgação ou revelação de qualquer informação de que trata este Decreto, constante de sistemas informatizados, arquivos de documentos ou autos de processos protegidos por sigilo fiscal, com infração ao disposto no art. 198 da Lei n. 5.172, de 25 de outubro de 1966 (Código Tributário Nacional) ou no art. 116, inciso VIII, da Lei n. 8.112, de 11 de dezembro de 1990, ficará sujeito à penalidade de demissão, prevista no art. 132, inciso IX, da citada Lei n. 8.112, de 1990, sem prejuízo das sanções civis e penais cabíveis.

• Lei n. 8.112, de 11-12-1990: Regime Jurídico dos Servidores Públicos Civis da União, das Autarquias e das Fundações Públicas Federais.

Art. 10. O servidor público que utilizar ou viabilizar a utilização de qualquer informação obtida nos termos deste Decreto, em finalidade ou hipótese diversa da prevista em lei, regulamento ou ato administrativo, será responsabilizado administrativamente por descumprimento do dever funcional de observar normas legais ou regulamentares, de que trata o art. 116, inciso III, da Lei n. 8.112, de 1990, se o fato não configurar infração mais grave, sem prejuízo de sua responsabilização em ação regressiva própria e da responsabilidade penal cabível.

• Lei n. 8.112, de 11-12-1990: Regime Jurídico dos Servidores Públicos Civis da União, das Autarquias e das Fundações Públicas Federais.

Art. 11. O servidor que permitir ou facilitar, mediante atribuição, fornecimento ou empréstimo de senha ou qualquer outra forma, o acesso de pessoas não autorizadas a sistemas de informações, banco de dados, arquivos ou a autos de processos que contenham informações mencionadas neste Decreto, será responsabilizado administrativamente, nos termos da legislação específica, sem prejuízo das sanções civis e penais cabíveis.

Parágrafo único. O disposto neste artigo também se aplica no caso de o servidor utilizar-se, indevidamente, do acesso restrito.

Art. 12. O sujeito passivo que se considerar prejudicado por uso indevido das informações obtidas pela administração tributária, nos termos deste Decreto, ou por abuso da autoridade requisitante, poderá dirigir representação ao Corregedor-Geral da Secretaria da Receita Federal, com vistas à apuração do fato e, se for o caso, à aplicação de penalidades cabíveis ao servidor responsável pela infração.

§ 1.º Quando o fato narrado não configurar evidente infração disciplinar ou ilícito penal, a representação será arquivada, por falta de objeto.

§ 2.º O disposto no § 1.º aplica-se, também, à hipótese de que trata o art. 12 do Decreto n. 3.724, de 10 de janeiro de 2001.

• *Vide* citado dispositivo constante deste volume.

Art. 13. A Secretaria da Receita Federal editará as instruções que se fizerem necessárias à execução do disposto neste Decreto.

Art. 14. Este Decreto entra em vigor na data de sua publicação.

Brasília, 28 de novembro de 2002; 181.º da Independência e 114.º da República.

FERNANDO HENRIQUE CARDOSO

DECRETO N. 4.523, DE 17 DE DEZEMBRO DE 2002 (*)

Regulamenta o arrolamento de bens para interposição de recurso voluntário no processo administrativo de determinação e exigência de créditos tributários da União.

O Presidente da República, no uso da atribuição que lhe confere o art. 84, IV, da Constituição, e tendo em vista o disposto nos §§ 2.º a 4.º do art. 33 do Decreto n. 70.235, de 6 de março de 1972, decreta:

Art. 1.º O arrolamento de bens e direitos para fins de seguimento do recurso voluntário interposto contra decisão proferida nos processos de determinação e exigência de créditos tributários da União será efetuado em conformidade com as disposições deste Decreto.

Art. 2.º O recorrente deverá arrolar, por sua iniciativa, bens e direitos de valor equivalente a trinta por cento da exigência fiscal definida na decisão, aplicando-se o disposto nos §§ 2.º, 3.º, 5.º e 8.º do art. 64 da Lei n. 9.532, de 10 de dezembro de 1997.

• Citados dispositivos constam deste volume.

§ 1.º Deverão ser arrolados, preferencialmente, bens imóveis da pessoa física ou jurídica recorrente, integrantes de seu patrimônio, classificados, no caso de pessoa jurídica, em conta integrante do ativo permanente, segundo as normas fiscais e comerciais.

§ 2.º Caso a pessoa física não possua imóveis passíveis de arrolamento, deverão ser arrolados bens móveis ou direitos constantes de seu patrimônio.

§ 3.º Caso a pessoa jurídica não possua imóveis passíveis de arrolamento, segundo o disposto no § 1.º, deverão ser arrolados outros bens integrantes de seu ativo permanente.

Art. 3.º Sem prejuízo do seguimento do recurso voluntário, o arrolamento de bens e direitos será limitado ao total do ativo permanente da pessoa jurídica ou ao patrimônio da pessoa física, avaliados pelo valor constante da contabilidade ou da última declaração de rendimentos apresentada pelo sujeito passivo.

Art. 4.º Na hipótese em que a autoridade fiscal competente tenha procedido o arrolamento de bens e direitos

(*) Publicado no *DOU*, de 18-12-2002.

nos termos preconizados pelo art. 64 da Lei n. 9.532, de 1997, fica o recorrente dispensado da adoção dessa providência.

Art. 5.º A Secretaria da Receita Federal do Ministério da Fazenda expedirá normas complementares para a aplicação do disposto neste Decreto.

•• A Secretaria da Receita Federal passa a denominar-se Secretaria da Receita Federal do Brasil, por força da Lei n. 11.457, de 16-3-2007.

Art. 6.º Este Decreto entra em vigor na data de sua publicação.

Art. 7.º Fica revogado o Decreto n. 3.717, de 3 de janeiro de 2001.

Brasília, 17 de dezembro de 2002; 181.º da Independência e 114.º da República.

Fernando Henrique Cardoso

LEI N. 10.637, DE 30 DE DEZEMBRO DE 2002 (*)

Dispõe sobre a não cumulatividade na cobrança da contribuição para os Programas de Integração Social (PIS) e de Formação do Patrimônio do Servidor Público (Pasep), nos casos que especifica; sobre o pagamento e o parcelamento de débitos tributários federais, a compensação de créditos fiscais, a declaração de inaptidão de inscrição de pessoas jurídicas, a legislação aduaneira, e dá outras providências.

O Presidente da República

Faço saber que o Congresso Nacional decreta e eu sanciono a seguinte Lei:

Capítulo I
COBRANÇA NÃO CUMULATIVA DO PIS E DO PASEP

•• *Vide* arts. 15 e 16 da Lei n. 10.833, de 29-12-2003.

• A Instrução Normativa n. 247, de 21-11-2002, da Secretaria da Receita Federal, dispõe sobre a contribuição para o PIS/PASEP e a COFINS, devidas pelas pessoas jurídicas de direito privado em geral.

• O Ato Declaratório Interpretativo n. 2, de 14-3-2003, da Secretaria da Receita Federal, dispõe sobre a contribuição não cumulativa do PIS/PASEP.

Art. 1.º A Contribuição para o PIS/Pasep, com a incidência não cumulativa, incide sobre o total das receitas auferidas no mês pela pessoa jurídica, independentemente de sua denominação ou classificação contábil.

•• *Caput* com redação determinada pela Lei n. 12.973, de 13-5-2014.

§ 1.º Para efeito do disposto neste artigo, o total das receitas compreende a receita bruta de que trata o art. 12 do Decreto-Lei n. 1.598, de 26 de dezembro de 1977, e todas as demais receitas auferidas pela pessoa jurídica com os respectivos valores decorrentes do ajuste a valor presente de que trata o inciso VIII do *caput* do art. 183 da Lei n. 6.404, de 15 de dezembro de 1976.

•• § 1.º com redação determinada pela Lei n. 12.973, de 13-5-2014.

§ 2.º A base de cálculo da Contribuição para o PIS/Pasep é o total das receitas auferidas pela pessoa jurídica, conforme definido no *caput* e no § 1.º.

•• § 2.º com redação determinada pela Lei n. 12.973, de 13-5-2014.

§ 3.º Não integram a base de cálculo a que se refere este artigo, as receitas:

I – decorrentes de saídas isentas da contribuição ou sujeitas à alíquota zero;

II – (*Vetado.*)

III – auferidas pela pessoa jurídica revendedora, na revenda de mercadorias em relação às quais a contribuição seja exigida da empresa vendedora, na condição de substituta tributária;

IV – (*Revogado pela Lei n. 11.727, de 23-6-2008.*)

V – referentes a:

a) vendas canceladas e aos descontos incondicionais concedidos;

b) reversões de provisões e recuperações de créditos baixados como perda, que não representem ingresso de novas receitas, o resultado positivo da avaliação de investimentos pelo valor do patrimônio líquido e os lucros e dividendos derivados de participações societárias, que tenham sido computados como receita;

•• Alínea *b* com redação determinada pela Lei n. 12.973, de 13-5-2014.

VI – de que trata o inciso IV do *caput* do art. 187 da Lei n. 6.404, de 15 de dezembro de 1976, decorrentes da venda de bens do ativo não circulante, classificado como investimento, imobilizado ou intangível;

•• Inciso VI com redação determinada pela Lei n. 12.973, de 13-5-2014.

VII – decorrentes de transferência onerosa a outros contribuintes do Imposto sobre Operações relativas à Circulação de Mercadorias e sobre Prestações de Serviços de Transporte Interestadual e Intermunicipal e de Comunicação – ICMS de créditos de ICMS originados de operações de exportação, conforme o disposto no inciso II do § 1.º do art. 25 da Lei Complementar n. 87, de 13 de setembro de 1996;

•• Inciso VII acrescentado pela Lei n. 11.945, de 4-6-2009.

VIII – financeiras decorrentes do ajuste a valor presente de que trata o inciso VIII do *caput* do art. 183 da Lei n. 6.404, de 15 de dezembro de 1976, referentes a receitas excluídas da base de cálculo da Contribuição para o PIS/PASEP;

(*) Publicada no *DOU*, de 31-12-2002, edição extra.

•• Inciso VIII acrescentado pela Lei n. 12.973, de 13-5-2014.

IX – relativas aos ganhos decorrentes de avaliação de ativo e passivo com base no valor justo;

•• Inciso IX acrescentado pela Lei n. 12.973, de 13-5-2014.

X – de subvenções para investimento, inclusive mediante isenção ou redução de impostos, concedidas como estímulo à implantação ou expansão de empreendimentos econômicos e de doações feitas pelo poder público;

•• Inciso X acrescentado pela Lei n. 12.973, de 13-5-2014.

XI – reconhecidas pela construção, recuperação, reforma, ampliação ou melhoramento da infraestrutura, cuja contrapartida seja ativo intangível representativo de direito de exploração, no caso de contratos de concessão de serviços públicos;

•• Inciso XI acrescentado pela Lei n. 12.973, de 13-5-2014.

XII – relativas ao valor do imposto que deixar de ser pago em virtude das isenções e reduções de que tratam as alíneas "a", "b", "c" e "e" do § 1.º do art. 19 do Decreto-Lei n. 1.598, de 26 de dezembro de 1977; e

•• Inciso XII acrescentado pela Lei n. 12.973, de 13-5-2014.

XIII – relativas ao prêmio na emissão de debêntures.

•• Inciso XIII acrescentado pela Lei n. 12.973, de 13-5-2014.

Art. 2.º Para determinação do valor da contribuição para o PIS/Pasep aplicar-se-á, sobre a base de cálculo apurada conforme o disposto no art. 1.º, a alíquota de 1,65% (um inteiro e sessenta e cinco centésimos por cento).

•• *Vide* arts. 14 a 16 da Lei n. 10.833, de 29-12-2003.

§ 1.º Excetua-se do disposto no *caput* a receita bruta auferida pelos produtores ou importadores, que devem aplicar as alíquotas previstas:

•• § 1.º, *caput*, acrescentado pela Lei n. 10.865, de 30-4-2004.

•• *Vide* art. 46, IV, da Lei n. 10.865, de 30-4-2004.

I – nos incisos I a III do art. 4.º da Lei n. 9.718, de 27 de novembro de 1998, e alterações posteriores, no caso de venda de gasolinas e suas correntes, exceto gasolina de aviação, óleo diesel e suas correntes e gás liquefeito de petróleo - GLP derivado de petróleo e de gás natural;

•• Inciso I com redação determinada pela Lei n. 10.925, de 23-7-2004.

....

§ 1.º-A. Excetua-se do disposto no *caput* deste artigo a receita bruta auferida pelos produtores, importadores ou distribuidores com a venda de álcool, inclusive para fins carburantes, à qual se aplicam as alíquotas previstas no *caput* e no § 4.º do art. 5.º da Lei n. 9.718, de 27 de novembro de 1998.

•• § 1º-A acrescentado pela Lei n. 11.727, de 23-6-2008.

•• *Vide* art. 41, IV, da Lei n. 11.727, de 23-6-2008.

§ 2.º Excetua-se do disposto no *caput* deste artigo a receita bruta decorrente da venda de papel imune a impostos de que trata o art. 150, VI, *d*, da Constituição Federal, quando destinado à impressão de periódicos, que fica sujeita à alíquota de 0,8% (oito décimos por cento).

•• § 2.º acrescentado pela Lei n. 10.865, de 30-4-2004.

•• *Vide* art. 46, IV, da Lei n. 10.865, de 30-4-2004.

....

§ 4.º Excetua-se do disposto no *caput* deste artigo a receita bruta auferida por pessoa jurídica industrial estabelecida na Zona Franca de Manaus, decorrente da venda de produção própria, consoante projeto aprovado pelo Conselho de Administração da Superintendência da Zona Franca de Manaus - SUFRAMA, que fica sujeita, ressalvado o disposto nos §§ 1.º a 3.º deste artigo, às alíquotas de:

•• § 4.º, *caput*, acrescentado pela Lei n. 10.996, de 15-12-2004.

I – 0,65% (sessenta e cinco centésimos por cento), no caso de venda efetuada a pessoa jurídica estabelecida:

a) na Zona Franca de Manaus; e

b) fora da Zona Franca de Manaus, que apure a Contribuição para o PIS/PASEP no regime de não cumulatividade;

•• Inciso I e alíneas acrescentados pela Lei n. 10.996, de 15-12-2004.

II – 1,3% (um inteiro e três décimos por cento), no caso de venda efetuada a:

a) pessoa jurídica estabelecida fora da Zona Franca de Manaus, que apure o imposto de renda com base no lucro presumido;

b) pessoa jurídica estabelecida fora da Zona Franca de Manaus, que apure o imposto de renda com base no lucro real e que tenha sua receita, total ou parcialmente, excluída do regime de incidência não cumulativa da Contribuição para o PIS/PASEP;

c) pessoa jurídica estabelecida fora da Zona Franca de Manaus e que seja optante pelo Sistema Integrado de Pagamento de Impostos e Contribuições - SIMPLES; e

d) órgãos da administração federal, estadual, distrital e municipal.

•• Inciso II e alíneas acrescentados pela Lei n. 10.996, de 15-12-2004.

§ 5.º O disposto no § 4.º também se aplica à receita bruta auferida por pessoa jurídica industrial ou comercial estabelecida nas Áreas de Livre Comércio de que tratam as Leis n. 7.965, de 22 de dezembro de 1989, 8.210, de 19 de julho de 1991, e 8.256, de 25 de novembro de 1991, o art. 11 da Lei n. 8.387, de 30 de dezembro de 1991, e a Lei n. 8.857, de 8 de março de 1994.

•• § 5.º acrescentado pela Lei n. 11.945, de 4-6-2009.

§ 6.º A exigência prevista no § 4.º deste artigo relativa ao projeto aprovado não se aplica às pessoas jurídicas comerciais referidas no § 5.º deste artigo.

•• § 6.º acrescentado pela Lei n. 11.945, de 4-6-2009.

Art. 3.º Do valor apurado na forma do art. 2.º a pessoa jurídica poderá descontar créditos calculados em relação a:

• *Vide* art. 30 da Lei n. 10.865, de 30-4-2004.

I – bens adquiridos para revenda, exceto em relação às mercadorias e aos produtos referidos:

•• Inciso I, *caput*, com redação determinada pela Lei n. 10.865, de 30-4-2004.

a) no inciso III do § 3.º do art. 1.º desta Lei; e

•• Alínea *a* com redação determinada pela Lei n. 11.727, de 23-6-2008.

•• *Vide* art. 41, IV, da Lei n. 11.727, de 23-6-2008.

b) nos §§ 1.º e 1.º-A do art. 2.º desta Lei;

•• Alínea *b* com redação determinada pela Lei n. 11.787, de 25-9-2008.

....

IV – aluguéis de prédios, máquinas e equipamentos, pagos a pessoa jurídica, utilizados nas atividades da empresa;

V – valor das contraprestações de operações de arrendamento mercantil de pessoa jurídica, exceto de optante pelo Sistema Integrado de Pagamento de Impostos e Contribuições das Microempresas e das Empresas de Pequeno Porte - SIMPLES;

•• Inciso V com redação determinada pela Lei n. 10.865, de 30-4-2004.

•• *Vide* art. 46, IV, da Lei n. 10.865, de 30-4-2004.

VI – máquinas, equipamentos e outros bens incorporados ao ativo imobilizado, adquiridos ou fabricados para locação a terceiros ou para utilização na produção de bens destinados à venda ou na prestação de serviços;

•• Inciso VI com redação determinada pela Lei n. 11.196, de 21-11-2005.

•• *Vide* art. 132, III, *d*, da Lei n. 11.196, de 21-11-2005.

• A Lei n. 11.529, de 22-10-2007, dispõe sobre os créditos da Contribuição para o PIS/Pasep e da Cofins, de que trata este inciso.

VII – edificações e benfeitorias em imóveis de terceiros, quando o custo, inclusive de mão de obra, tenha sido suportado pela locatária;

VIII – bens recebidos em devolução, cuja receita de venda tenha integrado faturamento do mês ou de mês anterior, e tributada conforme o disposto nesta Lei;

IX – energia elétrica e energia térmica, inclusive sob a forma de vapor, consumidas nos estabelecimentos da pessoa jurídica;

•• Inciso IX com redação determinada pela Lei n. 11.488, de 15-6-2007.

X – vale-transporte, vale-refeição ou vale-alimentação, fardamento ou uniforme fornecidos aos empregados por pessoa jurídica que explore as atividades de prestação de serviços de limpeza, conservação e manutenção;

•• Inciso X acrescentado pela Lei n. 11.898, de 8-1-2009.

XI – bens incorporados ao ativo intangível, adquiridos para utilização na produção de bens destinados a venda ou na prestação de serviços.

•• Inciso XI acrescentado pela Lei n. 12.973, de 13-5-2014.

§ 1.º O crédito será determinado mediante a aplicação da alíquota prevista no *caput* do art. 2.º desta Lei sobre o valor:

•• § 1.º, *caput*, com redação determinada pela Lei n. 10.865, de 30-4-2004.

•• *Vide* art. 46, IV, da Lei n. 10.865, de 30-4-2004.

I – dos itens mencionados nos incisos I e II do *caput*, adquiridos no mês;

II – dos itens mencionados nos incisos IV, V e IX do *caput*, incorridos no mês;

•• Inciso II com redação determinada pela Lei n. 10.684, de 30-5-2003.

III – dos encargos de depreciação e amortização dos bens mencionados nos incisos VI, VII e XI do *caput*, incorridos no mês;

•• Inciso III com redação determinada pela Lei n. 12.973, de 13-5-2014.

• *Vide* art. 31 da Lei n. 10.865, de 30-4-2004.

IV – dos bens mencionados no inciso VIII do *caput*, devolvidos no mês.

§ 2.º Não dará direito a crédito o valor:

•• § 2.º, *caput*, com redação determinada pela Lei n. 10.865, de 30-4-2004.

I – de mão de obra paga a pessoa física; e

•• Inciso I acrescentado pela Lei n. 10.865, de 30-4-2004.

II – da aquisição de bens ou serviços não sujeitos ao pagamento da contribuição, inclusive no caso de isenção, esse último quando revendidos ou utilizados como insumo em produtos ou serviços sujeitos à alíquota 0 (zero), isentos ou não alcançados pela contribuição.

•• Inciso II acrescentado pela Lei n. 10.865, de 30-4-2004.

•• *Vide* art. 46, IV, da Lei n. 10.865, de 30-4-2004.

§ 3.º O direito ao crédito aplica-se, exclusivamente, em relação:

I – aos bens e serviços adquiridos de pessoa jurídica domiciliada no País;

II – aos custos e despesas incorridos, pagos ou creditados a pessoa jurídica domiciliada no País;

III – aos bens e serviços adquiridos e aos custos e despesas incorridos a partir do mês em que se iniciar a aplicação do disposto nesta Lei.

§ 4.º O crédito não aproveitado em determinado mês poderá sê-lo nos meses subsequentes.

§§ 5.º e 6.º (*Vetados.*)

§ 7.º Na hipótese de a pessoa jurídica sujeitar-se à incidência não cumulativa da contribuição para o PIS/Pasep, em relação apenas a parte de suas receitas, o crédito será apurado, exclusivamente, em relação aos custos, despesas e encargos vinculados a essas receitas.

§ 8.º Observadas as normas a serem editadas pela Secretaria da Receita Federal, no caso de custos, despesas e encargos vinculados às receitas referidas no § 7.º e àquelas submetidas ao regime de incidência cumulativa dessa contribuição, o crédito será determinado, a critério da pessoa jurídica, pelo método de:

I – apropriação direta, inclusive em relação aos custos, por meio de sistema de contabilidade de custos integrada e coordenada com a escrituração; ou

II – rateio proporcional, aplicando-se aos custos, despesas e encargos comuns a relação percentual existente entre a receita bruta sujeita à incidência não cumulativa e a receita bruta total, auferidas em cada mês.

§ 9.º O método eleito pela pessoa jurídica será aplicado consistentemente por todo o ano-calendário, observadas as normas a serem editadas pela Secretaria da Receita Federal.

•• A Secretaria da Receita Federal passa a denominar-se Secretaria da Receita Federal do Brasil, por força da Lei n. 11.457, de 16-3-2007.

§§ 10 e 11. (*Revogados pela Lei n. 10.925, de 23-7-2004.*)

§ 12. Ressalvado o disposto no § 2.º deste artigo e nos §§ 1.º a 3.º do art. 2.º desta Lei, na aquisição de mercadoria produzida por pessoa jurídica estabelecida na Zona Franca de Manaus, consoante projeto aprovado pelo Conselho de Administração da Superintendência da Zona Franca de Manaus - SUFRAMA, o crédito será determinado mediante a aplicação da alíquota de 1% (um por cento) e, na situação de que trata a alínea *b* do inciso II do § 4.º do art. 2.º desta Lei, mediante a aplicação da alíquota de 1,65% (um inteiro e sessenta e cinco centésimos por cento).

•• § 12 com redação determinada pela Lei n. 11.307, de 19-5-2006.

§ 13. Não integram o valor das máquinas, equipamentos e outros bens fabricados para incorporação ao ativo imobilizado na forma do inciso VI do *caput* deste artigo os custos de que tratam os incisos do § 2.º deste artigo.

•• § 13 acrescentado pela Lei n. 11.196, de 21-11-2005.

•• *Vide* art. 132, III, *d*, da Lei n. 11.196, de 21-11-2005.

•• Medida Provisória n. 413, de 3-1-2008, acrescentou o § 14 a este artigo. No entanto o mesmo não foi reproduzido pela sua conversão na Lei n. 11.727, de 23-6-2008.

§ 15. O disposto no § 12 deste artigo também se aplica na hipótese de aquisição de mercadoria produzida por pessoa jurídica estabelecida nas Áreas de Livre Comércio de que tratam as Leis n. 7.965, de 22 de dezembro de 1989, 8.210, de 19 de julho de 1991, e 8.256, de 25 de novembro de 1991, o art. 11 da Lei n. 8.387, de 30 de dezembro de 1991, e a Lei n. 8.857, de 8 de março de 1994.

•• § 15 acrescentado pela Lei n. 11.945, de 4-6-2009.

§ 16. Ressalvado o disposto no § 2.º deste artigo e nos §§ 1.º a 3.º do art. 2.º desta Lei, na hipótese de aquisição de mercadoria revendida por pessoa jurídica comercial estabelecida nas Áreas de Livre Comércio referidas no § 15, o crédito será determinado mediante a aplicação da alíquota de 0,65% (sessenta e cinco centésimos por cento).

•• § 16 acrescentado pela Lei n. 11.945, de 4-6-2009.

§ 17. No cálculo do crédito de que tratam os incisos do *caput*, poderão ser considerados os valores decorrentes do ajuste a valor presente de que trata o inciso III do *caput* do art. 184 da Lei n. 6.404, de 15 de dezembro de 1976.

•• § 17 acrescentado pela Lei n. 12.973, de 13-5-2014.

§ 18. O disposto nos incisos VI e VII do *caput* não se aplica no caso de bem objeto de arrendamento mercantil, na pessoa jurídica arrendatária.

•• § 18 acrescentado pela Lei n. 12.973, de 13-5-2014.

§ 19. Para fins do disposto nos incisos VI e VII do *caput*, fica vedado o desconto de quaisquer créditos calculados em relação a:

•• § 19, *caput*, acrescentado pela Lei n. 12.973, de 13-5-2014.

I – encargos associados a empréstimos registrados como custo na forma da alínea *b* do § 1.º do art. 17 do Decreto-Lei n. 1.598, de 26 de dezembro de 1977; e

•• Inciso I acrescentado pela Lei n. 12.973, de 13-5-2014.

II – custos estimados de desmontagem e remoção do imobilizado e de restauração do local em que estiver situado.

•• Inciso II acrescentado pela Lei n. 12.973, de 13-5-2014.

§ 20. No cálculo dos créditos a que se referem os incisos VI e VII do *caput*, não serão computados os ganhos e perdas decorrentes de avaliação de ativo com base no valor justo.

•• § 20 acrescentado pela Lei n. 12.973, de 13-5-2014.

•• Sobre a vigência desta alteração, *vide* art. 119 da Lei n. 12.973, de 13-5-2014.

§ 21. Na execução de contratos de concessão de serviços públicos, os créditos gerados pelos serviços de construção, recuperação, reforma, ampliação ou melhoramento de infraestrutura, quando a receita correspondente tiver contrapartida em ativo intangível, representativo de direito de exploração, ou em ativo financeiro, somente poderão ser aproveitados, no caso do ativo intangível, à medida que este for amortizado e, no caso do ativo financeiro, na proporção de seu recebimento, excetuado, para ambos os casos, o crédito previsto no inciso VI do *caput*.

•• § 21 acrescentado pela Lei n. 12.973, de 13-5-2014.

§ 22. O disposto no inciso XI do *caput* não se aplica ao ativo intangível referido no § 21.

•• § 22 acrescentado pela Lei n. 12.973, de 13-5-2014.

•• Sobre a vigência dessas alterações, *vide* arts. 75 e 119 da Lei n. 12.973, de 13-5-2014.

•• A Lei n. 13.097, de 19-1-2015, propôs o acréscimo do § 23 a este artigo, porém teve seu texto vetado.

Art. 4.º O contribuinte da contribuição para o PIS/Pasep é a pessoa jurídica que auferir as receitas a que se refere o art. 1.º.

Art. 5.º A contribuição para o PIS/Pasep não incidirá sobre as receitas decorrentes das operações de:

I – exportação de mercadorias para o exterior;

II – prestação de serviços para pessoa física ou jurídica residente ou domiciliada no exterior, cujo pagamento represente ingresso de divisas;

•• Inciso II com redação determinada pela Lei n. 10.865, de 30-4-2004.

• *Vide* art. 10 da Lei n. 11.371, de 28-11-2006.

III – vendas a empresa comercial exportadora com o fim específico de exportação.

•• A Lei n. 13.169, de 6-10-2015, propôs o acréscimo do inciso IV ao *caput* deste artigo, porém teve seu texto vetado.

§ 1.º Na hipótese deste artigo, a pessoa jurídica vendedora poderá utilizar o crédito apurado na forma do art. 3.º para fins de:

I – dedução do valor da contribuição a recolher, decorrente das demais operações no mercado interno;

II – compensação com débitos próprios, vencidos ou vincendos, relativos a tributos e contribuições administrados pela Secretaria da Receita Federal, observada a legislação específica aplicável à matéria.

•• A Secretaria da Receita Federal passa a denominar-se Secretaria da Receita Federal do Brasil, por força da Lei n. 11.457, de 16-3-2007.

§ 2.º A pessoa jurídica que, até o final de cada trimestre do ano civil, não conseguir utilizar o crédito por qualquer das formas previstas no § 1.º, poderá solicitar o seu ressarcimento em dinheiro, observada a legislação específica aplicável à matéria.

•• A Lei n. 13.169, de 6-10-2015, propôs o acréscimo do § 3.º a este artigo, porém teve seu texto vetado.

Art. 5.º-A. Ficam reduzidas a 0 (zero) as alíquotas da contribuição para o PIS/PASEP e da COFINS incidentes sobre as receitas decorrentes da comercialização de matérias-primas, produtos intermediários e materiais de embalagem, produzidos na Zona Franca de Manaus para emprego em processo de industrialização por estabelecimentos industriais ali instalados e consoante projetos aprovados pelo Conselho de Administração da Superintendência da Zona Franca de Manaus – SUFRAMA.

•• Artigo com redação determinada pela Lei n. 10.865, de 30-4-2004.

•• A Lei n. 10.925, de 23-7-2004, propôs nova redação para este artigo, porém teve o seu texto vetado.

Art. 6.º (*Revogado pela Lei n. 10.833, de 29-12-2003.*)

Art. 7.º A empresa comercial exportadora que houver adquirido mercadorias de outra pessoa jurídica, com o fim específico de exportação para o exterior, que, no prazo de 180 (cento e oitenta) dias, contado da data da emissão da nota fiscal pela vendedora, não comprovar o seu embarque para o exterior, ficará sujeita ao pagamento de todos os impostos e contribuições que deixaram de ser pagos pela empresa vendedora, acrescidos de juros de mora e multa, de mora ou de ofício, calculados na forma da legislação que rege a cobrança do tributo não pago.

§ 1.º Para efeito do disposto neste artigo, considera-se vencido o prazo para o pagamento na data em que a empresa vendedora deveria fazê-lo, caso a venda houvesse sido efetuada para o mercado interno.

§ 2.º No pagamento dos referidos tributos, a empresa comercial exportadora não poderá deduzir, do montante devido, qualquer valor a título de crédito de Imposto sobre Produtos Industrializados (IPI) ou de contribuição para o PIS/Pasep, decorrente da aquisição das mercadorias e serviços objeto da incidência.

§ 3.º A empresa deverá pagar, também, os impostos e contribuições devidos nas vendas para o mercado interno, caso, por qualquer forma, tenha alienado ou utilizado as mercadorias.

Art. 8.º Permanecem sujeitas às normas da legislação da contribuição para o PIS/Pasep, vigentes anteriormente a esta Lei, não se lhes aplicando as disposições dos arts. 1.º a 6.º:

I – as pessoas jurídicas referidas nos §§ 6.º, 8.º e 9.º do art. 3.º da Lei n. 9.718, de 27 de novembro de 1998 (parágrafos introduzidos pela Medida Provisória n. 2.158-35, de 24 de agosto de 2001), e Lei n. 7.102, de 20 de junho de 1983;

• A Lei n. 9.718, de 27-11-1998, consta neste volume. A Lei n. 7.102, de 20-6-1983, dispõe sobre segurança para estabelecimentos financeiros.

II – as pessoas jurídicas tributadas pelo imposto de renda com base no lucro presumido ou arbitrado;

III – as pessoas jurídicas optantes pelo SIMPLES;

IV – as pessoas jurídicas imunes a impostos;

V – os órgãos públicos, as autarquias e fundações públicas federais, estaduais e municipais, e as fundações cuja criação tenha sido autorizada por lei, referidas no art. 61 do Ato das Disposições Constitucionais Transitórias da Constituição de 1988;

VI – (*Vetado.*)

VII – as receitas decorrentes das operações:

a) (*Revogada pela Lei n. 11.727, de 23-6-2008.*)

b) sujeitas à substituição tributária da contribuição para o PIS/Pasep;

c) referidas no art. 5.º da Lei n. 9.716, de 26 de novembro de 1998;

• Citado dispositivo consta deste volume.

VIII – as receitas decorrentes de prestação de serviços de telecomunicações;

IX – (*Vetado.*)

X – as sociedades cooperativas;

•• Inciso X acrescentado pela Lei n. 10.684, de 30-5-2003.

•• A Lei n. 12.973, de 13-5-2014, propôs nova redação para este inciso, porém teve seu texto vetado.

XI – as receitas decorrentes de prestação de serviços das empresas jornalísticas e de radiodifusão sonora e de sons e imagens;

•• Inciso XI acrescentado pela Lei n. 10.684, de 30-5-2003.

XII – as receitas decorrentes de operações de comercialização de pedra britada, de areia para construção civil e de areia de brita;

•• Inciso XII acrescentado pela Lei n. 12.693, de 24-7-2012.

•• A Lei n. 12.715, de 17-9-2012, propôs nova redação para este inciso XII, porém teve seu texto vetado.

XIII – as receitas decorrentes da alienação de participações societárias.

•• Inciso XIII acrescentado pela Lei n. 13.043, de 13-11-2014.

Art. 9.º (*Vetado.*)

Art. 10. A contribuição de que trata o art. 1.º desta Lei deverá ser paga até o 25.º (vigésimo quinto) dia do mês subsequente ao de ocorrência do fato gerador.

•• *Caput* com redação determinada pela Lei n. 11.933, de 28-4-2009.

Parágrafo único. Se o dia do vencimento de que trata o *caput* deste artigo não for dia útil, considerar-se-á antecipado o prazo para o primeiro dia útil que o anteceder.

•• Parágrafo único acrescentado pela Lei n. 11.933, de 28-4-2009.

Art. 11. A pessoa jurídica contribuinte do PIS/Pasep, submetida à apuração do valor devido na forma do art. 3.º, terá direito a desconto correspondente ao estoque de abertura dos bens de que tratam os incisos I e II desse artigo, adquiridos de pessoa jurídica domiciliada no País, existentes em 1.º de dezembro de 2002.

§ 1.º O montante de crédito presumido será igual ao resultado da aplicação do percentual de 0,65% (sessenta e cinco centésimos por cento) sobre o valor do estoque.

§ 2.º O crédito presumido calculado segundo os §§ 1.º e 7.º será utilizado em 12 (doze) parcelas mensais, iguais e sucessivas, a partir da data a que se refere o *caput* deste artigo.

•• § 2.º com redação determinada pela Lei n. 10.865, de 30-4-2004.

•• *Vide* art. 46, IV, da Lei n. 10.865, de 30-4-2004.

§ 3.º A pessoa jurídica que, tributada com base no lucro presumido, passar a adotar o regime de tributação com base no lucro real, terá, na hipótese de, em decorrência dessa opção, sujeitar-se à incidência não cumulativa da contribuição para o PIS/PASEP, direito a desconto correspondente ao estoque de abertura dos bens e ao aproveitamento do crédito presumido na forma prevista neste artigo.

§ 4.º O disposto no *caput* aplica-se também aos estoques de produtos acabados e em elaboração.

•• § 4.º acrescentado pela Lei n. 10.684, de 30-5-2003.

§ 5.º O disposto neste artigo aplica-se, também, aos estoques de produtos que não geraram crédito na aquisição, em decorrência do disposto nos §§ 7.º a 9.º do art. 3.º desta Lei, destinados à fabricação dos produtos de que tratam as Leis n. 9.990, de 21 de julho de 2000, 10.147, de 21 de dezembro de 2000, 10.485, de 3 de julho de 2002, e 10.560, de 13 de novembro de 2002, ou quaisquer outros submetidos à incidência monofásica da contribuição.

•• § 5.º acrescentado pela Lei n. 10.865, de 30-4-2004.

•• *Vide* art. 46, IV, da Lei n. 10.865, de 30-4-2004.

§ 6.º As disposições do § 5.º não se aplicam aos estoques de produtos adquiridos a alíquota 0 (zero), isentos ou não alcançados pela incidência da contribuição.

•• § 6.º acrescentado pela Lei n. 10.865, de 30-4-2004.

•• *Vide* art. 46, IV, da Lei n. 10.865, de 30-4-2004.

§ 7.º O montante do crédito presumido de que trata o § 5.º deste artigo será igual ao resultado da aplicação da alíquota de 1,65% (um inteiro e sessenta e cinco centésimos por cento) sobre o valor do estoque, inclusive para as pessoas jurídicas fabricantes dos produtos referidos no art. 51 da Lei n. 10.833, de 29 de dezembro de 2003.

•• § 7.º com redação determinada pela Lei n. 10.925, de 23-7-2004.

• O citado art. 51 da Lei n. 10.833, de 29-12-2003, dispõe sobre as receitas decorrentes da venda de embalagens para bebidas.

Art. 12. Até 31 de dezembro de 2003, o Poder Executivo submeterá ao Congresso Nacional projeto de lei tornando não cumulativa a cobrança da Contribuição para o Financiamento da Seguridade Social (Cofins).

Parágrafo único. O projeto conterá também a modificação, se necessária, da alíquota da contribuição para o PIS/Pasep, com a finalidade de manter constante, em relação a períodos anteriores, a parcela da arrecadação afetada pelas alterações introduzidas por esta Lei.

Capítulo II
DAS OUTRAS DISPOSIÇÕES RELATIVAS À LEGISLAÇÃO TRIBUTÁRIA E ADUANEIRA

Art. 13. Poderão ser pagos até o último dia útil de janeiro de 2003, em parcela única, os débitos a que se refere o art. 11 da Medida Provisória n. 2.158-35, de 24 de agosto de 2001, vinculados ou não a qualquer ação judicial, relativos a fatos geradores ocorridos até 30 de abril de 2002.

• A Medida Provisória n. 2.158-35, de 24-8-2001, altera a legislação das Contribuições para a Seguridade Social – Cofins, para os Programas de Integração Social e de Formação do Patrimônio do Servidor Público – PIS/PASEP e do Imposto sobre a Renda, e dá outras providências.

• A Portaria Conjunta n. 6, de 8-1-2003, da Secretaria da Receita Federal, da Procuradoria-Geral da Fazenda Nacional e do INSS, dispõe sobre a aplicação deste artigo aos débitos consolidados no REFIS ou no parcelamento a ele alternativo.

• A Portaria Conjunta n. 7, de 8-1-2003, da Secretaria da Receita Federal e da Procuradoria-Geral da Fazenda Nacional, disciplina o pagamento de tributos e contribuições federais nas condições estabelecidas neste artigo.

§ 1.º Para os efeitos deste artigo, a pessoa jurídica deverá comprovar a desistência expressa e irrevogável de todas as ações judiciais que tenham por objeto os tributos a serem pagos e renunciar a qualquer alegação de direito sobre a qual se fundam as referidas ações.

§ 2.º Na hipótese de que trata este artigo, serão dispensados os juros de mora devidos até janeiro de 1999, sendo exigido esse encargo, na forma do § 4.º do art. 17 da Lei n. 9.779, de 19 de janeiro de 1999, acrescido pela Medida Provisória n. 2.158-35, de 24 de agosto de 2001, a partir do mês:

• Citado dispositivo consta deste volume.

I – de fevereiro do referido ano, no caso de fatos geradores ocorridos até janeiro de 1999;

II – seguinte ao da ocorrência do fato gerador, nos demais casos.

§ 3.º Na hipótese deste artigo, a multa, de mora ou de ofício, incidente sobre o débito constituído ou não, será reduzida no percentual fixado no *caput* do art. 6.º da Lei n. 8.218, de 29 de agosto de 1991.

• O artigo citado, alterado pela Lei n. 11.941, de 27-5-2009, dispõe: "Art. 6.º Ao sujeito passivo que, notificado, efetuar o pagamento, a compensação ou o parcelamento dos tributos administrados pela Secretaria da Receita Federal do Brasil, inclusive das contribuições sociais previstas nas alíneas *a*, *b* e *c* do parágrafo único do art. 11 da Lei n. 8.212, de 24-7-1991, das contribuições instituídas a título de substituição e das contribuições devidas a terceiros, assim entendidas outras entidades e fundos, será concedido redução da multa de lançamento de ofício nos seguintes percentuais: I – 50% (cinquenta por cento), se for efetuado o pagamento ou a compensação no prazo de 30 (trinta) dias, contado da data em que o sujeito passivo foi notificado do lançamento; II – 40% (quarenta por cento), se o sujeito passivo requerer o parcelamento no prazo de 30 (trinta) dias, contado da data em que foi notificado do lançamento; III – 30% (trinta por cento), se for efetuado o pagamento ou a compensação no prazo de 30 (trinta) dias, contado da data em que o sujeito passivo foi notificado da decisão administrativa de primeira instância; e IV – 20% (vinte por cento), se o sujeito passivo requerer o parcelamento no prazo de 30 (trinta) dias, contado da data em que foi notificado da decisão administrativa de primeira instância. § 1.º No caso de provimento a recurso de ofício interposto por autoridade julgadora de primeira instância, aplica-se a redução prevista no inciso III do *caput* deste artigo, para o caso de pagamento ou compensação, e no inciso IV do *caput* deste artigo, para o caso de parcelamento. § 2.º A rescisão do parcelamento, motivada pelo descumprimento das normas que o regulam, implicará restabelecimento do montante da multa proporcionalmente ao valor da receita não satisfeita e que exceder o valor obtido com a garantia apresentada".

§ 4.º Para efeito do disposto no *caput*, se os débitos forem decorrentes de lançamento de ofício e se encontrarem com exigibilidade suspensa por força do inciso III do art. 151 da Lei n. 5.172, de 25 de outubro de 1966, o sujeito passivo deverá desistir expressamente e de forma irrevogável da impugnação ou do recurso interposto.

Art. 14. Os débitos de que trata o art. 13, relativos a fatos geradores vinculados a ações judiciais propostas pelo sujeito passivo contra exigência de imposto ou contribuição instituído após 1.º de janeiro de 1999 ou contra majoração, após aquela data, de tributo ou contribuição anteriormente instituído, poderão ser pagos em parcela única até o último dia útil de janeiro de 2003 com a dispensa de multas moratória e punitivas.

• A Portaria Conjunta n. 7, de 8-1-2003, da Secretaria da Receita Federal e da Procuradoria-Geral da Fazenda Nacional, disciplina o pagamento de tributos e contribuições federais nas condições estabelecidas neste artigo.

§ 1.º Para efeito deste artigo, o contribuinte ou o responsável deverá comprovar a desistência expressa e irrevogável de todas as ações judiciais que tenham por objeto os tributos a serem pagos na forma do *caput*, e renunciar a qualquer alegação de direito sobre as quais se fundam as referidas ações.

§ 2.º O benefício de que trata este artigo somente poderá ser usufruído caso o contribuinte ou o responsável pague integralmente, no mesmo prazo estabelecido no *caput*, os débitos nele referidos, relativos a fatos geradores ocorridos de maio de 2002 até o mês anterior ao do pagamento.

§ 3.º Na hipótese deste artigo, os juros de mora devidos serão determinados pela variação mensal da Taxa de Juros de Longo Prazo (TJLP).

Art. 15. Relativamente aos tributos e contribuições administrados pela Secretaria da Receita Federal, o contribuinte ou o responsável que, a partir de 15 de maio de 2002, tenha efetuado pagamento de débitos, em conformidade com norma de caráter exonerativo, e divergir em relação ao valor de débito constituído de ofício, poderá impugnar, com base nas normas estabelecidas no Decreto n. 70.235, de 6 de março de 1972, a parcela não reconhecida como devida, desde que a impugnação:

•• A Secretaria da Receita Federal passa a denominar-se Secretaria da Receita Federal do Brasil, por força da Lei n. 11.457, de 16-3-2007.

• A Instrução Normativa n. 278, de 10-1-2003, da Secretaria da Receita Federal, dispõe sobre a impugnação de que trata este artigo.

I – seja apresentada juntamente com o pagamento do valor reconhecido como devido;

II – verse, exclusivamente, sobre a divergência de valor, vedada a inclusão de quaisquer outras matérias, em especial as de direito em que se fundaram as respectivas ações judiciais ou impugnações e recursos anteriormente apresentados contra o mesmo lançamento;

III – seja precedida do depósito da parcela não reconhecida como devida, determinada de conformidade com o disposto na Lei n. 9.703, de 17 de novembro de 1998.

• Citado diploma consta deste volume.

§ 1.º Da decisão proferida em relação à impugnação de que trata este artigo caberá recurso nos termos do Decreto n. 70.235, de 6 de março de 1972.

§ 2.º A conclusão do processo administrativo-fiscal, por decisão definitiva em sua esfera ou desistência do sujeito passivo, implicará a imediata conversão em renda do depósito efetuado, na parte favorável à Fazenda Nacional, transformando-se em pagamento definitivo.

§ 3.º A parcela depositada nos termos do inciso III do *caput* que venha a ser considerada indevida por força da decisão referida no § 2.º sujeitar-se-á ao disposto na Lei n. 9.703, de 17 de novembro de 1998.

§ 4.º O disposto neste artigo também se aplica a majoração ou a agravamento de multa de ofício, na hipótese do art. 13.

Art. 16. Aplica-se o disposto nos arts. 13 e 14 às contribuições arrecadadas pelo Instituto Nacional do Seguro Social (INSS), observada regulamentação editada por esse órgão, em especial quanto aos procedimentos no âmbito de seu contencioso administrativo.

Art. 17. A opção pela modalidade de pagamento de débitos prevista no *caput* do art. 5.º da Medida Provisória n. 2.222, de 4 de setembro de 2001, poderá ser exercida até o último dia útil do mês de janeiro de 2003, desde que o pagamento seja efetuado em parcela única até essa data.

•• A Lei n. 11.053, de 29-12-2004, revogou, a partir de 1.º-1-2005, a Medida Provisória n. 2.222, de 4-9-2001.

Parágrafo único. Os débitos a serem pagos em decorrência do disposto no *caput* serão acrescidos de juros equivalentes à taxa do Sistema Especial de Liquidação e Custódia (SELIC) para títulos federais, acumulada mensalmente, calculados a partir do mês de janeiro de 2002 até o mês anterior ao do pagamento, e adicionados de 1% (um por cento) relativamente ao mês em que o pagamento estiver sendo feito.

Art. 18. Os débitos relativos à contribuição para o Programa de Formação do Patrimônio do Servidor Público (Pasep) dos Estados, do Distrito Federal e dos Municípios, bem como de suas autarquias e fundações públicas, sem exigibilidade suspensa, correspondentes a fato gerador ocorrido até 30 de abril de 2002, poderão ser pagos mediante regime especial de parcelamento, por opção da pessoa jurídica de direito público interno devedora.

- A Instrução Normativa n. 198, de 12-9-2002, da Secretaria da Receita Federal, disciplina o regime especial de parcelamento do PASEP, de que trata este artigo.

Parágrafo único. A opção referida no *caput* deverá ser formalizada até o último dia útil do mês de setembro de 2002, nos termos e condições estabelecidos pela Secretaria da Receita Federal.

•• A Secretaria da Receita Federal passa a denominar-se Secretaria da Receita Federal do Brasil, por força da Lei n. 11.457, de 16-3-2007.

Art. 19. O regime especial de parcelamento referido no art. 18 implica a consolidação dos débitos na data da opção e abrangerá a totalidade dos débitos existentes em nome do optante, constituídos ou não, inclusive os juros de mora incidentes até a data de opção.

Parágrafo único. O débito consolidado na forma deste artigo:

I – sujeitar-se-á, a partir da data da consolidação, a juros equivalentes à taxa do SELIC para títulos federais, acumulada mensalmente, calculados a partir da data de deferimento do pedido até o mês anterior ao do pagamento, e adicionados de 1% (um por cento) relativamente ao mês em que o pagamento estiver sendo feito;

II – será pago mensalmente, até o último dia útil da primeira quinzena de cada mês, no valor equivalente a 5% (cinco por cento) do valor devido no mesmo mês pela optante, relativo ao PASEP correspondente ao fato gerador ocorrido no mês imediatamente anterior, até a liquidação total do débito;

III – a última parcela será paga pelo valor residual do débito, quando inferior ao referido no inciso II.

Art. 20. A opção pelo regime especial de parcelamento referido no art. 18 sujeita a pessoa jurídica:

I – à confissão irrevogável e irretratável dos débitos referidos no art. 19;

II – ao pagamento regular das parcelas do débito consolidado, bem como dos valores devidos relativos ao Pasep decorrentes de fatos geradores ocorridos posteriormente a 30 de abril de 2002.

Parágrafo único. A opção pelo regime especial exclui qualquer outra forma de parcelamento de débitos relativos ao PASEP.

Art. 21. A pessoa jurídica optante pelo regime especial de parcelamento referido no art. 18 será dele excluída nas seguintes hipóteses:

I – inobservância da exigência estabelecida no inciso I do art. 20;

II – inadimplência, por 2 (dois) meses consecutivos ou 6 (seis) alternados, relativamente ao Pasep, inclusive decorrente de fatos geradores ocorridos posteriormente a 30 de abril de 2002.

§ 1.º A exclusão da pessoa jurídica do regime especial implicará exigibilidade imediata da totalidade do crédito confessado e ainda não pago.

§ 2.º A exclusão será formalizada por meio de ato da Secretaria da Receita Federal e produzirá efeitos a partir do mês subsequente àquele em que a pessoa jurídica optante for cientificada.

•• *Vide* nota ao art. 18, parágrafo único, deste Decreto.

Art. 22. (*Vetado.*)

Art. 23. A opção pelo parcelamento alternativo ao REFIS de que trata o art. 12 da Lei n. 9.964, de 10 de abril de 2000, regularmente efetuada, poderá ser convertida em opção pelo REFIS, e vice-versa, na hipótese de erro de fato cometido por ocasião do primeiro pagamento efetuado, observadas as normas estabelecidas pelo Comitê Gestor do referido Programa.

§ 1.º A mudança de opção referida neste artigo deverá ser solicitada até o último dia útil do mês de janeiro de 2003.

§ 2.º A pessoa jurídica excluída do parcelamento alternativo ao REFIS em razão de pagamento de parcela em valor inferior ao fixado no art. 12, § 1.º, da Lei n. 9.964, de 10 de abril de 2000, acrescido de juros correspondentes à variação mensal da Taxa de Juros de Longo Prazo (TJLP), poderá ter sua opção restabelecida, observado o disposto no *caput*.

§ 3.º A conversão da opção nos termos deste artigo não implica restituição ou compensação de valores já pagos.

Art. 24. O *caput* do art. 10 da Lei n. 10.522, de 19 de julho de 2002, passa a vigorar com a seguinte redação:

•• Alteração já processada no diploma modificado.

Art. 25. Relativamente aos tributos e contribuições administrados pela Secretaria da Receita Federal, na hipótese de, na data do pagamento realizado de conformidade com norma de caráter exonerativo, o contribuinte ou o responsável estiver sob ação de fiscalização relativamente à matéria a ser objeto desse pagamento, a parcela não reconhecida como devida poderá ser impugnada no prazo fixado na intimação constante do auto de infração ou da notificação de lançamento, nas condições estabelecidas pela referida norma, inclusive em relação ao depósito da respectiva parcela dentro do prazo previsto para o pagamento do valor reconhecido como devido.

•• A Secretaria da Receita Federal passa a denominar-se Secretaria da Receita Federal do Brasil, por força da Lei n. 11.457, de 16-3-2007.

Art. 26. Poderão optar pelo Sistema Integrado de Pagamento de Impostos e Contribuições das Microempresas e das Empresas de Pequeno Porte (Simples), nas condições estabelecidas pela Lei n. 9.317, de 5 de dezembro de 1996, as pessoas jurídicas que se dediquem exclusivamente às atividades de:

•• A Lei n. 9.317, de 5-12-1996, foi revogada pela Lei Complementar n. 123, de 14-12-2006 (Estatuto Nacional da Microempresa e da Empresa de Pequeno Porte).

I – agência de viagem e turismo;

II a IX – (*Vetados*.)

Art. 27. A operação de comércio exterior realizada mediante utilização de recursos de terceiro presume-se por conta e ordem deste, para fins de aplicação do disposto nos arts. 77 a 81 da Medida Provisória n. 2.158-35, de 24 de agosto de 2001.

Art. 28. As empresas de transporte internacional que operem em linha regular, por via aérea ou marítima, deverão prestar informações sobre tripulantes e passageiros, na forma e no prazo estabelecidos pela Secretaria da Receita Federal.

•• *Vide* nota ao art. 25 deste Decreto.

Parágrafo único. O descumprimento do disposto neste artigo ensejará a aplicação de multa no valor de:

I – R$ 5.000,00 (cinco mil reais) por veículo cujas informações não sejam prestadas; ou

II – R$ 200,00 (duzentos reais) por informação omitida, limitado ao valor de R$ 5.000,00 (cinco mil reais) por veículo.

....

Art. 30. A falta de prestação das informações a que se refere o art. 5.º da Lei Complementar n. 105, de 10 de janeiro de 2001, ou sua apresentação de forma inexata ou incompleta, sujeita a pessoa jurídica às seguintes penalidades:

• Citado dispositivo consta deste volume.

• *Vide* art. 8.º do Decreto n. 4.489, de 28-11-2002.

I – R$ 50,00 (cinquenta reais) por grupo de cinco informações inexatas, incompletas ou omitidas;

II – R$ 5.000,00 (cinco mil reais) por mês-calendário ou fração, independentemente da sanção prevista no inciso I, na hipótese de atraso na entrega da declaração que venha a ser instituída para o fim de apresentação das informações.

§ 1.º O disposto no inciso II do *caput* aplica-se também à declaração que não atenda às especificações que forem estabelecidas pela Secretaria da Receita Federal, inclusive quando exigida em meio digital.

•• *Vide* nota ao art. 25 deste Decreto.

§ 2.º As multas de que trata este artigo serão:

I – apuradas considerando o período compreendido entre o dia seguinte ao término do prazo fixado para a entrega da declaração até a data da efetiva entrega;

II – majoradas em 100% (cem por cento), na hipótese de lavratura de auto de infração.

§ 3.º Na hipótese de lavratura de auto de infração, caso a pessoa jurídica não apresente a declaração, serão lavrados autos de infração complementares até a sua efetiva entrega.

Art. 31. A falta de apresentação dos elementos a que se refere o art. 6.º da Lei Complementar n. 105, de 10 de janeiro de 2001, ou sua apresentação de forma inexata ou incompleta, sujeita a pessoa jurídica à multa equivalente a 2% (dois por cento) do valor das operações objeto da requisição, apurado por meio de procedimento fiscal junto à própria pessoa jurídica ou ao titular da conta de depósito ou da aplicação financeira, bem como a terceiros, por mês-calendário ou fração de atraso, limitado a 10% (dez por cento), observado o valor mínimo de R$ 50.000,00 (cinquenta mil reais).

• Citado dispositivo consta deste volume.

Parágrafo único. À multa de que trata este artigo aplica-se o disposto nos §§ 2.º e 3.º do art. 30.

Art. 32. As entidades fechadas de previdência complementar poderão excluir da base de cálculo da contribuição para o PIS/Pasep e da Cofins, além dos valores já previstos na legislação vigente, os referentes a:

I – rendimentos relativos a receitas de aluguel, destinados ao pagamento de benefícios de aposentadoria, pensão, pecúlio e resgates;

II – receita decorrente da venda de bens imóveis, destinada ao pagamento de benefícios de aposentadoria, pensão, pecúlio e resgates;

III – o resultado positivo auferido na reavaliação da carteira de investimentos imobiliários referida nos incisos I e II.

Parágrafo único. As entidades de que trata o *caput* poderão pagar em parcela única, até o último dia útil do mês de novembro de 2002, com dispensa de juros e multa, os débitos relativos à contribuição para o PIS/PASEP e à COFINS, constituídos ou não, inscritos ou não em Dívida Ativa, ajuizados ou a ajuizar, referentes a fatos geradores ocorridos até 31 de julho de 2002 e decorrentes de:

I – rendimentos relativos a receitas de aluguel, destinados ao pagamento de benefícios de aposentadoria, pensão, pecúlio e resgates;

II – receita decorrente da venda de bens imóveis, destinada ao pagamento de benefícios de aposentadoria, pensão, pecúlio e resgates;

III – resultado positivo auferido na reavaliação da carteira de investimentos imobiliários referida nos incisos I e II.

Art. 33. (*Vetado*.)

Art. 34. A condição e a vedação estabelecidas, respectivamente, no art. 13, § 2.º, III, *b*, da Lei n. 9.249, de 26 de dezembro de 1995, e no art. 12, § 2.º, *a*, da Lei n. 9.532, de 10 de dezembro de 1997, não alcançam a hipótese de remuneração de dirigente, em decorrência de vínculo empregatício, pelas Organizações da Sociedade Civil de Interesse Público (OSCIP), qualificadas segundo as normas estabelecidas na Lei n. 9.790, de 23 de março de 1999, e pelas Organizações Sociais (OS), qualificadas consoante os dispositivos da Lei n. 9.637, de 15 de maio de 1998.

• Citados dispositivos da Lei n. 9.249, de 26-12-1995, constam deste volume.

Parágrafo único. O disposto neste artigo aplica-se somente à remuneração não superior, em seu valor bruto, ao limite estabelecido para a remuneração de servidores do Poder Executivo Federal.

Art. 35. A receita decorrente da avaliação de títulos e valores mobiliários, instrumentos financeiros, derivativos e itens objeto de *hedge*, registrada pelas instituições financeiras e demais entidades autorizadas a funcionar pelo Banco Central do Brasil, instituições autorizadas a operar pela Superintendência de Seguros Privados - Susep e sociedades autorizadas a operar em seguros ou resseguros em decorrência da valoração a preço de mercado no que exceder ao rendimento produzido até a referida data somente será computada na base de cálculo do Imposto de Renda das Pessoas Jurídicas, da Contribuição Social sobre o Lucro Líquido, da Contribuição para o Financiamento da Seguridade Social (Cofins) e da contribuição para o PIS/Pasep quando da alienação dos respectivos ativos.

§ 1.º Na hipótese de desvalorização decorrente da avaliação mencionada no *caput*, o reconhecimento da perda para efeito do Imposto de Renda das Pessoas Jurídicas e da Contribuição Social sobre o Lucro Líquido será computada também quando da alienação.

§ 2.º Para fins do disposto neste artigo, considera-se alienação qualquer forma de transmissão da propriedade, bem como a liquidação, o resgate e a cessão dos referidos títulos e valores mobiliários, instrumentos financeiros derivativos e itens objeto de *hedge*.

§ 3.º Os registros contábeis de que trata este artigo serão efetuados em contrapartida à conta de ajustes específica para esse fim, na forma a ser estabelecida pela Secretaria da Receita Federal.

•• *Vide* nota ao art. 25 deste Decreto.

§ 4.º Ficam convalidados os procedimentos efetuados anteriormente à vigência desta Lei, no curso do ano-calendário de 2002, desde que observado o disposto neste artigo.

Art. 36. (*Revogado pela Lei n. 11.196, de 21-11-2005.*)

Art. 37. (*Revogado pela Lei n. 11.727, de 23-6-2008.*)

Art. 38. Fica instituído, em relação aos tributos e contribuições administrados pela Secretaria da Receita Federal, bônus de adimplência fiscal, aplicável às pessoas jurídicas submetidas ao regime de tributação com base no lucro real ou presumido.

§ 1.º O bônus referido no *caput*:

I – corresponde a 1% (um por cento) da base de cálculo da CSLL determinada segundo as normas estabelecidas para as pessoas jurídicas submetidas ao regime de apuração com base no lucro presumido;

II – será calculado em relação à base de cálculo referida no inciso I, relativamente ao ano-calendário em que permitido seu aproveitamento.

§ 2.º Na hipótese de período de apuração trimestral, o bônus será calculado em relação aos 4 (quatro) trimestres do ano-calendário e poderá ser deduzido da CSLL devida correspondente ao último trimestre.

§ 3.º Não fará jus ao bônus a pessoa jurídica que, nos últimos 5 (cinco) anos-calendário, se enquadre em qualquer das seguintes hipóteses, em relação a tributos e contribuições administrados pela Secretaria da Receita Federal:

•• *Vide* nota ao art. 25 deste Decreto.

I – lançamento de ofício;

II – débitos com exigibilidade suspensa;

III – inscrição em dívida ativa;

IV – recolhimentos ou pagamentos em atraso;

V – falta ou atraso no cumprimento de obrigação acessória.

§ 4.º Na hipótese de decisão definitiva, na esfera administrativa ou judicial, que implique desoneração integral da pessoa jurídica, as restrições referidas nos incisos I e II do § 3.º serão desconsideradas desde a origem.

§ 5.º O período de 5 (cinco) anos-calendário será computado por ano completo, inclusive aquele em relação ao qual dar-se-á o aproveitamento do bônus.

§ 6.º A dedução do bônus dar-se-á em relação à CSLL devida no ano-calendário.

§ 7.º A parcela do bônus que não puder ser aproveitada em determinado período poderá sê-lo em períodos posteriores, vedado o ressarcimento ou a compensação distinta da referida neste artigo.

§ 8.º A utilização indevida do bônus instituído por este artigo implica a imposição da multa de que trata o inciso I do *caput* do art. 44 da Lei n. 9.430, de 27 de dezembro de 1996, duplicando-se o seu percentual, sem prejuízo do disposto no § 2.º.

•• § 8.º com redação determinada pela Lei n. 11.488, de 15-6-2007.

§ 9.º O bônus será registrado na contabilidade da pessoa jurídica beneficiária:

I – na aquisição do direito, a débito de conta de Ativo Circulante e a crédito de Lucro ou Prejuízos Acumulados;

II – na utilização, a débito da provisão para pagamento da CSLL e a crédito da conta de Ativo Circulante referida no inciso I.

§ 10. A Secretaria da Receita Federal estabelecerá as normas necessárias à aplicação deste artigo.

•• *Vide* nota ao *caput* deste artigo.

Arts. 39 e 40. (*Revogados pela Lei n. 11.196, de 21-11-2005.*)

Art. 41. (*Vetado.*)

Arts. 42 e 43. (*Revogados pela Lei n. 11.196, de 21-11-2005.*)

Art. 44. (*Vetado.*)

Art. 45. Nos casos de apuração de excesso de custo de aquisição de bens, direitos e serviços, importados de empresas vinculadas e que sejam considerados indedutíveis na determinação do lucro real e da base de cálculo da contribuição social sobre o lucro líquido, apurados na forma do art. 18 da Lei n. 9.430, de 27 de dezembro de 1996, a pessoa jurídica deverá ajustar o excesso de custo, determinado por um dos métodos previstos na legislação, no encerramento do período de apuração, contabilmente, por meio de lançamento a débito de conta de resultados acumulados e a crédito de:

• Citado dispositivo consta deste volume.

I – conta do ativo onde foi contabilizada a aquisição dos bens, direitos ou serviços e que permanecerem ali registrados ao final do período de apuração; ou

II – conta própria de custo ou de despesa do período de apuração, que registre o valor dos bens, direitos ou serviços, no caso de esses ativos já terem sido baixados da conta de ativo que tenha registrado a sua aquisição.

§ 1.º No caso de bens classificáveis no ativo permanente e que tenham gerado quotas de depreciação, amortização ou exaustão, no ano-calendário da importação, o valor do excesso de preço de aquisição na importação deverá ser creditado na conta de ativo em cujas quotas tenham sido debitadas, em contrapartida à conta de resultados acumulados a que se refere o *caput*.

§ 2.º Caso a pessoa jurídica opte por adicionar, na determinação do lucro real e da base de cálculo da contribuição social sobre o lucro líquido, o valor do excesso apurado em cada período de apuração somente por ocasião da realização por alienação ou baixa a qualquer título do bem, direito ou serviço adquirido, o valor total do excesso apurado no período de aquisição deverá ser excluído do patrimônio líquido, para fins de determinação da base de cálculo dos juros sobre o capital próprio, de que trata o art. 9.º da Lei n. 9.249, de 26 de dezembro de 1995, alterada pela Lei n. 9.430, de 27 de dezembro de 1996.

§ 3.º Na hipótese do § 2.º, a pessoa jurídica deverá registrar o valor total do excesso de preço de aquisição em subconta própria que registre o valor do bem, serviço ou direito adquirido no exterior.

Art. 46. O art. 13, *caput*, e o art. 14, I, da Lei n. 9.718, de 27 de novembro de 1998, passam a vigorar com a seguinte redação:

•• Alteração já processada no diploma modificado.

Art. 47. A pessoa jurídica integrante do Mercado Atacadista de Energia Elétrica (MAE), instituído pela Lei n. 10.433, de 24 de abril de 2002, poderá optar por regime especial de tributação, relativamente à contribuição para o Programa de Integração Social e de Formação do Patrimônio do Servidor Público (PIS/PASEP) e à Contribuição para o Financiamento da Seguridade Social (Cofins).

•• *Vide* art. 10, X, da Lei n. 10.833, de 29-12-2003.

§ 1.º A opção pelo regime especial referido no *caput*:

I – será exercida mediante simples comunicado, nos termos e condições estabelecidos pela Secretaria da Receita Federal;

II – produzirá efeitos em relação aos fatos geradores ocorridos a partir do mês subsequente ao do exercício da opção.

§ 2.º Para os fins do regime especial referido no *caput*, considera-se receita bruta auferida nas operações de compra e venda de energia elétrica realizadas na forma da regulamentação de que trata o art. 14 da Lei n. 9.648, de 27 de maio de 1998, com a redação dada pela Lei n. 10.433, de 24 de abril de 2002, para efeitos de incidência da contribuição para o PIS/PASEP e da Cofins, os resultados positivos apurados mensalmente pela pessoa jurídica optante.

§ 3.º Na determinação da base de cálculo da contribuição para o PIS/PASEP e da Cofins, a pessoa jurídica optante poderá deduzir os valores devidos, correspondentes a ajustes de contabilizações encerradas de operações de compra e venda de energia elétrica, realizadas no âmbito do MAE, quando decorrentes de:

I – decisão proferida em processo de solução de conflitos, no âmbito do MAE, da Agência Nacional de Energia Elétrica (Aneel) ou em processo de arbitragem, na forma prevista no § 3.º do art. 2.º da Lei n. 10.433, de 24 de abril de 2002;

II – resolução da Aneel;

III – decisão proferida no âmbito do Poder Judiciário, transitada em julgado; e

IV – (*Vetado*.)

§ 4.º A dedução de que trata o § 3.º é permitida somente na hipótese em que o ajuste de contabilização caracterize anulação de receita sujeita à incidência do PIS/PASEP e da Cofins, na forma estabelecida pela Secretaria da Receita Federal.

•• A Secretaria da Receita Federal passa a denominar-se Secretaria da Receita Federal do Brasil, por força da Lei n. 11.457, de 16-3-2007.

§ 5.º Sem prejuízo do disposto nos §§ 3.º e 4.º, geradoras de energia elétrica optantes poderão excluir da base de cálculo da contribuição para o PIS/PASEP e da Cofins o valor da receita auferida com a venda compulsória de energia elétrica por meio do Mecanismo de Realocação de Energia, de que trata a alínea *b* do parágrafo único do art. 14 da Lei n. 9.648, de 27 de maio de 1998, introduzida pela Lei n. 10.433, de 24 de abril de 2002.

§ 6.º Aplicam-se ao regime especial de que trata este artigo as demais normas aplicáveis às contribuições referidas no *caput*, observado o que se segue:

I – em relação ao PIS/PASEP, não se aplica o disposto nos arts. 1.º a 6.º;

II – em relação aos fatos geradores ocorridos até 31 de agosto de 2002, o pagamento dos valores devidos correspondentes à Cofins e ao PIS/PASEP poderá ser feito com dispensa de multa e de juros moratórios, desde que efetuado em parcela única, até o último dia útil do mês de setembro de 2002.

§ 7.º (*Vetado*.)

Art. 48. (*Vetado*.)

Art. 49. O art. 74 da Lei n. 9.430, de 27 de dezembro de 1996, passa a vigorar com a seguinte redação:

•• Alteração já processada no diploma modificado.

Art. 50. O *caput* do art. 6.º da Lei n. 9.826, de 23 de agosto de 1999, passa a vigorar com a seguinte redação:

•• Alteração prejudicada pela Lei n. 12.024, de 27-8-2009, que deu nova redação a esse dispositivo.

....

Art. 55. (*Revogado pela Lei n. 12.973, de 13-5-2014.*)

....".

Art. 57. O encargo de que trata o art. 1.º do Decreto-lei n. 1.025, de 21 de outubro de 1969, inclusive na condição de que trata o art. 3.º do Decreto-lei n. 1.569, de 8 de agosto de 1977, nos pagamentos de débitos relativos a tributos e contribuições administrados pela Secretaria da Receita Federal, inscritos na Dívida Ativa da União, e efetuados a partir de 15 de maio de 2002, em virtude de norma de caráter exonerativo, inclusive nas hipóteses de que tratam os arts. 13 e 14 desta Lei, será calculado sobre os valores originalmente devidos, limitado ao valor correspondente à multa calculada nos termos do § 3.º do art. 13.

•• A Secretaria da Receita Federal passa a denominar-se Secretaria da Receita Federal do Brasil, por força da Lei n. 11.457, de 16-3-2007.

• O Decreto-lei n. 1.025, de 21-10-1969, declara extinta a participação de servidores públicos na cobrança da Dívida Ativa da União e dá outras providências.

Art. 58. O art. 42 da Lei n. 9.430, de 27 de dezembro de 1996, passa a vigorar acrescido dos seguintes §§ 5.º e 6.º:

•• Alteração já processada no diploma modificado.

....

Art. 60. O art. 81 da Lei n. 9.430, de 27 de dezembro de 1996, passa a vigorar com as seguintes alterações:

•• Alteração já processada no diploma modificado.

....

Art. 62. O art. 15 da Lei n. 10.451, de 10 de maio de 2002, passa a vigorar com a seguinte redação:

•• Alteração já processada no diploma modificado.

Art. 63. O art. 21 da Lei n. 9.532, de 10 de dezembro de 1997, alterada pela Lei n. 9.887, de 7 de dezembro de 1999, passa a vigorar com a seguinte redação:

•• Alteração já processada no diploma modificado.

....

Capítulo III
DAS DISPOSIÇÕES FINAIS

Art. 66. A Secretaria da Receita Federal e a Procuradoria-Geral da Fazenda Nacional editarão, no âmbito de suas respectivas competências, as normas necessárias à aplicação do disposto nesta Lei.

•• A Secretaria da Receita Federal passa a denominar-se Secretaria da Receita Federal do Brasil, por força da Lei n. 11.457, de 16-3-2007.

Art. 67. (*Vetado.*)

Art. 68. Esta Lei entra em vigor na data de sua publicação, produzindo efeitos:

I – a partir de 1.º de outubro de 2002, em relação aos arts. 29 e 49;

II – a partir de 1.º de dezembro de 2002, em relação aos arts. 1.º a 6.º e 8.º a 11;

III – a partir de 1.º de janeiro de 2003, em relação aos arts. 34, 37 a 44, 46 e 48;

IV – a partir da data da publicação desta Lei, em relação aos demais artigos.

Brasília, 30 de dezembro de 2002; 181.º da Independência e 114.º da República.

FERNANDO HENRIQUE CARDOSO

LEI N. 10.684, DE 30 DE MAIO DE 2003 (*)

Altera a legislação tributária, dispõe sobre parcelamento de débitos junto à Secretaria da Receita Federal, à Procuradoria-Geral da Fazenda Nacional e ao Instituto Nacional do Seguro Social e dá outras providências.

O Presidente da República

Faço saber que o Congresso Nacional decreta e eu sanciono a seguinte Lei:

Art. 1.º Os débitos junto à Secretaria da Receita Federal ou à Procuradoria-Geral da Fazenda Nacional, com vencimento até 28 de fevereiro de 2003, poderão ser parcelados em até cento e oitenta prestações mensais e sucessivas.

§ 1.º O disposto neste artigo aplica-se aos débitos constituídos ou não, inscritos ou não como Dívida Ativa, mesmo em fase de execução fiscal já ajuizada, ou que tenham sido objeto de parcelamento anterior, não integralmente quitado, ainda que cancelado por falta de pagamento.

§ 2.º Os débitos ainda não constituídos deverão ser confessados, de forma irretratável e irrevogável.

§ 3.º O débito objeto do parcelamento será consolidado no mês do pedido e será dividido pelo número de prestações, sendo que o montante de cada parcela mensal não poderá ser inferior a:

I – um inteiro e cinco décimos por cento da receita bruta auferida, pela pessoa jurídica, no mês imediatamente anterior ao do vencimento da parcela, exceto em relação às optantes pelo Sistema Simplificado de Pagamento de Impostos e Contribuições das Microempresas e das Empresas de Pequeno Porte - SIMPLES, instituído pela Lei n.

(*) Publicada no *DOU*, de 31-5-2003, edição extra. Retificada em 6 e 9-6-2003. A Secretaria da Receita Federal passa a denominar-se Secretaria da Receita Federal do Brasil, por força da Lei n. 11.457, de 16-3-2007.

9.317, de 5 de dezembro de 1996, e às microempresas e empresas de pequeno porte enquadradas no disposto no art. 2.º da Lei n. 9.841, de 5 de outubro de 1999, observado o disposto no art. 8.º desta Lei, salvo na hipótese do inciso II deste parágrafo, o prazo mínimo de cento e vinte meses;

•• *Vide* Lei Complementar n. 123, de 14-12-2006, que institui o Estatuto Nacional da Microempresa e da Empresa de Pequeno Porte, e revoga os mencionados diplomas.

II – dois mil reais, considerado cumulativamente com o limite estabelecido no inciso I, no caso das pessoas jurídicas ali referidas;

III – cinquenta reais, no caso de pessoas físicas.

§ 4.º Relativamente às pessoas jurídicas optantes pelo SIMPLES e às microempresas e empresas de pequeno porte, enquadradas no disposto no art. 2.º da Lei n. 9.841, de 5 de outubro de 1999, o valor da parcela mínima mensal corresponderá a um cento e oitenta avos do total do débito ou a três décimos por cento da receita bruta auferida no mês imediatamente anterior ao do vencimento da parcela, o que for menor, não podendo ser inferior a:

•• *Vide* Lei Complementar n. 123, de 14-12-2006, que institui o Estatuto Nacional da Microempresa e da Empresa de Pequeno Porte, e revoga mencionada Lei.

I – cem reais, se enquadrada na condição de microempresa;

II – duzentos reais, se enquadrada na condição de empresa de pequeno porte.

§ 5.º Aplica-se o disposto no § 4.º às pessoas jurídicas que foram excluídas ou impedidas de ingressar no SIMPLES exclusivamente em decorrência do disposto no inciso XV do art. 9.º da Lei n. 9.317, de 5 de dezembro de 1996, desde que a pessoa jurídica exerça a opção pelo SIMPLES até o último dia útil de 2003, com efeitos a partir de 1.º de janeiro de 2004, nos termos e condições definidos pela Secretaria da Receita Federal.

•• *Vide* Lei Complementar n. 123, de 14-12-2006, que institui o Estatuto Nacional da Microempresa e da Empresa de Pequeno Porte, e revoga mencionada Lei.

§ 6.º O valor de cada uma das parcelas, determinado na forma dos §§ 3.º e 4.º, será acrescido de juros correspondentes à variação mensal da Taxa de Juros de Longo Prazo – TJLP, a partir do mês subsequente ao da consolidação, até o mês do pagamento.

§ 7.º Para os fins da consolidação referida no § 3.º, os valores correspondentes à multa, de mora ou de ofício, serão reduzidos em cinquenta por cento.

§ 8.º A redução prevista no § 7.º não será cumulativa com qualquer outra redução admitida em lei, ressalvado o disposto no § 11.

§ 9.º Na hipótese de anterior concessão de redução de multa em percentual diverso de cinquenta por cento, prevalecerá o percentual referido no § 7.º, determinado sobre o valor original da multa.

§ 10. A opção pelo parcelamento de que trata este artigo exclui a concessão de qualquer outro, extinguindo os parcelamentos anteriormente concedidos, admitida a transferência de seus saldos para a modalidade desta Lei.

§ 11. O sujeito passivo fará jus a redução adicional da multa, após a redução referida no § 7.º, à razão de vinte e cinco centésimos por cento sobre o valor remanescente para cada ponto percentual do saldo do débito que for liquidado até a data prevista para o requerimento do parcelamento referido neste artigo, após deduzida a primeira parcela determinada nos termos do § 3.º ou 4.º.

Art. 2.º Os débitos incluídos no Programa de Recuperação Fiscal – REFIS, de que trata a Lei n. 9.964, de 10 de abril de 2000, ou no parcelamento a ele alternativo, poderão, a critério da pessoa jurídica, ser parcelados nas condições previstas no art. 1.º, nos termos a serem estabelecidos pelo Comitê Gestor do mencionado Programa.

• Citado diploma consta deste volume.

Parágrafo único. Na hipótese deste artigo:

I – a opção pelo parcelamento na forma deste artigo implica desistência compulsória e definitiva do REFIS ou do parcelamento a ele alternativo;

II – as contribuições arrecadadas pelo Instituto Nacional do Seguro Social – INSS retornarão à administração daquele órgão, sujeitando-se à legislação específica a elas aplicável;

III – será objeto do parcelamento nos termos do art. 1.º o saldo devedor dos débitos relativos aos tributos administrados pela Secretaria da Receita Federal.

Art. 3.º Ressalvado o disposto no art. 2.º, não será concedido o parcelamento de que trata o art. 1.º na hipótese de existência de parcelamentos concedidos sob outras modalidades, admitida a transferência dos saldos remanescentes para a modalidade prevista nesta Lei, mediante requerimento do sujeito passivo.

Art. 4.º O parcelamento a que se refere o art. 1.º:

I – deverá ser requerido, inclusive na hipótese de transferência de que tratam os arts. 2.º e 3.º, até o último dia útil do segundo mês subsequente ao da publicação desta Lei, perante a unidade da Secretaria da Receita Federal ou da Procuradoria-Geral da Fazenda Nacional, responsável pela cobrança do respectivo débito;

•• O art. 13 da Lei n. 10.743, de 9-10-2003, prorroga o prazo previsto neste inciso para até 31-8-2003, observadas as demais normas constantes desta Lei.

II – somente alcançará débitos que se encontrarem com exigibilidade suspensa por força dos incisos III a V do art. 151 da Lei n. 5.172, de 25 de outubro de 1966, no caso de o sujeito passivo desistir expressamente e de forma irrevogável da impugnação ou do recurso interposto, ou da ação judicial proposta, e renunciar a quaisquer alegações de direito sobre as quais se fundam os referidos processos administrativos e ações judiciais, relativamente à matéria cujo respectivo débito queira parcelar;

III – reger-se-á pelas disposições da Lei n. 10.522, de 19 de julho de 2002, ressalvado o disposto no seu art. 14;

• Citado diploma consta deste volume.

IV – aplica-se, inclusive, à totalidade dos débitos apurados segundo o SIMPLES;

V – independerá de apresentação de garantia ou de arrolamento de bens, mantidas aquelas decorrentes de débitos transferidos de outras modalidades de parcelamento ou de execução fiscal.

Parágrafo único. Na hipótese do inciso II, o valor da verba de sucumbência será de um por cento do valor do débito consolidado decorrente da desistência da respectiva ação judicial.

Art. 5.º Os débitos junto ao Instituto Nacional do Seguro Social - INSS, oriundos de contribuições patronais, com vencimento até 28 de fevereiro de 2003, serão objeto de acordo para pagamento parcelado em até cento e oitenta prestações mensais, observadas as condições fixadas neste artigo, desde que requerido até o último dia útil do segundo mês subsequente ao da publicação desta Lei.

•• O art. 13 da Lei n. 10.743, de 9-10-2003, prorroga o prazo previsto neste artigo para até 31-8-2003, observadas as demais normas constantes desta Lei.

• A Instrução Normativa n. 91, de 30-6-2003, dispõe sobre o parcelamento especial dos débitos junto ao INSS, nos termos desta Lei.

§ 1.º Aplica-se ao parcelamento de que trata este artigo o disposto nos §§ 1.º a 11 do art. 1.º, observado o disposto no art. 8.º.

§ 2.º (*Vetado.*)

§ 3.º A concessão do parcelamento independerá de apresentação de garantias ou de arrolamento de bens, mantidas aquelas decorrentes de débitos transferidos de outras modalidades de parcelamento ou de execução fiscal.

Art. 6.º Os depósitos existentes, vinculados aos débitos a serem parcelados nos termos dos arts. 1.º e 5.º, serão automaticamente convertidos em renda da União ou da Seguridade Social ou do Instituto Nacional do Seguro Social - INSS, conforme o caso, concedendo-se o parcelamento sobre o saldo remanescente.

Art. 7.º O sujeito passivo será excluído dos parcelamentos a que se refere esta Lei na hipótese de inadimplência, por três meses consecutivos ou seis meses alternados, o que primeiro ocorrer, relativamente a qualquer dos tributos e das contribuições referidos nos arts. 1.º e 5.º, inclusive os com vencimento após 28 de fevereiro de 2003.

Art. 8.º Na hipótese de a pessoa jurídica manter parcelamentos de débitos com base no art. 1.º e no art. 5.º, simultaneamente, o percentual a que se refere o inciso I do § 3.º do art. 1.º será reduzido para setenta e cinco centésimos por cento.

§ 1.º Caberá à pessoa jurídica requerer a redução referida no *caput* até o prazo fixado no inciso I do art. 4.º e no *caput* do art. 5.º.

§ 2.º Ocorrendo liquidação, rescisão ou extinção de um dos parcelamentos, inclusive por exclusão do sujeito passivo, nos termos do art. 7.º, aplica-se o percentual fixado no inciso I do § 3.º do art. 1.º ao parcelamento remanescente, a partir do mês subsequente ao da ocorrência da liquidação, extinção ou rescisão do parcelamento obtido junto ao outro órgão.

§ 3.º A pessoa jurídica deverá informar a liquidação, rescisão ou extinção do parcelamento ao órgão responsável pelo parcelamento remanescente, até o último dia útil do mês subsequente ao da ocorrência do evento, bem como efetuar o recolhimento da parcela referente àquele mês observando o percentual fixado no inciso I do § 3.º do art. 1.º.

§ 4.º O desatendimento do disposto nos parágrafos anteriores implicará a exclusão do sujeito passivo do parcelamento remanescente e a aplicação do disposto no art. 11.

Art. 9.º É suspensa a pretensão punitiva do Estado, referente aos crimes previstos nos arts. 1.º e 2.º da Lei n. 8.137, de 27 de dezembro de 1990, e nos arts. 168-A e 337-A do Decreto-lei n. 2.848, de 7 de dezembro de 1940 – Código Penal, durante o período em que a pessoa jurídica relacionada com o agente dos aludidos crimes estiver incluída no regime de parcelamento.

•• *Vide* art. 83 da Lei n. 9.430, de 27-12-1996.

• A Lei n. 8.137, de 27-12-1990, consta deste volume.

• O art. 168-A do Decreto-lei n. 2.848, de 7-12-1940, dispõe sobre o crime de apropriação indébita. O art. 337-A do mesmo decreto dispõe sobre o crime de sonegação de contribuição previdenciária.

§ 1.º A prescrição criminal não corre durante o período de suspensão da pretensão punitiva.

§ 2.º Extingue-se a punibilidade dos crimes referidos neste artigo quando a pessoa jurídica relacionada com o agente efetuar o pagamento integral dos débitos oriundos de tributos e contribuições sociais, inclusive acessórios.

Art. 10. A Secretaria da Receita Federal, a Procuradoria-Geral da Fazenda Nacional e o Instituto Nacional do Seguro Social - INSS expedirão, no âmbito de suas respectivas competências, os atos necessários à execução desta Lei.

Parágrafo único. Serão consolidados, por sujeito passivo, os débitos perante a Secretaria da Receita Federal e a Procuradoria-Geral da Fazenda Nacional.

Art. 11. Ao sujeito passivo que, optando por parcelamento a que se referem os arts. 1.º e 5.º, dele for excluído, será vedada a concessão de qualquer outra modalidade de parcelamento até 31 de dezembro de 2006.

Art. 12. A exclusão do sujeito passivo do parcelamento a que se refere esta Lei, inclusive a prevista no § 4.º do art. 8.º, independerá de notificação prévia e implicará exigibilidade imediata da totalidade do crédito confessado e ainda não pago e automática execução da garantia prestada, quando existente, restabelecendo-se, em relação ao montante não pago, os acréscimos legais na forma da legislação aplicável à época da ocorrência dos respectivos fatos geradores.

Art. 13. Os débitos relativos à contribuição para o Programa de Formação do Patrimônio do Servidor Público

(PASEP) dos Estados, do Distrito Federal e dos Municípios, bem como de suas autarquias e fundações públicas, com vencimento até 31 de dezembro de 2002, poderão ser pagos mediante regime especial de parcelamento, por opção da pessoa jurídica de direito público interno devedora.

Parágrafo único. A opção referida no *caput* deverá ser formalizada até o último dia útil do segundo mês subsequente ao da publicação desta Lei, nos termos e condições estabelecidos pela Secretaria da Receita Federal.

Art. 14. O regime especial de parcelamento referido no art. 13 implica a consolidação dos débitos na data da opção e abrangerá a totalidade dos débitos existentes em nome do optante, constituídos ou não, inclusive os juros de mora incidentes até a data de opção.

Parágrafo único. O débito consolidado na forma deste artigo:

I – sujeitar-se-á, a partir da data da consolidação, a juros equivalentes à taxa referencial do Sistema Especial de Liquidação e de Custódia - SELIC para títulos federais, acumulada mensalmente, calculados a partir da data de deferimento do pedido até o mês anterior ao do pagamento, e adicionados de um por cento relativamente ao mês em que o pagamento estiver sendo feito;

II – será pago mensalmente, até o último dia útil da primeira quinzena de cada mês, no valor equivalente a, no mínimo, um cento e vinte avos do total do débito consolidado;

III – o valor de cada parcela não poderá ser inferior a dois mil reais.

Art. 15. A opção pelo regime especial de parcelamento referido no art. 13 sujeita a pessoa jurídica optante:

I – à confissão irrevogável e irretratável dos débitos referidos no art. 14;

II – ao pagamento regular das parcelas do débito consolidado, bem como dos valores devidos relativos ao PASEP com vencimento após dezembro de 2002.

Parágrafo único. A opção pelo regime especial exclui qualquer outra forma de parcelamento de débitos relativos ao PASEP.

Art. 16. A pessoa jurídica optante pelo regime especial de parcelamento referido no art. 13 será dele excluída nas seguintes hipóteses:

I – inobservância da exigência estabelecida no art. 15;

II – inadimplência, por dois meses consecutivos ou seis alternados, relativamente ao PASEP, inclusive aqueles com vencimento após dezembro de 2002.

§ 1.º A exclusão da pessoa jurídica do regime especial implicará exigibilidade imediata da totalidade do crédito confessado e ainda não pago.

§ 2.º A exclusão será formalizada por meio de ato da Secretaria da Receita Federal e produzirá efeitos a partir do mês subsequente àquele em que a pessoa jurídica optante for cientificada.

• A Portaria Conjunta n. 161, de 16-6-2003, da Procuradoria-Geral da Fazenda Nacional e da Secretaria da Receita Federal – SRF, disciplina o parcelamento de débitos relativos à Contribuição para o Programa de Formação do Patrimônio do Servidor Público (PASEP), de que tratam os arts. 13 a 16 desta Lei.

Art. 17. Sem prejuízo do disposto no art. 15 da Medida Provisória n. 2.158-35, de 24 de agosto de 2001, e no art. 1.º da Medida Provisória n. 101, de 30 de dezembro de 2002, as sociedades cooperativas de produção agropecuária e de eletrificação rural poderão excluir da base de cálculo da contribuição para o Programa de Integração Social e de Formação do Patrimônio do Servidor Público – PIS/Pasep e da Contribuição Social para o Financiamento da Seguridade Social – COFINS os custos agregados ao produto agropecuário dos associados, quando da sua comercialização e os valores dos serviços prestados pelas cooperativas de eletrificação rural a seus associados.

•• A Medida Provisória n. 101, de 30-12-2002, foi convertida na Lei n. 10.676, de 22-5-2003.

Parágrafo único. O disposto neste artigo alcança os fatos geradores ocorridos a partir da vigência da Medida Provisória n. 1.858-10, de 26 de outubro de 1999.

•• *Vide* art. 29 desta Lei.

Art. 18. Fica elevada para quatro por cento a alíquota da Contribuição para o Financiamento da Seguridade Social – COFINS devida pelas pessoas jurídicas referidas nos §§ 6.º e 8.º do art. 3.º da Lei n. 9.718, de 27 de novembro de 1998.

•• *Vide* art. 29 desta Lei.

....

Art. 22. O art. 20 da Lei n. 9.249, de 26 de dezembro de 1995, passa a vigorar com a seguinte redação:

•• Alteração já processada no diploma modificado.

•• *Vide* art. 29 desta Lei.

Art. 23. O art. 9.º da Lei n. 9.317, de 5 de dezembro de 1996, passa a vigorar acrescido do seguinte parágrafo:

•• Alteração já processada no diploma modificado.

....

Art. 25. Os arts. 1.º, 3.º, 5.º, 8.º, 11 e 29 da Lei n. 10.637, de 30 de dezembro de 2002, passam a vigorar com a seguinte redação:

•• Alterações já processadas no diploma modificado.

•• *Vide* art. 29 desta Lei.

....

Art. 27. (*Vetado.*)

Art. 28. Fica o Poder Executivo autorizado a emitir títulos da dívida pública atualizados de acordo com as disposições do inciso I do § 4.º do art. 2.º da Lei n. 9.964, de 10 de abril de 2000, com prazo de vencimento determinado em função do prazo médio estimado da carteira de recebíveis do Programa de Recuperação Fiscal – REFIS, instituído pela referida Lei, os quais terão poder liberatório perante a Secretaria da Receita Federal e o Instituto Nacional do Seguro Social quanto às dívidas inscritas no referido programa, diferindo-se os efeitos tributários de sua utilização, em função do prazo médio da dívida do contribuinte.

Art. 29. Esta Lei entra em vigor na data de sua publicação, produzindo efeitos:

I – em relação ao art. 17, a partir de 1.º de janeiro de 2003;

II – em relação ao art. 25, a partir de 1.º de fevereiro de 2003;

III – em relação aos arts. 18, 19, 20 e 22, a partir do mês subsequente ao do termo final do prazo nonagesimal, a que refere o § 6.º do art. 195 da Constituição Federal.

Brasília, 30 de maio de 2003; 182.º da Independência e 115.º da República.

Luiz Inácio Lula da Silva

LEI COMPLEMENTAR N. 116, DE 31 DE JULHO DE 2003 (*)

Dispõe sobre o Imposto Sobre Serviços de Qualquer Natureza, de competência dos Municípios e do Distrito Federal, e dá outras providências.

O Presidente da República

Faço saber que o Congresso Nacional decreta e eu sanciono a seguinte Lei Complementar:

Art. 1.º O Imposto Sobre Serviços de Qualquer Natureza, de competência dos Municípios e do Distrito Federal, tem como fato gerador a prestação de serviços constantes da lista anexa, ainda que esses não se constituam como atividade preponderante do prestador.

•• A Lei Complementar n. 175, de 23-9-2020, dispõe sobre o padrão nacional de obrigação acessória do ISSQN, de competência dos Municípios e do Distrito Federal, incidente sobre os serviços previstos nos subitens 4.22, 4.23, 5.09, 15.01 e 15.09 da lista de serviços anexa à Lei Complementar n. 116, de 31-7-2003, e prevê regra de transição para a partilha do produto da arrecadação do ISSQN entre o Município do local do estabelecimento prestador e o Município do domicílio do tomador relativamente aos serviços de que trata.

§ 1.º O imposto incide também sobre o serviço proveniente do exterior do País ou cuja prestação se tenha iniciado no exterior do País.

§ 2.º Ressalvadas as exceções expressas na lista anexa, os serviços nela mencionados não ficam sujeitos ao Imposto Sobre Operações Relativas à Circulação de Mercadorias e Prestações de Serviços de Transporte Interestadual e Intermunicipal e de Comunicação - ICMS, ainda que sua prestação envolva fornecimento de mercadorias.

§ 3.º O imposto de que trata esta Lei Complementar incide ainda sobre os serviços prestados mediante a utilização de bens e serviços públicos explorados economicamente mediante autorização, permissão ou concessão, com o pagamento de tarifa, preço ou pedágio pelo usuário final do serviço.

(*) Publicada no *DOU*, de 1.º-8-2003.

§ 4.º A incidência do imposto não depende da denominação dada ao serviço prestado.

Art. 2.º O imposto não incide sobre:

I – as exportações de serviços para o exterior do País;

II – a prestação de serviços em relação de emprego, dos trabalhadores avulsos, dos diretores e membros de conselho consultivo ou de conselho fiscal de sociedades e fundações, bem como dos sócios-gerentes e dos gerentes-delegados;

III – o valor intermediado no mercado de títulos e valores mobiliários, o valor dos depósitos bancários, o principal, juros e acréscimos moratórios relativos a operações de crédito realizadas por instituições financeiras.

Parágrafo único. Não se enquadram no disposto no inciso I os serviços desenvolvidos no Brasil, cujo resultado aqui se verifique, ainda que o pagamento seja feito por residente no exterior.

Art. 3.º O serviço considera-se prestado, e o imposto, devido, no local do estabelecimento prestador ou, na falta do estabelecimento, no local do domicílio do prestador, exceto nas hipóteses previstas nos incisos I a XXV, quando o imposto será devido no local:

•• *Caput* com redação determinada pela Lei Complementar n. 157, de 29-12-2016.

I – do estabelecimento do tomador ou intermediário do serviço ou, na falta de estabelecimento, onde ele estiver domiciliado, na hipótese do § 1.º do art. 1.º desta Lei Complementar;

II – da instalação dos andaimes, palcos, coberturas e outras estruturas, no caso dos serviços descritos no subitem 3.05 da lista anexa;

III – da execução da obra, no caso dos serviços descritos no subitem 7.02 e 7.19 da lista anexa;

IV – da demolição, no caso dos serviços descritos no subitem 7.04 da lista anexa;

V – das edificações em geral, estradas, pontes, portos e congêneres, no caso dos serviços descritos no subitem 7.05 da lista anexa;

VI – da execução da varrição, coleta, remoção, incineração, tratamento, reciclagem, separação e destinação final de lixo, rejeitos e outros resíduos quaisquer, no caso dos serviços descritos no subitem 7.09 da lista anexa;

VII – da execução da limpeza, manutenção e conservação de vias e logradouros públicos, imóveis, chaminés, piscinas, parques, jardins e congêneres, no caso dos serviços descritos no subitem 7.10 da lista anexa;

VIII – da execução da decoração e jardinagem, do corte e poda de árvores, no caso dos serviços descritos no subitem 7.11 da lista anexa;

IX – do controle e tratamento do efluente de qualquer natureza e de agentes físicos, químicos e biológicos, no caso dos serviços descritos no subitem 7.12 da lista anexa;

X e XI – (*Vetados.*)

XII – do florestamento, reflorestamento, semeadura, adubação, reparação de solo, plantio, silagem, colheita, corte, descascamento de árvores, silvicultura, exploração florestal e serviços congêneres indissociáveis da formação, manutenção e colheita de florestas para quaisquer fins e por quaisquer meios;

•• Inciso XII com redação determinada pela Lei Complementar n. 157, de 29-12-2016.

XIII – da execução dos serviços de escoramento, contenção de encostas e congêneres, no caso dos serviços descritos no subitem 7.17 da lista anexa;

XIV – da limpeza e dragagem, no caso dos serviços descritos no subitem 7.18 da lista anexa;

XV – onde o bem estiver guardado ou estacionado, no caso dos serviços descritos no subitem 11.01 da lista anexa;

XVI – dos bens, dos semoventes ou do domicílio das pessoas vigiados, segurados ou monitorados, no caso dos serviços descritos no subitem 11.02 da lista anexa;

•• Inciso XVI com redação determinada pela Lei Complementar n. 157, de 29-12-2016.

XVII – do armazenamento, depósito, carga, descarga, arrumação e guarda do bem, no caso dos serviços descritos no subitem 11.04 da lista anexa;

XVIII – da execução dos serviços de diversão, lazer, entretenimento e congêneres, no caso dos serviços descritos nos subitens do item 12, exceto o 12.13, da lista anexa;

XIX – do Município onde está sendo executado o transporte, no caso dos serviços descritos pelo item 16 da lista anexa;

•• Inciso XIX com redação determinada pela Lei Complementar n. 157, de 29-12-2016.

XX – do estabelecimento do tomador da mão de obra ou, na falta de estabelecimento, onde ele estiver domiciliado, no caso dos serviços descritos pelo subitem 17.05 da lista anexa;

XXI – da feira, exposição, congresso ou congênere a que se referir o planejamento, organização e administração, no caso dos serviços descritos pelo subitem 17.10 da lista anexa;

XXII – do porto, aeroporto, ferroporto, terminal rodoviário, ferroviário ou metroviário, no caso dos serviços descritos pelo item 20 da lista anexa;

XXIII – do domicílio do tomador dos serviços dos subitens 4.22, 4.23 e 5.09;

•• Inciso XXIII acrescentado pela Lei Complementar n. 157, de 29-12-2016.

•• Inciso XXIII originalmente vetado, todavia promulgado em 1.º-6-2017.

XXIV – do domicílio do tomador do serviço no caso dos serviços prestados pelas administradoras de cartão de crédito ou débito e demais descritos no subitem 15.01;

•• Inciso XXIV acrescentado pela Lei Complementar n. 157, de 29-12-2016.

•• Inciso XXIV originalmente vetado, todavia promulgado em 1.º-6-2017.

XXV – do domicílio do tomador do serviço do subitem 15.09.

•• Inciso XXV com redação determinada pela Lei Complementar n. 175, de 23-9-2020.

§ 1.º No caso dos serviços a que se refere o subitem 3.04 da lista anexa, considera-se ocorrido o fato gerador e devido o imposto em cada Município em cujo território haja extensão de ferrovia, rodovia, postes, cabos, dutos e condutos de qualquer natureza, objetos de locação, sublocação, arrendamento, direito de passagem ou permissão de uso, compartilhado ou não.

§ 2.º No caso dos serviços a que se refere o subitem 22.01 da lista anexa, considera-se ocorrido o fato gerador e devido o imposto em cada Município em cujo território haja extensão de rodovia explorada.

§ 3.º Considera-se ocorrido o fato gerador do imposto no local do estabelecimento prestador nos serviços executados em águas marítimas, excetuados os serviços descritos no subitem 20.01.

§ 4.º Na hipótese de descumprimento do disposto no *caput* ou no § 1.º, ambos do art. 8.º-A desta Lei Complementar, o imposto será devido no local do estabelecimento do tomador ou intermediário do serviço ou, na falta de estabelecimento, onde ele estiver domiciliado.

•• § 4.º acrescentado pela Lei Complementar n. 157, de 29-12-2016.

•• § 4.º originalmente vetado, todavia promulgado em 1.º-6-2017.

§ 5.º Ressalvadas as exceções e especificações estabelecidas nos §§ 6.º a 12 deste artigo, considera-se tomador dos serviços referidos nos incisos XXIII, XXIV e XXV do *caput* deste artigo o contratante do serviço e, no caso de negócio jurídico que envolva estipulação em favor de unidade da pessoa jurídica contratante, a unidade em favor da qual o serviço foi estipulado, sendo irrelevantes para caracterizá-la as denominações de sede, filial, agência, posto de atendimento, sucursal, escritório de representação ou contato ou quaisquer outras que venham a ser utilizadas.

•• § 5.º acrescentado pela Lei Complementar n. 175, de 23-9-2020.

§ 6.º No caso dos serviços de planos de saúde ou de medicina e congêneres, referidos nos subitens 4.22 e 4.23 da lista de serviços anexa a esta Lei Complementar, o tomador do serviço é a pessoa física beneficiária vinculada à operadora por meio de convênio ou contrato de plano de saúde individual, familiar, coletivo empresarial ou coletivo por adesão.

•• § 6.º acrescentado pela Lei Complementar n. 175, de 23-9-2020.

§ 7.º Nos casos em que houver dependentes vinculados ao titular do plano, será considerado apenas o domicílio do titular para fins do disposto no § 6.º deste artigo.

•• § 7.º acrescentado pela Lei Complementar n. 175, de 23-9-2020.

§ 8.º No caso dos serviços de administração de cartão de crédito ou débito e congêneres, referidos no subitem 15.01 da lista de serviços anexa a esta Lei Complementar, prestados diretamente aos portadores de cartões de crédito ou débito e congêneres, o tomador é o primeiro titular do cartão.

•• § 8.º acrescentado pela Lei Complementar n. 175, de 23-9-2020.

§ 9.º O local do estabelecimento credenciado é considerado o domicílio do tomador dos demais serviços referidos no subitem 15.01 da lista de serviços anexa a esta Lei Complementar relativos às transferências realizadas por meio de cartão de crédito ou débito, ou a eles conexos, que sejam prestados ao tomador, direta ou indiretamente, por:

•• § 9.º, *caput*, acrescentado pela Lei Complementar n. 175, de 23-9-2020.

I – bandeiras;

•• Inciso I acrescentado pela Lei Complementar n. 175, de 23-9-2020.

II – credenciadoras; ou

•• Inciso II acrescentado pela Lei Complementar n. 175, de 23-9-2020.

III – emissoras de cartões de crédito e débito.

•• Inciso III acrescentado pela Lei Complementar n. 175, de 23-9-2020.

§ 10. No caso dos serviços de administração de carteira de valores mobiliários e dos serviços de administração e gestão de fundos e clubes de investimento, referidos no subitem 15.01 da lista de serviços anexa a esta Lei Complementar, o tomador é o cotista.

•• § 10 acrescentado pela Lei Complementar n. 175, de 23-9-2020.

§ 11. No caso dos serviços de administração de consórcios, o tomador de serviço é o consorciado.

•• § 11 acrescentado pela Lei Complementar n. 175, de 23-9-2020.

§ 12. No caso dos serviços de arrendamento mercantil, o tomador do serviço é o arrendatário, pessoa física ou a unidade beneficiária da pessoa jurídica, domiciliado no País, e, no caso de arrendatário não domiciliado no País, o tomador é o beneficiário do serviço no País.

•• § 12 acrescentado pela Lei Complementar n. 175, de 23-9-2020.

Art. 4.º Considera-se estabelecimento prestador o local onde o contribuinte desenvolva a atividade de prestar serviços, de modo permanente ou temporário, e que configure unidade econômica ou profissional, sendo irrelevantes para caracterizá-lo as denominações de sede, filial, agência, posto de atendimento, sucursal, escritório de representação ou contato ou quaisquer outras que venham a ser utilizadas.

Art. 5.º Contribuinte é o prestador do serviço.

Art. 6.º Os Municípios e o Distrito Federal, mediante lei, poderão atribuir de modo expresso a responsabilidade pelo crédito tributário a terceira pessoa, vinculada ao fato gerador da respectiva obrigação, excluindo a responsabilidade do contribuinte ou atribuindo-a a este em caráter supletivo do cumprimento total ou parcial da referida obrigação, inclusive no que se refere à multa e aos acréscimos legais.

§ 1.º Os responsáveis a que se refere este artigo estão obrigados ao recolhimento integral do imposto devido, multa e acréscimos legais, independentemente de ter sido efetuada sua retenção na fonte.

§ 2.º Sem prejuízo do disposto no *caput* e no § 1.º deste artigo, são responsáveis:

I – o tomador ou intermediário de serviço proveniente do exterior do País ou cuja prestação se tenha iniciado no exterior do País;

II – a pessoa jurídica, ainda que imune ou isenta, tomadora ou intermediária dos serviços descritos nos subitens 3.05, 7.02, 7.04, 7.05, 7.09, 7.10, 7.12, 7.16, 7.17, 7.19, 11.02, 17.05 e 17.10 da lista anexa a esta Lei Complementar, exceto na hipótese dos serviços do subitem 11.05, relacionados ao monitoramento e rastreamento a distância, em qualquer via ou local, de veículos, cargas, pe soas e semoventes em circulação ou movimento, realizados por meio de telefonia móvel, transmissão de satélites, rádio ou qualquer outro meio, inclusive pelas empresas de Tecnologia da Informação Veicular, independentemente de o prestador de serviços ser proprietário ou não da infraestrutura de telecomunicações que utiliza;

•• Inciso II com redação determinada pela Lei Complementar n. 183, de 22-9-2021.

III – a pessoa jurídica tomadora ou intermediária de serviços, ainda que imune ou isenta, na hipótese prevista no § 4.º do art. 3.º desta Lei Complementar.

•• Inciso III acrescentado pela Lei Complementar n. 157, de 29-12-2016.

•• Inciso III originalmente vetado, todavia promulgado em 1.º-6-2017.

IV – as pessoas referidas nos incisos II ou III do § 9.º do art. 3.º desta Lei Complementar, pelo imposto devido pelas pessoas a que se refere o inciso I do mesmo parágrafo, em decorrência dos serviços prestados na forma do subitem 15.01 da lista de serviços anexa a esta Lei Complementar.

•• IV acrescentado pela Lei Complementar n. 175, de 23-9-2020.

§ 3.º (*Revogado pela Lei Complementar n. 175, de 23-9-2020.*)

§ 4.º No caso dos serviços prestados pelas administradoras de cartão de crédito e débito, descritos no subitem 15.01, os terminais eletrônicos ou as máquinas das operações efetivadas deverão ser registrados no local do domicílio do tomador do serviço.

•• § 4.º acrescentado pela Lei Complementar n. 157, de 29-12-2016.

•• § 4.º originalmente vetado, todavia promulgado em 1.º-6-2017.

Art. 7.º A base de cálculo do imposto é o preço do serviço.

§ 1.º Quando os serviços descritos pelo subitem 3.04 da lista anexa forem prestados no território de mais de um Município, a base de cálculo será proporcional, conforme o caso, à extensão da ferrovia, rodovia, dutos e condutos de qualquer natureza, cabos de qualquer natureza, ou ao número de postes, existentes em cada Município.

§ 2.º Não se incluem na base de cálculo do Imposto Sobre Serviços de Qualquer Natureza:

I – o valor dos materiais fornecidos pelo prestador dos serviços previstos nos itens 7.02 e 7.05 da lista de serviços anexa a esta Lei Complementar;

II – (*Vetado.*)

§ 3.º (*Vetado.*)

Art. 8.º As alíquotas máximas do Imposto Sobre Serviços de Qualquer Natureza são as seguintes:

I – (*Vetado.*)

II – demais serviços, 5% (cinco por cento).

Art. 8.º-A A alíquota mínima do Imposto sobre Serviços de Qualquer Natureza é de 2% (dois por cento).

•• *Caput* acrescentado pela Lei Complementar n. 157, de 29-12-2016, produzindo efeitos um ano após sua publicação (*DOU* de 30-12-2016).

§ 1.º O imposto não será objeto de concessão de isenções, incentivos ou benefícios tributários ou financeiros, inclusive de redução de base de cálculo ou de crédito presumido ou outorgado, ou sob qualquer outra forma que resulte, direta ou indiretamente, em carga tributária menor que a decorrente da aplicação da alíquota mínima estabelecida no *caput*, exceto para os serviços a que se referem os subitens 7.02, 7.05 e 16.01 da lista anexa a esta Lei Complementar.

•• § 1.º acrescentado pela Lei Complementar n. 157, de 29-12-2016, produzindo efeitos um ano após sua publicação (*DOU* de 30-12-2016).

§ 2.º É nula a lei ou o ato do Município ou do Distrito Federal que não respeite as disposições relativas à alíquota mínima previstas neste artigo no caso de serviço prestado a tomador ou intermediário localizado em Município diverso daquele onde está localizado o prestador do serviço.

•• § 2.º acrescentado pela Lei Complementar n. 157, de 29-12-2016, produzindo efeitos um ano após sua publicação (*DOU* de 30-12-2016).

§ 3.º A nulidade a que se refere o § 2.º deste artigo gera, para o prestador do serviço, perante o Município ou o Distrito Federal que não respeitar as disposições deste artigo, o direito à restituição do valor efetivamente pago do Imposto sobre Serviços de Qualquer Natureza calculado sob a égide da lei nula.

•• § 3.º acrescentado pela Lei Complementar n. 157, de 29-12-2016.

Art. 9.º Esta Lei Complementar entra em vigor na data de sua publicação.

Art. 10. Ficam revogados os arts. 8.º, 10, 11 e 12 do Decreto-lei n. 406, de 31 de dezembro de 1968; os incisos III, IV, V e VII do art. 3.º do Decreto-lei n. 834, de 8 de setembro de 1969; a Lei Complementar n. 22, de 9 de dezembro de 1974; a Lei n. 7.192, de 5 de junho de 1984; a Lei Complementar n. 56, de 15 de dezembro de 1987; e a Lei Complementar n. 100, de 22 de dezembro de 1999.

Brasília, 31 de julho de 2003; 182.º da Independência e 115.º da República.

Luiz Inácio Lula da Silva

Lista de serviços anexa à Lei Complementar n. 116, de 31 de julho de 2003

•• *Vide* Lista de serviços anexa ao Decreto-lei n. 406, de 31-12-1968.

1 – Serviços de informática e congêneres.

1.01 – Análise e desenvolvimento de sistemas.

1.02 – Programação.

1.03 – Processamento, armazenamento ou hospedagem de dados, textos, imagens, vídeos, páginas eletrônicas, aplicativos e sistemas de informação, entre outros formatos, e congêneres.

•• Item 1.03 com redação determinada pela Lei Complementar n. 157, de 29-12-2016.

1.04 – Elaboração de programas de computadores, inclusive de jogos eletrônicos, independentemente da arquitetura construtiva da máquina em que o programa será executado, incluindo *tablets*, *smartphones* e congêneres.

•• Item 1.04 com redação determinada pela Lei Complementar n. 157, de 29-12-2016.

1.05 – Licenciamento ou cessão de direito de uso de programas de computação.

1.06 – Assessoria e consultoria em informática.

1.07 – Suporte técnico em informática, inclusive instalação, configuração e manutenção de programas de computação e bancos de dados.

1.08 – Planejamento, confecção, manutenção e atualização de páginas eletrônicas.

1.09 – Disponibilização, sem cessão definitiva, de conteúdos de áudio, vídeo, imagem e texto por meio da internet, respeitada a imunidade de livros, jornais e periódicos (exceto a distribuição de conteúdos pelas prestadoras de Serviço de Acesso Condicionado, de que trata a Lei n. 12.485, de 12 de setembro de 2011, sujeita ao ICMS).

•• Item 1.09 acrescentado pela Lei Complementar n. 157, de 29-12-2016.

2 – Serviços de pesquisas e desenvolvimento de qualquer natureza.

2.01 – Serviços de pesquisas e desenvolvimento de qualquer natureza.

3 – Serviços prestados mediante locação, cessão de direito de uso e congêneres.

3.01 – (*Vetado.*)

3.02 – Cessão de direito de uso de marcas e de sinais de propaganda.

3.03 – Exploração de salões de festas, centro de convenções, escritórios virtuais, *stands*, quadras esportivas, estádios, ginásios, auditórios, casas de espetáculos, parques de diversões, canchas e congêneres, para realização de eventos ou negócios de qualquer natureza.

3.04 – Locação, sublocação, arrendamento, direito de

passagem ou permissão de uso, compartilhado ou não, de ferrovia, rodovia, postes, cabos, dutos e condutos de qualquer natureza.

3.05 – Cessão de andaimes, palcos, coberturas e outras estruturas de uso temporário.

4 – Serviços de saúde, assistência médica e congêneres.

4.01 – Medicina e biomedicina.

4.02 – Análises clínicas, patologia, eletricidade médica, radioterapia, quimioterapia, ultrassonografia, ressonância magnética, radiologia, tomografia e congêneres.

4.03 – Hospitais, clínicas, laboratórios, sanatórios, manicômios, casas de saúde, prontos-socorros, ambulatórios e congêneres.

4.04 – Instrumentação cirúrgica.

4.05 – Acupuntura.

4.06 – Enfermagem, inclusive serviços auxiliares.

4.07 – Serviços farmacêuticos.

4.08 – Terapia ocupacional, fisioterapia e fonoaudiologia.

4.09 – Terapias de qualquer espécie destinadas ao tratamento físico, orgânico e mental.

4.10 – Nutrição.

4.11 – Obstetrícia.

4.12 – Odontologia.

4.13 – Ortóptica.

4.14 – Próteses sob encomenda.

4.15 – Psicanálise.

4.16 – Psicologia.

4.17 – Casas de repouso e de recuperação, creches, asilos e congêneres.

4.18 – Inseminação artificial, fertilização *in vitro* e congêneres.

4.19 – Bancos de sangue, leite, pele, olhos, óvulos, sêmen e congêneres.

4.20 – Coleta de sangue, leite, tecidos, sêmen, órgãos e materiais biológicos de qualquer espécie.

4.21 – Unidade de atendimento, assistência ou tratamento móvel e congêneres.

•• *Vide* Lei Complementar n. 175, de 23-9-2020.

4.22 – Planos de medicina de grupo ou individual e convênios para prestação de assistência médica, hospitalar, odontológica e congêneres.

•• *Vide* Lei Complementar n. 175, de 23-9-2020.

4.23 – Outros planos de saúde que se cumpram através de serviços de terceiros contratados, credenciados, cooperados ou apenas pagos pelo operador do plano mediante indicação do beneficiário.

•• *Vide* Lei Complementar n. 175, de 23-9-2020.

5 – Serviços de medicina e assistência veterinária e congêneres.

5.01 – Medicina veterinária e zootecnia.

5.02 – Hospitais, clínicas, ambulatórios, prontos-socorros e congêneres, na área veterinária.

5.03 – Laboratórios de análise na área veterinária.

5.04 – Inseminação artificial, fertilização *in vitro* e congêneres.

5.05 – Bancos de sangue e de órgãos e congêneres.

5.06 – Coleta de sangue, leite, tecidos, sêmen, órgãos e materiais biológicos de qualquer espécie.

5.07 – Unidade de atendimento, assistência ou tratamento móvel e congêneres.

5.08 – Guarda, tratamento, amestramento, embelezamento, alojamento e congêneres.

5.09 – Planos de atendimento e assistência médico-veterinária.

•• *Vide* Lei Complementar n. 175, de 23-9-2020.

6 – Serviços de cuidados pessoais, estética, atividades físicas e congêneres.

6.01 – Barbearia, cabeleireiros, manicuros, pedicuros e congêneres.

6.02 – Esteticistas, tratamento de pele, depilação e congêneres.

6.03 – Banhos, duchas, sauna, massagens e congêneres.

6.04 – Ginástica, dança, esportes, natação, artes marciais e demais atividades físicas.

6.05 – Centros de emagrecimento, *spa* e congêneres.

6.06 – Aplicação de tatuagens, *piercings* e congêneres.

•• Item 6.06 acrescentado pela Lei Complementar n. 157, de 29-12-2016.

7 – Serviços relativos a engenharia, arquitetura, geologia, urbanismo, construção civil, manutenção, limpeza, meio ambiente, saneamento e congêneres.

7.01 – Engenharia, agronomia, agrimensura, arquitetura, geologia, urbanismo, paisagismo e congêneres.

7.02 – Execução, por administração, empreitada ou subempreitada, de obras de construção civil, hidráulica ou elétrica e de outras obras semelhantes, inclusive sondagem, perfuração de poços, escavação, drenagem e irrigação, terraplanagem, pavimentação, concretagem e a instalação e montagem de produtos, peças e equipamentos (exceto o fornecimento de mercadorias produzidas pelo prestador de serviços fora do local da prestação dos serviços, que fica sujeito ao ICMS).

7.03 – Elaboração de planos diretores, estudos de viabilidade, estudos organizacionais e outros, relacionados com obras e serviços de engenharia; elaboração de anteprojetos, projetos básicos e projetos executivos para trabalhos de engenharia.

7.04 – Demolição.

7.05 – Reparação, conservação e reforma de edifícios, estradas, pontes, portos e congêneres (exceto o fornecimento de mercadorias produzidas pelo prestador dos serviços, fora do local da prestação dos serviços, que fica sujeito ao ICMS).

7.06 – Colocação e instalação de tapetes, carpetes, assoalhos, cortinas, revestimentos de parede, vidros, divisórias, placas de gesso e congêneres, com material fornecido pelo tomador do serviço.

7.07 – Recuperação, raspagem, polimento e lustração de pisos e congêneres.

7.08 – Calafetação.

7.09 – Varrição, coleta, remoção, incineração, tratamento, reciclagem, separação e destinação final de lixo, rejeitos e outros resíduos quaisquer.

7.10 – Limpeza, manutenção e conservação de vias e logradouros públicos, imóveis, chaminés, piscinas, parques, jardins e congêneres.

7.11 – Decoração e jardinagem, inclusive corte e poda de árvores.

7.12 – Controle e tratamento de efluentes de qualquer natureza e de agentes físicos, químicos e biológicos.

7.13 – Dedetização, desinfecção, desinsetização, imunização, higienização, desratização, pulverização e congêneres.

7.14 – (*Vetado.*)

7.15 – (*Vetado.*)

7.16 – Florestamento, reflorestamento, semeadura, adubação, reparação de solo, plantio, silagem, colheita, corte e descascamento de árvores, silvicultura, exploração florestal e dos serviços congêneres indissociáveis da formação, manutenção e colheita de florestas, para quaisquer fins e por quaisquer meios.

•• Item 7.16 com redação determinada pela Lei Complementar n. 157, de 29-12-2016.

7.17 – Escoramento, contenção de encostas e serviços congêneres.

7.18 – Limpeza e dragagem de rios, portos, canais, baías, lagos, lagoas, represas, açudes e congêneres.

7.19 – Acompanhamento e fiscalização da execução de obras de engenharia, arquitetura e urbanismo.

7.20 – Aerofotogrametria (inclusive interpretação), cartografia, mapeamento, levantamentos topográficos, batimétricos, geográficos, geodésicos, geológicos, geofísicos e congêneres.

7.21 – Pesquisa, perfuração, cimentação, mergulho, perfilagem, concretação, testemunhagem, pescaria, estimulação e outros serviços relacionados com a exploração e explotação de petróleo, gás natural e de outros recursos minerais.

7.22 – Nucleação e bombardeamento de nuvens e congêneres.

8 – Serviços de educação, ensino, orientação pedagógica e educacional, instrução, treinamento e avaliação pessoal de qualquer grau ou natureza.

8.01 – Ensino regular pré-escolar, fundamental, médio e superior.

8.02 – Instrução, treinamento, orientação pedagógica e educacional, avaliação de conhecimentos de qualquer natureza.

9 – Serviços relativos a hospedagem, turismo, viagens e congêneres.

9.01 – Hospedagem de qualquer natureza em hotéis, *apart-service* condominiais, *flat*, *apart-hotéis*, hotéis residência, *residence-service*, *suite service*, hotelaria marítima, motéis, pensões e congêneres; ocupação por temporada com fornecimento de serviço (o valor da alimentação e gorjeta, quando incluído no preço da diária, fica sujeito ao Imposto Sobre Serviços).

9.02 – Agenciamento, organização, promoção, intermediação e execução de programas de turismo, passeios, viagens, excursões, hospedagens e congêneres.

9.03 – Guias de turismo.

10 – Serviços de intermediação e congêneres.

10.01 – Agenciamento, corretagem ou intermediação de câmbio, de seguros, de cartões de crédito, de planos de saúde e de planos de previdência privada.

10.02 – Agenciamento, corretagem ou intermediação de títulos em geral, valores mobiliários e contratos quaisquer.

10.03 – Agenciamento, corretagem ou intermediação de direitos de propriedade industrial, artística ou literária.

10.04 – Agenciamento, corretagem ou intermediação de contratos de arrendamento mercantil (*leasing*), de franquia (*franchising*) e de faturização (*factoring*).

10.05 – Agenciamento, corretagem ou intermediação de bens móveis ou imóveis, não abrangidos em outros itens ou subitens, inclusive aqueles realizados no âmbito de Bolsas de Mercadorias e Futuros, por quaisquer meios.

10.06 – Agenciamento marítimo.

10.07 – Agenciamento de notícias.

10.08 – Agenciamento de publicidade e propaganda, inclusive o agenciamento de veiculação por quaisquer meios.

10.09 – Representação de qualquer natureza, inclusive comercial.

10.10 – Distribuição de bens de terceiros.

11 – Serviços de guarda, estacionamento, armazenamento, vigilância e congêneres.

11.01 – Guarda e estacionamento de veículos terrestres automotores, de aeronaves e de embarcações.

11.02 – Vigilância, segurança ou monitoramento de bens, pessoas e semoventes.

•• Item 11.02 com redação determinada pela Lei Complementar n. 157, de 29-12-2016.

11.03 – Escolta, inclusive de veículos e cargas.

11.04 – Armazenamento, depósito, carga, descarga, arrumação e guarda de bens de qualquer espécie.

11.05 – Serviços relacionados ao monitoramento e rastreamento a distância, em qualquer via ou local, de veículos, cargas, pessoas e semoventes em circulação ou movimento, realizados por meio de telefonia móvel, transmissão de satélites, rádio ou qualquer outro meio, inclusive pelas empresas de Tecnologia da Informação Veicular, independentemente de o prestador de serviços ser proprietário ou não da infraestrutura de telecomunicações que utiliza.

•• Item 11.05 acrescentado pela Lei Complementar n. 183, de 22-9-2021.

12 – Serviços de diversões, lazer, entretenimento e congêneres.

12.01 – Espetáculos teatrais.

12.02 – Exibições cinematográficas.

12.03 – Espetáculos circenses.

12.04 – Programas de auditório.

12.05 – Parques de diversões, centros de lazer e congêneres.

12.06 – Boates, *taxi-dancing* e congêneres.

12.07 – *Shows*, *ballet*, danças, desfiles, bailes, óperas, concertos, recitais, festivais e congêneres.

12.08 – Feiras, exposições, congressos e congêneres.

12.09 – Bilhares, boliches e diversões eletrônicas ou não.

12.10 – Corridas e competições de animais.

12.11 – Competições esportivas ou de destreza física ou intelectual, com ou sem a participação do espectador.

12.12 – Execução de música.

12.13 – Produção, mediante ou sem encomenda prévia, de eventos, espetáculos, entrevistas, *shows*, *ballet*, danças, desfiles, bailes, teatros, óperas, concertos, recitais, festivais e congêneres.

12.14 – Fornecimento de música para ambientes fechados ou não, mediante transmissão por qualquer processo.

12.15 – Desfiles de blocos carnavalescos ou folclóricos, trios elétricos e congêneres.

12.16 – Exibição de filmes, entrevistas, musicais, espetáculos, *shows*, concertos, desfiles, óperas, competições esportivas, de destreza intelectual ou congêneres.

12.17 – Recreação e animação, inclusive em festas e eventos de qualquer natureza.

13 – Serviços relativos a fonografia, fotografia, cinematografia e reprografia.

13.01 – (*Vetado.*)

13.02 – Fonografia ou gravação de sons, inclusive trucagem, dublagem, mixagem e congêneres.

13.03 – Fotografia e cinematografia, inclusive revelação, ampliação, cópia, reprodução, trucagem e congêneres.

13.04 – Reprografia, microfilmagem e digitalização.

13.05 – Composição gráfica, inclusive confecção de impressos gráficos, fotocomposição, clicheria, zincografia, litografia e fotolitografia, exceto se destinados a posterior operação de comercialização ou industrialização, ainda que incorporados, de qualquer forma, a outra mercadoria que deva ser objeto de posterior circulação, tais como bulas, rótulos, etiquetas, caixas, cartuchos, embalagens e manuais técnicos e de instrução, quando ficarão sujeitos ao ICMS.

•• Item 13.05 com redação determinada pela Lei Complementar n. 157, de 29-12-2016.

14 – Serviços relativos a bens de terceiros.

14.01 – Lubrificação, limpeza, lustração, revisão, carga e recarga, conserto, restauração, blindagem, manutenção e conservação de máquinas, veículos, aparelhos, equipamentos, motores, elevadores ou de qualquer objeto (exceto peças e partes empregadas, que ficam sujeitas ao ICMS).

14.02 – Assistência técnica.

14.03 – Recondicionamento de motores (exceto peças e partes empregadas, que ficam sujeitas ao ICMS).

14.04 – Recauchutagem ou regeneração de pneus.

14.05 – Restauração, recondicionamento, acondicionamento, pintura, beneficiamento, lavagem, secagem, tingimento, galvanoplastia, anodização, corte, recorte, plastificação, costura, acabamento, polimento e congêneres de objetos quaisquer.

•• Item 14.05 com redação determinada pela Lei Complementar n. 157, de 29-12-2016.

14.06 – Instalação e montagem de aparelhos, máquinas e equipamentos, inclusive montagem industrial, prestados ao usuário final, exclusivamente com material por ele fornecido.

14.07 – Colocação de molduras e congêneres.

14.08 – Encadernação, gravação e douração de livros, revistas e congêneres.

14.09 – Alfaiataria e costura, quando o material for fornecido pelo usuário final, exceto aviamento.

14.10 – Tinturaria e lavanderia.

14.11 – Tapeçaria e reforma de estofamentos em geral.

14.12 – Funilaria e lanternagem.

14.13 – Carpintaria e serralheria.

14.14 – Guincho intramunicipal, guindaste e içamento.

•• Item 14.14 acrescentado pela Lei Complementar n. 157, de 29-12-2016.

15 – Serviços relacionados ao setor bancário ou financeiro, inclusive aqueles prestados por instituições financeiras autorizadas a funcionar pela União ou por quem de direito.

15.01 – Administração de fundos quaisquer, de consórcio, de cartão de crédito ou débito e congêneres, de carteira de clientes, de cheques pré-datados e congêneres.

•• *Vide* Lei Complementar n. 175, de 23-9-2020.

15.02 – Abertura de contas em geral, inclusive conta corrente, conta de investimentos e aplicação e caderneta de poupança, no País e no exterior, bem como a manutenção das referidas contas ativas e inativas.

15.03 – Locação e manutenção de cofres particulares, de terminais eletrônicos, de terminais de atendimento e de bens e equipamentos em geral.

15.04 – Fornecimento ou emissão de atestados em geral, inclusive atestado de idoneidade, atestado de capacidade financeira e congêneres.

15.05 – Cadastro, elaboração de ficha cadastral, renovação cadastral e congêneres, inclusão ou exclusão no Cadastro de Emitentes de Cheques sem Fundos - CCF ou em quaisquer outros bancos cadastrais.

15.06 – Emissão, reemissão e fornecimento de avisos, comprovantes e documentos em geral; abono de firmas; coleta e entrega de documentos, bens e valores; comunicação com outra agência ou com a administração central; licenciamento eletrônico de veículos; transferência de veículos; agenciamento fiduciário ou depositário; devolução de bens em custódia.

15.07 – Acesso, movimentação, atendimento e consulta a contas em geral, por qualquer meio ou processo, inclusive por telefone, fac-símile, internet e telex, acesso a terminais de atendimento, inclusive vinte e quatro horas; acesso a outro banco e a rede compartilhada; fornecimento de saldo, extrato e demais informações relativas a contas em geral, por qualquer meio ou processo.

15.08 – Emissão, reemissão, alteração, cessão, substituição, cancelamento e registro de contrato de crédito; estudo, análise e avaliação de operações de crédito; emissão, concessão, alteração ou contratação de aval, fiança, anuência e congêneres; serviços relativos a abertura de crédito, para quaisquer fins.

15.09 – Arrendamento mercantil (*leasing*) de quaisquer bens, inclusive cessão de direitos e obrigações, substituição de garantia, alteração, cancelamento e registro de contrato, e demais serviços relacionados ao arrendamento mercantil (*leasing*).

•• *Vide* Lei Complementar n. 175, de 23-9-2020.

15.10 – Serviços relacionados a cobranças, recebimentos ou pagamentos em geral, de títulos quaisquer, de contas ou carnês, de câmbio, de tributos e por conta de terceiros, inclusive os efetuados por meio eletrônico, automático ou por máquinas de atendimento; fornecimento de posição de cobrança, recebimento ou pagamento; emissão de carnês, fichas de compensação, impressos e documentos em geral.

15.11 – Devolução de títulos, protesto de títulos, sustação de protesto, manutenção de títulos, reapresentação de títulos, e demais serviços a eles relacionados.

15.12 – Custódia em geral, inclusive de títulos e valores mobiliários.

15.13 – Serviços relacionados a operações de câmbio em geral, edição, alteração, prorrogação, cancelamento e baixa de contrato de câmbio; emissão de registro de exportação ou de crédito; cobrança ou depósito no exterior; emissão, fornecimento e cancelamento de cheques de viagem; fornecimento, transferência, cancelamento e demais serviços relativos a carta de crédito de importação, exportação e garantias recebidas; envio e recebimento de mensagens em geral relacionadas a operações de câmbio.

15.14 – Fornecimento, emissão, reemissão, renovação e manutenção de cartão magnético, cartão de crédito, cartão de débito, cartão salário e congêneres.

15.15 – Compensação de cheques e títulos quaisquer; serviços relacionados a depósito, inclusive depósito identificado, a saque de contas quaisquer, por qualquer meio ou processo, inclusive em terminais eletrônicos e de atendimento.

15.16 – Emissão, reemissão, liquidação, alteração, cancelamento e baixa de ordens de pagamento, ordens de crédito e similares, por qualquer meio ou processo; serviços relacionados à transferência de valores, dados, fundos, pagamentos e similares, inclusive entre contas em geral.

15.17 – Emissão, fornecimento, devolução, sustação, cancelamento e oposição de cheques quaisquer, avulso ou por talão.

15.18 – Serviços relacionados a crédito imobiliário, avaliação e vistoria de imóvel ou obra, análise técnica e jurídica, emissão, reemissão, alteração, transferência e renegociação de contrato, emissão e reemissão do termo de quitação e demais serviços relacionados a crédito imobiliário.

16 – Serviços de transporte de natureza municipal.

16.01 – Serviços de transporte coletivo municipal rodoviário, metroviário, ferroviário e aquaviário de passageiros.

•• Item 16.01 com redação determinada pela Lei Complementar n. 157, de 29-12-2016.

16.02 – Outros serviços de transporte de natureza municipal.

•• Item 16.02 acrescentado pela Lei Complementar n. 157, de 29-12-2016.

17 – Serviços de apoio técnico, administrativo, jurídico, contábil, comercial e congêneres.

17.01 – Assessoria ou consultoria de qualquer natureza, não contida em outros itens desta lista; análise, exame, pesquisa, coleta, compilação e fornecimento de dados e informações de qualquer natureza, inclusive cadastro e similares.

17.02 – Datilografia, digitação, estenografia, expediente, secretaria em geral, resposta audível, redação, edição, interpretação, revisão, tradução, apoio e infraestrutura administrativa e congêneres.

17.03 – Planejamento, coordenação, programação ou organização técnica, financeira ou administrativa.

17.04 – Recrutamento, agenciamento, seleção e colocação de mão de obra.

17.05 – Fornecimento de mão de obra, mesmo em caráter temporário, inclusive de empregados ou trabalhadores, avulsos ou temporários, contratados pelo prestador de serviço.

17.06 – Propaganda e publicidade, inclusive promoção de vendas, planejamento de campanhas ou sistemas de publicidade, elaboração de desenhos, textos e demais materiais publicitários.

17.07 – (*Vetado*.)

17.08 – Franquia (*franchising*).

17.09 – Perícias, laudos, exames técnicos e análises técnicas.

17.10 – Planejamento, organização e administração de feiras, exposições, congressos e congêneres.

17.11 – Organização de festas e recepções; bufê (exceto o fornecimento de alimentação e bebidas, que fica sujeito ao ICMS).

17.12 – Administração em geral, inclusive de bens e negócios de terceiros.

17.13 – Leilão e congêneres.

17.14 – Advocacia.

17.15 – Arbitragem de qualquer espécie, inclusive jurídica.

17.16 – Auditoria.

17.17 – Análise de Organização e Métodos.

17.18 – Atuária e cálculos técnicos de qualquer natureza.

17.19 – Contabilidade, inclusive serviços técnicos e auxiliares.

17.20 – Consultoria e assessoria econômica ou financeira.

17.21 – Estatística.

17.22 – Cobrança em geral.

17.23 – Assessoria, análise, avaliação, atendimento, consulta, cadastro, seleção, gerenciamento de informações, administração de contas a receber ou a pagar e em geral, relacionados a operações de faturização (*factoring*).

17.24 – Apresentação de palestras, conferências, seminários e congêneres.

17.25 – Inserção de textos, desenhos e outros materiais de propaganda e publicidade, em qualquer meio (exceto em livros, jornais, periódicos e nas modalidades de serviços de radiodifusão sonora e de sons e imagens de recepção livre e gratuita).

•• Item 17.25 acrescentado pela Lei Complementar n. 157, de 29-12-2016.

18 – Serviços de regulação de sinistros vinculados a contratos de seguros; inspeção e avaliação de riscos para cobertura de contratos de seguros; prevenção e gerência de riscos seguráveis e congêneres.

18.01 – Serviços de regulação de sinistros vinculados a contratos de seguros; inspeção e avaliação de riscos para cobertura de contratos de seguros; prevenção e gerência de riscos seguráveis e congêneres.

19 – Serviços de distribuição e venda de bilhetes e demais produtos de loteria, bingos, cartões, pules ou cupons de apostas, sorteios, prêmios, inclusive os decorrentes de títulos de capitalização e congêneres.

19.01 – Serviços de distribuição e venda de bilhetes e demais produtos de loteria, bingos, cartões, pules ou cupons de apostas, sorteios, prêmios, inclusive os decorrentes de títulos de capitalização e congêneres.

20 – Serviços portuários, aeroportuários, ferroportuários, de terminais rodoviários, ferroviários e metroviários.

20.01 – Serviços portuários, ferroportuários, utilização de porto, movimentação de passageiros, reboque de embarcações, rebocador escoteiro, atracação, desatracação, serviços de praticagem, capatazia, armazenagem de qualquer natureza, serviços acessórios, movimentação de mercadorias, serviços de apoio marítimo, de movimentação ao largo, serviços de armadores, estiva, conferência, logística e congêneres.

20.02 – Serviços aeroportuários, utilização de aeroporto, movimentação de passageiros, armazenagem de qualquer natureza, capatazia, movimentação de aeronaves, serviços de apoio aeroportuários, serviços acessórios, movimentação de mercadorias, logística e congêneres.

20.03 – Serviços de terminais rodoviários, ferroviários, metroviários, movimentação de passageiros, mercadorias, inclusive suas operações, logística e congêneres.

21 – Serviços de registros públicos, cartorários e notariais.

21.01 – Serviços de registros públicos, cartorários e notariais.

22 – Serviços de exploração de rodovia.

22.01 – Serviços de exploração de rodovia mediante cobrança de preço ou pedágio dos usuários, envolvendo execução de serviços de conservação, manutenção, melhoramentos para adequação de capacidade e segurança de trânsito, operação, monitoração, assistência aos usuários e outros serviços definidos em contratos, atos de concessão ou de permissão ou em normas oficiais.

23 – Serviços de programação e comunicação visual, desenho industrial e congêneres.

23.01 – Serviços de programação e comunicação visual, desenho industrial e congêneres.

24 – Serviços de chaveiros, confecção de carimbos, placas, sinalização visual, *banners*, adesivos e congêneres.

24.01 – Serviços de chaveiros, confecção de carimbos, placas, sinalização visual, *banners*, adesivos e congêneres.

25 – Serviços funerários.

25.01 – Funerais, inclusive fornecimento de caixão, urna ou esquifes; aluguel de capela; transporte do corpo cadavérico; fornecimento de flores, coroas e outros paramentos; desembaraço de certidão de óbito; fornecimento de véu, essa e outros adornos; embalsamamento, embelezamento, conservação ou restauração de cadáveres.

25.02 – Translado intramunicipal e cremação de corpos e partes de corpos cadavéricos.

•• Item 25.02 com redação determinada pela Lei Complementar n. 157, de 29-12-2016.

25.03 – Planos ou convênio funerários.

25.04 – Manutenção e conservação de jazigos e cemitérios.

25.05 – Cessão de uso de espaços em cemitérios para sepultamento.

•• Item 25.05 acrescentado pela Lei Complementar n. 157, de 29-12-2016.

26 – Serviços de coleta, remessa ou entrega de correspondências, documentos, objetos, bens ou valores, inclusive pelos correios e suas agências franqueadas; *courrier* e congêneres.

26.01 – Serviços de coleta, remessa ou entrega de correspondências, documentos, objetos, bens ou valores, inclusive pelos correios e suas agências franqueadas; *courrier* e congêneres.

27 – Serviços de assistência social.

27.01 – Serviços de assistência social.

28 – Serviços de avaliação de bens e serviços de qualquer natureza.

28.01 – Serviços de avaliação de bens e serviços de qualquer natureza.

29 – Serviços de biblioteconomia.

29.01 – Serviços de biblioteconomia.

30 – Serviços de biologia, biotecnologia e química.

30.01 – Serviços de biologia, biotecnologia e química.

31 – Serviços técnicos em edificações, eletrônica, eletrotécnica, mecânica, telecomunicações e congêneres.

31.01 – Serviços técnicos em edificações, eletrônica, eletrotécnica, mecânica, telecomunicações e congêneres.

32 – Serviços de desenhos técnicos.

32.01 – Serviços de desenhos técnicos.

33 – Serviços de desembaraço aduaneiro, comissários, despachantes e congêneres.

33.01 – Serviços de desembaraço aduaneiro, comissários, despachantes e congêneres.

34 – Serviços de investigações particulares, detetives e congêneres.

34.01 – Serviços de investigações particulares, detetives e congêneres.

35 – Serviços de reportagem, assessoria de imprensa, jornalismo e relações públicas.

35.01 – Serviços de reportagem, assessoria de imprensa, jornalismo e relações públicas.

36 – Serviços de meteorologia.

36.01 – Serviços de meteorologia.

37 – Serviços de artistas, atletas, modelos e manequins.

37.01 – Serviços de artistas, atletas, modelos e manequins.

38 – Serviços de museologia.

38.01 – Serviços de museologia.

39 – Serviços de ourivesaria e lapidação.

39.01 – Serviços de ourivesaria e lapidação (quando o material for fornecido pelo tomador do serviço).

40 – Serviços relativos a obras de arte sob encomenda.

40.01 – Obras de arte sob encomenda.

LEI N. 10.755, DE 3 DE NOVEMBRO DE 2003 (*)

Estabelece multa em operações de importação, e dá outras providências.

O Vice-Presidente da República, no exercício do cargo de Presidente da República

Faço saber que o Congresso Nacional decreta e eu sanciono a seguinte Lei:

Art. 1.º Fica o importador sujeito ao pagamento de multa a ser recolhida ao Banco Central do Brasil nas importações com Declaração de Importação – DI, registrada no Sistema Integrado de Comércio Exterior – Siscomex, quando:

I – contratar operação de câmbio ou efetuar pagamento em reais sem observância dos prazos e das demais condições estabelecidas pelo Banco Central do Brasil;

II – não efetuar o pagamento de importação até cento e oitenta dias a partir do primeiro dia do mês subsequente ao previsto para pagamento da importação, conforme consignado na DI ou no Registro de Operações Financeiras – ROF, quando financiadas.

§ 1.º O disposto neste artigo aplica-se também às irregularidades previstas na legislação anterior, desde que pendentes de julgamento definitivo nas instâncias administrativas.

•• § 1.º com redação determinada pela Lei n. 11.196, de 21-11-2005.

§ 2.º A multa de que trata o *caput* será aplicada pelo Banco Central do Brasil na forma, no prazo, no percentual e nas demais condições que vier a fixar, limitada a cem por cento do valor equivalente em reais da respectiva importação, e será apurada e devida:

I – na data da contratação do câmbio ou do pagamento em reais, nas situações objeto do inciso I do *caput* deste artigo;

II – no centésimo octogésimo primeiro dia a partir do primeiro dia do mês subsequente ao previsto para pagamento da importação, nas situações objeto do inciso II do *caput* deste artigo.

§ 3.º No caso de importação realizada por conta e ordem de terceiro, o adquirente da mercadoria indicado na Declaração de Importação é responsável solidário pelo pagamento da multa de que trata o *caput*.

Art. 2.º A multa de que trata esta Lei não se aplica:

•• O art. 6.º da Lei n. 11.371, de 28-11-2006, dispõe: "A multa de que trata a Lei n. 10.755, de 3-11-2003, não se aplica às importações: I – cujo vencimento ocorra a partir de 4-8-2006; ou II – cujo termo final para a liquidação do contrato de câmbio de importação, na forma do inciso II do art. 1.º da Lei n. 10.755, de 2003, não tenha transcorrido até 4 de agosto de 2006".

I – aos pagamentos de mercadorias embarcadas no exterior até o dia 31 de março de 1997, inclusive;

II – aos pagamentos de importações de petróleo e derivados especificados pelo Banco Central do Brasil;

III – aos pagamentos de importações efetuadas sob o regime de *drawback* e outros estabelecidos em ato do Ministro de Estado da Fazenda;

IV – às importações cujo saldo para pagamento seja inferior a US$ 10,000.00 (dez mil dólares norte-americanos) ou o seu equivalente em outras moedas;

V – aos pagamentos de importações de produtos de consumo alimentar básico, visando ao atendimento de aspectos conjunturais do abastecimento, conforme dispuser ato do Ministro de Estado da Fazenda;

VI – às importações, financiadas ou não, cujo pagamento seja de responsabilidade da União, dos Estados, dos Municípios e do Distrito Federal, suas fundações e autarquias, inclusive aquelas importações efetuadas em data anterior à publicação desta Lei;

VII – aos valores apurados na forma desta Lei inferiores a R$ 1.000,00 (um mil reais).

Art. 3.º São responsáveis pelo recolhimento da multa de que trata esta Lei:

(*) Publicada no DOU, de 4-11-2003.

I – o banco vendedor da moeda estrangeira, nas importações pagas em moeda estrangeira;

II – o banco onde os reais tenham sido creditados para o pagamento da importação, nas importações pagas em reais;

III – o importador, nas demais situações.

Art. 4.º (*Revogado pela Lei n. 11.196, de 21-11-2005.*)

Art. 5.º O Banco Central do Brasil baixará as normas necessárias à execução do disposto nesta Lei.

Art. 6.º Esta Lei entra em vigor na data de sua publicação.

Art. 7.º Fica revogada a Lei n. 9.817, de 23 de agosto de 1999.

Brasília, 3 de novembro de 2003; 182.º da Independência e 115.º da República.

José Alencar Gomes da Silva

LEI N. 10.833, DE 29 DE DEZEMBRO DE 2003 (*)

Altera a Legislação Tributária Federal e dá outras providências.

O Presidente da República

Faço saber que o Congresso Nacional decreta e eu sanciono a seguinte Lei:

Capítulo I
DA COBRANÇA NÃO CUMULATIVA DA COFINS

• A Instrução Normativa n. 404, de 12-3-2004, da Secretaria da Receita Federal, dispõe sobre a incidência não cumulativa da Cofins, nos termos deste Capítulo.

Art. 1.º A Contribuição para o Financiamento da Seguridade Social - COFINS, com a incidência não cumulativa, incide sobre o total das receitas auferidas no mês pela pessoa jurídica, independentemente de sua denominação ou classificação contábil.

•• *Caput* com redação determinada pela Lei n. 12.973, de 13-5-2014.

§ 1.º Para efeito do disposto neste artigo, o total das receitas compreende a receita bruta de que trata o art. 12 do Decreto-lei n. 1.598, de 26 de dezembro de 1977, e todas as demais receitas auferidas pela pessoa jurídica com os seus respectivos valores decorrentes do ajuste a valor presente de que trata o inciso VIII do *caput* do art. 183 da Lei n. 6.404, de 15 de dezembro de 1976.

•• § 1.º com redação determinada pela Lei n. 12.973, de 13-5-2014.

§ 2.º A base de cálculo da COFINS é o total das receitas auferidas pela pessoa jurídica, conforme definido no *caput* e no § 1.º.

•• § 2.º com redação determinada pela Lei n. 12.973, de 13-5-2014.

§ 3.º Não integram a base de cálculo a que se refere este artigo as receitas:

I – isentas ou não alcançadas pela incidência da contribuição ou sujeitas à alíquota 0 (zero);

• *Vide* art. 15 desta Lei.

II – de que trata o inciso IV do *caput* do art. 187 da Lei n. 6.404, de 15 de dezembro de 1976, decorrentes da venda de bens do ativo não circulante, classificado como investimento, imobilizado ou intangível;

•• Inciso II com redação determinada pela Lei n. 12.973, de 13-5-2014.

III – auferidas pela pessoa jurídica revendedora, na revenda de mercadorias em relação às quais a contribuição seja exigida da empresa vendedora, na condição de substituta tributária;

IV – (*Revogado pela Lei n. 11.727, de 23-6-2008.*)

V – referentes a:

a) vendas canceladas e aos descontos incondicionais concedidos;

b) reversões de provisões e recuperações de créditos baixados como perda que não representem ingresso de novas receitas, o resultado positivo da avaliação de investimentos pelo valor do patrimônio líquido e os lucros e dividendos derivados de participações societárias, que tenham sido computados como receita;

•• Alínea *b* com redação determinada pela Lei n. 12.973, de 13-5-2014.

•• *Vide* art. 93, I, desta Lei.

VI – decorrentes de transferência onerosa a outros contribuintes do Imposto sobre Operações relativas à Circulação de Mercadorias e sobre Prestações de Serviços de Transporte Interestadual e Intermunicipal e de Comunicação - ICMS de créditos de ICMS originados de operações de exportação, conforme o disposto no inciso II do § 1.º do art. 25 da Lei Complementar n. 87, de 13 de setembro de 1996;

•• Inciso VI acrescentado pela Lei n. 11.945, de 4-6-2009.

VII – financeiras decorrentes do ajuste a valor presente de que trata o inciso VIII do *caput* do art. 183 da Lei n. 6.404, de 15 de dezembro de 1976, referentes a receitas excluídas da base de cálculo da COFINS;

•• Inciso VII acrescentado pela Lei n. 12.973, de 13-5-2014.

VIII – relativas aos ganhos decorrentes de avaliação do ativo e passivo com base no valor justo;

•• Inciso VIII acrescentado pela Lei n. 12.973, de 13-5-2014.

IX – de subvenções para investimento, inclusive mediante isenção ou redução de impostos, concedidas como estímulo à implantação ou expansão de empreendimentos econômicos e de doações feitas pelo poder público;

•• Inciso IX acrescentado pela Lei n. 12.973, de 13-5-2014.

X – reconhecidas pela construção, recuperação, reforma, ampliação ou melhoramento da infraestrutura, cuja contrapartida seja ativo intangível representativo de direito de exploração, no caso de contratos de concessão de serviços públicos;

•• Inciso X acrescentado pela Lei n. 12.973, de 13-5-2014.

(*) Publicada no DOU, de 30-12-2003.

XI – relativas ao valor do imposto que deixar de ser pago em virtude das isenções e reduções de que tratam as alíneas *a*, *b*, *c* e *e* do § 1.º do art. 19 do Decreto-lei n. 1.598, de 26 de dezembro de 1977; e

•• Inciso XI acrescentado pela Lei n. 12.973, de 13-5-2014.

XII – relativas ao prêmio na emissão de debêntures.

•• Inciso XII acrescentado pela Lei n. 12.973, de 13-5-2014.

Art. 2.º Para determinação do valor da COFINS aplicar-se-á, sobre a base de cálculo apurada conforme o disposto no art. 1.º, a alíquota de 7,6% (sete inteiros e seis décimos por cento).

•• *Vide* art. 93, I, desta Lei.

§ 1.º Excetua-se do disposto no *caput* deste artigo a receita bruta auferida pelos produtores ou importadores, que devem aplicar as alíquotas previstas:

•• § 1.º, *caput*, acrescentado pela Lei n. 10.865, de 30-4-2004.

I – nos incisos I a III do art. 4.º da Lei n. 9.718, de 27 de novembro de 1998, e alterações posteriores, no caso de venda de gasolinas e suas correntes, exceto gasolina de aviação, óleo diesel e suas correntes e gás liquefeito de petróleo – GLP derivado de petróleo e de gás natural;

•• Inciso I com redação determinada pela Lei n. 10.925, de 23-7-2004.

II – no inciso I do art. 1.º da Lei n. 10.147, de 21 de dezembro de 2000, e alterações posteriores, no caso de venda de produtos farmacêuticos, de perfumaria, de toucador ou de higiene pessoal, nele relacionados;

•• Inciso II acrescentado pela Lei n. 10.865, de 30-4-2004.

III – no art. 1.º da Lei n. 10.485, de 3 de julho de 2002, e alterações posteriores, no caso de venda de máquinas e veículos classificados nos códigos 84.29, 8432.40.00, 84.32.80.00, 8433.20, 8433.30.00, 8433.40.00, 8433.5, 87.01, 87.02, 87.03, 87.04, 87.05 e 87.06, da TIPI;

•• Inciso III acrescentado pela Lei n. 10.865, de 30-4-2004.

IV – no inciso II do art. 3.º da Lei n. 10.485, de 3 de julho de 2002, no caso de vendas, para comerciante atacadista ou varejista ou para consumidores, das autopeças relacionadas nos Anexos I e II da mesma Lei;

•• Inciso IV acrescentado pela Lei n. 10.865, de 30-4-2004.

V – no *caput* do art. 5.º da Lei n. 10.485, de 3 de julho de 2002, e alterações posteriores, no caso de venda dos produtos classificados nas posições 40.11 (pneus novos de borracha) e 40.13 (câmaras de ar de borracha), da TIPI;

•• Inciso V acrescentado pela Lei n. 10.865, de 30-4-2004.

VI – no art. 2.º da Lei n. 10.560, de 13 de novembro de 2002, e alterações posteriores, no caso de venda de querosene de aviação;

•• Inciso VI acrescentado pela Lei n. 10.865, de 30-4-2004.

VII a IX – (*Revogados pela Lei n. 13.097, de 19-1-2015.*)

X – no art. 23 da Lei n. 10.865, de 30 de abril de 2004, no caso de venda de gasolinas e suas correntes, exceto gasolina de aviação, óleo diesel e suas correntes, querosene de aviação, gás liquefeito de petróleo – GLP derivado de petróleo e de gás natural.

•• Inciso X acrescentado pela Lei n. 10.925, de 23-7-2004.

§ 1.º-A. Excetua-se do disposto no *caput* deste artigo a receita bruta auferida pelos produtores, importadores ou distribuidores com a venda de álcool, inclusive para fins carburantes, à qual se aplicam as alíquotas previstas no *caput* e no § 4.º do art. 5.º da Lei n. 9.718, de 27 de novembro de 1998.

•• § 1.º-A acrescentado pela Lei n. 11.727, de 23-6-2008.

•• *Vide* art. 41, IV, da Lei n. 11.727, de 23-6-2008.

§ 2.º Excetua-se do disposto no *caput* deste artigo a receita bruta decorrente da venda de papel imune a impostos de que trata o art. 150, VI, *d*, da Constituição Federal, quando destinado à impressão de periódicos, que fica sujeita à alíquota de 3,2% (três inteiros e dois décimos por cento).

•• § 2.º acrescentado pela Lei n. 10.865, de 30-4-2004.

§ 3.º Fica o Poder Executivo autorizado a reduzir a 0 (zero) e a restabelecer a alíquota incidente sobre receita bruta decorrente da venda de produtos químicos e farmacêuticos, classificados nos Capítulos 29 e 30, sobre produtos destinados ao uso em hospitais, clínicas e consultórios médicos e odontológicos, campanhas de saúde realizadas pelo Poder Público, laboratório de anatomia patológica, citológica ou de análises clínicas, classificados nas posições 30.02, 30.06, 39.26, 40.15 e 90.18, e sobre sêmens e embriões da posição 05.11, todos da TIPI.

•• § 3.º com redação determinada pela Lei n. 11.196, de 21-11-2005.

§ 4.º Fica reduzida a 0 (zero) a alíquota da COFINS incidente sobre a receita de venda de livros técnicos e científicos, na forma estabelecida em ato conjunto do Ministério da Educação e da Secretaria da Receita Federal.

•• § 4.º acrescentado pela Lei n. 10.925, de 23-7-2004.

•• A Secretaria da Receita Federal passa a denominar-se Secretaria da Receita Federal do Brasil, por força da Lei n. 11.457, de 16-3-2007.

§ 5.º Excetua-se do disposto no *caput* deste artigo a receita bruta auferida por pessoa jurídica industrial estabelecida na Zona Franca de Manaus, decorrente da venda de produção própria, consoante projeto aprovado pelo Conselho de Administração da Superintendência da Zona Franca de Manaus – SUFRAMA, que fica sujeita, ressalvado o disposto nos §§ 1.º a 4.º deste artigo, às alíquotas de:

•• § 5.º, *caput*, acrescentado pela Lei n. 10.996, de 15-12-2004.

I – 3% (três por cento), no caso de venda efetuada a pessoa jurídica estabelecida:

a) na Zona Franca de Manaus; e

b) fora da Zona Franca de Manaus, que apure a COFINS no regime de não cumulatividade;

•• Inciso I e alíneas acrescentados pela Lei n. 10.996, de 15-12-2004.

II – 6% (seis por cento), no caso de venda efetuada a:

a) pessoa jurídica estabelecida fora da Zona Franca de Manaus, que apure o imposto de renda com base no lucro presumido;

b) pessoa jurídica estabelecida fora da Zona Franca de Manaus, que apure o imposto de renda com base no lucro real e que tenha sua receita, total ou parcialmente, excluída do regime de incidência não cumulativa da COFINS;

c) pessoa jurídica estabelecida fora da Zona Franca de Manaus e que seja optante pelo Sistema Integrado de Pagamento de Impostos e Contribuições - SIMPLES; e

d) órgãos da administração federal, estadual, distrital e municipal.

•• Inciso II e alíneas acrescentados pela Lei n. 10.996, de 15-12-2004.

§ 6.º O disposto no § 5.º também se aplica à receita bruta auferida por pessoa jurídica industrial ou comercial estabelecida nas Áreas de Livre Comércio de que tratam as Leis n. 7.965, de 22 de dezembro de 1989, 8.210, de 19 de julho de 1991, e 8.256, de 25 de novembro de 1991, o art. 11 da Lei n. 8.387, de 30 de dezembro de 1991, e a Lei n. 8.857, de 8 de março de 1994.

•• § 6.º acrescentado pela Lei n. 11.945, de 4-6-2009.

§ 7.º A exigência prevista no § 5.º deste artigo relativa ao projeto aprovado não se aplica às pessoas jurídicas comerciais referidas no § 6.º deste artigo.

•• § 7.º acrescentado pela Lei n. 11.945, de 4-6-2009.

Art. 3.º Do valor apurado na forma do art. 2.º a pessoa jurídica poderá descontar créditos calculados em relação a:

• *Vide* art. 30 da Lei n. 10.865, de 30-4-2004.

I – bens adquiridos para revenda, exceto em relação às mercadorias e aos produtos referidos:

•• Inciso I, *caput*, com redação determinada pela Lei n. 10.865, de 30-4-2004.

a) no inciso III do § 3.º do art. 1.º desta Lei; e

•• Alínea a com redação determinada pela Lei n. 11.727, de 23-6-2008.

•• *Vide* art. 41, IV, da Lei n. 11.727, de 23-6-2008.

b) nos §§ 1.º e 1.º-A do art. 2.º desta Lei;

•• Alínea b com redação determinada pela Lei n. 11.787, de 25-9-2008.

II – bens e serviços, utilizados como insumo na prestação de serviços e na produção ou fabricação de bens ou produtos destinados à venda, inclusive combustíveis e lubrificantes, exceto em relação ao pagamento de que trata o art. 2.º da Lei n. 10.485, de 3 de julho de 2002, devido pelo fabricante ou importador, ao concessionário, pela intermediação ou entrega dos veículos classificados nas posições 87.03 e 87.04 da TIPI;

•• Inciso II com redação determinada pela Lei n. 10.865, de 30-4-2004.

III – energia elétrica e energia térmica, inclusive sob a forma de vapor, consumidas nos estabelecimentos da pessoa jurídica;

•• Inciso III com redação determinada pela Lei n. 11.488, de 15-6-2007.

IV – aluguéis de prédios, máquinas e equipamentos, pagos a pessoa jurídica, utilizados nas atividades da empresa;

V – valor das contraprestações de operações de arrendamento mercantil de pessoa jurídica, exceto de optante pelo Sistema Integrado de Pagamento de Impostos e Contribuições das Microempresas e das Empresas de Pequeno Porte - SIMPLES;

•• Inciso V com redação determinada pela Lei n. 10.865, de 30-4-2004.

• SIMPLES: *vide* Lei Complementar n. 123, de 14-12-2006.

VI – máquinas, equipamentos e outros bens incorporados ao ativo imobilizado, adquiridos ou fabricados para locação a terceiros ou para utilização na produção de bens destinados à venda ou na prestação de serviços;

•• Inciso VI com redação determinada pela Lei n. 11.196, de 21-11-2005.

•• *Vide* art. 132, III, c, da Lei n. 11.196, de 21-11-2005.

• A Lei n. 11.529, de 22-10-2007, dispõe sobre os créditos da Contribuição para o PIS/PASEP e da COFINS, de que trata este inciso.

• *Vide* art. 15 desta Lei.

VII – edificações e benfeitorias em imóveis próprios ou de terceiros, utilizados nas atividades da empresa;

• *Vide* art. 15 desta Lei.

VIII – bens recebidos em devolução cuja receita de venda tenha integrado faturamento do mês ou de mês anterior, e tributada conforme o disposto nesta Lei;

IX – armazenagem de mercadoria e frete na operação de venda, nos casos dos incisos I e II, quando o ônus for suportado pelo vendedor;

• *Vide* art. 15 desta Lei.

X – vale-transporte, vale-refeição ou vale-alimentação, fardamento ou uniforme fornecidos aos empregados por pessoa jurídica que explore as atividades de prestação de serviços de limpeza, conservação e manutenção;

•• Inciso X acrescentado pela Lei n. 11.898, de 8-1-2009.

XI – bens incorporados ao ativo intangível, adquiridos para utilização na produção de bens destinados a venda ou na prestação de serviços.

•• Inciso XI acrescentado pela Lei n. 12.973, de 13-5-2014.

§ 1.º Observado o disposto no § 15 deste artigo, o crédito será determinado mediante a aplicação da alíquota prevista no *caput* do art. 2.º desta Lei sobre o valor:

•• § 1.º, *caput*, com redação determinada pela Lei n. 11.727, de 23-6-2008.

•• *Vide* art. 41, VII, da Lei n. 11.727, de 23-6-2008.

I – dos itens mencionados nos incisos I e II do *caput*, adquiridos no mês;

II – dos itens mencionados nos incisos III a V e IX do *caput*, incorridos no mês;

• *Vide* art. 15 desta Lei.

III – dos encargos de depreciação e amortização dos bens mencionados nos incisos VI, VII e XI do *caput*, incorridos no mês;

•• Inciso III com redação determinada pela Lei n. 12.973, de 13-5-2014.

• *Vide* art. 15 desta Lei.

• *Vide* art. 31 da Lei n. 10.865, de 30-4-2004.

IV – dos bens mencionados no inciso VIII do *caput*, devolvidos no mês.

§ 2.º Não dará direito a crédito o valor:

•• § 2.º, *caput*, com redação determinada pela Lei n. 10.865, de 30-4-2004.

I – de mão de obra paga a pessoa física; e

•• Inciso I acrescentado pela Lei n. 10.865, de 30-4-2004.

II – da aquisição de bens ou serviços não sujeitos ao pagamento da contribuição, inclusive no caso de isenção, esse último quando revendidos ou utilizados como insumo em produtos ou serviços sujeitos à alíquota 0 (zero), isentos ou não alcançados pela contribuição.

•• Inciso II acrescentado pela Lei n. 10.865, de 30-4-2004.

§ 3.º O direito ao crédito aplica-se, exclusivamente, em relação:

I – aos bens e serviços adquiridos de pessoa jurídica domiciliada no País;

II – aos custos e despesas incorridos, pagos ou creditados a pessoa jurídica domiciliada no País;

III – aos bens e serviços adquiridos e aos custos e despesas incorridos a partir do mês em que se iniciar a aplicação do disposto nesta Lei.

§ 4.º O crédito não aproveitado em determinado mês poderá sê-lo nos meses subsequentes.

§§ 5.º e 6.º (*Revogados pela Lei n. 10.925, de 23-7-2004.*)

§ 7.º Na hipótese de a pessoa jurídica sujeitar-se à incidência não cumulativa da COFINS, em relação apenas à parte de suas receitas, o crédito será apurado, exclusivamente, em relação aos custos, despesas e encargos vinculados a essas receitas.

§ 8.º Observadas as normas a serem editadas pela Secretaria da Receita Federal, no caso de custos, despesas e encargos vinculados às receitas referidas no § 7.º e àquelas submetidas ao regime de incidência cumulativa dessa contribuição, o crédito será determinado, a critério da pessoa jurídica, pelo método de:

•• A Secretaria da Receita Federal passa a denominar-se Secretaria da Receita Federal do Brasil, por força da Lei n. 11.457, de 16-3-2007.

I – apropriação direta, inclusive em relação aos custos, por meio de sistema de contabilidade de custos integrada e coordenada com a escrituração; ou

II – rateio proporcional, aplicando-se aos custos, despesas e encargos comuns a relação percentual existente entre a receita bruta sujeita à incidência não cumulativa e a receita bruta total, auferidas em cada mês.

§ 9.º O método eleito pela pessoa jurídica para determinação do crédito, na forma do § 8.º, será aplicado consistentemente por todo o ano-calendário e, igualmente, adotado na apuração do crédito relativo à contribuição para o PIS/PASEP não cumulativa, observadas as normas a serem editadas pela Secretaria da Receita Federal.

§ 10. O valor dos créditos apurados de acordo com este artigo não constitui receita bruta da pessoa jurídica, servindo somente para dedução do valor devido da contribuição.

• *Vide* art. 15 desta Lei.

§§ 11 e 12. (*Revogados pela Lei n. 10.925, de 23-7-2004.*)

§ 13. Deverá ser estornado o crédito da COFINS relativo a bens adquiridos para revenda ou utilizados como insumos na prestação de serviços e na produção ou fabricação de bens ou produtos destinados à venda, que tenham sido furtados ou roubados, inutilizados ou deteriorados, destruídos em sinistro ou, ainda, empregados em outros produtos que tenham tido a mesma destinação.

•• § 13 acrescentado pela Lei n. 10.865, de 30-4-2004.

§ 14. Opcionalmente, o contribuinte poderá calcular o crédito de que trata o inciso III do § 1.º deste artigo, relativo à aquisição de máquinas e equipamentos destinados ao ativo imobilizado, no prazo de 4 (quatro) anos, mediante a aplicação, a cada mês, das alíquotas referidas no *caput* do art. 2.º desta Lei sobre o valor correspondente a 1/48 (um quarenta e oito avos) do valor de aquisição do bem, de acordo com regulamentação da Secretaria da Receita Federal.

•• § 14 acrescentado pela Lei n. 10.865, de 30-4-2004.

§ 15. O crédito, na hipótese de aquisição, para revenda, de papel imune a impostos de que trata o art. 150, VI, *d*, da Constituição Federal, quando destinado à impressão de periódicos, será determinado mediante a aplicação da alíquota prevista no § 2.º do art. 2.º desta Lei.

•• § 15 acrescentado pela Lei n. 10.865, de 30-4-2004.

§ 16. Opcionalmente, o sujeito passivo poderá calcular o crédito de que trata o inciso III do § 1.º deste artigo, relativo à aquisição de embalagens de vidro retornáveis classificadas no código 7010.90.21 da Tipi, destinadas ao ativo imobilizado, de acordo com regulamentação da Secretaria da Receita Federal do Brasil, no prazo de 12 (doze) meses, à razão de 1/12 (um doze avos).

•• § 16 com redação determinada pela Lei n. 13.097, de 19-1-2015.

I e II – (*Revogados pela Lei n. 13.097, de 19-1-2015.*)

§ 17. Ressalvado o disposto no § 2.º deste artigo e nos §§ 1.º a 3.º do art. 2.º desta Lei, na aquisição de mercadoria produzida por pessoa jurídica estabelecida na Zona Franca de Manaus, consoante projeto aprovado pelo Conselho de Administração da Superintendência da Zona Franca de Manaus (Suframa), o crédito será determinado mediante a aplicação da alíquota:

•• § 17, *caput*, com redação determinada pela Lei n. 12.507, de 11-10-2011.

I – de 5,60% (cinco inteiros e sessenta centésimos por cento), nas operações com os bens referidos no inciso VI do art. 28 da Lei n. 11.196, de 21 de novembro de 2005;

•• Inciso I acrescentado pela Lei n. 12.507, de 11-10-2011.

II – de 7,60% (sete inteiros e sessenta centésimos por cento), na situação de que trata a alínea *b* do inciso II do § 5.º do art. 2.º desta Lei; e

•• Inciso II acrescentado pela Lei n. 12.507, de 11-10-2011.

III – de 4,60% (quatro inteiros e sessenta centésimos por cento), nos demais casos.

•• Inciso III acrescentado pela Lei n. 12.507, de 11-10-2011.

§ 18. No caso de devolução de vendas efetuadas em períodos anteriores, o crédito calculado mediante a aplicação da alíquota incidente na venda será apropriado no mês do recebimento da devolução.

•• § 18 com redação determinada pela Lei n. 11.727, de 23-6-2008.

•• *Vide* art. 41, IV, da Lei n. 11.727, de 23-6-2008.

§ 19. A empresa de serviço de transporte rodoviário de carga que subcontratar serviço de transporte de carga prestado por:

•• § 19, *caput*, acrescentado pela Lei n. 11.051, de 29-12-2004.

I – pessoa física, transportador autônomo, poderá descontar, da Cofins devida em cada período de apuração, crédito presumido calculado sobre o valor dos pagamentos efetuados por esses serviços;

•• Inciso I acrescentado pela Lei n. 11.051, de 29-12-2004.

II – pessoa jurídica transportadora, optante pelo SIMPLES, poderá descontar, da Cofins devida em cada período de apuração, crédito calculado sobre o valor dos pagamentos efetuados por esses serviços.

•• Inciso II acrescentado pela Lei n. 11.051, de 29-12-2004.

§ 20. Relativamente aos créditos referidos no § 19 deste artigo, seu montante será determinado mediante aplicação, sobre o valor dos mencionados pagamentos, de alíquota correspondente a 75% (setenta e cinco por cento) daquela constante do art. 2.º desta Lei.

•• § 20 acrescentado pela Lei n. 11.051, de 29-12-2004.

§ 21. Não integram o valor das máquinas, equipamentos e outros bens fabricados para incorporação ao ativo imobilizado na forma do inciso VI do *caput* deste artigo os custos de que tratam os incisos do § 2.º deste artigo.

•• § 21 acrescentado pela Lei n. 11.196, de 21-11-2005.

•• *Vide* art. 132, III, c, da Lei n. 11.196, de 21-11-2005.

•• A Medida Provisória n. 413, de 3-1-2008, acrescentou o § 22 a este artigo. A sua conversão na Lei n. 11.727, de 23-6-2008, não dispõe sobre este acréscimo.

§ 23. O disposto no § 17 deste artigo também se aplica na hipótese de aquisição de mercadoria produzida por pessoa jurídica estabelecida nas Áreas de Livre Comércio de que tratam as Leis n. 7.965, de 22 de dezembro de 1989, 8.210, de 19 de julho de 1991, e 8.256, de 25 de novembro de 1991, o art. 11 da Lei n. 8.387, de 30 de dezembro de 1991, e a Lei n. 8.857, de 8 de março de 1994.

•• § 23 acrescentado pela Lei n. 11.945, de 4-6-2009.

§ 24. Ressalvado o disposto no § 2.º deste artigo e nos §§ 1.º a 3.º do art. 2.º desta Lei, na hipótese de aquisição de mercadoria revendida por pessoa jurídica comercial estabelecida nas Áreas de Livre Comércio referidas no § 23 deste artigo, o crédito será determinado mediante a aplicação da alíquota de 3% (três por cento).

•• § 24 acrescentado pela Lei n. 11.945, de 4-6-2009.

§ 25. No cálculo do crédito de que tratam os incisos do *caput*, poderão ser considerados os valores decorrentes do ajuste a valor presente de que trata o inciso III do *caput* do art. 184 da Lei n. 6.404, de 15 de dezembro de 1976.

•• § 25 acrescentado pela Lei n. 12.973, de 13-5-2014.

§ 26. O disposto nos incisos VI e VII do *caput* não se aplica no caso de bem objeto de arrendamento mercantil, na pessoa jurídica arrendatária.

•• § 26 acrescentado pela Lei n. 12.973, de 13-5-2014.

§ 27. Para fins do disposto nos incisos VI e VII do *caput*, fica vedado o desconto de quaisquer créditos calculados em relação a:

•• § 27, *caput*, acrescentado pela Lei n. 12.973, de 13-5-2014.

I – encargos associados a empréstimos registrados como custo na forma da alínea *b* do § 1.º do art. 17 do Decreto-lei n. 1.598, de 26 de dezembro de 1977; e

•• Inciso I acrescentado pela Lei n. 12.973, de 13-5-2014.

II – custos estimados de desmontagem e remoção do imobilizado e de restauração do local em que estiver situado.

•• Inciso II acrescentado pela Lei n. 12.973, de 13-5-2014.

§ 28. No cálculo dos créditos a que se referem os incisos VI e VII do *caput*, não serão computados os ganhos e perdas decorrentes de avaliação de ativo com base no valor justo.

•• § 28 acrescentado pela Lei n. 12.973, de 13-5-2014.

§ 29. Na execução de contratos de concessão de serviços públicos, os créditos gerados pelos serviços de construção, recuperação, reforma, ampliação ou melhoramento de infraestrutura, quando a receita correspondente tiver contrapartida em ativo intangível, representativo de direito de exploração, ou em ativo financeiro, somente poderão ser aproveitados, no caso do ativo intangível, à medida que este for amortizado e, no caso do ativo financeiro, na proporção de seu recebimento, excetuado, para ambos os casos, o crédito previsto no inciso VI do *caput*.

•• § 29 acrescentado pela Lei n. 12.973, de 13-5-2014.

§ 30. O disposto no inciso XI do *caput* não se aplica ao ativo intangível referido no § 29.

•• § 30 acrescentado pela Lei n. 12.973, de 13-5-2014.

•• A Lei n. 13.097, de 19-1-2015, propôs o acréscimo do § 31 a este artigo, porém teve seu texto vetado.

Art. 4.º A pessoa jurídica que adquirir imóvel para venda ou promover empreendimento de desmembramento ou loteamento de terrenos, incorporação imobiliária ou construção de prédio destinado a venda, utilizará o crédito referente aos custos vinculados à unidade construída ou em construção, a ser descontado na forma do art. 3.º, somente a partir da efetivação da venda.

§ 1.º Na hipótese de venda de unidade imobiliária não concluída, a pessoa jurídica poderá utilizar crédito presumido, em relação ao custo orçado de que trata a legislação do imposto de renda.

§ 2.º O crédito presumido será calculado mediante a aplicação da alíquota de que trata o art. 2.º sobre o valor do custo orçado para conclusão da obra ou melhoramento, ajustado pela exclusão dos valores a serem pagos a pessoa física, encargos trabalhistas, sociais e previdenciários, e dos bens e serviços, acrescidos dos tributos incidentes na importação, adquiridos de pessoa física ou jurídica residente ou domiciliada no exterior.

§ 3.º O crédito a ser descontado na forma do *caput* e o crédito presumido apurado na forma do § 2.º deverão ser utilizados na proporção da receita relativa à venda da unidade imobiliária, à medida do recebimento.

§ 4.º Ocorrendo modificação do valor do custo orçado, antes do término da obra ou melhoramento, nas hipóteses previstas na legislação do imposto de renda, o novo valor orçado deverá ser considerado para efeito do disposto nos §§ 2.º e 3.º.

§ 5.º A pessoa jurídica que utilizar o crédito presumido de que trata este artigo determinará, na data da conclusão da obra ou melhoramento, a diferença entre o custo orçado e o efetivamente realizado, apurados na forma da legislação do imposto de renda, com os ajustes previstos no § 2.º:

I – se o custo realizado for inferior ao custo orçado, em mais de 15% (quinze por cento) deste, considerar-se-á como postergada a contribuição incidente sobre a diferença;

II – se o custo realizado for inferior ao custo orçado, em até 15% (quinze por cento) deste, a contribuição incidente sobre a diferença será devida a partir da data da conclusão, sem acréscimos legais;

III – se o custo realizado for superior ao custo orçado, a pessoa jurídica terá direito ao crédito correspondente à diferença, no período de apuração em que ocorrer a conclusão, sem acréscimos.

§ 6.º A diferença de custo a que se refere o § 5.º será, no período de apuração em que ocorrer a conclusão da obra ou melhoramento, adicionada ou subtraída, conforme o caso, no cálculo do crédito a ser descontado na forma do art. 3.º, devendo ainda, em relação à contribuição considerada postergada, de acordo com o inciso I, ser recolhidos os acréscimos referentes a juros de mora e multa, de mora ou de ofício, calculados na forma da legislação que rege a cobrança da contribuição não paga.

§ 7.º Se a venda de unidade imobiliária não concluída ocorrer antes de iniciada a apuração da COFINS na forma do art. 2.º, o custo orçado poderá ser calculado na data de início dessa apuração, para efeito do disposto nos §§ 2.º e 3.º, observado, quanto aos custos incorridos até essa data, o disposto no § 4.º do art. 12.

§ 8.º O disposto neste artigo não se aplica às vendas anteriores à vigência da Medida Provisória n. 2.221, de 4 de setembro de 2001.

•• Citada Medida Provisória foi revogada pela Lei n. 10.931, de 2-8-2004, constante neste volume.

§ 9.º Os créditos referentes a unidades imobiliárias recebidas em devolução, calculados com observância do disposto neste artigo, serão estornados na data do desfazimento do negócio.

•• *Vide* art. 93, I, desta Lei.

• *Vide* art. 16 desta Lei.

Art. 5.º O contribuinte da COFINS é a pessoa jurídica que auferir as receitas a que se refere o art. 1.º.

•• *Vide* art. 93, I, desta Lei.

Art. 6.º A COFINS não incidirá sobre as receitas decorrentes das operações de:

I – exportação de mercadorias para o exterior;

II – prestação de serviços para pessoa física ou jurídica residente ou domiciliada no exterior, cujo pagamento represente ingresso de divisas;

•• Inciso II com redação determinada pela Lei n. 10.865, de 30-4-2004.

• *Vide* art. 10 da Lei n. 11.371, de 28-11-2006.

III – vendas a empresa comercial exportadora com o fim específico de exportação.

•• A Lei n. 13.169, de 6-10-2015, propôs o acréscimo do inciso IV ao *caput* deste artigo, porém teve seu texto vetado.

§ 1.º Na hipótese deste artigo, a pessoa jurídica vendedora poderá utilizar o crédito apurado na forma do art. 3.º, para fins de:

I – dedução do valor da contribuição a recolher, decorrente das demais operações no mercado interno;

II – compensação com débitos próprios, vencidos ou vincendos, relativos a tributos e contribuições administrados pela Secretaria da Receita Federal, observada a legislação específica aplicável à matéria.

•• A Secretaria da Receita Federal passa a denominar-se Secretaria da Receita Federal do Brasil, por força da Lei n. 11.457, de 16-3-2007.

§ 2.º A pessoa jurídica que, até o final de cada trimestre do ano civil, não conseguir utilizar o crédito por qualquer das formas previstas no § 1.º poderá solicitar o seu ressarcimento em dinheiro, observada a legislação específica aplicável à matéria.

§ 3.º O disposto nos §§ 1.º e 2.º aplica-se somente aos créditos apurados em relação a custos, despesas e encargos vinculados à receita de exportação, observado o disposto nos §§ 8.º e 9.º do art. 3.º.

• *Vide* art. 15 desta Lei.

§ 4.º O direito de utilizar o crédito de acordo com o § 1.º não beneficia a empresa comercial exportadora que tenha adquirido mercadorias com o fim previsto no inciso III do *caput*, ficando vedada, nesta hipótese, a apuração de créditos vinculados à receita de exportação.

•• *Vide* art. 93, I, desta Lei.

• *Vide* art. 15 desta Lei.

•• A Lei n. 13.169, de 6-10-2015, propôs o acréscimo do § 5.º a este artigo, porém teve seu texto vetado.

Art. 7.º No caso de construção por empreitada ou de fornecimento a preço predeterminado de bens ou serviços, contratados por pessoa jurídica de direito público, empresa pública, sociedade de economia mista ou suas subsidiárias, a pessoa jurídica optante pelo regime previsto no art. 7.º da Lei n. 9.718, de 27 de novembro de 1998, somente poderá utilizar o crédito a ser descontado na forma do art. 3.º, na proporção das receitas efetivamente recebidas.

•• *Vide* art. 93, I, desta Lei.

• Citado diploma consta neste volume.

• *Vide* art. 15 desta Lei.

Art. 8.º A contribuição incidente na hipótese de contratos, com prazo de execução superior a 1 (um) ano, de construção por empreitada ou de fornecimento, a preço predeterminado, de bens ou serviços a serem produzidos, será calculada sobre a receita apurada de acordo com os critérios de reconhecimento adotados pela legislação do imposto de renda, previstos para a espécie de operação.

Parágrafo único. O crédito a ser descontado na forma do art. 3.º somente poderá ser utilizado na proporção das receitas reconhecidas nos termos do *caput*.

•• *Vide* art. 93, I, desta Lei.

• *Vide* art. 15 desta Lei.

Art. 9.º A empresa comercial exportadora que houver adquirido mercadorias de outra pessoa jurídica, com o fim específico de exportação para o exterior, que, no prazo de 180 (cento e oitenta) dias, contados da data da emissão da nota fiscal pela vendedora, não comprovar o seu embarque para o exterior, ficará sujeita ao pagamento de todos os impostos e contribuições que deixaram de ser pagos pela empresa vendedora, acrescidos de juros de mora e multa, de mora ou de ofício, calculados na forma da legislação que rege a cobrança do tributo não pago.

§ 1.º Para efeito do disposto neste artigo, considera-se vencido o prazo para o pagamento na data em que a empresa vendedora deveria fazê-lo, caso a venda houvesse sido efetuada para o mercado interno.

§ 2.º No pagamento dos referidos tributos, a empresa comercial exportadora não poderá deduzir, do montante devido, qualquer valor a título de crédito de Imposto sobre Produtos Industrializados - IPI, ou da COFINS, decorrente da aquisição das mercadorias e serviços objeto da incidência.

§ 3.º A empresa deverá pagar, também, os impostos e contribuições devidos nas vendas para o mercado interno, caso, por qualquer forma, tenha alienado ou utilizado as mercadorias.

•• *Vide* art. 93, I, desta Lei.

Art. 10. Permanecem sujeitas às normas da legislação da COFINS, vigentes anteriormente a esta Lei, não se lhes aplicando as disposições dos arts. 1.º a 8.º:

I – as pessoas jurídicas referidas nos §§ 6.º, 8.º e 9.º do art. 3.º da Lei n. 9.718, de 1998, e na Lei n. 7.102, de 20 de junho de 1983;

• Os parágrafos citados do art. 3.º da Lei n. 9.718, de 27-11-1998, constam neste volume.

• A Lei n. 7.102, de 20-6-1983, dispõe sobre segurança para estabelecimentos financeiros e fixa normas para a constituição e funcionamento das empresas particulares que exploram serviços de vigilância e transporte de valores.

II – as pessoas jurídicas tributadas pelo imposto de renda com base no lucro presumido ou arbitrado;

III – as pessoas jurídicas optantes pelo SIMPLES;

• *Vide* Lei Complementar n. 123, de 14-12-2006.

IV – as pessoas jurídicas imunes a impostos;

V – os órgãos públicos, as autarquias e fundações públicas federais, estaduais e municipais, e as fundações cuja criação tenha sido autorizada por lei, referidas no art. 61 do Ato das Disposições Constitucionais Transitórias da Constituição;

• Citado artigo dispõe sobre as entidades educacionais.

VI – sociedades cooperativas, exceto as de produção agropecuária, sem prejuízo das deduções de que trata o art. 15 da Medida Provisória n. 2.158-35, de 24 de agosto de 2001, e o art. 17 da Lei n. 10.684, de 30 de maio de 2003, não lhes aplicando as disposições do § 7.º do art. 3.º das Leis n. 10.637, de 30 de dezembro de 2002, e 10.833, de 29 de dezembro de 2003, e as de consumo;

•• Inciso VI com redação determinada pela Lei n. 10.865, de 30-4-2004.

• A Lei n. 5.764, de 16-12-1971, institui o regime jurídico das sociedades cooperativas.

VII – as receitas decorrentes das operações:

a) (*Revogada pela Lei n. 11.727, de 23-6-2008.*)

b) sujeitas à substituição tributária da COFINS;

c) referidas no art. 5.º da Lei n. 9.716, de 26 de novembro de 1998;

• Citado dispositivo consta neste volume.

VIII – as receitas decorrentes de prestação de serviços de telecomunicações;

IX – as receitas decorrentes de venda de jornais e periódicos e de prestação de serviços das empresas jornalísticas e de radiodifusão sonora e de sons e imagens;

•• Inciso IX com redação determinada pela Lei n. 10.865, de 30-4-2004.

X – as receitas submetidas ao regime especial de tributação previsto no art. 47 da Lei n. 10.637, de 30 de dezembro de 2002;

• Citado dispositivo consta neste volume.

XI – as receitas relativas a contratos firmados anteriormente a 31 de outubro de 2003:

a) com prazo superior a 1 (um) ano, de administradoras de planos de consórcios de bens móveis e imóveis, regularmente autorizadas a funcionar pelo Banco Central;

b) com prazo superior a 1 (um) ano, de construção por empreitada ou de fornecimento, a preço predeterminado, de bens ou serviços;

c) de construção por empreitada ou de fornecimento, a preço predeterminado, de bens ou serviços contratados com pessoa jurídica de direito público, empresa pública, sociedade de economia mista ou suas subsidiárias, bem como os contratos posteriormente firmados decorrentes de propostas apresentadas, em processo licitatório, até aquela data;

XII – as receitas decorrentes de prestação de serviços de transporte coletivo rodoviário, metroviário, ferroviário e aquaviário de passageiros;

• O Ato Declaratório Interpretativo n. 23, de 11-2-2008, da Secretaria da Receita Federal do Brasil, determina que submetem-se ao regime de incidência cumulativa da Contribuição para o PIS/Pasep e da Cofins somente as receitas decorrentes da prestação de serviços públicos de transporte coletivo de passageiros, executados sob o regime de concessão ou permissão, em linhas regulares e de caráter essencial, não incluindo outras receitas decorrentes da prestação de serviços de transporte coletivo de passageiros, como aquelas decorrentes do regime de fretamento ou turístico, que se submetem ao regime de incidência não cumulativa das contribuições.

XIII – as receitas decorrentes de serviços:

•• Inciso XIII, *caput*, com redação determinada pela Lei n. 10.865, de 30-4-2004.

a) prestados por hospital, pronto-socorro, clínica médica, odontológica, de fisioterapia e de fonoaudiologia, e laboratório de anatomia patológica, citológica ou de análises clínicas; e

•• Alínea a acrescentada pela Lei n. 10.865, de 30-4-2004.

•• A Lei n. 12.973, de 13-5-2014, propôs nova redação para esta alínea, porém teve seu texto vetado.

b) de diálise, raios X, radiodiagnóstico e radioterapia, quimioterapia e de banco de sangue;

•• Alínea b acrescentada pela Lei n. 10.865, de 30-4-2004.

XIV – as receitas decorrentes de prestação de serviços de educação infantil, ensinos fundamental e médio e educação superior;

XV – as receitas decorrentes de vendas de mercadorias realizadas pelas pessoas jurídicas referidas no art. 15 do Decreto-lei n. 1.455, de 7 de abril de 1976;

•• Inciso XV acrescentado pela Lei n. 10.865, de 30-4-2004.

XVI – as receitas decorrentes de prestação de serviço de transporte coletivo de passageiros, efetuado por empresas regulares de linhas aéreas domésticas, e as decorrentes da prestação de serviço de transporte de pessoas por empresas de táxi aéreo;

•• Inciso XVI acrescentado pela Lei n. 10.865, de 30-4-2004.

XVII – as receitas auferidas por pessoas jurídicas, decorrentes da edição de periódicos e de informações neles contidas, que sejam relativas aos assinantes dos serviços públicos de telefonia;

•• Inciso XVII acrescentado pela Lei n. 10.865, de 30-4-2004.

XVIII – as receitas decorrentes de prestação de serviços com aeronaves de uso agrícola inscritas no Registro Aeronáutico Brasileiro (RAB);

•• Inciso XVIII acrescentado pela Lei n. 10.865, de 30-4-2004.

XIX – as receitas decorrentes de prestação de serviços das empresas de *call center*, *telemarketing*, telecobrança e de teleatendimento em geral;

•• Inciso XIX acrescentado pela Lei n. 10.865, de 30-4-2004.

XX – as receitas decorrentes da execução por administração, empreitada ou subempreitada, de obras de construção civil;

•• Inciso XX com redação determinada pela Lei n. 13.043, de 13-11-2014.

XXI – as receitas auferidas por parques temáticos, e as decorrentes de serviços de hotelaria e de organização de feiras e eventos, conforme definido em ato conjunto dos Ministérios da Fazenda e do Turismo;

•• Inciso XXI acrescentado pela Lei n. 10.865, de 30-4-2004.

XXII – as receitas decorrentes da prestação de serviços postais e telegráficos prestados pela Empresa Brasileira de Correios e Telégrafos;

•• Inciso XXII acrescentado pela Lei n. 10.925, de 23-7-2004.

XXIII – as receitas decorrentes de prestação de serviços públicos de concessionárias operadoras de rodovias;

•• Inciso XXIII acrescentado pela Lei n. 10.925, de 23-7-2004.

XXIV – as receitas decorrentes da prestação de serviços das agências de viagem e de viagens e turismo;

•• Inciso XXIV acrescentado pela Lei n. 10.925, de 23-7-2004.

XXV – as receitas auferidas por empresas de serviços de informática, decorrentes das atividades de desenvolvimento de *software* e o seu licenciamento ou cessão de direito de uso, bem como de análise, programação, instalação, configuração, assessoria, consultoria, suporte técnico e manutenção ou atualização de *software*, compreendidas ainda como *softwares* as páginas eletrônicas;

•• Inciso XXV acrescentado pela Lei n. 11.051, de 29-12-2004.

XXVI – as receitas relativas às atividades de revenda de imóveis, desmembramento ou loteamento de terrenos, incorporação imobiliária e construção de prédio destinado à venda, quando decorrentes de contratos de longo prazo firmados antes de 31 de outubro de 2003;

•• Inciso XXVI acrescentado pela Lei n. 11.196, de 21-11-2005.

•• *Vide* art. 132, II, *b*, da Lei n. 11.196, de 21-11-2005.

XXVII – (*Vetado*.)

•• Inciso XXVII acrescentado pela Lei n. 11.196, de 21-11-2005.

XXVIII – (*Vetado*.)

•• Inciso XXVIII acrescentado pela Lei n. 12.766, de 27-12-2012.

XXIX – as receitas decorrentes de operações de comercialização de pedra britada, de areia para construção civil e de areia de brita;

•• Inciso XXIX acrescentado pela Lei n. 12.766, de 27-12-2012.

XXX – as receitas decorrentes da alienação de participações societárias.

•• Inciso XXX acrescentado pela Lei n. 13.043, de 13-11-2014.

§ 1.º Ficam convalidados os recolhimentos efetuados de acordo com a atual redação do inciso IX deste artigo.

•• Primitivo parágrafo único renumerado pela Lei n. 11.051, de 29-12-2004.

§ 2.º O disposto no inciso XXV do *caput* deste artigo não alcança a comercialização, licenciamento ou cessão de direito de uso de software importado.

•• § 2.º acrescentado pela Lei n. 11.051, de 29-12-2004.

Art. 11. A contribuição de que trata o art. 1.º desta Lei deverá ser paga até o 25.º (vigésimo quinto) dia do mês subsequente ao de ocorrência do fato gerador.

•• *Caput* com redação determinada pela Lei n. 11.933, de 28-4-2009.

Parágrafo único. Se o dia do vencimento de que trata o *caput* deste artigo não for dia útil, considerar-se-á antecipado o prazo para o primeiro dia útil que o anteceder.

•• Parágrafo único acrescentado pela Lei n. 11.933, de 28-4-2009.

Art. 12. A pessoa jurídica contribuinte da COFINS, submetida à apuração do valor devido na forma do art. 3.º, terá direito a desconto correspondente ao estoque de abertura dos bens de que tratam os incisos I e II daquele mesmo artigo, adquiridos de pessoa jurídica domiciliada no País, existentes na data de início da incidência desta contribuição de acordo com esta Lei.

§ 1.º O montante de crédito presumido será igual ao resultado da aplicação do percentual de 3% (três por cento) sobre o valor do estoque.

§ 2.º O crédito presumido calculado segundo os §§ 1.º, 9.º e 10 deste artigo será utilizado em 12 (doze) parcelas mensais, iguais e sucessivas, a partir da data a que se refere o *caput* deste artigo.

•• § 2.º com redação determinada pela Lei n. 10.925, de 23-7-2004.

§ 3.º O disposto no *caput* aplica-se também aos estoques de produtos acabados e em elaboração.

§ 4.º A pessoa jurídica referida no art. 4.º que, antes da data de início da vigência da incidência não cumulativa da COFINS, tenha incorrido em custos com unidade imobiliária construída ou em construção poderá calcular crédito presumido, naquela data, observado:

• *Vide* art. 16 desta Lei.

I – no cálculo do crédito será aplicado o percentual previsto no § 1.º sobre o valor dos bens e dos serviços, inclusive combustíveis e lubrificantes, adquiridos de pessoas jurídicas domiciliadas no País, utilizados como insumo na construção;

II – o valor do crédito presumido apurado na forma deste parágrafo deverá ser utilizado na proporção da receita relativa à venda da unidade imobiliária, à medida do recebimento.

§ 5.º A pessoa jurídica que, tributada com base no lucro presumido ou optante pelo SIMPLES, passar a ser tributada com base no lucro real, na hipótese de sujeitar-se à incidência não cumulativa da COFINS, terá direito ao aproveitamento do crédito presumido na forma prevista neste artigo, calculado sobre o estoque de abertura, devidamente comprovado, na data da mudança do regime de tributação adotado para fins do imposto de renda.

• *Vide* art. 16, parágrafo único, desta Lei.

§ 6.º Os bens recebidos em devolução, tributados antes do início da aplicação desta Lei, ou da mudança do regime de tributação de que trata o § 5.º, serão considerados como integrantes do estoque de abertura referido no *caput*, devendo o crédito ser utilizado na forma do § 2.º a partir da data da devolução.

•• *Vide* art. 93, I, desta Lei.

• *Vide* art. 16, parágrafo único, desta Lei.

§ 7.º O disposto neste artigo aplica-se, também, aos estoques de produtos que não geraram crédito na aquisição, em decorrência do disposto nos §§ 7.º a 9.º do art. 3.º desta Lei, destinados à fabricação dos produtos de que tratam as Leis n. 9.990, de 21 de julho de 2000, 10.147, de 21 de dezembro de 2000, 10.485, de 3 de julho de 2002, e 10.560, de 13 de novembro de 2002, ou quaisquer outros submetidos à incidência monofásica da contribuição.

•• § 7.º acrescentado pela Lei n. 10.865, de 30-4-2004.

•• *Vide* art. 46, I, da Lei n. 10.865, de 30-4-2004.

§ 8.º As disposições do § 7.º deste artigo não se aplicam aos estoques de produtos adquiridos a alíquota 0 (zero), isentos ou não alcançados pela incidência da contribuição.

•• § 8.º acrescentado pela Lei n. 10.865, de 30-4-2004.

•• *Vide* art. 46, I, da Lei n. 10.865, de 30-4-2004.

§ 9.º O montante do crédito presumido de que trata o § 7.º deste artigo será igual ao resultado da aplicação do percentual de 7,6% (sete inteiros e seis décimos por cento) sobre o valor do estoque.

•• § 9.º acrescentado pela Lei n. 10.865, de 30-4-2004.

•• *Vide* art. 46, I, da Lei n. 10.865, de 30-4-2004.

§ 10. O montante do crédito presumido de que trata o § 7.º deste artigo, relativo às pessoas jurídicas referidas no art. 51 desta Lei, será igual ao resultado da aplicação da alíquota de 3% (três por cento) sobre o valor dos bens em estoque adquiridos até 31 de janeiro de 2004, e de 7,6% (sete inteiros e seis décimos por cento) sobre o valor dos bens em estoque adquiridos a partir de 1.º de fevereiro de 2004.

•• § 10 com redação determinada pela Lei n. 10.925, de 23-7-2004.

Art. 13. O aproveitamento de crédito na forma do § 4.º do art. 3.º, do art. 4.º e dos §§ 1.º e 2.º do art. 6.º, bem como do § 2.º e inciso II do § 4.º e § 5.º do art. 12, não ensejará atualização monetária ou incidência de juros sobre os respectivos valores.

•• *Vide* art. 93, I, desta Lei.

• *Vide* art. 15 desta Lei.

Art. 14. O disposto nas Leis n. 9.363, de 13 de dezembro de 1996, e 10.276, de 10 de setembro de 2001, não se aplica à pessoa jurídica submetida à apuração do valor devido na forma dos arts. 2.º e 3.º desta Lei e dos arts. 2.º e 3.º da Lei n. 10.637, de 30 de dezembro de 2002.

•• *Vide* art. 93, I, desta Lei.

• Citados dispositivos da Lei n. 10.637, de 30-12-2002, constam neste volume.

• A Lei n. 9.363, de 13-12-1996, dispõe sobre a instituição de crédito presumido do Imposto sobre Produtos Industrializados, para ressarcimento do valor do PIS/PASEP e COFINS, incidente sobre as aquisições por empresa produtora e exportadora de mercadorias nacionais, no mercado interno, de matérias-primas, produtos intermediários e material de embalagem para utilização no processo produtivo.

• A Lei n. 10.276, de 10-9-2001, dispõe sobre o ressarcimento das contribuições para o PIS/PASEP e COFINS, incidentes sobre insumos utilizados na fabricação de produtos destinados à exportação.

Art. 15. Aplica-se à contribuição para o PIS/PASEP não cumulativa de que trata a Lei n. 10.637, de 30 de dezembro de 2002, o disposto:

•• *Caput* com redação determinada pela Lei n. 10.865, de 30-4-2004.

I – nos incisos I e II do § 3.º do art. 1.º desta Lei;

•• Inciso I acrescentado pela Lei n. 10.865, de 30-4-2004.

II – nos incisos VI, VII e IX do *caput* e nos §§ 1.º e 10 a 20 do art. 3.º desta Lei;

•• Inciso II com redação determinada pela Lei n. 11.051, de 29-12-2004.

III – nos §§ 3.º e 4.º do art. 6.º desta Lei;

•• Inciso III acrescentado pela Lei n. 10.865, de 30-4-2004.

IV – nos arts. 7.º e 8.º desta Lei;

•• Inciso IV acrescentado pela Lei n. 10.865, de 30-4-2004.

V – nos incisos VI, IX a XXVII do *caput* e nos §§ 1.º e 2.º do art. 10 desta Lei;

•• Inciso V com redação determinada pela Lei n. 11.196, de 21-11-2005.

•• *Vide* art. 132, II, *b*, da Lei n. 11.196, de 21-11-2005.

VI – no art. 13 desta Lei.

•• Inciso VI acrescentado pela Lei n. 10.865, de 30-4-2004.

Art. 16. O disposto no art. 4.º e no § 4.º do art. 12 aplica-se, a partir de 1.º de janeiro de 2003, à contribuição para o PIS/PASEP não cumulativa, de que trata a Lei n. 10.637, de 30 de dezembro de 2002, com observância das alíquotas de 1,65% (um inteiro e sessenta e cinco centésimos por cento) e de 0,65% (sessenta e cinco centésimos por cento) em relação à apuração na forma dos referidos artigos, respectivamente.

Parágrafo único. O tratamento previsto no inciso II do *caput* do art. 3.º e nos §§ 5.º e 6.º do art. 12 aplica-se também à contribuição para o PIS/PASEP não cumulativa na forma e a partir da data prevista no *caput*.

Capítulo II
DAS OUTRAS DISPOSIÇÕES RELATIVAS À LEGISLAÇÃO TRIBUTÁRIA

Art. 17. O art. 74 da Lei n. 9.430, de 27 de dezembro de 1996, alterado pelo art. 49 da Lei n. 10.637, de 30 de dezembro de 2002, passa a vigorar com a seguinte redação:

•• Alteração já processada no diploma modificado.

Art. 18. O lançamento de ofício de que trata o art. 90 da Medida Provisória n. 2.158-35, de 24 de agosto de 2001, limitar-se-á à imposição de multa isolada em razão de não homologação da compensação quando se comprove falsidade da declaração apresentada pelo sujeito passivo.

•• *Caput* com redação determinada pela Lei n. 11.488, de 15-6-2007.

§ 1.º Nas hipóteses de que trata o *caput*, aplica-se ao débito indevidamente compensado o disposto nos §§ 6.º a 11 do art. 74 da Lei n. 9.430, de 27 de dezembro de 1996.

• Citados dispositivos constam neste volume.

§ 2.º A multa isolada a que se refere o *caput* deste artigo será aplicada no percentual previsto no inciso I do *caput* do art. 44 da Lei n. 9.430, de 27 de dezembro de 1996, aplicado em dobro, e terá como base de cálculo o valor total do débito indevidamente compensado.

•• § 2.º com redação determinada pela Lei n. 11.488, de 15-6-2007.

§ 3.º Ocorrendo manifestação de inconformidade contra a não homologação da compensação e impugnação quanto ao lançamento das multas a que se refere este artigo, as peças serão reunidas em um único processo para serem decididas simultaneamente.

§ 4.º Será também exigida multa isolada sobre o valor total do débito indevidamente compensado quando a compensação for considerada não declarada nas hipóteses do inciso II do § 12 do art. 74 da Lei n. 9.430, de 27 de dezembro de 1996, aplicando-se o percentual previsto no inciso I do *caput* do art. 44 da Lei n. 9.430, de 27 de dezembro de 1996, duplicado na forma de seu § 1.º, quando for o caso.

•• § 4.º com redação determinada pela Lei n. 11.488, de 15-6-2007.

§ 5.º Aplica-se o disposto no § 2.º do art. 44 da Lei n. 9.430, de 27 de dezembro de 1996, às hipóteses previstas nos §§ 2.º e 4.º deste artigo.

•• § 5.º com redação determinada pela Lei n. 11.488, de 15-6-2007.

§ 6.º O disposto neste artigo aplica-se, inclusive, à compensação de que trata o inciso I do *caput* do art. 26-A da Lei n. 11.457, de 16 de março de 2007.

•• § 6.º acrescentado pela Lei n. 13.670, de 30-5-2018.

Art. 19. O art. 8.º da Lei n. 9.317, de 5 de dezembro de 1996, passa a vigorar acrescido do seguinte § 6.º:

•• Alteração prejudicada pela revogação da Lei n. 9.317, de 5-12-1996, pela Lei Complementar n. 123, de 14-12-2006.

....

Art. 22. As sociedades cooperativas que se dedicam a vendas em comum, referidas no art. 82 da Lei n. 5.764, de 16 de dezembro de 1971, e que recebam para comercialização a produção de seus associados, são responsáveis pelo recolhimento da Contribuição de Intervenção no Domínio Econômico – CIDE, incidente sobre a comercialização de álcool etílico combustível, observadas as normas estabelecidas na Lei n. 10.336, de 19 de dezembro de 2001.

• O art. 82 da Lei n. 5.764, de 16-12-1971, dispõe sobre o sistema operacional das cooperativas.

• A Lei n. 10.336, de 19-12-2001, consta neste volume.

Art. 23. A incidência da CIDE, nos termos do art. 3.º, V, da Lei n. 10.336, de 19 de dezembro de 2001, da contribuição para o PIS/PASEP e da COFINS, nos termos do art. 4.º, III, e art. 6.º, *caput*, da Lei n. 9.718, de 27 de novembro de 1998, com a redação dada pela Lei n. 9.990, de 21 de julho de 2000, sobre os gases liquefeitos de petróleo, classificados na subposição 2711.1 da NCM, não alcança os produtos classificados no código 2711.11.00.

• Citados dispositivos constam neste volume.

Art. 24. O disposto no § 2.º, I e II, do art. 14 da Medida Provisória n. 2.158-35, de 24 de agosto de 2001, não se aplica às vendas enquadradas nas hipóteses previstas nos incisos IV, VI, VIII e IX de seu *caput*.

• Determina citado dispositivo que as receitas de vendas efetuadas por empresa na Amazônia Ocidental ou em área de livre comércio e por empresa estabelecida em zona de processamento de exportação não alcançam as isenções das contribuições para o PIS/PASEP e COFINS, em relação aos fatos geradores ocorridos a partir de 1.º-2-1999.

Art. 25. A pessoa jurídica encomendante, no caso de industrialização por encomenda, sujeita-se, conforme o caso, às alíquotas previstas nas alíneas *a* ou *b* do inciso I do art. 1.º da Lei n. 10.147, de 21 de dezembro de 2000, e alterações posteriores, incidentes sobre a receita bruta decorrente da venda dos produtos nelas referidos.

•• *Caput* com redação determinada pela Lei n. 10.865, de 30-4-2004.

Parágrafo único. Na hipótese a que se refere o *caput*:

I – as alíquotas da contribuição para o PIS/PASEP e da COFINS aplicáveis à pessoa jurídica executora da encomenda ficam reduzidas a 0 (zero); e

II – o crédito presumido de que trata o art. 3.º da Lei n. 10.147, de 21 de dezembro de 2000, quando for o caso, será atribuído à pessoa jurídica encomendante.

Art. 26. O adquirente, pessoa física ou jurídica residente ou domiciliada no Brasil, ou o procurador, quando o adquirente for residente ou domiciliado no exterior, fica responsável pela retenção e recolhimento do imposto de renda incidente sobre o ganho de capital a que se refere o art. 18 da Lei n. 9.249, de 26 de dezembro de 1995, auferido por pessoa física ou jurídica residente ou domiciliada no exterior que alienar bens localizados no Brasil.

•• *Vide* art. 93, II, desta Lei.

• A Instrução Normativa n. 407, de 17-3-2004, da Secretaria da Receita Federal, dispõe sobre a retenção na fonte do imposto de renda incidente sobre rendimentos e ganhos de capital, quando o beneficiário for residente ou domiciliado no exterior.

Art. 27. O imposto de renda sobre os rendimentos pagos, em cumprimento de decisão da Justiça Federal, mediante precatório ou requisição de pequeno valor, será retido na fonte pela instituição financeira responsável pelo pagamento e incidirá à alíquota de 3% (três por cento) sobre o montante pago, sem quaisquer deduções, no momento do pagamento ao beneficiário ou seu representante legal.

• A Instrução Normativa n. 491, de 12-1-2005, da Secretaria da Receita Federal, dispõe sobre a incidência do imposto de renda sobre os rendimentos pagos em cumprimento de decisões da Justiça Federal.

§ 1.º Fica dispensada a retenção do imposto quando o beneficiário declarar à instituição financeira responsável pelo pagamento que os rendimentos recebidos são isentos ou não tributáveis, ou que, em se tratando de pessoa jurídica, esteja inscrita no SIMPLES.

§ 2.º O imposto retido na fonte de acordo com o *caput* será:

I – considerado antecipação do imposto apurado na declaração de ajuste anual das pessoas físicas; ou

II – deduzido do apurado no encerramento do período de apuração ou na data da extinção, no caso de beneficiário pessoa jurídica.

§ 3.º A instituição financeira deverá, na forma, prazo e condições estabelecidas pela Secretaria da Receita Federal, fornecer à pessoa física ou jurídica beneficiária o Comprovante de Rendimentos Pagos e de Retenção do Imposto de Renda na Fonte, bem como apresentar à Secretaria da Receita Federal declaração contendo informações sobre:

•• § 3.º, *caput*, com redação determinada pela Lei n. 10.865, de 30-4-2004.

•• A Secretaria da Receita Federal passa a denominar-se Secretaria da Receita Federal do Brasil, por força da Lei n. 11.457, de 16-3-2007.

I – os pagamentos efetuados à pessoa física ou jurídica beneficiária e o respectivo imposto de renda retido na fonte;

•• Inciso I acrescentado pela Lei n. 10.865, de 30-4-2004.

II – os honorários pagos a perito e o respectivo imposto de renda retido na fonte;

•• Inciso II acrescentado pela Lei n. 10.865, de 30-4-2004.

III – a indicação do advogado da pessoa física ou jurídica beneficiária.

•• Inciso III acrescentado pela Lei n. 10.865, de 30-4-2004.

§ 4.º O disposto neste artigo não se aplica aos depósitos efetuados pelos Tribunais Regionais Federais antes de 1.º de fevereiro de 2004.

•• § 4.º com redação determinada pela Lei n. 10.865, de 30-4-2004.

Art. 28. Cabe à fonte pagadora, no prazo de 15 (quinze) dias da data da retenção de que trata o *caput* do art. 46 da Lei n. 8.541, de 23 de dezembro de 1992, comprovar, nos respectivos autos, o recolhimento do imposto de renda na fonte incidente sobre os rendimentos pagos em cumprimento de decisões da Justiça do Trabalho.

• A Instrução Normativa n. 491, de 12-1-2005, da Secretaria da Receita Federal, dispõe sobre a incidência do imposto de renda sobre os rendimentos pagos em cumprimento de decisões da Justiça do Trabalho.

§ 1.º Na hipótese de omissão da fonte pagadora relativamente à comprovação de que trata o *caput*, e nos pagamentos de honorários periciais, competirá ao Juízo do Trabalho calcular o imposto de renda na fonte e determinar o seu recolhimento à instituição financeira depositária do crédito.

§ 2.º A não indicação pela fonte pagadora da natureza jurídica das parcelas objeto de acordo homologado perante a Justiça do Trabalho acarretará a incidência do imposto de renda na fonte sobre o valor total da avença.

§ 3.º A instituição financeira deverá, na forma, prazo e condições estabelecidas pela Secretaria da Receita Federal, fornecer à pessoa física beneficiária o Comprovante de Rendimentos Pagos e de Retenção do Imposto de Renda na Fonte, bem como apresentar à Secretaria da Receita Federal declaração contendo informações sobre:

•• *Vide* nota ao art. 27, § 3.º, *caput*, desta Lei.

I – os pagamentos efetuados à reclamante e o respectivo imposto de renda retido na fonte, na hipótese do § 1.º;

II – os honorários pagos a perito e o respectivo imposto de renda retido na fonte;

III – as importâncias pagas a título de honorários assistenciais de que trata o art. 16 da Lei n. 5.584, de 26 de junho de 1970;

• Dispõe citado dispositivo: "Os honorários do advogado pagos pelo vencido reverterão em favor do sindicato assistente".

IV – a indicação do advogado da reclamante.

Art. 29. Sujeitam-se ao desconto do imposto de renda, à alíquota de 1,5% (um inteiro e cinco décimos por cento), que será deduzido do apurado no encerramento do período de apuração, as importâncias pagas ou creditadas por pessoas jurídicas a título de prestação de serviços a outras pessoas jurídicas que explorem as atividades de prestação de serviços de assessoria creditícia, mercadológica, gestão de crédito, seleção e riscos, administração de contas a pagar e a receber.

•• *Vide* art. 93, II, desta Lei.

Art. 30. Os pagamentos efetuados pelas pessoas jurídicas a outras pessoas jurídicas de direito privado, pela prestação de serviços de limpeza, conservação, manutenção, segurança, vigilância, transporte de valores e locação de mão de obra, pela prestação de serviços de assessoria creditícia, mercadológica, gestão de crédito, seleção e riscos, administração de contas a pagar e a receber, bem como pela remuneração de serviços profissionais, estão sujeitos a retenção na fonte da Contribuição Social sobre o Lucro Líquido – CSLL, da COFINS e da contribuição para o PIS/PASEP.

• *Vide* arts. 32 e 35 desta Lei.

• A Instrução Normativa n. 459, de 18-10-2004, da Secretaria da Receita Federal, dispõe sobre a retenção de tributos e contribuições nos pagamentos efetuados pelas pessoas jurídicas de direito privado a outras pessoas jurídicas pela prestação de serviços.

§ 1.º O disposto neste artigo aplica-se inclusive aos pagamentos efetuados por:

I – associações, inclusive entidades sindicais, federações, confederações, centrais sindicais e serviços sociais autônomos;

II – sociedades simples, inclusive sociedades cooperativas;

III – fundações de direito privado; ou

IV – condomínios edilícios.

§ 2.º Não estão obrigadas a efetuar a retenção a que se refere o *caput* as pessoas jurídicas optantes pelo SIMPLES.

§ 3.º As retenções de que trata o *caput* serão efetuadas sem prejuízo da retenção do imposto de renda na fonte das pessoas jurídicas sujeitas a alíquotas específicas previstas na legislação do imposto de renda.

•• *Vide* art. 93, II, desta Lei.

Art. 31. O valor da CSLL, da COFINS e da contribuição para o PIS/PASEP, de que trata o art. 30, será determinado mediante a aplicação, sobre o montante a ser pago, do percentual de 4,65% (quatro inteiros e sessenta e cinco centésimos por cento), correspondente à soma das alíquotas de 1% (um por cento), 3% (três por cento) e 0,65% (sessenta e cinco centésimos por cento), respectivamente.

§ 1.º As alíquotas de 0,65% (sessenta e cinco centésimos por cento) e 3% (três por cento) aplicam-se inclusive na hipótese de a prestadora do serviço enquadrar-se no regime de não cumulatividade na cobrança da contribuição para o PIS/PASEP e da COFINS.

§ 2.º No caso de pessoa jurídica beneficiária de isenção, na forma da legislação específica, de uma ou mais das contribuições de que trata este artigo, a retenção dar-se-á mediante a aplicação da alíquota específica correspondente às contribuições não alcançadas pela isenção.

§ 3.º Fica dispensada a retenção de valor igual ou inferior a R$ 10,00 (dez reais), exceto na hipótese de Documento de Arrecadação de Receitas Federais – DARF eletrônico efetuado por meio do Siafi.

•• § 3.º com redação determinada pela Lei n. 13.137, de 19-6-2015.

§ 4.º (*Revogado pela Lei n. 13.137, de 19-6-2015.*)

Art. 32. A retenção de que trata o art. 30 não será exigida na hipótese de pagamentos efetuados a:

I – cooperativas, relativamente à CSLL;

•• Inciso I com redação determinada pela Lei n. 10.865, de 30-4-2004.

II – empresas estrangeiras de transporte de valores;

•• Inciso II com redação determinada pela Lei n. 10.865, de 30-4-2004.

III – pessoas jurídicas optantes pelo SIMPLES.

Parágrafo único. A retenção da COFINS e da contribuição para o PIS/PASEP não será exigida, cabendo, somente, a retenção da CSLL nos pagamentos:

I – a título de transporte internacional de valores efetuados por empresa nacional;

•• Inciso I com redação determinada pela Lei n. 10.865, de 30-4-2004.

II – aos estaleiros navais brasileiros nas atividades de conservação, modernização, conversão e reparo de embarcações pré-registradas ou registradas no Registro Especial Brasileiro – REB, instituído pela Lei n. 9.432, de 8 de janeiro de 1997.

• A Lei n. 9.432, de 8-1-1997, regulamentada pelo Decreto n. 2.256, de 17-6-1997, dispõe sobre a ordenação do transporte aquaviário.

Art. 33. A União, por intermédio da Secretaria da Receita Federal, poderá celebrar convênios com os Estados, Distrito Federal e Municípios, para estabelecer a responsabilidade pela retenção na fonte da CSLL, da COFINS e da contribuição para o PIS/PASEP, mediante a aplicação das alíquotas previstas no art. 31, nos pagamentos efetuados por órgãos, autarquias e fundações dessas administrações públicas às pessoas jurídicas de direito privado, pelo fornecimento de bens ou pela prestação de serviços em geral.

•• A Secretaria da Receita Federal passa a denominar-se Secretaria da Receita Federal do Brasil, por força da Lei n. 11.457, de 16-3-2007.

• *Vide* arts. 35 e 36 desta Lei.

Art. 34. Ficam obrigadas a efetuar as retenções na fonte do imposto de renda, da CSLL, da COFINS e da contribuição para o PIS/PASEP, a que se refere o art. 64 da Lei n. 9.430, de 27 de dezembro de 1996, as seguintes entidades da administração pública federal:

• Citado dispositivo consta neste volume.

I – empresas públicas;

II – sociedades de economia mista; e

III – demais entidades em que a União, direta ou indiretamente, detenha a maioria do capital social com direito a voto, e que dela recebam recursos do Tesouro Nacional e estejam obrigadas a registrar sua execução orçamentária e financeira na modalidade total no Sistema Integrado de Administração Financeira do Governo Federal - SIAFI.

•• *Vide* art. 93, II, desta Lei.

Parágrafo único. A retenção a que se refere o *caput* deste artigo não se aplica na hipótese de pagamentos relativos à aquisição de:

•• Parágrafo único, *caput*, com redação determinada pela Lei n. 11.727, de 23-6-2008.

I – petróleo, gasolina, gás natural, óleo diesel, gás liquefeito de petróleo, querosene de aviação e demais derivados de petróleo e gás natural;

•• Inciso I acrescentado pela Lei n. 11.727, de 23-6-2008.

II – álcool, biodiesel e demais biocombustíveis.

•• Inciso II acrescentado pela Lei n. 11.727, de 23-6-2008.

Art. 35. Os valores retidos no mês, na forma dos arts. 30, 33 e 34 desta Lei, deverão ser recolhidos ao Tesouro Nacional pelo órgão público que efetuar a retenção ou, de forma centralizada, pelo estabelecimento matriz da pessoa jurídica, até o último dia útil do segundo decêndio do mês subsequente àquele mês em que tiver ocorrido o pagamento à pessoa jurídica fornecedora dos bens ou prestadora do serviço.

•• Artigo com redação determinada pela Lei n. 13.137, de 19-6-2015.

•• *Vide* art. 132, IV, b, da Lei n. 11.196, de 21-11-2005.

Art. 36. Os valores retidos na forma dos arts. 30, 33 e 34 serão considerados como antecipação do que for devido pelo contribuinte que sofreu a retenção, em relação ao imposto de renda e às respectivas contribuições.

Art. 37. Relativamente aos investimentos existentes em 31 de outubro de 2003, fica facultado ao investidor estrangeiro antecipar o pagamento da Contribuição Provisória sobre Movimentação ou Transmissão de Valores e de Créditos e Direitos de Natureza Financeira - CPMF, que seria devida por ocasião da remessa, para o exterior, de recursos financeiros apurados na liquidação de operações com ações ou opções de ações adquiridas em bolsa de valores ou em mercado de balcão organizado.

•• De acordo com o art. 91 do ADCT, a CPMF foi extinta em 1.º-1-2008.

•• *Vide* art. 82, parágrafo único, desta Lei.

§ 1.º A antecipação do pagamento da CPMF aplica-se a recursos financeiros não empregados exclusivamente, e por todo tempo de permanência no País, em ações ou contratos referenciados em ações ou índices de ações, negociados nos mercados referidos no *caput* ou em bolsa de mercadorias e de futuros, desde que na data do pagamento da contribuição estejam investidos nesses valores mobiliários.

•• *Vide* arts. 84 e 90 do ADCT sobre a extinção da CPMF.

§ 2.º A CPMF de que trata este artigo:

•• *Vide* arts. 84 e 90 do ADCT sobre a extinção da CPMF.

I – será apurada mediante lançamento a débito, precedido de lançamento a crédito no mesmo valor, em conta corrente de depósito do investidor estrangeiro;

II – terá como base de cálculo o valor correspondente à multiplicação da quantidade de ações ou de opções:

a) pelo preço médio ponderado da ação verificado na Bolsa de Valores de São Paulo ou em mercado de balcão organizado, no mês anterior ao do pagamento;

b) pelo preço médio da opção verificado na Bolsa referida na alínea *a*, no mês anterior ao do pagamento da CPMF;

III – será retida pela instituição financeira onde é mantida a conta corrente de que trata o inciso I até o dia 1.º de dezembro de 2003, e recolhida até o 3.º (terceiro) dia útil da semana subsequente à da retenção.

§ 3.º O pagamento da CPMF, nos termos previstos neste artigo, dispensa nova incidência da contribuição quando da remessa para o exterior dos recursos apurados na efetiva liquidação das operações.

Art. 38. O pagamento indevido ou maior que o devido efetuado no âmbito do Programa de Recuperação Fiscal - REFIS, ou do parcelamento a ele alternativo será restituído a pedido do sujeito passivo.

• Sobre REFIS: *vide* Lei n. 9.964, de 10-4-2000, Decreto n. 3.431, de 24-4-2000, Decreto n. 3.712, de 27-12-2000, e Lei n. 10.189, de 14-2-2001, constantes neste volume.

§ 1.º Na hipótese de existência de débitos do sujeito passivo relativos a tributos e contribuições perante a Secretaria da Receita Federal, a Procuradoria-Geral da Fazenda Nacional ou o Instituto Nacional do Seguro Social - INSS, inclusive inscritos em dívida ativa, o valor da restituição deverá ser utilizado para quitá-los, mediante compensação em procedimento de ofício.

•• A Secretaria da Receita Federal passa a denominar-se Secretaria da Receita Federal do Brasil, por força da Lei n. 11.457, de 16-3-2007.

§ 2.º A restituição e a compensação de que trata este artigo serão efetuadas pela Secretaria da Receita Federal, aplicando-se o disposto no art. 39 da Lei n. 9.250, de 26 de dezembro de 1995, alterado pelo art. 73 da Lei n. 9.532, de 10 de dezembro de 1997, observadas as normas estabelecidas pelo Comitê Gestor do REFIS.

• Citados dispositivos constam neste volume.

Art. 39. (*Revogado pela Lei n. 12.350, de 20-12-2010.*)

....

Art. 42. O art. 1.º da Lei n. 8.850, de 28 de janeiro de 1994, passa a vigorar com a seguinte redação:

•• Alteração já processada no diploma modificado.

Art. 43. O inciso I do art. 52 da Lei n. 8.383, de 30 de dezembro de 1991, passa a vigorar com a seguinte redação:

•• Alteração já processada no diploma modificado.

....

Art. 45. A Secretaria da Receita Federal poderá estabelecer normas, tendo em vista condições especiais de rentabilidade e representatividade de operações da pessoa jurídica, disciplinando a forma de simplificação da apuração dos métodos de preço de transferência de que trata o art. 19 da Lei n. 9.430, de 27 de dezembro de 1996.

•• *Vide* nota ao art. 38, § 1.º, desta Lei.

• Citado dispositivo consta neste volume.

§ 1.º O disposto no *caput* não se aplica em relação às vendas efetuadas para empresa, vinculada ou não, domiciliada em país ou dependência com tributação favorecida, ou cuja legislação interna oponha sigilo, conforme definido no art. 24 da Lei n. 9.430, de 27 de dezembro de 1996, e art. 4.º da Lei n. 10.451, de 10 de maio de 2002.

• Citados dispositivos constam neste volume.

§ 2.º A autorização de que trata o *caput* se aplica também na fixação de percentual de margem de divergência máxima entre o preço ajustado, a ser utilizado como parâmetro, de acordo com os métodos previstos nos arts. 18 e 19 da Lei n. 9.430, de 27 de dezembro de 1996, e o daquele constante na documentação de importação e exportação.

• Citados dispositivos constam neste volume.

Art. 46. (*Vetado.*)

Art. 47. Sem prejuízo do disposto no art. 10 da Lei n. 9.249, de 26 de dezembro de 1995, e no art. 7.º da Lei n. 9.959, de 27 de janeiro de 2000, o ganho de capital decorrente de operação, em que o beneficiário seja residente ou domiciliado em país ou dependência com tributação favorecida, a que se refere o art. 24 da Lei n. 9.430, de 27 de dezembro de 1996, sujeita-se à incidência do imposto de renda na fonte à alíquota de 25% (vinte e cinco por cento).

• Citados dispositivos constam neste volume.

Art. 48. O art. 71 da Lei n. 9.430, de 27 de dezembro de 1996, passa a vigorar com a seguinte redação:

•• Alteração já processada no diploma modificado.

Art. 49. (*Revogado pela Lei n. 11.727, de 23-6-2008.*)

Art. 50. (*Revogado pela Lei n. 11.727,* de 23-6-2008.)

Art. 51. (*Revogado pela Lei n. 13.097, de 19-1-2015.*)

Art. 52. (*Revogado pela Lei n. 11.727, de 23-6-2008.*)

Arts. 53 e 54. (*Revogados pela Lei n. 13.097, de 19-1-2015.*)

Art. 55. (*Revogado pela Lei n. 11.727, de 23-6-2008.*)

Art. 56. (*Revogado pela Lei n. 10.925, de 23-7-2004.*)

Arts. 57 e 58. (*Revogados pela Lei n. 11.727, de 23-6-2008*).

Arts. 58-A a 58-V. (*Revogados pela Lei n. 13.097, de 19-1-2015.*)

Capítulo III
DAS DISPOSIÇÕES RELATIVAS À LEGISLAÇÃO ADUANEIRA

•• Regulamento Aduaneiro: Decreto n. 6.759, de 5-2-2009.

Art. 59. O beneficiário de regime aduaneiro suspensivo, destinado à industrialização para exportação, responde solidariamente pelas obrigações tributárias decorrentes da admissão de mercadoria no regime por outro beneficiário, mediante sua anuência, com vistas na execução de etapa da cadeia industrial do produto a ser exportado.

§ 1.º Na hipótese do *caput*, a aquisição de mercadoria nacional por qualquer dos beneficiários do regime, para ser incorporada ao produto a ser exportado, será realizada com suspensão dos tributos incidentes.

§ 2.º Compete à Secretaria da Receita Federal disciplinar a aplicação dos regimes aduaneiros suspensivos de que trata o *caput* e estabelecer os requisitos, as condições e a forma de registro da anuência prevista para a admissão de mercadoria, nacional ou importada, no regime.

•• A Secretaria da Receita Federal passa a denominar-se Secretaria da Receita Federal do Brasil, por força da Lei n. 11.457, de 16-3-2007.

Art. 60. Extinguem os regimes de admissão temporária, de admissão temporária para aperfeiçoamento ativo, de exportação temporária e de exportação temporária para aperfeiçoamento passivo, aplicados a produto, parte, peça ou componente recebido do exterior ou a ele enviado para substituição em decorrência de garantia ou, ainda, para reparo, revisão, manutenção, renovação ou recondicionamento, respectivamente, a exportação ou a importação de produto equivalente àquele submetido ao regime.

§ 1.º O disposto neste artigo aplica-se, exclusivamente, aos seguintes bens:

I – partes, peças e componentes de aeronave, objeto das isenções previstas na alínea *j* do inciso II do art. 2.º e no inciso I do art. 3.º da Lei n. 8.032, de 12 de abril de 1990;

• Citados dispositivos constam neste volume.

II – produtos nacionais exportados definitivamente, ou suas partes e peças, que retornem ao País, mediante admissão temporária, ou admissão temporária para aperfeiçoamento ativo, para reparo ou substituição em virtude de defeito técnico que exija sua devolução; e

III – produtos nacionais, ou suas partes e peças, remetidos ao exterior mediante exportação temporária, para substituição de outro anteriormente exportado definitivamente, que deva retornar ao País para reparo ou substituição, em virtude de defeito técnico que exija sua devolução.

§ 2.º A Secretaria da Receita Federal disciplinará os procedimentos para a aplicação do disposto neste artigo e os requisitos para reconhecimento da equivalência entre os produtos importados e exportados.

•• *Vide* nota ao art. 59, § 2.º, desta Lei.

Art. 61. Nas operações de exportação sem saída do produto do território nacional, com pagamento a prazo, os efeitos fiscais e cambiais, quando reconhecidos pela legislação vigente, serão produzidos no momento da contratação, sob condição resolutória, aperfeiçoando-se pelo recebimento integral em moeda nacional ou estrangeira de livre conversibilidade.

•• *Caput* com redação determinada pela Lei n. 12.024, de 27-8-2009.

Parágrafo único. O disposto neste artigo aplica-se também ao produto exportado sem saída do território nacional, na forma disciplinada pela Secretaria da Receita Federal do Brasil, para ser:

•• Parágrafo único, *caput*, com redação determinada pela Lei n. 12.767, de 27-12-2012.

I – totalmente incorporado a bem que se encontre no País, de propriedade do comprador estrangeiro, inclusive em regime de admissão temporária sob a responsabilidade de terceiro;

II – entregue a órgão da administração direta, autárquica ou fundacional da União, dos Estados, do Distrito Federal ou dos Municípios, em cumprimento de contrato decorrente de licitação internacional;

III – entregue, em consignação, a empresa nacional autorizada a operar o regime de loja franca;

IV – entregue, no País, a subsidiária ou coligada, para distribuição sob a forma de brinde a fornecedores e clientes;

V – entregue a terceiro, no País, em substituição de produto anteriormente exportado e que tenha se mostrado, após o despacho aduaneiro de importação, defeituoso ou imprestável para o fim a que se destinava;

VI – entregue, no País, a missão diplomática, repartição consular de caráter permanente ou organismo internacional de que o Brasil seja membro, ou a seu integrante, estrangeiro; ou

VII – entregue, no País, para ser incorporado a plataforma destinada à pesquisa e lavra de jazidas de petróleo e gás natural em construção ou conversão contratada por empresa sediada no exterior, ou a seus módulos.

VIII – entregue no País:

•• Inciso VIII, *caput*, acrescentado pela Lei n. 12.767, de 27-12-2012.

a) para ser incorporado a produto do setor aeronáutico industrializado no território nacional, na hipótese de industrialização por encomenda de empresa estrangeira do bem a ser incorporado; ou

•• Alínea a acrescentada pela Lei n. 12.767, de 27-12-2012.

b) em regime de admissão temporária, por conta do comprador estrangeiro, sob a responsabilidade de terceiro, no caso de aeronaves;

•• Alínea b acrescentada pela Lei n. 12.767, de 27-12-2012.

IX – entregue no País a órgão do Ministério da Defesa, para ser incorporado a produto de interesse da defesa nacional em construção ou fabricação no território nacional, em decorrência de acordo internacional.

•• Inciso IX acrescentado pela Lei n. 12.767, de 27-12-2012.

Art. 62. O regime de entreposto aduaneiro de que tratam os arts. 9.º e 10 do Decreto-lei n. 1.455, de 7 de abril de 1976, com a redação dada pelo art. 69 da Medida Provisória n. 2.158-35, de 24 de agosto de 2001, poderá, mediante autorização da Secretaria da Receita Federal, observados os requisitos e condições estabelecidos na legislação específica, ser também operado em:

•• *Vide* nota ao art. 59, § 2.º, desta Lei.

I – instalações portuárias previstas no inciso III do art. 2.º da Lei n. 12.815, de 5 de junho de 2013;

•• Inciso I com redação determinada pela Lei n. 12.844, de 19-7-2013.

II – bens destinados à pesquisa e lavra de jazidas de petróleo e gás natural em construção ou conversão no País, contratados por empresas sediadas no exterior e relacionados em ato do Poder Executivo.

•• Inciso II com redação determinada pela Lei n. 12.844, de 19-7-2013.

Parágrafo único. No caso do inciso II, o beneficiário do regime será o contratado pela empresa sediada no exterior e o regime poderá ser operado também em estaleiros navais ou em outras instalações industriais, destinadas à construção dos bens de que trata aquele inciso.

•• Parágrafo único com redação determinada pela Lei n. 12.844, de 19-7-2013.

Art. 63. A Secretaria da Receita Federal fica autorizada a estabelecer:

•• *Vide* nota ao art. 59, § 2.º, desta Lei.

I – hipóteses em que, na substituição de beneficiário de regime aduaneiro suspensivo, o termo inicial para o cálculo de juros e multa de mora relativos aos tributos suspensos passe a ser a data da transferência da mercadoria; e

II – os serviços permitidos no regime de entreposto aduaneiro na importação e na exportação.

Art. 64. Os documentos instrutivos de declaração aduaneira ou necessários ao controle aduaneiro podem ser emitidos, transmitidos e recepcionados eletronicamente, na forma e nos prazos estabelecidos pela Secretaria da Receita Federal.

•• *Vide* nota ao art. 59, § 2.º, desta Lei.

§ 1.º A outorga de poderes a representante legal, inclusive quando residente no Brasil, para emitir e firmar os documentos referidos no *caput* deste artigo, também pode ser realizada por documento emitido e assinado eletronicamente.

•• § 1.º acrescentado pela Lei n. 11.452, de 27-2-2007.

§ 2.º Os documentos eletrônicos referidos no *caput* deste artigo e no § 1.º deste artigo são válidos para os efeitos fiscais e de controle aduaneiro, observado o disposto na legislação sobre certificação digital e atendidos os requisitos estabelecidos pela Secretaria da Receita Federal.

•• § 2.º acrescentado pela Lei n. 11.452, de 27-2-2007.

Art. 65. A Secretaria da Receita Federal poderá adotar nomenclatura simplificada para a classificação de mercadorias apreendidas, na lavratura do correspondente auto de infração para a aplicação da pena de perdimento, bem como aplicar alíquotas de 50% (cinquenta por cento) sobre o valor arbitrado dessas mercadorias, para o cálculo do valor estimado do Imposto de Importação e do Imposto sobre Produtos Industrializados que seriam devidos na importação, para efeitos de controle patrimonial, elaboração de estatísticas, formalização de processo administrativo fiscal e representação fiscal para fins penais.

•• *Vide* nota ao art. 59, § 2.º, desta Lei.

Art. 66. As diferenças percentuais de mercadoria a granel, apuradas em conferência física nos despachos aduaneiros, não serão consideradas para efeitos de exigência dos impostos incidentes, até o limite de 1% (um por cento), conforme dispuser o Poder Executivo.

Art. 67. Na impossibilidade de identificação da mercadoria importada, em razão de seu extravio ou consumo, e de descrição genérica nos documentos comerciais e de transporte disponíveis, será aplicada, para fins de determinação dos impostos e dos direitos incidentes na importação, alíquota única de 80% (oitenta por cento) em regime de tributação simplificada relativa ao Imposto de Importação - II, ao Imposto sobre Produtos Industrializados - IPI, à Contribuição para os Programas de Integração Social e de Formação do Patrimônio do Servidor Público - PIS/Pasep, à Contribuição Social para o Financiamento da Seguridade Social - COFINS e ao Adicional ao Frete para a Renovação da Marinha Mercante - AFRMM.

•• *Caput* com redação determinada pela Lei n. 13.043, de 13-11-2014.

§ 1.º A base de cálculo da tributação simplificada prevista neste artigo será arbitrada em valor equivalente à mediana dos valores por quilograma de todas as mercadorias importadas a título definitivo, pela mesma via de transporte internacional, constantes de declarações registradas no semestre anterior, incluídas as despesas de frete e seguro internacionais.

•• § 1.º com redação determinada pela Lei n. 13.043, de 13-11-2014.

§ 2.º Na falta de informação sobre o peso da mercadoria, adotar-se-á o peso líquido admitido na unidade de carga utilizada no seu transporte.

Art. 68. As mercadorias descritas de forma semelhante em diferentes declarações aduaneiras do mesmo contribuinte, salvo prova em contrário, são presumidas idênticas para fins de determinação do tratamento tributário ou aduaneiro.

Parágrafo único. Para efeito do disposto no *caput*, a identificação das mercadorias poderá ser realizada no curso do despacho aduaneiro ou em outro momento, com base em informações coligidas em documentos, obtidos inclusive junto a clientes ou a fornecedores, ou no processo produtivo em que tenham sido ou venham a ser utilizadas.

Art. 69. A multa prevista no art. 84 da Medida Provisória n. 2.158-35, de 24 de agosto de 2001, não poderá ser superior a 10% (dez por cento) do valor total das mercadorias constantes da declaração de importação.

• Dispõe citado artigo: "Art. 84. Aplica-se a multa de um por cento sobre o valor aduaneiro da mercadoria: I - classificada incorretamente na Nomenclatura Comum do Mercosul, nas nomenclaturas complementares ou em outros detalhamentos instituídos para a identificação da mercadoria; ou II - quantificada incorretamente na unidade de medida estatística estabelecida pela Secretaria da Receita Federal. § 1.º O valor da multa prevista neste artigo será de R$ 500,00 (quinhentos reais), quando do seu cálculo resultar valor inferior. § 2.º A aplicação da multa prevista neste artigo não prejudica a exigência dos impostos, da multa por declaração inexata prevista no art. 44 da Lei n. 9.430, de 1996, e de outras penalidades administrativas, bem assim dos acréscimos legais cabíveis".

§ 1.º A multa a que se refere o *caput* aplica-se também ao importador, exportador ou beneficiário de regime aduaneiro que omitir ou prestar de forma inexata ou incompleta informação de natureza administrativo-tributária, cambial ou comercial necessária à determinação do procedimento de controle aduaneiro apropriado.

§ 2.º As informações referidas no § 1.º, sem prejuízo de outras que venham a ser estabelecidas em ato normativo da Secretaria da Receita Federal, compreendem a descrição detalhada da operação, incluindo:

•• A Secretaria da Receita Federal passa a denominar-se Secretaria da Receita Federal do Brasil, por força da Lei n. 11.457, de 16-3-2007.

I – identificação completa e endereço das pessoas envolvidas na transação: importador/exportador; adquirente (comprador)/fornecedor (vendedor), fabricante, agente de compra ou de venda e representante comercial;

II – destinação da mercadoria importada: industrialização ou consumo, incorporação ao ativo, revenda ou outra finalidade;

III – descrição completa da mercadoria: todas as características necessárias à classificação fiscal, espécie, marca comercial, modelo, nome comercial ou científico e outros atributos estabelecidos pela Secretaria da Receita Federal que confiram sua identidade comercial;

IV – países de origem, de procedência e de aquisição; e

V – portos de embarque e de desembarque.

§ 3.º Quando aplicada sobre a exportação, a multa prevista neste artigo incidirá sobre o preço normal definido no art. 2.º do Decreto-Lei n. 1.578, de 11 de outubro de 1977.

•• § 3.º acrescentado pela Lei n. 13.043, de 13-11-2014.

Art. 70. O descumprimento pelo importador, exportador ou adquirente de mercadoria importada por sua conta e ordem, da obrigação de manter, em boa guarda e ordem, os documentos relativos às transações que realizarem, pelo prazo decadencial estabelecido na legislação tributária a que estão submetidos, ou da obrigação de os apresentar à fiscalização aduaneira quando exigidos, implicará:

I – se relativo aos documentos comprobatórios da transação comercial ou os respectivos registros contábeis:

a) a apuração do valor aduaneiro com base em método substitutivo ao valor de transação, caso exista dúvida quanto ao valor aduaneiro declarado; e

b) o não reconhecimento de tratamento mais benéfico de natureza tarifária, tributária ou aduaneira eventualmente concedido, com efeitos retroativos à data do fato gerador, caso não sejam apresentadas provas do regular cumprimento das condições previstas na legislação específica para obtê-lo;

II – se relativo aos documentos obrigatórios de instrução das declarações aduaneiras:

a) o arbitramento do preço da mercadoria para fins de determinação da base de cálculo, conforme os critérios definidos no art. 88 da Medida Provisória n. 2.158-35, de 24 de agosto de 2001, se existir dúvida quanto ao preço efetivamente praticado; e

• Dispõe citado artigo: "Art. 88. No caso de fraude, sonegação ou conluio, em que não seja possível a apuração do preço efetivamente praticado na importação, a base de cálculo dos tributos e demais direitos incidentes será determinada mediante arbitramento do preço da mercadoria, em conformidade com um dos seguintes critérios, observada a ordem sequencial: I - preço de exportação para o País, de mercadoria idêntica ou similar; II - preço no mercado internacional, apurado: a) em cotação de bolsa de mercadoria ou em publicação especializada; b) de acordo com o método previsto no art. 7.º do Acordo para Implementação do Artigo VII do GATT/1994, aprovado pelo Decreto Legislativo n. 30, de 15-12-1994, e promulgado pelo Decreto n. 1.355, de 30-12-1994, observados os dados disponíveis e o princípio da razoabilidade; ou c) mediante laudo expedido por entidade ou técnico especializado. Parágrafo único. Aplica-se a multa administrativa de cem por cento sobre a diferença entre o preço declarado e o preço efetivamente praticado na importação ou entre o preço declarado e o preço arbitrado, sem prejuízo da exigência dos impostos, da multa de ofício prevista no art. 44 da Lei n. 9.430, de 1996, e dos acréscimos legais cabíveis".

b) a aplicação cumulativa das multas de:

•• *Vide* art. 81 desta Lei.

1. 5% (cinco por cento) do valor aduaneiro das mercadorias importadas; e

2. 100% (cem por cento) sobre a diferença entre o preço declarado e o preço efetivamente praticado na importação ou entre o preço declarado e o preço arbitrado.

§ 1.º Os documentos de que trata o *caput* compreendem os documentos de instrução das declarações aduaneiras, a correspondência comercial, incluídos os documentos de negociação e cotação de preços, os instrumentos de contrato comercial, financeiro e cambial, de transporte e seguro das mercadorias, os registros contábeis e os correspondentes documentos fiscais, bem como outros que a Secretaria da Receita Federal venha a exigir em ato normativo.

•• A Secretaria da Receita Federal passa a denominar-se Secretaria da Receita Federal do Brasil, por força da Lei n. 11.457, de 16-3-2007.

§ 2.º Nas hipóteses de incêndio, furto, roubo, extravio ou qualquer outro sinistro que provoque a perda ou deterioração dos documentos a que se refere o § 1.º, deverá ser feita comunicação, por escrito, no prazo de 48 (quarenta e oito) horas do sinistro, à unidade de fiscalização aduaneira da Secretaria da Receita Federal que jurisdicione o domicílio matriz do sujeito passivo.

§ 3.º As multas previstas no inciso II do *caput* não se aplicam no caso de regular comunicação da ocorrência de um dos eventos previstos no § 2.º.

§ 4.º Somente produzirá efeitos a comunicação realizada dentro do prazo referido no § 2.º e instruída com os documentos que comprovem o registro da ocorrência junto à autoridade competente para apurar o fato.

§ 5.º No caso de encerramento das atividades da pessoa jurídica, a guarda dos documentos referidos no *caput* será atribuída à pessoa responsável pela guarda dos demais documentos fiscais, nos termos da legislação específica.

§ 6.º A aplicação do disposto neste artigo não prejudica a aplicação das multas previstas no art. 107 do Decreto-lei n. 37, de 18 de novembro de 1966, com a redação dada pelo art. 77 desta Lei, nem a aplicação de outras penalidades cabíveis.

Art. 71. O despachante aduaneiro, o transportador, o agente de carga, o depositário e os demais intervenientes em operação de comércio exterior ficam obrigados a manter em boa guarda e ordem, e a apresentar à fiscalização aduaneira, quando exigidos, os documentos e registros relativos às transações em que intervierem, ou outros definidos em ato normativo da Secretaria da Receita Federal, na forma e nos prazos por ela estabelecidos.

•• *Vide* nota ao art. 70, § 1.º, desta Lei.

Art. 72. Aplica-se a multa de:

•• *Vide* art. 81 desta Lei.

I – 10% (dez por cento) do valor aduaneiro da mercadoria submetida ao regime aduaneiro especial de admissão temporária, ou de admissão temporária para aperfeiçoamento ativo, pelo descumprimento de condições, requisitos ou prazos estabelecidos para aplicação do regime; e

• O Ato Declaratório Interpretativo n. 4, de 4-3-2004, da Secretaria da Receita Federal, determina que a multa prevista neste inciso aplica-se inclusive para a reexportação dos bens admitidos no regime aduaneiro especial de admissão temporária, ressalvadas as hipóteses sujeitas à aplicação da pena de perdimento.

II – 5% (cinco por cento) do preço normal da mercadoria submetida ao regime aduaneiro especial de exportação temporária, ou de exportação temporária para aperfeiçoamento passivo, pelo descumprimento de condições, requisitos ou prazos estabelecidos para aplicação do regime.

§ 1.º O valor da multa prevista neste artigo será de R$ 500,00 (quinhentos reais), quando do seu cálculo resultar valor inferior.

§ 2.º A multa aplicada na forma deste artigo não prejudica a exigência dos impostos incidentes, a aplicação de outras penalidades cabíveis e a representação fiscal para fins penais, quando for o caso.

Art. 73. Verificada a impossibilidade de apreensão da mercadoria sujeita a pena de perdimento, em razão de sua não localização ou consumo, extinguir--se-á o processo administrativo instaurado para apuração da infração capitulada como dano ao Erário.

§ 1.º Na hipótese prevista no *caput*, será instaurado processo administrativo para aplicação da multa prevista no § 3.º do art. 23 do Decreto-lei n. 1.455, de 7 de abril de 1976, com a redação dada pelo art. 59 da Lei n. 10.637, de 30 de dezembro de 2002.

• Dispõe citado dispositivo: "Art. 23. Consideram-se dano ao erário as infrações relativas às mercadorias: I - importadas, ao desamparo de Guia de Importação ou documento de efeito equivalente, quando a sua emissão estiver vedada ou suspensa na forma da legislação específica em vigor; II - importadas e que forem consideradas abandonadas pelo decurso do prazo de permanência em recintos alfandegados nas seguintes condições: a) 90 (noventa) dias após a descarga, sem que tenha sido iniciado o seu despacho; ou b) 60 (sessenta) dias da data da interrupção do despacho por ação ou omissão do importador ou seu representante; ou c) 60 (sessenta) dias da data da notificação a que se refere o art. 56 do Decreto-lei n. 37, de 18-11-1966, nos casos previstos no art. 55 do mesmo Decreto-lei; ou d) 45 (quarenta e cinco) dias após esgotar-se o prazo fixado para permanência em entreposto aduaneiro ou recinto alfandegado situado na zona secundária; III - trazidas do exterior como bagagem, acompanhada ou desacompanhada e que permanecerem nos recintos alfandegados por prazo superior a 45 (quarenta e cinco) dias, sem que o passageiro inicie a promoção do seu desembaraço; IV - enquadradas nas hipóteses previstas nas alíneas a e b do parágrafo único do art. 104 e nos incisos I a XIX do art. 105, do Decreto-lei n. 37, de 18-11-1966; V - estrangeiras ou nacionais, na importação ou na exportação, na hipótese de ocultação do sujeito passivo, do real vendedor, comprador ou de responsável pela operação, mediante fraude ou simulação, inclusive a interposição fraudulenta de terceiros. § 1.º O dano do erário decorrente das infrações previstas no *caput* deste artigo, será punido com a pena de perdimento das mercadorias. § 2.º Presume-se interposição fraudulenta na operação de comércio exterior a não comprovação da origem, disponibilidade e transferência dos recursos empregados. § 3.º A pena prevista no § 1.º converte-se em multa equivalente ao valor aduaneiro da mercadoria que não seja localizada ou que tenha sido transferida a terceiro ou consumida. § 4.º O disposto no parágrafo anterior não impede a apreensão da mercadoria nos casos previstos no inciso I ou quando for proibida sua importação, consumo ou circulação no território nacional".

§ 2.º A multa a que se refere o § 1.º será exigida mediante lançamento de ofício, que será processado e julgado nos termos da legislação que rege a determinação e exigência dos demais créditos tributários da União.

Art. 74. O transportador de passageiros, em viagem internacional, ou que transite por zona de vigilância aduaneira, fica obrigado a identificar os volumes transportados como bagagem em compartimento isolado dos viajantes, e seus respectivos proprietários.

§ 1.º No caso de transporte terrestre de passageiros, a identificação referida no *caput* também se aplica aos volumes portados pelos passageiros no interior do veículo.

§ 2.º As mercadorias transportadas no compartimento comum de bagagens ou de carga do veículo, que não constituam bagagem identificada dos passageiros, devem estar acompanhadas do respectivo conhecimento de transporte.

§ 3.º Presume-se de propriedade do transportador, para efeitos fiscais, a mercadoria transportada sem a identificação do respectivo proprietário, na forma estabelecida no *caput* ou nos §§ 1.º e 2.º deste artigo.

§ 4.º Compete à Secretaria da Receita Federal disciplinar os procedimentos necessários para fins de cumprimento do previsto neste artigo.

•• *Vide* nota ao art. 70, § 1.º, desta Lei.

Art. 75. Aplica-se a multa de R$ 15.000,00 (quinze mil reais) ao transportador, de passageiros ou de carga, em viagem doméstica ou internacional que transportar mercadoria sujeita a pena de perdimento:

•• *Vide* art. 81 desta Lei.

I – sem identificação do proprietário ou possuidor; ou

II – ainda que identificado o proprietário ou possuidor, as características ou a quantidade dos volumes transportados evidenciarem tratar-se de mercadoria sujeita à referida pena.

§ 1.º Na hipótese de transporte rodoviário, o veículo será retido, na forma estabelecida pela Secretaria da Receita Federal, até o recolhimento da multa ou o deferimento do recurso a que se refere o § 3.º.

•• *Vide* nota ao art. 70, § 1.º, desta Lei.

§ 2.º A retenção prevista no § 1.º será efetuada ainda que o infrator não seja o proprietário do veículo, cabendo a este adotar as ações necessárias contra o primeiro para se ressarcir dos prejuízos eventualmente incorridos.

§ 3.º Caberá recurso, com efeito exclusivamente devolutivo, a ser apresentado no prazo de 20 (vinte) dias da ciência da retenção a que se refere o § 1.º, ao titular da unidade da Secretaria da Receita Federal responsável pela retenção, que o apreciará em instância única.

§ 4.º Decorrido o prazo de 45 (quarenta e cinco) dias da aplicação da multa, ou da ciência do indeferimento do recurso, e não recolhida a multa prevista, o veículo será considerado abandonado, caracterizando dano ao Erário e ensejando a aplicação da pena de perdimento, observado o rito estabelecido no Decreto-lei n. 1.455, de 7 de abril de 1976.

• O Decreto-lei n. 1.455, de 7-4-1976, dispõe sobre a bagagem de passageiro procedente do exterior, disciplina o regime de entreposto aduaneiro e estabelece normas sobre mercadorias estrangeiras apreendidas.

§ 5.º A multa a ser aplicada será de R$ 30.000,00 (trinta mil reais) na hipótese de:

I – reincidência da infração prevista no *caput*, envolvendo o mesmo veículo transportador; ou

II – modificações da estrutura ou das características do veículo, com a finalidade de efetuar o transporte de mercadorias ou permitir a sua ocultação.

§ 6.º O disposto neste artigo não se aplica nas hipóteses em que o veículo estiver sujeito à pena de perdimento prevista no inciso V do art. 104 do Decreto-lei n. 37, de 18 de novembro de 1966, nem prejudica a aplicação de outras penalidades estabelecidas.

• Dispõe citado dispositivo: "Aplica-se a pena de perda do veículo: ...V - quando o veículo conduzir mercadoria sujeita a pena de perda, se pertencente ao responsável por infração punível com aquela sanção;...".

§ 7.º Enquanto não consumada a destinação do veículo, a pena de perdimento prevista no § 4.º poderá ser relevada à vista de requerimento do interessado, desde que haja o recolhimento de 2 (duas) vezes o valor da multa aplicada.

§ 8.º A Secretaria da Receita Federal deverá representar o transportador que incorrer na infração prevista no *caput* ou que seja submetido à aplicação da pena de perdimento de veículo à autoridade competente para fiscalizar o transporte terrestre.

§ 9.º Na hipótese do § 8.º, as correspondentes autorizações de viagens internacionais ou por zonas de vigilância aduaneira do transportador representado serão canceladas, ficando vedada a expedição de novas autorizações pelo prazo de 2 (dois) anos.

Art. 76. Os intervenientes nas operações de comércio exterior ficam sujeitos às seguintes sanções:

I – advertência, na hipótese de:

a) e ***b)*** (*Revogadas pela Lei n. 13.043, de 13-11-2014.*)

c) atraso, de forma contumaz, na chegada ao destino de veículo conduzindo mercadoria submetida ao regime de trânsito aduaneiro;

d) emissão de documento de identificação ou quantificação de mercadoria sob controle aduaneiro em desacordo com o previsto em ato normativo, relativamente a sua efetiva qualidade ou quantidade;

•• Alínea *d* com redação determinada pela Lei n. 13.043, de 13-11-2014.

e) prática de ato que prejudique a identificação ou quantificação de mercadoria sob controle aduaneiro;

•• Alínea *e* acrescentada pela Lei n. 13.043, de 13-11-2014.

f) (*Revogada pela Lei n. 13.043, de 13-11-2014.*)

g) consolidação ou desconsolidação de carga efetuada em desacordo com disposição estabelecida em ato normativo e que altere o tratamento tributário ou aduaneiro da mercadoria;

•• Alínea *g* com redação determinada pela Lei n. 13.043, de 13-11-2014.

h) atraso, por mais de 3 (três) vezes, em um mesmo mês, na prestação de informações sobre carga e descarga de veículos, ou movimentação e armazenagem de mercadorias sob controle aduaneiro;

i) descumprimento de requisito, condição ou norma operacional para habilitar-se ou utilizar regime aduaneiro especial ou aplicado em áreas especiais, ou para habilitar-se ou manter recintos nos quais tais regimes sejam aplicados;

j) descumprimento de obrigação de apresentar à fiscalização, em boa ordem, os documentos relativos à operação em que realizar ou em que intervier, bem como outros documentos exigidos pela Secretaria da Receita Federal do Brasil; ou

•• Alínea *j* com redação determinada pela Lei n. 13.043, de 13-11-2014.

k) descumprimento de determinação legal ou de outras obrigações relativas ao controle aduaneiro previstas em ato normativo não referidas às alíneas *c* a *j*;

•• Alínea *k* acrescentada pela Lei n. 13.043, de 13-11-2014.

II – suspensão, pelo prazo de até 12 (doze) meses, do registro, licença, autorização, credenciamento ou habilitação para utilização de regime aduaneiro ou de procedimento simplificado, exercício de atividades relacionadas com o despacho aduaneiro, ou com a movimentação e armazenagem de mercadorias sob controle aduaneiro, e serviços conexos, na hipótese de:

a) reincidência em conduta já sancionada com advertência;

b) atuação em nome de pessoa que esteja cumprindo suspensão, ou no interesse desta;

c) (*Revogada pela Lei n. 13.043, de 13-11-2014.*)

d) delegação de atribuição privativa a pessoa não credenciada ou habilitada;

•• Alínea *d* com redação determinada pela Lei n. 13.043, de 13-11-2014.

e) prática de qualquer outra conduta sancionada com suspensão de registro, licença, autorização, credenciamento ou habilitação, nos termos de legislação específica; ou

•• Alínea *e* com redação determinada pela Lei n. 13.043, de 13-11-2014.

f) agressão ou desacato à autoridade aduaneira no exercício da função;

•• Alínea *f* acrescentada pela Lei n. 13.043, de 13-11-2014.

III – cancelamento ou cassação do registro, licença, autorização, credenciamento ou habilitação para utilização de regime aduaneiro ou de procedimento simplificado, exercício de atividades relacionadas com o despacho aduaneiro, ou com a movimentação e armazenagem de mercadorias sob controle aduaneiro, e serviços conexos, na hipótese de:

a) acúmulo, em período de 3 (três) anos, de suspensão cujo prazo total supere 12 (doze) meses;

b) atuação em nome de pessoa cujo registro, licença, autorização, credenciamento ou habilitação tenha sido objeto de cancelamento ou cassação, ou no interesse desta;

c) exercício, por pessoa credenciada ou habilitada, de atividade ou cargo vedados na legislação específica;

d) prática de ato que embarace, dificulte ou impeça a ação da fiscalização aduaneira, para benefício próprio ou de terceiros;

•• Alínea *d* com redação determinada pela Lei n. 13.043, de 13-11-2014.

e) (*Revogada pela Lei n. 13.043, de 13-11-2014.*)

f) sentença condenatória, transitada em julgado, por participação, direta ou indireta, na prática de crime contra a administração pública ou contra a ordem tributária;

g) ação ou omissão dolosa tendente a subtrair ao controle aduaneiro, ou dele ocultar, a importação ou a exportação de bens ou de mercadorias; ou

h) prática de qualquer outra conduta sancionada com cancelamento ou cassação de registro, licença, autorização, credenciamento ou habilitação, nos termos de legislação específica.

§ 1.º A aplicação das sanções previstas neste artigo será anotada no registro do infrator pela administração aduaneira, após a decisão definitiva na esfera administrativa, devendo a anotação ser cancelada após o decurso de 5 (cinco) anos de sua efetivação.

•• § 1.º com redação determinada pela Lei n. 13.043, de 13-11-2014.

§ 2.º Para os efeitos do disposto neste artigo, consideram-se intervenientes o importador, o exportador, o beneficiário de regime aduaneiro ou de procedimento simplificado, o despachante aduaneiro e seus ajudantes, o transportador, o agente de carga, o operador de transporte multimodal, o operador portuário, o depositário, o administrador de recinto alfandegado, o perito ou qualquer outra pessoa que tenha relação, direta ou indireta, com a operação de comércio exterior.

•• § 2.º com redação determinada pela Lei n. 13.043, de 13-11-2014.

§ 3.º Para efeitos do disposto na alínea c do inciso I do *caput*, considera-se contumaz o atraso sem motivo justificado ocorrido em mais de 20% (vinte por cento) das operações de trânsito aduaneiro realizadas no mês, se superior a 5 (cinco) o número total de operações.

§ 4.º Na aplicação da sanção prevista no inciso I do *caput* e na determinação do prazo para a aplicação das sanções previstas no inciso II do *caput* serão considerados:

•• § 4.º, *caput*, com redação determinada pela Lei n. 13.043, de 13-11-2014.

I – a natureza e a gravidade da infração cometida;

•• Inciso I acrescentado pela Lei n. 13.043, de 13-11-2014.

II – os danos que dela provierem; e

•• Inciso II acrescentado pela Lei n. 13.043, de 13-11-2014.

III – os antecedentes do infrator, inclusive quanto à proporção das irregularidades no conjunto das operações por ele realizadas e seus esforços para melhorar a conformidade à legislação, segundo os critérios estabelecidos pela Secretaria da Receita Federal do Brasil.

•• Inciso III acrescentado pela Lei n. 13.043, de 13-11-2014.

§ 5.º Para os fins do disposto na alínea *a* do inciso II do *caput* deste artigo, será considerado reincidente o infrator que:

•• § 5.º, *caput*, com redação determinada pela Lei n. 13.043, de 13-11-2014.

I – cometer nova infração pela mesma conduta já sancionada com advertência, no período de 365 (trezentos e sessenta e cinco) dias, contado da data da aplicação da sanção; ou

•• Inciso I acrescentado pela Lei n. 13.043, de 13-11-2014.

II – não sanar a irregularidade que ensejou a aplicação da advertência, depois de um mês de sua aplicação, quando se tratar de conduta passível de regularização.

•• Inciso II acrescentado pela Lei n. 13.043, de 13-11-2014.

§ 5.º-A. Para os efeitos do § 5.º, no caso de operadores que realizam grande quantidade de operações, poderá ser observada a proporção de erros e omissões em razão da quantidade de documentos, declarações e informações a serem prestadas, nos termos, limites e condições disciplinados pelo Poder Executivo.

•• § 5.º-A acrescentado pela Lei n. 13.043, de 13-11-2014.

§ 6.º Na hipótese de cassação ou cancelamento, a reinscrição para a atividade que exercia ou a inscrição para exercer outra atividade sujeita a controle aduaneiro só poderá ser solicitada depois de transcorridos 2 (dois) anos da data de aplicação da sanção, devendo ser cumpridas todas as exigências e formalidades previstas para a inscrição.

§ 7.º Ao sancionado com suspensão, cassação ou cancelamento, enquanto perdurarem os efeitos da sanção, é vedado o ingresso em local sob controle aduaneiro, sem autorização do titular da unidade jurisdicionante.

§ 8.º Compete a aplicação das sanções:

I – ao titular da unidade da Secretaria da Receita Federal responsável pela apuração da infração, nos casos de advertência ou suspensão; ou

II – à autoridade competente para habilitar ou autorizar a utilização de procedimento simplificado, de regime aduaneiro, ou o exercício de atividades relacionadas com o despacho aduaneiro, ou com a movimentação e armazenagem de mercadorias sob controle aduaneiro, e serviços conexos, nos casos de cancelamento ou cassação.

§ 9.º As sanções previstas neste artigo serão aplicadas mediante processo administrativo próprio, instaurado com a lavratura de auto de infração, acompanhado de termo de constatação de hipótese referida nos incisos I a III do *caput*.

§ 10. Feita a intimação, a não apresentação de impugnação no prazo de 20 (vinte) dias implicará revelia, cabendo a imediata aplicação da penalidade.

•• § 10 com redação determinada pela Lei n. 13.043, de 13-11-2014.

§ 10-A. A intimação a que se refere o § 10 deste artigo será:

•• § 10-A, *caput*, acrescentado pela Lei n. 13.043, de 13-11-2014.

I – pessoal, pelo autor do procedimento ou por agente preparador, na repartição ou fora dela, produzindo efeitos com a assinatura do sujeito passivo, seu mandatário ou preposto, ou, no caso de recusa, com declaração escrita de quem o intimar;

•• Inciso I acrescentado pela Lei n. 13.043, de 13-11-2014.

II – por via postal, telegráfica ou por qualquer outro meio ou via, produzindo efeitos com o recebimento no domicílio indicado à Secretaria da Receita Federal do Brasil pelo interveniente na operação de comércio exterior ou, se omitida a data do recebimento, com o decurso de 15 (quinze) dias da expedição da intimação ao referido endereço;

•• Inciso II acrescentado pela Lei n. 13.043, de 13-11-2014.

III – por meio eletrônico, com prova de recebimento, mediante envio ao domicílio tributário do sujeito passivo ou registro em meio magnético ou equivalente utilizado pelo sujeito passivo, produzindo efeitos:

•• Inciso III, *caput*, acrescentado pela Lei n. 13.043, de 13-11-2014.

a) 15 (quinze) dias contados da data registrada no comprovante de entrega no domicílio tributário do sujeito passivo;

•• Alínea *a* acrescentada pela Lei n. 13.043, de 13-11-2014.

b) na data em que o sujeito passivo efetuar consulta ao endereço eletrônico a ele atribuído pela administração tributária, se ocorrida antes do prazo previsto na alínea *a* deste inciso; ou

•• Alínea *b* acrescentada pela Lei n. 13.043, de 13-11-2014.

c) na data registrada no meio magnético ou equivalente utilizado pelo sujeito passivo; ou

•• Alínea *c* acrescentada pela Lei n. 13.043, de 13-11-2014.

IV – por edital, quando resultarem improfícuos os meios previstos nos incisos I a III deste parágrafo, ou no caso de pessoa jurídica declarada inapta perante o Cadastro Nacional de Pessoas Jurídicas - CNPJ, produzindo efeitos com o decurso de 15 (quinze) dias da publicação ou com qualquer manifestação do interessado no mesmo período.

•• Inciso IV acrescentado pela Lei n. 13.043, de 13-11-2014.

§ 11. Apresentada a impugnação, a autoridade preparadora terá prazo de 15 (quinze) dias para remessa do processo a julgamento.

§ 12. O prazo a que se refere o § 11 poderá ser prorrogado quando for necessária a realização de diligências ou perícias.

§ 13. Da decisão que aplicar a sanção cabe recurso, a ser apresentado em 30 (trinta) dias, à autoridade imediatamente superior, que o julgará em instância final administrativa.

§ 14. O rito processual a que se referem os §§ 9.º a 13 aplica-se também aos processos ainda não conclusos para julgamento em 1.ª (primeira) instância julgados na esfera administrativa, relativos a sanções administrativas de advertência, suspensão, cassação ou cancelamento.

§ 15. As sanções previstas neste artigo não prejudicam a exigência dos impostos incidentes, a aplicação de outras penalidades cabíveis e a representação fiscal para fins penais, quando for o caso.

Art. 77. Os arts. 1.º, 17, 36, 37, 50, 104, 107 e 169 do Decreto-lei n. 37, de 18 de novembro de 1966, passam a vigorar com as seguintes alterações:

•• Alterações já processadas no diploma modificado.

....

Art. 81. A redução da multa de lançamento de ofício prevista no art. 6.º da Lei n. 8.218, de 29 de agosto de 1991, não se aplica:

• O artigo citado, alterado pela Lei n. 11.941, de 27-5-2009, dispõe: "Art. 6.º Ao sujeito passivo que, notificado, efetuar o pagamento, a compensação ou o parcelamento dos tributos administrados pela Secretaria da Receita Federal do Brasil, inclusive das contribuições sociais previstas nas alíneas a, b e c do parágrafo único do art. 11 da Lei n. 8.212, de 24-7-1991, das contribuições instituídas a título de substituição e das contribuições devidas a terceiros, assim entendidas outras entidades e fundos, será concedida redução da multa de lançamento de ofício nos seguintes percentuais: I – 50% (cinquenta por cento), se for efetuado o pagamento ou a compensação no prazo de 30 (trinta) dias, contado da data em que o sujeito passivo foi notificado do lançamento; II - 40 (quarenta por cento), se o sujeito passivo requerer o parcelamento no prazo de 30 (trinta) dias, contado da data em que foi notificado do lançamento; III - 30% (trinta por cento), se for efetuado o pagamento ou a compensação no prazo de 30 (trinta) dias, contado da data em que o sujeito passivo foi notificado da decisão administrativa de primeira instância; e IV – 20% (vinte por cento), se o sujeito passivo requerer o parcelamento no prazo de 30 (trinta) dias, contado da data em que foi notificado da decisão administrativa de primeira instância".

I – às multas previstas nos arts. 70, 72 e 75 desta Lei;

II – às multas previstas no art. 107 do Decreto-lei n. 37, de 18 de novembro de 1966, com a redação dada pelo art. 77 desta Lei;

III – à multa prevista no § 3.º do art. 23 do Decreto-lei n. 1.455, de 7 de abril de 1976, com a redação dada pelo art. 59 da Lei n. 10.637, de 30 de dezembro de 2002;

IV – às multas previstas nos arts. 67 e 84 da Medida Provisória n. 2.158-35, de 24 de agosto de 2001;

• *Vide* nota ao art. 69 desta Lei.

V – à multa prevista no inciso I do art. 83 da Lei n. 4.502, de 30 de novembro de 1964, com a redação dada pelo art. 1.º do Decreto-lei n. 400, de 3 de dezembro de 1968; e

• Dispõe citado dispositivo: "Incorrem em multa igual ao valor comercial da mercadoria ou ao que lhe é atribuído na nota fiscal, respectivamente: I - os que entregarem a consumo, ou consumirem produto de procedência estrangeira introduzido clandestinamente no País ou importado irregular ou fraudulentamente ou que tenha entrado no estabelecimento, dele saído ou nele permanecido, desacompanhado da nota de importação ou da nota fiscal, conforme o caso;...".

VI – à multa prevista no art. 19 da Lei n. 9.779, de 19 de janeiro de 1999.

• Citado dispositivo consta neste volume.

Capítulo IV
DISPOSIÇÕES FINAIS

Art. 82. O art. 2.º da Lei n. 10.034, de 24 de outubro de 2000, passa vigorar com a seguinte redação:

"Art. 2.º Ficam acrescidos de 50% (cinquenta por cento) os percentuais referidos no art. 5.º da Lei n. 9.317, de 5 de dezembro de 1996, alterado pela Lei n. 9.732, de 11 de dezembro de 1998, em relação às atividades relacionadas nos incisos II a IV do art. 1.º desta Lei e às pessoas jurídicas que aufiram receita bruta decorrente da prestação de serviços em montante igual ou superior a 30% (trinta por cento) da receita bruta total.

Parágrafo único. O produto da arrecadação proporcionado pelo disposto no *caput* será destinado integralmente às contribuições de que trata a alínea *f* do § 1.º do art. 3.º da Lei n. 9.317, de 5 de dezembro de 1996".

•• Alteração prejudicada em face da revogação da Lei n. 9.317, de 5-12-1996, pela Lei Complementar n. 123, de 14-12-2006, constante neste volume.

Art. 83. O não cumprimento das obrigações previstas nos arts. 11 e 19 da Lei n. 9.311, de 24 de outubro de 1996, sujeita as cooperativas de crédito às multas de:

•• Apesar de não expressamente revogada, a Lei n. 9.311, de 24-10-2006, encontra-se sem aplicação, já que a contribuição instituída por ela, a CPMF, foi extinta pelo art. 90 do ADCT da CF.

I – R$ 5,00 (cinco reais) por grupo de 5 (cinco) informações inexatas, incompletas ou omitidas;

II – R$ 200,00 (duzentos reais) ao mês-calendário ou fração, independentemente da sanção prevista no inciso I, se o formulário ou outro meio de informação padronizado for apresentado fora do período determinado.

Parágrafo único. Apresentada a informação, fora de prazo, mas antes de qualquer procedimento de ofício, ou se, após a intimação, houver a apresentação dentro do prazo nesta fixado, as multas serão reduzidas à metade.

Art. 84. (*Revogado pela Lei n. 11.051, de 29-12-2004.*)

Art. 85. A Lei n. 10.753, de 31 de outubro de 2003, passa a vigorar com as seguintes alterações:

•• Citado diploma institui a Política Nacional do Livro.

"Art. 4.º É permitida a entrada no País de livros em língua estrangeira ou portuguesa, imunes de impostos nos termos do art. 150, inciso VI, alínea *d*, da Constituição, c, nos termos do regulamento, de tarifas alfandegárias prévias, sem prejuízo dos controles aduaneiros e de suas taxas".

"Art. 8.º As pessoas jurídicas que exerçam as atividades descritas nos incisos II a IV do art. 5.º poderão constituir provisão para perda de estoques, calculada no último dia de cada período de apuração do imposto de renda e da contribuição social sobre o lucro líquido, correspondente a 1/3 (um terço) do valor do estoque existente naquela data, na forma que dispuser o regulamento, inclusive em relação ao tratamento contábil e fiscal a ser dispensado às reversões dessa provisão."

• Citados dispositivos definem editor, distribuidor e livreiro.

"Art. 9.º A provisão referida no art. 8.º será dedutível para fins de determinação do lucro real e da base de cálculo da contribuição social sobre o lucro líquido."

....

Art. 87. Os §§ 2.º, 3.º e 4.º do art. 5.º da Lei n. 10.336, de 19 de dezembro de 2001, passam a vigorar com a seguinte redação:

•• Alterações já processadas no diploma modificado.

Art. 88. A Lei n. 10.336, de 19 de dezembro de 2001, fica acrescida do art. 8.º-A:

•• Alteração já processada no diploma modificado.

Art. 89. No prazo de 120 (cento e vinte) dias contados a partir da publicação desta Lei, o Poder Executivo encaminhará Projeto de Lei ao Congresso Nacional prevendo a substituição parcial da contribuição a cargo da empresa, destinada à Seguridade Social, incidente sobre a folha de salários e demais rendimentos do trabalho, prevista no art. 22 da Lei n. 8.212, de 24 de julho de 1991, em Contribuição Social incidente sobre a receita bruta, observado o princípio da não cumulatividade.

•• A Lei n. 10.999, de 15-12-2004, prorroga até 31-7-2005 o prazo de que trata este artigo.

• A Lei n. 8.212, de 24-7-1991, dispõe sobre a organização da seguridade social, institui plano de custeio, e dá outras providências.

Art. 90. (*Revogado pela Lei n. 11.051, de 29-12-2004.*)

Art. 91. Serão reduzidas a 0 (zero) as alíquotas da contribuição para o PIS/PASEP e da COFINS incidentes sobre a receita bruta decorrente da venda de álcool etílico hidratado carburante, realizada por distribuidor e revendedor varejista, desde que atendidas as condições estabelecidas pelo Poder Executivo.

Parágrafo único. A redução de alíquotas referidas no *caput* somente será aplicável a partir do mês subsequente ao da edição do decreto que estabeleça as condições requeridas.

Art. 92. A Secretaria da Receita Federal editará, no âmbito de sua competência, as normas necessárias à aplicação do disposto nesta Lei.

•• A Secretaria da Receita Federal passa a denominar-se Secretaria da Receita Federal do Brasil, por força da Lei n. 11.457, de 16-3-2007.

Art. 93. Esta Lei entra em vigor na data de sua publicação, produzindo efeitos, em relação:

I – aos arts. 1.º a 15 e 25, a partir de 1.º de fevereiro de 2004;

II – aos arts. 26, 27, 29, 30 e 34 desta Lei, a partir de 1.º de fevereiro de 2004;

III – ao art. 1.º da Lei n. 8.850, de 28 de janeiro de 1994, e ao inciso I do art. 52 da Lei n. 8.383, de 30 de dezembro de 1991, com a redação dada pelos arts. 42 e 43, a partir de 1.º de janeiro de 2004;

IV – aos arts. 49 a 51 e 53 a 58 desta Lei, a partir do 1.º dia do quarto mês subsequente ao de sua publicação;

V – ao art. 52 desta Lei, a partir do 1.º dia do segundo mês subsequente ao de publicação desta Lei;

VI – aos demais artigos, a partir da data da publicação desta Lei.

Art. 94. Ficam revogados:

I – as alíneas *a* dos incisos III e IV e o inciso V do art. 106, o art. 109 e o art. 137 do Decreto-lei n. 37, de 1966, este com a redação dada pelo art. 4.º do Decreto-lei n. 2.472, de 1988;

II – o art. 7.º do Decreto-lei n. 1.578, de 11 de outubro de 1977;

III – o inciso II do art. 77 da Lei n. 8.981, de 20 de janeiro de 1995;

IV – o art. 75 da Lei n. 9.532, de 10 de dezembro de 1997;

V – os §§ 5.º e 6.º do art. 5.º da Lei n. 10.336, de 28 de dezembro de 2001; e

VI – o art. 6.º da Lei n. 10.637, de 30 de dezembro de 2002, a partir da data de início dos efeitos desta Lei.

Brasília, 29 de dezembro de 2003; 182.º da Independência e 115.º da República.

LUIZ INÁCIO LULA DA SILVA

ANEXO ÚNICO

(*Revogado pela Lei n. 10.925, de 23-7-2004.*)

LEI N. 10.865, DE 30 DE ABRIL DE 2004 (*)

Dispõe sobre a Contribuição para os Programas de Integração Social e de Formação do Patrimônio do Servidor Público e a Contribuição para o Financiamento da Seguridade Social incidentes sobre a importação de bens e serviços e dá outras providências.

O Presidente da República

Faço saber que o Congresso Nacional decreta e eu sanciono a seguinte Lei:

Capítulo I
DA INCIDÊNCIA

Art. 1.º Ficam instituídas a Contribuição para os Programas de Integração Social e de Formação do Patrimônio do Servidor Público incidente na Importação de Produtos Estrangeiros ou Serviços - PIS/PASEP-Importação e a Contribuição Social para o Financiamento da Seguridade Social devida pelo Importador de Bens Estrangeiros ou Serviços do Exterior - COFINS-Importação, com base nos arts. 149, § 2.º, II, e 195, IV, da Constituição Federal, observado o disposto no seu art. 195, § 6.º.

§ 1.º Os serviços a que se refere o *caput* deste artigo são os provenientes do exterior prestados por pessoa física ou pessoa jurídica residente ou domiciliada no exterior, nas seguintes hipóteses:

I – executados no País; ou

II – executados no exterior, cujo resultado se verifique no País.

§ 2.º Consideram-se também estrangeiros:

I – bens nacionais ou nacionalizados exportados, que retornem ao País, salvo se:

a) enviados em consignação e não vendidos no prazo autorizado;

b) devolvidos por motivo de defeito técnico para reparo ou para substituição;

c) por motivo de modificações na sistemática de importação por parte do país importador;

d) por motivo de guerra ou de calamidade pública; ou

e) por outros fatores alheios à vontade do exportador;

II – os equipamentos, as máquinas, os veículos, os aparelhos e os instrumentos, bem como as partes, as peças, os acessórios e os componentes, de fabricação nacional, adquiridos no mercado interno pelas empresas nacionais de engenharia e exportados para a execução de obras contratadas no exterior, na hipótese de retornarem ao País.

Art. 2.º As contribuições instituídas no art. 1.º desta Lei não incidem sobre:

I – bens estrangeiros que, corretamente descritos nos documentos de transporte, chegarem ao País por erro inequívoco ou comprovado de expedição e que forem redestinados ou devolvidos para o exterior;

II – bens estrangeiros idênticos, em igual quantidade e valor, e que se destinem à reposição de outros anteriormente importados que se tenham revelado, após o desembaraço aduaneiro, defeituosos ou imprestáveis para o fim a que se destinavam, observada a regulamentação do Ministério da Fazenda;

III – bens estrangeiros que tenham sido objeto de pena de perdimento, exceto nas hipóteses em que não sejam localizados, tenham sido consumidos ou revendidos;

IV – bens estrangeiros devolvidos para o exterior antes do registro da declaração de importação, observada a regulamentação do Ministério da Fazenda;

V – pescado capturado fora das águas territoriais do País por empresa localizada no seu território, desde que satisfeitas as exigências que regulam a atividade pesqueira;

VI – bens aos quais tenha sido aplicado o regime de exportação temporária;

VII – bens ou serviços importados pelas entidades beneficentes de assistência social, nos termos do § 7.º do art. 195 da Constituição Federal, observado o disposto no art. 10 desta Lei;

VIII – bens em trânsito aduaneiro de passagem, acidentalmente destruídos;

IX – bens avariados ou que se revelem imprestáveis para os fins a que se destinavam, desde que destruídos, sob controle aduaneiro, antes de despachados para consumo, sem ônus para a Fazenda Nacional; e

X – o custo do transporte internacional e de outros serviços, que tiverem sido computados no valor aduaneiro que serviu de base de cálculo da contribuição;

XI – valor pago, creditado, entregue, empregado ou remetido à pessoa física ou jurídica a título de remuneração de serviços vinculados aos processos de avaliação da conformidade, metrologia, normalização, inspeção sanitária e fitossanitária, homologação, registros e outros procedimentos exigidos pelo país importador sob o resguardo dos acordos sobre medidas sanitárias e fitossanitárias (SPS) e sobre barreiras técnicas ao comércio (TBT), ambos do âmbito da Organização Mundial do Comércio (OMC).

•• Inciso XI acrescentado pela Lei n. 12.249, de 11-6-2010.

Parágrafo único. O disposto no inciso XI não se aplica à remuneração de serviços prestados por pessoa física ou jurídica residente ou domiciliada em país ou dependência com tributação favorecida ou beneficiada por regime fiscal privilegiado, de que tratam os arts. 24 e 24-A da Lei n. 9.430, de 27 de dezembro de 1996.

(*) Publicada no *DOU*, de 30-4-2004, edição extra. Apuração, cobrança, fiscalização, arrecadação e administração da contribuição para o PIS/Pasep-Importação e da Cofins-Importação: Instrução Normativa n. 1.911, de 11-10-2019, da SRFB.

•• Parágrafo único acrescentado pela Lei n. 12.249, de 11-6-2010.

Capítulo II
DO FATO GERADOR

Art. 3.º O fato gerador será:

I – a entrada de bens estrangeiros no território nacional; ou

II – o pagamento, o crédito, a entrega, o emprego ou a remessa de valores a residentes ou domiciliados no exterior como contraprestação por serviço prestado.

§ 1.º Para efeito do inciso I do *caput* deste artigo, consideram-se entrados no território nacional os bens que constem como tendo sido importados e cujo extravio venha a ser apurado pela administração aduaneira.

§ 2.º O disposto no § 1.º deste artigo não se aplica:

I – às malas e às remessas postais internacionais; e

II – à mercadoria importada a granel que, por sua natureza ou condições de manuseio na descarga, esteja sujeita a quebra ou a decréscimo, desde que o extravio não seja superior a 1% (um por cento).

§ 3.º Na hipótese de ocorrer quebra ou decréscimo em percentual superior ao fixado no inciso II do § 2.º deste artigo, serão exigidas as contribuições somente em relação ao que exceder a 1% (um por cento).

Art. 4.º Para efeito de cálculo das contribuições, considera-se ocorrido o fato gerador:

I – na data do registro da declaração de importação de bens submetidos a despacho para consumo;

II – no dia do lançamento do correspondente crédito tributário, quando se tratar de bens constantes de manifesto ou de outras declarações de efeito equivalente, cujo extravio ou avaria for apurado pela autoridade aduaneira;

III – na data do vencimento do prazo de permanência dos bens em recinto alfandegado, se iniciado o respectivo despacho aduaneiro antes de aplicada a pena de perdimento, na situação prevista pelo art. 18 da Lei n. 9.779, de 19 de janeiro de 1999;

IV – na data do pagamento, do crédito, da entrega, do emprego ou da remessa de valores na hipótese de que trata o inciso II do *caput* do art. 3.º desta Lei.

Parágrafo único. O disposto no inciso I do *caput* deste artigo aplica-se, inclusive, no caso de despacho para consumo de bens importados sob regime suspensivo de tributação do imposto de importação.

Capítulo III
DO SUJEITO PASSIVO

Art. 5.º São contribuintes:

I – o importador, assim considerada a pessoa física ou jurídica que promova a entrada de bens estrangeiros no território nacional;

II – a pessoa física ou jurídica contratante de serviços de residente ou domiciliado no exterior; e

III – o beneficiário do serviço, na hipótese em que o contratante também seja residente ou domiciliado no exterior.

Parágrafo único. Equiparam-se ao importador o destinatário de remessa postal internacional indicado pelo respectivo remetente e o adquirente de mercadoria entrepostada.

Art. 6.º São responsáveis solidários:

I – o adquirente de bens estrangeiros, no caso de importação realizada por sua conta e ordem, por intermédio de pessoa jurídica importadora;

II – o transportador, quando transportar bens procedentes do exterior ou sob controle aduaneiro, inclusive em percurso interno;

III – o representante, no País, do transportador estrangeiro;

IV – o depositário, assim considerado qualquer pessoa incumbida da custódia de bem sob controle aduaneiro; e

V – o expedidor, o operador de transporte multimodal ou qualquer subcontratado para a realização do transporte multimodal.

Capítulo IV
DA BASE DE CÁLCULO

Art. 7.º A base de cálculo será:

I – o valor aduaneiro, na hipótese do inciso I do *caput* do art. 3.º desta Lei; ou

•• Inciso I com redação determinada pela Lei n. 12.865, de 9-10-2013.

II – o valor pago, creditado, entregue, empregado ou remetido para o exterior, antes da retenção do imposto de renda, acrescido do Imposto sobre Serviços de qualquer Natureza – ISS e do valor das próprias contribuições, na hipótese do inciso II do *caput* do art. 3.º desta Lei.

§ 1.º A base de cálculo das contribuições incidentes sobre prêmios de resseguro cedidos ao exterior é de 15% (quinze por cento) do valor pago, creditado, entregue, empregado ou remetido.

•• § 1.º com redação determinada pela Lei n. 12.249, de 11-6-2010.

§ 2.º O disposto no § 1.º deste artigo aplica-se aos prêmios de seguros não enquadrados no disposto no inciso X do art. 2.º desta Lei.

....

Capítulo V
DAS ALÍQUOTAS

Art. 8.º As contribuições serão calculadas mediante aplicação, sobre a base de cálculo de que trata o art. 7.º desta Lei, das alíquotas:

•• *Caput* com redação determinada pela Lei n. 13.137, de 19-6-2015, em vigor no primeiro dia do quarto mês subsequente ao da publicação da Medida Provisória n. 668, de 30-1-2015 (*DOU* de 30-1-2015).

I – na hipótese do inciso I do *caput* do art. 3.º, de:

•• Inciso I, *caput*, com redação determinada pela Lei n. 13.137, de 19-6-2015, em vigor no primeiro dia do quarto mês subsequente ao da publicação da Medida Provisória n. 668, de 30-1-2015 (*DOU* de 30-1-2015).

a) 2,1% (dois inteiros e um décimo por cento), para a Contribuição para o PIS/Pasep-Importação; e

•• Alínea *a* acrescentada pela Lei n. 13.137, de 19-6-2015, em vigor no primeiro dia do quarto mês subsequente ao da publicação da Medida Provisória n. 668, de 30-1-2015 (*DOU* de 30-1-2015).

b) 9,65% (nove inteiros e sessenta e cinco centésimos por cento), para a Cofins-Importação; e

•• Alínea *b* acrescentada pela Lei n. 13.137, de 19-6-2015, em vigor no primeiro dia do quarto mês subsequente ao da publicação da Medida Provisória n. 668, de 30-1-2015 (*DOU* de 30-1-2015).

II – na hipótese do inciso II do *caput* do art. 3.º, de:

•• Inciso II, *caput*, com redação determinada pela Lei n. 13.137, de 19-6-2015, em vigor no primeiro dia do quarto mês subsequente ao da publicação da Medida Provisória n. 668, de 30-1-2015 (*DOU* de 30-1-2015).

a) 1,65% (um inteiro e sessenta e cinco centésimos por cento), para a Contribuição para o PIS/Pasep-Importação; e

•• Alínea *a* acrescentada pela Lei n. 13.137, de 19-6-2015, em vigor no primeiro dia do quarto mês subsequente ao da publicação da Medida Provisória n. 668, de 30-1-2015 (*DOU* de 30-1-2015).

b) 7,6% (sete inteiros e seis décimos por cento), para a Cofins-Importação.

•• Alínea *b* acrescentada pela Lei n. 13.137, de 19-6-2015, em vigor no primeiro dia do quarto mês subsequente ao da publicação da Medida Provisória n. 668, de 30-1-2015 (*DOU* de 30-1-2015).

....

§ 8.º A importação de gasolinas e suas correntes, exceto de aviação e óleo diesel e suas correntes, gás liquefeito de petróleo (GLP) derivado de petróleo e gás natural e querosene de aviação fica sujeita à incidência da contribuição para o PIS/PASEP e da COFINS, fixadas por unidade de volume do produto, às alíquotas previstas no art. 23 desta Lei, independentemente de o importador haver optado pelo regime especial de apuração e pagamento ali referido.

....

§ 12. Ficam reduzidas a 0 (zero) as alíquotas das contribuições, nas hipóteses de importação de:

•• § 12 regulamentado pelo Decreto n. 5.171, de 6-8-2004.

....

III – papel destinado à impressão de jornais, pelo prazo de 4 (quatro) anos a contar da data de vigência desta Lei, ou até que a produção nacional atenda 80% (oitenta por cento) do consumo interno;

•• A Lei n. 12.649, de 17-5-2012, prorroga os prazos previstos neste inciso até 30-4-2016.

•• *Vide* art. 18 da Lei n. 11.727, de 23-6-2008.

....

XII – livros, conforme definido no art. 2.º da Lei n. 10.753, de 30 de outubro de 2003.

•• Inciso XII com redação determinada pela Lei n. 11.033, de 21-12-2004.

• A Lei n. 10.753, de 30-10-2003, institui a Política Nacional do Livro.

....

§ 14. Ficam reduzidas a 0 (zero) as alíquotas das contribuições incidentes sobre o valor pago, creditado, entregue, empregado ou remetido à pessoa física ou jurídica residente ou domiciliada no exterior, referente a aluguéis e contraprestações de arrendamento mercantil de máquinas e equipamentos, embarcações e aeronaves utilizados na atividade da empresa.

•• § 14 acrescentado pela Lei n. 10.925, de 23-7-2004.

....

§ 17. O disposto no § 14 deste artigo não se aplica aos valores pagos, creditados, entregues, empregados ou remetidos, por fonte situada no País, à pessoa física ou jurídica residente ou domiciliada no exterior, em decorrência da prestação de serviços de frete, afretamento, arrendamento ou aluguel de embarcações marítimas ou fluviais destinadas ao transporte de pessoas para fins turísticos.

•• § 17 acrescentado pela Lei n. 11.727, de 23-6-2008.

•• *Vide* art. 41, II, da Lei n. 11.727, de 23-6-2008.

§ 18. O disposto no § 17 deste artigo aplicar-se-á também à hipótese de contratação ou utilização da embarcação em atividade mista de transporte de cargas e de pessoas para fins turísticos, independentemente da preponderância da atividade.

•• § 18 acrescentado pela Lei n. 11.727, de 23-6-2008.

•• *Vide* art. 41, II, da Lei n. 11.727, de 23-6-2008.

....

Capítulo VI
DA ISENÇÃO

Art. 9.º São isentas das contribuições de que trata o art. 1.º desta Lei:

I – as importações realizadas:

a) pela União, Estados, Distrito Federal e Municípios, suas autarquias e fundações instituídas e mantidas pelo poder público;

b) pelas Missões Diplomáticas e Repartições Consulares de caráter permanente e pelos respectivos integrantes;

c) pelas representações de organismos internacionais de caráter permanente, inclusive os de âmbito regional, dos quais o Brasil seja membro, e pelos respectivos integrantes;

II – as hipóteses de:

a) amostras e remessas postais internacionais, sem valor comercial;

b) remessas postais e encomendas aéreas internacionais, destinadas a pessoa física;

c) bagagem de viajantes procedentes do exterior e bens importados a que se apliquem os regimes de tributação simplificada ou especial;

d) bens adquiridos em loja franca no País;

e) bens trazidos do exterior, no comércio característico das cidades situadas nas fronteiras terrestres, destinados à subsistência da unidade familiar de residentes nas cidades fronteiriças brasileiras;

f) bens importados sob o regime aduaneiro especial de *drawback*, na modalidade de isenção;

....

h) máquinas, equipamentos, aparelhos e instrumentos, e suas partes e peças de reposição, acessórios, matérias-primas e produtos intermediários, importados por instituições científicas e tecnológicas e por cientistas e pesquisadores, conforme o disposto na Lei n. 8.010, de 29 de março de 1990.

III – (*Vetado.*)

•• Inciso III acrescentado pela Lei n. 10.925, de 23-7-2004.

§ 1.º As isenções de que tratam os incisos I e II deste artigo somente serão concedidas se satisfeitos os requisitos e condições exigidos para o reconhecimento de isenção do Imposto sobre Produtos Industrializados – IPI.

•• § 1.º acrescentado pela Lei n. 10.925, de 23-7-2004.

• O Ato Declaratório Interpretativo n. 21, de 28-7-2004, da Secretaria da Receita Federal, dispõe que o direito às isenções de que trata este artigo somente será reconhecido se satisfeitos os requisitos e condições estabelecidos para fruição de benefício análogo em relação ao Imposto sobre Produtos Industrializados (IPI) vinculado à importação, seguindo-se as mesmas regras estabelecidas nos incisos I e II do art. 3.º da Lei n. 8.032, de 12-4-1990.

§ 2.º (*Vetado.*)

•• § 2.º acrescentado pela Lei n. 10.925, de 23-7-2004.

Art. 10. Quando a isenção for vinculada à qualidade do importador, a transferência de propriedade ou a cessão de uso dos bens, a qualquer título, obriga ao prévio pagamento das contribuições de que trata esta Lei.

Parágrafo único. O disposto no *caput* deste artigo não se aplica aos bens transferidos ou cedidos:

I – a pessoa ou a entidade que goze de igual tratamento tributário, mediante prévia decisão da autoridade administrativa da Secretaria da Receita Federal;

•• A Secretaria da Receita Federal passa a denominar-se Secretaria da Receita Federal do Brasil, por força da Lei n. 11.457, de 16-3-2007.

II – após o decurso do prazo de 3 (três) anos, contado da data do registro da declaração de importação; e

III – a entidades beneficentes, reconhecidas como de utilidade pública, para serem vendidos em feiras, bazares e eventos semelhantes, desde que recebidos em doação de representações diplomáticas estrangeiras sediadas no País.

Art. 11. A isenção das contribuições, quando vinculada à destinação dos bens, ficará condicionada à comprovação posterior do seu efetivo emprego nas finalidades que motivaram a concessão.

Art. 12. Desde que mantidas as finalidades que motivaram a concessão e mediante prévia decisão da autoridade administrativa da Secretaria da Receita Federal, poderá ser transferida a propriedade ou cedido o uso dos bens antes de decorrido o prazo de 3 (três) anos a que se refere o inciso II do parágrafo único do art. 10 desta Lei, contado da data do registro da correspondente declaração de importação.

•• *Vide* nota ao art. 10, parágrafo único, I, desta Lei.

Capítulo VII
DO PRAZO DE RECOLHIMENTO

Art. 13. As contribuições de que trata o art. 1.º desta Lei serão pagas:

I – na data do registro da declaração de importação, na hipótese do inciso I do *caput* do art. 3.º desta Lei;

II – na data do pagamento, crédito, entrega, emprego ou remessa, na hipótese do inciso II do *caput* do art. 3.º desta Lei;

III – na data do vencimento do prazo de permanência do bem no recinto alfandegado, na hipótese do inciso III do *caput* do art. 4.º desta Lei.

Capítulo VIII
DOS REGIMES ADUANEIROS ESPECIAIS

Art. 14. As normas relativas à suspensão do pagamento do imposto de importação ou do IPI vinculado à importação, relativas aos regimes aduaneiros especiais, aplicam-se também às contribuições de que trata o art. 1.º desta Lei.

§ 1.º O disposto no *caput* deste artigo aplica-se também às importações, efetuadas por empresas localizadas na Zona Franca de Manaus, de bens a serem empregados na elaboração de matérias-primas, produtos intermediários e materiais de embalagem destinados a emprego em processo de industrialização por estabelecimentos ali instalados, consoante projeto aprovado pelo Conselho de Administração da Superintendência da Zona Franca de Manaus – SUFRAMA, de que trata o art. 5.º-A da Lei n. 10.637, de 30 de dezembro de 2002.

•• *Vide* art. 5.º da Lei n. 10.996, de 15-12-2004.

§ 2.º A Secretaria da Receita Federal estabelecerá os requisitos necessários para a suspensão de que trata o § 1.º deste artigo.

•• *Vide* nota ao art. 10, parágrafo único, I, desta Lei.

Art. 14-A. Fica suspensa a exigência das contribuições de que trata o art. 1.º desta Lei nas importações efetuadas por empresas localizadas na Zona Franca de Manaus de matérias-primas, produtos intermediários e materiais de embalagem para emprego em processo de industrialização por estabelecimentos industriais instalados na Zona Franca de Manaus e consoante projetos aprovados pelo Conselho de Administração da Superintendência da Zona Franca de Manaus – SUFRAMA.

•• Artigo acrescentado pela Lei n. 10.925, de 23-7-2004.

•• *Vide* art. 5.º da Lei n. 10.996, de 15-12-2004.

Capítulo IX
DO CRÉDITO

Art. 15. As pessoas jurídicas sujeitas à apuração da contribuição para o PIS/PASEP e da COFINS, nos termos dos arts. 2.º e 3.º das Leis n. 10.637, de 30 de dezembro de 2002, e 10.833, de 29 de dezembro de 2003, poderão descontar crédito, para fins de determinação dessas contribuições, em relação às importações sujeitas ao pagamento das contribuições de que trata o art. 1.º desta Lei, nas seguintes hipóteses:

I – bens adquiridos para revenda;

II – bens e serviços utilizados como insumo na prestação de serviços e na produção ou fabricação de bens ou produtos destinados à venda, inclusive combustível e lubrificantes;

III – energia elétrica consumida nos estabelecimentos da pessoa jurídica;

IV – aluguéis e contraprestações de arrendamento mercantil de prédios, máquinas e equipamentos, embarcações e aeronaves, utilizados na atividade da empresa;

V – máquinas, equipamentos e outros bens incorporados ao ativo imobilizado, adquiridos para locação a terceiros ou para utilização na produção de bens destinados à venda ou na prestação de serviços.

•• Inciso V com redação determinada pela Lei n. 11.196, de 21-11-2005.

•• *Vide* art. 132, III, b, da Lei n. 11.196, de 21-11-2005.

• A Lei n. 11.529, de 22-10-2007, dispõe sobre os créditos da Contribuição para o PIS/PASEP e da COFINS, de que trata este inciso.

§ 1.º O direito ao crédito de que trata este artigo e o art. 17 desta Lei aplica-se em relação às contribuições efetivamente pagas na importação de bens e serviços a partir da produção dos efeitos desta Lei.

§ 1.º-A. O valor da Cofins-Importação pago em decorrência do adicional de alíquota de que trata o § 21 do art. 8.º não gera direito ao desconto do crédito de que trata o *caput*.

•• § 1.º-A acrescentado pela Lei n. 13.137, de 19-6-2015, de 19-6-2015, em vigor no primeiro dia do quarto mês subsequente ao da publicação da Medida Provisória n. 668, de 30-1-2015 (*DOU* de 30-1-2015).

§ 2.º O crédito não aproveitado em determinado mês poderá sê-lo nos meses subsequentes.

§ 3.º O crédito de que trata o *caput* será apurado mediante a aplicação das alíquotas previstas no art. 8.º sobre o valor que serviu de base de cálculo das contribuições, na forma do art. 7.º, acrescido do valor do IPI vinculado à importação, quando integrante do custo de aquisição.

•• § 3.º com redação determinada pela Lei n. 13.137, de 19-6-2015, em vigor no primeiro dia do quarto mês subsequente ao da publicação da Medida Provisória n. 668, de 30-1-2015 (*DOU* de 30-1-2015).

§ 4.º Na hipótese do inciso V do *caput* deste artigo, o crédito será determinado mediante a aplicação das alíquotas referidas no § 3.º deste artigo sobre o valor da depreciação ou amortização contabilizada a cada mês.

§ 5.º Para os efeitos deste artigo, aplicam-se, no que couber, as disposições dos §§ 7.º e 9.º do art. 3.º das Leis n. 10.637, de 30 de dezembro de 2002, e 10.833, de 29 de dezembro de 2003.

§ 6.º O disposto no inciso II do *caput* deste artigo alcança os direitos autorais pagos pela indústria fonográfica desde que esses direitos tenham se sujeitado ao pagamento das contribuições de que trata esta Lei.

§ 7.º Opcionalmente, o contribuinte poderá descontar o crédito de que trata o § 4.º deste artigo, relativo à importação de máquinas e equipamentos destinados ao ativo imobilizado, no prazo de 4 (quatro) anos, mediante a aplicação, a cada mês, das alíquotas referidas no § 3.º deste artigo sobre o valor correspondente a 1/48 (um quarenta e oito avos) do valor de aquisição do bem, de acordo com regulamentação da Secretaria da Receita Federal.

•• A Secretaria da Receita Federal passa a denominar-se Secretaria da Receita Federal do Brasil, por força da Lei n. 11.457, de 16-3-2007.

....

§§ 11 e 12. (*Revogados pela Lei n. 13.097, de 19-1-2015.*)

§ 13. No cálculo do crédito de que trata o inciso V do *caput*:

•• § 13, *caput*, acrescentado pela Lei n. 12.973, de 13-5-2014.

I – os valores decorrentes do ajuste a valor presente de que trata o inciso III do *caput* do art. 184 da Lei n. 6.404, de 15 de dezembro de 1976, poderão ser considerados como parte integrante do custo ou valor de aquisição; e

•• Inciso I acrescentado pela Lei n. 12.973, de 13-5-2014.

II – não serão computados os ganhos e perdas decorrentes de avaliação de ativo com base no valor justo.

•• Inciso II acrescentado pela Lei n. 12.973, de 13-5-2014.

§ 14. O disposto no inciso V do *caput* não se aplica no caso de bem objeto de arrendamento mercantil, na pessoa jurídica arrendatária.

•• § 14 acrescentado pela Lei n. 12.973, de 13-5-2014.

Art. 16. É vedada a utilização do crédito de que trata o art. 15 desta Lei nas hipóteses referidas nos incisos III e IV do § 3.º do art. 1.º e no art. 8.º da Lei n. 10.637, de 30 de dezembro de 2002, e nos incisos III e IV do § 3.º do art. 1.º e no art. 10 da Lei n. 10.833, de 29 de dezembro de 2003.

§ 1.º Gera direito aos créditos de que tratam os arts. 15 e 17 desta Lei a importação efetuada com isenção, exceto na hipótese de os produtos serem revendidos ou utilizados como insumo em produtos sujeitos à alíquota zero, isentos ou não alcançados pela contribuição.

•• § 1.º com redação determinada pela Lei n. 11.945, de 4-6-2009.

§ 2.º A importação efetuada na forma da alínea *f* do inciso II do art. 9.º desta Lei não dará direito a crédito, em qualquer caso.

•• § 2.º acrescentado pela Lei n. 11.945, de 4-6-2009.

....

Capítulo X
DO LANÇAMENTO DE OFÍCIO

Art. 19. Nos casos de lançamentos de ofício, serão aplicadas, no que couber, as disposições dos arts. 43 e 44 da Lei n. 9.430, de 27 de dezembro de 1996.

Capítulo XI
DA ADMINISTRAÇÃO DO TRIBUTO

Art. 20. Compete à Secretaria da Receita Federal a administração e a fiscalização das contribuições de que trata esta Lei.

•• A Secretaria da Receita Federal passa a denominar-se Secretaria da Receita Federal do Brasil, por força da Lei n. 11.457, de 16-3-2007.

§ 1.º As contribuições sujeitam-se às normas relativas ao processo administrativo fiscal de determinação e exigência do crédito tributário e de consulta de que trata o Decreto n. 70.235, de 6 de março de 1972, bem como, no que couber, às disposições da legislação do imposto de renda, do imposto de importação, especialmente quanto à valoração aduaneira, e da contribuição para o PIS/PASEP e da COFINS.

§ 2.º A Secretaria da Receita Federal editará, no âmbito de sua competência, as normas necessárias à aplicação do disposto nesta Lei.

Capítulo XII
DISPOSIÇÕES GERAIS

Art. 21. Os arts. 1.º, 2.º, 3.º, 6.º, 10, 12, 15, 25, 27, 32, 34, 49, 50, 51, 52, 53, 56 e 90 da Lei n. 10.833, de 29 de dezembro de 2003, passam a vigorar com a seguinte redação:

•• Alterações já processadas no diploma modificado.

Art. 22. Os dispositivos legais a seguir passam a vigorar com a seguinte redação:

I – art. 4.º da Lei n. 9.718, de 27 de novembro de 1998:

•• Alterações já processadas no diploma modificado.

....

Art. 23. O importador ou fabricante dos produtos referidos nos incisos I a III do art. 4.º da Lei n. 9.718, de 27 de novembro de 1998, e no art. 2.º da Lei n. 10.560, de 13 de novembro de 2002, poderá optar por regime especial de apuração e pagamento da contribuição para o PIS/PASEP e da COFINS, no qual os valores das contribuições são fixados, respectivamente, em:

• A Instrução Normativa n. 876, de 18-9-2008, da Secretaria da Receita Federal, aprova o aplicativo de opção pelo regime especial de apuração e pagamento da contribuição para o PIS/PASEP e da COFINS incidentes sobre combustíveis e bebidas (Recob), de que trata este artigo.

I – R$ 141,10 (cento e quarenta e um reais e dez centavos) e R$ 651,40 (seiscentos e cinquenta e um reais e quarenta centavos), por metro cúbico de gasolinas e suas correntes, exceto gasolina de aviação;

II – R$ 82,20 (oitenta e dois reais e vinte centavos) e R$ 379,30 (trezentos e setenta e nove reais e trinta centavos), por metro cúbico de óleo diesel e suas correntes;

III – R$ 119,40 (cento e dezenove reais e quarenta centavos) e R$ 551,40 (quinhentos e cinquenta e um reais e quarenta centavos), por tonelada de gás liquefeito de petróleo – GLP, derivado de petróleo e de gás natural;

•• Inciso III com redação determinada pela Lei n. 11.051, de 29-12-2004.

IV – R$ 48,90 (quarenta e oito reais e noventa centavos) e R$ 225,50 (duzentos e vinte e cinco reais e cinquenta centavos), por metro cúbico de querosene de aviação.

§ 1.º A opção prevista neste artigo será exercida, segundo normas e condições estabelecidas pela Secretaria da Receita Federal, até o último dia útil do mês de novembro de cada ano-calendário, produzindo efeitos, de forma irretratável, durante todo o ano-calendário subsequente ao da opção.

§ 2.º Excepcionalmente para o ano-calendário de 2004, a opção poderá ser exercida até o último dia útil do mês de maio, produzindo efeitos, de forma irretratável, a partir do dia 1.º de maio.

§ 3.º No caso da opção efetuada nos termos dos §§ 1.º e 2.º deste artigo, a Secretaria da Receita Federal divulgará o nome da pessoa jurídica optante e a data de início da opção.

•• *Vide* nota ao art. 20, *caput*, desta Lei.

§ 4.º A opção a que se refere este artigo será automaticamente prorrogada para o ano-calendário seguinte, salvo se a pessoa jurídica dela desistir, nos termos e condições estabelecidos pela Secretaria da Receita Federal, até o último dia útil do mês de outubro do ano-calendário, hipótese em que a produção de efeitos se dará a partir do dia 1.º de janeiro do ano-calendário subsequente.

§ 5.º Fica o Poder Executivo autorizado a fixar coeficientes para redução das alíquotas previstas neste artigo, os quais poderão ser alterados, para mais ou para menos, ou extintos, em relação aos produtos ou sua utilização, a qualquer tempo.

• O Decreto n. 5.059, de 30-4-2004, reduz as alíquotas para o PIS/PASEP e da COFINS incidentes sobre a importação e a comercialização de gasolina, óleo diesel, gás liquefeito de petróleo (GLP) e querosene de aviação.

Art. 24. O inciso III do § 2.º do art. 8.º da Lei n. 10.426, de 24 de abril de 2002, passa a vigorar com a seguinte redação:

•• Alteração já processada no diploma modificado.

Art. 25. O disposto no art. 9.º da Medida Provisória n. 2.159-70, de 24 de agosto de 2001, aplica-se, também, relativamente aos fatos geradores ocorridos a partir de 1.º de abril de 2004, às remessas para o exterior vinculadas ao pagamento de despesas relacionadas com a promoção de destinos turísticos brasileiros.

Parágrafo único. Para os fins do disposto no *caput* deste artigo, entende-se por despesas vinculadas à promoção de destinos turísticos brasileiros aquelas decorrentes de pesquisa de mercado, participação em exposições, feiras e eventos semelhantes, inclusive aluguéis e arrendamentos de estandes e locais de exposição.

Art. 26. (*Revogado pela Lei n. 10.925, de 23-7-2004.*)

Art. 27. O Poder Executivo poderá autorizar o desconto de crédito nos percentuais que estabelecer e para os fins referidos no art. 3.º das Leis n. 10.637, de 30 de dezembro de 2002, e 10.833, de 29 de dezembro de 2003, relativamente às despesas financeiras decorrentes de empréstimos e financiamentos, inclusive pagos ou creditados a residentes ou domiciliados no exterior.

§ 1.º Poderão ser estabelecidos percentuais diferenciados no caso de pagamentos ou créditos a residentes ou domiciliados em país com tributação favorecida ou com sigilo societário.

§ 2.º O Poder Executivo poderá, também, reduzir e restabelecer, até os percentuais de que tratam os incisos I e II do *caput* do art. 8.º desta Lei, as alíquotas da contribuição para o PIS/PASEP e da COFINS incidentes sobre as receitas financeiras auferidas pelas pessoas jurídicas sujeitas ao regime de não cumulatividade das referidas contribuições, nas hipóteses que fixar.

• O Decreto n. 8.426, de 1.º-4-2015, restabelece as alíquotas da contribuição para o PIS/PASEP e da COFINS incidentes sobre receitas financeiras auferidas pelas pessoas jurídicas sujeitas ao regime de apuração não cumulativa das referidas contribuições.

§ 3.º O disposto no § 2.º não se aplica aos valores decorrentes do ajuste a valor presente de que trata o inciso VIII do *caput* do art. 183 da Lei n. 6.404, de 15 de dezembro de 1976.

•• § 3.º acrescentado pela Lei n. 12.973, de 13-5-2014.

....

Art. 29. As disposições do art. 3.º da Lei Complementar n. 70, de 30 de dezembro de 1991, do art. 5.º da Lei n. 9.715, de 25 de novembro de 1998, e do art. 53 da Lei n. 9.532, de 10 de dezembro de 1997, alcançam também o comerciante atacadista.

Art. 30. Considera-se aquisição, para fins do desconto do crédito previsto nos arts. 3.º das Leis n. 10.637, de 30 de dezembro de 2002, e 10.833, de 29 de dezembro de 2003, a versão de bens e direitos neles referidos, em decorrência de fusão, incorporação e cisão de pessoa jurídica domiciliada no País.

§ 1.º O disposto neste artigo aplica-se somente nas hipóteses em que fosse admitido o desconto do crédito pela pessoa jurídica fusionada, incorporada ou cindida.

§ 2.º Aplica-se o disposto neste artigo a partir da data de produção de efeitos do art. 3.º das Leis n. 10.637, de 30 de dezembro de 2002, e 10.833, de 29 de dezembro de 2003, conforme o caso.

Art. 31. É vedado, a partir do último dia do terceiro mês subsequente ao da publicação desta Lei, o desconto de créditos apurados na forma do inciso III do § 1.º do art. 3.º das Leis n. 10.637, de 30 de dezembro de 2002, e 10.833, de 29 de dezembro de 2003, relativos à depreciação ou amortização de bens e direitos de ativos imobilizados adquiridos até 30 de abril de 2004.

§ 1.º Poderão ser aproveitados os créditos referidos no inciso III do § 1.º do art. 3.º das Leis n. 10.637, de 30 de dezembro de 2002, e 10.833, de 29 de dezembro de 2003, apurados sobre a depreciação ou amortização de bens e direitos de ativo imobilizado adquiridos a partir de 1.º de maio.

§ 2.º O direito ao desconto de créditos de que trata o § 1.º deste artigo não se aplica ao valor decorrente da reavaliação de bens e direitos do ativo permanente.

§ 3.º É também vedado, a partir da data a que se refere o *caput*, o crédito relativo a aluguel e contraprestação de arrendamento mercantil de bens que já tenham integrado o patrimônio da pessoa jurídica.

Art. 32. O art. 41 da Lei n. 8.981, de 20 de janeiro de 1995, passa a vigorar com a seguinte redação:

•• Alteração já processada no diploma modificado.

Art. 33. O art. 5.º da Lei n. 9.826, de 23 de agosto de 1999, com a redação dada pela Lei n. 10.485, de 3 de julho de 2002, passa a vigorar com a seguinte redação:

•• Alteração já processada no diploma modificado.

....

Art. 37. Os arts. 1.º, 2.º, 3.º, 5.º, 5.º-A e 11 da Lei n. 10.637, de 30 de dezembro de 2002, passam a vigorar com a seguinte redação:

•• Alterações já processadas no diploma modificado.

....

Art. 39. As sociedades cooperativas que obedecerem ao disposto na legislação específica, relativamente aos atos cooperativos, ficam isentas da Contribuição Social sobre o Lucro Líquido – CSLL.

Parágrafo único. O disposto no *caput* deste artigo não se aplica às sociedades cooperativas de consumo de que trata o art. 69 da Lei n. 9.532, de 10 de dezembro de 1997.

....

Art. 43. (*Revogado pela Lei n. 10.999, de 15-12-2004.*)

....

Art. 45. Produzem efeitos a partir do primeiro dia do 4.º (quarto) mês subsequente ao de publicação desta Lei, quanto às alterações efetuadas em relação à Medida Provisória n. 164, de 29 de janeiro de 2004, as disposições constantes desta Lei:

•• A Medida Provisória n. 164/04 foi convalidada na Lei n. 10.865, de 30-4-2004.

....

II – no art. 16;

....

IV – no art. 22.

Parágrafo único. As disposições de que tratam os incisos I a IV do *caput* deste artigo, na redação original da Medida Provisória n. 164, de 29 de janeiro de 2004, produzem efeitos a partir de 1.º de maio de 2004.

•• *Vide* nota ao *caput* deste artigo.

Art. 46. Produz efeitos a partir do 1.º (primeiro) dia do 4.º (quarto) mês subsequente ao de publicação desta Lei o disposto:

I – nos arts. 1.º, 12, 50 e art. 51, II e IV, da Lei n. 10.833, de 29 de dezembro de 2003, com a redação dada pelo art. 21 desta Lei;

....

IV – nos arts. 1.º, 2.º, 3.º e 11 da Lei n. 10.637, de 30 de dezembro de 2002, com a redação dada pelo art. 37 desta Lei.

....

Art. 48. Produz efeitos a partir de 1.º de janeiro de 2005 o disposto no art. 39 desta Lei.

Art. 49. Os arts. 55 a 58 da Lei n. 10.833, de 29 de dezembro de 2003, produzem efeitos a partir de 1.º de fevereiro de 2004, relativamente à hipótese de que trata o seu art. 52.

Art. 50. Os arts. 49 e 51 da Lei n. 10.833, de 29 de dezembro de 2003, em relação às alterações introduzidas pelo art. 21 desta Lei, produzem efeitos a partir de 1.º de maio de 2004.

Art. 51. O disposto no art. 53 da Lei n. 10.833, de 29 de dezembro de 2003, com a alteração introduzida pelo art. 21 desta Lei, produz efeito a partir de 29 de janeiro de 2004.

Art. 52. Excepcionalmente para o ano-calendário de 2004, a opção pelo regime especial de que trata o art. 52 da Lei n. 10.883, de 29 de dezembro de 2003, poderá ser exercida até o último dia útil do mês subsequente ao da publicação desta Lei, produzindo efeitos, de forma irretratável, a partir do mês subsequente ao da opção, até 31 de dezembro de 2004.

Art. 53. Esta Lei entra em vigor na data de sua publicação, produzindo efeitos a partir do dia 1.º de maio de 2004, ressalvadas as disposições contidas nos artigos anteriores.

Brasília, 30 de abril de 2004; 183.º da Independência e 116.º da República.

Luiz Inácio Lula da Silva

LEI N. 10.931, DE 2 DE AGOSTO DE 2004 (*)

Dispõe sobre o patrimônio de afetação de incorporações imobiliárias, Letra de Crédito Imobiliário, Cédula de Crédito Imobiliário, Cédula de Crédito Bancário, altera o Decreto-lei n. 911, de 1.º de outubro de 1969, as Leis n. 4.591, de 16 de dezembro de 1964, n. 4.728, de 14 de julho de 1965, e n. 10.406, de 10 de janeiro de 2002, e dá outras providências.

O Presidente da República

Faço saber que o Congresso Nacional decreta e eu sanciono a seguinte Lei:

Capítulo I
DO REGIME ESPECIAL TRIBUTÁRIO DO PATRIMÔNIO DE AFETAÇÃO

Art. 1.º Fica instituído o regime especial de tributação aplicável às incorporações imobiliárias, em caráter opcional e irretratável enquanto perdurarem direitos de crédito ou obrigações do incorporador junto aos adquirentes dos imóveis que compõem a incorporação.

• A Instrução Normativa n. 1.435, de 30-12-2013, da Secretaria da Receita Federal do Brasil, dispõe sobre os regimes especiais de pagamento unificado de tributos aplicáveis às incorporações imobiliárias, às construções de unidades habitacionais contratadas no âmbito do Programa Minha Casa, Minha Vida (PMCMV) e às construções ou reformas de estabelecimentos de educação infantil.

Art. 2.º A opção pelo regime especial de tributação de que trata o art. 1.º será efetivada quando atendidos os seguintes requisitos:

I – entrega do termo de opção ao regime especial de tributação na unidade competente da Secretaria da Receita Federal, conforme regulamentação a ser estabelecida; e

•• A Secretaria da Receita Federal passa a denominar-se Secretaria da Receita Federal do Brasil, por força da Lei n. 11.457, de 16-3-2007.

II – afetação do terreno e das acessões objeto da incorporação imobiliária, conforme disposto nos arts. 31-A a 31-E da Lei n. 4.591, de 16 de dezembro de 1964.

• A Lei n. 4.591, de 16-12-1964, que dispõe sobre o Condomínio em Edificações e as Incorporações Imobiliárias, trata do patrimônio de afetação em seus arts. 31-A a 31-E.

Art. 3.º O terreno e as acessões objeto da incorporação imobiliária sujeitas ao regime especial de tributação, bem como os demais bens e direitos a ela vinculados, não responderão por dívidas tributárias da incorporadora relativas ao Imposto de Renda das Pessoas Jurídicas – IRPJ, à Contribuição Social sobre o Lucro Líquido – CSLL, à Contribuição para o Financiamento da Seguridade Social – COFINS e à Contribuição para os Programas de Integração Social e de Formação do Patrimônio do Servidor Público – PIS/PASEP, exceto aquelas calculadas na forma do art. 4.º sobre as receitas auferidas no âmbito da respectiva incorporação.

Parágrafo único. O patrimônio da incorporadora responderá pelas dívidas tributárias da incorporação afetada.

Art. 4.º Para cada incorporação submetida ao regime especial de tributação, a incorporadora ficará sujeita ao pagamento equivalente a 4% (quatro por cento) da receita mensal recebida, o qual corresponderá ao pagamento mensal unificado do seguinte imposto e contribuições:

•• *Caput* com redação determinada pela Lei n. 12.844, de 19-7-2013.

(*) Publicada no *DOU*, de 3-8-2004.

I – Imposto de Renda das Pessoas Jurídicas – IRPJ;

II – Contribuição para os Programas de Integração Social e de Formação do Patrimônio do Servidor Público – PIS/PASEP;

III – Contribuição Social sobre o Lucro Líquido – CSLL; e

IV – Contribuição para Financiamento da Seguridade Social – COFINS.

§ 1.º Para fins do disposto no *caput*, considera-se receita mensal a totalidade das receitas auferidas pela incorporadora na venda das unidades imobiliárias que compõem a incorporação, bem como as receitas financeiras e variações monetárias decorrentes desta operação.

§ 2.º O pagamento dos tributos e contribuições na forma do disposto no *caput* deste artigo será considerado definitivo, não gerando, em qualquer hipótese, direito à restituição ou à compensação com o que for apurado pela incorporadora.

•• § 2.º com redação determinada pela Lei n. 11.196, de 21-11-2005.

•• *Vide* art. 132, II, d, da Lei n. 11.196, de 21-11-2005.

§ 3.º As receitas, custos e despesas próprios da incorporação sujeita a tributação na forma deste artigo não deverão ser computados na apuração das bases de cálculo dos tributos e contribuições de que trata o *caput* deste artigo devidos pela incorporadora em virtude de suas outras atividades empresariais, inclusive incorporações não afetadas.

•• § 3.º com redação determinada pela Lei n. 11.196, de 21-11-2005.

•• *Vide* art. 132, II, d, da Lei n. 11.196, de 21-11-2005.

§ 4.º Para fins do disposto no § 3.º deste artigo, os custos e despesas indiretos pagos pela incorporadora no mês serão apropriados a cada incorporação na mesma proporção representada pelos custos diretos próprios da incorporação, em relação ao custo direto total da incorporadora, assim entendido como a soma de todos os custos diretos de todas as incorporações e o de outras atividades exercidas pela incorporadora.

•• § 4.º com redação determinada pela Lei n. 11.196, de 21-11-2005.

•• *Vide* art. 132, II, d, da Lei n. 11.196, de 21-11-2005.

§ 5.º A opção pelo regime especial de tributação obriga o contribuinte a fazer o recolhimento dos tributos, na forma do *caput* deste artigo, a partir do mês da opção.

•• § 5.º acrescentado pela Lei n. 11.196, de 21-11-2005.

•• *Vide* art. 132, II, d, da Lei n. 11.196, de 21-11-2005.

§ 6.º Até 31 de dezembro de 2018, para os projetos de incorporação de imóveis residenciais de interesse social, cuja construção tenha sido iniciada ou contratada a partir de 31 de março de 2009, o percentual correspondente ao pagamento unificado dos tributos de que trata o *caput* será equivalente a 1% (um por cento) da receita mensal recebida.

•• § 6.º com redação determinada pela Lei n. 13.097, de 19-1-2015.

§ 7.º Para efeito do disposto no § 6.º, consideram-se projetos de incorporação de imóveis de interesse social os destinados à construção de unidades residenciais de valor de até R$ 100.000,00 (cem mil reais) no âmbito do Programa Minha Casa, Minha Vida, de que trata a Lei n. 11.977, de 7 de julho de 2009.

•• § 7.º com redação determinada pela Lei n. 12.767, de 27-12-2012.

§ 8.º As condições para utilização do benefício de que trata o § 6.º serão definidas em regulamento.

•• § 8.º acrescentado pela Lei n. 12.024, de 27-8-2009.

Art. 5.º O pagamento unificado de impostos e contribuições efetuado na forma do art. 4.º deverá ser feito até o 20.º (vigésimo) dia do mês subsequente àquele em que houver sido auferida a receita.

•• *Caput* com redação determinada pela Lei n. 12.024, de 27-8-2009.

Parágrafo único. Para fins do disposto no *caput*, a incorporadora deverá utilizar, no Documento de Arrecadação de Receitas Federais – DARF, o número específico de inscrição da incorporação no Cadastro Nacional das Pessoas Jurídicas – CNPJ e código de arrecadação próprio.

Art. 6.º Os créditos tributários devidos pela incorporadora na forma do disposto no art. 4.º não poderão ser objeto de parcelamento.

Art. 7.º O incorporador fica obrigado a manter escrituração contábil segregada para cada incorporação submetida ao regime especial de tributação.

Art. 8.º Para fins de repartição de receita tributária e do disposto no § 2.º do art. 4.º, o percentual de 4% (quatro por cento) de que trata o *caput* do art. 4.º será considerado:

•• *Caput* com redação determinada pela Lei n. 12.844, de 19-7-2013.

I – 1,71% (um inteiro e setenta e um centésimos por cento) como Cofins;

•• Inciso I com redação determinada pela Lei n. 12.844, de 19-7-2013.

II – 0,37% (trinta e sete centésimos por cento) como Contribuição para o PIS/Pasep;

•• Inciso II com redação determinada pela Lei n. 12.844, de 19-7-2013.

III – 1,26% (um inteiro e vinte e seis centésimos por cento) como IRPJ; e

•• Inciso III com redação determinada pela Lei n. 12.844, de 19-7-2013.

IV – 0,66% (sessenta e seis centésimos por cento) como CSLL.

•• Inciso IV com redação determinada pela Lei n. 12.844, de 19-7-2013.

Parágrafo único. O percentual de 1% (um por cento) de que trata o § 6.º do art. 4.º será considerado para os fins do *caput*:

•• Parágrafo único, *caput*, acrescentado pela Lei n. 12.024, de 27-8-2009.

I – 0,44% (quarenta e quatro centésimos por cento) como Cofins;

•• Inciso I acrescentado pela Lei n. 12.024, de 27-8-2009.

II – 0,09% (nove centésimos por cento) como Contribuição para o PIS/Pasep;

•• Inciso II acrescentado pela Lei n. 12.024, de 27-8-2009.

III – 0,31% (trinta e um centésimos por cento) como IRPJ; e

•• Inciso III acrescentado pela Lei n. 12.024, de 27-8-2009.

IV – 0,16% (dezesseis centésimos por cento) como CSLL.

•• Inciso IV acrescentado pela Lei n. 12.024, de 27-8-2009.

Art. 9.º Perde eficácia a deliberação pela continuação da obra a que se refere o § 1.º do art. 31-F da Lei n. 4.591, de 1964, bem como os efeitos do regime de afetação instituídos por esta Lei, caso não se verifique o pagamento das obrigações tributárias, previdenciárias e trabalhistas, vinculadas ao respectivo patrimônio de afetação, cujos fatos geradores tenham ocorrido até a data da decretação da falência, ou insolvência do incorporador, as quais deverão ser pagas pelos adquirentes em até um ano daquela deliberação, ou até a data da concessão do habite-se, se esta ocorrer em prazo inferior.

• Citado dispositivo dispõe: "§ 1.º Nos sessenta dias que se seguirem à decretação da falência ou da insolvência civil do incorporador, o condomínio dos adquirentes, por convocação da sua Comissão de Representantes ou, na sua falta, de um sexto dos titulares de frações ideais, ou, ainda, por determinação do juiz prolator da decisão, realizará assembleia geral, na qual, por maioria simples, ratificará o mandato da Comissão de Representantes ou elegerá novos membros, e, em primeira convocação, por dois terços dos votos dos adquirentes ou, em segunda convocação, pela maioria absoluta desses votos, instituirá o condomínio da construção, por instrumento público ou particular, e deliberará sobre os termos da continuação da obra ou da liquidação do patrimônio de afetação (art. 43, III); havendo financiamento para construção, a convocação poderá ser feita pela instituição financiadora".

Art. 10. O disposto no art. 76 da Medida Provisória n. 2.158-35, de 24 de agosto de 2001, não se aplica ao patrimônio de afetação de incorporações imobiliárias definido pela Lei n. 4.591, de 1964.

• Citado dispositivo dispõe: "Art. 76. As normas que estabeleçam a afetação ou a separação, a qualquer título, de patrimônio de pessoa física ou jurídica não produzem efeitos em relação aos débitos de natureza fiscal, previdenciária ou trabalhista, em especial quanto às garantias e aos privilégios que lhes são atribuídos. Parágrafo único. Para os fins do disposto no *caput*, permanecem respondendo pelos débitos ali referidos a totalidade dos bens e das rendas do sujeito passivo, seu espólio ou sua massa falida, inclusive os que tenham sido objeto de separação ou afetação".

Art. 11. (*Revogado pela Lei n. 11.196, de 21-11-2005.*)

....

Capítulo VI
DISPOSIÇÕES FINAIS

....

Normas complementares a esta Lei

....

Art. 65. O Conselho Monetário Nacional e a Secretaria da Receita Federal, no âmbito das suas respectivas atribuições, expedirão as instruções que se fizerem necessárias à execução das disposições desta Lei.

•• A Secretaria da Receita Federal passa a denominar-se Secretaria da Receita Federal do Brasil, por força da Lei n. 11.457, de 16-3-2007.

Vigência

Art. 66. Esta Lei entra em vigor na data de sua publicação.

Revogações

Art. 67. Ficam revogadas as Medidas Provisórias n. 2.160-25, de 23 de agosto de 2001, 2.221, de 4 de setembro de 2001, e 2.223, de 4 de setembro de 2001, e os arts. 66 e 66-A da Lei n. 4.728, de 14 de julho de 1965.

Brasília, 2 de agosto de 2004; 183.º da Independência e 116.º da República.

LUIZ INÁCIO LULA DA SILVA

LEI N. 10.996, DE 15 DE DEZEMBRO DE 2004 (*)

Altera a legislação tributária federal e as Leis n. 10.637, de 30 de dezembro de 2002, e 10.833, de 29 de dezembro de 2003.

O Presidente da República

Faço saber que o Congresso Nacional decreta e eu sanciono a seguinte Lei:

Art. 1.º Fica excluída, para fins de incidência na fonte e no ajuste anual do imposto de renda da pessoa física, a quantia de R$ 100,00 (cem reais) mensais do total dos rendimentos tributáveis provenientes do trabalho assalariado pagos nos meses de agosto a dezembro do ano-calendário de 2004.

Parágrafo único. O disposto no *caput* deste artigo aplica-se, também, ao 13.º (décimo terceiro) salário para fins de incidência do imposto de renda na fonte.

Art. 2.º Ficam reduzidas a 0 (zero) as alíquotas da Contribuição para o PIS/PASEP e da Contribuição para o Financiamento da Seguridade Social – COFINS incidentes sobre as receitas de vendas de mercadorias destinadas ao consumo ou à industrialização na Zona Franca de Manaus – ZFM, por pessoa jurídica estabelecida fora da ZFM.

•• O Decreto n. 5.310, de 15-12-2004, dispõe sobre a incidência da Contribuição para o PIS/PASEP e da COFINS sobre as operações de venda efetuada na Zona Franca de Manaus – ZFM.

(*) Publicada no *DOU*, de 16-12-2004.

§ 1.º Para os efeitos deste artigo, entendem-se como vendas de mercadorias de consumo na Zona Franca de Manaus - ZFM as que tenham como destinatárias pessoas jurídicas que as venham utilizar diretamente ou para comercialização por atacado ou a varejo.

§ 2.º Aplicam-se às operações de que trata o *caput* deste artigo as disposições do inciso II do § 2.º do art. 3.º da Lei n. 10.637, de 30 de dezembro de 2002, e do inciso II do § 2.º do art. 3.º da Lei n. 10.833, de 29 de dezembro de 2003.

§ 3.º As disposições deste artigo aplicam-se às vendas de mercadorias destinadas ao consumo ou à industrialização nas Áreas de Livre Comércio de que tratam as Leis n. 7.965, de 22 de dezembro de 1989, 8.210, de 19 de julho de 1991, e 8.256, de 25 de novembro de 1991, o art. 11 da Lei n. 8.387, de 30 de dezembro de 1991, e a Lei n. 8.857, de 8 de março de 1994, por pessoa jurídica estabelecida fora dessas áreas.

•• § 3.º acrescentado pela Lei n. 11.945, de 4-6-2009.

§ 4.º Não se aplica o disposto neste artigo às vendas de mercadorias que tenham como destinatárias pessoas jurídicas atacadistas e varejistas, sujeitas ao regime de apuração não cumulativa da Contribuição para o PIS/PASEP e da COFINS, estabelecidas nas Áreas de Livre Comércio referidas no § 3.º.

•• § 4.º acrescentado pela Lei n. 12.350, de 20-12-2010.

§ 5.º Nas notas fiscais relativas à venda de que trata o *caput* deste artigo, deverá constar a expressão "Venda de mercadoria efetuada com alíquota zero da Contribuição para o PIS/PASEP e da COFINS", com a especificação do dispositivo legal correspondente.

•• § 5.º acrescentado pela Lei n. 12.350, de 20-12-2010.

§ 6.º O disposto neste artigo não se aplica aos produtos de que trata o art. 14 da Lei n. 13.097, de 19 de janeiro de 2015.

•• § 6.º acrescentado pela Lei n. 13.137, de 19-6-2015, em vigor no primeiro dia do quarto mês subsequente ao de sua publicação (*DOU* de 22-6-2015).

Art. 3.º Os arts. 2.º e 3.º da Lei n. 10.637, de 30 de dezembro de 2002, passam a vigorar com a seguinte redação:

•• Alterações já processadas no diploma modificado.

Art. 4.º Os arts. 2.º e 3.º da Lei n. 10.833, de 29 de dezembro de 2003, passam a vigorar com a seguinte redação:

•• Alterações já processadas no diploma modificado.

Art. 5.º A suspensão da exigibilidade da Contribuição para o PIS/PASEP incidente na importação de produtos estrangeiros ou serviços e da COFINS devida pelo importador de bens estrangeiros ou serviços do exterior, prevista nos arts. 14, § 1.º, e 14-A da Lei n. 10.865, de 30 de abril de 2004, será resolvida mediante a aplicação de alíquota 0 (zero), quando as mercadorias importadas forem utilizadas em processo de fabricação de matérias-primas, produtos industrializados finais, por estabelecimentos situados na Zona Franca de Manaus - ZFM, consoante projeto aprovado pelo Conselho de Administração da Superintendência da Zona Franca de Manaus - SUFRAMA.

Art. 6.º Esta Lei entra em vigor na data de sua publicação.

Brasília, 15 de dezembro de 2004; 183.º da Independência e 116.º da República.

LUIZ INÁCIO LULA DA SILVA

LEI N. 11.033, DE 21 DE DEZEMBRO DE 2004 (*)

Altera a tributação do mercado financeiro e de capitais; institui o Regime Tributário para Incentivo à Modernização e à Ampliação da Estrutura Portuária - REPORTO; altera as Leis n. 10.865, de 30 de abril de 2004, 8.850, de 28 de janeiro de 1994, 8.383, de 30 de dezembro de 1991, 10.522, de 19 de julho de 2002, 9.430, de 27 de dezembro de 1996, e 10.925, de 23 de julho de 2004; e dá outras providências.

O Presidente da República

Faço saber que o Congresso Nacional decreta e eu sanciono a seguinte Lei:

Art. 1.º Os rendimentos de que trata o art. 5.º da Lei n. 9.779, de 19 de janeiro de 1999, relativamente às aplicações e operações realizadas a partir de 1.º de janeiro de 2005, sujeitam-se à incidência do imposto de renda na fonte, às seguintes alíquotas:

•• *Vide* art. 23 desta Lei.

•• *Vide* art. 6.º da Lei n. 11.053, de 29-12-2004.

• Citado dispositivo consta neste volume.

I – 22,5% (vinte e dois inteiros e cinco décimos por cento), em aplicações com prazo de até 180 (cento e oitenta) dias;

II – 20% (vinte por cento), em aplicações com prazo de 181 (cento e oitenta e um) dias até 360 (trezentos e sessenta) dias;

III – 17,5% (dezessete inteiros e cinco décimos por cento), em aplicações com prazo de 361 (trezentos e sessenta e um) dias até 720 (setecentos e vinte) dias;

IV – 15% (quinze por cento), em aplicações com prazo acima de 720 (setecentos e vinte) dias.

§ 1.º No caso de aplicações existentes em 31 de dezembro de 2004:

I – os rendimentos produzidos até essa data serão tributados nos termos da legislação então vigente;

II – em relação aos rendimentos produzidos em 2005, os prazos a que se referem os incisos I a IV do *caput* deste artigo serão contados a partir:

a) de 1.º de julho de 2004, no caso de aplicação efetuada até a data da publicação desta Lei; e

(*) Publicada no *DOU*, de 22-12-2004.

b) da data da aplicação, no caso de aplicação efetuada após a data da publicação desta Lei.

§ 2.º No caso dos fundos de investimentos, será observado o seguinte:

I – os rendimentos serão tributados semestralmente, com base no art. 3.º da Lei n. 10.892, de 13 de julho de 2004, à alíquota de 15% (quinze por cento), sem prejuízo do disposto no inciso III deste parágrafo;

II – na hipótese de fundos de investimentos com prazo de carência de até 90 (noventa) dias para resgate de quotas com rendimento, a incidência do imposto de renda na fonte a que se refere o inciso I deste parágrafo ocorrerá na data em que se completar cada período de carência para resgate de quotas com rendimento, sem prejuízo do disposto no inciso III deste parágrafo;

III – por ocasião do resgate das quotas, será aplicada alíquota complementar de acordo com o previsto nos incisos I a IV do *caput* deste artigo.

§ 3.º O disposto neste artigo não se aplica:

I – aos fundos e clubes de investimento em ações cujos rendimentos serão tributados exclusivamente no resgate das quotas, à alíquota de 15% (quinze por cento);

II – aos títulos de capitalização, no caso de resgate sem ocorrência de sorteio, cujos rendimentos serão tributados à alíquota de 20% (vinte por cento).

§ 4.º Ao fundo ou clube de investimento em ações cuja carteira deixar de observar a proporção referida no art. 2.º da Medida Provisória n. 2.189-49, de 23 de agosto de 2001, aplicar-se-á o disposto no *caput* e nos §§ 1.º e 2.º deste artigo, a partir do momento do desenquadramento da carteira, salvo no caso de, cumulativamente, a referida proporção não ultrapassar o limite de 50% (cinquenta por cento) do total da carteira, a situação for regularizada no prazo máximo de 30 (trinta) dias e o fundo ou clube não incorrer em nova hipótese de desenquadramento no período de 12 (doze) meses subsequentes.

• Citado artigo dispõe: "Art. 2.º O percentual de oitenta por cento a que se refere o § 6.º do art. 28 da Lei n. 9.532, de 1997, fica reduzido para sessenta e sete por cento".

§ 5.º Consideram-se incluídos entre os rendimentos referidos pelo art. 5.º da Lei n. 9.779, de 19 de janeiro de 1999, os predeterminados obtidos em operações conjugadas, realizadas nos mercados de opções de compra e de venda em bolsas de valores, de mercadorias e de futuros (*box*), no mercado a termo nas bolsas de valores, de mercadorias e de futuros, em operações de venda coberta e sem ajustes diários, e no mercado de balcão.

§ 6.º As operações descritas no § 5.º deste artigo, realizadas por fundo ou clube de investimento em ações, não integrarão a parcela da carteira aplicada em ações, para efeito da proporção referida no § 4.º deste artigo.

§ 7.º O Ministro da Fazenda poderá elevar e restabelecer o percentual a que se refere o art. 2.º da Medida Provisória n. 2.189-49, de 23 de agosto de 2001.

• *Vide* nota ao § 4.º deste artigo.

Art. 2.º O disposto no art. 1.º desta Lei não se aplica aos ganhos líquidos auferidos em operações realizadas em bolsas de valores, de mercadorias, de futuros, e assemelhadas, inclusive *day trade*, que permanecem sujeitos à legislação vigente e serão tributados às seguintes alíquotas:

•• *Vide* art. 23 desta Lei.

I – 20% (vinte por cento), no caso de operação *day trade*;

II – 15% (quinze por cento), nas demais hipóteses.

§ 1.º As operações a que se refere o *caput* deste artigo, exceto *day trade*, sujeitam-se à incidência do imposto de renda na fonte, à alíquota de 0,005% (cinco milésimos por cento) sobre os seguintes valores:

I – nos mercados futuros, a soma algébrica dos ajustes diários, se positiva, apurada por ocasião do encerramento da posição, antecipadamente ou no seu vencimento;

II – nos mercados de opções, o resultado, se positivo, da soma algébrica dos prêmios pagos e recebidos no mesmo dia;

III – nos contratos a termo:

a) quando houver a previsão de entrega do ativo objeto na data do seu vencimento, a diferença, se positiva, entre o preço a termo e o preço à vista na data da liquidação;

b) com liquidação exclusivamente financeira, o valor da liquidação financeira previsto no contrato;

IV – nos mercados à vista, o valor da alienação, nas operações com ações, ouro ativo financeiro e outros valores mobiliários neles negociados.

§ 2.º O disposto no § 1.º deste artigo:

I – não se aplica às operações de exercício de opção;

II – aplica-se às operações realizadas no mercado de balcão, com intermediação, tendo por objeto os valores mobiliários e ativos referidos no inciso IV do § 1.º deste artigo, bem como às operações realizadas em mercados de liquidação futura fora de bolsa.

§ 3.º As operações *day trade* permanecem tributadas, na fonte, nos termos da legislação vigente.

§ 4.º Fica dispensada a retenção do imposto de que trata o § 1.º deste artigo cujo valor seja igual ou inferior a R$ 1,00 (um real).

§ 5.º Ocorrendo mais de uma operação no mesmo mês, realizada por uma mesma pessoa, física ou jurídica, deverá ser efetuada a soma dos valores de imposto incidente sobre todas as operações realizadas no mês, para efeito de cálculo do limite de retenção previsto no § 4.º deste artigo.

§ 6.º Fica responsável pela retenção do imposto de que tratam o § 1.º e o inciso II do § 2.º deste artigo a instituição intermediadora que receber diretamente a ordem do cliente, a bolsa que registrou as operações ou entidade responsável pela liquidação e compensação das operações, na forma regulamentada pela Secretaria da Receita Federal do Ministério da Fazenda.

•• A Secretaria da Receita Federal passa a denominar-se Secretaria da Receita Federal do Brasil, por força da Lei n. 11.457, de 16-3-2007.

§ 7.º O valor do imposto retido na fonte a que se refere o § 1.º deste artigo poderá ser:

I – deduzido do imposto sobre ganhos líquidos apurados no mês;

II – compensado com o imposto incidente sobre ganhos líquidos apurados nos meses subsequentes;

III – compensado na declaração de ajuste se, após a dedução de que tratam os incisos I e II deste parágrafo, houver saldo de imposto retido;

IV – compensado com o imposto devido sobre o ganho de capital na alienação de ações.

§ 8.º O imposto de renda retido na forma do § 1.º deste artigo deverá ser recolhido ao Tesouro Nacional até o 3.º (terceiro) dia útil da semana subsequente à data da retenção.

Art. 3.º Ficam isentos do imposto de renda:

•• *Vide* art. 23 desta Lei.

I – os ganhos líquidos auferidos por pessoa física em operações no mercado à vista de ações nas bolsas de valores e em operações com ouro ativo financeiro cujo valor das alienações, realizadas em cada mês, seja igual ou inferior a R$ 20.000,00 (vinte mil reais), para o conjunto de ações e para o ouro ativo financeiro respectivamente;

II – na fonte e na declaração de ajuste anual das pessoas físicas, a remuneração produzida por letras hipotecárias, certificados de recebíveis imobiliários e letras de crédito imobiliário.

III – na fonte e na declaração de ajuste anual das pessoas físicas, os rendimentos distribuídos pelos Fundos de Investimento Imobiliários cujas quotas sejam admitidas à negociação exclusivamente em bolsas de valores ou no mercado de balcão organizado;

•• Inciso III acrescentado pela Lei n. 11.196, de 21-11-2005.

IV – na fonte e na declaração de ajuste anual das pessoas físicas, a remuneração produzida por Certificado de Depósito Agropecuário - CDA, *Warrant* Agropecuário - WA, Certificado de Direitos Creditórios do Agronegócio - CDCA, Letra de Crédito do Agronegócio - LCA e Certificado de Recebíveis do Agronegócio - CRA, instituídos pelos arts. 1.º e 23 da Lei n. 11.076, de 30 de dezembro de 2004;

•• Inciso IV acrescentado pela Lei n. 11.311, de 13-6-2006.

V – na fonte e na declaração de ajuste anual das pessoas físicas, a remuneração produzida pela Cédula de Produto Rural - CPR, com liquidação financeira, instituída pela Lei n. 8.929, de 22 de agosto de 1994, alterada pela Lei n. 10.200, de 14 de fevereiro de 2001, desde que negociada no mercado financeiro.

•• Inciso V acrescentado pela Lei n. 11.311, de 13-6-2006.

Parágrafo único. O benefício disposto no inciso III do *caput* deste artigo:

I – será concedido somente nos casos em que o Fundo de Investimento Imobiliário possua, no mínimo, 50 (cinquenta) quotistas;

II – não será concedido ao quotista pessoa física titular de quotas que representem 10% (dez por cento) ou mais da totalidade das quotas emitidas pelo Fundo de Investimento Imobiliário ou cujas quotas lhe derem direito ao recebimento de rendimento superior a 10% (dez por cento) do total de rendimentos auferidos pelo fundo.

•• Parágrafo único acrescentado pela Lei n. 11.196, de 21-11-2005.

Art. 4.º Não se aplica o disposto nos arts. 1.º e 2.º desta Lei às pessoas jurídicas de que trata o art. 77, I, da Lei n. 8.981, de 20 de janeiro de 1995, aos investidores estrangeiros referidos no art. 16 da Medida Provisória n. 2.189-49, de 23 de agosto de 2001, e às entidades ou fundos optantes pelo regime especial de que trata o art. 2.º da Medida Provisória n. 2.222, de 4 de setembro de 2001, que permanecem sujeitos às normas previstas na legislação vigente.

•• *Vide* art. 23 desta Lei.

•• A Lei n. 11.053, de 29-12-2004, revoga, a partir de 1.º-1-2005, a Medida Provisória n. 2.222, de 4-9-2001.

Art. 5.º Na transferência de titularidade de ações negociadas fora de bolsa, sem intermediação, a entidade encarregada de seu registro deverá exigir o documento de arrecadação de receitas federais que comprove o pagamento do imposto de renda sobre o ganho de capital incidente na alienação ou declaração do alienante sobre a inexistência de imposto devido, observadas as normas estabelecidas pela Secretaria da Receita Federal.

•• A Secretaria da Receita Federal passa a denominar-se Secretaria da Receita Federal do Brasil, por força da Lei n. 11.457, de 16-3-2007.

•• *Vide* art. 23 desta Lei.

§ 1.º Quando a transferência for efetuada antes do vencimento do prazo legal para pagamento do imposto devido, a comprovação de que trata o *caput* deste artigo deverá ocorrer em até 15 (quinze) dias após o vencimento do referido prazo, ao final do qual, caso não tenha sido realizada, a entidade deverá comunicar o fato à Secretaria da Receita Federal na forma e prazo por ela regulamentados.

§ 2.º O descumprimento do disposto neste artigo sujeita a entidade à multa de 30% (trinta por cento) do valor do imposto devido.

Art. 6.º Os arts. 8.º e 28 da Lei n. 10.865, de 30 de abril de 2004, passam a vigorar com a seguinte redação:

•• Alterações já processadas no diploma modificado.

Art. 7.º As pessoas jurídicas que aufiram as receitas de que trata o inciso XXIII do art. 10 da Lei n. 10.833, de 29 de dezembro de 2003, são obrigadas a instalar equipamento emissor de cupom fiscal em seus estabelecimentos, ou outro sistema equivalente para controle de receitas, na forma disciplinada pela Secretaria da Receita Federal do Brasil.

•• Artigo com redação determinada pela Lei n. 12.546, de 14-12-2011.

•• *Vide* nota ao art. 5.º, *caput*, desta Lei.

•• *Vide* art. 23 desta Lei.

• Citado dispositivo refere-se a receitas decorrentes da prestação de serviços públicos de concessionárias operadoras de rodovias.

Art. 8.º A pessoa jurídica submetida ao lucro presumido poderá, excepcionalmente, em relação ao 3.º (terceiro) e 4.º (quarto) trimestres-calendário de 2004, apurar o Imposto de Renda com base no lucro real trimestral, sendo definitiva a tributação pelo lucro presumido relativa aos 2 (dois) primeiros trimestres, observadas as normas estabelecidas pela Secretaria da Receita Federal.

•• *Vide* nota ao art. 5.º, *caput*, desta Lei.

Art. 9.º Os incisos I e II do art. 1.º da Lei n. 8.850, de 28 de janeiro de 1994, passam a vigorar com a seguinte redação:

•• Alterações já processadas no diploma modificado.

....

Art. 11. Sem prejuízo do disposto no inciso I do § 10 do art. 8.º e no inciso I do *caput* do art. 16 da Lei n. 9.311, de 24 de outubro de 1996, será facultado o lançamento a débito em conta corrente de depósito para investimento para a realização de operações com os valores mobiliários de que tratam os referidos incisos, desde que seja mantido controle, em separado, pela instituição interveniente, dos valores mobiliários adquiridos por intermédio das contas correntes de depósito à vista e de investimento.

•• Apesar de não expressamente revogada, a Lei n. 9.311, de 24-10-1996, encontra-se sem aplicação, já que a contribuição instituída por ela, a CPMF, foi extinta pelo art. 90 do ADCT da CF.

§ 1.º Os valores referentes à liquidação das operações com os valores mobiliários de que trata o *caput* deste artigo, adquiridos por intermédio de lançamento a débito em conta corrente de depósito para investimento, serão creditados ou debitados a essa mesma conta.

§ 2.º As instituições intervenientes deverão manter controles em contas segregadas que permitam identificar a origem dos recursos que serão investidos em ações e produtos derivados provenientes da conta corrente e da conta para investimento.

Art. 12. Será dada ciência ao sujeito passivo do ato que o excluir do parcelamento de débitos com a Secretaria da Receita Federal, com a Procuradoria-Geral da Fazenda Nacional e com o Instituto Nacional do Seguro Social – INSS, de que tratam os arts. 1.º e 5.º da Lei n. 10.684, de 30 de maio de 2003, mediante publicação no *Diário Oficial da União*.

•• *Vide* nota ao art. 5.º, *caput*, desta Lei.

• Citados dispositivos constam neste volume.

Parágrafo único. Fica dispensada a publicação de que trata o *caput* deste artigo nos casos em que for dada ciência ao sujeito passivo pessoalmente ou por via postal, com aviso de recebimento.

....

Art. 17. As vendas efetuadas com suspensão, isenção, alíquota 0 (zero) ou não incidência da Contribuição para o PIS/PASEP e da COFINS não impedem a manutenção, pelo vendedor, dos créditos vinculados a essas operações.

....

Art. 21. Os arts. 13, 19 e 20 da Lei n. 10.522, de 19 de julho de 2002, passam a vigorar com a seguinte redação:

•• Alterações já processadas no diploma modificado.

Art. 22. O art. 17 da Lei n. 9.430, de 27 de dezembro de 1996, passa a vigorar com a seguinte redação:

•• Alterações já processadas no diploma modificado.

Art. 23. Esta Lei entra em vigor na data de sua publicação, produzindo efeitos:

I – na hipótese dos arts. 1.º a 5.º e 7.º, a partir de 1.º de janeiro de 2005;

II – na hipótese do art. 11, a partir de 1.º de outubro de 2004;

III – na data de sua publicação, nas demais hipóteses.

Art. 24. Ficam revogados o art. 63 da Lei n. 8.383, de 30 de dezembro de 1991, a partir de 1.º de janeiro de 2005, e o § 2.º do art. 10 da Lei n. 10.925, de 23 de julho de 2004.

•• Alteração já processada no diploma modificado.

Brasília, 21 de dezembro de 2004; 183.º da Independência e 116.º da República.

LUIZ INÁCIO LULA DA SILVA

LEI N. 11.053, DE 29 DE DEZEMBRO DE 2004 (*)

Dispõe sobre a tributação dos planos de benefícios de caráter previdenciário e dá outras providências.

O Presidente da República

Faço saber que o Congresso Nacional decreta e eu sanciono a seguinte Lei:

Art. 1.º É facultada aos participantes que ingressarem a partir de 1.º de janeiro de 2005 em planos de benefícios de caráter previdenciário, estruturados nas modalidades de contribuição definida ou contribuição variável, das entidades de previdência complementar e das sociedades seguradoras, a opção por regime de tributação no qual os valores pagos aos próprios participantes ou aos assistidos, a título de benefícios ou resgates de valores acumulados, sujeitam-se à incidência de imposto de renda na fonte às seguintes alíquotas:

I – 35% (trinta e cinco por cento), para recursos com prazo de acumulação inferior ou igual a 2 (dois) anos;

II – 30% (trinta por cento), para recursos com prazo de acumulação superior a 2 (dois) anos e inferior ou igual a 4 (quatro) anos;

III – 25% (vinte e cinco por cento), para recursos com prazo de acumulação superior a 4 (quatro) anos e inferior ou igual a 6 (seis) anos;

(*) Publicada no *DOU*, de 30-12-2004.

IV – 20% (vinte por cento), para recursos com prazo de acumulação superior a 6 (seis) anos e inferior ou igual a 8 (oito) anos;

V – 15% (quinze por cento), para recursos com prazo de acumulação superior a 8 (oito) anos e inferior ou igual a 10 (dez) anos; e

VI – 10% (dez por cento), para recursos com prazo de acumulação superior a 10 (dez) anos.

§ 1.º O disposto neste artigo aplica-se:

I – aos quotistas que ingressarem em Fundo de Aposentadoria Programada Individual - FAPI a partir de 1.º de janeiro de 2005;

II – aos segurados que ingressarem a partir de 1.º de janeiro de 2005 em planos de seguro de vida com cláusula de cobertura por sobrevivência em relação aos rendimentos recebidos a qualquer título pelo beneficiário.

§ 2.º O imposto de renda retido na fonte de que trata o *caput* deste artigo será definitivo.

§ 3.º Para fins do disposto neste artigo, prazo de acumulação é o tempo decorrido entre o aporte de recursos no plano de benefícios mantido por entidade de previdência complementar, por sociedade seguradora ou em FAPI e o pagamento relativo ao resgate ou ao benefício, calculado na forma a ser disciplinada em ato conjunto da Secretaria da Receita Federal e do respectivo órgão fiscalizador das entidades de previdência complementar, sociedades seguradoras e FAPI, considerando-se o tempo de permanência, a forma e o prazo de recebimento e os valores aportados.

•• A Secretaria da Receita Federal passa a denominar-se Secretaria da Receita Federal do Brasil, por força da Lei n. 11.457, de 16-3-2007.

• A Instrução Normativa Conjunta n. 524, de 11-3-2005, da Secretaria da Receita Federal, da Secretaria da Previdência Complementar e da Superintendência de Seguros Privados - Susep, regulamenta o prazo de acumulação de que trata este parágrafo.

§ 4.º Nos casos de portabilidade de recursos e de transferência de participantes e respectivas reservas entre planos de benefícios de que trata o *caput* deste artigo, o prazo de acumulação do participante que, no plano originário, tenha optado pelo regime de tributação previsto neste artigo será computado no plano receptor.

§ 5.º As opções de que tratam o *caput* e o § 1.º deste artigo serão exercidas pelos participantes e comunicadas pelas entidades de previdência complementar, sociedades seguradoras e pelos administradores de FAPI à Secretaria da Receita Federal na forma por ela disciplinada.

§ 6.º As opções mencionadas no § 5.º deste artigo deverão ser exercidas até o último dia útil do mês subsequente ao do ingresso nos planos de benefícios operados por entidade de previdência complementar, por sociedade seguradora ou em FAPI e serão irretratáveis, mesmo nas hipóteses de portabilidade de recursos e de transferência de participantes e respectivas reservas.

•• § 6.º com redação determinada pela Lei n. 11.196, de 21-11-2005.

•• *Vide* art. 132, I, a, da Lei n. 11.196, de 21-11-2005.

§ 7.º Para o participante, segurado ou quotista que houver ingressado no plano de benefícios até o dia 30 de novembro de 2005, a opção de que trata o § 6.º deste artigo deverá ser exercida até o último dia útil do mês de dezembro de 2005, permitida neste prazo, excepcionalmente, a retratação da opção para aqueles que ingressaram no referido plano entre 1.º de janeiro e 4 de julho de 2005.

•• § 7.º acrescentado pela Lei n. 11.196, de 21-11-2005.

Art. 2.º É facultada aos participantes que ingressarem até 1.º de janeiro de 2005 em planos de benefícios de caráter previdenciário estruturados nas modalidades de contribuição definida ou contribuição variável, a opção pelo regime de tributação de que trata o art. 1.º desta Lei.

§ 1.º O disposto neste artigo aplica-se:

I – aos quotistas de Fundo de Aposentadoria Programada Individual - FAPI que ingressarem até 1.º de janeiro de 2005; e

II – aos segurados que ingressarem até 1.º de janeiro de 2005 em planos de seguro de vida com cláusula de cobertura por sobrevivência em relação aos rendimentos recebidos a qualquer título pelo beneficiário.

§ 2.º A opção de que trata este artigo deverá ser formalizada pelo participante, segurado ou quotista, à respectiva entidade de previdência complementar, sociedade seguradora ou ao administrador de FAPI, conforme o caso, até o último dia útil do mês de dezembro de 2005.

•• § 2.º com redação determinada pela Lei n. 11.196, de 21-11-2005.

•• *Vide* art. 132, I, a, da Lei n. 11.196, de 21-11-2005.

§ 3.º Os prazos de acumulação mencionados nos incisos I a VI do art. 1.º desta Lei serão contados a partir:

I – de 1.º de janeiro de 2005, no caso de aportes de recursos realizados até 31 de dezembro de 2004; e

II – da data do aporte, no caso de aportes de recursos realizados a partir de 1.º de janeiro de 2005.

§ 4.º Aplica-se às opções realizadas na forma deste artigo o disposto nos §§ 2.º a 6.º do art. 1.º desta Lei.

§ 5.º Os valores pagos aos próprios participantes ou aos assistidos, a título de benefícios ou resgates de valores acumulados, antes da formalização da opção referida no § 2.º deste artigo, sujeitam-se à incidência de imposto de renda com base na legislação vigente antes da edição desta Lei.

Art. 3.º A partir de 1.º de janeiro de 2005, os resgates, parciais ou totais, de recursos acumulados relativos a participantes dos planos mencionados no art. 1.º desta Lei que não tenham efetuado a opção nele mencionada sujeitam-se à incidência de imposto de renda na fonte à alíquota de 15% (quinze por cento), como antecipação do devido na declaração de ajuste da pessoa física, calculado sobre:

I – os valores de resgate, no caso de planos de previdência, inclusive FAPI;

II – os rendimentos, no caso de seguro de vida com cláusula de cobertura por sobrevivência.

Parágrafo único. O disposto neste artigo não se aplica na hipótese de opção pelo regime de tributação previsto nos arts. 1.º e 2.º desta Lei.

Art. 4.º A partir de 1.º de janeiro de 2005, a dedução das contribuições da pessoa jurídica para seguro de vida com cláusula de cobertura por sobrevivência fica condicionada, cumulativamente:

I – ao limite de que trata o § 2.º do art. 11 da Lei n. 9.532, de 10 de dezembro de 1997, com a redação dada pela Lei n. 10.887, de 18 de junho de 2004; e

• Citado dispositivo consta neste volume.

II – a que o seguro seja oferecido indistintamente aos empregados e dirigentes.

Art. 5.º A partir de 1.º de janeiro de 2005, ficam dispensados a retenção na fonte e o pagamento em separado do imposto de renda sobre os rendimentos e ganhos auferidos nas aplicações de recursos das provisões, reservas técnicas e fundos de planos de benefícios de entidade de previdência complementar, sociedade seguradora e FAPI, bem como de seguro de vida com cláusula de cobertura por sobrevivência.

Parágrafo único. Aplica-se o disposto no *caput* deste artigo aos fundos administrativos constituídos pelas entidades fechadas de previdência complementar e às provisões, reservas técnicas e fundos dos planos assistenciais de que trata o art. 76 da Lei Complementar n. 109, de 29 de maio de 2001.

•• Parágrafo único acrescentado pela Lei n. 11.196, de 21-11-2005.

•• *Vide* art. 132, I, a, da Lei n. 11.196, de 21-11-2005.

• A Lei Complementar n. 109, de 29-5-2001, dispõe sobre o Regime de Previdência Complementar.

Art. 6.º Os fundos de investimento cuja carteira de títulos tenha prazo médio igual ou inferior a 365 (trezentos e sessenta e cinco) dias sujeitam-se à incidência do imposto de renda na fonte, por ocasião do resgate, na forma do disposto neste artigo.

§ 1.º A carteira de títulos a que se refere o *caput* deste artigo é composta por títulos privados ou públicos federais, prefixados ou indexados à taxa de juros, a índices de preço ou à variação cambial, ou por operações compromissadas lastreadas nos referidos títulos públicos federais e por outros títulos e operações com características assemelhadas, nos termos a serem regulamentados pelo Ministro de Estado da Fazenda.

§ 2.º Os rendimentos referidos no art. 1.º da Medida Provisória n. 206, de 6 de agosto de 2004, quando auferidos em aplicações nos fundos de investimento referidos no *caput* deste artigo, sujeitam-se ao imposto sobre a renda na fonte, por ocasião do resgate, às seguintes alíquotas:

•• A Medida Provisória n. 206, de 6-8-2004, foi convertida na Lei n. 11.033, de 21-12-2004, constante neste volume.

I – 22,5% (vinte e dois inteiros e cinco décimos por cento), em aplicações com prazo de até 6 (seis) meses;

II – 20% (vinte por cento), em aplicações com prazo acima de 6 (seis) meses.

§ 3.º Em relação aos fundos de que trata o *caput* deste artigo, sobre os rendimentos tributados semestralmente com base no art. 3.º da Lei n. 10.892, de 13 de julho de 2004, incidirá a alíquota de 20% (vinte por cento) e no resgate das quotas será aplicada alíquota complementar àquela prevista no inciso I do § 2.º deste artigo, se o resgate ocorrer no prazo de até 6 (seis) meses.

§ 4.º No caso de aplicações existentes em 31 de dezembro de 2004, em relação aos rendimentos produzidos em 2005, os prazos a que se referem os incisos I e II do § 2.º deste artigo serão contados a partir:

I – de 1.º de julho de 2004, no caso de aplicação efetuada até a data da publicação desta Lei; e

II – da data da aplicação, no caso de aplicação efetuada após a data da publicação desta Lei.

§ 5.º É sujeito à tributação na forma deste artigo o fundo de investimento a que se refere o art. 1.º da Medida Provisória n. 206, de 2004, se ele tiver sua carteira constituída por títulos com prazo médio igual ou inferior a 365 (trezentos e sessenta e cinco) dias.

§ 6.º Não se aplica o disposto no § 5.º deste artigo se, a cada ano-calendário, a carteira do fundo de investimento for constituída por títulos com prazo médio igual ou inferior a 365 (trezentos e sessenta e cinco) dias por até 3 (três) períodos e o total dos dias dos períodos for igual ou inferior a 45 (quarenta e cinco) dias.

§ 7.º Na hipótese mencionada no § 5.º deste artigo, o quotista terá seus rendimentos tributados na forma prevista no art. 1.º da Medida Provisória n. 206, de 2004, até o dia imediatamente anterior ao da alteração de condição, sujeitando-se os rendimentos auferidos a partir de então à tributação prevista no § 2.º deste artigo.

§ 8.º O disposto neste artigo não se aplica aos fundos e clubes de investimento em ação, aos quais se aplicam as disposições específicas da Medida Provisória n. 206, de 2004.

§ 9.º A Secretaria da Receita Federal regulamentará a periodicidade e a metodologia de cálculo do prazo médio a que se refere este artigo.

•• A Secretaria da Receita Federal passa a denominar-se Secretaria da Receita Federal do Brasil, por força da Lei n. 11.457, de 16-3-2007.

Art. 7.º São mantidas todas as demais regras que disciplinam a incidência do imposto de renda nas hipóteses dos fatos geradores previstos nesta Lei, inclusive as relativas aos limites e às condições para as deduções da base de cálculo do imposto, das contribuições feitas por pessoa física ou jurídica, bem como a isenção a que se refere o *caput* do art. 6.º do Decreto-lei n. 2.065, de 26 de outubro de 1983.

Art. 8.º Esta Lei entra em vigor na data de sua publicação, produzindo efeitos a partir de 1.º de janeiro de 2005.

Art. 9.º São revogados, a partir de 1.º de janeiro de 2005, a Medida Provisória n. 2.222, de 4 de setembro de 2001, o art. 4.º da Lei n. 10.426, de 24 de abril de 2002, e a Lei n. 10.431, de 24 de abril de 2002.

Brasília, 29 de dezembro de 2004; 183.º da Independência e 116.º da República.

LUIZ INÁCIO LULA DA SILVA

LEI COMPLEMENTAR N. 118, DE 9 DE FEVEREIRO DE 2005 (*)

Altera e acrescenta dispositivos à Lei n. 5.172, de 25 de outubro de 1966 - Código Tributário Nacional, e dispõe sobre a interpretação do inciso I do art. 168 da mesma Lei.

O Presidente da República

Faço saber que o Congresso Nacional decreta e eu sanciono a seguinte Lei:

Art. 1.º A Lei n. 5.172, de 25 de outubro de 1966 - Código Tributário Nacional, passa a vigorar com as seguintes alterações:

•• Alterações já processadas no diploma modificado.

Art. 2.º A Lei n. 5.172, de 25 de outubro de 1966 - Código Tributário Nacional, passa a vigorar acrescida dos seguintes arts. 185-A e 191-A:

•• Alterações já processadas no diploma modificado.

Art. 3.º Para efeito de interpretação do inciso I do art. 168 da Lei n. 5.172, de 25 de outubro de 1966 - Código Tributário Nacional, a extinção do crédito tributário ocorre, no caso de tributo sujeito a lançamento por homologação, no momento do pagamento antecipado de que trata o § 1.º do art. 150 da referida Lei.

Art. 4.º Esta Lei entra em vigor 120 (cento e vinte) dias após sua publicação, observado, quanto ao art. 3.º, o disposto no art. 106, inciso I, da Lei n. 5.172, de 25 de outubro de 1966 - Código Tributário Nacional.

Brasília, 9 de fevereiro de 2005; 184.º da Independência e 117.º da República.

LUIZ INÁCIO LULA DA SILVA

LEI N. 11.196, DE 21 DE NOVEMBRO DE 2005 (**)

Institui o Regime Especial de Tributação para a Plataforma de Exportação de Serviços de Tecnologia da Informação - REPES, o Regime Especial de Aquisição de Bens de Capital para Empresas Exportadoras - RECAP e o Programa de Inclusão Digital; dispõe sobre incentivos fiscais para a inovação tecnológica; altera o Decreto-lei n. 288, de 28 de fevereiro de 1967, o Decreto n. 70.235, de 6 de março de 1972, o Decreto-lei n. 2.287, de 23 de julho de 1986, as Leis n. 4.502, de 30 de novembro de 1964, 8.212, de 24 de julho de 1991, 8.245, de 18 de outubro de 1991, 8.387, de 30 de dezembro de 1991, 8.666, de 21 de junho de 1993, 8.981, de 20 de janeiro de 1995, 8.987, de 13 de fevereiro de 1995, 8.989, de 24 de fevereiro de 1995, 9.249, de 26 de dezembro de 1995, 9.250, de 26 de dezembro de 1995, 9.311, de 24 de outubro de 1996, 9.317, de 5 de dezembro de 1996, 9.430, de 27 de dezembro de 1996, 9.718, de 27 de novembro de 1998, 10.336, de 19 de dezembro de 2001, 10.438, de 26 de abril de 2002, 10.485, de 3 de julho de 2002, 10.637, de 30 de dezembro de 2002, 10.755, de 3 de novembro de 2003, 10.833, de 29 de dezembro de 2003, 10.865, de 30 de abril de 2004, 10.925, de 23 de julho de 2004, 10.931, de 2 de agosto de 2004, 11.033, de 21 de dezembro de 2004, 11.051, de 29 de dezembro de 2004, 11.053, de 29 de dezembro de 2004, 11.101, de 9 de fevereiro de 2005, 11.128, de 28 de junho de 2005, e a Medida Provisória n. 2.199-14, de 24 de agosto de 2001; revoga a Lei n. 8.661, de 2 de junho de 1993, e dispositivos das Leis n. 8.668, de 25 de junho de 1993, 8.981, de 20 de janeiro de 1995, 10.637, de 30 de dezembro de 2002, 10.755, de 3 de novembro de 2003, 10.865, de 30 de abril de 2004, 10.931, de 2 de agosto de 2004, e da Medida Provisória n. 2.158-35, de 24 de agosto de 2001; e dá outras providências.

O Presidente da República

Faço saber que o Congresso Nacional decreta e eu sanciono a seguinte Lei:

....

Capítulo V
DOS INCENTIVOS ÀS MICRORREGIÕES NAS ÁREAS DE ATUAÇÃO DAS EXTINTAS SUDENE E SUDAM

(*) Publicada no *DOU*, de 9-2-2005 - Edição Extra.

(**) Publicada no *DOU*, de 22-11-2005.

....

Art. 32. O art. 1.º da Medida Provisória n. 2.199-14, de 24 de agosto de 2001, passa a vigorar com a seguinte redação:

•• Alteração já processada no diploma modificado.

Capítulo VI
DO SISTEMA INTEGRADO DE PAGAMENTO DE IMPOSTOS E CONTRIBUIÇÕES DAS MICROEMPRESAS E DAS EMPRESAS DE PEQUENO PORTE – SIMPLES

Art. 33. Os arts. 2.º e 15 da Lei n. 9.317, de 5 de dezembro de 1996, passam a vigorar com a seguinte redação:

•• Alteração prejudicada em face da revogação da Lei n. 9.317, de 5-12-1996, pela Lei Complementar n. 123, de 14-12-2006, constante neste volume.

Capítulo VII
DO IMPOSTO DE RENDA DA PESSOA JURÍDICA – IRPJ E DA CONTRIBUIÇÃO SOCIAL SOBRE O LUCRO LÍQUIDO – CSLL

Art. 34. Os arts. 15 e 20 da Lei n. 9.249, de 26 de dezembro de 1995, passam a vigorar com a seguinte redação:

•• Alterações já processadas no diploma modificado.

....

Art. 36. Fica o Ministro da Fazenda autorizado a instituir, por prazo certo, mecanismo de ajuste para fins de determinação de preços de transferência, relativamente ao que dispõe o *caput* do art. 19 da Lei n. 9.430, de 27 de dezembro de 1996, bem como aos métodos de cálculo que especificar, aplicáveis à exportação, de forma a reduzir impactos relativos à apreciação da moeda nacional em relação a outras moedas.

Parágrafo único. O Secretário-Geral da Receita Federal do Brasil poderá determinar a aplicação do mecanismo de ajuste de que trata o *caput* deste artigo às hipóteses referidas no art. 45 da Lei n. 10.833, de 29 de dezembro de 2003.

Art. 37. A diferença entre o valor do encargo decorrente das taxas anuais de depreciação fixadas pela Receita Federal do Brasil e o valor do encargo contabilizado decorrente das taxas anuais de depreciação fixadas pela legislação específica aplicável aos bens do ativo imobilizado, exceto terrenos, adquiridos ou construídos por empresas concessionárias, permissionárias e autorizadas de geração de energia elétrica, poderá ser excluída do lucro líquido para a apuração do lucro real e da base de cálculo da CSLL.

•• *Vide* art. 132, III, d, desta Lei.

§ 1.º O disposto no *caput* deste artigo aplica-se somente aos bens novos adquiridos ou construídos destinados a empreendimentos cuja concessão, permissão ou autorização tenha sido outorgada a partir da data da publicação desta Lei até 31 de dezembro de 2018.

•• § 1.º com redação determinada pela Lei n. 12.865, de 9-10-2013.

§ 2.º A diferença entre os valores dos encargos de que trata o *caput* deste artigo será controlada no livro fiscal destinado à apuração do lucro real.

§ 3.º O total da depreciação acumulada, incluindo a contábil e a fiscal, não poderá ultrapassar o custo do bem depreciado.

§ 4.º A partir do período de apuração em que for atingido o limite de que trata o § 3.º deste artigo, o valor da depreciação registrado na escrituração comercial será adicionado ao lucro líquido, para efeito da determinação do lucro real e da base de cálculo da CSLL, com a concomitante baixa na conta de controle do livro fiscal de apuração do lucro real.

§ 5.º O disposto neste artigo produz apenas efeitos fiscais, não altera as atribuições e competências fixadas na legislação para a atuação da Agência Nacional de Energia Elétrica – ANEEL e não poderá repercutir, direta ou indiretamente, no aumento de preços e tarifas de energia elétrica.

Capítulo VIII
DO IMPOSTO DE RENDA DA PESSOA FÍSICA – IRPF

• A Instrução Normativa n. 599, de 28-12-2005, da Secretaria da Receita Federal, dispõe sobre a aplicação deste capítulo.

Art. 38. O art. 22 da Lei n. 9.250, de 26 de dezembro de 1995, passa a vigorar com a seguinte redação:

•• Alteração já processada no diploma modificado.

Art. 39. Fica isento do imposto de renda o ganho auferido por pessoa física residente no País na venda de imóveis residenciais, desde que o alienante, no prazo de 180 (cento e oitenta) dias contado da celebração do contrato, aplique o produto da venda na aquisição de imóveis residenciais localizados no País.

•• *Vide* art. 132, II, d, desta Lei.

§ 1.º No caso de venda de mais de 1 (um) imóvel, o prazo referido neste artigo será contado a partir da data de celebração do contrato relativo à 1.a (primeira) operação.

§ 2.º A aplicação parcial do produto da venda implicará tributação do ganho proporcionalmente ao valor da parcela não aplicada.

§ 3.º No caso de aquisição de mais de um imóvel, a isenção de que trata este artigo aplicar-se--á ao ganho de capital correspondente apenas à parcela empregada na aquisição de imóveis residenciais.

§ 4.º A inobservância das condições estabelecidas neste artigo importará em exigência do imposto com base no ganho de capital, acrescido de:

I – juros de mora, calculados a partir do 2.º (segundo) mês subsequente ao do recebimento do valor ou de parcela do valor do imóvel vendido; e

II – multa, de mora ou de ofício, calculada a partir do 2.º (segundo) mês seguinte ao do recebimento do valor ou de parcela do valor do imóvel vendido, se o imposto não for pago até 30 (trinta) dias após o prazo de que trata o *caput* deste artigo.

§ 5.º O contribuinte somente poderá usufruir do benefício de que trata este artigo 1 (uma) vez a cada 5 (cinco) anos.

Art. 40. Para a apuração da base de cálculo do imposto sobre a renda incidente sobre o ganho de capital por ocasião da alienação, a qualquer título, de bens imóveis realizada por pessoa física residente no País, serão aplicados fatores de redução (FR1 e FR2) do ganho de capital apurado.

•• *Vide* art. 132, II, d, desta Lei.

§ 1.º A base de cálculo do imposto corresponderá à multiplicação do ganho de capital pelos fatores de redução, que serão determinados pelas seguintes fórmulas:

I – FR1 = 1/1,0060m1, onde "m1" corresponde ao número de meses-calendário ou fração decorridos entre a data de aquisição do imóvel e o mês da publicação desta Lei, inclusive na hipótese de a alienação ocorrer no referido mês;

II – FR2 = 1/1,0035m2, onde "m2" corresponde ao número de meses-calendário ou fração decorridos entre o mês seguinte ao da publicação desta Lei ou o mês da aquisição do imóvel, se posterior, e o de sua alienação.

§ 2.º Na hipótese de imóveis adquiridos até 31 de dezembro de 1995, o fator de redução de que trata o inciso I do § 1.º deste artigo será aplicado a partir de 1.º de janeiro de 1996, sem prejuízo do disposto no art. 18 da Lei n. 7.713, de 22 de dezembro de 1988.

Capítulo IX
DA CONTRIBUIÇÃO PARA O PIS/PASEP E DA COFINS

Art. 41. O § 8.º do art. 3.º da Lei n. 9.718, de 27 de novembro de 1998, passa a vigorar acrescido do seguinte inciso III:

•• Alteração já processada no diploma modificado.

....

Art. 43. Os arts. 2.º, 3.º, 10 e 15 da Lei n. 10.833, de 29 de dezembro de 2003, passam a vigorar com a seguinte redação:

•• Alterações já processadas no diploma modificado.

Art. 44. Os arts. 7.º, 8.º, 15, 28 e 40 da Lei n. 10.865, de 30 de abril de 2004, passam a vigorar com a seguinte redação:

•• Alterações já processadas no diploma modificado.

Art. 45. O art. 3.º da Lei n. 10.637, de 30 de dezembro de 2002, passa a vigorar com a seguinte redação:

•• Alteração já processada no diploma modificado.

....

Art. 50. A suspensão de que trata o § 1.º do art. 14 da Lei n. 10.865, de 30 de abril de 2004, aplica-se também nas importações de máquinas, aparelhos, instrumentos e equipamentos, novos, para incorporação ao ativo imobilizado da pessoa jurídica importadora.

§ 1.º A suspensão de que trata o *caput* deste artigo converte-se em alíquota 0 (zero) após decorridos 18 (dezoito) meses da incorporação do bem ao ativo imobilizado da pessoa jurídica importadora.

§ 2.º A pessoa jurídica importadora que não incorporar o bem ao seu ativo imobilizado ou revender o bem antes do prazo de que trata o § 1.º deste artigo recolherá a Contribuição para o PIS/Pasep-Importação e a Cofins-Importação, acrescidas de juros e multa de mora, na forma da lei, contados a partir do registro da Declaração de Importação.

§ 3.º Na hipótese de não ser efetuado o recolhimento na forma do § 2.º deste artigo, caberá lançamento de ofício das contribuições, acrescidas de juros e da multa de que trata o *caput* do art. 44 da Lei n. 9.430, de 27 de dezembro de 1996.

§ 4.º As máquinas, aparelhos, instrumentos e equipamentos beneficiados pela suspensão da exigência das contribuições na forma deste artigo serão relacionados em regulamento.

....

Art. 59. O art. 14 da Lei n. 10.336, de 19 de dezembro de 2001, passa a vigorar com a seguinte redação:

•• Alteração já processada no diploma modificado.

....

Capítulo XI
DOS PRAZOS DE RECOLHIMENTO DE IMPOSTOS E CONTRIBUIÇÕES

Art. 70. Em relação aos fatos geradores ocorridos a partir de 1.º de janeiro de 2006, os recolhimentos do Imposto de Renda Retido na Fonte – IRRF e do Imposto sobre Operações de Crédito, Câmbio e Seguro, ou Relativas a Títulos ou Valores Mobiliários – IOF serão efetuados nos seguintes prazos:

•• *Vide* art. 132, IV, b, desta Lei.

I – IRRF:

a) na data da ocorrência do fato gerador, no caso de:

1. rendimentos atribuídos a residentes ou domiciliados no exterior;

2. pagamentos a beneficiários não identificados;

b) até o 3.º (terceiro) dia útil subsequente ao decêndio de ocorrência dos fatos geradores, no caso de:

1. juros sobre o capital próprio e aplicações financeiras, inclusive os atribuídos a residentes ou domiciliados no exterior, e títulos de capitalização;

2. prêmios, inclusive os distribuídos sob a forma de bens e serviços, obtidos em concursos e sorteios de qualquer espécie e lucros decorrentes desses prêmios; e

3. multa ou qualquer vantagem, de que trata o art. 70 da Lei n. 9.430, de 27 de dezembro de 1996;

c) até o último dia útil do mês subsequente ao encerramento do período de apuração, no caso de rendimentos e ganhos de capital distribuídos pelos fundos de investimento imobiliário;

d) até o dia 7 do mês subsequente ao mês de ocorrência dos fatos geradores, no caso de pagamento de rendimentos provenientes do trabalho assalariado a empregado doméstico; e

•• Alínea *d* com redação determinada pela Lei Complementar n. 150, de 1.º-6-2015.

e) até o último dia útil do segundo decêndio do mês subsequente ao mês de ocorrência dos fatos geradores, nos demais casos;

•• Alínea *e* acrescentada pela Lei Complementar n. 150, de 1.º-6-2015.

II – IOF:

a) até o terceiro dia útil subsequente ao decêndio de ocorrência dos fatos geradores, no caso de aquisição de ouro e ativo financeiro;

•• Alínea a com redação determinada pela Lei n. 12.599, de 23-3-2012.

b) até o último dia útil do mês subsequente ao de ocorrência dos fatos geradores, no caso de operações relativas a contrato de derivativos financeiros; e

•• Alínea b com redação determinada pela Lei n. 12.599, de 23-3-2012.

c) até o terceiro dia útil subsequente ao decêndio da cobrança ou do registro contábil do imposto, nos demais casos.

•• Alínea c acrescentada pela Lei n. 12.599, de 23-3-2012.

Parágrafo único. Excepcionalmente, na hipótese de que trata a alínea *d* do inciso I do *caput* deste artigo, em relação aos fatos geradores ocorridos:

I – no mês de dezembro de 2006, os recolhimentos serão efetuados:

a) até o 3.º (terceiro) dia útil do decêndio subsequente, para os fatos geradores ocorridos no 1.º (primeiro) e 2.º (segundo) decêndios; e

b) até o último dia útil do 1.º (primeiro) decêndio do mês de janeiro de 2007, para os fatos geradores ocorridos no 3.º (terceiro) decêndio;

II – no mês de dezembro de 2007, os recolhimentos serão efetuados:

a) até o 3.º (terceiro) dia útil do 2.º (segundo) decêndio, para os fatos geradores ocorridos no 1.º (primeiro) decêndio; e

b) até o último dia útil do 1.º (primeiro) decêndio do mês de janeiro de 2008, para os fatos geradores ocorridos no 2.º (segundo) e no 3.º (terceiro) decêndio.

Art. 71. O § 1.º do art. 63 da Lei n. 8.981, de 20 de janeiro de 1995, passa a vigorar com a seguinte redação:

•• Alteração já processada no diploma modificado.

Art. 72. O parágrafo único do art. 10 da Lei n. 9.311, de 24 de outubro de 1996, passa a vigorar com a seguinte redação:

•• Apesar de não expressamente revogada, a Lei n. 9.311, de 24-10-2006, encontra-se sem aplicação, já que a contribuição instituída por ela, a CPMF, foi extinta pelo art. 90 do ADCT da CF.

Art. 73. O § 2.º do art. 70 da Lei n. 9.430, de 27 de dezembro de 1996, passa a vigorar com a seguinte redação:

•• Alteração já processada no diploma modificado.

Art. 74. O art. 35 da Lei n. 10.833, de 29 de dezembro de 2003, passa a vigorar com a seguinte redação:

•• Alteração já processada no diploma modificado.

....

Capítulo XVI
DISPOSIÇÕES GERAIS

Art. 109. Para fins do disposto nas alíneas *b* e *c* do inciso XI do *caput* do art. 10 da Lei n. 10.833, de 29 de dezembro de 2003, o reajuste de preços em função do custo de produção ou da variação de índice que reflita a variação ponderada dos custos dos insumos utilizados, nos termos do inciso II do § 1.º do art. 27 da Lei n. 9.069, de 29 de junho de 1995, não será considerado para fins da descaracterização do preço predeterminado.

Parágrafo único. O disposto neste artigo aplica-se desde 1.º de novembro de 2003.

Art. 110. Para efeito de determinação da base de cálculo da Contribuição para o PIS/Pasep, da Cofins, do IRPJ e da CSLL, as instituições financeiras e as demais instituições autorizadas a funcionar pelo Banco Central do Brasil devem computar como receitas ou despesas incorridas nas operações realizadas em mercados de liquidação futura:

•• Artigo regulamentado pelo Decreto n. 5.730, de 20-3-2006.

•• *Vide* art. 132, VII, desta Lei.

I – a diferença, apurada no último dia útil do mês, entre as variações das taxas, dos preços ou dos índices contratados (diferença de curvas), sendo o saldo apurado por ocasião da liquidação do contrato, da cessão ou do encerramento da posição, nos casos de:

a) *swap* e termo;

b) futuro e outros derivativos com ajustes financeiros diários ou periódicos de posições cujos ativos subjacentes aos contratos sejam taxas de juros *spot* ou instrumentos de renda fixa para os quais seja possível a apuração do critério previsto neste inciso;

II – o resultado da soma algébrica dos ajustes apurados mensalmente, no caso dos mercados referidos na alínea *b* do inciso I do *caput* deste artigo cujos ativos subjacentes aos contratos sejam mercadorias, moedas, ativos de renda variável, taxas de juros a termo ou qualquer outro ativo ou variável econômica para os quais não seja possível adotar o critério previsto no referido inciso;

III – o resultado apurado na liquidação do contrato, da cessão ou do encerramento da posição, no caso de opções e demais derivativos.

§ 1.º O Poder Executivo disciplinará, em regulamento, o disposto neste artigo, podendo, inclusive, determinar que o valor a ser reconhecido mensalmente, na hipótese de que trata a alínea *b* do inciso I do *caput* deste artigo, seja calculado:

I – pela bolsa em que os contratos foram negociados ou registrados;

II – enquanto não estiver disponível a informação de que trata o inciso I do *caput* deste artigo, de acordo com os critérios estabelecidos pelo Banco Central do Brasil.

§ 2.º Quando a operação for realizada no mercado de balcão, somente será admitido o reconhecimento de despesas ou de perdas se a operação tiver sido registrada em sistema que disponha de critérios para aferir se os preços, na abertura ou no encerramento da posição, são consistentes com os preços de mercado.

§ 3.º No caso de operações de *hedge* realizadas em mercados de liquidação futura em bolsas no exterior, as receitas ou as despesas de que trata o *caput* deste artigo serão apropriadas pelo resultado:

I – da soma algébrica dos ajustes apurados mensalmente, no caso de contratos sujeitos a ajustes de posições;

II – auferido na liquidação do contrato, no caso dos demais derivativos.

§ 4.º Para efeito de determinação da base de cálculo da Contribuição para o PIS/Pasep e da Cofins, fica vedado o reconhecimento de despesas ou de perdas apuradas em operações realizadas em mercados fora de bolsa no exterior.

§ 5.º Os ajustes serão efetuados no livro fiscal destinado à apuração do lucro real.

Art. 111. O art. 4.º da Lei n. 10.931, de 2 de agosto de 2004, passa a vigorar com a seguinte redação:

•• Alteração já processada no diploma modificado.

Art. 112. (*Revogado pela Lei n. 11.941, de 27-5-2009.*)

Art. 113. O Decreto n. 70.235, de 6 de março de 1972, passa a vigorar acrescido do art. 26-A e com a seguinte redação para os arts. 2.º, 9.º, 16 e 23:

•• Alterações já processadas no diploma modificado.

....

Art. 116. O art. 8.º-A da Lei n. 10.336, de 19 de dezembro de 2001, passa a vigorar com a seguinte redação:

•• Alteração já processada no diploma modificado.

Art. 117. O art. 18 da Lei n. 10.833, de 29 de dezembro de 2003, passa a vigorar com a seguinte redação:

•• Alteração já processada no diploma modificado.

....

Art. 125. O art. 3.º da Lei n. 11.033, de 21 de dezembro de 2004, passa a vigorar com a seguinte redação:

•• Alteração já processada no diploma modificado.

Art. 126. O § 1.º do art. 1.º da Lei n. 10.755, de 3 de novembro de 2003, passa a vigorar com a seguinte redação:

•• Alteração já processada no diploma modificado.

....

Capítulo XVII
DISPOSIÇÕES FINAIS

Art. 132. Esta Lei entra em vigor na data de sua publicação, produzindo efeitos:

I – a partir da data da publicação da Medida Provisória n. 255, de 1.º de julho de 2005, em relação ao disposto:

a) no art. 91 desta Lei, relativamente ao § 6.º do art. 1.º, § 2.º do art. 2.º, parágrafo único do art. 5.º, todos da Lei n. 11.053, de 29 de dezembro de 2004;

b) no art. 92 desta Lei;

II – desde 14 de outubro de 2005, em relação ao disposto:

a) no art. 33 desta Lei, relativamente ao art. 15 da Lei n. 9.317, de 5 de dezembro de 1996;

•• A Lei n. 9.317, de 5-12-1996, foi revogada pela Lei Complementar n. 123, de 14-12-2006, que institui o Estatuto Nacional das Microempresas e Empresas de Pequeno Porte.

b) no art. 43 desta Lei, relativamente ao inciso XXVI do art. 10 e ao art. 15, ambos da Lei n. 10.833, de 29 de dezembro de 2003;

c) no art. 44 desta Lei, relativamente ao art. 40 da Lei n. 10.865, de 30 de abril de 2004;

d) nos arts. 38 a 40, 41, 111, 116 e 117 desta Lei;

III – a partir do 1.º (primeiro) dia do mês subsequente ao da publicação desta Lei, em relação ao disposto:

a) no art. 42 desta Lei, observado o disposto na alínea *a* do inciso V deste artigo;

b) no art. 44 desta Lei, relativamente ao art. 15 da Lei n. 10.865, de 30 de abril de 2004;

c) no art. 43 desta Lei, relativamente ao art. 3.º e ao inciso XXVII do art. 10 da Lei n. 10.833, de 29 de dezembro de 2003;

d) nos arts. 37, 45, 66 e 106 a 108;

IV – a partir de 1.º de janeiro de 2006, em relação ao disposto:

a) no art. 33 desta Lei, relativamente ao art. 2.º da Lei n. 9.317, de 5 de dezembro de 1996;

b) nos arts. 17 a 27, 31 e 32, 34, 70 a 75 e 76 a 90 desta Lei;

V – a partir do 1.º (primeiro) dia do 4.º (quarto) mês subsequente ao da publicação desta Lei, em relação ao disposto:

a) no art. 42 desta Lei, relativamente ao inciso I do § 3.º e ao inciso II do § 7.º, ambos do art. 3.º da Lei n. 10.485, de 3 de julho de 2002;

b) no art. 46 desta Lei, relativamente ao art. 10 da Lei n. 11.051, de 29 de dezembro de 2004;

c) nos arts. 47 e 48, 51, 56 a 59, 60 a 62, 64 e 65;

VI – a partir da data da publicação do ato conjunto a que se refere o § 3.º do art. 7.º do Decreto-lei n. 2.287, de 23 de julho de 1986, na forma do art. 114 desta Lei, em relação aos arts. 114 e 115 desta Lei;

VII – em relação ao art. 110 desta Lei, a partir da edição de ato disciplinando a matéria, observado, como prazo mínimo:

a) o 1.º (primeiro) dia do 4.º (quarto) mês subsequente ao da publicação desta Lei para a Contribuição para o PIS/Pasep e para a Cofins;

b) o 1.º (primeiro) dia do mês de janeiro de 2006, para o IRPJ e para a CSLL;

VIII – a partir da data da publicação desta Lei, em relação aos demais dispositivos.

Art. 133. Ficam revogados:

I – a partir de 1.º de janeiro de 2006:

a) a Lei n. 8.661, de 2 de junho de 1993;

b) o parágrafo único do art. 17 da Lei n. 8.668, de 25 de junho de 1993;

c) o § 4.º do art. 82 e os incisos I e II do art. 83 da Lei n. 8.981, de 20 de janeiro de 1995;

d) os arts. 39, 40, 42 e 43 da Lei n. 10.637, de 30 de dezembro de 2002;

II – o art. 73 da Medida Provisória n. 2.158-35, de 24 de agosto de 2001;

III – o art. 36 da Lei n. 10.637, de 30 de dezembro de 2002;

IV – o art. 11 da Lei n. 10.931, de 2 de agosto de 2004;

V – o art. 4.º da Lei n. 10.755, de 3 de novembro de 2003;

VI – a partir do 1.º (primeiro) dia do 4.º (quarto) mês subsequente ao da publicação desta Lei, o inciso VIII do § 12 do art. 8.º da Lei n. 10.865, de 30 de abril de 2004.

Brasília, 21 de novembro de 2005; 184.º da Independência e 117.º da República.

LUIZ INÁCIO LULA DA SILVA

LEI N. 11.371, DE 28 DE NOVEMBRO DE 2006 (*)

Dispõe sobre operações de câmbio, sobre registro de capitais estrangeiros, sobre o pagamento em lojas francas localizadas em zona primária de porto ou aeroporto, sobre a tributação do arrendamento mercantil de aeronaves, sobre a novação dos contratos celebrados nos termos do § 1.º do art. 26 da Lei n. 9.491, de 9 de setembro de 1997; altera o Decreto n. 23.258, de 19 de outubro de 1933, a Lei n. 4.131, de 3 de setembro de 1962, o Decreto-lei n. 1.455, de 7 de abril de 1976; e revoga dispositivo da Medida Provisória n. 303, de 29 de junho de 2006.

Faço saber que o Presidente da República adotou a Medida Provisória n. 315, de 2006, que o Congresso Nacional aprovou, e eu, Renan Calheiros, Presidente da Mesa do Congresso Nacional, para os efeitos do disposto no art. 62 da Constituição Federal, com a redação dada pela Emenda Constitucional n. 32, combinado com o art. 12 da Resolução n. 1, de 2002-CN, promulgo a seguinte Lei:

(*) Publicada no *DOU*, de 29-11-2006.

Art. 1.º Os recursos em moeda estrangeira relativos aos recebimentos de exportações brasileiras de mercadorias e de serviços para o exterior, realizadas por pessoas físicas ou jurídicas, poderão ser mantidos em instituição financeira no exterior, observados os limites fixados pelo Conselho Monetário Nacional.

•• A Lei n. 14.286, de 29-12-2021, em vigor após 1 (um) ano de sua publicação (*DOU* de 30-12-2021), altera a redação deste *caput*:

"Art. 1º Fica facultada a manutenção, no exterior, dos recursos em moeda estrangeira relativos aos recebimentos de exportações brasileiras de mercadorias e de serviços para o exterior, realizadas por pessoas físicas ou jurídicas residentes, domiciliadas ou com sede no País".

§ 1.º O Conselho Monetário Nacional disporá sobre a forma e as condições para a aplicação do disposto no *caput* deste artigo, vedado o tratamento diferenciado por setor ou atividade econômica.

•• A Lei n. 14.286, de 29-12-2021, em vigor após 1 (um) ano de sua publicação (*DOU* de 30-12-2021), revoga este § 1º.

§ 2.º Os recursos mantidos no exterior na forma deste artigo somente poderão ser utilizados para a realização de investimento, aplicação financeira ou pagamento de obrigação próprios do exportador, vedada a realização de empréstimo ou mútuo de qualquer natureza.

•• A Lei n. 14.286, de 29-12-2021, em vigor após 1 (um) ano de sua publicação (*DOU* de 30-12-2021), revoga este § 2.º

Art. 2.º O Conselho Monetário Nacional poderá estabelecer formas simplificadas de contratação de operações simultâneas de compra e de venda de moeda estrangeira, relacionadas a recursos provenientes de exportações, sem prejuízo do disposto no art. 23 da Lei n. 4.131, de 3 de setembro de 1962.

• A Lei n. 4.131, de 3-9-1962, que disciplina a aplicação do capital estrangeiro e as remessas de valores para o exterior, dispõe em seu art. 23, § 7.º, que o formulário exigido para essas operações é dispensado na compra e venda de moeda estrangeira no valor até US$ 3,000.00 (três mil dólares) ou do seu equivalente em outras moedas.

Parágrafo único. Na hipótese do *caput* deste artigo, os recursos da compra e da venda da moeda estrangeira deverão transitar, por seus valores integrais, a crédito e a débito de conta-corrente bancária no País, de titularidade do contratante da operação.

Art. 3.º Relativamente aos recursos em moeda estrangeira ingressados no País referentes aos recebimentos de exportações de mercadorias e de serviços, compete ao Banco Central do Brasil somente manter registro dos contratos de câmbio.

Parágrafo único. O Banco Central do Brasil fornecerá à Secretaria da Receita Federal os dados do registro de que trata o *caput* deste artigo, na forma por eles estabelecida em ato conjunto.

•• A Secretaria da Receita Federal passa a denominar-se Secretaria da Receita Federal do Brasil, por força da Lei n. 11.457, de 16-3-2007.

•• A Lei n. 14.286, de 29-12-2021, em vigor após 1 (um) ano de sua publicação (*DOU* de 30-12-2021), revoga este parágrafo único.

Art. 5.º Fica sujeito a registro em moeda nacional, no Banco Central do Brasil, o capital estrangeiro investido em pessoas jurídicas no País, ainda não registrado e não sujeito a outra forma de registro no Banco Central do Brasil.

•• A Lei n. 14.286, de 29-12-2021, em vigor após 1 (um) ano de sua publicação (*DOU* de 30-12-2021), revoga este artigo.

§ 1.º Para fins do disposto no *caput* deste artigo, o valor do capital estrangeiro em moeda nacional a ser registrado deve constar dos registros contábeis da pessoa jurídica brasileira receptora do capital estrangeiro, na forma da legislação em vigor.

§ 2.º O capital estrangeiro em moeda nacional existente em 31 de dezembro de 2005, a que se refere o *caput* deste artigo, deverá ser regularizado até 30 de junho de 2007, observado o disposto no § 1.º deste artigo.

§ 3.º A hipótese de que trata o *caput* deste artigo, contabilizada a partir do ano de 2006, inclusive, deve ter o registro efetuado até o último dia útil do ano-calendário subsequente ao do balanço anual no qual a pessoa jurídica estiver obrigada a registrar o capital.

§ 4.º O Banco Central do Brasil divulgará dados constantes do registro de que trata este artigo.

§ 5.º O Conselho Monetário Nacional disciplinará o disposto neste artigo.

Art. 6.º A multa de que trata a Lei n. 10.755, de 3 de novembro de 2003, não se aplica às importações:

• Citada Lei consta neste volume.

I – cujo vencimento ocorra a partir de 4 de agosto de 2006; ou

II – cujo termo final para a liquidação do contrato de câmbio de importação, na forma do inciso II do *caput* do art. 1.º da Lei n. 10.755, de 3 de setembro de 2003, não tenha transcorrido até 4 de agosto de 2006.

Art. 7.º As infrações às normas que regulam os registros, no Banco Central do Brasil, de capital estrangeiro em moeda nacional sujeitam os responsáveis à aplicação da ação punitiva do Banco Central do Brasil, nos termos definidos pela legislação em vigor.

•• *Caput* com redação determinada pela Lei n. 13.506, de 13-11-2017.

•• A Lei n. 14.286, de 29-12-2021, em vigor após 1 (um) ano de sua publicação (*DOU* de 30-12-2021), revoga este artigo.

Parágrafo único. (*Revogado pela Lei n. 13.506, de 13-11-2017.*)

Art. 8.º A pessoa física ou jurídica residente ou domiciliada no País que mantiver no exterior recursos em moeda estrangeira relativos ao recebimento de exportação, de que trata o art. 1.º desta Lei, deverá declarar à Secretaria da Receita Federal a utilização dos recursos.

•• A Secretaria da Receita Federal passa a denominar-se Secretaria da Receita Federal do Brasil, por força da Lei n. 11.457, de 16-3-2007.

§ 1.º O exercício da faculdade prevista no *caput* do art. 1.º desta Lei implica a autorização do fornecimento à Secretaria da Receita Federal pela instituição financeira ou qualquer outro interveniente, residentes, domiciliados ou com sede no exterior das informações sobre a utilização dos recursos.

•• *Vide* nota ao *caput* deste artigo.

§ 2.º A pessoa jurídica que mantiver recursos no exterior na forma do art. 1.º desta Lei fica obrigada a manter escrituração contábil nos termos da legislação comercial.

§ 3.º A Secretaria da Receita Federal disciplinará o disposto neste artigo.

•• *Vide* nota ao *caput* deste artigo.

Art. 9.º A inobservância do disposto nos arts. 1.º e 8.º desta Lei acarretará a aplicação das seguintes multas de natureza fiscal:

I – 10% (dez por cento) incidentes sobre o valor dos recursos mantidos ou utilizados no exterior em desacordo com o disposto no art. 1.º desta Lei, sem prejuízo da cobrança dos tributos devidos;

II – 0,5% (cinco décimos por cento) ao mês-calendário ou fração incidente sobre o valor correspondente aos recursos mantidos ou utilizados no exterior e não informados à Secretaria da Receita Federal, no prazo por ela estabelecido, limitada a 15% (quinze por cento).

•• *Vide* nota ao *caput* do art. 8.º desta Lei.

§ 1.º As multas de que trata o *caput* deste artigo serão:

I – aplicadas autonomamente a cada uma das infrações, ainda que caracterizada a ocorrência de eventual concurso;

II – na hipótese de que trata o inciso II do *caput* deste artigo:

a) reduzidas à metade, quando a informação for prestada após o prazo, mas antes de qualquer procedimento de ofício;

b) duplicada, inclusive quanto ao seu limite, em caso de fraude.

§ 2.º Compete à Secretaria da Receita Federal promover a exigência das multas de que trata este artigo, observado o rito previsto no Decreto n. 70.235, de 6 de março de 1972.

•• *Vide* nota ao *caput* do art. 8.º desta Lei.

• Citado Decreto, constante neste volume, disciplina o processo administrativo fiscal.

Art. 10. Na hipótese de a pessoa jurídica manter os recursos no exterior na forma prevista no art. 1.º desta Lei, independe do efetivo ingresso de divisas a aplicação das normas de que tratam o § 1.º e o inciso III do *caput* do art. 14 da Medida Provisória n. 2.158-35, de 24 de agosto de 2001, o inciso II do *caput* do art. 5.º da Lei n. 10.637, de 30 de dezembro de 2002, e o inciso II do *caput* do art. 6.º da Lei n. 10.833, de 29 de dezembro de 2003.

• Os dispositivos citados tratam da não incidência de PIS/Pasep e Cofins sobre as receitas decorrentes de serviços prestados a pessoa física ou jurídica residente ou domiciliada no exterior, cujo pagamento represente ingresso de divisas para o País.

....

Art. 14. Fica o Banco Central do Brasil dispensado de inscrever em dívida ativa e de promover a execução fiscal dos débitos provenientes de multas administrativas de sua competência, considerados de pequeno valor ou de comprovada inexequibilidade, nos termos de norma por ele estabelecida.

Parágrafo único. Para os efeitos do disposto no *caput* deste artigo, o Banco Central do Brasil poderá, mediante ato fundamentado, efetuar o cancelamento de débitos inscritos e requerer a desistência de execuções já propostas.

....

Art. 16. Fica reduzida a alíquota do imposto sobre a renda na fonte incidente nas operações de que trata o inciso V do *caput* do art. 1º da Lei nº 9.481, de 13 de agosto de 1997, na hipótese de pagamento, crédito, entrega, emprego ou remessa, por fonte situada no País, a pessoa jurídica domiciliada no exterior, a título de contraprestação de contrato de arrendamento mercantil de aeronave ou de motores destinados a aeronaves, celebrado por empresa de transporte aéreo público regular, de passageiros ou cargas, para:

•• *Caput* com redação determinada pela Medida Provisória n. 1.094, de 31-12-2021.

O texto anterior dizia: " Art. 16. Em relação aos fatos geradores que ocorrerem até 31 de dezembro de 2022, a alíquota do imposto sobre a renda retido na fonte incidente nas operações de que trata o inciso V do *caput* do art. 1.º da Lei n. 9.481, de 13 de agosto de 1997, na hipótese de pagamento, crédito, entrega, emprego ou remessa, por fonte situada no País, a pessoa jurídica domiciliada no exterior, a título de contraprestação de contrato de arrendamento mercantil de aeronave ou de motores destinados a aeronaves, celebrado por empresa de transporte aéreo público regular, de passageiros ou cargas, corresponderá a:

•• *Caput* com redação determinada pela Lei n. 14.002, de 22-5-2020.".

I – zero, de 1º de janeiro de 2022 a 31 de dezembro de 2023;

•• Inciso I com redação determinada pela Medida Provisória n. 1.094, de 31-12-2021.

O texto anterior dizia: "I – (Vetado.)

•• Inciso I acrescentado pela Lei n. 14.002, de 22-5-2020.".

II – um por cento, de 1º de janeiro a 31 de dezembro de 2024;

•• Inciso II com redação determinada pela Medida Provisória n. 1.094, de 31-12-2021.

O texto anterior dizia: "II – 1,5% (um inteiro e cinco décimos por cento), entre 1.º de janeiro de 2020 e 31 de dezembro de 2020.

•• Inciso II acrescentado pela Lei n. 14.002, de 22-5-2020.".

III – dois por cento, de 1º de janeiro a 31 de dezembro de 2025; e

•• Inciso III acrescentado pela Medida Provisória n. 1.094, de 31-12-2021.

IV – três por cento, de 1º de janeiro a 31 de dezembro de 2026.

•• Inciso IV acrescentado pela Medida Provisória n. 1.094, de 31-12-2021.

Art. 17. Esta Lei entra em vigor na data da sua publicação.

Art. 18. Fica revogado o inciso IV do *caput* do art. 7.º da Medida Provisória n. 303, de 29 de junho de 2006.

•• O Ato do Congresso Nacional n. 57, de 31-10-2006, declarou encerrado o prazo de vigência da Medida Provisória n. 303, de 29-6-2006, em 27-10-2006.

Congresso Nacional, em 28 de novembro de 2006; 185.º da Independência e 118.º da República.

RENAN CALHEIROS

LEI COMPLEMENTAR N. 123, DE 14 DE DEZEMBRO DE 2006 (*)

Institui o Estatuto Nacional da Microempresa e da Empresa de Pequeno Porte; altera dispositivos das Leis n. 8.212 e 8.213, ambas de 24 de julho de 1991, da Consolidação das Leis do Trabalho – CLT, aprovada pelo Decreto-lei n. 5.452, de 1.º de maio de 1943, da Lei n. 10.189, de 14 de fevereiro de 2001, da Lei Complementar n. 63, de 11 de janeiro de 1990; e revoga as Leis n. 9.317, de 5 de dezembro de 1996, e 9.841, de 5 de outubro de 1999.

O Presidente da República

Faço saber que o Congresso Nacional decreta e eu sanciono a seguinte Lei Complementar:

Capítulo I
DISPOSIÇÕES PRELIMINARES

Art. 1.º Esta Lei Complementar estabelece normas gerais relativas ao tratamento diferenciado e favorecido a ser dispensado às microempresas e empresas de pequeno porte no âmbito dos Poderes da União, dos Estados, do Distrito Federal e dos Municípios, especialmente no que se refere:

•• *Vide* art. 179 da CF.

•• *Vide* Resolução n. 140, de 22-5-2018, do CGSN, que dispõe sobre o Regime Especial de Tributos e Contribuições devidos pelas empresas optantes pelo Simples Nacional.

I – à apuração e recolhimento dos impostos e contribuições da União, dos Estados, do Distrito Federal e dos Municípios, mediante regime único de arrecadação, inclusive obrigações acessórias;

II – ao cumprimento de obrigações trabalhistas e previdenciárias, inclusive obrigações acessórias;

III – ao acesso a crédito e ao mercado, inclusive quanto à preferência nas aquisições de bens e serviços pelos Poderes Públicos, à tecnologia, ao associativismo e às regras de inclusão;

IV – ao cadastro nacional único de contribuintes a que se refere o inciso IV do parágrafo único do art. 146, *in fine*, da Constituição Federal.

•• Inciso IV acrescentado pela Lei Complementar n. 147, de 7-8-2014.

(*) Publicada no *DOU*, de 15-12-2006. Republicada em 31-1-2009 e em 6-3-2012, em atendimento ao disposto no art. 5.º da Lei Complementar n. 139, de 10-11-2011. A Lei Complementar n. 168, de 12-6-2019, autoriza, no prazo que especifica, o retorno ao Regime Especial Unificado de Arrecadação de Tributos e Contribuições devidos pelas Microempresas e Empresas de Pequeno Porte (Simples Nacional).

§ 1.º Cabe ao Comitê Gestor do Simples Nacional (CGSN) apreciar a necessidade de revisão, a partir de 1.º de janeiro de 2015, dos valores expressos em moeda nesta Lei Complementar.

•• § 1.º com redação determinada pela Lei Complementar n. 139, de 10-11-2011.

§ 2.º (*Vetado.*)

§ 3.º Ressalvado o disposto no Capítulo IV, toda nova obrigação que atinja as microempresas e empresas de pequeno porte deverá apresentar, no instrumento que a instituiu, especificação do tratamento diferenciado, simplificado e favorecido para cumprimento.

•• § 3.º acrescentado pela Lei Complementar n. 147, de 7-8-2014.

§ 4.º Na especificação do tratamento diferenciado, simplificado e favorecido de que trata o § 3.º, deverá constar prazo máximo, quando forem necessários procedimentos adicionais, para que os órgãos fiscalizadores cumpram as medidas necessárias à emissão de documentos, realização de vistorias e atendimento das demandas realizadas pelas microempresas e empresas de pequeno porte com o objetivo de cumprir a nova obrigação.

•• § 4.º acrescentado pela Lei Complementar n. 147, de 7-8-2014.

§ 5.º Caso o órgão fiscalizador descumpra os prazos estabelecidos na especificação do tratamento diferenciado e favorecido, conforme o disposto no § 4.º, a nova obrigação será inexigível até que seja realizada visita para fiscalização orientadora e seja reiniciado o prazo para regularização.

•• § 5.º acrescentado pela Lei Complementar n. 147, de 7-8-2014.

§ 6.º A ausência de especificação do tratamento diferenciado, simplificado e favorecido ou da determinação de prazos máximos, de acordo com os §§ 3.º e 4.º, tornará a nova obrigação inexigível para as microempresas e empresas de pequeno porte.

•• § 6.º acrescentado pela Lei Complementar n. 147, de 7-8-2014.

§ 7.º A inobservância do disposto nos §§ 3.º a 6.º resultará em atentado aos direitos e garantias legais assegurados ao exercício profissional da atividade empresarial.

•• § 7.º acrescentado pela Lei Complementar n. 147, de 7-8-2014.

Art. 2.º O tratamento diferenciado e favorecido a ser dispensado às microempresas e empresas de pequeno porte de que trata o art. 1.º desta Lei Complementar será gerido pelas instâncias a seguir especificadas:

I – Comitê Gestor do Simples Nacional, vinculado ao Ministério da Economia, composto de 4 (quatro) representantes da União, 2 (dois) dos Estados e do Distrito Federal, 2 (dois) dos Municípios, 1 (um) do Serviço Brasileiro de Apoio às Micro e Pequenas Empresas (Sebrae) e 1 (um) das confederações nacionais de representação do segmento de microempresas e empresas de pequeno porte referidas no art. 11 da Lei Complementar n. 147, de 7 de agosto de 2014, para tratar dos aspectos tributários;

•• Inciso I com redação determinada pela Lei Complementar n. 188, de 31-12-2021.

• A Resolução n. 1, de 19-3-2007, do CGSN, nos termos da Resolução n. 102, de 19-9-2012, do CGSN, aprova o Regimento Interno do Comitê Gestor do Simples Nacional.

II – Fórum Permanente das Microempresas e Empresas de Pequeno Porte, com a participação dos órgãos federais competentes e das entidades vinculadas ao setor, para tratar dos demais aspectos, ressalvado o disposto no inciso III do *caput* deste artigo;

•• Inciso II com redação determinada pela Lei Complementar n. 128, de 19-12-2008.

III – Comitê para Gestão da Rede Nacional para Simplificação do Registro e da Legalização de Empresas e Negócios - CGSIM, vinculado à Secretaria da Micro e Pequena Empresa da Presidência da República, composto por representantes da União, dos Estados e do Distrito Federal, dos Municípios e demais órgãos de apoio e de registro empresarial, na forma definida pelo Poder Executivo, para tratar do processo de registro e de legalização de empresários e de pessoas jurídicas.

•• Inciso III com redação determinada pela Lei Complementar n. 147, de 7-8-2014.

§ 1.º Os Comitês de que tratam os incisos I e III do *caput* deste artigo serão presididos e coordenados por representantes da União.

•• § 1.º com redação determinada pela Lei Complementar n. 128, de 19-12-2008.

§ 2.º Os representantes dos Estados e do Distrito Federal nos Comitês referidos nos incisos I e III do *caput* deste artigo serão indicados pelo Conselho Nacional de Política Fazendária - CONFAZ e os dos Municípios serão indicados, um pela entidade representativa das Secretarias de Finanças das Capitais e outro pelas entidades de representação nacional dos Municípios brasileiros.

•• § 2.º com redação determinada pela Lei Complementar n. 128, de 19-12-2008.

§ 3.º As entidades de representação referidas no inciso III do *caput* e no § 2.º deste artigo serão aquelas regularmente constituídas há pelo menos 1 (um) ano antes da publicação desta Lei Complementar.

•• § 3.º com redação determinada pela Lei Complementar n. 128, de 19-12-2008.

§ 4.º Os comitês de que tratam os incisos I e III do *caput* deste artigo elaborarão seus regimentos internos mediante resolução, observado, quanto ao CGSN, o disposto nos §§ 4.º-A e 4.º-B deste artigo.

•• § 4.º com redação determinada pela Lei Complementar n. 188, de 31-12-2021.

§ 4.º-A. O quórum mínimo para a realização das reuniões do CGSN será de 3/4 (três quartos) dos componentes, dos quais um deles será necessariamente o Presidente.

•• § 4.º-A acrescentado pela Lei Complementar n. 188, de 31-12-2021.

§ 4.º-B. As deliberações do CGSN serão tomadas por 3/4 (três quartos) dos componentes presentes às reuniões, presenciais ou virtuais, ressalvadas as decisões que determinem a exclusão de ocupações autorizadas a atuar na qualidade de Microempreendedor Individual (MEI), quando a deliberação deverá ser unânime.

•• § 4.º-B acrescentado pela Lei Complementar n. 188, de 31-12-2021.

§ 5.º O Fórum referido no inciso II do *caput* deste artigo tem por finalidade orientar e assessorar a formulação e coordenação da política nacional de desenvolvimento das microempresas e empresas de pequeno porte, bem como acompanhar e avaliar a sua implantação, sendo presidido e coordenado pela Secretaria da Micro e Pequena Empresa da Presidência da República.

•• § 5.º com redação determinada pela Lei n. 12.792, de 28-3-2013.

§ 6.º Ao Comitê de que trata o inciso I do *caput* deste artigo compete regulamentar a opção, exclusão, tributação, fiscalização, arrecadação, cobrança, dívida ativa, recolhimento e demais itens relativos ao regime de que trata o art. 12 desta Lei Complementar, observadas as demais disposições desta Lei Complementar.

•• § 6.º acrescentado pela Lei Complementar n. 128, de 19-12-2008.

§ 7.º Ao Comitê de que trata o inciso III do *caput* deste artigo compete, na forma da lei, regulamentar a inscrição, cadastro, abertura, alvará, arquivamento, licenças, permissão, autorização, registros e demais itens relativos à abertura, legalização e funcionamento de empresários e de pessoas jurídicas de qualquer porte, atividade econômica ou composição societária.

•• § 7.º acrescentado pela Lei Complementar n. 128, de 19-12-2008.

• A Instrução Normativa n. 1.470, de 30-5-2014, da Secretaria da Receita Federal do Brasil, dispõe sobre o cadastro nacional da pessoa jurídica (CNPJ).

§ 8.º Os membros dos comitês de que tratam os incisos I e III do *caput* deste artigo serão designados pelo Ministro de Estado da Economia, mediante indicação dos órgãos e entidades vinculados.

•• § 8.º com redação determinada pela Lei Complementar n. 188, de 31-12-2021.

§ 8.º-A. Dos membros da União que compõem o comitê de que trata o inciso I do *caput* deste artigo, 3 (três) serão representantes da Secretaria Especial da Receita Federal do Brasil e 1 (um) da Subsecretaria de Desenvolvimento das Micro e Pequenas Empresas, Empreendedorismo e Artesanato da Secretaria Especial de Produtividade e Competitividade ou do órgão que vier a substituí-la.

•• § 8.º-A acrescentado pela Lei Complementar n. 188, de 31-12-2021.

§ 8.º-B. A vaga das confederações nacionais de representação do segmento de microempresas e empresas de pequeno porte no comitê de que trata o inciso I do *caput* deste artigo será ocupada em regime de rodízio anual entre as confederações.

•• § 8.º-B acrescentado pela Lei Complementar n. 188, de 31-12-2021.

§ 9.º O CGSN poderá determinar, com relação à microempresa e à empresa de pequeno porte optante pelo Simples Nacional, a forma, a periodicidade e o prazo:

•• § 9.º, *caput*, acrescentado pela Lei Complementar n. 147, de 7-8-2014.

I – de entrega à Secretaria da Receita Federal do Brasil – RFB de uma única declaração com dados relacionados a fatos geradores, base de cálculo e valores da contribuição para a Seguridade Social devida sobre a remuneração do trabalho, inclusive a descontada dos trabalhadores a serviço da empresa, do Fundo de Garantia do Tempo de Serviço – FGTS e outras informações de interesse do Ministério do Trabalho e Emprego – MTE, do Instituto Nacional do Seguro Social – INSS e do Conselho Curador do FGTS, observado o disposto no § 7.º deste artigo; e

•• Inciso I acrescentado pela Lei Complementar n. 147, de 7-8-2014.

II – do recolhimento das contribuições descritas no inciso I e do FGTS.

•• Inciso II acrescentado pela Lei Complementar n. 147, de 7-8-2014.

§ 10. O recolhimento de que trata o inciso II do § 9.º deste artigo poderá se dar de forma unificada relativamente aos tributos apurados na forma do Simples Nacional.

•• § 10 acrescentado pela Lei Complementar n. 147, de 7-8-2014.

§ 11. A entrega da declaração de que trata o inciso I do § 9.º substituirá, na forma regulamentada pelo CGSN, a obrigatoriedade de entrega de todas as informações, formulários e declarações a que estão sujeitas as demais empresas ou equiparados que contratam trabalhadores, inclusive relativamente ao recolhimento do FGTS, à Relação Anual de Informações Sociais e ao Cadastro Geral de Empregados e Desempregados.

•• § 11 acrescentado pela Lei Complementar n. 147, de 7-8-2014.

§ 12. Na hipótese de recolhimento do FGTS na forma do inciso II do § 9.º deste artigo, deve-se assegurar a transferência dos recursos e dos elementos identificadores do recolhimento ao gestor desse fundo para crédito na conta vinculada do trabalhador.

•• § 12 acrescentado pela Lei Complementar n. 147, de 7-8-2014.

§ 13. O documento de que trata o inciso I do § 9.º tem caráter declaratório, constituindo instrumento hábil e suficiente para a exigência dos tributos, contribuições e dos débitos fundiários que não tenham sido recolhidos resultantes das informações nele prestadas.

•• § 13 acrescentado pela Lei Complementar n. 147, de 7-8-2014.

Capítulo II
DA DEFINIÇÃO DE MICROEMPRESA E DE EMPRESA DE PEQUENO PORTE

Art. 3.º Para os efeitos desta Lei Complementar, consideram-se microempresas ou empresas de pequeno porte a sociedade empresária, a sociedade simples, a empresa individual de responsabilidade limitada e o empresário a que se refere o art. 966 da Lei n. 10.406, de 10 de janeiro de 2002 (Código Civil), devidamente registrados no Registro de Empresas Mercantis ou no Registro Civil de Pessoas Jurídicas, conforme o caso, desde que:

•• *Caput* com redação determinada pela Lei Complementar n. 139, de 10-11-2011.

• A Lei n. 10.406, de 10-1-2002, institui o CC.

• *Vide* art. 16, § 1.º, desta Lei Complementar.

I – no caso da microempresa, aufira, em cada ano-calendário, receita bruta igual ou inferior a R$ 360.000,00 (trezentos e sessenta mil reais); e

•• Inciso I com redação determinada pela Lei Complementar n. 139, de 10-11-2011.

II – no caso de empresa de pequeno porte, aufira, em cada ano-calendário, receita bruta superior a R$ 360.000,00 (trezentos e sessenta mil reais) e igual ou inferior a R$ 4.800.000,00 (quatro milhões e oitocentos mil reais).

•• Inciso II com redação determinada pela Lei Complementar n. 155, de 27-10-2016.

§ 1.º Considera-se receita bruta, para fins do disposto no *caput* deste artigo, o produto da venda de bens e serviços nas operações de conta própria, o preço dos serviços prestados e o resultado nas operações em conta alheia, não incluídas as vendas canceladas e os descontos incondicionais concedidos.

§ 2.º No caso de início de atividade no próprio ano-calendário, o limite a que se refere o *caput* deste artigo será proporcional ao número de meses em que a microempresa ou a empresa de pequeno porte houver exercido atividade, inclusive as frações de meses.

§ 3.º O enquadramento do empresário ou da sociedade simples ou empresária como microempresa ou empresa de pequeno porte bem como o seu desenquadramento não implicarão alteração, denúncia ou qualquer restrição em relação a contratos por elas anteriormente firmados.

§ 4.º Não poderá se beneficiar do tratamento jurídico diferenciado previsto nesta Lei Complementar, incluído o regime de que trata o art. 12 desta Lei Complementar, para nenhum efeito legal, a pessoa jurídica:

•• § 4.º, *caput*, com redação determinada pela Lei Complementar n. 128, de 19-12-2008.

I – de cujo capital participe outra pessoa jurídica;

II – que seja filial, sucursal, agência ou representação, no País, de pessoa jurídica com sede no exterior;

III – de cujo capital participe pessoa física que seja inscrita como empresário ou seja sócia de outra empresa que receba tratamento jurídico diferenciado nos termos desta Lei Complementar, desde que a receita bruta global ultrapasse o limite de que trata o inciso II do *caput* deste artigo;

IV – cujo titular ou sócio participe com mais de 10% (dez por cento) do capital de outra empresa não beneficiada por esta Lei Complementar, desde que a receita bruta global ultrapasse o limite de que trata o inciso II do *caput* deste artigo;

V – cujo sócio ou titular seja administrador ou equiparado de outra pessoa jurídica com fins lucrativos, desde que a receita bruta global ultrapasse o limite de que trata o inciso II do *caput* deste artigo;

VI – constituída sob a forma de cooperativas, salvo as de consumo;

VII – que participe do capital de outra pessoa jurídica;

VIII – que exerça atividade de banco comercial, de investimentos e de desenvolvimento, de caixa econômica, de sociedade de crédito, financiamento e investimento ou de crédito imobiliário, de corretora ou de distribuidora de títulos, valores mobiliários e câmbio, de empresa de arrendamento mercantil, de seguros privados e de capitalização ou de previdência complementar;

IX – resultante ou remanescente de cisão ou qualquer outra forma de desmembramento de pessoa jurídica que tenha ocorrido em um dos 5 (cinco) anos-calendário anteriores;

X – constituída sob a forma de sociedade por ações;

XI – cujos titulares ou sócios guardem, cumulativamente, com o contratante do serviço, relação de pessoalidade, subordinação e habitualidade.

•• Inciso XI acrescentado pela Lei Complementar n. 147, de 7-8-2014.

§ 5.º O disposto nos incisos IV e VII do § 4.º deste artigo não se aplica à participação no capital de cooperativas de crédito, bem como em centrais de compras, bolsas de subcontratação, no consórcio referido no art. 50 desta Lei Complementar e na sociedade de propósito específico prevista no art. 56 desta Lei Complementar, e em associações assemelhadas, sociedades de interesse econômico, sociedades de garantia solidária e outros tipos de sociedade, que tenham como objetivo social a defesa exclusiva dos interesses econômicos das microempresas e empresas de pequeno porte.

•• § 5.º com redação determinada pela Lei Complementar n. 128, de 19-12-2008.

§ 6.º Na hipótese de a microempresa ou empresa de pequeno porte incorrer em alguma das situações previstas nos incisos do § 4.º, será excluída do tratamento jurídico diferenciado previsto nesta Lei Complementar, bem como do regime de que trata o art. 12, com efeitos a partir do mês seguinte ao que incorrida a situação impeditiva.

•• § 6.º com redação determinada pela Lei Complementar n. 139, de 10-11-2011.

§ 7.º Observado o disposto no § 2.º deste artigo, no caso de início de atividades, a microempresa que, no ano-calendário, exceder o limite de receita bruta anual previsto no inciso I do *caput* deste artigo passa, no ano-calendário seguinte, à condição de empresa de pequeno porte.

§ 8.º Observado o disposto no § 2.º deste artigo, no caso de início de atividades, a empresa de pequeno porte que, no ano-calendário, não ultrapassar o limite de receita bruta anual previsto no inciso I do *caput* deste artigo passa, no ano-calendário seguinte, à condição de microempresa.

§ 9.º A empresa de pequeno porte que, no ano-calendário, exceder o limite de receita bruta anual previsto no inciso II do *caput* fica excluída, no mês subsequente à ocorrência do excesso, do tratamento jurídico diferenciado previsto nesta Lei Complementar, incluído o regime de que trata o art. 12, para todos os efeitos legais, ressalvado o disposto nos §§ 9.º-A, 10 e 12.

•• § 9.º com redação determinada pela Lei Complementar n. 139, de 10-11-2011.

§ 9.º-A. Os efeitos da exclusão prevista no § 9.º dar-se-ão no ano-calendário subsequente se o excesso verificado em relação à receita bruta não for superior a 20% (vinte por cento) do limite referido no inciso II do *caput*.

•• § 9.º-A acrescentado pela Lei Complementar n. 139, de 10-11-2011.

§ 10. A empresa de pequeno porte que no decurso do ano-calendário de início de atividade ultrapassar o limite proporcional de receita bruta de que trata o § 2.º estará excluída do tratamento jurídico diferenciado previsto nesta Lei Complementar, bem como do regime de que trata o art. 12 desta Lei Complementar, com efeitos retroativos ao início de suas atividades.

•• § 10 com redação determinada pela Lei Complementar n. 139, de 10-11-2011.

• *Vide* art. 31, III, *b*, desta Lei Complementar.

§ 11. Na hipótese de o Distrito Federal, os Estados e os respectivos Municípios adotarem um dos limites previstos nos incisos I e II do *caput* do art. 19 e no art. 20, caso a receita bruta auferida pela empresa durante o ano-calendário de início de atividade ultrapasse 1/12 (um doze avos) do limite estabelecido multiplicado pelo número de meses de funcionamento nesse período, a empresa não poderá recolher o ICMS e o ISS na forma do Simples Nacional, relativos ao estabelecimento localizado na unidade da federação que os houver adotado, com efeitos retroativos ao início de suas atividades.

•• § 11 com redação determinada pela Lei Complementar n. 139, de 10-11-2011.

§ 12. A exclusão de que trata o § 10 não retroagirá ao início das atividades se o excesso verificado em relação à receita bruta não for superior a 20% (vinte por cento) do respectivo limite referido naquele parágrafo, hipótese em que os efeitos da exclusão dar-se-ão no ano-calendário subsequente.

•• § 12 com redação determinada pela Lei Complementar n. 139, de 10-11-2011.

§ 13. O impedimento de que trata o § 11 não retroagirá ao início das atividades se o excesso verificado em relação à receita bruta não for superior a 20% (vinte por cento) dos respectivos limites referidos naquele parágrafo, hipótese em que os efeitos do impedimento ocorrerão no ano-calendário subsequente.

•• § 13 acrescentado pela Lei Complementar n. 139, de 10-11-2011.

§ 14. Para fins de enquadramento como microempresa ou empresa de pequeno porte, poderão ser auferidas receitas no mercado interno até o limite previsto no inciso II do *caput* ou no § 2.º, conforme o caso, e, adicionalmente, receitas decorrentes da exportação de mercadorias ou serviços, inclusive quando realizada por meio de comercial exportadora ou da sociedade de propósito específico prevista no art. 56 desta Lei Complementar, desde que as receitas de exportação também não excedam os referidos limites de receita bruta anual.

•• § 14 com redação determinada pela Lei Complementar n. 147, de 7-8-2014.

§ 15. Na hipótese do § 14, para fins de determinação da alíquota de que trata o § 1.º do art. 18, da base de cálculo prevista em seu § 3.º e das majorações de alíquotas previstas em seus §§ 16, 16-A, 17 e 17-A, serão consideradas separadamente as receitas brutas auferidas no mercado interno e aquelas decorrentes da exportação.

•• § 15 com redação determinada pela Lei Complementar n. 147, de 7-8-2014.

§ 16. O disposto neste artigo será regulamentado por resolução do CGSN.

•• § 16 acrescentado pela Lei Complementar n. 147, de 7-8-2014.

§ 17. (*Vetado*.)

•• § 17 acrescentado pela Lei Complementar n. 155, de 27-10-2016.

§ 18. (*Vetado*.)

•• § 18 acrescentado pela Lei Complementar n. 155, de 27-10-2016.

Art. 3.º-A. Aplica-se ao produtor rural pessoa física e ao agricultor familiar conceituado na Lei n. 11.326, de 24 de julho de 2006, com situação regular na Previdência Social e no Município que tenham auferido receita bruta anual até o limite de que trata o inciso II do *caput* do art. 3.º o disposto nos arts. 6.º e 7.º, nos Capítulos V a X, na Seção IV do Capítulo XI e no Capítulo XII desta Lei Complementar, ressalvadas as disposições da Lei n. 11.718, de 20 de junho de 2008.

•• Artigo acrescentado pela Lei Complementar n. 147, de 7-8-2014.

Parágrafo único. A equiparação de que trata o *caput* não se aplica às disposições do Capítulo IV desta Lei Complementar.

•• Parágrafo único acrescentado pela Lei Complementar n. 147, de 7-8-2014.

Art. 3.º-B. Os dispositivos desta Lei Complementar, com exceção dos dispostos no Capítulo IV, são aplicáveis a todas as microempresas e empresas de pequeno porte, assim definidas pelos incisos I e II do *caput* e § 4.º do art. 3.º, ainda que não enquadradas no regime tributário do Simples Nacional, por vedação ou por opção.

•• Artigo acrescentado pela Lei Complementar n. 147, de 7-8-2014.

Capítulo III
DA INSCRIÇÃO E DA BAIXA

• A Instrução Normativa n. 1.470, de 30-5-2014, da Secretaria da Receita Federal do Brasil, dispõe sobre o cadastro nacional da pessoa jurídica (CNPJ).

Art. 4.º Na elaboração de normas de sua competência, os órgãos e entidades envolvidos na abertura e fechamento de empresas, dos 3 (três) âmbitos de governo, deverão considerar a unicidade do processo de registro e de legalização de empresários e de pessoas jurídicas, para tanto devendo articular as competências próprias com aquelas dos demais membros, e buscar, em conjunto, compatibilizar e integrar procedimentos, de modo a evitar a duplicidade de exigências e garantir a linearidade do processo, da perspectiva do usuário.

§ 1.º O processo de abertura, registro, alteração e baixa da microempresa e empresa de pequeno porte, bem como qualquer exigência para o início de seu funcionamento, deverão ter trâmite especial e simplificado, preferencialmente eletrônico, opcional para o empreendedor, observado o seguinte:

•• § 1.º, *caput*, com redação determinada pela Lei Complementar n. 147, de 7-8-2014.

I – poderão ser dispensados o uso da firma, com a respectiva assinatura autógrafa, o capital, requerimentos, demais assinaturas, informações relativas ao estado civil e regime de bens, bem como remessa de documentos, na forma estabelecida pelo CGSIM; e

•• Inciso I acrescentado pela Lei Complementar n. 139, de 10-11-2011.

II – (*Revogado pela Lei Complementar n. 147, de 7-8-2014.*)

•• A Resolução n. 16, de 17-12-2009, do CGSIM, dispõe sobre o procedimento especial para o registro e legalização do microempreendedor individual de que trata este § 1.º.

§ 2.º (*Revogado pela Lei Complementar n. 139, de 10-11-2011.*)

§ 3.º Ressalvado o disposto nesta Lei Complementar, ficam reduzidos a 0 (zero) todos os custos, inclusive prévios, relativos à abertura, à inscrição, ao registro, ao funcionamento, ao alvará, à licença, ao cadastro, às alterações e procedimentos de baixa e encerramento e aos demais itens relativos ao Microempreendedor Individual, incluindo os valores referentes a taxas, a emolumentos e a demais contribuições relativas aos órgãos de registro, de licenciamento, sindicais, de regulamentação, de anotação de responsabilidade técnica, de vistoria e de fiscalização do exercício de profissões regulamentadas.

•• § 3.º com redação determinada pela Lei Complementar n. 147, de 7-8-2014.

§ 3.º-A. O agricultor familiar, definido conforme a Lei n. 11.326, de 24 de julho de 2006, e identificado pela Declaração de Aptidão ao Pronaf - DAP física ou jurídica, bem como o MEI e o empreendedor de economia solidária ficam isentos de taxas e outros valores relativos à fiscalização da vigilância sanitária.

•• § 3.º-A acrescentado pela Lei Complementar n. 147, de 7-8-2014.

§ 4.º No caso do MEI, de que trata o art. 18-A desta Lei Complementar, a cobrança associativa ou oferta de serviços privados relativos aos atos de que trata o § 3.º deste artigo somente poderá ser efetuada a partir de demanda prévia do próprio MEI, firmado por meio de contrato com assinatura autógrafa, observando-se que:

•• § 4.º, *caput*, acrescentado pela Lei Complementar n. 147, de 7-8-2014.

I – para a emissão de boletos de cobrança, os bancos públicos e privados deverão exigir das instituições sindicais e associativas autorização prévia específica a ser emitida pelo CGSIM;

•• Inciso I acrescentado pela Lei Complementar n. 147, de 7-8-2014.

I – o desrespeito ao disposto neste parágrafo configurará vantagem ilícita pelo induzimento ao erro em prejuízo do MEI, aplicando-se as sanções previstas em lei.

•• Inciso II acrescentado pela Lei Complementar n. 147, de 7-8-2014.

§ 5.º (*Vetado.*)

•• § 5.º acrescentado pela Lei Complementar n. 147, de 7-8-2014.

§ 6.º Na ocorrência de fraude no registro do Microempreendedor Individual - MEI feito por terceiros, o pedido de baixa deve ser feito por meio exclusivamente eletrônico, com efeitos retroativos à data de registro, na forma a ser regulamentada pelo CGSIM, não sendo aplicáveis os efeitos do § 1.º do art. 29 desta Lei Complementar.

•• § 6.º acrescentado pela Lei Complementar n. 155, de 27-10-2016.

Art. 5.º Os órgãos e entidades envolvidos na abertura e fechamento de empresas, dos 3 (três) âmbitos de governo, no âmbito de suas atribuições, deverão manter à disposição dos usuários, de forma presencial e pela rede mundial de computadores, informações, orientações e instrumentos, de forma integrada e consolidada, que permitam pesquisas prévias às etapas de registro ou inscrição, alteração e baixa de empresários e pessoas jurídicas, de modo a prover ao usuário certeza quanto à documentação exigível e quanto à viabilidade do registro ou inscrição.

Parágrafo único. As pesquisas prévias à elaboração de ato constitutivo ou de sua alteração deverão bastar a que o usuário seja informado pelos órgãos e entidades competentes:

I – da descrição oficial do endereço de seu interesse e da possibilidade de exercício da atividade desejada no local escolhido;

II – de todos os requisitos a serem cumpridos para obtenção de licenças de autorização de funcionamento, segundo a atividade pretendida, o porte, o grau de risco e a localização; e

III – da possibilidade de uso do nome empresarial de seu interesse.

Art. 6.º Os requisitos de segurança sanitária, metrologia, controle ambiental e prevenção contra incêndios, para os fins de registro e legalização de empresários e pessoas jurídicas, deverão ser simplificados, racionalizados e uniformizados pelos órgãos envolvidos na abertura e fechamento de empresas, no âmbito de suas competências.

§ 1.º Os órgãos e entidades envolvidos na abertura e fechamento de empresas que sejam responsáveis pela emissão de licenças e autorizações de funcionamento somente realizarão vistorias após o início de operação do estabelecimento, quando a atividade, por sua natureza, comportar grau de risco compatível com esse procedimento.

§ 2.º Os órgãos e entidades competentes definirão, em 6 (seis) meses, contados da publicação desta Lei Complementar, as atividades cujo grau de risco seja considerado alto e que exigirão vistoria prévia.

§ 3.º Na falta de legislação estadual, distrital ou municipal específica relativa à definição do grau de risco da atividade aplicar-se-á resolução do CGSIM.

•• § 3.º acrescentado pela Lei Complementar n. 147, de 7-8-2014.

§ 4.º A classificação de baixo grau de risco permite ao empresário ou à pessoa jurídica a obtenção do licenciamento de atividade mediante o simples fornecimento de dados e a substituição da comprovação prévia do cumprimento de exigências e restrições por declarações do titular ou responsável.

•• § 4.º acrescentado pela Lei Complementar n. 147, de 7-8-2014.

§ 5.º O disposto neste artigo não é impeditivo da inscrição fiscal.

•• § 5.º acrescentado pela Lei Complementar n. 147, de 7-8-2014.

Art. 7.º Exceto nos casos em que o grau de risco da atividade seja considerado alto, os Municípios emitirão Alvará de Funcionamento Provisório, que permitirá o início de operação do estabelecimento imediatamente após o ato de registro.

Parágrafo único. Nos casos referidos no *caput* deste artigo, poderá o Município conceder Alvará de Funcionamento Provisório para o microempreendedor individual, para microempresas e para empresas de pequeno porte:

•• Parágrafo único, *caput*, acrescentado pela Lei Complementar n. 128, de 19-12-2008.

I – instaladas em área ou edificação desprovidas de regulação fundiária e imobiliária, inclusive habite-se; ou

•• Inciso I com redação determinada pela Lei Complementar n. 147, de 7-8-2014.

II – em residência do microempreendedor individual ou do titular ou sócio da microempresa ou empresa de pequeno porte, na hipótese em que a atividade não gere grande circulação de pessoas.

•• Inciso II acrescentado pela Lei Complementar n. 128, de 19-12-2008.

Art. 8.º Será assegurado aos empresários e pessoas jurídicas:

•• *Caput* com redação determinada pela Lei Complementar n. 147, de 7-8-2014.

I – entrada única de dados e documentos;

•• Inciso I acrescentado pela Lei Complementar n. 147, de 7-8-2014.

II – processo de registro e legalização integrado entre os órgãos e entes envolvidos, por meio de sistema informatizado que garanta:

•• Inciso II, *caput*, acrescentado pela Lei Complementar n. 147, de 7-8-2014.

a) sequenciamento das seguintes etapas: consulta prévia de nome empresarial e de viabilidade de localização, registro empresarial, inscrições fiscais e licenciamento de atividade;

•• Alínea *a* acrescentada pela Lei Complementar n. 147, de 7-8-2014.

b) criação da base nacional cadastral única de empresas;

•• Alínea *b* acrescentada pela Lei Complementar n. 147, de 7-8-2014.

III – identificação nacional cadastral única que corresponderá ao número de inscrição no Cadastro Nacional de Pessoas Jurídicas – CNPJ.

•• Inciso III acrescentado pela Lei Complementar n. 147, de 7-8-2014.

§ 1.º O sistema de que trata o inciso II do *caput* deve garantir aos órgãos e entidades integrados:

•• § 1.º acrescentado pela Lei Complementar n. 147, de 7-8-2014.

I – compartilhamento irrestrito dos dados da base nacional única de empresas;

•• Inciso I acrescentado pela Lei Complementar n. 147, de 7-8-2014.

II – autonomia na definição das regras para comprovação do cumprimento de exigências nas respectivas etapas do processo.

•• Inciso II acrescentado pela Lei Complementar n. 147, de 7-8-2014.

§ 2.º A identificação nacional cadastral única substituirá para todos os efeitos as demais inscrições, sejam elas federais, estaduais ou municipais, após a implantação do sistema a que se refere o inciso II do *caput*, no prazo e na forma estabelecidos pelo CGSIM.

•• § 2.º acrescentado pela Lei Complementar n. 147, de 7-8-2014.

§ 3.º É vedado aos órgãos e entidades integrados ao sistema informatizado de que trata o inciso II do *caput* o estabelecimento de exigências não previstas em lei.

•• § 3.º acrescentado pela Lei Complementar n. 147, de 7-8-2014.

§ 4.º A coordenação do desenvolvimento e da implantação do sistema de que trata o inciso II do *caput* ficará a cargo do CGSIM.

•• § 4.º acrescentado pela Lei Complementar n. 147, de 7-8-2014.

Art. 9.º O registro dos atos constitutivos, de suas alterações e extinções (baixas), referentes a empresários e pessoas jurídicas em qualquer órgão dos 3 (três) âmbitos de governo ocorrerá independentemente da regularidade de obrigações tributárias, previdenciárias ou trabalhistas, principais ou acessórias, do empresário, da sociedade, dos sócios, dos administradores ou de empresas de que participem, sem prejuízo das responsabilidades do empresário, dos titulares, dos sócios ou dos administradores por tais obrigações, apuradas antes ou após o ato de extinção.

•• *Caput* acrescentado pela Lei Complementar n. 147, de 7-8-2014.

§ 1.º O arquivamento, nos órgãos de registro, dos atos constitutivos de empresários, de sociedades empresárias e de demais equiparados que se enquadrarem como microempresa ou empresa de pequeno porte bem como o arquivamento de suas alterações são dispensados das seguintes exigências:

I – certidão de inexistência de condenação criminal, que será substituída por declaração do titular ou administrador, firmada sob as penas da lei, de não estar impedido de exercer atividade mercantil ou a administração de sociedade, em virtude de condenação criminal;

II – prova de quitação, regularidade ou inexistência de débito referente a tributo ou contribuição de qualquer natureza.

§ 2.º Não se aplica às microempresas e às empresas de pequeno porte o disposto no § 2.º do art. 1.º da Lei n. 8.906, de 4 de julho de 1994.

• A Lei n. 8.906, de 4-7-1994, dispõe sobre o Estatuto da Advocacia e a Ordem dos Advogados do Brasil.

§ 3.º (*Revogado pela Lei Complementar n. 147, de 7-8-2014.*)

§ 4.º A baixa do empresário ou da pessoa jurídica não impede que, posteriormente, sejam lançados ou cobrados tributos, contribuições e respectivas penalidades, decorrentes da falta do cumprimento de obrigações ou da prática comprovada e apurada em processo administrativo ou judicial de outras irregularidades praticadas pelos empresários, pelas pessoas jurídicas ou por seus titulares, sócios ou administradores.

•• § 4.º com redação determinada pela Lei Complementar n. 147, de 7-8-2014.

§ 5.º A solicitação de baixa do empresário ou da pessoa jurídica importa responsabilidade solidária dos empresários, dos titulares, dos sócios e dos administradores no período da ocorrência dos respectivos fatos geradores.

•• § 5.º com redação determinada pela Lei Complementar n. 147, de 7-8-2014.

§ 6.º Os órgãos referidos no *caput* deste artigo terão o prazo de 60 (sessenta) dias para efetivar a baixa nos respectivos cadastros.

•• § 6.º acrescentado pela Lei Complementar n. 128, de 19-12-2008.

§ 7.º Ultrapassado o prazo previsto no § 6.º deste artigo sem manifestação do órgão competente, presumir-se-á a baixa dos registros das microempresas e a das empresas de pequeno porte.

•• § 7.º acrescentado pela Lei Complementar n. 128, de 19-12-2008.

§§ 8.º a 12. (*Revogados pela Lei Complementar n. 147, de 7-8-2014.*)

Art. 10. Não poderão ser exigidos pelos órgãos e entidades envolvidos na abertura e fechamento de empresas, dos 3 (três) âmbitos de governo:

I – excetuados os casos de autorização prévia, quaisquer documentos adicionais aos requeridos pelos órgãos executores do Registro Público de Empresas Mercantis e Atividades Afins e do Registro Civil de Pessoas Jurídicas;

• A Lei n. 8.934, de 18-11-1994, que dispõe sobre o Registro Público de Empresas Mercantis e Atividades Afins e dá outras providências.

II – documento de propriedade ou contrato de locação do imóvel onde será instalada a sede, filial ou outro estabelecimento, salvo para comprovação do endereço indicado;

III – comprovação de regularidade de prepostos dos empresários ou pessoas jurídicas com seus órgãos de classe, sob qualquer forma, como requisito para deferimento de ato de inscrição, alteração ou baixa de empresa, bem como para autenticação de instrumento de escrituração.

Art. 11. Fica vedada a instituição de qualquer tipo de exigência de natureza documental ou formal, restritiva ou condicionante, pelos órgãos envolvidos na abertura e fechamento de empresas, dos 3 (três) âmbitos de governo, que exceda o estrito limite dos requisitos pertinentes à essência do ato de registro, alteração ou baixa da empresa.

Capítulo IV
DOS TRIBUTOS E CONTRIBUIÇÕES

Seção I
Da Instituição e Abrangência

Art. 12. Fica instituído o Regime Especial Unificado de Arrecadação de Tributos e Contribuições devidos pelas Microempresas e Empresas de Pequeno Porte – Simples Nacional.

•• *Vide* Resolução n. 140, de 22-5-2018, do CGSN, que dispõe sobre o Regime Especial de Tributos e Contribuições devidos pelas empresas optantes pelo Simples Nacional.

• *Vide* art. 146, III, *d*, e parágrafo único da CF.

• A Lei n. 11.488, de 15-6-2007, cria o Regime Especial de Incentivos para o Desenvolvimento da Infraestrutura – REIDI e dá outras providências.

Parágrafo único. (*Vetado.*)

•• Parágrafo único acrescentado pela Lei Complementar n. 155, de 27-10-2016.

Art. 13. O Simples Nacional implica o recolhimento mensal, mediante documento único de arrecadação, dos seguintes impostos e contribuições:

I – Imposto sobre a Renda da Pessoa Jurídica – IRPJ;

•• *Vide* Súmula 184 do STJ.

II – Imposto sobre Produtos Industrializados – IPI, observado o disposto no inciso XII do § 1.º deste artigo;

III – Contribuição Social sobre o Lucro Líquido – CSLL;

IV – Contribuição para o Financiamento da Seguridade Social – COFINS, observado o disposto no inciso XII do § 1.º deste artigo;

V – Contribuição para o PIS/Pasep, observado o disposto no inciso XII do § 1.º deste artigo;

VI – Contribuição Patronal Previdenciária – CPP para a Seguridade Social, a cargo da pessoa jurídica, de que trata o art. 22 da Lei n. 8.212, de 24 de julho de 1991, exceto no caso da microempresa e da empresa de pequeno porte que se dediquem às atividades de prestação de serviços referidas no § 5.º-C do art. 18 desta Lei Complementar;

•• Inciso VI com redação determinada pela Lei Complementar n. 128, de 19-12-2008.

• A Lei n. 8.212, de 24-7-1991, dispõe sobre a organização da Seguridade Social, institui plano de custeio, e dá outras providências.

• *Vide* Súmula 424 do STJ.

VII – Imposto sobre Operações Relativas à Circulação de Mercadorias e Sobre Prestações de Serviços de Transporte Interestadual e Intermunicipal e de Comunicação – ICMS;

• *Vide* art. 18-A, § 3.º, V, *b*, desta Lei Complementar.

VIII – Imposto sobre Serviços de Qualquer Natureza – ISS.

• *Vide* art. 18-A, § 3.º, V, *c*, desta Lei Complementar.

§ 1.º O recolhimento na forma deste artigo não exclui a incidência dos seguintes impostos ou contribuições, devidos na qualidade de contribuinte ou responsável, em relação aos quais será observada a legislação aplicável às demais pessoas jurídicas:

• *Vide* art. 18-A, § 3.º, VI, desta Lei Complementar.

I – Imposto sobre Operações de Crédito, Câmbio e Seguro, ou Relativas a Títulos ou Valores Mobiliários – IOF;

II – Imposto sobre a Importação de Produtos Estrangeiros – II;

III – Imposto sobre a Exportação, para o Exterior, de Produtos Nacionais ou Nacionalizados – IE;

IV – Imposto sobre a Propriedade Territorial Rural – ITR;

•• Inciso IV com redação determinada pela Lei Complementar n. 128, de 19-12-2008.

V – Imposto de Renda, relativo aos rendimentos ou ganhos líquidos auferidos em aplicações de renda fixa ou variável;

VI – Imposto de Renda relativo aos ganhos de capital auferidos na alienação de bens do ativo permanente;

VII – Contribuição Provisória sobre Movimentação ou Transmissão de Valores e de Créditos e Direitos de Natureza Financeira – CPMF;

VIII – Contribuição para o Fundo de Garantia do Tempo de Serviço – FGTS;

IX – Contribuição para manutenção da Seguridade Social, relativa ao trabalhador;

X – Contribuição para a Seguridade Social, relativa à pessoa do empresário, na qualidade de contribuinte individual;

• *Vide* art. 18-A, § 3.º, IV, desta Lei Complementar.

XI – Imposto de Renda relativo aos pagamentos ou créditos efetuados pela pessoa jurídica a pessoas físicas;

XII – Contribuição para o PIS/Pasep, Cofins e IPI incidentes na importação de bens e serviços;

XIII – ICMS devido:

a) nas operações sujeitas ao regime de substituição tributária, tributação concentrada em uma única etapa (monofásica) e sujeitas ao regime de antecipação do recolhimento do imposto com encerramento de tributação, envolvendo combustíveis e lubrificantes; energia elétrica; cigarros e outros produtos derivados do fumo; bebidas; óleos e azeites vegetais comestíveis; farinha de trigo e misturas de farinha de trigo; massas alimentícias; açúcares; produtos lácteos; carnes e suas preparações; preparações à base de cereais; chocolates; produtos de padaria e da indústria de bolachas e biscoitos; sorvetes e preparados para fabricação de sorvetes em máquinas; cafés e mates, seus extratos, essências e concentrados; preparações para molhos e molhos preparados; preparações de produtos vegetais; rações para animais domésticos; veículos automotivos e automotores, suas peças, componentes e acessórios; pneumáticos; câmaras de ar e protetores de borracha; medicamentos e outros produtos farmacêuticos para uso humano ou veterinário; cosméticos; produtos de perfumaria e de higiene pessoal; papéis; plásticos; canetas e malas; cimentos; cal e argamassas; produtos cerâmicos; vidros; obras de metal e plástico para construção; telhas e caixas d'água; tintas e vernizes; produtos eletrônicos, eletroeletrônicos e eletrodomésticos; fios; cabos e outros condutores; transformadores elétricos e reatores; disjuntores; interruptores e tomadas; isoladores; para-raios e lâmpadas; máquinas e aparelhos de ar-condicionado; centrifugadores de uso doméstico; aparelhos e instrumentos de pesagem de uso doméstico; extintores; aparelhos ou máquinas de barbear; máquinas de cortar o cabelo ou de tosquiar; aparelhos de depilar, com motor elétrico incorporado; aquecedores elétricos de água para uso doméstico e termômetros; ferramentas; álcool etílico; sabões em pó e líquidos para roupas; detergentes; alvejantes; esponjas; palhas de aço e amaciantes de roupas; venda de mercadorias pelo sistema porta a porta; nas operações sujeitas ao regime de substituição tributária pelas operações anteriores; e nas prestações de serviços sujeitas aos regimes de substituição tributária e de antecipação de recolhimento do imposto com encerramento de tributação;

•• Alínea *a* com redação determinada pela Lei Complementar n. 147, de 7-8-2014.

b) por terceiro, a que o contribuinte se ache obrigado, por força da legislação estadual ou distrital vigente;

c) na entrada, no território do Estado ou do Distrito Federal, de petróleo, inclusive lubrificantes e combustíveis líquidos e gasosos dele derivados, bem como energia elétrica, quando não destinados à comercialização ou industrialização;

d) por ocasião do desembaraço aduaneiro;

e) na aquisição ou manutenção em estoque de mercadoria desacobertada de documento fiscal;

f) na operação ou prestação desacobertada de documento fiscal;

g) nas operações com bens ou mercadorias sujeitas ao regime de antecipação do recolhimento do imposto, nas aquisições em outros Estados e Distrito Federal:

1. com encerramento da tributação, observado o disposto no inciso IV do § 4.º do art. 18 desta Lei Complementar;

2. sem encerramento da tributação, hipótese em que será cobrada a diferença entre a alíquota interna e a interestadual, sendo vedada a agregação de qualquer valor;

•• Alínea g com redação determinada pela Lei Complementar n. 128, de 19-12-2008.

h) nas aquisições em outros Estados e no Distrito Federal de bens ou mercadorias, não sujeitas ao regime de antecipação do recolhimento do imposto, relativo à diferença entre a alíquota interna e a interestadual;

•• Alínea h acrescentada pela Lei Complementar n. 128, de 19-12-2008.

XIV – ISS devido:

a) em relação aos serviços sujeitos à substituição tributária ou retenção na fonte;

b) na importação de serviços;

XV – demais tributos de competência da União, dos Estados, do Distrito Federal ou dos Municípios, não relacionados nos incisos anteriores.

§ 1.º-A. Os valores repassados aos profissionais de que trata a Lei n. 12.592, de 18 de janeiro de 2012, contratados por meio de parceria, nos termos da legislação civil, não integrarão a receita bruta da empresa contratante para fins de tributação, cabendo ao contratante a retenção e o recolhimento dos tributos devidos pelo contratado.

•• § 1.º-A acrescentado pela Lei Complementar n. 155, de 27-10-2016.

§ 2.º Observada a legislação aplicável, a incidência do imposto de renda na fonte, na hipótese do inciso V do § 1.º deste artigo, será definitiva.

§ 3.º As microempresas e empresas de pequeno porte optantes pelo Simples Nacional ficam dispensadas do pagamento das demais contribuições instituídas pela União, inclusive as contribuições para as entidades privadas de serviço social e de formação profissional vinculadas ao sistema sindical, de que trata o art. 240 da Constituição Federal, e demais entidades de serviço social autônomo.

• *Vide* art. 18-A, § 3.º, VI, desta Lei Complementar.

§ 4.º (*Vetado.*)

§ 5.º A diferença entre a alíquota interna e a interestadual de que tratam as alíneas *g* e *h* do inciso XIII do § 1.º deste artigo será calculada tomando-se por base as alíquotas aplicáveis às pessoas jurídicas não optantes pelo Simples Nacional.

•• § 5.º acrescentado pela Lei Complementar n. 128, de 19-12-2008.

§ 6.º O Comitê Gestor do Simples Nacional:

•• § 6.º, *caput*, acrescentado pela Lei Complementar n. 128, de 19-12-2008.

I – disciplinará a forma e as condições em que será atribuída à microempresa ou empresa de pequeno porte optante pelo Simples Nacional a qualidade de substituta tributária; e

•• Inciso I acrescentado pela Lei Complementar n. 128, de 19-12-2008.

II – poderá disciplinar a forma e as condições em que será estabelecido o regime de antecipação do ICMS previsto na alínea *g* do inciso XIII do § 1.º deste artigo.

•• Inciso II acrescentado pela Lei Complementar n. 128, de 19-12-2008.

§ 7.º O disposto na alínea *a* do inciso XIII do § 1.º será disciplinado por convênio celebrado pelos Estados e pelo Distrito Federal, ouvidos o CGSN e os representantes dos segmentos econômicos envolvidos.

•• § 7.º acrescentado pela Lei Complementar n. 147, de 7-8-2014.

§ 8.º Em relação às bebidas não alcoólicas, massas alimentícias, produtos lácteos, carnes e suas preparações, preparações à base de cereais, chocolates, produtos de padaria e da indústria de bolachas e biscoitos, preparações para molhos e molhos preparados, preparações de produtos vegetais, telhas e outros produtos cerâmicos para construção e detergentes, aplica-se o disposto na alínea *a* do inciso XIII do § 1.º aos fabricados em escala industrial relevante em cada segmento, observado o disposto no § 7.º.

•• § 8.º acrescentado pela Lei Complementar n. 147, de 7-8-2014.

Art. 13-A. Para efeito de recolhimento do ICMS e do ISS no Simples Nacional, o limite máximo de que trata o inciso II do *caput* do art. 3.º será de R$ 3.600.000,00 (três milhões e seiscentos mil reais), observado o disposto nos §§ 11, 13, 14 e 15 do mesmo artigo, nos §§ 17 e 17-A do art. 18 e no § 4.º do art. 19.

•• Artigo acrescentado pela Lei Complementar n. 155, de 27-10-2016.

Art. 14. Consideram-se isentos do imposto de renda, na fonte e na declaração de ajuste do beneficiário, os valores efetivamente pagos ou distribuídos ao titular ou sócio da microempresa ou empresa de pequeno porte optante pelo Simples Nacional, salvo os que corresponderem a pró-labore, aluguéis ou serviços prestados.

§ 1.º A isenção de que trata o *caput* deste artigo fica limitada ao valor resultante da aplicação dos percentuais de que trata o art. 15 da Lei n. 9.249, de 26 de dezembro de 1995, sobre a receita bruta mensal, no caso de antecipação de fonte, ou da receita bruta total anual, tratando-se de declaração de ajuste, subtraído do valor devido na forma do Simples Nacional no período.

§ 2.º O disposto no § 1.º deste artigo não se aplica na hipótese de a pessoa jurídica manter escrituração contábil e evidenciar lucro superior àquele limite.

Art. 15. (*Vetado.*)

Art. 16. A opção pelo Simples Nacional da pessoa jurídica enquadrada na condição de microempresa e empresa de pequeno porte dar-se-á na forma a ser estabelecida em ato do Comitê Gestor, sendo irretratável para todo o ano-calendário.

•• *Vide* Resolução n. 140, de 22-5-2018, do CGSN, que dispõe sobre o Regime Especial de Tributos e Contribuições devidos pelas empresas optantes pelo Simples Nacional.

§ 1.º Para efeito de enquadramento no Simples Nacional, considerar-se-á microempresa ou empresa de pequeno porte aquela cuja receita bruta no ano-calendário anterior ao da opção esteja compreendida dentro dos limites previstos no art. 3.º desta Lei Complementar.

§ 1.º-A. A opção pelo Simples Nacional implica aceitação de sistema de comunicação eletrônica, destinado, dentre outras finalidades, a:

•• § 1.º-A, *caput*, acrescentado pela Lei Complementar n. 139, de 10-11-2011.

I – cientificar o sujeito passivo de quaisquer tipos de atos administrativos, incluídos os relativos ao indeferimento de opção, à exclusão do regime e a ações fiscais;

•• Inciso I acrescentado pela Lei Complementar n. 139, de 10-11-2011.

II – encaminhar notificações e intimações; e

•• Inciso II acrescentado pela Lei Complementar n. 139, de 10-11-2011.

III – expedir avisos em geral.

•• Inciso III acrescentado pela Lei Complementar n. 139, de 10-11-2011.

§ 1.º-B. O sistema de comunicação eletrônica de que trata o § 1.º-A será regulamentado pelo CGSN, observando-se o seguinte:

•• § 1.º-B, *caput*, acrescentado pela Lei Complementar n. 139, de 10-11-2011.

I – as comunicações serão feitas, por meio eletrônico, em portal próprio, dispensando-se a sua publicação no *Diário Oficial* e o envio por via postal;

•• Inciso I acrescentado pela Lei Complementar n. 139, de 10-11-2011.

II – a comunicação feita na forma prevista no *caput* será considerada pessoal para todos os efeitos legais;

•• Inciso II acrescentado pela Lei Complementar n. 139, de 10-11-2011.

III – a ciência por meio do sistema de que trata o § 1.º-A com utilização de certificação digital ou de código de acesso possuirá os requisitos de validade;

•• Inciso III acrescentado pela Lei Complementar n. 139, de 10-11-2011.

IV – considerar-se-á realizada a comunicação no dia em que o sujeito passivo efetivar a consulta eletrônica ao teor da comunicação; e

•• Inciso IV acrescentado pela Lei Complementar n. 139, de 10-11-2011.

V – na hipótese do inciso IV, nos casos em que a consulta se dê em dia não útil, a comunicação será considerada como realizada no primeiro dia útil seguinte.

•• Inciso V acrescentado pela Lei Complementar n. 139, de 10-11-2011.

§ 1.º-C. A consulta referida nos incisos IV e V do § 1.º-B deverá ser feita em até 45 (quarenta e cinco) dias contados da data da disponibilização da comunicação no portal a que se refere o inciso I do § 1.º-B, ou em prazo superior estipulado pelo CGSN, sob pena de ser considerada automaticamente realizada na data do término desse prazo.

•• § 1.º-C acrescentado pela Lei Complementar n. 139, de 10-11-2011.

§ 1.º-D. Enquanto não editada a regulamentação de que trata o § 1.º-B, os entes federativos poderão utilizar sistemas de comunicação eletrônica, com regras próprias, para as finalidades previstas no § 1.º-A, podendo a referida regulamentação prever a adoção desses sistemas como meios complementares de comunicação.

•• § 1.º-D acrescentado pela Lei Complementar n. 139, de 10-11-2011.

§ 2.º A opção de que trata o *caput* deste artigo deverá ser realizada no mês de janeiro, até o seu último dia útil, produzindo efeitos a partir do primeiro dia do ano-calendário da opção, ressalvado o disposto no § 3.º deste artigo.

§ 3.º A opção produzirá efeitos a partir da data do início de atividade, desde que exercida nos termos, prazo e condições a serem estabelecidos no ato do Comitê Gestor a que se refere o *caput* deste artigo.

§ 4.º Serão consideradas inscritas no Simples Nacional, em 1.º de julho de 2007, as microempresas e empresas de pequeno porte regularmente optantes pelo regime tributário de que trata a Lei n. 9.317, de 5 de dezembro de 1996, salvo as que estiverem impedidas de optar por alguma vedação imposta por esta Lei Complementar.

•• § 4.º com redação determinada pela Lei Complementar n. 127, de 14-8-2007.

•• *Vide* art. 89 desta Lei.

§ 5.º O Comitê Gestor regulamentará a opção automática prevista no § 4.º deste artigo.

§ 6.º O indeferimento da opção pelo Simples Nacional será formalizado mediante ato da Administração Tributária segundo regulamentação do Comitê Gestor.

Seção II

Das Vedações ao Ingresso no Simples Nacional

Art. 17. Não poderão recolher os impostos e contribuições na forma do Simples Nacional a microempresa ou empresa de pequeno porte:

•• *Caput* com redação determinada pela Lei Complementar n. 167, de 24-4-2019.

• *Vide* art. 31, § 2.º, desta Lei Complementar.

I – que explore atividade de prestação cumulativa e contínua de serviços de assessoria creditícia, gestão de crédito, seleção e riscos, administração de contas a pagar e a receber, gerenciamento de ativos (*asset management*) ou compra de direitos creditórios resultantes de vendas mercantis a prazo ou de prestação de serviços (*factoring*) ou que execute operações de empréstimo, de financiamento e de desconto de títulos de crédito, exclusivamente com recursos próprios, tendo como contrapartes microempreendedores individuais, microempresas e empresas de pequeno porte, inclusive sob a forma de empresa simples de crédito;

•• Inciso I com redação determinada pela Lei Complementar n. 167, de 24-4-2019.

II – que tenha sócio domiciliado no exterior;

III – de cujo capital participe entidade da administração pública, direta ou indireta, federal, estadual ou municipal;

IV – (*Revogado pela Lei Complementar n. 128, de 19-12-2008.*)

V – que possua débito com o Instituto Nacional do Seguro Social – INSS, ou com as Fazendas Públicas Federal, Estadual ou Municipal, cuja exigibilidade não esteja suspensa;

• *Vide* art. 31, § 2.º, desta Lei Complementar.

• *Vide* art. 31, IV, desta Lei Complementar.

VI – que preste serviço de transporte intermunicipal e interestadual de passageiros, exceto quando na modalidade fluvial ou quando possuir características de transporte urbano ou metropolitano ou realizar-se sob fretamento contínuo em área metropolitana para o transporte de estudantes ou trabalhadores;

•• Inciso VI com redação determinada pela Lei Complementar n. 147, de 7-8-2014.

VII – que seja geradora, transmissora, distribuidora ou comercializadora de energia elétrica;

VIII – que exerça atividade de importação ou fabricação de automóveis e motocicletas;

IX – que exerça atividade de importação de combustíveis;

X – que exerça atividade de produção ou venda no atacado de:

•• Inciso X, *caput*, com redação determinada pela Lei Complementar n. 128, de 19-12-2008.

a) cigarros, cigarrilhas, charutos, filtros para cigarros, armas de fogo, munições e pólvoras, explosivos e detonantes;

•• Alínea *a* acrescentada pela Lei Complementar n. 128, de 19-12-2008.

b) bebidas não alcoólicas a seguir descritas:

•• Alínea *b* com redação determinada pela Lei Complementar n. 155, de 27-10-2016.

1 – (*Revogado pela Lei Complementar n. 155, de 27-10-2016.*)

2 e 3 – (*Revogados pela Lei Complementar n. 147, de 7-8-2014.*)

4 – cervejas sem álcool;

c) bebidas alcoólicas, exceto aquelas produzidas ou vendidas no atacado por:

1 – micro e pequenas cervejarias;

2 – micro e pequenas vinícolas;

3 – produtores de licores;

4 – micro e pequenas destilarias;

•• Alínea *c* acrescentada pela Lei Complementar n. 155, de 27-10-2016.

XI – (*Revogado pela Lei Complementar n. 147, de 7-8-2014.*)

XII – que realize cessão ou locação de mão de obra;

• *Vide* art. 18, § 5.º-H, desta Lei Complementar.

XIII – (*Revogado pela Lei Complementar n. 147, de 7-8-2014.*)

XIV – que se dedique ao loteamento e à incorporação de imóveis;

XV – que realize atividade de locação de imóveis próprios, exceto quando se referir a prestação de serviços tributados pelo ISS;

•• Inciso XV com redação determinada pela Lei Complementar n. 139, de 10-11-2011.

XVI – com ausência de inscrição ou com irregularidade em cadastro fiscal federal, municipal ou estadual, quando exigível.

•• Inciso XVI acrescentado pela Lei Complementar n. 139, de 10-11-2011.

§ 1.º As vedações relativas a exercício de atividades previstas no *caput* deste artigo não se aplicam às pessoas jurídicas que se dediquem exclusivamente às atividades referidas nos §§ 5.º-B a 5.º-E do art. 18 desta Lei Complementar, ou as exerçam em conjunto com outras atividades que não tenham sido objeto de vedação no *caput* deste artigo.

•• § 1.º, *caput*, com redação determinada pela Lei Complementar n. 128, de 19-12-2008.

I a XXI - (*Revogados pela Lei Complementar n. 128, de 19-12-2008.*)

XXII – (*Vetado.*)

XXIII a XXVII - (*Revogados pela Lei Complementar n. 128, de 19-12-2008.*)

XXVIII – (*Vetado.*)

§ 2.º Também poderá optar pelo Simples Nacional a microempresa ou empresa de pequeno porte que se dedique à prestação de outros serviços que não tenham sido objeto de vedação expressa neste artigo, desde que não incorra em nenhuma das hipóteses de vedação previstas nesta Lei Complementar.

•• § 2.º com redação determinada pela Lei Complementar n. 127, de 14-8-2007.

§ 3.º (*Vetado.*)

§ 4.º Na hipótese do inciso XVI do *caput*, deverá ser observado, para o MEI, o disposto no art. 4.º desta Lei Complementar.

•• § 4.º acrescentado pela Lei Complementar n. 139, de 10-11-2011.

§ 5.º As empresas que exerçam as atividades previstas nos itens da alínea *c* do inciso X do *caput* deste artigo deverão obrigatoriamente ser registradas no Ministério da Agricultura, Pecuária e Abastecimento e obedecerão também à regulamentação da Agência Nacional de Vigilância Sanitária e da Secretaria da Receita Federal do Brasil quanto à produção e à comercialização de bebidas alcoólicas.

•• § 5.º acrescentado pela Lei Complementar n. 155, de 27-10-2016.

Seção III

Das Alíquotas e Base de Cálculo

Art. 18. O valor devido mensalmente pela microempresa ou empresa de pequeno porte optante pelo Simples Nacional será determinado mediante aplicação das alíquotas efetivas, calculadas a partir das alíquotas nominais constantes das tabelas dos Anexos I a V desta Lei Complementar, sobre a base de cálculo de que trata o § 3.º deste artigo, observado o disposto no § 15 do art. 3.º.

• *Caput* com redação determinada pela Lei Complementar n. 155, de 27-10-2016.

§ 1.º Para efeito de determinação da alíquota nominal, o sujeito passivo utilizará a receita bruta acumulada nos doze meses anteriores ao do período de apuração.

•• § 1.º com redação determinada pela Lei Complementar n. 155, de 27-10-2016.

§ 1.º-A. A alíquota efetiva é o resultado de:

$$\frac{RBT12 \times Aliq - PD}{RBT12}$$, em que:

•• § 1.º-A acrescentado pela Lei Complementar n. 155, de 27-10-2016.

I – RBT12: receita bruta acumulada nos doze meses anteriores ao período de apuração;

•• Inciso I acrescentado pela Lei Complementar n. 155, de 27-10-2016.

II – Aliq: alíquota nominal constante dos Anexos I a V desta Lei Complementar;

•• Inciso II acrescentado pela Lei Complementar n. 155, de 27-10-2016.

III – PD: parcela a deduzir constante dos Anexos I a V desta Lei Complementar.

•• Inciso III acrescentado pela Lei Complementar n. 155, de 27-10-2016.

§ 1.º-B. Os percentuais efetivos de cada tributo serão calculados a partir da alíquota efetiva, multiplicada pelo percentual de repartição constante dos Anexos I a V desta Lei Complementar, observando-se que:

•• § 1.º-B acrescentado pela Lei Complementar n. 155, de 27-10-2016.

I – o percentual efetivo máximo destinado ao ISS será de 5% (cinco por cento), transferindo-se eventual diferença, de forma proporcional, aos tributos federais da mesma faixa de receita bruta anual;

•• Inciso I acrescentado pela Lei Complementar n. 155, de 27-10-2016.

II – eventual diferença centesimal entre o total dos percentuais e a alíquota efetiva será transferida para o tributo com maior percentual de repartição na respectiva faixa de receita bruta.

•• Inciso II acrescentado pela Lei Complementar n. 155, de 27-10-2016.

§ 1.º-C. Na hipótese de transformação, extinção, fusão ou sucessão dos tributos referidos nos incisos IV e V do art. 13, serão mantidas as alíquotas nominais e efetivas previstas neste artigo e nos Anexos I a V desta Lei Complementar, e lei ordinária disporá sobre a repartição dos valores arrecadados para os tributos federais, sem alteração no total dos percentuais de repartição a eles devidos, e mantidos os percentuais de repartição destinados ao ICMS e ao ISS.

•• § 1.º-C acrescentado pela Lei Complementar n. 155, de 27-10-2016.

§ 2.º Em caso de início de atividade, os valores de receita bruta acumulada constantes dos Anexos I a V desta Lei Complementar devem ser proporcionalizados ao número de meses de atividade no período.

•• § 2.º com redação determinada pela Lei Complementar n. 155, de 27-10-2016.

§ 3.º Sobre a receita bruta auferida no mês incidirá a alíquota efetiva determinada na forma do *caput* e dos §§ 1.º, 1.º-A e 2.º deste artigo, podendo tal incidência se dar, à opção do contribuinte, na forma regulamentada pelo Comitê Gestor, sobre a receita recebida no mês, sendo essa opção irretratável para todo o ano-calendário.

•• § 3.º com redação determinada pela Lei Complementar n. 155, de 27-10-2016.

§ 4.º O contribuinte deverá considerar, destacadamente, para fim de pagamento, as receitas decorrentes da:

•• § 4.º, *caput*, com redação determinada pela Lei Complementar n. 147, de 7-8-2014.

I – revenda de mercadorias, que serão tributadas na forma do Anexo I desta Lei Complementar;

•• Inciso I com redação determinada pela Lei Complementar n. 147, de 7-8-2014.

•• A Lei n. 13.097, de 19-1-2015, propôs nova redação a este inciso, porém teve seu texto vetado.

II – venda de mercadorias industrializadas pelo contribuinte, que serão tributadas na forma do Anexo II desta Lei Complementar;

•• Inciso II com redação determinada pela Lei Complementar n. 147, de 7-8-2014.

III – prestação de serviços de que trata o § 5.º-B deste artigo e dos serviços vinculados à locação de bens imóveis e corretagem de imóveis desde que observado o disposto no inciso XV do art. 17, que serão tributados na forma do Anexo III desta Lei Complementar;

•• Inciso III com redação determinada pela Lei Complementar n. 147, de 7-8-2014.

IV – prestação de serviços de que tratam os §§ 5.º-C a 5.º-F e 5.º-I deste artigo, que serão tributadas na forma prevista naqueles parágrafos;

•• Inciso IV com redação determinada pela Lei Complementar n. 147, de 7-8-2014.

V – locação de bens móveis, que serão tributadas na forma do Anexo III desta Lei Complementar, deduzida a parcela correspondente ao ISS;

•• Inciso V com redação determinada pela Lei Complementar n. 147, de 7-8-2014.

VI – atividade com incidência simultânea de IPI e de ISS, que serão tributadas na forma do Anexo II desta Lei Complementar, deduzida a parcela correspondente ao ICMS e acrescida a parcela correspondente ao ISS prevista no Anexo III desta Lei Complementar;

•• Inciso VI acrescentado pela Lei Complementar n. 147, de 7-8-2014.

VII – comercialização de medicamentos e produtos magistrais produzidos por manipulação de fórmulas:

•• Inciso VII, *caput*, acrescentado pela Lei Complementar n. 147, de 7-8-2014.

a) sob encomenda para entrega posterior ao adquirente, em caráter pessoal, mediante prescrições de profissionais habilitados ou indicação pelo farmacêutico, produzidos no próprio estabelecimento após o atendimento inicial, que serão tributadas na forma do Anexo III desta Lei Complementar;

•• Alínea *a* acrescentada pela Lei Complementar n. 147, de 7-8-2014.

b) nos demais casos, quando serão tributadas na forma do Anexo I desta Lei Complementar.

•• Alínea *b* acrescentada pela Lei Complementar n. 147, de 7-8-2014.

§ 4.º-A. O contribuinte deverá segregar, também, as receitas:

•• § 4.º-A, *caput*, acrescentado pela Lei Complementar n. 147, de 7-8-2014.

I – decorrentes de operações ou prestações sujeitas à tributação concentrada em uma única etapa (monofásica), bem como, em relação ao ICMS, que o imposto já tenha sido recolhido por substituto tributário ou por antecipação tributária com encerramento de tributação;

•• Inciso I acrescentado pela Lei Complementar n. 147, de 7-8-2014.

II – sobre as quais houve retenção de ISS na forma do § 6.º deste artigo e § 4.º do art. 21 desta Lei Complementar, ou, na hipótese do § 22-A deste artigo, seja devido em valor fixo ao respectivo município;

•• Inciso II acrescentado pela Lei Complementar n. 147, de 7-8-2014.

III – sujeitas à tributação em valor fixo ou que tenham sido objeto de isenção ou redução de ISS ou de ICMS na forma prevista nesta Lei Complementar;

•• Inciso III acrescentado pela Lei Complementar n. 147, de 7-8-2014.

IV – decorrentes da exportação para o exterior, inclusive as vendas realizadas por meio de comercial exportadora ou da sociedade de propósito específico prevista no art. 56 desta Lei Complementar;

•• Inciso IV acrescentado pela Lei Complementar n. 147, de 7-8-2014.

V – sobre as quais o ISS seja devido a Município diverso do estabelecimento prestador, quando será recolhido no Simples Nacional.

•• Inciso V acrescentado pela Lei Complementar n. 147, de 7-8-2014.

§ 5.º As atividades industriais serão tributadas na forma do Anexo II desta Lei Complementar.

•• § 5.º com redação determinada pela Lei Complementar n. 128, de 19-12-2008.

§ 5.º-A. (*Revogado pela Lei Complementar n. 147, de 7-8-2014.*)

§ 5.º-B. Sem prejuízo do disposto no § 1.º do art. 17 desta Lei Complementar, serão tributadas na forma do Anexo III desta Lei Complementar as seguintes atividades de prestação de serviços:

•• 5.º-B, *caput*, acrescentado pela Lei Complementar n. 128, de 19-12-2008.

I – creche, pré-escola e estabelecimento de ensino fundamental, escolas técnicas, profissionais e de ensino médio, de línguas estrangeiras, de artes, cursos técnicos de pilotagem, preparatórios para concursos, gerenciais e escolas livres, exceto as previstas nos incisos II e III do § 5.º-D deste artigo;

•• Inciso I acrescentado pela Lei Complementar n. 128, de 19-12-2008.

• *Vide* Súmula 448 do STJ.

II – agência terceirizada de correios;

•• Inciso II acrescentado pela Lei Complementar n. 128, de 19-12-2008.

III – agência de viagem e turismo;

•• Inciso III acrescentado pela Lei Complementar n. 128, de 19-12-2008.

IV – centro de formação de condutores de veículos automotores de transporte terrestre de passageiros e de carga;

•• Inciso IV acrescentado pela Lei Complementar n. 128, de 19-12-2008.

V – agência lotérica;

•• Inciso V acrescentado pela Lei Complementar n. 128, de 19-12-2008.

VI a VIII - (*Revogados pela Lei Complementar n. 128, de 19-12-2008.*)

IX – serviços de instalação, de reparos e de manutenção em geral, bem como de usinagem, solda, tratamento e revestimento em metais;

•• Inciso IX acrescentado pela Lei Complementar n. 128, de 19-12-2008.

X a XII - (*Revogados pela Lei Complementar n. 128, de 19-12-2008.*)

XIII – transporte municipal de passageiros;

•• Inciso XIII acrescentado pela Lei Complementar n. 128, de 19-12-2008.

XIV – escritórios de serviços contábeis, observado o disposto nos §§ 22-B e 22-C deste artigo;

•• Inciso XIV acrescentado pela Lei Complementar n. 128, de 19-12-2008.

XV – produções cinematográficas, audiovisuais, artísticas e culturais, sua exibição ou apresentação, inclusive no caso de música, literatura, artes cênicas, artes visuais, cinematográficas e audiovisuais;

•• Inciso XV acrescentado pela Lei Complementar n. 133, de 28-12-2009.

XVI – fisioterapia;

•• Inciso XVI acrescentado pela Lei Complementar n. 147, de 7-8-2014.

XVII – corretagem de seguros;

•• Inciso XVII acrescentado pela Lei Complementar n. 147, de 7-8-2014.

XVIII – arquitetura e urbanismo;

•• Inciso XVIII acrescentado pela Lei Complementar n. 155, de 27-10-2016.

XIX – medicina, inclusive laboratorial, e enfermagem;

•• Inciso XIX acrescentado pela Lei Complementar n. 155, de 27-10-2016.

XX – odontologia e prótese dentária;

•• Inciso XX acrescentado pela Lei Complementar n. 155, de 27-10-2016.

XXI – psicologia, psicanálise, terapia ocupacional, acupuntura, podologia, fonoaudiologia, clínicas de nutrição e de vacinação e bancos de leite.

•• Inciso XXI acrescentado pela Lei Complementar n. 155, de 27-10-2016.

§ 5.º-C. Sem prejuízo do disposto no § 1.º do art. 17 desta Lei Complementar, as atividades de prestação de serviços seguintes serão tributadas na forma do Anexo IV desta Lei Complementar, hipótese em que não estará incluída no Simples Nacional a contribuição prevista no inciso VI do *caput* do art. 13 desta Lei Complementar, devendo ela ser recolhida segundo a legislação prevista para os demais contribuintes ou responsáveis:

•• § 5.º-C, *caput*, acrescentado pela Lei Complementar n. 128, de 19-12-2008.

• *Vide* art. 33, § 2.º, desta Lei Complementar.

I – construção de imóveis e obras de engenharia em geral, inclusive sob a forma de subempreitada, execução de projetos e serviços de paisagismo, bem como decoração de interiores;

•• Inciso I acrescentado pela Lei Complementar n. 128, de 19-12-2008.

II a V - (*Revogados pela Lei Complementar n. 128, de 19-12-2008.*)

VI – serviço de vigilância, limpeza ou conservação;

•• Inciso VI acrescentado pela Lei Complementar n. 128, de 19-12-2008.

VII – serviços advocatícios.

•• Inciso VII acrescentado pela Lei Complementar n. 147, de 7-8-2014.

§ 5.º-D. Sem prejuízo do disposto no § 1.º do art. 17 desta Lei Complementar, as seguintes atividades de prestação de serviços serão tributadas na forma do Anexo III desta Lei Complementar:

•• § 5.º-D, *caput*, com redação determinada pela Lei Complementar n. 155, de 27-10-2016.

I – administração e locação de imóveis de terceiros;

•• Inciso I com redação determinada pela Lei Complementar n. 147, de 7-8-2014.

II – academias de dança, de capoeira, de ioga e de artes marciais;

•• Inciso II acrescentado pela Lei Complementar n. 128, de 19-12-2008.

III – academias de atividades físicas, desportivas, de natação e escolas de esportes;

•• Inciso III acrescentado pela Lei Complementar n. 128, de 19-12-2008.

IV – elaboração de programas de computadores, inclusive jogos eletrônicos, desde que desenvolvidos em estabelecimento do optante;

•• Inciso IV acrescentado pela Lei Complementar n. 128, de 19-12-2008.

V – licenciamento ou cessão de direito de uso de programas de computação;

•• Inciso V acrescentado pela Lei Complementar n. 128, de 19-12-2008.

VI – planejamento, confecção, manutenção e atualização de páginas eletrônicas, desde que realizados em estabelecimento do optante;

•• Inciso VI acrescentado pela Lei Complementar n. 128, de 19-12-2008.

VII e VIII - (*Revogados pela Lei Complementar n. 128, de 19-12-2008.*)

IX – empresas montadoras de estandes para feiras;

•• Inciso IX acrescentado pela Lei Complementar n. 128, de 19-12-2008.

X e XI – (*Revogados pela Lei Complementar n. 133, de 28-12-2009.*)

XII – laboratórios de análises clínicas ou de patologia clínica;

•• Inciso XII acrescentado pela Lei Complementar n. 128, de 19-12-2008.

XIII – serviços de tomografia, diagnósticos médicos por imagem, registros gráficos e métodos óticos, bem como ressonância magnética;

•• Inciso XIII acrescentado pela Lei Complementar n. 128, de 19-12-2008.

XIV – serviços de prótese em geral.

•• Inciso XIV acrescentado pela Lei Complementar n. 128, de 19-12-2008.

§ 5.º-E. Sem prejuízo do disposto no § 1.º do art. 17 desta Lei Complementar, as atividades de prestação de serviços de comunicação e de transportes interestadual e intermunicipal de cargas, e de transportes autorizados no inciso VI do *caput* do art. 17, inclusive na modalidade fluvial, serão tributadas na forma do Anexo III, deduzida a parcela correspondente ao ISS e acrescida a parcela correspondente ao ICMS prevista no Anexo I.

•• § 5.º-E com redação determinada pela Lei Complementar n. 147, de 7-8-2014.

§ 5.º-F. As atividades de prestação de serviços referidas no § 2.º do art. 17 desta Lei Complementar serão tributadas na forma do Anexo III desta Lei Complementar, salvo se, para alguma dessas atividades, houver previsão expressa de tributação na forma dos Anexos IV ou V desta Lei Complementar.

•• § 5.º-F com redação determinada pela Lei Complementar n. 155, de 27-10-2016.

§ 5.º-G. (*Revogado pela Lei Complementar n. 147, de 7-8-2014.*)

§ 5.º-H. A vedação de que trata o inciso XII do *caput* do art. 17 desta Lei Complementar não se aplica às atividades referidas no § 5.º-C deste artigo.

•• § 5.º-H acrescentado pela Lei Complementar n. 128, de 19-12-2008.

§ 5.º-I. Sem prejuízo do disposto no § 1.º do art. 17 desta Lei Complementar, as seguintes atividades de prestação de serviços serão tributadas na forma do Anexo V desta Lei Complementar:

•• § 5.º-I com redação determinada pela Lei Complementar n. 155, de 27-10-2016.

I – (*Revogado pela Lei Complementar n. 155, de 27-10-2016.*)

II – medicina veterinária;

•• Inciso II acrescentado pela Lei Complementar n. 147, de 7-8-2014.

III e IV – (*Revogados pela Lei Complementar n. 155, de 27-10-2016.*)

V – serviços de comissaria, de despachantes, de tradução e de interpretação;

•• Inciso V acrescentado pela Lei Complementar n. 147, de 7-8-2014.

VI – engenharia, medição, cartografia, topografia, geologia, geodésia, testes, suporte e análises técnicas e tecnológicas, pesquisa, *design*, desenho e agronomia;

•• Inciso VI com redação determinada pela Lei Complementar n. 155, de 27-10-2016.

VII – representação comercial e demais atividades de intermediação de negócios e serviços de terceiros;

•• Inciso VII acrescentado pela Lei Complementar n. 147, de 7-8-2014.

VIII – perícia, leilão e avaliação;

•• Inciso VIII acrescentado pela Lei Complementar n. 147, de 7-8-2014.

IX – auditoria, economia, consultoria, gestão, organização, controle e administração;

•• Inciso IX acrescentado pela Lei Complementar n. 147, de 7-8-2014.

X – jornalismo e publicidade;

•• Inciso X acrescentado pela Lei Complementar n. 147, de 7-8-2014.

XI – agenciamento, exceto de mão de obra;

•• Inciso XI acrescentado pela Lei Complementar n. 147, de 7-8-2014.

XII – outras atividades do setor de serviços que tenham por finalidade a prestação de serviços decorrentes do exercício de atividade intelectual, de natureza técnica, científica, desportiva, artística ou cultural, que constitua profissão regulamentada ou não, desde que não sujeitas à tributação na forma dos Anexos III ou IV desta Lei Complementar.

•• Inciso XII com redação determinada pela Lei Complementar n. 155, de 27-10-2016.

§ 5.º-J. As atividades de prestação de serviços a que se refere o § 5.º-I serão tributadas na forma do Anexo III desta Lei Complementar caso a razão entre a folha de salários e a receita bruta da pessoa jurídica seja igual ou superior a 28% (vinte e oito por cento).

•• § 5.º-J acrescentado pela Lei Complementar n. 155, de 27-10-2016.

§ 5.º-K. Para o cálculo da razão a que se referem os §§ 5.º-J e 5.º-M, serão considerados, respectivamente, os montantes pagos e auferidos nos doze meses anteriores ao período de apuração para fins de enquadramento no regime tributário do Simples Nacional.

•• § 5.º-K acrescentado pela Lei Complementar n. 155, de 27-10-2016.

§ 5.º-L. (*Vetado.*)

•• § 5.º-L acrescentado pela Lei Complementar n. 155, de 27-10-2016.

§ 5.º-M. Quando a relação entre a folha de salários e a receita bruta da microempresa ou da empresa de pequeno porte for inferior a 28% (vinte e oito por cento), serão tributadas na forma do Anexo V desta Lei Complementar as atividades previstas:

•• § 5.º-M, *caput*, acrescentado pela Lei Complementar n. 155, de 27-10-2016.

I – nos incisos XVI, XVIII, XIX, XX e XXI do § 5.º-B deste artigo;

•• Inciso I acrescentado pela Lei Complementar n. 155, de 27-10-2016.

II – no § 5.º-D deste artigo.

•• Inciso II acrescentado pela Lei Complementar n. 155, de 27-10-2016.

§ 6.º No caso dos serviços previstos no § 2.º do art. 6.º da Lei Complementar n. 116, de 31 de julho de 2003, prestados pelas microempresas e pelas empresas de pequeno porte, o tomador do serviço deverá reter o montante correspondente na forma da legislação do município onde estiver localizado, observado o disposto no § 4.º do art. 21 desta Lei Complementar.

•• § 6.º com redação determinada pela Lei Complementar n. 128, de 19-12-2008.

§ 7.º A sociedade de propósito específico de que trata o art. 56 desta Lei Complementar que houver adquirido mercadorias de microempresa ou empresa de pequeno porte que seja sua sócia, bem como a empresa comercial exportadora que houver adquirido mercadorias ou serviços de empresa optante pelo Simples Nacional, com o fim específico de exportação para o exterior, que, no prazo de 180 (cento e oitenta) dias, contado da data da emissão da nota fiscal pela vendedora, não comprovar o seu embarque para o exterior ficará sujeita ao pagamento de todos os impostos e contribuições que deixaram de ser pagos pela empresa vendedora, acrescidos de juros de mora e multa, de mora ou de ofício, calculados na forma da legislação relativa à cobrança do tributo não pago, aplicável à sociedade de propósito específico ou à própria comercial exportadora.

•• § 7.º com redação determinada pela Lei Complementar n. 147, de 7-8-2014.

§ 8.º Para efeito do disposto no § 7.º deste artigo, considera-se vencido o prazo para o pagamento na data em que a empresa vendedora deveria fazê-lo, caso a venda houvesse sido efetuada para o mercado interno.

§ 9.º Relativamente à contribuição patronal previdenciária, devida pela vendedora, a sociedade de propósito específico de que trata o art. 56 desta Lei Complementar ou a comercial exportadora deverão recolher, no prazo previsto no § 8.º deste artigo, o valor correspondente a 11% (onze por cento) do valor das mercadorias não exportadas nos termos do § 7.º deste artigo.

•• § 9.º com redação determinada pela Lei Complementar n. 128, de 19-12-2008.

§ 10. Na hipótese do § 7.º deste artigo, a sociedade de propósito específico de que trata o art. 56 desta Lei Complementar ou a empresa comercial exportadora não poderão deduzir do montante devido qualquer valor a título de crédito de Imposto sobre Produtos Industrializados - IPI da Contribuição para o PIS/Pasep ou da Cofins, decorrente da aquisição das mercadorias e serviços objeto da incidência.

•• § 10 com redação determinada pela Lei Complementar n. 128, de 19-12-2008.

§ 11. Na hipótese do § 7.º deste artigo, a sociedade de propósito específico ou a empresa comercial exportadora deverão pagar, também, os impostos e contribuições devidos nas vendas para o mercado interno, caso, por qualquer forma, tenham alienado ou utilizado as mercadorias.

•• § 11 com redação determinada pela Lei Complementar n. 128, de 19-12-2008.

§ 12. Na apuração do montante devido no mês relativo a cada tributo, para o contribuinte que apure receitas mencionadas nos incisos I a III e V do § 4.º-A deste artigo, serão consideradas as reduções relativas aos tributos já recolhidos, ou sobre os quais tenha havido tributação monofásica, isenção, redução ou, no caso do ISS, que o valor tenha sido objeto de retenção ou seja devido diretamente ao Município.

•• § 12 com redação determinada pela Lei Complementar n. 147, de 7-8-2014.

§ 13. Para efeito de determinação da redução de que trata o § 12 deste artigo, as receitas serão discriminadas em comerciais, industriais ou de prestação de serviços, na forma dos Anexos I, II, III, IV e V desta Lei Complementar.

•• § 13 com redação determinada pela Lei Complementar n. 155, de 27-10-2016.

§ 14. A redução no montante a ser recolhido no Simples Nacional relativo aos valores das receitas decorrentes da exportação de que trata o inciso IV do § 4.º-A deste artigo corresponderá tão somente às alíquotas efetivas relativas à Cofins, à Contribuição para o PIS/Pasep, ao IPI, ao ICMS e ao ISS, apuradas com base nos Anexos I a V desta Lei Complementar.

•• § 14, *caput*, com redação determinada pela Lei Complementar n. 155, de 27-10-2016.

I – (*Revogado pela Lei Complementar n. 147, de 7-8-2014*).

II – (*Revogado pela Lei Complementar n. 147, de 7-8-2014*).

§ 15. Será disponibilizado sistema eletrônico para realização do cálculo simplificado do valor mensal devido referente ao Simples Nacional.

§ 15-A. As informações prestadas no sistema eletrônico de cálculo de que trata o § 15:

•• § 15-A, *caput*, acrescentado pela Lei Complementar n. 139, de 10-11-2011.

I – têm caráter declaratório, constituindo confissão de dívida e instrumento hábil e suficiente para a exigência dos tributos e contribuições que não tenham sido recolhidos resultantes das informações nele prestadas; e

•• Inciso I acrescentado pela Lei Complementar n. 139, de 10-11-2011.

II – deverão ser fornecidas à Secretaria da Receita Federal do Brasil até o vencimento do prazo para pagamento dos tributos devidos no Simples Nacional em cada mês, relativamente aos fatos geradores ocorridos no mês anterior.

•• Inciso II acrescentado pela Lei Complementar n. 139, de 10-11-2011.

§ 16. Na hipótese do § 12 do art. 3.º, a parcela de receita bruta que exceder o montante determinado no § 10 daquele artigo estará sujeita às alíquotas máximas previstas nos Anexos I a V desta Lei Complementar, proporcionalmente, conforme o caso.

•• § 16 com redação determinada pela Lei Complementar n. 155, de 27-10-2016.

§ 16-A. O disposto no § 16 aplica-se, ainda, às hipóteses de que trata o § 9.º do art. 3.º, a partir do mês em que ocorrer o excesso do limite da receita bruta anual e até o mês anterior aos efeitos da exclusão.

•• § 16-A acrescentado pela Lei Complementar n. 139, de 10-11-2011.

§ 17. Na hipótese do § 13 do art. 3.º, a parcela de receita bruta que exceder os montantes determinados no § 11 daquele artigo estará sujeita, em relação aos percentuais aplicáveis ao ICMS e ao ISS, às alíquotas máximas correspondentes a essas faixas previstas nos Anexos I a V desta Lei Complementar, proporcionalmente, conforme o caso.

•• § 17 com redação determinada pela Lei Complementar n. 155, de 27-10-2016.

§ 17-A. O disposto no § 17 aplica-se, ainda, à hipótese de que trata o § 1.º do art. 20, a partir do mês em que ocorrer o excesso do limite da receita bruta anual e até o mês anterior aos efeitos do impedimento.

•• § 17-A acrescentado pela Lei Complementar n. 139, de 10-11-2011.

§ 18. Os Estados, o Distrito Federal e os Municípios, no âmbito das respectivas competências, poderão estabelecer, na forma definida pelo Comitê Gestor, independentemente da receita bruta recebida no mês pelo contribuinte, valores fixos mensais para o recolhimento do ICMS e do ISS devido por microempresa que aufira receita bruta, no ano-calendário anterior, de até o limite máximo previsto na segunda faixa de receitas brutas anuais constantes dos Anexos I a VI, ficando a microempresa sujeita a esses valores durante todo o ano-calendário, ressalvado o disposto no § 18-A.

•• § 18 com redação determinada pela Lei Complementar n. 147, de 7-8-2014.

§ 18-A. A microempresa que, no ano-calendário, exceder o limite de receita bruta previsto no § 18 fica impedida de recolher o ICMS ou o ISS pela sistemática de valor fixo, a partir do mês subsequente à ocorrência do excesso, sujeitando-se à apuração desses tributos na forma das demais empresas optantes pelo Simples Nacional.

•• § 18-A acrescentado pela Lei Complementar n. 147, de 7-8-2014.

§ 19. Os valores estabelecidos no § 18 deste artigo não poderão exceder a 50% (cinquenta por cento) do maior recolhimento possível do tributo para a faixa de enquadramento prevista na tabela do *caput* deste artigo, respeitados os acréscimos decorrentes do tipo de atividade da empresa estabelecidos no § 5.º deste artigo.

§ 20. Na hipótese em que o Estado, o Município ou o Distrito Federal concedam isenção ou redução do ICMS ou do ISS devido por microempresa ou empresa de pequeno porte, ou ainda determine recolhimento de valor fixo para esses tributos, na forma do § 18 deste artigo, será realizada redução proporcional ou ajuste do valor a ser recolhido, na forma definida em resolução do Comitê Gestor.

§ 20-A. A concessão dos benefícios de que trata o § 20 deste artigo poderá ser realizada:

•• § 20-A, *caput*, acrescentado pela Lei Complementar n. 128, de 19-12-2008.

I – mediante deliberação exclusiva e unilateral do Estado, do Distrito Federal ou do Município concedente;

•• Inciso I acrescentado pela Lei Complementar n. 128, de 19-12-2008.

II – de modo diferenciado para cada ramo de atividade.

•• Inciso II acrescentado pela Lei Complementar n. 128, de 19-12-2008.

§ 20-B. A União, os Estados e o Distrito Federal poderão, em lei específica destinada à ME ou EPP optante pelo Simples Nacional, estabelecer isenção ou redução de COFINS, Contribuição para o PIS/PASEP e ICMS para produtos da cesta básica, discriminando a abrangência da sua concessão.

•• § 20-B acrescentado pela Lei Complementar n. 147, de 7-8-2014.

§ 21. O valor a ser recolhido na forma do disposto no § 20 deste artigo, exclusivamente na hipótese de isenção, não integrará o montante a ser partilhado com o respectivo Município, Estado ou Distrito Federal.

§ 22. (*Revogado pela Lei Complementar n. 128, de 19-12-2008.*)

§ 22-A. A atividade constante do inciso XIV do § 5.º-B deste artigo recolherá o ISS em valor fixo, na forma da legislação municipal.

•• § 22-A acrescentado pela Lei Complementar n. 128, de 19-12-2008.

§ 22-B. Os escritórios de serviços contábeis, individualmente ou por meio de suas entidades representativas de classe, deverão:

•• § 22-B, *caput*, acrescentado pela Lei Complementar n. 128, de 19-12-2008.

I – promover atendimento gratuito relativo à inscrição, à opção de que trata o art. 18-A desta Lei Complementar e à primeira declaração anual simplificada da microempresa individual, podendo, para tanto, por meio de suas entidades representativas de classe, firmar convênios e acordos com a União, os Estados, o Distrito Federal e os Municípios, por intermédio dos seus órgãos vinculados;

•• Inciso I acrescentado pela Lei Complementar n. 128, de 19-12-2008.

II – fornecer, na forma estabelecida pelo Comitê Gestor, resultados de pesquisas quantitativas e qualitativas relativas às microempresas e empresas de pequeno porte optantes pelo Simples Nacional por eles atendidas;

•• Inciso II acrescentado pela Lei Complementar n. 128, de 19-12-2008.

III – promover eventos de orientação fiscal, contábil e tributária para as microempresas e empresas de pequeno porte optantes pelo Simples Nacional por eles atendidas.

•• Inciso III acrescentado pela Lei Complementar n. 128, de 19-12-2008.

§ 22-C. Na hipótese de descumprimento das obrigações de que trata o § 22-B deste artigo, o escritório será excluído do Simples Nacional, com efeitos a partir do mês subsequente ao do descumprimento, na forma regulamentada pelo Comitê Gestor.

•• § 22-C acrescentado pela Lei Complementar n. 128, de 19-12-2008.

§ 23. Da base de cálculo do ISS será abatido o material fornecido pelo prestador dos serviços previstos nos itens 7.02 e 7.05 da lista de serviços anexa à Lei Complementar n. 116, de 31 de julho de 2003.

•• A Lei Complementar n. 116, de 31-7-2003, dispõe sobre o Imposto Sobre Serviços de Qualquer Natureza – ISS, de competência dos Municípios e do Distrito Federal, e dá outras providências.

§ 24. Para efeito de aplicação do § 5.º-K, considera-se folha de salários, incluídos encargos, o montante pago, nos doze meses anteriores ao período de apuração, a título de remunerações a pessoas físicas decorrentes do trabalho, acrescido do montante efetivamente recolhido a título de contribuição patronal previdenciária e FGTS, incluídas as retiradas de pró-labore.

•• § 24 com redação determinada pela Lei Complementar n. 155, de 27-10-2016.

§ 25. Para efeito do disposto no § 24 deste artigo, deverão ser consideradas tão somente as remunerações informadas na forma prevista no inciso IV do *caput* do art. 32 da Lei n. 8.212, de 24 de julho de 1991.

•• § 25 com redação determinada pela Lei Complementar n. 139, de 10-11-2011.

§ 26. Não são considerados, para efeito do disposto no § 24, valores pagos a título de aluguéis e de distribuição de lucros, observado o disposto no § 1.º do art. 14.

•• § 26 acrescentado pela Lei Complementar n. 139, de 10-11-2011.

§ 27. (*Vetado.*)

•• § 27 acrescentado pela Lei Complementar n. 155, de 27-10-2016.

Art. 18-A. O Microempreendedor Individual – MEI poderá optar pelo recolhimento dos impostos e contribuições abrangidos pelo Simples Nacional em valores fixos mensais, independentemente da receita bruta por ele auferida no mês, na forma prevista neste artigo.

•• *Caput* acrescentado pela Lei Complementar n. 128, de 19-12-2008.

• *Vide* art. 36-A desta Lei Complementar.

§ 1.º Para os efeitos desta Lei Complementar, considera-se MEI quem tenha auferido receita bruta, no ano-calendário anterior, de até R$ 81.000,00 (oitenta e um mil reais), que seja optante pelo Simples Nacional e que não esteja impedido de optar pela sistemática prevista neste artigo, e seja empresário individual que se enquadre na definição do art. 966 da Lei n. 10.406, de 10 de janeiro de 2002 (Código Civil), ou o empreendedor que exerça:

•• § 1.º, *caput*, com redação determinada pela Lei Complementar n. 188, de 31-12-2021.

I – as atividades de que trata o § 4.º-A deste artigo;

•• Inciso I acrescentado pela Lei Complementar n. 188, de 31-12-2021.

II – as atividades de que trata o § 4.º-B deste artigo estabelecidas pelo CGSN; e

•• Inciso II acrescentado pela Lei Complementar n. 188, de 31-12-2021.

III – as atividades de industrialização, comercialização e prestação de serviços no âmbito rural.

•• Inciso III acrescentado pela Lei Complementar n. 188, de 31-12-2021.

§ 2.º No caso de início de atividades, o limite de que trata o § 1.º será de R$ 6.750,00 (seis mil, setecentos e cinquenta reais) multiplicados pelo número de meses compreendido entre o início da atividade e o final do respectivo ano-calendário, consideradas as frações de meses como um mês inteiro.\

•• § 2.º com redação determinada pela Lei Complementar n. 155, de 27-10-2016.

§ 3.º Na vigência da opção pela sistemática de recolhimento prevista no *caput* deste artigo:

•• § 3.º, *caput*, acrescentado pela Lei Complementar n. 128, de 19-12-2008.

I – não se aplica o disposto no § 18 do art. 18 desta Lei Complementar;

•• Inciso I acrescentado pela Lei Complementar n. 128, de 19-12-2008.

II – não se aplica a redução prevista no § 20 do art. 18 desta Lei Complementar ou qualquer dedução na base de cálculo;

•• Inciso II acrescentado pela Lei Complementar n. 128, de 19-12-2008.

III – não se aplicam as isenções específicas para as microempresas e empresas de pequeno porte concedidas pelo Estado, Município ou Distrito Federal a partir de 1.º de julho de 2007 que abranjam integralmente a faixa de receita bruta anual até o limite previsto no § 1.º;

•• Inciso III com redação determinada pela Lei Complementar n. 139, de 10-11-2011.

IV – a opção pelo enquadramento como Microempreendedor Individual importa opção pelo recolhimento da contribuição referida no inciso X do § 1.º do art. 13 desta Lei Complementar na forma prevista no § 2.º do art. 21 da Lei n. 8.212, de 24 de julho de 1991;

•• Inciso IV acrescentado pela Lei Complementar n. 128, de 19-12-2008.

V – o MEI, com receita bruta anual igual ou inferior a R$ 81.000,00 (oitenta e um mil reais), recolherá, na forma regulamentada pelo Comitê Gestor, valor fixo mensal correspondente à soma das seguintes parcelas:

•• Inciso V com redação determinada pela Lei Complementar n. 155, de 27-10-2016.

a) R$ 45,65 (quarenta e cinco reais e sessenta e cinco centavos), a título da contribuição prevista no inciso IV deste parágrafo;

•• Alínea *a* acrescentada pela Lei Complementar n. 128, de 19-12-2008.

b) R$ 1,00 (um real), a título do imposto referido no inciso VII do *caput* do art. 13 desta Lei Complementar, caso seja contribuinte do ICMS; e

•• Alínea *b* acrescentada pela Lei Complementar n. 128, de 19-12-2008.

c) R$ 5,00 (cinco reais), a título do imposto referido no inciso VIII do *caput* do art. 13 desta Lei Complementar, caso seja contribuinte do ISS;

•• Alínea *c* acrescentada pela Lei Complementar n. 128, de 19-12-2008.

VI – sem prejuízo do disposto nos §§ 1.º a 3.º do art. 13, o MEI terá isenção dos tributos referidos nos incisos I a VI do *caput* daquele artigo, ressalvado o disposto no art. 18-C.

•• Inciso VI com redação determinada pela Lei Complementar n. 139, de 10-11-2011.

§ 4.º Não poderá optar pela sistemática de recolhimento prevista no *caput* deste artigo o MEI:

•• § 4.º, *caput*, acrescentado pela Lei Complementar n. 128, de 19-12-2008.

I – cuja atividade seja tributada na forma dos Anexos V ou VI desta Lei Complementar, salvo autorização relativa a exercício de atividade isolada na forma regulamentada pelo CGSN;

•• Inciso I com redação determinada pela Lei Complementar n. 147, de 7-8-2014.

II – que possua mais de um estabelecimento;

•• Inciso II acrescentado pela Lei Complementar n. 128, de 19-12-2008.

III – que participe de outra empresa como titular, sócio ou administrador; ou

•• Inciso III acrescentado pela Lei Complementar n. 128, de 19-12-2008.

IV – (*Revogado pela Lei Complementar n. 155, de 27-10-2016.*)

V – constituído na forma de *startup*.

•• Inciso V acrescentado pela Lei Complementar n. 167, de 24-4-2019.

•• A Lei Complementar n. 182, de 1º-6-2021, institui o marco legal das *startups* e do empreendedorismo inovador.

§ 4.º-A. Observadas as demais condições deste artigo, poderá optar pela sistemática de recolhimento prevista no *caput* o empresário individual que exerça atividade de comercialização e processamento de produtos de natureza extrativista.

•• § 4.º-A acrescentado pela Lei Complementar n. 139, de 10-11-2011.

§ 4.º-B. O CGSN determinará as atividades autorizadas a optar pela sistemática de recolhimento de que trata este artigo, de forma a evitar a fragilização das relações de trabalho, bem como sobre a incidência do ICMS e do ISS.

•• § 4.º-B acrescentado pela Lei Complementar n. 139, de 10-11-2011.

§ 5.º A opção de que trata o *caput* deste artigo dar-se-á na forma a ser estabelecida em ato do Comitê Gestor, observando-se que:

•• § 5.º, *caput*, acrescentado pela Lei Complementar n. 128, de 19-12-2008.

I – será irretratável para todo o ano-calendário;

•• Inciso I acrescentado pela Lei Complementar n. 128, de 19-12-2008.

II – deverá ser realizada no início do ano-calendário, na forma disciplinada pelo Comitê Gestor, produzindo efeitos a partir do primeiro dia do ano-calendário da opção, ressalvado o disposto no inciso III;

•• Inciso II acrescentado pela Lei Complementar n. 128, de 19-12-2008.

III – produzirá efeitos a partir da data do início de atividade desde que exercida nos termos, prazo e condições a serem estabelecidos em ato do Comitê Gestor a que se refere o *caput* deste parágrafo.

•• Inciso III acrescentado pela Lei Complementar n. 128, de 19-12-2008.

§ 6.º O desenquadramento da sistemática de que trata o *caput* deste artigo será realizado de ofício ou mediante comunicação do MEI.

•• § 6.º acrescentado pela Lei Complementar n. 128, de 19-12-2008.

§ 7.º O desenquadramento mediante comunicação do MEI à Secretaria da Receita Federal do Brasil – RFB dar-se-á:

•• § 7.º, *caput*, acrescentado pela Lei Complementar n. 128, de 19-12-2008.

I – por opção, que deverá ser efetuada no início do ano-calendário, na forma disciplinada pelo Comitê Gestor, produzindo efeitos a partir de 1.º de janeiro do ano-calendário da comunicação;

•• Inciso I acrescentado pela Lei Complementar n. 128, de 19-12-2008.

II – obrigatoriamente, quando o MEI incorrer em alguma das situações previstas no § 4.º deste artigo, devendo a comunicação ser efetuada até o último dia útil do mês subsequente àquele em que ocorrida a situação de vedação, produzindo efeitos a partir do mês subsequente ao da ocorrência da situação impeditiva;

•• Inciso II acrescentado pela Lei Complementar n. 128, de 19-12-2008.

III – obrigatoriamente, quando o MEI exceder, no ano-calendário, o limite de receita bruta previsto no § 1.º deste artigo, devendo a comunicação ser efetuada até o último dia útil do mês subsequente àquele em que ocorrido o excesso, produzindo efeitos:

•• Inciso III, *caput*, acrescentado pela Lei Complementar n. 128, de 19-12-2008.

a) a partir de 1.º de janeiro do ano-calendário subsequente ao da ocorrência do excesso, na hipótese de não ter ultrapassado o referido limite em mais de 20% (vinte por cento);

•• Alínea *a* acrescentada pela Lei Complementar n. 128, de 19-12-2008.

b) retroativamente a 1.º de janeiro do ano-calendário da ocorrência do excesso, na hipótese de ter ultrapassado o referido limite em mais de 20% (vinte por cento);

•• Alínea *b* acrescentada pela Lei Complementar n. 128, de 19-12-2008.

IV – obrigatoriamente, quando o MEI exceder o limite de receita bruta previsto no § 2.º deste artigo, devendo a comunicação ser efetuada até o último dia útil do mês subsequente àquele em que ocorrido o excesso, produzindo efeitos:

•• Inciso IV, *caput*, acrescentado pela Lei Complementar n. 128, de 19-12-2008.

a) a partir de 1.º de janeiro do ano-calendário subsequente ao da ocorrência do excesso, na hipótese de não ter ultrapassado o referido limite em mais de 20% (vinte por cento);

•• Alínea *a* acrescentada pela Lei Complementar n. 128, de 19-12-2008.

b) retroativamente ao início de atividade, na hipótese de ter ultrapassado o referido limite em mais de 20% (vinte por cento).

•• Alínea *b* acrescentada pela Lei Complementar n. 128, de 19-12-2008.

§ 8.º O desenquadramento de ofício dar-se-á quando verificada a falta de comunicação de que trata o § 7.º deste artigo.

•• § 8.º acrescentado pela Lei Complementar n. 128, de 19-12-2008.

§ 9.º O Empresário Individual desenquadrado da sistemática de recolhimento prevista no *caput* deste artigo passará a recolher os tributos devidos pela regra geral do Simples Nacional a partir da data de início dos efeitos do desenquadramento, ressalvado o disposto no § 10 deste artigo.

•• § 9.º acrescentado pela Lei Complementar n. 128, de 19-12-2008.

§ 10. Nas hipóteses previstas nas alíneas *a* dos incisos III e IV do § 7.º deste artigo, o MEI deverá recolher a diferença, sem acréscimos, em parcela única, juntamente com a da apuração do mês de janeiro do ano-calendário subsequente ao do excesso, na forma a ser estabelecida em ato do Comitê Gestor.

•• § 10 acrescentado pela Lei Complementar n. 128, de 19-12-2008.

§ 11. O valor referido na alínea *a* do inciso v do § 3.º deste artigo será reajustado, na forma prevista em lei ordinária, na mesma data de reajustamento dos benefícios de que trata a Lei n. 8.213, de 24 de julho de 1991, de forma a manter equivalência com a contribuição de que trata o § 2.º do art. 21 da Lei n. 8.212, de 24 de julho de 1991.

•• § 11 acrescentado pela Lei Complementar n. 128, de 19-12-2008.

§ 12. Aplica-se ao MEI que tenha optado pela contribuição na forma do § 1.º deste artigo o disposto no § 4.º do art. 55 e no § 2.º do art. 94, ambos da Lei n. 8.213, de 24 de julho de 1991, exceto se optar pela complementação da contribuição previdenciária a que se refere o § 3.º do art. 21 da Lei n. 8.212, de 24 de julho de 1991.

•• § 12 acrescentado pela Lei Complementar n. 128, de 19-12-2008.

§ 13. O MEI está dispensado, ressalvado o disposto no art. 18-C desta Lei Complementar, de:

•• § 13, *caput*, com redação determinada pela Lei Complementar n. 139, de 10-11-2011.

I – atender o disposto no inciso IV do *caput* do art. 32 da Lei n. 8.212, de 24 de julho de 1991;

•• Inciso I acrescentado pela Lei Complementar n. 139, de 10-11-2011.

II – apresentar a Relação Anual de Informações Sociais (Rais); e

•• Inciso II acrescentado pela Lei Complementar n. 139, de 10-11-2011.

III – declarar ausência de fato gerador para a Caixa Econômica Federal para emissão da Certidão de Regularidade Fiscal perante o FGTS.

•• Inciso III acrescentado pela Lei Complementar n. 139, de 10-11-2011.

§ 14. O Comitê Gestor disciplinará o disposto neste artigo.

•• § 14 acrescentado pela Lei Complementar n. 128, de 19-12-2008.

§ 15. A inadimplência do recolhimento do valor previsto na alínea *a* do inciso V do § 3.º tem como consequência a não contagem da competência em atraso para fins de carência para obtenção dos benefícios previdenciários respectivos.

•• § 15 acrescentado pela Lei Complementar n. 139, de 10-11-2011.

§ 15-A. Ficam autorizados os Estados, o Distrito Federal e os Municípios a promover a remissão dos débitos decorrentes dos valores previstos nas alíneas *b* e *c* do inciso V do § 3.º, inadimplidos isolada ou simultaneamente.

•• § 15-A acrescentado pela Lei Complementar n. 147, de 7-8-2014.

§ 15-B. O MEI poderá ter sua inscrição automaticamente cancelada após período de 12 (doze) meses consecutivos sem recolhimento ou declarações, independentemente de qualquer notificação, devendo a informação ser publicada no Portal do Empreendedor, na forma regulamentada pelo CGSIM.

•• § 15-B acrescentado pela Lei Complementar n. 147, de 7-8-2014.

§ 16. O CGSN estabelecerá, para o MEI, critérios, procedimentos, prazos e efeitos diferenciados para desenquadramento da sistemática de que trata este artigo, cobrança, inscrição em dívida ativa e exclusão do Simples Nacional.

•• § 16 acrescentado pela Lei Complementar n. 139, de 10-11-2011.

§ 16-A. A baixa do MEI via portal eletrônico dispensa a comunicação aos órgãos da administração pública.

•• § 16-A acrescentado pela Lei Complementar n. 155, de 27-10-2016.

§ 17. A alteração de dados no CNPJ informada pelo empresário à Secretaria da Receita Federal do Brasil equivalerá à comunicação obrigatória de desenquadramento da sistemática de recolhimento de que trata este artigo, nas seguintes hipóteses:

•• § 17, *caput*, acrescentado pela Lei Complementar n. 139, de 10-11-2011.

I – alteração para natureza jurídica distinta de empresário individual a que se refere o art. 966 da Lei n. 10.406, de 10 de janeiro de 2002 (Código Civil);

•• Inciso I acrescentado pela Lei Complementar n. 139, de 10-11-2011.

II – inclusão de atividade econômica não autorizada pelo CGSN;

•• Inciso II acrescentado pela Lei Complementar n. 139, de 10-11-2011.

III – abertura de filial.

•• Inciso III acrescentado pela Lei Complementar n. 139, de 10-11-2011.

§ 18. Os Municípios somente poderão realizar o cancelamento da inscrição do MEI caso tenham regulamentação própria de classificação de risco e o respectivo processo simplificado de inscrição e legalização, em conformidade com esta Lei Complementar e com as resoluções do CGSIM.

•• § 18 acrescentado pela Lei Complementar n. 147, de 7-8-2014.

§ 19. Fica vedada aos conselhos representativos de categorias econômicas a exigência de obrigações diversas das estipuladas nesta Lei Complementar para inscrição do MEI em seus quadros, sob pena de responsabilidade.

•• § 19 acrescentado pela Lei Complementar n. 147, de 7-8-2014.

§ 19-A. O MEI inscrito no conselho profissional de sua categoria na qualidade de pessoa física é dispensado de realizar nova inscrição no mesmo conselho na qualidade de empresário individual.

•• § 19-A acrescentado pela Lei Complementar n. 155, de 27-10-2016.

§ 19-B. São vedadas aos conselhos profissionais, sob pena de responsabilidade, a exigência de inscrição e a execução de qualquer tipo de ação fiscalizadora quando a ocupação do MEI não exigir registro profissional da pessoa física.

•• § 19-B acrescentado pela Lei Complementar n. 155, de 27-10-2016.

§ 20. Os documentos fiscais das microempresas e empresas de pequeno porte poderão ser emitidos diretamente por sistema nacional informatizado e pela internet, sem custos para o empreendedor, na forma regulamentada pelo Comitê Gestor do Simples Nacional.

•• § 20 acrescentado pela Lei Complementar n. 147, de 7-8-2014.

§ 21. Assegurar-se-á o registro nos cadastros oficiais ao guia de turismo inscrito como MEI.

•• § 21 acrescentado pela Lei Complementar n. 147, de 7-8-2014.

§ 22. Fica vedado às concessionárias de serviço público o aumento das tarifas pagas pelo MEI por conta da modificação da sua condição de pessoa física para pessoa jurídica.

•• § 22 acrescentado pela Lei Complementar n. 147, de 7-8-2014.

§ 23. (*Vetado.*)

•• § 23 acrescentado pela Lei Complementar n. 147, de 7-8-2014.

§ 24. Aplica-se ao MEI o disposto no inciso XI do § 4.º do art. 3.º.

•• § 24 acrescentado pela Lei Complementar n. 147, de 7-8-2014.

§ 25. O MEI poderá utilizar sua residência como sede do estabelecimento, quando não for indispensável a existência de local próprio para o exercício da atividade.

•• § 25 acrescentado pela Lei Complementar n. 154, de 18-4-2016.

Art. 18-B. A empresa contratante de serviços executados por intermédio do MEI mantém, em relação a esta contratação, a obrigatoriedade de recolhimento da contribuição a que se refere o inciso III do *caput* e o § 1.º do art. 22 da Lei n. 8.212, de 24 de julho de 1991, e o cumprimento das obrigações acessórias relativas à contratação de contribuinte individual.

•• *Caput* acrescentado pela Lei Complementar n. 128, de 19-12-2008.

§ 1.º Aplica-se o disposto neste artigo exclusivamente em relação ao MEI que for contratado para prestar serviços de hidráulica, eletricidade, pintura, alvenaria, carpintaria e de manutenção ou reparo de veículos.

•• § 1.º com redação determinada pela Lei Complementar n. 147, de 7-8-2014.

§ 2.º O disposto no *caput* e no § 1.º não se aplica quando presentes os elementos da relação de emprego, ficando a contratante sujeita a todas as obrigações dela decorrentes, inclusive trabalhistas, tributárias e previdenciárias.

•• § 2.º acrescentado pela Lei Complementar n. 139, de 10-11-2011.

Art. 18-C. Observado o disposto no *caput* e nos §§ 1.º a 25 do art. 18-A desta Lei Complementar, poderá enquadrar-se como MEI o empresário individual ou o empreendedor que exerça as atividades de industrialização, comercialização e prestação de serviços no âmbito rural que possua um único empregado que receba exclusivamente um salário mínimo ou o piso salarial da categoria profissional.

•• *Caput* com redação determinada pela Lei Complementar n. 155, de 27-10-2016.

§ 1.º Na hipótese referida no *caput*, o MEI:

•• § 1.º, *caput*, acrescentado pela Lei Complementar n. 139, de 10-11-2011.

I – deverá reter e recolher a contribuição previdenciária relativa ao segurado a seu serviço na forma da lei, observados prazo e condições estabelecidos pelo CGSN;

•• Inciso I acrescentado pela Lei Complementar n. 139, de 10-11-2011.

II – é obrigado a prestar informações relativas ao segurado a seu serviço, na forma estabelecida pelo CGSN; e

•• Inciso II acrescentado pela Lei Complementar n. 139, de 10-11-2011.

III – está sujeito ao recolhimento da contribuição de que trata o inciso VI do *caput* do art. 13, calculada à alíquota de 3% (três por cento) sobre o salário de contribuição previsto no *caput*, na forma e prazos estabelecidos pelo CGSN.

•• Inciso III acrescentado pela Lei Complementar n. 139, de 10-11-2011.

§ 2.º Para os casos de afastamento legal do único empregado do MEI, será permitida a contratação de outro empregado, inclusive por prazo determinado, até que cessem as condições do afastamento, na forma estabelecida pelo Ministério do Trabalho e Emprego.

•• § 2.º acrescentado pela Lei Complementar n. 139, de 10-11-2011.

§ 3.º O CGSN poderá determinar, com relação ao MEI, a forma, a periodicidade e o prazo:

•• § 3.º, *caput*, acrescentado pela Lei Complementar n. 139, de 10-11-2011.

I – de entrega à Secretaria da Receita Federal do Brasil de uma única declaração com dados relacionados a fatos geradores, base de cálculo e valores dos tributos previstos nos arts. 18-A e 18-C, da contribuição para a Seguridade Social descontada do empregado e do Fundo de Garantia do Tempo de Serviço (FGTS), e outras informações de interesse do Ministério do Trabalho e Emprego, do Instituto Nacional do Seguro Social (INSS) e do Conselho Curador do FGTS, observado o disposto no § 7.º do art. 26;

•• Inciso I acrescentado pela Lei Complementar n. 139, de 10-11-2011.

II – do recolhimento dos tributos previstos nos arts. 18-A e 18-C, bem como do FGTS e da contribuição para a Seguridade Social descontada do empregado.

•• Inciso II acrescentado pela Lei Complementar n. 139, de 10-11-2011.

§ 4.º A entrega da declaração única de que trata o inciso I do § 3.º substituirá, na forma regulamentada pelo CGSN, a obrigatoriedade de entrega de todas as informações, formulários e declarações a que estão sujeitas as demais empresas ou equiparados que contratam empregados, inclusive as relativas ao recolhimento do FGTS, à Relação Anual de Informações Sociais (Rais) e ao Cadastro Geral de Empregados e Desempregados (Caged).

•• § 4.º acrescentado pela Lei Complementar n. 139, de 10-11-2011.

§ 5.º Na hipótese de recolhimento do FGTS na forma do inciso II do § 3.º, deve-se assegurar a transferência dos recursos e dos elementos identificadores do recolhimento ao gestor desse fundo para crédito na conta vinculada do trabalhador.

•• § 5.º acrescentado pela Lei Complementar n. 139, de 10-11-2011.

§ 6.º O documento de que trata o inciso I do § 3.º deste artigo tem caráter declaratório, constituindo instrumento hábil e suficiente para a exigência dos tributos e dos débitos fundiários que não tenham sido recolhidos resultantes das informações nele prestadas.

•• § 6.º acrescentado pela Lei Complementar n. 147, de 7-8-2014.

Art. 18-D. A tributação municipal do imposto sobre imóveis prediais urbanos deverá assegurar tratamento mais favorecido ao MEI para realização de sua atividade no mesmo local em que residir, mediante aplicação da menor alíquota vigente para aquela localidade, seja residencial ou comercial, nos termos da lei, sem prejuízo de eventual isenção ou imunidade existente.

•• Artigo acrescentado pela Lei Complementar n. 147, de 7-8-2014.

Art. 18-E. O instituto do MEI é uma política pública que tem por objetivo a formalização de pequenos empreendimentos e a inclusão social e previdenciária.

•• *Caput* acrescentado pela Lei Complementar n. 147, de 7-8-2014.

§ 1.º A formalização de MEI não tem caráter eminentemente econômico ou fiscal.

•• § 1.º acrescentado pela Lei Complementar n. 147, de 7-8-2014.

§ 2.º Todo benefício previsto nesta Lei Complementar aplicável à microempresa estende-se ao MEI sempre que lhe for mais favorável.

•• § 2.º acrescentado pela Lei Complementar n. 147, de 7-8-2014.

§ 3.º O MEI é modalidade de microempresa.

•• § 3.º acrescentado pela Lei Complementar n. 147, de 7-8-2014.

§ 4.º É vedado impor restrições ao MEI relativamente ao exercício de profissão ou participação em licitações, em função da sua natureza jurídica, inclusive por ocasião da contratação dos serviços previstos no § 1.º do art. 18-B desta Lei Complementar.

•• § 4.º com redação determinada pela Lei Complementar n. 155, de 27-10-2016.

§ 5.º O empreendedor que exerça as atividades de industrialização, comercialização e prestação de serviços no âmbito rural que efetuar seu registro como MEI não perderá a condição de segurado especial da Previdência Social.

•• § 5.º acrescentado pela Lei Complementar n. 155, de 27-10-2016.

§ 6.º O disposto no § 5.º e o licenciamento simplificado de atividades para o empreendedor que exerça as atividades de industrialização, comercialização e prestação de serviços no âmbito rural serão regulamentados pelo CGSIM em até cento e oitenta dias.

•• § 6.º acrescentado pela Lei Complementar n. 155, de 27-10-2016.

§ 7.º O empreendedor que exerça as atividades de industrialização, comercialização e prestação de serviços no âmbito rural manterá todas as suas obrigações relativas à condição de produtor rural ou de agricultor familiar.

•• § 7.º acrescentado pela Lei Complementar n. 155, de 27-10-2016.

Art. 18-F. Para o transportador autônomo de cargas inscrito como MEI, nos termos do art. 18-A desta Lei Complementar:

•• *Caput* acrescentado pela Lei Complementar n. 188, de 31-12-2021.

I – o limite da receita bruta de que trata o § 1º e o inciso V do § 3º do art. 18-A desta Lei Complementar será de R$ 251.600,00 (duzentos e cinquenta e um mil e seiscentos reais);

•• Inciso I acrescentado pela Lei Complementar n. 188, de 31-12-2021.

II – o limite será de R$ 20.966,67 (vinte mil novecentos e sessenta e seis reais e sessenta e sete centavos) multiplicados pelo número de meses compreendidos entre o início da atividade e o final do respectivo ano-calendário, consideradas as frações de meses como um mês inteiro, no caso de início de atividades de que trata o § 2º do art. 18-A desta Lei Complementar;

•• Inciso II acrescentado pela Lei Complementar n. 188, de 31-12-2021.

III – o valor mensal da contribuição de que trata o inciso X do § 1º do art. 13 desta Lei Complementar corresponderá ao valor resultante da aplicação da alíquota de 12% (doze por cento) sobre o salário-mínimo mensal.

•• Inciso III acrescentado pela Lei Complementar n. 188, de 31-12-2021.

Art. 19. Sem prejuízo da possibilidade de adoção de todas as faixas de receita previstas nos Anexos I a V desta Lei Complementar, os Estados cuja participação no Produto Interno Bruto brasileiro seja de até 1% (um por cento) poderão optar pela aplicação de sublimite para efeito de recolhimento do ICMS na forma do Simples Nacional nos respectivos territórios, para empresas com receita bruta anual de até R$ 1.800.000,00 (um milhão e oitocentos mil reais).

•• *Caput* com redação determinada pela Lei Complementar n. 155, de 27-10-2016.

I a III – (*Revogados pela Lei Complementar n. 155, de 27-10-2016.*)

§ 1.º A participação no Produto Interno Bruto brasileiro será apurada levando em conta o último resultado divulgado pelo Instituto Brasileiro de Geografia e Estatística ou outro órgão que o substitua.

§ 2.º A opção prevista no *caput* produzirá efeitos somente para o ano-calendário subsequente, salvo deliberação do CGSN.

•• § 2.º com redação determinada pela Lei Complementar n. 155, de 27-10-2016.

§ 3.º O disposto neste artigo aplica-se ao Distrito Federal.

§ 4.º Para os Estados que não tenham adotado sublimite na forma do *caput* e para aqueles cuja participação no Produto Interno Bruto brasileiro seja superior a 1% (um por cento), para efeito de recolhimento do ICMS e do ISS, observar-se-á obrigatoriamente o sublimite no valor de R$ 3.600.000,00 (três milhões e seiscentos mil reais).

•• § 4.º acrescentado pela Lei Complementar n. 155, de 27-10-2016.

Art. 20. A opção feita na forma do art. 19 desta Lei Complementar pelos Estados importará adoção do mesmo limite de receita bruta anual para efeito de recolhimento na forma do ISS dos Municípios nele localizados, bem como para o do ISS devido no Distrito Federal.

§ 1.º A empresa de pequeno porte que ultrapassar os limites a que se referem o *caput* e o § 4.º do art. 19 estará automaticamente impedida de recolher o ICMS e o ISS na forma do Simples Nacional, a partir do mês subsequente àquele em que tiver ocorrido o excesso, relativamente aos seus estabelecimentos localizados na unidade da Federação que os houver adotado, ressalvado o disposto nos §§ 11 e 13 do art. 3.º.

•• § 1.º com redação determinada pela Lei Complementar n. 155, de 27-10-2016.

§ 1.º-A. Os efeitos do impedimento previsto no § 1.º ocorrerão no ano-calendário subsequente se o excesso verificado não for superior a 20% (vinte por cento) dos limites referidos.

•• § 1.º-A acrescentado pela Lei Complementar n. 139, de 10-11-2011.

§ 2.º O disposto no § 1.º deste artigo não se aplica na hipótese de o Estado ou de o Distrito Federal adotarem, compulsoriamente ou por opção, a aplicação de faixa de receita bruta superior à que vinha sendo utilizada no ano-calendário em que ocorreu o excesso da receita bruta.

§ 3.º Na hipótese em que o recolhimento do ICMS ou do ISS não esteja sendo efetuado por meio do Simples Nacional por força do disposto neste artigo e no art. 19 desta Lei Complementar, as faixas de receita do Simples Nacional superiores àquela que tenha sido objeto de opção pelos Estados ou pelo Distrito Federal sofrerão, para efeito de recolhimento do Simples Nacional, redução da alíquota efetiva desses impostos, apurada de acordo com os Anexos I a V desta Lei Complementar, conforme o caso.

•• § 3.º com redação determinada pela Lei Complementar n. 155, de 27-10-2016.

§ 4.º O Comitê Gestor regulamentará o disposto neste artigo e no art. 19 desta Lei Complementar.

Seção IV
Do Recolhimento dos Tributos Devidos

Art. 21. Os tributos devidos, apurados na forma dos arts. 18 a 20 desta Lei Complementar, deverão ser pagos:

I – por meio de documento único de arrecadação, instituído pelo Comitê Gestor;

II – (*Revogado pela Lei Complementar n. 127, de 14-8-2007.*)

III – enquanto não regulamentado pelo Comitê Gestor, até o último dia útil da primeira quinzena do mês subsequente àquele a que se referir;

IV – em banco integrante da rede arrecadadora do Simples Nacional, na forma regulamentada pelo Comitê Gestor.

•• Inciso IV com redação determinada pela Lei Complementar n. 127, de 14-8-2007.

§ 1.º Na hipótese de a microempresa ou a empresa de pequeno porte possuir filiais, o recolhimento dos tributos do Simples Nacional dar-se-á por intermédio da matriz.

§ 2.º Poderá ser adotado sistema simplificado de arrecadação do Simples Nacional, inclusive sem utilização da rede bancária, mediante requerimento do Estado, Distrito Federal ou Município ao Comitê Gestor.

§ 3.º O valor não pago até a data do vencimento sujeitar-se-á à incidência de encargos legais na forma prevista na legislação do imposto sobre a renda.

§ 4.º A retenção na fonte de ISS das microempresas ou das empresas de pequeno porte optantes pelo Simples Nacional somente será permitida se observado o disposto no art. 3.º da Lei Complementar n. 116, de 31 de julho de 2003, e deverá observar as seguintes normas:

•• § 4.º, *caput*, com redação determinada pela Lei Complementar n. 128, de 19-12-2008.

I – a alíquota aplicável na retenção na fonte deverá ser informada no documento fiscal e corresponderá à alíquota efetiva de ISS a que a microempresa ou a empresa de pequeno porte estiver sujeita no mês anterior ao da prestação;

•• Inciso I com redação determinada pela Lei Complementar n. 155, de 27-10-2016.

II – na hipótese de o serviço sujeito à retenção ser prestado no mês de início de atividades da microempresa ou da empresa de pequeno porte, deverá ser aplicada pelo tomador a alíquota efetiva de 2% (dois por cento);

•• Inciso II com redação determinada pela Lei Complementar n. 155, de 27-10-2016.

III – na hipótese do inciso II deste parágrafo, constatando-se que houve diferença entre a alíquota utilizada e a efetivamente apurada, caberá à microempresa ou empresa de pequeno porte prestadora dos serviços efetuar o recolhimento dessa diferença no mês subsequente ao do início de atividade em guia própria do Município;

•• Inciso III acrescentado pela Lei Complementar n. 128, de 19-12-2008.

IV – na hipótese de a microempresa ou empresa de pequeno porte estar sujeita à tributação do ISS no Simples Nacional por valores fixos mensais, não caberá a retenção a que se refere o *caput* deste parágrafo;

•• Inciso IV acrescentado pela Lei Complementar n. 128, de 19-12-2008.

V – na hipótese de a microempresa ou a empresa de pequeno porte não informar a alíquota de que tratam os incisos I e II deste parágrafo no documento fiscal, aplicar-se-á a alíquota efetiva de 5% (cinco por cento);

•• Inciso V com redação determinada pela Lei Complementar n. 155, de 27-10-2016.

VI – não será eximida a responsabilidade do prestador de serviços quando a alíquota do ISS informada no documento fiscal for inferior à devida, hipótese em que o recolhimento dessa diferença será realizado em guia própria do Município;

•• Inciso VI acrescentado pela Lei Complementar n. 128, de 19-12-2008.

VII – o valor retido, devidamente recolhido, será definitivo, não sendo objeto de partilha com os municípios, e sobre a receita de prestação de serviços que sofreu a retenção não haverá incidência de ISS a ser recolhido no Simples Nacional.

•• Inciso VII acrescentado pela Lei Complementar n. 128, de 19-12-2008.

§ 4.º-A. Na hipótese de que tratam os incisos I e II do § 4.º, a falsidade na prestação dessas informações sujeitará o responsável, o titular, os sócios ou os administradores da microempresa e da empresa de pequeno porte, juntamente com as demais pessoas que para ela concorrerem, às penalidades previstas na legislação criminal e tributária.

•• § 4.º-A acrescentado pela Lei Complementar n. 128, de 19-12-2008.

§ 5.º O CGSN regulará a compensação e a restituição dos valores do Simples Nacional recolhidos indevidamente ou em montante superior ao devido.

•• § 5.º com redação determinada pela Lei Complementar n. 139, de 10-11-2011.

§ 6.º O valor a ser restituído ou compensado será acrescido de juros obtidos pela aplicação da taxa referencial do Sistema Especial de Liquidação e de Custódia (Selic) para títulos federais, acumulada mensalmente, a partir do mês subsequente ao do pagamento indevido ou a maior que o devido até o mês anterior ao da compensação ou restituição, e de 1% (um por cento) relativamente ao mês em que estiver sendo efetuada.

•• § 6.º acrescentado pela Lei Complementar n. 139, de 10-11-2011.

§ 7.º Os valores compensados indevidamente serão exigidos com os acréscimos moratórios de que trata o art. 35.

•• § 7.º acrescentado pela Lei Complementar n. 139, de 10-11-2011.

§ 8.º Na hipótese de compensação indevida, quando se comprove falsidade de declaração apresentada pelo sujeito passivo, o contribuinte estará sujeito à multa isolada aplicada no percentual previsto no inciso I do *caput* do art. 44 da Lei n. 9.430, de 27 de dezembro de 1996, aplicado em dobro, e terá como base de cálculo o valor total do débito indevidamente compensado.

•• § 8.º acrescentado pela Lei Complementar n. 139, de 10-11-2011.

§ 9.º É vedado o aproveitamento de créditos não apurados no Simples Nacional, inclusive de natureza não tributária, para extinção de débitos do Simples Nacional.

•• § 9.º acrescentado pela Lei Complementar n. 139, de 10-11-2011.

§ 10. Os créditos apurados no Simples Nacional não poderão ser utilizados para extinção de outros débitos para com as Fazendas Públicas, salvo por ocasião da compensação de ofício oriunda de deferimento em processo de restituição ou após a exclusão da empresa do Simples Nacional.

•• § 10 acrescentado pela Lei Complementar n. 139, de 10-11-2011.

§ 11. No Simples Nacional, é permitida a compensação tão somente de créditos para extinção de débitos para com o mesmo ente federado e relativos ao mesmo tributo.

•• § 11 acrescentado pela Lei Complementar n. 139, de 10-11-2011.

§ 12. Na restituição e compensação no Simples Nacional serão observados os prazos de decadência e prescrição previstos na Lei n. 5.172, de 25 de outubro de 1966 (Código Tributário Nacional).

•• § 12 acrescentado pela Lei Complementar n. 139, de 10-11-2011.

§ 13. É vedada a cessão de créditos para extinção de débitos no Simples Nacional.

•• § 13 acrescentado pela Lei Complementar n. 139, de 10-11-2011.

§ 14. Aplica-se aos processos de restituição e de compensação o rito estabelecido pelo CGSN.

•• § 14 acrescentado pela Lei Complementar n. 139, de 10-11-2011.

§ 15. Compete ao CGSN fixar critérios, condições para rescisão, prazos, valores mínimos de amortização e demais procedimentos para parcelamento dos recolhimentos em atraso dos débitos tributários apurados no Simples Nacional, observado o disposto no § 3.º deste artigo e no art. 35 e ressalvado o disposto no § 19 deste artigo.

•• § 15 acrescentado pela Lei Complementar n. 139, de 10-11-2011.

§ 16. Os débitos de que trata o § 15 poderão ser parcelados em até 60 (sessenta) parcelas mensais, na forma e condições previstas pelo CGSN.

•• § 16 acrescentado pela Lei Complementar n. 139, de 10-11-2011.

§ 17. O valor de cada prestação mensal, por ocasião do pagamento, será acrescido de juros equivalentes à taxa referencial do Sistema Especial de Liquidação e de Custódia (Selic) para títulos federais, acumulada mensalmente, calculados a partir do mês subsequente ao da consolidação até o mês anterior ao do pagamento, e de 1% (um por cento) relativamente ao mês em que o pagamento estiver sendo efetuado, na forma regulamentada pelo CGSN.

•• § 17 acrescentado pela Lei Complementar n. 139, de 10-11-2011.

§ 18. Será admitido reparcelamento de débitos constantes de parcelamento em curso ou que tenha sido rescindido, podendo ser incluídos novos débitos, na forma regulamentada pelo CGSN.

•• § 18 acrescentado pela Lei Complementar n. 139, de 10-11-2011.

§ 19. Os débitos constituídos de forma isolada por parte de Estado, do Distrito Federal ou de Município, em face de ausência de aplicativo para lançamento unificado, relativo a tributo de sua competência, que não estiverem inscritos em Dívida Ativa da União, poderão ser parcelados pelo ente responsável pelo lançamento de acordo com a respectiva legislação, na forma regulamentada pelo CGSN.

•• § 19 acrescentado pela Lei Complementar n. 139, de 10-11-2011.

§ 20. O pedido de parcelamento deferido importa confissão irretratável do débito e configura confissão extrajudicial.

•• § 20 acrescentado pela Lei Complementar n. 139, de 10-11-2011.

§ 21. Serão aplicadas na consolidação as reduções das multas de lançamento de ofício previstas na legislação federal, conforme regulamentação do CGSN.

•• § 21 acrescentado pela Lei Complementar n. 139, de 10-11-2011.

§ 22. O repasse para os entes federados dos valores pagos e da amortização dos débitos parcelados será efetuado proporcionalmente ao valor de cada tributo na composição da dívida consolidada.

•• § 22 acrescentado pela Lei Complementar n. 139, de 10-11-2011.

§ 23. No caso de parcelamento de débito inscrito em dívida ativa, o devedor pagará custas, emolumentos e demais encargos legais.

•• § 23 acrescentado pela Lei Complementar n. 139, de 10-11-2011.

§ 24. Implicará imediata rescisão do parcelamento e remessa do débito para inscrição em dívida ativa ou prosseguimento da execução, conforme o caso, até deliberação do CGSN, a falta de pagamento:

•• § 24, *caput*, acrescentado pela Lei Complementar n. 139, de 10-11-2011.

I – de 3 (três) parcelas, consecutivas ou não; ou

•• Inciso I acrescentado pela Lei Complementar n. 139, de 10-11-2011.

II – de 1 (uma) parcela, estando pagas todas as demais.

•• Inciso II acrescentado pela Lei Complementar n. 139, de 10-11-2011.

§ 25. O documento previsto no inciso I do *caput* deste artigo deverá conter a partilha discriminada de cada um dos tributos abrangidos pelo Simples Nacional, bem como os valores destinados a cada ente federado.

•• § 25 acrescentado pela Lei Complementar n. 155, de 27-10-2016.

Art. 21-A. A inscrição de microempresa ou empresa de pequeno porte no Cadastro Informativo dos créditos não quitados do setor público federal – CADIN, somente ocorrerá mediante notificação prévia com prazo para contestação.

•• Artigo acrescentado pela Lei Complementar n. 147, de 7-8-2014.

Art. 21-B. Os Estados e o Distrito Federal deverão observar, em relação ao ICMS, o prazo mínimo de 60 (sessenta) dias, contado a partir do primeiro dia do mês do fato gerador da obrigação tributária, para estabelecer a data de vencimento do imposto devido por substituição tributária, tributação concentrada em uma única etapa (monofásica) e por antecipação tributária com ou sem encerramento de tributação, nas hipóteses em que a responsabilidade recair sobre operações ou prestações subsequentes, na forma regulamentada pelo Comitê Gestor.

•• Artigo acrescentado pela Lei Complementar n. 147, de 7-8-2014.

Seção V
Do Repasse do Produto da Arrecadação

Art. 22. O Comitê Gestor definirá o sistema de repasses do total arrecadado, inclusive encargos legais, para o:

I – Município ou Distrito Federal, do valor correspondente ao ISS;

II – Estado ou Distrito Federal, do valor correspondente ao ICMS;

III – Instituto Nacional do Seguro Social, do valor correspondente à Contribuição para manutenção da Seguridade Social.

Parágrafo único. Enquanto o Comitê Gestor não regulamentar o prazo para o repasse previsto no inciso II do *caput* deste artigo, esse será efetuado nos prazos estabelecidos nos convênios celebrados no âmbito do colegiado a que se refere a alínea *g* do inciso XII do § 2.º do art. 155 da Constituição Federal.

Seção VI
Dos Créditos

Art. 23. As microempresas e as empresas de pequeno porte optantes pelo Simples Nacional não farão jus à apropriação nem transferirão créditos relativos a impostos ou contribuições abrangidos pelo Simples Nacional.

§ 1.º As pessoas jurídicas e aquelas a elas equiparadas pela legislação tributária não optantes pelo Simples Nacional terão direito a crédito correspondente ao ICMS incidente sobre as suas aquisições de mercadorias de microempresa ou empresa de pequeno porte optante pelo Simples Nacional, desde que destinadas à comercialização ou industrialização e observado, como limite, o ICMS efetivamente devido pelas optantes pelo Simples Nacional em relação a essas aquisições.

•• § 1.º acrescentado pela Lei Complementar n. 128, de 19-12-2008.

§ 2.º A alíquota aplicável ao cálculo do crédito de que trata o § 1.º deste artigo deverá ser informada no documento fiscal e corresponderá ao percentual de ICMS previsto nos Anexos I ou II desta Lei Complementar para a faixa de receita bruta a que a microempresa ou a empresa de pequeno porte estiver sujeita no mês anterior ao da operação.

•• § 2.º acrescentado pela Lei Complementar n. 128, de 19-12-2008.

§ 3.º Na hipótese de a operação ocorrer no mês de início de atividades da microempresa ou empresa de pequeno porte optante pelo Simples Nacional, a alíquota aplicável ao cálculo do crédito de que trata o § 1.º deste artigo corresponderá ao percentual de ICMS referente à menor alíquota prevista nos Anexos I ou II desta Lei Complementar.

•• § 3.º acrescentado pela Lei Complementar n. 128, de 19-12-2008.

§ 4.º Não se aplica o disposto nos §§ 1.º a 3.º deste artigo quando:

•• § 4.º, *caput*, com redação determinada pela Lei Complementar n. 128, de 19-12-2008.

I – a microempresa ou empresa de pequeno porte estiver sujeita à tributação do ICMS no Simples Nacional por valores fixos mensais;

•• Inciso I acrescentado pela Lei Complementar n. 128, de 19-12-2008.

II – a microempresa ou a empresa de pequeno porte não informar a alíquota de que trata o § 2.º deste artigo no documento fiscal;

•• Inciso II acrescentado pela Lei Complementar n. 128, de 19-12-2008.

III – houver isenção estabelecida pelo Estado ou Distrito Federal que abranja a faixa de receita bruta a que a microempresa ou a empresa de pequeno porte estiver sujeita no mês da operação;

•• Inciso III acrescentado pela Lei Complementar n. 128, de 19-12-2008.

IV – o remetente da operação ou prestação considerar, por opção, que a alíquota determinada na forma do *caput* e dos §§ 1.º e 2.º do art. 18 desta Lei Complementar deverá incidir sobre a receita recebida no mês.

•• Inciso IV acrescentado pela Lei Complementar n. 128, de 19-12-2008.

§ 5.º Mediante deliberação exclusiva e unilateral dos Estados e do Distrito Federal, poderá ser concedido às pessoas jurídicas e àquelas a elas equiparadas pela legislação tributária não optantes pelo Simples Nacional crédito correspondente ao ICMS incidente sobre os insumos utilizados nas mercadorias adquiridas de indústria optante pelo Simples Nacional, sendo vedado o estabelecimento de diferenciação no valor do crédito em razão da procedência dessas mercadorias.

•• § 5.º acrescentado pela Lei Complementar n. 128, de 19-12-2008.

§ 6.º O Comitê Gestor do Simples Nacional disciplinará o disposto neste artigo.

•• § 6.º acrescentado pela Lei Complementar n. 128, de 19-12-2008.

Art. 24. As microempresas e as empresas de pequeno porte optantes pelo Simples Nacional não poderão utilizar ou destinar qualquer valor a título de incentivo fiscal.

§ 1.º Não serão consideradas quaisquer alterações em bases de cálculo, alíquotas e percentuais ou outros fatores que alterem o valor de imposto ou contribuição apurado na forma do Simples Nacional, estabelecidas pela União, Estado, Distrito Federal ou Município, exceto as previstas ou autorizadas nesta Lei Complementar.

•• § 1.º com redação determinada pela Lei Complementar n. 155, de 27-10-2016.

§ 2.º (*Vetado*.)

•• § 2.º acrescentado pela Lei Complementar n. 155, de 27-10-2016.

Seção VII
Das Obrigações Fiscais Acessórias

Art. 25. A microempresa ou empresa de pequeno porte optante pelo Simples Nacional deverá apresentar anualmente à Secretaria da Receita Federal do Brasil declaração única e simplificada de informações socioeconômicas e fiscais, que deverá ser disponibilizada aos órgãos de fiscalização tributária e previdenciária, observados prazo e modelo aprovados pelo CGSN e observado o disposto no § 15-A do art. 18.

•• *Caput* com redação determinada pela Lei Complementar n. 139, de 10-11-2011.

• *Vide* arts. 26, II, § 3.º, 38, 41, § 4.º, II, desta Lei Complementar.

§ 1.º A declaração de que trata o *caput* deste artigo constitui confissão de dívida e instrumento hábil e suficiente para a exigência dos tributos e contribuições que não tenham sido recolhidos resultantes das informações nela prestadas.

•• Primitivo parágrafo único renumerado pela Lei Complementar n. 128, de 19-12-2008.

§ 2.º A situação de inatividade deverá ser informada na declaração de que trata o *caput* deste artigo, na forma regulamentada pelo Comitê Gestor.

•• § 2.º acrescentado pela Lei Complementar n. 128, de 19-12-2008.

§ 3.º Para efeito do disposto no § 2.º deste artigo, considera-se em situação de inatividade a microempresa ou a empresa de pequeno porte que não apresente mutação patrimonial e atividade operacional durante todo o ano-calendário.

•• § 3.º acrescentado pela Lei Complementar n. 128, de 19-12-2008.

§ 4.º A declaração de que trata o *caput* deste artigo, relativa ao MEI definido no art. 18-A desta Lei Complementar, conterá, para efeito do disposto no art. 3.º da Lei Complementar n. 63, de 11 de janeiro de 1990, tão somente as informações relativas à receita bruta total sujeita ao ICMS, sendo vedada a instituição de declarações adicionais em decorrência da referida Lei Complementar.

•• § 4.º acrescentado pela Lei Complementar n. 128, de 19-12-2008.

§ 5.º A declaração de que trata o *caput*, a partir das informações relativas ao ano-calendário de 2012, poderá ser prestada por meio da declaração de que trata o § 15-A do art. 18 desta Lei Complementar, na periodicidade e prazos definidos pelo CGSN.

•• § 5.º acrescentado pela Lei Complementar n. 147, de 7-8-2014.

Art. 26. As microempresas e empresas de pequeno porte optantes pelo Simples Nacional ficam obrigadas a:

• *Vide* art. 29, XI, desta Lei Complementar.

I – emitir documento fiscal de venda ou prestação de serviço, de acordo com instruções expedidas pelo Comitê Gestor;

II – manter em boa ordem e guarda os documentos que fundamentaram a apuração dos impostos e contribuições devidos e o cumprimento das obrigações acessórias a que se refere o art. 25 desta Lei Complementar enquanto não decorrido o prazo decadencial e não prescritas eventuais ações que lhes sejam pertinentes.

§ 1.º O MEI fará a comprovação da receita bruta mediante apresentação do registro de vendas ou de prestação de serviços na forma estabelecida pelo CGSN, ficando dispensado da emissão do documento fiscal previsto no inciso I do *caput*, ressalvadas as hipóteses de emissão obrigatória previstas pelo referido Comitê.

•• § 1.º com redação determinada pela Lei Complementar n. 139, de 10-11-2011.

§ 2.º As demais microempresas e as empresas de pequeno porte, além do disposto nos incisos I e II do *caput* deste artigo, deverão, ainda, manter o livro-caixa em que será escriturada sua movimentação financeira e bancária.

§ 3.º A exigência de declaração única a que se refere o *caput* do art. 25 desta Lei Complementar não desobriga a prestação de informações relativas a terceiros.

§ 4.º É vedada a exigência de obrigações tributárias acessórias relativas aos tributos apurados na forma do Simples Nacional além daquelas estipuladas pelo CGSN e atendidas por meio do Portal do Simples Nacional, bem como, o estabelecimento de exigências adicionais e unilaterais pelos entes federativos, exceto os programas de cidadania fiscal.

•• § 4.º com redação determinada pela Lei Complementar n. 147, de 7-8-2014.

§ 4.º-A. A escrituração fiscal digital ou obrigação equivalente não poderá ser exigida da microempresa ou empresa de pequeno porte optante pelo Simples Nacional, salvo se, cumulativamente, houver:

•• § 4.º-A, *caput*, acrescentado pela Lei Complementar n. 147, de 7-8-2014.

I – autorização específica do CGSN, que estabelecerá as condições para a obrigatoriedade;

•• Inciso I acrescentado pela Lei Complementar n. 147, de 7-8-2014.

II – disponibilização por parte da administração tributária estipulante de aplicativo gratuito para uso da empresa optante.

•• Inciso II acrescentado pela Lei Complementar n. 147, de 7-8-2014.

§ 4.º-B. A exigência de apresentação de livros fiscais em meio eletrônico aplicar-se-á somente na hipótese de substituição da entrega em meio convencional, cuja obrigatoriedade tenha sido prévia e especificamente estabelecida pelo CGSN.

•• § 4.º-B acrescentado pela Lei Complementar n. 147, de 7-8-2014.

§ 4.º-C. Até a implantação de sistema nacional uniforme estabelecido pelo CGSN com compartilhamento de informações com os entes federados, permanece válida norma publicada por ente federado até o primeiro trimestre de 2014 que tenha veiculado exigência vigente de a microempresa ou empresa de pequeno porte apresentar escrituração fiscal digital ou obrigação equivalente.

•• § 4.º-C acrescentado pela Lei Complementar n. 147, de 7-8-2014.

§ 5.º As microempresas e empresas de pequeno porte ficam sujeitas à entrega de declaração eletrônica que deva conter os dados referentes aos serviços prestados ou tomados de terceiros, na conformidade do que dispuser o Comitê Gestor.

§ 6.º Na hipótese do § 1.º deste artigo:

•• § 6.º, *caput*, acrescentado pela Lei Complementar n. 128, de 19-12-2008.

I – deverão ser anexados ao registro de vendas ou de prestação de serviços, na forma regulamentada pelo Comitê Gestor, os documentos fiscais comprobatórios das entradas de mercadorias e serviços tomados referentes ao período, bem como os documentos fiscais relativos às operações ou prestações realizadas eventualmente emitidos;

•• Inciso I acrescentado pela Lei Complementar n. 128, de 19-12-2008.

II – será obrigatória a emissão de documento fiscal nas vendas e nas prestações de serviços realizadas pelo MEI para destinatário cadastrado no Cadastro Nacional da Pessoa Jurídica (CNPJ), ficando dispensado desta emissão para o consumidor final.

•• Inciso II com redação determinada pela Lei Complementar n. 139, de 10-11-2011.

§ 7.º Cabe ao CGSN dispor sobre a exigência da certificação digital para o cumprimento de obrigações principais e acessórias por parte da microempresa, inclusive o MEI, ou empresa de pequeno porte optante pelo Simples Nacional, inclusive para o recolhimento do FGTS.

•• § 7.º acrescentado pela Lei Complementar n. 139, de 10-11-2011.

§ 8.º O CGSN poderá disciplinar sobre a disponibilização, no portal do Simples Nacional, de documento fiscal eletrônico de venda ou de prestação de serviço para o MEI, microempresa ou empresa de pequeno porte optante pelo Simples Nacional.

•• § 8.º acrescentado pela Lei Complementar n. 147, de 7-8-2014.

§ 9.º O desenvolvimento e a manutenção das soluções de tecnologia, capacitação e orientação aos usuários relativas ao disposto no § 8.º, bem como as demais relativas ao

Simples Nacional, poderão ser apoiadas pelo Serviço Brasileiro de Apoio às Micro e Pequenas Empresas - SEBRAE.

•• § 9.º acrescentado pela Lei Complementar n. 147, de 7-8-2014.

§ 10. O ato de emissão ou de recepção de documento fiscal por meio eletrônico estabelecido pelas administrações tributárias, em qualquer modalidade, de entrada, de saída ou de prestação, na forma estabelecida pelo CGSN, representa sua própria escrituração fiscal e elemento suficiente para a fundamentação e a constituição do crédito tributário.

•• § 10 acrescentado pela Lei Complementar n. 147, de 7-8-2014.

§ 11. Os dados dos documentos fiscais de qualquer espécie podem ser compartilhados entre as administrações tributárias da União, Estados, Distrito Federal e Municípios e, quando emitidos por meio eletrônico, na forma estabelecida pelo CGSN, a microempresa ou empresa de pequeno porte optante pelo Simples Nacional fica desobrigada de transmitir seus dados às administrações tributárias.

•• § 11 acrescentado pela Lei Complementar n. 147, de 7-8-2014.

§ 12. As informações a serem prestadas relativas ao ICMS devido na forma prevista nas alíneas *a*, *g* e *h* do inciso XIII do § 1.º do art. 13 serão fornecidas por meio de aplicativo único.

•• § 12 acrescentado pela Lei Complementar n. 147, de 7-8-2014.

§ 13. Fica estabelecida a obrigatoriedade de utilização de documentos fiscais eletrônicos estabelecidos pelo Confaz nas operações e prestações relativas ao ICMS efetuadas por microempresas e empresas de pequeno porte nas hipóteses previstas nas alíneas *a*, *g* e *h* do inciso XIII do § 1.º do art. 13.

•• § 13 acrescentado pela Lei Complementar n. 147, de 7-8-2014.

§ 14. Os aplicativos necessários ao cumprimento do disposto nos §§ 12 e 13 deste artigo serão disponibilizados, de forma gratuita, no portal do Simples Nacional.

•• § 14 acrescentado pela Lei Complementar n. 147, de 7-8-2014.

§ 15. O CGSN regulamentará o disposto neste artigo.

•• § 15 acrescentado pela Lei Complementar n. 147, de 7-8-2014.

Art. 27. As microempresas e empresas de pequeno porte optantes pelo Simples Nacional poderão, opcionalmente, adotar contabilidade simplificada para os registros e controles das operações realizadas, conforme regulamentação do Comitê Gestor.

•• A Resolução n. 1.115, de 14-12-2007, do Conselho Federal de Contabilidade, aprova a NBC T 19.13 - Escrituração Contábil Simplificada para Microempresa e Empresa de Pequeno Porte.

• *Vide* Decreto n. 6.451, de 12-5-2008, dispõe sobre a constituição do Consórcio Simples por microempresas e empresas de pequeno porte optantes pelo Simples Nacional.

Seção VIII

Da Exclusão do Simples Nacional

Art. 28. A exclusão do Simples Nacional será feita de ofício ou mediante comunicação das empresas optantes.

Parágrafo único. As regras previstas nesta seção e o modo de sua implementação serão regulamentados pelo Comitê Gestor.

Art. 29. A exclusão de ofício das empresas optantes pelo Simples Nacional dar-se-á quando:

• *Vide* art. 33 desta Lei Complementar.

I – verificada a falta de comunicação de exclusão obrigatória;

II – for oferecido embaraço à fiscalização, caracterizado pela negativa não justificada de exibição de livros e documentos a que estiverem obrigadas, bem como pelo não fornecimento de informações sobre bens, movimentação financeira, negócio ou atividade que estiverem intimadas a apresentar, e nas demais hipóteses que autorizam a requisição de auxílio da força pública;

III – for oferecida resistência à fiscalização, caracterizada pela negativa de acesso ao estabelecimento, ao domicílio fiscal ou a qualquer outro local onde desenvolvam suas atividades ou se encontrem bens de sua propriedade;

IV – a sua constituição ocorrer por interpostas pessoas;

V – tiver sido constatada prática reiterada de infração ao disposto nesta Lei Complementar;

VI – a empresa for declarada inapta, na forma dos arts. 81 e 82 da Lei n. 9.430, de 27 de dezembro de 1996, e alterações posteriores;

VII – comercializar mercadorias objeto de contrabando ou descaminho;

VIII – houver falta de escrituração do livro-caixa ou não permitir a identificação da movimentação financeira, inclusive bancária;

IX – for constatado que durante o ano-calendário o valor das despesas pagas supera em 20% (vinte por cento) o valor de ingressos de recursos no mesmo período, excluído o ano de início de atividade;

X – for constatado que durante o ano-calendário o valor das aquisições de mercadorias para comercialização ou industrialização, ressalvadas hipóteses justificadas de aumento de estoque, for superior a 80% (oitenta por cento) dos ingressos de recursos no mesmo período, excluído o ano de início de atividade;

XI – houver descumprimento reiterado da obrigação contida no inciso I do *caput* do art. 26;

•• Inciso XI com redação determinada pela Lei Complementar n. 139, de 10-11-2011.

XII – omitir de forma reiterada da folha de pagamento da empresa ou de documento de informações previsto pela legislação previdenciária, trabalhista ou tributária, segurado empregado, trabalhador avulso ou contribuinte individual que lhe preste serviço.

•• Inciso XII com redação determinada pela Lei Complementar n. 139, de 10-11-2011.

§ 1.º Nas hipóteses previstas nos incisos II a XII do *caput* deste artigo, a exclusão produzirá efeitos a partir do próprio mês em que incorridas, impedindo a opção pelo regime diferenciado e favorecido desta Lei Complementar pelos próximos 3 (três) anos-calendário seguintes.

•• § 1.º com redação determinada pela Lei Complementar n. 127, de 14-8-2007.

§ 2.º O prazo de que trata o § 1.º deste artigo será elevado para 10 (dez) anos caso seja constatada a utilização de artifício, ardil ou qualquer outro meio fraudulento que induza ou mantenha a fiscalização em erro, com o fim de suprimir ou reduzir o pagamento de tributo apurável segundo o regime especial previsto nesta Lei Complementar.

§ 3.º A exclusão de ofício será realizada na forma regulamentada pelo Comitê Gestor, cabendo o lançamento dos tributos e contribuições apurados aos respectivos entes tributantes.

§ 4.º (*Revogado pela Lei Complementar n. 128, de 19-12-2008.*)

§ 5.º A competência para exclusão de ofício do Simples Nacional obedece ao disposto no art. 33, e o julgamento administrativo, ao disposto no art. 39, ambos desta Lei Complementar.

§ 6.º Nas hipóteses de exclusão previstas no *caput*, a notificação:

•• § 6.º, *caput*, com redação determinada pela Lei Complementar n. 139, de 10-11-2011.

I – será efetuada pelo ente federativo que promoveu a exclusão; e

•• Inciso I acrescentado pela Lei Complementar n. 139, de 10-11-2011.

II – poderá ser feita por meio eletrônico, observada a regulamentação do CGSN.

•• Inciso II acrescentado pela Lei Complementar n. 139, de 10-11-2011.

§ 7.º (*Revogado pela Lei Complementar n. 139, de 10-11-2011.*)

§ 8.º A notificação de que trata o § 6.º aplica-se ao indeferimento da opção pelo Simples Nacional.

•• § 8.º com redação determinada pela Lei Complementar n. 139, de 10-11-2011.

§ 9.º Considera-se prática reiterada, para fins do disposto nos incisos V, XI e XII do *caput*:

•• § 9.º, *caput*, acrescentado pela Lei Complementar n. 139, de 10-11-2011.

I – a ocorrência, em 2 (dois) ou mais períodos de apuração, consecutivos ou alternados, de idênticas infrações, inclusive de natureza acessória, verificada em relação aos últimos 5 (cinco) anos-calendário, formalizadas por intermédio de auto de infração ou notificação de lançamento; ou

•• Inciso I acrescentado pela Lei Complementar n. 139, de 10-11-2011.

II – a segunda ocorrência de idênticas infrações, caso seja constatada a utilização de artifício, ardil ou qualquer outro meio fraudulento que induza ou mantenha a fiscalização em erro, com o fim de suprimir ou reduzir o pagamento de tributo.

•• Inciso II acrescentado pela Lei Complementar n. 139, de 10-11-2011.

Art. 30. A exclusão do Simples Nacional, mediante comunicação das microempresas ou das empresas de pequeno porte, dar-se-á:

• *Vide* art. 36 desta Lei Complementar.

I – por opção;

• *Vide* art. 31, I e § 4.º, desta Lei Complementar.

II – obrigatoriamente, quando elas incorrerem em qualquer das situações de vedação previstas nesta Lei Complementar;

• *Vide* art. 31, II, desta Lei Complementar.

III – obrigatoriamente, quando ultrapassado, no ano-calendário de início de atividade, o limite proporcional de receita bruta de que trata o § 2.º do art. 3.º; ou

•• Inciso III com redação determinada pela Lei Complementar n. 139, de 10-11-2011.

• *Vide* art. 31, III, e § 1.º, desta Lei Complementar.

IV – obrigatoriamente, quando ultrapassado, no ano-calendário, o limite de receita bruta previsto no inciso II do *caput* do art. 3.º, quando não estiver no ano-calendário de início de atividade.

•• Inciso IV acrescentado pela Lei Complementar n. 139, de 10-11-2011.

§ 1.º A exclusão deverá ser comunicada à Secretaria da Receita Federal:

•• A Secretaria da Receita Federal passa a denominar-se Secretaria da Receita Federal do Brasil, por força da Lei n. 11.457, de 16-3-2007.

I – na hipótese do inciso I do *caput* deste artigo, até o último dia útil do mês de janeiro;

II – na hipótese do inciso II do *caput* deste artigo, até o último dia útil do mês subsequente àquele em que ocorrida a situação de vedação;

III – na hipótese do inciso III do *caput*:

•• Inciso III, *caput*, com redação determinada pela Lei Complementar n. 139, de 10-11-2011.

a) até o último dia útil do mês seguinte àquele em que tiver ultrapassado em mais de 20% (vinte por cento) o limite proporcional de que trata o § 10 do art. 3.º; ou

•• Alínea a acrescentada pela Lei Complementar n. 139, de 10-11-2011.

b) até o último dia útil do mês de janeiro do ano-calendário subsequente ao de início de atividades, caso o excesso seja inferior a 20% (vinte por cento) do respectivo limite;

•• Alínea b acrescentada pela Lei Complementar n. 139, de 10-11-2011.

IV – na hipótese do inciso IV do *caput*:

•• Inciso IV, *caput*, acrescentado pela Lei Complementar n. 139, de 10-11-2011.

a) até o último dia útil do mês subsequente à ultrapassagem em mais de 20% (vinte por cento) do limite de receita bruta previsto no inciso II do *caput* do art. 3.º; ou

•• Alínea a acrescentada pela Lei Complementar n. 139, de 10-11-2011.

b) até o último dia útil do mês de janeiro do ano-calendário subsequente, na hipótese de não ter ultrapassado em mais de 20% (vinte por cento) o limite de receita bruta previsto no inciso II do *caput* do art. 3.º.

•• Alínea b acrescentada pela Lei Complementar n. 139, de 10-11-2011.

§ 2.º A comunicação de que trata o *caput* deste artigo dar-se-á na forma a ser estabelecida pelo Comitê Gestor.

§ 3.º A alteração de dados no CNPJ, informada pela ME ou EPP à Secretaria da Receita Federal do Brasil, equivalerá à comunicação obrigatória de exclusão do Simples Nacional nas seguintes hipóteses:

•• § 3.º, *caput*, acrescentado pela Lei Complementar n. 139, de 10-11-2011.

I – alteração de natureza jurídica para Sociedade Anônima, Sociedade Empresária em Comandita por Ações, Sociedade em Conta de Participação ou Estabelecimento, no Brasil, de Sociedade Estrangeira;

•• Inciso I acrescentado pela Lei Complementar n. 139, de 10-11-2011.

II – inclusão de atividade econômica vedada à opção pelo Simples Nacional;

•• Inciso II acrescentado pela Lei Complementar n. 139, de 10-11-2011.

III – inclusão de sócio pessoa jurídica;

•• Inciso III acrescentado pela Lei Complementar n. 139, de 10-11-2011.

IV – inclusão de sócio domiciliado no exterior;

•• Inciso IV acrescentado pela Lei Complementar n. 139, de 10-11-2011.

V – cisão parcial; ou

•• Inciso V acrescentado pela Lei Complementar n. 139, de 10-11-2011.

VI – extinção da empresa.

•• Inciso VI acrescentado pela Lei Complementar n. 139, de 10-11-2011.

Art. 31. A exclusão das microempresas ou das empresas de pequeno porte do Simples Nacional produzirá efeitos:

I – na hipótese do inciso I do *caput* do art. 30 desta Lei Complementar, a partir de 1.º de janeiro do ano-calendário subsequente, ressalvado o disposto no § 4.º deste artigo;

II – na hipótese do inciso II do *caput* do art. 30 desta Lei Complementar, a partir do mês seguinte da ocorrência da situação impeditiva;

III – na hipótese do inciso III do *caput* do art. 30 desta Lei Complementar:

a) desde o início das atividades;

• *Vide* art. 32, § 1.º, desta Lei Complementar.

b) a partir de 1.º de janeiro do ano-calendário subsequente, na hipótese de não ter ultrapassado em mais de 20% (vinte por cento) o limite proporcional de que trata o § 10 do art. 3.º;

•• Alínea b com redação determinada pela Lei Complementar n. 139, de 10-11-2011.

IV – na hipótese do inciso V do *caput* do art. 17 desta Lei Complementar, a partir do ano-calendário subsequente ao da ciência da comunicação da exclusão;

V – na hipótese do inciso IV do *caput* do art. 30:

•• Inciso V acrescentado pela Lei Complementar n. 139, de 10-11-2011.

a) a partir do mês subsequente à ultrapassagem em mais de 20% (vinte por cento) do limite de receita bruta previsto no inciso II do art. 3.º;

•• Alínea a acrescentada pela Lei Complementar n. 139, de 10-11-2011.

b) a partir de 1.º de janeiro do ano-calendário subsequente, na hipótese de não ter ultrapassado em mais de 20% (vinte por cento) o limite de receita bruta previsto no inciso II do art. 3.º.

•• Alínea b acrescentada pela Lei Complementar n. 139, de 10-11-2011.

§ 1.º Na hipótese prevista no inciso III do *caput* do art. 30 desta Lei Complementar, a microempresa ou empresa de pequeno porte não poderá optar, no ano-calendário subsequente ao do início de atividades, pelo Simples Nacional.

§ 2.º Na hipótese dos incisos V e XVI do *caput* do art. 17, será permitida a permanência da pessoa jurídica como optante pelo Simples Nacional mediante a comprovação da regularização do débito ou do cadastro fiscal no prazo de até 30 (trinta) dias contados a partir da ciência da comunicação da exclusão.

•• § 2.º com redação determinada pela Lei Complementar n. 139, de 10-11-2011.

§ 3.º O CGSN regulamentará os procedimentos relativos ao impedimento de recolher o ICMS e o ISS na forma do Simples Nacional, em face da ultrapassagem dos limites estabelecidos na forma dos incisos I ou II do art. 19 e do art. 20.

•• § 3.º com redação determinada pela Lei Complementar n. 139, de 10-11-2011.

§ 4.º No caso de a microempresa ou a empresa de pequeno porte ser excluída do Simples Nacional no mês de janeiro, na hipótese do inciso I do *caput* do art. 30 desta Lei Complementar, os efeitos da exclusão dar-se-ão nesse mesmo ano.

§ 5.º Na hipótese do inciso II do *caput* deste artigo, uma vez que o motivo da exclusão deixe de existir, havendo a exclusão retroativa de ofício no caso do inciso I do *caput* do art. 29 desta Lei Complementar, o efeito desta dar-se-á a partir do mês seguinte ao da ocorrência da situação impeditiva, limitado, porém, ao último dia do ano-calendário em que a referida situação deixou de existir.

•• § 5.º acrescentado pela Lei Complementar n. 128, de 19-12-2008.

Art. 32. As microempresas ou as empresas de pequeno porte excluídas do Simples Nacional sujeitar-se-ão, a partir do período em que se processarem os efeitos da exclusão, às normas de tributação aplicáveis às demais pessoas jurídicas.

§ 1.º Para efeitos do disposto no *caput* deste artigo, na hipótese da alínea *a* do inciso III do *caput* do art. 31 desta Lei Complementar, a microempresa ou a empresa de pequeno porte desenquadrada ficará sujeita ao pagamento da totalidade ou diferença dos respectivos impostos e contribuições, devidos de conformidade com as normas gerais de incidência, acrescidos, tão somente, de juros de mora, quando efetuado antes do início de procedimento de ofício.

§ 2.º Para efeito do disposto no *caput* deste artigo, o sujeito passivo poderá optar pelo recolhimento do imposto de renda e da Contribuição Social sobre o Lucro Líquido na forma do lucro presumido, lucro real trimestral ou anual.

§ 3.º Aplica-se o disposto no *caput* e no § 1.º em relação ao ICMS e ao ISS à empresa impedida de recolher esses impostos na forma do Simples Nacional, em face da ultrapassagem dos limites a que se referem os incisos I e II do *caput* do art. 19, relativamente ao estabelecimento localizado na unidade da Federação que os houver adotado.

•• § 3.º acrescentado pela Lei Complementar n. 139, de 10-11-2011.

Seção IX
Da Fiscalização

• O Decreto n. 7.574, de 29-9-2011, regulamenta o processo de determinação e exigência de créditos tributários da União, o processo de consulta sobre a aplicação da legislação tributária federal e outros processos que especifica, sobre matérias administradas pela Secretaria da Receita Federal do Brasil.

Art. 33. A competência para fiscalizar o cumprimento das obrigações principais e acessórias relativas ao Simples Nacional e para verificar a ocorrência das hipóteses previstas no art. 29 desta Lei Complementar é da Secretaria da Receita Federal e das Secretarias de Fazenda ou de Finanças do Estado ou do Distrito Federal, segundo a localização do estabelecimento, e, tratando-se de prestação de serviços incluídos na competência tributária municipal, a competência será também do respectivo Município.

•• A Secretaria da Receita Federal passa a denominar-se Secretaria da Receita Federal do Brasil, por força da Lei n. 11.457, de 16-3-2007.

§ 1.º As Secretarias de Fazenda ou Finanças dos Estados poderão celebrar convênio com os Municípios de sua jurisdição para atribuir a estes a fiscalização a que se refere o *caput* deste artigo.

§ 1.º-A. Dispensa-se o convênio de que trata o § 1.º na hipótese de ocorrência de prestação de serviços sujeita ao ISS por estabelecimento localizado no Município.

•• § 1.º-A acrescentado pela Lei Complementar n. 139, de 10-11-2011.

§ 1.º-B. A fiscalização de que trata o *caput*, após iniciada, poderá abranger todos os demais estabelecimentos da microempresa ou da empresa de pequeno porte, independentemente da atividade por eles exercida ou de sua localização, na forma e condições estabelecidas pelo CGSN.

•• § 1.º-B acrescentado pela Lei Complementar n. 139, de 10-11-2011.

§ 1.º-C. As autoridades fiscais de que trata o *caput* têm competência para efetuar o lançamento de todos os tributos previstos nos incisos I a VIII do art. 13, apurados na forma do Simples Nacional, relativamente a todos os estabelecimentos da empresa, independentemente do ente federado instituidor.

•• § 1.º-C acrescentado pela Lei Complementar n. 139, de 10-11-2011.

§ 1.º-D. A competência para autuação por descumprimento de obrigação acessória é privativa da administração tributária perante a qual a obrigação deveria ter sido cumprida.

•• § 1.º-D acrescentado pela Lei Complementar n. 139, de 10-11-2011.

§ 2.º Na hipótese de a microempresa ou empresa de pequeno porte exercer alguma das atividades de prestação de serviços previstas no § 5.º-C do art. 18 desta Lei Complementar, caberá à Secretaria da Receita Federal do Brasil a fiscalização da Contribuição para a Seguridade Social, a cargo da empresa, de que trata o art. 22 da Lei n. 8.212, de 24 de julho de 1991.

•• § 2.º com redação determinada pela Lei Complementar n. 128, de 19-12-2008.

§ 3.º O valor não pago, apurado em procedimento de fiscalização, será exigido em lançamento de ofício pela autoridade competente que realizou a fiscalização.

§ 4.º O Comitê Gestor disciplinará o disposto neste artigo.

Seção X
Da Omissão de Receita

Art. 34. Aplicam-se à microempresa e à empresa de pequeno porte optantes pelo Simples Nacional todas as presunções de omissão de receita existentes nas legislações de regência dos impostos e contribuições incluídos no Simples Nacional.

•• A Lei Complementar n. 139, de 10-11-2011, propôs nova redação para este artigo, porém teve seu texto vetado.

§ 1.º É permitida a prestação de assistência mútua e a permuta de informações entre a Fazenda Pública da União e as dos Estados, do Distrito Federal e dos Municípios, relativas às microempresas e às empresas de pequeno porte, para fins de planejamento ou de execução de procedimentos fiscais ou preparatórios.

•• § 1.º acrescentado pela Lei Complementar n. 155, de 27-10-2016.

§ 2.º (*Vetado.*)

•• § 2.º acrescentado pela Lei Complementar n. 155, de 27-10-2016.

§ 3.º Sem prejuízo de ação fiscal individual, as administrações tributárias poderão utilizar procedimento de notificação prévia visando à autorregularização, na forma e nos prazos a serem regulamentados pelo CGSN, que não constituirá início de procedimento fiscal.

•• § 3.º acrescentado pela Lei Complementar n. 155, de 27-10-2016.

§ 4.º (*Vetado.*)

•• § 4.º acrescentado pela Lei Complementar n. 155, de 27-10-2016.

Seção XI
Dos Acréscimos Legais

Art. 35. Aplicam-se aos impostos e contribuições devidos pela microempresa e pela empresa de pequeno porte, inscritas no Simples Nacional, as normas relativas aos juros e multa de mora e de ofício previstas para o imposto de renda, inclusive, quando for o caso, em relação ao ICMS e ao ISS.

Art. 36. A falta de comunicação, quando obrigatória, da exclusão da pessoa jurídica do Simples Nacional, nos prazos determinados no § 1.º do art. 30 desta Lei Complementar, sujeitará a pessoa jurídica a multa correspondente a 10% (dez por cento) do total dos impostos e contribuições devidos de conformidade com o Simples Nacional no mês que anteceder o início dos efeitos da exclusão, não inferior a R$ 200,00 (duzentos reais), insusceptível de redução.

•• Artigo com redação determinada pela Lei Complementar n. 128, de 19-12-2008.

Art. 36-A. A falta de comunicação, quando obrigatória, do desenquadramento do microempreendedor individual da sistemática de recolhimento prevista no art. 18-A desta Lei Complementar nos prazos determinados em seu § 7.º sujeitará o microempreendedor individual a multa no valor de R$ 50,00 (cinquenta reais), insusceptível de redução.

•• Artigo acrescentado pela Lei Complementar n. 128, de 19-12-2008.

Art. 37. A imposição das multas de que trata esta Lei Complementar não exclui a aplicação das sanções previstas na legislação penal, inclusive em relação a declaração falsa, adulteração de documentos e emissão de nota fiscal em desacordo com a operação efetivamente praticada, a que estão sujeitos o titular ou sócio da pessoa jurídica.

Art. 38. O sujeito passivo que deixar de apresentar a Declaração Simplificada da Pessoa Jurídica a que se refere o art. 25 desta Lei Complementar, no prazo fixado, ou que a apresentar com incorreções ou omissões, será intimado a apresentar declaração original, no caso de não apresentação, ou a prestar esclarecimentos, nos demais casos, no prazo estipulado pela autoridade fiscal, na forma definida pelo Comitê Gestor, e sujeitar-se-á às seguintes multas:

I – de 2% (dois por cento) ao mês-calendário ou fração, incidentes sobre o montante dos tributos e contribuições informados na Declaração Simplificada da Pessoa Jurídica, ainda que integralmente pago, no caso de falta de entrega da declaração ou entrega após o prazo, limitada a 20% (vinte por cento), observado o disposto no § 3.º deste artigo;

II – de R$ 100,00 (cem reais) para cada grupo de 10 (dez) informações incorretas ou omitidas.

§ 1.º Para efeito de aplicação da multa prevista no inciso I do *caput* deste artigo, será considerado como termo inicial o dia seguinte ao término do prazo originalmente fixado para a entrega da declaração e como termo final a data da efetiva entrega ou, no caso de não apresentação, da lavratura do auto de infração.

§ 2.º Observado o disposto no § 3.º deste artigo, as multas serão reduzidas:

I – à metade, quando a declaração for apresentada após o prazo, mas antes de qualquer procedimento de ofício;

II – a 75% (setenta e cinco por cento), se houver a apresentação da declaração no prazo fixado em intimação.

§ 3.º A multa mínima a ser aplicada será de R$ 200,00 (duzentos reais).

•• § 3.º com redação determinada pela Lei Complementar n. 128, de 19-12-2008.

§ 4.º Considerar-se-á não entregue a declaração que não atender às especificações técnicas estabelecidas pelo Comitê Gestor.

§ 5.º Na hipótese do § 4.º deste artigo, o sujeito passivo será intimado a apresentar nova declaração, no prazo de 10 (dez) dias, contados da ciência da intimação, e sujeitar-se-á à multa prevista no inciso I do *caput* deste artigo, observado o disposto nos §§ 1.º a 3.º deste artigo.

§ 6.º A multa mínima de que trata o § 3.º deste artigo a ser aplicada ao Microempreendedor Individual na vigência da opção de que trata o art. 18-A desta Lei Complementar será de R$ 50,00 (cinquenta reais).

•• § 6.º acrescentado pela Lei Complementar n. 128, de 19-12-2008.

Art. 38-A. O sujeito passivo que deixar de prestar as informações no sistema eletrônico de cálculo de que trata o § 15 do art. 18, no prazo previsto no § 15-A do mesmo artigo, ou que as prestar com incorreções ou omissões, será intimado a fazê-lo, no caso de não apresentação, ou a prestar esclarecimentos, nos demais casos, no prazo estipulado pela autoridade fiscal, na forma definida pelo CGSN, e sujeitar-se-á às seguintes multas, para cada mês de referência:

•• *Caput* acrescentado pela Lei Complementar n. 139, de 10-11-2011.

I – de 2% (dois por cento) ao mês-calendário ou fração, a partir do primeiro dia do quarto mês do ano subsequente à ocorrência dos fatos geradores, incidentes sobre o montante dos impostos e contribuições decorrentes das informações prestadas no sistema eletrônico de cálculo de que trata o § 15 do art. 18, ainda que integralmente pago, no caso de ausência de prestação de informações ou sua efetuação após o prazo, limitada a 20% (vinte por cento), observado o disposto no § 2.º deste artigo; e

•• Inciso I acrescentado pela Lei Complementar n. 139, de 10-11-2011.

II – de R$ 20,00 (vinte reais) para cada grupo de 10 (dez) informações incorretas ou omitidas.

•• Inciso II acrescentado pela Lei Complementar n. 139, de 10-11-2011.

§ 1.º Para efeito de aplicação da multa prevista no inciso I do *caput*, será considerado como termo inicial o primeiro dia do quarto mês do ano subsequente à ocorrência dos fatos geradores e como termo final a data da efetiva prestação ou, no caso de não prestação, da lavratura do auto de infração.

•• § 1.º acrescentado pela Lei Complementar n. 139, de 10-11-2011.

§ 2.º A multa mínima a ser aplicada será de R$ 50,00 (cinquenta reais) para cada mês de referência.

•• § 2.º acrescentado pela Lei Complementar n. 139, de 10-11-2011.

§ 3.º Aplica-se ao disposto neste artigo o disposto nos §§ 2.º, 4.º e 5.º do art. 38.

•• § 3.º acrescentado pela Lei Complementar n. 139, de 10-11-2011.

§ 4.º O CGSN poderá estabelecer data posterior à prevista no inciso I do *caput* e no § 1.º.

•• § 4.º acrescentado pela Lei Complementar n. 139, de 10-11-2011.

Art. 38-B. As multas relativas à falta de prestação ou à incorreção no cumprimento de obrigações acessórias para com os órgãos e entidades federais, estaduais, distritais e municipais, quando em valor fixo ou mínimo, e na ausência de previsão legal de valores específicos e mais favoráveis para MEI, microempresa ou empresa de pequeno porte, terão redução de:

•• *Caput* acrescentado pela Lei Complementar n. 147, de 7-8-2014.

•• A Recomendação n. 5, de 8-4-2015, do Comitê Gestor do Simples Nacional, orienta aos entes federados quanto à redução de multas para microempreendedores individuais, microempresas e empresas de pequeno porte optantes pelo Simples Nacional, na forma prevista neste artigo.

I – 90% (noventa por cento) para os MEI;

•• Inciso I acrescentado pela Lei Complementar n. 147, de 7-8-2014.

II – 50% (cinquenta por cento) para as microempresas ou empresas de pequeno porte optantes pelo Simples Nacional.

•• Inciso II acrescentado pela Lei Complementar n. 147, de 7-8-2014.

Parágrafo único. As reduções de que tratam os incisos I e II do *caput* não se aplicam na:

•• Parágrafo único acrescentado pela Lei Complementar n. 147, de 7-8-2014.

I – hipótese de fraude, resistência ou embaraço à fiscalização;

•• Inciso I acrescentado pela Lei Complementar n. 147, de 7-8-2014.

II – ausência de pagamento da multa no prazo de 30 (trinta) dias após a notificação.

•• Inciso II acrescentado pela Lei Complementar n. 147, de 7-8-2014.

Seção XII
Do Processo Administrativo Fiscal

•• *Vide* Decreto n. 70.235, de 6-3-1972, dispõe sobre o processo administrativo fiscal, e dá outras providências.

Art. 39. O contencioso administrativo relativo ao Simples Nacional será de competência do órgão julgador integrante da estrutura administrativa do ente federativo que efetuar o lançamento, o indeferimento da opção ou a exclusão de ofício, observados os dispositivos legais atinentes aos processos administrativos fiscais desse ente.

•• *Caput* com redação determinada pela Lei Complementar n. 139, de 10-11-2011.

• *Vide* art. 55, § 4.º, desta Lei Complementar.

§ 1.º O Município poderá, mediante convênio, transferir a atribuição de julgamento exclusivamente ao respectivo Estado em que se localiza.

§ 2.º No caso em que o contribuinte do Simples Nacional exerça atividades incluídas no campo de incidência do ICMS e do ISS e seja apurada omissão de receita de que não se consiga identificar a origem, a autuação será feita utilizando a maior alíquota prevista nesta Lei Complementar, e a parcela autuada que não seja correspondente aos tributos e contribuições federais será rateada entre Estados e Municípios ou Distrito Federal.

§ 3.º Na hipótese referida no § 2.º deste artigo, o julgamento caberá ao Estado ou ao Distrito Federal.

§ 4.º A intimação eletrônica dos atos do contencioso administrativo observará o disposto nos §§ 1.º-A a 1.º-D do art. 16.

•• § 4.º com redação determinada pela Lei Complementar n. 139, de 10-11-2011.

§ 5.º A impugnação relativa ao indeferimento da opção ou à exclusão poderá ser decidida em órgão diverso do previsto no *caput*, na forma estabelecida pela respectiva administração tributária.

•• § 5.º acrescentado pela Lei Complementar n. 139, de 10-11-2011.

§ 6.º Na hipótese prevista no § 5.º, o CGSN poderá disciplinar procedimentos e prazos, bem como, no processo de exclusão, prever efeito suspensivo na hipótese de apresentação de impugnação, defesa ou recurso.

•• § 6.º acrescentado pela Lei Complementar n. 139, de 10-11-2011.

Art. 40. As consultas relativas ao Simples Nacional serão solucionadas pela Secretaria da Receita Federal, salvo quando se referirem a tributos e contribuições de competência estadual ou municipal, que serão solucionadas conforme a respectiva competência tributária, na forma disciplinada pelo Comitê Gestor.

•• A Secretaria da Receita Federal passa a denominar-se Secretaria da Receita Federal do Brasil, por força da Lei n. 11.457, de 16-3-2007.

• *Vide* art. 55, § 4.º, desta Lei Complementar.

Seção XIII
Do Processo Judicial

Art. 41. Os processos relativos a impostos e contribuições abrangidos pelo Simples Nacional serão ajuizados em face da União, que será representada em juízo pela Procuradoria-Geral da Fazenda Nacional, observado o disposto no § 5.º deste artigo.

•• *Caput* com redação determinada pela Lei Complementar n. 128, de 19-12-2008.

§ 1.º Os Estados, Distrito Federal e Municípios prestarão auxílio à Procuradoria-Geral da Fazenda Nacional, em relação aos tributos de sua competência, na forma a ser disciplinada por ato do Comitê Gestor.

§ 2.º Os créditos tributários oriundos da aplicação desta Lei Complementar serão apurados, inscritos em Dívida Ativa da União e cobrados judicialmente pela Procuradoria-Geral da Fazenda Nacional, observado o disposto no inciso V do § 5.º deste artigo.

•• § 2.º com redação determinada pela Lei Complementar n. 139, de 10-11-2011.

§ 3.º Mediante convênio, a Procuradoria-Geral da Fazenda Nacional poderá delegar aos Estados e Municípios a inscrição em dívida ativa estadual e municipal e a cobrança judicial dos tributos estaduais e municipais a que se refere esta Lei Complementar.

§ 4.º Aplica-se o disposto neste artigo aos impostos e contribuições que não tenham sido recolhidos resultantes das informações prestadas:

•• § 4.º, *caput*, com redação determinada pela Lei Complementar n. 139, de 10-11-2011.

I – no sistema eletrônico de cálculo dos valores devidos no Simples Nacional de que trata o § 15 do art. 18;

•• Inciso I acrescentado pela Lei Complementar n. 139, de 10-11-2011.

II – na declaração a que se refere o art. 25.

•• Inciso II acrescentado pela Lei Complementar n. 139, de 10-11-2011.

§ 5.º Excetuam-se do disposto no *caput* deste artigo:

•• § 5.º, *caput*, acrescentado pela Lei Complementar n. 128, de 19-12-2008.

I – os mandados de segurança nos quais se impugnem atos de autoridade coatora pertencente a Estado, Distrito Federal ou Município;

•• Inciso I acrescentado pela Lei Complementar n. 128, de 19-12-2008.

II – as ações que tratem exclusivamente de tributos de competência dos Estados, do Distrito Federal ou dos Municípios, as quais serão propostas em face desses entes federativos, representados em juízo por suas respectivas procuradorias;

•• Inciso II acrescentado pela Lei Complementar n. 128, de 19-12-2008.

III – as ações promovidas na hipótese de celebração do convênio de que trata o § 3.º deste artigo;

•• Inciso III acrescentado pela Lei Complementar n. 128, de 19-12-2008.

IV – o crédito tributário decorrente de auto de infração lavrado exclusivamente em face de descumprimento de obrigação acessória, observado o disposto no § 1.º-D do art. 33;

•• Inciso IV acrescentado pela Lei Complementar n. 139, de 10-11-2011.

V – o crédito tributário relativo ao ICMS e ao ISS de que tratam as alíneas *b* e *c* do inciso V do § 3.º do art. 18-A desta Lei Complementar.

•• Inciso V com redação determinada pela Lei Complementar n. 147, de 7-8-2014.

Capítulo V
DO ACESSO AOS MERCADOS

Seção I
Das Aquisições Públicas

•• Seção I renumerada pela Lei Complementar n. 147, de 7-8-2014.

•• O Decreto n. 6.204, de 5-9-2007, regulamenta o tratamento favorecido, diferenciado e simplificado para as microempresas e empresas de pequeno porte nas contratações públicas de bens, serviços e obras, no âmbito da administração pública federal.

Art. 42. Nas licitações públicas, a comprovação de regularidade fiscal e trabalhista das microempresas e das empresas de pequeno porte somente será exigida para efeito de assinatura do contrato.

•• Artigo com redação determinada pela Lei Complementar n. 155, de 27-10-2016.

Art. 43. As microempresas e as empresas de pequeno porte, por ocasião da participação em certames licitatórios, deverão apresentar toda a documentação exigida para efeito de comprovação de regularidade fiscal e trabalhista, mesmo que esta apresente alguma restrição.

•• *Caput* com redação determinada pela Lei Complementar n. 155, de 27-10-2016.

§ 1.º Havendo alguma restrição na comprovação da regularidade fiscal e trabalhista, será assegurado o prazo de cinco dias úteis, cujo termo inicial corresponderá ao momento em que o proponente for declarado vencedor do certame, prorrogável por igual período, a critério da administração pública, para regularização da documentação, para pagamento ou parcelamento do débito e para emissão de eventuais certidões negativas ou positivas com efeito de certidão negativa.

•• § 1.º com redação determinada pela Lei Complementar n. 155, de 27-10-2016.

§ 2.º A não regularização da documentação, no prazo previsto no § 1.º deste artigo, implicará decadência do direito à contratação, sem prejuízo das sanções previstas no art. 81 da Lei n. 8.666, de 21 de junho de 1993, sendo facultado à Administração convocar os licitantes remanescentes, na ordem de classificação, para a assinatura do contrato, ou revogar a licitação.

• A Lei n. 8.666, de 21-6-1993, institui normas para licitações e contratos da administração pública.

Art. 44. Nas licitações será assegurada, como critério de desempate, preferência de contratação para as microempresas e empresas de pequeno porte.

• O art. 4.º, § 5.º, do Decreto n. 7.709, de 3-4-2012, estabelece a aplicação de margem de preferência nas licitações realizadas no âmbito da Administração Pública Federal para aquisição de retroescavadeiras e motoniveladoras.

• O art. 4.º, § 5.º, do Decreto n. 7.713, de 3-4-2012, estabelece a aplicação de margem de preferência nas licitações realizadas no âmbito da Administração Pública Federal para aquisição de fármacos e medicamentos.

§ 1.º Entende-se por empate aquelas situações em que as propostas apresentadas pelas microempresas e empresas de pequeno porte sejam iguais ou até 10% (dez por cento) superiores à proposta mais bem classificada.

§ 2.º Na modalidade de pregão, o intervalo percentual estabelecido no § 1.º deste artigo será de até 5% (cinco por cento) superior ao melhor preço.

Art. 45. Para efeito do disposto no art. 44 desta Lei Complementar, ocorrendo o empate, proceder--se-á da seguinte forma:

• *Vide* notas do art. 44 desta Lei Complementar.

I – a microempresa ou empresa de pequeno porte mais bem classificada poderá apresentar proposta de preço inferior àquela considerada vencedora do certame, situação em que será adjudicado em seu favor o objeto licitado;

II – não ocorrendo a contratação da microempresa ou empresa de pequeno porte, na forma do inciso I do *caput* deste artigo, serão convocadas as remanescentes que porventura se enquadrem na hipótese dos §§ 1.º e 2.º do art. 44 desta Lei Complementar, na ordem classificatória, para o exercício do mesmo direito;

III – no caso de equivalência dos valores apresentados pelas microempresas e empresas de pequeno porte que se encontrem nos intervalos estabelecidos nos §§ 1.º e 2.º do art. 44 desta Lei Complementar, será realizado sorteio entre elas para que se identifique aquela que primeiro poderá apresentar melhor oferta.

§ 1.º Na hipótese da não contratação nos termos previstos no *caput* deste artigo, o objeto licitado será adjudicado em favor da proposta originalmente vencedora do certame.

§ 2.º O disposto neste artigo somente se aplicará quando a melhor oferta inicial não tiver sido apresentada por microempresa ou empresa de pequeno porte.

§ 3.º No caso de pregão, a microempresa ou empresa de pequeno porte mais bem classificada será convocada para apresentar nova proposta no prazo máximo de 5 (cinco) minutos após o encerramento dos lances, sob pena de preclusão.

Art. 46. A microempresa e a empresa de pequeno porte titular de direitos creditórios decorrentes de empenhos liquidados por órgãos e entidades da União, Estados, Distrito Federal e Município não pagos em até 30 (trinta) dias contados da data de liquidação poderão emitir cédula de crédito microempresarial.

• A Lei n. 6.840, de 3-11-1980, dispõe sobre títulos de crédito comercial e dá outras providências.

Parágrafo único. (*Revogado pela Lei Complementar n. 147, de 7-8-2014.*)

Art. 47. Nas contratações públicas da administração direta e indireta, autárquica e fundacional, federal, estadual e municipal, deverá ser concedido tratamento diferenciado e simplificado para as microempresas e empresas de pequeno porte objetivando a promoção do desenvolvimento econômico e social no âmbito municipal e regional, a ampliação da eficiência das políticas públicas e o incentivo à inovação tecnológica.

•• *Caput* com redação determinada pela Lei Complementar n. 147, de 7-8-2014.

Parágrafo único. No que diz respeito às compras públicas, enquanto não sobrevier legislação estadual, municipal ou regulamento específico de cada órgão mais favorável à microempresa e empresa de pequeno porte, aplica-se a legislação federal.

•• Parágrafo único acrescentado pela Lei Complementar n. 147, de 7-8-2014.

Art. 48. Para o cumprimento do disposto no art. 47 desta Lei Complementar, a administração pública:

•• *Caput* com redação determinada pela Lei Complementar n. 147, de 7-8-2014.

I – deverá realizar processo licitatório destinado exclusivamente à participação de microempresas e empresas de pequeno porte nos itens de contratação cujo valor seja de até R$ 80.000,00 (oitenta mil reais);

•• Inciso I com redação determinada pela Lei Complementar n. 147, de 7-8-2014.

II – poderá, em relação aos processos licitatórios destinados à aquisição de obras e serviços, exigir dos licitantes a subcontratação de microempresa ou empresa de pequeno porte;

•• Inciso II com redação determinada pela Lei Complementar n. 147, de 7-8-2014.

III – deverá estabelecer, em certames para aquisição de bens de natureza divisível, cota de até 25% (vinte e cinco por cento) do objeto para a contratação de microempresas e empresas de pequeno porte.

•• Inciso III com redação determinada pela Lei Complementar n. 147, de 7-8-2014.

§ 1.º (*Revogado pela Lei Complementar n. 147, de 7-8-2014.*)

§ 2.º Na hipótese do inciso II do *caput* deste artigo, os empenhos e pagamentos do órgão ou entidade da administração pública poderão ser destinados diretamente às microempresas e empresas de pequeno porte subcontratadas.

§ 3.º Os benefícios referidos no *caput* deste artigo poderão, justificadamente, estabelecer a prioridade de contratação para as microempresas e empresas de pequeno porte sediadas local ou regionalmente, até o limite de 10% (dez por cento) do melhor preço válido.

•• § 3.º com redação determinada pela Lei Complementar n. 147, de 7-8-2014.

Art. 49. Não se aplica o disposto nos arts. 47 e 48 desta Lei Complementar quando:

I – (*Revogado pela Lei Complementar n. 147, de 7-8-2014.*)

II – não houver um mínimo de 3 (três) fornecedores competitivos enquadrados como microempresas ou empresas de pequeno porte sediados local ou regionalmente e capazes de cumprir as exigências estabelecidas no instrumento convocatório;

III – o tratamento diferenciado e simplificado para as microempresas e empresas de pequeno porte não for vantajoso para a administração pública ou representar prejuízo ao conjunto ou complexo do objeto a ser contratado;

IV – a licitação for dispensável ou inexigível, nos termos dos arts. 24 e 25 da Lei n. 8.666, de 21 de junho de 1993, excetuando-se as dispensas tratadas pelos incisos I e II do art. 24 da mesma Lei, nas quais a compra deverá ser feita preferencialmente de microempresas e empresas de pequeno porte, aplicando-se o disposto no inciso I do art. 48.

•• Inciso IV com redação determinada pela Lei Complementar n. 147, de 7-8-2014.

Seção II
Acesso ao Mercado Externo

•• Seção II acrescentada pela Lei Complementar n. 147, de 7-8-2014.

Art. 49-A. A microempresa e a empresa de pequeno porte beneficiárias do SIMPLES usufruirão de regime de exportação que contemplará procedimentos simplificados de habilitação, licenciamento, despacho aduaneiro e câmbio, na forma do regulamento.

•• *Caput* acrescentado pela Lei Complementar n. 147, de 7-8-2014.

•• *Vide* Decreto n. 8.870, de 5-10-2016, que dispõe sobre a aplicação de procedimentos simplificados nas operações de exportação realizadas por microempresas e empresas de pequeno porte optantes pelo Simples Nacional.

Parágrafo único. As pessoas jurídicas prestadoras de serviço de logística internacional, quando contratadas pelas empresas descritas nesta Lei Complementar, estão autorizadas a realizar atividades relativas a licenciamento administrativo, despacho aduaneiro, consolidação e desconsolidação de carga e a contratar seguro, câmbio, transporte e armazenagem de mercadorias, objeto da prestação do serviço, de forma simplificada e por meio eletrônico, na forma de regulamento.

•• Parágrafo único com redação determinada pela Lei Complementar n. 155, de 27-10-2016.

Art. 49-B. (*Vetado.*)

•• Artigo acrescentado pela Lei Complementar n. 155, de 27-10-2016.

Capítulo VI
DA SIMPLIFICAÇÃO DAS RELAÇÕES DE TRABALHO

Seção I
Da Segurança e da Medicina do Trabalho

Art. 50. As microempresas e as empresas de pequeno porte serão estimuladas pelo poder público e pelos Serviços Sociais Autônomos a formar consórcios para acesso a serviços especializados em segurança e medicina do trabalho.

•• Artigo com redação determinada pela Lei Complementar n. 127, de 14-8-2007.

Seção II
Das Obrigações Trabalhistas

Art. 51. As microempresas e as empresas de pequeno porte são dispensadas:

I – da afixação de Quadro de Trabalho em suas dependências;

II – da anotação das férias dos empregados nos respectivos livros ou fichas de registro;

III – de empregar e matricular seus aprendizes nos cursos dos Serviços Nacionais de Aprendizagem;

IV – da posse do livro intitulado "Inspeção do Trabalho"; e

V – de comunicar ao Ministério do Trabalho e Emprego a concessão de férias coletivas.

Art. 52. O disposto no art. 51 desta Lei Complementar não dispensa as microempresas e as empresas de pequeno porte dos seguintes procedimentos:

I – anotações na Carteira de Trabalho e Previdência Social - CTPS;

II – arquivamento dos documentos comprobatórios de cumprimento das obrigações trabalhistas e previdenciárias, enquanto não prescreverem essas obrigações;

III – apresentação da Guia de Recolhimento do Fundo de Garantia do Tempo de Serviço e Informações à Previdência Social - GFIP;

IV – apresentação das Relações Anuais de Empregados e da Relação Anual de Informações Sociais - RAIS e do Cadastro Geral de Empregados e Desempregados - CAGED.

Parágrafo único. (*Vetado.*)

Art. 53. (*Revogado pela Lei Complementar n. 127, de 14-8-2007.*)

Seção III
Do Acesso à Justiça do Trabalho

Art. 54. É facultado ao empregador de microempresa ou de empresa de pequeno porte fazer-se substituir ou representar perante a Justiça do Trabalho por terceiros que conheçam dos fatos, ainda que não possuam vínculo trabalhista ou societário.

Capítulo VII
DA FISCALIZAÇÃO ORIENTADORA

Art. 55. A fiscalização, no que se refere aos aspectos trabalhista, metrológico, sanitário, ambiental, de segurança, de relações de consumo e de uso e ocupação do solo das microempresas e das empresas de pequeno porte, deverá ser prioritariamente orientadora quando a atividade ou situação, por sua natureza, comportar grau de risco compatível com esse procedimento.

•• *Caput* com redação determinada pela Lei Complementar n. 155, de 27-10-2016.

•• A Portaria n. 396, de 11-1-2021, do Ministério da Economia, estabelece as situações que, por sua natureza, não sujeitam as microempresas e empresas de pequeno porte à fiscalização prioritariamente orientadora, prevista neste artigo.

§ 1.º Será observado o critério de dupla visita para lavratura de autos de infração, salvo quando for constatada infração por falta de registro de empregado ou anotação da Carteira de Trabalho e Previdência Social – CTPS, ou, ainda, na ocorrência de reincidência, fraude, resistência ou embaraço à fiscalização.

§ 2.º (*Vetado.*)

§ 3.º Os órgãos e entidades competentes definirão, em 12 (doze) meses, as atividades e situações cujo grau de risco seja considerado alto, as quais não se sujeitarão ao disposto neste artigo.

§ 4.º O disposto neste artigo não se aplica ao processo administrativo fiscal relativo a tributos, que se dará na forma dos arts. 39 e 40 desta Lei Complementar.

§ 5.º O disposto no § 1.º aplica-se à lavratura de multa pelo descumprimento de obrigações acessórias relativas às matérias do *caput*, inclusive quando previsto seu cumprimento de forma unificada com matéria de outra natureza, exceto a trabalhista.

•• *Caput* acrescentado pela Lei Complementar n. 147, de 7-8-2014.

§ 6.º A inobservância do critério de dupla visita implica nulidade do auto de infração lavrado sem cumprimento ao disposto neste artigo, independentemente da natureza principal ou acessória da obrigação.

•• § 6.º acrescentado pela Lei Complementar n. 147, de 7-8-2014.

§ 7.º Os órgãos e entidades da administração pública federal, estadual, distrital e municipal deverão observar o princípio do tratamento diferenciado, simplificado e favorecido por ocasião da fixação de valores decorrentes de multas e demais sanções administrativas.

•• § 7.º acrescentado pela Lei Complementar n. 147, de 7-8-2014.

§ 8.º A inobservância do disposto no *caput* deste artigo implica atentado aos direitos e garantias legais assegurados ao exercício profissional da atividade empresarial.

•• § 8.º acrescentado pela Lei Complementar n. 147, de 7-8-2014.

§ 9.º O disposto no *caput* deste artigo não se aplica a infrações relativas à ocupação irregular da reserva de faixa não edificável, de área destinada a equipamentos urbanos, de áreas de preservação permanente e nas faixas de domínio público das rodovias, ferrovias e dutovias ou de vias e logradouros públicos.

•• § 9.º acrescentado pela Lei Complementar n. 147, de 7-8-2014.

Capítulo VIII
DO ASSOCIATIVISMO

Seção Única

Da Sociedade de Propósito Específico formada por Microempresas e Empresas de pequeno porte optantes pelo Simples Nacional

•• Seção com denominação determinada pela Lei Complementar n. 128, de 19-12-2008.

Art. 56. As microempresas ou as empresas de pequeno porte poderão realizar negócios de compra e venda de bens e serviços para os mercados nacional e internacional, por meio de sociedade de propósito específico, nos termos e condições estabelecidos pelo Poder Executivo federal.

•• *Caput* com redação determinada pela Lei Complementar n. 147, de 7-8-2014.

•• A Lei n. 11.079, de 30-12-2004, que institui normas gerais para licitação e contratação de parceria público-privada no âmbito da administração pública.

§ 1.º Não poderão integrar a sociedade de que trata o *caput* deste artigo pessoas jurídicas não optantes pelo Simples Nacional.

•• § 1.º com redação determinada pela Lei Complementar n. 128, de 19-12-2008.

§ 2.º A sociedade de propósito específico de que trata este artigo:

•• § 2.º, *caput*, com redação determinada pela Lei Complementar n. 128, de 19-12-2008.

I – terá seus atos arquivados no Registro Público de Empresas Mercantis;

•• Inciso I acrescentado pela Lei Complementar n. 128, de 19-12-2008.

II – terá por finalidade realizar:

•• Inciso II, *caput*, acrescentado pela Lei Complementar n. 128, de 19-12-2008.

a) operações de compras para revenda às microempresas ou empresas de pequeno porte que sejam suas sócias;

•• Alínea *a* acrescentada pela Lei Complementar n. 128, de 19-12-2008.

b) operações de venda de bens adquiridos das microempresas e empresas de pequeno porte que sejam suas sócias para pessoas jurídicas que não sejam suas sócias;

•• Alínea *b* acrescentada pela Lei Complementar n. 128, de 19-12-2008.

III – poderá exercer atividades de promoção dos bens referidos na alínea *b* do inciso II deste parágrafo;

•• Inciso III acrescentado pela Lei Complementar n. 128, de 19-12-2008.

IV – apurará o imposto de renda das pessoas jurídicas com base no lucro real, devendo manter a escrituração dos livros Diário e Razão;

•• Inciso IV acrescentado pela Lei Complementar n. 128, de 19-12-2008.

V – apurará a Cofins e a Contribuição para o PIS/Pasep de modo não cumulativo;

•• Inciso V acrescentado pela Lei Complementar n. 128, de 19-12-2008.

VI – exportará, exclusivamente, bens a ela destinados pelas microempresas e empresas de pequeno porte que dela façam parte;

•• Inciso VI acrescentado pela Lei Complementar n. 128, de 19-12-2008.

VII – será constituída como sociedade limitada;

•• Inciso VII acrescentado pela Lei Complementar n. 128, de 19-12-2008.

VIII – deverá, nas revendas às microempresas ou empresas de pequeno porte que sejam suas sócias, observar preço no mínimo igual ao das aquisições realizadas para revenda; e

•• Inciso VIII acrescentado pela Lei Complementar n. 128, de 19-12-2008.

IX – deverá, nas revendas de bens adquiridos de microempresas ou empresas de pequeno porte que sejam suas sócias, observar preço no mínimo igual ao das aquisições desses bens.

•• Inciso IX acrescentado pela Lei Complementar n. 128, de 19-12-2008.

§ 3.º A aquisição de bens destinados à exportação pela sociedade de propósito específico não gera direito a créditos relativos a impostos ou contribuições abrangidos pelo Simples Nacional.

•• § 3.º acrescentado pela Lei Complementar n. 128, de 19-12-2008.

§ 4.º A microempresa ou a empresa de pequeno porte não poderá participar simultaneamente de mais de uma sociedade de propósito específico de que trata este artigo.

•• § 4.º acrescentado pela Lei Complementar n. 128, de 19-12-2008.

§ 5.º A sociedade de propósito específico de que trata este artigo não poderá:

•• § 5.º, *caput*, acrescentado pela Lei Complementar n. 128, de 19-12-2008.

I – ser filial, sucursal, agência ou representação, no País, de pessoa jurídica com sede no exterior;

•• Inciso I acrescentado pela Lei Complementar n. 128, de 19-12-2008.

II – ser constituída sob a forma de cooperativas, inclusive de consumo;

•• Inciso II acrescentado pela Lei Complementar n. 128, de 19-12-2008.

III – participar do capital de outra pessoa jurídica;

•• Inciso III acrescentado pela Lei Complementar n. 128, de 19-12-2008.

IV – exercer atividade de banco comercial, de investimentos e de desenvolvimento, de caixa econômica, de sociedade de crédito, financiamento e investimento ou de crédito imobiliário, de corretora ou de distribuidora de títulos, valores mobiliários e câmbio, de empresa de arrendamento mercantil, de seguros privados e de capitalização ou de previdência complementar;

•• Inciso IV acrescentado pela Lei Complementar n. 128, de 19-12-2008.

V – ser resultante ou remanescente de cisão ou qualquer outra forma de desmembramento de pessoa jurídica que tenha ocorrido em um dos 5 (cinco) anos-calendário anteriores;

•• Inciso V acrescentado pela Lei Complementar n. 128, de 19-12-2008.

VI – exercer a atividade vedada às microempresas e empresas de pequeno porte optantes pelo Simples Nacional.

•• Inciso VI acrescentado pela Lei Complementar n. 128, de 19-12-2008.

§ 6.º A inobservância do disposto no § 4.º deste artigo acarretará a responsabilidade solidária das microempresas ou empresas de pequeno porte sócias da sociedade de propósito específico de que trata este artigo na hipótese em que seus titulares, sócios ou administradores conhecessem ou devessem conhecer tal inobservância.

•• § 6.º acrescentado pela Lei Complementar n. 128, de 19-12-2008.

§ 7.º O Poder Executivo regulamentará o disposto neste artigo até 31 de dezembro de 2008.

•• § 7.º acrescentado pela Lei Complementar n. 128, de 19-12-2008.

§ 8.º *(Vetado.)*

•• § 8.º acrescentado pela Lei Complementar n. 155, de 27-10-2016.

Capítulo IX
DO ESTÍMULO AO CRÉDITO E À CAPITALIZAÇÃO

Seção I
Disposições Gerais

Art. 57. O Poder Executivo federal proporá, sempre que necessário, medidas no sentido de melhorar o acesso das microempresas e empresas de pequeno porte aos mercados de crédito e de capitais, objetivando a redução do custo de transação, a elevação da eficiência alocativa, o incentivo ao ambiente concorrencial e a qualidade do conjunto informacional, em especial o acesso e portabilidade das informações cadastrais relativas ao crédito.

Art. 58. Os bancos comerciais públicos e os bancos múltiplos públicos com carteira comercial, a Caixa Econômica Federal e o Banco Nacional do Desenvolvimento Econômico e Social – BNDES manterão linhas de crédito específicas para as microempresas e para as empresas de pequeno porte, vinculadas à reciprocidade social, devendo o montante disponível e suas condições de acesso ser expressos nos respectivos orçamentos e amplamente divulgados.

•• *Caput* com redação determinada pela Lei Complementar n. 155, de 27-10-2016.

§ 1.º As instituições mencionadas no *caput* deste artigo deverão publicar, juntamente com os respectivos balanços, relatório circunstanciado dos recursos alocados às linhas de crédito referidas no *caput* e daqueles efetivamente utilizados, consignando, obrigatoriamente, as justificativas do desempenho alcançado.

•• § 1.º com redação determinada pela Lei Complementar n. 155, de 27-10-2016.

§ 2.º O acesso às linhas de crédito específicas previstas no *caput* deste artigo deverá ter tratamento simplificado e ágil, com divulgação ampla das respectivas condições e exigências.

•• § 2.º acrescentado pela Lei Complementar n. 147, de 7-8-2014.

§ 3.º *(Vetado.)*

•• § 3.º acrescentado pela Lei Complementar n. 155, de 27-10-2016.

§ 4.º O Conselho Monetário Nacional – CMN regulamentará o percentual mínimo de direcionamento dos recursos de que trata o *caput*, inclusive no tocante aos recursos de que trata a alínea *b* do inciso III do art. 10 da Lei n. 4.595, de 31 de dezembro de 1964.

•• § 4.º acrescentado pela Lei Complementar n. 155, de 27-10-2016.

Art. 58-A. Os bancos públicos e privados não poderão contabilizar, para cumprimento de metas, empréstimos realizados a pessoas físicas, ainda que sócios de empresas, como disponibilização de crédito para microempresas e empresas de pequeno porte.

•• Artigo acrescentado pela Lei Complementar n. 147, de 7-8-2014.

Art. 59. As instituições referidas no *caput* do art. 58 desta Lei Complementar devem se articular com as respectivas entidades de apoio e representação das microempresas e empresas de pequeno porte, no sentido de proporcionar e desenvolver programas de treinamento, desenvolvimento gerencial e capacitação tecnológica.

Art. 60. (*Vetado.*)

Art. 60-A. Poderá ser instituído Sistema Nacional de Garantias de Crédito pelo Poder Executivo, com o objetivo de facilitar o acesso das microempresas e empresas de pequeno porte a crédito e demais serviços das instituições financeiras, o qual, na forma de regulamento, proporcionará a elas tratamento diferenciado, favorecido e simplificado, sem prejuízo de atendimento a outros públicos-alvo.

•• *Caput* acrescentado pela Lei Complementar n. 127, de 14-8-2007.

•• O Decreto n. 10.780, de 25-8-2021, institui o Sistema Nacional de Garantias de Crédito, de que trata este artigo.

Parágrafo único. O Sistema Nacional de Garantias de Crédito integrará o Sistema Financeiro Nacional.

•• Parágrafo único acrescentado pela Lei Complementar n. 127, de 14-8-2007.

Art. 60-B. Os fundos garantidores de risco de crédito empresarial que possuam participação da União na composição do seu capital atenderão, sempre que possível, as operações de crédito que envolvam microempresas e empresas de pequeno porte, definidas na forma do art. 3.º desta Lei.

•• Artigo acrescentado pela Lei Complementar n. 147, de 7-8-2014.

Art. 60-C. (*Vetado.*)

•• Artigo acrescentado pela Lei Complementar n. 147, de 7-8-2014.

Art. 61. Para fins de apoio creditício às operações de comércio exterior das microempresas e das empresas de pequeno porte, serão utilizados os parâmetros de enquadramento ou outros instrumentos de alta significância para as microempresas, empresas de pequeno porte exportadoras segundo o porte de empresas, aprovados pelo Mercado Comum do Sul – MERCOSUL.

Art. 61-A. Para incentivar as atividades de inovação e os investimentos produtivos, a sociedade enquadrada como microempresa ou empresa de pequeno porte, nos termos desta Lei Complementar, poderá admitir o aporte de capital, que não integrará o capital social da empresa.

•• *Caput* acrescentado pela Lei Complementar n. 155 da SRFB, de 27-10-2016.

•• A Instrução Normativa n. 1.719, de 19-7-2017, da SRFB, dispõe sobre a tributação das operações de aporte de capital de que trata este artigo.

§ 1.º As finalidades de fomento a inovação e investimentos produtivos deverão constar do contrato de participação, com vigência não superior a sete anos.

•• § 1.º acrescentado pela Lei Complementar n. 155, de 27-10-2016.

§ 2º O aporte de capital poderá ser realizado por pessoa física, por pessoa jurídica ou por fundos de investimento, conforme regulamento da Comissão de Valores Mobiliários, que serão denominados investidores-anjos.

•• § 2º com redação determinada pela Lei Complementar n. 182, de 1º-6-2021, em vigor após 90 dias de sua publicação oficial (*DOU* de 2-6-2021).

§ 3.º A atividade constitutiva do objeto social é exercida unicamente por sócios regulares, em seu nome individual e sob sua exclusiva responsabilidade.

•• § 3.º acrescentado pela Lei Complementar n. 155, de 27-10-2016.

§ 4.º O investidor-anjo:

•• § 4.º acrescentado pela Lei Complementar n. 155, de 27-10-2016.

I – não será considerado sócio nem terá qualquer direito a gerência ou a voto na administração da empresa, resguardada a possibilidade de participação nas deliberações em caráter estritamente consultivo, conforme pactuação contratual;

•• Inciso I com redação determinada pela Lei Complementar n. 182, de 1º-6-2021, em vigor após 90 dias de sua publicação oficial (*DOU* de 2-6-2021).

II – não responderá por qualquer dívida da empresa, inclusive em recuperação judicial, não se aplicando a ele o art. 50 da Lei n. 10.406, de 10 de janeiro de 2002 – Código Civil;

•• Inciso II acrescentado pela Lei Complementar n. 155, de 27-10-2016.

III – será remunerado por seus aportes, nos termos do contrato de participação, pelo prazo máximo de 7 (sete) anos;

•• Inciso III com redação determinada pela Lei Complementar n. 182, de 1º-6-2021, em vigor após 90 dias de sua publicação oficial (*DOU* de 2-6-2021).

IV – poderá exigir dos administradores as contas justificadas de sua administração e, anualmente, o inventário, o balanço patrimonial e o balanço de resultado econômico; e

•• Inciso IV acrescentado pela Lei Complementar n. 182, de 1º-6-2021, em vigor após 90 dias de sua publicação oficial (*DOU* de 2-6-2021).

V – poderá examinar, a qualquer momento, os livros, os documentos e o estado do caixa e da carteira da sociedade, exceto se houver pactuação contratual que determine época própria para isso.

•• Inciso V acrescentado pela Lei Complementar n. 182, de 1º-6-2021, em vigor após 90 dias de sua publicação oficial (*DOU* de 2-6-2021).

§ 5.º Para fins de enquadramento da sociedade como microempresa ou empresa de pequeno porte, os valores de capital aportado não são considerados receitas da sociedade.

•• § 5.º acrescentado pela Lei Complementar n. 155, de 27-10-2016.

§ 6º As partes contratantes poderão:

•• § 6º, *caput*, com redação determinada pela Lei Complementar n. 182, de 1º-6-2021, em vigor após 90 dias de sua publicação oficial (*DOU* de 2-6-2021).

I – estipular remuneração periódica, ao final de cada período, ao investidor-anjo, conforme contrato de participação; ou

•• Inciso I acrescentado pela Lei Complementar n. 182, de 1º-6-2021, em vigor após 90 dias de sua publicação oficial (*DOU* de 2-6-2021).

II – prever a possibilidade de conversão do aporte de capital em participação societária.

•• Inciso II acrescentado pela Lei Complementar n. 182, de 1º-6-2021, em vigor após 90 dias de sua publicação oficial (*DOU* de 2-6-2021).

§ 7º O investidor-anjo somente poderá exercer o direito de resgate depois de decorridos, no mínimo, 2 (dois) anos do aporte de capital, ou prazo superior estabelecido no contrato de participação, e seus haveres serão pagos na forma prevista no art. 1.031 da Lei n. 10.406, de 10 de janeiro de 2002 (Código Civil), não permitido ultrapassar o valor investido devidamente corrigido por índice previsto em contrato.

•• § 7º com redação determinada pela Lei Complementar n. 182, de 1º-6-2021, em vigor após 90 dias de sua publicação oficial (*DOU* de 2-6-2021).

§ 8.º O disposto no § 7.º deste artigo não impede a transferência da titularidade do aporte para terceiros.

•• § 8.º acrescentado pela Lei Complementar n. 155, de 27-10-2016.

§ 9.º A transferência da titularidade do aporte para terceiro alheio à sociedade dependerá do consentimento dos sócios, salvo estipulação contratual expressa em contrário.

•• § 9.º acrescentado pela Lei Complementar n. 155, de 27-10-2016.

§ 10. O Ministério da Fazenda poderá regulamentar a tributação sobre retirada do capital investido.

•• § 10 acrescentado pela Lei Complementar n. 155, de 27-10-2016.

Art. 61-B. A emissão e a titularidade de aportes especiais não impedem a fruição do Simples Nacional.

•• Artigo acrescentado pela Lei Complementar n. 155, de 27-10-2016.

Art. 61-C. Caso os sócios decidam pela venda da empresa, o investidor-anjo terá direito de preferência na aquisição, bem como direito de venda conjunta da titularidade do aporte de capital, nos mesmos termos e condições que forem ofertados aos sócios regulares.

•• Artigo acrescentado pela Lei Complementar n. 155, de 27-10-2016.

Art. 61-D. Os fundos de investimento poderão aportar capital como investidores-anjos em microempresas e em empresas de pequeno porte, conforme regulamentação da Comissão de Valores Mobiliários.

•• Artigo com redação determinada pela Lei Complementar n. 182, de 1º-6-2021, em vigor após 90 dias de sua publicação oficial (*DOU* de 2-6-2021).

Seção I-A
Da Sociedade de Garantia Solidária e da Sociedade de Contragarantia

•• Seção acrescentada pela Lei Complementar n. 169, de 2-12-2019, em vigor 180 dias da data de sua publicação (*DOU* de 3-12-2019).

Art. 61-E. É autorizada a constituição de sociedade de garantia solidária (SGS), sob a forma de sociedade por ações, para a concessão de garantia a seus sócios participantes.

•• *Caput* acrescentado pela Lei Complementar n. 169, de 2-12-2019, em vigor 180 dias da data de sua publicação (*DOU* de 3-12-2019).

§ 1.º (*Vetado.*)

•• § 1.º acrescentado pela Lei Complementar n. 169, de 2-12-2019, em vigor 180 dias da data de sua publicação (*DOU* de 3-12-2019).

§ 2.º (*Vetado.*)

•• § 2.º acrescentado pela Lei Complementar n. 169, de 2-12-2019, em vigor 180 dias da data de sua publicação (*DOU* de 3-12-2019).

§ 3.º Os atos da sociedade de garantia solidária serão arquivados no Registro Público de Empresas Mercantis e Atividades Afins.

•• § 3.º acrescentado pela Lei Complementar n. 169, de 2-12-2019, em vigor 180 dias da data de sua publicação (*DOU* de 3-12-2019).

§ 4.º É livre a negociação, entre sócios participantes, de suas ações na respectiva sociedade de garantia solidária, respeitada a participação máxima que cada sócio pode atingir.

•• § 4.º acrescentado pela Lei Complementar n. 169, de 2-12-2019, em vigor 180 dias da data de sua publicação (*DOU* de 3-12-2019).

§ 5.º Podem ser admitidos como sócios participantes os pequenos empresários, microempresários e microempreendedores e as pessoas jurídicas constituídas por esses associados.

•• § 5.º acrescentado pela Lei Complementar n. 169, de 2-12-2019, em vigor 180 dias da data de sua publicação (*DOU* de 3-12-2019).

§ 6.º (*Vetado.*)

•• § 6.º acrescentado pela Lei Complementar n. 169, de 2-12-2019, em vigor 180 dias da data de sua publicação (*DOU* de 3-12-2019).

§ 7.º Sem prejuízo do disposto nesta Lei Complementar, aplicam-se à sociedade de garantia solidária as disposições da lei que rege as sociedades por ações.

•• § 7.º acrescentado pela Lei Complementar n. 169, de 2-12-2019, em vigor 180 dias da data de sua publicação (*DOU* de 3-12-2019).

Art. 61-F. O contrato de garantia solidária tem por finalidade regular a concessão da garantia pela sociedade ao sócio participante, mediante o recebimento de taxa de remuneração pelo serviço prestado, devendo fixar as cláusulas necessárias ao cumprimento das obrigações do sócio beneficiário perante a sociedade.

•• *Caput* acrescentado pela Lei Complementar n. 169, de 2-12-2019, em vigor 180 dias da data de sua publicação (*DOU* de 3-12-2019).

Parágrafo único. Para a concessão da garantia, a sociedade de garantia solidária poderá exigir contragarantia por parte do sócio participante beneficiário, respeitados os princípios que orientam a existência daquele tipo de sociedade.

•• Parágrafo único acrescentado pela Lei Complementar n. 169, de 2-12-2019, em vigor 180 dias da data de sua publicação (*DOU* de 3-12-2019).

Art. 61-G. A sociedade de garantia solidária pode conceder garantia sobre o montante de recebíveis de seus sócios participantes que sejam objeto de securitização.

•• Artigo acrescentado pela Lei Complementar n. 169, de 2-12-2019, em vigor 180 dias da data de sua publicação (*DOU* de 3-12-2019).

Art. 61-H. É autorizada a constituição de sociedade de contragarantia, que tem como finalidade o oferecimento de contragarantias à sociedade de garantia solidária, nos termos a serem definidos por regulamento.

•• Artigo acrescentado pela Lei Complementar n. 169, de 2-12-2019, em vigor 180 dias da data de sua publicação (*DOU* de 3-12-2019).

Art. 61-I. A sociedade de garantia solidária e a sociedade de contragarantia integrarão o Sistema Financeiro Nacional e terão sua constituição, organização e funcionamento disciplinados pelo Conselho Monetário Nacional, observado o disposto nesta Lei Complementar.

•• Artigo acrescentado pela Lei Complementar n. 169, de 2-12-2019, em vigor 180 dias da data de sua publicação (*DOU* de 3-12-2019).

Seção II

Das Responsabilidades do Banco Central do Brasil

Art. 62. O Banco Central do Brasil disponibilizará dados e informações das instituições financeiras integrantes do Sistema Financeiro Nacional, inclusive por meio do Sistema de Informações de Crédito – SCR, de modo a ampliar o acesso ao crédito para microempresas e empresas de pequeno porte e fomentar a competição bancária.

•• *Caput* com redação determinada pela Lei Complementar n. 147, de 7-8-2014.

§ 1.º O disposto no *caput* deste artigo alcança a disponibilização de dados e informações específicas relativas ao histórico de relacionamento bancário e creditício das microempresas e das empresas de pequeno porte, apenas aos próprios titulares.

§ 2.º O Banco Central do Brasil poderá garantir o acesso simplificado, favorecido e diferenciado dos dados e informações constantes no § 1.º deste artigo aos seus respectivos interessados, podendo a instituição optar por realizá-lo por meio das instituições financeiras, com as quais o próprio cliente tenha relacionamento.

Seção III

Das Condições de Acesso aos Depósitos Especiais do Fundo de Amparo ao Trabalhador – FAT

Art. 63. O CODEFAT poderá disponibilizar recursos financeiros por meio da criação de programa específico para as cooperativas de crédito de cujos quadros de cooperados participem microempreendedores, empreendedores de microempresa e empresa de pequeno porte bem como suas empresas.

Parágrafo único. Os recursos referidos no *caput* deste artigo deverão ser destinados exclusivamente às microempresas e empresas de pequeno porte.

Seção IV

(Vetada.)

•• Seção IV acrescentada pela Lei Complementar n. 155, de 27-10-2016.

Capítulo X
DO ESTÍMULO À INOVAÇÃO

Seção I

Disposições Gerais

Art. 64. Para os efeitos desta Lei Complementar considera-se:

I – inovação: a concepção de um novo produto ou processo de fabricação, bem como a agregação de novas funcionalidades ou características ao produto ou processo que implique melhorias incrementais e efetivo ganho de qualidade ou produtividade, resultando em maior competitividade no mercado;

II – agência de fomento: órgão ou instituição de natureza pública ou privada que tenha entre os seus objetivos o financiamento de ações que visem a estimular e promover o desenvolvimento da ciência, da tecnologia e da inovação;

III – Instituição Científica e Tecnológica – ICT: órgão ou entidade da administração pública que tenha por missão institucional, dentre outras, executar atividades de pesquisa básica ou aplicada de caráter científico ou tecnológico;

IV – núcleo de inovação tecnológica: núcleo ou órgão constituído por uma ou mais ICT com a finalidade de gerir sua política de inovação;

V – instituição de apoio: instituições criadas sob o amparo da Lei n. 8.958, de 20 de dezembro de 1994, com a finalidade de dar apoio a projetos de pesquisa, ensino e extensão e de desenvolvimento institucional, científico e tecnológico;

• A Lei n. 8.958, de 20-12-1994, dispõe sobre as relações entre as instituições federais de ensino superior e de pesquisa científica e tecnológica e as fundações de apoio.

VI – instrumentos de apoio tecnológico para a inovação: qualquer serviço disponibilizado presencialmente ou na internet que possibilite acesso a informações, orientações, bancos de dados de soluções de informações, respostas técnicas, pesquisas e atividades de apoio complementar desenvolvidas pelas instituições previstas nos incisos II a V deste artigo.

•• Inciso VI acrescentado pela Lei Complementar n. 147, de 7-8-2014.

Seção II
Do Apoio à Inovação e do Inova Simples da Empresa Simples de Inovação

•• Seção II com redação determinada pela Lei Complementar n. 167, de 24-4-2019.

Art. 65. A União, os Estados, o Distrito Federal e os Municípios, e as respectivas agências de fomento, as ICT, os núcleos de inovação tecnológica e as instituições de apoio manterão programas específicos para as microempresas e para as empresas de pequeno porte, inclusive quando estas revestirem a forma de incubadoras, observando-se o seguinte:

I – as condições de acesso serão diferenciadas, favorecidas e simplificadas;

II – o montante disponível e suas condições de acesso deverão ser expressos nos respectivos orçamentos e amplamente divulgados.

§ 1.º As instituições deverão publicar, juntamente com as respectivas prestações de contas, relatório circunstanciado das estratégias para maximização da participação do segmento, assim como dos recursos alocados às ações referidas no *caput* deste artigo e aqueles efetivamente utilizados, consignando, obrigatoriamente, as justificativas do desempenho alcançado no período.

§ 2.º As pessoas jurídicas referidas no *caput* deste artigo terão por meta a aplicação de, no mínimo, 20% (vinte por cento) dos recursos destinados à inovação para o desenvolvimento de tal atividade nas microempresas ou nas empresas de pequeno porte.

§ 3.º Os órgãos e entidades integrantes da administração pública federal, estadual e municipal atuantes em pesquisa, desenvolvimento ou capacitação tecnológica terão por meta efetivar suas aplicações, no percentual mínimo fixado neste artigo, em programas e projetos de apoio às microempresas ou às empresas de pequeno porte, transmitindo ao Ministério da Ciência, Tecnologia e Inovação, no primeiro trimestre de cada ano, informação relativa aos valores alocados e a respectiva relação percentual em relação ao total dos recursos destinados para esse fim.

•• § 3.º com redação determinada pela Lei Complementar n. 147, de 7-8-2014.

§ 4.º Ficam autorizados a reduzir a 0 (zero) as alíquotas dos impostos e contribuições a seguir indicados, incidentes na aquisição, ou importação, de equipamentos, máquinas, aparelhos, instrumentos, acessórios, sobressalentes e ferramentas que os acompanhem, na forma definida em regulamento, quando adquiridos, ou importados, diretamente por microempresas ou empresas de pequeno porte para incorporação ao seu ativo imobilizado:

•• § 4.º, *caput*, com redação determinada pela Lei Complementar n. 128, de 19-12-2008.

I – a União, em relação ao IPI, à Cofins, à Contribuição para o PIS/Pasep, à Cofins-Importação e à Contribuição para o PIS/Pasep-Importação; e

•• Inciso I acrescentado pela Lei Complementar n. 128, de 19-12-2008.

II – os Estados e o Distrito Federal, em relação ao ICMS.

•• Inciso II acrescentado pela Lei Complementar n. 128, de 19-12-2008.

§ 5.º A microempresa ou empresa de pequeno porte, adquirente de bens com o benefício previsto no § 4.º deste artigo, fica obrigada, nas hipóteses previstas em regulamento, a recolher os impostos e contribuições que deixaram de ser pagos, acrescidos de juros e multa, de mora ou de ofício, contados a partir da data da aquisição, no mercado interno, ou do registro da declaração de importação – DI, calculados na forma da legislação que rege a cobrança do tributo não pago.

•• § 5.º acrescentado pela Lei Complementar n. 128, de 19-12-2008.

§ 6.º Para efeito da execução do orçamento previsto neste artigo, os órgãos e instituições poderão alocar os recursos destinados à criação e ao custeio de ambientes de inovação, incluindo incubadoras, parques e centros vocacionais tecnológicos, laboratórios metrológicos, de ensaio, de pesquisa ou apoio ao treinamento, bem como custeio de bolsas de extensão e remuneração de professores, pesquisadores e agentes envolvidos nas atividades de apoio tecnológico complementar.

•• § 6.º acrescentado pela Lei Complementar n. 147, de 7-8-2014.

Art. 65-A. Fica criado o Inova Simples, regime especial simplificado que concede às iniciativas empresariais de caráter incremental ou disruptivo que se autodeclarem como empresas de inovação tratamento diferenciado com vistas a estimular sua criação, formalização, desenvolvimento e consolidação como agentes indutores de avanços tecnológicos e da geração de emprego e renda.

•• *Caput* com redação determinada pela Lei Complementar n. 182, de 1º-6-2021, em vigor após 90 dias de sua publicação oficial (*DOU* de 2-6-2021).

•• A Lei Complementar n. 182, de 1º-6-2021, institui o marco legal das *startups* e do empreendedorismo inovador.

§§ 1º e 2º (*Revogados pela Lei Complementar n. 182, de 1º-6-2021, em vigor após 90 dias de sua publicação oficial* – DOU *de 2-6-2021.*)

§ 3.º O tratamento diferenciado a que se refere o *caput* deste artigo consiste na fixação de rito sumário para abertura e fechamento de empresas sob o regime do Inova Simples, que se dará de forma simplificada e automática, no mesmo ambiente digital do portal da Rede Nacional para a Simplificação do Registro e da Legalização de Empresas e Negócios (Redesim), em sítio eletrônico

Legislação Complementar

oficial do governo federal, por meio da utilização de formulário digital próprio, disponível em janela ou ícone intitulado Inova Simples.

•• § 3.º acrescentado pela Lei Complementar n. 167, de 24-4-2019.

§ 4.º Os titulares de empresa submetida ao regime do Inova Simples preencherão cadastro básico com as seguintes informações:

•• § 4.º, *caput*, acrescentado pela Lei Complementar n. 167, de 24-4-2019.

I – qualificação civil, domicílio e CPF;

•• Inciso I acrescentado pela Lei Complementar n. 167, de 24-4-2019.

II – descrição do escopo da intenção empresarial inovadora, que utilize modelos de negócios inovadores para a geração de produtos ou serviços, e definição do nome empresarial, que conterá a expressão 'Inova Simples (I.S.)';

•• Inciso II com redação determinada pela Lei Complementar n. 182, de 1º-6-2021, em vigor após 90 dias de sua publicação oficial (*DOU* de 2-6-2021).

III – autodeclaração, sob as penas da lei, de que o funcionamento da empresa submetida ao regime do Inova Simples não produzirá poluição, barulho e aglomeração de tráfego de veículos, para fins de caracterizar baixo grau de risco, nos termos do § 4.º do art. 6.º desta Lei Complementar;

•• Inciso III acrescentado pela Lei Complementar n. 167, de 24-4-2019.

IV – definição do local da sede, que poderá ser comercial, residencial ou de uso misto, sempre que não proibido pela legislação municipal ou distrital, admitindo-se a possibilidade de sua instalação em locais onde funcionam parques tecnológicos, instituições de ensino, empresas juniores, incubadoras, aceleradoras e espaços compartilhados de trabalho na forma de *coworking*; e

•• Inciso IV acrescentado pela Lei Complementar n. 167, de 24-4-2019.

V – em caráter facultativo, a existência de apoio ou validação de instituto técnico, científico ou acadêmico, público ou privado, bem como de incubadoras, aceleradoras e instituições de ensino, nos parques tecnológicos e afins.

•• Inciso V acrescentado pela Lei Complementar n. 167, de 24-4-2019.

§ 5.º Realizado o correto preenchimento das informações, será gerado automaticamente número de CNPJ específico, em nome da denominação da empresa Inova Simples, em código próprio Inova Simples.

•• § 5.º acrescentado pela Lei Complementar n. 167, de 24-4-2019.

§ 6.º A empresa submetida ao regime do Inova Simples constituída na forma deste artigo deverá abrir, imediatamente, conta bancária de pessoa jurídica, para fins de captação e integralização de capital, proveniente de aporte próprio de seus titulares ou de investidor domiciliado no exterior, de linha de crédito público ou privado e de outras fontes previstas em lei.

•• § 6.º acrescentado pela Lei Complementar n. 167, de 24-4-2019.

§ 7º No portal da Redesim, no espaço destinado ao preenchimento de dados do Inova Simples, será disponibilizado ícone que direcionará a ambiente virtual do Instituto Nacional da Propriedade Industrial (INPI), do qual constarão orientações para o depósito de pedido de patente ou de registro de marca.

•• § 7º com redação determinada pela Lei Complementar n. 182, de 1º-6-2021, em vigor após 90 dias de sua publicação oficial (*DOU* de 2-6-2021).

§ 8º O exame dos pedidos de patente ou de registro de marca, nos termos deste artigo, que tenham sido depositados por empresas participantes do Inova Simples será realizado em caráter prioritário.

•• § 8º com redação determinada pela Lei Complementar n. 182, de 1º-6-2021, em vigor após 90 dias de sua publicação oficial (*DOU* de 2-6-2021).

§ 9º (*Revogado pela Lei Complementar n. 182, de 1º-6-2021, em vigor após 90 dias de sua publicação oficial* – DOU *de 2-6-2021.*)

§ 10. É permitida a comercialização experimental do serviço ou produto até o limite fixado para o MEI nesta Lei Complementar.

•• § 10 acrescentado pela Lei Complementar n. 167, de 24-4-2019.

§ 11. Na eventualidade de não lograr êxito no desenvolvimento do escopo pretendido, a baixa do CNPJ será automática, mediante procedimento de autodeclaração no portal da Redesim.

•• § 11 acrescentado pela Lei Complementar n. 167, de 24-4-2019.

§ 12. (*Vetado.*)

•• § 12 acrescentado pela Lei Complementar n. 167, de 24-4-2019.

§ 13. O disposto neste artigo será regulamentado pelo Comitê Gestor do Simples Nacional.

•• § 13 acrescentado pela Lei Complementar n. 167, de 24-4-2019.

Art. 66. No primeiro trimestre do ano subsequente, os órgãos e entidades a que alude o art. 67 desta Lei Complementar transmitirão ao Ministério da Ciência e Tecnologia relatório circunstanciado dos projetos realizados, compreendendo a análise do desempenho alcançado.

Art. 67. Os órgãos congêneres ao Ministério da Ciência e Tecnologia estaduais e municipais deverão elaborar e divulgar relatório anual indicando o valor dos recursos recebidos, inclusive por transferência de terceiros, que foram aplicados diretamente ou por organizações vinculadas, por Fundos Setoriais e outros, no segmento das microempresas e empresas de pequeno porte, retratando e avaliando os resultados obtidos e indicando as previsões de ações e metas para ampliação de sua participação no exercício seguinte.

Seção III
Do Apoio à Certificação

•• Seção III acrescentada pela Lei Complementar n. 155, de 27-10-2016.

Art. 67-A. O órgão competente do Poder Executivo disponibilizará na internet informações sobre certificação de qualidade de produtos e processos para microempresas e empresas de pequeno porte.

•• *Caput* acrescentado pela Lei Complementar n. 155, de 27-10-2016.

Parágrafo único. Os órgãos da administração direta e indireta e as entidades certificadoras privadas, responsáveis pela criação, regulação e gestão de processos de certificação de qualidade de produtos e processos, deverão, sempre que solicitados, disponibilizar ao órgão competente do Poder Executivo informações referentes a procedimentos e normas aplicáveis aos processos de certificação em seu escopo de atuação.

•• Parágrafo único acrescentado pela Lei Complementar n. 155, de 27-10-2016.

Capítulo XI
DAS REGRAS CIVIS E EMPRESARIAIS

Seção I
Das Regras Civis

Subseção I
Do pequeno empresário

Art. 68. Considera-se pequeno empresário, para efeito de aplicação do disposto nos arts. 970 e 1.179 da Lei n. 10.406, de 10 de janeiro de 2002 (Código Civil), o empresário individual caracterizado como microempresa na forma desta Lei Complementar que aufira receita bruta anual até o limite previsto no § 1.º do art. 18-A.

•• Artigo com redação determinada pela Lei Complementar n. 139, de 10-11-2011.

Subseção II
(Vetada.)

Art. 69. (*Vetado.*)

Seção II
Das Deliberações Sociais e da Estrutura Organizacional

Art. 70. As microempresas e as empresas de pequeno porte são desobrigadas da realização de reuniões e assembleias em qualquer das situações previstas na legislação civil, as quais serão substituídas por deliberação representativa do primeiro número inteiro superior à metade do capital social.

§ 1.º O disposto no *caput* deste artigo não se aplica caso haja disposição contratual em contrário, caso ocorra hipótese de justa causa que enseje a exclusão de sócio ou caso um ou mais sócios ponham em risco a continuidade da empresa em virtude de atos de inegável gravidade.

§ 2.º Nos casos referidos no § 1.º deste artigo, realizar-se-á reunião ou assembleia de acordo com a legislação civil.

Art. 71. Os empresários e as sociedades de que trata esta Lei Complementar, nos termos da legislação civil, ficam dispensados da publicação de qualquer ato societário.

Seção III
Do Nome Empresarial

Art. 72. (*Revogado pela Lei Complementar n. 155, de 27-10-2016.*)

•• A Instrução Normativa n. 45, de 7-3-2018, do DREI, dispõe sobre os efeitos da revogação deste artigo.

Seção IV
Do Protesto de Títulos

Art. 73. O protesto de título, quando o devedor for microempresário ou empresa de pequeno porte, é sujeito às seguintes condições:

• A Lei n. 9.492, de 10-9-1997, define competência, regulamenta os serviços concernentes ao protesto de títulos e outros documentos de dívida e dá outras providências.

I – sobre os emolumentos do tabelião não incidirão quaisquer acréscimos a título de taxas, custas e contribuições para o Estado ou Distrito Federal, carteira de previdência, fundo de custeio de atos gratuitos, fundos especiais do Tribunal de Justiça, bem como de associação de classe, criados ou que venham a ser criados sob qualquer título ou denominação, ressalvada a cobrança do devedor das despesas de correio, condução e publicação de edital para realização da intimação;

II – para o pagamento do título em cartório, não poderá ser exigido cheque de emissão de estabelecimento bancário, mas, feito o pagamento por meio de cheque, de emissão de estabelecimento bancário ou não, a quitação dada pelo tabelionato de protesto será condicionada à efetiva liquidação do cheque;

III – o cancelamento do registro de protesto, fundado no pagamento do título, será feito independentemente de declaração de anuência do credor, salvo no caso de impossibilidade de apresentação do original protestado;

IV – para os fins do disposto no *caput* e nos incisos I, II e III do *caput* deste artigo, o devedor deverá provar sua qualidade de microempresa ou de empresa de pequeno porte perante o tabelionato de protestos de títulos, mediante documento expedido pela Junta Comercial ou pelo Registro Civil das Pessoas Jurídicas, conforme o caso;

V – quando o pagamento do título ocorrer com cheque sem a devida provisão de fundos, serão automaticamente suspensos pelos cartórios de protesto, pelo prazo de 1 (um) ano, todos os benefícios previstos para o devedor neste artigo, independentemente da lavratura e registro do respectivo protesto.

Art. 73-A. São vedadas cláusulas contratuais relativas à limitação da emissão ou circulação de títulos de crédito ou direitos creditórios originados de operações de compra e venda de produtos e serviços por microempresas e empresas de pequeno porte.

•• Artigo acrescentado pela Lei Complementar n. 147, de 7-8-2014.

Capítulo XII
DO ACESSO À JUSTIÇA

Seção I
Do Acesso aos Juizados Especiais

Art. 74. Aplica-se às microempresas e às empresas de pequeno porte de que trata esta Lei Complementar o disposto no § 1.º do art. 8.º da Lei n. 9.099, de 26 de setembro de 1995, e no inciso I do *caput* do art. 6.º da Lei n. 10.259, de 12 de julho de 2001, as quais, assim como as pessoas físicas capazes, passam a ser admitidas como proponentes de ação perante o Juizado Especial, excluídos os cessionários de direito de pessoas jurídicas.

• As Leis n. 9.099, de 26-9-1995, e n. 10.259, de 12-7-2001, dispõem respectivamente sobre os Juizados Especiais Cíveis e Criminais no âmbito da Justiça Estadual e Federal.

Art. 74-A. O Poder Judiciário, especialmente por meio do Conselho Nacional de Justiça – CNJ, e o Ministério da Justiça implementarão medidas para disseminar o tratamento diferenciado e favorecido às microempresas e empresas de pequeno porte em suas respectivas áreas de competência.

•• Artigo acrescentado pela Lei Complementar n. 147, de 7-8-2014.

Seção II
Da Conciliação Prévia, Mediação e Arbitragem

Art. 75. As microempresas e empresas de pequeno porte deverão ser estimuladas a utilizar os institutos de conciliação prévia, mediação e arbitragem para solução dos seus conflitos.

• A Lei n. 9.307, de 23-9-1996, dispõe sobre a arbitragem.

§ 1.º Serão reconhecidos de pleno direito os acordos celebrados no âmbito das comissões de conciliação prévia.

§ 2.º O estímulo a que se refere o *caput* deste artigo compreenderá campanhas de divulgação, serviços de esclarecimento e tratamento diferenciado, simplificado e favorecido no tocante aos custos administrativos e honorários cobrados.

Seção III
Das Parcerias

•• Seção III acrescentada pela Lei Complementar n. 128, de 19-12-2008.

Art. 75-A. Para fazer face às demandas originárias do estímulo previsto nos arts. 74 e 75 desta Lei Complementar, entidades privadas, públicas, inclusive o Poder Judiciário, poderão firmar parcerias entre si, objetivando a instalação ou utilização de ambientes propícios para a realização dos procedimentos inerentes a busca da solução de conflitos.

•• Artigo acrescentado pela Lei Complementar n. 128, de 19-12-2008.

Art. 75-B. (*Vetado.*)

•• Artigo acrescentado pela Lei Complementar n. 155, de 27-10-2016.

Capítulo XIII
DO APOIO E DA REPRESENTAÇÃO

Art. 76. Para o cumprimento do disposto nesta Lei Complementar, bem como para desenvolver e acompanhar políticas públicas voltadas às microempresas e empresas de pequeno porte, o poder público, em consonância com o Fórum Permanente das Microempresas e Empresas de Pequeno Porte, sob a coordenação da Secretaria da Micro e Pequena Empresa da Presidência da República, deverá incentivar e apoiar a criação de fóruns com participação dos órgãos públicos competentes e das entidades vinculadas ao setor.

•• *Caput* com redação determinada pela Lei n. 12.792, de 28-3-2013.

•• O Decreto n. 6.174, de 1.º-8-2007, institui e regulamenta o Fórum Permanente das Microempresas e Empresas de Pequeno Porte.

Parágrafo único. A Secretaria da Micro e Pequena Empresa da Presidência da República coordenará com as entidades representativas das microempresas e empresas de pequeno porte a implementação dos fóruns regionais nas unidades da federação.

•• Parágrafo único com redação determinada pela Lei n. 12.792, de 28-3-2013.

Art. 76-A. As instituições de representação e apoio empresarial deverão promover programas de sensibilização, de informação, de orientação e apoio, de educação fiscal, de regularidade dos contratos de trabalho e de adoção de sistemas informatizados e eletrônicos, como forma de estímulo à formalização de empreendimentos, de negócios e empregos, à ampliação da competitividade e à disseminação do associativismo entre as microempresas, os microempreendedores individuais, as empresas de pequeno porte e equiparados.

•• Artigo acrescentado pela Lei Complementar n. 147, de 7-8-2014.

Capítulo XIV
DISPOSIÇÕES FINAIS E TRANSITÓRIAS

Art. 77. Promulgada esta Lei Complementar, o Comitê Gestor expedirá, em 30 (trinta) meses, as instruções que se fizerem necessárias à sua execução.

•• *Caput* com redação determinada pela Lei Complementar n. 128, de 19-12-2008.

§ 1.º O Ministério do Trabalho e Emprego, a Secretaria da Receita Federal, a Secretaria da Receita Previdenciária, os Estados, o Distrito Federal e os Municípios deverão editar, em 1 (um) ano, as leis e demais atos necessários para assegurar o pronto e imediato tratamento jurídico diferenciado, simplificado e favorecido às microempresas e às empresas de pequeno porte.

•• A Secretaria da Receita Federal passa a denominar-se Secretaria da Receita Federal do Brasil, por força da Lei n. 11.457, de 16-3-2007.

§ 2.º A administração direta e indireta federal, estadual e municipal e as entidades paraestatais acordarão, no prazo previsto no § 1.º deste artigo, as providências necessárias à adaptação dos respectivos atos normativos ao disposto nesta Lei Complementar.

•• § 2.º com redação determinada pela Lei Complementar n. 128, de 19-12-2008.

§ 3.º (*Vetado.*)

§ 4.º O Comitê Gestor regulamentará o disposto no inciso I do § 6.º do art. 13 desta Lei Complementar até 31 de dezembro de 2008.

•• § 4.º acrescentado pela Lei Complementar n. 128, de 19-12-2008.

§ 5.º A partir de 1.º de janeiro de 2009, perderão eficácia as substituições tributárias que não atenderem à disciplina estabelecida na forma do § 4.º deste artigo.

•• § 5.º acrescentado pela Lei Complementar n. 128, de 19-12-2008.

§ 6.º O Comitê de que trata o inciso III do *caput* do art. 2.º desta Lei Complementar expedirá, até 31 de dezembro de 2009, as instruções que se fizerem necessárias relativas a sua competência.

•• § 6.º acrescentado pela Lei Complementar n. 128, de 19-12-2008.

Art. 78. (*Revogado pela Lei Complementar n. 128, de 19-12-2008.*)

Art. 79. Será concedido, para ingresso no Simples Nacional, parcelamento, em até 100 (cem) parcelas mensais e sucessivas, dos débitos com o Instituto Nacional do Seguro Social - INSS, ou com as Fazendas Públicas federal, estadual ou municipal, de responsabilidade da microempresa ou empresa de pequeno porte e de seu titular ou sócio, com vencimento até 30 de junho de 2008.

•• *Caput* com redação determinada pela Lei Complementar n. 128, de 19-12-2008.

§ 1.º O valor mínimo da parcela mensal será de R$ 100,00 (cem reais), considerados isoladamente os débitos para com a Fazenda Nacional, para com a Seguridade Social, para com a Fazenda dos Estados, dos Municípios ou do Distrito Federal.

• A Portaria Conjunta n. 4, de 29-6-2007, da Procuradoria-Geral da Fazenda Nacional e da Secretaria da Receita Federal do Brasil, dispõe sobre o valor mínimo da parcela mensal referente ao parcelamento especial para ingresso no Simples Nacional.

§ 2.º Esse parcelamento alcança inclusive débitos inscritos em dívida ativa.

§ 3.º O parcelamento será requerido à respectiva Fazenda para com a qual o sujeito passivo esteja em débito.

§ 3.º-A. O parcelamento deverá ser requerido no prazo estabelecido em regulamentação do Comitê Gestor.

•• § 3.º-A acrescentado pela Lei Complementar n. 128, de 19-12-2008.

§ 4.º Aplicam-se ao disposto neste artigo as demais regras vigentes para parcelamento de tributos e contribuições federais, na forma regulamentada pelo Comitê Gestor.

§ 5.º (*Vetado.*)

•• § 5.º acrescentado pela Lei Complementar n. 127, de 14-8-2007.

§ 6.º (*Vetado.*)

•• § 6.º acrescentado pela Lei Complementar n. 127, de 14-8-2007.

§ 7.º (*Vetado.*)

•• § 7.º acrescentado pela Lei Complementar n. 127, de 14-8-2007.

§ 8.º (*Vetado.*)

•• § 8.º acrescentado pela Lei Complementar n. 127, de 14-8-2007.

§ 9.º O parcelamento de que trata o *caput* deste artigo não se aplica na hipótese de reingresso de microempresa ou empresa de pequeno porte no Simples Nacional.

•• § 9.º acrescentado pela Lei Complementar n. 128, de 19-12-2008.

Art. 79-A. (*Vetado.*)

•• Artigo acrescentado pela Lei Complementar n. 127, de 14-8-2007.

Art. 79-B. Excepcionalmente para os fatos geradores ocorridos em julho de 2007, os tributos apurados na forma dos arts. 18 a 20 desta Lei Complementar deverão ser pagos até o último dia útil de agosto de 2007.

•• Artigo acrescentado pela Lei Complementar n. 127, de 14-8-2007.

Art. 79-C. A microempresa e a empresa de pequeno porte que, em 30 de junho de 2007, se enquadravam no regime previsto na Lei n. 9.317, de 5 de dezembro de 1996, e que não ingressaram no regime previsto no art. 12 desta Lei Complementar sujeitar-se-ão, a partir de 1.º de julho de 2007, às normas de tributação aplicáveis às demais pessoas jurídicas.

•• *Caput* acrescentado pela Lei Complementar n. 127, de 14-8-2007.

§ 1.º Para efeito do disposto no *caput* deste artigo, o sujeito passivo poderá optar pelo recolhimento do Imposto sobre a Renda da Pessoa Jurídica - IRPJ e da Contribuição Social sobre o Lucro Líquido - CSLL na forma do lucro real, trimestral ou anual, ou do lucro presumido.

•• § 1.º acrescentado pela Lei Complementar n. 127, de 14-8-2007.

§ 2.º A opção pela tributação com base no lucro presumido dar-se-á pelo pagamento, no vencimento, do IRPJ e da CSLL devidos, correspondente ao 3.º (terceiro) trimestre de 2007 e, no caso do lucro real anual, com o pagamento do IRPJ e da CSLL relativos ao mês de julho de 2007 com base na estimativa mensal.

•• § 2.º acrescentado pela Lei Complementar n. 127, de 14-8-2007.

Art. 79-D. Excepcionalmente, para os fatos geradores ocorridos entre 1.º de julho de 2007 e 31 de dezembro de 2008, as pessoas jurídicas que exerçam atividade sujeita simultaneamente à incidência do IPI e do ISS deverão recolher o ISS diretamente ao Município em que este imposto é devido até o último dia útil de fevereiro de 2009, aplicando-se, até esta data, o disposto no parágrafo único do art. 100 da Lei n. 5.172, de 25 de outubro de 1966 – Código Tributário Nacional – CTN.

•• Artigo acrescentado pela Lei Complementar n. 128, de 19-12-2008.

Art. 79-E. A empresa de pequeno porte optante pelo Simples Nacional em 31 de dezembro de 2017 que durante o ano-calendário de 2017 auferir receita bruta total anual entre R$ 3.600.000,01 (três milhões, seiscentos mil reais e um centavo) e R$ 4.800.000,00 (quatro milhões e oitocentos mil reais) continuará automaticamente incluída no Simples Nacional com efeitos a partir de 1.º de janeiro de 2018, ressalvado o direito de exclusão por comunicação da optante.

•• Artigo com redação determinada pela Lei Complementar n. 155, de 27-10-2016.

....

Art. 85. (*Vetado.*)

Art. 85-A. Caberá ao Poder Público Municipal designar Agente de Desenvolvimento para a efetivação do disposto nesta Lei Complementar, observadas as especificidades locais.

•• *Caput* acrescentado pela Lei Complementar n. 128, de 19-12-2008.

§ 1.º A função de Agente de Desenvolvimento caracteriza-se pelo exercício de articulação das ações públicas para a promoção do desenvolvimento local e territorial, mediante ações locais ou comunitárias, individuais ou coletivas, que visem ao cumprimento das disposições e diretrizes contidas nesta Lei Complementar, sob supervisão do órgão gestor local responsável pelas políticas de desenvolvimento.

•• § 1.º acrescentado pela Lei Complementar n. 128, de 19-12-2008.

§ 2.º O Agente de Desenvolvimento deverá preencher os seguintes requisitos:

•• § 2.º, *caput*, acrescentado pela Lei Complementar n. 128, de 19-12-2008.

I – residir na área da comunidade em que atuar;

•• Inciso I acrescentado pela Lei Complementar n. 128, de 19-12-2008.

II – haver concluído, com aproveitamento, curso de qualificação básica para a formação de Agente de Desenvolvimento;

•• Inciso II acrescentado pela Lei Complementar n. 128, de 19-12-2008.

III – possuir formação ou experiência compatível com a função a ser exercida;

•• Inciso III com redação determinada pela Lei Complementar n. 147, de 7-8-2014.

IV – ser preferencialmente servidor efetivo do Município.

•• Inciso IV acrescentado pela Lei Complementar n. 147, de 7-8-2014.

§ 3.º A Secretaria da Micro e Pequena Empresa da Presidência da República juntamente com as entidades municipalistas e de apoio e representação empresarial prestarão suporte aos referidos agentes na forma de capacitação, estudos e pesquisas, publicações, promoção de intercâmbio de informações e experiências.

•• § 3.º acrescentado pela Lei n. 12.792, de 28-3-2013.

Art. 86. As matérias tratadas nesta Lei Complementar que não sejam reservadas constitucionalmente a lei complementar poderão ser objeto de alteração por lei ordinária.

Art. 87. O § 1.º do art. 3.º da Lei Complementar n. 63, de 11 de janeiro de 1990, passa a vigorar com a seguinte redação:

•• Alterações já processadas no diploma modificado.

Art. 87-A. Os Poderes Executivos da União, Estados, Distrito Federal e Municípios expedirão, anualmente, até o dia 30 de novembro, cada um, em seus respectivos âmbitos de competência, decretos de consolidação da regulamentação aplicável relativamente às microempresas e empresas de pequeno porte.

•• Artigo acrescentado pela Lei Complementar n. 147, de 7-8-2014.

Art. 88. Esta Lei Complementar entra em vigor na data de sua publicação, ressalvado o regime de tributação das microempresas e empresas de pequeno porte, que entra em vigor em 1.º de julho de 2007.

Art. 89. Ficam revogadas, a partir de 1.º de julho de 2007, a Lei n. 9.317, de 5 de dezembro de 1996, e a Lei n. 9.841, de 5 de outubro de 1999.

Brasília, 14 de dezembro de 2006; 185.º da Independência e 118.º da República.

Luiz Inácio Lula da Silva

Anexo I

ALÍQUOTAS E PARTILHA DO SIMPLES NACIONAL – COMÉRCIO

•• Anexo I com redação determinada pela Lei Complementar n. 155, de 27-10-2016.

Receita Bruta em 12 Meses (em R$)		Alíquota	Valor a Deduzir (em R$)
1.ª Faixa	Até 180.000,00	4,00%	–
2.ª Faixa	De 180.000,01 a 360.000,00	7,30%	5.940,00
3.ª Faixa	De 360.000,01 a 720.000,00	9,50%	13.860,00
4.ª Faixa	De 720.000,01 a 1.800.000,00	10,70%	22.500,00

5.ª Faixa	De 1.800.000,01 a 3.600.000,00	14,30%	87.300,00
6.ª Faixa	De 3.600.000,01 a 4.800.000,00	19,00%	378.000,00

Faixas	Percentual de Repartição dos Tributos					
	IRPJ	CSLL	Cofins	PIS/Pasep	CPP	ICMS
1.ª Faixa	5,50%	3,50%	12,74%	2,76%	41,50%	34,00%
2.ª Faixa	5,50%	3,50%	12,74%	2,76%	41,50%	34,00%
3.ª Faixa	5,50%	3,50%	12,74%	2,76%	42,00%	33,50%
4.ª Faixa	5,50%	3,50%	12,74%	2,76%	42,00%	33,50%
5.ª Faixa	5,50%	3,50%	12,74%	2,76%	42,00%	33,50%
6.ª Faixa	13,50%	10,00%	28,27%	6,13%	42,10%	-

ANEXO II

ALÍQUOTAS E PARTILHA DO SIMPLES NACIONAL – INDÚSTRIA

•• Anexo II com redação determinada pela Lei Complementar n. 155, de 27-10-2016.

Receita Bruta em 12 Meses (em R$)		Alíquota	Valor a Deduzir (em R$)
1.ª Faixa	Até 180.000,00	4,50%	-
2.ª Faixa	De 180.000,01 a 360.000,00	7,80%	5.940,00
3.ª Faixa	De 360.000,01 a 720.000,00	10,00%	13.860,00
4.ª Faixa	De 720.000,01 a 1.800.000,00	11,20%	22.500,00
5.ª Faixa	De 1.800.000,01 a 3.600.000,00	14,70%	85.500,00
6.ª Faixa	De 3.600.000,01 a 4.800.000,00	30,00%	720.000,00

Faixas	Percentual de Repartição dos Tributos						
	IRPJ	CSLL	Cofins	PIS/Pasep	CPP	IPI	ICMS
1.ª Faixa	5,50%	3,50%	11,51%	2,49%	37,50%	7,50%	32,00%
2.ª Faixa	5,50%	3,50%	11,51%	2,49%	37,50%	7,50%	32,00%
3.ª Faixa	5,50%	3,50%	11,51%	2,49%	37,50%	7,50%	32,00%
4.ª Faixa	5,50%	3,50%	11,51%	2,49%	37,50%	7,50%	32,00%
5.ª Faixa	5,50%	3,50%	11,51%	2,49%	37,50%	7,50%	32,00%
6.ª Faixa	8,50%	7,50%	20,96%	4,54%	23,50%	35,00%	-

ANEXO III

ALÍQUOTAS E PARTILHA DO SIMPLES NACIONAL – RECEITAS DE LOCAÇÃO DE BENS MÓVEIS E DE PRESTAÇÃO DE SERVIÇOS NÃO RELACIONADOS NO § 5.º-C DO ART. 18 DESTA LEI COMPLEMENTAR

•• Anexo III com redação determinada pela Lei Complementar n. 155, de 27-10-2016.

Receita Bruta em 12 Meses (em R$)		Alíquota	Valor a Deduzir (em R$)
1.ª Faixa	Até 180.000,00	6,00%	-
2.ª Faixa	De 180.000,01 a 360.000,00	11,20%	9.360,00

3.ª Faixa	De 360.000,01 a 720.000,00	13,50%	17.640,00
4.ª Faixa	De 720.000,01 a 1.800.000,00	16,00%	35.640,00
5.ª Faixa	De 1.800.000,01 a 3.600.000,00	21,00%	125.640,00
6.ª Faixa	De 3.600.000,01 a 4.800.000,00	33,00%	648.000,00

Faixas	Percentual de Repartição dos Tributos					
	IRPJ	CSLL	Cofins	PIS/Pasep	CPP	ISS (*)
1.ª Faixa	4,00%	3,50%	12,82%	2,78%	43,40%	33,50%
2.ª Faixa	4,00%	3,50%	14,05%	3,05%	43,40%	32,00%
3.ª Faixa	4,00%	3,50%	13,64%	2,96%	43,40%	32,50%
4.ª Faixa	4,00%	3,50%	13,64%	2,96%	43,40%	32,50%
5.ª Faixa	4,00%	3,50%	12,82%	2,78%	43,40%	33,50% (*)
6.ª Faixa	35,00%	15,00%	16,03%	3,47%	30,50%	–

(*) O percentual efetivo máximo devido ao ISS será de 5%, transferindo-se a diferença, de forma proporcional, aos tributos federais da mesma faixa de receita bruta anual. Sendo assim, na 5.ª faixa, quando a alíquota efetiva for superior a 14,92537%, a repartição será:

5.ª Faixa, com alíquota efetiva superior a 14,92537%	IRPJ	CSLL	Cofins	PIS/Pasep	CPP	ISS
	(Alíquota efetiva –	(Alíquota efetiva –	(Alíquota efetiva –	(Alíquota efetiva –	(Alíquota efetiva –	Percentual de ISS fixo em 5%
	5%) x	5%) x	5%) x	5%) x	5%) x	
	6,02%	5,26%	19,28%	4,18%	65,26%	

Anexo IV

ALÍQUOTAS E PARTILHA DO SIMPLES NACIONAL – RECEITAS DECORRENTES DA PRESTAÇÃO DE SERVIÇOS RELACIONADOS NO § 5.º-C DO ART. 18 DESTA LEI COMPLEMENTAR

•• Anexo IV com redação determinada pela Lei Complementar n. 155, de 27-10-2016.

Receita Bruta em 12 Meses (em R$)		Alíquota	Valor a Deduzir (em R$)
1.ª Faixa	Até 180.000,00	4,50%	–
2.ª Faixa	De 180.000,01 a 360.000,00	9,00%	8.100,00
3.ª Faixa	De 360.000,01 a 720.000,00	10,20%	12.420,00
4.ª Faixa	De 720.000,01 a 1.800.000,00	14,00%	39.780,00
5.ª Faixa	De 1.800.000,01 a 3.600.000,00	22,00%	183.780,00
6.ª Faixa	De 3.600.000,01 a 4.800.000,00	33,00%	828.000,00

Faixas	Percentual de Repartição dos Tributos				
	IRPJ	CSLL	Cofins	PIS/Pasep	ISS (*)
1.ª Faixa	18,80%	15,20%	17,67%	3,83%	44,50%
2.ª Faixa	19,80%	15,20%	20,55%	4,45%	40,00%
3.ª Faixa	20,80%	15,20%	19,73%	4,27%	40,00%
4.ª Faixa	17,80%	19,20%	18,90%	4,10%	40,00%

5.ª Faixa	18,80%	19,20%	18,08%	3,92%	40,00% (*)
6.ª Faixa	53,50%	21,50%	20,55%	4,45%	–

(*) O percentual efetivo máximo devido ao ISS será de 5%, transferindo-se a diferença, de forma proporcional, aos tributos federais da mesma faixa de receita bruta anual. Sendo assim, na 5.ª faixa, quando a alíquota efetiva for superior a 12,5%, a repartição será:

Faixa	IRPJ	CSLL	Cofins	PIS/Pasep	ISS
5.ª Faixa, com alíquota efetiva superior a 12,5%	(Alíquota efetiva – 5%) x 31,33%	(Alíquota efetiva – 5%) x 32,00%	(Alíquota efetiva – 5%) x 30,13%	(Alíquota efetiva – 5%) x 6,54%	Percentual de ISS fixo em 5%

Anexo V

ALÍQUOTAS E PARTILHA DO SIMPLES NACIONAL – RECEITAS DECORRENTES DA PRESTAÇÃO DE SERVIÇOS RELACIONADOS NO § 5.º-I DO ART. 18 DESTA LEI COMPLEMENTAR

•• Anexo V com redação determinada pela Lei Complementar n. 155, de 27-10-2016.

Receita Bruta em 12 Meses (em R$)		Alíquota	Valor a Deduzir (em R$)
1.ª Faixa	Até 180.000,00	15,50%	–
2.ª Faixa	De 180.000,01 a 360.000,00	18,00%	4.500,00
3.ª Faixa	De 360.000,01 a 720.000,00	19,50%	9.900,00
4.ª Faixa	De 720.000,01 a 1.800.000,00	20,50%	17.100,00
5.ª Faixa	De 1.800.000,01 a 3.600.000,00	23,00%	62.100,00
6.ª Faixa	De 3.600.000,01 a 4.800.000,00	30,50%	540.000,00

Faixas	Percentual de Repartição dos Tributos					
	IRPJ	CSLL	Cofins	PIS/Pasep	CPP	ISS
1.ª Faixa	25,00%	15,00%	14,10%	3,05%	28,85%	14,00%
2.ª Faixa	23,00%	15,00%	14,10%	3,05%	27,85%	17,00%
3.ª Faixa	24,00%	15,00%	14,92%	3,23%	23,85%	19,00%
4.ª Faixa	21,00%	15,00%	15,74%	3,41%	23,85%	21,00%
5.ª Faixa	23,00%	12,50%	14,10%	3,05%	23,85%	23,50%
6.ª Faixa	35,00%	15,50%	16,44%	3,56%	29,50%	–

Anexo VI

ALÍQUOTAS E PARTILHA DO SIMPLES NACIONAL – RECEITAS DECORRENTES DA PRESTAÇÃO DE SERVIÇOS RELACIONADOS NO § 5.º-I DO ART. 18 DESTA LEI COMPLEMENTAR

•• Revogado pela Lei Complementar n. 155, de 27-10-2016.

DECRETO N. 6.003, DE 28 DE DEZEMBRO DE 2006 (*)

Regulamenta a arrecadação, a fiscalização e a cobrança da contribuição social do salário-educação, a que se referem o art. 212, § 5.º, da Constituição, e as Leis n. 9.424, de 24 de dezembro de 1996, e 9.766, de 18 de dezembro de 1998, e dá outras providências.

O Presidente da República, no uso da atribuição que lhe confere o art. 84, inciso IV, da Constituição, e tendo em vista o disposto no art. 9.º da Lei n. 9.766, de 18 de dezembro de 1998, decreta:

Disposições Gerais

Art. 1.º A contribuição social do salário-educação obedecerá aos mesmos prazos, condições, sanções e privilégios relativos às contribuições sociais e demais importâncias devidas à Seguridade Social, aplicando-se-lhe, no que for cabível, as disposições legais e demais atos normativos atinentes às contribuições previdenciárias, ressalvada a competência do Fundo Nacional de Desenvolvimento da Educação – FNDE, sobre a matéria.

§ 1.º A contribuição a que se refere este artigo será calculada com base na alíquota de dois inteiros e cinco décimos por cento, incidente sobre o total da remuneração paga ou creditada, a qualquer título, aos segurados empregados, ressalvadas as exceções legais, e será arrecadada, fiscalizada e cobrada pela Secretaria da Receita Previdenciária.

§ 2.º Entende-se por empregado, para fins do disposto neste Decreto, as pessoas físicas a que se refere o art. 12, inciso I, da Lei n. 8.212, de 24 de julho de 1991.

• Citado dispositivo dispõe:

"Art. 12. São segurados obrigatórios da Previdência Social as seguintes pessoas físicas:

I – como empregado:

a) aquele que presta serviço de natureza urbana ou rural à empresa, em caráter não eventual, sob sua subordinação e mediante remuneração, inclusive como diretor empregado;

b) aquele que, contratado por empresa de trabalho temporário, definida em legislação específica, presta serviço para atender a necessidade transitória de substituição de pessoal regular e permanente ou a acréscimo extraordinário de serviços de outras empresas;

c) o brasileiro ou estrangeiro domiciliado e contratado no Brasil para trabalhar como empregado em sucursal ou agência de empresa nacional no exterior;

d) aquele que presta serviço no Brasil a missão diplomática ou a repartição consular de carreira estrangeira e a órgãos a ela subordinados, ou a membros dessas missões e repartições, excluídos o não brasileiro sem residência permanente no Brasil e o brasileiro amparado pela legislação previdenciária do país da respectiva missão diplomática ou repartição consular;

e) o brasileiro civil que trabalha para a União, no exterior, em organismos oficiais brasileiros ou internacionais dos quais o Brasil seja membro efetivo, ainda que lá domiciliado e contratado, salvo se segurado na forma da legislação vigente do país do domicílio;

f) o brasileiro ou estrangeiro domiciliado e contratado no Brasil para trabalhar como empregado em empresa domiciliada no exterior, cuja maioria do capital votante pertença a empresa brasileira de capital nacional;

g) o servidor público ocupante de cargo em comissão, sem vínculo efetivo com a União, Autarquias, inclusive em regime especial, e Fundações Públicas Federais;

h) o exercente de mandato eletivo federal, estadual ou municipal, desde que não vinculado a regime próprio de previdência social;

i) o empregado de organismo oficial internacional ou estrangeiro em funcionamento no Brasil, salvo quando coberto por regime próprio de previdência social;

j) o exercente de mandato eletivo federal, estadual ou municipal, desde que não vinculado a regime próprio de previdência social;".

§ 3.º Para os fins previstos no art. 3.º da Lei n. 11.098, de 13 de janeiro de 2005, o FNDE é tratado como terceiro, equiparando-se às demais entidades e fundos para os quais a Secretaria da Receita Previdenciária realiza atividades de arrecadação, fiscalização e cobrança de contribuições.

•• O citado art. 3.º da Lei n. 11.098, de 13-1-2005, foi revogado pela Lei n. 11.501, de 11-7-2007.

Art. 2.º São contribuintes do salário-educação as empresas em geral e as entidades públicas e privadas vinculadas ao Regime Geral da Previdência Social, entendendo-se como tais, para fins desta incidência, qualquer firma individual ou sociedade que assuma o risco de atividade econômica, urbana ou rural, com fins lucrativos ou não, bem assim a sociedade de economia mista, a empresa pública e demais sociedades instituídas e mantidas pelo Poder Público, nos termos do art. 173, § 2.º, da Constituição.

Parágrafo único. São isentos do recolhimento da contribuição social do salário-educação:

I – a União, os Estados, o Distrito Federal, os Municípios e suas respectivas autarquias e fundações;

II – as instituições públicas de ensino de qualquer grau;

III – as escolas comunitárias, confessionais ou filantrópicas, devidamente registradas e reconhecidas pelo competente órgão de educação, e que atendam ao disposto no inciso II do art. 55 da Lei n. 8.212, de 1991;

• *Vide* nota ao inciso V deste artigo.

IV – as organizações de fins culturais que, para este fim, vierem a ser definidas em regulamento;

V – as organizações hospitalares e de assistência social, desde que atendam, cumulativamente, aos requisitos estabelecidos nos incisos I a V do art. 55 da Lei n. 8.212, de 1991.

(*) Publicado no *DOU*, de 29-12-2006.

•• O art. 55 da Lei n. 8.212, de 24-7-1991, foi revogado pela Lei n. 12.101, de 27-11-2009.

Art. 3.º Cabe à Procuradoria-Geral Federal a representação judicial e extrajudicial do FNDE, inclusive a inscrição dos respectivos créditos em dívida ativa.

Art. 4.º Integram a receita da contribuição social do salário-educação os acréscimos legais a que estão sujeitos os contribuintes em atraso.

Art. 5.º A contribuição social do salário-educação não tem caráter remuneratório na relação de emprego e não se vincula, para nenhum efeito, ao salário ou à remuneração percebida pelos empregados das empresas contribuintes.

Art. 6.º Do montante arrecadado na forma do art. 1.º deste Decreto será deduzida a remuneração da Secretaria da Receita Previdenciária, correspondente a um por cento, conforme previsto no art. 15, § 1.º, da Lei n. 9.424, de 24 de dezembro de 1996.

Art. 7.º A Secretaria da Receita Previdenciária enviará ao FNDE as informações necessárias ao acompanhamento da arrecadação, fiscalização e repasse da contribuição social do salário-educação, inclusive quanto à sua participação nos parcelamentos e nos créditos inscritos em dívida ativa.

§ 1.º Para fins do disposto no *caput* deste artigo, deverão ser encaminhados ao FNDE, em meio magnético ou eletrônico, os arquivos contendo as informações da Guia de Recolhimento do FGTS e Informações à Previdência Social - GFIP e Guia da Previdência Social - GPS, bem assim outras informações necessárias ao efetivo controle da arrecadação.

§ 2.º Além das informações previstas no § 1.º, deverão ser encaminhados mensalmente ao FNDE dados consolidados da arrecadação do salário-educação, discriminados por natureza de receita e por unidade da federação.

§ 3.º A Secretaria da Receita Previdenciária prestará contas, anualmente, ao Conselho Deliberativo do FNDE, dos resultados da arrecadação da contribuição social do salário-educação, nos termos do art. 58 da Lei Complementar n. 101, de 4 de maio de 2000.

Art. 8.º A Secretaria da Receita Previdenciária disponibilizará ao FNDE, na Conta Única do Tesouro Nacional, o valor total arrecadado a título de salário-educação, na forma do art. 1.º, deduzindo a remuneração a que se refere o art. 6.º.

§ 1.º A apuração de todos os valores arrecadados a título de salário-educação, inclusive os provenientes de créditos constituídos, incluídos ou não em parcelamentos, será feita a partir do primeiro dia útil do mês subsequente ao da arrecadação, devendo o montante apurado ser disponibilizado ao FNDE até o dia 10 do mesmo mês.

§ 2.º O valor devido a título de salário-educação, arrecadado em decorrência do Programa de Recuperação Fiscal - REFIS, deverá ser disponibilizado ao FNDE até o dia 20 do mês subsequente ao da arrecadação.

Art. 9.º O montante recebido na forma do art. 8.º será distribuído pelo FNDE, observada, em noventa por cento de seu valor, a arrecadação realizada em cada Estado e no Distrito Federal, em quotas, da seguinte forma:

I – quota federal, correspondente a um terço do montante dos recursos, será destinada ao FNDE e aplicada no financiamento de programas e projetos voltados para a universalização da educação básica, de forma a propiciar a redução dos desníveis socioeducacionais existentes entre Municípios, Estados, Distrito Federal e regiões brasileiras;

II – quota estadual e municipal, correspondente a dois terços do montante dos recursos, será creditada mensal e automaticamente em favor das Secretarias de Educação dos Estados, do Distrito Federal e em favor dos Municípios para financiamento de programas, projetos e ações voltadas para a educação básica.

§ 1.º A quota estadual e municipal da contribuição social do salário-educação será integralmente redistribuída entre o Estado e seus Municípios de forma proporcional ao número de alunos matriculados na educação básica das respectivas redes de ensino no exercício anterior ao da distribuição, conforme apurado pelo censo educacional realizado pelo Ministério da Educação.

§ 2.º O repasse da quota a que se refere o inciso II, decorrente da arrecadação recebida pelo FNDE até o dia 10 de cada mês, será efetuado até o vigésimo dia do mês do recebimento.

§ 3.º O repasse da quota a que se refere o inciso II, decorrente da arrecadação recebida no FNDE após o dia 10 de cada mês, será efetuado até o vigésimo dia do mês subsequente ao do recebimento.

§ 4.º Os dez por cento restantes do montante da arrecadação do salário-educação serão aplicados pelo FNDE em programas, projetos e ações voltadas para a universalização da educação básica, nos termos do § 5.º do art. 212 da Constituição.

Art. 10. As ações fiscais e demais procedimentos tendentes à verificação da regularidade fiscal relativa ao salário-educação, inclusive para fins de expedição da certidão negativa de débito a que se refere o art. 257 do Decreto n. 3.048, de 6 de maio de 1999, serão realizados pela Secretaria da Receita Previdenciária, à qual competirá a expedição do documento.

• O Decreto n. 3.048, de 6-5-1999, aprova o regulamento da previdência social e dá outras providências.

§ 1.º Sem prejuízo da competência prevista no art. 1.º, § 1.º, o FNDE poderá monitorar e fiscalizar o cumprimento das obrigações relativas ao salário--educação e, constatada inobservância de qualquer dispositivo, representará à Secretaria da Receita Previdenciária para as devidas providências.

§ 2.º A partir da vigência deste Decreto, os contribuintes com mais de um estabelecimento e que estavam, até então, obrigados ao recolhimento direto do salário-educação por força do Decreto n. 4.943, de 30 de dezembro de 2003, deverão eleger como estabelecimento centralizador o mesmo que já houver sido informado para esse fim à Secretaria da Receita Previdenciária e manter nele toda a documentação de interesse da fiscalização, inclusive a relativa ao Sistema de Manutenção do Ensino Fundamental - SME.

• *Vide* art. 15 deste Decreto.

§ 3.º Os Auditores Fiscais da Secretaria da Receita Previdenciária e os técnicos do FNDE têm livre acesso à documentação necessária à consecução dos objetivos previstos neste artigo, não se aplicando para estes fins as disposições legais excludentes ou limitativas do direito de examinar livros, arquivos, documentos, papéis e efeitos comerciais ou fiscais dos comerciantes, empresários, industriais ou produtores, ou da obrigação destes de exibi-los.

Disposições Transitórias

Art. 11. O recolhimento da contribuição social do salário-educação será feito da seguinte forma:

I – os créditos relativos a competências de 01/2007 em diante, exclusivamente à Secretaria da Receita Previdenciária, por meio da GPS, juntamente com as contribuições previdenciárias e demais contribuições devidas a terceiros;

II – os créditos relativos a competências anteriores a 01/2007, não recolhidos no prazo regulamentar e pendentes de constituição, exclusivamente à Secretaria da Receita Previdenciária, por GPS com código de pagamento específico para o salário-educação;

III – os créditos relativos a competências anteriores a 01/2007, já constituídos pelo FNDE, exclusivamente por meio do Comprovante de Arrecadação Direta - CAD, até que se complete o processo de migração para a Secretaria da Receita Previdenciária, das bases necessárias à apropriação dos respectivos recebimentos, na forma que vier a ser estabelecida no ato de que trata o art. 12.

§ 1.º Fica mantida a competência do FNDE sobre os créditos por ele constituídos, incluídos ou não em parcelamentos, relativos a competências anteriores a 01/2007, até que ocorra a migração para a Secretaria da Receita Previdenciária das bases de que trata o inciso III.

§ 2.º Depois de concluída a migração a que se refere o inciso III, os créditos já constituídos pelo FNDE, incluídos ou não em parcelamentos, relativos a competências anteriores a 01/2007, serão recolhidos exclusivamente à Secretaria da Receita Previdenciária, por GPS, com código de pagamento específico para o salário-educação.

§ 3.º Para o cumprimento do disposto no inciso I, o contribuinte informará na GFIP código de terceiros ímpar, cuja composição inclui o salário-educação, e para cumprimento do disposto nos incisos II e III e no § 2.º não fará qualquer alteração nas GFIP já entregues, relativas àquelas competências, uma vez que as informações nelas contidas serviram de base para o repasse a terceiros da contribuição correspondente.

§ 4.º Nos lançamentos de créditos de salário-educação relativos a competências anteriores a 01/2007 observar-se-á o disposto no art. 144 do Código Tributário Nacional, inclusive quanto ao preenchimento da GFIP, que deverá consignar código de terceiros par, que exclui o salário-educação de sua composição.

§ 5.º O código de pagamento específico para o salário-educação a que se referem o inciso II e o § 2.º será divulgado, com a devida antecedência, pelo FNDE, aos contribuintes sujeitos ao recolhimento direto daquela contribuição.

Art. 12. Os processos administrativo-fiscais decorrentes dos créditos a que se refere o inciso III do art. 11 serão transferidos para a Secretaria da Receita Previdenciária, na forma e prazo que vierem a ser definidos em ato conjunto a ser baixado pelo FNDE e por aquela Secretaria.

Disposições Finais

Art. 13. A Secretaria da Receita Previdenciária e a Procuradoria-Geral Federal ficam autorizadas, observada a área de competência, a baixar ato normativo para operacionalização das ações decorrentes deste Decreto.

•• A Secretaria da Receita Federal passa a denominar-se Secretaria da Receita Federal do Brasil, por força da Lei n. 11.457, de 16-3-2007.

Art. 14. Este Decreto entra em vigor na data de sua publicação.

Art. 15. Ficam revogados os Decretos n. 3.142, de 16 de agosto de 1999, e 4.943, de 30 de dezembro de 2003.

Brasília, 28 de dezembro de 2006; 185.º da Independência e 118.º da República.

LUIZ INÁCIO LULA DA SILVA

LEI N. 11.438, DE 29 DE DEZEMBRO DE 2006 (*)

Dispõe sobre incentivos e benefícios para fomentar as atividades de caráter desportivo e dá outras providências.

O Presidente da República

Faço saber que o Congresso Nacional decreta e eu sanciono a seguinte Lei:

Capítulo I
DOS INCENTIVOS AO DESPORTO

Art. 1.º A partir do ano-calendário de 2007 e até o ano-calendário de 2022, inclusive, poderão ser deduzidos do imposto de renda devido, apurado na Declaração de Ajuste Anual pelas pessoas físicas ou em cada período de apuração, trimestral ou anual, pela pessoa jurídica tributada com base no lucro real os valores despendidos a título de patrocínio ou doação, no apoio direto a projetos desportivos e paradesportivos previamente aprovados pelo Ministério do Esporte.

•• *Caput* com redação determinada pela Lei n. 13.155, de 4-8-2015.

(*) Publicada no *DOU*, de 29-12-2006 – Edição extra. Regulamentada pelo Decreto n. 6.180, de 3-8-2007.

§ 1.º As deduções de que trata o *caput* deste artigo ficam limitadas:

I – relativamente à pessoa jurídica, a 1% (um por cento) do imposto devido, observado o disposto no § 4.º do art. 3.º da Lei n. 9.249, de 26 de dezembro de 1995, em cada período de apuração;

•• Inciso I com redação determinada pela Lei n. 11.472, de 2-5-2007.

II – relativamente à pessoa física, a 6% (seis por cento) do imposto devido na Declaração de Ajuste Anual, conjuntamente com as deduções de que trata o art. 22 da Lei n. 9.532, de 10 de dezembro de 1997.

§ 2.º As pessoas jurídicas não poderão deduzir os valores de que trata o *caput* deste artigo para fins de determinação do lucro real e da base de cálculo da Contribuição Social sobre o Lucro Líquido - CSLL.

§ 3.º Os benefícios de que trata este artigo não excluem ou reduzem outros benefícios fiscais e deduções em vigor.

§ 4.º Não são dedutíveis os valores destinados a patrocínio ou doação em favor de projetos que beneficiem, direta ou indiretamente, pessoa física ou jurídica vinculada ao doador ou patrocinador.

§ 5.º Consideram-se vinculados ao patrocinador ou ao doador:

I – a pessoa jurídica da qual o patrocinador ou o doador seja titular, administrador, gerente, acionista ou sócio, na data da operação ou nos 12 (doze) meses anteriores;

II – o cônjuge, os parentes até o terceiro grau, inclusive os afins, e os dependentes do patrocinador, do doador ou dos titulares, administradores, acionistas ou sócios de pessoa jurídica vinculada ao patrocinador ou ao doador, nos termos do inciso I deste parágrafo;

III – a pessoa jurídica coligada, controladora ou controlada, ou que tenha como titulares, administradores acionistas ou sócios alguma das pessoas a que se refere o inciso II deste parágrafo.

Art. 2.º Os projetos desportivos e paradesportivos, em cujo favor serão captados e direcionados os recursos oriundos dos incentivos previstos nesta Lei, atenderão a pelo menos uma das seguintes manifestações, nos termos e condições definidas em regulamento:

•• *Caput* com redação determinada pela Lei n. 11.472, de 2-5-2007.

I – desporto educacional;

II – desporto de participação;

III – desporto de rendimento.

§ 1.º Poderão receber os recursos oriundos dos incentivos previstos nesta Lei os projetos desportivos destinados a promover a inclusão social por meio do esporte, preferencialmente em comunidades de vulnerabilidade social.

§ 2.º É vedada a utilização dos recursos oriundos dos incentivos previstos nesta Lei para o pagamento de remuneração de atletas profissionais, nos termos da Lei n. 9.615, de 24 de março de 1998, em qualquer modalidade desportiva.

• A Lei n. 9.615, de 24-3-1998, institui normas gerais sobre desporto e dá outras providências.

§ 3.º O proponente não poderá captar, para cada projeto, entre patrocínio e doação, valor superior ao aprovado pelo Ministério do Esporte, na forma do art. 4.º desta Lei.

Art. 3.º Para fins do disposto nesta Lei, considera-se:

I – patrocínio:

a) a transferência gratuita, em caráter definitivo, ao proponente de que trata o inciso V do *caput* deste artigo de numerário para a realização de projetos desportivos e paradesportivos, com finalidade promocional e institucional de publicidade;

•• Alínea a com redação determinada pela Lei n. 11.472, de 2-5-2007.

b) a cobertura de gastos ou a utilização de bens, móveis ou imóveis, do patrocinador, sem transferência de domínio, para a realização de projetos desportivos e paradesportivos pelo proponente de que trata o inciso V do *caput* deste artigo;

•• Alínea b com redação determinada pela Lei n. 11.472, de 2-5-2007.

II – doação:

a) a transferência gratuita, em caráter definitivo, ao proponente de que trata o inciso V do *caput* deste artigo de numerário, bens ou serviços para a realização de projetos desportivos e paradesportivos, desde que não empregados em publicidade, ainda que para divulgação das atividades objeto do respectivo projeto;

•• Alínea a com redação determinada pela Lei n. 11.472, de 2-5-2007.

b) a distribuição gratuita de ingressos para eventos de caráter desportivo e paradesportivo por pessoa jurídica a empregados e seus dependentes legais ou a integrantes de comunidades de vulnerabilidade social;

•• Alínea b com redação determinada pela Lei n. 11.472, de 2-5-2007.

III – patrocinador: a pessoa física ou jurídica, contribuinte do imposto de renda, que apóie projetos aprovados pelo Ministério do Esporte nos termos do inciso I do *caput* deste artigo;

IV – doador: a pessoa física ou jurídica, contribuinte do imposto de renda, que apoie projetos aprovados pelo Ministério do Esporte nos termos do inciso II do *caput* deste artigo;

V – proponente: a pessoa jurídica de direito público, ou de direito privado com fins não econômicos, de natureza esportiva, que tenha projetos aprovados nos termos desta Lei.

Art. 4.º A avaliação e a aprovação do enquadramento dos projetos apresentados na forma prevista no art. 5.º desta Lei cabem a uma Comissão Técnica vinculada ao Ministério do Esporte, garantindo-se a participação de representantes governamentais, designados pelo Ministro do Esporte, e representantes do setor desportivo, indicados pelo Conselho Nacional de Esporte.

Parágrafo único. A composição, a organização e o funcionamento da comissão serão estipulados e definidos em regulamento.

Art. 5.º Os projetos desportivos e paradesportivos de que trata o art. 1.º desta Lei serão submetidos ao Ministério do Esporte, acompanhados da documentação estabelecida em regulamento e de orçamento analítico.

§ 1.º A aprovação dos projetos de que trata o *caput* deste artigo somente terá eficácia após a publicação de ato oficial contendo o título do projeto aprovado, a instituição responsável, o valor autorizado para captação e o prazo de validade da autorização.

§ 2.º Os projetos aprovados e executados com recursos desta Lei serão acompanhados e avaliados pelo Ministério do Esporte.

Capítulo II
DISPOSIÇÕES GERAIS

Art. 6.º A divulgação das atividades, bens ou serviços resultantes dos projetos desportivos e paradesportivos financiados nos termos desta Lei mencionará o apoio institucional, com inserção da Bandeira Nacional, nos termos da Lei n. 5.700, de 1.º de setembro de 1971.

• A Lei n. 5.700, de 1.º-9-1971, dispõe sobre a forma e a apresentação dos símbolos nacionais.

Art. 7.º A prestação de contas dos projetos beneficiados pelos incentivos previstos nesta Lei fica a cargo do proponente e será apresentada ao Ministério do Esporte, na forma estabelecida pelo regulamento.

Art. 8.º O Ministério do Esporte informará à Secretaria da Receita Federal, até o último dia útil do mês de março, os valores correspondentes a doação ou patrocínio, destinados ao apoio direto a projetos desportivos e paradesportivos, no ano-calendário anterior.

•• A Secretaria da Receita Federal passa a denominar-se Secretaria da Receita Federal do Brasil, por força da Lei n. 11.457, de 16-3-2007.

Parágrafo único. As informações de que trata este artigo serão prestadas na forma e condições a serem estabelecidas pela Secretaria da Receita Federal.

Art. 9.º Compete à Secretaria da Receita Federal, no âmbito de suas atribuições, a fiscalização dos incentivos previstos nesta Lei.

•• *Vide* nota ao *caput* do artigo anterior.

Art. 10. Constituem infração aos dispositivos desta Lei:

I – o recebimento pelo patrocinador ou doador de qualquer vantagem financeira ou material em decorrência do patrocínio ou da doação que com base nela efetuar;

II – agir o patrocinador, o doador ou o proponente com dolo, fraude ou simulação para utilizar incentivo nela previsto;

III – desviar para finalidade diversa da fixada nos respectivos projetos dos recursos, bens, valores ou benefícios com base nela obtidos;

IV – adiar, antecipar ou cancelar, sem justa causa, atividade desportiva beneficiada pelos incentivos nela previstos;

V – o descumprimento de qualquer das suas disposições ou das estabelecidas em sua regulamentação.

Art. 11. As infrações aos dispositivos desta Lei, sem prejuízo das demais sanções cabíveis, sujeitarão:

I – o patrocinador ou o doador ao pagamento do imposto não recolhido, além das penalidades e demais acréscimos previstos na legislação;

II – o infrator ao pagamento de multa correspondente a 2 (duas) vezes o valor da vantagem auferida indevidamente, sem prejuízo do disposto no inciso I do *caput* deste artigo.

Parágrafo único. O proponente é solidariamente responsável por inadimplência ou irregularidade verificada quanto ao disposto no inciso I do *caput* deste artigo.

Art. 12. Os recursos provenientes de doações ou patrocínios efetuados nos termos do art. 1.º desta Lei serão depositados e movimentados em conta bancária específica, no Banco do Brasil S.A. ou na Caixa Econômica Federal, que tenha como titular o proponente do projeto aprovado pelo Ministério do Esporte.

Parágrafo único. Não são dedutíveis, nos termos desta Lei, os valores em relação aos quais não se observe o disposto neste artigo.

Art. 13. Todos os recursos utilizados no apoio direto a projetos desportivos e paradesportivos previstos nesta Lei deverão ser disponibilizados na rede mundial de computadores, de acordo com a Lei n. 9.755, de 16 de dezembro de 1998.

•• A Lei n. 9.755, de 16-12-1998, dispõe sobre a criação de homepage na Internet, pelo TCU, para divulgação dos dados e informações que especifica.

Parágrafo único. Os recursos a que se refere o *caput* deste artigo ainda deverão ser disponibilizados, mensalmente, no sítio do Ministério do Esporte, constando a sua origem e destinação.

Art. 13-A. O valor máximo das deduções de que trata o art. 1.º desta Lei será fixado anualmente em ato do Poder Executivo, com base em um percentual da renda tributável das pessoas físicas e do imposto sobre a renda devido por pessoas jurídicas tributadas com base no lucro real.

•• *Caput* acrescentado pela Lei n. 11.472, de 2-5-2007.

Parágrafo único. Do valor máximo a que se refere o *caput* deste artigo o Poder Executivo fixará os limites a serem aplicados para cada uma das manifestações de que trata o art. 2.º desta Lei.

•• Parágrafo único acrescentado pela Lei n. 11.472, de 2-5-2007.

Art. 13-B. A divulgação das atividades, bens ou serviços resultantes de projetos desportivos e paradesportivos, culturais e de produção audiovisual e artística financiados com recursos públicos mencionará o apoio institucional com a inserção da Bandeira Nacional, nos termos da Lei n. 5.700, de 1.º de setembro de 1971.

•• Artigo acrescentado pela Lei n. 11.472, de 2-5-2007.

Art. 13-C. Sem prejuízo do disposto no art. 166 da Constituição Federal, os Ministérios da Cultura e do

Esporte encaminharão ao Congresso Nacional relatórios detalhados acerca da destinação e regular aplicação dos recursos provenientes das deduções e benefícios fiscais previstos nas Leis n. 8.313, de 23 de dezembro de 1991, e 11.438, de 29 de dezembro de 2006, para fins de acompanhamento e fiscalização orçamentária das operações realizadas.

•• Artigo acrescentado pela Lei n. 11.472, de 2-5-2007.

Art. 14. Esta Lei entra em vigor na data de sua publicação.

Brasília, 29 de dezembro de 2006; 185.º da Independência e 118.º da República.

LUIZ INÁCIO LULA DA SILVA

LEI N. 11.457, DE 16 DE MARÇO DE 2007 (*)

Dispõe sobre a Administração Tributária Federal; altera as Leis n. 10.593, de 6 de dezembro de 2002, 10.683, de 28 de maio de 2003, 8.212, de 24 de julho de 1991, 10.910, de 15 de julho de 2004, o Decreto-lei n. 5.452, de 1.º de maio de 1943, e o Decreto n. 70.235, de 6 de março de 1972; revoga dispositivos das Leis n. 8.212, de 24 de julho de 1991, 10.593, de 6 de dezembro de 2002, 10.910, de 15 de julho de 2004, 11.098, de 13 de janeiro de 2005, e 9.317, de 5 de dezembro de 1996; e dá outras providências.

O Presidente da República

Faço saber que o Congresso Nacional decreta e eu sanciono a seguinte Lei:

Capítulo I
DA SECRETARIA DA RECEITA FEDERAL DO BRASIL

Art. 1.º A Secretaria da Receita Federal passa a denominar-se Secretaria da Receita Federal do Brasil, órgão essencial ao funcionamento do Estado, de caráter permanente, estruturado de forma hierárquica e diretamente subordinado ao Ministro de Estado da Fazenda e que tem por finalidade a administração tributária e aduaneira da União.

•• *Caput* com redação determinada pela Lei n. 13.464, de 10-7-2017.

Parágrafo único. São essenciais e indelegáveis as atividades da administração tributária e aduaneira da União exercidas pelos servidores dos quadros funcionais da Secretaria da Receita Federal do Brasil.

•• Parágrafo único acrescentado pela Lei n. 13.464, de 10-7-2017.

Art. 2.º Além das competências atribuídas pela legislação vigente à Secretaria da Receita Federal, cabe à Secretaria da Receita Federal do Brasil planejar, executar, acompanhar e avaliar as atividades relativas a tributação, fiscalização, arrecadação, cobrança e recolhimento das contribuições sociais previstas nas alíneas *a*, *b* e *c* do parágrafo único do art. 11 da Lei n. 8.212, de 24 de julho de 1991, e das contribuições instituídas a título de substituição.

•• O Decreto n. 6.103, de 30-4-2007, antecipa para 2-5-2007 a aplicação do Decreto n. 70.235, de 6-3-1972, aos processos administrativo-fiscais de determinação e exigência de créditos tributários relativos às contribuições de que tratam os arts. 2.º e 3.º desta Lei, no que diz respeito aos prazos processuais e à competência para julgamento em primeira instância, pelos órgãos de deliberação interna e natureza colegiada da Secretaria da Receita Federal do Brasil.

•• O Decreto n. 7.574, de 29-9-2011, regulamenta o processo de determinação e exigência de créditos tributários da União, o processo de consulta sobre a aplicação da legislação tributária federal e outros processos que especifica, sobre matérias administradas pela Secretaria da Receita Federal do Brasil.

• O art. 11 da Lei n. 8.212, de 24-7-1991, dispõe:

"Art. 11. No âmbito federal, o orçamento da Seguridade Social é composto das seguintes receitas:

I – receitas da União;

II – receitas das contribuições sociais;

III – receitas de outras fontes.

Parágrafo único. Constituem contribuições sociais:

a) as das empresas, incidentes sobre a remuneração paga ou creditada aos segurados a seu serviço;

b) as dos empregadores domésticos;

c) as dos trabalhadores, incidentes sobre o seu salário de contribuição;

d) as das empresas, incidentes sobre faturamento e lucro;

e) as incidentes sobre a receita de concursos de prognósticos".

• *Vide* arts. 4.º e 16 desta Lei.

• A Portaria n. 10.875, de 16-8-2007, da Secretaria da Receita Federal do Brasil, disciplina o processo administrativo fiscal relativo às contribuições sociais de que trata este artigo.

§ 1.º O produto da arrecadação das contribuições especificadas no *caput* deste artigo e acréscimos legais incidentes serão destinados, em caráter exclusivo, ao pagamento de benefícios do Regime Geral de Previdência Social e creditados diretamente ao Fundo do Regime Geral de Previdência Social, de que trata o art. 68 da Lei Complementar n. 101, de 4 de maio de 2000.

• Citado dispositivo consta deste volume.

§ 2.º Nos termos do art. 58 da Lei Complementar n. 101, de 4 de maio de 2000, a Secretaria da Receita Federal do Brasil prestará contas anualmente ao Conselho Nacional de Previdência Social dos resultados da arrecadação das contribuições sociais destinadas ao financiamento do Regime Geral de Previdência Social e das compensações a elas referentes.

§ 3.º As obrigações previstas na Lei n. 8.212, de 24 de julho de 1991, relativas às contribuições sociais de que trata o *caput* deste artigo serão cumpridas perante a Secretaria da Receita Federal do Brasil.

§ 4.º Fica extinta a Secretaria da Receita Previdenciária do Ministério da Previdência Social.

Art. 3.º As atribuições de que trata o art. 2.º desta Lei se estendem às contribuições devidas a terceiros, assim en-

(*) Publicada no *DOU*, de 19-3-2007.

tendidas outras entidades e fundos, na forma da legislação em vigor, aplicando-se em relação a essas contribuições, no que couber, as disposições desta Lei.

•• *Vide* nota ao *caput* do art. 2.º desta Lei.

• A Portaria n. 10.875, de 16-8-2007, da Secretaria da Receita Federal do Brasil, disciplina o processo administrativo fiscal relativo às contribuições sociais de que trata este artigo.

§ 1.º A retribuição pelos serviços referidos no *caput* deste artigo será de 3,5% (três inteiros e cinco décimos por cento) do montante arrecadado, salvo percentual diverso estabelecido em lei específica.

§ 2.º O disposto no *caput* deste artigo abrangerá exclusivamente contribuições cuja base de cálculo seja a mesma das que incidem sobre a remuneração paga, devida ou creditada a segurados do Regime Geral de Previdência Social ou instituídas sobre outras bases a título de substituição.

§ 3.º As contribuições de que trata o *caput* deste artigo sujeitam-se aos mesmos prazos, condições, sanções e privilégios daquelas referidas no art. 2.º desta Lei, inclusive no que diz respeito à cobrança judicial.

§ 4.º A remuneração de que trata o § 1.º deste artigo será creditada ao Fundo Especial de Desenvolvimento e Aperfeiçoamento das Atividades de Fiscalização – FUNDAF, instituído pelo Decreto-lei n. 1.437, de 17 de dezembro de 1975.

§ 5.º Durante a vigência da isenção pelo atendimento cumulativo aos requisitos constantes dos incisos I a V do *caput* do art. 55 da Lei n. 8.212, de 24 de julho de 1991, deferida pelo Instituto Nacional do Seguro Social – INSS, pela Secretaria da Receita Previdenciária ou pela Secretaria da Receita Federal do Brasil, não são devidas pela entidade beneficente de assistência social as contribuições sociais previstas em lei a outras entidades ou fundos.

§ 6.º Equiparam-se a contribuições de terceiros, para fins desta Lei, as destinadas ao Fundo Aeroviário – FA, à Diretoria de Portos e Costas do Comando da Marinha – DPC e ao Instituto Nacional de Colonização e Reforma Agrária – INCRA e a do salário-educação.

Art. 4.º São transferidos para a Secretaria da Receita Federal do Brasil os processos administrativo- -fiscais, inclusive os relativos aos créditos já constituídos ou em fase de constituição, e as guias e declarações apresentadas ao Ministério da Previdência Social ou ao Instituto Nacional do Seguro Social – INSS, referentes às contribuições de que tratam os arts. 2.º e 3.º desta Lei.

Art. 5.º Além das demais competências estabelecidas na legislação que lhe é aplicável, cabe ao INSS:

I – emitir certidão relativa a tempo de contribuição;

II – gerir o Fundo do Regime Geral de Previdência Social;

III – calcular o montante das contribuições referidas no art. 2.º desta Lei e emitir o correspondente documento de arrecadação, com vistas no atendimento conclusivo para concessão ou revisão de benefício requerido.

Art. 6.º Ato conjunto da Secretaria da Receita Federal do Brasil e do INSS definirá a forma de transferência recíproca de informações relacionadas com as contribuições sociais a que se referem os arts. 2.º e 3.º desta Lei.

Parágrafo único. Com relação às informações de que trata o *caput* deste artigo, a Secretaria da Receita Federal do Brasil e o INSS são responsáveis pela preservação do sigilo fiscal previsto no art. 198 da Lei n. 5.172, de 25 de outubro de 1966.

Capítulo II
DA PROCURADORIA-GERAL DA FAZENDA NACIONAL

Art. 16. A partir do 1.º (primeiro) dia do 2.º (segundo) mês subsequente ao da publicação desta Lei, o débito original e seus acréscimos legais, além de outras multas previstas em lei, relativos às contribuições de que tratam os arts. 2.º e 3.º desta Lei, constituem dívida ativa da União.

§ 1.º A partir do 1.º (primeiro) dia do 13.º (décimo terceiro) mês subsequente ao da publicação desta Lei, o disposto no *caput* deste artigo se estende à dívida ativa do Instituto Nacional do Seguro Social – INSS e do Fundo Nacional de Desenvolvimento da Educação – FNDE decorrente das contribuições a que se referem os arts. 2.º e 3.º desta Lei.

§ 2.º Aplica-se à arrecadação da dívida ativa decorrente das contribuições de que trata o art. 2.º desta Lei o disposto no § 1.º daquele artigo.

§ 3.º Compete à Procuradoria-Geral Federal representar judicial e extrajudicialmente:

I – o INSS e o FNDE, em processos que tenham por objeto a cobrança de contribuições previdenciárias, inclusive nos que pretendam a contestação do crédito tributário, até a data prevista no § 1.º deste artigo;

II – a União, nos processos da Justiça do Trabalho relacionados com a cobrança de contribuições previdenciárias, de imposto de renda retido na fonte e de multas impostas aos empregadores pelos órgãos de fiscalização das relações do trabalho, mediante delegação da Procuradoria-Geral da Fazenda Nacional.

•• A Portaria n. 213, de 29-3-2019, da Advocacia-Geral da União, estabelece procedimentos a serem adotados nos casos de citações, intimações e notificações efetivadas em desacordo com o disposto neste inciso.

•• A Portaria Conjunta n. 13, de 19-8-2019, da AGU, disciplina a aplicação do art. 19-C da Lei n. 10.522, de 19-7-2002, no âmbito da delegação prevista neste dispositivo.

§ 4.º A delegação referida no inciso II do § 3.º deste artigo será comunicada aos órgãos judiciários e não alcançará a competência prevista no inciso II do art. 12 da Lei Complementar n. 73, de 10 de fevereiro de 1993.

• A Lei Complementar n. 73, de 10-2-1993, que institui a Lei Orgânica da Advocacia-Geral da União, estabelece no citado dispositivo que compete à Procuradoria-Geral da Fazenda Nacional representar privativamente a União na execução de sua dívida ativa de caráter tributário.

§ 5.º Recebida a comunicação aludida no § 4.º deste artigo, serão destinadas à Procuradoria-Geral Federal as citações, intimações e notificações efetuadas em processos abrangidos pelo objeto da delegação.

§ 6.º Antes de efetivar a transferência de atribuições decorrente do disposto no § 1.º deste artigo, a Procuradoria-Geral Federal concluirá os atos que se encontrarem pendentes.

§ 7.º A inscrição na dívida ativa da União das contribuições de que trata o art. 3.º desta Lei, na forma do *caput* e do § 1.º deste artigo, não altera a destinação final do produto da respectiva arrecadação.

....

Art. 22. As autarquias e fundações públicas federais darão apoio técnico, logístico e financeiro, pelo prazo de 24 (vinte e quatro) meses a partir da publicação desta Lei, para que a Procuradoria-Geral Federal assuma, de forma centralizada, nos termos dos §§ 11 e 12 do art. 10 da Lei n. 10.480, de 2 de julho de 2002, a execução de sua dívida ativa.

• A Lei n. 10.480, de 2-7-2002, dispõe sobre o quadro de pessoal da Advocacia-Geral da União.

Art. 23. Compete à Procuradoria-Geral da Fazenda Nacional a representação judicial na cobrança de créditos de qualquer natureza inscritos em Dívida Ativa da União.

Art. 24. É obrigatório que seja proferida decisão administrativa no prazo máximo de 360 (trezentos e sessenta) dias a contar do protocolo de petições, defesas ou recursos administrativos do contribuinte.

§§ 1.º e 2.º (*Vetados.*)

Capítulo III
DO PROCESSO ADMINISTRATIVO FISCAL

Art. 25. Passam a ser regidos pelo Decreto n. 70.235, de 6 de março de 1972:

• Citado diploma consta deste volume.

I – a partir da data fixada no § 1.º do art. 16 desta Lei, os procedimentos fiscais e os processos administrativo-fiscais de determinação e exigência de créditos tributários referentes às contribuições de que tratam os arts. 2.º e 3.º desta Lei;

II – a partir da data fixada no *caput* do art. 16 desta Lei, os processos administrativos de consulta relativos às contribuições sociais mencionadas no art. 2.º desta Lei.

§ 1.º O Poder Executivo poderá antecipar ou postergar a data a que se refere o inciso I do *caput* deste artigo, relativamente a:

•• O art. 1.º do Decreto n. 6.103, de 30-4-2007, dispõe: "Fica antecipada para 2-5-2007 a aplicação do Decreto n. 70.235, de 6-3-1972, aos processos administrativo-fiscais de determinação e exigência de créditos tributários relativos às contribuições de que tratam os arts. 2.º e 3.º da Lei n. 11.457, de 16-3-2007, no que diz respeito aos prazos processuais e à competência para julgamento em primeira instância, pelos órgãos de deliberação interna e natureza colegiada da Secretaria da Receita Federal do Brasil".

I – procedimentos fiscais, instrumentos de formalização do crédito tributário e prazos processuais;

II – competência para julgamento em 1.ª (primeira) instância pelos órgãos de deliberação interna e natureza colegiada.

§ 2.º (*Revogado pela Lei n. 13.670, de 30-5-2018*).

§ 3.º Aplicam-se, ainda, aos processos a que se refere o inciso II do *caput* deste artigo os arts. 48 e 49 da Lei n. 9.430, de 27 de dezembro de 1996.

Art. 26. O valor correspondente à compensação de débitos relativos às contribuições de que trata o art. 2.º desta Lei será repassado ao Fundo do Regime Geral de Previdência Social no prazo máximo de 30 (trinta) dias úteis, contado da data em que ela for promovida de ofício ou em que for apresentada a declaração de compensação.

•• *Caput* com redação determinada pela Lei n. 13.670, de 30-5-2018.

Parágrafo único. (*Revogado pela Lei n. 13.670, de 30-5-2018*).

Art. 26-A. O disposto no art. 74 da Lei n. 9.430, de 27 de dezembro de 1996:

•• *Caput* acrescentado pela Lei n. 13.670, de 30-5-2018.

I – aplica-se à compensação das contribuições a que se referem os arts. 2.º e 3.º desta Lei efetuada pelo sujeito passivo que utilizar o Sistema de Escrituração Digital das Obrigações Fiscais, Previdenciárias e Trabalhistas (eSocial), para apuração das referidas contribuições, observado o disposto no § 1.º deste artigo;

•• Inciso I acrescentado pela Lei n. 13.670, de 30-5-2018.

II – não se aplica à compensação das contribuições a que se referem os arts. 2.º e 3.º desta Lei efetuada pelos demais sujeitos passivos; e

•• Inciso II acrescentado pela Lei n. 13.670, de 30-5-2018.

III – não se aplica ao regime unificado de pagamento de tributos, de contribuições e dos demais encargos do empregador doméstico (Simples Doméstico).

•• Inciso III acrescentado pela Lei n. 13.670, de 30-5-2018.

§ 1.º Não poderão ser objeto da compensação de que trata o inciso I do *caput* deste artigo:

•• § 1.º, *caput*, acrescentado pela Lei n. 13.670, de 30-5-2018.

I – o débito das contribuições a que se referem os arts. 2.º e 3.º desta Lei:

•• Inciso I, *caput*, acrescentado pela Lei n. 13.670, de 30-5-2018.

a) relativo a período de apuração anterior à utilização do eSocial para a apuração das referidas contribuições; e

•• Alínea *a* acrescentada pela Lei n. 13.670, de 30-5-2018.

b) relativo a período de apuração posterior à utilização do eSocial com crédito dos demais tributos administrados pela Secretaria da Receita Federal do Brasil concernente a período de apuração anterior à utilização do eSocial para apuração das referidas contribuições; e

•• Alínea *b* acrescentada pela Lei n. 13.670, de 30-5-2018.

II – o débito dos demais tributos administrados pela Secretaria da Receita Federal do Brasil:

•• Inciso II, *caput*, acrescentado pela Lei n. 13.670, de 30-5-2018.

a) relativo a período de apuração anterior à utilização do eSocial para apuração de tributos com crédito concernente às contribuições a que se referem os arts. 2.º e 3.º desta Lei; e

•• Alínea *a* acrescentada pela Lei n. 13.670, de 30-5-2018.

b) com crédito das contribuições a que se referem os arts. 2.º e 3.º desta Lei relativo a período de apuração anterior à utilização do eSocial para apuração das referidas contribuições.

•• Alínea *b* acrescentada pela Lei n. 13.670, de 30-5-2018.

§ 2.º A Secretaria da Receita Federal do Brasil disciplinará o disposto neste artigo.

•• § 2.º acrescentado pela Lei n. 13.670, de 30-5-2018.

Art. 27. Observado o disposto no art. 25 desta Lei, os procedimentos fiscais e os processos administrativo-fiscais referentes às contribuições sociais de que tratam os arts. 2.º e 3.º desta Lei permanecem regidos pela legislação precedente.

Art. 28. Ficam criadas, na Secretaria da Receita Federal do Brasil, 5 (cinco) Delegacias de Julgamento e 60 (sessenta) Turmas de Julgamento com competência para julgar, em 1.ª (primeira) instância, os processos de exigência de tributos e contribuições arrecadados pela Secretaria da Receita Federal do Brasil, a serem instaladas mediante ato do Ministro de Estado da Fazenda.

....

Art. 29. Fica transferida do Conselho de Recursos da Previdência Social para o 2.º Conselho de Contribuintes do Ministério da Fazenda a competência para julgamento de recursos referentes às contribuições de que tratam os arts. 2.º e 3.º desta Lei.

§ 1.º Para o exercício da competência a que se refere o *caput* deste artigo, serão instaladas no 2.º Conselho de Contribuintes, na forma da regulamentação pertinente, Câmaras especializadas, observada a composição prevista na parte final do inciso VII do *caput* do art. 194 da Constituição Federal.

§ 2.º Fica autorizado o funcionamento das Câmaras dos Conselhos de Contribuintes nas sedes das Regiões Fiscais da Secretaria da Receita Federal do Brasil.

Art. 30. No prazo de 30 (trinta) dias da publicação do ato de instalação das Câmaras previstas no § 1.º do art. 29 desta Lei, os processos administrativo-fiscais referentes às contribuições de que tratam os arts. 2.º e 3.º desta Lei que se encontrarem no Conselho de Recursos da Previdência Social serão encaminhados para o 2.º Conselho de Contribuintes.

Parágrafo único. Fica prorrogada a competência do Conselho de Recursos da Previdência Social durante o prazo a que se refere o *caput* deste artigo.

....

Capítulo IV
DO PARCELAMENTO DOS DÉBITOS PREVIDENCIÁRIOS DOS ESTADOS E DO DISTRITO FEDERAL

Art. 32. Os débitos de responsabilidade dos Estados e do Distrito Federal, de suas autarquias e fundações, relativos às contribuições sociais de que tratam as alíneas *a* e *c* do parágrafo único do art. 11 da Lei n. 8.212, de 24 de julho de 1991, com vencimento até o mês anterior ao da entrada em vigor desta Lei, poderão ser parcelados em até 240 (duzentas e quarenta) prestações mensais e consecutivas.

§ 1.º Os débitos referidos no *caput* deste artigo são aqueles originários de contribuições sociais e obrigações acessórias, constituídos ou não, inscritos ou não em dívida ativa, incluídos os que estiverem em fase de execução fiscal ajuizada, e os que tenham sido objeto de parcelamento anterior não integralmente quitado ou cancelado por falta de pagamento.

§ 2.º Os débitos ainda não constituídos deverão ser confessados de forma irretratável e irrevogável.

§ 3.º Poderão ser parcelados em até 60 (sessenta) prestações mensais e consecutivas os débitos de que tratam o *caput* e os §§ 1.º e 2.º deste artigo com vencimento até o mês anterior ao da entrada em vigor desta Lei, relativos a contribuições não recolhidas:

I – descontadas dos segurados empregado, trabalhador avulso e contribuinte individual;

II – retidas na forma do art. 31 da Lei n. 8.212, de 24 de julho de 1991;

III – decorrentes de sub-rogação.

§ 4.º Caso a prestação mensal não seja paga na data do vencimento, serão retidos e repassados à Secretaria da Receita Federal do Brasil recursos do Fundo de Participação dos Estados e do Distrito Federal suficientes para sua quitação, acrescidos de juros equivalentes à taxa referencial do Sistema Especial de Liquidação e de Custódia – Selic para títulos federais, acumulada mensalmente a partir do primeiro dia do mês subsequente ao da consolidação do débito até o mês anterior ao do pagamento, acrescido de 1% (um por cento) no mês do pagamento da prestação.

Art. 33. Até 90 (noventa) dias após a entrada em vigor desta Lei, a opção pelo parcelamento será formalizada na Secretaria da Receita Federal do Brasil, que se responsabilizará pela cobrança das prestações e controle dos créditos originários dos parcelamentos concedidos.

•• A Lei n. 11.531, de 24-10-2007, prorroga o prazo previsto neste artigo até 31-12-2007.

Art. 34. A concessão do parcelamento objeto deste Capítulo está condicionada:

I – à apresentação pelo Estado ou Distrito Federal, na data da formalização do pedido, do demonstrativo referente à apuração da Receita Corrente Líquida Estadual, na forma do disposto na Lei Complementar n. 101, de 4 de maio de 2000, referente ao ano-calendário imediatamente anterior ao da entrada em vigor desta Lei;

• Receita corrente líquida: *vide* art. 2.º, IV, da Lei Complementar n. 101, de 4-5-2000.

II – ao adimplemento das obrigações vencidas a partir do primeiro dia do mês da entrada em vigor desta Lei.

Art. 35. Os débitos serão consolidados por Estado e Distrito Federal na data do pedido do parcelamento, reduzindo-se os valores referentes a juros de mora em 50% (cinquenta por cento).

Art. 36. Os débitos de que trata este Capítulo serão parcelados em prestações mensais equivalentes a, no mínimo, 1,5% (um inteiro e cinco décimos por cento) da média da Receita Corrente Líquida do Estado e do Distrito Federal prevista na Lei Complementar n. 101, de 4 de maio de 2000.

§ 1.º A média de que trata o *caput* deste artigo corresponderá a 1/12 (um doze avos) da Receita Corrente Líquida do ano anterior ao do vencimento da prestação.

§ 2.º Para fins deste artigo, os Estados e o Distrito Federal se obrigam a encaminhar à Secretaria da Receita Federal do Brasil o demonstrativo de apuração da Receita Corrente Líquida de que trata o inciso I do art. 53 da Lei Complementar n. 101, de 4 de maio de 2000, até o último dia útil do mês de fevereiro de cada ano.

§ 3.º A falta de apresentação das informações a que se refere o § 2.º deste artigo implicará, para fins de apuração e cobrança da prestação mensal, a aplicação da variação do Índice Geral de Preços, Disponibilidade Interna – IGP-DI, acrescida de juros de 0,5% (cinco décimos por cento) ao mês, sobre a última Receita Corrente Líquida publicada nos termos da legislação.

§ 4.º Às prestações vencíveis em janeiro, fevereiro e março aplicar-se-á o valor mínimo do ano anterior.

Art. 37. As prestações serão exigíveis no último dia útil de cada mês, a contar do mês subsequente ao da formalização do pedido de parcelamento.

§ 1.º No período compreendido entre a formalização do pedido e o mês da consolidação, o ente beneficiário do parcelamento deverá recolher mensalmente prestações correspondentes a 1,5% (um inteiro e cinco décimos por cento) da média da Receita Corrente Líquida do Estado e do Distrito Federal prevista na Lei Complementar n. 101, de 4 de maio de 2000, sob pena de indeferimento do pleito, que só se confirma com o pagamento da prestação inicial.

• Receita corrente líquida: *vide* art. 2.º, IV, da Lei Complementar n. 101, de 4-5-2000.

§ 2.º A partir do mês seguinte à consolidação, o valor da prestação será obtido mediante a divisão do montante do débito parcelado, deduzidos os valores das prestações recolhidas nos termos do § 1.º deste artigo, pelo número de prestações restantes, observado o valor mínimo de 1,5% (um inteiro e cinco décimos por cento) da média da Receita Corrente Líquida do Estado e do Distrito Federal prevista na Lei Complementar n. 101, de 4 de maio de 2000.

• Receita corrente líquida: *vide* art. 2.º, IV, da Lei Complementar n. 101, de 4-5-2000.

Art. 38. O parcelamento será rescindido na hipótese do inadimplemento:

I – de 3 (três) meses consecutivos ou 6 (seis) meses alternados, prevalecendo o que primeiro ocorrer;

II – das obrigações correntes referentes às contribuições sociais de que trata este Capítulo;

III – da parcela da prestação que exceder à retenção dos recursos do Fundo de Participação dos Estados e do Distrito Federal promovida na forma deste Capítulo.

Art. 39. O Poder Executivo disciplinará, em regulamento, os atos necessários à execução do disposto neste Capítulo.

Parágrafo único. Os débitos referidos no *caput* deste artigo serão consolidados no âmbito da Secretaria da Receita Federal do Brasil.

Capítulo V
DISPOSIÇÕES GERAIS

....

Art. 41. Fica autorizada a transferência para o patrimônio da União dos imóveis que compõem o Fundo do Regime Geral de Previdência Social identificados pelo Poder Executivo como necessários ao funcionamento da Secretaria da Receita Federal do Brasil e da Procuradoria-Geral da Fazenda Nacional.

Parágrafo único. No prazo de 3 (três) anos, de acordo com o resultado de avaliação realizada nos termos da legislação aplicável, a União compensará financeiramente o Fundo do Regime Geral de Previdência Social pelos imóveis transferidos na forma do *caput* deste artigo.

....

Art. 44. O art. 23 do Decreto n. 70.235, de 6 de março de 1972, passa a vigorar acrescido dos §§ 7.º, 8.º e 9.º, com a seguinte redação:

•• Alterações processadas no diploma modificado.

Art. 45. As repartições da Secretaria da Receita Federal do Brasil deverão, durante seu horário regular de funcionamento, dar vista dos autos de processo administrativo, permitindo a obtenção de cópias reprográficas, assim como receber requerimentos e petições.

Parágrafo único. A Secretaria da Receita Federal do Brasil adotará medidas para disponibilizar o atendimento a que se refere o *caput* deste artigo por intermédio da rede mundial de computadores e o recebimento de petições e requerimentos digitalizados.

Capítulo VI
DISPOSIÇÕES TRANSITÓRIAS E FINAIS

Art. 46. A Fazenda Nacional poderá celebrar convênios com entidades públicas e privadas para a divulgação de informações previstas nos incisos II e III do § 3.º do art. 198 da Lei n. 5.172, de 25 de outubro de 1966 – Código Tributário Nacional – CTN.

Art. 47. Fica o Poder Executivo autorizado a:

I – transferir, depois de realizado inventário, do INSS, do Ministério da Previdência Social e da Procuradoria-Geral Federal para a Secretaria da Receita Federal do Brasil e para a Procuradoria-Geral da Fazenda Nacional acervos técnicos e patrimoniais, inclusive bens imóveis, obrigações, direitos, contratos, convênios, processos administrativos e demais instrumentos relacionados com as atividades transferidas em decorrência desta Lei;

II – remanejar e transferir para a Secretaria da Receita Federal do Brasil dotações em favor do Ministério da Previdência Social e do INSS aprovadas na Lei Orçamentária em vigor, mantida a classificação funcional-programática, subprojetos, subatividades e grupos de despesas.

§ 1.º Até que sejam implementados os ajustes necessários, o Ministério da Previdência Social e o INSS continuarão a executar as despesas de pessoal e de manutenção relativas às atividades transferidas, inclusive as decorrentes do disposto no § 5.º do art. 10 desta Lei.

§ 2.º Enquanto não ocorrerem as transferências previstas no *caput* deste artigo, o Ministério da Previdência Social, o INSS e a Procuradoria-Geral Federal prestarão à Secretaria da Receita Federal do Brasil e à Procuradoria-Geral da Fazenda Nacional o necessário apoio técnico, financeiro e administrativo.

§ 3.º Inclui-se no apoio de que trata o § 2.º deste artigo a manutenção dos espaços físicos atualmente ocupados.

Art. 48. Fica mantida, enquanto não modificados pela Secretaria da Receita Federal do Brasil, a vigência dos convênios celebrados e dos atos normativos e administrativos editados:

I – pela Secretaria da Receita Previdenciária;

II – pelo Ministério da Previdência Social e pelo INSS relativos à administração das contribuições a que se referem os arts. 2.º e 3.º desta Lei;

III – pelo Ministério da Fazenda relativos à administração dos tributos e contribuições de competência da Secretaria da Receita Federal do Brasil;

IV – pela Secretaria da Receita Federal.

....

Art. 51. Esta Lei entra em vigor:

I – na data de sua publicação, para o disposto nos arts. 40, 41, 47, 48, 49 e 50 desta Lei;

II – no primeiro dia útil do segundo mês subsequente à data de sua publicação, em relação aos demais dispositivos desta Lei.

Art. 52. Ficam revogados:

I – (*Vetado.*)

II – a partir da data da publicação desta Lei, o parágrafo único do art. 5.º da Lei n. 10.593, de 6 dezembro de 2002.

Brasília, 16 de março de 2007; 186.º da Independência e 119.º da República.

LUIZ INÁCIO LULA DA SILVA

LEI N. 11.482, DE 31 DE MAIO DE 2007 (*)

Efetua alterações na tabela do imposto de renda da pessoa física; dispõe sobre a redução a 0 (zero) da alíquota da CPMF nas hipóteses que menciona; altera as Leis n. 7.713, de 22 de dezembro de 1988, 9.250, de 26 de dezembro de 1995, 11.128, de 28 de junho de 2005, 9.311, de 24 de outubro de 1996, 10.260, de 12 de julho de 2001, 6.194, de 19 de dezembro de 1974, 8.387, de 30 de dezembro de 1991, 9.432, de 8 de janeiro de 1997, 5.917, de 10 de setembro de 1973, 8.402, de 8 de janeiro de 1992, 6.094, de 30 de agosto de 1974, 8.884, de 11 de junho de 1994, 10.865, de 30 de abril de 2004, 8.706, de 14 de setembro de 1993; revoga dispositivos das Leis n. 11.119, de 25 de maio de 2005, 11.311, de 13 de junho de 2006, 11.196, de 21 de novembro de 2005, e do Decreto-lei n. 2.433, de 19 de maio de 1988; e dá outras providências.

O Presidente da República.

Faço saber que o Congresso Nacional decreta e eu sanciono a seguinte Lei:

Art. 1.º O imposto de renda incidente sobre os rendimentos de pessoas físicas será calculado de acordo com as seguintes tabelas progressivas mensais, em reais:

I – para o ano-calendário de 2007:

Tabela Progressiva Mensal

Base de Cálculo (R$)	Alíquota (%)	Parcela a Deduzir do IR (R$)
Até 1.313,69	–	–
De 1.313,70 até 2.625,12	15	197,05
Acima de 2.625,13	27,5	525,19

II – para o ano-calendário de 2008:

Tabela Progressiva Mensal

Base de Cálculo (R$)	Alíquota (%)	Parcela a Deduzir do IR (R$)
Até 1.372,81	–	–
De 1.372,82 até 2.743,25	15	205,92
Acima de 2.743,25	27,5	548,82

(*) Publicada no *DOU*, de 31-5-2007 – Edição Extra.

III – para o ano-calendário de 2009:

Tabela Progressiva Mensal

Base de Cálculo (R$)	Alíquota (%)	Parcela a Deduzir do IR (R$)
Até 1.434,59	-	-
De 1.434,60 até 2.150,00	7,5	107,59
De 2.150,01 até 2.866,70	15	268,84
De 2.866,71 até 3.582,00	22,5	483,84
Acima de 3.582,00	27,5	662,94

•• Inciso III com redação determinada pela Lei n. 11.945, de 4-6-2009.

IV – para o ano-calendário de 2010:

Tabela Progressiva Mensal

Base de Cálculo (R$)	Alíquota (%)	Parcela a Deduzir do IR (R$)
Até 1.499,15	-	-
De 1.499,16 até 2.246,75	7,5	112,43
De 2.246,76 até 2.995,70	15	280,94
De 2.995,71 até 3.743,19	22,5	505,62
Acima de 3.743,19	27,5	692,78

•• Inciso IV com redação determinada pela Lei n. 12.469, de 26-8-2011.

V – para o ano-calendário de 2011:

Tabela Progressiva Mensal

Base de Cálculo (R$)	Alíquota (%)	Parcela a Deduzir do IR (R$)
Até 1.566,61	-	-
De 1.566,62 até 2.347,85	7,5	117,49
De 2.347,86 até 3.130,51	15	293,58
De 3.130,52 até 3.911,63	22,5	528,37
Acima de 3.911,63	27,5	723,95

•• Inciso V acrescentado pela Lei n. 12.469, de 26-8-2011.

VI – para o ano-calendário de 2012:

Tabela Progressiva Mensal

Base de Cálculo (R$)	Alíquota (%)	Parcela a Deduzir do IR (R$)
Até 1.637,11	-	-
De 1.637,12 até 2.453,50	7,5	122,78
De 2.453,51 até 3.271,38	15	306,80
De 3.271,39 até 4.087,65	22,5	552,15
Acima de 4.087,65	27,5	756,53

•• Inciso VI acrescentado pela Lei n. 12.469, de 26-8-2011.

VII – para o ano-calendário de 2013:

Tabela Progressiva Mensal

Base de Cálculo (R$)	Alíquota (%)	Parcela a Deduzir do IR (R$)
Até 1.710,78	-	-
De 1.710,79 até 2.563,91	7,5	128,31
De 2.563,92 até 3.418,59	15	320,60
De 3.418,60 até 4.271,59	22,5	577,00
Acima de 4.271,59	27,5	790,58

•• Inciso VII acrescentado pela Lei n. 12.469, de 26-8-2011.

VIII – para o ano-calendário de 2014 e nos meses de janeiro a março do ano-calendário de 2015:

•• Inciso VIII com redação determinada pela Lei n. 13.149, de 21-7-2015.

Tabela Progressiva Mensal

Base de Cálculo (R$)	Alíquota (%)	Parcela a Deduzir do IR (R$)
Até 1.787,77	-	-
De 1.787,78 até 2.679,29	7,5	134,08
De 2.679,30 até 3.572,43	15	335,03
De 3.572,44 até 4.463,81	22,5	602,96
Acima de 4.463,81	27,5	826,15

IX – a partir do mês de abril do ano-calendário de 2015:

Tabela Progressiva Mensal

Base de Cálculo (R$)	Alíquota (%)	Parcela a Deduzir do IR (R$)
Até 1.903,98	–	–
De 1.903,99 até 2.826,65	7,5	142,80
De 2.826,66 até 3.751,05	15	354,80
De 3.751,06 até 4.664,68	22,5	636,13
Acima de 4.664,68	27,5	869,36

•• Inciso IX acrescentado pela Lei n. 13.149, de 21-7-2015.

Parágrafo único. O imposto de renda anual devido incidente sobre os rendimentos de que trata o *caput* deste artigo será calculado de acordo com tabela progressiva anual correspondente à soma das tabelas progressivas mensais vigentes nos meses de cada ano-calendário.

Art. 2.º O inciso XV do *caput* do art. 6.º da Lei n. 7.713, de 22 de dezembro de 1988, passa a vigorar com a seguinte redação:

•• Alteração já processada no diploma modificado.

Art. 3.º Os arts. 4.º, 8.º e 10 da Lei n. 9.250, de 26 de dezembro de 1995, passam a vigorar com a seguinte redação:

•• Alterações já processadas no diploma modificado.

....

Art. 5.º Os arts. 8.º e 16 da Lei n. 9.311, de 24 de outubro de 1996, passam a vigorar com as seguintes alterações:

•• Apesar de não expressamente revogada, a Lei n. 9.311, de 24-10-2006, encontra-se sem aplicação, já que a contribuição instituída por ela, a CPMF, foi extinta pelo art. 90 do ADCT da CF.

....

Art. 9.º As pessoas jurídicas com débitos vencidos relativos à Taxa de Fiscalização instituída pela Lei n. 7.940, de 20 de dezembro de 1989, poderão efetuar o pagamento dos seus débitos com redução de 30% (trinta por cento) nas multas e nos juros legalmente exigíveis, bem como mediante parcelamento em até 120 (cento e vinte) prestações mensais e sucessivas, desde que formulado requerimento com este sentido à Comissão de Valores Mobiliários – CVM no prazo de 120 (cento e vinte) dias após a publicação da Medida Provisória n. 340, de 29 de dezembro de 2006.

§ 1.º Apresentado requerimento de parcelamento nos termos previstos no *caput* deste artigo, a CVM promoverá a consolidação dos débitos respectivos e adotará as demais providências administrativas cabíveis.

§ 2.º A parcela mínima para fins do parcelamento de que trata o *caput* deste artigo não poderá ser inferior ao valor de R$ 200,00 (duzentos reais).

§ 3.º Além do disposto neste artigo, o parcelamento previsto no *caput* deste artigo deverá observar a regulamentação da CVM aplicável ao assunto.

....

Art. 24. Esta Lei entra em vigor na data de sua publicação, produzindo efeitos em relação:

I – aos arts. 1.º a 3.º, a partir de 1.º de janeiro de 2007;

II – aos arts. 20 a 22, após decorridos 90 (noventa) dias da publicação desta Lei;

III – aos demais artigos, a partir da data de publicação desta Lei.

Art. 25. Ficam revogados:

I – a partir de 1.º de janeiro de 2007:

a) a Lei n. 11.119, de 25 de maio de 2005; e

b) os arts. 1.º e 2.º da Lei n. 11.311, de 13 de junho de 2006;

II – a partir da data de publicação desta Lei:

a) (*Vetado*.)

b) o art. 131 da Lei n. 11.196, de 21 de novembro de 2005; e

c) o § 2.º do art. 17 do Decreto-lei n. 2.433, de 19 de maio de 1988.

Brasília, 31 de maio de 2007; 186.º da Independência e 119.º da República.

LUIZ INÁCIO LULA DA SILVA

LEI N. 11.508, DE 20 DE JULHO DE 2007 (*)

Dispõe sobre o regime tributário, cambial e administrativo das Zonas de Processamento de Exportação, e dá outras providências.

O Presidente da República

Faço saber que o Congresso Nacional decreta e eu sanciono a seguinte Lei:

Art. 1.º Fica o Poder Executivo autorizado a criar, nas regiões menos desenvolvidas, Zonas de Processamento de Exportação (ZPE), sujeitas ao regime jurídico instituído por esta Lei, com a finalidade de desenvolver a cultura exportadora, de fortalecer o balanço de pagamentos e de promover a difusão tecnológica, a redução de desequilíbrios regionais e o desenvolvimento econômico e social do País.

•• *Caput* com redação determinada pela Lei n. 14.184, de 14-7-2021, em vigor após 90 dias de sua publicação oficial (*DOU* de 15-7-2021).

Parágrafo único. As ZPE caracterizam-se como áreas de livre comércio com o exterior, destinadas à instalação de empresas direcionadas para a produção de bens a serem comercializados no exterior, a prestação de serviços vinculados à industrialização das mercadorias a serem exportadas ou a prestação de serviços a serem comercializados ou destinados exclusivamente para o exterior, consideradas zonas primárias para efeito de controle aduaneiro.

(*) Publicada no *DOU*, de 23-7-2007. Regulamentada pelo Decreto n. 6.814, de 6-4-2009.

•• Parágrafo único com redação determinada pela Lei n. 14.184, de 14-7-2021, originalmente vetado, todavia promulgado em 18-10-2021.

Art. 2.º A criação de ZPE far-se-á por decreto, que delimitará sua área, a qual poderá ser descontínua observado o disposto no § 6.º deste artigo, à vista de proposta dos Estados ou dos Municípios, em conjunto ou isoladamente, ou de ente privado.

•• *Caput* com redação determinada pela Lei n. 14.184, de 14-7-2021, em vigor após 90 dias de sua publicação oficial (*DOU* de 15-7-2021).

§ 1.º A proposta a que se refere este artigo deverá satisfazer os seguintes requisitos:

I – indicação de localização adequada no que diz respeito a acesso a portos e aeroportos internacionais;

II – comprovação da disponibilidade da área destinada a sediar a ZPE;

III – comprovação de disponibilidade financeira, considerando inclusive a possibilidade de aportes de recursos da iniciativa privada;

IV – comprovação de disponibilidade mínima de infraestrutura e de serviços capazes de absorver os efeitos de sua implantação;

V – indicação da forma de administração da ZPE; e

VI – atendimento de outras condições que forem estabelecidas em regulamento.

§ 1.º-A O Poder Executivo regulamentará o processo seletivo de caráter público por meio do qual os entes privados poderão apresentar propostas para a criação de ZPE.

•• § 1.º-A acrescentado pela Lei n. 14.184, de 14-7-2021, em vigor após 90 dias de sua publicação oficial (*DOU* de 15-7-2021).

§§ 2.º a 4.º (*Revogados pela Lei n. 14.184, de 14-7-2021, em vigor após 90 dias de sua publicação oficial* – DOU *de 15-7-2021*).

§ 4.º-A O ato de criação de ZPE será:

•• § 4.º-A, *caput*, acrescentado pela Lei n. 14.184, de 14-7-2021, em vigor após 90 dias de sua publicação oficial (*DOU* de 15-7-2021).

I – cancelado, a partir de manifestação formal do proponente pela desistência voluntária do processo de implantação da respectiva ZPE;

•• Inciso I acrescentado pela Lei n. 14.184, de 14-7-2021, em vigor após 90 dias de sua publicação oficial (*DOU* de 15-7-2021).

II – cassado, nas seguintes hipóteses:

•• Inciso II, *caput*, acrescentado pela Lei n. 14.184, de 14-7-2021, em vigor após 90 dias de sua publicação oficial (*DOU* de 15-7-2021).

a) se, no prazo de 24 (vinte e quatro) meses, contado da publicação do ato de criação, a administradora da ZPE não tiver iniciado as obras de implantação, sem motivo justificado, de acordo com o cronograma previamente apresentado ao Conselho Nacional das Zonas de Processamento de Exportacão (CZPE) para fins de planejamento das obras de infraestrutura da ZPE; e

•• Alínea *a* acrescentada pela Lei n. 14.184, de 14-7-2021, em vigor após 90 dias de sua publicação oficial (*DOU* de 15-7-2021).

b) se as obras de implantação não forem concluídas, sem motivo justificado, no prazo de 12 (doze) meses, contado da data prevista para sua conclusão, constante do cronograma previamente apresentado ao CZPE para fins de planejamento das obras de infraestrutura da ZPE.

•• Alínea *b* acrescentada pela Lei n. 14.184, de 14-7-2021, em vigor após 90 dias de sua publicação oficial (*DOU* de 15-7-2021).

§ 4.º-B A administradora da ZPE poderá pleitear ao CZPE a prorrogação dos prazos para comprovação do início e da conclusão das obras da ZPE até o último dia dos prazos estabelecidos nas alíneas *a* e *b* do inciso II do § 4.º-A deste artigo, desde que devidamente justificado.

•• § 4.º-B acrescentado pela Lei n. 14.184, de 14-7-2021, em vigor após 90 dias de sua publicação oficial (*DOU* de 15-7-2021).

§ 4.º-C Na hipótese de aprovação do pleito de prorrogação de prazo de que trata o § 4.º-B deste artigo, o CZPE estabelecerá novo prazo para a comprovação do início ou da conclusão de obras da ZPE.

•• § 4.º-C acrescentado pela Lei n. 14.184, de 14-7-2021, em vigor após 90 dias de sua publicação oficial (*DOU* de 15-7-2021).

§ 4.º-D O novo prazo de que trata o § 4.º-C deste artigo não poderá ser, conforme o caso, superior aos constantes do inciso II do § 4.º-A deste artigo.

•• § 4.º-D acrescentado pela Lei n. 14.184, de 14-7-2021, em vigor após 90 dias de sua publicação oficial (*DOU* de 15-7-2021).

§ 4.º-E Na hipótese de indeferimento, pelo CZPE, do pedido de prorrogação de prazo de que trata o § 4º-B deste artigo, fica cassado o ato que autorizou a criação de ZPE, ressalvado o direito ao recurso administrativo com efeito devolutivo.

•• § 4.º-E acrescentado pela Lei n. 14.184, de 14-7-2021, em vigor após 90 dias de sua publicação oficial (*DOU* de 15-7-2021).

§ 5.º A solicitação de instalação de empresa em ZPE será feita mediante apresentação de projeto, na forma estabelecida em regulamento.

•• § 5.º acrescentado pela Lei n. 11.732, de 30-6-2008.

§ 6.º A necessidade de área descontínua para instalação de ZPE deve ser devidamente justificada no projeto apresentado na forma do § 5º deste artigo e limitada à distância de 30 km (trinta quilômetros) do conjunto das áreas segregadas destinadas à movimentação, à armazenagem e à submissão a despacho aduaneiro de mercadorias procedentes do exterior ou a ele destinadas.

•• § 6.º acrescentado pela Lei n. 14.184, de 14-7-2021, em vigor após 90 dias de sua publicação oficial (*DOU* de 15-7-2021).

Art. 2.º-A A empresa administradora da ZPE será constituída como pessoa jurídica de direito privado.

•• *Caput* acrescentado pela Lei n. 14.184, de 14-7-2021, em vigor em 1.º-1-2022.

§ 1.º Na hipótese de a ZPE ser administrada por empresa sob controle de capital privado, o proponente deverá promover o devido processo seletivo de caráter público.

•• § 1.º acrescentado pela Lei n. 14.184, de 14-7-2021, em vigor em 1.º-1-2022.

§ 2.º Compete à administradora da ZPE implantar e administrar a ZPE e, nessa condição:

•• § 2.º, *caput*, acrescentado pela Lei n. 14.184, de 14-7-2021, em vigor em 1.º-1-2022.

I – prover as instalações e os equipamentos necessários ao controle, à vigilância e à administração aduaneira local atendendo aos requisitos de que trata o § 1º do art. 4º desta Lei;

•• Inciso I acrescentado pela Lei n. 14.184, de 14-7-2021, em vigor em 1.º-1-2022.

II – disponibilizar lotes para as empresas autorizadas a instalar-se em ZPE;

•• Inciso II acrescentado pela Lei n. 14.184, de 14-7-2021, em vigor em 1.º-1-2022.

III – prestar serviços às empresas instaladas em ZPE;

•• Inciso III acrescentado pela Lei n. 14.184, de 14-7-2021, em vigor em 1.º-1-2022.

IV – prestar apoio à autoridade aduaneira; e

•• Inciso IV acrescentado pela Lei n. 14.184, de 14-7-2021, em vigor em 1.º-1-2022.

V – atender a outras condições que forem estabelecidas em regulamento.

•• Inciso V acrescentado pela Lei n. 14.184, de 14-7-2021, em vigor em 1.º-1-2022.

Art. 3.º Fica mantido o Conselho Nacional das Zonas de Processamento de Exportação – CZPE, criado pelo art. 3.º do Decreto-lei n. 2.452, de 29 de julho de 1988, com competência para:

•• *Caput* com redação determinada pela Lei n. 11.732, de 30-6-2008.

•• O Decreto n. 9.933, de 23-7-2019, dispõe sobre o Conselho Nacional das Zonas de Processamento de Exportação.

I – analisar as propostas de criação de ZPE;

•• Inciso I com redação determinada pela Lei n. 11.732, de 30-6-2008.

II – aprovar os projetos de empresas interessadas em se instalar nas ZPE, observado o disposto no § 5.º do art. 2.º desta Lei;

•• Inciso II com redação determinada pela Lei n. 14.184, de 14-7-2021, em vigor após 90 dias de sua publicação oficial (*DOU* de 15-7-2021).

III – traçar a orientação superior da política das ZPE.

•• Inciso III com redação determinada pela Lei n. 11.732, de 30-6-2008.

IV – (*Revogado pela Lei n. 11.732, de 30-6-2008.*)

V – decidir sobre os pedidos de prorrogação dos prazos previstos no inciso II do § 4.º-A do art. 2.º e no *caput* do art. 25 desta Lei;

•• Inciso V com redação determinada pela Lei n. 14.184, de 14-7-2021, em vigor após 90 dias de sua publicação oficial (*DOU* de 15-7-2021).

VI – (*Revogado pela Lei n. 14.184, de 14-7-2021, em vigor após 90 dias de sua publicação oficial* – DOU *de 15-7-2021*).

VII – publicar o ato de cancelamento e declarar a cassação nas hipóteses referidas nos §§ 4.º-A e 4.º-E do art. 2.º e no *caput* do art. 25 desta Lei.

•• Inciso VII acrescentado pela Lei n. 14.184, de 14-7-2021, em vigor após 90 dias de sua publicação oficial (*DOU* de 15-7-2021).

§ 1.º Para fins de análise das propostas e aprovação dos projetos, o CZPE levará em consideração, entre outras que poderão ser fixadas em regulamento, as seguintes diretrizes:

•• § 1.º, *caput*, com redação determinada pela Lei n. 11.732, de 30-6-2008.

I e II – (*Revogados pela Lei n. 11.732, de 30-6-2008.*)

III – atendimento às prioridades governamentais para os diversos setores da indústria nacional e da política econômica global, especialmente para as políticas industrial, tecnológica e de comércio exterior;

•• Inciso III com redação determinada pela Lei n. 11.732, de 30-6-2008.

IV – prioridade para as propostas de criação de ZPE localizada em área geográfica privilegiada para a exportação; e

•• Inciso IV com redação determinada pela Lei n. 11.732, de 30-6-2008.

V – valor mínimo em investimentos totais na ZPE por empresa autorizada a operar no regime de que trata esta Lei, quando assim for fixado em regulamento.

•• Inciso V acrescentado pela Lei n. 11.732, de 30-6-2008.

§ 2.º (*Vetado.*)

•• § 2.º acrescentado pela Lei n. 11.732, de 30-6-2008.

§ 3.º O CZPE estabelecerá mecanismos e formas de monitoramento do impacto da aplicação do regime de que trata esta Lei nas empresas nacionais não instaladas em ZPE.

•• § 3.º com redação determinada pela Lei n. 14.184, de 14-7-2021, em vigor após 90 dias de sua publicação oficial (*DOU* de 15-7-2021).

§ 4.º Na hipótese de constatação de impacto negativo em empresas nacionais não instaladas em ZPE, provocado por empresa em ZPE, o CZPE poderá, enquanto persistir esse impacto, propor a vedação ou a limitação da destinação para o mercado interno de produtos industrializados em ZPE.

•• § 4.º, *caput*, com redação determinada pela Lei n. 14.184, de 14-7-2021, em vigor após 90 dias de sua publicação oficial (*DOU* de 15-7-2021).

I e II – (*Revogados pela Lei n. 14.184, de 14-7-2021, em vigor após 90 dias de sua publicação oficial* – DOU *de 15-7-2021*).

§ 5.º O Poder Executivo, ouvido o CZPE, poderá adotar as medidas de que trata o § 4.º deste artigo.

•• § 5.º acrescentado pela Lei n. 11.732, de 30-6-2008.

§ 6.º A apreciação dos projetos de instalação de empresas em ZPE será realizada de acordo com a ordem de protocolo no CZPE.

•• § 6.º acrescentado pela Lei n. 11.732, de 30-6-2008.

§ 7.º Para efeito de cumprimento do disposto no § 3º deste artigo, as empresas autorizadas a operar em ZPE deverão fornecer ao CZPE as informações definidas em regulamento.

•• § 7.º acrescentado pela Lei n. 14.184, de 14-7-2021, em vigor após 90 dias de sua publicação oficial (*DOU* de 15-7-2021).

Art. 4.º O início do funcionamento de ZPE dependerá do prévio alfandegamento do conjunto das áreas segregadas na ZPE e destinadas à movimentação, à armazenagem e à submissão a despacho aduaneiro de mercadorias procedentes do exterior ou a ele destinadas.

•• *Caput* com redação determinada pela Lei n. 14.184, de 14-7-2021, em vigor após 90 dias de sua publicação oficial (*DOU* de 15-7-2021).

§ 1.º Para cumprimento do disposto no *caput* deste artigo devem ser observados os requisitos técnicos e operacionais estabelecidos pela Secretaria Especial da Receita Federal do Brasil.

•• § 1.º acrescentado pela Lei n. 14.184, de 14-7-2021, em vigor após 90 dias de sua publicação oficial (*DOU* de 15-7-2021).

§ 2.º Na hipótese de desalfandegamento do recinto de que trata o *caput* deste artigo, a partir da data de publicação do ato que formalizar o desalfandegamento:

•• § 2.º, *caput*, acrescentado pela Lei n. 14.184, de 14-7-2021, em vigor após 90 dias de sua publicação oficial (*DOU* de 15-7-2021).

I – as empresas autorizadas a operar naquela ZPE ficarão impedidas de realizar novas aquisições de máquinas, de aparelhos, de instrumentos ou de equipamentos com o tratamento estabelecido no art. 6º-A desta Lei; e

•• Inciso I acrescentado pela Lei n. 14.184, de 14-7-2021, em vigor após 90 dias de sua publicação oficial (*DOU* de 15-7-2021).

II – as mercadorias que se encontrem armazenadas no recinto submetido ao desalfandegamento ficarão sob a custódia da respectiva empresa administradora da ZPE, na condição de fiel depositária.

•• Inciso II acrescentado pela Lei n. 14.184, de 14-7-2021, em vigor após 90 dias de sua publicação oficial (*DOU* de 15-7-2021).

§ 3.º As mercadorias referidas no inciso II do § 2º deste artigo, no prazo de 30 (trinta) dias, contado da data da publicação do ato que formalizar o desalfandegamento, deverão, conforme o caso, ser submetidas:

•• § 3.º, *caput*, acrescentado pela Lei n. 14.184, de 14-7-2021, em vigor após 90 dias de sua publicação oficial (*DOU* de 15-7-2021).

I – a despacho aduaneiro de importação para consumo ou de trânsito aduaneiro para outro local ou recinto alfandegado;

•• Inciso I acrescentado pela Lei n. 14.184, de 14-7-2021, em vigor após 90 dias de sua publicação oficial (DOU de 15-7-2021).

II – a despacho aduaneiro para extinção do regime especial aplicado em áreas especiais ou de trânsito aduaneiro destinado a outro local que opere o regime a que estejam submetidas;

•• Inciso II acrescentado pela Lei n. 14.184, de 14-7-2021, em vigor após 90 dias de sua publicação oficial (*DOU* de 15-7-2021).

III – aos procedimentos de devolução para o exterior, nas hipóteses previstas na legislação; ou

•• Inciso III acrescentado pela Lei n. 14.184, de 14-7-2021, em vigor após 90 dias de sua publicação oficial (*DOU* de 15-7-2021).

IV – aos procedimentos de embarque para o exterior ou ao regime de trânsito aduaneiro para outro local ou recinto alfandegado, no caso de mercadoria desembaraçada para exportação.

•• Inciso IV acrescentado pela Lei n. 14.184, de 14-7-2021, em vigor após 90 dias de sua publicação oficial (*DOU* de 15-7-2021).

§ 4.º Na hipótese de transferência para outro recinto alfandegado, serão mantidas as condições da concessão do regime aduaneiro especial ou aplicado em áreas especiais até a constituição de nova administradora, no prazo fixado pelo Poder Executivo.

•• § 4.º acrescentado pela Lei n. 14.184, de 14-7-2021, em vigor após 90 dias de sua publicação oficial (*DOU* de 15-7-2021).

Art. 5.º É vedada a instalação em ZPE de empresas cujos projetos evidenciem a simples transferência de plantas industriais já instaladas no País.

Parágrafo único. Não serão autorizadas, em ZPE, a produção, a importação ou exportação de:

I – armas ou explosivos de qualquer natureza, salvo com prévia autorização do Comando do Exército;

II – material radioativo, salvo com prévia autorização da Comissão Nacional de Energia Nuclear - CNEN; e

III – outros indicados em regulamento, produzindo efeitos a partir da data de sua publicação.

•• Inciso III com redação determinada pela Lei n. 14.184, de 14-7-2021, em vigor após 90 dias de sua publicação oficial (*DOU* de 15-7-2021).

Art. 6.º (*Revogado pela Lei n. 11.732, de 30-6-2008.*)

Art. 6.º-A As importações ou as aquisições no mercado interno de máquinas, de aparelhos, de instrumentos e de equipamentos por empresa autorizada a operar em ZPE terão suspensão da exigência dos seguintes impostos e contribuições:

•• *Caput* com redação determinada pela Lei n. 14.184, de 14-7-2021, em vigor após 90 dias de sua publicação oficial (*DOU* de 15-7-2021).

I – Imposto de Importação;

•• Inciso I acrescentado pela Lei n. 11.732, de 30-6-2008.

II – Imposto sobre Produtos Industrializados - IPI;

•• Inciso II acrescentado pela Lei n. 11.732, de 30-6-2008.

III – Contribuição para o Financiamento da Seguridade Social - COFINS;

•• Inciso III acrescentado pela Lei n. 11.732, de 30-6-2008.

IV – Contribuição Social para o Financiamento da Seguridade Social devida pelo Importador de Bens Estrangeiros ou Serviços do Exterior – Cofins-Importação;

•• Inciso IV acrescentado pela Lei n. 11.732, de 30-6-2008.

V – Contribuição para os Programas de Integração Social e de Formação do Patrimônio do Servidor Público – Contribuição para o PIS/Pasep;

•• Inciso V com redação determinada pela Lei n. 14.184, de 14-7-2021, em vigor após 90 dias de sua publicação oficial (*DOU* de 15-7-2021).

VI – Contribuição para os Programas de Integração Social e de Formação do Patrimônio do Servidor Público incidente na Importação de Produtos Estrangeiros ou Serviços – Contribuição para o PIS/Pasep-Importação; e

•• Inciso VI com redação determinada pela Lei n. 14.184, de 14-7-2021, em vigor após 90 dias de sua publicação oficial (*DOU* de 15-7-2021).

VII – Adicional de Frete para Renovação da Marinha Mercante – AFRMM.

•• Inciso VII acrescentado pela Lei n. 11.732, de 30-6-2008.

§ 1.º (*Revogado pela Lei n. 14.184, de 14-7-2021, em vigor em 1.º-1-2022*).

§ 2.º A suspensão de que trata o *caput* deste artigo aplica-se apenas às máquinas, aos aparelhos, aos instrumentos e aos equipamentos, novos ou usados, necessários às atividades da empresa, para incorporação ao ativo imobilizado da empresa autorizada a operar em ZPE.

•• § 2.º com redação determinada pela Lei n. 14.184, de 14-7-2021, em vigor após 90 dias de sua publicação oficial (*DOU* de 15-7-2021).

§ 3.º Na hipótese de importação de bens usados, a suspensão de que trata o *caput* deste artigo será aplicada quando se tratar de conjunto industrial e que seja elemento constitutivo da integralização do capital social da empresa.

•• § 3.º acrescentado pela Lei n. 11.732, de 30-6-2008.

§ 4.º A pessoa jurídica que utilizar as máquinas, os aparelhos, os instrumentos e os equipamentos em desacordo com os §§ 2.º e 3.º deste artigo ou revendê-los antes da conversão em alíquota 0 (zero) ou em isenção, na forma do § 7.º deste artigo, fica obrigada a recolher os impostos e as contribuições com a exigibilidade suspensa acrescidos de juros e multa de mora, na forma da lei, contados a partir da data da ocorrência dos fatos geradores dos tributos suspensos, na condição de:

•• § 4.º, *caput*, com redação determinada pela Lei n. 14.184, de 14-7-2021, em vigor após 90 dias de sua publicação oficial (*DOU* de 15-7-2021).

I – contribuinte, nas operações de importação, em relação à Contribuição para o PIS/Pasep-Importação, à Cofins-Importação, ao IPI e ao Imposto de Importação;

•• Inciso I acrescentado pela Lei n. 14.184, de 14-7-2021, em vi-gor após 90 dias de sua publicação oficial (*DOU* de 15-7-2021).

II – responsável, nas aquisições no mercado interno, em relação à Contribuição para o PIS/Pasep, à Cofins e ao IPI.

•• Inciso II acrescentado pela Lei n. 14.184, de 14-7-2021, em vigor após 90 dias de sua publicação oficial (*DOU* de 15-7-2021).

§§ 5.º e 6.º (*Revogados pela Lei n. 14.184, de 14-7-2021, em vigor em 1.º-1-2022*).

§ 7.º Se não ocorrer as hipóteses previstas no § 4.º deste artigo, a suspensão de que trata este artigo converter-se-á em:

•• § 7.º, *caput*, com redação determinada pela Lei n. 14.184, de 14-7-2021, em vigor após 90 dias de sua publicação oficial (*DOU* de 15-7-2021).

I – alíquota 0% (zero por cento), decorrido o prazo de 2 (dois) anos, contado da data de ocorrência do fato gerador, na hipótese da Contribuição para o PIS/Pasep, da Cofins, da Contribuição para o PIS/Pasep-Importação, da Cofins-Importação, do IPI; e

•• Inciso I acrescentado pela Lei n. 14.184, de 14-7-2021, em vigor após 90 dias de sua publicação oficial (*DOU* de 15-7-2021).

II – isenção, decorrido o prazo de 5 (cinco) anos, contado da data de ocorrência do fato gerador, na hipótese do Imposto de Importação e do AFRMM.

•• Inciso II acrescentado pela Lei n. 14.184, de 14-7-2021, em vigor após 90 dias de sua publicação oficial (*DOU* de 15-7-2021).

§ 8.º (*Revogado pela Lei n. 14.184, de 14-7-2021, em vigor em 1.º-1-2022*).

§ 9.º Se não for efetuado o recolhimento dos impostos e das contribuições na forma do § 4º deste artigo, caberá lançamento de ofício, com aplicação de juros e da multa a contar do fato gerador, nos termos do art. 44 da Lei n. 9.430, de 27 de dezembro de 1996.

•• § 9.º com redação determinada pela Lei n. 14.184, de 14-7-2021, em vigor após 90 dias de sua publicação oficial (*DOU* de 15-7-2021).

Art. 6.º-B. As matérias-primas, os produtos intermediários e os materiais de embalagem serão importados ou adquiridos no mercado interno por empresa autorizada a operar em ZPE, com a suspensão da exigência dos seguintes impostos e contribuições:

•• *Caput* acrescentado pela Lei n. 14.184, de 14-7-2021, em vigor em 1.º-1-2022.

I – Imposto de Importação;

•• Inciso I acrescentado pela Lei n. 14.184, de 14-7-2021, em vigor em 1.º-1-2022.

II – IPI;

•• Inciso II acrescentado pela Lei n. 14.184, de 14-7-2021, em vigor em 1.º-1-2022.

III – Cofins;

•• Inciso III acrescentado pela Lei n. 14.184, de 14-7-2021, em vigor em 1.º-1-2022.

IV – Cofins-Importação;

•• Inciso IV acrescentado pela Lei n. 14.184, de 14-7-2021, em vigor em 1.º-1-2022.

V – Contribuição para o PIS/Pasep;

•• Inciso V acrescentado pela Lei n. 14.184, de 14-7-2021, em vigor em 1.º-1-2022.

VI – Contribuição para o PIS/Pasep-Importação; e

•• Inciso VI acrescentado pela Lei n. 14.184, de 14-7-2021, em vigor em 1.º-1-2022.

VII – AFRMM.

•• Inciso VII acrescentado pela Lei n. 14.184, de 14-7-2021, em vigor em 1.º-1-2022.

§ 1.º As matérias-primas, os produtos intermediários e os materiais de embalagem de que trata o *caput* deste artigo deverão ser utilizados integralmente no processo produtivo do produto final a ser exportado, sem prejuízo do disposto no art. 6º-C desta Lei.

•• § 1.º acrescentado pela Lei n. 14.184, de 14-7-2021, em vigor em 1.º-1-2022.

§ 2.º Com a exportação do produto final, a suspensão de que trata o *caput* deste artigo converter-se-á em:

•• § 2.º, *caput*, acrescentado pela Lei n. 14.184, de 14-7-2021, em vigor em 1.º-1-2022.

I – alíquota 0% (zero por cento), na hipótese da Contribuição para o PIS/Pasep, da Cofins, da Contribuição para o PIS/Pasep-Importação, da Cofins-Importação e do IPI; e

•• Inciso I acrescentado pela Lei n. 14.184, de 14-7-2021, em vigor em 1.º-1-2022.

II – isenção, na hipótese do Imposto de Importação e do AFRMM.

•• Inciso II acrescentado pela Lei n. 14.184, de 14-7-2021, em vigor em 1.º-1-2022.

§ 3.º As matérias-primas, os produtos intermediários e os materiais de embalagem que, no todo ou em parte, deixarem de ser empregados no processo produtivo de bens ficam sujeitos aos seguintes procedimentos:

•• § 3.º, *caput*, acrescentado pela Lei n. 14.184, de 14-7-2021, em vigor em 1.º-1-2022.

I – exportação ou reexportação;

•• Inciso I acrescentado pela Lei n. 14.184, de 14-7-2021, em vigor em 1.º-1-2022.

II – manutenção em depósito;

•• Inciso II acrescentado pela Lei n. 14.184, de 14-7-2021, em vigor em 1.º-1-2022.

III – destruição, sob controle aduaneiro, a expensas do interessado;

•• Inciso III acrescentado pela Lei n. 14.184, de 14-7-2021, em vigor em 1.º-1-2022.

IV – destinação para o mercado interno, com o pagamento dos tributos suspensos e dos acréscimos legais devidos, contados desde a data da ocorrência do fato gerador, na forma do art. 6º-C desta Lei, desde que previamente autorizado pelo CZPE; ou

•• Inciso IV acrescentado pela Lei n. 14.184, de 14-7-2021, em vigor em 1.º-1-2022.

V – entrega à Fazenda Nacional, livres de quaisquer despesas e ônus, desde que a autoridade aduaneira concorde em recebê-los.

•• Inciso V acrescentado pela Lei n. 14.184, de 14-7-2021, em vigor em 1.º-1-2022.

Art. 6.º-C Os produtos industrializados por empresa beneficiária do regime jurídico instituído por esta Lei poderão ser vendidos para o mercado interno, desde que a pessoa jurídica efetue o pagamento:

•• *Caput* acrescentado pela Lei n. 14.184, de 14-7-2021, em vigor em 1.º-1-2022.

I – na condição de contribuinte dos impostos e das contribuições suspensos de que tratam os incisos I, II, IV, VI e VII do *caput* do art. 6º-B desta Lei, relativos às matérias-primas, aos produtos intermediários e aos materiais de embalagem de procedência estrangeira neles empregados, com acréscimo de juros e multa de mora, na forma da lei, contados a partir da data da ocorrência dos fatos geradores dos tributos suspensos;

•• Inciso I acrescentado pela Lei n. 14.184, de 14-7-2021, em vigor em 1.º-1-2022.

II – na condição de responsável dos impostos e das contribuições suspensos de que tratam os incisos II, III, V e VII do *caput* do art. 6º-B desta Lei, relativos às matérias-primas, aos produtos intermediários e aos materiais de embalagem adquiridos no mercado interno e neles empregados, com acréscimo de juros e multa de mora, na forma da lei, contados a partir da data da ocorrência dos fatos geradores dos tributos suspensos; e

•• Inciso II acrescentado pela Lei n. 14.184, de 14-7-2021, em vigor em 1.º-1-2022.

III – de todos os impostos e contribuições normalmente incidentes na operação de venda.

•• Inciso III acrescentado pela Lei n. 14.184, de 14-7-2021, em vigor em 1.º-1-2022.

§ 1.º Na hipótese de não ser efetuado o recolhimento dos impostos e das contribuições na forma dos incisos I, II e III do *caput* deste artigo, caberá lançamento de ofício, com aplicação de juros e da multa de que trata o art. 44 da Lei nº 9.430, de 27 de dezembro de 1996.

• § 1.º acrescentado pela Lei n. 14.184, de 14-7-2021, em vigor em 1.º-1-2022.

§ 2.º O beneficiário do regime poderá optar pelo pagamento dos tributos incidentes nas operações de importação ou de aquisição no mercado interno de matérias-primas, de produtos intermediários e de materiais de embalagem, o que não implicará renúncia ao regime.

•• § 2.º acrescentado pela Lei n. 14.184, de 14-7-2021, em vigor em 1.º-1-2022.

Art. 6.º-D Ficam reduzidas a 0 (zero) as alíquotas da Contribuição para o PIS/Pasep e da Cofins incidentes na importação ou na aquisição no mercado interno de serviços por empresa autorizada a operar em ZPE.

•• Artigo acrescentado pela Lei n. 14.184, de 14-7-2021, em vigor em 1.º-1-2022.

Art. 6.º-E A exportação de produto fabricado em ZPE poderá ser realizada com a intermediação de empresa comercial exportadora de que trata o Decreto-Lei nº 1.248, de 29 de novembro de 1972.

•• Artigo acrescentado pela Lei n. 14.184, de 14-7-2021, em vigor em 1.º-1-2022.

Art. 6.º-F Aplica-se o tratamento estabelecido nos arts. 6º-A e 6º-B desta Lei às aquisições de máquinas, de aparelhos, de instrumentos, de equipamentos, de matérias-primas, de produtos intermediários e de materiais de embalagem realizadas entre empresas autorizadas a operar em ZPE.

•• Artigo acrescentado pela Lei n. 14.184, de 14-7-2021, em vigor em 1.º-1-2022.

Art. 6.º-G Aplicam-se as reduções do art. 6.º-D às aquisições de serviços vinculados à industrialização de que trata o art. 21-A desta Lei por empresas autorizadas a operar em ZPE.

•• Artigo acrescentado pela Lei n. 14.184, de 14-7-2021, originalmente vetado, todavia promulgado em 18-10-2021.

Art. 6.º-H Das notas fiscais relativas à venda de máquinas, de aparelhos, de instrumentos, de equipamentos, de matérias-primas, de produtos intermediários e de materiais de embalagem e à prestação de serviços para empresa autorizada a operar em ZPE, deverá constar, respectivamente:

•• *Caput* acrescentado pela Lei n. 14.184, de 14-7-2021, em vigor em 1.º-1-2022.

I – a expressão 'Venda efetuada com regime de suspensão', com a especificação do dispositivo legal correspondente; ou

•• Inciso I acrescentado pela Lei n. 14.184, de 14-7-2021, em vi-gor em 1.º-1-2022.

II – a expressão 'Prestação de serviço efetuada com alíquota zero da Contribuição para o PIS/Pasep e da Cofins', com a especificação do dispositivo legal correspondente.

•• Inciso II acrescentado pela Lei n. 14.184, de 14-7-2021, em vigor em 1.º-1-2022.

Art. 7.º (*Vetado.*)

Art. 8.º O ato que autorizar a instalação de empresa em ZPE relacionará os produtos a serem fabricados, com a sua classificação na Nomenclatura Comum do Mercosul (NCM), e os serviços vinculados à industrialização a serem prestados, com a sua classificação na Nomenclatura Brasileira de Serviços, Intangíveis e outras Operações que Produzam Variações no Patrimônio (NBS), e assegurará o tratamento instituído por esta Lei pelo prazo de 20 (vinte) anos.

•• *Caput* com redação determinada pela Lei n. 14.184, de 14-7-2021, em vigor após 90 dias de sua publicação oficial (*DOU* de 15-7-2021).

§ 1.º A empresa poderá solicitar alteração dos produtos a serem fabricados e dos serviços a serem prestados, na forma estabelecida pelo Poder Executivo.

•• § 1.º com redação determinada pela Lei n. 14.184, de 14-7-2021, em vigor após 90 dias de sua publicação oficial (*DOU* de 15-7-2021).

§ 2.º O CZPE poderá prorrogar o prazo de que trata o *caput* deste artigo por períodos adicionais de até 20 (vinte) anos.

•• § 2.º com redação determinada pela Lei n. 14.184, de 14-7-2021, em vigor após 90 dias de sua publicação oficial (*DOU* de 15-7-2021).

§ 3.º Esgotado o prazo para a utilização do regime, a empresa poderá optar por permanecer dentro da área da ZPE mesmo se não for mais beneficiária do regime jurídico de que trata esta Lei.

•• § 3.º acrescentado pela Lei n. 14.184, de 14-7-2021, em vigor após 90 dias de sua publicação oficial (*DOU* de 15-7-2021).

Art. 9.º A empresa instalada em ZPE somente poderá constituir estabelecimento filial localizado fora da ZPE quando se tratar de unidade auxiliar dedicada a funções gerenciais ou de apoio administrativo ou técnico, vedadas as unidades do tipo operacional que desenvolvam atividade de produção ou de venda de mercadorias ou de serviços.

•• Artigo com redação determinada pela Lei n. 14.184, de 14-7-2021, em vigor após 90 dias de sua publicação oficial (*DOU* de 15-7-2021).

Arts. 10 e 11. (*Vetados.*)

Art. 12. As importações e as exportações de empresa autorizada a operar em ZPE ficam dispensadas de licença ou de autorização de órgãos federais, com exceção dos controles de ordem sanitária, de interesse da segurança nacional e de proteção do meio ambiente.

•• *Caput* com redação determinada pela Lei n. 14.184, de 14-7-2021, em vigor após 90 dias de sua publicação oficial (*DOU* de 15-7-2021).

I e II – (*Revogados pela Lei n. 14.184, de 14-7-2021, em vigor após 90 dias de sua publicação oficial –* DOU *de 15-7-2021*);

§ 1.º A dispensa de licenças ou de autorizações a que se refere o *caput* deste artigo não se aplicará à exportação de produtos:

•• § 1.º, *caput* com redação determinada pela Lei n. 14.184, de 14-7-2021, em vigor após 90 dias de sua publicação oficial (*DOU* de 15-7-2021).

I – destinados a países com os quais o Brasil mantenha convênios de pagamento, as quais se submeterão às disposições e controles estabelecidos na forma da legislação em vigor;

II – sujeitos a regime de cotas aplicáveis às exportações do País, vigentes na data de aprovação do projeto, ou que venha a ser instituído posteriormente; e

III – sujeitos ao Imposto de Exportação.

§ 2.º (*Revogado pela Lei n. 14.184, de 14-7-2021, em vigor após 90 dias de sua publicação oficial –* DOU *de 15-7-2021*);

§ 3.º O disposto no art. 17 do Decreto-Lei n. 37, de 18 de novembro de 1966, bem como o disposto no art. 2º do Decreto-Lei n. 666, de 2 de julho de 1969, não se aplicam aos produtos importados nos termos dos arts. 6º-A e 6º-B desta Lei, os quais, se usados, ficam dispensados das normas administrativas aplicáveis aos bens usados em geral.

•• § 3.º com redação determinada pela Lei n. 14.184, de 14-7-2021, em vigor após 90 dias de sua publicação oficial (*DOU* de 15-7-2021).

• O Decreto-lei n. 666, de 2-7-1969, institui a obrigatoriedade de transporte em navio de bandeira brasileira.

§ 4.º Não se aplica o disposto no § 3.º deste artigo aos bens usados importados fora das condições estabelecidas no § 3.º do art. 6.º-A desta Lei.

•• § 4.º acrescentado pela Lei n. 11.732, de 30-6-2008.

Art. 13. (*Revogado pela Lei n. 14.184, de 14-7-2021, em vigor após 90 dias de sua publicação oficial –* DOU *de 15-7-2021*);

Art. 14. (*Vetado.*)

Art. 15. Aplicam-se às empresas autorizadas a operar em ZPE as mesmas disposições legais e regulamentares relativas a câmbio e capitais internacionais aplicáveis às demais empresas nacionais.

•• *Caput* com redação determinada pela Lei n. 11.732, de 30-6-2008.

Parágrafo único. Os limites de que trata o *caput* do art. 1.º da Lei n. 11.371, de 28 de novembro de 2006, não se aplicam às empresas que operarem em ZPE.

•• Parágrafo único acrescentado pela Lei n. 11.732, de 30-6-2008.

Art. 16. (*Vetado.*)

Art. 17. A empresa instalada em ZPE não poderá usufruir de quaisquer incentivos ou benefícios não expressamente previstos nesta Lei.

Parágrafo único. (*Revogado pela Lei n. 11.732, de 30-6-2008.*)

Art. 18. (*Revogado pela Lei n. 14.184, de 14-7-2021, em vigor após 90 dias de sua publicação oficial* - DOU *de 15-7-2021*);

Art. 18-A. (*Vetado.*)

•• Artigo acrescentado pela Lei n. 11.732, de 30-6-2008.

Art. 18-B. Será permitida, sob as condições previstas na legislação específica, a aplicação dos seguintes incentivos ou benefícios fiscais:

•• *Caput* acrescentado pela Lei n. 14.184, de 14-7-2021, em vigor em 1.º-1-2022.

I – regimes aduaneiros suspensivos previstos em regulamento;

•• Inciso I acrescentado pela Lei n. 14.184, de 14-7-2021, em vi-gor em 1.º-1-2022.

II – previstos para as áreas da Sudam, instituída pela Lei Comple-mentar n. 124, de 3 de janeiro de 2007, da Sudene, instituída pela Lei Complementar n. 125, de 3 de janeiro de 2007 e da Superin-tendência do Desenvolvimento do Centro-Oeste (Sudeco), instituída pela Lei Complementar nº 129, de 8 de janeiro de 2009;

•• Inciso II acrescentado pela Lei n. 14.184, de 14-7-2021, em vigor em 1.º-1-2022.

III – previstos no art. 9º da Medida Provisória nº 2.159-70, de 24 de agosto de 2001;

•• Inciso III acrescentado pela Lei n. 14.184, de 14-7-2021, em vigor em 1.º-1-2022.

IV – previstos na Lei nº 8.248, de 23 de outubro de 1991; e

•• Inciso IV acrescentado pela Lei n. 14.184, de 14-7-2021, em vigor em 1.º-1-2022.

V – previstos nos arts. 17 a 26 da Lei nº 11.196, de 21 de novem-bro de 2005.

•• Inciso V acrescentado pela Lei n. 14.184, de 14-7-2021, em vi-gor em 1.º-1-2022.

Art. 18-C. A receita auferida por empresa autorizada a operar em ZPE decorrente da comercialização de oxigênio medicinal, classificado sob o código 2804.40.00 da NCM, não será considerada no cálculo do percentual da receita bruta decorrente de exportação de que trata o *caput* do art. 18 desta Lei, no ano-calendário de 2021.

•• Artigo acrescentado pela Lei n. 14.184, de 14-7-2021, em vigor em 1.º-1-2022.

Art. 19. (*Vetado.*)

Art. 20. O Poder Executivo estabelecerá em regulamento as nor-mas para a fiscalização das operações da empresa prestadora de serviços vinculados à industrialização beneficiária do regime jurídico instituído por esta Lei e para a fiscalização, o despacho e o controle aduaneiro de mercadorias em ZPE e a forma como a autoridade aduaneira exercerá o controle e a verificação do embarque e, quando for o caso, da destinação de mercadoria exportada por empresa instalada em ZPE.

•• Artigo com redação determinada pela Lei n. 14.184, de 14-7-2021, em vigor após 90 dias de sua publicação oficial (*DOU* de 15-7-2021).

Art. 21. (*Revogado pela Lei n. 14.184, de 14-7-2021, em vigor após 90 dias de sua publicação oficial* - DOU *de 15-7-2021*);

Art. 21-A. A empresa prestadora de serviços vinculados à industrialização das mercadorias a serem exportadas poderá ser beneficiária do regime instituído por esta Lei, desde que possua:

•• *Caput* acrescentado pela Lei n. 14.184, de 14-7-2021, originalmente vetado, todavia promulgado em 18-10-2021.

I – vínculo contratual com empresa industrial autorizada a operar em ZPE; e

•• Inciso I acrescentado pela Lei n. 14.184, de 14-7-2021, originalmente vetado, todavia promulgado em 18-10-2021.

II – projeto aprovado pelo CZPE.

•• Inciso II acrescentado pela Lei n. 14.184, de 14-7-2021, originalmente vetado, todavia promulgado em 18-10-2021.

§ 1.º Desfeito o vínculo contratual de que trata o inciso I do *caput* deste artigo, fica extinta a condição de beneficiária do regime para a empresa prestadora de serviços e fica a empresa industrial contratante obrigada a comunicar ao CZPE a extinção do referido contrato no prazo de até 30 (trinta) dias, contado da data da extinção.

•• § 1.º acrescentado pela Lei n. 14.184, de 14-7-2021, originalmente vetado, todavia promulgado em 18-10-2021.

§ 2.º Os serviços beneficiados pelo disposto neste artigo são os seguintes:

•• § 2.º, *caput*, acrescentado pela Lei n. 14.184, de 14-7-2021, originalmente vetado, todavia promulgado em 18-10-2021.

I – serviços de Pesquisa e Desenvolvimento (P&D);

•• Inciso I acrescentado pela Lei n. 14.184, de 14-7-2021, originalmente vetado, todavia promulgado em 18-10-2021.

II – serviços de engenharia e arquitetura;

•• Inciso II acrescentado pela Lei n. 14.184, de 14-7-2021, originalmente vetado, todavia promulgado em 18-10-2021.

III – serviços científicos e outros serviços técnicos;

•• Inciso III acrescentado pela Lei n. 14.184, de 14-7-2021, originalmente vetado, todavia promulgado em 18-10-2021.

IV – serviços de branding e marketing;

•• Inciso IV acrescentado pela Lei n. 14.184, de 14-7-2021, originalmente vetado, todavia promulgado em 18-10-2021.

V – serviços especializados de projetos (design);

•• Inciso V acrescentado pela Lei n. 14.184, de 14-7-2021, originalmente vetado, todavia promulgado em 18-10-2021.

VI – serviços de Tecnologia da Informação (TI);

•• Inciso VI acrescentado pela Lei n. 14.184, de 14-7-2021, originalmente vetado, todavia promulgado em 18-10-2021.

VII – serviços de manutenção, reparação e instalação;

•• Inciso VII acrescentado pela Lei n. 14.184, de 14-7-2021, originalmente vetado, todavia promulgado em 18-10-2021.

VIII – serviços de coleta e tratamento de água e efluentes, e ambientais;

•• Inciso VIII acrescentado pela Lei n. 14.184, de 14-7-2021, originalmente vetado, todavia promulgado em 18-10-2021.

IX – serviços de transporte de carga e de apoio ao transporte;

•• Inciso IX acrescentado pela Lei n. 14.184, de 14-7-2021, originalmente vetado, todavia promulgado em 18-10-2021.

X – outros serviços fixados pelo CZPE.

•• Inciso X acrescentado pela Lei n. 14.184, de 14-7-2021, originalmente vetado, todavia promulgado em 18-10-2021.

§ 3.º Os serviços enumerados no § 2.º deste artigo serão fixados pelo CZPE de acordo com a NBS.

•• § 3.º acrescentado pela Lei n. 14.184, de 14-7-2021, originalmente vetado, todavia promulgado em 18-10-2021.

§ 4.º O Poder Executivo disporá sobre as hipóteses de controle informatizado das operações da empresa de serviços de que trata o *caput* deste artigo.

•• § 4.º acrescentado pela Lei n. 14.184, de 14-7-2021, originalmente vetado, todavia promulgado em 18-10-2021.

§ 5.º O ato que aprovar projeto de empresa prestadora de serviços identificará o estabelecimento beneficiado, relacionará os serviços a serem prestados, de acordo com a sua classificação na NBS, e assegurará o tratamento instituído por esta Lei pelo prazo de vigência do contrato de que trata o inciso I do *caput* deste artigo ou pelo prazo restante concedido para a empresa industrial operar em ZPE, o que for menor.

•• § 5.º acrescentado pela Lei n. 14.184, de 14-7-2021, originalmente vetado, todavia promulgado em 18-10-2021.

§ 6.º A empresa prestadora de serviços de que trata o *caput* deste artigo não poderá prestar serviços para empresas nacionais sediadas fora da ZPE.

•• § 6.º acrescentado pela Lei n. 14.184, de 14-7-2021, originalmente vetado, todavia promulgado em 18-10-2021.

Art. 21-B. A administradora da ZPE poderá autorizar a instalação em ZPE de estabelecimento de empresa prestadora de serviços não enquadrados nas hipóteses estabelecidas no art. 21-A desta Lei cuja presença contribua para:

•• *Caput* acrescentado pela Lei n. 14.184, de 14-7-2021, em vigor em 1.º-1-2022.

I – otimizar a operação das pessoas jurídicas instaladas na ZPE; ou

•• Inciso I acrescentado pela Lei n. 14.184, de 14-7-2021, em vigor em 1.º-1-2022.

II – proporcionar comodidade às pessoas físicas que circulam pela área da ZPE.

•• Inciso II acrescentado pela Lei n. 14.184, de 14-7-2021, em vigor em 1.º-1-2022.

Parágrafo único. As empresas a que se refere o *caput* deste artigo:

•• Parágrafo único, *caput*, acrescentado pela Lei n. 14.184, de 14-7-2021, em vigor em 1.º-1-2022.

I – não farão jus aos benefícios do regime tributário, cambial e ad-ministrativo estabelecido nesta Lei; e

•• Inciso I acrescentado pela Lei n. 14.184, de 14-7-2021, em vigor em 1.º-1-2022.

II – não poderão movimentar ou armazenar mercadoria adquirida ou importada ao amparo do regime.

•• Inciso II acrescentado pela Lei n. 14.184, de 14-7-2021, em vigor em 1.º-1-2022.

Art. 21-C. Poderá ser beneficiária do regime instituído por esta Lei a pessoa jurídica exclusivamente prestadora de serviços, sem prejuízo dos serviços relacionados nos arts. 21-A e 21-B desta Lei, desde que:

•• *Caput* acrescentado pela Lei n. 14.184, de 14-7-2021, originalmente vetado, todavia promulgado em 18-10-2021.

I – possua projeto aprovado pelo CZPE, para prestação de serviços exclusivamente ao mercado externo;

•• Inciso I acrescentado pela Lei n. 14.184, de 14-7-2021, originalmente vetado, todavia promulgado em 18-10-2021.

II – não evidencie a instalação em ZPE a simples transferência de pessoa jurídica já instalada fora da ZPE; e

•• Inciso II acrescentado pela Lei n. 14.184, de 14-7-2021, originalmente vetado, todavia promulgado em 18-10-2021.

III – não aufira receita referente à prestação de serviços no mercado interno.

•• Inciso III acrescentado pela Lei n. 14.184, de 14-7-2021, originalmente vetado, todavia promulgado em 18-10-2021.

§ 1.º A pessoa jurídica beneficiária do regime terá a habilitação cancelada na hipótese de não observância do disposto no inciso III do *caput* deste artigo ou das demais condições e requisitos previs-tos nesta Lei.

•• § 1.º acrescentado pela Lei n. 14.184, de 14-7-2021, originalmente vetado, todavia promulgado em 18-10-2021.

§ 2.º Na hipótese de cancelamento de que trata o § 1º deste artigo, a empresa excluída do regime somente poderá efetuar nova habilitação após o decurso do prazo de 2 (dois) anos, contado da data do cancelamento.

•• § 2.º acrescentado pela Lei n. 14.184, de 14-7-2021, originalmente vetado, todavia promulgado em 18-10-2021.

§ 3.º Para cumprimento do disposto neste artigo, devem ser observados as condições necessárias para fruição do benefício fiscal e os requisitos técnicos e operacionais estabelecidos pela Secretaria Especial da Receita Federal do Brasil.

•• § 3.º acrescentado pela Lei n. 14.184, de 14-7-2021, originalmente vetado, todavia promulgado em 18-10-2021.

§ 4.º No caso de descumprimento dos requisitos e das condições para fruição dos benefícios de que trata este artigo, o beneficiário ficará sujeito ao pagamento dos tributos que deixarem de ser recolhidos, com os acréscimos legais e penalidades cabíveis, conforme o caso, calculados da data do fato gerador.

•• § 4.º acrescentado pela Lei n. 14.184, de 14-7-2021, originalmente vetado, todavia promulgado em 18-10-2021.

§ 5.º Nas hipóteses de que trata o § 1.º deste artigo, a pessoa jurídica adquirente será responsável solidária com a pessoa jurídica de que trata o *caput* deste artigo.

•• § 5.º acrescentado pela Lei n. 14.184, de 14-7-2021, originalmente vetado, todavia promulgado em 18-10-2021.

§ 6.º Os serviços de que trata este artigo serão fixados pelo CZPE de acordo com a NBS.

•• § 6.º acrescentado pela Lei n. 14.184, de 14-7-2021, originalmente vetado, todavia promulgado em 18-10-2021.

Art. 22. As sanções previstas nesta Lei não prejudicam a aplicação de outras penalidades, inclusive do disposto no art. 76 da Lei n. 10.833, de 29 de dezembro de 2003.

•• Artigo com redação determinada pela Lei n. 11.732, de 30-6-2008.

Art. 23. Considera-se dano ao erário, para efeito de aplicação da pena de perdimento, na forma da legislação específica, a introdução:

•• *Caput* com redação determinada pela Lei n. 11.732, de 30-6-2008.

I – no mercado interno, de mercadoria procedente de ZPE que tenha sido importada, adquirida no mercado interno ou produzida em ZPE fora dos casos autorizados nesta Lei; e

•• Inciso I com redação determinada pela Lei n. 11.732, de 30-6-2008.

II – em ZPE, de mercadoria estrangeira não permitida;

•• Inciso II com redação determinada pela Lei n. 11.732, de 30-6-2008.

III – (*Revogado pela Lei n. 11.732, de 30-6-2008.*)

Parágrafo único. Aplica-se o disposto no Decreto-lei n. 1.455, de 7 de abril de 1976, para efeitos de aplicação e julgamento da pena de perdimento estabelecida neste artigo.

•• Parágrafo único com redação determinada pela Lei n. 11.732, de 30-6-2008.

• O Decreto-lei n. 1.455, de 7-4-1976, dispõe sobre a bagagem de passageiro procedente do exterior, disciplina o regime de entreposto aduaneiro, estabelece normas sobre mercadorias estrangeiras apreendidas, e dá outras providências.

Art. 24. (*Revogado pela Lei n. 11.732, de 30-6-2008.*)

Art. 25. O ato de criação de ZPE já autorizada até 13 de outubro de 1994 caducará se até 31 de dezembro de 2015 a administradora da ZPE não tiver iniciado, sem motivo justificado, as obras de implantação.

•• Artigo com redação determinada pela Lei n. 12.767, de 27-12-2012.

Art. 26. (*Vetado.*)

Art. 27. Esta Lei entra em vigor na data de sua publicação.

Art. 28. Revogam-se o Decreto-lei n. 2.452, de 29 de julho de 1988, as Leis n. 8.396, de 2 de janeiro de 1992, e 8.924, de 29 de julho de 1994, o inciso II do § 2.º do art. 14 da Medida Provisória n. 2.158-35, de 24 de agosto de 2001, e o inciso XVI do *caput* do art. 88 da Lei n. 9.430, de 27 de dezembro de 1996.

Brasília, 20 de julho de 2007; 186.º da Independência e 119.º da República.

Luiz Inácio Lula da Silva

DECRETO N. 6.304, DE 12 DE DEZEMBRO DE 2007 (*)

Regulamenta a Lei n. 8.685, de 20 de julho de 1993, que cria mecanismos de fomento à atividade audiovisual.

O Presidente da República, no uso da atribuição que lhe confere o art. 84, inciso IV, da Constituição, e tendo em vista o disposto na Lei n. 8.685, de 20 de julho de 1993, no art. 6.º da Lei n. 8.849, de 28 de janeiro de 1994, no art. 2.º da Lei n. 9.064, de 20 de junho de 1995, no inciso II do art. 6.º da Lei n. 9.532, de 10 de dezembro de 1997, no art. 10 da Medida Provisória n. 2.189-49, de 23 de agosto de 2001, nos arts. 41 a 46 da Medida Provisória n. 2.228-1, de 6 de setembro de 2001, na Lei n. 10.454, de 13 de maio de 2002, na Lei n. 11.437, de 28 de dezembro de 2006, e nos arts. 5.º e 6.º da Lei n. 11.505, de 18 de julho de 2007, decreta:

Art. 1.º Os mecanismos de fomento à atividade audiovisual reger-se-ão pelo disposto neste Decreto.

Capítulo I
DAS OBRAS AUDIOVISUAIS

Art. 2.º Para os fins deste Decreto entende-se por:

I – obra audiovisual: produto da fixação ou transmissão de imagens, com ou sem som, que tenha a finalidade de criar a impressão de movimento, independentemente dos processos de captação, do suporte utilizado inicial ou posteriormente para fixá-las ou transmiti-las, ou dos meios utilizados para sua veiculação, reprodução, transmissão ou difusão;

II – obra cinematográfica: obra audiovisual cuja matriz original de captação é uma película com emulsão fotossensível ou matriz de captação digital, cuja destinação e exibição seja prioritária e inicialmente o mercado de salas de exibição;

III – obra videofonográfica: obra audiovisual cuja matriz original de captação é um meio magnético com capacidade de armazenamento de informações que se traduzem em imagens em movimento, com ou sem som;

IV – obra cinematográfica e videofonográfica de produção independente: aquela cuja empresa produtora, detentora majoritária dos direitos patrimoniais sobre ela, não tenha qualquer associação ou vínculo, direto ou indireto, com empresas de serviços de radiodifusão de sons e imagens ou operadoras de comunicação eletrônica de massa por assinatura;

V – obra cinematográfica brasileira ou obra videofonográfica brasileira: aquela que atende a um dos seguintes requisitos:

a) ser produzida por empresa produtora brasileira, observado o disposto no § 1.º, registrada na Agência Nacional

(*) Publicado no *DOU*, de 13-12-2007.

do Cinema – ANCINE, ser dirigida por diretor brasileiro ou estrangeiro residente no Brasil há mais de três anos, e utilizar para sua produção, no mínimo, dois terços de artistas e técnicos brasileiros ou residentes no País há mais de cinco anos;

b) ser realizada por empresa produtora brasileira registrada na ANCINE, em associação com empresas de outros países com os quais o Brasil mantenha acordo de coprodução cinematográfica e em consonância com esses países;

c) ser realizada, em regime de coprodução, por empresa produtora brasileira registrada na ANCINE, em associação com empresas de outros países com os quais o Brasil não mantenha acordo de coprodução, assegurada a titularidade de, no mínimo, quarenta por cento dos direitos patrimoniais da obra à empresa produtora brasileira, e utilizar para sua produção, no mínimo, dois terços de artistas e técnicos brasileiros ou residentes no Brasil há mais de três anos;

VI – segmento de mercado: mercados de salas de exibição, vídeo doméstico em qualquer suporte, radiodifusão de sons e imagens, comunicação eletrônica de massa por assinatura, mercado publicitário audiovisual ou quaisquer outros mercados que veiculem obras cinematográficas e videofonográficas;

VII – obra cinematográfica ou videofonográfica de curta-metragem: aquela cuja duração é igual ou inferior a quinze minutos;

VIII – obra cinematográfica ou videofonográfica de média metragem: aquela cuja duração é superior a quinze minutos e igual ou inferior a setenta minutos;

IX – obra cinematográfica ou videofonográfica de longa-metragem: aquela cuja duração é superior a setenta minutos;

X – obra cinematográfica ou videofonográfica seriada: aquela que, sob o mesmo título, seja produzida em capítulos;

XI – telefilme: obra documental, ficcional ou de animação, com, no mínimo, cinquenta e, no máximo, cento e vinte minutos de duração, produzida para primeira exibição em meios eletrônicos;

XII – minissérie: obra documental, ficcional ou de animação produzida em película ou matriz de captação digital ou em meio magnético com, no mínimo, três e, no máximo, vinte e seis capítulos e duração máxima de mil e trezentos minutos;

XIII – programadora: empresa que oferece, desenvolve ou produz conteúdo, na forma de canais ou de programações isoladas, destinado às empresas de serviços de comunicação eletrônica de massa por assinatura ou de quaisquer outros serviços de comunicação, que transmitam sinais eletrônicos de som e imagem que sejam gerados e transmitidos por satélite ou por qualquer outro meio de transmissão ou veiculação;

XIV – programação internacional: aquela gerada, disponibilizada e transmitida diretamente do exterior para o Brasil, por satélite ou por qualquer outro meio de transmissão ou veiculação, pelos canais, programadoras ou empresas estrangeiras, destinada às empresas de serviços de comunicação eletrônica de massa por assinatura ou de quaisquer outros serviços de comunicação que transmitam sinais eletrônicos de som e imagem; e

XV – programação nacional: aquela gerada e disponibilizada, no território brasileiro, pelos canais ou programadoras, incluindo obras audiovisuais brasileiras ou estrangeiras, destinada às empresas de serviços de comunicação eletrônica de massa por assinatura ou de quaisquer outros serviços de comunicação que transmitam sinais eletrônicos de som e imagem, que seja gerada e transmitida diretamente no Brasil por empresas sediadas no Brasil, por satélite ou por qualquer outro meio de transmissão ou veiculação.

§ 1.º Para os fins do inciso V do *caput*, entende-se por empresa brasileira aquela constituída sob as leis brasileiras, com sede e administração no País, cuja maioria do capital total e votante seja de titularidade, direta ou indireta, de brasileiros natos ou naturalizados há mais de dez anos, os quais devem exercer de fato e de direito o poder decisório da empresa.

§ 2.º A ANCINE poderá expedir normas definindo o conceito de empresa produtora audiovisual independente, bem como o conceito de associação ou vínculo entre a empresa produtora e empresa do segmento de mercado de radiodifusão de sons e imagens ou empresa do segmento de mercado de comunicação eletrônica de massa por assinatura, visando estabelecer critérios para aplicação dos recursos advindos do imposto sobre a renda, conforme disposto neste Decreto.

Capítulo II
DOS INVESTIMENTOS

Art. 3.º Até o exercício fiscal de 2010, inclusive, o contribuinte poderá deduzir do imposto sobre a renda devido as quantias referentes a investimento em projeto previamente aprovado pela ANCINE para:

I – a produção de obra audiovisual cinematográfica brasileira de produção independente; e

II – projetos específicos da área audiovisual, cinematográfica de exibição, distribuição e infraestrutura técnica, cujo projeto tenha sido apresentado por empresa brasileira.

§ 1.º Para efeito do disposto no *caput*, somente são dedutíveis do imposto sobre a renda devido os valores investidos:

I – pela pessoa física no ano-calendário a que se referir a declaração de ajuste anual; e

II – pela pessoa jurídica tributada pelo lucro real no respectivo período de apuração de imposto.

§ 2.º A dedução de que tratam o *caput* e o § 1.º deste artigo fica limitada:

I – relativamente à pessoa física, a seis por cento do imposto sobre a renda devido na declaração de ajuste anual, conjuntamente com as deduções relativas:

a) às contribuições feitas aos fundos controlados pelos Conselhos Municipais, Estaduais e Nacional dos Direitos da Criança e do Adolescente - CONANDA;

b) às contribuições realizadas efetivamente em favor de projetos culturais, aprovados na forma da regulamentação do Programa Nacional de Apoio à Cultura - PRONAC, instituído pelo art. 1.º da Lei n. 8.313, de 23 de dezembro de 1991;

c) ao patrocínio ou doação a projetos desportivos e paradesportivos previamente aprovados pelo Ministério do Esporte, de que trata o art. 1.º da Lei n. 11.438, de 29 de dezembro de 2006;

d) ao patrocínio a projeto de produção de obras cinematográficas brasileiras de produção independente, de que tratam os arts. 5.º e 6.º deste Decreto;

e) às quantias aplicadas na aquisição de quotas dos Fundos de Financiamento da Indústria Cinematográfica Nacional - FUNCINES, de que trata o inciso I do § 2.º do art. 22 deste Decreto;

II – relativamente à pessoa jurídica, a três por cento do valor do imposto sobre a renda devido, antes do adicional, apurado com base:

a) no lucro estimado;

b) no lucro real trimestral; ou

c) no saldo do imposto devido no ajuste anual.

§ 3.º No caso de pessoas jurídicas que efetuarem o recolhimento do imposto com base no lucro estimado, o valor investido poderá ser deduzido do imposto devido no mês em que foi aplicado, podendo o excedente ser deduzido nos meses subsequentes até dezembro do mesmo ano-calendário.

§ 4.º Na hipótese do § 3.º, se o valor investido deduzido durante o período de apuração for superior ao calculado com base no imposto devido no ajuste anual, a diferença deverá ser recolhida como imposto no mesmo prazo fixado para o pagamento da quota única.

§ 5.º Sem prejuízo do disposto no inciso II do § 2.º, a pessoa jurídica poderá excluir o total do investimento, efetuado na forma dos incisos I e II do *caput*, do lucro líquido para a determinação do lucro real.

Art. 4.º A dedução do imposto sobre a renda devido de que trata o art. 3.º somente é permitida aos investimentos realizados no mercado de capitais, em ativos previstos em lei, e autorizados pela Comissão de Valores Mobiliários - CVM, mediante a aquisição de quotas representativas de direitos de comercialização sobre as obras referidas no inciso I do *caput* do art. 3.º, caracterizadas por certificados de investimento.

§ 1.º Os certificados de investimento a que se refere o *caput* são valores mobiliários sujeitos ao regime da Lei n. 6.385, de 7 de dezembro de 1976, cabendo à CVM a regulamentação quanto à forma de emissão, distribuição, negociação e intermediação de tais certificados no mercado de capitais.

- A Lei n. 6.385, de 7-12-1976, dispõe sobre o Mercado de Valores Mobiliários e cria a CVM.

§ 2.º A responsabilidade dos adquirentes é limitada à integralização das quotas subscritas representadas no certificado de investimento.

§ 3.º Somente poderá usufruir do incentivo o investidor que estiver identificado no certificado de investimento como primeiro adquirente.

§ 4.º Os rendimentos ou ganhos auferidos no resgate ou na alienação dos certificados de investimentos estão sujeitos à tributação do imposto sobre a renda na forma da legislação aplicável à incidência na fonte, ao ganho de capital ou ao ganho líquido em renda variável, conforme o caso.

Capítulo III
DOS PATROCÍNIOS

Art. 5.º Até o ano-calendário de 2016, inclusive, o contribuinte poderá deduzir do imposto sobre a renda devido as quantias referentes a patrocínio a projeto previamente aprovado pela ANCINE para:

I – a produção de obra audiovisual brasileira de produção independente; e

II – projetos específicos da área audiovisual de difusão, preservação, exibição, distribuição e infraestrutura técnica, cujo projeto tenha sido apresentado por empresa brasileira.

§ 1.º Para efeito do disposto no *caput*, somente são dedutíveis do imposto sobre a renda devido as quantias despendidas a título de patrocínio:

I – pela pessoa física no ano-calendário a que se referir a declaração de ajuste anual; e

II – pela pessoa jurídica tributada pelo lucro real no respectivo período de apuração do imposto.

§ 2.º A dedução de que trata o *caput* fica limitada:

I – relativamente à pessoa física, a seis por cento do imposto sobre a renda devido na declaração de ajuste anual, conjuntamente com as deduções relativas:

a) às contribuições feitas aos fundos controlados pelos Conselhos Municipais, Estaduais e Nacional dos Direitos da Criança e do Adolescente - CONANDA;

b) às contribuições efetivamente realizadas em favor de projetos culturais, aprovados na forma da regulamentação do PRONAC;

c) ao patrocínio ou doação a projetos desportivos e paradesportivos previamente aprovados pelo Ministério do Esporte, de que trata o art. 1.º da Lei n. 11.438, de 2006;

- Citada Lei consta neste volume.

d) ao investimento de que tratam os arts. 3.º e 4.º;

e) as quantias aplicadas na aquisição de quotas dos FUNCINES de que trata o inciso I do § 2.º do art. 22;

II – relativamente à pessoa jurídica, a quatro por cento do valor do imposto sobre a renda devido, antes do adicional, apurado com base:

a) no lucro estimado;

b) no lucro real trimestral; ou

c) no saldo do imposto devido no ajuste anual.

§ 3.º No caso de pessoas jurídicas que efetuarem o recolhimento do imposto com base no lucro estimado, o valor investido poderá ser deduzido do imposto devido no mês em que foi aplicado, podendo o excedente ser deduzido nos meses subsequentes até dezembro do mesmo ano-calendário.

§ 4.º Na hipótese do § 3.º, se o valor investido deduzido durante o período de apuração for superior ao calculado com base no imposto devido no ajuste anual, a diferença deverá ser recolhida como imposto no mesmo prazo fixado para o pagamento da quota única.

§ 5.º As pessoas jurídicas não poderão deduzir o valor do patrocínio de que trata este artigo para fins de determinação do lucro real e da base de cálculo da Contribuição Social sobre o Lucro Líquido – CSLL.

§ 6.º Os recursos dos projetos específicos da área audiovisual de que trata o inciso II do *caput* poderão ser aplicados por meio de valores reembolsáveis ou não reembolsáveis, conforme normas expedidas pela ANCINE.

§ 7.º Os valores reembolsados na forma do § 6.º destinar-se-ão ao Fundo Nacional da Cultura – FNC e serão alocados em categoria de programação específica denominada Fundo Setorial do Audiovisual.

Capítulo IV
DOS PROGRAMAS ESPECIAIS DE FOMENTO

Art. 6.º A ANCINE poderá instituir programas especiais de fomento ao desenvolvimento da atividade audiovisual brasileira para fruição da dedução do imposto sobre a renda, na forma do art. 5.º.

§ 1.º Os recursos destinados aos programas especiais de fomento serão aplicados em projetos audiovisuais de distribuição, exibição, difusão e produção de obras audiovisuais brasileiras de produção independente, escolhidos por meio de seleção pública, conforme normas expedidas pela ANCINE para cada programa.

§ 2.º Os recursos dos programas especiais de fomento de que trata o § 1.º poderão ser aplicados por meio de valores reembolsáveis ou não reembolsáveis, conforme normas expedidas pela ANCINE.

§ 3.º Os valores reembolsados na forma do § 2.º destinar-se-ão ao FNC e serão alocados em categoria de programação específica denominada Fundo Setorial do Audiovisual.

§ 4.º Os parâmetros básicos para a aplicação dos valores não reembolsáveis e reembolsáveis previstos no § 2.º serão objetos de norma específica da ANCINE, ouvido o Ministério da Fazenda.

Capítulo V
DOS PROJETOS NÃO AMPARADOS PELA DEDUÇÃO

Art. 7.º Os valores investidos ou patrocinados com a utilização dos recursos do imposto sobre a renda, na forma dos arts. 3.º a 6.º, 10 e 11, não poderão ser utilizados em favor de projeto de produção de obras audiovisuais de natureza publicitária.

Capítulo VI
DO LIMITE DE APORTE DE RECURSOS PÚBLICOS

Art. 8.º Os projetos a que se referem os arts. 3.º a 6.º deverão atender cumulativamente aos seguintes requisitos:

I – contrapartida de recursos próprios ou de terceiros correspondente a cinco por cento do orçamento global aprovado, comprovados ao final de sua realização; e

II – o somatório dos aportes de recursos objeto das deduções previstas nos arts. 3.º a 6.º é limitado a R$ 4.000.000,00 (quatro milhões de reais).

§ 1.º A liberação de recursos fica condicionada à integralização de pelo menos cinquenta por cento dos recursos aprovados para realização do projeto.

§ 2.º Os projetos de produção de obras cinematográficas de longa metragem aprovados pela ANCINE, até 28 de dezembro de 2006, na forma do art. 25 de Lei n. 8.313, de 1991, e do § 5.º do art. 4.º da Lei n. 8.685, de 20 de julho de 1993, não se sujeitarão ao disposto no inciso II do *caput*, sendo observado, como limite, o valor autorizado no projeto aprovado até 28 de dezembro de 2006.

• Citados dispositivos constam neste volume.

Capítulo VII
DO DEPÓSITO EM CONTA ESPECIAL

Art. 9.º O contribuinte que optar pelo uso da dedução prevista nos arts. 3.º a 8.º depositará, dentro do prazo legal fixado para o recolhimento do imposto, o valor correspondente à dedução do imposto em conta de aplicação financeira especial, em instituição financeira pública, cuja movimentação sujeitar-se-á a prévia verificação pela ANCINE de que o valor depositado se destina a investimentos em projetos de produção de obras audiovisuais cinematográficas e videofonográficas brasileiras de produção independente.

§ 1.º A conta de aplicação financeira a que se refere o *caput* será aberta:

I – em nome do proponente, para cada projeto, no caso dos arts. 3.º a 5.º, permanecendo bloqueada até autorização expressa de movimentação, dada pela ANCINE, de acordo com normas a serem por ela expedidas;

II – em nome da ANCINE, para cada programa especial de fomento, no caso do art. 6.º.

§ 2.º A ANCINE expedirá documento específico, para efeito de comprovação fiscal, da adesão do contribuinte ao programa especial de fomento, no ato do depósito dos recursos na conta de que trata o inciso II do § 1.º.

§ 3.º A ANCINE expedirá normas complementares para cumprimento do disposto no *caput* deste artigo.

Capítulo VIII
DA DEDUÇÃO DO IMPOSTO SOBRE REMESSA AO EXTERIOR

Art. 10. Os contribuintes do imposto sobre a renda incidente nos termos do art. 13 do Decreto-lei n. 1.089, de 2 de março de 1970, poderão deduzir o valor correspondente a setenta por cento do imposto sobre a renda devido para ser investido no desenvolvimento de projetos, aprovados pela ANCINE, para a produção de obras cinematográficas brasileiras de longa metragem de produção independente, e na coprodução de telefilmes e minisséries brasileiros de produção independente e de obras cinematográficas brasileiras de produção independente.

• O art. 13 do Decreto-lei n. 1.089, de 2-3-1970, dispõe: "As importâncias pagas, creditadas, empregadas, remetidas ou entregues aos produtores, distribuidores ou intermediários no exterior, como rendimentos decorrentes da exploração de obras audiovisuais estrangeiras em todo o território nacional, ou por sua aquisição ou importação a preço fixo, ficam sujeitas ao imposto de 25% na fonte".

Art. 11. Os contribuintes do imposto sobre a renda incidente nos termos do art. 72 da Lei n. 9.430, de 27 de dezembro de 1996, beneficiários do crédito, emprego, remessa, entrega ou pagamento pela aquisição ou remuneração, a qualquer título, de direitos, relativos à transmissão, por meio de radiodifusão de sons e imagens e serviço de comunicação eletrônica de massa por assinatura, de quaisquer obras audiovisuais ou eventos, mesmo os de competições desportivas das quais faça parte representação brasileira, poderão deduzir o valor correspondente a setenta por cento do imposto sobre a renda devido para ser investido no desenvolvimento de projetos, aprovados pela ANCINE, para a produção de obras cinematográficas brasileiras de longa-metragem de produção independente e na coprodução de obras cinematográficas e videofonográficas brasileiras de produção independente de curta, média e longas-metragens, documentários, telefilmes e minisséries.

Art. 12. A pessoa jurídica responsável pela remessa das importâncias pagas, creditadas, empregadas, entregues ou remetidas aos contribuintes de que tratam os arts. 10 e 11 terá preferência na utilização dos recursos decorrentes da dedução neles mencionados.

Parágrafo único. Para o exercício da preferência prevista no *caput*, o contribuinte do imposto deverá transferir expressamente ao responsável pelo crédito, emprego, remessa, entrega ou pagamento o valor deduzido do imposto sobre a renda devido de que trata o *caput*, em dispositivo do contrato ou por documento especialmente constituído para esses fins.

Capítulo IX
DO DEPÓSITO EM CONTA ESPECIAL

Art. 13. O contribuinte que optar pelo uso da dedução prevista nos arts. 10 e 11 depositará, dentro do prazo legal fixado para o recolhimento do imposto, o valor correspondente à dedução do imposto em conta de aplicação financeira especial, em instituição financeira pública, cuja movimentação sujeitar-se-á a prévia comprovação pela ANCINE de que se destina a investimentos em projetos de produção de obras audiovisuais cinematográficas e videofonográficas brasileiras de produção independente.

Parágrafo único. A conta de aplicação financeira a que se refere o *caput* será aberta em nome do contribuinte, do seu representante legal ou do responsável pela remessa.

Capítulo X
DO LIMITE DE APORTE DE RECURSOS PÚBLICOS

Art. 14. Os projetos a que se referem os arts. 10 a 12 deverão atender cumulativamente aos seguintes requisitos:

I – contrapartida de recursos próprios ou de terceiros correspondente a cinco por cento do orçamento global aprovado, comprovados ao final de sua realização; e

II – o somatório dos aportes de recursos objeto das deduções previstas nos arts. 10 e 11 é limitado a R$ 3.000.000,00 (três milhões de reais).

§ 1.º A liberação de recursos fica condicionada à integralização de pelo menos cinquenta por cento dos recursos aprovados para realização do projeto.

§ 2.º Os projetos de produção de obras cinematográficas de longa metragem aprovados pela ANCINE, até 28 de dezembro de 2006, na forma do art. 25 da Lei n. 8.313, de 1991, e do art. 18 deste Decreto, não se sujeitarão ao disposto no inciso II do *caput*, sendo observado, como limite, o valor autorizado no projeto aprovado até 28 de dezembro de 2006.

• *Vide* nota ao art. 8.º, § 2.º, desta Lei.

Capítulo XI
DOS PROJETOS PRODUZIDOS EM CONTRAPARTIDA DA ISENÇÃO DA CONDECINE

Art. 15. Os projetos produzidos com os recursos decorrentes da opção por aplicar três por cento das importâncias relativas a rendimentos ou remuneração, pagos, creditados, empregados, remetidos ou entregues aos produtores, distribuidores ou intermediários no exterior, pela exploração no País de obras cinematográficas e videofonográficas ou por sua aquisição ou importação a preço fixo, bem como qualquer montante referente à aquisição ou licenciamento de qualquer forma de direitos, em contrapartida da isenção da Contribuição para o Desenvolvimento da Indústria Cinematográfica Nacional – CONDECINE de que trata o inciso X do art. 39 da Medida Provisória n. 2.228-1, de 6 de setembro de 2001, poderão utilizar-se da dedução relativa ao investimento, na forma dos arts. 3.º e 4.º, ao patrocínio, na forma do art. 5.º, e aos programas especiais de fomento, na forma do art. 6.º, limitado a noventa e cinco por cento do total do orçamento aprovado pela ANCINE para o projeto.

• Citada Medida Provisória consta neste volume.

§ 1.º Poderão beneficiar-se da dedução que trata *caput* os projetos relativos à produção de obras cinematográficas e videofonográficas brasileiras de longa, média e curta metragens de produção independente, de coprodução de obras cinematográficas e videofonográficas brasileiras de produção independente, de telefilmes, minisséries, documentais, ficcionais, animações e de programas de televisão de caráter educativo e cultural, brasileiros de produção independente, aprovados pela ANCINE.

§ 2.º Os valores decorrentes da opção de aplicar três por cento das importâncias relativas a rendimentos ou remuneração a que se refere o *caput* na produção de obras mencionadas no § 1.º deverão ser depositados na data do pagamento, do crédito, do emprego, da remessa ou da entrega aos produtores, distribuidores ou intermediários no exterior, em conta de aplicação financeira especial em instituição financeira pública, em nome do contribuinte.

§ 3.º Os valores previstos no *caput* não poderão ser aplicados em obras audiovisuais de natureza publicitária.

§ 4.º A liberação dos valores depositados na conta de aplicação financeira especial de que trata o § 2.º fica condicionada à integralização de pelo menos cinquenta por cento dos recursos aprovados para a realização do projeto.

....

Capítulo XVIII
DA DEVOLUÇÃO DOS RECURSOS

Art. 25. O não cumprimento do projeto aprovado com recursos referidos nos arts. 3.º, 5.º, 6.º, 10, 11 e 22 e a não efetivação do investimento ou a realização do projeto em desacordo com o estatuído neste Decreto implicam a devolução desses recursos à União por parte da empresa proponente do projeto, com incidência de juros de mora e multa de mora de cinquenta por cento.

§ 1.º Os juros de mora, de que trata o *caput*, equivalentes à variação da taxa referencial do Sistema Especial de Liquidação e de Custódia - SELIC, para títulos federais, acumulada mensalmente, são calculados a partir do primeiro dia do mês subsequente ao do vencimento do imposto sobre a renda cuja parcela foi destinada aos projetos de que trata este Decreto até o mês anterior ao da devolução dos recursos e de um por cento no mês da devolução de tais recursos.

§ 2.º No caso de cumprimento de mais de setenta por cento sobre o valor orçado do projeto, a devolução de que trata este artigo será proporcional à parte não cumprida.

§ 3.º Caso os recursos recebidos, com os acréscimos previstos neste artigo, não sejam devolvidos, o responsável pelo projeto, assegurada a ampla defesa, será inscrito no Cadastro Informativo de créditos não quitados do setor público federal - Cadin, conforme prevê a Lei n. 10.522, de 19 de julho de 2002.

• Citada Lei consta neste volume.

Capítulo XIX
DA FALTA DE INSUFICIÊNCIA DO RECOLHIMENTO DO IMPOSTO

Art. 26. A falta ou insuficiência do recolhimento do imposto sobre a renda pela realização das deduções em desacordo com o estatuído nos arts. 3.º, 5.º, 10, 11 e 22 implica lançamento de ofício do imposto não recolhido ou da diferença, acrescido de juros de mora e multa de ofício, conforme previsto na legislação do imposto sobre a renda.

Capítulo XX
DAS INFRAÇÕES COMETIDAS NAS ATIVIDADES AUDIOVISUAIS

Art. 27. Em caso de descumprimento das determinações constantes deste Decreto, serão consideradas as seguintes sanções administrativas restritivas de direito, sem prejuízo das demais sanções previstas neste Decreto e nos arts. 13 e 15 da Lei n. 11.437, de 2006:

• O art. 13 da Lei n. 11.437, de 28-12-2006, classifica as infrações cometidas nas atividades audiovisuais, e o art. 15 da mesma Lei estabelece valores de multa.

I – perda ou suspensão de participação nos programas do FNC alocados em categoria de programação específica denominada Fundo Setorial do Audiovisual;

II – perda ou suspensão de participação em linhas de financiamento em instituições financeiras públicas;

III – proibição de contratar com a administração pública, pelo período de até dois anos; e

IV – suspensão ou proibição de fruir dos recursos referidos nos arts. 3.º, 5.º, 6.º, 10, 11 e 22 advindos de legislação federal para fomento à cultura ou ao setor audiovisual, pelo período de até dois anos.

Capítulo XXI
DAS DISPOSIÇÕES GERAIS

Art. 28. Observados os limites específicos e o disposto no § 4.º do art. 3.º da Lei n. 9.249, de 26 de dezembro de 1995, o total das deduções de que tratam o art. 26 da Lei n. 8.313, de 1991, e os arts. 3.º, 5.º e 22 deste Decreto não poderá exceder a quatro por cento do imposto devido pela pessoa jurídica, antes do adicional.

• O art. 26 da Lei n. 8.313, de 23-12-1991, estabelece os percentuais que o doador ou o patrocinador poderão deduzir do imposto devido na declaração do Imposto sobre a Renda com relação aos valores efetivamente contribuídos em favor de projetos culturais.

Art. 29. A ANCINE fiscalizará a efetiva execução deste Decreto no que se refere à realização das obras audiovisuais e aplicação dos recursos nelas comprometidos, aplicando, quando for o caso, as sanções previstas no art. 27.

Parágrafo único. O produto das multas aplicadas na forma do *caput* deste artigo será revertido para utilização exclusiva na atividade audiovisual.

Art. 30. A Secretaria da Receita Federal do Brasil fiscalizará, no âmbito de suas atribuições, a execução deste Decreto, cabendo-lhe a aplicação da multa prevista no art. 26.

Parágrafo único. Para efeito do *caput*, a ANCINE enviará as informações necessárias à Secretaria da Receita Federal do Brasil.

Art. 31. A Secretaria da Receita Federal do Brasil e a ANCINE expedirão, no âmbito de suas competências, as normas necessárias para a aplicação do disposto neste Decreto.

Art. 32. Fica revogado o Decreto n. 974, de 8 de novembro de 1993.

Art. 33. Este Decreto entra em vigor na data de sua publicação.

Brasília, 12 de dezembro de 2007; 186.º da Independência e 119.º da República.

LUIZ INÁCIO LULA DA SILVA

DECRETO N. 6.306, DE 14 DE DEZEMBRO DE 2007 (*)

Regulamenta o Imposto sobre Operações de Crédito, Câmbio e Seguro, ou relativas a Títulos ou Valores Mobiliários - IOF.

O Presidente da República, no uso das atribuições que lhe conferem os arts. 84, inciso IV, e 153, § 1.º, da Constituição, e tendo em vista o disposto na Lei n. 5.143, de 20 de outubro de 1966, na Lei n. 5.172, de 25 de outubro de 1966, no Decreto-lei n. 1.783, de 18 de abril de 1980, e na Lei n. 8.894, de 21 de junho de 1994, decreta:

Art. 1.º O Imposto sobre Operações de Crédito, Câmbio e Seguro ou relativas a Títulos ou Valores Mobiliários - IOF será cobrado de conformidade com o disposto neste Decreto.

TÍTULO I
DA INCIDÊNCIA

Art. 2.º O IOF incide sobre:

I – operações de crédito realizadas:

a) por instituições financeiras (Lei n. 5.143, de 20-10-1966, art. 1.º);

b) por empresas que exercem as atividades de prestação cumulativa e contínua de serviços de assessoria creditícia, mercadológica, gestão de crédito, seleção de riscos, administração de contas a pagar e a receber, compra de direitos creditórios resultantes de vendas mercantis a prazo ou de prestação de serviços (*factoring*) (Lei n. 9.249, de 26-12-1995, art. 15, § 1.º, inciso III, alínea *d*, e Lei n. 9.532, de 10-12-1997, art. 58);

c) entre pessoas jurídicas ou entre pessoa jurídica e pessoa física (Lei n. 9.779, de 19-1-1999, art. 13);

II – operações de câmbio (Lei n. 8.894, de 21-6-1994, art. 5.º);

III – operações de seguro realizadas por seguradoras (Lei n. 5.143, de 1966, art. 1.º);

IV – operações relativas a títulos ou valores mobiliários (Lei n. 8.894, de 1994, art. 1.º);

V – operações com ouro, ativo financeiro, ou instrumento cambial (Lei n. 7.766, de 11-5-1989, art. 4.º).

§ 1.º A incidência definida no inciso I exclui a definida no inciso IV, e reciprocamente, quanto à emissão, ao pagamento ou resgate do título representativo de uma mesma operação de crédito (Lei n. 5.172, de 25-10-1966, art. 63, parágrafo único).

§ 2.º Exclui-se da incidência do IOF referido no inciso I a operação de crédito externo, sem prejuízo da incidência definida no inciso II.

§ 3.º Não se submetem à incidência do imposto de que trata este Decreto as operações realizadas por órgãos da administração direta da União, dos Estados, do Distrito Federal e dos Municípios, e, desde que vinculadas às finalidades essenciais das respectivas entidades, as operações realizadas por:

I – autarquias e fundações instituídas e mantidas pelo Poder Público;

II – templos de qualquer culto;

III – partidos políticos, inclusive suas fundações, entidades sindicais de trabalhadores e instituições de educação e de assistência social, sem fins lucrativos, atendidos os requisitos da lei.

TÍTULO II
DA INCIDÊNCIA SOBRE OPERAÇÕES DE CRÉDITO

Capítulo I
DO FATO GERADOR

Art. 3.º O fato gerador do IOF é a entrega do montante ou do valor que constitua o objeto da obrigação, ou sua colocação à disposição do interessado (Lei n. 5.172, de 1966, art. 63, inciso I).

§ 1.º Entende-se ocorrido o fato gerador e devido o IOF sobre operação de crédito:

I – na data da efetiva entrega, total ou parcial, do valor que constitua o objeto da obrigação ou sua colocação à disposição do interessado;

II – no momento da liberação de cada uma das parcelas, nas hipóteses de crédito sujeito, contratualmente, a liberação parcelada;

III – na data do adiantamento a depositante, assim considerado o saldo a descoberto em conta de depósito;

IV – na data do registro efetuado em conta devedora por crédito liquidado no exterior;

V – na data em que se verificar excesso de limite, assim entendido o saldo a descoberto ocorrido em operação de empréstimo ou financiamento, inclusive sob a forma de abertura de crédito;

(*) Publicado no *DOU*, de 17-12-2007, e retificado em 8-1-2008.

VI – na data da novação, composição, consolidação, confissão de dívida e dos negócios assemelhados, observado o disposto nos §§ 7.º e 10 do art. 7.º;

VII – na data do lançamento contábil, em relação às operações e às transferências internas que não tenham classificação específica, mas que, pela sua natureza, se enquadrem como operações de crédito.

§ 2.º O débito de encargos, exceto na hipótese do § 12 do art. 7.º, não configura entrega ou colocação de recursos à disposição do interessado.

§ 3.º A expressão "operações de crédito" compreende as operações de:

I – empréstimo sob qualquer modalidade, inclusive abertura de crédito e desconto de títulos (Decreto-lei n. 1.783, de 18-4-1980, art. 1.º, inciso I);

II – alienação, à empresa que exercer as atividades de *factoring*, de direitos creditórios resultantes de vendas a prazo (Lei n. 9.532, de 1997, art. 58);

III – mútuo de recursos financeiros entre pessoas jurídicas ou entre pessoa jurídica e pessoa física (Lei n. 9.779, de 1999, art. 13).

Capítulo II
DOS CONTRIBUINTES E DOS RESPONSÁVEIS

Dos Contribuintes

Art. 4.º Contribuintes do IOF são as pessoas físicas ou jurídicas tomadoras de crédito (Lei n. 8.894, de 1994, art. 3.º, inciso I, e Lei n. 9.532, de 1997, art. 58).

Parágrafo único. No caso de alienação de direitos creditórios resultantes de vendas a prazo a empresas de *factoring*, contribuinte é o alienante pessoa física ou jurídica.

Dos Responsáveis

Art. 5.º São responsáveis pela cobrança do IOF e pelo seu recolhimento ao Tesouro Nacional:

I – as instituições financeiras que efetuarem operações de crédito (Decreto-lei n. 1.783, de 1980, art. 3.º, inciso I);

II – as empresas de *factoring* adquirentes do direito creditório, nas hipóteses da alínea *b* do inciso I do art. 2.º (Lei n. 9.532, de 1997, art. 58, § 1.º);

III – a pessoa jurídica que conceder o crédito, nas operações de crédito correspondentes a mútuo de recursos financeiros (Lei n. 9.779, de 1999, art. 13, § 2.º).

Capítulo III
DA BASE DE CÁLCULO E DA ALÍQUOTA

Da Alíquota

Art. 6.º O IOF será cobrado à alíquota máxima de um vírgula cinco por cento ao dia sobre o valor das operações de crédito (Lei n. 8.894, de 1994, art. 1.º).

Da Base de Cálculo e das Alíquotas Reduzidas

Art. 7.º A base de cálculo e respectiva alíquota reduzida do IOF são (Lei n. 8.894, de 1994, art. 1.º, parágrafo único, e Lei n. 5.172, de 1966, art. 64, inciso I):

I – na operação de empréstimo, sob qualquer modalidade, inclusive abertura de crédito:

a) quando não ficar definido o valor do principal a ser utilizado pelo mutuário, inclusive por estar contratualmente prevista a reutilização do crédito, até o termo final da operação, a base de cálculo é o somatório dos saldos devedores diários apurado no último dia de cada mês, inclusive na prorrogação ou renovação:

1. mutuário pessoa jurídica: 0,0041%;

• *Vide* § 19 deste artigo.

2. mutuário pessoa física: 0,0082%;

•• Item 2 com redação determinada pelo Decreto n. 8.392, de 20-1-2015.

• *Vide* § 19 deste artigo.

b) quando ficar definido o valor do principal a ser utilizado pelo mutuário, a base de cálculo é o principal entregue ou colocado à sua disposição, ou quando previsto mais de um pagamento, o valor do principal de cada uma das parcelas:

1. mutuário pessoa jurídica: 0,0041% ao dia;

2. mutuário pessoa física: 0,0082% ao dia;

•• Item 2 com redação determinada pelo Decreto n. 8.392, de 20-1-2015.

II – na operação de desconto, inclusive na de alienação a empresas de *factoring* de direitos creditórios resultantes de vendas a prazo, a base de cálculo é o valor líquido obtido:

a) mutuário pessoa jurídica: 0,0041% ao dia;

b) mutuário pessoa física: 0,0082% ao dia;

•• Alínea *b* com redação determinada pelo Decreto n. 8.392, de 20-1-2015.

III – no adiantamento a depositante, a base de cálculo é o somatório dos saldos devedores diários, apurado no último dia de cada mês:

a) mutuário pessoa jurídica: 0,0041%;

b) mutuário pessoa física: 0,0082%;

•• Alínea *b* com redação determinada pelo Decreto n. 8.392, de 20-1-2015.

IV – nos empréstimos, inclusive sob a forma de financiamento, sujeitos à liberação de recursos em parcelas, ainda que o pagamento seja parcelado, a base de cálculo é o valor do principal de cada liberação:

a) mutuário pessoa jurídica: 0,0041% ao dia;

b) mutuário pessoa física: 0,0082% ao dia;

•• Alínea *b* com redação determinada pelo Decreto n. 8.392, de 20-1-2015.

V – nos excessos de limite, ainda que o contrato esteja vencido:

a) quando não ficar expressamente definido o valor do principal a ser utilizado, inclusive por estar contratualmente prevista a reutilização do crédito, até o termo final da operação, a base de cálculo é o valor dos excessos computados no somatório dos saldos devedores diários apurados no último dia de cada mês:

1. mutuário pessoa jurídica: 0,0041%;

2. mutuário pessoa física: 0,0082%;

•• Item 2 com redação determinada pelo Decreto n. 8.392, de 20-1-2015.

b) quando ficar expressamente definido o valor do principal a ser utilizado, a base de cálculo é o valor de cada excesso, apurado diariamente, resultante de novos valores entregues ao interessado, não se considerando como tais os débitos de encargos:

1. mutuário pessoa jurídica: 0,0041% ao dia;

2. mutuário pessoa física: 0,0082% ao dia;

•• Item 2 com redação determinada pelo Decreto n. 8.392, de 20-1-2015.

VI – nas operações referidas nos incisos I a V, quando se tratar de mutuário pessoa jurídica optante pelo Regime Especial Unificado de Arrecadação de Tributos e Contribuições devidos pelas Microempresas e Empresas de Pequeno Porte - Simples Nacional, de que trata a Lei Complementar n. 123, de 14 de dezembro de 2006, em que o valor seja igual ou inferior a R$ 30.000,00 (trinta mil reais), observado o disposto no art. 45, inciso II: 0,00137% ou 0,00137% ao dia, conforme o caso;

VII – nas operações de financiamento para aquisição de imóveis não residenciais, em que o mutuário seja pessoa física: 0,0082% ao dia.

•• Inciso VII com redação determinada pelo Decreto n. 8.392, de 20-1-2015.

§ 1.º O IOF, cuja base de cálculo não seja apurada por somatório de saldos devedores diários, não excederá o valor resultante da aplicação da alíquota diária a cada valor de principal, prevista para a operação, multiplicada por trezentos e sessenta e cinco dias, acrescida da alíquota adicional de que trata o § 15, ainda que a operação seja de pagamento parcelado.

•• § 1.º com redação determinada pelo Decreto n. 6.391, de 12-3-2008.

§ 2.º No caso de operação de crédito não liquidada no vencimento, cuja tributação não tenha atingido a limitação prevista no § 1.º, a exigência do IOF fica suspensa entre a data do vencimento original da obrigação e a da sua liquidação ou a data em que ocorrer qualquer das hipóteses previstas no § 7.º.

§ 3.º Na hipótese do § 2.º, será cobrado o IOF complementar, relativamente ao período em que ficou suspensa a exigência, mediante a aplicação da mesma alíquota sobre o valor não liquidado da obrigação vencida, até atingir a limitação prevista no § 1.º.

§ 4.º O valor líquido a que se refere o inciso II deste artigo corresponde ao valor nominal do título ou do direito creditório, deduzidos os juros cobrados antecipadamente.

§ 5.º No caso de adiantamento concedido sobre cheque em depósito, a tributação será feita na forma estabelecida para desconto de títulos, observado o disposto no inciso XXII do art. 8.º.

§ 6.º No caso de cheque admitido em depósito e devolvido por insuficiência de fundos, a base de cálculo do IOF será igual ao valor a descoberto, verificado na respectiva conta, pelo seu débito, na forma estabelecida para o adiantamento a depositante.

§ 7.º Na prorrogação, renovação, novação, composição, consolidação, confissão de dívida e negócios assemelhados, de operação de crédito em que não haja substituição de devedor, a base de cálculo do IOF será o valor não liquidado da operação anteriormente tributada, sendo essa tributação considerada complementar à anteriormente feita, aplicando-se a alíquota em vigor à época da operação inicial.

• *Vide* § 19 deste artigo.

§ 8.º No caso do § 7.º, se a base de cálculo original for o somatório mensal dos saldos devedores diários, a base de cálculo será o valor renegociado na operação, com exclusão da parte amortizada na data do negócio.

§ 9.º Sem exclusão da cobrança do IOF prevista no § 7.º, havendo entrega ou colocação de novos valores à disposição do interessado, esses constituirão nova base de cálculo.

§ 10. No caso de novação, composição, consolidação, confissão de dívida e negócios assemelhados de operação de crédito em que haja substituição de devedor, a base de cálculo do IOF será o valor renegociado na operação.

§ 11. Nos casos dos §§ 8.º, 9.º e 10, a alíquota aplicável é a que estiver em vigor na data da novação, composição, consolidação, confissão de dívida ou negócio assemelhado.

§ 12. Os encargos integram a base de cálculo quando o IOF for apurado pelo somatório dos saldos devedores diários.

§ 13. Nas operações de crédito decorrentes de registros ou lançamentos contábeis ou sem classificação específica, mas que, pela sua natureza, importem colocação ou entrega de recursos à disposição de terceiros, seja o mutuário pessoa física ou jurídica, as alíquotas serão aplicadas na forma dos incisos I a VI, conforme o caso.

§ 14. Nas operações de crédito contratadas por prazo indeterminado e definido o valor do principal a ser utilizado pelo mutuário, aplicar-se-á a alíquota diária prevista para a operação e a base de cálculo será o valor do principal multiplicado por trezentos e sessenta e cinco.

§ 15. Sem prejuízo do disposto no *caput*, o IOF incide sobre as operações de crédito à alíquota adicional de trinta e oito centésimos por cento, independentemente do prazo da operação, seja o mutuário pessoa física ou pessoa jurídica.

•• § 15 acrescentado pelo Decreto n. 6.339, de 3-1-2008.

§ 16. Nas hipóteses de que tratam a alínea *a* do inciso I, o inciso III, e a alínea *a* do inciso V, o IOF incidirá sobre o somatório mensal dos acréscimos diários dos saldos devedores, à alíquota adicional de que trata o § 15.

•• § 16 acrescentado pelo Decreto n. 6.339, de 3-1-2008.

§ 17. Nas negociações de que trata o § 7.º não se aplica a alíquota adicional de que trata o § 15, exceto se houver entrega ou colocação de novos valores à disposição do interessado.

•• § 17 acrescentado pelo Decreto n. 6.391, de 12-3-2008.

§ 18. No caso de operação de crédito cuja base de cálculo seja apurada por somatório dos saldos devedores diários, constatada a inadimplência do tomador, a cobrança do IOF apurado a partir do último dia do mês subsequente ao da constatação de inadimplência dar-se-á na data da liquidação total ou parcial da operação ou da ocorrência de qualquer das hipóteses previstas no § 7.º.

•• § 18 acrescentado pelo Decreto n. 7.487, de 23-5-2011.

§ 19. Na hipótese do § 18, por ocasião da liquidação total ou parcial da operação ou da ocorrência de qualquer das hipóteses previstas no § 7.º, o IOF será cobrado mediante a aplicação das alíquotas previstas nos itens 1 ou 2 da alínea *a* do inciso I do *caput*, vigentes na data de ocorrência de cada saldo devedor diário, até atingir a limitação de trezentos e sessenta e cinco dias.

•• § 19 acrescentado pelo Decreto n. 7.487, de 23-5-2011.

§ 20. Nas operações de crédito contratadas entre 3 de abril de 2020 e 26 de novembro de 2020, as alíquotas do IOF previstas nos incisos I, II, III, IV, V, VI e VII do *caput* e no § 15 ficam reduzidas a zero.

•• § 20 com redação determinada pelo Decreto n. 10.551, de 25-11-2020.

§ 20-A. Nas operações de crédito contratadas entre 15 de dezembro de 2020 e 31 de dezembro de 2020, as alíquotas do IOF previstas nos incisos I, II, III, IV, V, VI e VII do *caput* e no § 15 ficam reduzidas a zero.

•• § 20-A acrescentado pelo Decreto n. 10.572, de 11-12-2020.

§ 21. O disposto nos § 20 e § 20-A aplica-se também às operações de crédito:

•• § 21, *caput*, com redação determinada pelo Decreto n. 10.572, de 11-12-2020.

I – previstas no § 7.º, na hipótese de haver nova incidência de IOF, sem prejuízo da parcela cobrada na data da disponibilização dos recursos ao interessado;

•• Inciso I com redação determinada pelo Decreto n. 10.414, de 2-7-2020.

II – não liquidadas no vencimento a que se refere o § 2.º; e

•• Inciso II com redação determinada pelo Decreto n. 10.414, de 2-7-2020.

III – cuja base de cálculo seja apurada por somatório dos saldos devedores diários na forma do disposto nos § 18 e § 19, hipótese na qual se aplica a alíquota zero aos saldos devedores diários apurados entre 3 de abril de 2020 e 26 de novembro de 2020 e entre 15 de dezembro de 2020 e 31 de dezembro de 2020.

•• Inciso III com redação determinada pelo Decreto n. 10.572, de 11-12-2020.

§ 22. Nas operações de crédito cujos fatos geradores ocorram entre 20 de setembro de 2021 e 31 de dezembro de 2021, as alíquotas do IOF previstas nos incisos I, II, III, IV, V e VII do *caput* ficam reduzidas, conforme o caso, a:

•• § 22, *caput*, acrescentado pelo Decreto n. 10.797, de 16-9-2021.

I – mutuário pessoa jurídica: 0,00559%;

•• Inciso I acrescentado pelo Decreto n. 10.797, de 16-9-2021.

II – mutuário pessoa física: 0,01118%;

•• Inciso II acrescentado pelo Decreto n. 10.797, de 16-9-2021.

III – mutuário pessoa jurídica: 0,00559% ao dia; e

•• Inciso III acrescentado pelo Decreto n. 10.797, de 16-9-2021.

IV – mutuário pessoa física: 0,01118% ao dia.

•• Inciso IV acrescentado pelo Decreto n. 10.797, de 16-9-2021.

Da Alíquota Zero

Art. 8.º A alíquota do imposto é reduzida a zero na operação de crédito, sem prejuízo do disposto no § 5.º:

•• *Caput* com redação determinada pelo Decreto n. 7.011, de 18-11-2009.

I – em que figure como tomadora cooperativa, observado o disposto no art. 45, inciso I;

II – (*Revogado pelo Decreto n. 9.017, de 30-3-2017.*)

III – à exportação, bem como de amparo à produção ou estímulo à exportação;

IV – rural, destinada a investimento, custeio e comercialização, observado o disposto no § 1.º;

V – realizada por caixa econômica, sob garantia de penhor civil de joias, de pedras preciosas e de outros objetos;

VI – realizada por instituição financeira, referente a repasse de recursos do Tesouro Nacional destinados a financiamento de abastecimento e formação de estoques reguladores;

VII – realizada entre instituição financeira e outra instituição autorizada a funcionar pelo Banco Central do Brasil, desde que a operação seja permitida pela legislação vigente;

VIII – em que o tomador seja estudante, realizada por meio do Fundo de Financiamento ao Estudante do Ensino Superior – FIES, de que trata a Lei n. 10.260, de 12 de julho de 2001;

IX – efetuada com recursos da Agência Especial de Financiamento Industrial – FINAME;

X – realizada ao amparo da Política de Garantia de Preços Mínimos – Empréstimos do Governo Federal – EGF;

XI – relativa a empréstimo de título público, quando esse permanecer custodiado no Sistema Especial de Liquidação e de Custódia – SELIC, e servir de garantia prestada a terceiro na execução de serviços e obras públicas;

XII – (*Revogado pelo Decreto n. 8.325, de 7-10-2014.*)

XIII – relativa a adiantamento de salário concedido por pessoa jurídica aos seus empregados, para desconto em folha de pagamento ou qualquer outra forma de reembolso;

XIV – relativa a transferência de bens objeto de alienação fiduciária, com sub-rogação de terceiro nos direitos e obrigações do devedor, desde que mantidas todas as condições financeiras do contrato original;

XV – realizada por instituição financeira na qualidade de gestora, mandatária, ou agente de fundo ou programa do Governo Federal, Estadual, do Distrito Federal ou Municipal, instituído por lei, cuja aplicação do recurso tenha finalidade específica;

XVI – relativa a adiantamento sobre o valor de resgate de apólice de seguro de vida individual e de título de capitalização;

XVII – relativa a adiantamento de contrato de câmbio de exportação;

XVIII – relativa a aquisição de ações ou de participação em empresa, no âmbito do Programa Nacional de Desestatização;

XIX – resultante de repasse de recursos de fundo ou programa do Governo Federal vinculado à emissão pública de valores mobiliários;

XX – relativa a devolução antecipada do IOF indevidamente cobrado e recolhido pelo responsável, enquanto aguarda a restituição pleiteada, e desde que não haja cobrança de encargos remuneratórios;

XXI – realizada por agente financeiro com recursos oriundos de programas federais, estaduais ou municipais, instituídos com a finalidade de implementar programas de geração de emprego e renda, nos termos previstos no art. 12 da Lei n. 9.649, de 27 de maio de 1998;

XXII – relativa a adiantamento concedido sobre cheque em depósito, remetido à compensação nos prazos e condições fixados pelo Banco Central do Brasil;

XXIII – (*Revogado pelo Decreto n. 6.391, de 12-3-2008.*)

XXIV – realizada por instituição financeira, com recursos do Tesouro Nacional, destinada ao financiamento de estocagem de álcool etílico combustível, na forma regulamentada pelo Conselho Monetário Nacional;

XXV – realizada por uma instituição financeira para cobertura de saldo devedor em outra instituição financeira, até o montante do valor portado e desde que não haja substituição do devedor;

XXVI – relativa a financiamento para aquisição de motocicleta, motoneta e ciclomotor, em que o mutuário seja pessoa física;

•• Inciso XXVI acrescentado pelo Decreto n. 6.655, de 20-11-2008.

XXVII – realizada por instituição financeira pública federal em que sejam tomadores de recursos pessoas físicas com renda mensal de até dez salários mínimos, desde que os valores das operações sejam direcionados exclusivamente para adquirir bens e serviços de tecnologia assistiva destinados a pessoas com deficiência, nos termos do parágrafo único do art. 1.º da Lei n. 10.735, de 11 de setembro de 2003;

•• Inciso XXVII acrescentado pelo Decreto n. 7.726, de 21-5-2012.

XXVIII – realizada por instituição financeira, com recursos públicos ou privados, para financiamento de operações, contratadas a partir de 2 de abril de 2013, destinadas a aquisição, produção e arrendamento mercantil de bens de capital, incluídos componentes e serviços tecnológicos relacionados, e o capital de giro associado, a produção de bens de consumo para exportação, ao setor de energia elétrica, a estruturas para exportação de granéis líquidos, a projetos de engenharia, à inovação tecnológica, e a projetos de investimento destinados à constituição de capacidade tecnológica e produtiva em setores de alta intensidade de conhecimento e engenharia e projetos de infraestrutura logística direcionados a obras de rodovias e ferrovias objeto de concessão pelo Governo federal, a que se refere o art. 1.º da Lei n. 12.096, de 24 de novembro de 2009, e de acordo com os critérios fixados pelo Conselho Monetário Nacional e pelo Banco Central do Brasil;

•• Inciso XXVIII acrescentado pelo Decreto n. 7.975, de 1.º-4-2013.

XXIX – (*Revogado pelo Decreto n. 10.377, de 27-5-2020.*);

XXX – (*Revogado pelo Decreto n. 8.511, de 31-8-2015.*)

XXXI – efetuada por intermédio da Financiadora de Estudos e Projetos - FINEP ou por seus agentes financeiros, com recursos dessa empresa pública;

•• Inciso XXXI com redação determinada pelo Decreto n. 10.377, de 27-5-2020.

XXXII – destinada, nos termos do disposto no §3º do art. 6º da Lei nº 12.793, de 2 de abril de 2013, ao financiamento de projetos de infraestrutura de logística direcionados a obras de rodovias e ferrovias objeto de concessão pelo Governo federal; e

•• Inciso XXXII com redação determinada pelo Decreto n. 10.377, de 27-5-2020.

XXXIII – contratada pela Câmara de Comercialização de Energia Elétrica - CCEE, destinada à cobertura, total ou parcial, de *deficit* e de antecipação de receita, incorridas pelas concessionárias e permissionárias de serviço público de distribuição de energia elétrica nos termos do disposto no Decreto nº 10.350, de 18 de maio de 2020.

•• Inciso XXXIII acrescentado pelo Decreto n. 10.377, de 27-5-2020.

•• O art. 2.º do Decreto n. 10.377, de 27-5-2020, determina que a redução de alíquota de que trata este inciso, somente se aplica aos fatos geradores ocorridos até 31 de dezembro de 2020.

§ 1.º No caso de operação de comercialização, na modalidade de desconto de nota promissória rural ou duplicata rural, a alíquota zero é aplicável somente quando o título for emitido em decorrência de venda de produção própria.

§ 2.º O disposto no inciso XXV não se aplica nas hipóteses de prorrogação, renovação, novação, composição, consolidação, confissão de dívidas e negócios assemelhados, de operação de crédito em que haja ou não substituição do devedor, ou de quaisquer outras alterações contratuais, exceto taxas, hipóteses em que o imposto complementar deverá ser cobrado à alíquota vigente na data da operação inicial.

§ 3.º Quando houver desclassificação ou descaracterização, total ou parcial, de operação de crédito rural ou de adiantamento de contrato de câmbio, tributada à alíquota zero, o IOF será devido a partir da ocorrência do fato gerador e calculado à alíquota correspondente à operação, conforme previsto no art. 7.º, incidente sobre o valor desclassificado ou descaracterizado, sem prejuízo do disposto no art. 54.

§ 4.º Quando houver falta de comprovação ou descumprimento de condição, ou desvirtuamento da finalidade dos recursos, total ou parcial, de operação tributada à alíquota zero, o IOF será devido a partir da ocorrência do fato gerador calculado à alíquota correspondente à operação, conforme previsto no art. 7.º, acrescido de juros e multa de mora, sem prejuízo do disposto no art. 54, conforme o caso.

§ 5.º Fica instituída, independentemente do prazo da operação, alíquota adicional de trinta e oito centésimos por cento do IOF incidente sobre o valor das operações de crédito de que tratam os incisos I, IV, V, VI, X, XI, XIV, XVI, XVIII, XIX, XXI e XXVI do *caput*.

•• § 5.º com redação determinada pelo Decreto n. 9.017, de 30-3-2017.

§ 6.º Nas operações de crédito contratadas entre 3 de abril de 2020 e 26 de novembro de 2020, a alíquota adicional do IOF de que trata o § 5.º fica reduzida a zero.

•• § 6.º com redação determinada pelo Decreto n. 10.551, de 25-11-2020.

§ 7.º Nas operações de crédito contratadas entre 15 de dezembro de 2020 e 31 de dezembro de 2020, a alíquota adicional do IOF de que trata o § 5º fica reduzida a zero.

•• § 7.º acrescentado pelo Decreto n. 10.572, de 11-12-2020.

Capítulo IV
DA ISENÇÃO

Art. 9.º É isenta do IOF a operação de crédito:

I – para fins habitacionais, inclusive a destinada à infraestrutura e saneamento básico relativos a programas ou projetos que tenham a mesma finalidade (Decreto-lei n. 2.407, de 5-1-1988);

II – realizada mediante conhecimento de depósito e *warrant*, representativos de mercadorias depositadas para exportação, em entreposto aduaneiro (Decreto-lei n. 1.269, de 18-4-1973, art. 1.º, e Lei n. 8.402, de 8-1-1992, art. 1.º, inciso XI);

III – com recursos dos Fundos Constitucionais de Financiamento do Norte (FNO), do Nordeste (FNE) e do Centro-Oeste (FCO) (Lei n. 7.827, de 27-9-1989, art. 8.º);

IV – efetuada por meio de cédula e nota de crédito à exportação (Lei n. 6.313, de 16-12-1975, art. 2.º, e Lei n. 8.402, de 1992, art. 1.º, inciso XII);

V – em que o tomador de crédito seja a entidade binacional Itaipu (art. XII do Tratado promulgado pelo Decreto n. 72.707, de 28-8-1973);

VI – para a aquisição de automóvel de passageiros, de fabricação nacional, com até 127 HP de potência bruta (SAE), na forma do art. 72 da Lei n. 8.383, de 30 de dezembro de 1991;

VII – (*Revogado pelo Decreto n. 7.563, de 15-9-2011.*)

VIII – em que os tomadores sejam missões diplomáticas e repartições consulares de carreira (Convenção de Viena sobre Relações Consulares promulgada pelo Decreto n. 61.078, de 26-7-1967, art. 32, e Decreto n. 95.711, de 10-2-1988, art. 1.º);

IX – contratada por funcionário estrangeiro de missão diplomática ou representação consular (Convenção de Viena sobre Relações Diplomáticas promulgada pelo Decreto n. 56.435, de 8-6-1965, art. 34).

§ 1.º O disposto nos incisos VIII e IX não se aplica aos consulados e cônsules honorários (Convenção de Viena sobre Relações Consulares promulgada pelo Decreto n. 61.078, de 1967, art. 58).

§ 2.º O disposto no inciso IX não se aplica aos funcionários estrangeiros que tenham residência permanente no Brasil (Convenção de Viena sobre Relações Diplomáticas promulgada pelo Decreto n. 56.435, de 1965, art. 37, e Convenção de Viena sobre Relações Consulares promulgada pelo Decreto n. 61.078, de 1967, art. 71).

§ 3.º Os membros das famílias dos funcionários mencionados no inciso IX, desde que com eles mantenham relação de dependência econômica e não tenham residência permanente no Brasil, gozarão do tratamento estabelecido neste artigo (Convenção de Viena sobre Relações Diplomáticas promulgada pelo Decreto n. 56.435, de 1965, art. 37, e Convenção de Viena sobre Relações Consulares promulgada pelo Decreto n. 61.078, de 1967, art. 71).

§ 4.º O tratamento estabelecido neste artigo aplica-se, ainda, aos organismos internacionais e regionais de caráter permanente de que o Brasil seja membro e aos funcionários estrangeiros de tais organismos, nos termos dos acordos firmados (Lei n. 5.172, de 1966, art. 98).

Capítulo V
DA COBRANÇA E DO RECOLHIMENTO

Art. 10. O IOF será cobrado:

I – no primeiro dia útil do mês subsequente ao de apuração, nas hipóteses em que a apuração da base de cálculo seja feita no último dia de cada mês;

II – na data da prorrogação, renovação, consolidação, composição e negócios assemelhados;

III – na data da operação de desconto;

IV – na data do pagamento, no caso de operação de crédito não liquidada no vencimento;

V – até o décimo dia subsequente à data da caracterização do descumprimento ou da falta de comprovação do cumprimento de condições, total ou parcial, de operações isentas ou tributadas à alíquota zero ou da caracterização do desvirtuamento da finalidade dos recursos decorrentes das mesmas operações;

VI – até o décimo dia subsequente à data da desclassificação ou descaracterização, total ou parcial, de operação de crédito rural ou de adiantamento de contrato de câmbio, quando feita pela própria instituição financeira, ou do recebimento da comunicação da desclassificação ou descaracterização;

VII – na data da entrega ou colocação dos recursos à disposição do interessado, nos demais casos.

Parágrafo único. O IOF deve ser recolhido ao Tesouro Nacional até o terceiro dia útil subsequente ao decêndio da cobrança ou do registro contábil do imposto (Lei n. 11.196, de 21-11-2005, art. 70, inciso II, alínea *b*).

TÍTULO III
DA INCIDÊNCIA SOBRE OPERAÇÕES DE CÂMBIO

Capítulo I
DO FATO GERADOR

Art. 11. O fato gerador do IOF é a entrega de moeda nacional ou estrangeira, ou de documento que a represente, ou sua colocação à disposição do interessado, em montante equivalente à moeda estrangeira ou nacional entregue ou posta à disposição por este (Lei n. 5.172, de 1966, art. 63, inciso II).

Parágrafo único. Ocorre o fato gerador e torna-se devido o IOF no ato da liquidação da operação de câmbio.

Capítulo II
DOS CONTRIBUINTES E DOS RESPONSÁVEIS

Dos Contribuintes

Art. 12. São contribuintes do IOF os compradores ou vendedores de moeda estrangeira nas operações referentes às transferências financeiras para o ou do exterior, respectivamente (Lei n. 8.894, de 1994, art. 6.º).

Parágrafo único. As transferências financeiras compreendem os pagamentos e recebimentos em moeda estrangeira, independentemente da forma de entrega e da natureza das operações.

Dos Responsáveis

Art. 13. São responsáveis pela cobrança do IOF e pelo seu recolhimento ao Tesouro Nacional as instituições autorizadas a operar em câmbio (Lei n. 8.894, de 1994, art. 6.º, parágrafo único).

Capítulo III
DA BASE DE CÁLCULO E DA ALÍQUOTA

Da Base de Cálculo

Art. 14. A base de cálculo do IOF é o montante em moeda nacional, recebido, entregue ou posto à disposição, correspondente ao valor, em moeda estrangeira, da operação de câmbio (Lei n. 5.172, de 1966, art. 64, inciso II).

Da Alíquota

Art. 15. A alíquota máxima do IOF é de vinte e cinco por cento (Lei n. 8.894, de 1994, art. 5.º).

§§ 1.º a 3.º (*Revogados pelo Decreto n. 7.412, de 30-12-2010.*)

Art. 15-A. (*Revogado pelo Decreto n. 8.325, de 7-10-2014.*)

Art. 15-B. A alíquota do IOF fica reduzida para trinta e oito centésimos por cento, observadas as seguintes exceções:

•• *Caput* acrescentado pelo Decreto n. 8.325, de 7-10-2014.

I – nas operações de câmbio relativas ao ingresso no País de receitas de exportação de bens e serviços: zero;

•• Inciso I acrescentado pelo Decreto n. 8.325, de 7-10-2014.

II – nas operações de câmbio de natureza interbancária entre instituições integrantes do Sistema Financeiro Nacional autorizadas a operar no mercado de câmbio e entre estas e instituições financeiras no exterior: zero;

•• Inciso II acrescentado pelo Decreto n. 8.325, de 7-10-2014.

III – nas operações de câmbio, de transferências do e para o exterior, relativas a aplicações de fundos de investimento no mercado internacional, nos limites e condições fixados pela Comissão de Valores Mobiliários: zero;

•• Inciso III acrescentado pelo Decreto n. 8.325, de 7-10-2014.

IV – nas operações de câmbio realizadas por empresas de transporte aéreo internacional domiciliadas no exterior, para remessa de recursos originados de suas receitas locais: zero;

•• Inciso IV acrescentado pelo Decreto n. 8.325, de 7-10-2014.

V – nas operações de câmbio relativas a ingresso de moeda estrangeira para cobertura de gastos efetuados no País com utilização de cartão de crédito emitido no exterior: zero;

•• Inciso V acrescentado pelo Decreto n. 8.325, de 7-10-2014.

VI – nas operações de câmbio realizadas para ingresso no País de doações em espécie recebidas por instituições financeiras públicas controladas pela União e destinadas a ações de prevenção, monitoramento e combate ao desmatamento e de promoção da conservação e do uso sustentável das florestas brasileiras, de que trata a Lei n. 11.828, de 20 de novembro de 2008: zero;

•• Inciso VI acrescentado pelo Decreto n. 8.325, de 7-10-2014.

VII – nas operações de câmbio destinadas ao cumprimento de obrigações de administradoras de cartão de crédito ou de débito ou de bancos comerciais ou múltiplos na qualidade de emissores de cartão de crédito decorrentes de aquisição de bens e serviços do exterior efetuada por seus usuários, observado o disposto no inciso VIII: seis inteiros e trinta e oito centésimos por cento;

•• Inciso VII acrescentado pelo Decreto n. 8.325, de 7-10-2014.

VIII – nas operações de câmbio destinadas ao cumprimento de obrigações de administradoras de cartão de crédito ou de débito ou de bancos comerciais ou múltiplos na qualidade de emissores de cartão de crédito decorrentes de aquisição de bens e serviços do exterior quando forem usuários do cartão a União, Estados, Municípios, Distrito Federal, suas fundações e autarquias: zero;

•• Inciso VIII acrescentado pelo Decreto n. 8.325, de 7-10-2014.

IX – nas operações de câmbio destinadas ao cumprimento de obrigações de administradoras de cartão de uso internacional ou de bancos comerciais ou múltiplos na qualidade de emissores de cartão de crédito ou de débito decorrentes de saques no exterior efetuado por seus usuários: seis inteiros e trinta e oito centésimos por cento;

•• Inciso IX acrescentado pelo Decreto n. 8.325, de 7-10-2014.

X – nas liquidações de operações de câmbio para aquisição de moeda estrangeira em cheques de viagens e para carregamento de cartão internacional pré-pago, destinadas a atender gastos pessoais em viagens internacionais: seis inteiros e trinta e oito centésimos por cento;

•• Inciso X acrescentado pelo Decreto n. 8.325, de 7-10-2014.

XI – nas liquidações de operações de câmbio de ingresso e saída de recursos no e do País, referentes a recursos captados a título de empréstimos e financiamentos externos, excetuadas as operações de que trata o inciso XII: zero;

•• Inciso XI acrescentado pelo Decreto n. 8.325, de 7-10-2014.

XII – nas liquidações de operações de câmbio para ingresso de recursos no País, inclusive por meio de operações simultâneas, referente a empréstimo externo, sujeito a registro no Banco Central do Brasil, contratado de forma direta ou mediante emissão de títulos no mercado internacional com prazo médio mínimo de até cento e oitenta dias: seis por cento;

•• Inciso XII acrescentado pelo Decreto n. 8.325, de 7-10-2014.

XIII – nas liquidações de operações de câmbio para remessa de juros sobre o capital próprio e dividendos recebidos por investidor estrangeiro: zero;

•• Inciso XIII acrescentado pelo Decreto n. 8.325, de 7-10-2014.

XIV – nas liquidações de operações de câmbio contratadas por investidor estrangeiro para ingresso de recursos no País, inclusive por meio de operações simultâneas, para constituição de margem de garantia, inicial ou adicional, exigida por bolsas de valores, de mercadorias e futuros: zero;

•• Inciso XIV acrescentado pelo Decreto n. 8.325, de 7-10-2014.

XV – nas liquidações de operações simultâneas de câmbio para ingresso no País de recursos através de cancelamento de Depositary Receipts – DR, para investimento em ações negociáveis em bolsa de valores: zero;

•• Inciso XV acrescentado pelo Decreto n. 8.325, de 7-10-2014.

XVI – nas liquidações de operações de câmbio contratadas por investidor estrangeiro para ingresso de recursos no País, inclusive por meio de operações simultâneas, para aplicação nos mercados financeiro e de capitais: zero;

•• Inciso XVI acrescentado pelo Decreto n. 8.325, de 7-10-2014.

XVII – nas liquidações de operações de câmbio para fins de retorno de recursos aplicados por investidor estrangeiro nos mercados financeiro e de capitais: zero;

•• Inciso XVII acrescentado pelo Decreto n. 8.325, de 7-10-2014.

XVIII – na operação de compra de moeda estrangeira por instituição autorizada a operar no mercado de câmbio, contratada simultaneamente com operação de venda, exclusivamente quando requerida em disposição regulamentar: zero;

•• Inciso XVIII acrescentado pelo Decreto n. 8.325, de 7-10-2014.

XIX – nas liquidações de operações simultâneas de câmbio para ingresso de recursos no País, originárias da mudança de regime do investidor estrangeiro, de investimento direto de que trata a Lei n. 4.131, de 3 de setembro de 1962, para investimento em ações negociáveis em bolsa de valores, na forma regulamentada pelo Conselho Monetário Nacional: zero;

•• Inciso XIX acrescentado pelo Decreto n. 8.731, de 30-4-2016.

XX – nas liquidações de operações de câmbio, liquidadas a partir de 3 de maio de 2016, para aquisição de moeda estrangeira, em espécie: um inteiro e dez centésimos por cento;

•• Inciso XX acrescentado pelo Decreto n. 8.731, de 30-4-2016.

XXI – nas liquidações de operações de câmbio, realizadas a partir de 3 de março de 2018 para transferência de recursos para o exterior para colocação de disponibilidade de residente no País: um inteiro e dez centésimos por cento.

•• Inciso XXI acrescentado pelo Decreto n. 9.297, de 1.º-3-2018.

§ 1.º No caso de operações de empréstimo em moeda via lançamento de títulos, com cláusula de antecipação de vencimento, parcial ou total, pelo credor ou pelo devedor (put/call), a primeira data prevista de exercício definirá a incidência do imposto prevista no inciso XII do *caput*.

•• § 1.º acrescentado pelo Decreto n. 8.325, de 7-10-2014.

§ 2.º Quando a operação de empréstimo for contratada pelo prazo médio mínimo superior ao exigido no inciso XII do *caput* e for liquidada antecipadamente, total ou parcialmente, descumprindo-se esse prazo mínimo, o contribuinte ficará sujeito ao pagamento do imposto calculado à alíquota estabelecida no inciso citado, acrescido de juros moratórios e multa, sem prejuízo das penalidades previstas no art. 23 da Lei n. 4.131, de 3 de setembro de 1962, e no art. 72 da Lei n. 9.069, de 29 de junho de 1995.

•• § 2.º acrescentado pelo Decreto n. 8.325, de 7-10-2014.

§ 3.º Caso o prazo médio mínimo de amortização previsto no inciso XII na data da liquidação antecipada de empréstimo seja inferior ao prazo médio mínimo da operação originalmente contratada e, desde que cumprido o prazo médio mínimo previsto no inciso XII, aplica-se a alíquota em vigor na data da liquidação do contrato de câmbio para pagamento do empréstimo, não se aplicando o disposto no § 2.º.

•• § 3.º acrescentado pelo Decreto n. 8.731, de 30-4-2016.

§ 4.º Enquadram-se no disposto no inciso I as operações de câmbio relativas ao ingresso no País de receitas de exportação de serviços classificados nas Seções I a V da Nomenclatura Brasileira de Serviços, Intangíveis e Outras Operações que produzam variações no patrimônio – NBS, exceto se houver neste Decreto disposição especial.

•• § 4.º acrescentado pelo Decreto n. 8.731, de 30-4-2016.

Capítulo IV
DA ISENÇÃO

Da Isenção

Art. 16. É isenta do IOF a operação de câmbio:

I – realizada para pagamento de bens importados (Decreto-lei n. 2.434, de 19-5-1988, art. 6.º, e Lei n. 8.402, de 1992, art. 1.º, inciso XIII);

II – em que o comprador ou o vendedor da moeda estrangeira seja a entidade binacional Itaipu (art. XII do Tratado promulgado pelo Decreto n. 72.707, de 1973);

III e IV – (*Revogados pelo Decreto n. 7.563, de 15-9-2011.*)

V – em que os compradores ou vendedores da moeda estrangeira sejam missões diplomáticas e repartições consulares de carreira (Convenção de Viena sobre Relações Consulares promulgada pelo Decreto n. 61.078, de 1967, art. 32, e Decreto n. 95.711, de 1988, art. 1.º);

VI – contratada por funcionário estrangeiro de missão diplomática ou representação consular (Convenção de Viena sobre Relações Diplomáticas promulgada pelo Decreto n. 56.435, de 1965, art. 34).

§ 1.º O disposto nos incisos V e VI não se aplica aos consulados e cônsules honorários (Convenção de Viena sobre Relações Consulares promulgada pelo Decreto n. 61.078, de 1967, art. 58).

§ 2.º O disposto no inciso VI não se aplica aos funcionários estrangeiros que tenham residência permanente no Brasil (Convenção de Viena sobre Relações Diplomáticas promulgada pelo Decreto n. 56.435, de 1965, art. 37, e Convenção de Viena sobre Relações Consulares promulgada pelo Decreto n. 61.078, de 1967, art. 71).

§ 3.º Os membros das famílias dos funcionários mencionados no inciso VI, desde que com eles mantenham relação de dependência econômica e não tenham residência permanente no Brasil, gozarão do tratamento estabelecido neste artigo (Convenção de Viena sobre Relações Diplomáticas promulgada pelo Decreto n. 56.435, de 1965, art. 37, e Convenção de Viena sobre Relações Consulares promulgada pelo Decreto n. 61.078, de 1967, art. 71).

§ 4.º O tratamento estabelecido neste artigo aplica-se, ainda, aos organismos internacionais e regionais de caráter permanente de que o Brasil seja membro e aos funcionários estrangeiros de tais organismos, nos termos dos acordos firmados (Lei n. 5.172, de 1966, art. 98).

Capítulo V
DA COBRANÇA E DO RECOLHIMENTO

Art. 17. O IOF será cobrado na data da liquidação da operação de câmbio.

Parágrafo único. O IOF deve ser recolhido ao Tesouro Nacional até o terceiro dia útil subsequente ao decêndio da cobrança ou do registro contábil do imposto (Lei n. 11.196, de 2005, art. 70, inciso II, alínea *b*).

TÍTULO IV
DA INCIDÊNCIA SOBRE OPERAÇÕES DE SEGURO

Capítulo I
DO FATO GERADOR

Art. 18. O fato gerador do IOF é o recebimento do prêmio (Lei n. 5.143v de 1966, art. 1.º, inciso II).

§ 1.º A expressão "operações de seguro" compreende seguros de vida e congêneres, seguro de acidentes pessoais e do trabalho, seguros de bens, valores, coisas e outros não especificados (Decreto-lei n. 1.783, de 1980, art. 1.º, incisos II e III).

§ 2.º Ocorre o fato gerador e torna-se devido o IOF no ato do recebimento total ou parcial do prêmio.

Capítulo II
DOS CONTRIBUINTES E DOS RESPONSÁVEIS

Dos Contribuintes

Art. 19. Contribuintes do IOF são as pessoas físicas ou jurídicas seguradas (Decreto-lei n. 1.783, de 1980, art. 2.º).

Dos Responsáveis

Art. 20. São responsáveis pela cobrança do IOF e pelo seu recolhimento ao Tesouro Nacional as seguradoras ou as instituições financeiras a quem estas encarregarem da cobrança do prêmio (Decreto-lei n. 1.783, de 1980, art. 3.º, inciso II, e Decreto-lei n. 2.471, de 1.º-9-1988, art. 7.º).

Parágrafo único. A seguradora é responsável pelos dados constantes da documentação remetida para cobrança.

Capítulo III
DA BASE DE CÁLCULO E DA ALÍQUOTA

Da Base de Cálculo

Art. 21. A base de cálculo do IOF é o valor dos prêmios pagos (Decreto-lei n. 1.783, de 1980, art. 1.º, incisos II e III).

Da Alíquota

Art. 22. A alíquota do IOF é de vinte e cinco por cento (Lei n. 9.718, de 27-11-1998, art. 15).

§ 1.º A alíquota do IOF fica reduzida:

I – a zero, nas seguintes operações:

a) de resseguro;

b) de seguro obrigatório, vinculado a financiamento de imóvel habitacional, realizado por agente do Sistema Financeiro de Habitação;

c) de seguro de crédito à exportação e de transporte internacional de mercadorias;

d) de seguro contratado no Brasil, referente à cobertura de riscos relativos ao lançamento e à operação dos satélites Brasilsat I e II;

e) em que o valor dos prêmios seja destinado ao custeio dos planos de seguro de vida com cobertura por sobrevivência;

f) de seguro aeronáutico e de seguro de responsabilidade civil pagos por transportador aéreo;

g) de seguro garantia.

•• Alínea g com redação determinada pelo Decreto n. 7.787, de 15-8-2012.

II – nas operações de seguro de vida e congêneres, de acidentes pessoais e do trabalho, incluídos os seguros obrigatórios de danos pessoais causados por veículos automotores de vias terrestres e por embarcações, ou por sua carga, a pessoas transportadas ou não e excluídas aquelas de que trata a alínea *f* do inciso I: trinta e oito centésimos por cento;

•• Inciso II com redação determinada pelo Decreto n. 6.339, de 3-1-2008.

III – nas operações de seguros privados de assistência à saúde: dois inteiros e trinta e oito centésimos por cento;

•• Inciso III com redação determinada pelo Decreto n. 6.339, de 3-1-2008.

IV – nas demais operações de seguro: sete inteiros e trinta e oito centésimos por cento.

•• Inciso IV acrescentado pelo Decreto n. 6.339, de 3-1-2008.

§ 2.º O disposto na alínea *f* do inciso I do § 1.º aplica-se somente a seguro contratado por companhia aérea que tenha por objeto principal o transporte remunerado de passageiros ou de cargas.

Capítulo IV
DA ISENÇÃO

Art. 23. É isenta do IOF a operação de seguro:

I – em que o segurado seja a entidade binacional Itaipu (art. XII do Tratado promulgado pelo Decreto n. 72.707, de 1973);

II – (*Revogado pelo Decreto n. 7.563, de 15-9-2011.*)

III – rural (Decreto-lei n. 73, de 21-11-1966, art. 19);

IV – em que os segurados sejam missões diplomáticas e repartições consulares de carreira (Convenção de Viena sobre Relações Consulares promulgada pelo Decreto n. 61.078, de 1967, art. 32, e Decreto n. 95.711, de 1988, art. 1.º);

V – contratada por funcionário estrangeiro de missão diplomática ou representação consular (Convenção de Viena sobre Relações Diplomáticas promulgada pelo Decreto n. 56.435, de 8-6-1965, art. 34).

§ 1.º O disposto nos incisos IV e V não se aplica aos consulados e cônsules honorários (Convenção de Viena sobre Relações Consulares promulgada pelo Decreto n. 61.078, de 1967, art. 58).

§ 2.º O disposto no inciso V não se aplica aos funcionários estrangeiros que tenham residência permanente no Brasil (Convenção de Viena sobre Relações Diplomáticas promulgada pelo Decreto n. 56.435, de 1965, art. 37, e Convenção de Viena sobre Relações Consulares promulgada pelo Decreto n. 61.078, de 1967, art. 71).

§ 3.º Os membros das famílias dos funcionários mencionados no inciso V, desde que com eles mantenham relação de dependência econômica e não tenham residência permanente no Brasil, gozarão do tratamento estabelecido neste artigo (Convenção de Viena sobre Relações Diplomáticas promulgada pelo Decreto n. 56.435, de 1965, art. 37, e Convenção de Viena sobre Relações Consulares promulgada pelo Decreto n. 61.078, de 1967, art. 71).

§ 4.º O tratamento estabelecido neste artigo aplica-se, ainda, aos organismos internacionais e regionais de caráter permanente de que o Brasil seja membro e aos funcionários estrangeiros de tais organismos, nos termos dos acordos firmados (Lei n. 5.172, de 1966, art. 98).

Capítulo V
DA COBRANÇA E DO RECOLHIMENTO

Art. 24. O IOF será cobrado na data do recebimento total ou parcial do prêmio.

Parágrafo único. O IOF deve ser recolhido ao Tesouro Nacional até o terceiro dia útil subsequente ao decêndio da cobrança ou do registro contábil do imposto (Lei n. 11.196, de 2005, art. 70, inciso II, alínea *b*).

Título V
DA INCIDÊNCIA SOBRE OPERAÇÕES RELATIVAS A TÍTULOS OU VALORES MOBILIÁRIOS

Capítulo I
DO FATO GERADOR

Art. 25. O fato gerador do IOF é a aquisição, cessão, resgate, repactuação ou pagamento para liquidação de títulos e valores mobiliários (Lei n. 5.172, de 1966, art. 63, inciso IV, e Lei n. 8.894, de 1994, art. 2.º, inciso II, alíneas *a* e *b*).

§ 1.º Ocorre o fato gerador e torna-se devido o IOF no ato da realização das operações de que trata este artigo.

§ 2.º Aplica-se o disposto neste artigo a qualquer operação, independentemente da qualidade ou da forma jurídica de constituição do beneficiário da operação ou do seu titular, estando abrangidos, entre outros, fundos de investimentos e carteiras de títulos e valores mobiliários, fundos ou programas, ainda que sem personalidade jurídica, entidades de previdência privada.

•• § 2.º com redação determinada pelo Decreto n. 6.613, de 22-10-2008.

Capítulo II
DOS CONTRIBUINTES E DOS RESPONSÁVEIS

Dos Contribuintes

Art. 26. Contribuintes do IOF são:

I – os adquirentes, no caso de aquisição de títulos ou valores mobiliários, e os titulares de aplicações financeiras, nos casos de resgate, cessão ou repactuação (Decreto-lei n. 1.783, de 1980, art. 2.º e Lei n. 8.894, de 1994, art. 2.º, inciso II, alínea *a*, e art. 3.º, inciso II);

•• Inciso I com redação determinada pelo Decreto n. 7.412, de 30-12-2010.

II – as instituições financeiras e demais instituições autorizadas a funcionar pelo Banco Central do Brasil, na hipótese prevista no inciso IV do art. 28 (Lei n. 8.894, de 1994, art. 3.º, inciso III).

Dos Responsáveis

Art. 27. São responsáveis pela cobrança do IOF e pelo seu recolhimento ao Tesouro Nacional (Decreto-lei n. 1.783, de 1980, art. 3.º, inciso IV, e Medida Provisória n. 2.158-35, de 24-8-2001, art. 28):

I – as instituições autorizadas a operar na compra e venda de títulos e valores mobiliários;

II – as bolsas de valores, de mercadorias, de futuros e assemelhadas, em relação às aplicações financeiras realizadas em seu nome, por conta de terceiros e tendo por objeto recursos destes;

III – a instituição que liquidar a operação perante o beneficiário final, no caso de operação realizada por meio do SELIC ou da Central de Custódia e de Liquidação Financeira de Títulos - CETIP;

IV – o administrador do fundo de investimento;

V – a instituição que intermediar recursos, junto a clientes, para aplicações em fundos de investimentos administrados por outra instituição, na forma prevista em normas baixadas pelo Conselho Monetário Nacional;

VI – a instituição que receber as importâncias referentes à subscrição das cotas do Fundo de Investimento Imobiliário e do Fundo Mútuo de Investimento em Empresas Emergentes.

§ 1.º Na hipótese do inciso II do *caput*, ficam as entidades ali relacionadas obrigadas a apresentar à instituição financeira declaração de que estão operando por conta de terceiros e com recursos destes.

§ 2.º Para efeito do disposto no inciso V do *caput*, a instituição intermediadora dos recursos deverá (Lei n. 9.779, de 1999, art. 16, e Medida Provisória n. 2.158-35, de 2001, art. 28, § 1.º):

I – manter sistema de registro e controle, em meio magnético, que permita a identificação, a qualquer tempo, de cada cliente e dos elementos necessários à apuração do imposto por ele devido;

II – fornecer à instituição administradora do fundo de investimento, individualizados por código de cliente, os valores das aplicações, resgates e imposto cobrado;

III – prestar à Secretaria da Receita Federal do Brasil todas as informações decorrentes da responsabilidade pela cobrança do imposto.

§ 3.º No caso das operações a que se refere o § 1.º do art. 32-A, a responsabilidade tributária será do custodiante das ações cedidas.

•• § 3.º acrescentado pelo Decreto n. 7. 412, de 30-12-2010.

§ 4.º No caso de ofertas públicas a que se refere o § 2.º do art. 32-A, a responsabilidade tributária será do coordenador líder da oferta.

•• § 4.º acrescentado pelo Decreto n. 7. 412, de 30-12-2010.

Capítulo III
DA BASE DE CÁLCULO E DA ALÍQUOTA

Da Base de Cálculo

Art. 28. A base de cálculo do IOF é o valor (Lei n. 8.894, de 1994, art. 2.º, II):

I – de aquisição, resgate, cessão ou repactuação de títulos e valores mobiliários;

II – da operação de financiamento realizada em bolsas de valores, de mercadorias, de futuros e assemelhadas;

III – de aquisição ou resgate de cotas de fundos de investimento e de clubes de investimento;

IV – do pagamento para a liquidação das operações referidas no inciso I, quando inferior a noventa e cinco por cento do valor inicial da operação.

§ 1.º Na hipótese do inciso IV, o valor do IOF está limitado à diferença positiva entre noventa e cinco por cento do valor inicial da operação e o correspondente valor de resgate ou cessão.

§ 2.º Serão acrescidos ao valor da cessão ou resgate de títulos e valores mobiliários os rendimentos periódicos recebidos, a qualquer título, pelo cedente ou aplicador, durante o período da operação.

§ 3.º O disposto nos incisos I e III abrange quaisquer operações consideradas como de renda fixa.

Das Alíquotas

Art. 29. O IOF será cobrado à alíquota máxima de um vírgula cinco por cento ao dia sobre o valor das operações com títulos ou valores mobiliários (Lei n. 8.894, de 1994, art. 1.º).

Art. 30. Aplica-se a alíquota de que trata o art. 29 nas operações com títulos e valores mobiliários de renda fixa e de renda variável, efetuadas com recursos provenientes de aplicações feitas por investidores estrangeiros em cotas de Fundo de Investimento Imobiliário e de Fundo Mútuo de Investimento em Empresas Emergentes, observados os seguintes limites:

I – quando referido fundo não for constituído ou não entrar em funcionamento regular: dez por cento;

II – no caso de fundo já constituído e em funcionamento regular, até um ano da data do registro das cotas na Comissão de Valores Mobiliários: cinco por cento.

Art. 31. O IOF será cobrado à alíquota de zero vírgula cinco por cento ao dia sobre o valor de resgate de quotas de fundos de investimento, constituídos sob qualquer forma, na hipótese de o investidor resgatar cotas antes de completado o prazo de carência para crédito dos rendimentos.

Parágrafo único. O IOF de que trata este artigo fica limitado à diferença entre o valor da cota, no dia do resgate, multiplicado pelo número de cotas resgatadas, deduzido o valor do imposto de renda, se houver, e o valor pago ou creditado ao cotista.

Art. 32. O IOF será cobrado à alíquota de um por cento

ao dia sobre o valor do resgate, cessão ou repactuação, limitado ao rendimento da operação, em função do prazo, conforme tabela constante do Anexo.

§ 1.º O disposto neste artigo aplica-se:

I – às operações realizadas no mercado de renda fixa;

•• Inciso I com redação determinada pelo Decreto n. 7.487, de 23-5-2011.

II – ao resgate de cotas de fundos de investimento e de clubes de investimento, ressalvado o disposto no inciso IV do § 2.º;

III – às operações compromissadas realizadas por instituições financeiras e por demais instituições autorizadas a funcionar pelo Banco Central do Brasil com debêntures de que trata o art. 52 da Lei n. 6.404, de 15 de dezembro de 1976, emitidas por instituições integrantes do mesmo grupo econômico.

•• Inciso III acrescentado pelo Decreto n. 8.731, de 30-4-2016.

§ 2.º Ficam sujeitas à alíquota zero as operações, sem prejuízo do disposto no inciso III do § 1.º:

•• § 2.º, *caput*, com redação determinada pelo Decreto n. 8.731, de 30-4-2016.

I – de titularidade das instituições financeiras e das demais instituições autorizadas a funcionar pelo Banco Central do Brasil, excluída a administradora de consórcio de que trata a Lei n. 11.795, de 8 de outubro de 2008;

•• Inciso I com redação determinada pelo Decreto n. 7.487, de 23-5-2011.

II – das carteiras dos fundos de investimento e dos clubes de investimento;

III – do mercado de renda variável, inclusive as realizadas em bolsas de valores, de mercadorias, de futuros e entidades assemelhadas;

IV – de resgate de cotas dos fundos e clubes de investimento em ações, assim considerados pela legislação do imposto de renda;

V – com Certificado de Direitos Creditórios do Agronegócio - CDCA, com Letra de Crédito do Agronegócio - LCA, e com Certificado de Recebíveis do Agronegócio - CRA, criados pelo art. 23 da Lei n. 11.076, de 30 de dezembro de 2004; e

•• Inciso V acrescentado pelo Decreto n. 7.487, de 23-5-2011.

VI – com debêntures de que trata o art. 52 da Lei n. 6.404, de 15 de dezembro de 1976, com Certificados de Recebíveis Imobiliários de que trata o art. 6.º da Lei n. 9.514, de 20 de novembro de 1997, e com Letras Financeiras de que trata o art. 37 da Lei n. 12.249, de 11 de junho de 2010;

•• Inciso VI acrescentado pelo Decreto n. 7.487, de 23-5-2011.

VII – de negociação de cotas de Fundos de Índice de Renda Fixa em bolsas de valores ou mercado de balcão organizado.

•• Inciso VII acrescentado pelo Decreto n. 8.325, de 7-10-2014.

§ 3.º O disposto no inciso III do § 2.º não se aplica às operações conjugadas de que trata o art. 65, § 4.º, alínea *a*, da Lei n. 8.981, de 1995.

§ 4.º O disposto neste artigo não modifica a incidência do IOF:

I – nas operações de que trata o art. 30;

II – no resgate de quotas de fundos de investimento, na forma prevista no art. 31.

§ 5.º A incidência de que trata o inciso II do § 4.º exclui a cobrança do IOF prevista neste artigo.

Art. 32-A. O IOF será cobrado à alíquota de um inteiro e cinco décimos por cento na cessão de ações que sejam admitidas à negociação em bolsa de valores localizada no Brasil, com o fim específico de lastrear a emissão de *depositary receipts* negociados no exterior.

•• *Caput* acrescentado pelo Decreto n. 7.011, de 18-11-2009.

§ 1.º Para os efeitos do disposto no *caput*, exceto no caso de ofertas públicas, o valor da operação a ser considerado para fins de apuração da base de cálculo deverá ser obtido multiplicando-se o número de ações cedidas pela sua cotação de fechamento na data anterior à operação ou, no caso de não ter havido negociação nessa data, pela última cotação de fechamento disponível.

•• § 1.º acrescentado pelo Decreto n. 7.412, de 30-12-2010.

§ 2.º No caso de ofertas públicas, a cotação a ser considerada para fins de apuração da base de cálculo do IOF de que trata este artigo será o preço fixado com base no resultado do processo de coleta de intenções de investimento ("Procedimento de *Bookbuilding*") ou, se for o caso, o preço determinado pelo ofertante e definido nos documentos da oferta pública.

•• § 2.º acrescentado pelo Decreto n. 7.412, de 30-12-2010.

Art. 32-B. (*Revogado pelo Decreto n. 7.563, de 15-9-2011.*)

Art. 32-C. O IOF será cobrado à alíquota de um por cento, sobre o valor nocional ajustado, na aquisição, venda ou vencimento de contrato de derivativo financeiro celebrado no País que, individualmente, resulte em aumento da exposição cambial vendida ou redução da exposição cambial comprada.

•• *Caput* acrescentado pelo Decreto n. 7.563, de 15-9-2011.

• A Instrução Normativa n. 1.207, de 3-11-2011, da Secretaria da Receita Federal, dispõe sobre a incidência do IOF nas operações com derivativos.

§ 1.º Poderão ser deduzidos da base de cálculo apurada diariamente:

•• § 1.º, *caput*, acrescentado pelo Decreto n. 7.563, de 15-9-2011.

I – o somatório do valor nocional ajustado na aquisição, venda ou vencimento de contratos de derivativos financeiros celebrados no País, no dia, e que, individualmente, resultem em aumento da exposição cambial comprada ou redução da exposição cambial vendida;

•• Inciso I acrescentado pelo Decreto n. 7.563, de 15-9-2011.

II – a exposição cambial líquida comprada ajustada apurada no dia útil anterior;

•• Inciso II acrescentado pelo Decreto n. 7.563, de 15-9-2011.

III – a redução da exposição cambial líquida vendida e o aumento da exposição cambial líquida comprada em relação ao dia útil anterior, não resultantes de aquisições, vendas ou vencimentos de contratos de derivativos financeiros.

•• Inciso III acrescentado pelo Decreto n. 7.563, de 15-9-2011.

§ 2.º A base de cálculo será apurada em dólares dos Estados Unidos da América e convertida em moeda nacional para fins de incidência do imposto, conforme taxa de câmbio de fechamento do dia de apuração da base de cálculo divulgada pelo Banco Central do Brasil - PTAX.

•• § 2.º acrescentado pelo Decreto n. 7.563, de 15-9-2011.

§ 3.º No caso de contratos de derivativos financeiros que tenham por objeto a taxa de câmbio de outra moeda estrangeira que não o dólar dos Estados Unidos da América em relação à moeda nacional ou taxa de juros associada a outra moeda estrangeira que não o dólar dos Estados Unidos da América em relação à moeda nacional, o valor nocional ajustado e as exposições cambiais serão apurados na própria moeda estrangeira e convertidos em dólares dos Estados Unidos da América para apuração da base de cálculo.

•• § 3.º acrescentado pelo Decreto n. 7.563, de 15-9-2011.

§ 4.º Para os fins do disposto neste artigo, entende-se por:

•• § 4.º, *caput*, acrescentado pelo Decreto n. 7.563, de 15-9-2011.

I – valor nocional ajustado - o valor de referência do contrato - valor nocional - multiplicado pela variação do preço do derivativo em relação à variação do preço da moeda estrangeira, sendo que, no caso de aquisição, venda ou vencimento parcial, o valor nocional ajustado será apurado proporcionalmente;

•• Inciso I acrescentado pelo Decreto n. 7.563, de 15-9-2011.

II – exposição cambial vendida - o somatório do valor nocional ajustado dos contratos de derivativos financeiros do titular que resultem em ganhos quando houver apreciação da moeda nacional relativamente à moeda estrangeira, ou perdas quando houver depreciação da moeda nacional relativamente à moeda estrangeira;

•• Inciso II acrescentado pelo Decreto n. 7.563, de 15-9-2011.

III – exposição cambial comprada - o somatório do valor nocional ajustado dos contratos de derivativos financeiros do titular que resultem em perdas quando houver apreciação da moeda nacional relativamente à moeda estrangeira, ou ganhos quando houver depreciação da moeda nacional relativamente à moeda estrangeira;

•• Inciso III acrescentado pelo Decreto n. 7.563, de 15-9-2011.

IV – exposição cambial líquida vendida - o valor máximo entre zero e o resultado da diferença entre a exposição cambial vendida e a exposição cambial comprada;

•• Inciso IV acrescentado pelo Decreto n. 7.563, de 15-9-2011.

V – exposição cambial líquida comprada - o valor máximo entre zero e o resultado da diferença entre a exposição cambial comprada e a exposição cambial vendida;

•• Inciso V acrescentado pelo Decreto n. 7.563, de 15-9-2011.

VI – exposição cambial líquida comprada ajustada - o valor máximo entre zero e o resultado da diferença entre a exposição cambial comprada, acrescida de US$ 10.000.000,00 (dez milhões de dólares dos Estados Unidos da América), e a exposição cambial vendida;

•• Inciso VI acrescentado pelo Decreto n. 7.563, de 15-9-2011.

VII – contrato de derivativo financeiro - contrato que tem como objeto taxa de câmbio de moeda estrangeira em relação à moeda nacional ou taxa de juros associada a moeda estrangeira em relação à moeda nacional; e

•• Inciso VII acrescentado pelo Decreto n. 7.563, de 15-9-2011.

VIII – data de aquisição, venda ou vencimento - data em que a exposição cambial do contrato de derivativo financeiro é iniciada ou encerrada, total ou parcialmente, pela determinação de parâmetros utilizados no cálculo do valor de liquidação do respectivo contrato.

•• Inciso VIII acrescentado pelo Decreto n. 7.563, de 15-9-2011.

§ 5.º A alíquota fica reduzida a zero:

•• § 5.º, *caput*, com redação determinada pelo Decreto n. 7.699, de 15-3-2012.

I – nas operações com contratos de derivativos para cobertura de riscos, inerentes à oscilação de preço da moeda estrangeira, decorrentes de contratos de exportação firmados por pessoa física ou jurídica residente ou domiciliada no País; e

•• Inciso I acrescentado pelo Decreto n. 7.699, de 15-3-2012.

II – nas demais operações com contratos de derivativos financeiros não incluídos no *caput*.

•• Inciso II acrescentado pelo Decreto n. 7.699, de 15-3-2012.

§ 6.º O contribuinte do tributo é o titular do contrato de derivativos financeiros.

•• § 6.º acrescentado pelo Decreto n. 7.563, de 15-9-2011.

§ 7.º São responsáveis pela apuração e recolhimento do tributo as entidades ou instituições autorizadas a registrar os contratos de derivativos financeiros.

•• § 7.º acrescentado pelo Decreto n. 7.563, de 15-9-2011.

§ 8.º Na impossibilidade de apuração do IOF pelos responsáveis tributários, tais entidades ou instituições deverão, até o décimo dia útil do mês subsequente ao de ocorrência do fato gerador, por meio dos intermediários e participantes habilitados, as informações necessárias para a apuração da base de cálculo das operações com contratos de derivativos financeiros registrados em seus sistemas, e para o recolhimento do tributo:

•• § 8.º, *caput*, acrescentado pelo Decreto n. 7.563, de 15-9-2011.

I – ao contribuinte residente ou domiciliado no País;

•• Inciso I acrescentado pelo Decreto n. 7.563, de 15-9-2011.

II – ao representante legal do contribuinte residente ou domiciliado no exterior; e

•• Inciso II acrescentado pelo Decreto n. 7.563, de 15-9-2011.

III – ao administrador de fundos e clubes de investimentos, para o qual as informações de que trata o § 8.º poderão ser disponibilizadas diariamente.

•• Inciso III acrescentado pelo Decreto n. 7.563, de 15-9-2011.

§ 9.º Caracteriza-se impossibilidade de apuração ou de cobrança, respectivamente, quando as entidades ou instituições de que trata o § 7.º não possuírem todas as informações necessárias para apuração da base de cálculo, inclusive informações de outras entidades autorizadas a registrar contratos de derivativos financeiros, ou não possuírem acesso aos recursos financeiros do contribuinte necessários ao recolhimento do imposto.

•• § 9.º acrescentado pelo Decreto n. 7.563, de 15-9-2011.

§ 10. As informações a que se refere o § 8.º poderão ser disponibilizadas em formato eletrônico.

•• § 10 com redação determinada pelo Decreto n. 7.683, de 29-2-2012.

§ 11. Para fazer jus à alíquota reduzida de que trata o inciso I do § 5.º, o valor total da exposição cambial vendida diária referente às operações com contratos de derivativos não poderá ser superior a 1,2 (um inteiro e dois décimos) vezes o valor total das operações com exportação realizadas no ano anterior pela pessoa física ou jurídica titular dos contratos de derivativos.

•• § 11 acrescentado pelo Decreto n. 7.699, de 15-3-2012.

§ 12. Observado o limite de que trata o § 11, o disposto no inciso I do § 5.º estará sujeito à comprovação de operações de exportação cujos valores justifiquem a respectiva exposição cambial vendida, realizadas no período de até doze meses subsequentes à data de ocorrência do fato gerador do IOF.

•• § 12 acrescentado pelo Decreto n. 7.699, de 15-3-2012.

§ 13. Quando houver falta de comprovação ou descumprimento de condição de que tratam os §§ 11 e 12, o IOF será devido a partir da data de ocorrência do fato gerador e calculado à alíquota correspondente à operação, conforme previsto no *caput*, acrescido de juros e multa de mora.

•• § 13 acrescentado pelo Decreto n. 7.699, de 15-3-2012.

§ 14. Quando, em razão de determinação prévia do Banco Central do Brasil, a taxa de câmbio válida para um determinado dia for definida como a mesma taxa de câmbio do dia útil imediatamente anterior, será considerada como data de aquisição, venda ou vencimento, definida no inciso VIII do § 4.º, para as exposições com aquisição, venda ou vencimento nessa data, o dia útil imediatamente anterior, ficando o próprio contribuinte responsável pela consolidação das exposições destes dias.

•• § 14 acrescentado pelo Decreto n. 7.878, de 27-12-2012.

§ 15. A partir de 13 de junho de 2013, a alíquota prevista no *caput* fica reduzida a zero.

•• § 15 acrescentado pelo Decreto n. 8.027, de 12-6-2013.

Art. 33. A alíquota fica reduzida a zero nas demais operações com títulos ou valores mobiliários, inclusive no resgate de cotas do Fundo de Aposentadoria Programada Individual - FAPI, instituído pela Lei n. 9.477, de 24 de julho de 1997.

•• Artigo com redação determinada pelo Decreto n. 7.487, de 23-5-2011.

Capítulo IV
DA ISENÇÃO

Art. 34. São isentas do IOF as operações com títulos ou valores mobiliários:

I – em que o adquirente seja a entidade binacional Itaipu (art. XII do Tratado promulgado pelo Decreto n. 72.707, de 1973);

II – efetuadas com recursos e em benefício dos Fundos Constitucionais de Financiamento do Norte (FNO) do Nordeste (FNE) e do Centro-Oeste (FCO) (Lei n. 7.827, de 1989, art. 8.º);

III – de negociações com Cédula de Produto Rural realizadas nos mercados de bolsas e de balcão (Lei n. 8.929, de 22-8-1994, art. 19, § 2.º);

IV – em que os adquirentes sejam missões diplomáticas e repartições consulares de carreira (Convenção de Viena sobre Relações Consulares promulgada pelo Decreto n. 61.078, de 1967, art. 32, e Decreto n. 95.711, de 1988, art. 1.º);

V – em que o adquirente seja funcionário estrangeiro de missão diplomática ou representação consular (Convenção de Viena sobre Relações Diplomáticas promulgada pelo Decreto n. 56.435, de 1965, art. 34);

VI – de negociações com Certificado de Depósito Agropecuário – CDA e com *Warrant* Agropecuário – WA (Lei n. 11.076, de 2004, arts. 1.º e 18).

§ 1.º O disposto nos incisos IV e V não se aplica aos consulados e cônsules honorários (Convenção de Viena sobre Relações Consulares promulgada pelo Decreto n. 61.078, de 1967, art. 58).

§ 2.º O disposto no inciso V não se aplica aos funcionários estrangeiros que tenham residência permanente no Brasil (Convenção de Viena sobre Relações Diplomáticas promulgada pelo Decreto n. 56.435, de 1965, art. 37, e Convenção de Viena sobre Relações Consulares promulgada pelo Decreto n. 61.078, de 1967, art. 71).

§ 3.º Os membros das famílias dos funcionários mencionados no inciso V, desde que com eles mantenham relação de dependência econômica e não tenham residência permanente no Brasil, gozarão do tratamento estabelecido neste artigo (Convenção de Viena sobre Relações Diplomáticas promulgada pelo Decreto n. 56.435, de 1965, art. 37, e Convenção de Viena sobre Relações Consulares promulgada pelo Decreto n. 61.078, de 1967, art. 71).

§ 4.º O tratamento estabelecido neste artigo aplica-se, ainda, aos organismos internacionais e regionais de caráter permanente de que o Brasil seja membro e aos funcionários estrangeiros de tais organismos, nos termos dos acordos firmados (Lei n. 5.172, de 1966, art. 98).

Capítulo V
DA COBRANÇA E DO RECOLHIMENTO

Art. 35. O IOF será cobrado na data da liquidação financeira da operação.

§ 1.º No caso de repactuação, o IOF será cobrado na data da ocorrência do fato gerador.

§ 2.º No caso da cessão de que trata o art. 32-A, o IOF será cobrado na data da ocorrência do fato gerador, exceto na hipótese do § 2.º do mesmo artigo, quando a cobrança será efetuada na data da liquidação financeira da oferta pública.

•• § 2.º com redação determinada pelo Decreto n. 7.412, de 30-12-2010.

§ 3.º O IOF deve ser recolhido ao Tesouro Nacional até o terceiro dia útil subsequente ao decêndio da cobrança ou do registro contábil do imposto.

•• § 3.º acrescentado pelo Decreto n. 7.412, de 30-12-2010.

TÍTULO VI
DA INCIDÊNCIA SOBRE OPERAÇÕES COM OURO, ATIVO FINANCEIRO, OU INSTRUMENTO CAMBIAL

Capítulo I
DO FATO GERADOR

Art. 36. O ouro, ativo financeiro, ou instrumento cambial sujeita-se, exclusivamente, à incidência do IOF (Lei n. 7.766, de 1989, art. 4.º).

§ 1.º Entende-se por ouro, ativo financeiro, ou instrumento cambial, desde sua extração, inclusive, o ouro que, em qualquer estado de pureza, em bruto ou refinado, for destinado ao mercado financeiro ou à execução da política cambial do País, em operação realizada com a interveniência de instituição integrante do Sistema Financeiro Nacional, na forma e condições autorizadas pelo Banco Central do Brasil.

§ 2.º Enquadra-se na definição do § 1.º deste artigo o ouro:

I – envolvido em operações de tratamento, refino, transporte, depósito ou custódia, desde que formalizado compromisso de destiná-lo ao Banco Central do Brasil ou à instituição por ele autorizada;

II – adquirido na região de garimpo, onde o ouro é extraído, desde que, na saída do Município, tenha o mesmo destino a que se refere o inciso I;

III – importado, com interveniência das instituições mencionadas no inciso I.

§ 3.º O fato gerador do IOF é a primeira aquisição do ouro, ativo financeiro, ou instrumento cambial, efetuada por instituição autorizada integrante do Sistema Financeiro Nacional (Lei n. 7.766, de 1989, art. 8.º).

§ 4.º Ocorre o fato gerador e torna-se devido o IOF:

I – na data da aquisição;

II – no desembaraço aduaneiro, quando se tratar de ouro físico oriundo do exterior.

Capítulo II
DOS CONTRIBUINTES

Art. 37. Contribuintes do IOF são as instituições autorizadas pelo Banco Central do Brasil que efetuarem a primeira aquisição do ouro, ativo financeiro, ou instrumento cambial (Lei n. 7.766, de 1989, art. 10).

Capítulo III
DA BASE DE CÁLCULO E DA ALÍQUOTA

Da Base de Cálculo

Art. 38. A base de cálculo do IOF é o preço de aquisição do ouro, desde que dentro dos limites de variação da cotação vigente no mercado doméstico, no dia da operação (Lei n. 7.766, de 1989, art. 9.º).

Parágrafo único. Tratando-se de ouro físico, oriundo do exterior, o preço de aquisição, em moeda nacional, será determinado com base no valor de mercado doméstico na data do desembaraço aduaneiro.

Da Alíquota

Art. 39. A alíquota do IOF é de um por cento sobre o preço de aquisição (Lei n. 7.766, de 1989, art. 4.º, parágrafo único).

Capítulo IV
DA COBRANÇA E DO RECOLHIMENTO

Art. 40. O IOF será cobrado na data da primeira aquisição do ouro, ativo financeiro, efetuada por instituição financeira, integrante do Sistema Financeiro Nacional (Lei n. 7.766, de 1989, art. 8.º).

§ 1.º O IOF deve ser recolhido ao Tesouro Nacional até o terceiro dia útil subsequente ao decêndio de ocorrência dos fatos geradores (Lei n. 11.196, de 2005, art. 70, inciso II, alínea *a*).

§ 2.º O recolhimento do IOF deve ser efetuado no Município produtor ou no Município em que estiver localizado o estabelecimento-matriz do contribuinte, devendo ser indicado, no documento de arrecadação, o Estado ou o Distrito Federal e o Município, conforme a origem do ouro (Lei n. 7.766, de 1989, art. 12).

§ 3.º Tratando-se de ouro oriundo do exterior, considera-se Município e Estado de origem o de ingresso do ouro no País (Lei n. 7.766, de 1989, art. 6.º).

§ 4.º A pessoa jurídica adquirente fará constar da nota de aquisição o Estado ou o Distrito Federal e o Município de origem do ouro (Lei n. 7.766, de 1989, art. 7.º).

TÍTULO VII
DAS DISPOSIÇÕES GERAIS E FINAIS

Capítulo I
DAS OBRIGAÇÕES ACESSÓRIAS

Manutenção de Informações

Art. 41. As pessoas jurídicas que efetuarem operações sujeitas à incidência do IOF devem manter à disposição da fiscalização, pelo prazo prescricional, as seguintes informações:

I – relação diária das operações tributadas, com elementos identificadores da operação (beneficiário, espécie, valor e prazo) e o somatório diário do tributo;

II – relação diária das operações isentas ou tributadas à alíquota zero, com elementos identificadores da operação (beneficiário, espécie, valor e prazo);

III – relação mensal dos empréstimos em conta, inclusive excessos de limite, de prazo de até trezentos e sessenta e quatro dias, tributados com base no somatório dos saldos devedores diários, apurado no último dia de cada mês, contendo nome do beneficiário, somatório e valor do IOF cobrado;

IV – relação mensal dos adiantamentos a depositantes, contendo nome do devedor, valor e data de cada parcela tributada e valor do IOF cobrado;

V – relação mensal dos excessos de limite, relativos aos contratos com prazo igual ou superior a trezentos e sessenta e cinco dias ou com prazo indeterminado, contendo nome do mutuário, limite, valor dos excessos tributados e datas das ocorrências.

Parágrafo único. Além das exigências previstas nos incisos I e II, as seguradoras deverão manter arquivadas as informações que instruírem a cobrança bancária.

Art. 42. Serão efetuados de forma centralizada pelo estabelecimento-matriz da pessoa jurídica os recolhimentos do imposto, ressalvado o disposto nos §§ 2.º e 3.º do art. 40.

Parágrafo único. O estabelecimento-matriz deverá manter registros que segreguem as operações de cada estabelecimento cobrador e que permitam demonstrar, com clareza, cada recolhimento efetuado.

Registro Contábil do Imposto

Art. 43. Nas pessoas jurídicas responsáveis pela cobrança e pelo recolhimento, o IOF cobrado é creditado em título contábil próprio e subtítulos adequados à natureza de cada incidência do imposto.

Art. 44. A conta que registra a cobrança do IOF é debitada somente:

I – no estabelecimento cobrador, pela transferência para o estabelecimento centralizador do recolhimento do imposto;

II – no estabelecimento centralizador do imposto, pelo recolhimento ao Tesouro Nacional do valor arrecadado, observados os prazos regulamentares;

III – por estorno, até a data do recolhimento ao Tesouro Nacional, de registro de qualquer natureza feito indevidamente no período, ficando a documentação comprobatória arquivada no estabelecimento que o processar, à disposição da fiscalização.

Obrigações do Responsável

Art. 45. Para efeito de reconhecimento da aplicabilidade de isenção ou alíquota reduzida, cabe ao responsável pela cobrança e recolhimento do IOF exigir:

•• *Caput* com redação determinada pelo Decreto n. 7.487, de 23-5-2011.

I – no caso de cooperativa, declaração, em duas vias, por ela firmada de que atende aos requisitos da legislação cooperativista (Lei n. 5.764, de 16-12-1971);

II – no caso de empresas optantes pelo Simples Nacional, o mutuário da operação de crédito deverá apresentar à pessoa jurídica mutuante declaração, em duas vias, de que se enquadra como pessoa jurídica sujeita ao regime tributário de que trata a Lei Complementar n. 123, de 2006, e que o signatário é seu representante legal e está ciente de que a falsidade na prestação desta informação o sujeitará, juntamente com as demais pessoas que para ela concorrem, às penalidades previstas na legislação criminal e tributária, relativas à falsidade ideológica (art. 299 do Código Penal) e ao crime contra a ordem tributária (Lei n. 8.137, de 27-12-1990, art. 1.º);

III – nos demais casos, a documentação exigida pela legislação específica.

Parágrafo único. Nas hipóteses dos incisos I e II, o responsável pela cobrança do IOF arquivará a 1.ª via da declaração, em ordem alfabética, que ficará à disposição da Secretaria da Receita Federal do Brasil, devendo a 2.ª via ser devolvida como recibo.

Ouro – Documentário Fiscal

Art. 46. As operações com ouro, ativo financeiro, ou instrumento cambial, e a sua destinação, devem ser comprovadas mediante documentário fiscal instituído pela Secretaria da Receita Federal do Brasil (Lei n. 7.766, de 1989, art. 3.º).

Parágrafo único. O transporte do ouro, ativo financeiro, para qualquer parte do território nacional, será acobertado exclusivamente por nota fiscal integrante da documentação mencionada (Lei n. 7.766, de 1989, art. 3.º, § 1.º).

Capítulo II
DAS PENALIDADES E ACRÉSCIMOS MORATÓRIOS

Do Pagamento ou Recolhimento Fora dos Prazos

Art. 47. O IOF não pago ou não recolhido no prazo previsto neste Decreto será acrescido de (Lei n. 9.430, de 27-12-1996, art. 5.º, § 3.º, e art. 61):

I – juros de mora equivalentes à taxa referencial SELIC, para títulos federais, acumulada mensalmente, calculados a partir do primeiro dia do mês subsequente ao do vencimento da obrigação até o último dia do mês anterior ao do pagamento e de um por cento no mês do pagamento;

II – multa de mora, calculada à taxa de 0,33%, por dia de atraso, limitada a vinte por cento.

Parágrafo único. A multa de que trata o inciso II será calculada a partir do primeiro dia subsequente ao do vencimento do prazo previsto para o pagamento ou recolhimento do IOF.

Aplicação de Acréscimos de Procedimento Espontâneo

Art. 48. A pessoa física ou jurídica submetida a ação fiscal por parte da Secretaria da Receita Federal do Brasil poderá pagar, até o vigésimo dia subsequente à data de recebimento do termo de início de fiscalização, o IOF já declarado, de que for sujeito passivo como contribuinte ou responsável, com os acréscimos legais aplicáveis nos casos de procedimento espontâneo (Lei n. 9.430, de 1996, art. 47, e Lei n. 9.532, de 1997, art. 70, inciso II).

Do Lançamento de Ofício

Art. 49. Nos casos de lançamento de ofício, será aplicada multa de setenta e cinco por cento sobre a totalidade ou diferença do imposto, nos casos de falta de pagamento ou recolhimento, de falta de declaração e nos de declaração inexata (Lei n. 9.430, de 1996, art. 44, inciso I).

Parágrafo único. O percentual de multa de que trata o *caput* será duplicado nos casos previstos nos arts. 71, 72 e 73 da Lei n. 4.502, de 30 de novembro de 1964, independentemente de outras penalidades administrativas ou criminais cabíveis (Lei n. 9.430, de 1996, art. 44, § 1.º).

Agravamento de Penalidade

Art. 50. Os percentuais de multa a que se referem o *caput* e parágrafo único do art. 49 serão aumentados de metade, nos casos de não atendimento pelo sujeito passivo, no prazo marcado, de intimação para (Lei n. 9.430, de 1996, art. 44, § 2.º):

I – prestar esclarecimentos;

II – apresentar os arquivos ou sistemas de que tratam os arts. 11 e 12 da Lei n. 8.218, de 29 de agosto de 1991, alterados pelo art. 72 da Medida Provisória n. 2.158-35, de 2001;

III – apresentar a documentação técnica de que trata o art. 38 da Lei n. 9.430, de 1996.

Débitos com Exigibilidade Suspensa por Medida Judicial

Art. 51. Não caberá lançamento de multa de ofício na constituição do crédito tributário destinada a prevenir a decadência, cuja exigibilidade houver sido suspensa na forma dos incisos IV e V do art. 151 da Lei n. 5.172, de 1966 (Lei n. 9.430, de 1996, art. 63, e Medida Provisória n. 2.158-35, de 2001, art. 70).

§ 1.º O disposto neste artigo aplica-se, exclusivamente, aos casos em que a suspensão da exigibilidade do débito tenha ocorrido antes do início de qualquer procedimento de ofício a ele relativo (Lei n. 9.430, de 1996, art. 63, § 1.º).

§ 2.º A interposição da ação judicial favorecida com a medida liminar interrompe a incidência da multa de mora, desde a concessão da medida judicial, até trinta dias após a data da publicação da decisão judicial que considerar devido o imposto (Lei n. 9.430, de 1996, art. 63, § 2.º).

§ 3.º No caso de depósito judicial do valor integral do débito, efetuado tempestivamente, fica afastada também a incidência de juros de mora.

Redução de Penalidade

Art. 52. Será concedida redução de cinquenta por cento da multa de lançamento de ofício ao contribuinte que, notificado, efetuar o pagamento do débito no prazo legal de impugnação (Lei n. 8.218, de 1991, art. 6.º, e Lei n. 9.430, de 1996, art. 44, § 3.º).

§ 1.º Se houver impugnação tempestiva, a redução será de trinta por cento se o pagamento do débito for efetuado dentro de trinta dias da ciência da decisão de primeira instância (Lei n. 8.218, de 1991, art. 6.º, parágrafo único).

§ 2.º Será concedida redução de quarenta por cento da multa de lançamento de ofício ao contribuinte que, notificado, requerer o parcelamento do débito no prazo legal de impugnação, observado que (Lei n. 8.383, de 1991, art. 60):

I – havendo impugnação tempestiva, a redução será de vinte por cento se o parcelamento for requerido dentro de trinta dias da ciência da decisão da primeira instância (Lei n. 8.383, de 1991, art. 60, § 1.º);

II – a rescisão do parcelamento, motivada pelo descumprimento das normas que o regulam, implicará restabelecimento do montante da multa proporcionalmente ao valor da receita não satisfeito (Lei n. 8.383, de 1991, art. 60, § 2.º).

Infrações às Normas Relativas à Prestação de Informações

Art. 53. O descumprimento das obrigações acessórias exigidas nos termos do art. 16 da Lei n. 9.779, de 1999, acarretará a aplicação das seguintes penalidades (Medida Provisória n. 2.158-35, de 2001, art. 57):

I – R$ 5.000,00 (cinco mil reais) por mês-calendário, relativamente às pessoas jurídicas que deixarem de fornecer, nos prazos estabelecidos, as informações ou esclarecimentos solicitados;

II – cinco por cento, não inferior a R$ 100,00 (cem reais), do valor das transações comerciais ou das operações financeiras, próprias da pessoa jurídica ou de terceiros em relação aos quais seja responsável tributário, no caso de informação omitida, inexata ou incompleta.

Casos Especiais de Infração

Art. 54. Sem prejuízo da pena criminal cabível, são aplicáveis ao contribuinte ou ao responsável pela cobrança e pelo recolhimento do IOF as seguintes multas (Lei n. 5.143, de 1966, art. 6.º, Decreto-lei n. 2.391, de 18-12-1987, Lei n. 7.730, de 31-1-1989, art. 27, Lei n. 7.799, de 10-9-1989, art. 66, Lei n. 8.178, de 1.º-3-1991, art. 21, Lei n. 8.218, de 1991, arts. 4.º a 6.º e 10, Lei n. 8.383, de 1991, arts. 3.º e 60, Lei n. 9.249, de 1995, art. 30):

I – R$ 2.867,30 (dois mil oitocentos e sessenta e sete reais e trinta centavos) pela falsificação ou adulteração de guia, livro ou outro papel necessário ao registro ou recolhimento do IOF ou pela coautoria na prática de qualquer dessas faltas;

II – R$ 2.007,11 (dois mil e sete reais e onze centavos) pelo embaraço ou impedimento da ação fiscalizadora, ou pela recusa da exibição de livros, guias ou outro papel necessário ao registro ou recolhimento do IOF, quando solicitados pela fiscalização.

Bolsas de Valores, de Mercadorias, de Futuros e Assemelhadas

Art. 55. A inobservância do prazo a que se refere o § 3.º do art. 59 sujeitará as bolsas de valores, de mercadorias, de futuros e assemelhadas à multa de R$ 828,70 (oitocentos e vinte e oito reais e setenta centavos) por dia útil de atraso (Lei n. 8.021, de 12 -4-1990, art. 7.º, § 1.º, Lei n. 8.178, de 1991, art. 21, Lei n. 8.218, de 1991, art. 10, Lei

n. 8.383, de 1991, art. 3.º, e Lei n. 9.249, de 1995, art. 30).

Ouro – Apreensão

Art. 56. O ouro, ativo financeiro, ou instrumento cambial acompanhado por documentação fiscal irregular será objeto de apreensão pela Secretaria da Receita Federal do Brasil (Lei n. 7.766, de 1989, art. 3.º, § 2.º).

§ 1.º Feita a apreensão do ouro, será intimado imediatamente o seu proprietário, possuidor ou detentor a apresentar, no prazo de vinte e quatro horas, os documentos comprobatórios da regularidade da operação.

§ 2.º Decorrido o prazo da intimação sem que sejam apresentados os documentos exigidos ou, se apresentados, não satisfizerem os requisitos legais, será lavrado auto de infração.

Art. 57. O ouro, ativo financeiro, ou instrumento cambial apreendido poderá ser restituído, antes do julgamento definitivo do processo, a requerimento da parte, depois de sanadas as irregularidades que motivaram a apreensão.

Parágrafo único. Na hipótese de falta de identificação do contribuinte, o ouro apreendido poderá ser restituído, a requerimento do responsável em cujo poder for encontrado, mediante depósito do valor do IOF e da multa aplicável no seu grau máximo ou de prestação de fiança idônea.

Art. 58. Depois do trânsito em julgado da decisão administrativa, o ouro, ativo financeiro, ou instrumento cambial que não for retirado dentro de trinta dias, contados da data da ciência da intimação do último despacho, ficará sob a guarda do Banco Central do Brasil em nome da União e, transcorrido o quinquênio prescricional, será incorporado ao patrimônio do Tesouro Nacional.

Capítulo III
DA FISCALIZAÇÃO DO IOF

Art. 59. Compete à Secretaria da Receita Federal do Brasil a administração do IOF, incluídas as atividades de arrecadação, tributação e fiscalização (Decreto-lei n. 2.471, de 1988, art. 3.º).

§ 1.º No exercício de suas atribuições, a Secretaria da Receita Federal do Brasil, por intermédio de seus agentes fiscais, poderá proceder ao exame de documentos, livros e registros dos contribuintes do IOF e dos responsáveis pela sua cobrança e recolhimento, independentemente de instauração de processo (Decreto-lei n. 2.471, de 1988, art. 3.º, § 1.º).

§ 2.º A autoridade fiscal do Ministério da Fazenda poderá proceder a exames de documentos, livros e registros das bolsas de valores, de mercadorias, de futuros e assemelhadas, bem como solicitar a prestação de esclarecimentos e informações a respeito de operações por elas praticadas, inclusive em relação a terceiros (Lei n. 8.021, de 1990, art. 7.º).

§ 3.º As informações a que se refere o § 2.º deverão ser prestadas no prazo máximo de dez dias úteis contados da data da solicitação (Lei n. 8.021, de 1990, art. 7.º, § 1.º).

§ 4.º As informações obtidas com base neste artigo somente poderão ser utilizadas para efeito de verificação do cumprimento de obrigações tributárias (Lei n. 8.021, de 1990, art. 7.º, § 2.º).

§ 5.º As informações, fornecidas de acordo com as normas regulamentares expedidas pelo Ministério da Fazenda, deverão ser prestadas no prazo máximo de dez dias úteis contados da data da ciência da solicitação, aplicando-se, no caso de descumprimento desse prazo, a penalidade prevista no art. 55 deste Decreto.

Art. 60. No processo administrativo fiscal, compreendendo os procedimentos destinados à determinação e exigência do IOF, à imposição de penalidades, repetição de indébito, à solução de consultas, e no procedimento de compensação do imposto, observar-se-á a legislação prevista para os tributos federais e normas baixadas pela Secretaria da Receita Federal do Brasil.

Capítulo IV
DA COMPENSAÇÃO E DA RESTITUIÇÃO

Art. 61. Nos casos de pagamento indevido ou a maior do imposto, mesmo quando resultante de reforma, anulação, revogação ou rescisão de decisão condenatória, o contribuinte ou o responsável tributário, quando este assumir o ônus do imposto ou estiver expressamente autorizado, poderá requerer a restituição desse valor, observadas as instruções expedidas pela Secretaria da Receita Federal do Brasil (Lei n. 5.172, de 1966, art. 165).

Art. 62. O sujeito passivo que apurar crédito de IOF, inclusive os judiciais com trânsito em julgado, passível de restituição, poderá utilizá-lo na compensação de débitos próprios relativos a quaisquer tributos e contribuições administrados pela Secretaria da Receita Federal do Brasil (Lei n. 9.430, de 1996, art. 74, Lei n. 10.637, de 30-12-2002, art. 49, Lei n. 10.833, de 29-12-2003, art. 17, e Lei n. 11.051, de 29-12-2004, art. 4.º).

§ 1.º A compensação de que trata este artigo será efetuada mediante a entrega, pelo sujeito passivo, de declaração na qual constarão informações relativas aos créditos utilizados e aos respectivos débitos compensados.

§ 2.º A compensação declarada à Secretaria da Receita Federal do Brasil extingue o crédito tributário, sob condição resolutória de sua ulterior homologação.

§ 3.º O prazo para homologação da compensação declarada pelo sujeito passivo será de cinco anos, contado da data da entrega da declaração de compensação.

§ 4.º A declaração de compensação constitui confissão de dívida e instrumento hábil e suficiente para a exigência dos débitos indevidamente compensados.

§ 5.º Não homologada a compensação, a autoridade administrativa deverá cientificar o sujeito passivo e intimá-lo a efetuar, no prazo de trinta dias, contado da ciência do ato que não a homologou, o pagamento dos débitos indevidamente compensados.

§ 6.º Não efetuado o pagamento no prazo previsto no § 5.º, o débito será encaminhado à Procuradoria-Geral da Fazenda Nacional para inscrição em Dívida Ativa da

União, ressalvado o disposto no § 7.º.

§ 7.º É facultado ao sujeito passivo, no prazo referido no § 5.º, apresentar manifestação de inconformidade contra a não homologação da compensação.

§ 8.º Da decisão que julgar improcedente a manifestação de inconformidade caberá recurso ao Conselho de Contribuintes.

§ 9.º A manifestação de inconformidade e o recurso de que tratam os §§ 7.º e 8.º obedecerão ao rito processual do Decreto n. 70.235, de 6 de março de 1972, e enquadram-se no disposto no inciso III do art. 151 da Lei n. 5.172, de 1966, relativamente ao débito objeto da compensação.

Art. 63. O valor a ser restituído ou compensado será acrescido de juros equivalentes à taxa referencial SELIC, para títulos federais, acumulada mensalmente, calculados a partir do mês subsequente ao do pagamento indevido ou a maior até o mês anterior ao da compensação ou restituição e de um por cento relativamente ao mês em que esta estiver sendo efetuada (Lei n. 9.250, de 1995, art. 39, § 4.º, e Lei n. 9.532, de 1997, art. 73).

Capítulo V
DAS DISPOSIÇÕES FINAIS

Art. 64. Não configura fato gerador o registro decorrente de erro formal ou contábil, devendo, nesta hipótese, ser mantida à disposição da fiscalização a documentação comprobatória e ser promovida a regularização pertinente.

Art. 65. É vedada a concessão de parcelamento de débitos relativos ao IOF, retido e não recolhido ao Tesouro Nacional (Lei n. 10.522, de 19-7-2002, art. 14, e Lei n. 11.051, de 2004, art. 3.º).

Parágrafo único. É vedada, igualmente, a concessão de parcelamento de débitos enquanto não integralmente pago parcelamento anterior, relativo ao mesmo tributo.

Art. 66. Compete à Secretaria da Receita Federal do Brasil editar os atos necessários à execução do disposto neste Decreto.

Art. 67. Este Decreto entra em vigor na data de sua publicação.

Art. 68. Ficam revogados os Decretos n. 4.494, de 3 de dezembro de 2002, e n. 5.172, de 6 de agosto de 2004.

Brasília, 14 de dezembro de 2007; 186.º da Independência e 119.º da República.

Luiz Inácio Lula da Silva

Anexo

N. de Dias	% Limite do Rendimento
01	96
02	93
03	90
04	86
05	83
06	80
07	76
08	73
09	70
10	66
11	63
12	60
13	56
14	53
15	50
16	46
17	43
18	40
19	36
20	33
21	30
22	26
23	23
24	20
25	16
26	13
27	10
28	06
29	03
30	00

DECRETO N. 6.451, DE 12 DE MAIO DE 2008 (*)

Regulamenta o art. 56 da Lei Complementar n. 123, de 14 de dezembro de 2006, que dispõe sobre a constituição do Consórcio Simples por microempresas e empresas de pequeno porte optantes pelo Simples Nacional.

O Presidente da República, no uso da atribuição que lhe confere o art. 84, inciso IV, da Constituição, e tendo em

(*) Publicado no *DOU*, de 13-5-2008.

vista o disposto no art. 56 da Lei Complementar n. 123, de 14 de dezembro de 2006, decreta:

Capítulo I
DA CONSTITUIÇÃO E COMPOSIÇÃO

Art. 1.º As microempresas e as empresas de pequeno porte optantes pelo Regime Especial Unificado de Arrecadação de Tributos e Contribuições devidos pelas Microempresas e Empresas de Pequeno Porte – SIMPLES NACIONAL poderão constituir, nos termos do art. 56 da Lei Complementar n. 123, de 14 de dezembro de 2006, consórcio simples, por tempo indeterminado, tendo como objeto a compra e venda de bens e serviços para os mercados nacional e internacional.

§ 1.º A microempresa ou empresa de pequeno porte não poderá participar simultaneamente de mais de um consórcio simples.

§ 2.º O consórcio simples não poderá ser concomitantemente de venda e de compra, salvo no caso de compra de insumos para industrialização.

Capítulo II
DOS REQUISITOS GERAIS DE FORMAÇÃO DO CONSÓRCIO SIMPLES

Art. 2.º O consórcio simples não tem personalidade jurídica e as consorciadas somente se obrigam nas condições previstas no respectivo contrato, respondendo cada uma por suas obrigações, sem presunção de solidariedade, salvo se assim estabelecido entre as consorciadas.

Art. 3.º O contrato de consórcio simples e suas alterações serão arquivados no órgão de registro público competente e deverá conter, no mínimo, cláusulas que estabeleçam:

I – a denominação, a finalidade, o endereço e o foro;

II – a identificação de cada uma das consorciadas que integrarão o consórcio simples;

III – a indicação da área de atuação do consórcio simples, inclusive se a atividade se destina a compra ou venda;

IV – a forma de deliberação sobre assuntos de interesse comum, com o número de votos que cabe a cada consorciada;

V – o direito de qualquer das consorciadas, quando adimplentes com as suas obrigações, de exigir o pleno cumprimento das suas cláusulas;

VI – a definição das obrigações e responsabilidades de cada consorciada, e das prestações específicas, observadas as disposições da legislação civil;

VII – as normas sobre recebimento de receitas e partilha de resultados;

VIII – as normas sobre administração do consórcio simples, contabilização e representação das consorciadas e taxa de administração, se houver; e

IX – a contribuição de cada consorciada para as despesas comuns, se houver.

§ 1.º Os atos de formação dos consórcios simples deverão ainda especificar regras de substituição, de ingresso e de saída das microempresas e empresas de pequeno porte consorciadas, inclusive na hipótese de exclusão da consorciada do SIMPLES NACIONAL.

§ 2.º No caso de exclusão da consorciada do SIMPLES NACIONAL, proceder-se-á à sua imediata retirada do consórcio simples.

§ 3.º A falência ou insolvência civil de uma consorciada não se estende às demais, subsistindo o consórcio simples com as demais consorciadas; os créditos que porventura tiver a falida serão apurados e pagos na forma prevista no contrato do consórcio simples.

§ 4.º À exceção da exclusão da microempresa ou da empresa de pequeno porte do SIMPLES NACIONAL, a exclusão de consorciada só é admissível desde que prevista no contrato do consórcio simples.

Capítulo III
DA CONTABILIDADE

Art. 4.º Cada consorciada deverá apropriar suas receitas, custos e despesas incorridos proporcionalmente à sua participação no consórcio simples, conforme documento arquivado no órgão de registro.

§ 1.º O disposto no *caput* aplica-se para fins do recolhimento dos impostos e contribuições na forma do SIMPLES NACIONAL.

§ 2.º O consórcio simples deverá manter registro contábil das operações em Livro Diário próprio, devidamente registrado.

§ 3.º O registro contábil das operações no consórcio simples deverá corresponder ao somatório dos valores das parcelas das consorciadas, individualizado proporcionalmente à participação de cada consorciada.

§ 4.º Sem prejuízo do disposto nos §§ 2.º e 3.º, as operações objeto do consórcio simples, relativas à participação das consorciadas, serão registradas pelas consorciadas na forma disciplinada pelo Comitê Gestor, conforme dispõe o art. 27 da Lei Complementar n. 123, de 2006.

§ 5.º Os livros utilizados para registro das operações do consórcio e os documentos que permitam sua perfeita verificação deverão ser mantidos pelo consórcio simples e pelas consorciadas pelo prazo de decadência e prescrição estabelecidos pela legislação tributária.

Art. 5.º O faturamento correspondente às operações do consórcio simples será efetuado pelas consorciadas, mediante a emissão de Nota Fiscal ou Fatura próprios, proporcionalmente à participação de cada uma no consórcio simples.

§ 1.º Nas hipóteses autorizadas pela legislação do Imposto sobre Operações relativas à Circulação de Mercadorias e sobre Prestações de Serviços de Transporte Interestadual e Intermunicipal e de Comunicação – ICMS, a Nota Fiscal ou Fatura de que trata o *caput* poderá ser emitida pelo consórcio simples, observada a apropriação proporcional de que trata o *caput* do art. 4.º.

§ 2.º Na hipótese do § 1.º, o consórcio simples remeterá cópia da Nota Fiscal ou Fatura às consorciadas, indicando na mesma as parcelas de receitas correspondentes a cada uma, para efeito de operacionalização do disposto no *caput* do art. 4.º.

§ 3.º No histórico dos documentos de que trata este artigo deverá ser incluída informação esclarecendo tratar-se de operações vinculadas ao consórcio simples.

Capítulo IV
DA EXPORTAÇÃO

Art. 6.º O consórcio simples de exportação deverá prever em seu contrato a exploração exclusiva de exportação de bens e serviços a ela voltados, em prol exclusivo de suas consorciadas.

Capítulo V
DAS DISPOSIÇÕES FINAIS

Art. 7.º Aplicam-se ao consórcio simples, quanto à substituição tributária e à retenção na fonte de impostos e contribuições, as normas relativas às microempresas e empresas de pequeno porte optantes pelo SIMPLES NACIONAL, proporcionalmente à sua participação no consórcio simples.

Art. 8.º Este Decreto entra em vigor na data de sua publicação.

Brasília, 12 de maio de 2008; 187.º da Independência e 120.º da República.

LUIZ INÁCIO LULA DA SILVA

LEI N. 11.727, DE 23 DE JUNHO DE 2008 (*)

Dispõe sobre medidas tributárias destinadas a estimular os investimentos e a modernização do setor de turismo, a reforçar o sistema de proteção tarifária brasileiro, a estabelecer a incidência de forma concentrada da Contribuição para o PIS/Pasep e da Contribuição para o Financiamento da Seguridade Social - Cofins na produção e comercialização de álcool; altera as Leis n. 10.865, de 30 de abril de 2004, 11.488, de 15 de junho de 2007, 9.718, de 27 de novembro de 1998, 11.196, de 21 de novembro de 2005, 10.637, de 30 de dezembro de 2002, 10.833, de 29 de dezembro de 2003, 7.689, de 15 de dezembro de 1988, 7.070, de 20 de dezembro de 1982, 9.250, de 26 de dezembro de 1995, 9.430, de 27 de dezembro de 1996, 9.249, de 26 de dezembro de 1995, 11.051, de 29 de dezembro de 2004, 9.393, de 19 de dezembro de 1996, 8.213, de 24 de julho de 1991, 7.856, de 24 de outubro de 1989, e a Medida Provisória n. 2.158-35, de 24 de agosto de 2001; e dá outras providências.

O Presidente da República

Faço saber que o Congresso Nacional decreta e eu sanciono a seguinte Lei:

Art. 1.º Para efeito de apuração da base de cálculo do imposto de renda, a pessoa jurídica que explore a atividade de hotelaria poderá utilizar depreciação acelerada incentivada de bens móveis integrantes do ativo imobilizado, adquiridos a partir da data da publicação da Medida Provisória n. 413, de 3 de janeiro de 2008, até 31 de dezembro de 2010, calculada pela aplicação da taxa de depreciação admitida pela legislação tributária, sem prejuízo da depreciação contábil.

§ 1.º A quota de depreciação acelerada incentivada de que trata o *caput* deste artigo constituirá exclusão do lucro líquido para fins de determinação do lucro real e será controlada no livro fiscal de apuração do lucro real.

§ 2.º O total da depreciação acumulada, incluindo a contábil e a acelerada incentivada, não poderá ultrapassar o custo de aquisição do bem.

§ 3.º A partir do período de apuração em que for atingido o limite de que trata o § 2.º deste artigo, o valor da depreciação, registrado na contabilidade, deverá ser adicionado ao lucro líquido para efeito de determinação do lucro real.

Art. 2.º O Poder Executivo poderá definir alíquotas específicas (*ad rem*) para o Imposto de Importação, por quilograma líquido ou unidade de medida estatística da mercadoria, estabelecer e alterar a relação de mercadorias sujeitas à incidência do Imposto de Importação sob essa forma, bem como diferenciar as alíquotas específicas por tipo de mercadoria.

•• *Vide* art. 41, I, desta Lei.

Parágrafo único. A alíquota de que trata este artigo fica fixada em R$ 15,00 (quinze reais) por quilograma líquido ou unidade de medida estatística da mercadoria, podendo ser reduzida por ato do Poder Executivo nos termos do *caput* deste artigo.

Art. 3.º O art. 8.º da Lei n. 10.865, de 30 de abril de 2004, passa a vigorar acrescido dos seguintes §§ 17 e 18:

•• Alterações já processadas no diploma modificado.

....

Art. 5.º Os valores retidos na fonte a título da Contribuição para o PIS/Pasep e da Cofins, quando não for possível sua dedução dos valores a pagar das respectivas contribuições no mês de apuração, poderão ser restituídos ou compensados com débitos relativos a outros tributos e contribuições administrados pela Secretaria da Receita Federal do Brasil, observada a legislação específica aplicável à matéria.

(*) Publicada no *DOU*, de 24-6-2008. Esta Lei é a conversão da Medida Provisória n. 413, de 3-1-2008.

•• Artigo regulamentado pelo Decreto n. 6.662, de 25-11-2008.

§ 1.º Fica configurada a impossibilidade da dedução de que trata o *caput* deste artigo quando o montante retido no mês exceder o valor da respectiva contribuição a pagar no mesmo mês.

§ 2.º Para efeito da determinação do excesso de que trata o § 1.º deste artigo, considera-se contribuição a pagar no mês da retenção o valor da contribuição devida descontada dos créditos apurados naquele mês.

§ 3.º A partir da publicação da Medida Provisória n. 413, de 3 de janeiro de 2008, o saldo dos valores retidos na fonte a título da Contribuição para o PIS/Pasep e da Cofins apurados em períodos anteriores poderá também ser restituído ou compensado com débitos relativos a outros tributos e contribuições administrados pela Secretaria da Receita Federal do Brasil, na forma a ser regulamentada pelo Poder Executivo.

....

Art. 7.º O art. 5.º da Lei n. 9.718, de 27 de novembro de 1998, passa a vigorar com a seguinte redação:

•• Alterações já processadas no diploma modificado.

Art. 8.º Excepcionalmente, para o ano-calendário de 2008, a opção de que trata o § 4.º do art. 5.º da Lei n. 9.718, de 27 de novembro de 1998, será exercida até o último dia útil do quarto mês subsequente ao da publicação desta Lei, produzindo efeitos, de forma irretratável, a partir do primeiro dia desse mês.

....

Art. 10. A pessoa jurídica sujeita ao regime de apuração não cumulativa da Contribuição para o PIS/Pasep e da Cofins, produtora ou importadora de álcool, inclusive para fins carburantes, poderá descontar créditos presumidos relativos ao estoque deste produto existente no último dia do terceiro mês subsequente ao da publicação desta Lei.

•• *Vide* art. 41, IV, desta Lei.

§ 1.º Os créditos de que trata o *caput* deste artigo corresponderão a:

I – R$ 7,14 (sete reais e quatorze centavos) por metro cúbico de álcool, no caso da Contribuição para o PIS/Pasep; e

II – R$ 32,86 (trinta e dois reais e oitenta e seis centavos) por metro cúbico de álcool, no caso da Cofins.

§ 2.º Os créditos de que trata o *caput* deste artigo:

I – serão apropriados em 12 (doze) parcelas mensais, iguais e sucessivas, a partir do quarto mês subsequente ao da publicação desta Lei, observado o disposto no § 1.º deste artigo; e

II – somente poderão ser utilizados para compensação com débitos relativos à Contribuição para o PIS/Pasep e à Cofins apurados no regime não cumulativo.

§ 3.º A pessoa jurídica distribuidora apurará a Contribuição para o PIS/Pasep e a Cofins incidentes sobre a venda do estoque de álcool, inclusive para fins carburantes, existente no último dia do terceiro mês subsequente ao da publicação desta Lei, com base no regime legal anterior à publicação da Medida Provisória n. 413, de 3 de janeiro de 2008, independentemente da data em que a operação de venda se realizar.

Art. 11. Fica suspenso o pagamento da Contribuição para o PIS/Pasep e da Cofins na venda de cana-de-açúcar, classificada na posição 12.12 da Nomenclatura Comum do Mercosul – NCM.

•• *Caput* com redação determinada pela Lei n. 12.844, de 19-7-2013.

§ 1.º É vedado à pessoa jurídica vendedora de cana-de-açúcar o aproveitamento de créditos vinculados à receita de venda efetuada com suspensão na forma do *caput* deste artigo.

§ 2.º Não se aplicam as disposições deste artigo no caso de venda de cana-de-açúcar para pessoa jurídica que apura as contribuições no regime de cumulatividade.

Art. 12. No caso de produção por encomenda de álcool, inclusive para fins carburantes:

•• *Vide* art. 41, IV, desta Lei.

I – a pessoa jurídica encomendante fica sujeita às alíquotas previstas no *caput* do art. 5.º da Lei n. 9.718, de 27 de novembro de 1998, observado o disposto em seus §§ 4.º, 8.º e 9.º;

II – a pessoa jurídica executora da encomenda deverá apurar a Contribuição para o PIS/Pasep e a Cofins mediante a aplicação das alíquotas de 1,65% (um inteiro e sessenta e cinco centésimos por cento) e de 7,6% (sete inteiros e seis décimos por cento), respectivamente; e

III – aplicam-se os conceitos de industrialização por encomenda da legislação do Imposto sobre Produtos Industrializados – IPI.

Art. 13. Os produtores de álcool, inclusive para fins carburantes, ficam obrigados à instalação de equipamentos de controle de produção nos termos, condições e prazos estabelecidos pela Secretaria da Receita Federal do Brasil.

•• *Vide* art. 41, II, desta Lei.

§ 1.º A Secretaria da Receita Federal do Brasil poderá dispensar a instalação dos equipamentos previstos no *caput* deste artigo, em função de limites de produção ou faturamento que fixar.

§ 2.º No caso de inoperância de qualquer dos equipamentos previstos no *caput* deste artigo, o produtor deverá comunicar a ocorrência à unidade da Secretaria da Receita Federal do Brasil com jurisdição sobre seu domicílio fiscal, no prazo de 24 (vinte e quatro) horas, devendo manter controle do volume de produção enquanto perdurar a interrupção.

§ 3.º O descumprimento das disposições deste artigo ensejará a aplicação de multa:

I – correspondente a 50% (cinquenta por cento) do valor comercial da mercadoria produzida no período de inoperância, não inferior a R$ 5.000,00 (cinco mil reais), se, a partir do décimo dia subsequente ao prazo fixado para a entrada em operação do sistema, os equipamentos referidos no *caput* deste artigo não tiverem sido instalados em virtude de impedimento criado pelo produtor; e

II – no valor de R$ 5.000,00 (cinco mil reais), sem prejuízo do disposto no inciso I deste parágrafo, no caso de falta da comunicação da inoperância do medidor na forma do § 2.º deste artigo.

§ 4.º Para fins do disposto no inciso I do § 3.º deste artigo, considera-se impedimento qualquer ação ou omissão praticada pelo fabricante tendente a impedir ou retardar a instalação dos equipamentos ou, mesmo após a sua instalação, prejudicar o seu normal funcionamento.

Art. 14. Os arts. 2.º e 3.º da Lei n. 10.637, de 30 de dezembro de 2002, passam a vigorar com as seguintes alterações:

•• Alterações já processadas no diploma modificado.

Art. 15. Os arts. 2.º e 3.º da Lei n. 10.833, de 29 de dezembro de 2003, passam a vigorar com as seguintes alterações:

•• Alterações já processadas no diploma modificado.

....

Art. 17. O art. 3.º da Lei n. 7.689, de 15 de dezembro de 1988, passa a vigorar com a seguinte redação:

•• Alterações já processadas no diploma modificado.

Art. 18. Ficam prorrogados até 30 de abril de 2012, os prazos previstos nos incisos III e IV do § 12 do art. 8.º e nos incisos I e II do *caput* do art. 28, ambos da Lei n. 10.865, de 30 de abril de 2004.

•• *Vide* art. 41, III, desta Lei.

Art. 19. O parágrafo único do art. 34 da Lei n. 10.833, de 29 de dezembro de 2003, passa a vigorar com a seguinte redação:

•• Alterações já processadas no diploma modificado.

....

Art. 21. O inciso II do *caput* do art. 4.º e a alínea *f* do inciso II do *caput* e o § 3.º do art. 8.º da Lei n. 9.250, de 26 de dezembro de 1995, passam a vigorar com a seguinte redação:

•• Alterações já processadas no diploma modificado.

Art. 22. O art. 24 da Lei n. 9.430, de 27 de dezembro de 1996, passa a vigorar acrescido do seguinte § 4.º:

•• Alterações já processadas no diploma modificado.

Art. 23. A Lei n. 9.430, de 27 de dezembro de 1996, passa a vigorar acrescida dos seguintes arts. 24-A e 24-B:

•• Alterações já processadas no diploma modificado.

Art. 24. A pessoa jurídica sujeita ao regime de apuração não cumulativa da Contribuição para o PIS/Pasep e da Cofins, produtora ou fabricante dos produtos relacionados no § 1.º do art. 2.º da Lei n. 10.833, de 29 de dezembro de 2003, pode descontar créditos relativos à aquisição desses produtos de outra pessoa jurídica importadora, produtora ou fabricante, para revenda no mercado interno ou para exportação.

§ 1.º Os créditos de que trata o *caput* deste artigo correspondem aos valores da Contribuição para o PIS/Pasep e da Cofins devidos pelo vendedor em decorrência da operação.

§ 2.º Não se aplica às aquisições de que trata o *caput* deste artigo o disposto na alínea *b* do inciso I do *caput* do art. 3.º da Lei n. 10.637, de 30 de dezembro de 2002, e na alínea *b* do inciso I do *caput* do art. 3.º da Lei n. 10.833, de 29 de dezembro de 2003.

....

Art. 29. A alínea *a* do inciso III do § 1.º do art. 15 da Lei n. 9.249, de 26 de dezembro de 1995, passa a vigorar com a seguinte redação:

•• Alterações já processadas no diploma modificado.

Art. 30. Até 31 de dezembro de 2008, a multa a que se refere o § 3.º do art. 7.º da Lei n. 10.426, de 24 de abril de 2002, quando aplicada a associação sem fins lucrativos que tenha observado o disposto em um dos incisos do § 2.º do mesmo artigo, será reduzida a 10% (dez por cento).

Art. 31. A pessoa jurídica que tenha por objeto exclusivamente a gestão de participações societárias (*holding*) poderá diferir o reconhecimento das despesas com juros e encargos financeiros pagos ou incorridos relativos a empréstimos contraídos para financiamento de investimentos em sociedades controladas.

•• *Vide* art. 41, VI, desta Lei.

§ 1.º A despesa de que trata o *caput* deste artigo constituirá adição ao lucro líquido para fins de determinação do lucro real e da base de cálculo da contribuição social sobre o lucro líquido e será controlada em livro fiscal de apuração do lucro real.

§ 2.º As despesas financeiras de que trata este artigo devem ser contabilizadas individualizadamente por controlada, de modo a permitir a identificação e verificação em separado dos valores diferidos por investimento.

§ 3.º O valor registrado na forma do § 2.º deste artigo integrará o custo do investimento para efeito de apuração de ganho ou perda de capital na alienação ou liquidação do investimento.

Art. 32. A Lei n. 10.833, de 29 de dezembro de 2003, passa a vigorar acrescida dos seguintes arts. 58-A a 58-U:

•• Alterações já processadas no diploma modificado.

Art. 33. Os produtos referidos no art. 58-A da Lei n. 10.833, de 29 de dezembro de 2003, enquadrados no regime tributário do IPI previsto na Lei n. 7.798, de 10 de julho de 1989, e a pessoa jurídica optante pelo regime especial de tributação da Contribuição para o PIS/PASEP e da Cofins de que trata o art. 52 da Lei n. 10.833, de 2003, serão excluídos dos respectivos regimes no último dia do mês de dezembro de 2008.

•• *Caput* com redação determinada pela Lei n. 11.827, de 20-11-2008.

•• *Vide* art. 41, VII, desta Lei.

§ 1.º Os produtos e as pessoas jurídicas enquadrados na hipótese de que trata o *caput*, a partir da data nele referida, ficarão sujeitos ao regime geral previsto nos arts. 58-D a 58-I da Lei n. 10.833, de 29 de dezembro de 2003, com a redação dada por esta Lei.

§ 2.º Às pessoas jurídicas excluídas, na forma deste artigo, do regime especial de tributação das contribuições de que trata o art. 52 da Lei n. 10.833, de 29 de dezembro de 2003, não se aplica o disposto:

I – nos arts. 49, 50, 52, 55, 57 e 58 da Lei n. 10.833, de 29 de dezembro de 2003; e

II – no § 7.º do art. 8.º e nos §§ 9.º e 10 do art. 15 da Lei n. 10.865, de 30 de abril de 2004.

....

Art. 36. Os arts. 2.º, 3.º, 51 e 53 da Lei n. 10.833, de 29 de dezembro de 2003, passam a vigorar com as seguintes alterações:

•• Alterações já processadas no diploma modificado.

....

Art. 40. O inciso II do § 1.º do art. 10 da Lei n. 9.393, de 19 de dezembro de 1996, passa a vigorar acrescido da seguinte alínea:

•• Alteração já processada no diploma modificado.

Art. 41. Esta Lei entra em vigor na data de sua publicação, produzindo efeitos em relação:

I – ao art. 2.º, a partir da regulamentação;

II – aos arts. 3.º, 13 e 17, a partir do primeiro dia do quarto mês subsequente ao da publicação da Medida Provisória n. 413, de 3 de janeiro de 2008;

III – ao art. 18, a partir de 1.º de maio de 2008;

IV – aos arts. 7.º, 9.º a 12 e 14 a 16, a partir do primeiro dia do quarto mês subsequente ao da publicação desta Lei;

•• Inciso IV com redação determinada pela Lei n. 11.827, de 20-11-2008.

V – ao art. 21, a partir da data da publicação da Lei n. 11.441, de 4 de janeiro de 2007;

VI – aos arts. 22, 23, 29 e 31, a partir do primeiro dia do ano seguinte ao da publicação desta Lei.

VII – aos arts. 32 a 39, a partir de 1.º de janeiro de 2009.

•• Inciso VII acrescentado pela Lei n. 11.827, de 20-11-2008.

Parágrafo único. Enquanto não produzirem efeitos os arts. 7.º, 9.º a 12 e 14 a 16 desta Lei, nos termos do inciso IV deste artigo, fica mantido o regime anterior à publicação da Medida Provisória n. 413, de 3 de janeiro de 2008, de incidência da Contribuição para o PIS/Pasep e da Cofins sobre a importação de álcool, inclusive para fins carburantes, e sobre a receita bruta auferida por produtor, importador ou distribuidor com a venda desse produto.

Art. 42. Ficam revogados:

I – a partir da data da publicação da Medida Provisória n. 413, de 3 de janeiro de 2008, os §§ 1.º e 2.º do art. 126 da Lei n. 8.213, de 24 de julho de 1991;

II – a partir do primeiro dia do quarto mês subsequente ao da publicação da Medida Provisória n. 413, de 3 de janeiro de 2008:

a) o art. 37 da Lei n. 10.637, de 30 de dezembro de 2002;

b) o art. 2.º da Lei n. 7.856, de 24 de outubro de 1989;

III – a partir do primeiro dia do quarto mês subsequente ao da publicação desta Lei:

a) o parágrafo único do art. 6.º da Lei n. 9.718, de 27 de novembro de 1998;

b) os incisos II e III do *caput* do art. 42 da Medida Provisória n. 2.158-35, de 24 de agosto de 2001;

c) o inciso IV do § 3.º do art. 1.º e a alínea *a* do inciso VII do art. 8.º da Lei n. 10.637, de 30 de dezembro de 2002;

d) o inciso IV do § 3.º do art. 1.º e a alínea *a* do inciso VII do *caput* do art. 10 da Lei n. 10.833, de 29 de dezembro de 2003;

e) (*Revogada pela Lei n. 11.827, de 20-11-2008.*)

f) (*Revogada pela Lei n. 11.827, de 20-11-2008.*)

IV – a partir de 1.º de janeiro de 2009:

•• Inciso IV, *caput*, acrescentado pela Lei n. 11.827, de 20-11-2008.

a) os arts. 49, 50, 52, 55, 57 e 58 da Lei n. 10.833, de 29 de dezembro de 2003, não havendo, após essa data, outra forma de tributação além dos 2 (dois) regimes previstos nos arts. 58-A a 58-U da Lei n. 10.833, de 29 de dezembro de 2003, e demais dispositivos contidos nesta Lei a eles relacionados;

•• Alínea a acrescentada pela Lei n. 11.827, de 20-11-2008.

b) o § 7.º do art. 8.º e os §§ 9.º e 10 do art. 15 da Lei n. 10.865, de 30 de abril de 2004.

•• Alínea b acrescentada pela Lei n. 11.827, de 20-11-2008.

Brasília, 23 de junho de 2008; 187.º da Independência e 120.º da República.

LUIZ INÁCIO LULA DA SILVA

LEI N. 12.016, DE 7 DE AGOSTO DE 2009 (*)

Disciplina o mandado de segurança individual e coletivo e dá outras providências.

O Presidente da República

Faço saber que o Congresso Nacional decreta e eu sanciono a seguinte Lei:

Art. 1.º Conceder-se-á mandado de segurança para proteger direito líquido e certo, não amparado por *habeas corpus* ou *habeas data*, sempre que, ilegalmente ou com abuso de poder, qualquer pessoa física ou jurídica sofrer violação ou houver justo receio de sofrê-la por parte de autoridade, seja de que categoria for e sejam quais forem as funções que exerça.

• *Vide* art. 5.º, LXVIII, LXIX e LXX, da CF.

• *Habeas corpus* e seu processo: arts. 647 e s. do CPP.

• *Habeas data*: Lei n. 9.507, de 12-11-1997.

§ 1.º Equiparam-se às autoridades, para os efeitos desta Lei, os representantes ou órgãos de partidos políticos e os administradores de entidades autárquicas, bem como os dirigentes de pessoas jurídicas ou as pessoas naturais no exercício de atribuições do poder público, somente no que disser respeito a essas atribuições.

• *Vide* Súmula 333 do STJ.

§ 2.º Não cabe mandado de segurança contra os atos de gestão comercial praticados pelos administradores de empresas públicas, de sociedade de economia mista e de concessionárias de serviço público.

(*) Publicada no *DOU*, de 10-8-2009. Vide Súmula 429 do STF e Súmula 460 do STJ.

§ 3.º Quando o direito ameaçado ou violado couber a várias pessoas, qualquer delas poderá requerer o mandado de segurança.

Art. 2.º Considerar-se-á federal a autoridade coatora se as consequências de ordem patrimonial do ato contra o qual se requer o mandado houverem de ser suportadas pela União ou entidade por ela controlada.

Art. 3.º O titular de direito líquido e certo decorrente de direito, em condições idênticas, de terceiro poderá impetrar mandado de segurança a favor do direito originário, se o seu titular não o fizer, no prazo de 30 (trinta) dias, quando notificado judicialmente.

Parágrafo único. O exercício do direito previsto no *caput* deste artigo submete-se ao prazo fixado no art. 23 desta Lei, contado da notificação.

Art. 4.º Em caso de urgência, é permitido, observados os requisitos legais, impetrar mandado de segurança por telegrama, radiograma, fax ou outro meio eletrônico de autenticidade comprovada.

§ 1.º Poderá o juiz, em caso de urgência, notificar a autoridade por telegrama, radiograma ou outro meio que assegure a autenticidade do documento e a imediata ciência pela autoridade.

§ 2.º O texto original da petição deverá ser apresentado nos 5 (cinco) dias úteis seguintes.

§ 3.º Para os fins deste artigo, em se tratando de documento eletrônico, serão observadas as regras da Infraestrutura de Chaves Públicas Brasileira - ICPBrasil.

- A Medida Provisória n. 2.200-2, de 24-8-2001, institui a Infraestrutura de Chaves Públicas Brasileira - ICP-Brasil.

Art. 5.º Não se concederá mandado de segurança quando se tratar:

I – de ato do qual caiba recurso administrativo com efeito suspensivo, independentemente de caução;

- *Vide* Súmula 429 do STF.

II – de decisão judicial da qual caiba recurso com efeito suspensivo;

- *Vide* Súmula 267 do STF.

III – de decisão judicial transitada em julgado.

Parágrafo único. (*Vetado.*)

Art. 6.º A petição inicial, que deverá preencher os requisitos estabelecidos pela lei processual, será apresentada em 2 (duas) vias com os documentos que instruírem a primeira reproduzidos na segunda e indicará, além da autoridade coatora, a pessoa jurídica que esta integra, à qual se acha vinculada ou da qual exerce atribuições.

§ 1.º No caso em que o documento necessário à prova do alegado se ache em repartição ou estabelecimento público ou em poder de autoridade que se recuse a fornecê-lo por certidão ou de terceiro, o juiz ordenará, preliminarmente, por ofício, a exibição desse documento em original ou em cópia autêntica e marcará, para o cumprimento da ordem, o prazo de 10 (dez) dias. O escrivão extrairá cópias do documento para juntá-las à segunda via da petição.

§ 2.º Se a autoridade que tiver procedido dessa maneira for a própria coatora, a ordem far-se-á no próprio instrumento da notificação.

§ 3.º Considera-se autoridade coatora aquela que tenha praticado o ato impugnado ou da qual emane a ordem para a sua prática.

§ 4.º (*Vetado.*)

§ 5.º Denega-se o mandado de segurança nos casos previstos pelo art. 267 da Lei n. 5.869, de 11 de janeiro de 1973 - Código de Processo Civil.

•• A referência é feita ao CPC de 1973. *Vide* art. 485 do CPC de 2015.

§ 6.º O pedido de mandado de segurança poderá ser renovado dentro do prazo decadencial, se a decisão denegatória não lhe houver apreciado o mérito.

Art. 7.º Ao despachar a inicial, o juiz ordenará:

- Requisitos da petição inicial: art. 319 do CPC.

I – que se notifique o coator do conteúdo da petição inicial, enviando-lhe a segunda via apresentada com as cópias dos documentos, a fim de que, no prazo de 10 (dez) dias, preste as informações;

II – que se dê ciência do feito ao órgão de representação judicial da pessoa jurídica interessada, enviando-lhe cópia da inicial sem documentos, para que, querendo, ingresse no feito;

III – que se suspenda o ato que deu motivo ao pedido, quando houver fundamento relevante e do ato impugnado puder resultar a ineficácia da medida, caso seja finalmente deferida, sendo facultado exigir do impetrante caução, fiança ou depósito, com o objetivo de assegurar o ressarcimento à pessoa jurídica.

§ 1.º Da decisão do juiz de primeiro grau que conceder ou denegar a liminar caberá agravo de instrumento, observado o disposto na Lei n. 5.869, de 11 de janeiro de 1973 - Código de Processo Civil.

•• A referência é feita ao CPC de 1973. *Vide* arts. 1.015 e s. do CPC de 2015.

§ 2.º Não será concedida medida liminar que tenha por objeto a compensação de créditos tributários, a entrega de mercadorias e bens provenientes do exterior, a reclassificação ou equiparação de servidores públicos e a concessão de aumento ou a extensão de vantagens ou pagamento de qualquer natureza.

•• O STF, na ADI n. 4.296, na sessão virtual de 9-6-2021 (*DOU* de 28-6-2021), por maioria, julgou parcialmente procedente o pedido para declarar a inconstitucionalidade desse § 2.º.

- A Lei n. 2.770, de 4-5-1956, suprimiu a concessão de medidas liminares nas ações e procedimentos judiciais de qualquer natureza que visassem a liberação de bens, mercadorias ou coisas de procedência estrangeira.
- *Vide* Súmulas 212 e 213 do STJ.

§ 3.º Os efeitos da medida liminar, salvo se revogada ou cassada, persistirão até a prolação da sentença.

§ 4.º Deferida a medida liminar, o processo terá prioridade para julgamento.

§ 5.º As vedações relacionadas com a concessão de liminares previstas neste artigo se estendem à tutela antecipada a que se referem os arts. 273 e 461 da Lei n. 5.869, de 11 de janeiro de 1973 – Código de Processo Civil.

•• A referência é feita ao CPC de 1973. *Vide* arts. 294, 300, 497 e 536 do CPC de 2015.

Art. 8.º Será decretada a perempção ou caducidade da medida liminar *ex officio* ou a requerimento do Ministério Público quando, concedida a medida, o impetrante criar obstáculo ao normal andamento do processo ou deixar de promover, por mais de 3 (três) dias úteis, os atos e as diligências que lhe cumprirem.

Art. 9.º As autoridades administrativas, no prazo de 48 (quarenta e oito) horas da notificação da medida liminar, remeterão ao Ministério ou órgão a que se acham subordinadas e ao Advogado-Geral da União ou a quem tiver a representação judicial da União, do Estado, do Município ou da entidade apontada como coatora cópia autenticada do mandado notificatório, assim como indicações e elementos outros necessários às providências a serem tomadas para a eventual suspensão da medida e defesa do ato apontado como ilegal ou abusivo de poder.

Art. 10. A inicial será desde logo indeferida, por decisão motivada, quando não for o caso de mandado de segurança ou lhe faltar algum dos requisitos legais ou quando decorrido o prazo legal para a impetração.

§ 1.º Do indeferimento da inicial pelo juiz de primeiro grau caberá apelação e, quando a competência para o julgamento do mandado de segurança couber originariamente a um dos tribunais, do ato do relator caberá agravo para o órgão competente do tribunal que integre.

§ 2.º O ingresso de litisconsorte ativo não será admitido após o despacho da petição inicial.

Art. 11. Feitas as notificações, o serventuário em cujo cartório corra o feito juntará aos autos cópia autêntica dos ofícios endereçados ao coator e ao órgão de representação judicial da pessoa jurídica interessada, bem como a prova da entrega a estes ou da sua recusa em aceitá-los ou dar recibo e, no caso do art. 4.º desta Lei, a comprovação da remessa.

Art. 12. Findo o prazo a que se refere o inciso I do *caput* do art. 7.º desta Lei, o juiz ouvirá o representante do Ministério Público, que opinará, dentro do prazo improrrogável de 10 (dez) dias.

Parágrafo único. Com ou sem o parecer do Ministério Público, os autos serão conclusos ao juiz, para a decisão, a qual deverá ser necessariamente proferida em 30 (trinta) dias.

Art. 13. Concedido o mandado, o juiz transmitirá em ofício, por intermédio do oficial do juízo, ou pelo correio, mediante correspondência com aviso de recebimento, o inteiro teor da sentença à autoridade coatora e à pessoa jurídica interessada.

Parágrafo único. Em caso de urgência, poderá o juiz observar o disposto no art. 4.º desta Lei.

Art. 14. Da sentença, denegando ou concedendo o mandado, cabe apelação.

§ 1.º Concedida a segurança, a sentença estará sujeita obrigatoriamente ao duplo grau de jurisdição.

§ 2.º Estende-se à autoridade coatora o direito de recorrer.

§ 3.º A sentença que conceder o mandado de segurança pode ser executada provisoriamente, salvo nos casos em que for vedada a concessão da medida liminar.

§ 4.º O pagamento de vencimentos e vantagens pecuniárias assegurados em sentença concessiva de mandado de segurança a servidor público da administração direta ou autárquica federal, estadual e municipal somente será efetuado relativamente às prestações que se vencerem a contar da data do ajuizamento da inicial.

Art. 15. Quando, a requerimento de pessoa jurídica de direito público interessada ou do Ministério Público e para evitar grave lesão à ordem, à saúde, à segurança e à economia públicas, o presidente do tribunal ao qual couber o conhecimento do respectivo recurso suspender, em decisão fundamentada, a execução da liminar e da sentença, dessa decisão caberá agravo, sem efeito suspensivo, no prazo de 5 (cinco) dias, que será levado a julgamento na sessão seguinte à sua interposição.

• *Vide* Súmula 626 do STF.

§ 1.º Indeferido o pedido de suspensão ou provido o agravo a que se refere o *caput* deste artigo, caberá novo pedido de suspensão ao presidente do tribunal competente para conhecer de eventual recurso especial ou extraordinário.

§ 2.º É cabível também o pedido de suspensão a que se refere o § 1.º deste artigo, quando negado provimento a agravo de instrumento interposto contra a liminar a que se refere este artigo.

§ 3.º A interposição de agravo de instrumento contra liminar concedida nas ações movidas contra o poder público e seus agentes não prejudica nem condiciona o julgamento do pedido de suspensão a que se refere este artigo.

§ 4.º O presidente do tribunal poderá conferir ao pedido efeito suspensivo liminar se constatar, em juízo prévio, a plausibilidade do direito invocado e a urgência na concessão da medida.

§ 5.º As liminares cujo objeto seja idêntico poderão ser suspensas em uma única decisão, podendo o presidente do tribunal estender os efeitos da suspensão a liminares supervenientes, mediante simples aditamento do pedido original.

Art. 16. Nos casos de competência originária dos tribunais, caberá ao relator a instrução do processo, sendo assegurada a defesa oral na sessão do julgamento do mérito ou do pedido liminar.

•• *Caput* com redação determinada pela Lei n. 13.676, de 11-6-2018.

Parágrafo único. Da decisão do relator que conceder ou denegar a medida liminar caberá agravo ao órgão competente do tribunal que integre.

• *Vide* Súmula 622 do STF.

Art. 17. Nas decisões proferidas em mandado de segurança e nos respectivos recursos, quando não publicado, no prazo de 30 (trinta) dias, contado da data do julgamento, o acórdão será substituído pelas respectivas notas taquigráficas, independentemente de revisão.

Art. 18. Das decisões em mandado de segurança proferidas em única instância pelos tribunais cabe recurso especial e extraordinário, nos casos legalmente previstos, e recurso ordinário, quando a ordem for denegada.

Art. 19. A sentença ou o acórdão que denegar mandado de segurança, sem decidir o mérito, não impedirá que o requerente, por ação própria, pleiteie os seus direitos e os respectivos efeitos patrimoniais.

Art. 20. Os processos de mandado de segurança e os respectivos recursos terão prioridade sobre todos os atos judiciais, salvo *habeas corpus*.

§ 1.º Na instância superior, deverão ser levados a julgamento na primeira sessão que se seguir à data em que forem conclusos ao relator.

§ 2.º O prazo para a conclusão dos autos não poderá exceder de 5 (cinco) dias.

Art. 21. O mandado de segurança coletivo pode ser impetrado por partido político com representação no Congresso Nacional, na defesa de seus interesses legítimos relativos a seus integrantes ou à finalidade partidária, ou por organização sindical, entidade de classe ou associação legalmente constituída e em funcionamento há, pelo menos, 1 (um) ano, em defesa de direitos líquidos e certos da totalidade, ou de parte, dos seus membros ou associados, na forma dos seus estatutos e desde que pertinentes às suas finalidades, dispensada, para tanto, autorização especial.

- *Vide* art. 5.º, LXX, da CF.
- *Vide* Súmulas 629 e 630 do STF.

Parágrafo único. Os direitos protegidos pelo mandado de segurança coletivo podem ser:

I – coletivos, assim entendidos, para efeito desta Lei, os transindividuais, de natureza indivisível, de que seja titular grupo ou categoria de pessoas ligadas entre si ou com a parte contrária por uma relação jurídica básica;

II – individuais homogêneos, assim entendidos, para efeito desta Lei, os decorrentes de origem comum e da atividade ou situação específica da totalidade ou de parte dos associados ou membros do impetrante.

Art. 22. No mandado de segurança coletivo, a sentença fará coisa julgada limitadamente aos membros do grupo ou categoria substituídos pelo impetrante.

§ 1.º O mandado de segurança coletivo não induz litispendência para as ações individuais, mas os efeitos da coisa julgada não beneficiarão o impetrante a título individual se não requerer a desistência de seu mandado de segurança no prazo de 30 (trinta) dias a contar da ciência comprovada da impetração da segurança coletiva.

§ 2.º No mandado de segurança coletivo, a liminar só poderá ser concedida após a audiência do representante judicial da pessoa jurídica de direito público, que deverá se pronunciar no prazo de 72 (setenta e duas) horas.

•• O STF, na ADI n. 4.296, na sessão virtual de 9-6-2021 (*DOU* de 28-6-2021), por maioria, julgou parcialmente procedente o pedido para declarar a inconstitucionalidade desse § 2.º.

Art. 23. O direito de requerer mandado de segurança extinguir-se-á decorridos 120 (cento e vinte) dias, contados da ciência, pelo interessado, do ato impugnado.

- *Vide* Súmula 632 do STF.

Art. 24. Aplicam-se ao mandado de segurança os arts. 46 a 49 da Lei n. 5.869, de 11 de janeiro de 1973 – Código de Processo Civil.

•• A referência é feita ao CPC de 1973. *Vide* arts. 113 a 118 do CPC de 2015.

- Citados artigos dispõem sobre litisconsórcio.

Art. 25. Não cabem, no processo de mandado de segurança, a interposição de embargos infringentes e a condenação ao pagamento dos honorários advocatícios, sem prejuízo da aplicação de sanções no caso de litigância de má-fé.

- *Vide* Súmulas 294, 512 e 597 do STF e 105 e 169 do STJ.

Art. 26. Constitui crime de desobediência, nos termos do art. 330 do Decreto-lei n. 2.848, de 7 de dezembro de 1940, o não cumprimento das decisões proferidas em mandado de segurança, sem prejuízo das sanções administrativas e da aplicação da Lei n. 1.079, de 10 de abril de 1950, quando cabíveis.

- A Lei n. 1.079, de 10-4-1950, define os crimes de responsabilidade e regula o respectivo processo de julgamento.

Art. 27. Os regimentos dos tribunais e, no que couber, as leis de organização judiciária deverão ser adaptados às disposições desta Lei no prazo de 180 (cento e oitenta) dias, contado da sua publicação.

Art. 28. Esta Lei entra em vigor na data de sua publicação.

Art. 29. Revogam-se as Leis n. 1.533, de 31 de dezembro de 1951, 4.166, de 4 de dezembro de 1962, 4.348, de 26 de junho de 1964, 5.021, de 9 de junho de 1966; o art. 3.º da Lei n. 6.014, de 27 de dezembro de 1973, o art. 1.º da Lei n. 6.071, de 3 de julho de 1974, o art. 12 da Lei n. 6.978, de 19 de janeiro de 1982, e o art. 2.º da Lei n. 9.259, de 9 de janeiro de 1996.

Brasília, 7 de agosto de 2009; 188.º da Independência e 121.º da República.

LUIZ INÁCIO LULA DA SILVA

LEI N. 12.153, DE 22 DE DEZEMBRO DE 2009 (*)

Dispõe sobre os Juizados Especiais da Fazenda Pública no âmbito dos Estados, do Distrito Federal, dos Territórios e dos Municípios.

O Presidente da República

Faço saber que o Congresso Nacional decreta e eu sanciono a seguinte Lei:

(*) Publicada no *DOU*, de 23-12-2009. O Provimento n. 7, de 7-5-2010, do CNJ, define medidas de aprimoramento relacionadas ao Sistema dos Juizados Especiais.

Art. 1.º Os Juizados Especiais da Fazenda Pública, órgãos da justiça comum e integrantes do Sistema dos Juizados Especiais, serão criados pela União, no Distrito Federal e nos Territórios, e pelos Estados, para conciliação, processo, julgamento e execução, nas causas de sua competência.

Parágrafo único. O sistema dos Juizados Especiais dos Estados e do Distrito Federal é formado pelos Juizados Especiais Cíveis, Juizados Especiais Criminais e Juizados Especiais da Fazenda Pública.

• *Vide* art. 98, I, da CF.

• *Vide* Lei n. 9.099, de 26-9-1995, que dispõe sobre os Juizados Especiais Cíveis e Criminais dos Estados, Territórios e Distrito Federal.

Art. 2.º É de competência dos Juizados Especiais da Fazenda Pública processar, conciliar e julgar causas cíveis de interesse dos Estados, do Distrito Federal, dos Territórios e dos Municípios, até o valor de 60 (sessenta) salários mínimos.

•• A Medida Provisória n. 1.091, de 30-12-2021, estabelece que, a partir de 1.º-1-2022, o salário mínimo será de R$ 1.212,00 (mil e duzentos e doze reais).

§ 1.º Não se incluem na competência do Juizado Especial da Fazenda Pública:

I – as ações de mandado de segurança, de desapropriação, de divisão e demarcação, populares, por improbidade administrativa, execuções fiscais e as demandas sobre direitos ou interesses difusos e coletivos;

• Mandado de Segurança: *vide* Lei n. 12.016, de 7-8-2009.

• Desapropriação: Decreto-lei n. 3.365, de 21-6-1941.

• Ação de divisão e demarcação de terras particulares: arts. 569 a 598 do CPC.

• Ação popular: Lei n. 4.717, de 29-6-1965.

• Improbidade Administrativa: Lei n. 8.429, de 2-6-1992.

• Execução Fiscal: *vide* Lei n. 6.830, de 22-9-1980.

II – as causas sobre bens imóveis dos Estados, Distrito Federal, Territórios e Municípios, autarquias e fundações públicas a eles vinculadas;

III – as causas que tenham como objeto a impugnação da pena de demissão imposta a servidores públicos civis ou sanções disciplinares aplicadas a militares.

• Regime Jurídico dos Servidores Públicos: Lei n. 8.112, de 11-12-1990.

§ 2.º Quando a pretensão versar sobre obrigações vincendas, para fins de competência do Juizado Especial, a soma de 12 (doze) parcelas vincendas e de eventuais parcelas vencidas não poderá exceder o valor referido no *caput* deste artigo.

§ 3.º (*Vetado.*)

§ 4.º No foro onde estiver instalado Juizado Especial da Fazenda Pública, a sua competência é absoluta.

Art. 3.º O juiz poderá, de ofício ou a requerimento das partes, deferir quaisquer providências cautelares e antecipatórias no curso do processo, para evitar dano de difícil ou de incerta reparação.

• Da Tutela Provisória, de Urgência e Cautelar no CPC: arts. 294 a 310.

Art. 4.º Exceto nos casos do art. 3.º, somente será admitido recurso contra a sentença.

Art. 5.º Podem ser partes no Juizado Especial da Fazenda Pública:

I – como autores, as pessoas físicas e as microempresas e empresas de pequeno porte, assim definidas na Lei Complementar n. 123, de 14 de dezembro de 2006;

II – como réus, os Estados, o Distrito Federal, os Territórios e os Municípios, bem como autarquias, fundações e empresas públicas a eles vinculadas.

Art. 6.º Quanto às citações e intimações, aplicam-se as disposições contidas na Lei n. 5.869, de 11 de janeiro de 1973 – Código de Processo Civil.

•• A referência é feita ao CPC de 1973. *Vide* arts. 238 a 259 (citações) e 269 a 275 (intimações) do CPC de 2015.

Art. 7.º Não haverá prazo diferenciado para a prática de qualquer ato processual pelas pessoas jurídicas de direito público, inclusive a interposição de recursos, devendo a citação para a audiência de conciliação ser efetuada com antecedência mínima de 30 (trinta) dias.

Art. 8.º Os representantes judiciais dos réus presentes à audiência poderão conciliar, transigir ou desistir nos processos da competência dos Juizados Especiais, nos termos e nas hipóteses previstas na lei do respectivo ente da Federação.

Art. 9.º A entidade ré deverá fornecer ao Juizado a documentação de que disponha para o esclarecimento da causa, apresentando-a até a instalação da audiência de conciliação.

Art. 10. Para efetuar o exame técnico necessário à conciliação ou ao julgamento da causa, o juiz nomeará pessoa habilitada, que apresentará o laudo até 5 (cinco) dias antes da audiência.

Art. 11. Nas causas de que trata esta Lei, não haverá reexame necessário.

Art. 12. O cumprimento do acordo ou da sentença, com trânsito em julgado, que imponham obrigação de fazer, não fazer ou entrega de coisa certa, será efetuado mediante ofício do juiz à autoridade citada para a causa, com cópia da sentença ou do acordo.

• Das modalidades das obrigações no CC: arts. 233 a 285.

Art. 13. Tratando-se de obrigação de pagar quantia certa, após o trânsito em julgado da decisão, o pagamento será efetuado:

I – no prazo máximo de 60 (sessenta) dias, contado da entrega da requisição do juiz à autoridade citada para a causa, independentemente de precatório, na hipótese do § 3.º do art. 100 da Constituição Federal; ou

II – mediante precatório, caso o montante da condenação exceda o valor definido como obrigação de pequeno valor.

• Sobre precatórios *vide* arts. 100 da CF e 97 do ADCT.

§ 1.º Desatendida a requisição judicial, o juiz, imediatamente, determinará o sequestro do numerário suficiente ao cumprimento da decisão, dispensada a audiência da Fazenda Pública.

§ 2.º As obrigações definidas como de pequeno valor a serem pagas independentemente de precatório terão como limite o que for estabelecido na lei do respectivo ente da Federação.

§ 3.º Até que se dê a publicação das leis de que trata o § 2.º, os valores serão:

I – 40 (quarenta) salários mínimos, quanto aos Estados e ao Distrito Federal;

II – 30 (trinta) salários mínimos, quanto aos Municípios.

§ 4.º São vedados o fracionamento, a repartição ou a quebra do valor da execução, de modo que o pagamento se faça, em parte, na forma estabelecida no inciso I do *caput* e, em parte, mediante expedição de precatório, bem como a expedição de precatório complementar ou suplementar do valor pago.

§ 5.º Se o valor da execução ultrapassar o estabelecido para pagamento independentemente do precatório, o pagamento far-se-á, sempre, por meio do precatório, sendo facultada à parte exequente a renúncia ao crédito do valor excedente, para que possa optar pelo pagamento do saldo sem o precatório.

§ 6.º O saque do valor depositado poderá ser feito pela parte autora, pessoalmente, em qualquer agência do banco depositário, independentemente de alvará.

§ 7.º O saque por meio de procurador somente poderá ser feito na agência destinatária do depósito, mediante procuração específica, com firma reconhecida, da qual constem o valor originalmente depositado e sua procedência.

Art. 14. Os Juizados Especiais da Fazenda Pública serão instalados pelos Tribunais de Justiça dos Estados e do Distrito Federal.

Parágrafo único. Poderão ser instalados Juizados Especiais Adjuntos, cabendo ao Tribunal designar a Vara onde funcionará.

Art. 15. Serão designados, na forma da legislação dos Estados e do Distrito Federal, conciliadores e juízes leigos dos Juizados Especiais da Fazenda Pública, observadas as atribuições previstas nos arts. 22, 37 e 40 da Lei n. 9.099, de 26 de setembro de 1995.

§ 1.º Os conciliadores e juízes leigos são auxiliares da Justiça, recrutados, os primeiros, preferentemente, entre os bacharéis em Direito, e os segundos, entre advogados com mais de 2 (dois) anos de experiência.

§ 2.º Os juízes leigos ficarão impedidos de exercer a advocacia perante todos os Juizados Especiais da Fazenda Pública instalados em território nacional, enquanto no desempenho de suas funções.

Art. 16. Cabe ao conciliador, sob a supervisão do juiz, conduzir a audiência de conciliação.

- *Vide* art. 26 desta Lei.

§ 1.º Poderá o conciliador, para fins de encaminhamento da composição amigável, ouvir as partes e testemunhas sobre os contornos fáticos da controvérsia.

§ 2.º Não obtida a conciliação, caberá ao juiz presidir a instrução do processo, podendo dispensar novos depoimentos, se entender suficientes para o julgamento da causa os esclarecimentos já constantes dos autos, e não houver impugnação das partes.

Art. 17. As Turmas Recursais do Sistema dos Juizados Especiais são compostas por juízes em exercício no primeiro grau de jurisdição, na forma da legislação dos Estados e do Distrito Federal, com mandato de 2 (dois) anos, e integradas, preferencialmente, por juízes do Sistema dos Juizados Especiais.

§ 1.º A designação dos juízes das Turmas Recursais obedecerá aos critérios de antiguidade e merecimento.

§ 2.º Não será permitida a recondução, salvo quando não houver outro juiz na sede da Turma Recursal.

Art. 18. Caberá pedido de uniformização de interpretação de lei quando houver divergência entre decisões proferidas por Turmas Recursais sobre questões de direito material.

§ 1.º O pedido fundado em divergência entre Turmas do mesmo Estado será julgado em reunião conjunta das Turmas em conflito, sob a presidência de desembargador indicado pelo Tribunal de Justiça.

§ 2.º No caso do § 1.º, a reunião de juízes domiciliados em cidades diversas poderá ser feita por meio eletrônico.

§ 3.º Quando as Turmas de diferentes Estados derem a lei federal interpretações divergentes, ou quando a decisão proferida estiver em contrariedade com súmula do Superior Tribunal de Justiça, o pedido será por este julgado.

Art. 19. Quando a orientação acolhida pelas Turmas de Uniformização de que trata o § 1.º do art. 18 contrariar súmula do Superior Tribunal de Justiça, a parte interessada poderá provocar a manifestação deste, que dirimirá a divergência.

§ 1.º Eventuais pedidos de uniformização fundados em questões idênticas e recebidos subsequentemente em quaisquer das Turmas Recursais ficarão retidos nos autos, aguardando pronunciamento do Superior Tribunal de Justiça.

§ 2.º Nos casos do *caput* deste artigo e do § 3.º do art. 18, presente a plausibilidade do direito invocado e havendo fundado receio de dano de difícil reparação, poderá o relator conceder, de ofício ou a requerimento do interessado, medida liminar determinando a suspensão dos processos nos quais a controvérsia esteja estabelecida.

§ 3.º Se necessário, o relator pedirá informações ao Presidente da Turma Recursal ou Presidente da Turma de Uniformização e, nos casos previstos em lei, ouvirá o Ministério Público, no prazo de 5 (cinco) dias.

§ 4.º (*Vetado*.)

§ 5.º Decorridos os prazos referidos nos §§ 3.º e 4.º, o relator incluirá o pedido em pauta na sessão, com preferência sobre todos os demais feitos, ressalvados os processos com réus presos, os *habeas corpus* e os mandados de segurança.

§ 6.º Publicado o acórdão respectivo, os pedidos retidos referidos no § 1o serão apreciados pelas Turmas Recursais, que poderão exercer juízo de retratação ou os declararão prejudicados, se veicularem tese não acolhida pelo Superior Tribunal de Justiça.

Art. 20. Os Tribunais de Justiça, o Superior Tribunal de Justiça e o Supremo Tribunal Federal, no âmbito de suas competências, expedirão normas regulamentando os procedimentos a serem adotados para o processamento e o julgamento do pedido de uniformização e do recurso extraordinário.

Art. 21. O recurso extraordinário, para os efeitos desta Lei, será processado e julgado segundo o estabelecido no art. 19, além da observância das normas do Regimento.

• Do recurso extraordinário e especial no CPC: arts. 1.029 a 1.035.

Art. 22. Os Juizados Especiais da Fazenda Pública serão instalados no prazo de até 2 (dois) anos da vigência desta Lei, podendo haver o aproveitamento total ou parcial das estruturas das atuais Varas da Fazenda Pública.

Art. 23. Os Tribunais de Justiça poderão limitar, por até 5 (cinco) anos, a partir da entrada em vigor desta Lei, a competência dos Juizados Especiais da Fazenda Pública, atendendo à necessidade da organização dos serviços judiciários e administrativos.

Art. 24. Não serão remetidas aos Juizados Especiais da Fazenda Pública as demandas ajuizadas até a data de sua instalação, assim como as ajuizadas fora do Juizado Especial por força do disposto no art. 23.

Art. 25. Competirá aos Tribunais de Justiça prestar o suporte administrativo necessário ao funcionamento dos Juizados Especiais.

Art. 26. O disposto no art. 16 aplica-se aos Juizados Especiais Federais instituídos pela Lei n. 10.259, de 12 de julho de 2001.

Art. 27. Aplica-se subsidiariamente o disposto nas Leis n. 5.869, de 11 de janeiro de 1973 – Código de Processo Civil, 9.099, de 26 de setembro de 1995, e 10.259, de 12 de julho de 2001.

•• A referência é feita ao CPC de 1973. *Vide* CPC de 2015.

Art. 28. Esta Lei entra em vigor após decorridos 6 (seis) meses de sua publicação oficial.

Brasília, 22 de dezembro de 2009; 188.º da Independência e 121.º da República.

Luiz Inácio Lula da Silva

LEI N. 12.741, DE 8 DE DEZEMBRO DE 2012 (*)

Dispõe sobre as medidas de esclarecimento ao consumidor, de que trata o § 5.º do artigo 150 da Constituição Federal; altera o inciso III do art. 6.º e o inciso IV do art. 106 da Lei n. 8.078, de 11 de setembro de 1990 – Código de Defesa do Consumidor.

A Presidenta da República

Faço saber que o Congresso Nacional decreta e eu sanciono a seguinte Lei:

Art. 1.º Emitidos por ocasião da venda ao consumidor de mercadorias e serviços, em todo território nacional, deverá constar, dos documentos fiscais ou equivalentes, a informação do valor aproximado correspondente à totalidade dos tributos federais, estaduais e municipais, cuja incidência influi na formação dos respectivos preços de venda.

§ 1.º A apuração do valor dos tributos incidentes deverá ser feita em relação a cada mercadoria ou serviço, separadamente, inclusive nas hipóteses de regimes jurídicos tributários diferenciados dos respectivos fabricantes, varejistas e prestadores de serviços, quando couber.

§ 2.º A informação de que trata este artigo poderá constar de painel afixado em local visível do estabelecimento, ou por qualquer outro meio eletrônico ou impresso, de forma a demonstrar o valor ou percentual, ambos aproximados, dos tributos incidentes sobre todas as mercadorias ou serviços postos à venda.

§ 3.º Na hipótese do § 2.º, as informações a serem prestadas serão elaboradas em termos de percentuais sobre o preço a ser pago, quando se tratar de tributo com alíquota *ad valorem*, ou em valores monetários (no caso de alíquota específica); no caso de se utilizar meio eletrônico, este deverá estar disponível ao consumidor no âmbito do estabelecimento comercial.

§ 4.º (*Vetado.*)

§ 5.º Os tributos que deverão ser computados são os seguintes:

I – Imposto sobre Operações relativas a Circulação de Mercadorias e sobre Prestações de Serviços de Transporte Interestadual e Intermunicipal e de Comunicação (ICMS);

II – Imposto sobre Serviços de Qualquer Natureza (ISS);

III – Imposto sobre Produtos Industrializados (IPI);

IV – Imposto sobre Operações de Crédito, Câmbio e Seguro, ou Relativas a Títulos ou Valores Mobiliários (IOF);

V e VI – (*Vetados.*)

VII – Contribuição Social para o Programa de Integração Social (PIS) e para o Programa de Formação do Patrimônio do Servidor Público (Pasep) – (PIS/Pasep);

VIII – Contribuição para o Financiamento da Seguridade Social (Cofins);

IX – Contribuição de Intervenção no Domínio Econômico, incidente sobre a importação e a comercialização de petróleo e seus derivados, gás natural e seus derivados, e álcool etílico combustível (Cide).

§ 6.º Serão informados ainda os valores referentes ao imposto de importação, PIS/Pasep/Importação e Cofins/

(*) Publicada no *DOU*, de 10-12-2012. Regulamentada pelo Decreto n. 8.264, de 5-6-2014.

Importação, na hipótese de produtos cujos insumos ou componentes sejam oriundos de operações de comércio exterior e representem percentual superior a 20% (vinte por cento) do preço de venda.

§ 7.º Na hipótese de incidência do imposto sobre a importação, nos termos do § 6.º, bem como da incidência do Imposto sobre Produtos Industrializados – IPI, todos os fornecedores constantes das diversas cadeias produtivas deverão fornecer aos adquirentes, em meio magnético, os valores dos 2 (dois) tributos individualizados por item comercializado.

§ 8.º Em relação aos serviços de natureza financeira, quando não seja legalmente prevista a emissão de documento fiscal, as informações de que trata este artigo deverão ser feitas em tabelas afixadas nos respectivos estabelecimentos.

§ 9.º (*Vetado.*)

§ 10. A indicação relativa ao IOF (prevista no inciso IV do § 5.º) restringe-se aos produtos financeiros sobre os quais incida diretamente aquele tributo.

§ 11. A indicação relativa ao PIS e à Cofins (incisos VII e VIII do § 5.º) limitar-se-á à tributação incidente sobre a operação de venda ao consumidor.

§ 12. Sempre que o pagamento de pessoal constituir item de custo direto do serviço ou produto fornecido ao consumidor, deve ser divulgada, ainda, a contribuição previdenciária dos empregados e dos empregadores incidente, alocada ao serviço ou produto.

Art. 2.º Os valores aproximados de que trata o art. 1.º serão apurados sobre cada operação, e poderão, a critério das empresas vendedoras, ser calculados e fornecidos, semestralmente, por instituição de âmbito nacional reconhecidamente idônea, voltada primordialmente à apuração e análise de dados econômicos.

Art. 3.º O inciso III do art. 6.º da Lei n. 8.078, de 11 de setembro de 1990, passa a vigorar com a seguinte redação:

> "Art. 6.º ....
>
> III – a informação adequada e clara sobre os diferentes produtos e serviços, com especificação correta de quantidade, características, composição, qualidade, tributos incidentes e preço, bem como sobre os riscos que apresentem;".

Art. 4.º (*Vetado.*)

Art. 5.º Decorrido o prazo de 12 (doze) meses, contado do início de vigência desta Lei, o descumprimento de suas disposições sujeitará o infrator às sanções previstas no Capítulo VII do Título I da Lei n. 8.078, de 11 de setembro de 1990.

•• Artigo com redação determinada pela Lei n. 12.868, de 15-10-2013.

• O capítulo citado da Lei n. 8.078, de 11-9-1990 (CDC), estabelece sanções administrativas para o descumprimento de normas de proteção ao consumidor.

Art. 6.º Esta Lei entra em vigor 6 (seis) meses após a data de sua publicação.

Brasília, 8 de dezembro de 2012; 191.º da Independência e 124.º da República.

DILMA ROUSSEFF

LEI N. 12.973, DE 13 DE MAIO DE 2014 (*)

Altera a legislação tributária federal relativa ao Imposto sobre a Renda das Pessoas Jurídicas – IRPJ, à Contribuição Social sobre o Lucro Líquido – CSLL, à Contribuição para o PIS/Pasep e à Contribuição para o Financiamento da Seguridade Social – Cofins; revoga o Regime Tributário de Transição – RTT, instituído pela Lei n. 11.941, de 27 de maio de 2009; dispõe sobre a tributação da pessoa jurídica domiciliada no Brasil, com relação ao acréscimo patrimonial decorrente de participação em lucros auferidos no exterior por controladas e coligadas; altera o Decreto-lei n. 1.598, de 26 de dezembro de 1977 e as Leis n. 9.430, de 27 de dezembro de 1996, 9.249, de 26 de dezembro de 1995, 8.981, de 20 de janeiro de 1995, 4.506, de 30 de novembro de 1964, 7.689, de 15 de dezembro de 1988, 9.718, de 27 de novembro de 1998, 10.865, de 30 de abril de 2004, 10.637, de 30 de dezembro de 2002, 10.833, de 29 de dezembro de 2003, 12.865, de 9 de outubro de 2013, 9.532, de 10 de dezembro de 1997, 9.656, de 3 de junho de 1998, 9.826, de 23 de agosto de 1999, 10.485, de 3 de julho de 2002, 10.893, de 13 de julho de 2004, 11.312, de 27 de junho de 2006, 11.941, de 27 de maio de 2009, 12.249, de 11 de junho de 2010, 12.431, de 24 de junho de 2011, 12.716, de 21 de setembro de 2012, e 12.844, de 19 de julho de 2013; e dá outras providências.

A Presidenta da República,

Faço saber que o Congresso Nacional decreta e eu sanciono a seguinte Lei:

Art. 1.º O Imposto sobre a Renda das Pessoas Jurídicas – IRPJ, a Contribuição Social sobre o Lucro Líquido – CSLL, a Contribuição para o PIS/Pasep e a Contribuição para o Financiamento da Seguridade Social – Cofins serão determinados segundo as normas da legislação vigente, com as alterações desta Lei.

(*) Publicada no *DOU*, de 14-5-2014.

Capítulo I
DO IMPOSTO SOBRE A RENDA DAS PESSOAS JURÍDICAS E DA CONTRIBUIÇÃO SOCIAL SOBRE O LUCRO LÍQUIDO

....

Art. 6.º A Lei n. 9.430, de 27 de dezembro de 1996, passa a vigorar com as seguintes alterações:

•• Alterações já processadas no diploma modificado.

Seção II

Custo de Empréstimos – Lucro Presumido e Arbitrado

Art. 7.º Para fins de determinação do ganho de capital previsto no inciso II do *caput* do art. 25 da Lei n. 9.430, de 27 de dezembro de 1996, é vedado o cômputo de qualquer parcela a título de encargos associados a empréstimos, registrados como custo na forma da alínea *b* do § 1.º do art. 17 do Decreto-lei n. 1.598, de 26 de dezembro de 1977.

Parágrafo único. O disposto no *caput* aplica-se também ao ganho de capital previsto no inciso II do *caput* do art. 27 e no inciso II do *caput* do art. 29 da Lei n. 9.430, de 27 de dezembro de 1996.

Art. 8.º No caso de pessoa jurídica tributada com base no lucro presumido ou arbitrado, as receitas financeiras relativas às variações monetárias dos direitos de crédito e das obrigações do contribuinte, em função da taxa de câmbio, originadas dos saldos de valores a apropriar decorrentes de ajuste a valor presente não integrarão a base de cálculo do imposto sobre a renda.

Art. 9.º A Lei n. 9.249, de 26 de dezembro de 1995, passa a vigorar com as seguintes alterações:

•• Alterações já processadas no diploma modificado.

Art. 10. A Lei n. 8.981, de 20 de janeiro de 1995, passa a vigorar com as seguintes alterações:

•• Alterações já processadas no diploma modificado.

....

Seção XV

Contratos de Concessão

Art. 35. No caso de contrato de concessão de serviços públicos em que a concessionária reconhece como receita o direito de exploração recebido do poder concedente, o resultado decorrente desse reconhecimento deverá ser computado no lucro real à medida que ocorrer a realização do respectivo ativo intangível, inclusive mediante amortização, alienação ou baixa.

Parágrafo único. Para fins dos pagamentos mensais referidos no art. 2.º da Lei n. 9.430, de 27 de dezembro de 1996, a receita mencionada no *caput* não integrará a base de cálculo, exceto na hipótese prevista no art. 35 da Lei n. 8.981, de 20 de janeiro de 1995.

Art. 36. No caso de contrato de concessão de serviços públicos, o lucro decorrente da receita reconhecida pela construção, recuperação, reforma, ampliação ou melhoramento da infraestrutura, cuja contrapartida seja ativo financeiro representativo de direito contratual incondicional de receber caixa ou outro ativo financeiro, poderá ser tributado à medida do efetivo recebimento.

Parágrafo único. Para fins dos pagamentos mensais determinados sobre a base de cálculo estimada de que trata o art. 2.º da Lei n. 9.430, de 27 de dezembro de 1996, a concessionária poderá considerar como receita o montante efetivamente recebido.

....

Seção XXII

Arrendamento Mercantil

Art. 46. Na hipótese de operações de arrendamento mercantil que não estejam sujeitas ao tratamento tributário previsto pela Lei n. 6.099, de 12 de setembro de 1974, as pessoas jurídicas arrendadoras deverão reconhecer, para fins de apuração do lucro real, o resultado relativo à operação de arrendamento mercantil proporcionalmente ao valor de cada contraprestação durante o período de vigência do contrato.

§ 1.º A pessoa jurídica deverá proceder, caso seja necessário, aos ajustes ao lucro líquido para fins de apuração do lucro real, no livro de que trata o inciso I do *caput* do art. 8.º do Decreto-Lei n. 1.598, de 26 de dezembro de 1977.

§ 2.º O disposto neste artigo aplica-se somente às operações de arrendamento mercantil em que há transferência substancial dos riscos e benefícios inerentes à propriedade do ativo.

§ 3.º Para efeitos do disposto neste artigo, entende-se por resultado a diferença entre o valor do contrato de arrendamento e somatório dos custos diretos iniciais e o custo de aquisição ou construção dos bens arrendados.

§ 4.º Na hipótese de a pessoa jurídica de que trata o *caput* ser tributada pelo lucro presumido ou arbitrado, o valor da contraprestação deverá ser computado na determinação da base de cálculo do imposto sobre a renda.

Art. 47. Poderão ser computadas na determinação do lucro real da pessoa jurídica arrendatária as contraprestações pagas ou creditadas por força de contrato de arrendamento mercantil, referentes a bens móveis ou imóveis intrinsecamente relacionados com a produção ou comercialização dos bens e serviços, inclusive as despesas financeiras nelas consideradas.

Art. 48. São indedutíveis na determinação do lucro real as despesas financeiras incorridas pela arrendatária em contratos de arrendamento mercantil.

Parágrafo único. O disposto no *caput* também se aplica aos valores decorrentes do ajuste a valor presente, de que trata o inciso III do *caput* do art. 184 da Lei n. 6.404, de 15 de dezembro de 1976.

Art. 49. Aos contratos não tipificados como arrendamento mercantil que contenham elementos contabilizados como arrendamento mercantil por força de normas contábeis e da legislação comercial serão aplicados os dispositivos a seguir indicados:

I – inciso VIII do *caput* do art. 13 da Lei n. 9.249, de 26 de dezembro de 1995, com a redação dada pelo art. 9.º;

....

III – arts. 46, 47 e 48;

IV – § 18 do art. 3.º da Lei n. 10.637, de 30 de dezembro de 2002, com a redação dada pelo art. 54;

V – § 26 do art. 3.º da Lei n. 10.833, de 29 de dezembro de 2003, com a redação dada pelo art. 55; e

VI – § 14 do art. 15 da Lei n. 10.865, de 30 de abril de 2004, com a redação dada pelo art. 53.

Parágrafo único. O disposto neste artigo restringe-se aos elementos do contrato contabilizados em observância às normas contábeis que tratam de arrendamento mercantil.

....

Art. 51. O art. 2.º da Lei n. 7.689, de 15 de dezembro de 1988, passa a vigorar com a seguinte redação:

•• Alteração já processada no diploma modificado.

Capítulo II
DA CONTRIBUIÇÃO PARA O PIS/ PASEP E DA COFINS

Art. 52. A Lei n. 9.718, de 27 de novembro de 1998, passa a vigorar com as seguintes alterações:

•• Alterações já processadas no diploma modificado.

Art. 53. A Lei n. 10.865, de 30 de abril de 2004, passa a vigorar com as seguintes alterações:

•• Alterações já processadas no diploma modificado.

Art. 54. A Lei n. 10.637, de 30 de dezembro de 2002, passa a vigorar com as seguintes alterações:

•• Alterações já processadas no diploma modificado.

Art. 55. A Lei n. 10.833, de 29 de dezembro de 2003, passa a vigorar com as seguintes alterações:

•• Alterações já processadas no diploma modificado.

....

Seção I
Arrendamento Mercantil

Art. 57. No caso de operação de arrendamento mercantil não sujeita ao tratamento tributário previsto na Lei n. 6.099, de 12 de setembro de 1974, em que haja transferência substancial dos riscos e benefícios inerentes à propriedade do ativo, o valor da contraprestação deverá ser computado na base de cálculo da Contribuição para o PIS/Pasep e da Cofins pela pessoa jurídica arrendadora.

Parágrafo único. As pessoas jurídicas sujeitas ao regime de tributação de que tratam as Leis n. 10.637, de 30 de dezembro de 2002, e 10.833, de 29 de dezembro de 2003, poderão descontar créditos calculados sobre o valor do custo de aquisição ou construção dos bens arrendados proporcionalmente ao valor de cada contraprestação durante o período de vigência do contrato.

....

Capítulo VII
DA OPÇÃO PELOS EFEITOS EM 2014

Art. 75. A pessoa jurídica poderá optar pela aplicação das disposições contidas nos arts. 1.º e 2.º e 4.º a 70 desta Lei para o ano-calendário de 2014.

§ 1.º A opção será irretratável e acarretará a observância de todas as alterações trazidas pelos arts. 1.º e 2.º e 4.º a 70 e os efeitos dos incisos I a VI, VIII e X do *caput* do art. 117 a partir de 1.º de janeiro de 2014.

§ 2.º A Secretaria da Receita Federal do Brasil definirá a forma, o prazo e as condições da opção de que trata o *caput*.

....

Capítulo XI
DISPOSIÇÕES FINAIS

Art. 94. Para fins do disposto nesta Lei, as pessoas jurídicas domiciliadas no Brasil deverão manter disponível à autoridade fiscal documentação hábil e idônea que comprove os requisitos nela previstos, enquanto não ocorridos os prazos decadencial e prescricional.

Art. 95. O art. 25 da Lei n. 9.249, de 26 de dezembro de 1995, passa a vigorar acrescido do seguinte § 7.º:

•• Alterações já processadas no diploma modificado.

....

Art. 97. Ficam isentos de Imposto sobre a Renda - IR os rendimentos, inclusive ganhos de capital, pagos, creditados, entregues ou remetidos a beneficiário residente ou domiciliado no exterior, exceto em país com tributação favorecida, nos termos do art. 24 da Lei n. 9.430, de 27 de dezembro de 1996, produzidos por fundos de investimentos, cujos cotistas sejam exclusivamente investidores estrangeiros.

§ 1.º Para fazer jus à isenção de que trata o *caput*, o regulamento do fundo deverá prever que a aplicação de seus recursos seja realizada exclusivamente em depósito à vista, ou em ativos sujeitos a isenção de Imposto sobre a Renda - IR, ou tributados à alíquota 0 (zero), nas hipóteses em que o beneficiário dos rendimentos produzidos por esses ativos seja residente ou domiciliado no exterior, exceto em país com tributação favorecida, nos termos do art. 24 da Lei n. 9.430, de 27 de dezembro de 1996.

§ 2.º Incluem-se entre os ativos de que trata o § 1.º aqueles negociados em bolsas de valores, de mercadorias, de futuros e assemelhadas e que sejam isentos de tributação, na forma da alínea *b* do § 2.º do art. 81 da Lei n. 8.981, de 20 de janeiro de 1995, desde que sejam negociados pelos fundos, nas mesmas condições previstas na referida Lei, para gozo do incentivo fiscal.

§ 3.º Caso o regulamento do fundo restrinja expressamente seus cotistas a investidores estrangeiros pessoas físicas, também se incluirão entre os ativos de que trata o §1.º os ativos beneficiados pelo disposto no art. 3.º da Lei n. 11.033, de 21 de dezembro de 2004, desde que observadas as condições previstas para gozo do benefício fiscal.

....

Art. 100. A Lei n. 9.532, de 10 de dezembro de 1997, passa a vigorar com as seguintes alterações:

•• Alterações já processadas no diploma modificado.

....

Art. 102. O art. 1.º da Lei n. 9.826, de 23 de agosto de 1999, passa a vigorar com a seguinte redação:

•• Alteração já processada no diploma modificado.

....

Art. 104. Aplica-se ao § 7.º do art. 37-B da Lei n. 10.522, de 19 de julho de 2002, constante do art. 35 da Lei n. 11.941, de 27 de maio de 2009, e ao § 33 do art. 65 da Lei n. 12.249, de 11 de junho de 2010, no caso de instituições financeiras e assemelhadas, a alíquota de 15% (quinze por cento) sobre a base de cálculo negativa da CSLL, para manter a isonomia de alíquotas.

....

Art. 117. Revogam-se, a partir de 1.º de janeiro de 2015:

....

II – o art. 15 da Lei n. 6.099, de 12 de setembro de 1974;

....

V – o art. 31 da Lei n. 8.981, de 20 de janeiro de 1995;

VI – os §§ 2.º e 3.º do art. 21 e o art. 31 da Lei n. 9.249, de 26 de dezembro de 1995;

VII – a alínea *b* do § 1.º e os §§ 2.º e 4.º do art. 1.º da Lei n. 9.532, de 10 de dezembro de 1997;

VIII – o inciso V do § 2.º do art. 3.º da Lei n. 9.718, de 27 de novembro de 1998;

....

Art. 118. Revoga-se o art. 55 da Lei n. 10.637, de 30 de dezembro de 2002, a partir da data de publicação desta Lei.

Art. 119. Esta Lei entra em vigor em 1.º de janeiro de 2015, exceto os arts. 3.º, 72 a 75 e 93 a 119, que entram em vigor na data de sua publicação.

§ 1.º Aos contribuintes que fizerem a opção prevista no art. 75, aplicam-se, a partir de 1.º de janeiro de 2014:

I – os arts. 1.º e 2.º e 4.º a 70; e

II – as revogações previstas nos incisos I a VI, VIII e X do *caput* do art. 117.

§ 2.º Aos contribuintes que fizerem a opção prevista no art. 96, aplicam-se, a partir de 1.º de janeiro de 2014:

I – os arts. 76 a 92; e

II – as revogações previstas nos incisos VII e IX do *caput* do art. 117.

Brasília, 13 de maio de 2014; 193.º da Independência e 126.º da República.

Dilma Rousseff

LEI COMPLEMENTAR N. 151, DE 5 DE AGOSTO DE 2015 (*)

Altera a Lei Complementar n. 148, de 25 de novembro de 2014; revoga as Leis n. 10.819, de 16 de dezembro de 2003, e 11.429, de 26 de dezembro de 2006; e dá outras providências.

A Presidenta da República.

Faço saber que o Congresso Nacional decreta e eu sanciono a seguinte Lei Complementar:

....

Art. 2.º Os depósitos judiciais e administrativos em dinheiro referentes a processos judiciais ou administrativos, tributários ou não tributários, nos quais o Estado, o Distrito Federal ou os Municípios sejam parte, deverão ser efetuados em instituição financeira oficial federal, estadual ou distrital.

Art. 3.º A instituição financeira oficial transferirá para a conta única do Tesouro do Estado, do Distrito Federal ou do Município 70% (setenta por cento) do valor atualizado dos depósitos referentes aos processos judiciais e administrativos de que trata o art. 2.º, bem como os respectivos acessórios.

§ 1.º Para implantação do disposto no *caput* deste artigo, deverá ser instituído fundo de reserva destinado a garantir a restituição da parcela transferida ao Tesouro, observados os demais termos desta Lei Complementar.

§ 2.º A instituição financeira oficial tratará de forma segregada os depósitos judiciais e os depósitos administrativos.

§ 3.º O montante dos depósitos judiciais e administrativos não repassado ao Tesouro constituirá o fundo de reserva referido no § 1.º deste artigo, cujo saldo não poderá ser inferior a 30% (trinta por cento) do total dos depósitos de que trata o art. 2.º desta Lei Complementar, acrescidos da remuneração que lhes foi atribuída.

§ 4.º (*Vetado.*)

§ 5.º Os valores recolhidos ao fundo de reserva terão remuneração equivalente à taxa referencial do Sistema Especial de Liquidação e de Custódia – SELIC para títulos federais.

§ 6.º Compete à instituição financeira gestora do fundo de reserva de que trata este artigo manter escrituração individualizada para cada depósito efetuado na forma do art. 2.º, discriminando:

I – o valor total do depósito, acrescido da remuneração que lhe foi originalmente atribuída; e

(*) Publicada no *DOU* de 6-8-2015. *Vide* Lei n. 9.703, de 17-11-1998, que dispõe sobre os depósitos judiciais e extrajudiciais de tributos e contribuições federais.

II – o valor da parcela do depósito mantido na instituição financeira, nos termos do § 3.º deste artigo, a remuneração que lhe foi originalmente atribuída e os rendimentos decorrentes do disposto no § 5.º deste artigo.

Art. 4.º A habilitação do ente federado ao recebimento das transferências referidas no art. 3.º é condicionada à apresentação ao órgão jurisdicional responsável pelo julgamento dos litígios aos quais se refiram os depósitos de termo de compromisso firmado pelo chefe do Poder Executivo que preveja:

I – a manutenção do fundo de reserva na instituição financeira responsável pelo repasse das parcelas ao Tesouro, observado o disposto no § 3.º do art. 3.º desta Lei Complementar;

II – a destinação automática ao fundo de reserva do valor correspondente à parcela dos depósitos judiciais mantida na instituição financeira nos termos do § 3.º do art. 3.º, condição esta a ser observada a cada transferência recebida na forma do art. 3.º desta Lei Complementar;

III – a autorização para a movimentação do fundo de reserva para os fins do disposto nos arts. 5.º e 7.º desta Lei Complementar; e

IV – a recomposição do fundo de reserva pelo ente federado, em até quarenta e oito horas, após comunicação da instituição financeira, sempre que o seu saldo estiver abaixo dos limites estabelecidos no § 3.º do art. 3.º desta Lei Complementar.

Art. 5.º A constituição do fundo de reserva e a transferência da parcela dos depósitos judiciais e administrativos acumulados até a data de publicação desta Lei Complementar, conforme dispõe o art. 3.º, serão realizadas pela instituição financeira em até quinze dias após a apresentação de cópia do termo de compromisso de que trata o art. 4.º.

•• *Caput* originalmente vetado, todavia promulgado em 26-11-2015.

§ 1.º Para identificação dos depósitos, cabe ao ente federado manter atualizada na instituição financeira a relação de inscrições no Cadastro Nacional da Pessoa Jurídica – CNPJ dos órgãos que integram a sua administração pública direta e indireta.

§ 2.º Realizada a transferência de que trata o *caput*, os repasses subsequentes serão efetuados em até dez dias após a data de cada depósito.

•• § 2.º originalmente vetado, todavia promulgado em 26-11-2015.

§ 3.º Em caso de descumprimento dos prazos estabelecidos no *caput* e no § 2.º deste artigo, a instituição financeira deverá transferir a parcela do depósito acrescida da taxa referencial do Selic para títulos federais mais multa de 0,33% (trinta e três centésimos por cento) por dia de atraso.

•• § 3.º originalmente vetado, todavia promulgado em 26-11-2015.

Art. 6.º São vedadas quaisquer exigências por parte do órgão jurisdicional ou da instituição financeira além daquelas estabelecidas nesta Lei Complementar.

•• Artigo originalmente vetado, todavia promulgado em 26-11-2015.

Art. 7.º Os recursos repassados na forma desta Lei Complementar ao Estado, ao Distrito Federal ou ao Município, ressalvados os destinados ao fundo de reserva de que trata o § 3.º do art. 3.º, serão aplicados, exclusivamente, no pagamento de:

I – precatórios judiciais de qualquer natureza;

II – dívida pública fundada, caso a lei orçamentária do ente federativo preveja dotações suficientes para o pagamento da totalidade dos precatórios judiciais exigíveis no exercício e não remanesçam precatórios não pagos referentes aos exercícios anteriores;

• Dívida fundada: *vide* arts. 98 da Lei n. 4.320, de 17-3-1964, e 29, I, da Lei Complementar n. 101, de 4-5-2000.

III – despesas de capital, caso a lei orçamentária do ente federativo preveja dotações suficientes para o pagamento da totalidade dos precatórios judiciais exigíveis no exercício, não remanesçam precatórios não pagos referentes aos exercícios anteriores e o ente federado não conte com compromissos classificados como dívida pública fundada;

IV – recomposição dos fluxos de pagamento e do equilíbrio atuarial dos fundos de previdência referentes aos regimes próprios de cada ente federado, nas mesmas hipóteses do inciso III.

Parágrafo único. Independentemente das prioridades de pagamento estabelecidas no *caput* deste artigo, poderá o Estado, o Distrito Federal ou o Município utilizar até 10% (dez por cento) da parcela que lhe for transferida nos termos do *caput* do art. 3.º para constituição de Fundo Garantidor de PPPs ou de outros mecanismos de garantia previstos em lei, dedicados exclusivamente a investimentos de infraestrutura.

Art. 8.º Encerrado o processo litigioso com ganho de causa para o depositante, mediante ordem judicial ou administrativa, o valor do depósito efetuado nos termos desta Lei Complementar acrescido da remuneração que lhe foi originalmente atribuída será colocado à disposição do depositante pela instituição financeira responsável, no prazo de 3 (três) dias úteis, observada a seguinte composição:

I – a parcela que foi mantida na instituição financeira nos termos do § 3.º do art. 3.º acrescida da remuneração que lhe foi originalmente atribuída será de responsabilidade direta e imediata da instituição depositária; e

II – a diferença entre o valor referido no inciso I e o total devido ao depositante nos termos do *caput* será debitada do saldo existente no fundo de reserva de que trata o § 3.º do art. 3.º.

§ 1.º Na hipótese de o saldo do fundo de reserva após o débito referido no inciso II ser inferior ao valor mínimo estabelecido no § 3.º do art. 3.º, o ente federado será notificado para recompô-lo na forma do inciso IV do art. 4.º.

§ 2.º Na hipótese de insuficiência de saldo no fundo de reserva para o débito do montante devido nos termos do inciso II, a instituição financeira restituirá ao depositante o valor disponível no fundo acrescido do valor referido no inciso I.

§ 3.º Na hipótese referida no § 2.º deste artigo, a instituição financeira notificará a autoridade expedidora da ordem de liberação do depósito, informando a composição detalhada dos valores liberados, sua atualização monetária, a parcela efetivamente disponibilizada em favor do depositante e o saldo a ser pago depois de efetuada a recomposição prevista no § 1.º deste artigo.

Art. 9.º Nos casos em que o ente federado não recompuser o fundo de reserva até o saldo mínimo referido no § 3.º do art. 3.º, será suspenso o repasse das parcelas referentes a novos depósitos até a regularização do saldo.

Parágrafo único. Sem prejuízo do disposto no *caput*, na hipótese de descumprimento por três vezes da obrigação referida no inciso IV do art. 4.º, será o ente federado excluído da sistemática de que trata esta Lei Complementar.

Art. 10. Encerrado o processo litigioso com ganho de causa para o ente federado, ser-lhe-á transferida a parcela do depósito mantida na instituição financeira nos termos do § 3.º do art. 3.º acrescida da remuneração que lhe foi originalmente atribuída.

§ 1.º O saque da parcela de que trata o *caput* deste artigo somente poderá ser realizado até o limite máximo do qual não resulte saldo inferior ao mínimo exigido no § 3.º do art. 3.º.

§ 2.º Na situação prevista no *caput*, serão transformados em pagamento definitivo, total ou parcial, proporcionalmente à exigência tributária ou não tributária, conforme o caso, inclusive seus acessórios, os valores depositados na forma do *caput* do art. 2.º acrescidos da remuneração que lhes foi originalmente atribuída.

Art. 11. O Poder Executivo de cada ente federado estabelecerá regras de procedimentos, inclusive orçamentários, para a execução do disposto nesta Lei Complementar.

Art. 12. Esta Lei Complementar entra em vigor na data de sua publicação.

Art. 13. Ficam revogadas as Leis n. 10.819, de 16 de dezembro de 2003, e 11.429, de 26 de dezembro de 2006.

Brasília, 5 de agosto de 2015; 194.º da Independência e 127.º da República.

DILMA ROUSSEFF

LEI N. 13.254, DE 13 DE JANEIRO DE 2016 (*)

Dispõe sobre o Regime Especial de Regularização Cambial e Tributária (RERCT) de recursos, bens ou direitos de origem lícita, não declarados ou declarados incorretamente, remetidos, mantidos no exterior ou repatriados por residentes ou domiciliados no País.

A Presidenta da República

Faço saber que o Congresso Nacional decreta e eu sanciono a seguinte Lei:

Art. 1.º É instituído o Regime Especial de Regularização Cambial e Tributária (RERCT), para declaração voluntária de recursos, bens ou direitos de origem lícita, não declarados ou declarados com omissão ou incorreção em relação a dados essenciais, remetidos ou mantidos no exterior, ou repatriados por residentes ou domiciliados no País, conforme a legislação cambial ou tributária, nos termos e condições desta Lei.

•• *Vide* Lei n. 13.428, de 30-3-2017, que dispõe sobre reabertura de prazo para adesão ao RERTC.

§ 1.º O RERCT aplica-se aos residentes ou domiciliados no País em 31 de dezembro de 2014 que tenham sido ou ainda sejam proprietários ou titulares de ativos, bens ou direitos em períodos anteriores a 31 de dezembro de 2014, ainda que, nessa data, não possuam saldo de recursos ou título de propriedade de bens e direitos.

•• Sobre prazos: *vide* art. 2.º, § 1.º, I, da Lei n. 13.428, de 30-3-2017.

§ 2.º Os efeitos desta Lei serão aplicados aos titulares de direito ou de fato que, voluntariamente, declararem ou retificarem a declaração incorreta referente a recursos, bens ou direitos, acompanhados de documentos e informações sobre sua identificação, titularidade ou destinação.

§ 3.º O RERCT aplica-se também aos não residentes no momento da publicação desta Lei, desde que residentes ou domiciliados no País conforme a legislação tributária em 31 de dezembro de 2014.

•• Sobre prazos: *vide* art. 2.º, § 1.º, I, da Lei n. 13.428, de 30-3-2017.

§ 4.º Os efeitos desta Lei serão aplicados também ao espólio cuja sucessão esteja aberta em 31 de dezembro de 2014.

•• Sobre prazos: *vide* art. 2.º, § 1.º, I, da Lei n. 13.428, de 30-3-2017.

§ 4.º-A. O RERCT aplica-se também ao espólio cuja sucessão tenha sido aberta até a data de adesão ao RERCT.

•• § 4.º-A acrescentado pela Lei n. 13.428, de 30-3-2017.

•• *Vide* art. 2.º da Lei n. 13.428, de 30-3-2017.

§ 5.º Esta Lei não se aplica aos sujeitos que tiverem sido condenados em ação penal:

I – (*Vetado*); e

II – cujo objeto seja um dos crimes listados no § 1.º do art. 5.º, ainda que se refira aos recursos, bens ou direitos a serem regularizados pelo RERCT.

Art. 2.º Consideram-se, para os fins desta Lei:

I – recursos ou patrimônio não declarados ou declarados

(*) Publicada no *DOU*, de 14-1-2016. *Vide* Lei n. 13.428, de 30-3-2017, que dispõe sobre reabertura de prazo para adesão ao RERTC.

com omissão ou incorreção em relação a dados essenciais: os valores, os bens materiais ou imateriais, os capitais e os direitos, independentemente da natureza, origem ou moeda que sejam ou tenham sido, anteriormente a 31 de dezembro de 2014, de propriedade de pessoas físicas ou jurídicas residentes, domiciliadas ou com sede no País;

•• Sobre prazos: *vide* art. 2.º, § 1.º, I, da Lei n. 13.428, de 30-3-2017.

II – recursos ou patrimônio de origem lícita: os bens e os direitos adquiridos com recursos oriundos de atividades permitidas ou não proibidas pela lei, bem como o objeto, o produto ou o proveito dos crimes previstos no § 1.º do art. 5.º;

III – recursos ou patrimônio repatriados objeto do RERCT: todos os recursos ou patrimônio, em qualquer moeda ou forma, de propriedade de residentes ou de domiciliados no País, ainda que sob a titularidade de não residentes, da qual participe, seja sócio, proprietário ou beneficiário, que foram adquiridos, transferidos ou empregados no Brasil, com ou sem registro no Banco Central do Brasil, e não se encontrem devidamente declarados;

IV – recursos ou patrimônio remetidos ou mantidos no exterior: os valores, os bens materiais ou imateriais, os capitais e os direitos não declarados ou declarados com omissão ou incorreção em relação a dados essenciais e remetidos ou mantidos fora do território nacional;

V – titular: proprietário dos recursos ou patrimônio não declarados, remetidos ou mantidos no exterior ou repatriados indevidamente.

Art. 3.º O RERCT aplica-se a todos os recursos, bens ou direitos de origem lícita de residentes ou domiciliados no País até 31 de dezembro de 2014, incluindo movimentações anteriormente existentes, remetidos ou mantidos no exterior, bem como aos que tenham sido transferidos para o País, em qualquer caso, e que não tenham sido declarados ou tenham sido declarados com omissão ou incorreção em relação a dados essenciais, como:

•• Sobre prazos: *vide* art. 2.º, § 1.º, I, da Lei n. 13.428, de 30-3-2017.

I – depósitos bancários, certificados de depósitos, cotas de fundos de investimento, instrumentos financeiros, apólices de seguro, certificados de investimento ou operações de capitalização, depósitos em cartões de crédito, fundos de aposentadoria ou pensão;

II – operação de empréstimo com pessoa física ou jurídica;

III – recursos, bens ou direitos de qualquer natureza, decorrentes de operações de câmbio ilegítimas ou não autorizadas;

IV – recursos, bens ou direitos de qualquer natureza, integralizados em empresas estrangeiras sob a forma de ações, integralização de capital, contribuição de capital ou qualquer outra forma de participação societária ou direito de participação no capital de pessoas jurídicas com ou sem personalidade jurídica;

V – ativos intangíveis disponíveis no exterior de qualquer natureza, como marcas, *copyright*, *software*, *know-how*, patentes e todo e qualquer direito submetido ao regime de *royalties*;

VI – bens imóveis em geral ou ativos que representem direitos sobre bens imóveis;

VII – veículos, aeronaves, embarcações e demais bens móveis sujeitos a registro em geral, ainda que em alienação fiduciária;

VIII – (*Vetado*); e

IX – (*Vetado.*)

Art. 4.º Para adesão ao RERCT, a pessoa física ou jurídica deverá apresentar à Secretaria da Receita Federal do Brasil (RFB) e, em cópia para fins de registro, ao Banco Central do Brasil declaração única de regularização específica contendo a descrição pormenorizada dos recursos, bens e direitos de qualquer natureza de que seja titular em 31 de dezembro de 2014 a serem regularizados, com o respectivo valor em real, ou, no caso de inexistência de saldo ou título de propriedade em 31 de dezembro de 2014, a descrição das condutas praticadas pelo declarante que se enquadrem nos crimes previstos no § 1.º do art. 5.º desta Lei e dos respectivos bens e recursos que possuiu.

•• Sobre prazos: *vide* art. 2.º, § 1.º, I, da Lei n. 13.428, de 30-3-2017.

§ 1.º A declaração única de regularização a que se refere o *caput* deverá conter:

I – a identificação do declarante;

II – as informações fornecidas pelo contribuinte necessárias à identificação dos recursos, bens ou direitos a serem regularizados, bem como de sua titularidade e origem;

III – o valor, em real, dos recursos, bens ou direitos de qualquer natureza declarados;

IV – declaração do contribuinte de que os bens ou direitos de qualquer natureza declarados têm origem em atividade econômica lícita;

V – na hipótese de inexistência de saldo dos recursos, ou de titularidade de propriedade de bens ou direitos referidos no *caput*, em 31 de dezembro de 2014, a descrição das condutas praticadas pelo declarante que se enquadrem nos crimes previstos no § 1.º do art. 5.º desta Lei e dos respectivos recursos, bens ou direitos de qualquer natureza não declarados, remetidos ou mantidos no exterior ou repatriados, ainda que posteriormente repassados à titularidade ou responsabilidade, direta ou indireta, de *trust* de quaisquer espécies, fundações, sociedades despersonalizadas, fideicomissos, ou dispostos mediante a entrega a pessoa física ou jurídica, personalizada ou não, para guarda, depósito, investimento, posse ou propriedade de que sejam beneficiários efetivos o interessado, seu representante ou pessoa por ele designada; e

•• Sobre prazos: *vide* art. 2.º, § 1.º, I, da Lei n. 13.428, de 30-3-2017.

VI – (*Vetado.*)

§ 2.º Os recursos, bens e direitos de qualquer natureza constantes da declaração única para adesão ao RERCT deverão também ser informados na:

•• *Vide* art. 2.º, § 3.º, da Lei n. 13.428, de 30-3- 2017.

I – declaração retificadora de ajuste anual do imposto de renda relativa ao ano-calendário de 2014 e posteriores, no caso de pessoa física;

II – declaração retificadora da declaração de bens e capitais no exterior relativa ao ano-calendário de 2014 e posteriores, no caso de pessoa física e jurídica, se a ela estiver obrigada; e

III – escrituração contábil societária relativa ao ano-calendário da adesão e posteriores, no caso de pessoa jurídica.

§ 3.º A declaração das condutas e bens referidos no inciso V do § 1.º não implicará a apresentação das declarações previstas nos incisos I, II e III do § 2.º.

§ 4.º Após a adesão ao RERCT e consequente regularização nos termos do *caput*, a opção de repatriação pelo declarante de ativos financeiros no exterior deverá ocorrer por intermédio de instituição financeira autorizada a funcionar no País e a operar no mercado de câmbio, mediante apresentação do protocolo de entrega da declaração de que trata o *caput* deste artigo.

§ 5.º A regularização de ativos mantidos em nome de interposta pessoa estenderá a ela a extinção de punibilidade prevista no § 1.º do art. 5.º, nas condições previstas no referido artigo.

§ 6.º É a pessoa física ou jurídica que aderir ao RERCT obrigada a manter em boa guarda e ordem e em sua posse, pelo prazo de 5 (cinco) anos, cópia dos documentos referidos no § 8.º que ampararam a declaração de adesão ao RERCT e a apresentá-los se e quando exigidos pela RFB.

§ 7.º Os rendimentos, frutos e acessórios decorrentes do aproveitamento, no exterior ou no País, dos recursos, bens ou direitos de qualquer natureza regularizados por meio da declaração única a que se refere o *caput* deste artigo, obtidos no ano-calendário de 2015, deverão ser incluídos nas declarações previstas no § 2.º referentes ao ano-calendário da adesão e posteriores, aplicando-se o disposto no art. 138 da Lei n. 5.172, de 25 de outubro de 1966 (Código Tributário Nacional), se as retificações necessárias forem feitas até o último dia do prazo para adesão ao RERCT.

•• Sobre prazos: *vide* art. 2.º, § 1.º, III, da Lei n. 13.428, de 30-3-2017.

§ 8.º Para fins da declaração prevista no *caput*, o valor dos ativos a serem declarados deve corresponder aos valores de mercado, presumindo-se como tal:

•• Sobre prazos: *vide* art. 2.º, § 1.º, I, da Lei n. 13.428, de 30-3-2017.

I – para os ativos referidos nos incisos I e III do art. 3.º, o saldo existente em 31 de dezembro de 2014, conforme documento disponibilizado pela instituição financeira custodiante;

II – para os ativos referidos no inciso II do art. 3.º, o saldo credor remanescente em 31 de dezembro de 2014, conforme contrato entre as partes;

III – para os ativos referidos no inciso IV do art. 3.º, o valor de patrimônio líquido apurado em 31 de dezembro de 2014, conforme balanço patrimonial levantado nessa data;

IV – para os ativos referidos nos incisos V, VI, VII e IX do art. 3.º, o valor de mercado apurado conforme avaliação feita por entidade especializada;

V – (*Vetado*); e

VI – para os ativos não mais existentes ou que não sejam de propriedade do declarante em 31 de dezembro de 2014, o valor apontado por documento idôneo que retrate o bem ou a operação a ele referente.

§ 9.º Para fins de apuração do valor do ativo em real, o valor expresso em moeda estrangeira deve ser convertido:

I – em dólar norte-americano pela cotação do dólar fixada, para venda, pelo Banco Central do Brasil, para o último dia útil do mês de dezembro de 2014; e

•• Sobre prazos: *vide* art. 2.º, § 1.º, II, da Lei n. 13.428, de 30-3-2017.

II – em moeda nacional pela cotação do dólar fixada, para venda, pelo Banco Central do Brasil, para o último dia útil do mês de dezembro de 2014.

•• Sobre prazos: *vide* art. 2.º, § 1.º, II, da Lei n. 13.428, de 30-3-2017.

§ 10. Para os recursos já repatriados, a declaração deverá ser feita tendo como base o valor do ativo em real em 31 de dezembro de 2014.

•• Sobre prazos: *vide* art. 2.º, § 1.º, I, da Lei n. 13.428, de 30-3-2017.

§ 11. Estão isentos da multa de que trata o art. 8.º os valores disponíveis em contas no exterior no limite de até R$ 10.000,00 (dez mil reais) por pessoa, convertidos em dólar norte-americano em 31 de dezembro de 2014.

•• Sobre prazos: *vide* art. 2.º, § 1.º, I, da Lei n. 13.428, de 30-3-2017.

§ 12. A declaração de regularização de que trata o *caput* não poderá ser, por qualquer modo, utilizada:

I – como único indício ou elemento para efeitos de expediente investigatório ou procedimento criminal;

II – para fundamentar, direta ou indiretamente, qualquer procedimento administrativo de natureza tributária ou cambial em relação aos recursos dela constantes.

§ 13. Sempre que o montante de ativos financeiros for superior a USD 100.000,00 (cem mil dólares norte-americanos), sem prejuízo do previsto no § 4.º, o declarante deverá solicitar e autorizar a instituição financeira no exterior a enviar informação sobre o saldo desses ativos em 31 de dezembro de 2014 para instituição financeira autorizada a funcionar no País, que prestará tal informação à RFB, não cabendo à instituição financeira autorizada a funcionar no País responsabilidade alguma quanto à averiguação das informações prestadas pela instituição financeira estrangeira.

•• Sobre prazos: *vide* art. 2.º, § 1.º, I. da Lei n. 13.428, de 30-3-2017.

Art. 5.º A adesão ao programa dar-se-á mediante entrega da declaração dos recursos, bens e direitos sujeitos à regularização prevista no *caput* do art. 4.º e pagamento integral do imposto previsto no art. 6.º e da multa prevista no art. 8.º desta Lei.

•• Sobre prazos: *vide* art. 4.º da Lei n. 13.428, de 30-3-2017.

§ 1.º O cumprimento das condições previstas no *caput* antes de decisão criminal extinguirá, em relação a recursos, bens e direitos a serem regularizados nos termos desta Lei, a punibilidade dos crimes a seguir previstos, praticados até a data de adesão ao RERCT:

•• § 1.º com redação determinada pela Lei n. 13.428, de 30-3-2017.

I – no art. 1.º e nos incisos I, II e V do art. 2.º da Lei n. 8.137, de 27 de dezembro de 1990;

II – na Lei n. 4.729, de 14 de julho de 1965;

III – no art. 337-A do Decreto-lei n. 2.848, de 7 de dezembro de 1940 (Código Penal);

IV – nos seguintes arts. do Decreto-lei n. 2.848, de 7 de dezembro de 1940 (Código Penal), quando exaurida sua potencialidade lesiva com a prática dos crimes previstos nos incisos I a III:

a) 297;

b) 298;

c) 299;

d) 304;

V – (*Vetado*);

VI – no *caput* e no parágrafo único do art. 22 da Lei n. 7.492, de 16 de junho de 1986;

VII – no art. 1.º da Lei n. 9.613, de 3 de março de 1998, quando o objeto do crime for bem, direito ou valor proveniente, direta ou indiretamente, dos crimes previstos nos incisos I a VI;

VIII – (*Vetado.*)

§ 2.º A extinção da punibilidade a que se refere o § 1.º:

I – (*Vetado*);

II – somente ocorrerá se o cumprimento das condições se der antes do trânsito em julgado da decisão criminal condenatória;

III – produzirá, em relação à administração pública, a extinção de todas as obrigações de natureza cambial ou financeira, principais ou acessórias, inclusive as meramente formais, que pudessem ser exigíveis em relação aos bens e direitos declarados, ressalvadas as previstas nesta Lei.

§§ 3.º e 4.º (*Vetados.*)

§ 5.º Na hipótese dos incisos V e VI do § 1.º, a extinção da punibilidade será restrita aos casos em que os recursos utilizados na operação de câmbio não autorizada, as divisas ou moedas saídas do País sem autorização legal ou os depósitos mantidos no exterior e não declarados à repartição federal competente possuírem origem lícita ou forem provenientes, direta ou indiretamente, de quaisquer dos crimes previstos nos incisos I, II, III, VII ou VIII do § 1.º.

Art. 6.º Para fins do disposto nesta Lei, o montante dos ativos objeto de regularização será considerado acréscimo patrimonial adquirido em 31 de dezembro de 2014, ainda que nessa data não exista saldo ou título de propriedade, na forma do inciso II do *caput* e do § 1.º do art. 43 da Lei n. 5.172, de 25 de outubro de 1966 (Código Tributário Nacional), sujeitando-se a pessoa, física ou jurídica, ao pagamento do imposto de renda sobre ele, a título de ganho de capital, à alíquota de 15% (quinze por cento), vigente em 31 de dezembro de 2014.

•• Sobre prazos: *vide* art. 2.º, § 1.º, I e § 5.º da Lei n. 13.428, de 30-3-2017.

§ 1.º A arrecadação referida no *caput* será compartilhada com Estados e Municípios na forma estabelecida pela Constituição Federal, especialmente nos termos do que dispõe o inciso I de seu art. 159.

§ 2.º Na apuração da base de cálculo dos tributos de que trata este artigo, correspondente ao valor do ativo em real, não serão admitidas deduções de espécie alguma ou descontos de custo de aquisição.

§ 3.º Para fins de apuração do valor do ativo em real, o valor expresso em moeda estrangeira deve ser convertido:

I – em dólar norte-americano pela cotação do dólar fixada, para venda, pelo Banco Central do Brasil, para o último dia útil do mês de dezembro de 2014; e

•• Sobre prazos: *vide* art. 2.º, § 1.º, II, da Lei n. 13.428, de 30-3-2017.

II – em moeda nacional pela cotação do dólar fixada, para venda, pelo Banco Central do Brasil, para o último dia útil do mês de dezembro de 2014.

•• Sobre prazos: *vide* art. 2.º, § 1.º, II, da Lei n. 13.428, de 30-3-2017.

§ 4.º A regularização dos bens e direitos e o pagamento dos tributos na forma deste artigo e da multa de que trata o art. 8.º implicarão a remissão dos créditos tributários decorrentes do descumprimento de obrigações tributárias e a redução de 100% (cem por cento) das multas de mora, de ofício ou isoladas e dos encargos legais diretamente relacionados a esses bens e direitos em relação a fatos geradores ocorridos até 31 de dezembro de 2014 e excluirão a multa pela não entrega completa e tempestiva da declaração de capitais brasileiros no exterior, na forma definida pelo Banco Central do Brasil, as penalidades aplicadas pela Comissão de Valores Mobiliários ou outras entidades regulatórias e as penalidades previstas na Lei n. 4.131, de 3 de setembro de 1962, na Lei n. 9.069, de 29 de junho de 1995, e na Medida Provisória n. 2.224, de 4 de setembro de 2001.

•• Sobre prazos: *vide* art. 2.º, § 1.º, I, da Lei n. 13.428, de 30-3-2017.

§ 5.º A remissão e a redução das multas previstas no § 4.º não alcançam os tributos retidos por sujeito passivo, na condição de responsável, e não recolhidos aos cofres públicos no prazo legal.

§ 6.º A opção pelo RERCT dispensa o pagamento de acréscimos moratórios incidentes sobre o imposto de que trata o *caput*.

§ 7.º O imposto pago na forma deste artigo será considerado como tributação definitiva e não permitirá a restituição de valores anteriormente pagos.

§ 8.º A opção pelo RERCT e o pagamento do imposto na forma do *caput* importam confissão irrevogável e irretratável dos débitos em nome do sujeito passivo na condição de contribuinte ou responsável, configuram confissão extrajudicial nos termos dos arts. 348, 353 e 354 da Lei n. 5.869, de 11 de janeiro de 1973 (Código de Processo Civil), e condicionam o sujeito passivo à aceitação plena e irretratável de todas as condições estabelecidas nesta Lei.

Art. 7.º A adesão ao RERCT poderá ser feita no prazo de 210 (duzentos e dez) dias, contado a partir da data de entrada em vigor do ato da RFB de que trata o art. 10, com declaração da situação patrimonial em 31 de dezembro de 2014 e o consequente pagamento do tributo e da multa.

•• Sobre prazos: *vide* art. 2.º, § 1.º, I, da Lei n. 13.428, de 30-3-2017.

•• A Instrução Normativa n. 1.627, de 11-3-2016, da SRF, em vigor na data de sua publicação, *DOU* de 15-3-2016, regulamenta o Regime Especial de Regularização Cambial e Tributária.

§ 1.º A divulgação ou a publicidade das informações presentes no RERCT implicarão efeito equivalente à quebra do sigilo fiscal, sujeitando o responsável às penas previstas na Lei Complementar n. 105, de 10 de janeiro de 2001, e no art. 325 do Decreto-lei n. 2.848, de 7 de dezembro de 1940 (Código Penal), e, no caso de funcionário público, à pena de demissão.

§ 2.º Sem prejuízo do disposto no § 6.º do art. 4.º, é vedada à RFB, ao Conselho Monetário Nacional (CMN), ao Banco Central do Brasil e aos demais órgãos públicos intervenientes do RERCT a divulgação ou o compartilhamento das informações prestadas pelos declarantes que tiverem aderido ao RERCT com os Estados, o Distrito Federal e os Municípios, inclusive para fins de constituição de crédito tributário.

Art. 8.º Sobre o valor do imposto apurado na forma do art. 6.º incidirá multa de 100% (cem por cento).

•• Sobre multa: *vide* art. 2.º, § 6.º, da Lei n. 13.428, de 30-3-2017.

§ 1.º (*Vetado*.)

§ 2.º Compete à RFB a administração das atividades relativas à operacionalização, à cobrança, à arrecadação, à restituição e à fiscalização da multa de que trata o *caput*.

Art. 9.º Será excluído do RERCT o contribuinte que apresentar declarações ou documentos falsos relativos à titularidade e à condição jurídica dos recursos, bens ou direitos declarados nos termos do art. 1.º desta Lei ou aos documentos previstos no § 8.º do art. 4.º.

§ 1.º Em caso de exclusão do RERCT, serão cobrados os valores equivalentes aos tributos, multas e juros incidentes, deduzindo-se o que houver sido anteriormente pago, sem prejuízo da aplicação das penalidades cíveis, penais e administrativas cabíveis.

§ 2.º Na hipótese de exclusão do contribuinte do RERCT, a instauração ou a continuidade de procedimentos investigatórios quanto à origem dos ativos objeto de regularização somente poderá ocorrer se houver evidências documentais não relacionadas à declaração do contribuinte.

§ 3.º A declaração com incorreção em relação ao valor dos ativos não ensejará a exclusão do RERCT, resguardado o direito da Fazenda Pública de exigir o pagamento dos tributos e acréscimos legais incidentes sobre os valores declarados incorretamente, nos termos da legislação do imposto sobre a renda.

•• § 3.º acrescentado pela Lei n. 13.428, de 30-3-2017.

§ 4.º Somente o pagamento integral dos tributos e acréscimos de que trata o § 3.º no prazo de 30 (trinta) dias da ciência do auto de infração extinguirá a punibilidade dos crimes praticados pelo declarante previstos no § 1.º do art. 5.º relacionados aos ativos declarados incorretamente.

•• § 4.º acrescentado pela Lei n. 13.428, de 30-3-2017.

Art. 10. O disposto nesta Lei será regulamentado:

•• A Instrução Normativa n. 1.627, de 11-3-2016, da SRF, em vigor na data de sua publicação, *DOU* de 15-3-2016, regulamenta o Regime Especial de Regularização Cambial e Tributária.

•• *Vide* art. 7.º desta Lei.

I – pela RFB, no âmbito de suas competências; e

II – (*Vetado*.)

Art. 11. Os efeitos desta Lei não serão aplicados aos detentores de cargos, empregos e funções públicas de direção ou eletivas, nem ao respectivo cônjuge e aos parentes consanguíneos ou afins, até o segundo grau ou por adoção, na data de publicação desta Lei.

Art. 12. Esta Lei entra em vigor na data de sua publicação.

Brasília, 13 de janeiro de 2016; 195.º da Independência e 128.º da República.

DILMA ROUSSEFF

LEI N. 13.300, DE 23 DE JUNHO DE 2016 (*)

Disciplina o processo e o julgamento dos mandados de injunção individual e coletivo e dá outras providências.

O Vice-Presidente da República, no exercício do cargo de Presidente da República

Faço saber que o Congresso Nacional decreta e eu sanciono a seguinte Lei:

Art. 1.º Esta Lei disciplina o processo e o julgamento dos mandados de injunção individual e coletivo, nos termos do inciso LXXI do art. 5.º da Constituição Federal.

Art. 2.º Conceder-se-á mandado de injunção sempre que a falta total ou parcial de norma regulamentadora torne inviável o exercício dos direitos e liberdades constitucionais e das prerrogativas inerentes à nacionalidade, à soberania e à cidadania.

(*) Publicada no *DOU*, de 24-6-2016.

Parágrafo único. Considera-se parcial a regulamentação quando forem insuficientes as normas editadas pelo órgão legislador competente.

Art. 3.º São legitimados para o mandado de injunção, como impetrantes, as pessoas naturais ou jurídicas que se afirmam titulares dos direitos, das liberdades ou das prerrogativas referidos no art. 2.º e, como impetrado, o Poder, o órgão ou a autoridade com atribuição para editar a norma regulamentadora.

Art. 4.º A petição inicial deverá preencher os requisitos estabelecidos pela lei processual e indicará, além do órgão impetrado, a pessoa jurídica que ele integra ou aquela a que está vinculado.

§ 1.º Quando não for transmitida por meio eletrônico, a petição inicial e os documentos que a instruem serão acompanhados de tantas vias quantos forem os impetrados.

§ 2.º Quando o documento necessário à prova do alegado encontrar-se em repartição ou estabelecimento público, em poder de autoridade ou de terceiro, havendo recusa em fornecê-lo por certidão, no original, ou em cópia autêntica, será ordenada, a pedido do impetrante, a exibição do documento no prazo de 10 (dez) dias, devendo, nesse caso, ser juntada cópia à segunda via da petição.

§ 3.º Se a recusa em fornecer o documento for do impetrado, a ordem será feita no próprio instrumento da notificação.

Art. 5.º Recebida a petição inicial, será ordenada:

I – a notificação do impetrado sobre o conteúdo da petição inicial, devendo-lhe ser enviada a segunda via apresentada com as cópias dos documentos, a fim de que, no prazo de 10 (dez) dias, preste informações;

II – a ciência do ajuizamento da ação ao órgão de representação judicial da pessoa jurídica interessada, devendo-lhe ser enviada cópia da petição inicial, para que, querendo, ingresse no feito.

Art. 6.º A petição inicial será desde logo indeferida quando a impetração for manifestamente incabível ou manifestamente improcedente.

Parágrafo único. Da decisão de relator que indeferir a petição inicial, caberá agravo, em 5 (cinco) dias, para o órgão colegiado competente para o julgamento da impetração.

Art. 7.º Findo o prazo para apresentação das informações, será ouvido o Ministério Público, que opinará em 10 (dez) dias, após o que, com ou sem parecer, os autos serão conclusos para decisão.

Art. 8.º Reconhecido o estado de mora legislativa, será deferida a injunção para:

I – determinar prazo razoável para que o impetrado promova a edição da norma regulamentadora;

II – estabelecer as condições em que se dará o exercício dos direitos, das liberdades ou das prerrogativas reclamados ou, se for o caso, as condições em que poderá o interessado promover ação própria visando a exercê-los, caso não seja suprida a mora legislativa no prazo determinado.

Parágrafo único. Será dispensada a determinação a que se refere o inciso I do *caput* quando comprovado que o impetrado deixou de atender, em mandado de injunção anterior, ao prazo estabelecido para a edição da norma.

Art. 9.º A decisão terá eficácia subjetiva limitada às partes e produzirá efeitos até o advento da norma regulamentadora.

§ 1.º Poderá ser conferida eficácia *ultra partes* ou *erga omnes* à decisão, quando isso for inerente ou indispensável ao exercício do direito, da liberdade ou da prerrogativa objeto da impetração.

§ 2.º Transitada em julgado a decisão, seus efeitos poderão ser estendidos aos casos análogos por decisão monocrática do relator.

§ 3.º O indeferimento do pedido por insuficiência de prova não impede a renovação da impetração fundada em outros elementos probatórios.

Art. 10. Sem prejuízo dos efeitos já produzidos, a decisão poderá ser revista, a pedido de qualquer interessado, quando sobrevierem relevantes modificações das circunstâncias de fato ou de direito.

Parágrafo único. A ação de revisão observará, no que couber, o procedimento estabelecido nesta Lei.

Art. 11. A norma regulamentadora superveniente produzirá efeitos *ex nunc* em relação aos beneficiados por decisão transitada em julgado, salvo se a aplicação da norma editada lhes for mais favorável.

Parágrafo único. Estará prejudicada a impetração se a norma regulamentadora for editada antes da decisão, caso em que o processo será extinto sem resolução de mérito.

Art. 12. O mandado de injunção coletivo pode ser promovido:

I – pelo Ministério Público, quando a tutela requerida for especialmente relevante para a defesa da ordem jurídica, do regime democrático ou dos interesses sociais ou individuais indisponíveis;

II – por partido político com representação no Congresso Nacional, para assegurar o exercício de direitos, liberdades e prerrogativas de seus integrantes ou relacionados com a finalidade partidária;

III – por organização sindical, entidade de classe ou associação legalmente constituída e em funcionamento há pelo menos 1 (um) ano, para assegurar o exercício de direitos, liberdades e prerrogativas em favor da totalidade ou de parte de seus membros ou associados, na forma de seus estatutos e desde que pertinentes a suas finalidades, dispensada, para tanto, autorização especial;

- Partidos políticos: Lei n. 9.096, de 19-9-1995.
- Organização sindical na CLT: arts. 511 e s.

IV – pela Defensoria Pública, quando a tutela requerida for especialmente relevante para a promoção dos direitos humanos e a defesa dos direitos individuais e coletivos dos necessitados, na forma do inciso LXXIV do art. 5.º da Constituição Federal.

Parágrafo único. Os direitos, as liberdades e as prerrogativas protegidos por mandado de injunção coletivo são os pertencentes, indistintamente, a uma coletividade indeterminada de pessoas ou determinada por grupo, classe ou categoria.

Art. 13. No mandado de injunção coletivo, a sentença fará coisa julgada limitadamente às pessoas integrantes da coletividade, do grupo, da classe ou da categoria substituídos pelo impetrante, sem prejuízo do disposto nos §§ 1.º e 2.º do art. 9.º.

Parágrafo único. O mandado de injunção coletivo não induz litispendência em relação aos individuais, mas os efeitos da coisa julgada não beneficiarão o impetrante que não requerer a desistência da demanda individual no prazo de 30 (trinta) dias a contar da ciência comprovada da impetração coletiva.

Art. 14. Aplicam-se subsidiariamente ao mandado de injunção as normas do mandado de segurança, disciplinado pela Lei n. 12.016, de 7 de agosto de 2009, e do Código de Processo Civil, instituído pela Lei n. 5.869, de 11 de janeiro de 1973, e pela Lei n. 13.105, de 16 de março de 2015, observado o disposto em seus arts. 1.045 e 1.046.

Art. 15. Esta Lei entra em vigor na data de sua publicação.

Brasília, 23 de junho de 2016; 195.º da Independência e 128.º da República.

MICHEL TEMER

DECRETO N. 8.870, DE 5 DE OUTUBRO DE 2016 (*)

Dispõe sobre a aplicação de procedimentos simplificados nas operações de exportação realizadas por microempresas e empresas de pequeno porte optantes pelo Simples Nacional.

O Presidente da República, no uso da atribuição que lhe confere o art. 84, *caput*, inciso IV, da Constituição, e tendo em vista o disposto no art. 70, *caput*, inciso IX, da Constituição e no art. 49-A da Lei Complementar n. 123, de 14 de dezembro de 2006, decreta:

Art. 1.º O procedimento simplificado de exportação, denominado Simples Exportação, destinado às microempresas e às empresas de pequeno porte optantes pelo Simples Nacional, observará:

I – unicidade do procedimento para registro das operações de exportação, na perspectiva do usuário;

II – entrada única de dados;

III – processo integrado entre os órgãos envolvidos; e

IV – acompanhamento simplificado do procedimento.

Parágrafo único. As operações do Simples Exportação poderão ser realizadas por meio de operador logístico, pessoas jurídicas prestadoras de serviço de logística internacional, conforme previsto no parágrafo único do art. 49-A da Lei Complementar n. 123, de 14 de dezembro de 2006.

Art. 2.º O operador logístico, quando contratado por beneficiárias do Simples Nacional, estará autorizado a realizar, nas operações de exportação, as atividades relativas a habilitação, licenciamento administrativo, despacho aduaneiro, consolidação e desconsolidação de carga, contratação de seguro, câmbio, transporte e armazenamento de mercadorias objeto da prestação do serviço.

§ 1.º Os operadores logísticos deverão ser habilitados junto à Receita Federal do Brasil.

§ 2.º O operador logístico deverá oferecer, no mínimo, os serviços relativos a habilitação, licenciamento administrativo, despacho aduaneiro, consolidação de carga, transporte e armazenamento das mercadorias objeto da prestação do serviço, por meio próprio ou de terceiros.

§ 3.º O serviço de armazenamento referido no *caput* poderá ser prestado nas seguintes situações, alternativamente:

I – em recintos alfandegados, desde que possua contrato para utilização de área no local com essa finalidade;

II – em Recinto Especial para Despacho Aduaneiro de Exportação - Redex, inclusive quando por ela administrado; ou

III – em recinto autorizado pela Secretaria da Receita Federal do Brasil para a realização de operações de exportação de remessas, quando se tratar de empresa de serviço de transporte internacional, inclusive porta a porta ou da Empresa Brasileira de Correios e Telégrafos.

Art. 3.º A Secretaria Especial de Micro e Pequena Empresa da Secretaria de Governo da Presidência da República adotará as providências tendentes a facilitar o acesso das empresas beneficiárias do Simples Nacional aos operadores logísticos.

Art. 4.º Os procedimentos simplificados de que trata o art. 1.º serão executados no Portal Único de Comércio Exterior, nos termos do Decreto n. 660, de 25 de setembro de 1992, e observarão:

I – a dispensa de licença de exportação, exceto no caso de controles sanitários e fitossanitários, de proteção do meio ambiente e de segurança nacional, ou em virtude de acordos e obrigações internacionais;

II – a prioridade na realização de verificação física da mercadoria a exportar, quando for o caso, respeitado o estabelecido para os Operadores Econômicos Autorizados - OEA; e

III – a preferência na análise nos casos de controles sanitários e fitossanitários, de proteção do meio ambiente e de segurança nacional, quando estes devam ser realizados, conforme ato do órgão competente.

Art. 5.º Ato da Secretaria da Receita Federal do Brasil

(*) Publicado no *DOU*, de 6-10-2016.

disporá sobre:

I – os procedimentos para habilitação simplificada para operações de exportação, por meio do operador logístico, de microempresas e empresas de pequeno porte optantes pelo Simples Nacional;

II – os requisitos e as condições para a habilitação do operador logístico a que se refere o *caput* do art. 2.º; e

III – outros procedimentos simplificados de exportação para as microempresas e empresas de pequeno porte optantes pelo Simples Nacional.

Art. 6.º Este Decreto entra em vigor na data de sua publicação.

Brasília, 5 de outubro de 2016; 195.º da Independência e 128.º da República.

MICHEL TEMER

LEI N. 13.428, DE 30 DE MARÇO DE 2017 (*)

Altera a Lei n. 13.254, de 13 de janeiro de 2016, que "Dispõe sobre o Regime Especial de Regularização Cambial e Tributária (RERCT)de recursos, bens ou direitos de origem lícita, não declarados ou declarados incorretamente, remetidos, mantidos no exterior ou repatriados por residentes ou domiciliados no País".

O Presidente da República

Faço saber que o Congresso Nacional decreta e eu sanciono a seguinte Lei:

Art. 1.º A Lei n. 13.254, de 13 de janeiro de 2016, passa a vigorar com as seguintes alterações:

•• Alterações já processadas no diploma modificado.

Art. 2.º O prazo para adesão ao RERCT de que trata a Lei n. 13.254, de 13 de janeiro de 2016, será reaberto por 120 (cento e vinte) dias, contados dadata da regulamentação para a declaração voluntária da situação patrimonial em 30 de junho de 2016 de ativos, bens e direitos existentes em períodos anteriores a essa data, mediante pagamento de imposto e multa.

§ 1.º Para as adesões efetuadas nos termos deste artigo, altera-se:

I – a referência a "31 de dezembro de 2014" constante da Lei n. 13.254, de 13 de janeiro de 2016, para "30 de junho de 2016";

II – a referência a "mês de dezembro de 2014" constante da Lei n. 13.254, de 13 de janeiro de 2016, para "mês de junho de 2016";

III – a referência a "no ano-calendário de 2015" constante do § 7.º do art. 4.º da Lei n. 13.254, de 13 de janeiro de 2016, para "a partir de 1.º de julho de 2016".

§ 2.º Os bens ou direitos de qualquer natureza regularizados nos termos deste artigo e os rendimentos, frutos e acessórios decorrentes do seu aproveitamento, no exterior ou no País, obtidos a partir de 1.º de julho de 2016, deverão ser incluídos na:

I – declaração de ajuste anual do imposto sobre a renda relativa ao ano-calendário de 2016, ou em sua retificadora, no caso de pessoa física;

II – declaração de bens e capitais no exterior relativa ao ano-calendário de 2016, no caso de pessoa física ou jurídica, se a ela estiver obrigada; e

III – escrituração contábil societária relativa ao ano-calendário da adesão e posteriores, no caso de pessoa jurídica.

§ 3.º Às adesões efetuadas nos termos deste artigo não se aplica o disposto no § 2.º do art. 4.º da Lei n. 13.254, de 13 de janeiro de 2016.

§ 4.º Aos rendimentos, frutos e acessórios de que trata o § 2.º deste artigo incluídos nas declarações nele indicadas aplica-se o disposto no art. 138 da Lei n. 5.172, de 25 de outubro de 1966 (Código Tributário Nacional), inclusive com dispensa do pagamento de multas moratórias, se as inclusões forem feitas até o último dia do prazo para adesão ao RERCT ou até o último dia do prazo regular de apresentação da respectiva declaração anual, o que for posterior.

§ 5.º Às adesões ocorridas no período previsto neste artigo aplica-se a alíquota do imposto de renda de que trata o art. 6.º da Lei n. 13.254, de 13 de janeiro de 2016.

§ 6.º Em substituição à multa a que se refere o *caput* do art. 8.º da Lei n. 13.254, de 13 de janeiro de 2016, sobre o valor do imposto apurado na forma do § 5.º deste artigo incidirá multa administrativa de 135% (cento e trinta e cinco por cento).

§ 7.º Do produto da arrecadação da multa prevista no § 6.º a União entregará 46% (quarenta e seis por cento) aos Estados, ao Distrito Federal e aosMunicípios na forma das alíneas *a*, *b*, *d* e *e* do inciso I do art. 159 da Constituição Federal.

Art. 3.º As adesões realizadas com base no § 4.º-A do art. 1.º da Lei n. 13.254, de 13 de janeiro de 2016, submetem-se aos requisitos do art. 2.º desta Lei.

Art. 4.º É facultado ao contribuinte que aderiu ao RERCT até 31 de outubro de 2016 complementar a declaração de que trata o art. 5.º da Lei n. 13.254, de 13 de janeiro de 2016, obrigando-se, caso exerça esse direito, a pagar os respectivos imposto e multa devidos sobre o valor adicional e a observar a nova data fixada para a conversão do valor expresso em moeda estrangeira, nos termos do art. 2.º desta Lei.

Art. 5.º O disposto nesta Lei será regulamentado pela Secretaria da Receita Federal do Brasil em até 30 (trinta) dias.

Art. 6.º Esta Lei entra em vigor na data de sua publicação.

(*) Publicada no *DOU*, de 31-3-2017.

Brasília, 30 de março de 2017; 196.º da Independência e 129.º da República.

MICHEL TEMER

LEI COMPLEMENTAR N. 159, DE 19 DE MAIO DE 2017 (*)

Institui o Regime de Recuperação Fiscal dos Estados e do Distrito Federal e altera as Leis Complementares n. 101, de 4 de maio de 2000, e n. 156, de 28 de dezembro de 2016

O Presidente da República

Faço saber que o Congresso Nacional decreta e eu sanciono a seguinte Lei:

Capítulo I
DISPOSIÇÕES PRELIMINARES

Art. 1.º É instituído o Regime de Recuperação Fiscal dos Estados e do Distrito Federal, nos termos do Capítulo II do Título VI da Constituição Federal.

§ 1.º O Regime de Recuperação Fiscal será orientado pelos princípios da sustentabilidade econômico-financeira, da equidade intergeracional, da transparência das contas públicas, da confiança nas demonstrações financeiras, da celeridade das decisões e da solidariedade entre os Poderes e os órgãos da administração pública.

§ 2.º O Regime de Recuperação Fiscal envolve a ação planejada, coordenada e transparente de todos os Poderes, órgãos, entidades e fundos dos Estados e do Distrito Federal para corrigir os desvios que afetaram o equilíbrio das contas públicas, por meio da implementação das medidas emergenciais e das reformas institucionais determinadas no Plano de Recuperação elaborado previamente pelo ente federativo que desejar aderir a esse Regime.

§ 3.º Para os efeitos desta Lei Complementar:

•• § 3.º, *caput*, com redação determinada pela Lei Complementar n. 178, de 13-1-2021.

•• A Portaria n. 4.758, de 27-4-2021, do Ministério da Economia, define a forma de verificação do atendimento dos requisitos para adesão ao Regime de Recuperação Fiscal de que trata este artigo.

I – as referências aos Estados e ao Distrito Federal compreendem o Poder Executivo, o Poder Legislativo, o Poder Judiciário, os Tribunais de Contas, o Ministério Público e a Defensoria Pública e as respectivas administrações diretas, fundos, autarquias, fundações e empresas estatais dependentes;

•• Inciso I acrescentado pela Lei Complementar n. 178, de 13-1-2021.

II – as referências aos Estados compreendem também o Distrito Federal; e

•• Inciso II acrescentado pela Lei Complementar n. 178, de 13-1-2021.

III – observar-se-ão os conceitos e as definições da Lei Complementar n. 101, de 4 de maio de 2000, em particular o disposto em seus arts. 1.º, 2.º, 18 e 19.

•• Inciso III acrescentado pela Lei Complementar n. 178, de 13-1-2021.

§ 4.º (*Revogado pela Lei Complementar n. 178, de 13-1-2021.*)

Capítulo II
DO PLANO DE RECUPERAÇÃO

Art. 2.º O Plano de Recuperação Fiscal será formado por leis ou atos normativos do Estado que desejar aderir ao Regime de Recuperação Fiscal, por diagnóstico em que se reconhece a situação de desequilíbrio financeiro, por metas e compromissos e pelo detalhamento das medidas de ajuste, com os impactos esperados e os prazos para a sua adoção.

•• *Caput* com redação determinada pela Lei Complementar n. 178, de 13-1-2021.

§ 1.º Das leis ou atos referidos no *caput* deverá decorrer, observados os termos do regulamento, a implementação das seguintes medidas:

•• § 1.º, *caput*, com redação determinada pela Lei Complementar n. 178, de 13-1-2021.

I – a alienação total ou parcial de participação societária, com ou sem perda do controle, de empresas públicas ou sociedades de economia mista, ou a concessão de serviços e ativos, ou a liquidação ou extinção dessas empresas, para quitação de passivos com os recursos arrecadados, observado o disposto no art. 44 da Lei Complementar n. 101, de 4 de maio de 2000;

•• Inciso I com redação determinada pela Lei Complementar n. 178, de 13-1-2021.

II – a adoção pelo Regime Próprio de Previdência Social, no que couber, das regras previdenciárias aplicáveis aos servidores públicos da União;

•• Inciso II com redação determinada pela Lei Complementar n. 178, de 13-1-2021.

III – a redução de pelo menos 20% (vinte por cento) dos incentivos e benefícios fiscais ou financeiro-fiscais dos quais decorram renúncias de receitas, observado o § 3.º deste artigo;

•• Inciso III com redação determinada pela Lei Complementar n. 178, de 13-1-2021.

IV – a revisão dos regimes jurídicos de servidores da administração pública direta, autárquica e fundacional para reduzir benefícios ou vantagens não previstos no regime jurídico único dos servidores públicos da União;

•• Inciso IV com redação determinada pela Lei Complementar n. 178, de 13-1-2021.

V – a instituição de regras e mecanismos para limitar o crescimento anual das despesas primárias à variação do Índice Nacional de Preços ao Consumidor Amplo (IPCA);

(*) Publicada no *DOU*, de 22-5-2017. Regulamentada pelo Decreto n. 9.109, de 27-7-2017.

•• Inciso V com redação determinada pela Lei Complementar n. 178, de 13-1-2021.

• A Portaria n. 931, de 14-7-2021, do Tesouro Nacional, Regula-menta a elaboração de Planos de Recuperação Fiscal para fins de adesão ao Regime de que trata este inciso.

VI – a realização de leilões de pagamento, nos quais será adotado o critério de julgamento por maior desconto, para fins de prioridade na quitação de obrigações inscritas em restos a pagar ou inadimplidas, e a autorização para o pagamento parcelado destas obrigações;

•• Inciso VI com redação determinada pela Lei Complementar n. 178, de 13-1-2021.

VII – a adoção de gestão financeira centralizada no âmbito do Poder Executivo do ente, cabendo a este estabelecer para a administração direta, indireta e fundacional e empresas estatais dependentes as condições para o recebimento e a movimentação dos recursos financeiros, inclusive a destinação dos saldos não utilizados quando do encerramento do exercício, observadas as restrições a essa centralização estabelecidas em regras e leis federais e em instrumentos contratuais preexistentes;

•• Inciso VII com redação determinada pela Lei Complementar n. 178, de 13-1-2021.

VIII – a instituição do regime de previdência complementar a que se referem os §§ 14, 15 e 16 do art. 40 da Constituição Federal.

•• Inciso VIII com redação determinada pela Lei Complementar n. 178, de 13-1-2021.

§ 2.º O atendimento do disposto no inciso I do § 1º não exige que as alienações, concessões, liquidações ou extinções abranjam todas as empresas públicas ou sociedades de economia mista do Estado.

•• § 2.º com redação determinada pela Lei Complementar n. 178, de 13-1-2021.

§ 3.º O disposto no inciso III do § 1.º:

•• § 3.º, *caput*, com redação determinada pela Lei Complementar n. 178, de 13-1-2021.

I – não se aplica aos incentivos e aos benefícios fiscais ou financeiro-fiscais de que trata o art. 178 da Lei n. 5.172, de 25 de outubro de 1966, nem aos instituídos na forma estabelecida pela alínea "g" do inciso XII do § 2.º do art. 155 da Constituição Federal; e

•• Inciso I acrescentado pela Lei Complementar n. 178, de 13-1-2021.

II – será implementado nos 3 (três) primeiros anos do Regime de Recuperação Fiscal, à proporção de, no mínimo, 1/3 (um terço) ao ano.

•• Inciso II acrescentado pela Lei Complementar n. 178, de 13-1-2021.

§ 4.º Não se incluem na base de cálculo e no limite de que trata o inciso V do § 1.º:

•• § 4.º com redação determinada pela Lei Complementar n. 178, de 13-1-2021.

I – as transferências constitucionais para os respectivos Municípios estabelecidas nos arts. 158 e 159, §§ 3.º e 4.º, e as destinações de que trata o art. 212-A, todos da Constituição Federal;

•• Inciso I acrescentado pela Lei Complementar n. 178, de 13-1-2021.

II – as despesas custeadas com recursos de transferências previstas nos arts. 166 e 166-A da Constituição Federal;

•• Inciso II com redação determinada pela Lei Complementar n. 189, de 4-1-2022.

III – (*Revogado pela Lei Complementar n. 189, de 4-1-2022.*)

IV – as despesas em saúde e educação realizadas pelo ente em razão de eventual diferença positiva entre a variação anual das bases de cálculo das aplicações mínimas de que tratam o § 2.º do art. 198 e o art. 212 da Constituição Federal e a variação do IPCA no mesmo período.

•• Inciso IV acrescentado pela Lei Complementar n. 178, de 13-1-2021.

V – as despesas custeadas com recursos de transferências da União com aplicações vinculadas, conforme definido pela Secretaria do Tesouro Nacional do Ministério da Economia.

•• Inciso V acrescentado pela Lei Complementar n. 189, de 4-1-2022.

§ 5.º O conjunto de dívidas a ser submetido aos leilões de pagamento de que trata o inciso VI do § 1.º e a frequência dos leilões serão definidos no Plano de Recuperação Fiscal.

•• § 5.º com redação determinada pela Lei Complementar n. 178, de 13-1-2021.

§ 6.º O prazo de vigência do Regime de Recuperação Fiscal será de até 9 (nove) exercícios financeiros, observadas as hipóteses de encerramento do art. 12 e de extinção do art. 13, ambos desta Lei.

•• § 6.º acrescentado pela Lei Complementar n. 178, de 13-1-2021.

§ 7.º O Ministério da Economia poderá autorizar a alteração, a pedido do Estado, das empresas públicas e das sociedades de economia mista e dos serviços e ativos de que trata o inciso I do § 1º, desde que assegurado ingresso de recursos equivalentes aos valores previstos na medida de ajuste original.

•• § 7.º acrescentado pela Lei Complementar n. 178, de 13-1-2021.

§ 8.º Para fins de adesão ao Regime de Recuperação Fiscal, consideram-se implementadas as medidas referidas no § 1º caso o Estado demonstre, nos termos de regulamento, ser desnecessário editar legislação adicional para seu atendimento durante a vigência do Regime.

•• § 8.º acrescentado pela Lei Complementar n. 178, de 13-1-2021.

§ 9.º Não se aplica o disposto no inciso VII aos fundos públicos previstos nas Constituições e Leis Orgânicas de cada ente federativo, inclusive no Ato das Disposições Constitucionais Transitórias, ou que tenham sido criados para operacionalizar vinculações de receitas estabelecidas nas Constituições e Leis Orgânicas de cada ente federativo.

•• § 9.º acrescentado pela Lei Complementar n. 178, de 13-1-2021.

§ 10. As deduções previstas nos incisos II e V do § 4º deste artigo poderão ser realizadas de acordo com o valor transferido pela União a cada exercício.

•• § 10 acrescentado pela Lei Complementar n. 189, de 4-1-2022.

Capítulo III
DAS CONDIÇÕES DO REGIME DE RECUPERAÇÃO FISCAL

Art. 3.º Considera-se habilitado para aderir ao Regime de Recuperação Fiscal o Estado que atender, cumulativamente, aos seguintes requisitos:

•• A Portaria n. 377, de 7-8-2017, do Ministério da Fazenda, regulamenta a forma de verificação dos requisitos de habilitação ao regime de recuperação fiscal.

I – receita corrente líquida anual menor que a dívida consolidada ao final do exercício financeiro anterior ao do pedido de adesão ao Regime de Recuperação Fiscal, nos termos da Lei Complementar n. 101, de 4 de maio de 2000;

II – despesas:

•• Inciso II, *caput*, com redação determinada pela Lei Complementar n. 178, de 13-1-2021.

a) correntes superiores a 95% (noventa e cinco por cento) da receita corrente líquida aferida no exercício financeiro anterior ao do pedido de adesão ao Regime de Recuperação Fiscal; ou

•• Alínea *a* acrescentada pela Lei Complementar n. 178, de 13-1-2021.

b) com pessoal, de acordo com os arts. 18 e 19 da Lei Complementar n. 101, de 4 de maio de 2000, que representem, no mínimo, 60% (sessenta por cento) da receita corrente líquida aferida no exercício financeiro anterior ao do pedido de adesão ao Regime de Recuperação Fiscal; e

•• Alínea *b* acrescentada pela Lei Complementar n. 178, de 13-1-2021.

III – valor total de obrigações contraídas maior que as disponibilidades de caixa e equivalentes de caixa de recursos sem vinculação, a ser apurado na forma do art. 42 da Lei Complementar n. 101, de 4 de maio de 2000.

§ 1.º Ato do Ministro de Estado da Fazenda definirá a forma de verificação dos requisitos previstos neste artigo.

§ 2.º Excepcionalmente, o Estado que não atender ao requisito do inciso I deste artigo poderá aderir ao Regime de Recuperação Fiscal sem as prerrogativas do art. 9º.

•• § 2.º com redação determinada pela Lei Complementar n. 178, de 13-1-2021.

§ 3.º Na verificação do atendimento dos requisitos do *caput* para Estados com Regime de Recuperação Fiscal vigente em 31 de agosto de 2020 que pedirem nova adesão, serão computadas as obrigações suspensas em função daquele Regime.

•• § 3.º com redação determinada pela Lei Complementar n. 178, de 13-1-2021.

§ 4.º O Estado que aderir ao Regime de Recuperação Fiscal deverá observar as normas de contabilidade editadas pelo órgão central de contabilidade da União.

•• § 4.º com redação determinada pela Lei Complementar n. 178, de 13-1-2021.

Art. 4.º O Estado protocolará o pedido de adesão ao Regime de Recuperação Fiscal no Ministério da Economia, que conterá, no mínimo:

•• *Caput* com redação determinada pela Lei Complementar n. 178, de 13-1-2021.

I – a demonstração de que os requisitos previstos no art. 3º tenham sido atendidos;

•• Inciso I acrescentado pela Lei Complementar n. 178, de 13-1-2021.

II – a demonstração das medidas que o Estado considera implementadas, nos termos do art. 2º;

•• Inciso II acrescentado pela Lei Complementar n. 178, de 13-1-2021.

III – a relação de dívidas às quais se pretende aplicar o disposto no inciso II do art. 9º, se cabível; e

•• Inciso III acrescentado pela Lei Complementar n. 178, de 13-1-2021.

IV – a indicação de membro titular e membro suplente para compor o Conselho de Supervisão do Regime de Recuperação Fiscal.

•• Inciso IV acrescentado pela Lei Complementar n. 178, de 13-1-2021.

§ 1.º Protocolado o pedido referido no *caput*, o Ministério da Economia verificará em até 20 (vinte) dias o cumprimento dos requisitos do art. 3º e publicará o resultado em até 10 (dez) dias.

•• § 1.º com redação determinada pela Lei Complementar n. 178, de 13-1-2021.

§§ 2.º a 5.º (*Revogados pela Lei Complementar n. 178, de 13-1-2021.*)

Art. 4.º-A. Deferido o pedido de adesão ao Regime de Recuperação Fiscal:

•• *Caput* acrescentado pela Lei Complementar n. 178, de 13-1-2021.

I – o Estado, conforme regulamento do Poder Executivo Federal:

•• Inciso I, *caput*, acrescentado pela Lei Complementar n. 178, de 13-1-2021.

a) elaborará, com a supervisão do Ministério da Economia, o Plano de Recuperação Fiscal;

•• Alínea *a* acrescentada pela Lei Complementar n. 178, de 13-1-2021.

b) apresentará as proposições encaminhadas à Assembleia Legislativa e os atos normativos para atendimento do disposto no art. 2º desta Lei Complementar; e

•• Alínea *b* acrescentada pela Lei Complementar n. 178, de 13-1-2021.

c) cumprirá o disposto nos arts. 7º-D e 8º e fará jus às prerrogativas previstas no art. 10 e art. 10-A;

•• Alínea *c* acrescentada pela Lei Complementar n. 178, de 13-1-2021.

II – o Ministério da Economia:

•• Inciso II, *caput*, acrescentado pela Lei Complementar n. 178, de 13-1-2021.

a) aplicará o disposto no *caput* do art. 9º por até 12 (doze) meses, desde que assinado o contrato de refinanciamento de que trata o art. 9º-A;

•• Alínea *a* acrescentada pela Lei Complementar n. 178, de 13-1-2021.

b) criará o Conselho de Supervisão do Regime de Recuperação Fiscal e em até 30 (trinta) dias investirá seus membros; e

•• Alínea *b* acrescentada pela Lei Complementar n. 178, de 13-1-2021.

III – o Tribunal de Contas da União indicará, em até 15 (quinze) dias, membro titular e membro suplente para compor o Conselho de Supervisão do Regime de Recuperação Fiscal.

•• Inciso III acrescentado pela Lei Complementar n. 178, de 13-1-2021.

§ 1.º O Poder Executivo estadual solicitará aos demais Poderes e órgãos autônomos as informações necessárias para a elaboração do Plano de Recuperação Fiscal segundo os prazos definidos pela Secretaria do Tesouro Nacional.

•• § 1.º acrescentado pela Lei Complementar n. 178, de 13-1-2021.

§ 2.º Se o Poder ou órgão autônomo não encaminhar as informações solicitadas na forma do § 1º no prazo, ou se as encaminhar sem observar as condições estabelecidas nesta Lei Complementar, inclusive as relativas ao disposto no inciso IV do § 1.º do art. 2.º, o Poder Executivo estadual poderá suprir a ausência de informações, vedada a inclusão no Plano de Recuperação Fiscal de ressalvas previstas no art. 8º para aquele Poder ou órgão.

•• § 2.º acrescentado pela Lei Complementar n. 178, de 13-1-2021.

§ 3.º Concluída a elaboração, o Chefe do Poder Executivo do Estado:

•• § 3.º, *caput*, acrescentado pela Lei Complementar n. 178, de 13-1-2021.

I – dará ciência aos demais Chefes dos Poderes e órgãos autônomos do Plano de Recuperação Fiscal;

•• Inciso I acrescentado pela Lei Complementar n. 178, de 13-1-2021.

II – protocolará o Plano no Ministério da Economia e entregará a comprovação de atendimento do disposto no art. 2º, nos termos do regulamento; e

•• Inciso II acrescentado pela Lei Complementar n. 178, de 13-1-2021.

III – publicará o Plano de Recuperação Fiscal no Diário Oficial e nos sítios eletrônicos oficiais do Estado.

•• Inciso III acrescentado pela Lei Complementar n. 178, de 13-1-2021.

§ 4.º O Conselho de Supervisão do Regime de Recuperação Fiscal terá amplo acesso ao processo de elaboração do Plano de Recuperação Fiscal.

•• § 4.º acrescentado pela Lei Complementar n. 178, de 13-1-2021.

Art. 5.º Após manifestação favorável do Ministro de Estado da Economia, ato do Presidente da República homologará o Plano e estabelecerá a vigência do Regime de Recuperação Fiscal.

•• *Caput* com redação determinada pela Lei Complementar n. 178, de 13-1-2021.

§ 1.º A manifestação de que trata o *caput* será acompanhada de pareceres:

•• § 1.º, *caput*, acrescentado pela Lei Complementar n. 178, de 13-1-2021.

I – da Secretaria do Tesouro Nacional, a respeito do reequilíbrio das contas estaduais durante a vigência do Regime;

•• Inciso I acrescentado pela Lei Complementar n. 178, de 13-1-2021.

II – da Procuradoria-Geral da Fazenda Nacional, sobre a adequação das leis apresentadas pelo Estado em atendimento ao disposto no art. 2º; e

•• Inciso II acrescentado pela Lei Complementar n. 178, de 13-1-2021.

III – do Conselho de Supervisão do Regime de Recuperação Fiscal, no tocante ao art. 7º-B.

•• Inciso III acrescentado pela Lei Complementar n. 178, de 13-1-2021.

§ 2.º As alterações do Plano de Recuperação Fiscal serão homologadas pelo Ministro de Estado da Economia, mediante parecer prévio do Conselho de Supervisão de que trata o art. 6º, podendo a referida competência do Ministro ser delegada, nos termos do regulamento.

•• § 2.º acrescentado pela Lei Complementar n. 178, de 13-1-2021.

§ 3.º O Ministério da Economia e o Poder Executivo do Estado publicarão o Plano de Recuperação Fiscal, e suas alterações, respectivamente, no Diário Oficial da União e no Diário Oficial do Estado, e em seus sítios eletrônicos.

•• § 3.º acrescentado pela Lei Complementar n. 178, de 13-1-2021.

Capítulo IV
A SUPERVISÃO DO REGIME DE RECUPERAÇÃO FISCAL

Art. 6.º O Conselho de Supervisão, criado especificamente para o Regime de Recuperação Fiscal dos Estados e do Distrito Federal, será composto por 3 (três) membros titulares, e seus suplentes, com experiência profissional e conhecimento técnico nas áreas de gestão de finanças públicas, recuperação judicial de empresas, gestão financeira ou recuperação fiscal de entes públicos.

§ 1.º O Conselho de Supervisão a que se refere o *caput* deste artigo terá seus membros indicados em até 15 (quinze) dias da data do deferimento do pedido de adesão de que trata o *caput* do art. 4.º-A e terá a seguinte composição:

•• § 1.º, *caput*, com redação determinada pela Lei Complementar n. 178, de 13-1-2021.

I – 1 (um) membro indicado pelo Ministro de Estado da Fazenda;

II – 1 (um) membro, entre auditores federais de controle externo, indicado pelo Tribunal de Contas da União;

III – 1 (um) membro indicado pelo Estado em Regime de Recuperação Fiscal.

§ 2.º A eventual ausência de nomeação de membros suplentes para o Conselho de Supervisão não impossibilita o seu funcionamento pleno, desde que todos os membros titulares estejam no pleno exercício de suas funções.

§ 3.º A estrutura, a organização e o funcionamento do Conselho de Supervisão serão estabelecidos em decreto do Poder Executivo federal.

§ 4.º Os membros titulares do Conselho de Supervisão serão investidos no prazo de 30 (trinta) dias após a indicação em cargo em comissão do Grupo-Direção e Assessoramento Superiores (DAS) de nível 6, em regime de dedicação exclusiva.

•• § 4.º com redação determinada pela Lei Complementar n. 178, de 13-1-2021.

§ 5.º Os membros suplentes do Conselho de Supervisão serão remunerados apenas pelos períodos em que estiverem em efetivo exercício, em substituição aos membros titulares.

Art. 7.º São atribuições do Conselho de Supervisão:

I – apresentar e dar publicidade a relatório bimestral de monitoramento, com classificação de desempenho, do Regime de Recuperação Fiscal do Estado.

•• Inciso I com redação determinada pela Lei Complementar n. 178, de 13-1-2021.

II – recomendar ao Estado e ao Ministério da Economia providências, alterações e atualizações financeiras no Plano de Recuperação;

•• Inciso II com redação determinada pela Lei Complementar n. 178, de 13-1-2021.

III – emitir parecer que aponte desvio de finalidade na utilização de recursos obtidos por meio das operações de crédito referidas no § 4.º do art. 11;

IV – convocar audiências com especialistas e com interessados, sendo-lhe facultado requisitar informações de órgãos públicos, as quais deverão ser prestadas no prazo de 30 (trinta) dias;

•• Inciso IV com redação determinada pela Lei Complementar n. 178, de 13-1-2021.

V – acompanhar as contas do Estado, com acesso direto, por meio de senhas e demais instrumentos de acesso, aos sistemas de execução e controle fiscal;

VI – contratar consultoria técnica especializada, nos termos da Lei n. 8.666, de 21 de junho de 1993, custeada pela União, conforme a disponibilidade orçamentária e financeira e mediante autorização prévia do Ministério da Fazenda;

VII – recomendar ao Estado:

•• Inciso VII, *caput*, com redação determinada pela Lei Complementar n. 178, de 13-1-2021.

a) a suspensão cautelar de execução de contrato ou de obrigação do Estado quando estiverem em desconformidade com o Plano de Recuperação Fiscal;

•• Alínea *a* acrescentada pela Lei Complementar n. 178, de 13-1-2021.

b) a adoção de providências para o fiel cumprimento do disposto nesta Lei Complementar;

•• Alínea *b* acrescentada pela Lei Complementar n. 178, de 13-1-2021.

VIII – avaliar, periodicamente ou extraordinariamente, as propostas de alteração do Plano de Recuperação Fiscal;

•• Inciso VIII com redação determinada pela Lei Complementar n. 178, de 13-1-2021.

IX – notificar as autoridades competentes nas hipóteses de indícios de irregularidades, violação de direito ou prejuízo aos interesses das partes afetadas pelo Plano de Recuperação;

X – apresentar relatório conclusivo no prazo de até 60 (sessenta) dias, contado da data do encerramento ou da extinção do Regime de Recuperação Fiscal.

XI – analisar e aprovar previamente a compensação prevista no inciso I do § 2.º do art. 8.º;

•• Inciso XI acrescentado pela Lei Complementar n. 178, de 13-1-2021.

XII – avaliar a inadimplência com as obrigações do *caput* do art. 7.º-B desta Lei Complementar; e

•• Inciso XII acrescentado pela Lei Complementar n. 178, de 13-1-2021.

XIII – acompanhar a elaboração do Plano de Recuperação Fiscal e suas alterações e atualizações, bem como sobre elas emitir parecer.

•• Inciso XIII acrescentado pela Lei Complementar n. 178, de 13-1-2021.

§ 1.º As despesas do Conselho de Supervisão serão custeadas pela União, ressalvado o disposto no § 2.º deste artigo.

§ 2.º O Estado proverá servidores, espaço físico no âmbito da secretaria de Estado responsável pela gestão fiscal, equipamentos e logística adequados ao exercício das funções do Conselho de Supervisão.

§ 3.º Os indícios de irregularidades identificados pelo Conselho de Supervisão deverão ser encaminhados ao Ministro de Estado da Fazenda.

§ 4.º O Conselho de Supervisão deliberará pela maioria simples de seus membros.

§ 5.º As deliberações do Conselho de Supervisão, os relatórios de que trata este artigo e as demais informações consideradas relevantes pelo Conselho serão divulgados no sítio eletrônico do governo do Estado, em página específica dedicada ao Regime de Recuperação Fiscal.

§ 6.º As competências do Conselho de Supervisão de que trata este artigo não afastam ou substituem as competências legais dos órgãos federais e estaduais de controle interno e externo.

Art. 7.º-A. As atribuições do Conselho de Supervisão do Regime de Recuperação Fiscal previstas no art. 7º serão exercidas com o auxílio técnico da Secretaria do Tesouro Nacional quando relacionadas com o acompanhamento do cumprimento das metas e dos compromissos fiscais estipulados no Plano, com a avaliação da situação financeira estadual ou com a apreciação das propostas de atualização das projeções financeiras e dos impactos fiscais das medidas de ajuste do Plano de Recuperação Fiscal.

•• Artigo acrescentado pela Lei Complementar n. 178, de 13-1-2021.

Art. 7.º-B. Configura inadimplência com as obrigações do Plano:

•• *Caput* acrescentado pela Lei Complementar n. 178, de 13-1-2021.

I – o não envio das informações solicitadas pelo Conselho de Supervisão e pela Secretaria do Tesouro Nacional, no exercício de suas atribuições, nos prazos estabelecidos;

•• Inciso I acrescentado pela Lei Complementar n. 178, de 13-1-2021.

II – a não implementação das medidas de ajuste nos prazos e formas previstos no Plano em vigor;

•• Inciso II acrescentado pela Lei Complementar n. 178, de 13-1-2021.

III – o não cumprimento das metas e dos compromissos fiscais estipulados no Plano em vigor; e

•• Inciso III acrescentado pela Lei Complementar n. 178, de 13-1-2021.

IV – a não observância do art. 8.º, inclusive a aprovação de leis locais em desacordo com o referido artigo.

•• Inciso IV acrescentado pela Lei Complementar n. 178, de 13-1-2021.

§ 1.º É assegurado ao ente federativo o direito ao contraditório e à ampla defesa no processo de verificação de descumprimento das obrigações estabelecidas no *caput* deste artigo.

•• § 1.º acrescentado pela Lei Complementar n. 178, de 13-1-2021.

§ 2.º As avaliações que concluam pela inadimplência das obrigações dos incisos II a IV do *caput* deste artigo poderão ser revistas pelo Ministro de Estado da Economia, mediante justificativa fundamentada do Estado e parecer prévio da Procuradoria-Geral da Fazenda Nacional, até o final do exercício em que for verificada a inadimplência.

•• § 2.º acrescentado pela Lei Complementar n. 178, de 13-1-2021.

§ 3.º O regulamento disciplinará as condições excepcionais em que o Ministro de Estado da Economia poderá empregar o disposto no § 2.º deste artigo, tendo em conta a classificação de desempenho referida no inciso I do art. 7.º.

•• § 3.º acrescentado pela Lei Complementar n. 178, de 13-1-2021.

§ 4.º Não configurará descumprimento das obrigações dos incisos III ou IV do *caput* deste artigo, se o Conselho de Supervisão concluir que, nos termos do regulamento:

•• § 4.º, *caput*, acrescentado pela Lei Complementar n. 178, de 13-1-2021.

I – (*Vetado*); ou

•• Inciso I acrescentado pela Lei Complementar n. 178, de 13-1-2021.

II – foram revogados leis ou atos vedados no art. 8.º, ou foi suspensa a sua eficácia, no caso das inadimplências previstas no inciso IV.

•• Inciso II acrescentado pela Lei Complementar n. 178, de 13-1-2021.

§ 5.º O não cumprimento do inciso I do *caput* deste artigo implicará inadimplência do ente até a entrega das informações pendentes.

•• § 5.º acrescentado pela Lei Complementar n. 178, de 13-1-2021.

Art. 7.º-C. Enquanto perdurar a inadimplência com as obrigações previstas no art. 7.º-B, fica vedada a:

•• *Caput* acrescentado pela Lei Complementar n. 178, de 13-1-2021.

I – contratação de operações de crédito;

•• Inciso I acrescentado pela Lei Complementar n. 178, de 13-1-2021.

II – inclusão, no Plano, de ressalvas às vedações do art. 8.º, nos termos do inciso II do § 2.º do referido artigo.

•• Inciso II acrescentado pela Lei Complementar n. 178, de 13-1-2021.

§ 1.º Adicionalmente ao disposto no *caput*, os percentuais previstos nos §§ 1.º e 2.º do art. 9.º elevar-se-ão permanentemente:

•• § 1.º, *caput*, acrescentado pela Lei Complementar n. 178, de 13-1-2021.

I – em 5 (cinco) pontos percentuais, ao fim de cada exercício em que for verificada a inadimplência do Estado com as obrigações previstas no inciso II do art. 7.º-B;

•• Inciso I acrescentado pela Lei Complementar n. 178, de 13-1-2021.

II – em 10 (dez) pontos percentuais, ao fim de cada exercício em que for verificada a inadimplência do Estado com as obrigações previstas no inciso III do art. 7º-B; e

•• Inciso II acrescentado pela Lei Complementar n. 178, de 13-1-2021.

III – em 20 (vinte) pontos percentuais, ao fim de cada exercício em que for verificada a inadimplência do Estado com as obrigações previstas no inciso IV do art. 7.º-B.

•• Inciso III acrescentado pela Lei Complementar n. 178, de 13-1-2021.

§ 2.º Os percentuais de que trata o § 1.º são adicionais em relação aos referidos nos §§ 1.º e 2.º do art. 9.º, observado o limite máximo total de 30 (trinta) pontos percentuais adicionais para cada exercício.

•• § 2.º acrescentado pela Lei Complementar n. 178, de 13-1-2021.

§ 3.º Em caso de inadimplência com as obrigações do art. 7.º-B, o Poder ou órgão autônomo será multado pelo Conselho de Supervisão do Regime de Recuperação Fiscal e o valor correspondente será utilizado para amortização extraordinária do saldo devedor do Estado relativo ao contrato de que trata o art. 9.º-A.

•• § 3.º acrescentado pela Lei Complementar n. 178, de 13-1-2021.

Art. 7.º-D. Durante a vigência do Regime de Recuperação Fiscal, os titulares de Poderes e órgãos autônomos, das Secretarias de Estado e das entidades da administração indireta deverão encaminhar ao Conselho de Supervisão do Regime de Recuperação Fiscal relatórios mensais contendo, no mínimo, informações sobre:

•• *Caput* acrescentado pela Lei Complementar n. 178, de 13-1-2021.

I – as vantagens, aumentos, reajustes ou adequações remuneratórias concedidas;

•• Inciso I acrescentado pela Lei Complementar n. 178, de 13-1-2021.

II – os cargos, empregos ou funções criados;

•• Inciso II acrescentado pela Lei Complementar n. 178, de 13-1-2021.

III – os concursos públicos realizados;

•• Inciso III acrescentado pela Lei Complementar n. 178, de 13-1-2021.

IV – os servidores nomeados para cargos de provimento efetivo e vitalícios;

•• Inciso IV acrescentado pela Lei Complementar n. 178, de 13-1-2021.

V – as revisões contratuais realizadas;

•• Inciso V acrescentado pela Lei Complementar n. 178, de 13-1-2021.

VI – as despesas obrigatórias e as despesas de caráter continuado criadas;

•• Inciso VI acrescentado pela Lei Complementar n. 178, de 13-1-2021.

VII – os auxílios, vantagens, bônus, abonos, verbas de representação ou benefícios de qualquer natureza criados ou majorados;

•• Inciso VII acrescentado pela Lei Complementar n. 178, de 13-1-2021.

VIII – os incentivos de natureza tributária concedidos, renovados ou ampliados;

•• Inciso VIII acrescentado pela Lei Complementar n. 178, de 13-1-2021.

IX – as alterações de alíquotas ou bases de cálculo de tributos;

•• Inciso IX acrescentado pela Lei Complementar n. 178, de 13-1-2021.

X – os convênios, acordos, ajustes ou outros tipos de instrumentos que envolvam a transferência de recursos para outros entes federativos ou para organizações da sociedade civil; e

•• Inciso X acrescentado pela Lei Complementar n. 178, de 13-1-2021.

XI – as operações de crédito contratadas.

•• Inciso XI acrescentado pela Lei Complementar n. 178, de 13-1-2021.

Parágrafo único. O Conselho de Supervisão do Regime de Recuperação Fiscal disciplinará o disposto neste artigo, podendo exigir informações periódicas adicionais e dispensar o envio de parte ou da totalidade das informações previstas no *caput*.

•• Parágrafo único acrescentado pela Lei Complementar n. 178, de 13-1-2021.

Capítulo V
DAS VEDAÇÕES DURANTE O REGIME DE RECUPERAÇÃO FISCAL

Art. 8.º São vedados ao Estado durante a vigência do Regime de Recuperação Fiscal:

I – a concessão, a qualquer título, de vantagem, aumento, reajuste ou adequação de remuneração de membros dos Poderes ou de órgãos, de servidores e empregados públicos e de militares, exceto aqueles provenientes de sentença judicial transitada em julgado, ressalvado o disposto no inciso X do *caput* do art. 37 da Constituição Federal;

II – a criação de cargo, emprego ou função que implique aumento de despesa;

III – a alteração de estrutura de carreira que implique aumento de despesa;

IV – a admissão ou a contratação de pessoal, a qualquer título, ressalvadas as reposições de:

•• Inciso IV, *caput*, com redação determinada pela Lei Complementar n. 178, de 13-1-2021.

a) cargos de chefia e de direção e assessoramento que não acarretem aumento de despesa;

•• Alínea *a* acrescentada pela Lei Complementar n. 178, de 13-1-2021.

b) contratação temporária; e

•• Alínea *b* acrescentada pela Lei Complementar n. 178, de 13-1-2021.

c) (*Vetado*);

•• Alínea *c* acrescentada pela Lei Complementar n. 178, de 13-1-2021.

V – a realização de concurso público, ressalvada a hipótese de reposição prevista na alínea '*c*' do inciso IV;

•• Inciso IV com redação determinada pela Lei Complementar n. 178, de 13-1-2021.

VI – a criação, majoração, reajuste ou adequação de auxílios, vantagens, bônus, abonos, verbas de representação ou benefícios remuneratórios de qualquer natureza, inclusive indenizatória, em favor de membros dos Poderes, do Ministério Público ou da Defensoria Pública, de servidores e empregados públicos e de militares;

•• Inciso VI com redação determinada pela Lei Complementar n. 178, de 13-1-2021.

VII – a criação de despesa obrigatória de caráter continuado;

VIII – a adoção de medida que implique reajuste de despesa obrigatória;

•• Inciso VIII com redação determinada pela Lei Complementar n. 178, de 13-1-2021.

IX – a concessão, a prorrogação, a renovação ou a ampliação de incentivo ou benefício de natureza tributária da qual decorra renúncia de receita, ressalvados os concedidos nos termos da alínea "*g*" do inciso XII do § 2.º do art. 155 da Constituição Federal;

•• Inciso IX com redação determinada pela Lei Complementar n. 178, de 13-1-2021.

X – o empenho ou a contratação de despesas com publicidade e propaganda, exceto para as áreas de saúde, segurança, educação e outras de demonstrada utilidade pública;

•• Inciso X com redação determinada pela Lei Complementar n. 178, de 13-1-2021.

XI – a celebração de convênio, acordo, ajuste ou outros tipos de instrumentos que envolvam a transferência de recursos para outros entes federativos ou para organizações da sociedade civil, ressalvados:

a) aqueles necessários para a efetiva recuperação fiscal;

b) as renovações de instrumentos já vigentes no momento da adesão ao Regime de Recuperação Fiscal;

c) aqueles decorrentes de parcerias com organizações sociais e que impliquem redução de despesa, comprovada pelo Conselho de Supervisão de que trata o art. 6.º;

d) aqueles destinados a serviços essenciais, a situações emergenciais, a atividades de assistência social relativas a ações voltadas para pessoas com deficiência, idosos e mulheres jovens em situação de risco e, suplementarmente, ao cumprimento de limites constitucionais;

XIII – a alteração de alíquotas ou bases de cálculo de tributos que implique redução da arrecadação;

•• Inciso XIII acrescentado pela Lei Complementar n. 178, de 13-1-2021.

XIV – a criação ou majoração de vinculação de receitas públicas de qualquer natureza;

•• Inciso XIV acrescentado pela Lei Complementar n. 178, de 13-1-2021.

XV – a propositura de ação judicial para discutir a dívida ou o contrato citados nos incisos I e II do art. 9.º;

•• Inciso XV acrescentado pela Lei Complementar n. 178, de 13-1-2021.

XVI – a vinculação de receitas de impostos em áreas diversas das previstas na Constituição Federal.

•• Inciso XVI acrescentado pela Lei Complementar n. 178, de 13-1-2021.

§ 1.º O Regime de Recuperação Fiscal impõe as restrições de que trata o *caput* deste artigo a todos os Poderes, aos órgãos, às entidades e aos fundos do Estado.

•• Parágrafo único renumerado pela Lei Complementar n. 178, de 13-1-2021.

§ 2.º As vedações previstas neste artigo poderão ser:

•• § 2.º, *caput*, com redação determinada pela Lei Complementar n. 181, de 6-5-2021.

I – objeto de compensação; ou

•• Inciso I acrescentado pela Lei Complementar n. 178, de 13-1-2021.

•• A Portaria n. 10.123, de 20-8-2021, do Ministério da Economia, dispõe sobre a compensação prevista neste inciso I.

II – afastadas, desde que previsto expressamente no Plano de Recuperação Fiscal em vigor.

•• Inciso II com redação determinada pela Lei Complementar n. 181, de 6-5-2021.

§ 3.º A compensação prevista no inciso I do § 2º deste artigo, previamente aprovada pelo Conselho de Supervisão do Regime de Recuperação Fiscal, se dará por ações:

•• § 3.º, *caput*, acrescentado pela Lei Complementar n. 178, de 13-1-2021.

I – com impactos financeiros iguais ou superiores ao da vedação descumprida; e

•• Inciso I acrescentado pela Lei Complementar n. 178, de 13-1-2021.

II – adotadas no mesmo Poder ou no Tribunal de Contas, no Ministério Público e na Defensoria Pública.

•• Inciso II acrescentado pela Lei Complementar n. 178, de 13-1-2021.

§ 4.º É vedada a compensação de aumento de despesa primária obrigatória de caráter continuado com receitas não recorrentes ou extraordinárias.

•• § 4.º acrescentado pela Lei Complementar n. 178, de 13-1-2021.

§ 5.º Considera-se aumento de despesa a prorrogação daquela criada por prazo determinado.

•• § 5.º acrescentado pela Lei Complementar n. 178, de 13-1-2021.

§ 6.º Ressalva-se do disposto neste artigo a violação com impacto financeiro considerado irrelevante, nos termos em que dispuser o Plano de Recuperação Fiscal.

•• § 6.º acrescentado pela Lei Complementar n. 178, de 13-1-2021.

§ 7.º Ato do Ministro de Estado da Economia disciplinará a aplicação do disposto nos §§ 2.º e 3.º.

•• § 7.º acrescentado pela Lei Complementar n. 178, de 13-1-2021.

Capítulo VI
DAS PRERROGATIVAS DO ESTADO

Art. 9.º Durante a vigência do Regime de Recuperação Fiscal, desde que assinado o contrato previsto no art. 9.º-A, a União:

•• *Caput* com redação determinada pela Lei Complementar n. 178, de 13-1-2021.

I – concederá redução extraordinária das prestações relativas aos contratos de dívidas administrados pela Secretaria do Tesouro Nacional do Ministério da Economia contratados em data anterior ao protocolo do pedido de adesão ao Regime de Recuperação Fiscal de que trata o art. 4.º;

•• Inciso I acrescentado pela Lei Complementar n. 178, de 13-1-2021.

II – poderá pagar em nome do Estado, na data de seu vencimento, as prestações de operações de crédito com o sistema financeiro e instituições multilaterais, garantidas pela União, contempladas no pedido de adesão ao Regime de Recuperação Fiscal e contratadas em data anterior ao protocolo do referido pedido, sem executar as contragarantias correspondentes.

•• Inciso II acrescentado pela Lei Complementar n. 178, de 13-1-2021.

§ 1.º O benefício previsto no inciso I será aplicado regressivamente no tempo, de tal forma que a relação entre os pagamentos do serviço das dívidas estaduais e os valores originalmente devidos das prestações dessas mesmas dívidas será zero no primeiro exercício e aumentará pelo menos 11,11 (onze inteiros e onze centésimos) pontos percentuais a cada exercício financeiro.

•• § 1.º com redação determinada pela Lei Complementar n. 178, de 13-1-2021.

§ 2.º O benefício previsto no inciso II será aplicado regressivamente no tempo, de tal forma que a União pagará integralmente as parcelas devidas durante a vigência do Regime, mas a relação entre os valores recuperados por ela dos Estados e os valores originalmente devidos das prestações daquelas dívidas será zero no primeiro exercício e aumentará pelo menos 11,11 (onze inteiros e onze centésimos) pontos percentuais a cada exercício financeiro.

•• § 2.º com redação determinada pela Lei Complementar n. 178, de 13-1-2021.

§ 3.º Para fins do disposto nos §§ 1.º e 2.º, entende-se como valores originalmente devidos aqueles apurados de acordo com as condições financeiras previstas nos contratos referidos nos incisos I e II do *caput*.

•• § 3.º com redação determinada pela Lei Complementar n. 178, de 13-1-2021.

§ 4.º O disposto nos §§ 1.º e 2.º do art. 7.º-C será aplicado a partir do exercício financeiro subsequente ao da verificação de descumprimento das obrigações estabelecidas nos incisos II a IV do art. 7.º-B.

•• § 4.º com redação determinada pela Lei Complementar n. 178, de 13-1-2021.

§ 5.º Ato do Ministro de Estado da Economia poderá estabelecer a metodologia de cálculo e demais detalhamentos necessários à aplicação do disposto neste artigo.

•• § 5.º com redação determinada pela Lei Complementar n. 178, de 13-1-2021.

§ 6.º A redução imediata das prestações de que trata este artigo não afasta a necessidade de celebração de termo aditivo para cada um dos contratos renegociados.

§§ 7.º a 9.º (*Revogados pela Lei Complementar n. 178, de 13-1-2021.*)

§ 10. Não se aplica o disposto neste artigo às operações de crédito contratadas ao amparo do art. 11.

•• § 10 acrescentado pela Lei Complementar n. 178, de 13-1-2021.

Art. 9.º-A. É a União autorizada a celebrar com o Estado cujo pedido de adesão ao Regime de Recuperação Fiscal tenha sido aprovado, nos termos do art. 4.º, contrato de refinanciamento dos valores não pagos em decorrência da aplicação do art. 9.º e do disposto na alínea "a" do inciso II do art. 4.º-A.

•• *Caput* acrescentado pela Lei Complementar n. 178, de 13-1-2021.

§ 1.º O contrato de refinanciamento do Regime de Recuperação Fiscal previsto no *caput* deverá:

•• § 1.º, *caput*, acrescentado pela Lei Complementar n. 178, de 13-1-2021.

I – estabelecer como:

•• Inciso I, *caput*, acrescentado pela Lei Complementar n. 178, de 13-1-2021.

a) encargos de normalidade: os juros e a atualização monetária nas condições do art. 2.º da Lei Complementar n. 148, de 25 de novembro de 2014, e sua regulamentação; e

•• Alínea *a* acrescentada pela Lei Complementar n. 178, de 13-1-2021.

b) encargos moratórios: os previstos no § 11 do art. 3.º da Lei n. 9.496, de 11 de setembro de 1997;

•• Alínea *b* acrescentada pela Lei Complementar n. 178, de 13-1-2021.

II – prever que o Estado vinculará em garantia à União as receitas de que trata o art. 155 e os recursos de que tratam o art. 157 e a alínea "a" do inciso I e o inciso II do *caput* do art. 159, todos da Constituição Federal;

•• Inciso II acrescentado pela Lei Complementar n. 178, de 13-1-2021.

III – definir prazo no qual deverá ser apresentada comprovação do pedido de desistência pelo Estado das ações judiciais que discutam dívidas ou contratos de refinanciamento de dívidas pela União administrados pela Secretaria do Tesouro Nacional ou a execução de garantias e contragarantias pela União em face do respectivo ente federado.

•• Inciso III acrescentado pela Lei Complementar n. 178, de 13-1-2021.

§ 2.º O refinanciamento de que trata o *caput* será pago em parcelas mensais e sucessivas apuradas pela Tabela Price, nas seguintes condições:

•• § 2.º, *caput*, acrescentado pela Lei Complementar n. 178, de 13-1-2021.

I – com o primeiro vencimento ocorrendo no primeiro dia do segundo mês subsequente ao da homologação do Regime e prazo de pagamento de 360 (trezentos e sessenta) meses, se o Regime tiver sido homologado; ou

•• Inciso I acrescentado pela Lei Complementar n. 178, de 13-1-2021.

II – com o primeiro vencimento ocorrendo na data prevista no contrato e prazo de pagamento de 24 (vinte e quatro) meses, em caso de não homologação do Regime no prazo previsto no contrato.

•• Inciso II acrescentado pela Lei Complementar n. 178, de 13-1-2021.

§ 3.º Os valores não pagos em decorrência da aplicação do previsto na alínea "a" do inciso II do art. 4.º-A e do art. 9.º serão incorporados ao saldo devedor do contrato nas datas em que as obrigações originais vencerem ou forem pagas pela União.

•• § 3.º acrescentado pela Lei Complementar n. 178, de 13-1-2021.

§ 4.º Em caso de não homologação do Regime no prazo previsto no contrato:

•• § 4.º, *caput*, acrescentado pela Lei Complementar n. 178, de 13-1-2021.

I – os valores não pagos em decorrência da aplicação do previsto na alínea "a" do inciso II do art. 4.º-A serão capitalizados de acordo com os encargos moratórios previstos na alínea "b" do inciso I do § 1.º deste artigo; e

•• Inciso I acrescentado pela Lei Complementar n. 178, de 13-1-2021.

II – a diferença entre o resultado da aplicação do inciso I deste parágrafo e do disposto no § 3.º será incorporada ao saldo devedor do contrato de refinanciamento.

•• Inciso II acrescentado pela Lei Complementar n. 178, de 13-1-2021.

§ 5.º Ato do Ministro de Estado da Economia estabelecerá a metodologia de cálculo e demais detalhamentos necessários à aplicação do disposto neste artigo.

•• § 5.º acrescentado pela Lei Complementar n. 178, de 13-1-2021.

Art. 10. Durante a vigência do Regime de Recuperação Fiscal, fica suspensa a aplicação dos seguintes dispositivos da Lei Complementar n. 101, de 4 de maio de 2000:

I – art. 23;

•• Inciso I com redação determinada pela Lei Complementar n. 178, de 13-1-2021.

II – alíneas *a* e *c* do inciso IV do § 1.º do art. 25, ressalvada a observância ao disposto no § 3.º do art. 195 da Constituição Federal;

III – art. 31.

Parágrafo único. Para os Estados que aderirem ao Regime de Recuperação Fiscal, o prazo previsto no *caput* do art. 23 da Lei Complementar n. 101, de 4 de maio de 2000, será o mesmo pactuado para o Plano de Recuperação.

Art. 10-A. Nos 3 (três) primeiros exercícios de vigência do Regime de Recuperação Fiscal, ficam dispensados todos os requisitos legais exigidos para a contratação com a União e a verificação dos requisitos exigidos pela Lei Complementar n. 101, de 4 de maio de 2000, para a realização de operações de crédito e equiparadas e para a assinatura de termos aditivos aos contratos de refinanciamento.

•• Artigo acrescentado pela Lei Complementar n. 178, de 13-1-2021.

Art. 10-B. Durante a vigência do Regime de Recuperação Fiscal, o disposto no art. 4.º da Lei Complementar n. 160, de 7 de agosto de 2017, não será aplicável aos incentivos e benefícios fiscais ou financeiro-fiscais concedidos com base nos §§ 7.º e 8.º do art. 3.º da referida Lei Complementar.

•• Artigo acrescentado pela Lei Complementar n. 178, de 13-1-2021.

Capítulo VII
DOS FINANCIAMENTOS AUTORIZADOS

Art. 11. Enquanto vigorar o Regime de Recuperação Fiscal, poderão ser contratadas operações de crédito para as seguintes finalidades:

I – financiamento de programa de desligamento voluntário de pessoal;

II – financiamento de auditoria do sistema de processamento da folha de pagamento de ativos e inativos;

III – financiamento dos leilões de que trata o inciso VI do § 1.º do art. 2.º;

•• Inciso III com redação determinada pela Lei Complementar n. 178, de 13-1-2021.

IV – reestruturação de dívidas ou pagamento de passivos, observado o disposto no inciso X do art. 167 da Constituição Federal;

•• Inciso IV com redação determinada pela Lei Complementar n. 178, de 13-1-2021.

V – modernização da administração fazendária e, no âmbito de programa proposto pelo Poder Executivo federal, da gestão fiscal, financeira e patrimonial;

•• Inciso V com redação determinada pela Lei Complementar n. 178, de 13-1-2021.

VI – antecipação de receita da alienação total da participação societária em empresas públicas ou sociedades de economia mista de que trata o inciso I do § 1.º do art. 2.º.

•• Inciso VI com redação determinada pela Lei Complementar n. 178, de 13-1-2021.

VII (*Revogado pela Lei Complementar n. 178, de 13-1-2021.*)

§ 1.º A contratação das operações de crédito de que tratam os incisos I a VII do *caput* deste artigo contará com a garantia da União, devendo o Estado vincular em contragarantia as receitas de que trata o art. 155 e os recursos de que tratam o art. 157 e a alínea *a* do inciso I e o inciso II do *caput* do art. 159 da Constituição Federal.

§ 2.º Nas operações de crédito de que trata o inciso VI do *caput* deste artigo, além da contragarantia de que trata o § 1.º deste artigo, o Estado oferecerá, em benefício da União, penhor das ações da empresa a ser privatizada.

§ 3.º Se for realizada a operação de crédito de que trata o inciso VI do *caput* deste artigo, o Estado compromete-se a promover alterações no corpo diretor da empresa a ser privatizada, com o objetivo de permitir que o credor indique representante, cujo papel será o de contribuir para o êxito da operação de alienação.

§ 4.º Para fins do disposto neste artigo, estão dispensados os requisitos legais exigidos para a contratação de operações de crédito e para a concessão de garantia, inclusive aqueles dispostos na Lei Complementar n. 101, de 4 de maio de 2000.

•• A Lei Complementar n. 178, de 13-1-2021, propôs nova redação para este § 4.º, porém teve seu texto vetado.

§ 5.º A Secretaria do Tesouro Nacional do Ministério da Fazenda definirá o limite para a concessão de garantia aplicável à contratação das operações de crédito de que trata o § 1.º deste artigo, respeitados os limites definidos pelo Senado Federal nos termos do inciso VIII do *caput* do art. 52 da Constituição Federal.

§ 6.º Na hipótese de desvio de finalidade dos financiamentos de que trata este artigo, o acesso a novos financiamentos será suspenso até o fim do Regime de Recuperação Fiscal.

§ 7.º Durante a vigência do Regime de Recuperação Fiscal, fica autorizado o aditamento de contratos de financiamento firmados com organismos internacionais multilaterais, desde que não haja aumento dos valores originais nem dos encargos dos contratos.

§ 8.º É requisito para a realização de operação de crédito estar adimplente com o Plano de Recuperação Fiscal.

•• § 8.º acrescentado pela Lei Complementar n. 178, de 13-1-2021.

§ 9.º Na hipótese de alienação total da participação societária em empresas públicas e sociedades de economia mista, nos termos do inciso I do § 1.º do art. 2.º, o limite de que trata o § 5.º deste artigo será duplicado.

•• § 9.º acrescentado pela Lei Complementar n. 178, de 13-1-2021.

Capítulo VIII
DO ENCERRAMENTO E DA EXTINÇÃO DO REGIME DE RECUPERAÇÃO FISCAL

Art. 12. O Regime de Recuperação Fiscal será encerrado, nos termos de regulamento, quando:

•• *Caput* com redação determinada pela Lei Complementar n. 178, de 13-1-2021.

I – as condições estabelecidas no Plano de Recuperação Fiscal forem satisfeitas;

•• Inciso I com redação determinada pela Lei Complementar n. 178, de 13-1-2021.

II – a vigência do Plano de Recuperação Fiscal terminar; ou

•• Inciso II com redação determinada pela Lei Complementar n. 178, de 13-1-2021.

III – a pedido do Estado.

•• Inciso III acrescentado pela Lei Complementar n. 178, de 13-1-2021.

§ 1.º O pedido de encerramento do Regime de Recuperação Fiscal dependerá de autorização em lei estadual e deverá ser encaminhado pelo Governador do Estado ao Ministério da Economia.

•• § 1.º com redação determinada pela Lei Complementar n. 178, de 13-1-2021.

§ 2.º Na hipótese do inciso III do *caput*, o Estado deverá definir a data para o encerramento da vigência do Regime.

•• § 2.º com redação determinada pela Lei Complementar n. 178, de 13-1-2021.

§ 3.º Após o recebimento do pedido de encerramento do Regime de Recuperação Fiscal, o Ministro de Estado da Economia o submeterá em até 30 (trinta) dias ao Presidente da República, que publicará ato formalizando o encerramento da vigência do Regime.

•• § 3.º acrescentado pela Lei Complementar n. 178, de 13-1-2021.

Art. 13. O Regime de Recuperação Fiscal será extinto, nos termos de regulamento:

•• *Caput* com redação determinada pela Lei Complementar n. 178, de 13-1-2021.

I – quando o Estado for considerado inadimplente por 2 (dois) exercícios; ou

•• Inciso I com redação determinada pela Lei Complementar n. 178, de 13-1-2021.

II – em caso de propositura, pelo Estado, de ação judicial para discutir a dívida ou os contratos citados nos incisos I e II do art. 9.º.

•• Inciso II com redação determinada pela Lei Complementar n. 178, de 13-1-2021.

Parágrafo único. No caso de extinção do Regime, nos termos do *caput*, fica vedada a concessão de garantias pela União ao Estado por 5 (cinco) anos, ressalvada a hipótese do art. 65 da Lei Complementar n. 101, de 4 de maio de 2000.

•• Parágrafo único acrescentado pela Lei Complementar n. 178, de 13-1-2021.

Capítulo IX
DISPOSIÇÕES FINAIS

Art. 14. O art. 32 da Lei Complementar n. 101, de 4 de maio de 2000, passa a vigorar acrescido do seguinte § 6.º:

•• Alteração já processada no diploma modificado.

....

Art. 17. (*Revogado pela Lei Complementar n. 178, de 13-1-2021.*)

Art. 17-A. As infrações dos dispositivos desta Lei Complementar serão punidas segundo o Decreto-Lei n. 2.848, de 7 de dezembro de 1940 (Código Penal), a Lei n. 1.079, de 10 de abril de 1950, o Decreto-Lei n. 201, de 27 de fevereiro de 1967, a Lei n. 8.429, de 2 de junho de 1992, e demais normas da legislação pertinente.

•• Artigo acrescentado pela Lei Complementar n. 178, de 13-1-2021.

Art. 17-B. (*Vetado*).

•• Artigo acrescentado pela Lei Complementar n. 178, de 13-1-2021.

Art. 17-C. Para os efeitos desta Lei Complementar, considera-se regulamento o ato do Presidente da República editado no uso da competência prevista no art. 84, inciso IV, da Constituição Federal.

•• Artigo acrescentado pela Lei Complementar n. 178, de 13-1-2021.

Art. 18. Esta Lei Complementar entra em vigor na data de sua publicação.

Brasília, 19 de maio de 2017; 196.º da Independência e 129.º da República.

MICHEL TEMER

LEI N. 13.451, DE 16 DE JUNHO DE 2017 (*)

Dispõe sobre a competência da Superintendência da Zona Franca de Manaus (Suframa) para regular e controlar a importação e o ingresso de mercadorias, com incentivos fiscais, na Zona Franca de Manaus, nas áreas de livre comércio e na Amazônia Ocidental e institui a Taxa de Controle de Incentivos Fiscais (TCIF) e a Taxa de Serviços (TS).

O Presidente da República

Faço saber que o Congresso Nacional decreta e eu sanciono a seguinte Lei:

Art. 1.º Esta Lei dispõe sobre a competência da Superintendência da Zona Franca de Manaus (Suframa) para regular e controlar a importação e o ingresso de mercadorias, com incentivos fiscais, na Zona Franca de Manaus, nas áreas de livre comércio e na Amazônia Ocidental e institui a Taxa de Controle de Incentivos Fiscais (TCIF) e a Taxa de Serviços (TS).

Art. 2.º A importação de mercadorias estrangeiras no âmbito da Zona Franca de Manaus, das áreas de livre comércio e da Amazônia Ocidental deverá ser previamen-

(*) Publicada no *DOU* de 19-6-2017

te licenciada pela Suframa para efeito de fruição dos incentivos fiscais por ela administrados.

§ 1.º O licenciamento dependerá da regularidade cadastral da pessoa jurídica perante a Suframa, da compatibilidade com ato aprobatório de projeto de que dependa a fruição dos incentivos fiscais e da inexistência de motivo determinante de suspensão ou de exclusão dos incentivos fiscais.

§ 2.º A Suframa controlará o cumprimento da licença de importação por ocasião da entrada das mercadorias referidas no *caput* deste artigo.

Art. 3.º O ingresso de mercadorias procedentes do território nacional no âmbito da Zona Franca de Manaus, das áreas de livre comércio e da Amazônia Ocidental deverá ser previamente registrado perante a Suframa para efeito de fruição dos incentivos fiscais por ela administrados.

§ 1.º O registro dependerá da regularidade cadastral da pessoa jurídica perante a Suframa e da inexistência de motivo determinante de suspensão ou de exclusão dos incentivos fiscais.

§ 2.º A Suframa controlará o cumprimento das condições especificadas no registro por ocasião da entrada das mercadorias referidas no *caput* deste artigo.

Art. 4.º O controle a ser exercido pela Suframa, conforme previsto no § 2.º do art. 2.º e no § 2.º do art. 3.º desta Lei, compreenderá, entre outras providências, a conferência da situação cadastral e fiscal da pessoa jurídica, ou da entidade equiparada, e da documentação fiscal e de transporte das mercadorias, a vistoria física das mercadorias, conforme a necessidade, e a averiguação de situações que possam ensejar a suspensão ou a exclusão dos incentivos fiscais.

Parágrafo único. No caso de importação ou de ingresso de mercadorias destinadas a integrar processo fabril nas áreas incentivadas, como insumos, componentes, partes e peças, o controle envolverá, adicionalmente, o acompanhamento de seu emprego em conformidade com o processo produtivo básico correspondente ao projeto econômico aprovado pela Suframa e do qual dependa a fruição dos incentivos fiscais, consoante critérios a serem estabelecidos pelo Conselho de Administração da Suframa.

Art. 5.º Compete à Suframa prestar os serviços previstos no Anexo II desta Lei, sem prejuízo de outros disciplinados em legislação específica.

•• Deixamos de publicar o Anexo II por não atender a proposta da obra

Art. 6.º São instituídas a Taxa de Controle de Incentivos Fiscais (TCIF), pelo exercício do poder de polícia de que tratam os arts. 2.º, 3.º e 4.º desta Lei, e a Taxa de Serviços (TS), pela prestação dos serviços referidos no Anexo II desta Lei.

•• *Vide* nota ao artigo anterior.

Art. 7.º São sujeitos passivos da TCIF a pessoa jurídica e a entidade equiparada que solicitarem o licenciamento de importação ou o registro de ingresso de mercadorias procedentes do território nacional, nos termos dos arts. 2.º e 3.º desta Lei.

Art. 8.º Ocorre o fato gerador da TCIF no momento do registro de pedido de licenciamento de importação a que se refere o art. 2.º desta Lei ou do registro de protocolo de ingresso de mercadorias a que se refere o art. 3.º desta Lei, sendo devida em conformidade com a soma dos seguintes valores:

I – por cada pedido de licenciamento de importação ou por cada nota fiscal incluída em registro de ingresso de mercadorias em geral, o valor de R$ 200,00 (duzentos reais), limitando-se a 0,5% (cinco décimos por cento) do valor total das mercadorias constantes do respectivo documento;

II – por cada mercadoria constante do pedido de licenciamento de importação ou por cada nota fiscal incluída em registro de protocolo de ingresso de mercadorias, o valor de R$ 30,00 (trinta reais), limitando-se cada parcela a 0,5% (cinco décimos por cento) do valor individual da mercadoria.

§ 1.º Na hipótese do parágrafo único do art. 4.º desta Lei, os percentuais referidos nos incisos I e II do *caput* deste artigo são de 1,5% (um inteiro e cinco décimos por cento).

§ 2.º A partir de 1.º de janeiro de 2018, exclusivamente na hipótese do parágrafo único do art. 4.º desta Lei, os valores fixos referidos nos incisos I e II do *caput* deste artigo serão, respectivamente, de R$ 250,00 (duzentos e cinquenta reais) e de R$ 45,00 (quarenta e cinco reais), mantidos os limites percentuais referidos no § 1.º deste artigo.

§ 3.º Considera-se mercadoria cada bem especificado como item em pedido de licenciamento de importação ou em nota fiscal vinculada a protocolo de ingresso de mercadoria, para fins do inciso II do *caput* deste artigo.

Art. 9.º São isentos do pagamento da TCIF:

I – a União, os Estados da Amazônia Ocidental, o Estado do Amapá, e os respectivos Municípios, autarquias e fundações públicas;

II – o microempreendedor individual, as microempresas e as empresas de pequeno porte optantes pelo regime especial simplificado de arrecadação de tributos e contribuições, em conformidade com a Lei Complementar n. 123, de 14 de dezembro de 2006, e a Lei Complementar n. 128, de 19 de dezembro de 2008;

III – as operações comerciais relativas a livros, jornais e periódicos e o papel destinado à sua impressão, os equipamentos médico-hospitalares e as mercadorias integrantes da cesta básica constantes do Anexo I desta Lei destinados à venda na Zona Franca de Manaus, nas áreas de livre comércio e na Amazônia Ocidental;

•• Deixamos de publicar o Anexo I por não atender a proposta da obra.

IV – as operações comerciais relativas a matérias-primas, produtos intermediários, materiais secundários e de embalagem, bens finais, componentes e outros insumos de origem nacional destinados às áreas de livre comércio para a produção de bens com preponderância de matéria-prima regional, conforme definido pelo Decreto n. 8.597, de 18 de dezembro de 2015, pelo Decreto n. 6.614, de 23 de outubro de 2008, e pelos demais critérios estabelecidos pelo Conselho de Administração da Suframa;

V – as operações comerciais internas de compra e venda entre as áreas incentivadas sujeitas ao controle da Suframa;

VI – as importações de produtos destinados à venda na Zona Franca de Manaus e nas áreas de livre comércio;

VII – as operações comerciais relativas a dispositivos de tecnologia assistiva definidos em regulamento destinados à venda na Zona Franca de Manaus e nas áreas de livre comércio.

Parágrafo único. As mercadorias que ingressarem na Zona Franca de Manaus para industrialização e posterior exportação terão suspensão da TCIF, que se converterá em isenção, em razão da efetiva saída dos produtos do território nacional, conforme critérios a serem estabelecidos pelo Conselho de Administração da Suframa.

Art. 10. Os valores da TCIF, estipulados no art. 8.º desta Lei, serão reduzidos em 20% (vinte por cento) para os bens de informática, seus insumos e componentes, na hipótese em que o sujeito passivo os empregar em processo fabril que importe em realização de investimentos em pesquisa e desenvolvimento, conforme legislação específica e observado o disposto no parágrafo único do art. 4.º desta Lei.

Art. 11. A TCIF será recolhida por meio de Guia de Recolhimento da União (GRU) até o último dia útil do mês seguinte ao da ocorrência do fato gerador enunciado no art. 8.º desta Lei.

§ 1.º É vedado o recolhimento de valores inferiores a R$ 50,00 (cinquenta reais), que deverão ser adicionados aos valores de operações subsequentes para recolhimento a ocorrer no prazo estabelecido para a primeira operação que resultar na superação desse limite.

§ 2.º Os valores não recolhidos no prazo previsto no *caput* deste artigo serão acrescidos de juros e multa de mora calculados nos termos e na forma da legislação aplicável aos tributos federais.

§ 3.º Os créditos inscritos em dívida ativa serão acrescidos de encargo legal substitutivo da condenação do devedor em honorários advocatícios, calculado nos termos e na forma da legislação aplicável à dívida ativa da União.

§ 4.º A não realização da exportação na forma do parágrafo único do art. 9.º desta Lei importará na cobrança da TCIF com os acréscimos previstos nos §§ 2.º e 3.º deste artigo.

§ 5.º O pedido de licenciamento de importação ou o registro de ingresso de mercadorias será cancelado pela Suframa na hipótese de as mercadorias neles referidas não ingressarem nas áreas incentivadas enunciadas nos arts. 2.º e 3.º desta Lei até o último dia de validade da licença de importação ou do prazo para confirmação do recebimento das mercadorias pelo destinatário.

§ 6.º O cancelamento de que trata o § 5.º deste artigo não inibe a ocorrência do fato gerador da TCIF enunciado no art. 8.º desta Lei.

§ 7.º A existência de dívidas líquidas e exigíveis decorrentes do não recolhimento da TCIF importará em bloqueio automático do cadastro do sujeito passivo perante a Suframa.

Art. 12. São sujeitos passivos da TS a pessoa jurídica, a entidade equiparada e a pessoa física que solicitarem os serviços previstos no Anexo II desta Lei.

•• *Vide* nota ao artigo 5.º desta Lei.

Art. 13. Ocorre o fato gerador da TS no momento da solicitação dos serviços constantes do Anexo II desta Lei, de acordo com as especificações e os valores nele previstos.

Parágrafo único. Os valores da TS deverão ser recolhidos por meio de GRU até o quinto dia útil seguinte ao do registro dos pedidos, sob pena de não processamento e cancelamento.

Art. 14. Os valores previstos no art. 8.º e no Anexo II desta Lei poderão ser atualizados anualmente por ato do Ministro de Estado da Indústria, Comércio Exterior e Serviços, por aplicação do Índice Nacional de Preços ao Consumidor Amplo Especial (IPCA-E) da Fundação Instituto Brasileiro de Geografia e Estatística (IBGE) ou por índice que venha a substituí-lo.

Art. 15. (*Vetado.*)

Art. 16. (*Vetado.*)

Art. 17. São convalidados os atos praticados com base na Medida Provisória n. 757, de 19 de dezembro de 2016, durante sua vigência.

Art. 18. A partir de 1.º de janeiro de 2018, o valor do serviço de "Atualização Cadastral e Recadastramento" previsto no Anexo II desta Lei passa a ser de R$ 50,00 (cinquenta reais).

Art. 19. Revogam-se, após o prazo de 90 (noventa) dias, contado da data de publicação da Medida Provisória n. 757, de 19 de dezembro de 2016, os arts. 1.º a 7.º da Lei n. 9.960, de 28 de janeiro de 2000.

Art. 20. Esta Lei entra em vigor na data de sua publicação.

Brasília, 16 de junho de 2017; 196.º da Independência e 129.º da República.

MICHEL TEMER

LEI COMPLEMENTAR N. 160, DE 7 DE AGOSTO DE 2017 (*)

Dispõe sobre convênio que permite aos Estados e ao Distrito Federal deliberar sobre a remissão dos créditos tributários, constituídos ou não, decorrentes das isenções, dos incentivos e dos benefícios fiscais ou financeiro-fiscais instituídos em desacordo com o disposto na alínea "g" do inciso XII do § 2.º do art. 155 da Constituição Federal e a reinstituição das respectivas isenções, incentivos e benefícios fiscais ou financeiro-fiscais; e altera a Lei n. 12.973, de 13 de maio de 2014.

O Presidente da República

Faço saber que o Congresso Nacional decreta e eu sanciono a seguinte Lei Complementar:

Art. 1.º Mediante convênio celebrado nos termos da Lei Complementar n. 24, de 7 de janeiro de 1975, os Estados e o Distrito Federal poderão deliberar sobre:

(*) Publicada no *DOU*, de 8-8-2017.

•• O art. 3.º da Lei Complementar n. 186, de 27-10-2021 (*DOU* de 28-10-2021) dispõe: "Art. 3.º O convênio de que trata o art. 1.º da Lei Complementar n. 160, de 7 de agosto de 2017, deverá ser adequado, no prazo de 180 (cento e oitenta) dias, contado da data de publicação desta Lei Complementar, e nos termos da Lei Complementar n. 24, de 7 de janeiro de 1975, às alterações introduzidas por esta Lei Complementar e pela Lei Complementar nº 170, de 19 de dezembro de 2019, sob pena de essas alterações serem automaticamente incorporadas ao referido convênio".

I – a remissão dos créditos tributários, constituídos ou não, decorrentes das isenções, dos incentivos e dos benefícios fiscais ou financeiro-fiscais instituídos em desacordo com o disposto na alínea *g* do inciso XII do § 2.º do art. 155 da Constituição Federal por legislação estadual publicada até a data de início de produção de efeitos desta Lei Complementar;

II – a reinstituição das isenções, dos incentivos e dos benefícios fiscais ou financeiro-fiscais referidos no inciso I deste artigo que ainda se encontrem em vigor.

Art. 2.º O convênio a que se refere o art. 1.º desta Lei Complementar poderá ser aprovado e ratificado com o voto favorável de, no mínimo:

I – 2/3 (dois terços) das unidades federadas; e

II – 1/3 (um terço) das unidades federadas integrantes de cada uma das 5 (cinco) regiões do País.

Art. 3.º O convênio de que trata o art. 1.º desta Lei Complementar atenderá, no mínimo, às seguintes condicionantes, a serem observadas pelas unidades federadas:

I – publicar, em seus respectivos diários oficiais, relação com a identificação de todos os atos normativos relativos às isenções, aos incentivos e aos benefícios fiscais ou financeiro-fiscais abrangidos pelo art. 1.º desta Lei Complementar;

II – efetuar o registro e o depósito, na Secretaria Executiva do Conselho Nacional de Política Fazendária (Confaz), da documentação comprobatória correspondente aos atos concessivos das isenções, dos incentivos e dos benefícios fiscais ou financeiro-fiscais mencionados no inciso I deste artigo, que serão publicados no Portal Nacional da Transparência Tributária, que será instituído pelo Confaz e disponibilizado em seu sítio eletrônico.

§ 1.º O disposto no art. 1.º desta Lei Complementar não se aplica aos atos relativos às isenções, aos incentivos e aos benefícios fiscais ou financeiro-fiscais vinculados ao Imposto sobre Operações Relativas à Circulação de Mercadorias e sobre Prestações de Serviços de Transporte Interestadual e Intermunicipal e de Comunicação (ICMS) cujas exigências de publicação, registro e depósito, nos termos deste artigo, não tenham sido atendidas, devendo ser revogados os respectivos atos concessivos.

§ 2.º A unidade federada que editou o ato concessivo relativo às isenções, aos incentivos e aos benefícios fiscais ou financeiro-fiscais vinculados ao ICMS de que trata o art. 1.º desta Lei Complementar cujas exigências de publicação, registro e depósito, nos termos deste artigo, foram atendidas é autorizada a concedê-los e a prorrogá-los, nos termos do ato vigente na data de publicação do respectivo convênio, não podendo seu prazo de fruição ultrapassar:

I – 31 de dezembro do décimo quinto ano posterior à produção de efeitos do respectivo convênio, quanto àqueles destinados ao fomento das atividades agropecuária e industrial, inclusive agroindustrial, e ao investimento em infraestrutura rodoviária, aquaviária, ferroviária, portuária, aeroportuária e de transporte urbano;

•• *Vide* nota ao art. 1.º desta Lei complementar.

II – 31 de dezembro do décimo quinto ano posterior à produção de efeitos do respectivo convênio, quanto àqueles destinados à manutenção ou ao incremento das atividades portuária e aeroportuária vinculadas ao comércio internacional, incluída a operação subsequente à da importação, praticada pelo contribuinte importador;

•• Inciso II com redação determinada pela Lei Complementar n. 186, de 27-10-2021.

•• *Vide* nota ao art. 1.º desta Lei complementar.

III – 31 de dezembro do décimo quinto ano posterior à produção de efeitos do respectivo convênio, quanto àqueles destinados à manutenção ou ao incremento das atividades comerciais, desde que o beneficiário seja o real remetente da mercadoria;

•• Inciso III com redação determinada pela Lei Complementar n. 186, de 27-10-2021.

•• *Vide* nota ao art. 1.º desta Lei complementar.

IV – 31 de dezembro do décimo quinto ano posterior à produção de efeitos do respectivo convênio, quanto àqueles destinados às operações e às prestações interestaduais com produtos agropecuários e extrativos vegetais *in natura*;

•• Inciso IV com redação determinada pela Lei Complementar n. 186, de 27-10-2021.

•• *Vide* nota ao art. 1.º desta Lei complementar.

V – 31 de dezembro do primeiro ano posterior à produção de efeitos do respectivo convênio, quanto aos demais.

§ 2.º-A. A partir de 1º de janeiro do décimo segundo ano posterior à produção de efeitos do respectivo convênio, a concessão e a prorrogação de que trata o § 2º deste artigo deverão observar a redução em 20% (vinte por cento) ao ano com relação ao direito de fruição das isenções, dos incentivos e dos benefícios fiscais ou financeiros-fiscais vinculados ao ICMS destinados à manutenção ou ao incremento das atividades comerciais, às prestações interestaduais com produtos agropecuários e extrativos vegetais *in natura* e à manutenção ou ao incremento das atividades portuária e aeroportuária vinculadas ao comércio internacional.

•• § 2.º-A acrescentado pela Lei Complementar n. 186, de 27-10-2021.

•• *Vide* nota ao art. 1.º desta Lei complementar.

§ 3.º Os atos concessivos cujas exigências de publicação, de registro e de depósito, nos termos deste artigo, foram atendidas permanecerão vigentes e produzindo efeitos como normas regulamentadoras nas respectivas unidades federadas concedentes das isenções, dos incentivos e dos benefícios fiscais ou financeiro-fiscais vinculados ao ICMS, nos termos dos §§ 2.º e 2.º-A deste artigo.

•• § 3.º com redação determinada pela Lei Complementar n. 186, de 27-10-2021.

•• *Vide* nota ao art. 1.º desta Lei complementar.

§ 4.º A unidade federada concedente poderá revogar ou modificar o ato concessivo ou reduzir o seu alcance ou o montante das isenções, dos incentivos e dos benefícios fiscais ou financeiro-fiscais antes do termo final de fruição.

§ 5.º O disposto no § 4.º deste artigo não poderá resultar em isenções, incentivos ou benefícios fiscais ou financeiro-fiscais em valor superior ao que o contribuinte podia usufruir antes da modificação do ato concessivo.

§ 6.º As unidades federadas deverão prestar informações sobre as isenções, os incentivos e os benefícios fiscais ou financeiro-fiscais vinculados ao ICMS e mantê-las atualizadas no Portal Nacional da Transparência Tributária a que se refere o inciso II do *caput* deste artigo.

§ 7.º As unidades federadas poderão estender a concessão das isenções, dos incentivos e dos benefícios fiscais ou financeiro-fiscais referidos no § 2.º deste artigo a outros contribuintes estabelecidos em seu território, sob as mesmas condições e nos prazos-limites de fruição.

§ 8.º As unidades federadas poderão aderir às isenções, aos incentivos e aos benefícios fiscais ou financeiro-fiscais concedidos ou prorrogados por outra unidade federada da mesma região na forma dos §§ 2º e 2º-A deste artigo, enquanto vigentes.

•• § 8.º com redação determinada pela Lei Complementar n. 186, de 27-10-2021.

•• *Vide* nota ao art. 1.º desta Lei complementar.

Art. 4.º São afastadas as restrições decorrentes da aplicação do art. 14 da Lei Complementar n. 101, de 4 de maio de 2000, que possam comprometer a implementação das disposições desta Lei Complementar.

Art. 5.º A remissão ou a não constituição de créditos concedidas por lei da unidade federada de origem da mercadoria, do bem ou do serviço afastam as sanções previstas no art. 8.º da Lei Complementar n. 24, de 7 de janeiro de 1975, retroativamente à data original de concessão da isenção, do incentivo ou do benefício fiscal ou financeiro-fiscal, vedadas a restituição e a compensação de tributo e a apropriação de crédito extemporâneo por sujeito passivo.

Art. 6.º Ressalvado o disposto nesta Lei Complementar, a concessão ou a manutenção de isenções, incentivos e benefícios fiscais ou financeiro-fiscais em desacordo com a Lei Complementar n. 24, de 7 de janeiro de 1975, implica a sujeição da unidade federada responsável aos impedimentos previstos nos incisos I, II e III do § 3.º do art. 23 da Lei Complementar n. 101, de 4 de maio de 2000, pelo prazo em que perdurar a concessão ou a manutenção das isenções, dos incentivos e dos benefícios fiscais ou financeiro-fiscais.

•• A Portaria n. 76, de 26-2-2019, do Ministério da Economia, regulamenta este artigo.

§ 1.º A aplicação do disposto no *caput* deste artigo é condicionada ao acolhimento, pelo Ministro de Estado da Fazenda, de representação apresentada por Governador de Estado ou do Distrito Federal.

§ 2.º Admitida a representação e ouvida, no prazo de 30 (trinta) dias, a unidade federada interessada, o Ministro de Estado da Fazenda, em até 90 (noventa) dias:

I – determinará o arquivamento da representação, caso não seja constatada a infração;

II – editará portaria declarando a existência da infração, a qual produzirá efeitos a partir de sua publicação.

§ 3.º Compete ao Tribunal de Contas da União verificar a aplicação, pela União, da sanção prevista no *caput* deste artigo.

Art. 7.º Para fins de aprovação e de ratificação do convênio previsto no art. 1.º desta Lei Complementar, aplicam-se os demais preceitos contidos na Lei Complementar n. 24, de 7 de janeiro de 1975, que não sejam contrários aos dispositivos desta Lei Complementar.

Art. 8.º O convênio de que trata o art. 1.º desta Lei Complementar deverá ser aprovado pelo Confaz no prazo de 180 (cento e oitenta) dias, a contar da data de publicação desta Lei Complementar, sob pena de perderem eficácia as disposições dos arts. 1.º a 6.º desta Lei Complementar.

Art. 9.º (*Vetado.*)

Art. 10. (*Vetado.*)

Art. 11. Esta Lei Complementar entra em vigor na data de sua publicação.

Brasília, 7 de agosto de 2017; 196.º da Independência e 129.º da República.

MICHEL TEMER

LEI N. 13.494, DE 24 DE OUTUBRO DE 2017 (*)

Institui o Programa de Regularização de Débitos não Tributários (PRD) nas autarquias e fundações públicas federais e na Procuradoria-Geral Federal; altera as Leis n. 10.522, de 19 de julho de 2002, e 8.213, de 24 de julho de 1991; e dá outras providências.

O Presidente da República:

Faço saber que o Congresso Nacional decreta e eu sanciono a seguinte Lei:

Art. 1.º Fica instituído o Programa de Regularização de Débitos não Tributários (PRD) nas autarquias e fundações públicas federais e na Procuradoria-Geral Federal, nos termos desta Lei.

§ 1.º Poderão ser quitados, na forma do PRD, os débitos não tributários com as autarquias e fundações públicas federais, definitivamente constituídos ou não, inscritos ou não em dívida ativa, vencidos até a data de publicação desta Lei, de pessoas físicas ou jurídicas, inclusive aqueles objeto de parcelamentos anteriores rescindidos ou ativos, em discussão administrativa ou judicial, desde que requerido no prazo de que trata o § 2.º deste artigo.

§ 2.º A adesão ao PRD ocorrerá por meio de requerimento a ser efetuado no prazo de cento e vinte dias, contado da data de publicação da regulamentação a ser estabelecida pelas autarquias e fundações públicas federais e pela Procuradoria-Geral Federal, no âmbito de suas competências, e abrangerá os débitos em discussão administrativa ou judicial indicados para compor o PRD e a totalidade dos débitos exigíveis em nome do devedor, consolidados por entidade.

§ 3.º A adesão ao PRD implica:

I – a confissão irrevogável e irretratável dos débitos em nome do devedor e por ele indicados para compor o PRD, nos termos dos arts. 389 e 395 da Lei n. 13.105, de 16 de março de 2015 (Código de Processo Civil), e a aceitação plena e irretratável de todas as condições estabelecidas nesta Lei;

(*) Publicada no *DOU*, de 25-10-2017.

II – o dever de pagar regularmente as parcelas dos débitos consolidados no PRD;

III – a vedação da inclusão dos débitos que compõem o PRD em qualquer outra forma de parcelamento posterior, ressalvado o reparcelamento de que trata o art. 14-A da Lei n. 10.522, de 19 de julho de 2002; e

IV – o cumprimento regular das obrigações com o Fundo de Garantia do Tempo de Serviço (FGTS).

§ 4.º O PRD não se aplica aos débitos com:

I – as autarquias e fundações públicas federais vinculadas ao Ministério da Educação previstas no inciso XXI do artigo único do Anexo do Decreto n. 8.872, de 10 de outubro de 2016, com exceção dos créditos decorrentes de contratos e convênios firmados pelo Fundo Nacional de Desenvolvimento da Educação (FNDE) com os Estados, os Municípios e o Distrito Federal;

II – o Conselho Administrativo de Defesa Econômica (Cade);

III – A Agência Nacional de Energia Elétrica (Aneel);

§ 5.º Apenas para efeito de afastar a reincidência quando esta puder gerar punições adicionais, é assegurado ao devedor o direito de impugnar ou continuar impugnando a validade da infração que ocasionou o débito incluído no PRD, mas o eventual reconhecimento da invalidade da infração não impedirá a cobrança do débito na forma do PRD.

§ 6.º O disposto no art. 10-A da Lei n. 10.522, de 19 de julho de 2002, não impede o empresário e a sociedade empresária em recuperação judicial de aderir ao PRD com todas as condições previstas nesta Lei, com inclusão de todas as modalidades de desconto e de parcelamento previstas no art. 2.º desta Lei.

§ 7.º Para fins de atualização ou correção monetária única, aplicam-se, exclusivamente, os índices oficiais previstos em Lei, reconhecidos pela Procuradoria-Geral da Fazenda Nacional, vedada a inclusão de qualquer montante a título de complemento incidente sobre os planos econômicos referidos nos Decretos-Lei n. 2.283, de 27 de fevereiro de 1986, e 2.335, de 12 de junho de 1987, e nas Leis n. 7.730, de 31 de janeiro de 1989, 8.024, de 12 de abril de 1990, e 8.177, de 1.º de março de 1991.

§ 8.º Na hipótese de o pagamento da dívida importar na extinção da punibilidade de determinado crime, a adesão ao PRD implica suspensão da pretensão punitiva do Estado e do pertinente prazo prescricional enquanto o devedor estiver incluído nesse programa.

Art. 2.º O devedor que aderir ao PRD poderá liquidar os débitos de que trata o art. 1.º desta Lei mediante a opção por uma das seguintes modalidades:

I – pagamento da primeira prestação de, no mínimo, 40% (quarenta por cento) do valor da dívida consolidada, sem reduções, e pagamento do restante em uma segunda prestação, com redução de 90% (noventa por cento) dos juros, da multa de mora e das multas aplicadas pela ausência de recolhimento de receitas públicas;

II – pagamento da primeira prestação de, no mínimo, 20% (vinte por cento) do valor da dívida consolidada, sem reduções, e parcelamento do restante em até cinquenta e nove prestações mensais, com redução de 60% (sessenta por cento) dos juros, da multa de mora e das multas aplicadas pela ausência de recolhimento de receitas públicas;

III – pagamento da primeira prestação de, no mínimo, 20% (vinte por cento) do valor da dívida consolidada, sem reduções, e parcelamento do restante em até cento e dezenove prestações mensais, com redução de 30% (trinta por cento) dos juros, da multa de mora e das multas aplicadas pela ausência de recolhimento de receitas públicas; e

IV – pagamento da primeira prestação de, no mínimo, 20% (vinte por cento) do valor da dívida consolidada, sem reduções, e parcelamento do restante, sem descontos, em até duzentas e trinta e nove prestações mensais.

§ 1.º O pagamento da primeira prestação a que se referem os incisos I, II, III e IV do *caput* deste artigo quitará proporcionalmente o principal, os juros, a multa de mora e os demais encargos que compõem a dívida consolidada.

§ 2.º Para fins de cômputo da dívida consolidada por autarquia ou fundação pública federal, fica autorizada a utilização de créditos próprios de mesma natureza e espécie para a liquidação de débitos em discussão na via administrativa nas autarquias e fundações públicas federais, desde que os créditos e os débitos digam respeito à mesma entidade.

§ 3.º O procedimento para a apuração dos créditos e o deferimento da liquidação de que trata o § 2.º deste artigo serão objeto de regulamentação pelas autarquias e fundações públicas federais.

§ 4.º Na hipótese de indeferimento dos créditos de que trata o § 2.º deste artigo, no todo ou em parte, será concedido o prazo de trinta dias para que o devedor efetue o pagamento em espécie dos débitos originariamente indicados para liquidação.

§ 5.º O valor mínimo de cada prestação mensal será de:

I – R$ 200,00 (duzentos reais), quando o devedor for pessoa física; e

II – R$ 1.000,00 (mil reais), quando o devedor for pessoa jurídica.

§ 6.º O parcelamento do restante a que se referem os incisos I, II, III e IV do *caput* deste artigo terá início em janeiro de 2018, com prestações mensais sucessivas.

Art. 3.º Para incluir no PRD débitos que se encontrem em discussão administrativa ou judicial, o devedor deverá desistir previamente das impugnações ou dos recursos administrativos e das ações judiciais que tenham por objeto os débitos que serão quitados e renunciar a quaisquer alegações de direito sobre as quais se fundem as referidas impugnações e recursos ou ações judiciais e, no caso de ações judiciais, protocolar requerimento de extinção do processo com resolução de mérito, nos termos da alínea *c* do inciso III do *caput* do art. 487 da Lei n. 13.105, de 16 de março de 2015 (Código de Processo Civil), observado, porém, que, apenas na forma e para os efeitos do § 5.º do art. 1.º desta Lei, a desistência abrangerá somente questionamentos acerca da exigibilidade do débito e não impedirá o devedor de prosseguir nas impugnações administrativas ou judiciais.

§ 1.º Somente será considerada a desistência parcial de impugnação e de recurso administrativo interposto ou de ação judicial proposta se o débito objeto da desistência for passível de distinção dos demais débitos discutidos no processo administrativo ou na ação judicial.

§ 2.º A comprovação do pedido de desistência e da renúncia de ações judiciais deverá ser apresentada à autarquia ou fundação pública federal ou à Procuradoria-Geral Federal, na forma do regulamento, juntamente com o requerimento de adesão ao PRD.

§ 3.º A desistência e a renúncia de que trata o *caput* deste artigo não eximem o autor da ação do pagamento dos honorários, nos termos do art. 90 da Lei n. 13.105, de 16 de março de 2015 (Código de Processo Civil), ressalvado o direito do devedor de submetê-los às mesmas condições e aos mesmos critérios de parcelamento previstos nesta Lei, com aplicação dos descontos exclusivamente sobre eventuais juros e multa de mora incidentes sobre os honorários devidos na forma do art. 2.º desta Lei.

Art. 4.º Os depósitos vinculados aos débitos a serem pagos ou parcelados serão automaticamente transformados em pagamento definitivo ou convertidos em renda.

§ 1.º Depois da alocação do valor depositado à dívida incluída no PRD, se restarem débitos não liquidados pelo depósito, o saldo devedor poderá ser quitado na forma prevista no art. 2.º desta Lei.

§ 2.º Após a conversão em renda ou a transformação em pagamento definitivo, o devedor poderá requerer o levantamento do saldo remanescente, se houver, desde que não haja outro débito exigível.

§ 3.º Na hipótese de depósito judicial, o disposto no *caput* deste artigo somente se aplica aos casos em que tenha ocorrido desistência da ação ou do recurso e renúncia a qualquer alegação de direito sobre o qual se funda a ação.

§ 4.º O disposto neste artigo aplica-se aos valores oriundos de constrição judicial depositados na conta única do Tesouro Nacional até a data de publicação desta Lei.

Art. 5.º A opção pelo PRD implica a manutenção automática dos gravames decorrentes de arrolamento de bens de medida cautelar fiscal e das garantias prestadas nas ações de execução fiscal ou qualquer outra ação judicial.

Art. 6.º A dívida objeto do parcelamento será consolidada na data do requerimento de adesão ao PRD e será dividida pelo número de prestações indicado.

§ 1.º Enquanto a dívida não for consolidada, o devedor deverá calcular e recolher o valor de cada prestação da modalidade de parcelamento pretendido, observados os valores mínimos previstos no § 5.º do art. 2.º desta Lei.

§ 2.º O deferimento do pedido de adesão ao PRD fica condicionado ao pagamento do valor da primeira prestação, que deverá ocorrer até o último dia útil do mês do requerimento.

§ 3.º Na hipótese prevista no § 2.º do art. 2.º desta Lei, o deferimento do pedido de adesão ao PRD fica condicionado ao deferimento da liquidação com créditos próprios de mesma natureza e espécie ou, no caso de indeferimento, ao pagamento em espécie dos débitos originariamente indicados, no prazo de trinta dias.

§ 4.º O valor de cada prestação mensal, por ocasião do pagamento, será acrescido de juros equivalentes à taxa referencial do Sistema Especial de Liquidação e de Custódia (Selic) para títulos federais, acumulada mensalmente, calculados a partir do mês subsequente ao da consolidação até o mês anterior ao do pagamento, e de 1% (um por cento) relativamente ao mês em que o pagamento for efetuado.

Art. 7.º A exclusão do devedor do PRD, a exigibilidade imediata da totalidade do débito confessado e ainda não pago e a execução automática da garantia prestada ocorrerão nas seguintes hipóteses:

I – falta de pagamento de três parcelas consecutivas ou de seis alternadas;

II – falta de pagamento da última parcela, se todas as demais estiverem pagas;

III – constatação pelas autarquias e fundações públicas federais ou pela Procuradoria-Geral Federal de qualquer ato tendente ao esvaziamento patrimonial do devedor como forma de fraudar o cumprimento do parcelamento;

IV – decretação de falência ou extinção, pela liquidação, da pessoa jurídica optante;

V – concessão de medida cautelar fiscal, nos termos da Lei n. 8.397, de 6 de janeiro de 1992; ou

VI – declaração de inaptidão da inscrição no Cadastro Nacional da Pessoa Jurídica (CNPJ), nos termos dos arts. 80 e 81 da Lei n. 9.430, de 27 de dezembro de 1996.

Parágrafo único. No caso dos incisos I e II do *caput* deste artigo, os efeitos de que trata o *caput* só se operarão se o devedor não purgar a mora após trinta dias contados de sua notificação, assegurado esse direito apenas uma vez.

Art. 8.º A opção pelo PRD exclui qualquer outra forma de parcelamento de débitos anteriores, ressalvado o parcelamento de que trata a Lei n. 10.522, de 19 de julho de 2002.

Parágrafo único. O disposto no art. 12 e no inciso IX do *caput* do art. 14 da Lei n. 10.522, de 19 de julho de 2002, aplica-se aos parcelamentos de que trata esta Lei.

Art. 9.º As autarquias e fundações públicas federais e a Procuradoria-Geral Federal adaptarão os seus sistemas informatizados e editarão os atos necessários para a execução dos procedimentos previstos nesta Lei no prazo de sessenta dias, contado da data de sua publicação.

....

Art. 12. O Poder Executivo federal, com vistas ao cumprimento do disposto no inciso II do *caput* do art. 5.º da Lei Complementar n. 101, de 4 de maio de 2000 (Lei de Responsabilidade Fiscal), nos arts. 117 e 118 da Lei n. 13.408, de 26 de dezembro de 2016 (Lei de Diretrizes Orçamentárias de 2017), e no art. 113 do Ato das Disposições Constitucionais Transitórias (ADCT), estimará o montante da renúncia fiscal e de aumento de arrecadação decorrente do disposto no art. 2.º desta Lei e incluirá os valores relativos à mencionada renúncia no projeto de lei orçamentária anual e nas propostas orçamentárias subsequentes.

Parágrafo único. Os benefícios fiscais constantes do art. 2.º desta Lei somente serão concedidos se atendido o disposto no *caput* deste artigo, inclusive com a demonstração pelo Poder Executivo federal de que a renúncia foi considerada na estimativa de receita da lei orçamentária, na forma do art. 12 da Lei Complementar n. 101, de 4 de maio de 2000 (Lei de Responsabilidade Fiscal), e de que não afetará as metas de resultados fiscais previstas no anexo próprio da lei de diretrizes orçamentárias.

Art. 13. Esta Lei entra em vigor na data de sua publicação.

Brasília, 24 de outubro de 2017; 196.º da Independência e 129.º da República.

MICHEL TEMER

LEI N. 13.496, DE 24 DE OUTUBRO DE 2017 (*)

Institui o Programa Especial de Regularização Tributária (Pert) na Secretaria da Receita Federal do Brasil e na Procuradoria-Geral da Fazenda Nacional; e altera a Lei n. 12.249, de 11 de junho de 2010, e o Decreto n. 70.235, de 6 de março de 1972.

O Presidente da República

Faço saber que o Congresso Nacional decreta e eu sanciono a seguinte Lei:

Capítulo I
DISPOSIÇÕES PRELIMINARES

Art. 1.º Fica instituído o Programa Especial de Regularização Tributária (Pert) na Secretaria da Receita Federal do Brasil e na Procuradoria-Geral da Fazenda Nacional, nos termos desta Lei.

§ 1.º Poderão aderir ao Pert pessoas físicas e jurídicas, de direito público ou privado, inclusive aquelas que se encontrarem em recuperação judicial e aquelas submetidas ao regime especial de tributação a que se refere a Lei n. 10.931, de 2 de agosto de 2004.

§ 2.º O Pert abrange os débitos de natureza tributária e não tributária, vencidos até 30 de abril de 2017, inclusive aqueles objeto de parcelamentos anteriores rescindidos ou ativos, em discussão administrativa ou judicial, ou provenientes de lançamento de ofício efetuados após a publicação desta Lei, desde que o requerimento seja efetuado no prazo estabelecido no § 3.º deste artigo.

§ 3.º A adesão ao Pert ocorrerá por meio de requerimento a ser efetuado até o dia 31 de outubro de 2017 e abrangerá os débitos indicados pelo sujeito passivo, na condição de contribuinte ou responsável.

§ 4.º A adesão ao Pert implica:

I – a confissão irrevogável e irretratável dos débitos em nome do sujeito passivo, na condição de contribuinte ou responsável, e por ele indicados para compor o Pert, nos termos dos arts. 389 e 395 da Lei n. 13.105, de 16 de março de 2015 (Código de Processo Civil);

II – a aceitação plena e irretratável pelo sujeito passivo, na condição de contribuinte ou responsável, das condições estabelecidas nesta Lei;

III – o dever de pagar regularmente as parcelas dos débitos consolidados no Pert e dos débitos vencidos após 30 de abril de 2017, inscritos ou não em dívida ativa da União;

IV – a vedação da inclusão dos débitos que compõem o Pert em qualquer outra forma de parcelamento posterior, ressalvado o reparcelamento de que trata o art. 14-A da Lei n. 10.522, de 19 de j lho de 2002; e

V – o cumprimento regular das obrigações com o Fundo de Garantia do Tempo de Serviço (FGTS).

§ 5.º Fica resguardado o direito do contribuinte à quitação, nas mesmas condições de sua adesão original, dos débitos apontados para o parcelamento, em caso de atraso na consolidação dos débitos indicados pelo contribuinte ou não disponibilização de débitos no sistema para inclusão no programa.

§ 6.º Não serão objeto de parcelamento no Pert débitos fundados em lei ou ato normativo considerados inconstitucionais pelo Supremo Tribunal Federal ou fundados em aplicação ou interpretação da lei ou de ato normativo tido pelo Supremo Tribunal Federal como incompatível com a Constituição Federal, em controle de constitucionalidade concentrado ou difuso, ou ainda referentes a tributos cuja cobrança foi declarada ilegal pelo Superior Tribunal de Justiça ou reconhecida como inconstitucional ou ilegal por ato da Procuradoria-Geral da Fazenda Nacional.

Capítulo II
DO PROGRAMA ESPECIAL DE REGULARIZAÇÃO TRIBUTÁRIA

Art. 2.º No âmbito da Secretaria da Receita Federal do Brasil, o sujeito passivo que aderir ao Pert poderá liquidar os débitos de que trata o art. 1.º desta Lei mediante a opção por uma das seguintes modalidades:

- A Instrução Normativa n. 1.822, de 2-8-2018, da SRF, dispõe sobre a prestação das informações para fins de consolidação de débitos no PERT.

I – pagamento em espécie de, no mínimo, 20% (vinte por cento) do valor da dívida consolidada, sem reduções, em até cinco parcelas mensais e sucessivas, vencíveis de agosto a dezembro de 2017, e a liquidação do restante com a utilização de créditos de prejuízo fiscal e de base de cálculo negativa da Contribuição Social sobre o Lucro Líquido (CSLL) ou de outros créditos próprios relativos aos tributos administrados pela Secretaria da Receita Federal do Brasil, com a possibilidade de pagamento em espécie de eventual saldo remanescente em até sessenta prestações adicionais, vencíveis a partir do mês seguinte ao do pagamento à vista;

II – pagamento da dívida consolidada em até cento e vinte prestações mensais e sucessivas, calculadas de modo a observar os seguintes percentuais mínimos,

(*) Publicada no *DOU* de 25-10-2017.

aplicados sobre o valor da dívida consolidada:

a) da primeira à décima segunda prestação – 0,4% (quatro décimos por cento);

b) da décima terceira à vigésima quarta prestação – 0,5% (cinco décimos por cento);

c) da vigésima quinta à trigésima sexta prestação – 0,6% (seis décimos por cento); e

d) da trigésima sétima prestação em diante – percentual correspondente ao saldo remanescente, em até oitenta e quatro prestações mensais e sucessivas;

III – pagamento em espécie de, no mínimo, 20% (vinte por cento) do valor da dívida consolidada, sem reduções, em até cinco parcelas mensais e sucessivas, vencíveis de agosto a dezembro de 2017, e o restante:

a) liquidado integralmente em janeiro de 2018, em parcela única, com redução de 90% (noventa por cento) dos juros de mora e 70% (setenta por cento) das multas de mora, de ofício ou isoladas;

b) parcelado em até cento e quarenta e cinco parcelas mensais e sucessivas, vencíveis a partir de janeiro de 2018, com redução de 80% (oitenta por cento) dos juros de mora e 50% (cinquenta por cento) das multas de mora, de ofício ou isoladas; ou

c) parcelado em até cento e setenta e cinco parcelas mensais e sucessivas, vencíveis a partir de janeiro de 2018, com redução de 50% (cinquenta por cento) dos juros de mora e 25% (vinte e cinco por cento) das multas de mora, de ofício ou isoladas, e cada parcela será calculada com base no valor correspondente a 1% (um por cento) da receita bruta da pessoa jurídica, referente ao mês imediatamente anterior ao do pagamento, e não poderá ser inferior a um cento e setenta e cinco avos do total da dívida consolidada; ou

IV – pagamento em espécie de, no mínimo, 24% (vinte e quatro por cento) da dívida consolidada em vinte e quatro prestações mensais e sucessivas e liquidação do restante com a utilização de créditos de prejuízo fiscal e de base de cálculo negativa da CSLL ou de outros créditos próprios relativos aos tributos administrados pela Secretaria da Receita Federal do Brasil.

§ 1.º Na hipótese de adesão a uma das modalidades previstas no inciso III do *caput* deste artigo, ficam assegurados aos devedores com dívida total, sem reduções, igual ou inferior a R$ 15.000.000,00 (quinze milhões de reais):

I – a redução do pagamento à vista e em espécie para, no mínimo, 5% (cinco por cento) do valor da dívida consolidada, sem reduções, em até cinco parcelas mensais e sucessivas, vencíveis de agosto a dezembro de 2017; e

II – após a aplicação das reduções de multas e juros, a possibilidade de utilização de créditos de prejuízo fiscal e de base de cálculo negativa da CSLL e de outros créditos próprios relativos aos tributos administrados pela Secretaria da Receita Federal do Brasil, com a liquidação do saldo remanescente, em espécie, pelo número de parcelas previstas para a modalidade.

§ 2.º Na liquidação dos débitos na forma prevista no inciso I do *caput* e no § 1.º deste artigo, poderão ser utilizados créditos de prejuízos fiscais e de base de cálculo negativa da CSLL apurados até 31 de dezembro de 2015 e declarados até 29 de julho de 2016, próprios ou do responsável tributário ou corresponsável pelo débito, e de empresas controladora e controlada, de forma direta ou indireta, ou de empresas que sejam controladas direta ou indiretamente por uma mesma empresa, em 31 de dezembro de 2015, domiciliadas no País, desde que se mantenham nesta condição até a data da opção pela quitação.

§ 3.º Para fins do disposto no § 2.º deste artigo, inclui-se também como controlada a sociedade na qual a participação da controladora seja igual ou inferior a 50% (cinquenta por cento), desde que exista acordo de acionistas que assegure, de modo permanente, a preponderância individual ou comum nas deliberações sociais e o poder individual ou comum de eleger a maioria dos administradores.

§ 4.º Na hipótese de utilização dos créditos de que tratam os §§ 2.º e 3.º deste artigo, os créditos próprios deverão ser utilizados primeiro.

§ 5.º O valor do crédito decorrente de prejuízo fiscal e de base de cálculo negativa da CSLL será determinado por meio da aplicação das seguintes alíquotas:

I – 25% (vinte e cinco por cento) sobre o montante do prejuízo fiscal;

II – 20% (vinte por cento) sobre a base de cálculo negativa da CSLL, no caso das pessoas jurídicas de seguros privados, das pessoas jurídicas de capitalização e das pessoas jurídicas referidas nos incisos I, II, III, IV, V, VI, VII e X do § 1.º do art. 1.º da Lei Complementar n. 105, de 10 de janeiro de 2001;

III – 17% (dezessete por cento), no caso das pessoas jurídicas referidas no inciso IX do § 1.º do art. 1.º da Lei Complementar n. 105, de 10 de janeiro de 2001; e

IV – 9% (nove por cento) sobre a base de cálculo negativa da CSLL, no caso das demais pessoas jurídicas.

§ 6.º Na hipótese de indeferimento dos créditos a que se referem o inciso I do *caput* e o inciso II do § 1.º deste artigo, no todo ou em parte, será concedido o prazo de trinta dias para que o sujeito passivo efetue o pagamento em espécie dos débitos amortizados indevidamente com créditos não reconhecidos pela Secretaria da Receita Federal do Brasil, inclusive aqueles decorrentes de prejuízo fiscal e de base de cálculo negativa da CSLL.

§ 7.º A falta do pagamento de que trata o § 6.º deste artigo implicará a exclusão do devedor do Pert e o restabelecimento da cobrança dos débitos remanescentes.

§ 8.º A utilização dos créditos na forma disciplinada no inciso I do *caput* e no inciso II do § 1.º deste artigo extingue os débitos sob condição resolutória de sua ulterior homologação.

§ 9.º A Secretaria da Receita Federal do Brasil dispõe do prazo de cinco anos para a análise dos créditos utilizados na forma prevista nos incisos I e IV do *caput* e no inciso II do § 1.º deste artigo.

§ 10. (*Vetado.*)

Art. 3.º No âmbito da Procuradoria-Geral da Fazenda Nacional, o sujeito passivo que aderir ao Pert poderá liquidar os débitos de que trata o art. 1.º desta Lei, inscritos em dívida ativa da União, da seguinte forma:

I – pagamento da dívida consolidada em até cento e vinte parcelas mensais e sucessivas, calculadas de modo a observar os seguintes percentuais mínimos, aplicados sobre o valor consolidado:

a) da primeira à décima segunda prestação **– 0,4%** (quatro décimos por cento);

b) da décima terceira à vigésima quarta prestação – 0,5% (cinco décimos por cento);

c) da vigésima quinta à trigésima sexta prestação – 0,6% (seis décimos por cento); e

d) da trigésima sétima prestação em diante – percentual correspondente ao saldo remanescente, em até oitenta e quatro prestações mensais e sucessivas; ou

II – pagamento em espécie de, no mínimo, 20% (vinte por cento) do valor da dívida consolidada, sem reduções, em cinco parcelas mensais e sucessivas, vencíveis de agosto a dezembro de 2017, e o restante:

a) liquidado integralmente em janeiro de 2018, em parcela única, com redução de 90% (noventa por cento) dos juros de mora, 70% (setenta por cento) das multas de mora, de ofício ou isoladas e 100% (cem por cento) dos encargos legais, inclusive honorários advocatícios;

b) parcelado em até cento e quarenta e cinco parcelas mensais e sucessivas, vencíveis a partir de janeiro de 2018, com redução de 80% (oitenta por cento) dos juros de mora, 50% (cinquenta por cento) das multas de mora, de ofício ou isoladas e 100% (cem por cento) dos encargos legais, inclusive honorários advocatícios; ou

c) parcelado em até cento e setenta e cinco parcelas mensais e sucessivas, vencíveis a partir de janeiro de 2018, com redução de 50% (cinquenta por cento) dos juros de mora, 25% (vinte e cinco por cento) das multas de mora, de ofício ou isoladas e 100% (cem por cento) dos encargos legais, inclusive honorários advocatícios, e cada parcela será calculada com base no valor correspondente a 1% (um por cento) da receita bruta da pessoa jurídica, referente ao mês imediatamente anterior ao do pagamento, e não poderá ser inferior a um cento e setenta e cinco avos do total da dívida consolidada.

Parágrafo único. Na hipótese de adesão a uma das modalidades previstas no inciso II do *caput* deste artigo, ficam assegurados aos devedores com dívida total, sem reduções, igual ou inferior a R$ 15.000.000,00 (quinze milhões de reais):

I – a redução do pagamento à vista e em espécie para, no mínimo, 5% (cinco por cento) do valor da dívida consolidada, sem reduções, em até cinco parcelas mensais e sucessivas, vencíveis de agosto a dezembro de 2017;

II – após a aplicação das reduções de multas e juros, a possibilidade de utilização de créditos de prejuízo fiscal e de base de cálculo negativa da CSLL e de outros créditos próprios relativos aos tributos administrados pela Secretaria da Receita Federal do Brasil, com a liquidação do saldo remanescente, em espécie, pelo número de parcelas previstas para a modalidade; e

III – após a aplicação das reduções de multas e juros, a possibilidade de oferecimento de dação em pagamento de bens imóveis, desde que previamente aceita pela União, para quitação do saldo remanescente, observado o disposto no art. 4.º da Lei n. 13.259, de 16 de março de 2016.

Art. 4.º O valor mínimo de cada prestação mensal dos parcelamentos previstos nos arts. 2.º e 3.º desta Lei será de:

I – R$ 200,00 (duzentos reais), quando o devedor for pessoa física;

II – (*Vetado.*); e

III – R$ 1.000,00 (mil reais), quando o devedor for pessoa jurídica não optante do Simples Nacional.

Art. 5.º Para incluir no Pert débitos que se encontrem em discussão administrativa ou judicial, o sujeito passivo deverá desistir previamente das impugnações ou dos recursos administrativos e das ações judiciais que tenham por objeto os débitos que serão quitados e renunciar a quaisquer alegações de direito sobre as quais se fundem as referidas impugnações e recursos ou ações judiciais, e protocolar, no caso de ações judiciais, requerimento de extinção do processo com resolução do mérito, nos termos da alínea c do inciso III do *caput* do art. 487 da Lei n. 13.105, de 16 de março de 2015 (Código de Processo Civil).

§ 1.º Somente será considerada a desistência parcial de impugnação e de recurso administrativo interposto ou de ação judicial proposta se o débito objeto de desistência for passível de distinção dos demais débitos discutidos no processo administrativo ou na ação judicial.

§ 2.º A comprovação do pedido de desistência e da renúncia de ações judiciais deverá ser apresentada na unidade de atendimento integrado do domicílio fiscal do sujeito passivo até o último dia do prazo estabelecido para a adesão ao Pert.

§ 3.º A desistência e a renúncia de que trata o *caput* eximem o autor da ação do pagamento dos honorários.

Art. 6.º Os depósitos vinculados aos débitos a serem pagos ou parcelados serão automaticamente transformados em pagamento definitivo ou convertidos em renda da União.

§ 1.º Após o procedimento previsto no *caput* deste artigo, se restarem débitos não liquidados, o débito poderá ser quitado na forma prevista nos arts. 2.º ou 3.º desta Lei.

§ 2.º Depois da conversão em renda ou da transformação em pagamento definitivo, poderá o sujeito passivo requerer o levantamento do saldo remanescente, se houver, desde que não haja outro débito exigível.

§ 3.º Na hipótese prevista no § 2.º deste artigo, o saldo remanescente de depósitos na Secretaria da Receita Federal do Brasil e na Procuradoria-Geral da Fazenda Nacional somente poderá ser levantado pelo sujeito passivo após a confirmação dos montantes de prejuízo fiscal e de base de cálculo negativa da CSLL ou de outros créditos de tributos utilizados para quitação da dívida, conforme o caso.

§ 4.º Na hipótese de depósito judicial, o disposto no *caput* deste artigo somente se aplica aos casos em que tenha ocorrido desistência da ação ou do recurso e renúncia a qualquer alegação de direito sobre o qual se funda a ação.

§ 5.º O disposto no *caput* deste artigo aplica-se aos valores oriundos de constrição judicial depositados na conta única do Tesouro Nacional até a data de publicação desta Lei.

Art. 7.º Os créditos indicados para quitação na forma do Pert deverão quitar primeiro os débitos não garantidos pelos depósitos judiciais que serão transformados em pagamento definitivo ou convertidos em renda da União.

Art. 8.º A dívida objeto do parcelamento será consolidada na data do requerimento de adesão ao Pert e será dividida pelo número de prestações indicadas.

§ 1.º Enquanto a dívida não for consolidada, o sujeito passivo deverá calcular e recolher o valor à vista ou o valor equivalente ao montante dos débitos objeto do parcelamento dividido pelo número de prestações pretendidas, observado o disposto nos arts. 2.º e 3.º desta Lei.

§ 2.º O deferimento do pedido de adesão ao Pert fica condicionado ao pagamento do valor à vista ou da primeira prestação, que deverá ocorrer até o último dia útil do mês do requerimento.

§ 3.º O valor de cada prestação mensal, por ocasião do pagamento, será acrescido de juros equivalentes à taxa referencial do Sistema Especial de Liquidação e de Custódia (Selic) para títulos federais, acumulada mensalmente, calculados a partir do mês subsequente ao da consolidação até o mês anterior ao do pagamento, e de 1% (um por cento) relativamente ao mês em que o pagamento for efetuado.

Art. 9.º Observado o direito de defesa do contribuinte, nos termos do Decreto n. 70.235, de 6 de março de 1972, implicará exclusão do devedor do Pert e a exigibilidade imediata da totalidade do débito confessado e ainda não pago:

I – a falta de pagamento de três parcelas consecutivas ou de seis alternadas;

II – a falta de pagamento de uma parcela, se todas as demais estiverem pagas;

III – a constatação, pela Secretaria da Receita Federal do Brasil ou pela Procuradoria-Geral da Fazenda Nacional, de qualquer ato tendente ao esvaziamento patrimonial do sujeito passivo como forma de fraudar o cumprimento do parcelamento;

IV – a decretação de falência ou extinção, pela liquidação, da pessoa jurídica optante;

V – a concessão de medida cautelar fiscal, em desfavor da pessoa optante, nos termos da Lei n. 8.397, de 6 de janeiro de 1992;

VI – a declaração de inaptidão da inscrição no Cadastro Nacional da Pessoa Jurídica (CNPJ), nos termos dos arts. 80 e 81 da Lei n. 9.430, de 27 de dezembro de 1996; ou

VII – a inobservância do disposto nos incisos III e V do § 4.º do art. 1.º desta Lei por três meses consecutivos ou seis alternados.

§ 1.º Na hipótese de exclusão do devedor do Pert, os valores liquidados com os créditos de que trata os arts. 2.º e 3.º desta Lei serão restabelecidos em cobrança e:

I – será efetuada a apuração do valor original do débito, com a incidência dos acréscimos legais, até a data da rescisão; e

II – serão deduzidas do valor referido no inciso I deste parágrafo as parcelas pagas em espécie, com acréscimos legais até a data da rescisão.

§ 2.º As parcelas pagas com até trinta dias de atraso não configurarão inadimplência para os fins dos incisos I e II do *caput* deste artigo.

Art. 10. A opção pelo Pert implica manutenção automática dos gravames decorrentes de arrolamento de bens, de medida cautelar fiscal e das garantias prestadas administrativamente, nas ações de execução fiscal ou qualquer outra ação judicial, salvo no caso de imóvel penhorado ou oferecido em garantia de execução, na qual o sujeito passivo poderá requerer a alienação por iniciativa particular, nos termos do art. 880 da Lei n. 13.105, de 16 de março de 2015 (Código de Processo Civil).

Art. 11. Aplicam-se aos parcelamentos de que trata esta Lei o disposto no *caput* e nos §§ 2.º e 3.º do art. 11, no art. 12 e no *caput* e no inciso IX do art. 14 da Lei n. 10.522, de 19 de julho de 2002.

§ 1.º Aos parcelamentos de que trata esta Lei não se aplica o disposto no:

I – art. 15 da Lei n. 9.311, de 24 de outubro de 1996;

II – § 1.º do art. 3.º da Lei n. 9.964, de 10 de abril de 2000;

III – § 10 do art. 1.º da Lei n. 10.684, de 30 de maio de 2003; e

IV – inciso III do § 3.º do art. 1.º da Medida Provisória n. 766, de 4 de janeiro de 2017.

§ 2.º (*Vetado.*)

Capítulo III
DISPOSIÇÕES FINAIS

Art. 12. (*Vetado.*)

....

Art. 14. O Poder Executivo federal, com vistas ao cumprimento do disposto no inciso II do *caput* do art. 5.º e no art. 14 da Lei Complementar n. 101, de 4 de maio de 2000 (Lei de Responsabilidade Fiscal), estimará o montante da renúncia fiscal decorrente do disposto nesta Lei e os incluirá no demonstrativo a que se refere o § 6.º do art. 165 da Constituição Federal que acompanhar o projeto de lei orçamentária anual e fará constar das propostas orçamentárias subsequentes os valores relativos à renúncia.

Art. 15. A Secretaria da Receita Federal do Brasil e a Procuradoria-Geral da Fazenda Nacional, no âmbito de suas competências, editarão os atos necessários à execução dos procedimentos previstos no prazo de trinta dias, contado da data de publicação desta Lei.

Art. 16. Esta Lei entra em vigor na data de sua publicação.

Brasília, 24 de outubro de 2017; 196.º da Independência e 129.º da República.

MICHEL TEMER

RESOLUÇÃO N. 140, DE 22 DE MAIO DE 2018 (*)

Dispõe sobre o Regime Especial Unificado de Arrecadação de Tributos e Contribuições devidos pelas Microempresas e Empresas de Pequeno Porte (Simples Nacional).

O Comitê Gestor do Simples Nacional, no exercício das competências que lhe conferem a Lei Complementar n. 123, de 14 de dezembro de 2006, o Decreto n. 6.038, de 7 de fevereiro de 2007, e o Regimento Interno aprovado pela Resolução CGSN n. 1, de 19 de março de 2007, resolve:

Art. 1.º Esta Resolução dispõe sobre o Regime Especial Unificado de Arrecadação de Tributos e Contribuições devidos pelas Microempresas e Empresas de Pequeno Porte (Simples Nacional), e dá outras providências. (Lei Complementar n. 123, de 2006, art. 2.º, inciso I e § 6.º)

•• O art. 2.º da Resolução n. 164, de 21-1-2022, do CGSN, dispõe: "Art. 2.º Ficam excepcionalmente reconhecidas as regularizações de pendências relativas a débitos impeditivos à opção pelo Regime Especial Unificado de Arrecadação de Tributos e Contribuições devidos pelas Microempresas e Empresas de Pequeno Porte (Simples Nacional) realizadas até 31 de março de 2022 pelas empresas já constituídas, que formalizarem a opção até 31 de janeiro de 2022, conforme o disposto na Lei Complementar n. 123, de 2006".

TÍTULO I
DA PARTE GERAL

CAPÍTULO I
DAS DISPOSIÇÕES PRELIMINARES

Seção I
Das Definições

Art. 2.º Para fins desta Resolução, considera-se:

I – microempresa (ME) ou empresa de pequeno porte (EPP) a sociedade empresária, a sociedade simples, a empresa individual de responsabilidade limitada ou o empresário a que se refere o art. 966 da Lei n. 10.406, de 10 de janeiro de 2002 - Código Civil, devidamente registrados no Registro de Empresas Mercantis ou no Registro Civil de Pessoas Jurídicas, conforme o caso, e a sociedade de advogados registrada na forma prevista no art. 15 da Lei n. 8.906, de 4 de julho de 1994, desde que: (Lei Complementar n. 123, de 2006, art. 3.º, *caput*; art. 18, § 5.º-C, VII)

a) no caso da ME, aufira, em cada ano-calendário, receita bruta igual ou inferior a R$ 360.000,00 (trezentos e sessenta mil reais); (Lei Complementar n. 123, de 2006, art. 3.º, inciso I)

b) no caso da EPP, aufira, em cada ano calendário, receita bruta superior a R$ 360.000,00 (trezentos e sessenta mil reais) e igual ou inferior a R$ 4.800.000,00 (quatro milhões e oitocentos mil reais); (Lei Complementar n. 123, de 2006, art. 3.º, inciso II)

II – receita bruta (RB) o produto da venda de bens e serviços nas operações de conta própria, o preço dos serviços prestados e o resultado nas operações em conta alheia, excluídas as vendas canceladas e os descontos incondicionais concedidos. (Lei Complementar n. 123, de 2006, art. 3.º, *caput* e § 1.º)

III – período de apuração (PA) o mês-calendário considerado como base para apuração da receita bruta; (Lei Complementar n. 123, de 2006, art. 18, *caput* e § 3.º; art. 21, inciso III)

IV – empresa em início de atividade aquela que se encontra no período de 180 (cento e oitenta) dias a partir da data de abertura constante do Cadastro Nacional da Pessoa Jurídica (CNPJ); (Lei Complementar n. 123, de 2006, art. 2.º, inciso I e § 6.º)

V – data de início de atividade a data de abertura constante do CNPJ. (Lei Complementar n. 123, de 2006, art. 2.º, inciso I e § 6.º)

§ 1º Para fins de opção e permanência no Simples Nacional, poderão ser auferidas, em cada ano-calendário, receitas no mercado interno até o limite de R$ 4.800.000,00 (quatro milhões e oitocentos mil reais) e, adicionalmente, receitas decorrentes da exportação de mercadorias ou serviços para o exterior, inclusive quando realizada por meio de empresa comercial exportadora ou de sociedade de propósito específico prevista no art. 56 da Lei Complementar n. 123, de 2006, desde que as receitas de exportação também não excedam R$ 4.800.000,00 (quatro milhões e oitocentos mil reais). (Lei Complementar n. 123, de 2006, art. 3.º, §§ 10 e 14)

•• § 1.º com redação determinada pela Resolução n. 156, de 29-9-2020.

§ 2º A empresa que, no ano-calendário, exceder o limite de receita bruta anual ou o limite adicional para exportação previstos no § 1.º fica excluída do Simples Nacional, ressalvado o disposto no art. 3.º. (Lei Complementar n. 123, de 2006, art. 3.º, §§ 9.º e 14)

•• § 2.º com redação determinada pela Resolução n. 145, de 11-6-2019.

§ 3.º Os efeitos da exclusão prevista no § 2.º ocorrerão a partir do: (Lei Complementar n. 123, de 2006, art. 3.º, §§ 9.º-A e 14)

I – mês subsequente àquele em que o excesso da receita bruta acumulada no ano for superior a 20% (vinte por cento) de cada um dos limites previstos no § 1.º; ou

(*) Publicada no *Diário Oficial da União* de 24-5-2018. Deixamos de publicar os anexos por não atenderem a proposta da obra.

II – ano-calendário subsequente àquele em que o excesso da receita bruta acumulada no ano não for superior a 20% (vinte por cento) de cada um dos limites previstos no § 1.º.

§ 4.º Também compõem a receita bruta de que trata este artigo: (Lei Complementar n. 123, de 2006, art. 2.º, inciso I e § 6.º, e art. 3.º, § 1.º)

I – o custo do financiamento nas vendas a prazo, contido no valor dos bens ou serviços ou destacado no documento fiscal;

II – as gorjetas, sejam elas compulsórias ou não;

III – os *royalties*, aluguéis e demais receitas decorrentes de cessão de direito de uso ou gozo; e

IV – as verbas de patrocínio.

§ 5.º Não compõem a receita bruta de que trata este artigo: (Lei Complementar n. 123, de 2006, art. 2.º, inciso I e § 6.º, e art. 3.º, § 1.º)

I – a venda de bens do ativo imobilizado;

II – os juros moratórios, as multas e quaisquer outros encargos auferidos em decorrência do atraso no pagamento de operações ou prestações;

III – a remessa de mercadorias a título de bonificação, doação ou brinde, desde que seja incondicional e não haja contraprestação por parte do destinatário;

IV – a remessa de amostra grátis;

V – os valores recebidos a título de multa ou indenização por rescisão contratual, desde que não corresponda à parte executada do contrato;

VI – para o salão-parceiro de que trata a Lei n. 12.592, de 18 de janeiro de 2012, os valores repassados ao profissional-parceiro, desde que este esteja devidamente inscrito no CNPJ;

VII – os rendimentos ou ganhos líquidos auferidos em aplicações de renda fixa ou variável.

§ 6.º Consideram-se bens do ativo imobilizado, ativos tangíveis: (Lei Complementar n. 123, de 2006, art. 2.º, inciso I e § 6.º; Convênio ICMS n. 64, de 7 de julho de 2006; Resolução CFC n. 1.285, de 18 de junho de 2010)

I – que sejam disponibilizados para uso na produção ou fornecimento de bens ou serviços, ou para locação por outros, para investimento, ou para fins administrativos; e

II – cuja desincorporação ocorra a partir do décimo terceiro mês contado da respectiva entrada.

§ 7.º O adimplemento das obrigações comerciais por meio de troca de mercadorias, prestação de serviços, compensação de créditos ou qualquer outra forma de contraprestação é considerado receita bruta para as partes envolvidas. (Lei Complementar n. 123, de 2006, art. 2.º, inciso I e § 6.º, e art. 3.º, § 1.º, Lei n. 10.406, de 10 de janeiro de 2002, art. 533, *caput*)

§ 8.º As receitas decorrentes da venda de bens ou direitos ou da prestação de serviços devem ser reconhecidas quando do faturamento, da entrega do bem ou do direito ou à proporção em que os serviços forem efetivamente prestados, o que primeiro ocorrer. (Lei Complementar n. 123, de 2006, art. 2.º, inciso I e § 6.º e art. 18, § 3.º)

§ 9.º Aplica-se o disposto no § 8.º também na hipótese de valores recebidos adiantadamente, ainda que no regime de caixa, e às vendas para entrega futura. (Lei Complementar n. 123, de 2006, art. 2.º, inciso I e § 6.º, e art. 18, § 3.º)

Seção II
Das Empresas em Início de Atividade

Art. 3.º No ano-calendário de início de atividade, cada um dos limites previstos no § 1.º do art. 2.º será de R$ 400.000,00 (quatrocentos mil reais), multiplicados pelo número de meses compreendidos entre o início de atividade e o final do respectivo ano calendário, considerada a fração de mês como mês completo. (Lei Complementar n. 123, de 2006, art. 3.º, § 2.º)

§ 1.º Se a receita bruta acumulada no ano-calendário de início de atividade, no mercado interno ou em exportação para o exterior, for superior a qualquer um dos limites a que se refere o *caput*, a empresa estará excluída do Simples Nacional e deverá pagar a totalidade ou a diferença dos respectivos tributos devidos em conformidade com as normas gerais de incidência. (Lei Complementar n. 123, de 2006, art. 3.º, § 10)

§ 2.º Os efeitos da exclusão prevista no § 1.º: (Lei Complementar n. 123, de 2006, art. 3.º, §§ 10 e 12)

I – serão retroativos ao início de atividade se o excesso verificado em relação à receita bruta acumulada for superior a 20% (vinte por cento) dos limites previstos no *caput*;

II – ocorrerão a partir do ano-calendário subsequente se o excesso verificado em relação à receita bruta acumulada não for superior a 20% (vinte por cento) dos limites previstos no *caput*.

§ 3.º Na hipótese de início de atividade no ano-calendário imediatamente anterior ao da opção, os limites de receita bruta: (Lei Complementar n. 123, de 2006, art. 2.º, inciso I e § 6.º; art. 3.º, § 2.º)

I – para fins de opção, serão os previstos no *caput* deste artigo; e

II – para fins de permanência no Regime, serão os previstos no § 1.º do art. 2.º.

CAPÍTULO II
DO SIMPLES NACIONAL

Seção I
Da Abrangência do Regime

Subseção I
Dos Tributos Abrangidos

Art. 4.º A opção pelo Simples Nacional implica o recolhimento mensal, mediante documento único de arrecadação, no montante apurado na forma prevista nesta Resolução, em substituição aos valores devidos segundo a legislação específica de cada tributo, dos seguintes impostos e contribuições, ressalvado o disposto no art. 5.º: (Lei Complementar n. 123, de 2006, art. 13, incisos I a VIII)

I – Imposto sobre a Renda da Pessoa Jurídica (IRPJ);

II – Imposto sobre Produtos Industrializados (IPI);

III – Contribuição Social sobre o Lucro Líquido (CSLL);

IV – Contribuição para o Financiamento da Seguridade Social (Cofins);

V – Contribuição para o PIS/Pasep;

VI – Contribuição Patronal Previdenciária (CPP) para a Seguridade Social, a cargo da pessoa jurídica, de que trata o art. 22 da Lei n. 8.212, de 24 de julho de 1991;

VII – Imposto sobre Operações Relativas à Circulação de Mercadorias e sobre Prestações de Serviços de Transporte Interestadual e Intermunicipal e de Comunicação (ICMS);

VIII – Imposto sobre Serviços de Qualquer Natureza (ISS).

Subseção II
Dos Tributos não Abrangidos

Art. 5.º O recolhimento na forma prevista no art. 4.º não exclui a incidência dos seguintes impostos ou contribuições, devidos pela ME ou EPP na qualidade de contribuinte ou responsável, em relação aos quais será observada a legislação aplicável às demais pessoas jurídicas: (Lei Complementar n. 123, de 2006, art. 13, inciso VI, § 1.º, incisos I a XV; art. 18, § 5.º-C; art. 18-A, § 3.º, inciso VI e art. 18-C)

I – Imposto sobre Operações de Crédito, Câmbio e Seguro, ou relativas a Títulos ou Valores Mobiliários (IOF);

II – Imposto sobre a Importação de Produtos Estrangeiros (II);

III – Imposto sobre Exportação, para o Exterior, de Produtos Nacionais ou Nacionalizados (IE);

IV – Imposto sobre a Propriedade Territorial Rural (ITR);

V – Imposto sobre a Renda relativo:

***a)* aos** rendimentos ou ganhos líquidos auferidos em aplicações de renda fixa ou variável;

***b)* aos** ganhos de capital auferidos na alienação de bens do ativo permanente;

***c)* aos** pagamentos ou créditos efetuados pela pessoa jurídica a pessoas físicas;

VI – Contribuição para o Fundo de Garantia do Tempo de Serviço (FGTS);

VII – Contribuição previdenciária devida pelo trabalhador;

VIII – Contribuição previdenciária devida pelo empresário, na qualidade de contribuinte individual;

IX – Contribuição para o PIS/Pasep, Cofins e IPI incidentes na importação de bens e serviços;

X – Contribuição para o PIS/Pasep e Cofins em regime de tributação concentrada ou substituição tributária, nos termos do § 7.º do art. 25;

XI – CPP para a Seguridade Social, a cargo da pessoa jurídica, de que trata o art. 22 da Lei n. 8.212, de 24 de julho de 1991, no caso de:

a) construção de imóveis e obras de engenharia em geral, inclusive sob a forma de subempreitada, execução de projetos e serviços de paisagismo e decoração de interiores;

b) serviço de vigilância, limpeza ou conservação;

c) serviços advocatícios; e

d) contratação de empregado pelo Microempreendedor Individual (MEI), nos termos do art. 105;

XII – ICMS devido:

a) nas operações sujeitas ao regime de substituição tributária, tributação concentrada em uma única etapa (monofásica) e sujeitas ao regime de antecipação do recolhimento do imposto com encerramento de tributação, envolvendo combustíveis e lubrificantes; energia elétrica; cigarros e outros produtos derivados do fumo; bebidas; óleos e azeites vegetais comestíveis; farinha de trigo e misturas de farinha de trigo; massas alimentícias; açúcares; produtos lácteos; carnes e suas preparações; preparações à base de cereais; chocolates; produtos de padaria e da indústria de bolachas e biscoitos; sorvetes e preparados para fabricação de sorvetes em máquinas; cafés e mates, seus extratos, essências e concentrados; preparações para molhos e molhos preparados; preparações de produtos vegetais; rações para animais domésticos; veículos automotivos e automotores, suas peças, componentes e acessórios; pneumáticos; câmaras de ar e protetores de borracha; medicamentos e outros produtos farmacêuticos para uso humano ou veterinário; cosméticos; produtos de perfumaria e de higiene pessoal; papéis; plásticos; canetas e malas; cimentos; cal e argamassas; produtos cerâmicos; vidros; obras de metal e plástico para construção; telhas e caixas d'água; tintas e vernizes; produtos eletrônicos, eletroeletrônicos e eletrodomésticos; fios; cabos e outros condutores; transformadores elétricos e reatores; disjuntores; interruptores e tomadas; isoladores; para-raios e lâmpadas; máquinas e aparelhos de ar-condicionado; centrifugadores de uso doméstico; aparelhos e instrumentos de pesagem de uso doméstico; extintores; aparelhos ou máquinas de barbear; máquinas de cortar o cabelo ou de tosquiar; aparelhos de depilar, com motor elétrico incorporado; aquecedores elétricos de água para uso doméstico e termômetros; ferramentas; álcool etílico; sabões em pó e líquidos para roupas; detergentes; alvejantes; esponjas; palhas de aço e amaciantes de roupas; venda de mercadorias pelo sistema porta a porta; nas operações sujeitas ao regime de substituição tributária pelas operações anteriores; e nas prestações de serviços sujeitas aos regimes de substituição tributária e de antecipação de recolhimento do imposto com encerramento de tributação;

b) por terceiro, a que o contribuinte se ache obrigado, por força da legislação estadual ou distrital vigente;

c) na entrada, no território do Estado ou do Distrito Federal, de petróleo, inclusive lubrificantes e combustíveis líquidos e gasosos dele derivados e energia elétrica, quando não destinados a comercialização ou a industrialização;

d) por ocasião do desembaraço aduaneiro;

e) na aquisição ou manutenção em estoque de mercadoria sem o documento fiscal correspondente;

f) na operação ou prestação realizada sem emissão do documento fiscal correspondente;

g) nas operações com bens ou mercadorias sujeitas ao regime de antecipação do recolhimento do imposto, nas aquisições em outros Estados ou no Distrito Federal sem encerramento da tributação, hipótese em que será cobrada a diferença entre a alíquota interna e a interestadual e ficará vedada a agregação de qualquer valor;

h) nas aquisições realizadas em outros Estados ou no Distrito Federal de bens ou mercadorias não sujeitas ao regime de antecipação do recolhimento do imposto, relativo à diferença entre a alíquota interna e a interestadual; e

i) nas hipóteses de impedimento a que se refere o art. 12;

XIII – ISS devido:

a) em relação aos serviços sujeitos a substituição tributária ou retenção na fonte;

b) na importação de serviços;

c) em valor fixo pelos escritórios de serviços contábeis, quando previsto pela legislação municipal; e

d) nas hipóteses de impedimento a que se refere o art. 12;

XIV – tributos devidos pela pessoa jurídica na condição de substituto ou responsável tributário; e

XV – demais tributos de competência da União, dos Estados, do Distrito Federal ou dos Municípios, não relacionados neste artigo e no art. 4.º.

§ 1.º Em relação a bebidas não alcóolicas, massas alimentícias, produtos lácteos, carnes e suas preparações, preparações à base de cereais, chocolates, produtos de padaria e da indústria de bolachas e biscoitos, preparações para molhos e molhos preparados, preparações de produtos vegetais, telhas e outros produtos cerâmicos para construção, e detergentes, aplica-se o disposto na alínea "a" do inciso XII aos fabricados em escala industrial relevante em cada segmento, observado o disposto em convênio celebrado pelos Estados e pelo Distrito Federal. (Lei Complementar n. 123, de 2006, art. 13, § 8.º)

§ 2.º A diferença entre a alíquota interna e a interestadual do ICMS de que tratam as alíneas "g" e "h" do inciso XII do *caput* será calculada tomando-se por base as alíquotas aplicáveis às pessoas jurídicas não optantes pelo Simples Nacional. (Lei Complementar n. 123, de 2006, art. 13, § 5.º)

§ 3.º A ME ou a EPP optante pelo Simples Nacional fica dispensada do pagamento: (Lei Complementar n. 123, de 2006, art. 13, § 3.º)

I – das contribuições instituídas pela União, não abrangidas pela Lei Complementar n. 123, de 2006;

II – das contribuições para as entidades privadas de serviço social e de formação profissional vinculadas ao sistema sindical, de que trata o art. 240 da Constituição Federal, e demais entidades de serviço social autônomo.

Seção II

Da Opção pelo Regime

Subseção I

Dos Procedimentos

Art. 6.º A opção pelo Simples Nacional deverá ser formalizada por meio do Portal do Simples Nacional na internet, e será irretratável para todo o ano-calendário. (Lei Complementar n. 123, de 2006, art. 16, *caput*)

§ 1.º A opção de que trata o *caput* será formalizada até o último dia útil do mês de janeiro e produzirá efeitos a partir do primeiro dia do ano-calendário da opção, ressalvado o disposto no § 5.º. (Lei Complementar n. 123, de 2006, art. 16, § 2.º)

§ 2.º Enquanto não vencido o prazo para formalização da opção o contribuinte poderá: (Lei Complementar n. 123, de 2006, art. 16, *caput*)

I – regularizar eventuais pendências impeditivas do ingresso no Simples Nacional, e, caso não o faça até o término do prazo a que se refere o § 1.º, o ingresso no Regime será indeferido;

II – cancelar o pedido de formalização da opção, salvo se este já houver sido deferido.

§ 3.º O disposto no § 2.º não se aplica às empresas em início de atividade. (Lei Complementar n. 123, de 2006, art. 16, *caput*)

§ 4.º No momento da opção, o contribuinte deverá declarar expressamente que não se enquadra nas vedações previstas no art. 15, independentemente das verificações realizadas pelos entes federados. (Lei Complementar n. 123, de 2006, art. 16, *caput*)

§ 5.º No caso de opção pelo Simples Nacional feita por ME ou EPP na condição de empresa em início de atividade, deverá ser observado o seguinte: (Lei Complementar n. 123, de 2006, art. 16, § 3º)

•• § 5º, *caput*, com redação determinada pela Resolução n. 145, de 11-6-2019.

I – depois de efetuar a inscrição no CNPJ, a ME ou a EPP deverá, para formalizar a opção pelo Simples Nacional, observar o prazo de até 30 (trinta) dias, contado do último deferimento de inscrição, seja ela a municipal ou, caso exigível, a estadual, desde que não ultrapasse 180 (cento e oitenta) dias da data de abertura constante do CNPJ.

•• Inciso I com redação determinada pela Resolução n. 145, de 11-6-2019.

II – depois de formalizada a opção pela ME ou pela EPP, a Secretaria da Receita Federal do Brasil (RFB) disponibilizará aos Estados, Distrito Federal e Municípios a relação de empresas optantes para verificação da regularidade da inscrição municipal e, quando exigível, da estadual;

III – os entes federados deverão prestar informações à RFB sobre a regularidade da inscrição municipal ou, quando exigível, da estadual:

a) até o dia 5 (cinco) de cada mês, relativamente às informações disponibilizadas pela RFB do dia 20 (vinte) ao dia 31 (trinta e um) do mês anterior;

b) até o dia 15 (quinze) de cada mês, relativamente às informações disponibilizadas pela RFB do dia 1.º (primeiro) ao dia 9 (nove) do mesmo mês; e

c) até o dia 25 (vinte e cinco) de cada mês, relativamente às informações disponibilizadas pela RFB do dia 10 (dez) ao dia 19 (dezenove) do mesmo mês;

IV – confirmada a regularidade da inscrição municipal e, quando exigível, da estadual, ou ultrapassado o prazo a que se refere o inciso III sem manifestação por parte do ente federado, a opção será deferida, observadas as demais disposições relativas à vedação para ingresso no Simples Nacional e o disposto no § 7.º; e

V – a opção produzirá efeitos a partir da data de abertura constante do CNPJ, salvo se o ente federado considerar inválidas as informações prestadas pela ME ou EPP nos cadastros estadual e municipal, hipótese em que a opção será indeferida.

§ 6.º A RFB disponibilizará aos Estados, Distrito Federal e Municípios relação dos contribuintes referidos neste artigo para verificação quanto à regularidade para a opção pelo Simples Nacional e, posteriormente, a relação dos contribuintes que tiveram a sua opção deferida. (Lei Complementar n. 123, de 2006, art. 16, *caput*)

§ 7.º (*Revogado pela Resolução n. 145, de 11-6-2019.*)

§ 8.º A opção pelo Simples Nacional formalizada por escritório de serviços contábeis implica o dever deste, individualmente ou por meio de suas entidades representativas de classe: (Lei Complementar n. 123, de 2006, art. 18, § 22-B)

I – de promover atendimento gratuito relativo à inscrição, à opção de que trata o art. 102 e à primeira declaração anual simplificada do Microempreendedor Individual (MEI), o qual poderá, por meio de suas entidades representativas de classe, firmar convênios e acordos com a União, Estados, o Distrito Federal e Municípios, por intermédio dos seus órgãos vinculados;

II – de fornecer, por solicitação do Comitê Gestor do Simples Nacional (CGSN), resultados de pesquisas quantitativas e qualitativas relativas às ME e EPP optantes pelo Simples Nacional e atendidas pelo escritório ou por entidade representativa de classe; e

III – de promover eventos de orientação fiscal, contábil e tributária para as ME e EPP optantes pelo Simples Nacional atendidas pelo escritório ou por entidade representativa de classe.

Art. 7.º (*Revogado pela Resolução n. 147, de 28-6-2019.*)

Art. 8.º Para fins de identificação de atividade cuja natureza impede o ingresso no Simples Nacional, serão utilizados os códigos de atividades econômicas previstos na Classificação Nacional de Atividades Econômicas (CNAE) informados pela ME ou pela EPP no CNPJ. (Lei Complementar n. 123, de 2006, art. 16, *caput*)

§ 1.º O Anexo VI relaciona códigos da CNAE correspondentes a atividades impeditivas do ingresso no Simples Nacional. (Lei Complementar n. 123, de 2006, art. 16, *caput*)

§ 2.º O Anexo VII relaciona códigos ambíguos da CNAE, ou seja, os que abrangem concomitantemente atividade impeditiva e permitida ao ingresso no Simples Nacional. (Lei Complementar n. 123, de 2006, art. 16, *caput*)

§ 3.º A ME ou a EPP que exerça atividade econômica cujo código da CNAE seja considerado ambíguo poderá formalizar a opção de acordo com o art. 6.º, desde que: (Lei Complementar n. 123, de 2006, art. 16, *caput*)

I – exerça apenas atividade cuja opção seja permitida no Simples Nacional; e

II – declare expressamente que não se enquadra nas vedações previstas no art. 15, nos termos do § 4.º do art. 6.º.

§ 4.º Na hipótese de alteração da relação de códigos da CNAE correspondentes a atividades impeditivas do ingresso no Simples Nacional e da relação de códigos ambíguos, serão observadas as seguintes regras: (Lei Complementar n. 123, de 2006, art. 16, *caput*)

I – se determinada atividade econômica deixar de ser considerada impeditiva do ingresso no Simples Nacional, a ME ou a EPP que a exerce poderá optar pelo Simples Nacional a partir do ano calendário subsequente ao da alteração que afastou o impedimento, desde que não incorra em nenhuma das vedações previstas no art. 15; e

- Inciso I com redação determinada pela Resolução n. 142, de 21-8-2018.

II – se determinada atividade econômica passar a ser considerada impeditiva do ingresso no Simples Nacional, a ME ou a EPP que a exerce deverá comunicar o fato à RFB e providenciar sua exclusão do Simples Nacional, cujos efeitos terão início no ano calendário subsequente ao da alteração que determinou o impedimento.

Subseção II
Dos Sublimites de Receita Bruta

Art. 9.º O Distrito Federal e os Estados cuja participação no Produto Interno Bruto (PIB) brasileiro seja de até 1% (um por cento) poderão optar pela aplicação de sublimite de receita bruta anual de R$ 1.800.000,00 (um milhão e oitocentos mil reais) no mercado interno e, adicionalmente, igual sublimite para exportação de mercadorias ou serviços para o exterior, para efeito de recolhimento do ICMS e do ISS relativos aos estabelecimentos localizados em seus respectivos territórios. (Lei Complementar n. 123, de 2006, art. 19, *caput*; art. 20, *caput*)

§ 1.º Para o Distrito Federal e os Estados que não tenham adotado sublimites na forma prevista no *caput* e para aqueles cuja participação no PIB brasileiro seja superior a 1% (um por cento), deverá ser observado, para fins de recolhimento do ICMS e do ISS, o sublimite no valor de R$ 3.600.000,00 (três milhões e seiscentos mil reais) no mercado interno e, adicionalmente, igual sublimite para exportação de mercadorias ou serviços para o exterior. (Lei Complementar n. 123, de 2006, art. 13-A; art. 19, § 4.º)

§ 2.º Para fins do disposto no *caput* e no § 1.º, a participação do ente federado no PIB brasileiro será apurada levando-se em conta o último resultado anual divulgado pelo Instituto Brasileiro de Geografia e Estatística (IBGE) até o último dia útil de setembro de cada ano calendário. (Lei Complementar n. 123, de 2006, art. 19, § 1.º)

§ 3.º A opção prevista no *caput* e a obrigatoriedade do sublimite previsto no § 1.º produzirão efeitos a partir do ano calendário subsequente, salvo se outro termo inicial for determinado mediante deliberação do CGSN. (Lei Complementar n. 123, de 2006, art. 19, § 2.º)

Art. 10. O sublimite em vigor no Estado ou no Distrito Federal aplicado na forma prevista no art. 9.º implicará a vigência do mesmo sublimite de receita bruta acumulada para efeito de recolhimento do ISS devido por estabelecimentos localizados em seu respectivo território. (Lei Complementar n. 123, de 2006, art. 20, *caput*)

Art. 11. Os Estados e o Distrito Federal deverão manifestar-se, mediante publicação de Decreto do respectivo Poder Executivo, sobre a adoção de sublimite de receita bruta acumulada para efeito de recolhimento do ICMS em seus territórios, na forma prevista no *caput* do art. 9.º, até o último dia útil do mês de outubro. (Lei Complementar n. 123, de 2006, art. 20, § 4.º)

•• *Caput* com redação determinada pela Resolução n. 156, de 29-9-2020.

§ 1.º Para produzir efeitos no âmbito do Simples Nacional, o decreto a que se refere o *caput* deve ser encaminhado pelo governador ou pela secretaria estadual competente para a administração tributária ao CGSN, preferencialmente por meio eletrônico, até o décimo dia útil do mês de novembro. (Lei Complementar n. 123, de 2006, art. 20, § 4.º)

•• § 1.º com redação determinada pela Resolução n. 156, de 29-9-2020.

§ 2.º A partir de 2020, compete ao Presidente do CGSN divulgar, mediante portaria, a opção dos Estados e do Distrito Federal de adotar o sublimite a que se refere o *caput*, até o último dia útil do mês de novembro do ano em que a adoção do sublimite for publicada, com validade para o ano-calendário subsequente. (Lei Complementar n. 123, de 2006, art. 20, § 4.º)

•• § 2.º com redação determinada pela Resolução n. 156, de 29-9-2020.

§ 3.º Os sublimites divulgados por Resolução do CGSN até 2019 são os constantes do Anexo XIII. (Lei Complementar n. 123, de 2006, art. 20, § 4.º)

•• § 3.º acrescentado pela Resolução n. 156, de 29-9-2020.

Art. 12. Caso a receita bruta acumulada pela empresa no ano-calendário ultrapasse quaisquer dos sublimites previstos no *caput* e § 1.º do art. 9.º, o estabelecimento da EPP localizado na unidade da federação cujo sublimite for ultrapassado estará impedido de recolher o ICMS e o ISS pelo Simples Nacional, ressalvado o disposto nos §§ 2.º a 4.º. (Lei Complementar n. 123, de 2006, art. 3.º, § 15, e art. 20, § 1.º)

§ 1.º Os efeitos do impedimento previsto no *caput* ocorrerão: (Lei Complementar n. 123, de 2006, art. 20, §§ 1.º e 1.º-A)

I – a partir do mês subsequente àquele em que o excesso da receita bruta acumulada no ano for superior a 20% (vinte por cento) dos sublimites previstos no art. 9.º;

II – a partir do ano-calendário subsequente àquele em que o excesso da receita bruta acumulada não for superior a 20% (vinte por cento) dos sublimites previstos no art. 9.º.

§ 2.º No ano-calendário de início de atividade, cada um dos sublimites previstos no *caput* e § 1.º do art. 9.º será de R$ 150.000,00 (cento e cinquenta mil reais) ou R$ 300.000,00 (trezentos mil reais), conforme o caso, multiplicados pelo número de meses compreendidos entre o início de atividade e o final do respectivo ano-calendário, considerada a fração de mês como mês completo. (Lei Complementar n. 123, de 2006, art. 3.º, § 11)

§ 3.º Caso a receita bruta acumulada pela empresa no ano calendário de início de atividade ultrapasse quaisquer dos sublimites previstos no § 2.º, o estabelecimento da EPP localizado na unidade da federação cujo sublimite for ultrapassado estará impedido de recolher o ICMS e o ISS pelo Simples Nacional. (Lei Complementar n. 123, de 2006, art. 3.º, § 11)

§ 4.º Os efeitos do impedimento previsto no § 3.º: (Lei Complementar n. 123, de 2006, art. 3.º, §§ 11 e 13)

I – serão retroativos ao início de atividade se o excesso verificado em relação à receita bruta acumulada for superior a 20% (vinte por cento) dos sublimites previstos no § 2.º;

II – ocorrerão a partir do ano-calendário subsequente se o excesso verificado em relação à receita bruta acumulada não for superior a 20% (vinte por cento) dos sublimites previstos no § 2.º.

§ 5.º O ICMS e o ISS voltarão a ser recolhidos pelo Simples Nacional no ano subsequente, caso no Estado ou no Distrito Federal passe a vigorar sublimite de receita bruta superior ao que vinha sendo utilizado no ano-calendário em que ocorreu o excesso da receita bruta, exceto se o novo sublimite também houver sido ultrapassado. (Lei Complementar n. 123, de 2006, art. 20, § 2.º)

§ 6.º Na hipótese de início de atividade no ano-calendário imediatamente anterior ao da opção, caso a receita bruta acumulada pela empresa no ano-calendário de início de atividade ultrapasse quaisquer dos sublimites do § 2.º, o estabelecimento da EPP localizado na unidade da federação cujo sublimite for ultrapassado estará impedido de recolher o ICMS e o ISS pelo Simples Nacional já no ano de ingresso no Regime. (Lei Complementar n. 123, de 2006, art. 3.º, § 11)

§ 7.º Na hipótese prevista no § 3.º, a EPP impedida de recolher o ICMS e o ISS pelo Simples Nacional ficará sujeita ao pagamento da totalidade ou diferença dos respectivos tributos, devidos em conformidade com as normas gerais de incidência, acrescidos, apenas, de juros de mora, quando o pagamento for efetuado antes do início de procedimento de ofício, ressalvada a hipótese prevista no § 4.º. (Lei Complementar n. 123, de 2006, art. 32, §§ 1.º e 3.º)

§ 8.º Nas hipóteses previstas neste artigo, ficarão sujeitos às normas gerais de incidência do ICMS e do ISS, conforme o caso: (Lei Complementar nº 123, de 2006, art. 13-A; art. 19, *caput* e § 4º; art. 20, caput)

I – quando excederem o sublimite previsto no *caput* do art. 9.º, os estabelecimentos localizados nas unidades da Federação que o adotarem;

II – quando excederem o sublimite previsto no § 1.º do art. 9.º, todos os estabelecimentos da empresa, independentemente de sua localização.

§ 9.º Para fins do disposto neste artigo, serão consideradas, separadamente, as receitas brutas auferidas no mercado interno e aquelas decorrentes de exportação para o exterior. (Lei Complementar n. 123, de 2006, art. 3.º, § 15)

Subseção III
Do Resultado do Pedido de Formalização da Opção Pelo Simples Nacional

Art. 13. O resultado do pedido de formalização da opção pelo Simples Nacional poderá ser consultado no Portal do Simples Nacional. (Lei Complementar n. 123, de 2006, art. 16, *caput*)

Art. 14. Na hipótese de ser indeferido o pedido de formalização da opção a que se refere o art. 6.º, será expedido termo de indeferimento por autoridade fiscal integrante da estrutura administrativa do respectivo ente federado que decidiu pelo indeferimento, inclusive na hipótese de existência de débitos tributários. (Lei Complementar n. 123, de 2006, art. 16, § 6.º)

Parágrafo único. Será dada ciência do termo a que se refere o *caput* à ME ou à EPP pelo ente federado que tenha indeferido o pedido de formalização da sua opção, segundo a sua legislação, observado o disposto no art. 122. (Lei Complementar n. 123, de 2006, art. 16, §§ 1.º-A e 6.º; art. 29, § 8.º)

Seção III
Das Vedações ao Ingresso

Art. 15. Não poderá recolher os tributos pelo Simples Nacional a pessoa jurídica ou entidade equiparada: (Lei Complementar n. 123, de 2006, art. 17, *caput*)

I – que tenha auferido, no ano-calendário imediatamente anterior ou no ano-calendário em curso, receita bruta superior a R$ 4.800.000,00 (quatro milhões e oitocentos mil reais) no mercado interno ou superior ao mesmo limite em exportação para o exterior, observado o disposto no art. 3.º; (Lei Complementar n. 123, de 2006, art. 3.º, inciso II e §§ 2.º, 9.º, 9.º-A, 10, 12 e 14)

II – de cujo capital participe outra pessoa jurídica ou sociedade em conta de participação; (Lei Complementar n. 123, de 2006, art. 3.º, § 4.º, inciso I)

III – que seja filial, sucursal, agência ou representação, no País, de pessoa jurídica com sede no exterior; (Lei Complementar n. 123, de 2006, art. 3.º, § 4.º, inciso II)

IV – de cujo capital participe pessoa física que seja inscrita como empresário ou seja sócia de outra empresa que receba tratamento jurídico diferenciado nos termos da Lei Complementar n. 123, de 2006, desde que a receita bruta global ultrapasse um dos limites máximos de que trata o inciso I do *caput*; (Lei Complementar n. 123, de 2006, art. 3.º, § 4.º, inciso III, § 14)

V – cujo titular ou sócio participe com mais de 10% (dez por cento) do capital de outra empresa não beneficiada pela Lei Complementar n. 123, de 2006, desde que a receita bruta global ultrapasse um dos limites máximos de que trata o inciso I do *caput*; (Lei Complementar n. 123, de 2006, art. 3.º, § 4.º, inciso IV, § 14)

VI – cujo sócio ou titular exerça cargo de administrador ou equivalente em outra pessoa jurídica com fins lucrativos, desde que a receita bruta global ultrapasse um dos limites máximos de que trata o inciso I do *caput*; (Lei Complementar n. 123, de 2006, art. 3.º, § 4.º, inciso V, § 14)

VII – constituída sob a forma de cooperativa, salvo cooperativa de consumo; (Lei Complementar n. 123, de 2006, art. 3.º, § 4.º, inciso VI)

VIII – que participe do capital de outra pessoa jurídica ou de sociedade em conta de participação; (Lei Complementar n. 123, de 2006, art. 3.º, § 4.º, inciso VII)

IX – que exerça atividade de banco comercial, de investimentos e de desenvolvimento, de caixa econômica, de sociedade de crédito, financiamento e investimento ou de crédito imobiliário, de corretora ou de distribuidora de títulos, valores mobiliários e câmbio, de empresa de arrendamento mercantil, de seguros privados e de capitalização ou de previdência complementar; (Lei Complementar n. 123, de 2006, art. 3.º, § 4.º, inciso VIII)

X – resultante ou remanescente de cisão ou qualquer outra forma de desmembramento de pessoa jurídica ocorrido em um dos 5 (cinco) anos-calendário anteriores; (Lei Complementar n. 123, de 2006, art. 3.º, § 4.º, inciso IX)

XI – constituída sob a forma de sociedade por ações; (Lei Complementar n. 123, de 2006, art. 3.º, § 4.º, X)

XII – que explore atividade de prestação cumulativa e contínua de serviços de assessoria creditícia, gestão de crédito, seleção e riscos, administração de contas a pagar e a receber, gerenciamento de ativos (*asset management*), compras de direitos creditórios resultantes de vendas mercantis a prazo ou de prestação de serviços (*factoring*); (Lei Complementar n. 123, de 2006, art. 17, inciso I)

XIII – que tenha sócio domiciliado no exterior; (Lei Complementar n. 123, de 2006, art. 17, inciso II)

XIV – de cujo capital participe entidade da administração pública, direta ou indireta, federal, estadual ou municipal; (Lei Complementar n. 123, de 2006, art. 17, inciso III)

XV – em débito perante o Instituto Nacional do Seguro Social (INSS), ou perante as Fazendas Públicas Federal, Estadual ou Municipal, cuja exigibilidade não esteja suspensa; (Lei Complementar n. 123, de 2006, art. 17, inciso V)

XVI – que preste serviço de transporte intermunicipal e interestadual de passageiros, exceto: (Lei Complementar n. 123, de 2006, art. 17, inciso VI)

a) na modalidade fluvial; ou

b) nas demais modalidades, quando:

1. o serviço caracterizar transporte urbano ou metropolitano; ou

2. o serviço realizar-se na modalidade de fretamento contínuo em área metropolitana para o transporte de estudantes ou trabalhadores;

XVII – que seja geradora, transmissora, distribuidora ou comercializadora de energia elétrica; (Lei Complementar n. 123, de 2006, art. 17, inciso VII)

XVIII – que exerça atividade de importação ou fabricação de automóveis e motocicletas; (Lei Complementar n. 123, de 2006, art. 17, inciso VIII)

XIX – que exerça atividade de importação de combustíveis; (Lei Complementar n. 123, de 2006, art. 17, inciso IX)

XX – que exerça atividade de produção ou venda no atacado de: (Lei Complementar n. 123, de 2006, art. 17, inciso X, § 5.º)

a) cigarros, cigarrilhas, charutos, filtros para cigarros, armas de fogo, munições e pólvoras, explosivos e detonantes;

b) cervejas sem álcool; e

c) bebidas alcoólicas, exceto aquelas produzidas ou vendidas no atacado por ME ou por EPP registrada no Ministério da Agricultura, Pecuária e Abastecimento, e que obedeça à regulamentação da Agência Nacional de Vigilância Sanitária e da RFB quanto à produção e à comercialização de bebidas alcoólicas, nas seguintes atividades:

1. micro e pequenas cervejarias;

2. micro e pequenas vinícolas;

3. produtores de licores; e

4. micro e pequenas destilarias;

XXI – que realize cessão ou locação de mão de obra; (Lei Complementar n. 123, de 2006, art. 17, inciso XII)

XXII – que se dedique a atividades de loteamento e incorporação de imóveis; (Lei Complementar n. 123, de 2006, art. 17, inciso XIV)

XXIII – que realize atividade de locação de imóveis próprios, exceto quando se referir a prestação de serviços tributados pelo ISS; (Lei Complementar n. 123, de 2006, art. 17, inciso XV)

XXIV – que não tenha feito inscrição em cadastro fiscal federal, municipal ou estadual, quando exigível, ou cujo cadastro esteja em situação irregular, observadas as disposições específicas relativas ao MEI; (Lei Complementar n. 123, de 2006, art. 17, inciso XVI e § 4.º)

XXV – cujos titulares ou sócios mantenham com o contratante do serviço relação de pessoalidade, subordinação e habitualidade, cumulativamente; e (Lei Complementar n. 123, de 2006, art. 3.º, § 4.º, inciso XI)

XXVI – constituída sob a forma de sociedade em conta de participação. (Lei Complementar n. 123, de 2006, art. 3.º, *caput*, e art. 30, § 3.º, inciso I)

§ 1.º O disposto nos incisos V e VIII do *caput* não se aplica a participações em capital de cooperativas de crédito, em centrais de compras, em bolsas de subcontratação, no consórcio e na sociedade de propósito específico a que se referem, respectivamente, os arts. 50 e 56 da Lei Complementar n. 123, de 2006, e em associações assemelhadas, sociedades de interesse econômico, sociedades de garantia solidária e outros tipos de sociedades que tenham como objetivo social a defesa exclusiva dos interesses econômicos das ME e EPP. (Lei Complementar n. 123, de 2006, art. 3.º, § 5.º)

§ 2.º As vedações de que trata este artigo não se aplicam às pessoas jurídicas que se dedicam: (Lei Complementar n. 123, de 2006, art. 17, §§ 1.º e 2.º)

I – exclusivamente a atividade cuja forma de tributação esteja prevista no art. 25, ou que exerça essa atividade em conjunto com atividade não vedada pelo Regime; e

II – a prestação de outros serviços que não tenham sido objeto de vedação expressa neste artigo, desde que a prestadora não incorra em nenhuma das hipóteses de vedação previstas nesta Resolução.

- Inciso II com redação determinada pela Resolução n. 141, de 6-7-2018.

§ 3.º Para fins do disposto no inciso XXI: (Lei Complementar n. 123, de 2006, art. 18, § 5.º-H)

I – considera-se cessão ou locação de mão de obra a atividade descrita no § 1.º do art. 112; e

II – a vedação não se aplica às atividades referidas nas alíneas "a" a "c" do inciso XI do art. 5.º.

§ 4.º Enquadra-se na situação prevista no item 1 da alínea "b" do inciso XVI do *caput* o transporte intermunicipal ou interestadual que, cumulativamente: (Lei Complementar n. 123, de 2006, art. 2.º, inciso I e § 6.º; art. 17, inciso VI)

I – for realizado entre Municípios limítrofes, ainda que de diferentes Estados, ou obedeça a trajetos que compreendam regiões metropolitanas, aglomerações urbanas e microrregiões, constituídas por agrupamentos de Municípios, instituídas por legislação estadual, podendo, no caso de transporte metropolitano, ser intercalado por áreas rurais; e

II – caracterizar serviço público de transporte coletivo de passageiros entre Municípios, assim considerado aquele realizado por veículo com especificações apropriadas, acessível a toda a população mediante pagamento individualizado, com itinerários e horários previamente estabelecidos, viagens intermitentes e preços fixados pelo Poder Público.

§ 5.º Enquadra-se na situação prevista no item 2 da alínea "b" do inciso XVI do *caput* o transporte intermunicipal ou interestadual de estudantes ou trabalhadores que, cumulativamente: (Lei Complementar n. 123, de 2006, art. 2.º, inciso I e § 6.º; art. 17, inciso VI)

I – for realizado sob a forma de fretamento contínuo, assim considerado aquele prestado a pessoa física ou jurídica, mediante contrato escrito e emissão de documento fiscal, para a realização de um número determinado de viagens, com destino único e usuários definidos; e

II – obedecer a trajetos que compreendam regiões metropolitanas, aglomerações urbanas e microrregiões, constituídas por agrupamentos de Municípios limítrofes, instituídas por legislação estadual.

§ 6.º Não compõem a receita bruta do ano-calendário imediatamente anterior ao da opção pelo Simples Nacional, para efeitos do disposto no inciso I do *caput* deste artigo, os valores: (Lei Complementar n. 123, de 2006, art. 2.º, inciso I e § 6.º; art. 3.º, §§ 1.º e 16)

I – destacados a título de IPI; e

II – devidos a título de ICMS retido por substituição tributária, pelo contribuinte que se encontra na condição de substituto tributário.

Seção IV
Do Cálculo dos Tributos Devidos

Subseção I
Da Base de Cálculo

Art. 16. A base de cálculo para a determinação do valor devido mensalmente pela ME ou pela EPP optante pelo Simples Nacional será a receita bruta total mensal auferida (Regime de Competência) ou recebida (Regime de Caixa), conforme opção feita pelo contribuinte. (Lei Complementar n. 123, de 2006, art. 18, *caput* e § 3.º)

§ 1.º O regime de reconhecimento da receita bruta será irretratável para todo o ano-calendário. (Lei Complementar n. 123, de 2006, art. 18, § 3.º)

§ 2.º Na hipótese de a ME ou a EPP ter estabelecimentos filiais, deverá ser considerado o somatório das receitas brutas de todos os estabelecimentos. (Lei Complementar n. 123, de 2006, art. 18, *caput*)

§ 3.º Para os efeitos do disposto neste artigo:

I – a receita bruta auferida ou recebida será segregada na forma prevista no art. 25; e (Lei Complementar n. 123, de 2006, art. 18, §§ 4.º e 4.º-A)

II – consideram-se separadamente, em bases distintas, as receitas brutas auferidas ou recebidas no mercado interno e aquelas decorrentes de exportação para o exterior. (Lei Complementar n. 123, de 2006, art. 3.º, § 15).

- Inciso III com redação determinada pela Resolução n. 141, de 6-7-2018.

Art. 17. Na hipótese de devolução de mercadoria vendida por ME ou por EPP optante pelo Simples Nacional, em período de apuração posterior ao da venda, deverá ser observado o seguinte: (Lei Complementar n. 123, de 2006, art. 2.º, inciso I e § 6.º; art. 3.º, § 1.º)

I – o valor da mercadoria devolvida deve ser deduzido da receita bruta total, no período de apuração do mês da devolução, segregada pelas regras vigentes no Simples Nacional nesse mês; e

II – caso o valor da mercadoria devolvida seja superior ao da receita bruta total ou das receitas segregadas relativas ao mês da devolução, o saldo remanescente deverá ser deduzido nos meses subsequentes, até ser integralmente deduzido.

Parágrafo único. Para a optante pelo Simples Nacional tributada com base no critério de apuração de receitas pelo Regime de Caixa, o valor a ser deduzido limita-se ao valor efetivamente devolvido ao adquirente. (Lei Complementar n. 123, de 2006, art. 2.º, inciso I e § 6.º; art. 3.º, § 1.º)

Art. 18. Na hipótese de cancelamento de documento fiscal, nas situações autorizadas pelo respectivo ente federado, o valor do documento cancelado deverá ser deduzido no período de apuração no qual tenha havido a tributação originária, quando o cancelamento se der em período posterior.

§ 1.º Para a optante pelo Simples Nacional tributada com base no critério de apuração de receitas pelo Regime de Caixa, o valor a ser deduzido limita-se ao valor efetivamente devolvido ao adquirente ou tomador. (Lei Complementar n. 123, de 2006, art. 2.º, inciso I e § 6.º; art. 3.º, § 1.º)

§ 2.º Na hipótese de nova emissão de documento fiscal em substituição ao cancelado, o valor correspondente deve ser oferecido à tributação no período de apuração relativo ao da operação ou prestação originária. (Lei Complementar n. 123, de 2006, art. 2.º, inciso I e § 6.º; art. 3.º, § 1.º)

Art. 19. A opção pelo regime de reconhecimento de receita bruta a que se refere o § 1.º do art. 16 deverá ser registrada em aplicativo disponibilizado no Portal do Simples Nacional no momento da apuração dos valores devidos: (Lei Complementar n. 123, de 2006, art. 18, § 3.º)

I – relativos ao mês de novembro de cada ano-calendário, com efeitos para o ano-calendário subsequente, na hipótese de ME ou EPP já optante pelo Simples Nacional;

II – relativos ao mês de dezembro, com efeitos para o ano calendário subsequente, na hipótese de ME ou EPP em início de atividade, com efeitos da opção pelo Simples Nacional no mês de dezembro; e

III – relativos ao mês de início dos efeitos da opção pelo Simples Nacional, nas demais hipóteses, com efeitos para o próprio ano calendário.

Parágrafo único. A opção pelo Regime de Caixa servirá exclusivamente para a apuração da base de cálculo mensal, e o Regime de Competência deve ser aplicado para as demais finalidades, especialmente, para determinação dos limites e sublimites e da alíquota a ser aplicada sobre a receita bruta recebida no mês. (Lei Complementar n. 123, de 2006, art. 18, § 3.º)

Art. 20. Para a ME ou a EPP optante pelo Regime de Caixa: (Lei Complementar n. 123, de 2006, art. 18, § 3.º)

I – na prestação de serviços ou nas operações com mercadorias com valores a receber a prazo, a parcela não vencida deverá obrigatoriamente integrar a base de cálculo dos tributos abrangidos pelo Simples Nacional até o último mês do ano calendário subsequente àquele em que tenha ocorrido a respectiva prestação de serviço ou operação com mercadorias;

II – a receita auferida e ainda não recebida deverá integrar a base de cálculo dos tributos abrangidos pelo Simples Nacional, na hipótese de:

a) encerramento de atividade, no mês em que ocorrer o evento;

b) retorno ao Regime de Competência, no último mês de vigência do Regime de Caixa; e

c) exclusão do Simples Nacional, no mês anterior ao dos efeitos da exclusão;

III – o registro dos valores a receber deverá ser mantido nos termos do art. 77; e

IV – na hipótese do impedimento de que trata o art. 12, e havendo a continuidade do Regime de Caixa, a receita auferida e ainda não recebida deverá integrar a base de cálculo do ICMS e do ISS do mês anterior ao dos efeitos do impedimento e seu recolhimento deve ser feito diretamente ao respectivo ente federado, na forma por ele estabelecida, observados os arts. 21 a 24.

• Inciso IV com redação determinada pela Resolução n. 142, de 21-8-2018.

Subseção II
Das Alíquotas

Art. 21. Para fins do disposto nesta Resolução, considera-se: (Lei Complementar n. 123, de 2006, art. 18, *caput*)

I – alíquota nominal a constante dos Anexos I a V desta Resolução;

II – alíquota efetiva o resultado de: (RBT12 × Aliq – PD) / RBT12, em que:

a) RBT12: receita bruta acumulada nos doze meses anteriores ao período de apuração;

b) Aliq: alíquota nominal constante dos Anexos I a V desta Resolução; e

c) PD: parcela a deduzir constante dos Anexos I a V desta Resolução; e

III – percentual efetivo de cada tributo o calculado mediante multiplicação da alíquota efetiva pelo percentual de repartição constante dos Anexos I a V desta Resolução, observando-se que:

a) o percentual efetivo máximo destinado ao ISS será de 5% (cinco por cento), e que eventual diferença será transferida, de forma proporcional, aos tributos federais da mesma faixa de receita bruta anual; e

b) o valor da RBT12, quando for superior ao limite da 5ª faixa de receita bruta anual prevista nos Anexos I a V desta Resolução, nas situações em que o sublimite de que trata o § 1.º do art. 9.º não for excedido, o percentual efetivo do ICMS e do ISS será calculado mediante aplicação da fórmula {[(RBT12 × alíquota nominal da 5ª faixa) – (menos) a Parcela a Deduzir da 5ª Faixa]/RBT12} × o Percentual de Distribuição do ICMS e do ISS da 5ª faixa.

Parágrafo único. Apenas para efeito de determinação das alíquotas efetivas, quando a RBT12 de que trata o inciso II do *caput* for igual a zero, considerar-se-á R$ 1,00 (um real). (Lei Complementar n. 123, de 2006, art. 2.º, inciso I e § 6.º; art. 3.º, § 1.º)

Art. 22. O valor devido mensalmente pela ME ou pela EPP optante pelo Simples Nacional será determinado mediante a aplicação das alíquotas efetivas calculadas na forma prevista no art. 21, sobre a receita bruta total mensal, observado o disposto nos arts. 16 a 20, 24 a 26, 33 a 36 e 149. (Lei Complementar n. 123, de 2006, art. 3.º, § 15, art. 18, *caput* e §§ 1.º e 4.º a 5.º-I)

§ 1.º Para efeito de determinação da alíquota, o sujeito passivo utilizará a receita bruta total acumulada auferida nos 12 (doze) meses anteriores ao do período de apuração. (Lei Complementar n. 123, de 2006, art. 18, § 1.º)

§ 2.º No caso de início de atividade no próprio ano calendário da opção pelo Simples Nacional, para efeito de determinação da alíquota no 1.º (primeiro) mês de atividade, o sujeito passivo utilizará, como receita bruta total acumulada, a receita auferida no próprio mês de apuração multiplicada por 12 (doze). (Lei Complementar n. 123, de 2006, art. 18, § 2.º)

§ 3.º Na hipótese prevista no § 2.º, para efeito de determinação da alíquota nos 11 (onze) meses posteriores ao do início de atividade, o sujeito passivo utilizará a média aritmética da receita bruta total auferida nos meses anteriores ao do período de apuração, multiplicada por 12 (doze). (Lei Complementar n. 123, de 2006, art. 18, § 2.º)

§ 4.º Na hipótese de início de atividade em ano-calendário imediatamente anterior ao da opção pelo Simples Nacional, o sujeito passivo utilizará: (Lei Complementar n. 123, de 2006, art. 2.º, inciso I e § 6.º; art. 18, § 2.º)

I – a regra prevista no § 3.º até completar 12 (doze) meses de atividade; e

II – a regra prevista no § 1.º a partir do décimo terceiro mês de atividade.

§ 5.º Serão adotadas as alíquotas correspondentes às últimas faixas de receita bruta das tabelas dos Anexos I a V desta Resolução, quando, cumulativamente, a receita bruta acumulada: (Lei Complementar n. 123, de 2006, art. 2.º, inciso I e § 6.º)

I – nos 12 (doze) meses anteriores ao do período de apuração for superior a qualquer um dos limites previstos no § 1.º do art. 2.º, observado o disposto nos §§ 2.º a 4.º do *caput*; e

II – no ano-calendário em curso for igual ou inferior aos limites previstos no § 1.º do art. 2.º.

Art. 23. As receitas brutas auferidas no mercado interno e as decorrentes de exportação para o exterior serão consideradas, separadamente, para fins de determinação da alíquota de que trata o art. 22. (Lei Complementar n. 123, de 2006, art. 3.º, § 15)

Subseção III
Da Ultrapassagem de Limite ou Sublimites

Art. 24. Na hipótese de a receita bruta acumulada no ano calendário em curso ultrapassar pelo menos um dos sublimites previstos no *caput* e no § 1.º do art. 9.º, a parcela da receita bruta total mensal que: (Lei Complementar n. 123, de 2006, art. 2.º, inciso I e § 6.º; art. 3.º, § 15; art. 18, §§ 16, 16-A, 17 e 17-A)

I – exceder o sublimite, mas não exceder o limite de R$ 4.800.000,00 (quatro milhões e oitocentos mil reais) estará sujeita, até o mês anterior aos efeitos da exclusão ou do impedimento de recolher ICMS ou ISS pelo Simples Nacional:

a) quanto aos tributos federais, aos percentuais efetivos calculados na forma prevista no art. 21; e

b) quanto ao ICMS ou ISS, ao percentual efetivo calculado da seguinte forma:

1. quando estiver vigente o sublimite de R$ 1.800.000,00: {[(1.800.000,00 × alíquota nominal da 4ª faixa) – (menos) a parcela a deduzir da 4ª faixa]/1.800.000,00} × percentual de distribuição do ICMS/ISS da 4ª faixa; ou

2. quando estiver vigente o sublimite de R$ 3.600.000,00: {[(3.600.000,00 × alíquota nominal da 5ª faixa) – (menos) a parcela a deduzir da 5ª faixa]/3.600.000,00} × percentual de distribuição do ICMS/ISS da 5ª faixa; ou

II – exceder o limite de R$ 4.800.000,00 (quatro milhões e oitocentos mil reais) estará sujeita, até o mês anterior aos efeitos da exclusão ou do impedimento de recolher ICMS ou ISS pelo Simples Nacional:

a) quanto aos tributos federais, aos percentuais efetivos calculados da seguinte forma: {[(4.800.000,00 × alíquota nominal da 6ª faixa) – (menos) a parcela a deduzir da 6ª faixa]/4.800.000,00} × percentual de distribuição dos tributos federais da 6ª faixa; e

b) quanto ao ICMS ou ISS, ao percentual efetivo calculado na forma prevista na alínea "b" do inciso I do *caput*.

§ 1.º Na hipótese de início de atividade: (Lei Complementar n. 123, de 2006, art. 2.º, inciso I e § 6.º; art. 3.º, § 15; art. 18, §§ 16, 16-A, 17 e 17-A)

I – caso a ME ou a EPP ultrapasse o sublimite de R$ 150.000,00 (cento e cinquenta mil reais) ou de R$ 300.000,00 (trezentos mil reais), conforme o caso, multiplicados pelo número de meses compreendido entre o início de atividade e o final do respectivo ano calendário, considerada a fração de mês como mês completo, aplica-se o disposto na alínea "b" do inciso I do *caput*; ou

II – caso a ME ou a EPP ultrapasse o limite de R$ 400.000,00 (quatrocentos mil reais) multiplicados pelo número de meses compreendido entre o início de atividade e o final do respectivo ano-calendário, considerada a fração de mês como mês completo, aplica-se o disposto no inciso II do *caput*.

§ 2.º Deverá ser calculada a razão entre a parcela da receita bruta total mensal que exceder o sublimite previsto no *caput* e no § 1.º do art. 9.º, ou no § 2.º do art. 12, e a receita bruta total mensal, nos termos dos arts. 16 a 20, no que couber. (Lei Complementar n. 123, de 2006, art. 2.º, inciso I e § 6.º; art. 3.º, § 15; art. 18, §§ 16, 16-A, 17 e 17-A)

§ 3.º Na hipótese de a ME ou a EPP optante pelo Simples Nacional ter estabelecimentos em unidades da federação nas quais vigoram sublimites distintos, a razão a que se refere o § 2.º deve ser calculada para cada um dos sublimites. (Lei Complementar n. 123, de 2006, art. 2.º, inciso I e § 6.º; art. 3.º, § 15; art. 18, §§ 16, 16-A, 17 e 17-A)

§ 4.º Deverá ser calculada a razão entre a parcela da receita bruta total mensal que exceder o limite de que trata o § 1.º do art. 2.º, ou o *caput* do art. 3.º, e a receita bruta total mensal, nos termos dos arts. 16 a 20, no que couber. (Lei Complementar n. 123, de 2006, art. 2.º, inciso I e § 6.º; art. 3.º, § 15; art. 18, §§ 16, 16-A, 17 e 17-A)

§ 5.º O valor devido em relação à parcela da receita bruta mensal que não exceder sublimite, observado o disposto no inciso I do § 1.º deste artigo, será obtido mediante o somatório das expressões formadas pela multiplicação de 1 (um) inteiro menos a razão a que se refere o § 2.º pela receita de cada estabelecimento, segregada na forma prevista no art. 25 e, ainda, pela respectiva alíquota obtida na forma prevista no art. 21, observado o seguinte: (Lei Complementar n. 123, de 2006, art. 2.º, inciso I e § 6.º; art. 3.º, § 15; art. 18, §§ 16, 16-A, 17 e 17-A)

I – na hipótese de o contribuinte auferir apenas um tipo de receita prevista no art. 25, mediante a multiplicação de 1 (um) inteiro menos a razão a que se refere o § 2.º pela respectiva receita bruta mensal e, ainda, pela alíquota obtida na forma prevista nos arts. 25 e 26; e

II – na hipótese de o contribuinte auferir mais de um tipo de receita prevista no art. 25, mediante o somatório das expressões formadas pela multiplicação de 1 (um) inteiro menos a razão a que se refere o § 2.º pela receita correspondente e, ainda, pela respectiva alíquota obtida na forma prevista nos arts. 25 e 26.

§ 6.º O valor devido em relação à parcela da receita bruta mensal que exceder sublimite, mas não o limite de que trata o § 1.º do art. 2.º, observado o disposto nos incisos I e II do § 1.º deste artigo, será o somatório das expressões formadas pela multiplicação da diferença entre as relações a que se referem os §§ 2.º e 4.º pela receita de cada estabelecimento segregada na forma prevista no art. 25 e, ainda, pela respectiva alíquota obtida na forma prevista no inciso I do *caput* deste artigo, observado o seguinte: (Lei Complementar n. 123, de 2006, art. 2.º, inciso I e § 6.º; art. 3.º, § 15; art. 18, §§ 16, 16-A, 17 e 17-A)

I – na hipótese de o contribuinte auferir apenas um tipo de receita prevista no art. 25, mediante a multiplicação da diferença entre as relações a que se referem os §§ 2.º e 4.º pela respectiva receita bruta mensal e, ainda, pela alíquota obtida na forma prevista no inciso I do *caput*; e

II – na hipótese de o contribuinte auferir mais de um tipo de receita prevista no art. 25, mediante o somatório das expressões formadas pela multiplicação da diferença entre as relações a que se referem os §§ 2.º e 4.º pela receita correspondente e, ainda, pela respectiva alíquota obtida na forma prevista no inciso I do *caput*.

§ 7.º O valor devido em relação à parcela da receita bruta mensal que exceder o limite de que trata o § 1.º do art. 2.º, observado o disposto no inciso II do § 1.º deste artigo, será obtido mediante o somatório das expressões formadas pela multiplicação da razão a que se refere o § 4.º pela receita de cada estabelecimento, segregada na forma prevista no art. 25 e, ainda, pela respectiva alíquota obtida na forma prevista no inciso II do *caput* deste artigo. (Lei Complementar n. 123, de 2006, art. 2.º, inciso I e § 6.º; art. 3.º, § 15; art. 18, §§ 16, 16-A, 17 e 17-A)

§ 8.º Para fins do disposto neste artigo, serão consideradas, separadamente, as receitas brutas auferidas no mercado interno e aquelas decorrentes da exportação para o exterior. (Lei Complementar n. 123, de 2006, art. 3.º, § 15)

Subseção IV
Da Segregação de Receitas

Art. 25. O valor devido mensalmente pela ME ou EPP optante pelo Simples Nacional será determinado mediante aplicação das alíquotas efetivas calculadas na forma prevista nos arts. 21, 22 e 24 sobre a base de cálculo de que tratam os arts. 16 a 19. (Lei Complementar n. 123, de 2006, art. 3.º, § 15, art. 18)

§ 1.º O contribuinte deverá considerar, destacadamente, para fim de cálculo e pagamento, as receitas decorrentes da:

I – revenda de mercadorias, que serão tributadas na forma prevista no Anexo I; (Lei Complementar n. 123, de 2006, art. 18, § 4.º, inciso I)

II – venda de mercadorias industrializadas pelo contribuinte, que serão tributadas na forma do Anexo II; (Lei Complementar n. 123, de 2006, art. 18, § 4.º, inciso II)

III – prestação dos seguintes serviços tributados na forma prevista no Anexo III:

a) creche, pré-escola e estabelecimento de ensino fundamental, escolas técnicas, profissionais e de ensino médio, de línguas estrangeiras, de artes, cursos técnicos de pilotagem, preparatórios para concursos, gerenciais e escolas livres, exceto as previstas nas alíneas "b" e "c" do inciso V; (Lei Complementar n. 123, de 2006, art. 18, § 5.º-B, inciso I)

b) agência terceirizada de correios; (Lei Complementar n. 123, de 2006, art. 18, § 5.º-B, inciso II)

c) agência de viagem e turismo; (Lei Complementar n. 123, de 2006, art. 18, § 5.º-B, inciso III)

d) transporte municipal de passageiros e de cargas em qualquer modalidade; (Lei Complementar n. 123, de 2006, art. 18, § 5.º-B, inciso XIII)

e) centro de formação de condutores de veículos automotores de transporte terrestre de passageiros e de carga; (Lei Complementar n. 123, de 2006, art. 18, § 5.º-B, inciso IV)

f) agência lotérica; (Lei Complementar n. 123, de 2006, art. 18, § 5.º-B, inciso V)

g) serviços de instalação, de reparos e de manutenção em geral, bem como de usinagem, solda, tratamento e revestimento em metais; (Lei Complementar n. 123, de 2006, art. 18, § 5.º-B, inciso IX)

h) produções cinematográficas, audiovisuais, artísticas e culturais, sua exibição ou apresentação, inclusive no caso de música, literatura, artes cênicas, artes visuais, cinematográficas e audiovisuais; (Lei Complementar n. 123, de 2006, art. 18, § 5.º-B, inciso XV)

i) corretagem de seguros; (Lei Complementar n. 123, de 2006, art. 18, § 5.º-B, inciso XVII)

j) corretagem de imóveis de terceiros, assim entendida a intermediação na compra, venda, permuta e locação de imóveis;

(Lei Complementar n. 123, de 2006, art. 17, inciso XV; art. 18, § 4.º, inciso III; Lei n. 6.530, de 12 de maio de 1978, art. 3.º)

k) serviços vinculados à locação de bens imóveis, assim entendidos o assessoramento locatício e a avaliação de imóveis para fins de locação; (Lei Complementar n. 123, de 2006, art. 17, inciso XV; art. 18, § 4.º, inciso III)

l) locação, cessão de uso e congêneres, de bens imóveis próprios com a finalidade de exploração de salões de festas, centro de convenções, escritórios virtuais, stands, quadras esportivas, estádios, ginásios, auditórios, casas de espetáculos, parques de diversões, canchas e congêneres, para realização de eventos ou negócios de qualquer natureza; e (Lei Complementar n. 123, de 2006, art. 17, inciso XV; art. 18, § 4.º, inciso III)

m) outros serviços que, cumulativamente: (Lei Complementar n. 123, de 2006, art. 17, § 2.º; art. 18, §§ 5.º-F e 5.º- I, inciso XII)

1. não tenham por finalidade a prestação de serviços decorrentes do exercício de atividade intelectual, de natureza técnica, científica, desportiva, artística ou cultural, que constitua profissão regulamentada ou não; e

2. não estejam relacionados nos incisos IV a IX;

IV – prestação dos seguintes serviços tributados na forma prevista no Anexo IV:

a) construção de imóveis e obras de engenharia em geral, inclusive sob a forma de subempreitada, execução de projetos e serviços de paisagismo, bem como decoração de interiores; (Lei Complementar n. 123, de 2006, art. 18, § 5.º-C, inciso I)

b) serviço de vigilância, limpeza ou conservação; e (Lei Complementar n. 123, de 2006, art. 18, § 5.º-C, inciso VI)

c) serviços advocatícios; (Lei Complementar n. 123, de 2006, art. 18, § 5.º-C, inciso VII);

V – prestação de serviços tributados na forma prevista no Anexo III desta Resolução, quando o fator "r" de que trata o art. 26 for igual ou superior a 0,28 (vinte e oito centésimos), ou na forma prevista no Anexo V desta Resolução, quando o fator "r" for inferior a 0,28 (vinte e oito centésimos): (Lei Complementar n. 123, de 2006, art. 18, §§ 5.º-J, 5.º-K e 5.º-M)

a) administração e locação de imóveis de terceiros, assim entendidas a gestão e administração de imóveis de terceiros para qualquer finalidade, incluída a cobrança de aluguéis de imóveis de terceiros; (Lei Complementar n. 123, de 2006, art. 18, § 5.º-D, inciso I; Lei n. 6.530, de 12 de maio de 1978, art. 3.º)

b) academias de dança, de capoeira, de ioga e de artes marciais; (Lei Complementar n. 123, de 2006, art. 18, § 5.º-D, inciso II)

c) academias de atividades físicas, desportivas, de natação e escolas de esportes; (Lei Complementar n. 123, de 2006, art. 18, § 5.º-D, inciso III)

d) elaboração de programas de computadores, inclusive jogos eletrônicos, desde que desenvolvidos em estabelecimento da optante; (Lei Complementar n. 123, de 2006, art. 18, § 5.º-D, inciso IV)

e) licenciamento ou cessão de direito de uso de programas de computação; (Lei Complementar n. 123, de 2006, art. 18, § 5.º-D, inciso V)

f) planejamento, confecção, manutenção e atualização de páginas eletrônicas, desde que realizados em estabelecimento da optante; (Lei Complementar n. 123, de 2006, art. 18, § 5.º-D, inciso VI)

g) empresas montadoras de estandes para feiras; (Lei Complementar n. 123, de 2006, art. 18, § 5.º-D, inciso IX)

h) laboratórios de análises clínicas ou de patologia clínica; (Lei Complementar n. 123, de 2006, art. 18, § 5.º-D, inciso XII)

i) serviços de tomografia, diagnósticos médicos por imagem, registros gráficos e métodos óticos, bem como ressonância magnética; (Lei Complementar n. 123, de 2006, art. 18, § 5.º-D, inciso XIII)

j) serviços de prótese em geral; (Lei Complementar n. 123, de 2006, art. 18, § 5.º-D, inciso XIV)

k) fisioterapia; (Lei Complementar n. 123, de 2006, art. 18, § 5.º-B, inciso XVI)

l) medicina, inclusive laboratorial, e enfermagem; (Lei Complementar n. 123, de 2006, art. 18, § 5.º-B, inciso XIX)

m) medicina veterinária; (Lei Complementar n. 123, de 2006, art. 18, § 5.º-I, inciso II)

n) odontologia e prótese dentária; (Lei Complementar n. 123, de 2006, art. 18, § 5.º-B, inciso XX)

o) psicologia, psicanálise, terapia ocupacional, acupuntura, podologia, fonoaudiologia, clínicas de nutrição e de vacinação e bancos de leite; (Lei Complementar n. 123, de 2006, art. 18, § 5.º-B, inciso XXI)

p) serviços de comissaria, de despachantes, de tradução e de interpretação; (Lei Complementar n. 123, de 2006, art. 18, § 5.º-I, inciso V)

q) arquitetura e urbanismo; (Lei Complementar n. 123, de 2006, art. 18, § 5.º-B, inciso XVIII)

r) engenharia, medição, cartografia, topografia, geologia, geodésia, testes, suporte e análises técnicas e tecnológicas, pesquisa, design, desenho e agronomia; (Lei Complementar n. 123, de 2006, art. 18, § 5.º-B, inciso XVIII, § 5.º-I, inciso VI)

s) representação comercial e demais atividades de intermediação de negócios e serviços de terceiros; (Lei Complementar n. 123, de 2006, art. 18, § 5.º-I, inciso VII)

t) perícia, leilão e avaliação; (Lei Complementar n. 123, de 2006, art. 18, § 5.º-I, inciso VIII)

u) auditoria, economia, consultoria, gestão, organização, controle e administração; (Lei Complementar n. 123, de 2006, art. 18, § 5.º-I, inciso IX)

v) jornalismo e publicidade; (Lei Complementar n. 123, de 2006, art. 18, § 5.º-I, inciso X)

w) agenciamento; e (Lei Complementar n. 123, de 2006, art. 18, § 5.º-I, incisos VII e XI)

x) outras atividades do setor de serviços que, cumulativamente: (Lei Complementar n. 123, de 2006, art. 18, § 5.º-I, inciso XII)

1. tenham por finalidade a prestação de serviços decorrentes do exercício de atividade intelectual, de natureza técnica, científica, desportiva, artística ou cultural, que constitua profissão regulamentada ou não; e

2. não estejam relacionadas nos incisos III, IV, VIII e no § 2.º;

VI – locação de bens móveis, que serão tributadas na forma prevista no Anexo III, deduzida a parcela correspondente ao ISS; (Lei Complementar n. 123, de 2006, art. 18, § 4.º, inciso V)

VII – atividade com incidência simultânea de IPI e de ISS, que será tributada na forma prevista no Anexo II, deduzida a parcela correspondente ao ICMS e acrescida a parcela correspondente ao ISS prevista no Anexo III; (Lei Complementar n. 123, de 2006, art. 18, § 4.º, inciso VI)

VIII – prestação do serviço de escritórios de serviços contábeis, que serão tributados na forma do Anexo III, desconsiderando-se o percentual relativo ao ISS, quando o imposto for fixado pela legislação municipal e recolhido diretamente ao Município em valor fixo nos termos do art. 34, observado o disposto no § 8.º do art. 6.º e no § 11 deste artigo; e (Lei Complementar n. 123, de 2006, art. 18, § 5.º-B, inciso XIV, § 22-A)

IX – prestação dos seguintes serviços tributados com base no Anexo III, desconsiderando-se o percentual relativo ao ISS e adicionando-se o percentual relativo ao ICMS previsto na tabela do Anexo I: (Lei Complementar n. 123, de 2006, art. 18, § 5.º-E)

a) transportes intermunicipais e interestaduais de cargas;

b) transportes intermunicipais e interestaduais de passageiros, nas situações permitidas no inciso XVI e §§ 4.º e 5.º do art. 15; e

c) de comunicação.

§ 2.º A comercialização de medicamentos e produtos magistrais produzidos por manipulação de fórmulas será tributada: (Lei Complementar n. 123, de 2006, art. 18, § 4.º, inciso VII)

I – na forma prevista no Anexo III, quando sob encomenda para entrega posterior ao adquirente, em caráter pessoal, mediante prescrições de profissionais habilitados ou indicação pelo farmacêutico, produzidos no próprio estabelecimento após o atendimento inicial; ou

II – na forma prevista no Anexo I, nos demais casos.

§ 3.º A ME ou EPP deverá segregar as receitas decorrentes de exportação para o exterior, inclusive as vendas realizadas por meio de comercial exportadora ou sociedade de propósito específico, observado o disposto no § 7.º do art. 18 e no art. 56 da Lei Complementar n. 123, de 2006, quando então serão desconsiderados, no cálculo do valor devido no âmbito do Simples Nacional, conforme o caso, os percentuais relativos à Cofins, à Contribuição para o PIS/Pasep, ao IPI, ao ICMS e ao ISS constantes dos Anexos I a V desta Resolução. (Lei Complementar n. 123, de 2006, art. 18, § 14)

§ 4.º Considera-se exportação de serviços para o exterior a prestação de serviços para pessoa física ou jurídica residente ou domiciliada no exterior, cujo pagamento represente ingresso de divisas, exceto quanto aos serviços desenvolvidos no Brasil cujo resultado aqui se verifique. (Lei Complementar n. 116, de 31 de julho de 2003, art. 2.º, parágrafo único; Lei Complementar n. 123, de 2006, art. 2.º, inciso I e § 6.º, art. 18, § 14)

§ 4.º-A. A aplicação do disposto no § 4.º independe do efetivo ingresso de divisas, na hipótese de a pessoa jurídica manter os recursos no exterior na forma prevista no art. 1.º da Lei n. 11.371, de 28 de novembro de 2006. (Lei n. 11.371, de 2006, art. 10)

•• § 4.º-A acrescentado pela Resolução n. 156, de 29-9-2020.

§ 5.º A receita decorrente da locação de bens móveis, referida no inciso VI do § 1.º, é tão-somente aquela oriunda da exploração de atividade não definida na lista de serviços anexa à Lei Complementar n. 116, de 2003. (Lei Complementar n. 123, de 2006, art. 2.º, inciso I e § 6.º)

§ 6.º A ME ou EPP que proceda à importação, à industrialização ou à comercialização de produto sujeito à tributação concentrada ou à substituição tributária para efeitos de incidência da Contribuição para o PIS/Pasep e da Cofins deve segregar a receita decorrente de sua venda e indicar a existência de tributação concentrada ou substituição tributária para as referidas contribuições, de forma que serão desconsiderados, no cálculo do valor devido no âmbito do Simples Nacional, os percentuais a elas correspondentes. (Lei Complementar n. 123, de 2006, art. 2.º, inciso I e § 6.º; art. 18, § 4.º-A, inciso I, § 12)

§ 7.º Na hipótese prevista no § 6.º:

I – a incidência da Contribuição para o PIS/Pasep e da Cofins deverá ocorrer com observância do disposto na legislação específica da União, na forma estabelecida pela RFB; (Lei Complementar n. 123, de 2006, art. 2.º, inciso I e § 6.º; art. 18, § 4.º-A, inciso I)

II – os valores relativos aos demais tributos abrangidos pelo Simples Nacional serão calculados tendo como base de cálculo a receita total decorrente da venda do produto sujeito à tributação concentrada ou à substituição tributária das mencionadas contribuições. (Lei Complementar n. 123, de 2006, art. 2.º, inciso I e § 6.º; art. 18, § 4.º-A, inciso I e § 12).

§ 8.º Em relação ao ICMS: (Lei Complementar n. 123, de 2006, art. 2.º, inciso I e § 6.º; art. 13, § 6.º, inciso I; art. 18, § 4.º-A, inciso I)

I – o substituído tributário, assim entendido o contribuinte que teve o imposto retido, e o contribuinte obrigado à antecipação com encerramento de tributação deverão segregar a receita correspondente como "sujeita à substituição tributária ou ao recolhimento antecipado do ICMS", quando então será desconsiderado, no cálculo do valor devido no âmbito do Simples Nacional, o percentual do ICMS;

II – o substituto tributário deverá:

a) recolher o imposto sobre a operação própria pelo Simples Nacional e segregar a receita correspondente como "não sujeita à substituição tributária e não sujeita ao recolhimento antecipado do ICMS"; e

b) recolher o imposto sobre a substituição tributária, retido do substituído tributário, na forma prevista nos §§ 1.º a 3.º do art. 28.

§ 9.º A ME ou EPP que tenha prestado serviços sujeitos ao ISS deverá informar: (Lei Complementar n. 123, de 2006, art. 2.º, inciso I e § 6.º)

I – a qual Município é devido o imposto;

II – se houve retenção do imposto, quando então será desconsiderado, no cálculo do valor devido no âmbito do Simples Nacional, o percentual do ISS; e

III – se o valor é devido em valor fixo diretamente ao Município, na hipótese prevista no inciso VIII do § 1.º, quando então será desconsiderado, no cálculo do valor devido no âmbito do Simples Nacional, o percentual do ISS, ressalvado o disposto no § 11.

§ 10. Com relação às segregações de receitas sujeitas ou com ocorrência de imunidade, isenção, redução ou valor fixo do ICMS ou ISS, deverá ser observado o disposto nos arts. 30 a 35. (Lei Complementar n. 123, de 2006, art. 2.º, inciso I e § 6.º)

§ 11. Na hipótese de o escritório de serviços contábeis não estar autorizado pela legislação municipal a efetuar o recolhimento do ISS em valor fixo diretamente ao Município, o imposto deverá ser recolhido pelo Simples Nacional na forma prevista no inciso III do § 1.º. (Lei Complementar n. 123, de 2006, art. 2.º, inciso I e § 6.º)

§ 12. A base de cálculo para determinação do valor devido mensalmente pela ME ou EPP a título de ISS, na condição de optante pelo Simples Nacional, será a receita bruta total mensal, e não se aplica as disposições relativas ao recolhimento do referido imposto em valor fixo diretamente ao Município pela empresa enquanto não optante pelo Simples Nacional, ressalvado o disposto no art. 34 e observado o disposto no art. 33. (Lei Complementar n. 123, de 2006, art. 18, §§ 5.º-B a 5.º-D, 5.º-I e 22-A)

§ 13. As receitas obtidas por agência de viagem e turismo optante pelo Simples Nacional, relativas a transporte turístico com frota própria, nos termos da Lei n. 11.771, de 2008, quando ocorrer dentro do Município, entre Municípios ou entre Estados, serão tributadas na forma prevista no Anexo III. (Lei Complementar n. 123, de 2006, art. 18, § 5.º-B, inciso III)

§ 14. Não se aplica o disposto no § 13 quando caracterizado o transporte de passageiros, em qualquer modalidade, mesmo que de forma eventual ou por fretamento, quando então as receitas decorrentes do transporte:

I – municipal serão tributadas na forma prevista no Anexo III; e (Lei Complementar n. 123, de 2006, art. 18, § 5.º-B, inciso XIII)

II – intermunicipal e interestadual observarão o disposto na alínea "b" do inciso IX do § 1.º deste artigo. (Lei Complementar n. 123, de 2006, art. 18, § 5.º-E)

§ 15. A receita auferida por agência de viagem e turismo: (Lei Complementar n. 123, de 2006, art. 2.º, inciso I e § 6.º, art. 3.º, § 1.º)

I – corresponderá à comissão ou ao adicional percebido, quando houver somente a intermediação de serviços turísticos prestados por conta e em nome de terceiros; e

II – incluirá a totalidade dos valores auferidos, nos demais casos.

§ 16. A receita auferida na venda de veículos em consignação: (Lei Complementar n. 123, de 2006, art. 2.º, inciso I e § 6.º, art. 3.º, § 1.º)

I – mediante contrato de comissão previsto nos arts. 693 a 709 do Código Civil corresponderá à comissão e será tributada na forma prevista no Anexo III;

II – mediante contrato estimatório previsto nos arts. 534 a 537 do Código Civil corresponderá ao produto da venda e será tributada na forma prevista no Anexo I.

§ 17. No caso de prestação dos serviços previstos nos itens 7.02 e 7.05 da lista de serviços anexa à Lei Complementar n. 116, de 2003, o valor: (Lei Complementar n. 123, de 2006, art. 18, § 23; Lei Complementar n. 116, de 2003, art. 7.º, § 2.º, inciso I, e Lista de Serviços, itens 7.02 e 7.05)

I – dos serviços será tributado de acordo com o Anexo III ou Anexo IV desta Resolução, conforme o caso, permitida a dedução, na base de cálculo do ISS, do valor dos materiais fornecidos pelo prestador do serviço, observada a legislação do respectivo ente federado;

II – dos materiais produzidos pelo prestador dos serviços no local da prestação de serviços será tributado de acordo com o Anexo III ou Anexo IV desta Resolução, conforme o caso; e

III – das mercadorias produzidas pelo prestador dos serviços fora do local da prestação dos serviços será tributado de acordo com o Anexo II desta Resolução.

§ 18. A receita obtida pelo salão-parceiro e pelo profissional-parceiro de que trata a Lei n. 12.592, de 2012, deverá ser tributada: (Lei Complementar n. 123, de 2006, art. 3.º, §§ 1.º e 16; art. 18, § 4.º)

I – na forma prevista no Anexo III desta Resolução, quanto aos serviços e produtos neles empregados; e

II – na forma prevista no Anexo I desta Resolução, quanto aos produtos e mercadorias comercializados.

Art. 26. Na hipótese de a ME ou EPP optante pelo Simples Nacional obter receitas decorrentes da prestação de serviços previstas no inciso V do § 1.º do art. 25, deverá apurar o fator "r", que é a razão entre a: (Lei Complementar n. 123, de 2006, art. 18, §§ 5.º-J, 5.º-K e 5.º-M)

I – folha de salários, incluídos encargos, nos 12 (doze) meses anteriores ao período de apuração; e

II – receita bruta total acumulada auferida nos mercados interno e externo nos 12 (doze) meses anteriores ao período de apuração.

§ 1.º Para efeito do disposto no inciso I do *caput*, considera-se folha de salários, incluídos encargos, o montante pago nos 12 (doze) meses anteriores ao do período de apuração a título de remuneração a pessoas físicas decorrentes do trabalho e de pró-labore, acrescido do montante efetivamente recolhido a título de contribuição patronal previdenciária e para o Fundo de Garantia do Tempo de Serviço (FGTS). (Lei Complementar n. 123, de 2006, art. 18, § 24)

•• § 1.º com redação determinada pela Resolução n. 145, de 11-6-2019.

§ 2.º Para efeito do disposto no § 1.º:

I – deverão ser consideradas tão somente as remunerações informadas na forma prevista no inciso IV do art. 32 da Lei n. 8.212, de 1991; e (Lei Complementar n. 123, de 2006, art. 18, § 25)

•• Inciso I com redação determinada pela Resolução n. 145, de 11-6-2019.

II – consideram-se salários o valor da base de cálculo da contribuição prevista nos incisos I e III do art. 22 da Lei n. 8.212, de 1991, agregando-se o valor do décimo terceiro salário na competência da incidência da referida contribuição, na forma prevista no *caput* e nos §§ 1.º e 2.º do art. 7.º da Lei n. 8.620, de 5 de janeiro de 1993. (Lei Complementar n. 123, de 2006, art. 18, § 24)

§ 3.º Não são considerados para efeito do disposto no inciso II do § 2.º valores pagos a título de aluguéis e de distribuição de lucros. (Lei Complementar n. 123, de 2006, art. 18, § 26)

§ 4.º Na hipótese de a ME ou EPP ter menos de 13 (treze) meses de atividade, adotar-se-ão, para a determinação da folha de salários anualizada, incluídos encargos, os mesmos critérios para a determinação da receita bruta total acumulada, estabelecidos no art. 22, no que couber. (Lei Complementar n. 123, de 2006, art. 2.º, inciso I e § 6.º)

•• § 4.º com redação determinada pela Resolução n. 142, de 21-8-2018.

§ 5.º Para fins de determinação do fator "r", considera-se: (Lei Complementar n. 123, de 2006, art. 2.º, inciso I e § 6.º)

I – PA, o período de apuração relativo ao cálculo;

II – FSPA, a folha de salários do PA;

III – RPAr, a receita bruta total do PA, consideradas conjuntamente as receitas brutas auferidas no mercado interno e aquelas decorrentes da exportação;

•• Inciso III com redação determinada pela Resolução n. 145, de 11-6-2019.

IV – FS12, a folha de salários dos 12 (doze) meses anteriores ao PA; e

V – RBT12r, a receita bruta acumulada dos 12 (doze) meses anteriores ao PA, considerando conjuntamente as receitas brutas auferidas no mercado interno e aquelas decorrentes da exportação.

§ 6.º Para o cálculo do fator "r" referente a período de apuração do mês de início de atividades: (Lei Complementar n. 123, de 2006, art. 2.º, inciso I e § 6.º)

I – se a FSPA for maior do que 0 (zero) e a RPAr for igual a 0 (zero), o fator "r" será igual a 0,28 (vinte e oito centésimos);

•• Inciso I com redação determinada pela Resolução n. 145, de 11-6-2019.

II – se a FSPA for igual a 0 (zero) e a RPAr for maior do que 0 (zero), o fator "r" será igual a 0,01 (um centésimo); e

•• Inciso II com redação determinada pela Resolução n. 145, de 11-6-2019.

III – se a FSPA e a RPAr forem maiores do que 0 (zero), o fator "r" corresponderá à divisão entre a FSPA e a RPAr.

•• Inciso III com redação determinada pela Resolução n. 145, de 11-6-2019.

§ 7.º Para o cálculo do fator "r" referente a período de apuração posterior ao mês de início de atividades: (Lei Complementar n. 123, de 2006, art. 2.º, inciso I e § 6.º)

I – se FS12 e RBT12r forem iguais a 0 (zero), o fator "r" será igual a 0,01 (um centésimo);

II – se a FS12 for maior do que 0 (zero), e a RBT12r for igual a 0 (zero), o fator "r" será igual a 0,28 (vinte e oito centésimos);

III – se a FS12 e a RBT12r forem maiores do que 0 (zero), o fator "r" corresponderá à divisão entre a FS12 e a RBT12r; e

IV – se a FS12 for igual a 0 (zero) e a RBT12r for maior do que 0 (zero), o fator "r" corresponderá a 0,01 (um centésimo).

•• Inciso IV com redação determinada pela Resolução n. 145, de 11-6-2019.

Subseção V
Da Retenção na Fonte e da Substituição Tributária

Art. 27. A retenção na fonte de ISS da ME ou EPP optante pelo Simples Nacional, somente será permitida nas hipóteses previstas no art. 3.º da Lei Complementar n. 116, de 2003, observado cumulativamente o seguinte: (Lei Complementar n. 123, de 2006, art. 21, § 4.º)

I – a alíquota aplicável na retenção na fonte deverá ser informada no documento fiscal e corresponderá ao percentual efetivo de ISS decorrente da aplicação das tabelas dos Anexos III, IV ou V desta Resolução para a faixa de receita bruta a que a ME ou EPP estiver sujeita no mês anterior ao da prestação, assim considerada:

a) a receita bruta acumulada nos 12 (doze) meses que antecederem o mês anterior ao da prestação; ou

b) a média aritmética da receita bruta total dos meses que antecederem o mês anterior ao da prestação, multiplicada por 12 (doze), na hipótese de a empresa ter iniciado suas atividades há menos de 13 (treze) meses da prestação;

II – na hipótese de o serviço sujeito à retenção ser prestado no mês de início de atividade da ME ou EPP, a alíquota aplicável será de 2% (dois por cento);

III – na hipótese prevista no inciso II, constatando-se que houve diferença entre a alíquota utilizada e a efetivamente apurada, caberá à ME ou à EPP prestadora dos serviços efetuar o recolhimento da diferença no mês subsequente ao do início de atividade em guia própria do Município;

IV – na hipótese de a ME ou a EPP estar sujeita à tributação do ISS pelo Simples Nacional por valores fixos mensais, não caberá a retenção a que se refere o *caput*, salvo quando o ISS for devido a outro Município;

V – na hipótese de a ME ou EPP não informar no documento fiscal a alíquota de que tratam os incisos I e II, aplicar-se-á a alíquota de 5% (cinco por cento);

VI – não será eximida a responsabilidade do prestador de serviços quando a alíquota do ISS informada no documento fiscal for inferior à devida, hipótese em que o recolhimento da diferença será realizado em guia própria do Município; e

VII – o valor retido, devidamente recolhido, será definitivo, não sendo objeto de partilha com os Municípios, e sobre a receita de prestação de serviços que sofreu a retenção não haverá incidência de ISS a ser recolhido pelo Simples Nacional.

§ 1.º Na hipótese prevista no *caput*, caso a prestadora de serviços esteja abrangida por isenção ou redução do ISS em face de legislação municipal ou distrital que tenha instituído benefícios à ME ou à EPP optante pelo Simples Nacional, na forma prevista no art. 31, caberá a ela informar no documento fiscal a alíquota aplicável na retenção na fonte, bem como a legislação concessiva do respectivo benefício. (Lei Complementar n. 123, de 2006, art. 2.º, inciso I e § 6.º)

§ 2.º Para fins do disposto no inciso I do *caput*, respeitado o disposto no art. 21, o Município ou o Distrito Federal poderá estabelecer critérios de informação da alíquota efetiva de ISS a constar do documento fiscal, de acordo com a respectiva legislação. (Lei Complementar n. 123, de 2006, art. 2.º, inciso I e § 6.º)

§ 3.º Nas hipóteses de que tratam os incisos I e II do *caput*, a falsidade na prestação dessas informações sujeitará o responsável, o titular, os sócios ou os administradores da ME ou da EPP, juntamente com as demais pessoas que concorrerem para sua prática, às penalidades previstas na legislação criminal e tributária. (Lei Complementar n. 123, de 2006, art. 21, § 4.º-A)

Art. 28. Na hipótese de a ME ou a EPP optante pelo Simples Nacional se encontrar na condição de: (Lei Complementar n. 123, de 2006, art. 2.º, inciso I e § 6.º; art. 13, § 6.º, inciso I; art. 18, § 4.º, inciso IV, § 4.º-A, inciso I, §§ 12, 13 e 14)

I – substituta tributária do ICMS, as receitas relativas à operação própria deverão ser segregadas na forma prevista na alínea "a" do inciso II do § 8.º do art. 25; e

II – substituída tributária do ICMS, as receitas decorrentes deverão ser segregadas na forma prevista no inciso I do § 8.º do art. 25.

§ 1.º Na hipótese prevista no inciso I do *caput*, a ME ou EPP optante pelo Simples Nacional deverá recolher a parcela dos tributos devidos por responsabilidade tributária diretamente ao ente detentor da respectiva competência tributária. (Lei Complementar n. 123, de 2006, art. 13, § 6.º, inciso I)

§ 2.º Em relação ao ICMS, no que tange ao disposto no § 1.º, o valor do imposto devido por substituição tributária corresponderá à diferença entre: (Lei Complementar n. 123, de 2006, art. 13, § 6.º, inciso I)

I – o valor resultante da aplicação da alíquota interna do ente a que se refere o § 1.º sobre o preço máximo de venda a varejo fixado pela autoridade competente ou sugerido pelo fabricante, ou sobre o preço a consumidor usualmente praticado; e

II – o valor resultante da aplicação da alíquota interna ou interestadual sobre o valor da operação ou prestação própria do substituto tributário.

§ 3.º Na hipótese de inexistência dos preços mencionados no inciso I do § 2.º, o valor do ICMS devido por substituição tributária será calculado da seguinte forma: imposto devido = [base de cálculo × (1,00 + MVA) × alíquota interna] - dedução, onde: (Lei Complementar n. 123, de 2006, art. 13, § 6.º, inciso I)

I – "base de cálculo" é o valor da operação própria realizada pela ME ou EPP substituta tributária;

II – "MVA" é a margem de valor agregado divulgada pelo ente a que se refere o § 1.º;

III – "alíquota interna" é a do ente a que se refere o § 1.º; e

IV – "dedução" é o valor mencionado no inciso II do § 2.º.

§ 4.º Para fins do inciso I do *caput*, no cálculo dos tributos devidos no âmbito do Simples Nacional não será considerado receita de venda ou revenda de mercadorias o valor do tributo devido a título de substituição tributária, calculado na forma prevista no § 2.º. (Lei Complementar n. 123, de 2006, art. 13, § 6.º, inciso I)

Art. 29. Os Estados e o Distrito Federal deverão observar o prazo mínimo de 60 (sessenta) dias, contado a partir do primeiro dia do mês do fato gerador da obrigação tributária, para estabelecer a data de vencimento do ICMS devido por substituição tributária, por tributação concentrada em uma única etapa (monofásica) e por antecipação tributária com ou sem encerramento de tributação, nas hipóteses em que a responsabilidade recair sobre operações ou prestações subsequentes. (Lei Complementar n. 123, de 2006, art. 21-B)

Parágrafo único. O disposto no *caput*: (Lei Complementar n. 123, de 2006, art. 2.º, inciso I e § 6.º; e art. 21-B)

I – aplica-se na hipótese de a ME ou EPP optante estar obrigada ao recolhimento do imposto diretamente ao Estado ou ao Distrito Federal, na forma prevista na respectiva legislação, observado o disposto no inciso V do art. 103; e

II – não se aplica:

a) no caso de a ME ou a EPP estar impedida de recolher o ICMS no âmbito do Simples Nacional nos termos do art. 12; e

b) quando a optante se encontrar em situação irregular, conforme definido na legislação da respectiva unidade federada.

Subseção VI
Da Imunidade

Art. 30. Na apuração dos valores devidos no âmbito do Simples Nacional, a imunidade constitucional sobre alguns tributos não afeta a incidência quanto aos demais, caso em que a alíquota aplicável corresponderá ao somatório dos percentuais dos tributos não alcançados pela imunidade. (Lei Complementar n. 123, de 2006, art. 2.º, inciso I e § 6.º)

Subseção VII
Da Isenção, Redução ou Valor Fixo do ICMS ou ISS e dos Benefícios e Incentivos Fiscais

Art. 31. O Estado, o Distrito Federal ou o Município tem competência para, com relação à ME ou à EPP optante pelo Simples Nacional, na forma prevista nesta Resolução: (Lei Complementar n. 123, de 2006, art. 18, §§ 18, 20 e 20-A)

I – conceder isenção ou redução do ICMS ou do ISS; e

II – estabelecer valores fixos para recolhimento do ICMS ou do ISS.

Parágrafo único. Quanto ao ISS, os benefícios de que tratam os incisos I e II do *caput* não poderão resultar em percentual menor do que 2% (dois por cento), exceto para os serviços a que se referem os subitens 7.02, 7.05 e 16.01 da lista anexa à Lei Complementar n. 116, de 2003. (Lei Complementar n. 116, de 31 de julho de 2003, art. 8.º-A, § 1.º)

Art. 32. A concessão dos benefícios previstos no art. 31 poderá ser realizada: (Lei Complementar n. 123, de 2006, art. 18, § 20-A)

I – mediante deliberação exclusiva e unilateral do Estado, do Distrito Federal ou do Município concedente; e

II – de modo diferenciado para cada ramo de atividade.

§ 1.º Na hipótese de o Estado, o Distrito Federal ou o Município conceder isenção ou redução do ICMS ou do ISS, à ME ou à EPP optante pelo Simples Nacional, o benefício deve ser concedido na forma de redução do percentual efetivo do ICMS ou do ISS decorrente da aplicação das tabelas constantes dos Anexos I a V desta Resolução. (Lei Complementar n. 123, de 2006, art. 2.º, inciso I e § 6.º)

§ 2.º Caso o Estado, o Distrito Federal ou o Município opte por aplicar percentuais de redução diferenciados para cada faixa de receita bruta, estes devem constar da respectiva legislação, de forma a facilitar o processo de geração do Documento de Arrecadação do Simples Nacional (DAS) pelo contribuinte. (Lei Complementar n. 123, de 2006, art. 2.º, inciso I e § 6.º)

§ 3.º Deverão constar da legislação veiculadora da isenção ou redução da base de cálculo todas as condições a serem observadas pela ME ou EPP, inclusive o percentual de redução aplicável a cada faixa de receita bruta anual ou a todas as faixas. (Lei Complementar n. 123, de 2006, art. 2.º, inciso I e § 6.º)

§ 4.º Salvo disposição em contrário do respectivo ente federado, para fins de concessão dos benefícios previstos no art. 31, será considerada a receita bruta total acumulada auferida nos mercados interno e externo. (Lei Complementar n. 123, de 2006, art. 2.º, inciso I e § 6.º; art. 18, § 20-A)

Art. 33. Os Estados, o Distrito Federal e os Municípios, no âmbito de suas respectivas competências, independentemente da receita bruta auferida no mês pelo contribuinte, poderão adotar valores fixos mensais, inclusive por meio de regime de estimativa fiscal ou arbitramento, para o recolhimento do ICMS e do ISS devido por ME que tenha auferido receita bruta total acumulada, nos mercados interno e externo, conjuntamente, no ano-calendário anterior, de até R$ 360.000,00 (trezentos e sessenta mil reais), observado o disposto neste artigo. (Lei Complementar n. 123, de 2006, art. 18, § 18)

§ 1.º Os valores fixos estabelecidos pelos Estados, pelo Distrito Federal e pelos Municípios em determinado ano-calendário:(Lei Complementar n. 123, de 2006, art. 2.º, inciso I e § 6.º; art. 18, §§ 18 e 20-A)

I – só serão aplicados a partir do ano-calendário seguinte;

II – deverão abranger todas as empresas ou apenas aquelas que se situem em determinado ramo de atividade, que tenham, em qualquer caso, auferido receita bruta no ano-calendário anterior até o limite previsto no *caput*, ressalvado o disposto no § 3.º; e

III – deverão ser estabelecidos obrigatória e individualmente para cada faixa de receita prevista nos incisos I e II do § 2.º.

§ 2.º Observado o disposto no parágrafo único do art. 31 e no § 4.º deste artigo, os valores fixos mensais estabelecidos no *caput* não poderão exceder a: (Lei Complementar n. 123, de 2006, art. 18, § 19)

I – para a ME que no ano-calendário anterior tenha auferido receita bruta de até R$ 180.000,00 (cento e oitenta mil reais):

a) R$ 108,00 (cento e oito reais), no caso de ICMS; e

b) R$ 162,75 (cento e sessenta e dois reais e setenta e cinco centavos), no caso de ISS; e

II – para a ME que no ano-calendário anterior tenha auferido receita bruta entre R$ 180.000,00 (cento e oitenta mil reais) e R$ 360.000,00 (trezentos e sessenta mil reais):

a) R$ 295,50 (duzentos e noventa e cinco reais e cinquenta centavos), no caso de ICMS; e

b) R$ 427,50 (quatrocentos e vinte e sete reais e cinquenta centavos), no caso de ISS.

§ 3.º Fica impedida de adotar os valores fixos mensais de que trata este artigo a ME que (Lei Complementar n. 123, de 2006, art. 2.º, inciso I e § 6.º):

I – possua mais de um estabelecimento;

II – esteja no ano-calendário de início de atividade;

III – exerça mais de um ramo de atividade:

a) com valores fixos distintos, para o mesmo imposto, estabelecidos pelo respectivo ente federado; ou

b) quando pelo menos um dos ramos de atividade exercido não esteja sujeito ao valor fixo, para o mesmo imposto, estabelecido pelo respectivo ente federado.

§ 4.º O limite de que trata o *caput* deverá ser proporcionalizado na hipótese de a ME ter iniciado suas atividades no ano-calendário anterior, utilizando-se da média aritmética da receita bruta total dos meses desse ano-calendário, multiplicada por 12 (doze). (Lei Complementar n. 123, de 2006, art. 2.º, inciso I e § 6.º)

§ 5.º O valor fixo apurado na forma prevista neste artigo será devido ainda que tenha ocorrido retenção ou substituição tributária dos impostos a que se refere o *caput*, observado o disposto no inciso IV do art. 27. (Lei Complementar n. 123, de 2006, art. 2.º, inciso I e § 6.º)

§ 6.º Na hipótese de ISS devido a outro Município, o imposto deverá ser recolhido nos termos dos arts. 21 a 26 e 148, sem prejuízo do recolhimento do valor fixo devido ao Município de localização do estabelecimento. (Lei Complementar n. 123, de 2006, art. 2.º, inciso I e § 6.º)

§ 7.º O valor fixo de que trata o *caput* deverá ser incluído no valor devido pela ME relativamente ao Simples Nacional. (Lei Complementar n. 123, de 2006, art. 18, § 18)

§ 8.º A empresa sujeita a valor fixo na forma prevista no inciso I do § 2.º que, no ano-calendário, auferir receita bruta acima de R$ 180.000,00 (cento e oitenta mil reais) continuará a recolher o valor fixo previsto naquele dispositivo, ressalvado o disposto no § 9.º. (Lei Complementar n. 123, de 2006, art. 2.º, inciso I e § 6.º; art. 18, § 18)

§ 9.º A empresa que, no ano-calendário, exceder o limite de receita bruta previsto no *caput* fica impedida de recolher o ICMS ou o ISS pela sistemática de valor fixo, a partir do mês subsequente à ocorrência do excesso, sujeitando-se à apuração desses tributos pela sistemática aplicável às demais empresas optantes pelo Simples Nacional. (Lei Complementar n. 123, de 2006, art. 18, § 18-A)

Art. 34. Os escritórios de serviços contábeis recolherão o ISS em valor fixo, na forma prevista na legislação municipal, observado o disposto no § 11 do art. 25. (Lei Complementar n. 123, de 2006, art. 18, § 22-A)

Art. 35. Na hipótese em que o Estado, o Município ou o Distrito Federal concedam isenção ou redução específica para as ME ou EPP, em relação ao ICMS ou ao ISS, será realizada a redução proporcional, relativamente à receita do estabelecimento localizado no ente federado que concedeu a isenção ou redução, da seguinte forma: (Lei Complementar n. 123, de 2006, art. 18, §§ 20 e 21)

I – sobre a parcela das receitas sujeitas a isenção, serão desconsiderados os percentuais do ICMS ou do ISS, conforme o caso;

II – sobre a parcela das receitas sujeitas a redução, será realizada a redução proporcional dos percentuais do ICMS ou do ISS, conforme o caso.

Art. 36. Na hipótese em que a União, o Estado ou o Distrito Federal, em lei específica destinada à ME ou EPP optante pelo Simples Nacional, concedam isenção ou redução de Cofins, Contribuição para o PIS/Pasep e ICMS para produtos da cesta básica, será realizada a redução proporcional, relativamente à receita objeto da isenção ou redução concedida, da seguinte forma: (Lei Complementar n. 123, de 2006, art. 18, § 20-B)

I – sobre a parcela das receitas sujeitas a isenção, serão desconsiderados os percentuais da Cofins, da Contribuição para o PIS/Pasep ou do ICMS, conforme o caso; e

II – sobre a parcela das receitas sujeitas a redução, será realizada a redução proporcional dos percentuais da Cofins, da Contribuição para o PIS/Pasep ou do ICMS, conforme o caso.

Art. 37. A ME ou a EPP optante pelo Simples Nacional não poderá utilizar ou destinar qualquer valor a título de incentivo fiscal. (Lei Complementar n. 123, de 2006, art. 24)

Parágrafo único. Não serão consideradas quaisquer alterações em bases de cálculo, alíquotas e percentuais ou outros fatores que alterem o valor de imposto ou contribuição apurado na forma prevista no Simples Nacional, estabelecidas pela União, Estado, Distrito Federal ou Município, exceto as previstas ou autorizadas na Lei Complementar n. 123, de 2006. (Lei Complementar n. 123, de 2006, art. 24, § 1.º).

Subseção VIII
Dos Aplicativos de Cálculo

Art. 38. O cálculo do valor devido na forma prevista no Simples Nacional deverá ser efetuado por meio da declaração gerada pelo "Programa Gerador do Documento de Arrecadação do Simples Nacional - Declaratório (PGDAS-D)", disponível no Portal do Simples Nacional na Internet. (Lei Complementar n. 123, de 2006, art. 18, § 15)

§ 1.º A ME ou EPP optante pelo Simples Nacional deverá, para cálculo dos tributos devidos mensalmente e geração do DAS, informar os valores relativos à totalidade das receitas correspondentes às suas operações e prestações realizadas no período, no aplicativo a que se refere o *caput*, observadas as demais disposições estabelecidas nesta Resolução. (Lei Complementar n. 123, de 2006, art. 18, § 15)

§ 2.º As informações prestadas no PGDAS-D: (Lei Complementar n. 123, de 2006, art. 18, § 15-A)

I – têm caráter declaratório, constituindo confissão de dívida e instrumento hábil e suficiente para a exigência dos tributos e contribuições que não tenham sido recolhidos resultantes das informações nele prestadas; e (Lei Complementar n. 123, de 2006, art. 18, § 15-A, inciso I)

II – deverão ser fornecidas à RFB mensalmente até o vencimento do prazo para pagamento dos tributos devidos no âmbito do Simples Nacional em cada mês, previsto no art. 40, relativamente aos fatos geradores ocorridos no mês anterior. (Lei Complementar n. 123, de 2006, art. 18, § 15-A, inciso II)

§ 3.º O cálculo de que trata o *caput*, relativamente aos períodos de apuração até dezembro de 2011, deverá ser efetuado por meio do Programa Gerador do Documento de Arrecadação do Simples Nacional (PGDAS), disponível no Portal do Simples Nacional na Internet. (Lei Complementar n. 123, de 2006, art. 18, § 15)

§ 4.º Aplica-se ao PGDAS o disposto no § 1.º. (Lei Complementar n. 123, de 2006, art. 18, § 15)

Art. 39. A alteração das informações prestadas no PGDASD será efetuada por meio de retificação relativa ao respectivo período de apuração. (Lei Complementar n. 123, de 2006, art. 2.º, inciso I e § 6.º)

§ 1.º A retificação terá a mesma natureza da declaração originariamente apresentada, substituindo-a integralmente, e servirá para declarar novos débitos, e aumentar ou reduzir os valores de débitos já informados. (Lei Complementar n. 123, de 2006, art. 2.º, inciso I e § 6.º)

§ 2.º A retificação não produzirá efeitos quando tiver por objeto reduzir débitos relativos aos períodos de apuração: (Lei Complementar n. 123, de 2006, art. 2.º, inciso I e § 6.º)

I – cujos saldos a pagar tenham sido objeto de pedido de parcelamento deferido ou já tenham sido enviados à Procuradoria-Geral da Fazenda Nacional (PGFN) para inscrição em Dívida Ativa da União (DAU), ou, com relação ao ICMS ou ao ISS, transferidos ao Estado ou Município que tenha efetuado o convênio previsto no art. 139; ou

II – (*Revogado pela Resolução n. 145, de 11-6-2019.*)

§ 3.º Na hipótese prevista no inciso I do § 2.º, o ajuste dos valores dos débitos decorrentes da retificação no PGDAS-D, nos sistemas de cobrança pertinentes, poderá ser efetuado: (Lei Complementar n. 123, de 2006, art. 2.º, inciso I e § 6.º)

I – pelo Estado ou Município, com relação ao ICMS ou ISS, quando firmado o convênio previsto no art. 139 e os débitos já tiverem sido transferidos;

II – pela RFB, nos demais casos.

§ 4.º O ajuste a que se refere o § 3.º dependerá de prova inequívoca da ocorrência de erro de fato no preenchimento da declaração. (Lei Complementar n. 123, de 2006, art. 2.º, inciso I e § 6.º; Lei n. 5.172, de 1966, art. 147, § 1.º)

§ 5.º O direito de a ME ou EPP retificar as informações prestadas no PGDAS-D extingue-se em 5 (cinco) anos contados a partir do 1.º (primeiro) dia do exercício seguinte àquele ao qual se refere a declaração. (Lei Complementar n. 123, de 2006, art. 2.º, inciso I e § 6.º)

§ 6.º Não se considera espontânea e não produzirá efeitos a declaração entregue após a data da ciência de início de procedimento fiscal relativo às informações declaradas ou retificadas. (Lei n. 5.172, de 1966, art. 138, parágrafo único)

•• § 6º acrescentado pela Resolução n. 145, de 11-6-2019.

Subseção IX
Dos Prazos de Recolhimento dos Tributos Devidos

Art. 40. Os tributos devidos, apurados na forma prevista nesta Resolução, deverão ser pagos até o dia 20 (vinte) do mês subsequente àquele em que houver sido auferida a receita bruta. (Lei Complementar n. 123, de 2006, art. 21, inciso III)

§ 1.º Na hipótese de a ME ou EPP possuir filiais, o recolhimento dos tributos devidos no âmbito do Simples Nacional dar-se-á por intermédio da matriz. (Lei Complementar n. 123, de 2006, art. 21, § 1.º)

§ 2.º O valor não pago no prazo estabelecido no *caput* sujeitar-se-á à incidência de encargos legais na forma prevista na legislação do imposto sobre a renda. (Lei Complementar n. 123, de 2006, art. 21, § 3.º)

§ 3.º Quando não houver expediente bancário no prazo estabelecido no *caput*, os tributos deverão ser pagos até o dia útil imediatamente posterior. (Lei Complementar n. 123, de 2006, art. 21, inciso III)

Seção V
Da Arrecadação

Art. 41. A ME ou a EPP recolherá os tributos devidos no âmbito do Simples Nacional por meio do DAS, que deverá conter as informações definidas nos termos do art. 43. (Lei Complementar n. 123, de 2006, art. 21, inciso I)

Art. 42. O DAS será gerado exclusivamente: (Lei Complementar n. 123, de 2006, art. 21, inciso I)

I – para o MEI, por meio do Programa Gerador do DAS para o MEI (PGMEI), inclusive na hipótese prevista no § 3.º; e

II – para as demais ME e para as EPP:

a) até o período de apuração relativo a dezembro de 2011, por meio do PGDAS;

b) a partir do período de apuração relativo a janeiro de 2012, por meio do PGDAS-D.

§ 1.º O DAS avulso e o relativo a rotinas de cobrança, parcelamento, autuação fiscal ou dívida ativa poderão ser gerados por aplicativos próprios, disponíveis no Portal do Simples Nacional ou na página da RFB ou da PGFN na Internet. (Lei Complementar n. 123, de 2006, art. 21, inciso I)

•• § 1.º com redação determinada pela Resolução n. 156, de 29-9-2020.

§ 2.º É inválido o DAS emitido em desacordo com o disposto neste artigo, e é vedada a impressão de modelo do DAS com as informações definidas nos termos do art. 43, para fins de comercialização. (Lei Complementar n. 123, de 2006, art. 21, inciso I)

§ 3.º O DAS gerado para o MEI poderá ser: (Lei Complementar n. 123, de 2006, art. 21, inciso I)

I – enviado por via postal para o domicílio do contribuinte, caso em que poderá conter, em uma mesma folha de impressão, guias para pagamento de mais de uma competência, com identificação dos respectivos vencimentos e do valor devido em cada mês;

II – emitido em terminais de autoatendimento disponibilizados por parceiros institucionais e pelo Serviço Brasileiro de Apoio à Micro e Pequena Empresa (Sebrae), e conterá os dados previstos no art. 43; e

III – emitido por meio de aplicativo para dispositivos móveis, disponibilizado pela RFB.

Art. 43. O DAS conterá: (Lei Complementar n. 123, de 2006, art. 21, inciso I)

I – a identificação do contribuinte (nome empresarial e CNPJ);

II – o mês de competência;

III – a data do vencimento original da obrigação tributária;

IV – o valor do principal, da multa e dos juros e/ou encargos;

V – o valor total;

VI – o número único de identificação do DAS, atribuído pelo aplicativo de cálculo;

VII – a data limite para acolhimento do DAS pela rede arrecadadora;

VIII – o código de barras e sua representação numérica;

IX – o perfil da arrecadação, assim considerado a partilha discriminada de cada um dos tributos abrangidos pelo Simples Nacional, bem como os valores destinados a cada ente federado; e

X – o campo observações, para inserção de informações de interesse das administrações tributárias.

Parágrafo único. Os dados de que trata o inciso IX do *caput*, quando não disponíveis no DAS, deverão constar do respectivo extrato emitido no Portal do Simples Nacional. (Lei Complementar n. 123, de 2006, art. 2.º, inciso I e § 6.º; art. 21, inciso I)

Art. 44. Fica vedada a emissão de DAS com valor total inferior a R$ 10,00 (dez reais). (Lei Complementar n. 123, de 2006, art. 2.º, inciso I e § 6.º; art. 21, inciso I)

Parágrafo único. No caso de o valor dos tributos devidos no âmbito do Simples Nacional resultar em valor inferior a R$ 10,00 (dez reais), seu pagamento deverá ser diferido para os períodos subsequentes, até que o total seja igual ou superior a R$ 10,00 (dez reais). (Lei Complementar n. 123, de 2006, art. 2.º, inciso I e § 6.º; art. 21, inciso I)

Art. 45. O DAS somente será acolhido por instituição financeira credenciada para tal finalidade, denominada, para os fins desta Resolução e da Resolução CGSN n. 11, de 23 de julho de 2007, agente arrecadador. (Lei Complementar n. 123, de 2006, art. 21, inciso IV)

§ 1.º No DAS acolhido em guichê de caixa, após validação dos seus dados, será aposta chancela de recebimento, denominada autenticação, que compreende a impressão, de forma legível, no espaço apropriado, dos seguintes caracteres: (Lei Complementar n. 123, de 2006, art. 21, inciso IV)

I – sigla, símbolo ou logotipo do agente arrecadador;

II – número da autenticação;

III – data do pagamento;

IV – valor; e

V – identificação da máquina autenticadora.

§ 2.º É vedada a reprodução de autenticação por meio de decalque a carbono ou por qualquer outra forma. (Lei Complementar n. 123, de 2006, art. 21, inciso IV)

§ 3.º Em substituição à autenticação prevista no § 1.º, o agente arrecadador poderá emitir cupom bancário como comprovante de pagamento efetuado pelo contribuinte, conforme modelo constante no Anexo VIII. (Lei Complementar n. 123, de 2006, art. 21, inciso IV)

Seção VI
Do Parcelamento dos Débitos Tributários Apurados no Simples Nacional

Subseção I
Disposições Gerais

Art. 46. Os débitos apurados na forma prevista no Simples Nacional poderão ser parcelados, desde que respeitadas as disposições constantes desta Seção, observadas as seguintes condições:

I – o prazo máximo será de até 60 (sessenta) parcelas mensais e sucessivas; (Lei Complementar n. 123, de 2006, art. 21, § 16)

II – o valor de cada parcela mensal, por ocasião do pagamento, será acrescido de juros equivalentes à taxa referencial do Sistema Especial de Liquidação e de Custódia (Selic) para títulos federais, acumulada mensalmente, calculados a partir do mês subsequente ao da consolidação até o mês anterior ao do pagamento, e de 1% (um por cento) relativamente ao mês em que o pagamento estiver sendo efetuado; (Lei Complementar n. 123, de 2006, art. 21, § 17)

III – o pedido de parcelamento deferido importa confissão irretratável do débito e configura confissão extrajudicial; (Lei Complementar n. 123, de 2006, art. 21, § 20)

IV – serão aplicadas na consolidação as reduções das multas de lançamento de ofício previstas nos incisos II e IV do art. 6.º da Lei n. 8.218, de 29 de agosto de 1991, nos seguintes percentuais: (Lei Complementar n. 123, de 2006, art. 21, § 21)

a) 40% (quarenta por cento), se o sujeito passivo requerer o parcelamento no prazo de trinta dias, contado da data em que foi notificado do lançamento; ou

b) 20% (vinte por cento), se o sujeito passivo requerer o parcelamento no prazo de trinta dias, contado da data em que foi notificado da decisão administrativa de primeira instância; e

V – no caso de parcelamento de débito inscrito em dívida ativa, o devedor pagará custas, emolumentos e demais encargos legais. (Lei Complementar n. 123, de 2006, art. 21, § 23)

§ 1.º Somente serão parcelados débitos já vencidos e constituídos na data do pedido de parcelamento, excetuadas as multas de ofício vinculadas a débitos já vencidos, que poderão ser parceladas antes da data de vencimento. (Lei Complementar n. 123, de 2006, art. 21, § 15)

§ 2.º Somente poderão ser parcelados débitos que não se encontrem com exigibilidade suspensa na forma prevista no art. 151 da Lei n. 5.172, de 25 de outubro de 1966 – Código Tributário Nacional (CTN). (Lei Complementar n. 123, de 2006, art. 21, § 15)

§ 3.º Os débitos constituídos por meio de Auto de Infração e Notificação Fiscal (AINF) de que trata o art. 87 poderão ser parcelados desde a sua lavratura, observado o disposto no § 2.º. (Lei Complementar n. 123, de 2006, art. 21, § 15)

§ 4.º É vedada a concessão de parcelamento para sujeitos passivos com falência decretada. (Lei Complementar n. 123, de 2006, art. 21, § 15)

Subseção II
Dos Débitos Objeto do Parcelamento

Art. 47. O parcelamento dos tributos apurados na forma prevista no Simples Nacional não se aplica:

I – às multas por descumprimento de obrigação acessória; (Lei Complementar n. 123, de 2006, art. 21, § 15; art. 41, § 5.º, inciso IV)

II – à CPP para a Seguridade Social para a empresa optante tributada com base: (Lei Complementar n. 123, de 2006, art. 13, inciso VI)

a) nos Anexos IV e V, até 31 de dezembro de 2008; e

b) no Anexo IV, a partir de 1.º de janeiro de 2009; e

III – aos demais tributos ou fatos geradores não abrangidos pelo Simples Nacional, previstos no art. 5.º, inclusive aqueles passíveis de retenção na fonte, de desconto de terceiros ou de sub-rogação. (Lei Complementar n. 123, de 2006, art. 21, § 15)

Subseção III
Da Concessão e Administração

Art. 48. A concessão e a administração do parcelamento serão de responsabilidade: (Lei Complementar n. 123, de 2006, art. 21, § 15, art. 41, § 5.º, inciso V)

I – da RFB, exceto nas hipóteses dos incisos II e III;

II – da PGFN, relativamente aos débitos inscritos em DAU; ou

III – do Estado, Distrito Federal ou Município em relação aos débitos de ICMS ou de ISS:

a) transferidos para inscrição em dívida ativa, em face do convênio previsto no art. 139; (Lei Complementar n. 123, de 2006, art. 21, §§ 15 e 19)

b) lançados pelo ente federado nos termos do art. 142; (Lei Complementar n. 123, de 2006, art. 21, § 19)

c) transferidos para inscrição em dívida ativa, independentemente do convênio previsto no art. 139, com relação aos débitos devidos pelo MEI e apurados no Simei. (Lei Complementar n. 123, de 2006, art. 21, § 15; art. 41, § 5.º, inciso V)

§ 1.º Até o dia 15 de cada mês, a PGFN informará à Secretaria-Executiva do CGSN, para publicação no Portal do

Simples Nacional, a relação de entes federados que firmaram até o mês anterior o convênio a que se refere a alínea "a" do inciso III do *caput*. (Lei Complementar n. 123, de 2006, art. 21, § 15)

§ 2.º O parcelamento dos débitos a que se refere a alínea "b" do inciso III do *caput* deste artigo será concedido e administrado de acordo com a legislação do ente federado responsável pelo lançamento. (Lei Complementar n. 123, de 2006, art. 21, § 19)

§ 3.º No âmbito do Estado, Distrito Federal ou Município, o(s) órgão(s) concessor(es) serão indicados com base na legislação do respectivo ente federado. (Lei Complementar n. 123, de 2006, art. 21, § 15)

Subseção IV
Do Pedido

Art. 49. Poderá ser realizada, a pedido ou de ofício, revisão dos valores objeto do parcelamento para eventuais correções, ainda que já concedido o parcelamento. (Lei Complementar n. 123, de 2006, art. 21, § 15)

Art. 50. O pedido de parcelamento implica adesão aos termos e condições estabelecidos nesta Seção. (Lei Complementar n. 123, de 2006, art. 21, § 15)

Art. 51. O parcelamento de débitos da empresa, cujos atos constitutivos estejam baixados, será requerido em nome do titular ou de um dos sócios. (Lei Complementar n. 123, de 2006, art. 21, § 15)

Parágrafo único. O disposto no *caput* aplica-se também aos parcelamentos de débitos cuja execução tenha sido redirecionada para o titular ou para os sócios. (Lei Complementar n. 123, de 2006, art. 21, § 15)

Subseção V
Do Deferimento

Art. 52. O órgão concessor definido no art. 48 poderá, em disciplinamento próprio: (Lei Complementar n. 123, de 2006, art. 21, § 15)

I – condicionar o deferimento do parcelamento à confirmação do pagamento tempestivo da primeira parcela;

II – considerar o pedido deferido automaticamente após decorrido determinado período da data do pedido sem manifestação da autoridade; e

III – estabelecer condições complementares, observadas as disposições desta Resolução.

§ 1.º Caso a decisão do pedido de parcelamento não esteja condicionada à confirmação do pagamento da primeira parcela, o deferimento do parcelamento se dará sob condição resolutória, tornando-se sem efeito caso não seja efetuado o respectivo pagamento no prazo estipulado pelo órgão concessor. (Lei Complementar n. 123, de 2006, art. 21, § 15)

§ 2.º Na hipótese prevista no § 1.º, tornando-se sem efeito o deferimento, o contribuinte será excluído do Simples Nacional, com efeitos retroativos, caso o parcelamento tenha sido solicitado para possibilitar o deferimento do pedido de opção ou a permanência da ME ou da EPP como optante pelo Simples Nacional, na hipótese prevista no § 1.º do art. 84. (Lei Complementar n. 123, de 2006, art. 2.º, inciso I e § 6.º, e art. 21, § 15)

§ 3.º É vedada a concessão de parcelamento enquanto não integralmente pago o parcelamento anterior, salvo nas hipóteses de reparcelamento de que trata o art. 55 desta Resolução e do parcelamento previsto no art. 9.º da Lei Complementar n. 155, de 27 de outubro de 2016. (Lei Complementar n. 123, de 2006, art. 21, § 15)

Subseção VI
Da Consolidação

Art. 53. Atendidos os requisitos para a concessão do parcelamento, será feita a consolidação da dívida, considerando-se como data de consolidação a data do pedido. (Lei Complementar n. 123, de 2006, art. 21, § 15)

§ 1.º Compreende-se por dívida consolidada o somatório dos débitos parcelados, acrescidos dos encargos, custas, emolumentos e acréscimos legais, devidos até a data do pedido de parcelamento. (Lei Complementar n. 123, de 2006, art. 21, § 15)

§ 2.º A multa de mora será aplicada no valor máximo fixado pela legislação do imposto sobre a renda. (Lei Complementar n. 123, de 2006, art. 21, § 15, e art. 35)

Subseção VII
Das Prestações e de seu Pagamento

Art. 54. Quanto aos parcelamentos de competência da RFB e da PGFN:

I – o valor de cada parcela será obtido mediante a divisão do valor da dívida consolidada pelo número de parcelas solicitadas, observado o limite mínimo de R$ 300,00 (trezentos reais), exceto quanto aos débitos de responsabilidade do MEI, quando o valor mínimo será estipulado em ato do órgão concessor; (Lei Complementar n. 123, de 2006, art. 21, § 15)

II – as prestações do parcelamento vencerão no último dia útil de cada mês; e (Lei Complementar n. 123, de 2006, art. 21, § 15)

III – o repasse para os entes federados dos valores pagos e a amortização dos débitos parcelados será efetuado proporcionalmente ao valor de cada tributo na composição da dívida consolidada. (Lei Complementar n. 123, de 2006, art. 21, § 22)

§ 1.º O Estado, Distrito Federal ou Município, quando na condição de órgão concessor, conforme definido no art. 48, poderá estabelecer a seu critério o valor mínimo e a data de vencimento das parcelas de que tratam os incisos I e II do *caput*. (Lei Complementar n. 123, de 2006, art. 21, § 15)

§ 2.º O valor de cada parcela, inclusive do valor mínimo previsto no inciso I do *caput*, estará sujeito ao disposto no inciso II do art. 46. (Lei Complementar n. 123, de 2006, art. 21, § 15)

Subseção VIII
Do Reparcelamento

Art. 55. No âmbito de cada órgão concessor, serão admitidos reparcelamentos de débitos no âmbito do Simples Nacional constantes de parcelamento em curso ou que tenha sido rescindido, podendo ser incluídos novos débitos, concedendo-se novo prazo observado o limite de que trata o inciso I do art. 46. (Lei Complementar n. 123, de 2006, art. 21, § 18)

- *Caput* com redação determinada pela Resolução n. 142, de 21-8-2018.

§ 1.º A formalização de reparcelamento de débitos fica condicionada ao recolhimento da primeira parcela em valor correspondente a: (Lei Complementar n. 123, de 2006, art. 21, §§ 15 e 18)

I – 10% (dez por cento) do total dos débitos consolidados; ou

II – 20% (vinte por cento) do total dos débitos consolidados, caso haja débito com histórico de reparcelamento anterior.

§ 2.º Para os débitos inscritos em DAU será verificado o histórico de parcelamento no âmbito da RFB e da PGFN. (Lei Complementar n. 123, de 2006, art. 21, §§ 15 e 18)

§ 3.º Para os débitos administrados pelo Estado, Distrito Federal ou Município, na forma prevista no art. 48, será verificado o histórico de parcelamentos por ele concedidos. (Lei Complementar n. 123, de 2006, art. 21, §§ 15 e 18)

§ 4.º A desistência de parcelamento cujos débitos foram objeto do benefício previsto no inciso IV do art. 46, com a finalidade de reparcelamento do saldo devedor, implica restabelecimento do montante da multa proporcionalmente ao valor da receita não satisfeita e o benefício da redução será aplicado ao reparcelamento caso a negociação deste ocorra nos prazos previstos nas alíneas "a" e "b" do mesmo inciso. (Lei Complementar n. 123, de 2006, art. 21, §§ 15 e 18)

Subseção IX
Da Rescisão

Art. 56. Implicará rescisão do parcelamento: (Lei Complementar n. 123, de 2006, art. 21, § 24)

I – a falta de pagamento de 3 (três) parcelas, consecutivas ou não; ou

II – a existência de saldo devedor, após a data de vencimento da última parcela do parcelamento.

§ 1.º É considerada inadimplente a parcela parcialmente paga. (Lei Complementar n. 123, de 2006, art. 21, § 15)

§ 2.º Rescindido o parcelamento, apurar-se-á o saldo devedor, providenciando-se, conforme o caso, o encaminhamento do débito para inscrição em dívida ativa ou o prosseguimento da cobrança, se já realizada aquela, inclusive quando em execução fiscal. (Lei Complementar n. 123, de 2006, art. 21, § 15)

§ 3.º A rescisão do parcelamento motivada pelo descumprimento das normas que o regulam implicará restabelecimento do montante das multas de que trata o inciso IV do art. 46 proporcionalmente ao valor da receita não satisfeita. (Lei Complementar n. 123, de 2006, art. 21, § 15)

Subseção X
Disposições Finais

Art. 57. A RFB, a PGFN, os Estados, o Distrito Federal e os Municípios poderão editar normas complementares relativas ao parcelamento, observadas as disposições desta Seção. (Lei Complementar n. 123, de 2006, art. 21, § 15)

Seção VII
Dos Créditos

Art. 58. A ME ou EPP optante pelo Simples Nacional não fará jus à apropriação nem transferirá créditos relativos a impostos ou contribuições abrangidos pelo Simples Nacional. (Lei Complementar n. 123, de 2006, art. 23)

§ 1.º As pessoas jurídicas e aquelas a elas equiparadas pela legislação tributária, não optantes pelo Simples Nacional, terão direito ao crédito correspondente ao ICMS incidente sobre as suas aquisições de mercadorias de ME ou EPP optante pelo Simples Nacional, desde que destinadas à comercialização ou à industrialização e observado, como limite, o ICMS efetivamente devido pelas optantes pelo Simples Nacional em relação a essas aquisições, aplicando-se o disposto nos arts. 60 a 62. (Lei Complementar n. 123, de 2006, art. 23, §§ 1.º e 6.º)

§ 2.º Mediante deliberação exclusiva e unilateral dos Estados e do Distrito Federal, poderá ser concedido às pessoas jurídicas e àquelas a elas equiparadas pela legislação tributária, não optantes pelo Simples Nacional, crédito correspondente ao ICMS incidente sobre os insumos utilizados nas mercadorias adquiridas de indústria optante pelo Simples Nacional, sendo vedado o estabelecimento de diferenciação no valor do crédito em razão da procedência dessas mercadorias. (Lei Complementar n. 123, de 2006, art. 23, § 5.º)

§ 3.º As pessoas jurídicas sujeitas ao regime de apuração não cumulativa da Contribuição para o PIS/Pasep e da Cofins, observadas as vedações previstas e demais disposições da legislação aplicável, podem descontar créditos calculados em relação às aquisições de bens e serviços de pessoa jurídica optante pelo Simples Nacional. (Lei Complementar n. 123, de 2006, art. 23, § 6.º; Lei n. 10.637, de 30 de dezembro de 2002, art. 3.º; Lei n. 10.833, de 29 de dezembro de 2003, art. 3.º)

Seção VIII
Das Obrigações Acessórias

Subseção I
Dos Documentos e Livros Fiscais e Contábeis

Art. 59. A ME ou EPP optante pelo Simples Nacional utilizará, conforme as operações e prestações que realizar, os documentos fiscais: (Lei Complementar n. 123, de 2006, art. 18-A, § 20; art. 26, inciso I e § 8.º)

I – autorizados pelos entes federados onde a empresa tiver estabelecimento, inclusive os emitidos por meio eletrônico;

II – emitidos diretamente por sistema nacional informatizado, com autorização eletrônica, sem custos para a ME ou EPP, quando houver sua disponibilização no Portal do Simples Nacional.

§ 1.º Relativamente à prestação de serviços sujeita ao ISS, a ME ou EPP optante pelo Simples Nacional utilizará a Nota Fiscal de Serviços, conforme modelo aprovado e autorizado pelo Município, ou Distrito Federal, ou outro documento fiscal autorizado conjuntamente pelo Estado e pelo Município da sua circunscrição fiscal. (Lei Complementar n. 123, de 2006, art. 26, inciso I e § 4.º)

§ 2.º O salão-parceiro de que trata a Lei n. 12.592, de 2012 deverá emitir documento fiscal para o consumidor com a indicação do total das receitas de serviços e produtos neles empregados e a discriminação das cotas-parte do salão-parceiro e do profissional parceiro, bem como o CNPJ deste. (Lei Complementar n. 123, de 2006, art. 26, inciso I)

§ 3.º O profissional-parceiro emitirá documento fiscal destinado ao salão-parceiro relativamente ao valor das cotas-parte recebidas. (Lei Complementar n. 123, de 2006, art. 26, inciso I)

§ 4.º A utilização dos documentos fiscais fica condicionada: (Lei Complementar n. 123, de 2006, art. 26, inciso I e § 4.º)

I – à inutilização dos campos destinados à base de cálculo e ao imposto destacado, de obrigação própria, sem prejuízo do disposto no art. 58; e

II – à indicação, no campo destinado às informações complementares ou, em sua falta, no corpo do documento, por qualquer meio gráfico indelével, das expressões:

a) "DOCUMENTO EMITIDO POR ME OU EPP OPTANTE PELO SIMPLES NACIONAL"; e

b) "NÃO GERA DIREITO A CRÉDITO FISCAL DE IPI".

§ 5.º Na hipótese de o estabelecimento da ME ou EPP estar impedido de recolher o ICMS e o ISS pelo Simples Nacional, em decorrência de haver excedido o sublimite vigente, em face do disposto no art. 12: (Lei Complementar n. 123, de 2006, art. 26, inciso I e § 4.º)

I – não se aplica a inutilização dos campos prevista no inciso I do § 4.º; e

- Inciso I com redação determinada pela Resolução n. 142, de 21-8-2018.

II – o contribuinte deverá consignar, no campo destinado às informações complementares ou, em sua falta, no corpo do documento, por qualquer meio gráfico indelével, as expressões:

a) "ESTABELECIMENTO IMPEDIDO DE RECOLHER O ICMS/ISS PELO SIMPLES NACIONAL, NOS TERMOS DO § 1.º DO ART. 20 DA LEI COMPLEMENTAR N. 123, DE 2006";

b) "NÃO GERA DIREITO A CRÉDITO FISCAL DE IPI".

§ 6.º Quando a ME ou EPP revestir-se da condição de responsável, inclusive de substituto tributário, fará a indicação alusiva à base de cálculo e ao imposto retido no campo próprio ou, em sua falta, no corpo do documento fiscal utilizado na operação ou prestação. (Lei Complementar n. 123, de 2006, art. 26, inciso I e § 4.º)

§ 7.º Na hipótese de devolução de mercadoria a contribuinte não optante pelo Simples Nacional, a ME ou EPP fará a indicação no campo "Informações Complementares", ou no corpo da Nota Fiscal Modelo 1, 1-A, ou Avulsa, da base de cálculo, do imposto destacado, e do número da nota fiscal de compra da mercadoria devolvida, observado o disposto no art. 67. (Lei Complementar n. 123, de 2006, art. 26, inciso I e § 4.º)

§ 8.º Ressalvado o disposto no § 4.º, na hipótese de emissão de documento fiscal de entrada relativo à operação ou prestação prevista no inciso XII do art. 5.º, a ME ou a EPP fará a indicação da base de cálculo e do ICMS porventura devido no campo "Informações Complementares" ou, em sua falta, no corpo do documento, observado o disposto no art. 67. (Lei Complementar n. 123, de 2006, art. 26, inciso I e § 4.º)

§ 9.º Na hipótese de emissão de Nota Fiscal Eletrônica (NFe), modelo 55, não se aplicará o disposto nos §§ 5.º a 8.º, e a base de cálculo e o ICMS porventura devido devem ser indicados nos campos próprios, conforme estabelecido em manual de especificações e critérios técnicos da NF-e, baixado nos termos do Ajuste SINIEF que instituiu o referido documento eletrônico. (Lei Complementar n. 123, de 2006, art. 26, inciso I e § 4.º)

- § 9.º com redação determinada pela Resolução n. 142, de 21-8-2018.

§ 10. Na prestação de serviço sujeito ao ISS, cujo imposto for de responsabilidade do tomador, o emitente fará a indicação alusiva à base de cálculo e ao imposto devido no campo próprio ou, em sua falta, no corpo do documento fiscal utilizado na prestação, observado o art. 27, no que couber. (Lei Complementar n. 123, de 2006, art. 26, inciso I e § 4.º)

§ 11. Relativamente ao equipamento Emissor de Cupom Fiscal (ECF), deverão ser observadas as normas estabelecidas nas legislações dos entes federados. (Lei Complementar n. 123, de 2006, art. 26, inciso I e § 4.º)

§ 12. Os documentos fiscais autorizados anteriormente à opção poderão ser utilizados até o limite do prazo previsto para o seu uso, desde que observadas as condições previstas nesta Resolução. (Lei Complementar n. 123, de 2006, art. 26, inciso I e § 4.º)

Art. 60. A ME ou a EPP optante pelo Simples Nacional que emitir nota fiscal com direito ao crédito estabelecido no § 1.º do art. 58, consignará no campo destinado às informações complementares ou, em sua falta, no corpo da nota fiscal, a expressão: "PERMITE O APROVEITAMENTO DO CRÉDITO DE ICMS NO VALOR DE R$...; CORRESPONDENTE À ALÍQUOTA DE...%, NOS TERMOS DO ART. 23 DA LEI COMPLEMENTAR N. 123, DE 2006". (Lei Complementar n. 123, de 2006, art. 23, §§ 1.º, 2.º e 6.º; art. 26, inciso I e § 4.º)

§ 1.º A alíquota aplicável ao cálculo do crédito a que se refere o *caput*, corresponderá ao percentual efetivo calculado com base na faixa de receita bruta no mercado interno a que a ME ou a EPP estiver sujeita no mês anterior ao da operação, mediante aplicação das alíquotas nominais constantes dos Anexos I ou II desta Resolução, da seguinte forma: {[(RBT12 × alíquota nominal) – (menos)

Parcela a Deduzir]/RBT12} × Percentual de Distribuição do ICMS. (Lei Complementar n. 123, de 2006, art. 23, §§ 1.º, 2.º, 3.º e 6.º; art. 26, inciso I e § 4.º)

§ 2.º Será considerada a média aritmética da receita bruta total dos meses que antecederem o mês anterior ao da operação, multiplicada por 12 (doze), na hipótese de a empresa ter iniciado suas atividades há menos de 13 (treze) meses da operação. (Lei Complementar n. 123, de 2006, art. 23, §§ 1.º, 2.º, 3.º e 6.º; art. 26, inciso I e § 4.º)

§ 3.º O percentual de crédito de ICMS corresponderá a 1,36% (um inteiro e trinta e seis centésimos por cento) para revenda de mercadorias e 1,44% (um inteiro e quarenta e quatro centésimos por cento) para venda de produtos industrializados pelo contribuinte, na hipótese de a operação ocorrer nos 2 (dois) primeiros meses de início de atividade da ME ou da EPP optante pelo Simples Nacional. (Lei Complementar n. 123, de 2006, art. 23, §§ 1.º, 2.º, 3.º e 6.º; art. 26, inciso I e § 4.º)

§ 4.º No caso de redução de ICMS concedida pelo Estado ou Distrito Federal nos termos do art. 35, esta será considerada no cálculo do percentual de crédito de que tratam os §§ 1.º e 3.º, conforme critério de concessão disposto na legislação do ente. (Lei Complementar n. 123, de 2006, art. 23, §§ 1.º, 2.º, 3.º e 6.º; art. 26, inciso I e § 4.º)

§ 5.º Na hipótese de emissão de NF-e, o valor correspondente ao crédito e a alíquota referida no *caput* deste artigo deverão ser informados nos campos próprios do documento fiscal, conforme estabelecido em manual de especificações e critérios técnicos da NF-e, nos termos do Ajuste SINIEF que instituiu o referido documento eletrônico. (Lei Complementar n. 123, de 2006, art. 23, § 6.º; art. 26, inciso I e § 4.º)

Art. 61. A ME ou a EPP optante pelo Simples Nacional não poderá consignar no documento fiscal a expressão mencionada no *caput* do art. 60, ou caso já consignada, deverá inutilizá-la, quando: (Lei Complementar n. 123, de 2006, art. 23, §§ 1.º, 2.º e 4.º; art. 26, inciso I e § 4.º)

I – estiver sujeita à tributação do ICMS no Simples Nacional por valores fixos mensais;

II – tratar-se de operação de venda ou revenda de mercadorias em que o ICMS não é devido na forma do Simples Nacional;

III – houver isenção estabelecida pelo Estado ou Distrito Federal, nos termos do art. 38, que abranja a faixa de receita bruta a que a ME ou EPP estiver sujeita no mês da operação;

IV – a operação for imune ao ICMS;

V – considerar, por opção, que a base de cálculo sobre a qual serão calculados os valores devidos na forma do Simples Nacional será representada pela receita recebida no mês (Regime de Caixa); ou

VI – tratar-se de prestação de serviço de comunicação, de transporte interestadual ou de transporte intermunicipal.

Art. 62. O adquirente da mercadoria não poderá se creditar do ICMS consignado em nota fiscal emitida por ME ou EPP optante pelo Simples Nacional, a que se refere o art. 60, quando: (Lei Complementar n. 123, de 2006, art. 23, §§ 1.º, 2.º, 3.º, 4.º e 6.º)

I – a alíquota estabelecida no § 1.º do art. 60 não for informada na nota fiscal;

II – a mercadoria adquirida não se destinar à comercialização ou à industrialização; ou

III – a operação enquadrar-se nas situações previstas nos incisos I a VI do art. 61.

Parágrafo único. Na hipótese de utilização de crédito a que se refere o § 1.º do art. 58, de forma indevida ou a maior, o destinatário da operação estornará o crédito respectivo conforme a legislação de cada ente, sem prejuízo de eventuais sanções ao emitente, nos termos da legislação do Simples Nacional. (Lei Complementar n. 123, de 2006, art. 23, §§ 1.º, 2.º, 4.º e 6.º)

Art. 63. Observado o disposto no art. 64, a ME ou EPP optante pelo Simples Nacional deverá adotar para os registros e controles das operações e prestações por ela realizadas: (Lei Complementar n. 123, de 2006, art. 26, §§ 2.º, 4.º, 4.º-A, 4.º-B, 4.º-C, 10 e 11)

I – Livro Caixa, no qual deverá estar escriturada toda a sua movimentação financeira e bancária;

II – Livro Registro de Inventário, no qual deverão constar registrados os estoques existentes no término de cada ano calendário, caso seja contribuinte do ICMS;

III – Livro Registro de Entradas, modelo 1 ou 1-A, destinado à escrituração dos documentos fiscais relativos às entradas de mercadorias ou bens e às aquisições de serviços de transporte e de comunicação efetuadas a qualquer título pelo estabelecimento, caso seja contribuinte do ICMS;

IV – Livro Registro dos Serviços Prestados, destinado ao registro dos documentos fiscais relativos aos serviços prestados sujeitos ao ISS, caso seja contribuinte do ISS;

V – Livro Registro de Serviços Tomados, destinado ao registro dos documentos fiscais relativos aos serviços tomados sujeitos ao ISS; e

VI – Livro de Registro de Entrada e Saída de Selo de Controle, caso seja exigível pela legislação do IPI.

§ 1.º Os livros discriminados neste artigo poderão ser dispensados, no todo ou em parte, pelo ente tributante da circunscrição fiscal do estabelecimento do contribuinte, respeitados os limites de suas respectivas competências. (Lei Complementar n. 123, de 2006, art. 26, § 4.º)

§ 2.º Além dos livros previstos no *caput*, serão utilizados, observado o disposto no art. 64: (Lei Complementar n. 123, de 2006, art. 26, §§ 4.º, 4.º-A, 4.º-B, 4.º-C, 10 e 11)

I – Livro Registro de Impressão de Documentos Fiscais, pelo estabelecimento gráfico para registro dos impressos que confeccionar para terceiros ou para uso próprio;

II – livros específicos pelos contribuintes que comercializem combustíveis; e

III – Livro Registro de Veículos, por todas as pessoas que interfiram habitualmente no processo de intermediação de veículos, inclusive como simples depositários ou expositores.

§ 3.º A apresentação da escrituração contábil, em especial do Livro Diário e do Livro Razão, dispensa a apresentação do Livro Caixa. (Lei Complementar n. 123, de 2006, art. 2.º, inciso I e § 6.º)

§ 4.º A ME ou a EPP que receber aporte de capital na forma prevista nos arts. 61-A a 61-D da Lei Complementar n. 123, de 2006, deverá manter Escrituração Contábil Digital (ECD) e ficará desobrigada de cumprir o disposto no inciso I do *caput* e no § 3.º. (Lei Complementar n. 123, de 2006, art. 2.º, inciso I e § 6.º; art. 26, § 15; art. 27)

§ 5.º O ente tributante que adote sistema eletrônico de emissão de documentos fiscais ou recepção eletrônica de informações poderá exigi-los de seus contribuintes optantes pelo Simples Nacional, observados os prazos e formas previstos nas respectivas legislações, ressalvado o disposto no art. 64. (Lei Complementar n. 123, de 2006, art. 2.º, inciso I e § 6.º; art. 26, §§ 4.º, 4.º-A, 4.º-B, 4.º-C, 10 e 11)

§ 6.º A ME ou a EPP optante pelo Simples Nacional fica obrigada ao cumprimento das obrigações acessórias previstas nos regimes especiais de controle fiscal, quando exigíveis pelo respectivo ente tributante, observado o disposto no art. 64. (Lei Complementar n. 123, de 2006, art. 2.º, inciso I e § 6.º; art. 26, §§ 4.º, 4.º-A, 4.º-B, 4.º-C, 10 e 11)

§ 7.º O Livro Caixa deverá: (Lei Complementar n. 123, de 2006, art. 26, § 2.º; Lei n. 10.406, de 10 de janeiro de 2002, art. 1.182)

I – conter termos de abertura e de encerramento e ser assinado pelo representante legal da empresa e, se houver na localidade, pelo responsável contábil legalmente habilitado; e

II – ser escriturado por estabelecimento.

Art. 64. A RFB, os Estados, o Distrito Federal e os Municípios não poderão instituir obrigações tributárias acessórias ou estabelecer exigências adicionais e unilaterais, relativamente à prestação de informações e apresentação de declarações referentes aos tributos apurados na forma prevista no Simples Nacional, além das estipuladas ou previstas nesta Resolução e atendidas por meio do Portal do Simples Nacional. (Lei Complementar n. 123, de 2006, art. 26, §§ 4.º e 15)

§ 1.º O disposto no *caput* não se aplica às obrigações e exigências decorrentes de:

I – programas de cidadania fiscal; (Lei Complementar n. 123, de 2006, art. 26, §§ 4.º e 15)

II – norma publicada até 31 de março de 2014 que tenha veiculado exigência vigente até aquela data, observado o disposto no § 2.º; (Lei Complementar n. 123, de 2006, art. 26, § 15)

III – procedimento administrativo fiscal, tais como a exibição de livros, documentos ou arquivos eletrônicos e o fornecimento de informações fiscais, econômicas ou financeiras, previstos ou autorizados nesta Resolução, bem como aqueles necessários à fundamentação dos atos administrativos oriundos do procedimento; (Lei Complementar n. 123, de 2006, art. 2.º, inciso I e § 6.º; Lei n. 5.172, de 1966, art. 195, *caput*)

IV – informações apresentadas por meio do Sistema de Captação e Auditoria dos Anexos de Combustíveis (SCANC), aprovado pelo Conselho Nacional de Política Fazendária (Confaz); ou (Lei Complementar n. 123, de 2006, art. 26, § 15)

V – informações relativas ao Fundo de Combate à Pobreza constante do § 1.º do art. 82 do Ato das Disposições Constitucionais Transitórias (ADCT). (Lei Complementar n. 123, de 2006, art. 26, § 15)

§ 2.º As obrigações a que se refere o inciso II do § 1.º e as que vierem a ser instituídas na forma prevista no *caput*, serão cumpridas por meio do Portal do Simples Nacional com base em resolução do CGSN. (Lei Complementar n. 123, de 2006, art. 26, § 15)

§ 3.º A exigência de apresentação de livros fiscais em meio eletrônico será aplicada somente na hipótese de substituição da entrega em meio convencional, cuja obrigatoriedade tenha sido prévia e especificamente estabelecida em resolução do CGSN. (Lei Complementar n. 123, de 2006, art. 26, §§ 4.º-B e 15)

§ 4.º Na hipótese prevista no inciso II do § 1.º: (Lei Complementar n. 123, de 2006, art. 26, §§ 4.º, 4.º-A, inciso I, e 15)

I – a prestação de informações por meio do Sistema Público de Escrituração Digital (Sped) somente pode ser exigida:

a) nos casos em que se referir a estabelecimento de EPP que tenha ultrapassado o sublimite vigente no Estado ou no Distrito Federal; e

b) em perfil específico que não exija a apuração de tributos;

II – o Município que tenha adotado Nota Fiscal Eletrônica de Serviços deverá adotar medidas que visem à revogação das declarações eletrônicas de serviços prestados, em face do disposto no art. 69.

Art. 65. Os Estados, o Distrito Federal e os Municípios poderão exigir a escrituração fiscal digital ou obrigação equivalente para a ME ou EPP optante pelo Simples Nacional, desde que: (Lei Complementar n. 123, de 2006, art. 26, § 15)

I – as informações eletrônicas sejam pré-escrituradas pelo ente federado, a fim de que o contribuinte complemente a escrituração com as seguintes informações:

a) relativas a documentos fiscais não eletrônicos;

b) sobre classificação fiscal de documentos fiscais eletrônicos de entrada; e

c) que confirmem os serviços tomados; e

II – a obrigação seja cumprida:

a) mediante aplicativo gratuito, com link disponível no Portal do Simples Nacional; e

b) com dispensa do uso de certificação digital, salvo nas hipóteses previstas no art. 79, nos casos em que poderá ser exigido.

§ 1.º A exigência prevista no *caput* não se aplicará às informações relativas a documentos fiscais: (Lei Complementar n. 123, de 2006, art. 26, §§ 4.º e 15)

I – não eletrônicos a que se refere o inciso I do *caput*, cujos dados sejam transmitidos à administração tributária do ente federado de localização do emitente em face de programas de cidadania fiscal;

II – de entrada e de serviços tomados, quando a classificação ou a confirmação a que se referem as alíneas "b" e "c" do inciso I do *caput* forem efetuadas em sistema que possibilite a recepção eletrônica do documento, na forma estabelecida pela administração tributária do ente federado de localização do adquirente ou tomador.

§ 2.º A carga ou confirmação de documentos fiscais eletrônicos de saída ou de prestação de serviços não poderá ser solicitada, salvo quando em caráter facultativo. (Lei Complementar n. 123, de 2006, art. 26, § 15)

§ 3.º O disposto neste artigo abrange qualquer modalidade de escrituração fiscal digital, livros eletrônicos de entrada e saída, bem como declaração eletrônica de prestação ou tomada de serviços. (Lei Complementar n. 123, de 2006, art. 26, §§ 4.º-A, 5.º e 15)

§ 4.º A exigência de prestação de dados por meio de escrituração fiscal digital em qualquer modalidade que não atenda ao disposto neste artigo não poderá ter caráter obrigatório para a ME ou EPP optante pelo Simples Nacional, exceto quando ultrapassado o sublimite vigente no Estado ou Distrito Federal. (Lei Complementar n. 123, de 2006, art. 26, § 15)

§ 5.º O disposto neste artigo aplica-se às obrigações exigíveis a partir de 1.º de abril de 2014. (Lei Complementar n. 123, de 2006, art. 26, § 15)

Art. 66. Os documentos fiscais relativos a operações ou prestações realizadas ou recebidas, bem como os livros fiscais e contábeis, deverão ser mantidos em boa guarda, ordem e conservação enquanto não decorrido o prazo decadencial e não prescritas eventuais ações que lhes sejam pertinentes. (Lei Complementar n. 123, de 2006, art. 26, inciso II)

Art. 67. Os livros e documentos fiscais previstos nesta Resolução serão emitidos e escriturados nos termos da legislação do ente tributante da circunscrição do contribuinte, com observância do disposto nos Convênios e Ajustes SINIEF que tratam da matéria, especialmente os Convênios SINIEF s/n, de 15 de dezembro de 1970, n. 6, de 21 de fevereiro de 1989, bem como o Ajuste SINIEF n. 7, de 30 de setembro de 2005 (NF-e), observado o disposto no art. 64. (Lei Complementar n. 123, de 2006, art. 26, inciso I; art. 26, §§ 4.º, 4.º-A, 4.º-B, 4.º-C, 10 e 11)

Parágrafo único. O disposto no *caput* não se aplica aos livros e documentos fiscais relativos ao ISS. (Lei Complementar n. 123, de 2006, art. 26, inciso I)

Art. 68. Será considerado inidôneo o documento fiscal utilizado pela ME ou EPP optante pelo Simples Nacional em desacordo com o disposto nesta Resolução ou na legislação de cada ente federado. (Lei Complementar n. 123, de 2006, art. 26, inciso I)

•• Artigo com redação determinada pela Resolução n. 145, de 11-6-2019.

Art. 69. O ato de emissão ou de recepção de documento fiscal por meio eletrônico estabelecido pelas administrações tributárias, em qualquer modalidade, de entrada, de saída ou de prestação, representa sua própria escrituração fiscal e elemento suficiente para a fundamentação e a constituição do crédito tributário, ressalvado o disposto no inciso II do § 1.º do art. 64. (Lei Complementar n. 123, de 2006, art. 26, §§ 10 e 15)

Parágrafo único. Considera-se recepção de documento fiscal o ato de validação ou confirmação eletrônica praticado pelo contribuinte na forma estipulada pela respectiva legislação tributária. (Lei Complementar n. 123, de 2006, art. 26, §§ 10 e 15)

Art. 70. Os dados dos documentos fiscais de qualquer espécie podem ser compartilhados entre as administrações tributárias da União, dos Estados, do Distrito Federal e dos Municípios e, quando emitidos por meio eletrônico, a ME ou a EPP optante pelo Simples Nacional fica desobrigada de transmitir seus dados às referidas administrações tributárias, ressalvado o disposto no inciso II do § 1.º do art. 64. (Lei Complementar n. 123, de 2006, art. 26, §§ 11 e 15)

Art. 71. A ME ou a EPP optante pelo Simples Nacional poderá, opcionalmente, adotar contabilidade simplificada para os registros e controles das operações realizadas, observadas as disposições previstas no Código Civil e nas Normas Brasileiras de Contabilidade editadas pelo Conselho Federal de Contabilidade. (Lei Complementar n. 123, de 2006, art. 27)

Parágrafo único. Aplica-se a dispensa prevista no § 2.º do art. 1.179 do Código Civil ao empresário individual com receita bruta anual de até R$ 81.000,00 (oitenta e um mil reais). (Lei Complementar n. 123, de 2006, art. 68)

Subseção II
Das Declarações

Art. 72. A ME ou a EPP optante pelo Simples Nacional apresentará a Declaração de Informações Socioeconômicas e Fiscais (Defis). (Lei Complementar n. 123, de 2006, art. 25, *caput*)

§ 1.º A Defis será entregue à RFB por meio de módulo do aplicativo PGDAS-D, até 31 de março do ano-calendário subsequente ao da ocorrência dos fatos geradores dos tributos previstos no Simples Nacional. (Lei Complementar n. 123, de 2006, art. 18, § 15-A; art. 25, *caput*)

§ 2.º Nas hipóteses em que a ME ou a EPP tenha sido incorporada, cindida, total ou parcialmente, extinta ou fundida, a Defis relativa à situação especial deverá ser entregue até: (Lei Complementar n. 123, de 2006, art. 25, *caput*)

I – o último dia do mês de junho, quando o evento ocorrer no primeiro quadrimestre do ano-calendário; ou

II – o último dia do mês subsequente ao do evento, nos demais casos.

§ 3.º Em relação ao ano-calendário de exclusão da ME ou da EPP do Simples Nacional, esta deverá entregar a Defis abrangendo os fatos geradores ocorridos no período em que esteve na condição de optante, no prazo estabelecido no § 1.º. (Lei Complementar n. 123, de 2006, art. 25, *caput*)

§ 4.º A Defis poderá ser retificada independentemente de prévia autorização da administração tributária e terá a mesma natureza da declaração originariamente apresentada, observado o disposto no parágrafo único do art. 138 do CTN. (Lei Complementar n. 123, de 2006, art. 25, *caput*)

§ 5.º As informações prestadas pelo contribuinte na Defis serão compartilhadas entre a RFB e os órgãos de fiscalização tributária dos Estados, do Distrito Federal e dos Municípios. (Lei Complementar n. 123, de 2006, art. 25, *caput*)

§ 6.º A exigência da Defis não desobriga a prestação de informações relativas a terceiros. (Lei Complementar n. 123, de 2006, art. 26, § 3.º)

§ 7.º Na hipótese de a ME ou a EPP permanecer inativa durante todo o ano-calendário, deverá informar esta condição na Defis. (Lei Complementar n. 123, de 2006, art. 25, § 2.º)

§ 8.º Para efeito do disposto no § 7.º, considera-se em situação de inatividade a ME ou a EPP que não apresente mutação patrimonial e atividade operacional durante todo o ano-calendário. (Lei Complementar n. 123, de 2006, art. 25, § 3.º)

§ 9.º O direito de a ME ou a EPP retificar as informações prestadas na Defis e na Declaração Única e Simplificada de Informações Socioeconômicas e Fiscais (DASN) extingue-se em 5 (cinco) anos contados a partir do 1.º (primeiro) dia do exercício seguinte àquele ao qual se refere a declaração. (Lei Complementar n. 123, de 2006, art. 25, *caput*)

Art. 73. Relativamente aos tributos devidos, não abrangidos pelo Simples Nacional, nos termos do art. 5.º, a ME ou a EPP optante pelo Simples Nacional deverá observar a legislação dos respectivos entes federados quanto à prestação de informações e entrega de declarações. (Lei Complementar n. 123, de 2006, art. 13, § 1.º)

Art. 74. A ME ou a EPP optante pelo Simples Nacional fica obrigada à entrega da Declaração Eletrônica de Serviços, quando exigida pelo Município ou pelo Distrito Federal, que servirá para a escrituração mensal de todos os documentos fiscais emitidos e documentos recebidos referentes aos serviços prestados, tomados ou intermediados de terceiros, observado o disposto no inciso II do § 4.º do art. 64. (Lei Complementar n. 123, de 2006, art. 26, § 5.º)

Art. 75. A declaração a que se refere o art. 74 substitui os livros referidos nos incisos IV e V do art. 63, e será apresentada ao Município ou ao Distrito Federal pelo prestador, pelo tomador, ou por ambos, observado o disposto na legislação de sua circunscrição fiscal. (Lei Complementar n. 123, de 2006, art. 26, § 5.º)

Art. 76. O Estado ou o Distrito Federal poderá obrigar a ME ou a EPP optante pelo Simples Nacional, quando responsável pelo recolhimento do ICMS de que tratam as alíneas "a", "g" e "h" do inciso XII do art. 5.º, a entregar, para os fatos geradores ocorridos a partir de 1.º de janeiro de 2016, declaração eletrônica para prestação de informações relativas ao ICMS devido por substituição tributária, recolhimento antecipado e diferencial de alíquotas, por meio de aplicativo único, gratuito e acessível por link disponível no Portal do Simples Nacional, na forma disciplinada pelo Confaz, observado o disposto no inciso III do art. 79. (Lei Complementar n. 123, de 2006, art. 26, §§ 4.º, 12 e 15)

§ 1.º A declaração de que trata o *caput* substituirá, para os fatos geradores ocorridos a partir de 1.º de janeiro de 2016, as exigidas pelos Estados e pelo Distrito Federal. (Lei Complementar n. 123, de 2006, art. 26, §§ 4.º, 12 e 15)

§ 2.º Os fatos geradores ocorridos até 31 de dezembro de 2015 continuarão a ser declarados com observância da disciplina estabelecida pelos entes a que se refere o *caput*. (Lei Complementar n. 123, de 2006, art. 26, §§ 4.º, 12 e 15)

Subseção III

Do Registro dos Valores a Receber no Regime de Caixa

Art. 77. A optante pelo regime de caixa deverá manter registro dos valores a receber, no modelo constante do Anexo IX, no qual constarão, no mínimo, as seguintes informações, relativas a cada prestação de serviço ou operação com mercadorias a prazo: (Lei Complementar n. 123, de 2006, art. 2.º, inciso I e § 6.º; art. 18, § 3.º; art. 26, § 4.º)

I – número e data de emissão de cada documento fiscal;

II – valor da operação ou prestação;

III – quantidade e valor de cada parcela, bem como a data dos respectivos vencimentos;

IV – data de recebimento e valor recebido;

V – saldo a receber; e

VI – créditos considerados não mais cobráveis.

§ 1.º Na hipótese de haver mais de um documento fiscal referente a uma mesma prestação de serviço ou operação com mercadoria, estes deverão ser registrados conjuntamente. (Lei Complementar n. 123, de 2006, art. 2.º, inciso I e § 6.º; art. 18, § 3.º; art. 26, § 4.º)

§ 2.º A adoção do regime de caixa pela ME ou EPP não a desobriga de manter em boa ordem e guarda os documentos e livros previstos nesta Resolução, inclusive com a discriminação completa de toda a sua movimentação financeira e bancária, constante do Livro Caixa, observado o disposto no § 3.º do art. 63. (Lei Complementar n. 123, de 2006, art. 2.º, inciso I e § 6.º; art. 18, § 3.º; art. 26, inciso II e § 4.º)

§ 3.º Fica dispensado o registro na forma prevista neste artigo em relação às prestações e operações realizadas por meio de administradoras de cartões, inclusive de crédito, desde que a ME ou a EPP anexe ao respectivo registro os extratos emitidos pelas administradoras relativos às vendas e aos créditos respectivos. (Lei Complementar n. 123, de 2006, art. 2.º, inciso I e § 6.º; art. 18, § 3.º; art. 26, § 4.º)

§ 4.º Aplica-se o disposto neste artigo para os valores decorrentes das prestações e operações realizadas por meio de cheques: (Lei Complementar n. 123, de 2006, art. 2.º, inciso I e § 6.º; art. 18, § 3.º; art. 26, § 4.º)

I – quando emitidos para apresentação futura, mesmo quando houver parcela à vista;

II – quando emitidos para quitação da venda total, na ocorrência de cheques não honrados;

III – não liquidados no próprio mês.

§ 5.º A ME ou a EPP deverá apresentar à administração tributária, quando solicitados, os documentos que comprovem a efetiva cobrança dos créditos considerados não mais cobráveis. (Lei Complementar n. 123, de 2006, art. 2.º, inciso I e § 6.º; art. 18, § 3.º; art. 26, § 4.º)

§ 6.º São considerados meios de cobrança: (Lei Complementar n. 123, de 2006, art. 18, § 3.º; art. 26, § 4.º)

I – notificação extrajudicial;

II – protesto;

III – cobrança judicial; e

IV – registro do débito em cadastro de proteção ao crédito.

Art. 78. Na hipótese de descumprimento do disposto no art. 77, será desconsiderada, de ofício, a opção pelo regime de caixa, para os anos-calendário correspondentes ao período em que tenha ocorrido o descumprimento. (Lei Complementar n. 123, de 2006, art. 2.º, inciso I e § 6.º; art. 18, § 3.º; art. 26, § 4.º)

Parágrafo único. Na hipótese prevista no *caput*, os tributos abrangidos pelo Simples Nacional deverão ser recalculados pelo regime de competência, sem prejuízo dos acréscimos legais correspondentes. (Lei Complementar n. 123, de 2006, art. 2.º, inciso I e § 6.º; art. 18, § 3.º; art. 26, § 4.º)

Subseção IV

Da Certificação Digital para a ME e a EPP

Art. 79. A ME ou a EPP optante pelo Simples Nacional poderá ser obrigada ao uso de certificação digital para cumprimento das seguintes obrigações: (Lei Complementar n. 123, de 2006, art. 26, § 7.º)

I – entrega da Guia de Recolhimento do Fundo de Garantia do Tempo de Serviço e Informações à Previdência Social (GFIP), bem como o recolhimento do FGTS, ou de declarações relativas ao Sistema de Escrituração Digital das Obrigações Fiscais, Previdenciárias e Trabalhistas (eSocial), para empresas com empregado;

II – emissão de documento fiscal eletrônico, quando a obrigatoriedade estiver prevista em norma do Confaz ou na legislação municipal;

III – prestação de informações relativas ao ICMS a que se refere o *caput* do art. 76, desde que a ME ou a EPP esteja obrigada ao uso de documento fiscal eletrônico na forma prevista no inciso II; e

IV – prestação de informações à RFB relativas à manutenção de recursos no exterior na forma prevista no art. 1.º da Lei n. 11.371, de 28 de novembro de 2006.

§ 1.º Poderá ser exigida a utilização de códigos de acesso para cumprimento das obrigações não previstas nos incisos do *caput*. (Lei Complementar n. 123, de 2006, art. 2.º, inciso I e § 6.º; art. 26, § 7.º)

§ 2.º A empresa poderá cumprir as obrigações relativas ao eSocial com utilização de código de acesso apenas na modalidade online e desde que tenha até 1 (um) empregado. (Lei Complementar n. 123, de 2006, art. 2.º, inciso I e § 6.º; art. 26, § 7.º)

Subseção V

Dos Equipamentos Contadores de Produção

Art. 80. A ME ou a EPP envasadora de bebidas optante pelo Simples Nacional deverá observar as normas da RFB referentes a instalação de equipamentos de contadores de produção, que possibilitem, ainda, a identificação do tipo de produto, de embalagem e sua marca comercial, além de outros instrumentos de controle. (Lei Complementar n. 123, de 2006, art. 17, § 5.º; art. 26, §§ 4.º e 15)

Seção IX

Da Exclusão

Subseção I

Da Exclusão por Comunicação

Art. 81. A exclusão do Simples Nacional, mediante comunicação da ME ou da EPP à RFB, em aplicativo disponibilizado no Portal do Simples Nacional, dar-se-á:

I – por opção, a qualquer tempo, produzindo efeitos: (Lei Complementar n. 123, de 2006, art. 30, inciso I e art. 31, inciso I e § 4.º)

a) a partir de 1.º de janeiro do ano-calendário, se comunicada no próprio mês de janeiro; ou

b) a partir de 1.º de janeiro do ano-calendário subsequente, se comunicada nos demais meses; ou

II – obrigatoriamente, quando:

a) a receita bruta acumulada ultrapassar um dos limites previstos no § 1.º do art. 2.º, hipótese em que a exclusão deverá ser comunicada:

1. até o último dia útil do mês subsequente à ultrapassagem em mais de 20% (vinte por cento) de um desses limites, produzindo efeitos a partir do mês subsequente ao do excesso; ou (Lei Complementar n. 123, de 2006, art. 30, inciso IV, § 1.º, inciso IV; art. 31, inciso V, alínea "a")

2. até o último dia útil do mês de janeiro do ano--calendário subsequente, na hipótese de não ter ultrapassado em mais de 20% (vinte por cento) um desses limites, produzindo efeitos a partir do ano-calendário subsequente ao do excesso; (Lei Complementar n. 123, de 2006, art. 30, inciso IV, § 1.º, inciso IV; art. 31, inciso V, alínea "b")

b) a receita bruta acumulada, no ano-calendário de início de atividade, ultrapassar um dos limites previstos no *caput* do art. 3.º, hipótese em que a exclusão deverá ser comunicada:

1. até o último dia útil do mês subsequente à ultrapassagem em mais de 20% (vinte por cento) de um desses limites, produzindo efeitos retroativamente ao início de atividades; ou (Lei Complementar n. 123, de 2006, art. 30, inciso III, § 1.º, inciso III, alínea "a"; art. 31, inciso III, alínea "a")

2. até o último dia útil do mês de janeiro do ano--calendário subsequente, na hipótese de não ter ultrapassado em mais de 20% (vinte por cento) um desses limites, produzindo efeitos a partir de 1.º de janeiro do ano-calendário subsequente; (Lei Complementar n. 123, de 2006, art. 30, inciso III, § 1.º, inciso III, alínea "b"; art. 31, inciso III, alínea "b")

c) incorrer nas hipóteses de vedação previstas nos incisos II a XIV e XVI a XXV do art. 15, hipótese em que a exclusão: (Lei Complementar n. 123, de 2006, art. 30, inciso II)

1. deverá ser comunicada até o último dia útil do mês subsequente ao da ocorrência da situação de vedação; e (Lei Complementar n. 123, de 2006, art. 30, § 1.º, inciso II)

2. produzirá efeitos a partir do primeiro dia do mês seguinte ao da ocorrência da situação de vedação; (Lei Complementar n. 123, de 2006, art. 31, inciso II)

d) possuir débito com o Instituto Nacional do Seguro Social (INSS), ou com as Fazendas Públicas Federal, Estadual ou Municipal, cuja exigibilidade não esteja suspensa, hipótese em que a exclusão: (Lei Complementar n. 123, de 2006, art. 17, inciso V; art. 30, inciso II)

1. deverá ser comunicada até o último dia útil do mês subsequente ao da situação de vedação; e (Lei Complementar n. 123, de 2006, art. 30, § 1.º, inciso II)

2. produzirá efeitos a partir do ano-calendário subsequente ao da comunicação; ou (Lei Complementar n. 123, de 2006, art. 31, inciso IV)

e) for constatado que, quando do ingresso no Simples Nacional, a ME ou a EPP incorria em alguma das vedações previstas no art. 15, hipótese em que a exclusão produzirá efeitos desde a data da opção. (Lei Complementar n. 123, de 2006, art. 2.º, inciso I e § 6.º; art. 16, *caput*)

Parágrafo único. Na hipótese prevista na alínea "c" do inciso II do *caput*, deverão ser consideradas as disposições específicas relativas ao MEI, quando se tratar de ausência de inscrição ou de irregularidade em cadastro fiscal federal, municipal ou estadual, quando exigível. (Lei Complementar n. 123, de 2006, art. 17, § 4.º)

Art. 82. A alteração de dados no CNPJ, informada pela ME ou EPP à RFB, equivalerá à comunicação obrigatória de exclusão do Simples Nacional nas seguintes hipóteses: (Lei Complementar n. 123, de 2006, art. 30, § 3.º)

I – alteração de natureza jurídica para sociedade anônima, sociedade empresária em comandita por ações, sociedade em conta de participação ou estabelecimento, no Brasil, de sociedade estrangeira;

II – inclusão de atividade econômica vedada à opção pelo Simples Nacional;

III – inclusão de sócio pessoa jurídica;

IV – inclusão de sócio domiciliado no exterior;

V – cisão parcial; ou

VI – extinção da empresa.

Parágrafo único. A exclusão de que trata o *caput* produzirá efeitos:

I – a partir do primeiro dia do mês seguinte ao da ocorrência da situação de vedação, nas hipóteses previstas nos incisos I a V do *caput*; e (Lei Complementar n. 123, de 2006, art. 31, inciso II); e

II – a partir da data da extinção da empresa, na hipótese prevista no inciso VI do *caput*. (Lei Complementar n. 123, de 2006, art. 2.º, inciso I e § 6.º)

Subseção II
Da Exclusão de Ofício

Art. 83. A competência para excluir de ofício a ME ou a EPP do Simples Nacional é: (Lei Complementar n. 123, de 2006, art. 29, § 5.º; art. 33)

I – da RFB;

II – das secretarias estaduais competentes para a administração tributária, segundo a localização do estabelecimento; e

•• Inciso II com redação determinada pela Resolução n. 156, de 29-9-2020.

III – dos Municípios, tratando-se de prestação de serviços incluídos na sua competência tributária.

§ 1.º Será expedido termo de exclusão do Simples Nacional pelo ente federado que iniciar o processo de exclusão de ofício. (Lei Complementar n. 123, de 2006, art. 29, § 3.º)

§ 2.º Será dada ciência do termo de exclusão à ME ou à EPP pelo ente federado que tenha iniciado o processo de exclusão, segundo a sua respectiva legislação, observado o disposto no art. 122. (Lei Complementar n. 123, de 2006, art. 16, § 1.º-A a 1.º-D; art. 29, §§ 3.º e 6.º)

§ 3.º Na hipótese de a ME ou a EPP, dentro do prazo estabelecido pela legislação do ente federado que iniciou o processo, impugnar o termo de exclusão, este se tornará efetivo quando a decisão definitiva for desfavorável ao contribuinte, com observância, quanto aos efeitos da exclusão, do disposto no art. 84. (Lei Complementar n. 123, de 2006, art. 39, § 6.º)

§ 4.º Se não houver, dentro do prazo estabelecido pela legislação do ente federado que iniciou o processo, impugnação do termo de exclusão, este se tornará efetivo depois de vencido o respectivo prazo, com observância, quanto aos efeitos da exclusão, do disposto no art. 84. (Lei Complementar n. 123, de 2006, art. 29, § 3.º; art. 39, § 6.º)

§ 5.º A exclusão de ofício será registrada no Portal do Simples Nacional na internet, pelo ente federado que a promoveu, após vencido o prazo de impugnação estabelecido pela legislação do ente federado que iniciou o processo, sem sua interposição tempestiva, ou, caso interposto tempestivamente, após a decisão administrativa definitiva desfavorável à empresa, condicionados os efeitos dessa exclusão a esse registro, observado o disposto no art. 84. (Lei Complementar n. 123, de 2006, art. 29, § 3.º; art. 39, § 6.º)

§ 6.º Fica dispensado o registro previsto no § 5.º para a exclusão retroativa de ofício efetuada após a baixa no CNPJ, condicionados os efeitos dessa exclusão à efetividade do termo de exclusão na forma prevista nos §§ 3.º e 4.º. (Lei Complementar n. 123, de 2006, art. 29, § 3.º)

§ 7.º Ainda que a ME ou a EPP exerça exclusivamente atividade não incluída na competência tributária municipal, se tiver débitos perante a Fazenda Pública Municipal, ausência de inscrição ou irregularidade no cadastro fiscal, o Município poderá proceder à sua exclusão do Simples Nacional por esses motivos, observado o disposto nos incisos V e VI do *caput* e no § 1.º, todos do art. 84. (Lei Complementar n. 123, art. 29, §§ 3.º e 5.º; art. 33, § 4.º)

§ 8.º Ainda que a ME ou a EPP não tenha estabelecimento em sua circunscrição o Estado poderá excluí-la do Simples Nacional se ela estiver em débito perante a Fazenda Pública Estadual ou se não tiver inscrita no cadastro fiscal, quando exigível, ou se o cadastro estiver em situação irregular, observado o disposto nos incisos V e VI do *caput* e no § 1.º, todos do art. 84. (Lei Complementar n. 123, art. 29, §§ 3.º e 5.º; art. 33, § 4.º)

Subseção III
Dos Efeitos da Exclusão de Ofício

Art. 84. A exclusão de ofício da ME ou da EPP do Simples Nacional produzirá efeitos:

I – a partir das datas de efeitos previstas no inciso II do art. 81, quando verificada a falta de comunicação de exclusão obrigatória; (Lei Complementar n. 123, de 2006, art. 29, inciso I; art. 31, incisos II, III, IV, V e § 2.º)

II – a partir do mês subsequente ao do descumprimento das obrigações a que se refere o § 8.º do art. 6.º, quando se tratar de escritórios de serviços contábeis; (Lei Complementar n. 123, de 2006, art. 18, § 22-C; art. 31, inciso II)

III – a partir da data dos efeitos da opção pelo Simples Nacional, nas hipóteses em que:

a) for constatado que, quando do ingresso no Simples Nacional, a ME ou a EPP incorria em alguma das hipóteses de vedação previstas no art. 15; ou (Lei Complementar n. 123, de 2006, art. 2.º, inciso I e § 6.º; art. 16, *caput*)

b) for constatada declaração inverídica prestada nas hipóteses do § 4.º do art. 6.º e do inciso II do § 3.º do art. 8.º; (Lei Complementar n. 123, de 2006, art. 2.º, inciso I e § 6.º; art. 16, *caput*)

IV – a partir do próprio mês em que incorridas, hipótese em que a empresa ficará impedida de fazer nova opção pelo Simples Nacional nos 3 (três) anos-calendário subsequentes, nas seguintes hipóteses: (Lei Complementar n. 123, de 2006, art. 29, incisos II a XII e § 1.º)

a) ter a empresa causado embaraço à fiscalização, caracterizado pela negativa não justificada de exibição de livros e documentos a que estiver obrigada, e não ter fornecido informações sobre bens, movimentação financeira, negócio ou atividade que estiver intimada a apresentar, e nas demais hipóteses que autorizam a requisição de auxílio da força pública;

b) ter a empresa resistido à fiscalização, caracterizada pela negativa de acesso ao estabelecimento, ao domicílio fiscal ou a qualquer outro local onde desenvolva suas atividades ou se encontrem bens de sua propriedade;

c) ter sido a empresa constituída por interpostas pessoas;

d) ter a empresa incorrido em práticas reiteradas de infração ao disposto na Lei Complementar n. 123, de 2006;

e) ter sido a empresa declarada inapta, na forma prevista na Lei n. 9.430, de 27 de dezembro de 1996, e alterações posteriores;

f) se a empresa comercializar mercadorias objeto de contrabando ou descaminho;

g) se for constatada:

1. a falta de ECD para a ME e a EPP que receber aporte de capital na forma prevista nos arts. 61-A a 61-D da Lei Complementar n. 123, de 2006; ou

2. a falta de escrituração do Livro Caixa ou a existência de escrituração do Livro Caixa que não permita a identificação da movimentação financeira, inclusive bancária, para a ME e a EPP que não receber o aporte de capital a que se refere o item 1;

h) se for constatado que durante o ano-calendário o valor das despesas pagas supera em 20% (vinte por cento) o valor de ingressos de recursos no mesmo período, excluído o ano de início de atividade;

i) se for constatado que durante o ano-calendário o valor das aquisições de mercadorias para comercialização ou industrialização, ressalvadas hipóteses justificadas de aumento de estoque, foi superior a 80% (oitenta por cento) dos ingressos de recursos no mesmo período, excluído o ano de início de atividade;

j) se for constatado que a empresa, de forma reiterada, não emite documento fiscal de venda ou prestação de serviço, observado o disposto nos arts. 59 a 61 e ressalvadas as prerrogativas do MEI nos termos da alínea "a" do inciso II do art. 106; e

k) se for constatado que a empresa, de forma reiterada, deixa de incluir na folha de pagamento ou em documento de informações exigido pela legislação previdenciária, trabalhista ou tributária, informações sobre o segurado empregado, o trabalhador avulso ou o contribuinte individual que lhe presta serviço;

V – a partir do primeiro dia do mês seguinte ao da ocorrência, na hipótese de ausência ou irregularidade no cadastro fiscal federal, municipal ou, quando exigível, estadual; e (Lei Complementar n. 123, de 2006, art. 17, inciso XVI; art. 31, inciso II)

VI – a partir do ano-calendário subsequente ao da ciência do termo de exclusão, se a empresa estiver em débito com o Instituto Nacional do Seguro Social (INSS), ou com as Fazendas Públicas Federal, Estadual ou Municipal, cuja exigibilidade não esteja suspensa. (Lei Complementar n. 123, de 2006, art. 17, inciso V; art. 31, inciso IV)

§ 1.º Na hipótese prevista nos incisos V e VI do *caput*, a comprovação da regularização do débito ou do cadastro fiscal, no prazo de até 30 (trinta) dias, contado da ciência da exclusão de ofício, possibilitará a permanência da ME ou da EPP como optante pelo Simples Nacional. (Lei Complementar n. 123, de 2006, art. 31, § 2.º)

§ 2.º O prazo a que se refere o inciso IV do *caput* será elevado para 10 (dez) anos caso seja constatada a utilização de artifício, ardil ou qualquer outro meio fraudulento que induza ou mantenha a fiscalização em erro, com o fim de suprimir ou reduzir o pagamento de tributo apurável na forma do Simples Nacional. (Lei Complementar n. 123, de 2006, art. 29, incisos II a XII e § 2.º)

§ 3.º A ME ou a EPP excluída do Simples Nacional sujeitar-se- á, a partir do período em que se processarem os efeitos da exclusão, às normas de tributação aplicáveis às demais pessoas jurídicas. (Lei Complementar n. 123, de 2006, art. 32, *caput*)

§ 4.º Para efeito do disposto no § 3.º, nas hipóteses do inciso I do § 2.º do art. 3.º, a ME ou a EPP excluída do Simples Nacional ficará sujeita ao pagamento da totalidade ou diferença dos respectivos tributos, devidos em conformidade com as normas gerais de incidência, acrescidos apenas de juros de mora, quando efetuado antes do início de procedimento de ofício. (Lei Complementar n. 123, de 2006, art. 32, § 1.º)

§ 5.º Na hipótese das vedações de que tratam os incisos II a XIV, XVI a XXIII e XXV do art. 15, uma vez que o motivo da exclusão deixe de existir, se houver a exclusão retroativa de ofício no caso do inciso I do *caput*, o efeito desta dar-se-á a partir do mês seguinte ao da ocorrência da situação impeditiva, limitado, porém, ao último dia do ano-calendário em que a referida situação deixou de existir. (Lei Complementar n. 123, de 2006, art. 31, § 5.º)

§ 6.º Considera-se prática reiterada, para fins do disposto nas alíneas "d", "j" e "k" do inciso IV do *caput*: (Lei Complementar n. 123, de 2006, art. 29, § 9.º)

I – a ocorrência, em 2 (dois) ou mais períodos de apuração, consecutivos ou alternados, de idênticas infrações, inclusive de natureza acessória, verificada em relação aos últimos 5 (cinco) anos calendário, formalizadas por intermédio de auto de infração ou notificação de lançamento, em um ou mais procedimentos fiscais; ou

II – a segunda ocorrência de idênticas infrações, caso seja constatada a utilização de artifício, ardil ou qualquer outro meio fraudulento que induza ou mantenha a fiscalização em erro, com o fim de suprimir ou reduzir o pagamento de tributo.

§ 7.º Para fins do disposto na alínea "h" do inciso IV do *caput*, consideram-se despesas pagas as decorrentes de desembolsos financeiros relativos ao curso das atividades da empresa, e inclui custos, salários e demais despesas operacionais e não operacionais. (Lei Complementar n. 123, de 2006, art. 2.º, inciso I e § 6.º)

§ 8.º Na hipótese prevista no inciso I do § 6.º deste artigo, quando constatada omissão de receitas ou sua segregação indevida, sem a verificação de outras hipóteses de exclusão, a administração tributária poderá, a seu critério, caracterizar a prática reiterada em procedimentos fiscais distintos. (Lei Complementar n. 123, de 2006, art. 28, parágrafo único; art. 29, § 9.º)

§ 9.º Na hipótese da vedação de que trata o inciso XXV do art. 15, o titular ou sócio será considerado empregado ou empregado doméstico, ficando a contratante sujeita a todas as obrigações dessa relação, inclusive as tributárias e previdenciárias. (Lei Complementar n. 123, de 2006, art. 2.º, inciso I e § 6.º; art. 3.º, § 4.º, XI; art. 18-A, § 24, art. 18-B, § 2.º; Lei n. 8.212, de 1991, art. 24, parágrafo único)

Seção X
Da Fiscalização e das Infrações e Penalidades do Simples Nacional

Subseção I
Da Competência para Fiscalizar

Art. 85. A competência para fiscalizar o cumprimento das obrigações principais e acessórias relativas ao Simples Nacional é do órgão de administração tributária: (Lei Complementar n. 123, de 2006, art. 33, *caput*)

I – do Município, desde que o contribuinte do ISS tenha estabelecimento em seu território ou quando se tratar das exceções de competência previstas no art. 3.º da Lei Complementar n. 116, de 2003;

II – dos Estados ou do Distrito Federal, desde que a pessoa jurídica tenha estabelecimento em seu território; ou

III – da União, em qualquer hipótese.

§ 1.º No exercício da competência de que trata o *caput*: (Lei Complementar n. 123, de 2006, art. 33, §§ 1.º-B e 1.º-C)

I – a ação fiscal, após iniciada, poderá abranger todos os estabelecimentos da ME e da EPP, independentemente das atividades por eles exercidas, observado o disposto no § 2.º; e

II – as autoridades fiscais não ficarão limitadas à fiscalização dos tributos instituídos pelo próprio ente federado fiscalizador, estendendo se sua competência a todos os tributos abrangidos pelo Simples Nacional.

§ 2.º Na hipótese de o órgão da administração tributária do Estado, do Distrito Federal ou do Município realizar ação fiscal em contribuinte com estabelecimento fora do âmbito de competência do respectivo ente federado, o órgão deverá comunicar o fato à administração tributária do outro ente federado para que, se houver interesse, se integre à ação fiscal. (Lei Complementar n. 123, de 2006, art. 33, § 4.º)

§ 3.º A comunicação a que se refere o § 2.º dar-se-á por meio do sistema eletrônico de que trata o art. 86, no prazo mínimo de 10 (dez) dias antes do início da ação fiscal. (Lei Complementar n. 123, de 2006, art. 33, § 4.º)

§ 4.º As administrações tributárias estaduais poderão celebrar convênio com os Municípios de sua jurisdição para atribuir a estes a fiscalização a que se refere o *caput*.

(Lei Complementar n. 123, de 2006, art. 33, § 1.º)

§ 5.º Fica dispensado o convênio a que se refere o § 4.º na hipótese de ocorrência de prestação de serviços sujeita ao ISS por estabelecimento localizado no Município. (Lei Complementar n. 123, de 2006, art. 33, § 1.º-A)

§ 6.º A competência para fiscalizar de que trata este artigo poderá ser plenamente exercida pelos entes federados, de forma individual ou simultânea, inclusive de forma integrada, mesmo para períodos já fiscalizados. (Lei Complementar n. 123, de 2006, art. 33, §§ 1.º-B e 4.º)

§ 7.º Na hipótese de ação fiscal simultânea, a autoridade fiscal deverá tomar conhecimento das ações fiscais em andamento, a fim de evitar duplicidade de lançamentos referentes ao mesmo período e fato gerador. (Lei Complementar n. 123, de 2006, art. 33, §§ 1.º-B e 4.º)

§ 8.º Na hipótese prevista no § 4.º e de ação fiscal relativa a períodos já fiscalizados, a autoridade fiscal deverá tomar conhecimento das ações já realizadas, dos valores já lançados e das informações contidas no sistema eletrônico a que se refere o art. 86, observadas as limitações práticas e legais dos procedimentos fiscalizatórios. (Lei Complementar n. 123, de 2006, art. 33, §§ 1.º-B e 4.º)

§ 9.º A seleção, o preparo e a programação da ação fiscal serão realizadas de acordo com os critérios e diretrizes das administrações tributárias de cada ente federado, no âmbito de suas respectivas competências. (Lei Complementar n. 123, de 2006, art. 33, § 4.º)

§ 10. É permitida a prestação de assistência mútua e a permuta de informações entre a RFB e as Fazendas Públicas dos Estados, do Distrito Federal e dos Municípios, relativas às ME e às EPP, para fins de planejamento ou de execução de procedimentos fiscais ou preparatórios. (Lei Complementar n. 123, de 2006, art. 34, § 1.º)

§ 11. Sem prejuízo de ação fiscal individual, as administrações tributárias poderão utilizar procedimento de notificação prévia com o objetivo de incentivar a autor regularização, que, neste caso, não constituirá início de procedimento fiscal. (Lei Complementar n. 123, de 2006, art. 34, § 3.º)

§ 12. As notificações para regularização prévia poderão ser feitas por meio do Portal do Simples Nacional, facultada a utilização do Domicílio Tributário Eletrônico do Simples Nacional (DTE-SN) de que trata o art. 122, e deverão estabelecer prazo de regularização de até 90 (noventa) dias. (Lei Complementar n. 123, de 2006, art. 34, § 3.º)

Subseção II
Do Sistema Eletrônico Único de Fiscalização

Art. 86. As ações fiscais serão registradas no Sistema Único de Fiscalização, Lançamento e Contencioso (Sefisc), disponibilizado no Portal do Simples Nacional, com acesso pelos entes federados, e deverão conter, no mínimo: (Lei Complementar n. 123, de 2006, art. 33, § 4.º)

I – data de início da fiscalização;

II – abrangência do período fiscalizado;

III – os estabelecimentos fiscalizados;

IV – informações sobre:

a) planejamento da ação fiscal, a critério de cada ente federado;

b) fato que caracterize embaraço ou resistência à fiscalização;

c) indício de que o contribuinte esteja praticando, em tese, crime contra a ordem tributária; e

d) fato que implique hipótese de exclusão de ofício do Simples Nacional, nos termos do art. 83;

V – prazo de duração e eventuais prorrogações;

VI – resultado, inclusive com indicação do valor do crédito tributário apurado, quando houver;

VII – data de encerramento.

§ 1.º A autoridade fiscal deverá registrar o início da ação fiscal no prazo de até 7 (sete) dias. (Lei Complementar n. 123, de 2006, art. 33, § 4.º)

§ 2.º O Sefisc conterá relatório gerencial com informações das ações fiscais em determinado período. (Lei Complementar n. 123, de 2006, art. 33, § 4.º)

§ 3.º O mesmo ente federado que abrir a ação fiscal deverá encerrá-la, observado o prazo previsto em sua respectiva legislação. (Lei Complementar n. 123, de 2006, art. 33, § 4.º)

Subseção III
Do Auto de Infração e Notificação Fiscal

Art. 87. Verificada infração à legislação tributária por ME ou EPP optante pelo Simples Nacional, deverá ser lavrado Auto de Infração e Notificação Fiscal (AINF), emitido por meio do Sefisc. (Lei Complementar n. 123, de 2006, art. 33, §§ 3.º e 4.º)

§ 1.º O AINF é o documento único de autuação, a ser utilizado por todos os entes federados, nos casos de inadimplemento da obrigação principal previstas na legislação do Simples Nacional. (Lei Complementar n. 123, de 2006, art. 33, §§ 3.º e 4.º)

§ 2.º No caso de descumprimento de obrigações acessórias, deverão ser utilizados os documentos de autuação e lançamento fiscal específicos de cada ente federado, observado o disposto no § 5.º. (Lei Complementar n. 123, de 2006, art. 33, §§ 1.º-D e 4.º)

§ 3.º A ação fiscal relativa ao Simples Nacional poderá ser realizada por estabelecimento, porém o AINF deverá ser lavrado sempre com o CNPJ da matriz, observado o disposto no art. 85. (Lei Complementar n. 123, de 2006, art. 33, § 4.º)

§ 4.º Para a apuração do crédito tributário, deverão ser consideradas as receitas de todos os estabelecimentos da ME ou da EPP, ainda que a ação fiscal seja realizada por estabelecimento. (Lei Complementar n. 123, de 2006, art. 33, § 4.º)

§ 5.º A competência para autuação por descumprimento de obrigação acessória é privativa da administração tributária perante a qual a obrigação deveria ter sido cumprida. (Lei Complementar n. 123, de 2006, art. 33, § 1.º-D)

§ 6.º A receita decorrente das autuações por descumprimento de obrigação acessória será destinada ao ente federado responsável pela autuação a que se refere o § 5.º, caso em que deverá ser utilizado o documento de arrecadação específico do referido ente que promover a autuação e lançamento fiscal, sujeitando-se o pagamento às normas previstas em sua respectiva legislação. (Lei Complementar n. 123, de 2006, art. 33, § 1.º-D; art. 41, § 5.º, inciso IV)

§ 7.º Não será exigido o registro no Sefisc de lançamento fiscal que trate exclusivamente do disposto no § 5.º.

§ 7.º Não se exigirá o registro no Sefisc de lançamento fiscal que trate exclusivamente do disposto no § 5.º. (Lei Complementar n. 123, de 2006, art. 33, §§ 1.º-D e 4.º)

•• Numeração conforme publicação oficial.

§ 8.º Estarão devidamente constituídos os débitos relativos aos impostos e contribuições resultantes das informações prestadas na DASN ou no PGDAS-D, caso em que será vedado lançamento de ofício por parte das administrações tributárias federal, estaduais ou municipais. (Lei Complementar n. 123, de 2006, art. 18, § 15-A, inciso I; art. 25, § 1.º; art. 41, § 4.º)

Art. 88. O AINF será lavrado em 2 (duas) vias e deverá conter as seguintes informações: (Lei Complementar n. 123, de 2006, art. 33, § 4.º)

I – data, hora e local da lavratura;

II – identificação do autuado;

III – identificação do responsável solidário, quando cabível;

IV – período autuado;

V – descrição do fato;

VI – o dispositivo legal infringido e a penalidade aplicável;

VII – a determinação da exigência e a intimação para cumpri-la ou impugná-la, no prazo fixado na legislação do ente federado;

VIII – demonstrativo de cálculo dos tributos e multas devidos;

IX – identificação do autuante; e

X – hipóteses de redução de penalidades.

Parágrafo único. O documento de que trata o *caput* deverá contemplar todos os tributos abrangidos pelo Simples Nacional. (Lei Complementar n. 123, de 2006, art. 33, §§ 1.º-C e 4.º)

Art. 89. Os documentos emitidos em procedimento fiscal podem ser entregues ao sujeito passivo: (Lei Complementar n. 123, de 2006, art. 33, § 4.º)

I – somente em meio impresso;

II – mediante utilização do sistema de comunicação eletrônica previsto no art. 122, observado o disposto em seus §§ 3.º e 4.º; ou

III – em arquivos digitais e, neste caso, deverão ser entregues também em meio impresso:

a) os termos, as intimações, o relatório fiscal e a folha de rosto do AINF; ou

b) somente os termos e as intimações, desde que o relatório fiscal e a folha de rosto do AINF sejam assinados com certificado digital emitido no âmbito da Infraestrutura de Chaves Públicas Brasileira (ICP-Brasil) e possam ser validados em endereço eletrônico informado pelo autuante.

Parágrafo único. Nas hipóteses previstas no inciso III do *caput*: (Lei Complementar n. 123, de 2006, art. 33, § 4.º)

I – os documentos serão entregues ao sujeito passivo por meio de mídia não regravável; e

II – a entrega dos documentos será feita com o respectivo termo de encerramento e ciência do lançamento, no qual devem constar a descrição do conteúdo da mídia digital, o resumo do crédito tributário lançado e demais informações pertinentes ao encerramento.

Art. 90. O valor apurado no AINF deverá ser pago por meio do DAS, gerado por meio de aplicativo disponível no Portal do Simples Nacional. (Lei Complementar n. 123, de 2006, art. 21, inciso I; art. 33, § 4.º)

Subseção IV
Da Omissão de Receita

Art. 91. Aplicam-se à ME e à EPP optantes pelo Simples Nacional todas as presunções de omissão de receita existentes nas legislações de regência dos tributos incluídos no Simples Nacional. (Lei Complementar n. 123, de 2006, art. 34)

Parágrafo único. A existência de tributação prévia por estimativa, estabelecida em legislação do ente federado não desobrigará:

I – da apuração da base de cálculo real efetuada pelo contribuinte ou pelas administrações tributárias; e (Lei Complementar n. 123, de 2006, art. 18, *caput* e § 3.º)

II – da emissão de documento fiscal previsto no art. 59, ressalvadas as prerrogativas do MEI, nos termos do inciso II do art. 106. (Lei Complementar n. 123, de 2006, art. 26, inciso I e § 1.º)

Art. 92. No caso em que a ME ou a EPP optante pelo Simples Nacional exerça atividades incluídas no campo de incidência do ICMS e do ISS e seja apurada omissão de receita de origem não identificável, a autuação será feita com utilização da maior das alíquotas relativas à faixa de receita bruta de enquadramento do contribuinte, dentre as tabelas aplicáveis às respectivas atividades. (Lei Complementar n. 123, de 2006, art. 39, § 2.º)

§ 1.º Na hipótese de as alíquotas das tabelas aplicáveis serem iguais, será utilizada a tabela que tiver a maior alíquota na última faixa, para definir a alíquota a que se refere o *caput*. (Lei Complementar n. 123, de 2006, art. 2.º, inciso I e § 6.º; art. 39, § 2.º)

§ 2.º A parcela autuada que não seja correspondente aos tributos federais será rateada entre Estados, Distrito Federal e Municípios na proporção dos percentuais de ICMS e ISS relativos à faixa de receita bruta de enquadramento do contribuinte, dentre as tabelas aplicáveis.

(Lei Complementar n. 123, de 2006, art. 2.º, inciso I e § 6.º; art. 39, § 2.º)

Subseção V
Das Infrações e Penalidades

Art. 93. Constitui infração, para os fins desta Resolução, toda ação ou omissão, voluntária ou involuntária, da ME ou da EPP optante que importe em inobservância das normas do Simples Nacional. (Lei Complementar n. 123, de 2006, art. 2.º, inciso I e § 6.º; art. 33, § 4.º)

Art. 94. Considera-se também ocorrida infração quando constatada: (Lei Complementar n. 123, de 2006, art. 2.º, inciso I e § 6.º; art. 33, § 4.º)

I – omissão de receitas;

II – diferença de base de cálculo; ou

III – insuficiência de recolhimento dos tributos do Simples Nacional.

Art. 95. Aplicam-se aos tributos devidos pela ME e pela EPP, optantes pelo Simples Nacional, as normas relativas aos juros e multa de mora e de ofício previstas para o imposto sobre a renda, inclusive, quando for o caso, em relação ao ICMS e ao ISS. (Lei Complementar n. 123, de 2006, art. 35)

Art. 96. O descumprimento de obrigação principal devida no âmbito do Simples Nacional sujeita o infrator às seguintes multas: (Lei Complementar n. 123, de 2006, art. 35)

I – 75% (setenta e cinco por cento) sobre a totalidade ou diferença do tributo, no caso de falta de pagamento ou recolhimento; (Lei n. 9.430, de 1996, art. 44, inciso I)

II – 150% (cento e cinquenta por cento) sobre a totalidade ou diferença do tributo, no caso de falta de pagamento ou recolhimento, nas hipóteses previstas nos arts. 71 (sonegação), 72 (fraude) e 73 (conluio) da Lei n. 4.502, de 30 de novembro de 1964, independentemente de outras penalidades administrativas ou criminais cabíveis; (Lei n. 9.430, de 1996, art. 44, inciso I e § 1.º)

III – 112,50% (cento e doze e meio por cento) sobre a totalidade ou diferença do tributo, no caso de falta de pagamento ou recolhimento, nas hipóteses de não atendimento pelo sujeito passivo, no prazo fixado, de intimação para prestar esclarecimentos ou para apresentar arquivos ou documentação técnica referentes aos sistemas eletrônicos de processamento de dados utilizados para registrar negócios e atividades econômicas ou financeiras, escriturar livros ou elaborar documentos de natureza contábil ou fiscal; ou (Lei n. 9.430, de 1996, art. 44, inciso I e § 2.º)

IV – 225% (duzentos e vinte e cinco por cento) sobre a totalidade ou diferença do tributo, nos casos de falta de pagamento ou recolhimento, nas hipóteses previstas nos arts. 71 (sonegação), 72 (fraude) e 73 (conluio) da Lei n. 4.502, de 1964, e caso se trate ainda de não atendimento pelo sujeito passivo, no prazo fixado, de intimação para prestar esclarecimentos ou para apresentar arquivos ou documentação técnica referentes aos sistemas eletrônicos de processamento de dados utilizados para registrar negócios e atividades econômicas ou financeiras, escriturar livros ou elaborar documentos de natureza contábil ou fiscal, independentemente de outras penalidades administrativas ou criminais cabíveis. (Lei n. 9.430, de 1996, art. 44, inciso I e §§ 1.º e 2.º)

Parágrafo único. Aplicam-se às multas de que tratam os incisos do *caput* deste artigo as seguintes reduções:

I – 50% (cinquenta por cento), na hipótese de o contribuinte efetuar o pagamento do débito no prazo de 30 (trinta) dias, contado da data em que tiver sido notificado do lançamento; ou (Lei n. 9.430, de 1996, art. 44, § 3.º; Lei n. 8.218, de 29 de agosto de 1991, art. 6.º, inciso I)

II – 30% (trinta por cento), na hipótese de o contribuinte efetuar o pagamento do débito no prazo de 30 (trinta) dias, contado da data em que tiver sido notificado:

a) da decisão administrativa de primeira instância à impugnação tempestiva; ou (Lei n. 9.430, de 1996, art. 44, § 3.º; Lei n. 8.218, de 1991, art. 6.º, inciso III)

b) da decisão do recurso de ofício interposto por autoridade julgadora de primeira instância. (art. 44, § 3.º, da Lei n. 9.430, de 1996, art. 44, § 3.º; Lei n. 8.218, de 1991, art. 6.º, § 1.º)

Art. 97. A ME ou EPP que deixar de apresentar a DASN ou que a apresentar com incorreções ou omissões ou, ainda, que a apresentar fora do prazo fixado, será intimada a apresentá-la ou a prestar esclarecimentos, conforme o caso, no prazo estipulado pela autoridade fiscal, e sujeitar-se-á a multa: (Lei Complementar n. 123, de 2006, art. 38)

I – de 2% (dois por cento) ao mês-calendário ou fração, incidentes sobre o montante dos tributos informados na DASN, ainda que integralmente pago, no caso de falta de entrega da declaração ou entrega após o prazo, limitada a 20% (vinte por cento), observado o disposto no § 3.º deste artigo; ou

II – de R$ 100,00 (cem reais) para cada grupo de 10 (dez) informações incorretas ou omitidas.

§ 1.º Para efeito de aplicação da multa prevista no inciso I do *caput*, será considerado como termo inicial o dia seguinte ao término do prazo fixado para a entrega da declaração e como termo final a data da efetiva entrega ou, no caso de não apresentação, da lavratura do auto de infração. (Lei Complementar n. 123, de 2006, art. 38, § 1.º)

§ 2.º Observado o disposto no § 3.º deste artigo, as multas serão reduzidas: (Lei Complementar n. 123, de 2006, art. 38, § 2.º)

I – à metade, quando a declaração for apresentada após o prazo, mas antes de qualquer procedimento de ofício;

II – a 75% (setenta e cinco por cento), se houver a apresentação da declaração no prazo fixado em intimação.

§ 3.º A multa mínima a ser aplicada será de R$ 200,00 (duzentos reais). (Lei Complementar n. 123, de 2006, art. 38, § 3.º)

§ 4.º Será considerada não entregue a declaração que não atender às especificações técnicas estabelecidas pelo CGSN, observado que a ME ou a EPP: (Lei Complementar n. 123, de 2006, art. 38, §§ 4.º e 5.º)

I – será intimada a apresentar nova declaração, no prazo de 10 (dez) dias, contado da ciência da intimação; e

II – sujeitar-se-á à multa prevista no inciso I do *caput* deste artigo, observado o disposto nos §§ 1.º a 3.º.

Art. 98. A ME ou a EPP que deixar de prestar mensalmente à RFB as informações no PGDAS-D, no prazo previsto no inciso II do § 2.º do art. 38, ou que as prestar com incorreções ou omissões, será intimada a fazê-lo, no caso de não apresentação, ou a prestar esclarecimentos, nos demais casos, no prazo estipulado pela autoridade fiscal, e sujeitar-se-á às seguintes multas, para cada mês de referência: (Lei Complementar n. 123, de 2006, art. 38-A)

I – de 2% (dois por cento) ao mês-calendário ou fração, a partir do primeiro dia do quarto mês do ano subsequente à ocorrência dos fatos geradores, incidentes sobre o montante dos impostos e contribuições decorrentes das informações prestadas no PGDAS-D, ainda que integralmente pago, no caso de ausência de prestação de informações ou sua efetuação após o prazo, limitada a 20% (vinte por cento), observado o disposto no § 2.º deste artigo; ou (Lei Complementar n. 123, de 2006, art. 38-A, inciso I)

II – de R$ 20,00 (vinte reais) para cada grupo de dez informações incorretas ou omitidas. (Lei Complementar n. 123, de 2006, art. 38-A, inciso II)

§ 1.º Para efeito de aplicação da multa prevista no inciso I do *caput*, será considerado como termo inicial o primeiro dia do quarto mês do ano subsequente à ocorrência dos fatos geradores e como termo final a data da efetiva prestação ou, no caso de não prestação, da lavratura do auto de infração. (Lei Complementar n. 123, de 2006, art. 38-A, § 1.º)

§ 2.º A multa mínima a ser aplicada será de R$ 50,00 (cinquenta reais) para cada mês de referência. (Lei Complementar n. 123, de 2006, art. 38-A, § 2.º)

§ 3.º Observado o disposto no § 2.º deste artigo, as multas serão reduzidas: (Lei Complementar n. 123, de 2006, art. 38, § 2.º; art. 38-A, § 3.º)

I – à metade, quando a declaração for apresentada após o prazo, mas antes de qualquer procedimento de ofício; ou

II – a 75% (setenta e cinco por cento), se houver a apresentação da declaração no prazo fixado em intimação.

§ 4.º Serão consideradas não prestadas as informações que não atenderem às especificações técnicas estabelecidas pelo CGSN, observado que a ME ou a EPP: (Lei Complementar n. 123, de 2006, art. 38, §§ 4.º e 5.º; art. 38-A, § 3.º)

I – será intimada a prestar novas informações, no prazo de 10 (dez) dias, contado da ciência da intimação;

II – estará sujeita à multa prevista no inciso I do *caput* deste artigo, observado o disposto nos §§ 1.º a 3.º.

Art. 99. A falta de comunicação, quando obrigatória, da exclusão da ME ou EPP do Simples Nacional, nos termos do art. 81, sujeitará a multa correspondente a 10% (dez por cento) do total dos tributos devidos em conformidade com o Simples Nacional no mês que anteceder o início dos efeitos da exclusão, não inferior a R$ 200,00 (duzentos reais), insusceptível de redução. (Lei Complementar n. 123, de 2006, art. 36)

TÍTULO II
DO MICROEMPREENDEDOR INDIVIDUAL (MEI)

CAPÍTULO I
DA DEFINIÇÃO

Art. 100. Considera-se MEI o empresário a que se refere o art. 966 do Código Civil ou o empreendedor que exerça as atividades de industrialização, comercialização e prestação de serviços no âmbito rural, optante pelo Simples Nacional, que tenha auferido receita bruta acumulada nos anos-calendário anteriores e em curso de até R$ 81.000,00 (oitenta e um mil reais) e que: (Lei Complementar n. 123, de 2006, art. 18-A, § 1.º e § 7.º, inciso III)

I – exerça, de forma independente, apenas as ocupações constantes do Anexo XI desta Resolução; (Lei Complementar n. 123, de 2006, art. 18-A, §§ 4.º-B e 14)

•• Inciso I com redação determinada pela Resolução n. 145, de 11-6-2019.

II – possua um único estabelecimento; (Lei Complementar n. 123, de 2006, art. 18-A, § 4.º, inciso II)

III – não participe de outra empresa como titular, sócio ou administrador; e (Lei Complementar n. 123, de 2006, art. 18-A, § 4.º, inciso III)

IV – não contrate mais de um empregado, observado o disposto no art. 105. (Lei Complementar n. 123, de 2006, art. 18-C)

§ 1.º No caso de início de atividade, o limite de que trata o *caput* será de R$ 6.750,00 (seis mil setecentos e cinquenta reais) multiplicados pelo número de meses compreendidos entre o mês de início de atividade e o final do respectivo ano-calendário, considerada a fração de mês como mês completo. (Lei Complementar n. 123, de 2006, art. 18-A, § 2.º)

§ 2.º Observadas as demais condições deste artigo, e para efeito do disposto no inciso I do *caput*, poderá enquadrar-se como MEI o empresário individual que exerça atividade de comercialização e processamento de produtos de natureza extrativista. (Lei Complementar n. 123, de 2006, art. 18-A, § 4.º-A)

§ 3.º Para fins do disposto neste Título, o tratamento diferenciado e favorecido previsto para o MEI aplica-se exclusivamente na vigência do período de enquadramento no sistema de recolhimento de que trata o art. 101, exceto na hipótese prevista no inciso II do parágrafo único do art. 116. (Lei Complementar n. 123, de 2006, art. 18-A, § 14)

§ 4.º O MEI não pode guardar, cumulativamente, com o contratante do serviço, relação de pessoalidade, subordinação e habitualidade, sob pena de exclusão do Simples

Nacional. (Lei Complementar n. 123, de 2006, art. 3.º, § 4.º, inciso XI; art. 18-A, § 24; art. 30, inciso II)

§ 5.º O MEI é modalidade de microempresa (Lei Complementar n. 123, de 2006, art. 3.º, inciso I; art. 18-E, § 3.º)

§ 6.º Será considerada como receita auferida pelo MEI que atue como profissional-parceiro de que trata a Lei n. 12.592, de 2012, a totalidade da cota-parte recebida do salão-parceiro. (Lei Complementar n. 123, de 2006, art. 18-A, § 14)

§ 7.º O salão-parceiro de que trata a Lei n. 12.592, de 2012, não poderá ser MEI. (Lei Complementar n. 123, de 2006, art. 18-A, § 14; art. 25, § 4.º; art. 26, §§ 1.º e 2.º)

§ 8.º Entende-se como independente a ocupação exercida pelo titular do empreendimento, desde que este não guarde, cumulativamente, com o contratante do serviço, relação de pessoalidade, subordinação e habitualidade. (Lei Complementar n. 123, de 2006, art. 18-A, §§ 4.º-B e 24)

§ 9.º Considera-se a soma das respectivas receitas brutas, para fins do disposto no *caput*, caso um mesmo empresário tenha mais de uma inscrição cadastral no mesmo ano-calendário, como empresário individual ou MEI, ou atue também como pessoa física, caracterizada, para fins previdenciários, como contribuinte individual ou segurado especial. (Lei Complementar n. 123, de 2006, art. 18-A, §§ 1.º, 4.º, inciso III, e § 14)

Art. 100-A. Sem prejuízo do disposto no art. 15, poderá ser incluída no Anexo XI como ocupação permitida ao MEI a atividade que:

•• *Caput* acrescentado pela Resolução n. 160, de 17-8-2021.

I – seja passível de exercício sem cessão de mão de obra, nos termos do art. 112;

•• Inciso I acrescentado pela Resolução n. 160, de 17-8-2021.

II – seja passível de exercício por até duas pessoas, nos termos do art. 105;

•• Inciso II acrescentado pela Resolução n. 160, de 17-8-2021.

III – seja passível de exercício em um único estabelecimento, nos termos do inciso II do art. 100;

•• Inciso III acrescentado pela Resolução n. 160, de 17-8-2021.

IV – não fragilize as relações de trabalho, conforme estabelece o § 4.º-B do art. 18-A da Lei Complementar n. 123, de 2006;

•• Inciso IV acrescentado pela Resolução n. 160, de 17-8-2021.

V – seja exercida pelo empresário a que se refere o art. 966 do Código Civil, nos termos do *caput* do art. 100;

•• Inciso V acrescentado pela Resolução n. 160, de 17-8-2021.

VI – não esteja sujeita à tributação na forma do Anexo V, nos termos do inciso V do § 1.º do art. 25;

•• Inciso VI acrescentado pela Resolução n. 160, de 17-8-2021.

VII – exercida no âmbito rural, seja caracterizada como industrial, comercial ou de serviços, nos termos do *caput* do art. 100;

•• Inciso VII acrescentado pela Resolução n. 160, de 17-8-2021.

VIII – seja caracterizada como de comercialização ou de processamento de produtos de natureza extrativista, nos termos do § 2.º do art. 100.

•• Inciso VIII acrescentado pela Resolução n. 160, de 17-8-2021.

CAPÍTULO II
DO SISTEMA DE RECOLHIMENTO EM VALORES FIXOS MENSAIS DOS TRIBUTOS ABRANGIDOS PELO SIMPLES NACIONAL (SIMEI)

Seção I
Da Definição

Art. 101. O Sistema de Recolhimento em Valores Fixos Mensais dos Tributos abrangidos pelo Simples Nacional (Simei) é a forma pela qual o MEI pagará, por meio do DAS, independentemente da receita bruta por ele auferida no mês, observados os limites previstos no art. 100, valor fixo mensal correspondente à soma das seguintes parcelas: (Lei Complementar n. 123, de 2006, art. 18-A, § 3.º, inciso V)

I – contribuição para a Seguridade Social relativa à pessoa do empresário, na qualidade de contribuinte individual, na forma prevista no § 2.º do art. 21 da Lei n. 8.212, de 1991, correspondente a:

• Inciso I, *caput*, com redação determinada pela Resolução n. 141, de 6-7-2018.

a) até a competência abril de 2011: 11% (onze por cento) do limite mínimo mensal do salário de contribuição; (Lei Complementar n. 123, de 2006, art. 18-A, § 3.º, inciso V, alínea "a", e § 11)

b) a partir da competência maio de 2011: 5% (cinco por cento) do limite mínimo mensal do salário de contribuição; (Lei n. 8.212, de 24 de julho de 1991, art. 21, § 2.º, inciso II, alínea "a"; Lei n. 12.470, de 31 de agosto de 2011, arts. 1.º e 5.º)

II – R$ 1,00 (um real), a título de ICMS, caso seja contribuinte desse imposto;

III – R$ 5,00 (cinco reais), a título de ISS, caso seja contribuinte desse imposto.

§ 1.º A definição da parcela a ser paga a título de ICMS ou de ISS e sua destinação serão determinadas de acordo com os dados registrados no CNPJ, observando-se: (Lei Complementar n. 123, de 2006, art. 18-A, § 4.º-B)

I – o enquadramento previsto no Anexo XI;

II – os códigos CNAE e o endereço da empresa constantes do CNPJ na 1ª (primeira) geração do DAS relativo ao mês de início do enquadramento no Simei ou ao 1.º (primeiro) mês de cada ano calendário.

§ 2.º A tabela constante do Anexo XI aplica-se apenas no âmbito do Simei. (Lei Complementar n. 123, de 2006, art. 18-A, § 4.º-B)

§ 3.º Na hipótese de alteração da relação de ocupações permitidas ao MEI contidas no Anexo XI desta Resolução, serão observadas as seguintes regras: (Lei Complementar n. 123, de 2006, art. 18-A, §§ 4.º-B e 14)

•• § 3.º, *caput*, com redação determinada pela Resolução n. 145, de 11-6-2019.

I – se determinada ocupação passar a ser permitida ao

MEI, o contribuinte que a exerça poderá optar pelo SIMEI a partir do ano-calendário da produção dos efeitos da referida alteração, desde que não incorra em nenhuma das vedações previstas neste Capítulo; e

•• Inciso I com redação determinada pela Resolução n. 145, de 11-6-2019.

II – se determinada ocupação deixar de ser permitida ao MEI, serão observadas as disposições do art. 115.

•• Inciso II com redação determinada pela Resolução n. 145, de 11-6-2019.

§§ 4.º e 5.º (*Revogados pela Resolução n. 145, de 11-6-2019.*)

Seção II
Da Opção pelo SIMEI

Art. 102. A opção pelo Simei: (Lei Complementar n. 123, de 2006, art. 18-A, *caput* e §§ 5.º e 14)

I – será irretratável para todo o ano-calendário;

II – para o empresário individual já inscrito no CNPJ, deverá ser realizada no mês de janeiro, até seu último dia útil, e produzirá efeitos a partir do primeiro dia do ano-calendário da opção, por meio de aplicativo disponibilizado no Portal do Simples Nacional, ressalvado o disposto no § 1.º.

§ 1.º Para o empresário individual em início de atividade, a realização da opção pelo Simples Nacional e enquadramento no Simei será simultânea à inscrição no CNPJ, observadas as condições previstas neste Capítulo, quando utilizado o registro simplificado de que trata o § 1.º do art. 4.º da Lei Complementar n. 123, de 2006, caso em que não se aplica o disposto no art. 6.º. (Lei Complementar n. 123, de 2006, art. 18-A, *caput* e §§ 5.º e 14)

§ 2.º No momento da opção pelo Simei, o MEI deverá declarar: (Lei Complementar n. 123, de 2006, art. 18-A, § 14)

I – que não se enquadra nas vedações para ingresso no Simei;

II – que se enquadra nos limites previstos no art. 100.

§ 3.º Enquanto não vencido o prazo para solicitação da opção pelo Simei de que trata o inciso II do *caput*, o contribuinte poderá: (Lei Complementar n. 123, de 2006, art. 18-A, § 14)

I – regularizar eventuais pendências impeditivas do ingresso no Simei, sujeitando-se à rejeição da solicitação de opção caso não as regularize até o término desse prazo;

II – efetuar o cancelamento da solicitação de opção, salvo se já houver sido confirmada.

Art. 103. Durante a vigência da opção pelo Simei, não se aplicam ao MEI:

I – valores fixos estabelecidos por Estado, Município ou pelo Distrito Federal na forma prevista no art. 33; (Lei Complementar n. 123, de 2006, art. 18-A, § 3.º, inciso I)

II – as reduções previstas no art. 35, ou qualquer dedução na base de cálculo; (Lei Complementar n. 123, de 2006, art. 18-A, § 3.º, inciso II)

III – isenções específicas para as ME e as EPP concedidas pelo Estado, Município ou pelo Distrito Federal que abranjam integralmente a faixa de receita bruta acumulada de até R$ 81.000,00 (oitenta e um mil reais); (Lei Complementar n. 123, de 2006, art. 18-A, § 3.º, inciso III)

IV – retenções de ISS sobre os serviços prestados; (Lei Complementar n. 123, de 2006, art. 21, § 4.º, inciso IV)

V – atribuições da qualidade de substituto tributário; e (Lei Complementar n. 123, de 2006, art. 18-A, § 14)

VI – reduções ou isenções de ICMS para produtos da cesta básica, estabelecidos por Estado ou pelo Distrito Federal, em lei específica destinada às ME ou EPP optantes pelo Simples Nacional, na forma prevista no no art. 36. (Lei Complementar n. 123, de 2006, art. 18-A, § 3.º, incisos II e III)

§ 1.º A opção pelo Simei importa opção simultânea pelo recolhimento da contribuição para a Seguridade Social relativa à pessoa do empresário, na qualidade de contribuinte individual, na forma prevista no inciso II do § 2.º do art. 21 da Lei n. 8.212, de 1991. (Lei Complementar n. 123, de 2006, art. 18-A, § 3.º, inciso IV)

§ 2.º O MEI terá isenção dos tributos referidos nos incisos I a V do art. 4.º, observadas as disposições do art. 5.º e, quanto à contribuição patronal previdenciária, o disposto no art. 105. (Lei Complementar n. 123, de 2006, art. 18-A, § 3.º, inciso VI e art. 18-C)

§ 3.º Aplica-se ao MEI o disposto no § 4.º do art. 55 e no § 2.º do art. 94, ambos da Lei n. 8.213, de 1991, exceto se optar pela complementação da contribuição previdenciária a que se refere o § 3.º do art. 21 da Lei n. 8.212, de 1991. (Lei Complementar n. 123, de 2006, art. 18-A, § 12)

§ 4.º O recolhimento da complementação prevista no § 3.º será disciplinado pela RFB. (Lei Complementar n. 123, de 2006, art. 18-A, §§ 12 e 14)

§ 5.º A inadimplência do recolhimento da contribuição para a Seguridade Social relativa à pessoa do empresário, na qualidade de contribuinte individual, prevista no inciso I do art. 101, tem como consequência a não contagem da competência em atraso para fins de carência para obtenção dos benefícios previdenciários respectivos. (Lei Complementar n. 123, de 2006, art. 18-A, § 15)

Seção III
Do Documento de Arrecadação (DAS)

Art. 104. Para o contribuinte optante pelo Simei, o Programa Gerador do DAS para o MEI (PGMEI) possibilitará a emissão simultânea dos DAS, para todos os meses do ano calendário. (Lei Complementar n. 123, de 2006, art. 18-A, § 14; art. 21, inciso I)

§ 1.º A impressão de que trata o *caput* estará disponível a partir do início do ano-calendário ou do início de atividade do MEI. (Lei Complementar n. 123, de 2006, art. 18-A, § 14; art. 21, inciso I)

§ 2.º O pagamento mensal deverá ser efetuado no prazo definido no art. 40, observado o disposto no *caput* do art. 101. (Lei Complementar n. 123, de 2006, art. 18-A, § 14; art. 21, inciso III)

Seção IV

Da Contratação de Empregado

Art. 105. O MEI poderá contratar um único empregado que receba exclusivamente 1 (um) salário mínimo previsto em lei federal ou estadual ou o piso salarial da categoria profissional, definido em lei federal ou por convenção coletiva da categoria. (Lei Complementar n. 123, de 2006, art. 18-C)

§ 1.º Na hipótese referida no *caput*, o MEI: (Lei Complementar n. 123, de 2006, art. 18-C, § 1.º)

I – deverá reter e recolher a contribuição previdenciária devida pelo segurado a seu serviço, na forma estabelecida pela lei, observados prazo e condições estabelecidos pela RFB;

II – ficará obrigado a prestar informações relativas ao segurado a seu serviço, e deve cumprir o disposto no inciso IV do art. 32 da Lei n. 8.212, de 1991;

III – estará sujeito ao recolhimento da CPP para a Seguridade Social, a cargo da pessoa jurídica, de que trata o art. 22 da Lei n. 8.212, de 1991, calculada à alíquota de 3% (três por cento) sobre o salário de contribuição previsto no *caput*.

§ 2.º Nos casos de afastamento legal do único empregado do MEI, será permitida a contratação de outro empregado, inclusive por prazo determinado, até que cessem as condições do afastamento, na forma estabelecida pelo Ministério do Trabalho e Emprego. (Lei Complementar n. 123, de 2006. art. 18-C, § 2.º)

§ 3.º Não se incluem no limite de que trata o *caput* valores recebidos a título de horas extras e adicionais de insalubridade, periculosidade e por trabalho noturno, bem como os relacionados aos demais direitos constitucionais do trabalhador decorrentes da atividade laboral, inerentes à jornada ou condições do trabalho, e que incidem sobre o salário. (Lei Complementar n. 123, de 2006, art. 18-C)

§ 4.º A percepção, pelo empregado, de valores a título de gratificações, gorjetas, percentagens, abonos e demais remunerações de caráter variável é considerada hipótese de descumprimento do limite de que trata o *caput*. (Lei Complementar n. 123, de 2006, art. 18-C)

Art. 105-A. O MEI deverá cumprir as obrigações de que trata o § 1.º do art. 105, bem como as relativas ao FGTS, por meio do eSocial, o qual deverá gerar um Documento de Arrecadação do eSocial (DAE). (Lei Complementar nº 123, de 2006, art. 18-C, §§ 1.º e 3.º, inciso II)

•• *Caput* acrescentado pela Resolução n. 160, de 17-8-2021, em vigor em 1-1-2022.

§ 1.º O cumprimento das obrigações estabelecidas no *caput*, bem como o recolhimento do correspondente DAE, deverá ocorrer até o dia 7 (sete) do mês subsequente àquele em que os valores são devidos, com exceção dos casos referidos no § 2.º. (Lei Complementar n. 123, de 2006, art. 18-C, §§ 1.º e 3.º, inciso II)

•• § 1.º com redação determinada pela Resolução n. 164, de 21-1-2022.

§ 2.º Nos casos de rescisões de contrato, o cumprimento das obrigações relacionadas com o FGTS deverá ocorrer até o décimo dia subsequente à data da rescisão de contrato. (Lei Complementar nº 123, de 2006, art. 18-C, § 1º, inciso II)

•• § 2.º acrescentado pela Resolução n. 160, de 17-8-2021, em vigor em 1-1-2022.

§ 3.º Nos casos de rescisões de contrato que geram direito ao saque do FGTS, o recolhimento do DAE correspondente aos depósitos rescisórios do FGTS deverá ser feito no mesmo prazo referido no § 2.º. (Lei Complementar n. 123, de 2006, art. 18-C, § 3.º, inciso II)

•• § 3.º acrescentado pela Resolução n. 160, de 17-8-2021, em vigor em 1-1-2022.

§ 4.º Quando não houver expediente bancário na data estabelecida no § 1.º, as obrigações deverão ser cumpridas e o recolhimento do valor constante do DAE deverá ocorrer até o dia útil imediatamente anterior.

•• § 4.º acrescentado pela Resolução n. 164, de 21-1-2022.

CAPÍTULO III
DAS OBRIGAÇÕES ACESSÓRIAS

Seção I

Da Dispensa de Obrigações Acessórias

Art. 106. O MEI: (Lei Complementar n. 123, de 2006, art. 26, §§ 1.º e 6.º, inciso II)

I – deverá comprovar a receita bruta mediante apresentação do Relatório Mensal de Receitas Brutas de que trata o Anexo X, que deverá ser preenchido até o dia 20 (vinte) do mês subsequente àquele em que houver sido auferida a receita bruta;

II – em relação ao documento fiscal previsto no art. 59:

a) ficará dispensado da emissão:

1. nas operações com venda de mercadorias ou prestações de serviços para consumidor final pessoa física; e

2. nas operações com mercadorias para destinatário inscrito no CNPJ, quando o destinatário emitir nota fiscal de entrada; e

b) ficará obrigado à sua emissão:

1. nas prestações de serviços para tomador inscrito no CNPJ; e

2. nas operações com mercadorias para destinatário inscrito no CNPJ, quando o destinatário não emitir nota fiscal de entrada.

§ 1.º O MEI fica dispensado:

I – da escrituração dos livros fiscais e contábeis;

II – da Declaração Eletrônica de Serviços; e

III – da emissão de documento fiscal eletrônico, exceto se exigida pelo respectivo ente federado e disponibilizado sistema gratuito de emissão, respeitado o disposto no art. 110. (Lei Complementar n. 123, de 2006, art. 2.º, inciso I e § 6.º; art. 26, § 2.º)

§ 2.º Nas hipóteses previstas nos incisos do *caput*:

I – deverão ser anexados ao Relatório Mensal de Receitas Brutas os documentos fiscais comprobatórios das entradas de mercadorias e serviços tomados referentes ao período, bem como os documentos fiscais relativos às operações ou prestações realizadas eventualmente emitidos; (Lei Complementar n. 123, de 2006, art. 26, § 6.º, inciso I)

II – o documento fiscal a que se refere o inciso II do *caput* deverá atender aos requisitos: (Lei Complementar n. 123, de 2006, art. 2.º, inciso I e § 6.º; art. 26, §§ 1.º e 8.º)

a) do documento fiscal avulso, quando previsto na legislação do ente federado;

b) da autorização para impressão de documentos fiscais do ente federado da circunscrição do contribuinte; e

c) do documento fiscal emitido diretamente por sistema nacional informatizado, com autorização eletrônica, sem custos para o MEI, quando houver sua disponibilização no Portal do Simples Nacional.

Art. 107. A simplificação da exigência referente ao cadastro fiscal estadual ou municipal do MEI não dispensa a emissão de documentos fiscais de compra, venda ou prestação de serviços, e é vedada, em qualquer hipótese, a imposição de custos pela autorização para emissão, inclusive na modalidade avulsa. (Lei Complementar n. 123, de 2006, art. 4.º, § 3.º)

Art. 108. O MEI que não contratar empregado na forma prevista no art. 105 fica dispensado:

I – de prestar a informação prevista no inciso IV do art. 32 da Lei n. 8.212, de 1991, no que se refere à remuneração paga ou creditada decorrente do seu trabalho, salvo se presentes outras hipóteses de obrigatoriedade de prestação de informações, na forma estabelecida pela RFB; (Lei Complementar n. 123, de 2006, art. 18-A, § 13, inciso I)

II – de apresentar a Relação Anual de Informações Sociais - RAIS; (Lei Complementar n. 123, de 2006, art. 18-A, § 13, inciso II)

III – de declarar à Caixa Econômica Federal a ausência de fato gerador para fins de emissão da Certidão de Regularidade Fiscal perante o FGTS. (Lei Complementar n. 123, de 2006, art. 18-A, § 13, inciso III)

Seção II
Da Declaração Anual Simplificada para o MEI (DASNSimei)

Art. 109. Na hipótese de o empresário individual ter optado pelo Simei no ano-calendário anterior, ele deverá apresentar, até o último dia de maio de cada ano, à RFB, a Declaração Anual Simplificada para o Microempreendedor Individual (DASN-Simei), que conterá apenas: (Lei Complementar n. 123, de 2006, art. 25, *caput* e § 4.º)

I – a receita bruta total auferida relativa ao ano-calendário anterior;

II – a receita bruta total auferida relativa ao ano-calendário anterior, referente às atividades sujeitas ao ICMS; e

III – informação referente à contratação de empregado, quando houver.

§ 1.º Na hipótese de a inscrição do MEI ter sido baixada, a DASN-Simei relativa à situação especial deverá ser entregue: (Lei Complementar n. 123, de 2006, art. 25, *caput*)

I – até o último dia do mês de junho, quando o evento ocorrer no primeiro quadrimestre do ano-calendário; e

II – até o último dia do mês subsequente ao do evento, nos demais casos.

§ 2.º Em relação ao ano-calendário de desenquadramento do empresário individual para fins do Simei, inclusive em decorrência de sua exclusão do Simples Nacional, este deverá entregar a DASN-Simei com inclusão dos fatos geradores ocorridos no período em que vigorou o enquadramento, no prazo estabelecido no *caput*. (Lei Complementar n. 123, de 2006, art. 25, *caput*)

§ 3.º A DASN-Simei poderá ser retificada independentemente de prévia autorização da administração tributária, e a retificadora terá a mesma natureza da declaração originariamente apresentada, observado o disposto no parágrafo único do art. 138 do CTN. (Lei Complementar n. 123, de 2006, art. 25, *caput*)

§ 4.º As informações prestadas pelo contribuinte na DASN-Simei serão compartilhadas entre a RFB e os órgãos de fiscalização tributária dos Estados, Distrito Federal e Municípios. (Lei Complementar n. 123, de 2006, art. 25, *caput*)

§ 5.º A apresentação da DASN-Simei não exonera o contribuinte de prestar informações relativas a terceiros. (Lei Complementar n. 123, de 2006, art. 26, § 3.º)

§ 6.º Os dados informados na DASN-Simei relativos ao inciso III do *caput* poderão ser encaminhados pelo Serviço Federal de Processamento de Dados (Serpro) ao Ministério do Trabalho e Emprego, observados os procedimentos estabelecidos entre as partes, com vistas à exoneração da obrigação da apresentação da Relação Anual de Informações Sociais (RAIS) por parte do MEI. (Lei Complementar n. 123, de 2006, art. 18-A, § 14; art. 25, *caput* e § 4.º)

§ 7.º A DASN-Simei constitui confissão de dívida e instrumento hábil e suficiente para a exigência dos tributos que não tenham sido recolhidos, apurados com base nas informações nela prestadas. (Lei Complementar n. 123, de 2006, art. 25, §§ 1.º e 4.º)

§ 8.º O direito de o MEI retificar as informações prestadas na DASN-Simei extingue-se no prazo de 5 (cinco) anos, contado a partir do 1.º (primeiro) dia do exercício seguinte àquele ao qual se refere a declaração. (Lei Complementar n. 123, de 2006, art. 25, *caput* e § 4.º)

Seção III
Da Certificação Digital para o MEI

Art. 110. O MEI fica dispensado de utilizar certificação digital para cumprimento de obrigações principais ou acessórias ou para recolhimento do FGTS. (Lei Complementar n. 123, de 2006, art. 26, § 7.º)

Art. 111. Independentemente do disposto no art. 110, poderá ser exigida a utilização de códigos de acesso para cumprimento das referidas obrigações. (Lei Complementar n. 123, de 2006, art. 2.º, inciso I e § 6.º; art. 26, § 7.º)

CAPÍTULO IV
DA PRESTAÇÃO DE SERVIÇOS

Art. 112. O MEI não poderá realizar cessão ou locação de mão de obra, sob pena de exclusão do Simples Nacional.

(Lei Complementar n. 123, de 2006, art. 2.º, inciso I e § 6.º; art. 17, XII; art. 18-B)

§ 1.º Para os fins desta Resolução, considera-se cessão ou locação de mão de obra a colocação à disposição da empresa contratante, em suas dependências ou nas de terceiros, de trabalhadores, inclusive o MEI, para realização de serviços contínuos, relacionados ou não com sua atividade fim, independentemente da natureza e da forma de contratação. (Lei Complementar n. 123, de 2006, art. 2.º, inciso I e § 6.º; Lei n. 8.212, de 1991, art. 31, § 3.º)

§ 2.º As dependências de terceiros a que se refere o § 1.º são as indicadas pela empresa contratante, que não sejam as suas próprias e que não pertençam ao MEI prestador dos serviços. (Lei Complementar n. 123, de 2006, art. 2.º, inciso I e § 6.º)

§ 3.º Os serviços contínuos a que se refere o § 1.º são os que constituem necessidade permanente da contratante, que se repetem periódica ou sistematicamente, ligados ou não a sua atividade fim, ainda que sua execução seja realizada de forma intermitente ou por trabalhadores contratados sob diferentes vínculos. (Lei Complementar n. 123, de 2006, art. 2.º, inciso I e § 6.º)

§ 4.º Considera-se colocação de trabalhadores, inclusive o MEI, à disposição da empresa contratante a cessão do trabalhador, em caráter não eventual, respeitados os limites do contrato. (Lei Complementar n. 123, de 2006, art. 2.º, inciso I e § 6.º)

Art. 113. A empresa contratante de serviços de hidráulica, eletricidade, pintura, alvenaria, carpintaria e de manutenção ou reparo de veículos executados por intermédio do MEI fica obrigada, em relação a essa contratação, ao recolhimento da CPP calculada na forma prevista no inciso III do *caput* e no § 1.º do art. 22 da Lei n. 8.212, de 1991, e ao cumprimento das obrigações acessórias relativas à contratação de contribuinte individual, na forma disciplinada pela RFB. (Lei Complementar n. 123, de 2006, art. 18-B, *caput* e § 1.º)

Art. 114. Na hipótese de o MEI prestar serviços como empregado ou em cuja contratação forem identificados elementos que configurem relação de emprego ou de emprego doméstico: (Lei Complementar n. 123, de 2006, art. 2.º, inciso I e § 6.º; art. 3.º, § 4.º, XI; art. 18-A, § 24, art. 18-B, § 2.º; Lei n. 8.212, de 1991, art. 24, parágrafo único)

I – o MEI será considerado empregado ou empregado doméstico e o contratante ficará sujeito às obrigações decorrentes da relação, inclusive às obrigações tributárias e previdenciárias; e

II – o MEI ficará sujeito à exclusão do Simples Nacional.

CAPÍTULO V
DO DESENQUADRAMENTO

Art. 115. O desenquadramento do Simei será realizado de ofício pela autoridade administrativa ou mediante comunicação do contribuinte. (Lei Complementar n. 123, de 2006, art. 18-A, § 6.º)

§ 1.º O desenquadramento do Simei não implica a exclusão do contribuinte do Simples Nacional. (Lei Complementar n. 123, de 2006, art. 18-A, § 14)

§ 2.º O desenquadramento do Simei mediante comunicação do contribuinte à RFB, em aplicativo disponibilizado no Portal do Simples Nacional, dar-se-á:

I – por opção do contribuinte, caso em que o desenquadramento produzirá efeitos: (Lei Complementar n. 123, de 2006, art. 18-A, § 7.º, inciso I)

a) a partir de 1.º de janeiro do ano-calendário, se a comunicação for feita no mês de janeiro;

•• Alínea *a* com redação determinada pela Resolução n. 145, de 11-6-2019.

b) a partir de 1.º de janeiro do ano-calendário subsequente, se a comunicação for feita nos demais meses; ou

•• Alínea *b* com redação determinada pela Resolução n. 145, de 11-6-2019.

c) a partir da data de abertura constante do CNPJ, caso a abertura e a comunicação sejam efetuadas no mesmo mês de janeiro;

•• Alínea *c* acrescentada pela Resolução n. 145, de 11-6-2019.

II – obrigatoriamente, quando o contribuinte:

a) auferir receita que exceda, no ano-calendário, o limite de receita bruta previsto no *caput* ou no § 1.º do art. 100, caso em que a comunicação deverá ser feita até o último dia útil do mês subsequente àquele em que o excesso se verificou, e o desenquadramento produzirá efeitos: (Lei Complementar n. 123, de 2006, art. 18-A, § 7.º, incisos III e IV)

1. a partir de 1.º de janeiro do ano-calendário subsequente àquele em que o excesso se verificou, desde que este não tenha sido superior a 20% (vinte por cento) do limite previsto no *caput* ou no § 1.º do art. 100;

2. retroativamente a 1.º de janeiro do ano calendário em que o excesso se verificou, se este foi superior a 20% (vinte por cento) do limite previsto no *caput* do art. 100; e

3. retroativamente ao início de atividade, se o excesso verificado tiver sido superior a 20% (vinte por cento) do limite previsto no § 1.º do art. 100;

b) deixar de atender a qualquer das condições previstas no art. 100, caso em que a comunicação deverá ser feita até o último dia útil do mês subsequente àquele em que descumprida a condição, hipótese em que o desenquadramento produzirá efeitos a partir do mês subsequente ao da ocorrência do fato; ou (Lei Complementar n. 123, de 2006, art. 18-A, § 7.º, inciso II)

•• Alínea *b* com redação determinada pela Resolução n. 145, de 11-6-2019.

c) exercer ocupação que deixou de ser permitida ao MEI, caso em que a comunicação deverá ser feita até o último dia útil do mês em que verificado o impedimento, hipótese em que o desenquadramento ocorrerá a partir do 1.º dia do mês de início da produção de efeitos das alterações do Anexo XI desta Resolução.

•• Alínea *c* acrescentada pela Resolução n. 145, de 11-6-2019.

§ 3.º A alteração de dados no CNPJ informada pelo empresário à RFB equivalerá à comunicação obrigatória de desenquadramento da condição de MEI, nas seguintes hipóteses: (Lei Complementar n. 123, de 2006, art. 18-A, § 17)

I – se houver alteração para natureza jurídica distinta do empresário a que se refere o art. 966 do Código Civil; (Lei Complementar n. 123, de 2006, art. 18-A, §§ 1.º e 17)

II – se for incluída no CNPJ atividade não constante do Anexo XI desta Resolução; ou (Lei Complementar n. 123, de 2006, art. 18-A, §§ 4.º-B e 17)

III – se a alteração tiver por objeto abertura de filial. (Lei Complementar n. 123, de 2006, art. 18-A, § 4.º, inciso II)

§ 4.º O desenquadramento de ofício dar-se-á quando: (Lei Complementar n. 123, de 2008, art. 18-A, § 8º):

•• § 4.º, *caput*, com redação determinada pela Resolução n. 145, de 11-6-2019.

I – for constatada falta da comunicação relativa às hipóteses previstas nas alíneas "a" a "c" do inciso II do § 2.º, observada a data de produção de efeitos nelas prevista, conforme o caso;

•• Inciso I com redação determinada pela Resolução n. 145, de 11-6-2019.

II – for constatado que o empresário não atendia às condições para ingresso no Simei, previstas no art. 100, ou que ele tenha prestado declaração inverídica no momento da opção pelo Simei, nos termos do § 2.º do art. 102, hipótese em que os efeitos do desenquadramento retroagirão à data de ingresso no Regime.

§ 5.º Na hipótese de exclusão do Simples Nacional, o desenquadramento do Simei: (Lei Complementar n. 123, de 2008, art. 18-A, §§ 1.º, 14 e 16)

I – ocorrerá automaticamente no momento da apresentação, pelo contribuinte, da comunicação obrigatória de exclusão do Simples Nacional ou do registro da exclusão de ofício, no sistema, pelo ente federado;

II – produzirá efeitos a partir da data de início da produção de efeitos relativa a sua exclusão do Simples Nacional.

§ 6.º O contribuinte desenquadrado do Simei passará a recolher os tributos devidos pela regra geral do Simples Nacional a partir da data de início da produção dos efeitos relativos ao desenquadramento, observado o disposto nos §§ 7.º a 9.º. (Lei Complementar n. 123, de 2006, art. 18-A, § 9.º)

§ 7.º O contribuinte desenquadrado do Simei e excluído do Simples Nacional ficará obrigado a recolher os tributos devidos de acordo com a legislação aplicável aos demais contribuintes. (Lei Complementar n. 123, de 2006, art. 18-A, § 14)

§ 8.º Na hipótese de a receita bruta auferida no ano calendário não exceder em mais de 20% (vinte por cento) os limites previstos no art. 100, conforme o caso, o contribuinte deverá recolher a diferença, sem acréscimos, na data do vencimento estipulado para o pagamento dos tributos abrangidos pelo Simples Nacional relativos ao mês de janeiro do ano-calendário subsequente, calculada mediante aplicação das alíquotas previstas nas tabelas dos Anexos I a V desta Resolução, observado, para inclusão dos percentuais relativos ao ICMS e ao ISS, a tabela constante do Anexo XI desta Resolução. (Lei Complementar n. 123, de 2006, art. 18-A, § 10)

§ 9.º Na hipótese de a receita bruta auferida no ano calendário exceder em mais de 20% (vinte por cento) os limites previstos no art. 100, conforme o caso, o contribuinte deverá informar no PGDAS-D as receitas efetivas mensais, e recolher as diferenças relativas aos tributos com os acréscimos legais na forma prevista na legislação do Imposto sobre a Renda, sem prejuízo do disposto no § 7.º. (Lei Complementar n. 123, de 2006, art. 18-A, § 7.º, inciso IV, "b", e § 14)

Art. 116. O empresário perderá a condição de MEI nas hipóteses previstas no art. 115, e deixará de ter direito ao tratamento diferenciado e se submeterá ao cumprimento das obrigações acessórias previstas para os demais optantes pelo Simples Nacional, caso permaneça nesse Regime, ressalvado o disposto no parágrafo único. (Lei Complementar n. 123, de 2006, art. 18-A, § 9.º)

Parágrafo único. Na hipótese de o empresário exceder a receita bruta anual de que trata o art. 100, a perda do tratamento diferenciado relativo à emissão de documentos fiscais previsto no art. 106 ocorrerá: (Lei Complementar n. 123, de 2006, art. 18-A, § 16)

I – a partir de 1.º de janeiro do ano-calendário subsequente ao da ocorrência do excesso, na hipótese de não ter excedido o referido limite em mais de 20% (vinte por cento);

II – a partir do mês subsequente ao da ocorrência do excesso, na hipótese de ter excedido o referido limite em mais de 20% (vinte por cento).

CAPÍTULO VI
DAS INFRAÇÕES E PENALIDADES

Art. 117. A falta de comunicação pelo MEI, quando obrigatória, do desenquadramento do Simei nos prazos previstos no inciso II do § 2.º do art. 115 sujeitará o contribuinte à multa no valor de R$ 50,00 (cinquenta reais), insusceptível de redução. (Lei Complementar n. 123, de 2006, art. 36-A)

Art. 118. O MEI que deixar de apresentar a DASN--Simei ou que a apresentar com incorreções ou omissões ou, ainda, que a apresentar fora do prazo fixado será intimado a apresentá-la ou a prestar esclarecimentos, conforme o caso, no prazo estipulado pela autoridade fiscal, e sujeitar-se-á à multa: (Lei Complementar n. 123, de 2006, art. 38)

I – de 2% (dois por cento) ao mês-calendário ou fração, incidente sobre o montante dos tributos decorrentes das informações prestadas na DASN-Simei, ainda que integralmente pago, no caso de falta de entrega da declaração ou entrega após o prazo, limitada a 20% (vinte por cento), observado o disposto no § 3.º deste artigo; ou

II – de R$ 100,00 (cem reais) para cada grupo de 10 (dez) informações incorretas ou omitidas.

§ 1.º Para efeitos da aplicação da multa prevista no inciso I do *caput*, será considerado como termo inicial o dia seguinte ao término do prazo fixado para a entrega da declaração e como termo final a data da efetiva entrega ou, no caso de não apresentação, da lavratura do auto de infração. (Lei Complementar n. 123, de 2006, art. 38, § 1.º)

§ 2.º Observado o disposto no § 3.º deste artigo, as multas serão reduzidas: (Lei Complementar n. 123, de 2006, art. 38, § 2.º)

I – à metade, quando a declaração for apresentada após o prazo, mas antes de qualquer procedimento de ofício; ou

II – a 75% (setenta e cinco por cento), se houver a apresentação da declaração no prazo fixado em intimação.

§ 3.º A multa mínima a ser aplicada será de R$ 50,00 (cinquenta reais). (Lei Complementar n. 123, de 2006, art. 38, § 6.º)

§ 4.º Considerar-se-á não entregue a declaração que não atender às especificações técnicas estabelecidas pelo CGSN, caso em que o MEI: (Lei Complementar n. 123, de 2006, art. 38, §§ 4.º e 5.º)

I – será intimado a apresentar nova declaração, no prazo de 10 (dez) dias, contado da ciência da intimação;

II – sujeitar-se-á à multa prevista no inciso I do *caput* deste artigo, observado o disposto nos §§ 1.º a 3.º.

CAPÍTULO VII
DISPOSIÇÕES FINAIS

Art. 119. Aplicam-se subsidiariamente ao MEI as demais regras previstas para o Simples Nacional. (Lei Complementar n. 123, de 2006, art. 18-A, §§ 1.º e 14)

Art. 120. Os Estados, o Distrito Federal e os Municípios poderão conceder remissão de débitos decorrentes do não recolhimento das parcelas em valores fixos previstas nos incisos II e III do *caput* do art. 101, relativas a ICMS e ISS, respectivamente. (Lei Complementar n. 123, de 2006, art. 18-A, § 15-A)

TÍTULO III
DOS PROCESSOS ADMINISTRATIVOS E JUDICAIS

CAPÍTULO I
DO PROCESSO ADMINISTRATIVO FISCAL

Seção I
Do Contencioso Administrativo

Art. 121. O contencioso administrativo relativo ao Simples Nacional será de competência do órgão julgador integrante da estrutura administrativa do ente federado que efetuar o lançamento do crédito tributário, o indeferimento da opção ou a exclusão de ofício, observados os dispositivos legais atinentes aos processos administrativos fiscais desse ente. (Lei Complementar n. 123, de 2006, art. 39, *caput*)

§ 1.º A impugnação relativa ao indeferimento da opção ou à exclusão poderá ser decidida em órgão diverso do previsto no *caput*, na forma estabelecida pela respectiva administração tributária. (Lei Complementar n. 123, de 2006, art. 39, § 5.º)

§ 2.º O Município poderá, mediante convênio, transferir a atribuição de julgamento exclusivamente ao respectivo Estado em que se localiza. (Lei Complementar n. 123, de 2006, art. 39, § 1.º)

§ 3.º No caso de o contribuinte do Simples Nacional exercer atividades sujeitas à incidência do ICMS e do ISS e ser apurada omissão de receita cuja origem não se consiga identificar, o julgamento caberá ao Estado do Município autuante, salvo na hipótese de o lançamento ter sido efetuado pela RFB, caso em que o julgamento caberá à União. (Lei Complementar n. 123, de 2006, art. 39, *caput* e §§ 2.º e 3.º)

§ 4.º O ente federado que considerar procedente recurso administrativo do contribuinte contra o indeferimento de sua opção deverá registrar a liberação da respectiva pendência em aplicativo próprio, disponível no Portal do Simples Nacional. (Lei Complementar n. 123, de 2006, art. 16, *caput* e § 6.º; art. 39, §§ 5.º e 6.º)

§ 5.º Na hipótese do § 4.º, o deferimento da opção será efetuado automaticamente pelo sistema do Simples Nacional caso não haja pendências perante outros entes federados, ou, se houver, após a liberação da última pendência que tenha motivado o indeferimento. (Lei Complementar n. 123, de 2006, art. 16, *caput* e § 6.º; art. 39, §§ 5.º e 6.º)

§ 6.º Na hipótese de provimento de recurso administrativo relativo à solicitação de opção efetuada antes da implantação do aplicativo a que se referem os §§ 4.º e 5.º, o ente federado deverá promover a inclusão do contribuinte no Simples Nacional pelo aplicativo de registro de eventos, desde que não restem pendências perante outros entes federados. (Lei Complementar n. 123, de 2006, art. 16, *caput* e § 6.º; art. 39, §§ 5.º e 6.º)

§ 7.º O ente federado, independentemente de registro em seus sistemas próprios, deverá registrar, no sistema de controle do contencioso em nível nacional, as fases e os resultados do processo administrativo fiscal relativo ao lançamento por meio do AINF, bem como qualquer outra situação que altere a exigibilidade do crédito tributário por ele cobrado. (Lei Complementar n. 123, de 2006, art. 2.º, inciso I e § 6.º)

§ 8.º Os procedimentos para o registro a que se refere o § 7.º serão definidos por meio de portaria da Secretaria-Executiva do CGSN. (Lei Complementar n. 123, de 2006, art. 2º, inciso I e § 6.º)

•• § 8.º acrescentado pela Resolução n. 156, de 29-9-2020.

Seção II
Da Intimação Eletrônica

Art. 122. A opção pelo Simples Nacional implica aceitação do sistema de comunicação eletrônica, denominado Domicílio Tributário Eletrônico do Simples Nacional (DTE-SN), destinado a: (Lei Complementar n. 123, de 2006, art. 16, §§ 1.º-A a 1.º-D)

I – cientificar o sujeito passivo de quaisquer tipos de atos administrativos, incluídos os relativos ao indeferimento de opção, à exclusão do Regime e a ações fiscais;

II – encaminhar notificações e intimações; e

III – expedir avisos em geral.

§ 1.º Relativamente ao DTE-SN, será observado o seguinte: (Lei Complementar n. 123, de 2006, art. 16, § 1.º-B)

I – as comunicações serão feitas, por meio eletrônico, no Portal do Simples Nacional, e será dispensada a sua publicação no Diário Oficial e o envio por via postal;

II – a comunicação será considerada pessoal para todos os efeitos legais;

III – terá validade a ciência com utilização de certificação digital ou de código de acesso;

IV – considerar-se-á realizada a comunicação no dia em que o sujeito passivo efetuar a consulta eletrônica ao seu teor; e

V – na hipótese prevista no inciso IV, nos casos em que a consulta se dê em dia não útil, a comunicação será considerada como realizada no primeiro dia útil seguinte.

§ 2.º O sujeito passivo deverá efetuar a consulta referida nos incisos IV e V do § 1.º no prazo de até 45 (quarenta e cinco) dias, contado da data da disponibilização da comunicação no Portal a que se refere o inciso I do § 1.º, sob pena de ser considerada automaticamente realizada na data do término desse prazo. (Lei Complementar n. 123, de 2006, art. 16, § 1.º-C)

§ 3.º A contagem do prazo de que trata o § 2.º inicia-se no 1.º (primeiro) dia subsequente ao da disponibilização da comunicação no Portal. (Lei Complementar n. 123, de 2006, art. 16, § 1.º-B)

§ 4.º Na hipótese de o prazo de que trata o § 2.º vencer em dia não útil, esse fica prorrogado para o dia útil imediatamente posterior. (Lei Complementar n. 123, de 2006, art. 16, § 1.º-B)

§ 5.º O DTE-SN será utilizado pelos entes federados para as finalidades relativas ao cumprimento das obrigações principais e acessórias dos tributos apurados na forma do Simples Nacional e demais atos administrativos inerentes à aplicação do respectivo regime. (Lei Complementar n. 123, de 2006, art. 2.º, § 6.º, art. 33)

§ 6.º O DTE-SN: (Lei Complementar n. 123, de 2006, art. 16, § 1.º-B)

I – não exclui outras formas de notificação, intimação ou avisos previstos nas legislações dos entes federados, incluídas as eletrônicas;

II – aplica-se ao MEI.

•• Inciso II com redação determinada pela Resolução n. 145, de 11-6-2019.

§ 7.º Na hipótese de exclusão em lote, a postagem das comunicações no DTE-SN dispensa a assinatura individualizada dos documentos, devendo ser observada, subsidiariamente, a legislação processual vigente no âmbito do respectivo ente federado. (Lei Complementar n. 123, de 2006, art. 16, § 1.º-B)

§ 8.º O DTE-SN será utilizado para comunicação ao sujeito passivo que: (Lei Complementar n. 123, de 2006, art. 16, § 1.º-B)

I – no momento da inserção da notificação, intimação ou aviso, seja optante pelo Simples Nacional; ou

II – tenha solicitado opção pelo Simples Nacional, exclusivamente para dar ciência de atos relativos ao processo referente à opção.

Seção III
Do Processo de Consulta
Subseção I
Da Legitimidade para Consultar

Art. 123. A consulta poderá ser formulada por sujeito passivo de obrigação tributária principal ou acessória. (Lei Complementar n. 123, de 2006, art. 40)

Parágrafo único. A consulta poderá ser formulada também por entidade representativa de categoria econômica ou profissional, caso haja previsão na legislação do ente federado competente. (Lei Complementar n. 123, de 2006, art. 40)

Art. 124. No caso de a ME ou a EPP possuir mais de um estabelecimento, a consulta será formulada pelo estabelecimento matriz, o qual deverá comunicar o fato aos demais estabelecimentos. (Lei Complementar n. 123, de 2006, art. 40)

Parágrafo único. Não se aplica o disposto no *caput* quando a consulta se referir ao ICMS ou ao ISS. (Lei Complementar n. 123, de 2006, art. 40)

Subseção II
Da Competência para Solucionar Consulta

Art. 125. É competente para solucionar a consulta: (Lei Complementar n. 123, de 2006, art. 40)

I – o Estado ou o Distrito Federal, quando se tratar de consulta relativa ao ICMS;

II – o Município ou o Distrito Federal, quando se tratar de consulta relativa ao ISS;

III – o Estado de Pernambuco, quando se tratar de consulta relativa ao ISS exigido no âmbito do Distrito Estadual de Fernando de Noronha;

IV – a RFB, nos demais casos.

§ 1.º A consulta formalizada perante ente não competente para solucioná-la será declarada ineficaz. (Lei Complementar n. 123, de 2006, art. 40)

§ 2.º Na hipótese de a consulta abranger assuntos de competência de mais de um ente federado, a ME ou a EPP deverá formular consultas em separado para cada administração tributária. (Lei Complementar n. 123, de 2006, art. 40)

§ 3.º No caso de descumprimento do disposto no § 2.º, a administração tributária que receber a consulta declarará a ineficácia relativamente à matéria sobre a qual não exerça competência. (Lei Complementar n. 123, de 2006, art. 40)

§ 4.º Será observada a legislação de cada ente competente quanto ao processo de consulta, no que não colidir com esta Resolução. (Lei Complementar n. 123, de 2006, art. 40)

§ 5.º Os entes federados terão acesso ao conteúdo das soluções de consultas relativas ao Simples Nacional. (Lei Complementar n. 123, de 2006, art. 40)

Art. 126. A consulta será solucionada em instância única, e não caberá recurso nem pedido de reconsideração, ressalvado o recurso de divergência, caso previsto na legislação de cada ente federado. (Lei Complementar n. 123, de 2006, art. 40)

Subseção III
Dos Efeitos da Consulta

Art. 127. Os efeitos da consulta eficaz, formulada antes do prazo legal para recolhimento de tributo, dar-se-ão de acordo com o estabelecido pela legislação dos respectivos entes federados. (Lei Complementar n. 123, de 2006, art. 40)

CAPÍTULO II
DA RESTITUIÇÃO E DA COMPENSAÇÃO

Art. 128. A restituição e a compensação de tributos arrecadados no âmbito do Simples Nacional serão realizadas de acordo com o disposto neste Capítulo. (Lei Complementar n. 123, de 2006, art. 21, §§ 5.º a 14)

§ 1.º Entende-se como restituição, a repetição de indébito decorrente de valores pagos indevidamente ou a maior pelo contribuinte, por meio do DAS. (Lei Complementar n. 123, de 2006, art. 21, § 5.º).

§ 2.º Entende-se como compensação, a utilização dos valores passíveis de restituição para pagamento de débitos no âmbito do Simples Nacional.

Seção I
Da Restituição

Art. 129. Em caso de apuração de crédito decorrente de pagamento indevido ou em valor maior que o devido, a ME ou a EPP poderá requerer sua restituição. (Lei Complementar n. 123, de 2006, art. 21, §§ 5.º a 14)

Art. 130. O pedido de restituição de tributos abrangidos pelo Simples Nacional deverá ser apresentado pela ME ou pela EPP optante diretamente ao ente federado responsável pelo tributo do qual originou o crédito. (Lei Complementar n. 123, de 2006, art. 21, § 5.º)

§ 1.º Ao receber o pedido a que se refere o *caput* o ente federado: (Lei Complementar n. 123, de 2006, art. 21, § 5.º)

I – verificará a existência do crédito a ser restituído, mediante consulta às informações constantes nos aplicativos disponíveis no Portal do Simples Nacional; e

II – registrará os dados referentes ao pedido de restituição processada no aplicativo específico do Simples Nacional, a fim de impedir o registro de novos pedidos de restituição ou de compensação do mesmo valor.

§ 2.º A restituição será realizada em conformidade com o disposto nas normas estabelecidas pela legislação de cada ente federado, observados os prazos de decadência e prescrição previstos no CTN. (Lei Complementar n. 123, de 2006, art. 21, §§ 12 e 14)

§ 3.º Os créditos a serem restituídos no âmbito do Simples Nacional poderão ser objeto de compensação de ofício com débitos perante a Fazenda Pública do próprio ente. (Lei Complementar n. 123, de 2006, art. 21, § 10)

Seção II
Da Compensação

Art. 131. A compensação de valores apurados no âmbito do Simples Nacional, recolhidos indevidamente ou em montante superior ao devido, será realizada por meio de aplicativo disponibilizado no Portal do Simples Nacional, observadas as disposições desta Seção. (Lei Complementar n. 123, de 2006, art. 21, §§ 5.º a 14)

§ 1.º Para fins do disposto no *caput*:

I – é permitida a compensação de créditos apenas para extinção de débitos perante o mesmo ente federado e relativos ao mesmo tributo; e (Lei Complementar n. 123, de 2006, art. 21, § 11)

II – os créditos a serem compensados na forma prevista no inciso I devem se referir a período para o qual já tenha sido apropriada a respectiva DASN apresentada pelo contribuinte até o ano-calendário de 2011, ou já tenha sido validada a apuração por meio do PGDAS-D, a partir do ano-calendário de 2012. (Lei Complementar n. 123, de 2006, art. 21, § 5.º)

§ 2.º Os valores compensados indevidamente serão exigidos com os acréscimos moratórios previstos na legislação do imposto sobre a renda ou na legislação do ICMS ou do ISS do respectivo ente federado, conforme o caso. (Lei Complementar n. 123, de 2006, art. 21, § 7.º)

§ 3.º Na hipótese prevista no § 2.º, caso se comprove falsidade de declaração apresentada pelo sujeito passivo, este estará sujeito à multa isolada calculada mediante aplicação, em dobro, do percentual previsto no inciso I do *caput* do art. 44 da Lei n. 9.430, de 1996, e terá como base de cálculo o valor total do débito indevidamente compensado. (Lei Complementar n. 123, de 2006, art. 21, § 8.º)

§ 4.º É vedado o aproveitamento de crédito de natureza não tributária e de crédito não apurado no âmbito do Simples Nacional para extinção de débitos no âmbito do Simples Nacional. (Lei Complementar n. 123, de 2006, art. 21, § 9.º)

§ 5.º Os créditos apurados no âmbito do Simples Nacional não poderão ser utilizados para extinção de outros débitos perante as Fazendas Públicas, salvo no caso da compensação de ofício decorrente de deferimento em processo de restituição ou após a exclusão da empresa do Simples Nacional. (Lei Complementar n. 123, de 2006, art. 21, § 10)

§ 6.º É vedada a cessão de créditos para extinção de débitos no âmbito do Simples Nacional. (Lei Complementar n. 123, de 2006, art. 21, § 13)

§ 7.º Nas hipóteses previstas no § 5.º, o ente federado registrará os dados referentes à compensação processada por meio do aplicativo específico do Simples Nacional, a fim de impedir a realização de novas compensações ou restituições do mesmo valor. (Lei Complementar n. 123, de 2006, art. 21, § 5.º)

Seção III
Disposições Finais

Art. 132. Serão observadas na restituição e na compensação as seguintes regras:

I – o crédito a ser restituído ou compensado será acrescido de juros, obtidos pela aplicação da taxa referencial do Sistema Especial de Liquidação e de Custódia (Selic) para títulos federais, acumulada mensalmente, a partir do mês subsequente ao do pagamento indevido ou a maior que o devido até o mês anterior ao da compensação ou restituição, e de 1% (um por cento), relativamente ao mês em que for efetuada. (Lei Complementar n. 123, de 2006, art. 21, § 6.º)

II – observar-se-ão os prazos de decadência e prescrição previstos no CTN. (Lei Complementar n. 123, de 2006, art. 21, § 12)

CAPÍTULO III
DOS PROCESSOS JUDICIAIS

Seção I
Da Legitimidade Passiva

Art. 133. Serão propostas em face da União, que será representada em juízo pela Procuradoria-Geral da Fazenda Nacional (PGFN), as ações judiciais que tenham por objeto: (Lei Complementar n. 123, de 2006, art. 41, *caput*)

I – ato do CGSN e o Simples Nacional; e

II – tributos abrangidos pelo Simples Nacional.

§ 1.º Os Estados, o Distrito Federal e Municípios prestarão auxílio à PGFN, em relação aos tributos de sua competência, nos termos dos arts. 136 e 137. (Lei Complementar n. 123, de 2006, art. 41, § 1.º)

§ 2.º Os Estados, o Distrito Federal e os Municípios poderão atuar em conjunto com a União na defesa dos processos em que houver impugnação relativa ao Simples Nacional, caso o eventual provimento da ação gere impacto no recolhimento de seus respectivos tributos. (Lei Complementar n. 123, de 2006, art. 41, § 1.º)

Art. 134. Excetuam-se ao disposto no art. 133:

I – informações em mandados de segurança impugnando atos de autoridade coatora pertencente a Estado, ao Distrito Federal ou Município; (Lei Complementar n. 123, de 2006, art. 41, § 5.º, inciso I)

II – ações que tratem exclusivamente de tributos dos Estados, do Distrito Federal ou dos Municípios, as quais serão propostas perante esses entes federados, cujas defesas incumbirão às suas respectivas representações judiciais; (Lei Complementar n. 123, de 2006, art. 41, § 5.º, inciso II)

III – ações promovidas na hipótese de celebração do convênio previsto no art. 139; (Lei Complementar n. 123, de 2006, art. 41, § 5.º, inciso III)

IV – ações que tenham por objeto o crédito tributário decorrente de auto de infração lavrado exclusivamente em face de descumprimento de obrigação acessória; (Lei Complementar n. 123, de 2006, art. 41, § 5.º, inciso IV)

V – ações que tenham por objeto o crédito tributário relativo ao ICMS e ao ISS de responsabilidade do MEI. (Lei Complementar n. 123, de 2006, art. 41, § 5.º, inciso V)

Parágrafo único. O disposto no inciso III alcança todas as ações conexas com a cobrança da dívida, desde que versem exclusivamente sobre tributos estaduais ou municipais. (Lei Complementar n. 123, de 2006, art. 41, § 3.º e § 5.º, inciso III)

Art. 135. Na hipótese de ter sido celebrado o convênio previsto no art. 139 e ter sido proposta ação contra a União, com a finalidade de discutir tributo da competência do outro ente federado conveniado, deverá a PGFN, na qualidade de representante da União, requerer a citação do Estado, do Distrito Federal ou Município conveniado, para que integre a lide. (Lei Complementar n. 123, de 2006, art. 41, § 3.º)

Seção II
Da Prestação de Auxílio à Procuradoria-Geral da Fazenda Nacional (PGFN)

Art. 136. Os Estados, o Distrito Federal e os Municípios, por meio de suas administrações tributárias ou outros órgãos de sua estrutura interna, quando assim determinado por ato competente, prestarão auxílio à PGFN em relação aos tributos de suas respectivas competências, independentemente da celebração de convênio, em prazo não inferior à terça parte do prazo judicial em curso. (Lei Complementar n. 123, de 2006, art. 41, § 1.º)

§ 1.º O requerimento feito pela PGFN e as informações a lhe serem prestadas pelo respectivo ente federado serão, enviados, preferencialmente, por meio eletrônico ao órgão de representação judicial do respectivo Estado, do Distrito Federal ou Município. (Lei Complementar n. 123, de 2006, art. 41, § 1.º)

§ 2.º A resposta será dirigida diretamente ao chefe da unidade solicitante seccional, estadual, regional ou geral da PGFN. (Lei Complementar n. 123, de 2006, art. 41, § 1.º)

§ 3.º Transcorrido o prazo estabelecido sem que tenha sido prestado o auxílio solicitado pela PGFN aos Estados, ao Distrito Federal ou Municípios, tal fato será informado ao ente federado competente. (Lei Complementar n. 123, de 2006, art. 41, § 1.º)

Art. 137. As informações prestadas pelos Estados, pelo Distrito Federal e pelos Municípios em cumprimento ao § 1.º do art. 136 deverão conter: (Lei Complementar n. 123, de 2006, art. 41, § 1.º)

I – descrição detalhada dos fundamentos fáticos que ensejaram o ato de lançamento, que poderá ser representada por cópia do relatório fiscal relativo ao lançamento, desde que os contenha;

II – cópia da legislação e resoluções pertinentes, incluindo eventuais consultas e pareceres existentes sobre a matéria, e indicação de sítio na Internet em que porventura esteja disponibilizada a legislação;

III – cópia de documentos relacionados ao ato de fiscalização;

IV – data em que foi prestada a informação, o nome do informante, sua assinatura, e seu endereço eletrônico e telefone para contato.

Seção III
Da Inscrição em Dívida Ativa e sua Cobrança Judicial

Art. 138. O crédito tributário gerado no âmbito do Simples Nacional será apurado, inscrito em DAU e cobrado judicialmente pela PGFN, exceto: (Lei Complementar n. 123, de 2006, art. 41, § 2.º)

- *Caput*, com redação determinada pela Resolução n. 141, de 6-7-2018.

I – a hipótese de convênio; (Lei Complementar n. 123, de 2006, art. 41, § 3.º)

II – o crédito tributário decorrente de auto de infração lavrado exclusivamente em face de descumprimento de obrigação acessória; (Lei Complementar n. 123, de 2006, art. 41, § 5.º, inciso IV)

III – o crédito tributário relativo ao ICMS e ao ISS apurado no âmbito do Simei. (Lei Complementar n. 123, de 2006, art. 41, § 5.º, inciso V)

IV – crédito tributário relativo a ICMS ou ISS constituído por Estado, pelo Distrito Federal ou Município, na forma prevista no art. 142. (Lei Complementar n. 123, de 2006, art. 21, § 19; art. 41, §§ 1.º e 5.º, inciso II)

§ 1.º O encaminhamento de crédito tributário para inscrição na DAU pelos Estados, pelo Distrito Federal e Municípios será realizado com a observância dos requisitos previstos no art. 202 do CTN, no art. 2.º da Lei n. 6.830, de 22 de setembro de 1980, e, preferencialmente, por meio eletrônico. (Lei Complementar n. 123, de 2006, art. 41, §§ 1.º e 2.º)

§ 2.º A movimentação e o encaminhamento serão realizados via processo administrativo em meio convencional, em caso de impossibilidade de sua realização por meio eletrônico. (Lei Complementar n. 123, de 2006, art. 41, §§ 1.º e 2.º)

§ 3.º A PGFN proporá a forma padronizada de encaminhamento eletrônico ou convencional de crédito para inscrição na DAU, a ser aprovada em ato do CGSN. (Lei Complementar n. 123, de 2006, art. 41, §§ 1.º e 2.º)

§ 4.º A notificação ao ente federado da inscrição em DAU dos créditos relativos aos tributos de sua competência dar-se-á por meio de aplicativo, a ser disponibilizado no Portal do Simples Nacional. (Lei Complementar n. 123, de 2006, art. 41, §§ 1.º e 2.º)

§ 5.º O pagamento dos tributos abrangidos pelo Simples Nacional inscritos em DAU deverá ser efetuado por meio do DAS. (Lei Complementar n. 123, de 2006, art. 21, inciso I)

§ 6.º Os valores arrecadados a título de pagamento dos créditos tributários inscritos em dívida ativa serão apropriados diretamente pela União, Estados, pelo Distrito Federal e Municípios, na exata medida de suas respectivas quotas-partes, acrescidos dos consectários legais correspondentes. (Lei Complementar n. 123, de 2006, art. 22, incisos I e II)

Seção IV
Do Convênio

Art. 139. Os Estados, o Distrito Federal e os Municípios deverão manifestar seu interesse na celebração de convênio com a PGFN para que efetuem a inscrição em dívida ativa e a cobrança dos tributos de suas respectivas competências. (Lei Complementar n. 123, de 2006, art. 41, § 3.º)

Art. 140. A existência do convênio implica a delegação pela União da competência para inscrição, cobrança e defesa relativa ao ICMS ou ao ISS, caso esses tributos estejam incluídos no Simples Nacional. (Lei Complementar n. 123, de 2006, art. 41, § 3.º)

§ 1.º A delegação prevista no *caput* dar-se-á sem prejuízo da possibilidade de a União, representada pela PGFN, integrar a demanda na qualidade de interessada. (Lei Complementar n. 123, de 2006, art. 41, § 3.º)

§ 2.º Na hipótese prevista neste artigo, não se aplica o disposto no § 5.º do art. 138. (Lei Complementar n. 123, de 2006, art. 41, § 3.º)

§ 3.º Depois da transferência dos dados relativos a crédito de ICMS ou de ISS ao Estado, ao Distrito Federal ou Município que tenha firmado o convênio de que trata o *caput*, a responsabilidade pela sua administração fica transferida ao respectivo ente federado, observados os termos do citado convênio. (Lei Complementar n. 123, de 2006, art. 41, § 3.º)

Seção V
Da Legitimidade Ativa

Art. 141. À exceção da execução fiscal, os Estados, o Distrito Federal e os Municípios possuem legitimidade ativa para ingressar com as ações que entenderem cabíveis contra a ME ou a EPP optante pelo Simples Nacional, independentemente da celebração do convênio previsto no art. 139. (Lei Complementar n. 123, de 2006, art. 2.º, inciso I e § 6.º)

CAPÍTULO IV
DA TRANSAÇÃO

•• Capítulo IV acrescentado pela Resolução n. 160, de 17-8-2021.

Seção I
Disposições Gerais

•• Seção I acrescentada pela Resolução n. 160, de 17-8-2021.

Art. 141-A. Os créditos da Fazenda Pública apurados na forma do Simples Nacional, em fase de contencioso administrativo ou judicial ou inscritos em dívida ativa, poderão ser extintos mediante transação resolutiva de litígio, observado este Capítulo. (Lei Complementar n. 174, de 2020, art. 2.º; Lei n. 13.988, de 2020, art. 1.º, *caput*)

•• *Caput* acrescentado pela Resolução n. 160, de 17-8-2021.

§ 1.º A União, os Estados, o Distrito Federal e os Municípios, no limite de suas competências, observado este Capítulo, em juízo de oportunidade e conveniência, poderão celebrar transação nas modalidades enumeradas no art. 141-B, sempre que, motivadamente, entenderem que a medida atende ao interesse público. (Lei n. 13.988, de 2020, art. 1.º, § 1.º)

•• § 1.º acrescentado pela Resolução n. 160, de 17-8-2021.

§ 2.º A transação de que trata este Capítulo: (Lei Complementar n. 174, de 2020, art. 2.º, *caput*, e art. 3.º)

•• § 2.º, *caput*, acrescentado pela Resolução n. 160, de 17-8-2021.

I – deverá observar o disposto no art. 171 do CTN e na Lei n. 13.988, de 14 de abril de 2020, no que for cabível; e

•• Inciso I acrescentado pela Resolução n. 160, de 17-8-2021.

II – não caracteriza renúncia de receita para fins do disposto no art. 14 da Lei Complementar nº 101, de 4 de maio de 2000.

•• Inciso II acrescentado pela Resolução n. 160, de 17-8-2021.

Art. 141-B. São modalidades de transação as realizadas por: (Lei Complementar n. 123, de 2006, art. 41; Lei Complementar n. 174, de 2020, art. 2.º, parágrafo único; Lei n. 13.988, de 2020, art. 2.º)

•• *Caput* acrescentado pela Resolução n. 160, de 17-8-2021.

I – proposta individual ou por adesão, na cobrança de créditos inscritos em DAU de acordo com o art. 138;

•• Inciso I acrescentado pela Resolução n. 160, de 17-8-2021.

II – proposta individual ou por adesão, na cobrança de créditos inscritos em dívida ativa de Estado, Distrito Federal ou Município;

•• Inciso II acrescentado pela Resolução n. 160, de 17-8-2021.

III – adesão, nos demais casos de contencioso judicial ou adminis-trativo tributário; e

•• Inciso III acrescentado pela Resolução n. 160, de 17-8-2021.

IV – adesão, no contencioso tributário de pequeno valor.

•• nciso IV acrescentado pela Resolução n. 160, de 17-8-2021.

Art. 141-C. No âmbito da União, os procedimentos para adesão serão realizados exclusivamente por meio eletrônico. (Lei nº 13.988, de 2020, art. 13, § 2.º, art. 22, § 3.º)

•• Artigo acrescentado pela Resolução n. 160, de 17-8-2021.

Art. 141-D. Os editais serão publicados, no mínimo, na imprensa oficial e nos sites dos órgãos que os lançarem, para fins de ampla divulgação. (Lei n. 13.988, de 2020, art. 17, *caput*)

•• *Caput* acrescentado pela Resolução n. 160, de 17-8-2021.

Parágrafo único. O edital definirá as exigências a serem cumpridas, os benefícios oferecidos, os prazos e as formas de pagamento admitidas e o prazo para a adesão à transação, que não poderá superar 120 (cento e vinte) dias da publicação do edital. (Lei n. 13.988, de 2020, art. 14, inciso IV, art. 17, § 1.º, inciso I, e art. 27)

•• Parágrafo único acrescentado pela Resolução n. 160, de 17-8-2021.

Seção II
Transação na Cobrança de Dívida Ativa

•• Seção II acrescentada pela Resolução n. 160, de 17-8-2021.

Art. 141-E. A transação na cobrança da dívida ativa poderá ser proposta: (Lei Complementar n. 174, de 2020, art. 2.º, parágrafo único; Lei n. 13.988, de 2020, art. 10)

•• *Caput* acrescentado pela Resolução n. 160, de 17-8-2021.

I – na cobrança dos créditos apurados no âmbito do Simples Nacional inscritos em DAU, pela PGFN, na forma prevista na Lei n. 13.988, de 2020; e

•• Inciso I acrescentado pela Resolução n. 160, de 17-8-2021.

II – na cobrança dos créditos apurados no âmbito do Simples Nacional inscritos em dívida ativa de Estado, Distrito Federal ou Município, nos termos da legislação desses entes, observado este Capítulo.

•• Inciso II acrescentado pela Resolução n. 160, de 17-8-2021.

§ 1.º A transação poderá contemplar os seguintes benefícios: (Lei n. 13.988, de 2020, art. 11)

•• Inciso § 1.º, *caput*, acrescentado pela Resolução n. 160, de 17-8-2021.

I – concessão de descontos nas multas, nos juros de mora e nos encargos legais relativos a créditos a serem transacionados que sejam classificados como irrecuperáveis ou de difícil recuperação;

•• Inciso I acrescentado pela Resolução n. 160, de 17-8-2021.

II – oferecimento de prazos e formas de pagamento especiais, incluídos o diferimento e a moratória; ou

•• Inciso II acrescentado pela Resolução n. 160, de 17-8-2021.

III – oferecimento, substituição ou alienação de garantias e de constrições.

•• Inciso III acrescentado pela Resolução n. 160, de 17-8-2021.

§ 2.º É permitida a cumulação dos benefícios previstos nos incisos I, II e III do § 1º. (Lei nº 13.988, de 2020, art. 11, § 1.º)

•• § 2.º acrescentado pela Resolução n. 160, de 17-8-2021.

§ 3.º É vedada a transação que: (Lei nº 13.988, de 2020, art. 11, § 2.º)

•• § 3.º, *caput*, com redação determinada pela Resolução n. 161, de 28-10-2021.

I – reduza o montante principal do crédito, assim compreendido seu valor originário, excluídos os acréscimos de que trata o inciso I do § 1.º deste artigo;

•• Inciso I acrescentado pela Resolução n. 160, de 17-8-2021.

II – implique redução superior a 50% (cinquenta por cento) do valor total dos créditos a serem transacionados; ou

•• Inciso II com redação determinada pela Resolução n. 161, de 28-10-2021.

III – conceda prazo de quitação dos créditos superior a 84 (oitenta e quatro) meses.

•• Inciso III com redação determinada pela Resolução n. 161, de 28-10-2021.

Seção III

Transação no Contencioso Tributário de Relevante e Disseminada Controvérsia Jurídica

•• Seção III acrescentada pela Resolução n. 160, de 17-8-2021.

Art. 141-F. O Ministro de Estado da Economia ou os Secretários competentes para a administração tributária dos Estados, Distrito Federal e Municípios poderão propor a transação resolutiva de litígios tributários que versem sobre relevante e disseminada controvérsia jurídica no âmbito do Simples Nacional. (Lei nº 13.988, de 2020, art. 16, *caput*)

•• *Caput* acrescentado pela Resolução n. 160, de 17-8-2021.

§ 1.º A proposta de transação de que trata o *caput* deverá especificar de maneira objetiva as suas hipóteses fáticas e jurídicas. (Lei nº 13.988, de 2020, art. 17, *caput*)

•• § 1.º acrescentado pela Resolução n. 160, de 17-8-2021.

§ 2.º Considera-se controvérsia jurídica relevante e disseminada a que trate de questões tributárias que ultrapassem os interesses subjetivos da causa. (Lei nº 13.988, de 2020, art. 16, § 3º)

•• § 2.º acrescentado pela Resolução n. 160, de 17-8-2021.

§ 3.º Compete ao CGSN deliberar sobre a proposta de transação de que trata o *caput*. (Lei Complementar nº 123, de 2006, art. 2º, inciso I e § 6º)

•• § 3.º acrescentado pela Resolução n. 160, de 17-8-2021.

§ 4.º Caso aprovada pelo CGSN, a proposta de transação será divulgada na imprensa oficial e no Portal do Simples Nacional disponível na internet, mediante edital que especifique, objetivamente, as hipóteses fáticas e jurídicas nas quais se propõe a transação, que estará aberta à adesão de todos os sujeitos passivos que nelas se enquadrem e que satisfaçam às condições previstas neste Capítulo e no respectivo edital. (Lei n. 13.988, de 2020, art. 17, *caput*)

•• § 4.º acrescentado pela Resolução n. 160, de 17-8-2021.

§ 5.º A celebração da transação de que trata este artigo, nos termos definidos no edital, competirá: (Lei Complementar n. 174, de 2020, art. 2.º, parágrafo único; Lei n. 13.988, de 2020, art. 17, § 3.º)

•• § 5.º acrescentado pela Resolução n. 160, de 17-8-2021.

I – à RFB, em relação ao contencioso que tramita nas Delegacias de Julgamento da Receita Federal do Brasil (DRJ) e no Conselho Administrativo de Recursos Fiscais (Carf);

•• Inciso I acrescentado pela Resolução n. 160, de 17-8-2021.

II – à PGFN, no contencioso judicial ou na cobrança da DAU;

•• Inciso II acrescentado pela Resolução n. 160, de 17-8-2021.

III – ao órgão competente para a administração tributária dos Estados, Distrito Federal e Municípios no contencioso administrativo que tramita perante suas administrações; ou

•• Inciso III acrescentado pela Resolução n. 160, de 17-8-2021.

IV – ao órgão competente para representação judicial do Estado, Distrito Federal ou Município no contencioso judicial ou na cobrança da dívida ativa sob sua responsabilidade.

•• Inciso IV acrescentado pela Resolução n. 160, de 17-8-2021.

Seção IV

Transação no Contencioso Tributário de Pequeno Valor

•• Seção IV acrescentada pela Resolução n. 160, de 17-8-2021.

Art. 141-G. A transação relativa a crédito tributário de pequeno valor será realizada: (Lei nº 13.988, de 2020, art. 24, *caput*)

•• *Caput* acrescentado pela Resolução n. 160, de 17-8-2021.

I – enquanto pendente de decisão definitiva no âmbito do contencioso administrativo;

•• Inciso I acrescentado pela Resolução n. 160, de 17-8-2021.

II – enquanto ainda for cabível impugnação, recurso ou reclamação administrativa; ou

•• Inciso II acrescentado pela Resolução n. 160, de 17-8-2021.

III – no processo de cobrança da dívida ativa.

•• Inciso III acrescentado pela Resolução n. 160, de 17-8-2021.

§ 1º Considera-se contencioso tributário de pequeno valor aquele cujo crédito tributário em discussão não supere 60 (sessenta) salários-mínimos e seja apurado no âmbito do Simples Nacional. (Lei nº 13.988, de 2020, art. 23, inciso I, art. 24, parágrafo único)

•• § 1.º acrescentado pela Resolução n. 160, de 17-8-2021.

§ 2º A transação de que trata esta Seção poderá contemplar os seguintes benefícios: (Lei nº 13.988, de 2020, art. 25)

•• § 2.º acrescentado pela Resolução n. 160, de 17-8-2021.

I – concessão de descontos, observado o limite máximo de 50% (cinquenta por cento) do valor total do crédito;

•• Inciso I acrescentado pela Resolução n. 160, de 17-8-2021.

II – oferecimento de prazos e formas de pagamento especiais, incluídos o diferimento e a moratória, obedecido o prazo máximo de quitação de 60 (sessenta) meses; e

•• Inciso II acrescentado pela Resolução n. 160, de 17-8-2021.

III – oferecimento, substituição ou alienação de garantias e de constrições.

•• Inciso III acrescentado pela Resolução n. 160, de 17-8-2021.

§ 3.º É permitida a cumulação dos benefícios previstos nos incisos I, II e III do § 2º. (Lei nº 13.988, de 2020, art. 25, § 1º)

•• § 3.º acrescentado pela Resolução n. 160, de 17-8-2021.

§ 4.º No âmbito do contencioso tributário de pequeno valor, a transação será realizada nos termos deste Capítulo, por edital: (Lei Complementar n. 174, de 2020, art. 2.º, parágrafo único; Lei n. 13.988, de 2020, art. 25, § 2.º)

•• § 4.º acrescentado pela Resolução n. 160, de 17-8-2021.

I – da RFB:

•• Inciso I, *caput*, acrescentado pela Resolução n. 160, de 17-8-2021.

a) em relação aos créditos lançados nos termos do art.

87 que estão em fase de contencioso administrativo perante a União ou perante as administrações tributárias dos Estados, Distrito Federal e Municípios mediante, nesse último caso, autorização destes;

•• Alínea *a* acrescentada pela Resolução n. 160, de 17-8-2021.

b) em relação às demais hipóteses cujo contencioso tramita nas DRJ;

•• Alínea *b* acrescentada pela Resolução n. 160, de 17-8-2021.

II – da PGFN, no contencioso judicial sob sua responsabilidade ou na cobrança da DAU;

•• Inciso II acrescentado pela Resolução n. 160, de 17-8-2021.

III – do órgão competente para a administração tributária dos Estados, Distrito Federal e Municípios na hipótese do art. 142; ou

•• Inciso III acrescentado pela Resolução n. 160, de 17-8-2021.

IV – do órgão competente para representação judicial do Estado, Distrito Federal ou Município no contencioso judicial ou na cobrança da dívida ativa sob sua responsabilidade.

•• Inciso IV acrescentado pela Resolução n. 160, de 17-8-2021.

§ 5.º A celebração da transação competirá ao órgão que lançar o respectivo edital. (Lei Complementar nº 174, de 2020, art. 2º, parágrafo único e Lei nº 13.988, de 2020, art. 25, § 2º)

•• § 5.º acrescentado pela Resolução n. 160, de 17-8-2021.

§ 6.º Na hipótese da alínea 'a' do inciso I do § 4º, a RFB informará aos Estados, Distrito Federal e Municípios os créditos passíveis de transação. (Lei Complementar nº 123, de 2006, art. 2º, inciso I e § 6º)

•• § 6.º acrescentado pela Resolução n. 160, de 17-8-2021.

TÍTULO IV
DISPOSIÇÕES FINAIS E TRANSITÓRIAS

CAPÍTULO I
DISPOSIÇÕES TRANSITÓRIAS

Art. 142. Observado o disposto neste artigo, depois da disponibilização do Sefisc, poderão ser utilizados alternativamente os procedimentos administrativos fiscais previstos na legislação de cada ente federado: (Lei Complementar n. 123, de 2006, art. 33, § 4.º)

I – para fatos geradores ocorridos:

a) de 1º de janeiro de 2012 a 31 de dezembro de 2014, até 31 de dezembro de 2022; e

•• Alínea *a* com redação determinada pela Resolução n. 162, de 17-12-2021, em vigor em 1-1-2022.

b) a partir de 1º de janeiro de 2015, até 31 de dezembro de 2022; e

•• Alínea *a* com redação determinada pela Resolução n. 162, de 17-12-2021, em vigor em 1-1-2022.

II – para todos os fatos geradores, até 31 de dezembro de 2022, nas seguintes situações:

•• Inciso II, *caput*, com redação determinada pela Resolução n. 162, de 17-12-2021, em vigor em 1-1-2022.

a) declaração incorreta de valor fixo pelo contribuinte;

b) ações fiscais relativas ao Simei;

c) desconsideração, de ofício, da opção pelo Regime de Caixa, na forma prevista no art. 78; e

d) apuração de omissão de receita prevista no art. 92.

§ 1.º As ações fiscais abertas pelos entes federados em seus respectivos sistemas de controle deverão ser registradas no Sefisc. (Lei Complementar n. 123, de 2006, art. 33, § 4.º)

§ 2.º A ação fiscal e o lançamento serão realizados apenas em relação aos tributos de competência de cada ente federado. (Lei Complementar n. 123, de 2006, art. 33, § 4.º)

§ 3.º Na hipótese prevista no § 2.º, deve-se observar, na apuração do crédito tributário, as disposições da Seção IV do Capítulo II do Título I desta Resolução, relativas ao cálculo dos tributos devidos. (Lei Complementar n. 123, de 2006, art. 18, *caput* e §§ 5.º a 5.º-G; art. 33, § 4.º)

§ 4.º Deverão ser utilizados os documentos de autuação e lançamento fiscal específicos de cada ente federado. (Lei Complementar n. 123, de 2006, art. 33, § 4.º)

§ 5.º O valor apurado na ação fiscal deverá ser pago por meio de documento de arrecadação de cada ente federado. (Lei Complementar n. 123, de 2006, art. 33, § 4.º)

§ 6.º O documento de autuação e lançamento fiscal poderá ser lavrado também somente em relação ao estabelecimento objeto da ação fiscal. (Lei Complementar n. 123, de 2006, art. 33, § 4.º)

§ 7.º Aplica-se a este artigo o disposto nos arts. 95 e 96. (Lei Complementar n. 123, de 2006, art. 35)

Art. 143. Os débitos do contribuinte apurados no âmbito do Simples Nacional até o ano-calendário de 2018 inscritos em DAU poderão ser parcelados conforme regramento diverso do estabelecido na Seção VI do Capítulo II, Título I desta Resolução. (Lei Complementar n. 123, de 2006, art. 21, § 15)

Parágrafo único. As regras aplicáveis ao parcelamento dos débitos referidos no *caput* serão definidas em ato da PGFN. (Lei Complementar n. 123, de 2006, art. 21, § 15)

Art. 144. Fica a RFB autorizada a, em relação ao parcelamento de débitos apurados no âmbito do Simples Nacional, incluídos os relativos ao Simei, solicitado no período de 1.º de novembro de 2014 a 31 de dezembro de 2019: (Lei Complementar n. 123, de 2006, art. 21, § 15)

•• *Caput* com redação determinada pela Resolução n. 143, do CGSN, de 11-12-2018.

I – fazer a consolidação na data do pedido;

II – disponibilizar a primeira parcela para emissão e pagamento;

III – não aplicar o disposto no § 1.º do art. 55;

IV – permitir 1 (um) pedido de parcelamento por ano calendário, desde que o contribuinte desista previamente de eventual parcelamento em vigor.

Parágrafo único. O limite de que trata o inciso IV do *caput* fica alterado para 2 (dois) durante o período previsto para a opção pelo parcelamento de que trata a Lei Complementar n. 162, de 6 de abril de 2018. (Lei Complementar n. 123, de 2006, art. 21, § 15)

CAPÍTULO II
DISPOSIÇÕES FINAIS

Seção I
Da Isenção do Imposto sobre a Renda sobre Valores Pagos a Titular ou Sócio

Art. 145. Consideram-se isentos do imposto sobre a renda na fonte e na declaração de ajuste do beneficiário os valores efetivamente pagos ou distribuídos ao titular ou sócio da ME ou da EPP optante pelo Simples Nacional, salvo os que corresponderem a pró-labore, aluguéis ou serviços prestados. (Lei Complementar n. 123, de 2006, art. 14, *caput*)

§ 1.º A isenção de que trata o *caput* fica limitada ao valor resultante da aplicação dos percentuais de que trata o art. 15 da Lei n. 9.249, de 26 de dezembro de 1995, sobre a receita bruta mensal, no caso de antecipação de fonte, ou sobre a receita bruta total anual, no caso de declaração de ajuste, subtraído do valor devido no âmbito do Simples Nacional no período, relativo ao IRPJ. (Lei Complementar n. 123, de 2006, art. 14, § 1.º)

§ 2.º O disposto no § 1.º não se aplica na hipótese de a ME ou a EPP manter escrituração contábil e evidenciar lucro superior àquele limite. (Lei Complementar n. 123, de 2006, art. 14, § 2.º)

§ 3.º O disposto neste artigo aplica-se ao MEI. (Lei Complementar n. 123, de 2006, art. 3.º, inciso I; art. 18-A, § 1.º)

Seção II
Da Tributação dos Valores Diferidos

Art. 146. O pagamento dos tributos relativos a períodos anteriores à opção pelo Simples Nacional, cuja tributação tenha sido diferida, deverá ser efetuado no prazo estabelecido na legislação do ente federado detentor da respectiva competência tributária. (Lei Complementar n. 123, de 2006, art. 2.º, inciso I e § 6.º)

Seção III
Das Normas Específicas Aplicáveis a Tributos não Abrangidos pelo Simples Nacional

Subseção I
Do Cálculo da CPP não Incluída no Simples Nacional

Art. 147. A apuração do valor relativo à Contribuição para a Seguridade Social destinada à Previdência Social a cargo da pessoa jurídica, não incluído no âmbito do Simples Nacional, deverá ser realizada na forma prevista em norma específica da RFB. (Lei Complementar n. 123, de 2006, art. 13, inciso IV; art. 33, § 2.º)

Parágrafo único. Aplica-se o disposto no *caput* na hipótese de a ME ou a EPP auferir receitas sujeitas ao Anexo IV desta Resolução, de forma isolada ou concomitantemente com receitas sujeitas aos Anexos I, II, III ou V desta Resolução. (Lei Complementar n. 123, de 2006, art. 13, inciso IV; art. 33, § 2.º)

Seção IV
Do Roubo, Furto, Extravio, Deterioração, Destruição ou Inutilização

Art. 148. Em caso de roubo, furto, extravio, deterioração, destruição ou inutilização de mercadorias, bens do ativo permanente imobilizado, livros contábeis ou fiscais, documentos fiscais, equipamentos emissores de cupons fiscais e de quaisquer papéis ligados à escrituração, a ME ou a EPP optante pelo Simples Nacional deverá adotar as providências previstas na legislação dos entes federados que jurisdicionarem o estabelecimento. (Lei Complementar n. 123, de 2006, art. 2.º, inciso I e § 6.º)

Seção V
Do Portal

Art. 149. O Portal do Simples Nacional na internet contém as informações e os aplicativos relacionados ao Simples Nacional. (Lei Complementar n. 123, de 2006, art. 2.º, inciso I e § 6.º)

•• *Caput* com redação determinada pela Resolução n. 160, de 17-8-2021.

Parágrafo único. É facultada a disponibilização das informações e dos aplicativos a que se refere o *caput* por meio de links nos endereços eletrônicos vinculados à União, Estados, Distrito Federal, Municípios, ao Confaz, à Associação Brasileira das Secretarias de Finanças das Capitais (Abrasf) e à Confederação Nacional dos Municípios (CNM). (Lei Complementar n. 123, de 2006, art. 2.º, inciso I e § 6.º)

Seção VI
Da Certificação Digital dos Entes Federados

Art. 150. Os servidores da União, dos Estados, do Distrito Federal e dos Municípios deverão dispor de certificação digital para ter acesso à base de dados do Simples Nacional, no âmbito de suas respectivas competências, em especial para: (Lei Complementar n. 123, de 2006, art. 2.º, inciso I e § 6.º)

I – deferimento ou indeferimento de opções;

II – cadastramento de fiscalizações, lançamentos e contencioso administrativo;

III – inclusão, exclusão, alteração e consulta de informações; e

IV – importação e exportação de arquivos de dados.

Art. 151. A especificação dos perfis de acesso aos aplicativos e à base de dados do Simples Nacional será estabelecida por meio de portaria da Secretaria-Executiva do CGSN. (Lei Complementar n. 123, de 2006, art. 2.º, inciso I e § 6.º)

Art. 152. O processo de cadastramento dos usuários dos entes federados para acesso ao Simples Nacional dar-se-á da seguinte forma: (Lei Complementar n. 123, de 2006, art. 2.º, inciso I e § 6.º)

I – o cadastramento do usuário-mestre será realizado por meio de aplicativo, disponível na página de acesso para os entes federados, no Portal do Simples Nacional, observado o disposto nos §§ 3.º e 4.º;

II – o usuário-mestre poderá cadastrar diretamente outros usuários ou, se preferir, cadastrar usuários-cadastradores; e

III – os demais usuários serão cadastrados pelos usuários-cadastradores.

§ 1.º A atribuição de perfis de acesso a cada tipo de usuário caberá: (Lei Complementar n. 123, de 2006, art. 2.º, inciso I e § 6.º)

I – ao usuário-mestre, em relação aos usuários-cadastradores e outros usuários; e

II – aos usuários-cadastradores, em relação aos outros usuários.

§ 2.º Todos os níveis de usuários, no âmbito da União, Estados, do Distrito Federal e Municípios, deverão possuir certificação digital. (Lei Complementar n. 123, de 2006, art. 2.º, inciso I e § 6.º)

§ 3.º Inicialmente, o usuário-mestre será o representante do ente federado no cadastro do Fundo de Participação dos Estados (FPE) ou do Fundo de Participação dos Municípios (FPM), denominado "responsável pelo FPEM". (Lei Complementar n. 123, de 2006, art. 2.º, inciso I e § 6.º)

§ 4.º São aptos a alterar o usuário-mestre, por meio do aplicativo previsto no inciso I do *caput*: (Lei Complementar n. 123, de 2006, art. 2.º, inciso I e § 6.º)

I – o "responsável pelo FPEM"; e

II – o usuário-mestre que se encontrar cadastrado, para designar um novo usuário-mestre.

§ 5.º Quando, por questões circunstanciais, não for possível a utilização do aplicativo referido no inciso I do *caput*, a substituição do usuário-mestre poderá ser oficiada diretamente ao Presidente do CGSN: (Lei Complementar n. 123, de 2006, art. 2.º, inciso I e § 6.º)

I – pelo titular do ente federado; ou

II – pelo titular do órgão de administração tributária, hipótese em que deverá ser anexada cópia do ato designatório.

§ 6.º No ofício a que se refere o § 5.º deverá constar o nome completo, o cargo e o respectivo número de inscrição no Cadastro de Pessoas Físicas (CPF) do usuário-mestre designado. (Lei Complementar n. 123, de 2006, art. 2.º, inciso I e § 6.º)

Seção VIII
Da Vigência e da Revogação

Art. 153. Ficam revogados, a partir de 1.º de agosto de 2018: (Lei Complementar n. 95, de 26 de fevereiro de 1998, art. 13, § 1.º)

•• *Caput* com redação determinada pela Resolução n. 156, de 29-9-2020.

I – a Resolução CGSN n. 94, de 29 de novembro de 2011;

II – o art. 2.º da Resolução CGSN n. 96, de 01 de fevereiro de 2012;

III – a Resolução CGSN n. 98, de 13 de março de 2012;

IV – a Resolução CGSN n. 99, de 16 de abril de 2012;

V – os arts. 1.º, 3.º e 6 da Resolução CGSN n. 100, de 27 de junho de 2012;

VI – a Resolução CGSN n. 101, de 19 de setembro de 2012;

VII – a Resolução CGSN n. 104, de 12 de dezembro de 2012;

VIII – a Resolução CGSN n. 105, de 21 de dezembro de 2012;

IX – a Resolução CGSN n. 106, de 02 de abril de 2013;

X – a Resolução CGSN n. 107, de 09 de maio de 2013;

XI – a Resolução CGSN n. 108, de 12 de julho de 2013;

XII – a Resolução CGSN n. 109, de 20 de agosto de 2013;

XIII – a Resolução CGSN n. 111, de 11 de dezembro de 2013;

XIV – a Resolução CGSN n. 112, de 12 de março de 2014;

XV – a Resolução CGSN n. 113, de 27 de março de 2014;

XVI – a Resolução CGSN n. 115, de 04 de setembro de 2014;

XVII – a Resolução CGSN n. 116, de 24 de outubro de 2014;

XVIII – a Resolução CGSN n. 117, de 02 de dezembro de 2014;

XIX – a Resolução CGSN n. 119, de 19 de dezembro de 2014;

XX – a Resolução CGSN n. 120, de 10 de março de 2015;

XXI – a Resolução CGSN n. 121, de 08 de abril de 2015;

XXII – a Resolução CGSN n. 122, de 27 de agosto de 2015;

XXIII – a Resolução CGSN n. 123, de 14 de outubro de 2015;

XXIV – a Resolução CGSN n. 125, de 08 de dezembro de 2015;

XXV – a Resolução CGSN n. 126, de 17 de março de 2016;

XXVI – a Resolução CGSN n. 127, de 05 de maio de 2016;

XXVII – a Resolução CGSN n. 128, de 16 de maio de 2016;

XXVIII – a Resolução CGSN n. 129, de 15 de setembro de 2016;

XXIX – a Resolução CGSN n. 131, de 06 de dezembro de 2016;

XXX – a Resolução CGSN n. 133, de 13 de junho de 2017;

XXXI – a Resolução CGSN n. 135, de 22 de agosto de 2017;

XXXII – a Resolução CGSN n. 137, de 04 de dezembro de 2017.

Art. 154. Esta Resolução entra em vigor na data de sua publicação no Diário Oficial da União e produz efeitos:

I – em relação ao art. 144, a partir da data de sua publicação; e

II – em relação aos demais dispositivos, a partir de 1.º de agosto de 2018.

JORGE ANTONIO DEHER RACHID

LEI COMPLEMENTAR N. 167, DE 24 DE ABRIL DE 2019 (*)

Dispõe sobre a Empresa Simples de Crédito (ESC) e altera a Lei n. 9.613, de 3 de março de 1998 (Lei de Lavagem de Dinheiro), a Lei n. 9.249, de 26 de dezembro de 1995, e a Lei Complementar n. 123, de 14 de dezembro de 2006 (Lei do Simples Nacional), para regulamentar a ESC e instituir o Inova Simples.

O Presidente da República

Faço saber que o Congresso Nacional decreta e eu sanciono a seguinte Lei Complementar:

Art. 1.º A Empresa Simples de Crédito (ESC), de âmbito municipal ou distrital, com atuação exclusivamente no Município de sua sede e em Municípios limítrofes, ou, quando for o caso, no Distrito Federal e em Municípios limítrofes, destina-se à realização de operações de empréstimo, de financiamento e de desconto de títulos de crédito, exclusivamente com recursos próprios, tendo como contrapartes microempreendedores individuais, microempresas e empresas de pequeno porte, nos termos da Lei Complementar n. 123, de 14 de dezembro de 2006 (Lei do Simples Nacional).

Art. 2.º A ESC deve adotar a forma de empresa individual de responsabilidade limitada (Eireli), empresário individual ou sociedade limitada constituída exclusivamente por pessoas naturais e terá por objeto social exclusivo as atividades enumeradas no art. 1.º desta Lei Complementar.

§ 1.º. O nome empresarial de que trata o *caput* deste artigo conterá a expressão "Empresa Simples de Crédito", e não poderá constar dele, ou de qualquer texto de divulgação de suas atividades, a expressão "banco" ou outra expressão identificadora de instituição autorizada a funcionar pelo Banco Central do Brasil.

§ 2.º O capital inicial da ESC e os posteriores aumentos de capital deverão ser realizados integralmente em moeda corrente.

§ 3.º O valor total das operações de empréstimo, de financiamento e de desconto de títulos de crédito da ESC não poderá ser superior ao capital realizado.

§ 4.º A mesma pessoa natural não poderá participar de mais de uma ESC, ainda que localizadas em Municípios distintos ou sob a forma de filial.

Art. 3.º É vedada à ESC a realização de:

I – qualquer captação de recursos, em nome próprio ou de terceiros, sob pena de enquadramento no crime previsto no art. 16 da Lei n. 7.492, de 16 de junho de 1986 (Lei dos Crimes contra o Sistema Financeiro Nacional); e

- Citado artigo proíbe a operação de instituição financeira, sem autorização ou com autorização falsa, inclusive de distribuição de valores mobiliários ou câmbio.

II – operações de crédito, na qualidade de credora, com entidades integrantes da administração pública direta, indireta e fundacional de qualquer dos poderes da União, dos Estados, do Distrito Federal e dos Municípios.

Art. 4.º A receita bruta anual da ESC não poderá exceder o limite de receita bruta para Empresa de Pequeno Porte (EPP) definido na Lei Complementar n. 123, de 14 de dezembro de 2006 (Lei do Simples Nacional).

Parágrafo único. Considera-se receita bruta, para fins do disposto no *caput* deste artigo, a remuneração auferida pela ESC com a cobrança de juros, inclusive quando cobertos pela venda do valor do bem objeto de alienação fiduciária.

Art. 5.º Nas operações referidas no art. 1.º desta Lei Complementar, devem ser observadas as seguintes condições:

I – a remuneração da ESC somente pode ocorrer por meio de juros remuneratórios, vedada a cobrança de quaisquer outros encargos, mesmo sob a forma de tarifa;

II – a formalização do contrato deve ser realizada por meio de instrumento próprio, cuja cópia deverá ser entregue à contraparte da operação;

III – a movimentação dos recursos deve ser realizada exclusivamente mediante débito e crédito em contas de depósito de titularidade da ESC e da pessoa jurídica contraparte na operação.

§ 1.º A ESC poderá utilizar o instituto da alienação fiduciária em suas operações de empréstimo, de financiamento e de desconto de títulos de crédito.

§ 2.º A ESC deverá providenciar a anotação, em bancos de dados, de informações de adimplemento e de inadimplemento de seus clientes, na forma da legislação em vigor.

§ 3.º É condição de validade das operações de que trata o *caput* deste artigo o registro delas em entidade registradora autorizada pelo Banco Central do Brasil ou pela Comissão de Valores Mobiliários, nos termos do art. 28 da Lei n. 12.810, de 15 de maio de 2013.

- Dispõe citado artigo: "Art. 28. Compete ainda ao Banco Central do Brasil e à Comissão de Valores Mobiliários, no âmbito das respectivas competências: I – autorizar e supervisionar o exercício da atividade de registro de ativos financeiros e de valores mobiliários; e II – estabelecer as condições para o exercício da atividade prevista no inciso I. Parágrafo único. O registro de ativos financeiros e de valores mobiliários compreende a escrituração, o armazenamento e a publicidade de informações referentes a transações financeiras, ressalvados os sigilos legais".

§ 4.º Não se aplicam à ESC as limitações à cobrança de juros previstas no Decreto n. 22.626, de 7 de abril de 1933 (Lei da Usura), e no art. 591 da Lei n. 10.406, de 10 de janeiro de 2002 (Código Civil).

Art. 6.º É facultado ao Banco Central do Brasil, não constituindo violação ao dever de sigilo, o acesso às informações decorrentes do registro de que trata o § 3.º do art. 5.º desta Lei Complementar, para fins estatísticos e de controle macroprudencial do risco de crédito.

(*) Publicada no *DOU*, de 25-4-2019.

Art. 7.º As ESCs estão sujeitas aos regimes de recuperação judicial e extrajudicial e ao regime falimentar regulados pela Lei n. 11.101, de 9 de fevereiro de 2005 (Lei de Falências).

Art. 8.º A ESC deverá manter escrituração com observância das leis comerciais e fiscais e transmitir a Escrituração Contábil Digital (ECD) por meio do Sistema Público de Escrituração Digital (Sped).

• O Decreto n. 6.022, de 22-1-2007, institui o Sistema Público de Escrituração Digital – Sped.

Art. 9.º Constitui crime o descumprimento do disposto no art. 1.º, no § 3.º do art. 2.º, no art. 3.º e no *caput* do art. 5.º desta Lei Complementar.

Pena – reclusão, de 1 (um) a 4 (quatro) anos, e multa.

Art. 10. O Serviço Brasileiro de Apoio às Micro e Pequenas Empresas (Sebrae) poderá apoiar a constituição e o fortalecimento das ESCs.

Art. 11. O art. 9.º da Lei n. 9.613, de 3 de março de 1998 (Lei de Lavagem de Dinheiro), passa a vigorar com a seguinte redação:

•• Alteração já processada no diploma modificado.

Art. 12. Os arts. 15 e 20 da Lei n. 9.249, de 26 de dezembro de 1995, passam a vigorar com a seguinte redação:

•• Alterações já processadas no diploma modificado.

Art. 13. A Lei Complementar n. 123, de 14 de dezembro de 2006 (Lei do Simples Nacional), passa a vigorar com as seguintes alterações:

•• Alterações já processadas no diploma modificado.

Art. 14. Esta Lei Complementar entra em vigor na data de sua publicação.

Brasília, 24 de abril de 2019; 198.º da Independência e 131.º da República.

Jair Messias Bolsonaro

LEI N. 13.874, DE 20 DE SETEMBRO DE 2019 (*)

Institui a Declaração de Direitos de Liberdade Econômica; estabelece garantias de livre mercado; altera as Leis n. 10.406, de 10 de janeiro de 2002 (Código Civil), 6.404, de 15 de dezembro de 1976, 11.598, de 3 de dezembro de 2007, 12.682, de 9 de julho de 2012, 6.015, de 31 de dezembro de 1973, 10.522, de 19 de julho de 2002, 8.934, de 18 de novembro de 1994, o Decreto-lei n. 9.760, de 5 de setembro de 1946 e a Consolidação das Leis do Trabalho, aprovada pelo Decreto-lei n. 5.452, de 1º de maio de 1943; revoga a Lei Delegada n. 4, de 26 de setembro de 1962, a Lei n. 11.887, de 24 de dezembro de 2008, e dispositivos das Leis n. 10.101, de 19 de dezembro de 2000, 605, de 5 de janeiro de 1949, 4.178, de 11 de dezembro de 1962, e do Decreto-lei n. 73, de 21 de novembro de 1966; e dá outras providências.

O Presidente da República

Faço saber que o Congresso Nacional decreta e eu sanciono a seguinte Lei:

CAPÍTULO I DISPOSIÇÕES GERAIS

•• *Vide* art. 1.º, § 3.º, desta Lei.

Art. 1.º Fica instituída a Declaração de Direitos de Liberdade Econômica, que estabelece normas de proteção à livre-iniciativa e ao livre exercício de atividade econômica e disposições sobre a atuação do Estado como agente normativo e regulador, nos termos do inciso IV do *caput* do art. 1.º, do parágrafo único do art. 170 e do *caput* do art. 174 da Constituição Federal.

§ 1.º O disposto nesta Lei será observado na aplicação e na interpretação do direito civil, empresarial, econômico, urbanístico e do trabalho nas relações jurídicas que se encontrem no seu âmbito de aplicação e na ordenação pública, inclusive sobre exercício das profissões, comércio, juntas comerciais, registros públicos, trânsito, transporte e proteção ao meio ambiente.

§ 2.º Interpretam-se em favor da liberdade econômica, da boa-fé e do respeito aos contratos, aos investimentos e à propriedade todas as normas de ordenação pública sobre atividades econômicas privadas.

§ 3.º O disposto neste Capítulo e nos Capítulos II e III desta Lei não se aplica ao direito tributário e ao direito financeiro, ressalvado o disposto no inciso X do *caput* do art. 3.º desta Lei.

•• § 3.º com redação determinada pela Lei n. 14.195, de 26-8-2021.

§ 4.º O disposto nos arts. 1.º, 2°, 3° e 4.º desta Lei constitui norma geral de direito econômico, conforme o disposto no inciso I do *caput* e nos §§ 1.º, 2°, 3° e 4.º do art. 24 da Constituição Federal, e será observado para todos os atos públicos de liberação da atividade econômica executados pelos Estados, pelo Distrito Federal e pelos Municípios, nos termos do § 2.º deste artigo.

§ 5.º O disposto no inciso IX do *caput* do art. 3° desta Lei não se aplica aos Estados, ao Distrito Federal e aos Municípios, exceto se:

I – o ato público de liberação da atividade econômica for derivado ou delegado por legislação ordinária federal; ou

II – o ente federativo ou o órgão responsável pelo ato decidir vincular-se ao disposto no inciso IX do *caput* do art. 3.º desta Lei por meio de instrumento válido e próprio.

§ 6.º Para fins do disposto nesta Lei, consideram-se atos públicos de liberação a licença, a autorização, a concessão, a inscrição, a permissão, o alvará, o cadastro, o credenciamento, o estudo, o plano, o registro e os demais atos exigidos, sob qualquer denominação, por órgão ou enti-

(*) Publicada no *DOU*, de 20-8-2019.

dade da administração pública na aplicação de legislação, como condição para o exercício de atividade econômica, inclusive o início, a continuação e o fim para a instalação, a construção, a operação, a produção, o funcionamento, o uso, o exercício ou a realização, no âmbito público ou privado, de atividade, serviço, estabelecimento, profissão, instalação, operação, produto, equipamento, veículo, edificação e outros.

Art. 2.º São princípios que norteiam o disposto nesta Lei:

I – a liberdade como uma garantia no exercício de atividades econômicas;

II – a boa-fé do particular perante o poder público;

III – a intervenção subsidiária e excepcional do Estado sobre o exercício de atividades econômicas; e

IV – o reconhecimento da vulnerabilidade do particular perante o Estado.

Parágrafo único. Regulamento disporá sobre os critérios de aferição para afastamento do inciso IV do *caput* deste artigo, limitados a questões de má-fé, hipersuficiência ou reincidência.

CAPÍTULO II
DA DECLARAÇÃO DE DIREITOS DE LIBERDADE ECONÔMICA

•• *Vide* art. 1.º, § 3.º, desta Lei.

Art. 3.º São direitos de toda pessoa, natural ou jurídica, essenciais para o desenvolvimento e o crescimento econômicos do País, observado o disposto no parágrafo único do art. 170 da Constituição Federal:

I – desenvolver atividade econômica de baixo risco, para a qual se valha exclusivamente de propriedade privada própria ou de terceiros consensuais, sem a necessidade de quaisquer atos públicos de liberação da atividade econômica;

II – desenvolver atividade econômica em qualquer horário ou dia da semana, inclusive feriados, sem que para isso esteja sujeita a cobranças ou encargos adicionais, observadas:

a) as normas de proteção ao meio ambiente, incluídas as de repressão à poluição sonora e à perturbação do sossego público;

b) as restrições advindas de contrato, de regulamento condominial ou de outro negócio jurídico, bem como as decorrentes das normas de direito real, incluídas as de direito de vizinhança; e

c) a legislação trabalhista;

III – definir livremente, em mercados não regulados, o preço de produtos e de serviços como consequência de alterações da oferta e da demanda;

IV – receber tratamento isonômico de órgãos e de entidades da administração pública quanto ao exercício de atos de liberação da atividade econômica, hipótese em que o ato de liberação estará vinculado aos mesmos critérios de interpretação adotados em decisões administrativas análogas anteriores, observado o disposto em regulamento;

V – gozar de presunção de boa-fé nos atos praticados no exercício da atividade econômica, para os quais as dúvidas de interpretação do direito civil, empresarial, econômico e urbanístico serão resolvidas de forma a preservar a autonomia privada, exceto se houver expressa disposição legal em contrário;

VI – desenvolver, executar, operar ou comercializar novas modalidades de produtos e de serviços quando as normas infralegais se tornarem desatualizadas por força de desenvolvimento tecnológico consolidado internacionalmente, nos termos estabelecidos em regulamento, que disciplinará os requisitos para aferição da situação concreta, os procedimentos, o momento e as condições dos efeitos;

VII – (*Vetado.*)

VIII – ter a garantia de que os negócios jurídicos empresariais paritários serão objeto de livre estipulação das partes pactuantes, de forma a aplicar todas as regras de direito empresarial apenas de maneira subsidiária ao avençado, exceto normas de ordem pública;

IX – ter a garantia de que, nas solicitações de atos públicos de liberação da atividade econômica que se sujeitam ao disposto nesta Lei, apresentados todos os elementos necessários à instrução do processo, o particular será cientificado expressa e imediatamente do prazo máximo estipulado para a análise de seu pedido e de que, transcorrido o prazo fixado, o silêncio da autoridade competente importará aprovação tácita para todos os efeitos, ressalvadas as hipóteses expressamente vedadas em lei;

•• *Vide* art. 1.º, § 5.º, desta Lei.

X – arquivar qualquer documento por meio de microfilme ou por meio digital, conforme técnica e requisitos estabelecidos em regulamento, hipótese em que se equiparará a documento físico para todos os efeitos legais e para a comprovação de qualquer ato de direito público;

•• *Vide* art. 1.º, § 3.º, desta Lei.

XI – não ser exigida medida ou prestação compensatória ou mitigatória abusiva, em sede de estudos de impacto ou outras liberações de atividade econômica no direito urbanístico, entendida como aquela que:

a) (*Vetada.*)

b) requeira medida que já era planejada para execução antes da solicitação pelo particular, sem que a atividade econômica altere a demanda para execução da referida medida;

c) utilize-se do particular para realizar execuções que compensem impactos que existiriam independentemente do empreendimento ou da atividade econômica solicitada;

d) requeira a execução ou prestação de qualquer tipo para áreas ou situação além daquelas diretamente impactadas pela atividade econômica; ou

e) mostre-se sem razoabilidade ou desproporcional, inclusive utilizada como meio de coação ou intimidação; e

XII – não ser exigida pela administração pública direta ou indireta certidão sem previsão expressa em lei.

§ 1.º Para fins do disposto no inciso I do *caput* deste artigo:

I – ato do Poder Executivo federal disporá sobre a classificação de atividades de baixo risco a ser observada na ausência de legislação estadual, distrital ou municipal específica;

II – na hipótese de ausência de ato do Poder Executivo federal de que trata o inciso I deste parágrafo, será aplicada resolução do Comitê para Gestão da Rede Nacional para a Simplificação do Registro e da Legalização de Empresas e Negócios (CGSIM), independentemente da aderência do ente federativo à Rede Nacional para a Simplificação do Registro e da Legalização de Empresas e Negócios (Redesim); e

- A Lei n. 11.598, de 3-12-2007, estabelece diretrizes e procedimentos para a simplificação e integração do processo de registro e legalização de empresários e pessoas jurídicas e cria a Redesim – Rede Nacional para a Simplificação do Registro e da Legalização de Empresas e Negócios.
- O Decreto n. 6.884, de 25-6-2009, institui o Comitê para Gestão da Rede Nacional para a Simplificação do Registro e da Legalização de Empresas e Negócios – CGSIM.

III – na hipótese de existência de legislação estadual, distrital ou municipal sobre a classificação de atividades de baixo risco, o ente federativo que editar ou tiver editado norma específica encaminhará notificação ao Ministério da Economia sobre a edição de sua norma.

§ 2.º A fiscalização do exercício do direito de que trata o inciso I do *caput* deste artigo será realizada posteriormente, de ofício ou como consequência de denúncia encaminhada à autoridade competente.

§ 3.º O disposto no inciso III do *caput* deste artigo não se aplica:

I – às situações em que o preço de produtos e de serviços seja utilizado com a finalidade de reduzir o valor do tributo, de postergar a sua arrecadação ou de remeter lucros em forma de custos ao exterior; e

II – à legislação de defesa da concorrência, aos direitos do consumidor e às demais disposições protegidas por lei federal.

§ 4.º (*Revogado pela Lei n. 14.011, de 10-6-2020.*)

§ 5.º O disposto no inciso VIII do *caput* deste artigo não se aplica à empresa pública e à sociedade de economia mista definidas nos arts. 3º e 4.º da Lei n. 13.303, de 30 de junho de 2016.

§ 6.º O disposto no inciso IX do *caput* deste artigo não se aplica quando:

I – versar sobre questões tributárias de qualquer espécie ou de concessão de registro de marcas;

II – a decisão importar em compromisso financeiro da administração pública; e

III – houver objeção expressa em tratado em vigor no País.

§ 7.º A aprovação tácita prevista no inciso IX do *caput* deste artigo não se aplica quando a titularidade da solicitação for de agente público ou de seu cônjuge, companheiro ou parente em linha reta ou colateral, por consanguinidade ou afinidade, até o 3.º (terceiro) grau, dirigida a autoridade administrativa ou política do próprio órgão ou entidade da administração pública em que desenvolva suas atividades funcionais.

§ 8.º O prazo a que se refere o inciso IX do *caput* deste artigo será definido pelo órgão ou pela entidade da administração pública solicitada, observados os princípios da impessoalidade e da eficiência e os limites máximos estabelecidos em regulamento.

§ 9.º (*Vetado.*)

§ 10. O disposto no inciso XI do *caput* deste artigo não se aplica às situações de acordo resultantes de ilicitude.

§ 11. Para os fins do inciso XII do *caput* deste artigo, é ilegal delimitar prazo de validade de certidão emitida sobre fato imutável, inclusive sobre óbito.

CAPÍTULO III
DAS GARANTIAS DE LIVRE INICIATIVA

•• *Vide* art. 1.º, § 3.º, desta Lei.

Art. 4.º É dever da administração pública e das demais entidades que se vinculam a esta Lei, no exercício de regulamentação de norma pública pertencente à legislação sobre a qual esta Lei versa, exceto se em estrito cumprimento a previsão explícita em lei, evitar o abuso do poder regulatório de maneira a, indevidamente:

I – criar reserva de mercado ao favorecer, na regulação, grupo econômico, ou profissional, em prejuízo dos demais concorrentes;

II – redigir enunciados que impeçam a entrada de novos competidores nacionais ou estrangeiros no mercado;

III – exigir especificação técnica que não seja necessária para atingir o fim desejado;

IV – redigir enunciados que impeçam ou retardem a inovação e a adoção de novas tecnologias, processos ou modelos de negócios, ressalvadas as situações consideradas em regulamento como de alto risco;

V – aumentar os custos de transação sem demonstração de benefícios;

VI – criar demanda artificial ou compulsória de produto, serviço ou atividade profissional, inclusive de uso de cartórios, registros ou cadastros;

VII – introduzir limites à livre formação de sociedades empresariais ou de atividades econômicas;

VIII – restringir o uso e o exercício da publicidade e propaganda sobre um setor econômico, ressalvadas as hipóteses expressamente vedadas em lei federal; e

IX – exigir, sob o pretexto de inscrição tributária, requerimentos de outra natureza de maneira a mitigar os efeitos do inciso I do *caput* do art. 3º desta Lei.

Art. 4.º-A. É dever da administração pública e das demais entidades que se sujeitam a esta Lei, na aplicação da ordenação pública sobre atividades econômicas privadas:

•• *Caput* acrescentado pela Lei n. 14.195, de 26-8-2021.

I – dispensar tratamento justo, previsível e isonômico entre os agentes econômicos;

•• Inciso I acrescentado pela Lei n. 14.195, de 26-8-2021.

II – proceder à lavratura de autos de infração ou aplicar sanções com base em termos subjetivos ou abstratos somente quando estes forem propriamente regulamentados por meio de critérios claros, objetivos e previsíveis; e

•• Inciso II acrescentado pela Lei n. 14.195, de 26-8-2021.

III – observar o critério de dupla visita para lavratura de autos de infração decorrentes do exercício de atividade considerada de baixo ou médio risco.

•• Inciso III acrescentado pela Lei n. 14.195, de 26-8-2021.

§ 1.º Os órgãos e as entidades competentes, na forma do inciso II do *caput* deste artigo, editarão atos normativos para definir a aplicação e a incidência de conceitos subjetivos ou abstratos por meio de critérios claros, objetivos e previsíveis, observado que:

•• § 1.º acrescentado pela Lei n. 14.195, de 26-8-2021.

I – nos casos de imprescindibilidade de juízo subjetivo para a aplicação da sanção, o ato normativo determinará o procedimento para sua aferição, de forma a garantir a maior previsibilidade e impessoalidade possível;

•• Inciso I acrescentado pela Lei n. 14.195, de 26-8-2021.

II – a competência da edição dos atos normativos infralegais equivalentes a que se refere este parágrafo poderá ser delegada pelo Poder competente conforme sua autonomia, bem como pelo órgão ou pela entidade responsável pela lavratura do auto de infração.

•• Inciso II acrescentado pela Lei n. 14.195, de 26-8-2021.

§ 2.º Para os fins administrativos, controladores e judiciais, consideram-se plenamente atendidos pela administração pública os requisitos previstos no inciso II do *caput* deste artigo, quando a advocacia pública, no âmbito da União, dos Estados, do Distrito Federal e dos Municípios, nos limites da respectiva competência, tiver previamente analisado o ato de que trata o § 1.º deste artigo.

•• § 2.º acrescentado pela Lei n. 14.195, de 26-8-2021.

§ 3.º Os órgãos e as entidades deverão editar os atos normativos previstos no § 1.º deste artigo no prazo de 4 (quatro) anos, podendo o Poder Executivo estabelecer prazo inferior em regulamento.

•• § 3.º acrescentado pela Lei n. 14.195, de 26-8-2021.

§ 4.º (*Revogado pela Lei n. 14.011, de 10-6-2020.*)

I – direta, quando realizada pelo próprio órgão ou entidade da administração pública que procede à lavratura; e

•• Inciso I acrescentado pela Lei n. 14.195, de 26-8-2021.

II – indireta, quando o nível de risco aplicável decorre de norma hierarquicamente superior ou subsidiária, por força de lei, desde que a classificação refira-se explicitamente à matéria sobre a qual se procederá a lavratura.

•• Inciso II acrescentado pela Lei n. 14.195, de 26-8-2021.

CAPÍTULO IV
DA ANÁLISE DE IMPACTO REGULATÓRIO

Art. 5° As propostas de edição e de alteração de atos normativos de interesse geral de agentes econômicos ou de usuários dos serviços prestados, editadas por órgão ou entidade da administração pública federal, incluídas as autarquias e as fundações públicas, serão precedidas da realização de análise de impacto regulatório, que conterá informações e dados sobre os possíveis efeitos do ato normativo para verificar a razoabilidade do seu impacto econômico.

Parágrafo único. Regulamento disporá sobre a data de início da exigência de que trata o *caput* deste artigo e sobre o conteúdo, a metodologia da análise de impacto regulatório, os quesitos mínimos a serem objeto de exame, as hipóteses em que será obrigatória sua realização e as hipóteses em que poderá ser dispensada.

CAPÍTULO V
DAS ALTERAÇÕES LEGISLATIVAS E DISPOSIÇÕES FINAIS

Art. 6.º Fica extinto o Fundo Soberano do Brasil (FSB), fundo especial de natureza contábil e financeira, vinculado ao Ministério da Economia, criado pela Lei n. 11.887, de 24 de dezembro de 2008.

....

Art. 13. A Lei n. 10.522, de 19 de julho de 2002, passa a vigorar com as seguintes alterações:

•• Alterações já processadas no diploma modificado.

....

Art. 16. O Sistema de Escrituração Digital das Obrigações Fiscais, Previdenciárias e Trabalhistas (eSocial) será substituído, em nível federal, por sistema simplificado de escrituração digital de obrigações previdenciárias, trabalhistas e fiscais.

Parágrafo único. Aplica-se o disposto no *caput* deste artigo às obrigações acessórias à versão digital gerenciadas pela Receita Federal do Brasil do Livro de Controle de Produção e Estoque da Secretaria Especial da Receita Federal do Brasil (Bloco K).

Art. 17. Ficam resguardados a vigência e a eficácia ou os efeitos dos atos declaratórios do Procurador-Geral da Fazenda Nacional, aprovados pelo Ministro de Estado respectivo e editados até a data de publicação desta Lei, nos termos do inciso II do *caput* do art. 19 da Lei n. 10.522, de 19 de julho de 2002.

Art. 18. A eficácia do disposto no inciso X do *caput* do art. 3.º desta Lei fica condicionada à regulamentação em ato do Poder Executivo federal, observado que:

I – para documentos particulares, qualquer meio de comprovação da autoria, integridade e, se necessário, confidencialidade de documentos em forma eletrônica é válido, desde que escolhido de comum acordo pelas partes ou aceito pela pessoa a quem for oposto o documento; e

II – independentemente de aceitação, o processo de digitalização que empregar o uso da certificação no padrão da Infraestrutura de Chaves Públicas Brasileira (ICP-Brasil) terá garantia de integralidade, autenticidade e confidencialidade para documentos públicos e privados.

Art. 19. Ficam revogados:

I – a Lei Delegada n. 4, de 26 de setembro de 1962;

II – os seguintes dispositivos do Decreto-lei n. 73, de 21 de novembro de 1966:

a) inciso III do *caput* do art. 5.º; e

b) inciso X do *caput* do art. 32;

III – a Lei n. 11.887, de 24 de dezembro de 2008;

IV – (*Vetado.*)

V – os seguintes dispositivos da Consolidação das Leis do Trabalho, aprovada pelo Decreto-lei n. 5.452, de 1.º de maio de 1943:

a) art. 17;

b) art. 20;

c) art. 21;

d) art. 25;

e) art. 26;

f) art. 30;

g) art. 31;

h) art. 32;

i) art. 33;

j) art. 34;

k) inciso II do art. 40;

l) art. 53;

m) art. 54;

n) art. 56;

o) art. 141;

p) parágrafo único do art. 415;

q) art. 417;

r) art. 419;

s) art. 420;

t) art. 421;

u) art. 422; e

v) art. 633;

VI – os seguintes dispositivos da Lei n. 8.934, de 18 de novembro de 1994:

a) parágrafo único do art. 2.º;

b) inciso VIII do *caput* do art. 35;

c) art. 43; e

d) parágrafo único do art. 47;

Art. 20. Esta Lei entra em vigor:

I – (*Vetado.*)

II – na data de sua publicação, para os demais artigos.

Brasília, 20 de setembro de 2019; 198.º da Independência e 131.º da República.

JAIR BOLSONARO

DECRETO N. 10.044, DE 4 DE OUTUBRO DE 2019 (*)

Dispõe sobre a Câmara de Comércio Exterior.

O Presidente da República, no uso das atribuições que lhe confere o art. 84, *caput*, incisos IV e VI, alínea "a", da Constituição, e tendo em vista o disposto no Decreto-Lei n. 1.578, de 11 de outubro de 1977, no art. 1.º, parágrafo único, da Lei n. 8.085, de 23 de outubro de 1990, na Lei n. 9.019, de 30 de março de 1995, e na Lei n. 13.844, de 18 de junho de 2019,decreta:

Art. 1.º A Câmara de Comércio Exterior – Camex, do Ministério da Economia, tem por objetivo a formulação, a adoção, a implementação e a coordenação de políticas e de atividades relativas ao comércio exterior de bens e serviços, aos investimentos estrangeiros diretos, aos investimentos brasileiros no exterior e ao financiamento às exportações, com vistas a promover o aumento da produtividade da economia brasileira e da competitividade internacional do País.

§ 1.º Na implementação da política de comércio exterior, a Camex observará:

I – os compromissos internacionais firmados pelo País no âmbito das matérias de que trata o *caput*;

II – o papel do comércio exterior como instrumento indispensável para a promoção do crescimento da produtividade da economia nacional;

III – as políticas de atração de investimento estrangeiro direto, de promoção de investimento brasileiro no exterior e de transferência de tecnologia, que complementam a política de comércio exterior; e

IV – as competências atribuídas aos membros da Camex no âmbito da promoção comercial e da condução de negociações comerciais e de investimentos de natureza bilateral, regional e multilateral.

§ 2.º A Camex estabelecerá políticas de financiamento e de garantia das exportações que assegurem a governança adequada, a sustentabilidade e a competitividade dos financiamentos, com base nas melhores práticas internacionais.

§ 3.º Para fins do disposto no *caput*, a Camex será consultada sobre matérias relevantes relacionadas com comércio exterior, investimentos estrangeiros diretos, investimentos brasileiros no exterior e financiamento às expor-

(*) Publicado no *DOU*, de 7-10-2019, Republicado no *DOU* 8-10-2019.

tações, ainda que consistam em atos de outros órgãos e entidades da administração pública federal.

§ 4.º Não se aplica o disposto neste Decreto às matérias relacionadas com a regulação dos mercados financeiro e cambial, de competência do Conselho Monetário Nacional do Ministério da Economia e do Banco Central do Brasil, respectivamente.

Art. 2.º Integram a Camex:

I – o Conselho de Estratégia Comercial;

II – o Comitê-Executivo de Gestão;

III – a Secretaria-Executiva;

IV – o Conselho Consultivo do Setor Privado;

V – o Comitê de Financiamento e Garantia das Exportações;

VI – o Comitê de Alterações Tarifárias;

VII – o Comitê de Defesa Comercial;

VIII – o Comitê Nacional de Facilitação de Comércio;

IX – o Comitê Nacional de Investimentos;

X – o Grupo Assessor do *Ombudsman* de Investimentos Diretos; e

XI – o Ponto de Contato Nacional para a implementação das Diretrizes para as Empresas Multinacionais da Organização para a Cooperação e Desenvolvimento Econômico.

Art. 3.º O Conselho de Estratégia Comercial é o órgão da Camex ao qual compete, dentre outros atos necessários à consecução dos objetivos da política de comércio exterior:

I – propor a estratégia e as diretrizes da política de comércio exterior, com vistas à inserção do País na economia internacional;

II – conceder mandato negociador e oferecer as diretrizes para as negociações de acordos e convênios relativos ao comércio exterior, aos investimentos estrangeiros diretos e aos investimentos brasileiros no exterior, de natureza bilateral, regional ou multilateral, e acompanhar o andamento e monitorar os resultados dessas negociações;

III – pronunciar-se sobre propostas relativas a contenciosos e à aplicação de contramedidas para proteger os interesses brasileiros permitidos pelo Direito Internacional;

IV – propor diretrizes para as políticas de fomento de investimentos estrangeiros diretos no País e de investimentos brasileiros diretos no exterior;

V – propor as diretrizes e coordenar as políticas de promoção de mercadorias e de serviços no exterior e de informação comercial;

VI – estabelecer as diretrizes para a política de financiamento das exportações de bens e de serviços e para a cobertura dos riscos de operações a prazo, inclusive aquelas relativas ao Seguro de Crédito à Exportação, e propor os procedimentos relativos à sua implementação; e

VII – decidir sobre as matérias apreciadas pelo Comitê-Executivo de Gestão sujeitas ao voto de qualidade quando de sua deliberação.

Art. 4.º O Conselho de Estratégia Comercial é composto pelos seguintes membros:

I – Presidente da República, que o presidirá;

II – Ministro de Estado Chefe da Casa Civil da Presidência da República;

III – Ministro de Estado da Defesa;

IV – Ministro de Estado das Relações Exteriores;

V – Ministro de Estado da Economia; e

VI – Ministro de Estado da Agricultura, Pecuária e Abastecimento.

§ 1.º Em suas ausências e seus impedimentos, o Presidente do Conselho de Estratégia Comercial será substituído pelo Ministro de Estado da Economia.

§ 2.º Em suas ausências e seus impedimentos, os Ministros de Estado a que se referem os incisos II ao VI do *caput* serão representados por seus substitutos legais ou por ocupantes de cargos de Natureza Especial, observado o disposto no Decreto n.º 8.851, de 20 de setembro de 2016.

§ 3.º As resoluções referentes às decisões do Conselho de Estratégia Comercial serão editadas por seu Presidente ou, nas suas ausências e nos seus impedimentos, pelo Ministro de Estado da Economia.

•• § 3.º com redação determinada pelo Decreto n. 10.937, de 12-1-2022.

Art. 5.º O Conselho de Estratégia Comercial se reunirá, em caráter ordinário, semestralmente e, em caráter extraordinário, sempre que convocado por seu Presidente.

§ 1.º O quórum de reunião e de aprovação do Conselho de Estratégia Comercial é de maioria simples dos membros.

§ 2.º Além do voto ordinário, o Presidente do Conselho de Estratégia Comercial terá o voto de qualidade em caso de empate.

§ 3.º A convocação para as reuniões do Conselho de Estratégia Comercial será feita com antecedência de, no mínimo, cinco dias.

§ 4.º Em casos de relevância e urgência, o Presidente do Conselho de Estratégia Comercial poderá reduzir o prazo de convocação para as reuniões de que trata o § 3.º.

§ 5.º As reuniões do Conselho de Estratégia Comercial poderão ocorrer por meio de videoconferência ou por outro meio telemático e os documentos elaborados em decorrência das reuniões do Conselho ou emitidos por seu Presidente poderão ser expedidos por meio eletrônico.

Art. 6.º O Presidente do Conselho de Estratégia Comercial poderá convidar autoridades e dirigentes de órgãos e de entidades da administração pública federal para participar de suas reuniões, sem direito a voto, com o objetivo de tratar de matérias específicas de comércio exterior relacionadas com aqueles órgãos e entidades.

Parágrafo único. O convite para participar da reunião do Conselho de Estratégia Comercial será feito pela Secretaria-Executiva da Camex.

Art. 7.º O Comitê-Executivo de Gestão é o órgão da Camex ao qual compete, dentre outros atos necessários à consecução dos objetivos da política de comércio exterior:

I – orientar a política aduaneira, observada a competência específica do Ministério da Economia;

II – formular diretrizes da política tarifária na importação e na exportação;

III – estabelecer as alíquotas do imposto sobre a exportação, observadas as condições estabelecidas no Decreto-Lei n. 1.578, de 11 de outubro de 1977;

IV – estabelecer as alíquotas do imposto de importação, observados as condições e os limites estabelecidos na Lei n. 3.244, de 14 de agosto de 1957, no Decreto-Lei n. 63, de 21 de novembro de 1966, e no Decreto-Lei n. 2.162, de 19 de setembro de 1984;

V – alterar, na forma estabelecida nos atos decisórios do Mercado Comum do Sul - Mercosul, a Nomenclatura Comum do Mercosul, de que trata o Decreto n. 2.376, de 12 de novembro de 1997;

VI – fixar direitos *antidumping* e compensatórios, provisórios ou definitivos, e salvaguardas;

VII – decidir sobre a suspensão da exigibilidade dos direitos provisórios;

VIII – homologar o compromisso previsto no art. 4.º da Lei n. 9.019, de 30 de março de 1995;

IX – estabelecer diretrizes e medidas destinadas à simplificação e à racionalização de procedimentos do comércio exterior;

X – estabelecer as diretrizes para investigações de defesa comercial;

XI – alterar regras de origem de natureza preferencial, inclusive para fins de internalização de modificações promovidas no âmbito das comissões administradoras de acordos comerciais dos quais o País faça parte;

XII – formular diretrizes para a funcionalidade do Sistema Tributário no âmbito das atividades de exportação e importação, de atração de investimentos estrangeiros e de promoção de investimentos brasileiros no exterior, sem prejuízo do disposto no art. 35 do Decreto-Lei n. 37, de 18 de novembro de 1966, e no art. 16 da Lei n. 9.779, de 19 de janeiro de 1999;

XIII – remeter à apreciação do Conselho de Estratégia Comercial decisões consideradas de caráter estratégico;

XIV – orientar a atuação do *Ombudsman* de Investimentos Diretos;

XV – estabelecer as diretrizes para a política de financiamento das exportações de bens e de serviços e para a cobertura dos riscos de operações a prazo, inclusive aquelas relativas ao Seguro de Crédito à Exportação; e

XVI – acompanhar as atividades dos demais colegiados da Camex.

Art. 8.º O Comitê-Executivo de Gestão é composto pelos seguintes membros:

I – Ministro da Economia, que o presidirá;

II – um representante da Presidência da República;

III – dois representantes do Ministério das Relações Exteriores;

IV – dois representantes do Ministério da Agricultura, Pecuária e Abastecimento;

V – Secretário Especial de Comércio Exterior e Assuntos Internacionais do Ministério da Economia;

VI – Secretário Especial de Produtividade, Emprego e Competitividade do Ministério da Economia;

VII – Secretário Especial da Receita Federal do Brasil do Ministério da Economia;

VIII – Secretário Especial de Fazenda do Ministério da Economia; e

IX – Secretário-Executivo da Camex.

§ 1.º O Secretário-Executivo da Camex não terá direito a voto.

§ 2.º Em suas ausências e seus impedimentos, o Presidente do Comitê-Executivo de Gestão será substituído pelo Secretário-Executivo do Ministério da Economia.

§ 3.º Os membros de que tratam os incisos II, III e IV do *caput* deverão ser ocupantes de cargo em comissão do Grupo-Dircção e Assessoramento Superiores - DAS de nível 6 ou equivalente, e serão designados pelos titulares dos órgãos que representam.

§ 4.º Cada membro do Comitê-Executivo de Gestão terá um suplente, designado na forma prevista no § 3.º, que o substituirá em suas ausências e impedimentos, sem prejuízo do direito ao voto.

§ 5.º As designações dos membros titulares e suplentes do Comitê-Executivo de Gestão serão informadas à Secretaria-Executiva da Camex pelos titulares dos órgãos responsáveis pela designação.

Art. 9.º O Comitê-Executivo de Gestão se reunirá, em caráter ordinário, mensalmente e, em caráter extraordinário, sempre que convocado por seu Presidente.

§ 1.º O quórum de reunião e de aprovação do Comitê-Executivo de Gestão é de maioria simples dos membros.

§ 2.º Na hipótese de haver empate nas deliberações do Comitê Executivo de Gestão caberá ao Conselho de Estratégia Comercial o voto de qualidade.

§ 3.º A convocação para as reuniões do Comitê-Executivo de Gestão deverá ser feita com antecedência de, no mínimo, cinco dias.

§ 4.º As reuniões do Comitê-Executivo de Gestão poderão ocorrer por meio de videoconferência ou por outro meio telemático e os documentos elaborados em decorrência das reuniões do Comitê ou emitidos por seu Presidente poderão ser expedidos por meio eletrônico.

Art. 10. O Presidente do Comitê-Executivo de Gestão poderá convidar autoridades e dirigentes de órgãos e de entidades da administração pública federal para participar de suas reuniões, sem direito a voto, com o objetivo de tratar de matérias específicas de comércio exterior relacionadas com aqueles órgãos e entidades

§ 1.º O convite para participar da reunião do Comitê-Executivo de Gestão será feito pela Secretaria-Executiva da Camex.

§ 2.º Representantes da Agência Brasileira de Promoção de Exportações e Investimentos – Apex-Brasil e do Conselho Administrativo de Defesa Econômica - Cade integrarão o Comitê-Executivo de Gestão como convidados, em caráter permanente, sem direito a voto.

Art. 11. O Comitê-Executivo de Gestão deliberará por meio de resolução.

Parágrafo único. Compete ao Presidente do Comitê-Executivo de Gestão editar as resoluções de que trata o *caput*.

Art. 12. O Conselho Consultivo do Setor Privado é composto pelos seguintes membros:

I – Secretário Especial de Comércio Exterior e Assuntos Internacionais do Ministério da Economia, que o presidirá;

II – Secretário-Geral das Relações Exteriores; e

III – até vinte representantes da sociedade civil, dos seguintes segmentos:

a) empresas do setor manufatureiro, do agronegócio e de serviços;

b) entidades de defesa dos consumidores; e

c) comunidade acadêmica.

Parágrafo único. A forma de indicação e designação dos membros do Conselho Consultivo do Setor Privado a que se refere o inciso III do *caput* será disciplinada no regimento interno da Camex.

Art. 13. Compete ao Conselho Consultivo do Setor Privado colaborar com a Camex, por meio da discussão de estudos e da recomendação de propostas específicas, com vistas ao aperfeiçoamento das políticas de comércio exterior, de investimentos e de financiamento e garantias às exportações.

Art. 14. O Conselho Consultivo do Setor Privado se reunirá, em caráter ordinário, semestralmente e, em caráter extraordinário, sempre que convocado por seu Presidente.

§ 1.º O quórum de reunião e de aprovação do Conselho Consultivo do Setor Privado é de maioria simples dos membros, com a presença de seu Presidente ou de seu substituto legal.

§ 2.º Além do voto ordinário, o Presidente do Conselho Consultivo do Setor Privado terá o voto de qualidade em caso de empate.

§ 3.º Os membros do Conselho Consultivo do Setor Privado que se encontrarem no Distrito Federal se reunirão presencialmente e os membros que se encontrem em outros entes federativos participarão da reunião por meio de videoconferência ou por outro meio telemático.

Art. 15. O Presidente do Conselho Consultivo do Setor Privado poderá convidar autoridades e dirigentes de órgãos e de entidades da administração pública federal para participar de suas reuniões, sem direito a voto, com o objetivo de tratar de matérias específicas de comércio exterior relacionadas com aqueles órgãos e entidades.

Parágrafo único. O convite para participar da reunião do Conselho Consultivo do Setor Privado será feito pela Secretaria-Executiva.

Art. 16. A composição, o funcionamento e as atribuições dos colegiados da Camex não disciplinados neste Decreto serão estabelecidos em ato do Poder Executivo federal.

Art. 17. Compete à Secretaria-Executiva:

I – assessorar o Conselho de Estratégia Comercial, o Comitê-Executivo de Gestão e os demais órgãos integrantes da Camex, exceto se houver disposição em contrário em ato do Poder Executivo federal ou em resolução do Comitê-Executivo de Gestão;

II – assistir o Presidente do Conselho de Estratégia Comercial e o Presidente do Comitê-Executivo de Gestão;

III – preparar as reuniões do Conselho de Estratégia Comercial, do Comitê-Executivo de Gestão e dos demais colegiados da Camex, exceto se houver disposição em contrário em ato do Poder Executivo federal ou em resolução do Comitê-Executivo de Gestão;

IV – articular-se com os órgãos colegiados da Camex;

V – avaliar e consolidar demandas a serem submetidas ao Comitê-Executivo de Gestão e aos demais órgãos colegiados da Camex;

VI – acompanhar e avaliar, quanto a prazos e metas, a implementação e o cumprimento das deliberações e das diretrizes estabelecidas pelo Comitê--Executivo de Gestão, incluídas aquelas cometidas aos demais colegiados da Camex;

VII – coordenar grupos técnicos intragovernamentais, a partir dos quais elaborará e promoverá estudos e propostas sobre matérias de competência da Camex, a serem submetidas ao Comitê-Executivo de Gestão;

VIII – elaborar estudos e publicações, promover atividades conjuntas e propor medidas relacionadas com comércio exterior e investimentos, em parceria com a Apex-Brasil ou com outras entidades;

IX – apoiar e acompanhar as negociações internacionais relacionadas com matérias relevantes à Camex;

X – desempenhar as funções de *Ombudsman* de Investimentos Diretos, nos termos do disposto no Decreto n. 8.863, de 28 de setembro de 2016; e

XI – exercer outras competências que lhe sejam cometidas pelo Presidente do Comitê-Executivo de Gestão.

Art. 18. O Secretário-Executivo da Camex será indicado pelo Secretário Especial de Comércio Exterior e Assuntos Internacionais do Ministério da Economia.

Art. 19. O Comitê-Executivo de Gestão poderá constituir grupos de trabalho com o objetivo de subsidiar o exercício das competências da Camex a que se referem os art. 3.º e art. 7.º.

Parágrafo único. Os grupos de trabalho:

I – serão compostos na forma de resolução do Comitê-Executivo de Gestão;

II – não poderão ter mais de sete membros;

III – terão caráter temporário e duração não superior a um ano; e

IV – estarão limitados a cinco operando simultaneamente.

Art. 20. A participação na Camex e nos órgãos que integram a sua estrutura será considerada prestação de serviço público relevante, não remunerada.

Art. 21. A Secretaria Especial de Comércio Exterior e Assuntos Internacionais do Ministério da Economia prestará apoio administrativo e providenciará os meios necessários à execução das atividades dos colegiados da Camex e de sua Secretaria-Executiva, inclusive no que diz respeito ao *Ombudsman* de Investimentos Diretos, exceto se houver disposição em contrário em ato do Poder Executivo federal ou em resolução do Comitê-Executivo de Gestão.

Art. 22. A Camex elaborará o seu regimento interno, que será aprovado pelo Comitê-Executivo de Gestão no prazo de noventa dias, contado da data de publicação deste Decreto.

....

Art. 24. Ficam revogados:

I – o Decreto n. 4.732, de 10 de junho de 2003;

II – o Decreto n. 4.857, de 10 de outubro de 2003;

III – o Decreto n. 8.860, de 27 de setembro de 2016;

IV – o Decreto n. 8.906, de 21 de novembro de 2016;

V – o art. 1.º, o art. 2.º e o art. 3.º do Decreto n. 8.807, de 12 de julho de 2016;

VI – o art. 1.º e o art. 2.º do Decreto n. 9.029, de 10 de abril de 2017; e

VII – os incisos III, IV, V, VI e VII do *caput* do art. 82 do Anexo I ao Decreto n. 9.745, de 2019.

Art. 25. Este Decreto entra em vigor na data de sua publicação.

Brasília, 4 de outubro de 2019; 198.º da Independência e 131.º da República.

Jair Messias Bolsonaro

Jair Messias Bolsonaro

LEI N. 13.974, DE 7 DE JANEIRO DE 2020 (*)

Dispõe sobre o Conselho de Controle de Atividades Financeiras (Coaf), de que trata o art. 14 da Lei n. 9.613, de 3 de março de 1998.

O Presidente da República

Faço saber que o Congresso Nacional decreta e eu sanciono a seguinte Lei:

Art. 1.º Esta Lei reestrutura o Conselho de Controle de Atividades Financeiras (Coaf), de que trata o art. 14 da Lei n. 9.613, de 3 de março de 1998.

(*) Publicada no *Diário Oficial da União*, de 8-1-2020.

•• A Portaria n. 9, de 12-7-2021, do COAF, dispõe sobre a Política de Segurança da Informação e Comunicação - Posic do Conselho de Controle de Atividades Financeiras.

Art. 2.º O Coaf dispõe de autonomia técnica e operacional, atua em todo o território nacional e vincula-se administrativamente ao Banco Central do Brasil.

Art. 3.º Compete ao Coaf, em todo o território nacional, sem prejuízo das atribuições estabelecidas na legislação em vigor:

I – produzir e gerir informações de inteligência financeira para a prevenção e o combate à lavagem de dinheiro;

II – promover a interlocução institucional com órgãos e entidades nacionais, estrangeiros e internacionais que tenham conexão com suas atividades.

Art. 4.º A estrutura organizacional do Coaf compreende:

I – Presidência;

II – Plenário; e

III – Quadro Técnico.

§ 1.º O Plenário é composto do Presidente do Coaf e de 12 (doze) servidores ocupantes de cargo efetivos, de reputação ilibada e reconhecidos conhecimentos em matéria de prevenção e combate à lavagem de dinheiro, escolhidos dentre integrantes dos quadros de pessoal dos seguintes órgãos e entidades:

I – Banco Central do Brasil;

II – Comissão de Valores Mobiliários;

III – Superintendência de Seguros Privados;

IV – Procuradoria-Geral da Fazenda Nacional;

V – Secretaria Especial da Receita Federal do Brasil;

VI – Agência Brasileira de Inteligência;

VII – Ministério das Relações Exteriores;

VIII – Ministério da Justiça e Segurança Pública;

IX – Polícia Federal;

X – Superintendência Nacional de Previdência Complementar;

XI – Controladoria-Geral da União;

XII – Advocacia-Geral da União.

§ 2.º Compete ao Plenário, sem prejuízo de outras atribuições previstas no Regimento Interno do Coaf:

I – decidir sobre as orientações e as diretrizes estratégicas de atuação propostas pelo Presidente do Coaf;

II – decidir sobre infrações e aplicar as penalidades administrativas previstas no art. 12 da Lei n. 9.613, de 3 de março de 1998, em relação a pessoas físicas e pessoas jurídicas abrangidas pelo disposto no art. 9.º da Lei n. 9.613, de 3 de março de 1998, para as quais não exista órgão próprio fiscalizador ou regulador;

III – convidar especialistas em matéria correlacionada à atuação do Coaf, oriundos de órgãos e entidades públicas ou de entes privados, com o intuito de contribuir para o aperfeiçoamento de seus processos de gestão e inovação tecnológica, observada pelo convidado a preservação do sigilo de informações de caráter reservado às quais tenha acesso.

§ 3.º A participação dos membros do Plenário em suas sessões deliberativas será considerada prestação de serviço público relevante não remunerado.

§ 4.º O Quadro Técnico compreende o Gabinete da Presidência, a Secretaria-Executiva e as Diretorias Especializadas definidas no Regimento Interno do Coaf.

§ 5.º Compete ao Presidente do Banco Central do Brasil escolher e nomear o Presidente do Coaf e os membros do Plenário.

§ 6.º Compete ao Presidente do Coaf escolher e nomear, observadas as exigências de qualificação profissional e formação acadêmica previstas em ato do Poder Executivo:

I – o Secretário-Executivo e os titulares das Diretorias Especializadas referidas no § 4.º deste artigo;

II – os servidores, os militares e os empregados públicos cedidos ao Coaf ou por ele requisitados;

III – os ocupantes de cargos em comissão e funções de confiança.

Art. 5.º A organização e o funcionamento do Coaf, incluídas a sua estrutura e as competências e as atribuições no âmbito da Presidência, do Plenário e do Quadro Técnico, serão definidos em seu Regimento Interno, aprovado pela Diretoria Colegiada do Banco Central do Brasil.

Art. 6.º O processo administrativo sancionador no âmbito do Coaf será disciplinado pela Diretoria Colegiada do Banco Central do Brasil, à qual incumbe dispor, entre outros aspectos, sobre o rito, os prazos e os critérios para gradação das penalidades previstas na Lei n. 9.613, de 3 de março 1998, assegurados o contraditório e a ampla defesa.

§ 1.º Caberá recurso das decisões do Plenário relacionadas ao processo administrativo de que trata o *caput* deste artigo ao Conselho de Recursos do Sistema Financeiro Nacional.

§ 2.º O disposto na Lei n. 9.784, de 29 de janeiro de 1999, aplica-se subsidiariamente aos processos administrativos sancionadores instituídos no âmbito do Coaf.

•• A Lei n. 9.784, de 29-1-1999, disciplina o processo administrativo federal.

Art. 7.º É aplicável ao Coaf o disposto no art. 2.º da Lei n. 9.007, de 17 de março de 1995.

Parágrafo único. É vedada a redistribuição para os quadros de pessoal do Banco Central do Brasil de servidor oriundo de outros órgãos e entidades, em razão do exercício no Coaf.

Art. 8.º Aos integrantes da estrutura do Coaf é vedado:

I – participar, na forma de controlador, administrador, gerente preposto ou mandatário, de pessoas jurídicas com atividades relacionadas no *caput* e no parágrafo único do art. 9.º da Lei n. 9.613, de 3 de março de 1998;

II – emitir parecer sobre matéria de sua especialização, fora de suas atribuições funcionais, ainda que em tese, ou atuar como consultor das pessoas jurídicas a que se refere o inciso I do *caput* deste artigo;

III – manifestar, em qualquer meio de comunicação, opinião sobre processo pendente de julgamento no Coaf;

IV – fornecer ou divulgar informações conhecidas ou obtidas em decorrência do exercício de suas funções a pessoas que não disponham de autorização legal ou judicial para acessá-las.

§ 1.º À infração decorrente do descumprimento do inciso IV do *caput* deste artigo aplica-se o disposto no art. 10 da Lei Complementar n. 105, de 10 de janeiro de 2001.

§ 2.º O Presidente do Coaf adotará as diligências necessárias para apuração de responsabilidade dos servidores e demais pessoas que possam ter contribuído para o descumprimento do disposto no *caput* deste artigo e encaminhará relatório circunstanciado à autoridade policial ou ao Ministério Público para adoção das medidas cabíveis.

§ 3.º As providências previstas no § 2.º deste artigo serão adotadas pelo Presidente do Banco Central do Brasil caso haja indícios de autoria ou de participação do Presidente do Coaf.

Art. 9.º Constituem Dívida Ativa do Banco Central do Brasil os créditos decorrentes da atuação do Coaf inscritos a partir de 20 de agosto de 2019.

§ 1.º Continuam integrando a Dívida Ativa da União as multas pecuniárias e seus acréscimos legais relativos à ação fiscalizadora do Coaf nela inscritos até 19 de agosto de 2019.

§ 2.º Compete aos titulares do cargo de Procurador do Banco Central do Brasil o exercício das atribuições previstas no art. 4.º da Lei n. 9.650, de 27 de maio de 1998, em relação ao Coaf.

Art. 10. Ficam mantidos os cargos em comissão e as funções de confiança integrantes da estrutura do Coaf em 19 de agosto de 2019.

Art. 11. Ficam mantidos os efeitos dos atos de cessão, requisição e movimentação de pessoal destinado ao Coaf editados até 19 de agosto de 2019.

Art. 12. O Ministério da Economia e o Ministério da Justiça e Segurança Pública prestarão, até 31 de dezembro de 2020, o apoio técnico e administrativo necessário para o funcionamento e a operação do Coaf.

Art. 13. Ato conjunto do Ministério da Economia, do Ministério da Justiça e Segurança Pública e do Banco Central do Brasil disporá sobre a transferência progressiva de processos e contratos administrativos.

Art. 14. Ficam revogados os arts. 13, 16 e 17 da Lei n. 9.613, de 3 de março de 1998.

Art. 15. Esta Lei entra em vigor na data de sua publicação.

Brasília, 7 de janeiro de 2020; 199.º da Independência e 132.º da República.

JAIR MESSIAS BOLSONARO

LEI N. 13.988, DE 14 DE ABRIL DE 2020 (*)

Dispõe sobre a transação nas hipóteses que especifica; e altera as Leis n. 13.464, de 10 de julho de 2017, e 10.522, de 19 de julho de 2002.

O Presidente da República

Faço saber que o Congresso Nacional decreta e eu sanciono a seguinte Lei:

CAPÍTULO I
DISPOSIÇÕES GERAIS

Art. 1.º Esta Lei estabelece os requisitos e as condições para que a União, as suas autarquias e fundações, e os devedores ou as partes adversas realizem transação resolutiva de litígio relativo à cobrança de créditos da Fazenda Pública, de natureza tributária ou não tributária.

•• A Portaria n. 2.382, de 26-2-2021, da Procuradoria-Geral da Fazenda Nacional, disciplina os instrumentos de negociação de débitos inscritos em dívida ativa da União e do FGTS de responsabilidade de contribuintes em processo de recuperação judicial.

§ 1.º A União, em juízo de oportunidade e conveniência, poderá celebrar transação em quaisquer das modalidades de que trata esta Lei, sempre que, motivadamente, entender que a medida atende ao interesse público.

§ 2.º Para fins de aplicação e regulamentação desta Lei, serão observados, entre outros, os princípios da isonomia, da capacidade contributiva, da transparência, da moralidade, da razoável duração dos processos e da eficiência e, resguardadas as informações protegidas por sigilo, o princípio da publicidade.

§ 3.º A observância do princípio da transparência será efetivada, entre outras ações, pela divulgação em meio eletrônico de todos os termos de transação celebrados, com informações que viabilizem o atendimento do princípio da isonomia, resguardadas as legalmente protegidas por sigilo.

§ 4.º Aplica-se o disposto nesta Lei:

I – aos créditos tributários não judicializados sob a administração da Secretaria Especial da Receita Federal do Brasil do Ministério da Economia;

II – à dívida ativa e aos tributos da União, cujas inscrição, cobrança e representação incumbam à Procuradoria-Geral da Fazenda Nacional, nos termos do art. 12 da Lei Complementar n. 73, de 10 de fevereiro de 1993; e

III – no que couber, à dívida ativa das autarquias e das fundações públicas federais, cujas inscrição, cobrança e representação incumbam à Procuradoria-Geral Federal, e aos créditos cuja cobrança seja competência da Procuradoria-Geral da União, nos termos de ato do Advogado-Geral da União e sem prejuízo do disposto na Lei n. 9.469, de 10 de julho de 1997.

§ 5.º A transação de créditos de natureza tributária será realizada nos termos do art. 171 da Lei nº 5.172, de 25 de outubro de 1966 (Código Tributário Nacional).

Art. 2.º Para fins desta Lei, são modalidades de transação as realizadas:

I – por proposta individual ou por adesão, na cobrança de créditos inscritos na dívida ativa da União, de suas autarquias e fundações públicas, ou na cobrança de créditos que seja competência da Procuradoria-Geral da União;

II – por adesão, nos demais casos de contencioso judicial ou administrativo tributário; e

III – por adesão, no contencioso tributário de pequeno valor.

Parágrafo único. A transação por adesão implica aceitação pelo devedor de todas as condições fixadas no edital que a propõe.

Art. 3.º A proposta de transação deverá expor os meios para a extinção dos créditos nela contemplados e estará condicionada, no mínimo, à assunção pelo devedor dos compromissos de:

I – não utilizar a transação de forma abusiva, com a finalidade de limitar, de falsear ou de prejudicar, de qualquer forma, a livre concorrência ou a livre iniciativa econômica;

II – não utilizar pessoa natural ou jurídica interposta para ocultar ou dissimular a origem ou a destinação de bens, de direitos e de valores, os seus reais interesses ou a identidade dos beneficiários de seus atos, em prejuízo da Fazenda Pública federal;

III – não alienar nem onerar bens ou direitos sem a devida comunicação ao órgão da Fazenda Pública competente, quando exigido em lei;

IV – desistir das impugnações ou dos recursos administrativos que tenham por objeto os créditos incluídos na transação e renunciar a quaisquer alegações de direito sobre as quais se fundem as referidas impugnações ou recursos; e

V – renunciar a quaisquer alegações de direito, atuais ou futuras, sobre as quais se fundem ações judiciais, inclusive as coletivas, ou recursos que tenham por objeto os créditos incluídos na transação, por meio de requerimento de extinção do respectivo processo com resolução de mérito, nos termos da alínea c do inciso III do *caput* do art. 487 da Lei n. 13.105, de 16 de março de 2015 (Código de Processo Civil).

§ 1.º A proposta de transação deferida importa em aceitação plena e irretratável de todas as condições estabelecidas nesta Lei e em sua regulamentação, de modo a constituir confissão irrevogável e irretratável dos créditos abrangidos pela transação, nos termos dos arts. 389 a 395 da Lei n. 13.105, de 16 de março de 2015 (Código de Processo Civil).

(*) Publicada no *Diário Oficial da União*, de 14-4-2020 – edição extra .

§ 2.º Quando a transação envolver moratória ou parcelamento, aplica-se, para todos os fins, o disposto nos incisos I e VI do *caput* do art. 151 da Lei n. 5.172, de 25 de outubro de 1966.

§ 3.º Os créditos abrangidos pela transação somente serão extintos quando integralmente cumpridas as condições previstas no respectivo termo.

Art. 4.º Implica a rescisão da transação:

I – o descumprimento das condições, das cláusulas ou dos compromissos assumidos;

II – a constatação, pelo credor, de ato tendente ao esvaziamento patrimonial do devedor como forma de fraudar o cumprimento da transação, ainda que realizado anteriormente à sua celebração;

III – a decretação de falência ou de extinção, pela liquidação, da pessoa jurídica transigente;

IV – a comprovação de prevaricação, de concussão ou de corrupção passiva na sua formação;

V – a ocorrência de dolo, de fraude, de simulação ou de erro essencial quanto à pessoa ou quanto ao objeto do conflito;

VI – a ocorrência de alguma das hipóteses rescisórias adicionalmente previstas no respectivo termo de transação; ou

VII – a inobservância de quaisquer disposições desta Lei ou do edital.

§ 1.º O devedor será notificado sobre a incidência de alguma das hipóteses de rescisão da transação e poderá impugnar o ato, na forma da Lei n. 9.784, de 29 de janeiro de 1999, no prazo de 30 (trinta) dias.

§ 2.º Quando sanável, é admitida a regularização do vício que ensejaria a rescisão durante o prazo concedido para a impugnação, preservada a transação em todos os seus termos.

§ 3.º A rescisão da transação implicará o afastamento dos benefícios concedidos e a cobrança integral das dívidas, deduzidos os valores já pagos, sem prejuízo de outras consequências previstas no edital.

§ 4.º Aos contribuintes com transação rescindida é vedada, pelo prazo de 2 (dois) anos, contado da data de rescisão, a formalização de nova transação, ainda que relativa a débitos distintos.

Art. 5.º É vedada a transação que:

I – reduza multas de natureza penal;

II – conceda descontos a créditos relativos ao:

a) Regime Especial Unificado de Arrecadação de Tributos e Contribuições devidos pelas Microempresas e Empresas de Pequeno Porte (Simples Nacional), enquanto não editada lei complementar autorizativa;

b) Fundo de Garantia do Tempo de Serviço (FGTS), enquanto não autorizado pelo seu Conselho Curador;

III – envolva devedor contumaz, conforme definido em lei específica.

§ 1.º É vedada a acumulação das reduções oferecidas pelo edital com quaisquer outras asseguradas na legislação em relação aos créditos abrangidos pela proposta de transação.

§ 2.º Nas propostas de transação que envolvam redução do valor do crédito, os encargos legais acrescidos aos débitos inscritos em dívida ativa da União de que trata o art. 1.º do Decreto-Lei n. 1.025, de 21 de outubro de 1969, serão obrigatoriamente reduzidos em percentual não inferior ao aplicado às multas e aos juros de mora relativos aos créditos a serem transacionados.

§ 3.º A rejeição da autorização referida na alínea b do inciso II do *caput* deste artigo exigirá manifestação expressa e fundamentada do Conselho Curador do FGTS, sem a qual será reputada a anuência tácita após decorrido prazo superior a 20 (vinte) dias úteis da comunicação, pela Procuradoria-Geral da Fazenda Nacional, da abertura do edital para adesão ou da proposta de transação individual.

Art. 6.º Para fins do disposto nesta Lei, considera-se microempresa ou empresa de pequeno porte a pessoa jurídica cuja receita bruta esteja nos limites fixados nos incisos I e II do *caput* do art. 3.º da Lei Complementar n. 123, de 14 de dezembro de 2006, não aplicados os demais critérios para opção pelo regime especial por ela estabelecido.

Art. 7.º A proposta de transação e a sua eventual adesão por parte do sujeito passivo ou devedor não autorizam a restituição ou a compensação de importâncias pagas, compensadas ou incluídas em parcelamentos pelos quais tenham optado antes da celebração do respectivo termo.

Art. 8.º Na hipótese de a proposta de transação envolver valores superiores aos fixados em ato do Ministro de Estado da Economia ou do Advogado-Geral da União, a transação, sob pena de nulidade, dependerá de prévia e expressa autorização ministerial, admitida a delegação.

Art. 9.º Os atos que dispuserem sobre a transação poderão, quando for o caso, condicionar sua concessão à observância das normas orçamentárias e financeiras.

CAPÍTULO II
DA TRANSAÇÃO NA COBRANÇA DE CRÉDITOS DA UNIÃO E DE SUAS AUTARQUIAS E FUNDAÇÕES PÚBLICAS

Art. 10. A transação na cobrança da dívida ativa da União, das autarquias e das fundações públicas federais poderá ser proposta, respectivamente, pela Procuradoria-Geral da Fazenda Nacional e pela Procuradoria-Geral Federal, de forma individual ou por adesão, ou por iniciativa do devedor, ou pela Procuradoria-Geral da União, em relação aos créditos sob sua responsabilidade.

Art. 11. A transação poderá contemplar os seguintes benefícios:

I – a concessão de descontos nas multas, nos juros de mora e nos encargos legais relativos a créditos a serem transacionados que sejam classificados como irrecuperáveis ou de difícil recuperação, conforme critérios estabelecidos pela autoridade fazendária, nos termos do inciso V do *caput* do art. 14 desta Lei;

II – o oferecimento de prazos e formas de pagamento especiais, incluídos o diferimento e a moratória; e

III – o oferecimento, a substituição ou a alienação de garantias e de constrições.

§ 1.º É permitida a utilização de mais de uma das alternativas previstas nos incisos I, II e III do *caput* deste artigo para o equacionamento dos créditos inscritos em dívida ativa da União.

§ 2.º É vedada a transação que:

I – reduza o montante principal do crédito, assim compreendido seu valor originário, excluídos os acréscimos de que trata o inciso I do *caput* deste artigo;

II – implique redução superior a 50% (cinquenta por cento) do valor total dos créditos a serem transacionados;

III – conceda prazo de quitação dos créditos superior a 84 (oitenta e quatro) meses;

IV – envolva créditos não inscritos em dívida ativa da União, exceto aqueles sob responsabilidade da Procuradoria-Geral da União.

§ 3.º Na hipótese de transação que envolva pessoa natural, microempresa ou empresa de pequeno porte, a redução máxima de que trata o inciso II do § 2.º deste artigo será de até 70% (setenta por cento), ampliando-se o prazo máximo de quitação para até 145 (cento e quarenta e cinco) meses, respeitado o disposto no § 11 do art. 195 da Constituição Federal.

§ 4.º O disposto no § 3.º deste artigo aplica-se também às:

I – Santas Casas de Misericórdia, sociedades cooperativas e demais organizações da sociedade civil de que trata a Lei n. 13.019, de 31 de julho de 2014; e

II – instituições de ensino.

§ 5.º Incluem-se como créditos irrecuperáveis ou de difícil recuperação, para os fins do disposto no inciso I do *caput* deste artigo, aqueles devidos por empresas em processo de recuperação judicial, liquidação judicial, liquidação extrajudicial ou falência.

§ 6.º Na transação, poderão ser aceitas quaisquer modalidades de garantia previstas em lei, inclusive garantias reais ou fidejussórias, cessão fiduciária de direitos creditórios, alienação fiduciária de bens móveis, imóveis ou de direitos, bem como créditos líquidos e certos do contribuinte em desfavor da União, reconhecidos em decisão transitada em julgado.

Art. 12. A proposta de transação não suspende a exigibilidade dos créditos por ela abrangidos nem o andamento das respectivas execuções fiscais.

§ 1.º O disposto no *caput* deste artigo não afasta a possibilidade de suspensão do processo por convenção das partes, conforme o disposto no inciso II do *caput* do art. 313 da Lei n. 13.105, de 16 de março de 2015 (Código de Processo Civil).

§ 2.º O termo de transação preverá, quando cabível, a anuência das partes para fins da suspensão convencional do processo de que trata o inciso II do *caput* do art. 313 da Lei n. 13.105, de 16 de março de 2015 (Código de Processo Civil), até a extinção dos créditos nos termos do § 3º do art. 3º desta Lei ou eventual rescisão.

§ 3.º A proposta de transação aceita não implica novação dos créditos por ela abrangidos.

Art. 13. Compete ao Procurador-Geral da Fazenda Nacional, diretamente ou por autoridade por ele delegada, assinar o termo de transação realizado de forma individual.

§ 1.º A delegação de que trata o *caput* deste artigo poderá ser subdelegada, prever valores de alçada e exigir a aprovação de múltiplas autoridades.

§ 2.º A transação por adesão será realizada exclusivamente por meio eletrônico.

Art. 14. Ato do Procurador-Geral da Fazenda Nacional disciplinará:

I – os procedimentos necessários à aplicação do disposto neste Capítulo, inclusive quanto à rescisão da transação, em conformidade com a Lei n. 9.784, de 29 de janeiro de 1999;

II – a possibilidade de condicionar a transação ao pagamento de entrada, à apresentação de garantia e à manutenção das garantias já existentes;

III – as situações em que a transação somente poderá ser celebrada por adesão, autorizado o não conhecimento de eventuais propostas de transação individual;

IV – o formato e os requisitos da proposta de transação e os documentos que deverão ser apresentados;

V – os critérios para aferição do grau de recuperabilidade das dívidas, os parâmetros para aceitação da transação individual e a concessão de descontos, entre eles o insucesso dos meios ordinários e convencionais de cobrança e a vinculação dos benefícios a critérios preferencialmente objetivos que incluam ainda a idade da dívida inscrita, a capacidade contributiva do devedor e os custos da cobrança judicial.

Art. 15. Ato do Advogado-Geral da União disciplinará a transação no caso dos créditos previstos no inciso III do § 4.º do art. 1.º desta Lei.

CAPÍTULO III
DA TRANSAÇÃO POR ADESÃO NO CONTENCIOSO TRIBUTÁRIO DE RELEVANTE E DISSEMINADA CONTROVÉRSIA JURÍDICA

Art. 16. O Ministro de Estado da Economia poderá propor aos sujeitos passivos transação resolutiva de litígios aduaneiros ou tributários decorrentes de relevante e disseminada controvérsia jurídica, com base em manifestação da Procuradoria-Geral da Fazenda Nacional e da Secretaria Especial da Receita Federal do Brasil do Ministério da Economia.

§ 1.º A proposta de transação e a eventual adesão por parte do sujeito passivo não poderão ser invocadas como fundamento jurídico ou prognose de sucesso da tese sustentada por qualquer das partes e serão compreendidas exclusivamente como medida vantajosa diante das concessões recíprocas.

§ 2.º A proposta de transação deverá, preferencialmente, versar sobre controvérsia restrita a segmento econômico ou produtivo, a grupo ou universo de contribuintes ou a responsáveis delimitados, vedada, em qualquer hipótese, a alteração de regime jurídico tributário.

§ 3.º Considera-se controvérsia jurídica relevante e disseminada a que trate de questões tributárias que ultrapassem os interesses subjetivos da causa.

Art. 17. A proposta de transação por adesão será divulgada na imprensa oficial e nos sítios dos respectivos órgãos na internet, mediante edital que especifique, de maneira objetiva, as hipóteses fáticas e jurídicas nas quais a Fazenda Nacional propõe a transação no contencioso tributário, aberta à adesão de todos os sujeitos passivos que se enquadrem nessas hipóteses e que satisfaçam às condições previstas nesta Lei e no edital.

§ 1.º O edital a que se refere o *caput* deste artigo:

I – definirá:

a) as exigências a serem cumpridas, as reduções ou concessões oferecidas, os prazos e as formas de pagamento admitidas;

b) o prazo para adesão à transação;

II – poderá limitar os créditos contemplados pela transação, considerados:

a) a etapa em que se encontre o respectivo processo tributário, administrativo ou judicial; ou

b) os períodos de competência a que se refiram;

III – estabelecerá a necessidade de conformação do contribuinte ou do responsável ao entendimento da administração tributária acerca de fatos geradores futuros ou não consumados.

§ 2.º As reduções e concessões de que trata a alínea a do inciso I do § 1.º deste artigo são limitadas ao desconto de 50% (cinquenta por cento) do crédito, com prazo máximo de quitação de 84 (oitenta e quatro) meses.

§ 3.º A celebração da transação, nos termos definidos no edital de que trata o *caput* deste artigo, compete:

I – à Secretaria Especial da Receita Federal do Brasil do Ministério da Economia, no âmbito do contencioso administrativo; e

II – à Procuradoria-Geral da Fazenda Nacional, nas demais hipóteses legais.

Art. 18. A transação somente será celebrada se constatada a existência, na data de publicação do edital, de inscrição em dívida ativa, de ação judicial, de embargos à execução fiscal ou de reclamação ou recurso administrativo pendente de julgamento definitivo, relativamente à tese objeto da transação.

Parágrafo único. A transação será rescindida quando contrariar decisão judicial definitiva prolatada antes da celebração da transação.

Art. 19. Atendidas as condições estabelecidas no edital, o sujeito passivo da obrigação tributária poderá solicitar sua adesão à transação, observado o procedimento estabelecido em ato do Ministro de Estado da Economia.

§ 1.º O sujeito passivo que aderir à transação deverá:

I – requerer a homologação judicial do acordo, para fins do disposto nos incisos II e III do *caput* do art. 515 da Lei n. 13.105, de 16 de março de 2015 (Código de Processo Civil);

II – sujeitar-se, em relação aos fatos geradores futuros ou não consumados, ao entendimento dado pela administração tributária à questão em litígio, ressalvada a cessação de eficácia prospectiva da transação decorrente do advento de precedente persuasivo nos termos dos incisos I, II, III e IV do *caput* do art. 927 da Lei n. 13.105, de 16 de março de 2015 (Código de Processo Civil), ou nas demais hipóteses previstas no art. 19 da Lei n. 10.522, de 19 de julho de 2002.

§ 2.º Será indeferida a adesão que não importar extinção do litígio administrativo ou judicial, ressalvadas as hipóteses em que ficar demonstrada a inequívoca cindibilidade do objeto, nos termos do ato a que se refere o *caput* deste artigo.

§ 3.º A solicitação de adesão deverá abranger todos os litígios relacionados à tese objeto da transação existentes na data do pedido, ainda que não definitivamente julgados.

§ 4.º A apresentação da solicitação de adesão suspende a tramitação dos processos administrativos referentes aos créditos tributários envolvidos enquanto perdurar sua apreciação.

§ 5.º A apresentação da solicitação de adesão não suspende a exigibilidade dos créditos tributários definitivamente constituídos aos quais se refira.

Art. 20. São vedadas:

I – a celebração de nova transação relativa ao mesmo crédito tributário;

II – a oferta de transação por adesão nas hipóteses:

a) previstas no art. 19 da Lei n. 10.522, de 19 de julho de 2002, quando o ato ou a jurisprudência for em sentido integralmente desfavorável à Fazenda Nacional; e

b) de precedentes persuasivos, nos moldes dos incisos I, II, III e IV do *caput* do art. 927 da Lei n. 13.105, de 16 de março de 2015 (Código de Processo Civil), quando integralmente favorável à Fazenda Nacional;

III – a proposta de transação com efeito prospectivo que resulte, direta ou indiretamente, em regime especial, diferenciado ou individual de tributação.

Parágrafo único. O disposto no inciso II do *caput* deste artigo não obsta a oferta de transação relativa a controvérsia no âmbito da liquidação da sentença ou não abrangida na jurisprudência ou ato referidos no art. 19 da Lei n. 10.522, de 19 de julho de 2002.

Art. 21. Ato do Ministro de Estado da Economia regulamentará o disposto neste Capítulo.

Art. 22. Compete ao Secretário Especial da Receita Federal do Brasil, no que couber, disciplinar o disposto nesta Lei no que se refere à transação de créditos tributários não judicializados no contencioso administrativo tributário.

§ 1.º Compete ao Secretário Especial da Receita Federal do Brasil, diretamente ou por autoridade por ele delegada, assinar o termo de transação.

§ 2.º A delegação de que trata o § 1.º deste artigo poderá ser subdelegada, prever valores de alçada e exigir a aprovação de múltiplas autoridades.

§ 3.º A transação por adesão será realizada exclusivamente por meio eletrônico.

CAPÍTULO IV
DA TRANSAÇÃO POR ADESÃO NO CONTENCIOSO TRIBUTÁRIO DE PEQUENO VALOR

Art. 23. Observados os princípios da racionalidade, da economicidade e da eficiência, ato do Ministro de Estado da Economia regulamentará:

I – o contencioso administrativo fiscal de pequeno valor, assim considerado aquele cujo lançamento fiscal ou controvérsia não supere 60 (sessenta) salários mínimos;

•• Sobre a vigência desse inciso I, *vide* art. 30, I, desta Lei.

II – a adoção de métodos alternativos de solução de litígio, inclusive transação, envolvendo processos de pequeno valor.

Parágrafo único. No contencioso administrativo de pequeno valor, observados o contraditório, a ampla defesa e a vinculação aos entendimentos do Conselho Administrativo de Recursos Fiscais, o julgamento será realizado em última instância por órgão colegiado da Delegacia da Receita Federal do Brasil de Julgamento da Secretaria Especial da Receita Federal do Brasil, aplicado o disposto no Decreto n. 70.235, de 6 de março de 1972, apenas subsidiariamente.

•• Sobre a vigência desse parágrafo único, *vide* art. 30, I, desta Lei.

Art. 24. A transação relativa a crédito tributário de pequeno valor será realizada na pendência de impugnação, de recurso ou de reclamação administrativa ou no processo de cobrança da dívida ativa da União.

Parágrafo único. Considera-se contencioso tributário de pequeno valor aquele cujo crédito tributário em discussão não supere o limite previsto no inciso I do *caput* do art. 23 desta Lei e que tenha como sujeito passivo pessoa natural, microempresa ou empresa de pequeno porte.

Art. 25. A transação de que trata este Capítulo poderá contemplar os seguintes benefícios:

I – concessão de descontos, observado o limite máximo de 50% (cinquenta por cento) do valor total do crédito;

II – oferecimento de prazos e formas de pagamento especiais, incluídos o diferimento e a moratória, obedecido o prazo máximo de quitação de 60 (sessenta) meses; e

III – oferecimento, substituição ou alienação de garantias e de constrições.

§ 1.º É permitida a cumulação dos benefícios previstos nos incisos I, II e III do *caput* deste artigo.

§ 2.º A celebração da transação competirá:

I – à Secretaria Especial da Receita Federal do Brasil, no âmbito do contencioso administrativo de pequeno valor; e

II – à Procuradoria-Geral da Fazenda Nacional, nas demais hipóteses previstas neste Capítulo.

Art. 26. A proposta de transação poderá ser condicionada ao compromisso do contribuinte ou do responsável de requerer a homologação judicial do acordo, para fins do disposto nos incisos II e III do *caput* do art. 515 da Lei n. 13.105, de 16 de março de 2015 (Código de Processo Civil).

Art. 27. Caberá ao Procurador-Geral da Fazenda Nacional e ao Secretário Especial da Receita Federal do Brasil, em seu âmbito de atuação, disciplinar a aplicação do disposto neste Capítulo.

CAPÍTULO V
DAS ALTERAÇÕES LEGISLATIVAS

Art. 28. A Lei n. 10.522, de 19 de julho de 2002, passa a vigorar acrescida do seguinte art. 19-E:

•• Alteração já processada no diploma modificado.

CAPÍTULO VI
DISPOSIÇÕES FINAIS

Art. 29. Os agentes públicos que participarem do processo de composição do conflito, judicial ou extrajudicialmente, com o objetivo de celebração de transação nos termos desta Lei somente poderão ser responsabilizados, inclusive perante os órgãos públicos de controle interno e externo, quando agirem com dolo ou fraude para obter vantagem indevida para si ou para outrem.

Art. 30. Esta Lei entra em vigor:

I – em 120 (cento e vinte) dias contados da data da sua publicação, em relação ao inciso I do *caput* e ao parágrafo único do art. 23; e

II – na data de sua publicação, em relação aos demais dispositivos.

Brasília, 14 de abril de 2020; 199o da Independência e 132o da República.

JAIR MESSIAS BOLSONARO

LEI COMPLEMENTAR N. 175, DE 23 DE SETEMBRO DE 2020(*)

Dispõe sobre o padrão nacional de obrigação acessória do Imposto Sobre Serviços de Qualquer Natureza (ISSQN), de competência

(*) Publicado no *Diário Oficial da União*, de 24-9-2020.

dos Municípios e do Distrito Federal, incidente sobre os serviços previstos nos subitens 4.22, 4.23, 5.09, 15.01 e 15.09 da lista de serviços anexa à Lei Complementar nº 116, de 31 de julho de 2003; altera dispositivos da referida Lei Complementar; prevê regra de transição para a partilha do produto da arrecadação do ISSQN entre o Município do local do estabelecimento prestador e o Município do domicílio do tomador relativamente aos serviços de que trata; e dá outras providências.

O Presidente da República

Faço saber que o Congresso Nacional decreta e eu sanciono a seguinte Lei Complementar:

Art. 1.º Esta Lei Complementar dispõe sobre o padrão nacional de obrigação acessória do Imposto Sobre Serviços de Qualquer Natureza (ISSQN), de competência dos Municípios e do Distrito Federal, incidente sobre os serviços previstos nos subitens 4.22, 4.23, 5.09, 15.01 e 15.09 da lista de serviços anexa à Lei Complementar nº 116, de 31 de julho de 2003; altera dispositivos da referida Lei Complementar; prevê regra de transição para a partilha do produto da arrecadação do ISSQN entre o Município do local do estabelecimento prestador e o Município do domicílio do tomador relativamente aos serviços de que trata, cujo período de apuração esteja compreendido entre a data de publicação desta Lei Complementar e o último dia do exercício financeiro de 2022; e dá outras providências.

Art. 2.º O ISSQN devido em razão dos serviços referidos no art. 1.º será apurado pelo contribuinte e declarado por meio de sistema eletrônico de padrão unificado em todo o território nacional.

§ 1.º O sistema eletrônico de padrão unificado de que trata o *caput* será desenvolvido pelo contribuinte, individualmente ou em conjunto com outros contribuintes sujeitos às disposições desta Lei Complementar, e seguirai leiautes e padrões definidos pelo Comitê Gestor das Obrigações Acessórias do ISSQN (CGOA), nos termos dos arts. 9.º a 11 desta Lei Complementar.

•• Mantivemos "seguirai" conforme publicação oficial.

§ 2.º O contribuinte deverai franquear aos Municípios e ao Distrito Federal acesso mensal e gratuito ao sistema eletrônico de padrão unificado utilizado para cumprimento da obrigação acessória padronizada.

•• Mantivemos "deverai" conforme publicação oficial.

§ 3.º Quando o sistema eletrônico de padrão unificado for desenvolvido em conjunto por mais de um contribuinte, cada contribuinte acessarai o sistema exclusivamente em relação às suas próprias informações.

•• Mantivemos "acessarai" conforme publicação oficial.

§ 4.º Os Municípios e o Distrito Federal acessarão o sistema eletrônico de padrão unificado dos contribuintes exclusivamente em relação às informações de suas respectivas competências.

Art. 3.º O contribuinte do ISSQN declarará as informações objeto da obrigação acessória de que trata esta Lei Complementar de forma padronizada, exclusivamente por meio do sistema eletrônico de que trata o art. 2.º, até o 25º (vigésimo quinto) dia do mês seguinte ao de ocorrência dos fatos geradores.

Parágrafo único. A falta da declaração, na forma do *caput*, das informações relativas a determinado Município ou ao Distrito Federal sujeitará o contribuinte às disposições da respectiva legislação.

Art. 4.º Cabe aos Municípios e ao Distrito Federal fornecer as seguintes informações diretamente no sistema eletrônico do contribuinte, conforme definições do CGOA:

I – alíquotas, conforme o período de vigência, aplicadas aos serviços referidos no art. 1º desta Lei Complementar;

II – arquivos da legislação vigente no Município ou no Distrito Federal que versem sobre os serviços referidos no art. 1.º desta Lei Complementar;

III – dados do domicílio bancário para recebimento do ISSQN.

§ 1.º Os Municípios e o Distrito Federal terão até o último dia do mês subsequente ao da disponibilização do sistema de cadastro para fornecer as informações de que trata o *caput*, sem prejuízo do recebimento do imposto devido retroativo a janeiro de 2021.

§ 2.º Na hipótese de atualização, pelos Municípios e pelo Distrito Federal, das informações de que trata o *caput*, essas somente produzirão efeitos no período de competência mensal seguinte ao de sua inserção no sistema, observado o disposto no art. 150, inciso III, alíneas "b" e "c", da Constituição Federal, no que se refere à base de cálculo e à alíquota, bem como ao previsto no § 1.º deste artigo.

§ 3.º É de responsabilidade dos Municípios e do Distrito Federal a higidez dos dados que esses prestarem no sistema previsto no *caput*, sendo vedada a imposição de penalidades ao contribuinte em caso de omissão, de inconsistência ou de inexatidão de tais dados.

Art. 5.º Ressalvadas as hipóteses previstas nesta Lei Complementar, é vedada aos Municípios e ao Distrito Federal a imposição a contribuintes não estabelecidos em seu território de qualquer outra obrigação acessória com relação aos serviços referidos no art. 1º, inclusive a exigência de inscrição nos cadastros municipais e distritais ou de licenças e alvarás de abertura de estabelecimentos nos respectivos Municípios e no Distrito Federal.

Art. 6.º A emissão, pelo contribuinte, de notas fiscais de serviços referidos no art. 1.º pode ser exigida, nos termos da legislação de cada Município e do Distrito Federal, exceto para os serviços descritos nos subitens 15.01 e 15.09, que são dispensados da emissão de notas fiscais.

Art. 7.º O ISSQN de que trata esta Lei Complementar será pago até o 15º (décimo quinto) dia do mês subsequente ao de ocorrência dos fatos geradores, exclusivamente por meio de transferência bancária, no âmbito do Sistema de Pagamentos Brasileiro (SPB), ao domicílio bancário informado pelos Municípios e pelo Distrito Federal, nos termos do inciso III do art. 4.º.

§ 1.º Quando não houver expediente bancário no 15º (décimo quinto) dia do mês subsequente ao de ocorrência dos fatos geradores, o vencimento do ISSQN será antecipado para o 1º (primeiro) dia anterior com expediente bancário.

§ 2.º O comprovante da transferência bancária emitido segundo as regras do SPB é documento hábil para comprovar o pagamento do ISSQN.

Art. 8.º É vedada a atribuição, a terceira pessoa, de responsabilidade pelo crédito tributário relativa aos serviços referidos no art. 1.º desta Lei Complementar, permanecendo a responsabilidade exclusiva do contribuinte.

Art. 9.º É instituído o Comitê Gestor das Obrigações Acessórias do ISSQN (CGOA).

Art. 10. Compete ao CGOA regular a aplicação do padrão nacional da obrigação acessória dos serviços referidos no art. 1.º.

§ 1.º O leiaute, o acesso e a forma de fornecimento das informações serão definidos pelo CGOA e somente poderão ser alterados após decorrido o prazo de 3 (três) anos, contado da definição inicial ou da última alteração.

§ 2.º A alteração do leiaute ou da forma de fornecimento das informações será comunicada pelo CGOA com o prazo de pelo menos 1 (um) ano antes de sua entrada em vigor.

Art. 11. O CGOA será composto de 10 (dez) membros, representando as regiões Sul, Sudeste, Centro-Oeste, Nordeste e Norte do Brasil, da seguinte forma:

I – 1 (um) representante de Município capital ou do Distrito Federal por região;

II – 1 (um) representante de Município não capital por região.

§ 1.º Para cada representante titular será indicado 1 (um) suplente, observado o critério regional adotado nos incisos I e II do *caput*.

§ 2.º Os representantes dos Municípios previstos no inciso I do *caput* serão indicados pela Frente Nacional de Prefeitos (FNP), e os representantes previstos no inciso II do *caput*, pela Confederação Nacional de Municípios (CNM).

§ 3.º O CGOA elaborará seu regimento interno mediante resolução.

Art. 12. É instituído o Grupo Técnico do Comitê Gestor das Obrigações Acessórias do ISSQN (GTCGOA), que auxiliará o CGOA e terá a participação de representantes dos contribuintes dos serviços referidos no art. 1.º desta Lei Complementar.

§ 1.º O GTCGOA será composto de 4 (quatro) membros:

I – 2 (dois) membros indicados pelas entidades municipalistas que compõem o CGOA;

II – 2 (dois) membros indicados pela Confederação Nacional das Instituições Financeiras (CNF), representando os contribuintes.

§ 2.º O GTCGOA terá suas atribuições definidas pelo CGOA mediante resolução.

Art. 13. Em relação às competências de janeiro, fevereiro e março de 2021, é assegurada ao contribuinte a possibilidade de recolher o ISSQN e de declarar as informações objeto da obrigação acessória de que trata o art. 2.º desta Lei Complementar até o 15º (décimo quinto) dia do mês de abril de 2021, sem a imposição de nenhuma penalidade.

Parágrafo único. O ISSQN de que trata o *caput* será atualizado pela taxa referencial do Sistema Especial de Liquidação e de Custódia (Selic) para títulos federais, a partir do 1º (primeiro) dia do mês subsequente ao mês de seu vencimento normal até o mês anterior ao do pagamento, e pela taxa de 1% (um por cento) no mês de pagamento.

Art. 14. A Lei Complementar nº 116, de 31 de julho de 2003, passa a vigorar com as seguintes alterações:

•• Alteração já processada no diploma modificado.

Art. 15. O produto da arrecadação do ISSQN relativo aos serviços descritos nos subitens 4.22, 4.23, 5.09, 15.01 e 15.09 da lista de serviços anexa à Lei Complementar nº 116, de 31 de julho de 2003, cujo período de apuração esteja compreendido entre a data de publicação desta Lei Complementar e o último dia do exercício financeiro de 2022 será partilhado entre o Município do local do estabelecimento prestador e o Município do domicílio do tomador desses serviços, da seguinte forma:

I – relativamente aos períodos de apuração ocorridos no exercício de 2021, 33,5% (trinta e três inteiros e cinco décimos por cento) do produto da arrecadação pertencerão ao Município do local do estabelecimento prestador do serviço, e 66,5% (sessenta e seis inteiros e cinco décimos por cento), ao Município do domicílio do tomador;

II – relativamente aos períodos de apuração ocorridos no exercício de 2022, 15% (quinze por cento) do produto da arrecadação pertencerão ao Município do local do estabelecimento prestador do serviço, e 85% (oitenta e cinco por cento), ao Município do domicílio do tomador;

III – relativamente aos períodos de apuração ocorridos a partir do exercício de 2023, 100% (cem por cento) do produto da arrecadação pertencerão ao Município do domicílio do tomador.

§ 1.º Na ausência de convênio, ajuste ou protocolo firmado entre os Municípios interessados ou entre esses e o CGOA para regulamentação do disposto no *caput* deste artigo, o Município do domicílio do tomador do serviço deverá transferir ao Município do local do estabelecimento prestador a parcela do imposto que lhe cabe até o 5º (quinto) dia útil seguinte ao seu recolhimento.

§ 2.º O Município do domicílio do tomador do serviço poderá atribuir às instituições financeiras arrecadadoras a obrigação de reter e de transferir ao Município do estabelecimento prestador do serviço os valores correspondentes à respectiva participação no produto da arrecadação do ISSQN.

Art. 16. Revoga-se o § 3.º do art. 6.º da Lei Complementar nº 116, de 31 de julho de 2003.

Art. 17. Esta Lei Complementar entra em vigor na data de sua publicação.

Brasília, 23 de setembro de 2020; 199º da Independência e 132º da República.

JAIR MESSIAS BOLSONARO

LEI COMPLEMENTAR N. 178, DE 13 DE JANEIRO DE 2021 (*)

Estabelece o Programa de Acompanhamento e Transparência Fiscal e o Plano de Promoção do Equilíbrio Fiscal; altera a Lei Complementar n. 101, de 4 de maio de 2000, a Lei Complementar n. 156, de 28 de dezembro de 2016, a Lei Complementar nº 159, de 19 de maio de 2017, a Lei Complementar nº 173, de 27 de maio de 2020, a Lei n. 9.496, de 11 de setembro de 1997, a Lei n. 12.348, de 15 de dezembro de 2010, a Lei n. 12.649, de 17 de maio de 2012, e a Medida Provisória n. 2.185-35, de 24 de agosto de 2001; e dá outras providências.

O Presidente da República

Faço saber que o Congresso Nacional decreta e eu sanciono a seguinte Lei Complementar:

CAPÍTULO I
DA PROMOÇÃO DA TRANSPARÊNCIA E DO EQUILÍBRIO FISCAL

Seção I
Da Instituição do Programa de Acompanhamento e Transparência Fiscal

Art. 1º É instituído o Programa de Acompanhamento e Transparência Fiscal, o qual tem por objetivo reforçar a transparência fiscal dos Estados, do Distrito Federal e dos Municípios e compatibilizar as respectivas políticas fiscais com a da União.

§ 1º O Programa será avaliado, revisado e atualizado periodicamente, e será amplamente divulgado, inclusive em meios eletrônicos de acesso público.

§ 2º O Programa poderá estabelecer metas e compromissos para o Estado, o Distrito Federal e o Município.

§ 3º O Estado, o Distrito Federal e o Município que aderir ao Programa firmará o compromisso de contrair novas dívidas exclusivamente de acordo com os termos do Programa.

§ 4º O Programa poderá estabelecer limites individualizados para contratação de dívidas em percentual da receita corrente líquida, de acordo com a capacidade de pagamento apurada conforme metodologia definida pelo Ministério da Economia.

§ 5º Ato do Secretário do Tesouro Nacional poderá estabelecer critérios para adesão de Municípios com até 500.000 (quinhentos mil) habitantes ao Programa e para a aplicação de normas e padrões simplificados no âmbito do Programa.

§ 6º A adesão do Estado, do Distrito Federal ou do Município ao Programa de Acompanhamento e Transparência Fiscal é condição para a pactuação de Plano de Promoção do Equilíbrio Fiscal com a União, nos termos da Seção II deste Capítulo, para a adesão ao Regime de Recuperação Fiscal de que trata a Lei Complementar n. 159, de 19 de maio de 2017, e para a repactuação de acordos sob a égide da Lei Complementar nº 156, de 28 de dezembro de 2016, da Lei n. 9.496, de 11 de setembro de 1997, e da Medida Provisória n. 2.192-70, de 24 de agosto de 2001.

§ 7º O disposto no § 6º deste artigo será considerado atendido em caso de assunção de compromisso para a adesão ao Programa de Acompanhamento e Transparência Fiscal, desde que efetivada em até 12 (doze) meses após a referida assunção de compromisso, sob pena de nulidade de eventual repactuação de acordos ou adesão ao Regime de Recuperação Fiscal a que se refere aquele parágrafo.

§ 8º A alteração da metodologia utilizada para fins de classificação da capacidade de pagamento deverá ser precedida de consulta pública, assegurada a manifestação de Estados e Municípios.

Art. 2º Os entes signatários do Programa de Acompanhamento e Transparência Fiscal encaminharão à Secretaria do Tesouro Nacional as informações contábeis, orçamentárias e financeiras necessárias à elaboração dos demonstrativos fiscais estabelecidos pela Lei Complementar n. 101, de 4 de maio de 2000, ao acompanhamento dos acordos, programa, repactuações, regime e plano citados no § 6º do art. 1º e à fiscalização do cumprimento das regras definidas pelo Poder Executivo federal nos termos do inciso III do § 1.º, do § 2.º e do § 3.º do art. 48 da Lei Complementar nº 101, de 4 de maio de 2000.

Seção II
Do Plano de Promoção do Equilíbrio Fiscal

Art. 3.º O Plano de Promoção do Equilíbrio Fiscal conterá conjunto de metas e de compromissos pactuados entre a União e cada Estado, o Distrito Federal ou cada Município, com o objetivo de promover o equilíbrio fiscal e a melhoria das respectivas capacidades de pagamento.

§ 1º O Plano de Promoção do Equilíbrio Fiscal terá vigência temporária, requisitos adicionais de adesão por Estado, pelo Distrito Federal ou por Município e demais condições definidas em regulamento.

§ 2º Ato do Ministro de Estado da Economia disporá sobre a metodologia de cálculo e a classificação da capacidade de pagamento dos Estados, do Distrito Federal e dos Municípios, observado o disposto no art. 1º, § 8º.

(*) Publicada no *Diário Oficial da União*, de 14-1-2021. Regulamentada pelo Decreto n. 10.819, de 27-9-2021.

§ 3º O Plano de Promoção do Equilíbrio Fiscal deverá conter, no mínimo:

I – as metas e compromissos pactuados nos termos do *caput*; e

II – autorização para contratações de operações de crédito com garantia da União e as condições para liberação dos recursos financeiros.

§ 4º O Estado, o Distrito Federal ou o Município deverá vincular, em contragarantia das operações de crédito autorizadas na forma deste artigo, as receitas de que tratam os arts. 155 a 158 e os recursos de que tratam as alíneas "a" e "b" do inciso I e o inciso II do *caput* do art. 159, todos da Constituição Federal.

Art. 4º O Plano de Promoção do Equilíbrio Fiscal contemplará a aprovação de leis ou atos normativos pelo Estado, Distrito Federal ou Município dos quais decorra a implementação, nos termos de regulamento, de pelo menos 3 (três) das medidas estabelecidas no § 1º do art. 2º da Lei Complementar nº 159, de 19 de maio de 2017, devendo uma delas, no mínimo, estar entre as previstas nos incisos II, IV, V e VIII do referido parágrafo, observado o § 4º daquele artigo.

Parágrafo único. Para fins de adesão ao Plano de Promoção do Equilíbrio Fiscal, consideram-se implementadas as medidas referidas no *caput* deste artigo caso o ente demonstre, nos termos do regulamento, ser desnecessário editar legislação adicional para seu atendimento.

Art. 5º O Plano de Promoção do Equilíbrio Fiscal poderá estabelecer metas e compromissos adicionais ao Programa de Acompanhamento e Transparência Fiscal e ao de Reestruturação e Ajuste Fiscal, nos termos da Lei n. 9.496, de 11 de setembro de 1997.

Art. 6º As liberações de recursos das operações autorizadas de acordo com o art. 3º condicionam-se ao cumprimento:

I – das metas e dos compromissos previstos no Plano de Promoção do Equilíbrio Fiscal; e

II – do limite para despesa total com pessoal, de acordo com os percentuais previstos no *caput* do art. 19 da Lei Complementar nº 101, de 4 de maio de 2000, observada a regra de enquadramento prevista no art. 15 da presente Lei Complementar.

§ 1º A primeira liberação de recursos financeiros no âmbito do Plano de Promoção do Equilíbrio Fiscal condiciona-se somente à aprovação das leis de que trata o art. 4º.

§ 2º Os recursos liberados na forma do *caput* poderão ser utilizados para pagamento de despesas correntes ou de capital, observadas as vedações dos incisos III e X do art. 167 da Constituição Federal.

§ 3º Na hipótese de uma das escolhas de que trata o art. 4º recair sobre a medida a que se refere o inciso I do § 1º do art. 2º da Lei Complementar nº 159, de 19 de maio de 2017, as liberações de recursos serão definidas proporcionalmente à sua implementação, nos termos do regulamento.

Art. 7º (Vetado).

Art. 8º O pedido de adesão do Estado ou do Distrito Federal ao Regime de Recuperação Fiscal instituído pela Lei Complementar nº 159, de 19 de maio de 2017, extingue o Plano de Promoção do Equilíbrio Fiscal em vigor, nos termos do regulamento.

Parágrafo único. As dívidas decorrentes das operações de crédito contratadas no âmbito do Plano de Promoção do Equilíbrio Fiscal não estão sujeitas ao disposto no art. 9º da Lei Complementar referida no *caput*.

CAPÍTULO III
DAS ALTERAÇÕES DO REGIME DE RECUPERAÇÃO FISCAL

Art. 13. A Lei Complementar n. 159, de 19 de maio de 2017, passa a vigorar com as seguintes alterações:

•• Alterações já processadas no diploma modificado.

CAPÍTULO IV
DAS MEDIDAS DE REFORÇO À RESPONSABILIDADE FISCAL

Art. 15. O Poder ou órgão cuja despesa total com pessoal ao término do exercício financeiro da publicação desta Lei Complementar estiver acima de seu respectivo limite estabelecido no art. 20 da Lei Complementar nº 101, de 4 de maio de 2000, deverá eliminar o excesso à razão de, pelo menos, 10% (dez por cento) a cada exercício a partir de 2023, por meio da adoção, entre outras, das medidas previstas nos arts. 22 e 23 daquela Lei Complementar, de forma a se enquadrar no respectivo limite até o término do exercício de 2032.

§ 1º A inobservância do disposto no *caput* no prazo fixado sujeita o ente às restrições previstas no § 3º do art. 23 da Lei Complementar nº 101, de 4 de maio de 2000.

§ 2º A comprovação acerca do cumprimento da regra de eliminação do excesso de despesas com pessoal prevista no *caput* deverá ser feita no último quadrimestre de cada exercício, observado o art. 18 da Lei Complementar nº 101, de 4 de maio de 2000.

§ 3º Ficam suspensas as contagens de prazo e as disposições do art. 23 da Lei Complementar nº 101, de 4 de maio de 2000, no exercício financeiro de publicação desta Lei Complementar.

§ 4º Até o encerramento do prazo a que se refere o *caput*, será considerado cumprido o disposto no art. 23 da Lei Complementar n. 101, de 4 de maio de 2000, pelo Poder ou órgão referido no art. 20 daquela Lei Complementar que atender ao estabelecido neste artigo.

Art. 16. A Lei Complementar n. 101, de 4 de maio de 2000, passa a vigorar com as seguintes alterações:

•• Alterações já processadas no diploma modificado.

CAPÍTULO V
DISPOSIÇÕES FINAIS E TRANSITÓRIAS

Art. 17. É a União autorizada a:

I – firmar Programas de Acompanhamento e Transparência Fiscal e Planos de Promoção do Equilíbrio Fiscal com os Estados, o Distrito Federal e os Municípios;

II – formalizar termos aditivos aos contratos de refinanciamento de dívidas celebrados com os Estados e o Distrito Federal com base na Lei nº 9.496, de 11 de setembro de 1997, e aos contratos de financiamento ou refinanciamento previstos na Medida Provisória nº 2.192-70, de 24 de agosto de 2001, para a sua conversão em Programas de Acompanhamento e Transparência Fiscal;

III – conceder garantias às operações de crédito autorizadas no âmbito do Plano de Promoção do Equilíbrio Fiscal de que trata o art. 3º;

IV – converter os Programas de Acompanhamento Fiscal vigentes nos termos da Lei Complementar nº 148, de 25 de novembro de 2014, em Programas de Acompanhamento e Transparência Fiscal;

V – dispensar, durante a vigência dos contratos de financiamento ou refinanciamento previstos na Medida Provisória nº 2.192-70, de 24 de agosto de 2001, a aplicação do disposto no § 2º do seu art. 5º;

VI – parcelar, em até 120 (cento e vinte) meses, mediante instrumento próprio, com aplicação dos encargos financeiros previstos no art. 2º da Lei Complementar nº 148, de 25 de novembro de 2014, e prestações calculadas com base na Tabela Price, os saldos devedores vencidos acumulados em decorrência de decisões judiciais relativas às dívidas de Estados e Municípios refinanciadas ao ampa-ro da Lei nº 8.727, de 5 de novembro de 1993, para as quais não foram mantidos os prazos, os encargos financeiros e as demais condições pactuadas nos contratos originais; e

VII – incorporar aos saldos devedores de contratos firmados originalmente ao amparo da Lei nº 9.496, de 11 de setembro de 1997, ou da Medida Provisória nº 2.192-70, de 24 de agosto de 2001, mediante aditamento contratual, os saldos devedores vencidos de operações de crédito rural alongadas nos termos da Lei nº 9.138, de 29 de novembro de 1995, que constituam, até a data de publicação desta Lei Complementar, obrigação de Estado da federação junto à Secretaria do Tesouro Nacional do Ministério da Economia.

§ 1º A conversão de que trata o inciso II do *caput*:

I – obrigará o Estado ou o Distrito Federal a cumprir as normas relativas ao Programa de Acompanhamento e Transparência Fiscal e o desobrigará de cumprir as normas relativas ao Programa de Reestruturação e de Ajuste Fiscal de que trata o art. 2º da Lei nº 9.496, de 11 de setembro de 1997;

II – autorizará, sem prejuízo das demais penalidades, a cobrança, durante 6 (seis) meses, de amortização extraordinária exigida com a prestação devida, de valor correspondente a 0,2% (dois décimos por cento) da receita corrente líquida definida no inciso IV do art. 2º da Lei Complementar nº 101, de 4 de maio de 2000, correspondente ao exercício imediatamente anterior ao de aplicação das penalidades, na hipótese de não revisão e atualização do Programa de Acompanhamento e Transparência Fiscal.

§ 2º Os saldos devedores a que se refere o inciso VI do *caput* serão apurados com os encargos financeiros de adimplência previstos nos contratos celebrados ao amparo da Lei nº 8.727, de 5 de novembro de 1993, e seu parcelamento deverá ser formalizado por instrumento contratual, mediante o oferecimento em garantia à União das receitas próprias e dos recursos de que tratam os arts. 156, 158 e 159, inciso I, alínea "b", e § 3º, todos da Constituição Federal.

§ 3º Em caso de inadimplemento do parcelamento de que trata o inciso VI do *caput*, serão aplicados os encargos previstos no § 11 do art. 3º da Lei nº 9.496, de 11 de setembro de 1997.

§ 4º A eficácia do instrumento contratual a ser celebrado em decorrência da autorização prevista no inciso VI do *caput* deste artigo estará condicionada à apresentação, pelo ente devedor, em até 180 (cento e oitenta) dias contados da data da assinatura, do protocolo do pedido de desistência perante os juízos das respectivas ações judiciais.

§ 5º O prazo para assinatura do instrumento contratual a que se refere o inciso VI do *caput* é de 360 (trezentos e sessenta) dias, contados da data de publicação desta Lei Complementar.

Art. 18. Compete à Secretaria do Tesouro Nacional do Ministério da Economia a realização de análises periódicas da situação fiscal de Estados, Distrito Federal e Municípios, com prioridade para os entes que forem signatários de Programas de Reestruturação e Ajuste Fiscal e de Acompanhamento e Transparência Fiscal e de Planos de Promoção do Equilíbrio Fiscal e de Recuperação Fiscal, sem prejuízo da competência dos Tribunais de Contas.

§ 1º As análises previstas no *caput* subsidiarão a avaliação quanto ao cumprimento de metas e compromissos dos entes signatários dos Programas e Planos referidos no *caput*.

§ 2º Poderão ser objeto de pedido de revisão ao Ministro de Estado da Economia as avaliações que concluam pelo descumprimento:

I – de metas dos Programas de Reestruturação e de Ajuste Fiscal, conforme o art. 26 da Medida Provisória nº 2.192-70, de 24 de agosto de 2001;

II – de metas e compromissos dos Planos de Promoção do Equilíbrio Fiscal; e

III – de metas e compromissos do Programa de Acompanhamento e Transparência Fiscal.

§ 3º A revisão de que trata o § 2º dependerá de justificativa fundamentada do Ministro de Estado da Economia.

§ 4º O pedido de que trata o § 2º será considerado indeferido após 60 (sessenta) dias caso não haja manifestação por parte do Ministro de Estado da Economia.

§ 5º Regulamento disciplinará o processo de análise fiscal periódica dos entes subnacionais e o processo de avaliação quanto ao cumprimento de metas e compromissos dos Programas de Reestruturação e Ajuste Fiscal e de Acompanhamento e Transparência Fiscal e dos Planos de Promoção do Equilíbrio Fiscal e de Recuperação Fiscal.

Art. 19. Para os efeitos desta Lei Complementar, considera-se regulamento o ato do Presidente da República editado no uso da competência prevista no art. 84, inciso IV, da Constituição Federal.

Art. 20. É a Secretaria do Tesouro Nacional do Ministério da Economia autorizada a dispensar os entes que não atenderem a quaisquer dos requisitos do *caput* do art. 3º da Lei Complementar nº 159, de 19 de maio de 2017, da fixação das metas ou dos compromissos firmados no âmbito da Lei nº 9.496, de 11 de setembro de 1997, e da Medida Provisória nº 2.192-70, de 24 de agosto de 2001.

Art. 21. O Estado com Regime de Recuperação Fiscal vigente em 31 de agosto de 2020 poderá pedir nova adesão ao Regime, nos termos da Lei Complementar nº 159, de 19 de maio de 2017, e suas alterações, se o pedido for protocolado até o último dia útil do quarto mês subsequente ao da publicação desta Lei Complementar.

§ 1º Os valores referentes a obrigações vencidas até a data da primeira adesão do Estado ao Regime de Recuperação Fiscal e não pagas por força de decisão judicial serão incorporados à conta gráfica naquela data, constituindo seu saldo inicial, com:

I – incidência dos encargos contratuais de normalidade sobre cada valor inadimplido, desde a data de sua exigibilidade até a data de homologação do primeiro Regime de Recuperação Fiscal, no caso de obrigações decorrentes da redução extraordinária integral das prestações relativas aos contratos de dívidas administrados pela Secretaria do Tesouro Nacional do Ministério da Economia concedida em razão da primeira adesão ao Regime de Recuperação Fiscal;

•• Inciso I com redação determinada pela Lei Complementar n. 181, de 6-5-2021.

II – incidência da taxa referencial do Sistema Especial de Liquidação e de Custódia (Selic) para os títulos federais sobre cada valor inadimplido, desde a data de sua exigibilidade até a data de homologação do primeiro Regime de Recuperação Fiscal, no caso de obrigações inadimplidas referentes a operações de crédito com o sistema financeiro e instituições multilaterais contratadas em data anterior à homologação do pedido da primeira adesão ao Regime de Recuperação Fiscal e cujas contragarantias não tenham sido executadas pela União.

•• Inciso II com redação determinada pela Lei Complementar n. 181, de 6-5-2021.

§ 2º Os valores não pagos das dívidas relativas às obrigações decorrentes da redução extraordinária integral das prestações relativas aos contratos de dívidas administrados pela Secretaria do Tesouro Nacional do Ministério da Economia concedida em razão da primeira adesão ao Regime de Recuperação Fiscal e às obrigações inadimplidas referentes a operações de crédito com o sistema financeiro e instituições multilaterais contratadas em data anterior à homologação do pedido da primeira adesão ao Regime de Recuperação Fiscal e cujas contragarantias não tenham sido executadas pela União, bem como o saldo da conta gráfica apurado na forma do § 1º, serão capitalizados nas condições do art. 2º da Lei Complementar nº 148, de 25 de novembro de 2014, e sua regulamentação, e incorporados ao saldo do contrato de que trata o art. 9º-A da Lei Complementar nº 159, de 19 de maio de 2017.

§ 3º As possibilidades de incorporação mencionadas nos §§ 1º e 2º deste artigo aplicam-se também às inadimplências relativas a operações garantidas pela União de natureza distinta daquela de que trata o inciso II do referido § 1º, cuja recuperação dos valores honrados pela União tenha sido suspensa por força de decisões judiciais proferidas no âmbito de ações ajuizadas até 30 de outubro de 2019.

§ 4º Protocolado o pedido referido no *caput* deste artigo, o Ministério da Economia publicará em até 10 (dez) dias o resultado do pedido de adesão do Estado.

§ 5º O deferimento do pedido de nova adesão de que trata o *caput* implica encerramento do Regime de Recuperação Fiscal vigente.

§ 6.º Os valores não pagos em decorrência da retomada progressiva de pagamentos prevista na primeira adesão ao Regime de Recuperação Fiscal, relativos às dívidas administradas pela Secretaria do Tesouro Nacional do Ministério da Economia e às obrigações inadimplidas referentes a operações de crédito com o sistema financeiro e instituições multilaterais contratadas em data anterior à homologação do pedido da primeira adesão ao Regime de Recuperação Fiscal e cujas contragarantias não tenham sido executadas pela União, serão capitalizados nas condições do art. 2.º da Lei Complementar n. 148, de 25 de novembro de 2014, e sua regulamentação, e incorporados ao saldo do contrato de que trata o art. 9.º-A da Lei Complementar n. 159, de 19 de maio de 2017.

•• § 6.º acrescentado pela Lei Complementar n. 181, de 6-5-2021.

Art. 22. É a União autorizada a contratar diretamente o Banco do Brasil S.A. para, na qualidade de seu agente financeiro, administrar os créditos decorrentes de operações firmadas ao amparo da Lei Complementar nº 159, de 19 de maio de 2017, e desta Lei Complementar, com poderes para representá-la em eventuais instrumentos contratuais concernentes a tais créditos, aplicando-se, para fins de remuneração do contratado, o disposto no art. 9º da Lei nº 9.496, de 11 de setembro de 1997.

Art. 23. É a União autorizada a celebrar com os Estados, até 30 de junho de 2022, contratos específicos com as mesmas condições financeiras do contrato previsto no art. 9.º-A da Lei Complementar n. 159, de 19 de maio de 2017, com prazo de 360 (trezentos e sessenta) meses, para refinanciar os valores inadimplidos em decorrência de decisões judiciais proferidas em ações ajuizadas até 31 de dezembro de 2020 que lhes tenham antecipado os seguintes benefícios da referida Lei Complementar:

•• *Caput* com redação determinada pela Lei Complementar n. 181, de 6-5-2021.

I – redução extraordinária integral das prestações relativas aos contratos de dívidas administrados pela Secretaria do Tesouro Nacional do Ministério da Economia; e

II – suspensão de pagamentos de operações de crédito com o sistema financeiro e instituições multilaterais cujas contragarantias não tenham sido executadas pela União.

§ 1º Os valores de que tratam os incisos I e II do *caput* serão incorporados ao saldo devedor do contrato de refinanciamento, considerando:

I – os encargos de adimplência pertinentes a cada contrato original, no caso dos relativos ao inciso I; e

II – a taxa referencial do Sistema Especial de Liquidação e de Custódia (Selic) para os títulos federais, no caso dos relativos ao inciso II.

§ 2º Os saldos devedores dos refinanciamentos de que trata este artigo serão consolidados nos saldos dos refinanciamentos previstos no art. 9º-A da Lei Complementar nº 159, de 19 de maio de 2017, caso o Estado adira ao Regime de Recuperação Fiscal utilizando as prerrogativas do art. 9º da referida Lei Complementar.

§ 3º O disposto no § 1º aplica-se também às parcelas de que tratam os arts. 3º e 5º da Lei Complementar nº 156, de 28 de dezembro de 2016, pendentes de pagamento.

§ 4º O prazo em que os pagamentos dos contratos de dívidas referidas no *caput* tiverem sido suspensos em decorrência de decisão judicial não será computado para fins das prerrogativas definidas nos incisos I e II do art. 9.º da Lei Complementar nº 159, de 19 de maio de 2017.

§ 5º A eficácia dos contratos específicos celebrados em decorrência da autorização prevista neste artigo estará condicionada à apresentação, pelo Estado, em até 30 (trinta) dias contados das datas de suas assinaturas, dos protocolos dos pedidos de desistência perante os juízos das respectivas ações judiciais.

§ 6º Ato do Ministro de Estado da Economia estabelecerá os critérios e as condições necessárias à aplicação do disposto neste artigo.

Art. 24. É a Secretaria do Tesouro Nacional do Ministério da Economia autorizada a realizar o pagamento de faturas referentes à participação do País nos foros, grupos e iniciativas internacionais discriminados no art. 5.º da Lei n. 12.649, de 17 de maio de 2012, a partir de 1º de janeiro de 2019.

....

Art. 26. (*Vetado*).

Art. 27. (*Revogado pela Lei Complementar n. 181, de 6-5-2021*).

Art. 28. Os contratos de dívida dos Estados, do Distrito Federal e dos Municípios garantidos pela Secretaria do Tesouro Nacional, com data de contratação anterior a 1º de julho de 2020, que se submeterem ao processo de reestruturação de dívida poderão ser objeto de securitização, conforme ato do Secretário do Tesouro Nacional do Ministério da Economia, se atendidos os seguintes requisitos:

I – enquadramento como operação de reestruturação de dívida, conforme legislação vigente e orientações e procedimentos da Secretaria do Tesouro Nacional;

II – securitização no mercado doméstico de créditos denominados e referenciados em reais;

III – obediência, pela nova dívida, aos seguintes requisitos:

a) ter prazo máximo de até 30 (trinta) anos, não superior a 3 (três) vezes o prazo da dívida original;

b) ter fluxo inferior ao da dívida original;

c) ter custo inferior ao custo da dívida original, considerando todas as comissões (compromisso e estruturação, entre outras) e penalidades para realizar o pagamento antecipado;

d) ter estrutura de pagamentos padronizada, com amortizações igualmente distribuídas ao longo do tempo e sem período de carência;

e) ser indexada ao Certificado de Depósito Interbancário (CDI);

f) ter custo inferior ao custo máximo aceitável, publicado pela Secretaria do Tesouro Nacional, para as operações de crédito securitizáveis com prazo médio (duration) de até 10 (dez) anos, considerando todas as comissões (compromisso e estruturação, entre outras) e penalidades para realizar o pagamento antecipado.

Art. 29. A União, os Estados, o Distrito Federal e os Municípios, e suas respectivas administrações indiretas, poderão realizar aditamento contratual a operações de crédito externo cuja finalidade seja a substituição da taxa de juros aplicável a essas operações, no caso de a taxa vigente ser baseada na London Interbank Offered Rate (Libor) ou na European Interbank Offered Rate (Euribor), por outras que vierem a substituí-las no mercado internacional.

§ 1º Os aditamentos contratuais de que trata o *caput* não constituirão nova operação de crédito nos termos do inciso III do art. 29 da Lei Complementar n. 101, de 4 de maio de 2000, estando, portanto, dispensados os requisitos constantes do art. 32 daquela Lei Complementar e demais requisitos legais para sua contratação.

§ 2º No caso de as operações de que trata este artigo serem garantidas pela União, a garantia será mantida, não sendo necessária a alteração dos contratos de garantia e de contragarantia vigentes.

§ 3º O instrumento contratual que formalizar o aditamento previsto no *caput* deverá conter cláusula prevendo o compromisso de buscar a manutenção do equilíbrio econômico ou a ausência de transferência de proveito econômico entre o credor e o devedor da operação.

Art. 30. São dispensados os requisitos legais exigidos para:

I – assinatura de termos aditivos aos contratos de refinanciamento previstos nesta Lei Complementar;

II – assinatura dos Programas de Reestruturação e Ajuste Fiscal e de Acompanhamento e Transparência Fiscal e dos Planos de Promoção do Equilíbrio Fiscal e de Recuperação Fiscal;

III – realização de operações de crédito e concessão de garantia pela União autorizadas no âmbito do Plano de Promoção do Equilíbrio Fiscal, exceto quanto ao cumprimento das metas e dos compromissos nele estabelecidos;

IV – a celebração dos contratos específicos de que tratam os arts. 23 e 26.

Parágrafo único. A dispensa de que trata este artigo alcança os requisitos legais exigidos para contratação de operação de crédito e para concessão de garantia, inclusive aqueles dos arts. 32 e 40 da Lei Complementar n. 101, de 4 de maio de 2000, bem como para a contratação com a União.

Art. 31. Revogam-se:

I – os arts. 5.º, 5.º-A e 6.º da Lei Complementar n. 148, de 25 de novembro de 2014;

II – o inciso VI do § 1.º do art. 8.º da Medida Provisória n. 2.185-35, de 24 de agosto de 2001; e

III – os seguintes dispositivos da Lei Complementar n. 159, de 19 de maio de 2017:

a) o § 4.º do art. 1.º;

b) os §§ 2.º a 5.º do art. 4.º;

c) os §§ 7.º a 9.º do art. 9.º;

d) o inciso VII do art. 11;

e) os §§ 1.º e 2.º do art. 13;

f) o art. 17, *caput*, e seus §§ 1.º a 4.º.

Art. 32. Esta Lei Complementar entra em vigor:

I – em relação a seu art. 16, especificamente no que altera o art. 51 da Lei Complementar n. 101, de 4 de maio de 2000, a partir de 2022;

II – em relação a seu art. 16, especificamente no que altera o art. 42 da Lei Complementar n. 101, de 4 de maio de 2000, a partir de 2023;

III – em relação às demais disposições, na data de sua publicação.

Brasília, 13 de janeiro de 2021; 200º da Independência e 133º da República.

JAIR MESSIAS BOLSONARO

Súmulas do Supremo Tribunal Federal (*)

•• *As Súmulas aqui constantes (até a de n. 609) foram promulgadas antes da CF de 1988, que mudou a competência do STF.*

66. É legítima a cobrança do tributo que houver sido aumentado após o orçamento, mas antes do início do respectivo exercício financeiro.

67. É inconstitucional a cobrança do tributo que houver sido criado ou aumentado no mesmo exercício financeiro.*

69. A Constituição Estadual não pode estabelecer limite para o aumento de tributos municipais.

70. É inadmissível a interdição de estabelecimento como meio coercitivo para cobrança de tributo.

71. Embora pago indevidamente, não cabe restituição de tributo indireto.

• *Vide* Súmula 546 do STF.

73. A imunidade das autarquias, implicitamente contida no art. 31, V, *a*, da Constituição Federal, abrange tributos estaduais e municipais.

•• Refere-se à CF de 1946. *Vide* art. 150, VI, *a*, §§ 2.º e 3.º, da CF.

• *Vide* Súmula 583 do STF.

75. Sendo vendedora uma autarquia, a sua imunidade fiscal não compreende o imposto de transmissão *inter vivos*, que é encargo do comprador.

76. As sociedades de economia mista não estão protegidas pela imunidade fiscal do art. 31, V, *a*, da Constituição Federal.

•• Refere-se à CF de 1946. *Vide* art. 150, VI, *a*, §§ 2.º e 3.º, da CF.

77. Está isenta de impostos federais a aquisição de bens pela Rede Ferroviária Federal.

78. Estão isentas de impostos locais as empresas de energia elétrica, no que respeita às suas atividades específicas.

79. O Banco do Brasil não tem isenção de tributos locais.

81. As cooperativas não gozam de isenção de impostos locais, com fundamento na Constituição e nas leis federais.

82. São inconstitucionais o Imposto de Cessão e a taxa sobre inscrição de promessa de venda de imóvel, substitutivos do Imposto de Transmissão, por incidirem sobre ato que não transfere o domínio.

89. Estão isentas do Imposto de Importação frutas importadas da Argentina, do Chile, da Espanha e de Portugal, enquanto vigentes os respectivos acordos comerciais.

93. Não está isenta do Imposto de Renda a atividade profissional do arquiteto.

94. É competente a autoridade alfandegária para o desconto, na fonte, do Imposto de Renda correspondente às comissões dos despachantes aduaneiros.

101. O mandado de segurança não substitui a ação popular.

108. É legítima a incidência do Imposto de Transmissão *inter vivos* sobre o valor do imóvel ao tempo da alienação, e não da promessa, na conformidade da legislação local.

• *Vide* Súmula 656 do STF.

110. O Imposto de Transmissão *inter vivos* não incide sobre a construção, ou parte dela, realizada pelo adquirente, mas sobre o que tiver sido construído ao tempo *da* alienação do terreno.

• *Vide* Súmulas 470 e 656 do STF.

111. É legítima a incidência do Imposto de Transmissão *inter vivos* sobre a restituição, ao antigo proprietário, de imóvel que deixou de servir à finalidade da sua desapropriação.

• *Vide* Súmula 656 do STF.

112. O Imposto de Transmissão *causa mortis* é devido pela alíquota vigente ao tempo da abertura da sucessão.

• *Vide* Súmula 590 do STF.

113. O Imposto de Transmissão *causa mortis* é calculado sobre o valor dos bens na data da avaliação.

• *Vide* Súmulas 112, 114, 115, 116, 331 e 590 do STF.

114. O Imposto de Transmissão *causa mortis* não é exigível antes da homologação do cálculo.

• *Vide* Súmulas 112 e 113 do STF.

115. Sobre os honorários do advogado contratado pelo inventariante, com a homologação do Juiz, não incide o Imposto de Transmissão *causa mortis*.

116. Em desquite, ou inventário, é legítima a co-

(*) De acordo com o art. 8.º da Emenda Constitucional n. 45, de 8-12-2004 (Reforma do Judiciário), as atuais súmulas do STF somente produzirão efeito vinculante após sua confirmação por dois terços de seus integrantes e publicação na imprensa oficial.

brança do chamado Imposto de Reposição, quando houver desigualdade dos valores partilhados.

- •• A Lei n. 6.515, de 26-12-1977, substituiu a expressão desquite por separação consensual ou separação judicial. A Emenda Constitucional n. 66, de 13-7-2010, instituiu o divórcio direto.

128. É indevida a taxa de assistência médica e hospitalar das instituições de previdência social.

129. Na conformidade da legislação local, é legítima a cobrança de taxas de calçamento.

132. Não é devida a taxa de previdência social na importação de amianto bruto ou em fibra.

140. Na importação de lubrificantes, é devida a taxa de previdência social.

141. Não incide a taxa de previdência social sobre combustíveis.

142. Não é devida a taxa de Previdência Social sobre mercadorias isentas do Imposto de Importação.

148. É legítimo o aumento de tarifas portuárias por ato do ministro da viação e obras públicas.

- •• Atualmente: Ministério dos Transportes.

239. Decisão que declara indevida a cobrança do imposto em determinado exercício não faz coisa julgada em relação aos posteriores.

248. É competente originariamente o STF, para mandado de segurança contra ato do TCU.

- • *Vide* art. 102, I, *d*, da CF.

266. Não cabe mandado de segurança contra lei em tese.

267. Não cabe mandado de segurança contra ato judicial passível de recurso ou correição.

- • *Vide* art. 5.º, II, da Lei n. 12.016, de 7-8-2009.

269. O mandado de segurança não é substitutivo de ação de cobrança.

276. Não cabe recurso de revista em ação executiva fiscal.

277. São cabíveis embargos, em favor da Fazenda Pública, em ação executiva fiscal, não sendo unânime a decisão.

278. São cabíveis embargos em ação executiva fiscal contra decisão reformatória da de primeira instância, ainda que unânime.

294. São inadmissíveis embargos infringentes contra decisão do STF em mandado de segurança.

- • *Vide* art. 25 da Lei n. 12.016, de 7-8-2009.

302. Está isenta da taxa de previdência social a importação de petróleo bruto.

310. Quando a intimação tiver lugar na sexta-feira, ou a publicação com efeito de intimação for feita nesse dia, o prazo judicial terá início na segunda-feira imediata, salvo se não houver expediente, caso em que começará no primeiro dia útil que se seguir.

319. O prazo do recurso ordinário para o STF, em *habeas corpus* ou mandado de segurança, é de cinco dias.

323. É inadmissível a apreensão de mercadorias como meio coercitivo para pagamento de tributos.

324. A imunidade do art. 31, V, da Constituição Federal, não compreende as taxas.

- •• Refere-se à CF de 1946. *Vide* art. 150, VI, da CF.

326. É legítima a incidência do Imposto de Transmissão *inter vivos* sobre a transferência do domínio útil.

- • *Vide* Súmula 656 do STF.

328. É legítima a incidência do Imposto de Transmissão *inter vivos* sobre a doação de imóveis.

- • *Vide* Súmula 656 do STF.

329. O Imposto de Transmissão *inter vivos* não incide sobre a transferência de ações de sociedade imobiliária.

330. O STF não é competente para conhecer de mandado de segurança contra atos dos tribunais de justiça dos Estados.

- • *Vide* Súmula 624 do STF.

331. É legítima a incidência do Imposto de Transmissão *causa mortis* no inventário por morte presumida.

336. A imunidade da autarquia financiadora, quanto ao contrato de financiamento, não se estende à compra e venda entre particulares, embora constantes os dois atos de um só instrumento.

348. É constitucional a criação de taxa de construção, conservação e melhoramento de estradas.

- • *Vide* Súmula 595 do STF.

378. Na indenização por desapropriação incluem-se honorários do advogado do expropriado.

392. O prazo para recorrer de acórdão concessivo de segurança conta-se da publicação oficial de suas conclusões, e não da anterior ciência à autoridade para cumprimento da decisão.

- • *Vide* Lei n. 12.016, de 7-8-2009.

418. O empréstimo compulsório não é tributo, e sua arrecadação não está sujeita à exigência constitucional da prévia autorização orçamentária.

429. A existência de recurso administrativo com efeito suspensivo não impede o uso do mandado de segurança contra omissão da autoridade.

- • *Vide* art. 5.º, I, da Lei n. 12.016, de 7-8-2009.

435. O Imposto de Transmissão *causa mortis*, pela transferência de ações, é devido ao Estado em que tem sede a companhia.

439. Estão sujeitos à fiscalização tributária ou previdenciária quaisquer livros comerciais, limitado o exame aos pontos objeto da investigação.

469. A multa de 100% (cem por cento), para o caso de mercadoria importada irregularmente, é calculada à base do custo de câmbio da categoria correspondente.

470. O Imposto de Transmissão *inter vivos* não incide sobre a construção, ou parte dela, realizada, inequivocamente, pelo promitente comprador, mas sobre o valor do que tiver sido construído antes da promessa de venda.

- *Vide* Súmulas 110 e 656 do STF.

512. Não cabe condenação em honorários de advogado na ação de mandado de segurança.

- *Vide* Súmula 105 do STJ.
- *Vide* art. 25 da Lei n. 12.016, de 7-8-2009.

536. São objetivamente imunes ao Imposto sobre Circulação de Mercadorias os *produtos industrializados*, em geral, destinados à exportação, além de outros, com a mesma destinação, cuja isenção a lei determinar.

538. A avaliação judicial para o efeito do cálculo das benfeitorias dedutíveis do Imposto sobre Lucro Imobiliário, independe do limite a que se refere a Lei n. 3.470, de 28 de novembro de 1958, art. 8.º, parágrafo único.

539. É constitucional a lei do município que reduz o Imposto Predial Urbano sobre imóvel ocupado pela residência do proprietário, que não possua outro.

540. No preço da mercadoria sujeita ao Imposto de Vendas e Consignações, não se incluem as despesas de frete e carreto.

•• Atualmente Imposto sobre Operações relativas à Circulação de Mercadorias e sobre Prestações de Serviços de Transporte Interestadual e Intermunicipal e de Comunicação - ICMS.

541. O Imposto sobre Vendas e Consignações não incide sobre a venda ocasional de veículos e equipamentos usados, que não se insere na atividade profissional do vendedor e não é realizada com o fim de lucro, sem caráter, pois, de comercialidade.

•• Atualmente Imposto sobre Operações relativas à Circulação de Mercadorias e sobre Prestações de Serviços de Transporte Interestadual e Intermunicipal e de Comunicação - ICMS.

543. A Lei n. 2.975, de 27 de novembro de 1965, revogou, apenas, as isenções de caráter geral relativas ao imposto único sobre combustíveis, não as especiais, por outras leis concedidas.

544. Isenções tributárias concedidas, sob condição onerosa, não podem ser livremente suprimidas.

- *Vide* art. 178 do CTN.

545. Preços de serviços públicos e taxas não se confundem, porque estas, diferentemente daqueles, são compulsórias e têm sua cobrança condicionada à prévia autorização orçamentária, em relação à lei que as instituiu.

546. Cabe a restituição do tributo pago indevidamente, quando reconhecido por decisão que o contribuinte *de jure* não recuperou do contribuinte *de facto* o *quantum* respectivo.

- *Vide* Súmula 71 do STF.

547. Não é lícito à autoridade proibir que o contribuinte em débito adquira estampilhas, despache mercadorias nas alfândegas e exerça suas atividades profissionais.

- *Vide* art. 162, II, do CTN.

550. A isenção concedida pelo art. 2.º da Lei n. 1.815, de 1953, às empresas de navegação aérea não compreende a taxa de melhoramento de portos, instituída pela Lei n. 3.421, de 1958.

553. O Adicional ao Frete para Renovação da Marinha Mercante (AFRMM) é contribuição parafiscal, não sendo abrangido pela imunidade prevista na letra *d*, inciso III, do art. 19 da Constituição Federal.

559. O Decreto-lei n. 730, de 5 de agosto de 1969, revogou a exigência de homologação, pelo Ministro da Fazenda, das Resoluções do Conselho de Política Aduaneira.

•• O Decreto-lei n. 730, de 5-8-1969, dispõe sobre o Conselho de Política Aduaneira.

560. A extinção de punibilidade, pelo pagamento do tributo devido, estende-se ao crime de contrabando ou descaminho, por força do art. 18, § 2.º, do Decreto-lei n. 157/67.

•• O Decreto-lei n. 157, de 10-2-1967, concede estímulos fiscais à capitalização das empresas, reforça os incentivos à compra de ações, facilita o pagamento de débitos fiscais.

563. (Cancelada.)

569. É inconstitucional a discriminação de alíquotas do Imposto de Circulação de Mercadorias nas operações interestaduais, em razão de o destinatário ser, ou não, contribuinte.

570. O Imposto de Circulação de Mercadorias não incide sobre a importação de bens de capital.

571. O comprador de café, ao IBC, ainda que sem expedição de nota fiscal, habilita-se, quando da comercialização do produto, ao crédito do ICM que incidiu sobre a operação anterior.

572. No cálculo do ICM devido na saída de mercadorias para o Exterior, não se incluem fretes pagos a terceiros, seguros e despesas de embarque.

573. Não constitui fato gerador do ICM a saída física de máquinas, utensílios e implementos a título de comodato.

574. Sem lei estadual que a estabeleça, é ilegítima a cobrança do ICM sobre o fornecimento de alimentação e bebidas em restaurante ou estabelecimento similar.

575. À mercadoria importada de país signatário do (GATT), ou membro da (ALALC), estende-se a isenção do Imposto de Circulação de Mercadorias concedida a similar nacional.

576. É lícita a cobrança do ICM sobre produtos importados sob o regime da alíquota *zero*.

577. Na importação de mercadorias do Exterior, o fato gerador do ICM ocorre no momento de sua entrada no estabelecimento do importador.

578. Não podem os Estados, a título de ressarcimento de despesas, reduzir a parcela de 20% (vinte por cento) do produto da arrecadação do ICM, atribuída aos Municípios pelo art. 23, § 8.º, da Constituição Federal.

•• Refere-se à CF de 1967, com as alterações procedidas pela Emenda Constitucional n. 1, de 17-10-1969. *Vide* art. 155, II, da CF de 1988.

579. A cal virgem e a hidratada estão sujeitas ao ICM.

581. A exigência de transporte em navio de bandeira brasileira, para efeito de isenção tributária, legitimou-se com o advento do Decreto-lei n. 666, de 2 de julho de 1969.

583. Promitente comprador de imóvel residencial transcrito em nome de autarquia é contribuinte do Imposto Predial e Territorial Urbano.

• *Vide* Súmulas 73, 75 e 336 do STF.

584. (Cancelada)

586. Incide Imposto de Renda sobre os juros remetidos para o Exterior, com base em contrato de mútuo.

587. Incide Imposto de Renda sobre o pagamento de serviços técnicos contratados no Exterior e prestados no Brasil.

588. O Imposto sobre Serviços não incide sobre os depósitos, as comissões e taxas de desconto, cobrados pelos estabelecimentos bancários.

• *Vide* Súmula 424 do STJ.

589. É inconstitucional a fixação de adicional progressivo do Imposto Predial e Territorial Urbano em função do número de imóveis do contribuinte.

590. Calcula-se o Imposto de Transmissão *causa mortis* sobre o saldo credor da promessa de compra e venda de imóvel, no momento da abertura da sucessão do promitente vendedor.

591. A imunidade ou a isenção tributária do comprador não se estende ao produtor, contribuinte do Imposto sobre Produtos Industrializados.

595. É inconstitucional a taxa municipal de conservação de estradas de rodagem, cuja base de cálculo seja idêntica à do Imposto Territorial Rural.

• *Vide* Súmula 348 do STF.

597. Não cabem embargos infringentes de acórdão que, em mandado de segurança, decidiu por maioria de votos a apelação.

• *Vide* Súmula 169 do STJ.

• *Vide* art. 25 da Lei n. 12.016, de 7-8-2009.

609. É pública incondicionada a ação penal por crime de sonegação fiscal.

615. O princípio constitucional da anualidade (§ 29 do art. 153 da Constituição Federal) não se aplica à revogação de isenção do ICM.

•• Refere-se à CF de 1967. *Vide* art. 150, I e III, da Constituição vigente.

•• *Vide* arts. 104, III, e 178 do CTN.

• *Vide* Súmula 544 do STF.

(*) **622.** Não cabe agravo regimental contra decisão do relator que concede ou indefere liminar em mandado de segurança.

• *Vide* art. 16, parágrafo único, da Lei n. 12.016, de 7-8-2009.

624. Não compete ao Supremo Tribunal Federal conhecer originariamente de mandado de segurança contra atos de outros tribunais.

• *Vide* Súmula 330 do STF.

625. Controvérsia sobre matéria de direito não impede concessão de mandado de segurança.

626. A suspensão da liminar em mandado de segurança, salvo determinação em contrário da decisão que a deferir, vigorará até o trânsito em julgado da decisão definitiva de concessão da segurança ou, havendo recurso, até a sua manutenção pelo Supremo Tribunal Federal, desde que o objeto da liminar deferida coincida, total ou parcialmente, com o da impetração.

• *Vide* art. 15, *caput*, da Lei n. 12.016, de 7-8-2009.

629. A impetração de mandado de segurança coletivo por entidade de classe em favor dos associados independe da autorização destes.

• *Vide* art. 21, *caput*, da Lei n. 12.016, de 7-8-2009.

630. A entidade de classe tem legitimação para o mandado de segurança ainda quando a pretensão veiculada interesse apenas a uma parte da respectiva categoria.

• *Vide* art. 21, *caput*, da Lei n. 12.016, de 7-8-2009.

631. Extingue-se o processo de mandado de segurança se o impetrante não promove, no prazo assinado, a citação do litisconsorte passivo necessário.

632. É constitucional lei que fixa o prazo de decadência para a impetração de mandado de segurança.

• *Vide* art. 23 da Lei n. 12.016, de 7-8-2009.

(*) As Súmulas seguintes foram promulgadas após a CF de 1988.

638. A controvérsia sobre a incidência, ou não, de correção monetária em operações de crédito rural é de natureza infraconstitucional, não viabilizando recurso extraordinário.

640. É cabível recurso extraordinário contra decisão proferida por juiz de primeiro grau nas causas de alçada, ou por turma recursal de juizado especial cível e criminal.

654. A garantia da irretroatividade da lei, prevista no art. 5.º, XXXVI, da Constituição da República, não é invocável pela entidade estatal que a tenha editado.

656. É inconstitucional a lei que estabelece alíquotas progressivas para o imposto de transmissão *inter vivos* de bens imóveis – ITBI com base no valor venal do imóvel.

- *Vide* arts. 145, § 1.º, e 156, II, da CF.
- *Vide* Súmulas 110, 111, 326, 328 e 470 do STF.

657. A imunidade prevista no art. 150, VI, *d*, da CF abrange os filmes e papéis fotográficos necessários à publicação de jornais e periódicos.

658. São constitucionais os arts. 7.º da Lei 7.787/89 e 1.º da Lei 7.894/89 e da Lei 8.147/90, que majoraram a alíquota do Finsocial, quando devida a contribuição por empresas dedicadas exclusivamente à prestação de serviços.

659. É legítima a cobrança da COFINS, do PIS e do FINSOCIAL sobre as operações relativas a energia elétrica, serviços de telecomunicações, derivados de petróleo, combustíveis e minerais do País.

- *Vide* arts. 155, § 3.º, e 195, *caput* e § 7.º, da CF.

660. Não incide ICMS na importação de bens por pessoa física ou jurídica que não seja contribuinte do imposto.

•• Texto republicado com o teor aprovado na Sessão Plenária de 24-9-2003.

- *Vide* art. 155, § 2.º, IX, *a*, da CF.

661. Na entrada de mercadoria importada do exterior, é legítima a cobrança do ICMS por ocasião do desembaraço aduaneiro.

- *Vide* art. 155, § 2.º, IX, *a*, da CF.

662. É legítima a incidência do ICMS na comercialização de exemplares de obras cinematográficas, gravados em fitas de videocassete.

- *Vide* art. 155, II, da CF.
- *Vide* Decreto-lei n. 406, de 31-12-1968.

663. Os §§ 1.º e 3.º do art. 9.º do DL 406/68 foram recebidos pela Constituição.

- *Vide* art. 34, § 5.º, do ADCT.

664. É inconstitucional o inciso V do art. 1.º da Lei 8.033/90, que instituiu a incidência do imposto nas operações de crédito, câmbio e seguros – IOF sobre saques efetuados em caderneta de poupança.

•• A Resolução do Senado Federal n. 28, de 29-11-2007, suspende a execução do inciso V do art. 1.º da Lei n. 8.033, de 12-4-1990.

665. É constitucional a Taxa de Fiscalização dos Mercados de Títulos e Valores Mobiliários instituída pela Lei 7.940/89.

- *Vide* art. 145, II e § 2.º, da CF.

666. A contribuição confederativa de que trata o art. 8.º, IV, da Constituição, só é exigível dos filiados ao sindicato respectivo.

•• *Vide* Súmula Vinculante 40.

667. Viola a garantia constitucional de acesso à jurisdição a taxa judiciária calculada sem limite sobre o valor da causa.

- *Vide* arts. 5.º, XXXVI, e 145 da CF.

668. É inconstitucional a lei municipal que tenha estabelecido, antes da Emenda Constitucional 29/2000, alíquotas progressivas para o IPTU, salvo se destinada a assegurar o cumprimento da função social da propriedade urbana.

- *Vide* arts. 145, § 1.º, e 182, §§ 2.º e 4.º, da CF.

669. Norma legal que altera o prazo de recolhimento da obrigação tributária não se sujeita ao princípio da anterioridade.

- *Vide* art. 195, § 6.º, da CF.
- *Vide* Lei n. 8.218, de 29-8-1991.

670. O serviço de iluminação pública não pode ser remunerado mediante taxa.

- *Vide* art. 145, II, da CF.

688. É legítima a incidência da contribuição previdenciária sobre o 13.º salário.

- *Vide* art. 195, I, *a*, da CF.

724. Ainda quando alugado a terceiros, permanece imune ao IPTU o imóvel pertencente a qualquer das entidades referidas pelo art. 150, VI, *c*, da Constituição, desde que o valor dos aluguéis seja aplicado nas atividades essenciais de tais entidades.

730. A imunidade tributária conferida a instituições de assistência social sem fins lucrativos pelo art. 150, VI, *c*, da Constituição, somente alcança as entidades fechadas de previdência social privada se não houver contribuição dos beneficiários.

732. É constitucional a cobrança da contribuição do salário-educação, seja sob a Carta de 1969, seja sob a Constituição Federal de 1988, e no regime da Lei 9.424/96.

- A Lei n. 9.424, de 24-12-1996, dispõe sobre o Fundo de Manutenção e Desenvolvimento do Ensino Fundamental e de Valorização do Magistério e dá outras providências.

Súmulas

ESPAÇO RESERVADO PARA USO DE GRAMPO

Súmulas Vinculantes (*)

1. Ofende a garantia constitucional do ato jurídico perfeito a decisão que, sem ponderar as circunstâncias do caso concreto, desconsidera a validez e a eficácia de acordo constante de termo de adesão instituído pela Lei Complementar n. 110/2001.

   • *Vide* art. 5.º, XXXVI, da CF.

2. É inconstitucional a lei ou ato normativo estadual ou distrital que disponha sobre sistemas de consórcios e sorteios, inclusive bingos e loterias.

   • *Vide* art. 22, XX, da CF.

3. Nos processos perante o Tribunal de Contas da União asseguram-se o contraditório e a ampla defesa quando da decisão puder resultar anulação ou revogação de ato administrativo que beneficie o interessado, excetuada a apreciação da legalidade do ato de concessão inicial de aposentadoria, reforma e pensão.

   • *Vide* arts. 5.º, LV, e 71, III, da CF.

4. Salvo nos casos previstos na Constituição, o salário mínimo não pode ser usado como indexador de base de cálculo de vantagem de servidor público ou de empregado, nem ser substituído por decisão judicial.

   •• *Vide* arts. 7.º, IV, e 169, § 1.º, da CF.

5. A falta de defesa técnica por advogado no processo administrativo disciplinar não ofende a Constituição.

6. Não viola a Constituição o estabelecimento de remuneração inferior ao salário mínimo para as praças prestadoras de serviço militar inicial.

7. A norma do § 3.º do art. 192 da Constituição, revogada pela Emenda Constitucional n. 40/2003, que limitava a taxa de juros reais a 12% ao ano, tinha sua aplicação condicionada à edição de lei complementar.

8. São inconstitucionais o parágrafo único do art. 5.º do Decreto-lei n. 1.569/1977 e os arts. 45 e 46 da Lei n. 8.212/1991, que tratam de prescrição e decadência de crédito tributário.

9. O disposto no art. 127 da Lei n. 7.210/1984 (Lei de Execução Penal) foi recebido pela ordem constitucional vigente, e não se lhe aplica o limite temporal previsto no *caput* do art. 58.

10. Viola a cláusula de reserva de plenário (CF, art. 97) a decisão de órgão fracionário de tribunal que, embora não declare expressamente a inconstitucionalidade de lei ou ato normativo do poder público, afasta sua incidência, no todo ou em parte.

11. Só é lícito o uso de algemas em casos de resistência e de fundado receio de fuga ou de perigo à integridade física própria ou alheia, por parte do preso ou de terceiros, justificada a excepcionalidade por escrito, sob pena de responsabilidade disciplinar, civil e penal do agente ou da autoridade e de nulidade da prisão ou do ato processual a que se refere, sem prejuízo da responsabilidade civil do Estado.

    • *Vide* arts. 1.º, III, 5.º, III, X e XLIX, da CF.

12. A cobrança de taxa de matrícula nas universidades públicas viola o disposto no art. 206, IV, da Constituição Federal.

13. A nomeação de cônjuge, companheiro ou parente em linha reta, colateral ou por afinidade, até o terceiro grau, inclusive, da autoridade nomeante ou de servidor da mesma pessoa jurídica investido em cargo de direção, chefia ou assessoramento, para o exercício de cargo em comissão ou de confiança ou, ainda, de função gratificada na administração pública direta e indireta em qualquer dos Poderes da União, dos Estados, do Distrito Federal e dos Municípios, compreendido o ajuste mediante designações recíprocas, viola a Constituição Federal.

    • *Vide* art. 37, *caput*, da CF.

14. É direito do defensor, no interesse do representado, ter acesso amplo aos elementos de prova que, já documentados em procedimento investigatório realizado por órgão com competência de polícia judiciária, digam respeito ao exercício do direito de defesa.

    • *Vide* art. 5.º, LXIII, da CF.

15. O cálculo de gratificações e outras vantagens do servidor público não incide sobre o abono utilizado para se atingir o salário mínimo.

    • *Vide* art. 7.º, IV, da CF.

(*) As súmulas vinculantes estão previstas no art. 103-A da CF, acrescentado pela Emenda Constitucional n. 45, de 2004 (Reforma do Judiciário), e regulamentado pela Lei n. 11.417, de 19-12-2006.

16. Os arts. 7.º, IV, e 39, § 3.º (redação da EC 19/98), da Constituição, referem-se ao total da remuneração percebida pelo servidor público.

17. Durante o período previsto no § 1.º do art. 100 da Constituição, não incidem juros de mora sobre os precatórios que nele sejam pagos.

18. A dissolução da sociedade ou do vínculo conjugal, no curso do mandato, não afasta a inelegibilidade prevista no § 7.º do art. 14 da Constituição Federal.

19. A taxa cobrada exclusivamente em razão dos serviços públicos de coleta, remoção e tratamento ou destinação de lixo ou resíduos provenientes de imóveis, não viola o art. 145, II, da Constituição Federal.

20. A Gratificação de Desempenho de Atividade Técnico-Administrativa – GDATA, instituída pela Lei n. 10.404/2002, deve ser deferida aos inativos nos valores correspondentes a 37,5 (trinta e sete vírgula cinco) pontos no período de fevereiro a maio de 2002 e, nos termos do art. 5.º, parágrafo único, da Lei n. 10.404/2002, no período de junho de 2002 até a conclusão dos efeitos do último ciclo de avaliação a que se refere o art. 1.º da Medida Provisória n. 198/2004, a partir da qual passa a ser de 60 (sessenta) pontos.

• *Vide* art. 7.º da Emenda Constitucional n. 41/03.

21. É inconstitucional a exigência de depósito ou arrolamento prévios de dinheiro ou bens para admissibilidade de recurso administrativo.

• *Vide* art. 5.º, XXXIV, *a*, e LV, da CF.

22. A Justiça do Trabalho é competente para processar e julgar as ações de indenização por danos morais e patrimoniais decorrentes de acidente de trabalho propostas por empregado contra empregador, inclusive aquelas que ainda não possuíam sentença de mérito em primeiro grau quando da promulgação da Emenda Constitucional n. 45/04.

• *Vide* arts. 109, I, e 114, VI, da CF.

23. A Justiça do Trabalho é competente para processar e julgar ação possessória ajuizada em decorrência do exercício do direito de greve pelos trabalhadores da iniciativa privada.

• *Vide* art. 114, II, da CF.

24. Não se tipifica crime material contra a ordem tributária, previsto no art. 1.º, incisos I a IV, da Lei n. 8.137/90, antes do lançamento definitivo do tributo.

25. É ilícita a prisão civil de depositário infiel, qualquer que seja a modalidade do depósito.

•• *Vide* art. 5.º, LXVII, e § 2.º, da CF.

26. Para efeito de progressão de regime no cumprimento de pena por crime hediondo, ou equiparado, o juízo da execução observará a inconstitucionalidade do art. 2.º da Lei n. 8.072, de 25 de julho de 1990, sem prejuízo de avaliar se o condenado preenche, ou não, os requisitos objetivos e subjetivos do benefício, podendo determinar, para tal fim, de modo fundamentado, a realização de exame criminológico.

27. Compete à Justiça estadual julgar causas entre consumidor e concessionária de serviço público de telefonia, quando a ANATEL não seja litisconsorte passiva necessária, assistente, nem opoente.

• *Vide* arts. 98, I, e 109, I, da CF.

28. É inconstitucional a exigência de depósito prévio como requisito de admissibilidade de ação judicial na qual se pretenda discutir a exigibilidade de crédito tributário.

29. É constitucional a adoção, no cálculo do valor de taxa, de um ou mais elementos da base de cálculo própria de determinado imposto, desde que não haja integral identidade entre uma base e outra.

30. (*Até a data de fechamento desta edição o STF mantinha suspensa a publicação da Súmula Vinculante 30.*)

31. É inconstitucional a incidência do Imposto sobre Serviços de Qualquer Natureza – ISS sobre operações de locação de bens móveis.

32. O ICMS não incide sobre alienação de salvados de sinistro pelas seguradoras.

33. Aplicam-se ao servidor público, no que couber, as regras do regime geral da previdência social sobre aposentadoria especial de que trata o art. 40, § 4.º, inciso III, da Constituição Federal, até a edição de lei complementar específica.

34. A Gratificação de Desempenho de Atividade de Seguridade Social e do Trabalho – GDASST, instituída pela Lei n. 10.483/2002, deve ser estendida aos inativos no valor correspondente a 60 (sessenta) pontos, desde o advento da Medida Provisória n. 198/2004, convertida na Lei n. 10.971/2004, quando tais inativos façam jus à paridade constitucional (EC n. 20/1998, 41/2003 e 47/2005).

• *Vide* art. 40, § 8.º, da CF.

35. A homologação da transação penal prevista no artigo 76 da Lei n. 9.099/1995 não faz coisa julgada material e, descumpridas suas cláusulas, retoma-se a situação anterior, possibilitando-se ao Ministério Público a continuidade da persecução penal mediante oferecimento de denúncia ou requisição de inquérito policial.

36. Compete à Justiça Federal comum processar

e julgar civil denunciado pelos crimes de falsificação e de uso de documento falso quando se tratar de falsificação da Caderneta de Inscrição e Registro (CIR) ou de Carteira de Habilitação de Amador (CHA), ainda que expedidas pela Marinha do Brasil.

37. Não cabe ao Poder Judiciário, que não tem função legislativa, aumentar vencimentos de servidores públicos sob o fundamento de isonomia.

38. É competente o Município para fixar o horário de funcionamento de estabelecimento comercial.

- *Vide* art. 30, I, da CF.

39. Compete privativamente à União legislar sobre vencimentos dos membros das polícias civil e militar e do corpo de bombeiros militar do Distrito Federal.

- *Vide* art. 21, XIV, da CF.

40. A contribuição confederativa de que trata o art. 8.º, IV, da Constituição Federal, só é exigível dos filiados ao sindicato respectivo.

- *Vide* art. 8, IV, da CF.
- *Vide* Súmula 666 do STF.

41. O serviço de iluminação pública não pode ser remunerado mediante taxa.

- *Vide* art. 145, II, da CF.
- *Vide* Súmula 670 do STF.

42. É inconstitucional a vinculação do reajuste de vencimentos de servidores estaduais ou municipais a índices federais de correção monetária.

- *Vide* arts. 2.º, 25, 29, 30, I, e 37, XIII, da CF.

43. É inconstitucional toda modalidade de provimento que propicie ao servidor investir-se, sem prévia aprovação em concurso público destinado ao seu provimento, em cargo que não integra a carreira na qual anteriormente investido.

- *Vide* art. 37, II, da CF.

44. Só por lei se pode sujeitar a exame psicotécnico a habilitação de candidato a cargo público.

- *Vide* art. 5.º, II, e 37, I, da CF.

45. A competência constitucional do Tribunal do Júri prevalece sobre o foro por prerrogativa de função estabelecido exclusivamente pela constituição estadual.

- *Vide* arts. 5.º, XXXVIII, *d*, e 125, § 1.º, da CF.

46. A definição dos crimes de responsabilidade e o estabelecimento das respectivas normas de processo e julgamento são da competência legislativa privativa da União.

- *Vide* art. 22, I, e 85, parágrafo único, da CF.

47. Os honorários advocatícios incluídos na condenação ou destacados do montante principal devido ao credor consubstanciam verba de natureza alimentar cuja satisfação ocorrerá com a expedição de precatório ou requisição de pequeno valor, observada ordem especial restrita aos créditos dessa natureza.

- *Vide* art. 100, § 1.º, da CF.

48. Na entrada de mercadoria importada do exterior, é legítima a cobrança do ICMS por ocasião do desembaraço aduaneiro.

- *Vide* art. 155, § 2.º, IX, *a*, da CF.

49. Ofende o princípio da livre concorrência lei municipal que impede a instalação de estabelecimentos comerciais do mesmo ramo em determinada área.

- *Vide* arts. 170, IV, V, parágrafo único, e 173, § 4.º, da CF.

50. Norma legal que altera o prazo de recolhimento de obrigação tributária não se sujeita ao princípio da anterioridade.

- *Vide* art. 195, § 6.º, da CF.

51. O reajuste de 28,86%, concedido aos servidores militares pelas Leis 8.622/93 e 8.627/93, estende-se aos servidores civis do poder executivo, observadas as eventuais compensações decorrentes dos reajustes diferenciados concedidos pelos mesmos diplomas legais.

- *Vide* art. 37, X, da CF.

52. Ainda quando alugado a terceiros, permanece imune ao IPTU o imóvel pertencente a qualquer das entidades referidas pelo art. 150, VI, *c*, da Constituição Federal, desde que o valor dos aluguéis seja aplicado nas atividades para as quais tais entidades foram constituídas.

- *Vide* art. 150, VI, *c*, da CF.

53. A competência da Justiça do Trabalho prevista no art. 114, VIII, da Constituição Federal alcança a execução de ofício das contribuições previdenciárias relativas ao objeto da condenação constante das sentenças que proferir e acordos por ela homologados.

- *Vide* art. 114, VIII, da CF.

54. A medida provisória não apreciada pelo Congresso Nacional podia, até a Emenda Constitucional n. 32/2001, ser reeditada dentro do seu prazo de eficácia de trinta dias, mantidos os efeitos de lei desde a primeira edição.

•• *Vide* art. 62 da CF.

55. O direito ao auxílio-alimentação não se estende aos servidores inativos.

56. A falta de estabelecimento penal adequado não autoriza a manutenção do condenado em regime prisional mais gravoso, devendo-se observar, nessa hipótese, os parâmetros fixados no RE 641.320/RS.

Súmulas

ESPAÇO RESERVADO PARA USO DE GRAMPO

57. A imunidade tributária constante do art. 150, VI, "d", da CF/88 aplica-se à importação e comercialização, no mercado interno, do livro eletrônico (*e-book*) e dos suportes exclusivamente utilizados para fixá-lo, como os leitores de livros eletrônicos (*e-readers*), ainda que possuam funcionalidades acessórias.

58. Inexiste direito a crédito presumido de IPI relativamente à entrada de insumos isentos, sujeitos à alíquota zero ou não tributáveis, o que não contraria o princípio da não cumulatividade.

Súmulas do Superior Tribunal de Justiça

20. A mercadoria importada de país signatário do GATT é isenta do ICM, quando contemplado com esse favor o similar nacional.

45. No reexame necessário, é defeso, ao Tribunal, agravar a condenação imposta à Fazenda Pública.

46. Na execução por carta, os embargos do devedor serão decididos no juízo deprecante, salvo se versarem unicamente vícios ou defeitos da penhora, avaliação ou alienação dos bens.

49. Na exportação de café em grão, não se inclui na base de cálculo do ICM a quota de contribuição, a que se refere o art. 2.º do Decreto-lei n. 2.295, de 21-11-1986.

50. O Adicional de Tarifa Portuária incide apenas nas operações realizadas com mercadorias importadas ou exportadas, objeto do comércio de navegação de longo curso.

54. Os juros moratórios fluem a partir do evento danoso, em caso de responsabilidade extracontratual.

55. Tribunal Regional Federal não é competente para julgar recurso de decisão proferida por juiz estadual não investido de jurisdição federal.

58. Proposta a execução fiscal, a posterior mudança de domicílio do executado não desloca a competência já fixada.

65. O cancelamento, previsto no art. 29 do Decreto-lei n. 2.303, de 21 de novembro de 1986, não alcança os débitos previdenciários.

66. Compete à Justiça Federal processar e julgar execução fiscal promovida por Conselho de fiscalização profissional.

68. (*Cancelada.*)

71. O bacalhau importado de país signatário do GATT é isento do ICM.

80. A Taxa de Melhoramento dos Portos não se inclui na base de cálculo do ICM.

84. É admissível a oposição de embargos de terceiro fundados em alegação de posse advinda do compromisso de compra e venda de imóvel, ainda que desprovido do registro.

87. A isenção do ICMS relativa às rações balanceadas para animais abrange o concentrado e o suplemento.

94. (*Cancelada.*)

95. A redução da alíquota do Imposto sobre Produtos Industrializados ou do Imposto de Importação não implica redução do ICMS.

100. É devido o Adicional ao Frete para Renovação da Marinha Mercante na importação sob o regime de benefícios fiscais à exportação (BEFIEX).

105. Na ação de mandado de segurança não se admite condenação em honorários advocatícios.

- *Vide* Súmula 512 do STF.
- *Vide* art. 25 da Lei n. 12.016, de 7-8-2009.

112. O depósito somente suspende a exigibilidade do crédito tributário se for integral e em dinheiro.

121. Na execução fiscal o devedor deverá ser intimado, pessoalmente, do dia e hora da realização do leilão.

124. A Taxa de Melhoramento dos Portos tem base de cálculo diversa do Imposto de Importação, sendo legítima a sua cobrança sobre a importação de mercadorias de países signatários do GATT, da ALALC ou ALADI.

125. O pagamento de férias não gozadas por necessidade do serviço não está sujeito à incidência do Imposto de Renda.

128. Na execução fiscal haverá segundo leilão, se no primeiro não houver lanço superior à avaliação.

129. O exportador adquire o direito de transferência de crédito do ICMS quando realiza a exportação do produto e não ao estocar a matéria-prima.

135. O ICMS não incide na gravação e distribuição de filmes e videoteipes.

136. O pagamento de licença-prêmio não gozada por necessidade do serviço não está sujeito ao imposto de renda.

138. O ISS incide na operação de arrendamento mercantil de coisas móveis.

139. Cabe à Procuradoria da Fazenda Nacional propor execução fiscal para cobrança de crédito relativo ao ITR.

153. A desistência da execução fiscal, após o oferecimento dos embargos, não exime o exequente dos encargos da sucumbência.

154. Os optantes pelo FGTS, nos termos da Lei n. 5.958, de 1973, têm direito à taxa progressiva dos juros, na forma do art. 4.º da Lei n. 5.107, de 1966.

•• A Lei n. 5.107, de 13-9-1966, foi revogada pela Lei n. 7.839, de 12-10-1989. Atual Lei do FGTS: Lei n. 8.036, de 11-5-1990.

155. O ICMS incide na importação de aeronave, por pessoa física, para uso próprio.

156. A prestação de serviço de composição gráfica, personalizada e sob encomenda, ainda que envolva fornecimento de mercadorias, está sujeita, apenas, ao ISS.

160. É defeso, ao município, atualizar o IPTU, mediante decreto, em percentual superior ao índice oficial de correção monetária.

162. Na repetição de indébito tributário, a correção monetária incide a partir do pagamento indevido.

163. O fornecimento de mercadorias com a simultânea prestação de serviços em bares, restaurantes e estabelecimentos similares constitui fato gerador do ICMS a incidir sobre o valor total da operação.

166. Não constitui fato gerador do ICMS o simples deslocamento de mercadoria de um para outro estabelecimento do mesmo contribuinte.

167. O fornecimento de concreto, por empreitada, para construção civil, preparado no trajeto até a obra em betoneiras acopladas a caminhões, é prestação de serviço, sujeitando-se apenas à incidência do ISS.

169. São inadmissíveis embargos infringentes no processo de mandado de segurança.

- *Vide* art. 25 da Lei n. 12.016, de 7-8-2009.

184. A microempresa de representação comercial é isenta do imposto de renda.

185. Nos depósitos judiciais, não incide o Imposto sobre Operações Financeiras.

188. Os juros moratórios, na repetição do indébito tributário, são devidos a partir do trânsito em julgado da sentença.

189. É desnecessária a intervenção do Ministério Público nas execuções fiscais.

190. Na execução fiscal, processada perante a Justiça Estadual, cumpre à Fazenda Pública antecipar o numerário destinado ao custeio das despesas com o transporte dos oficiais de justiça.

198. Na importação de veículo por pessoa física, destinado a uso próprio, incide ICMS.

202. A impetração de segurança por terceiro, contra ato judicial, não se condiciona à interposição de recurso.

210. A ação de cobrança das contribuições para o FGTS prescreve em 30 (trinta) anos.

212. A compensação de créditos tributários não pode ser deferida em ação cautelar ou por medida liminar cautelar ou antecipatória.

•• Súmula com redação determinada pela Primeira Seção, em sessão ordinária de 11-5-2005.

- *Vide* art. 7.º, § 2.º, da Lei n. 12.016, de 7-8-2009.

213. O mandado de segurança constitui ação adequada para a declaração do direito à compensação tributária.

- *Vide* art. 7.º, § 2.º, da Lei n. 12.016, de 7-8-2009.

215. A indenização recebida pela adesão a programa de incentivo à demissão voluntária não está sujeita à incidência do imposto de renda.

232. A Fazenda Pública, quando parte no processo, fica sujeita à exigência do depósito prévio dos honorários do perito.

237. Nas operações com cartão de crédito, os encargos relativos ao financiamento não são considerados no cálculo do ICMS.

250. É legítima a cobrança de multa fiscal de empresa em regime de concordata.

251. A meação só responde pelo ato ilícito quando o credor, na execução fiscal, provar que o enriquecimento dele resultante aproveitou ao casal.

262. Incide o imposto de renda sobre o resultado das aplicações financeiras realizadas pelas cooperativas.

270. O protesto pela preferência de crédito, apresentado por ente federal em execução que tramita na Justiça Estadual, não desloca a competência para a Justiça Federal.

274. O ISS incide sobre o valor dos serviços de assistência médica, incluindo-se neles as refeições, os medicamentos e as diárias hospitalares.

279. É cabível execução por título extrajudicial contra a Fazenda Pública.

293. A cobrança antecipada do valor residual garantido (VRG) não descaracteriza o contrato de arrendamento mercantil.

- *Vide* art. 11, § 1.º, da Lei n. 6.099, de 12-9-1974.

304. É ilegal a decretação da prisão civil daquele que não assume expressamente o encargo de depositário judicial.

•• *Vide* art. 5.º, LXVII, da CF.

•• O Decreto n. 592, de 6-7-1992 (Pacto Internacional sobre Direitos Civis e Políticos), dispõe em seu art. 11 que "ninguém poderá ser preso apenas por não poder cumprir com uma obrigação contratual".

•• O Decreto n. 678, de 6-11-1992 (Pacto de São José da Costa Rica), dispõe em seu art. 7.º, item 7, que ninguém deve ser detido por dívida, exceto no caso de inadimplemento de obrigação alimentar.

•• *Vide* Súmula Vinculante 25.

311. Os atos do presidente do tribunal que disponham sobre processamento e pagamento de precatório não têm caráter jurisdicional.

314. Em execução fiscal, não localizados bens penhoráveis, suspende-se o processo por um ano, findo o qual se inicia o prazo da prescrição quinquenal intercorrente.

- *Vide* Súmula 11 do CARF.
- *Vide* art. 40, § 4.º, da Lei n. 6.830, de 22-9-1980.

328. Na execução contra instituição financeira, é penhorável o numerário disponível, excluídas as reservas bancárias mantidas no Banco Central.

333. Cabe mandado de segurança contra ato praticado em licitação promovida por sociedade de economia mista ou empresa pública.

- *Vide* art. 1.º, § 1.º, da Lei n. 12.016, de 7-8-2009.

334. O ICMS não incide no serviço dos provedores de acesso à Internet.

349. Compete à Justiça Federal ou aos juízes com competência delegada o julgamento das execuções fiscais de contribuições devidas pelo empregador ao FGTS.

350. O ICMS não incide sobre o serviço de habilitação de telefone celular.

351. A alíquota de contribuição para o Seguro de Acidente do Trabalho (SAT) é aferida pelo grau de risco desenvolvido em cada empresa, individualizada pelo seu CNPJ, ou pelo grau de risco da atividade preponderante quando houver apenas um registro.

353. As disposições do Código Tributário Nacional não se aplicam às contribuições para o FGTS.

355. É válida a notificação do ato de exclusão do programa de recuperação fiscal do Refis pelo *Diário Oficial* ou pela Internet.

360. O benefício da denúncia espontânea não se aplica aos tributos sujeitos a lançamento por homologação regularmente declarados, mas pagos a destempo.

364. O conceito de impenhorabilidade de bem de família abrange também o imóvel pertencente a pessoas solteiras, separadas e viúvas.

367. A competência estabelecida pela EC n. 45/2004 não alcança os processos já sentenciados.

369. No contrato de arrendamento mercantil (*leasing*), ainda que haja cláusula resolutiva expressa, é necessária a notificação prévia do arrendatário para constituí-lo em mora.

370. Caracteriza dano moral a apresentação antecipada de cheque pré-datado.

373. É ilegítima a exigência de depósito prévio para admissibilidade de recurso administrativo.

376. Compete a turma recursal processar e julgar o mandado de segurança contra ato de juizado especial.

382. A estipulação de juros remuneratórios superiores a 12% ao ano, por si só, não indica abusividade.

386. São isentas de imposto de renda as indenizações de férias proporcionais e o respectivo adicional.

391. O ICMS incide sobre o valor da tarifa de energia elétrica correspondente à demanda de potência efetivamente utilizada.

392. A Fazenda Pública pode substituir a certidão de dívida ativa (CDA) até a prolação da sentença de embargos, quando se tratar de correção de erro material ou formal, vedada a modificação do sujeito passivo da execução.

393. A exceção de pré-executividade é admissível na execução fiscal relativamente às matérias conhecíveis de ofício que não demandem dilação probatória.

394. É admissível, em embargos à execução, compensar os valores de imposto de renda retidos indevidamente na fonte com os valores restituídos apurados na declaração anual.

- Republicada no *DJE* de 21-10-2009.

395. O ICMS incide sobre o valor da venda a prazo constante da nota fiscal.

396. A Confederação Nacional da Agricultura tem legitimidade ativa para a cobrança da contribuição sindical rural.

397. O contribuinte do IPTU é notificado do lançamento pelo envio do carnê ao seu endereço.

399. Cabe à legislação municipal estabelecer o sujeito passivo do IPTU.

400. O encargo de 20% previsto no DL n. 1.025/1969 é exigível na execução fiscal proposta contra a massa falida.

- O Decreto-lei n. 1.025, de 21-10-1969, declara extinta a participação de servidores públicos na cobrança da dívida ativa da União e dá outras providências.

406. A Fazenda Pública pode recusar a substituição do bem penhorado por precatório.

- *Vide* arts. 11 e 15 da Lei n. 6.830, de 22-9-1980.

407. É legítima a cobrança da tarifa de água fixada de acordo com as categorias de usuários e as faixas de consumo.

409. Em execução fiscal, a prescrição ocorrida antes da propositura da ação pode ser decretada de ofício (art. 219, § 5.º, do CPC).

411. É devida a correção monetária ao creditamento do IPI quando há oposição ao seu aproveitamento decorrente de resistência ilegítima do Fisco.

412. A ação de repetição de indébito de tarifas de água e esgoto sujeita-se ao prazo prescricional estabelecido no Código Civil.

- O art. 205 do CC dispõe: "A prescrição ocorre em dez anos, quando a lei não lhe haja fixado prazo menor".

414. A citação por edital na execução fiscal é cabível quando frustradas as demais modalidades.

- *Vide* art. 8.º, III, da Lei n. 6.830, de 22-9-1980.

423. A Contribuição para Financiamento da Seguridade Social – Cofins incide sobre as receitas provenientes das operações de locação de bens móveis.

424. É legítima a incidência de ISS sobre os serviços bancários congêneres da lista anexa ao DL n. 406/1968 e à LC n. 56/1987.

•• *Vide* Súmula 588 do STF.

425. A retenção da contribuição para a seguridade social pelo tomador do serviço não se aplica às empresas optantes pelo Simples.

430. O inadimplemento da obrigação tributária pela sociedade não gera, por si só, a responsabilidade solidária do sócio-gerente.

431. É ilegal a cobrança de ICMS com base no valor da mercadoria submetido ao regime de pauta fiscal.

432. As empresas de construção civil não estão obrigadas a pagar ICMS sobre mercadorias adquiridas como insumos em operações interestaduais.

433. O produto semielaborado, para fins de incidência de ICMS, é aquele que preenche cumulativamente os três requisitos do art. 1.º da Lei Complementar n. 65/1991.

435. Presume-se dissolvida irregularmente a empresa que deixar de funcionar no seu domicílio fiscal, sem comunicação aos órgãos competentes, legitimando o redirecionamento da execução fiscal para o sócio-gerente.

436. A entrega de declaração pelo contribuinte reconhecendo débito fiscal constitui o crédito tributário, dispensada qualquer outra providência por parte do fisco.

• *Vide* art. 147 do CTN.

437. A suspensão da exigibilidade do crédito tributário superior a quinhentos mil reais para opção pelo Refis pressupõe a homologação expressa do comitê gestor e a constituição de garantia por meio do arrolamento de bens.

446. Declarado e não pago o débito tributário pelo contribuinte, é legítima a recusa de expedição de certidão negativa ou positiva com efeito de negativa.

447. Os Estados e o Distrito Federal são partes legítimas na ação de restituição de imposto de renda retido na fonte proposta por seus servidores.

448. A opção pelo Simples de estabelecimentos dedicados às atividades de creche, pré-escola e ensino fundamental é admitida somente a partir de 24/10/2000, data de vigência da Lei n. 10.034/2000.

451. É legítima a penhora da sede do estabelecimento comercial.

457. Os descontos incondicionais nas operações mercantis não se incluem na base de cálculo do ICMS.

460. É incabível o mandado de segurança para convalidar a compensação tributária realizada pelo contribuinte.

461. O contribuinte pode optar por receber, por meio de precatório ou por compensação, o indébito tributário certificado por sentença declaratória transitada em julgado.

463. Incide imposto de renda sobre os valores percebidos a título de indenização por horas extraordinárias trabalhadas, ainda que decorrentes de acordo coletivo.

464. A regra de imputação de pagamentos estabelecida no art. 354 do Código Civil não se aplica às hipóteses de compensação tributária.

•• O art. 354 do CC dispõe: "Havendo capital e juros, o pagamento imputar-se-á primeiro nos juros vencidos, e depois no capital, salvo estipulação em contrário, ou se o credor passar a quitação por conta do capital".

467. Prescreve em cinco anos, contados do término do processo administrativo, a pretensão da Administração Pública de promover a execução da multa por infração ambiental.

472. A cobrança de comissão de permanência – cujo valor não pode ultrapassar a soma dos encargos remuneratórios e moratórios previstos no contrato – exclui a exigibilidade dos juros remuneratórios, moratórios e da multa contratual.

494. O benefício fiscal do ressarcimento do crédito presumido do IPI relativo às exportações incide mesmo quando as matérias-primas ou os insumos sejam adquiridos de pessoa física ou jurídica não contribuinte do PIS/PASEP.

495. A aquisição de bens integrantes do ativo permanente da empresa não gera direito a creditamento de IPI.

497. Os créditos das autarquias federais preferem aos créditos da Fazenda estadual desde que coexistam penhoras sobre o mesmo bem.

498. Não incide imposto de renda sobre a indenização por danos morais.

499. As empresas prestadoras de serviços estão sujeitas às contribuições ao Sesc e Senac, salvo se integradas noutro serviço social.

508. A isenção da Cofins concedida pelo art. 6.º, II, da LC n. 70/1991 às sociedades civis de prestação de serviços profissionais foi revogada pelo art. 56 da Lei n. 9.430/1996.

509. É lícito ao comerciante de boa-fé aproveitar os créditos de ICMS decorrentes de nota fiscal posteriormente declarada inidônea, quando demonstrada a veracidade da compra e venda.

515. A reunião de execuções fiscais contra o mesmo devedor constitui faculdade do Juiz.

• *Vide* art. 28 da Lei n. 6.830, de 22-9-1980.

516. A contribuição de intervenção no domínio econômico para o Incra (Decreto-lei n. 1.110/70), devida por empregadores rurais e urbanos, não foi extinta pelas Leis n. 7.787/89, 8.212/91 e 8.213/91, não podendo ser compensada com a contribuição ao INSS.

- *Vide* art. 149 da CF.

521. A legitimidade para a execução fiscal de multa pendente de pagamento imposta em sentença condenatória é exclusiva da Procuradoria da Fazenda Pública.

- *Vide* Lei n. 6.830, de 22-9-1980.

523. A taxa de juros de mora incidente na repetição de indébito de tributos estaduais deve corresponder à utilizada para cobrança do tributo pago em atraso, sendo legítima a incidência da taxa Selic, em ambas as hipóteses, quando prevista na legislação local, vedada sua cumulação com quaisquer outros índices.

- *Vide* art. 161, § 1.º, do CTN.
- *Vide* art. 39, § 4.º, da Lei n. 9.250, de 26-12-1995.

524. No tocante à base de cálculo, o ISSQN incide apenas sobre a taxa de agenciamento quando o serviço prestado por sociedade empresária de trabalho temporário for de intermediação, devendo, entretanto, englobar também os valores dos salários e encargos sociais dos trabalhadores por ela contratados nas hipóteses de fornecimento de mão de obra.

- *Vide* art. 9.º do Decreto-lei n. 406, de 31-12-1968.
- *Vide* Lei Complementar n. 116, de 3-1-1974.

530. Nos contratos bancários, na impossibilidade de comprovar a taxa de juros efetivamente contratada – por ausência de pactuação ou pela falta de juntada do instrumento aos autos –, aplica-se a taxa média de mercado, divulgada pelo Bacen, praticada nas operações da mesma espécie, salvo se a taxa cobrada for mais vantajosa para o devedor.

536. A suspensão condicional do processo e a transação penal não se aplicam na hipótese de delitos sujeitos ao rito da Lei Maria da Penha.

- *Vide* art. 226, § 8.º, da CF.
- *Vide* art. 89 da Lei n. 9.099, de 26-9-1995.

539. É permitida a capitalização de juros com periodicidade inferior à anual em contratos celebrados com instituições integrantes do Sistema Financeiro Nacional a partir de 31-3-2000 (MP n. 1.963-17/2000, reeditada como MP n. 2.170-36/2001), desde que expressamente pactuada.

541. A previsão no contrato bancário de taxa de juros anual superior ao duodécuplo da mensal é suficiente para permitir a cobrança da taxa efetiva anual contratada.

544. É válida a utilização de tabela do Conselho Nacional de Seguros Privados para estabelecer a proporcionalidade da indenização do seguro DPVAT ao grau de invalidez também na hipótese de sinistro anterior a 16-12-2008, data da entrada em vigor da Medida Provisória n. 451/2008.

546. A competência para processar e julgar o crime de uso de documento falso é firmada em razão da entidade ou órgão ao qual foi apresentado o documento público, não importando a qualificação do órgão expedidor.

551. Nas demandas por complementação de ações de empresas de telefonia, admite-se a condenação ao pagamento de dividendos e juros sobre capital próprio independentemente de pedido expresso. No entanto, somente quando previstos no título executivo, poderão ser objeto de cumprimento de sentença.

- *Vide* art. 9.º da Lei n. 9.249, de 26-12-1995.

553. Nos casos de empréstimo compulsório sobre o consumo de energia elétrica, é competente a Justiça estadual para o julgamento de demanda proposta exclusivamente contra a Eletrobrás. Requerida a intervenção da União no feito após a prolação de sentença pelo juízo estadual, os autos devem ser remetidos ao Tribunal Regional Federal competente para o julgamento da apelação se deferida a intervenção.

554. Na hipótese de sucessão empresarial, a responsabilidade da sucessora abrange não apenas os tributos devidos pela sucedida, mas também as multas moratórias ou punitivas referentes a fatos geradores ocorridos até a data da sucessão.

•• *Vide* arts. 132 e 133 do CTN.

555. Quando não houver declaração do débito, o prazo decadencial quinquenal para o Fisco constituir o crédito tributário conta-se exclusivamente na forma do art. 173, I, do CTN, nos casos em que a legislação atribui ao sujeito passivo o dever de antecipar o pagamento sem prévio exame da autoridade administrativa.

556. É indevida a incidência de imposto de renda sobre o valor da complementação de aposentadoria pago por entidade de previdência privada e em relação ao resgate de contribuições recolhidas para referidas entidades patrocinadoras no período de 1.º-1-1989 a 31-12-1995, em razão da isenção concedida pelo art. 6.º, VII, *b*, da Lei n. 7.713/1988, na redação anterior à que lhe foi dada pela Lei n. 9.250/1995.

558. Em ações de execução fiscal, a petição inicial não pode ser indeferida sob o argumento da falta de indicação do CPF e/ou RG ou CNPJ da parte executada.

•• *Vide* art. 6.º da Lei n. 6.830, de 22-9-1980.

559. Em ações de execução fiscal, é desnecessária a instrução da petição inicial com o demonstrativo de cálculo do débito, por tratar-se de requisito não previsto no art. 6.º da Lei n. 6.830/1980.

560. A decretação da indisponibilidade de bens e direitos, na forma do art. 185-A do CTN, pressupõe o exaurimento das diligências na busca por bens penhoráveis, o qual fica caracterizado quando infrutíferos o pedido de constrição -sobre ativos financeiros e a expedição de ofícios aos registros públicos do domicílio do executado, ao Denatran ou Detran.

564. No caso de reintegração de posse em arrendamento mercantil financeiro, quando a soma da importância antecipada a título de valor residual garantido (VRG) com o valor da venda do bem ultrapassar o total do VRG previsto contratualmente, o arrendatário terá direito de receber a respectiva diferença, cabendo, porém, se estipulado no contrato, o prévio desconto de outras despesas ou encargos pactuados.

• *Vide* art. 1.º, parágrafo único, da Lei n. 6.099, de 12-9-1974.

• *Vide* Súmula 293 do STJ.

565. A pactuação das tarifas de abertura de crédito (TAC) e de emissão de carnê (TEC), ou outra denominação para o mesmo fato gerador, é válida apenas nos contratos bancários anteriores ao início da vigência da Resolução-CMN n. 3.518/2007, em 30-4-2008.

566. Nos contratos bancários posteriores ao início da vigência da Resolução-CMN n. 3.518/2007, em 30-4-2008, pode ser cobrada a tarifa de cadastro no início do relacionamento entre o consumidor e a instituição financeira.

569. Na importação, é indevida a exigência de nova certidão negativa de débito no desembaraço aduaneiro, se já apresentada a comprovação da quitação de tributos federais quando da concessão do benefício relativo ao regime de *drawback*.

580. A correção monetária nas indenizações do seguro DPVAT por morte ou invalidez, prevista no § 7.º do art. 5.º da Lei n. 6.194/1974, redação dada pela Lei n. 11.482/2007, incide desde a data do evento danoso.

581. A recuperação judicial do devedor principal não impede o prosseguimento das ações e execuções ajuizadas contra terceiros devedores solidários ou coobrigados em geral, por garantia cambial, real ou fidejussória.

583. O arquivamento provisório previsto no art. 20 da Lei n. 10.522/2002, dirigido aos débitos inscritos como dívida ativa da União pela Procuradoria-Geral da Fazenda Nacional ou por ela cobrados, não se aplica às execuções fiscais movidas pelos conselhos de fiscalização profissional ou pelas autarquias federais.

584. As sociedades corretoras de seguros, que não se confundem com as sociedades de valores mobiliários ou com os agentes autônomos de seguro privado, estão fora do rol de entidades constantes do art. 22, § 1.º, da Lei n. 8.212/1991, não se sujeitando à majoração da alíquota da Cofins prevista no art. 18 da Lei n. 10.684/2003.

590. Constitui acréscimo patrimonial a atrair a incidência do imposto de renda, em caso de liquidação de entidade de previdência privada, a quantia que couber a cada participante, por rateio do patrimônio, superior ao valor das respectivas contribuições à entidade em liquidação, devidamente atualizadas e corrigidas.

598. É desnecessária a apresentação de laudo médico oficial para o reconhecimento judicial da isenção do imposto de renda, desde que o magistrado entenda suficientemente demonstrada a doença grave por outros meios de prova.

•• Vide art. 30 da Lei n. 9.250, de 26-12-1995.

599. O princípio da insignificância é inaplicável aos crimes contra a administração pública.

•• Vide art. 359-D do CP.

604. O mandado de segurança não se presta para atribuir efeito suspensivo a recurso criminal interposto pelo Ministério Público.

612. O certificado de entidade beneficente de assistência social (CE-BAS), no prazo de sua validade, possui natureza declaratória para fins tributários, retroagindo seus efeitos à data em que demonstrado o cumprimento dos requisitos estabelecidos por lei complementar para a fruição da imunidade.

•• *Vide* arts. 9.º, IV, c e 12, *caput*, do CTN.

614. O locatário não possui legitimidade ativa para discutir a relação jurídico-tributária de IPTU e de taxas referentes ao imóvel alugado nem para repetir indébito desses tributos.

615. Não pode ocorrer ou permanecer a inscrição do município em cadastros restritivos fundada em irregularidades na gestão anterior quando, na gestão sucessora, são tomadas as providências cabíveis à reparação dos danos eventualmente cometidos.

•• *Vide* arts. 32, *caput*, 123 e 166 do CTN.

622. A notificação do auto de infração faz cessar a contagem da decadência para a constituição do crédito tributário; exaurida a instância administrativa com o decurso do prazo para a impugnação ou com a notificação de seu julgamento definitivo e esgotado o prazo concedido pela Administração para o pagamento voluntário, inicia-se o prazo prescricional para a cobrança judicial.

•• *Vide* arts. 142 e 174 do CTN.

625. O pedido administrativo de compensação ou de restituição não interrompe o prazo prescricional para a ação de repetição de indébito tributário de que trata o art. 168 do CTN nem o da execução de título judicial contra a Fazenda Pública.

•• *Vide* arts. 168 e 174 do CTN.

626. A incidência do IPTU sobre imóvel situado em área considerada pela lei local como urbanizável ou de expansão urbana não está condicionada à existência dos melhoramentos elencados no art. 32, § 1.º, do CTN.

•• *Vide* art. 32, §§ 1.º e 2.º, do CTN.

627. O contribuinte faz jus à concessão ou à manutenção da isenção do imposto de renda, não se lhe exigindo a demonstração da contemporaneidade dos sintomas da doença nem da recidiva da enfermidade.

•• *Vide* art. 111 do CTN.

640. O benefício fiscal que trata do Regime Especial de Reintegração de Valores Tributários para as Empresas Exportadoras (REINTEGRA) alcança as operações de venda de mercadorias de origem nacional para a Zona Franca de Manaus, para consumo, industrialização ou reexportação para o estrangeiro.

641. A portaria de instauração do processo administrativo disciplinar prescinde da exposição detalhada dos fatos a serem apurados.

653. O pedido de parcelamento fiscal, ainda que indeferido, interrompe o prazo prescricional, pois caracteriza confissão extrajudicial do débito.

•• *Vide* art. 174, parágrafo único, IV, do CTN.

ESPAÇO RESERVADO PARA USO DE GRAMPO

Súmulas do Conselho Administrativo de Recursos Fiscais

(*) **1.** Importa renúncia às instâncias administrativas a propositura pelo sujeito passivo de ação judicial por qualquer modalidade processual, antes ou depois do lançamento de ofício, com o mesmo objeto do processo administrativo, sendo cabível apenas a apreciação, pelo órgão de julgamento administrativo, de matéria distinta da constante do processo judicial.

2. O CARF não é competente para se pronunciar sobre a inconstitucionalidade de lei tributária.

•• *Vide* art. 102, I, *a*, da CF.

(*) **3.** Para a determinação da base de cálculo do Imposto de Renda das Pessoas Jurídicas e da Contribuição Social sobre o Lucro, a partir do ano-calendário de 1995, o lucro líquido ajustado poderá ser reduzido em, no máximo, trinta por cento, tanto em razão da compensação de prejuízo, como em razão da compensação da base de cálculo negativa.

(*) **4.** A partir de 1.º de abril de 1995, os juros moratórios incidentes sobre débitos tributários administrados pela Secretaria da Receita Federal são devidos, no período de inadimplência, à taxa referencial do Sistema Especial de Liquidação e Custódia - SELIC para títulos federais.

(*) **5.** São devidos juros de mora sobre o crédito tributário não integralmente pago no vencimento, ainda que suspensa sua exigibilidade, salvo quando existir depósito no montante integral.

(*) **6.** É legítima a lavratura de auto de infração no local em que foi constatada a infração, ainda que fora do estabelecimento do contribuinte.

(*) **7.** A ausência da indicação da data e da hora de lavratura do auto de infração não invalida o lançamento de ofício quando suprida pela data da ciência.

•• *Vide* arts. 142 e 144 do CTN.

(*) **8.** O Auditor-Fiscal da Receita Federal é competente para proceder ao exame da escrita fiscal da pessoa jurídica, não lhe sendo exigida a habilitação profissional de contador.

(*) **9.** É válida a ciência da notificação por via postal realizada no domicílio fiscal eleito pelo contribuinte, confirmada com a assinatura do recebedor da correspondência, ainda que este não seja o representante legal do destinatário.

•• *Vide* art. 127 do CTN (domicílio tributário).

(***) **10.** Para fins de contagem do prazo decadencial para a constituição de crédito tributário relativo a lucro inflacionário diferido, deve-se levar em conta o período de apuração de sua efetiva realização ou o período em que, em face da legislação, deveria ter sido realizado, ainda que em percentuais mínimos.

•• Súmula com redação aprovada na CSRF, na Seção de 3-9-2018.

(*) **11.** Não se aplica a prescrição intercorrente no processo administrativo fiscal.

•• *Vide* Súmula 314 do STJ.

•• *Vide* art. 40, § 4.º, da Lei n. 6.830, de 22-9-1980.

(*) **12.** Constatada a omissão de rendimentos sujeitos à incidência do imposto de renda na declaração de ajuste anual, é legítima a constituição do crédito tributário na pessoa física do beneficiário, ainda que a fonte pagadora não tenha procedido à respectiva retenção.

• *Vide* arts. 142 e s. do CTN.

(*) **13.** Menor pobre que o sujeito passivo crie e eduque pode ser considerado dependente na Declaração do Imposto de Renda da Pessoa Física, desde que o declarante detenha a guarda judicial.

14. A simples apuração de omissão de receita ou de rendimentos, por si só, não autoriza a qualificação da multa de ofício, sendo necessária a comprovação do evidente intuito de fraude do sujeito passivo.

(**) **15.** A base de cálculo do PIS, prevista no art. 6.º da Lei Complementar n. 7, de 1970, é o faturamento do sexto mês anterior, sem correção monetária.

(*) A Portaria n. 383, de 12-7-2010, do Ministério da Fazenda, atribuiu a essas súmulas efeito vinculante em relação à administração tributária federal.

(**) A Portaria n. 383, de 12-7-2010, do Ministério da Fazenda, atribuiu a essas súmulas efeito vinculante em relação à administração tributária federal.

(***) A Portaria n. 129, de 1.º-4-2019, do Ministério da Economia, atribuiu a essas súmulas efeito vinculante em relação à administração tributária federal.

(*) **16.** O direito ao aproveitamento dos créditos de IPI decorrentes da aquisição de matérias-primas, produtos intermediários e material de embalagem utilizados na fabricação de produtos cuja saída seja com isenção ou alíquota zero, nos termos do art. 11 da Lei n. 9.779, de 1999, alcança, exclusivamente, os insumos recebidos pelo estabelecimento do contribuinte a partir de 1.º de janeiro de 1999.

(**) **17.** Não cabe a exigência de multa de ofício nos lançamentos efetuados para prevenir a decadência, quando a exigibilidade estiver suspensa na forma dos incisos IV ou V do art. 151 do CTN e a suspensão do débito tenha ocorrido antes do início de qualquer procedimento de ofício a ele relativo.

(*) **18.** A aquisição de matérias-primas, produtos intermediários e material de embalagem tributados à alíquota zero não gera crédito de IPI.

(*) **19.** Não integram a base de cálculo do crédito presumido da Lei n. 9.363, de 1996, as aquisições de combustíveis e energia elétrica uma vez que não são consumidos em contato direto com o produto, não se enquadrando nos conceitos de matéria-prima ou produto intermediário.

(*) **20.** Não há direito aos créditos de IPI em relação às aquisições de insumos aplicados na fabricação de produtos classificados na TIPI como NT.

(**) **21.** É nula, por vício formal, a notificação de lançamento que não contenha a identificação da autoridade que a expediu.

(***) **22.** É nulo o ato declaratório de exclusão do Simples Federal, instituído pela Lei n. 9.317, de 1996, que se limite a consignar a existência de pendências perante a Dívida Ativa da União ou do INSS, sem a indicação dos débitos inscritos cuja exigibilidade não esteja suspensa.

•• Súmula com redação aprovada na CSRF, na Seção de 3-9-2018.

(*) **23.** A autoridade administrativa pode rever o Valor da Terra Nua mínimo (VTNm) que vier a ser questionado pelo contribuinte do imposto sobre a propriedade territorial rural (ITR) relativo aos exercícios de 1994 a 1996, mediante a apresentação de laudo técnico de avaliação do imóvel, emitido por entidade de reconhecida capacidade técnica ou por profissional devidamente habilitado, que se reporte à época do fato gerador e demonstre, de forma inequívoca, a legitimidade da alteração pretendida, inclusive com a indicação das fontes pesquisadas.

(*) **24.** Não compete à Secretaria da Receita Federal do Brasil promover a restituição de obrigações da Eletrobrás nem sua compensação com débitos tributários.

(**) **25.** A presunção legal de omissão de receita ou de rendimentos, por si só, não autoriza a qualificação da multa de ofício, sendo necessária a comprovação de uma das hipóteses dos arts. 71, 72 e 73 da Lei n. 4.502/64.

•• A Lei n. 4.502, de 30-11-1964, dispõe sobre o extinto imposto de consumo, e seus arts. 71, 72 e 73 tratam de sonegação, fraude e conluio.

(*) **26.** A presunção estabelecida no art. 42 da Lei n. 9.430/96 dispensa o Fisco de comprovar o consumo da renda representada pelos depósitos bancários sem origem comprovada.

• A Lei n. 9.430, de 27-121996, que trata da legislação tributária federal, dispõe, no *caput* do citado art. 42: "Caracterizam-se também omissão de receita ou de rendimento os valores creditados em conta de depósito ou de investimento mantida junto a instituição financeira, em relação aos quais o titular, pessoa física ou jurídica, regularmente intimado, não comprove, mediante documentação hábil e idônea, a origem dos recursos utilizados nessas operações".

(*) **27.** É válido o lançamento formalizado por Auditor-Fiscal da Receita Federal do Brasil de jurisdição diversa da do domicílio tributário do sujeito passivo.

(**) **28.** O CARF não é competente para se pronunciar sobre controvérsias referentes a Processo Administrativo de Representação Fiscal para Fins Penais.

(***) **29.** Os cotitulares da conta bancária que apresentem declaração de rendimentos em separado devem ser intimados para comprovar a origem dos depósitos nela efetuados, na fase que precede à lavratura do auto de infração com base na presunção legal de omissão de receitas ou rendimentos, sob pena de exclusão, da base de cálculo do lançamento, dos valores referentes às contas conjuntas em relação às quais não se intimou todos os cotitulares.

(*) A Portaria n. 383, de 12-7-2010, do Ministério da Fazenda, atribuiu a essas súmulas efeito vinculante em relação à administração tributária federal.

(**) A Portaria n. 383, de 12-7-2010, do Ministério da Fazenda, atribuiu a essas súmulas efeito vinculante em relação à administração tributária federal.

(***) A Portaria n. 129, de 1.º-4-2019, do Ministério da Economia, atribuiu a essas súmulas efeito vinculante em relação à administração tributária federal.

•• Súmula com redação aprovada na CSRF, na Seção de 3-9-2018.

(*) **30.** Na tributação da omissão de rendimentos ou receitas caracterizada por depósitos bancários com origem não comprovada, os depósitos de um mês não servem para comprovar a origem de depósitos havidos em meses subsequentes.

(***) **31.** Descabe a cobrança de multa de ofício isolada exigida sobre os valores de tributos recolhidos extemporaneamente, sem o acréscimo da multa de mora, antes do início do procedimento fiscal.

(*) **32.** A titularidade dos depósitos bancários pertence às pessoas indicadas nos dados cadastrais, salvo quando comprovado com documentação hábil e idônea o uso da conta por terceiros.

(*) **33.** A declaração entregue após o início do procedimento fiscal não produz quaisquer efeitos sobre o lançamento de ofício.

(**) **34.** Nos lançamentos em que se apura omissão de receita ou rendimentos, decorrente de depósitos bancários de origem não comprovada, é cabível a qualificação da multa de ofício, quando constatada a movimentação de recursos em contas bancárias de interpostas pessoas.

(**) **35.** O art. 11, § 3.º, da Lei n. 9.311/96, com a redação dada pela Lei n. 10.174/2001, que autoriza o uso de informações da CPMF para a constituição do crédito tributário de outros tributos, aplica-se retroativamente.

•• A Contribuição Provisória sobre Movimentação Financeira (CPMF), instituída pela Lei n. 9.311, de 24-10-1996, vigorou até 31-12-2007.

(**) **36.** A inobservância do limite legal de trinta por cento para compensação de prejuízos fiscais ou bases negativas da CSLL, quando comprovado pelo sujeito passivo que o tributo que deixou de ser pago em razão dessas compensações o foi em período posterior, caracteriza postergação do pagamento do IRPJ ou da CSLL, o que implica em excluir da exigência a parcela paga posteriormente.

(***) **37.** Para fins de deferimento do Pedido de Revisão de Ordem de Incentivos Fiscais (PERC), a exigência de comprovação de regularidade fiscal deve se ater aos débitos existentes até a data de entrega da Declaração de Rendimentos da Pessoa Jurídica na qual se deu a opção pelo incentivo, admitindo-se a prova da regularidade em qualquer momento do processo administrativo, independentemente da época em que tenha ocorrido a regularização, e inclusive mediante apresentação de certidão de regularidade posterior à data da opção.

•• Súmula com redação aprovada na CSRF, na Seção de 3-9-2018.

(**) **38.** O fato gerador do Imposto sobre a Renda da Pessoa Física, relativo à omissão de rendimentos apurada a partir de depósitos bancários de origem não comprovada, ocorre no dia 31 de dezembro do ano-calendário.

39. (*Revogada pela Portaria n. 3, de 9-1-2018.*)

(*) **40.** A apresentação de recibo emitido por profissional para o qual haja Súmula Administrativa de Documentação Tributariamente Ineficaz, desacompanhado de elementos de prova da efetividade dos serviços e do correspondente pagamento, impede a dedução a título de despesas médicas e enseja a qualificação da multa de ofício.

(*) **41.** A não apresentação do Ato Declaratório Ambiental (ADA) emitido pelo IBAMA, ou órgão conveniado, não pode motivar o lançamento de ofício relativo a fatos geradores ocorridos até o exercício de 2000.

(*) **42.** Não incide o imposto sobre a renda das pessoas físicas sobre os valores recebidos a título de indenização por desapropriação.

43. Os proventos de aposentadoria, reforma ou reserva remunerada, motivadas por acidente em serviço e os percebidos por portador de moléstia profissional ou grave, ainda que contraída após a aposentadoria, reforma ou reserva remunerada, são isentos do imposto de renda.

(**) **44.** Descabe a aplicação da multa por falta ou atraso na entrega da Declaração de Ajuste Anual do Imposto de Renda das Pessoas Físicas, quando o sócio ou titular de pessoa jurídica inapta não se enquadre nas demais hipóteses de obrigatoriedade de apresentação dessa declaração.

45. O Imposto sobre a Propriedade Territorial Rural não incide sobre áreas alagadas para fins de constituição de reservatório de usinas hidroelétricas.

(*) **46.** O lançamento de ofício pode ser realizado sem prévia intimação ao sujeito passivo, nos casos em que o Fisco dispuser de elementos

(*) A Portaria n. 383, de 12-7-2010, do Ministério da Fazenda, atribuiu a essas súmulas efeito vinculante em relação à administração tributária federal.

(**) A Portaria n. 383, de 12-7-2010, do Ministério da Fazenda, atribuiu a essas súmulas efeito vinculante em relação à administração tributária federal.

(***) A Portaria n. 129, de 1.º-4-2019, do Ministério da Economia, atribuiu a essas súmulas efeito vinculante em relação à administração tributária federal.

suficientes à constituição do crédito tributário.

• *Vide* arts. 142 e s. do CTN.

47. (*Revogada pela Portaria n. 72, de 17-10-2017.*)

(*) **48.** A suspensão da exigibilidade do crédito tributário por força de medida judicial não impede a lavratura de auto de infração.

• *Vide* art. 151 do CTN.

(*) **49.** A denúncia espontânea (art. 138 do Código Tributário Nacional) não alcança a penalidade decorrente do atraso na entrega de declaração.

(*) **50.** É cabível a exigência de multa de ofício se a decisão judicial que suspendia a exigibilidade do crédito tributário perdeu os efeitos antes da lavratura do auto de infração.

(*) **51.** As multas previstas no Código de Defesa do Consumidor não se aplicam às relações de natureza tributária.

52. Os tributos objeto de compensação indevida formalizada em Pedido de Compensação ou Declaração de Compensação apresentada até 31-10-2003, quando não exigíveis a partir de DCTF, ensejam o lançamento de ofício.

53. Não se aplica ao resultado decorrente da exploração de atividade rural o limite de 30% do lucro líquido ajustado, relativamente à compensação da base de cálculo negativa de CSLL, mesmo para os fatos ocorridos antes da vigência do art. 42 da Medida Provisória n. 1.991-15, de 10 de março de 2000.

54. A constatação de existência de "passivo não comprovado" autoriza o lançamento com base em presunção legal de omissão de receitas somente a partir do ano-calendário de 1997.

(*) **55.** O saldo devedor da correção monetária complementar, correspondente à diferença verificada em 1990 entre o IPC e o BTNF, não pode ser deduzido na apuração da base de Cálculo da Contribuição Social sobre o Lucro Líquido (CSLL).

(*) **56.** No caso de contribuintes que fizeram a opção pelo SIMPLES Federal até 27 de julho de 2001, constatada uma das hipóteses de que tratam os incisos III a XIV, XVII e XVIII do art. 9.º da Lei n. 9.317, de 1996, os efeitos da exclusão dar-se-ão a partir de 1.º de janeiro de 2002, quando a situação excludente tiver ocorrido até 31 de dezembro de 2001 e a exclusão for efetuada a partir de 2002.

•• A Lei n. 9.317, de 5-12-1996, foi revogada pela Lei Complementar n. 123, de 14-12-2006 (Estatuto Nacional da Microempresa e da Empresa de Pequeno Porte).

(*) **57.** A prestação de serviços de manutenção, assistência técnica, instalação ou reparos em máquinas e equipamentos, bem como os serviços de usinagem, solda, tratamento e revestimento de metais, não se equiparam a serviços profissionais prestados por engenheiros e não impedem o ingresso ou a permanência da pessoa jurídica no SIMPLES Federal.

(***) **58.** No regime do Lucro Real, as variações monetárias ativas decorrentes de depósitos judiciais com a finalidade de suspender a exigibilidade do crédito tributário devem compor o resultado do exercício, segundo o regime de competência, salvo se demonstrado que as variações monetárias passivas incidentes sobre o tributo objeto dos depósitos não foram computadas na apuração desse resultado.

•• Súmula com redação aprovada na CSRF, na Seção de 3-9-2018.

(*) **59.** A tributação do lucro na sistemática do lucro arbitrado não é invalidada pela apresentação, posterior ao lançamento, de livros e documentos imprescindíveis para a apuração do crédito tributário que, após regular intimação, deixaram de ser exibidos durante o procedimento fiscal.

(*) **60.** Os juros aplicados na restituição de valores indevidamente retidos na fonte, quando do recebimento de verbas indenizatórias decorrentes da adesão a programas de demissão voluntária, devem ser calculados a partir da data do recebimento dos rendimentos, se ocorrido entre 1.º de janeiro de 1996 e 31 de dezembro de 1997, ou a partir do mês subsequente, se posterior.

(*) **61.** Os depósitos bancários iguais ou inferiores a R$ 12.000,00 (doze mil reais), cujo somatório não ultrapasse R$ 80.000,00 (oitenta mil reais) no ano-calendário, não podem ser considerados na presunção da omissão de rendimentos caracterizada por depósitos bancários de origem não comprovada, no caso de pessoa física.

(*) **62.** A base de cálculo das contribuições previdenciárias será o valor total fixado na sentença ou acordo trabalhista homologado, quando as parcelas legais de incidência não estiverem discriminadas.

(*) A Portaria n. 383, de 12-7-2010, do Ministério da Fazenda, atribuiu a essas súmulas efeito vinculante em relação à administração tributária federal.

(***) A Portaria n. 129, de 1.º-4-2019, do Ministério da Economia, atribuiu a essas súmulas efeito vinculante em relação à administração tributária federal.

63. Para gozo da isenção do imposto de renda da pessoa física pelos portadores de moléstia grave, os rendimentos devem ser provenientes de aposentadoria, reforma, reserva remunerada ou pensão e a moléstia deve ser devidamente comprovada por laudo pericial emitido por serviço médico oficial da União, dos Estados, do Distrito Federal ou dos Municípios.

64. Não incidem contribuições previdenciárias sobre as verbas concedidas aos segurados empregados a título de auxílio-creche, na forma do art. 7.º, inciso XXV, da Constituição Federal, em face de sua natureza indenizatória.

65. Inaplicável a responsabilidade pessoal do dirigente de órgão público pelo descumprimento de obrigações acessórias, no âmbito previdenciário, constatadas na pessoa jurídica de direito público que dirige.

(*) **66.** Os Órgãos da Administração Pública não respondem solidariamente por créditos previdenciários das empresas contratadas para prestação de serviços de construção civil, reforma e acréscimo, desde que a empresa construtora tenha assumido a responsabilidade direta e total pela obra ou repasse o contrato integralmente.

(***) **67.** Em apuração de acréscimo patrimonial a descoberto a partir de fluxo de caixa que confronta origens e aplicações de recursos, os saques ou transferências bancárias, registrados em extratos bancários, quando não comprovada a destinação, efetividade da despesa, aplicação ou consumo, não podem lastrear lançamento fiscal.

•• Súmula com redação aprovada na CSRF, na Seção de 3-9-2018.

(*) **68.** A Lei n. 8.852, de 1994, não outorga isenção nem enumera hipóteses de não incidência de Imposto sobre a Renda da Pessoa Física.

(*) **69.** A falta de apresentação da declaração de rendimentos ou a sua apresentação fora do prazo fixado sujeitará a pessoa física à multa de um por cento ao mês ou fração, limitada a vinte por cento, sobre o Imposto de Renda devido, ainda que integralmente pago, respeitado o valor mínimo.

(*) **70.** É imune ao ITR o imóvel pertencente às entidades indicadas no art. 150, VI, *c*, da Constituição, que se encontra arrendado, desde que a receita assim obtida seja aplicada nas atividades essenciais da entidade.

(*) **71.** Todos os arrolados como responsáveis tributários na autuação são parte legítima para impugnar e recorrer acerca da exigência do crédito tributário e do respectivo vínculo de responsabilidade.

(*) **72.** Caracterizada a ocorrência de dolo, fraude ou simulação, a contagem do prazo decadencial rege-se pelo art. 173, inciso I, do CTN.

•• O art. 173, I, do CTN dispõe: "O direito de a Fazenda Pública constituir o crédito tributário extingue-se após 5 (cinco) anos, contados: I – do primeiro dia do exercício seguinte àquele em que o lançamento poderia ter sido efetuado; (...)".

73. Erro no preenchimento da declaração de ajuste do imposto de renda, causado por informações erradas, prestadas pela fonte pagadora, não autoriza o lançamento de multa de ofício.

(**) **74.** Aplica-se retroativamente o art. 14 da Lei n. 11.488, de 2007, que revogou a multa de ofício isolada por falta de acréscimo da multa de mora ao pagamento de tributo em atraso, antes prevista no art. 44, § 1.º, II, da Lei n. 9.430/96.

(*) **75.** A recuperação da espontaneidade do sujeito passivo em razão da inoperância da autoridade fiscal por prazo superior a sessenta dias aplica-se retroativamente, alcançando os atos por ele praticados no decurso desse prazo.

(*) **76.** Na determinação dos valores a serem lançados de ofício para cada tributo, após a exclusão do Simples, devem ser deduzidos eventuais recolhimentos da mesma natureza efetuados nessa sistemática, observando-se os percentuais previstos em lei sobre o montante pago de forma unificada.

(*) **77.** A possibilidade de discussão administrativa do Ato Declaratório Executivo (ADE) de exclusão do Simples não impede o lançamento de ofício dos créditos tributários devidos em face da exclusão.

(***) **78.** A fixação do termo inicial da contagem do prazo decadencial, na hipótese de lançamento sobre lucros disponibilizados no exterior, deve levar em consideração a data em que se considera ocorrida a disponibilização, e não a data do auferimento dos lucros pela empresa sediada no exterior.

•• Súmula com redação aprovada na CSRF, na Seção de 3-9-2018.

(*) A Portaria n. 383, de 12-7-2010, do Ministério da Fazenda, atribuiu a essas súmulas efeito vinculante em relação à administração tributária federal.

(**) A Portaria n. 383, de 12-7-2010, do Ministério da Fazenda, atribuiu a essas súmulas efeito vinculante em relação à administração tributária federal.

(***) A Portaria n. 129, de 1.º-4-2019, do Ministério da Economia, atribuiu a essas súmulas efeito vinculante em relação à administração tributária federal.

(**)**79.** A partir da vigência da Lei n. 9.249, de 1995, a dedução de contraprestações de arrendamento mercantil exige a comprovação da necessidade de utilização dos bens arrendados para produção ou comercialização de bens e serviços.

80. Na apuração do IRPJ, a pessoa jurídica poderá deduzir do imposto devido o valor do imposto de renda retido na fonte, desde que comprovada a retenção e o cômputo das receitas correspondentes na base de cálculo do imposto.

(*)**81.** É vedada a aplicação retroativa de lei que admite atividade anteriormente impeditiva ao ingresso na sistemática do Simples.

(*)**82.** Após o encerramento do ano-calendário, é incabível lançamento de ofício de IRPJ ou CSLL para exigir estimativas não recolhidas.

83. O resultado positivo obtido pelas sociedades cooperativas nas operações realizadas com seus cooperados não integra a base de cálculo da Contribuição Social sobre o Lucro Líquido – CSLL, mesmo antes da vigência do art. 39 da Lei n. 10.865, de 2004.

(***)**84.** É possível a caracterização de indébito, para fins de restituição ou compensação, na data do recolhimento de estimativa.

•• Súmula com redação aprovada na CSRF, na Seção de 3-9-2018.

85. Na revenda de veículos automotores usados, de que trata o art. 5.º da Lei n. 9.716, de 26 de novembro de 1998, aplica-se o coeficiente de determinação do lucro presumido de 32% (trinta e dois por cento) sobre a receita bruta, correspondente à diferença entre o valor de aquisição e o de revenda desses veículos.

(*)**86.** É vedada a retificação da Declaração de Ajuste Anual do Imposto sobre a Renda da Pessoa Física que tenha por objeto a troca de forma de tributação dos rendimentos após o prazo previsto para a sua entrega.

(*)**87.** O imposto de renda não incide sobre as verbas recebidas regularmente por parlamentares a título de auxílio de gabinete e hospedagem, exceto quando a fiscalização apurar a utilização dos recursos em benefício próprio não relacionado à atividade legislativa.

(*)**88.** A Relação de Corresponsáveis – CORESP", o "Relatório de Representantes Legais – RepLeg" e a "Relação de Vínculos – VÍNCULOS", anexos a auto de infração previdenciário lavrado unicamente contra pessoa jurídica, não atribuem responsabilidade tributária às pessoas ali indicadas nem comportam discussão no âmbito do contencioso administrativo fiscal federal, tendo finalidade meramente informativa.

89. A contribuição social previdenciária não incide sobre valores pagos a título de vale-transporte, mesmo que em pecúnia.

(*)**90.** Caracteriza infração às medidas de controle fiscal a posse e circulação de fumo, charuto, cigarrilha e cigarro de procedência estrangeira, sem documentação comprobatória da importação regular, sendo irrelevante, para tipificar a infração, a propriedade da mercadoria.

(*)**91.** Ao pedido de restituição pleiteado administrativamente antes de 9 de junho de 2005, no caso de tributo sujeito a lançamento por homologação, aplica-se o prazo prescricional de 10 (dez) anos, contado do fato gerador.

92. A DIPJ, desde a sua instituição, não constitui confissão de dívida, nem instrumento hábil e suficiente para a exigência de crédito tributário nela informado.

(*)**93.** A falta de transcrição dos balanços ou balancetes de suspensão ou redução no Livro Diário não justifica a cobrança da multa isolada prevista no art. 44 da Lei n. 9.430, de 27 de dezembro de 1996, quando o sujeito passivo apresenta escrituração contábil e fiscal suficiente para comprovar a suspensão ou redução da estimativa.

(*)**94.** Os lucros auferidos no exterior por filial, sucursal, controlada ou coligada serão convertidos em reais pela taxa de câmbio, para venda, do dia das demonstrações financeiras em que tenham sido apurados tais lucros, inclusive a partir da vigência da MP n. 2.158-35, de 2001.

(*)**95.** A presunção de omissão de receitas caracterizada pelo fornecimento de recursos de caixa à sociedade por administradores, sócios de sociedades de pessoas, ou pelo administrador da companhia, somente é elidida com a demonstração cumulativa da origem e da efetividade da entrega dos recursos.

96. A falta de apresentação de livros e documentos da escrituração não justifica, por si só, o

(*) A Portaria n. 383, de 12-7-2010, do Ministério da Fazenda, atribuiu a essas súmulas efeito vinculante em relação à administração tributária federal.

(**) A Portaria n. 383, de 12-7-2010, do Ministério da Fazenda, atribuiu a essas súmulas efeito vinculante em relação à administração tributária federal.

(***) A Portaria n. 129, de 1.º-4-2019, do Ministério da Economia, atribuiu a essas súmulas efeito vinculante em relação à administração tributária federal.

agravamento da multa de ofício, quando essa omissão motivou o arbitramento dos lucros.

(*) **97.** O arbitramento do lucro em procedimento de ofício pode ser efetuado mediante a utilização de qualquer uma das alternativas de cálculo enumeradas no art. 51 da Lei n. 8.981, de 20 de janeiro de 1995, quando não conhecida a receita bruta.

98. *(Revogada pela CSRF, na seção de 3-9-2018.)*

99. Para fins de aplicação da regra decadencial prevista no art. 150, § 4.º, do CTN, para as contribuições previdenciárias, caracteriza pagamento antecipado o recolhimento, ainda que parcial, do valor considerado como devido pelo contribuinte na competência do fato gerador a que se referir a autuação, mesmo que não tenha sido incluída, na base de cálculo deste recolhimento, parcela relativa a rubrica especificamente exigida no auto de infração.

(*) **100.** O Auditor-Fiscal da Receita Federal do Brasil tem competência para fiscalizar o cumprimento dos requisitos do regime de *drawback* na modalidade suspensão, aí compreendidos o lançamento do crédito tributário, sua exclusão em razão do reconhecimento de benefício, e a verificação, a qualquer tempo, da regular observação, pela importadora, das condições fixadas na legislação pertinente.

(*) **101.** Na hipótese de aplicação do art. 173, inciso I, do CTN, o termo inicial do prazo decadencial é o primeiro dia do exercício seguinte àquele em que o lançamento poderia ter sido efetuado.

(*) **102.** É válida a decisão proferida por Delegacia da Receita Federal de Julgamento – DRJ de localidade diversa do domicílio fiscal do sujeito passivo.

103. Para fins de conhecimento de recurso de ofício, aplica-se o limite de alçada vigente na data de sua apreciação em segunda instância.

(*) **104.** Lançamento de multa isolada por falta ou insuficiência de recolhimento de estimativa de IRPJ ou de CSLL submete-se ao prazo decadencial previsto no art. 173, inciso I, do CTN.

105. A multa isolada por falta de recolhimento de estimativas, lançada com fundamento no art. 44 § 1.º, inciso IV, da Lei n. 9.430, de 1996, não pode ser exigida ao mesmo tempo da multa de ofício por falta de pagamento de IRPJ e CSLL apurado no ajuste anual, devendo subsistir a multa de ofício.

(*) **106.** Caracterizada a ocorrência de apropriação indébita de contribuições previdenciárias descontadas de segurados empregados e/ou contribuintes individuais, a contagem do prazo decadencial rege-se pelo art. 173, inciso I, do CTN.

(*) **107.** A receita da atividade própria, objeto da isenção da Cofins prevista no art. 14, X, c/c art. 13, III, da MP n. 2.158-35, de 2001, alcança as receitas obtidas em contraprestação de serviços educacionais prestados pelas entidades de educação sem fins lucrativos a que se refere o art. 12 da Lei n. 9.532, de 1997.

(***) **108.** Incidem juros moratórios, calculados à taxa referencial do Sistema Especial de Liquidação e Custódia – SELIC, sobre o valor correspondente à multa de ofício.

(***) **109.** O órgão julgador administrativo não é competente para se pronunciar sobre controvérsias referentes a arrolamento de bens.

(***) **110.** No processo administrativo fiscal, é incabível a intimação dirigida ao endereço de advogado do sujeito passivo.

(***) **111.** O Mandado de Procedimento Fiscal supre a autorização, prevista no art. 906 do Decreto n. 3.000, de 1999, para reexame de período anteriormente fiscalizado.

•• Citado Decreto foi revogado pelo Decreto n. 9.580, de 22-11-2018.

(***) **112.** É nulo, por erro na identificação do sujeito passivo, o lançamento formalizado contra pessoa jurídica extinta por liquidação voluntária ocorrida e comunicada ao Fisco Federal antes da lavratura do auto de infração.

(***) **113.** A responsabilidade tributária do sucessor abrange, além dos tributos devidos pelo sucedido, as multas moratórias ou punitivas, desde que seu fato gerador tenha ocorrido até a data da sucessão, independentemente de esse crédito ser formalizado, por meio de lançamento de ofício, antes ou depois do evento sucessório.

(***) **114.** O Imposto de Renda incidente na fonte sobre pagamento a beneficiário não identificado, ou sem comprovação da operação ou da causa, submete-se ao prazo decadencial previsto no art. 173, I, do CTN.

(*) A Portaria n. 383, de 12-7-2010, do Ministério da Fazenda, atribuiu a essas súmulas efeito vinculante em relação à administração tributária federal.

(***) A Portaria n. 129, de 1.º-4-2019, do Ministério da Economia, atribuiu a essas súmulas efeito vinculante em relação à administração tributária federal.

(***) **115.** A sistemática de cálculo do "Método do Preço de Revenda menos Lucro com margem de lucro de sessenta por cento (PRL 60)" prevista na Instrução Normativa SRF n. 243, de 2002, não afronta o disposto no art. 18, inciso II, da Lei n. 9.430, de 1996, com a redação dada pela Lei n. 9.959, de 2000.

(***) **116.** ara fins de contagem do prazo decadencial para a constituição de crédito tributário relativo a glosa de amortização de ágio na forma dos arts. 7.º e 8.º da Lei n. 9.532, de 1997, deve-se levar em conta o período de sua repercussão na apuração do tributo em cobrança.

(***) **117.** A indedutibilidade de despesas com "royalties" prevista no art. 71, parágrafo único, alínea "d", da Lei n. 4.506, de 1964, não é aplicável à apuração da CSLL.

(***) **118.** Caracteriza ganho tributável por pessoa jurídica domiciliada no país a diferença positiva entre o valor das ações ou quotas de capital recebidas em razão da transferência do patrimônio de entidade sem fins lucrativos para entidade empresarial e o valor despendido na aquisição de título patrimonial.

119. (*Revogada pela Portaria n. 9.910, de 17-8-2021.*)

(***) **120.** Não é válida a intimação para comprovar a origem de depósitos bancários em cumprimento ao art. 42 da Lei n. 9.430, de 1996, quando dirigida ao espólio, relativamente aos fatos geradores ocorridos antes do falecimento do titular da conta bancária.

(***) **121.** A isenção do imposto de renda prevista no art. 6.º, inciso XIV, da Lei n. 7.713, de 1988, referente à cegueira, inclui a cegueira monocular.

(***) **122.** A averbação da Área de Reserva Legal (ARL) na matrícula do imóvel em data anterior ao fato gerador supre a eventual falta de apresentação do Ato declaratório Ambiental (ADA).

(***) **123.** Imposto de renda retido na fonte relativo a rendimentos sujeitos a ajuste anual caracteriza pagamento apto a atrair a aplicação da regra decadencial prevista no art. 150, § 4.º, do Código Tributário Nacional.

(***) **124.** A produção e a exportação de produtos classificados na Tabela de Incidência do IPI (TIPI) como "não tributados" não geram direito ao crédito presumido de IPI de que trata o art. 1.º da Lei n. 9.363, de 1996.

125. No ressarcimento da COFINS e da Contribuição para o PIS não cumulativas não incide correção monetária ou juros, nos termos dos arts. 13 e 15, VI, da Lei n. 10.833, de 2003.

(***) **126.** A denúncia espontânea não alcança as penalidades infligidas pelo descumprimento dos deveres instrumentais decorrentes da inobservância dos prazos fixados pela Secretaria da Receita Federal do Brasil para prestação de informações à administração aduaneira, mesmo após o advento da nova redação do art. 102 do Decreto-Lei n. 37, de 1966, dada pelo art. 40 da Lei n. 12.350, de 2010.

(***) **127.** A incidência da Contribuição de Intervenção no Domínio Econômico (CIDE) na contratação de serviços técnicos prestados por residentes ou domiciliados no exterior prescinde da ocorrência de transferência de tecnologia.

(***) **128.** No cálculo do crédito presumido de IPI, de que tratam a Lei n. 9.363, de 1996 e a Portaria MF n. 38, de 1997, as receitas de exportação de produtos não industrializados pelo contribuinte incluem-se na composição tanto da Receita de Exportação – RE, quanto da Receita Operacional Bruta – ROB, refletindo nos dois lados do coeficiente de exportação – numerador e denominador.

129. Constatada irregularidade na representação processual, o sujeito passivo deve ser intimado a sanar o defeito antes da decisão acerca do conhecimento do recurso administrativo.

130. A atribuição de responsabilidade a terceiros com fundamento no art. 135, inciso III, do CTN não exclui a pessoa jurídica do pólo passivo da obrigação tributária.

131. Inexiste vedação legal à aplicação de multa de ofício na constituição de crédito tributário em face de entidade submetida ao regime de liquidação extrajudicial.

132. No caso de lançamento de ofício sobre débito objeto de depósito judicial em montante parcial, a incidência de multa de ofício e de juros de mora atinge apenas o montante da dívida não abrangida pelo depósito.

133. A falta de atendimento a intimação para prestar esclarecimentos não justifica, por si só, o agravamento da multa de ofício, quando essa conduta motivou presunção de omissão de receitas ou de rendimentos.

134. A simples existência, no contrato social, de atividade vedada ao Simples Federal não resulta na exclusão do contribuinte, sendo necessário que a fiscalização comprove a efetiva execução de tal atividade.

(***) A Portaria n. 129, de 1.º-4-2019, do Ministério da Economia, atribuiu a essas súmulas efeito vinculante em relação à administração tributária federal.

135. A antecipação do recolhimento do IRPJ e da CSLL, por meio de estimativas mensais, caracteriza pagamento apto a atrair a aplicação da regra decadencial prevista no art. 150, § 4.º do CTN.

136. Os ajustes decorrentes de superveniências e insuficiências de depreciação, contabilizados pelas instituições arrendadoras em obediência às normas do Banco Central do Brasil, não causam efeitos tributários para a CSLL, devendo ser neutralizados extracontabilmente mediante exclusão das receitas ou adição das despesas correspondentes na apuração da base de cálculo da contribuição.

137. Os resultados positivos decorrentes da avaliação de investimentos pelo método da Equivalência Patrimonial não integram a base de cálculo do IRPJ ou da CSLL na sistemática do lucro presumido.

138. Imposto de renda retido na fonte incidente sobre receitas auferidas por pessoa jurídica, sujeitas a apuração trimestral ou anual, caracteriza pagamento apto a atrair a aplicação da regra decadencial prevista no art. 150, § 4.º do CTN.

139. Os descontos e abatimentos, concedidos por instituição financeira na renegociação de créditos com seus clientes, constituem despesas operacionais dedutíveis do lucro real e da base de cálculo da CSLL, não se aplicando a essa circunstância as disposições dos artigos 9.º a 12 da Lei n. 9.430/1996.

140. Aplica-se retroativamente o disposto no art. 11 da Lei n. 13.202, de 2015, no sentido de que os acordos e convenções internacionais celebrados pelo Governo da República Federativa do Brasil para evitar dupla tributação da renda abrangem a CSLL.

141. As aplicações financeiras realizadas por cooperativas de crédito constituem atos cooperativos, o que afasta a incidência de IRPJ e CSLL sobre os respectivos resultados.

142. Até 31.12.2008 são enquadradas como serviços hospitalares todas as atividades tipicamente promovidas em hospitais, voltadas diretamente à promoção da saúde, mesmo eventualmente prestadas por outras pessoas jurídicas, excluindo-se as simples consultas médicas.

143. A prova do imposto de renda retido na fonte deduzido pelo beneficiário na apuração do imposto de renda devido não se faz exclusivamente por meio do comprovante de retenção emitido em seu nome pela fonte pagadora dos rendimentos.

144. A presunção legal de omissão de receitas com base na manutenção, no passivo, de obrigações cuja exigibilidade não seja comprovada ("passivo não comprovado"), caracteriza-se no momento do registro contábil do passivo, tributando-se a irregularidade no período de apuração correspondente.

145. A partir da 01/10/2002, a compensação de crédito de saldo negativo de IRPJ ou CSLL ainda que com tributo de mesma espécie, deve ser promovida mediante apresentação de Declaração de Compensação - DCOMP.

146. A variação cambial ativa resultante de investimento no exterior avaliado pelo método da equivalência patrimonial não é tributável pelo IRPJ e CSLL.

147. Somente com a edição da Medida Provisória n. 351/2007, convertida na Lei n. 11.488/2007, que alterou a redação do art. 44 da Lei n. 9.430/1996, passou a existir a previsão específica de incidência da multa isolada na hipótese de falta de pagamento do carnê-leão (50%), sem prejuízo da penalidade simultânea pelo lançamento de ofício do respectivo rendimento no ajuste anual (75%).

148. No caso de multa por descumprimento de obrigação acessória previdenciária, a aferição da decadência tem sempre como base o art. 173, I, do CTN, ainda que se verifique pagamento antecipado da obrigação principal correlata ou esta tenha sido fulminada pela decadência com base no art. 150, § 4.º, do CTN.

149. Não integra o salário de contribuição a bolsa de estudos de graduação ou de pós-graduação concedida aos empregados, em período anterior à vigência da Lei n. 12.513, de 2011, nos casos em que o lançamento aponta como único motivo para exigir a contribuição previdenciária o fato desse auxílio se referir a educação de ensino superior.

150. A inconstitucionalidade declarada por meio do RE 363.852/MG não alcança os lançamentos de subrogação da pessoa jurídica nas obrigações do produtor rural pessoa física que tenham como fundamento a Lei n. 10.256, de 2001.

151. Aplica-se retroativamente o inciso II do § 4.º do art. 1.º da Lei 11.945/2009, referente a multa pela falta ou atraso na apresentação da "DIF Papel Imune" devendo ser cominada em valor único por declaração não apresentada no prazo trimestral, e não mais por mês calendário, conforme anteriormente estabelecido no art. 57 da MP n. 2.158-35/2001, consagrando-se a retroatividade benéfica nos termos do art. 106, do Código Tributário Nacional.

152. Os créditos relativos a tributos administrados pela Receita Federal do Brasil (RFB), reconhecidos por sentença judicial transitada em julgado que tenha permitido apenas a compensação com débitos de tributos da mesma espécie, podem ser compensados com débitos próprios relativos a quaisquer tributos administrados pela Receita Federal do Brasil, observada a legislação vigente por ocasião de sua realização.

153. As receitas decorrentes das vendas de produtos efetuadas para estabelecimentos situados na Zona Franca de Manaus equiparam-se às receitas de exportação, não se sujeitando, portanto, à incidência das contribuições para o PIS/Pasep e para a COFINS.

154. Constatada a oposição ilegítima ao ressarcimento de crédito presumido do IPI, a correção monetária, pela taxa Selic, deve ser contada a partir do encerramento do prazo de 360 dias para a análise do pedido do contribuinte, conforme o art. 24 da Lei n. 11.457/07.

155. A multa prevista no art. 33 da Lei n. 11.488/07 não se confunde com a pena de perdimento do art. 23, inciso V, do Decreto Lei n. 1.455/76, o que afasta a aplicação da retroatividade benigna definida no art. 106, II, "c", do Código Tributário Nacional.

156. No regime de drawback, modalidade suspensão, o termo inicial para contagem do prazo quinquenal de decadência do direito de lançar os tributos suspensos é o primeiro dia do exercício seguinte ao encerramento do prazo de trinta dias posteriores à data limite para a realização das exportações compromissadas, nos termos do art. 173, I, do CTN.

157. O percentual da alíquota do crédito presumido das agroindústrias de produtos de origem animal ou vegetal, previsto no art. 8.º da Lei n. 10.925/2004, será determinado com base na natureza da mercadoria produzida ou comercializada pela referida agroindústria, e não em função da origem do insumo que aplicou para obtê-lo.

158. O Imposto de Renda Retido na Fonte - IRRF incidente sobre valores pagos, creditados, entregues, empregados ou remetidos, a cada mês, a residentes ou domiciliados no exterior, a título de remuneração pelas obrigações contraídas, compõe a base de cálculo da Contribuição de Intervenção no Domínio Econômico - CIDE de que trata a Lei n. 10.168/2000, ainda que a fonte pagadora assuma o ônus financeiro do imposto retido.

159. Não é necessária a realização de lançamento para glosa de ressarcimento de PIS/Pasep e Cofins não cumulativos, ainda que os ajustes se verifiquem na base de cálculo das contribuições.

160. A aplicação da multa substitutiva do perdimento a que se refere o § 3.º do art. 23 do Decreto-lei n. 1.455, de 1976 independe da comprovação de prejuízo ao recolhimento de tributos ou contribuições.

161. O erro de indicação, na Declaração de Importação, da classificação da mercadoria na Nomenclatura Comum do Mercosul, por si só, enseja a aplicação da multa de 1%, prevista no art. 84, I da MP n. 2.158-35, de 2001, ainda que órgão julgador conclua que a classificação indicada no lançamento de ofício seria igualmente incorreta.

162. O direito ao contraditório e à ampla defesa somente se instaura com a apresentação de impugnação ao lançamento.

163. O indeferimento fundamentado de requerimento de diligência ou perícia não configura cerceamento do direito de defesa, sendo facultado ao órgão julgador indeferir aquelas que considerar prescindíveis ou impraticáveis.

164. A retificação de DCTF após a ciência do despacho decisório que indeferiu o pedido de restituição ou que não homologou a declaração de compensação é insuficiente para a comprovação do crédito, sendo indispensável a comprovação do erro em que se fundamenta a retificação.

165. Não é nulo o lançamento de ofício referente a crédito tributário de-positado judicialmente, realizado para fins de prevenção da decadência, com reconhecimento da suspensão de sua exigibilidade e sem a aplicação de penalidade ao sujeito passivo.

166. Inexiste vedação legal à aplicação de juros de mora na constituição de crédito tributário em face de entidade submetida ao regime de liquidação extrajudicial.

167. O art. 76, inciso II, alínea "a" da Lei nº 4.502, de 1964, deve ser interpretado em conformidade com o art. 100, inciso II do CTN, e, inexistindo lei que atribua eficácia normativa a decisões proferidas no âmbito do processo administrativo fiscal federal, a observância destas pelo sujeito passivo não exclui a aplicação de penalidades.

168. Mesmo após a ciência do despacho decisório, a comprovação de inexatidão material no preenchimento da DCOMP permite retomar a análise do direito creditório.

169. O art. 24 do decreto-lei nº 4.657, de 1942 (LINDB), incluído pela lei nº 13.655, de 2018, não se aplica ao processo administrativo fiscal.

170. A homologação tácita não se aplica a pedido de compensação de débito de um sujeito passivo com crédito de outro.

171. Irregularidade na emissão, alteração ou prorrogação do MPF não acarreta a nulidade do lançamento.

172. A pessoa indicada no lançamento na qualidade de contribuinte não possui legitimidade para questionar a responsabilidade imputada a terceiros pelo crédito tributário lançado.

173. A intimação por edital realizada a partir da vigência da Lei nº 11.196, de 2005, é válida quando houver demonstração de que foi improfícua a intimação por qualquer um dos meios ordinários (pessoal, postal ou eletrônico) ou quando, após a vigência da Medida Provisória nº 449, de 2008, convertida na Lei nº 11.941, de 2009, o sujeito passivo tiver sua inscrição declarada inapta perante o cadastro fiscal.

174. Lançamento de multa por descumprimento de obrigação acessória submete-se ao prazo decadencial previsto no art. 173, inciso I, do CTN.

175. É possível a análise de indébito correspondente a tributos incidentes sobre o lucro sob a natureza de saldo negativo se o sujeito passivo demonstrar, mesmo depois do despacho decisório de não homologação, que errou ao preencher a Declaração de Compensação - DCOMP e informou como crédito pagamento indevido ou a maior de estimativa integrante daquele saldo negativo.

176. O imposto de renda pago por sócio pessoa física, em tributação definitiva de ganho de capital, pode ser deduzido do imposto de renda exigido de pessoa jurídica em razão da requalificação da sujeição passiva na tributação da mesma operação de alienação de bens ou direitos.

177. Estimativas compensadas e confessadas mediante Declaração de Compensação (DCOMP) integram o saldo negativo de IRPJ ou CSLL ainda que não homologadas ou pendentes de homologação.

178. A inexistência de tributo apurado ao final do ano-calendário não impede a aplicação de multa isolada por falta de recolhimento de estimativa na forma autorizada desde a redação original do art. 44 da Lei nº 9.430, de 1996.

179. É vedada a compensação, pela pessoa jurídica sucessora, de bases de cálculo negativas de CSLL acumuladas por pessoa jurídica sucedida, mesmo antes da vigência da Medida Provisória nº 1.858-6, de 1999.

180. Para fins de comprovação de despesas médicas, a apresentação de recibos não exclui a possibilidade de exigência de elementos comprobatórios adicionais.

181. No âmbito das contribuições previdenciárias, é incabível lançamento por descumprimento de obrigação acessória, relacionada à apresentação de informações e documentos exigidos, ainda que em meio digital, com fulcro no *caput* e parágrafos dos artigos 11 e 12, da Lei nº 8.218, de 1991.

182. O seguro de vida em grupo contratado pelo empregador em favor do grupo de empregados, sem que haja a individualização do montante que beneficia a cada um deles, não se inclui no conceito de remuneração, não estando sujeito à incidência de contribuições previdenciárias, ainda que o benefício não esteja previsto em acordo ou convenção coletiva de trabalho.

183. valor das aquisições de matérias-primas, produtos intermediários, materiais de embalagem, energia elétrica e combustíveis, empregados em atividades anteriores à fase industrial do processo produtivo, não deve ser incluído na base de cálculo do crédito presumido do IPI, de que tratam as Leis nºs 9.363/96 e 10.276/01.

184. O prazo decadencial para aplicação de penalidade por infração aduaneira é de 5 (cinco) anos contados da data da infração, nos termos dos artigos 138 e 139, ambos do Decreto-Lei n.º 37/66 e do artigo 753 do Decreto n.º 6.759/2009.

185. O Agente Marítimo, enquanto representante do transportador estrangeiro no País, é sujeito passivo da multa descrita no artigo 107 inciso IV alínea "e" do Decreto-Lei 37/66.

186. A retificação de informações tempestivamente prestadas não configura a infração descrita no artigo 107, inciso IV, alínea "e" do Decreto-Lei nº 37/66.

187. O agente de carga responde pela multa prevista no art. 107, IV, "e" do DL nº 37, de 1966, quando descumpre o prazo estabelecido pela Receita Federal para prestar informação sobre a desconsolidação da carga.

Índice Alfabético da Legislação

Complementar e das Súmulas

CONSÓRCIO SIMPLES

CONSULTA

CONTRABANDO

CONTRIBUIÇÃO CONFEDERATIVA

CONTRIBUIÇÃO DE INTERVENÇÃO NO DOMÍNIO ECONÔMICO (CIDE)

CONTRIBUIÇÃO DE MELHORIA

CONTRIBUIÇÃO PARA FINANCIAMENTO DA SEGURIDADE SOCIAL – COFINS

CONTRIBUIÇÃO PARA O DESENVOLVIMENTO DA INDÚSTRIA CINEMATOGRÁFICA NACIONAL – CONDECINE

CONTRIBUIÇÃO PARA OS PROGRAMAS DE INTEGRAÇÃO SOCIAL E DE FORMAÇÃO DO PATRIMÔNIO DO SERVIDOR PÚBLICO

CONTRIBUIÇÃO PREVIDENCIÁRIA

CONTRIBUIÇÃO SOCIAL

IMPOSTO(S)

IMPOSTO DE CESSÃO

IMPOSTO DE EXPORTAÇÃO

IMPOSTO DE IMPORTAÇÃO

IMPOSTO DE RENDA

IMPOSTO DE REPOSIÇÃO

IMPOSTO DE TRANSMISSÃO *CAUSA MORTIS*

IMPOSTO DE TRANSMISSÃO *INTER VIVOS*

IMPOSTO SOBRE LUCRO IMOBILIÁRIO

IMPOSTO SOBRE OPERAÇÕES DE CRÉDITO, CÂMBIO E SEGURO OU RELATIVAS A TÍTULOS OU VALORES MOBILIÁRIOS – IOF

IMPOSTO SOBRE OPERAÇÕES RELATIVAS À CIRCULAÇÃO DE MERCADORIAS E SOBRE PRESTAÇÕES DE SERVIÇOS DE TRANSPORTE INTERESTADUAL E INTERMUNICIPAL E DE COMUNICAÇÃO – ICMS

JUROS

LANÇAMENTO

LEASING

LEGISLAÇÃO TRIBUTÁRIA

LEI

LEI DE EXECUÇÃO FISCAL

LEI DE FALÊNCIAS E RECUPERAÇÃO DE EMPRESAS

LEI DE RESPONSABILIDADE FISCAL

LEILÃO

LEI N. 3.470, DE 28-11-1958

LEI N. 2.975, DE 27-11-1965

Índice

PRINCÍPIO DA ANTERIORIDADE

PROCESSO ADMINISTRATIVO DISCIPLINAR

PROCESSO ADMINISTRATIVO FISCAL

PROCESSO DE CONSULTA

PROGRAMA DE ACOMPANHAMENTO E TRANSPARÊNCIA FISCAL

PROGRAMA DE FORMAÇÃO DO PATRIMÔNIO DO SERVIDOR PÚBLICO – PASEP

PROGRAMA DE INTEGRAÇÃO SOCIAL – PIS

PROGRAMA DE RECUPERAÇÃO FISCAL – REFIS

PROGRAMA DE REGULARIZAÇÃO DE DÉBITOS NÃO TRIBUTÁRIOS

PROGRAMA ESPECIAL DE REGULARIZAÇÃO TRIBUTÁRIA

PROGRAMA NACIONAL DE APOIO À CULTURA – PRONAC

PROGRAMAS DE PREVIDÊNCIA PRIVADA

SÚMULAS VINCULANTES

Índice Alfabético-Remissivo do Código Tributário Nacional